中国残疾人联合会

China Yearbook on the Work for Persons with Disabilities

中国残疾人事业年鉴

2015

2014年3月21日，人道主义的呼唤——中国残疾人福利基金会成立30周年纪念大会在人民大会堂举行。

中共中央政治局常委、全国政协主席俞正声出席中国残疾人福利基金会成立30周年纪念大会并发表讲话。

中共中央政治局常委、国务院副总理张高丽出席第五次全国自强模范暨助残先进集体和个人表彰大会并发表讲话。

国务委员王勇在第五次全国自强模范暨助残先进集体和个人表彰大会上讲话。

中国残疾人联合会名誉主席、中国残疾人福利基金会会长邓朴方在中国残疾人福利基金会成立30周年纪念大会上会见来宾。

中国残疾人联合会主席张海迪在第五次全国自强模范暨助残先进集体和个人表彰大会上讲话。

中国残疾人联合会党组书记、理事长鲁勇在中国残疾人福利基金会成立30周年纪念大会上讲话。

中国残疾人联合会党组副书记、常务副理事长孙先德在以"大美华夏——人道主义的呼唤"为主题的首届全国助残美术作品展开幕式上讲话。

彭丽媛同参加 2014 年亚太经合组织领导人非正式会议的部分经济体领导人夫人出席由中国残疾人联合会主办的"促进残疾人共享经济社会发展成果"主题系列活动。

残疾人运动员参加山东省第九届残疾人运动会坐式篮球比赛。

《中国残疾人事业年鉴（2015）》编委会

主　编

张海迪

副主编

鲁　勇

执行主编

孙先德

执行副主编

马志强　陈新民　黄金山

编　委

杨代泽	中国残联办公厅主任	常丽虹	河北省残疾人联合会理事长
陈新民	中国残联研究室主任	李亚明	山西省残疾人联合会理事长
朱　兵	中国残联维权部主任	杨瑞平	内蒙古自治区残疾人联合会理事长
曹跃进	中国残联组联部主任	吴玉新	辽宁省残疾人联合会理事长
胡向阳	中国残联康复部主任	盛大成	吉林省残疾人联合会理事长
张新龙	中国残联教育就业部主任	何玉华	黑龙江省残疾人联合会理事长
郭利群	中国残联宣文部主任	王爱芬	上海市残疾人联合会理事长
赵素京	中国残联体育部主任	高晓平	江苏省残疾人联合会理事长
魏孟新	中国残联国际部主任	郑　瑶	浙江省残疾人联合会理事长
李冬生	中国残联计财部主任	张纯和	安徽省残疾人联合会理事长
牟芳廷	中国残联人事部副主任	柯少愚	福建省残疾人联合会理事长
甄晓宁	中国残联直属机关党委纪委书记	陈卫华	江西省残疾人联合会理事长
		仇兴玉	山东省残疾人联合会理事长
王乃坤	中国残疾人福利基金会理事长	李国成	河南省残疾人联合会理事长
李伟洪	中国盲人协会主席	陶慧芬	湖北省残疾人联合会理事长
杨　洋	中国聋人协会主席	肖红林	湖南省残疾人联合会理事长
徐凤建	中国肢残人协会主席	张永安	广东省残疾人联合会理事长
张宝林	中国智力残疾人及亲友协会主席	边　疆	广西壮族自治区残疾人联合会理事长
温　洪	中国精神残疾人及亲友协会主席	符　永	海南省残疾人联合会理事长
		毛大付	四川省残疾人联合会理事长
吴文彦	北京市残疾人联合会理事长	周　鸣	重庆市残疾人联合会理事长
赵洪莉	天津市残疾人联合会理事长	杨　云	贵州省残疾人联合会理事长

王兴宁	云南省残疾人联合会理事长	时海峰	中国聋儿康复研究中心党委书记
黄建国	西藏自治区残疾人联合会理事长	黄金山	华夏出版社社长
高合元	陕西省残疾人联合会理事长	吕平波	华夏时报社社长
华文哲	甘肃省残疾人联合会理事长	张 伟	中国盲文出版社社长
肖建军	青海省残疾人联合会理事长	邰丽华	中国残疾人艺术团团长
娄晓萍	宁夏回族自治区残疾人联合会理事长	李 晞	中国残疾人体育运动管理中心主任
周俊林	新疆维吾尔自治区残疾人联合会理事长	梁本远	中国残联就业服务指导中心常务副主任
		倪 林	中国残疾人杂志社社长
杨璞斌	新疆生产建设兵团残疾人联合会理事长	张兆旗	中国华夏文化集团总裁助理
		陈振声	中国残疾人辅助器具中心主任
赵雅辰	黑龙江垦区残疾人联合会理事长	赖 伟	北京按摩医院院长
		崔慧萍	中国残联信息中心主任
李建军	中国康复研究中心主任	贾洪宝	中国残疾人事业年鉴编辑部主任

中国残疾人事业年鉴编辑部及工作人员

责任编辑

贾洪宝　霍本科　廖贤

技术支持

傅军

装帧设计

郭艳　殷丽云

特约编辑

胡仲明	李 耘	张东旺	赵振川	纳 新	冯彦霞	韩咏梅
周 凯	张 瑶	李 哲	张学超	冷卫新	马历涛	周 红
庄 静	党亚戈	冯高攀	孔 丽	孙一平	晏 慧	赵琳娜
张 昉	张 帅	郭德华	朱春林	刘书娜	王铁成	刘义君
刘永琪	王秋妮	许海东	梁颖佳	王忠研	李广滨	吴永寿
王 强	邱兴明	胡效民	杨瑞芳	孙鹏飞	胡晓琳	严少军
夏 季	刘再衡	董淼章	陈 辉	谢小良	宋满宏	文海青
樊新周	张昆鸿	陈文寿	赵晓莉	王宇翔	邸 森	韩卫东
秦柱花	郑 燕	孙 静	李沁燚	朱 辉	霍本科	徐少青
王 瑛	潘 利	何 帆	李 斌	程 寒	安 娟	王 宏
史晓葳	傅 军					

前　言

邓朴方

就通常而言，一个重视自己足迹的人，大抵是善于在总结中提高的人。对一个人是这样，对一项事业也是这样。

这是因为，"足迹"不仅仅是既往时光的记录，"昨日"的累积，它还蕴涵着孕育未来、引发未来的规律，由此可以产生指导未来的蓝图。

岁月倥偬，新中国的残疾人事业，已历经近半个世纪。它由小到大，由点到面，足迹斑斑，犹如散落在迂回道路上的簇簇星火，昭然可见。把这"足迹"收集并且有序地编排起来，给关心和从事这项事业的人们在追忆往事时提供些方便，并尽力从中发掘些什么、探求些什么，以便今后的路走得更准、更稳，这就是编纂这部《中国残疾人事业年鉴》的主旨和用心所在。

人类文明演进的历史可证，怎样对待残疾人和残疾人的事情，是社会文明的一个标志。可以直截了当地说，什么时候社会文明全面、深刻地展现，什么时候这项事业发展得就比较好，什么时候社会文明出现偏颇以至倒退，什么时候这件事情就遇挫、受损。因为，说到底，这是测试和完善人性的事业，是使人性中美好的东西不断得到升华的事业。

这项事业与社会主体的关系是"象忧亦忧、象喜亦喜"的关系，从几十年残疾人事业发展的脉络中可以清楚地看到这一点。但是，这不是说，经济、社会发展了，这项事业自然而然就会发展。前者只是提供了发展的可能性，把可能性变为现实性，需要一个条件，这就是把"一切为了人，包括残疾人"的观念放在心上，把社会上的弱者特别是残疾人的平等充分参与，放在心上——放在公众的心上，更放在决策人和对社会有重要影响的人的心上。有了这个条件，更多地理解了这项事业，才能将它融于国家整体，融于社会的方方面面，使它得到更好的发展。

应该说，自新中国成立以来，党和政府就致力于帮助残疾人进入社会，使残疾人在事实上得到各种合法权益。只是限于不同时期经济社会发展的客观条件，使这项事业在自己的发展历程中，区分出"收养救济"与"平等参与"这些阶段罢了。当然，改革开放以来总结并引入大量于我国社会发展有益的新观念，对这项事业的发展也是重要的。正是这些新观念使我们得以对几十年经济社会的发展予以重新审视。我国正在按照既容纳健全人，也容纳残疾人这种新观念来重新设计、改造现实社会和现实社会生活。这是一种具有划时代意义的变革。它带来的是这样一个崭新的社会，在那里，所有社会群体包括残疾人群体，都能够平等劳作生息，共创共享，而不是只容纳健全人而把残疾人阻隔在社会的一隅。我们知道，这就是人们常说的"人人共享"的社会。我们有条件随着经济社会的发展做到这一点，并且，比别的国家做得更好，因为，这个目标不但与我国的优良传统相一致，而且为我党"人类解放"的根本宗旨所包容，更不要说是我国精神文明建设的内在要求了。

我们不应、不能，也不会辜负这一历史的重托。

从《年鉴》中可以发掘的感想还有很多，这里不过是作抛砖之谈罢了。在即将结束这篇短文的时候，我只想强调一点，面对近50年残疾人事业发展的业绩，我们将更加坚定一个信念：为创建"人人共享"的社会不遗余力地贡献我们的一生。

《年鉴》是历史的记录、信息的总汇。我更希望它是一种启迪、一种呼唤，启迪人们从中认识历史的规律，沿着这个规律推动残疾人事业前进；呼唤人们美好的心灵和良知，在推进残疾人事业和维护残疾人合法权益中，使人性放出更加灿烂的光芒。

1995年9月25日

编辑说明

一、《中国残疾人事业年鉴》是全面反映中国残疾人事业发展和残疾人工作进展情况及成就的专业年刊。为适应中国残疾人事业发展的需要，2012年底，中国残联党组理事会研究决定，从2013年开始，按年度编辑出版《中国残疾人事业年鉴》，在华夏出版社成立《中国残疾人事业年鉴》编辑部，专门承担《中国残疾人事业年鉴》编辑出版的各项工作。

二、邓朴方主席为《中国残疾人事业年鉴（1949~1993）》所作序言，对21世纪的残疾人事业和残疾人工作依然具有重要指导意义，编辑部决定将其继续作为《中国残疾人事业年鉴》（以下简称"本年鉴"）序言使用。

三、本年鉴收录内容的时限，以2014年度为主，个别资料的收录时限根据需要有所跨越。

四、本年鉴以工作领域、各省市区残联工作及直属单位工作为单位编排。

五、本年鉴分为9个部分：重要文献、重大专题、全国残疾人事业与残疾人工作、残疾人专门协会和社会工作、中国残疾人福利基金会工作、地方残疾人事业和残疾人工作、中国残联直属单位工作、中国残疾人事业发展统计公报、大事记。

六、本年鉴的文字、图片及统计数据均由各供稿单位特约编辑提供。

七、本年鉴编辑工作得到了中国残联党组理事会、中国残联各部门、各专门协会、各直属单位，中国残疾人福利基金会，各省、自治区、直辖市及计划单列市残联，新疆生产建设兵团残联，黑龙江垦区残联的大力支持与协助，在此表示最诚挚的谢意。

《中国残疾人事业年鉴》
编委会
2015年10月

总 目

第一编　重要文献 …………………………（1）
　一、党和国家领导人讲话 ………………（3）
　二、国务院关于加快推进
　　　残疾人小康进程的意见 ……………（6）
　三、中国残联领导讲话 …………………（10）
　四、涉残法律法规 ………………………（28）
　五、重要文件 ……………………………（39）

第二编　重大专题 …………………………（53）
　中国残疾人福利基金会成立30周年
　　纪念专题 ………………………………（55）
　第五次全国自强模范暨助残先进集体
　　和个人表彰大会专题 …………………（69）

第三编　全国残疾人事业和残疾人工作 …（83）
　残疾人事业理论与实践研究工作 ………（85）
　残疾人事业发展研究会工作 ……………（90）
　残疾人维权工作 …………………………（95）
　残疾人组织建设工作 ……………………（97）
　残疾人康复工作 …………………………（110）
　中国残疾人康复协会工作 ………………（113）
　长江新里程项目 …………………………（114）
　残疾人教育工作 …………………………（117）
　残疾人就业工作 …………………………（118）
　残疾人社会保障工作 ……………………（128）
　残疾人扶贫工作 …………………………（132）
　残疾人宣传文化工作 ……………………（137）
　残疾人体育工作 …………………………（154）
　残疾人事业国际交流与合作 ……………（163）
　中国狮子联会工作 ………………………（166）
　中国残联机关建设工作 …………………（185）

第四编　残疾人专门协会和社会工作 …（219）
　残疾人专门协会和社会工作 ……………（221）
　中国残联专门协会项目评估和
　　财务监审委员会工作 …………………（244）
　中国盲人协会工作 ………………………（250）
　中国聋人协会工作 ………………………（256）
　中国肢残人协会工作 ……………………（263）
　中国智力残疾人及亲友协会工作 ………（273）
　中国精神残疾人及亲友协会工作 ………（278）

　志愿助残工作 ……………………………（283）

第五编　中国残疾人福利基金会工作 …（301）
　一、政策法规文件 ………………………（303）
　二、工作综述 ……………………………（304）
　三、中国残疾人福利基金会
　　　2014年度财务决算报告 ……………（308）
　四、大事记 ………………………………（315）

第六编　地方残疾人事业和残疾人工作 …（321）
　北京市残疾人事业和残疾人工作 ………（323）
　天津市残疾人事业和残疾人工作 ………（335）
　河北省残疾人事业和残疾人工作 ………（349）
　山西省残疾人事业和残疾人工作 ………（363）
　内蒙古自治区残疾人事业
　　和残疾人工作 …………………………（373）
　辽宁省残疾人事业和残疾人工作 ………（384）
　吉林省残疾人事业和残疾人工作 ………（396）
　黑龙江省残疾人事业和残疾人工作 ……（407）
　上海市残疾人事业和残疾人工作 ………（415）
　江苏省残疾人事业和残疾人工作 ………（429）
　浙江省残疾人事业和残疾人工作 ………（441）
　安徽省残疾人事业和残疾人工作 ………（451）
　福建省残疾人事业和残疾人工作 ………（460）
　江西省残疾人事业和残疾人工作 ………（471）
　山东省残疾人事业和残疾人工作 ………（480）
　河南省残疾人事业和残疾人工作 ………（491）
　湖北省残疾人事业和残疾人工作 ………（502）
　湖南省残疾人事业和残疾人工作 ………（513）
　广东省残疾人事业和残疾人工作 ………（525）
　广西壮族自治区残疾人事业
　　和残疾人工作 …………………………（538）
　海南省残疾人事业和残疾人工作 ………（551）
　四川省残疾人事业和残疾人工作 ………（559）
　重庆市残疾人事业和残疾人工作 ………（571）
　贵州省残疾人事业和残疾人工作 ………（582）
　云南省残疾人事业和残疾人工作 ………（594）
　西藏自治区残疾人事业和残疾人工作 …（607）
　陕西省残疾人事业和残疾人工作 ………（614）
　甘肃省残疾人事业和残疾人工作 ………（625）
　青海省残疾人事业和残疾人工作 ………（638）

宁夏回族自治区残疾人事业
　　和残疾人工作 …………………（647）
新疆维吾尔自治区残疾人事业
　　和残疾人工作 …………………（659）
新疆生产建设兵团残疾人事业
　　和残疾人工作 …………………（670）
黑龙江垦区残疾人事业和残疾人工作 …（676）

第七编　中国残疾人联合会
　　　　直属单位工作 ……………（683）

中国康复研究中心 ………………（685）
中国聋儿康复研究中心 …………（692）
华夏出版社 ………………………（697）
华夏时报社 ………………………（700）

中国盲文出版社 …………………（703）
中国残疾人艺术团 ………………（708）
中国残疾人体育运动管理中心 …………（715）
中国残联就业服务指导中心 ……………（720）
中国残疾人杂志社 ………………（731）
中国华夏文化集团 ………………（733）
中国残疾人辅助器具中心 ………（735）
北京按摩医院 ……………………（740）
中国残联信息中心 ………………（742）

第八编　2014年中国残疾人事业
　　　　发展统计公报 ……………（749）

第九编　2014年中国残疾人事业
　　　　和残疾人工作大事记 ………（755）

COMPREHENSIVE TABLE OF CONTENTS

Part I Important Literature

1. Speeches of Party and State Leaders   3
2. Opinion of the State Council on Accelerating the Progress of the Well – off of Disabled Persons   6
3. Speeches of Leaders of China Disabled Persons' Federation (CDPF)   10
4. Laws and Regulations Concerning Disabled Persons   28
5. Important Documents   39

Part II Significant Features

Feature on Commemoration of the 30 Anniversaries of CFDP   55
Feature on the 5th National Self – reinforcing Model cum Advanced Institutes & Individuals in Recognition of the General Assembly Special   69

Part III National Undertaking and Work for Disabled Persons

Research on Theory and Practice of the Undertaking for Disabled Persons   85
Work by China Disability Research Society   90
Work for Protecting Disabled Persons' Rights   95
Work for Constructing Organizations for Disabled Persons   97
Work for Rehabilitating Disabled Persons   110
Work by China Association of Rehabilitation of Disabled Persons   113
Cheung Kong New Milestone Plan   114
Work for Disabled Persons' Education   117
Work for Disabled Persons' Employment   118
Work for Social Security for Disabled Persons   128
Work for Poverty Relief for Disabled Persons   132
Work for Propaganda and Culture of Disabled Persons   137
Work for Disabled Persons' Sports   154
International Exchange and Cooperation on Undertaking for Disabled Persons   163
Work by China Council of Lions Clubs   166
Work for Constructing Organs of CDPF   185

Part IV Special Associations and Social Work for Disabled Persons

Work by Special Associations and Social Work for Disabled Persons   221
Work by Special Associations Project Evaluation and Financial Supervision and Audit Committee of CDPF   244
Work by China Association of Persons with Visual Disabilities   250
Work by China Association of Persons with Hearing Disabilities   256
Work by China Association of Persons with Physical Disabilities   263
Work by China Association of Persons with Intellectual Disabilities and Their Relatives   273
Work by China Association of Persons with Psychiatric Disabilities and Their Relatives   278
Work for Voluntarily Assisting Disabled Persons   283

Part V Work by China Foundation for Disabled Persons (CFDP)

1. Policies, Regulations and Documents   303
2. Work Overview of CFDP   304
3. Annual Final Financial Report of CFDP in 2014   308
4. Chronicle of Events of CFDP   315

Part VI Regional Undertaking and Work for Disabled Persons

Undertaking and Work for Disabled Persons in Beijing   323
Undertaking and Work for Disabled Persons in Tianjin   335
Undertaking and Work for Disabled Persons in Hebei   349
Undertaking and Work for Disabled Persons in Shanxi   363
Undertaking and Work for Disabled Persons in Inner Mongolia Autonomous Region   373
Undertaking and Work for Disabled Persons in Liaoning   384
Undertaking and Work for Disabled Persons in Jilin   396
Undertaking and Work for Disabled Persons in Heilongjiang   407
Undertaking and Work for Disabled Persons in Shanghai   415
Undertaking and Work for Disabled Persons in Jiangsu   429
Undertaking and Work for Disabled Persons in Zhejiang   441
Undertaking and Work for Disabled Persons in Anhui   451
Undertaking and Work for Disabled Persons in Fujian   460
Undertaking and Work for Disabled Persons in Jiangxi   471
Undertaking and Work for Disabled Persons in Shandong   480
Undertaking and Work for Disabled Persons in Henan   491
Undertaking and Work for Disabled Persons in Hubei   502
Undertaking and Work for Disabled Persons in Hunan   513
Undertaking and Work for Disabled Persons in Guangdong   525
Undertaking and Work for Disabled Persons in Guangxi Zhuang Autonomous Region   538
Undertaking and Work for Disabled Persons in Hainan   551
Undertaking and Work for Disabled Persons in Sichuan   559
Undertaking and Work for Disabled Persons in Chongqing   571
Undertaking and Work for Disabled Persons in Guizhou   582
Undertaking and Work for Disabled Persons in Yunnan   594
Undertaking and Work for Disabled Persons in Tibet Autonomous Region   607
Undertaking and Work for Disabled Persons in Shaanxi   614
Undertaking and Work for Disabled Persons in Gansu   625
Undertaking and Work for Disabled Persons in Qinghai   638
Undertaking and Work for Disabled Persons in Ningxia Hui Autonomous Region   647
Undertaking and Work for Disabled Persons in Xinjiang Uygur Autonomous Region   659
Undertaking and Work for Disabled Persons in Xinjiang Production and Construction Corps   670
Undertaking and Work for Disabled Persons in Heilongjiang Land Reclamation Bureau   676

Part VII Work by Directly Affiliated Units of CDPF

China Rehabilitation Research Center   685
China Rehabilitation Research Center for Deaf Children   692
Huaxia Publishing House   697
CHINA TIMES   700
China Braille Press   703
China Disabled People's Performing Art Troupe   708
China Administration of Sports for Persons with Disabilities   715

CDPF Employment Service and Administration Center	720
China Press for Persons with Disability	731
Hua Xia Culture Group of China	733
China Assistive Devices and Technology Centre for Persons with Disabilities	735
Beijing Massage Hospital	740
Information Center of CDPF	742

Part VIII China Statistical Communique on the Development of the Undertaking for Disabled Persons in 2014   749

Part IX Chronicle of Undertaking and Work for Disabled Persons in China in 2014   755

目 录

第一编 重要文献

一、党和国家领导人讲话

中共中央总书记、国家主席习近平致中国残疾人福利基金会成立30周年的贺信 3

中共中央总书记、国家主席习近平在会见第五次全国自强模范暨助残先进集体和个人表彰大会受表彰代表时的讲话摘要 3

中共中央总书记、国家主席习近平在第五次全国自强模范暨助残先进集体和个人表彰大会上的讲话摘要 3

中中共中央政治局常委、国务院总理李克强关于启动实施《特殊教育提升计划（2014—2016年）》的批示 4

中共中央政治局常委、国务院总理李克强在第十二届全国人民代表大会第二次会议上的政府工作报告节选 4

中共中央政治局常委、国务院总理李克强在八一儿童医院看望残疾孤儿时的讲话摘要 4

中共中央政治局常委、政协主席俞正声在中国残疾人福利基金会成立30周年纪念会上的讲话 5

中共中央政治局常委、国务院副总理张高丽在第五次全国自强模范暨助残先进集体和个人表彰大会上的讲话摘要 6

二、国务院关于加快推进残疾人小康进程的意见 6

三、中国残联领导讲话

张海迪在中澳无障碍环境建设交流研讨会上的致辞 10

张海迪在APEC会议上答记者问 11

张海迪在"促进残疾人共享经济社会发展成果论坛"上的致辞：为实现亚太残疾人平等参与和融合发展的崇高目标而努力 12

张海迪在中央经济工作会议上的发言：进一步做好残疾人基本民生保障和就业扶贫工作 13

鲁勇在中国残联党的群众路线教育实践活动总结大会上的讲话 13

鲁勇在《人民日报》发表重要文章：以改革创新精神推进中国特色残疾人事业发展 18

鲁勇在残疾人两项补贴制度中部地区调度座谈会上的讲话 20

鲁勇在农村基层党组织助残扶贫工作经验交流会暨全国农村残疾人扶贫开发工作会上的讲话 23

孙先德在第二十九次全国残联工作会议上的总结讲话 26

四、涉残法律法规

社会救助暂行办法 28

全国人民代表大会常务委员会关于《中华人民共和国刑事诉讼法》第二百五十四条第五款、第二百五十七条第二款的解释 32

工伤职工劳动能力鉴定管理办法 32

公安机关办理国家赔偿案件程序规定 34

家庭寄养管理办法 35

残疾人航空运输管理办法 35

五、重要文件

中共中央、国务院印发《国家新型城镇化规划（2014—2020年）》 39

国务院关于落实《政府工作报告》重点工作部门分工的意见 39

国务院关于促进旅游业改革发展的若干意见 39

国务院关于扶持小型微型企业健康发展的意见 39

国务院关于促进慈善事业健康发展的指导意见 40

国务院办公厅关于印发《深化医药卫生体制改革2014年重点工作任务》的通知 43

国务院办公厅关于加快发展商业健康保险的若干意见 43

关于开展第二十四次全国助残日活动的通知 43

国家发展改革委等十部门关于加快推进健康与养老服务工程建设的通知 45

教育部等六部门关于医教协同深化临床医学人才培养改革的意见 46

教育部等九部门关于加快推进养老服务业人才培养的意见 46

关于非营利组织免税资格认定管理有关问题的通知 47

财政部、国家税务总局关于对小微企业免征有关政府性基金的通知 48

关于完善政府预算体系有关问题的通知 48

关于贯彻落实国务院清理规范税收等优惠政策决策部署若干事项的通知 49

国家卫生计生委等五部门关于印发《村卫生室管理办法（试行）》的通知 49

国家卫计委关于开展"建设群众满意的乡镇卫生院"活动的指导意见 49

国家卫计委、财政部、中医药局《关于做好2014年国家基本公共卫生服务项目工作的通知》 49

国家税务总局关于《促进残疾人就业税收优惠政策有关问题的公告》的解读 49

中国银行业电子渠道无障碍服务建设自律指引 50

第二编 重大专题

中国残疾人福利基金会成立30周年纪念专题

一、新华社通稿

习近平致信祝贺中国残疾人福利基金会成立30周年 俞正声出席纪念会并讲话 55

二、领导寄语和讲话

邓朴方会长寄语中国残疾人福利基金会成立30周年 56

邓朴方在中国残疾人福利基金会成立30周年纪念会上的讲话 56

张海迪在中国残疾人福利基金会成立30周年纪念会上的讲话 58

汤小泉在中国残疾人福利基金会成立30周年纪念会上的讲话 59

三、爱心捐赠者代表和受助残疾人代表发言

爱心捐赠者代表交通银行监事长、中国残疾人福利基金会理事华庆山在中国残疾人福利基金会成立30周年纪念会上的发言 61

受助残疾人代表黄思雨在中国残疾人福利基金会成立30周年纪念会上的发言 62

四、中国残疾人福利基金会成立30周年纪念活动工作综述 62

五、新闻媒体宣传报道

弘扬人道，集善天下
——写在中国残疾人福利基金会成立30年之际 64

为残疾人撑起一片蓝天
——写在中国残疾人福利基金会成立30周年之际 65

为了8500万残疾人
——中国残疾人福利基金会成立30周年纪事 67

为了8500万残疾人的梦想
——记中国残疾人福利基金会成立30周年 68

第五次全国自强模范暨助残先进集体和个人表彰大会专题

一、新华社报道

更加勇敢地迎接生活挑战，更加坚强地为实现梦想努力 69

二、会议文件

张海迪在表彰大会上的报告：全国"自强与助残"活动开展情况介绍 70

三、表彰决定及表彰名单

国务院残疾人工作委员会关于表彰全国自强模范暨助残先进集体和个人的决定 72

人力资源社会保障部、中国残疾人联合会关于表彰全国自强模范和全国残联系统先进工作者的决定 81

附录一 自强自立，扶残助困 81

附录二 携手同行，追梦造梦 82

第三编 全国残疾人事业和残疾人工作

残疾人事业理论与实践研究工作

工作综述 85

附录 残疾人事业研究学术成果、科研项目、实地调研与评估、人才培养 86

残疾人事业发展研究会工作

一、领导讲话与文件

程凯在中国特色残疾人事业研讨会暨第八届中国残疾人事业发展论坛上的致辞 90

程凯在中国特色残疾人事业研讨会暨第八届中国残疾人事业发展论坛上的讲话 91

武汉倡议：高校践行社会主义核心价值观，推动中国特色残疾人事业发展 93

二、工作综述 94

残疾人维权工作

工作综述 95

残疾人组织建设工作

一、政策法规文件

中国残疾人联合会关于深入开展"基础管理建设年"活动的意见 97

关于进一步加强残疾人工作者教育培训工作的通知 99

关于印发《中国残联主席团委员意见建议办理办法》的通知 101

关于做好全国残联系统机构、人员及助残社会组织专项调查和推动建章立制工作深入开展的通知 102

中国残联办公厅关于做好2014年残疾人专职委员业务学习和教育培训工作的通知 102

关于北京市残疾人服务一卡通相关事项的复函 104

中国残联关于印发《村（社区）残疾人协会工作规范（试行）》和《残疾人专职委员工作规范（试行）》的通知 104

二、工作综述 107

附录一 张海迪：《全国残疾人专职委员培训教程》序言 108

附录二 张海迪应邀在中央党校做残疾人工作专题报告 109

残疾人康复工作
一、领导讲话
中国残联副理事长贾勇在2014年全国残联系统康复工作会议上的讲话摘要　110
国务委员王勇在青海调研残疾人工作时的讲话摘要　110
国务委员王勇在甘肃调研残疾人工作时的讲话摘要　110
二、工作综述　110
中国残疾人康复协会工作　113
长江新里程项目　114
附录　中国残联办公厅关于调整中国残联"长江新里程计划"项目管理委员会成员的通知　116

残疾人教育工作
工作综述　117

残疾人就业工作
一、政策法规文件
关于做好2014年残疾高校毕业生就业创业工作的通知　118
关于印发《大力发展手工编织促进残疾妇女就业创业方案》的通知　119
关于贯彻落实《国务院关于扶持小型微型企业健康发展的意见》的通知　121
中国残联关于残疾人就业保障金结存结转有关问题的函　122
二、工作综述　122
附录一　全国助残日：平等参与，实现就业梦想　123
附录二　促进残疾人就业任重道远　124
附录三　《促进残疾人平等参与和融合发展的联合倡议》发布，重申残疾人作为劳动者的价值　125
附录四　关于对第二批国家级残疾人职业培训基地公示的通告　125

残疾人社会保障工作
一、领导讲话
民政部副部长、党组成员窦玉沛在残疾人两项补贴制度中部地区调度座谈会上的讲话　128
二、工作综述　130

残疾人扶贫工作
一、政策法规文件
关于创新农村残疾人扶贫开发工作的实施意见　132
二、工作综述　134
附录　基层党组织助残扶贫工程使14.6万农村贫困残疾人受益，党旗辉映助残路　135

残疾人宣传文化工作
一、政策法规文件
关于开展"百家图书馆文化助残公益行动"的通知　137
关于开展"百家博物馆文化助残公益行动"的通知　138
中国残联、中国记协关于开展百家媒体公益助残活动的通知　139
关于第十一届各地人民广播电台残疾人专题节目展播评选结果的通报　140
2012—2013年度残疾人事业好新闻评选结果通报　140
二、工作综述　141
附录一　第十一届各地人民广播电台残疾人专题节目展播获奖名单　142
附录二　2012—2013年度好新闻评选获奖情况　144
附录三　文艺助残，有序开展　153
附录四　筑梦路上，携手同行　153

残疾人体育工作
一、领导讲话
鲁勇在2014年全国残疾人体育工作会上的讲话　154
王梅梅在2014年全国残疾人体育工作会议上的讲话：抢抓机遇，迎接挑战，努力开创残疾人体育工作新局面　157
二、工作综述　162

残疾人事业国际交流与合作
一、工作综述　163
附录一　彭丽媛同参加2014年亚太经合组织领导人非正式会议的部分经济体领导人夫人出席"促进残疾人共享经济社会发展成果"主题系列活动　165
附录二　促进残疾人共享经济社会发展成果——写在亚太经合组织第二十二次领导人会议周残疾人主题活动举行之际　165

中国狮子联会工作
一、领导讲话
中国狮子联会会长王乃坤在中国狮子联会第九次全国会员代表大会上的讲话　166
中国狮子联会会长王乃坤在中国狮子联会2013—2014年度理事会第四次会议上的讲话　170
中国狮子联会会长王乃坤在中国狮子联会2014—2015年度理事会第三次会议上的讲话　171
二、工作报告与财务报告
中国狮子联会常务副会长张国筠在中国狮子联会第九次全国会员代表大会上的工作报告：改革创新，扎实工作，开创中国特色狮子会事业新局面　173
中国狮子联会2013—2014年度监事长刘国璞在中国狮子联会第九次全国会员代表大会上的报告：加强自身建设，切实履行职责，为中国特色狮子会健康持续发展保驾护航　176
中国狮子联会2013—2014年度财务报告　177
三、大事记　180

附录 关于表彰中国狮子联会2013—2014年度杰出会员、杰出服务队、优秀服务项目和特殊贡献奖的决定	183

中国残联机关建设工作

一、领导讲话

鲁勇在中国残联干部人事工作会议上的讲话摘要	185
相自成在2014年中国残联人事工作会议上的讲话摘要	190
鲁勇在中国残联机关和直属单位青年干部培训班上的讲话摘要	192
鲁勇在中国残联领导干部会上的讲话摘要：始终坚持作风建设永远在路上，为残疾人事业不断迈上新台阶提供有力保障	194

二、政策法规文件

中国残疾人联合会党组关于进一步加强领导干部选拔任用工作的意见	200
中国残联机关部门和直属单位、基金会干部选任、交流与挂职锻炼工作办法	203
关于印发直属机关党委、纪委2014年工作要点的通知	204
关于印发《中国残联直属机关基层服务型党组织建设实施意见》的通知	207
关于印发《中国残联党组贯彻落实中共中央〈建立健全惩治和预防腐败体系2013—2017年工作规划〉的实施办法》的通知	208
中国残联党组关于深化"四风"整治、巩固和拓展党的群众路线教育实践活动成果的实施意见	213
中国残联关于印发《中国残联领导干部违反改进作风有关规定实施问责的暂行办法》的通知	215
三、党建工作	216
四、人事工作	217

第四编 残疾人专门协会和社会工作

残疾人专门协会和社会工作

一、领导讲话

鲁勇在2014年度中国残联理事会与专门协会联席会议上的讲话	221
吕世明在全国助残社会组织工作研讨会上的讲话	224

二、政策法规文件

关于促进助残社会组织发展的指导意见	229
中国残联关于印发《中国残疾人联合会专门协会委员会工作规则》的通知	230
三、专门协会工作综述	232
四、重要社会工作	235
五、大事记	241
附录 第四届全国残疾人"自强创业之星"和"自强创业奖"获奖人员名单	242

中国残联专门协会项目评估和财务监审委员会工作

一、领导讲话

吕世明在专门协会评监试点工作汇报会上的讲话	244
二、工作综述	244
三、大事记	246
附录 中国残联专门协会评监委关于中国肢协"中途之家"项目的调研报告	247

中国盲人协会工作

一、工作综述	250
二、大事记	252
附录 福建省盲人协会主席王永澄在中国盲协六届二次委员会上的经验介绍：抢抓机遇，乘势而上，锐意进取，奋发有为，加快推进福建省盲人事业科学发展	253

中国聋人协会工作

一、工作综述	256
二、大事记	259
附录一 辽宁省沈阳市聋人协会举办演讲比赛活动经验分享：心声——听障演讲活动	260
附录二 广东省聋人协会"雪中炭"手工工坊成功创办经验分享：春风化暖，"雪中炭"无声世界的花艺师	260
附录三 重庆市聋人协会帮扶聋人果农销售鲜橙经验分享：橙熟时节，帮扶聋人果农销售鲜橙	261
附录四 天津市聋协举办聋人机动车驾驶技能比赛经验分享：聋人机动车驾驶技能赛，展示能力，收获快乐自信	261

中国肢残人协会工作

一、领导讲话

中国残联副主席刘德培在全国八城市中途之家验收总结会暨第五次脊髓损伤康复工作交流会上的讲话	263
全国八城市中途之家建设项目实施工作总结报告	264

二、政策法规文件

中国残联办公厅关于开展第五次全国"肢残人活动日"的通知	266
"扶贫济困，邀您同行"暨千企万人行动倡议书	266
三、工作综述	267
四、大事记	269
附录一 北京市东城区中途之家生活重建训练营	271
附录二 中途之家给脊髓损伤者带来希望	272
附录三 中国肢残人协会"站立计划——中华股骨头康复万里行"项目	273

中国智力残疾人及亲友协会工作

一、领导讲话

张海迪主席给第三届国际智障者音乐节的贺词	273

二、工作综述	274
三、大事记	275
附录 2014第三届世界智障者音乐节	276

中国精神残疾人及亲友协会工作

一、政策法规文件	
关于申报2014年度孤独症儿童康复教育试点项目试点机构的通知	278
二、工作综述	278
三、大事记	279
附录 孤独症女孩妈妈温洪已义务奔走6年："我不坚强，我只是坚持"（守望）	281

志愿助残工作

一、领导讲话	
张海迪主席关于青年志愿助残的指示	283
共青团中央书记处第一书记秦宜智在中国青年志愿者助残"阳光行动"启动工作会议上的讲话	283
鲁勇在中国青年志愿者助残"阳光行动"启动工作会议上的讲话	288
吕世明在中国青年志愿者助残"阳光行动"启动工作会议上的总结讲话	291
吕世明在2014年全国"志愿助残阳光行动"主题日活动仪式上的讲话	293
共青团中央书记处书记汪鸿雁在2014年全国"志愿助残阳光行动"主题日活动仪式上的讲话	295
二、政策法规文件	
共青团中央、中国残疾人联合会关于实施中国青年志愿者助残"阳光行动"的通知	296
中国残联办公厅、共青团中央办公厅关于广泛开展阳光行动主题日活动深入推进志愿助残结对工作的通知	297
三、工作综述	299
四、大事记	300

附录 "邻里守望——让志愿服务走进每个残疾人家庭"倡议书	300

第五编 中国残疾人福利基金会工作

一、政策法规文件	
关于促进助残社会组织发展的指导意见	303
二、工作综述	304
三、中国残疾人福利基金会2014年度财务决算报告	308
四、大事记	315

第六编 地方残疾人事业和残疾人工作

北京市残疾人事业和残疾人工作

一、领导讲话	
副市长戴均良在市残联第六届主席团第二次全体会议上的讲话摘要	323
副市长戴均良在2014年市政府残工委全体会议上的讲话摘要	324
二、政策法规文件	
北京市残疾人职业康复劳动项目资金补助办法	324
北京市残疾人学生和生活困难残疾人子女学生助学补助办法	324
北京市脊髓损伤残疾人一次性护理用品配发暂行办法	325
关于调整北京市用人单位安排残疾人就业岗位补贴和超比例奖励标准的通知	325
关于对2014年北京市新认定残疾人社会组织扶持奖励的通知	325
关于落实2014年度"阳光家园计划"有关事宜的通知	326
三、工作综述	326

四、大事记	327

天津市残疾人事业和残疾人工作

一、领导讲话与批示	
副市长、市政府残疾人工作委员会主任、市残联主席团主席曹小红在天津市残联第六届主席团第二次全体会议上的讲话摘要	335
市残联主席团副主席、市残联党组书记、理事长赵洪莉在全市残联工作会议上的讲话摘要	336
市委常委、政法委书记散襄军在第二十四次全国助残日暨夏季送凉爽活动启动仪式上的讲话摘要	336
市委常委、政法委书记散襄军在市残联《关于参加全国残疾人基本服务状况和需求专项调查工作会议的情况报告》上的批示	337
副市长、市政府残工委主任、市残联主席曹小红在市残联《关于参加全国残疾人基本服务状况和需求专项调查工作会议的情况报告》上的批示	337
二、政策法规文件	
关于印发《天津市2014年20项民心工程》的通知	337
天津市人民政府关于印发《天津市城乡居民基本养老保险实施办法》的通知	337
天津市人民政府办公厅关于转发市交通港口局拟定的《天津市残疾人免费乘坐公共汽车实施办法》的通知	337
天津市人民政府办公厅关于转发市教委拟定的《天津市特殊教育提升计划实施方案》的通知	338
天津市民政局、市财政局、市人力社保局、市卫生局、市残联关于进一步加强对患重特大疾病的城乡特殊困难人员实施医疗救助的通知	339

天津市民政局、市财政局、市人力社保局关于加强社区工作者队伍建设的指导意见	339
天津市民政局、市财政局关于调整社会救助范围和标准的通知	340
关于认真落实天津市人民政府2014年为残疾人办实事安排意见的通知	340
天津市残联、市民政局、市财政局关于社区残疾人专职委员纳入社区工作站管理建立准入退出机制具体规定的通知	340
关津市耳聋致病基因筛查方案	341
天津市残联、市财政局关于印发《关于对集中安置残疾人就业单位超过规定的安置人数给予补贴奖励的办法》的通知	342
三、工作综述	343
四、大事记	346
附录 天津市第五次全国自强模范暨助残先进集体和个人事迹简介	348

河北省残疾人事业和残疾人工作

一、领导讲话

省委副书记赵勇在省残联第六届主席团第二次全体会议上的讲话摘要	349
省委常委、宣传部部长艾文礼在河北省自强模范暨助残先进事迹报告会上的讲话摘要	350

二、政策法规文件

中共河北省委、河北省人民政府关于推进新形势下残疾人事业发展的意见	351
河北省人民政府残疾人工作委员会工作规则	352
河北省残疾人联合会关于印发《河北省贫困重度残疾人生活补贴实施办法》的通知	353
河北省人民政府政府关于完善城乡居民基本养老保险制度的实施意见	353
河北省残疾人联合会关于大力促进全省残疾人家庭手工业发展的意见	354
邯郸市残疾人保障办法	355
三、工作综述	356
四、大事记	360

山西省残疾人事业和残疾人工作

一、领导批示与讲话

中国残联主席张海迪就山西省建立残疾人"两个补贴"制度做出的批示	363
省委书记袁纯清就贯彻落实第五次全国自强模范暨助残先进集体和个人表彰大会精神做出的批示	363
省长李小鹏就贯彻落实第五次全国自强模范暨助残先进集体和个人表彰大会精神做出的批示	363
省委常委、常务副省长高建民在第五次全省自强模范暨助残先进集体和个人表彰大会上的讲话摘要	363
省委常委、常务副省长高建民在省政府残疾人工作委员会全体会议上的讲话摘要	364
省残联党组书记、理事长李亚明在省残联工作会议上的讲话摘要	366

二、政策法规文件

山西省重度残疾人护理补贴和贫困残疾人生活补贴实施办法	367
山西省人民政府办公厅关于转发省教育厅等部门《山西省特殊教育提升计划（2014—2016年）》的通知	367
关于印发2013年山西省贫困地区新生儿疾病筛查项目实施方案的通知	368
三、工作综述	368
四、大事记	371

内蒙古自治区残疾人事业和残疾人工作

一、领导讲话

自治区政府副主席白向群在2014年全区残疾人工作会议上的讲话摘要	373
自治区政府副主席白向群在第五次全国自强模范暨助残先进表彰大会座谈会上的讲话摘要	374
自治区残联理事长杨瑞平在全区传达贯彻第五次全国自强模范暨助残先进表彰大会精神座谈会上的讲话摘要	374
自治区残联理事长杨瑞平在全区残疾人基本服务状况和需求专项调查工作会议上的讲话摘要	374
自治区残联理事长杨瑞平在全区残疾人基本服务状况和需求专项调查工作推进会上的讲话摘要	375

二、政策法规文件

内蒙古自治区人民政府关于深入推进义务教育均衡发展的实施意见	375
内蒙古自治区贯彻落实《社会救助暂行办法》部门分工实施方案	375
内蒙古自治区人民政府关于印发《内蒙古自治区特殊教育提升计划（2014—2016年）实施意见》的通知	375
内蒙古自治区人民政府办公厅关于确定2014年度全区城乡居民最低生活保障标准有关事宜的通知	376
内蒙古自治区残疾人联合会主席团委员意见建议办理办法	376
三、工作综述	376
四、大事记	379

辽宁省残疾人事业和残疾人工作

一、领导讲话与批示

省政府副秘书长、残工委副主任上官炜星在全省残疾人工作会议暨省政府民生实事启动仪式上的讲话摘要	384
副省长、残工委主任刘强在省政府残工委全体会议上的讲话摘要	385

| 副省长刘强在《辽宁省残联关于申请全国辅助器具（东北）区域中心扩建立项的请示》上的批示 | 385 |
| 副省长刘强在《辽宁省民政厅关于建立残疾人"两项补贴制度"有关问题的请示》上的批示 | 385 |

二、政策法规文件

辽宁省人民政府办公厅关于转发省教育厅等部门《辽宁省特殊教育提升计划实施方案（2014—2016年）》的通知	385
关于建立困难残疾人生活补贴和重度残疾人护理补贴制度的通知	386
辽宁省人民政府办公厅关于做好农村困难家庭重性精神病患者救治工作的意见	386
关于进一步做好为残疾人专职委员发放补贴工作有关问题的通知	386
关于印发辽宁省0—6岁儿童残疾筛查工作实施方案的通知	386
关于对义务教育阶段贫困残疾学生学习和生活费用给予资助有关问题的通知	386
关于进一步做好计划生育特殊困难家庭扶助工作的通知	386
关于促进残疾人按比例就业的实施意见	387
关于省残保金支持残疾人就业工作有关政策的通知（试行）	387
关于调整残疾人就业保障金核算方式和上解省财政收入入库方式有关问题的通知	387

三、工作综述 388
四、大事记 392

吉林省残疾人事业和残疾人工作

一、领导讲话与批示

省长巴音朝鲁在吉林省十二届人大第二次会议上的政府工作报告节选	396
副省长隋忠诚在吉林省政府残工委全体会议上的讲话摘要	396
副省长隋忠诚对吉林省第二十四个全国助残日活动开展情况做出的批示	399
副省长隋忠诚对2014年全国聋人足球锦标赛筹备工作做出的批示	399
省委副书记竺延风在第三次吉林省自强模范暨助残先进表彰大会上的讲话摘要	399

二、政策法规文件

吉林省人民政府关于2014年民生实事的安排意见	400
吉林省人民政府办公厅关于政府向社会力量购买服务的实施意见	400
吉林省人民政府关于贯彻实施《社会救助暂行办法》的意见	400
中共吉林省委、吉林省人民政府关于实施特困群体救助工程的意见	400
关于促进按比例安排残疾人就业的实施意见	401

三、工作综述 402
四、大事记 403

附录 以改革创新精神推动全省残疾人事业快速发展 406

黑龙江省残疾人事业和残疾人工作

一、领导批示与讲话

副省长、省政府残工委主任孙永波在省残联《关于报送2013年工作情况和2014年工作安排的报告》上的批示	407
副省长、省政府残工委主任孙永波在省政府残工委全体会议上的讲话	407
省残联党组书记、理事长何玉华在省政府残工委全体会议上的报告	409
副省长、省政府残工委主任孙永波在《关于合作建设省残疾人康复中心的请示》上的批示	409
副省长郝会龙在《关于合作建设省残疾人康复中心的请示》上的批示	409
省长陆昊在《关于合作建设省残疾人康复中心的请示》上的批示	410

二、政策法规文件

| 关于建立贫困重度残疾人护理补贴制度的通知 | 410 |

三、工作综述 410
四、大事记 412

上海市残疾人事业和残疾人工作

一、领导讲话

副市长、市政府残工委主任时光辉在上海市人民政府残工委（扩大）会议暨上海市残联六届二次主席团会议上的讲话摘要	415
市政府副秘书长、市政府残工委第一副主任吴建融在杨浦区残疾人事业"十二五"规划实施情况视察活动中的讲话摘要	416
市残联党组书记金放在市残联"两优一先"表彰大会上的讲话摘要	416
市残联理事长、市政府残工委副主任王爱芬在市政府残工委联络员工作例会暨全国助残日工作会议上的讲话摘要	417

二、政策法规文件

关于调整超比例安排残疾人就业单位奖励标准的通知	418
关于调整本市残疾人养护床位补贴标准的通知	418
关于为社区康复患者提供辅助器具服务的通知	418
关于本市重度残疾人参加城乡居民基本养老保险若干问题处理意见的通知	419
关于调整本市残疾人居家养护补贴标准的通知	419
关于完善"阳光心园"相关经费补贴的通知	419
关于调整本市残疾人养护床位一次性建设经费补贴标准的通知	420

三、工作综述 420

四、大事记	424

江苏省残疾人事业和残疾人工作

一、领导讲话
副省长许津荣在省政府残疾人工作委员会全体（扩大）会议上的讲话摘要	429

二、政策法规文件
省委组织部等七部门单位关于促进残疾人按比例就业的实施意见	431
江苏省残疾儿童基本康复项目免费服务实施办法	432
江苏省残疾儿童基本康复项目省补资金管理办法	432
关于加强残疾人托养机构劳动项目省补资金管理的意见	432

三、工作综述 433
四、大事记 434

浙江省残疾人事业和残疾人工作

一、领导讲话与批示
省长李强在浙江省第十二届人民代表大会第二次会议上的政府工作报告摘要	441
省委副书记王辉忠在杭州市西湖区古荡街道工疗站看望慰问接受工疗的残疾人和服务残疾人的志愿者时的讲话摘要	441
副省长熊建平在全省残疾人工作会议暨省残联第六届主席团第二次全体会议的讲话摘要	441
副省长熊建平针对浙江政务信息专报"监测显示我省残疾人生活状况与社会平均水平存在较大差距亟须重视"做出的批示	442
省政协主席乔传秀就省残疾人康复指导中心迁建工程上半年进展情况和下半年工作计划做出的批示	442

二、政策法规文件
关于印发《浙江省助残志愿者注册管理实施办法（试行）》的通知	442
关于印发《浙江省残疾人康复和托养专业人才入职奖补办法》的通知	442
关于做好贫困精神残疾人服用基本抗精神病药物费用全额保障工作的通知	443
关于促进残疾人按比例就业的实施意见	443
关于加强残疾人文化建设的实施意见	443
关于调整重度残疾人托（安）养费用指导线的通知	443
关于免除残疾人大学生学费住宿费的通知	443
关于在第二批党的群众路线教育实践活动中开展农村基层党组织结对帮扶残疾人活动的通知	443
浙江省残疾人就业办法	443
浙江省社会救助条例	444
浙江省人民政府办公厅转发浙江省教育厅等七部门《关于浙江省特殊教育提升计划（2014—2016年）》的通知	444

三、工作综述 444
四、大事记 447

安徽省残疾人事业和残疾人工作

一、领导讲话
副省长、省政府残工委主任、省残联第六届主席团主席梁卫国在全省残工委会议上的讲话摘要	451
孙先德在安徽省第六届残疾人运动会上的致辞摘要	452
副省长梁卫国在安徽省第六届残疾人运动会上的开幕词摘要	453

二、政策法规文件
关于促进残疾人家庭增收、加快实现小康步伐的意见	453

三、工作综述 455
四、大事记 459

福建省残疾人事业和残疾人工作

一、领导讲话
副省长、省残联主席团主席洪捷序在省残联第六届主席团第二次全会暨全省残联工作会议上的讲话摘要	460
省委书记尤权在会见福建省参加第五次全国自强模范暨助残先进表彰大会代表时的讲话摘要	461
省委常委陈桦在第五次全省自强模范与助残先进表彰大会上的讲话摘要	461

二、政策法规文件
关于进一步加强扶残助残工作的意见	462
福建省人民政府办公厅转发省教育厅等部门《关于特殊教育提升计划（2014—2016）实施意见》的通知	464
关于促进残疾人按比例就业的实施意见	465
福建省人民政府关于完善城乡居民基本养老保险制度的实施意见	466
福建省人民政府关于进一步做好社会救助工作的意见	466
福建省财政厅、福建省残联关于印发《福建省重度残疾人护理补贴资金管理与实施办法》的通知	466

三、工作综述 467
四、大事记 469

江西省残疾人事业和残疾人工作

一、领导讲话
副省长、省政府残工委主任胡幼桃在2014年省政府残工委全体会议上的讲话	471
省残联党组书记、理事长陈卫华在2014年省政府残工委全体会议上的工作报告	473
省委书记强卫在第五次全省自强模范暨助残先进集体和个人表彰大会上的讲话	474
副省长、省政府残工委主任胡幼桃在第五次全省自强模范暨助残先进集体和个人表彰大会上的讲话	475

二、政策法规文件

江西省财政厅、江西省残疾人联合会、江西省民政厅、江西省体育局关于印发《江西省省级专项彩票公益金支持残疾人事业发展项目资金管理办法》的通知 476

三、工作综述 477

四、大事记 479

山东省残疾人事业和残疾人工作

一、领导讲话

省委常委、组织部部长高晓兵到莘县张寨镇尚庄村视察省残联"第一书记"帮包村工作、走访慰问贫困重度残疾人家庭时的讲话摘要 480

省委副书记、省长郭树清在山东省特殊教育中等专业学校调研残疾人工作时的讲话摘要 480

省委常委、组织部部长高晓兵到济南市安安特殊教育中心调研残疾人工作时的讲话摘要 481

鲁勇到山东省特殊教育中等专业学校调研残疾人工作时的讲话摘要 481

鲁勇视察山东省残疾人康复中心建设情况时的讲话摘要 481

鲁勇在全国农村基层党组织助残扶贫经验交流暨农村残疾人扶贫开发工作会议上的讲话摘要 481

省委常委、组织部部长高晓兵在全国农村基层党组织助残扶贫经验交流暨农村残疾人扶贫开发工作会议上的讲话摘要 481

副省长王随莲在全省残疾人"整体赶平均、共同奔小康"计划推进电视会议上的讲话摘要 481

省委常委、常务副省长孙伟到山东省特殊教育中等专业学校调研残疾人工作时的讲话摘要 482

副省长王随莲到山东省残联调研残疾人工作时的讲话摘要 482

鲁勇在山东省第五次自强模范暨助残先进表彰大会上的讲话摘要 482

省委常委、组织部部长高晓兵在山东省第五次自强模范暨助残先进表彰大会上的讲话摘要 482

副省长王随莲在山东省残联第六届主席团第二次会议上的讲话摘要 483

鲁勇到淄博市桓台县调研残疾人基本服务状况和需求专项调查工作时的讲话摘要 483

二、政策法规文件

山东省体育竞赛管理办法 483

山东省残疾人"整体赶平均、共同奔小康"行动方案（2014—2017年） 483

关于印发《山东省"基层党组织结对助残扶贫工程"实施方案》的通知 486

三、工作综述 487

四、大事记 489

河南省残疾人事业和残疾人工作

一、领导讲话与批示

副省长王艳玲在2014年全省残疾人工作会议上的讲话摘要 491

省残联党组书记、理事长李国成在2014年全省残疾人工作会议上的讲话摘要 493

团省委副书记李若鹏在河南省青年志愿者助残"阳光行动"启动会议上的讲话摘要 495

副省长王艳玲在河南省第六届残疾人运动会上的讲话摘要 496

副省长王艳玲在河南省第五届残疾人职业技能竞赛上的讲话摘要 496

省人大常委会副主任蒋笃运在河南省第十二届人民代表大会常务委员会第十一次会议上的讲话摘要 496

省残联党组书记、理事长李国成在郑州大学残疾人事业发展研究中心暨体育训练基地揭牌仪式上的讲话摘要 496

省委副书记邓凯在《省残联关于2014年工作情况和2015年工作安排的汇报》上的批示 497

二、政策法规文件

河南省人民政府关于印发《河南省社会救助实施办法》的通知 497

三、工作综述 497

四、大事记 499

湖北省残疾人事业和残疾人工作

一、领导讲话

省长王国生在湖北省第十二届人民代表大会第二次会议上的政府工作报告摘要 502

副省长甘荣坤在2014年全省残联工作会议上的讲话摘要 502

省残联党组书记、理事长陶慧芬在全省残疾人基本状况与需求调查现场推进会上的讲话摘要 503

二、政策法规文件

关于开展"规范化建设年"活动的意见 503

关于促进残疾人按比例就业的实施意见 504

湖北省社会救助实施办法 506

省人民政府办公厅关于转发省教育厅等部门《湖北省特殊教育提升计划（2014—2016年）》的通知 506

关于创新机制扎实推进湖北农村扶贫开发工作的实施意见 507

关于印发开展文化志愿服务活动意见的通知 507

三、工作综述 507

四、大事记 510

湖南省残疾人事业和残疾人工作

一、领导讲话
省委书记、省人大常委会主任徐守盛在接见湖南省出席第五次全国残疾人自强模范暨助残先进表彰大会代表时的讲话 …… 513

二、政策法规文件
湖南省人民政府办公厅关于印发《湖南省重度残疾人护理补贴制度实施办法》的通知 …… 514
湖南省教育厅关于听障学生在参加初中毕业学业考试时免试英语听力的通知 …… 516
湖南省人民政府关于推进政府购买服务工作的实施意见 …… 516
湖南省人民政府关于加快推进养老服务业发展的实施意见 …… 516
湖南省人民政府关于建立统一的城乡居民基本养老保险制度的实施意见 …… 516
湖南省人民政府关于促进健康服务业发展的意见 …… 517
湖南省人民政府关于印发《湖南省推进新型城镇化实施纲要（2014—2020年）》的通知 …… 517

三、工作综述 …… 517
四、大事记 …… 520

广东省残疾人事业和残疾人工作

一、领导批示与讲话
省委副书记、省长朱小丹对全省特殊教育工作的批示 …… 525
副省长陈云贤在全省特殊教育工作会议上的讲话摘要 …… 525
副省长邓海光到省残联专题调研时的讲话摘要 …… 525
鲁勇在广东省自强模范暨助残先进表彰大会上的讲话 …… 526
中共中央政治局委员、省委书记胡春华在接见全省自强模范暨助残先进代表时的讲话摘要 …… 527
省委常委、常务副省长徐少华在全省自强模范助残先进表彰大会上的讲话摘要 …… 527

二、政策法规文件
关于转发省教育厅等部门《广东省特殊教育提升计划（2014—2016年）》的通知 …… 527
关于修订《广东省城乡居民社会养老保险实施办法》的通知 …… 528
关于我省残疾人生活津贴和重度残疾人护理补贴资金管理使用有关问题的通知 …… 528
广东省省级彩票公益金支持残疾人事业专项资金管理办法 …… 528
广东省新建标准化特殊教育学校建设专项资金管理办法 …… 529
广东省残疾人就业保障金缓减免管理办法 …… 529

三、工作综述 …… 530
四、大事记 …… 532

广西壮族自治区残疾人事业和残疾人工作

一、领导讲话
自治区党委书记、人大常委会主任彭清华在看望自治区残联干部职工时的讲话摘要 …… 538
自治区残联党组书记、理事长边疆在广西残联第六届主席团第二次全体会议上的报告摘要 …… 538

二、政策法规文件
关于印发广西壮族自治区重度残疾人护理补贴实施办法的通知 …… 539
关于促进残疾人按比例就业的实施意见 …… 540

三、工作综述 …… 543
四、大事记 …… 546

附录 广西构筑扶贫助残安全网，23.4万贫困残疾人纳入低保 …… 550

海南省残疾人事业和残疾人工作

一、领导讲话
省委书记罗保铭祝贺省残疾人基金会成立的贺信 …… 551
副省长何西庆在第六届海南省残疾人运动会上的讲话摘要 …… 551
副省长、省政府残工委主任何西庆在省政府残疾人工作委员会全体会议上的讲话摘要 …… 551

二、政策法规文件
海南省特殊教育三年提升计划（2014—2016年）实施方案 …… 554

三、工作综述 …… 555
四、大事记 …… 558

四川省残疾人事业和残疾人工作

一、领导批示与讲话
省长魏宏对"量体裁衣"式残疾人服务模式荣获中国地方政府创新奖最高奖项优胜奖的批示 …… 559
省委书记王东明对"量体裁衣"式残疾人服务模式荣获中国地方政府创新奖最高奖项优胜奖的批示 …… 559
省委常委、省总工会主席李登菊听取省残联党组关于2014年重大工作汇报后的指示 …… 560
副省长曲木史哈在省残联2014年第16期简报上的批示 …… 560
鲁勇视察四川省八一康复中心时的讲话 …… 560
省委常委、省总工会主席李登菊在省残联就"量服"工作进行专题调研时的讲话摘要 …… 560
省委副书记、省长魏宏看望慰问成都市特殊教育学校教师代表时的指示 …… 561
省委书记王东明在省残联报送的《关于我省优秀残疾人运动员参加仁川2014亚洲残疾人运动会获得优异成绩的报告》上的批示 …… 561
省委常委李登菊在省残联报送的《关于我省优秀残疾人运动员参加仁川2014亚洲残疾人运动会获得优异成绩的报告》上的批示 …… 561

二、政策法规文件
关于发放重度残疾人护理费用补贴的通知 561
关于印发《四川省基本公共服务体系"十二五"规划2014年实施计划》的通知 561
关于加强残疾人康复机构与医疗机构合作的通知 562
关于促进残疾人按比例就业的实施意见 562
关于转发《特殊教育提升计划（2014—2016年）实施意见》的通知 562
四川省贫困县农村扶贫开发工作考核办法（试行） 562
省扶贫开发领导小组办公室印发《〈四川省贫困县农村扶贫开发工作考核办法（试行）〉考核范围、指标体系、指标说明和计分标准的通知》 562
四川省社会救助实施办法 563
三、工作综述 563
四、大事记 565
附录 四川"量服"推进残疾人事务治理现代化 569

重庆市残疾人事业和残疾人工作

一、领导讲话
鲁勇在重庆市残疾人工作汇报会上的讲话摘要 571
二、政策法规文件
关于试行残疾人信访代理制度的通知 571
关于减免下肢残疾人车辆路桥通行费的通知 573
关于农村贫困残疾人危房改造阳光安居工程项目试行"一户一策"的通知 574
三、工作综述 574
四、大事记 577

贵州省残疾人事业和残疾人工作

一、领导讲话与批示
副省长、省残工委主任慕德贵在走访慰问残疾人时的讲话摘要 582
副省长、省残工委主任慕德贵在听取省残联工作汇报时的讲话摘要 582
省委常委、贵阳市委书记陈刚在调研贵阳市残疾人工作时的讲话摘要 582
副省长、省残工委主任慕德贵在省政府残工委全体会议上的讲话摘要 582
程凯在与贵州残联系统理事长座谈农村残疾人扶贫工作时的讲话摘要 582
中国残联体育部主任赵素京在黔西南州调研残疾人体育工作的讲话摘要 583
省残联党组书记、理事长杨云在贵州省残疾人基础信息调查培训班上的讲话摘要 583
副省长、省残工委主任慕德贵在省残联《关于近期盲人到省残联集体上访处理情况的报告》上的批示 583
副省长、省残工委主任慕德贵在走访慰问残疾人运动员和困难残疾人家庭时的讲话摘要 583
省残联党组书记、理事长杨云在贵阳调研残疾人康复托养中心建设工作时的讲话摘要 583
省委常委、省委宣传部部长张广智在听取省残联工作汇报时的讲话摘要 583
副省长、省残工委主任慕德贵在省残联《关于承办全国残疾人羽毛球公开赛的情况的报告》上的批示 583
省委常委、宣传部部长张广智在会见中国残联副理事长王梅梅时的讲话摘要 583
王梅梅在会见张广智时的讲话摘要 583
省残联党组书记、理事长杨云在《设施建设与运行机制并重——关于对部分市县残疾人托养机构建设情况的调研报告》上的批示 584
副省长、省残工委主任慕德贵在省政府残工委2014年六项重点工作推进会上的讲话摘要 584
省委书记赵克志在贵阳会见来黔调研的中国残联主席团副主席、全国政协社会和法制委员会副主任王新宪一行时的讲话摘要 584
王新宪在会见赵克志时的讲话摘要 584
省委书记赵克志在省委办公厅印发的《赵克志同志关于全省残疾人工作的意见》上的批示 584
省委副书记、省长陈敏尔在《赵克志同志关于全省残疾人工作的意见》上的批示 584
省委常委、省委组织部部长孙永春在省残联《2014年残疾人工作总结和2015年残疾人工作打算的报告》上的批示 584
省委常委、省委宣传部部长张广智在主持召开民主生活会时的讲话摘要 585
副省长、省残工委主任慕德贵在《贵州省重度残疾人和贫困残疾人基本情况》和《贵州省重度残疾人护理补贴实施办法（草案）》上的批示 585
二、政策法规文件
贵州省残疾人保障条例 585
贵州省残疾人同步小康创业就业行动实施方案 589
关于印发《关于促进残疾人按比例就业的实施意见》的通知 589
关于做好2014年全省普通高等学校毕业生就业创业工作的实施意见 590
贵州省城乡居民基本养老保险实施办法 590
贵州省特殊教育提升计划实施方案（2014—2016年） 590
三、工作综述 590
四、大事记 592

云南省残疾人事业和残疾人工作

一、领导讲话与批示
副省长、省残工委主任尹建业在省政府残工委（扩大）会议上的讲话摘要 … 594
省残联理事长王兴宁在省政府残工委（扩大）会议上的工作报告节选 … 594
王梅梅在云南省第十届残疾人运动会暨第四届特殊奥林匹克运动会开幕式上的致辞摘要 … 595
副省长、组委会主任张祖林在云南省第十届残疾人运动会暨第四届特殊奥林匹克运动会开幕式上的致辞摘要 … 595
省残联党组书记、理事长、组委会执行主任王兴宁在云南省第十届残疾人运动会暨第四届特殊奥林匹克运动会闭幕式上的致辞摘要 … 595
省残联理事长王兴宁在"斯达克·世界从此欢声笑语——中国（云南）"助听项目欢送晚宴上的讲话摘要 … 596
副省长张祖林在云南省残疾人联合会《关于上报2014年工作总结的报告》上的批示 … 598
省委常委、省委宣传部部长、省残联名誉主席赵金在中共云南省残疾人联合会党组《关于请审阅省残联第六届执行理事会工作报告的请示》上的批示 … 598

二、政策法规文件
云南省残疾人就业规定 … 598

三、工作综述 … 600
四、大事记 … 603

西藏自治区残疾人事业和残疾人工作

一、领导讲话
自治区常委、区直工委书记多托在自治区残联及下属两事业单位调研时的讲话摘要 … 607
自治区副主席多吉次珠在"全区残疾人基本服务状况和需求专项调查工作"培训会议上的讲话摘要 … 608

二、政策法规文件
西藏自治区贯彻农村残疾人扶贫开发纲要2011—2020年实施办法 … 609
西藏自治区盲人保健按摩行业管理办法 … 610
关于促进全区残疾人按比例就业实施意见的通知 … 610

三、工作综述 … 611
四、大事记 … 612
附录一 中国电信拉萨分公司携手区残联联合开展关爱残疾人活动 … 613
附录二 西藏残联获捐价值3.5万元图书 … 613

陕西省残疾人事业和残疾人工作

一、领导讲话与批示
省长娄勤俭在陕西省第十二届人民代表大会第二次会议上的政府工作报告节选 … 614
副省长庄长兴在调研特殊教育工作、召开座谈会时的讲话摘要 … 614
鲁勇在省残联《关于进一步落实〈关于贯彻"农村基层党组织助残扶贫工程"的实施意见〉的通知》上的批示 … 614
省政协主席马中平在调研残疾人工作时的讲话摘要 … 614
副省长祝列克在省康复医院调研残疾人康复工作时的讲话摘要 … 614
鲁勇在省残联《关于进一步落实〈关于贯彻"农村基层党组织助残扶贫工程"的实施意见〉的通知》上再次批示 … 614
鲁勇在陕西调研时的讲话摘要 … 615

二、政策法规文件
关于2014年为残疾人办实事的通知 … 615
关于促进残疾人按比例就业的实施意见 … 615
关于重新修订《陕西省农村残疾人扶贫示范基地项目申报指南》的通知 … 617
关于促进民办残疾人服务机构发展的意见 … 618
关于大力实施残疾人千户万人缩距奔小康工程的意见 … 620

三、工作综述 … 621
四、大事记 … 622

甘肃省残疾人事业和残疾人工作

一、领导讲话
副省长、省政府残工委主任张广智在省政府残工委全体会议暨全省残联工作会议上的讲话摘要 … 625
省政府副秘书长张正锋在"中国梦·我的梦·自强梦——甘肃省全国自强模范与助残先进事迹报告会"上的讲话摘要 … 626
省委常委、副省长、省组委会主任咸辉在全省第九届残疾人运动会暨第三届特奥运动会开幕式上的讲话摘要 … 626
省委书记、省人大常委会主任王三运在会见第四次全省自强模范暨助残先进集体和个人代表时的讲话摘要 … 626
副省长夏红民在第四次全省自强模范暨助残先进集体和个人表彰大会上的讲话摘要 … 626
副省长夏红民在第五届全省残疾人职业技能竞赛开幕式上的讲话摘要 … 627

二、政策法规文件
甘肃省人民政府办公厅关于印发《2014年为民办实事实施方案》的通知 … 627
甘肃省城乡居民基本养老保险实施办法 … 628
关于进一步做好城市低保清理和规范工作的通知 … 628
关于积极推进教育扶贫工程实施意见 … 628
2014年甘肃省贫困听障儿童救治项目实施方案 … 628

关于印发《全省"百千万"残疾人教育就业扶贫工程实施意见》及配套方案的通知 629
庆阳市集中和分散安置残疾人就业基地建设管理规定 629
白银市盲人保健按摩行业扶持实施方案（试行） 629
三、工作综述 630
四、大事记 632

青海省残疾人事业和残疾人工作

一、领导讲话与批示
国务委员王勇在青海视察时的讲话摘要 638
张海迪在青海视察时的讲话摘要 638
鲁勇与基层残疾人工作者座谈时的讲话摘要 638
副省长匡湧在省政府残工委第二十次全体扩大会议上的讲话摘要 638
副省长匡湧在《青海省残联系统创建民族团结进步先进区做法材料》上的批示 638
省委常委、省总工会主席苏宁在《关于青海省残疾人就业工作总结的专报》上的批示 638
二、政策法规文件
青海省残疾、孤老人员和烈属所得减征个人所得税管理办法 639
青海省人民政府关于建立统一的城乡居民基本养老保险制度的实施意见 639
青海省政府向社会力量购买公共服务实施办法 639
青海省政府向社会力量购买残疾人服务实施办法 639
三、工作综述 640
四、大事记 642
附录一 国务委员王勇在青海视察时的讲话摘要 644
附录二 中国残联主席张海迪在青海视察时的讲话摘要 645
附录三 中国残联党组书记、理事长鲁勇与基层残疾人工作者座谈时的讲话 645

宁夏回族自治区残疾人事业和残疾人工作

一、领导批示与讲话
自治区党委常委、副主席李锐在自治区政府督查室《关于我区冬春季困难群众基本生活安排情况的督查报告》（《自治区政府督查专报》第1期）上的批示 647
自治区残联党组书记、理事长娄晓萍在2013年机关工作总结会上的讲话摘要 647
自治区残联党组书记、理事长娄晓萍向中国残联提出的几点工作建议摘要 648
自治区残联党组书记、理事长娄晓萍在全区残联工作会议上的工作报告节选 648
自治区党委常委、副主席李锐在《自治区政协关于对贫困残疾儿童实施免费抢救性康复服务的建议》（《社情民意》2014年第3期）上的批示 648
自治区残联党组书记、理事长娄晓萍在宁夏保健按摩行业协会成立大会上的讲话摘要 648
自治区残联党组书记、理事长娄晓萍在与五大专门协会主席座谈交流时的讲话摘要 648
自治区残联党组书记、理事长娄晓萍在宁夏盲协第一次会员代表大会上的讲话摘要 649
自治区党委常委、主席刘慧在《自治区残联关于追加2014年重度残疾人生活津贴预算资金的请示》上的批示 649
二、政策法规文件
关于实施妇幼卫生"七免一救助"的意见 649
关于2014年10项民生计划为民办30件实事的通知 649
宁夏回族自治区关于政府向社会力量购买服务暂行办法 649
宁夏回族自治区关于政府购买服务指导目录 650
宁夏回族自治区促进残疾人按比例就业实施办法 650
加强肇事肇祸等严重精神障碍患者管理工作推进方案 651
贯彻落实特殊教育提升计划（2014—2016年）实施方案 651
宁夏回族自治区政府购买社会工作服务实施办法 652
关于进一步做好残疾人最低生活保障工作的通知 652
三、工作综述 652
四、大事记 655

新疆维吾尔自治区残疾人事业和残疾人工作

一、领导讲话
中共中央政治局委员、自治区党委书记张春贤在残疾人代表座谈会上的讲话摘要 659
自治区党委常委尔肯江·吐拉洪在自治区残联工作会议上的讲话摘要 661
自治区副主席吉尔拉·衣沙木丁在自治区残联工作会议上的讲话摘要 661
自治区副主席吉尔拉·衣沙木丁在自治区人民政府残工委会议上的讲话摘要 661
自治区党委常委、自治区副主席艾尔肯·吐尼亚孜在自治区促进残疾人按比例就业电视电话会议上的讲话摘要 662
自治区副主席田文在自治区助残先进个人、自主创业之星表彰大会暨第四届残疾人职业技能竞赛闭幕式上的讲话摘要 662
二、工作综述 663
三、大事记 666

新疆生产建设兵团残疾人事业和残疾人工作

一、领导讲话

中国残疾人福利基金会理事长汤小泉在兵团考察，会见兵团党委书记、政委车俊时的讲话摘要 670

兵团党委书记、政委车俊会见中国残疾人福利基金会理事长汤小泉一行时的讲话摘要 670

兵团党委常委、兵团副政委阿布力孜·尼牙孜在兵团残疾人就业扶贫现场会上的讲话摘要 670

二、政策法规文件

关于促进新疆生产建设兵团残疾人按比例就业的实施意见 670

第八师石河子市居民最低生活保障实施细则 671

第一师阿拉尔市政府购买残疾人托养服务工作方案（试行） 671

第一师阿拉尔市补贴残疾人城镇居民养老保险和医疗保险实施办法（试行） 671

三、工作综述 671

四、大事记 673

黑龙江垦区残疾人事业和残疾人工作

一、领导讲话

总局残工委主任邹积慧在垦区残联重点工作推进会上的讲话摘要 676

二、政策法规文件

关于做好2013年度垦区残疾人就业保障金缴纳工作的通知 677

关于转发《黑龙江省人民政府关于建立贫困重度残疾人护理补贴制度的通知》的通知 677

关于做好2014年"一帮一"职工共同富裕行动帮扶工作的通知 677

关于印发《绥滨农场精神残疾人住院治疗补贴实施方案》的通知 677

关于印发《军川农场2014年土地承包实施方案》的通知 678

三、工作综述 678

四、大事记 681

附录一 张海迪给垦区的残疾兄弟姐妹拜年 682

附录二 垦区残联重点工作推进电视电话会议召开，邹积慧出席并讲话 682

第七编 中国残疾人联合会直属单位工作

中国康复研究中心

一、领导讲话

张海迪在调研中国康复研究中心工作时的讲话摘要 685

二、工作综述 685

三、大事记 689

中国聋儿康复研究中心

一、工作综述 692

二、大事记 696

华夏出版社

一、领导讲话

孙先德在《中国残疾人事业年鉴》第二次特约编辑会议暨2013年《年鉴》工作表彰会议上的讲话 697

二、工作综述 698

华夏时报社

一、工作综述 700

二、大事记 702

中国盲文出版社

一、领导讲话

张海迪在全国盲人阅读推广工作交流会上的讲话：让知识的光芒照亮心灵的世界 703

吕世明在第十届信息无障碍论坛上的讲话 704

二、工作综述 705

三、大事记 707

中国残疾人艺术团

一、工作综述 708

二、大事记 710

附录 双手合十中有说不完的感谢 712

中国残疾人体育运动管理中心

一、领导讲话

张海迪在《2014年国际乒联残疾人乒乓球世界锦标赛秩序册》中的致辞 715

鲁勇在体管中心中层干部会议上的讲话摘要 715

二、工作综述 716

三、大事记 718

中国残联就业服务指导中心

一、领导讲话

中国残联副理事长、全国盲人医疗按摩人员考试委员会主任委员程凯在2014年全国盲人医疗按摩人员考试工作会议上的讲话：完善创新，推动盲人医疗按摩事业不断取得新进步 720

鲁勇在西部部分省市残疾人就业工作座谈会上的讲话摘要 723

二、政策法规文件

关于盲人医疗按摩人员执业备案有关问题的通知 723

关于做好盲人医疗按摩人员执业备案工作的通知 723

关于印发《盲人医疗按摩继续教育暂行规定》的通知 724

三、工作综述 726

三、大事记 728

中国残疾人杂志社

一、工作综述 731

二、大事记 732

中国华夏文化集团

工作综述 733

中国残疾人辅助器具中心

一、工作综述 735

二、大事记 737

北京按摩医院

一、工作综述 740

二、大事记 741

中国残联信息中心

一、领导讲话

鲁勇在全国残联信息化工作会暨北京残疾人信息化服务现场会上的讲话　742

二、工作综述　744

三、大事记　746

第八编　2014年中国残疾人事业发展统计公报　749

第九编　2014年中国残疾人事业和残疾人工作大事记　755

中国残疾人事业年鉴
CHINA YEARBOOK ON THE WORK FOR PERSONS WITH DISABILITIES

I 第一编　重要文献
IMPORTANT LITERATURE

一、党和国家领导人讲话

中共中央总书记、国家主席习近平致中国残疾人福利基金会成立30周年的贺信

中国残疾人福利基金会：

值此中国残疾人福利基金成立30周年之际，我代表党中央、国务院表示热烈的祝贺！并向全国8500万残疾人和他们的亲属，表示诚挚的问候！向广大残疾人工作者，表示崇高的敬意！

30年来，在党和政府支持下，中国残疾人福利基金始终高举人道主义旗帜，动员社会，集善天下，为残疾人谋福祉，为改善残疾人生活状况、推动社会文明进步做出了积极贡献。

残疾人是一个特殊困难的群体，需要格外关心、格外关注。让广大残疾人安居乐业、衣食无忧，过上幸福美好的生活，是我们党全心全意为人民服务宗旨的重要体现，是我国社会主义制度的必然要求。希望你们继承发扬优良传统，切实履行职责，锐意进取、扎实工作，为推动残疾人共享我国经济社会发展成果，为帮助残疾人在实现中华民族伟大复兴的中国梦中实现自己的人生理想，做出更大贡献。

习近平
2014年3月20日

中共中央总书记、国家主席习近平在会见第五次全国自强模范暨助残先进集体和个人表彰大会受表彰代表时的讲话摘要

新华网 2014年5月16日

残疾人是社会大家庭的平等成员，是人类文明发展的一支重要力量，是坚持和发展中国特色社会主义的一支重要力量。希望各位自强模范再接再厉，希望广大残疾人从自强模范身上汲取力量，自尊、自信、自强、自立，更加勇敢地迎接生活的挑战，更加坚强地为实现人生梦想、为实现我们的共同梦想而努力，推动我国残疾人事业在新的征程中不断迈上新台阶。

中共中央总书记、国家主席习近平在第五次全国自强模范暨助残先进集体和个人表彰大会上的讲话摘要

新华网 2014年5月16日

再过两天就是第二十四个全国助残日，非常高兴有机会同大家见面。看到大家精神饱满、意气风发，我深受感染。我代表党中央、国务院，向光荣当选的第五届全国自强模范和助残先进表示热烈的祝贺，向全国8500万残疾人及其亲属致以诚挚的问候，向所有关心支持残疾人事业的社会各界人士致以崇高的敬意。

改革开放以来，在党和国家关心重视下，在社会各

界支持帮助下，我国广大残疾人和残疾人工作者，高举中国特色社会主义伟大旗帜，积极投身改革开放伟大事业，坚持弘扬人道主义精神，推动我国残疾人事业上了一个大台阶、开创了一个蓬蓬勃勃的局面。我国广大残疾人生活状况有了根本性改变，成为推进改革发展稳定的一支重要力量。

残疾人是社会大家庭的平等成员，也是人类文明发展的一支重要力量。古今中外，残疾人身残志不残、自尊自立、奉献社会的奋斗事迹不胜枚举。残疾人完全有志向、有能力为人类社会做出重大贡献。在当代中国，在改革开放进程中，我国残疾人中涌现出一大批像张海迪那样的自强模范，他们是改革开放大潮的弄潮儿，他们的事迹感人至深、催人泪下，激励了全社会的奋发自立精神。他们身上的精神就是自强不息精神，就是我们的民族精神、时代精神，也是社会主义核心价值观的应有之义。

助残先进以及他们所代表的关心和帮助残疾人的社会各界人士，也堪称楷模，引领社会风气。"赠人玫瑰，手留余香"。大爱无疆、仁者爱人。这种舍己为人、乐善好施的高尚品质，是社会主义核心价值观的具体体现，是中华民族传统美德的具体体现。中华民族历来强调自强不息、厚德载物。从大家身上，我看到了中华民族优秀传统文化的传承，看到了不畏艰辛、顽强拼搏的志气，看到了社会正能量的充分发挥，看到了坚持和发展中国特色社会主义的一支重要力量。中国梦，是民族梦、国家梦，是每一个中国人的梦，也是每一个残疾人朋友的梦。我们都要凝心聚力，在实现人生梦想的同时，共同推动中华民族的美好梦想早日实现。习近平希望各位助残先进把助残善举坚持做下去、做得更好，把爱传播给更多群众，鼓励更多人加入到扶残助残行列中来。各级党委和政府要高度重视残疾人事业，把推进残疾人事业当作分内的责任，各项建设事业都要把残疾人事业纳入其中，不断健全残疾人权益保障制度。各级残联要发扬优良传统，切实履行职责，为残疾人解难、为党和政府分忧，团结带领残疾人继续开创工作新局面。

中共中央政治局常委、国务院总理李克强关于启动实施《特殊教育提升计划（2014—2016年）》的批示

2014年1月27日

办好特殊教育，对于保障残疾人平等参与社会的权利、增加残疾人家庭福祉和促进社会公平正义具有十分重要的意义，也是教育现代化的重要内容。各级政府要高度重视，带着深厚的感情，履职尽责，特教特办，认真实施好特殊教育提升计划，让残疾孩子与其他所有人一样，同在蓝天下，共同接受良好的教育。

中共中央政治局常委、国务院总理李克强在第十二届全国人民代表大会第二次会议上的政府工作报告节选

2014年3月5日

加大对城镇就业困难人员帮扶力度，确保"零就业"家庭至少有一人就业，做好淘汰落后产能职工安置和再就业工作。统筹农村转移劳动力、退役军人等就业工作。努力实现更加充分、更高质量就业，使劳动者生活更加体面、更有尊严。

中共中央政治局常委、国务院总理李克强在八一儿童医院看望残疾孤儿时的讲话摘要

2014年5月30日

少年儿童是国家民族的未来和希望。各级党委政府要创新机制，健全义务教育、未成年人保护、社会救助等制度，大力发展各类服务少年儿童成长的专业机构，营造公平、文明、法治的社会环境，用社会关爱和更完善的制度保障，使广大少年儿童快乐生活、健康成长。

中共中央政治局常委、政协主席俞正声在中国残疾人福利基金会成立30周年纪念会上的讲话

2014年3月21日

同志们，朋友们：

刚才朴方同志做了一个重要的讲话，讲话真诚、感人，我想我们在座的同志都很受启发，很受感动。我也很受感动，也觉得很受教育。我认为，朴方同志的讲话最重要的是反映了一种忠诚——对残疾人事业的忠诚，对人民事业的忠诚。这是中国残疾人福利基金会成立30年来最可宝贵的品格，也是基金会事业今后发展最需要坚持的品格。

会议一开始，王勇同志宣读了习近平同志的贺信，贺信体现了对广大残疾人的关爱，表达了对残疾人工作者的勉励，提出了对残疾人工作的要求，我们要认真贯彻落实。这里，我代表党中央、国务院对会议的召开，表示热烈的祝贺！向全国8500万残疾人和他们的亲属以及残疾人工作者，致以亲切的问候！向多年来关心、支持残疾人事业发展的各界人士以及有关国际组织，致以衷心的感谢！

党和政府历来十分关心残疾人，高度重视残疾人事业，始终把残疾人事业纳入国家发展的大局，建立健全保障残疾人权益的法律体系，设立政府残疾人工作机构，建立残疾人事业保障体系和服务体系，广泛开展残疾人事业的国际交流与合作，促进残疾人事业发展取得了辉煌成就，全社会逐步形成了扶残助残的良好社会风尚，残疾人生存状况、生活状况显著改善，生活水平不断提高。

中国残疾人福利基金会是为残疾人服务的全国性社会组织，从成立到现在走过了一段不平凡的历程。30年前，邓朴方和王鲁光同志积极奔走呼吁，建立中国残疾人福利基金会，为开创中国特色残疾人事业迈出了坚实的一步。我当时也在基金会工作，那时条件十分艰苦，办公场所和经费十分紧张，但是大家热情高涨，同志们对理想的追求、对信念的坚守、对事业的奉献，至今我记忆犹新，也一直激励我前进。30年来，基金会始终高举人道主义旗帜，秉承"弘扬人道、奉献爱心、全心全意为残疾人服务"的宗旨，募集善款和物资共计53亿元，实施公益项目1000多个，积极改善残疾人康复、教育、就业等条件，受益残疾人达到千万人，为探索中国特色残疾人事业做了一系列开创性、基础性的重要工作，为我国公益事业和社会文明进步做出了重要贡献。

党的十八大和十八届三中全会都对关爱残疾人、发展残疾人事业提出了明确的要求，为我们进一步做好残疾人工作指明了方向。我们要全面贯彻落实党的十八大、十八届三中全会精神和习近平总书记系列重要讲话精神，发扬优良传统，及时总结经验，进一步做好保障残疾人权益、改善残疾人民生的各项工作，推动残疾人事业又好又快地发展，努力实现残疾人与全国人民同步小康。

要充分认识发展残疾人事业的重要意义。我国有8000多万残疾人，涉及2.8亿家庭人口，影响经济社会生活的方方面面。从一定意义上讲，没有残疾人的小康，全面建成小康社会的目标就难以真正实现；没有残疾人这个群体的梦想成真，实现中华民族伟大复兴的中国梦就不完整。我们要充分认识到，促进残疾人事业发展是维护残疾人合法权益、促进社会公平正义的需要，是调动残疾人积极性主动性创造性、实现全体人民共享改革发展成果的需要，进一步增强做好残疾人工作的责任感和使命感，促进残疾人事业在新的起点上加快发展。

要全心全意为残疾人办实事、做好事。坚持以人为本，把改善残疾人民生、促进残疾人全面发展作为残疾人事业的根本出发点和落脚点，着力解决残疾人最关心、最直接、最现实的利益问题，千方百计为残疾人解难题、谋福祉。要结合残疾人的实际需要，努力在残疾人基本生活保障、康复、就业、教育、社会参与等方面提供更多的服务和支持，打造更多惠及残疾人、社会影响大、效果好、具有创新性的品牌公益项目，使他们得到实实在在的利益。

要大力营造尊重关爱残疾人的良好社会环境。围绕培育和践行社会主义核心价值观，大力弘扬人道主义思想和中华民族的传统美德，增强全社会扶残助残意识，努力形成关爱残疾人、关心残疾人事业的良好社会风尚。要积极参与国际残疾人事务，加强国际交流合作，充分展示我国社会发展和残疾人人权保障成就，积极借鉴国外残疾人事业的有益经验和做法，不断提升我国残疾人事业的发展水平。

中国残疾人福利基金会要全面加强自身建设，始终做到廉洁自律，自觉接受社会监督，努力把基金会建设成为公开、透明、高效率和高公信力的世界一流的基金会。各级党委、政府要一如既往地关心和支持残疾人事业的发展，切实把残疾人事业纳入本地区经济社会发展规划，完善和落实相关扶持政策，切实提高为残疾人提供社会保障和公共服务的水平，为残疾人事业发展创造良好的条件。

同志们，让我们更加紧密地团结在以习近平同志为总书记的党中央周围，以邓小平理论、"三个代表"重要思想、科学发展观为指导，开拓进取，扎实工作，不断把中国特色残疾人事业推向前进，为全面建成小康社会、实现中华民族伟大复兴的中国梦做出更大的贡献。

中央政治局常委、国务院副总理张高丽在第五次全国自强模范暨助残先进集体和个人表彰大会上的讲话摘要

新华网　2014年5月16日

残疾人事业是中国特色社会主义事业的重要组成部分。我们一定要认真学习领会、全面贯彻落实习近平总书记重要讲话精神，深入开展学习宣传全国自强模范和助残先进活动，在实现中国梦的伟大实践中，团结带领、支持帮助广大残疾人创造更加幸福美好的新生活。

自强不息、厚德载物的思想，长期以来支撑着中华民族生生不息、薪火相传，今天依然是我们推进改革开放和社会主义现代化建设的强大精神力量。全国自强模范、助残先进集体和个人的事迹，平凡中蕴含着伟大，为社会主义核心价值体系建设注入了强大的正能量。残疾人是一个特别困难、特别需要帮助的群体，我们要坚持改革创新，推动残疾人事业加快发展，努力让残疾人共享我国经济社会发展成果。要进一步动员全社会力量参与残疾人事业，营造全社会理解、尊重、关心、帮助残疾人的浓厚氛围；进一步完善残疾人权益保障制度，实现残疾人政治、经济、社会、文化等平等权利；进一步做好残疾人基本公共服务，完善中国特色残疾人基本救助、社会福利、康复服务、教育就业等制度；进一步激励残疾人自强精神，促进残疾人的广泛参与、充分融合和全面发展；进一步健全中国特色残疾人事业的体制机制，努力开创残疾人工作新局面。

二、国务院关于加快推进残疾人小康进程的意见

国发〔2015〕7号

各省、自治区、直辖市人民政府，国务院各部委、各直属机构：

残疾人是一个特殊困难群体，需要格外关心、格外关注。长期以来，党和政府高度重视残疾人事业，大力推动残疾人事业与经济社会协调发展，残疾人收入水平较快增长，受教育程度稳步提高，康复服务不断拓展，权益得到有效维护，残疾人生存发展状况显著改善。但是，目前我国8500万残疾人中，还有1230万农村残疾人尚未脱贫，260万城镇残疾人生活十分困难，城乡残疾人家庭人均收入与社会平均水平差距还比较大。没有残疾人的小康，就不是真正意义上的全面小康。保障和改善残疾人民生，加快推进残疾人小康进程，是深入贯彻党的十八大和十八届二中、三中、四中全会精神，全面深化改革、全面推进依法治国的重要举措，是全面建成小康社会、实现共同富裕、促进社会公平正义的必然要求。为加快推进残疾人小康进程，现提出以下意见：

一、总体要求

（一）指导思想

以邓小平理论、"三个代表"重要思想、科学发展观为指导，健全残疾人权益保障制度，完善残疾人基本公共服务体系，使改革发展成果更多更公平惠及广大残疾人，促进残疾人收入水平大幅提高、生活质量明显改善、融合发展持续推进，让残疾人安居乐业、衣食无忧，生活得更加殷实、更加幸福、更有尊严。

（二）基本原则

坚持普惠与特惠相结合。既要通过普惠性制度安排给予残疾人公平待遇，保障他们基本的生存发展需求；

又要通过特惠性制度安排给予残疾人特别扶助和优先保障，解决他们的特殊需求和特殊困难。

坚持兜底保障与就业增收相结合。既要突出政府责任，兜底保障残疾人基本民生，为残疾人发展创造基本条件；又要充分发挥社会力量和市场机制作用，为残疾人就业增收和融合发展创造更好环境。

坚持政府扶持、社会帮扶与残疾人自强自立相结合。既要加大政府扶持力度、鼓励社会帮扶，进一步解决好残疾人生产生活中存在的突出困难；又要促进残疾人增强自身发展能力，激励残疾人自强自立。

坚持统筹兼顾和分类指导相结合。既要着眼于加快推进残疾人小康进程，尽快缩小残疾人生活状况与社会平均水平的差距；又要充分考虑地区差异，使残疾人小康进程与当地全面小康进程相协调、相适应。

（三）主要目标

到2020年，残疾人权益保障制度基本健全、基本公共服务体系更加完善，残疾人事业与经济社会协调发展；残疾人社会保障和基本公共服务水平明显提高，帮助残疾人共享我国经济社会发展成果。

二、扎实做好残疾人基本民生保障

做好基本民生保障，是解决残疾人基本生活困难、加快残疾人小康进程的必要基础。要进一步完善社会保障制度体系，强化各项保障制度在对象范围、保障内容、待遇标准等方面的有效衔接，在切实保障残疾人基本生活的同时，解决好残疾人的特殊需求和特殊困难。

（一）**加大残疾人社会救助力度**。对符合城乡最低生活保障条件的残疾人家庭应保尽保，靠家庭供养的成年重度残疾人单独立户的，按规定纳入最低生活保障范围。对纳入特困人员供养范围的残疾人，逐步改善供养条件。对纳入城乡医疗救助范围的残疾人，逐步提高救助标准和封顶线。精神障碍患者通过基本医疗保险支付医疗费用后仍有困难，或者不能通过基本医疗保险支付医疗费用的，应当优先给予医疗救助。社会救助经办机构对于残疾人申请社会救助的，应当及时受理并提供相应便利条件。

（二）**建立完善残疾人福利补贴制度**。建立困难残疾人生活补贴制度和重度残疾人护理补贴制度。补贴标准要与当地经济社会发展实际和残疾人基本需求相适应，与最低生活保障等制度相衔接。落实低收入残疾人家庭生活用电、水、气、暖等费用优惠和补贴政策。

（三）**帮助残疾人普遍参加基本养老保险和基本医疗保险**。落实贫困和重度残疾人参加城乡居民基本养老保险、城镇居民医疗保险、新型农村合作医疗个人缴费资助政策，有条件的地方要扩大资助范围、提高资助标准，帮助城乡残疾人普遍按规定加入基本医疗保险和基本养老保险。逐步扩大基本医疗保险支付的医疗康复项目。完善重度残疾人医疗报销制度，做好重度残疾人就医费用结算服务。

（四）**优先保障城乡残疾人基本住房**。将城镇低收入住房困难残疾人家庭纳入城镇基本住房保障制度。为符合住房保障条件的城镇残疾人家庭优先提供公共租赁住房或发放住房租赁补贴。各地在实施农村危房改造时，同等条件下要优先安排经济困难的残疾人家庭。按照农村危房改造的政策要求，采取制定实施分类补助标准等措施，对无力自筹资金的残疾人家庭等给予倾斜照顾。到2020年完成农村贫困残疾人家庭存量危房改造任务。

三、千方百计促进残疾人及其家庭就业增收

促进城乡残疾人及其家庭就业增收，是提高残疾人生活水平、加快残疾人小康进程的关键举措。要加大帮扶力度，努力帮助每一位有劳动能力和就业意愿的城乡残疾人参加生产劳动，使他们通过劳动创造更加幸福美好的生活。

（一）**依法推进按比例就业和稳定发展集中就业**。各地要建立用人单位按比例安排残疾人就业公示制度。除创业3年内、在职职工总数不超过20人的小微企业外，对达不到比例要求的严格依法征缴残疾人就业保障金；对超比例安排残疾人就业的，按规定给予奖励。各级党政机关、事业单位、国有企业应当带头招录和安置残疾人就业。完善残疾人集中就业单位资格认定管理办法，搭建残疾人集中就业单位产品和服务展销平台，政府优先采购残疾人集中就业单位的产品和服务，培育扶持吸纳残疾人集中就业的文化创意产业基地。通过税收优惠、社会保险补贴、岗前培训补贴，鼓励用人单位吸纳更多残疾人就业。

（二）**大力支持残疾人多种形式就业增收**。建立残疾人创业孵化机制，残疾人创办的小微企业和社会组织优先享受国家扶持政策，对其优惠提供孵化服务。对符合条件的灵活就业残疾人，按规定给予税费减免和社会保险补贴，有条件的地方可以帮助安排经营场所、提供启动资金支持。政府开发的公益性岗位优先安排符合就业困难人员条件的残疾人。对残疾人辅助性就业机构的设施设备、无障碍改造等给予扶持，吸纳更多精神、智力和重度肢体残疾人辅助性就业。探索残疾人驾驶符合国家标准的小型汽车在符合驾驶和运营安全要求的前提下，提供城乡社区与地铁站及公交站点间的短距离运输服务。

（三）**加大农村残疾人扶贫开发力度**。落实好《农村残疾人扶贫开发纲要（2011—2020年）》。把农村贫困残疾人作为重点扶持对象纳入精准扶贫工作机制和贫困监测体系，将农村贫困残疾人生活水平提高和数量减少纳入贫困县考核指标。统筹培训资源，加强培训工作，帮助扶贫对象家庭掌握更多实用技术。加大对农村残疾人扶贫的支持力度，落实好扶贫贷款贴息政策，支持农村残疾人扶贫基地发展和扶贫对象家庭参与养殖、种植、设施农业等增收项目。组织农村贫困残疾人家庭参与合作经济组织和产业化经营，保障残疾人土地承包经营权和土地流转合法收益。

（四）**切实加强残疾人就业服务和劳动保障监察**。加强全国残疾人就业服务信息网络建设。各级残疾人就业服务机构和公共就业服务机构要免费向残疾人提供职业指导、职业介绍等就业服务，对符合就业困难人员条件的残疾人提供就业援助。残疾人就业保障金对残疾人自主参加的职业培训可以按规定予以补贴。加强劳动保障监察，严肃查处强迫残疾人劳动、不依法与残疾劳动者签订劳动合同、不缴纳社会保险费等违法行为，依法纠正用人单位招用人员时歧视残疾人行为，切实维护残疾人劳动保障权益。

四、着力提升残疾人基本公共服务水平

加强和改进对残疾人的基本公共服务，是改善残疾人生活质量、提高残疾人自我发展能力、加快残疾人小康进程的有力支撑。要进一步健全残疾人基本公共服务体系，强化服务能力，为残疾人融合发展创造更加便利的条件和更加友好的环境。

（一）**强化残疾预防、康复等服务**。制定实施国家残疾预防行动计划，强化国家基本公共卫生服务，有效控制因遗传、疾病、意外伤害、环境及其他因素导致的残疾发生和发展。逐步建立残疾报告制度，推动卫生计生部门与残联信息共享。建立残疾儿童康复救助制度，逐步实现0—6岁视力、听力、言语、智力、肢体残疾儿童和孤独症儿童免费得到手术、辅助器具配置和康复训练等服务。实施重点康复项目，为城乡贫困残疾人、重度残疾人提供基本康复服务，有条件的地方可以对基本型辅助器具配置给予补贴。建立医疗机构与残疾人专业康复机构双向转诊制度，实现分层级医疗、分阶段康复。依托专业康复机构指导社区和家庭为残疾人实施康复训练，将残疾人社区医疗康复纳入城乡基层医疗卫生机构考核内容。

（二）**提高残疾人受教育水平**。落实好《特殊教育提升计划（2014—2016年）》及后续行动。特殊教育学校普遍开展学前教育，对残疾儿童接受普惠性学前教育给予资助。切实解决未入学适龄残疾儿童少年义务教育问题，提高残疾人教育普及水平，提升特殊教育教学质量。推行全纳教育，建立随班就读支持保障体系。各地要加大残疾学生就学支持力度，积极推进高中阶段残疾人免费教育；对符合学生资助政策的残疾学生和残疾人子女优先予以资助；建立完善残疾学生特殊学习用品、教育训练、交通费等补助政策。制定实施国家手语、盲文规范化行动计划，推广国家通用手语和通用盲文，完善残疾考生考试辅助办法。加强特殊教育教师队伍建设，加大对特殊教育学校教师、承担残疾学生教学和管理工作的普通学校教师的培训力度。完善特殊教育教师收入分配激励机制。制定加快发展残疾人职业教育的政策措施，推动发展以职业教育为重点的残疾人高中阶段教育。

（三）**强化残疾人服务设施建设**。统筹规划城乡残疾人服务设施配套建设，实现合理布局。加强残疾人康复、托养等服务设施建设。推动各县（市、区）建成一批残疾人体育健身示范点，通过社会体育指导员普及一批适合残疾人的体育健身项目。公共文化体育设施和公园等公共场所对残疾人免费或优惠开放，鼓励公共图书馆设立盲人阅览室，配备盲文图书、有声读物和阅听设备。各地对残疾人搭乘公共交通工具，应当根据实际情况给予便利和优惠。

（四）**全面推进城乡无障碍环境建设**。各地要按照无障碍设施工程建设相关标准和规范要求，对新建、改建设施的规划、设计、施工、验收严格监管，加快推进政府机关、学校、社区、社会福利、公共交通等公共场所和设施的无障碍改造，逐步推进农村地区无障碍环境建设。有条件的地方要对贫困残疾人家庭无障碍改造给予补贴。完善信息无障碍标准体系，逐步推进政务信息以无障碍方式发布、影像制品加配字幕，鼓励食品药品添加无障碍识别标识。鼓励电视台开办手语栏目，主要新闻栏目加配手语解说和字幕。研究制定聋人、盲人特定信息消费支持政策。

五、充分发挥社会力量和市场机制作用

实现残疾人普遍小康，是全社会的共同责任。要在发挥政府主导作用的基础上，充分发挥社会支持作用和市场推动作用，调动更加广泛的社会资源发展残疾人事业，为加快推进残疾人小康进程注入持久动力。

（一）**大力发展残疾人慈善事业**。鼓励和支持社会公众、社会组织通过捐款捐物、扶贫开发、助学助医等方式，为残疾人奉献爱心，提供慈善帮扶。鼓励以服务残疾人为宗旨的各类公益慈善组织发展，采取公益创投等多种方式，在资金、场地、设备、管理、岗位购买、人员培训等方面给予扶持，引导和规范其健康发展。大力培育"集善工程"等残疾人慈善项目品牌。倡导社会力量兴办以残疾人为服务对象的公益性医疗、康复、特殊教育、托养照料、社会工作服务等机构和设施。

（二）广泛开展志愿助残服务。健全志愿助残工作机制，完善志愿者招募注册、服务对接、服务记录、组织管理、评价激励、权益维护等制度，鼓励更多的人参加志愿助残服务。广泛开展"志愿助残阳光行动"、"万村千乡市场工程助残扶贫"、"手拉手红领巾助残"等群众性助残活动。提倡在单位内部、城乡社区开展群众性助残活动，鼓励青少年参与助残公益劳动和志愿服务。

（三）加快发展残疾人服务产业。充分发挥市场机制作用，加快形成多元化的残疾人服务供给模式，更好地满足残疾人特殊性、多样化、多层次的需求。统筹规划残疾人服务业发展，大力发展残疾人服务中小企业，培育一批残疾人服务龙头企业，在用地、金融、价格等方面给予优惠，在人才、技术、管理等方面给予扶持，支持研发具有自主知识产权的技术和产品。以培育推广残疾人服务品牌和先进技术为重点，加大政府采购力度。完善残疾人服务相关职业设置、专业技术人员和技能人员职业能力水平评价办法，加快培养残疾人服务专业人才。鼓励商业保险公司开发适合残疾人的康复、托养、护理等保险产品。扶持盲人读物、残疾人题材图书和音像制品出版。扶持发展特殊艺术，培育残疾人文化艺术品牌。制定残疾人服务行业管理制度，发挥残疾人服务行业组织自律监督作用，营造公平、有序的市场环境。

（四）加大政府购买服务力度。以残疾人康复、托养、护理等服务为重点，逐步建立完善政府购买服务指导性目录，加大政府购买服务力度，强化事前、事中和事后监管，实现政府购买服务对扩大残疾人服务供给的放大效应。

六、加强对推进残疾人小康进程的组织领导

（一）健全组织领导机制。地方各级政府要将加快推进残疾人小康进程纳入重要议事日程，列为政府目标管理和绩效考核内容，主要领导负总责，分管领导具体负责。各级政府残疾人工作委员会要进一步完善工作机制，切实发挥统筹协调和督促落实职能，及时解决突出困难和问题；各成员单位要各司其职、密切配合，形成合力；各级残联要进一步履行好"代表、服务、管理"职能，全心全意为残疾人服务，为实现残疾人小康铺路搭桥。

（二）完善工作保障机制。各级财政要按照支出责任合理安排所需经费，大力推进残疾人小康进程。各地要充分发挥公益慈善组织等社会力量作用，形成多渠道、全方位投入格局。有关政策、资金、项目要重点向中西部地区、农村和基层倾斜。各地要将基层残疾人服务网络纳入以社区为基础的城乡基层社会管理和公共服务平台建设，改善服务条件，增强服务能力。要建立健全残疾人统计调查制度，完善残疾人人口综合信息。推进残疾人证智能化工作。要高度重视残疾人工作者队伍建设，进一步加强教育培训，强化职业素质，增强服务意识，更好地服务残疾人。

（三）强化残疾人权益保障机制。加快推进与残疾人权益保障、残疾人发展紧密相关的残疾人教育、残疾人康复等立法工作，制定完善配套政策和标准体系。完善残疾人权益保障机制，加强残疾人法律救助、法律服务和法律援助；建设全国统一的维权热线、残联系统网上信访工作平台；切实落实主体责任，维护残疾人合法利益诉求。广泛开展普法宣传教育，形成保障残疾人合法权益的良好社会氛围。

（四）做好宣传动员工作。充分利用报刊、广播、电视等媒体和互联网，以群众喜闻乐见的方式，大力弘扬人道主义思想和残疾人"平等、参与、共享"的现代文明理念，在全社会营造理解、尊重、关心、帮助残疾人的良好氛围。鼓励广大残疾人自尊、自信、自强、自立，不断增强自我发展能力，积极参与和融入社会，与全国人民一道共创共享小康社会。

各有关部门要根据本意见要求，按照职责和重点任务分工抓紧制定相关配套政策措施。省级人民政府要结合实际制定具体实施方案。国务院残疾人工作委员会要开展残疾人小康进程监测，督促检查本意见落实情况，重大情况及时向国务院报告。国务院将适时组织专项督查。

三、中国残联领导讲话

张海迪在中澳无障碍环境建设交流研讨会上的致辞

2014年6月26日

尊敬的 GraemeInnes 先生，
女士们，先生们：

你们好！

今天，中国澳大利亚无障碍环境建设交流研讨会在北京召开，我感到非常高兴！在此，谨向各位嘉宾和同事表示衷心的祝贺！

这个交流研讨会主题意义深远，因为推进无障碍建设，实现融合发展，是我们的奋斗目标，建设无障碍环境是为一切需要它的社会成员提供方便的重要措施，是现代城乡建设必不可少的内容。我们的理想是让所有的老人、残疾人和一切身体不便的人，在生活中能够放下沉重的思想负担，获得充分的出行自由，并且感到方便。建设无障碍环境也是维护保障残疾人权益，体现现代社会人文关怀的高尚行动。我们的努力就是要让每一个残疾人兄弟姐妹在参与社会生活中，不再因为台阶、厕所等等而感到自卑和尴尬，通过无障碍环境，生活变得轻松愉快，真正实现走出家门，接受教育，充分就业，融入广阔的社会生活。正因为如此，联合国《残疾人权利公约》将无障碍环境建设确定为基本原则和重要内容。公约要求各国政府采取措施，确保残疾人在与其他人平等的基础上，无障碍地进出、使用公共设施、利用信息和通信，以及享有公共服务。无障碍不是哪一个国家的事情，应该是全世界关注的行动，无论什么种族和文化，无论富有还是贫穷，人们在世界的每一个地方都会感到便利，这是我们的美好愿望和期待。

中国政府高度重视残疾人和残疾人事业发展，20多年来，采取了一系列举措，帮助残疾人平等参与社会生活，无障碍环境建设有了较快发展。住房城乡建设等部门颁布实施了无障碍环境建设标准规范；2008年，《中华人民共和国残疾人保障法》进行了修订，将无障碍建设规定由原一条扩展为一章，无障碍建设有了更明确的法律保障；2012年，中国国务院颁布了《无障碍环境建设条例》，理念先进，内容具体。现在无论到哪个城市，无论是街道、公共建筑，甚至有的农村残疾人家庭，都有无障碍设施。特别是中国的民航、铁路、广播电视、银行、公安、工信、教育等部门也都逐步采取了行业无障碍服务措施。但中国地域辽阔，推进无障碍环境建设仍是一项长期而艰巨的任务。

当前，中国政府正在加快推进以保障和改善民生为重点的社会建设，着力建立健全国家基本公共服务体系。无障碍环境建设是社会建设和公共服务的重要内容。中国残联将与相关政府职能部门共同推进完善无障碍法律法规政策和建设标准，并促进实施。在推进无障碍建设过程中我们还将进一步注重吸纳残疾人的意见和建议。我知道，澳大利亚的《残疾歧视法案》《公共交通无障碍标准》及教育、银行、信息网络等方面无障碍法规、标准比较健全，许多城市道路、交通建筑、公交、商业、文化园林等无障碍设施也相对较为完善。我们愿意学习一切先进经验，把中国的无障碍环境建设得更好。

中澳同属亚太地区的重要国家，今年11月APEC领导人非正式会议将在北京举行，其间将举办残疾人事务主题边会，边会对于推动亚太地区残疾人融入经济社会发展将会起到重要的作用。此次两国无障碍环境建设交流研讨会议成果也必将为APEC残疾人事务主题边会提供有益内容。

女士们，先生们，随着人类文明的进步、国际残疾人运动的不断发展，联合国及各成员国更加关切残疾人问题，正共同为实现残疾人融合发展的目标而努力。这就使得加强双边、多边合作十分重要。从这个意义上讲，中澳无障碍环境建设交流研讨会为国家间残疾人事务的交流与合作做了有益的尝试，对国际残疾人运动发展发挥了积极作用。

最后，我要感谢澳大利亚人权委员会、澳方专家，感谢各部委、各位专家，感谢你们长期以来对无障碍环境建设的支持和为此次会议付出的努力。

预祝中澳无障碍环境建设交流研讨会圆满成功！

张海迪在APEC会议上答记者问

2014年10月10日

问：10月6日在华沙举行康复国际代表大会，您竞选主席的原因是什么？您履职后的工作重点是什么？

答：中国有8500万残疾人，是世界上残疾人最多的国家，20多年来，在中国政府的重视、社会的支持下，中国残疾人事业取得了巨大成就，很多残疾人都得到了康复服务，我们愿意与各国分享经验和成果，也希望通过学习各国、各地区的先进经验，把中国残疾人事业做得更好。

我担任康复国际主席是大家的信任，也是一份很重的责任，我愿与康复国际执行委员会及各专门委员会友好合作，把关怀、温暖和帮助送给世界上更多的残疾人。我将秉承康复国际维护权利、推动融合、预防残疾、发展康复、促进机会均等宗旨，通过我们共同的努力，让更多的残疾人过上真正有品质的生活。

作为新一届主席，我希望康复国际进一步扩展社区服务，帮助更多残疾人得到康复和就业的机会。我更希望帮助发展中国家的贫困残疾妇女和儿童，通过开展定向教育与就业项目，改善他们的生活。我也会与同事们一起努力，敦促联合国将残疾人事务纳入2015年后的可持续发展目标。康复国际这个组织从建立至今，已经有92年的历史，它为世界残疾人事务做出了很多贡献。今后，我希望康复国际焕发新的生机，树立亲切温暖的形象，努力为残疾人服务，做优秀的工作典范。

问：APEC会议周期间首次举办残疾人主题活动，并在今年北京召开，此事对中国乃至世界残疾人事业，意味着什么？

答：本次活动首次将残疾人议题列入亚太经合组织领导人会议周，对于向世界展示中国残疾人事业发展成果、提升APEC各经济体成员对残疾人问题的关注、促进残疾人议题逐步纳入APEC正式会议议程，具有深远的意义。

亚太地区生活着6.5亿残疾人，残疾人事务是亚太各经济体面临的共同挑战。通过举办此项活动，我们呼吁亚太各经济体更加关注残疾人状况，更好地履行联合国《残疾人权利公约》，形成更加紧密的区域合作机制，不断加强残疾人的康复、教育、无障碍等公共服务，让残疾人平等参与亚太发展进程、平等分享亚太发展成果。我相信该会议一定会为亚太残疾人事务的发展带来美好的前景。

问：中国残联如何积极参与全球残疾人事务？

答：中国残联在努力做好国内残疾人工作的同时，一直积极参与国际残疾人事务，建立和发展良好的国际交流合作关系。从上世纪八十年代起，我们参与了"联合国残疾人十年（1983—1992年）"行动，认真执行联合国《关于残疾人的世界行动纲领》并参与制定《残疾人机会均等标准规则》，积极吸取国际残疾人事务的先进理念和有益经验以推动残疾人事业的发展。

近年来，我们注重将我国残疾人事业发展的经验与国际社会分享，为推动国际残疾人事务做出应有的贡献。中国残联积极参与联合国《残疾人权利公约》的制定进程，发挥了积极的推动作用，中国是首批签署和批准加入"公约"的国家。中国倡导并促成了三个"亚太残疾人十年"行动，有力推动了亚太区残疾人事务的区域合作。前不久，李克强总理在第十届亚欧首脑会议上倡议将"残疾人合作列入亚欧合作框架"，中国和德国将于2015年在北京共同举办首次亚欧会议框架下残疾人事务高级别会议，以进一步加强亚欧残疾人事务的合作。

2012年，中国残联在北京成功举办了"消除障碍、促进融合"国际论坛，呼吁国际社会切实履行《残疾人权利公约》、推动残疾人事务纳入经济社会发展主流，实现公正、包容、惠及每一个人的可持续发展。2013年，中国代表团出席了联合国历史上首次就残疾人问题召开的"残疾与发展"高级别会议。我国提出的将残疾人问题纳入全球经济社会发展的主要议题等四点建议，赢得了与会国家的热烈反响。

中国残联等组织曾经获得"联合国和平使者奖"、"联合国残疾人十年特别奖"、"联合国—中国二十五年合作杰出贡献奖"、"亚太残疾人十年特别奖"等10余个国际奖项。2003年，时任中国残联主席的邓朴方先生荣获"联合国人权奖"，成为首位获得此奖的残疾人。2012年，联合国亚太经社会授予我"亚太残疾人权利领袖奖"。残疾人事务领域的对外交流合作，展示了我国人权保障和社会发展的成就，赢得了国际社会的普遍赞誉。

问：中国残疾人事业目前取得的主要成就和未来发展方向是什么？

答：残疾人事业是崇高的人道主义事业，在政府的重视、社会各界的支持下，我们已经基本构建起比较完备的残疾人事业法律法规政策体系，初步建立了残疾人公共服务体系，残疾人的生存和发展状况得到了显著的改善。从2008年到2013年的五年间，480多万（人次）农村贫困残疾人实现脱贫，1070多万城乡困难残疾人享受最低生活保障，很多省（区、市）建立了困难残疾人生活补贴制度和重度残疾人护理补贴制度。1200多万残疾人得到不同程度的康复，残疾儿童少年义务教育入学率逐年提高，3万余名残疾大学生在普通高校和高等特教学院学习。城镇就业残疾人达到460多万，农村在业残疾人稳定在1700万，越来越多的残疾人实现了人生和事业的梦想。

但是，在社会生活中，残疾人仍然是最困难、最需要帮助的人。

世界万物唯有生命最宝贵，即使残疾的生命也要有意义。作为残疾人组织，我们将继续协助政府、动员社会，进一步推进完善保障残疾人合法权益的法律法规，健全残疾人公共服务体系，让更多的残疾人得到康复服务、更多的残疾孩子接受教育、更多的残疾人能就业、更多的重度残疾人和贫困残疾人得到制度性保障，生活得更幸福、更有尊严！

问：您认为中国残疾人事业的发展可以借鉴海外哪些有益经验？

答：保障残疾人平等权利、促进残疾人融合发展正在成为各国和国际社会的共识和行动。无论是发达国家还是发展中国家，都在残疾人事务方面积累了很多有益的经验。联合国《残疾人权利公约》的制定以及各国、各地区发展残疾人事务的经验，都对我国残疾人事业的发展起到了积极的促进作用。我们要进一步加强国际交流合作，学习借鉴推动我国残疾人事业不断发展。

问：您认为亚太各经济体在残疾人事务上可以展开哪些国际合作，提高残疾人的政治经济文化地位？

答：亚太各经济体在残疾人事务领域有着广泛的共识和卓有成效的合作。我们期待着各经济体在以下四个方面继续加强合作：一是增进各经济体政府和社会各界对残疾人事务的关注；二是履行好《残疾人权利公约》，保障残疾人政治、经济、社会和文化等方面的平等权利；三是将残疾人事务纳入经济社会发展主流，加强和改善对残疾人的康复、教育、就业、无障碍等公共服务；四是建立更加紧密的区域合作机制，促进各经济体互相学习、互相借鉴、共同推动亚太残疾人事务的发展。

张海迪在"促进残疾人共享经济社会发展成果论坛"上的致辞：为实现亚太残疾人平等参与和融合发展的崇高目标而努力

2014年11月10日

在我们生活的地球上，有70亿人口，其中有10亿残疾人，而亚太地区就有6.5亿残疾人。今天，无论在全球还是亚太区，残疾人都是特别困难、特别需要帮助的，很多残疾人生活还非常困苦，在平等参与和融合发展方面还存在很多困难和障碍。这是各国和国际社会共同面临的严峻而紧迫的社会问题。我们要努力为残疾人创造美好生活，用生命的火柴，点燃他们希望的烛光。

多年来，亚太区各经济体为保障残疾人权利、促进残疾人生活的改善做出了不懈的努力。从1993年起，亚太区连续实施了三个"亚太残疾人十年"行动计划，通过加强区域合作共同促进残疾人事务发展，取得了显著的成效。当前，亚太地区是世界上最具发展活力和潜力的地区，各经济体正谋求建立更紧密的伙伴关系，实现互利共赢的发展。我们呼吁在这一发展进程中，亚太各经济体更加关注残疾人状况，充分认识残疾人生命的意义、尊严和价值，以及他们更广泛地参与、融入社会的可能性。我们要更好地履行联合国《残疾人权利公约》，保障残疾人的权益，特别要关心残疾妇女和儿童，形成更加紧密的区域合作机制，不断加强残疾人的康复、教育、就业、无障碍等公共服务，让残疾人过上幸福而有尊严的生活，平等分享社会发展成果。

中国有8500万残疾人，是世界上残疾人最多的国家。30年来，在政府的重视和全社会的支持下，中国残疾人事业取得了巨大的进步，残疾人的受教育程度、就业率都有普遍提高，还有很多残疾人得到了康复的机会，在社区，甚至在一些农村也有了康复服务机构。近年来，听障儿童的康复令人满意和欣喜，很多经过康复和训练的孩子已经进入普通小学、中学和大学学习。我们愿意与大家分享中国残疾人事业发展的经验，同时我们也要不断学习各国、各地区的经验，推动中国残疾人事业更好的发展。我希望我们努力探讨残疾人与生存环境和社会发展的关系，使之更好地实现融合的理想。我相信残疾人事业的发展一定会为残疾人开辟更加美好的前景。

张海迪在中央经济工作会议上的发言：进一步做好残疾人基本民生保障和就业扶贫工作

2014年12月10日

目前，全国8500万残疾人中，还有1230万农村残疾人尚未脱贫，260多万城镇残疾人生活十分困难。党中央、国务院十分关心残疾人、重视残疾人工作，对残疾人工作提出了一系列新要求、新部署。我们要按照中央经济工作会议的精神，协助政府、动员社会，进一步做好残疾人基本民生保障和就业扶贫工作，加快推进残疾人小康进程。我具体提四点建议：

一是扎实做好残疾人基本民生保障。在确保残疾人享有最低生活保障等一般性社会保障制度的基础上，针对残疾人的特殊困难和特殊需求，加快建立困难残疾人生活补贴、重度残疾人护理补贴、残疾儿童康复救助等残疾人专项保障制度，为残疾人编密织牢基本民生安全网。

二是千方百计促进城乡残疾人及其家庭就业增收。在城镇，要依法推动残疾人按比例分散就业和集中就业，大力发展残疾人辅助性就业，多渠道多层次促进城乡残疾人就业创业，让更多有就业愿望和能力的残疾人有稳定的工作和收入。在农村，要将农村贫困残疾人纳入精准扶贫工作机制、贫困监测体系和减贫考核范围，扶持农村贫困残疾人家庭参与增收项目、经济合作组织和产业化经营，加快农村残疾人脱贫步伐，让他们的生产生活状况尽快得到改善。

三是加强和改进对残疾人的服务。我们要努力创造条件，让更多的残疾人得到适宜的康复服务和辅助技术，让更多的残疾孩子受到良好的教育，让有就业意愿的残疾青壮年普遍得到职业培训和就业服务，让重度残疾人、老年残疾人得到更专业的护理照料。要全面推进无障碍环境建设，为残疾人的社会参与和融合发展创造更加便利的条件。

四是充分发挥市场机制和社会力量的作用。大力发展残疾人慈善事业，积极发展残疾人服务产业，形成政府、市场、社会协同推进的格局，调动更多的社会资源投入残疾人事业，加快推进残疾人小康进程，帮助更多的残疾人兄弟姐妹过上幸福而有意义的生活。

鲁勇在中国残联党的群众路线教育实践活动总结大会上的讲话

2014年1月24日

按照中央党的群众路线教育实践活动部署，今天召开中国残联总结会。中央第十八督导组出席会议，胡振民组长还将做重要指示，我们要认真贯彻。下面，我讲三个问题。

一、中国残联教育实践活动取得了重要阶段性成果

按照中央部署，中国残联从2013年7月起开展了以为民务实清廉为主要内容的党的群众路线教育实践活动。半年来，在中央教育实践活动领导小组和王勇国务委员高度重视、中央第十八督导组精心指导下，我们突出抓了"学习教育、听取意见，查摆问题、开展批评，整改落实、建章立制"三个环节，围绕"照镜子、正衣冠、洗洗澡、治治病"总要求聚焦四风问题，先后印发了18个指导文件并组成6个督导组加强机关部门、直属单位和基金会的督导工作。召开了动员会、推进会，2次组织"回头看"，及时开展专项整治，努力做到聚焦"四风"不散光、规定动作不走样、自选动作有特色。通过教育实践活动，党员领导干部进一步提高了思想认识，进一步坚定了理想信念，全会上下在转变作风、推动工作落实方面取得了重要阶段性成果。

（一）坚持开门搞活动，认真开展动员部署

认真学习中央精神、精心部署工作，154名党员干部参加了对党组、理事会领导班子及成员的民主评议。736名党员职工代表参加了15个直属单位和基金会的民主评议。党组向直属单位、基金会发放征求意见表858份，征求对残联机关13个部门的意见建议，并在各部门、各单位专题民主生活会前，进行了原汁原味反馈并提出了明确要求。

（二）突出学习教育重点，深入开展专题讨论

除规定的学习书目外，编印了朴方、海迪同志有关作风建设的14篇论述、讲话作为必读书目。集中65名机关副局级以上党员干部、直属单位和基金会主要负责人脱产学习，安排120名党组理事会成员、机关党员干部、直属单位和基金会负责人集中学习。机关部门、直属单位和基金会也结合实际制定了学习教育计划，并采取多种方式开展学习交流。

(三) 聚焦"四风"突出问题，广泛征求群众意见

通过多种方式，面向国务院残工委成员单位、省级残联、机关部门、直属单位和基金会、专门协会和社会组织、残联老同志、青年干部、新闻媒体代表听取意见建议。结合中央教育实践活动领导小组办公室反馈的地方对残联机关15条意见、中央督导组反馈的领导班子民主评议情况、"六代会"期间与会代表的66条建议，汇总了对残联领导班子及成员和机关意见建议246条，对直属单位、基金会领导班子及成员意见建议456条。针对意见建议制定了整改落实方案，并公示了整改措施、完成时限和责任单位。

(四) 认真开展对照检查，深刻剖析思想根源

以群众意见建议作为班子成员开展谈心、对照检查和立查立改的主要内容，努力从群众反映的表面问题中查找深层次问题，从反映的工作问题中查找背后的思想问题，从反映的客观问题中查找主观问题，从反映的班子问题中查找班子成员个人问题。党组领导班子对照检查材料历经6次大的修改，班子成员个人对照检查材料平均修改3次以上。领导班子成员之间、班子成员与分管部门负责同志和党员干部之间广泛开展了谈心活动，平均每人开展谈心活动20次以上。党组专题民主生活会上，海迪同志和7名党组成员进行了坦诚的对照检查，深挖思想根源并提出了有针对性的整改措施。班子成员之间开展相互批评，直面问题坦诚相见，达到了"团结—批评—团结"目的。随后，召开了专题民主生活会情况通报会，主动接受监督。机关各部门、各直属单位和基金会认真组织专题民主生活会，有关情况向群众进行了通报。

(五) 着力强化正风肃纪，紧抓专项整改治理

为做好整改落实、建章立制工作，开展了"回头看"工作。针对查摆出的问题，研究制定了整改方案并印发各部门、各直属单位和基金会，把党组整改落实、专项整治和制度建设的内容、目标、时限、措施、责任、进度等情况向党员群众公布，做到了敞开大门抓整改、聚焦四风抓整改、改革创新抓整改、正风肃纪抓整改。中国残联领导班子成员及机关部门、直属单位和基金会班子成员，均已制定了个人整改方案。

通过教育实践活动，党组以贯彻落实中央八项规定作为切入点，着力解决广大残疾人和职工群众反映强烈的突出问题，取得了五个方面的初步成效。

第一，进一步统一了思想，凝聚了共识。在大是大非问题上不含糊，非原则性问题不折腾；风清气正带队伍，团结和谐干事业；坚持以德才识人，以群众公认选人，以工作实绩用人，用事业感召人，用真情团结人，在推动事业大发展中培养锻炼干部，不让老实人吃亏，不让踏实干事的人流汗又流泪。围绕残疾人工作"新的起点"、"把底兜住"、"同步小康"、"中国特色残疾人事业"等关键点展开调研，推出了2014年工作要点、全面推进残疾人同步小康进程工作意见和开展政府购买残疾人服务试点工作意见（征求意见稿）。将2014年确定为残联系统的"基础管理建设年"，筹备开展残疾人服务基本状况专项调查，正在制定实施加强机关部门及直属单位干部队伍建设意见。

第二，进一步健全了作风建设等制度规定。全面梳理了已有制度规定，修订了《党组工作规则》《执行理事会工作规则》等2项制度，制定出台中国残联落实"三重一大"决策制度试行办法、加强和完善干部工作规定、进一步关心干部学习生活措施、财政资金项目支出绩效评价管理暂行办法、加强内部审计暂行办法、抵制"四风"暂定规定及问责办法等14项制度措施，正在制定财务预算、信访接待、退休返聘、预防和惩治腐败、厉行节约和反对浪费等7个方面的制度措施。

第三，进一步改进了学风、文风、会风和作风。在坚持党组中心组学习基础上，每月确定两个半天以机关党支部为单位进行集中学习。2013年召开会议比2012年减少2次，压缩时间6天，减少200人次。审定批准2014年会议和培训班49个，比2013年压缩50%。建立了每月一次的党组成员碰头会制度，进一步加强沟通交流、工作协调和跟踪问效。加强工作统筹，建立《残疾人工作要情》信息交流平台。制定落实临时出国（境）管理办法，建立出国人员公示制度，进一步规范临时出国（境）工作。严格管控"三公"经费，2013年因公出国费用比预算下降40%，公务用车费用比预算下降7%，公务接待费用比预算下降54%。

第四，加大了解决群众反映突出问题的力度。加装了录像监控设施，解决了职工宿舍安全管理隐患。要求已分配住房的机关干部限期腾退集体宿舍，腾退工作已完成。对中国聋儿康复研究中心语训部听障儿童入园、离园线路进行调整，并安排专人值守，保障了入园儿童交通安全。职工班车问题，通过征求意见、召开座谈会等形式进行了面对面沟通研究，得到了理解。群众关注的少数干部官僚习气、干部队伍建设、机关风气等方面问题，均有了较明显改善。其他问题的整改工作，正在按照方案中明确的任务书、时间表，由相关责任人和责任部门（单位）落实过程中。截至目前，已落实整改项目240项，正在落实整改项目137项。

第五，实现了教育活动与推动工作两不误、两促进。圆满完成了中国残联六代会和各地残联组织换届，较好落实了残疾人事业"十二五"发展纲要确定的年度任务。会同中组部等部委出台了《关于促进残疾人按比例就业的意见》《特殊教育提升计划》《关于在集中连片特困地区加强残疾人扶贫开发工作的通知》等

措施，推动了《残疾预防和残疾人康复条例》等相关政策的制定。同时，残疾人康复服务、教育就业、权益维护、组织建设、文化体育、国际交流、信息化建设、机关服务等方面都取得了新的成绩。

通过深入开展党的群众路线教育实践活动，思想作风有了明显改进，也为持续不断地加强干部队伍思想作风建设提供了有益启示，更为我们以改革创新精神推动中国特色残疾人事业发展做了思想上、组织上、作风上的重要准备。

一是要始终坚持思想武装。把理论学习、提高认识贯穿始终，努力按照"信念坚定，为民服务，勤政务实，敢于担当，清正廉洁"新时期好干部标准进一步加强干部队伍建设。

二是要始终坚持服从大局。服从服务党和政府的中心任务、国家发展大局，按照"守住底线、突出重点、完善制度、引导舆论"思路积极做好残疾人民生工作。

三是要始终坚持领导带头。牢记教育实践活动中查摆出的问题、自我剖析和整改承诺，不断改造主观世界，成为政治上靠得住、工作上有本事、作风上过得硬的好干部。

四是要始终坚持问题导向。以问题整改开局亮相、以问题整改注入动力、以问题整改交出答卷，实实在在回应群众期盼，才能赢得群众信任。

五是要始终坚持开门整改。把权力关进笼子里，首先必须建好笼子。以问题为导向紧抓建章立制工作，确保各项制度措施可执行、可监督、可检查、可问责。

六是要始终坚持依靠群众。真心倾听群众意见，切实解决群众难题，解决问题要充分听取群众意见或经过群众讨论，解决效果必须请群众做评判、来监督。

集中安排的教育实践活动即将结束了。在此，我代表党组真心感谢大家的支持、配合、理解和帮助，真诚感谢第十八督导组的精心指导、有力支持。我们将以此为动力，持续不断地加强作风建设，旗帜鲜明地反对"四风"，以我们的实际行动营造出风清气正带队伍、团结和谐干事业的良好氛围，为实现残疾人同步小康、实现中华民族伟大复兴的中国梦而不懈努力。

二、以教育实践活动为动力，持之以恒加强思想作风建设

党风正，会风清；干部强，事业兴。"打铁必须自身硬"。我们清醒地认识到，推进中国特色残疾人事业发展，必须把加强中国残联干部队伍的思想政治建设摆在更加突出位置来抓，努力做到大是大非问题敢于亮剑，面对问题矛盾敢于迎难而上，面对困难挑战敢于挺身而出，面对失误错误敢于承担责任，面对歪风邪气敢于坚决斗争。

党的群众路线教育实践活动有阶段性安排，但建设为民务实清廉残疾人工作者队伍却是常讲常新的永恒任务。我们清醒地认识到，教育实践活动有期限，但贯彻群众路线没有休止符，作风建设永远在路上。特别是"四风"问题具有很强的变异性和传染性，只有坚持不懈同陈规陋习、顽瘴痼疾做斗争，才能推动作风建设持续好转。

（一）我们要认真学习习近平总书记在党的群众路线教育实践活动第一批总结暨第二批部署会议上的重要讲话精神，切实做到作风建设永远在路上

开展教育实践活动是在新的时代条件下弘扬党的光荣传统和优良作风、贯彻党的群众路线的生动实践。群众路线是永葆党的青春活力和战斗力的重要传家宝，必须做到教育和实践两手抓，使马克思主义群众观点深深植根于思想中、真正落实到行动上。理想信念是共产党人的精神之"钙"，必须加强思想政治建设，解决好世界观、人生观、价值观这个"总开关"问题。加强和改进作风建设是保持党同人民群众血肉联系的有效途径，必须聚焦解决群众反映强烈的突出问题，以作风建设新成效汇集起推动改革发展的正能量。批评和自我批评是清除党内政治灰尘和政治微生物的有力武器，必须以整风精神严格党内生活，着力提高领导班子发现和解决自身问题的能力。讲认真是我们党的根本工作态度，必须做到无私无畏、敢于担当，把认真精神体现到党内生活和干事创业方方面面。

应该看到，第一批教育实践活动已进入尾声，但收尾不是收场，还有许多后续工作需要继续落实。一些久拖难解的问题，病症在下面，病根却在上头。上头搞形式主义，下面就会弄虚作假；上头是官僚主义，下面就会照搬照套；上头有享乐主义，下面就会投其所好；上头刮奢靡之风，下面就会铺张浪费。所有这些问题光靠基层自身力量很难彻底解决，需要第一批教育实践活动单位从源头上加以解决或者指导基层单位认真解决。我们作为参加第一批教育实践活动的单位，要继续抓好整改任务落实，给基层树立榜样。要对本领域、本行业存在的共性问题，深入调查研究，提出规范性要求，沉下去面对面开展工作。

特别要深刻地认识到，慵懒散、奢私贪、蛮横硬等问题在不同程度上依然存在。有的搞"形象工程"、"政绩工程"，只顾眼前，不顾长远；有的拍脑袋决策、搞"一言堂"，容不下他人，听不得不同意见；有的心浮气躁、跑官要官，到处拉关系、找门路、搭天线；有的组织观念淡薄、纪律松弛，信口开河、口无遮拦；有的办事拖拉、推诿扯皮，浑浑噩噩混日子，上班时间斗地主、嗑瓜子、玩手机、逛淘宝，有的甚至随意离开工作岗位外出溜达消遣；有的作风漂浮、落实不力，工作

底数不清、基层情况不明，唱功好、做功差；有的工作"中梗阻"，对上级交办的任务找客观原因顶着不办，对群众要办的事情找各种理由拖着不办；有的不关心群众冷暖，责任心不强，坐等上门多、主动问需少，用上网代替上门、用通话代替见面，遇到矛盾绕道走；有的工作不专心，在位不在岗，天天"走读"，有事找不着人，领导职责空置；有的弄虚作假、欺上瞒下，哄骗上级、糊弄群众；你有圈子，我有圈子，大家竞相找圈子、入圈子、织圈子，把人际关系搞得越来越庸俗，一些干部因此误入歧途，走上违法犯罪道路，等等。这些在不同地区、不同领域、不同单位存在的问题也需要我们高度警醒，更需要我们在深入抓好整改落实工作中警钟长鸣。

（二）我们要认真学习习近平总书记在十八届中央纪律检查委员会第三次全体会上的重要讲话精神，通过抓党风带动会风的持续净化

开展党的群众路线教育实践活动，是解决作风问题的战略性举措。在作风问题上，大问题要抓，小问题也要抓。小洞不补、大洞吃苦！在肯定成绩的同时，我们也要看到，滋生腐败的土壤依然存在，反腐败形势依然严峻复杂，一些不正之风和腐败问题影响恶劣、亟待解决。全党同志要深刻认识反腐败斗争的长期性、复杂性、艰巨性，以猛药去疴、重典治乱的决心，以刮骨疗毒、壮士断腕的勇气，坚决把党风廉政建设和反腐败斗争进行到底。长期实践告诉我们，作风问题具有顽固性、反复性，抓一抓会好转，松一松就会反弹，而且有的会变本加厉。我们开了个好头，要一步一步深化下去。有人说现在"为官不易"，群众说期盼再接再厉，我说要乘胜前进，固化"为官不易"成果。阳光是最好的防腐剂。让权力在阳光下运行，让广大干部群众在公开中监督，保证权力正确行使。

我们要按照中央精神，严明党的组织纪律，增强组织纪律性。改革开放和发展社会主义市场经济，改变了原有的资源配置方式和组织管理模式，越来越多的单位人变成社会人，各种复杂的人际关系和利益关系对党内生活带来不可低估的影响，引发了种种问题，组织观念薄弱、组织涣散就是其中一个需要严肃对待的问题。比如，有的个人主义、自由主义严重，目无组织纪律，跟组织讨价还价，不服从组织安排；有的党组织和领导干部在处理一些应该由中央和上级组织统一决定的重要问题时事前不请示、事后不报告，搞先斩后奏，甚至斩而不奏；有的变着法儿把一件完整的需要汇报的大事项分解成一件一件可以不汇报的小事项，让组织程序空转；有的领导班子既有民主不够、个人说了算问题，也有集中不够问题，班子里各自为政，把分管领域当成"私人领地"，互不买账，互不服气，内耗严重；有的只对领导个人负责而不对组织负责，把上下级关系搞成人身依附关系；有的办事不靠组织而靠熟人、靠关系，形形色色的关系网越织越密，方方面面的潜规则越用越灵；有的党组织对党员、干部疏于管理，缺乏严肃认真的组织生活，等等。组织纪律松弛已经成为党的一大忧患。在这方面，我们要高度警觉，进一步强化党的组织纪律建设。

一个人什么时候容易犯错误？就是以为自己万物俱备、一切顺利的时候，得心应手了就容易随心所欲，随心所欲又不能做到不逾矩，就要出问题了。作为干部特别是领导干部，在涉及重大问题、重要事项时按规定向组织请示报告，这是必须遵守的规矩，也是检验一名干部合格不合格的试金石。请示报告不是小事，不要满不在乎，这些年来一些干部出事就出在这个上面。对不请示报告的干部，党组织要格外注意，可能就是要出问题的前兆。需要注意的是，不能把党组织等同于领导干部个人，对党尽忠不是对领导干部个人尽忠，党内不能搞人身依附关系。干部都是党的干部，不是哪个人的家臣。有的干部信奉拉帮结派的"圈子文化"，整天琢磨着拉关系、找门路，分析某某是谁的人，某某是谁提拔的，该同谁搞搞关系、套套近乎，看看能抱上谁的大腿。有的领导干部喜欢当家长式的人物，希望别人都唯命是从，认为对自己百依百顺的就是好干部，而对别人、对群众怎么样可以不闻不问，弄得党内生活很不正常。邓小平早就说过："上级对下级不能颐指气使，尤其不能让下级办违反党章国法的事情；下级也不应当对上级阿谀奉承，无原则地服从，'尽忠'。不应当把上下级之间的关系搞成毛泽东同志多次批评过的猫鼠关系，搞成旧社会那种君臣父子关系或帮派关系。"党内决不能搞封建依附那一套，决不能搞小山头、小圈子、小团伙那一套，决不能搞门客、门宦、门附那一套，搞这种东西总有一天会出事！有的案件一查处就是一串人，拔出萝卜带出泥，其中一个重要原因就是形成了事实上的人身依附关系。我们引以为戒，警言警句常记耳边。

（三）我们要认真学习刘云山、赵乐际同志在党的群众路线教育实践活动第一批总结暨第二批部署会议上的指示精神，以钉钉子精神抓好整改落实工作

我们扎实推进教育实践活动，在作风建设方面取得重要进展，但必须有一个科学的、实事求是的评价。既要看到已经取得的实实在在的成绩，又要看到存在的不足和问题；既要看到面上变化的良好态势，又要看到解决每个具体问题遇到的难度；既要看到党员干部作风变化的积极成效，又要看到思想观念的转变是一个长期的过程。要看到，教育实践活动转入第二批后，第一批活动单位整改任务不等于结束，更不是纠"四风"任务的完成，还有许多后续工作需要继续落实。活动的各部门、各单位都不能有过关思想，不能对查摆出来的问题"拖着不改"，更不允许已经整改的死灰复燃、固态萌生。教育实践活动要让群众"叫好"，必须向问题"叫板"。建制度，不在"多"而在有效管用、不仅要"有"更要落实，不能让规定、制度成为纸老虎、稻草人。我们要牢记中央的指示精神，不能以为集中开展的教育实践活动结束了，我们已经过关了，可以对自己的要求松一松，对整改措施可以放一放了。

（四）我们要认真学习刘云山、赵乐际同志在全国组织部长会议上的讲话精神，以有力措施培养选任党和人民需要的好干部

习近平总书记强调："光有思路和部署，没有优秀的人才来干，那也难以成事。"我们要清醒地认识到，许多任务才刚刚破题，一些成果还是阶段性的，一些老大难问题尚未根本解决，新的问题又凸显出来。让干部真正做到信念坚定、为民服务、勤政务实、敢于担当、清正廉洁，前提是打牢思想理论基础，解决好信仰信念问题。当前和今后一个时期，思想理论教育的重中之重，就是抓好习近平总书记系列讲话精神的学习教育。同时，要严肃党内政治生活、组织生活。一个时期以来，受种种因素影响，一些地方党内生活出现了庸俗化倾向，好人主义、自由主义盛行，有些党员干部相互之间成了"老大"与"小弟"、"大猫"与"小猫"、"老板"与"马仔"的关系，党内生活失去了应有的严肃性。巩固教育实践成果，必须把党内生活的优良传统更好地发扬起来，重要的是做到"坚持、提高、创新"六个字。要强化干部的实践锻炼，实践出真知，一线出干部。好马是跑出来的。温室里长不出参天大树。要注重在基层培养干部，有计划地安排干部到基层经受锻炼。

党管干部的根本，就是要选拔使用对党忠诚、一心为民的干部，选拔使用经得起历史、实践和人民检验的干部。投票选举只是一种方式，不是唯一方式，而有多种途径。要辩证、客观地分析民主推荐得票情况，把得票作为干部选拔任用的重要参考而不是唯一依据。特别是对那些坚持原则、敢抓敢管、真正干事而得票不靠前的干部，要公正对待，该使用的就要使用。应当明确，不是所有的岗位都搞竞争性选拔，竞争性选拔不能只看分数还要看实践能力。对已有合适人选且意见相对比较集中的，一般不开展竞争性选拔。干部队伍实行老中青相结合，这是我们的传统，符合事业发展需要。不宜硬性设立年龄"天花板"，不能简单地以年龄决定进退去留。要坚持从严管理干部。只有警钟长鸣，才能警笛不响。从严管理干部，光靠人盯人、人管人不行，从根本上讲还要靠制度。实际工作中，这方面还是有漏洞，一些违纪违规的现象、匪夷所思的问题不时出现。有的打着引进人才之名，行违规进人之实，以各种名目照顾亲属、照顾关系；有的弄虚作假，随意改学历、改经历、改年龄，成为"三改干部"。要通过加强干部队伍建设，保持领导干部应有的状态。"为官不易"恰恰是共产党员干部应有的状态。当干部不容易，事业才会有希望；当干部不舒服，老百姓才会舒服一些。必须明确，对在其位不谋其政、遇到矛盾绕道走、遇到群众诉求躲着行的，决不能提拔使用。这些重要指示，对于我们做好当前的干部工作和组织工作有很强的指导意义和现实意义，必须抓好抓细，切实得到落实。

（五）我们在充分肯定成绩的基础上，要对本部门本单位开展党的群众路线教育实践活动的实际成效有清醒的认识，特别对存在的不足要有清醒的认识

比如，部门和单位之间开展活动的力度和效果不平衡；在活动载体上还需要进一步创新；抓制度落实的力度还有待进一步加大；个别整改难度较大的问题还缺乏有效的解决途径；有些领导干部虽已对自身存在的作风问题整改做出了承诺并有了初步改进成效，但要持之以恒地在工作过程中落实下来、坚持下去还需付出艰苦努力，等等。我们必须正视这些问题，持之以恒地加强作风建设。

目前，我们正在按照中国残联整改工作方案，逐一督导落实整改措施，这将是2014年党组抓的一项重点工作。制度的生命力在执行，执行的要害在严格。我们已经制定实施了关于违反"四风"问题问责办法等一系列制度措施，下一步要紧抓落实，不能让这些制度措施仅仅停留在写在纸上、挂在墙上、放在桌上而不能得到实实在在的落实。我们已就加强党组中心组、机关部门干部的学习做出了规定，要认认真真抓好落实。

三、以扎实开展"基础管理建设年"活动来促进整改落实

邓小平同志指出："正确的主张必须与良好的工作方法结合起来，才能实现。"为了巩固提高党的群众路线教育实践活动成果，努力加强干部队伍的思想作风建设，努力强化服务残疾人的基层基础工作，按照王勇国务委员指示，我们2014年将在全国残联系统深入开展"基础管理建设年"活动，巩固和扩大活动成果，形成长效机制，为残疾人工作提供持续有力的思想和组织保障。

（一）认真学习贯彻习近平总书记系列重要讲话精神，进一步统一思想，凝心聚力

树立坚定的信念和自信，对于行之有效的做法、需要持之以恒推动的工作，毫不动摇地坚持下去；对于已经绘就的蓝图一抓到底，决不中途更张易辙，决不半途

而废。坚持解放思想、实事求是、与时俱进，努力培养自我革新的勇气和胸怀，以积极主动的精神状态研究和提出改革举措。处理好继承与创新的关系，在新的历史起点上形成工作整体推进、重点突破的合力。

（二）以钉钉子精神抓好整改措施落实，推动教育实践活动善做善成

加大力度、加快进度，切实把群众最不满意的问题解决好，严格按照责任分工和整改时限抓好整改。整改的进度和结果，及时、逐项向群众公示，不回避矛盾，让群众看得见、摸得着、感受到。敢于较真碰硬、攻坚克难，对于教育实践活动期间难以立即解决的问题，在问题没有解决之前要紧抓不放，绝不能搁置，绝不失信于民。各部门、各单位一把手要继续履行好"第一责任人"职责，亲自把关，将整改方案和制度建设落到实处。

（三）着力完善和严格落实相关制度，巩固和深化教育实践活动成果

持续抓好作风建设、党风廉政建设、机关内部建设、业务工作等各方面制度的研究，有步骤、分阶段稳步推进，努力形成较为完善的制度体系。加大制度执行力度，特别是对违反制度越"红线"、闯"雷区"的，发现一起、查处一起，绝不姑息迁就，以严格有效的制度根治作风之弊、行为之垢。充分保障残疾人群众和党员干部的发言权、评议权，确保制度行得通、指导力强、长期管用。

（四）在全国残联系统扎扎实实开展"基础管理建设年"的各项工作

抓好建章立制，该健全的健全，该改进的改进，没有的要建立，过时的要修订，进一步完善基础性的管理制度。严格工作程序，重点规范政府专项资金、残疾人就业保障金、慈善捐助资金、直属单位经营收入等的管理与使用工作程序，进一步强化预算执行过程管理。抓好专项调查，把加强管理作为各级残联组织的一项重要基础性工作常抓不懈，进一步加强基础数据管理工作。抓好跟踪问效，进一步突出资金项目绩效管理。抓好监督反馈，理事会向主席团报告工作时要专项报告预算执行情况、资金使用情况，进一步落实预算执行情况报告。抓好规范经营，进一步明晰直属单位服务范围，逐一清理规范不符合残联职能定位、超越直属单位服务范围的经营事项。对于造成国有资产流失、搞非法经营活动的，对于打着服务残联或直属单位旗号谋个人或小团体私利的行为，要坚决查处。春节过后，我们要就开展基础管理建设年的工作安排、做好残疾人基本服务状况的专项调查工作做专门部署。

（五）采取有力措施持续抓好机关部门和直属单位的干部队伍建设

我们在制定实施了加强干部管理工作办法基础上，正在起草关于进一步加强机关部门和直属单位干部队伍建设的工作意见，进一步明确加强干部队伍建设的指导思想、基本原则、主要任务、保障措施、工作要求等。在这个意见中，要进一步清晰规范机关部门与直属单位的职责分工，稳妥优化个别机关部门与直属单位"三定"方案，按照新时期好干部标准进一步加强干部选拔培养工作，抓好用人导向，完善选任机制，用好各年龄段干部，培养优秀年轻干部，从严监管干部。

总之，我们要以党的群众路线教育实践活动为动力，一年接着一年抓，一茬接着一茬干，持之以恒抓好干部队伍的思想作风建设，不断焕发蕴含在广大干部队伍中的创新活力和实干精神，共同为实现残疾人同步小康、实现中华民族伟大复兴的中国梦而不懈努力！

鲁勇在《人民日报》发表重要文章：以改革创新精神推进中国特色残疾人事业发展

2014年2月10日

残疾人事业是中国特色社会主义事业的重要组成部分。做好残疾人工作，对于全面建成小康社会、实现中华民族伟大复兴的中国梦具有重大意义。在新的起点上，以改革创新精神推进中国特色残疾人事业发展，是党和人民的重托，也是残疾人的期盼。

完善和发展保障残疾人健康权、生存权、发展权的制度

充分保障残疾人权利、全面增进残疾人福祉、提高残疾人发展能力、促进残疾人平等参与，是社会主义制度的本质要求，也是社会公平正义和文明进步的重要标志。中国特色社会主义制度，是解放和发展社会生产力、解放和增强社会活力、保障公平正义与共同富裕的制度。解放和发展蕴含在广大残疾人及其亲属中的社会生产力，解放和增强广大残疾人及残疾人组织的社会活力，保障包括残疾人在内的全社会的公平正义和共同富裕，是完善和发展中国特色社会主义制度的内在要求。完善和发展中国特色社会主义制度，包括了以保障残疾人健康权、生存权、发展权为主要内容的各项制度。

残疾人的特殊性，使之成为最需要民生保障和社会帮助的群体。改革开放以来，我国残疾人事业取得了巨大成就，各项涉及残疾人健康权、生存权、发展权的制

度不断完善。同时，我国还处在社会主义初级阶段的基本国情，决定了保障广大残疾人基本权益的制度建设任务还相当繁重。在全面建成小康社会的历史征程中，需要加快推进民生领域体制机制创新，促进公共资源向基层延伸、向农村覆盖、向困难群体倾斜，按照守住底线、突出重点、完善制度、引导舆论的思路做好残疾人民生工作。推动以保障残疾人基本生活、基本医疗、基本康复、基本权利以及教育就业、文化发展等需求为导向的制度创新，就成为摆在我们面前的重要任务。

推动以保障残疾人健康权、生存权、发展权为主要内容的制度创新，包括两个重要方面。一是完善和发展覆盖包括残疾人在内的全体人民的普惠制度，诸如国家的经济、政治、文化、社会、生态文明制度和法律体系以及建立在这些制度基础上的各种体制等。二是完善和发展针对残疾人特殊情况的特惠制度，包括残疾预防与残疾人基本医疗制度、残疾人基本社会保障制度、残疾人基本康复服务制度、残疾人特殊教育保障制度、残疾人无障碍融入社会的基本公共服务制度、有就业愿望和能力残疾人的基本就业促进制度、残疾人公民基本权利保障制度等。通过制度完善和发展，可以为广大残疾人自尊、自立、自强、自信地融入社会、参与社会、贡献社会创造良好的条件和环境。

提升残联组织履行代表、服务、管理职能的能力

国家治理体系是在党领导下管理国家的制度体系，国家治理能力是运用国家制度管理社会各方面事务的能力。推进国家治理体系和治理能力现代化，要求残联组织切实提高组织治理和自治能力，充分发挥党和政府联系残疾人的桥梁和纽带作用，按照党委领导、政府负责、社会参与、残联组织充分发挥作用的领导体制和工作机制要求，自觉把残疾人事业有效融入国家发展大局之中，有效承担代表、服务、管理残疾人职能，有效承接政府购买残疾人服务责任。

应通过有效增强履行管理职能的体系建设和能力建设，焕发中国特色残疾人事业党委领导、政府负责、社会参与、残联组织充分发挥作用领导体制的活力。有效提升残联组织的组织治理和自治能力，努力在推动国家经济、政治、文化、社会、生态文明"五位一体"建设中，更好地配合党和政府，更好地调动其他残疾人社会组织和市场主体的积极性，各负其责，良性互动，共同构建稳定可靠的残疾人基本保障安全网，不断提高残疾人社会保障和社会福利水平；共同健全残疾人公共服务体系，大力实施残疾预防，加强无障碍环境建设，积极推动残疾人人人享有基本康复服务保障；共同增强残疾人自我发展能力，千方百计促进残疾人就业创业，加强农村残疾人扶贫开发，缩小残疾人生活状况与社会平均水平的差距；共同保障残疾人平等参与权利和发展机会，依法维护残疾人各项权益，让残疾人生活得更有尊严、更加殷实、更加幸福。同时，通过提高残联组织自治能力，增强广大残疾人自我管理、自我约束、自尊自信、自强自立能力，带动广大残疾人勇于迎接挑战，不断超越自我，在实现中华民族伟大复兴中国梦征程中谱写无愧于时代的华彩乐章。

创造残疾人更加幸福美好的新生活

2020年是完成党的十八届三中全会《决定》提出的改革任务的重要节点，也是党的十八大提出全面建成小康社会的重要时点。目标清晰，任务繁重，时不我待。为此，必须采取有效措施激发蕴含在残疾人及其亲属中的创新活力，努力在新的起点上以改革创新精神推动中国特色残疾人事业加快发展，在实现中国梦的伟大实践中创造残疾人更加幸福美好的新生活。

围绕残疾人与全国人民同步小康目标努力推进残疾人事业创新发展。 深入学习习近平同志系列讲话和党的十八届三中全会精神，切实提高贯彻落实的自觉性、主动性、坚定性。围绕完善和发展中国特色社会主义制度、推进国家治理体系和治理能力现代化，不断完善中国特色残疾人事业的法律规章、管理体制、工作机制和制度框架。有效巩固和扩大党的群众路线教育实践活动成果，推动学风、会风、文风、作风持续改善，为实现残疾人工作整体推进、重点突破提供有力的思想作风保障。围绕实现残疾人与全国人民同步小康奋斗目标，加强残疾人事业发展的顶层设计，加快推进残疾人全面小康进程。

构建与落实残疾人基本民生保障的安全网。 立足健全和落实残疾人"人人享有基本民生托底服务"的保障目标，结合国家推进新型城镇化，细化落实残疾人基本民生保障安全网的总体框架、具体内容、推动措施。综合运用法律、法规、政策等手段，统筹协调保障残疾人基本民生的政府托底、社会保险、慈善捐助等资源，合理整合政府引导、残联推动、社会参与、市场运作等机制，重点推进残疾人基本民生保障等工作。

落实残疾预防措施和残疾人基本康复服务项目。 立足构建和落实残疾人"人人享有基本康复服务"的保障目标，明晰具体内容，深化推动措施，细化考评方法。抓住残疾人基本康复服务、残疾预防两个重点，进一步完善政策法规支撑体系，提高康复机构服务能力，强化康复人才培养力度，创新抢救性康复服务模式，推动政府部门、残联组织、社会机构中有关残疾人康复资源的整合利用，壮大残疾人康复服务业。探索运用市场机制、政策手段发展残疾人康复服务产业的具体措施。

提升依法维权、协商维权和基本公共服务能力。 突出依法维权、协商维权、政策维权、自治自律、信访维权等工作重点，进一步完善和构建保障残疾人基本权益的工作体系、沟通渠道、内容机制、追责问效、督察办法，努力为残疾人平等融入社会、公平参与社会创造有法律保障、有政策支持、有工作联动、有跟踪问效、有基本服务的条件和环境。

普及残疾人特殊教育、拓展残疾人就业渠道。 统筹推动残疾人学前教育、义务教育、学历教育与职业教育、继续教育发展，进一步健全和完善残疾人特殊教育、残疾人参加普通教育的引导政策与教育体系。重点推动特教教师、康复护理人员、残疾人工作者等专门人才培养，逐步解决数量不足、待遇偏低、专业化水平不高、经费投入不足等问题。针对残疾人就业渠道相对较窄、就业能力相对较弱、按比例就业增长缓慢等问题，进一步加强特困残疾人扶贫开发工作，努力发挥政府、残联组织、社会、市场、残疾人个体多方面积极性，共同促进残疾人就业。

发展中国特色残疾人文化事业。 着眼于构筑中国特色残疾人宣传文化体系，遵循宣传工作重在向外、文化工作重在向下的工作思路，整体谋划、重点推进价值传播、媒体宣传、舆论引导和繁荣事业、激活产业等工作。巩固已有成果，拓展新的领域，创新推介方式，提升传播效果，在继承的基础上推动残疾人宣传工作、文化事业和文化产业的创新发展。推动残疾人自强健身和竞技体育工作。围绕以体育促进残疾人自强健身工作重点，完善和发展残疾人体育基本公共服务体系。

提升残疾人服务信息化和残联组织服务实力。 围绕提升残疾人信息化服务与管理水平，大力强化信息化管理系统、信息化服务平台、信息无障碍建设。围绕进一步提升残联组织服务实力，努力提高残疾人康复服务、辅具适配、文化发展、体育健身、就业指导、残疾预防等服务实力和教育科研水平。围绕大力发展残疾人慈善事业，加强规范引导，争取更多社会资金，落实更多助残项目。

提升自身服务管理能力、激发协会等社会组织活力。 按照推进国家治理体系和治理能力现代化要求，认真研究落实涉及残疾人治理体系和治理能力现代化的具体措施。提高残疾人工作者素质，建设恪守"人道、廉洁、服务、奉献"职业道德、"信念坚定、为民服务、勤政务实、敢于担当、清正廉洁"的专兼职工作者队伍。激发残疾人专门协会、残疾人社会组织、志愿助残组织活力，进一步壮大和规范残疾人专门协会和相关社会组织。围绕社区、农村残疾人的不同需求，推动相关服务纳入社区、农村基本公共服务体系之中。

鲁勇在残疾人两项补贴制度中部地区调度座谈会上的讲话

2014年4月23日

今天，民政部、中国残联在这里召开中部地区落实残疾人"两项补贴"工作座谈会，这是一件非常重要的实事。当前，我们正在按照中央部署努力加快残疾人同步小康进程。做好同步小康这篇大文章，首先要做好守住底线的工作，而落实贫困残疾人生活补贴和重度残疾人护理补贴，正是做好守住底线的托底性基础措施。

多年来，民政部高度重视、积极推进残疾人基本生活保障工作。中国残联"六代会"后，李立国部长在和张海迪主席沟通工作时特别强调要共同做好残疾人基本生活保障工作。目前这项工作总体上有了很大的进步，但残疾人基本生活保障的托底服务落实得还不够均衡。为促进"两项补贴"这项得民心、惠百姓措施的广覆盖，民政部和中国残联决定联手推动这项工作。上个月，民政部和中国残联已对西部地区落实"两项补贴"措施进行了联合调度，取得了很好的效果。今天，窦玉沛副部长又亲自出席中部地区落实残疾人"两项补贴"工作座谈会。刚才，窦玉沛副部长发表了很好的意见，财政部的同志也谈了很重要的意见，我们要认真落实。各级残联组织要积极努力，会同民政、财政等部门搞好"两项补贴"的顶层设计，完善标准规范，落实保障措施，为建立全国性的长效机制奠定基础。下面，我强调几点意见。

一、推动残疾人同步小康进程，最基础的工作是优先解决好残疾人中重点人群的基本生活托底保障

残疾，是人类社会进步必然付出的代价。残疾，有先天形成的，也有后天发生的。一定意义上讲，先天出现残疾，是人类适应自然过程中所付出的代价；后天发生残疾，是人类征服自然过程中付出的代价。目前，我们在努力推动工业化、城镇化。在这一过程中，一部分人付出了残疾的代价，成了后天形成的残疾人。据统计，我国农村成年人出现的后天残疾，大约34%是工伤、交通事故、外伤等原因导致的。另外据专家研究，随着年龄的增长，由于自身生理机能退化等原因，人的一生中平均可能有四到六年处在失能导致残疾的状态。既然是必然要付出的代价，既然是必然要出现的失能残疾状态，我们就要为付出这个代价和出现失能残疾的群体提供尽可能多的基本保障。

伴随着改革开放的伟大实践，我国的社会生产力水平有了很大的提高，正在向全面小康社会迈进。党的十八大发出了到2020年全面建成小康社会的动员令。小康社会是包括广大残疾人的小康社会。实现残疾人与全国人民同步小康，是党中央、国务院提出的明确要求，也是广大残疾人及其亲属的热切期盼。同步小康，涉及方方面面，既有生存的基本生活保障，也有发展的康复教育维权，还有融入社会的基本公共服务，更有就业增收和社会参与。其中，最基础、最关键的是落实基本托底保障，最困难、最需要兜底保障的是重度残疾人和贫困残疾人。关注残疾人、帮助残疾人，首先要从特别需要救助人群的生存保障、生活急需抓起。同时，解决好贫困残疾人和重度残疾人的托底保障问题，不仅能够保障他们自身的基本生活，还能解放他们的家庭和亲属。

经过多年的努力，我国残疾人的基本生活保障有了巨大的进步。同时，由于起步晚、起点低，残疾人的基本生存状况与社会平均水平之间还存在着明显的差距，特别是贫困残疾人、重度残疾人的状况更加需要关注。据统计，残疾人家庭人均可支配收入仅为全国平均水平的一半略强，残疾人家庭恩格尔系数达到48.5%，比全国高出10.8个百分点。52.7%的城镇残疾人和62.3%的农村残疾人有医疗救助需求，有生活救助需求的城乡残疾人也分别达到45.2%和68.6%。40.4%的城镇未就业残疾人和67.8%的农村未在业残疾人主要依靠家庭其他成员供养。据测算，22.6%的城镇残疾人和29.9%的农村残疾人生活在最低生活保障线以下。此外，相当一部分重度残疾人和绝大多数智力、精神残疾人在生活自理、社会参与等方面存在较大的障碍，看护、护理和照料等方面的需求较为普遍，对家庭的依赖性较强，由此给家庭带来的精神压力和经济负担非常大。

党和政府历来高度重视残疾人和残疾人工作，通过不懈的努力取得了显著的成就。党的十八大以来，以习近平为总书记的新一届中央领导集体又对做好残疾人工作做出了新的部署。党的十八届三中全会《决定》强调，要健全残疾人权益保障制度。习近平总书记在致中国残疾人福利基金会成立30周年的贺信中强调，要切实履行职责、锐意进取、扎实工作，推动残疾人共享我国经济社会发展成果，帮助残疾人在实现中华民族伟大复兴的中国梦中实现自己的人生理想。李克强总理在国务院第一次全体会议上提出，要"兜底线"，解决好7000多万低保人口和8000多万残疾人等特困群体的问题。在第十二届全国人大二次会议上，李克强总理再次强调，要坚持建机制、补短板、兜底线，保障群众基本生活。要做好残疾人基本公共服务和残疾预防，让每一个身处困境者都能得到社会关爱和温暖。

今天我们在这里召开座谈会，就是要着眼于建立健全保障残疾人基本生活的兜底机制和托底保障，解决贫困残疾人和重度残疾人的"兜底线"问题。可以说，把这个最基本的问题解决好了，弱势群体中的最弱势部分、贫困人群中最需要帮助的人群就有了基本保障。这不仅是一个经济问题，更是一个政治问题。正像习近平总书记指出的那样，让广大残疾人安居乐业、衣食无忧，过上幸福美好的生活，是我们党全心全意为人民服务宗旨的重要体现，是我国社会主义制度的必然要求。希望各省的同志高度重视这个问题，认真分析本地残疾人基本托底保障的实际情况，努力将优先解决残疾人基本生活托底保障的制度和机制问题纳入当地党和政府的重要工作内容、摆在突出抓的位置。

二、贫困残疾人生活补贴和重度残疾人护理补贴，是解决残疾人中最需要托底保障人群的救助性保障措施

随着社会生产力的发展，要做好全面建成小康社会中的残疾人权益保障特别是基本生活保障工作，需要逐步建立健全关爱重点残疾人群的基本救助和惠及广大残疾人的基本福利两大基本生活保障制度。

对残疾人这个弱势群体来讲，基本救助保障和基本福利保障是有明显区别的。简单地说，基本救助措施解决的是社会生存的基本保障问题，基本福利措施解决的是在生存有保障基础上共享经济社会发展成果问题。我看过一些资料，这些材料介绍了不少国家和地区在保障残疾人基本权益方面所采取的措施和做法。比如：

在生活补贴方面，英国政府研究发现残疾人较其他社会人群有超过25%的额外开支，为保障残疾人的平等地位，英国政府对65岁以下、行动困难或残疾程度较重的残疾人，不考虑财产和就业等状况，每周给予100镑（约合1000元人民币）左右的生活补贴。法国对未参加工作或失业残疾人，在失业金的基础上，按照残疾程度分别给予相应的补贴；其中，残疾程度达到80%以上的，领取不低于700欧元/月（约合5600元人民币）的补贴。日本按照残疾等级和家庭收入计算发放残疾人补贴，如低收入一级视障者每月可领取81000日元（约合6400元人民币）补助，二级可领取65517日元（约合5200元人民币）补助。美国、澳大利亚以及我国的台湾地区等都有类似的制度，马来西亚规定月收入低于1200令吉（约合2556元人民币）的残疾人都可以获得每月300令吉（约合人民币639元）的生活补贴。

在护理补贴方面，世界上很多国家和地区都设立了残疾人护理补贴。日本对需要长期护理和照顾的20岁以上的残疾人，每人每月给予2.65万日元（约合人民币1620元）特殊照料费；20岁以下者，每人每月给予

1.443万日元（约合人民币880元）特殊照料费。同时，对多重残疾中智障/肢体残疾人家庭给予特别福利补贴。我国台湾地区建立了残疾人生活照顾补助制度，对低收入者按照最低生活费标准全额补贴。家庭人均收入在最低生活费1.5倍至2.5倍的，按最低生活费80%给予护理补助。法国、澳大利亚、德国以及北欧各国还普遍建立了残疾人家庭照料津贴制度。

从上述情况可以看出，世界各国和地区在做好残疾人基本生活保障方面有很多经验和做法值得借鉴。他们落实的保障措施，既有生活补贴，也有护理补贴；既有基本救助，也有基本福利。与之相比，我们的差距还是明显的，某种意义上讲也是我们处在社会主义初级阶段的一个例证。目前，我们需要统筹推动，既要加快建立健全残疾人基本福利保障制度，更要优先落实残疾人中最需要帮助人群的基本救助保障措施。如果连残疾人中最急需救助的一部分人群的基本救助保障都不能落实、都不能实现广覆盖，那么要想建立健全覆盖全体残疾人的基本福利保障制度将更加艰巨。所以，目前抓残疾人权益保障，必须从残疾人中最需要托底保障人群的救助保障抓起，广泛宣传，达成共识，落实措施，推动到位。贫困残疾人的生活补贴和重度残疾人的护理补贴，就是目前最需要抓好落实的基本救助保障措施。

近年来，一些省市按照"兜底线、救急难、可持续"原则，在建立健全低保制度过程中，陆续建立了困难残疾人生活补贴和重度护理补贴制度，取得了非常好的效果。实践证明，这项措施已经成为新时期党和政府补短板和兜底线的一项基础性、托底性工作。需要强调的是，已经落实这"两项补贴"措施的省（区、市），不都是经济社会相对发达的地区，不少是经济社会欠发达的地区。这说明，落实"两项补贴"措施不仅是财力问题，重要的是思想认识和工作思路问题。如果连这两项措施都落实不了，有的省（区、市）提出的不拖全国人民"小康"后腿的承诺，我看就要打问号了。

参加今天座谈的12个省（区），在全面建成小康社会征程中，推动经济社会改革发展的任务都很繁重，同时党委、政府又都对残疾人工作格外关心、高度关注。很多省（区）都将建立"两项补贴"制度，我们要大力宣传，推广好的经验和做法。

推动建立健全残疾人基本救助制度，与一个地方的财力有关，但也不完全取决于财力，经济欠发达的省（区、市）同样可以率先有所作为。在落实"两项补贴"措施方面，我们强调可以低水平，但不可无制度。补贴标准可以随着经济社会发展逐步调整和提高，制度的建立则是筑织社会安全网的基础。民政部、中国残联依次从西部、中部最后到东部地区开展工作调度，就是想先看看"两项补贴"措施在欠发达地区落实的情况。现在看来，中、西部广大地区能做到的，其他地区也没有理由做不到。在座的仍然有个别省（区、市）尚未开展这项工作，希望抓紧推动落实。这里要强调，落实"两项补贴"，是国务院批转的《残疾人事业"十二五"发展纲要》和《关于深化收入分配制度改革的若干意见》中提出的明确要求，也是中国残联第六次代表大会确定的一项重要任务。大家务必要高度重视，切实将"两项补贴"制度的建立与同步小康工作紧密结合起来，使其成为兜住残疾人基本民生的底线，促进社会公平正义，推动残疾人事业稳步发展的重要举措。通过我们共同的努力，力争早日在全国范围内建立和落实"两项补贴"的保障制度。

三、着眼于推动残疾人共享经济社会发展成果和同步实现小康，积极探索惠及广大残疾人的基本福利保障措施

俞正声同志代表党中央、国务院在中国残疾人福利基金会成立30周年纪念会上讲话指出，要进一步做好保障残疾人权益、改善残疾人民生的各项工作，全心全意为残疾人办实事、做好事，大力营造尊重关爱残疾人的良好社会环境，努力实现残疾人与全国人民同步小康。张高丽同志代表党中央、国务院在致中国残联第六次全国代表大会的贺词中强调，要努力实现残疾人与全国人民同步小康，让残疾人生活得更有尊严、更加殷实、更加幸福。王勇国务委员进一步明确，要着力推进中国特色残疾人事业改革创新，着力健全残疾人社会保障体系和服务体系，着力保障和维护好残疾人权益，着力加强各级残联组织自身建设，强调把加快残疾人全面小康进程作为当前和今后一个时期残疾人工作的奋斗目标。落实好中央领导指示，完成好同步小康任务，需要做出方方面面的努力，其中一个重要方面就是要积极探索建立惠及广大残疾人的基本福利保障措施。

经过努力，全国已有17个省份落实了贫困残疾人生活补贴措施，11个省份落实了重度残疾人护理补贴措施。在迈向全面小康的征程中，已经落实了这两项措施的省（区、市）也不要满足于有了基本的救助性保障制度，一方面要紧跟地区经济社会进步的实际逐步提高补贴的水平，另一方面要以改革创新精神不断探索健全惠及广大残疾人的权益保障制度。经济社会发展水平较高的省（区、市），更要在这方面带个好头、倡惠民之先。

最近，我们正在积极筹备残疾人基本服务状况和需求的专项调查工作，这项工作将在下周召开的国务院残工委第二次全体会上进行部署。同时，我们正在会商国家有关部委，积极修改加快残疾人同步小康进程文件的征求意见稿。这两项工作，都会涉及健全残疾人权益保障制度问题。我们希望，各地借鉴国际经验、结合本地

实际推动试点工作。通过创造性的工作，探索建立符合中国国情、与各地经济社会发展水平相适应的、惠及广大残疾人的基本福利保障制度措施，包括生活补贴、护理补贴等，尽力而为，量力而行，既不把胃口吊得过高，也不能有了机遇、有了条件不积极争取、不主动作为。这是一个方向，也将是未来残疾人事业创新发展到一定水平的一个重要标志。

四、部门联动、上下联动，早日实现全国各省区市残疾人"两项补贴"措施的全覆盖

这次调度会是民政部、中国残联共同召开的，体现了两个部门对做好这项工作的高度共识和责任担当。希望大家共同努力，争取两到三年的时间，努力实现各省（区、市）的全覆盖，为建立全国统一的"两项补贴"制度奠定坚实的实践基础。

一要坚定信心，加快推进。还没有落实"两项补贴"措施的地区，要加快推进，倒排工作进度，落实有力措施，做好调研论证，做到底数清、情况明、测算准。补贴标准上坚持实事求是、量力而行，可以低水平起步但在制度建设上要尽力而为，争取年内最迟明年落实至少一项补贴措施。

二要立足长远，逐步规范。已落实"两项补贴"措施的地区，要逐步完善规范。目前，落实生活补贴主要基于残疾人从事生产劳动和参与社会比其他群体付出更多，生活负担更重，获得社会资源和报酬的难度更大等因素考虑；而给予残疾人的补贴，考虑各地的实际情况，目前先将困难残疾人作为制度目标人群。落实护理补贴主要是基于重度残疾人在生活照料和护理等方面的迫切需要等因素考虑，目前重点针对重度残疾人设立专项补贴。两项补贴制度相对独立，可叠加，不冲销。要不断总结经验，在实践中逐步规范和完善。

三要敢于担当，执着坚守。要利用各种场合多宣传、多争取，在为残疾人特别是贫困残疾人和重度残疾人谋福祉问题上，我们就是要放下身段去争取，执着地坚守，用精神和智慧争取理解和支持。同时，更要积极做好残疾人基本服务状况和需求的专项调查工作。如果底数不清、情况不明，我们说话就没有底气，也没有分量，领导决策也就缺乏科学可靠的依据，我们提出的需求和要求也就很难得到解决。

四要主动配合，优势互补。残疾人工作的领导体制和工作机制是"党委领导，政府负责，社会参与，各级残联组织充分发挥作用"。我们要充分发挥体制优势，主动作为，会同民政、财政、发展改革等部门共同做好工作，努力为建立健全全国性的残疾人基本生活保障制度做出积极的努力。

总之，希望大家积极努力，共同做好这项工作。

鲁勇在农村基层党组织助残扶贫工作经验交流会暨全国农村残疾人扶贫开发工作会上的讲话

2014年7月3日，根据录音整理

2012年，中组部和中国残联共同推出了"农村基层党组织助残扶贫工程"。两年来，这一工程的实施对帮助贫困残疾人脱贫增收起到了积极作用。在第二批单位深入开展党的群众路线教育实践活动之际，我们在这里召开基层党组织农村助残扶贫工作经验交流会暨全国农村残疾人扶贫开发工作会。中组部对党组织帮扶残疾人工作高度重视，赵乐际部长专门做出批示，中组部、中央党的群众路线教育实践领导小组办公室积极推动，中组部曾贤钦同志亲自到会给予指导，体现了中组部对这项工作的高度重视和大力支持。国务院扶贫办对农村残疾人扶贫工作一直特别关心，《中国农村扶贫开发纲要（2011—2020年）》和《农村残疾人扶贫开发纲要（2011—2020年）》都对做好农村贫困残疾人扶贫工作提出了具体的阶段性任务要求，今年国务院扶贫办主要负责人两次与我们专题研究推进措施，今天又与我们共同组织交流会深入推动工作，王国良副主任亲自与会。同时，推动农村扶贫工作创新还得到了中宣部、住建部、中国人民银行等单位的高度重视，今天几个单位的代表亲自出席会议。在此代表中国残联、代表海迪主席表示衷心的感谢。

山东省委、省政府高度重视残疾人扶贫工作，昨天姜异康书记、高晓兵部长、孙绍骋副省长等省领导亲切会见了我们一行。今天上午与会代表现场参观了山东省泰安市宁阳县蒋集镇基层党组织帮扶贫困残疾人的情况，他们的做法、经验及取得的成绩值得认真总结和推广。刚才，七位同志做了典型发言，中组部组织二局曾贤钦局长、国务院扶贫办副主任王国良同志发表了很好的意见。会议印发了财政部、住建部、中国人民银行、国务院扶贫办和中国残联五部门联合推出的《关于创新农村残疾人扶贫开发工作的实施意见》，这是进一步推动农村残疾人扶贫开发工作的重要举措，各地要认真贯彻，切实抓出成效来。下面，我谈几点意见。

一、认真学习贯彻以习近平同志为总书记的党中央关于做好残疾人工作的新部署、新要求，切实增强责任感和紧迫感

党的十八大以来，以习近平同志为总书记的党中央对做好残疾人工作格外关心、格外关注，做出了一系列新部署。中国残联"六代会"至今，中央领导同志多次出席残疾人活动并做出了一系列指示。今年3月，习近平总书记专门致信祝贺中国残疾人福利基金会成立30周年。5月，习近平总书记在接见第五届全国自强模范暨助残先进代表时又发表了重要讲话。习近平总书记指出，让广大残疾人安居乐业、衣食无忧，过上幸福美好的生活，是我们党全心全意为人民服务宗旨的重要体现，是我国社会主义制度的必然要求。残疾人是社会大家庭的平等成员，是人类文明发展的一支重要力量，是坚持和发展中国特色社会主义的一支重要力量。中国梦，是民族梦、国家梦，是每一个中国人的梦，也是每一个残疾人朋友的梦。我们都要凝心聚力，在实现人生梦想的同时，共同推动中华民族的美好梦想早日实现。习近平总书记特别强调，各级党委政府要继续关心重视，推动残疾人事业发展，把它看作分内的责任，在各项建设中都把残疾人事业纳入进去。残疾人工作只能加强，不能削弱。习近平总书记的重要指示，为做好新形势下的残疾人工作指明了正确方向。

贯彻落实以习近平同志为总书记的党中央关于残疾人工作的新部署、新要求，要求我们勇于肩负起让广大残疾人安居乐业、衣食无忧地过上幸福美好生活的重大责任，认真做好健全残疾人社会保障和服务体系、健全残疾人权益保障制度的工作，以需求和问题为导向，扎扎实实解决好制约残疾人奔小康的现实问题。实际工作中有两个方面的工作，尤其要抓好抓实。**一是要努力做好保障残疾人民生托底服务的工作**，围绕残疾人民生保障中保基本、兜住底、补短板、广覆盖等问题，突出抓生活救助、扶贫济困、康复救助、法律救助等，优先解决重度残疾人和贫困残疾人"不愁吃、不愁穿、不愁住、有病看得起、托养有人管"等生活难题。**二是要扎实推进加快残疾人小康进程的工作**，围绕残疾人康复服务、特殊教育、就业增收、文化体育、出行无障碍、获取信息无障碍等抓大事、办实事。做好这两方面工作需要付出艰苦的努力，特别是做好农村残疾人托底服务、扶贫开发工作，面临的任务就更加繁重。

农村贫困残疾人是做好民生保障托底服务的重点，是全面建成小康社会进程中最需要帮助扶持的弱势群体。扶贫济困关注的是社会中的弱势群体，而贫困残疾人则是这个弱势群体中最弱势的那一部分。据测算，残疾人家庭人均可支配收入为全国居民家庭人均可支配收入的56.2%，而农村残疾人家庭人均医疗康复支出是全国农村居民的1.7倍。残疾人家庭恩格尔系数是48.5%，比全国居民家庭平均高出10.8个百分点，而农村残疾人依靠家庭其他成员供养的比例高达67.8%。据统计，目前全国还有1200多万农村残疾人生活在贫困线以下，农村贫困残疾人危房和无房户近280万。特别是，由于身有残疾、受教育程度偏低、缺乏技能等原因，农村贫困残疾人是贫困人口中贫困程度最重、扶持难度最大、返贫率最高的特困群众。农村残疾人扶贫开发工作不仅是经济问题、社会问题，更是政治问题。从现在起到2020年还有6年的时间，弱势群体保基本、兜住底问题解决不好，将直接影响着小康社会目标的实现。

习近平总书记在河北调研扶贫工作时指出，对各类困难群众，我们要格外关注、格外关爱、格外关心，时刻把他们的安危冷暖放在心上，关心他们的疾苦，千方百计帮助他们排忧解难。在全国人大十二届二次会议上，李克强总理强调要坚持建机制、补短板、兜底线，保障群众基本生活，做好残疾人基本公共服务和残疾预防，让每一个身处困境者都能得到社会关爱和温暖。我们要认真贯彻落实党中央国务院的重要指示，切实增强做好这项工作的责任感和紧迫感，广泛动员全社会力量积极参与贫困残疾人扶贫开发工作，努力把弱势群体中最弱势的人群兜底保障、托底服务做好做扎实，让贫困残疾人都能共享我国经济社会发展成果，加快脱贫增收奔小康的步伐。

二、农村基层党组织开展助残扶贫工作，为做好农村贫困残疾人托底保障、加快脱贫致富进程提供了有力保障

中组部和中国残联开展"农村基层党组织助残扶贫工程"两年多来，取得了积极的成效：全国基层党组织开展的助残扶贫项目直接帮扶17万名贫困残疾人改善了基本生活状况，促进劳动生产增收，提前并超额完成了"十二五"确定的任务目标，得到了广泛好评和赞誉。实践证明，基层党组织深入开展助残扶贫工作，是加快农村贫困残疾人脱贫致富进程的有力保障，更是带动全社会关心关爱贫困残疾人的播种机、先锋队。

这次会上介绍的基层党组织帮扶贫困残疾人的做法和经验，使人深受教育和感动。我们都熟悉那首《唱支山歌给党听》的民歌，歌词唱出了民声，更唱出了广大贫困残疾人的心声。各地基层党组织帮扶贫困残疾人的生动实践很好地诠释了这首歌。看到一张张真诚的笑脸，感受到一家家幸福的眼神，我们真切感受到党的

力量。我们要共同做好这项工作，让这首歌唱得更响，更广泛地传唱，走进更多残疾人的心田。

农村要发展，农民要致富，关键靠支部。基层党组织与农村贫困残疾人联系最直接、最紧密，最能把党的温暖关怀和公平正义实实在在落实到残疾人身上。我国有8500多万残疾人，我们党有8600多万党员；我国有1200多万贫困残疾人，有100多万户一户多残的贫困残疾人家庭，我们党有430多万基层党组织，近60万农村党支部，3万多个乡镇党委。如果每一位党员都能长期联系帮助一位残疾人，每一个基层党组织都能与一到二户贫困残疾人家庭结对子、做帮扶，那么贫困残疾人托底服务就有了保障，脱贫致富就有了希望，贫困残疾人"不愁吃、不愁穿、不愁住、有病看得起、托养有人管"等生活难题就会得到持续稳定的解决。我们坚信，有党中央坚强有力的领导，有各级党组织积极有效的推动，有基层党组织的真抓实干，有共产党员的率先垂范，一定能扎实有效地做好农村贫困残疾人的脱贫开发工作。

我国残疾人工作的领导体制是党委领导、政府负责、社会参与、残疾人组织充分发挥作用。各级残联组织要在党的领导下，积极会同政府扶贫开发工作部门，充分发挥残联作为联系广大残疾人的桥梁和纽带作用，结合实际认真做好相关工作，更加主动地向各级党组织汇报残疾人特别是贫困残疾人的实际状况，更加有效地向基层党组织提供贫困残疾人面临的实际困难和帮扶需求，更加自觉地投身到基层党组织帮扶贫困残疾人的工作实践中来，更加积极地落实好党组织交办的各项任务，更加坚定地带领广大残疾人勇敢地面对生活的挑战，在全面建成小康社会、实现中华民族伟大复兴中国梦的征程中，努力肩负起不负党的重托、不负残疾人期盼的历史责任。

三、以基层党组织开展助残扶贫工作为示范引领，进一步带动全社会共同做好贫困残疾人托底服务和扶贫开发工作

在基层党组织开展助残扶贫工作带动下，多年来政府部门、社会各界也都积极投身到贫困残疾人的扶贫开发工作中来。民政部门与残联组织联手对中部地区、西部地区落实"贫困残疾人生活补贴和重度残疾人护理补贴"制度进行了调度，取得了很好的效果。商务部门与残联组织合作开展的"万村千乡市场工程助残扶贫项目"，通过商业助残模式解决了近1.3万名农村贫困残疾人及家庭成员就近就业，帮扶贫困残疾人创办了4431个村级农村店，实现了"一店带一残"的目标。财政部门支持农村贫困残疾人实用技术培训，使264万残疾人掌握了一技之能。新闻出版广电部门与残联组织合作推出的"选聘农村贫困残疾人担任农家书屋管理员"文化助残项目，在提高文化素质同时又拓展了残疾人就业渠道。前不久，全国妇联与中国残联一道推出"手工编织"帮扶项目，促进贫困妇女就业脱贫。近期，多个部门还将联合推出"践行友善，助残济困"活动，引导更多力量参与到帮扶农村贫困残疾人行动中来。

这次会上印发的《关于创新农村残疾人扶贫开发工作的实施意见》，是由财政部、住建部、人民银行、扶贫办和中国残联等部门经过深入调研共同研究制定的，是贯彻落实习近平总书记关于扶贫开发工作重要指示和党中央、国务院关于做好残疾人工作重要部署的具体体现。贯彻落实好这个意见，有利于深入做好农村残疾人精准扶贫开发工作，加快农村贫困残疾人脱贫进程。各级残联组织要主动作为，多部门互联互动，做好建档立卡推动精准帮扶，深化基层党组织助残扶贫工作，落实好各项政策措施，用好用实残疾人扶贫资金，推动金融支持帮助残疾人增加收入，加快解决农村贫困残疾人家庭危房改造。因地制宜，因人而宜，一户一策，扎实推进农村残疾人扶贫开发工作。要通过与国家产业化扶贫、易地扶贫、整村推进、转移培训就业等扶贫政策措施相衔接，找准突破口，使文件精神得到有效的落实，使贫困残疾人得到更多的实惠和脱贫致富的本领。

四、着眼于扎实做好托底服务和扶贫济困工作，在结对子、办实事、解急难、增本领、抓眼前、谋长远上下功夫

农村贫困残疾人的扶贫开发，扶持难度大、稳定性较差，因此做好这项工作需要付出更多的努力，带着感情去抓，带着责任去帮，带着不让贫困残疾人掉队的使命感去做。

一是要在结对子、办实事上下功夫。 做好农村贫困残疾人扶贫开发工作，贵在不离不弃，重在持之以恒，不能一阵风，不能做虚功。实践证明，结对子帮扶是一种有效的好形式，是落实精准扶贫责任制的好方法。结对子工作抓好了，特别是基层党组织与贫困残疾人家庭结对子的工作抓实了，就能够一年接着一年帮、一茬儿接着一茬儿扶，在帮扶中带动贫困残疾人逐步实现脱贫致富。同时，结对子帮扶要在办实事上下功夫，要通过帮扶，真正让贫困残疾人得实惠、长本事，从而促进贫困残疾人共享我国经济社会发展成果，在解决好温饱的基础上加快小康进程。

二是要在解急难、增本领上多用力。 每一位贫困残疾人都有因残致贫的特殊困难，都有帮扶脱贫后又因残返贫的可能。因此，要针对每一户贫困残疾人家庭、每一位贫困残疾人的实际需求做好解难题、增本领的工

作，在解难题中帮助贫困残疾人长本事，在解难题中促进残疾人就业增收，手把手地教，直接带着干，不嫌弃，不放弃。

三是要在抓眼前、谋长远上想措施。我国长期处在社会主义初级阶段的国情，决定了做好帮扶贫困残疾人脱贫工作是一项长期的任务、动态的工作。我们要在解决好贫困残疾人眼前困难的同时，积极研究落实长效帮扶机制、精准扶贫措施，努力使更多的贫困残疾人早日脱贫致富，脱贫后的残疾人尽可能少地再返贫，带动广大残疾人都能早日过上安居乐业、衣食无忧的幸福美好生活。

今天的会议，是贯彻落实中央关于做好残疾人工作、搞好残疾人扶贫开发工作的重要措施。基层党组织和党员干部帮扶农村贫困残疾人所取得的显著成绩，也是献给中国共产党成立九十三周年的特殊礼物。让我们共同努力，为做好残疾人扶贫开发工作，实现广大残疾人同全国人民一道奔小康而奋斗！

孙先德在第二十九次全国残联工作会议上的总结讲话

2014年12月28日

在大家的共同努力下，第二十九次全国残联工作会议就要结束了。在这次会议上，鲁勇同志传达了王勇国务委员的重要指示，对加快推进残疾人小康进程、切实做好专项调查、检查落实"十二五"残疾人工作任务完成情况和编制"十三五"残疾人事业发展规划、策划落实重点业务发展措施、扎实办好重大活动和实事、继续抓好宣传文化工作、有效开展"基础管理提升年"活动、进一步加强残联组织的思想作风建设等八个方面的工作做出了全面部署；会议印发了《2015年残疾人工作要点》，中国残联主要业务部门负责同志就明年工作安排分别做了发言。会议围绕王勇国务委员重要指示和鲁勇同志的讲话进行了热烈讨论，提出了意见建议。大家一致认为，这次会议时间紧凑、内容充实、重点突出、目标明确，达到了预期效果。

一是统一了思想认识。大家在讨论中认为，2015年是全面深化改革的重要一年，是全面推进依法治国的开局之年，同时也是加快推进残疾人小康进程的开篇之年。残疾人事业只有紧紧依靠全面深化改革、全面推进依法治国两大驱动力，深入贯彻落实党中央、国务院对残疾人工作的新部署、新要求，才能在新起点上进一步推动创新发展和加快发展。

二是厘清了工作思路。大家认为，把2015年残疾人工作聚焦在加快小康进程、专项调查、基础管理、"十二五"收官、"十三五"编制等重点内容上，并提出若干主要措施，主题鲜明、思路清晰，符合地方工作实际和广大残疾人的期待，具有较强的可操作性。

三是明确了任务目标。大家一致认为，2015年工作瞄准让广大残疾人"不愁吃、不愁穿、有房住"等补短板、兜底线的最基本问题，突出残疾人民生保障、就业创业增收、基本公共服务等领域，提出了制定落实政策、制度、措施等方面的要求，同时对办好具有带动效应的重大活动和实事，做好事业宣传、舆论引导工作等做出安排，从点到面，各项任务目标十分明确，有利于各地贯彻落实，增加做好明年工作的信心。

根据会议讨论的情况，我就贯彻落实本次会议精神，做好明年工作讲几点意见：

一、准确把握大局，主动适应新形势、新要求

党的十八大以来，中央提出了全面建成小康社会、全面深化改革、全面推进依法治国等一系列重大举措，国家大局走向十分明确。与此同时，以创新发展、依法维权和加快推进残疾人小康进程为主线的残疾人事业发展大局走向也十分明确。对国家大局了然于胸，与残疾人事业大局相统筹，自觉在大局下思考，善于在大局下谋划，主动在大局下施策，是各级残联应尽的职责和应有的能力。对此，王勇国务委员的重要指示、张海迪主席在主席团会议上的讲话和在中央党校所做的报告、鲁勇同志在主席团会议上的报告和在工作会议上的讲话，都从不同角度提出了要求。三位领导的指示和讲话，充分体现了中央的新部署、新要求，对我们进一步做好明年工作具有很强的针对性和指导性。各地残联务必认清大局，顺应大势，积极进取，主动作为。2015年的工作千头万绪，任务特别繁重，在推进落实工作过程中，要认真贯彻中央有关精神，主动适应全面深化改革、全面推进依法治国、全面建成小康社会的大局，正确处理创新发展与依法履职的关系、正确处理加强顶层设计与工作重心下移的关系、正确处理加快推进小康进程与科学谋划"十三五"的关系、正确处理加强基础管理与提升履职能力的关系、正确处理残联机关履行职能与发挥好所属事业单位对事业发展起支撑作用的关系、正确处理加强作风建设与提高执行能力的关系。我们的工作要始终体现改革精神和法治思维，要充分反映广大残疾人追求小康生活的诉求和愿望，要充分展示残联组织服务于大局、服务于残疾人的良好作风。

二、抓好小康文件的全面贯彻落实

12月24日，国务院常务会议审议通过的《关于加

快推进残疾人小康进程的意见》是当前和今后一个时期残疾人工作的纲领性指导文件，是各级残联着力贯彻落实的核心内容，是强化推进残疾人小康的制度性保障。县和县级以上残联要按照本次会议要求，力争在2015年第三季度前制定出台实施办法。在实施办法制定过程中，要全面贯彻国务院常务会议精神，扎扎实实把国务院常务会议明确的四条要求落到实处；同时，要立足本地区实际情况，把握重点，抓住难点，突出亮点，力争在制度创新上寻求突破、取得明显成效。已经出台推进残疾人小康进程政策性文件的省份，要在加大贯彻力度的基础上，根据国务院常务会议精神，进一步补充完善，继续丰富政策内容，确保把国务院要求落到实处。各地要迅速推动制定配套措施，把推进残疾人小康进程的要求逐条分解，逐项具体化为推动落实的举措，措施要有力，成效要明显，职责要清晰，督导要及时。制度保障是加快推动残疾人小康进程的根本保障，各地要系统梳理整合各项政策、措施，有效弥补空白点，加快推进滞后点，加强制度衔接，建立健全和不断完善加快推进残疾人小康进程的制度体系建设。要在推动纳入上下功夫。当前，党和国家正在密集调整民生保障相关政策，近期已经相继出台了推动健康服务业、养老服务业、扶贫、商业保险等行业发展的意见，这些都与残疾人生活息息相关，与残疾人工作紧密相连，我们要不失时机地紧紧抓住机遇，将残疾人工作有机融入国家发展大局和制度设计中。各地要紧跟形势，主动作为，密切关注各项政策在本地区实施办法的制定进程，及时反映残疾人需求，积极推动有关部门将惠及残疾人的政策措施纳入实施办法中，实现残疾人在普惠基础上的特惠保障。

三、科学编制残疾人事业"十三五"发展规划

摸清底数是科学编制残疾人事业"十三五"发展规划的基础，组织实施残疾人基本服务状况和需求专项调查工作是国务院对残疾人事业发展的重要要求，是当前残疾人工作的重要抓手，张海迪主席和鲁勇同志在讲话中都进行了强调和部署，各地要加强组织领导，加大保障力度，精心组织、周密安排，严格规范执行，确保调查工作顺利开展。各地要高度重视成果转化应用，依据专项调查结果，利用各种机会主动作为，锲而不舍地维护残疾人合法、合理、合情的权益。

"十三五"是加快推进残疾人小康进程的关键时期，要将残疾人小康作为"十三五"规划制定的根本目标，要以残疾人专项调查结果为基本依据，围绕维护残疾人合法权益，围绕满足残疾人的基本需求，围绕残疾人生活得更加体面、更有尊严，围绕残疾人事业发展适应面临的新形势、解决遇到的新问题，科学编制残疾人事业"十三五"发展规划。要围绕残疾人小康的总体要求，在科学编制残疾人事业"十三五"发展规划的同时，积极推动有关专项规划设立残疾人专章和有关部门"十三五"规划中对残疾人工作进行专门表述，加强衔接，合理布局，确定实现残疾人小康的基本路径，形成"十三五"期间残疾人事业健康、蓬勃发展的基本格局。

四、狠抓残联组织和队伍建设

张海迪主席连续两年就履行"代表、服务、管理"职能发表重要讲话，这充分说明不断提升各级残联组织履职能力的重要性。鲁勇同志在讲话中对进一步加强残联系统思想作风建设也提出了明确要求。建设好全心全意为残疾人服务的残联组织，是发展残疾人事业不可替代的组织保障，各地要以组织建设为龙头，带动业务建设，按照习近平总书记"残联组织只能加强，不能削弱"的要求，坚持不懈地抓实、抓好。

当前和今后一个时期，各级残联要不断深化和巩固党的群众路线教育实践活动成果，按照当地党委的部署和要求，认真学习贯彻习近平总书记在教育实践活动总结大会上的重要讲话精神，持续着力抓好各项整改任务落实。要把防止和解决"四风"问题与加强残联组织和队伍建设结合起来，不断增强残联组织的凝聚力、向心力和战斗力。要始终坚持工作重心下移，坚持深入基层，坚持深入残疾人群众，进一步密切与残疾人的血肉联系，满怀对残疾人工作的责任感、事业心，忠实履行好"代表、服务、管理"职能。

王勇国务委员连续两年对残联系统基础管理工作提出明确要求，中国残联将2015年确立为"基础管理提升年"，鲁勇同志在讲话中列举了当前残联系统在基础管理方面需要引起高度重视并着力解决的问题，这些问题是制约各级残联组织有效履行"代表、服务、管理"职能的障碍，必须予以铲除；各地要高度重视，本着对残疾人事业高度负责的态度，逐项对照检查，倾力推动解决。各级残联要牢固树立规矩意识、绩效意识、监管意识，加强残联系统"人、财、物、事"决策执行、监督考评等各环节的制度建设并严格执行，做到有章可循、按章办事、有纪必依、违纪必究。

基层残疾人组织直接为残疾人服务，是决定我们工作能否得到有效落实的关键。在当前开展的全国残疾人基本服务和需求专项调查中，广大城乡社区残疾人工作专职委员成为主力军，充分发挥作用；同时，通过开展专项调查工作培训，专职委员的素质和能力得到了全面提高，队伍得到了锻炼，基层组织建设得到了加强。我们在基层残疾人组织建设中，要坚持以任务带队伍、以

队伍促建设，把组织建设、队伍的业务能力和思想作风建设作为我们做好全部工作不可或缺的基础条件，不断加强和完善。通过加强组织建设，带动业务建设；通过业务工作的拓展和延伸，摔打锤炼出一支有效履行"代表、服务、管理"职能的基层残疾人工作者队伍。

元旦、春节即将来临，各级残联要高度重视并认真做好困难残疾人走访慰问工作。要深入到基层和困难残疾人中，了解和帮助解决他们的实际困难，送去温暖和爱心，开展各种形式的帮扶和志愿服务活动，使困难残疾群众过上愉快祥和的节日。

请各地残联主要负责同志，回去后务必及时向党委和政府汇报好本次会议精神，采取得力措施，落实各项要求。

同志们，残疾人事业任重而道远，我们的使命崇高而艰巨。我们要以党中央、国务院对残疾人事业的新部署、新要求为指针，心系广大残疾人，团结奋斗，锐意进取，以更加敢于创新的魄力，以更加敢于担当的勇气，以一往直前的精神在新的起点上加快推进残疾人小康进程。

四、涉残法律法规

社会救助暂行办法

2014 年 2 月 21 日国务院令第 649 号公布
自 2014 年 5 月 1 日起施行

第一章 总 则

第一条 为了加强社会救助，保障公民的基本生活，促进社会公平，维护社会和谐稳定，根据宪法，制定本办法。

第二条 社会救助制度坚持托底线、救急难、可持续，与其他社会保障制度相衔接，社会救助水平与经济社会发展水平相适应。

社会救助工作应当遵循公开、公平、公正、及时的原则。

第三条 国务院民政部门统筹全国社会救助体系建设。国务院民政、卫生计生、教育、住房城乡建设、人力资源社会保障等部门，按照各自职责负责相应的社会救助管理工作。

县级以上地方人民政府民政、卫生计生、教育、住房城乡建设、人力资源社会保障等部门，按照各自职责负责本行政区域内相应的社会救助管理工作。

前两款所列行政部门统称社会救助管理部门。

第四条 乡镇人民政府、街道办事处负责有关社会救助的申请受理、调查审核，具体工作由社会救助经办机构或者经办人员承担。

村民委员会、居民委员会协助做好有关社会救助工作。

第五条 县级以上人民政府应当将社会救助纳入国民经济和社会发展规划，建立健全政府领导、民政部门牵头、有关部门配合、社会力量参与的社会救助工作协调机制，完善社会救助资金、物资保障机制，将政府安排的社会救助资金和社会救助工作经费纳入财政预算。

社会救助资金实行专项管理，分账核算，专款专用，任何单位或者个人不得挤占挪用。社会救助资金的支付，按照财政国库管理的有关规定执行。

第六条 县级以上人民政府应当按照国家统一规划建立社会救助管理信息系统，实现社会救助信息互联互通、资源共享。

第七条 国家鼓励、支持社会力量参与社会救助。

第八条 对在社会救助工作中做出显著成绩的单位、个人，按照国家有关规定给予表彰、奖励。

第二章 最低生活保障

第九条 国家对共同生活的家庭成员人均收入低于当地最低生活保障标准，且符合当地最低生活保障家庭财产状况规定的家庭，给予最低生活保障。

第十条 最低生活保障标准，由省、自治区、直辖市或者设区的市级人民政府按照当地居民生活必需的费用确定、公布，并根据当地经济社会发展水平和物价变动情况适时调整。

最低生活保障家庭收入状况、财产状况的认定办法，由省、自治区、直辖市或者设区的市级人民政府按照国家有关规定制定。

第十一条 申请最低生活保障，按照下列程序办理：

（一）由共同生活的家庭成员向户籍所在地的乡镇人民政府、街道办事处提出书面申请；家庭成员申请有困难的，可以委托村民委员会、居民委员会代为提出申请。

（二）乡镇人民政府、街道办事处应当通过入户调查、邻里访问、信函索证、群众评议、信息核查等方式，对申请人的家庭收入状况、财产状况进行调查核实，提出初审意见，在申请人所在村、社区公示后报县级人民政府民政部门审批。

（三）县级人民政府民政部门经审查，对符合条件的申请予以批准，并在申请人所在村、社区公布；对不符合条件的申请不予批准，并书面向申请人说明理由。

第十二条 对批准获得最低生活保障的家庭，县级人民政府民政部门按照共同生活的家庭成员人均收入低于当地最低生活保障标准的差额，按月发给最低生活保障金。

对获得最低生活保障后生活仍有困难的老年人、未成年人、重度残疾人和重病患者，县级以上地方人民政府应当采取必要措施给予生活保障。

第十三条 最低生活保障家庭的人口状况、收入状况、财产状况发生变化的，应当及时告知乡镇人民政府、街道办事处。

县级人民政府民政部门以及乡镇人民政府、街道办事处应当对获得最低生活保障家庭的人口状况、收入状况、财产状况定期核查。

最低生活保障家庭的人口状况、收入状况、财产状况发生变化的，县级人民政府民政部门应当及时决定增发、减发或者停发最低生活保障金；决定停发最低生活保障金的，应当书面说明理由。

第三章　特困人员供养

第十四条 国家对无劳动能力、无生活来源且无法定赡养、抚养、扶养义务人，或者其法定赡养、抚养、扶养义务人无赡养、抚养、扶养能力的老年人、残疾人以及未满16周岁的未成年人，给予特困人员供养。

第十五条 特困人员供养的内容包括：

（一）提供基本生活条件；

（二）对生活不能自理的给予照料；

（三）提供疾病治疗；

（四）办理丧葬事宜。

特困人员供养标准，由省、自治区、直辖市或者设区的市级人民政府确定、公布。

特困人员供养应当与城乡居民基本养老保险、基本医疗保障、最低生活保障、孤儿基本生活保障等制度相衔接。

第十六条 申请特困人员供养，由本人向户籍所在地的乡镇人民政府、街道办事处提出书面申请；本人申请有困难的，可以委托村民委员会、居民委员会代为提出申请。

特困人员供养的审批程序适用本办法第十一条规定。

第十七条 乡镇人民政府、街道办事处应当及时了解掌握居民的生活情况，发现符合特困供养条件的人员，应当主动为其依法办理供养。

第十八条 特困供养人员不再符合供养条件的，村民委员会、居民委员会或者供养服务机构应当告知乡镇人民政府、街道办事处，由乡镇人民政府、街道办事处审核并报县级人民政府民政部门核准后，终止供养并予以公示。

第十九条 特困供养人员可以在当地的供养服务机构集中供养，也可以在家分散供养。特困供养人员可以自行选择供养形式。

第四章　受灾人员救助

第二十条 国家建立健全自然灾害救助制度，对基本生活受到自然灾害严重影响的人员，提供生活救助。

自然灾害救助实行属地管理，分级负责。

第二十一条 设区的市级以上人民政府和自然灾害多发、易发地区的县级人民政府应当根据自然灾害特点、居民人口数量和分布等情况，设立自然灾害救助物资储备库，保障自然灾害发生后救助物资的紧急供应。

第二十二条 自然灾害发生后，县级以上人民政府或者人民政府的自然灾害救助应急综合协调机构应当根据情况紧急疏散、转移、安置受灾人员，及时为受灾人员提供必要的食品、饮用水、衣被、取暖、临时住所、医疗防疫等应急救助。

第二十三条 灾情稳定后，受灾地区县级以上人民政府应当评估、核定并发布自然灾害损失情况。

第二十四条 受灾地区人民政府应当在确保安全的前提下，对住房损毁严重的受灾人员进行过渡性安置。

第二十五条 自然灾害危险消除后，受灾地区人民政府民政等部门应当及时核实本行政区域内居民住房恢复重建补助对象，并给予资金、物资等救助。

第二十六条 自然灾害发生后，受灾地区人民政府应当为因当年冬寒或者次年春荒遇到生活困难的受灾人员提供基本生活救助。

第五章　医疗救助

第二十七条 国家建立健全医疗救助制度，保障医疗救助对象获得基本医疗卫生服务。

第二十八条 下列人员可以申请相关医疗救助：

（一）最低生活保障家庭成员；

（二）特困供养人员；

（三）县级以上人民政府规定的其他特殊困难

人员。

第二十九条 医疗救助采取下列方式：

（一）对救助对象参加城镇居民基本医疗保险或者新型农村合作医疗的个人缴费部分，给予补贴；

（二）对救助对象经基本医疗保险、大病保险和其他补充医疗保险支付后，个人及其家庭难以承担的符合规定的基本医疗自负费用，给予补助。

医疗救助标准，由县级以上人民政府按照经济社会发展水平和医疗救助资金情况确定、公布。

第三十条 申请医疗救助的，应当向乡镇人民政府、街道办事处提出，经审核、公示后，由县级人民政府民政部门审批。最低生活保障家庭成员和特困供养人员的医疗救助，由县级人民政府民政部门直接办理。

第三十一条 县级以上人民政府应当建立健全医疗救助与基本医疗保险、大病保险相衔接的医疗费用结算机制，为医疗救助对象提供便捷服务。

第三十二条 国家建立疾病应急救助制度，对需要急救但身份不明或者无力支付急救费用的急重危伤病患者给予救助。符合规定的急救费用由疾病应急救助基金支付。

疾病应急救助制度应当与其他医疗保障制度相衔接。

第六章 教育救助

第三十三条 国家对在义务教育阶段就学的最低生活保障家庭成员、特困供养人员，给予教育救助。

对在高中教育（含中等职业教育）、普通高等教育阶段就学的最低生活保障家庭成员、特困供养人员，以及不能入学接受义务教育的残疾儿童，根据实际情况给予适当教育救助。

第三十四条 教育救助根据不同教育阶段需求，采取减免相关费用、发放助学金、给予生活补助、安排勤工助学等方式实施，保障教育救助对象基本学习、生活需求。

第三十五条 教育救助标准，由省、自治区、直辖市人民政府根据经济社会发展水平和教育救助对象的基本学习、生活需求确定、公布。

第三十六条 申请教育救助，应当按照国家有关规定向就读学校提出，按规定程序审核、确认后，由学校按照国家有关规定实施。

第七章 住房救助

第三十七条 国家对符合规定标准的住房困难的最低生活保障家庭、分散供养的特困人员，给予住房救助。

第三十八条 住房救助通过配租公共租赁住房、发放住房租赁补贴、农村危房改造等方式实施。

第三十九条 住房困难标准和救助标准，由县级以上地方人民政府根据本行政区域经济社会发展水平、住房价格水平等因素确定、公布。

第四十条 城镇家庭申请住房救助的，应当经由乡镇人民政府、街道办事处或者直接向县级人民政府住房保障部门提出，经县级人民政府民政部门审核家庭收入、财产状况和县级人民政府住房保障部门审核家庭住房状况并公示后，对符合申请条件的申请人，由县级人民政府住房保障部门优先给予保障。

农村家庭申请住房救助的，按照县级以上人民政府有关规定执行。

第四十一条 各级人民政府按照国家规定通过财政投入、用地供应等措施为实施住房救助提供保障。

第八章 就业救助

第四十二条 国家对最低生活保障家庭中有劳动能力并处于失业状态的成员，通过贷款贴息、社会保险补贴、岗位补贴、培训补贴、费用减免、公益性岗位安置等办法，给予就业救助。

第四十三条 最低生活保障家庭有劳动能力的成员均处于失业状态的，县级以上地方人民政府应当采取有针对性的措施，确保该家庭至少有一人就业。

第四十四条 申请就业救助的，应当向住所地街道、社区公共就业服务机构提出，公共就业服务机构核实后予以登记，并免费提供就业岗位信息、职业介绍、职业指导等就业服务。

第四十五条 最低生活保障家庭中有劳动能力但未就业的成员，应当接受人力资源社会保障等有关部门介绍的工作；无正当理由，连续3次拒绝接受介绍的与其健康状况、劳动能力等相适应的工作的，县级人民政府民政部门应当决定减发或者停发其本人的最低生活保障金。

第四十六条 吸纳就业救助对象的用人单位，按照国家有关规定享受社会保险补贴、税收优惠、小额担保贷款等就业扶持政策。

第九章 临时救助

第四十七条 国家对因火灾、交通事故等意外事件，家庭成员突发重大疾病等原因，导致基本生活暂时出现严重困难的家庭，或者因生活必需支出突然增加超出家庭承受能力，导致基本生活暂时出现严重困难的最低生活保障家庭，以及遭遇其他特殊困难的家庭，给予临时救助。

第四十八条 申请临时救助的，应当向乡镇人民政府、街道办事处提出，经审核、公示后，由县级人民政府民政部门审批；救助金额较小的，县级人民政府民政部门可以委托乡镇人民政府、街道办事处审批。情况紧急的，可以按照规定简化审批手续。

第四十九条 临时救助的具体事项、标准，由县级以上地方人民政府确定、公布。

第五十条 国家对生活无着的流浪、乞讨人员提供临时食宿、急病救治、协助返回等救助。

第五十一条 公安机关和其他有关行政机关的工作人员在执行公务时发现流浪、乞讨人员的，应当告知其向救助管理机构求助。对其中的残疾人、未成年人、老年人和行动不便的其他人员，应当引导、护送到救助管理机构；对突发急病人员，应当立即通知急救机构进行救治。

第十章 社会力量参与

第五十二条 国家鼓励单位和个人等社会力量通过捐赠、设立帮扶项目、创办服务机构、提供志愿服务等方式，参与社会救助。

第五十三条 社会力量参与社会救助，按照国家有关规定享受财政补贴、税收优惠、费用减免等政策。

第五十四条 县级以上地方人民政府可以将社会救助中的具体服务事项通过委托、承包、采购等方式，向社会力量购买服务。

第五十五条 县级以上地方人民政府应当发挥社会工作服务机构和社会工作者作用，为社会救助对象提供社会融入、能力提升、心理疏导等专业服务。

第五十六条 社会救助管理部门及相关机构应当建立社会力量参与社会救助的机制和渠道，提供社会救助项目、需求信息，为社会力量参与社会救助创造条件、提供便利。

第十一章 监督管理

第五十七条 县级以上人民政府及其社会救助管理部门应当加强对社会救助工作的监督检查，完善相关监督管理制度。

第五十八条 申请或者已获得社会救助的家庭，应当按照规定如实申报家庭收入状况、财产状况。

县级以上人民政府民政部门根据申请或者已获得社会救助家庭的请求、委托，可以通过户籍管理、税务、社会保险、不动产登记、工商登记、住房公积金管理、车船管理等单位和银行、保险、证券等金融机构，代为查询、核对其家庭收入状况、财产状况；有关单位和金融机构应当予以配合。

县级以上人民政府民政部门应当建立申请和已获得社会救助家庭经济状况信息核对平台，为审核认定社会救助对象提供依据。

第五十九条 县级以上人民政府社会救助管理部门和乡镇人民政府、街道办事处在履行社会救助职责过程中，可以查阅、记录、复制与社会救助事项有关的资料，询问与社会救助事项有关的单位、个人，要求其对相关情况做出说明，提供相关证明材料。有关单位、个人应当如实提供。

第六十条 申请社会救助，应当按照本办法的规定提出；申请人难以确定社会救助管理部门的，可以先向社会救助经办机构或者县级人民政府民政部门求助。社会救助经办机构或者县级人民政府民政部门接到求助后，应当及时办理或者转交其他社会救助管理部门办理。

乡镇人民政府、街道办事处应当建立统一受理社会救助申请的窗口，及时受理、转办申请事项。

第六十一条 履行社会救助职责的工作人员对在社会救助工作中知悉的公民个人信息，除按照规定应当公示的信息外，应当予以保密。

第六十二条 县级以上人民政府及其社会救助管理部门应当通过报刊、广播、电视、互联网等媒体，宣传社会救助法律、法规和政策。

县级人民政府及其社会救助管理部门应当通过公共查阅室、资料索取点、信息公告栏等便于公众知晓的途径，及时公开社会救助资金、物资的管理和使用等情况，接受社会监督。

第六十三条 履行社会救助职责的工作人员行使职权，应当接受社会监督。

任何单位、个人有权对履行社会救助职责的工作人员在社会救助工作中的违法行为进行举报、投诉。受理举报、投诉的机关应当及时核实、处理。

第六十四条 县级以上人民政府财政部门、审计机关依法对社会救助资金、物资的筹集、分配、管理和使用实施监督。

第六十五条 申请或者已获得社会救助的家庭或者人员，对社会救助管理部门做出的具体行政行为不服的，可以依法申请行政复议或者提起行政诉讼。

第十二章 法律责任

第六十六条 违反本办法规定，有下列情形之一的，由上级行政机关或者监察机关责令改正；对直接负责的主管人员和其他直接责任人员依法给予处分：

（一）对符合申请条件的救助申请不予受理的；

（二）对符合救助条件的救助申请不予批准的；

（三）对不符合救助条件的救助申请予以批准的；

（四）泄露在工作中知悉的公民个人信息，造成后果的；

（五）丢失、篡改接受社会救助款物、服务记录等数据的；

（六）不按照规定发放社会救助资金、物资或者提供相关服务的；

（七）在履行社会救助职责过程中有其他滥用职权、玩忽职守、徇私舞弊行为的。

第六十七条 违反本办法规定，截留、挤占、挪用、私分社会救助资金、物资的，由有关部门责令追回；有违法所得的，没收违法所得；对直接负责的主管人员和其他直接责任人员依法给予处分。

第六十八条 采取虚报、隐瞒、伪造等手段，骗取社会救助资金、物资或者服务的，由有关部门决定停止社会救助，责令退回非法获取的救助资金、物资，可以处非法获取的救助款额或者物资价值1倍以上3倍以下的罚款；构成违反治安管理行为的，依法给予治安管理处罚。

第六十九条 违反本办法规定，构成犯罪的，依法追究刑事责任。

第十三章 附 则

第七十条 本办法自2014年5月1日起施行。

全国人民代表大会常务委员会关于《中华人民共和国刑事诉讼法》第二百五十四条第五款、第二百五十七条第二款的解释

2014年4月24日第十二届全国人民代表大会常务委员会第八次会议通过

全国人民代表大会常务委员会根据司法实践中遇到的情况，讨论了刑事诉讼法第二百五十四条第五款、第二百五十七条第二款的含义及人民法院决定暂予监外执行的案件，由哪个机关负责组织病情诊断、妊娠检查和生活不能自理的鉴别和由哪个机关对予以收监执行的罪犯送交执行刑罚的问题，解释如下：

罪犯在被交付执行前，因有严重疾病、怀孕或者正在哺乳自己婴儿的妇女、生活不能自理的原因，依法提出暂予监外执行的申请的，有关病情诊断、妊娠检查和生活不能自理的鉴别，由人民法院负责组织进行。

根据刑事诉讼法第二百五十七条第二款的规定，对人民法院决定暂予监外执行的罪犯，有刑事诉讼法第二百五十七条第一款规定的情形，依法应当予以收监的，在人民法院做出决定后，由公安机关依照刑事诉讼法第二百五十三条第二款的规定送交执行刑罚。

现予公告。

工伤职工劳动能力鉴定管理办法

2014年2月20日人力资源和社会保障部、国家卫生和计划生育委员会令第21号公布，自2014年4月1日起施行

第一章 总 则

第一条 为了加强劳动能力鉴定管理，规范劳动能力鉴定程序，根据《中华人民共和国社会保险法》《中华人民共和国职业病防治法》和《工伤保险条例》，制定本办法。

第二条 劳动能力鉴定委员会依据《劳动能力鉴定——职工工伤与职业病致残等级》国家标准，对工伤职工劳动功能障碍程度和生活自理障碍程度组织进行技术性等级鉴定，适用本办法。

第三条 省、自治区、直辖市劳动能力鉴定委员会和设区的市级（含直辖市的市辖区、县，下同）劳动能力鉴定委员会分别由省、自治区、直辖市和设区的市级人力资源社会保障行政部门、卫生计生行政部门、工会组织、用人单位代表以及社会保险经办机构代表组成。

承担劳动能力鉴定委员会日常工作的机构，其设置方式由各地根据实际情况决定。

第四条 劳动能力鉴定委员会履行下列职责：

（一）选聘医疗卫生专家，组建医疗卫生专家库，对专家进行培训和管理；

（二）组织劳动能力鉴定；

（三）根据专家组的鉴定意见做出劳动能力鉴定结论；

（四）建立完整的鉴定数据库，保管鉴定工作档案50年；

（五）法律、法规、规章规定的其他职责。

第五条 设区的市级劳动能力鉴定委员会负责本辖区内的劳动能力初次鉴定、复查鉴定。

省、自治区、直辖市劳动能力鉴定委员会负责对初次鉴定或者复查鉴定结论不服提出的再次鉴定。

第六条 劳动能力鉴定相关政策、工作制度和业务流程应当向社会公开。

第二章 鉴定程序

第七条 职工发生工伤，经治疗伤情相对稳定后存在残疾、影响劳动能力的，或者停工留薪期满（含劳动能力鉴定委员会确认的延长期限），工伤职工或者其用人单位应当及时向设区的市级劳动能力鉴定委员会提出劳动能力鉴定申请。

第八条 申请劳动能力鉴定应当填写劳动能力鉴定申请表，并提交下列材料：

（一）《工伤认定决定书》原件和复印件；

（二）有效的诊断证明、按照医疗机构病历管理有关规定复印或者复制的检查、检验报告等完整病历材料；

（三）工伤职工的居民身份证或者社会保障卡等其他有效身份证明原件和复印件；

（四）劳动能力鉴定委员会规定的其他材料。

第九条　劳动能力鉴定委员会收到劳动能力鉴定申请后，应当及时对申请人提交的材料进行审核；申请人提供材料不完整的，劳动能力鉴定委员会应当自收到劳动能力鉴定申请之日起5个工作日内一次性书面告知申请人需要补正的全部材料。

申请人提供材料完整的，劳动能力鉴定委员会应当及时组织鉴定，并在收到劳动能力鉴定申请之日起60日内做出劳动能力鉴定结论。伤情复杂、涉及医疗卫生专业较多的，做出劳动能力鉴定结论的期限可以延长30日。

第十条　劳动能力鉴定委员会应当视伤情程度等从医疗卫生专家库中随机抽取3名或者5名与工伤职工伤情相关科别的专家组成专家组进行鉴定。

第十一条　劳动能力鉴定委员会应当提前通知工伤职工进行鉴定的时间、地点以及应当携带的材料。工伤职工应当按照通知的时间、地点参加现场鉴定。对行动不便的工伤职工，劳动能力鉴定委员会可以组织专家上门进行劳动能力鉴定。组织劳动能力鉴定的工作人员应当对工伤职工的身份进行核实。

工伤职工因故不能按时参加鉴定的，经劳动能力鉴定委员会同意，可以调整现场鉴定的时间，做出劳动能力鉴定结论的期限相应顺延。

第十二条　因鉴定工作需要，专家组提出应当进行有关检查和诊断的，劳动能力鉴定委员会可以委托具备资格的医疗机构协助进行有关的检查和诊断。

第十三条　专家组根据工伤职工伤情，结合医疗诊断情况，依据《劳动能力鉴定——职工工伤与职业病致残等级》国家标准提出鉴定意见。参加鉴定的专家都应当签署意见并签名。

专家意见不一致时，按照少数服从多数的原则确定专家组的鉴定意见。

第十四条　劳动能力鉴定委员会根据专家组的鉴定意见做出劳动能力鉴定结论。劳动能力鉴定结论书应当载明下列事项：

（一）工伤职工及其用人单位的基本信息；

（二）伤情介绍，包括伤残部位、器官功能障碍程度、诊断情况等；

（三）做出鉴定的依据；

（四）鉴定结论。

第十五条　劳动能力鉴定委员会应当自做出鉴定结论之日起20日内将劳动能力鉴定结论及时送达工伤职工及其用人单位，并抄送社会保险经办机构。

第十六条　工伤职工或者其用人单位对初次鉴定结论不服的，可以在收到该鉴定结论之日起15日内向省、自治区、直辖市劳动能力鉴定委员会申请再次鉴定。

申请再次鉴定，除提供本办法第八条规定的材料外，还需提交劳动能力初次鉴定结论原件和复印件。

省、自治区、直辖市劳动能力鉴定委员会做出的劳动能力鉴定结论为最终结论。

第十七条　自劳动能力鉴定结论做出之日起1年后，工伤职工、用人单位或者社会保险经办机构认为伤残情况发生变化的，可以向设区的市级劳动能力鉴定委员会申请劳动能力复查鉴定。

对复查鉴定结论不服的，可以按照本办法第十六条规定申请再次鉴定。

第十八条　工伤职工本人因身体等原因无法提出劳动能力初次鉴定、复查鉴定、再次鉴定申请的，可由其近亲属代为提出。

第十九条　再次鉴定和复查鉴定的程序、期限等按照本办法第九条至第十五条的规定执行。

第三章　监督管理

第二十条　劳动能力鉴定委员会应当每3年对专家库进行一次调整和补充，实行动态管理。确有需要的，可以根据实际情况适时调整。

第二十一条　劳动能力鉴定委员会选聘医疗卫生专家，聘期一般为3年，可以连续聘任。

聘任的专家应当具备下列条件：

（一）具有医疗卫生高级专业技术职务任职资格；

（二）掌握劳动能力鉴定的相关知识；

（三）具有良好的职业品德。

第二十二条　参加劳动能力鉴定的专家应当按照规定的时间、地点进行现场鉴定，严格执行劳动能力鉴定政策和标准，客观、公正地提出鉴定意见。

第二十三条　用人单位、工伤职工或者其近亲属应当如实提供鉴定需要的材料，遵守劳动能力鉴定相关规定，按照要求配合劳动能力鉴定工作。

工伤职工有下列情形之一的，当次鉴定终止：

（一）无正当理由不参加现场鉴定的；

（二）拒不参加劳动能力鉴定委员会安排的检查和诊断的。

第二十四条　医疗机构及其医务人员应当如实出具与劳动能力鉴定有关的各项诊断证明和病历材料。

第二十五条　劳动能力鉴定委员会组成人员、劳动能力鉴定工作人员以及参加鉴定的专家与当事人有利害关系的，应当回避。

第二十六条　任何组织或者个人有权对劳动能力鉴定中的违法行为进行举报、投诉。

第四章 法律责任

第二十七条 劳动能力鉴定委员会和承担劳动能力鉴定委员会日常工作的机构及其工作人员在从事或者组织劳动能力鉴定时，有下列行为之一的，由人力资源社会保障行政部门或者有关部门责令改正，对直接负责的主管人员和其他直接责任人员依法给予相应处分；构成犯罪的，依法追究刑事责任：

（一）未及时审核并书面告知申请人需要补正的全部材料的；

（二）未在规定期限内做出劳动能力鉴定结论的；

（三）未按照规定及时送达劳动能力鉴定结论的；

（四）未按照规定随机抽取相关科别专家进行鉴定的；

（五）擅自篡改劳动能力鉴定委员会做出的鉴定结论的；

（六）利用职务之便非法收受当事人财物的；

（七）有违反法律法规和本办法的其他行为的。

第二十八条 从事劳动能力鉴定的专家有下列行为之一的，劳动能力鉴定委员会应当予以解聘；情节严重的，由卫生计生行政部门依法处理：

（一）提供虚假鉴定意见的；

（二）利用职务之便非法收受当事人财物的；

（三）无正当理由不履行职责的；

（四）有违反法律法规和本办法的其他行为的。

第二十九条 参与工伤救治、检查、诊断等活动的医疗机构及其医务人员有下列情形之一的，由卫生计生行政部门依法处理：

（一）提供与病情不符的虚假诊断证明的；

（二）篡改、伪造、隐匿、销毁病历材料的；

（三）无正当理由不履行职责的。

第三十条 以欺诈、伪造证明材料或者其他手段骗取鉴定结论、领取工伤保险待遇的，按照《中华人民共和国社会保险法》第八十八条的规定，由人力资源社会保障行政部门责令退回骗取的社会保险金，处骗取金额 2 倍以上 5 倍以下的罚款。

第五章 附则

第三十一条 未参加工伤保险的公务员和参照公务员法管理的事业单位、社会团体工作人员因工（公）致残的劳动能力鉴定，参照本办法执行。

第三十二条 本办法中的劳动能力鉴定申请表、初次（复查）鉴定结论书、再次鉴定结论书、劳动能力鉴定材料收讫补正告知书等文书基本样式由人力资源社会保障部制定。

第三十三条 本办法自 2014 年 4 月 1 日起施行。

附件（略）

公安机关办理国家赔偿案件程序规定

2014 年 4 月 7 日公安部令第 130 号公布，自 2014 年 6 月 1 日起施行

第十四条 对侵犯公民人身权的案件，应当审查下列证据：

（一）诊断证明、医疗费用收费凭据以及护理、康复、后续治疗的证明；

（二）死亡证明书或者伤残、部分、全部丧失劳动能力的鉴定意见；

（三）因误工减少收入的，单位出具的误工证明、医疗单位出具的休息诊断证明等；

（四）受害人死亡或者全部丧失劳动能力的，其扶养的未成年人和其他无劳动能力人的有关情况，以及前述人员有无其他扶养义务人的证明；

（五）公安机关及其人民警察行使职权是否合法以及与损害结果有无因果关系的证据；

（六）其他有关证据。

第十八条 赔偿申请具有下列情形之一的，经本级公安机关法制部门负责人批准，中止审查：

（一）作为赔偿请求人的公民丧失行为能力，尚未确定法定代理人的；

（二）作为赔偿请求人的公民下落不明或者被宣告失踪的；

（三）作为赔偿请求人的公民死亡，其继承人和其他有扶养关系的亲属尚未表明是否参加赔偿案件处理的；

（四）作为赔偿请求人的法人或者其他组织终止，尚未确定权利义务承受人的；

（五）赔偿请求人因不可抗拒的事由，在国家赔偿案件办理期限内无法参加案件处理的；

（六）拟做出予以赔偿的决定，但国家上年度职工平均工资标准尚未公布的。

中止审查的情形消除后，经本级公安机关法制部门负责人批准，及时恢复审查。

中止审查和恢复审查应当制作《国家赔偿申请中止审查通知书》《国家赔偿申请恢复审查通知书》。

家庭寄养管理办法

2014年9月24日民政部令第54号公布

自2014年12月1日起施行

第七条 未满十八周岁、监护权在县级以上地方人民政府民政部门的孤儿、查找不到生父母的弃婴和儿童，可以被寄养。

需要长期依靠医疗康复、特殊教育等专业技术照料的重度残疾儿童，不宜安排家庭寄养。

第十条 寄养残疾儿童，应当优先在具备医疗、特殊教育、康复训练条件的社区中为其选择寄养家庭。

第十三条 寄养家庭应当履行下列义务：

（一）保障寄养儿童人身安全，尊重寄养儿童人格尊严；

（二）为寄养儿童提供生活照料，满足日常营养需要，帮助其提高生活自理能力；

（三）培养寄养儿童健康的心理素质，树立良好的思想道德观念；

（四）按照国家规定安排寄养儿童接受学龄前教育和义务教育。负责与学校沟通，配合学校做好寄养儿童的学校教育；

（五）对患病的寄养儿童及时安排医治。寄养儿童发生急症、重症等情况时，应当及时进行医治，并向儿童福利机构报告；

（六）配合儿童福利机构为寄养的残疾儿童提供辅助矫治、肢体功能康复训练、聋儿语言康复训练等方面的服务；

（七）配合儿童福利机构做好寄养儿童的送养工作；

（八）定期向儿童福利机构反映寄养儿童的成长状况，并接受其探访、培训、监督和指导；

（九）及时向儿童福利机构报告家庭住所变更情况；

（十）保障寄养儿童应予保障的其他权益。

残疾人航空运输管理办法

民航发〔2014〕105号

第一章 总 则

第一条 为保护残疾人在航空运输过程中的合法权益，规范残疾人航空运输的管理及服务，根据《中华人民共和国残疾人保障法》《中华人民共和国民用航空法》和有关法律、法规、规章，参照《残疾人权利国际公约》及国际惯例，制定本办法。

第二条 本办法适用于依照中华人民共和国法律设立的承运人使用民用航空器运送残疾人而收取报酬的国内、国际航空运输，或经承运人同意而办理的免费航空运输。

第三条 残疾人与其他公民一样享有航空旅行的机会，为残疾人提供的航空运输应保障安全、尊重隐私、尊重人格。

第四条 本办法中下列用语，除具体条文中另有规定外，含义如下：

（一）"残疾人"是指在心理、生理、人体结构上，某种组织、功能丧失或者不正常，全部或者部分丧失以正常方式从事某种活动能力的人。残疾人包括肢体、精神、智力或感官有长期损伤的人，这些损伤与各种障碍相互作用，可能阻碍残疾人在与他人平等的基础上充分和切实地参加社会活动，具体表现为视力残疾、听力残疾、言语残疾、肢体残疾、智力残疾、精神残疾、多重残疾和其他残疾的人。

（二）"具备乘机条件的残疾人"是指购买或持有有效客票，为乘坐客票所列航班到达机场，利用承运人、机场和机场地面服务代理人提供的设施和服务，符合适用于所有旅客的、合理的、无歧视运输合同要求的残疾人。

（三）"医疗证明"是指由医院出具的、说明该残疾人在航空旅行中不需要额外医疗协助能安全完成其旅行的书面证明。

（四）"残疾人团体"是指统一组织的人数在10人以上（含10人），航程、乘机日期和航班相同的具备乘机条件的残疾人。

（五）"服务犬"是指为残疾人生活和工作提供协助的特种犬，包括辅助犬、导听犬、导盲犬。

第五条 机场无障碍设施设备的配备应遵守《无障碍环境建设条例》，并符合民用机场航站楼无障碍设施设备配置标准的要求。

第六条 承运人、机场和机场地面服务代理人应免费为具备乘机条件的残疾人提供本办法规定的设施、设备或特殊服务。

第二章 残疾人运输人数及拒绝运输的预防

第七条 除另有规定外，承运人不得因残疾人的残疾造成其外表或非自愿的举止可能对机组或其他旅客造成冒犯、烦扰或不便而拒绝运输具备乘机条件的残疾人。

第八条 承运人拒绝为具备乘机条件的残疾人提供航空运输时，应向其说明拒绝的法律依据。

具备乘机条件的残疾人要求提供书面说明的，承运人应在拒绝运输后10日内提供。

第九条 航班上载运在运输过程中没有陪伴人员，但在紧急撤离时需要他人协助的残疾人数为：

（一）航班座位数为51—100个时，为2名；
（二）航班座位数为101—200个时，为4名；
（三）航班座位数为201—400个时，为6名；
（四）航班座位数为400个以上时，为8名；
（五）载运残疾人数超过上述规定时，应按1∶1的比例增加陪伴人员，但残疾人数最多不得超过上述规定的一倍；
（六）载运残疾人团体时，在按1∶1比例增加陪伴人员的前提下，承运人采取相应措施，可酌情增加残疾人乘机数量。

本条所述没有陪伴人员但在紧急撤离时需要他人协助的残疾人，包括使用轮椅的残疾人、下肢严重残疾但未安装假肢的残疾人、盲人、携带服务犬乘机的残疾人、智力或精神严重受损不能理解机上工作人员指令的残疾人。

除本条规定外，承运人不得以航班上限制残疾人人数为由，拒绝运输具备乘机条件的残疾人。

第十条 陪伴人员应在定座时声明陪伴关系，并单独出票。承运人应保证陪伴人员与具备乘机条件的残疾人同机旅行。

陪伴人员应有能力在旅行过程中照料残疾人，并在紧急情况下协助其撤离。

第三章 定座和购票

第十一条 承运人及其销售代理人应在其售票处、售票网络或电话订票系统中设置相应的程序，以便残疾人说明其残疾情况、所需服务及协助要求。

本规定第九条所述的残疾人应当在定座时将残疾情况、所需服务及协助要求等信息告知承运人或其销售代理人。

残疾人从销售代理人处定座的，销售代理人应及时将相关信息告知承运人。

承运人应尽快答复定座的残疾人，是否能够满足其乘机需求。

第十二条 具备乘机条件的残疾人需要承运人提供下列设备设施或服务时，应在定座时提出，最迟不能晚于航班离站时间前48小时：

（一）供航空器上使用的医用氧气；
（二）托运电动轮椅；
（三）提供机上专用窄型轮椅；
（四）为具备乘机条件的残疾人团体提供服务；
（五）携带服务犬进入客舱。

具备乘机条件的残疾人提出需求后，承运人应通过其订座系统或其他手段，确保该需求被记录，并及时传递到相关人员。

承运人应在24小时内答复具备乘机条件的残疾人，是否能够提供本条（一）至（四）项所需求的服务。

第十三条 具备乘机条件的残疾人已按第十二条提出需求，但由于航班取消或不能提供残疾人所要求的设备而被迫转到其他承运人的航班时，由该承运人提供残疾人向原承运人所要求的服务，原承运人应予以协助。

第十四条 承运人及其机场地面服务代理人应根据请求，向具备乘机条件的残疾人提供下列航空运输中有关设施和服务的信息：

（一）带活动扶手座位的位置，以及按照本办法规定不向具备乘机条件的残疾人提供的座位；
（二）航空器运输具备乘机条件的残疾人的能力的限制；
（三）在客舱或货舱内存放残疾人常用助残设备的限制；
（四）航空器内是否有无障碍卫生间；
（五）飞机上能够提供给残疾人的其他服务及设施。

第十五条 除以下情况外，承运人不得要求具备乘机条件的残疾人提供医疗证明：

（一）在飞行中需要使用医用氧气；
（二）承运人有合理理由认为残疾人在飞行过程中没有额外的医疗协助无法安全地完成航空旅行。

医疗证明应当在具备乘机条件的残疾人在航班离站之日前10日内开具。

第四章 乘 机

第十六条 机场应在航站楼的主要入口处设置综合服务柜台，并设有醒目标识，为具备乘机条件的残疾人提供航班信息，协助其联系承运人、办理乘机手续或安全检查等服务。

第十七条 承运人、机场和机场地面服务代理人应保证具备乘机条件的残疾人能及时得到在航站楼或航空器上提供给其他旅客的信息，包括售票、航班延误、航班时刻更改、联程航班衔接、办理乘机手续、登机口的指定以及托运和提取行李等信息。

第十八条 除另有规定外，承运人、机场和机场地面服务代理人不得限制具备乘机条件的残疾人在航站楼内活动，或要求其留在某一特定区域。

第十九条 承运人、机场和机场地面服务代理人应当为具备乘机条件的残疾人免费提供登机、离机所需要的移动辅助设备，包括但不限于航站楼内、登机口至远机位的无障碍电动车、摆渡车以及在机场及登机、离机时使用的轮椅、机上专用窄型轮椅。

第二十条 具备乘机条件的残疾人托运其轮椅的，可使用机场的轮椅。

具备乘机条件的残疾人愿意在机场使用自己轮椅的，可使用其轮椅至客舱门。

第二十一条 具备乘机条件的残疾人在地面轮椅、登机轮椅或其他设备上不能独立移动的，承运人、机场和地面服务代理人按各自责任不得使其无人照看超过30分钟。

第二十二条 具备乘机条件的残疾人需要承运人提供第十二条或本章规定的登机、离机协助的，应在普通旅客办理乘机手续截止前2小时在机场办理乘机手续。

具备乘机条件的残疾人未能按第十二条要求提前通知或未按本条要求提前在机场办理乘机手续的，承运人应在不延误航班的情况下尽力提供上述服务或协助。

第二十三条 除另有规定外，承运人不得禁止具备乘机条件的残疾人在任何座位就座，或要求其在某一特定座位就座。

第二十四条 具备乘机条件的残疾人提出以下座位需求的，承运人应尽力做出安排：

（一）具备乘机条件的残疾人使用机上轮椅进入客舱后，无法进入带固定扶手的过道座位的，承运人应为其提供一个带活动扶手的过道座位或方便出入的座位；

（二）除另有规定外，承运人应为陪伴人员安排紧靠残疾人的座位；

（三）当具备乘机条件的残疾人与其服务犬同机旅行时，承运人应提供相应舱位的第一排座位或其他适合的座位；

（四）对于腿部活动受限制的具备乘机条件的残疾人，承运人应为其提供相应舱位的第一排座位或腿部活动空间大的过道座位。

第二十五条 具备乘机条件的残疾人及其服务犬应与其他旅客一样接受安全检查。

承运人、机场和机场地面服务代理人应通知具备乘机条件的残疾人在办理安检前清空随身携带的排泄袋。

第二十六条 对具备乘机条件的残疾人的助残设备进行安全检查过程中，安检人员判断该助残设备可能藏有武器或其他违禁物品的，可进行特殊程序的检查。

第二十七条 在条件允许的情况下，机场应设置残疾人安全检查无障碍通道。

第二十八条 机场应为具备乘机条件的残疾人设立独立、私密的安全检查空间。

具备乘机条件的残疾人请求私下安全检查的，安检人员应及时安排。

第二十九条 通常情况下，承运人、机场和机场地面服务代理人应安排具备乘机条件的残疾人及其陪伴人员优先登机及错峰离机。

本规定第九条所述的残疾人在飞机前排就座的，承运人应安排其优先离机。

因某种原因需减载部分旅客的，承运人应优先保证具备乘机条件的残疾人及其陪伴人员的运输。

第三十条 承运人、机场和机场地面服务代理人应尽可能安排具备乘机条件的残疾人使用廊桥登离机，并提供相应协助；在不能提供廊桥的情况下，应提供登离机协助。

登离机协助包括按需要向具备乘机条件的残疾人提供服务人员、普通轮椅、机上专用窄型轮椅、客机梯、升降设备等。

第三十一条 当不能使用廊桥或升降装置时，应以具备乘机条件的残疾人同意的可行方式提供登离机协助。

第三十二条 航班不正常时，承运人、机场和机场地面服务代理人除按相关规定做好服务工作外，还应对残疾人在以下方面予以特殊协助：

（一）及时主动提供相关信息，包括退票、签转、后续航班的安排等；

（二）指定休息区域，安排住宿时应考虑无障碍设施设备等条件；

（三）主动询问相关需求，并予以协助。

第三十三条 承运人、机场和机场地面服务代理人应当为第九条所述的残疾人到港提供行李提取、引导等必要的协助和服务。

第五章 助残设备存放

第三十四条 承运人不得将附件一规定的、具备乘机条件的残疾人带进客舱的助残设备作为随身携带物品进行限制。

客舱内有存放设施和空间的，按照先到先存放的原则办理，助残设备的存放应当符合民航局关于安保、危险品航空运输的相关规定。

客舱内没有存放设施或空间的，应将助残设备免费托运。

第三十五条 具备乘机条件的残疾人可免费托运1件附件一规定外的助残设备。

第三十六条 电动轮椅应托运，具备乘机条件的残疾人托运电动轮椅，应在普通旅客办理乘机手续截止前2小时交运，并符合危险品航空运输的相关规定。

第三十七条 承运人对托运的助残设备应拴挂行李

牌，并将其中的识别联交给具备乘机条件的残疾人。

为防止丢失和损坏，承运人应将助残设备及其拆卸下的部件进行适当包装。

第三十八条 除另有规定外，承运人应在靠近客舱门的地方接受托运和交回助残设备，以便具备乘机条件的残疾人能尽可能使用自己的助残设备。

第三十九条 托运的助残设备应从货舱中最先取出，并尽快送到客舱门交给具备乘机条件的残疾人。

第四十条 具备乘机条件的残疾人提出在行李提取区取回其助残设备的，承运人应满足其要求。

第四十一条 助残设备的运输优先于其他货物和行李，并确保与具备乘机条件的残疾人同机到达。

第四十二条 承运人不得要求具备乘机条件的残疾人签署免责文件，放弃其对助残设备损坏或丢失进行索赔的权利，收运时已损坏的除外。

第六章 空中服务

第四十三条 承运人以视频方式向旅客播放安全须知时，应加注字幕或在画面一角使用手语向听力残疾人进行介绍。

承运人在客舱内播放的语音信息应以书面形式提供给听力残疾人。

第四十四条 承运人单独向具备乘机条件的残疾人介绍安全须知时，应尽可能谨慎和不引人注目。

第四十五条 承运人应在客舱内提供由具备乘机条件的残疾人要求的，或承运人提供时其接受的下列服务：

（一）协助移动到座位或从座位离开；

（二）协助做就餐准备，例如打开包装、识别食品及食品摆放位置；

（三）协助使用机上轮椅往返卫生间；

（四）协助有部分行走能力的残疾人往返卫生间；

（五）协助放置和取回随身携带物品，包括在客舱存放的助残设备。

第四十六条 不要求承运人向具备乘机条件的残疾人提供下列特别协助：

（一）协助实际进食；

（二）在卫生间内进行协助，或在旅客座位上就排泄功能方面予以协助；

（三）提供医疗服务。

第七章 服务犬

第四十七条 承运人、机场和机场地面服务代理人应允许服务犬在航班上陪同具备乘机条件的残疾人。

具备乘机条件的残疾人应负责服务犬在客舱内的排泄，并不会影响机上的卫生问题。

第四十八条 具备乘机条件的残疾人应向相关部门提供服务犬的身份证明和检疫证明。

第四十九条 带进客舱的服务犬，应在登机前为其系上牵引绳索，并不得占用座位和让其任意跑动。

承运人在征得服务犬机上活动范围内相关旅客同意的情况下，可不要求残疾人为服务犬戴上口套。

第五十条 除阻塞紧急撤离的过道或区域外，服务犬应在残疾人的座位处陪伴。

具备乘机条件的残疾人的座位处不能容纳服务犬的，承运人应向残疾人提供一个座位，该座位处可容纳其服务犬。

第八章 联程运输

第五十一条 联程运输时，交承运人应负责为具备乘机条件的残疾人提供航班的衔接服务。

第五十二条 联程运输衔接时，自交运承运人将具备乘机条件的残疾人交给接运承运人时起，由接运承运人承担为其提供相应服务和协助的责任。

第五十三条 交运承运人航班不正常造成具备乘机条件的残疾人未能与接运承运人航班衔接的，交运承运人应负责为具备乘机条件的残疾人提供一切必要的安排和协助。

第五十四条 原接运承运人航班不正常改由另一接运承运人接运的，原接运承运人应负责为具备乘机条件的残疾人提供一切必要的安排和协助。

第九章 管理与培训

第五十五条 承运人、机场和机场地面服务代理人应根据本办法制订详细的服务方案，明确为具备乘机条件的残疾人提供相应服务的办法和程序，并以书面、网络等适当形式向社会公布。

第五十六条 承运人、机场和机场地面服务代理人需要告知的其他重要服务信息，应以具备乘机条件的残疾人容易获取的方式提供。

第五十七条 承运人应在公布的航班离站时间前24小时将残疾人需要协助的信息传至：

（一）起飞、到达和经停地的机场和机场地面服务代理人；

（二）若不是在运营承运人定座的，应以可行方式尽快将信息传递到运营承运人；

（三）联程运输时，交运承运人应将有关信息及时传递到接运承运人，并由接运承运人通知机场和机场地面服务代理人。

第五十八条 在航班起飞后，承运人应将航班上具备乘机条件的残疾人人数、残疾情况、助残设备的位置以及需要的特殊协助或服务的信息尽快通知经停地、目的地机场。

第五十九条 承运人、机场和机场地面服务代理人应当制定培训大纲，保证为残疾人提供服务的员工接受与其职责相符的下列培训和服务指导：

（一）残疾人航空运输方面的法规、政策培训；
（二）为残疾人服务的意识、心理及技巧等培训；
（三）对具备乘机条件的残疾人及其行李物品、服务犬进行安全检查方面的培训；
（四）为具备乘机条件的残疾人提供服务及协助的工作程序培训；
（五）使用及操作无障碍设施设备的培训。

第六十条 为保证知识更新和员工服务熟练程度，承运人、机场和机场地面服务代理人应在前一次培训后的36个月内进行复训。

培训记录应保存三年以上并随时接受民航主管部门的检查。培训记录应载明以下内容：
（一）受训人员姓名；
（二）最近一次完成培训的日期；
（三）培训内容；
（四）表明已通过培训考核的证据。

第六十一条 承运人应当使用本办法附件二中的表格，按年度向民航主管部门报送运输的具备乘机条件的残疾人数量及情况。

第六十二条 承运人、机场和机场地面服务代理人应每年对残疾人航空运输服务能力进行自我评估，确保持续符合民航主管部门关于残疾人航空运输服务的各项要求。

第十章 投诉处理

第六十三条 具备乘机条件的残疾人的合法权益受到损害时，可向承运人、机场和机场地面服务代理人投诉，也可向民航主管部门投诉。

第六十四条 承运人、机场和机场地面服务代理人应设立专门机构或指定专门人员负责受理残疾人投诉受理工作，对外公布投诉受理方式，并报民航主管部门备案。

第六十五条 承运人、机场和机场地面服务代理人应尽快处理残疾人投诉，并接受民航主管部门监督。

（中国残联各部室供稿）

五、重要文件

中共中央、国务院印发《国家新型城镇化规划（2014—2020年）》

第十六章 提升城市基本公共服务水平

第二节 加强市政公用设施建设

加强无障碍环境建设。

国务院关于落实《政府工作报告》重点工作部门分工的意见

国发〔2014〕15号

33. 实施更加积极的就业政策。坚持实施就业优先战略和更加积极的就业政策，优化就业创业环境，以创新引领创业，以创业带动就业。今年高校毕业生将达727万人，要开发更多就业岗位，实施不间断的就业创业服务，提高大学生就业创业比例。加大对城镇就业困难人员帮扶力度，确保"零就业"家庭至少有一人就业，做好淘汰落后产能职工安置和再就业工作。统筹农村转移劳动力、退役军人等就业工作。努力实现更加充分、更高质量就业，使劳动者生活更加体面、更有尊严。（人力资源社会保障部、发展改革委、教育部、工业和信息化部、民政部、财政部、农业部、商务部、人民银行、国资委、税务总局、工商总局、中国残联等负责）

国务院关于促进旅游业改革发展的若干意见

国发〔2014〕31号

规划引导各类景区严格执行无障碍环境建设标准，适当配备残疾人出行辅助器具，推进旅游交通设施无障碍建设与改造，景区对残疾人……实行门票费用减免。

国务院关于扶持小型微型企业健康发展的意见

国发〔2014〕52号

四、对小型微型企业吸纳就业困难人员就业的，按照规定给予社会保险补贴。自工商登记注册之日起3年内，对安排残疾人就业未达到规定比例、在职职工总数20人以下（含20人）的小型微型企业，免征残疾人就业保障金。（人力资源社会保障部会同财政部、中国残联等部门负责。）

国务院关于促进慈善事业健康发展的指导意见

国发〔2014〕61号

各省、自治区、直辖市人民政府，国务院各部委、各直属机构：

改革开放以来，我国慈善事业蓬勃兴起，以慈善组织为代表的各类慈善力量迅速发展壮大，社会慈善意识明显增强，各类慈善活动积极踊跃，在灾害救助、贫困救济、医疗救助、教育救助、扶老助残和其他公益事业领域发挥了积极作用。但是，我国慈善事业依然存在政策法规体系不够健全、监督管理措施不够完善、慈善活动不够规范、社会氛围不够浓厚、与社会救助工作衔接不够紧密等问题，影响了慈善事业的健康发展。根据党的十八大和十八届三中、四中全会精神及国务院决策部署，为进一步加强和改进慈善工作，统筹慈善和社会救助两方面资源，更好地保障和改善困难群众民生，现提出以下意见。

一、总体要求

（一）指导思想

以邓小平理论、"三个代表"重要思想、科学发展观为指导，坚持政府推动、社会实施、公众参与、专业运作，鼓励支持与强化监管并重，推动慈善事业健康发展，努力形成与社会救助工作紧密衔接，在扶贫济困、改善民生、弘扬中华民族传统美德和社会主义核心价值观等方面充分发挥作用的慈善事业发展新格局。

（二）基本原则

突出扶贫济困。鼓励、支持和引导慈善组织和其他社会力量从帮助困难群众解决最直接、最现实、最紧迫的问题入手，在扶贫济困、为困难群众救急解难等领域广泛开展慈善帮扶，与政府的社会救助形成合力，有效发挥重要补充作用。

坚持改革创新。在慈善事业体制机制、运行方式、慈善事业与社会救助对接等方面大胆探索，畅通社会各方面参与慈善和社会救助的渠道，大力优化慈善事业发展环境，使各类慈善资源、社会救助资源充分发挥作用。

确保公开透明。慈善组织以及其他社会力量开展慈善活动，要充分尊重捐赠人意愿，依据有关规定及时充分公开慈善资源的募集、管理和使用情况。慈善组织要切实履行信息公开责任，接受行政监督、社会监督和舆论监督。

强化规范管理。加快完善相关法规政策，规范和引导慈善事业健康发展。依法依规对自然人、法人和其他组织开展的慈善活动进行监管，及时查处和纠正违法违规活动，确保慈善事业在法制化轨道上运行。

（三）发展目标

到2020年，慈善监管体系健全有效，扶持政策基本完善，体制机制协调顺畅，慈善行为规范有序，慈善活动公开透明，社会捐赠积极踊跃，志愿服务广泛开展，全社会支持慈善、参与慈善的氛围更加浓厚，慈善事业对社会救助体系形成有力补充，成为全面建成小康社会的重要力量。

二、鼓励和支持以扶贫济困为重点开展慈善活动

扶贫济困是慈善事业的重要领域，在政府保障困难群众基本生活的同时，鼓励和支持社会力量以扶贫济困为重点开展慈善活动，有利于更好地满足困难群众多样化、多层次的需求，帮助他们摆脱困境、改善生活，形成慈善事业与社会救助的有效衔接和功能互补，共同编密织牢社会生活安全网。

（一）鼓励社会各界开展慈善活动

鼓励社会各界以各类社会救助对象为重点，广泛开展扶贫济困、赈灾救孤、扶老助残、助学助医等慈善活动。党政机关、事业单位要广泛动员干部职工积极参与各类慈善活动，发挥带头示范作用。工会、共青团、妇联等人民团体要充分发挥密切联系群众的优势，动员社会公众为慈善事业捐赠资金、物资和提供志愿服务等。各全国性社会团体在发挥自身优势、开展慈善活动时，要主动接受社会监督，在公开透明、规范管理、服务困难群众等方面做出表率。各类慈善组织要进一步面向困难群体开展符合其宗旨的慈善活动。倡导各类企业将慈善精神融入企业文化建设，把参与慈善作为履行社会责任的重要方面，通过捐赠、支持志愿服务、设立基金会等方式，开展形式多样的慈善活动，在更广泛的领域为社会做出贡献。鼓励有条件的宗教团体和宗教活动场所依法依规开展各类慈善活动。提倡在单位内部、城乡社区开展群众性互助互济活动。充分发挥家庭、个人、志愿者在慈善活动中的积极作用。

（二）鼓励开展形式多样的社会捐赠和志愿服务

鼓励和支持社会公众通过捐款捐物、慈善消费和慈善义演、义拍、义卖、义展、义诊、义赛等方式为困难群众奉献爱心。探索捐赠知识产权收益、技术、股权、有价证券等新型捐赠方式，鼓励设立慈善信托，抓紧制定政策措施，积极推进有条件的地方开展试点。动员社会公众积极参与志愿服务，构建形式多样、内容丰富、机制健全、覆盖城乡的志愿服务体系。倡导社会力量兴办公益性医疗、教育、养老、残障康复、文化体育等方面的机构和设施，为慈善事业提供更多的资金支持和服务载体。加快出台有效措施，引导社会公众积极捐赠家庭闲置物品。广泛设立社会捐助站点，创新发展慈善超

市，发挥网络捐赠技术优势，方便群众就近就便开展捐赠。

（三）健全社会救助和慈善资源信息对接机制

要建立民政部门与其他社会救助管理部门之间的信息共享机制，同时建立和完善民政部门与慈善组织、社会服务机构之间的衔接机制，形成社会救助和慈善资源的信息有效对接。对于经过社会救助后仍需要帮扶的救助对象，民政部门要及时与慈善组织、社会服务机构协商，实现政府救助与社会帮扶有机结合，做到因情施救、各有侧重、互相补充。社会救助信息和慈善资源信息应同时向审计等政府有关部门开放。

（四）落实和完善减免税政策

落实企业和个人公益性捐赠所得税税前扣除政策，企业发生的公益性捐赠支出，在年度利润总额12%以内的部分，准予在计算应纳税所得额时扣除；个人公益性捐赠额未超过纳税义务人申报的应纳税所得额30%的部分，可以从其应纳税所得额中扣除。研究完善慈善组织企业所得税优惠政策，切实惠及符合条件的慈善组织。对境外向我国境内依法设立的慈善组织无偿捐赠的直接用于慈善事业的物资，在有关法律及政策规定的范围内享受进口税收优惠。有关部门要大力宣传慈善捐赠减免税的资格和条件。

（五）加大社会支持力度

鼓励企事业单位为慈善活动提供场所和便利条件，按规定给予优惠。倡导金融机构根据慈善事业的特点和需求创新金融产品和服务方式，积极探索金融资本支持慈善事业发展的政策渠道。支持慈善组织为慈善对象购买保险产品，鼓励商业保险公司捐助慈善事业。完善公益广告等平台的管理办法，鼓励新闻媒体为慈善组织的信息公开提供帮助支持和费用优惠。

三、培育和规范各类慈善组织

慈善组织是现代慈善事业的重要主体，大力发展各类慈善组织，规范慈善组织行为、确保慈善活动公开透明，是促进慈善事业健康发展的有效保证。

（一）鼓励兴办慈善组织

优先发展具有扶贫济困功能的各类慈善组织。积极探索培育网络慈善等新的慈善形态，引导和规范其健康发展。稳妥推进慈善组织直接登记，逐步下放符合条件的慈善组织登记管理权限。地方政府和社会力量可通过实施公益创投等多种方式，为初创期慈善组织提供资金支持和能力建设服务。要加快出台有关措施，以扶贫济困类项目为重点，加大政府财政资金向社会组织购买服务力度。

（二）切实加强慈善组织自我管理

慈善组织要建立健全内部治理结构，完善决策、执行、监督制度和决策机构议事规则，加强内部控制和内部审计，确保人员、财产、慈善活动按照组织章程有序运作。基金会工作人员工资福利和行政办公支出等管理成本不得超过当年总支出的10%，其他慈善组织的管理成本可参照基金会执行。列入管理成本的支出类别按民政部规定执行。捐赠协议约定从捐赠财产中列支管理成本的，可按照约定执行。

（三）依法依规开展募捐活动

引导慈善组织重点围绕扶贫济困开展募捐活动。具有公募资格的慈善组织，面向社会开展的募捐活动应与其宗旨、业务范围相一致；新闻媒体、企事业单位等和不具有公募资格的慈善组织，以慈善名义开展募捐活动的，必须联合具有公募资格的组织进行；广播、电视、报刊及互联网信息服务提供者、电信运营商，应当对利用其平台发起募捐活动的慈善组织的合法性进行验证，包括查验登记证书、募捐主体资格证明材料。慈善组织要加强对募捐活动的管理，向捐赠者开具捐赠票据，开展项目所需成本要按规定列支并向捐赠人说明。任何组织和个人不得以慈善名义敛财。

（四）严格规范使用捐赠款物

慈善组织应将募得款物按照协议或承诺，及时用于相关慈善项目，除不可抗力或捐赠人同意外，不得以任何理由延误。未经捐赠人同意，不得擅自更改款物用途。倡导募用分离，制定有关激励扶持政策，支持在款物募集方面有优势的慈善组织将募得款物用于资助有服务专长的慈善组织运作项目。慈善组织要科学设计慈善项目，优化实施流程，努力降低运行成本，提高慈善资源使用效益。

（五）强化慈善组织信息公开责任

公开内容。慈善组织应向社会公开组织章程、组织机构代码、登记证书号码、负责人信息、年度工作报告、经审计的财务会计报告和开展募捐、接受捐赠、捐赠款物使用、慈善项目实施、资产保值增值等情况以及依法应当公开的其他信息。信息公开应当真实、准确、完整、及时，不得有虚假记载、误导性陈述或者重大遗漏。对于涉及国家安全、个人隐私等依法不予公开的信息和捐赠人或受益人与慈善组织协议约定不公开的信息，不得公开。慈善组织不予公开的信息，应当接受政府有关部门的监督检查。

公开时限。慈善组织应及时公开款物募集情况，募捐周期大于6个月的，应当每3个月向社会公开一次，募捐活动结束后3个月内应全面公开；应及时公开慈善项目运作、受赠款物的使用情况，项目运行周期大于6个月的，应当每3个月向社会公开一次，项目结束后3个月内应全面公开。

公开途径。慈善组织应通过自身官方网站或批准其登记的民政部门认可的信息网站进行信息发布；应向社会公开联系方式，及时回应捐赠人及利益相关方的询问。慈善组织应对其公开信息和答复信息的真实性负责。

四、加强对慈善组织和慈善活动的监督管理

（一）加强政府有关部门的监督管理

民政部门要严格执行慈善组织年检制度和评估制度。要围绕慈善组织募捐活动、财产管理和使用、信息公开等内容，建立健全并落实日常监督检查制度、重大慈善项目专项检查制度、慈善组织及其负责人信用记录制度，并依法对违法违规行为进行处罚。财政、税务部门要依法对慈善组织的财务会计、享受税收优惠和使用公益事业捐赠统一票据等情况进行监督管理。其他政府部门要在各自职责范围内对慈善组织和慈善活动进行监督管理。

（二）公开监督管理信息

民政部门要通过信息网站等途径向社会公开慈善事业发展和慈善组织、慈善活动相关信息，具体包括各类慈善组织名单及其设立、变更、评估、年检、注销、撤销登记信息和政府扶持鼓励政策措施、购买社会组织服务信息、受奖励及处罚信息、本行政区域慈善事业发展年度统计信息以及依法应当公开的其他信息。

（三）强化慈善行业自律

要推动建立慈善领域联合型、行业性组织，建立健全行业标准和行为准则，增强行业自我约束、自我管理、自我监督能力。鼓励第三方专业机构根据民政部门委托，按照民政部门制定的评估规程和评估指标，对慈善组织开展评估。相关政府部门要将评估结果作为政府购买服务、评选表彰的参考依据。

（四）加强社会监督

畅通社会公众对慈善活动中不良行为的投诉举报渠道，任何单位或个人发现任何组织或个人在慈善活动中有违法违规行为的，可以向该组织或个人所属的慈善领域联合型、行业性组织投诉，或向民政部门及其他政府部门举报。相关行业性组织要依据行业自律规则，在职责范围内及时协调处理投诉事宜。相关政府部门要在各自职责范围内及时调查核实，情况属实的要依法查处。切实保障捐赠人对捐赠财产使用情况的监督权利，捐赠人对慈善组织、其他受赠主体和受益人使用捐赠财产持有异议的，除向有关方面投诉举报外，还可以依法向人民法院提起诉讼。支持新闻媒体对慈善组织、慈善活动进行监督，对违法违规及不良现象和行为进行曝光，充分发挥舆论监督作用。

（五）建立健全责任追究制度

民政部门作为慈善事业主管部门，要会同有关部门建立健全责任追究制度。对慈善组织按照"谁登记、谁管理"的原则，由批准登记的民政部门会同有关部门对其违规开展募捐活动、违反约定使用捐赠款物、拒不履行信息公开责任、资助或从事危害国家安全和公共利益活动等违法违规行为依法进行查处；对于慈善组织或其负责人的负面信用记录，要予以曝光。对其他社会组织和个人按照属地管辖的原则，由所在地的民政部门会同有关部门对其以慈善为名组织实施的违反法律法规、违背公序良俗的行为和无正当理由拒不兑现或不完全兑现捐赠承诺、以诽谤造谣等方式损害慈善组织及其从业人员声誉等其他违法违规行为依法及时查处。对政府有关部门及其工作人员滥用职权、徇私舞弊或者玩忽职守、敷衍塞责造成严重后果的，要依法追究责任。

五、加强对慈善工作的组织领导

（一）建立健全组织协调机制

各级政府要将发展慈善事业作为社会建设的重要内容，纳入国民经济和社会发展总体规划和相关专项规划，加强慈善与社会救助、社会福利、社会保险等社会保障制度的衔接。各有关部门要建立健全慈善工作组织协调机制，及时解决慈善事业发展中遇到的突出困难和问题。

（二）完善慈善表彰奖励制度

国家对为慈善事业发展做出突出贡献、社会影响较大的个人、法人或者组织予以表彰。民政部要根据慈善事业发展的实际情况，及时修订完善"中华慈善奖"评选表彰办法，组织实施好评选表彰工作，在全社会营造良好的慈善氛围。各省（区、市）人民政府可按国家有关规定建立慈善表彰奖励制度。要抓紧出台有关措施，完善公民志愿服务记录制度，按照国家有关规定建立完善志愿者嘉许和回馈制度，鼓励更多的人参加志愿服务活动。

（三）完善慈善人才培养政策

要加快培养慈善事业发展急需的理论研究、高级管理、项目实施、专业服务和宣传推广等人才。加强慈善从业人员劳动权益保护和职业教育培训，逐步建立健全以慈善从业人员职称评定、信用记录、社会保险等为主要内容的人力资源管理体系，合理确定慈善行业工作人员工资待遇水平。

（四）加大对慈善工作的宣传力度

要充分利用报刊、广播、电视等媒体和互联网，以群众喜闻乐见的方式，大力宣传各类慈行善举和正面典型，以及慈善事业在服务困难群众、促进社会文明进步等方面的积极贡献，引导社会公众关心慈善、支持慈善、参与慈善。要着力推动慈善文化进机关、进企业、进学校、进社区、进乡村，弘扬中华民族团结友爱、互

助共济的传统美德，为慈善事业发展营造良好社会氛围。

各省（区、市）人民政府要根据本意见要求，结合实际，研究制定配套落实政策。国务院相关部门要根据本部门职责研究制定具体政策措施。民政部要会同有关部门加强对本意见执行情况的监督检查，及时向国务院报告。

国务院办公厅关于印发《深化医药卫生体制改革 2014 年重点工作任务》的通知

国办发〔2014〕24号

一、加快推动公立医院改革

（一）推进公立医院规划布局调整。编制《全国卫生服务体系规划纲要（2015—2020年）》，各地要按照国家卫生服务体系规划以及卫生资源配置标准，制订区域卫生规划与医疗机构设置规划，并向社会公布。将区域内各级各类医疗机构统一纳入规划，每千常住人口医疗卫生机构床位数达到4张的，原则上不再扩大公立医院规模。进一步明确公立医院保基本的职能，优化结构布局，严格控制公立医院床位规模和建设标准。

（七）健全分级诊疗体系。制订分级诊疗办法，综合运用医疗、医保、价格等手段引导患者在基层就医，推动形成基层首诊、分级诊疗、双向转诊的就医秩序。通过技术合作、人才流动、管理支持等多种方式推动建立基层医疗卫生机构、县级医院和城市大医院之间分工协作机制。各省（区、市）要按照分类指导、管理与技术并重的原则，统筹安排本省（区、市）内各项对口支援工作。国家选择部分城市开展基层首诊试点，鼓励有条件的地区开展试点工作。

三、扎实推进全民医保体系建设

（十五）健全重特大疾病保障制度。在全国推行城乡居民大病保险，规范委托商业保险机构承办。完善城镇职工补充医保政策。做好儿童白血病等新农合重大疾病保障向大病保险过渡工作。加强城乡医疗救助、疾病应急救助，各省（区、市）、市（地）政府都要通过财政投入和社会各界捐助等多渠道建立疾病应急救助基金，制订具体的实施方案和操作细则。推动城乡医疗救助制度整合。加快推进重特大疾病医疗救助工作，进一步扩大试点范围。继续提高医疗救助水平，救助对象政策范围内住院自付医疗费用救助比例达到60%。全面推进医疗救助"一站式"即时结算服务，提升信息化管理水平。做好基本医保、城乡居民大病保险、疾病应急救助和医疗救助等制度间的衔接，发挥好各项制度的整体合力。

（十七）发展商业健康保险。研究制订鼓励健康险发展的指导性文件，推进商业保险机构参与各类医保经办。加快发展医疗责任保险、医疗意外保险，积极开发儿童保险、长期护理保险以及与健康管理、养老等服务相关的商业健康保险产品。

五、统筹推进相关改革工作

（二十五）完善公共卫生服务均等化制度。优化整合妇幼保健和计划生育技术服务资源，推进国家免费孕前优生健康检查项目，进一步强化出生缺陷综合防治。严重精神障碍患者管理率达到65%以上。

（二十七）建立适应行业特点的人才培养机制。推进住院医师规范化培训制度，加强全科医生培养。研究实施县级公立医院专科特设岗位计划，引进急需高层次人才。深化医学教育改革，建立医学人才培养规模和结构与医药卫生事业发展需求有效衔接的调控机制。

国务院办公厅关于加快发展商业健康保险的若干意见

国办发〔2014〕50号

三、扩大商业健康保险供给

（一）丰富商业健康保险产品。鼓励开设残疾人康复、托养、照料和心智障碍者家庭财产信托等商业保险。

关于开展第二十四次全国助残日活动的通知

残工委发〔2014〕1号

各省、自治区、直辖市人民政府残工委，党委宣传部、文明办，教育、民政、人力资源社会保障、住房城乡建设、卫生计生、新闻出版广电局（厅、委），各军区、各军兵种、各总部、军事科学院、国防大学、国防科学技术大学、武警部队政治部，工会、团委、妇联、残联：

2014年5月18日是第二十四次全国助残日。在全党全军全国各族人民深入学习贯彻党的十八大和十八届三中全会精神，认真落实中央关于全面深化改革的各项决策部署，加快全面建成小康社会进程的新形势下，认真组织开展好此次全国助残日活动，对于在全社会大力弘扬人道主义思想，倡导友爱、互助、融合、共享的理念，形成扶残助残的良好社会风尚具有重要意义。各地、各有关部门对本次助残日活动要高度重视，采取有效措施，精心组织好助残日的各项活动。

一、活动主题

关心帮助残疾人，实现美好中国梦。

二、活动背景

我国有8500多万残疾人，涉及2.8亿亲属。近年来，在党中央、国务院的亲切关怀和高度重视下，在社会各界的关心支持下，中国残疾人事业快速发展，残疾人生活状况得到显著改善，越来越多的残疾人实现人生和事业的梦想，过上了幸福而有尊严的生活。但同时也应看到，当前，残疾人仍然是最困难、最需要帮助的社会群体之一。1500万农村残疾人尚未脱贫，260多万城镇残疾人生活还十分困难；城乡残疾人家庭人均收入仅为社会平均水平的一半；残疾人社会保障水平还比较低，医疗、康复等社会公共服务还难以满足残疾人基本需求；残疾人事业城乡区域发展还很不平衡，基层为残疾人服务的能力还比较薄弱。

党的十八大提出了2020年全面建成小康社会的宏伟目标，中国残联第六次全国代表大会也提出"残疾人与全国人民同步小康"的发展目标。没有残疾人的小康，就不是真正意义上的全面小康。只有着力保障和改善残疾人民生，把底兜住，补短板促发展，普惠、特惠与优先相结合，全面增进残疾人福祉，充分维护残疾人权利，增强残疾人基本公共服务供给能力，提高残疾人发展能力，促进残疾人平等参与社会生活，才能在实现中国梦的伟大实践中，团结带领、支持帮助广大残疾人创造更加幸福美好的新生活，才能让中国梦更加美丽。

三、活动措施

（一）召开专题会议

各地残工委和残联要召开专题会议，专项部署助残日活动，并围绕本次全国助残日主题，认真分析残疾人事业在新起点上面临的工作重点和难点，研讨对策与措施。

（二）明确各部门职责

1. 各级政府和残工委成员单位要进一步深化群众路线教育实践活动成果，将残疾人事业纳入基层调研内容，深入了解基层残疾人的基本状况及所面临的主要困难和问题，为残疾人办实事、解难题、出实效。

2. 各地民政、住房和城乡建设部门要积极研究改善残疾人民生的政策措施，以重度和贫困残疾人为重点人群，开展残疾人社会保障政策落实情况的督导检查，积极推动建立贫困残疾人生活补助和重度残疾人护理补贴制度，在农村危房改造、城市廉租房、公租房等保障房建设等方面优先安排住房困难的残疾人家庭，不断完善残疾人社会保障体系，提高残疾人生活水平。

3. 各地人力资源社会保障部门要积极帮扶残疾人实现"就业梦"。贯彻落实《残疾人就业条例》，推动机关、事业单位和国有企业带头按比例安排残疾人就业及残疾人集中就业单位产品专产专营、政府优先采购试点工作，并通过组织专场招聘会、开展有针对性的残疾人职业培训等方式，促进残疾人就业。

4. 各地教育部门和各级各类学校要在教师和学生中加强人道主义思想的宣传教育，倡导扶残助残。通过特教学校就读、随班就读和送教上门等形式，为残疾人接受教育创造条件、提供便利。

5. 各地卫生计生部门要发挥部门及系统的优势，建立健全0—6岁儿童残疾筛查、诊断和治疗康复的衔接机制，积极开展残疾人的义诊和健康咨询、康复咨询、社区和家庭康复指导以及公众的残疾预防和康复知识宣传教育等活动，提高残疾人医疗康复服务水平。

6. 各地工会、共青团、妇联以及驻军和武警部队要采用送温暖、志愿者助残、巾帼建功、手拉手红领巾助残以及军民共建、警民共建等多种形式，开展志愿助残活动。

7. 各地要邀请党、政、军负责同志在全国助残日期间，走访慰问残疾人家庭、福利院、残疾人康复机构、特教学校、康复托养机构、扶贫基地、福利企业，勉励残疾人自强、自立，并帮助残疾人解决生活中的实际困难。

四、宣传要求

（一）各地党委宣传部门要将第二十四次全国助残日的宣传报道工作纳入年度宣传工作的总体计划中，统一部署，统一安排。

（二）中央及各地新闻单位要结合本次助残日主题，大力弘扬人道主义思想，深入宣传各级党委、政府为加快发展残疾人事业所采取的优惠政策和有力措施，深入报道残疾人小康进程中取得的成就，积极报道社会各界扶残助残的感人事迹和助残日期间组织的各种活动，及时传播正能量，宣传有针对性、有深度、有影响，积极创造友爱和谐的人文环境。

（三）各地文明办要在"讲文明、树新风"公益广告中增加关爱残疾人题材和内容，组织各级媒体在助残日期间刊播。

（四）各地要注重舆论引导，创新推介方式，充分发挥网络、手机短信、公共大屏幕、宣传橱窗等媒介的作用，组织开展多种形式的社会宣传活动，充分营造关心帮助残疾人的良好社会舆论环境。

附件：第二十四次全国助残日宣传口号

国务院残工委　中央宣传部　中央文明办
教育部　民政部　人力资源社会保障部
国家卫生计生委　住房城乡建设部
国家新闻出版广电总局　解放军总政治部
全国总工会　共青团中央　全国妇联　中国残联
2014年3月12日

附件

第二十四次全国助残日宣传口号

弘扬人道主义思想，发展残疾人事业
共享文明成果，实现同步小康
关心帮助残疾人，实现美好中国梦
在实现中国梦的伟大实践中创造残疾人更加幸福美好的新生活
弘扬自强精神，播撒关爱阳光
弘扬自强，传递关爱
自尊、自信、自强、自立
理解、尊重、关心、帮助残疾人
发展残疾人事业，共同奔赴小康
同行你和我，共圆中国梦
你我牵手，共奔小康
关心我身边的残疾人朋友
扶残助残，有你有我
把温暖送进每一户贫困残疾人家庭

国家发展改革委等十部门关于加快推进健康与养老服务工程建设的通知

发改投资〔2014〕2091号

二、加快推进健康与养老服务工程建设的目标和原则

（一）工程目标

健康服务体系建设。到2015年，医疗卫生机构每千人口病床数（含住院护理）达到4.97张。到2020年，健康管理与促进服务的比重快速提高，护理、康复、临终关怀等接续性医疗服务能力大幅增强，医疗卫生机构每千人口病床数（含住院护理）达到6张，非公立医疗机构床位数占比达到25%，建立覆盖全生命周期、内涵更加丰富、结构更为合理的健康服务体系，形成以非营利性医疗机构为主体、营利性医疗机构为补充，公立医疗机构为主导、非公立医疗机构共同发展的多元办医格局〔床位数指标与修改后的《全国医疗卫生服务体系规划纲要（2015—2020年）》保持衔接〕。

养老服务体系建设。到2015年，基本形成规模适度、运营良好、可持续发展的养老服务体系，每千名老年人拥有养老床位数达到30张，社区服务网络基本健全。到2020年，全面建成以居家为基础、社区为依托、机构为支撑的，功能完善、规模适度、覆盖城乡的养老服务体系，每千名老年人拥有养老床位数达到35—40张。

三、加快推进健康与养老服务工程建设的实施安排

（一）主要任务

健康服务体系主要任务包括公共卫生和疾病诊断与治疗综合性或专科性医疗卫生服务设施，慢性疾病管理、术后康复、失能失智人员长期护理、临终关怀等接续性医疗服务设施，以及健康管理与咨询、健康体检、中医药等特色养生保健等健康管理与促进服务设施建设。

养老服务体系主要任务包括为老年人提供膳食供应、个人照顾、保健康复、娱乐和交通接送等日间服务的社区老年人日间照料中心，主要为失能、半失能老人提供生活照料、健康护理、康复娱乐等服务的老年养护院等专业养老服务设施，具备餐饮、清洁卫生、文化娱乐等服务的养老院和医养结合服务设施，以及为农村老年人提供养老服务的农村养老服务设施建设。

（二）有关项目

1. 健康服务体系建设。包括综合医院、中医医院、专科医院、康复医院和护理院、临终关怀机构、健康服务新兴业态以及基层医疗卫生服务设施等6类项目。

2. 养老服务体系建设。包括社区老年人日间照料中心、老年养护院、养老院和医养结合服务设施、农村养老服务设施等4类项目。

四、加快推进健康与养老服务工程建设的政策措施

（一）放宽市场准入，积极鼓励社会资本投资健康与养老服务工程

新增健康与养老服务项目优先考虑社会资本。在公立资源丰富的地区，鼓励社会资本通过独资、合资、合作、联营、参股、租赁等途径，采取政府和社会资本合作（PPP）等方式，参与医疗、养老、体育健身设施建设和公立机构改革。结合党政机关和国有企事业单位培训疗养机构改革工作，将符合条件的培训疗养机构转变为养老机构。进一步放宽市场准入，凡是法律法规没有明令禁入的领域都要向社会资本开放并不断扩大开放领域。中央和地方对健康与养老服务项目的资金支持政策，对包括民间投资主体在内的各类投资主体都予以支持。

（二）充分发挥规划引领作用，切实推进健康与养老服务项目布局落地

发展改革、卫生计生、中医药、民政、体育等部门将加强行业发展规划引导；住房城乡建设部门在制定修订《城市居住区规划设计规范》等城市规划相关标准时，将完善医疗、养老、体育健身设施规划内容；各地

方要制定本地区区域健康与养老服务专项设施规划，分解落实建设任务；各城市（区、县、乡镇）在编制城市总体规划、控制性详细规划、重要地块修建性详细规划以及有关专项规划时，要统筹规划各类公共服务设施，把医疗、养老、体育健身设施作为重要内容科学布局。

（三）加大政府投入和土地、金融等政策支持力度，加快建设健康与养老服务工程

中央和地方政府通过基建投资加大对医疗、养老、体育健身设施建设的支持引导力度，按投资补助、贷款贴息等方式给予支持。加大福利彩票和体育彩票公益金对养老和体育健身设施建设的支持力度。建立项目申报和机构设立"绿色通道"，采取网上申报、集中办理等形式提高行政效率。医疗、养老、体育健身设施用地纳入土地利用总体规划和年度用地计划。非营利项目用地可按《划拨用地目录》实行划拨；营利性项目按照相关政策优先安排供应。强化对医疗、养老、体育健身设施建设用地的监管，严禁改变用途。各地方要减免城市基础设施配套费等规费。通过扩大银行贷款抵押担保范围、上市、发行债券、融资租赁等方式，加大金融支持力度。政府引导、推动设立由金融和产业资本共同筹资的健康产业投资基金。

（四）发挥价格、税收、政府购买服务等支持作用，促进健康与养老服务项目市场化运营

地方财政资金可对养老机构按床位给予运营补贴。各级政府逐步扩大医疗、养老、体育健身政府购买服务范围，各类经营主体平等参与。民办医疗机构用电、用水、用气、用热与公办医疗机构执行相同的价格政策；养老机构用电、用水、用气、用热按居民生活类价格执行。除公立医疗、养老机构提供的基本服务按照政府规定的价格政策执行外，其他服务主要实行经营者自主定价。同时加强对服务价格行为的监管。医疗、养老、体育健身机构可以按照税收法律法规的规定，享受相关税收优惠政策。对非营利性医疗、养老机构建设要免予征收有关行政事业性收费，对营利性医疗、养老机构建设要减半征收有关行政事业性收费，对养老机构提供养老服务要适当减免行政事业性收费。将符合条件的各类医疗机构纳入医疗保险定点范围。建立各类医疗机构之间转诊机制。放宽对非公立医疗机构的数量、规模以及大型医用设备配置的限制。

（五）加强人才培养交流，规范执业行为，创造健康与养老服务业良好的发展环境

高等院校和中等职业学校增设健康与养老服务相关专业和课程，加大人才培养力度。建立人才充分有序流动的机制，各类机构工作人员在职称评定、科研立项、技能鉴定、职业培训等方面享受同等待遇。推进和规范医师多点执业。非营利性机构原则上不得转变为营利性机构，确需转变的，需依法办理相关手续。建立商业保险公司与医疗、养老机构的合作机制。加强对医疗、养老、体育健身机构服务质量、服务行为、收费标准等方面的约束和监管。维护各类投资主体合法权益，营造良好环境，促进健康与养老服务业健康发展。

教育部等六部门关于医教协同深化临床医学人才培养改革的意见   教研〔2014〕2号

二、总体目标

到2020年，基本建成院校教育、毕业后教育、继续教育三阶段有机衔接的具有中国特色的标准化、规范化临床医学人才培养体系。院校教育质量显著提高，毕业后教育得到普及，继续教育实现全覆盖。

近期任务，加快构建以"5+3"（5年临床医学本科教育+3年住院医师规范化培训或3年临床医学硕士专业学位研究生教育）为主体、以"3+2"（3年临床医学专科教育+2年助理全科医生培训）为补充的临床医学人才培养体系。

三、主要举措

（一）深化院校教育改革，提高人才培养质量。

2. 深化临床医学专业五年制本科生培养改革。过渡期内，在有条件的地区和高校，探索举办临床医学（儿科方向）、临床医学（精神医学方向）等专业，加强儿科、精神科等急需紧缺人才培养力度。

（二）建立健全毕业后教育制度，培养合格临床医师。

1. 建立住院医师规范化培训制度。积极扩大全科及儿科、精神科等急需紧缺专业的培训规模。

教育部等九部门关于加快推进养老服务业人才培养的意见   教职成〔2014〕5号

三、任务措施

（一）加快推进养老服务相关专业教育体系建设

1. 扩大养老服务职业教育人才培养规模。发布养老服务业人才需求预测与专业设置指导报告，引导和鼓励职业院校增设老年服务与管理、社会工作、健康管理、康复治疗技术、康复辅助器具应用与服务等养老服务相关专业点。通过实行单独招生、增加招生计划等，逐步扩大人才培养规模。通过国家奖助学金、社会捐助等资金支持，吸引学生就读养老服务相关专业。鼓励社会资本举办养老服务类职业院校，规范并加快培养养老服务专门人才。

2. 加快发展养老服务本科教育。鼓励引导高校主动适应国家经济社会发展需要，设置康复治疗学、护理学、应用心理学和社会工作等养老服务相关本科专业，开设老年社会工作、老年护理、老年人保健与营养、老年医学、老年心理学、生命伦理学等课程。

3. 积极发展养老服务研究生教育。适当增加社会工作等硕士专业学位授权点数量，鼓励和支持有条件的高校在社会学、老年学、人口学、康复治疗学、家庭发展等学科领域招收培养研究生，为养老机构和职业院校等输送业务骨干和高层次教学科研人员。

关于非营利组织免税资格认定管理有关问题的通知

财税〔2014〕13号

各省、自治区、直辖市、计划单列市财政厅（局）、国家税务局、地方税务局，新疆生产建设兵团财务局：

根据《中华人民共和国企业所得税法》（以下简称《企业所得税法》）第二十六条及《中华人民共和国企业所得税法实施条例》（以下简称《实施条例》）第八十四条的规定，现对非营利组织免税资格认定管理有关问题明确如下：

一、依据本通知认定的符合条件的非营利组织，必须同时满足以下条件：

（一）依照国家有关法律法规设立或登记的事业单位、社会团体、基金会、民办非企业单位、宗教活动场所以及财政部、国家税务总局认定的其他组织；

（二）从事公益性或者非营利性活动；

（三）取得的收入除用于与该组织有关的、合理的支出外，全部用于登记核定或者章程规定的公益性或者非营利性事业；

（四）财产及其孳息不用于分配，但不包括合理的工资薪金支出；

（五）按照登记核定或者章程规定，该组织注销后的剩余财产用于公益性或者非营利性目的，或者由登记管理机关转赠给与该组织性质、宗旨相同的组织，并向社会公告；

（六）投入人对投入该组织的财产不保留或者享有任何财产权利，本款所称投入人是指除各级人民政府及其部门外的法人、自然人和其他组织；

（七）工作人员工资福利开支控制在规定的比例内，不变相分配该组织的财产，其中：工作人员平均工资薪金水平不得超过上年度税务登记所在地人均工资水平的两倍，工作人员福利按照国家有关规定执行；

（八）除当年新设立或登记的事业单位、社会团体、基金会及民办非企业单位外，事业单位、社会团体、基金会及民办非企业单位申请前年度的检查结论为"合格"；

（九）对取得的应纳税收入及其有关的成本、费用、损失应与免税收入及其有关的成本、费用、损失分别核算。

二、经省级（含省级）以上登记管理机关批准设立或登记的非营利组织，凡符合规定条件的，应向其所在地省级税务主管机关提出免税资格申请，并提供本通知规定的相关材料；经市（地）级或县级登记管理机关批准设立或登记的非营利组织，凡符合规定条件的，分别向其所在地市（地）级或县级税务主管机关提出免税资格申请，并提供本通知规定的相关材料。

财政、税务部门按照上述管理权限，对非营利组织享受免税的资格联合进行审核确认，并定期予以公布。

三、申请享受免税资格的非营利组织，需报送以下材料：

（一）申请报告；

（二）事业单位、社会团体、基金会、民办非企业单位的组织章程或宗教活动场所的管理制度；

（三）税务登记证复印件；

（四）非营利组织登记证复印件；

（五）申请前年度的资金来源及使用情况、公益活动和非营利活动的明细情况；

（六）具有资质的中介机构鉴证的申请前会计年度的财务报表和审计报告；

（七）登记管理机关出具的事业单位、社会团体、基金会、民办非企业单位申请前年度的年度检查结论；

（八）财政、税务部门要求提供的其他材料。

四、非营利组织免税优惠资格的有效期为五年。非营利组织应在期满前三个月内提出复审申请，不提出复审申请或复审不合格的，其享受免税优惠的资格到期自动失效。

非营利组织免税资格复审，按照初次申请免税优惠资格的规定办理。

五、非营利组织必须按照《中华人民共和国税收征收管理法》（以下简称《税收征管法》）及《中华人民共和国税收征收管理法实施细则》（以下简称《实施细则》）等有关规定，办理税务登记，按期进行纳税申报。取得免税资格的非营利组织应按照规定向主管税务机关办理免税手续，免税条件发生变化的，应当自发生变化之日起十五日内向主管税务机关报告；不再符合免税条件的，应当依法履行纳税义务；未依法纳税的，主管税务机关应当予以追缴。取得免税资格的非营利组织注销时，剩余财产处置违反本通知第一条第五项规定的，主管税务机关应追缴其应纳企业所得税款。

主管税务机关应根据非营利组织报送的纳税申报表及有关资料进行审查，当年符合《企业所得税法》及其《实施条例》和有关规定免税条件的收入，免予征收企业所得税；当年不符合免税条件的收入，照章征收企业所得税。主管税务机关在执行税收优惠政策过程中，发现非营利组织不再具备本通知规定的免税条件的，应及时报告核准该非营利组织免税资格的财政、税务部门，由其进行复核。

核准非营利组织免税资格的财政、税务部门根据本通知规定的管理权限，对非营利组织的免税优惠资格进行复核，复核不合格的，取消其享受免税优惠的资格。

六、已认定的享受免税优惠政策的非营利组织有下述情况之一的，应取消其资格：

（一）事业单位、社会团体、基金会及民办非企业单位逾期未参加年检或年度检查结论为"不合格"的；

（二）在申请认定过程中提供虚假信息的；

（三）有逃避缴纳税款或帮助他人逃避缴纳税款行为的；

（四）通过关联交易或非关联交易和服务活动，变相转移、隐匿、分配该组织财产的；

（五）因违反《税收征管法》及其《实施细则》而受到税务机关处罚的；

（六）受到登记管理机关处罚的。

因上述第（一）项规定的情形被取消免税优惠资格的非营利组织，财政、税务部门在一年内不再受理该组织的认定申请；因上述规定的除第（一）项以外的其他情形被取消免税优惠资格的非营利组织，财政、税务部门在五年内不再受理该组织的认定申请。

七、本通知自2013年1月1日起执行。《财政部国家税务总局关于非营利组织免税资格认定管理有关问题的通知》（财税〔2009〕123号）同时废止。

财政部　国家税务总局
2014年1月29日

财政部、国家税务总局关于对小微企业免征有关政府性基金的通知

财税〔2014〕122号

各省、自治区、直辖市、计划单列市人民政府，中宣部、教育部、水利部、中国残联：

为进一步加大对小微企业的扶持力度，经国务院批准，现将免征小微企业有关政府性基金问题通知如下：

一、自2015年1月1日起至2017年12月31日，对按月纳税的月销售额或营业额不超过3万元（含3万元），以及按季纳税的季度销售额或营业额不超过9万元（含9万元）的缴纳义务人，免征教育费附加、地方教育附加、水利建设基金、文化事业建设费。

二、自工商登记注册之日起3年内，对安排残疾人就业未达到规定比例、在职职工总数20人以下（含20人）的小微企业，免征残疾人就业保障金。

三、免征上述政府性基金后，有关部门依法履行职能和事业发展所需经费，由同级财政预算予以统筹安排。

财政部　国家税务总局
2014年12月23日

关于完善政府预算体系有关问题的通知

财预〔2014〕368号

（一）加大政府性基金预算与一般公共预算的统筹力度

1. 从2015年1月1日起，将政府性基金预算中用于提供基本公共服务以及主要用于人员和机构运转等方面的项目收支转列一般公共预算，具体包括地方教育附加、文化事业建设费、残疾人就业保障金、从地方土地出让收益计提的农田水利建设和教育资金、转让政府还贷道路收费权收入、育林基金、森林植被恢复费、水利建设基金、船舶港务费、长江口航道维护收入等11项基金。

2. 上述基金转列后，相应修订《2015年政府收支分类科目》，原政府性基金收支科目相应删除，在一般公共预算中单设相应收入科目，不再单设相应支出科目。调整情况详见附件。

3. 上述基金转列后，收入按照新的收入科目缴入国库，支出仍主要用于或专项用于安排相关支出，且收入规模增加的，支出规模原则上相应增加，有条件的地区要进一步加大对残疾人事业等领域的支持力度。上述基金以前年度结转结余资金2015年相应转列一般公共预算。

4. 对继续纳入政府性基金预算管理的支出，加大与一般公共预算支出的统筹安排使用。结合政府性基金预算安排情况，统筹安排一般公共预算相关支出项目。政府性基金预算安排支出的项目，一般公共预算可不再安排或减少安排。对一些一般公共预算和政府性基金预算都安排支出的项目，应制定统一的资金管理办法，实行统一的资金分配方式，避免交叉重复。盘活存量资金，将政府性基金项目中结转较多的资金，调入一般公共预算。

财政部
2014年11月21日

关于贯彻落实国务院清理规范税收等优惠政策决策部署若干事项的通知

财预〔2014〕415号

今后新制定税收等优惠政策，需按照统一的政策制定权限执行。除依据专门税收法律法规和《中华人民共和国民族区域自治法》规定的管理权限外，各地区一律不得自行制定税收优惠政策；严禁违反法律法规和国务院文件（含经国务院批准有关部门发布的文件，下同）规定，对企业减免或缓征行政事业性收费、政府性基金和社会保险缴费；未经国务院批准，不得对企业规定财政优惠政策。

国家卫生计生委等五部门关于印发《村卫生室管理办法（试行）》的通知

国卫基层发〔2014〕33号

第五章 业务管理

第三十一条 县级卫生计生行政部门建立健全村卫生室的严重精神障碍患者服务管理等有关规章制度。

国家卫计委关于开展"建设群众满意的乡镇卫生院"活动的指导意见

国卫基层发〔2014〕46号

附件1

关于开展"建设群众满意的乡镇卫生院"活动的工作方案

二、"群众满意的乡镇卫生院"标准

（三）公共卫生服务可及。重性精神疾病患者能够得到定期随访和及时转诊服务。

国家卫计委、财政部、中医药局《关于做好2014年国家基本公共卫生服务项目工作的通知》

国卫基层函〔2014〕321号

一、提高经费标准调整优化服务项目

二是适当增加重性精神疾病（严重精神障碍）患者管理目标人数，提高随访补助水平，增加患者随访次数。三是适当提高村卫生室承担高血压、糖尿病、重性精神疾病（严重精神障碍）患者和老年人健康管理任务（不包括实验室和辅助检查）比重。

二、明确2014年工作任务目标

——以县（区、市）为单位，按照"应管尽管"原则，将居家治疗重性精神疾病（严重精神障碍）患者在知情同意的基础上全部纳入管理，全国管理人数达到350万人以上。

国家税务总局关于《促进残疾人就业税收优惠政策有关问题的公告》的解读

国家税务总局办公厅　2014年01月06日

一、本公告出台的背景是什么？

根据《财政部、国家税务总局关于促进残疾人就业税收优惠政策的通知》（财税〔2007〕92号，以下简称《通知》）第五条第三款规定，纳税人享受促进残疾人就业税收优惠政策的条件之一是：为安置的每位残疾人按月足额缴纳了单位所在区县人民政府根据国家政策规定的基本养老保险、基本医疗保险、失业保险和工伤保险等社会保险。近接部分地区税务机关反映，有的用人单位为残疾人职工缴纳了新型农村社会养老保险或城镇居民社会养老保险、城镇居民基本医疗保险或新型农村合作医疗，这种情形是否符合《通知》的有关规定，请总局予以明确。

二、为什么说《通知》第五条第三款规定的"基本养老保险"和"基本医疗保险"仅指"职工基本养老保险"和"职工基本医疗保险"，不含"城镇居民社会养老保险"、"新型农村社会养老保险"、"城镇居民基本医疗保险"和"新型农村合作医疗"？

经向人力资源和社会保障部了解，国家在设计基本养老保险、基本医疗保险制度时已考虑到不同的参保对象的实际情况，对各险种的参保对象、缴费标准、缴费对象等做出相应的规定。

（一）"职工基本养老保险费"和"职工基本医疗保险费"应由用人单位和职工（包括残疾人职工）按照国家规定共同缴纳，无雇工的个体工商户，未在用人单位参加职工基本养老保险、职工基本医疗保险的全日制从业人员以及其他灵活就业人员也可以参加职工基本养老保险、职工基本医疗保险，但需由个人按照国家规定全额缴纳职工基本养老保险费、职工基本医疗保险费。

（二）"城镇居民社会养老保险"、"新型农村社会养老保险""城镇居民基本医疗保险"和"新型农村合作医疗"应由不属于职工基本养老保险、职工基本医疗保险覆盖范围的城乡非从业居民个人自愿缴费并参加，相关费用也无须用人单位承担。

此外，根据社会保险法和残疾人就业条例的规定，用人单位招用残疾人职工，应当依法与其签订劳动合同或者服务协议，不得违反规定，逃避参加职工基本养老保险、职工基本医疗保险的缴费责任，以维护残疾人职工在社会保险方面的合法权益。用人单位为残疾人职工缴纳新型农村社会养老保险或城镇居民社会养老保险、新型农村合作医疗或城镇居民基本医疗保险，有逃避其应承担的保险缴费责任之嫌。为进一步提高促进残疾人就业税收优惠政策的实施效果，保障和维护残疾人职工的合法权益，我局明确：《通知》第五条第三款规定的"基本养老保险"和"基本医疗保险"仅指"职工基本养老保险"和"职工基本医疗保险"，不含"城镇居民社会养老保险"、"新型农村社会养老保险"、"城镇居民基本医疗保险"和"新型农村合作医疗"。

中国银行业电子渠道无障碍服务建设自律指引

2014年11月15日由中国银行业协会发布实施

第一章 总则

第一条 为进一步提升银行业服务残障人士的能力与水平，规范银行业有效建立健全残障人士服务机制，树立银行业良好服务形象，履行社会责任，根据《中华人民共和国消费者权益保护法》《中华人民共和国残疾人保障法》《无障碍环境建设条例》《银行业消费者权益保护工作指引》等相关规定，制定本指引。

第二条 本指引所称"银行业电子渠道无障碍服务建设"指各会员单位在为各类残障人士提供银行电子渠道服务过程中，持续推动实现无障碍服务的机制建设、资源配置、产品设计、服务流程等系列工作。

本指引所称电子渠道是指各会员单位为客户提供金融服务的电话银行、网上银行、手机银行（包括短信银行、微信银行）、自助银行等渠道。

本指引所称残障人士是指因自身身体原因、独立完成相关银行业务操作存在一定困难、需要银行提供帮助的特殊人群，包括但不限于视力障碍、听力语言障碍及肢体障碍，以及符合上述条件的其他金融消费者。

第三条 本指引旨在通过建立会员单位电子渠道无障碍设施建设的自律规范，引导会员单位树立无障碍服务理念，健全无障碍服务机制，持续推进银行电子渠道服务无障碍化建设。

第四条 各会员单位电子渠道无障碍服务建设应遵循"依法合规、诚信自律、尊重理解、以人为本、风险可控、高效便捷"的原则。

第五条 本指引适用于中国银行业协会会员单位，以及地方银行业协会（同业公会）的会员单位，非会员单位可以参照适用。

第二章 基本要求

第六条 会员单位应积极履行社会责任和义务，树立为残障人士提供安全、优质、便捷、人性化服务的理念，维护其合法权益，保障残障人士公平享有银行服务。

第七条 会员单位应在风险可控的前提下，通过产品设计、流程优化等措施，加强物理渠道和电子渠道的协同，为残障人士提供全流程、一站式、快捷便利的金融服务。

第八条 会员单位应积极联动政府机构、新闻媒体以及社会公益组织，共同开展宣传工作，让更多残障人士了解银行电子渠道服务及相关金融知识，提高残障人士对电子渠道无障碍服务的认知度和参与度。

第九条 会员单位要建立健全电子渠道无障碍服务建设机制，制定建设规划、分阶段目标和推进步骤，尽力创造条件为不同类型的残障人士提供两项以上无障碍电子渠道，并逐步实现多渠道无障碍服务。

（一）组织保障。会员单位要明确从高管层到基层机构在推进电子渠道无障碍服务建设过程中的职责定位，确定责任部门。

（二）制度体系。会员单位要制定电子渠道无障碍服务建设管理制度，建立良性循环的工作流程和机制，在产品设计、系统开发、流程优化时充分考虑残障人士的客户体验感受。

（三）资源投入。会员单位要加大电子渠道无障碍硬件设施建设、系统开发等资源投入，合理配置人力资源，为残障人士提供多功能、多种类的无障碍电子渠道。

第十条 电子渠道无障碍服务建设是一项长期持续、不断优化的工作，会员单位要积累经验，持续推进，注重效果，不断创新，逐步完善，满足残障人士日益增长的无障碍金融服务需求。

第十一条 会员单位要建立残障人士服务应急处理机制，制定电子渠道无障碍服务应急处理预案，提升银行从业人员服务残障人士应急处理能力。

第十二条 会员单位在为残障人士提供电子渠道无障碍服务时，应加强风险意识教育，从系统、应用等层面采取安全防控措施，全面保护客户的信息与资金安全。

第三章 建设标准

第十三条 会员单位应利用自身优势，完善电话银行、网上银行、手机银行及自助银行等电子渠道无障碍服务机制。

（一）实现电子渠道账户查询、转账、存取款、缴费、理财等基本金融服务无障碍化，满足残障人士日常金融需求。

（二）残障人士办理账户开户、电子银行签约时，应在尊重残障人士选择权的前提下尽量实现身份标识功能，便于提供一站式人性化服务。

第十四条 视力残障人士无障碍服务。本指引所称视力残障人士是指由于双眼视力衰退或缺陷，使用现有银行电子渠道存在障碍，需银行提供协助的人士。

（一）为视力残障人士提供电话银行服务时，应考虑视力残障人士特殊需求，可设置专用进线通道、个人专属快捷菜单、客户身份自动识别等人性化措施，提供更加耐心周到且配合客户按键操作的服务。

（二）为视力残障人士提供网上银行服务时，会员单位应在保证客户账户信息安全的情况下，充分考虑此类客户的特殊需求及操作习惯，按国家网站设计无障碍技术标准要求设计网站，尽量提供字体大小调整、快捷菜单订制、验证码多渠道获取、个性化 U 盾等多样化服务，以满足客户网上银行日常交易需求。

（三）为视力残障人士提供手机银行服务时，会员单位应考虑视障人士的操作需求，手机客户端支持读屏软件、语音导航等功能，可适当调整字体大小，提供快捷菜单订制，便于视力残障人士使用。

（四）为视力残障人士提供自助银行服务时，会员单位应尽量设立自助银行引领专用盲道，保证自助设备密码数字键盘排列顺序、功能选项位置、基本操作流程统一稳定，设置语音导航指引和耳机插口，适当延长自助设备操作输入时间，逐步配置盲文键盘、视力残障人士专用自助设备，切实保障视力残障人士的使用体验。

第十五条　听力语言残障人士无障碍服务。本指引所称听力语言残障人士是指由于听力语言功能障碍或丧失，导致通过银行人工或电话等方式沟通存在一定困难，需银行提供协助的人士。

（一）会员单位应尽量提供各类可视化的操作设备，方便听力语言残障人士自行学习使用，在网点应尽量提供排队叫号信息短信发送功能。

（二）为听力语言残障人士提供网上银行、手机银行在线服务时，为确保与客户的交流畅通，应优先提供文字交流服务，及时解答客户业务咨询，指导客户操作。

（三）为听力语言残障人士提供自助银行服务时，应提供清晰明确的自助设备操作指引，方便其独立、快捷完成各类业务操作。

（四）如遇听力语言残障人士无法通过电话完成信用卡核实、销户等业务，各会员单位应尽量提供除电话之外的多渠道服务，如手机短信、网络验证等，保证客户正常用卡。

第十六条　肢体残障人士无障碍服务。本指引所称肢体残障人士是指四肢机能衰退或缺陷，导致不便出行或在银行办理业务时存在如书写等困难，需银行提供协助的人士。

为肢体残障人士提供自助银行服务时，应提供符合国家相关标准的无障碍坡道，加快完善援助电话等自助银行无障碍设施建设，在条件允许的情况下配备残障人士专用自助设备，保证肢体残障人士顺利办理业务。

第四章　监督管理

第十七条　会员单位应主动与中国残疾人联合会、中国盲人协会、中国聋人协会、中国肢残人协会、中国银行业协会、专业机构以及新闻媒体等单位沟通协作，对外公布本单位电子渠道无障碍服务建设情况，接受社会公众的意见和监督。

第十八条　会员单位要加大对下属机构残障人士服务工作的辅导和检查力度，对残障人士服务工作不到位和发生残障人士投诉等问题，应督促整改，切实提升无障碍服务能力。

第十九条　中国银行业协会会同中国残疾人联合会本着公平、公正、客观的原则，通过现场检查、非现场检查、残障客户体验等方式对会员单位电子渠道无障碍服务建设工作进行综合评估。

第五章　附　则

第二十条　本指引经征求各会员单位意见，由中国银行业协会消费者保护委员会审议通过，自发布之日起实施。

第二十一条　各会员单位可根据本自律指引制定实施细则。

（中国残联各部室供稿）

第二编　重大专题
SIGNIFICANT FEATURES

中国残疾人福利基金会
成立30周年纪念专题

一、新华社通稿

习近平致信祝贺
中国残疾人福利基金会成立30周年
俞正声出席纪念会并讲话

新华社 北京 2014年3月21日电

在中国残疾人福利基金会成立30周年之际，中共中央总书记、国家主席、中央军委主席习近平致信中国残疾人福利基金会，代表党中央、国务院，对基金会成立30周年表示热烈祝贺，并向全国8500万残疾人和他们的亲属表示诚挚的问候，向广大残疾人工作者表示崇高的敬意。中共中央政治局常委、全国政协主席俞正声出席中国残疾人福利基金会成立30周年纪念会并讲话。

习近平在贺信中指出，30年来，在党和政府支持下，中国残疾人福利基金会始终高举人道主义旗帜，动员社会，集善天下，为残疾人谋福祉，为改善残疾人生活状况、推动社会文明进步做出了积极贡献。

习近平强调，残疾人是一个特殊困难的群体，需要格外关心、格外关注。让广大残疾人安居乐业、衣食无忧，过上幸福美好的生活，是我们党全心全意为人民服务宗旨的重要体现，是我国社会主义制度的必然要求。希望基金会继承发扬优良传统，切实履行职责，锐意进取、扎实工作，为推动残疾人共享我国经济社会发展成果，为帮助残疾人在实现中华民族伟大复兴的中国梦中实现自己的人生理想，做出更大贡献。

21日上午，中国残疾人福利基金会成立30周年纪念会在人民大会堂举行。俞正声在纪念会上讲话指出，党和政府历来十分关心残疾人，高度重视残疾人事业，始终把残疾人事业纳入国家发展大局，促进残疾人事业发展取得辉煌成就，全社会逐步形成了扶残助残的良好社会风尚，残疾人生存状况显著改善，生活水平不断提高。

俞正声说，中国残疾人福利基金会从成立到现在走过了一段不平凡的历程，为探索中国特色的残疾人事业做了一系列开创性、基础性的重要工作，为我国的公益事业和社会文明进步做出了重要贡献。

俞正声强调，党的十八大和十八届三中全会对关爱残疾人、发展残疾人事业提出了明确要求，为我们进一步做好残疾人工作指明了方向。我们要全面贯彻落实党的十八大、十八届三中全会精神和习近平总书记系列重要讲话精神，发扬优良传统，及时总结经验，进一步做好保障残疾人权益、改善残疾人民生的各项工作，推动残疾人事业又好又快发展，努力实现残疾人与全国人民同步小康。要充分认识发展残疾人事业的重要意义，全心全意为残疾人办实事、做好事，大力营造尊重关爱残疾人的良好社会环境，不断提升我国残疾人事业发展水平。中国残疾人福利基金会要全面加强自身建设，始终做到廉洁自律，自觉接受社会监督，努力把基金会建设成为公开、透明、高效率和高公信力的世界一流基金会。各级党委、政府要一如既往地关心和支持残疾人事业发展，为残疾人事业发展创造良好条件。

国务委员王勇在会上宣读贺信。有关方面代表在会上发言。部分曾担任基金会理事会名誉职务的老同志、有关部门负责同志等约360人出席会议。

中国残疾人福利基金会是经国务院批准、为残疾人服务的全国性社会组织。

二、领导寄语和讲话

邓朴方会长寄语中国残疾人福利基金会成立30周年

岁月倥偬，春风又绿。在中国残疾人福利基金会进入"而立"之年的时候，回顾我们走过的不平凡的历程，探索与坚持相随，艰辛与收获并存。展望未来，我们将在一个新的起点上，描绘中国残疾人事业更加灿烂辉煌的前景。

在这个值得纪念的日子里，我以一个老残疾人工作者的名义，向30年来为残疾人福利基金事业开拓、发展、壮大做出卓越贡献的同志们，向30年来一直关心、帮助、支持残疾人福利基金事业的爱心企业、爱心人士表示由衷的感谢！

中国残疾人福利基金会是改革开放的产物，是中国特色社会主义的成果，是中国特色残疾人事业的重要组成部分。要不断改革，创新机制和方法，进一步推进中国残疾人福利基金事业；要始终严格要求自己，弘扬人道主义精神，全心全意为残疾人服务；要发扬艰苦奋斗、勤俭办事业的优良传统，通过我们的努力，付出代价和牺牲，让残疾人实现"平等、参与、共享"，过上更加幸福美好的生活。

邓朴方在中国残疾人福利基金会成立30周年纪念会上的讲话

图2-1-1 中国残联名誉主席、中国残疾人福利基金会会长邓朴方在纪念会上讲话。

尊敬的俞正声主席，
各位领导、同志们、朋友们：

今年3月15日是中国残疾人福利基金会成立30周年纪念日，这是值得全国残疾人、残疾人亲友和残疾人工作者共同庆贺的日子。今天我们召开座谈会纪念。感谢习近平同志代表党中央、国务院的贺信。感谢各位老领导、老同志和各界朋友的光临。

30多年前，我和王鲁光同志开始创业的时候，真是一无所有，百般艰难。基金会是在社会各界的扶持下，一步一步走过来的。从老前辈到各界领导以及知名人士，他们有彭真、习仲勋、王震、李维汉、刘华清、宋平、李瑞环、余秋里、程子华、朱学范、阿沛·阿旺晋美、赛福鼎、荣毅仁、胡子昂、季方、华罗庚、赵朴初、黄鼎臣、吴作人、张邦英、黄家驷、吴阶平，到崔月犁、崔乃夫两位老部长，再到法律、宗教、医疗卫生、文化体育、企业等各行各业的朋友们，都在我们最需要、最困难的时候，给了我们最大的支持和鼓励。我还想特别提一下吴运铎同志，这位中国的保尔·柯察金也给予我们很大的鼓励，并欣然同意担任基金会的理事。看着当年一棵幼苗，今天成长成参天大树；当年一些朦胧的设想，如今变成了真真切切的现实；当年的几个人，一个小院，如今形成了一个从中央到地方，横向到边、纵向到底的完整服务体系，形成了一支几十万人的专职和兼职人员队伍；看到了千千万万残疾人改善了生活，精神面貌也焕然一新，我想到了两个字，就是"感恩"。没有大家的支持和帮助，我们绝不可能成就今天的事业。我要借此机会，向所有关心、帮助、支持过我们的各位领导各位朋友说一声：谢谢你们！

今天在这里，我还要提一下我的母亲卓琳。当初，我把我和鲁光同志想办基金会的计划告诉了她，她非常赞同，说这是一件大好事。我想，大概母亲是觉得，有这么个瘫痪儿子，也没有工作，总得有个事情，让他发挥点儿作用吧。从此以后，我的事，但凡需要，总是能得到她的帮助。她为我物色理事，尽力帮助我改善工作条件，还总是想着捐点这，捐点那。多年后，崔乃夫部长告诉我，当年母亲曾打电话给他，拜托他指导我，帮助我，为残疾人多做好事。这事母亲从来没有告诉过我。想起母亲已经重病垂危，我突然感到一种锥心刺骨之痛。作为人子，恐怕永远难以体会母亲的这颗心，这颗超出母爱的博大的心！

有母亲的支持，孩子是幸福的。

我们的基金会，也有一个母亲。这个母亲，就是祖国，就是改革开放进程中的中国。我们的基金会，正是在这个伟大母亲的温暖怀抱中，不断地成长壮大。

十年动乱后，我们国家面临着一个大动荡之后的危局。党的十一届三中全会，实现了指导方针、政策、路线的大转折，国家方方面面的工作实现了大突破，形成了一个各项事业大发展的局面。我们庆幸，国家终于走上了一条中国特色社会主义的道路。正是在这个大动荡、大转折、大突破、大发展的历史进程中，中国残疾人福利基金会诞生了。没有改革开放的大背景，没有解放思想、生动活泼的政治局面，没有人道主义的思想发扬光大，没有改革开放奠定的物质基础，就不可能有基金会的成立，就算成立了，也不会有众多人才汇聚，不会有各方面突破，不会有事业的蓬勃发展。值得我们骄傲的是，我们不仅是改革开放的受益者，也是激流中的弄潮儿。在改革开放大潮中，我们励精图治，奋发有为，高举爱国主义和人道主义的旗帜，吸收先进理念，提升自身素质，不断地突破旧障碍，建立新功业，为整个改革开放增了光，添了彩，成了改革的探索者、开放的马前卒。

我非常怀念上世纪八十年代。那时候，我和我的战友们都是理想主义者。可以说，基金会也是理想主义的产物。那时候，国际残疾人运动风起云涌，许多新思想、新理念引进中国，不少仁人志士、热血青年，自觉投身到残疾人事业里来，组成了一支全新的团队。我们保持着全心全意为人民服务的宗旨，高举人道主义的大旗，研究、探索中国残疾人事业的发展路径。大家满怀理想，追求目标的高尚，追求道德的完善，不图名，不要利，只要事业，只要服务，甚至抛家舍业，日以继夜、夜以继日，一心扑在工作上。刚开始，我和鲁光连个办公室也没有，办公室就是鲁光的家。两个人坐在带小桌板的轮椅上，在床边工作，来了人，临时找几把椅子，就把会开了。后来有一个小院，我们俩挤一间办公室，经常是他在屋里，我就在院子里；我在屋子里，他就在院子里。正是这种对理想主义的追求，才使我们这支队伍，逐渐养成了一种人道、廉洁、奉献的风气，并不断地传承下来。

也就是在那个时期，一批身残志不残的青年朋友，在全国各地涌现出来了。咱们的残联主席张海迪就是其中最突出的一位。她是八十年代的模范，一直到现在，热情不减，信念不变，在为残疾人事业贡献着自己的心力。当年，她的事迹鼓舞和激励了多少残疾朋友！北京的孙恂也是很有代表性的一位。孙恂19岁时，得了"重症肌无力"，眼睛睁不开，手抬不起来，翻不了身，看不了书，不能走路，连吞咽都有困难。但是，她艰难地活着，忘我地工作着。1982年，她牵头成立了北京病残青年俱乐部，这是中国第一个残疾人的民间组织。这样的优秀残疾人代表，这样的残疾人事业先驱，我们要永远记住他们的名字！

在北京的带动下，全国的残疾青年都动起来了。比如，大连、西安、大同、沈阳、广州、武汉等许多地方，都成立了病残青年俱乐部。大连的口号是："废字与我们无缘，强音做我们的主旋。"这也是几千万残疾人的心声。这些不甘寂寞，不愿沉沦，奋发有为，蓬勃向上，迫切希望融入主流社会的残疾人和残疾人组织，与我们基金会遥相呼应，共同迎来了中国残疾人事业的春天。

时间过得真快，一晃基金会成立30年了。30年来，我们有欢乐，也有痛苦；有组建中国残联的成就，也有整顿康华的挫折；有昂首阔步、势如破竹的豪迈，也有面对的诸多难题的无奈……尽管如此，"三十而立"，在不断的探索中，我们总算是"立"住了脚。

一是大旗立住了。以"中国残疾人福利基金会宣传提纲"为代表的经典文献，始终把人道主义写在自己的旗帜上，把残疾人问题的社会属性提到首要位置，这就奠定了残疾人事业的思想理论基础。只要我们不动摇，这面大旗就不会倒。

二是基石立住了。基金会初期，做了一系列基础性、突破性、开创性的工作。开展残疾人抽样调查，摸清残疾人的底数；草拟了《残疾人保障法》，开法律法规之先河；全面开启为残疾人各项服务，初建残疾人工作的业务体系；把残疾人事业纳入国家发展大局；在国内外建立了广泛的联系；这一切，为后来成立中国残联奠定了基础。

三是信誉立住了。三十年来，基金会在资金筹集、账目管理方面非常干净、严格，在项目执行方面非常有效率。人而无信，不知其可。人而有信，人家就愿意捐钱捐物。我们的公信力就是这样建立起来的。

四是品牌立住了。基金会有许多独特的品牌，比如"集善工程"品牌，以及下设的集善嘉年华、启明行动、助听行动、助行行动、助困行动、助学行动、中国信息无障碍论坛等等，都在社会产生了广泛的影响，扩大了基金会的知名度。

五是形象立住了。基金会从建立之初，就站在一个高的起点上，既有开阔视野，又能脚踏实地。现在，我们有了一个更高的目标，那就是建立一个公开、透明、高效率和高公信力的世界一流基金会。这就是我们的形象，这就是我们正在被社会不断认可的形象。

但是，我们要看到，"三十而立"，只是初级目标。一项事业，需要几代人的努力，才能坚持不断地发展。我们也要看到，任何事物的发展，都不会一帆风顺，也会遇到很多困难和曲折。我们要有这样的思想准备，去迎接挑战，去战胜前进道路上的一切艰难险阻。

同志们，我们的事业是正义的事业、人道的事业、阳光的事业、春天的事业，是充满希望的事业。习近平总书记在今天的贺词中要求我们"继承发扬优良传统，切实履行职责，锐意进取，扎实工作，为推动残疾人共享我国经济社会发展成果，为帮助残疾人在实现中华民族伟大的中国梦中实现自己的人生理想，做出更大贡献"。这是新的要求、新的希望、新的号角。我们要坚持改革开放，不断创新，坚持以残疾人为本，全心全意为残疾人服务，坚持艰苦奋斗、自律廉洁、无私奉献，永远保持创业初期那股勃勃生机，那么，中国残疾人事业就一定会取得更大的成就，残疾人"平等、参与、共享"的目标就一定能够实现！

谢谢大家！

张海迪在中国残疾人福利基金会成立30周年纪念会上的讲话

图2-1-2　中国残联主席张海迪在纪念会上讲话。

尊敬的俞正声主席，
各位领导，
亲爱的同志们、朋友们：

大家好！

今天是中国残疾人福利基金会成立30周年的日子，30年来，作为一个残疾人和残疾人工作者，我见证了基金会的成立和发展，为她所取得的每一个成就感到欣喜和骄傲！今天，在她成立30周年的日子，我要衷心地祝福她！

刚才，王勇国务委员宣读了习近平总书记的贺信，这对残疾人和残疾人工作者是巨大的鼓舞，我们一定要把这温暖送到千家万户。

1984年的3月，我应邀来北京参加中国残疾人福利基金会成立大会，并当选为理事。那次大会给了我很多思考，我认识到，过去对残疾人的歧视和偏见开始改变了。基金会的宗旨是，理解、尊重、关心残疾人，这在当时对于许多身处逆境、承受痛苦的残疾人，如同温暖的春风，让他们看到了生活的希望。在成立大会的会场，我看到中国残疾人福利基金会的会标，其中"残疾人"这三个字让我感慨万千，因为在此之前，我和许多残疾人兄弟姐妹都被称为"残废人"。残废人被认为是无用的人，是社会的负担，多少人都为自己是一个残废人而感到自卑，却又为无法改变命运而沮丧。而残疾人的定义则是人道的、科学的界定，即一个人失去了部分功能，并不意味着失去全部能力，并不意味着失去创造能力和做人的尊严。基金会的会徽也让我感动，那梅花象征着残疾人历经严冬也傲雪绽放的坚强品格，也象征着残疾人期待春天到来的希望。这个会徽是从一百多份图案中选定的，它凝聚着人们对残疾人的大爱与支持。

在成立大会上，我第一次见到了朴方同志，他坐在轮椅上，穿着厚厚的棉衣，脸上丝毫没有痛苦，而是充满激情和自信。当我握住他的手的那一刻，心里盛满了感动。朴方同志以自己的痛苦想到了所有残疾人的痛苦，他在非常困难的条件下，不顾自己的病痛，与志同道合的战友们一起，为建立残疾人福利基金会奔走呼吁，倾尽全力。中国残疾人福利基金会不仅仅是一个基金会，它也是一个美好的理想，当基金会的牌子悬挂起来的时候，美好的理想变成了现实。这个理想是朴方同志的，也是我们大家的。

今天在这里，我见到了很多当年创建基金会的老同志。30年过去了，我还记得你们对工作的热情，我想有那样的热情，就没有克服不了的困难。我也想起了鲁光同志，我最后一次见到他时，他说，做残疾人工作可不能有官僚主义。中国残疾人福利基金会是中国残疾人事业的源泉，吃水不忘打井人，我们永远不能忘记残疾人事业的开拓者。基金会的同志们爱残疾人兄弟姐妹，爱这项崇高的事业，并为她贡献出了自己的力量。我要向基金会的创业者们表示由衷的感谢，并要向老同志们学习和致敬！

朴方同志说，这个队伍的成员要有高尚的职业道德，要以为残疾人服务为荣，要增强事业心，埋头苦干，通过千千万万件平凡细小的具体工作去体现人道主义精神。30年间，中国残疾人福利基金会弘扬人道主义思想，积极调动社会大爱的力量，帮助很多残疾人实现了梦想，有的获得了轮椅或是安装了假肢，开始了新的生活，很多聋孩子安装了人工耳蜗，与健康的孩子一起走进了学校，还有很多盲孩子也能读书了，知识带他们走进了光明。基金会的工作体现了全社会对残疾人的关心和帮助，激扬了人间爱的精神。

从历史发展的进程看，中国残疾人福利基金会的成立意义深远。一是它的社会意义，我们的社会各种偏见和歧视是存在的，基金会的成立树立了基于人的尊严、平等、互助、友爱的残疾人观，这是对世俗社会观念的彻底颠覆。二是文化意义，基金会给中国传统文化的仁爱注入了全新的、现代的含义，仁爱要给予所有的人，更要给予残疾人。基金会彰显了中国传统的仁爱理想和当代人道主义精神的统一，在道义上和行动上践行了人类社会最崇高的思想理念，即人生而平等，不应该因残缺而处于困境，人与人之间最高尚的、具有普遍意义的关系是互助共存，社会有责任也有能力帮助那些处于困境中的残疾人，让他们生活美好而有尊严。朴方同志在基金会成立前夕曾经说：我希望，中国残疾人将不再是弱者，也不只是受到人们的怜悯与同情；我希望看到，他们与健全人一起，以顽强的意志投入国家建设，推动社会进步。这个预见是残疾人事业发展的一个里程碑，它是残疾人平等、参与、共享的美好理想。

基金会开展了很多项目，与港澳台和国际的合作交流也做出了很大的贡献，一些国际知名的企业和组织都积极加入到帮助中国残疾人的队伍中来。慈善事业是温暖人心的，它凝聚善的力量，播撒爱的光芒，照亮世界的每一个角落，让所有的人都感受到生活的美好。我去甘肃调研时把残疾人福利基金会的五十万元交给县委书记，我说，希望把每一分钱都用在残疾孩子身上，帮助他们学习。我亲眼看到，县委书记和很多同志都流下了眼泪。我想，我们的社会需要感动，需要爱的精神，而中国残疾人福利基金会就是一个爱的精神的载体，帮助残疾人是我们崇高的使命。

基金会的存在要靠坚实的财力支撑，更要靠良好的信誉和公信力作保证。近几年，一些基金会遇到了严峻的考验，受到了来自各方的监督和质疑。在这样的形势下，中国残联对中国残疾人福利基金会的工作非常重视，希望它健康有序地发展，成为社会公益慈善事业的一面旗帜。残疾人事业需要党和政府的关怀，也需要社会力量的援助，我们一定要发展好中国残疾人福利基金会，要把它做成最好的，做成中国的，做成世界的。

希望中国残疾人福利基金会今后继续加强规范化、科学化管理，不断创新公益项目，管理并使用好每一分钱，使它成为社会公众和残疾人信任、享有良好声誉的慈善机构，为残疾人造福，为残疾人事业的发展做出新的贡献。

谢谢大家！

汤小泉在中国残疾人福利基金会成立30周年纪念会上的讲话

图2-1-3 中国残疾人福利基金会理事长汤小泉在纪念会上讲话。

尊敬的俞正声主席，
各位领导、同志们、朋友们：
大家好。

今天，我们欢聚一堂，纪念中国残疾人福利基金会成立30周年。回顾历史，我们百感交集；展望未来，我们信心倍增。

基金会走过的30年，是改革开放取得巨大成就的30年，是中国残疾人事业迅猛发展的30年，也是中国残疾人福利基金会动员社会、共同为残疾人做实事、谋福祉、不断改善残疾人生存状况的30年。

30年前，正值拨乱反正、百废待兴，人们对新生活充满了希望，广大残疾人也迫切要求改变自己的命运。"文革"中受迫害致残的邓朴方和他的伙伴王鲁光摇着轮椅，四处奔走，在李维汉、胡子昂、季方、华罗庚、赵朴初、黄鼎臣、吴作人、张邦英等德高望重的"八老"，林月琴等31位全国人大代表，黄家驷、吴阶平等12位专家的倡议和支持下，在党和政府的关心下，创建了中国残疾人福利基金会，建立了中国康复研究中心。1984年3月15日，彭真、习仲勋、王震等党和国家领导人亲自出席了中国残疾人福利基金会成立大会并做了重要讲话。1984年9月9日，胡耀邦总书记亲笔为基金会创办的《三月风》杂志题词："新社会对残疾人实行革命友爱，残疾人对自己抱乐观主义精神。"

基金会初创时期，是一段令人难忘、激情燃烧的岁月。大家热情高涨，在异常艰苦的条件下，筚路蓝缕，为中国特色残疾人事业做了一系列开创性、基础性的重要工作：

突破禁区、倡导人道主义，制定"中国残疾人福利基金会宣传提纲"。第一次宣布残疾人不是"废"人，残疾人的人权、尊严和价值应该得到社会的尊重，在全社会倡导理解、尊重、关心、帮助残疾人的良好风尚。

积极推动参与第一次全国残疾人抽样调查，为国家制定相关政策法规提供了科学依据。

研讨和起草《中华人民共和国残疾人保障法》草案，推进残疾人事业法制化进程。

实施抢救性的白内障复明、聋儿语训、小儿麻痹后遗症矫治等三项康复工程，引入现代康复理念，推动康复事业的发展。

积极参与国际残疾人事务，开展与国际残疾人组织的交流与合作，增进了与各国残疾人之间的友谊，宣传了我国的人权保障事业。

顺应事业发展和残疾人的呼声，在中央领导和国家部委的支持下，与中国盲人聋哑人协会合署办公，为成立代表各类残疾人的全国统一的残疾人组织奠定了坚实的基础。

1988年中国残疾人联合会成立后，中国残疾人福利基金会进入了稳步发展时期。紧紧围绕残疾人中心工作，动员社会力量，为残疾人事业发展筹集资金，配合中国残联事业大局，共同推进公益项目，为千千万万残疾人谋福祉。

接受美国卡特基金会的捐赠，建立了北京假肢厂现代假肢生产线，为广大肢残人提高生活质量创造了条件。

接受英国前首相希思等爱心人士的捐赠，筹建了中国聋儿康复研究中心，为广大聋儿的康复带来了福音。

接受厦门奋发企业有限公司捐赠，设立"奋发文明进步奖"，奖励新闻、宣传、文化、艺术等领域为残疾人事业做出重要贡献的人员，推动残疾人文化事业发展。

接受海内外205家机构和国内外近万名爱心人士向第六届"远南"残疾人运动会中国代表团捐赠的5000多万元人民币，为中国代表团取得金牌贡献了力量。

接受香港著名企业家李嘉诚先生捐赠，实施"长江新里程计划"项目，免费实施白内障复明手术、佩戴假肢、助听器、开展就业培训，使近千万贫困残疾人直接受益。

接受国际狮子会捐赠，开展"视觉第一中国行动"，帮助600万贫困白内障患者重见光明。

邀请著名国际影星、慈善大使阿诺德·施瓦辛格参加"中国特奥世纪行"活动并筹集资金，揭开了中国特奥运动崭新的一页，为使中国特奥运动员从5万发展到100万的宏伟目标做出了重要贡献。

举办《中华人民共和国残疾人保障法》颁布实施十周年和"联合国亚太残疾人十年"系列纪念活动，为残疾人事业筹集善款。

随着市场经济深入发展，民营经济日渐雄厚，全民慈善意识觉醒，慈善捐款逐年增加，朴方会长审时度势，明确提出中国残疾人福利基金会要加强力量，独立开展工作，与中国残联形成"车之两轮、鸟之两翼"的架构，共同推进残疾人事业发展。进入新世纪，中国残疾人福利基金会开始了二次创业的征程：

打造了"集善嘉年华"、"启明行动"、"助听行动"、"助行行动"、"助学行动"、"助困行动"、"中国信息无障碍论坛"等一批受益面广、效益好、有社会影响力的项目，形成了"集善工程"公益项目品牌。

开展了"台塑集团人工耳蜗助听行动"、"明门阳光伴我行助行行动"、"蜜儿餐助困行动"、"三星爱之光助困行动"、"香港赛马会援助八一康复中心康复系列项目"、"澳门政府共同促进残疾人特殊艺术、体育发展项目"、"通向明天助学行动"、中央财政支持社会组织开展的"集善盲童助学行动"和"中国银联励志助学盲童行动"、"集善温暖服装项目"等1300多个项目。

以残奥会、特奥会、残运会、世博会为契机，为残疾人事业募集资金，扩大了中国残疾人事业在国际社会上的影响。

积极参与汶川、玉树、舟曲的救灾工作，为爱心企业搭建平台，使受灾残疾人得到救助。

制定了《中国残疾人福利基金会战略规划（2011—2025年）》，提出基金会实行三步走的目标：到2015年，基本建成职业化的基金会；到2020年，实现基金会社会化转变；到2025年，使基金会达到国际化水平。

至2013年底，中国残疾人福利基金会累计募集资金和物资共计53亿元，实施公益项目一千多个，覆盖残疾人康复、教育、就业、文化、体育、无障碍环境等各个方面，受益残疾人达到千万人，为广大残疾人带来了实实在在的帮助和实惠，圆了爱心企业、爱心人士的助残梦，推动了社会文明进程，扩大了我国在人权保障事业领域的影响。

1988年，联合国授予中国残疾人福利基金会"和平使者奖"，授予邓朴方"残疾人十年特别奖"；2003年，联合国授予邓朴方"联合国人权奖"；中国残疾人福利基金会两次被评为全国5A级公募基金会，获得"全国先进社会组织"荣誉称号和中华慈善奖。这既是我们的荣誉，也是对我们的期望和鞭策。

30年来，我们深刻体会到，要建立"公开、透明、高效率和高公信力的世界一流基金会"，就必须按照邓朴方会长的要求，始终坚持高举人道主义旗帜，倡导新的残疾人观；始终坚持全心全意为残疾人服务，一切以残疾人的利益为出发点和归宿；始终坚持社会化工作方式，动员社会，集善天下；始终坚持勤俭办事业方针，恪守人道廉洁的职业道德；始终坚持开拓创新，锐意进取，推动残疾人事业不断发展。

经过30年的历程，中国残疾人事业已经成为中国特色社会主义事业的组成部分，成为中国社会文明进步的重要标志，成为构建和谐社会的重要力量。作为中国残疾人事业的一个重要支柱，中国残疾人福利基金会的创立、发展、成长、壮大，饱含了党和政府以及社会各界人士的关心、关爱和支持。

我们不会忘记，毛泽东主席在建国初期一次谈话中指出："盲人是世界上最痛苦的人，你既然是为解放全人类而奋斗，为什么不去解救他们呢？"邓小平同志在与美国前总统卡特谈话中指出："中国需要改善对残疾人的服务。"江泽民总书记在《自强之歌》序言中指出："残疾人是一个特殊困难的群体，全社会都要支持、帮助残疾人。"胡锦涛总书记在视察上海阳光之家时动情地说："让关爱的阳光照亮每一个残疾人的心灵。"党和国家领导人的这些重要论述，为中国残疾人事业的发展指明了方向。

我们不会忘记，王震、宋平、刘华清先后任基金会名誉理事长；荣毅仁等50多位国家领导人先后担任基金会名誉理事，他们在百忙之中精心指导基金会的发展，倾注了大量心血。

我们不会忘记，享誉海内外的社会知名人士、富有爱心的企业家慷慨解囊、争相捐赠，为贫困残疾人雪中送炭、排忧解难。

我们不会忘记，千千万万的普通老百姓和志愿者，从髫龄学童到耄耋老人，都把残疾人作为自己的亲人，他们的点滴捐赠，都包含了一颗金子般的爱心。

所有这些人的关心和爱心汇聚成爱的海洋，让残疾人感受到了春天般的温暖。没有他们，就没有基金会的今天；没有他们，广大残疾人的生活状况就不会得到改善。在此，我谨代表中国残疾人福利基金会，代表8500万残疾人及其亲属向他们表示崇高的敬意和衷心的感谢！

习近平总书记在贺信中指出："让广大残疾人安居乐业、衣食无忧，过上幸福美好的生活，是我们党全心全意为人民服务宗旨的重要体现，是我国社会主义制度的必然要求。"习近平总书记的重要指示充分体现了党中央、国务院对残疾人事业的亲切关怀和高度重视，使我们备受鼓舞。我们一定要认真学习、深刻领会习近平总书记贺信的精神，统一思想、坚定信心、扎实苦干、开拓创新。

"潮平两岸阔，风正一帆悬。"我们的事业崇高而伟大，我们的事业任重而道远。让我们共同努力，以残疾人为本，为使广大残疾人过上更加幸福美好的生活，为实现中华民族伟大复兴的中国梦而不懈奋斗。

谢谢大家！

三、爱心捐赠者代表和受助残疾人代表发言

爱心捐赠者代表交通银行监事长、中国残疾人福利基金会理事华庆山在中国残疾人福利基金会成立30周年纪念会上的发言

各位领导、各位来宾，女士们、先生们：

大家上午好！

很荣幸参加中国残疾人福利基金会成立30周年纪念会。首先，请允许我代表交通银行，向基金会30年华诞表示最衷心的祝贺！向为残疾人事业热诚奉献的各界人士致以最由衷的敬意！

中国残疾人福利基金会是我国最有影响力的公募基金会之一。成立30周年以来，基金会始终恪守"弘扬人道，奉献爱心，全心全意为残疾人服务"的使命和宗旨，在推动残疾人康复、教育、就业、文化体育事业等方面做出了积极贡献。在我们看来，基金会不仅仅是个公益平台，更代表着一个美好的理想，那就是让残疾人平等、全面地融入社会生活，形成全社会理解、尊重、关心、帮助残疾人的良好风尚。

交通银行的改革发展，根植于改革开放的伟大时代，得益于社会各界的信任支持。善其身，济天下。因责任而生、因责任而兴的交通银行，也因责任而荣。重组27年来累计公益捐款5.2亿余元，积极为助残支教、救灾重建、扶贫济困等慈善事业贡献力量。2007年交行重组20周年之际，交行在中国残联、基金会特别是邓朴方主席的指导支持下，选择最需关注、最需支持的特教事业领域，捐资1亿元设立了"通向明天——交通银行残疾青少年助学计划"。我们自豪地看到，项目执行7年来，已运用善款逾7500万元，2.4万名残疾学生得到资助，126所特教学校得到补贴，800位优秀特教教师和71位优秀残疾大学生获得表彰，4400名特教教师受益于培训。今天我受邀代表交通银行在此发言，代表了中国残联和基金会对交行工作、对项目成果的认可和支持，更是对我们做好下一步工作的信任和鼓励。

同燃爱心之火，辉映人间真情；共担社会责任，托举希望蓝天。我们衷心期望能够帮助更多残疾青少年，让他们沐浴和谐社会的明媚阳光；衷心期盼更多企业和组织加入这个行列，帮助更多残疾人解决困难、实现梦想；更衷心祝愿中国残疾人福利基金会向着"公开、透明、高效率和高公信力的世界一流基金会"的目标不断前行！

谢谢大家！

受助残疾人代表黄思雨在中国残疾人福利基金会成立30周年纪念会上的发言

敬爱的爷爷、奶奶、叔叔、阿姨们：

我叫黄思雨，今年17岁，在四川都江堰四中读高一。今天，我怀着无比兴奋的心情，向大家讲述我和邓爷爷以及中国残疾人福利基金会的不解之缘。

记得那是2008年5月12日的下午，我正在讲台上交作业，突然感觉地动天摇，老师大喊："地震了，大家快跑！"我跟着同学们急忙从四楼往下跑。快到二楼的时候，我被一块预制板砸中了左腿，虽然拼命往外拔，但怎么也不能完全拔出来。就在这个时候，房子一下子全塌了……

在成都华西医院，我接受了左腿的截肢手术。虽然盼望着早点安上假肢行走，但高昂的费用远远超出了我家的经济能力。由于伤口感染，我又得了骨髓炎，简直是雪上加霜。高烧不退、病情反复发作，甚至威胁到了我的生命，我伤心欲绝，父母心急如焚。

就在全家陷入绝望和无助的时候，中国残疾人福利基金会得知了我的情况，马上把我接到中国康复研究中心，让我得到了国内最好的治疗和照顾，不仅给我安装了假肢，还通过科学的康复训练，让我的腿又能走路了！2008年"集善嘉年华"活动的现场，邓爷爷和蔼可亲地鼓励我要坚强、要好好学习；基金会特意从湖南和四川接来了我的爸爸和妹妹，让我们一家人在北京团聚；那一年的春节，基金会和康复中心的叔叔阿姨们陪我们一起在医院搞联欢、包饺子。

经过精心治疗，我重新站起来了。但是新的问题又接踵而来，那就是上学。此刻，又是基金会多方协调，安排我在他们捐建的都江堰友爱学校读书。那是一所残健融合的无障碍学校，老师和同学给了我无微不至的关心。这期间，基金会始终惦记和照顾着我：关心我的学习和生活情况、对我家楼梯和卫生间进行了无障碍改造，还有心理辅导等等。在爱的呵护下，我渐渐找回了那个乐观自信的自己。

和我有着相似经历的还有郭婷婷、廖波、周仁贵、李露、朱春燕、蒲虹学，他们同样也得到了中国残疾人福利基金会的救助。他们知道我要来北京，特意委托我带来了他们的谢意，并请大家放心，他们生活得都很好。有人说我们是不幸的，小小年纪，就在灾难中致残；但我想说我们又是幸运的，因为我们得到了中国残疾人福利基金会的无私救助；因为我们遇到了这么多好心人，是他们无时不刻在关心、鼓励着我们，帮助我们走出逆境。在此，我想代表千千万万的受助残疾人发自内心的说一声谢谢！感谢所有的好心人，感谢中国残疾人福利基金会帮我们圆了一个又一个梦！今天是庆祝基金会成立30周年的大喜日子，我也由衷地祝福她生日快乐！

时至今日，那场地震已经过去快6年了，感谢社会各界一直以来对我们的无私关爱。我们会更加坚强，好好学习、尽快成长，用我们的微薄之力回报社会！

谢谢大家！

四、中国残疾人福利基金会成立30周年纪念活动工作综述

为全面贯彻落实党的十八大、十八届三中全会精神和习近平总书记系列重要讲话精神，回顾历史，总结经验，动员社会，开拓进取，努力实现残疾人与全国人民同步小康，在中国残联党组、中国残疾人福利基金会成立30周年纪念活动筹备领导小组的高度重视和统筹协调、带领下，在中国残联原副理事长王智钧同志和华夏出版社总编室原副主任孙丕评同志的指导下，在全会各部室的通力配合下，领导小组下设机构全体同志以高度的责任感、使命感，同心同德、夜以继日、相互补台、勇于担当，规范、细致、尽责地圆满完成了中国残疾人福利基金会成立30周年纪念活动的各项任务。

（一）意义重大，目的明确

1984年3月15日，邓朴方和王鲁光同志创建了中国残疾人福利基金会。30年来，在党和政府的亲切关怀下，在朴方会长和中国残联党组的坚强领导下，在社会各界的大力支持下，中国残疾人福利基金会在推动残疾人康复、教育、就业、文化、体育等事业的发展发挥了重要作用，使广大残疾人得到切实的帮助和实惠。

为了回顾和记录基金会30年不平凡的历程，实现"将基金会建设成为公开、透明、高效率和高公信力的世界一流基金会"的工作目标，为更多的残疾人谋福祉，根据邓朴方会长关于纪念活动既要简朴又要热烈、既有回顾又有展望的工作要求，经向中国残联党组汇报批准，并经基金会三届五次理事会审议通过，我们组织开展了中国残疾人福利基金会成立30周年纪念活动。

（二）精心组织，周密安排

邓朴方会长、张海迪主席、鲁勇理事长多次听取了关于纪念活动尤其是纪念会的各项工作汇报、审改了领导讲话稿和发言稿，并做了一系列重要指示和具体部署。

为全力做好中国残疾人福利基金会成立30周年纪念活动的各项工作，我们成立了活动筹备领导小组和下设的联络组、文件组、会务组、宣传组，明确了各自的职责和人员分工。在时间紧、任务重、要求高的情况下，大家各司其职、各负其责、想方设法、保质保量的

做了以下五个方面的工作。

1. 召开了"人道主义的呼唤——中国残疾人福利基金会成立30周年纪念会"

2014年3月21日,在人民大会堂召开了"人道主义的呼唤——中国残疾人福利基金会成立30周年纪念会"。中共中央总书记、国家主席、中央军委主席习近平专门为中国残疾人福利基金会成立30周年发来贺信。中共中央政治局常委、全国政协主席俞正声出席会议并讲话。罗干、迟浩田、彭珮云、司马义·艾买提、何鲁丽、顾秀莲、郝建秀、邓朴方等党和国家领导同志出席会议。国务委员、国务院残疾人工作委员会主任王勇同志出席会议并宣读总书记贺信。国务院残疾人工作委员会成员单位领导同志22人,中国残疾人福利基金会名誉理事3人、理事22人、特邀理事39人,基金会老领导、老同志30人,爱心企业、社会知名人士和受助者代表75人,社会组织代表8人,政府部门代表15人,中国残联各部厅和各直属单位领导同志39人,以及基层残联和基金会工作人员共400余人出席了会议。

2. 建立了"中国残疾人福利基金会30年展览室"

"中国残疾人福利基金会30年展览室"设在基金会二楼,展出面积近200平方米,全面展示了中国残疾人福利基金会30年发展的历程和取得的成绩。展览设人道的呼唤、不懈的求索、辉煌的成就等展区,设立了捐赠名单鸣谢墙,将30年来为中国残疾人福利基金会献出爱心、捐赠款物的个人和机构镌刻上榜,以此表达我们的感恩之情。

3. 出版了《弘扬人道,集善天下——邓朴方论残疾人福利工作》一书

该书收录了邓朴方会长1984年3月至2012年5月期间,出席中国残疾人福利基金会理事会的讲话和论述有关残疾人福利工作的部分文章、演讲、报告、谈话等,共计36篇,近16万字,作为残疾人基金会系统工作用书。

图2-1-4 《弘扬人道,集善天下——邓朴方论残疾人福利工作》书影。

4. 出版了纪念中国残疾人福利基金会成立30周年特刊

基金会与残疾人杂志社合作出版发行了纪念中国残疾人福利基金会成立30周年《三月风》纪念特刊。

特刊内容丰富、图文并茂,有寄语、有综述、有访谈、有介绍,还有30年来的大事记,近50篇文章,20多万字。

采编过程中共采访了20余名中国残疾人福利基金会、中国残联的老领导,老同志,理事及部分受助者代表。

张海迪主席以《基金会是爱的精神载体》为题,深情地回忆:"中国残疾人福利基金会不仅仅是一个基金会,她也是一个美好的理想。当基金会的牌子悬挂起来的时候,美好的理想变成了现实。我们的社会需要感动,需要爱的精神,而基金会就是一个爱的精神的载体,帮助残疾人是我们的崇高使命。"

十一届全国政协常委胡德平,中国残疾人福利基金会原副理事长、中国残疾人联合会原副理事长周敬东,中国残疾人福利基金会理事贾虹生,中国残疾人福利基金会理事胡祖荣,基金会创始人王鲁光的妹妹、中国残疾人福利基金会理事王宇红,中国残疾人福利基金会原副理事长、人力资源和社会保障部原副部长林用三,中国残疾人福利基金会原副理事长、中国残疾人联合会原理事长刘小成,中国残疾人联合会原副理事长、公安部原副部长刘京,中国残疾人福利基金会原秘书长薛恩元,中国残疾人福利基金会原理事长贺邯生,中国残疾人福利基金会特邀理事、中国康辉旅游集团董事长李继烈等用自己的亲身经历回顾了基金会创建前后的那段激情岁月。

5. 制作了"弘扬人道,集善天下——中国残疾人福利基金会成立30周年"宣传片

制作了"弘扬人道,集善天下——中国残疾人福利基金会成立30周年"宣传片,全面回顾了基金会走过的30年历程,形象反映了基金会成立时的情景,再现了开展的千余个公益项目,为广大残疾人筹集款物,带来帮助和实惠的一幕幕。特别是邓朴方和王鲁光摇着轮椅、四处奔走的情景,使每一位观众都深受感动。

(三)宣传力度大,社会评价高

为了确保基金会成立30周年纪念活动的宣传效果,做好各家新闻媒体的服务工作,根据中国残联领导的要求,工作人员会同中国残联向中宣部去函,全力争取中央媒体对该活动报道的支持。结合当下媒体对公益组织的关注与社会公众高度监督的舆情环境,确立了"注重安全、有所作为"的宣传工作方针,准备了翔实的背景资料。活动期间,各家媒体累计发稿近25万字,编辑整理图片近千张。

设计制作了基金会成立30周年纪念活动专题网页，内容涵盖了展览室展板内容、纪念中国残疾人福利基金会成立30周年特刊内容和纪念会相关媒体报道等。经过反复调试，保证了信息及时、准确，视觉美观。

积极沟通人民日报社、新华社和中央电视台等中央媒体单位。3月15日，《人民日报》第7版整版刊发了基金会30周年纪念专版，新华社和中央电视台《朝文天下》分别播发了综述。3月16日，《人民日报》《光明日报》和《经济日报》等中央媒体刊发了基金会30周年综述。3月17日，《华夏时报》编辑出版了8个整版的纪念特刊。

联系中国盲文出版社、中国残联信息中心、华夏时报社、中国残疾人杂志社等单位的摄影摄像人员，做好分工编组，落实好纪念会的影像拍摄工作。为中办提供纪念会的新闻代拟稿。

3月21日，中央电视台《新闻联播》播发了当天基金会成立30周年纪念会的新闻，新华社、中新社等新闻通讯社也播发了活动新闻。3月22日，《人民日报》《光明日报》《经济日报》《北京日报》等媒体均在头版头条位置刊发了前一天的新闻。

人民网、光明网、中国政府网、人民政协网、中国共产党新闻网、紫光阁、求是理论网、党建网、半月谈、新浪、搜狐、凤凰网、网易、中工网、中国经济网、和讯网、千龙网、新民网等网络媒体也对相关新闻进行了转载。

（四）经验宝贵，遗产丰富

基金会成立30周年纪念活动筹备工作是基金会的重点工作，既锻炼了队伍，考验了团队和个人的工作能力，也为基金会集中组织大型会议活动积累了丰富的工作经验。在中国残联档案室的大力支持下，工作人员对基金会成立30年来的历史资料进行了梳理，其中包括文字、图片、音频、视频等资料。将所有查到的方案资料进行了扫描，整理出电子文件和纸质材料，丰富和补充基金会档案室资料存档内容。工作人员还将把筹办过程中所有资料进行整理存档，留下宝贵的历史资料。

纪念活动筹备工作其实是一个回顾历史的过程，在这个过程中，朴方会长、鲁光副理事长等基金会的老一辈开创者的每一步艰苦的努力和卓越的成就，深深地感动和鼓舞着工作人员，让工作人员对这段辉煌的历史充满了钦佩之情，对基金会的未来充满了信心和希望。

在纪念会上，习近平总书记的贺信、俞正声主席的讲话，让基金会工作人员深受鼓舞，充满了自豪和信心。为更好地帮助广大残疾人改善他们的生活，为了下一个辉煌的30年，基金会将共同奋斗，努力工作。

五、新闻媒体宣传报道

弘扬人道，集善天下
——写在中国残疾人福利基金会成立30年之际
刘奕湛　新华网　2014年3月15日

"全心全意为残疾人服务。"1984年3月15日，中国残疾人福利基金会成立大会在京开幕，工作报告中的这句话，让全场掌声雷动。

建一个基金会或许容易，做一项事业绝不简单。从"取之于社会，用之于残疾人事业"到"集天下之善，助无助之人"，30年来，基金会不断进化与更新，服务于残疾人外在的自由与内在的尊严。

一切以残疾人为中心

1984年，中国残疾人福利基金会成立。彼时的中国，正是第一代公益组织绸缪之际、现代慈善事业起步之时，在没有经验可循的情况下，它们建立了一套规则，成为至今中国公益慈善事业发展的一些基本规范。之后30年间，它们登上中国慈善事业第一线，展示着中国公益之路的文明成果。

"官办慈善的号召力和权威性是任何民间组织都不可替代的"，志愿服务研究专家谭建光感言。截至2013年12月，基金会累计筹集款物总价值53亿元人民币，倡导、推行了一千多个旨在帮助残疾人走向新生活的公益项目，使上千万残疾人受益。

30年间，遍布全国各省市区的残疾人福利基金会，串联起各个城市的有生力量，构建一张立体化的有效网络，继而覆盖到村、街道一级，成为一架由20万全职服务人员组成的精密的服务机器。由此惠及中国8500万残疾人，占中国人口的6.34%，涉及2.8亿家庭，即五分之一的中国家庭，其中70%均分布在农村。

集善工程·启明行动每年为近万名白内障患者免费实施复明手术，使他们重见光明。"通向明天——交通银行助残项目"，推动残疾人康复、教育、就业、文化等方面上新台阶。

从汶川地震致残群体助行行动到玉树残疾人康复站建设，从救助车祸重伤男童王乐到助学"带着母亲上大学"的山西女孩孟佩杰。中国残疾人福利基金会依托助行、助听、助困、助学、启明等七大行动，下设公益项目百余个，涉及康复、教育、就业、宣传、文化体育、维权、政策研究、国际交流、组织建设等各个领域，提供足够多元的服务和平台，满足各类残疾人差异化的需求。

让阳光慈善更具公信力

没有公开就不可能有公信力,没有公信力就没有生命力。与一般慈善机构相比,人们对国字号基金会的道德期望值更高,眼光也更苛刻。从国际惯例上讲,要求基金会的口袋是玻璃做的,所有的钱谁放进去,谁拿了,公众都能看到。

"中国残疾人福利基金会经受住了考验,逆势上扬,非常不容易。"中国残疾人福利基金会会长邓朴方感慨道。早在2001年,邓朴方便提出"二次创业"的要求,要把基金会建设成"公开、透明、高效率和高公信力的世界一流基金会",这是目前基金会的主要战略发展规划之一。

中国残疾人福利基金会建立了完善的网上信息披露制度,捐赠人可以通过基金会网站查询在线捐款账目,查看项目实施动态;查询审计报告、财务报告等相关信息。完善的信息披露制度,回答了公众三个问题:钱是怎么来的?钱是怎么花的?花的效果是怎么样的?

自2011年始,基金会就定期组织捐赠者、媒体及志愿者代表一起前往贫困地区,对项目的进展及现状进行回访,以加强对贫困地区资金捐助使用情况的监督,以便达到资源的有效配置和杜绝贪污腐败的不法行为。

"一条公益广告就好比一盏灯,灯光亮一些,我们身边的黑暗就会少一些。"公益广告如此,慈善机构更是如此。中国残疾人福利基金会理事长汤小泉说:"对此,在2011年我们提出了管理指导意见,即《残疾人福利基金会行为规范》,要求各级残疾人福利基金会自律。"

跨越国界的爱

随着全球化的快速推进,人类休戚与共的命运显得更加紧密、更加真实,慈善的国际化趋势也更加明显。

正如19世纪英国作家霍布豪斯所言:"从未划定过一条线,越过这条线,人类的责任就告终止。从未有过一个鸿沟,跨过这个鸿沟,人类受苦受难的呼声就听不见,屠杀和酷刑就不再可恶。"

14年前,在北京青年宫里,500名影迷参加了国际影星施瓦辛格电影周开播仪式。施瓦辛格将整个电影周的收入,全部捐给中国特奥事业。

在基金会的国际化合作道路上,人们看到的是一个个朴实无华的身影,一个个脚踏实地的项目:

——接受资助的听障人士免费配戴上了"丹麦瑞声达助听器"、"德国西门子助听器"、"瑞士峰力助听器"、"美国领先仿生人工耳蜗"、"科利耳人工耳蜗"、"诺尔康人工耳蜗",肢残人士得到了德国奥托博克公司免费提供的轮椅、假肢;

——宁夏、河南、新疆等18个省市区贫困地区接受资助的残疾儿童得到美国"如新儿童蜜儿餐"的滋养;

——"(巴萨)西部助学计划"为西部省区的67所贫困特教学校购置了现代化教学设备。

与此同时,基金会人盼望着从单纯的受益者、施行者到专业的项目设计者、操盘者之间的身份转换,以更加主动的姿态,融入残疾人事业的全球背景中去。

"残疾人社会保障水平与西方发达国家相比仍然相去甚远。"汤小泉表示,要解决8500万残疾人全部奔小康,光靠政府不行,还需要社会、企业特别是社会组织的支持,从而培育出可持续改进残疾人生存环境、生存质量的新体系,使资金使用效益最大化、可持续化。

为残疾人撑起一片蓝天
——写在中国残疾人福利基金会成立30周年之际
潘跃 《人民日报》 2014年3月16日

建立中国第一个残疾人康复研究中心,推动《残疾人保障法》的制定与实施,完成首次全国残疾人抽样调查,筹建中国残疾人联合会,截至2013年12月,中国残疾人福利基金会累计筹集款物53亿元人民币,倡导、推行了1000多个旨在帮扶残疾人的公益项目,使上千万残疾人受益。

30年来,中国残疾人福利基金会秉承"弘扬人道,奉献爱心,全心全意为残疾人服务"的宗旨,引领新时期中国慈善事业的开创和发展,为中国的残疾人事业做了一系列开创性、基础性的重要工作。

残疾人自己的基金会,为残疾人谋福利,天经地义

爱心托起梦想,春风温暖心间。作为中国唯一一家以8500万残疾人为扶助对象的全国性公募基金会,中国残疾人福利基金会为了全国残疾人的尊严,吹响了冲锋的集结号。

1984年,中国残疾人福利基金会成立。那时的中国,正是第一代公益组织草创之际、现代慈善事业起步之时。中国残疾人福利基金会与其他基金会一起探索建立了一套规则,这套规则至今还是中国公益慈善事业发展的基本规范。

"在成立大会场悬挂着中国残疾人福利基金会的会徽,我看到了'残疾人'这三个字,真的感慨万千,因为在此之前,我和许多残疾人兄弟姐妹都被称为'残废人'。基金会会徽是梅花的形状,象征着历经严冬也要傲雪绽放的坚强品格,也象征着春天到来的希望。"中国残联主席张海迪对当时的情景记忆犹新。

1984年3月，时任中国残疾人福利基金会副理事长邓朴方主持制订了《中国残疾人福利基金会宣传提纲》，提出了残疾人问题是不容忽视的社会问题，"人道主义是我们的旗帜"，"残疾人不是废人，只要社会给他一个条件，一个帮助，他就可以成为社会财富的创造者，而不是包袱"。

基金会像一棵古老的参天大树，树枝伸展到全国每个角落，串联起各个城市的有生力量，构建了一张立体化的网络，覆盖到村、街道，由此惠及中国8500万残疾人，即中国人口的6.34%；涉及2.8亿家庭，即1/5的中国家庭，其中70%分布在农村。

2003年的"联合国人权奖"颁奖现场，作为第一个获此殊荣的中国人、第一个坐轮椅得奖的残疾人，邓朴方说："我们没有做的事情比起做到的，要多得多。"这也是中国残疾人福利基金会自成立以来融进骨子里的一种精神，残疾人自己的基金会，为残疾人谋福利，天经地义。

用"点穴"的手法，把每一分钱都用在刀刃上

1985年，29岁的吴亮走进北京一家民办高校。因脊髓灰质炎造成双下肢残疾的吴亮，成为中国残疾人福利基金会助学的第一人。毕业后的他，到中国社会科学院语言研究所工作，从事计算机词频统计、辞典编修等工作，并开始参与国家重点科研项目《中国盲文音乐符号国家标准》等工作。吴亮的事例是千千万万残疾人改变命运的一个缩影。

中国残疾人福利基金会成立后的第一个10年，从"输血"起步，着力于贫困残疾人的三项抢救性康复，开展小儿麻痹矫治手术（助行行动）、白内障复明手术（启明行动）以及聋儿听力语言训练康复（助听行动）；第二个10年，"输血"同时探索"造血"，启动"扶残助学春雨行动"、"视觉第一中国行动"；第三个10年，"输血"与"造血"并重，打造一批公众知晓度颇高的品牌项目："阳光伴我行"、"我送盲童一本书"、"蜜儿餐滋养残疾儿童"、"集善残疾儿童助养"等，将公益项目的内涵和外延不断扩展。近几年，量身定制细致周到的捐赠项目，依托助行、助听、助困、助学、启明等行动，实施公益项目百余个，涉及康复、教育、就业、宣传、文化体育、维权、政策研究、国际交流、组织建设等各个领域，满足各类残疾人差异化的需求。

基金会以独具特色的方式，为残疾人筑起一个强大堡垒。一系列重大决策，一大批资金项目，一组组温情数据，彰显对残疾人的赤诚：

——自1984年至今，李嘉诚基金会捐款逾4亿港元，项目包括捐资开展三期"长江新里程计划"。

——2008年始，交通银行捐赠1亿元，支持残疾贫困孩子完成学业、特教学校改造、特教老师培训。基金会理事长汤小泉说："残疾孩子通过学习，有了知识文化，他们的命运将会改变。现在残疾人的文盲率已经大大降低了，残疾孩子的入学率大大提升。"

——台塑集团王永庆与中国残疾人福利基金会合作，设立中国大陆地区首个人工耳蜗捐赠项目，计划赞助1.4万多台人工耳蜗。通常一台人工耳蜗的造价在几万元到二十几万元不等。王永庆的人工耳蜗捐赠项目帮助贫困聋儿接受聋儿语训，使他们走出无声世界。3年以后政府开始拨款，支持人工耳蜗项目。现在每年政府要拨上亿元，支持四五千台人工耳蜗。

正如美国慈善家、实业家老洛克菲勒所说："基金会就像中国的针灸。在某个穴位上扎一针，改善整个肌体的健康水平。"点准一个点，就可以解决整个国家、民族数年未曾解决的问题，将每一分钱花在最能够产生效益的地方，是中国残疾人福利基金会的目标所在。

努力打造公开、透明、高效率和高公信力的世界一流基金会

公开透明是基金会的生命线。与一般慈善机构相比，人们对国字号基金会的期望值更高，眼光也更"苛刻"。

从国际惯例上讲，基金会的口袋应该是玻璃做的，所有的钱，谁放进去，谁拿了，公众都应该能看到。多年来，"中国残疾人福利基金会经受住了考验，非常不容易。"基金会会长邓朴方感慨道。早在2001年，邓朴方便提出"二次创业"的要求，要把基金会建设成"公开、透明、高效率和高公信力的世界一流基金会"，这是目前基金会的主要战略发展规划之一。在透明管理方面，基金会走得更远，坚持"阳光"发展。

自2011年始，基金会就定期组织捐赠者、媒体及志愿者代表一起前往项目实施地区，对项目的进展及现状进行回访，加强对贫困地区资金捐助使用情况的监督，以达到资源的有效配置和杜绝贪污腐败的不法行为。为了让每一分钱都在公众眼皮底下，2008年和2011年基金会在不同报纸上刊登了捐赠者名单。

"一条公益广告就好比一盏灯，灯光亮一些，我们身边的黑暗就会少一些。"公益广告如此，慈善机构更是如此。2008年和2013年，在民政部两次对基金会的评估考核中，中国残疾人福利基金会都被评为5A级基金会，这是公募基金会的最高评级。

风雨兼程三十载，峥嵘岁月铸辉煌。"打造一个公开、透明、高效率和高公信力的世界一流基金会，这才刚刚开了个头儿！"邓朴方如是说。

为了8500万残疾人
——中国残疾人福利基金会成立30周年纪事

周洪双 《光明日报》 2014年3月16日

建立中国第一个残疾人康复研究中心，推动《残疾人保障法》的制定与实施，完成首次全国残疾人抽样调查，组建中国残疾人联合会，启动"集善工程"等一大批帮扶贫困残疾人群体的公益救助项目……中国残疾人福利基金会自1984年成立以来，秉承"弘扬人道，奉献爱心，全心全意为残疾人服务"的宗旨，引领了新时期中国慈善事业的开创和发展，为中国残疾人事业做了一系列开创性、基础性的重要工作。

让上千万残疾人受益

"全心全意为残疾人服务。"

1984年3月15日，中国残疾人福利基金会成立大会在京开幕，理事长邓朴方做报告，这句话让全场掌声雷动。

30年来，这句话既是宗旨又是使命。基金会成立之时，正是现代慈善事业起步之时，当时国内尚无成功经验可供借鉴。30年间，它强力登上中国慈善事业第一线，展示着中国公益之路的成果。截至2013年12月，基金会累计筹集款物总价值53亿元，倡导、推行了多个旨在帮助残疾人走向新生活的公益项目，使上千万残疾人受益。

它有广度。遍布全国各省市区的残疾人福利基金会，串联起各个城市的有生力量，成为一架由20万专兼职服务人员组成的精密的服务机器。由此惠及中国8500万残疾人，占中国人口的6.34%，其中70%分布在农村。

它有速度。汶川地震致残群体助行行动、玉树残疾人康复站建设、集善雅安紧急救援行动、捐助西藏那曲儿童福利院……在大事件背后，在普通人身边，都有它的身影，都是第一时间。

它更有力度。量身定制细致周到的捐赠项目，依托助行、助听、助困、助学等七大工程，下设公益项目百余个，涉及康复、教育、就业、文化体育等各个领域，提供多元服务和平台，满足各类残疾人差异化的需求。

2003年的"联合国人权奖"颁奖现场，作为第一个获此殊荣的中国人，邓朴方说："我们没有做的事情比起做到的，要多得多。"

首创启蒙式助残

中国残疾人福利基金会30年来不断摸索，开展了一批批公益项目，不断推动助残事业的发展。

第一个十年，从"输血"起步，基金会着力于贫困残疾人的三项抢救性康复，开展小儿麻痹矫治手术（助行行动）、白内障复明手术（启明行动）以及聋儿听力语言训练康复（助听行动）；

第二个十年，探索"造血"，基金会启动了"春雨行动"扶贫助学、"视觉第一中国行动"培养眼科医生；

第三个十年，"输血"与"造血"并重，基金会打造了一批公众知晓度颇高的品牌项目："阳光伴我行"、"我送盲童一本书"、"大学生暑期助盲行动"等，将公益项目的内涵和外延不断扩展。

残疾人福利事业并非只是扶贫济困，而是承载着一个特殊群体的社会担当。基金会尝试并创造性地发展出一种新的慈善模式——启蒙式，这是一种着眼文化助残从而改变整个社会认知的慈善模式，是换血式的。

基金会助力残奥会，让"超越·融合·共享"的理念深入人心；主办"特奥夏令营"，让智障人士在运动中生机勃勃；赞助中国残疾人艺术团，让"我的梦"为世界瞩目；资助"盲人励志书系"公益出版项目、举办"盲童光影"摄影展、推行"信息无障碍"，让盲人以非视觉达成视觉之事；支持中国残疾人杂志社"人道温暖我们"艺术展，让残疾人展现自身天赋……

凡此种种，拒绝眼泪，摒弃悲情，却更动人心魄——"他们"与"我们"一样，处在同一个世界，谁也不是旁观者。

打造世界一流基金会

很长一段时间，"公信力"成为笼罩在慈善事业上空的一团乌云。

公众开始关心善款去向，这是公民意识不断提高的可喜信号。但是，毫无疑问，社会捐赠总量减少，最终受害的是那些真正需要帮助的困难群体。

早在2001年，邓朴方就提出"二次创业"的要求：打造"公开、透明、高效率和高公信力的世界一流基金会"。这是目前基金会的主要战略发展规划之一。近几年的公信力风波中，"中国残疾人福利基金会经受住了考验，逆势上扬，非常不容易。"会长邓朴方感慨道。

近年来随着《基金会管理条例》出台，中国残疾人福利基金会主动自查，将隐患消灭在萌芽，并积极完善规章制度，及时披露相关信息。基金会还建立了网上信息披露制度，捐赠人可以通过基金会网站查询在线捐款账目，查看项目实施动态，查询审计报告、财务报告等相关信息。

为了让每一分钱都在公众监督之下，2011年6月10日，《人民日报》第八版刊登了整版公告，公布了2010年为中国残疾人福利基金会捐赠的每一个企业和个人的名字；2012年5月8日，基金会又在央视新闻频道大晒账单。

自 2011 年起，基金会加强了公益项目监管工作，成立项目监管领导小组，定期组织捐赠者代表一起前往项目实施地区，对项目的进展情况进行回访，以加强对项目实施地区资金捐助使用情况的监督，以便资源有效配置，更好地服务于残疾人。

2008 年，在民政部首次对基金会的评估考核中，中国残疾人福利基金会被评为 5A 级基金会，这是公募基金会的最高评级；2010 年 2 月，民政部授予中国残疾人福利基金会"全国先进社会组织"称号；2011 年 7 月 15 日，在第六届中华慈善奖表彰大会上，中国残疾人福利基金会"集善工程·启明行动"被评为"最具影响力慈善项目奖"；2013 年再度获评 5A 级基金会；2013 年荣获"年度信息披露情况抽样调查卓越组织——慈善透明榜样"称号。

为了 8500 万残疾人的梦想
——记中国残疾人福利基金会成立 30 周年
吴佳佳　《经济日报》　2014 年 3 月 16 日

作为我国唯一一家以 8500 万残疾人为扶助对象的全国性公募基金会，中国残疾人福利基金会成立 30 年以来，秉承"弘扬人道，奉献爱心，全心全意为残疾人服务"的宗旨，引领了新时期中国慈善事业的发展，为中国的残疾人事业做了一系列开创性、基础性的工作。

以人道主义为指引

改革开放大潮汹涌澎湃，慈善组织在政府的培育下实现了历史性的回归，包括中国残疾人福利基金会在内的第一批慈善机构开始出现。经济体制从"计划"走向"市场"，慈善事业发展的空间也逐渐扩大，为基金会的筹备提供了必要的制度环境。

中国残疾人福利基金会的创始者们始终不遗余力地提倡和呼吁人道主义。1984 年 3 月，中国残疾人福利基金会会长邓朴方主持制订了"中国残疾人福利基金会宣传提纲"，提出了残疾人问题是不容忽视的社会问题，"人道主义是我们的旗帜"，"残疾人不是废人，只要社会给他一个条件，一个帮助，他就可以成为社会财富的创造者，而不是包袱"。"提纲"还总结了新中国残疾人的福利工作，明确了中国残疾人福利基金会的性质、宗旨和任务，强调宣传和实行人道主义具有迫切的现实意义。

经过 30 年的不懈努力，中国残疾人福利基金会的筹资能力与方式、援助范围与力度、公益项目数量与质量都实现了长足进步，社会公信力和影响力不断提升。截至 2013 年 12 月，基金会累计筹集款物合计 53 亿元人民币，倡导、推行了 1000 多个旨在帮扶残疾人的公益项目，使上千万残疾人受益。

"输血"与"造血"并重

在中国残疾人福利基金会组织参与的各类项目中，改变残疾人命运的故事不胜枚举。中国残疾人福利基金会成立以来的第一个 10 年，从"输血"起步，着力贫困残疾人的抢救性"三项康复"，开展小儿麻痹矫治手术（助行行动）、白内障复明手术（启明行动），以及聋儿听力语言训练康复（助听行动）；第二个 10 年，"输血"同时探索"造血"，启动"扶残助学，春雨行动"、"启明行动"；第三个 10 年，"输血"与"造血"并重，打造一批公众知晓度颇高的品牌项目："阳光伴我行"、"我送盲童一本书"、"集善残疾儿童助养"等，使公益项目的内涵和外延得以不断扩展。

李嘉诚基金会自 1984 年始捐款支持中国残疾人事业，至今逾 4 亿港元，其中包括捐资开展 3 期"长江新里程计划"项目。2014 年 1 月 22 日，"长江新里程计划"三期项目工作会议举行。邓朴方很感慨："在我们创业之初，李先生于 1991 年做出的捐款真是雪中送炭，催生了《中国残疾人事业'八五'计划纲要》，带动了事业的全面发展，给几千万残疾人的命运带来整体而久远的影响。"自 2008 年始，交通银行 10 年内捐赠 1 亿元，支持残疾贫困孩子完成学业、特教学校改造、特教老师培训。台塑集团王永庆先生与中国残疾人福利基金会合作，设立中国大陆地区首个人工耳蜗捐赠项目，捐助 14000 多台人工耳蜗，国家人工耳蜗项目于 2008 年正式启动……

近几年，基金会着力打造了"集善工程"这一公益品牌，在残疾人康复、教育、就业、扶贫、文化和体育等各个方面都发挥了积极作用。

更加公开透明高效

没有公信力就没有生命力。慈善公信力的建立，需要慈善组织健全内部管理制度，完善捐助信息公示制度，建立监管机制，同时也离不开外部监督。为此，中国残疾人福利基金会建立了完善的网上信息披露制度，捐赠人可以通过基金会网站查询在线捐款账目，查看项目动态；查询审计报告、财务报告等相关信息。完善的信息披露制度，回答了公众最为关切的 3 个问题：钱怎么来，钱怎么花，钱花的效果怎么样。

早在 2001 年，邓朴方就提出"二次创业"的要求，要把基金会建设成"公开、透明、高效率和高公信力的世界一流基金会"。近几年的公信力风波中，"中国残疾人福利基金会经受住了考验，逆势上扬，非常不容易。"基金会会长邓朴方感慨道。在透明管理方面，基金会走得更远，一直坚持着"阳光"发展。

"做国际一流基金会，说出来容易，做起来很难，网络时代做事情必须透明化。"基金会始终坚持公开、透明、高效的工作原则，近年来，随着《基金会管理条例》出台，中国残疾人福利基金会主动自查，并按照民政部制定的《中国慈善事业发展指导纲要（2011—2015年）》和《关于规范基金会行为的若干规定（试行）》的要求，积极完善规章制度，及时披露相关信息。

提升公信力，不仅要建立健全慈善组织信息披露制度和内部监管机制，充分发挥第三方的监督作用更为重要。自2011年始，基金会加强公益项目监管工作，成立项目监管领导小组，定期组织捐赠者代表一起前往项目实施地区，对项目的进展情况进行回访，以加强对项目实施地区资金捐助使用情况的监督。

2008年，在民政部首次对基金会的评估考核中，中国残疾人福利基金会被评为5A级基金会，这是公募基金会的最高评级；2010年2月，民政部授予中国残疾人福利基金会"全国先进社会组织"称号；2011年，"集善工程·启明行动"荣获第六届中华慈善奖——最具影响力慈善项目奖；2013年，基金会再度获评5A级基金会，同年还荣获"年度信息披露情况抽样调查卓越组织——慈善透明榜样"称号……

（刘书娜供稿）

第五次全国自强模范暨助残先进集体和个人表彰大会专题

一、新华社报道

习近平在会见第五次全国自强模范暨
助残先进集体和个人表彰大会受表彰代表时强调

更加勇敢地迎接生活挑战
更加坚强地为实现梦想努力

李克强、刘云山参加会见
张高丽参加会见并在大会上讲话

吴晶、刘奕湛　新华网　2014年5月16日

第二十四个全国助残日到来前夕，中共中央总书记、国家主席、中央军委主席习近平16日上午在北京会见第五次全国自强模范暨助残先进集体和个人表彰大会受表彰代表，并发表重要讲话。他强调，残疾人是社会大家庭的平等成员，是人类文明发展的一支重要力量，是坚持和发展中国特色社会主义的一支重要力量。希望各位自强模范再接再厉，希望广大残疾人从自强模范身上汲取力量，自尊、自信、自强、自立，更加勇敢地迎接生活的挑战，更加坚强地为实现人生梦想、为实现我们的共同梦想而努力，推动我国残疾人事业在新的征程中不断迈上新台阶。李克强、刘云山、张高丽参加会见。

上午9时30分，习近平等中央领导同志来到人民大会堂北大厅，同代表们亲切握手，并合影留念。

在热烈的掌声中，习近平发表重要讲话。他表示，再过两天就是第二十四个全国助残日，非常高兴有机会同大家见面。看到大家精神饱满、意气风发，我深受感染。习近平代表党中央、国务院，向光荣当选的第五届全国自强模范和助残先进表示热烈的祝贺，向全国8500万残疾人及其亲属致以诚挚的问候，向所有关心支持残疾人事业的社会各界人士致以崇高的敬意。习近平指出，改革开放以来，在党和国家关心重视下，在社会各界支持帮助下，我国广大残疾人和残疾人工作者，高举中国特色社会主义伟大旗帜，积极投身改革开放伟大事业，坚持弘扬人道主义精神，推动我国残疾人事业上了一个大台阶、开创了一个蓬蓬勃勃的局面。我国广大残疾人生活状况有了根本性改变，成为推进改革发展稳定的一支重要力量。习近平指出，残疾人是社会大家庭的平等成员，也是人类文明发展的一支重要力量。古今中外，残疾人身残志不残、自尊自立、奉献社会的奋斗事迹不胜枚举。残疾人完全有志向、有能力为人类社会做出重大贡献。在当代中国，在改革开放进程中，我

国残疾人中涌现出一大批像张海迪那样的自强模范,他们是改革开放大潮的弄潮儿,他们的事迹感人至深、催人泪下,激励了全社会的奋发自立精神。他们身上的精神就是自强不息精神,就是我们的民族精神、时代精神,也是社会主义核心价值观的应有之义。习近平强调,助残先进以及他们所代表的关心和帮助残疾人的社会各界人士,也堪称楷模,引领社会风气。"赠人玫瑰,手留余香。"大爱无疆、仁者爱人。这种舍己为人、乐善好施的高尚品质,是社会主义核心价值观的具体体现,是中华民族传统美德的具体体现。中华民族历来强调自强不息、厚德载物。从大家身上,我看到了中华民族优秀传统文化的传承,看到了不畏艰辛、顽强拼搏的志气,看到了社会正能量的充分发挥,看到了坚持和发展中国特色社会主义的一支重要力量。中国梦,是民族梦、国家梦,是每一个中国人的梦,也是每一个残疾人朋友的梦。我们都要凝心聚力,在实现人生梦想的同时,共同推动中华民族的美好梦想早日实现。习近平希望各位助残先进把助残善举坚持做下去、做得更好,把爱传播给更多群众,鼓励更多人加入到扶残助残行列中来。各级党委和政府要高度重视残疾人事业,把推进残疾人事业当作分内的责任,各项建设事业都要把残疾人事业纳入其中,不断健全残疾人权益保障制度。各级残联要发扬优良传统,切实履行职责,为残疾人解难、为党和政府分忧,团结带领残疾人继续开创工作新局面。

张高丽出席表彰大会并讲话。他说,残疾人事业是中国特色社会主义事业的重要组成部分。我们一定要认真学习领会、全面贯彻落实习近平总书记重要讲话精神,深入开展学习宣传全国自强模范和助残先进活动,在实现中国梦的伟大实践中,团结带领、支持帮助广大残疾人创造更加幸福美好的新生活。张高丽强调,自强不息、厚德载物的思想,长期以来支撑着中华民族生生不息、薪火相传,今天依然是我们推进改革开放和社会主义现代化建设的强大精神力量。全国自强模范、助残先进集体和个人的事迹,平凡中蕴含着伟大,为社会主义核心价值体系建设注入了强大的正能量。残疾人是一个特别困难、特别需要帮助的群体,我们要坚持改革创新,推动残疾人事业加快发展,努力让残疾人共享我国经济社会发展成果。要进一步动员全社会力量参与残疾人事业,营造全社会理解、尊重、关心、帮助残疾人的浓厚氛围;进一步完善残疾人权益保障制度,实现残疾人政治、经济、社会、文化等平等权利;进一步做好残疾人基本公共服务,完善中国特色残疾人基本救助、社会福利、康复服务、教育就业等制度;进一步激励残疾人自强精神,促进残疾人的广泛参与、充分融合和全面发展;进一步健全中国特色残疾人事业的体制机制,努力开创残疾人工作新局面。

国务委员王勇主持大会。会上,中国残疾人联合会有关负责人介绍了全国"自强与助残"活动开展情况。有关部门负责人宣读表彰决定,授予朱彦夫、周月华等165名残疾人"全国自强模范"称号,表彰中央人民广播电台新闻节目中心专题部《残疾人之友》栏目组等100个全国助残先进集体、孙茂芳等100名全国助残先进个人、哈尔滨道里区残疾人联合会等100个"残疾人之家"和张扬等33名全国残联系统先进工作者称号。大会向获奖者代表颁发了奖章、奖牌和证书。

不懈追求、实现人生理想的盲人教师韩颖,舍身排险、坚持奋战在国防一线的伤残军人张洪峰,扎根基层、被誉为最美乡村医生的周月华,大爱无私、把智障残疾人当作亲人的福利厂厂长易勤分别做了发言。

马凯、赵乐际、栗战书、杨晶参加会见。张平、王勇、张庆黎和中央军委委员张阳参加会见并出席大会。

二、会议文件

张海迪在表彰大会上的报告:全国"自强与助残"活动开展情况介绍 2014年5月16日

尊敬的张高丽副总理,各位领导,亲爱的同志们:

今天,国务院残疾人工作委员会、人力资源和社会保障部、中央宣传部、解放军总政治部和中国残疾人联合会共同召开第五次全国自强模范暨助残先进集体和个人表彰大会。刚才,习近平总书记等党和国家领导同志亲切接见了与会代表,习近平总书记发表了鼓舞人心的重要讲话;中共中央政治局常委、国务院副总理张高丽同志出席大会,稍后还将做重要讲话。这些都体现了党中央、国务院对残疾人事业和自强与助残表彰活动的关心和重视。受大会主办单位委托,我向大家介绍自强与助残活动的开展及此次表彰工作的有关情况。

随着国家经济发展和社会文明进步,残疾人的生活状况不断改善,平等参与的程度不断提高;残疾人自强不息,艰苦奋斗,为社会奉献自己的力量;无数志愿者热心帮助残疾人,让我们的生活充满温暖和感动。1991年至2009年,国务院残疾人工作委员会、人力资源和社会保障部、中央宣传部、解放军总政治部和中国残疾人联合会先后四次召开全国自强与助残表彰大会,隆重表彰了吴运铎、王树明等587名自强模范、717个助残先进集体和个人、333个残疾人之家、127名全国残联系统先进工作者。这些自强模范和助残先进的事迹,展现了残疾人积极向上的精神追求,展现了社会良好的道德风尚。开展自强与助残活动,表彰自强模范和助残先进,进一步弘扬了人道主义思想,对于培育和践行社会主义核心价值观具有重要意义。

2009年以来的五年,残疾人事业取得了令人瞩目的新成就,全社会理解、尊重、关心、帮助残疾人的社会氛围日益浓厚。越来越多的残疾人在党和政府的关心、社会各界的支持下,自强自立,不懈奋斗,在祖国建设的各条战线上发奋图强、建功立业。残疾人自强不息的事迹,传承了勇敢坚强的民族品格,彰显了奋发进取的时代精神。

困境是生命的障碍,而自强不息是超越困境的精神。哪里有顽强的精神,哪里就有通往希望的道路。残疾人的奋斗让人们更深刻地理解了生命的本质,勇敢坚强地生活才更有意义。无论健康还是残疾,对待困难都要有无畏的精神、乐观的态度、必胜的信念和决心。每个国家、每个民族都有自己的英雄,有伟大的英雄,也有平凡的英雄,他们共同的特点就是勇于战胜困苦,而不是惧怕困难甚至退缩。在残缺和困境面前,他们让一切不可能变得可能。

五年来,助残活动的社会意识明显增强,越来越多的爱心人士加入到帮助残疾人的队伍中来。很多企事业单位为残疾人提供了就业帮扶和技术支持;很多社会组织为残疾人提供康复、教育、文化、法律援助等服务,覆盖城乡的志愿助残组织网络基本形成,为助残工作持久推进提供了组织保障。多样化的助残服务更加贴心,志愿者深入城乡社区,把关怀帮助送到残疾人身边:"手拉手红领巾助残"薪火相传,"青年志愿助残"播撒阳光,"邻里守望——让志愿服务走进每个残疾人家庭"温暖人心。

五年来,国务院残疾人工作委员会、人力资源和社会保障部、中央宣传部、解放军总政治部、中国残疾人联合会等部门和单位,采取一系列举措推进自强与助残活动。国务院残疾人工作委员会每年组织开展"全国助残日"活动,国务院领导同志与各成员单位负责同志深入基层走访慰问残疾人,对残疾人工作给予指导、提出要求。中央宣传部、中央文明办把爱心助残作为社会主义先进文化建设、社会主义核心价值观培育、文明创建工作的重要内容,关心残疾人、支持残疾人事业逐步成为社会文明进步的重要标志。人力资源和社会保障部等部门在劳动模范等评选表彰中,推出了一批自强与助残先进典型,引起了广泛的社会反响。解放军总政治部不仅关心伤残军人的发展进步,并且把助残活动作为军民共建的重要内容,和平建设时期的人民子弟兵成为一支不可或缺的助残力量。中国残疾人联合会等部门和单位共同开展"志愿助残阳光行动",通过开展科技和文化助残,进一步充实了这一活动的内涵。

五年来,自强与助残活动深入开展,成绩显著,为这次表彰奠定了坚实广泛的社会基础。主办单位高度重视评选表彰工作,做出了周密部署。被表彰人选和候选单位经过县市两级人民政府残疾人工作委员会逐级申报,各省、自治区、直辖市人民政府残疾人工作委员会审核推荐。相关人选按有关规定分别征求了职工大会和组织、纪检监察、人力资源和社会保障、安全生产、税务、环境保护、计划生育等部门的意见,并在本单位(地区)和全省进行了公示。领导小组严格履行相关程序,报请国务院残疾人工作委员会第二次全体会议审定,差额评选出"全国自强模范"165名、"全国残联系统先进工作者"33名,评选出"全国助残先进集体"100个、"全国助残先进个人"100名、"残疾人之家"100个。

这次评选工作坚持面向基层、贴近群众,在组织评选的过程中,广泛听取了各方面的意见,严格遵照程序,执行"两审三公示"制度,切实按照自下而上、逐级推荐、差额评选、民主择优的方式进行,评选出的先进典型可信可亲可敬可学,得到了残疾人的充分认可和社会各界的普遍赞誉。

这次表彰的"全国自强模范",残疾类别更加合理均衡,较前四届相比学历水平又有提高,职业分布更加广泛,代表性进一步增强。有"全国劳动模范"、"五一劳动奖章"获得者、"全国三八红旗手"、"五四青年奖章"获得者,有工业农业、科技教育、文化卫生、体育等各条战线上取得优异成绩的先进工作者,更有长期在基层默默无闻的劳动者。他们当中有在朝鲜战场身负重伤,回村带领全村群众脱贫致富的老英雄朱彦夫;有拄着双拐20多年如一日,翻山越岭热心为群众治病的乡村医生周月华;有重残卧床60年却笔耕不辍,《钢铁是怎样炼成的》译者、文学翻译家王志冲;有双腿瘫痪,却热爱学习,用双手倒立行走也要去上学的少年颜玉宏。在他们身上充分体现出残疾人自强不息的精神和顽强不屈的意志,这也是中华民族的美德。

受表彰的"全国助残先进集体和个人"包括党政机关、企事业单位、志愿者和社会组织、解放军武警部队等。这些助残先进长期支持残疾人工作,解决残疾人实际困难,雪中送炭、雨中送伞,受到人民群众的好评。受表彰的"残疾人之家"直接为残疾人提供贴心服务,满足残疾人迫切需求,得到残疾人的信赖。受表彰的"全国残联系统先进工作者",恪守"人道、廉洁、服务、奉献"职业道德,长期工作在艰苦的基层,勤奋敬业、全心全意为残疾人服务,在平凡的工作岗位上创造出不平凡的业绩。受表彰的自强与助残先进典型,是全国8500万残疾人的杰出代表,是关心支持残疾人事业发展并做出突出贡献的社会各界的同志和朋友,他们的感人事迹凝聚着时代精神,闪耀着人道主义的光芒。

今天的表彰大会，是五年来自强与助残活动丰硕成果的集中展示，是五年来残疾人事业发展显著成就的重要体现。刚才，习近平总书记在讲话中深刻阐述了新时期残疾人事业发展的重要意义，高度评价了自强模范、助残先进的优秀品质和模范行动，对残疾人事业发展提出了殷切希望和明确要求。

我们要坚决贯彻落实习近平总书记重要指示，及时传达表彰大会精神，在全社会更加广泛和深入地弘扬人道主义思想，让全社会更加关心残疾人，爱他们如兄弟姐妹，帮助他们铸就美好梦想；各级残联要努力提高为残疾人服务的能力和水平，为残疾人平等、参与、共享美好生活创造更好的条件。只要有自强不息的精神，我们的理想就一定能实现；只要有坚定的目标，我们就一定能走向美好的未来！

三、表彰决定及表彰名单

国务院残疾人工作委员会关于表彰全国自强模范暨助残先进集体和个人的决定

残工委发〔2014〕4号

各省、自治区、直辖市人民政府残工委，新疆生产建设兵团残工委，国务院残工委各成员单位，中央直属机关工委、中央国家机关工委：

2009年第四次全国自强与助残表彰大会以来，在发展中国特色残疾人事业、实现中华民族伟大复兴中国梦的进程中，涌现出一大批残疾人自强模范、助残先进集体和个人。这些自强模范热爱祖国，自强不息，不畏艰难，超越自我，以不屈的意志和非凡的业绩，深刻诠释了生命的真谛和价值，成为伟大的民族精神和时代精神的生动写照。助残先进集体和个人发扬人道主义精神，传承扶弱济困传统美德，以真诚博爱的情怀和无私奉献的精神，理解尊重残疾人，倾力帮助残疾人排忧解难、改善生活、融入社会，用实际行动倡导文明进步和互助友爱的社会新风。

为大力表彰宣传全国自强模范、全国助残先进集体和个人的先进事迹，进一步激励广大残疾人发扬自强不息精神，为中国特色社会主义现代化建设做出新的贡献；大力弘扬人道主义思想和中华民族传统美德，营造全社会关心帮助残疾人的良好氛围，促进残疾人事业在新的起点上加快发展，国务院残疾人工作委员会决定，表彰一批全国自强模范暨助残先进集体和个人，授予朱彦夫、周月华等165名残疾人"全国自强模范"荣誉称号，授予中央人民广播电台新闻节目中心专题部《残疾人之友》栏目组等100个集体"全国助残先进集体"荣誉称号，授予孙茂芳等99名同志"全国助残先进个人"荣誉称号，追授李次元同志"全国助残先进个人"荣誉称号，授予哈尔滨市道里区残疾人联合会等100个单位"残疾人之家"荣誉称号，授予张扬等33名残疾人工作者"全国残联系统先进工作者"荣誉称号。希望受到表彰的自强模范和助残先进集体、先进个人珍惜荣誉，谦虚谨慎，再接再厉，争取新的更大的成绩。

全国广大残疾人、残疾人工作者和社会各界，要以受表彰的自强模范和助残先进为榜样，高举中国特色社会主义伟大旗帜，以邓小平理论、"三个代表"重要思想、科学发展观为指导，深入贯彻落实党的十八大和十八届二中、三中全会精神，培育并践行社会主义核心价值观，自强不息，团结互助，扎实工作，推动残疾人共享我国经济社会发展成果，帮助残疾人在实现中华民族伟大复兴中国梦中实现自己的人生理想做出更大贡献。

附件：1. 全国自强模范名单
2. 全国助残先进集体名单
3. 全国助残先进个人名单
4. 残疾人之家名单
5. 全国残联系统先进工作者名单

国务院残疾人工作委员会
2014年5月8日

附件1

全国自强模范名单
（共165名）

北京市

李　楠（肢残，女）	朝阳区望京李楠社会工作事务所所长	
袁艳萍（盲，女）	盲人柔道运动员	
刘　岩（肢残，女）	北京舞蹈学院教授	
梁小昆（聋，彝族）	北京电影学院教师	

天津市

顾金忠（肢残）	滨海新区公安局大港分局海滨派出所一级警督
蔡　成（盲）	春华秋实家政服务有限公司经理
李振环（肢残）	振环美容美发造型有限公司经理
孙少忠（肢残）	保农利生物技术有限公司董事长

河北省

王胜德（肢残）	承德市兴达涂装设备有限公司董事长
单海军（盲，回族）	张家口市特殊教育学校教师
管海平（聋）	秦皇岛市特殊教育学校教师

王元顺（肢残）　廊坊市圣沅残疾人职业培训中心校长
崔彦峰（肢残）　轮椅竞速运动员
王志华（盲）　北京秦和汇丰文化传播有限公司声乐演员

山西省
王贵明（肢残）　太原市杏花岭区杨家峪街道东沟村党支部书记
魏忠国（肢残）　太原市三桥职业培训学校校长
邓延满（盲）　省特殊教育中等专科学校教务科副科长
李倩倩（聋，女）　晋城市特殊教育中心学校教师

内蒙古自治区
郭二玲（肢残，女）　呼和浩特市玉泉区司法局法律援助中心律师
臧彩楼（肢残）　牙克石市华泰饮品有限公司总经理
陈士庆（肢残，回族）　内蒙古独伊佳食品有限公司董事长
王东（盲，女，回族）　满洲里市圆梦缘盲人按摩院医师

辽宁省
赵学良（肢残）　辽宁人民出版社总编辑助理
王世春（肢残）　大连通发电子有限公司董事长
李丽娟（肢残，女）　阜新市肢残人志愿助残大队队长
曹汉平（肢残）　辽阳格瑞包装制品有限公司董事长
陈国财（聋）　调兵山市兴业生猪养殖专业合作社主任
艾喜明（盲）　建平县博爱学校教师

吉林省
王琦（盲）　沈阳军区第16集团军长春干休所主治医师
杜顺（肢残）　长岭县大兴镇万福村小学教师
吕言（聋）　东丰县文化广播新闻局农民画创研员
王相刚（肢残）　敦化市明星特产科技开发有限责任公司董事长

黑龙江省（垦区）
崔连和（聋）　齐齐哈尔信息工程职业技术学校校长
赵祥山（肢残）　哈尔滨天手食品有限公司总经理
王增强（肢残）　佳木斯市公安局刑侦大队侦查员
林晓菊（盲，女）　鸡西残疾人联合按摩医院院长
马才锐（肢残，女）　农垦总局红兴隆管理局852农场场直管理区宣传报道员

上海市
吴建寅（聋）　市隧道工程轨道交通设计研究院工程师
韩颖（盲，女）　市实验学校附属小学教师
黄胜利（肢残）　黄氏鹿业专业合作社主任
金婉（肢残，女）　华东师范大学艺术设计专业学生
王志冲（肢残）　市作家协会、翻译家协会会员

江苏省
张旭东（聋）　常州市聋人学校教师
施玉其（肢残）　张家港市申港环保设备制造有限公司董事长
朱桂英（盲，女）　原南通市食品二厂退休职工
华洪伟（盲）　淮安市清浦区晓华保健按摩中心医师
吴登清（肢残）　盐城市亭湖区吴登清中医诊所中医师
莫非（聋）　兴化市长安装潢装饰设计服务中心经理

浙江省
王海英（肢残，女）　温州金算盘财务管理有限公司董事长
朱丽华（盲，女）　嘉兴市南湖区丽华推拿诊所所长
王志丽（肢残，女）　绍兴王氏纸业包装有限公司董事长
楼宝（肢残）　省海洋水产研究所养殖研究室主任
陈建毅（聋）　青田县建毅石雕艺术馆艺术总监

安徽省
包世陵（盲）　铜陵市包世陵中医推拿诊所所长
陶广军（盲）　蚌埠市龙子湖区来康盲人推拿院按摩师
席晓静（聋，女）　蒙城县特殊教育学校教师
石宏林（聋）　马鞍山市特殊教育学校教师
韩明道（肢残）　全椒县瓦山林场护林员
纪建宇（肢残）　巢湖市防伪印章厂厂长

福建省
郭劲旺（肢残）　厦门市鹭艺轩工贸有限公司总经理
杨丽婉（肢残，女）　残疾人田径运动员
江华（盲）　三明市梅列区华一盲人推拿所按摩师
吴秀凤（聋，女）　南平市延平区紫云街道居民
柯金伟（智残）　特奥柔道运动员

江西省
熊俊（肢残）　南昌银行股份有限公司科技支行行长
聂顺金（盲）　昌南建设集团有限公司总经理
徐裕（肢残）　锦裕机械制造股份有限公司董事长
胡晓云（聋，女）　江中制药（集团）有限责任公司内务专员

山东省

朱彦夫	（肢残）	沂源县西里镇张家泉村原党支部书记
朱清毅	（盲）	烟台朱葛软件科技有限公司总经理
刘云龙	（肢残）	淄博市共享阳光陶瓷艺术研究中心主任
李宪庆	（肢残）	济宁天久工贸公司董事长
曲洪波	（聋）	青岛市中心聋校教师
卢　林	（肢残）	省立医院副主任医师
魏丕国	（肢残）	华通磁电设备有限公司经理
高伯良	（肢残）	奋飞律师事务所主任

河南省

马俊欣	（肢残）	郏县人民检察院检察员
王绍军	（肢残，回族）	万隆实业有限公司总经理
王伟立	（肢残）	省残疾人企业家协会秘书长
汪功顺	（肢残）	新县功顺实业有限责任公司董事长
王洪生	（肢残）	郸城县新潮职业中等专业学校校长
毛德身	（盲）	新乡市康复医院副院长
陈鹏宇	（聋）	桐柏县文化广电新闻出版局美工

湖北省

周明炎	（肢残）	联乐集团总裁
颜昌玉	（盲）	布耐德（宜昌）健康服务有限公司董事长
马　君	（肢残）	随州市曾都区政君农牧养殖专业合作社理事长
董玉清	（肢残）	荆门日报传媒集团记者
方俊明	（肢残）	武汉市武昌区徐家棚街"阳光家园"名誉园长
向书博	（聋，土家族）	恩施土家族苗族自治州昂凡发型工作室艺术总监

湖南省

谭秋云	（肢残）	湖南安信联合会计师事务所主任会计师
卓名跃	（肢残，土家族）	湖南水总水电建设集团有限公司张家界分公司负责人
周尚华	（肢残）	益阳市衡益彩印包装有限公司董事长
胡诗词	（肢残）	常德市春华广告策划有限公司董事长
阳梦觉	（盲）	娄底市新化康复按摩医院院长
孙　霞	（聋，女）	长沙魔豆服饰有限公司总经理

广东省

林爽英	（肢残，女）	增城市作家协会副主席
林小敏	（肢残，女）	惠东县励志电脑职业培训学校校长
刘智聪	（肢残）	东莞市裕杨纸品实业有限公司董事长
杜金沛	（肢残）	华南农业大学副教授
李良雄	（肢残）	揭阳市揭东区玉滘镇饶美村养鸡场个体经营者
陈丙惠	（盲）	湛江市坡头区益紫城酒店总经理
吕伟涛	（肢残）	海丰县海陆通辅具用品有限公司董事长

广西壮族自治区

谭士熙	（盲）	柳州市士熙保健按摩院院长
黄梦萍	（聋，女）	残疾人体育钦州训练基地教练
马　霄	（肢残，壮族）	百色市公安局禁毒支队民警
包学雄	（肢残，瑶族）	广西民族大学管理学院教授

海南省

吴海龙	（盲）	康宝龙盲人按摩中心按摩师
洪志功	（肢残）	海口快报亭个体经营者

重庆市

周月华	（肢残，女）	北碚区柳荫镇西河村卫生室医生
周　娟	（聋，女）	梁平县特殊教育学校党支部书记
陈　冰	（肢残）	市公安局北部新区分局刑事警察支队民警
郑建伟	（盲，土家族）	英国埃塞克斯大学英语专业在读学生
刘坤贤	（肢残）	巫溪县高楼乡新田村小学教师

四川省

侯方杰	（肢残）	营山县碑垭口社区卫生服务中心医生
杨　彬	（肢残）	巴中市巴州区水宁寺镇枇杷村党支部书记
董　超	（肢残）	四川陆上运动学校射击运动员
黄　莉	（肢残，女）	都江堰市心启程残疾人爱心服务站理事长
胡　林	（肢残）	当代青年书画家协会口书画家
景　锐	（聋）	乐山市特殊教育学校教师
陈　勇	（盲）	四川残疾人艺术团声乐演员
颜玉宏	（肢残）	屏山县屏山镇福和希望小学学生

贵州省

吴青箐	（肢残，女）	遵义市地方志办公室地情资料编研科科长
商桂生	（盲）	贵阳市商吉盲人按摩中心主治医师
张　邺	（肢残）	安顺市西秀区彩虹公益协会副会长
符治和	（肢残）	安龙县金草中药种植农民专业合作社主任

云南省

李明飞	（肢残）	昆明创建房屋拆迁有限公司总经理

廖健朝（盲）　玉溪市高新区健朝按摩院按摩师
邓成菊（聋，女，白族）　华坪县船房乡养殖专业户
杨国旺（肢残）　弥渡县甜咪咪婴幼儿用品制造
　　　　　　　　有限公司董事长
字富春（肢残，彝族）　凤庆县茶家寨种茶专业户

西藏自治区
罗　桑（肢残，藏族）　仁布县仁布乡农牧民建筑队
　　　　　　　　经理
拉果次仁（肢残，藏族）　贡嘎县杰德秀镇
　　　　　　　　个体经营者

陕西省
李辉民（肢残）　陕西光辉进口汽车服务有限公司
　　　　　　　　总经理
高旭东（肢残）　延安东昊混凝土工程有限公司
　　　　　　　　董事长
贾双登（聋）　福利双登皮鞋厂厂长
张少全（盲）　汉中市汉台区张少全盲人按摩中心
　　　　　　　　主任
张雷武（肢残）　米脂县美协主席

甘肃省
刘大铭（肢残）　西北师范大学附属中学
　　　　　　　　北辰人文实验班学生
刘文新（盲）　兰州市七里河区盲人按摩中心主任
李晓梅（肢残，女）　甘肃田地农业科技
　　　　　　　　有限责任公司总经理
王旭东（肢残）　省社会科学院社会政策与救助
　　　　　　　　研究中心主任
王珺玲（聋，女）　省残疾人艺术团指导老师

青海省
郑磷挺（肢残）　西宁市城北区中医院副院长
师延兴（肢残）　互助县威远镇师延兴工作室主任

宁夏回族自治区
王　辉（肢残，回族）　宁夏伟帝珍品有限责任公司
　　　　　　　　董事长
杨晶岚（肢残，女，回族）　吴忠市金瑞清真食品
　　　　　　　　有限公司总经理

新疆维吾尔自治区
肉孜阿吉·买买提（盲，维吾尔族）　喀什市肉孜阿
　　　　　　　　吉推拿部主任
田庆能（肢残）　精河县初级中学教研室主任
阿巴合·再努拉（肢残，哈萨克族）　哈巴河县加依
　　　　　　　　勒玛乡西玛依
　　　　　　　　沙斛村党支部
　　　　　　　　书记
马　斌（肢残，回族）　天山骄子食品有限责任公司
　　　　　　　　董事长

新疆生产建设兵团
韩志伟（聋）　第一师八团加工厂工人
王秀芝（肢残，女）　第八师一四八团特色养殖
　　　　　　　　示范基地主任

解放军（武警）
周湘虎（盲）　中国人民解放军63810部队地面设备站
　　　　　　　　工程师
阳　鹏（肢残）　中国人民解放军91991部队后勤部
　　　　　　　　助理员
钟　旺（肢残）　中国人民解放军95936部队54分队
　　　　　　　　班长
赵良科（肢残）　黑龙江省青冈县人民武装部副部长
张洪峰（肢残）　中国人民解放军68303部队副参谋长
王　刚（盲）　中国人民解放军71217部队医院
　　　　　　　　主治医师
岳景洲（肢残）　中国人民解放军75240部队85分队
　　　　　　　　班长
杜茂江（肢残）　云南省昆明警备区政治部干事
赵红艳（肢残，女）　武警后勤学院附属医院主治医师

中央单位
郑　磊（肢残）　中国国际广播电台主任编辑
李明生（肢残）　中国出版集团公司人民文学出版社
　　　　　　　　有限公司编审
尹大建（肢残）　外交部一等秘书（退休）
王向明（肢残）　中国人民大学马克思主义学院教授

附件2

全国助残先进集体名单
（共100个）

北京市
安利（中国）日用品有限公司北京分公司
首都图书馆　星海钢琴集团有限公司

天津市
三力异型胶带厂　西泰家政服务有限责任公司
静海县大邱庄镇津美街

河北省
长城汽车股份有限公司　东光县暖伞助残协会
省地方税务局社保费管理处　邢台市慈善总会启民义工

山西省
山西焦煤西山煤电（集团）有限责任公司
亚宝药业集团股份有限公司
吕梁市残疾人职业技能学校

内蒙古自治区
自治区红十字会包头朝聚眼科医院
赤峰金钥匙按摩职业技术学校
鄂尔多斯市地方税务局康巴什新区分局

辽宁省
鞍钢民政企业公司　本溪市导盲义工队
抚顺石化北天远天公司
吉林省
白城中心医院　吉林神华集团有限公司
松原市二马泡有机农业开发有限公司
长春心语志愿者协会
黑龙江省（垦区）
海伦市七彩梦工艺美术品制作有限公司
齐齐哈尔市第一医院
黑龙江伊瑷斯霖电子音响有限公司
农垦总局九三管理局尖山农场
上海市
嘉定区嘉定镇街道阳光彩虹社工事务所
上海海阳老年事业发展服务中心
奉贤区农业技术学校
江苏省
南京理工出版信息技术有限公司
徐州市心缘志愿者服务中心　镇江市特教中心
浙江省
杭州唯一织造厂　宁波市81890光明俱乐部
浙江君飞纺织有限公司
安徽省
省住房和城乡建设厅村镇规划与建设处
芜湖县湾沚镇人民政府
福建省
祥恒（莆田）包装有限公司
漳州市扶残助残志愿服务指导中心
江西省
省地方税务局直属分局　上饶市公安消防支队
山东省
省卫生和计划生育委员会医政医管处
威高集团有限公司　青州市地方税务局
德州市德城区人民检察院
河南省
开封市兄弟宋绣有限公司　夏邑县地方税务局
郑州市圆方社工服务中心
中国石化集团公司中原油田
湖北省
十堰市法律援助中心　孝感市义工联合会
宜昌公交集团103路车队
湖南省
怀化市鹤城区城中街道办事处
长沙市远征机动车驾驶员培训学校
广东省
汕头市存心慈善会　河源市女企业家协会
梅州市大埔漳联瓷业有限公司
中山市助残志愿者（义工）服务总队
广西壮族自治区
崇左市人民医院　自治区财政厅社会保障处
桂林新华电脑职业技术学校
海南省
省扶残助残爱心协会　五指山市地方税务局
重庆市
市财政局社会保障处　市就业服务管理局
四川省
成都彩虹电器（集团）股份有限公司
川渝中烟工业有限责任公司　五粮液股份有限公司
中铁二局集团有限公司　共青团南充市委员会
贵州省
贵阳市爱心助残志愿者服务队　铜仁玉昆中专
云南省
宏灿冶金炉料有限公司　永金食品加工有限公司
西藏自治区
自治区司法厅法律援助中心
陕西省
省广播电视台新闻中心　蒲城县民生资源中心
甘肃省
金昌鼎立石灰有限责任公司
天祝县残疾人托养服务中心
青海省
民和县川口镇川垣社区
宁夏回族自治区
宁夏住宅建设发展（集团）有限公司
中国人民武装警察部队宁夏回族自治区总队医院
新疆维吾尔自治区
新疆旅游出租汽车集团公司雷锋车队
新世纪服装有限责任公司
新疆生产建设兵团
第六师芳草湖农场
解放军（武警）
信息工程大学地理空间信息学院学员2大队3队
中国人民解放军95959部队航空修理厂63分队
第二炮兵指挥学院通信系学员10队
成都军区总医院康复医学科
中央单位
人民出版社公共事业编辑部
中央电视台综艺频道《星光大道》栏目组
中央人民广播电台新闻节目中心专题部
　　《残疾人之友》节目组
中国国际图书贸易集团公司北京外文出版纸张公司
中国教育科学研究院心理与特殊教育研究中心

人力资源和社会保障部工伤保险司待遇处
中国红十字基金会专项基金管理部
国家体育总局群众体育司健身设施处
中国银行业协会
交通银行"通向明天——残疾青少年助学计划"
　　项目组

附件3

全国助残先进个人名单

（共100名）

北京市
连奕名（回族）　海润影视制作有限公司
　　　　　　　　连奕名工作室导演
吴　静（女）　北京电视台新闻记者
天津市
崔洪金　安达集团股份有限公司董事长
郑　伟　市和平文化宫副主任
河北省
范小虎　省人力资源和社会保障厅主任科员
李保东　唐山市泽保润滑油脂有限公司经理
杨凤坡　张家口市塞北化工有限公司总经理
山西省
葛才贵　灵丘县白崖台乡政府报告员、司法所长
王维银　昔阳县四通工贸公司董事长
张三虎　阳泉市广鑫源耐火材料有限公司董事长
内蒙古自治区
敖其尔（蒙古族）　中国人民银行内蒙古巴彦淖尔市
　　　　　　　　　中心支行主任科员
马　静（女，蒙古族）　乌兰浩特市永利网绳
　　　　　　　　　　　有限责任公司董事长
史占花（女）　化德县长顺镇高炉街个体从业者
辽宁省
张　波　沈阳市广宏波造纸技术研发有限公司董事长
宋彩凤（女）　瓦房店市"阳光家园"残疾人
　　　　　　　托养中心负责人
刘官棠　云舒律师事务所主任
吉林省
胡艳苹（女）　九台市善满家园智障人康复托养中心
　　　　　　　园长
吴基哲（朝鲜族）　汪清县百草沟镇凤林村党支部
　　　　　　　　　书记
黑龙江省（垦区）
贾秀芳（女）　哈尔滨市博能汽车销售有限公司
　　　　　　　董事长
胡艳丽（女）　双鸭山市心愿脑瘫康复幼儿园园长
孙东升　青冈县华夏有限责任公司董事长
吴向东　黑龙江北大荒农业股份有限公司宝泉岭分公司
　　　　总经理
上海市
陈东珍（女）　市教育委员会调研员
郭海瑛（女）　普陀区启星学校校长
黄吉人（女）　市南中学退休教师
江苏省
高志刚　扬州灯泡有限公司董事长
葛华钦　南京市溧水区特殊教育学校校长
马宁一　兴文包装有限公司董事长
浙江省
蒋春凌（女）　诸暨市特殊教育学校校长
林加帅　温州市快乐之本社工服务中心社长
陈国水　磐安县新渥镇麻车下村个体从业者
安徽省
吴章友　省立医院主任医师
凤良龙　宿州市埇桥区人民法院院长
高　峰　广德县残联艺术团团长
福建省
黄陈宝　宁德市蕉城区赤溪镇黄田村民委员会主任
邱汉成　龙岩市新罗区南城街道溪南社区居委会主任
占喜乐（女）　武夷山市喜乐制衣有限公司董事长
江西省
刘霁川　湖口县劳动就业管理局局长
万大海　抚州市地方税务局税政二科科长
黄宇平　赣州市地方税务局副局长
李海涛　湘东供电公司客户中心营业班班长
山东省
杨　璐　山东广播电视台新闻中心副主任
辛兴芬（女）　莒县福利服装加工厂厂长
刘思文　滨州市地方税务局副局长
邹建华　聊城市鑫大变压器有限公司董事长
河南省
崔福玲　郑州市青龙山温泉疗养院董事长
贾道英（女）　邓州市聋儿语训中心主任
宋兆普　汝州市金庚康复医院院长
周运杰　圣光投资集团股份有限公司董事长
湖北省
易　勤（女）　武汉市东方红食品有限公司负责人
陈锐来　凤县博爱超市总经理
李广佳　宜昌市学雷锋协会创始人
杜　红　宜昌市特殊教育学校校长
湖南省
龚少雄（土家族）　张家界市地方税务局副局长
刘　晓（女）　长沙市开福区博爱凤亭家园主任
周江林　湘雅博爱康复医院院长

广东省
陈美璃（女）　广州青年志愿者协会启智服务总队项目负责人
郑汉明　深圳市汕头商会会长
梁健玲（女）　江门市蓬江区恒爱社会工作综合服务中心总干事
黄景欣　强盛陶瓷玻璃有限公司董事长
广西壮族自治区
李次元　桂林市华洋果蔬种植农民专业合作社职工
唐翠玉（女，壮族）　大化瑶族自治县六也乡茶油村村民
王　芳（女）　南宁市西乡塘区安琪之家康复教育活动中心理事长
李旺兰　玉林市正菱汽车配件有限责任公司董事长
海南省
李　木　海南广播电视总台新闻广播新闻中心副主任
重庆市
毕富纯　市群众艺术馆馆长
孔祥麟　祥瑞实业（集团）有限公司董事长
张　爽　远大印务有限公司董事长
四川省
宫冠英　省残疾人服务外包就业（实训）基地主任
皇甫志友　省青年创业就业基金会理事
何艾晋　北川县北川育子园培智学校校长
胡　斌　成都市武侯区善工家园助残中心项目监管主任
贵州省
陶光跃　赫章县夜郎农资有限公司董事长
赵小平　黔东南苗族侗族自治州天使聋儿语言康复中心主任
朱大清　威宁县麻乍乡新水村党支部书记
云南省
高开洪　长城建筑安装有限公司副总经理
李福美（女）　保山市广播电视台栏目策划
赵新民（纳西族）　香格里拉县康巴新民酒业有限公司董事长
西藏自治区
杨国辉　日喀则市第一中学校长
边巴罗布（藏族）　日喀则地区司法处法援科副科长
陕西省
芦君玲（女）　铜川市耀州区孙塬镇孝西村振兴砖厂厂长
宋虎杰　西安中医脑病医院院长
甘肃省
芦家驹　兰州市歌舞剧院导演
张荣庆　庆阳市特殊教育学校校长

青海省
江巴叶西（藏族）　称多县羊羔花民族服装裁缝培训中心主任
王　莉（女）　西宁市儿童福利院院长
宁夏回族自治区
宋海涛　自治区民政厅社会福利和社会事务处处长
新疆维吾尔自治区
冯银燕（女）　伊宁市达达木图乡退休教师
马国文　祥达世纪建设有限公司董事长
新疆生产建设兵团
唐怀东　个体从业者
解放军（武警）
王　文　中国人民解放军总医院南楼临床部政治部干事
臧春雨　中国人民解放军65811部队94分队分队长
孙茂芳　北京军区总医院原副政委
王留杰　中国人民解放军71352部队19分队管理员
刘方刚　中国人民解放军第359医院骨科主任
中央单位
张桂云（女，回族）　人民日报社机关党委副调研员
张　颖（女）　中国电影科学技术研究所综合办公室副主任
姚爱萍（女）　国家体育总局群众体育司活动处调研员
曾荣汉　香港红十字会假肢矫型顾问
陈　功　北京大学人口研究所副所长

附件4

残疾人之家名单
（共100个）

北京市
市残疾人体育训练和职业技能培训中心
顺义区北小营镇"百合之家"
朝阳区大柳树精神病康复中心
北京联合大学特殊教育学院
北京瓷娃娃罕见病关爱中心
天津市
滨海新区塘沽残疾人服务中心　和平区聋人协会
河北区第五幼儿园　河东区残疾人联合会
河北省
保定市易通光伏科技有限公司　涉县残疾人联合会
石家庄市残疾人服务业协会
山西省
怀仁县特殊教育中心　临汾市残疾人职业培训学校
闻喜县残疾人托养中心
内蒙古自治区
通辽市科尔沁区残联

呼和浩特市新城区西街街道办事处西落凤社区残疾人协会
自治区聋儿听力语言康复中心

辽宁省
辽宁特殊教育师范高等专科学校
沈阳市残疾人服务中心　营口市残疾人康复中心

吉林省
白山市浑江区残疾人联合会
四平市铁西区站前街道中兴社区
通化市残疾人康复中心

黑龙江省（垦区）
哈尔滨市道里区残疾人联合会
黑龙江长江木业有限公司　大庆油田残疾职工服务中心
垦区残疾人劳动就业服务管理中心

上海市
宝山区罗店镇"阳光家园"　静安区"阳光家园"
青浦区练塘镇大新村残疾人协会

江苏省
常州市钟楼区残疾人益智园暨荷花池街道残疾人庇护所
南京市建邺区兴达社区残疾人文化活动站
宿迁市宿豫区特殊教育学校
泰州市残疾人就业服务中心

浙江省
杭州市西湖区古荡街道"仁爱家园"工疗站
临海市残疾人劳动就业服务所
丽水市残疾人康复指导中心

安徽省
合肥市残疾人康复中心
安庆市残疾人康复研究和辅助器具适配中心
阜南县残疾人联合会

福建省
省残疾人体育运动管理中心
福州市台江区"福乐家园"
厦门市博爱康复中心

江西省
乐秋康复中心
景德镇市残疾人陶艺就业培训中心
丰城市精神和智力残疾人托养服务中心

山东省
山东科大中天安控科技有限公司
临沂市残疾人康复中心
济南市"我的兄弟姐妹"爱心驿站
烟台市芝罘区残疾人联合会

河南省
商丘市梁园区残疾人联合会
濮阳市残疾人康复教育中心
许昌市残疾人就业服务中心
郑州市管城回族区残疾人康复教育中心

湖北省
蕲春县特殊教育学校
武汉市武昌区紫阳街"阳光家园"

湖南省
郴州市强华纸业有限公司
长沙市雨花区怡智家园智障人士服务中心
湖南颐而康保健连锁股份有限公司

广东省
深圳市龙岗区坪地街道综合（职业）康复服务中心
茂名市爱心盲人推拿保健中心
佛山市顺德区容桂伍威权庇护工场

广西壮族自治区
北海市残疾人康复培训中心
防城港市自强社区服务中心
贺州市八步区残疾人联合会

海南省
残友信息技术研究院　儋州市残疾人康复综合服务中心

重庆市
大足区龙岗街道残疾人联合会　江北区残疾人联合会
渝中区慧灵职业康复训练中心

四川省
高县残疾人联合会　泸县福集镇清溪社区
四川残疾人艺术团　八一康复中心

贵州省
黔东南苗族侗族自治州民族特殊教育高级中学
盘县残疾人联合会
遵义市汇川区"春晖家园"残疾人康复托养中心

云南省
华夏中等专业学校　省残疾人劳动就业服务中心
昆明市五华区残疾人联合会
兰坪县营盘镇残疾人联合会

西藏自治区
自治区残疾人康复服务中心
自治区残疾人就业服务中心

陕西省
安康市康复托养中心　省聋儿康复中心
柞水县凤凰镇残疾人联合会
武功县红太阳特殊教育康复学校

甘肃省
和政县残疾人联合会　兰州市城关区残疾人联合会
平凉市儿童福利院　天水市特殊教育学校

青海省
省残疾人劳动就业服务中心
西宁市城西区残疾人综合服务中心

宁夏回族自治区

宁夏残疾人互助交流中心　同心县残疾人俱乐部

新疆维吾尔自治区

库车县残疾人康复中心

克拉玛依市克拉玛依区"阳光家园"残疾人托养中心

玛纳斯县残疾人联合会

新疆生产建设兵团

第二师34团"阳光家园"残疾人托养中心

附件5

全国残联系统先进工作者名单

（共33名）

北京市

辛占武（肢残）　延庆县千家店镇残疾人联合会专职委员

天津市

常树亮（肢残，回）　红桥区西沽街道社区残疾人协会专职委员

河北省

王书校　省残疾人劳动服务中心主任

山西省

张国胜（言语）　安泽县马壁乡残疾人联合会专职委员

内蒙古自治区

孙中义　克什克腾旗残疾人联合会理事长

辽宁省

张瑞林　义县残疾人联合会理事长

吉林省

冯艳（肢残，女）　通榆县育才社区残疾人协会专职委员

黑龙江省

许顺爱（肢残，女，朝鲜族）　牡丹江市西安区牡丹社区残疾人协会专职委员

上海市

莫晓东（肢残）　闵行区颛桥镇众安社区残疾人协会专职委员

江苏省

刘翔（女）　无锡市残疾人联合会理事长

浙江省

林亚芬（女）　奉化市残疾人联合会理事长

安徽省

张扬　霍山县残疾人联合会理事长

福建省

林宏辉（女）　东山县残疾人联合会理事长

江西省

刘伟　新余市渝水区残疾人联合会理事长

山东省

孔瑞华（女）　定陶县残疾人联合会理事长

河南省

张银良（肢残）　驻马店市残疾人联合会理事长

湖北省

周华（肢残）　武汉市硚口区残疾人联合会理事长

湖南省

熊慈明　长沙市残疾人联合会理事长

广东省

詹必显　饶平县残疾人联合会理事长

广西壮族自治区

廖萍（女）　来宾市兴宾区残疾人联合会理事长

海南省

黄娟（女）　琼海市残疾人联合会理事长

重庆市

林梅（肢残，女）　永川区残疾人联合会副理事长

四川省

沙马友古（彝族）　雷波县残疾人联合会理事长

贵州省

李刚　遵义县残疾人联合会理事长

云南省

张俊（彝族）　曲靖市残疾人联合会康复科科长

西藏自治区

阿都热玛（回族）　那曲地区残疾人联合会副理事长

陕西省

段寅生　宝鸡市残疾人联合会理事长

甘肃省

苏兰萍（女）　省康复中心医院白内障复明中心主任

青海省

喇玉虎（土族）　德令哈市残疾人联合会理事长

宁夏回族自治区

张惠（女）　石嘴山市大武口区残疾人联合会理事长

新疆维吾尔自治区

周志新　轮台县残疾人联合会理事长

新疆生产建设兵团

余新（女）　第十师残疾人联合会理事长

中国残疾人联合会

杨阳（女）　北京按摩医院医疗按摩工作处助理医士

国务院残疾人工作委员会办公室
2014年5月8日印发

人力资源社会保障部、中国残疾人联合会关于表彰全国自强模范和全国残联系统先进工作者的决定

人社部发〔2014〕35号

各省、自治区、直辖市、新疆生产建设兵团人力资源社会保障厅（局）、残疾人联合会，中央直属机关工委，中央国家机关工委，解放军总政治部：

2009年第四次全国自强与助残表彰大会以来，在党中央、国务院的亲切关怀和地方各级党委、政府及社会各界的大力支持下，全国广大残疾人和残疾人工作者以邓小平理论、"三个代表"重要思想、科学发展观为指导，在实现中华民族伟大复兴中国梦的实践中，自强不息、超越自我，锐意进取、勤奋工作，涌现出一大批事迹感人、具有鲜明时代特征的自强模范和残联系统先进工作者。

为表彰先进，弘扬正气，激励广大残疾人自强自立、拼搏进取，弘扬残疾人工作者勤奋敬业、无私奉献的宝贵精神，促进残疾人事业在新时期新起点上更好更快发展，人力资源社会保障部、中国残疾人联合会决定：授予朱彦夫、周月华等165名残疾人"全国自强模范"荣誉称号，授予张扬等33名同志"全国残联系统先进工作者"荣誉称号。被授予"全国自强模范"和"全国残联系统先进工作者"荣誉称号的人员享受省部级劳动模范和先进工作者待遇。希望受到表彰的自强模范和先进工作者珍惜荣誉，谦虚谨慎，再接再厉，争取新的更大成绩。

全国残疾人和残疾人工作者，要以受表彰的自强模范和先进工作者为榜样，深入贯彻落实党的十八大和十八届二中、三中全会精神，紧密团结在以习近平同志为总书记的党中央周围，高举中国特色社会主义伟大旗帜，以邓小平理论、"三个代表"重要思想、科学发展观为指导，培育并践行社会主义核心价值观，大力弘扬人道主义思想，自强不息、奋勇争先，艰苦奋斗、扎实工作，推动残疾人事业在新的起点上又好又快发展，推动残疾人共享我国经济社会发展成果，帮助残疾人在实现中华民族伟大复兴中国梦中实现自己的人生理想做出更大贡献。

附件：1. 全国自强模范名单（略）
   2. 全国残联系统先进工作者名单（略）

人力资源社会保障部
中国残疾人联合会
2014年5月13日

附录一

自强自立，扶残助困

《人民日报》评论员文章　2014年5月17日

第五次全国自强模范暨助残先进集体和个人表彰大会16日在北京隆重召开。表彰全国自强模范和助残先进，激发残疾人自强自立的拼搏精神，倡导全社会扶残助残的关爱风尚，对营造残疾人事业发展的良好环境，推进公民道德建设和精神文明建设，践行社会主义核心价值观，都具有十分重要的意义。

"残疾人是社会大家庭的平等成员，也是人类文明发展的一支重要力量"，"残疾人完全有志向、有能力为人类社会做出重大贡献"。习近平总书记在会见受表彰代表时的讲话，充分体现了党和政府对残疾人群的真诚关爱，令广大残疾人深受鼓舞、备感振奋。改革开放以来，正是在党和政府关心重视下，在社会各界支持帮助下，广大残疾人自尊、自信、自强、自立，积极融入社会，努力实现价值，赢得了尊重和尊严。残疾人在分享我国经济社会发展成果的同时，也为推进改革发展稳定付出了心血汗水，发挥了重要作用。命运无法选择，面对命运的态度可以选择。尽管不幸的命运使残疾人的工作生活历经磨难，但只要以乐观的心态去面对、以顽强的毅力去拼搏，再大困难也能克服，任何磨难都不可怕。这次受表彰的自强模范中，有毅然放弃优抚待遇，回乡带领乡亲们创业致富的志愿军老兵；有在病榻上自学成才，取得突出业绩的翻译家、作家和发明家；有身残志坚，仍坚持奋战在国防一线的优秀军人；有超越残疾，在各行各业建功立业的普通人。作为广大残疾人的优秀代表，他们以身残志坚、自强自立、百折不挠的精神，演绎着生命的价值和人生的精彩。他们自强不息的精神，就是我们的民族精神、时代精神，也是社会主义核心价值观的具体体现。

人类最崇高的行为是"奉献"，人世间最温暖的力量叫"爱心"。在许多残疾人周围，活跃着一个扶残助残的伟大群体。以助残先进为代表的各界爱心人士用自己的行动，践行社会主义核心价值观，弘扬扶残助困的中华传统美德，他们舍己为人、乐善好施的品德，是助力残疾人放飞梦想的清风，是这个社会强大的正能量。

残疾人事业是崇高的事业。各级党委、政府应当高度重视残疾人工作，大力弘扬人道主义精神，努力为残疾人办好事、办实事，进一步形成平等友爱的人际关系和关心互助的社会环境，让残疾人切实感受到社会主义大家庭的温暖；应当大力发展中国特色残疾人事业，不断健全残疾人权益保障制度，托住底、保基本、补短板，落实好残疾人基本公共服务，保障残疾人平等参与社会发展进程、共享社会发展成果，使广大残疾人生活得更有尊严、更幸福。

扶残助残、有你有我，残健共融、携手同行，残疾

人事业一定会迎来更加蓬勃的发展局面，广大残疾人一定能谱写更加精彩的人生华章。

附录二

残疾人和残疾人工作者热议习近平总书记讲话精神

携手同行，追梦造梦

潘跃　《人民日报》　2014年5月18日

5月16日，习近平总书记在会见第五次全国自强模范暨助残先进集体和个人代表时的讲话，引起广大残疾人和残疾人工作者的热烈反响。他们表示，在社会各界的支持帮助下，残疾人将更加自强不息，与其他社会成员一起，携手同行，共圆美好中国梦。

黑龙江哈尔滨市道里区残联名誉主席、道里区委书记郭冀平告诉记者，道里区残联已经连续五次荣获"残疾人之家"的荣誉，区里每年都投入大量资金，为残疾人解决实际困难，作为基层单位和政府，我们更应该重视残疾人事业。总书记的讲话对残疾人事业的发展提出了明确要求，同时，也对各级党委和政府提出了新的希望。我们直接面对和接触残疾人，更该按要求把工作抓实，传递好党和政府的关爱。回去之后，我们要结合本区的实际，进一步做好助残工作。

助残先进集体、上海嘉定区嘉定镇街道阳光彩虹社工事务所负责人周晓冬表示，社会组织要成为帮助残疾人编织中国梦的造梦人。我们要与其他社会组织一起，召唤更多的社会人士，参与到帮助残疾人实现梦想的事业中，帮助残疾人创造更好的环境去追梦、造梦。

"习近平总书记为我们指出了一条光明大道，使我深受鼓舞，使我们看到残疾人与其他社会成员一起实现同步小康的希望。"特邀代表、山东省淄博市原山集团有限公司董事长、党委书记孙建博深有体会地说，"我是残疾人，我们单位有58个残疾人，他们和健全人职工一起工作和生活，一家人一起吃苦，一起干活，一起过日子，一起奔小康，同样体现着人生追求和价值。我要按照总书记的要求，更加做好本职工作，为更多的残疾人服好务，为社会做更多的贡献。"

河南省驻马店市残联党组书记、理事长张银良表示，总书记的讲话使自己内心产生强烈共鸣。全面建设小康社会，解决好残疾人保障问题，服务是前提，保障是根本。残联组织要起到桥梁和纽带的作用，特别是经济欠发达地区，做好残疾人工作更是重中之重。基层组织网络要横到底，竖到边，不留死角。此外，残联要当好参谋，结合工作实际，把工作落到实处，解决重度残疾人的救助问题，提高普惠加特惠的标准，不留盲区，使每个残疾人享受到改革发展的成果。

一针链霉素让崔连和丧失了听力，语言功能也随之退化。然而，凭着助听器和多年读唇的经验，崔连和慢慢地又恢复了语言功能。他以顽强的毅力苦学知识，在30岁时进入齐齐哈尔大学，成为全国高校讲台上第一位聋人讲师。这位自强模范感慨万千地说，残疾给了我太多苦难，而苦难磨炼了我的意志，净化了我的人格，给了我成功的信心。在人生的道路上，我永不服输。也正因为我们国家富强了，才有可能为残疾人铺就一条前所未有的康庄大道，让我们觉得无论做什么都有底气，激发残疾人奋斗的内力。

（朱春林供稿）

中国残疾人事业年鉴
CHINA YEARBOOK ON THE WORK FOR PERSONS WITH DISABILITIES

第三编　全国残疾人事业和残疾人工作
NATIONAL UNDERTAKING AND WORK FOR DISABLED PERSONS

残疾人事业理论与实践研究工作

工作综述

（一）牵头起草《关于加快推进残疾人小康进程的意见》并报送国务院常务会议审定

历经16个月，牵头与教就、康复等有关部门一起完成《关于加快推进残疾人同步小康进程的意见》的起草、征求意见、会签、报送和审批工作，并协助会领导、有关部厅、国办秘书局、财政部等重点部门对《意见》内容反复沟通协商。2014年12月24日，国务院第七十四次常务会议审议通过。《意见》聚焦残疾人基本民生保障、就业增收和基本公共服务等关键领域，进一步完善了残疾人社会救助、福利补贴、养老医疗、住房保障等制度安排，推出了一系列保障和改善残疾人民生的措施。《意见》的出台是织严织密民生安全网的重要一环，是社会公平正义、文明进步的标志。广大残疾人面对"小康"充满期待，推进实现"小康"目标难度不小，任重道远。

（二）及时启动残疾人事业"十三五"发展纲要的编制

发布残疾人事业"十三五"发展纲要支撑课题，组织开展前期研究；邀请北京大学等高校和地方残联专家对残疾人事业"十三五"发展纲要的主题主线、主要目标、指标体系、重点政策和重大工程等进行研讨。成功委托国务院发展研究中心承担"十二五"执行情况第三方评估。

（三）积极参与《国家基本公共服务体系"十二五"规划》中期评估

发展改革委从2013年开始组织各有关部门制定评价指标体系和评价方案，开展中期评估。研究室牵头并汇总各业务部门基础材料，形成残疾人基本公共服务中期评估报告报发展改革委。参与发展改革委制定的《国家基本公共服务体系"十二五"规划》实施中期综合评估报告有关内容的修改工作。

（四）精心组织开展2014年残疾人状况监测

上半年，组织完成2013年度监测数据录入和相关数据核查工作；下半年，向社会发布《2013年度全国残疾人状况及小康进程监测报告》。报告显示，全国残疾人状况持续改善，但残疾人小康实现程度与社会进程相比仍有较大差距，在基本生活保障、康复、教育、就业等方面还面临着许多困难，推动残疾人与全国人民同步实现小康目标，还需付出艰苦的努力，必须加强重点保障和特殊扶助。中国残疾人福利基金会继续对监测工作给予资金支持。下发《关于认真做好2014年度全国残疾人状况监测工作的通知》，与专项调查统筹安排、同步实施。

（五）持续加强中国特色残疾人事业研究与实践

1. 开展中国特色残疾人事业重大课题研究。中国残联与北京大学人口研究所再次联合，成功申请2014年度国家社科基金重大项目"中国特色残疾人事业研究"。这是中宣部全国哲学社会科学规划办公室近年来第二次将残疾人研究课题列入国家社科基金重大项目。

2. 成功举办中国特色残疾人事业研讨会暨第八届中国残疾人事业发展论坛。11月1—2日，中国特色残疾人事业研讨会暨第八届中国残疾人事业发展论坛在武汉理工大学举行。中国残联主席张海迪，党组书记、理事长鲁勇，国务院研究室副主任黄守宏，北京大学、中国人民大学、山东大学、吉林大学、南京大学、四川大学、南开大学、长春大学、南京特殊教育师范学院和武汉理工大学十所高等院校校长或党委书记为论坛发来寄语。中国残联主席张海迪在寄语中深情地指出，世界万物唯有生命最宝贵，即使残疾的生命也要有意义。残疾人工作就是维护生命的尊严，给予残疾人深厚的人文关怀，提升他们的幸福指数。她呼吁各位专家学者和关心、支持残疾人事业的朋友们一道为残疾人过上美好生活的崇高目标而努力奋斗。中国残联副理事长、中国残疾人事业发展研究会会长程凯，湖北省政府副秘书长聂昌斌等出席开幕式并讲话，武汉理工大学校长张清杰致欢迎词。与会的中国人民大学、南开大学、吉林大学、南京大学、四川大学、长春大学、武汉理工大学等高校领导举行了关于中国特色残疾人事业的高峰对话。来自团中央、中国社会科学院、北京大学等国内多所知名高等院校、科研机构、社会组织和地方残联的专家学者140余名参加论坛，从不同学科角度阐述了对中国特色残疾人事业的基本经验和发展规律的认识，在制度设计、政策选择、高校责任、青年行动、技术支持等方面提出了推动残疾人事业加快发展的新思路、新观点和新建议。北京大学、中国人民大学、山东大学、吉林大学、南京大学、四川大学、南开大学、长春大学、南京特殊教育师范学院和武汉理工大学十所著名高校联合发出"高校践行社会主义核心价值观、推动中国特色残疾人事业发展"的武汉倡议。论坛还举行了中国残疾人研究优秀成果（专著）颁奖仪式，河南省残疾人企业家协会对此项活动给予大力支持。新华网、中国青年报、湖北日报和光明网对此次论坛进行了报道。

3. 完成中国残联2014—2015年度课题招标、立项和中期评估工作。根据"十三五"时期中国残疾人事业发展需要，结合招标前征求的各部厅意见，兼顾东中西部省区市和建立残疾人事业发展研究机构的七所重点高校优长，确定33项研究课题并完成中期评估工作。

4. 策划编译出版《残障法律和权益保障》丛书。中国残联研究室、中国社会科学院和人民出版社联合编译出版残障法律和权益保障丛书（共五本），第一批前三本已经编译审校完毕，2015年上半年出版。

5. 残疾人事业发展研究会影响扩大。2014年，研究会动员专家资源，积极参与重要政策文件编制和专项调查、监测工作，参加国内外相关学术交流，推动四川省残联、天津市残联、广东省残联和四川大学、南开大学和中山大学合作成立残疾人事业发展研究中心（基地），吸收更强团体会员和更多基层个人会员加入研究会。

6. 《残疾人研究》理论学术阵地作用日显。《残疾人研究》作为研究会的会刊，圆满完成2014年全年四期出版任务，四期共刊载各类文章近70篇，其中学术论文和高层领导关于残疾人事业的论述专稿共63篇，36篇来自高校，占论文总数的50%以上；7篇来自科研院所；20篇来自中国残联系统；发表邓朴方、王勇同志的文章，增强本刊的权威性和指导性。

（六）完成重要文稿起草

承担第五次全国自强模范暨助残先进集体和个人表彰会、APEC第二十二次领导人非正式会议周残疾人主题活动、第二十八次和第二十九次全国残联工作会议、国务院残工委第二次全体会议中党中央、国务院领导和中国残联领导讲话等10余篇重要文稿起草工作。

（七）转化党的群众路线教育实践活动成果

负责制定印发中国残联《关于进一步加强和改进调查工作的若干意见》，落实中央有关要求，对党组理事会领导和各部门及直属单位负责人亲自撰写调查报告和赴基层蹲点调研提出刚性要求。研究室党支部会同研究会部分党员、专家学者组织开展了为期一年的部分城市残疾儿童及家庭需求和公共服务供给状况调查课题研究。赴无锡、荆州、西安等城市抽样调查残疾儿童2000余人，访谈100多户。正在撰写研究报告，将为"十三五"相关政策规划提供依据。同时，研究室党支部继续联系关心汶川地震致残青少年、河北省张北县贫困残疾家庭儿童、北京市西城区生命阳光心理健康指导中心等残疾人组织，为他们解决一些实际问题。

附　录

残疾人事业研究学术成果、科研项目、实地调研与评估、人才培养

一、学术成果

文献著作

【现代社会福利】2014年1月由中国劳动社会保障出版社出版，26万字。这是继2012年《残疾人社会工作》、2013年《残疾人社会福利》之后，由南京大学残疾人事业发展研究中心编写的第三本学术专著。该专著在论述一般性社会福利的基础上，亦专门对残疾人福利展开了深入研究。

【中国残疾人事业发展研究系列（二）】5月中旬，由中国人民大学残疾人事业发展研究院组织、一批青年学者撰著的《中国残疾人事业发展研究系列（二）》由中国劳动社会保障出版社公开出版发行。包括六本专著：郭春宁，《人权视角下的中国残疾人社会保障》；李莹、鲁全，《中国罕见病群体生存状况调研报告》；张金峰，《中国老年残疾人人口康复服务问题研究》；何欣，《中国残疾人自助组织发展的社会性影响因素》；高圆圆，《中国残疾儿童福利研究》；陈昫，《中国老年残疾人"精神养老"问题研究》。

研究论文

中国人民大学残疾人事业发展研究中心

（1）杨立雄，美国、英国和日本残疾人福利制度比较研究，《黑龙江社会科学》，2014.3

（2）邓宁华、杨立雄，中国社会组织会员资格研究，《人文杂志》，2014.6

（3）杨立雄、王海萍，新蔡县农村残疾人贫困状况调查分析，《残疾人研究》，2014.1

（4）杨立雄，中国残疾人社会政策范式变迁，《湖北社会科学》

（5）李莹，关于我国罕见病相关政策制定的探讨——基于罕见病群体生活状况调研的分析，《中国软科学》，2014.2

（6）金炳彻、张金峰，残疾儿童家庭支持体系研究综述，《残疾人研究》，2014.01

吉林大学残疾人事业发展研究中心

2014年，中心在国家权威刊物《社会科学战线》杂志第12期发表一组（3篇）专门研究残疾人问题的学术论文。

南京大学残疾人事业发展研究中心

2014年，中心在CSSCI期刊发表残疾人事业发展类学术文章4篇，在一般刊物发表文章及会议论文十余篇。

四川大学残疾人事业发展研究中心

2014年，中心研究人员共发表残疾人事业方面的论文20余篇，其中CSSCI期刊4篇，北大中文核心期刊5篇。

二、科研项目

【**国家残疾行动预防计划**】中国残联2014—2015年度项目，北京大学中国残疾人事业发展研究中心郑晓瑛教授主持。

【**中国残疾人事业发展报告**】教育部2012—2014年度项目，北京大学中国残疾人事业发展研究中心陈功教授主持。

【**中国特色残疾人事业**】国家社科基金2014—2016年度项目，北京大学中国残疾人事业发展研究中心陈功教授主持。

【**农村地区残疾分布特征及影响因素研究**】中国残疾人联合会2013—2014年度项目，北京大学宋新明教授主持。

【**北京高等学校"青年英才计划"：中国残疾老年人贫困现状及贫困风险研究**】北京市委教育工作委员会、北京市教委2013—2016年度项目，北京大学张蕾副教授主持。

【**中国人民大学曾宪梓助残课题**】2014年度共资助6项课题，分别是：杨立雄主持的"残疾人事业发展年度报告（2014）"，黎建飞主持的"中美残疾人法律制度比较研究"，杨俊主持的"残疾人养老保险制度国际比较研究"，乔庆梅主持的"残疾人就业权利保障研究"，李莹主持的"德日残疾人长期照护制度比较研究"。

【**新型城镇化进程中的残疾人全面小康社会建设**】中国残联2014—2015年度项目，山东大学中国残疾人事业发展研究中心葛忠明教授主持。

【**残疾人社会融合模范社区**】山东大学中国残疾人事业发展研究中心与加拿大不列颠哥伦比亚大学残疾人社会融合与权利研究中心、山东济南市残联合作，共同在济南发起一个科研—实践项目，即"残疾人社会融合模范社区"（Model District of Social Inclusion）。该项目是一个为期5年的项目，目的是在济南建成一个对残疾人开放、友好、接纳的社区，为全国及世界其他国家和地区积累和提供有效经验。外方负责申请必要的科研—实践经费、介绍并引进专家、开展培训课程、设计和发展服务项目；中方（山大中心及山大省、济南市残联）负责前期的研究设计、包括人口分析的试研究、确定实验区、提供公共资源等方面的工作。项目已经完成合作意向的协商，正开展选址和初步的人口分析。

【**中瑞残疾人服务质量、生活质量的比较研究**】山东大学中国残疾人事业发展研究中心与瑞典于默尔大学合作，进行一个横向的比较研究，即中瑞残疾人服务质量、生活质量的比较研究（Studying quality of service and quality of life in disability care in China and Sweden），研究结果将形成课题报告，并在国际学术会议上宣读；最终，论文将在国际学术期刊上发表。该项目已经进入实际操作阶段。

【**基层残联在社会治理中的角色和功能定位研究**】中国残联2013—2014年度课题项目。课题就社会治理背景下如何进一步完善残联组织建设，充分发挥基层作用展开实证研究，从而为残联组织建设提供有益参考。

【**长吉图开发开放先导区残疾人基本公共产品均等化问题研究**】吉林省社科规划办一般项目。课题就长吉图开发开放先导区战略背景下，残疾人公共产品和服务分配与递送机制问题展开研究，以此为个案，探讨残疾人事业发展与经济社会发展如何良性互动。

【**"人机接口"——生物电技术获得重要突破**】残疾人事业发展研究中心成员单位——吉林大学电子学院的研究人员，充分发挥学科优势，努力为残疾人功能恢复提供智力支持，完成了残疾人研究项目：人机接口问题研究。此项目已向国家申请专利。

【**积极福利视角下残疾人就业问题研究**】2014年度国家社会科学基金资助项目，南京大学残疾人事业发展研究中心周沛教授主持。该项目有力提高了残疾人事业发展研究的学术地位、学术价值以及社会认同度。

【**残疾人社会交往网络研究**】中国残联2014—2015年度项目，南京大学残疾人事业发展研究中心周沛教授主持。

【深化农村改革背景下的农村残疾人土地权益保障机制研究——以四川省为例】中国残联2014—2015年度课题，四川大学残疾人事业发展研究中心主持。

【我国残疾人社会支持问题研究】国家社会科学基金2012—2014年度项目，武汉理工大学中国残疾人事业发展研究基地梅运彬教授主持。此项目主要研究我国残疾人口的基本状况、残疾风险、压力门效应与服务需求、社会保障视角下的正式支持、家庭养老视角下的非正式支持等内容。

【残疾人托养保障机制研究】国家社会科学基金2013—2015年度项目，武汉理工大学中国残疾人事业发展研究基地马卉副教授主持。此项目旨在把握残疾人托养服务需求，建立符合实际工作情况的残疾人托养机制。

【残疾人公共文化服务体系建设研究】中国残联2014—2015年度课题项目，武汉理工大学中国残疾人事业发展研究基地潘建红教授主持。此项目主要研究我国残疾人公共文化服务的需求与供给现状，并探索建设残疾人公共文化服务体系。

三、社会服务

【做好理论服务社会的工作】山东大学残疾人事业发展研究中心积极参与服务社会的工作，如参与了山东省残联主持的"整体赶平均，共同奔小康"行动计划的研究、设计和编制工作；参与了《大众日报》主办的"调研山东2014"的部分工作；承担了泰安市残联的2014年残疾人事业发展理论培训工作等。

【建立东北三省残疾人研究基地】吉林大学残疾人事业发展研究中心在中国残联的支持下，与吉林省残联、辽宁省残联、黑龙江省残联合作共建东北三省残疾人调研基地，推进资源整合与优化，进一步实现立足东北，为现实服务的目标。10月11日，由中国残联、吉林大学残疾人事业发展研究中心主办，辽宁、黑龙江、吉林三省残联协办，吉林大学残疾人事业发展研究中心承办的"东北地区残疾人事业发展研究中心暨研究基地签约仪式"在长春举行。中国残联领导陈新民、吉林大学校领导李凡、吉林省残联副理事长潘洪峰、辽宁省残联副巡视员张臻、黑龙江省残联副理事长李洪泉以及来自抚顺顺城区残联、葫芦岛绥中县残联、安达市残联、哈尔滨南岗区残联、长春朝阳区残联、梅河口残联的理事长参加了会议。与会者就残疾人事业发展所取得的成绩、存在的问题以及今后的发展计划等进行了广泛的研讨，并签署了共同建立残疾人研究基地的协议，为进一步深入研究残疾人问题奠定了坚实的基础。

【加强与地方残联的合作】南京大学残疾人事业发展研究中心为江苏省残疾人事业发展研究会编辑发行《残疾人发展研究》内部刊物4期，约40万字；与南京市江浦区残疾人联合会合作，商讨建立残疾人社会服务机构事宜；协助江苏省残疾人事业发展研究会于2014年12月承办小型论坛。

【服务于地方残联成果显著】2014年1月11日，四川大学残疾人事业发展研究中心向四川省残联申报的"'量体裁衣'式残疾人服务模式"荣获第七届"中国地方政府创新奖"优胜奖（最高奖）；4月，四川大学残疾人事业发展研究中心向中央编译局提交"四川省为残疾人提供'量体裁衣'式个性化服务新举措"案例研究报告；5月，四川大学残疾人事业发展研究中心向四川省残联提交了"四川省残疾人'量体裁衣'个性化服务工作深化提升报告"。

【推动残疾人工作的宣传】武汉理工大学残疾人事业发展研究基地从2014年7月开始编辑出版第2期《残疾人事业发展》杂志，在第一期的经验基础之上，进一步丰富完善了杂志内容，主要内容包括本期特稿、理论探讨、工作动态、信息速递四大板块。此杂志不仅面向残联系统内部，也面向广大残疾人群体和与残疾人事业相关的企事业单位，配合湖北省残联申请刊号。

【通过科研创新服务广大残疾人】武汉理工大学中国残疾人事业发展研究基地与湖北省残联共同举办湖北省首届"仁爱家和杯"残疾人辅助器具创新设计大赛，拟定了大赛的方案，发布了大赛通知，并进行了广泛宣传，动员高校、科研院所、企业、湖北省内各地市州残联系统及中部地区各省相关机构参与此次大赛。此次活动强化了高校、政府、社会组织、企业之间的联系，吸引了社会各界对残疾人事业的关注，取得了较大的社会影响，是对创新途径的有益尝试与探索。

【参与残情调查摸清残疾状况】武汉理工大学中国残疾人事业发展研究基地与省残联合作，开展"湖北省残疾人基本生活状况与需求调查"问卷复查与编码工作。此项工作主要是对全省持证与未持证残疾人的生存、发展和环境状况开展调研，涉及残疾人生活、康复、教育、就业、社区服务、无障碍环境、法律服务等方面的状况。调查工作分为技术准备、入户访问、数据处理、分析研究四个阶段，全省共回收问卷135万份。受湖北省残联委托，基地负责开展数据处理工作。

四、实地调研与评估

【在城乡开展社会调查与实证研究】结合项目，南京大学残疾人事业发展研究中心教师与博士生，先后到泰州市、扬州市、苏州市、南京市、南通市、无锡市、武汉市、秦皇岛市、大连市等地的城乡开展社会调查与实证研究，并参与联合国儿童基金会的"残疾儿童福利需求"项目的交流与调研。

【研究会赴张北县开展教育实践活动并调研农村残疾人状况】 1月22—24日，为全面推进党的群众路线教育实践活动，同时深入了解农村残疾人的生存和生活状况，残疾人事业发展研究会秘书长陈新民、副秘书长郭春宁，中国人民大学残疾人事业发展研究院副院长杨立雄教授、社会与人口学院何欣教授一行10人赴河北省张家口市张北县开展党的群众路线教育实践活动并调研残疾人生活状况。

其间，调研组参加了由张北县残工委相关成员单位、县残联和6位残疾人代表参加的残疾人生活状况座谈会。陈新民秘书长详细听取了当地各类残疾人代表的实际需求和面临的困难，对张北县政府、县残工委有关成员单位、县残联服务残疾人的工作给予充分肯定，并指出，要摸清底数，查清需求，兜住残疾人生活这个底，补上残疾人发展的这个短板，努力实现残疾人同当地群众一道过上小康生活。

调研组成员分组赴张北县大河乡狼窝沟村（包括里狼窝沟村、外狼窝沟村和胡家村三个自然村）10户残疾人家庭调研残疾人生产生活情况，调研组成员耐心细致地询问调查问卷上的每一个问题，深入了解残疾人家庭生产生活状况。

通过两天的调研走访，调研组发现张北县农村残疾人的贫困状况呈现以下几个特点：

一、残疾人贫困化成为一种普遍现象。张北县地处坝上高寒区，干旱少雨，冬天气候严寒，常年刮风。调查组所去的大河乡的自然环境尤其恶劣，农民以种植马铃薯和莜麦为生，马铃薯虽然产量高但价格低，而莜麦产量低价格也不高，种庄稼不仅不能赚钱，甚至还亏本，因此有劳动能力的农民通常外出打工维持生计。调查发现，多数农村残疾人无技术、文化程度不高，在家务农，收入明显低于当地平均水平。无劳动能力的残疾人通常无收入来源，贫困程度严重。一些残疾人家庭住房条件很差，甚至缺少基本的生活用品和设施。

二、残疾老龄化十分明显。张北县大河乡狼窝沟村（包括里狼窝沟村、外狼窝沟村和胡家村三个自然村）有1600多人，其中1000多人外出打工，600多人留守，留下来的大都是老弱病残，26户残疾人家庭共有28位不同类型的残疾人。调研组走访的十户残疾人家庭，残疾老龄化现象非常突出，所调查的残疾人的年龄均在60岁以上。出现这种现象的原因有两点：一是劳动年龄段的残疾人外出。由于在家务农难以维持生计，不仅年轻体壮的劳动力外出打工，一些残疾程度较轻的残疾人和中年人也外出务工，妇女和孩子则在县城上学，导致农村留守老年人较多。第二，中年人在劳动中受伤致残、年老多病未得到及时治疗或用药不当致残，导致老年残疾人数量增多。残疾老龄化导致扶贫难度加大，而部分残疾人只有被纳入社会救助范围才能解决其生计问题。

三、残疾人社会保障制度亟待完善。张北县农村残疾人不仅贫困程度很深，而且老龄化甚至高龄化明显。针对这种情况，只有加大社会保障制度建设，才能缓解其生存问题。包括：扩大最低生活保障范围，残疾人以个人为单位纳入最低生活保障，发放残疾人贫困生活补贴和重度残疾人护理补贴，提高残疾家庭危房改造水平等。但由于张家口和张北县财力有限，普惠性社会保障制度水平低，针对残疾人的特惠性社会保障制度还未建立，农村残疾人的生活极为艰难。

此次党的群众路线教育活动使调研组进一步认识到群众路线是我们党的根本路线，也是党所有工作的生命线；也使年轻人受到了教育，更真实了解了基层残疾人的生活状况，更坚定了做好残疾人工作的决心和信心。近距离的接触使大家深刻认识到残疾人的切实需要与各级政府、残联组织和有关社会组织所能提供的服务还有不小的差距，需要政府、社会和市场充分发挥各自作用，切实满足残疾人的需求。

五、人才培养

【中国人民大学曾宪梓助残研究基金学生奖励计划】 来自中国人民大学劳动人事学院、法学院、国际关系学院、商学院的16位同学获得了2014年度曾宪梓助残奖学金表彰。黄阳涛的硕士毕业论文《我国残疾儿童特殊教育权益保障》和张龙英的硕士毕业论文《连片特困地区残疾人扶贫研究：基于五个贫困县的调查》获得助残研究类一等奖；刘雅丽、王海萍、李溪玉、陈斌、蔡泽昊、缪亚杰分别以其研究残疾人事业的硕士论文、公开发表的残疾人调研报告或论文获得助残研究类二等奖。手语社、靳雪晨、张雅丽、郭力琳获得志愿助残类一等奖，陈诚诚、高静华、李吉超、刘榆伟获得志愿助残类二等奖。

【山东、吉林、南京、四川大学残疾人事业发展研究中心积极从事与残疾人人才队伍的培养】 2014年共有社会工作专业残疾人研究方向的硕士研究生6人毕业；"中心"正与学校相关部门、哲学与社会发展学院积极沟通，争取在社会保障博士点或其他学科属性接近、有兴趣做残疾人事业发展研究的博士点上，增设残疾人研究的专业方向，从而强化残疾人研究人才队伍的建设力量。

吉林大学残疾人事业发展研究中心为残联系统招收的2名残疾人研究方向的博士研究生和6名硕士研究生取得学位，分别在残疾人社会保障、残疾人社会服务和残疾人社会政策等方面形成系统研究并取得的突破性核心观点。

南京大学残疾人事业发展研究中心为南京大学MPA（公共管理硕士）开设残疾人事业发展讲座。2014年有两位硕士生的毕业论文以残疾人事业发展为选题。

四川大学残疾人事业发展研究中心培养残疾人方向硕士研究生3名，产生了一定的社会影响。

【武汉理工大学中国残疾人事业发展研究基地以学科建设推动人才培养】武汉理工大学中国残疾人事业发展研究基地与中国残疾人辅具中心联合筹办辅具技术高级课程进修班，以武汉理工大学优势学科为依托，整合资源，为湖北省、中部地区乃至全国残疾人工作者提供智力支持和进修机会。中国残联、省残联高度重视，并多次莅临基地进行调研，就培养方案、招生方案进行磋商和讨论。公共事业管理专业高级课程研修班（残疾人辅具管理方向）侧重于培养残疾人辅助器具开发、设计与应用的管理课程学习，主要是为各级残联培养应用型、复合型高层次残疾人辅助器具管理人才。

武汉理工大学中国残疾人事业发展研究基地充分发挥武汉理工大学教育资源，在本科生教学、研究生培养上开设中国特色残疾人事业发展方向，一是中国特色残疾人事业发展史研究，二是残疾人社会工作，三是残疾人辅具，直接开设相关课程。公开招收残疾人事业发展方向博士研究生、硕士研究生。在研究生培养的课程设置方面，开设课程《中国残疾人事业发展研究》，面向本科生开放《残疾人事业发展理论与实践》选修课，吸引本科生了解、关注残疾人事业。

（李耘供稿）

残疾人事业发展研究会工作

一、领导讲话与文件

程凯在中国特色残疾人事业研讨会暨第八届中国残疾人事业发展论坛上的致辞

2014年11月1日

大雁南飞，秋高气爽，中国特色残疾人事业研讨会暨第八届中国残疾人事业发展论坛在素有九省通衢的美丽武汉和享有盛誉的知名学府武汉理工大学举办，是残疾人事业的一大喜事。在此，我谨代表中国残联、中国残疾人事业发展研究会，代表海迪主席、鲁勇书记，向多年来支持残疾人事业发展和理论与实践研究的各位领导和同仁们表示诚挚的谢意！向湖北省委省政府长期以来对残疾人事业的大力支持，向武汉理工大学、湖北省残联积极参与支持本次论坛，向来自北京大学、中国人民大学、山东大学、吉林大学、南京大学和四川大学的领导，向来自全国各地的专家、学者和残疾人朋友们表示诚挚的敬意和问候！

20世纪80年代，以朴方同志为代表的中国残疾人事业的开拓者，高举人道主义旗帜，在改革开放、解放思想、实事求是的思想指导下推动中国特色残疾人事业从小到大，从弱到强，走上了一条符合国情、具有特色的发展道路。中国残疾人事业日益成为中国特色社会主义事业的重要组成部分。进行中国特色残疾人事业的理论与实践研究是建设中国特色社会主义理论体系的应有之义，对于全面建成小康社会、全面深化改革、全面依法治国，推进国家治理体系和治理能力现代化具有重大的理论和实践意义。

众所周知，残疾人事业的快速发展和残疾人权益保障的不断加强是我国人权事业的突出亮点，并在国际上享有很高声誉。对改革开放以来中国特色残疾人事业取得的历史性进展和举世瞩目的成就进行梳理，总结我国残疾人事业过去三十年的发展道路和成功经验，不仅能够为中国在国际人权事务中发挥更大作用做出贡献，也能为在新的起点上加快残疾人事业发展提供重要借鉴和遵循。

理论研究是先导，成果转化是目的。实践证明，残疾人事业的发展离不开残疾人事业理论与实践研究的深入和拓展，残疾人事业的创新发展也离不开残疾人事业理论与实践研究领域的广泛参与和丰硕成果。当前的残疾人事业理论与实践研究已经涵盖残疾预防、残疾人康复、就业、扶贫、社会保障、社会服务、文化体育、无障碍设计等多个领域，开展的实地调查研究也几乎遍及全国31个省、市、自治区，不少学者主动借鉴国外和港澳台地区成功经验，提出了许多好的意见和建议，为丰富中国特色残疾人事业和依法保障残疾人的合法权益做出了积极的贡献。

我们真诚地希望各位专家、学者、特别是青年学者，继续深入城乡基层，倾心调研研究，不断丰富中国特色残疾人事业的理论与实践，积极探索中国特色残疾人事业发展中出现的新情况、新问题，向党和政府、有关部门提出具有真知灼见、切实可行的政策建议，推动残疾人同全国人民一道同奔小康生活。这次论坛，我们将进行第四届残疾人事业理论与实践研究优秀成果评奖，还会有一批重要的理论成果获得奖励。这项活动已成功举办四届，得到了河南省残疾人企业家协会和会长王国胜先生的大力支持。这本身就是残疾人事业理论与实践研究受到社会重视的生动体现。

同志们，朋友们，湖北省在努力实现残疾人共同奔小康的同时，高度重视残疾人事业与经济社会协调发展，在摸清残疾人底数，查清基本需求的前提下，加快政策体系建设和制度建设，努力增强基层服务能力，工作发展很快，取得明显成效，值得学习借鉴。武汉理工大学60余载的育人实践，形成了"育人为本，学术至上"的办学理念，铸就了"厚德博学，追求卓越"的大学精神，为国家建设和社会进步做出了重要贡献。武汉理工大学残疾人事业发展研究基地成立以来，在刘伟书记、张清杰校长等校领导的倾情帮助和大力支持下，在邱观建教授和他的团队共同努力下，产生了一批有影响的残疾人事业理论与实践研究成果。借此会的成功举办，我们要学习借鉴湖北省和武汉理工大学在残疾人事业理论与实践研究和保障残疾人权益方面的有益探索，把中国特色残疾人事业理论与实践研究进一步引向深入。

我们坚信，在党的十八届四中全会精神指引下，"法治中国"各项目标的逐步落实，必然为残疾人"平等、参与、共享"理想的实现创造更加有力的环境和条件，也必将为中国特色残疾人事业的加快发展提供更加坚实的基础，带来更大的机遇。

我们确信，《中华人民共和国残疾人保障法》的广泛深入实施，联合国《残疾人权利公约》的不断宣导，必将进一步保障残疾人合法权益，增加残疾人的福祉，改善残疾人服务，残疾人的生活一定会越来越宽裕，广大残疾人过上美好生活的中国梦一定会早日实现。

我们也相信，以这次大会为契机，中国特色残疾人事业理论与实践研究一定会取得更加丰硕的成果。

预祝论坛圆满成功！

程凯在中国特色残疾人事业研讨会暨第八届中国残疾人事业发展论坛上的讲话

习近平同志指出："各级党委和政府要高度重视残疾人事业，把推进残疾人事业当作分内的责任，各项建设事业都要把残疾人事业纳入其中，不断健全残疾人权益保障制度。"这是总书记对党和国家发展残疾人事业的明确要求，也是我们推动中国特色残疾人事业发展的基本遵循。我国三十年来残疾人事业的探索与发展实践证明，纳入国家发展大局并服务大局已成为中国特色残疾人事业发展的一个鲜明特征。"纳入大局"是进步，是重视，是保障；"服务大局"是成效，是互动，是力量。认真总结这些实践经验，继续坚持纳入并服务大局的工作方向，对推动中国特色残疾人事业在新的起点再上新台阶至关重要。

一、纳入大局是中国特色残疾人事业持续健康发展的根本保障

一是纳入党治国理政的总体部署。从党的十六届六中全会（2006年）到党的十七大、十八大和十八届三中、四中全会，党中央将发展残疾人事业和保障残疾人权益逐步纳入构建和谐社会、全面深化改革、全面依法治国和全面建成小康社会的大局中通盘考虑，并不断细化、强化，使其日益成为中国共产党以人为本、治国理政、促进公平正义的重要方面。

二是纳入国家法治建设的重要内容。《中华人民共和国宪法》规定："国家和社会帮助安排盲、聋、哑和其他有残疾的公民的劳动、生活和教育。"改革开放以来逐步形成了以《中华人民共和国宪法》为依据，以刑事、民事、行政等50多部法律为基础，以《中华人民共和国残疾人保障法》为核心，以《残疾人教育条例》《残疾人就业条例》《无障碍环境建设条例》等行政法规和大量地方法规相配套的残疾人权益保障法律法规体系，依法维护残疾人合法权益、依法发展残疾人事业的法治格局已基本形成。

三是纳入国民经济和社会发展五年规划。从国民经济与社会发展"九五"、"十五"计划明确残疾人事业发展的重点内容和领域，到"十一五"、"十二五"专节单设；由纳入社会保障制度建设整体推进，提升为纳入国家人口发展战略，残疾人事业向着"体系化发展、制度性保障"的新要求加快迈进。同时，残疾人的保障与服务也逐步纳入国家基本公共服务、人口、妇女儿童、老龄、社会保障、就业、教育等多领域规划之中且日益具体。

四是纳入年度政府工作报告。从1988年国务院政府工作报告中首次提出"各级政府和全社会应当重视残疾人事业，发扬社会主义的人道主义，关心和帮助残疾人，使他们的医疗、保健、教育、劳动就业和生活状况逐步得到改善"，到 2014 年国务院政府工作报告中明确提出"做好残疾人基本公共服务和残疾预防"的年度任务，三十年来，残疾人工作在各级政府年度工作部署中的表述和要求越来越突出，越来越明确，越来越可以落实。

五是纳入财政预算安排。

——中央和地方不断将发展残疾人事业所需经费专项纳入年度预算并不断增加。仅中央财政对残疾人事业的支持近十年就迈上一个大台阶。2003—2012 年的投入已相当于上十年的 10 倍。仅 2010—2013 四年的投入就是 1993—2002 年四年总投入的 150%、220%、215% 和 270%。

——总体上看，近 10 年（2003—2012 年）来中央财政对残疾人事业投入与中央财政收入增长更加协调。据测算，"十一五"期间，我国残疾人事业一般预算增长率为 22.2%，同期财政收入年平均增长为 26.6%。

六是纳入国家治理和行政管理体制机制。

——政府残疾人工作委员会的职能和作用不断加强。从 1993 年成立"国务院残疾人工作协调委员会"，到 2006 年更名为"国务院残疾人工作委员会"，其工作协调与合力推动职能得到稳固和加强。地方各级政府残工委及其成员日益将残疾人工作纳入本职，年初有目标，年底有考核。

——残疾人、残疾人工作者成为参政议政重要力量。县级以上残疾人及残疾人工作者担任各级人大、政协代表人数从 2002 年的 1500 人上升到 2014 年的 4969 人，参政议政的能力和作用日趋扩大。

——残联组织不断被纳入政府专项议事协调机构。在国家层面，已由中央精神文明建设、国务院残疾人工作，向妇女儿童、老龄、民政、教育、卫生、住房、社保、扶贫、文化、体育等领域延伸，残联组织在维护残疾人权益方面有了更多的参与权和话语权。

二、服务大局是中国特色残疾人事业发展的结果和应有的历史担当

中国特色残疾人事业的快速发展：

一是创造了丰富的精神文化成果。中国残奥运动、中国残疾人艺术团、"千手观音"、"自强模范"、"残疾人保障法"、"无障碍环境建设"等新事物的出现，深刻地改变了中国社会对残疾人的态度，生动地推动了社会文明进步，人道主义思想和现代文明社会残疾人观得到普遍认同。残疾人事业及其成果以其特有的道德力量感染社群，教化社会，不断传递着正能量。

二是推动了政府管理、服务方式的不断转变。政府保障和服务残疾人的水平得到逐步提高。在公共管理与服务的实践中，越来越多的人认识到，没有残疾人充分参与的社会是不健全的，没有为残疾人服务的公共服务是不完整的。

三是大大降低了残疾的发生、发展和社会总成本。通过持续不断的康复工程和早期干预，上千万人得到康复，有效减轻了残疾的程度、减少了残疾的发生；通过扶贫开发和就业促进，有效减少了残疾贫困人口总量，减轻了残疾对经济社会发展的总负担，为国家减贫事业和残疾预防做出了积极的贡献。

四是激励着广大残疾人自强自立。广大残疾人自强不息、奋勇拼搏、奉献社会，日益成为建设中国特色社会主义一支重要力量，甚至表现出鲜明的比较优势，成为特殊的人力资源。在当代中国，改革开放进程中，残疾人中涌现出一大批自强模范，他们是改革开放大潮的弄潮儿，他们的事迹激励了全社会的奋发自立精神。他们身上的精神就是自强不息精神，就是我们的民族精神、时代精神，也是社会主义核心价值观的应有之义。

五是有力促进了中国的人权对话和对外交流。残疾人事业已成为我国对外交流的名片和人权斗争的亮点。残疾人领域的多边、双边合作和对话，丰富着民间外交，释放出特殊的促进和平发展与友好交流的力量。中国已成为国际残疾人事务和促进联合国《残疾人权利公约》的领导力量。

三、纳入并服务大局是中国特色残疾人事业必须坚持的方向

——全面深化改革为纳入并服务大局提出了新的任务。顺应全面深化改革的大局，促民生、奔小康，推动残疾人事业在新的起点上加快发展，必须坚持普惠、特惠和优先相结合，坚持兜底线、补短板和促发展相结合，坚持政府负责、社会参与和市场推动相结合；必须在统筹城乡、推进新型城镇化建设中加强残疾人的保障和服务；必须在完善政府职能、加强政府购买社会助残服务的过程中，强化细化残疾人基本公共服务，进一步改善残疾人的社会福利。

——全面依法治国为纳入并服务大局提供了新的机遇。党的十八届四中全会通过的《中共中央关于全面推进依法治国若干重大问题的决定》提出"依法加强和规范公共服务，完善残疾人合法权益保护等方面的法律法规"，"充分发挥人民团体、社会组织在立法协商中的作用"。这对依法维护残疾人合法权利，依法发展残疾人事业提出了新的要求：一是要在推进依法治国进程中出台更多有针对性的残疾人扶助政策和措施，保障残疾人既能获得程序公正，更能获得实体公平；二是要进一步完善保障残疾人合法权益的法律法规体系，尽快出台《残疾预防和残疾人康复条例》，完成《残疾人教育条例》修改。三是要进一步加大保障残疾人权益法律法规的执行强度和检查督察力度。

——共同奔小康为纳入并服务大局提出了新的要求。按照中央提出的"努力实现残疾人与全国人民共同奔小康"的总体要求，应着力加强：一是尽快建立残疾人基本生活兜底保障机制，这是对在民生领域"兜底线"的具体落实，是帮助残疾人共奔小康的制度基础；二是千方百计促进残疾人就业增收，保障劳动年龄段有就业能力和就业愿望的残疾人通过各种渠道，实现普遍就业并增加收入，这既是对残疾人劳动权益的维护，也是促进残疾人融合发展、提高社会地位的根本保证。三是加快对农村和边远地区贫困残疾人精准扶贫的步伐，这是当前残疾人权益保障和共同奔小康的重点和难点。四是继续坚持并加强对残疾人基本生活状况和小康实现程度的监测和评估。

2008年11月11日，邓朴方同志在中国残疾人联合会第五次全国代表大会上指出，进一步完善党委领导、政府负责的残疾人工作领导体制，将残疾人事业纳入国民经济和社会发展总体规划、相关专项规划和年度计划，残疾人工作纳入有关部门职责范围，建立稳定的残疾人事业经费保障机制。这是我们开展残疾人工作必须长期努力的方向和重要任务。

武汉倡议
高校践行社会主义核心价值观
推动中国特色残疾人事业发展

残疾人是一个特殊困难的群体，需要格外关心、格外关注。2014年11月1—2日，促进中国特色残疾人事业发展学术研讨会暨第八届中国残疾人事业发展论坛在武汉理工大学召开。来自北京大学、中国人民大学、山东大学、吉林大学、南京大学、四川大学、南开大学、长春大学、南京特殊教育师范学院和武汉理工大学十所知名高校的领导和专家与200多名中外学者聚集一堂，从不同视角阐述了中国特色残疾人事业的基本经验和发展规律，在制度设计、政策选择、高校责任、青年行动、技术支持等方面提出了新思路、新观点和新建议。

论坛认为，残疾人事业是中国特色社会主义事业的重要组成部分。改革开放以来，我国残疾人事业取得了历史性成就，走出了一条具有中国特色的发展道路。总结中国特色残疾人事业的基本经验，促进我国残疾人事业在新的起点上加快发展，对于保障残疾人合法权益、增进残疾人福祉、加强社会建设、促进社会公平正义具有重要意义。

论坛指出，依照建设中国特色社会主义的要求，我们必须不断探索、创造、总结和坚持中国特色残疾人事业发展道路。在中国，党和国家走向共同富裕的根本目标是我们的政治保障；高举人道主义旗帜，发扬中国优秀文化传统，全心全意为残疾人服务，是我们的思想文化基础；长期、快速、可持续发展已成为我们的经济支撑和社会支撑；全国各类残疾人共同组成的中国残疾人联合会以其多方面的优势，成为中国残疾人事业发展的中坚力量和发动机，其各级地方组织成为联系群众、推动工作的组织基础。所有这些都是中国生长、中国发展，是中国方式、中国特色、中国优势。它造就了中国残疾人事业的辉煌，也展现了中国特色残疾人事业的未来。

论坛强调，依法发展残疾人事业是法治中国的应有之义，也是中国特色残疾人事业的重要经验。要按照全面依法治国的新要求，进一步完善残疾人合法权益保护法律法规，加大《中华人民共和国残疾人保障法》等法律法规实施力度，强化各级政府在保障残疾人权益方面的职责。加强和改进对残疾人的服务是中国特色残疾人事业的重要内容，要健全包括残疾人社会保障、康复、教育、就业、扶贫、文化、体育、辅助器具、无障碍等在内的残疾人公共服务体系，促进残疾人平等参与和融合发展，保障残疾人政治、经济、社会、文化等权利更好地得以实现。

论坛提出，高等学校是传承文明、引领风尚、培育共同理想、体现社会正义的殿堂，要在推动中国特色残疾人事业发展中担负起更多的责任。特别是广大的青年学子，应积极践行社会主义核心价值观，弘扬人道主义精神，乐于助人，勇于担当，促进公正，成为助残扶残的主力军、先锋队，通过广泛深入的志愿行动引领全社会理解、尊重、关心、帮助残疾人。

中国梦，是包括8500万残疾人在内的每一个中国人的梦。当前，残疾人状况与社会平均水平相比还存在相当大的差距，是一个特别困难、特别需要帮助的群体。论坛倡议更多的高等院校、科研机构、专家学者关心、关注残疾人研究，为中国特色残疾人事业发展提供智力支持，为帮助残疾人兄弟姐妹和全国人民共创共享全面小康社会，在实现中华民族伟大复兴中国梦的进程中实现人生理想做出新的更大的贡献。

北京大学　中国人民大学　山东大学　吉林大学
南京大学　四川大学　南开大学　长春大学
南京特殊教育师范学院　武汉理工大学
2014年11月2日

二、工作综述

2014年是继续落实党的十八大、十八届三中全会、四中全会精神、国家基本公共服务体系"十二五"规划和中国残疾人事业"十二五"发展纲要，推动残疾人事业加快发展的重要一年。一年中，研究会主要开展了以下几方面的工作：

（一）积极开展项目研究，为事业发展提供智力支持

1. 国家社科基金重大项目申请工作顺利完成

中国残联与北京大学人口研究所再次联合，成功申请获批2014年度国家社科基金重大项目"中国特色残疾人事业研究"（批准号：14ZDA091）。这是中宣部全国哲学社会科学规划办公室第二次将残疾人研究课题列入国家社科基金重大项目，也是中国残联和北京大学人口研究所共同承担的第二个国家级社会科学重大项目。

2. 七所重点大学残疾人事业研究机构大力支持残疾人事业发展

北京大学残疾人事业发展研究中心、中国人民大学残疾人事业发展研究院、山东大学残疾人事业研究中心、吉林大学残疾人事业发展研究中心、南京大学残疾人事业发展研究中心、四川大学残疾人事业发展研究中心和武汉理工大学残疾人事业发展研究中心在2014年积极开展残疾人事业领域重点、难点和热点问题研究，承担中国残联、省级残联相关研究课题，开展残联系统干部培训，举办有关残疾人事业论坛，有关专家学者踊跃参加国内外学术交流，发表残疾人研究相关学术文章，积极推动残疾人事业发展。

3. 参与实施全国残疾人基本服务状况和需求专项调查

按照国务院残工委的部署和国务院领导的指示，2014年4月至2015年6月，在全国开展一次残疾人基本服务状况和需求调查，各项准备工作有序进行。这次全国范围残疾人专项调查的近期目的、中期目标、长远考虑都非常清晰。一是据此评估现行社会保障和基本公共服务的政策效果；二是以此作为制定国家和残疾人事业"十三五"发展规划中完善残疾人兜底保障制度和残疾人基本公共服务的相关决策依据；三是为以后几年逐步建立健全以残疾人人口库基本信息和服务需求信息平台为依托，以智能化残疾人证为载体和手段的残疾人和残疾人工作长效管理服务机制奠定基础。

4. 参与全国残疾人状况监测工作

在陈新民副会长直接领导下，2014年残疾人状况监测工作如期开展，并在陕西西安对监测员进行培训。残疾人状况监测工作为有关政策的制定和《残疾人事业"十二五"发展纲要》《国家基本公共服务体系"十二五"规划》执行情况评估提供依据，也为研究工作提供了基础数据。

5. 组织编译"残障与发展"系列丛书

残疾人事业发展研究会组织，研究会理事、中国社会科学院李敬同志主持编译的《残障：一个生命历程的进路》《〈残疾人权利公约〉研究：海外视角》《残障人士社会工作》系列图书，反映了国内外残疾人事业发展理论和实务领域发展状况，立意深远、学术起点高。它从目前国内外最关注的联合国《残疾人权利公约》的研究开始，从社会科学和法学的专业视角切入探讨残疾人问题，全面深入地研究残疾人社会现象和社会问题。这套丛书经过精心策划、扎实工作，具有较高的学术研究和政策参考价值，对于广大的残疾人社群和残疾人工作者来说也是一个很好的学习和参考资料。

（二）积极推动国内学术交流

1. 举办残障与发展论坛（2014）

2014年6月28日，由中国人民大学残疾人事业发展研究院、北京市残疾人联合会、中国康复研究中心联合主办的"残障与发展论坛（2014）：残疾人同步小康与农村扶贫"在中国人民大学隆重举行。中国残联党组书记、理事长鲁勇出席论坛并致辞。研究会会长程凯做主旨发言，副会长兼秘书长陈新民出席论坛。研究会副会长、中国人民大学残疾人事业发展研究院院长郑功成教授主持开幕式。

2. 出席中日韩残疾人社会福利政策研讨会

2014年6月11—15日，陈新民副会长应韩国残疾人开发院邀请赴韩国首尔出席2014年中日韩残疾人社会福利政策研讨会并做主旨演讲。

3. 成立四川大学中国残疾人事业发展研究与培训基地

2014年7月15日，中国残联、四川省残联与四川大学三方合作，在四川大学建立跨学科、跨部门的西部首家"中国残疾人事业发展研究与培训基地"。这是继北京大学、中国人民大学、山东大学、吉林大学、南京大学和武汉理工大学之后，中国残联与教育部直属著名高校共建的又一个残疾人事业发展研究基地。程凯会长、谢和平校长共同为四川大学中国残疾人事业发展研究与培训基地揭牌。程凯会长还向谢和平院士颁发了"中国残疾人事业发展研究会顾问"聘书并赠送中国残联名誉主席邓朴方所著专辑《人道主义的呼唤》全集。

4. 建立东北地区残疾人事业发展研究基地

2014年10月10—11日，中国残疾人事业发展研究

会、吉林大学残疾人事业发展研究中心、吉林省残联、黑龙江省残联和辽宁省残联在吉林大学残疾人事业发展研究中心共同举办东北地区残疾人事业发展研讨会和残疾人事业发展研究基地签约仪式。中国残联、地方残联和高校共同建立区县级残疾人事业发展研究基地，是使残疾人问题研究系统化、常态化的新思路、新范式、新典型。这样的研究成果更有针对性、现实性，突出地方特色，发挥各自优势，针对残疾人事业发展中出现的重大问题开展联合调查研究，为地方政府乃至全国残疾人事业发展提供决策参考。

5. 出席第二届教育康复高峰论坛

2014年10月11—12日，第二届教育康复高峰论坛在滨州医学院举办。中国残疾人事业发展研究会会长程凯出席闭幕式并致辞。中国残联教就部、山东省残联、滨州医学院、华东师范大学和国内50余所高校及特教学校300多名特教专家参加论坛。

（三）研究会自身建设

2014年，研究会按照《社会团体登记管理条例》和《残疾人事业发展研究会章程》规定，借鉴相关社会团体的成功经验，努力加强自身建设，主要有以下几个方面：

1. 健全研究会秘书处工作

研究会虽是一个学术性社会团体，却五脏俱全，秘书处依据《秘书处工作章程》开展工作，与理事会及广大会员联系、沟通与提供服务。研究会同2012年1月挂牌成立的中国残联残疾人事业发展研究中心合署办公。

2. 2014年会刊《残疾人研究》圆满完成出版发行任务

《残疾人研究》作为研究会的会刊，也是全国第一本残疾人研究领域的高端学术期刊，在各位常务理事、理事和广大会员的大力支持下，在编辑部各位同志的辛勤工作下，圆满完成2014年出版任务。

3. 调整充实理事会和常务理事会

经研究会会长办公会同意，2014年10月，秘书处通过网络、函件等方式同理事、常务理事等沟通、交流，就研究会增补顾问、常务理事、理事、会员、会员单位和调整部分会员等事项交换意见。此次会议又增补了42位理事、7位常务理事，吸收了46位会员并吸收四川大学残疾人事业发展研究与培训基地和中心为会员单位，力量逐步壮大。

4. 研究会网站运转良好

研究会网站不断改进，实时更新，是广大会员开展学术交流和获取信息的平台，也是研究会向社会展示形象和宣传残疾人事业研究成果的一个重要窗口。

5. 通过2014年度年检

在各位常务理事、理事、会员和会员单位的大力支持下，研究会顺利通过2014年度年检。

（李耘 供稿）

残疾人维权工作

工作综述

2014年，在党组、理事会领导下，在机关各部厅和直属单位的大力支持下，维权部紧扣《2014年残疾人工作要点》确定的工作任务，围绕新起点、兜住底、同步小康、中国特色残疾人事业进行谋划，加强思想、作风和能力建设，以推动建立维权沟通协商机制、畅通残疾人诉求表达和问题解决的渠道、促进无障碍基本公共服务建设为重点，带动维权整体工作，努力为残疾人参与融入社会创造有法律保障、有政策支持、有工作联动、有跟踪问效、有服务支撑的条件和环境。

（一）探索建立残疾人维权协商工作机制

根据中央提出的健全社会主义协商民主制度要求，结合残疾人事业发展实际，与全国人大内司委、全国政协社法委、国家司法机关等单位和部门加强沟通，探索建立残疾人维权协商工作机制，创新维护残疾人权益的渠道和方式。

促成全国人大内司委《公务员法》执法调研中增加残疾人相关内容，在调研报告中反映了残疾人进入公务员队伍面临的障碍。促成全国政协社法委开展"健全残疾人权益保障制度"专题调研，推动残疾人社会保障制度的进一步完善。协调最高法和最高检在2014年全国"两会"的"两高"报告中增加残疾人权益保障内容，不断提升对残疾人的司法保障。

（二）促进残疾人事业法律政策体系健全完善

进一步加强残疾人事业法律法规体系建设，为在新起点上加快残疾人事业发展提供法制保障，为依法维护残疾人权益奠定扎实基础。

积极协调全国人大内司委和法工委、国务院法制办，在《刑法》《慈善事业法》等11项立法提出加强保障残疾人权益的建议。加强对地方立法工作的支持和服务，《残疾人保障法》地方实施办法修改工作基本完成。起草《市（县）残疾人保障办法（规定）》主要条款参考文本，督导地方残联积极推动残疾人权益保障的法规政策出台，让残疾人获得实实在在的利益。

（三）不断改进对残疾人的法律服务和参政议政服务

针对残疾人法律服务需求，探索加强了残疾人法律救助工作的方式方法；借助全国人大和全国政协平台，推进事业发展。

推进各地残疾人法律救助协调机制和残疾人法律救助工作站建设，提高残疾人法律救助工作的规范化水平，根据基础管理建设年相关要求，将各地残疾人法律救助工作纳入统计台账管理。积极发挥参政议政服务工作机制作用，召开建议提案工作专题会，协助全国人大代表和全国政协委员提交建议、提案27件；完善建议提案办理工作机制，在相关部门和直属单位支持下，妥善办理全国人大和全国政协交办的议案、建议、提案79件，积极推动残疾人事业发展相关重大疑难问题解决。依法妥善处理邓元姣意外死亡案、冒用中国残联名义案等案件。

（四）完善无障碍环境建设相关政策、标准并推进落实

切实贯彻《无障碍环境建设条例》，配合相关部委出台实施了系列无障碍政策、国家标准，提升公共服务无障碍水平，营造了全社会良好无障碍氛围，为残疾人平等参与融合发展创造了更好的条件。

推动将无障碍环境建设纳入《国家新型城镇化规划》，为在城镇化进程中同步推进无障碍建设提供了保障。国务院《关于促进旅游业改革发展的若干意见》部署旅游设施无障碍建设和改造工作。配合中国民航局修订发布《残疾人航空运输管理办法》，配合中国银行业协会制定实施《中国银行业电子渠道无障碍服务建设自律指引》，与国家铁路局推进制定《铁路客车及动车组无障碍设施通用技术条件》国家标准，推动交通运输部《公共汽车类型划分及等级评定》和《游艇码头设计规范》两项行业标准中增加无障碍内容，推进药品、食品信息识别无障碍工作，研究推进政府网络信息无障碍工作。加强无障碍环境建设国际交流和宣传。

（五）推进解决残疾人普遍性、群体性权益诉求

积极发挥维权职责，针对残疾人反映突出的共性需求，协调相关部委，加强政策维权，促进完善权益保障相关制度。

以国务院残工委办公室名义组织相关职能部委召开协调推进会，明确了推进上肢残疾人驾驶汽车的任务分工，组织有关专家和残疾人代表制定《上肢残疾人驾车身体条件及所需辅助装置（初稿）》，为进一步放开上肢残疾人驾驶汽车政策创造了条件。与交通运输部进行充分沟通协调，初步明确残疾人驾驶汽车运营的工作原则，取得重大突破。配合中央电视台新闻频道新闻1+1栏目制作了打击组织聋哑残疾人乞讨、加强残疾人救助节目。根据理事会领导指示，协调地方残联解决了新闻媒体报道的残疾人权益相关事件。

（六）认真做好残疾人机动轮椅车燃油补贴发放和贫困残疾人家庭无障碍改造工作

建立健全监督管理制度，狠抓两项制度落实，确保残疾人受益。

推进燃油补贴发放情况监督检查常态化、制度化，中国残联对各省燃油补贴发放情况进行电话抽查，要求各地每年检查比例不低于5%。全年共为66.4万残疾人发放燃油补贴。建立全国贫困残疾人家庭无障碍改造数据库，进一步规范了残疾人家庭无障碍改造内容和数据统计。全年共对12.4多万户残疾人家庭进行了无障碍改造。争取相关部委支持，在部署老年人家庭无障碍改造中将病残、失能老人家庭改造作为重点，为残疾人家庭改造争取了资源，扩大了受益覆盖面。

（七）加快残疾人信访信息化建设

落实中央畅通和规范群众诉求表达渠道、健全解决信访突出问题和依法处理涉法涉诉信访问题以及引导教育残疾人依法逐级走访的相关规定，提升信访工作水平。

按照"拓宽残疾人反映问题渠道，搭建残疾人综合服务平台，缩短残疾人事项办理周期，降低残疾人信

访诉求成本"的原则,形成残疾人信访信息化建设方案、信访信息系统工作流程。多次征求和听取国家信访局、省级残联和专家的意见。进行系统研发,争取尽快建成并开通网上投诉新通道。服务热线完成建设方案和工作流程设计,并向工信部申请了全国统一的服务热线短号码,积极推进相关工作。

(八)努力解决残疾人信访反映问题

加强重大节点信访工作,健全相关制度,积极处理残疾人来信来访,维护残疾人权益和社会稳定。

下发《关于开展残疾人信访积案专项排查化解工作的通知》,要求各级残联将协调解决残疾人信访问题作为检验党的群众路线教育成果的重要内容。高度重视全国"两会"、65周年国庆、APEC会议期间信访工作,按照鲁勇书记"确保万无一失"的工作要求,提前谋划,及早部署,切实将残疾人信访反映强烈的焦点突出问题妥善解决在当地,没有发生大规模集体进京上访和在机关滞留等情况。中国残联全年共办理残疾人来信来访来电12084件次,较好解决了残疾人机动轮椅车营运、残疾人驾驶汽车营运、重残补贴等集体访。

(张东旺供稿)

残疾人组织建设工作

一、政策法规文件

中国残疾人联合会关于深入开展"基础管理建设年"活动的意见

残联发〔2014〕16号

各省、自治区、直辖市及计划单列市残联,新疆生产建设兵团残联,黑龙江垦区残联,中国残联机关各部门、各直属单位,基金会:

为深入贯彻党的十八大、十八届三中全会和中国残联"六代会"精神,在推进国家治理体系和治理能力现代化进程中进一步增强各级残联组织履行"代表、服务、管理"职责的能力,中国残联决定将2014年确定为全国残联系统"基础管理建设年"。为搞好建设年活动,特提出如下意见。

一、指导思想

以邓小平理论、"三个代表"重要思想、科学发展观为指导,深入贯彻落实习近平总书记系列重要讲话精神,按照推进国家治理体系和治理能力现代化要求,努力加强各级残联组织的基础管理工作,为扎实推进残疾人同步小康进程,全面促进中国特色残疾人事业发展打下坚实的基础。力争通过2—3年努力,进一步完善残联组织的基本管理制度,进一步加强残疾人事业的基础数据管理,进一步规范残联组织工作队伍的基础管理工作,进一步提升残联组织资金使用、项目执行、资产监管的基础管理水平,进一步增强残联组织信息化服务与管理能力,最终实现更好服务广大残疾人的宗旨。

二、主要任务

(一)推动建章立制,进一步完善基础管理制度。

全面梳理现有规章制度,认真研判执行效果,有针对性地加以完善和规范。需要健全的,加紧制定或修订,没有的要建立,过时的要修订,不足的要完善,不规范的要规范。重在抓好执行和落实的督促检查。

根据残疾人工作者队伍和残疾人工作专项资金规模、残疾人各类服务项目、残疾人服务设施和资产的实际,有针对性地加强人员、财务、资产、项目所涉及的基础管理制度建设,建立和完善决策程序、工作机制、过程监管、绩效评价、督查问责等管理制度,努力做到管理依据清、程序规范明、基础数据准、跟踪问效实。

(二)开展专项调查,进一步加强基础数据管理。

按照国务院残工委和中国残联的统一部署,认真开展残疾人服务需求状况和残联组织基础管理状况的专项调查。

开展残疾人基本服务需求状况专项调查,依托残疾人人口基础数据库,进一步摸清搞实残疾人的基本服务现状与重点服务需求,重点是持证贫困残疾人、重度残疾人、残疾儿童、就业年龄段残疾人等的生活救助、社会保障、康复服务、接受教育、就业扶持、托养服务、扶贫开发、住房保障、无障碍改造、法律服务等的服务对象数量、现有服务情况、托底服务需求等内容。

开展残联系统专兼职工作者状况专项调查，结合"强基育人"工程的开展，进一步加强残联组织和专门协会专兼职工作人员的管理，进一步摸清各级残联机关和直属单位工作人员、乡镇（街道）和社区（村）残疾人专职委员、县级以及以上专门协会工作人员底数，完善各级残联工作人员台账，进一步理顺搞清残联组织和各专门协会所属企事业单位、挂靠或托管、代管机构的基本状况，同步了解助残社会组织的总数、登记注册情况、信息、服务状况等。

开展残联组织财物管理状况专项调查，进一步摸清搞实残联组织各类服务项目的基本状况，中央和地方拨付专项资金、地方提供配套资金和残疾人就业保障金、残联组织或残疾人福利基金会接收慈善捐赠资金物品、企事业单位创收收入等资金的管理使用情况，残联管理资产的使用情况等。

各地要借助信息化手段，健全充实基础信息数据库，努力实现基础数据的动态监管和资源共享。通过提升信息化建设水平，提高残疾人基本服务的有效性，带动社会各界更好地开展加强基础数据管理，制定使用和发布基础信息数据权限制度和报批制度。

（三）严格资金管理，进一步健全决策审批程序。

建立健全重大项目安排、资金审批使用、资产登记监管的工作机制，大额资金使用、重要项目安排要严格执行民主集中制。健全规范政府专项资金、残疾人就业保障金、慈善捐助资金和直属单位经营收入等的使用管理，落实决策、审批、监管责任制。认真分析预算资金执行情况，发现问题及时纠正，防范违规操作和资金风险。加强预算执行的全过程监管，严格执行程序，防止违规运行。

（四）抓好项目监管，进一步落实跟踪问效措施。

立足于为残疾人办实事、求实效，加强服务项目、服务实体的绩效管理，使每一笔资金、每一个项目都能发挥最大的效益。重点加强项目执行过程中的动态监管，完善项目执行情况的绩效评价，特别是第三方评价。严格项目执行的工作程序、管理办法，对资金使用和项目效益进行跟踪问效，加强绩效管理。

（五）规范经营行为，进一步强化资产与服务管理。

进一步规范残联组织直属单位、经济实体、服务实体行为，结合推进事业单位改革厘清直属单位的性质和业务范围、服务或经营行为。进一步加强残联组织所属资产、机构等的管理，稳妥开展并逐项规范购买残疾人服务的试点工作。严格审批、审计挂靠、承包的经济实体和服务实体、社会组织，杜绝违规经营活动。有效用好政府安排的残疾人事业项目资金和实物补助，严禁止用于以营利为目的的经营活动。

重点梳理和规范直属单位的挂靠经营、委托经营、承包经营等行为，对于打着中国残联和地方各级残联、残联直属单位旗号没有监管或监管不到位的经营活动行为，要重点清理。对于不符合残联定位、超越直属单位服务范围的事项，要逐一清理规范。对于套取残疾人事业专项资金从事其他经营活动、造成国有资产流失、搞非法经营活动的，谋取个人或小团体私利的行为，要坚决查处。

（六）落实报告制度，进一步加强主席团监督工作。

各级残联执行理事会每年向主席团报告工作时，要专项报告预算执行、资金使用和重大项目建设情况，自觉接受监督。加强与主席团委员的日常沟通联系，创造条件方便委员了解残疾人工作进展情况和人、财、物管理使用情况，及时听取和答复委员提出的意见和建议。加强对部门和直属单位的内部审计管理、领导干部离任审计，积极配合政府审计部门开展预算执行审计和专项审计。

三、工作安排

开展"基础管理建设年"活动，大体分三个阶段进行：

（一）宣传发动、制定方案阶段（2014年第一季度）。

认真组织相关知识、相关业务的学习研讨，努力提高对加强基础管理工作的认识；认真分析本地区、本单位、本业务领域的基本工作状况，摸清找准工作重点；精心制定实施方案，细化落实可操作性措施；加强组织培训和工作指导，做好开展活动的宣传发动工作。

（二）部署方案、落实任务阶段（2014年第二、三季度）。

分解落实实施方案，扎实开展各项工作；深入开展调查研究，加强有针对性的工作指导；注重总结树立工作规范，加强建章立制工作；细致组织专项调查工作，摸清搞实工作底数，确保调查不走过场、工作不留死角、数字不虚不假；加强资金管理、队伍管理、项目管理、资产管理、绩效管理，发现问题及时整改。建立健全重大项目安排、资金审批使用、资产登记监管的工作机制，进一步规范政府专项资金、残疾人就业保障金、慈善捐助资金和直属单位经营收入等的使用管理，落实决策、审批、监管责任制度和规范办法。严格项目执行的工作程序、管理办法，对资金使用和项目效益进行跟踪问效；加强绩效管理。规范残联组织直属单位、经济实体、服务实体行为，结合推进事业单位改革厘清直属单位的性质和业务范围、服务或经营行为。借助信息化手段，健全充实基础信息数据库，努力实现基础数据的动态监管和资源共享。

（三）总结交流、成果问效阶段（2014年第四季度）。

统筹汇总基础数据，做好专项调查成果的评估论证工作。总结基础管理制度建设成果，完善和规范决策程序、工作机制、过程监管、绩效评价、督查问责等管理措施。梳理汇总残疾人基本服务状况与重点服务需求，做好贫困残疾人、重度残疾人、残疾儿童、就业年龄段残疾人等人群在生活救助、社会保障、康复服务、接受教育、就业扶持、托养服务、扶贫开发、住房保障、无障碍改造等方面的人员数量、服务状况、基本需求等基础数据的动态管理工作。完善残联系统专兼职工作者的日常管理措施，摸清搞实残联组织各类服务项目的基本状况，国家拨付专项资金、地方提供配套资金和残疾人就业保障金、残联组织或残疾人福利基金会接收慈善捐赠资金物品、企事业单位创收收入等资金的管理使用情况，残联管理资产的使用情况，有针对性地加强管理工作。适时安排开展工作交流、成果发布、典型宣传、工作报告等。

四、工作要求

（一）统一思想，提高认识。管理上水平，工作上台阶。管理上不了水平，工作就上不了台阶。各级残联组织要从推进国家治理体系和治理能力现代化、巩固党的群众路线教育实践活动成果、努力实现残疾人同步小康目标、提高残疾人工作者队伍管理水平的高度，充分认识加强基础管理工作的极端重要性和现实紧迫性，切实把"基础管理建设年"的各项工作抓实抓好。

（二）加强领导，落实责任。各级残联组织要将扎实开展"基础管理建设年"活动摆在党组理事会的重要议事日程，主要领导亲自抓，加强领导和统筹，成立"基础管理建设年"领导小组，主要负责同志任组长，负责组织和实施。领导小组下设办公室，办公室主任由一位分管会领导兼任。落实各项任务的具体牵头人、主责部门。要结合实际整合工作力量，明确年度建设目标，细化工作责任。要结合各地区、各单位实际，研究制定具体可操作的实施方案，确保工作有部署、有责任、有检查、有考核、有反馈、有成果。

（三）全员参与，各司其职。结合党的群众路线教育实践活动第一批单位和第二批单位的工作安排，努力实现"三个结合"，即开展"基础管理建设年"活动与深入开展教育实践活动相结合，与落实年度任务推动工作相结合，与加强残联组织的基础管理相结合。

（四）突出成果，绩效检验。要通过开展活动，显著提升基础管理工作水平，努力达到工作底数清、基础数据实、服务需求准、项目管理精、程序规范明、绩效监管严、完成任务好的建设目标。

（五）加强协调，统筹推进。各地要明确专人负责信息报送工作。残疾人基础数据标准必须与国家有关标准、行业标准和中国残联制定的基础数据标准一致。

各地要在2014年3月20日前，将开展"基础管理建设年"的实施方案和意见报送中国残联"基础管理建设年"工作领导小组办公室。在2014年11月20日和2015年1月底，分别按照有关要求及时将"基础管理建设年"工作情况、相关基础数据报送中国残联。

关于进一步加强残疾人工作者教育培训工作的通知

残联发〔2014〕67号

各省、自治区、直辖市残联，新疆生产建设兵团残联，黑龙江省垦区残联：

为深入贯彻中央关于"建设一支宏大高素质干部队伍"的精神，落实中央组织部《关于在地方残疾人联合会换届中进一步加强残疾人工作干部队伍建设的通知》和《全国残联系统干部教育培训规划（2011—2015年）》要求，进一步加强残疾人工作者教育培训工作，提高残疾人工作者综合素质，以适应新起点残疾人事业发展需要，现就有关事宜通知如下：

一、充分认识加强残疾人工作者教育培训工作的重要性和紧迫性

广大残疾人工作者是发展残疾人事业的骨干力量，肩负着贯彻落实党的路线方针、弘扬人道主义思想、全心全意为残疾人服务、推动中国特色残疾人事业发展的重任。加强残疾人工作者的教育培训，不断提高残疾人工作者队伍的综合素质和服务水平，是学习贯彻党的十八届三中、四中全会精神和党中央、国务院发展残疾人事业新部署的必然要求，也是适应新的起点上残疾人事业发展形势的迫切需要。党的十八大以来，以习近平同志为总书记的党中央对残疾人事业发展做出了新的部署，确定了到2020年实现残疾人与全国人民同步小康的宏伟目标，对残疾人工作者提出了"恪守人道、廉洁、服务、奉献的职业道德，不断提升服务能力，锤炼过硬作风，全心全意为残疾人服务，真正成为广大残疾人的好朋友、贴心人"的要求，为我们做好残疾人工作、加强队伍建设指明了方向，提供了遵循。地方残联换届后，一大批新人走上各级残联工作岗位，在为残疾人工作者队伍带来新活力的同时，也需要通过培训加深对残疾人工作的了解、提高社会化工作的能力。已经从事残疾人工作多年的残疾人工作者，也存在着对残疾人事业发展新形势不适应、履职能力有待提高等问题，需要进一步解放思想、加强学习、尽快提升素质和能力。因此，加强残疾人工作者队伍教育培训，打造出一支宏大高素质的、适应新的起点上残疾人事业发展需要的残疾人工作者队伍,已经成为一项重要而紧迫的战略任务。

二、把学习贯彻习近平总书记关于残疾人事业发展的重要指示作为培训工作的首要任务

习近平总书记高度重视残疾人事业发展,对残疾人事业发展做出重要指示。习近平总书记指出:"残疾人是一个特殊困难的群体,需要格外关心、格外关注。让广大残疾人安居乐业、衣食无忧,过上幸福美好的生活,是我们党全心全意为残疾人服务宗旨的重要体现,是我国社会主义制度的必然要求","残疾人是社会大家庭的平等成员,也是人类文明发展的一支重要力量。中国梦,是民族梦、国家梦,是每一个中国人的梦,也是每一个残疾人朋友的梦。我们都要凝心聚力,在实现人生梦想的同时,共同推动中华民族的美好梦想早日实现"。习近平总书记的重要讲话,科学阐述了残疾人事业与党的宗旨、社会主义制度的内在联系,明确指出了残疾人事业发展的重要途径,深刻揭示了残疾人工作的奋斗方向,高瞻远瞩、意义深远,是当前和今后残疾人事业发展的根本指针,对于我们凝聚共识、自觉沿着正确方向推进残疾人事业创新发展具有重要意义。各级残联要将学习贯彻习近平总书记重要讲话精神作为教育培训工作的首要任务,认真学习,深刻领会,把思想和行动统一到习近平总书记重要讲话精神上来,为实现残疾人同步小康而奋斗。

三、以残疾人事业发展新部署和加强残疾人工作者队伍建设新要求作为培训的主要内容

中国残联"六代会"以来,中国残联主席团、党组和执行理事会认真学习贯彻习近平总书记重要讲话精神,紧紧把握"新的起点"、"中国特色残疾人事业"、"兜住底"、"同步小康"四个关键问题,对残疾人事业发展采取新举措、做出新部署,对加强残疾人工作者队伍建设确立了新目标、提出了新要求。

各级残联要把中国残联关于残疾人事业发展的新部署和加强残疾人工作者队伍建设的新要求作为培训的主要内容,结合实际,科学安排,务求实效。要通过教育培训,不断增强广大残疾人工作者全心全意为残疾人服务的宗旨意识,加深对残疾人事业的了解,培养残疾人工作者敢于担当的精神,依法维护残疾人权益。要加强人道主义思想教育,继承和发扬优良传统,树立残疾人是坚持和发展中国特色社会主义一支重要力量的新残疾人观。要加强中国特色残疾人事业理论学习,提高政策理论水平,掌握社会化工作方法,增强推进残疾人同步小康目标实现的自觉性和执行力。要提升残疾人工作者的专业化素质,广泛开展残疾预防和残疾人康复、就业、扶贫和社会保障、教育、维权、组织建设、宣传文体等残疾人业务工作培训。要培养创新意识和战略思维,学习新知识、新理论、新方法。要树立良好的工作作风,落实邓朴方名誉主席"八要八不要"和张海迪主席"做让人民满意的残疾人工作者"要求,提高职业道德建设水平。

四、切实增强干部教育培训工作的计划性和实效性

各级残联要结合残疾人工作实际和残疾人工作者特点,统筹不同类别、不同层次的干部教育培训,科学合理地制定培训计划。重点培训新任领导干部、残疾人干部、新入职干部,每人每次培训时间一般不少于3天。要创新培训模式,充分利用党校、行政学院、干部学院、高等院校等优质教育资源,推广多种教学形式,大力倡导干部自学,努力营造良好的学习氛围。

要以残疾人工作者培训需求为导向,根据不同培训对象的需求,本着贴近残疾人、贴近残疾人工作实际的原则,设定培训模式、确定培训主题、安排培训计划,真正使参训学员做到"学有所思、学有所得、学有所获",以切实加强残疾人工作者履行岗位职责所必备的综合素质,提升业务能力。要积极转化培训成果,运用所学的知识指导实际工作,做到"学以致用、用有所成",努力建设一支政治上靠得住、工作上有本事、作风上接地气、做人上有底线、秉承"人道、廉洁、服务、奉献"精神的残疾人工作者队伍。

五、加强对干部教育培训工作的组织和保障

各级残联要高度重视残疾人工作者的教育培训工作,进一步增强做好新形势下干部教育培训工作的责任感和使命感,采取有效措施,开创干部教育培训工作的新局面。要专题研究、专门部署,积极向当地党委组织部门汇报情况,将残联干部教育培训工作纳入当地干部教育培训工作的统一部署中。各级残联组织人事部门要结合工作实际制定培训计划,认真组织培训。要加大对干部教育培训工作的保障力度,将残疾人工作者教育培训工作纳入年度重点工作目标责任制考核项目,把干部教育培训与干部选拔任用、管理监督有机结合起来。要将教育培训工作经费列入年度财政预算,并逐年提高,确保教育培训工作的实际需要。

要切实改进学风,严格按照中央八项规定和中央组织部改进工作作风和学风的有关规定对培训人员进行管理,要求参训人员端正学习态度、树立学员意识,严格遵守教育培训和廉洁自律的各项规定,认真完成培训任务。

关于印发《中国残联主席团委员意见建议办理办法》的通知

残联发〔2014〕37号

各省、自治区、直辖市残联，新疆生产建设兵团残联，黑龙江省垦区残联，中国残联机关各部门、各直属单位及基金会，中国残联主席团委员：

为充分发挥主席团委员参事议事的重要作用，加强调查研究，行使监督职责，中国残联研究制定了《中国残联主席团委员意见建议办理办法》，经中国残联领导同志同意，现印发给你们，请遵照执行。

各省、自治区、直辖市残联要充分发挥主席团作用，做好主席团委员参事议事工作，既要为中国残联主席团委员的调查研究提供必要条件和工作便利，也要结合各地实际，制定本级主席团委员意见建议办理办法，充分发挥各级残联主席团委员作用，让主席团委员切实掌握残疾人状况和意愿、积极建言献策、认真参事议事、依章履行职责。

中国残联机关各部门、各直属单位及基金会要高度重视主席团委员的意见建议，按照业务领域划分，认真做好主席团委员意见建议承办工作，把意见建议落实在工作中。

中国残联主席团委员要加强调查研究工作，深入基层掌握一手资料，在科学分析、认真研究的基础上提出意见建议。意见建议要客观真实、重点突出、切实可行。

2014年度中国残联第六届主席团委员有意见建议的，以省级残联为单位汇总后，在第六届主席团第二次全体会议上提交中国残联主席团秘书处。

各地在《中国残联主席团委员意见建议办理办法》实施过程中，有何意见建议，请及时将书面报告报至中国残联。

中国残联主席团委员意见建议办理办法

第一条 为充分发挥中国残联主席团委员参事议事和民主监督职能，力戒四风，加强调查研究，了解残疾人基本状况和需求，根据《中国残疾人联合会章程》，制定本办法。

第二条 本办法所称意见建议，是指时任中国残联主席团委员独自或联合署名，对全国残疾人工作提出的书面意见或建议。

第三条 中国残联主席团委员意见建议要广泛代表残疾人意愿、反映残疾人诉求、维护残疾人权益、体现残疾人关切。反映情况要客观真实，提出的政策建议要具有可操作性。

第四条 中国残联主席团委员要加强调查研究工作，深入基层掌握一手资料，在科学分析、认真研究的基础上提出意见建议。调查研究一般应紧紧围绕以下内容：

（一）残疾人同步小康；

（二）基层残疾人真实现状和迫切需要解决的困难；

（三）加强残疾人组织建设；

（四）提高残疾人工作质量和服务水平；

（五）事关残疾人事业发展和民生改善的其他重要课题。

第五条 各级残疾人组织要为中国残联主席团委员调查研究提供必要条件和工作便利。

第六条 中国残联主席团委员意见建议办理工作，由执行理事会负责，机关各业务部门和相关直属单位按照任务分工承担具体工作；主席团秘书处负责组织协调、服务联络相关工作。

第七条 中国残联各业务部门和相关直属单位要按照业务领域分工，建立办理工作机制，明确一名干部为联络员。对意见建议的办理，须落实到具体处室和承办人员。

第八条 对综合性强、涉及面广、关注度高、处理难度大、问题反映比较集中的意见建议，由中国残联执行理事会一名领导牵头研究相关工作。

第九条 中国残联主席团委员意见建议由主席团秘书处收集后按照主要业务领域进行汇总梳理，报执行理事会研究，确定相关业务部门承办并做整体答复。

第十条 各承办部门接收意见建议后，要高度重视、认真研究，并紧密结合各项工作开展，特别是重点工作的推进予以采纳并落实。对能够及时解决的问题，尽快解决；对一时难以解决的问题，要做出有计划的安排，逐步解决。

第十一条 如需就某一意见建议复文的，各承办部门要认真研复。复文要符合国家法律法规和政策规定，内容完整、意见明确、用语诚恳、文字精练，注明承办部门和承办人电话。

第十二条 各承办部门办结后，要将相关文字材料送主席团秘书处，由主席团秘书处汇总后报执行理事会，并就委员意见建议落实情况，于下一次主席团全体会议期间以书面形式向主席团做整体答复。

关于做好全国残联系统机构、人员及助残社会组织专项调查和推动建章立制工作深入开展的通知

残联厅函〔2014〕157号

各省、自治区、直辖市及计划单列市残联，新疆生产建设兵团残联，黑龙江垦区残联：

按照王勇国务委员就加强残联组织基础管理工作做出的重要指示，根据《中国残疾人联合会关于深入开展"基础管理建设年"活动的意见》（残联发〔2014〕16号）要求，为进一步摸清全国残联系统机构、人员及助残社会组织状况，推动各级残联建立健全制度机制，增强各级残联组织履行"代表、服务、管理"职责能力，提升组织建设水平，为实现残疾人同步小康目标、加快残疾人事业发展提供坚强有力的组织保障和人才支持，现将做好残联系统专兼职工作者状况专项调查和推动建章立制工作深入开展有关事项通知如下：

一、主要任务

（一）开展全国残联系统机构、人员及助残社会组织专项调查。

调查对象为残联系统机构、人员及助残社会组织。其中残联系统机构包括残联机关、残联直属单位、村（社区）残疾人协会、专门协会机构4项。残联系统人员包括残联机关工作人员、乡镇（街道）残疾人专职委员、村（社区）残疾人专职委员、专门协会人员4项。助残社会组织包括助残社会组织机构、助残志愿者2项。

调查内容包括残联系统机构的单位性质、编制类型，残联系统工作人员是否专职，专职委员待遇补贴方式，助残社会组织资金来源，志愿者服务领域等信息。

调查表以现有残疾人事业统计台账为基础，请各地在台账工作安排中进行布置，通过"中国残疾人事业统计管理系统"（http://stats.cdpf.org.cn/）认真填报、录入并及时上报。

（二）推动建章立制，进一步完善基础管理制度。

全面梳理现有基础管理制度，特别是对重大事项决策、财务、人事制度等重要制度进行清理。对现有制度需要健全的，加紧制定或修订，没有的要尽快建立，过时的要修订，不足的要完善，不规范的要规范。

认真研判规章制度的执行效果和内容适用性，重在抓好执行和落实的督促检查。进一步建立和完善决策程序、工作机制、过程监管、绩效评价、督查问责、年度报告等管理制度。

二、工作要求

（一）高度重视，专项部署。各省（区、市）残联要科学统筹，认真组织，对相关工作进行专项部署，落实主责部门和责任人，确保各项工作落到实处；要加强指导，结合实际，对市、县工作提出明确要求。

（二）加强培训，规范管理。各省（区、市）残联进一步建立起组织管理业务部门与统计部门互相协调、互相配合的良好工作模式，做好逐级布置、培训和数据收集、填报工作，准确反映残联系统机构和人员情况。调查数据截止时间为2014年9月30日，上报截止时间为2014年10月10日。

（三）立足当前，着眼长远。各省（区、市）残联要将建章立制工作形成书面专项报告，包括如何开展此项工作，工作进展的基本情况，制定、完善、修订、取消了哪些相关制度和工作机制，取得的成效及存在的困难问题等内容，于2014年10月1日以前报至中国残联"基础管理建设年"工作领导小组办公室。

各地在调查过程中有何问题和建议，请及时向中国残联汇报。联系人：刘建兴，联系电话：010-66580315，电子邮箱：liujianxing@cdpf.org.cn。台账系统技术支持联系人：中国残联信息中心胡旭妍，联系电话：010-66580194，电子邮箱：xxzx_tjc@cdpf.org.cn。

中国残联"基础管理建设年"工作领导小组办公室

2014年6月17日

中国残联办公厅关于做好2014年残疾人专职委员业务学习和教育培训工作的通知

残联厅函〔2014〕10号

各省、自治区、直辖市及计划单列市残联，新疆生产建设兵团残联，黑龙江垦区残联：

为深入贯彻中国残联第六次全国代表大会精神和《2014年残疾人工作要点》关于"推动网上学习和能力培训"的要求，进一步提高广大残疾人专职委员综合素质和为残疾人服务的能力，在先期全国残疾人工作示范城市进行试点的基础上，经中国残联领导同志同意，决定2014年在全国开展残疾人专职委员网络在线学习培训工作。现将有关事宜通知如下：

一、培训对象

全国各省（自治区、直辖市）、新疆生产建设兵团、黑龙江垦区所辖乡（镇、街道）、城市社区残疾人专职委员和部分农村行政村（农村社区）残疾人专职委员。

乡（镇、街道）、城市社区专职委员要求2014年度全员参加培训（2013年度已经参加培训的除外）。

农村行政村（农村社区）残疾人专职委员可分阶段进行，2014年度按东部省份不低于20%、中部省份不低于15%、西部省份不低于10%的比例报名学习。

各省应积极创造条件，力争在3年内实现农村行政村（农村社区）残疾人专职委员全员培训。

二、报名时间

2014年2月20日至9月30日。

三、报名方式

各地以县（市、区）残联为单位组织报名，各县（市、区）残联应指定1名工作人员为管理员，负责本地残疾人专职委员业务学习和培训工作，登录"残疾人阅读与培训在线"（www.cydpx.com）注册使用管理员账号，并负责培训教材和证书的接收、发放工作。报名工作采取网上报名的方式，各县（市、区）残联管理员应在规定的报名时间内在线填写报名信息，同时上传学员电子照片，照片用于确定学员身份、生成证书。

四、培训时间

2014年4月1日至10月15日。

五、培训方式

残疾人专职委员培训将依托"残疾人阅读与培训在线"平台，通过计算机网络进行远程授课、在线测试、证书验证等，网上提供课程讲义下载。

（一）在线网络学习：学员进入"残疾人阅读与培训在线"网站，在"培训中心"学员登录入口输入学员账号、密码进入远程课堂，在线观看视频学习与测试。

（二）为方便农村行政村（农村社区）残疾人专职委员参加培训，除选择在线网络学习外，还可以通过观看教学光盘、阅读《残疾人专职委员基础教程》等辅助方式学习，通过网吧、手机等方式参加在线测试。

（三）培训设测试课30讲（街道、乡镇、城市社区专职委员要求全部学习并测试；农村行政村、农村社区专职委员可选择其中20讲进行学习和测试）。

知识拓展课若干（不作测试要求）。

（四）平台除课程之外，还为学员提供了残疾人事业资讯、在线阅读、助残知识等。

六、培训证书

达到规定学时并测试合格的专职委员，将颁发证书，并逐步实现持证上岗；证书由中国残联组联部监制，全国统一编号，可在"残疾人阅读与培训在线"平台查询验证（见附件《报名与学习流程》）。

七、相关事宜及要求

（一）各地要按照中国残联办公厅《关于组织基层残疾人专职委员开展业务学习和教育培训工作的通知》（残联厅发〔2013〕6号）精神，为残疾人专职委员参加学习培训提供必要的条件保障和时间保障。

（二）要将残疾人专职委员的培训列入各级残联就业培训内容，保障培训经费。

（三）"残疾人阅读与培训在线"既可作为残疾人专职委员学习培训的平台，也可以通过管理员账号对本辖区内专职委员信息及其参加学习培训的情况进行查询、统计，作为专职委员管理数据库使用。各级残联要充分利用该平台实施并优化对本地专职委员的管理。

（四）省、市级残联设管理员，便于了解掌握本辖区域残疾人专职委员学习培训情况和查询、统计残疾人专职委员管理数据库，用户名由中国残联统一设定并发放，无须网上注册。

八、培训费用

200元/人（含培训、测试、教材、光盘、证书等费用）。

（一）银行汇款请汇至如下账户：

户　　名：辽宁人民出版社服务部
开户银行：建行沈中支行
银行账号：21001470008050004390
行　　号：105221003006

（二）邮局汇款请汇至：

邮　　编：110003
汇款地址：辽宁省沈阳市和平区十一纬路25号
名　　头：辽宁人民出版社服务部
收 款 人：财务部
"附言"栏注明：专职委员培训

九、联系方式

（一）中国残疾人联合会组联部社区与志愿者工作处

联系人：朱春林
电　话：010 - 66580060（兼传真）
邮　箱：zlb_jcc@cdpf.org.cn

（二）辽宁人民出版社残疾人阅读与培训中心

联系人：王阳　何岩　尹东晓
电　话：024 - 23285288，23280288
传　真：024 - 23280288
邮　箱：cydpx@nupmg.com

附件：报名与学习流程（略）

关于北京市残疾人服务一卡通相关事项的复函

残联厅函〔2014〕75号

北京市残联：

你会《关于北京市残疾人服务一卡通相关设计方案的请示》（京残文〔2014〕4号）收悉。经中国残联领导同志批准，现提出如下意见：

一、鼓励和支持北京市开展残疾人证智能化工作，进一步提升残疾人工作管理水平，更好地为残疾人提供个性化服务。

二、鉴于北京市已有的工作基础较好，现确定北京市作为中国残联开展新一代智能化残疾人证（第三代残疾人证）工作的试点，将现有的"残疾人服务一卡通"项目调整为新一代智能化残疾人证（第三代残疾人证）工作试点项目，进行先行先试，为制定出全国通用的技术标准和管理规范打好基础。

三、新一代智能化残疾人证（第三代残疾人证）建设要体现"七个统一"的原则，即：统一身份编号、统一标识设计、统一基础信息、统一服务功能、统一密钥体系、统一卡片选型、统一证卡管理。中国残联将根据"基础管理建设年"的要求，与北京市残联进一步研究确定"七个统一"的具体要求和措施。

四、其他具体建议

（一）名称：中华人民共和国残疾人证。

（二）标识：使用中国残疾人联合会会徽。

（三）号码：使用"公民身份号码"。

（四）密钥：使用中国残联统一的密钥体系。

（五）盲文辅助标识：卡面设计应充分考虑到残疾人的特殊性，体现无障碍设计与服务理念，设置盲文标识，以方便盲人使用。

（六）卡内容量：为满足今后工作内容扩展的要求，卡内应预留必要的空间，建议卡内空间的容量不小于32K。

（七）发证时间：鉴于北京市残联承担第三代残疾人证的试点工作，为保证全国第三代残疾人证密钥的统一管理，建议发证时间向后延迟至少3个月。

特此函复。

中国残疾人联合会办公厅
2014年4月11日

中国残联关于印发《村（社区）残疾人协会工作规范（试行）》和《残疾人专职委员工作规范（试行）》的通知

残联发〔2014〕45号

各省、自治区、直辖市及计划单列市残联，新疆生产建设兵团残联，黑龙江垦区残联：

为进一步加强基层残疾人组织建设，切实提升残疾人专职委员的业务素质和履职能力，中国残联制定了《村（社区）残疾人协会工作规范（试行）》和《残疾人专职委员工作规范（试行）》，现印发给你们，请结合工作实际，认真贯彻执行。

村（社区）残疾人协会工作规范（试行）

第一章 总 则

第一条 为进一步加强村（社区）残疾人工作，全面提升基层残疾人组织服务能力和管理科学化水平，切实将残疾人工作纳入城乡社区建设整体规划，融为一体，同步发展，共建共享，根据《中共中央国务院关于促进残疾人事业发展的意见》和民政部、财政部、人力资源和社会保障部、中国残联《关于进一步加强和规范基层残疾人组织建设的意见》的有关规定，制定本规范。

第二条 村（社区）残疾人协会是在乡镇（街道）残联指导下，在村民委员会（社区居民委员会）领导下，村（社区）内各类残疾人的自治组织，简称村（社区）残协。

第三条 村（社区）残协协助村民委员会（社区居民委员会）和乡镇（街道）残联做好村（社区）残疾人工作，团结、动员残疾人参与社区建设和社区活动，是联系残疾人与村民委员会（社区居民委员会）和乡镇（街道）残联的桥梁和纽带。

第四条 村（社区）残协工作主动接受政府、社会和残疾人的监督。

第二章 职责和任务

第五条 密切联系本村（社区）残疾人，代表残疾人利益，积极向村民委员会（社区居民委员会）和乡镇（街道）残联反映残疾人的需求和愿望，维护残疾人合法权益。

第六条 协助村民委员会（社区居民委员会）开展调查摸底工作，掌握辖区内残疾人的基本情况、基本需求，建档立卡。

第七条 协助村民委员会（社区居民委员会）和乡镇（街道）残联做好有关残疾人生活保障、就业、扶贫、教育、康复、托养、维权、无障碍建设、文化体育等工作。

符合条件的村（社区）残协可承接政府购买的助残服务项目。

第八条 协助村民委员会（社区居民委员会）和乡镇（街道）残联制定、落实对残疾人的各项优惠扶助措施。

第九条 完善志愿助残服务机制，办好助残志愿者联络站，发展助残志愿者队伍，开展助残活动。协调推动社区内各类组织和公共服务机构，为残疾人提供优先、优质、优惠的无障碍服务。

第十条 开展人道主义和残疾人事业的宣传，营造残疾人平等参与的社会氛围。组织开展全国助残日、国际残疾人日和各类残疾人节日等活动。

第十一条 调动残疾人的积极性，参与社区建设。经常组织残疾人开展和参与丰富多彩的活动，活跃残疾人生活。

第十二条 开展残疾人自我教育、自我管理、自我服务，激励残疾人自尊、自信、自强、自立，提高自身素质，遵纪守法，履行公民义务。

第十三条 向村（社区）议事协调机构推荐残疾人代表。

第三章 组 织

第十四条 每个村（社区）都要成立残协。残协要有健全的内部治理结构。

第十五条 残协设主席、副主席、委员。主席一般由村民委员会（社区居民委员会）主任或副主任担任，副主席、委员原则上由各类残疾人和残疾人亲友担任。

第十六条 残协主席、副主席、委员由残疾人民主选举产生，有条件的村（社区）可以直接选举。每届任期3年，可连选连任。

第十七条 设立村（社区）残协专职委员岗位。每个村（社区）残协至少配备1名残疾人委员作为专职委员负责协会的日常工作。

第十八条 残疾人专职委员实行公开招聘，择优聘用，原则上从本村（社区）残协委员中选聘。500人以下的村（社区）可以与相邻的村（社区）联合选聘1名残疾人专职委员。残疾人较多且居住集中的村（社区）可选聘2名以上专职委员，并可残健融合。

第十九条 城市社区残协专职委员纳入公益性岗位进行管理，享受全额岗位工资，不得低于当地最低工资标准，并按有关规定为其办理社会保险，缴纳社会保险费。村残协专职委员可享受同级村民委员会委员待遇，其误工补贴要纳入当地财政预算。

第四章 工作制度

第二十条 村（社区）残协要建立健全调研、走访、办公、服务、信访接待、教育培训、考核监督、信息报送、档案管理等规章制度。各项工作档案、表卡、记录要完整、齐全、规范，为残疾人服务的各项措施要具体可行。要运用信息化手段，建立残疾人服务的动态管理。

第二十一条 残协的工作职责、规章制度、服务项目、服务措施、村（社区）残疾人基础数据等要上墙公示。

第二十二条 村（社区）残协要根据乡镇（街道）残疾人事业年度工作安排，结合辖区残疾人实际需求，制定村（社区）残疾人工作年度、月度计划等，工作计划要有明确的目标任务和具体的实施措施。要定期公布工作计划的进展和完成情况。

第二十三条 乡镇（街道）残联会同村民委员会（社区居民委员会）每年对村（社区）残协进行年度考核。考核采取以平时工作实绩为基础，与残疾人评价相结合的方式进行。年度考核结果作为评选先进的重要依据。

第五章 办公活动场所

第二十四条 村（社区）残协应具备必需的办公场所（房间）及电脑、打印机等工作设备，建立残疾人活动室，确保残疾人工作和活动正常开展。

第二十五条 残协办公场所和残疾人活动室要悬挂按统一标准制作的标牌。

第二十六条 残协办公场所和残疾人活动室要有规范的无障碍设施。

第六章 经 费

第二十七条 村（社区）残疾人工作经费纳入当地政府财政经费预算。

第二十八条 经费使用范围：

（一）残协办公经费。

（二）残协活动经费。

（三）残疾人专职委员工作补贴。

第七章 附 则

第二十九条 本规范由中国残疾人联合会负责解释。

第三十条 本规范自印发之日起施行。

残疾人专职委员工作规范（试行）

第一章 总 则

第一条 为加强基层残疾人工作，造就一支热爱残疾人事业、具有敬业和奉献精神、热心为残疾人服务的残疾人专职委员队伍，根据《中共中央国务院关于促进残疾人事业发展的意见》和民政部、财政部、人力资源和社会保障部、中国残联《关于进一步加强和规范基层残疾人组织建设的意见》的有关规定，制定本工作规范。

第二条 残疾人专职委员是指在乡镇（街道）残联主席团委员和村（社区）残协委员中，通过选聘产生的专职或相对专职，协助残联理事长或残协主席开展残疾人工作的残疾人委员。

第三条 本规范适用于全国所有乡镇（街道）残联、村（社区）残协残疾人专职委员。

第二章 选拔聘用

第四条 残疾人专职委员应具备以下基本条件：

（一）遵守国家法律、法规，热爱残疾人事业，具有敬业和奉献精神，作风正派，在残疾人中有较高威信。

（二）熟悉残疾人工作业务知识，具备一定的组织协调和表达沟通能力，能够独立履行岗位职责。

（三）年满18周岁，原则上不超过60周岁，具有本地常住户口，持有中华人民共和国残疾人证，或者是精神和智力残疾人的直系亲属。

（四）乡镇（街道）残联和社区残协残疾人专职委员具备高中及以上文化程度；村残协残疾人专职委员具备初中及以上文化程度。

第五条 精神和智力残疾人的直系亲属担任专职委员不得超过当地专职委员总数的20%。

第六条 残疾人专职委员实行公开招聘，择优聘用。一般从本乡镇（街道）残联主席团委员和村（社区）残协委员中选聘，每个乡镇（街道）残联、村（社区）残协至少选聘1名。500人以下的村（社区）可以与相邻的村（社区）联合选聘1名残疾人专职委员。招聘程序应公平、公开、公正，自觉接受社会监督。

第七条 各地应制定残疾人专职委员选聘办法，组织实施选聘工作。

第八条 残疾人专职委员岗位出现空缺时，要及时选聘增补。

第九条 选聘公告发布后，要动员符合条件的优秀残疾人积极报名参与竞聘。选聘要统一组织笔试、面试。根据笔试、面试等综合情况，征求乡镇政府（街道办事处）、村民委员会（社区居民委员会）意见后，择优录取，张榜公示。新聘任的残疾人专职委员，按照有关规定，试用期满考察合格后，签订聘用合同，办理聘用手续，并报相关部门备案。

第三章 工作职责与工作内容

第十条 残疾人专职委员负责辖区内的残疾人工作，接受乡镇（街道）残联和村（社区）残协的领导，承担上级残联、乡镇政府（街道办事处）、村民委员会（社区居民委员会）安排的工作任务，同时接受上级残联的监督、检查与指导。

第十一条 残疾人专职委员的基本职责是：

（一）宣传、贯彻党的路线方针政策和国家有关残疾人事业法律法规政策，恪守"人道、廉洁、服务、奉献"的职业道德，密切联系残疾人，详细掌握残疾人基本情况，代表残疾人利益，反映残疾人需求，维护残疾人合法权益。

（二）通过直接、协调或转介等方式做好各项残疾人工作，为残疾人提供及时有效的个性化服务。

（三）倡导"自尊、自信、自强、自立"精神，团结、引领残疾人参与经济建设和社会发展。

第十二条 残疾人专职委员的工作内容是：

（一）定期调查、走访辖区内残疾人家庭，掌握残疾人及其家庭基本情况、基本需求和服务情况，逐人逐项建档立卡。村（社区）残疾人专职委员每季度对辖区内残疾人家庭普遍进行一次入户调查，乡镇（街道）残联残疾人专职委员根据工作需要不定期对辖区内残疾人家庭进行入户走访。

（二）协助乡镇（街道）残联理事长或村（社区）残协主席制定工作计划，开展残疾人工作。

（三）反映残疾人的困难和需求，协调有关部门做好残疾人生活保障、康复、医疗、教育、就业、扶贫、托养、维权、无障碍建设等工作，落实各项优惠扶持政策。

（四）组织残疾人开展和参加文化、体育、娱乐等活动。

（五）建立助残志愿者联络站，组织开展助残活动。

（六）向残疾人及亲属宣传残疾人事业法律法规，做好残疾人信访工作，化解矛盾纠纷。

（七）完成乡镇政府（街道办事处）、村民委员会（社区居民委员会）交办的其他工作。

第四章 管理考核

第十三条 乡镇政府（街道办事处）负责本乡镇（街道）残疾人专职委员的日常管理，村民委员会（社区居民委员会）负责本村（社区）残疾人专职委员的日常管理，并为其提供必要的办公条件，做到有办公场所、有电脑打印机、有工作档案。符合条件的残疾人专职委员应纳入村民委员会和社区居民委员会成员管理范畴。

第十四条 建立残疾人专职委员教育培训制度，实行残疾人专职委员持证上岗制度。残疾人专职委员的教育培训经费纳入当地财政预算。对新选聘的专职委员一律进行岗前培训，经考试合格后，由县级残联发给培训合格证，持证上岗。

第十五条 中国残联对残疾人专职委员开展统一的在线培训，各地残联要积极组织残疾人专职委员参加，培训合格后授予证书。

第十六条 县（市、区）残联负责对乡镇（街道）残疾人专职委员进行业务培训和工作指导，乡镇（街道）残联负责对村（社区）残疾人专职委员进行业务培训和工作指导。专职委员每年参加各类业务培训的时间不少于30小时。

第十七条　各级残联要创造条件，鼓励残疾人专职委员参加各类成人学历教育，支持残疾人专职委员参加社会工作师考试、公务员考试和各类国家职业资格考试等，不断提高综合素质。

第十八条　县级残联本着科学合理、简便规范的原则，制定残疾人专职委员考核办法，并组织实施。残疾人专职委员考核采取绩效考评和残疾人评价相结合、日常考评与年终考核相结合的方式，建立完善考核激励、淘汰等机制，实行能进能出的动态化管理。

第十九条　对年度工作胜任的残疾人专职委员予以续聘。对年度工作出色的残疾人专职委员予以表彰和奖励。对年度工作不称职的残疾人专职委员，由乡镇（街道）残联对其进行劝勉谈话，留用观察三个月，期满后称职的予以续聘，不能胜任工作的予以解聘。

第五章　待遇报酬

第二十条　乡镇（街道）残联和社区残协残疾人专职委员纳入公益性岗位进行管理，享受全额岗位工资，不得低于当地最低工资标准，并按有关规定为其办理社会保险，缴纳社会保险费。村残协残疾人专职委员可享受同级村民委员会委员待遇，其工作补贴要纳入当地财政预算，并通过转移支付、分级负担等多种形式予以保障。专职委员承担的残疾人就业服务工作，残疾人就业保障金应予以适当补贴。

第二十一条　残疾人专职委员工资（补贴）应随着当地经济社会发展和工资收入水平的提高而逐步递增。

第六章　附　则

第二十二条　本规范由中国残疾人联合会负责解释。

第二十三条　本规范自印发之日起实施。

二、工作综述

2014 年，残疾人组织建设工作认真贯彻落实中国残联六代会部署，以"强基育人"工程为抓手，进一步加强各级残联领导班子和干部队伍建设，努力夯实基层组织，激发专门协会活力，培育和规范助残社会组织，深入开展志愿助残，各项工作取得明显成效，为加快推进残疾人小康进程提供了有力的组织保障和人才支撑。

（一）做好基础管理建设年相关工作

为加强各级残联组织的基础管理工作，扎实推进残疾人同步小康进程，全面促进中国特色残疾人事业发展，中国残联将 2014 年确定为全国残联系统"基础管理建设年"，并下发《关于深入开展"基础管理建设年"活动的意见》。推动建章立制，规范完善有关规章制度，加强了基础管理，推动省级残联新建规章制度 522 个，完善、修订规章制度 787 个，废止规章制度 63 个。完成残联系统机构、人员调查，摸清了各级残联组织队伍及助残社会组织的基本情况，为 2015 年开展基础管理提升年活动奠定了基础。

（二）进一步加强残联领导班子和干部队伍建设

加强省级残联领导班子建设。中国残联认真落实中组部 45 号文件，履行协管职责，加强与省级党委组织部日常联系沟通，与 15 个省级党委组织部领导进行了工作会商。积极配合省级党委组织部对省级残联进行年终工作考核，对部分重点省级残联领导班子工作开展专项督导。完善省级残联工作评估机制，对省级残联 2014 年度工作进行了评估。

做好干部教育培训工作。中国残联印发《关于进一步加强残疾人工作者教育培训工作的通知》，统筹指导全国残联干部培训工作。与中央党校联合举办省级残联领导干部专题研修班，首次同中央组织部全国组织干部学院联合举办全国残联系统体现残健融合的青年残疾人工作者培训班，在中国残联六届二次全会期间举办系统外主席团委员培训班。

加强残疾人干部选拔配备工作。落实中央组织部 45 号文件，逐省进行残疾人干部配备情况排查和督导。省级残联领导班子已全部配备残疾人领导干部。

开设残疾人事业报告。中国残联协调中央党校首次面向在校学习的党政领导干部开设残疾人事业专题报告会，张海迪主席做报告。与中央党校联合编制《残疾人事业干部读本》。

（三）稳步推进基层残疾人组织和专职委员队伍建设，夯实工作基础

中国残联制定下发《村（社区）残疾人协会工作规范（试行）》和《残疾人专职委员工作规范（试行）》。明确了村（社区）残协的职责、组织结构、工作制度和残疾人专职委员的选聘办法、基本职责、工作内容、日常管理、培训考核等，进一步规范了工作程序和工作标准。

进一步加强残疾人专职委员队伍建设。全面开展残疾人专职委员网上系统学习和能力培训工作，近 5 万名残疾人专职委员参加培训。指导专职委员配合做好残疾人基本服务状况和需求专项调查工作。

（四）探索专门协会法人治理模式，支持助残社会组织发展

积极探索中国残联各专门协会法人治理模式。一是

加强制度建设，出台《中国残联专门协会委员会工作规则》，起草《全国残联系统专门协会法人治理工作规范》等。二是加强诚信自律建设，成立项目评估和财务监审委员会，建立各协会工作项目和财务管理机制，取得初步成效。三是加强专门协会基础管理工作。四是配合并参与十几项涉及残疾人政策、行业标准的论证制定。五是协助各专门协会开展丰富多彩、贴近残疾人实际需求的项目和活动，主要有：开展盲协工作"创先争优"优秀案例评选、盲人阅读推广经验交流活动；开展聋儿家长培训，举办聋人摄影大赛；推广"中途之家"脊髓损伤者社区服务项目，启动"重塑未来"肢残少年儿童康复矫治医疗救助；启动"安心工程"智障家庭意外及大病综合保险项目，首次在中国举办第三届国际智障者音乐节；开展"精残政策进万家"项目试点，开展第二期孤独症服务机构自强自律创建活动。

培育引导助残社会组织发展。 中国残联与民政部联合出台《关于支持助残社会组织发展的指导意见》。召开全国助残社会组织工作研讨会。在湖北、黑龙江实施"长江新里程项目——关心你的残疾人邻居"项目，在培育引导助残社会组织方面进行了积极探索。

（五）推动志愿助残工作深入开展

中国残联与团中央启动实施中国青年志愿者助残"阳光行动"，以残疾青少年为主要服务对象，重点围绕日常照料、就业支持、支教助学、文体活动、爱心捐赠等方面开展志愿助残服务。组织66737支基层志愿服务团队，动员126.8万名青年志愿者，与212.2万名残疾青少年及其家庭结对服务。

中央文明办、团中央、中国残联共同开展2014年全国"志愿助残阳光行动"主题日活动。中国残联举办全国助残指导员培训班。中国残联与中国志愿服务联合会共同推动"邻里守望"志愿助残活动。积极筹备成立中国助残志愿者协会。继续在中西部10个省份开展农村社区（村）残协志愿助残试点工作，推动志愿助残工作向基层延伸。

（六）做好残疾人证核发管理工作

指导各地做好残疾人证核发管理工作，对发证工作中出现的问题给予及时解决，确保依法依规办证。全国累计发证2953万本。结合省直管县的新形势，指导部分地区开展了残疾人证审批权下放工作。配合中国残联信息化提升计划，推动北京市开展新一代智能化残疾人证试点工作，为制定出全国通用的技术标准和管理规范打好基础。

（七）存在的问题

1. 残联系统残疾人干部配备工作还需进一步加强，残疾人干部培养链和人才库亟待规范建立。2. 基层残疾人组织服务能力有待加强，残疾人专职委员的工作待遇保障缺乏有效手段，履职能力亟待提升。3. 地方专门协会组织建设、工作活跃及规范运作亟待加强，对助残社会组织的引领和规范需要加强探索。4. 志愿助残工作的信息化管理和长效机制有待完善，基层特别是农村为残疾人服务的志愿者队伍还比较薄弱。5. 残疾人证的核发和管理的科学化规范化水平还需进一步提高。

附录一

张海迪：《全国残疾人专职委员培训教程》序言

2014年5月

在中国残疾人事业中有一支队伍，他们离基层残疾人最近，他们最了解残疾人的痛苦和需求，他们也最了解残疾人的家庭，甚至熟悉每个家庭成员，他们给残疾人提供了直接的服务。这就是我们分布在全国各地的残疾人专职委员。基层残疾人组织是残疾人事业发展的重要基础，基层组织建设做好了，残疾人工作才能开展好，才能延伸到残疾人身边。加强残疾人专职委员队伍建设，提高专职委员的综合素质和履职能力，是基层组织建设的关键。专职委员好比种子，基层好比土壤，他们在基层的泥土中生根发芽，在服务中经受锻炼，我期待他们长成参天大树，为残疾人遮风挡雨，播撒绿荫。

近年来，中国残联不断加强基层残疾人组织建设，全国已经建立58.1万个城乡社区残协组织，残疾人专职委员达到58.4万人。这些专职委员以满腔热情工作在基层第一线，他们深入农村贫困残疾人的家庭，有的专职委员为了去一户残疾人家，甚至要翻山越岭，渡河过桥。我在农村调研时，曾经见过村里的残疾人专职委员，他们去过每一个残疾人家庭，他们能详细说出辖区内所有残疾人的具体情况，他们的认真负责让我深深地感动，残疾人对他们的夸赞让我感到欣慰。有了这样的残疾人专职委员，基层残疾人就有了可信赖的人，他们可以向专职委员倾诉自己的内心，提出自己的诉求，也就能得到相应的帮助。在城市社区工作的专职委员中，许多人本身是残疾人，却克服障碍，走进很多残疾人的家庭，安慰他们，鼓励并且积极帮助他们解决康复就业等问题。残疾人专职委员以自己的努力，把如同春风般的温暖带给了残疾人，也给了周围的人深深的感动。

也许有人会问，残疾人专职委员的作用是什么？我想，专职委员是一座座桥梁，架起了残联组织和残疾人心中的彩虹。这是我们工作密切联系群众的不可或缺的力量。正因为专职委员了解和熟悉残疾人，所以他们也是我们各级残联组织的通讯员。多年来，基层专职委员向各级残联组织积极反映残疾人的生活状况和存在的困难。如果说我们的事业取得了巨大的进步，残疾人的生活有了改善，这里面包含着专职委员的辛勤劳动。

经过二十多年的发展，中国残疾人事业的道路不断延伸，对残疾人的康复、教育、就业、维权工作提出了新的要求。因此，残疾人专职委员也要不断更新知识，提升服务水平。新上岗的专职委员更要努力学习残疾人事业的相关政策法规，学习专业知识。只有多学习、多思考，才能更好地为残疾人服务。但是，学习是需要方法的，是需要条件的，而实用培训就是一个好办法。中国残联根据基层专职委员的工作性质和特点，编写了《全国残疾人专职委员培训教程》。这本教程系统地介绍了专职委员必须具备的基本知识和服务技能，具有较强的针对性，既可作为基层残疾人工作者的专业培训教材，也可以让残疾人和志愿者了解残疾人事业和专职委员的工作。

《全国残疾人专职委员培训教程》就要出版了，我衷心希望残疾人专职委员通过学习专业知识，树立崇高的人道主义理想，提高为残疾人服务的能力，把更多的温暖送给残疾人兄弟姐妹，让他们每一个人都能看到美好的希望，有尊严地生活。专职委员是残疾人最可信赖的贴心人，虽然他们的工作平凡琐细，但是平凡的工作中却蕴含着伟大的意义，因为残疾人工作凝聚着人间大爱，专职委员是把幸福送到千家万户的使者，所以，是无上光荣的。

附录二

张海迪应邀在中央党校做残疾人工作专题报告

2014年12月26日，中国残联主席张海迪应中央党校邀请，以"残疾人工作的视野"为题，为中央党校及国家机关分校秋季班全体在校学员做残疾人工作专题报告。报告会由中央党校副校长徐伟新主持。

海迪主席从残疾的认知和理解、残疾人的生存困境、残疾人的生命意义、残疾人事业的发展和残疾人的未来走向等5个方面做了系统阐述。海迪主席说，在生命的进程中，人类为了生存和发展与自然界进行着物质和能量的交换，但是也付出了巨大的代价。一些人失去行动的自由，失去感知世界或表达思想的能力。残疾意味着美好愿望的破灭、巨大的精神压力，还有沉重的家庭负担。因此，残疾是人类的痛苦之一，它不仅仅是残疾人个人的痛苦，也是千千万万个残疾人家庭和整个社会的痛苦。

海迪主席指出，残疾是生命的一种存在形态，残疾与生命始终形影不离，残疾人从来就是人类的一部分。在过去很长的历史时期，残疾人很少被社会关注，他们被歧视，被遗弃，甚至被遗忘在社会的角落里。今天，无论在中国，还是在世界，残疾人受到越来越多的关注，残疾人已经被联合国和世界大多数国家所重视。新中国成立以来，特别是改革开放以来，中国残疾人事业取得了巨大的进步，残疾人的生活得到了显著的改善，世界残疾人事务也不断拓展。

在谈到残疾人的生存困境时，海迪主席说，残疾人的困境不仅是生命个体的问题，更是一个有关人的尊严、社会公正和进步的问题。她说，残疾人这个词汇叠加着无数的磨难，也蕴含着残疾人美好的梦想和热切的渴望，还有顽强不屈的努力和抗争。活着就要创造，就要探索，即使身体已经残疾，思想的火花也决不停止迸发，这就是生命的意义。

海迪主席说，上世纪八十年代，邓朴方同志和那一代残疾人工作者艰苦奋斗，开创了中国特色残疾人事业，为这个事业打下了坚实的基础。今天，无私奉献的精神还要继续发扬光大。残疾人总体的教育、就业、生活水平与健康人相比还有很大差距，无障碍环境建设还不能满足残疾人的需求，农村残疾人的生存状况更是亟待改善，有利于残疾人平等参与的法律法规和制度建设任务还非常艰巨，残疾人工作者要不懈努力。

海迪主席强调，面对未来，信息化和大数据是残疾人事业发展和科技进步的有力工具；我们必须以科学的、实事求是的态度，树立长远的目标，扎实地做好每一项工作。要建立好的保障制度，要推动完善有关残疾人的法律法规，更好地维护残疾人的合法权益，让他们平等享有经济社会发展成果。

海迪主席在报告的最后指出，残疾人事业最终的目的是解放残疾人。马克思主义认为，人类解放的条件是，"每个人的自由发展是一切人的自由发展的条件"。马克思所说的"每一个人"和"一切人"的解放是包括残疾人在内的所有人的解放，这首先要依靠法律、制度消除残疾人参与社会生活的一切障碍，消除残疾人自身功能缺失所造成的能力限制。只有当每一个残疾人都能够"自由地发展"，"一切人"，也就是全人类，才有可能自由地发展。这应该是残疾人兄弟姐妹和他们家庭的中国梦。

中国残联主席团成员，党组、理事会全体成员，机关各部门、直属单位、基金会党政主要负责同志，各省区市、新疆生产建设兵团及计划单列市、黑龙江垦区残联有关负责同志旁听了报告。

（赵振川供稿）

残疾人康复工作

一、领导讲话

中国残联副理事长贾勇在2014年全国残联系统康复工作会议上的讲话摘要

2014年8月28日

做好2014年康复工作，要加强业务指导，严格项目管理。要加强民办机构建设，为其提供必要的场地、设施设备的支持，将其纳入康复业务指导和培训体系，加大专业人员培养和培训力度，引导民办康复机构规范发展。要充分利用北京国际康复论坛、中国国际福祉博览会、APEC残疾人主题活动等平台，打造康复宣传品牌。充分利用"爱耳日"、"爱眼日"、"精神卫生日"等节点，加强重点康复项目的宣传力度，创造新的品牌，打造新的亮点，扩大康复工作的社会影响力。

国务委员王勇在青海调研残疾人工作时的讲话摘要

2014年8月30日—9月1日

要进一步完善保障困难群众基本生活的各项社会救助制度、社会福利政策和促进残疾人发展的社会服务和保障体系，逐步提高保障标准和水平，让广大困难群众和残疾人共享经济社会发展成果。要加快发展养老服务业和残疾人社会福利事业，鼓励社会组织、志愿者等社会力量参与服务困难群众和残疾人，促进社会救助、社会福利与慈善事业有效衔接，不断提升服务困难群众和残疾人的能力和水平。

国务委员王勇在甘肃调研残疾人工作时的讲话摘要

2014年10月14—16日

要高度重视支持民政和残疾人事业发展，加强基层民政和残联服务能力建设，创新困难群众和残疾人生活保障和服务方式，鼓励和引导社会力量举办养老、康复机构和发展福利事业，有效增加服务供给，提升服务质量和水平，努力推动民政和残疾人工作再上新台阶。

二、工作综述

（一）推动康复法规政策

制定《残疾预防和残疾人康复条例》。条例列入2014年国务院法制办二档立法项目，与国务院法制办召开改稿会，重新梳理了条例的逻辑框架，起草了有关内容，与专家多次研讨和修改条例，形成了条例新修改稿。上报法制办力争将条例列为国务院2015年立法工作计划中力争年内完成的项目。

起草《中国残联关于加快残疾人康复服务发展的指导意见（送审稿）》。召开多次研讨会，征求中国残联有关部厅、专门协会、地方残联、有关专家的意见，形成了《中国残联关于加快残疾人康复服务发展的指导意见（送审稿）》，将推动残疾人康复服务融入健康服务业发展的大格局，促进康复事业发展，指导意见从指导思想、基本原则、发展目标、工作措施等四个方面对加快残疾人康复发展面临形势进行分析，明确了今后一段时期的工作思路，对残联系统在此项工作中的定位和如何加强自身能力建设，推动各级残联组织在残疾人康复服务发展过程中守住底线、突出重点、完善制度、改革创新等方面提出具体要求。

参与国家有关政策制定和修改。参与国家深化医改有关政策制定。中国残联积极争取并加入国务院深化医改领导小组，康复部作为医改办联络部门，积极参与推动相关政策的修订，3条建议被采纳，对《全国医疗卫生服务体系规划纲要（2015—2020年）》提出"在省级和地市级区域设置康复专科医院"的建议被采纳，提出"完善治疗—康复—长期护理服务链，发展和加强康复、老年、长期护理等接续性医疗机构力量"的建议被采纳；对《关于加快发展商业健康保险的若干意见》提出"丰富商业健康保险产品，鼓励开设残疾人康复、托养、照料、心智障碍者家庭财产信托等商业保险"被采纳。

推动精神残疾人康复有关政策。积极参与推动相关政策修订，提出4条意见均被采纳。推动公安部、卫生计生委、民政部等部委制定的《精神卫生工作规划（2014—2020）年》专篇强调"精神病人救治救助"和"社区康复"内容；推动中央综治办等部门制定的"精神卫生专业社工试点工作方案"专篇强调"精神障碍者社区康复工作"；卫生计生委、中央综治办等部门制定《关于开展全国精神卫生综合管理试点工作的通知》提出"医疗与康复相结合，完善精神障碍康复体系和救治救助保障体系"意见被采纳。

参与国家残疾人辅助器具有关政策制定。参与民政部《关于加快康复辅具业发展的若干意见》研讨，从残疾人基本辅助器具保障政策角度提出7条修改意见。

研究制定中国残联残疾人辅助器具政策。在广泛征求专家意见的基础上，起草形成了"残疾人辅助器具基本配置目录（试行稿）"（送审稿）和"残疾人辅助器具适配补贴办法（试行稿）"（送审稿）。

（二）强化残疾预防

起草《国家残疾预防行动计划》。成立了12个部门组成的《国家残疾预防行动计划》制定工作领导小组及专家组，召开了制定工作启动会、专家组会议、现场工作会、研讨会等，在征求相关部委、中国残联有关部厅及地方残联意见和多次研讨的基础上，形成了《国家残疾预防行动计划（征求意见稿）》及起草说明。

推动建立0—6岁儿童残疾筛查工作机制。推动各省落实《0—6岁儿童残疾筛查工作规范（试行）》，与国家卫计委妇幼司下发《0—6岁儿童残疾筛查工作试点实施方案》，指导北京、陕西宝鸡、广西柳州、黑龙江牡丹江、四川成都5个城市开展0—6岁儿童残疾筛查试点工作，计划2015年初形成儿童残疾筛查试点项目报告，对残疾儿童数量和儿童筛查运行成本进行分析，为"十三五"残疾儿童康复政策制定奠定基础。

做好贫困地区新生儿疾病筛查项目。与国家卫计委共同做好国家集中连片特殊困难农村地区新生儿疾病筛查项目，为听力障碍儿童提供筛查、诊断到后期康复全方位服务；共同印发《2014年贫困地区新生儿疾病筛查项目方案》，项目由200个县扩至364个县。

开展残疾预防主题宣传活动。2014年9月12—18日，中国残联与国家卫计委在全国开展"预防出生缺陷，从孕前开始"为主题的预防出生缺陷宣传周活动，在全国各省会城市、主要大中城市广泛开展宣传活动，发放宣传读本、宣传品，向手机用户发放公益性宣传短信，普及优生科学知识，提升群众优生意识和风险防范能力，重点在全国3000余个妇幼保健院针对计划怀孕妇女等重点人群开展宣传，惠及5万计划怀孕夫妇和孕产期妇女。

（三）加快人才培养和培训

积极申报康复新职业。组织召开协调会议，积极申报"听觉口语师"、"残疾人康复咨询师"和"辅助器具适配师"三个新职业并组织参加答辩工作。"听觉口语师"已纳入最新修订版大典职业分类体系表。

组织编写康复系列教材。组织编写残疾人康复事业管理教材、教学大纲等系列教材，成立残疾人康复教材领导小组，召开了编委会和审稿会。

与高校合作培养康复人才。与吉林大学培养残联系统公共卫生硕士研究生，24人已毕业，与南方医科大学联合开办在职研究生课程班和在职博士班，培养94人，与北京师范大学合作开办残疾儿童教育康复研究课程班，培养120人。

培训各类康复人员。举办康复学科带头人和康复专业技术人员培训班近30个，培训管理人员2.7万人，康复专业技术人员6.8万人，社区康复协调员20.05万人，共培训各类康复人员29.6万人。

（四）促进康复机构发展

开展康复机构摸底调查与调研。组织调研6省32个康复机构，其中省级12个、地市级12个、县级8个，对康复机构情况和队伍现状进行摸查，起草完成了康复机构调研报告，为康复机构建设与发展政策顶层设计提供材料依据。

推动残疾人康复机构和医疗机构的合作。落实《关于共同推动残疾人康复机构与医疗机构加强合作的通知》，与国家卫计委共同召开加强康复医疗服务体系建设研讨会。目前，全国各地省级、部分地市和县级残疾人康复机构已经在机构层面、科室层面或某项业务方面，与医疗机构开展合作，加强了残疾人康复双向转介的力度，提升了残疾人康复资源的整合利用意识。

推动残疾人康复机构与工伤康复机构合作。与人力资源社会保障部商谈探索推动残疾人康复机构与工伤康复机构加强合作的内容和途径，参与制定工伤保险职业康复操作规范和服务体系建设研讨工作。

起草《关于促进残疾人康复机构发展的指导意见（送审稿）》。随着残疾人康复需求增加，政府向社会力量购买服务推广，健康服务和养老服务业快速发展，医疗机构管理、事业单位改革等新形势，康复机构发展面临服务体系不完善、专业人员匮乏、学科发展滞后、服务能力薄弱、管理不规范、发展不持续等问题，为进一步加快促进康复机构的发展，对残疾人康复机构的功能定位、准入与退出、服务资质、机构运行与管理等提出具体要求。送审稿内容包含创新康复机构运行模式，提高康复机构现代化管理水平，完善康复机构法人治理结构，实行康复机构主任负责制，建立康复机构绩效考核制度，推动康复机构实施信息化管理等。

推动和指导直属单位康复机构建设和发展。聋儿机构，印发《关于开展省级听力语言康复中心业务建设量化考核工作的通知》，着力推动基层加强业务内涵建设，与国家卫计委医政司共同做好贫困聋儿人工耳蜗抢救性康复项目对口支援工作。肢体和智力机构建设，对承担国家康复任务的155家贫困肢体残疾儿童矫治手术定点医院、407家脑瘫儿童康复训练定点机构和350家贫困智力残疾儿童康复训练定点机构进行审核备案，制定肢体和智力残疾儿童项目定点机构服务规范。孤独症康复机构建设，利用中央彩票公益金新增资金，一方面，组织开展孤独症儿童康复机构扶持工作和规范化建设，另一方面，组织完成孤独症儿童康复教材建设，正式启动孤独症儿童机构康复人员大规模轮训。辅具机构建设，签署华东、华中、西北、西南4个国家辅助器具区域中心共建协议，推动实施《中国国际辅助器具城建设项目》，制定出台各级残疾人辅助器具服务机构建设标准实施细则。

（五）加大社区康复力度

完成社区康复示范站建设任务。完成全国2853个县每县1个社区康复示范站建设任务，在此基础上，加大对西部和农村地区支持，支持新疆40个，西藏、贵州各20个，其他9个西部省区各10个社区康复示范站建设，扶持6个标准化城市示范社区和6个标准化农村示范社区建设。

加强社区康复协调员培训。印发《关于加强社区康复协调员培训工作的通知》，加强社区康复协调员培训，完成75%以上的社区至少拥有一名经过培训的社区康复协调员工作任务。

开展家长学校工作。扶持6个社区家长学校示范中心建设，指导1131个残疾人康复机构开展家长学校工作，培训家长99450人次。

实施社区康复项目。落实《社区康复协调员工作规范（试行）》和《社区康复站工作规范（试行）》，整合实施CBM项目、嘉道理社区康复项目。

（六）促进康复工作创新发展

召开2014年全国残联系统康复工作会。2014年8月，在深圳召开，部署新时期残疾人康复工作，在新形势、新任务下统一思想，抓住"新的起点"、"把底兜住"、"同步小康"、"中国特色残疾人事业"关键词，做好"十二五"后两年康复工作。贾勇副理事长指出康复工作站在新的历史起点，准确把握康复工作的目标和任务，注意理顺关系，打好基础，全面推进工作。尤红理事提出康复工作围绕兜住底、建机制、补短板、强基层、顺潮流、重预防、造影响，加强康复工作体制机制创新，加强项目管理，及早布局"十三五"工作。

召开残疾人康复工作创新发展研讨会。2014年11月，在北京召开，国务院研究室、发改委、教育部、科技部、人社部、民政部及部分高校、康复研究机构、康复服务机构的专家出席会议。创新发展探讨成果：转变残疾人康复工作的理念，做好残疾人康复工作的顶层设计，找准康复人才培养的突破口，激活康复机构发展的活力，加快康复科技创新的步伐，提高康复工作现代化管理水平，创新残疾人康复工作的体制机制。

试点向社会力量购买康复服务。新增智力残疾儿童康复项目经费，新项目采取定点委托和向社会力量购买服务两种方式实施。长江新里程三期"关心你的残疾人邻居"项目，在湖北、黑龙江试点向社会组织购买残疾人康复服务。推动有条件的地方在残疾儿童筛查、诊断、抢救性康复和辅助器具适配等方面积极开展向社会组织购买残疾人康复服务试点。

（七）管理和实施各类康复项目

2014年度，康复部和康复直属单位实施各类康复项目13个，覆盖6个残疾类别，涉及康复资金量近15亿元。

启动实施新项目。启动长江新里程项目三期，下发项目实施意见，制定项目财务管理规范。制定新增彩金项目方案和文件，印发《残疾人事业专项彩票公益金智力残疾儿童康复救助项目实施方案（2014年—2015年）》，《关于向社会力量购买智力残疾儿童康复服务有关工作的通知》。

加强项目管理。下发《关于做好"十二五"康复项目中期检查的通知》，《残疾儿童康复救助"七彩梦行动计划"贫困脑瘫儿童康复救助项目定点康复机构服务规范（修订版）》。

积极与专门协会合作。与盲协的合作，邀请盲协领导参与低视力康复和盲人定向行走培训班和视力残疾康复专家研讨会。与肢协合作，将创建脊髓损伤者中途之家纳入社区康复工作全局，统筹实施，邀请肢协领导在全国社区康复管理人员培训班上作中途之家工作介绍。与聋协合作，就聋儿家长培训纳入家长学校工作大局研讨，统筹推进，提供相关政策、专家及技术支持。与精协合作，邀请精协出席精神病防治康复、孤独症儿童康复研讨会和培训班，与精协合作推动孤独症儿童康复机构自律活动。加强和专门协会的联系，吸收协会的意见和建议，推动康复工作。

（八）做好康复宣传和地震康复

开展主题日宣传活动。继续开展爱眼日、爱耳日、精神卫生日、防治麻风病日等主题日宣传活动，宣传了残疾人康复工作和康复项目，向社会公众、残疾人及亲友宣传和普及康复知识，营造了社会关注、重视残疾人事业的良好氛围。

组织大型研讨和宣传活动。协调有关直属单位，组织中国国际福祉博览会暨中国国际康复博览会、北京国际康复论坛、"全国爱耳日"公益音乐会等大型活动，提升残疾人康复工作国际影响，加强康复工作交流。

完成云南鲁甸地震康复任务。按照中国残联统一部署，第一时间派出中国康复研究中心和四川省八一康复中心21名专家组成的国家康复医疗队赶赴灾区，复查地震伤员563人，实施康复医疗救助499人次，完成理疗30人，心肺康复13人次，康复护理查房指导54人次，康复评估137人次，培训康复人员30余人次，印发3000册《地震伤残康复手册》，完成抗震救灾康复任务。

（纳新、孙光供稿）

中国残疾人康复协会工作

一、为"残疾人居家康复服务"做了基础性研究工作

中国残疾人康复协会组织肢体残疾康复专家，协助海淀区残联开展了"残疾人居家康复服务"项目；承担了中国残联课题《政府购买残疾人居家康复服务》。针对目前政府购买社会组织服务和全国基层残联开展居家康复服务，总结出"怎样确定服务内容、系统培训各环节服务人员、规范服务流程、选择服务主体"等各有关方面经验，对全国范围内深入开展社区康复服务提供了可推广和借鉴经验。

二、开展孤独症康复教育的机构规范管理和人员系统培训

针对目前国内孤独症康复教育基础薄弱的现状，中国残疾人康复协会承担了基金会"自闭症儿童康复教育资助项目"。组织国内行业知名专家深入全国七个孤独症康复机构开展教学情况调查，为规范教学管理、开展专业技能培训做好了基础准备。

接受中国残联康复部委托，编写了"孤独症康复教育人员上岗培训教材"、"孤独症康复教育机构管理人员培训教材"、"孤独症儿童家长培训教材"。从2014年10月开始，为全国12个省的50个孤独症机构开展了有规模的、系统的专业人员培训，包括"孤独症儿童康复教育上岗培训师资培训"、"孤独症儿童康复教育人员专项技能培训—语言行为评估、儿童心理发育障碍评估、关键性技能训练法"等。制作了视频教学资料，为今后全国范围内开展系统培训打下了基础。

（冯彦霞供稿）

长江新里程项目

2014年是长江新里程项目三期启动之年，在中国残联长江项目管理委员会的正确领导下，长江项目在一、二期和其他项目经验的基础上，按照李嘉诚基金会提出的项目意愿及我国残疾人工作现状，制定了长江三期整体实施方案，积极推动、部署任务、有序规范地开展了长江三期的各项工作，为以后项目开展奠定坚实基础。2014年项目工作综述如下：

一、完善管委会成员，确定组织框架

为完善长江新里程计划项目组织领导，完善组织架构，1月17日，因工作需要及人员变化等原因，中国残联决定对长江新里程计划项目管委会组成人员进行相应调整，调整后的委员会名单见附录。

二、举办高层会面，确定项目目标

1月22日下午，中国残联主席张海迪及新一届相关领导会见了李嘉诚基金会高级项目经理罗慧芳女士一行。罗慧芳女士代表李嘉诚先生向张海迪主席致意，并表达了将继续支持内地残疾人事业发展的意愿。海迪主席转交了鲁勇书记给李嘉诚先生的亲笔信，同时转交了长江二期受助残疾人为李嘉诚先生制作了精美的铜版画、儿童漫画和赞美诗歌。这次见面会，双方就长江三期积极探索工作机制和服务模式、提高项目管理能力和康复服务能力、充分发挥长江项目种子作用、让更多的残疾人受益等有关工作达成了共识，为长江三期启动工作顺利进行奠定了基础。

中国残联副理事长贾勇、中国残联理事兼康复部主任尤红、李嘉诚基金会中国事务经理王秀英、项目经理陈瑜和中国残联长江新里程项目执行单位有关负责人参加了会见。见面会后，中国人民大学对长江二期项目做评估报告。

三、确定三期项目，落实项目资金

"长江新里程计划"是中国残联与李嘉诚基金会合作支持中国残疾人事业的品牌项目。长江新里程计划项目第三期，李嘉诚基金会捐赠1亿港元，主要实施假肢服务项目、脑瘫服务项目和"关心你的残疾人邻居"3个子项目。5月7日，中国残联2014年第四次理事会通过了以下项目方案：

（一）假肢项目由辅具中心组织实施。目标：建设6个国家假肢区域中心、50个骨干假肢装配站，新建80个基层服务站点，培养50名假肢师资，建设受益人信息交流平台等。中央财政安排支持假肢服务项目，投入专项经费，用于残疾人装配假肢7万例和辅具车项目配套。

（二）脑瘫儿童引导式教育项目由社会指导中心组织实施。目标：培育4个脑瘫儿童引导式教育技术示范机构及资源中心，发展10个脑瘫儿童引导式教育训练机构，资助1500名贫困脑瘫儿童进行引导式教育综合训练及家长培训，探索为不低于500名脑瘫儿童家长建立行之有效的支持服务平台（手机APP），提升康复机构引导式教育质量和水平。在广东省试行引导式教育专业人员上岗考核。

（三）"关心你的残疾人邻居"项目由组联部组织实施。目标：在黑龙江和湖北省两省项目承接地市分2期各资助至少100个助残服务项目，以此来推动社区残疾人服务发展，培育、扶持一批专业助残组织，为残疾人提供个性化、特需化、专业化服务，促进残疾人共享社会进步文明成果。

长江办经与李嘉诚基金会多轮协商，中国残联签署了《长江三期项目承诺书》《长江三期项目申请表》和《长江三期子项目经费预算》等文件，与中国残疾人福利基金会签署了《长江三期项目拨款协议》，为落实资金和项目顺利实施打下了坚实的基础。

为发挥李嘉诚基金会"种子"作用，落实地方政府支持资金，推动项目良性发展，管委会领导及组联部项目组多次与湖北、黑龙江两省残联分管领导沟通，协调两省财政支持。截至2014年年底，湖北省已落实2014年30万人民币工作经费支持，黑龙江省在积极争取之中。

四、适时启动项目，部署项目任务

5月27日，长江新里程计划第三期项目启动仪式暨工作会议在湖北武汉举行。中国残联党组成员、副理事长兼长江三期项目管委会执行主任贾勇，湖北省政府副秘书长聂昌斌，李嘉诚基金会高级经理罗慧芳出席启动仪式；中国残联理事、康复部主任兼长江三期项目管委会执行副主任尤红主持会议；来自中国残联相关部门、直属单位、李嘉诚基金会、项目涉及省市残联及康复机构的负责人员，长江新里程计划项目受助残疾人代表100多人参加了启动仪式。

启动仪式结束后，召开了由长江新里程项目受益者、社会助残组织参加的座谈会，了解受益情况和需求；3个项目组分别召开了长江三期工作会议。

——假肢项目介绍了假肢服务方案的设计框架和实施要点，就项目的要求进行了强调，项目省就本省的工作现状和培育建设假肢技术区域中心的工作规划进行了阐述。

——脑瘫儿童引导式教育项目组织项目机构领导和脑瘫康复部门项目负责人进行了项目实施方案、实施办法的讲解；介绍了东莞市康复中心、浙江省康复中心通过二期项目学习实践引导式教育推动事业发展的经验以及广东全省推行引导式教育的发展思路。

——邻居项目组召集湖北、黑龙江两省和重点地市进行了专题培训，重点介绍邻居项目实施背景、具体内容、注意事项及下一步的工作要求。

6月11日，李嘉诚基金会针对长江三期项目成功发布特来函致谢。

五、注重顶层设计，创新服务和管理模式

项目启动伊始，根据李嘉诚基金会意愿和境内残疾人工作实际，重视整体方案的设计，谋划全局，充分利用长江项目第一、二期成果和所奠定的基础，为解决贫困下肢缺肢者、贫困脑瘫儿童及其家庭在康复、教育、改善他们生活状况等方面的迫切需求，完善残联系统假肢服务和脑瘫儿童引导式教育康复机构建设，培育、扶持一批专业助残组织，并鼓励其创新发展，为残疾人提供个性化、特需化、专业化服务，弘扬人道主义思想和李嘉诚先生"助无助者"的美德，促进残疾人事业的长远发展，制定了《中国残疾人联合会关于实施"长江新里程计划"项目（第三期）的通知》（残联发〔2014〕59号）。统筹了项目执行进度，建立了5年的项目规划，改变了以往直接资助假肢装配和救助脑瘫儿童的做法，引入了科技资讯手段和社会工作方法，以机构建设、师资培养和服务创新为重点，全面提升各级项目执行机构的服务能力和水平。同时，要求各项目执行单位层层签署项目责任书，增加项目执行单位的责任意识。

为规范长江三期资金的使用与管理，经与计财部和李嘉诚基金会多轮协商，制定了《"长江新里程计划"项目（第三期）财务管理办法》，会签完毕，待审批实施。

各地残联按照残联发〔2014〕59号文件要求，结合地方残联实际，制定细则。

六、搭建网络平台，实现信息无障碍

积极协调中国残联信息中心和李嘉诚基金会设计开发"长江三期"新网站设计和建设工作，完成了网站信息筹稿、审核及发布等相工作。

为了更好地动员社会力量参与、扩大项目影响，鼓励公众参与互动，提升项目的透明度和公信力，邻居项目积极推进网络及电话综合服务平台，提供申报、评审、展示、投票等服务。邻居项目组申请及展示网站由中国残联信息中心建立，网站基本建设完成。官网包含了项目介绍、合作方介绍、守则及条款、项目申报指南、常见问题等板块。

七、注重服务创新，项目管理创新

（一）对项目数据库进行升级，停用二期项目数据库，将三期项目假肢服务数据库纳入中国残疾人事业统计管理系统。在中国残联信息中心的支持下，在数据库中增加了受益人照片录入的模块，要求基层提供假肢服务后，将受益人假肢装配前后对比照片各一张录入项目数据库。数据库中已经有部分信息可以查看对比照片。

（二）建立"长江肢友"微信公众账号。通过这个平台，面向全国残联系统假肢技师、项目受益人以及社会各界定期提供项目资讯、假肢的保养与维护、受益人经验分享等内容，从而扩大项目影响，普及假肢知识，提升残疾人的自助和互助能力。假肢组2014年10月17日向各省下发《关于组织做好辅助器具服务项目的通知》（辅助中心发〔2014〕39号），部署项目工作。

（三）脑瘫组组织基础培训。鉴于项目机构均有部分人员参加过上期项目举办的基础培训，缺少规范的训练实践，为保证项目实施，在工作启动初期，先行安排以临床实习为主的培训。脑瘫组已举办6次引导式教育专业人员培训班和指导，对4个示范中心资料库按要求进行规范建设。各项目单位已按项目要求进行筛查、安置脑瘫儿童和家长进行引导式教育训练及指导。

（四）2014年11月27日，湖北省邻居项目正式启动，并开始社会申报项目工作，正处于公众投票阶段（其中有两个项目超过了一万票，前16名票数都在2000票以上），下一步将进入专家评审阶段。

八、加大宣传力度，扩大项目影响

（一）为宣传李嘉诚先生从1984年开始播下一颗

种子，携手中国残疾人事业 30 年，长江办协同各项目组、各地项目执行残联及李嘉诚基金会中国项目办，委托华夏出版社完成了长江项目《助无助者》画册的编印和发行工作。

（二）在长江二期项目结束、三期项目即将启动之时，协调中国残疾人杂志社记者杨乐，在《中国残疾人》2014 年 03 期上发表了《助梦启程》——"长江新里程计划项目"（第二期）纪实。

（三）完成了反映长江项目具体实施的《长江新里程计划项目（2000—2011）》影视光盘的后期制作和发行工作。

（三）启动项目时，中国残联宣文部组织记者团现场跟踪报道。《长江新里程计划（第三期）项目发布媒体剪报》收录了 5 月 27—28 日大陆和香港各大媒体有关长江三期项目启动的报道 31 条。

（四）湖北省残联邻居项目制作了关于整体项目介绍的宣传折页、宣传海报、展架等宣传品，准备项目工作手册、培训课件等宣传资料，并通过湖北日报集团和省级媒体资源进行项目宣传工作，对项目实施情况进行报道，宣传项目，扩大社会影响力，营造良好助残氛围。

（五）为提供长江新里程计划（第三期）项目整体及三个子项目的介绍、宣传、进展，新建了官方网站，及时发布项目相关信息，利用互联网公开资助项目和资助信息，及时提供相关工作动态信息，使之成为社会公众和基金会工作、监督项目进展的透明窗口，成为强化对项目监督管理的有效渠道。

附　录

中国残联办公厅关于调整中国残联"长江新里程计划"项目管理委员会成员的通知

残联厅发〔2014〕6 号

各省、自治区、直辖市残联，中国残联机关有关部门、有关直属单位：

因工作需要及人员变化等原因，经中国残联研究，决定对中国残联"长江新里程计划"项目管理委员会成员进行相应调整，调整后的委员会组成人员名单如下：

主　　任： 鲁　勇（中国残联理事长）
执行主任： 贾　勇（中国残联副理事长）
副 主 任： 尤　红（中国残联理事兼康复部主任）
委　　员： 马志强（中国残联办公厅主任）
　　　　　　曹跃进（中国残联组联部主任）
　　　　　　王　涛（中国残联宣文部主任）
　　　　　　魏孟新（中国残联国际部主任）
　　　　　　张全军（中国残联计财部副主任）
　　　　　　崔慧萍（中国残联信息中心主任）
　　　　　　时海峰（中国康复研究中心常务副主任、
　　　　　　　　　　中国残联社会服务指导中心主任）
　　　　　　陈振声（中国残疾人辅助器具中心主任）

（程剑、唐沈海供稿）

残疾人教育工作

工作综述

2014年，残疾人教育工作全面贯彻《中国残疾人事业"十二五"发展纲要》及《国家中长期教育改革和发展规划纲要（2010—2020年）》精神，以落实《特殊教育提升计划（2014—2016）》为重点，积极主动联系国家相关部门，密切合作，着手制定更多加快发展残疾人特殊教育的政策措施，完善特殊教育体系，维护残疾人受教育权利。

残疾儿童少年义务教育入学率达到72.7%。实施彩票公益金学前教育和"交通银行残疾青少年助学计划"，资助学龄前残疾儿童及高中、大学阶段残疾青少年，受助人数近两万人。实施彩票公益金中高等特殊教育项目，资助全国22所中高等特教院校提高办学水平，加强实训基地建设。依托两个残疾人职业教育培训基地开展特教师资培训，"交通银行残疾青少年助学计划"对全国和部分省级特教师资培训给予补贴，共培训特教师资800余人。全国有7133名残疾人被普通高等院校录取。

（一）启动实施《特殊教育提升计划（2014—2016年）》（以下简称《提升计划》），保障残疾人平等受教育权利

1月，国办转发教育部等七部门制定的《提升计划》（国办发〔2014〕1号），并召开全国特殊教育工作电视电话会议，就落实《提升计划》做出部署。中国残联不仅积极参与了该计划的起草制定工作，并在计划正式出台后，迅速组织有关力量，会同教育部联合召开特殊教育提升计划省级实施方案编制工作推进会，就进一步做好实施方案编制工作进行研究部署。截至12月30日，上海、黑龙江、福建等27个省份先后出台了提升计划省级实施方案。广东省推动实施残疾学生15年免费教育，山西省、陕西省将特教教师岗位津贴提高到基本工资的50%，陕西省建立200所特殊儿童随班就读康复资源中心，积极探索学前特殊教育模式。

中国残联与教育部共同通报2013年度78174名未入学残疾儿童少年，并拟在2015年与教育部"全国中小学生学籍信息管理系统"对接，为提高残疾儿童入学率、实现"十二五"任务目标打好基础。

（二）积极推动出台残疾人教育相关政策法规

会同教育部、国家卫生计生委，研究制定《残疾人参加普通高校招生统一考试暂行管理办法》，并报国务院审定，为盲、聋、肢残考生参加普通高考提供便利措施。

会同教育部、国务院法制办做好《残疾人教育条例》修订工作，形成修订草案，征求社会各界意见并上报国务院，依法推进残疾人教育事业发展，保障残疾人受教育权利。

落实《国务院关于加快发展现代职业教育的决定》精神，与教育部等有关部门共同研究制定加强残疾人职业教育有关政策措施。

（三）手语盲文研究推广工作扎实推进

在稳步推进通用手语和通用盲文标准研制工作的基础上，中国残联会同教育部和国家语委，制定和启动实施《国家盲文、手语规范化行动计划（2014—2020年）》，推广国家通用手语和通用盲文。

建设国家手语和盲文研究中心，稳步推进"国家通用手语标准"和"国家通用盲文标准"课题研究；完成藏、维、蒙、哈、朝、彝、壮七个少数民族手语和盲文使用状况抽样调查；参加世界语言大会；组织召开电视手语新闻座谈会，邀请中央电视台"共同关注"栏目负责人、手语翻译和聋人观众面对面就提升观看效果进行交流。

（四）提高特殊教育服务能力，提高教育质量

进一步扩大培养人才的学校数量、学科数量，完善

一批教育基地。2014年,"特殊教育学校建设规划(二期)"2所残联系统残疾人中职学校、5所高等特教学院(含师范院校)基础设施建设项目开工。

加强特殊教育内涵发展,推进盲、聋和培智三类特殊教育学校课程标准和教材建设。特教学校预算内生均公用经费从平均2000元提高到4000元以上。

开展特教科学研究和学术交流,促进学科建设。"2014年中国国际福祉博览会"期间,中国残联和教育部共同举办"辅助器具在残疾人教育与就业中的应用"论坛。

(五)扫除残疾人青壮年文盲试点工作取得新进展

2014年,继续实施《残疾人扫盲试点工作方案》,北京、山西和福建三省市利用仅有的资金和当地各类资源,扫盲试点工作取得新的进展和成效。北京市在总结房山区扫盲试点工作基础上,向全市推广,对全市有意愿接受扫盲的1360名残疾人按照每人1000元的标准下拨经费,同时对10个郊区县加拨2.5万元,为实现扫盲工作全覆盖奠定基础。山西吉县结合实施隆纳济世助残项目,将扫盲与农村实用技术培训结合,因人分类施教、划区分片按主导产业施教、依托资源优势施教。临猗县通过化整为零、分片包教的办法,以个别教学和集中教学相结合为主要形式,从年初开始到12月考核结束,选配74名师资,连续几年对六类456名残疾人进行文化课的全面教学。福建南靖县建立"扫盲辅导员"制度,把学员家长、村(区)内离退休人员等有一定程度文化的人员发展为扫盲辅导员,由扫盲教师确定教学内容,扫盲辅导员负责随时向学员答疑解惑,大大提高了扫盲效果。

(六)广泛深入开展扶残助学工作

1. 继续实施彩票公益金学前教育助学项目和"交通银行残疾青少年助学计划",资助学龄前残疾儿童及高中、大学阶段残疾青少年,受助人数近两万人。

2. 实施彩票公益金中高等特殊教育项目,投入2282万元资助全国22所中高等特教院校提高办学水平,加强实训基地建设。

3. 资助省级和有关高校开展特教师资培训,共培训特教师资800余名;组织开展"交通银行特教园丁奖"评选,共有200名特教教师荣获"交通银行特教园丁奖",并与教育部、交通银行共同举办2014年特教园丁奖表彰活动。

(韩咏梅供稿)

残疾人就业工作

一、政策法规文件

关于做好2014年残疾高校毕业生就业创业工作的通知

残联厅发〔2014〕30号

各省、自治区、直辖市残联,新疆生产建设兵团残联,黑龙江垦区残联:

为贯彻落实《国务院办公厅关于做好2014年全国普通高等学校毕业生就业创业工作的通知》(国办发〔2014〕22号,以下简称"通知")和全国普通高校毕业生就业工作电视电话会议精神,现就做好2014年残疾高校毕业生就业创业工作的有关问题通知如下:

一、认真抓好就业创业政策的落实

2014年,全国高校毕业生数量继续增加,就业工作任务十分艰巨。残疾高校毕业生就业形势更加严峻,实现就业难度更大。"通知"对2014年的高校毕业生就业创业工作做出了具体部署,提出了具体要求,在以往政策基础上明确了一系列新的政策措施,特别将残疾高校毕业生列入求职补贴对象范围,并明确提出"党政机关、事业单位、国有企业要带头招录残疾高校毕业生。"各地要认真学习领会文件精神,切实抓好各项就业创业扶持政策的落实。加强与高校沟通,确保求职补贴在离校前发放到每一位残疾高校毕业生手中。要推动未安排和未达到安置比例的党政机关、事业单位和国有企业制定年度招录计划,确定适宜岗位面向残疾高校毕业生开展招录。

各地要系统梳理近年来国家和本地围绕高校毕业生就业、特别是残疾高校毕业生就业出台的各项政策文件以及配套措施，以钉钉子精神加强督促检查，确保符合条件的残疾高校毕业生都能够享受到政策，确保政策措施发挥最大效应，力争2014年应届残疾高校毕业生初次就业率达到70%以上。

二、千方百计促进残疾高校毕业生就业创业

（一）各地要以贯彻落实中共中央组织部等七部门《关于促进残疾人按比例就业的意见》（残联发〔2013〕11号）为契机，将按比例就业作为残疾高校毕业生就业的重要渠道，采取有效措施，减少、消除用人单位针对残疾高校毕业生在招录、体检等环节的限制，促进残疾高校毕业生在各类用人单位按比例就业。

（二）各地可通过给予社会保险补贴、无障碍设施设备补贴等措施进一步鼓励各类残疾人集中就业单位积极吸纳残疾高校毕业生。各级残联组织以及基层残协、专职委员岗位要优先招录、聘用残疾高校毕业生。要加强与有关部门沟通，动员残疾高校毕业生参与国家各项基层服务项目，在中西部地区、城乡基层、民营企业、非公有制经济组织中实现就业。

（三）各地要支持残疾高校毕业生自主创业。有条件的地方，可协调有关部门，面向残疾高校毕业生，在现有政策基础上进一步放宽准入条件，降低注册门槛，减免税费幅度，提供资金支持等。要利用各类社会资源，建立残疾人大学生见习基地和创业孵化基地。要加强培训，大力扶持残疾高校毕业生网络创业、居家就业。

三、强化残疾高校毕业生就业服务和就业援助

（一）各地残疾人就业服务机构要在学生毕业前提前介入，与残疾学生所在院校、所在街道社区公共就业服务平台加强沟通，针对每一名残疾高校毕业生的实际情况，开展一对一就业服务。帮助残疾毕业生了解就业形势，转变就业观念，合理调整求职预期。准确掌握残疾毕业生的就业愿望和各类用人单位用工信息，做好推介工作。针对有创业需求的残疾毕业生要提供项目开发、政策咨询、开业指导、风险评估、融资服务、跟踪扶持等"一条龙"服务。

（二）各地要协调有关部门将未就业残疾高校毕业生纳入"离校未就业高校毕业生就业促进计划"，列为重点援助服务对象，实行动态管理，跟踪服务，建立帮扶责任制，并提供相应的职业能力测评、心理咨询、岗位推荐、岗位见习等"一对一"就业帮扶服务。要协助安排残疾毕业生参加见习实践活动，对用人单位接纳残疾高校毕业生实习时间超过6个月，且支付劳动报酬不低于当地最低工资标准的，计入按比例安排残疾人就业基数。

（三）各地要加大残疾人就业保障金对残疾高校毕业生及用人单位的补贴力度，大力扶持高校残疾人毕业生就业创业，调动用人单位安排残疾高校毕业生的积极性。要协同有关部门和用人单位积极组织残疾高校毕业生招聘会和网络招聘活动。

四、工作要求

各地要统筹部署残疾高校毕业生就业工作。残联教育就业部门和就业服务机构要加强合作，明确任务，各负其责。教育就业部门要协调教育行政部门和高校，准确掌握在本省（区、市）就学的应届残疾高校毕业生数据（见附件1）。残疾人就业服务机构要根据应届残疾高校毕业生情况，开展有针对性的就业指导、就业服务和就业援助，建立年度残疾高校毕业生就业创业情况台账，并于2014年12月31日前将汇总、填报的"2014年全日制高校残疾毕业生就业创业情况统计表"（附件2）分别报送至中国残联教育就业部和中国残联就业服务指导中心。

关于印发《大力发展手工编织促进残疾妇女就业创业方案》的通知 妇字〔2014〕24号

各省、自治区、直辖市妇女联合会、残疾人联合会：

为贯彻落实党的十八大提出的就业优先战略和十八届三中全会关于健全促进就业创业体制机制的要求，维护妇女就业权益，帮助城乡残疾妇女通过开展手工制作实现就业创业的梦想，中华全国妇女联合会与中国残疾人联合会制定了《大力发展手工编织促进残疾妇女就业创业方案》。现将方案印发给你们，请结合实际，认真组织实施。

全国妇联　中国残联
2014年6月16日

大力发展手工编织促进残疾妇女就业创业方案

残疾妇女是贫困程度深、就业困难的弱势妇女群体，也是各级妇联组织关爱帮扶的重点群体。手工编织制作业作为劳动密集型产业，具有投资少、附加值高、绿色环保，就业时间、就业场所、就业方式灵活等特点，在吸纳残疾妇女等城乡贫困妇女就地就近灵活就业方面具有突出优势。全国妇联与中国残联围绕贯彻落实党的十八大提出的实施就业优先战略的目标和国家就业工作总体部署，发挥手工编织制作业在吸纳妇女就业方面的积极作用，共同制定大力发展手工编织促进残疾妇女就业创业方案，帮助残疾妇女群体在手工编织制作领域实现更加充分的就业。

一、目标任务

2014—2015年，在妇女手工制品产业发展迅速、政府支持力度大、已建立省级妇女手工制品协会（商会）的15个省区市，通过实施开发就业岗位、开展手工技能培训、举办手工技能竞赛等措施，帮助1万名有就业能力和愿望的残疾妇女从事手工编织与制作，为1.5万人次残疾妇女提供免费技能培训。尚未建立协会的省份要根据当地实际情况，制定相应计划，有针对性地组织城乡残疾妇女开展手工制作项目技能培训，帮扶残疾妇女在手工制作领域实现就业。

二、主要措施

（一）开展技能培训

1. 各地妇联和残联要根据当地手工制品产业发展实际、市场需求和残疾妇女就业特点，共同制定残疾妇女手工技能培训计划，并将其纳入妇女手工技能培训规划和残疾人职业技能培训规划。

2. 统筹利用妇联组织和残联组织的各类就业技能和职业培训资源，搭建以各级各类职业院校、特教院校、妇女手工产品合作组织和龙头企业、残疾人就业培训基地、托养机构为载体的妇女手工技能培训网络。

3. 开展多形式、多层次的职业技能培训。结合当地手工制品产业发展的潜在需求，开展就业技能培训和岗位技能提升培训，根据企业生产和市场需求，开展订单培训、定向培训和定岗培训，对有创业意愿的残疾妇女开展创业培训，提高培训的实效性，力争培训后的就业率不低于60%。

（二）开发就业岗位

1. 推动残疾妇女集中就业。鼓励妇女手工编织合作组织与企业集中吸纳愿意从事手工制作的残疾妇女加入合作社或进入企业就业。探索开展残疾人集中就业单位产品政府优先采购试点工作，争取将残疾妇女集中就业单位生产的手工产品优先纳入政府采购产品目录。

2. 积极扶持残疾妇女在手工制作领域自主创业。各级妇联和残联要帮助有创业愿望的残疾妇女落实各项优惠政策，提供有针对性的创业培训和创业服务。培养残疾妇女创业就业带头人，以此促进残疾人事业发展。

3. 将保护和促进残疾妇女等城乡贫困妇女就业与农村扶贫开发、地方旅游产业和民族手工制品产业的发展相结合，引导城乡残疾妇女就地就近转移就业和居家灵活就业。

（三）举办手工制品职业技能竞赛和展示展销活动

1. 各级妇联在举办妇女手工编织或手工制品技能竞赛时，要鼓励和动员残疾妇女积极参与，在参赛中提高技能，展示形象，宣传残疾妇女自立自强、勇于直面人生困境的精神面貌，提高社会对残疾妇女自主创业和灵活就业的关注度。

2. 各级妇联、残联要结合各地手工制品产业发展实际，开展手工编织、刺绣、钩针编织、竹藤柳编、结形花边、插花、剪纸、蜡染、扎染、陶艺、布艺、贵金属首饰手工制作等具有区域特点、民族特色、通用性广、从业人员多的手工项目技能竞赛活动，以赛促技能培训，以赛促产业发展，吸引更多残疾妇女进入手工制品产业就业创业。要积极协调并争取本地人力资源社会保障部门在选手赛后职业资格晋升、技能表彰等方面的支持，通过竞赛或选拔赛总结经验，不断进行职业培训内容和方式的更新，切实提升就业服务水平。

3. 各级妇联、残联要发挥工作优势，组织妇女包括残疾妇女参加国际国内文化交流、博览会、展销会、经贸洽谈会等产品展示展销活动，争取有关部门支持，减免摊位租金和活动经费，帮助她们拓展市场，提高竞争力。

（四）落实相关扶持和奖励政策

1. 认真落实残疾人就业保障金使用管理政策，加大对残疾妇女就业创业的资金扶持力度，促进妇女手工合作组织和企业单位接纳安排残疾妇女就业，扶持残疾妇女自主创业和灵活就业。

2. 对集中安置残疾妇女的妇女手工合作组织和企业单位，要帮助落实国家对集中使用残疾人用人单位的税收优惠政策。加大残疾人就业保障金对按比例和超比例安置残疾人就业单位的奖励力度，提高用人单位安排残疾妇女就业的积极性。

3. 各级残联要将妇联组织、妇女手工合作组织和企业面向残疾妇女开展的手工技能培训和创业培训纳入残疾人就业保障金的培训补贴范围，并根据手工技艺的难易程度、时间长短、培训成本等实际情况，合理安排培训经费，确保培训质量；加大对培训教材开发、师资培训、集中使用残疾妇女用工单位负责人培训、职业技能竞赛等工作的扶持力度。

4. 大力扶持残疾妇女在手工制品领域自主创业，帮助落实资金扶持、小额贷款贴息、经营场所租金优惠、社会保险补贴、税费减免等扶持政策。健全残疾女创业服务体系，依托各级残疾人就业服务机构、各类妇女手工编织协会、商会、合作组织及创业孵化基地，为创业残疾妇女提供项目信息、政策咨询、开业指导、市场拓展、跟踪扶持等服务。

三、工作要求

（一）开展摸底调查。各级妇联和残联要联合对本地区残疾妇女在手工制品领域的就业情况开展调查，了解掌握残疾妇女在手工制品领域的就业现状、存在的困难和发展需求，有针对性地制定目标任务、扶持措施，加强工作联系，合力推进落实。

（二）加强工作领导。各级妇联和残联要高度重视促进残疾妇女从事手工制作实现就业创业工作，将其作为维护妇女劳动保障权益、参与社会管理创新的重要内容，切实加强统筹规划、组织领导。全国妇联妇女发展部与中国残联就业服务指导中心具体负责方案的组织和实施。

（三）及时总结宣传。各级妇联和残联要注意总结宣传合力促进残疾妇女就业创业的创新经验，宣传国家有关扶持残疾妇女就业创业的政策，树立残疾妇女自主创业和灵活就业的先进典型，努力营造促进残疾妇女等弱势妇女群体就业创业的良好氛围。

关于贯彻落实《国务院关于扶持小型微型企业健康发展的意见》的通知

残联厅函〔2014〕294号

各省、自治区、直辖市及计划单列市残联，新疆生产建设兵团残联，黑龙江垦区残联：

近日，国务院印发了《关于扶持小型微型企业健康发展的意见》（国发〔2014〕52号，以下简称"意见"），"意见"规定自工商登记注册之日起3年内，对安排残疾人就业未达到规定比例、在职职工总数20人以下（含20人）的小型微型企业，免征残疾人就业保障金。为贯彻落实好"意见"精神，扶持小型微型企业健康发展，同时切实维护残疾人就业权益，经中国残联领导同志同意，现就有关问题通知如下：

一、统一思想，提高认识

"意见"是贯彻落实十八届三中全会深化经济体制改革有关要求、应对当前经济形势深刻变化、扶持小型微型企业健康发展，激发市场活力和创业热情的重要举措。各地要深刻学习领会"意见"精神，提高认识，顺应改革要求，积极配合有关部门，认真落实好"意见"中有关免征残疾人就业保障金的规定。

二、制定办法，完善流程

各地在实施过程中，要严格把关。凡自"意见"颁布后注册登记不满3年并符合规定条件的小型微型企业，均执行免征残疾人就业保障金的规定；注册登记已满3年的小型微型企业，仍需履行法律义务，按比例安排残疾人就业或交纳残疾人就业保障金。各地要根据"意见"要求，会同有关部门，制定具体操作办法，完善工作流程，做到有章可循、严格审核、规范操作。

三、加强跟踪，评估影响

各地要加强对已安排残疾人就业的小型微型企业的就业服务和补贴力度，防止出现因政策实施造成已在小型微型企业就业的残疾人被解雇、被辞退的现象。要加强与人力资源社会保障、财政、工商、税务等部门合作，准确摸清相关底数，客观评估政策实施对残疾人就业的影响。各省（区、市）残联要逐级填报汇总《年度免征残疾人就业保障金的小微型企业汇总表》（见附件），并于每年11月底前将汇总表报至中国残联。

联系人及电话：中国残联教育就业部　周凯　66580071　zhoukai@cdpf.org.cn

中国残联就业服务中心　赵泰　68060629　zhaotai@cdpf.org.cn

附件：年度免征残疾人就业保障金小型微型企业汇总表

中国残联办公厅
2014年12月8日

附件

年度免征残疾人就业保障金小型微型企业汇总表

填表单位（公章）：_____　填表人：_____　电话：_____

免征保障金的小型微型企业数（个）	免征保障金的小型微型企业职工总数（人）	免征保障金总金额（万元）

说明：1. 本表小型微型企业特指在工商部门注册登记的在职职工总数20人以下（含20人）的小型微型企业。

2. 本表由各省残联就业服务中心专人填写，一式两份，分别报中国残联教就部、中国残联就业服务指导中心。

3. 本表数据截止时间为每年10月31日。

中国残联关于残疾人就业保障金结存结转有关问题的函

残联函〔2014〕14号

青岛市残联：

你会反映关于市财政局考虑将残疾人就业保障金（以下简称"保障金"）结余资金纳入财政预算进行统筹安排的问题，经与财政部有关司局沟通，现答复如下：

一、财政部于2013年10月印发的《关于进一步加强地方财政结余结转资金管理的通知》（财预〔2013〕372号），是根据国务院盘活地方财政存量资金、提高财政资金使用效率的要求而出台的。保障金属于政府性基金，应当按照文件要求加强管理。

二、根据文件要求，保障金结余资金连续2年及以上预算执行率不足80%，且无法按照资金管理办法规定范围使用的，地方财政部门方可将结余部分统筹用于非残疾人工作领域。希望你会进一步加强与市财政局协调、沟通，一方面合理安排保障金使用计划，加大保障金支出力度；一方面向其说明保障金结余主要是受到了现行使用范围的限制，并且近年来预算安排相对保守，希望财政局充分考虑当前残疾人民生面临的矛盾和困难，在新管理办法出台之前，结余保障金应统筹用于残疾人工作领域。

三、目前中国残联正在积极配合财政部修订保障金现行管理规定，有望2014年出台新的征收使用管理政策，保障金的使用范围也将会做出相应调整。

特此复函。

中国残疾人联合会

2014年1月22日

抄送：各省、自治区、直辖市及计划单列市残联，新疆生产建设兵团残联、黑龙江垦区残联

二、工作综述

2014年，我国残疾人就业规模总体保持稳定。城镇新就业残疾人27.8万，其中，集中就业残疾人7.6万，按比例安排残疾人就业7.0万，公益性岗位就业1.2万，个体就业及其他形式灵活就业10.7万，辅助性就业1.3万。全国城镇就业人数436.0万；1723.6万农村残疾人在业，其中1360.4万残疾人从事农业生产劳动。全国残疾人职业培训基地达到6154个，其中残联兴办2211个，依托社会机构兴办3943个，38.2万人次城镇残疾人接受了职业培训。盲人按摩事业稳步发展，按摩机构迅速增长。2014年度培训盲人保健按摩人员21296名、盲人医疗按摩人员5623名；保健按摩机构达到15609个，医疗按摩机构达到1018个；在专业技术职务资格评审中，分别有494人和1229人通过盲人医疗按摩人员中级和初级职称评审。主要工作有：

（一）残疾人就业基础工作建设

进一步完善全国残疾人就业和职业培训状况信息管理系统，加强残疾人就业和职业培训实名制管理，录入1400多万就业年龄段残疾人实名制数据。严格按照规定程序，确定了202家第二批国家级残疾人职业培训基地，制定并印发了管理办法和评估标准，建立准入和退出机制。

（二）政策突破

1. 积极将残疾人就业纳入国家就业创业政策。2014年，集中就业、辅助性就业、保障金管理办法和大学生就业等多项政策取得突破。财政部完成保障金修订办法起草工作，新办法将进一步规范征收管理流程，明确部门职责，并将多种新型就业形式和扶持农村残疾人就业明确纳入支出范围；集中就业税收优惠政策，财政部、国家税总、民政部和中国残联就提高退税上限、精神残疾人计入残疾职工范围、降低残疾职工人数门槛等问题基本达成一致意见；残疾人辅助性就业政策经征求各地意见，并提交相关部委征求意见。残疾高校毕业生首次被由2014年国办印发高校毕业生就业创业工作通知明确，纳入享受求职补贴对象范围。

贵州省人民政府办公厅印发《贵州省残疾人同步小康创业就业行动实施方案》（黔府办函〔2014〕22号），从2014年起，全面启动实施"残疾人百点千户万人创业就业工程"，每年创建100个以上残疾人创业就业示范点，扶持1000户以上残疾人家庭创业，新增残疾人就业10000人以上。要求统筹安排使用财政资金、残疾人就业保障金、各类扶贫资金、福利彩票资金、扶持微型企业资金、社会捐助资金等，形成合力，扶持残疾人创业就业。

武汉市人民政府印发《关于扶持福利企业发展促进残疾人就业的通知》（武政规〔2014〕26号），决定自2015年1月起，对福利企业按照企业为残疾人职工缴纳社会保险的50%给予补贴。福利企业残疾职工超过企业在职职工总人数25%的，对其超比例安排残疾职工的部分，按照超出人数每人每年2000元的标准对企业给予奖励；安置残疾人就业达到用人单位在职职工总人数1.5%的，对其超比例安排残疾职工的部分，按照每人每年3000元的标准对用人单位给予奖励。同时要求各区人民政府在建设工业园时，将发展福利企业纳入计划。对适合福利企业的服务项目，优先交由福利

企业生产、经营。在政府采购活动中，将福利企业视同小型、微型企业，享受政府采购的扶持政策。市直各部门在项目采购中，在同等条件下应优先选择符合资质的福利企业进行采购。对符合贷款条件的福利企业做到应贷尽贷，合理确定贷款定价水平，贷款利率上浮幅度原则上不超过人民银行公布基准利率的20%。

上海市印发《关于加强全日制普通中高等院校残疾人毕业生就业促进工作的通知》，对毕业未满5年的全日制研究生、普通本专科、普通中专、职业高中残疾人毕业生就业的用人单位，每安排1名中高等院校残疾人毕业生就业，按月给予城镇职工社会保险费补贴，补贴标准为本市同期城镇职工社会保险最低缴费标准单位承担部分。

重庆市印发《盲人按摩行业扶持办法（试行）》，对持有执照的盲人保健按摩机构、盲人医疗按摩机构、从业人员规模在20人以上，且安置盲人按摩人数占该机构从业人员总数80%以上的按摩机构，2014—2016年期间，每安置1名本市户籍的盲人按摩师从业1年（含1年）以上，给予盲人按摩机构每年2000元的资金扶持。扶持资金由市、区县（自治县）两级残联在残疾人就业保障金列支。扶持资金主要用于：盲人按摩机构设施设备购置、缴纳员工社会保险、盲人按摩师生活补贴等。

2. 落实中组部等七部门《关于促进残疾人按比例就业的意见》。全国所有省（区、市）出台了实施意见。各地进一步细化了党政机关安排残疾人就业时间表。建立了用人单位残疾人岗位预留、定向招录制度。加大了对用人单位的补贴、奖励和惩处力度，明确了部门责任。汇总情况已通过工作通报印发全国，并报相关部委。在党政机关、事业单位和国有企业带头安排残疾人就业方面，个别省市已迈出步伐，如上海市安排16个公务员岗位专招残疾人，预留40个事业单位岗位专聘残疾人；北京市预留公务员岗位5个专招残疾人；河北省举办了国有企业专场招聘会，700名残疾人达成就业意向。

三、残疾人就业服务

（一）与人社部共同组织2014年就业援助月活动。全国共走访残疾登记失业人员家庭206538户，登记失业残疾人员324832人，组织残疾人专场招聘会3102次，实名制纳入年度培训计划残疾人277946人，帮助残疾登记失业人员实现就业57929人，帮助188755名残疾人享受专项扶持政策。

（二）广泛开展残疾人职业技能竞赛。与人社部合作，共同开展2014年全国残疾人岗位精英职业技能竞赛活动。全国大部分省份举办了省级残疾人职业技能竞赛。启动了第五届全国残疾人职业技能竞赛筹备工作，明确湖北省作为承办地。

（三）做好2014年残疾大学毕业生就业服务工作。印发《关于做好2014年高校残疾人毕业生就业工作的通知》。提出了"力争2014年应届残疾高校毕业生初次就业率达到70%以上"的任务目标。要求各地建立残疾高校毕业生台账，开展一对一就业服务，确保求职补贴发放到位。提出"推动党政机关、事业单位和国有企业在制定年度招录计划时，确定适宜岗位面向残疾高校毕业生开展招录"、对"用人单位接纳残疾高校毕业生实习时间超过6个月，且支付劳动报酬不低于当地最低工资标准的，计入按比例安排残疾人就业基数"等具体措施。截至10月底，据部分省上报数据不完全统计，2014年残疾大学毕业生就业率近60%，各地正在加强跟踪服务，力争完成年度目标。

附录一

全国助残日：
平等参与，实现就业梦想

2014年5月18日中央电视台《新闻联播》

今天，是第二十四个全国助残日，今年的主题是"关心帮助残疾人，实现美好中国梦"。目前，我国有8500万残疾人，帮助和扶持更多的残疾人就业，为残疾人平等参与社会生活创造条件，成为各地关爱残疾人的重要举措。

在兰州市城关区，随处可以见到这样的红色销售亭。它是当地政府打造的"放心主食"销售项目，既方便百姓生活，又集中安排残疾人就业，为残疾人搭建了就业平台。

和杨阳一样，经过培训的230名残疾人分别安排在120个销售亭和主食生产车间，他们每月工资收入都在两千元左右。

各地还采取多种措施，为残疾人就业提供从政策到资金、技术的支持。山东省青岛市成立了专门的残疾人创业孵化中心，为残疾人提供免费创业培训，并创办爱心义卖网，满足了残疾人居家创业的需求。威海市边防支队与残疾人就业中心联手，对当地150多名残疾人开展了为期两个多月的电子商务、焊接、印刷、面点等专业的职业培训。

据中国残联介绍，全国残疾人职业培训基地达到5357个，37.8万人次城镇残疾人接受了职业培训。目前，全国城镇残疾人就业人数已经达到445.6万，1757.2万农村残疾人在业。

附录二

促进残疾人就业任重道远

李小彤　中国劳动保障新闻网　2014年5月19日

5月18日，是第二十四个全国助残日。我国全面建成小康社会，绝不能让8500万名残疾人掉队。作为一个特殊困难的群体，残疾人需要格外关心、格外关注。让广大残疾人安居乐业、衣食无忧，过上幸福美好的生活，是我国社会主义制度的必然要求，是我们党全心全意为人民服务的重要表现——

政府高度重视残疾人就业工作

据调查，我国现有残疾人约8500万人，就业年龄段内（男16—59岁，女16—54岁）约3200万人，其中城镇约800万人，农村约2400万人。在国家总体就业形势依然严峻的情况下，残疾人就业总体状况与社会平均水平仍然存在较大差距，主要表现为：残疾人就业质量不高，稳定性差，工资收入水平和劳动保障水平较低，不同地区、不同类别、不同等级的残疾人就业状况不平衡，社会对残疾人的歧视和偏见以及同工不同酬的现象仍然存在，残疾人职业培训缺乏有效性，残疾人就业服务针对性不强、覆盖面不广。

我国政府高度重视残疾人就业工作。人力资源社会保障等政府部门和残疾人组织一直致力于完善残疾人就业法规政策，加大残疾人就业扶持力度，改善残疾人就业状况。

我国宪法明确规定：国家和社会帮助有残疾的公民的劳动、生活和教育。我国政府通过颁布实施《残疾人保障法》《残疾人就业条例》和其他法规政策，推动地方贯彻出台残疾人就业法律法规以及各项优惠政策，将残疾人就业逐步纳入法制化、制度化轨道。与此同时，我国政府通过制定6个国家残疾人事业五年发展规划，将残疾人就业纳入国家计划并成为社会发展重要目标，形成了政府主导、依法推进的残疾人就业机制。

我国政府还通过用人单位按比例安排、集中安置和扶持个体从业等形式促进残疾人就业。近年来，残疾人就业渠道进一步拓展，公益性岗位就业、社区就业、居家就业、辅助性就业等非正规就业正日益成为残疾人就业新的增长点。各级政府部门为残疾人提供的公共就业服务、职业培训和就业援助日益加强。我国残疾人就业呈现出多种形式并存、多种渠道并进的鲜明特点。据中国残联统计，目前我国城镇就业残疾人达到440多万人，农村从业残疾人稳定在1700万人。

残疾人就业面临几大难题

首先是按比例就业停滞不前。根据第二次全国经济普查数据来看，我国各类用人单位就业人数为2.73亿人，按照1.5%的比例应当安置残疾人410万人，而根据中国残联事业统计年鉴，目前我们的按比例就业安置残疾人仅为120万人，缺口较大。造成这一情况的原因除了残疾人自身竞争力较弱外，还有以下几个方面：一是各类党政机关、事业单位、人民团体等单位安置残疾人不足，给社会造成了一个不好的示范作用。目前我国财政供养人员近5000万人，应安置残疾人75万人，但实际上扣除残联系统各类单位，安置的残疾人数量非常有限。二是保障金制度对用人单位的惩戒作用已经有所削弱，很多单位经过经济核算，宁愿缴纳保障金也不愿意安置残疾人。三是对积极安置残疾人就业单位激励机制不足。用人单位安置残疾人成本较高、顾虑较多，但是目前的支持保障条件主要由用人单位自己解决。

其次是集中就业规模加速下滑。仅以福利企业来看，目前安置的残疾人已下滑到不足60万人。中国残联副理事长程凯认为，造成这一情况的原因除了实体经济的影响外，对集中就业单位的扶持政策不足也是重要原因：一是目前的税收政策优惠力度不足，存在限制退税额度、退税种类较少、人员数量门槛较高等问题。二是政府优先采购残疾人集中就业单位产品和服务等优惠政策落实不足，虽然一些法规文件做了原则规定，但缺乏具体操作手段，强制力不足。三是集中就业的福利性性质没有得到很好的体现，目前的政策对残疾人集中就业单位扶持主要体现在市场性的竞争保护，但是缺乏类似民政部门福利机构的一些扶持。

再次是个体就业创业扶持力度不足。我国个体经济安置就业人口近4亿人，是我国就业增长的重要渠道。1999年，中国残联、财政部、原劳动部、国家工商局联合印发《关于积极扶持残疾人个人或自愿组织起来从事个体经营的通知》，目前这一文件的多项规定已为各类个体经济普遍享受。然而，残疾人个体就业创业还面临着特殊的困难。比如，残疾人普遍家庭经济困难，社会地位较低，获得贷款担保更难；残疾人文化水平较低，身体不便，在办理证照等环节中难度更大；残疾人个体就业创业在社会保险和资金设备上缺乏支持。

最后是灵活就业、非正规就业形式仍在探索当中，缺乏引导与规范。我国就业类型不断丰富，形式不断拓展，社区就业、居家就业、网络就业等灵活就业正日益成为残疾人就业新的增长点。残疾人灵活就业可以安置文化程度和技能水平较低、残疾程度较重的就业困难群体，但这种灵活就业方式也存在劳动关系灵活松散而不稳定、收入较低、社会保障和有关的劳动权利难以保障等问题。

残疾人就业仍需社会关注

程凯认为，今后集中就业要加大残疾人就业税费减免力度。调整现行残疾人就业税收优惠政策，提高符合条件的安置残疾人单位的退减增值税或营业税限额；对集中安排残疾人就业单位增加减免税力度，用电、用水、用气、用热按居民生活类价格执行；制定政府优先采购残疾人集中就业单位产品和服务的办法。

今年，财政部、国家税务总局将调整完善残疾人就业税收优惠政策，落实残疾人集中就业单位专产专营和政府优先采购等扶持政策。相关部门还将研究制定扶持辅助性工场、庇护工场发展的政策，以进一步改善智力、精神和重度肢体残疾人就业状况。我国还将进一步加大对残疾人教育培训的投入和扶持，进一步加大对残疾人就业权利和能力的宣传与保护，进一步完善残疾人就业的支持保障条件。

中国残联还将协调有关部门加大对残疾人的经融扶持力度。建立残疾人小额贷款担保基金，给予贴息，并在社会保险、场地租金、设施设备等方面给予补贴。

附录三

《促进残疾人平等参与和融合发展的联合倡议》发布
重申残疾人作为劳动者的价值

刘奕湛　新华网　北京11月10日电

《促进残疾人平等参与和融合发展的联合倡议》10日在亚太经合组织第二十二次领导人会议周残疾人主题活动中发布。这一由中国残疾人联合会起草的倡议，获得20个亚太经济体的一致通过。

据悉，倡议秉持联合国《残疾人权利公约》非歧视和融合发展理念，呼吁亚太经合组织在促进区域经济增长和贸易投资自由化过程中，采取切实有效措施保障残疾人平等参与区域经济和社会发展的权利，建设包容的社会环境，让广大残疾人共享经济社会发展成果。

倡议中提出的十点建议，成为各方为促进亚太地区残疾人共享经济社会发展成果而达成的"北京共识"。这十点建议包括：

在促进区域经济增长和贸易投资自由化的过程中，采取切实政策措施保障残疾人平等参与区域经济和社会发展的权利；重申残疾人作为劳动者的价值，其完全能够履行为经济增长做出重要贡献的义务；建设包容的社会环境，使残疾人能在本地区经济发展中，在与其他人平等的基础上发挥积极的作用；为残疾人提供更多的教育和职业培训机会，提升残疾人参与经济活动的能力；加强政府与民间团体的合作，创造有利于残疾人体面且有偿就业的环境，从而提高残疾人就业水平，改善残疾人生活质量；将残疾人群体视为规模可观、有待开发的消费者，满足其需求形成巨大的潜在市场；促进残疾人辅助器具跨国合作研发和本地区产业供应链的互联互通，并以简化程序为产品的通关便利创造条件；重视培育残疾人康复服务业、文化艺术创新等新的经济增长点；积极发展无障碍的商业和旅游环境，引导残疾人参与到迅速发展的互联网经济；敦促国际与区域组织以及相关合作机制加大对残疾人事务的资源投入。

据介绍，截至目前，"残疾人发展问题"尚未列入亚太经合组织的合作框架之内，而全世界10亿残疾人中有6.5亿生活在亚太地区。共享亚太地区经济社会成果，是广大残疾人的共同企盼，也是全社会的共同责任。

为推动亚太经济体中的残疾人共享经济社会发展成果，在中国政府的支持下，中国残疾人联合会于2014年初提出在亚太经合组织第二十二次领导人非正式会议期间举办残疾人主题活动的设想，得到了联合国、七大国际残疾人组织、亚太地区多个国家和地区的积极支持和响应。

此外，为推动《联合倡议》的落实，中国残联倡议成立亚太经济体"残疾人事务之友"小组。目前，中国、澳大利亚、墨西哥、美国、中国香港等国家和地区相关机构已宣布率先加入这个小组，共同促进亚太残疾人共享经济社会发展成果。

附录四

关于对第二批国家级残疾人职业培训基地公示的通告

按照中国残联《关于申报第二批国家级残疾人职业培训基地的通知》（残联厅〔2013〕115号）文件的要求，经研究，拟确定北京市残疾人体育训练和职业技能培训中心等202家机构为第二批国家级残疾人职业培训基地，现予以公示，公示时间为2014年10月9日至16日。

联系人：李哲（010-66580040）倪天然（010-68060610）

附件：第二批国家级残疾人职业培训基地名单

中国残联
2014年10月9日

附 件

第二批国家级残疾人职业培训基地名单
北京市（6家）
北京市残疾人体育训练和职业技能培训中心
北京市昌平区千手职业技能培训学校
北京市石景山区阳关职业技能培训学校
北京市顺义区人力资源和社会保障局技工学校
门头沟区中等职业学校　密云县职业技术学校

天津市（3家）
河东区启智学校　天津市南开区育智学校
天津市东丽区就业训练中心

山西省（3家）
山西并晖职业培训学校　太原市科技职业培训学校
太原市残疾人康复培训中心

内蒙古自治区（5家）
乌兰察布市残疾人职业技术培训中心
通辽市爱心针灸推拿学校
鄂尔多斯市达拉特旗兴民职业培训学校
赤峰市金钥匙按摩职业技术学校
乌拉特前旗新桥劳务有限责任公司

辽宁省（7家）
辽宁职业学院　丹东市技师学院
大连易尚阳光科技有限公司
葫芦岛市阳光职业培训学校
阜新市第三职业技术专业学校
辽宁省本溪市广播电视大学　辽阳市金旺烹饪学校

吉林省（6家）
吉林省吉钰耷按摩师学校　九台市文波职业培训学校
长春市久丽日用品有限公司　白山职业技术学校
松原清华科技园创业孵化中心
梅河口市光明农民技能培训学校

黑龙江省（10家）
哈尔滨残疾人职业技能培训学校
齐齐哈尔信息工程职业技术学校
大庆市特殊教育中心就业培训部
穆棱市职业技术教育中心学校
海伦市扶残基地"七彩梦"工艺美术品制作有限公司
新林区职业技术学校　牡丹江技师学院
七台河市职工培训中心　汤原县职业技术学校
绥棱县职业技术学校

上海市（9家）
上海利普职业培训学校
上海市残疾人职业技能培训中心
上海市奉贤区农民科技教育培训中心
上海市纪勋初等职业技术学校
上海市嘉定区残疾人文化创业基地
上海银燕国际养生悬灸研究所
上海小笼包聋人协力事务所
携程计算机技术（上海）有限公司
上海克莉丝汀食品有限公司

江苏省（4家）
无锡市崇安区职工学校
苏州工业职业技术学院高新科技培训中心
江苏省沭阳中等专业学校　南京金杏职业培训学校

浙江省（10家）
温州金算盘财务培训有限公司
湖州艺术与设计职业技能培训中心
浙江省诸暨市特殊教育学校　桐乡市特殊教育学校
东阳市胡先民工作室　金华职业技术学院
浙江省开化县职业教育中心　衢州市聋哑学校
江山市培智学校　宁波市江北区职业技能培训中心

安徽省（14家）
砀山县职业技术培训学校　舒城县华文职业培训学校
黄山市残疾人职业培训中心　安庆市特殊教育学校
铜陵力天科教培训中心　宁国市安南职业培训学校
凤阳县新世纪职业培训学校
安徽省淮南市金领职业培训学校
临泉县海峰职业培训学校　固镇县职业教育中心
蒙城县特殊教育学校　宿松鹏程职业专修学校
安徽马鞍山技师学院　淮北职业技术学院

福建省（6家）
福安市岭头残疾人职业培训基地
屏南县兴和劳动就业技能培训中心
石狮市阳光服装职业技能培训学校
永定县万家兔业残疾人专业合作社
福建省龙岩市农业学校　莆田市理工技术学校

江西省（8家）
景德镇市残疾人陶艺就业培训中心
江西余干县华伟服装职业培训中心
上饶县锦裕职业培训学校　吉水县特殊教育学校
南城县职业中等专业学校
泰和县井冈山理工职业培训学校
江西省新余市职业教育中心
江西省永新县职业中等专业学校

山东省（18家）
济南市泉联按摩职业培训学校
山东科苑职业培训学校残疾人职业培训基地
青岛市劳动就业训练中心残疾人职业培训基地
青岛托普职业培训学校残疾人职业培训基地
淄博市技师学院残疾人职业培训基地
滕州市民政职业培训学校残疾人职业培训基地
东营市技师学院残疾人职业培训基地
烟台开发区残疾人职业培训学校
临朐县技工学校残疾人职业培训基地
安丘市职业中等专业学校残疾人职业培训基地
泰安市三英新潮劳动职业培训学校残疾人职业培训基地
宁阳县残疾人培训基地
威海北洋职业技术学校残疾人职业培训基地
临沭县方正职业技术学校残疾人职业培训基地
沂南县剑桥职业学校残疾人职业培训基地

沾化县职业教育中心残疾人职业培训基地
鲁中职业学院残疾人职业培训基地
定陶县特殊教育体育学校

河南省（20家）
孟津县霞光农业技能培训学校
新乡市残疾人职业培训学校
新乡市盲聋哑学校残疾人职业培训基地
卫辉市现代技术培训学校　浚县鹤翔职业培训学校
濮阳职业技术学校　许昌技术经济学校
新野县华兴职业技术学校　商丘宏达技工学校
河南省信阳吉星服饰有限公司　周口海萍职业中专
济源市劳动就业培训中心
济源市农民职业技术培训学校
汝州市劳动就业局训练中心
长垣县职业教育中心　远洋电器厂
鹿邑县育兴职业技术学校　新蔡县残疾人职业培训基地
邓州市劳动就业训练中心　商丘市特殊教育学校

湖北省（6家）
湖北天海特殊教育中等职业学校
当阳市残疾人服装设计培训中心
十堰残疾人爱心职业学校　洪湖市职业培训学院
湖北罗田技工学校　鹤峰县中等职业技术学校

湖南省（2家）
湖南颐而康职业技术学校　湖南国医职业技术学校

广西壮族自治区（4家）
贺州市八步区职业技术学校　博白县职业中等专业学校
北流市德力职业培训学校　马山县残疾人扶贫培训基地

海南省（1家）
海南金盘中专职业培训中心

四川省（7家）
遂宁市琪源职业培训学校　四川工业管理职业学院
苍溪县信息职业学校　四川省内江市第一职业中学
广安市东方职业技术学校　奇石盲人按摩培训基地
四川省乐山市第一职业高级中学

重庆市（4家）
重庆市三峡职业技工学校　重庆市特殊教育中心
重庆市忠县职业教育中心　重庆市巫溪县职业教育中心

贵州省（5家）
安顺华夏残疾人按摩中心
毕节市畜牧兽医科学研究所职业技术培训中心
开阳县残疾人职业技能培训基地
兴仁县民族职业技术学校

六盘水市千惠职业技术培训学校

云南省（3家）
曲靖高级技工学校　剑川县职业高级中学
云南省盲人按摩学会

西藏自治区（2家）
拉萨市荷花罗布民族产品有限公司
乃东县民族哗叽手工编织专业合作社

陕西省（11家）
咸阳市特殊教育学校　咸阳市技工学校
西北工业技术学校　陕西省自强中等专业学校
宝鸡市残疾人职业技术培训中心
西安市周至县劳动职业技能培训学校
陕西艺源残疾人手工艺培训中心
陕西省残疾人就业培训基地
陕西省杨陵区残疾人联合会残疾人创业培训基地
商南县朝阳职业技术学校　陕西省白河县职业教育中心

甘肃省（13家）
甘肃省金昌市八建职业培训学校
和政县职业技术学校　临泽县职业技术教育中心
甘肃省高台县职业中等专业学校
张掖市万通职业技术学校
天祝藏族自治县职业教育中心
兰州民族职业技能培训学校　兰州华科职业技术学校
甘南州职业技术教育中心
酒泉市兴泉职业技能培训学校
酒泉市残疾人职业培训基地　嘉峪关市职业教育中心
白银新时代梦想职业学校

青海省（5家）
青海省残疾人职业培训中心　平安明达职业学校
西宁聋哑学校　西宁运通驾驶员培训学校
湟中八瓣莲花艺术培训中心

新疆维吾尔自治区（8家）
克拉玛依市克拉玛依区社区职业培训学校
博尔塔拉蒙古自治州中等职业技术学校
巴州库尔勒职业技能培训学校　昌吉职业技术学院
乌鲁木齐市好朋友职业技能培训学校
乌鲁木齐市就业培训中心　喀什残友职业技能培训学校
新疆妇女干部学校

黑龙江垦区（2家）
黑龙江农垦职业学院
黑龙江省农垦宝泉岭管理局残疾人职业培训基地

（周凯供稿）

残疾人社会保障工作

一、领导讲话

民政部副部长、党组成员窦玉沛在残疾人两项补贴制度中部地区调度座谈会上的讲话

2014 年 4 月 23 日

今天,民政部和中国残联共同在山西太原召开"困难残疾人生活补贴和重度残疾人护理补贴工作中部地区专项调度座谈会",主要是听取情况汇报,分析创制形势,研究推进措施。会上,中部地区 12 个省(区)民政、残联的同志,分别介绍了各自工作情况、存在的困难和下一步的工作思路,既有先行先试地区的经验、做法,也有正在推动创建地区的打算、思考,充分体现了各地在推进残疾人事业中的责任担当意识和开拓创新精神。刚才,财政部社会保障司桂雄同志发表了很好的意见。程凯副理事长讲话时间不长,但操作性、指导性很强。一会儿,中国残联党组书记、理事长鲁勇同志还要做重要讲话。我主要谈几点收获和体会。

第一,参加这次会议很受启发和教育

两家齐心协力、携手并进的精神值得发扬。在推动残疾人事业发展的问题上,民政和残联有着共同的责任,也有着共同的梦想,多年来,两个部门一直保持着良好的分工协作关系。今天,双方坐在一起共同研讨,联手推动一项事关落实党中央和国务院决策、事关保障改善民生、事关残疾人福祉、非常具有使命感的大事,本身就是一个工作创新。大家在具体工作中,表现出很高的姿态,相互配合,相互支持,相互提醒,没有内外之分,没有推诿,没有等靠,充分展现了群众路线教育实践活动带来的崭新精神。这种精神应当在以后的工作中坚持和发扬。

各地深入探索实践、创造经验的做法值得肯定。我觉得,主要有四点:一是积极争取党委政府的重视和有关部门的支持,这是前提。二是深入调查研究,摸清底数,提出方案,这是基础。三是明确补贴标准和发放程序,这是关键环节。四是取得了预期的效果,虽然很多地方是低水平起步,还有提升空间,但制度建立了、科目设立了,这就是突破。很多民生制度在创建初期,都注重"保基本、广覆盖、可持续、托底线、救急难、可持续",残疾人"两项补贴"制度也要汲取这方面的经验。

大家提出了存在的问题和下步工作建议值得重视。一是缺乏全国层面的顶层设计。这一点,我觉得是符合实际的。残疾人"两项补贴"工作,虽然上面有中央文件要求,下面有基层实践探索,但并没有一个全国性制度做具体统筹和指导。二是认识上没有完全到位。"两项补贴"工作的推进力度和发展速度,是与认识程度直接挂钩的。如果认识到这项工作对发展残疾人事业、发展社会福利事业、保障改善民生的重要意义,就推进得快。反之,就可能因为有其他保障制度,觉得可以放一放,或因遇到一些困难和阻力便止步不前。三是发展不平衡,残疾人"两项补贴"制度,各地有两项都出台的,也有出台一项的,还有未出台的。四是地区差异大,主要靠各地结合实际探索,在补贴标准等方面存在较大差异。总的来看,这项工作还存在一些困难和问题,迫切需要我们去解决、去破解。

第二,我想就提高认识,加快步伐,增强责任感和使命感等方面强调几点

一是建立残疾人"两项补贴"制度,是贯彻落实党中央国务院决策部署的实际行动。习近平总书记在致中国残疾人福利基金会成立三十周年的贺信中强调:"让广大残疾人安居乐业、衣食无忧,过上幸福美好的生活,是我们党全心全意为人民服务宗旨的重要体现,是我国社会主义制度的必然要求。"习近平总书记还在不同场合讲到做好困难群众及残疾人工作,比如他到内蒙古考察时提到:"我们党员干部都要有这样一个意识:只要还有一家一户乃至一个人没有解决基本生活问题,我们就不能安之若素。"李克强总理也多次强调、高度重视残疾人工作。2008 年,《中共中央、国务院关于促进残疾人事业发展的意见》明确提出,要"研究制定针对残疾人特殊困难和需求的社会保障政策措施"。2011年，为贯彻落实国务院领导重要批示精神，民政部联合中国残联启动了残疾人补贴制度的相关研究工作。2011年、2012年，《残疾人事业"十二五"发展纲要》《民政事业发展第十二个五年规划》及《国家基本公共服务体系"十二五"规划》相继提出建立残疾人"两项补贴"制度的具体要求。2013年，《国务院批转发展改革委等部门关于深化收入分配改革若干意见的通知》《国务院办公厅关于深化收入分配改革重点工作分工的通知》将残疾人"两项补贴"制度纳入深化收入分配改革重要内容，明确了责任分工，而且将"有条件的地区"中的"有条件"删除，就是明确地要建立"两项补贴"制度，这是一个重要进展。十八大、十八届三中全会在提到残疾人保障制度方面也有类似表述和要求。因此，我们现在所做的事不是凭空的，而是落实党中央、国务院要求的重大实际行动。

二是建立"两项补贴"制度是保障残疾人基本权益的重要途径。最近，国务院出台了《社会救助暂行办法》，其中有许多涉及残疾人的倾斜政策。下一步，全国还要推动建立临时救助制度，完善"医疗救助"、"特困救助"、"灾害救助"、"就业救助"、"教育救助"、"住房救助"等专项救助制度。在不断完善社会救助制度的同时，我们感到残疾人保障仍然存在一些困难和问题。目前，全国城乡低保户中的残疾人有630多万，特困供养残疾人有180多万，大量残疾人还没有脱贫，许多残疾人长期照料存在困难。在这种情况下，如果不进一步采取措施，就有可能经常出现冲击社会道德和心理底线的事件发生。对此，李克强总理也多次强调。我们仔细梳理了一下，近年来，冲击社会心理底线的事件许多都出现在医疗、病残人方面。例如：河北郑艳良因医院费用过高，自己锯腿的事件；安徽一位母亲毒死自己两个脑瘫孩子的事件；还有前段时间报道的两兄弟同患尿毒症，弟弟自杀为保哥哥治疗的事件。这种事件的出现，社会影响非常大。要防止冲击道德底线事件的发生，就需要有针对性地提高残疾人的保障水平。还有，最近比较关注的"婴儿岛"问题。"婴儿岛"本来是一个体现人道主义、关爱儿童、儿童权利优先的一个非常好的探索实践，但是在试点中，出现了一些家庭将无法承担治疗费用的病残儿童抛弃至"婴儿岛"的现象，有的被抛弃儿童甚至年满12岁。抛开弃婴行为违法和违反社会公德、家庭道德的因素不谈，这些家庭为何要抛弃孩子呢？很重要的一个原因，就是社会保障制度不健全，残疾孩子的治疗和抚养会拖累整个家庭。如果我们能建立残疾人的生活补贴、护理补贴制度，就会给广大病残人家庭带来希望，在推动解决遗弃婴儿这一社会问题、推动社会文明进步方面也具有重要意义。

三是建立残疾人两项制度是适度普惠型社会福利制度的必然要求。目前，全国建立了社会救助制度，保障了困难残疾人的基本生活，但还需要解决一个深层次的问题，即残疾人的发展问题。我觉得，社会救助与社会福利是有交叉、有分工、有分层，也有递进的关系。党的十六届六中全会明确提出要加快发展以"扶老、助残、救孤、济困"为重点的社会福利。这是中央第一次在文件中明确界定社会福利工作内涵。围绕老年人、残疾人、儿童，民政部门积极推动建立适度普惠型社会福利制度。在老年人方面，正在建立困难家庭老年人的高龄津贴、养老服务补贴、失能老年人护理补贴。在儿童方面，国务院2010年就出台了孤儿基本生活保障文件，政府每月为每名集中供养的福利院孤儿发放一千元生活费，为每名分散居住的孤儿发放六百元生活费，有的地方甚至达到了每人每月一千六百元的标准，孤儿基本生活有了保障。现在，受艾滋病影响的儿童也纳入了这个保障范围。我们还在努力解决事实上无人抚养儿童的基本生活问题。因此，在老年人和儿童已经有了社会福利制度设计的情形下，需要重点加快建立残疾人"两项补贴"制度。现有的各项社会救助制度设计中，虽然都对残疾人有所倾斜，比如临时救助、医疗救治、低保等，但这些倾斜只能说是一种优待，还不是一项专项制度安排。社会救助的基本原则是"有救无类"，只要低于低保标准就给予救助，社会救助对残疾人虽有政策倾斜，但还处于一种不确定的状态，缺乏制度保障。残疾人与一般人相比，确有许多特殊困难。一般人如果因为解决了基本生活问题就不再努力、不去工作，那可能是好吃懒做、好逸恶劳。而残疾人呢，特别是重度残疾人，他需要有长期照料，他的生活成本大大高于平常人。基于残疾人的特殊需求和考虑，需要给他们专项补贴，建立一项有针对性、相对稳定的社会福利制度。

第三，要科学设计，把握重点，搞好衔接

所谓科学设计，就是要强化三个意识：民本意识、系统意识和前瞻意识。民本意识，就是要以残疾人为本，要紧扣残疾人的实际需求，以解决残疾人实际困难为出发点和落脚点来设计残疾人"两项补贴"制度；系统意识，就是要系统地考虑制度涉及的方方面面，要合理设计每个工作环节和流程，使残疾人两项补贴制度具备平稳实施、顺畅运行的前提条件；前瞻意识，就是要准确预判制度实施给残疾人群体带来的影响和发挥的作用，对一些可能带来的连锁反应，要未雨绸缪，做好应对准备。要看到其他保障制度措施的发展，要看到社会的发展，有一定的前瞻性，不能刚设计完就过时了。

所谓把握重点，就是要做好三个明确：明确补贴对象、补贴标准、补贴程序。关于补贴对象，各省出台的困难残疾人生活补贴文件中，有的地区将"困难"界定为经济困难，补贴对象以低保家庭、特困家庭、无固定收入家庭的残疾人为主。也有部分地区将"困难"界定为一种困难的生活状态，补贴对象以一户多残、老残一体、一老养残的残疾人为主。各省出台的重度残疾人护理补贴文件中，很多地区是把一、二级残疾人作为补贴重点，但也有地方反映三、四级的精神障碍患者比一些一、二级的其他类型重度残疾人还难照顾。以上都是属于对象怎么设定的问题，要根据实际情况进一步明确。关于标准问题，有些地方每月补贴二三十元，有的地方每月补贴二百到七百元。总体上讲，还是有些象征性，相对比较低。怎样确定一个合理的水平，需要进一步探索。关于工作程序，关键要便民、高效、规范，总体上要方便残疾人领取补贴。要采取一门受理、社会化发放等方式，进一步简化工作流程。正如刚才程凯副理事长讲的，还要搞好监督，防止出现问题。

所谓搞好衔接，刚才大家提出了很好的意见，我觉得制度设计中确实还有很多地方值得研究、需要搞好衔接。一是跟社会保障制度的衔接问题，护理补贴费用有没有可能推动进入医保，需要研究。二是与低保、临时救助、医疗救助等社会救助制度相衔接。三是失能老年人的护理补贴跟重度残疾人的护理补贴有重合。从理论上讲，每个人都可能从正常人到半失能，再到失能，由轻度变成重度，都有成为残疾人的风险，要考虑这种衔接问题。四是与孤儿基本生活保障制度的衔接，与生活困难残疾人生活补贴和重度残疾人护理补贴之间的衔接，与普通残疾人补贴标准与伤残军人抚恤标准的衔接等，都要有个说法。我想，应该是坚持合理叠加的原则，就高不就低，不要在残疾人补贴方面斤斤计较。比如说，不能把补贴当成残疾人收入，进而影响残疾人享受低保，像这种情况就可以叠加。但有些情况，比如老残一体，既是老年人又是残疾人，又拿老年补贴，又拿残疾补贴，这种情况就需要研究衔接问题了。

第四，要部门互动、上下联动，形成合力推动"两项补贴"工作

建立残疾人"两项补贴"制度，需要财政、残联、民政系统共同推动，不同的层级都要形成合力，部门互动，上下联动。既把各地实践探索的好经验作为顶层设计的坚实基础，也把顶层设计中的好思路作为指导各地探索实践的遵循，以此不断地完善、解决前进中的问题。在推进残疾人"两项补贴"工作的问题上，我认为，一要坚定信心，尽管这项工作比较复杂、难度大，但我们是在落实党和国务院的决策，要有坚定的信心。二要锲而不舍、百折不挠。任何一项全国性制度的探索建立，都需要一个过程。比如，城市低保制度从1994年开始探索，1997年建制；农村低保制度从1997年开始探索，2007年建制，用了10年时间。同样，建立全国性残疾人"两项补贴"制度，如果只依靠一些地方政府出钱探索，惠及的是部分地区残疾人，那就称不上是全国性的政策。要达到国家级，就需要结合制度设计的完善、合理程度，以及国家财力的支撑程度，综合考虑，适时推进，这就有个过程。在这个过程中，需要大家锲而不舍。三要有明确的时间表和路线图。近期，经国务院批复同意，国家发展改革委办公厅印发了《关于2014年深化收入分配制度改革重点工作安排的通知》，文件明确提出2014年要出台残疾人"两项补贴"的意见。所以，我们要按照国务院批复精神和发展改革委通知要求，列出时间表和路线图，力争推动政策文件或指导意见今年出台。同志们，我今天出席这个会议主要是学习，特别是向残联系统的同志们学习，我就讲这么多，供大家参考。

二、工作综述

2014年残疾人社会保障和托养服务工作按照加快推进残疾人同步小康的要求，认真贯彻落实《残疾人社会保障工作"十二五"实施方案》《残疾人托养服务工作"十二五"实施方案》的年度任务，以建立残疾人基本生活兜底机制为重点，提高残疾人社会保障水平。加快实施"阳光家园"计划，推进残疾人托养服务工作规范发展。

（一）以健全社会救助制度为基础，推动残疾人基本生活兜底保障机制的建立

1. 配合民政部、财政部全力推动两项补贴制度建设工作。 为落实国务院有关文件精神，加快推进困难残疾人生活补贴和重度残疾人护理补贴（以下简称两项补贴）制度建设工作，中国残联和民政部在2014年3—6月间，分东中西部片区分别组织召开了三次专项调度座谈会议，指导和督促地方的制度建设工作。两个部门的主要领导亲自出席了中部地区的调度会议。调度会是两个部门共同履行职责的一种非常好的尝试，经过三轮调度，部门协同的理念从中央到地方都得到强力深化，各地残联和民政部门在共同推动两项补贴制度的思想认识和行动步调上取得了高度一致，有效推动了制度建设工作进程。

截至2014年年底，全国已有18个省（区、市）建立了困难残疾人生活补贴专项制度，14个省（区、市）建立了重度残疾人护理补贴专项制度，其中山西、甘肃、江西、山东、广西、四川、湖南、河北、福建、黑龙江在2014年加大工作力度，新出台了制度文件。2014年有700多万残疾人直接从这两项补贴制度中受益。

2. **积极协调民政、教育、财政、卫生、人社、住建等部门，不断加强残疾人社会救助工作。**不断跟进国务院《社会救助暂行办法》的起草情况，广泛征求地方残联意见，汇总之后向国务院法制办正式反馈修改建议，为残疾人争取更多更明确的专项救助。同时积极与民政部沟通，研究并起草了加强残疾人社会救助工作的指导性意见，送民政部、教育部、卫生计生委、财政部、住建部等部门相关司局征求意见，力争尽快出台，将重度残疾、一户多残、老残一体等特殊困难家庭及靠亲属抚养的成年重度残疾人普遍纳入低保范围给予特别扶助。

3. **与民政部共同协商推动残疾人低保信息管理工作。**为加强残疾人低保信息管理，规范残疾人低保信息统计、查询和分析，确保将符合条件的残疾人全部纳入城乡居民最低生活保障范围，2014年4月中国残联和民政部有关部门专门就残疾人低保信息共享、共同推动残疾人低保信息系统建立等方面事宜进行商谈，在共同出台有关文件促进平台建设等方面达成了一致意见。截至2014年，共有1099万城乡残疾人纳入最低生活保障范围。

（二）以完善扶助措施为手段，扩大残疾人社会保障覆盖面

2014年2月国务院印发《关于建立统一的城乡居民基本养老保险制度的意见》，其中明确提出"对重度残疾人等缴费困难群体，地方政府为其代缴部分或全部最低标准的养老保险费"。截至2014年年底，共有25个省（区、市）出台了新的城乡居民养老保险实施办法和相关配套政策文件，共有22个省份在文件中明确规定为重度残疾人全额代缴最低档次养老保险参保费用，其中北京、上海等地大大提高了基础养老金的标准，云南、青海分别按照200元和300元的参保标准为重度残疾人代缴参保费用，福建则允许缴费困难群体个人增加缴费，缴费后政府仍按相应档次予以缴费补贴，云南、山东、辽宁等地重度残疾人可以提前5年享受到养老保待遇。

截至2014年年底，共有2128.6万符合条件的残疾人参加了城乡居民养老保险，60岁以下的参保残疾人中，几乎所有符合条件、有参保意愿的城乡重度残疾人都得到了当地政府的全额或部分代缴，全额代缴比例达70%以上。重度残疾人参保补贴政策落实情况良好，符合条件的重度残疾人城乡社会养老保险参保率超过90%。

（三）以规范残疾人托养服务为抓手，提升残疾人托养服务能力水平

2014年，残疾人托养服务工作认真贯彻落实八部门《关于加快发展残疾人托养服务工作的意见》和《残疾人托养服务基本规范（试行）》的要求和规定，向着规范化不断迈进。截至2014年年底，全国共有各级各类从事残疾人托养服务工作的机构5866个，为24.5万残疾人提供了寄宿制和日间照料的托养服务，85万残疾人通过居家托养的方式得到服务。

继续实施"阳光家园计划"项目，认真进行年度绩效考评，与往年相比更加关注任务完成质量。在形成年度资金和任务分配方案过程中，对上两年参与"阳光家园"示范创建活动并获得中国残联确定的示范区和示范机构的单位，予以资金倾斜，让他们完成更多的项目任务，确保整体任务质量的提高。截至2014年年底，全国已完成近40万的年度任务目标。

创新性开展残疾人托养服务能力建设项目，在开展3—5天的常规师资培训、分省集中培训之外，积极培育了理念科学、基础扎实、态势良好的无锡市残疾人托养中心作为全国残疾人托养服务实训基地，为各地残疾人托养服务管理和服务人员提供以实践教学为主的长期见习培训，让理论落到实处，使培训收到实效。2014年，托养服务能力建设培训项目为1万多名残疾人托养服务管理和服务人员提供了专业培训，其中中央直接培训的人数近500人。

（张瑶供稿）

残疾人扶贫工作

一、政策法规文件

关于创新农村残疾人扶贫开发工作的实施意见

残联发〔2014〕46号

各省、自治区、直辖市残联、财政厅（局）、住房城乡建设厅（局）、人民银行各分行（支行）、扶贫办（局），新疆生产建设兵团残联、财务局、建设局、人民银行支行、扶贫办，黑龙江农垦总局残联：

残疾人扶贫是国家扶贫开发工作的重要组成部分。目前，我国仍有1230余万农村残疾人尚未脱贫，他们的家庭收入远低于社会平均水平，由于身心残障、劳动能力受限、受教育程度低等原因，农村贫困残疾人已成为贫困程度最深、扶持难度最大、扶贫成果最难巩固的特困群体，是国家扶贫开发工作中的难中之难、困中之困。能否解决好贫困残疾人的脱贫问题，直接关系到国家扶贫开发的成效，关系到残疾人同步小康目标的实现。

为贯彻落实《中共中央办公厅、国务院办公厅关于创新机制扎实推进农村扶贫开发工作的意见》（以下简称《意见》），实施好《农村残疾人扶贫开发纲要（2011—2020年）》，创新农村残疾人扶贫工作，采取更加有力、更具实效的扶持政策和帮扶手段，加快农村贫困残疾人脱贫进程，制定本实施意见。

一、纳入考核监测机制，加强对贫困县残疾人扶贫工作考核

在改进贫困县考核机制中，各省（区、市）制定具体考核评价办法时，结合本地实际将提高贫困残疾人生活水平和减少贫困残疾人数量纳入贫困县的考核，考核结果作为贫困地区政府扶贫开发工作综合考核评价依据之一，并对残疾人贫困状况的变化、扶贫开发政策扶持残疾人的效果及残疾人扶贫专项资金投入使用情况等进行重点监测。

二、瞄准残疾人扶贫对象，做好建档立卡精准帮扶

按照确定扶贫对象并建档立卡工作的要求，将农村残疾人扶贫对象全部纳入建档立卡范围，确保不漏掉一个符合条件的贫困残疾人。充分发挥村残疾人专职委员的作用，配合乡镇政府和村委会做好残疾人扶贫对象的瞄准和建档立卡工作。村残疾人专职委员要接受政府举办的有关建档立卡工作的业务培训；积极向本村残疾人及其家庭宣传、解释相关政策；协助符合条件的残疾人提出书面申请，并在村民大会和村委会审核中如实反映申请残疾人的准确情况。对纳入建档立卡的残疾人扶贫对象，根据不同家庭状况和实际困难，分类施策，帮助逐一制定切实可行的帮扶项目和措施，确保每个残疾人扶贫对象逐步增收脱贫。

三、充分发挥驻村工作队作用，巩固并深化基层党组织助残扶贫工程

驻村工作队要充分发挥优势，摸清所在村残疾人贫困户状况，分类登记造册，采取一帮一结对子的方式，协同基层党组织和乡（镇）、村（社区）党员领导干部落实社会保障政策和支农惠农政策，帮助贫困残疾人谋划扶贫增收项目，提供技术、市场信息等服务。深入实施"农村基层党组织助残扶贫工程"（以下简称工程），由党委组织部门牵头，扶贫、财政、残联等相关部门履行职责共同抓好工程的组织实施。按照基层服务型党组织建设的要求，以服务促建设，为残疾人服务，确保每个残疾人扶贫对象都有帮扶责任人。在开展结对帮扶工作中要重点抓好几个环节，确保残疾人家庭都有帮扶责任人和切实可行的增收项目。一要选择工作责任心强，有一定致富能力的党员干部与贫困残疾人结成对子，二要选择符合当地产业发展，适合贫困残疾人及其家庭从事的投入少、见效快、风险小的增收项目，三要通过多种方式整合资源落实帮扶资金和措施。各地工程实施的进展情况，按照中组部和中国残联印发的《农村基层党组织助残扶贫工程实施方案》要求及时汇总上报。

四、加大残疾人扶贫工作的资金扶持，落实好各项政策措施

进一步加大财政专项扶贫资金对残疾人扶贫对象的

支持力度。增加康复扶贫贷款规模，各级财政部门要根据农村残疾人康复扶贫贷款落实情况，按照有关贷款贴息政策规定，对残疾人扶贫贷款予以贴息支持。地方残疾人就业保障金要增加用于农村残疾人扶贫工作的比重。农村残疾人扶贫基地和残疾人专业生产合作社要积极发挥作用，帮助农村贫困残疾人增收致富。各级财政和扶贫部门按照有关政策规定，支持和引导贫困残疾人依托残疾人扶贫基地和残疾人专业生产合作社增收脱贫。全面落实《关于加强农业行业助残扶贫工作促进农村残疾人增收的通知》，在开展特色产业增收工作中，加大对贫困残疾人的实用技术培训，确保每个贫困残疾人家庭掌握1至2项实用技术，至少参与1项林下经济、花卉苗木培育、设施农业、农产品加工等种植、养殖增收项目。

五、加强金融支持，帮助农村贫困残疾人增加收入

指导银行业金融机构科学评估残疾人的信用等级和信用额度，合理增加对重诚信讲信誉的残疾人扶贫对象的授信额度。加强对农村残疾人金融知识的宣传培训，增强农村残疾人的信用意识，提高其运用金融工具的能力。银行业金融机构在风险可控、商业可持续的前提下，积极为农村残疾人专业合作社、残疾人扶贫基地、残疾人扶贫对象提供金融服务。县域融资性担保机构在同等条件下优先为残疾人农业生产经营主体提供融资担保服务。鼓励地方在财政资金扶持下建立残疾人扶贫项目贷款和残疾人小额贷款风险金制度。鼓励有条件的地方开展残疾人免担保小额贷款，研究探索为残疾人提供小额贷款的民间信贷机构。用好用足下岗失业人员小额担保贷款政策，对符合政策条件、带动辐射能力强、扶贫效益明显且具有一定规模的农村残疾人扶贫基地、残疾人专业生产合作社、残疾人扶贫龙头企业加大贷款支持，给予贷款贴息。鼓励和引导基层村镇银行、小额贷款公司和贫困村资金互助组织对贫困残疾人的信贷支持。人民银行通过支农再贷款、支小再贷款和再贴息等政策，引导和支持金融机构加大对涉农、小微企业，特别是残疾人创业、就业企业的支持，改善残疾人创业、就业企业的金融服务。创新抵（质）押担保方式，拓宽抵（质）押担保品范围，多途径为残疾人家庭解决融资担保难问题。

六、统筹规划，加快解决农村贫困残疾人家庭危房改造

优先帮助农村贫困残疾人家庭实施危房改造，到2020年完成农村贫困残疾人存量危房改造任务。适当减免农村贫困残疾人家庭建房的相关规费。各地要依据改造方式、建设标准、成本需求和补助对象自筹能力等不同情况，合理确定不同地区、不同类型、不同档次的省级分类补助标准，落实对特困地区、特困农户在补助标准上的倾斜照顾；地方各级财政要将农村危房改造地方补助资金和项目管理等工作经费纳入财政预算，省级财政要切实加大资金投入力度，帮助自筹资金确有困难的残疾人特困户解决危房改造资金问题。各地要将解决农村贫困残疾人家庭住房困难与扶贫开发、保障性安居工程、抗震救灾、扶贫易地搬迁、小城镇建设等工作相结合优先实施。残联要及时将当地农村贫困残疾人住房困难户的实名数据年底前报同级住建部门，并配合有关部门加强对残疾人危房改造工作的监督考核和统计检查。

七、加强对口帮扶和社会扶贫，拓展农村残疾人扶贫开发新领域

大力宣扬社会主义核心价值观，以开展"践行友善"系统活动为平台，动员社会各界力量积极参与残疾人扶贫工作，营造全社会关心帮助贫困残疾人的良好社会氛围。依托"万村千乡市场工程"、"农家书屋"等项目，进一步加大对贫困残疾人和家庭成员的帮扶。中央定点扶贫单位要针对定点扶贫地区的残疾人扶贫对象开展专项扶贫项目。国资委要鼓励支持国有企业积极参与助残扶贫，统筹纳入企业扶贫开发工作，根据地方党委、政府的统一部署，开展助残扶贫有关活动，帮助农村残疾人发展生产，增加收入。充分发挥共青团青年志愿者组织的作用，深入推进中国青年志愿者助残"阳光行动"，广泛动员青年志愿者组织与农村基层组织，进行结对并开展长期帮扶贫困残疾人家庭，逐步实现对农村残疾青少年帮扶的全覆盖、常态化。在共青团组织实施的"领头雁"致富带头人培养、实用技术培训、创业小额贷款等项目中，优先将农村残疾青年作为工作对象，对其创业、就业提供帮助。在各级妇联实施的妇女小额贷款和"巧手"项目中，优先帮助符合条件的残疾妇女获得项目和贷款扶持，积极落实《关于大力发展手工编织促进残疾妇女就业创业方案》。发挥工商联优势与作用，在推动光彩事业中积极组织引导民营企业开展扶贫助残，帮扶农村残疾人就业创业。发挥军队、武警部队和中高等院校的优势，多种形式结对帮扶残疾人扶贫对象。在实施雨露计划、易地搬迁、小额扶贫贷款、村级互助金等项目中，各地残联要认真做好扶持残疾人项目的筛选、推荐和组织实施，扶贫等部门优先安排扶持残疾人扶贫对象。

八、加强组织领导、监督检查和统计汇总

在政府扶贫开发领导小组领导下，明确部门分工，加强协调配合，狠抓工作落实。各级组织部门加强对农村基层党组织助残扶贫的督促指导。扶贫部门将残疾人扶贫对象的识别认定作为建档立卡精准扶贫机制创新的重要内容，统筹考虑，指导并要求基层扶贫部门加强与乡镇残联和村残疾人专职委员的协作沟通，加大到户扶持政策和资金对残疾人扶贫对象的支持，做到有任务、有目标、有措施、有考核,并对残疾人扶贫对象进行单独统计。财政部门加大政府财政专项资金对残疾人扶贫对象的投入,地方财政部门与残联共同做好用于残疾人扶贫对象的财政专项资金的使用和监管。人民银行要协调督导金融机构,加大对残疾人扶贫工作的信贷支持,提升对贫困残疾人的金融服务水平。住房城乡建设部门要加强对地方优先解决农村贫困残疾人家庭危房改造工作的督导和检查。残联组织积极配合有关部门摸清残疾人扶贫对象的底数和状况,指导地方残联加强与有关部门的协调配合,积极反映残疾人贫困状况,做好相关扶贫政策措施的宣传和服务工作。各地党委组织部门和扶贫、财政、住房城乡建设、人民银行分支机构、残联结合本部门工作职能,按照本实施意见的要求,进一步明确工作任务目标和工作推进时间进度,确保各项政策措施的落实。

各地专项用于残疾人扶贫的各类资金要按照资金管理的有关规定严格管理和监督,做到专款专用,严禁挪用、侵吞和浪费。地方财政、扶贫部门和残联组织要积极配合共同做好康复扶贫贷款财政贴息资金的使用和管理,注重资金使用的扶贫效益。

中央和地方有关部门要加强督导检查,结合《农村残疾人扶贫开发纲要(2011—2020年)》中期检查,有关部门组成督导组定期或不定期的进行督查。

中国残联　财政部　住房城乡建设部
中国人民银行　国务院扶贫办
2014年7月1日

二、工作综述

2014年,中国残联认真贯彻落实习近平总书记关于扶贫工作的重要指示和国务院扶贫开发领导小组全体会议精神,按照精准扶贫工作的要求,高度重视并采取切实措施推进残疾人精准扶贫工作。残疾人扶贫开发成效显著,贫困残疾人生产生活状况得到进一步改善。2014年,233万贫困残疾人得到扶持,其中120万人通过扶贫开发实际脱贫;接受实用技术培训的残疾人达到72.6万人次;康复扶贫贴息贷款扶持6万农村残疾人;残疾人扶贫基地达到6593个,安置12.4万残疾人就业,扶持带动25.8万残疾人户;完成9万户农村贫困残疾人危房改造,各地投入危房资金8.5亿元,10.3万残疾人受益。基层党组织助残扶贫项目帮扶95403名农村贫困残疾人,其中首次接受帮扶57678人。"万村千乡市场工程"助残扶贫项目安置6865名贫困残疾人就业,帮扶贫困残疾人创办1990个村级农村店。

(一)定点扶贫

1月9日,中国残联党组成员、副理事长王梅梅同志赴河北省南皮县走访慰问困难残疾群众,中国残联教就部、计财部、直属机关党委、中国残疾人辅助器具中心、中国残疾人福利基金会,南皮县委县政府有关负责人一同走访慰问,并就帮扶情况进行回访调研。王梅梅同志到南皮县乌马营大坊子村看望了贾桂荣和张金德两户贫困残疾人家庭,送去慰问金和慰问品。在南皮县政府关心照顾下,张金德、贾桂荣两户贫困残疾人家庭危房先后在2009年和2012年得到改造,住上了宽敞明亮的新房。中国残联向南皮县捐赠了价值23万元辅助器具和30万元康复设备购置款,并考察了南皮县康复中心扩建项目的建设情况。

河北省南皮县是国务院确定的中国残联对口扶贫县,自2003年承担该县定点扶贫工作以来,累计投入各类扶贫资金及设备物资近千万,先后引进外资帮助新建了康复中心、修建桥梁等基础设施。在中国残联支持带动,县委县政府大力开展帮扶,以及社会各界的关心帮助下,全县残疾人生产生活状况得到了有效改善。

(二)基层党组织助残扶贫工程推进实施

1月,由中央组织部组织二局和中国残联组成联合督导调研组,按照中央党的群众路线教育实践活动的要求,对照中组部、中国残联联合印发的《基层党组织助残扶贫工程实施方案(2011—2015年)》相关任务目标,赴河南省驻马店市和云南省临沧市的6个县、区,就基层党组织助残扶贫工作情况进行督导调研,撰写调研报告报送中组部等部门,得到了有关领导同志的批示。

中国残联在"基层党组织助残扶贫工程"各地实施中选取先进典型,并报送中央组织部、中央党的群众路线教育实践活动领导小组,得到了有关领导同志的高度重视,并做出批示。中国残联积极推动地方残联争取和配合党委组织部门将基层党组织和党员干部助残扶贫工作纳入第二批党的群众路线教育实践活动。

7月3日,中国残联和国务院扶贫办在山东省泰安市共同召开全国农村基层党组织助残扶贫工作经验交流会,取得圆满成功。

(三)残疾人扶贫工作调研

为做好残疾人精准扶贫工作,将贫困残疾人切实纳入新一轮国家扶贫开发建档立卡,3月4—6日,中国残联与国务院扶贫办有关同志共赴辽宁省阜新市开展农村残疾人精准扶贫工作的调研。同时,为推进连片特困地区残疾人精准扶贫工作,国务院扶贫开发领导小组成员、中国残联副理事长程凯多次深入连片特困地区和国家级贫困县，3月12—13日，赴陕西省安康市紫阳县调研秦巴山片区残疾人扶贫工作；4月23—25日，深入太行山、吕梁山集中连片特困地区内的山西省忻州市、临汾市等地调研；8月24—26日，赴大兴安岭南麓连片特困区国家级贫困县——黑龙江省大庆市林甸县调研，就扶贫残疾人扶贫对象建档立卡、党员干部帮扶和金融扶贫等问题进行交流。9月，中国残联扶贫办和新闻出版广电总局印刷发行司有关同志在江西省走进农家书屋与残疾人管理员深入交流，听取残疾人管理员的工作意见和建议，推动选聘贫困残疾人担任农家书屋管理员工作。

（四）残疾人精准扶贫工作专项文件出台

2013年年底，《关于创新机制扎实推进农村扶贫开发工作的意见》（中办发〔2013〕25号）印发后，为抓住历史契机，确保残疾人扶贫工作同步精细化、精准化，中国残联鲁勇书记与国务院扶贫办刘永富主任就加强残疾人扶贫工作进行了会谈。经过半年的努力，在征求中组部、中宣部、国资委、全国妇联、共青团等有关单位同意的基础上，按照中办25号文的工作要求和责任分工，结合当前农村残疾人的贫困状况和实际存在的困难和需求，中国残联与国务院扶贫办、财政部、人民银行、住房城乡建设部等部门共同研究制定了在创新扶贫开发工作机制中扎实推进残疾人扶贫工作的政策措施，并印发《关于创新农村残疾人扶贫开发工作的实施意见》，从扶贫考核机制、社会帮扶、资金扶持、金融扶持、危房改造等各角度提出加强残疾人精准扶贫工作的意见。

（五）残疾人扶贫开发工作会议

7月，中国残联和国务院扶贫办在山东省泰安市共同召开了全国农村残疾人扶贫开发工作会议，总结交流"十二五"以来基层党组织和党员干部助残扶贫工作和残疾人扶贫工作经验，同时部署下一阶段农村残疾人精准扶贫开发工作。

（六）残疾人扶贫开发纲要督导检查

6月30日，中国残联和国务院扶贫办共同印发了《关于开展〈农村残疾人扶贫开发纲要（2011—2020年）〉执行情况督导检查的通知》，明确了督导检查时间、方式、内容和要求。各省分组督查过程中，扶贫部门和残联选派了分管领导和骨干同志近200人参与督查。督查组深入全国67个地市、128个县，走访了近300户贫困残疾人家庭，召开了150余次的基层座谈会，听取基层残疾人代表等多方面的意见和建议。通过各省分组督查和专项抽查的方式，总结经验，发现问题，提出对策。督导检查工作引起了地方各级党委、政府对残疾人扶贫工作的更加重视，加强了部门协调与沟通，推动了重要政策措施的研究和突破，使更多残疾人得到了有效扶持和实实在在的利益，也为创新部门联动、精准扶贫进行了有益的探索。中国残联与国务院扶贫办在各省份省际互查和全国抽查的基础上，形成了督查报告报送国务院扶贫开发领导小组。

（七）"扶贫日"活动

在全国第一个扶贫日前夕，中国残联与国际助残组织等共同开展全国扶贫日活动。10月15日，由国际助残组织发起，中国、老挝、越南三国残疾人组织支持的城乡残障人扶贫就业与融合发展国际研讨会在北京举行，中国残联副理事长程凯出席会议并介绍了我国农村残疾人扶贫工作发展历程与经验。联合国计划开发署、国际劳工组织、欧盟驻华机构及有关国家驻华官员、人民大学、北京师范大学、社科院有关学者参加会议。国际助残组织在老挝、越南和中国开展项目的试点地区项目负责人介绍了残疾人扶贫就业与融合发展的成功实践。会议进一步促进了残疾人减贫领域的国际交流合作，在国际社会推介宣传了中国残疾人扶贫开发的先进经验和做法。

附　录

基层党组织助残扶贫工程使14.6万农村贫困残疾人受益党旗辉映助残路

潘跃　《人民日报》　2014年6月30日

62岁的肢残村民叶佰洲，家住四川省内江市东兴区郭北镇进士村，由于妻子常年患病，生活十分困难。2012年叶佰洲成为村里助残扶贫工程的帮扶对象，一年下来，年收入万元，叶佰洲一家摆脱了困境。而他只是全国14.6万受益于基层党组织帮扶的农村贫困残疾人中的一员。

2012年初，中央组织部、中国残联联合印发《农村基层党组织助残扶贫工程实施方案》，提出了"十二五"期间全国农村基层党组织帮扶10万户贫困残疾人家庭的任务目标。据统计，截至2013年10月，全国10.9万个基层党组织和3.6万名党员干部共结对帮扶14.6万贫困残疾人，提前并超额完成了阶段性目标。

底数摸清，帮扶才精准

从根本上帮助农村贫困残疾人脱贫致富，摸清底数、确定帮扶对象非常关键。贫困残疾人经过各地基层党组织审核后，被确定为帮扶对象，逐一建立个人信息档案、工作档案和汇总名册,对被帮扶的贫困残疾人实行实名制管理,形成了完整、规范的贫困残疾人信息数据库。

在摸清底数的基础上,各地对确定帮扶的残疾人进行分类施策。河南驻马店市根据帮扶贫困残疾人家庭的实际困难和残疾人的个性需求,将49.6万名农村残疾人纳入新农合,24万特困残疾人纳入最低生活保障,为3600户贫困残疾人进行危房改造,为3.5万白内障残疾人免费实施复明手术,为730名智力、精神和其他重度残疾人实施了居家托养及机构托养服务。云南临沧市将19486户残疾人纳入产业扶贫计划,为80户贫困残疾人免费提供实用技术培训,为4108名贫困残疾人落实就业岗位,为224户贫困残疾人家庭改善了生活环境。

创新引领,帮扶才长久

各地普遍通过"一帮一"、"多帮一"、"帮包带扶"等形式,让党员干部与贫困残疾人家庭结成帮扶对子。广西组织14345个农村基层党组织、3万多名党员,累计结对、扶持81300户农村贫困残疾人家庭增产增收,培训了8万多名贫困残疾人,使6万多户贫困残疾人实现增收脱贫。浙江省象山县开展"创爱心城市,建和谐象山——万名党员爱心助残结对"活动,截至2013年年底,全县已建立残疾人帮扶基金77个,有22550名党员和11350名残疾人结上对子,结对帮扶率达到86%,残疾人获得的资金帮扶超过600万元。许多地方还针对残疾儿童、智障残疾人、精神病人、重度残疾人等特殊群体,探索通过"春风助学"、"阳光家园"等方式提供免费康复训练或集中托管。

针对部分丧失劳动能力且有发展意愿的贫困残疾人,甘肃省正宁县扶持建办经济效益好、辐射带动力强的大型养羊千只以上产业基地4个,养牛500头以上产业基地1个,养鸡万只以上产业基地3个,辐射带动残疾人养殖户146户。福建省宁德市福安溪潭镇岭头村创建了福乐种养基地,并发展形成了6个种养基地,吸纳残疾人入股经营,安置有劳动能力的残疾人就业。2013年该村残疾人家庭人均纯收入10560元,与全村农民人均纯收入11350元相差无几。

堡垒发力,帮扶才到位

各地基层党组织的领头人发挥模范带头作用。吉林省汪清县百草沟镇凤林村党支部书记吴基哲个人先后投入100多万元,为14户残疾家庭和特困户新建总计770余平方米的砖房,装修后还将室内家电、家具,甚至窗帘等用品全部配齐。云南凤庆县安石村党支部书记陈维菊结对帮带3户贫困残疾人家庭发展核桃、茶叶种植,使帮扶对象年人均纯收入超5000元,实现稳定脱贫。

中共辽宁省委党的群众路线教育实践活动领导小组在"深入推进困难群众救助工程"中明确提出,要"抓好重性精神病人救治、基层党组织助残扶贫、贫困残疾人助行和家庭无障碍改造等工作"。陕西省委组织部、省残联联合印发《关于进一步落实〈关于贯彻"农村基层党组织助残扶贫工程"的实施意见〉的通知》,全面部署开展农村基层党组织助残扶贫工程。

两年来的工作实践证明,基层党组织助残扶贫工程已经深入广大残疾人的心里,成为"民心工程"、"德政工程",也成为各级党组织和党员干部转变工作作风,提升执政能力的重要举措。这一工程让更多贫困残疾人改变了贫困状况,过上了幸福美好的生活。

(李哲供稿)

残疾人宣传文化工作

一、政策法规文件

关于开展"百家图书馆文化助残公益行动"的通知

残联发〔2014〕18号

各省、自治区、直辖市残联、文化厅（局），新疆生产建设兵团残联、文化局，黑龙江垦区残联、文化局：

为深入贯彻党的十八大和十八届三中全会精神，落实中央领导同志关于从残疾人最关心、最迫切的问题入手，着力解决关系残疾人切身利益问题等一系列指示精神，按照2014年中央1号文件提出的"推进城乡基本公共服务均等化"的要求，切实采取措施加强对基层残疾人的文化建设与服务，保障残疾人文化权益，进一步支持残疾人走出家门、开展读书活动，中国残联、文化部决定于2014年在全国各级图书馆开展"百家图书馆文化助残公益行动"。

一、活动宗旨

我国有8500万残疾人，受社会经济发展和残疾人自身条件的制约，残疾人普遍受教育程度与社会平均水平仍有较大差距。当前，在深化文化体制改革，推动社会主义文化大发展大繁荣进程中，提高国家文化软实力，关系"两个一百年"奋斗目标和中华民族伟大复兴中国梦的实现。广大残疾人也迫切希望增长知识，接受教育，在共享公共文化服务中不断丰富精神世界。充分发挥图书馆这一公共文化服务体系和资源优势，切实加强对残疾人这一特殊困难群体的文化服务，带给残疾人的不仅仅是走出家门、参与社会，更重要的是提升残疾人的素质、增强精神力量，同时，对保障残疾人文化权益，彰显社会主义制度优越性具有深远的影响。

各级图书馆肩负着传播社会主义先进文化，用优秀的图书引导社会、教育人民，向包括残疾人在内的全社会提供知识、引领大众欣赏人类优秀的精神文化产品，满足残疾人在内的广大人民群众精神文化需求的职责与任务。中国残联与文化部共同开展"百家图书馆文化助残公益行动"，目的就是充分发挥各级图书馆公共文化服务体系作用，更好地保障群众基本文化权益，让文化改革发展成果惠及包括残疾人在内的最广大人民群众；动员各级图书馆深入开展面向残疾人的多样化文化服务，为残疾人创造良好的学习和获取信息环境，满足残疾人的精神文化需求；推动广大残疾人走出家门，能够就近、就便走进图书馆读书学习，平等、充分地参与社会生活，用知识陶冶情操，用爱心共筑"中国梦"。

二、活动名称

百家图书馆文化助残公益行动

三、主办单位

中国残疾人联合会

中华人民共和国文化部

四、活动时间

2014年4月至12月

五、活动内容

（一）各级图书馆要进一步发挥本馆已设立的盲人阅览室作用，为盲人提供阅读服务。未设立盲人阅览室（角）的各级图书馆要创造条件，尽早开创这一服务内容。

（二）在为残疾读者提供借阅服务中，倡导设立残疾人专门窗口，或悬挂残疾人优先的标识牌，并在阅览室提供部分残疾人专座，保证残疾人能够就近、就便参加读书活动。

（三）结合文化部开展的"文化志愿服务推进年"活动，倡导图书馆管理人员学习手语，倡导在图书馆成立"爱心小组"、"助残小队"、"志愿者小队"等扶残助残志愿服务小组，开展爱心结对和文化帮扶。

（四）在图书馆举办的面向社会的各种专题讲座和各类活动中，对参与的残疾人提供有针对性的帮扶，或选择残疾人普遍关注的话题和急需的知识举办残疾人专场讲座，使更多的残疾人走出家门共享公共文化服务。

（五）倡导有条件的图书馆将服务延伸到社区，结合"全国助残日"、"送文化到基层"等文化助残活动，定期组织到残疾人集中的社区、乡镇文化站和残疾人温馨家园，为有需要的残疾读者提供送书上门服务。

(六)倡导利用现代信息技术提升网络化服务水平,加快面向残疾人的专题数字资源建设,依托数字图书馆推广工程形成覆盖城乡的残疾人数字文化服务网络,方便残疾人网上读书学习。

(七)各级图书馆要进一步加强对本馆公共设施的无障碍改造,方便残疾人到图书馆参加读书活动。

六、活动要求

(一)各地残联和文化厅(局)要高度重视并认真做好"百家图书馆助残公益行动"相关工作,结合正在开展的党的群众路线教育实践活动,把改进作风成效落实到基层,真正让基层群众受益,让广大基层残疾人受益。

(二)各地文化厅(局)或主管文化工作的部门,要积极协调和鼓励当地图书馆参加此项活动,确定本地区参与"百家图书馆助残公益行动"的单位。

(三)各级残联要积极指导残疾人广泛开展读书活动,组织好残疾人参加"中国梦"之"我梦最美"等主题讲座,并为他们提供必要的服务保障。

(四)各级残联要配合各图书馆建议指导进行无障碍设施改造,以保证残疾人能够顺利进入图书馆开展读书学习。

(五)各地要结合"全国助残日"、"送文化到基层"和新中国成立65周年等重大活动、重要时期,采取多种形式积极开展扶残助残活动,使更多的残疾人走出家门共享公共文化服务。

(六)各地残联宣文部要会同当地的新闻媒体机构做好本次活动的宣传报道工作。

(七)各地开展活动中好的经验和做法及时上报中国残联宣文部和文化部公共文化司,并将"百家图书馆文化助残公益行动"总结于2014年11月30日前报上述相关部门。

中国残联　文化部
2014年2月25日

关于开展"百家博物馆文化助残公益行动"的通知

残联发〔2014〕21号

各省、自治区、直辖市残联、文物局(文化局):

为深入贯彻党的十八大和十八届三中全会精神,落实中央领导同志关于从残疾人最关心、最迫切的问题入手,着力解决关系残疾人切身利益问题等一系列指示精神,按照2014年中央关于"推进城乡基本公共服务均等化"的要求,切实采取措施加强对基层残疾人的文化建设与服务,保障残疾人文化权益,进一步支持基层残疾人走出家门、开展参观实践活动,中国残联、国家文物局决定于2014年在全国博物馆开展"百家博物馆文化助残公益行动"。

一、活动宗旨

我国有8500万残疾人,受社会经济发展和残疾人自身条件的制约,残疾人普遍受教育程度与社会平均水平仍有较大差距,很多残疾人可能一辈子都没有走进博物馆参观和接受教育。当前,在国家文化大发展、大繁荣进程中,广大残疾人的文化需求和走出家门学习知识的愿望越来越迫切,渴望走进博物馆,接受历史、自然、人文、科学和艺术教育;各级残联为满足残疾人的现实文化需求,努力实现公共文化服务均等化目标,也在积极准备组织残疾人走进博物馆,让残疾人通过参观自然和人类文化遗产增长知识,共享公共文化成果。

充分发挥博物馆这一公共文化服务机构和爱国主义教育实践基地的资源优势,切实加强对残疾人这一特殊困难群体的文化服务,带给残疾人的不仅仅是能走出家门、参与社会,更重要的是能提升残疾人的素质,给残疾人带来精神的力量,对保障残疾人文化权益,构筑社会进步和谐,彰显中国特色社会主义制度优越性具有深远的影响。

各级各类博物馆是公共文化服务体系的重要组成部分,肩负着用优秀文化资源凝聚人心、引领风尚,不断满足包括残疾人在内的人民群众日益增长的多样化、多层次文化需求的使命与任务,保障和满足人民群众基本文化权益是博物馆社会责任的直接体现。近年来,按照《博物馆管理办法》和免费开放相关政策要求,各地博物馆纷纷制订了向残疾人等特殊社会群体减免门票等优惠政策,并积极加强无障碍设施等基础设施改造,接待能力和服务质量显著提升。在此基础上,中国残联与国家文物局在全国共同开展"百家博物馆文化助残公益行动",目的就是让文化改革发展成果惠及包括残疾人在内的最广大人民群众;动员各级各类博物馆进一步深入开展面向残疾人的多样化文化服务,为残疾人创造更加良好的参观、学习和获取信息环境,更好地满足残疾人的精神文化需求;推动广大残疾人走出家门,能够就近、就便走进博物馆参观学习,平等、充分地参与社会生活,用知识陶冶情操,用爱心共筑"中国梦"。

二、活动名称

百家博物馆文化助残公益行动

三、主办单位

中国残疾人联合会

国家文物局

四、活动时间

2014年4月至12月

五、活动内容

(一)各地博物馆充分结合5月18日既是国际博物馆日,又是第二十四次全国助残日这一特殊节日,对有组织的残疾人参观团队提供免费讲解和特殊服务。

（二）各地博物馆发挥教育资源优势，为当地特教学校开设第二课堂教育，采取多种形式丰富中小学残疾学生的精神文化生活，为提高残疾学生科学文化素养、实现自我价值创造条件。

（三）在博物馆举办的面向社会的专题讲座活动中，给残疾人留出专门座位，或举办残疾人专场讲座，使更多的残疾人走出家门共享公共文化服务。

（四）倡导博物馆工作人员学习手语，倡导在博物馆成立"爱心小组"、"助残小队"、"志愿者小队"等扶残助残小组，开展爱心结对和文化帮扶。

（五）倡导基础设施条件尚不完善的博物馆适当进行无障碍改造，方便残疾人参观。

（六）各地博物馆还可根据自身实际，为残疾人提供其他更多的爱心帮扶和文化助残活动。

六、活动要求

（一）各地残联和文物行政部门要高度重视并认真做好"百家博物馆助残公益行动"相关工作，结合正在开展的党的群众路线教育实践活动，把改进作风成效落实到基层，真正让基层群众受益，让广大基层残疾人受益。

（二）各地文物行政部门要积极协调和鼓励当地博物馆参加此项活动，确定本地区参与"百家博物馆助残公益行动"的单位，并将名单及时告知本地区残联。

（三）各地残联要积极指导残疾人走进博物馆广泛开展参观实践活动，组织好残疾人参观和参加主题讲座，为他们提供方便的交通，确保安全。

（四）各地残联和文物行政部门要结合"全国助残日"、"国际博物馆日"、"送文化到基层"和新中国成立65周年等重大活动、重要时期，采取多种形式积极开展扶残助残活动，使更多的残疾人走出家门共享公共文化服务。

（五）各地残联宣文部要会同当地的新闻媒体机构做好本次活动的宣传报道工作。

（六）各地残联和文物行政部门要将开展活动中好的经验和做法及时上报中国残联宣文部和国家文物局博物馆与社会文物司（科技司），总结报告于2014年11月30日前上报。

中国残联　国家文物局
2014年3月5日

中国残联、中国记协关于开展百家媒体公益助残活动的通知

残联发〔2014〕26号

各省、自治区、直辖市、新疆生产建设兵团残疾人联合会，新闻工作者协会，中央主要新闻单位：

为贯彻落实习近平总书记系列重要讲话精神，深化新闻战线"走转改"活动，增强广大新闻工作者的社会责任感，提升对残疾人困难群体的关注和支持力度，呼唤真情，传递关爱，中国残联和中国记协决定共同组织开展"百家媒体公益助残活动"。

一、活动宗旨

深入贯彻落实党的十八大和十八届三中全会精神，推进社会主义核心价值体系建设，通过宣传普及、创新载体、树立典型，充分报道党和政府对残疾人事业的关心和支持，全面展示改革开放以来残疾人事业发展成就，大力宣传残疾人自强不息、奋发有为的典型事例，引导社会各界更加关注贫困残疾人的生活状况和生存环境，为残疾人事业发展营造健康向上的良好舆论环境，为实现中华民族伟大复兴的"中国梦"做出新的贡献。

二、活动名称

百家媒体公益助残活动

三、主办单位

中国残疾人联合会、中华全国新闻工作者协会

四、活动内容

1. 以第五届全国自强模范和助残先进表彰活动、第二十四次全国助残日等残疾人事业重大活动为契机，组织各级各类媒体报道残疾人事业发展取得的成果，大力提升全社会对残疾人事业的关注。

2. 充分报道各级残联组织开展的"为盲人讲电影"、"学手语"、走访慰问贫困残疾人、理论政策宣讲等公益助残服务活动，及时反映基层残疾人群体的需求，优化对基层残疾人的服务。

3. 充分报道共青团和志愿者积极参与的"结对帮扶"、"送教下乡"、"志愿助残"等公益活动，倡导全社会关心残疾人、帮助贫困残疾人解决实际问题，全心全意为困难群体服务。

五、活动安排及要求

1. 各省残联及有关新闻单位要高度重视、精心组织，开展符合残疾人实际需求，具有地域特色、媒体特色的助残活动。

2. 注意收集活动开展情况，并做好活动的总结工作，活动结束后将活动开展情况和效果一式两份报百家媒体公益助残活动办公室。

3. "百家媒体公益助残"活动办公室设在中国残联宣文部宣传处。

联系人：冯昊、申妍

联系电话：（010）66580119、（010）66580241

中国残疾人联合会
中华全国新闻工作者协会
2014年3月11日

关于第十一届各地人民广播电台残疾人专题节目展播评选结果的通报

残联发〔2014〕55号

各省、自治区、直辖市及计划单列市残联、广播电台、残疾人事业新闻宣传促进会：

由中国残疾人联合会、中央人民广播电台、中国残疾人事业新闻宣传促进会共同举办的第十一届"各地人民广播电台残疾人专题节目展播"评选工作已顺利结束。

本届展播活动在各地人民广播电台、残疾人联合会和残疾人事业新闻宣传促进会的大力支持和积极参与下，共收到24个省（市、区）报送的63件残疾人广播专题作品。报送作品题材广泛，报道形式多样，内容生动感人。报送作品内容涵盖了2012至2013年度残疾人事业的重大事件和热点问题，讴歌了党和政府以及社会各界对残疾人事业的关怀与支持，展示了残疾人康复、教育、就业、扶贫、法制建设、文化体育、社会环境等工作取得的成就，鞭挞了侵害残疾人合法权益的不良现象，彰显了广大残疾人自强自立、奋勇争先的精神品格，积极弘扬人道主义，倡导了社会正能量。

经过评选委员会的严格评选，本次展播活动共产生40件等级奖作品。其中一等奖作品8件，二等奖作品12件，三等奖作品20件，优秀奖17件，甘肃、吉林、江苏、山东、河北省获组织奖。新疆台报送的《折翅翱翔——新疆残疾人首次集体温泉游历纪实》从残疾人的视角出发，关注残障问题，讨论残疾人和社会之间的关系，分享残疾人之间的经验，从残障的角度关注社会文明的进程，策划独特、立意深刻、制作手法细腻，受到评委的一致好评。宁夏台报送的《六盘山下的守望》讲述了一名乡村残疾教师数十年如一日投身教育事业，为留守儿童倾注心血的感人故事，语言流畅、感人至深。《轮椅上的灵魂使者刘大铭》《五年、七年——两个残疾朋友的生命故事》《钱敏丹的绝处飞翔》《"最美轮椅姐姐"的圆梦故事》等作品因其选题新颖、报道角度独特、广播语言清晰明快的特点获得评委一致好评。具体评选结果见附件。

希望各级残联与广播电台加大合作力度，在残疾人事业已经进入了全面推进的关键时期，继续推动残疾人广播专题节目开办工作，更加聚焦加快推进残疾人同步小康以及健全残疾人社会保障和服务体系的工作进程，进一步丰富专题节目内容，提高节目质量，更好地为广大残疾人服务。

附件：第十一届各地人民广播电台残疾人节目展播获奖名单（见附录一）

中国残疾人联合会　中央人民广播电台
中国残疾人事业新闻宣传促进会
二〇一四年八月二十六日

2012—2013年度残疾人事业好新闻评选结果通报

残联厅发〔2014〕59号

中央各有关新闻单位，各省、自治区、直辖市及新疆生产建设兵团残联、残疾人事业新闻宣传促进会：

由中国残疾人联合会和中国残疾人事业新闻宣传促进会共同举办的2012—2013年度残疾人事业好新闻评选活动已经圆满结束，结果已于近日揭晓。本次活动共评选出一等奖作品（节目）50件，二等奖作品（节目）69件，三等奖作品（节目）99件。广播专题类参选作品《坐着轮椅歌唱——记维吾尔族歌手祖木来提》获得特等奖；山东省残联、辽宁省残联、广东省残联、北京市残联、浙江省残联获得组织奖。

本次评选全面展现出2012—2013年度广大新闻工作者在推动残疾人事业持续发展和加快构建以改善民生为重点的社会主义和谐社会进程中做出的贡献，获奖作品以生动的视角、饱满的热情和感人的笔触充分展示了我国残疾人事业在多个领域取得的成绩，彰显了残疾人自尊、自信、自强、自立的精神，反映了全社会理解、尊重、关心、帮助残疾人的良好风尚，鞭挞了歧视残疾人、社会管理缺失的社会弊端，营造了有利于残疾人事业发展的良好舆论氛围。

广播专题类作品《坐着轮椅歌唱——记维吾尔族歌手祖木来提》中主持人以旁白的方式，穿插当事人的母亲、姐姐、大学班主任等对她的评价及发生在她身上的故事，用主人公自述的形式，鼓舞广大残疾人和健全人热爱生活，永不言弃。作品用最平凡、最真实、最感染人的故事细节，激发了全社会向善的力量。整个节目音效丰富、语境轻松，带给听众愉悦的聆听感受，是近年来较优秀的少数民族广播作品。电视评论类作品《"无障碍"的障碍》以真实、客观的体验式观察和多机位拍摄，视角独特，细致入微地反映了残疾人在现实生活中出行时遭遇的种种困难，表达了残疾人内心对无障碍出行的渴望和憧憬，内容扎实，调查深入。该节目播出后不仅在残疾人群体中引起了强烈的反响，还得到了有关部门的高度重视，推动了无障碍工作的开展。文字通讯类作品《谷雨四味》从残疾人群体做慈善这一基层的、平凡的视角切入，见微知著，反映了人人都是慈善事业的参与者和践行者的社会风尚。该文新闻性、艺术性强，是一部践行"走转改"要求的力作，对推动慈善事业发展具有较强的现实意义。

希望各新闻单位、各地残联、各地残疾人事业新闻宣传促进会继续以残疾人事业好新闻评选为契机，积极鼓励、引导广大新闻工作者不断加大残疾人事业的关注力度，紧密围绕残疾人事业在新起点上的新发展，以残疾人工作"托住底、补短板、保基本、广覆盖"为主题，走进残疾人生活、聚焦基层工作，采写出一批有时代感、引人入胜、发人深省的高质量新闻作品，为实现残疾人与全国人民同步小康营造良好的舆论氛围做出更大的贡献。

附件：2012—2013年度残疾人事业好新闻评选获奖作品名单（见附录二）

中国残疾人联合会办公厅
中国残疾人事业新闻宣传促进会
2014年12月18日

二、工作综述

2014年，宣传文化工作紧紧围绕"重大题材全力打造"、"重大危机及时化解"和"抓源头纳入大局"、"抓基础活跃基层"的工作思路，创新思维，扎实工作，在新的起点上开创了残疾人宣传文化工作新局面。

（一）借事业发展中的重大题材，为新起点的残疾人事业鼓与呼

1. 基金会成立30周年

组织中央主要媒体全方位充分报道新一届中央领导集体对残疾人事业的关怀和厚爱，宣传"两个格外"对残疾人事业发展的重大意义。同时部署地方媒体进行事业发展历程的回顾性报道，掀起了宣传上的第一个高潮，为事业在新起点上的发展营造了开门红。

2. 第五次全国自强与助残表彰活动

深入分析领导活动报道方式，把握媒体发稿特点和报道节奏，成功协调中宣部两次下发宣传报道要求。组派四批次记者组赴外地实地采访，为媒体代拟19篇稿件，努力做到在"规定动作"上做足，在"自选动作"上做透。中央各主要新闻媒体表彰会当天大版面报道习总书记出席此次活动，第二天再用"热议总书记讲话"和评论员文章等形式叠加造势，同时配发10名自强模范和助残先进事迹典型，确保了宣传效果。表彰会后，全国各地纷纷组织开展第五次全国自强模范与助残先进事迹报告会活动，各地除当地主流媒体集中报道外，还利用微博、微信、公益广告等多种手段广泛开展社会宣传，收到了良好的宣传效果。

3. APEC残疾人主题活动

按照"50%在活动组织、50%在宣传好"这一要求，恪尽职守、知难而进，主动作为，提早谋划，打破以往宣传模式，以对外宣传角度策划报道选题，以国事活动标准组织媒体，围绕夫人活动，提前做足功课，撰写新闻稿。策划举办新闻发布会、分论坛现场设立新闻角、开辟网络专题、《人民日报》两块专版、《中国日报》刊登双联版会刊等形式从多个角度予以全面报道。撰写7篇评论、综述、专访、发布稿等稿件，准备10名外国代表的专访材料，形成宣传合力。此外，还指导制作"国际残疾人事业宣传片"，编印对外宣传折页，改编并设计宣传展板、合影背景等。在APEC会议集中报道压力非常大的情况下，残疾人主题活动举办当天中央电视台《新闻联播》播出新闻2条；新华社、人民日报等各大媒体对边会也进行了全面报道，彭教授参加主题活动成为APEC会议期间网上5大热点新闻之一，百度检索"2014年 残疾人主题活动"，有关网页达259万个，掀起了中国特色残疾人事业宣传高潮。

（二）化解舆情危机，为事业发展保驾护航

面对相继出现的深圳残保金、河南盲人高考等8次较大负面舆情事件，不等不靠，主动作为，努力做到四个"早"，即早发现、早研判、早引导、早处置，最大程度防范和化解舆情危机。

一是完善制度建设。建立本级舆情监测流程，明确舆情应对责任，第一时间掌握第一手信息，及时研判，统一口径，统一发布渠道，防止多头发声。同时，下发《关于进一步加强各级残联新闻发布工作的通知》，要求各地强化新闻发言人工作，按法依规发布有关信息，及时回应社会关切问题，保证新闻和信息发布及时、准确、权威。

二是进一步加强与中宣部和媒体的沟通渠道，积极掌控话语权。面对舆情危机主动出击，积极协调中宣部下发"不炒作、不报道"指示，将舆情控制在可控范围之内，将负面影响化解在萌芽状态，有效制止舆情的发酵。

三是积极引导，淡化炒作。针对有关人员蓄意已久出现炒作趋势，及时与中央主流媒体提前协商，确定报道角度，淡化个别媒体不实报道，同时采访有关权威专家，通过独特的报道角度将公众的视线引向我国残疾人工作取得的成就，淡化个人蓄意炒作的事件，取得了很好的效果。

全年共组织新闻媒体在京和赴基层采访、报道50余次。中央电视台《新闻联播》播出43条，《人民日报》刊登文章74篇，新华社、中央人民广播电台、《光明日报》等也对残疾人事业发展进行了大量报道，取得了令人满意的宣传效果。

（三）抓源头纳入大局，保障残疾人文化权益

1. 源头纳入，保证话语权

推进国家公共文化服务体系建设，制定国家基本公共文化服务保障标准是新一届中央领导集体的重要战略举措之一，也是迄今为止文化领域最基础、最全面的国家政策。得知文化部将牵头制定全国公共文化服务体系建设的意见和保障标准后，积极争取和沟通协调，最终使中国残联成为国家公共文化服务体系建设领导小组成员单位，从一开始就参与国家文化政策文件的制定工作。

2. 主动出击，建议设立单独章节进行表述

邀请国家文件起草组来中国残联进行调研、座谈，并配合专家课题组到部分省份专题调研残疾人文化工作，看到了基层现实，统一了思想，理解了兜住残疾人文化服务的底就是兜住了国家公共文化服务的底的思想。最终实现了在国家文件中对残疾人等特殊群体服务和保障标准的单独章节表述。

3. 重点惠民文化项目实现有效服务

经协调，在农家书屋、广播电视村村通和全国文化信息资源共享三大国家基础惠民文化建设工程中，残疾人文化服务项目实现了全面纳入。农家书屋普遍设立残疾人图书架。40多万户残疾人家庭享受广播电视服务优惠。3500个文化共享工程点设立了专为残疾人开设的"心声——音频馆"。

（四）抓基础，活跃基层残疾人文化

1. 进一步夯实基层，贯彻落实十一部委《关于加强残疾人文化建设的意见》。已有26个省（市、区）出台了各省的实施意见，110多个地市明确了当地的政策措施，工作开展情况良好。

2. 开展百家公益助残系列活动，引导社会力量参与残疾人文化建设。用"跳一跳就能再上一个台阶"的工作精神，推出"百家图书馆"、"百家博物馆"、"百家新闻媒体"三个百家系列公益助残行动活动，各地文化馆、博物馆形式多样的助残活动，社会反响很好。借助百家系列这个平台，逐渐打造残疾人文化品牌。

3. 通过残疾人文化周、残疾人文化进社区、全国残疾人文化体育示范市创建等活动的开展，为基层残疾人搭建了平台，同时全国残疾人摄影大赛、全国公益歌曲评选展播、残疾人微电影评选等活动保持了文化繁荣的持续热度。据不完全统计，全国有500多万残疾人走出家门参与各种文化活动，陶冶了情操，丰富了生活，提高了综合素质。

附录一

第十一届各地人民广播电台残疾人专题节目展播获奖名单

一等奖（8件）		
作　品	作　者	播出单位
折翅翱翔——新疆残疾人首次集体温泉游历纪实	海潮（邹立红）　张宁　孙晓婷	新疆人民广播电台《残疾人之友》
六盘山下的守望	王建华　马晓梅　张菁菁	宁夏广播电视台新闻广播《残疾人之声》
轮椅上的灵魂行者刘大铭	申瑞英　白雯　李宁　陈天婧	甘肃广电总台新闻综合广播《残疾人园地》
五年·七年——两个残疾朋友的生命故事	刘婕　赵焕华　刘允丽　曹雅杰	承德广播电视台《同一片蓝天下》
钱敏丹的绝处飞翔	曹宇杰　唐韫玉　王潇彬　时继红	常熟广播电视台《同在蓝天下》
爱的使命	张卫东	吉林人民广播电台《同在蓝天下》
世界就在我眼前	小窗　宣晔	上海东方都市广播《同一片蓝天下》
"最美轮椅姐姐"的圆梦故事	梁臻　王梦　张锞	潍坊人民广播电台《同一片蓝天》
二等奖（12件）		
作　品	作　者	播出单位
好人祁国刚	陈田婧　李雪雁　王建军	甘肃广电总台新闻综合广播《残疾人园地》
断臂女孩杨佩的"追梦人生"	禹雪　寇杨	安康人民广播电台《阳光之家》
王晓谦的轮椅人生	夏雪　梁轩　闫少君	呼和浩特广播电视台城市生活广播《咖啡百味茶》
忙碌并幸福着——记肢残协管月程志荣	吴浩　谢茹　周春波	梧州人民广播电台《同在蓝天下》
从成都市首位盲童随班就读看融合教育发展	余笑冰　吴军	成都广播电视台新闻广播《风雨人生》

续表1

作　品	作　者	播出单位
寻找温暖的力量——2013年"共享阳光，站立助行"朝阳市为全市缺肢残疾人免费适配假肢活动纪实	菅林	朝阳广播电视台新闻综合广播《同一片蓝天》
独臂林高的故事	史丽萍　沈全虹　吴红霞	阳江广播电视台《一样的天空》
一公里阳光	张卫东	吉林人民广播电台《同在蓝天下》
爱心没有盲区	刘德雅　靳树山　孙平华　徐长燕	象山人民广播电台《走进生活》
梦开始的地方	柴火猛　田华　陈秀萍	海盐县广播电视台《残疾人之友》
爱，让我站起来（上、下篇）	张婷婷	重庆广播电视台重庆之声《残疾人之声》
静海县探索农村助残保障新路	尚勤　王敬轩　付振旺	天津电台生活广播《共享阳光》
三等奖（20件）		
作　品	作　者	播出单位
盲人的"缤纷"世界	申瑞英　白雯　李宁　陈田婧	甘肃新闻综合广播《残疾人园地》
肢残志不残，单腿走人生	蒋久升　毛灿　刘悦　袁媛	河南商丘人民广播电台《爱心无限》
我是时代"新鼓手"——访视障书鼓艺人刘稳当	王晶　宋玉晋　朱晨宇	河南周口人民广播电台《共享阳光》
拄拐乡医李文强	葛宁　姜楠　王宏凯	陕西铜川人民广播电台《阳光之旅》
冯亚平，轮椅上的神投手	潘红　李茹　王树立	山西长治广播电台《爱心之声》
倾力构筑残疾人"幸福版图"	蔡春芬	江西抚州金溪人民广播电台《关爱残疾人》
轮椅上放飞的梦	覃丹凤　程婉菲　冯宇红　覃蛟龙	广西梧州人民广播电台《同在蓝天下》
残疾人过年	王莎	沈阳人民广播电台《残联之声》
王绍良和他的山狼艺术馆	朱丹	青海经济广播《残疾人之友》
逆风飞扬——姜国文专访	李翀	江苏新闻综合广播《残疾人之声》
为了爱情，也为了责任	邢月　李成	海南台新闻广播《百草园——爱心社》
指尖上的文学梦	李晓莉	山东台经济广播《共享阳光》
一句承诺，一生守候——方辉升和洪媚的爱情故事	陈芳　程晶晶　朱宁秀	安徽黄山人民广播电台《残疾人天地》
最美独臂侠龚金川	林亚君　潘珊珠　陈娜	浙江奉化人民广播电台《残疾人之家》
独臂老人的开荒助残路	葛静　朱亚光	河北保定广播电台《同在蓝天下》
索玉梅：农村教育事业的坚守者	王新龙　陈咏梅	伊犁人民广播电台《残疾人之声》
傅珍芳的爱心故事	张艳	浙江衢州广播新闻综合频道《残疾人之友》
幸福花儿在盲老人心里绽放	鲁君　小窗	上海东方都市广播《同一片蓝天下》
剪出一片天——访残疾人创业明星李振环	崔艺凡　白洁　尚勤　张强　王敬轩　付振旺	天津人民广播电台《共享阳光》
残疾人实现了驾车梦	尚勤　王敬轩　付振旺	天津人民广播电台《共享阳光》
优秀奖（17件）		
作　品	作　者	播出单位
2013年全国助残日特别节目	郭珂　王昊　刘晓峰	河南电台信息广播《民生第一线》
亲如兄弟的"好心人"——刘跃武	鱼承	西安新闻广播《新闻互动》
轮椅上的文学梦	李玉红　张辉　王修远　高静	内蒙古通辽新闻广播《阳光下我们同行》
世界上没有绝望的处境——中国著名激励大师、残疾人企业家黄友的两次人生升华	刘国雄　谢卫　邓伟　陶启堂　文馨	广西人民广播电台新闻广播《共有人生》
助残内容深入人心	王莎	沈阳人民广播电台《残联之声》
美文赏析	朱丹	青海经济广播《残疾人之友》
燃生命之火，为奇迹而战	张莉　笑娟	江苏淮安台《同在蓝天下》
慧灵农场——智障人士的乐园	陈晓	广东电台新闻广播《自强之声》

续表2

让梦想张开翅膀	陈晓	广东电台新闻广播《自强之声》
第二十三次全国助残日系列报道	郭珂　王昊　刘晓峰	河南人民广播电台信息广播《民生第一线》
盲人植树	邢月　李成	海南台新闻广播《百草园——爱心社》
老伴，你是我的眼睛，你是我的眼	张梅英　肖东	山东肥城台《爱的旋律》
潘金云和她的脑瘫孩子们	程佳　胡邦旺	安徽安庆台《星星点灯》
一首没有休止符的歌	钱江月　彭毅　姚萍　周晓铃	安徽池州新闻综合广播《残疾人之声》
宁海县扶残助残那些事	吴映红　葛佳丽	浙江宁波宁海县台《共沐阳光》
别样的母子情	欧阳辉　宋全河	河北邢台新闻综合广播《同一片蓝天》
江南残子王渊鹏	王卓	杭州新闻综合频率《希望的太阳》
组织奖（5个）		
甘肃省残疾人联合会		
吉林省残疾人联合会		
山东省残疾人联合会		
河北省残疾人联合会		
江苏省残疾人联合会		

附录二

2012—2013年度好新闻评选获奖情况

广播类			
特等奖（1件）			
题　目	作　者	刊播单位	报送单位
坐着轮椅唱歌——记维吾尔族歌手祖木来提	尼加提·阿布都瓦力　古再丽努尔、古力巴哈	中央人民广播电台	中央人民广播电台
一等奖（10件）			
题　目	作　者	刊播单位	报送单位
帮帮小宝燕连续报道	周鹰翔　杨勇	福建人民广播电台	福建残联
豫残联盟袁海军	张琦	河南人民广播电台	河南残联
张大诺：帮助残疾人谱写心灵史诗	张茹　赫霏　李宁静	中国国际广播电台	中国国际广播电台
如何走完无障碍之路的最后十米	周彬　王菲　宋明　魏胜利	中央人民广播电台	中央人民广播电台
一场看不见的音乐会	庞立	长沙交通音乐广播	湖南残联
我们"同呼吸"	林海洋　金娅	黄岩电台	浙江残联
六盘山下的守望	王建华　马晓梅　张菁菁	宁夏新闻广播	宁夏残联
记者调查：城市残疾人无障碍通道遭人为设障绿色通行形同虚设	孙蓓玲　马宏　张妍妩	安徽广播电视台生活广播	安徽残联
少年壮志不言愁	张卫东　钟国昕　刘世军	吉林市人民广播电台	吉林残联
"鼓"舞妈妈——记全国第四届道德模范、武汉市聋哑学校教师杨小玲	段伟露　熊剑　余晓忠　李筠	湖北经典音乐广播	湖北残联
二等奖（14件）			
题　目	作　者	刊播单位	报送单位
断臂铁人的美丽家园梦	周鹰翔　杨勇	福建人民广播电台	福建残联
一根手指找到人生支点	张冰冰　石鹤　崔明浩　杨明山	白城广播电视台	吉林残联
让爱变成一种习惯	韩琨　闫少君　夏雪　雨曦	呼和浩特广播电视台城市生活广播	内蒙古残联
无声的世界，出彩的人生——世界聋奥会冠军王萌的拼搏与梦想	刘茜　孙青欣　宋肖肖　朱连学	河北人民广播电台	河北残联

续表1

题　目	作　者	刊播单位	报送单位
中国残联等多部门发布通知，要求加强残疾人职业培训促进就业	车丽　周尧	中央人民广播电台	中央人民广播电台
爸爸爱喜禾	冯会玲　郭亮　赵雪花　赵九骁	中央人民广播电台	中央人民广播电台
娜英娜的梦	玉晓　胡燕哲　雅茹　格日勒图	中央人民广播电台	中央人民广播电台
用坚强把梦想照进现实	刘扬　谢百勤	天津广播电视台新闻广播	天津残联
残疾人就业难在哪	袁娉	青岛人民广播电台新闻频道	山东残联
折翅翱翔——新疆残疾人首次集体温泉游历纪实	海潮（邹立红）　孙晓婷　张宁	新疆人民广播电台	新疆残联
打造改变命运的"金钥匙"——广西大力开展残疾人职业培训	陶启堂	广西人民广播电台	广西残联
让残疾人快乐的生活	石丽珍　陈志强	青海广播电视台新闻综合广播	青海残联
为了今生的约定	孙薇　孙文萍	镇江人民广播电台新闻频率	江苏残联
残疾人就业难	陈阿娇	大连广播电台	辽宁残联
三等奖（20件）			
题　目	作　者	刊播单位	报送单位
艰难出诊路	葛宁　姜楠　王宏凯　尹晓雯	铜川人民广播电台	陕西残联
残疾人就业之路的思考	李勇军　姚婧　李荇　余梓涵　骆萍	陕西广播电视台	陕西残联
"誓把荒山变果园"——何兰晓的绿色畅想	李福美　李晓光　杨宇威	保山市广播电视台FM98.7综合广播	云南残联
"电子保姆"人文关怀	鲁辉　张智勇　梁红梅　金妍	呼伦贝尔市广播电视台	内蒙古残联
我是时代"新鼓手"——访视障书鼓艺人刘稳当	王晶　朱晨雨　宋晋玉	周口人民广播电台	河南残联
叶超群的追梦之旅	张耀明　李均　周劲翔	中国国际广播电台	中国国际广播电台
爱，让我站起来	张婷婷　赵明霞	重庆广播电视集团（总台）重庆之声	重庆残联
"口述音像、文化助盲"志愿者活动今天在京启动	韩秀　郭亮	中央人民广播电台	中央人民广播电台
给孩子们一个温暖的世界	阿尔达克·阿布丁　哈那提别克	中央人民广播电台	中央人民广播电台
拥抱阳光	林长新　陈革　林赟　李珊　许秋源	汕头人民广播电台	广东残联
静海县探索农村助残保障新路	尚勤　王敬轩　付振旺	天津生活广播	天津残联
你是我的眼	简烛　杜雅娴　常方德	潍坊人民广播电台	山东残联
张海迪专程赴哈尔滨看望"最美女教师"张丽莉	王婧　石峭　赵然　赵彧	黑龙江人民广播电台	黑龙江残联
仁爱温暖人间	伊莉娜　孙少虹　武杰　马燕	宁夏广播电视总台新闻广播	宁夏残联
盲人电影院里的相遇	刘德新　张瑞芳　梁延	湖北广播电视台新闻综合广播	湖北残联
用舞蹈追求梦想的独腿小伙	梁宪斌　凌嘉琳　罗全军	玉林人民广播电台	广西残联
盲人的"缤纷"世界	申瑞英　李宁　王君梅	甘肃广电总台新闻综合广播	甘肃残联
盲人热线电话5508100温暖残疾人的心	吴狄　谢红娟　邓春萍	贵州广播电视台	贵州残联

续表2

题　目	作　者	刊播单位	报送单位
如何破解残疾儿童入学难？	李娜　聂星	安徽广播电视台新闻综合广播	安徽残联
残疾人过年	王莎　华红辉	沈阳广播电视台	沈阳残联
优秀奖（22件）			
题　目	作　者	刊播单位	报送单位
亲如兄弟的好心人——刘跃武	鱼承	西安人民广播电台	陕西残联
济世为怀，播撒光明——走近"光明使者"吕玉健	李福美　李晓光　杨宇威	保山市广播电视台FM98.7综合广播	云南残联
阳光大男孩魏燕鹏的残奥冠军之路	陈细慧　赖明阳	漳州人民广播电台	福建残联
摸得着的未来	陈昕	吉林新闻综合广播	吉林残联
王晓谦的轮椅人生	夏雪　闫少君　梁轩　雨曦	呼和浩特广播电视台城市生活广播	内蒙古残联
肢残志不残单腿走人生	蒋久升　袁媛　刘悦　毛灿	商丘广播电视台	河南残联
用爱创造生命奇迹	杨健　袁芳　侯皎洁　张丽丽　王蕊	唐山广播电视台新闻综合广播	河北残联
盲童"小市长"的音乐梦想	谢彩雯　席鸿	广州市广播电视台	广东残联
残疾人实现了驾车梦	尚勤　王敬轩　付振旺	天津生活广播	天津残联
大都市里的盲人影院	毛晓琼　刘齐家　李方存	浙江之声	浙江残联
天使味道	申小轩　毛欣　胡建泽　潘亚舟	宁波广电集团交通音乐广播	浙江残联
一位脑瘫患者的四个梦想	宋晶	山西广播电视台综合广播	山西残联
冯亚萍，轮椅上的神投手	潘红　李茹　王树立	长治广播电视台	山西残联
指尖上的文学梦	李晓莉	山东广播电视台经济广播	山东残联
爱，点蓝星空	唐丹　王鹏鹏　于超　李天一	黑龙江人民广播电台	黑龙江残联
一把剪刀撑起致富梦	李璞	新疆阿克苏地区广播电台	新疆残联
陈立平，残疾人竞技体育这十年	寇瑜　窦匀　吴恒　张采频	克拉玛依人民广播电台	新疆残联
梦想在路上——孙万青	孙坚　杨旭宇	湖北广播电视台新闻综合广播	湖北残联
在黑暗中寻找光明	李雪雁　陈田婧　王建军	甘肃广电总台新闻综合广播	甘肃残联
关注自闭症孩子上学路	左明　付清文	贵州广播电视台综合广播	贵州残联
84岁老人熊金华照顾智障孤女27年	周丹　刘丰	益阳市广播电视台广播传媒部	湖南残联
伤残身躯撑起一片天	纪斌　施骞　许鹏　陶云	安徽广播电视台新闻综合频率	安徽残联
电视类			
一等奖（10件）			
题　目	作　者	刊播单位	报送单位
残奥探营：与门球结伴，黑暗中前行	高伟强　曹筱征	中央电视台	中央电视台新闻中心
"无障碍"的障碍	冯成　赵微　郭峰	中央电视台	中央电视台新闻中心
难以抵达的归途	集体	中央电视台	中央电视台新闻中心
一个残疾姑娘的美丽人生	杨卫炜　王哲　周枕戈	常熟电视台	江苏残联
刘颖忙并快乐着	吴静　王晓龙	北京电视台	北京残联
春节送残疾人回家系列报道	吴明峰　赵天然　李灵　梁湘毅	湖北广播电视台电视经济频道	湖北残联

续表3

题 目	作 者	刊播单位	报送单位
励志微电影《总有爱》传递青春正能量	徐琪　马宁　高鹏	张家口电视台	河北残联
国际盲人专版特别策划	集体	广东南方电视台	广东残联
导盲犬贝蒂乘车记	胡国栋　于旭光	济南广播电视台	山东残联
李怀松的求职路	田进　刘海宁　临沂台　胡兆辉	山东广播电视台	山东残联
二等奖（15件）			
题 目	作 者	刊播单位	报送单位
藤篾河	谭序刚　徐珊珊	临沧电视台	云南残联
伦敦残奥会首金诞生，张翠平射击破纪录封后	徐莉　段迟　肖梦好	中央电视台体育频道	中央电视台体育频道
寻找最美乡村教师，吉思妞系列报道	孙振涛　栾婷婷　庞海森　汪洁　尚晓煜	中央电视台新闻中心	中央电视台新闻中心
有你，我才不孤单	杨臻　訾力超　林羡德　王伟城　陶余鑫	上海广播电视台新闻综合频道	上海残联
爱心天使	李世杰	黑龙江农垦广播电视台	农垦残联
佘润枫：身残不碍事环保，我能行	李海　陈健	潮州广播电视台	广东残联
衢州：残障大姐傅珍芳，两年送出千双爱心鞋	周文	浙江卫视	浙江残联
盲人推拿师汪南南病危不忘退钱	王瑛　王劲　陆剑秀　方黎明	衢州广电总台	浙江残联
三集连续报道《人工耳蜗康复救助还聋儿有声世界》《先天性耳聋救治需及早》《聋儿救治路漫漫》	高继慧　张鹏	新疆电视台	新疆残联
广西残疾人事业发展系列报道	彭旭才　梁量	广西电视台	广西残联
同在蓝天下，共享一份爱	区鹏	兰州市广播电视总台	甘肃残联
独腿骑士王永梅的环湖赛	管楠　李焱　井健　吴彦俭	青海广播电视台	青海残联
打开书香，传递爱的阳光	吴玮　白钢　马潇	北京电视台	北京残联
打开另一扇窗	喻雷　殷宏	常熟电视台新闻频道	江苏残联
我省一万余名农村贫困残疾人得到帮扶	苏畅	辽宁广播电视台	辽宁残联
三等奖（20件）			
题 目	作 者	刊播单位	报送单位
智障儿：难圆的上学梦	刘旭　陈玉虎	陕西广播电视台	陕西残联
同在一片蓝天下	党辉　李苗　弋菲	渭南电视台	陕西残联
我们俩的5000个脑瘫孩子	沙玛阿果　秦莹	中央电视台	中央电视台社会与法频道
方俊明：迟来28年的荣誉	晏琴　倪晶依　李炜　潘巍	中央电视台	中央电视台新闻中心
残奥冠军付彦龙：坚持梦想，永不放弃	孙巍　崔雨　崔志远　李仲	吉林电视台	吉林残联
盲人掉井引发的思考	卢景辉　张海涛　李娜　史孝波　娄冠	四平广播电视台	吉林残联
"心声—音频馆"助力视障人群无障碍阅读	孙敏　罗卿　周琳	阿拉善广播电视台	内蒙古残联
聋哑小演员：无声世界里演绎杂技奇迹	王海雨　王聚波　时忠民　秦思	濮阳电视台	河南残联
情牵一"线"	陈瑞霖　刘桂强　王岑峰　王伟城	上海广播电视台新闻综合频道	上海残联
无声的世界	聂莹　母克俭	重庆广播电视集团（总台）	重庆残联
阳光女孩——戚英	何新民　王志明　蒋娅　张超	新疆兵团广播电视台	兵团残联

续表4

题目	作者	刊播单位	报送单位
80后小夫妻的创业梦	陈玲　邢娜	天津电视台	天津残联
我省残奥选手回家，出站很是"尴尬"	张翔　吴郑园	浙江经视	浙江残联
七彩梦行动计划：助力"折翼天使"美丽飞翔	刘芬　张鹏　班琼英	忻州市广播电视台	山西残联
党旗下的张丽莉	张悦　张晓光　高苒　王志鹏	黑龙江电视台	黑龙江残联
江西"十二五"残疾人社区康复试点工作全面铺开	张念昭　陈吟影	江西卫视	江西残联
"拐杖老师"李祖清：35年坚守深山小学	赖秋雨　谈圳	广西电视台	广西残联
马小英：撑起了一片爱的蓝天	井健　李玉泉　陈令谕	青海广播电视台	青海残联
"忙并快乐着"的残疾人专委杨国昌	吴旭明	大连新闻	辽宁残联
"阳光之家"：让阳光照亮残疾人生活	钟鸣　周家强	沈阳广播电视台	辽宁残联
优秀奖（30件）			
题目	作者	刊播单位	报送单位
木雕培训谱新篇	戴晓明	大理州电视台	云南残联
小矮人的大理想——帮助身高一米二的十八岁小伙找工作	梁雅洁　董潇　徐晓红	昆明广播电视台	云南残联
走进自闭症儿童家庭：有种生活——关乎责任与爱	范威　周野　谢秀丰	东南卫视	福建残联
兰林金：断臂"铁人"的绿色梦	王雪晶　吴洪斌　王大祯　赖俊群	龙岩电视台	福建残联
"特殊"的婚礼	林丹　张晶　张群	福建电视台综合频道	福建残联
四千公里的距离，二十九年的守望	毕富亮　孙明亮	长春广播电视台	吉林残联
青春无悔	高德伟　吴海军　徐永胜　李晓光	平顶山电视台	河南残联
残疾人单留中发明伸缩荧光盲杖免费捐赠	金刚　李俊杰　李颖星　尹俊星	周口广播电视台	河南残联
残疾少年大师梦：我要赚钱养妈妈	吴薇　韩管培	五星体育传媒有限公司	上海残联
市残联：让残疾朋友生活就业有帮扶	富治平　刘畅	重庆卫视	重庆残联
今日帮忙：卧床老人难领养老金	冯瑄　傅云飞　祁军学	河北电视台	河北残联
刘卫昌：为残疾人送上曙光点燃希望	杨洪发　何莉　武素花	邯郸广播电视台	河北残联
广东：三年救助2.5万残疾儿童	杜曼　姚辉	广东电视台	广东残联
最美天使最美兵团人	文其祥	新疆北屯电视台	兵团残联
危房改造让贫困残疾人有房可住	田丽莉　温泉	晋中广播电视台	山西残联
为了残疾人的明天	原晓星	盐湖区有限广播电视站	山西残联
山东：政策助力资金支持，贫困残疾儿童享免费康复	郗斌　崔文一　张晓军　袁敬宇	山东广播电视台	山东残联
"牛人"王文有	公强　张彤　刘彦杉	黑龙江电视台	黑龙江残联
黑龙江：助残扶贫产业化	李秋颖　曲正　韩玥	黑龙江电视台	黑龙江残联
点燃智慧之火	朱雨　张巍	宁夏广播电视台公共频道	宁夏残联
"阳光家园"残疾人们温暖的家	高继慧　汪强	新疆电视台	新疆残联
宜春：270户残疾人家庭受益，住宅无障碍设施改造	敖荣华	宜春广播电视台	江西残联
残疾夫妇无偿捐献儿子器官让生命"延续"	覃吹　陆宏夏	贵港广播电视台	广西残联

续表5

题　目	作　者	刊播单位	报送单位
我省推进残疾人保障体系和服务体系建设	张丁月　任龙	甘肃省广播电影电视总台	甘肃残联
用爱心温暖心灵	康津　杜尚辉 张燕　杨晓庆	金昌广播电台	甘肃残联
温暖盲人节	芦铭　严进芳 刘舒亚　刘祎	西宁电视台	青海残联
黄鑫的未来不是梦	王国会　王丹	北广传媒数字电视	北京残联
稀奇：残疾人给残疾人送年货	杨海燕　常乐	贵州广播电视台第五频道	贵州残联
轮椅上的"丹青梦"	谢建福　拓成林	永州广播电视台	湖南残联
王惠明：黑暗中的绿色使者	俞昊　陈涛　张舒	安徽广播电视台	安徽残联

广播类

一等奖（5件）

题　目	作　者	刊播单位	报送单位
圆梦炫伦敦	陈曦	中国残疾人	中国残疾人杂志社
17年袁存用嘴"写"出200万字文学作品	宋澍	辽宁日报	辽宁残联
用爱叩响无声世界	张健	山东画报社	山东残联
手语议政	金良快	新华社	新华社
"无声"幼儿园："回归"社会的第一站	郭晨	新华社	新华社

二等奖（10件）

题　目	作　者	刊播单位	报送单位
身残志坚同台竞技	卢刚	中国劳动保障报	中国劳动保障报
天真者的像	张立洁	三月风	中国残疾人杂志社
无声的舞者	贾宁	人民政协报	北京残联
"断臂铁人"兰林金：垦荒植绿千亩山	林辉　周明太	福建日报	福建残联
无声青年居买尔和他的照相馆	王菲	新华社	新华社
无腿少年酷爱打篮球	杜小伟	大河报	河南残联
残障青年省会街头"求路过"	胡小龙	河北工人报	河北残联
较量	李映	华夏时报	华夏时报社
寻找梦中那束光——一位盲人按摩师的奋斗路	朱健兴	西江日报	广东残联
天津推出首套"轮椅广播体操"	游思行	渤海早报	天津残联

三等奖（15件）

题　目	作　者	刊播单位	报送单位
房子，女儿，希望	王振宇	嘉兴日报	浙江残联
听"小龙人"的有声世界	裴春雷	城市晚报	吉林残联
轮椅上的乡村女医生	张震	石家庄日报	河北残联
骑椅而舞是另一种完整	郝羿	北京青年报	北京残联
在实现梦想的路上	郁婕	甘肃日报	甘肃残联
少年无腿也阳光	陈强　蒋涛	当代生活报	广西残联
"健康快车"为广西百色革命老区白内障患者送光明	赵京武	新华通讯社	广西残联
拐杖老师谭定才	杜华举	新华社	新华社
双脚"敲"出的幸福	王凯	新华社	黑龙江残联
让梦想照进现实	卢刚	中国劳动保障报	中国劳动保障报
无臂教师江声发的十年乡村任教史	文若愚	都市时报	云南残联

续表6

他的梦想一飞冲天	刘筝	今晚报	天津残联
走进听障儿童康复中心	李博	新华社	新华社
江苏第一只导盲犬落户常州	姚建国	常州晚报	江苏残联
我的六一梦	郑琳东	东莞日报	广东残联

文字类

一等奖（25件）

通讯类

题　目	作　者	刊播单位	报送单位
吉林"带传培训工程"助残疾人致富	张希敏	中国新闻社	中国新闻社
600份简历石沉大海折射残疾大学生就业困境	王晨	中国青年报	中国青年报
让残疾人出行更顺畅	潘跃	人民日报	人民日报
"我们不是弱者"——记自愿援疆的喀什市残友科技有限公司董事长刘勇	王瑟	光明日报	光明日报
追着雷锋跑的人——记新疆和田市残疾人工贸发展中心董事长阿不力孜·买买提尼牙孜	王瑟	光明日报	光明日报
谷雨四味	薛东　黄云峰	福建日报	福建残联
韩颖：用热情与执着开启第二人生	谈燕	解放日报	上海残联
视障青年宣海的艰难"公考"	陈华　赵灿	工人日报	工人日报新闻研究所
期待委员关注"盲人的眼睛"	舒迪	人民政协报	人民政协报
让盲人"看见"世界——中国盲文图书馆见闻	田颖　牟旭	新华社	新华社
点燃智障人士托养梦想	李强　雷册渊	南方日报	广东残联
"无手天使"伸出援助的"双手"——法律援助志愿者郭二玲的真情故事	王永钦	中国妇女报	中国妇女报
孤独症儿童：需要更加温暖的阳光	夏树　江娜　赵经平　杨丹丹	农民日报	安徽残联
爱相随心相连	谢志娟	甘肃日报	甘肃残联
助推幸福的能量	欧阳鸣　艾诚　陈曦	中国残疾人	中国残疾人杂志社

消息类

题　目	作　者	刊播单位	报送单位
中国加强贫困残疾人帮扶工作改善残疾人生活	张希敏	中国新闻社	中国新闻社
省残联：为残疾人生活兜住底	薛向群　张未来　王力	陕西日报	陕西残联
残疾人基本公共服务仍待加强	王瑜	工人日报	工人日报总编室
"他是全市169.4万名残疾人的楷模"	颜若雯	重庆日报	重庆残联
数说中国残疾人事业发展五年成就	赵超　刘奕湛	新华社	新华社
全市手语大赛独缺医院身影	侯莎莎	北京日报	北京残联

评论类

题　目	作　者	刊播单位	报送单位
加强无障碍环境建设 让残疾人生活更美好	潘跃	人民日报	人民日报

专版专栏

题　目	作　者	刊播单位	报送单位
圆梦炫伦敦	陈曦　冯实	中国残疾人	中国残疾人杂志社
星星点灯·关爱自闭症儿童特别报道	集体	辽宁日报	辽宁残联

续表7

| 《走进优抚医院》系列报道 | 孙继炼　解玉秀　宋歆　张天南　杨祖荣 | 解放军报 | 解放军报 |

二等奖（30件）

通讯类

题　目	作　者	刊播单位	报送单位
放弃还不错的国企工作，甘做社区残疾人"大家长"	李治燕	华商报	陕西残联
你那美丽的麻花辫	田剑侠　岳松辉　陈冉伟	解放军报	解放军报
科技带来的助残福音	甘贝贝	健康报	健康报
携手奔小康——全省帮扶贫困残疾人脱贫工作综述	潘宏峰　李德富　潘锐	吉林日报	吉林残联
国际盲人节，记者街头探访：盲道为何难"导盲"？	王春霞	平顶山晚报	河南残联
水表龙头挂满惊喜	张莎	重庆日报	重庆残联
心中有阳光，脚下路更长——穆孟杰三问	仝静海	河北日报	河北残联
让阳光照进那片特殊天空	吴昌辉	兵团日报	兵团残联
轮椅上，"舞动"着幸福	刘冬梅　韩雯	天津日报	天津残联
吴梅丽6年悉心照顾"渐冻人"丈夫——不放弃就是希望	何苏鸣	浙江日报	浙江残联
残疾孩子的融合之惑	郭建军	山西日报社	山西残联
盲人阅读，何时成"悦读"	李莉莉	青岛日报	山东残联
为了美丽的中国梦	汪敏　强永利	法治新报	宁夏残联
"孝心少年"苦难面前绽放青春正能量	王珊	伊犁晚报	新疆残联
盲道不"帮盲"——武汉8万盲人出行难	杨康	湖北日报	湖北残联
断了琴弦不断音	王万程	广西日报	广西残联
创业还债，盲人兄弟一诺千金	郭耀华　丰静	安徽日报	安徽残联
中国梦我们的梦——江苏省残疾人幸福生活推进计划掠影	禹玲玲　张稚　罗新欣	中国残疾人	中国残疾人杂志社
"最美康复员"杨罗建	周向东	云南省保山日报社	云南残联

消息类

题　目	作　者	刊播单位	报送单位
听障儿童可免费借用助听器，家长可通过网络申请	潘跃	人民日报	人民日报
残疾人依无障碍条例维权成功	甘贝贝	健康报	健康报
生命阳光网正式开通	王瑜　冯昊	工人日报	工人日报新闻研究所
残联主席：中国残疾人仍是最需帮助的社会群体之一	傅双琪　左元峰	新华社	新华社
银行取钱难煞盲人	崔红	北京晨报	北京残联
残疾儿童享十五年免费教育	唐悦	新华日报	江苏残联

评论类

题　目	作　者	刊播单位	报送单位
为残疾人撑起梦想的天空	潘跃	人民日报	人民日报
关爱残疾人政府应作表率	隋笑飞　黄小希	新华社	新华社

专版专栏

题　目	作　者	刊播单位	报送单位
拯救"孤独天使"	张颖　姜明明	新华社	吉林残联

续表 8

你的大年梦　我来帮你圆	韩余　周芳等	辽沈晚报	辽宁残联
"寻找最美助残好人"活动系列报道	杨璐　张瑜	大连晚报	辽宁残联

三等奖（44 件）

通讯类

题　目	作　者	刊播单位	报送单位
学龄残障儿童去哪上学？	张臻	呼和浩特晚报	内蒙古残联
闪亮的牌匾会说话	段光欣	开封日报	河南残联
放手是为了爱	钟喆　李京红	新民晚报	上海残联
让梦想照进现实 ——吉林省多渠道帮扶残疾人脱贫	卢刚	中国劳动保障报	中国劳动保障报
"特殊"小朋友盼上"普通班"	罗华琳	广州日报	广东残联
生活因无障碍而美好起来	文秀为	三晋都市报	山西残联
万里擦鞋路　传递正能量	洪祥	聊城日报	山东残联
让残缺的花朵在赛场绽放	夏雪	黑龙江日报	黑龙江残联
为残疾人找个温暖的家 ——我区民办残疾人托养服务机构现状	王润华　郝婧	华兴时报社	宁夏残联
丝丝温情抚慰盲女心	阿依努尔	卡拉玛依日报社	新疆残联
农村残疾人怎样脱贫致富	吴佳佳	经济日报	经济日报
摆鞋摊 17 年，培养出 4 个大学生	陈国菊	信息日报	江西残联
导盲犬四处碰壁，助残观念需扫盲	李望舒　徐天保	当代生活报	广西残联
房锋生和他的北山小学	包红霞	甘南日报社	甘肃残联
残疾人免费停车遭遇尴尬	张小娟	青海法制报	青海残联
孤独症康复中心已有 300 人候诊	王薇	北京青年报	北京残联
"半路"父子的终生约定	王槐艾　华媛　露莎	江苏工人报	江苏残联
凌益洲，不再孤单	成建梅　王小虎	株洲日报社	湖南残联
在逆境中完成"一本"	侯超鞞	盲人月刊	中国残疾人杂志社
叩响"星儿"的心门，鹿城在努力	张彩霞	内蒙古晨报	内蒙古残联

消息类

题　目	作　者	刊播单位	报送单位
农村残疾人扶贫纲要公布	陈劲松	人民日报海外版	人民日报海外版
云南"免费药服"工程惠及千名患者	张建萍	临沧报社	云南残联
加快建立贫困残疾人生活补助制度	陈丽平	法制日报	法制日报
租借爬楼机服务奖扩容至 6 区	谢克伟	新闻晨报	上海残联
我省 500 多名重度聋儿听得见啦	叶娟娟　刘荣荣　周远	河北日报	河北残联
东莞特殊教育学位一位难求 学位才 300 个	蔡嘉莉　吕雯昕	东莞时报	广东残联
师一级重症残疾人年收入超万元	王慧香　刘亮	哈密开发报	兵团残联
本市约有近万名"星星的孩子"	韩雯	天津日报	天津残联
我省大力发展残疾人教育事业 ——他们的人生一样精彩	张丽	浙江日报	浙江残联
太原残疾人市内免费乘公交车	郭建军	山西日报社	山西残联
宁夏重度残疾人可领生活津贴	强永利	法治新报	宁夏残联
我省扶持民办残疾儿童康复机构经验全国推广	邱玥	江西日报	江西残联
美四所一流大学齐邀听障女孩读博	刘娜	湖北日报	湖北残联
省残联：联村联户送真情为民富民促发展	朱婕	甘肃日报	甘肃残联

续表9

我省19名盲人按摩师参加"国考"	肖菡	贵州日报	贵州残联

评论类

题 目	作 者	刊播单位	报送单位
弹性中不失平等	周晖	中国社会保障报	中国社会保障报
高调不该是高调者的墓志铭	张立洁	三月风	中国残疾人杂志社
《精神卫生法》，一座建了27年的毛坯房	曲辉	三月风	中国残疾人杂志社

专版专栏

题 目	作 者	刊播单位	报送单位
《寻找自闭症儿童》系列报道	张彩霞	内蒙古晨报	内蒙古残联
嘉兴，残疾人免费乘坐公交车能否扩大覆盖面	姜鹏飞	嘉兴日报	浙江残联
陪自闭症患儿游冰城"爱心拖鞋"系列活动	张雪地	生活报	黑龙江残联
特别的爱给特别的你——"随班就读"让特殊儿童茁壮成长	韩雪	黑龙江日报	黑龙江残联
当年为救落水顽童致高位截瘫，方俊明28年后获见义勇为称号	黄征 翟晓林 刘林德 郑汝可	长江日报	湖北残联
"独腿孝子"系列报道	祝田园	济南时报	山东残联

组织奖
山东省残疾人联合会
辽宁省残疾人联合会
广东省残疾人联合会
北京市残疾人联合会
浙江省残疾人联合会

附录三

文艺助残，有序开展

潘跃 《人民日报》 2014年5月18日

在重庆市长寿区渡舟街道巴乡谷生态旅游文化中心，摆放着许多工艺品，其中有一幅烙铁画摆在最高一层。这幅画是由残疾人付礼平、李美琳和李莹共同创作的，题目是"蝴蝶"，寓意让越来越多的残疾人，像蝴蝶一样自由在蓝天飞翔。

将残疾人文化建设纳入规划，让残疾人享受文化活动带来的乐趣。2010年全国残疾人文化周活动开展以来，各地把文化周拓展为文化节、文化月、文化年，积极开展主题活动，天津、辽宁、河北等省（市）举办了残疾人文化艺术节、残疾儿童艺术节。4年来参与文化周活动的残疾人达2600多万人次，文化周已成为提升残疾人素质的重要平台和品牌。

随着"残疾人文化进社区"项目的推进，以及百家出版社、百家文艺院团、百家图书馆、百家博物馆、百家新闻媒体等"百家文化助残公益行动"系列活动的蓬勃开展，各地不断丰富和繁荣残疾人精神文化生活。广东组织了两岸四地残疾人文化交流，江苏、陕西、山西组织了残疾人工艺美术品展览，海南、厦门、深圳、珠海、汕头开展了五个经济特区残疾人文化巡回交流等等。

据不完全统计，全国省、市两级已有注册登记的各类残疾人文化艺术协会300多个，全国乡镇（街道）、社区（村）层面有近万个残疾人文化艺术小组。目前，已连续举办了8届全国残疾人艺术汇演和6届全国特殊教育学校学生艺术汇演，200所学校成为特殊艺术人才培养基地。中国残疾人艺术团作为"爱与美的使者"，出访近百个国家和地区，演出近千场，成为中国对外交流的一张名片。

附录四

筑梦路上，携手同行
——写在第二十四次全国助残日之际

潘跃 《人民日报》 2014年5月19日

"是无数温暖的手牵引我一路走来，让我对未来充满信心。"上海市盲人速录师韩颖感激地对记者说。第二十四次全国助残日的主题是"关心帮助残疾人，实现美好中国梦"。全国各地通过组织开展丰富多彩的助残活动，为残疾人实现梦想搭建舞台。

助残,为残疾人融入社会创造条件

党和政府始终关心、支持残疾人事业,关心残疾人、尊重残疾人、以平等的眼光看待残疾人的观念愈加深入人心。

2012年,中国残联会同中组部共同组织实施了农村基层党组织助残扶贫工程。通过"一帮一"、"多帮一"、"帮包带扶"等形式,让有帮带能力的党员或干部与贫困残疾人家庭结成对子。截至2013年底,全国10.9万个基层党组织和3.6万名党员干部共结对帮扶了14.6万名贫困残疾人。

助残活动不仅让残疾人感受到实实在在的温暖,也为残疾人决心实现"幸福梦"增强了信心。

政策,使残疾人生活得到切实保障

全国各地通过多种形式,对残疾人生产、生活进行补贴,为残疾人实现梦想创造条件,让残疾人生活得更有尊严。

截至今年4月,全国已有17个省(区、市)建立了贫困残疾人生活补贴专项制度,11个省(区、市)建立了重度残疾人护理补贴专项制度,458.2万名残疾人直接受益。

"做好同步小康这篇大文章,首先要做好守住底线的工作,而落实贫困残疾人生活补贴和重度残疾人护理补贴,正是做好守住底线的托底性基础措施。"中国残联党组书记、理事长鲁勇说。

自强,传递永不服输的正能量

残疾人身体不便,需要全社会的支持和关爱。然而,残疾人敢于实践,勇于挑战,身上所蕴含的自强精神,使他们在实现"中国梦"的伟大实践中与健全人同行。

"梦想有一天,我的聋人大学成为残疾人的'清华'、'北大'!"全国自强模范、聋人教师、黑龙江省齐齐哈尔信息工程学校校长崔连和经过20多年的创业,自办培训学校,现在已拥有固定资产7000万元。

全盲90后大学生诸晓鸣,高中期间就曾开发出了首款视障游戏。在当地残联的扶持下,他和三个盲人伙伴创立软件开发公司,成为上海首个涉足高科技领域的盲人。

甘肃省西北师大附中高三学生刘大铭,因幼年罹患罕见的成骨不全症,体重只有20多公斤。刘大铭凭借对生命与知识的渴望及对人生意义的深度思考,成为人民出版社建社以来最年轻的签约作者。

在党和政府的关怀下,残疾人事业如同肩负重任的大船,满载着广大残疾人的炽热梦想,驶向更加美好的明天。

(冷卫新供稿)

残疾人体育工作

一、领导讲话

鲁勇在2014年全国残疾人体育工作会上的讲话
2014年9月12日

今天是第九届全国残运会暨第六届特奥会倒计时一周年的日子。今天上午,大家参加了倒计时牌的揭牌仪式;下午,中国残联、国家体育总局、四川省政府召开了运动会筹委会第一次全体会,研究部署了未来一年的筹办工作。在申办2022年冬季奥运会和残奥会、筹办2015年全国残运会暨特奥会、备战2016年巴西残奥会、还有不到一个月即将出征在韩国仁川举办的亚残运会之际,我们召开全国残疾人体育工作会议有着特殊的意义。首先,我代表张海迪主席和中国残联,感谢同志们多年来做出的努力和贡献!

残疾人体育事业的发展状况,反映了我国经济社会和残疾人事业的发展水平。改革开放30多年来,在党和政府的关心重视和残疾人工作者的不懈努力下,伴随着社会生产力发展和残疾人事业的开拓前行,残疾人体育运动日益受到重。残疾人体育运动不仅增强了残疾人体质,而且成为残疾人参与社会生活的重要方式。当前,我们正在认真学习贯彻以习近平同志为总书记的党中央关于推进残疾人事业的一系列新部署、新要求,努力在全面深化改革新征程中推进残疾人事业不断迈上新台阶。残疾人事业迈上新台阶,包括残疾人体育事业迈上新台阶。这次会上,王梅梅同志做了一个很好的报告，6个省的负责同志做了典型发言，讨论了规范残疾人体育工作的7个管理办法征求意见稿。会议开得很好。希望大家按照会议部署认真抓好落实。下面，我就进一步做好残疾人体育工作谈几点想法，供同志们参考。

一、自觉树立科学全面的残疾人体育发展观

发展体育运动，增强人民体质。残疾人体育事业是我国残疾人事业和体育事业的重要组成部分。发展残疾人体育，要着眼于8500万残疾人的现实需要，立足于8500万残疾人的康复健身、陶冶身心、融入社会、开发潜能、挑战自我需求。从这个意义上讲，残疾人体育内容丰富而广泛，不仅包括残疾人竞技体育，也包括残疾人健身体育、康复体育等多方面。残疾人体育，有多种划分方法。一般认为，残疾人体育大体可以划分为健身体育、康复体育、竞技体育三大类。

健身体育也被称为保健体育，是为增进残疾人健康、增强体质而进行的日常体育锻炼活动，目的是使身体的各部分协调发展、增强各器官系统的功能，提高身体的基本活动能力。和健全人一样，身有残疾但又不是疾病的残疾人，通过开展健身体育活动，将有助于促进身心健康，延缓身体器官功能的退化，提高自身的身体机能和基本活动能力。可以确定地说，随着社会生活水平的提高和残疾人小康进程的加快，健身体育将成为残疾人日常生活中的重要组成部分，成为重要的生活方式之一，而有效开发和拓展服务于广大残疾人需要的健身体育内容和形式，是残疾人体育工作者的重要职责。最近，中国残联体育部与中央电视台体育部合作，天津等一些省级残联组织推广残疾人健身体育哑铃操、轮椅广播操等项目的做法，就是有益的尝试。

康复体育是身体部分器官或组织有残疾以及因重大疾病导致身体某方面功能缺失的患者，为了不至于完全残疾，在康复治疗过程中开展的体育锻炼活动。康复体育锻炼可以帮助恢复或保持一定的器官功能，最大程度地减少身体器官或组织的残疾而带来的功能缺失。康复体育包括医疗体育、矫正体育等。通过导引、推拿、按摩达到恢复残疾人生理机能、康复健身的做法，早在成书于秦、汉之间的《黄帝内经》一书中就有记载。中国古代名医运用八段锦、各种娱乐活动治疗瘫痪、肢残带来的肌肉萎缩等疾病，也有恢复患者身心功能的先例。目前，康复体育在残疾人康复服务中占据重要的位置，多种体育锻炼的形式已经成为重要的康复训练手段。当然，要开展好这项工作，必须与康复工作紧密地结合起来，需要有一批专业人士的指导。

竞技体育是以竞赛的方式，通过意志、技能、体能的较量向生命潜能挑战的过程。大家知道，竞技体育也起源于残疾人康复治疗过程。第二次世界大战期间，在欧洲出现了伤残士兵康复中心活动小组，因战争致残的人们通过适当的体育活动获得康复，重新参与社会生活。据记载，为了让在战争中因脊髓受损导致下肢瘫痪的士兵能够尽快康复起来，在1948年伦敦第十四届夏季奥运会期间，英国的神经外科医生路德维格·格特曼爵士和一些热衷残疾人事业的知名人士为一批轮椅运动员组织了自己的运动会，史称斯托克·曼德维尔运动会。4年后，国际斯托克·曼德维尔运动会联合会在英国成立，并于当年举办了首届国际残疾人运动会，这也是"残疾人奥林匹克运动会"的前身。此后，国际斯托克·曼德维尔运动会每年举办一次。1960年，在罗马第十七届奥运会结束两周后，来自世界23个国家的400名残疾人运动员参加了在罗马举办的第九届国际斯托克·曼德维尔运动会，而这届运动会后来也被国际奥委会正式承认为第一届"残疾人奥林匹克运动会"。由于残疾人竞技体育的多重带动效应，残疾人竞技体育活动逐步受到重视并在世界范围内发展起来。

健身体育、康复体育、竞技体育构成了残疾人体育的基本方面，只有三者协调统一发展起来，才能推动残疾人体育沿着正确的方向健康发展。我们知道，对于广大残疾人来讲，能够参加竞技体育特别是高水平竞技体育的残疾人人数终究有限，没有健身体育、康复体育的普及发展，就不能满足绝大多数残疾人康体健身、愉悦身心、挑战自我的需求。同时，现实的国情特点和社会生产力发展水平，又要求在整体推进残疾人体育事业的同时，抓住有带动效应的方面实施重点突破。这就要求各地要结合实际，找准抓实那些残疾人朋友最需要最乐于接受、社会发展条件最具备最易于产生带动效应的体育项目，率先开展起来、普及起来，让广大残疾人在参与体育运动中强健身心、分享快乐、体验成功、超越自我，让全社会在帮助残疾人参与体育运动中传递爱心、倡导友善、分享成果、实现价值。

实践证明，体育运动对残疾人康复健身、对残疾人事业发展有着积极的促进作用。邓朴方主席曾深刻地阐述过开展残疾人体育的意义和价值，他说：**"残疾人体育运动从一开始，就具有特殊意义。它超越缺陷，通过意志、技能、体能的较量，向生命的潜能挑战，展示人的创造力和价值。同时促进康复，陶冶情操，增强生活信心和勇气，推动平等参与。"** 我们要认真学习和领会邓朴方主席这一深刻的阐述，更加全面地认识和把握残疾人体育的丰富内涵，努力拓展残疾人体育的活动形式，让更多的残疾人享受残疾人体育服务，参与残疾人体育活动，从而达到自强健身、开发潜能的目的。

二、努力拓展适合残疾人主动参与锻炼的内容和形式

残疾人健身体育、康复体育，是残疾人体育的重要组成部分。开展残疾人健身体育、康复体育运动，是促进残疾人超越缺陷、陶冶身心、融入社会的重要方式，同时更是发展残疾人竞技体育的群众基础。我们要大力发展残疾人体育事业，就要把普及残疾人健身体育、康复体育等内容摆到更加重要的基础位置上来抓好抓实，提高普及率，增强参与度，使之成为广大残疾人生活方式中的重要组成部门，成为广大残疾人自强健身、愉悦身心的重要途径。特别是开展康复体育活动，要和残疾人康复服务工作有机结合起来，有必要的专业人员来指导，尊重规律，讲求科学。作为残疾人体育工作者，我想要在以下几个方面多下些功夫。

一是要在拓展适合不同类型残疾人需求的体育活动项目上下功夫。 盲、聋、肢、智、精，不同类型的残疾人能够开展的健身体育、康复体育项目和形式有所不同；同类型但不同残疾程度的残疾人，对体育运动项目接受程度、参与程度也会有所差异。这就要求我们下力量研究开发出适合不同残疾人需求的运动项目和形式，这些运动项目和运动形式要简便易学，残疾人乐于参加，适合日常坚持，只有这样才能够贴近需求，满足需要。

二是要在普及适合残疾人在社区、家庭参与体育活动的技能上下功夫。 要通过广播、电视、网络、教学片、现场教学等多种形式帮助残疾人掌握相关的健身体育、康复体育知识和技能，学会一些适合自己的体育锻炼项目，让更多的残疾人能够了解相关知识和锻炼方法，通过亲身参与锻炼强健身心、愉悦身心。特别要在增强残疾人参与体育锻炼活动的兴趣爱好、生活情趣上下功夫，提高他们主动参与的意识、自我锻炼的技能、坚持锻炼的兴趣。

三是要在开发适合残疾人参与体育活动的辅助器具、活动场所下功夫。 通过政策鼓励、市场引导、社会捐赠等多种方式，引导社会和企业为残疾人开发适合不同体育锻炼形式需要的辅助器材。要努力加强残疾人体育活动场地和设施的建设，推动公共体育场馆进行无障碍改造，促进这些设施能够免费或优惠向残疾人开放，做好残疾人相对集中的特教学校、福利机构、托养机构的残疾人体育工作，为他们就近就便参加体育锻炼创造条件。进一步做好各级各类残疾人的健身指导培训培养工作，创造条件举办多种形式的健身体育、康复体育等项目的展示交流活动。残疾人工作的重要目的，就是要让广大残疾人衣食无忧、安居乐业、过上幸福美好的生活。实现这个目标，残疾人体育也肩负着重要的责任。因此，要把基层残疾人体育运动的活跃程度、基层残疾人体育组织的活跃程度、残疾人及亲属的参与程度，作为衡量残疾人群众体育工作的重要内容，大力扶持和支持。

三、创造条件促进残疾人竞技体育的健康发展

残疾人竞技体育运动，对推动残疾人事业、增强残疾人体质、带动社会关心关注残疾人事业有着特殊重要的作用，特别在现阶段更有着多重带动效应。某种意义上讲，没有残疾人竞技体育的重点发展，要实现残疾人体育运动的全面发展、协调发展也缺乏必要的带动力、影响力和凝聚力。因此，必须进一步加强残疾人竞技体育的扶持力度，通过政府引导、社会扶持、残联推动、市场运作等多种方式，巩固已有发展成果，同时进一步激发发展残疾人竞技体育的活力。

一是要在健全和完善引导措施上下功夫。 要会同有关部门积极研究、制定和落实有力的扶持措施和引导政策，鼓励运动员刻苦训练、科学训练，为优秀运动员求学深造及退役后就业创业提供保障。要建立健全领队、教练员、裁判员的培训、进修与考核、管理机制，努力带出一支专业化的热心于发展残疾人竞技体育运动的人才队伍。要充分发挥残疾人竞技体育训练基地的带动作用，进一步做好体育装备、体育器材的保障工作，为残疾人运动员更好地提高竞技能力和素质创造有利条件。要积极探索向社会力量购买残疾人体育服务的主要内容、方法途径和运作机制，充分发挥市场机制的作用激活社会支持帮助残疾人竞技体育事业发展的资源。

二要抓住重大国际赛事做好备战工作。 多年来，我国残疾人运动员在国际残奥、聋奥赛场上摘金夺银，为国家赢得殊荣，同时也生动诠释了残疾人体育运动的发展成就。2014年仁川亚残运会还有一个月的时间就要开幕了，距离2016年里约残奥会也只有两年的时间了。要认真总结我国残疾人竞技体育发展的成功经验和目前存在的困难挑战，客观分析参赛形势，进一步完善备战的组织领导和系统训练、服务保障体系，落实好《2016年里约残奥会备战工作计划》，争取再创佳绩。

三要全力办好全国第九届残运会暨第六届特奥会。 本届运动会是全国残疾人运动会和全国特殊奥林匹克运动会合并后举办的首次全国残疾人运动会。中央高度重视，刘延东副总理、王勇国务委员都做出了重要指示。目前，四川省在全力筹备，各地也在积极备战。要倒计时精心安排和落实好各项筹办任务，以节俭的理念、创新的精神、务实的作风做好运动会的各项筹备工作。要以运动员需求为导向落实服务保障工作，处处体现人文关怀、人道精神。要广泛动员各界力量参与志愿服务，

让更多的人在参与筹办运动会过程中受教育，让更多的参与者成为弘扬人道主义精神的传播者、实践者。要精心策划特色鲜明的开闭幕式活动，把开闭幕式办成弘扬人道主义思想、凝聚正能量共同奔小康，促进残疾人共享经济社会发展成果进而为实现中华民族伟大复兴中国梦而发奋图强的大舞台。要按照残运会和特奥会规律组织好竞赛工作，按照残疾人体育竞赛规程规则周密安排竞赛日程，既要维护公平、公正的竞赛环境，又要营造欢乐、融合的氛围；既要严格执行比赛规则，又要满怀爱心地做好各项服务保障。筹办全国残运会的过程，也是推进残疾人事业深入发展的过程。要通过大家的努力，为广大残疾人和全国人民奉献一届开创新风、残疾人满意的残疾人体育盛会。

四要积极配合北京市、河北省做好2022年冬季奥运会和残奥会申办工作。对于全国残疾人体育工作者来讲，要在配合做好申办工作的同时，组织实施好《冬季残奥项目振兴计划》，调动一切有利因素，推广普及冬季项目，扩大参与人数，争取在冬季残奥会上取得新的突破。特别是有条件开展冬季残疾人体育项目的省（区、市），更要先行一步，力争率先取得突破。

残疾人体育工作涉及的内容广泛，借此机会强调这样几点，供同志们参考。希望大家积极主动向党委、政府汇报残疾人体育工作情况，争取更加有力的支持和保障，共同促进残疾人体育事业的蓬勃发展。

王梅梅在2014年全国残疾人体育工作会议上的讲话：抢抓机遇，迎接挑战，努力开创残疾人体育工作新局面 2014年9月11日

今天，我们在美丽的天府之国成都召开2014年全国残疾人体育工作会议。本次会议，是中国残联新一届党组理事会成立后召开的第一次残疾人体育工作会议，也是中国残联体育部成立以来第一次单独召开的残疾人体育工作会议，意义十分重大，中国残联党组书记、理事长鲁勇高度重视，明天将亲临会议并做重要讲话。在此，我代表中国残联对与会代表表示热烈的欢迎，对全国残联系统残疾人体育工作者表示诚挚的问候！对为本次会议召开给予大力支持和帮助的四川省委省政府、四川省残联的领导和同志们表示衷心的感谢！

本次会议的主题是：深入学习贯彻十八届三中全会精神和习近平总书记系列讲话精神，以改革创新精神全面落实残疾人体育工作任务目标，鼓励动员广大残疾人积极参与体育活动，不断提高残疾人体育运动水平，促进残疾人体育事业在新的起点上不断取得新进步，为加快推进残疾人和全国人民同步实现小康做出新的贡献。

会议将总结近一年来残疾人体育工作，研究部署2014年第四季度和2015年体育工作任务，提请与会代表讨论残疾人体育系列制度文件，并就促进残疾人体育事业全面、协调、可持续发展听取与会代表意见。

下面，我谈三点意见。

一、充分认识残疾人体育工作的重要意义，增强做好残疾人体育工作的责任感和使命感

残疾人体育是残疾人事业的重要组成部分，是从体育的角度为残疾人群体提供的重要人权保障。我的理解，残疾人体育的重要意义主要体现在以下三个方面：一是促进残疾人个体的身心健康。即帮助残疾人积极康复、提升身体健康水平，进一步树立信心、突破障碍、走出封闭、融入社会；二是提升全社会对残疾人群体的关注度，同时传播残疾人努力创造生命价值的正能量；三是在国际竞技的舞台上向世界展示中国经济、社会的发展水平和文明程度，为国争光。

中国残联名誉主席邓朴方对残疾人体育的特殊重要性曾做出精辟论述，他指出：体育对残疾人的身心健康与康复具有积极作用，残疾人体育活动是展示人类顽强拼搏、乐观进取精神的舞台，是增进人类情感与友谊的桥梁，是改变社会观念与风貌的动力，是展示人权保障的重要平台，是一个民族精神力量的重要标志。中国残联主席张海迪也指出，残疾人体育工作是残疾人事业的重要组成部分，残疾人体育对残疾人的康复有着积极的作用，对残疾人参与社会有着重要的影响。

邓朴方名誉主席和张海迪主席对残疾人体育的重要性做了深刻而又精辟的论述，为残疾人体育工作指明了方向，广大残疾人体育工作者要认真学习、深刻领会、贯彻落实。在全面建成小康社会，加快推进残疾人与全国人民同步实现小康进程中，残疾人体育既承担着为国争光的光荣使命，也承载着广大残疾人走出家门、享受基本公共体育服务的热切期盼。这就要求广大残疾人体育工作者要更加全面认识残疾人体育的价值和功能作用，凝聚发展共识、坚定发展信心，谋求发展举措，增强做好残疾人体育工作的政治责任感和历史使命感，为促进残疾人事业在新的起点上健康、协调和可持续发展做出积极贡献。

二、一年来残疾人体育工作总结回顾

一年来，紧紧围绕"抓重点、惠民生、强基础、补短板"的残疾人事业发展思路，残疾人体育工作以提高残疾人体育健身服务能力和残疾人体育运动水平为着力点，各项工作全面推进，开创了残疾人体育工作的崭新局面。

（一）抓关键节点，推动残疾人群众体育蓬勃发展

1. 以残疾人健身周、全国特奥日为平台，残疾人群众体育活动异彩纷呈。 中国残联及时制定并下发在全国举办残疾人健身周活动的通知，并在北京举办第四届残疾人健身周暨2014年尚体关爱融合健身活动启动仪式，对全国开展残疾人健身周活动起到较好的指导、示范和推动作用。据不完全统计，健身周期间全国共有28个省（区、市）结合本地实际，举办了1万多场次的残疾人体育健身培训、比赛及体育进家庭等形式多样的活动，残疾人走出家门参与体育活动的人数突破200万人，尽情享受体育带来的快乐。残疾人健身周已逐步形成残疾人体育活动的品牌，受到残疾人普遍肯定和欢迎。全国特奥日已经成为全国特奥运动员、家长和特奥工作者每年一度的重大节日。例如吉林省9个市（州）、71个县（市、区）都制定了"特奥日"活动方案，以特教学校、福利企业、事业单位、体育俱乐部、残疾人托养机构和残疾人比较集中的社区、残疾人体育健身示范点为阵地，开展篮球、健身操、跳绳、棋牌运动和游戏，举办书法、绘画、编织展示等特色活动。通过张贴海报、发放宣传单、悬挂条幅等形式，对"特奥日"开展广泛宣传，全省上下形成浓厚的特奥日宣传氛围。今年，中国残联首次将残疾人群体项目展示列入中华全国体育总会"发展体育运动，增强人民体质，同心共筑中国梦"全民健身系列活动，社会反响热烈，效果十分明显。

2. 以自强健身示范点为抓手，推动基层残疾人体育设施建设。 截至目前，中国残联在全国27个省（区、市）命名资助90个自强健身示范点。各地积极主动争取当地政府的支持，加快基层残疾人体育活动设施和示范点建设步伐。内蒙古借助全区"十个全覆盖工程"的有利时机，协调体育部门在2014年投入的500万元建设嘎查（村）文化体育设施中优先考虑残疾人自强健身项目，全自治区12个盟市、102个县建立了残疾人体育健身示范点；河南省建立了省级残疾人健身示范点46个、市级示范点280个，并对这些已建成的示范点给予资金、设备和人员培训方面的支持。青海省争取省体育局体育彩票支持，省市两级共投资2000多万建成35个社区残疾人文化体育之家，深受残疾人的欢迎。

3. 残疾人群众体育活动在一些地区实现常态化。 陕西省将残疾人自强健身活动纳入残联相关业务领域，同步推进、同步实施；广东省积极探索不同类别残疾人参加体育健身活动的开展形式，每年与社会组织共同组织开展精神病康复患者足球、田径、游泳等比赛，开展智障人士特殊龙舟赛，举办盲人象棋比赛等，得到残疾人和残疾人亲属的高度肯定和认可，取得了良好的社会效果；上海市每年举办阳光之家特奥推广活动，社区特奥活动实现经常化；青海依托环青海湖国际公路自行车赛，举办两届环青海湖残疾人自行车邀请赛。

（二）抓关键赛事，推动残疾人竞技体育发展

1. 组团参加索契冬季残奥会。 中国残联在黑龙江省和吉林省的大力支持下，紧紧依托两省力量组建冬季残奥项目国家队并在两省分别开展集训。经过一个残奥周期的努力，我国轮椅冰壶、越野滑雪共12名运动员获得参加索契冬奥会资格。轮椅冰壶队获得第四名好成绩，取得历史性突破。

2. 积极备战仁川亚残运会。 第十一届亚洲残疾人运动会将于2014年10月18日至24日在韩国仁川市举办。我国将派出由346人组成的代表团参赛，参加18个大项的比赛。为备战仁川亚残运会，选拔年轻优秀运动员，2013年举办了18项全国单项赛事，共有2200名运动员参加比赛；2014年举办了18项赛事，参赛总人数达5300多人，涌现出一批优秀选手，为国家队储备了人才。举办的各项体育赛事，各承办地严格按照中央八项规定和中国残联的要求，做到节俭办赛、务实办赛。

3. 启动里约残奥会备战工作。 我国残疾人运动员队伍处于新老交替的阶段，里约残奥会面临严峻挑战，我们提前谋划、提早布局，全面启动里约残奥会备战工作，召开了里约备战工作研讨会，拟定出《2016年里约残奥会中国体育代表团备战工作方案》，中国残联党组、理事会批准了该方案，目前正在稳步实施。

4. 以北京申办冬季残奥会为契机，积极推动冬季项目发展。 中国残联积极参与北京冬季残奥会申办工作，协助北京市完成申办报告冬季残奥会部分的撰写，为北京市入选冬季残奥会城市做出重要贡献。以申办为契机，制定出台冬季残奥项目振兴计划，积极推动冬季项目发展。黑龙江省、吉林省已把冬季残奥项目放在优先发展位置，更加注重特奥、聋奥冬季项目的开展和普及，取得明显成效。

5. 筹办全国第九届残运会暨第六届全国特奥运动会。 刘延东副总理高度重视残疾人体育发展，就办好本届运动会做出重要批示。目前，我们正在按照刘延东副总理的批示精神和中国残联理事长鲁勇提出的"创新、务实、节俭"以及"抓出特点，抓好亮点，抓实重点，抓住节点"的总体要求，努力做好运动会筹办工作；与四川筹委会一起完成了运动会总体方案制定、场馆布局和无障碍改造、运动会形象标识征集以及人员培训等项工作。各项筹备工作稳步推进，明天将开展倒计时一周年系列活动，社会高度关注的运动会主题口号、会徽、会歌以及吉祥物等将公开发布。

（三）抓市场推动，探索社会力量参与残疾人体育活动

2014年，引进尚体健康科技有限公司作为第四届残疾人健身周全国示范合作伙伴，并向北京市和天津市捐赠了残疾人专用健身器材；借助在我国首次举办2014年国际乒联残疾人乒乓球世锦赛的机会，赛事组委会积极探索开展招商和企业赞助活动，共募集现金和实物折合人民币超过200万元，得到国际乒联的积极评价和高度肯定，也改变了举办赛事资金全部由残联承担的历史；2014年全国残疾人乒乓球、网球、特奥足球等赛事承办地，积极争取社会支持，获得社会企业不同程度的冠名赞助，效果明显；贵州省自筹经费承办2014年全国残疾人羽毛球公开赛，是改革办赛模式的一次有益尝试。

（四）抓宣传，扩大残疾人体育影响力

1. **借力媒体，大力宣传推广残疾人体育健身活动**。中国残联策划制作残疾人哑铃操教学示范片，得到中央电视台的大力支持，哑铃操教学示范片前两集已在央视五套播出，为残疾人享受居家体育健身服务做出初步探索。下一步还将与央视合作制作播出更多的项目教学片，让更多的残疾人不出家门即可享受健身指导；天津市重视推广残疾人体育健身知识、健身方法，在当地电视台播出轮椅广播操教学片，受到广大残疾人欢迎。近两年，浙江省级新闻媒体报道残疾人体育活动累计达近百篇。

2. **电视转播残疾人体育赛事取得新突破**。经多方协调，中央电视台直播和录播2014年国际乒联残疾人乒乓球锦标赛共5个场次3.5个小时，这也是央视首次直播录播残疾人体育单项赛事，受到市场的广泛关注。

3. **残疾人体育活动宣传延伸到世界范围**。在我国举办的2014年国际乒联残疾人乒乓球锦标赛，第一次在国际乒联官方网站上向全世界直播赛会盛况，引来网民的围观，宣传效应十分巨大。

（五）抓对外交流，增进国际合作

1. **走出去参加国际赛事**。组团参加第二十二届世界夏季听障奥运会，获得12枚金牌、5枚银牌和8枚铜牌，位居金牌榜第四位的好成绩；2014年组团参加了42项国际赛事，在国际赛场上充分展示了我国残疾人体育运动水平，为国家争得残疾人体育大国的荣誉。经积极争取，我国已成为国际智力残疾人体育联合会会员国。

2. **请进来举办国际赛事**。2014年，我们成功举办了国际残奥会北京田径公开赛、国际乒联北京残疾人公开赛、盲人门球亚洲锦标赛及亚残运会资格赛等9项国际重要赛事，邀请到世界各个国家和地区的70支代表队900多名运动员来我国参加比赛。运动员在竞技场上切磋了技艺，交流了思想，增进了感情，充分展示了我国经济社会发展成果。

3. **开展残疾人体育合作交流**。争取国际特奥圣诞唱片基金支持，与国际特奥会东亚区合作举办残疾人滚球赛、融合篮球家庭支持网络培训、大学生教练员培训等12项次活动，取得积极效果。继续实施澳门合作项目，澳方组织170人次残疾人运动员来内地交流并代澳门培养培训残疾人运动员。中国残联则组织代表团赴澳门参加全澳门残疾人日体育活动，两地运动员感情进一步深化。

（六）抓人才培养，促进队伍建设

1. **注重残疾人体育健身指导员师资培养**。截至2014年8月，共培养审批了524名国家级残疾人体育健身指导员，这些体育健身指导员分布在全国31个省（区、市），对指导地方开展体育健身指导员培训起到重要的作用。各地结合"十二五"任务指标，已培养21100名省级和地市级健身指导员。山东省十分重视体育健身指导员工作，两年来先后举办健身指导员培训班21期，共有1260人参加培训。

2. **注重运动员注册管理**。截至目前，分别在中国残奥委员会和中国聋奥委员会注册登记的残疾人运动员达到7000多人，他们是我国残奥运动和聋奥运动的精英人才；举办体育技术和管理人员培训班，选派残疾人体育裁判员、分级员参与国际重要赛事的执裁与分级，不断提高技术水平和管理水平；审批、晋级技术官员1233人，为全国各地开展残疾人体育赛事提供重要的技术支撑。

3. **实施精英运动员计划**。首次开展残疾人精英运动员计划，确保高水平运动员保持常年系统训练，今年入选精英计划的运动员达到176人。云南省在狠抓一线队伍训练的同时，做好二线队伍队员筛选、培养工作；浙江省建立以省级中心为主，以省盲人门球基地、嘉兴残奥中心等基地为辅，以体育系统训练场馆为补充的网络，保障运动员训练。湖南省探索建立省、地、县三级联动的残疾人运动员培养体系，要求每个市州要自训运动员20人以上，每个市州拥有1个残疾人训练点，在训练点长年训练的运动员不少于10人，全省在训运动员苗子达400人。湖南省还探索试行后备运动员纳入市级业余体校学习、训练的培养方式，与体育局联合下发文件，要求适龄残疾人后备运动员必须进入市州业余体校学习训练，安排教练员带训，残疾人运动员学生与健全学生同等待遇。

（七）抓制度建设，保障残疾人体育规范发展

按照中国残联"基础管理建设年"的工作要求，针对目前残疾人体育工作存在的问题和漏洞，在广泛征求意见的基础上，今年将建立或修订完善国家残疾人体

育集训队工作规范、国家残疾人体育集训队领队、教练员选拔任用办法、国家残疾人体育集训队运动员入选退出办法、国家残疾人体育裁判员管理办法、分级员管理办法、国家残疾人体育竞赛管理办法、国家残疾人体育训练基地管理办法，以及残疾人运动员注册工作规范、残疾人体育出访团组工作流程等项规章制度，促进残疾人体育工作规范化、制度化发展。这些制度和办法将提请本次大会讨论。

（八）抓机制建设，推进残疾人体育良性发展

1. 积极推动2017年天津全国运动会、全国残运会同期先后举办。为推动建立全国运动会、全国残运会同期先后举办机制，中国残联日前向国务院领导同志上报请示，刘延东副总理在请示件上做出重要批示，要求国家体育总局认真研究中国残联提出的意见建议。日前，中国残联与国家体育总局会签了向国务院申请批准两个运动会同期先后举办的报告，目前正在协调天津市政府会签该报告。据统计，全国已有14个省（区、市）实现省运会与省残运会同城先后举办。

2. 积极推动优秀残疾人运动员免试进入高等院校学习

总体上，我国残疾人运动员接受文化教育程度与社会平均水平存在较大差距，接受高等教育的程度差距更大，残疾人运动员退出运动生涯后面临的社会竞争和就业压力巨大。近期中国残联向教育部提出申请，要求出台在全国和世界体育比赛中成绩靠前的优秀残疾人运动员免试进入高等院校学习深造。对中国残联提出的意见和建议，教育部正在积极研究中。中国残联与北京体育大学合作办学，开设残疾人体育本科专业也在积极推进中。一些地方也在积极探索推动出台相关政策，如黑龙江省推动哈尔滨体院设立特教专业，全省已有13名优秀肢残运动员通过哈尔滨体院2014年自主招生考试，进入学院训练和学习。贵州省残联与省体育局、教育厅、人力资源社会保障厅联合下发《关于切实解决优秀残疾人运动员就学和就业工作的实施意见》，很好地解决了残疾人运动员的后顾之忧。

一年来，残疾人体育工作取得了较大的成绩，同时我们也不能忽略或低估残疾人体育工作存在的问题和不足。总的来看，当前残疾人体育工作面临的困难和问题，一是残疾人体育服务与残疾人健身需求还存在较大差距；二是保持夏季残奥会优异成绩面临巨大挑战；三是冬季残奥项目水平较低；四是残疾人体育保障尚需进一步提高。以上这些困难和问题需要通过改革创新加以解决。

三、2014年第四季度和2015年残疾人体育工作任务和要求

全国残联体育部门和单位要紧紧围绕中国残联的工作部署，认真贯彻党的十八届三中、四中全会精神，树立科学的残疾人体育发展观，创新残疾人体育发展思路，增强发展动力，拓展发展空间，以备战巴西残奥会和申办北京冬季残奥会为契机，扎实工作，努力实现残疾人体育事业新发展、新进步。

（一）树立科学的残疾人体育发展观

1. 创新残疾人体育发展观念。残疾人体育从康复活动中起源，逐步发展成为残疾人康复身心、增强自信、参与社会生活的重要途径。让残疾人在参与体育活动中分享快乐、体验成功、奉献社会、激励他人，是残疾人体育的核心思想。我们要不断创新残疾人体育发展观念，立足我国经济社会发展阶段，把不断满足残疾人参与体育的需求、提高参与社会生活能力作为残疾人体育工作的出发点和落脚点。下大力气抓好残疾人体育的普及工作，在普及的基础上提升品质、提高水平，让残疾人在更高的平台上展示自我、创造佳绩。紧紧抓住各级政府制定"十三五"发展规划和年度发展计划的有利时机，早着手、早准备，协调政府相关部门切实把残疾人体育同步纳入发展规划、年度计划，同步推进、同步实施。

2. 加快转变残疾人体育发展方式。克服"唯金牌论"的狭隘思想和片面追求金牌奖牌的残疾人体育发展方式，转变为着眼于残疾人健身需求的新变化，在融入公共体育活动的同时，努力破解资金、场地和人员难题。不断丰富残疾人群众体育活动组织形式，注重开展常态化、经常性残疾人体育活动。调动社会力量积极支持残疾人体育，多举办一些残疾人身边的体育趣味竞赛，让残疾人就地就近就便参与。残疾人竞技体育要克服追求短期效益的发展方式，注重长效机制建设，确保残疾人体育科学发展。着力改进训练体制、竞赛制度、运动员管理制度和后备人才培养等方面工作，进一步规范运动员、教练员、领队选拔任用办法，推动出台运动员就业就学奖励等保障政策和措施，解除残疾人运动员的后顾之忧。

（二）增强残疾人体育发展动力

1. 深化残疾人体育改革创新。积极探索残疾人体育体制、机制方面的改革创新，切实建立起政府主导、部门协同、社会参与、残疾人积极参加的残疾人体育工作机制；加强和改善残疾人体育的宏观管理，厘清残联体育管理部门、残联直属体育管理中心以及各残疾人体育协会的职责，加快职能转变，最大限度减少行政审批，下放管理权限，减少对微观残疾人体育事务的直接

管理，把该管的管住，该放的放开。推行政社分开，管办分离，将适合由社会力量提供的服务，交由残疾人体育社会力量承担。

2. **大力推进政府购买残疾人体育服务**。2014年4月，财政部、中国残联等六部委出台《关于做好政府购买残疾人服务试点工作的意见》，要求创新残疾人服务供给机制和方式，提升残疾人服务的社会化、专业化、市场化水平，促进残疾人公共服务资源的优化配置。各地残联要将市场化程度高、具备由社会力量承接的残疾人体育服务项目纳入试点范围，并抓紧制定出台试点地区相关残疾人体育服务承接主体的门槛条件、服务规范和服务标准，并向社会公开发布，接受社会的监督。购买服务过程要公开、透明、规范。各地要在试点的基础上逐步扩大购买残疾人体育服务范围和服务项目，注重受益残疾人对承接主体服务水平和服务质量的评价，建立承接主体退出机制。

3. **大力拓展残疾人体育市场**。学习应用国家体育产业的发展政策，结合残疾人体育工作实际，下大力气开拓残疾人体育市场。进一步优化残疾人体育市场环境，提升残疾人体育市场对社会资本的吸引力。探索多元主体办残疾人体育赛事的机制，争取电视转播、网络直播以及其他媒介的传播，增强赛事对市场主体的吸引力，让企业在履行社会责任的同时，还能通过赛事本身为企业创造市场价值。宣传残疾人体育运动员自强不息、乐观向上的良好社会形象，与相关企业文化嫁接，争取代言和赞助支持。

（三）拓展残疾人体育发展空间

1. **打造残疾人体育品牌**。每年开展的残疾人健身周、全国特奥日残疾人体育活动，已初具品牌价值雏形，要进一步拓展活动内涵，深度挖掘品牌价值，精心设计包装、宣传推介，不断扩大社会影响力，吸引更多的市场主体参与到活动中来。每年有选择地举办一些国际残疾人体育赛事，借鉴中网经验，固定时间办赛，努力打造几个有国际影响力的体育赛会品牌。突出地方特点，因地制宜，兼顾不同类别残疾人需求，打造出在当地叫得响的残疾人体育特色活动品牌。在积极打造残疾人体育品牌活动的同时，政府部门组织开展的各类各级公共体育活动，也要力争把残疾人群体作为参与主体之一，纳入组织实施方案，残健融合或专门设立残疾人组别，促进残疾人体育与公共体育融合发展，扩大残疾人体育影响力。

2. **多平台满足残疾人参与体育活动的场地需求**。做好公共体育场馆和设施无障碍建设和改造，推动免费或优惠对残疾人开放。各地残联要创造条件，抓住机遇，加快建设残疾人体育场馆和设施，满足日益增长的残疾人体育文化服务需求和体育活动场地需求。对已建成投入使用的体育设施可以探索公办民营、民办公助、资产托管等运营模式，提高场馆设施的运营效率，让更多的残疾人走进适合他们的无障碍体育场馆和设施，享受体育带来的快乐。

3. **建立四级联动的残疾人运动员训练体系**。统筹中央和地方资源，建立县级发现选送、市级培养提高、省级集训参赛、达到世界优秀成绩或极具潜力的运动员中央重点培养的四级联动残疾人运动员培养培训体系；通过举办选拔赛、特教学校联赛以及举办训练营等形式，做好青少年运动员发现培养和人才储备工作。

4. **加大宣传，扩大残疾人体育影响**。开发残疾人体育健身传播平台，探索发挥互联网、手机等新媒体和电视、广播等传统媒体传播主渠道作用，在全社会大力宣传残疾人体育活动和体育运动；发挥名人效应，组织策划体育助残公益活动；鼓励残疾人体育集训队进高校开展融合活动，扩大残疾人体育在高校的影响，让更多的学生关注、支持和参与残疾人体育公益事业。

5. **加强科技攻关与服务**。加强残疾人体育科研工作，为残疾人体育发展提供咨询决策支持，为残疾人运动队训练、竞赛、提高运动成绩提供科技支撑。进一步做好残疾人体育器材装备研发与推广，努力打造出属于我们自己国家的民族品牌。建立科技攻关与服务团队，为重点运动队、重点运动员提供医务监督、训练恢复、信息研判以及运动营养等保障服务。要重视运动营养品残疾人运动员个性化配比。

（四）集中抓好几项具有国际影响力的赛事

1. **办好全国第九届残运会暨第六届特奥会**。本届赛会将于2015年9月12日在四川省成都市开幕，运动会前夕还将表彰全国残疾人体育先进个人、先进集体。各地要高度重视组团参赛工作，精心组织运动员选拔、集训、参赛，认真编排并做好运动队伍的管理教育、参赛组织、领导同志出席等项工作，力争取得优秀成绩。

2. **做好仁川亚残运会参赛工作**。现在，距离仁川亚残运会开幕只剩下一个多月的时间。对最后阶段的各项备战、参赛等环节要做精细化检查，查遗补漏，力求工作完美不出纰漏。要振奋精神，树立坚定的信心和必胜的决心，以最佳状态出征仁川，力争优异成绩，保持亚洲领先地位。

3. **做好里约残奥会的各项备战工作**。现在距离2016年里约残奥会只有两年多的时间。我们清醒地认识到备战里约残奥运会所面临的严峻形势，保持世界领先地位难度很大。因此，各地务必要实施好《里约残奥会中国体育代表团备战工作方案》，加强备战信息情报工作，及时了解掌握信息和规则变化，制定应对措施。要把运动队思想政治工作始终作为与技战术、体能训练同等重要的环节抓紧抓实，不断提高运动员综合素质和实战能力。备战期间，中国残联将启动重新申报命名国家残疾人体育训练基地工作，建立国家集训队训练、科研、医务监督和后勤服务保障体系。探索实行"体教一体"模式，与体育院校开展合作办学，为运动员接受义务教育、职业技能培训和高等教育创造条件。各地要进一步协调落实运动员保障政策，让运动员安心训练、科学训练，提高运动成绩，为国争光。

4. **做好申办冬奥工作，提升冬季项目水平**。继续配合做好2022年冬季奥运会和残奥会申办工作。北京市、河北省残联要主动介入申办工作，并以此为契机推动本地区冬季残奥项目加速发展。组织实施好《冬季残奥项目提升计划》。黑龙江、吉林、辽宁、北京、河北、内蒙古、新疆以及上海、广东等有条件的省（市、区）要主动作为，积极谋划冬季残奥项目的发展，为国家开展残疾人冬季残奥项目探索经验，培养人才，争取好成绩做出贡献。

另外，还要组团参加2015年洛杉矶世界夏季特奥运动会和2015年俄罗斯冬季听障奥运会等两项重要国际赛事，各地要积极做好集训参赛准备。

残疾人竞技体育崇尚规则，公平公正，无论是举办还是参加国内国际赛事，都要高度重视赛风赛纪和反兴奋剂工作，对兴奋剂要始终坚持"零容忍"态度，严令禁止、严格检查、严肃处理。希望各地残联、训练基地、参赛运动队各司其职，各尽其责，共同努力，杜绝兴奋剂事件的发生。

同志们，残疾人事业和残疾人体育工作进入了新的发展阶段，时代赋予了残疾人体育工作者新的历史使命，我们要抢抓机遇，迎接挑战，努力拼搏，团结奋斗，努力开创残疾人体育工作新局面，在推进残疾人与全国人民同步实现小康的历史进程中贡献力量。

二、工作综述

2014年，在中国残联、国家体育总局的指导下，按照2014年全国残疾人体育工作会议精神，围绕"抓重点、惠民生、强基础、补短板"的残疾人事业发展思路，以提高残疾人体育健身服务能力和残疾人体育运动水平为着力点，各项工作全面推进。

（一）抓关键节点，推动残疾人体育运动蓬勃发展

1. **残疾人体育活动异彩纷呈**。举办"第四届残疾人健身周暨2014年尚体关爱融合健身活动"和第八次全国特奥日活动，引进市场机制，首次在北京、天津开展示范样板活动，带动地方举办万余场活动，参与人次突破200万。

2. **推进自强健身工程，实施康复体育服务关爱计划**。加大健身示范点建设力度，2014年在全国26个省（区、市）资助150个示范点，资助示范点总数达到240个。2014年举办2期国家级残疾人体育健身指导员培训班，培养审批了714名国家级残疾人体育健身指导员。各地结合"十二五"任务指标，已培养2.8万名省级和地市级健身指导员。制定残疾人康复体育服务关爱计划，研发康复体育小型器材、指导方法。首次举办2期全国康复体育训练营，在北京、河北1000个残疾人家庭进行康复体育进家庭试点。

3. **动员社会力量关注，拓展公共体育合作**。引进尚体健康科技有限公司作为第四届残疾人健身周全国示范合作伙伴，捐赠专用器材；与有关机构合作举办了"2014年中国网球公开赛轮椅网球公益活动"，残疾人项目推介首次进入顶级商业体育赛事。2014年全国乒乓球、网球、特奥足球等赛事获得社会企业的冠名赞助，市场机制介入效果明显。

（二）抓关键赛事，推动残疾人竞技体育发展

1. **组团参加索契冬季残奥会、仁川亚残运会**。中国残联主席、中国残奥委员会主席张海迪率团参加索契冬季残奥会和仁川亚残运会，在运动会期间与国际残奥委、巴西、韩国、中国香港、中国澳门等国家和地区残奥会进行了广泛交流。索契冬季残奥会上，中国轮椅冰壶队获得第四名，取得历史性突破。仁川亚残运会上，中国体育代表团夺得174枚金牌、317枚奖牌，实现八连冠。

2. **启动里约残奥会备战工作**。制定实施《2016年里约残奥会中国体育代表团备战工作方案》，完成项目布局。2014年举办20项全国赛事，参赛总人数达6000多人，初步选定里约残奥会运动员。首次开展精英运动员训练计划，确保高水平运动员保持系统训练。

3. **筹办全国第九届残运会暨第六届全国特奥会**。按照中国残联党组书记、理事长鲁勇提出的"抓出特点、抓好亮点、抓实重点、抓住节点"总体要求，完成总体方案、场馆布局、成立全国筹委会、发布会徽会歌和吉祥物、举办倒计时一周年活动等工作。

4. **配合做好2022冬残奥申办工作，推动冬季项目发展**。中国残联参与申办全程工作，完成申办报告冬残奥专章撰写。制定出台《冬季残奥项目振兴计划》，初步完成冬季项目发展布局。首次举办冬季项目全国赛事——2014年全国轮椅冰壶锦标赛，召开第一次冬季项目发展研讨会。

(三) 抓宣传创新，扩大残疾人体育影响力

1. 借力媒体，宣传推广残疾人体育健身活动。 策划制作残疾人哑铃操教学示范片，并在央视五套播出六集，为残疾人居家体育健身服务探索，带动地方在当地媒体推出推广健身知识、健身方法。

2. 残疾人体育赛事电视转播取得新突破。 2014年国际乒联残疾人乒乓球锦标赛共5个场次3.5个小时，受到社会的广泛关注，并首次在国际乒联官网上向全世界直播赛会盛况。

(四) 抓对外交流，增进国际合作

1. 参加和举办国际赛事。 组团参加了19项国际赛事，夺得122枚金牌，坐排男女队首先获得2016年里约残奥会入场券。成功举办国际乒联残疾人世锦赛、国际残奥会北京田径公开赛、盲人门球亚洲锦标赛等5项国际重要赛事，世界各地58支代表队1000多名运动员参赛，这是我国举办单项国际赛事最多的一年。

2. 开展残疾人体育合作交流。 争取国际特奥圣诞唱片基金支持，举办14项次特奥活动。继续实施澳门合作项目，两地交流与合作进一步深化。与韩国、香港残奥组织、联合国残疾人体育事务工作小组进行工作交流和合作。

(五) 抓制度建设，保障残疾人体育规范发展

1. 修订建立规章制度。 按照中国残联"基础管理建设年"的工作要求，建立或修订完善国家残疾人体育集训队工作规范等10项规章制度，促进残疾人体育工作更加规范化、制度化发展。

2. 争取政策突破。 同国家体育总局密切合作，赢得天津市理解和支持，初步同意同城举办全国运动会和全国残运会暨特奥会。积极协调教育部，争取出台优秀残疾人运动员免试进入高等院校学习深造。

(六) 问题与不足

一是残疾人体育服务与残疾人健身需求还存在较大差距。二是保持夏季残奥会优异成绩面临巨大挑战。三是冬季残奥项目发展水平较低。四是残疾人体育保障尚需进一步提高。

(马历涛供稿)

残疾人事业国际交流与合作

工作综述

2014年，中国残联对外交往工作紧密配合国家外交大局，以"搭平台、建机制、促共融、谋发展"为主要目标，借力外交和国事活动平台，成功举办一系列重大外事活动，展现了我国民间外交的独特魅力。

(一) 成功办好"三件大事"，树立人权大国的对外形象

1. 成功举办APEC会议周期间残疾人主题活动

在党中央、国务院的高度重视和坚强领导下，在外交部的精心指导和全力推动下，在北京市委、市政府的大力支持和全力保障下，在全会系统各部门、各单位的通力配合下，筹备历时近一年的亚太经合组织（以下简称APEC）第二十二次领导人会议周期间残疾人主题活动于2014年11月10日在京成功举行。国家主席习近平夫人彭丽媛教授邀请8位APEC经济体领导人夫人出席活动并致辞，呼吁"建立一个更加公平、包容、可持续的社会环境，促进残疾人共享经济社会发展成果"；王勇国务委员代表中国政府出席主题会议并讲话，表示全力支持会议期间发布的《关于促进残疾人平等参与和融合发展的联合倡议》，呼吁亚太经济体更加关注残疾人问题，形成更加紧密的交流合作机制，将残疾人事务纳入经济社会发展主流；联合国秘书长潘基文发表视频致辞，赞赏中国政府以及中国残联长期以来为促进残疾人事业发展所发挥的引领作用；国际残疾人联盟主席玛丽安娜·戴蒙德代表主要国际残疾人组织发言，高度评价我国残疾人事业取得的成就，并期待着与

"残疾人事务之友小组"合作，为早日促进将残疾人事务纳入APEC框架而努力。7个主要国际残疾人组织领导人，19个亚太经济体负责残疾人事务的官员和部分驻华使馆代表，联合国系统代表，以及中国残联、部分国务院残疾人工作委员会成员单位和北京市政府代表，专家学者和企业代表等逾200人出席活动。这次活动实现了"四个第一"，即第一次将亚太经济体"致力于加强残疾人合作"写入了领导人宣言；第一次由亚太地区20个经济体共同发布了《促进残疾人平等参与和融合发展的联合倡议》；第一次由中国倡导，依托亚太经济体搭建了促进残疾人事务合作交流的新平台；第一次把残疾人事务作为亚太经济体领导人非正式会议期间的重要国事活动来举办。此次主题活动的成功举办，对于促进中国乃至亚太区残疾人事业的发展将产生深远而重要的影响。

2. 成功将残疾人问题纳入亚欧首脑会议框架

2014年10月，意大利米兰举行的第十届亚欧首脑会议上，李克强总理在5分钟发言中专门提出："将残疾人事务纳入亚欧会议议程，使更多的残疾人享受亚欧合作带来的益处。"为及时响应李克强总理的倡议，中国残联于亚欧会议闭幕次日，在米兰举办了以"加强亚欧国家在残疾人领域交流与合作"为主题的残疾人问题之友小组会议。会议一致同意成立亚欧会议"残疾人问题之友小组"，于2015年下半年在华举办亚欧会议第一次残疾人主题高官会议及残疾人相关产业发展论坛并将其正式纳入亚欧会议2015—2016年活动框架。残疾人问题被首次正式提上亚欧会议的议事日程，这是中国残联推动搭建的促进"丝绸之路"、"海上丝绸之路"相关国家残疾人合作交流的新平台，为以后亚欧国家加强在残疾人领域的交流合作提供了重要依据和政治支持。

3. 成功当选国际残疾人组织领袖

康复国际是一家具有百年历史且在国际残疾人事务中有重要影响力的国际组织，全球会员100余家。提名张海迪主席参加康复国际2016—2020年主席的竞选，是中国残联领导经过慎重考虑和认真研究做出的决定。国际部成立专门工作组，认真研读康复国际选举规则和分析选举形势，通过外交渠道和残联自有工作渠道做了大量扎实有效工作，精心准备参加竞选所需的各种资料和文稿。2014年10月6日，在波兰华沙举行的康复国际代表大会上，在激烈的竞争中，海迪主席高票当选2016—2020年康复国际主席。这是国际社会对我国残疾人事业取得成就的高度肯定，为进一步推动我国深入参与残疾人事务国际合作，提升我国在国际残疾人事务中的话语权开辟了新渠道。

（二）持续推进中国残联对外交往各项业务良性发展

1. 增进高层交往，促进残疾人事务的政府间对话

2014年，中国残联高层务实交流达16次，提升了我国残疾人领域对外交往层次，加大了协调力度，构建起政府间残疾人事务的交流机制。

2. 扩大对外交往，积极在国际残疾人舞台上发声

中国残联与联合国及其常设机构、各国政府、国际及各国残疾人组织长期保持友好交往，注重大国交流，努力建立合作机制。在德国举办了"残疾人融合就业政策研讨会"；参与了第六轮中美人文对话；在中俄友好、和平与发展委员会增设了残疾人事业分委会。会同联合国亚太经社会首次在两岸三地联合举办了实施"仁川战略"环境无障碍建设研讨会及实地考察等。

3. 公约人权工作，取得新进展和新突破

在外交部大力支持下，中国候选人参与联合国残疾人权利委员会委员竞选，并以较高票数成功当选，为推动我国及国际公约履约工作奠定坚实基础。配合国家外交大局，积极参与人权领域斗争，先后参与了第二十一次中英人权对话、联合国人权理事会国别审查会议、《经济、社会、文化权利公约》第二次履约报告审议、《消除对妇女一切形式歧视公约》审议等工作。

4. 强化规范管理，为国内和国际两个大局服务

起草印发了《中国残联因公临时出国（境）管理办法》；组织召开了中国残联历史上第一次外事管理工作会；邀请外交部领导对中央新出台的关于加强因公出国（境）方面的规定进行政策宣解；做好出访公示，自觉接受群众监督。截至2014年12月31日，出访团组107个，出访人数1469人，办理护照103本、签证437人次，港澳通行证65本，签注225人次。加强对在华活动的境外非政府组织的管理，完成与中国残联有关的境外非政府组织在华活动情况摸底调查工作。

5. 深化港澳台交流，扩大两岸四地残疾人福祉

中国残联港澳台办主动与港澳台地区残疾人组织搭建交流合作的网络。2014年，负责接待港澳台参访团组8批68人次到访，派出27个团组381人次到港澳台地区学习交流。妥善处理涉台问题，起草制定了专项工作实施方案，逐步向务实合作方向迈进。

6. 弘扬正己助人，做好中国狮子联会的工作

2014年，中国狮子联会各项工作扎实推进。成功创建了四川会员管理委员会，联会所属会员管理机构达到10个，会员机构区域布局基本形成。截至11月25日，全会会员总数近2.6万人，服务队总数达到740支，提前完成了《中国狮子联会发展规划纲要（2011—2014年）》规定的任务目标。联会社会服务资

金总收入达到1153.02万元，支出1220.84万元，重点组织实施了多项助残项目。

附录一

彭丽媛同参加2014年亚太经合组织领导人非正式会议的部分经济体领导人夫人出席"促进残疾人共享经济社会发展成果"主题系列活动

赵明昊　《人民日报》　2014年11月11日

10日，国家主席习近平夫人彭丽媛同参加2014年亚太经合组织领导人非正式会议的部分经济体领导人夫人出席由中国残疾人联合会主办的"促进残疾人共享经济社会发展成果"主题系列活动。

上午，彭丽媛在北京会议中心迎接印度尼西亚总统夫人伊莉娅娜、加拿大总理夫人劳琳、日本首相夫人安倍昭惠、马来西亚总理夫人罗斯玛赫、新西兰总理夫人布罗娜、新加坡总理夫人何晶、巴布亚新几内亚总理夫人琳达、泰国总理夫人娜拉蓬。

彭丽媛和来宾们参观了中国残疾人事业展览，观看残疾人才艺展示：自闭症儿童色彩斑斓的画作，汶川地震中双腿致残的羌族女青年绣制《八骏图》，聋哑陶艺师塑造极富表现力的泥人，失去双臂的女青年用灵巧的双足裁剪出浸透喜庆的大红"福"字，盲人编织师用棕榈草扎出栩栩如生的禽鸟，肢残工艺师在内画瓶中绘制精美的图案，断臂口书书法家以口代手写下俊逸的大字"百花盛开"。中国残疾人展现的乐观向上、自强不息的精神风貌和精湛技艺让彭丽媛和来宾们深受感动。她们与每位残疾人亲切交流互动，赞叹连连。在展示厅"我的梦"展板下，彭丽媛和来宾们俯身与听障小朋友做起益智拼图游戏，与孩子们手把手完成他们心中的梦拼图。彭丽媛和外宾们还深情鼓励小朋友们活跃身心、快乐成长。

随后，彭丽媛与来宾们共同出席"促进残疾人共享经济社会发展成果"主题会议。彭丽媛在致辞时表示，残疾人是社会大家庭的平等成员，尊重、关爱残疾人，为残疾人创造良好环境，是全社会的道义和责任，也是推动社会公平公正发展的必然要求。我们要建立更加公平、包容、可持续的社会环境，促进残疾人共享经济社会发展成果。让我们对每一个残疾人多一分理解和尊重，多一分关心和帮助。让爱与残疾人同行。

国务委员王勇出席会议并讲话。他表示，中国政府一直高度重视残疾人工作。经过全社会不懈努力，中国已经实现了残疾人事业与经济社会的协调发展，探索走出了一条具有中国特色的残疾人事业发展道路。中国政府愿与亚太各国和地区一道，更加重视残疾人问题，形成更加紧密的区域交流合作机制，让广大残疾人成为亚太合作发展的受益者、参与者和推动者。

中国残联负责人宣读了会议通过的《促进残疾人平等参与和融合发展的联合倡议》。

联合国秘书长潘基文专门向主题活动发来视频致辞，高度评价中国政府为促进亚太和世界残疾人事业做出的重要贡献和发挥的积极作用，希望更多的亚太经济体把残疾人事业列入发展战略。国际残疾人联盟主席戴蒙德发表讲话，希望亚太和世界各国为保障残疾人权益、增进残疾人福祉继续做出努力。

世界和亚太地区主要残疾人组织负责人、亚太经合组织经济体相关政府负责人、中国社会爱心人士代表200多人出席会议。

会议结束后，彭丽媛同来宾们一起观看了残疾人艺术家的精彩表演。《千手观音》《化蝶》《雀之灵》等一个个节目美不胜收，表达了残疾人对美好生活的向往，展现了他们顽强拼搏、克服困难、超越自我的精神风貌。

附录二

促进残疾人共享经济社会发展成果
——写在亚太经合组织第二十二次领导人会议周残疾人主题活动举行之际

钟灿轩　《人民日报》　2014年11月11日

亚太经合组织第二十二次领导人会议在北京隆重举行，此次会议的主题是"共建面向未来的亚太伙伴关系"，勾画亚太长远发展愿景，全球瞩目。

在这个充满希冀的时刻，一场别开生面、体现平等共享的残疾人主题活动在北京会议中心隆重举行。这是首次在APEC领导人会议周期间举行残疾人主题活动，对于向世界展示中国残疾人事业发展成果，提升APEC各经济体对残疾人问题的关注，推动残疾人议题逐步纳入APEC议程，具有重大而深远的意义。

亚太地区有6.5亿残疾人，在中国就有8500多万。残疾人是一个人员众多的特殊群体，他们自身具有极大的潜能，内心饱具拼搏的力量。今年5月，习近平主席在接见第五次全国自强模范暨助残先进集体和个人表彰大会受表彰代表时指出，残疾人是社会大家庭的平等成员，也是人类文明发展的一支重要力量。残疾人完全有志向、有能力为人类社会做出重大贡献。这不仅体现出中国政府对残疾人事业的高度重视，更是对残疾人为社会发展做出重大贡献的充分肯定。"越是残疾，越要美丽！"中国残联主席张海迪的话语深刻诠释出广大残疾人的内心追求。

改革开放30多年来,中国残疾人的生存与发展状况发生了巨大变化,政治、经济和文化地位不断提高,越来越多的残疾人实现了人生理想,过上了幸福而有尊严的生活,中国残疾人事业已经走上了一条符合国情、富有特色的道路。多年来,中国与国际残疾人组织和有关国际机构保持良好合作关系,响应《关于残疾人的世界行动纲领》,发起三个"亚太残疾人十年"活动,积极倡导并参与联合国《残疾人权利公约》的实施和落实,为推动全球残疾人事业发展做出了积极贡献。不久前,张海迪高票当选国际康复下任主席,就是国际社会对中国残疾人事业发展的高度认可。

在刚刚结束的第十届亚欧首脑会议上,李克强总理提出:"共同促进亚欧人文交流和社会发展,倡议将残疾人合作列入亚欧合作框架,让更多特殊群体成为亚欧合作的直接受益者。"这为残疾人事务国际合作发展掀开了新篇章。

从亚欧峰会到APEC领导人会议周期间的残疾人主题活动,残疾人事业正逐渐步入全球化经济发展的大框架。我们期待通过本次残疾人主题活动,亚太经济体更加关注残疾人的生存和发展,努力创造无障碍环境,促进残疾人平等、参与、共享经济社会发展成果。中国愿携手亚太经济体,在残疾人领域搭建合作平台,为逐步推动将残疾人议题纳入APEC框架而努力。

(周红供稿)

中国狮子联会工作

一、领导讲话

中国狮子联会会长王乃坤在中国狮子联会第九次全国会员代表大会上的讲话

2014年5月25日,根据录音整理

各位狮友:

中国狮子联会第九次全国会员代表大会就要结束了,在大家的共同努力下,会议开得非常成功。我们总结了一年的工作,部署了下一年度的任务,选举产生了新一届联会理事会、监事会、顾问委员会,审议通过了工作报告、财务报告和监事会工作报告,修订了联会《工作规则》,决定成立狮子学院筹备组。会前,组织了足球、高尔夫球比赛,参观了广东省残疾人就业中心,举办了狮务汇报展、狮友个人摄影展,还有"和平海报"颁奖典礼、"中狮基金"颁奖典礼、队长论坛和讲师之夜。今天晚上,还要举行隆重的颁奖联谊晚宴。可谓内容丰富,形式特别,氛围温馨热烈。相信这次会议,一定会鼓舞和激励全体狮友以更大的热情和更坚定的决心去开创我们的事业,为实现习近平总书记提出的"实现中华民族伟大复兴的中国梦"而凝聚和释放中国狮子会更多的正能量。

上午,我们听了国筠常务副会长代表理事会做的工作报告和肖兴萍财务长的财务报告,还有监事会工作报告。讨论中,大家一致认为,去年一年,在大家的共同努力下,联会的发展、建设与服务都取得可喜的成绩,值得圈点、值得回味的亮点很多,既有量的增加,也有质的提升。

一是我们完成了联会第一个发展规划纲要的目标,会员人数突破2万人。

二是继哈尔滨成立会员管理委员会后,四川会员管理委员会又在雅安地震援建过程中应运而生,使联会会员管理机构从一位数上升为两位数,达到十个,会员发展工作有了新的增长点,且两个新区的发展势头都很好。

三是联会的治理结构已初具模型,比如成立了监事会,使理事会的工作得到更加有效的监督。10个专委会的工作思路更加清晰具体,使联会工作专业化、规范化水平明显提升。比如代表大会期间成立了大会主席团,主席团中普通狮友代表占有一定比例。

四是服务工作更加体现针对性和整体性。受篇幅限制,工作报告没有一一列举各地的服务项目,但是会场那些照片的展示足以说明一年来各地区狮友们的付出和取得的成绩。相信每一位看到展览的人,都会因为钦佩、敬重而点赞。特别是雅安地震援建和阳光书包两个项目，不仅聚焦在残疾人这个最需要帮助的群体上，而且体现了各地区服务力量的整合，说明只要我们能够凝心聚力，就能干成我们想干的大事。上午，国璞监事长代表监事会做的报告充分肯定了理事会一年的工作，这些工作的成绩是各个地区两万名狮友共同努力的结果，是顾委会、监事会鼎力支持的结果，是全体狮友共同的精彩。我提议全体狮友为我们所创造的精彩给自己一个掌声鼓励。

今年国筠、昌伟、建明三位副会长已经完成他们的使命，把接力棒传承给了赵东、雷建威和苏泽然三位狮友。他们任职期间，忠实地履行职责，几乎把所有精力都用在狮子会的管理、发展和建设上，不辞辛苦地奔波在各个区会，及时帮助区会解决了很多的困难。在他们的推动下，联会工作有了突破性的进展。今天，他们卸任了。但是，他们的工作能力、领导经验、责任意识和奉献精神是联会永远的财富。就像当年小钢、国璞卸任一样，他们为联会所做的贡献我们全体狮友不会忘记。我提议，全体狮友以热烈的掌声向张国筠、黄昌伟、戴建明三位前副会长表示敬意。

关于明年的工作，国筠在报告中已做了部署安排：两个重点、五个方面。很清晰，我完全赞成。记得六代会时我讲的是关于中国狮子联会的核心价值体系，七代会时我讲的是中国狮子联会的优势、特点和服务，八代会时我讲的是创建学习型组织。今年，为了更好地完成明年工作，我想结合大家讨论中的发言，针对几个具体问题谈几点想法：

一、关于规划制定问题

按照联会工作安排，我们已经完成上一个发展规划纲要，今年应该出台下一个三年规划，用以指导和引领全会未来一个阶段的工作。去年一年，秘书长协同战略发展与研究委员会做了相关调研，拟定了一个草案。但是，由于我们在发展目标上的认识尚未完全统一、清晰，联会治理体系建设、服务评判标准、专业性知识管理等问题研究得不够深入，思路也不够清晰，所以这次上会讨论不够成熟，同时，也是考虑联会的规划应与国家国民经济发展五年规划一致起来比较好。所以联会常务理事会研究决定，从"十三五"开始与国家规划同步编制联会五年规划，工作报告中已说明这一点。

规划编制是一件非常重要的事情，也是一个大的工程，既要科学，还要可行，是未来几年全会发展的指南。我希望这次会议之后，战略发展与研究委员会要抓紧时间，深入调研；组织建设与会员发展等相关委员会也要按照分工进行专题研究，共同参与制定好下一个五年规划。到2016年还有两年时间，联会对这两年做了过渡性目标安排：

发展方面：会员人数达到30000人，净增长50%。服务方面：继续深化社区、扶贫、尊老、爱童、助残、环保、赈灾等服务，科学设立服务筹措经费、服务时间的刚性指标。组织建设和治理方面：增强联会顶层机构统筹、协调和领导能力。区会建设要达到四个标准，即牢固的大局意识、承上启下的作用、完备的组织机制、有效的规章制度，同时积极创造独立法人登记的条件。服务队建设要达到五个标准，即健康稳定的队伍、团结高效的领导团队、坚持不懈的例会制度、持续有效的服务项目，还要顺应发展实现两个转变，即将创建新服务队为主要目标转变为创建优秀服务队，将发展会员为主要目标转变为保留会员。管理方面：建立较为完善的制度体系；建立较为稳定的服务型、专业化、高效率的干事队伍和办事系统。

二、关于服务队建设问题

今年4月，联会顾问委员会就服务队建设问题做了调研，并提交了调研报告。报告写得很好，提出的服务队发展的重心要从量转化为质的建议有针对性。我建议组织建设与会员发展委员会、战略发展与研究委员会认真研读一下。服务队是联会在各地的基层组织，2万多名狮友就分布在650多个服务队里。服务队建设好了，有活力了，区会才能稳定，才有生机。服务队的活力来自我们服务队的领导团队，来自在座的队长、一副和二副。我们常在报纸、新闻中看到某某村原来非常落后、贫困，因为选了一位有责任心、能干事的村党支部书记，短短几年就改变了面貌。按照狮子会的运作模式，每年都有600多名狮友走上队长岗位。如果每一位队长都能做到心怀大局、善解人意，干在前，不蛮干，不乱干，既能带头出心出力，又能不计较个人得失，这个服务队肯定人气很旺，服务效果就会很好。置身于这样一个温馨、友爱、互助的团队里，我想不会有狮友愿意离开，除非他觉得服务太辛苦、不愿再践行这种价值观。

在狮子会里抓服务队建设、抓基层组织建设说起来容易做起来难。俗话说，铁打的营盘流水的兵。服务队不是铁打的营盘，因为一旦管理不好，没有凝聚力，就散了。而这流水的兵又流得太快，一年一换，这是狮子会的特点，也是我们抓服务队建设的难处所在。所以，各地区包括联会必须把选拔优秀服务队长、一副和二副作为未来发展的战略性任务。基础不牢，肯定地动山摇。作为服务队队长，如果在任职的这一年能够做到队员不流失，卸任时就有底气说自己是一名成功的、合格的队长。在座的还有不在座的继任队长、在任队长、候任队长，做一名什么样的队长，心中应该有个基本的判断和选择。

三、关于服务问题

服务是我们这个组织存在和发展的根本。实事求是地评价，中国狮子联会各地区的服务做得比很多国家要实、要好。我们有联会的项目，也有区会项目。无论在服务的数量上，还是在服务的水准上，都超过国际上最好的水平。我们很多狮友在国际上荣获大奖，比如深圳狮子会苏泽然、陈青峰荣获过"全球最佳会员奖"，我所在的北京会员管理委员会希望服务队的"童心市集"服务项目在德国汉堡国际年会上荣获"青少年服务方案特别荣誉奖"，昨天我又获知希望队的"午餐接力"活动荣获国际"最佳主题奖"，这些都说明我们的服务还是做得很好的。

今明两年，我希望联会在品牌项目上能更进一步提高，在服务对象上能进一步聚焦。怎么提高？怎么聚焦？我认为：一是要帮助最需要帮助的人，否则，我们做的事情就会事与愿违，费力不讨好；二是狮友们有能力做和方便参与的，成本太高，就会事倍功半；三是好的项目一定要一张蓝图绘到底，一任接着一任干，否则不能形成品牌效应，没有可持续性。

谁是最需要帮助的人？我想借这个机会跟大家交流一下。其实就是那些没有劳动能力的残疾人，和有劳动能力但没有劳动机会的残疾人。这个世界上，每一天甚至每时每刻都有残疾发生，因为交通、安全、生产、医疗等事故和自然灾害，使很多原本健全的人瞬间成为残疾，这其中的痛苦是我们健全人体会不到的。成为残疾人不是他们个人的原因，是现代化进程中所要付出的代价。车多了，必然车祸就多了；生产加快，安全事故也会相对增多。政府在承担社会保障的责任，而狮子会作为一个以服务为宗旨的公益慈善组织，也应该协助政府把服务残疾人作为重点。不要灯下黑，一定要围绕残疾人有迫切需求而政府目前没有力量达到的方面来实施服务项目。在刚才的分组讨论中，有的狮友发言担心把残疾人就业作为服务项目这个面会不会太窄。我想告诉大家，工作报告提到的残疾人就业服务项目不是唯一，但它是一个重要方面。一个有劳动能力的残疾人，是不愿意靠政府低保生活的。残疾人也希望有一个适合自己的工作岗位，通过自己的劳动，活得更有尊严、更加自信。我们的狮友多数是企业家，完全可以在自己的企业里找出一两个适合残疾人干的岗位，与当地残联组织、劳动社会保障部门一起组织残疾人就业专场招聘会。我想这样的帮助是最急需的。这样的帮助是造血，而不是输血，是雪中送炭，不是锦上添花。党的十八大提出，到2020年实现全面建设小康的目标，张高丽同志在中国残联六代会上提出，残疾人要同步实现小康。大家想一想，如果没有就业，就靠低保的几百块钱，残疾人是不可能同步小康的。

这个问题我曾经在理事会上讲过，有的区会已开始尝试。今天再次提出来，再次强调，希望狮友们能够理解、支持，以积极的态度参与残疾人就业服务项目。我相信，这些残疾人一定会珍惜岗位，不比健全人做得差，不会为狮友的企业增添负担。相反，这种善行能够为你们的企业带来更好的发展。

四、关于践行联会价值体系问题

这也是分组讨论中谈得比较多的，很多狮友们都建议要践行联会的核心价值体系。联会核心价值体系也是我在六代会上讲话的主题。联会今年的工作报告把这项工作作为明年五项工作第一项提出，足以说明它很重要。这个价值体系的核心是什么？就是我们敬爱的朴方名誉会长提出的"正己助人，服务社会"。其中的寓意很清楚，就是告诉我们，作为狮子会会员，如果只是送人玫瑰、留有余香，仅是出钱出力，而不能在个人品质和人格上约束自己，那么即使付出再多，也不能称为一个高尚的人，一个令人敬重的人，就没有做到正己。

比如，有的领导狮友，在狮务上很付出，在服务上也不惜力，按说应该有很好的口碑，但是很遗憾没有得到大家的敬重。为什么？这是因为太自我，在涉及个人的一些事上老是纠结、难受，老是想不开。上任时，要展示自己的价值，不管前面的领导狮友提出工作思路和工作项目多么好，也放在一边不理会，然后冥思苦想再提出自己的一套。卸任时又放不下，不管自己提的东西是否科学、是否适合可持续发展，也要坚持下一任照着自己的路数来。这样，就使很多好的东西传承不下来，结果自己很累、很辛苦，狮友们也跟着累，最危险的是会导致队内不团结、会内不和谐。我说的这个问题，在服务队里面有，在区会里面也有。

再比如，有的狮友服务没少做，特别热爱狮子会，对狮子会感情很深。但是一遇到不顺心的事，不符合自己意愿的事，就非要找个出气的地方。比如在网络上、微信里讲一些带有情绪的话，外地很多狮友看后，不知前因后果，也跟着说。结果小事被演变成大事，一件事演变出几件事，一个人的事演变成一个团队的事，正常的事演变成不正常的事，给我们深爱的组织带来很坏的影响。凡事一到网上，就覆水难收。何况我们有正常解决问题的渠道，有问题可以向联会秘书长、副会长、会长和顾委会、监事会反映。我已是第二次在全国会员代表大会上强调这个问题了，希望大家，特别是领导狮友能够真正地听进去。上午的分组讨论中，我们组代中伟的发言我特别赞成，他说："助人可以一个月一次，但是正己是每一个狮友每天每时每刻都要面对的。"确实，做服务对我们的狮友来讲还不是什么挑战，正己才是对个人内心的一种挑战，这是很难的。如果每一位狮友都能从内心战胜自己，如果我们两万多狮友的目标都能集中在服务上，集中在"正己"这两个字上，我们的力量就会更强。近期有的地方出现的选举问题，都与没有把联会的核心价值体系落实在行动上有关系。当然我也理解，我们每一位领导狮友都想体现自身的价值，获得荣誉和褒奖，这很正常。但我想强调的是，真正的价值和褒奖应该是你所领导的团队的整体业绩和进步。一花一放不是春，万紫千红春满园。涉及个人利益的事，退一步一定会海阔天空。在狮子会这个大家庭里，谁能做到在付出、贡献的同时，求同存异、谦和友善，谁就能够获得最大的个人利益，谁就是真英雄。

五、关于中狮基金和十周年纪念问题

中国狮子联会已经走过十个年头，拥有两万名会员。这个数字与很多国家比不算多，但是与国内其他公益慈善组织队伍相比，我们是最大的，未来几年还要加倍增长。我们已经拥有十年公益慈善运作的管理经验，也初步形成了良好的发展模式。但是要做大做强，充分发挥服务社会、服务社区的生力军作用，还必须有强大资金的积累和支持，所以成立基金会、设立"中狮奖"势在必行。去年的八代会上，联会顺势而为，设立了"中狮基金"，成立了基金管理委员会。有了这个基金，我们可以动员更多的狮友捐款，还有理由和条件面向社会，依靠我们的队伍优势以及多年的服务经验和服务实力优势，与金融机构和企业开展合作，吸引更多的慈善资源进入狮子会。今年的工作报告中提出了基金年度工作规划，我希望大家在个人条件允许的情况下，也能积极认购"中狮奖"。作为会长，我也带一个头，认购一个"中狮奖"。让我们一起用爱心来搭建"中狮基金"的大厦，要相信中国狮子联会在基金管理方面一定是高度透明、值得大家放心的。

明年是联会成立十周年，这是一件大事，配合纪念大会将有一系列纪念活动。报告中提出的纪念计划，大家都认同，而要把这个计划变为现实，中间有大量艰苦的工作需要我们一起做。代表大会前召开的最后一次常务理事会议决定由国筠牵头负责这项工作，这次会议之后要着手成立工作领导小组和工作团队，进入实质性的工作。希望各地区积极配合，提供人力、物力等各方面支持。大家都希望在人民大会堂召开纪念大会，我想纪念十周年、各地区的发展、服务等工作也应该有新的起色和变化。

最后我再说一下陕西和广东。联会现在有十个地区了，实事求是讲，陕西这几年相对弱一些，人数下降的幅度稍大一些。但是我们看到陕西在这次会议上有新的面貌，陕西的代表有二十多位，还有三十多位列席代表。列席代表的积极参加，意味着陕西的振兴，从他们身上我看到了陕西发展新的精气神。所以我相信，陕西下一年度一定会大踏步追上来。我建议全体狮友为陕西狮友鼓掌、为陕西狮友加油。请陕西的狮友把我们今天的掌声传达给陕西没有参会的狮友们。我再说一下广东。广东是这次会议的东道主，张永安理事长今天在致辞中问大家觉得怎么样，会场的欢呼声已经做了回答。确实，我们与会的每一位狮友都真切感觉到了广东一流的办会、服务水平。由于下雨，大部分班机都延误到半夜，接机的狮友很辛苦，但是大家一点怨言都没有。这次会议内容丰富、活动多，要出的人员、精力就多，但是大家也没有怨言。为节约资金，联会要求充分使用这个大会场，昨天"和平海报"颁奖、"中狮基金"颁奖典礼和队长论坛都在这个会场举行。会场的大屏幕、背景板每一场都更换，昨天翻牌四次，这个劳动强度是任何一个会场都做不到的，但广东狮友做到了。这次会议的执行主席思旋狮友，还有10天就要临产做妈妈了，每天仍然奔波在整个会场，让我们很感动。这次会议筹备工作也非常细致。今天上午，主持人一宣布分组讨论，会场里立刻出现了各区讨论地点的引导牌。正是这些细节决定了会议组织工作的成功。广东的会员最多，保留的会员最多，健康队最多，历任领导狮友的团结最紧密，各地要向广东学习。现在让我们用热烈的掌声对广东的全体狮友和广东省残联表示感谢。

分组讨论中，各个小组指出了联会现存的问题，对未来发展提出很多非常好的建议和意见。我听了分组讨论汇报，很受教育、很受启发。狮友们真的是动脑、用心，越来越务实，越来越冷静。从讨论和发言中能看出中国狮子联会未来发展的潜力和能量。

各位狮友，我们的名誉会长邓朴方先生十年前就讲过，狮子会是一个美好的事业。所以十年来，他始终挂念着各位狮友，愿意担任我们的名誉会长。在这个美好的事业进程中，我们付出了自己的热情、时间和金钱，收获了幸福、感动和成长。随着岁月的流逝，每一位狮友的容颜都会慢慢变老，这是人类发展的规律。但是，狮子会事业的美好会让我们的内心永远年轻，我们应该庆幸自己与美好的事业结缘，我们的人生会因为参加狮子会而更加富有意义。狮友们，让我们大家一起努力吧，以更优异的成绩迎接明年十年的庆典，开启下一个十年新的航程！

中国狮子联会会长王乃坤在中国狮子联会2013—2014年度理事会第四次会议上的讲话

2014年3月27日，根据录音整理

各位理事，各位代表：

你们好！

刚才，国璞监事长代表监事会对联会、各专门工作委员会及各会员管理机构工作给予了充分肯定，也让我们了解了监事会一年的工作，并对今年的工作提出三个建议：一是要继续坚持稳中求进；二是要继续加强文化、思想建设；三是要更加团结、和谐。这是我们的不足之处，希望大家按照监事会的提醒加以改善。

这次理事会开得非常好。一是大家在汇报中有很多互动，气氛很活跃；二是发言的态度坦诚，真诚地提建议、摆问题，可见大家的友情确实很好，也体现了大家对狮子会组织的负责；三是思考和分析问题的程度更深了，指出很多关键问题，并积极建议，大家提出的问题值得联会进行专门研究。

今年的工作有几个突出特点：

第一，会员队伍稳步壮大。各会员管理机构按照年初确定的目标，通过开展服务、联谊活动增强凝聚力。根据之前办公室统计的数据，会员人数是一万八千多，按照今天大家的汇报已达两万多。更令人高兴的是会员流失率下降幅度特别大。去年的会员流失率是54.03%，今年是25.95%，下降一半，其中广东、北京、沈阳、哈尔滨等地下降幅度最大，均超过60%。特别是哈尔滨，从沈阳分出来不到两年，会员人数已经超过沈阳，而且一直走得很稳，正常服务队比例也是最高。沈阳也很不错，哈尔滨分出去后，对其人数冲击很大，他们一手抓加快发展，一手抓控制流失率，现在会员增长率居全国第一。当然总数比不过广东，但已经很不容易了。北京相当努力，半年时间会员人数净增长五百多，增长比例超过70%。广东一直非常好，会员人数最多，占联会四分之一，净增长九百多人。其他地区也很努力，包括陕西省的刘文革，他也很不易，陕西的困难不是文革个人的问题，他能坚守到现在是令人钦佩的。因为时间关系，我就不一一点其他区了，总之大家都很努力。

第二，服务活动成效显著。在昨天的汇报中，大家讲了很多本地区的特色服务项目，刚才国璞监事长也点了几个。我觉得最值得提出的，就是全会形成一盘棋，形成服务品牌，在全国有知名度。比如"红色行动"，总量很大，现在九个地区都做；"光明行"，今年累计实施白内障复明手术一万多例；"和平海报"，参与人数越来越多，合作单位的层次也越来越高，原来就是共青团的少年宫，现在已上升到中国关心下一代工作委员会。这三个老项目已经形成品牌。

还有两个新项目，一是"阳光书包"项目，这个项目投入少，一个书包才200元钱，但效果好、影响大，覆盖了全国大部分的盲童。毛主席讲，盲人是最痛苦的，我们给最痛苦的盲童送书包，谁不赞成我们？二是四川雅安4·20地震援建项目，这个项目很有意义：这是联会与政府合作开展服务的尝试，不仅为604户贫困残疾人家庭改建房屋，同时催生出一个会员管理委员会，体现出我们服务的效果，可谓一举两得。这个项目之所以顺利成功，有几个因素：一是联会成立领导小组，从上到下各项工作进展得井然有序，且相当到位。二是各会员管理机构大局意识强，各地的筹款是定向的，联会临时动议改变筹款用途，用来改造贫困残疾人住房，很多会员不理解。但各会员管理机构，尤其是会长/主席团队非常给力，做了很多解释工作，统一大家的思想，支持联会的决定，超额完成任务。三是主辅导区广东确实发挥作用，他们多次赴川进行指导，帮助解决困难，给四川留下了很深的印象。四川跟哈尔滨不一样，哈尔滨建立区会之前已经有八支服务队，他们对狮子会组织的运作已很熟悉。而四川是一张白纸，什么都没有，是通过这次灾后重建服务孕育出来的，建区会的难度是很大的。在座很多领导狮友还有各会员管理机构的领导团队一次次来到四川，都付出了巨大的努力。

第三，服务队建设有起色。过去我反复强调会员保留工作，现在我们已经看到保留成果了。今天我想再强调一下服务队的建设。狮子会的特点是"队为基础"，服务队不强，会员必定大量往外流失。只有服务队健康、服务项目好，才会有更多的人愿意加入我们的队伍。现在各会员管理机构都已经认识到并很重视这点，例如大连进行服务队合并优化，拆掉不合格的服务队，将100多支服务整合成为70多支，目前大连的健康服务队比例已排全国第三。

第四，规范化建设有新发展。深入开发会籍管理数据库，增加正常服务队比例的分析等功能；筹备启用自动化办公系统；足额征缴会员会费，其中大连、浙江、深圳、哈尔滨还提前完成任务。

各专门工作委员会的工作有不凡的表现。服务项目委员会在四川雅安4·20地震援建项目中付出很多。如果服务做不好，这个项目就会流产，四川管委会就成立不起来。服务项目委员会咬定青山不放松，不折不扣地贯彻联会的决定。昨天在座有狮友说到泽然主席"脸皮厚"，这其实是暗含着表扬和赞赏，没有这样一种劲头，这个项目执行不了。

领导才能委员会派出一批又一批讲师进行培训，晓波个人也出钱出力，为强化组织建设做了大量富有成效的工作。当然大家提到的教材和讲课质量的问题很重要，虽然是个别行为，不是整个讲师团，但我们也要重视，要争取尽快编制统一的教材和教学大纲，建立讲师授课点评机制和反馈机制，全面提高讲师水平。

组织建设与会员发展委员会今年狠下功夫抓组织建设，保持会员流失率的下降势头，保证完成《2010—2014年度发展规划纲要》规定的两万人的会员发展目标，这是很令人振奋的。

总之，狮子会的发展离不开在座众位理事的努力，更离不开为我们保驾护航、出谋划策的监事会和顾问委员会，联会感谢你们。

当然，我还要提醒大家注意几个问题：

第一，要进一步加强会员保留和健康服务队创建。新会员多是好事，但是我们辩证地看，这给我们带来的压力也相当大。目前，联会入会两年以上的会员占27.22%，一年以内的占48.93%，这意味着现在我们的队伍中一半以上都是新会员，服务队也是一样。如何让这些新会员保留下来、让服务队健康成长，是我们面临的挑战。一是要加强培训，讲师团要多下功夫。二是要用感情温暖大家，让大家在狮子会这个组织里不受气，觉得很快乐，觉得人生有意义。三是要提升服务质量，以地方服务为主，远处的服务项目让联会来组织，大家把家门口最困难的人服务好才会有影响。大家要有这种压力，要认真对待，保持住这个势头。

第二，要进一步加强传统优秀服务项目的传承。新上任的领导人都想在自己任内有所创新，都想在卸任时留下点什么，这就容易造成一个地区的服务项目总在变化之中。新的东西太多，大家记不住。为什么"红色行动"、"光明行"项目有影响？就是因为时间长，年年都在做。在服务项目上，千万不能搞短期行为，前任的优秀服务项目一定要一轮接着一轮地继续做下去，而且要做得更好。另外，现有的服务项目中，我认为助残类服务项目比例还是少。李克强总理在政府工作报告中讲要向贫困宣战，谁是最贫困的？就是没能力"造血"的残疾人，需要社会源源不断地向他们输血。我们千万别灯下黑，守着最困难的残疾人不服务。大家不能说那是残联的事，不是狮子会的事，别说残联和狮子会有千丝万缕的联系，就是没有联系，我们也应该去帮助他们。

第三，要尽力而为，量力而行。昨天肖财务长报告年度行政经费预算执行情况，有的专门工作委员会今年还未使用任何经费，或者执行了小部分。十个专门工作委员会发言中，我也发现有预算执行不平衡、工作量不平衡、和年初汇报的工作计划不平衡的现象。预算未完成或是年初计划不平衡，很大一个原因是年初的工作计划欠合理，上任时想得特别好，热情很高，到最后干不完，甚至有的工作就流产了，包括各会员管理机构也有这个现象。所以我建议大家做年初计划一定要尽力而为，量力而行。

最后，再强调一下九代会工作：

第一，要做好换届选举工作。各会员管理机构要在4月底前完成这项工作，选举产生第九次全国会员代表大会代表。这个代表是选出来的，要强调代表的责任意识，不是就参加两天的会议和活动，闭会期间要支持理事会和领导团队的工作，在各个方面都要发挥好代表的作用。

第二，要做好传承和交接，确保工作的连续性。在座的都是即将卸任和上任的领导人了，一定要注意传承，绝不能上来推倒胡，全部重来，否则就会出问题。我们说广东越走越稳，越走越好，会员人数达五千，会员净增长人数全国第一，健康服务队比例全国第一，其中一个重要因素是每一位会长上任后都能站在前任肩膀上向前接力，每一位卸任领导的胸怀都很宽。各会员管理机构要学习广东的经验，齐心协力支持现任会长/主席。希望有关专门工作委员会也要把广东的做法好好研究后进行推广。

第三，要办好九代会。广东作为东道主已经做了大量工作，提交了一个高质量的大会方案，对广东大家都充满期待。希望各地配合广东做好组团等筹备工作。关于《2014—2017年度发展规划纲要》，请战略发展与研究委员会抓紧落实。

这次理事会与四川成立区会合并召开，目的是为了减少大家的出行，但是把困难和麻烦给了四川。这些天，四川省残联和四川狮友非常辛苦，非常紧张，但他们做得非常好。我代表联会对四川省残联、四川管委会和主管这次筹备工作的团队表示感谢。

中国狮子联会会长王乃坤在中国狮子联会2014—2015年度理事会第三次会议上的讲话

2014年8月20日，根据录音整理

这次理事会议开得非常好。从各会员管理机构和专门工作委员会工作汇报来看：第一，思路清晰，每一项工作为什么做、怎么做、做什么，都很清楚；第二，目标明确，思想统一，每个地区都重点汇报了会员保留现状及目标，量化增长率、流失率；第三，每一项工作都设定了时间节点和目标，指定责任人，这样有利于工作落到实处；第四，针对性比较强，根据联会、各会员管理机构当前面临的问题制定工作计划，这点非常好；第五，动手早，各单位在九代会结束后立即启动年度工作，经过反复讨论后提交的工作计划，比较成熟。

从会议情况来看：首先，会风和谐，且内容丰富，不仅汇报工作，还研究讨论很多问题。理事会几十人，对一项工作总会有不同的看法，但大家在讨论过程中态度平和，有不同意见，但都以大家容易接受的方式来表达，体现了良好的修养。我想，这才是狮子会真正的民主。第二，会议纪律性越来越强，虽然会议跨两地召开，不那么集中，但大家遵守会议时间，没有迟到早退，认真、投入地参加会议。第三，本次会议提供了半个小时的自由讨论时间，大家提出的狮子会的定位、理事会的职责、战略发展方向等问题，对联会稳定发展很有意义。这些问题，虽然破了题但还没解题，希望大家继续努力，给这些问题找到完美的答案。

下面我具体强调几个问题：

一是要继续坚持"正己助人，服务社会"的宗旨。这是我们区别于其他社会组织的关键所在。我曾多次强调这点，但在实践中仍然有差距。这次工作汇报中，只有北京会员管理委员会提到要把贯彻落实"正己助人"宗旨作为今年的主要工作来抓，我非常赞赏。目前，各会员管理机构陆续出现一些问题，联会仔细研究分析后，认为这些问题的根源就是没有做到"正己"。"助人"相对容易，只要有实力，愿意付出，是能够做到的。但是要做到"正己"，与自己的内心做斗争是不容易的。在座的都是领导狮友，你们在本地区的会议或活动中，一定要反复强调"正己"。同时，要树立"正己"方面的典型，进行表彰、宣传；联会讲师团和各会员管理机构讲师团也要将"正己"作为必修课，让更多的狮友理解、践行。

二是要坚持稳中求进，推进"以老带新"的发展模式。九代会提出，全会本年度会员流失率目标控制在20%以内。这次汇报，沈阳等几个地区的会员流失率是15%，北京是8%。九代会到现在，不到三个月的时间，就取得了这样的成绩，这说明只要努力争取，全力以赴地做会员保留工作，达到国际狮子会17%的目标是完全没有问题的。深圳统计了，三年以上会龄的狮友占20%，这个数不算高。一个入会三年的会员，是大浪淘沙以后沉淀下来的，这样的会员很少退会。所以要下力气提升三年以上狮龄的会员比例，要制定一个量化的目标，朝着这个方向努力，保证留住老会员。老会员是狮子会的骨干，对狮子会有一定的忠诚度，不管发生什么矛盾，他们都会从正面去理解、想办法解决。而新会员就不一样了，出现问题就退会。

另外，要注意做好"以老带新"。老会员带新会员，我不再重复，重点强调老区带新区问题。随着联会影响的不断扩大，今后还会有可能创建新区，届时一定要有老区来参与指导。我们要总结经验，根据实际经验来创建新区。广东是四川区会的指导区，在四川区会筹建中发挥了不可替代的作用。希望广东下一步在两个方面下功夫：一是针对积极性高、发展迅速的四川区会，你们的辅导要持续跟进，遇到问题采取具体措施解决；二是对四川的辅导要有规划。四川区会有问题也要及时提出来，主动请广东帮助解决。只有这样才是"以老带新"，才能让新区发展得更好更稳。

三是要坚持本地发展，严格限制异地跨区发展。首先，民政部不允许异地跨区发展会员。有的地区发展空间有限，为完成指标，就想往外发展。这个事情我多次在理事会上强调，但实际执行情况不太理想。我们的发展不要只追求会员人数的增加，应该用更多的精力去做巩固工作、保留工作。其次，联会不赞成异地成立服务队。针对浙江区会提出的在苏州召开中国狮子联会创会说明会的事，联会的态度非常明确：一是不允许这种行为，二是不承认异地跨区发展，三是责成组织建设与会员发展委员会在十个地区做摸底调查，调查清楚此类现象是否存在以及问题的严重性，并根据具体情况，做统筹全局的规划。今天我再重申，这也是理事会议的决定，浙江可以告诉苏州，没有浙江会的同意，他们所做的说明会及其他事情都是无效的。

四是要支持中狮基金的发展，细化基金管理办法。去年联会做了一个很重要的决定：成立中狮基金。这是保证服务、促进发展的重要措施。现在中狮基金有定向资金800多万，非定向资金200多万，实际上我们真正能主导支配的比例小。而我们建新区、开展服务等更需要非定向资金，希望大家能支持中狮基金。这几年大家对于茂文钟士奖的兴趣很高，都以买此奖为荣。作为联会会长，我不反对大家买茂文钟士奖，这是荣誉的象征。但是不能厚此薄彼，起码要两者兼顾。前些日子地产大亨潘石屹向哈佛大学捐赠一个亿，引起了质疑，说中国这么多高校不捐，捐到国外。他解释是捐给在哈佛留学的中国贫困学生。我希望大家在支持茂文钟士奖的同时也要支持中狮基金。中狮基金也要尽快制定基金使用管理办法，明确资金审批流程、标准等。基金使用得好，狮友才有捐的积极性。

五是要明确讲师团的定位，制定讲师标准。近年来，听到不少对讲师团的意见，这次会上也听到了一些反映，主要问题是讲师团太傲气，觉得自己了不起，在言行举止等方面都有所表现。还有反映讲师会龄太短，不具备讲师资格等。到底入会多长时间适合担任讲师，领导才能委员会要制定一个标准。入会时间长对狮子会的理念理解会深一些，有利于履行讲师职责。另外，讲师团授课的内容也要有所改进，现在的授课内容多为如何创队、如何提高领导力、指导各地制定会员发展目标等等，定位在促进发展方面。今年联会会员超过两万两千名，明年预计两万七千多人，会员素质的提升已经非常迫切。刚才我们听了参加国际年会光彩的地方，其实也有很多需要改进的，比如投票率低，在沈阳的会议中有的狮友建议采取制度性的办法保证投票率，但制度出台后要靠大家身体力行。比如巡游纪律问题，这次联会参会人数占游行整体人数的十分之一，很壮观，而且增加了中国残疾人艺术团的《千手观音》、深圳腰鼓队和舞狮队、广东汉服和旗袍表演，有创新。但我们队伍拖很长，打头的到终点了，后边的还没出发。为什么会出现这个现象？两个原因：一是各区都想显示自己的阵容；二是个别会员在巡游中出列找人合影，甚至还有到观礼台合影的。这些问题都说明了我们的素质差距。还有个别区会的个别会员在会员代表大会上冲到主席台提出质疑，发表一些不着边际的言论。选举有选举办法，如果你有不同看法，可以通过正规渠道投诉，可以找区会、地方残联、联会反映。中华民族是礼仪之邦，要时刻注意仪容仪表、言行举止，所以会员素质问题要作为讲师团的重点来讲。要统一编制教学大纲、编印教材，不能完全照搬照抄国际狮子会。联会已经成立十年，我们要借鉴国际狮子会，更要从自己的实际情况出发，让所讲的内容符合中国特色。

六是加强与全会各机构的沟通与协调，规范工作程序。 联会副会长、专门工作委员会到各区调研工作，要提前与主席团队联系，加强沟通，以方便区会做好工作协调。各专门工作委员会需要区会狮友承担工作任务、委任职务，也要提前征得该区主席团队的同意。这是尊重对方的表现。如果你们要委任的这个狮友在区会已有重要的工作安排，就有可能打乱区会的工作部署。而且，通过主席团队你们也能全面了解到这个人的工作能力及表现。讲师团到各地讲课也最好能提前与区会领导团队沟通，针对各地需求准备课程，使所讲内容有利于区会的发展。

七是要大力倡导本地服务，重点做好社区服务。 狮子会要想扩大影响、做持久服务，一定是在本社区开展服务活动。我了解，其他国家和地区的狮子会组织也是这个做法，不再多讲。今天我想强调一下政府购买服务问题。北京在工作汇报中提到了与北京市政府合作的购买服务，这个做法非常好。昨天我与哈尔滨主管副市长曲磊会谈，她也特别希望哈尔滨社会组织能多与政府部门合作，政府能够提供一些资金帮助我们开展服务，也促进社会对狮子会的了解。关于云南鲁甸地震救灾，大家动作非常快。当天就有会员赶往前方，几天下来各地狮友就捐款一千多万元，这是很不简单的，没有几个组织能做到这点。联会发通知，不让各地狮友自行前往，主要考虑鲁甸地势险峻，泥石流多，狮友们没有自我防护的意识和经验，容易发生意外。后来国务院发通知，要求任何组织和个人不要自行前往灾区，联会委托苏泽然副会长去到前方劝大家撤离灾区。我在《人民日报》看到，有的大学生到了灾区后很茫然，不知道做什么，就在废墟上照相，形象很不好。我们狮友中如果有一人这样，有人借此做文章，造成负面影响就很难挽回。由此引出两个问题：一是联会是否需要成立专业救援队，人数控制在20人以内，当然前提是做好专业培训；二是灾情发生后，是由联会统一组织还是各区自行前往灾区开展救援。这两个问题请大家认真思考，我们另行择期进行研究。目前，联会筹集、国际狮子会等捐赠的灾后重建款约有两千多万，这笔资金如何分配？常务理事会研究建议如下：一是资助约400户重度残疾人家庭重建房屋；二是创建狮子村；三是储备购置帐篷、垃圾桶、快餐设备等，用于今后的紧急救援中开展环保、后勤等方面的服务。如果大家同意这个方案，由服务项目委员会尽快落实具体工作。

最后，关于联会十周年纪念活动，这是联会的大事，纪念活动组委会讲得很详细，大家也给了很多建议。这项工作内容多、工作量大，但组委会动作快，从提出这个动议到现在不到三个月，基本方案、组织架构、人员分工等已经有了，接下来就是按照这个方案逐步落实。我希望全会密切配合，做好十周年纪念活动筹备工作。

本次会议跨地区召开，沈阳和哈尔滨会员管理委员会为筹备会议做了大量工作，各位也奔波两地，比较辛苦了，谢谢大家！

二、工作报告与财务报告

中国狮子联会常务副会长张国筠在中国狮子联会第九次全国会员代表大会上的工作报告：改革创新，扎实工作，开创中国特色狮子会事业新局面　　2014年5月25日

各位代表：

我受中国狮子联会2013—2014年度理事会的委托，向大会做工作报告，请各位代表审议，并请监事会、顾问委员会提出意见。

一、2013—2014年度工作回顾

过去的一年，在全体狮友的共同努力下，以贯彻落实《中国狮子联会发展规划纲要（2011—2014年）》为主线，各项工作扎实推进，会员发展实现新跨越、会务管理迈上新台阶、社会服务开创新局面，全会呈现出蓬勃发展的新气象。主要表现在以下四个方面：

（一）发展布局基本形成，会员规模较快增长。成功创建四川会员管理委员会，联会所属会员管理机构达到10个，会员机构区域布局基本形成。截至5月1日，

全会会员总数超过 2 万人，比上年增长 39.52%；服务队总数达到 649 支，比上年增加 14.46%，是联会成立以来增长速度最快的年度之一，提前完成了《中国狮子联会发展规划纲要（2011—2014 年）》规定的任务目标。

广东、浙江会员总数分别超过 5000 名和 3000 名，成为年度会员发展的领航者；深圳、大连会员总数稳中有升，分别超过 2800 名和 2500 名，进入稳健发展的新阶段；哈尔滨、青岛、沈阳、北京等地会员总数稳定在 1300—1800 人左右，呈现出越来越好的发展新势头；陕西迎难而上，力保会员总数超过 450 名；四川新区在各地支持下蓬勃发展，目前会员总数超过 700 名。

更加难能可贵的是，在快速发展的情况下，全会会员流失率比上年下降近 50%，仅为 27.48%。特别是北京、大连等地开展"请老狮友回家"等活动，促进会员保留，带动会员发展。全会会员队伍更加成熟稳定。

（二）治理体系日臻完善，会务管理更加规范。联会完善了理事会、监事会和顾委会治理结构，建立了互相衔接、互相联系的制度体系，形成"三驾马车"齐推进、同心协力谋发展的良好格局。各专委会工作更加务实高效，在推动会员发展、会务管理、社会服务和对外交流等专项业务方面发挥着越来越重要的作用。联会的领导力、统筹力和协调力显著提升，为各地狮子会的发展提供了强有力的指导和支持。

各会员管理机构运行更加顺畅，自我管理、自我约束、自我修正和自我发展能力逐步提高。服务队建设水平稳步提升，各地涌现出一批组织健全、管理规范、服务活跃的杰出服务队，发挥了重要的示范引领作用。

加强对联会基本管理运行制度的宣传贯彻，指导各地进一步完善了章程、财务管理办法、服务队管理办法等规章制度。各地依法依规办事办会的意识和能力显著增强，会务管理水平不断提高，逐步走上了制度化、科学化、专业化的现代社会组织管理之路。

（三）社会服务成效卓著，社会影响力稳步提升。全年社会服务资金总收入达到 9654.23 万元，支出 7143.19 万元。联会组织实施的四川雅安地震援建项目帮助 604 户贫困残疾人家庭重建住房和添置家具，支持卫生室、图书馆、幼儿园等基础设施建设，得到当地政府和群众的热烈欢迎。联会与中国盲人协会共同开展的"手拉手阳光书包"文化助盲项目为全国各地的贫困盲童送去阅读设备及有声读物，知识的阳光照亮了孩子们的心灵。

深圳、广东、大连、北京、浙江、哈尔滨等地的"光明行"、"和平海报"、"红色行动"等传统品牌服务项目深化服务内容，创新服务形式，增强了可持续发展能力。"光明行"累计完成白内障复明手术 1.27 万例，并开展了对医护人员的培训；40 万少年儿童参与"和平海报"比赛，深圳、广东、浙江选送的 3 幅作品获国际狮子会优秀奖；"红色行动"有力支持了义务献血工作，弘扬了高尚的人道主义思想。

青岛、沈阳、陕西创新推出健康和环境保护项目，引领市民从自身做起，参与健康生活及改善环境活动；成功实施广东"818 水灾救援"、浙江"余姚应急救援"项目，彰显狮子会人道主义救援的担当和能力；四川开展为灾区送冬衣、残疾人家庭无障碍改造等服务项目。各服务队注重立足社区，让居民感到狮子会员就在他们身边，提高了服务的针对性、便捷性和持续性。

（四）核心价值体系深入人心，组织文化基础更加坚实。一年来，我们坚持以创建学习型组织为导向，广泛宣传弘扬"正己助人，服务社会"的宗旨，更加注重以核心价值体系引导和感召会员，指导和规范会务、服务活动，培育团结、包容、和谐、传承的组织文化。领导狮友率先垂范，新狮友见贤思齐，各地互相学习、互相借鉴。应该说，在核心价值体系的指导下，全会人心齐、风气正，充满了向上向善的正能量，形成了团结共进的好风尚，凝聚起传承发展的强大合力，克服了我们面临的种种困难和挑战！

一年工作中，我们不断加深对中国特色狮子会发展规律的认识。我们深深地感到，办好中国特色狮子会，一要坚持从中国国情出发，把国际狮子会的有益经验和中国国情相结合，坚定不移地走中国特色发展道路。二要坚持以会员为本，注重引领会员成长，把会员的参与、创造和奉献作为狮子会发展的源泉。三要坚持以核心价值体系为指引，做好事、育好人、弘扬好风尚。四要坚持以服务社会为宗旨，把扎实有效的社会服务作为狮子会的生命线和核心竞争力。五要坚持以组织建设和制度建设为基础，不断巩固三级组织体系，着力完善管理运行制度，积极推进治理体系和治理能力现代化，为会员民主管理和社会服务构建稳固平台。

各位代表，一年工作成绩和经验来之不易，离不开各级党委、政府和社会各界的关心重视，离不开业务主管单位和登记主管单位的扶持培育，离不开全体会员和联会理事会、监事会、顾问委员会、各专门工作委员会及各会员管理机构的辛勤工作、无私奉献。我代表理事会，向一年来关心、支持狮子会工作的领导和各界人士，向联会监事会、顾问委员会、各专门工作委员会、各会员管理机构和全体会员表示衷心的感谢和崇高的敬意！

同时，必须清醒地认识到，我们的工作中还面临不少困难和挑战。我们的治理结构和治理能力还不够完善，社会服务能力和会务管理水平还有待提高，会员队伍建设、基层组织建设、组织文化建设、政策理论研究等基础性工作还比较薄弱。这些问题，我们要在今后的工作中认真研究解决。

二、2014—2015年度主要工作安排

当前，是贯彻落实党的十八大和十八届二中、三中全会精神，推动建立现代社会组织制度，打造中国狮子联会升级版的关键时期。党的十八大明确提出加强社会建设、建立现代社会组织体制的要求。十八届三中全会通过的《关于全面深化改革的若干重大问题的决议》要求"推进社会组织明确权责、依法自治、发挥作用"。这些都为社会组织的发展提供了重要的机遇，也提出了更高的要求。我们必须解放思想、创新思路、提高工作水平，主动适应现代社会组织体制的要求，加强联会治理体系和治理能力建设，把中国特色狮子会不断推向前进。

2015年，我们将迎来联会成立十周年。联会已经形成一个良好的发展格局、建立起一支德行并重的会员队伍，初步探索出了一条适合中国国情的发展道路，站在了一个新的历史起点上。要以联会成立十周年系列纪念活动为契机，扎实做好2014—2015年度各项工作，进一步凝聚全会力量、扩大社会影响，推动会员发展、会务管理和社会服务等各项工作全面登上一个新台阶、提高到一个新水平。要重点办好两件大事、做好五个方面的工作：

办好两件大事，一是要组织好联会十周年系列纪念活动。具体说就是"五个一"：一本年鉴、一本杂志、一部纪录片、一个纪念大会和一系列服务活动。编辑一本年鉴，记录狮子会在中国走过的十年历程；出版《狮友》杂志创刊号，展示狮友风采、表达狮友心声、传播"我们服务"精神；制作一部纪录片，用影像记录历史、传承文化；开好一个纪念大会，回顾总结中国特色狮子会十年发展基本经验，开启联会发展新里程。开展"为爱行走"、"为爱挥杆"等一系列全会性服务活动，让每一位狮友用服务社会的实际行动纪念联会成立十周年。

二是要着手《中国狮子联会"十三五"发展规划纲要》前期准备工作。目前，《国民经济和社会发展"十三五"规划纲要》编制工作已经启动。为促进联会更好地服从和服务于国家经济社会发展大局，决定将联会中长期发展规划的周期调整至与国家国民经济和社会发展规划同步，也就是说，我们将从"十三五"开始编制实施五年发展规划。2014—2015年度要启动《中国狮子联会"十三五"发展规划纲要》前期准备工作，深入调查研究，广泛征求意见，为规划编制打下一个好的基础。

2014—2015年度要重点做好五个方面的工作：一是以核心价值体系为引领，加强会员队伍建设。联会核心价值体系以社会主义核心价值观为指导，明确了联会的宗旨、愿景、使命和价值观，是全体会员的行动指南，是引领我们前进的精神旗帜和思想基础。只有坚持这个核心价值体系，才能保证我们的组织永远充满生机活力、我们的发展永远不偏离正确的方向。要依据核心价值体系尽快制定会员行为规范。要大力开展践行核心价值体系的宣传教育活动，让我们的每一级组织充满真善美，让我们的每一位会员从中汲取正能量，造就一支过硬的会员队伍。希望每一位会员都能真心认同、努力践行核心价值体系，在服务社会的过程中得到心灵的充实和人生的成长。

二是以服务队建设为重点，巩固三级组织体系。服务队是狮子会的组织基础，加强服务队建设始终不能松懈。总的来看，目前全国600多支服务队中，三分之一会务和服务比较活跃，三分之一能够维持基本运转，还有三分之一在管理和服务上存在欠缺。今年，联会要统一制发服务队工作手册和办公自动化系统，提出服务队组织结构、会务活动和服务活动的基本规范。各会员管理机构要加强对服务队的指导、培训和评估，确保服务队在会员人数、会务活动、制度建设、文化建设及服务有效性等各方面达到标准服务队的基本要求。要加强对杰出服务队的宣传，充分发挥其模范带头和示范引领作用。

三是以中狮基金为抓手，提高社会服务能力。作为联会服务基金，中狮基金主要通过会员认捐"中狮奖"的方式筹集经费。2014—2015年度将开展"狮梦启航·中狮奖"认捐计划。希望领导狮友带头、狮友广泛参与，全会积极认捐"中狮奖"，做大做强中狮基金，为联会社会服务提供稳定可靠的资金来源渠道。同时，要充分发挥中狮基金的导向作用，加强对社会服务的统筹规划和执行监管，提高社会服务的效率和效益。要精心培育好"光明行"、"和平海报"、"红色行动"、"阳光书包"等传统服务品牌，积极拓展残疾人就业促进、公共文化服务、环境保护等新的服务领域。倡导支持各会员管理机构和服务队立足社区、服务社群，开展丰富多彩的社区服务。

四是加强和改进培训工作，提高会务管理水平。加强对会员、领导团队和工作团队的培训，是保证狮子会持续健康发展的基础，也是一项十分重要和紧迫的任务。2014—2015年度要进一步加强对培训工作的管理，要以国家社团管理政策法规、联会核心价值体系和规章制度以及各地组织建设、会务管理和社会服务的成功经验为主要内容，编制发布针对会员、领导团队、工作团队及会员管理机构、服务队等不同类型的培训课程大纲。要加强讲师团、导狮团建设，严格资质考核，规范培训行为，各类培训课程要本土化、接地气、有实效。

通过科学有效的培训，使联会的核心价值体系得到更好的贯彻，各项规章制度得到更好的落实。

五是强化联会自身建设，加强对全会工作的组织领导。进一步完善理事会、监事会、顾问委员会治理结构，加强对中国特色狮子会重大理论和实践问题的研究，加强对全国工作的规划部署、统筹安排和组织指导。各专门工作委员会要进一步明确工作任务、完善工作制度、切实加强对专项业务的研究推动，发挥好理事会参谋助手作用。要进一步加强联会办公室建设，努力造就一支具有较高文化水平、较强办事能力、熟悉业务、吃苦耐劳的专业化、职业化工作团队。着力推广联会办公自动化系统，为实现联会精细化管理奠定基础。加大财务管理和信息披露力度，不断提高联会的公信力。

各位代表，"我们服务"精神是一颗美好的种子。如今，在广大狮友心血汗水的浇灌下，这颗种子已经在中国的大地上生根发芽，长得枝繁叶茂、硕果累累！回顾过去，我们为服务奉献、经历成长、收获硕果而骄傲；展望未来，我们为狮子会的美好前景而振奋。让我们紧密团结在以习近平同志为总书记的党中央周围，高举中国特色社会主义伟大旗帜，以邓小平理论、"三个代表"重要思想、科学发展观为指导，改革创新、扎实工作，努力开创中国特色狮子会事业的新局面，为全面建成小康社会、实现中华民族伟大复兴的中国梦做出新的贡献！

中国狮子联会2013—2014年度监事长刘国璞在中国狮子联会第九次全国会员代表大会上的报告：加强自身建设，切实履行职责，为中国特色狮子会健康持续发展保驾护航

2014年5月25日

各位代表：

我受中国狮子联会2013—2014年度监事会的委托，向大会做工作报告，请各位代表审议，并请理事会、顾问委员会提出意见。

一、2013—2014年度监事会工作回顾

为完善联会治理结构，第八次全国会员代表大会通过了监事会制度并选举产生了2013—2014年度监事会。作为第一届监事会，我们承担着探索监事工作规律和监事会管理运作模式的重任。一年来，监事会以高度的责任感、开拓创新的精神和严谨务实的态度积极履行职责。我们的工作围绕"一个中心"、"两条主线"开展：一个中心是为中国狮子会事业健康持续发展保驾护航，因为监事会与理事会都是为全国会员代表大会负责，是伙伴关系，所以监事会对理事会工作的监督是为了一个共同的目标，让我们狮子会这个组织更好。两条主线：

一是加强自身建设。制定了监事会议事规则等基本规章制度，完善了内部机构设置，设立了财务、会务、选举、外事、会员投诉等5个工作小组，形成了与理事会、顾问委员会的良好互动。二是积极履行职责，全面开展监督工作。我们列席了历次联会常务理事会议和理事会议，对关系联会长远发展的重大事项提出了意见和建议；协助联会理事会对地方换届选举等工作进行指导和监督，发挥了为中国特色狮子会健康持续发展保驾护航的作用。

一年来，各会员管理机构监事会已经全部建立，工作逐步走上轨道。深圳狮子会监事会对会务、财务、服务导向等全面开展监督工作，并对深圳狮子会的长远发展提出意见和建议。广东狮子会监事会组织架构和运行制度已经成熟，在协助理事会进行组织结构调整和会员发展保留等方面发挥了重要作用。大连监事会认真履职、主动工作，对保障地区换届选举等工作的顺利开展起到了积极的作用。青岛、北京、沈阳、陕西、哈尔滨监事会及浙江监事会筹备会，也各有特点。比如北京注重监事会与服务队的连接，陕西监事会在协调各方面关系等工作中发挥了应有的作用。各地区非常注重狮友参与，建立了与理事会、专门工作委员会的沟通协调机制，形成了推动狮务工作的合力，在开展监督工作的同时促进了狮子文化的传承和队伍的成长。

一年工作成绩的取得，离不开乃坤会长的高度重视和正确领导，离不开理事会、顾问委员会的配合帮助，离不开各地监事会和各位监事的辛勤工作，更离不开全体狮友的参与支持。在此我向乃坤会长，向理事会、顾问委员会，向各地监事会，向各位监事和全体狮友致以衷心的感谢和敬意！

二、对2013—2014年度理事会工作的意见

监事会完全赞同张国筠常务副会长代表2013—2014年度理事会所做的工作报告，对理事会工作予以高度评价。我们认为，2013—2014年度理事会严格执行国家社团管理政策法规，认真贯彻落实第八次全国会员代表大会决议，联会重大决策科学合理、程序合法有效。一年来，在王乃坤会长和理事会的领导下，联会组织建设、会员发展、社会服务、会务管理等各方面都取得了新的突破和新的进展，上了一个新台阶：组织建设和会员发展方面，成功设立四川会员管理委员会，联会会员总数突破两万人，会员队伍更加成熟稳定。社会服务方面，服务经费总收入接近亿元，雅安地震灾区援建、阳光书包等服务项目社会效益显著，丰富多彩的社区服务赢得了居民的欢迎与好评。会务管理方面，理事会与监事会、顾问委员会建立了良好的工作沟通机制，建立了互相联系、互相衔接的管理运行制度体系，全会逐步走上科学化、规范化的现代社会组织发展轨道。

应该说，经过近十年的探索，中国狮子联会创造了将国际志愿服务组织经验与中国国情相结合的成功范例，为加强社会建设、激发社会活力、增进社会和谐做出了独特的重要的贡献。同时也应该清醒地看到，我们对中国特色狮子会发展规律的认识还有待进一步深化，我们的组织建设、会员队伍建设、治理体系建设、社会服务体系建设和文化建设等还有待进一步加强。特别是不断地强调"正己助人，服务社会"的宗旨，从我们领导狮友、骨干狮友做起，加强学习，加强道德培养。这些方面需要深入研究，在今后的工作中努力加以提高和改进。

各位代表，监事会是联会治理体系的重要组成部分，担负着为中国特色狮子会事业保驾护航的重任。在一年多的工作实践中，我们深深感到，监事会制度的设立，对于提高会务管理水平、增进会员的民主参与、增强全会的凝聚力和向心力起到了重要的作用。希望新一届监事会继续探索监事工作规律，不断加强自身建设，更好履行职责，让我们携手同心，为开创中国特色狮子会事业的新局面共同努力！

中国狮子联会2013—2014年度财务报告

中国狮子联会财务长　肖兴萍

2014年5月25日

各位代表：

本人受中国狮子联会（以下简称"联会"）理事会委托，向联会第九次全国会员代表大会报告2013—2014年度财务工作。请予审议。

一、财务基础数据

本报告财务基础数据的统计期间为2013年7月1日至2014年3月31日；统计范围包括联会本部，深圳、广东狮子会、大连、青岛、辽宁代表处、北京、浙江、陕西、哈尔滨会员管理委员会（注：以下内容"联会"数据不仅包括"联会本部"数据，还包括各单位会员与代表处机构数据）。由于统计期间、统计范围与上年度基本一致，本报告财务数据可比性较强。

（一）资产情况

资产和净资产是反映一个组织经济实力的重要财务指标。截至统计日，联会资产总额已达1.56亿元，净资产总额已达1.45亿元，与2013年3月31日相比：

1. 资产总额增加5927.82万元，增长幅度为61.2%；

2. 净资产总额增加5467.54万元，增长幅度为60.8%。

（二）服务经费收支情况

服务经费收支是反映公益社团社会贡献率的重要财务指标。截至统计日，联会服务经费总收入9654.23万元，总支出7143.19万元。同比分别增加3156.44万元和3413.12万元，增长幅度分别为48.6%和91.5%，呈现出服务经费收支均大幅度增长的趋势。

（三）行政经费收支情况

行政经费收支是反映组织规模的重要财务指标。截至统计日，联会行政经费（管理费用）总收入5209.11万元，总支出2598.45万元，总支出占总收入的49.88%。本年度行政经费收支数据与上年度同期相比：一是收入增长幅度较大，增长32.9%；二是支出增长幅度较小，增长25.4%；三是总支出占总收入的比例下降3%（注：一是联会本部、深圳狮子会、大连代表处行政经费收入数据不含上年度结余；二是广东狮子会行政经费数据包含服务队行政经费收支）。

（四）联会本部财务收支情况

2013年7月1日期初结余617.76万元，其中：服务经费217.96万元、行政经费399.8万元。本年度总收入2299.76万元，其中：服务经费1332.29万元、行政经费967.47万元；总支出1706.47万元，其中：服务经费992.97万元、行政经费713.5万元。累计结余1211.05万元，其中：服务经费557.27万元、行政经费653.78万元（注：本年度联会本部服务经费收支数据大部分为统筹各会员管理机构通过联会实施服务项目的数据）。

二、财务指标分析

（一）联会本部。总资产增加388.74万元，净资产增加370.36万元，同比分别增长43.93%和44.05%。服务经费支出992.97万元，同比增长近16倍，服务经费收支的增长主要源于各会员管理机构的支持。

（二）深圳狮子会。总资产增加967.93万元，净资产增加920.41万元，同比分别增长39.47%和40.48%。服务经费支出1628.61万元，会员人均服务经费支出5510元，同比增长105.37%，人均服务经费支出位列第一。

（三）广东狮子会。总资产增加3538.43万元，净资产增加3230.46万元，同比分别增长90.83%和88.22%。由于资产总量的大幅度增长，广东狮子会的资产总量已占联会资产总量的47.59%。广东狮子会服务经费支出2248.33万元，会员人均服务经费支出4163元，同比下降38.52%。

（四）大连代表处。总资产增加248.65万元，净资产增加314.43万元，同比分别增长49.13%和80.26%。服务经费支出376.82万元，会员人均服务经费支出1442元，同比增长18.53%。

（五）青岛代表处。总资产增加17.57万元，净资产减少21.97万元，同比分别增长9.9%和下降12.4%。服务经费支出152.4万元，会员人均服务经费支出979元，同比增长183.77%。

（六）辽宁代表处。总资产增加167.11万元，净资产增加181.57万元，同比分别增长159.17%和234.86%。辽宁代表处资产和净资产增长幅度位列各地区第一。服务经费支出127.7万元，会员人均服务经费支出851元，同比增长438.86%。

（七）北京会员管理委员会。总资产增加4.19万元，净资产增加6.45万元，同比分别增长0.6%和1%。服务经费支出440.39万元，会员人均服务经费支出3388元，同比增长100%。

（八）浙江会员管理委员会。总资产增加251.25万元，净资产增加226.86万元，同比分别增长34.2%和31.78%。服务经费支出727.95万元，会员人均服务经费支出2515元，同比增长66.89%。

（九）陕西会员管理委员会。总资产增加68.13万元，净资产增加63.98万元，同比分别增长192.71%和185.98%。服务经费支出75.46万元，会员人均服务经费支出1662元，同比增长86.11%。

（十）哈尔滨会员管理委员会。总资产增加275.82万元，净资产增加175.02万元，同比分别增长102.79%和91.43%，增长幅度位居各会员管理机构前列。服务经费支出372.54万元，人均服务经费支出1961元。

一年来，联会本部及各会员管理机构的经济实力和社会服务能力均大幅度提高，财务状况良好，反映出中国狮子会正在快速发展。

三、财务工作概述

在联会及各会员管理机构理事会的指导和支持下，各级财务管理人员团结奋斗、开拓进取，进一步强化服务意识，努力提高服务水平，积极融入社会服务，圆满完成本年度各项工作任务。

（一）联会本部

1. 督促地区完善财务机构建设，全面提高管理水平。在联会财务结算管理中心与财务委员会促进督导下，各区于2013年年底前，相继成立了财务结算中心，选拔任用了财务长、财务结算中心负责人及财务人员。

2. 加强人员培训，严格执行财务制度。编印了《中国狮子联会财务文件汇编》，将联会先后出台的一系列财务规章制度、报表体系及指导意见等，进行全面梳理、汇总和系统讲解、答疑，为严格执行财务规章制度奠定了良好基础。

3. 强化预算意识，加强预算管理。遵循"以收定支、统筹兼顾、收支平衡、略有结余"的预算编制原则，联会财务结算管理中心按规定和时间要求编制行政经费预算。同时督导各会员管理机构上报《行政经费预算表》（D类报表），使今年的预算和行政经费收支管理得到了有效控制。

4. 及时收缴会费，预防会员流失。在各级财务管理中心的共同努力和积极配合下，截至2013年年末，会费征收管理工作进展顺利，大幅减少了因欠缴国际会费而导致停权现象的发生。

5. 规范联会各专门工作委员会经费管理。完成服务经费转向中狮基金的审批与收付管理，开设独立台账；加强各委会费用预算使用与执行监督，保证其按预算完成各项工作。

同时，召开两次全国财务工作研讨会议，落实八代会精神，集中解决各地财务、账务管理问题，为财务人员提供交流与学习机会，以期提升整体财务管理水平；落实在民政部备案社会团体会费；严格票据管理，统一启用联会机打票据和资金往来收据；支持四川会员管理委员会财务工作，开立独立账户、安装财务软件、办理POS机，并多次前往成都指导财务工作、培训财务人员，为新区快速稳健发展奠定基础。

（二）深圳狮子会

根据联会要求，对会计报表格式进行规范设置，统一核算科目口径、规范预算报表及审计报告格式；科学设置明细科目核算各项净资产与服务基金，提升了财务工作的专业性和准确性；合理安排预算收支科目与金额，使各项开支均控制在预算范围内；加强与各服务队对账，清理历史遗留账务，对两年以上未核销账务进行通报和追缴，收效显著；规范会费收入确认标准，解决了困扰多年的新会员人数与会费确认问题；加强对服务队换届财务工作的指导，统一使用财务移交报表模板。

（三）广东狮子会

进一步建立和规范了财务管理制度、流程和财务报表体系；严格执行各项财务规章制度，完善服务队行政经费、服务经费的统一规范管理；加强服务队财务人员的培训和沟通，使各服务队司库基本上掌握财务知识并能严格执行财务制度，及时、有效完成账务核对；在会员、服务队数量与地区分布快速增长的同时，财务结算中心保证了财务管理的有效控制。

（四）大连代表处

建立健全各项财务规章制度；确定财务岗位职责、各项经费开支范围及财务审批手续；制定实施了《对服务队实行财务规范化管理》的指导意见，明确区会与服务队财务管理工作要求，指导服务队建立行政经费和服务经费台账，不定期进行检查和抽查，按月核对各项应收应付款项；严格执行预算编制、审核、汇总、上报等工作，控制经费支出，按月向理事会通报预算执行情况，每季度对预算执行进行检视；加强资产管理，按需采购、比价采购、招标采购，建立资产验收、保管、领用等管理制度及库存商品明细账，定期进行清点、盘查，确保账实相符。

（五）青岛代表处

修订完善管理制度和工作流程，规范各类财务表格；办理税务登记，自觉接受监督；编制年度预算，严格执行财务收支管理制度；严格按照资金运用性质进行分类核算管理；积极清理以前年度未达账，共清理未达账款40余万元。

（六）辽宁代表处

编制预算执行进度表，按照监事会财务管理要求，提供财务数据支持；及时与上级财务管理部门沟通咨询；强化服务队服务经费及狮务用品存货的规范管理。

（七）北京会员管理委员会

进一步完善财务工作和财务管理制度，在加强货币资金、财务票据报销手续、银行及其他票据、财务档案管理的同时，配备了相关财务管理人员，建立相应岗位职责；积极参加新春慈善晚会认捐京狮奖、茂文钟士奖筹款及雅安灾后重建捐款等大型活动；注重与国际狮子会、联会进行会员人数核对工作，并及时做好会员会费的收缴工作，为本年度大幅度降低会员流失率起到重要作用。

（八）浙江会员管理委员会

加强对服务队财务工作的指导、监督、帮助；定期进行财务信息公开，接受会员和社会公众监督；定期对财务运行情况进行分析，如实反映预算执行情况；建立资产台账，建立健全并实施库存物资盘点核对制度，防止资产流失。

（九）陕西会员管理委员会

充实财务人员力量，邀请联会人员对服务队与区理事会成员进行财务专项培训，完成各类财务报表报送；完善各类报销制度，建立物资库存明细账、会员交款明细台账；利用微信平台每季度进行财务信息公开，接受会员监督；试行服务队服务经费统管，成效显著。

（十）哈尔滨会员管理委员会

制定财务规章制度、建设财务管理机构及完善财务管理体系；提高财务人员业务水平，财务长及财务管理委员会主席、成员，均由会计师以上会员担任；严格按照财务制度执行，规范报销手续和审批流程；严格控制各项经费开支，及时为区理事会提出合理化建议；组织召开财务工作会议和研讨会，多次举办队长、司库、秘书培训班，提高管理人员业务水平。

（十一）四川会员管理委员会

组建财务机构，初步达到财务核算需要；开立银行核算账户，满足会员会费收缴、服务经费及其他往来费用的核算需求；完成24支服务队668名会员会费的收缴工作。

综上所述，一年来，联会本部和各会员机构财务人员甘于奉献，取得了优异的成绩。

正如各会员管理机构财务总结所说：规范、合法、透明的财务管理是我们倡导和坚持的原则，是狮子会生存和发展的坚强基石；公信力是公益社团的生命，狮子会财务工作是彰显我们组织公信力的重要窗口，营造狮子会公信力与美誉度是全体会员和财务人员共同的责任；狮子会承载着全体狮友的梦想与付出，作为财务人员的我们要做好本职工作，不断进取，提升工作与服务质量。

四、下年度财务工作重点

一年来，联会财务工作取得了显著成绩，但也存在许多不足。如：对国家有关政策的理解和对狮子会各项管理的熟悉程度不够；财务人员业务能力有待提高；财务核算的精细化程度有较大提升空间；地区间执行联会制度方面上存在较大差距。今后，我们要以"强基础、上水平、补短板"为目标，努力提高工作能力和业务水平，为中国狮子联会的发展做出更大贡献。

（一）认真学习领会国家政策，享受政策优惠

党和政府在新时期的重要举措之一就是推动政府转变职能，创新社会管理和公共服务方式，支持和培育社会组织健康发展。目前，国家在税收政策、政府购买服务等领域给予社会组织以大力的支持和发挥的平台。

我们要完成非营利组织免税资格认证，启动非营利组织捐赠收入税前扣除资格申报程序，要研究政府向社会组织购买服务的政策措施，抓住机遇，充分享受国家在支持和培育社会组织优惠政策中释放出的红利。

（二）加强人员培训，提高专业能力

加大财务人员培训力度，创新培训形式、拓宽培训内容，特别是到各地区进行针对问题的帮扶。狮子会各会员管理机构相隔遥远，各具特色，要创造条件，给予财务人员参与调研、交流和锻炼的机会，提高财务人员综合素质和专业水平。

（三）修改完善财务规章制度和报表体系

补充完善中国狮子联会财务制度体系，特别是信息公开、换届交接、服务队管理方面的表格模板；补充完善中国狮子联会资产和狮务用品采购、库存管理等制度；修改完善中国狮子联会财务报表体系，增强财务工作规范化和制度化管理水平。

（四）加强各会员机构财务管理情况检查和指导

随着狮子会事业的快速发展，财务管理和财务核算工作日益繁重，对财务工作的要求也逐步提高。目前，各会员管理机构财务人员普遍不足、整体素质有待提高。联会财务结算管理中心与财务委员会将加强对各会员管理机构财务管理情况检查和指导，并将财务检查和指导与财务评优相结合，借助财务检查指导促进财务管理工作质量提升，通过财务评优推动各地区财务管理工作得到改善。

（五）继续推动服务队财务统管

各会员管理机构理事会要重视服务队财务管理，制定相关制度，在下年度内确保完成服务队服务经费在区财务结算中心的统管，并结合自身特点逐步实现服务队行政经费统管。

（六）细化会费收入核算

按照联会制度要求，联会财务结算管理中心与财务委员会要指导各会员机构严格执行会费确认准则，细化会费收入核算，关注会费收入与会员人数钩稽关系，将人均会费收入列为重要财务指标进行分析对比，促进组织健康发展。

（七）配合中狮基金做好财务管理

进一步推动中狮基金单列管理需求，协助中狮基金建立完善基金预算管理运作体系，细化财务收支手续、流程与核算规则。

各位代表，我们所取得的长足进步，离不开中国残联及各地残联的关心和指导，离不开联会理事会及各会员管理机构的支持和帮助，离不开全体狮友的理解和共同努力。在此，我代表联会财务结算管理中心、代表各会员管理机构的财务长和财务结算中心，衷心感谢各级残联领导、联会理事会、各地区理事会及全体狮友对财务工作的大力支持和理解！

各位代表，在新的一年里，我们将铭记"正己助人，服务社会"宗旨，恪守"诚信为本 操守为重"的职业道德，尽我们所能为中国狮子联会的发展贡献智慧和力量。

谢谢大家！

三、大事记

1月7日，中共雅安市委来信感谢联会在四川雅安4·20地震援建项目中给予的帮助。

1月24日，中国狮子联会会长王乃坤向全国狮友及各会员管理机构会长/主席致信、致辞，祝贺新春佳节。

2月15—16日，中国狮子联会2013—2014年度常务理事会第二次会议在北京召开。会长王乃坤主持会议。常务副会长张国筠，副会长黄昌伟、戴建明、赵东，秘书长陈亚安，财务长肖兴萍出席会议。顾问委员会常务副主席刘小钢，副秘书长李玲，监事会秘书长郭春宁，办公室主任傅熔列席会议。会议听取了下年度工作计划执行情况，研究第九次全国会员代表大会筹备工作、四川会员管理委员会筹建情况、国际狮子会会长来访接待工作等问题。

3月26—27日，中国狮子联会2013—2014年度理事会第四次会议在四川成都召开。张国筠常务副会长，黄昌伟、戴建明、赵东副会长及陈亚安秘书长分别主持会议。王乃坤会长做重要讲话，刘国璞监事长就监事会年度工作做总结。理事会成员、监事会成员、顾问委员会常务委员、专门工作委员会主席及列席人员等50余人参加会议。会议听取各会员管理机构、各专门工作委员会2013—2014年度工作总结及联会年度行政经费预算执行情况；研讨第九次全国会员代表大会筹备工作及表彰评选方案、《工作规则》修订方案、九代会主席团成立方案、联会副会长候选人推举办法及启用联会自动化办公系统等问题。

3月28日，两岸狮务座谈会在成都召开。会议由国际狮子会前会长、中国事务委员会主席谭荣根提议召开，相关国际理事和海峡两岸100位狮友出席会议。中国狮子联会常务副会长张国筠主持会议，国际狮子会前会长谭荣根、中国狮子联会会长王乃坤、MD300复合区候任议长黄明聪分别发表了重要讲话，多位领导狮友发表了各自的意见，就两岸交流与合作以及共同关心的问题进行了深入和务实的研讨。

3月28日，四川会员管理委员会成立，共有会员717名，服务队24支。深圳、广东、大连、浙江分别转去1、89、42、3名会员。

4月18日，浙江会员管理委员会致电，请联会再次发送要求各地成立监事会的文件。经过核实，筹备第八次全国会员代表大会期间，联会监事会筹备小组成员李玲致电各地，要求成立监事会，未发正式文件。

4月23日，第十九个"世界读书日"，国家图书馆在北京举办世界读书日优秀图书推介暨第九届文津图书奖颁奖活动。第十一届全国人大常委会副委员长、中国科学院原院长、中国科学院和中国工程院院士路甬祥，国家图书馆馆长韩永进，中国残联副主席、中国狮子联会会长王乃坤，中国残联理事、中国盲文出版社社长张伟，中国盲人协会主席李伟洪，中国狮子联会常务副会长张国筠，中国狮子联会服务委员会主席苏泽然以及来自文化部、各级公共图书馆、出版单位的代表和嘉宾以及作者、读者、青少年和狮友代表等出席颁奖仪式。颁奖仪式上，国家图书馆、中国狮子联会、中国盲文图书馆、中国广播联盟联合启动"文津听书"公益项目，并推出文津图书奖第一届至第八届获奖图书书评集萃——"又见文津"有声读物，旨在用美妙的声音为广大盲人传递书香，引领更多盲人走进知识的殿堂，共享人类精神文明的丰硕成果。

4月30日，中国狮子联会会员达20000名，比上年增长39.52%；服务队总数达到649支，比上年增加14.46%，是联会成立以来增长速度最快的年度之一，提前完成了《中国狮子联会发展规划纲要（2011—2014年）》规定的任务目标。

5月13—16日，中国狮子联会秘书处工作培训研讨班在北京举行。这是中国狮子联会成立以来，首次由国际狮子会授课的秘书处工作研讨班。这次研讨班涉及LCI、LCIF、区会及服务队的运作模式/管理经验、可供资源等内容。中国狮子联会秘书长陈亚安出席开班仪式并对秘书处工作提出三个要求：多一分公心，少一分私心；多一分思考，少一分盲目；多一分勤奋，少一分懒惰。中国狮子联会财务长肖兴萍、副秘书长傅熔及来自各会员管理机构的30余名秘书处工作人员参加此次研讨班。国际理事文锦欢、中国狮子联会顾问委员会常务副主席刘小钢出席研讨班并讲话。

5月25日，中国狮子联会第九次全国会员代表大会在广州召开。中国残联主席团副主席、中国狮子联会会长王乃坤，中国狮子联会常务副会长张国筠，监事长刘国璞，副会长黄昌伟、戴建明、赵东，以及来自各会员管理机构800余名会员代表参加会议。会议选举中国狮子联会新一届领导班子及理事会、监事会成员；对联会2013—2014年度工作报告、财务报告、监事会工作报告进行审议；对联会《工作规则》进行修订；对设立联会狮子学院筹备组的议案进行研究；对顾问委员会组成人员进行调整；对优秀会员和团体进行表彰。大会召开期间，还举行了颁奖联谊晚会、"和平海报"、中狮基金颁奖典礼，举办狮商精品、狮务汇报、徽章、摄影展览，组织足球、高尔夫球联谊赛、服务队队长论坛和参观残疾人就业中心等一系列活动。

6月24日，中国狮子联会十周年纪念活动组委会第一次工作会议在北京召开。组委会主席张国筠主持会议，联会常务副会长赵东、副会长苏泽然、秘书长陈亚安出席会议，组委会成员近20人出席会议。会议对十周年纪念活动组委会组织架构、《年鉴编辑方案》、杰出服务队活动月方案、品牌服务项目推广方案、纪录片及《狮友》杂志等宣传方案、"为爱奔走"阳光书包及文津听书公益图书馆、"为爱挥杆"聋人关爱包公益项目方案、十周年纪念大会暨第十次全国会员代表大会筹备方案、筹款及经费预算等问题进行审议。

7月4—8日，国际狮子会第九十七届国际年会在加拿大多伦多市举行，来自209个国家和地区的3万余名会员出席。中国狮子联会常务副会长赵东，副会长雷建威、苏泽然，监事长黄昌伟，顾问委员会副主席郭德勤、戴同鑫率千余名中国会员出席此次国际年会。在游行仪式上，联会会员们和中国残疾人艺术团的演员们一起热情地向世界各地会员和多伦多市民展示中国狮子联会朝气蓬勃的风采。国际年会开幕式上，国际狮子会表彰联会及各会员管理机构在四川地震灾后重建方面所做的贡献；授予广东狮子会2013—2014年度会长蔡力"梦想成就奖—四金星奖"；宣布全球会员人数已达1360121名；并对本年度和平海报比赛、盲人论文比赛、世界午餐接力活动、阅读行动等项目与活动进行颁奖及回顾。"龙之夜"晚宴首次由联会主办，共有来自两岸四地及美国、加拿大、澳洲、马来西亚的700余名华人会员出席，出席人数为历届最多。会员们在晚宴上互相交流和分享狮务经验。此届"龙之夜"更特邀中国残疾人艺术团带来《千手观音》等经典节目，使会员们度过了一个美好的夜晚。闭幕式上，王乃坤会长致信祝贺国际狮子会前会长约瑟夫·L.弗罗布莱夫斯基先生荣任联合国经济及社会理事会的狮子会代表暨狮子日执行主席三十年，美国总统奥巴马先生、联合国秘书长潘基文先生、美国常驻联合国代表团代表Peggy Kerry女士也致信祝贺。此届国际年会首次以差额选举方式选举第二副会长，罗伯特科罗（美国）当选为2014—2015年度第二副会长，山田实纮（日本）当选为第一副会长，约瑟夫·普雷斯顿（美国）当选为年度会长。约瑟夫·普雷斯顿会长提出了"以狮为傲、再创高峰（Strengthen the Pride）"的年度口号，呼吁全球会员加强合作，创造更多服务的成果。普雷斯顿会长也代表国际狮子会发布了百年纪念标识，并提出了在2017年12月前狮子会全球服务人数超1亿人的目标，希望全球会员以更优异的成绩迎接国际狮子会百年纪念庆典。

7月18日，《中国狮子联会年鉴（2005—2015）》编委会第一次工作会议在京召开。会议由中国狮子联会副秘书长傅熔主持，秘书长陈亚安、监事会秘书长郭春宁、服务项目委员会主席代中伟出席会议并讲话。各会员管理机构编辑小组人员等30余人参加会议。会议研讨了《年鉴》编辑大纲，通报了编辑工作要求及进度安排，部署了资料收集任务；并就《年鉴》编辑技术问题及选稿标准做了具体指导与培训，对《年鉴》中各会员管理机构发展综述、服务项目和服务队概述等内容进行了讨论。会议强调：《年鉴》是联会文献的汇集，是联会十年发展道路的见证，是体现会员十年贡献的平台。全会要统一认识，高度重视，力争出版一本突出中国特色狮子会发展道路的《年鉴》。

8月3日，云南省昭通市鲁甸县发生6.5级地震，造成108.84万人受灾，600余人死亡，数千人受伤。地震发生后，中国狮子联会第一时间成立了以会长王乃坤为组长的救灾工作领导小组和以副会长苏泽然为总指挥的救灾工作指挥部。领导小组发文要求各会员管理机构做好云南鲁甸地震抗震救灾工作，按照联会统一安排与部署，有序调配、科学救灾，不要盲目进入灾区；已在灾区的先遣队员，要及时报告灾情，特别要注意自身安全。各会员管理机构要积极组织会员收集有关信息并做好筹款工作，根据灾情需要准备救灾物资，将救灾重点放在灾后重建上。灾情发生后，各会员管理机构纷纷成立抗震救灾先锋队，组织会员携带救灾物资进入灾区，在联会救灾工作指挥部的统一部署、安排下开展救灾工作；同时，后方的狮友积极筹款，贡献自己的力量。据不完全统计，联会会员捐款达1446万元。

8月5日，狮子会国际基金会同意捐赠25万美元用于云南鲁甸地震紧急救助或灾后重建。8月6日，中国狮子联会会长王乃坤致信狮子会国际基金会主席贝里·帕尔玛先生，向其表示衷心的感谢。

8月15日，中国狮子联会会长王乃坤出席青岛会员管理委员会换届就职典礼并发表重要讲话。

8月17日，中国狮子联会会长王乃坤出席沈阳会员管理委员会换届就职典礼并发表重要讲话。

8月19日，中国狮子联会会长王乃坤出席哈尔滨会员管理委员会换届就职典礼并发表重要讲话。

8月18日、20日，中国狮子联会2014—2015年度理事会第三次会议分两段在沈阳和哈尔滨召开。联会会长王乃坤出席会议并做重要讲话。联会监事长黄昌伟到会做监事会年度计划说明。顾委会副主席李扬做顾委会工作计划介绍。到会理事会成员31人，部分监事会成员、顾委会常委及专门工作委员会主席列席会议。会议听取了各会员管理机构及有关专门工作委员会2014—2015年度工作计划汇报、十周年纪念活动筹备情况，研究了十周年荣誉与奖励小组工作方案，审议了财务管理制度修订稿及行政经费预决算报告，听取了国际狮子会第九十七届国际年会参会情况，研究了统一联会视觉识别系统（VI）、云南鲁甸地震捐赠款使用方案等问题。会议认为，2013—2014年度全会工作思想统一、思路清晰、目标明确，各项工作扎实推进，效果显著。此次会议虽然跨两地召开，但与会人员能够以高度负责的态度，研究工作，分析问题，提出建议和意见，召开了一次高水平、高效率、守纪律、促和谐的会议，必将有力地促进全会年度工作的开展。会议强调，联会十周年纪念活动是2014—2015年度的重点工作，全会要密切配合十周年纪念活动组委会做好各项筹备工作。

9月1日，中国狮子联会会长王乃坤出席陕西会员管理委员会成立五周年和标准区达标庆典并发表重要讲话。

9月5日，中国狮子联会与中国残联各专门协会对接会在北京召开。中国残联副主席、党组成员吕世明出席会议并讲话。中国残联理事、中国聋协主席、秘书长杨洋，中国盲协主席李伟洪，中国肢协副主席、秘书长王建军，中国智协主席、秘书长张宝林，中国精协主席、秘书长温洪；中国狮子联会秘书长陈亚安，副秘书长、办公室主任傅熔，服务项目委员会主席代中伟，北京会员管理委员会主席冯继超等参加会议。中国残联组联部副主任张超英主持会议。会上，狮子联会秘书长陈亚安介绍了狮子会历史和联会发展情况，傅熔副秘书长介绍了联会所做的助残类服务项目。各专门协会负责人分别介绍了残疾人的实际需求、协会的重点工作及希望与联会合作的项目。代中伟、冯继超等联会代表表示，参加此次对接会很受教育和启发，将认真研究各协会提出的项目需求，分清轻重缓急，对可一步到位的项目，积极纳入北京会员管委会和联会服务项目范畴加以实施；对需长期合作的项目，将进一步做好项目设计和论证，分步骤逐项解决。双方就合作项目意向、促进深度合作、建立有针对性的对接机制和长效合作机制进行了富有实效的研讨。吕世明副主席指出，中国残联党组、理事会高度重视狮子联会的建设与发展，鲁勇理事长听取狮子联会工作汇报并指示做好联会有关工作。这次会议在狮子联会会长王乃坤的倡导下，实现了联会与各协会的首次工作项目对接，富有创意和成效。

9月14—16日，中国狮子联会对外交流、年会委员会工作会议暨秘书处工作研讨会在大连召开。常务副会长赵东出席会议并讲话。年会委员会主席黄炜，财务委员会主席麦思明，年会委员会、对外交流委员会成员，各会员管理机构秘书长、干事等40余人参加此次研讨会议。联会副秘书长、对外交流委员会主席傅熔主持会议。年会委员会总结了国际狮子会第九十七届国际年会参会情况，研讨了《国际年会参会指引手册》主要内容，动员部署了参加国际狮子会第五十三届东南亚年会和第九十八届国际年会。对外交流委员会组织研讨了《对外交流委员会工作规则》《对外交流工作手册》的主要内容，各会员管理机构分享了对外交流工作做法。秘书处讲解了联会发展史及展望，解读了联会《工作规则》、国际狮子会2014—2015年度奖项，介绍了自动化办公系统使用方法等。会议邀请国务院台湾事务办公室交流局副局长李京文讲解了我国政府对台政策及对台工作要求。财务委员会就有关财务问题做了说明。赵东常务副会长在讲话中强调，一直以来，秘书处系统的工作人员恪尽职守、努力工作、甘愿付出，为联会的发展做出了重要贡献。希望各专门工作委员会和秘书处工作人员以联会十周年纪念活动为契机，克服人员少、任务重的困难，继续加强自身学习、调整工作心态、优化工作方法，共同努力完成各项工作，确保联会秘书处下一步的工作顺利开展并结出丰硕成果，为联会未来的发展保驾护航。

9月23日，中国狮子联会会长王乃坤在京会见狮子会国际基金会主席帕尔玛及夫人、国际狮子会前会长谭荣根等国际狮子会客人。王乃坤会长对帕尔玛一行的来访表示欢迎，并介绍了中国狮子联会2014年在服务领域开展的各项活动，衷心感谢狮子会国际基金会多年来对中国残疾人事业和中国狮子联会的帮助与支持。帕尔玛和谭荣根认为中国狮子联会在发展、管理和服务方面取得引人注目的快速进步，受到各方好评，表示对中国狮子联会的前景充满信心，愿进一步推动国际狮子会与中国狮子联会在华开展鲁甸灾后援建、防盲治盲、小额贷款等项目的合作。

9月21—27日，帕尔玛一行在中国进行了为期一周的访问。他们还访问了陕西、广东，出席了北京、浙江狮友"四川光明行颁奖仪式"，陕西会员管理委员会的队长培训结业典礼，广东狮子会茂文钟士晚会和中狮基金研讨会等一系列狮务活动。

11月22日，四川雅安4·20地震援建项目竣工典礼在雅安名山区举行。中国残联副主席、联会会长王乃坤，国际狮子会理事文锦欢，联会副会长苏泽然，中狮基金主席张国筠，各会员管理机构会长/主席和来自全国各地的会员以及四川省残联、雅安市委市政府、雅安市残联、芦山县委、县政府、名山区残联等领导出席了仪式。

附 录

关于表彰中国狮子联会2013—2014年度杰出会员、杰出服务队、优秀服务项目和特殊贡献奖的决定

中国狮子联会2013—2014年度理事会第五次会议通过

中国狮子联会（以下简称"联会"）第八次全国会员代表大会召开以来，在理事会的领导下，在监事会的监督下，在顾问委员会的指导下，在各会员管理机构的积极参与下，联会在会员发展和服务社会等方面取得突出成就。过去的一年，是联会发展进程中极不平凡的一年。注重服务队优化，狠抓会员保留工作，会员队伍稳步壮大，截至2月28日，会员人数达18355名、服务队达613支，并成功创建四川会员管理委员会；统一部署开展助残服务，服务项目品牌化，并坚持以服务促发展，成效显著；管理工作趋于规范，综合能力显著提高。联会各项建设取得重大进展，谱写了中国特色狮子会事业发展的新篇章。

为弘扬联会核心价值体系和"我们服务"的理念，激励会员创新服务，提高社会服务能力，联会决定，授予大连会员管理委员会张金凤、青岛会员管理委员会武超、北京会员管理委员会刘海雁等186名会员"杰出会员"称号；授予深圳狮子会红荔服务队、浙江会员管理委员会传奇服务队、沈阳会员管理委员会上若服务队等32支服务队"杰出服务队"称号；授予广东狮子会"单亲妈妈创业"项目、陕西会员管理委员会"净化古城益起来"项目、哈尔滨会员管理委员会"狮爱视界"项目等17个服务项目"优秀服务项目"称号；授予刘小钢"特殊贡献奖"。

希望受表彰的会员和团体珍惜荣誉，再接再厉，不断创新，为联会的进一步发展做出新的更大的贡献。同时，号召全体会员和服务队要以他们为榜样，秉承"正己助人，服务社会"的宗旨，开拓进取，凝心聚力，团结一致，共同为开创联会工作的新局面、推进联会的新发展而努力奋斗。

附件：中国狮子联会2013—2014年度表彰名单

中国狮子联会
2014年5月25日

附件

中国狮子联会2013—2014年度表彰名单

一、杰出会员（186人）

（一）深圳狮子会（26人）

张晓玮　李月华　冯其江　田王星　陈俊东
俞　潜　张志河　郑玉宽　马　敏　曹海红
陈柱湛　李赞梅　张　莉　谭兆麟　沙锦涛
陈小萍　郑安平　陈　杰　张　诚　耿　军
叶　冬　吴泽伟　廖懋华　李　桦　黄雪兰
周晓阳

（二）广东狮子会（46人）

李家航　缪国乐　傅穗文　姚　远　李思旋
罗毅坪　于永忠　刘泽峰　刘开诚　李小华
戴耀洪　谢敏广　欧建荣　钟小英　王　露
杜　干　湛锦钊　郑敬尉　邹道勇　陈映年
杨贤云　徐章文　李孔慧　许　静　蓝建生
梁晓颖　孙辉民　徐厚发　陈　淳　李卫红
黄乃钊　吴　燕　冯奕星　徐智虎　巫锐军
施红光　朱卫军　黎晨辉　梁惠芳　黄石伟
苏有琼　张志文　李云塔　吴　强　袁志光
王李珏

（三）大连会员管理委员会（25人）

张金凤　金光阁　孙义平　王　岩　吴晓萍

刘　宏　张卫东　李元奇　苏　静　陈　心
黄丽平　梁子胜　张晓妍　吴　峰　高光远
张伟东　李　慧　刘尊兴　姚秀荣　方　冰
包树钠　钟　丽　王雪莲　李炎女　申屠伟东

（四）青岛会员管理委员会（14人）

武　超　单兆明　胡正伟　姜丽娟　刘　萍
石　洁　王　雷　王渊文　吴海燕　武汉优
张传咏　张　艳　赵延霞　周　杨

（五）北京会员管理委员会（13人）

刘海雁　尚伶羚　陈　戈　段宇晶　梁晓鸥
李广平　刘　鸿　莫　妍　孙福菊　王　珮
吴晓颖　俞　瑶　张　茗

（六）浙江会员管理委员会（27人）

鲍建华　贝振军　陈梅英　陈　艳　丁迎亮
费　祥　华　蕊　黄　杰　雷　婷　马辉龙
倪婷婷　沈春泉　施　军　王国良　谢根雨
徐　明　许　明　姚月文　叶寿良　于春波
俞越陈　张陆文　张　幸　赵　军　周　斌
朱　民　朱向军

（七）沈阳会员管理委员会（14人）

荆　通　杨勇文　赫福荣　付梅林　郭海鹰
窦　智　高　峰　宋　楠　杨显通　王子旭
苑海涛　李　震　李长福　付　华

（八）陕西会员管理委员会（4人）

刘小琴　杨素心　闫军社　李　斌

（九）哈尔滨会员管理委员会（17人）

尹　涛　丁立明　徐　颖　胡秋荔　杨怡欧
张红光　许武成　刘立岩　宋绍峰　潘树盛
陈生同　高　彬　邢　涛　张　勇　刘美军
孙　颖　徐　影

二、杰出服务队（32支）

（一）深圳狮子会（5支）

红荔服务队　里程服务队　泰安服务队
高新服务队　小同服务队

（二）广东狮子会（6支）

香山服务队　乐善服务队　旗峰服务队
粤明服务队　光大服务队　博爱服务队

（三）大连会员管理委员会（4支）

慈善服务队　德隆服务队　一起飞服务队
滨城服务队

（四）青岛会员管理委员会（3支）

动力服务队　和合服务队　明德服务队

（五）北京会员管理委员会（2支）

圆梦服务队　致远服务队

（六）浙江会员管理委员会（5支）

传奇服务队　东方阳光服务队　东方狮源服务队
奉献服务队　西子服务队

（七）沈阳会员管理委员会（3支）

上若服务队　同德服务队　习道服务队

（八）陕西会员管理委员会（1支）

蓝天服务队

（九）哈尔滨会员管理委员会（3支）

爱立方服务队　乐善服务队　龙狮梦服务队

三、优秀服务项目（17个）

（一）深圳狮子会（2个）

"狮子林暨徒步行"项目
"春天多媒体电教室"项目

（二）广东狮子会（2个）

"单亲妈妈创业"项目　"血液银行"项目

（三）大连会员管理委员会（2个）

白内障复明爱眼活动
"狮爱南沙老人之家"项目

（四）青岛会员管理委员会（2个）

"红色行动，无偿献血"项目
"狮爱兰亭"聋校书画培训项目

（五）北京会员管理委员会（2个）

"爱微笑"项目
"2013北京国际青少年交流营"项目

（六）浙江会员管理委员会（2个）

"无偿献血，红色行动"项目
"情暖下沙·狮爱夕阳红"新杭州老人服务项目

（七）沈阳会员管理委员会（2个）

"狮爱1+1温暖千万家"助学服务项目
关爱盲童"我是你的眼"服务项目

（八）陕西会员管理委员会（1个）

"净化古城益起来"项目

（九）哈尔滨会员管理委员会（2个）

"狮爱视界"项目　"狮爱公益商店"项目

四、特殊贡献奖（1个）

顾问委员会常务副主席刘小钢

（庄静供稿）

中国残联机关建设工作

一、领导讲话

鲁勇在中国残联干部人事工作会议上的讲话摘要
2014 年 3 月 25 日

干部工作是一项系统工程，既有武装思想、提升素质的任务，也有凝神聚力、作风建设的责任，还有干部培养、组织选任的工作。其中，最为敏感、最受关注也最为关键的是干部选任工作。为做好这项工作，党组一直在加紧研究，截至目前，先后推出了 4 个文件：一是 2013 年 11 月推出了《关于加强干部工作的规定》；二是近期推出了 3 个文件的征求意见稿，也就是《关于进一步加强领导干部选拔任用工作的意见》《关于加强机关部门与直属单位干部选任、交流与挂职锻炼工作计划》《关于优化机关部门"三定"方案及与相关直属单位职责划分工作意见》。下面，我就干部人事工作的总体想法做三点说明：一是加强干部工作的总体考虑，二是优化机关"三定"方案及与部分直属单位职责划分的基本思路，三是今年干部工作的计划安排。

一、关于加强干部人事工作的总体考虑

2013 年 8 月 27 日，新一届党组正式组成。半年来，党组、理事会按照中央指示在推动落实工作中认真学习了习近平总书记关于干部工作的重要指示和中央加强干部队伍建设的决策部署，认真开展了以"为民、务实、清廉"为总要求的党的群众路线教育实践活动。与此同时，对机关部门和直属单位的机构设置、干部队伍现状进行了调研分析。在此基础上，形成了提交大家讨论的干部工作意见和计划安排。制定这些措施的主要考虑是：

（一）围绕推动残疾人事业创新发展凝神聚力

做好干部工作，必须紧紧围绕残联机关、直属单位承担的职责和正在全力推进的伟大事业，努力用事业凝聚人，按照事业发展需要选好人。因此，做好工作的前提是认真谋划好新形势下、新起点上推动残疾人事业发展的思路措施。

中国残联"六代会"以来，党组、理事会按照党的十八届三中全会精神和"六代会"部署，围绕落实张海迪主席强调的履行好"代表、服务、管理"职能，抓住"新的起点"、"把底兜住"、"同步小康"、"中国特色残疾人事业" 4 个关键词集中开展调研，既抓解放思想又抓凝聚共识，既抓总体思路又抓年度实事，在大家共同努力下制定实施了《2014 年工作要点》，在全国残联系统开展"基础管理建设年"活动。同时，形成了加快推进残疾人同步小康进程意见、做好政府购买残疾人服务试点工作意见、开展残疾人基本服务状况和需求专项调查安排三个征求意见稿。在 2 月 25 日第二十八次全国残联工作会上，我们对工作进行了部署。在 2 月 11 日第六次理事会上对需要机关部门和相关直属单位重点推进的实事也做了安排，主要是抓好"三个大会、三个大活动、四项重点措施、两大政策覆盖面、五项基础工作、五方面机制建设，力争办成几件标志性的实事"。通过一段时间的努力，一些工作已经取得了重要成果。

三个大会，包括 2 月份的第二十八次全国残联工作会、4 月份的国务院残工委第二次全体会、12 月份的中国残联第六届主席团第二次会议和第二十九次全国残联工作会。其中，第二十八次全国残联工作会已经顺利召开。

三项大活动，包括 3 月份的中国残疾人福利基金会成立 30 周年纪念会，5 月份的第五届全国自强模范与助残先进表彰大会，11 月份的 APEC 领导人北京峰会上组织与残疾人工作相关的活动。其中，中国残疾人福利基金会成立 30 周年纪念会已经召开，效果非常好。

四项重点措施，包括出台加快推进同步小康进程意见、政府购买残疾人服务试点工作意见、《特殊教育提升计划》、《残疾预防和残疾人康复条例》与《残疾预防国家行动计划》。其中，《特殊教育提升计划》已于年初颁布实施，李克强总理做出重要批示，刘延东副总理、王勇国务委员召开电视电话会推进工作。《残疾预

防和残疾人康复条例》已完成并上报国务院。

两大业务覆盖面，包括扩大残疾人基本社会保障政策覆盖面、康复项目和康复人群覆盖面。重点是扩大贫困残疾人生活补贴、重度残疾人护理补贴的覆盖面，细化基本生活托底服务保障的项目；扩大康复服务项目、服务地区和人群覆盖面，细化"人人享有基本康复服务"的具体项目。各项工作正在部署落实之中。

五项基础工作，包括开展"基础管理建设年"活动、启动残疾人基本服务状况和需求专项调查、落实"十二五"纲要年度任务和启动"十三五"前期工作、加强机关部门与直属单位干部工作、推动直属单位重点项目建设。其中，"基础管理建设年"的有关工作已经启动，地方残联建章立制、残疾人工作者队伍状况调查、残联系统财物基本状况调查工作正在推进，残疾人基本服务状况和需求的专项调查正在加紧筹备之中。

五方面机制建设，包括建立健全与人大、政协、司法机关的协商机制，创新残疾人扶贫开发工作促进机制，残疾人基础数据管理信息化服务机制，探索残疾人就业网上服务机制，推动建立国际交流合作工作机制。各项工作正在加紧落实之中。

力争办成几件标志性的实事。目前，"加强无障碍环境建设"已经写入中共中央、国务院新近印发的《国家新型城镇化规划（2014—2020年）》。中央党校已同意在下半年开办残疾人工作班，共同编写领导干部《残疾人工作知识读本》。外交部已吸纳我们作为亚欧首脑会议筹备工作组成员。中国残联4位同志将分别担任奥申委副主席、委员、副秘书长和办公室副主任。事实证明，只要努力，用心用情地投入，很多看似不可能的事，都有可能取得重要突破。

3月19日，国务院常务会议明确了《政府工作报告》任务的部门分工。明确残联职责的重点任务有3项：一是第26条中的"实施特殊教育提升计划"，二是第32条"实施更加积极的就业政策"，三是第34条中的"做好残疾人基本公共服务和残疾预防"。昨天下午，我们召开专题会做了部署。

这些重点工作，是考核各个部门和相关直属单位全年工作业绩的核心内容。当然，做好全年工作，也不只这些。年初根据《2014年工作要点》印发的工作分工包括97项，每一项都得重视并抓好。我们很清楚，抓好今年的工作，争取阶段性成果，任务繁重，挑战不小。

工作部署后，我们也听到了一些反映。在不久前召开的中国残联廉政工作会上，我就有些现象进行了点评，讲过的内容不再重复了。不重复了，不等于不采取措施解决了。这里要强调的是，繁重的任务、创新的挑战，既能锻炼人，更能识别人。很多干部希望党组要加强在急、难、险、重、新任务落实中的干部考察考核，公正地考察干部、全面地评价干部。也有同志反映，要让马儿跑得好，必须要有人财物的有力保障，希望党组、理事会着力解决一下这方面的问题。这些建议非常好，我们就是要顺应大家的期盼和要求，采取务实的措施加强干部工作和能力建设。

有句老话："人无压力轻飘飘，井无压力不出油。"处于改革创新年代的干部，要想无愧于时代的重托、残疾人的期盼，没有敢于担当、舍我其谁的劲头是不行的；要想在工作整体推进中实现重点突破，没有一种小老虎的冲劲、钉钉子的韧劲更是不行的。邓朴方主席早就告诫我们："残疾人工作者手中无权无钱，工作难度也就特别大。如果满足于按部就班，要么太慢，要么干不成。只有像板上钉钉那样，硬挤硬钻，才能推得动。"今年党组抓干部工作，就是要为推动事业的创新发展提供组织保障，让想干事、能干事、能干成事的人有机会、有舞台，最大程度地不让老实人吃亏，不让那些实实在在干事、不跑不要的人流汗又流泪。

（二）围绕队伍建设实际确立干部工作导向

习近平总书记指出："光有思路和部署，没有优秀的人才来干，那也难以成事。"要想优秀人才脱颖而出，必须紧抓鲜明的用人导向。中国残联各部门、各单位干部队伍的基本情况，大家都比较清楚。为此，党组在深入开展党的群众路线教育实践活动中，坚持在端正作风的实践中凝神聚力，在解放思想的基础上统一认识，在更新观念的探索中开阔思路。一是抓更新观念。先后在党组会、理事会、务虚会、部门年度总结汇报会等多个场合，就学习贯彻习近平总书记和中央关于加强干部工作的一系列指示精神做了学习动员。二是抓规范管理。2013年11月以来，先后推出了《关于加强和完善干部工作的规定》《领导干部违反改进作风有关规定实施问责的暂行办法》等规范。三是抓措施落实。制定了《进一步关心干部职工学习生活的若干措施》，正在稳步规范临时人员的借用、借调、返聘工作。按照中央规定，该办理退休手续的，办理退休手续。四是抓专项调研。在过去几个月中，党组对机关部门和直属单位的"三定"方案、干部队伍现状特别是各单位的领导干部状况进行了调研分析，重点研究了干部工作思路、优化"三定"方案、拓宽识人用人视野等措施。

从用人导向上讲，党组的态度是明确、一贯的。2013年8月27日，我在干部大会上就明确表示，坚持以德才识人、以群众公认选人、以工作实绩用人，用事业感召人，用真情实感团结人，在推动事业大发展中培养锻炼出一批优秀人才，不让老实人吃亏，不让脚踏实地干事业的人流汗又流泪，不让投机钻营者有市场，不让违法乱纪者有可乘之机。2013年12月19日，在机关部门和直属单位年度总结汇报会上，与大家共同学习了习近平总书记关于做好新时期干部工作的重要指示精神。2014年1月24日，党的群众路线教育实践活动总结会上，我们再次强调，党风正、会风清、干部强、事业兴，并围绕着深化教育实践活动成果做了进一步的安排。在3月14日召开的中国残联廉政工作会议上，又对干部队伍的作风建设等提出了明确要求。

为有效落实干部工作的具体导向，党组按照《党政领导干部选拔任用工作条例》《加强干部选拔任用工作监督的意见》和《党政领导干部选拔任用工作责任追究办法（试行）》，结合中国残联实际，提出了《关于进一步加强领导干部选拔任用工作的意见》，正在广泛征求意见。主要内容有：

第一，坚持新时期好干部用人导向。把"信念坚定、为民服务、勤政务实、敢于担当、清正廉洁"新时期好干部标准作为培养使用干部的根本遵循，重点看干部是否在重大政治考验面前有政治定力，是否能树立牢固的宗旨意识，是否能对工作极端负责，是否能做到吃苦在前、享乐在后，是否能在危难险重任务面前勇挑重担，是否经得起权力、金钱、美色诱惑。对理想信念不坚定、政治上不合格的干部，不能提拔使用。严格提名人选、考察人选的党风廉政考察，对有反映应当核查但尚未核查或正在核查的，不提交党组讨论；对有反映但不构成违纪的，从严掌握。

第二，坚持公正使用好各年龄段干部。充分考虑机关部门和直属单位干部队伍建设实际，有效发挥各年龄段干部的作用，努力使那些政治上靠得住、工作上有本事、作风上接地气、踏实干事的各年龄段干部，工作有舞台，发展有机会。

第三，培养优秀年轻干部和残疾人干部。着眼残疾人事业长远发展需要，培养和大胆使用优秀年轻干部和残疾人干部。对确有真才实学、实绩突出的优秀年轻干部，大胆破格使用。有计划地培养、选拔和使用残疾人干部。坚持干部来源五湖四海，上下并重、内外兼顾，注重机关但不局限在机关，重视系统内但不排斥系统外。

第四，注重在基层培养和发现优秀干部。重视在艰苦岗位、基层一线、急难险重任务中培养干部、考察干部。有步骤地安排机关部门与直属单位干部开展双向挂职锻炼，地方残联干部、系统外干部到机关和直属单位进行挂职锻炼。

第五，进一步完善简便易行的选任机制。坚持以事择人、用当其时、用其所长。发挥党组织的领导和把关作用，不搞唯票取人；改进竞争性选拔干部方式，不搞"凡提必竞"，更不搞唯分取人；对已有合适人选且意见相对比较集中的，一般不开展竞争性选拔。公正对待坚持原则、敢抓敢管、真正干事而得票不靠前的干部，该使用的大胆使用。

第六，稳妥推进选任干部的实名制举荐自荐。党组根据需要适时推出待选岗位，在一定范围内采取实名制推荐方式推选初步人选，符合资格条件的干部也可以自荐。研究确定被提名的初步人选，既研究提名人的数量，也研究是谁提的名，逐步建立起干部选拔任用纪实制度，为有效开展跟踪倒查、追究问责提供依据。通过实名制举荐、实名制自荐，大家都对自己手中神圣的干部推荐权力负责，都对整个残联干部队伍建设负责，都来维护"不让老实人吃亏、不让干事的人流汗又流泪"的用人导向。

《关于进一步加强领导干部选拔任用工作的意见》是指导今年乃至今后一段时间里残联干部选任工作的重要文件。文件初稿形成后，先后多次征求了中组部有关部门的意见，多次与张海迪主席研究。党组成员在认真讨论修改的基础上，又将征求意见稿发到机关各部门、直属单位、基金会征求意见，同时征求新宪、乃坤同志等老领导的意见。力求把征求意见的过程，作为统一思想、凝聚共识的过程，作为发扬民主、全员监督的过程。

（三）围绕健全干部选任机制规范工作程序

要把干部选任工作的权力关进制度的笼子里，首先需要群策群力共同扎紧这个笼子。通过扎紧笼子，为务实肯干、敢于担当的干部，提供公开透明、导向明确、程序规范的制度保障；为有效落实党管干部、党管人才原则，提供有章可循、有据可依、有责可追的管理规范。之所以反复修改这个文件，就是希望大家了解掌握党组选任干部的指导思想、工作原则、基本程序、工作过程，确保每个环节都在公平公正中推动，选任工作在规范中得以落实。

在干部工作实践中，大家普遍关心的是能否杜绝暗箱操作、独断专行、不公不正行为。有人可能会猜测，一个领导一个令，新的领导会不会搞"一朝天子一朝臣"？也有人可能会担心，新来的领导对我们不熟悉，好不容易等来的进步机会会不会被耽误了？更可能有人在揣测，"一个好汉三个帮"，新来的领导一定会带一批所谓的"自己人"空降过来。客观地讲，有猜想是人之常情，说明大家对干部工作关心关注。对此，我不想多解释，请大家看行动。我只想告诉大家，党组之所以在规范干部选任工作机制和程序上下这么大的功夫、花这么多的时间，就是要规范党组推进干部工作的行为，按照大家都知道的程序，规范并且透明选人用人的过程。大家把程序规范了解清楚了，就会心中有数了，也就不再毫无依据地猜测了。在工作中，如果看到哪个干部得到了选任的机会，大家都知道，人选是怎么被提名的;哪个岗位来了新同事,大家都明白,选任过程是经历了怎样的工作程序。哪个干部失去了机会,大家都知道,可能在哪个或哪几个环节上还存在着一些问题。

特别是,我们要通过规范和透明干部的选任工作程序,实现组织选人而不是领导个人选人,最大程度地克服可能存在的"圈子文化"的不良影响,最大程度上堵塞可能存在的"跑官要官"、拉帮结派的晋升路径。关于这个问题,习近平总书记特别强调,不能把党组织等同于领导干部个人,对党尽忠不是对领导干部个人尽忠,党内不能搞人身依附关系。干部都是党的干部,不是哪个人的家臣。有的干部信奉拉帮结派的"圈子文化",整天琢磨着拉关系、找门路,分析某某是谁的人,某某是谁提拔的,该同谁搞搞关系、套套近乎,看看能抱上谁的大腿。有的领导干部喜欢当家长式的人物,希望别人都唯命是从,认为对自己百依百顺的就是好干部,而对别人、对群众怎么样可以不闻不问,弄得党内生活很不正常。党内决不能搞封建依附那一套,决不能搞小山头、小圈子、小团伙那一套,决不能搞门客、门宦、门附那一套,搞这种东西总有一天会出事!有的案件一查处就是一串人,拔出萝卜带出泥,其中一个重要原因就是形成了事实上的人身依附关系。为此,党组制定的领导干部选拔任用工作《意见》,干部选任、交流与挂职锻炼工作《计划》,就是要努力从制度、规范、程序上堵塞漏洞,不需解释就能化解一些人的担心、猜测、揣测,让大家都明白内部选人的规范,外部选调的程序。应该内部选人的职位,坚持优先从内部选任。当然,不鼓励也不能搞"矬子里面拔将军"的事。立足职位选人用人,首先考虑事业发展的需要、岗位素质的要求,简单的生拔硬来是不行的。

有一点必须明确,每一个岗位的干部采取哪种方式进行选任,由党组决定。在选任过程中,采取实名制推荐出来的初步提名人选的情况和数量也不一定广而告之;被提名人选最终成为候选人或者由于某种原因没有成为最终候选人,也不一定把理由都公开;一切都由党组集体按照大家认同的程序和规范来落实。否则,就不是坚持党管干部原则了。必须强调,政治上靠不住的干部,不能提拔使用。习近平总书记指出,如果理想信念不坚定、政治上不合格,这样的干部能耐再大也不是我们党需要的好干部。他特别强调,如果德才平平、投机取巧的人屡屡得到提拔重用,而踏实干事、不跑不要的干部却没有进步机会,谁还有心思踏实工作呢?!我们要坚决落实好中央的指示精神。在实际工作中,如果对干部工作过程有异议,可以向党组反映,也可以向上级反映,人事部门必须认真对待,党组更会认真对待。如果发现工作过程中有违反程序规定的问题,据实举报。我们承诺,不管涉及谁,都会严肃查处,绝不包庇。

(四)围绕新时期的好干部标准拓宽识人渠道

这次党组明确了做好干部选任工作的八条路径,这是落实《关于进一步加强领导干部选拔任用工作意见》的具体措施,主要包括:第一,对于"有编缺员"的机关部门主任科员及以下工作岗位,通过遴选、选调、考录等方式有计划、分步骤地做好补充工作;第二,对于"有岗缺员"的机关部门与直属单位局、处级领导干部工作岗位,优先在机关部门和直属单位、基金会范围内开展选任工作;第三,选择机关部门与直属单位的部分领导岗位,有计划地开展双向挂职锻炼工作;第四,对于空缺出来的局、处级非领导职位,有计划地在机关部门和直属单位、基金会范围内开展选任工作;第五,根据机关干部成长实际和工作需要,有计划地开展部分机关干部轮岗与交流工作,这项工作对直属单位没有硬性要求,可参照执行;第六,对于会内无合适人选而工作急需的个别领导岗位,经征求上级领导和中国残联主席同意,在上级组织人事部门指导下,可通过组织选调等方式配备干部;第七,有计划地选择部分机关部门和直属单位的工作岗位,面向地方残联、部委机关、高等院校、科研院所及其他符合条件的事业单位干部开展挂职工作;第八,进一步规范机关部门借用、借调、返聘人员的管理工作。

在这里,我想讲一件事。最近,有位部门负责人给我反映了一些情况,说部门把任务分配了,也就是吹响了启动工作的冲锋号,部门中领到任务的中层干部的表现却不一样:有的中层干部素质很高,很快就打开了局面;有的中层干部悟性很强,领到的任务虽没干过却通过集思广益很快找到了推进的路径;有的中层干部接到任务就有些发愁了,要么工作忙忙叨叨就是不出活儿,要么四平八稳一点儿没紧迫感,上级看着着急,下属跟着无奈,自己心里难受或者无所谓——难受的人是怕丢了好不容易得到的职位,无所谓的人可能是觉得干好干坏一个样。他给我讲这件事,是希望进一步加强干部工作,解决好动力问题、压力问题,让能干事的人及早得到重用,让不能干事的人及早解脱,该调整的干部要下决心调整,否则有些任务很难完成。他说的有一定道理。这说明,抓干部队伍建设,视野不能窄。这次提出拓宽使人用人视野的八条路径,某种意义上也是为了解决这些问题。

需要说明的是,在每个路径的具体计划推进落实上,不搞一年一次的干部选任"大拨哄"或者不同类型干部的选任交流工作"齐步走",要按照"蹄疾步稳"的节奏,扎扎实实、有计划、分步骤地推进。针对具体岗位、具体情况灵活掌握时间安排,干部的选任、人事的调整不设固定的时间表,一年四季中什么时候需要就什么时候调整,逐步实现干部考察工作、干部调整工作的常态化。

二、关于优化"三定"方案的基本思路

做好具体的干部选任工作，需要抓好选人用人岗位的落实。这就要求认真研究机关部门的"三定"方案及机关部门与相关直属单位的职责划分问题。在这个问题上，党组的基本考虑是，在总体稳定的前提下通过优化机关部门与相关直属单位的职责划分，最大程度地盘活现有的机构编制资源，最大程度地激发部门和直属单位的活力，解决好机关部门与直属单位工作中存在的错位、缺位、越位、不到位问题；通过优化机关部门的"三定"方案，具体明确机关部门的工作职能、人员编制、岗位设置，确定哪些岗位出现空缺，需要选配人员。

之所以这样考虑，是因为有一个大背景需要向大家交代清楚。按照党的十八届三中全会精神，中央正在大力推进政府转变职能，推动政事分开、政社分开的改革。近期，中央有关部门正在研究进一步加强和改进群团工作的意见。同时，中央编办也正在开展各部门编制使用情况的调查摸底工作。中央编委在年初下发的《关于开展中央和国家机关机构和人员编制核查的通知》中强调，做好核查工作，实现机构清、编制清、领导职数清、实有人数清，推行机构编制实名制管理，是加快政府职能转变的重要内容，是完成本届政府任期内财政供养人员只减不增目标的基础性工作。核查范围包括机关和事业单位，内容包括机关、事业单位及内设机构的机构设置、人员编制和职数配备及编外人员使用情况等。

在过去几年中，经过不懈的努力，我们争取到了一些直属单位的机构和编制，这是经过艰苦工作获得的。现实中，新争取下来的机构和编制，有些用得不错，有的用得还不好。如果已经争取下来的机构和编制没用好、被收了回去，而事业发展又需要这些编制，这个部门不需要可能另外一个部门需要，那就有问题了。在这种情况下，我们原本想放慢的节奏，现在看需要适度提速了。

为此，党组提出了关于优化机关部门"三定"方案及与相关直属单位职责划分的《工作意见》，正在让各个部门集思广益，目的是通过局部优化盘活存量，发挥好存量的最大效应。下一步，还要结合推进政事分开、政社分开工作，有计划、分步骤地研究推动各个直属单位"三定"方案的优化工作。要强调的是，这项工作要在党组统一领导下分步落实。未经批准，任何单位不能擅作主张，绝不能出现"思路不清力度大，目标不明动作多"的问题，不能出现方案未批准，先设置了一批新岗位、提拔了一批新干部的现象。当然，有的直属单位特别是面向市场进行改革的，调整的机构岗位与事业单位行政级别不对应的，我们是不会干预的。我这里强调需要报批的是，参照公务员管理或者财政拨款的机关部门和相应直属单位的"三定"方案。下面，我介绍一下，党组在这个问题上的基本考虑。主要有四条：

第一，服从大局，总体稳定。通过全面深化改革，完善和发展中国特色社会主义制度，推进国家治理体系和治理能力现代化，是做好中国残联机关部门和直属单位"三定"方案优化工作的大局，我们必须牢牢把握。我们优化"三定"方案必须有利于中国残联更好地履行"代表、服务、管理"职能，必须有利于推进中国特色残疾人事业发展，必须有利于提高残联组织的工作能力。与此同时，国务院明确要求，本届政府任期内，机构编制只减不增，财政供养人员只减不增。李克强总理强调："机构改革要突出职能转变，严控机构编制和人员，确保这两个方面'不突破'。确实需要加强的单位，也应通过改革挖潜调剂解决，总量不能突破。"我们优化部门"三定"方案，必须服从这个大局。因此，开展这项工作的基本立足点就是保持机关部门大的机构设置的总体稳定，重在激发内在活力，重在优化现有的编制资源，只对部门内部的职能、编制、职数做有限度的优化调整。

第二，适应需要，局部优化。大家知道，中国残联机关和直属单位"三定"方案的总体框架是在1999年机构改革前后确定的。以后的多年里，虽然增补了或调整了个别部门，但整体上各个部门的职责表述、人员编制、领导职数等没有做大的调整。经过10多年的发展，中国残联的事业在拓展，残联机关承担的任务在增加。在总编制、总职数整体保持不变的前提下，只有内部挖潜，采取局部优化措施，更好地让部门履行职责，强化必须强化的岗位。

第三，注重互补，留有余地。中国残联是人民团体，不是行政机关，机关部门和直属单位都是履行残联职能的重要组成部分。这次优化的基本思路是，最大程度地解决机关部门和直属单位之间存在的职责错位、管理越位、工作缺位、服务不到位等问题。该机关办的事，不能推给直属单位；该直属单位办的事，机关部门也不能越俎代庖，最大程度地解决有权力的事大家争、没权力的事互相推的现象。从机关部门和直属单位的职责划分上讲，原则上机关部门重点承担反映基本需求、推动政策创新、加强部际协调、督促措施落实、搞好典型带动等职能，直属单位重点强化服务能力提升、主责业务指导、行业服务规范、承接任务落实、前沿问题攻关等工作。同时，在中央正在研究群团组织改革发展思路的背景下，我们做残联机关内部"三定"方案的局部优化工作，必须留有余地。看不准的事，暂时不做；

想不明白的事，论证以后再说。

第四，分步实施，扎实推进。中国残联经过近26年的创新发展，已经形成了比较庞大的组织体系，为新的起点上残疾人事业的新发展奠定了重要基础。从机关部门和直属单位创立和发展的角度看，每个部门、每个直属单位的设立都有其客观必然，现在尤其不能简单地、草率地、过早地对每个部门和单位的未来做出结论。我们已经明确，这次局部优化部门的"三定"方案，不对机关的部门设置做调整，不讨论直属单位的撤并问题，只是对部门内部的基本职能、内设机构、内部编制做优化，对一些部门和相关直属单位的职责划分做进一步的优化。说明这一点，就是请大家安心、放心。另外，对于直属单位的优化工作，这次涉及不多。我们将结合政府推进政社分开、政事分开改革，与各单位一起逐一进行研究，没想明白绝不轻易动作。

三、关于今年加强干部工作的计划安排

今年的工作任务十分繁重，干部工作与业务工作必须做到"两促进、两不误"。我们将在修订印发3个文件的基础上，有计划、分步骤地推进干部工作。重点抓好以下几方面工作。

（一）启动部分领导岗位会内的双向挂职锻炼工作

基本思路是，打通机关部门和直属单位的干部培养锻炼渠道，每年从直属单位、基金会选择一定数量的中层及以上干部到机关部门挂职锻炼，每年从机关部门选择一定数量的干部到直属单位挂职锻炼。挂职锻炼的干部在挂职期间，不占所挂职单位的编制，也不占领导职数。原则上，挂职锻炼的时间为一年。挂职期间，由组织人事部门进行跟踪考核。挂职期满后，原则上还回原单位工作，根据每位干部的实际情况考虑下一步的安排。

（二）分批启动部分"有岗缺员"领导岗位选任工作

按照《关于进一步优化中国残联机关部门"三定"方案及与直属单位职责划分意见（试行）》，进一步优化机关部门、直属单位、基金会领导班子成员职数。在此过程中，结合"有岗缺员"状况和领导干部队伍建设实际，分步提出拟选任的领导干部岗位，面向机关部门、直属单位、基金会开展选任工作。这项工作不搞"一刀切"、"大拨哄"，也不会一次提出所有的岗位，而是分期分批进行，可能每个季度都有这方面的工作。具体安排，党组会专门发通知做出布置。

（三）选择部分领导岗位面向社会接收挂职锻炼人员

为提高残疾人工作专业化、社会化水平，加强各领域、各部门的工作交流，扩大选人用人视野，每年从地方残联、国家部委、高等院校、科研机构和其他符合条件的事业单位选一定数量的干部或专业人才到机关部门、直属单位、基金会挂职锻炼。根据来挂职人员的自身条件，确定相应的挂职岗位和职务。挂职锻炼的人员，不占挂职单位的编制。原则上，挂职锻炼的时间为半年或一年，期满后回原单位。

（四）稳妥慎重开展个别岗位紧缺人才干部的选调工作

对于机关部门、直属单位、基金会领导班子建设急需而又无合适人选的个别领导岗位，经征求上级领导和中国残联主席同意，由党组研究确定岗位，在上级组织人事部门指导下采取组织选调等方式做好工作。

（五）分步开展部分机关干部的轮岗与交流工作

根据各部门工作需要和干部实际，有计划、分步骤地安排一定数量的机关干部开展轮岗与交流工作。机关干部轮岗与交流工作，由机关部门提出人选建议，人事部统筹平衡，党组研究决定。这里明确，原则上第五次全国自强模范与助残先进表彰大会结束前不启动这项工作，希望有这方面想法的干部在本职岗位上做好工作，不要经不起考验。我们要在这一过程中，继续考察干部。

（六）规范机关部门临时借用、借调、返聘人员管理

机关各部门临时借用、借调或返聘人员，要严格执行党组有关规定，一律报人事部备案。同时需要说明的是，接受临时性或一次性重大专项工作且现有人员无法正常完成任务的，经党组批准可以临时借用、借调、返聘人员，但要严格控制人数。

相自成在2014年中国残联人事工作会议上的讲话摘要

2014年4月2日

2014年干部人事工作的基本要求是，坚持党管干部和从严管理方针，围绕中心、服务大局，稳中求进、改革创新，狠抓落实，进一步提高干部人事工作水平，为推进残疾人事业发展提供坚强有力的组织保证。结合学习贯彻中央组织工作会议精神和鲁勇书记在全会干部工作会议上的讲话精神，我今天主要就几项重点工作讲几点意见。

（一）认真抓好习近平总书记系列讲话精神学习培训

党的十八大以来，习近平总书记发表了一系列重要讲话，提出了许多治国理政的新思想、新观点、新要求，是我们做好各项工作的行动指南。认真学习习近平总书记系列讲话精神，是今年干部思想理论教育的主要内容。中组部专门下发通知，对这项工作进行部署，要

求6月份前对县处级以上干部进行一次至少5天的集中轮训。根据中组部要求,结合我会实际,我会领导干部轮训工作将按照分级负责、统分结合的方式进行。分级负责就是,副部级领导干部按照中组部统一安排,分批参加中央党校组织的领导干部研讨班;机关处级以上干部和直属单位班子成员将于6月份在体管中心进行集中轮训,具体轮训安排将另行通知;各单位中层干部由本单位组织集中培训,要保证培训时间和培训内容,并按要求在6月底前完成。统分结合就是,为了充分用好培训资源,提高培训成效,把领导干部学习培训工作与党组中心组理论学习结合起来,集中组织领导干部听辅导报告,分批组织学习原著和讨论交流。按照中组部要求,我会干部轮训工作结束后,要写出轮训情况报告并报中组部。各单位组织中层干部学习培训情况也要及时报告人事部。

(二)认真学习贯彻新修订的《党政领导干部选拔任用工作条例》

2014年1月14日,中央印发了新修订的《党政领导干部选拔任用工作条例》。新条例体现了中央对干部工作的新精神、新要求,吸收了干部人事制度改革的新经验、新成果,根据新形势、新任务对干部选拔任用制度进行了改进和完善,是做好党政领导干部选拔任用工作的基本遵循,也是从源头上预防和治理选人用人不正之风的有力武器。机关各部门、各直属单位都要认真组织学习条例,特别是各级领导干部要带头学习和遵守条例。新条例与原条例相比较,有许多新的东西,学习中一定要做到正确理解、融会贯通,落实中要注意准确把握、严格遵守。这次人事工作会议上,还要组织大家进行专门学习。

特别需要强调的是,贯彻落实条例一定要严肃、认真、规范。会党组刚刚研究出台了《中国残联关于进一步加强领导干部选拔任用工作的意见》,对我会选拔任用领导干部工作进行了细化和规范。事业单位在实行人员聘任制的同时,干部选拔任用和职级晋升工作也要参照《领导干部选拔任用工作条例》和有关文件精神,也要执行《中国残联关于进一步加强领导干部选拔任用工作的意见》。据了解,有的单位在干部职务晋升过程中,存在突破条例规定的任职资格条件的现象。按照条例规定,干部突破任职资格条件要报上级批准后方可实施。党组还明确要求,各单位一次提拔干部人数较多时也要事先请示报告。近几年来,随着新进人员学历层次和素质的提高,很多年轻干部工作中表现得很优秀,单位领导希望给年轻干部多压担子,加强培养,进步快一些,这是必要的。但是,多压担子并不是只有职务晋升一条路,更不能把多压担子等同于破格提拔。人事工作干部特别是人事处长,一定要为单位领导当好参谋助手,确保本单位干部工作规范有序。2014年初,中央组织部印发了《关于加强干部选拔任用工作监督的意见》,明确规定,对违反规定做出的干部任用决定,一律宣布无效,按干部管理权限予以纠正。加大违规用人案件通报、曝光力度,发挥警示震慑作用。建立倒查机制,强化干部选拔任用责任追究。凡出现"带病提拔"、突击提拔、违规破格提拔等问题,都要对选拔任用过程进行倒查,问责到人。各单位一定要结合学习贯彻《领导干部选拔任用工作条例》,对本单位干部选拔任用情况进行认真自查,发现问题及时纠正。

(三)加大机关干部和直属单位、基金会干部选任、交流与挂职锻炼工作力度

2014年,党组在推进干部队伍建设上有一系列新举措,特别是机关干部和直属单位、基金会干部选任、交流与挂职锻炼工作力度不断加大。昨天,党组会刚刚研究通过了关于干部选任、交流、挂职工作的4个文件。这是继2013年11月份推出《关于加强干部工作的规定》后,对干部工作进一步的制度规范,也是党组学习贯彻十八届三中全会精神和习近平总书记系列讲话的重要成果,大家一定要把党组的4个文件学习好、领会好、落实好。党组在干部选拔任用工作上,提出了坚持新时期好干部标准、公正使用各年龄段干部、注重培养优秀年轻干部和残疾人干部、注重在基层培养和发现干部、逐步完善选人用人机制、稳妥推进实名制举荐自荐六条基本原则,突出强调了拓宽选人用人渠道和范围、不唯票取人、不唯分取人、不搞"凡提必竞"、加强干部监督等措施,这是今后干部工作的重要导向。党组还对加强机关干部和直属单位、基金会干部双向挂职工作进行了专门部署,提出了明确要求。这次开展干部挂职工作,既不是为了派人到机关帮助工作,也不是为了给机关干部补上缺少的基层经历课,而是党组着眼于干部队伍的长远建设,更好地培养和锻炼干部,发现和考察人才。各部门、各单位一定要提高思想认识,树立大局观念,认真抓好落实,切实推荐能力强、素质高的年轻业务骨干进行挂职锻炼,为事业发展培养人才,为干部进步创造条件。

(四)加强机构和人员编制管理工作

2014年初,中编办下发《关于开展中央和国家机关机构和人员编制核查的通知》,部署开展机构和人员编制核查工作。通知强调,做好核查工作,实现机构清、编制清、领导职数清、实有人数清,推行机构编制实名制管理,是加快政府职能转变的重要内容,是完成本届政府任期内财政供养人员只减不增目标的基础性工作,对于规范机构编制管理、盘活机构编制资源、严肃机构编制纪律具有重要意义。核查范围包括机关和事业单位。核查内容包括机关、事业单位及内设机构的机构设置、人员编制和职数配备及编外人员使用情况等。核查要求，机关、各事业单位都要真实、准确、完整、及时地填报机构和人员编制信息，不得提供虚假信息，不得瞒报和故意漏报，不得拒报和无故迟报。对于违反核查工作纪律的，监察部门要严格追究相关责任人的责任，并在一定范围内予以通报。希望各单位抓紧对本单位机构和人员编制情况进行自查，对存在的问题先期进行整改，为落实中央编委的核查要求做好准备。

目前，我会经中编办批准成立了事业单位15个，特别是近几年，在国家严格控制机构编制的情况下，我会积极争取中编办支持，成立了视障文化中心，在康复科学所加挂了残疾预防与控制研究中心的牌子，增加了残疾预防与控制的职能，为康复中心增加了编制。几年来，经过不懈努力，累计为事业单位增加了700多个编制，这为开展残疾人事业相关业务工作提供了更有利的条件。但是，我们也要清醒地看到，按照中央规范机构编制管理要求，有些单位在编制管理和使用上还有不规范的地方。按照新一届政府的规定，机构和编制只减不增。我们一定要珍惜争取来的机构和编制，切实把现有机构和编制使用好、管理好，发挥最大效能。

（五）认真做好领导干部个人有关事项报告工作

实行领导干部个人有关事项报告制度，是促进领导干部廉洁自律、加强领导干部队伍建设的一项重要举措。中组部专门印发了《领导干部个人有关事项报告抽查核实办法》，最近，中组部还专门召开会议，对这项工作进行部署和业务培训。领导干部个人有关事项报告将是常态性工作，各单位一定要高度重视，切实抓好落实。按照工作要求，党组成员的报告材料报中组部，机关部门局、处级干部和直属单位、基金会班子成员的报告材料报人事部，各单位中层干部的报告材料由各单位管理。要求对该项工作有专人负责，专门的计算机和专门的软件建立数据库，专柜存放材料。当前的主要任务，一是要保证每位领导干部的有关个人事项报告全面、准确、符合要求，二是分级建立信息系统，三是分级对情况进行汇总上报，四是按要求的比例和数量进行抽查核实。今后，选拔任用领导干部时，都要查看个人有关事项报告，对报告事项不真实的不能提拔任用。

从目前掌握的情况看，各单位对领导干部有关事项报告工作都很重视，认真组织了填报工作。但也有个别同志填报的内容还不够完整，有漏填的现象，也有个别内容填写不够准确。希望在报告事项信息库建立过程中，大家相互配合，把报告内容搞准确、写完整，为迎接上级抽查做好准备。

（六）继续做好规范领导干部在企业兼职（任职）工作

2013年底，中组部印发《关于进一步规范党政领导干部在企业兼职（任职）问题的意见》，并随后印发了对执行文件有关问题的答复意见，进一步阐释有关政策把握。前段时间，人事部已将中组部的两个文件转发到各部门、各单位，并在全会进行了初步摸底，党组将对各部门、各单位初步上报的领导干部在企业兼职（任职）情况，研究提出清理规范意见，并上报中央组织部。各单位要注意及时了解掌握领导干部（包括退休的领导干部）在企业兼职（任职）情况，严格按中组部文件精神进行规范，该事前备案的一定要备案，该报告的要及时报告，对不符合兼职（任职）要求的坚决不能批准，对不符合兼职（任职）要求而已经兼职（任职）的要坚决退出。按照中组部文件要求，清理工作完成后，如再发现领导干部有违规在企业兼职（任职）或领取报酬隐瞒不报的行为，一经查实，要按照有关规定严肃处理。领导干部在其他营利性组织兼职（任职），也要按照中组部的两个文件精神执行。

对规范领导干部在企业兼职（任职）工作，各单位一定要高度重视，积极做好宣传教育工作，确保中央文件精神的贯彻落实。规范领导干部在企业兼职（任职）工作，既是对在职干部的要求，也是对已离退休干部的要求。各单位一定要认真摸排，严格把关，按照干部管理权限和要求规范管理。

在认真完成以上重点任务的同时，要继续抓好干部日常管理、人才队伍建设、劳动工资管理、老干部服务管理和人事干部队伍自身建设；按照上级统一部署，认真做好事业单位分类改革工作，确保干部人事工作全面推进、重点突出、整体提高。

同志们，2014年干部人事工作任务很重、要求很高。我们一定要把握大势、找准定位，加强研究、科学推进，高质量做好工作、高标准完成任务。各单位负责人事工作的领导和人事干部一定要始终保持良好的精神状态和过硬的业务素质，严格要求、率先垂范，尽职尽责、敢于担当，努力推动我会干部人事工作不断迈上新台阶，为实现残疾人"同步小康"提供坚强的组织人事保障。

鲁勇在中国残联机关和直属单位青年干部培训班上的讲话摘要　2014年4月28日

推动残疾人事业发展，需要一代一代残疾人工作者的不懈努力。为此，我谈几点希望，供同志们在工作实践中参考。讲五句话，一是政治上靠得住，二是工作上有本事，三是实践中敢担当，四是作风上接地气，五是做人上有底线。

第一，政治上靠得住。就是要不断加强思想理论修养，有理想信念，有政治定力，自觉同以习近平为总书记的党中央保持高度一致，既不人云亦云，也不随波逐流，更不能当墙头草。习近平总书记强调："如果理想信念不坚定，政治上不合格，这样的干部能耐再大也不是我们党需要的好干部。"希望大家认真领会这些话的深刻含义。

最近，党组正在推进干部选任工作，基本思路就是把"信念坚定、为民服务、勤政务实、敢于担当、清正廉洁"新时期好干部标准作为培养使用干部的根本遵循，重点看干部是否在重大政治考验面前有政治定力，是否能树立牢固的宗旨意识，是否能对工作极端负责，是否能做到吃苦在前、享乐在后，是否能在危难险重任务面前勇挑重点，是否经得起权力、金钱、美色诱惑，让想干事、能干事、能干成事的人有机会、有舞台，最大程度地不让老实人吃亏，不让那些实实在在干事、不跑不要的人流汗又流泪。希望大家通过加强修养和实践历练，都能成为政治上靠得住的人，成为忠诚于中国特色残疾人事业的实干家。

第二，工作上有本事。习近平总书记指出："光有思路和部署，没有优秀的人才来干，那也难以成事。"要想成为优秀的人才，重要的是工作上要有本事；要想有真本事，就必须不断学习。在座的各位，60%以上都有研究生学历，其中还有为数不少的博士生，这是非常可喜的，也是高起点做事、做成事的重要基础。但我要告诫大家的是，进入工作岗位后，既要把已获得的学历当回事儿，也不要把这个学历太当回事儿。当回事儿，就是要珍惜起步时的高起点储备；不要太当回事儿，就是不能躺在已有学历的储备上。我在美国读书的时候，一位美国房东老太太给我讲过的一句话，我至今还记忆犹新，那就是"The more you know, the more you know you don't know"（知道的越多，知道自己不知道的也就越多）。大家进入一个新的岗位，随着时间的推移都会感悟到，对这个事业知道得越多，就会知道要做好这个事业，需要自己进一步学习掌握的东西也就越多。

有学历和有本事是有区别的，有学历是有本事的基础，但有了学历不等于就能做成事。做事特别是做成事，既需要知识，更需要智慧。知识和智慧也是有区别的。一位资深的领导干部曾经这样总结两者的区别。他说，知识和智慧是两个不同层次的概念——知识是模仿，智慧是创造；知识是被动地接纳，智慧是主动地渗透；知识是把书本和表象摄入底片的照相机，智慧是洞悉穿刺事物本身和内核的透视仪；知识是死的，可以传授和学到，智慧是活的，只能悟到和借鉴。他这样分析，虽不很科学，但也说明一定的道理。我曾听过不少大学毕业的同志发出过这样的感慨，就是"上完大学，才知道怎样上大学"。尤其是面对全新的舞台、创新的事业，只有不断加强学习，掌握新知识，摸索新规律，才能成为有本事推动工作的优秀人才。我记得八十年代青年人中曾经流行着这样一句话，那就是"未来的文盲不是不识字的人，而是不会学习的人"。也就是有了这种动力，一批因"文革"失去深造机会的年轻人，通过在工作岗位上、业余时间里不断学习，成长为各行各业的栋梁。

在这里，我想和大家再重温一下毛泽东同志曾经讲过的一段话，这段讲话对我们大家增强不断学习的动力都会有所启发。他是这么讲的："我们的队伍里边有一种恐慌，不是经济恐慌，也不是政治恐慌，而是本领恐慌。过去学的本领只有一点点，今天用一些，明天用一些，渐渐告罄了。好像一个铺子，本来东西不多，一卖就完，空空如也，再开下去就不成了，再开就一定要进货。我们干部的'进货'，就是学习本领，这是我们许多干部所迫切需要的。"习近平总书记要求我们要"爱读书、读好书、善读书"，真正把读书学习当成一种生活态度、一种工作责任、一种精神追求，自觉养成读书学习的习惯，真正使读书学习成为工作、生活的重要组成部分，使一切有益的知识和文化入脑入心，沉淀在我们的血液里，融汇在从政从业行为中。我想，再过十年，当今天参加培训班的同志再聚首的时候，人们就会发现，彼此之间出现的差距并不完全是由进入新职业之初学历高低所决定的，差距的背后是这十年中谁更善于不断地学习和锻炼。

第三，实践上敢担当。大家都希望在自己的岗位上做出一番事业来，而要想成就一番事业，光有想法还不够，还要有敢于担当、善于担当的实干精神。邓朴方主席早就告诫我们，残疾人工作者手中无权无钱，工作难度也就特别大。如果满足于按部就班，要么太慢，要么干不成。只有像板上钉钉那样，硬挤硬钻，才能推得动。

敢于担当，意味着要有坚定的信念、科学的方法、敬业的精神和忘我的境界。敢于担当，意味着要有执着的坚守，要忍受得住寂寞，要放弃一些享乐的时光，要俯下身子奋斗实干。目前，一些不良的社会风气、职场习气、庸俗的潜规则对年轻干部的健康成长是有严重危害的。习近平总书记曾尖锐地指出："现在，一些干部中好人主义盛行，不敢批评，不愿批评，不敢负责、不愿负责的现象相当普遍。有的怕得罪人，怕丢选票，搞无原则的一团和气，信奉多栽花、少栽刺的庸俗哲学，各人自扫门前雪、不管他人瓦上霜，事不关己高高挂起，满足于做得过且过的太平官；有的身居其位不谋其政，遇到矛盾绕道走，遇到群众诉求躲着行，推诿扯皮、敷衍塞责，致使小事拖大、大事拖成大祸；有的为人圆滑世故，处事精明透顶，工作拈轻怕重，岗位挑肥拣瘦，遇事明哲保身，有功劳抢得快，出了问题上推下卸。更可怕的是，这样的人有些还混得左右逢源甚至如鱼得水，付出的比别人少，得到的比别人多。这种不求有功、但求无过的'圆滑官'、'老好人'、'推拉门'、'墙头草'多了，党和人民事业还怎么向前发展啊？这些问题危害极大，必须下大气力解决。"希望我们大家都要引以为戒。

第四，作风上接地气。目前，正在开展的党的群众路线教育实践活动，把为民、务实、清廉作为主题，把解决官僚主义、形式主义、享乐主义、奢靡之风作为整改重点。年轻干部也要自觉克服这些脱离群众、脱离实际的不良风气。怎样才能接地气？要想真正接地气，就要像邓朴方主席强调的，要深入到残疾人中去，和残疾人绞在一起、滚在一起；在心目中要把自己拿下来、把群众放上去，把自己扔到下边、把群众供到上边。要踏踏实实地把工作做到残疾人身边，切实为残疾人解难题、办实事、谋福祉，把残疾人高兴不高兴、满意不满意、赞成不赞成、答应不答应作为想问题办事情的出发点和归宿。

关于这一点，张海迪主席特别指出，密切联系残疾人群众是我们的最大优势，脱离残疾人群众是我们的最大危险。每一位残疾人工作者都要与残疾人心连心，成为他们的朋友，成为他们的亲人。一定要察实情、说实话、办实事、见实效。要深入基层，多到最困难的地方去，多到残疾人最需要的地方去，把工作做到乡镇、社区（村）和残疾人身边。要始终保持艰苦奋斗的优良作风，勤俭办一切事情。希望我们大家都要牢记在心，落实于行。

第五，做人上有底线。经济学有一个命题，那就是有权力、有资源的地方就有可能有"寻租"的空间，没有"寻租"的空间也有可能有"造租"的机会。由此，经济学产生了一个学科分支，就叫"寻租经济学"。"寻租"、"造租"，和权力、资源有关，和"廉"字更有关。我说守住做人的底线，既包括伦理道德底线，也包括守住"廉"字这个底线。

关于守住"廉"字这个底线，我在2014年3月召开的廉政工作会上特别讲了四句话，廉字必须内化于心，廉洁必须实化于行，廉政必须固化于制，倡廉必须强化于责。廉字内化于心，就是要视廉字为头上紧箍、手中戒尺。对所能行使的权力心存敬畏，无论大小，行使前都先掂量掂量；对所能掌控的资源心存敬畏，不管多少，决策前都先合计合计。因为，不小心，就会卷入挡不住的风情；不上心，就会陷入抗不住的诱惑；不经心，就会吞下躲不及的糖弹；不甘心，就会跳出耐不住的寂寞。

现在一些单位的干部中有一些不良现象，警惕不够，随时有可能被传染，一旦养成坏毛病改起来就难了。对这些现象，习近平总书记曾指出："有的心浮气躁、跑官要官，到处拉关系、找门路、搭天线；有的组织观念淡薄、纪律松弛，信口开河、口无遮拦；有的办事拖拉、推诿扯皮，浑浑噩噩混日子，上班时间斗地主、嗑瓜子、玩手机、逛淘宝，甚至随意离开工作岗位外出溜达消遣；有的作风漂浮、落实不力，工作底数不清、基层情况不明，唱功好、做功差；有的工作'中梗阻'，对上级交办的任务找客观原因顶着不办，对群众要办的事情找各种理由拖着不办；有的不关心群众冷暖，责任心不强，坐等上门多、主动问需少，用上网代替上门、用通话代替见面，遇到矛盾绕道走；有的工作不专心，在位不在岗，天天'走读'，有事找不着人，领导职责空置；有的弄虚作假、欺上瞒下，哄骗上级、糊弄群众；你有圈子，我有圈子，大家竞相找圈子、入圈子、织圈子，把人际关系搞得越来越庸俗。一些干部因此误入歧途，走上违法犯罪道路。"习近平总书记这些语重心长的话，希望我们大家都能常记耳边，践于日常。

鲁勇在中国残联领导干部会上的讲话摘要：始终坚持作风建设永远在路上，为残疾人事业不断迈上新台阶提供有力保障

2014年9月26日

今天，在中国残联"六代会"闭幕一年之际，我就加强干部队伍建设再强调几点意见，也算是一次党课吧。如果对党组多次苦口婆心的警示或劝诫仍不警觉，觉得没有什么了不起也不必小题大做，或者以为说说就行了，没必要也不会动真格的，那就大错而特错了。下面，我重点强调三个问题。

一、推动残疾人事业在新的征程中不断迈上新台阶，必须坚持不懈地抓好抓实干部队伍的思想作风建设

推动我国残疾人事业在新的征程中不断迈上新台阶，是习近平总书记在今年5月会见第五次全国自强模范暨助残先进表彰大会代表时提出的明确要求。他特别强调，各级残联要发扬优良传统，切实履行职责，为残疾人解难、为党和政府分忧，团结带领残疾人继续开创工作新局面。我们的优良传统是什么呢？我个人理解就是要始终秉承"人道、廉洁、服务、奉献"精神。我们开创新局面要靠什么？我想也要靠这种精神的不断弘扬。邓朴方主席在中国残疾人基金会成立30周年纪念会上深情地说："我非常怀念上世纪八十年代。那时候，我和我的战友们都是理想主义者。我们保持着全心全意为人民服务的宗旨，高举着人道主义的大旗，研

和探索中国残疾人事业的发展路径。大家满怀理想，追求目标的高尚，追求道德的完善，不图名，不要利，只要事业，只要服务，甚至抛家舍业，日以继夜、夜以继日地一心扑在工作上。正是缘于这种对理想主义的追求，才使我们这支队伍，逐渐养成了一种人道、廉洁、奉献的风气。"邓朴方主席的讲话，深刻地诠释了我们的优良传统和作风，也值得我们这一代残疾人工作者时时对照反思。

我们的干部队伍整体上是非常好的，思想作风建设是富有成效的，这是主流，必须充分肯定。同时也要看到，社会上各种不良风气对我们也是有影响的，稍一懈怠就有可能出现问题。最近，上级纪检部门几次问到有关同志的情况，我们的机关纪委也接到了一些情况反映。如果反映的问题属实的话，那将是非常严重的。这个现象让我们警醒，更让我们深刻地体会到不断加强思想作风建设的极端重要性。

我们反复讲，加强干部的思想作风建设就像爬坡，每向上走一步都须付出努力。织成一件毛衣需要一针一线花费很多时间，而拆一件毛衣只需轻轻一拉；线头秃噜了如不及时控制，一件毛衣离散成一团毛线就不远了。特别是，没有优良的作风，推动事业发展也做不好。

思想不解放，思路打不开；认识不统一，力量难凝聚；作风不转变，实事难落地。我曾在第十二次理事会扩大会上举过两个例子，这里不妨再讲一下。我们在研究工作中，负责推动疾人基本服务状况和需求专项调查、负责APEC主题边会筹办工作的牵头部门负责人向我们介绍了有关情况。听后令人很感动，也很振奋。

比如，同志们讲到，年初在刚刚启动一些重点工作时，面对着不同的议论，可以说当时牵头推动这些工作的部门主要负责同志面临很大压力，但他们没有退缩，也没有放弃。在工作中，他们没有简单地硬推硬压任务，而是采取不争论、多沟通的探索态度。他们和有关同志一起研究实施方案，走一线、搞试点、进基层、听呼声，在实践中不断消除思想上的误解，破解工作落实中的难题，在干中打开思路，在做中凝聚共识。半年多的时间过去了，情况发生了很大变化。随着工作成果的逐步显露，认识统一了。参与工作的同志都看到了抓这些的重大意义，有些干部在谈论认识时比有的领导干部还深刻、还有高度，而原来的一些误解和不理解逐渐消失了。目前，很多参与工作的同志不用扬鞭自奋蹄，原来被动接受任务的，现在主动性非常强。在此，我要向牵头推动这些工作的同志表示敬意和感谢！你们不仅推动了工作，更做了耐心细致的思想工作，激发了斗志、凝聚了力量。我坚信，只要保持住这种劲头，一定能取得良好的成果，从中也能锻炼出一批创新精神强、思想作风过硬的干部队伍。

但是，是不是所有的干部在推动工作中的认识问题、思路问题都解决了呢？我看未必。我们都在观察，工作中一些同志还在按照惯性的思维、惯常的做法、定型的程式在那儿按部就班地抓、平铺平摆地推，没有一点改革创新的劲头，没有一点敢于担当的精神；有的推工作抓不住牛鼻子、分不清轻重缓急，稍微碰到点儿难题就退缩了，缺乏必要的钉钉子精神。看到这种现象，我们很忧心，干部也有意见。试想，干工作时摆的是流水席，那么到年底总结时交出的答卷也可能就是个流水账，可圈可点的东西提炼不出几个。

攥不紧指头就难打出有分量的拳头，抓工作也是这样，没有集中发力就难以看到重点突破的希望。我曾在第十二次理事会上布置了个任务，今年年底在机关部门和直属单位总结工作时，组织评选一下本年度内各部门、各单位做出的有影响、有带动促进作用的若干件工作。看一看，哪些是机关部门、直属单位直接推动抓出来的，哪些是基层主动抓而由部门汇总得来的，哪些是多年来积累而现在不用太费力就能取得成果的。抓抓这件事非常有好处，既可以反思工作，也可以考察工作绩效。当然，这样做不是强调每一个部门、每一个单位做每一样工作都追求轰轰烈烈，有些工作看的是基本功、扎实劲，比如机要、档案、劳资、信访、项目落实、政策落实，等等。理解偏了、做偏了，变成了追求政绩工程、面子工程，只看领导的好恶做事，那就要出问题了。

我们的人手有限、精力有限、时间有限，面对繁重的任务，只有抓住重点才能有所突破，否则就会像邓朴方主席讲的，要么太慢，要么干不成。如果对已经确定的重点工作、创新性任务有不同的认识和看法，这很正常，我们可以交换意见。只要你说得对，我们就改正。但如果不说也不办，到年底再强调办不了、办不成的理由，那相关部门就要反思了，我们也要思考：是认识问题还是思路问题，是态度问题还是精力问题，是方法问题还是能力问题，是保障问题还是用人问题？根据情况，采取有针对性的解决措施。

二、坚持以鲜明的用人导向促进思想作风建设，努力为残疾人事业不断迈向新台阶提供有力保障

邓朴方主席在"六代会"闭幕式上强调，不可否认，由于长期执政、市场经济环境等多种原因，我们的党风受到前所未有的挑战。这是关系生死存亡的问题。残联也不例外，外部的冲击、内部的松懈，一直在破坏着腐蚀着我们的队伍。他告诫我们，要坚持理想信念，不要丧失意志；要有更高的道德追求，不要随波逐流；

要兢兢业业，不要惰情因循；要艰苦奋斗，不要贪图享乐；要求真务实，不要弄虚作假；要谦虚谨慎，不要骄傲自满；要生气勃勃，不要暮气沉沉；要弘扬一心为民、夙夜在公的正气，杜绝以权谋私甚至腐化堕落的邪气。张海迪主席在第二十八次全国残联工作会上强调，要切实改进工作作风，密切与残疾人的血肉联系。一些基层政府部门办事"门难进、脸难看、事难办"的现象，在残联系统存不存在？残疾人给我们打电话、来残联，我们有没有敷衍甚至推诿？我们一定要以教育实践活动为契机，紧抓作风建设。落实中央的要求、领导的指示，党组始终坚持教育先行。同时，必须坚持把加强思想作风建设同落实鲜明正确的用人导向结合起来，通过树立鲜明正确的用人导向，带动干部有效践行"三严三实"，做到严以修身、严以用权、严以律己，谋事要实、创业要实、做人要实，在推动事业创新发展中带出一支合格的干部队伍。这里，从做好选人用人工作角度，和大家沟通交流一下思想。

我们始终没忘新一届党组、理事会成立时做出的风清气正带队伍、团结和谐干事业的承诺，也始终记得中国残联"六代会"后老领导讲过的话：优良传统不能丢，干部队伍不能断档！在"六代会"闭幕后，我们立即着手对干部特别是领导干部队伍状况进行分析。坦率地讲，机关部门和直属单位领导干部的年龄结构状况是我没有想到的。大家都是残联的干部，在此我不妨向大家晒晒咱们的家底。

据统计，从今年起至未来的4年间，机关部门和直属单位将有37名局级领导班子成员陆续退休，这还不包括处级及处级以下到达正常退休年龄的干部。而仅从现有可以备选的干部数量上看，却存在着明显的年龄断档问题。截至今年5月底，机关在岗的正局级干部平均年龄近57岁，副局级干部平均年龄近53岁，而40至50岁之间的局级领导干部很少，缺少一批这一年龄段的局级干部，同时还有多个局级岗位在岗缺员。直属单位班子成员平均年龄近54岁。机关正处级干部平均年龄46岁多，机关副处级干部平均年龄接近44岁，而30至40岁之间的正处级干部只有2名、副处级干部只有7名，缺少一批这一年龄段的正处级和副处级干部。

大家知道，按照干部管理规定，对于选任局、处级领导干部而言，副职提为正职至少要有2年的任职经历，正职提为上一级的副职至少要有3年的任职经历，有些岗位还要有两个甚至两个以上正职岗位的任职经历。提任局级非领导职务，至少有5年的下一级任职经历；提任处级非领导职务，至少有4年的下一级任职经历。不能想象，4年后召开第七届全国代表大会的时候，工作总结得很精彩、未来勾画得也很美好，但骨干力量由于年龄原因陆续交棒，却没培养锻炼出能够顺利接棒的各级干部。特别是残联的工作有着很强的延续性和特殊性，如果没在残联工作岗位上实际历练过几年的干部，很难一下子承担起有关部门和直属单位的局、处级领导重任。为此，我们不得不加快选任干部的步伐，否则党组就是失职，各个单位党委也是失职。这也是今年以来已经开展了三次干部选任工作，年底前后还要开展一次干部选任工作的一个直接原因。今后每年都要常态化选任干部，但不一定成批地搞，成熟一个选任一个。

之所以向大家通报这些情况，是相信大家，也希望大家在加快培养锻炼各级领导干部特别是年轻干部问题上达成共识、营造有利的氛围。在这个问题上，党组经过深入研究，态度是非常明确的。主要有这么几条：

第一，按照新时期好干部标准落实用人导向。

用一贤人则群贤毕至，见贤思齐就蔚然成风。习近平总书记强调好干部有五条标准，就是"信念坚定、为民服务、勤政务实、敢于担当、清正廉洁"，我们每个人要时常对照自省找差距。今年以来，党组出台的几个干部工作方面的措施也都强调了这一点。目前，用人的机会很多，希望每位干部在打好自身基础下功夫，努力做到政治上靠得住、工作上有本事、作风上接地气、做人上有底线、学习上不松劲。

当然，机遇是为有基础的人准备的，没有基础再好的机遇也有可能擦肩而过。这里再次强调，不要以为实职领导岗位空出来了，就会论资格、讲排队，好像某个岗位理所应当就是某个人了，不给就有意见、闹情绪。我明确地讲，党组在选用干部特别是选任实职领导干部问题上，根本不会把这一条放在最重要位置来考虑。我再次强调，选任实职领导干部，不能送待遇，也不是选"老好人"，而是要选能够带兵打仗特别是能带兵打胜仗的干部。选这样的领导干部，要坚持五湖四海不能有局限，要看德能，要看潜力，重人品看实绩，最后才看资历，用群众的话讲就是看有没有这个本事。

第二，优先选好用好会内的各年龄段干部。

我们各个年龄段都有一些优秀的干部在那里勤勤恳恳、默默无闻地干工作，在与大家共同战斗的一年时间里，我更切身体会到了这一点。党组用人的导向是很明确的，大家可以看到，今年以来已有11名会内的干部走上了副局级、正局级领导岗位，包括各年龄段的领导干部；还有4名干部走上了正副处级领导岗位，不久前又公布了4名处级干部的考察人选。今天，大家还要就7名局级岗位、3名处级岗位的入围人选进行测评。

为了选好用好各年龄段的干部，我们对机关100多位干部每个人的状况都进行过认真的分析，我也希望每个直属单位的领导班子对自身队伍状况做好细致分析。比如说，从机关部门的干部任职年限上看，在正处级干部中任职 10 年以上的有 7 名，在副处级干部中任职 8 年以上的有 6 名，在正科级干部中任职 4 年以上的也有 10 名，其中不少是勤勤恳恳、扎实工作的优秀干部。现在机会很多，我们对所有的干部包括上述干部一直在多方面考察，其中一个重要方面就是看他的德能和工作状态，特别是看他对待与自己条件差不多的人得到升迁机会时的态度。现在是和平时期，看一个干部的德，最直接的就是看在涉及个人切身利益问题上他的态度和言行。现在看来，大多数人沉得住气，坦然处之；但也有个别人沉不住气，心浮气躁，用群众的话说，就是太着急了。

我要郑重说明，选任干部特别是选任实职领导干部不会只看任职年限。任职年限只是一个最起码的条件，这个道理绝大多数人都懂，但有的人就是想不明白，似乎以为，自己的任职年限够了，就必须提拔；刚到了一个新岗位没干几年，就琢磨着怎样更快地向更高的台阶迈进，为达此目的而下功夫经营关系，干自己认为能够为自己加分、在领导面前露脸的事，领导看不见的事、花工夫多而见效慢的事不愿干或者躲着走。我要警醒这样的人，现在你还这样想、这样做，就是不识时务，就是看不清形势了。

干部的选任是有标准的。很多人都知道，过去当了多年后备干部的人，没有提拔的有的是；在同一个职级上，一干就是十多年甚至更长时间的也有的是。我在北京市工作过多年，有的人工作了一辈子，最终能当上个处级干部就是很优秀的了，能当上局级干部的绝对是凤毛麟角。我原来工作过的宣武区，区委管的各类干部数千人，能够当上副区长级也就是副局级干部的只有 20 来人，能够当上正局级实职领导干部的最多 4 个人。如果上级从其他部门和单位交流来新的干部，本区内能够提拔到这个级别的人就更少了。我在房山区委分管干部工作时，管理的处级干部近千人，而局级干部的职数也就 20 多个。当个处级干部，会是数十人里挑一；当个局级干部，至少是百里挑一。因此，有"到了年头就必须提拔"念头的人，不提拔就闹情绪、有意见的人，我劝你最好别在这方面动心思。多说一句，如果只看年限，凡是到了任职资格年头的都必须提拔，那么很多人论资历、讲工作年头早都该当省部长级或更大的官了！事实如此吗？根本不是。

我们倡导，干部要多看别人的优点。不过，在实践中我们也看到，个别人却不是这样，自觉不自觉地总拿自己的优点比别人的缺点。在他的眼里，论提拔，似乎谁的条件都不如他；而在别人眼里，论干事，特别是干急事、难事、苦活儿、新活儿，却很难想到也很难看到他的身影。有的干部自我感觉良好，但表现出来的却是眼高手低。当一个需要担当、需要付出、需要创新的工作到来的时候，躲在一边不发声；而当一个提拔的机会来临的时候，却冲到了前面。似乎不选拔他，组织上就对不起他。我要敬告有这样想法的同志，在有这个想法之前首先想一想，你的工作投入、工作能力、工作业绩是否对得起你现在担任的职务所需？干工作挑肥拣瘦、耍小聪明的人，你也没资格讲组织上对不起你。

也许有的人会说，之所以才能没有展现出来，是因为没让他坐到那个位置上，这话看怎么说。有的人，连目前给的任务都抓不好、做的工作别人都不放心，再给别的任务时组织上肯定要掂量掂量了。我曾经推荐过一本书，叫《后知后觉》。书中讲过一段很经典的话："对领导干部来说，无功即是过，不干事是最大的错误。这种占着位子不想干事的干部，比那种虽然有错误但想干事的干部要差许多。"李克强总理在国务院廉政工作会上也强调，某种意义上讲不勤政也是一种腐败。我觉得这些话讲得很有道理。当然，想干事也不能乱干事，没规矩、乱干事的人是要特别注意的。我下班后，时常到机关楼里转一转，经常看到一些干部在那里主动加班。当然也看到，刚到下班点甚至还没到下班点就人走屋空的情况。特别是，我要再一次严肃批评有些现象。有时在下班后到楼里走一走，看到有的部门的负责同志、会里的主管领导还在那儿加班，但他们的下属却不打招呼到了下班点儿就走了。问其原因，有关领导却向我无奈地笑笑。看到这种没有一点儿敬畏和起码尊重的现象，我很惊讶！因为，这种现象在党政领导机关是很少见到的。其实，打个招呼并不费什么事儿，你要真有事或者不需要你留下来加班的时候，领导也会主要提出让你走的。当然，有时领导在那里忙，作为他的下属能够主动留下来更是一种责任心的表现。但不打招呼就走，我说严重一点，就是不懂规矩、就是没规矩，习惯这样的作风绝对是不行的，主观上有这样毛病的干部是要慎用的。我举这个例子不是鼓励大家加班，而是讲工作状况和责任心。

我们选任领导干部，既包括实职领导干部，也包括虚职领导干部。在这个范围，我可以透露一个好消息。最近，党组经过向上级积极争取落实政策，机关部门的处级、局级非领导职数要有所增加，按照事业发展需要和严格审批程序，有的直属单位整体上还可能升格。这也是为什么我们一方面在紧抓优化部门职责及与相关直属单位职责划分，而另一方面又不急于出台这个意见的一个原因。我们需要在上级指导下，精心做好论证，严格按照审批程序落实工作。如果获得批准，我们会努力用好这些非领导职数，为那些兢兢业业干事业的各年龄段干部提供更多的舞台和机会。但是，绝不会为了迎合人而送待遇。

第三，选任实职领导干部要始终坚持五湖四海。

这一点我讲过多次，否则我们就会辜负党和广大残疾人的重托，就对不起残疾人事业，就会让老一代残疾人工作者失望。让我们感动的是，几位临近退休年龄的部厅主要领导都给党组提出了这样的建议，希望党组从事业大局出发，扩大选人识人视野。他们这种高度负责的态度，使我们进一步增强了做好干部工作的责任感。

在选人用人问题上，我们不做"招了女婿气走了儿"的事，也不做"为了养儿不招女婿"的事。我们首先要坚持大胆地从机关和直属单位选任干部，但不会降格以求、降标准以用。我们要扩大选人识人视野，从中央机关、从地方选调一些急需的紧缺人才。大家知道，从外地选任进京干部有严格的条件限制，必须经过严格的审批才能实现。因此，为了事业发展的需要，我们也要从北京市选拔紧缺的优秀人才，这一点相信大家都能理解。

从前两次干部选任实践看，选任出来的干部既集中了民意也没有唯票取人，坚持了党管干部原则和严格的决策程序，总体反映是好的，体现了风清气正和党组的用人导向。这些新任职干部进入岗位以来，努力工作，都有比较好的精神状态和工作干劲。这里提个要求，希望大家要给新上岗的干部尽快进入角色创造良好条件，任职时间长的领导同志都要有带干部、帮他们成长的责任。因为，刚刚走上领导岗位的干部，谁都有一个熟悉适应的过程，我们既要严格要求压担子，也要有所包容不苛求。当然，我也要对新走上领导岗位的干部提点要求，要珍惜大家的信任，别让大家失望。对于新提拔的干部，大家选你的时候觉得你比其他同志强一些，但是不是真的强，要在上岗后的工作实践中检验。

不过，也有的人对提拔年轻一些的干部比较挑剔，不是从帮助年轻人锻炼成长的角度看问题，而是抓住一两件小事就觉得毛病多多。平心静气地讲，我们每位领导干部刚被提拔到领导岗位的时候，也不都是完美无缺的。伟人对自己都做出了三七开的评价，何况我们普通人了。看人选人，关键看本质、重德能。我说过，很敬佩残联的很多老领导，没有他们的高风亮节、包容让贤，就没有今天的一批骨干走上领导岗位。大家还记得，刘小成同志很早就主动让贤不再担任理事长了。11年前，几位党组、理事会班子成员不到退休年龄就把位置让给更年轻的同志了，使得4位年仅39岁、41岁、42岁和45岁的年轻同志进入到党组、理事会领导班子中；有的直属单位主要领导在走上正职领导岗位时，年龄也不过40多岁。我们特别要学习那些老领导、老同志的思想境界、坦荡胸怀。

第四，严处干部选任中暴露出来的不正之风。

在干部选任工作中，我们也发现了一些不正常的苗头，尽管这些小动作没有影响到最终的选任结果，但此风不可长。每年都会有不少选任干部的机会，如果刹不住这股风，迟早会使选任干部工作遭遇信任危机。所以，党组对此非常警惕，也高度敏感。据说这一次的实名制推荐提名人选中，有的人就很活跃，打电话、发短信、找关系、托门子。关于这一点，被做过工作的同志心里都清楚，那些私底下做这样的事的人心里更明白，不管做得多么隐蔽、是直接做的还是幕后做的，有的短信已经转发给了我。此事，党组会认真核查处理的。即使入围了，一旦查实也会在最终决策时拿下。

这里，我要说说坚持民主推荐与不唯票取人的关系，这个关系就是民主与集中的关系。首先，不唯票不是不要票，一般情况下，确定提名候选人要从大多数人认同的候选人中选，大多数人不认可的干部一般是难以成为考察人选的。目前能够入围的人选都是大家实名制推荐、得票相对集中的，这是民主的过程，也是集中的前提。但是，如果有人举报，说明这个票数是拉票拉出来的、小圈子捧出来的，我们会非常慎重对待的。其次，从民主推荐相对集中的提名人选中确定考察人选是不唯票的。能否担当一个领导岗位，还要看被提名人选的条件，要看岗位的实际需要。有的人有这样一种心态，就是不管岗位合适不合适，有机会先上了台阶再说。如果是这样选干部，那还怎么实现风清气正？

大家知道，党组坚持的是实名制的候选人提名推荐方式。我们会在严格保密的前提下，客观分析提名推荐票，既看得票人的推荐数量，也看是谁给他推荐的票，更看推荐票的结构和代表性，不会简单地唯票确定提名人选。不通过正当渠道、正当方式，而是在下面乱串，特别是有的人打着某个领导的旗号在那里拉票，那是不行的。我们追求的是风清气正，不是圈子文化。在这个问题上，党组是不是敢担当、真担当，请大家看行动。

三、以创新的精神、务实的作风抓好四季度工作、谋划好明年的重点任务

加强作风建设，选好用好干部，最终要落实到、体现在推动工作的成效上。马上就要进入四季度了。四季度既是全年工作的收官阶段，也是下一年计划的筹划时期。各部门要按照年初确定的工作要点和季度分析会上明确的任务，对照检查一下，全力落实好四季度的重点任务。办公厅已经汇总印发了四季度重点工作。由于10月份大事多、工作忙，党组研究决定就不召开三季度的工作分析会了。这里，由我代表党组就做好四季度事关全局的几项重点工作做一下强调。

第一，推动出台加快残疾人同步小康进程文件。加快残疾人同步小康进程，重点在加快进程上下功夫，在托住底、补短板、保基本、广覆盖上下功夫，在促进就

业增收上下功夫。目前，经过多轮的征求意见和反复的修改，我们牵头起草的文件讨论稿已经基本完成了各个部委的会签工作。下一步的重点就是要做好上国务院会议讨论的准备工作。

第二，做好基本服务状况和需求专项调查筹备。 截至目前，已有28个省级单位成立了专项调查工作领导机构及办公室，27个省级单位召开会议研究部署了专项调查工作，25个省级单位完成了核查培训工作，14个省级单位在完成培训基础上启动了残疾人基础信息核查工作。下一步要突出抓好核查、培训组织落实，入户调查前的队伍准备和督导，相关技术系统的研发调试工作。确保各项工作抓实推进，不走过场。

第三，抓好年初各领域确定的重点任务落实。 特别是要对照"十二五"纲要确定的年度任务、政府工作报告、2014年工作要点中提出的任务，把权益维护、康复服务、社保扶贫、教育就业、文化体育等方面的工作完成好。康复工作是残联工作的重中之重，特别要抓好《残疾预防和残疾人康复条例》《残疾预防国家行动计划》以及提升残联所属康复机构服务能力等措施的制定工作。同时，要抓好贫困残疾人生活补贴、重度残疾人护理补贴制度的落实，推动扶贫、社保、改善住房条件等保障工作。抓好维权协商机制、无障碍措施的落实，加快探索建立全国统一的残疾人服务热线和网上信访服务平台。推动实施《特殊教育提升计划》，加强集中就业、辅助性就业、灵活就业培训和基地建设，搭建促进残疾人就业的网上服务平台等。继续搞好百所文化单位助残公益活动、志愿助残等活动。做好仁川亚残运会的组织工作，力争在优秀残疾人运动员求学等方面取得突破。

第四，抓好"基础管理建设年"相关工作的落实。 继续抓好建章立制、基础数据、组织管理、财物管理、项目管理、规范服务等工作，组织好向六届主席团二次会议报告情况的准备工作。加快推进康复中心人才基地、聋康中心扩建、按摩医院扩建等三个基建项目，做好残疾人艺术团、信息中心等两个基建项目的前期工作。推动残疾人信息化建设工作，搞好第三代残疾人证智能化试点工作。抓好公车改革的组织落实工作。结合出台优化机关部门职责、内设机构及与相关直属单位职责分工的意见，进一步凝聚起促进残疾人事业加快发展的整体合力。

第五，抓好APEC残疾人主题活动等工作。 全力办好2014年APEC领导人会议周期间举办的残疾人主题活动。精心做好亚欧首脑会议期间促进残疾人发展的工作。努力做好康复国际组织的相关工作，确保获得最佳结果。启动中国残联国际合作交流机构的筹建工作，促进建立国际残疾人事务民间合作机制。

第六，抓好全面深化改革决定分解任务的对接。 前几天，我们按照中央全面深化改革决定任务分解通知要求，认真分析了涉及残疾人事务的重要工作，细化明确了需要主动配合的措施，请相关部门迅速跟进、主动对接。要结合即将提交讨论的加快推进残疾人同步小康进程文件所涉及的主要任务，及早谋划落实措施。同时，要抓好"十三五"规划、基本公共服务残疾人服务专章的起草准备工作，抓好政府购买残疾人服务试点工作。配合财政部加紧修订《残疾人就业保障金管理暂行规定》。确定2015年的调研课题，要围绕着这些重点来展开，党组、理事会成员至少选择1个调研题目，业务部门负责人要根据需要选择1至2个题目展开专题调研。研究室要发挥统筹协调作用，年初汇总公布调研计划，年中督导检查进度，年末收集成果、评价成果。

第七，筹备好主席团会议暨第二十九次残联工作会。 这次会议将在12月份召开，请办公厅提前做好准备工作。"十一"过后，我们要适时召开务虚会，筹划明年的重点工作，请各部门提前做好准备。同时，抓好2015年预算的落实工作，做好《政府工作报告》相关材料的准备工作，落实好并准备好全国"两会"的提案、议案。五个专门协会也要做好四季度的工作，谋划好明年的工作，我们会安排时间专题听情况。另外，在召开年终总结会之前，请办公厅、机关党委、人事部组织开展评选今年各部门、各直属单位开展的对残疾人事业有带动促进作用的若干件工作，也请提前做好筹划。

第八，抓好中国特色残疾人事业研究与宣传。 抓好在中央党校开设残疾人事业大报告的组织落实工作，加快编写《残疾人事业干部读本》。组织好邓朴方主席《人道主义的呼唤》选编本及英文版的编纂策划，做好党和国家领导人论残疾人工作资料的收集工作。启动残疾人事业辞典、残疾人事务英汉词典、残疾人事业电视专题片等基础工程的论证与策划工作。也请各个部门和相关直属单位对抓好中国特色残疾人事业的理论与实践研究工作提出意见建议。

二、政策法规文件

中国残疾人联合会党组关于进一步加强领导干部选拔任用工作的意见

残联党组发〔2014〕4号

机关各部门、各直属单位，基金会：

为贯彻落实《党政领导干部选拔任用工作条例》《关于加强干部选拔任用工作监督的意见》和《党政领导干部选拔任用工作责任追究办法（试行）》，根据中国残联干部队伍建设实际，现就进一步加强领导干部选拔任用工作提出以下意见。

一、指导思想

深入贯彻落实党的十八大、十八届三中全会精神，认真落实习近平同志系列讲话精神，坚持党管干部原则和新时期好干部标准，完善干部选拔任用工作机制，为推动中国特色残疾人事业发展提供坚强有力的组织保证。

二、基本原则

（一）坚持新时期好干部用人标准。自觉把"信念坚定、为民服务、勤政务实、敢于担当、清正廉洁"的新时期好干部标准作为培养使用干部的根本遵循，树立正确的用人导向。加强对干部的考察考核，重点考察干部是否在重大政治考验面前有政治定力，是否能树立牢固的宗旨意识，是否能对工作极端负责，是否能做到吃苦在前、享乐在后，是否能在危难险重任务面前勇挑重担，是否经得起权力、金钱、美色诱惑。对理想信念不坚定、政治上不合格、不能廉洁自律的干部，坚决不提拔任用。

（二）公正使用各年龄段干部。合理配置领导班子和领导干部，不断优化干部队伍的年龄结构、知识结构、能力结构。选用干部不简单以年龄画线，充分考虑机关部门和直属单位干部队伍建设实际，用好各年龄段干部，努力让政治上靠得住、工作上有本事、作风上过得硬、踏实干事的干部工作有舞台，发展有机会。

（三）注重培养优秀年轻干部和残疾人干部。着眼残疾人事业和残联干部队伍长远发展，努力培养和大胆选拔使用优秀年轻干部和残疾人干部。注重通过艰苦岗位、急难险重任务考察锻炼干部。对确有真才实学、实绩突出的优秀年轻干部，可按规定破格使用。有计划地培养、选拔和使用残疾人干部。

（四）注重在基层培养和发现干部。有计划地安排干部到基层交流锻炼，努力推进机关干部与直属单位干部双向挂职锻炼，积极协调地方残联干部、系统外干部到机关和直属单位挂职锻炼。

（五）逐步完善选人用人机制。坚持以事择人、用人其时、用人其长。发挥党组织的领导和把关作用，强化党组、分管领导、人事部门在干部选拔任用中的权重和干部考察识别的责任，防止唯票取人；完善民主推荐、民主测评，改进竞争性选拔方式，不搞"凡提必竞"，防止唯分取人；对已有合适人选且意见相对集中的，一般不进行竞争性选拔。公正对待坚持原则、敢抓敢管、真正干事而得票不靠前的干部，该使用的大胆使用。

（六）稳妥推进实名制干部举荐自荐。进一步完善和落实干部选任工作责任制和责任追究制度，适时推出待选工作岗位，探索推行实名制举荐干部，鼓励符合条件的干部进行自荐。逐步建立干部选拔任用纪实制度，为有效开展跟踪问效、追究问责提供依据。

三、积极拓宽干部选拔任用渠道和范围

紧紧围绕促进残疾人事业科学发展选拔使用干部，坚持干部来源五湖四海，不断拓宽干部选拔任用渠道和范围，推动干部来源多元化，聚集更多优秀人才为残疾人事业服务。选拔任用机关部门局、处级领导干部和直属单位班子成员的基本渠道和范围是：

（一）会内选任。领导干部和领导班子职位空缺时，党组根据工作需要研究确定拟选任的领导干部职位，面向机关、直属单位和基金会干部确定人选。

（二）会外选调。对工作急需但会内无合适人选的领导岗位，经党组研究同意，可从地方残联、党政部门、企事业单位或其他符合条件的人员中选调优秀人才。

（三）定向选拔。根据残联工作特点，在坚持标准的前提下，有计划地选拔任用残疾人干部。

四、不断完善干部选拔任用办法

建立科学规范的领导干部选拔任用制度，形成有效管用、简便易行、有利于优秀人才脱颖而出的选人用人机制。

（一）规范干部选拔工作动议。党组根据工作需要和干部队伍建设实际，提出启动干部选任工作意见和实施方案，明确选拔任用职位、条件、范围、方式和程序等内容。

（二）合理确定干部选拔方式。

1. 会内人选意见相对比较集中的，不再采取竞争性选拔。

2. 会内符合资格条件人选较多，但意见相对分散的，可采取竞争性选拔。

3. 会内没有合适人选的职位，经党组研究同意该职位可以暂时空缺。

4. 会内没有合适人选但工作亟须安排干部的职位，

可以通过组织选调、公开选拔或其他方式配备干部。

5. 提任为机关局、处级非领导职务的，一般不采取竞争性选拔。

（三）完善干部民主推荐工作。选拔任用领导干部必须经过民主推荐，推荐结果是选拔任用干部的重要参考。民主推荐可视情况采取定向推荐或非定向推荐。原则上，民主推荐的基本程序是：

1. 个人推荐和个人自荐。根据党组确定的选拔任用干部岗位和要求，在一定范围内实名制书面推荐初步人选。符合资格条件的干部可以书面形式进行自荐。

2. 资格审查。人事部按照选拔任用干部资格条件对初步推荐人选进行审查，并向党组报告审查情况。

3. 确定列入民主推荐范围人选名单。党组根据初步推荐情况、资格审查情况、干部队伍实际和岗位需求，研究确定列入民主推荐范围人选名单。一般情况下，要差额提出列入民主推荐范围人选名单。人选意见比较集中的，可等额提出列入民主推荐范围人选名单。人选较多且意见不易集中的，可进行竞争上岗。

4. 会议推荐和个别谈话推荐。将列入民主推荐范围人选名单进行会议推荐和个别谈话推荐。

（四）深化干部考察工作。根据工作需要和干部德才条件，将民主推荐与平时考核、年度考核、一贯表现和人岗相适等情况综合考虑，充分酝酿，确定考察对象，防止把推荐票等同于选举票、简单以推荐票取人。重要岗位的干部人选确定前，要听取上级领导、中国残联名誉主席、中国残联主席和上级干部管理部门意见，必要时听取有关部门的意见建议。工作特别需要的或特殊岗位的领导干部人选，可以由党组推荐，报中央组织部同意后作为考察对象。有下列情形之一的，不得列为考察对象：

1. 群众公认度不高的。

2. 近3年年度考核结果中有被确定为基本称职以下等次的。

3. 有跑官拉票行为的。

4. 配偶已移居国（境）外，或者没有配偶，子女均已移居国（境）外的。

5. 受到组织处理或者党纪政纪处分影响使用的。

6. 其他原因不宜提拔的。

干部考察主要采取个别谈话、发放征求意见表、民主测评、实地走访、查阅干部档案和工作资料、同考察对象面谈等方法进行。要按照新时期好干部标准全面考察干部德、能、勤、绩、廉，突出考察政治品质和道德品行，注重考察工作实绩，加强作风考察，强化廉政情况考察。

实行干部考察工作责任制。考察人员要坚持原则，公道正派，深入细致，严格按规定程序和范围组织考察，如实反映考察情况和意见，对考察材料负责，履行干部选拔任用风气监督职责。

（五）集体讨论决定干部任免。选拔任用机关局、处级干部和直属单位班子成员，由党组集体讨论做出决定。对拟破格提拔的人选在讨论决定前，必须报经中央组织部同意。越级提拔或者不经过民主推荐列为破格提拔人选的，要在考察前报告，经批复同意后方可进行。对人选考察无异议的，提交党组研究任命；对有问题反映应当核查但尚未核查或正在核查的，不提交党组讨论；对有反映但不构成违纪的，从严掌握。

党组讨论决定干部任免事项，必须有三分之二以上成员出席，应到会成员超过半数同意形成决定。凡涉及与会人员本人及其亲属的，本人必须回避。与会成员对任免事项，应当发表同意、不同意或缓议等明确意见。采取口头表决、举手表决或者无记名投票等方式进行表决。对意见分歧较大或者有重大问题不清楚的，应当暂缓表决。对影响做出决定的问题，会后应当及时查清，避免久拖不决。党组对有关干部任免的决定需要复议的，应当经党组超过半数成员同意后方可进行。

（六）落实干部任职公示制度。对拟提拔任用的干部，在党组讨论决定后、下发任职通知前，按规定的内容、时间在一定范围内进行公示。公示结果不影响任职的，办理任职手续。

五、规范公开选拔和竞争上岗工作程序

一般情况下，会内没有合适人选且工作亟须安排干部的职位，特别是需要补充紧缺专业人才的，经党组研究同意可以进行公开选拔；会内符合条件人数较多且人选意见不易集中的，经党组研究同意可以进行竞争上岗。公开选拔和竞争上岗方案设置的条件和资格，要符合《党政领导干部选拔任用工作条例》有关规定。资格条件突破规定的，要事先报中央组织部审核同意。公开选拔、竞争上岗，要科学规范测试、测评，突出岗位特点和实绩竞争，注重能力素质和一贯表现，防止简单以分数取人。开展公开选拔、竞争上岗工作的基本程序是：

（一）通过适当方式公布职位、资格条件、基本程序和方法等。

（二）组织报名与资格审查。参加公开选拔的要经所在单位同意。

（三）采取适当方式进行能力和素质测试、测评，比选择优。

（四）组织考察，研究提出人选方案。

（五）党组讨论决定。

（六）履行任职手续。

六、稳妥推进干部交流和轮岗工作

实行领导干部交流和轮岗制度。贯彻落实领导干部交流和轮岗的有关规定，按照人尽其才、才尽其用、人岗相符的原则，结合岗位需求和干部情况，积极稳妥推进干部交流和轮岗工作。重要岗位的干部交流和轮岗人选确定前，要听取上级领导、中国残联名誉主席、中国残联主席意见。干部交流和轮岗工作要把握以下原则：

（一）党组根据干部培养锻炼要求和岗位工作需要，研究决定交流和轮岗的干部人选。

（二）重点加强年轻干部、长期在同一岗位工作干部的交流和轮岗工作。

（三）短期内达到法定退休年龄的干部，一般不再进行交流和轮岗。

（四）岗位专业性强的干部，在没有合适接替人选时慎重安排交流和轮岗。

（五）加大机关干部与直属单位干部的交流力度，有计划地安排机关干部和直属单位干部双向任职交流；稳妥有序地组织开展直属单位之间的干部交流；积极创造条件，逐步畅通中国残联干部与其他单位干部的交流渠道。

（六）严格执行干部交流纪律，无特殊理由不服从交流的干部，要按照干部管理有关规定严肃处理。

七、积极开展干部挂职锻炼

牢固树立在基层一线和艰苦岗位培养锻炼干部的观念和导向，有序推进干部挂职锻炼，并把挂职锻炼作为培养考察干部的重要平台和选拔使用干部的重要参考。

（一）加快推进机关干部与直属单位干部双向挂职锻炼，特别是有计划地安排部分中青年干部进行双向挂职锻炼。要把机关干部和直属单位干部双向挂职锻炼工作制度化，长期坚持。组织机关干部与直属单位干部双向挂职锻炼的基本程序和要求是：

1. 党组根据工作需要和干部队伍建设实际，研究确定干部挂职锻炼的机关部门和直属单位工作岗位。

2. 派出干部部门、单位通过组织推荐、个人自荐等方式，提出参加挂职锻炼的干部初步人选。

3. 人事部对挂职干部初步人选进行资格审查，并征求主管干部工作领导、人选所在部门或单位分管领导意见后，向党组提出挂职锻炼干部建议人选。

4. 党组根据综合情况，研究决定挂职干部人选和挂职岗位。

5. 挂职干部由派出部门、单位和挂职部门、单位共同管理，以挂职部门、单位管理为主，参加挂职部门、单位年度考核。

6. 原则上，干部挂职锻炼时间1年，如有特殊情况，经党组研究同意，可适当调整挂职时间。

7. 干部挂职期间，机关和直属单位在进行干部调整时，应将符合条件的挂职干部纳入选拔工作范围统筹考虑。

（二）积极协调地方残联、有关部委、高等院校、科研院所等单位干部和高层次人才到机关、直属单位挂职，促进中国残联与这些单位的沟通交流、优势互补。

（三）通过公务员考试和安置军队转业干部新招录的机关干部，安排到维权部信访处轮岗3个月。

（四）有计划地安排缺少基层工作经历的机关干部和工作经历单一的干部到基层挂职锻炼。

（五）按照中央组织部统一部署，积极选派局、处级领导干部到新疆、西藏以及西部地区、老工业基地和革命老区挂职锻炼。

八、切实加强干部选拔任用工作监督

加强干部选拔任用工作监督，是保证选贤任能、纯洁用人风气的重要举措，必须坚持不懈地抓好落实。

（一）把监督检查贯穿于干部选拔任用工作全方位、全过程。干部选拔任用工作在党组统一领导下组织开展，严格按照《党政领导干部选拔任用工作条例》规定的原则、标准、条件、资格、程序和纪律办事，自觉接受上级领导和上级机关的监督。注重通过多种途径和方法，及时了解群众对干部选拔任用工作的意见建议，特别在民主推荐、考察和公示等环节，可视情况增加干部选拔任用工作纪律的调查，自觉接受群众监督。人事部门和纪检部门要及时沟通信息，交流情况，提高干部选拔任用工作监督检查的质量。要加强结果监督，坚持和完善干部选拔任用"一报告两评议"、离任审计等制度。

（二）对违反干部选拔任用纪律的行为"零容忍"。坚决维护干部选任工作纪律的严肃性，对违反干部选拔任用工作纪律的行为，发现一起、查处一起。对跑官要官的，一律不得提拔使用并记录在案，视情节给予批评教育或组织处理；对拉票贿选的，一律不纳入人选名单，已经提拔的责令辞职或者免职、降职，贿选的还要依法依纪处理；对买官卖官的，一律先停职或免职，按有关规定处理；对于在选任干部关键时刻，采取诋毁、诬告等方式，以影响他人选任的行为，一经查实严肃处理；违反规定做出的干部任用决定一律无效，按干部管理权限予以纠正；坚决抵制说情、打招呼和私自干预下级干部选拔任用行为，视情节给予批评教育、公开曝光或组织处理；对群众反映的选人用人过程中出现的问题，认真核查、严肃处理。

（三）强化干部选拔任用责任追究。认真落实《党政领导干部选拔任用工作责任追究办法（试行）》有关规定，凡出现"带病提拔"、突击提拔、违规破格提拔等问题，要对选拔任用过程进行倒查，存在弄虚作假、隐情不报、违反程序等失职渎职行为的，不仅查处当事人，而且追究责任人，一查到底、问责到人。建立干部选拔任用纪实制度，为开展倒查、追究问责提供依据。

中国残联机关部门和直属单位、基金会干部选任、交流与挂职锻炼工作办法

残联党组发〔2014〕5号

为深入贯彻落实中央关于做好新时期干部工作要求，根据中国残联干部队伍建设实际，按照《中国残疾人联合会党组关于进一步加强领导干部选拔任用工作的意见》《关于加强干部工作的规定》，现就做好中国残联机关部门和直属单位、基金会干部选任、交流与挂职锻炼工作提出以下办法：

一、基本思路

（一）对于"有编缺员"的机关部门主任科员及以下干部工作岗位，通过遴选、选调、考录等方式有计划、分步骤做好补充工作。

（二）对于"有岗缺员"的机关部门和直属单位、基金会领导干部工作岗位，优先在机关部门和直属单位、基金会范围内开展选任工作。

（三）选择机关部门和直属单位、基金会的部分领导岗位，有计划地开展机关干部和直属单位、基金会干部双向挂职锻炼工作。

（四）对于机关空缺出来的非领导职位，有计划地在机关部门和直属单位、基金会范围内开展选任工作。

（五）根据机关干部成长实际和工作需要，有计划开展部分机关干部的轮岗与交流工作（直属单位可参照执行）。

（六）对于个别无合适人选又亟须配备干部的领导岗位，经征求上级领导和中国残联名誉主席、主席同意，在上级组织人事部门指导下，采取组织选调等方式配备干部。

（七）有计划选择部分机关部门和直属单位的工作岗位，面向地方残联、部委机关、高等院校、科研院所及其他符合条件的事业单位干部开展挂职锻炼工作。

（八）进一步规范中国残联机关部门临时借用、借调、返聘人员的管理工作。

二、计划安排

（一）补充机关部门部分"有编缺员"岗位干部。

统筹考虑机关各部门"有编缺员"主任科员及以下干部工作岗位的使用，按照机关部门的"三定"方案，由机关部门提出用人需求，人事部进行统筹平衡，党组研究决定后，确定干部补充岗位，分步开展补充工作。

补充方式：按照国家有关规定，分别采取协商选调、干部遴选、公开考录等方式进行。

（二）选拔部分"有岗缺员"领导岗位干部。

1. 机关部门局级领导岗位。

根据机关局级领导岗位编制、局级领导干部"有岗缺员"状况和机关局级领导干部队伍建设实际，由中国残联党组分步提出拟选任的机关局级领导干部岗位，按照《中国残疾人联合会党组关于进一步加强领导干部选拔任用工作的意见》相关规定，面向机关部门、直属单位、基金会符合条件的干部开展选任工作。

2. 直属单位、基金会领导班子成员。

根据直属单位、基金会领导班子成员"有岗缺员"状况和领导干部队伍建设实际，由中国残联党组分步提出拟选任的直属单位、基金会领导干部岗位，按照《中国残疾人联合会党组关于进一步加强领导干部选拔任用工作的意见》相关规定，面向机关部门、直属单位、基金会符合条件的干部开展选任工作。

3. 机关部门处级领导岗位。

根据机关处级领导岗位编制、处级领导干部"有岗缺员"状况和机关处级领导干部队伍建设实际，由中国残联党组分步提出拟选任的机关处级领导干部岗位，按照《中国残疾人联合会党组关于进一步加强领导干部选拔任用工作的意见》相关规定，面向机关部门、直属单位、基金会符合条件的干部开展选任工作。

（三）选择部分领导岗位开展机关干部和直属单位干部双向挂职锻炼工作。

每年从直属单位、基金会选择一定数量的中层及以上干部到机关部门挂职锻炼，每年从机关部门选择一定数量的干部到直属单位、基金会挂职锻炼。挂职干部不占挂职单位编制。原则上，挂职锻炼的时间为一年。挂职期间，由人事部门进行跟踪考核。挂职期满后，原则上回原单位工作。

原则上，由机关各部门分别提出用于干部挂职锻炼的处级或处级以上领导岗位，由各直属单位、基金会分别提出用于干部挂职锻炼的中层或中层以上领导岗位，人事部统筹考虑后，报党组研究确定。

挂职锻炼人选，采取组织提名、协商推荐等方式产生，党组研究决定。

直属单位、基金会自行组织的干部挂职锻炼工作，由所在单位党组织和领导班子统筹研究决定。

（四）分步开展部分机关干部轮岗与交流工作。

根据机关各部门工作需要和干部实际，有计划、分步骤地安排一定数量的机关干部开展轮岗与交流工作。

机关干部轮岗与交流工作，由机关部门提出人选建议，人事部统筹平衡，党组研究决定。

（五）适时开展空缺非领导职务岗位干部选任工作。

根据非领导职务岗位空缺状况，适时面向机关部门、直属单位、基金会开展选任工作。

（六）稳妥慎重开展个别岗位紧缺人才干部的选调工作。

对于机关部门和直属单位、基金会领导班子建设急需而会内无合适人选的个别领导岗位，经征求上级领导和中国残联名誉主席、主席同意，由党组研究确定岗位，在上级组织人事部门指导下做好选调工作。

（七）选择部分岗位面向社会开展挂职锻炼工作。

为提高残疾人工作专业化、社会化水平，加强与各领域、各部门的工作交流，扩大选人用人视野，积极稳妥地选择部分岗位面向社会开展挂职锻炼工作。挂职人员不占挂职单位编制。原则上，挂职锻炼时间为半年或一年。

每年从地方残联、国家部委、高等院校、科研机构和其他符合条件的事业单位选一定数量的干部或专业人才到机关部门、直属单位、基金会挂职锻炼。根据挂职人员的自身条件，确定相应的挂职岗位和职务。

原则上，由机关各部门、各直属单位和基金会分别提出一个或一个以上用于干部挂职锻炼的工作岗位，人事部统筹考虑提出挂职锻炼岗位建议，党组研究确定。

人事部门统筹负责挂职锻炼人员的遴选工作并提出挂职岗位和职务建议，党组研究决定。

（八）规范机关部门临时借用、借调、返聘人员管理。

机关各部门临时借用、借调和返聘人员，要严格执行党组有关规定，一律报人事部备案。

1. 已满编制配备干部且无长期（3个月以上）离岗人员的部门，一般不得借用、借调、返聘人员。特殊情况需要借用、借调、返聘人员的，需经党组研究批准。

2. 未满编制配备干部或虽满编制配备干部，但有人员长期（3个月以上）离岗且工作确实需要的，可以临时借用、借调、返聘人员。用人时间3个月以内的，需经人事部同意；用人时间超过3个月的，需报党组研究批准。原则上，同一部门同一时间内借用、借调、返聘人员总数不得超过本部门空编或空岗干部总数。

3. 接受临时性或一次性重大专项工作且现有人员无法正常完成任务的，经党组批准可以临时借用、借调、返聘人员，但要严格控制用人数量和用人时间。

4. 临时借用、借调、返聘人员，与机关工作人员同等享受午餐补助，返聘人员按标准享受返聘报酬。

5. 机关部门不得使用社会招聘人员。

6. 严格规范已借用、借调、返聘人员管理，由用人部门提出建议，人事部统筹研究，报党组审定。

关于印发直属机关党委、纪委2014年工作要点的通知

直机党〔2014〕21号

机关各党支部，各直属单位、基金会党委、总支、支部：

现将中国残联直属机关党委、纪委2014年工作要点印发给你们，请结合实际，认真贯彻落实。

中国残联直属机关党委2014年工作要点

2014年党建工作的总体思路是：深入贯彻落实党的十八大，十八届二中、三中全会和习近平同志一系列重要讲话精神，围绕中国残联"六代会"确定的目标任务，巩固党的群众路线教育实践活动成果，坚持党要管党、从严治党，不断完善党组织的思想、组织、作风、制度和反腐倡廉建设，进一步增强党组织的创造力、凝聚力和战斗力，全面提高直属机关党的建设科学化水平，为残疾人事业加快发展提供坚强的思想和组织保证。

一、继续巩固教育实践活动成果，建立健全作风建设长效机制

（一）继续巩固党的教育实践活动成果，纠正好"四风"问题

抓好各级党组织特别是党员领导干部遵守中央"八项规定"、《党政机关厉行节约反对浪费条例》、《中国共产党党员领导干部廉洁从政若干准则》及《实施办法》、中办国办《党政机关公务接待管理规定》的贯彻落实，加大对领导干部执行个人事项报告和双重民主生活会制度等规定情况的监督力度，坚决纠正违规违纪行为。

（二）坚持强化思想武装不松懈，推动理论学习常态化

以学习宣传贯彻习近平总书记系列讲话精神为主线，结合学习党的十八届三中全会精神及中国残联"六代会"精神，深入开展中国特色社会主义和中国梦学习教育，不断加强基层学习型党组织建设，努力把加强党性修养、坚定理想信念落到实处。

（三）坚持用教育实践活动长效化机制推动事业发展

督促各级党组织落实教育实践活动中制定的各项制度措施，完善目标责任机制和责任追究机制，把重点工作细化到岗到人，明确具体内容、权责范围、完成时限、具体标准及考核监督的方法和途径，使各项工作纳入制度化、规范化、科学化管理轨道。

二、完善党建工作制度，夯实党的基层组织建设基础

（四）建立更加成熟定型的学习研究制度

协助党组中心组坚持每月一次集体学习交流，每季度围绕一个业务领域开展一次研讨，每年度要有理论研究成果；充分发挥中心组理论学习的"龙头"和表率作用，以残疾人事业改革发展等全局性、战略性问题为重点，采取与部委交流经验、邀请专家辅导等多种形式开展学习；督促指导各部门、各单位领导班子制定中心组理论学习计划，坚持机关各部门党支部每月两次集中学习制度，指导各单位中心组开展学习；定期组织党建理论研讨交流，党组每年有一到两项党建理论研究成果，基层党委（总支、支部）要结合党建工作实际，设定党建研究课题，提交党建研究成果。充分利用中心组学习、支部学习、报告会、培训等多种形式，深入学习，切实把党员干部的思想和行动统一到中央精神和残疾人事业发展目标上来，以党建工作成效促进中心任务完成。

（五）加强党员教育管理

强化党员领导干部党性意识、宗旨意识、责任意识和大局意识，按照政治强、业务精、作风好的标准全面提高党员干部素质。开展社会主义核心价值观学习教育，积极培育和践行社会主义核心价值观，倡导党员志愿服务。有针对性地开展形势政策教育，加强先进典型宣传引导，建立党员干部思想动态定期分析制度，抓好思想政治工作。严格党员教育管理，落实处置不合格党员的工作要求，逐步健全党员能进能出机制。

（六）有效落实党内民主

定期召开民主生活会，深入开展批评和自我批评，有针对性地解决干部职工生活、工作上的突出问题。在领导班子成员之间、领导干部与职工群众之间、支部书记和普通党员之间定期开展谈心谈话活动，结合日常工作实际，掌握党员干部思想状况。完善党内民主议事决策机制，完善党务公开制度，畅通党员与党组织、党员领导干部信息互通渠道，引导党员正确行使权利，认真履行义务。

（七）提高党建工作科学化水平

要把加强党建工作和促进残疾人各项事业发展紧密结合，将党建工作的重心放到服务中心、建设队伍上来，认真贯彻落实中央《关于加强基层服务型党组织建设的意见》，引导基层党组织服务中心、服务残疾人群众、服务党员干部职工。严格落实《机关基层组织工作条例》，适时开展落实情况自查和检查，并结合基层党组织换届选举，选好配强"两委"书记。加强党务工作人员队伍建设，积极开展"两委"书记、党支部书记和党务干部培训，抓好入党积极分子和工青妇干部的培训工作。进一步严格党内生活，探索党内生活的具体内容和有效形式，提高党内生活质量。改进发展党员工作，落实调控要求，规范工作程序，优化党员队伍结构。

（八）创新基层党组织发挥作用的途径和方式

贯彻落实《直属机关基层党支部工作规则》和《直属机关基层党支部分类定级考核办法》，结合事业单位改革，规范事业单位党组织设置和管理，加强对基层党组织工作的督促检查。创新党建工作方法，宣传推广中央国家机关践行群众路线支部工作法经验，深入开展基层支部工作法总结和运用工作，增强基层党组织的生机和活力。

三、狠抓反腐倡廉建设

（九）贯彻落实中央纪委全会和国务院廉政工作会议精神

制定落实中国残联《建立健全惩治和预防腐败体系2013—2017年工作规划》的实施办法和《中国残联领导干部违反改进作风有关规定实施问责的暂行办法》，加强反腐倡廉教育，结合职业道德、深化理想信念、党性党风党纪、岗位廉政教育和警示教育。加强和改进纪检巡视工作，严明党的纪律，持之以恒纠正"四风"问题的整改治理，加大对党员干部的监督管理，逐步健全完善党风廉政建设责任制和反腐败体制机制建设。

（十）加强纪检组织自身建设

一切从党风廉政建设的实际出发，大力推进纪检组织建设特别是纪委委员和总支（支部）纪检委员队伍建设，及时调配补充纪检干部，要切实让政治强、业务精、作风好、威信高的党员干部承担纪检工作。加大对专、兼职纪检干部的培训力度，举办纪检干部培训班，不断提高纪检干部履职尽责的能力和水平。

四、继续发挥党的群众工作优势

（十一）岗位建功、完善职工服务体系

深入开展"中国梦"职工教育活动，建设服务型工会组织，实现五个服务转变，即由娱乐型转向快乐型，由活动型转向活力型，由福利型转向权益型，由单一型转向复合型，由行政型转向效能型。开展五项工程，落实职工"七必访"制度，实施干部职工心理健康服务工程。发挥文体协会作用，搭建文化培育平台，培养基层骨干力量，夯实群众工作基础。完成直属机关工会、妇工委的换届选举工作。

（十二）开展巾帼系列行动

建设学习型妇女干部队伍，组织"三八"节女性梦想专题讲座，提升女干部的综合素质。提高女干部的领导力和执行力，选树女干部职工先进典型，促使女干部成长成才。

（十三）健全青年培养工作机制

继续开展"三走进"系列品牌活动，开创青年工作新模式、新思路、新举措，做好青年读书交流会、青年联谊会和青年座谈会等工作，活跃青年组织，为广大团员青年的健康成长、成才做好用心服务和贴心保障。

中国残联直属机关纪委2014年工作要点

2014年，中国残联直属机关纪检工作总的要求是：认真学习贯彻习近平总书记关于反腐倡廉重要讲话精神，深入贯彻党的十八大，十八届二中、三中全会和十八届中央纪委三次全会，国务院第二次廉政工作会议精神，贯彻落实《建立健全惩治和预防腐败体系2013—2017年工作规划》，深入落实中央八项规定精神、《党政机关厉行节约反对浪费条例》和中国残联"六代会"精神，坚持不懈纠正"四风"，加大党风廉政建设力度，加强纪检队伍建设，提高监督职能，紧紧围绕党的先进性和纯洁性建设，以改革的精神服务保障好中国残疾人事业发展建设大局。

一、深入学习贯彻习近平总书记关于反腐倡廉建设重要讲话精神和党中央、国务院一系列重大决策部署

中国残联直属机关各级纪检组织要把学习贯彻习近平总书记关于反腐倡廉建设重要讲话精神，党的十八大，十八届二中、三中全会和十八届中央纪委三次全会，国务院第二次廉政工作会议精神，作为中国残联党风廉政建设首要任务来抓，学习领会好全面深化改革与党风廉政建设和反腐败斗争的关系，教育引导党员、纪检干部深刻认识反腐败斗争的重要性和紧迫性，认识纪检组织的重要职责，牢固树立进取意识、责任意识，按照求真务实、探索实践、统筹协调、循序渐进的原则，规范工作流程和标准，紧密结合本部门、本单位工作实际，提出新年度贯彻落实党的十八大，十八届二中、三中全会和十八届中央纪委三次全会，国务院第二次廉政工作会议精神，"六代会"精神的具体措施，逐步健全完善中国残联党风廉政建设责任制和反腐败体制机制建设。

二、严明党的政治纪律，深入落实中央八项规定精神、《党政机关厉行节约反对浪费条例》等中央重大决策部署，持之以恒纠正"四风"

各级纪检组织要把严明党的政治纪律放在党的各项纪律首位。要强化党员的组织意识和纪律观念，坚决克服组织涣散、纪律松弛问题，提高党组织的凝聚力和战斗力，把广大党员干部思想上、政治上、行动上统一到中央关于全面深化改革的决策部署上来，统一到中国残联"六代会"精神上来。各级纪检组织要抓住本部门、本单位存在的突出问题，加强对中央"八项规定"精神贯彻落实，党的群众路线教育实践活动整改措施落实情况的监督检查，加强对外出公差、出国访问、干部住房、办公用房、公务接待、楼堂馆所、公务消费、铺张浪费、礼品礼券、高档会所等方面情况的监督检查，坚决反对和认真查处违反党纪党规的行为，对于违反党纪法规的单位和个人发现一起要查处一起。开展廉政文化示范点创建活动，组织召开"廉政文化建设进机关"工作推进会，继续认真抓好《中国共产党党员领导干部廉洁从政若干准则》、中国残联贯彻落实《建立健全惩治和预防腐败体系2013—2017年工作规划》实施办法、《中国残联抵制"四风"问题暂行规定的问责办法》的贯彻落实，不断加大监督检查力度，对于领导干部执行个人事项报告和双重民主生活会制度等规定情况进行重点监督，坚持抓早、抓小，对反映党员干部苗头性、倾向性问题早发现、早报告、早处置，及时进行谈话提醒、诫勉、约谈、函询，防止小问题拖成大问题，坚决纠正违规违纪行为。

三、进一步加大调研力度

直属机关纪委将"围绕中心、服务大局"的工作方针，组织各级纪检干部，针对中国残联改革发展中出现新情况、新问题；针对广大党员干部、职工群众普遍关心、关注热点、难点问题；针对重要领域、重要部位、重要环节的党风廉政问题，不定期、不定时、不打招呼深入一线、深入群众，全方位、深层次、多渠道地开展调查研究，充分发挥纪检监督职能作用，倾听群众呼声，力求调查到实情，掌握第一手材料，为领导科学决策提供依据，为班子、集体健康发展净化"空气"，营造良好氛围，为推动残疾人事业健康发展提供强有力服务保障。

四、转变工作作风，加强纪检队伍的自身建设

各级纪检组织、纪检干部要根据党的十八大对形势的判断和提出的任务，忠实履行党章赋予的职责，转职能、转方式、转作风，聚焦党风廉政建设和反腐败斗争这个中心任务。要继续落实"照镜子、正衣冠、洗洗澡、治治病"的总要求，纪检干部处处事事要起到模范带头作用，要用榜样力量引导身边的党员干部树立正确的世界观、人生观、事业观、权力观。各部门、各单位要结合各自目标任务，一切从党风廉政建设的实际出发，高度重视纪检组织建设，以纪检换届为契机，配齐配强各单位纪检干部，特别是纪委委员和总支（支部）纪检委员队伍建设，对因工作变动的纪检干部，要及时调配补充人员，要切实让政治强、业务精、作风好、威信高的党员干部承担纪检工作。要着力加大对新任专、兼职纪检干部的培训力度，不断提高履职尽责的能力和水平，运用专业培训机构，完善办班模式，直属机关纪委将在换届后适时举办新任纪委书记、纪检干部研讨培训班。

关于印发《中国残联直属机关基层服务型党组织建设实施意见》的通知

直机党〔2014〕35号

机关各党支部，各直属单位、基金会党委、总支、支部：

《中国残联直属机关基层服务型党组织建设实施意见》已经中国残联党组领导同志同意，现印发给你们，请结合实际认真贯彻执行。

中国残联直属机关基层服务型党组织建设实施意见

为深入贯彻落实中央关于加强基层服务型党组织建设的部署和要求，进一步提升中国残联直属机关基层党组织服务改革、服务发展、服务民生、服务残疾人、服务党员的能力和水平，切实增强基层党组织的凝聚力和战斗力，根据中央国家机关工委《关于加强中央国家机关基层服务型党组织建设的意见》，结合中国残联实际，提出如下实施意见。

一、指导思想

高举中国特色社会主义伟大旗帜，以邓小平理论、"三个代表"重要思想和科学发展观为指导，坚持服务中心、建设队伍，紧密结合中国残联职责任务，把服务全面深化改革作为主要内容，把本职工作作为主要阵地，把残疾人和身边党员群众作为主要对象，把履职尽责作为主要方式，使基层党组织和党员成为服务中心工作、服务残疾人、服务党员群众的坚强堡垒和主力军。

二、原则和目标

坚持"围绕中心、服务大局，解放思想、改革创新，以人为本、强化服务，分类指导、注重实效"的原则，通过3—5年努力，努力达成以下目标：

——直属机关党的组织和党的工作实现全面有效覆盖，服务中心、服务大局能力不断提升，基层党组织工作制度更加完备、工作方式更加灵活、工作载体更加广泛，每个基层党组织都有务实管用、广受欢迎的服务品牌、服务平台。

——直属机关基层党组织民主选举、民主决策、民主管理和民主监督制度更加完善，党员主体地位得到尊重，党内激励关怀帮扶机制更加健全，基层党组织凝聚力、影响力得到明显增强。

——直属机关各级党员干部的教育管理监督制度更加完善，服务基层、服务残疾人的能力水平得到新的提升，先锋模范作用得到充分发挥。

三、把握关键环节

（一）增强服务理念。加强中国特色社会主义理论学习培训，重点学习贯彻习近平同志系列讲话精神，努力提升党员干部政治理论素养。加强党性党风党纪和政策法规教育，帮助党员增强纪律观念，确立法治观念，改进工作作风，树立良好形象。加强残疾人工作者职业道德教育，引导党员干部牢固树立全心全意为残疾人服务的宗旨意识。加强业务知识、岗位技能和综合能力培训，提高党员干部业务素质和工作水平。

（二）找准服务定位。坚持围绕中心、服务大局，通过服务型党组织建设，凝聚改革共识，凝聚发展力量，推动落实中央决策部署，推动残联职能转变，推动科学决策、民主决策。坚持从实际出发，根据不同业务、不同岗位的职责和特点，分类实施推进。综合部门要充分发挥参谋助手作用，加强统筹协调，确保政令畅通；业务部门要坚持深入基层、深入残疾人，问需于残疾人，问计于残疾人，切实推动事关残疾人切身权益的政策出台和工作落实；窗口、服务单位要优化服务流程，简化办事程序，改进服务作风，确保服务到位；事业单位党组织要围绕深化分类改革、促进事业发展搞好服务，推动公益服务水平不断提高；国有企业党组织要围绕生产经营和队伍建设搞好服务，保障职工参与管理和监督的民主权利。

（三）突出服务重点。要突出服务中心工作，围绕残联职能抓大事，围绕业务发展抓难事，充分发挥党建优势，破解业务发展难题。要突出服务基层、服务残疾人，深入开展调查研究，把解决广大残疾人和基层残联组织的突出困难放在首位，体现在政策制定和工作开展的全过程。要突出服务党员职工，促进党员职工提高思想素质，着力培养党员职工成长成才，建立健全关怀帮扶困难党员职工的机制，特别注重培养健康心理和解决实际问题。

（四）搭建服务载体。基层服务型党组织建设的载体可以是服务活动，也可以是服务平台。要继承和发展以往行之有效的品牌活动和服务平台，不断完善运行机制，拓展服务方式和内容，使其更加适合新形势、新任务、新要求。要因地制宜，突出特色，积极探索，大胆创新，创造性地提出新思路、新载体，使服务工作见人见物见实效。要注重典型引路，挖掘、培养一批叫得响、立得住、群众公认的先进典型和服务品牌，加大宣传力度，用基层经验和基层典型引领带动基层工作。

（五）完善服务保障。要畅通服务联系和情况反映渠道，建立健全调查研究、建立基层联系点、开展基层挂职任职、定期接访、谈心交流、征求意见、党员承诺践诺、党务公开等制度，鼓励开展与不同部门、不同行业基层党组织和农村、社区基层党组织的联学联建活动，积极推动直属机关党员干部到居住地社区参加各类公益、志愿服务活动。要注重统筹推进，大力宣传推广中央国家机关践行群众路线支部工作法，学习借鉴其中好的服务载体和经验做法，并充分结合学习型党组织建设，全面加强基层党组织的思想、组织、作风、制度和反腐倡廉建设。要建立考核评价和表彰激励机制，评选表彰优秀服务品牌、服务平台，创建群众满意服务窗口单位，选树为民服务先进典型，营造为民服务创先争优的浓厚氛围。

四、加强组织领导

（一）加强基层服务型党组织建设，各部门、各单位党委（总支、支部）书记为第一责任人，分管组织工作的党委（总支、支部）委员为直接责任人。要强化领导责任，加强研究，明确要求和分工。各部门、各单位党务工作机构和党务工作人员要做好本部门、本单位内部动员、协调工作，结合实际抓紧制定工作方案（计划），明确任务书和时间表。

（二）各部门、各单位党委（总支、支部）要通过各种形式宣传加强基层服务型党组织建设的重要意义，对服务载体进行深入调研和精心组织，确保基层党组织重视服务、开展服务、落实服务，切实把服务贯穿于各项工作之中。

（三）直属机关党委注重做好规划统筹、宏观指导和督促检查，指导帮助基层党组织开展工作，宣传推广好做法、好经验，鼓励表彰涌现出的先进人物、先进单位，推动基层服务型党组织建设深入持久地开展。

（四）各部门、各单位党委（总支、支部）服务型党组织建设工作方案（计划）制定后，要及时报直属机关党委备案并认真抓好落实。

关于印发《中国残联党组贯彻落实中共中央〈建立健全惩治和预防腐败体系2013—2017年工作规划〉的实施办法》的通知

残联党组发〔2014〕26号

机关各部门、各直属单位，基金会：

《中国残联党组贯彻落实中共中央〈建立健全惩治和预防腐败体系2013—2017年工作规划〉的实施办法》已经党组审议通过。现印发给你们，请结合实际认真贯彻执行。

中国残联党组贯彻落实中共中央《建立健全惩治和预防腐败体系2013—2017年工作规划》的实施办法

为深入贯彻落实党的十八大、十八届二中、三中全会精神和习近平总书记系列重要讲话精神，加强中国残联惩治和预防腐败体系建设，推进党风廉政建设和反腐败工作，根据中共中央《建立健全惩治和预防腐败体系2013—2017年工作规划》（以下简称《工作规划》）的要求，结合中国残联实际，制定本实施办法。

一、总体要求

全面推进惩治和预防腐败体系建设，是党的十八大和十八届三中全会做出的重要部署，是全党的重大政治任务和全社会的共同责任。各级党委（总支、支部）必须从思想上警醒起来，坚持惩治和预防腐败两手抓、两手都要硬，彻底铲除滋生在行业系统里的腐败土壤，把惩治和预防腐败体系建设这项重大政治任务，贯穿到中国残联发展稳定各项工作之中，把党风廉政建设和反腐败工作不断引向深入。

加强惩治和预防腐败体系建设，要以邓小平理论、"三个代表"重要思想、科学发展观为指导，要深入学习贯彻落实习近平总书记在会见第五次全国自强模范暨助残先进集体和个人表彰大会受表彰代表时强调的，"更加勇敢地迎接生活挑战，更加坚强地为实现梦想努力"等系列重要讲话精神，按照邓朴方名誉主席、张海迪主席提出的"八要、八不要"、"残疾人工作者队伍要永远保持蓬勃朝气和浩然正气，残疾人工作者要做让人民放心的人"的要求，紧紧围绕全面推进中国特色社会主义伟大事业和中国残联"六代会"的总体部署，坚持标本兼治、综合治理、惩防并举、注重预防，以改革精神加强反腐败体制机制创新和制度保障，坚定不移转变作风，坚定不移反对腐败。

经过今后5年不懈努力，党风、政风有新的好转；中央"八项规定"得到有效落实；"四风"问题得到明显治理；党员干部廉洁自律意识和拒腐防变能力显著增强；残疾人工作者"人道、廉洁、服务、奉献"的职业道德进一步加强；残疾人事业取得人民满意的进展和成效。

二、深化党风廉政建设教育，将为民清廉思想内化于心

习近平同志在十八届中央纪委第三次全体会议上强调："要深入贯彻党的十八大和十八届二中、三中全会精神，加强思想政治教育，筑牢廉洁从政思想基础，形成不想腐、不能腐、不敢腐的有效机制。"各级党委（总支、支部）要把党风廉政教育和反腐败宣传教育工作纳入党的宣传教育工作总体部署和年度工作安排，积极宣传党风廉政建设和反腐败工作的方针政策、决策部署和工作成效，不断丰富教育内容，创新教育形式，建立长效机制，扩大教育的覆盖面，提高教育的实效性、针对性，进一步筑牢广大党员干部廉洁从政的思想道德防线。

（一）坚持理想信念教育不放松。党员领导干部出问题，归根溯源是思想上的问题、信念上的问题。在新的形势下，党面临着执政考验、外部环境考验和精神懈怠危险、脱离群众危险、消极腐败危险等，各级党政一把手必须保持政治上清醒和政治上自觉，始终从思想上、行动上同党中央保持高度一致，不能有丝毫动摇，必须把工作重心放在提高党的执政能力、巩固党的执政地位、履行党的执政使命、稳步推进残疾人事业发展建设的高度上去思考、去谋划。在党员干部群众中要继续深入开展理想信念教育，各级班子成员每年要至少安排一次理想信念教育的专题学习，部门和单位要结合形势任务，从把好人生航向、珍惜政治生命、珍惜个人前程、珍惜家庭幸福出发，在广大党员干部中开展理想信念教育大讨论，从而进一步引导党员干部听党话、跟党走、守纪律的坚定信念。

（二）坚持党风党纪教育不放松。从严管理党员干部，首先要严肃教育党员干部。要建立健全党员干部经常性廉政教育机制，加强党风党纪、廉政法规和从政道德教育，并将其纳入每年学习型党组织建设、各类培训班、干部任职教育中的必修课；在重大物资采购、重大项目承办、重大基建工程建设招投标前，各级党组织要对负责分管采购、项目承办、招投标等人员进行党风党纪教育，纪委（纪检组织）要采取有重点、有针对性的约谈提醒，并签订书面党风廉政风险责任书等形式，让掌管资源、掌管权力人员将廉字内化于心、对廉字心存敬畏，从而在思想上抵御各种诱惑的侵蚀，在行动上保持清廉自觉。

（三）坚持廉政文化建设不放松。加强廉政文化建设，是推进党风廉政建设和反腐败工作的深入开展，是释放廉政文化正能量，发挥正效应，从源头上预防和减少腐败现象发生的重要举措，有利于在残疾人工作者中形成廉荣贪耻的思想道德基础和文化氛围。各部门、各单位要把反腐倡廉教育与单位文化建设、思想政治工作、意识形态工作、职业道德建设结合起来，充分利用重大节日、重大项目承办、敏感时期，组织开展警示教育、廉政文化宣传教育等活动，弘扬廉洁从政优良作风，讴歌勤廉楷模，进一步引导广大党员干部、残疾人工作者树立以廉为荣、以贪为耻的良好风尚，自觉把廉政理念内化于心。各级要大力开展廉政文化作品制作和优秀作品推选、评选工作，为创作者提供机会、创造条件，让廉政文化更好地服务于残疾人事业发展建设。

三、坚持不懈抓好党的作风建设，将为民清廉作风实化于行

不正之风是滋生腐败的温床，加强党的作风建设是廉洁从政的治本之策。习近平同志在十八届中央纪委二次、三次全会上强调指出："作风上的问题绝不是小事，如果不坚决纠正不良作风，任其发展下去，就会像一座无形墙把我们党和人民群众隔开，我们党就会失去根基、失去血脉、失去力量。"在作风建设上，大问题要抓，小问题也要抓，要一步一个脚印深化下去，要不断巩固好、固化好作风建设成果。

（一）坚持巩固深化落实中央八项规定精神的成效，持之以恒纠正"四风"，进一步改进作风。在党的群众路线教育实践活动中，党员干部作风问题得到了很好的治理，取得积极成效，但也必须清醒看到，有些问题暂时消除了，不等于彻底解决了，有些现象看似不存在，不等于完全根治了。落实好中央八项规定精神、持之以恒纠正"四风"问题要在坚持中深化、在深化中坚持。各级领导干部、班子成员在作风建设上，要自始至终把自己摆进去，端正改进作风态度，养成优良作风习惯，把中央八项规定精神的要求、"四风"问题治理，党员干部、残疾群众对我们工作的满意度当作一面镜子，经常拿出来"照一照"，做到有则改之、无则加勉。要健全改进作风常态化制度，结合新的形势任务，进一步落实《党政机关厉行节约反对浪费条例》《国家工作人员因公临时出国（境）管理规定》《中国残联内部审计暂行办法》《中国残联干部选拔任用工作意见》以及党政机关楼堂馆所建设等方面的实施办法。进一步针对文山会海、公款吃喝、公款旅游、奢侈浪费，"三公"经费开支过大，"形象工程"、"政绩工程"等突出问题，制定具体整治计划，明确整治责任、进度时限和标准要求。建立通报制度，对单位和个人违反中央八项规定精神、"四风"、"三公"经费使用等违规、违纪的问题，报请会党组批准后，在适当范围内进行通报批评。对群众来信、来访反映的问题线索，要依照相关法律条款和信访规定的要求，及时采取约谈、函询等方式向本人和组织核实情况。对党员干部身上存在的作风问题要早发现、早提醒、早纠正，对苗头性问题要及时查处，防止小问题演变成大问题。领导干部、班子成员在落实中央八项规定精神、治理"四风"问题上要始终坚持走在群众前面，要从日常工作生活中的小事做起、抓起、管起，要敢于在本部门、本单位叫响"向我看齐"的口号，要以自身表率行动积极推动改进作风向基层延伸，切实解决损害群众利益的不正之风，坚决纠正打折扣、搞变通的行为，牢固树立党员干部为民务实清廉形象，密切同残疾人群众的血肉联系，争做焦裕禄式好党员、好干部，把好的工作作风、生活作风践于日常，实化于行。

（二）巩固深化党的群众路线教育实践活动成果，建立健全作风建设长效机制。巩固和运用好教育实践活动成果，最主要的是不断深化作风建设，构建作风建设长效机制，使认识再提高、措施再完善、工作再推进。改进作风是一项长期的战略任务，不可能一蹴而就，特别是当前，作风建设正处在不进则退的关键期、破解难题的攻坚期，如果没有制度上的规范、机制上的创新，就不可能解决深层次的矛盾和问题，就很难从根本上利住"四风"问题,已经取得的成果也会丧失。各部门、各单位要在教育实践活动基础上,再进一步梳理完善现有制度机制,对实践检验行之有效的要长期坚持,对不适应新形势下残疾人事业发展建设政策规定的要抓紧修订完善,重点纠治在组织观念、程序观念、调研不深入不细致,工作上弄虚作假、欺上瞒下、思想漂浮、作风松散等问题,端正选人用人导向,加强"三公"经费管理,在狠抓物资采购、大项工程建设、指标分配、资源配置等方面的问题上,坚决防止反弹。

（三）严明党的纪律,为党的作风建设提供保证。习近平同志在十八届中央纪委三次全会上指出:"党要管党、从严治党,靠什么管,凭什么治?就是要严明党的纪律。"各级党组织和广大党员干部要自觉学习党章、遵守党章、贯彻党章、维护党章,自觉反对特权思想,自觉按照党的组织原则和党内政治生活准则办事,牢固树立党的意识和组织纪律观念。严格执行党的政治纪律、组织纪律、财经纪律、工作纪律和生活纪律。坚决克服组织涣散、纪律松弛问题,在思想上、政治上、行动上同以习近平同志为总书记的党中央保持高度一致,自觉维护党的团结统一,决不允许有令不行、有禁不止,决不允许各自为政、阳奉阴违。对违反党的纪律行为要严肃处理,确保中央及会党组关于加强作风建设的决策部署落到实处。

四、强化制度建设,将权力运行制约固化于制

习近平同志在十八届中央纪委二次全会上强调指出:"要加强对权力运行的制约和监督,把权力关进制度的笼子里,形成不敢腐的惩戒机制、不能腐的防范机制、不易腐的保障机制。"各级党委（总支、支部）既要抓好把权力关进制度笼子里工作,也要抓好扎紧笼子的工作,维护好制度的严肃性和权威性,真正形成用制度管人、管事、管权的良好局面。

（一）充分发挥好"三重一大"制度作用,强化领导班子科学决策。强化对权力的制约和监督是有效预防腐败的关键。"三重一大"制度是关好权力最好的笼子。各级领导干部、班子成员要充分认识落实"三重一大"制度的重要性,要根据不同的对象进一步把笼子扎紧、编实,不留漏洞,否则就如同虎笼关鼠、牛栏关猫,形同虚设。各级纪检组织,要有效抓好"三重一大"监督制度落实,凡属于"三重一大"的事项,都要采取事前报备、事中参与、事后跟踪的方式,把监督贯穿到工作的全过程。一是要细化内容,增强"三重一大"制度的操作性。制度的粗放会导致执行的不力,各级要结合自身实际,对本部门、本单位哪些属于"三重一大"议事决策范围都要做出清晰明确的规定,要科学界定各级领导班子和领导干部的决策权限,合理划分职责,既不能管得太死,也不能放得太松,鼓励干部在职责约束下大胆行使权力干事创业,实现集体领导和分工负责的有机结合。二是要严格程序,增强"三重一大"制度的规范性。在决策酝酿环节,应充分发扬民主,对于涉及本部门、本单位发展建设全局和干部群众切身利益的事项,要通过调研、座谈会等形式广泛听取意见;对于康复设备采购、大型项目承办、基建工程建设招投标等专业性、技术性较强的事项,要请专家论证、技术评估、风险分析;对于预算资金、项目资金、自营收入、"三公"经费等管理使用情况,要开展内部审计常态化,机关的相关部门以及各直属单位要将每年审计情况向会党组或分管会领导做专题汇报。三是要强化监督,增强"三重一大"制度的实效性。强化班子成员同级监督、上级纪委、人事、审计、财务等部门监督以及社会监督。对于说一套、做一套,搞上有政策、下有对策,钻制度空子、故意绕着制度走的行为,要严肃追究问责,确保制度落到实处。四是要增强"三重一大"制度的透明性。把公开贯穿于"三重一大"决策全过程,对决策事项、决策依据以及决策结果都要公开,让权力在阳光下运行,让广大干部群众在公开中监督,确保权力正确使用。

（二）健全用人制度,匡正选人用人风气。各级党委（总支、支部）要坚持党管干部、党管人才原则,坚持新时期的正确用人导向,严格按照中央《党政领导干部选拔任用工作条例》和《中国残联干部选拔任用工作意见》等规定要求选好用好干部。坚持以德才识人,以群众公认选人,以工作实绩用人,重点突出以德、廉为先导向,干部无才会误事,干部无德会坏事,干部不廉会出事,选人用人应先问"德、廉",让"德、廉"成为选人用人"硬杆杆";围绕健全干部选任机制规范工作程序,把干部选任工作的权力关进制度笼子里,加强对一把手选人用人行为的监督,是让选人用人权力在阳光下运行的重要保证,通过规范和召开干部的选任工作程序,实现组织选人而不是领导个人选人,最大限度地克服可能存在的"圈子文化"的不良影响,最大程度上堵塞可能存在的"跑官要官"、拉帮结派的晋升路径。同时还要进一步完善简便易行的选任机制,大胆坚持以事择人、用当其时、用其所长,发挥好党组把关作用,真正把信念坚定、为民服务、勤政务实、敢于担当、清正廉洁干部选拔到重要领导岗位上来。要健全干部考核机制,进一步规范考核内容,完善考核标准,改进考核方式,让"干得好"的干部"考得好"。对违反人事纪律的行为决不放过,发现一起查处一起,让弄虚作假、不干实事、会跑、会要的干部没市场、受惩戒,形成风清气正的用人环境。

（三）健全风险防控动态的监管报告制度。各级纪委（纪检组织）每季度要从廉政风险等级和岗位特点,

从容易滋生腐败、发生不正之风，特别是利益冲突的领域入手做好监督检查。一查党委主体责任、"一岗双责"落实情况，重点查领导班子成员和部门负责人是否做到两手抓、两不误，责任是否明确，任务是否分解、措施是否落实。二查民主集中制执行情况，重点查议事规则和决策程序是否健全，"三重一大"问题是否集体研究决定。三查廉政风险预警防控情况，上级纪委重点查下属单位、部门、科室是否开展了风险查找活动、是否制定了防范措施。四查建章立制和责任追究情况，重点查党风廉政建设制度规定是否健全并得到执行，对违反规定的是否实行责任追究等问题。各级领导干部特别是党政一把手，要把涉及重大问题、重要事项按规定向组织请示汇报，并形成制度长期坚持，对不请示报告的干部，党组、纪委要进行约谈提醒、诫勉谈话。各直属单位纪委（纪检组织）每年12月上旬要向本单位党委（总支、支部）汇报廉政风险防控工作落实情况，直属机关纪委要不定期对各部门、各单位廉政风险防控措施的落实情况进行考核，将其纳入党风廉政建设责任制考评、纳入政绩考核之中，并根据考核结果，纠正存在问题，完善工作程序，修正风险内容。

五、完善监督机制，将倡廉强化于责

监督是反腐倡廉建设的关键。习近平同志在十八届中央纪委二次全会上讲话强调："不受监督的权力都可能被乱用，必然会导致腐败，各级领导干部要牢记，任何人都没有法律之外的绝对权力，任何人行使的权力都必须为人民服务、对人民负责并自觉接受人民监督。"每一个党员领导干部都要把监督当作一面镜子，经常照一照，深刻检查自己的缺点与不足，不断完善自己，确保权力正确有效行使，在监督制约机制下守好责、尽好责、忠诚于责。

（一）强化党员领导干部监督意识，自觉接受组织和群众监督。自觉接受监督是党员领导干部健康成长的重要条件。各级党组织要根据形势任务，每年在广大党员干部中开展自觉接受监督的教育活动，让每一个党员领导干部都要牢记权力是人民给的，要视监督为关心、爱护、帮助，不要错误认为监督是对自己的束缚、对个人不信任、对工作的否定。要习惯于组织、群众的监督，要从思想深处树立监督意识，主动把自己置于组织和群众的监督之下，对于群众的反映、组织批评，要虚心接受，不能因为群众举报中有不实之词，甚至有错误之处，就给群众"穿小鞋"、打击报复，就拒绝接受批评监督，相反，要引导群众正确行使民主权利，不断改进自己不足，特别是各单位党政一把手、班子成员要积极主动做好同级监督、配合下级监督，保护群众监督意识，以自身表率行动，时刻将自己置于党纪国法、人民群众的监督之下，为残疾人事业的发展建设掌好权、用好权、尽好责。对于不服从监督，在思想上抵触监督，在行动上应付监督，结果导致滥用权力、渎职失职的将按照相关法律规定追究责任。

（二）进一步健全对"三公"经费、部门预决算、专项资金等财政拨款的监督制度。坚持将财务监督工作贯穿于残疾人事业发展建设的工作大局之中、贯穿于预算编制、分配、执行、决算、评价过程之中，让财政资金在阳光下运行。第一，加大社会公开力度，提高资金使用透明度。中国残联部门预算、部门决算、"三公"经费和彩票公益金使用情况要在中国残联网站进行公告，接受社会监督。第二，推动内部审计工作常态化，确保资金安全规范。主要领导干部离任、重要岗位干部离岗，都要做好系统全面的交接工作，按规定开展领导干部经济责任审计。每年有针对性选择1—3个直属单位开展预算执行年度审计，强化预算的监督、日常监管。第三，强化绩效全过程管理，提高资金使用效益。以项目绩效评价为切入点，以制度建设为保障，将绩效理念融入预算管理全过程，着力构建中国残联绩效评价机制，提高资金使用效益。按照《中国残联财政资金项目支出绩效评价管理暂行办法》，从工作规范、技术规范、行为规范等方面，对中国残联财政资金项目支出绩效评价工作进行系统的规定，制定绩效评价实施方案和工作规程，明确工作职责，细化工作流程，规范操作程序。第四，在全国范围内开展"十二五"残疾人事业康复、教育、就业、扶贫、社会保障、体育、宣传文化等专项资金清理工作，通过项目单位自查和专业机构抽查，掌握专项资金使用情况和项目执行情况，确保"十二五"发展纲要任务的全面完成。第五，严格责任追究。对预决算编报不真实，基础数据不准确，多报、虚报、资金拨款不规范、不合理、不合法的、挪用等违规违纪问题，造成财政资金的损失浪费的单位和个人要按照相关法律规定追究单位领导责任、个人渎职失职法律责任。

（三）用好反腐倡廉报告制度有力抓手，确保主体责任落到实处。全面落实党风廉政建设和反腐败工作，党委负主体责任，纪委负监督责任。各级党委（总支、支部）尤其是党政一把手、班子成员，在当前严峻的反腐倡廉形势下，要进一步增强责任意识、担当意识，把党风廉政建设和反腐败工作作为主业、放在心上、抓在手上、扛在肩上，确保主体责任落到实处。各级要建立党风廉政建设和反腐败工作报告制度和纪委委员（纪检组织）的评议制度。每年年初各级党委（总支、支部）要向会党组分管领导汇报本部门、本单位上一年度履行党风廉政建设主体责任和主要负责人履行第一责任人职责情况，各直属单位要把党风廉政建设主体责任进一步分解到基层、落实到个人，各级党委（总支、支部）要将本部门、本单位履职情况的书面报告，提交中国残联直属机关纪委审阅、评议，对问题较多、隐瞒不报的部门、单位、个人，直属机关纪委要进行约谈、问询，并责令限期改正。各级党委（总支、支部）要认真贯彻落实中央要求，切实加强对党风廉政建设和反腐败工作的统一领导，牢固树立责任不落实就是失职意识，党政一把手要把党风廉政建设紧紧抓在手上，切实履行好报告制度，对责任不落实单位和个人要严肃追究责任。

（四）进一步加大对普通党员干部监督力度，努力做好"四个注重"。加强党内监督、民主监督、法律监督、舆论监督，是深入贯彻落实党的十八大报告关于反腐败工作和干部监督工作的重要精神，是拓展干部监督工作的空间，是消除和填补监督"盲点"，形成监督的整体合力，让每一个党员干部责任担当更进一步落到实处。第一，在监督对象上，既要注重"抓大"更要注重"管小"。既要监督在关键岗位上的领导干部，也要监督负责分管康复设备、物资采购、大型项目承办、基建工程建设招投标等重点岗位上的一般干部。在加强对"重点对象、重点岗位"监督的同时，将干部监督的重心下移，加大对机关、直属单位普通公职人员的监督，防止"灯下黑"，防止中、基层干部越权，防止"小官办大事"的现象出现。第二，在监督方式上，既要注重"惩治"更要注重"预防"。惩治不是目的，救人才是关键。一个善意的提醒，一次真诚的谈话，都可以挽救一批干部。要加强从源头预防，对濒临边缘的干部，可以通过组织诫勉谈话、交流轮岗等方式预防其违法犯罪。第三，在监督主体上，既要注重"专业"更要注重"全面"。要以党委（总支、支部）和纪委、审计、人事等部门监督为主，着力构建党内监督、民主监督、法律监督、舆论监督"四位一体"的监督格局。建立多元化常态化制度化的监督网络，以"网"的延伸填补"点"的空隙，使干部监督到边、到底、到位。第四，在监督内容上，既要注重"廉政"更要注重"业绩"。传统的监督往往只注重监督干部的"廉洁"，忽略了监督干部的工作实绩。有绩无廉固不能容，有廉无绩亦不可取。要将监督干部工作实绩与治庸问责和年底考评考核等重要工作结合起来，既要坚定果断地刹风整纪，又要树立长期作战思想，确保党员干部廉洁从政、确保公共权力规范运行。

六、加强统一领导，确保《工作规划》的实施办法贯彻落实

认真贯彻落实《工作规划》的实施办法，扎实推进惩治和预防腐败体系建设，对于深入开展中国残联党风廉政建设和反腐败工作，扎实推进实现残疾人与全国人民同步小康的伟大工程，不断提升残疾人事业发展建设水平，都具有十分重要的意义。各级党委（总支、支部）、纪委（纪检组织）必须认真学习好、宣传好、贯彻好、落实好。

（一）各级党委（总支、支部）要承担党风廉政建设和反腐败工作主体责任。贯彻落实《工作规划》的实施办法，各级党委（总支、支部）负主体责任，纪委（纪检组织）负监督责任。要充分发挥党组织统一领导、党政齐抓共管、纪检组织协调、职能部门各负其责的领导体制和工作机制，明确落实《工作规划》的实施办法的分工和责任，各级领导班子主要负责人要履行好党风廉政建设和反腐败工作第一责任人职责，把贯彻落实《工作规划》的实施办法列入本部门、本单位重要议事日程，重要工作要亲自部署、重大问题要亲自过问、重点环节要亲自协调、重要违纪问题要亲自督办，确保中央《工作规划》和中国残联《实施办法》在本部门、本单位得到贯彻落实。

（二）增强惩治和预防腐败体系建设工作合力。各部门、各单位要加强分类指导，抓好组织实施，整体推进作风建设、惩治预防腐败各项工作。各牵头部门和协助部门要明确好责任分工，相互支持，相互配合。人事部门要加强对干部经常性的管理监督，坚决纠正选人用人上的不正之风；宣传部门要抓好党风廉政建设和反腐败工作宣传，强化舆论引导；审计部门要加强对内部日常财政资金审计，确保资金正确使用；纪委（纪检组织）要充分发挥纪律约束，形成多措并举，确保党风廉政建设和反腐败工作综合实效。

（三）强化监督考核，狠抓任务落实。各部门、各单位要结合各自实际抓好责任分解和任务分工，有重点、有步骤研究制定贯彻落实中国残联《实施办法》的具体措施和工作方案，规定每一项任务完成的内容、时间和标准，明确抓落实责任人，确保任务落实到位。建立工作台账制度，健全惩治和预防腐败体系建设信息管理系统。健全督查考核机制，将贯彻落实《工作规划》和《实施办法》的情况作为年度落实党风廉政建设责任制暨推进惩治和预防腐败体系建设检查考核的重要内容。制定责任追究制度，对贯彻落实不力、造成不良后果的，要追究领导责任，确保惩治和预防腐败工作取得实效。

中国残联党组关于深化"四风"整治、巩固和拓展党的群众路线教育实践活动成果的实施意见

残联党组发〔2014〕66号

机关各部门党支部、各直属单位党委（总支、支部）、基金会党总支部：

为认真贯彻落实习近平总书记在党的群众路线教育实践活动总结大会上发表的重要讲话精神，巩固和拓展教育实践活动成果，加强党的作风建设，全面推进从严治党，根据《中共中央印发〈关于在全党深入开展党的群众路线教育实践活动总结报告〉的通知》（中发〔2014〕8号）和《中共中央办公厅印发〈关于深化"四风"整治、巩固和拓展党的群众路线教育实践活动成果的指导意见〉的通知》（中办发〔2014〕60号）文件要求，结合中国残联工作实际，现就深化"四风"整治、巩固和拓展教育实践活动成果制定如下实施意见。

一、充分认识巩固和拓展教育实践活动成果的重要意义

1. 坚持不懈抓好作风建设。充分认识作风建设的长期性、复杂性、艰巨性，牢固树立持续整改、长期整改的思想，坚持把作风建设抓常、抓细、抓长，以锲而不舍、驰而不息的决心和毅力，持续努力、久久为功，推进集中反"四风"改作风转为经常性的作风建设，形成作风建设新常态。

2. 运用好教育实践活动宝贵经验。始终保持反"四风"高压态势，要坚持教育与实践并重，一手抓"四风"整治，一手抓经常性教育，使党员、干部绷紧作风建设这根弦；坚持问题导向，经常分析本部门、本单位群众反映强烈的"四风"问题，对突出问题重点加以解决；坚持领导带头，领导班子、领导干部要以上率下、做出示范、树立标杆；坚持一级带着一级干、一级做给一级看；坚持严格标准不降格，严抓落实不懈怠，严肃执纪不手软；坚持开门改作风，经常听取群众意见建议，及时公布整改落实情况，自觉接受群众评价监督；坚持围绕中心、服务大局，促进党员干部牢记宗旨、摆正残疾人工作者角色定位，强化责任担当、增强履职尽责动力，以优良作风促进残疾人事业科学发展，以科学发展检验作风建设成效。

二、切实兑现承诺，持续深入抓好整改落实

3. 认真落实整改任务。要对领导班子整改方案和领导干部整改措施落实情况进行盘点分析，真实掌握整改落实的进展、效果和存在问题，有针对性地拿出对策。基本完成的，要明确巩固提高的具体要求；整改不彻底的，要加大力度；尚未整改的，要分析原因，明确责任人、时间表，抓紧推进。对于新出现的问题，要主动纳入整改范围。定期公开后续整改进展情况，取得群众认可。

4. 深入推进专项整治。围绕党中央确定的21项、中国残联确定的7项专项整治任务，结合各部门、各单位专项整治目标，进一步把责任明确到位，措施落实到位，问题解决到位。各部门、各单位要结合实际，确定深化专项整治重点项目，把专项整治工作纳入落实中央八项规定督促检查内容。要聚焦基层和残疾人反映强烈的政风行风问题，确定几个需要上下联动整改的重点项目，制定专门方案，上下互动、挂牌督办。

三、强化源头治理，健全和落实改进作风常态化制度

5. 切实加强制度建设。认真执行中央出台的《党政机关厉行节约反对浪费条例》等文件精神和中国残联制定的《关于落实十八届中央政治局关于改进工作作风、密切联系群众八项规定的实施办法》等规定。要加强调研、跟踪问效，及时修订完善或出台相关制度规定。要抓好新旧制度衔接，确保出台的制度行得通、有效果、管长久。要围绕规范权力运行，建立权力清单制度，依法公开权力运行流程。要健全党务公开、政务公开和办事公开制度，做到议事规则、决策过程、行权程序和办事结果公开。围绕重要岗位、主要领导干部行使权利情况等重要内容，健全巡视、审计、约谈、诫勉谈话、函询等制度，防止特权现象和权力腐败。

6. 强化正风肃纪维护制度严肃性。加大制度执行监督检查力度，明确违规处理的具体办法，对踩"红线"、闯"雷区"零容忍，发现一起、查处一起、追责一起，触犯法律的及时移交司法机关处理，不搞法不责众、不搞下不为例、不搞情有可原。坚持"一案双查"，既要追究当事人责任，也要追究监管领导责任，防止以集体责任代替个人责任。对顶风违纪、影响恶劣的典型案例，要指名道姓予以通报曝光。

四、严肃党内政治生活，坚决克服自由主义、分散主义、好人主义、个人主义

7. 严格执行党内政治生活制度。各级领导班子要坚持民主集中制，完善并严格执行民主决策机制、集体领导与个人分工负责相结合的制度、请示报告制度。各级党组织要着力解决不按规定开展党内活动，党内生活质量不高、流于形式、难以发挥作用的问题，使党内政治生活真正起到教育改造提高党员、干部的作用。党员领导干部要严格执行双重组织生活会制度，要切实对分管部门和单位的民主生活会进行督导和把关。要坚持"三会一课"、民主评议党员、党员党性定期分析等制度，结合实际开展主题党日、警示教育等活动。结合年度考核，对领导班子和领导干部贯彻执行党内政治生活

8. 用好批评和自我批评武器。要用好批评和自我批评武器，将开门听取意见、认真撰写对照检查材料并报上级审核把关、深入谈心交心、严肃开展批评、上级党组织点评、督导等有效做法固定下来，促进批评和自我批评常态化；各部门、各单位要按照直属机关党委《关于召开2014年度专题民主生活会的通知》要求，切实开好年度领导干部民主生活会，按照组织学习、谈心谈话征求意见、撰写简要对照检查材料、召开党委（总支、支部）委员会开展批评和自我批评、召开党员大会进行民主评议等方法步骤，确保组织生活会质量。

9. 坚持党性原则基础上的团结。党员、干部必须站在党和人民立场上，坚持个人服从组织、少数服从多数、下级服从上级、全党服从中央，坚决维护中央权威，坚决维护党的集中统一。领导班子要大力提倡掏心见胆、并肩奋斗的真团结，坚决反对和纠正表面一团和气、实际上相互较劲设防的假团结。班子成员要增强角色意识和政治担当，坚持大事讲原则、小事讲风格，多沟通、勤补台，一把尺子待人、一个标准行事，正确处理权力行使、利益分配、沟通协调上的分歧，要心往一处想、劲往一处使，切实把心思和精力集中到干事创业和推动残疾人事业发展上。

五、充分发挥领导带头表率作用，着力夯实基层基础

10. 不断推进作风建设。各部门、各单位要结合实际，持续开展作风建设专题活动，每年确定一个方面的作风问题集中攻坚解决。开展机关作风和行风评议监督工作，形成反"四风"改作风的倒逼机制。全面推进机关联系基层、干部联系群众"双联系"制度，落实党员干部直接联系群众、服务残疾人制度。

11. 加强领导班子、领导干部作风教育。深入开展马克思主义群众观点特别是习近平总书记有关重要论述的学习教育，开展党章学习和理想信念、党性党风党纪、道德品行教育，开展社会主义核心价值观教育。把作风教育纳入党委（总支、支部）中心组学习和集体学习内容，每年至少集中开展一次专题学习。党员领导干部每年至少为基层党员、干部讲一次党课。

12. 严格考核领导班子领导干部作风。坚持选拔看作风、考核考作风、监督管作风。建立领导班子领导干部作风状况定期分析机制，加强综合研判，针对问题及时提出改进措施，加强对重要部门和涉及人、财、物等关键岗位的监督检查。制定实施领导班子、领导干部作风建设考核办法，把作风状况作为年度考核和干部考察重要内容，结合干部考察、工作检查、专项巡视、重点督查等方式，多渠道了解干部作风情况，坚决启用作风过硬、群众公认的好干部，惩戒作风不正、群众反映差的干部。

13. 加强基层服务型党组织建设。以加强基层服务型党组织建设为抓手，完善基层党组织建设制度，建立健全基层组织体系，认真落实基层党组织工作经费。严把党员队伍入口、疏通出口，加强党员教育管理，稳妥有序处置不合格党员，推动党员立足本职岗位发挥先锋模范作用。整顿软弱涣散党组织，建立倒排工作常态化机制，重点解决带头人不胜任、影响和谐稳定、发展思路不清等问题。充实加强基层干部队伍，选派机关年轻干部到基层工作，服务残疾人，提高能力，注重从一线培养选拔干部。

六、加强组织领导，落实作风建设各项责任

14. 明确作风建设责任。各级党组织要把抓好党建作为最大政绩，切实做到真管真严、敢管敢严、长管长严。要切实担负起抓作风建设的主体责任，书记担负起第一责任。要认真履职尽责，做到掌握情况不迟钝、解决问题不拖延、化解矛盾不积压，把作风建设各项工作落到实处。书记要成为从严治党的书记，坚持抓班子带队伍，加强思想政治工作，对不良作风敢于出手、敢抓敢管，发现问题及时提醒，对以身试法的坚决纠正和查处。对党组织负责人的考核，首先要看抓党建的实效，考核其他党员领导干部工作也要加大这方面的权重。

15. 形成作风建设合力。坚持正面教育与警示惩戒并重、立规与执纪并举、自律与他律结合，把思想教育、纪律约束、监督检查融为一体，以加强理论武装打牢思想基础，以中国梦和社会主义核心价值观教育凝聚共识，以全面深化改革推进制度保障，以惩治腐败、强化正风肃纪，形成强大震慑，打好作风建设"组合拳"。

16. 加强作风建设督查。建立健全作风建设督查机制。2014年年底，各部门、各单位要结合年度工作总结，对整改落实情况进行一次"回头看"，重点看整改落实是否到位、是否见到实效、群众是否满意。根据中央要求，2015年将对各部门、各单位整改落实工作以及巩固和拓展教育实践活动成果情况组织专项检查，对整改效果好的予以表扬，对整改不力的进行通报、作秀的诫勉谈话、反复反弹的严肃问责，并追究主要领导人责任。

各直属单位、基金会党组织要根据本实施意见，结合实际制定具体的实施意见或办法，认真抓好贯彻落实。贯彻落实情况，请及时报中国残联直属机关党委。

中国残联关于印发《中国残联领导干部违反改进作风有关规定实施问责的暂行办法》的通知

残联发〔2014〕2号

机关各部门、各直属单位，基金会：

为进一步改进中国残联领导干部的作风建设，深入贯彻落实党的群众路线教育实践活动，经党组研究同意，现将《中国残联领导干部违反改进作风有关规定实施问责的暂行办法》印发给你们。请认真组织学习，并遵照执行。

中国残联领导干部违反改进作风有关规定实行问责的暂行办法

第一条 为严肃纪律，狠刹形式主义、官僚主义、享乐主义和奢靡之风，根据《中国共产党党员领导干部廉洁从政若干准则》《党政机关厉行节约反对浪费条例》《党政机关国内公务接待管理规定》及中国残联改进作风有关规定，制定本办法。

第二条 本办法适用于中国残联机关及所属各直属单位、基金会处级以上领导班子和领导干部。

第三条 领导班子、领导干部违反改进作风有关规定，需要查明事实、追究责任的，由组织人事部门或直属机关纪委按照职责、权限和程序办理。

第四条 实行问责坚持实事求是、客观公正，罚当其责、惩教结合的原则。

第五条 有下列违反改进作风有关规定情形的，根据情节轻重实行问责：

（一）违反改进调查研究规定。以调研名义去名胜古迹、风景区游玩；在调查研究、工作考察中弄虚作假；陪同人员超过规定人数。

（二）违反精简会议活动规定。未经批准超过规定次数、规模和时间召开会议；召开没有实际效果的会议；违规摆花草、制作背景板、发放纪念品；借座谈会、茶话会、节庆活动等名义向企业和个人收取礼金、摊派款项；违规出席庆祝会、纪念会、表彰会、剪彩、奠基等活动；擅自发贺信、贺电、题词、题字、作序。

（三）违反精简文件简报规定。超过规定总量、篇幅、规格发文；违规重复发文，发布没有实质内容的文件；未经批准随意增加简报种类。

（四）违反因公出国（境）管理规定。以公务名义变相出国（境）旅游；违规增加出国（境）次数、时间、随行人员数量；违规擅自变更行程、延长国（境）外逗留时间；在国（境）外考察、招商等活动中违规搞大型宴会；违反规定将公款用于个人消费。

（五）违反改进新闻报道规定。违反规定要求对不符合报道规定的会议、考察调研、纪念活动、外事活动、重大专项工作等进行报道。

（六）违反领导干部福利待遇规定。违反规定配备秘书；违规超标准多占办公用房；违规多占住房或为领导干部租借住房；领导干部退休或调离未及时腾退办公用房；领导干部长期租用宾馆、酒店房间作为办公用房；超标准、超编制配备公务用车；违规换用、借用、占用下属单位或其他单位和个人车辆；接受企业事业单位和个人赠送的车辆；调离原工作单位带走车辆；公车私用。

（七）违反办公用房管理规定。违规建、购、租办公楼等楼堂馆所；违反审批程序，擅自提高办公楼建设标准、扩大建筑面积；违规多处占用或超标准面积占用办公用房，搞豪华装修。

（八）违反国内公务接待规定。用公款相互宴请或安排高消费娱乐等与公务无关的活动；将私人活动纳入公务接待范围，违规用公款报销或者支付应由个人负担费用；违规将休假、探亲、旅游活动纳入单位公务接待范围；以会议、培训为名列支、转移、隐匿接待费开支或向下级转嫁接待费；违反规定在公务活动中收送礼金、有价证券、纪念品和土特产；公务接待工作餐提供鱼翅、燕窝等高档菜肴，提供或接受香烟和高档酒水，使用私人会所、高消费餐饮场所。

（九）违反廉洁从政规定。用公款组织或参与高消费娱乐和健身活动；收受礼金、有价证券和支付凭证；利用职权为亲友经商办企业提供便利条件；违规用公款购买赠送贺年卡、烟花爆竹、烟酒、花卉、食品等年货节礼。

（十）违反干部选拔任用规定。不按程序、不按条件选拔任用干部；搞跑官要官、买官卖官、拉票贿选；搞封官许愿、任人唯亲；指定提拔干部；为招聘特定对象设置条件；利用职权干预干部选拔任用工作；利用职权安排有夫妻关系、直系血亲关系、三代以内旁系血亲或者近姻亲关系的亲属在所属单位或有直接上下级关系的岗位工作。

（十一）违反求真务实作风要求。脱离实际、弄虚作假；虚报工作业绩；搞"形象工程"和"政绩工程"。

（十二）违反政府采购程序规定。超标准采购、超办公需要采购；违反规定指定或变相指定品牌、型号、产地；以单一来源询价、协议供货拆分项目等方式规避公开招标。

（十三）其他违反改进作风有关规定的情形。

第六条 对领导班子的问责方式有：责令做出书面检查、通报批评、调整。

对领导干部的问责方式有：批评教育、诫勉谈话、责令做出书面检查、通报批评。

涉嫌违纪的，经查证属实的，要依法依纪给予党纪政纪处分，并视情形给予调整工作岗位、停职、责令辞职和免职等组织处理。

以上问责方式可以单独使用，也可以合并使用。

涉嫌违法犯罪的，移送司法机关处理。

第七条 违反改进作风有关规定获取的不正当利益，要予以限期追缴。造成公共资金、资源浪费的，要责令当事人限期赔偿。

第八条 实施问责，要分清集体责任和个人责任、主要领导责任和重要领导责任。

有本办法第五条情形，属于单位行为，需要追究集体责任时，领导班子主要负责人承担主要领导责任，参与决策的班子其他成员承担重要领导责任。

对错误决策提出明确反对意见而没有被采纳的，不承担责任。

错误决策由领导干部个人决定或者批准的，追究该领导干部个人的责任。

第九条 问责调查应当充分听取被调查人的陈述和申辩。调查人员与被调查人有利害关系、可能影响公正处理的，应当回避。

第十条 实行问责应当区分不同主体承担的责任，做出问责决定。对于事实清楚、不需要进行问责调查的，可以直接做出问责决定。

需要同时给予党纪政纪处分的，按照党纪政纪案件的调查处理程序办理，并经党委、纪委会议通过报党组审批。

第十一条 问责决定应当以书面形式通知被问责人。被问责人对问责决定不服的，可以自接到问责决定之日起15日内，向问责决定部门提出书面申诉。问责决定部门接到书面申诉后，应当在30日内做出申诉处理决定。申诉处理决定应当以书面形式告知申诉人及其所在单位。

申诉期间不停止问责决定的执行。

第十二条 受到问责的领导班子、领导干部，取消当年年度考核评优和评选各类先进的资格。

单独受到责令辞职、免职处理的领导干部，不得重新担任与原任职务相当的领导职务。同时受到党纪政纪处分和组织处理的，按影响期较长的执行。

第十三条 本办法由中国残联直属机关党委负责解释。

第十四条 本办法自公布之日起施行。

第十五条 中国残联各专门协会参照本办法执行。

三、党建工作

2014年，中国残联直属机关党委按照中央国家机关工委和中国残联党组的工作部署，紧紧围绕残疾人事业发展大局，立足残疾人工作实际，深入贯彻落实党的十八大、十八届三中和四中全会精神，深入学习贯彻习近平总书记系列重要讲话精神，严格落实全面从严治党要求，不断巩固和拓展党的群众路线教育实践活动成果，党的思想建设、组织建设、作风建设、制度建设和党风廉政建设进一步加强，党组织的创造力、凝聚力和战斗力进一步增强。

（一）推动落实整改任务，巩固拓展教育实践活动成果

组织召开中国残联教育实践活动总结大会，全面总结教育实践活动成果，对深化整改落实工作进行部署。编印教育实践活动制度汇编，推动整改和专项治理工作落实。严格对照整改落实方案和专项治理措施，紧盯后续工作，下发未完成整改项目通知书，推动落实中国残联"两方案一计划"整改任务和领导班子成员个人整改措施。落实中央关于加强作风建设和全面从严治党的要求，制定《中国残联党组关于深化"四风"整治、巩固和拓展党的群众路线教育实践活动成果的实施意见》。按照中央要求，组织对整改落实工作的进展、效果和存在问题进行全面深入的"回头看"，确保整改落实到位。

（二）深入学习贯彻习近平总书记系列重要讲话精神，全面加强思想建设

不断创新学习方法，完善严格学习制度，丰富拓展学习内容，以习近平总书记系列重要讲话精神武装和统一党员干部思想，组织机关处级以上干部和直属单位班子成员集中开展习近平总书记系列重要讲话精神学习研讨，开展学习贯彻系列重要讲话精神成果征集展示活动。健全完善党组理论学习中心组、机关各支部、直属单位党组织政治学习日制度，组织党员干部深入学习党的十八大和十八届三中、四中全会精神和全国"两会"精神。大力培育和践行社会主义核心价值观，广泛开展"创建文明机关、争做人民满意公务员"活动。

（三）以服务型党组织建设为抓手，持续推进基层组织建设

贯彻中央及工委关于加强服务型党组织建设的要求，研究制定《中国残联直属机关基层服务型党组织

建设实施意见》，广泛开展"宣传、推广、运用典型支部工作法"活动，努力提升基层党组织服务改革、服务发展、服务民生、服务残疾人、服务党员的能力和水平。严格落实组织工作各项制度，做好基层党组织换届选举和机构调整指导工作，开展了《中国共产党党和国家机关基层组织工作条例》贯彻落实情况检查。认真贯彻新颁布的《中国共产党发展党员工作细则》，严格落实发展党员调控要求，进一步规范和完善发展党员程序及入党培养制度，培训入党积极分子。扎实做好党员教育培训服务工作，组织党员集中观影活动，选送局、处、科级干部参加中央党校及中央国家机关分校进修等。严格党内组织生活，组织开好2014年度党员领导干部民主生活会。

（四）狠抓党风廉政建设和反腐败工作，强化主体责任和监督责任

制定《中国残联党组贯彻落实中共中央〈建立健全惩治和预防腐败体系2013—2017年工作规划〉的实施办法》，推动部门和单位惩防体系建设工作任务落实，中国残联党组与机关各部门、各直属单位和基金会负责人分别签订了党风廉政建设责任书。加强领导干部党性党风党纪教育，及时传达学习中央纪委全会和国务院廉政工作会议精神，筑牢抵御腐败风险的思想防线，深入推进廉政文化建设。进一步加大落实中央八项规定精神的监督检查力度，严肃查处违规、违纪单位和个人。

（五）发挥党的群众工作优势，提升工青妇等群众组织工作水平

直属机关工会把关心职工、服务职工、解决职工实际困难贯穿工作始终，严格落实《中国残联进一步关心干部职工学习工作生活的若干措施》，坚持"七必访"制度，全年走访慰问劳模、困难职工、住院职工、职工残疾子女、机关干部婚育、亲属病逝、职工生日171人次。先后组织开展职工心理健康服务体验、摄影培训采风展览、廉政文化建设"清风"主题书画扇面展和足球赛、健步走、游泳比赛等文化体育活动。直属机关团委、青联进一步打造形象、树立品牌，继续开展"三走进"活动，联合教育部、团中央开展了"心手相牵、共享阳光"和"我的梦、中国梦、心教育——全国百所高校助残公益行"活动。

（六）积极开展推优工作，扩大残疾人事业社会影响

积极向中央及有关部门推荐先进集体和典型人物，中国残联计划财务部计划处、中国聋儿康复研究中心教育培训处获得"全国民族团结进步模范集体"荣誉称号，中国聋儿康复研究中心语训部被全国妇联授予"全国三八红旗先进集体"荣誉称号，北京按摩医院职工徐慧兰的家庭被评为"全国五好文明家庭标兵"，中国盲文出版社职工李珍的家庭被评为"全国五好文明家庭"，中国残疾人辅助器具中心被授予"中央国家机关创建精神文明机关先进集体"荣誉称号，中国康复研究中心听力语言科获得"中央国家机关'五一'劳动奖状"，邰丽华等6名同志被选树为中央国家机关各专项工作的先进典型。

四、人事工作

2014年，中国残联人事工作深入贯彻落实中央关于加强干部队伍建设要求，着眼残疾人事业长远发展，认真研究谋划和组织开展人事工作，努力为加快推进残疾人事业各项工作提供坚强有力的组织保证，圆满完成年度各项工作任务。

（一）认真组织学习习近平总书记系列重要讲话精神

按照中组部要求，分级、分批组织全会处级以上干部认真学习习近平总书记系列重要讲话精神。一是副部级领导干部参加中组部在中央党校举办的省部级领导干部学习研讨班。二是专门举办培训班，组织机关副处级以上干部和直属单位班子成员在体管中心进行集中学习。在培训班上，海迪主席做了动员讲话，鲁勇书记讲了党课。三是按照分级学习培训的原则，各单位分别组织本单位中层干部培训。

（二）认真做好干部选拔任用和挂职工作

1. 围绕进一步加强干部队伍建设，研究出台干部工作制度性、基础性规范文件。出台《中国残疾人联合会党组关于进一步加强领导干部选拔任用工作的意见》。《意见》认真贯彻新修订的《党政领导干部选拔任用工作条例》，根据中国残联干部队伍建设实际，对干部选拔任用工作的措施办法进行了规范、完善和创新。出台《中国残联机关部门和直属单位、基金会干部选任、交流与挂职锻炼工作办法》，提出了加强干部队伍建设的八条路径，对党组《关于进一步加强干部选拔任用工作意见》进行细化。

2. 认真做好干部调配任免工作。在党组领导下，始终坚持正确的用人导向，坚持五湖四海选干部，坚持用好各年龄段干部，不断加大干部调配力度。在会内先后组织开展3次较集中的干部选任工作，并根据工作需

要对个别岗位干部及时进行调整，共选任了 37 名局处级干部，为 7 名到龄的干部办理退休手续。通过干部调整，局处级领导干部队伍力量得到进一步加强，干部队伍结构得到有效改善。

3. 积极组织开展干部挂职工作。按照《中国残联机关部门和直属单位、基金会干部选任、交流与挂职锻炼工作办法》总体思路，把培养锻炼干部与保障重点工作、重要任务相结合，协调安排多名地方残联干部和直属单位干部到机关部门挂职，特别是积极与北京大学、北京师范大学、北京体育大学、中国人民大学等高等院校组织部门沟通协调，安排 33 名高等院校干部和师生到机关和直属单位挂职。

（三）认真做好干部监督工作

一是组织开展领导干部有关个人事项报告工作，组织机关副处级以上干部和直属单位中层以上干部对有关个人事项进行报告，并按要求建立领导干部有关个人事项统计汇总系统。二是开展领导干部在企业兼职（任职）清查清理工作，离退休干部在社会团体兼职清查清理工作，并对领导干部和离退休干部有关兼职事宜进一步加强管理和规范。三是加强领导干部因私出国（境）工作管理，完善审批制度，对领导干部因私出国（境）证件进行集中管理。四是开展配偶已移居国（境）外人员情况统计摸底工作。五是认真贯彻中组部《关于进一步加强干部监督工作的意见》，制定下发《关于进一步规范直属事业单位中层干部队伍管理有关问题的通知》，针对事业单位中层干部队伍管理中存在的问题，进一步明确有关要求。六是落实国务院办公厅通知精神，部署开展机关事业单位"吃空饷"问题集中治理工作。

（四）进一步加强机构、编制管理工作

1. 基本完成事业单位初步分类工作。认真组织开展事业单位分类工作，特别是对分类有不同意见的事业单位进行专题研究，统一思想，争取争得主管部门的理解和支持。通过各方面努力，各直属事业单位分类工作基本完成，为各单位长远发展奠定了较好基础。

2. 开展机关部门职能优化工作。着眼于新的形势和任务需要，对优化机关部门职能及与相关单位任务划分进行深入调查研究，多次征求会领导、机关部门和直属单位意见，并与中组部、中央编办有关部门协调沟通，形成初步优化方案。

3. 开展机构、编制、人员情况调查摸底工作。在机关和直属事业单位开展机构、编制、人员情况调查摸底，通过信息采集、信息比对、信息审核、信息抽查、公示监督、自查自纠、汇总上报等环节，达到机构清、编制清、领导职数清、实有人员清的目标。同时，初步理清机构编制管理工作中的主要问题，为进一步加强机构编制管理和推进事业单位人员实名制工作奠定基础。

（五）精心做好劳动工资工作

1. 组织劳资干部培训。举办三期集中业务学习，组织直属单位人事部门领导、劳资干部学习国家最新文件精神，详细讲解、研讨国家工资政策，进一步提高劳资干部思想认识水平、业务工作能力，较好解决了因劳资干部新老交替、出现业务"断层"的问题。

2. 推进事业单位收入分配改革工作。根据人社部工作部署，对事业单位工资现状进行摸底调研工作，为下一步事业单位绩效工资改革实施做好准备。

3. 做好事业单位离退休人员补贴调整发放工作。根据财政部等三部门统一部署，开展在京中央事业单位离退休人员补贴调整发放工作。

4. 开展国有企业收入分配改革工作。根据中央有关会议精神及人社部工作部署，启动国有企业负责人薪酬制度改革工作。对中国残联所属企业进行前期调研，向企业负责人传达有关文件精神，准备进行行业调研、系数调整、考核方案制定、薪酬制度改革方案起草等工作。

5. 做好三项常规工作。做好机关在职和离退休人员工资上报、直属单位工资总额计划制定和下发、机关和直属单位工资年报统计等三项常规工作。

（六）努力做好老干部服务管理工作

抓住"基础管理建设年"契机，进一步加强老干部工作基础建设。修订出台《中国残联离退休干部服务管理办法》，制定《中国残联退（离）休领导干部在社团兼职的管理办法》和《中国残联老干部活动站设备物资管理办法》，完善老干部数据库，基本实现老干部工作制度化、规范化。

围绕"文化养老"主题开展系列活动，举办"夕阳展风采、共筑中国梦"书画摄影展，编辑出版老干部回忆录《永远珍藏的记忆》，组织开展文化大讲堂和图书借阅活动，开通老干部微信平台等，极大地丰富了老干部的精神文化生活。

按照习近平总书记提出的"让广大老干部安享幸福晚年"的要求，全面落实老干部政治待遇、生活待遇，为老干部提供个性化、精细化服务，帮助老干部解决实际困难。

（党亚戈、冯高攀供稿）

第四编　残疾人专门协会和社会工作
WORK BY SPECIAL ASSOCIATIONS AND SOCIAL WORK FOR DISABLED PERSONS

残疾人专门协会和社会工作

一、领导讲话

鲁勇在2014年度中国残联理事会与专门协会联席会议上的讲话　2014年12月17日

2013年党组、理事会在研究2014年工作思路的时候，曾于11月28日邀请大家进行座谈交流；总结2014年上半年工作的时候，也听取过专门协会的工作介绍。一年来，理事会召开的很多重要会议、组织的重点活动都邀请了专门协会负责同志出席。每年研究年度工作安排，认真听取五个专门协会的意见建议，是应该长期坚持的重要制度。现在，我们正在研究确定2015年工作要点，再来听取大家的意见建议。

刚才，大家就中国残联2014年工作和2015年设想发表了很好的意见，我们在最终确定理事会工作报告和2015年工作要点时会认真汲取。同时，大家也介绍了各自的情况。听了以后，我们很欣慰也很感动。组联部已牵头汇总各专门协会的情况，相关材料将提交六届主席团二次会议。

一年来，同志们立足协会实际，突出重点，紧抓实事，付出了艰苦努力，也取得了可喜成果。在这里，我代表党组、理事会，代表邓朴方名誉主席、张海迪主席向大家表示感谢。

当前，我们正处在全面深化改革、全面推进依法治国的奋进创新时代。推进这一进程中的残疾人事业发展，也需要紧紧依靠这两个轮子的有力驱动。这是我们现在研究工作必须认清的新形势、必须把握的新要求。

为此，党组、理事会一年来采取了多项措施。大家知道，"六代会"刚过，党组、理事会即号召大家围绕"新的起点"、"把底兜住"、"同步小康"、"中国特色残疾人事业"等四个关键词重点研究，力求为加快推进残疾人小康进程、促进残疾人事业不断迈上新台阶，凝聚思想共识，明确发展举措，落实具体实事。通过一年来聚焦这四个关键问题，我们对做好新形势下的残疾人工作有了更客观的认识、更深入的把握。今天可以讲了，新一届党组、理事会组成之初提出要让大家思考这四个关键词不是目的，也不是让大家仅停留在对四个关键词的议论上，目的是发动大家分析形势、解放思想，通过深入思考进一步认清形势、凝聚共识。比如：

研究"新的起点"问题，是希望大家客观分析、客观认识现实条件下的工作基础，把底数摸清，把情况搞明，目的是更好地坚持以需求为导向、问题为导向，谋划落实新起点上的工作措施。为此，2014年推出了"基础管理建设年"、全国残疾人基本服务状况和需求的专项调查等措施。

研究"把底兜住"问题，是希望大家聚焦在全面建成小康社会征程中残疾人最需要解决的重点问题特别是"兜底保障"问题，充分认识做好托底补短工作在残疾人奔小康中的极端重要性，目的是带动大家在抓好残疾人基本民生保障上统一认识，摆布工作时少一些锦上添花的面子工程，多一些雪中送炭的具体实事。为此，集中抓了多项政策措施的制定和服务项目的落实。这里要强调，残联组织关注"托底保障"工作，与政府部门关注这一问题的角度是不完全一样的。政府部门更重视如何托底、怎样托底等落实问题，残联组织更重视向政府如实反映残疾人托底服务的基本内容和落实状况，维护经济社会发展中残疾人的基本权益。

研究"同步小康"问题，是希望大家对现实条件下落实残疾人同步小康任务有更清醒的把握，既要有执着的目标追求也要有踏实的推进措施，抓实在、实在抓，既尽力而为又量力而行，做那些现实条件下可以做到的事情，不头脑发热开空头支票，把胃口吊得过高。为此，我们聚焦了托底保障、就业增收、基本公共服务、激发助残活力等内容，以联合多个政府部门共同制定并推动出台加快推进残疾人小康进程政策措施等为契机，落实实实在在的扶持措施帮助残疾人加快奔小康，目前突破在望。

研究"中国特色残疾人事业"问题，是希望大家正确认识中国特色残疾人事业的前进方向，不能跑偏更不能脱轨。为此，抓住筹备第五次全国自强模范与助残先进表彰大会、筹办中国残疾人福利基金会成立30周年纪念会、主办APEC领导人会议期间残疾人主题活动等重点活动等契机，积极争取领导和指示。大家可以看到，一年来习近平总书记、李克强总理等多位中央领导同志多次就残疾人工作做出了重要指示。可以说，党中央、国务院对残疾人事业做出的新部署、新要求，为我们更好地发展中国特色残疾人事业，指明了方向，明确了任务。

目前来看，通过一年的努力，整个残联系统在大的方面进一步统一了思想、凝聚了共识，有些领域的重点措施也在扎实落实，总体工作态势非常好，已经取得的阶段性成果也可圈可点。同时，我们在总结过去一年工作的时候，也看到少数同志对党组、理事会提出的要研究思考"新的起点"、"把底兜住"、"同步小康"、"中国特色残疾人事业"等四个关键问题重视不够，思考不够甚至没有深入思考，认识不清新形势的新要求甚至对中央提出的新起点、新部署、新要求、全面深化改革元年等很不敏感，这是我们非常关注的。本月下旬召开六届主席团二次会议暨第二十九次全国残联工作会议时，我们要专门部署重点任务，在这里就不多谈了。

今天召开的是理事会与专门协会的联席会议，我重点聚焦一下专门协会的工作。在去年的座谈会上，我曾引用过邓朴方主席在专门协会开展法人登记时做出的明确指示。邓朴方主席要求，各个专门协会要成为残疾人特定群体利益的代言人、服务的组织者、权利的维护者。我想，这三条需要各个专门协会继续认真地领会。

在那次座谈会上，我提请大家思考四个问题、研究三个关系、探讨五项工作。"四个问题"是，搭建桥梁、规范运作、贴近需求、重在服务。"三个关系"是，整体推进与重点突破、搭建桥梁与直接服务、抓服务与办实体的关系。"五项工作"包括，抓典型、抓人才、抓维权、抓指导、抓预防。一年过去了，我依然认为，还要继续深入思考这些工作、研究这些问题、探索解决好这些问题。这里，我就抓好2015年专门协会的工作提几点建议，供同志们参考。

一、以需求为导向，聚力专项调查，推动托底补短

了解所代表群体的基本需求，进而掌握这些基本需求、反映基本需求、推动政府和社会共同努力满足这些基本需求，是社会组织履职尽责的根本所在，是安身立命的看家本事。所谓托底补短，就是要优先解决好温饱问题。温饱问题解决不好，全面实现小康也就无从谈起。

2006年开展的第二次抽样调查，对各类残疾人群体的基本数量有了一个客观的把握。那么，在全面建成小康社会的新征程中，各个群体绝大多数人的基本需求如何？他们最需要托底服务保障的内容是什么，在加快推进残疾人小康进程中最需要解决的基本需求是什么？需要我们给出答案。这也是为什么我们紧抓全国残疾人基本服务状况与需求专项调研的一个重要原因。

现在经过近一年的筹备，2015年1月1日专项调查工作就要进入入户调查阶段了，上半年能够提交阶段性的调查成果。我希望，各个专门协会抓住这个机会参与督导检查入户调查工作，借助这个机会参与分析入户调查结果，同时利用这个机会积极开展典型性的专题调研，力争能够提交出有典型意义、有分量的专题调研报告，为政府决策、残联服务、社会助残提供更加准确的依据。

我这里可以讲，这项工作是残联要常抓不懈的基础工作，每年都要动态地了解情况、更新数据。希望各个专门协会也要持续地抓、动态地抓，每年能够拿出一两份有分量、有典型意义的专题报告。做到了这一点，我们就能更加理直气壮地做好"代言人"，更加底气十足地推动"托底补短"工作，就不会说我们不代表大多数人利益而只服务少数人。

二、以服务为导向，聚合助残资源，凝聚服务力量

了解基本需求是为了满足基本需求，推动落实那些在现实条件下能够解决的最基本需求服务问题。我们只有为更多有需求的人提供更扎实的雪中送炭的基本服务，才能使绝大多数残疾人都能及早地共享到我国经济社会发展成果。

提供基本服务需要调动社会各界力量。各个专门协会做一些有示范带动作用和推广意义的服务项目非常重要，没有具体项目就没有示范带动，就没有实实在在服务的载体。但是，做服务项目重在形成可复制的服务内容、标准、规范和示范，促进政府提供应该提供的服务，激发社会各界都来做这样的服务，以便让更多的残疾人受益。因此，主要的工作精力要放在服务的组织发动上来。我们都是"国"字头的协会，如果我们的精力全部用于做好具体的服务项目上，每个人24小时不休息都来做项目，能做到多少项目、能惠及多少人呢？真要是那样的话，谁来从整体上反映广大残疾人的服务需求、推动制定落实相关的政策措施、维护绝大多数人的权益呢？目前，需要组织哪些最基本的服务项目，同时这些服务项目的服务规范是什么，如何调度更多的力量做这样的服务，如何监督评价这些服务的质量等等，需要各个协会下力量研究和明确。希望每个专门协会每年都能聚焦一个或几个本协会所代表残疾人群体最需要解决的、最基本的服务项目，下足力量，深耕细作，推出典型，广泛宣传。

调动社会各界力量提供最基本服务，需要用好政府购买残疾人服务这个有力的载体。希望各个专门协会都积极参与到政府购买残疾人服务的试点工作中来，挖掘典型，提供借鉴。特别是，在做好残疾人事业"十二五"发展纲要"收官"、编制"十三五"发展纲要过程中，要扎实做好相关残疾人群体基本服务需求、服务项目的论证规划工作。这应成为2015年各个专门协会的一项重大的基础工作。只有把这样一些大事抓好抓实了，我们的专门协会才无愧于"国"字头的地位。

三、以问题为导向，聚焦典型案例，强化依法维权

抓典型带一般，这是常用的工作方法，对各个专门协会也有很强的借鉴意义。有些时候，抓住一个好的典型，就能影响带动一大批人来比学赶帮；抓住一个坏的典型，就能遏制一批有可能发生的不良事件。八十年代，中央树立了张海迪主席这位时代楷模，激励了一代人甚至是几代人。同时，一个坏典型的出现，又有可能对这个群体、这个组织造成极大的伤害。各个专门协会代表的是弱势群体，残疾人事业是"伤不起"的。前几年，一个"郭美美事件"的发酵，使有的社团组织"躺着中了枪"，恢复元气需要付出极大的努力，我们要引以为戒。要知道，对于一个社团组织来讲，一着不慎摔倒了，想不经过巨大努力就很快立起来是很难的。

维护组织的良好形象，维护所代表人群的合法权益，需要敏感地抓住有影响力、有典型性的事件做足文章。比如，每年都有一些重要的节日，如全国爱耳日、全国爱眼日、全国助残日、国际盲人节、国际聋人节、国际残疾人日、世界精神卫生日等等，要抓住这些机会做好工作，让全社会都来关心关注我们所代表残疾人的合法权益，每年都能借机办成一件或几件实事。有时候，推出一个正面典型，既振奋了所代表的群体，也凝聚了社会关心帮助这个群体发展的正能量；赢得一个侵犯合法权益的诉讼案件，遏制一个影响组织形象的不良企图、非法行为，能够提升一个组织的权威和影响力。希望各个专门协会都要紧盯这件事，抓住一两件苗头性、倾向性的典型事例不放，努力变坏事为好事，抓住一个点影响带动一大片。

四、以组织为依托，抓实基础管理，规范运作行为

党的十八届四中全会《决定》对人民团体和社会组织依法履职提出了明确的要求，特别提出要"支持各类社会主体自我约束、自我管理，发挥市民公约、乡规民约、行业规章、团体章程等社会规范在社会治理中的积极作用"。各个专门协会要认真学习好，努力落实好。

应该说，完成了法人登记，是专门协会独立履行法人责任新的开始。同时，能否真正履行好法人责任，关键看完成法人登记后，组织建设的状况，基础管理的水平。现在全国残联系统有专门协会13000多个，法人登记的只有700多个。因此，各个专门协会都要紧抓法人治理、建章立制、基础管理工作。中国残联将2014年确定为"基础管理建设年"，相信各个专门协会都在这方面做了不少工作。同时，中国残联又将2015年确定为"基础管理提升年"，希望同志们也要继续抓好这项工作。

2014年年初，我们发现有的人打着残联旗号在成立组织、开展活动，其中有一个组织开设了专门网站，号称成立组织是经过中国残联某机构批准的，我们高度警惕。我已请吕世明同志和维权部、组联部盯住不放，从源头上彻底查清楚，必要时通过公安部门或者民政部门采取措施。否则，一旦它形成了气候、造成了不利影响，那麻烦就大了。各个专门协会都是"国"字头的专门协会，也要警惕个别人打着专门协会旗号无约束地四处活动的行为，特别是对想要挂靠在专门协会之下的社会组织更要警惕。要行使专门协会的职责或以专门协会的名义开展活动，必须经过严格的审查、集体的决策、依法依规才能决定。

同时我也提醒，在专门协会工作同志的亲属不能打着专门协会的旗号去办实体、揽生意。既当裁判员又当运动员，不出问题也是问题。我这样讲，是为大家好，否则出了问题，犯了错误，问题就大了。

五、以人才为支撑，抓好队伍建设，提升履职能力

在大家的努力下，专门协会正在不断地成长壮大，履职的能力在不断提高，这是可喜的进步，是值得充分肯定的。伴随着组织的不断壮大，加强工作人员队伍建设问题也需要摆上重要议事日程。

我们要共同探索加强专门协会工作队伍建设的规律、特点和实现方式、推进途径。专门协会的工作队伍建设有其特殊规律，专门协会不能没有相对稳定的工作队伍，不能没有稳定的资金来源来保障，但也不大可能通过大量增加事业单位编制的方式来全部解决，这就需要进行积极的探索。我希望，组联部把这个问题作为一个课题进行深入调研，借鉴其他人民团体、社会组织的有益经验，提出具体的措施建议，党组、理事会要进行专题的研究。

同时，要更加注重加强专门协会年轻干部的培养和锻炼。要有更宽阔的视野，主动发现人才、培养人才；要积极创造条件，努力在专门协会具体的工作实践中增强责任感、培养锻炼人才、提高能力素质、磨炼思想作风。

六、以机制为保障，抓住重要渠道，落实具体实事

专门协会要真正履行好所代表残疾人群体的利益代言人、服务组织者、权利维护者，必须注重履职机制建设，必须注重履职渠道建设，只有这样才能通过制度化、规范化的方式持续不断地做好工作、推动工作。刚才讲了，各个专门协会都是"国"字头的专门协会，在大家的推动下健全了机制、完善了渠道、固化了制

第四编 残疾人专门协会和社会工作
WORK BY SPECIAL ASSOCIATIONS AND SOCIAL WORK FOR DISABLED PERSONS

度，每年都能通过一定的机制和渠道研究推动一些亟待解决的重点问题，这对于推动全国各地的专门协会开展好工作有着很强的示范作用、带动作用。

党的十八届四中全会《决定》对充分发挥人民团体、社会组织在法治社会建设中的积极作用提出了明确的要求，强调要"建立健全社会组织参与社会事务、维护公共利益、救助困难群众、帮教特殊人群、预防违法犯罪的机制和制度化渠道"。这为各个专门协会更好地健全履职工作机制、落实制度化工作渠道提供了有力的重要依据。我希望，在残联的领导下，各个专门协会都要认真研究探索这些事关长远、事关基础的重要工作，提出可行性的思路方案，我们共同推动落实，为专门协会更好地履职尽责创造制度化的工作机制与沟通渠道保障。

需要强调的是，健全机制、完善渠道不是目的，重要的是通过这种机制和渠道反映残疾人最需要解决的基本问题，落实推动工作的具体措施，办成一些有带动作用的惠及残疾人的具体实事，这就要求各个专门协会要提前精心准备好议题。准备的材料要聚焦重点，沟通交流的题目不要太大，否则不好落地；也不能太虚，否则不好落实；更不能太高，否则现实条件下难以做到或者根本做不到。我希望，各个专门协会要抓好这项工作，在准备议题上下功夫、搞好调研，手里有了有分量的材料，沟通协商时就能够取得好效果。

吕世明在全国助残社会组织工作研讨会上的讲话

2014年10月15日

党的十八大以来，党和国家高度重视社会治理工作，将推进国家治理体系和治理能力现代化提升为全面深化改革、完善和发展中国特色社会主义制度的鲜明指向。十八届三中全会对激发社会组织活力，尽快提高党和国家机关、企事业单位、人民团体、社会组织的工作能力，促进国家治理体系更加有效运转做出了顶层设计，指明了社会组织工作的宏观方向。为此，全国残联系统如何贯彻落实中央精神，进一步加强助残社会组织工作，配合发展改革委、民政、财政、人力资源社会保障等有关部门发挥培育、孵化、引导、规范助残社会组织发展的应有作用，激发社会组织活力、动员社会力量、整合助残资源，形成为残疾人提供服务的合力，是摆在我们面前的一个重要课题。

下面，我就残联系统开展助残社会组织工作谈几点想法。

一、以中央精神为指针，以残联章程为依据，充分认识残联系统加强助残社会组织工作的重要意义

党中央、国务院对残疾人工作格外关心、格外关注，中央领导同志多次出席有关会议、活动。2014年3月，习近平总书记致信祝贺中国残疾人福利基金会成立30周年，指出："让广大残疾人安居乐业、衣食无忧，过上幸福美好的生活，是我们党全心全意为人民服务宗旨的重要体现，是我国社会主义制度的必然要求。" 5月，习近平总书记在亲切会见全国自强模范和助残先进代表时即席发表重要讲话，指出："各级党委和政府要高度重视残疾人事业，把推进残疾人事业当作分内的责任，各项建设事业都要把残疾人事业纳入其中，不断健全残疾人权益保障制度。各级残联要发扬优良传统，切实履行职责，为残疾人解难、为党和政府分忧，团结带领残疾人继续开创工作新局面。"俞正声同志在出席基金会成立30周年纪念大会时讲话指出："进一步做好保障残疾人权益、改善残疾人民生的各项工作，推动残疾人事业又好又快发展，努力实现残疾人与全国人民同步小康。"张高丽同志在中国残联"六代会"上的祝词中指出："在新的起点上进一步发展残疾人事业，必须广泛动员全社会力量积极参与。要大力弘扬人道主义思想，倡导友爱、互助、融合、共享的理念，形成扶残助残的良好社会风尚。要重视发挥市场机制作用，加强对助残社会组织的培育和引导，动员社会力量为残疾人生活工作学习提供服务。"王勇同志在国务院残工委第二次全体会议上指出："以改革创新精神推动残疾人事业迈上新台阶，加强组织领导，落实部门责任；动员社会参与，激活市场活力；搞好典型宣传，发挥激励引导作用；加强残联建设，发挥残联作用。"

我国正处于经济社会转型的关键期，各种社会矛盾凸显，创新社会治理体制越来越受到中央的重视。《中共中央关于全面深化改革若干重大问题的决定》中指出，要"激发社会组织活力。正确处理政府和社会关系，加快实施政社分开，推进社会组织明确权责、依法自治、发挥作用。适合由社会组织提供的公共服务和解决的事项，交由社会组织承担"，"重点培育和优先发展行业协会商会类、科技类、公益慈善类、城乡社区服务类社会组织"。习近平总书记提出，"全面深化改革的总目标，就是完善和发展中国特色社会主义制度、推进国家治理体系和治理能力现代化。尽快把党和国家机关、企事业单位、人民团体、社会组织等的工作能力都提高起来，国家治理体系才能更加有效运转"。

中国残联作为国家法律确认、国务院批准的由残疾

人及其亲友和残疾人工作者组成的人民团体，是全国各类残疾人的统一组织。《中国残联章程》规定，中国残联具有"代表、服务、管理三种职能"，履行"管理和发展残疾人事业"、"管理和指导各类残疾人社会组织"等重要任务。回顾历史，助残社会组织与中国残疾人事业更是颇有渊源，一起发端于上世纪80年代，一起高举人道主义的大旗，一起唤醒残疾人的自发自觉自主意识，一起成长于改革开放的历史大潮，一起成为推动残疾人事业发展的重要力量。

中央的一系列指示精神对助残社会组织的发展指明了方向，提供了政策依据；残联章程、职能定位、事业传承、现实需求和中国特色残疾人事业决定了残联系统在加强助残社会组织工作方面有着不可推卸的历史使命和现实责任。因此，各级残联要进一步提高认识，理解、包容同生共源、共同成长的助残社会组织，扶持、帮助他们成长与发展。要认真学习贯彻中央精神，充分认识到助残社会组织的重要作用和加强助残社会组织工作的重要意义，按照中央精神和中国残联部署进一步促进助残社会组织良性发展。

二、以工作实践为基础，以示范经验为引领，总结交流各地残联开展助残社会组织工作的经验做法

助残社会组织作为公益慈善类社会组织，是社会组织的重要组成部分和残疾人事业的重要组成部分，是残疾人利益的代表者之一，是残疾人表达诉求与愿望的重要载体，是满足残疾人需求、为残疾人提供服务的重要有生力量，对于更好地维护残疾人合法权益，促进同步小康目标的实现具有十分重要的意义。与中国残疾人事业一起成长的助残社会组织，一直得到中国残联的关注与支持；为基层残疾人提供服务的助残社会组织，也一直得到各级残联的重视与支持。各级残联在工作实践中创造出许多可资借鉴、初具成效的有益经验。

（一）中国残联在助残社会组织工作方面的探索和部署

中国残联历来重视社会治理工作，支持和推动助残社会组织发展。张海迪主席在"六代会"报告中指出："积极推进政府购买社会组织助残服务，推动残疾人社会组织规范建设、健康发展，深入开展志愿助残服务。"近日，中国残联党组书记、理事长鲁勇在全国残联理事长专题研讨班上指出："要以改革创新的精神努力激发社会的助残活力、市场的助残活力。要把激发残疾人和助残社会组织活力的工作，摆到更加重要的位置来抓。推动政府购买残疾人服务，努力放大政府资源的社会带动效应，促进相关服务资源的有效整合、优化配置。努力激活社会组织的助残活力，构建起有利于残疾人事业发展和能够得到有效监管的助残社会组织管理办法，拓展社会志愿助残、公益助残等内容。"鲁勇理事长在接受《中国政府采购报》专访时指出："政府购买残疾人服务是一种工作思路、运作方式和资源整合方式的变化，推广政府购买残疾人服务政策有助于实现政府、残联组织和社会力量的优势互补。残联组织要以此为契机，积极配合政府部门，努力放大政策效应，整合服务资源，提高服务品质，让全社会了解残疾人服务需求，以更好地为残疾人服务。"按照中央精神和中国残联领导指示，中国残联进一步加强助残社会组织工作，主要体现在以下几个方面。一是纳入大局、统一部署。2012年，国务院印发《国家基本公共服务体系"十二五"规划》，这是我国第一部关于国家基本公共服务的总体性规划。"规划"确定的八个服务领域都包含相应的残疾人服务内容，同时设"残疾人基本公共服务"专章，明确了重点任务、基本标准和保障工程，体现了残疾人服务在国家基本公共服务中的重要地位。2014年中国残联向国务院专项请示将残疾人事业纳入政府购买服务试点工作先行先试，在国务院办公厅出台的《关于政府向社会力量购买服务的指导意见》（国办发〔2013〕96号）中，着重明确"残疾人服务"为政府购买的七大项公共服务之一。积极参与民政部修订"社会团体登记管理条例"的意见征求工作，代表残疾人及助残社会组织提出需求与愿望。积极贯彻落实国办发96号文件，2014年4月与财政部等六部门联合下发了《关于做好政府购买残疾人服务试点工作的意见》，并下发《关于印发〈政府购买残疾人服务试点工作实施方案〉的通知》，明确政府购买残疾人服务试点工作的基本原则、工作目标、试点任务、工作要求以及项目目录等。

二是分类指导、开展试点。指导中国残联各专门协会完成社团登记，探索法人治理模式。中国残联给予各专门协会大力支持，重点指导各专门协会规范运作，从各方面给予经费支持，努力构建长效工作机制，加强自律和诚信建设，提升工作能力；加强制度建设，出台工作规则、法人治理规范等工作制度，成立项目评估和财务监审委员会，完善中国残联各专门协会工作项目和财务管理机制，努力发挥示范引领作用。在2013年启动6个省及18个市和市辖区的社会治理试点工作。2014年，将助残社会组织工作融入中国残联基础管理建设工作，并制作《助残社会组织统计台账》开展基础数据调研、统计，在全国残疾人基本服务状况和需求专项调查中发挥应有作用。

三是加强研究，密切联系。1999年下发《关于了解残疾人群众组织情况的通知》，2007年下发《关于收集残疾人社会组织有关情况的通知》，对助残社会组织进行调查摸底和情况收集。2012年向全国下发《关于开展残疾人社会组织调查的通知》，联合清华大学开展"中国残疾人社会管理及其创新研究"，回收问卷8021份，形成近5万字的《残疾人社会组织调研报告》。自2009年以来，每年都与助残社会组织召开联谊会；自2006年以来，连续8年参加五届福建"同人论坛"。2011年4月举办"残联组织社会管理与服务研讨会"，研究残联组织在社会管理与服务中的具体思路、有效举措，探索如何推动助残社会组织和民办服务机构在残疾人事业中切实发挥作用。2014年参加京津冀三地专门协会峰会。与民政部、高校专家通过讲课、课题研究等形式，加强理论研究和探讨。

（二）地方残联在助残社会组织工作方面的探索和实践

各地残联根据中央关于推进社会治理、激发社会组织活力的总体精神，按照中国残联有关加强助残社会组织服务工作的整体部署，联系实际，积极探索，不断创新，创造了不少有益经验。

北京市残联等充分发挥枢纽作用，通过政府补贴、购买服务等方式培育和扶持助残社会组织。经北京市编办批准，市残联成立社会工作部（5个公务员编制）和社会组织服务中心（20个事业编制），逐步建立起先认定再评估最后扶持的管理体系，先后投入2500多万元（2014年投入1300多万元）购买服务项目，并逐步建立项目申报、专家审核、第三方评估等相关制度。同时加强党的建设，成立北京市残联社会组织党工委和联合党总支，在贯彻党的重大决策中发挥积极作用。

上海市残联等积极将其纳入政府工作大局，充分发挥残联的主导、示范作用。作为上海市社会组织建设与管理工作联席会议成员单位之一，上海市残联与民政局联合下发文件，要求各级残联紧紧围绕残疾人个人和家庭最直接、最现实的需求，开发残疾人社会工作服务项目，初步形成了"残联主导推进、社会协同运作、多元模式并行、服务项目互补"的工作格局和"政府购买服务、社会组织实施、项目独立运作、专家全程指导、第三方机构评估"的助残服务新模式。2014年，全市各区县残联购买社会力量助残服务项目达94项，并在嘉定区建立"上海市助残社会化实验基地"。

湖北省残联搭建培育平台，成立湖北省残疾人社会组织孵化基地，为助残社会组织提供全方位服务，目前引进入驻30多家，占总入驻组织三分之一。湖北省、黑龙江省残联借助合作项目的优势，学习合作方的工作理念和工作方法。从2014年开始，两省借"长江新里程（第三期）——关爱你的残疾人邻居"项目的契机，以"全程陪伴"（即由专业工作人员帮助助残社会组织开展项目的申报、审核、实施、评估、总结等，陪伴助残社会组织一起成长）为方式，培育、引导、支持助残社会组织。

广东省残联通过行业协会（如残疾人服务业协会）开展助残社会组织的管理与服务。广东省残联于2011年4月注册了省残疾人服务业协会，由从事残疾人服务项目的企事业单位、民办非企业、社会团体以及相关的管理人员、专家学者等自愿组成。在政府购买服务方面，2012年和2013年，仅省级残联通过财政预算向社会组织购买的助残服务经费总额达729万元；据不完全统计，珠三角地区7个地级市残联购买社会组织的助残服务总额达8000多万元。

陕西省残联与省发展改革委等十三部门联合下发《关于促进民办残疾人服务机构发展的意见》，按照"鼓励扶持、规范管理"的工作思路，坚持同等对待、公平竞争的原则，对民办、公办民营和公办残疾人服务机构统一标准，一视同仁，促进公平竞争。明确登记注册，实施项目支撑，落实人员待遇，享受税费优惠，支持民间投资，鼓励社会捐赠，实现资源共享。

成都市、东莞市等组建事业单位加强对助残社会组织的管理与服务。成都市编办批复成立市残疾人社会组织服务中心，为全市助残社会组织提供信息咨询、业务培训服务；为有意向成立的助残社会组织提供孵化服务；受市残联委托，依法对助残社会组织提供日常管理等方面的服务。东莞市残联成立正科级事业单位东莞市残疾人社会组织服务中心，推动出台一系列扶持政策，如市财政提供场地、设备和无障碍改造补助，并通过政府购买服务的方式，对实施0—6周岁残疾儿童抢救性康复训练的项目给予康复补助。

苏州市残联、铜陵市残联积极争取政府政策和有关部门的大力支持，建立助残社会组织孵化园、孵化基地和社会组织培育中心，为助残社会组织提供办公场地、能力提升等方面的扶持。苏州市助残社会组织培育基地建成一年间，全市助残社会组织（含备案组织）与去年同期相比增加了159家，达到381家。铜陵市目前已有6家助残社会组织在其中接受培育孵化，全市为残疾人提供直接服务的社会组织已达76个，占全市社会组织总数的15.6%。

三、以顶层设计创新机制为核心，以引导社会组织提升服务能力为支撑，进一步加强助残社会组织工作

残联系统的助残社会组织工作虽然取得了一定的成绩，但从总体看，助残社会组织工作仍处于探索阶段、助残社会组织自身发展仍处于起步阶段，与广大残疾人的迫切需求和创新社会治理的要求相比还有较大差距，需要各级残联进一步支持、专门协会组织进一步发挥引

导示范作用、助残社会组织进一步加强自身建设，来适应推动国家治理体系现代化的需要，适应残疾人事业发展的需要，适应残疾人不断增长的物质和精神需求。

残联组织与助残社会组织的发展是互动的发展、包容的发展、融合的发展。各级残联要深刻认识到联合所有助残力量推动残疾人事业发展的现实意义和深远影响，努力把握当前形势和发展趋势；充分认识到残联与助残社会组织的合作还有很大提升的空间，残联对社会组织的服务还有很多完善的空间。要领会贯彻中央精神和中国残联领导讲话精髓，积极探索发展模式，有效把握发展方向，以真心实意的姿态和情感，采取更加有力的措施促进助残社会组织更好发展。各项措施既要有针对性，又要有实效性。

（一）彰显残联组织体制优势，建立顶层设计创新机制

切实做好助残社会组织发展的顶层设计和工作规划，积极统筹各类资源，推动建立"政府主导、部门联动、残联推动、社会互动"的助残社会组织综合发展机制，依法推进、依法管理、依法支持。协调各级政府将助残社会组织放在激发社会组织活力大局的优先位置加以考虑，主动加强与发展改革委、民政、财政、人力资源社会保障等政府职能部门的协调沟通，通过政策制定、资金扶持、场地提供、税收减免、人员培训、能力建设、项目指导等方式，借助公办民营、民办公助、财政补贴、项目补贴、贴息等途径，促进助残社会组织茁壮成长。同时促进助残社会组织在税费、场地、项目、资金、人才培育以及专业技术人员的职业资格认定、职称评审、课题申请、评先选优等方面与同行业、同领域事业单位同等对待，协调同行业、同领域不同部门之间的助残社会组织实现同等待遇。

贯彻落实《关于政府向社会力量购买服务的指导意见》和财政部、中国残联等六部门《关于做好政府购买残疾人服务试点工作的意见》，并在即将下发的同步小康文件中，对此加以体现。探索加大政府购买服务力度，鼓励并帮助助残社会组织积极申报助残服务项目、承接政府购买的服务，抓好试点、总结经验、培育典型，充分发挥其引导、示范和标杆作用。重点培育新成立的、最基层的、特殊病残人群和细分需求的助残社会组织。

积极发挥残联作为人民团体的政治引领作用、业务指导单位的指导作用和扎根残疾人群体的天然感情优势，引导助残社会力量坚决执行党的路线、方针、政策。各级残联及所属的残疾人服务机构，要利用其资源和技术优势，发展壮大为本领域的资源中心和示范工程，发挥辐射和带动作用，为助残社会组织提供业务指导、人员培训、政策咨询等各种支持，提升行业整体水准。要利用现有综合服务设施或服务场地，积极打造助残社会组织孵化基地。残联系统在争取政策、理论研究、资源获取方面拥有体制优势，要与助残社会组织实现优势互补、信息共享。

要将助残社会组织工作与残联重点业务工作有机结合起来，纳入到"基础管理建设年"工作、残疾人基本服务状况和需求专项调查及组织建设"强基育人"工程之中统一推进。一方面将基础管理、需求调查和"强基育人"的理念传输到助残社会组织中，另一方面要将有关统计数据与助残社会组织实现资源共享。同时积极协助有关部门，了解掌握助残社会组织基础数据、基本信息、工作开展情况及存在的问题困难等，做到底数清、情况明，为促进助残社会组织发展提供基础信息保障。

要充分利用各种宣传媒体，广泛宣传促进助残社会组织发展的重要意义、主要内容、政策措施，尤其要着力突出助残社会组织在改善民生、创新社会治理中涌现出的先进事迹、优秀典型。要着重围绕助残社会组织存在的实际困难和问题，开展理论研讨、经验交流，促进理论与实践同步发展。要按照国家相关规定，积极开展对助残社会组织及相关管理人才、专业人才的表彰奖励活动。

（二）发挥专门协会示范引领作用，探索现代法人治理结构

中国残联领导历来关心、重视专门协会。邓朴方名誉主席对专门协会怀有深厚的感情，一直以来倾心关注、亲切关怀专门协会从诞生、发展到社团登记的各个阶段，多次做出重要指示和战略决策，要求各专门协会成为本类别残疾人的"利益代言人、服务组织者、权利维护者"。张海迪主席多次出席专门协会活动，听取协会工作进展情况的汇报并做出指示。鲁勇理事长要求专门协会处理好"三个关系"（处理好整体推进与重点突破的关系、处理好搭建桥梁与直接服务的关系、处理好抓服务与办实体的关系），研究好"四项专题"（搭建桥梁、规范运作、贴近需求、重在服务），做好"五件工作"（抓典型带动、抓人才培养、抓依法维权、抓工作指导、抓残疾预防）。这些都是今后做好专门协会工作、推动专门协会与助残社会组织融合发展的指导思想和工作原则。

各级残联要重视、支持专门协会工作，指导各专门协会充分发挥主体优势、密切联系残疾人优势和社团法人优势，融入残疾人事业大局，找准定位、探索创新，努力发展壮大，成为本类别残疾人服务领域的领头羊，为助残社会组织提供积极示范。要进一步探索法人治理模式，加快建立现代社会法人治理结构，配合残联加强与助残社会组织融合发展的广度和深度，为残疾人提供社会市场化、专业类别化、精细精准化、量体裁衣式的服务。要在社会治理工作中积极提出建议，探索合作方式，积累互助经验，成为残联与助残社会组织之间的桥梁和纽带。

（三）促进助残社会组织健康发展，提升工作水平服务能力

各级残联要帮助助残社会组织认清自身性质和定位，督促助残社会组织建立健全以章程为核心的制度建设，完善法人治理结构。要加大对助残社会组织人才培育、人才引进、智力支持和落实人才待遇的扶持力度，注重各类人才尤其是管理人才、专业人才、社会活动人才的培养，推动建设一支综合素质好、服务意识强、专业水平高的员工队伍。要规范内部人事、财务、档案等制度建设，提高自我管理水平和自我服务能力。严格遵循民政部门评估标准和年审制度，确保评估达标、年审合格。

积极倡导建立助残社会组织服务标准、行为准则和行业自律规则，建立组织自律、社会监督、政府监管、法律监督相结合的综合监管体系，实现内部公开透明、外部多方监管的良好运行机制。要推进助残社会组织信息公开、第三方评估、廉洁自律建设和诚信建设，提升助残社会组织公信力。人无信不立，社会组织如果不加强诚信建设，必将被服务对象抛弃，必将被社会发展淘汰。国务院2014年6月份颁布了《社会信用体系建设规划纲要（2014—2020）》，将社会组织诚信建设作为重要内容纳入其中。打铁还需自身硬，只有增强公信力，树立良好形象，提供贴心服务，才能赢得广大残疾人及亲友的信任与依赖，才能在社会发展中立于不败之地，才能逐步发展壮大。各级各类助残社会组织要围绕建立现代社会法人治理结构，将诚信建设纳入章程，健全社会组织信息公开制度，确保重大活动、财务收支等情况公开透明；有效履行服务承诺，尽职尽责、全心全力做好满足残疾人需求的有效服务，切实提高社会组织的公信力和社会影响力。要密切与残联和专门协会的联系，切实了解残疾人诉求与愿望，真正接地气、知实情，不负社会组织的职能和残疾人的期盼。

要重点引导助残社会组织通过合法的渠道和方式，积极参政议政，合理表达需求，立足本职结合实情，参与相关政府决策和残疾人事务，探索建立现代社会法人治理结构，积极融入公共服务体系，共同推动残疾人事业发展。由于现在残联组织掌握的资源还是相对有限，开展助残社会组织工作的基础相对薄弱，但是我们的决心、情感和姿态都是积极的、努力的、正面的，希望我们双方能够相互理解、达成共识、求同存异、探索合作共赢之道。

说到这里，还有一点希望各级残联特别关注。各级残联在加大支持力度的同时，也要有政治敏锐性。当前，境外势力插手人民内部矛盾，极力把人民内部矛盾引向对抗性矛盾，把群众的利益诉求转变为政治问题，我们必须严加防范。各级残联要了解掌握国际国内发展大势，特别是对别有用心的外部势力有所了解，不能对残疾人事业领域内发生的一些情况茫然不知。不能扮演事后诸葛亮和临场救火队员的角色，还应该对事态的发展有预期预案，意识前置、关口前移，预防为先，凡事一切从源头做起。要完善预警和应急应对机制，对一些容易引发争议和矛盾的问题时有预判、赢得主动性。具体来说，一是严格依法、依规办事，所有的扶持措施都必须在法律允许的范围内；二是要加快建立针对助残社会组织的舆情应急应对机制，及时了解掌握舆情动态，妥善处理复杂问题。

四、对《关于促进助残社会组织发展的指导意见》开展征求意见

中国残联与民政部将联合下发《关于促进助残社会组织发展的指导意见》，在两部门的职责范围内对助残社会组织的登记、监管、规范发展和发挥业务指导作用等提出一些有力的、有创新性的举措。比如符合条件的助残社会组织在成立时直接向民政部门依法申请登记；适当降低在县级民政部门申请登记的各类助残社会组织的成立登记条件，简化登记程序；探索整合利用各级民政、残联系统现有综合服务设施或服务场地，积极打造助残社会组织孵化基地；加大财政金融支持力度，建立健全彩票公益金等财政性资金对助残社会组织的扶持机制，逐步加大残疾人就业保障金等对助残社会组织开展残疾人就业服务的支持力度；建立助残社会组织专家人才库和专家咨询评审委员会，为开展助残社会组织工作提供人才和智力支持。该指导意见将在向各级民政、残联及助残社会组织广泛征求意见后出台，本次会议也是一次重要的征求意见过程。希望各级残联认真研讨该指导意见，切实提出有建设性的意见和建议。

同志们，伴随残疾人事业发展应运而生的助残社会组织发展空间广阔、发展愿景美好。随着改革的进一步深入和政府职能的转变，助残社会组织已经迎来战略机遇期、快速成长期和可持续发展期。残疾人事业领域的社会治理体系现代化还有很长的路要走，残联组织社会治理能力的现代化还需要进一步自我完善和提高，助残社会组织的健康规范发展还需要政府、残联、社会组织自身不断努力。党的十八大、十八届三中全会和即将召开的四中全会精神为我们指明了方向、明确了路径、提出了目标。希望各级残联认真贯彻中央精神，落实中国残联部署，学习先进地区经验，再接再厉、开拓创新，积极探索残联开展助残社会组织工作的有益经验和有效做法，形成合力，促进残疾人同步小康目标的实现。

二、政策法规文件

关于促进助残社会组织发展的指导意见

残联发〔2014〕66号

各省、自治区、直辖市及计划单列市残联、民政厅（局），新疆生产建设兵团残联、民政局：

多年来，助残社会组织为维护残疾人合法权益、健全残疾人公共服务体系、促进残疾人事业发展、实现残疾人安居乐业、衣食无忧、过上幸福美好生活目标做出了积极贡献。但从总体看，由于认识的局限性、体制机制不健全、扶持力度不够、规范管理不到位等原因，助残社会组织依然存在数量少、规模小、服务质量参差不齐、作用发挥有待提高等问题，与广大残疾人的迫切需求和创新社会治理的要求相比还有较大差距。为贯彻落实党的十八大和十八届三中、四中全会精神，进一步引导助残社会组织健康有序规范发展，更好地满足残疾人多层次、个性化、类别化需求，现就促进助残社会组织发展提出如下意见：

一、改革登记管理制度

贯彻落实《国务院机构改革和职能转变方案》有关精神，将助残社会组织纳入公益慈善类等社会组织范畴，实行直接登记制度。重点引导在残疾人基本生活、医疗康复、教育就业、托养服务、扶贫济困、法律救助、文化体育、无障碍建设、社工服务等方面提供服务的社会组织，成立这些社会组织可直接向民政部门依法申请登记。在法律法规允许的范围内，积极做好基层助残社会组织登记服务工作，简化登记程序，为助残社会组织登记提供便利条件。

二、推进政府购买服务

贯彻落实《国务院办公厅关于政府向社会力量购买服务的指导意见》（国办发〔2013〕96号）和财政部、民政部、中国残联等部门《关于做好政府购买残疾人服务试点工作的意见》（财社〔2014〕13号）的精神，积极开展政府购买助残社会组织服务试点工作并逐步推广试点经验，将适合由社会组织开展的残疾人服务工作通过购买服务项目、服务岗位等形式交由助残社会组织承担。不断探索和完善政府购买助残社会组织服务的服务内容、服务方式、标准规范、监管机制、绩效评价和保障措施等。各级残联、民政部门要积极会同财政等部门不断完善政府向社会组织购买残疾人服务的目录，制定具备承接项目资质的助残社会组织的规范和标准，为政府购买残疾人服务提供服务平台和依据，推动政府购买服务规范化、制度化、法制化。

三、优化发展环境

建立健全助残社会组织孵化培育机制，支持助残社会组织优先进驻现有社会组织孵化培育中心，探索整合利用各级残联、民政部门现有综合服务设施或服务场地，为初创期助残社会组织提供支持。加大财政金融支持力度，建立健全财政性资金对助残社会组织的扶持机制。积极协调有关部门落实促进助残社会组织发展的各项财税优惠政策。鼓励有条件的助残社会组织参与国际合作与交流。激励、引导各种社会力量、社会资金资助支持或捐资设立助残社会组织。充分利用各种媒体，广泛宣传促进助残社会组织发展的重要意义、主要内容、政策措施，加强助残社会组织理论研究和文化建设，营造关心、理解、支持助残社会组织健康有序发展的良好社会氛围。

四、加强规范管理

进一步做好助残社会组织的年度检查和等级评估工作，并将其结果作为承接政府购买服务、接受财政补贴、享受相关优惠政策等的重要依据。加大执法监察力度，加强资金监管，建立和完善退出机制。强化基础管理建设，充分发挥民政部门社会组织管理信息系统和各级残联助残社会组织统计台账信息系统作用，为促进助残社会组织发展提供基础信息保障。引导助残社会组织在自愿基础上成立自律性联合组织，发挥管理服务中的枢纽作用，建立助残社会组织服务标准、行为准则和行业自律规则，增强自我约束、自我管理、自我监督能力。推进信息公开，加强职业道德建设和廉洁自律建设，提升助残社会组织公信力。将助残社会组织公益服务和自律建设情况纳入征信管理系统，建立奖诚信罚失信的奖惩机制。

五、强化自身建设

督促助残社会组织建立健全以章程为核心的各项规章制度，完善现代社会组织法人治理结构，建立健全民主机制，推进民主选举、民主决策、民主管理、民主监督，加强法治化、规范化建设，提升依法治理能力。帮助助残社会组织加大员工的培养和优秀人才的引进力度，畅通员工职称评定渠道，不断提升其专业水平和服务能力。建立助残社会组织专家人才库和专家咨询评审委员会，为开展助残社会组织工作提供人才和智力支持。加强助残社会组织党建工作，充分发挥党组织战斗堡垒作用和党员先锋模范作用。推进协商民主机制建设，鼓励助残社会组织依法依规参政议政，提高其对残疾人公共事务的参与度。

六、建立健全各司其职、协调配合的工作机制

各级残联及所属的残疾人服务机构、有关残疾人专门协会要充分利用在残疾人服务领域的资源和专业优势，开展助残社会组织的业务指导、人员培训、政策咨

询、智力引进、服务购买等工作，协助政府相关部门做好助残社会组织的服务管理。各级社会组织登记管理机关要切实履行职责，将促进助残社会组织发展作为推动政府职能转变、完善社会服务体系、创新社会治理体制的重要内容，重点培育、优先发展、强化评估、规范和监督，加强与相关部门的统筹协调。各级残联、民政部门要加强合作、及时沟通、明确职责、密切配合，共同推进助残社会组织健康有序可持续发展。

本意见所称助残社会组织，是指在民政部门依法登记，以为残疾人提供服务、增进残疾人福利、促进残疾人平等参与社会生活和共享社会发展成果为宗旨，以开展残疾人所需的各项服务为主要业务的社会团体、民办非企业单位和基金会。

中国残疾人联合会　民政部
2014 年 11 月 20 日

中国残联关于印发《中国残疾人联合会专门协会委员会工作规则》的通知

残联发〔2014〕30 号

各省、自治区、直辖市残联，新疆生产建设兵团残联，黑龙江垦区残联：

《中国残疾人联合会专门协会委员会工作规则》（以下简称《工作规则》）于 2004 年试行，2009 年正式执行，2012 年做了第一次修订。各地在此基础上，结合实际相应制定并修订了本地专门协会委员会工作规则。《工作规则》的制定出台，对于规范专门协会工作流程、完善专门协会工作制度、健全专门协会工作机制起到了重要作用。

为进一步探索专门协会社团法人治理模式，切实贯彻中国残联"六代会"精神，根据《中国残疾人联合会章程》《中国残联各专门协会章程》《中国残联理事会工作规则》《中国残联落实"三重一大"决策制度试行办法》和党中央"八项规定"等有关要求，结合专门协会作为社团法人所应具有的相关特性，中国残联在征求各专门协会意见建议的基础上，对《工作规则》进行了重新修订。现将《工作规则》印发你们，请结合工作实际，修订本地专门协会委员会工作规则，深入推进专门协会工作健康规范发展。

中国残疾人联合会
专门协会委员会工作规则

第一章　总　则

第一条　为加强社团法人机制下的中国盲人协会、中国聋人协会、中国肢残人协会、中国智力残疾人及亲友协会、中国精神残疾人及亲友协会工作，根据中国残联"六代会"通过的《中国残疾人联合会章程》和各类别残疾人代表会议通过的专门协会章程，特修订本工作规则。

第二条　专门协会委员会要认真履行"代表、服务、维权"职责，代表本类别残疾人的利益，反映本类别残疾人的特殊需求，维护本类别残疾人的合法权益，团结帮助本类别残疾人，全心全意为本类别残疾人服务，使残疾人在残疾人组织中更加活跃，残疾人组织在基层更加活跃，残疾人和残疾人组织在社会上更加活跃。

第三条　专门协会委员会要进一步增强责任感和使命感，增强组织的活力、亲和力、感召力和发展动力，增强国际合作交流影响力以及自我教育和管理的能力，促进各类别残疾人之间的融合、残疾人与健全人之间的融合，建设"学习型、服务型、创新型"的协会组织，成为本类别残疾人的利益代言人、服务组织者、权益维护者。

第四条　专门协会委员会在本类别残疾人代表会议闭会期间，贯彻执行中国残联主席团和本类别残疾人代表会议的决议；在中国残联的领导下，履行本协会章程规定的职责，组织落实"六代会"和年度各项任务。

第二章　组成人员及职责

第五条　专门协会委员会由主席、副主席、秘书长、委员组成。委员原则上由省级专门协会主席、中国残联主席团委员中的残疾人及残疾人亲友担任。以上均按照各自协会章程通过选举产生。

第六条　专门协会委员会主席领导并负责本协会的全面工作，副主席协助主席工作，秘书长负责本协会的日常工作。根据工作需要可内设专项工作委员会。秘书处作为专门协会委员会的办事机构，承担本协会的日常工作。

第七条　专门协会委员会委员享有对本协会重要事项的表决权，对本协会章程所规定的各项工作的建议权和监督权，对残疾人事业进展情况的知情权。

第八条　专门协会委员会委员应了解国家有关法律、法规、政策和规定，了解残疾人工作动态和与本协会有关的专项业务，提高自身素质，树立全局观念，模范遵守协会章程和本规则，切实发挥残联与残疾人之间的桥梁和纽带作用。

第三章　会议制度

第九条　专门协会委员会实行委员会会议、主席会议、联席会议、季度工作会议制度。

第十条　委员会会议由各协会主席召集并主持。主要内容：部署全国会员代表大会决议的相关工作并检查落实情况；向中国残疾人联合会主席团提交年度工作报告；按照本协会章程和中国残联相关政策，研究、决定与本协会有关的重大事项；提出工作方针和任务，制定年度工作计划；决定设立内设机构，决定各内设机构负责人的聘任；制定各项内部管理制度等等；本类别残疾人代表会闭会期间，委员会会议原则每年召开一次。特殊情况下，可采用书面或通讯方式进行。

委员会会议须有 2/3 以上委员出席方能召开，其决议须经到会委员 2/3 以上表决通过方能生效。

第十一条 主席会议由各协会主席或主席委托秘书长召集并主持，名誉主席、主席、副主席参加。主要内容：进行年度工作总结，制订年度工作计划，研究本协会重要活动安排，讨论委员所提的建议和意见，研究、议定提交委员会、中国残联理事会或主席团审定的重大事项，其他需要议定的事项。主席会议实行民主集中制的原则，并根据工作需要不定期召开，也可采用书面或通讯方式征求意见。

第十二条 联席会议由中国残联领导召集并主持，中国残联理事长、副理事长，其他有关领导和各专门协会名誉主席、主席、副主席、秘书长参加。主要内容：通报工作情况，协调有关工作，研究和确定专门协会年度工作计划，其他需要议定的事项。原则上每年年底召开 1 次。

第十三条 季度工作会议每季度定期召开，由中国残联组联部召集并主持，中国残联分管领导、各专门协会主席、秘书长、组联部有关人员参加；邀请机关有关部（厅、室）出席。主要内容：通报工作情况，总结本季度协会工作，研究下季度协会工作，其他需要议定的事项。

第十四条 委员会会议、主席会议由各专门协会秘书处安排和协调。联席会议、季度工作会议由组联部安排和协调。以上会议均需事先准备，有计划进行，会后形成会议纪要；均需邀请中国残联专门协会项目评估和财务监审委员会有关人员列席。

第四章 调研制度

第十五条 专门协会委员会履行职能的重要方式是向有关部门提出建议和提案。各专门协会秘书处每年要列出几项本类别残疾人普遍关心、需求迫切且惠残面广的重要课题组织专项调研，及时写出调研报告，向中国残联理事会和主席团反映，提出意见建议。必要时应以建议或提案形式，通过有关渠道向全国人大、全国政协反映。

第十六条 专门协会委员会委员要积极参加所在地残联组织的调研活动，也可结合本职工作和社会活动进行调研。调研后及时写出报告，向本级残联和中国残联专门协会反映有关问题，提出意见建议。

第十七条 专门协会秘书处对委员或残疾人代表提出的意见建议应及时办理，对残疾人普遍关心、迫切需要解决的重要问题，随时提交各专门协会主席，并与组联部及有关业务部门研究，并报中国残联理事会。

第五章 运行与保障

第十八条 专门协会委员会要坚持"残联领导、部门配合、协会参与"的工作机制，围绕残联中心工作做好协助和配合，针对本类别残疾人的特殊需求开展工作、提供服务；要通过中国残联对省级专门协会进行业务指导。

第十九条 专门协会委员会要配合中国残联开展相关活动，尤其在全国助残日、国际残疾人日等重要残疾人节日以及其他重要传统节日期间，在积极配合中国残联的同时，也可各自开展内容丰富、形式多样的活动。与相关机构、企事业单位等合作举办大型活动时，应聘请法律顾问予以指导，活动结束后及时进行总结、评估和审核。

第二十条 专门协会委员会要不断适应新形势，探索社团法人运行的有益模式。对内要加强自身建设，内部治理规范，班子团结并充分履职，人员、财务、档案等管理制度建立健全。对外要加强自律和诚信建设，信息和财务公开透明，工作绩效上水平，社会评价高，社团年检确保合格，评估等级争取公益类社团组织的高级别；执行党中央"八项规定"及中国残联相关要求，严于律己，厉行节约，树立并提升公益组织良好社会形象。

第二十一条 专门协会委员会主动接受中国残联专门协会项目评估和财务监审委员会的第三方项目评估和财务监审，加强在法人社团治理模式下的项目评估、财务管理的规范化和科学化水平，强化民主监督，提升社会公信力。

第二十二条 专门协会委员会要加强工作的计划性、统筹性、预见性和实效性。每年的 11 月份总结本年度工作并制定下年度工作计划；年度工作报告经中国残联组联部审核报中国残联领导同意，向中国残联主席团会议进行书面报告。

第二十三条 专门协会委员会主席（副主席）参与重大活动时，应建立事先通报制度；参加国际活动时，应会同中国残联有关部门向中国残联领导提出书面报告；秘书处要建立周报制，即向组联部并由组联部向会领导报送每周重要工作安排。

第二十四条 专门协会委员会要切实了解本类别残疾人的迫切需求，积极申报并争取政府购买服务项目，依法依规认真组织实施；及时向中国残联提交本类别残疾人所需政府购买服务的目录。

第二十五条 专门协会委员会要做好本协会网站的建设、管理和维护等工作，通过网络积极宣传本协会服务宗旨、服务理念和相关业务工作等，树立良好社会形象；同时借助本协会网站和社会各界相关网站了解残疾人思想动态、社会舆情，并及时与组联部做好沟通对接。

第二十六条 专门协会委员会要规范行文和印章的使用，经主席或秘书长签批，可以向社会有关单位行文；经组联部签批，可以中国残联组联部名义向地方残联行文；重要文件在经组联部按照中国残联公文办理程序履行完相关手续后，可以中国残联办公厅或者中国残联的名义行文。

第二十七条 组联部承担中国残联专门协会协调服务工作。配合专门协会主席（或秘书长）协调处理有关事宜，协助专门协会秘书处及时向专门协会委员会通报残疾人事业进展情况，就有关专项工作做好中国残联有关业务部门和相关专门协会之间的协调和沟通；指导地方残联开展专门协会工作。

第二十八条 中国残联给予必要的经费支持，以确保专门协会开展必要的工作。专门协会募集的专项资金和物资，由中国残联计财部代管或自行管理。财务及资产管理按国家有关规定和中国残联专门协会财务（资产）管理办法执行。

第六章 附 则

第二十九条 本工作规则原则上于每次全国代表大会后修订，旨在规范社团法人治理模式下的专门协会总体行为准则，相关专项工作将另行制定具体管理规定。

第三十条 本工作规则自修订印发之日起施行，解释权属中国残联。

三、专门协会工作综述

2014年，中国残联各专门协会认真贯彻党的十八大和十八届三中、四中全会精神，全面落实中国残联"六代会"工作部署，按照邓朴方名誉主席"各专门协会要勇敢地担当起本类残疾人利益代言人、服务组织者和权利维护者的角色"的指示、张海迪主席"完善协会运行机制，增强协会工作活力，支持协会充分发挥自身优势"的要求、鲁勇理事长"研究好四项专题（搭建桥梁、规范运作、贴近需求、重在服务）、处理好三个关系（整体推进与重点突破的关系、搭建桥梁与直接服务的关系、抓服务与办实体的关系）、抓好五项工作（抓典型带动、抓人才培养、抓依法维权、抓工作指导、抓残疾预防）"的部署，配合中心工作融入事业大局，搭建桥梁纽带发挥特殊作用，依法规范运作探索法人治理模式，融合发展示范引领助残社会组织，努力为本类残疾人提供贴近基本需求的有效服务。

（一）围绕残联重点任务，搭建桥梁发挥作用

各协会始终坚持"残联领导、部门配合、协会参与"的工作机制，始终坚持社会化工作和融合发展的工作理念，积极围绕残联中心目标和重要任务开展工作，努力搭建本类残疾人与党委、政府、社会各界之间的桥梁。

积极纳入全国残联"基础管理建设年"、残疾人基本服务状况和需求专项调查工作，按照组织建设"强基育人"工程的要求，开展各级协会机构、人员以及助残社会组织专项调查，建立台账系统和年报制度，了解掌握全国残联系统协会组织建设情况和人员队伍情况。与中国残联有关部门、高校、社会机构、公益组织等合作，筹划"中华残疾人英才计划"，推动建立残疾人人才培养和发展的长效工作机制，为事业发展培育和储备优秀残疾人人才资源。

通过搭建沟通桥梁和反映呼声愿望的平台，完善工作机制。一是协助协会中的人大代表、政协委员向人大、政协提交议案、提案、建议十余个，以利改进残疾人教育、就业、职业资格考试、养老、无障碍需求等方面工作。二是既将政府惠及残疾人的政策及时传达给基层残疾人，又将残疾人的迫切需求和愿望通过合法有序的渠道向有关部门顺畅表达，做好协调沟通、宣传政策、化解矛盾的工作，共同寻求解决之道。三是继续完善协会官方网站，介绍协会工作，交流各地协会工作经验，传播知识、共享资源，努力打造残疾人网上家园。

（二）加强建设规范运作，探索法人治理模式

各协会按照中国残联要求，适应社团登记后的新形势、新任务，加强自身建设，规范运作模式，完善工作机制，推动建立现代社会组织法人治理结构和模式，认真履行"代表、服务、维权"职能。

一是加强组织建设。召开各协会六届二次委员会会议，研究交流工作经验，探讨工作思路，以会代训培训中国残联"六代会"后新任协会主席。二是加强制度建设。修订《中国残联专门协会委员会工作规则》、草拟《全国残联系统专门协会法人治理工作规范》等工作制度，重点针对社团登记后专门协会的组织架构、运作模式、工作方法等做出顶层设计和规范指导。三是加强诚信自律建设。发挥项目评估和财务监审委员会作用，建立协会法人工作项目和财务管理机制，定期向委员会报告年度财务执行报告，提交委员会审议，发挥示范引领作用。2014年各协会财务报告已经委员会通过。同时积极参加民政部对社会组织评估申报工作。四是加

强能力建设。提升项目运作能力和直接服务能力，探索承接民政部购买服务项目，与中国残疾人福利基金会、中国狮子联会、北京市残联社会办、社会爱心企业建立联系，争取资源。各协会高效利用中国残联和中国残疾人福利基金会200万元资金补贴开展各项惠残项目，得到积极认可。肢协争取民政部购买服务项目，在中国扶贫基金会和爱心人士的支持下，开展"重塑未来"肢残少年儿童康复矫治医疗项目，已为100余名贫困肢残青少年实施免费矫治手术，产生了良好的社会影响。智协争取中国狮子联会25万元资金，支持国际智障者音乐节活动。盲协、聋协、肢协群策群力，与中国残疾人辅助器具中心联合举办"东方杯"第四届全国残疾人辅助器具创新大赛。

（三）顶层设计重点突破，引领社会组织发展

各协会认真学习贯彻中央推进国家治理体系和治理能力现代化的精神，落实鲁勇理事长"激发残疾人专门协会、残疾人社会组织、志愿助残组织活力，进一步壮大和规范残疾人专门协会和相关社会组织"的指示，发挥残联系统和专门协会在助残社会组织发展中的业务指导作用、枢纽作用和引导作用，推动助残社会组织良性有序发展。

协助中国残联、民政部调研、出台《关于促进助残社会组织发展的指导意见》（残联发〔2014〕66号）。文件首次就支持规范助残社会组织发展专门出台指导性的政策，在依法直接登记、培育孵化基地、资金和政策扶持等方面提出了创新性支持举措，在政府购买服务、加强自身建设和评估监督等方面进行了重申，明确了民政部门和残联组织在培育引导、规范管理助残社会组织方面的职责要求。

协助有关部门加强对助残社会组织的工作指导和实践探索。积极参与全国助残社会组织工作研讨会，交流工作经验；参加"同人之声"2014年助残社会组织交流会，促进残联、专门协会和助残社会组织三方的沟通、交流。

打造协会特色品牌，树立标杆和榜样，示范引领助残社会组织开展助残服务。盲协、聋协、智协、精协开展家长培训工作，普及国际国内康复先进理念，构建资源网络支持残疾人自立和成才。肢协继续打造"中途之家"品牌，已在全国40多个城市建立了"中途之家"，逐渐完善具有中国特色的脊髓损伤者社区康复服务模式，不仅满足了肢残人群体的多样化和个性化需求，还拓宽了就业渠道。智协长期调研、反复论证、协调特殊政策推出"安心工程——智障家庭意外、大病综合保险"试点项目，这是中国保监会特批的第一款为残疾人设计的新险种，由全国七大保险公司共同参与，覆盖面广、操作简单、保费低、收益高。精协倡导的孤独症服务机构自强自律创建活动进入新阶段；成立孤独症机构服务协会，在三年内按照89条自强自律创建标准，在全国打造100家规范管理的示范性机构。协会还参与在湖北、黑龙江实施的"长江新里程"（第三期）——关心你的残疾人邻居项目。

（四）贴近需求提供服务，努力丰富服务内容

各协会按照中国残联守住底线、补齐短板的指导思想，充分发挥协会了解熟悉本类残疾人实际需求的独特优势，着力开展贴近残疾人兜底需求和个性化需求、惠及众人的服务项目。

——抓典型带动。对全国各级协会进行示范引领，以点带面推动工作。盲协开展第二届创先争优创新奖评选活动，提高地方盲协的组织能力和社会动员能力。聋协组织无喉者复声康复交流和学习培训活动，增强无喉者参与社会生活的信心。肢协推动残疾人集中就业单位多层工业厂房实现无障碍，配合有关部门制定"残疾人集中用工单位多层工业厂房无障碍建设标准"；建立脑积水与脊柱裂患者康复基地"云朵家园"，探索社区康复和融入社会新模式。智协举办西南部8省（区、市）特奥联谊活动，推动特奥运动持续发展。精协在北京试点开展"精残政策进万家"项目，摸清精神残疾人的基本状况和政策落实底数，培养和锻炼家属志愿者的政策水平和工作能力。

——抓人才培养。按照邓朴方名誉主席"发扬民主、增长才干、教育自律"的指示，创新形式、系统规划，与清华大学继续教育学院合作，开展各级残联新任协会主席远程培训，各协会结合各自特点积极加大人才培养力度。聋协编辑《听力言语残疾人工作知识手册》，借助聋协QQ群对市、区（县）级协会聋人工作者进行网上培训。肢协举办第三期肢残青年骨干培训班，加强基层协会后备人才培养。精协孤独症中国应用行为分析师（CNABA）教师专业培训计划进入第二阶段，填补了本土化应用行为分析师（ABA）教师批量培养的空白；"孤独症领航家长教练技术培训"有助于提升家长心理和专业技术能力；开展两期旨在促进志愿者帮扶精神残疾人的病人及家属专家（UFE）培训班，加强精神残疾人的自助和互助。

——抓依法维权。贯彻落实十八届四中全会依法维护残疾人权益的精神，与中国残联业务部门和社会机构合作，充分发挥优势作用。盲协、聋协、肢协参与《老年人、残疾人办公设备可访问性标准》《中国银行业电子渠道无障碍服务建设自律指引》《铁道客车及动

车组无障碍设施通用技术条件》《互联网信息服务辅助系统技术要求标准》《残疾人航空运输管理办法》等政策法规及国家标准的制定；为修订《残疾人教育条例》和制定《关于残疾考生参加普通高考的暂行办法》提出意见和建议。盲协推动盲人参与普通高考及职业考试工作；完成导盲犬标准起草工作；召开"语声笔——帮你看世界"食品药品信息自动识别技术体验交流会，推进盲人安全用药信息无障碍；参与《国家通用盲文标准》规范化研究。聋协向教育部提出聋人教师免试普通话的建议；选拔优秀聋人手语研究员定期到国家盲文和手语研究中心进行手语研究，历时近一年完成2000余个手语新词汇的收集，继续修订《中国手语》《计算机专业手语》及《中国手语日常会话》等，参加首次将手语翻译列入翻译行列的全国口译大会暨国际口译研讨会。肢协与上海同济大学合作举办第二期无障碍环境督导员培训班；在8月11日第五次全国肢残人活动日期间以"环境无障碍，方便你我他"为主题，号召各地肢协组织无障碍设施建设监督员和残疾人对公共服务场馆和公共交通无障碍建设进行体验督导，效果明显，形成协同推进无障碍建设的督导机制；配合中国残联有关部门合理反映上肢残疾人合法驾驶机动车的呼声。

——抓工作指导。配合残联业务部门影响并带动地方协会围绕残联中心任务、贴近残疾人迫切需求设计项目、开展活动，树立典型、推广经验。盲协向地方盲协下发66台电脑和1000多部盲用智能手机。聋协建立委员会网络会议制度，通过下发会议纪要方式指导各地协会工作。肢协及时掌握省级协会社团登记的发展态势，对15个已经注册的省级协会加强合作，共同探索法人治理模式。智协引入国际残疾人事务"支持"理念，推广政府、残联组织、专家、家长、亲友、社区等"六助一支持智障人"新型助残模式试点。精协推出全国孤独症家长携手计划，联动发展会员家庭、组建各省（区、市）家长携手网络，探索孤独症康复服务新模式。各协会指导地方专门协会组织残疾人和残疾人亲友，积极参与"志愿助残阳光行动"，发挥了解残疾人需求的独特优势，成立志愿服务队伍，协助编写志愿助残手册。

——抓残疾预防。配合有关部门加大宣传力度，开展残疾预防工作。盲协举办视网膜病变医疗与康复论坛，宣传视网膜病变的医疗和康复知识，引导本类群体回归社会；利用社会资源开展视功能康复工作，为广西百色100名白内障患者和8名眼角膜疾病患者免费实施康复手术。聋协在爱耳日及聋人节开展耳科保健、耳聋早期预防科普知识宣传。肢协与湖南安邦制药公司联合开展专项活动救治贫困脑瘫儿童；与北京年轮骨科中医医院合作启动"站立计划"，专项救治贫困的股骨头患者；与上海阳光康复中心等围绕脊髓损伤康复建立合作关系；与美年大健康管理公司共同为全国500多位肢残人建立"免费、定额、优质"健康体检机制。精协开办"精神卫生网络大课堂"，定期在QQ群里举办精神卫生知识咨询。

五、树立品牌拾遗补缺，协助推进专项业务

在中国特色残疾人事业发展进程中，各协会科学定位、职能明确，充分发挥拾遗补缺作用，重点协助残联业务部门开展惠残面广、残疾人急需且影响深远的基本公共服务品牌项目。

探索就业新渠道。盲协、聋协、肢协与中国残联组联部、教就部等联合开展第四届全国残疾人"自强创业之星"评选活动。盲协与凤凰基金合作继续举办"千手相助"盲人培训与安置工程；与光明天使基金合作举办"盲人电话销售专员及客服专员培训班"；委托北京华夏心理培训学校举办第五期盲人"国家职业心理咨询师"网络培训班及认证鉴定考试；举办第二期钢琴调律与维修在职培训班和盲人电脑师资培训班；继续与北京联大特教学院合作举办网上推拿专业专科及专升本学历教育。肢协举办第三期清华大学残疾人企业家培训班并发出"千企万人"就业行动倡议书；与金珠满江集团合作在北京市郊区设立残疾人涉农就业基地。智协与国际劳工组织合作在7个城市试点开展"智力残疾人支持性就业项目"，通过就业辅导员的持续支持为智障人寻找工作、适应岗位、实现同工同酬。

丰富文体新生活。盲协与有关机构合作开展"文化助盲，共品书香"全国盲人阅读推广活动、"放飞心中的梦想"征文活动、第三届"千手相助，触摸母亲河，穿越腾格里"盲人徒步沙漠行活动、"爱之声"国际盲人节诵读音乐会、首届"阿炳杯"全国盲人器乐独奏大赛、"点亮心灯，放飞梦想"关注盲童公益音乐会和"心之韵，爱行天下"公益晚会；邀请著名文学家举办名家讲坛活动，利用网络YY语音平台建立"文学大讲堂"栏目；开展"展示自我，奉献社会"盲人先进事迹宣传展播活动。聋协举办第三届"沣标杯"国际聋人摄影大赛、全国首届聋人驾驶机动车技能联谊赛。肢协与首都国际机场联手举办残疾人书画展和脑瘫画家刘超画展；与中央电视台星光大道栏目组建立工作联系，营造社会关怀氛围；支持北京东城区"中途之家"成立伤友轮椅模特队，并在2014中国国际福祉博览会暨中国国际康复博览会上展示风采。

推动调研上层次。盲协开展"北京市视力残疾人养老需求状况"专项调查，提出充分发挥政府的主导作用，注重顶层设计，积极利用社会力量和市场机制，探索建立多层次、个性化、专业化的视力残疾人养老保障和服务体系的政策建议。聋协从家长培训工作角度调研，探索听障家庭在康复工作中的重要作用，力求总结出一套适合国情、适合各地情况、适用于各类家长的培训工作思路，促进听障儿童康复的整体水平提高。肢协针对完成社团登记的15个省级肢协如何更好地履行"代表、服务、维权"职能，推进工作规范有序开展，不断完善内部管理机制等进行专题调研、提出对策。智协开展成年智障人士就业状况调研，大力推行"支持性就业"理念，通过专业化服务机构和企事业单位为智障人士提供更多的就业机会。精协开展国内首次大规模的孤独症家庭需求调查，了解孤独症家庭现状和需求，摸底数、探实情、提建议，为国家政策规划和实施支持措施提供客观依据，为孤独症儿童成长环境提供资讯和指导。

拓展扶助到基层。各协会同党的群众路线教育实践活动紧密结合，发挥协会接地气、贴民心、密切联系本类残疾人的优势，向基层延伸、向贫困残疾人倾斜提供扶助。盲协和中国狮子联会合作开展"手拉手"阳光书包募捐公益活动，在17个省（区、市）68所盲校为盲童发放"阳光书包"近4500个；举办三次"播撒光明，走进崇高"助盲公益慈善拍卖活动，资助基层贫困盲人。聋协与中国狮子联会合作募捐6万多元为贫困聋童捐赠装有耳蜗（或助听器）专用电池等易耗品的"涵爱飞扬"爱心小包，提升聋儿生活质量。肢协在青海开展"帮你建个家"公益活动，为西部贫困地区残疾人危房改造后的新房添置日常生活用品。

六、借助社团独特优势，积极开展国际交流

按照中国残联统一部署，各协会积极参加在京举办的APEC残疾人主题系列活动和信息无障碍国际论坛。盲协参加世界盲人联盟亚太区中期大会，参加澳门主办的国际盲人权益研讨会，举办美国吾友乐队音乐会与"朗达·拉尔森与风"四人音乐组合演奏会，积极推动中国政府批准加入旨在解决盲人阅读资源匮乏问题的《马拉喀什条约》。聋协承办世界聋人联合会年度理事会会议，接待俄罗斯和澳门聋协代表团。肢协与台湾无障碍协会联合举办无障碍论坛，并考察台湾地区无障碍环境建设工作。智协联合中国文化集团公司及德国、瑞士的基金会，在京举办第三届国际智障者音乐节，来自德国、瑞士、匈牙利、韩国和国内的16个智障者音乐团体，200余名国外智障音乐人和100余名国内智障人及亲友，在国家大剧院等地举行了3场正式演出。通过这些活动，与国际及港澳台地区残疾人组织进行了广泛而深入的沟通交流，学习借鉴国际残疾人事务发展的理念和经验。

这些工作成绩的取得，是中国残联正确领导的结果，是中国残联各业务部门大力支持的结果，是各级残联、专门协会同心协力的结果，是广大残疾人共同努力的结果。

2014年，各协会坚持纳入大局，动员社会力量，进一步发挥共同发展残疾人事业的桥梁纽带作用。纳入国家政策大局，顺应形势及时跟进；纳入残联工作大局，与残联各业务部门密切配合；主动对接地方残联，加强对地方协会工作的引导。

2014年，各协会坚持守住底线、补齐短板，着力贴近本类残疾人的兜底需求和个性化需求。紧紧围绕"三个活跃"的目标和残疾人的需求导向，不断打造协会工作特色品牌；重点协助残联业务部门开展惠残面广、残疾人急需且影响深远的基本公共服务项目。

2014年，各协会坚持规范运作方式和内容，示范引领助残社会组织。围绕社团法人治理模式进一步加强自身建设、制度建设、诚信自律建设和能力建设，增强法制意识、责任意识、担当意识，完善体制、规范运作；围绕重点业务领域，开展残疾人专项调研；创新社会治理，培育引领助残社会组织发展。

2014年，各协会坚持探索服务管理模式，努力提升协会服务能力和水平。围绕"强基育人"工程，积极打造一支恪守"人道、廉洁、服务、奉献"职业道德的协会工作者队伍；将工作进一步延伸到基层社区和农村地区，发挥基层协会的主动性和积极作用。

在取得成绩的同时，协会工作也面临着不足和挑战：协会工作发展不平衡（地区发展不平衡、协会之间发展不平衡）的问题依然存在；协会法人治理模式需要进一步完善，能力建设需要进一步提升，规范运作机制需要进一步建立，工作方法需要进一步规范标准；基层协会活跃程度不够，作用发挥需要提升；协会与业务部门密切配合的长效工作机制尚未有效建立，在推进残疾人组织治理能力现代化进程中的作用需要进一步发挥。

四、重要社会工作

（一）全国助残社会组织工作研讨会、"同人之声——2014助残社会组织交流会"

为了认真贯彻中央推进国家治理体系和治理能力现代化的精神，落实鲁勇理事长"激发残疾人专门协会、残疾人社会组织、志愿助残组织活力，进一步壮大和规

范残疾人专门协会和相关社会组织"的指示精神，按照中国残联2014年残疾人工作要点的安排，组联部以激发社会组织活力为指引，以研究探讨助残社会组织使命为主题，召开了全国助残社会组织工作研讨会、支持并参加了"同人之声——2014助残社会组织交流会"（即第七届同人论坛）。

1. 会议基本情况

中国残联高度重视这两次会议，海迪主席、鲁勇理事长在会前专门听取汇报并做重要指示，世明副主席与会并做讲话。研究室和组联部对"同人之声"各给予了4万元的经费支持。

10月16—17日，全国助残社会组织工作研讨会在湖北召开，这是中国残联就助残社会组织工作召开的第一次全国性会议。中国残联各专门协会，中国残联组联部、中国残联计财部、民政部民间组织管理局有关同志，各地残联以及18个残联系统社会管理与服务试点单位的80余名代表参加会议。吕世明副主席做了讲话，中国残联计财部张全军副主任和民政部民间组织管理局政策法规处许昀副处长分别就政府购买服务和社会组织改革相关政策进行了政策解读；北京市残联、湖北省残联、成都市残联、东莞市残联、武汉市武昌区残联和中国精协做了会议发言；与会代表实地考察了助残社会组织孵化基地、残疾人康复机构和阳光家园等，并对进一步加强助残社会组织工作、《关于促进助残社会组织发展的指导意见》（征求意见稿）等进行了深入研讨。

10月20—21日，"同人之声——2014助残社会组织交流会"在福建召开。中国残联各专门协会、中国残联组联部、民政部民间组织管理局有关同志，来自全国21个省、自治区、直辖市的残联、专门协会和助残社会组织共计100余人参加会议。吕世明副主席在会上做了讲话，民政部民间组织管理局、南京大学残疾人事业发展中心、北京工业大学社会工作系的相关业务人员和专家教授讲课，台北市自闭儿社会福利基金会等机构的负责人做了经验介绍，中国精协、福建省残联、北京市残联、东莞市大众社会工作服务中心等16个省市残联、专门协会和助残社会组织的代表做了主题发言。会议期间还举行了助残社会组织发展成果展，通过了全国助残社会组织自律诚信倡议书，并对《关于促进助残社会组织发展的指导意见》（征求意见稿）进行了深入研讨。

2. 会议取得预期成效

在中国残联的悉心指导和承办方残联的努力下，与会各地残联、助残社会组织代表、专家教授广泛交流、深入研讨、共谋发展，两个会议取得了预期成效。两次会议既是顶层设计、谋划部署的会，也是求真务实、探索创新的会，提高了认识、统一了思想、交流了经验、开阔了思路，对于残联系统进一步贯彻落实中央精神，探索全国残联系统助残社会组织工作的经验，探讨残联组织如何发挥应有作用，培育、孵化、引导、规范助残社会组织发展，推动同步小康目标的实现具有十分重要的意义。

（1）**明确了态度**。两次会议的举办和吕世明副主席的讲话向各地残联、全国助残社会组织表明了中国残联贯彻落实十八大和十八届三中、四中全会关于激发助残社会组织活力、依法培育引导和规范支持助残社会组织的态度、决心和举措。吕世明副主席的讲话阐述了在国家推进治理体系和治理能力现代化的进程中加强助残社会组织工作的重要意义，指出了残联、专门协会、助残社会组织形成合力推动残疾人事业发展的重要作用，肯定了助残社会组织服务基层、服务残疾人、服务事业大局的重要功能，总结了中国残联和地方残联开展助残社会组织工作的经验和做法，对残联系统加强助残社会组织工作、专门协会发挥示范引领作用提出了要求，对助残社会组织加强自身建设提出了希望。吕世明副主席还向与会代表重点宣讲了中国残联"六代会"以来的主要工作及下一阶段的重点工作。

（2）**统一了思想**。与会代表认真学习了吕世明副主席讲话、民政部民间组织管理局授课、中国残联计财部授课和部分残联经验交流内容，充分认识到新形势下加强助残社会组织工作的重要意义，将思想认识统一到中央精神和中国残联工作部署上来。同时，各地残联了解到科协、工商联等组织在推进业务领域所属的社会组织工作方面做了大量工作、成为改革创新的示范，认识到残联系统要有警醒的意识，积极发挥人民团体的枢纽作用和业务指导作用，培育引领各类助残社会组织规范发展。与会代表表示，将进一步增强责任感和使命感，学习发言省市先进经验，结合实际、因地制宜，大胆革新、勇于实践，积极探索促进助残社会组织发展的手段和方式，研究制定规范完善助残社会组织工作的政策和制度。

（3）**增进了交流**。"同人之声——2014助残社会组织交流会"的前身是2002年开始举办的"同人论坛"，2014年是第七次举办。十余年来，同人之声在激发社会助残力量、促进助残社会组织融合发展方面起到了积极务实的作用，成为残联组织与助残社会组织交流的重要平台，顺应了社会发展趋势、融入了残疾人事业发展大局。2014年共有来自全国各地的20余个残联、专门协会和60余个助残社会组织参加会议。吕世明副主席、中国残联各专门协会和与会代表进行了开诚布公的交流和探讨，内容涉及国家政策、事业发展、残联工作、现代社会组织法人结构构建、遇到的困难和问题等，与往届相比进一步打消了助残社会组织的疑虑、回应了质疑、赢得了信任、增进了双方的感情。

（4）征求了意见。2014年中国残联推进助残社会组织工作的一个重点工作就是联合民政部出台《关于促进助残社会组织发展的指导意见》。该指导意见已经磨合了许多次，并征求了部分地方残联和专门协会的意见，在这两个会议上又征求了全国省级残联、部分市县残联和助残社会组织的意见和建议。与会代表普遍反映即将出台的《指导意见》很及时，有前瞻性、指导性，有干货、有举措，能有效推动工作开展，希望尽快出台，为创新助残社会组织改革提供政策依据。

3. 工作建议

两个会议的召开，既宣传了中央精神、贯彻了中国残联部署，又广泛听取了地方残联和助残社会组织的意见和建议，统一了思想、提高了认识，对于以后开展助残社会组织工作具有十分重要的意义。结合会议成效和工作实际，提出工作建议如下。

（1）尽快出台《关于促进助残社会组织发展的指导意见》，为创新助残社会组织改革提供政策依据，为地方残联加强助残社会组织工作提供指导，全面推进激发助残社会组织活力工作。

（2）拟在2015年全国残联专门协会工作会议上，结合贯彻《关于促进助残社会组织发展的指导意见》部署推进助残社会组织工作。

（3）加强理论研究和工作交流。继续与北京大学、北京工业大学等研究机构和中国残疾人杂志社开展助残社会组织方面的理论研究，通过书面交流、开辟专栏等方式交流各地工作经验、开展理论和实践的研讨。

（4）采取切实措施规范引导助残社会组织发展，培育几个全国性或者地区性助残社会组织作为典型加以推广。参考中国科协工作，向财政部申请社会组织购买政府服务专项资金。

（二）"你行，我行，大家同行"2014年全国残疾人自强创业经验交流会暨自强创业之星评选活动

关于举办"你行，我行，大家同行"2014年全国残疾人自强创业经验交流会暨开展自强创业之星评选活动的请示

为贯彻国家有关促进创业带动就业的文件精神，展示残疾人自强不息的精神和创业风采，交流残疾人创业就业经验，引导和激励广大残疾人自主创业、积极就业，根据年初工作安排，中国残联拟于2014年举办"你行，我行，大家同行——2014'全国残疾人自强创业经验交流会"，并于4月份下发《关于印发全国残疾人自强创业有关活动方案的通知》（残联厅发〔2014〕28号）予以部署。现将有关事宜请示如下。

一、时间和地点

2014年12月，会期3天（含报到、撤离各一天）。广东省深圳市。

二、会议内容

（一）传达国家关于支持创业就业、促进残疾人创业就业的政策精神。

（二）学习、交流残疾人创业就业的理论研究成果，研讨、培训残疾人创业就业的实践成果及典型经验。

（三）分析残疾人创业就业相关的舆情信息，提升敏感度和应对能力。

（四）表彰第四届全国残疾人自强创业之星及自强创业奖。

三、出席领导及参加人员

（一）中国残联领导同志、人力资源和社会保障部领导同志。

中国残联各专门协会，中国残联组联部、教就部，中国残疾人就业指导中心。

（三）地方残联及第四届残疾人自强创业之星代表。

（四）专家学者、优秀论文作者代表等有关方面。

四、创业之星评选工作

组联部协助各专门协会审核各地上报的推荐人选，对不符合要求的予以退还、缺少材料的补齐材料，确定候选人后在中国残联网站公示一周。

由会领导、各专门协会、组联部、教就部、就业指导中心、有关专家组成评委会，采取无记名投票的办法，确定第四届全国残疾人"自强创业之星"（原则按盲3、聋2、肢残人5的比例）和"自强创业奖"获得者。

严格评选标准与评审程序，公开、公平、公正，评审会现场邀请公证处公证。

评选结果公示结束后，即印发通报表扬决定和研讨会通知。

五、经费预算（略）

第四届自强创业之星评审会方案

按照会领导指示精神和《自强创业经验交流会联席会议会议纪要》，拟定第四届自强创业之星评审会方案。

一、时间、地点

2014年12月8日上午9点至11点；中国残联机关

111会议室（北京市西城区西直门南小街186号）。

二、评委会组成人员名单

（一）评委会主任

中国残联副主席、党组成员吕世明

（二）评委会成员

中国盲协主席李伟洪

中国残联理事、中国盲协副主席李庆忠

中国残联理事、中国聋协副主席杨洋

中国肢协副主席王建军

中国残联组联部主任曹跃进

中国残联教就部主任张新龙

中国残联宣文部主任王涛

中国残联教就部副主任解宏德

中国残疾人杂志社社长倪林

中国残疾人就业指导中心常务副主任梁本远

中国残联组联部原副巡视员郝尔康

中国青年企业家协会有关专家

三、评审流程

主持人：吕世明

（一）主持人介绍各位评委、公证处人员

（二）彭冰泉介绍评审基本情况（含评审办法）

（三）举手表决通过评审办法

（四）李伟洪、杨洋、王建军分别介绍本协会候选人情况

（五）投票环节（含验箱，发放盲、聋、肢3张选票，填写选票，投票，计票，评委等人签字）

（六）曹跃进主任宣读投票结果

（七）公证员宣读公证词

（八）吕世明副主席即席讲话

第四届残疾人自强创业之星评审办法

（一）将帮扶残疾人事迹、自主创业情况、地域分布、残疾程度等作为重点标准，并适当考虑女性、少数民族等。

（二）采取无记名投票方式进行评审。原则上按照盲、聋、肢3∶2∶5的比例，确定15名（盲人5名、聋人3名、肢残人7名）"自强创业之星"及66名自强创业奖。

投票由评委会评委进行，评委总计13人（具体名单附后），采取一人一票制，实到9人方可进行本次评选，实到评委不到9人的，本次评选活动取消，何时评选另行通知。

（三）选票按盲、聋、肢分类共3张，候选人数分别为26人、20人、35人，共81人按行政区划排列。每一张选票的赞成人数不超过应选人数为有效票。对选票上的候选人，赞成的划√，其他不做任何标记（由于选票均为汉字版，盲人评委可委托自己信任的人员代为写票）。如多做标记视为废票。

（四）"自强创业之星"按照票数高低确定应选人数。如同时有两位以上候选人得票数并列应选人数最后一位的，则由评委针对这几位候选人重新进行投票。

（五）投票现场设1个票箱。投票前当场验箱，投票结束后当场统计选票。收回的选票等于或少于发出的选票，结果有效；收回的选票如多于发出的选票，需重新进行投票。

（六）投票设计票人2名（韩宝霞、赵琳娜），监票人1名（田露）。评审结果统计完毕后，由各位评委、计票人、监票人签字后交由会议主持人宣读。

（七）为切实体现活动的公正性、严肃性、权威性，邀请北京市国信公证处公证员现场监督评审全过程，并宣读公证词。

（八）请各位评委在下发表彰决定之前对评审结果保密。各位评委需提供身份证复印件给公证员。

（九）本办法由评委会全体评委举手表决通过后生效。

附件　　**评委会组成人员名单**

主　任

中国残联副主席、党组成员吕世明

成　员

中国盲协主席李伟洪

中国残联理事、中国盲协副主席李庆忠

中国残联理事、中国聋协副主席杨洋

中国肢协副主席王建军

中国残联组联部主任曹跃进

中国残联宣文部主任王涛

中国残联教就部副主任解宏德

中国残疾人杂志社社长倪林

中国残疾人就业指导中心副主任李强

中国残疾人新闻宣传促进会副秘书长宋体金

中国残联组联部原副巡视员郝尔康

全国青联委员、北京市青年企业家协会副会长、

　　中国青年创业大赛评委会评委颜建国

中国盲人协会、中国聋人协会、中国肢残人协会关于表彰第四届全国残疾人"自强创业之星"和"自强创业奖"获得者的决定

为贯彻落实十八届三中、四中全会精神和国家有关促进创业带动就业的文件精神，展示残疾人自强不息的精神和创业风采，引导和激励广大残疾人自主创业、积极就业，配合"你行，我行，大家同行——2014'全国残疾人自强创业经验交流会"的召开，根据《关于

印发全国残疾人自强创业有关活动方案的通知》（残联厅发〔2014〕28号）精神，各省（区、市）盲人协会、聋人协会、肢残人协会在残联有关部门的支持下，按照评选范围和条件，推荐了84名"自强创业之星"候选人。经审核、公示确定81名候选人。中国残联及各专门协会于2014年12月8日召开评审会，经过评委会集体民主决策，在北京市国信公证处的公证下，确定79名候选人，并最终评审出15名第四届全国残疾人"自强创业之星"及64名全国残疾人"自强创业奖"获奖者。

这些获奖者所创办的企业涵盖了高新技术、医疗、教育、法律、扶贫开发、按摩保健、贸易、房地产、文化艺术、传媒广告、机械制造、餐饮服务、粮油食品、农副产品加工等各行各业，是改革开放以来残疾人积极参与国家经济建设和社会发展的缩影，是残疾人自强不息、自力更生、创业就业的典型代表，是人道主义精神的宣传者和践行者，是"自尊、自信、自强、自立"精神的集中展现，是广大残疾人通过创业实现稳定就业的榜样。

为进一步宣传残疾人创业典型，展示残疾人自强创业的精神面貌，激励有创业愿望的残疾人走上自主创业之路，营造残疾人创业带动就业的良好社会环境，推动残疾人实现稳定就业的愿望，中国盲协、中国聋协、中国肢协决定授予郭勇、张玲、毛卫平等15人第四届全国残疾人"自强创业之星"荣誉称号，授予曹军、刘利华、虎柏枝等64人第四届全国残疾人"自强创业奖"。

希望获奖者能够珍惜荣誉，再接再厉，自强不息，再创佳绩。希望广大残疾人要以获奖者为榜样，克服困难、奋勇争先、开拓进取，积极创业就业、实现自身价值。各级残联、专门协会要贯彻落实中央有关精神，帮助和扶持更多残疾人实现就业或创业，为残疾人同步小康目标的实现做出贡献。

附件：第四届全国残疾人"自强创业之星"和"自强创业奖"获得者名单（见附录）

"你行，我行，大家同行"
——第四届全国残疾人自强创业经验交流座谈会

2015年1月28日，第四届全国残疾人自强创业交流座谈会在北京中国残联机关召开。中国残联党组书记、理事长鲁勇，中国残联党组成员、副主席吕世明，中国残联党组成员、副理事长程凯出席会议。中国盲人协会、中国聋人协会、中国肢残人协会、中国残联有关部门、中国残疾人杂志社、第四届全国残疾人"自强创业之星"及残疾人创业就业优秀论文作者代表50余人参加会议。

此次座谈会结合2015年"残疾人就业促进月"活动，旨在贯彻国家促进创业带动就业的精神，倡导社会加大对残疾人创业和残疾人就业的扶持力度，搭建残疾人企业家开阔视野、交流经验、学习知识、共谋发展的互动平台，促进残疾人同步小康目标的实现。为了配合会议的举行，弘扬残疾人自强不息精神，发挥残疾人自强创业典型的示范和带动作用，交流推广具有典型性、代表性、可复制的创业经验，促进各类残疾人实现自主创业和稳定就业，中国盲协、中国聋协、中国肢协还联合举办了第四届全国残疾人"自强创业之星"的评选表彰活动，共评选出15名第四届全国残疾人"自强创业之星"及64名全国残疾人"自强创业奖"获奖者。

中国残联领导在会议上指出，国务院即将下发的《关于残疾人实现同步小康的指导意见》中指出，使更多残疾人获得就业机会是实现同步小康目标的重要途径。中国残联举办残疾人自强创业经验交流座谈会、中国残联各专门协会评选"自强创业之星"就是为了弘扬残疾人自强不息精神，发挥残疾人自强创业典型的示范和带动作用，交流推广具有典型性、代表性、可复制的创业经验，促进各类残疾人实现自主创业和稳定就业，平等、参与、共享社会成果，并最终达成残疾人同步小康的目标。

座谈会上，中国残联领导为第四届全国残疾人"自强创业之星"颁发了荣誉证书。北京市房山区残联、辽宁省大连市残联、广东深圳市残联就扶持残疾人就业、支持残疾人创业，王永刚、徐波就残疾人个体如何创业、实现稳定就业做了会议发言。中国残联教育就业部宣读了《关于开展"扶贫助残·同奔小康"千企万人就业创业行动的通知》。第四届全国残疾人"自强创业之星"与各专门协会、有关部门进行了分组座谈。

（三）"东方杯"第四届全国残疾人辅助器具创新设计大赛

10月27日，由中国盲人协会、中国聋人协会、中国肢残人协会与中国残疾人辅助器具中心主办，佛山市东方医疗设备厂有限公司支持的"东方杯"第四届全国残疾人辅助器具创新设计大赛颁奖仪式在北京中国国际展览中心举办。中国残联党组成员、副主席吕世明出席颁奖仪式并向支持单位佛山市东方医疗设备厂有限公司颁发荣誉牌匾。中国盲协，中国肢协，中国残联组联部、康复部，中国残疾人辅助器具中心，中国聋协信息无障碍委员会，中国无障碍发展促进会（筹委会）等负责同志出席颁奖仪式。地方残联辅具机构、辅助器具专家、获奖者代表、残疾人辅助器具生产企业以及赞助单位代表参加颁奖仪式。

大赛截止到6月30日共收集各地残联、辅具中心、部分高校、研究机构、企业、社会个人选送作品638件，超前三届总和（547件）。按照大赛评审规则，经过对作品审查、评审专家评定、网站公示等环节，共有27件作品获奖，其中创新类作品10件、改进类作品6件、创意类作品11件；特等奖空缺。根据提交作品数量和质量等情况，有11个单位获得集体荣誉奖。

举办此次大赛旨在贯彻落实《中国残疾人事业"十二五"发展纲要》，推动残疾人康复和辅助器具技术创新工作，引导、鼓励社会各界力量积极参与残疾人辅助器具研发，促进残疾人需求与科研机构、生产厂家的密切结合，方便广大残疾人能够走出家门、共享无障碍环境与成果、平等参与社会生活。

（四）"关心你的残疾人邻居"项目

2014年是"关心你的残疾人邻居"项目启动的第一年，适逢中国残联"基础管理建设年"和李嘉诚基金会（以下简称基金会）携手中国残疾人事业30年，邻居项目在吸取基金会丰富经验的基础上，按照基金会提出的项目要求和长江办的总体部署，抓紧实施、积极推动、着重落实，为以后几年开展后续工作奠定坚实基础，主要工作如下：

1. 注重顶层设计，制定实施方案

"不谋万世者，不足谋一时；不谋全局者，不足谋一域。"邻居项目启动伊始，重视整体方案的设计，谋划全局，制定项目总体实施方案。项目实施方案的制定，有利于统筹协调项目实施，掌握项目进度，指导项目执行，建立长效机制。黑龙江和湖北两省按照项目要求，结合本省实际情况，制定详细的项目实施方案和管理办法，并以正式公文形式下发地市残联，确保项目执行管理的规范化、制度化和精细化。

2. 建立工作机制，实行目标管理

为了促进工作有效开展，使各个环节环环相扣，邻居项目建立健全工作运行机制，实行目标管理。

中国残联设立长江项目管委会和长江办；在中国残联组联部设立项目组，指定一名专门负责人，配备一名专职工作人员；项目承接省份成立专门领导小组，指定一名专门负责人，配备一名专职工作人员；项目重点开展地市参照省残联工作模式建立工作组与项目办公室，其余地市根据自身情况建立工作机制。同时，邻居项目组及承接省份制定一系列管理制度，如财务管理制度、评审制度等，坚持规范化管理，完善自身建设，实现诚信自律，树立社会公信力。

邻居项目实行目标管理责任制，明确工作职责。中国残联长江项目管委会与各项目组、项目组与各项目执行省（区、市）逐级签订项目责任书。

3. 积极沟通协调，落实配套资金

邻居项目5个关键指标对政府配套资金有明确的要求。为落实政府配套资金，推动项目良性发展，组联部多次与湖北、黑龙江两省残联分管领导电话沟通，要求两省与省财政协调资金，在今年预算中将项目配套资金列入预算。9月17—18日，尤红、王秀英（李嘉诚基金会经理——中国事务）、张超英一行专程赴黑龙江省，就政府资金配套事宜与副省长进行商议。截至目前，湖北省将根据基金会每年拨款总额，按照不低于1∶0.5的比例配套项目资金。黑龙江省在继续争取省财政、要求地市残联做好与当地财政沟通的同时，一方面积极从残联事业经费中调剂解决，另一方面积极向社会其他途径募集配套资金。

4. 搭建网络平台，实现信息无障碍

为了更好地动员社会力量参与，扩大项目影响，鼓励公众参与互动，提升项目的透明度和公信力，邻居项目积极推进网络及电话综合服务平台，提供申报、评审、展示、投票等服务。邻居项目申请及展示网站由中国残联信息中心建立，官网包含了项目介绍、合作方介绍、守则及条款、项目申报指南、常见问题等板块，网站基本建设完成。湖北省残联投票系统已投入使用，运转良好；黑龙江省官网内测工作也已完成，投票系统正在筹建。

5. 加大宣传力度，营造良好氛围

邻居项目对项目实施情况进行报道，宣传项目，扩大社会影响力，营造良好助残氛围。湖北省残联通过湖北日报集团和省级媒体资源，进行项目宣传工作；创建交流平台，开设项目工作群和交流群，加强与各市项目工作人员和社会助残组织的联络与沟通。黑龙江省残联请专门宣传机构策划，进行广泛宣传。因邻居项目实施时间较长，为确保项目的持续性宣传，湖北省制作了关于整体项目介绍的宣传折页，作为2014—2017年项目实施期间固定的宣传材料，便于强化公众对项目的认知，有利于形成持续性、广泛性的宣传效果。另外，还制作宣传海报、展架等宣传品，准备项目工作手册、培训课件等宣传资料。湖北邻居项目在2015年2月6日至3月27日公众投票期间，结合自身实际，精心组织安排，全面动员宣传，在全省掀起全民投票热潮。

6. 开展广泛调研，进行培训督导

邻居项目经过反复论证、调研，积极探索政府购买服务模式；加强业务培训和督导，发动助残社会力量积极参与项目。

（1）项目实施前期，长江办、基金会项目组共同对两省社会组织进行实地考察，并分别召开两省部分社会组织座谈会，对实施"邻居项目"进行可行性研判，同时对8个重点执行市进行业务培训。

（2）在李嘉诚基金会办公室的协调下，组联部与两个试点省残联赴广东妇联考察学习已开展项目"集思公益，幸福广东——支持妇女计划"的工作经验和有益做法，为两省开展"邻居项目"提供了可借鉴的工作经验。

（3）7月中旬，基金会办公室何斌和杨飞同志赴黑龙江就邻居项目开展专项调研，了解黑龙江项目进展情况。

（4）中国残联组联部副主任张超英赴黑龙江省残联，调研、督导邻居项目工作。调研组召开了邻居项目启动前期工作协调沟通会并赴项目重点开展地区齐齐哈尔市进行专题调研。

（5）湖北省项目启动仪式将项目的启动仪式与培训会一起进行，各市地的项目工作人员、主管领导和一名社会组织代表参加培训会。项目启动后，除武汉市以外，相继举办了各种类型的培训。

（6）2015年3月9日，李嘉诚基金会、中国残联邻居项目组、湖北省残联邻居项目组一行六人赴黑龙江省调研，推动黑龙江省邻居项目启动。针对资金配套、网站建设、人员问题，双方进行了深度探讨。湖北邻居项目就邻居项目启动以后积累的经验和遇到的困难进行了分享。

7. 成立专家委员会，严格评审监督

黑龙江和湖北两省残联成立项目专家顾问委员会，由为残疾人服务、政府购买服务等领域的专家学者、组织负责人组成，依据公平、公正、公开原则，严格评审、监督、考核，确保项目执行过程的公平性和透明性。2015年4月，湖北邻居项目将启动专家评审。

8. 湖北项目启动，黑龙江即将启动

经过一系列前期准备工作，11月27日，邻居项目在湖北武汉正式启动。湖北邻居完成项目申报和公众投票。最终统计数据显示，全省共计有766家助残社会组织参与咨询，510家明确提出申报意向，其中353家提交了443份项目书，276家申报的370个项目通过初审。公众投票为期50天，投票总量高达1096096票，参与用户约为50万。黑龙江省正在紧锣密鼓的筹备过程中，拟于近期启动。

邻居项目实施以来，取得了一定成效，同时也存在一些问题：

首先，邻居项目需要中国残联、基金会、湖北省及黑龙江省等多方联动、共同推进。随着项目的逐渐深入，工作机制还需完善，工作方式还需磨合，项目组将努力提高工作效率。

其次，湖北项目启动后，助残社会组织踊跃报名，由于社会组织申报经验不足，提交的项目都存在一定问题，如项目预算不完善、信息不完整、重复填报等。为更好地调动社会组织积极性，提高社会组织参与度，项目组根据实际情况调整了项目申报时间，申报时长超过一个月。另外，申报项目比例不均衡。以资助金额分：2万以下18个、2万—5万217个、5万—10万30个、10万—20万73个、20万—50万32个。申报2万以下金额项目较少，在项目二期申报阶段，项目组将加强对助残社会组织的培训和引导。

再次，因湖北、黑龙江助残社会组织发展尚处于初级阶段，对项目的宣传、发动和申报需要更长的时间。

"助无助者"是中国残联、李嘉诚基金会和无数投身于残疾人事业的社会工作者的共同夙愿。2015年，邻居项目组将继续动员社会助残组织创新发展、扶持残疾人急需的社会助残组织、促进残疾人社会参与和社会融合。

五、大事记

1月16日，中国残联和助残社会组织新春座谈会在哈尔滨召开，吕世明副主席出席会议并讲话。

1月21日，中国残联专门协会项目评估和财务监审委员会成立并召开第一次工作会议。中国残联副主席吕世明及中国残联组联部、首聘评监委委员、中国残联各专门协会主席（秘书长）参加会议。

2月，各专门协会与北京大学、北京工业大学联合开展助残社会组织课题专项调研。

3月31日，中国残联各专门协会参观"中国残疾人福利基金会成立30周年纪念展"并召开座谈会。中国残联副主席李志军、吕世明，中国残疾人福利基金会理事长汤小泉、副理事长邢建绪与五个专门协会部分名誉主席、主席、秘书长、专门协会评监委代表、组联部负责人等参加活动。

4月10日，《中国残联专门协会委员会工作规则》修订出台。

5月，加强基础管理，调研、了解各专门协会内设机构、外挂机构等情况。

6月30日，中国残联党组、理事会召开专题座谈会，听取各专门协会对中国残联上半年工作情况及下半年计划安排的意见建议。鲁勇、吕世明出席会议，中国残联各专门协会在京名誉主席、主席、秘书长，专门协会评监会代表及中国残联组联部负责人参加会议。鲁勇理事长代表张海迪主席对半年来各个专门协会积极努力推动工作表示感谢。他强调，要按照中央的部署和要求，认真总结上半年工作，研究落实好下半年任务，同心同德，凝聚共识，共同为推动新起点上的残疾人事业创新发展做出不懈的努力。

7月,各专门协会赴基金会介绍本类别残疾人基本状况和需求,并与基金会各部门进行现场对接,就下一步合作项目达成相关意向。

8月,全国助残社会组织统计台账建立。

9月16日,中国残联各专门协会在北京市朝阳区残联召开与北京市残联专门协会对接会、助残社会组织座谈会,实地调研北京市助残社会组织工作,并召开中国残联各专门协会第四次季度工作会议。中国残联副主席、党组成员吕世明出席对接会、季度工作会议并参加调研。中国盲协、中国聋协、中国肢协、中国智协、中国精协、各专门协会评监委及中国残联组联部负责人参加上述活动。

9月5日,中国残联各专门协会与中国狮子联会对接会在北京召开。中国残联副主席、党组成员吕世明出席会议并讲话。

10月15—18日,全国助残社会组织工作研讨会在湖北召开。中国残联各专门协会,中国残联组联部、中国残联计财部、民政部民间组织管理局有关同志,各地残联以及18个残联系统社会管理与服务试点单位的80余名代表参加会议。吕世明副主席讲话。

10月20—21日,"同人之声——2014助残社会组织交流会"在福建召开。

10月27日,"东方杯"第四届全国残疾人辅助器具创新设计大赛颁奖仪式在北京中国国际展览中心举行。

11月20日,中国残联、民政部联合出台《关于支持助残社会组织发展的指导意见》(残联发〔2014〕66号)。这是中国残联、民政部首次就培育引导助残社会组织发展出台的指导性政策,对于贯彻十八届三中、四中全会关于激发社会组织活力、推动国家治理体系和治理能力现代化、依法培育引导助残社会组织、形成合力促进残疾人事业发展意义重大、影响深远。

12月8日,中国残联及各专门协会召开"第四届全国残疾人自强创业之星"评审会。经过评委会集体民主决策,在北京市国信公证处的公证下,确定79名候选人,并最终评审出15名第四届全国残疾人"自强创业之星"及64名全国残疾人"自强创业奖"获奖者。

12月17日,2014年度中国残联理事会与专门协会联席会议在京召开。中国残联党组、理事会有关领导,盲协、聋协名誉主席李志军、刘再军,各专门协会主席、秘书长及专门协会评监委负责人出席会议。中国残联有关部门负责人参加会议。鲁勇理事长在联席会上讲话,吕世明副主席主持会议。

附 录

第四届全国残疾人"自强创业之星"获奖人员名单

(15人,按行政区划排列)

一、盲人

王清华　江苏省通汇能源科技开发有限公司董事长
何幼定　浙江省绍兴市桃花源蘑菇专业合作社理事长
张结海　安徽省望江县德康养鸡专业合作社负责人
陈宏良　福建省鑫宏峰茶叶有限公司总经理
郭　勇　新疆维吾尔自治区宝来律师事务所主任

二、聋人

刘晓欢　天津市百利种苗培育有限公司经理
张　玲(女)　江西省景德镇市博爱陶瓷
　　　　　　文化交流中心院长
王泓君　湖南赢征文化艺术有限公司董事长

三、肢残人

李　臻　内蒙古自治区米真国际贸易有限公司董事长
王鸿年　黑龙江省鑫铂电力电站配件制造有限公司
　　　　总经理
陈建国　福建省龙岩市帝尊珠宝有限公司董事长
谌建香(女)　江西省南昌市安安大酒家总经理
杨　萍(女)　山东省雅时依工贸有限公司总经理
卢　超　河南省郑州超业针纺贸易有限公司董事长
毛卫平　广东省云中龙实业发展有限公司总经理

第四届全国残疾人"自强创业奖"获奖人员名单

(64人,按行政区划排列)

一、盲人

曹　军　北京市保益互动科技发展有限公司经理
刘春花(女)　天津市宝坻区刘师傅盲人按摩中心
　　　　　　经理
石云峰　河北省石家庄市同济按摩院院长
徐　萍(女)　山西省朔州市育成残疾人培训学校
　　　　　　校长
齐　飞(蒙古族)　辽宁省阜新市齐飞按摩院院长
聂继锋　吉林省四平市继锋推拿康复中心负责人
宋文祥　黑龙江省哈尔滨云祥盲人按摩中心经理
卢黎琴(女)　上海市黎琴盲人保健按摩店总经理
徐华超　江西省瑞光绿色食品开发有限公司总经理
郭　洁　河南省洛阳大郭颈腰痛整脊推拿院院长
吴兴奎　湖北省兴奎畜牧发展有限公司总经理
杨炳涛　湖南省宁乡县星辰康复医院负责人
黄震南　广东省佛山市大良精品保健按摩店法人

许多多　广西壮族自治区富川鑫旺生态农用品销售
　　　　有限公司总经理
孙跃明　四川省邛崃市孙氏中医门诊部主任
周兴松　云南省昆明市松康理疗馆总经理
张　欣　山西省康正盲人按摩院负责人
韩永平　甘肃省民勤县康民盲人按摩中心医师
崔　源　青海省德胜按摩推拿院院长
杨彦昌　宁夏回族自治区石嘴山市康悦按摩师
　　　　职业培训学校校长
郭慧明（女）　黑龙江省哈尔滨市道里区
　　　　东明盲人按摩室负责人

二、聋人

刘利华（女）　北京市刘利华养殖专业合作社理事长
陈临虎　山西省临汾科翔制版设计有限公司经理
陈国财　辽宁省调兵山市兴业生猪养殖专业合作社
　　　　理事长
姜　波　吉林省长春市龙仁商务服务有限公司经理
刘一萍（女）　黑龙江省无名缘米粉店店主
蒲爱民　江苏省靖江市富民开锁中心个私老板
陈　刚　浙江省陈刚发艺沙龙负责人
郭旭鹏　河南省濮阳市乐燕缸套有限公司法人代表
向书博　湖北省昂凡发型工作室创办人
徐　辉　广东省佛山市马拉罗服饰有限公司总经理
周建国　四川省绵阳城区爱心车行经理
刘建勤（纳西族）　云南省丽江茶马文化产业有限公司
　　　　总经理
黄　梅（女）　陕西省西安茜珑敏商贸有限公司
　　　　创办人
侯来俊（藏族）　甘肃省卓尼县兴华养殖场场长
马　超（回族）　宁夏回族自治区银川市西夏区
　　　　马超美术工作室法人
买买提努·克德库力（柯尔克孜族）　新疆维吾尔自治
　　　　区阿图什无声世
　　　　界民族手工艺品
　　　　有限公司董事长
伊永刚　黑龙江垦区绥滨农场机械厂厂长

三、肢残人

虎柏枝　北京市昌平百花艺术社总经理
李振环　天津市振环美容美发造型有限公司经理
王元顺　河北省廊坊市圣沅残疾人职业培训中心理事长
杨军宏　山西省长治市光宇通讯董事长
呼格吉勒（蒙古族）　内蒙古自治区阿拉善盟安栋
　　　　物业服务有限责任公司董事长
孙树明　辽宁省大连易尚阳光科技有限公司总经理
张久丽（女）　吉林省长春市久丽日用品有限公司
　　　　经理
陈　东　上海市电子商务从业者
汪广林　江苏省沭阳县植保公司周集分公司经理
潘光伟　浙江省瑞安市致富鸽业有限公司总经理
史　斌　安徽省临泉县万隆塑料包装有限公司总经理
颜潮斌　福建省莆田市仙游县顺福汽车技术服务
　　　　有限公司总经理
谢中波　山东省临沭县华裕服装有限公司总经理
马　君　湖北省政君农牧养殖专业合作社理事长
刘华勇（苗族）　湖南省麻阳创世纪电脑有限公司
　　　　总经理
官超城　广东省始兴县旺满堂食品有限公司负责人
梁富林　广西壮族自治区富林工艺品有限公司董事长
昌学明　重庆市印界房地产开发有限公司总经理
范　华　重庆市忠县野马洗染有限公司董事长
何　兵　云南开远立中建筑安装经贸有限公司经理
范天通　甘肃省天祥水泥（集团）有限责任公司
　　　　董事长
王　德　青海省海北同宝牧源农畜产品工贸有限公司
　　　　董事长
马东明（回族）　宁夏回族自治区同心县回春物业
　　　　管理有限公司经营科科长
马志新（回族）　新疆维吾尔自治区巴州志新建材
　　　　有限公司董事长
王秀芝（女）　新疆生产建设兵团第八师马鹿养殖场
　　　　创办人
王春生　黑龙江垦区梧桐河农场店主

（黄北大供稿）

中国残联专门协会项目评估和财务监审委员会工作

一、领导讲话

吕世明在专门协会评监试点工作汇报会上的讲话
2014年11月24日

今天的研讨汇报会很有成效。评监委成立时间不长，委员均为兼职，都在默默无闻地工作，确实有难度，但是，大家积极探索、富有成果，感谢大家的付出。今天在座各位对评监委的评价很实在，两个项目的介绍和建议都非常好，很有启发。新一届党组理事会对专门协会工作高度重视，专门协会要贯彻鲁勇书记提出的"四三五"工作要求，总结工作，谋划发展。

评监委要整体掌握各专门协会的工作，坚持法人治理和融合发展，彰显特点。一是坚持四个原则，即依法依规原则、公平公正原则、统筹分类原则、拾遗补缺原则；二是要处理好五个关系，即全局与局部的关系、重点与难点的关系、活跃与自律的关系、决策与建言的关系、评监与服务的关系。

评监委要在围绕大局、突出重点、存在必要性方面提炼评监委一年的工作，如结合新形式、彰显新特点、探索新规律方面；加强自律、诚信、引导，形成并打造深入基层、切合实际、符合规律、注重效果的评监工作方面；凝聚一批专家，并在共享购买服务的政策，内在机制运转、职能定位，法人治理模式方面做好总结。

2015年评监委要根据实践成果修订工作规则。职责方面要明确分工，做到不越位、不错位、不缺位，只对接各专门协会；项目评监结果要经得起考量，对共识、建议、评判、考核要回头验证；评监委对各协会项目的评估和财务监审都要体现出来；要加大参与度和法律意识，增强评监委公信力、感召力和凝聚力。各协会开展工作、实施项目时要征询评监委认同、论证。评监委在某一项目评审时可以请专家、残疾人参与，坚持公开、公平、公正、透明，将创新工作融入其中。

二、工作综述

中国残联专门协会项目评估和财务监审委员会（简称专门协会评监委）于2014年1月21日成立。专门协会评监委在会领导直接指导和各专门协会积极配合下，完成初始创建、专业培训、评监试点任务，为探索专门协会法人治理模式做出有益尝试。

（一）主要做法与成果

1. 明确目标、储备能力、设计方案、推进试点

专门协会评监委成立后，贯彻党的十八大和中国残联六届二次全会精神，学习张海迪主席有关协会评监工作的指示，落实鲁勇书记有关专门协会"四三五"工作要求，按照公开、公平、公正的原则，对专门协会进行制度化的项目评估和财务监审试点工作，积极构建在中国残联领导下，协会法人行使决策权、协会委员会行使执行权、评监委行使评估监审权，实现监督关口前移，防患于全过程的新型体制，提高专门协会工作的透明度、公信力和治理能力，服务好、维护好、发展好专门协会建设，帮助专门协会实现本类残疾人利益代言人、服务组织者、权益维护者。

（1）组织好架构。中国残联首聘评监委员21人，涵盖人大代表、政协委员，法律顾问、财务专家、专业管理、社会组织、媒体及志愿者代表；其中盲、聋、肢、智、精残疾人及亲属17人，占81%。评监委设监事长1名，副监事长2名（其中1名兼总干事），监事3名，副总干事2名（其中1名兼秘书处主任），财务部主任1名，其余为委员。委员中京外委员5人，占24%。

（2）搞好评监专业培训。2014年评监工作试点目标明确后，首要任务是提高委员评监水平和能力。3月，在组联部组织和支持下，评监委举办专项业务培训班，在学习张海迪主席、鲁勇理事长在中国残联第二十八次工作会议讲话基础上，实行在京委员面授与京外委员函授相结合方式，就应知应会的20部法律法规及评监专业知识进行系统培训。特点是起点高、专业强、效果实、速成快、可应用，为完成年度评监试点任务储备好能力，得到会领导好评。培训班突出提高专业知识与增强评监能力相结合、与强化评监委规范化建设相结合、与基础管理建设年发挥更好作用相结合。

（3）设定评监（考核）项目及方案。上半年，按照首年试点工作目标，采取协会申报、评监委预定、组联部核定、会领导审定的程序，在各专门协会申报的18个评监项目中确定中国盲协"盲人卧式钢琴调律与维修专业技术在职培训"、中国肢协"中途之家"建设、中国聋协"第三届沣标杯国际聋人摄影大赛"等三个项目为评监工作试点项目，中国智协"西南四省特奥运动会"、中国精协"精残政策进万家试点"等两个项目为考核项目。6、7、8三个月，评监委召开三次工作会，确定评监项目分别设定申报5至8个专项题目；按3级分值制，实行百分评定26项达标内容；形成项目评监报告，提出评监意见建议。考核项目由专门协会参考评监项目简化程序、缩减内容、自行考评、上报总结、集中审核方式进行。

2. 试点先行、找准定位、灵活方式、服务基层

（1）启动工作。9月22日上午，专门协会评监委在中国残联召开2014年评监工作启动会议，评监委副监事长兼总干事滕伟民主持会议，部分专门协会主席、协会评监工作联络员和部分在京的专门协会评监委委员参加会议。组联部主任曹跃进传达了鲁勇书记对专门协会评监工作的相关批示，代表中国残联向评监委员颁发聘书并提出工作要求。财务专家、专门协会评监委委员王彩霞就2014年评监项目《工作安排》《评审指标》做技术说明。会议决定：中国肢协上报的"中途之家"建设项目作为评审的试验项目，为其他评监（考核）项目跟进评审做好引领示范。

（2）实施项目评监。

——10月13—17日对中国肢协"中途之家"项目开展试点评监工作。专门协会评监委4人专家组赴合肥、上海，走基层、听汇报、进机构、查档案、访家庭、看现场，采取综合考核、随机访谈、座谈研讨、集中点评等方式进行实地考察、调研。专家组认为："中途之家"是一个对重残人的普惠项目，是解救伤友终身的项目，是补充我国当前医疗康复空白的项目，是专门协会围绕残联大局拾遗补缺的项目，是有发展前景和可开创的项目。其中，合肥市四个"中途之家"依靠专门协会、专业医院和社区资源支持，在康复专业指导方面逐步得到得天独厚的优势，伤友称之为"重残人的第二家园"；包河区主管区长认为，伤友们身体和精神的康复价贵胜金。上海市"中途之家"建设注重顶层设计，政策支持、残保金使用一管到底，推广20个"中途之家"，超出试点任务18家。其中"佳通网站"和"佳通农艺"项目各具特色，不仅覆盖面广、伤友们及时得到康复专家指导，还为农村重度残疾人打开就业门路，体现出专门协会工作"向基层、西部、农村倾斜"的主导思想。专门协会评监委专家组在调研评监过程中整合各方积极性，使地方政府、残联、专门协会、"中途之家"与专门协会评监委发挥多向了解、多方融合、合力助推、互为宣传、多赢带动、项目受益的优化作用。

由于该项目处于初始阶段，有的刚刚起步，还存在以下问题和不足：社会宣传不够，社会动员力尚显不足；可持续发展、深入推进等方面还需要更深入研讨与实践；残联和社会整体设计、全面支持、加强培育方面还有待不断提升；中国肢协在"中途之家"规范运营、扩大实效等方面还应继续探索与完善。评监专家组建议：请各级残联多支持专门协会，培育孵化项目，推广上海模式，加大政策扶持，争取列入"十三五"规划，中国肢协适时将伤友群优秀残疾人纳入英才培育计划。

——中国盲协2014年"盲人卧式钢琴调律与维修专业技术在职培训"项目，学员15人，9月份结束，历时一个半月。特点：第一，首次改卧式（原为立式）钢琴调律和维修技术培训，提高和扩大盲人技术服务能力和从业范围；第二，培训技术达到国家级水平，可与国际同行业水平接轨并得到好的声誉；第三，此次培训是为多年培训与实践中的优秀调律师举办的选拔提升班，目标是实现培养中国盲人首批调琴大师群体。专门协会评监委采取在京师生座谈、电话采访外地学员、全方位收集反馈信息和听取汇报等方式进行评监。评价：此培训项目可行性很大，又能拓宽盲人就业的新路子。几年来，已有200多位盲人参与同类项目培训，从业盲人达到百余人。实践证明钢琴调律是一份盲人很有就业前景的高级职业技能，市场需求看大、收入好从稳、盲人听力超常、服务品德为先、客户反映认可，很多盲人非常渴望得到这项职业技能的培训，梦想获得有品位、有尊严、有发展的就业机会。

调律培训是一种盲人就业培训，但尚未列入残疾人就业培训范围，不能使用残保金，目前基本靠化缘充饥；培训场地具有一定技术要求，各级残疾人职业培训中心还不能为盲人职业培训无偿使用；教学器材（钢琴）缺乏，有的器材是从学员家搬来的，但仍显不足，使得教学每天延至23时；盲人求学需求大，分层分级多，教学达标难；外地学员路费自理，困难很大；中国盲协对规模化办学、规范化教学、标准化教材，以及教学、实践、职级一体化模式等有待继续探索，多为盲人谋福祉。评监专家组建议：希望中国盲协多与各级残联沟通，逐步得到重视，最好纳入残疾人就业规划，得到培训政策扶持，争取到培训场地和教（器）材等方面支持。

——12月3—4日，中国聋协在广州市举办"第三届沣标杯国际聋人摄影大赛"。专门协会评监委根据大赛活动内容制定评审指标体系及方案，采取"现场"与"非现场"相结合方式评审。评审专家现场考察、调研座谈、观摩开幕式和颁奖研讨大会、观看参赛作品，认为：大赛活动各项指标基本达标。项目特点：属于单项活动，形式比较单一，又有前两届经验，组织模式与人员机构相对固定和资金保证，因此进行比较顺利，参赛国和地区、人员、作品大大超过往届，品牌效应更加凸显，国际和地区形象明显增强。

项目应注意克服的问题：第一，项目为全年运转，工作量大，广东省聋协承办操作不完全规范，人员不足，管理时有混乱，项目办公室制度和职能体现得不够充分，也无相关资料证明；第二，与相关部门项目沟通联系缺乏平台，各方面支持力度不够；第三，项目办公室项目执行相关资料积累不够，不便于掌握项目基本状况；第四，总结出的项目问题未能及时向有关部门提出相应的建议，不利于扩大项目成果和社会影响力。

（3）指导地方工作。深入基层、服务基层、指导工作是专门协会评监委的职能之一，评监专家组每到一处都坚持依托基层、服务基层、指导基层的原则，帮助专门协会和地方残疾人组织开展工作。在安徽省评监调研"中途之家"过程中，评监专家组提出项目改进建议11项，使省市、区县受益匪浅，得到欢迎；在上海评监"中途之家"时为上海概括六条基本经验，建议上海在全国创造6个典范，使专门协会和残疾人精神振奋，备受鼓舞；评监专家组希望中国盲协调律培训力争推出6个国家级引领模式，为中国钢琴调律走向世界做出贡献，使在场残疾人深受教育，树立了信心、坚定了信念；中国聋协第三届"沣标杯"国际聋人摄影大赛项目组织者、领导者和残疾朋友在座谈中热情洋溢、朴实醇厚，与评监委员依依不舍，事后联系不断。评监专家现场点评得到一致认可，获得残疾人群体高度评价，确立了专门协会评监委信誉度。残疾人说：专门协会工作需要评监委帮助和指导。地方残联说：专门协会评监委指导基层，可以唤起政府和社会对残疾人的关注与支持。

（二）主要经验

评监工作初探体会：依靠残联党组的正确领导，围绕中国特色残疾人事业发展大局，在加快残疾人小康进程中，探索专门协会评监工作基本模式要坚持以下四项基本原则：1. 坚持探索专门协会法人治理，推进主体协会建设，增强专门协会社会公信力的原则；2. 坚持探索专门协会评监委规范化建设，推进评监工作成熟，增强评监能力的原则；3. 坚持探索帮助与服务理念，推进专门协会融合发展，增强社会动员力的原则；4. 坚持探索助残社会组织建设，推进专门协会依法发展和增强专门协会独立发展能力的原则。

（三）主要问题

专门协会评监工作是探索中的新事物，存在的主要问题是：1. 评监委员全部为志愿者，工作能力、工作精力、投入时间极为有限，使得评监工作时限不达、工作质量不高；2. 专门协会评监委初创年没有资金预算，开展常规工作很困难；3. 委员出工出力极为不足，京外委员不能参与日常工作；在京委员大多数不能参加工作，出工率71%，出力率43%，有6名委员没有出席过任何会议、活动和工作；4. 由于上述原因，评监工作模式探索非常艰难，规范化发展十分缓慢，在一定时期内不易较快凸显成果。

（四）主要建议

根据民政部对专门协会法人登记后必须实行监事工作的规定，为推进完善专门协会法人治理模式，建议：1. 按照评监委工作规则，调整委员构成，建立专家型委员工作班子，强化工作质量；2. 落实与各协会同等数额的工作预算，增强评监工作后劲；3. 中国残联组联部有专人联系专门协会评监委，指导工作，协调关系，加强工作力度；4. 适时开展素质教育，提高团队自律意识、自觉行为和自治能力。

三、大事记

1月21日，中国残联召开专门协会项目评估和财务监审委员会第一次工作会议暨专门协会评监委成立大会，鲁勇书委派专人出席会议。会议转达了中国残联主席张海迪，中国残联党组书记、理事长鲁勇对评监委的期望和嘱托：评监委对专门协会的制度建设、能力建设、探索法人治理结构十分必要、相得益彰；要积极密切会同专门协会，共同为推进协会工作和助残社会组织的服务与管理、发展与建设起到一个很好作用；希望评监委在工作的实施当中充分履职，发挥作用，共同为坚持走中国特色残疾人事业的发展道路和实现同步小康的目标做出努力和贡献。吕世明副主席要求评监委员要珍惜荣誉，认真履职，与各专门协会共同配合、积极探索，站在"新起点"，"兜住底"、补"短板"，推动专门协会履行"代表、服务、维权"职能；专门协会也要充分理解、尊重、支持专门协会评监委工作，使其工作越做越好。

3月，专门协会评监委在中国残联举办专业培训，五个专门协会主席（秘书长）参加开班式并做专门协会工作专题讲座。学习班认真备课，完成3万余字专项业务教程；就评监工作应掌握的20部法律法规、"项目评估专业知识"、"财务专项规定和常识"、"监审范围、要求和方法"、"助残社会组织规范化建设"、"五大专门协会工作特点和模式"进行系统培训。中国残联副主席吕世明指出：专门协会评监委成立开局良好，各专门协会给予支持，自觉接受监督，在法律制度框架下，推进社团法人治理。专门协会评监委成立伊始就把专业培训放在首位，突出组织建设、强基育人，学习安排的广泛性、高端性使委员们切实把握大局，提升能力。下旬，专门协会评监委完成了33项指标的《评估项目模板》设计，对五个协会预报项目进行梳理分析，提出选项方案；设立秘书组，加大工作力度。

9月22日，专门协会评监委召开2014年评审工作启动工作会议，评监委副监事长兼总干事滕伟民主持会议，五个专门协会部分主席、评监工作联络员和部分在京的评监委委员参加会议。组联部主任曹跃进代表中国残联向评监委员颁发聘书，宣布2014年评监工作启动。他要求评监委按照工作规则和标准，本着公平公正原则，认真、客观地履行第三方评监职责；各专门协会要本着积极的态度、全局的观念，配合评监委的工作；双方配合推动专门协会法人治理模式现代化。财务专家就评监项目《工作安排》《评审指标》做技术说明；会议通报了工作时限；设定5个评监工作组；决定中国肢协"中途之家"项目为评监试验项目，为其他评监与考核项目跟进做示范。

11月24日，中国残联召开2014年专门协会评监试点工作汇报会，肯定了两个项目评监成果。会议认为：评监委要在围绕大局、突出重点、创新发展方面总结提炼评监委一年的工作成效，结合新形式、彰显新特点、探索新规律；要加强自身建设、能力建设、诚信建设，强化引导，形成深入基层、切合实际、符合规律、注重效果的评监工作方式；要凝聚一批专家，在共享购买服务政策、深化内在机制运转、明确职能定位、法人治理方面做好探索和实践。

2015年1月23日，中国残联召开专门协会评监会第二次全体委员会议。会议传达了中国残联六届二次全会精神，学习了海迪主席、鲁勇书记对专门协会工作的有关指示，审议通过了评监委2014年工作报告、评监委工作规则（修订稿）和2015年协会评监与考核项目，研究确定了评监委2015年工作重点。中国残联副主席吕世明代表张海迪主席、鲁勇书记向大家表示问候，对评监委一年来的工作成绩给予了高度评价，并提出：一是要进一步明确工作方向，要按照《国务院关于加快推进残疾人小康进程的意见》、中国残联六届二次主席团会议和第二十九次工作会议、2014年理事会与专门协会联席会议精神，抓住重点，突破难点，采取措施，在协会探索法人治理模式中更好地发挥项目评估和财务监审作用；二是要加强评监委自身建设，紧紧围绕依法治理、依章管理的原则，进一步加强评监委自身建设，为探索协会法人治理模式提出既行之有效又符合协会特色的评估和监审方法，要把探讨课题转化为实践课题，在强化能力、规范程序、建立流程、提升诚信、深化服务等方面再上新台阶；三是要切实发挥特殊作用，专门协会是残联的主体协会，评监委的核心工作是促进协会加强自身建设、能力建设和诚信自律建设，协助协会规范严谨运行，以推动协会日益活跃，要充分发挥咨询评估和智库作用，实现平等参与、融合发展。

附　录

中国残联专门协会评监委关于中国肢协"中途之家"项目的调研报告

评监委调研组　2014年12月

一、项目概况

2009年始，在中国残联和中国残疾人福利基金会支持下，中国肢协与上海市、浙江省、河南省和广西壮族自治区残联合作，在13个社区试点创办"中途之家"服务项目，为脊髓伤友开展"走出家门，参加社会交往；康复训练，减少并发症"系列服务，取得比较明显效果。2012年，中国残疾人福利基金会理事单位——佳通轮胎（中国）投资有限公司决定资助中国肢残协会，与安徽合肥等市合作，在社区层面开展"搭积善平台，建'中途之家'"活动。

项目地区：安徽省合肥市、河北省石家庄市、黑龙江省牡丹江市、江西省南昌市、福建省莆田市、湖北省襄阳市、重庆市九龙坡区、宁夏回族自治区银川市。

项目内容："中途之家"以不断满足脊髓伤友康复训练、改善生活和参与社会的需求为主线，利用社区卫生服务中心、康复中心和活动中心等场所，依托专业机构和志愿服务者的指导，采取机构训练与社区训练相结合、专业指导与伤友互动相结合、改善生活与参与社会相结合等方式，逐步形成由专业医疗机构、康复中心、辅具中心、社区康复场所、家庭和伤友互动的、分阶段实施的社会化、综合性、互助型服务模式，提升脊髓伤友的生存、生活质量。

二、项目管理主要措施

脊髓损伤者"中途之家"是由中国肢协、中国残联康复部、组联部共同发起，中国肢协承担运作的一个以信息交流为主要功能的合作平台。项目主要依靠各地残联组织给予指导，残疾人专门协会参与管理，残疾人为骨干，动员社会力量开展为脊髓损伤的残疾人开展康复等内容的服务，其管理措施：

（一）强化组织保障。一是设立由中国残联康复部、组联部、中国肢协协会负责人、业内专家和部分"中途之家"管理者代表组成的指导小组；二是指定中国肢协脊髓损伤委员会、上海"脊髓损伤佳通康复热线"等组成执行团队。

（二）明确职责分工。一是中残联康复部、组联部和中国肢协进一步了解脊髓损伤伤友情况，动员组织具备条件且自愿的伤友参加培训；二是各地方肢协制订伤友个性化康复服务方案；三是中国肢协负责项目管理，严格按照项目管理规定执行。

（三）提供项目经费。由佳通轮胎公司和中国残疾人福利基金会资助"中途之家"项目经费。资金主要用于社区"中途之家"增添必要的康复训练设备和开展伤友交流活动、佳通热线建设和开展农艺项目。

三、项目评审准备

（一）组织评监专家组。下半年，专门协会评监委组成专家组，对项目管理运行和最终效果进行监督巡视、跟踪评估和抽查回访；对财务会计、受赠及募捐财产使用、信息公开等制度设计和执行情况进行监督。经过专家研讨会、业务培训，提出评价指标和评价方法，为评审工作奠定基础。

（二）进行项目评审准备。一是召开专家会议，就如何开展评估工作进行研讨，提出基本标准和方式，并进行分工；二是参加培训，就评估方式、方法、标准、步骤进行统一协调；三是按项目特点制定评审指标体系；四是确定评价方法，即采用全面评价和重点评价相结合、现场评价和非现场评价相结合的方法，由专家组进行评价。

（三）启动项目评审工作。9月22日，专门协会评监委召开2014年评审启动工作会议，决定将中国肢协上报的"中途之家"项目纳入评审试验项目。

四、现场调研与评审

专家组选择合肥市、上海市"中途之家"作为现场调研与评审对象，深入项目执行单位，核实项目执行情况。

10月13—17日，4人评监专家组赴合肥、上海，走基层、听汇报、进机构、查档案、访家庭、看现场，采取综合考核、座谈研讨、集中点评等方式进行实地考察、调研、开展评监工作。专家组认为："中途之家"是一个对重残人普惠的项目，是解救伤友终身的项目，是补充我国当前医疗康复空白的项目，是专门协会围绕残联大局拾遗补缺的项目，是有发展前景和可开创的项目。合肥市四个"中途之家"依靠专门协会、专业医院和社区资源支持，在康复专业指导方面逐步得到得天独厚的优势，伤友称之为"重残人的第二家园"；包河区区长认为，伤友们身体和精神的康复价贵于金。上海市"中途之家"建设注重顶层设计，政策支持、残保金使用一管到底，现已推广20个"中途之家"，超出试点任务18家。其中"佳通网站"和"佳通农艺"项目各具特色，不仅覆盖面广、伤友们及时得到康复专家指导，还为农村重度残疾人打开就业门路，体现出协会工作"向基层、西部、农村倾斜"的主导思想。评监委专家组在调研评监中使地方政府、残联与评监委发挥双向了解、合力助推、互为宣传、双赢带动、项目受益的优化作用。

五、问题和建议

（一）主要问题

1. 初创阶段，还须不断发展完善。2012年，"中途之家"项目启动于合肥市包河区，至今四个市区均建立了"中途之家"。上海市"中途之家"数量虽然达到20个，但是还处于初创阶段，未来具有极大的发展空间。

2. 社会动员力尚显不足。各地方"中途之家"建设、管理和发展，主要依赖残联组织支持，从而获得康复资源、经费保障、活动场地等，而"中途之家"伤友的积极性尚未得到充分调动，自我管理、自我发展、融入社会的动力尚显不足。比如按伤友理解，"中途之家"仅是伤友之间互相关怀、支持，开展康复活动为主的组织，主动提出的服务项目不多，社会动员能力、社会影响力还不够，不少伤友几乎没有考虑过"中途之家"的未来发展。

（二）参考建议

1. 残联组织要全力支持、高度关注"中途之家"建设，给予政策扶持。要积极孵化较为成功的"中途之家"，以伤友和"中途之家"融入社会为目标，促进更多的"中途之家"成熟发展。

2. 把残疾人工作、医疗康复结合起来，将伤后身体康复、心理支持有机结合，取得经验，惠及伤友，挖掘国家康复领域科研价值，促进医疗事业发展。

3. 总结经验、发现培育典型，做大做强"中途之家"项目，各地残联应及时总结归纳现有经验，有计划组织基层的残疾人工作者和残疾朋友,深入地调研脊髓损伤残疾人困难和需求,提出务实的服务建议,提炼后形成具有说服力的意见,为制定国家政策提供立项依据,力争使"中途之家"项目纳入"十三五"规划,在政策上得到更多扶持,惠及更多的伤友。

4. 残联、协会和伤友要抓住机遇,乘势而上,用伤友们令人震撼的奋斗故事影响社会,感召更多志愿者、爱心企业关注这一群体,促进专门协会和"中途之家"的建设。"中途之家"要顺应社会建设和残疾人事业发展,积极提升自己的专业化水平,加快成长发展。在组织管理、运行规则、项目设计与策划上进一步提高科学性。伤友提出开展无障碍车辆、志愿者培训等项目,要提出可靠依据和科学的测算,对管理和运行成本也要进行评估,要使提出的服务项目成为制定政策依据。要提高争取社会资源的能力,充分利用当前社会建设发展的大好机遇,加快完善"中途之家",提高社会活动能力,申请政府购买服务资金,获得更多资源的支持和更广阔的发展愿景。

六、启示与思考

经过两年培育发展,"中途之家"在运行管理方面获得初步成果,还需要在新的理念支撑下,及时总结归纳运行规律和管理经验,使之更加完善、项目运行更加科学、社会影响力更加广泛、残疾人融入社会更加充分。

(一) 主要启示

1. 自理与治理。"中途之家"的伤友们有参与社会生活的强烈愿望,经过适当的康复、心理辅导等,非常愿意走出家门,凝聚在一起,开展各类活动。同时,目前社会建设发展,也需要各类社会组织加速成长、健康发展,因此"中途之家"建设恰逢其时,既具有内动力也具有外牵力。为长远发展,在理念上要有所升华,并扩大社会认可度。

(1) 积极倡导残疾人实现自身价值,维护群体合法权益。比如北京东城区的"中途之家"为无障碍出行,体验了70余个地铁出口、800余个地铁无障碍设施,为广大残疾人提供了无障碍出行信息。这种惠及百姓的项目是"中途之家"的残疾人为社会做出的贡献。

(2) 积极感召社会。采取组织报告团、讲师团等多种方式,传扬伤友们的事迹,为企事业单位、社区等宣讲残疾人自强精神,对社会精神文明建设出一份力。

(3) 向全社会宣传新残疾人观以及国际上新的助残理念,为残疾人融入社会、实现融合发展优化环境。

(4) 为各类残疾人参与社会生活、维护权益探索新的模式和手段。

(5) 应总结创新伤友家人的志愿者团队经验,在全国加以推广,发挥示范作用。

2. 推出典型。根据中国残联党组书记鲁勇提出专门协会要有"典型推动力"的要求,各地"中途之家"建设要培养典型、选好典型、推动典型成长;典型示范对残疾人工作的决策具有很关键的支持作用。各地残联和专门协会总结好"中途之家"的经验,在城市、社区、农村设立示范窗口,向全国各地传播与展示,在各地试运行中运用新的经验,少走弯路。特别是把上海的管理运转模式推广好,这将产生很大的社会影响,对残联和专门协会的发展也极为有利。

"中途之家"的残疾朋友,在受伤、患病前大多为健全人,而且很多人已经学业(事业)有成,甚至具有一定的社会影响力,只是因为各种原因,生活状态发生了改变。如果心理康复调整得及时、得当、社会支持充分,他们依然可以继续以健全人的心态生活、工作,回馈社会。这个群体在残疾人中是一支不可忽视的力量,有更广阔的发展前景,有很好的基础将"中途之家"建设得更健康、更完善,在呼吁社会、争取社会资源方面也有基础,能够引发其他社会组织的关注与效仿,感召更多的人成为优秀公民。建议中国肢协适时将伤友群纳入英才培育计划。

各级政府对这个群体应给予关爱和多方面的支持。残联组织和专门协会不仅要在物质条件方面支持"中途之家",还要通过"中途之家"的建设推动残疾人参与社会过程中,培养和培育社会主义核心价值观。

(二) 几点思考

1. 要组建高水平的评监专家团队。此次评监专家组由4位长期从事残疾人工作的老同志组成,既有残疾人工作的理论素养,也有参与残疾人事务几十年的实践经历。他们在各地考察评审期间,发挥了很好的指导作用,不少残疾人和亲属当场表示,与专家交流之后,解决了很多长期困惑的问题。

有必要建设一支高素质、有经验、肯奉献、有时间的专家团队,保障评监工作的规范和严谨。为助残社会组织的发展提供咨询和保障,无疑是一种创新与促进。

2. 要加强对各地助残社会组织的培育和指导。组织专家探索适合助残社会组织发展的培训教材,建立一套培训模式,并且在部分地区设立示范基地,开展不间断的思想意识、技术技能、经验交流培训,增强助残社会组织能力建设。

3. 要做好顶层设计,完善支持保障体系。随着社会建设的发展,社会组织将逐渐实现"法人"治理,评监委履行职责的工作定位与要求更高。随着经济社会发展,专门协会和助残社会组织的发展面临新的挑战。建议中国残联做好顶层设计,准确定位,完善支持保障系统,对"中途之家"等社会组织加强统筹管理,做好服务。

(孙一平供稿)

中国盲人协会工作

一、工作综述

2014年,中国盲协在中国残联党组理事会的领导下,紧密围绕贯彻落实十八大和"六代会"精神的大局,认真履行"代表、服务、维权"职能,不断探索社团法人治理模式,积极进取,开拓创新,协会工作取得了新的成绩。

(一)协会建设方面

1. 召开中国盲协六届二次委员会暨工作经验交流会

6月28日,中国盲协六届二次委员会会议在京召开,中国盲协主席、副主席以及来自全国的中国盲协委员共40余人参加会议。中国残联副主席吕世明出席会议并传达了习近平总书记等中央领导在第五次全国自强模范暨助残先进集体和个人表彰大会上的重要讲话精神,介绍了中国残联近期的重点工作并对专门协会工作提出了要求。会议审议通过了《"六代会"以来中国盲人协会工作及财务情况报告》,各地协会交流了特色工作经验,研讨了以后的工作。会议期间还首次举办盲用辅具产品展览,展示了现代信息辅具的最新研究成果。

2. 各专业委员会积极开展活动,充分发挥组织作用

视网膜病变者委员会在郑州召开第二届会员代表大会暨视网膜病变医疗与康复论坛。大会总结了第一届委员会的工作经验,选举产生了第二届委员会委员及领导成员。有11名医疗和康复专家就视网膜病变的临床研究、基因诊断与遗传、视觉康复以及视网膜病变者活动组织经验、康复与维权等主题进行了专题演讲。委员会还通过网络举办了10期活动,如歌曲大赛、康复讲座、政策解读、生活体验分享等,对宣传视网膜病变的医疗康复工作、引导本类群体回归社会发挥了积极作用。

文学联谊会积极开展活动,邀请周国平、邹静之、马波等著名文学家举办名家讲坛活动,为盲人讲述文学写作知识;在网上利用YY语音平台建立"文学大讲堂"栏目,先后举办了文学讲座、写作经验分享、作品欣赏等近50期节目。

阅读推广委员会积极推动组织发展,有近20个省建立了分会,会员达5万余人,极大促进了各地盲人阅读推广活动的开展。如山东省政府为支持盲人阅读推广工作,专门拨款在每个地级市建立一所"阳光阅览室"。

钢琴调律师委员会多次开展盲人钢琴调律宣传展示、职业推介和培训工作。

3. 开展第二届盲协工作创先争优——"创新奖"评选活动

活动共收到来自27个省地级市以下盲协的活动方案50余个。其中,吉林省四平市盲协"图书沟通你我,梦想自由飞翔"系列盲人文化活动、山东省沂水县盲协"知识快乐,尽在掌握"掌上书苑文化助盲活动、辽宁省沈阳市盲协"我们手拉手,共筑小康梦"盲人无障碍购物节活动、安徽省安庆市盲协"立足农村,自主创业"盲人农庄一日生活体验活动、天津市盲协"听见、想见、遇见"视障人摄影培训班等18个方案获得"创新奖"。中国盲协为获奖单位提供了5—6千元活动经费。各地在实施方案过程中得到了当地政府、残联和社会的大力支持并提供配套资金,吉林省四平市政府还专门拨款52万元为盲协建立了盲人电脑室。此次活动极大地激发了各地协会的积极性,使协会工作更加贴近基层、贴近盲人,促进了盲协工作的开展。

4. 开展"展示自我,奉献社会"盲人先进事迹宣传展播活动

整个活动由盲人负责采访、撰稿、播音、制作,展示了史光柱、王结、崔健、李任伟、李雁雁等10名优秀盲人的先进事迹。在中国盲协网站上建立专栏并在中央人民广播电台《残疾人之友》节目中展播,充分展现盲人自强不息、奋发有为的风采,发挥了典型人物的示范效应和引领作用。

(二)服务盲人方面

1. 继续举办"千手相助——盲人培训与安置工

程"。2014年，在山东、山西、湖南、贵州四省对120名农村盲人免费实施了按摩培训，受到培训的农村盲人绝大部分实现了稳定就业，成为自食其力的劳动者，彻底改变了生活状况。

2. 利用社会资源开展视功能康复工作。在广西百色为100名白内障患者免费实施手术，已完成55例，全部复明；此外在盲人中还筛查出8名因角膜等疾病失明的患者，经过手术治疗，全部恢复了视力。

3. 积极探索盲人就业新渠道，开展各种职业培训工作。举办第二期钢琴调律与维修在职培训班，来自全国的12名盲人骨干调律师参加了为期一个多月的卧式钢琴（三角琴）的调律技术培训。与社会组织合作，培训了11名盲人电话销售专员及客服专员，并协助安置工作。与北京市华夏心理培训学校合作，举办了第五期盲人"国家心理咨询师"职业资格培训及鉴定考试，有24名盲人参加了二级、三级心理咨询师培训和考试。与中国残联就业中心、中国盲文出版社合作，举办了一期盲人电脑师资培训班，全国有61人参加培训。继续与北京联大特教学院合作，在网上举办推拿专业专科及专升本学历教育，2014年招生120余人。

4. 加强灾害知识宣传，提高盲人防灾能力。与中国地震局、中国灾害防御协会共同启动第三届"平安中国"防灾宣导系列公益活动。制作了无障碍版的《飞跃地心》防灾主题影片，出版针对盲人的防灾减灾有声读物。在北京、新疆乌鲁木齐、安徽阜阳等地举行防震减灾活动，邀请专家为盲人进行防灾知识讲座，组织数百名盲人参观地震博物馆。

5. 继续与中国狮子联会合作，开展"手拉手"阳光书包募捐公益活动。在17个省68所盲校为盲童发放"阳光书包"近4500个，给他们送去了有声读物和学习、生活用具。

6. 积极开展家长培训工作。在北京、广州两地举办了两期盲童家庭教育培训班暨亲子活动，组织盲教专家和盲校教师分别就"如何正确面对视障孩子"、盲童的自立和成才、家长帮助视障孩子的技能、生活能力的培养、常见眼病和视觉康复、沟通与交流技能等主题开展了教学，对家长们的家庭教育进行了全面指导并发放《视障儿童家长指导手册》，有100多名盲童家长参加培训。

7. 参与第四届全国残疾人"自强创业之星"评选活动。全国有5名盲人创业典型获得"自强创业之星"称号，有21人获得"自强创业奖"。

8. 开展公益拍卖活动。2014年分别举办了"你是我的眼"——盲人复明手术公益拍卖活动和"播洒光明，走进崇高"——助盲公益慈善拍卖活动。动员爱心艺术家为扶盲助残捐献和拍卖艺术品，为服务盲人筹集资金，向社会宣传爱心助残的人道主义理念。

9. 为各地盲协下发由中兴公司捐赠的1000部盲用智能手机和惠普公司捐赠的66台笔记本电脑，用于协会通讯联络和改善办公条件。

（三）权益维护方面

1. 参与《老年人、残疾人办公设备可访问性标准》《中国银行业电子渠道无障碍服务建设自律指引》《铁道客车及动车组无障碍设施通用技术条件》《互联网信息服务辅助系统技术要求标准》《残疾人航空运输管理办法》等政策法规及国家标准的制定工作，保障盲人的合法权益，推进无障碍环境建设。

2. 参与举办"东方杯"第四届全国残疾人辅助器具创新设计大赛；参加第十届中国信息无障碍论坛；配合业务部门推进政府网站及银行业电子渠道无障碍改造工作，促进无障碍工作的深入开展。

3. 推动盲人参与普通高考及职业考试工作。为修订《残疾人教育条例》和制定《关于残疾考生参加普通高考的暂行办法》提出意见和建议。两会期间，向人大、政协提交了《关于视障人士参加普通高考和其他职业资格考试的提案》和《关于尽快建设盲人养老院的提案》。

4. 完成北京地区视力残疾人养老需求状况调研工作。此次调研抽取北京市16个区县500多名视力残疾老年人进行问卷调查，组织多次访谈，对收集的数据进行专业统计处理，完成了2万多字的调研报告，提出了当前北京市视力残疾人养老的现状、问题和政策建议。

5. 为推动盲人信息辅具工作的开展，与中国残疾人辅具中心合作在全国6个省区开展盲人信息辅具需求调研工作，召开专项工作部署会议，已收集问卷1500多份，正在进行数据处理。

6. 完成导盲犬标准的起草工作。为促进我国导盲犬事业的规范发展，中国盲协组织专家考察了大连、南京、上海、河南等导盲犬培训机构，参考国际通行标准，并根据我国导盲犬工作的实际情况起草了《导盲犬工作标准》，正在向有关部门申报国家标准。

7. 为了推进盲人安全用药工作，召开"语声笔——帮你看世界"食品药品信息自动识别技术体验交流会，并向与会盲人赠送自动识别语声笔。

（四）盲人文化方面

1. 与中国盲文图书馆共同举办"文化助盲，共品书香"全国盲人阅读推广优秀单位和个人评选活动。经过评选，共评出55家优秀阅读推广单位、105名优秀盲人读者、59名优秀助盲志愿者。6月23日，全国盲人阅读推广经验交流会暨优秀单位和个人表彰会在京召开。中国残联张海迪主席、李志军副主席、王乃坤副主席等领导、专家出席会议并为获奖单位和个人颁奖。此次活动对推动盲人文化事业的发展，广泛、深入地开展盲人阅读推广活动发挥了积极作用。

2. 与中国残疾人杂志社《盲人月刊》编辑部合作，举办"放飞心中的梦想"征文活动，收到全国近300篇盲人征文稿件，经过评选，有60篇作品获得一、二、三等奖。

3. 举办首届"阿炳杯"全国盲人器乐独奏大赛。大赛分为民族器乐和西洋器乐两个组别，按照初赛、复赛和决赛三个阶段进行。经过评审，有35个作品入围决赛。11月10日，决赛在阿炳的故乡江苏省泰兴市举行。12名盲人选手分别获得民族组和西洋组一、二、三等奖，21名选手获得优秀奖。此次大赛弘扬了民族音乐文化，展示了盲人的音乐才华，推动了盲人群众性文艺活动的开展。

4. 举办第三届"千手相助，触摸母亲河，穿越腾格里"盲人徒步沙漠行活动。10月25日，由中国红十字基金会凤凰基金支持，中国盲协、宁夏残联主办的第三届盲人徒步沙漠行活动在宁夏中卫市沙坡头举行。来自全国各地的盲人朋友和志愿者共240余人参加了活动，他们亲手触摸了黄河母亲河、攀登沙丘、徒步穿越沙漠。此次活动磨炼了盲人朋友的意志，让他们尽情感受了大自然的壮丽美景，体会了残健共融、和谐互助的亲情与温暖。

5. 利用"全国助残日"、"国际盲人节"等节日举办系列文化活动。1月4日，召开纪念路易·布莱尔诞辰205周年座谈会；1月25日春节前夕，举办2014年全国盲人网络春节晚会，有780多名盲人朋友参加联欢；5月13日，举办"一样的人生，异样的精彩"第二十四次全国助残日公益活动；10月12日，与中国狮子联会共同举办"爱之声"国际盲人节诵读音乐会；10月15日，举办"点亮心灯，放飞梦想"关注盲童公益音乐会；10月26日，举办"心之韵，爱行天下"公益晚会。

6. 积极推动盲文规范化工作。参与《国家通用盲文标准》的研究工作。6月22日，组织召开全国盲协主席盲文规范化工作座谈会。中国残联程凯副理事长、教育部、国家语委有关领导参加会议，听取盲协主席对盲文规范工作的意见。

（五）其他方面

1. 积极开展对外交往工作。参加APEC残疾人专题系列活动；代表中国参加在香港举办的世界盲人联盟（WBU）亚太区中期大会；参加澳门盲人权益维护国际研讨会；接待多个国家和地区的代表团来访和文化交流，举办美国吾友乐队音乐会与"朗达·拉尔森与凤"四人音乐组合演奏会。中国盲协与中国盲文出版社还积极推动中国政府批准旨在解决盲人阅读版权问题的《马拉喀什国际条约》。

2. 2014年春节前夕，中国盲协主席分两组走访慰问北京、河北等地贫困盲人家庭，并向当地盲协、盲校赠送了阳光书包、有声读物、学习生活用具等。

二、大事记

3月—12月，在中国狮子联会的支持下，中国盲协发起了"手拉手阳光书包"公益活动，分别为云南省、辽宁省、重庆市、山东省、江西省、贵州省、河北省、上海市、江苏省、天津市、安徽省、浙江省、四川省等13个省市的29所盲校学生送去了装有阅读设备和有声读物的"阳光书包"。

4月初，中国盲协完成北京地区视力残疾人养老需求状况调研工作，向中国残联提交了调研报告。此次调研以北京市达到法定退休年龄的视力残疾人作为总体，采用配额抽样方法，抽取北京市16区县500多名视力残疾老年人进行问卷调查，完成了2万多字的调研报告。报告对收集的数据进行了专业统计处理，定量显示了当前视力残疾人养老的现状和面临的诸多问题，结合文献资料分析，提出多条政策建议。

5月31日，中国盲协视网膜病变者委员会第二次全国代表大会暨视网膜病变医疗与康复论坛在河南郑州举行。来自全国20多个省、市、自治区的视网膜病变者代表80余人出席会议。会议听取了上一届委员会的工作报告，选举产生了第二届委员会委员、主任、副主任、秘书长，聘请了视网膜病变医疗、教育方面的专家担任顾问委员。

6月28日，中国盲协六届二次委员会会议在北京召开。中国盲协主席、副主席以及来自全国的中国盲协委员共40余人参加会议。

6月30日，"文化助盲，共品书香"——全国盲人阅读推广优秀单位和个人评选表彰暨经验交流大会在北京中国盲文图书馆召开，对评选出的全国55家阅读推广单位、105名盲人读者、59名助盲志愿者进行表彰。中国残联主席张海迪，中国作协党组成员、书记处书记兼秘书长白庚胜，中国残联副主席、中国盲协名誉主席李志军，中国残联副主席、中国狮子联会会长王乃坤等领导出席会议。

7月，由中国红十字基金会凤凰基金支持的2014年"千手相助·盲人培训与安置工程"按摩培训班陆续在山东、山西、湖南、贵州四省开班，为120名农村盲人实施免费按摩培训。培训后学员参加了由人社部门组织的保健按摩师职业资格考试，并由残联和盲协协助安置工作。

7月—8月，中国盲协分别在北京、广州举办了两期视障儿童家庭教育培训班，邀请盲教专家分别就新残疾人观、视障儿童心理辅导、生活能力培养、眼病与视觉康复、交流与沟通技能等主题，对两地120多位盲童家长进行了培训，帮助他们正确指导视障儿童，并向他们发放了由中国盲协组织编写的《视障儿童家长指导手册》。

7月19日，中国盲人协会与北京走进崇高研究院共同举办了"播洒光明，走进崇高"——助盲公益慈善拍卖活动。活动内容包括书画作品和部分工艺品慈善义卖、展卖，艺术家现场创作公益笔会以及盲人文艺表演等。所筹善款将全部用于为盲人实施白内障、角膜盲复明手术，为盲童捐赠"阳光书包"等项目。

10月17日，北京、河北、河南、吉林、广西、宁夏六省市"视力残疾人信息辅具使用现状与需求专项调查"工作会议在北京召开。这次会议既是工作部署会，也是调查培训会和视力残疾人辅具研讨会。中国盲协和中国残疾人辅具中心将在六省市开展以信息辅具为主的视力残疾人辅具调查工作。

10月25日，由中国盲人协会、宁夏残联共同主办的"千手相助，触摸母亲河，穿越腾格里——第三届盲人徒步沙漠行"活动在宁夏回族自治区中卫市沙坡头举行。

11月，中国盲协与北京华夏心理培训学校共同举办2014年盲人"国家职业心理咨询师"培训及认证鉴定考试，有20多名盲人参加培训和考试，15人通过心理咨询师二级、三级职业资格考试。

11月10日，由中国盲人协会和江苏省残联主办的首届"阿炳杯"全国盲人器乐独奏大赛决赛在江苏省泰兴市举行。在阿炳的故乡举办以他的名字命名的盲人器乐独奏大赛决赛，对纪念这位杰出的盲人音乐家、弘扬民族音乐文化、展示盲人的音乐才华、推动盲人群众性文艺活动的开展，具有重要的意义。

12月22日，中央人民广播电台、中国关心下一代工作委员会、中国盲人协会在北京共同启动"经典诵读工程"项目，计划在2015年邀请十位优秀的演播艺术家制作完成40部经典有声作品，免费赠送给广大少年儿童和盲人朋友。

附 录

福建省盲人协会主席王永澄在中国盲协六届二次委员会上的经验介绍：抢抓机遇，乘势而上，锐意进取，奋发有为，加快推进福建省盲人事业科学发展

2014年6月28日

福建省盲协于2008年7月25日经省民政厅批准正式登记成立，成为全国第一个经社团登记成立的省级盲协。成立以来，在中国盲协精心指导和省残联的关心重视下，在社会各界爱心人士支持帮助下，福建省盲协围绕残疾人工作大局，以服务能力建设为抓手，以品牌项目活动为载体，密切联系基层盲人群体，积极践行"三个活跃"精神，认真履行"代表、服务、维权"职能，充分发挥桥梁纽带作用，当好残联的参谋助手。下面，我从成效和体会两个方面，将福建省盲协社团登记成立以来的主要情况向各位委员汇报如下：

一、主要成效

（一）组织建设迈上新台阶

1. "人员、经费、场地"落实到位，综合实力大幅提升。拥有协会专属办公室，配备了电脑、打印机、盲文打字机、文件柜等办公设备；通过社会捐助，购置了一辆公务车；每年划拨的工作经费由1万提高到6万元，并聘请了1名专职协会联络员。

2. 建立省、市、县三级联动机制。坚持重心下移，每年都与基层盲协联合举办各类活动，2008年第二十五个国际盲人节走进南平市延平区；2009年第二十六个国际盲人节走进三明市梅列区；2010年"革命老区贫困盲人按摩培训班"走进龙岩市新罗区；2011年第二十八个国际盲人节走进三明市大田县；2012年"全省盲人海滩音乐沙龙主题活动"走进宁德市霞浦县；2013年"盲协三级联创，圆我心中的梦"走进漳州市诏安县；今年省盲协"深化党的群众路线，推进基层盲协工作"三级联创活动将于7月3日走进莆田市秀屿区。同时，组织省、市盲协主席赴福州、厦门、漳州、三明、龙岩、南平、宁德等市、县（区）开展盲协、盲按基层调研工作活动21场。

3. 各级盲协组织力量进一步充实。主动融入我省残联系统"强基育人"工程，指导成立了福州盲人院基层盲人协会，选举产生了基层协会领导班子；以2012年各级盲协换届为契机，积极参与各级盲协主席人选的推荐，配齐配强各级盲协力量；鼓励有条件的设区市盲协开展社团登记工作，目前福州市盲协完成社团

登记，龙岩等地市盲协在筹备当中。

（二）服务平台建设取得新突破

1. 建立起我省第一家固定式盲人文化服务基地。在全省盲人最为集中的福州仓山盲人福利纸袋厂（有87户118位离退休盲人职工，平均年龄68岁），建成我省首家省级文体型福乐家园。2009年以来，累计投入近100万元，配备了电钢琴、二胡、月琴等乐器31件，购置了盲文书籍、盲人象棋、盲用电脑、盲人乒乓球和健身器材等设施10多套，对园区进行全面无障碍改造，为每位盲人家庭安装了升降衣架。同时，还成立"夕阳红"乐队并专门聘请了1名残疾人联络员，负责管理和组织盲人文体活动。省盲人院福乐家园建成后引起社会极大关注，人民日报、福建日报、福建电视台、福州晚报等新闻媒体纷纷前往宣传报道，中国残联原党组书记、理事长王新宪等多位领导多次前往看望慰问盲人。接待台湾伊甸社会福利基金会、台湾按摩业职业工会等台湾盲胞组织参观交流8批130多人次。2013年，该院还被省残工委授予"残疾人之家"荣誉称号。

2. 建立起我省第一家网络化盲人文化服务平台。2009年7月1日，正式开通了"1015福乐家园"语音聊天室，组建了一批电脑技术过硬、责任心强的网络管理员队伍，成立了"1015盲人网络艺术团"。与中国盲协、中国盲文图书馆、中国盲人文艺爱好者群以及台湾地区、宁夏、广东、云南、贵州、辽宁、山东、河南等兄弟省份盲协联合举办每年春节网络联欢会和闽台两地闽南语歌曲赛以及庆祝建党88周年、89周年及90周年等大型网络联欢活动近10场；每周定期举办的按摩、股票、盲用电脑和乐器等各类知识讲座达200多场，吸引了省内外大批盲人朋友参与。

3. 成立了我省第一家福建省盲人法律救助服务站。与福建农林大学文法学院签订共建协议，联合成立了福建省盲人法律救助服务站，免费为全省盲人提供普法宣传、法律咨询和法律救助等服务，有效满足盲人的法律服务需求，维护盲人的合法权益，是我省第一家专门面向残疾人提供法律服务的机构，得到省残联领导的充分肯定。

4. 成立了我省第一支专业助盲志愿服务队伍。2008年，指导成立了由社会各界爱心人士自愿组成的"橄榄树志愿者团队"。开展"有爱就有光明"、"朝阳助学"送教上门、"一助一"走访及日常陪同盲人外出办事、购物、就医、户外活动等各类志愿服务，受到广大盲人朋友的一致好评。该团队曾被评为"福州市优秀志愿服务集体"。

（三）人才队伍建设取得新成效

1. 建立起盲人人才培养模式。一是不断选拔和培养人才，充实协会后备力量，通过调查摸底，与国内中高等特教院校对接和举办赛（会）等方式，逐步建立起我省盲人人才数据库；二是通过每年召开委员会扩大会议，吸纳优秀盲人进入协会，不断优化会员在年龄、能力等方面的结构，逐步构建起各行业全覆盖、多层次的梯队式人才队伍。

2. 以赛促训展示盲人风采。一是举办以"福乐"为主题的全省盲人电脑、盲人象棋、盲人诗歌朗诵、盲人歌手赛等内容丰富的赛事，展示我省盲人乐观向上的精神面貌；二是积极参与第四届全国、全省残疾人职业技能竞赛和2012年全省残疾人岗位精英赛，组织推荐盲人参加保健按摩、盲文读写等项目的竞赛，有2名盲人选手获"福建省技术能手"称号，激发盲人学技能的热情。

3. 大力开展盲人技能免费培训。通过联办、自办等形式，举办盲文、盲人象棋、盲人电脑、盲人定向行走等各类培训班166场，免费培训盲人4491人次。其中扶持6万元用于新疆昌吉州、宁夏固原市举办初级盲按班各1期共40人。

（四）闽台交流合作开创新局面

1. 建立闽台盲人事业常态化交流合作机制。2010年4月，应台湾伊甸社会福利基金会的邀请，省盲协负责组团，带领我省第一支由5个专门协会主席、副主席组成的16人参访团，赴台开展"闽台两地视障福利事业交流活动"，与伊甸社会福利基金会签订了《卓越交流合作备忘录》，在台湾地区引起不小轰动。

2. 举办了全国第一期台湾盲人医疗按摩培训班。有14名台湾盲人学员参加了为期12天的培训学习。学习期间，还联合开展了闽台两地盲人庆祝第十九个国际残疾人日联欢会和按摩义诊活动，营造了有利的社会宣传氛围。

3. 成功举办第一届闽台两地盲人按摩学术交流大会。2013年12月，台湾11家盲人按摩团体代表及省内外盲人按摩专家学者近100人齐聚福州，群策群力共同促进盲人按摩事业发展。会议围绕盲人按摩行业发展、机构运营管理、盲人按摩培训教学、按摩治疗常见病及疑难杂症、闽台两地盲人按摩交流等方面进行了学术研讨。

据统计，近年来由省盲协负责组团赴台参会交流2批28人次，接待来访的港澳台盲人组织10批200多人次。今年下半年，省盲协又将组织一批盲人赴台参访交流。

（五）社会化工作取得新推进

1. 实施"高位对接"，助推事业发展。2007年起，与省电信合作，为福州地区符合条件的盲人家庭免费安装宽带，享受半价优惠，受惠盲人140多人，减免宽带费9800多元；2009年起，与福建大剧院签订共建协议，每场演出为省盲协免费提供6张门票，让盲人朋友感受优秀文艺作品的魅力；与省少年儿童图书馆签订《视障服务合作意向书》，为盲人及其子女提供免费便捷的书籍借阅等服务，满足他们的阅读需求；与省图书馆合作，每年为盲人免费发放价值5万元的视障阅读卡100张。

2. 引导社会资金，更好地服务盲人群体。成立以来，运用社会化工作方式，福建省盲协共从省财政、省体彩、省福彩、省烟草、福建鸿博集团等企事业单位募集爱心善款近300万元，为我省盲人事业的平稳、有序、深入发展提供了有力的资金保障。

（六）扶盲助盲氛围日益浓厚

1. 为盲人"讲电影"创下2个全国"第一"。省人大常委会副主任张广敏，全国第一位为盲人讲解电影的省部级领导；省总工会副主席、省残联原理事长陈震，全国第一位为盲人解说电影的省残联理事长。

2. 群众性文体活动蓬勃开展。成立了全国盲人阅读推广委员会福建分会，发起"五个一"文化助盲活动，向各级盲协发放听书机100台，购置了盲人数字有声图书馆终端机1台；举办全省盲人阅读征文活动，表彰全省盲人阅读活动的优秀读者；以"三八"、"五一"、"学雷锋月"、全国残疾人日、国际残疾人日等重大节日为契机，组织全省盲人为民按摩义诊、歌咏、象棋、登山、太极拳、瑜伽等丰富多彩的社会活动90多场次，为民按摩义诊1万多人次；为四川汶川地震、青海玉树、甘肃舟曲、南平三明遭受水灾等灾区捐款4万多元；为贫困盲人助学、助医、助业、助养等捐款近40万元。

二、主要体会

1. **领导重视是前提**。回顾社团成立以来福建省盲协工作，最深的体会就是协会发展离不开省残联领导的关心重视。福建省残联领导历来都重视发展我省盲人事业，支持省盲协各项工作，提出"在全国走前列"的要求，帮助落实"经费、场地、人员"等必要工作保障条件。一是对于每次协会三级联创或下基层调研等重要活动，争取以省残联办公室或组人部名义向各地市残联发文、发函；二是对于每场大型活动，尽力邀请省残联领导出席。省残联领导的重视和支持为省盲协建设发展提供了有力的支持。

2. **社团成立是基础**。社团登记成立后的福建省盲协具有法人资格，可以独立自主地开展协会工作，与社会其他组织进行广泛的交流合作；拥有独立账户，能够出具捐赠发票，可以面向社会公开募集爱心善款。这为省盲协提供了更广阔的发展空间，有利于增强省盲协的主体地位、激发省盲协的活力。同时，进行社团登记，也是符合当前国家向社会力量购买残疾人服务的趋势要求。

3. **服务大局是原则**。始终坚持"残联领导、部门协同、协会参与"的工作机制，紧紧围绕残疾人工作大局，积极参与到省残联"两个体系"建设中来，协同开展创先争优、四下基层和党的群众路线教育实践活动，主动融入"福乐家园"品牌建设和"强基育人"工程，用活、用好发展残疾人事业、改善残疾人状况的普惠和特惠的政策措施，加强省盲协组织建设、服务能力建设和活动平台建设，为我省盲人朋友谋福祉。

4. **社会化工作是关键**。随着盲人事业的快速发展，单纯依靠省盲协自身无法满足盲人朋友多元化、精细化的需求，为此，省盲协历来都十分注重社会化工作，千方百计动员一切可发动的社会力量，借助一切可利用的社会资源，克服资金瓶颈、服务手段不足等难题，形成党政关心、部门支持、社会关注、协会活跃的良好格局。一是加强协会领导班子建设，提高每位副主席的社会化工作能力；二是密切联系党政机关、企事业单位，建立友好的共建合作关系；三是壮大助盲志愿者团队，吸纳社会爱心人士加入扶盲助盲志愿活动中。

5. **创新服务是动力**。以广大盲人朋友的需求为出发点，拓展服务内容、创新服务手段，创造性地推广服务项目。一是建立下基层调研的常态化机制，实地了解基层盲人的呼声与诉求，开展如相亲会，朝阳助学，盲人太极拳、瑜伽练习，建立法律救助服务站等有针对性的服务活动；二是坚持"走出去"和"请进来"并举，将一年一次的各级盲协主席座谈交流与组织到台湾地区以及先进省份考察交流活动相结合，学习先进经验和做法，更好地促进协会工作；三是开展"三百"项目，即"两节"走访慰问困难盲人家庭，"六一节"为贫困盲人家庭子女和盲童发放福乐爱心书包，"金秋助学"为考上中高等院校的盲人家庭子女和盲人学生发放入学补助。

自社团登记成立以来，福建省盲协组织建设进一步加强，综合实力进一步提升，协会活动广泛深入，盲人群体较为活跃。这些都得益于中国盲协和省残联的精心指导和大力支持，得益于广大盲人朋友和盲协工作者的踊跃参与和辛勤努力，得益于社会各界的亲切关怀和帮助。今后工作中，我们将以更加务实的作风、更加明显的实效推进我省盲人事业的发展。

（晏慧供稿）

中国聋人协会工作

一、工作综述

2014年,中国聋人协会在积极贯彻十八大与十八届三中、四中全会精神的同时,全面落实中国残联第六次代表大会工作部署,紧紧围绕中国残联中心任务和党组的具体布置开展工作,进一步探索社团法人治理模式以及治理体系与治理能力现代化的具体措施,认真履行"代表、服务、维权"三项职能,积极建设"三型"协会,切实成为听障人士的"利益代言人、服务组织者、权利维护者"。

(一)进一步完善法人治理体系,加强协会组织机构建设

1. 逐步完善协会法人治理制度

为了符合国家对加强社会组织管理的要求,符合协会工作实际,中国聋协委员会审议并通过《中国聋协信息公开制度》等11项规章制度。各规章制度条理清晰、约束力强,切实有效地保障了中国聋协开展日常事务。同时加强协会、助残社会组织自治自律机制的建设,促进了协会工作健康有序开展。

2. 着力抓好组织机构人才培育建设工作

注重培养选拔年轻优秀听力残疾人骨干,探索听力残疾人中高端人才的发现和培养途径。中国聋协积极抓好协会班子和队伍建设,主动配合推动省级残联聋人理事的配备。开展省级聋协主席、副主席培训工作,注重提升协会服务能力。加强自身规范化建设,按照民政部规定,积极参加社会组织评估申报工作。

3. 进一步加强自身建设

为了加强协会自身建设,中国聋协建立了委员会网络会议制度。全年共召开四次网络委员会会议,根据当前大局和聋人需求确立接下来的工作重点,以聋人节为例,通过活动主题的方式布置任务,提出活动要求,及时检查并充当监督职能。会议结束后,以会议纪要的方式发布至各省,有效指导地方协会工作,提高了协会工作能力。

依据中国聋协第二季度委员会会议"关于2014年度网上培训工作"的部署,由中国聋协编辑发放《听力言语残疾人工作知识手册》(以下简称《手册》),各地聋协均已在中国聋协官网下载并阅读。由各省主席牵头,以《手册》为蓝本,借助聋协QQ群发布并解读其内容,对当地省聋协副主席、委员进行为期三个月的培训,培训结束后再由各地聋协副主席、委员对市、区(县)级协会聋人工作者进行网上培训。各省聋协开展得有条不紊,获得残联大力支持,从网上下载《手册》印制并发放,全年累计发放一万多册。培训学习逐级开展到区(县)级聋协,方便了基层聋协培训学习。广东省聋协通过举办聋人知识竞赛来提高大家学习兴趣,不仅使聋人工作者获得了一次系统学习专业知识的机会,同时也对整体提高残疾人工作者的思想和业务素质,推动各地残疾人工作健康发展,起到了积极的作用。

(二)发挥协会代表职能,保障听障人士基本权益

中国聋协积极发挥聋协代表聋人权益、反映聋人需求的作用。根据聋人在教育、就业、无障碍需求等方面存在的问题,中国聋协通过多种方式和途径向全国政协提出建议和提案。2014年共提交11个提案,并向教育部提交聋人教师免试普通话的建议函。

为了保障听障人士的基本权益,实实在在地为解决听障人士的就业问题提出政策保障,中央组织部等七部门下发了《关于促进残疾人按比例就业的意见》(残联发〔2013〕11号),各省相继结合本省实际情况,制定并推出了相关惠残政策。

此外,在积极推动聋人平等参与共享过程中,为实现信息交流无障碍环境,中国聋协积极宣传《无障碍环境建设条例》。督促各地聋协按照《条例》要求,为聋人解决闪光门铃、交流手写板等无障碍用品、用具。

(三) 开办中国聋协网站, 搭建交流与培训平台

为更好发挥中国聋协"代表、服务、管理"职能, 更好地促进地方聋协业务开展, 中国聋协创办了中国聋协网站。经过一年的信息搜集和整理, 中国聋协网站共创设"政策资源"、"协会活动"等13个栏目, 全年网站浏览总量6.5万余次, 共发布稿件400余篇。

其中最普惠听障人士的栏目为"政策资源", 听障人士可以浏览到中国残联及各省市、区县残联发布的有关听障人士的政策。栏目中发布了涉及听障人士的政策130余篇。这些政策是中国聋协发动各地聋协踊跃投稿, 通过专人搜集整理, 发布到网站, 供各地借鉴学习的。

为了使听障人士更了解各省市正在做的工作, 协会又创立了"协会活动"栏目, 此栏目及时刊登各省市等基层聋协开展的工作报道。听障人士在栏目中可搜寻并了解到各省市聋协一年中所做的对聋人有意义的活动, 达到互相交流、互相启发、取长补短、平衡发展的目的, 更有效地为各省市聋协整合资源、查漏补缺, 继续做好下年工作打好基础。中国聋协还通过网站平台推广聋人自己教育自己的方式, 对聋人参与社会进行全方位的培训。

举办了"在诚信中成长"、"浅谈书法学习与欣赏"、"沟通与理解的方式方法"、"无声世界里的追求"、"摄影知识和实践入门"等信息无障碍讲座, 讲座演讲与授课人全部是聋人中的成功人士, 最了解聋人的特点与需求。讲座努力提升聋人的生活质量和社会交往能力, 教育意义非常大。同时, 编辑出版《润物无声——几位听障父母的育儿经》, 从听障父母的角度来阐述对自己健全儿女的教育观。

(四) 开展卓有成效的活动, 起到宏观导向作用

中国聋协在积极代表聋人群体建言、呼吁, 有效组织、指导地方协会活动的同时, 也通过在不同领域开展卓有成效的活动, 既宣传影响社会, 也对各地起到宏观导向作用。

1. 积极参与国家手语研究工作

结合国家残疾人"十二五"规划纲要中的手语工作项目, 中国聋协在全国各地选拔推介了优秀手语研究员, 来自18个省市的聋人手语研究人员, 每月定期集中到北京师范大学国家盲文和手语研究中心, 对手语进行系统研究工作。历时近一年, 已完成2000余手语新词汇的收集、《计算机专业手语》及《中国手语日常会话》的修订, 并且继续进行《中国手语》上下册的修订工作。

中国聋协手语委员会副主任仰国维申请中国社科院国家社科基金项目——"中国手语分类方法和释义分析研究", 于2012年立项并获得国家拨款15万元作为启动资金。这是我国有史以来第一位由聋人研究学者主持的国家级研究课题。这项课题工作正在紧张进行中, 有望2015年结项。研究成果对规范中国手语工作、改进手语教学方法、提高手语翻译质量, 都将起到推动作用。

为了更加规范使用手势表达防空预警信号, 中国聋协手语研究专家对山东淄博人民防空办公室开发的"人民防空手语警报"报警专业用语进行了审定。用规范、简捷的手势表达人民防空预先警报、空袭警报、解除警报和灾情警报信号, 使聋人能够像常人一样及时接收空袭、灾情警报信息, 主动采取防范措施, 保护生命财产安全。

中国聋协代表于11月参加了厦门大学举办的全国口译大会暨国际口译研讨会。在厦门大学肖晓燕教授的大力推动下, 这次大会第一次将手语翻译列入大翻译行列, 大会成果对以后手语翻译事业的发展具有积极的现实意义。

2. 聋儿家长培训为融合教育打下根基

中国聋协依托"北京语聆听障儿童家长服务中心"开展听障儿童网络社区康复模式调研工作。几年来, 通过举办近二十期家长培训班, 以网络、电话或与家长面对面交流、探讨等形式, 逐步摸索出一套切实可行的"社区康复模式", 即通过机构康复与家庭康复相结合, 使得聋儿康复达到更完美的结合, 这也是国际较为领先和认可的理念, 填充了国内聋儿康复方面理论与实践结合的空白。通过有声有色的家长培训, 使家长们掌握家庭康复的技巧, 大大节约了康复所需时间, 使孩子会听、愿意听, 更早地融入主流社会。

全年共举办六期全国聋儿家长培训班, 并在广西南宁、柳州和山东烟台做了巡回培训讲座, 家长反响热烈。由于培训场地的限制, 虽然每期只招20名家长, 但是很多家长都慕名旁听并积极参与、共同探讨, 取得了积极的社会影响。五天的培训课程, 涵盖了听力学内容、音乐、舞蹈、绘画等内容, 改革并优化了传统听障儿童康复理念, 让家长们切身体验到了即使是听障儿童也可以听音乐、学舞蹈, 实践检验孩子们表现出的效果也是良好的。中心培训出来的孩子顺利地步入普通幼儿园和普通小学, 使得家长们信心大增, 更加坚信中心的康复理念对其孩子影响巨大。

3. 围绕工作主题举办摄影艺术大赛

2014年聋人节的活动主题为"挖掘视觉艺术潜力, 宣传聋人技能才华"。由中国聋协主办、广东省聋协协

办的第三届"沣标杯"国际聋人摄影大赛，共收到近400位来自全国各省市、台湾、香港、澳门和韩国等地聋人摄影爱好者投交的3000余幅作品。这些作品题材丰富、视觉独特，有事业的风采展现，有秀丽的自然风光，有浓厚的民俗风情，亦有生活的真实写照。经过专业评委的严格评选，最终评选出金奖2幅、银奖3幅、铜奖8幅、优秀奖18幅。其中，上海摄影师梁祺的作品《天使谱写辉煌》和浙江摄影师林菊香的作品《人间真情》获得金奖。评委们评价，这届摄影比赛参赛稿件无论从内容题材还是拍摄角度，都真实反映了残疾人对现实世界的深刻理解、对未来梦想的执着追求，彰显出他们积极乐观的生活态度和精神面貌。

国际聋人摄影大赛是政府主导、企业参与、社会共同支持公益事业的有益项目，这一平台鼓励、引导全社会关注和支持残疾人文化建设，共同推进残疾人文化艺术的健康发展，同时让聋人群体分享数字化发展的成果，带动基层协会进一步活跃发展，促进残疾人艺术事业的繁荣与发展。

各地聋协围绕主题开展了丰富多彩的文体活动。天津举办全国首届聋人驾驶机动车技能联谊赛，来自北京、天津、河北、辽宁、山西、陕西、江西、湖南八个省市的60位聋人汽车驾驶爱好者参加了比赛。赛后，由公安交管局安警官为参赛选手普及交通安全法知识，并现场提供咨询。

在全国第十五个"爱耳日"来临之际，各地协会纷纷举办活动庆祝节日。沈阳市聋协组聋协干部、骨干20余人走上街头奉献爱心，开展以"爱耳护耳，健康听力——预防从初级耳科保健做起"为主题的耳科保健科普知识宣传活动。一些能讲口语的重听人志愿者及爱心同盟的志愿者用口语为过往行人着重宣传耳聋早期预防的重要性和必要性，收到显著效果。

全国助残日期间，洛阳市聋协举办了"我的中国梦"聋人演讲比赛，沈阳市聋协举办了"我梦飞扬"聋人口语演讲比赛。举办比赛不但对当前的听力康复工作是一个很好的促进，对正在康复的聋儿也是很好的榜样，能够极大地改变社会对听障群体以往的印象。同时，所有听障选手也通过比赛得到了良好的表达和锻炼的机会，大胆地展现了自我的风采，激发了融入主流社会的勇气。

橙熟时节，重庆市聋协落实中国聋协要求各地聋协为身边的兄弟姐妹出谋划策的提议，了解到巫山一农户以种植脐橙为经济来源，但由于听力障碍，销路不畅。市聋协果断决定把协助巫山聋人销售脐橙列入2014年扶贫助残工作计划，帮助农村聋人脱离贫困奔小康。不到十天，聋人农户家1万多斤脐橙全部售完，聋人农户衷心感谢重庆市聋协帮了大忙。

4. 言语复声康复造福无喉者家庭

无喉者复声专业委员会全年组织12次复声康复交流学习工作例会，共有1966人次参加交流。调整教学方法后，言语复声康复质量有所提高，得到广大无喉残疾者的好评。自费举办4期言语复声康复讲座培训班及张海恭主席主讲的病理心理危机康复学课程，35人参加培训，基本掌握"张氏无喉自然复声疗法"，同时得到了很好的言语康复服务。

全年发行4期《复声之友》康复小报，版面增加"我的复声康复之路"、"专家论复声"、"营养学问"等栏目，加大康复宣传力度。

同时，与全国各大三甲医院耳鼻喉科建立畅通的信息沟通渠道，邀请耳鼻喉科专家为会员讲解康复保健知识并为患者义诊；无喉者复声专业委员会为五位患病住院手术治疗、化疗及生活困难的无喉残疾者家庭送去了慰问补助金，以解燃眉之急。委员会的努力工作，帮助无喉者增强了参与社会生活的信心。

5. "涵爱飞扬"给听障儿童带去希望

我国有十余万名听障儿童，他们通过适配助听器或人工耳蜗以及康复教育的专业训练，可达到能听会说的程度，更好地回归主流社会。目前，听障儿童平均每年500多元助听器或人工耳蜗电池等易耗品的支出仍需要由家庭支付，对于贫困听障儿童家庭来说是一笔不小的经济负担，这些困难和问题迫切需要得到社会力量的支持和帮助。

经与中国狮子联合会合作，中国聋协动员各地会员，为贫困聋童捐赠装有耳蜗（或助听器）专用电池等易耗品的爱心小包，减轻贫困聋儿家庭生活压力，提升聋儿生活质量。狮子会已向中国聋协捐助6万多元，用于购买"涵爱飞扬"爱心小包，小包内为官方认证的聋人专用助听设备及附属设备。项目一期发放了204个小包，受惠者主要为北京地区听力康复中心康复中的聋儿。

（五）对外交流展示中国聋人风采

世界聋人联合会是一个争取聋人权益的国际非政府组织，主要关注和服务于完全丧失听力或听障严重并以手语为交流工具的聋人。中国聋人协会为世聋联正式会员，2003年曾在上海成功举办了世聋联亚太区代表会议。2014年10月，中国聋协又成功承办世聋联理事会会议。会议期间，世聋联理事会成员欣赏了中国残疾人艺术团聋人演员们的精彩表演，与来自全国18个省市的聋人手语研究人员就世界手语研究趋势和方法进行了深入探讨和沟通，并与中国聋协、北京聋协就聋人工作相互交流。会后，世聋联主席特意发函，代表世聋联表示感谢，称赞理事会全体成员对中国之行留下了深刻的印象。

中国聋协还接待了澳门和俄罗斯聋协代表团，双方交流了各国的聋人工作经验，取长补短，增进友谊，加深了交流与合作。

总而言之，2014年协会工作有声有色，既稳步推进协会自身建设，又适当开展地方协会活动；既构建聋协内部体系建设，又加大宣传，促进社会对听障人士的新"认知"。希望在接下来的工作中，继续传承这种优良的工作作风，力争为听障人士获取更多的切身利益。

二、大事记

1月17日，中国聋协举办"在诚信中成长"信息无障碍讲座。讲座人是一名做电商的聋人，内容是分享成功的淘宝店创业经验，激励更多的聋人为自己的理想而拼搏。

2月，中国聋协开展2014年度网上培训工作。

2月8日，中国聋协举办了"浅谈书法学习与欣赏"信息无障碍讲座，由一位热爱书法并有一定造诣的聋人对自己的求学历程及专业性知识做了分享，为那些热爱书法的聋人提供了前进的动力，指明了进一步学习的方向。

3月，中国聋协建立委员会网络会议制度。会议上布置工作，根据当前大局和聋人需求确立工作重点，以聋人节活动主题的方式下达任务，提出要求、检查督促，并通过会议纪要的方式发布至各省聋协，有效地指导地方协会开展工作，大大提高了协会工作能力。

3月，中国聋协向全国政协提交了11个建设性的提案，从不同层面上提出听力残疾人面临的现状和亟待解决的问题，并向教育部提交聋人教师免试普通话的建议函，为进一步优化政策提供了有力依据。

3月3日，全国第十五个爱耳日活动之际，各地聋协根据爱耳日主题积极举办活动。

3月15日，中国聋协举办"沟通与理解的方式方法"信息无障碍讲座，由自修汉语言文学本科并取得二级心理咨询师资格的聋人向大家分享自己的经历，并且与聋人朋友探讨沟通与理解的方式与方法，为聋人朋友打开心结，使其积极面对生活。

4月12日，中国聋协举办"无声世界里的追求"信息无障碍讲座。讲座人是一名聋人，白手起家，创办了自己的广告公司。他分享了自己的创业历程，并为困惑的聋人朋友解答问题。通过这次讲座，更多的聋人朋友明白了创业之路的艰辛，也明白了只要不懈努力，一定会收获丰硕的果实。

5月10日，中国聋协举办"摄影知识和实践入门"等信息无障碍讲座。讲座人是一名摄影师兼设计师，为聋人朋友介绍了摄影与实践的入门知识，如如何正确曝光，如何调整光圈、快门等。从聋人的视角去讲解，更易被聋人朋友接受。

5月18日，第二十四个"全国助残日"期间，由洛阳市残疾人联合会、洛阳商报社主办的"我的中国梦"洛阳市聋人演讲比赛决赛在洛阳市残疾人活动中心举行。从将近70名听障选手中选出的20名选手参加了决赛，选手们流畅准确的发音、大方自信的仪态，给所有评委和观众留下了惊讶而深刻的印象，呈现了国内听力语言康复的发展水平，纠正了人们对听障群体"十聋九哑"的传统印象。

7月，中国聋协与中国狮子联会合作，动员各地会员，为贫困聋童捐赠装有耳蜗（或助听器）专用电池等易耗品的爱心小包，减轻贫困聋儿家庭生活压力。

8月，中国聋协手语研究专家在中国残联审定山东淄博人民防空办公室开发的"人民防空手语警报"专业用语。山东淄博人民防空办公室为聋人群体量身打造的项目，得到了国防部人民防空委员会的肯定。

8月16日，中国聋协举办"如何面对压力并调整好心态"信息无障碍讲座。讲座人是一名取得二级心理咨询师资格的聋人，讲解了压力的形成并教授了三点释放压力的方法。

8月30日，沈阳市聋协在市残联舞蹈厅内举办"我梦飞扬"沈阳市首届听障演讲比赛。

9月28日是第五十七届国际聋人节，活动主题为"挖掘视觉艺术潜力，宣传聋人技能才华"，中国聋协在天津举办了全国首届聋人驾驶机动车技能联谊赛。

10月19—26日，中国聋协在北京成功承办世界聋人联盟理事会会议。

11月，中国聋协派代表参加厦门大学举办的全国口译大会暨国际口译研讨会。

12月，中国聋协举办第三届"沣标杯"国际聋人摄影大赛。

12月3日，中国聋协召开委员会六届二次会议，会议审议通过11项规章制度，进一步完善了协会法人治理模式。

附录一

辽宁省沈阳市聋人协会举办演讲比赛活动经验分享：心声——听障演讲活动

背景

长期以来，由于多种原因，沈阳市口语聋人（重听人）工作没有开展起来。面对庞大的重听人群工作死水一潭的局面，聋协干部心急如焚。可是这部分人相当分散，到哪里寻找？他们的生活工作状态如何？有哪些需求？我们决定把突破口放在寻找重听骨干上。

过程

通过网上联系，加之多方寻找重听人，终于在2014年3月成功召开了我市有史以来第一次口语听障代表见面会。阳春三月仍是寒冷季节，可见面会上大家热情似火，畅所欲言，认为多年的"边缘人"总算找到了娘家。开展成人语训成为需求焦点。由于残联目前没有成人语训项目，协会开始紧锣密鼓地寻找志愿者团队合作。经过一对一口语矫正，参加语训的30多名学员口语水平进步显著，进而成就了听障演讲比赛。

由于这些听障人工作、生活多在健全人当中，除了听力差，口语交流也有障碍，大多存在吐字不清、咬舌现象，导致自卑心理。如果有成年聋人语训，他们就可以更好地康复，从而增加自信，交流更顺畅。目标确定，问题来了：语训的师资哪里来？抱着拼的念头，聋协开始在社会爱心团队中寻求帮助，最后与"啄木鸟"教育沈阳市分公司达成共识。"啄木鸟"有资质的大学生、研究生教师及志愿者为我们矫正口语，我们提供义务手语教学，互助效果相当好。

经过一段时间的语训后，听障学员口语水平提高很快。虽然过程十分艰难，但经过努力，哪怕是聋人，只要能够发音，经过语训也可以做到准确发音。这真是太神奇了！这样的结果让听障学员信心大增。趁热打铁，市聋协决定，开展一次有针对性的演讲比赛，让社会更多地了解听障不等于哑言，让听障朋友有更多的机会锻炼口语。在演讲前，语训老师有针对性地做了辅导，鼓励大家勇于挑战自我，增加自信和勇气。最后有17名选手报名参加了以"中国梦，我梦飞翔"为主题的沈阳市首届听障演讲比赛。比赛在紧张热烈的气氛中进行，17位选手大胆尽展才华，有些演讲者的口语水平之高让评委老师赞叹！他们用洪亮的声音、起伏跌宕的感情融入，把听者的思绪带入演讲中去。中国聋协副主席邱丽君给予活动充分的肯定和鼓励。大家感悟到：失去有声世界，一样可以演绎完美精彩人生！

感悟

开拓进取是关键，聋协干部的能力至关重要。亲和力，较高的理论水平、沟通能力、社交能力，有爱心、有责任心：具备这些就可以打开工作局面。探索新的工作方法，更好地展示聋人风采，残健同行，共建和谐，是双赢机制，是社会化工作走向的导航。

附录二

广东省聋人协会"雪中炭"手工工坊成功创办经验分享：春风化暖，"雪中炭"无声世界的花艺师

轻轻踏进这个静谧的园区，处处新绿春芽，阳光带着泥土的气息、万物复苏的生机，是否预示着这个春天不一般？这是一个完全由聋人主理的花艺坊，名叫"雪中炭"手工工坊，2014年夏天成立，坐落于广州芳村区1850创意园。

工坊成立的初衷是为一些失去工作或生活困难的聋人提供就业机会，让他们可以凭借一己之力自立于社会。工坊创办至今，每周二下午向聋人提供免费的花艺培训，已累计培训聋人学习超过30位。其中有3位聋人被吸纳到工坊工作，提供合理的薪酬及福利待遇；另有多位聋人作为兼职花艺师，与工坊保持长期合作关系。

现时工坊的主营产品是保鲜花系列花盒花礼，开设有淘宝专门店以及线下实体店，周六日在工坊内还开设企业专场，在教导企业客户亲手制作保鲜花盒的同时，亦向企业宣扬工坊故事，让更多的健全人关注聋人的生存现状与参与身体力行的帮扶。

工坊成立以来，除不断优化产品、扩大销售渠道以外，还组织了多家企业进行线下联动，包括与广州化妆饰品协会——"美盟新力量"的线下活动、儿童教育机构"童聚一家"亲子活动、美国人学校圣诞前夕活动、城建地产星汇大学校外展活动、中大博学会周年活动以及1850创意五周年活动、万联证券企业专场等大型活动，接下来还有真光中学、市轻工学校、乐高积木等邀请工坊的聋人花艺师前往学校进行手艺培训。

工坊成立至今六个月，得到了广泛的社会反响。全国各省聋协主席一行30多人亲临工坊，参观了解工坊运营模式，同时广州多家本地媒体亦积极地报道工坊故事，广州日报、羊城晚报、新快报、信息时报、亚太经济报、G4出动、城市特搜、南方卫视人间真情栏目、优悦生活杂志等都对这个广州第一家聋人工坊进行专访，传播正能量。

附录三

重庆市聋人协会帮扶聋人果农销售鲜橙经验分享：橙熟时节，帮扶聋人果农销售鲜橙

背 景

巫山雄踞长江三峡北岸，景色优美，巍峨而又多情，因神女峰和众多美好的传说而名闻于世。可少有人知道，巫山盛产柑橘。然而，巫山也有短板。山高、坡陡、交通不很便捷，讯息的通达流畅也不如大城市。有个石姓聋人家庭就摊上了这档子事。他与家人辛辛苦苦地引进培育出的"纽荷尔"优良品种，皮薄肉厚汁丰甜度高，深受人们喜爱。可因销售渠道不畅，每每蒙受烂果之忧。2013年年底，他家提前将万余斤"纽荷尔"打包运到重庆，满以为早动手可以销售快一些，不想因存放地点偏僻，市场人气不旺，奔波近一月还没销出三分之一。正当他发愁的时候，有人提醒他，怎么不去找你的组织——聋人协会帮忙呀？于是，故事就这样开始了……

过 程

市聋协了解到，他家主要以种植脐橙为主，少有其他经济来源。如果不帮助他及时销售积存的"纽荷尔"，他家来年的日子将会相当艰难，有可能陷入贫困。

为此，市聋协果断决定把协助巫山聋人销售脐橙列入2014年扶贫助残工作计划，随后召集主城九区聋协主席开了紧急会议。会上组织大家学习了中央农村工作会议精神，号召城市聋人以实际行动支援农业、关心"三农"，帮助农村聋人脱离贫困奔赴小康。

认识提高后，聋人骨干们马上到主城区聋人群体中进行了广泛宣传动员。江北区、沙坪坝区聋人协会行动最快，动员会后第二天就为巫山聋人销出了近一千斤脐橙。市聋人文化室和九龙坡区、渝中区、大渡口区聋人协会也积极联系销售了千余斤。

市聋协主席王军同志是这位聋哑人家庭的第一位帮助者。当王军主席接到该聋哑人的求助信后，第一时间在自己单位进行销售，但因量大（12000多斤），王军同志向南岸区残联做了汇报，并请重庆市体育界的朋友出手协助，在我们的共同努力之下，销售了9000多斤。余下的脐橙，江北区、沙坪坝区聋人协会主动承揽下来，通过做工作在聋人骨干中销售了出去。不到十天，石姓聋人的近万斤"纽荷尔"就全部售完了。他全家高兴得咧嘴直笑，衷心感谢重庆市聋人协会帮了他们大忙。他们说不仅今年的日子会过得比往年好，而且全年的肥料、剪枝修护等开支也有了保证。

春节前，巫山聋人全家高高兴兴回到了老家。重庆市聋人协会却没有为此感到欣慰。大家从这件事看到了聋人协会工作的差距，看到了农村聋人亟须残疾人组织帮扶。我们残疾人组织过去一直把工作重点放在城市，这是不全面的。中央农村工作会议指出"小康不小康，首先看老乡"。农村残疾人事业的发展如果跟不上城市残疾人事业发展，我国残疾人实现全面小康也将是一句空话。重庆市聋人协会决定，今后的工作要适当向农村倾斜，多为农村聋人做好事、办实事，为他们服务好。

附录四

天津市聋协举办聋人机动车驾驶技能比赛经验分享：聋人机动车驾驶技能赛，展示能力，收获快乐自信

背 景

2014年5月，天津体委下属汽车摩托车运动协会在天津奥林匹克体育中心前广场举办了第九届天津市汽车驾驶技能赛，天津聋协组织了十位聋人朋友参与赛事并取得了不错的成绩。该项赛事的安全性、趣味性和对驾驶机动车辆基本功的严格考验给我们留下了非常深刻的印象。

自2010年4月国家公安部对听力残疾人驾驶机动车辆放宽条件以来，全国各地纷纷举办了聋人机动车驾驶培训班，越来越多的聋人朋友开上了汽车。当时我们想：天津汽车驾驶技能赛的模式非常合适聋人参与，如果能在天津举办一次全国性的聋人机动车驾驶比赛，为全国聋人驾驶员提供交流技能的平台，倡导大家安全文明的驾车行为，对于促进聋人朋友充分参与社会生活、进一步推动残疾人合法驾车工作肯定有非常积极的作用。我们决定努力尝试一下！

过 程

说干就干，市聋协班子立即召开两次会议，深入研究要举办这个赛事需要具备的一些条件和需要准备的事情。首先我们必须得到中国聋协、天津残联的批准和支持，必须得到天津汽车摩托车运动协会的技术支持；其次，我们还必须有足够的经费支持，甚至要做好大部分经费靠拉赞助解决的心理准备；第三，我们还需要得到一些社会组织的支持和帮助，解决场地、裁判、赛车等问题。困难很大，但我们决心更大。初步制定了提前通气、调研摸底、制定方案、沟通说服、全国报名、精心准备、安全比赛七步计划。

1. 提前通气，打好基础。举办任何活动，提前沟通达成初步意向都非常关键。由于参加天津市汽车驾驶技能赛的聋人服从比赛秩序并取得了不错的成绩，给主

办方留下好印象，被授予天津聋协车队"拼搏奖"。我们借此机会向天津汽车摩托车运动协会咨询了举办全国聋人汽车驾驶技能赛在技术上的可行性，得到了他们的肯定并同意在技术上进行支持。而后我们向天津汽车摩托车运动协会索要了比赛资料，分别向天津残联领导、中聋协领导表达了我们想举办全国性赛事的愿望，得到的答复是一致的：思路不错，拿方案来。领导不反对，事情就有希望。

2. 精心调研，认真摸底。举办一次全国性的比赛，预计有多大规模？多大场地？举办多长时间？需要多少经费？具体比赛流程如何？对我们来是一脑子空白，心里完全没底，这就必须进行精心调研，全面摸底。为此天津聋协成立了筹备组，大家分头行动。第一步，联系各省市聋协了解全国各地聋人学车情况，对全国聋人执证驾驶员人数、驾龄有个大概的了解，对各地聋人驾驶员来津参赛的意向也做了大概摸底。第二步，与天津汽车摩托车运动协会深入沟通，根据以往经验，对比赛规模、比赛模式、可能产生的费用进行了预估。第三步，与市聋协多年组织活动积累下的友好合作单位、社会组织、志愿者团体进行沟通，了解合作意向和可能的资金支持力度。

3. 活动未办，方案先行。详细周密的方案是一个活动成功的保证，也是上级部门审批的主要依据。为了做好方案，我们在精心调研的基础上，与各方面反复沟通，多次修改，用一个月的时间，终于拿出了首届全国聋人汽车驾驶技能赛方案。方案包括：背景、意义、内容、活动流程、报名方案、比赛规程、经费计划、合作赞助、媒体支持等。还特别制定了一份比赛安全方案，对比赛安全做了周密的安排。

4. 耐心沟通，协调一致。方案制定好后，为了更好地沟通协调，我们先后两次与赛事主要合作方天津商务服务行业协会的负责人一起带着方案赴京拜访了中聋负责人，进行细致的沟通。我们同时多次向天津残联领导汇报方案，根据市残联领导意见对方案进行完善。经过多次沟通协调，中聋协终于同意在天津举办首届全国聋人汽车驾驶技能赛。

5. 报名非小事，细节很关键。由于我们是第一次举办全国性的聋人汽车比赛，而且时间放在9月聋人节，距离国庆节非常近，考虑到比赛的安全性，我们把比赛时间和规模进行了压缩，最终确定京津冀和周边共8个省市进行比赛。为了保证报名顺利，我们安排了两位聋人、两位健听人专门负责报名工作，制定了详细的比赛通知、比赛说明、报名条件、报名表等材料，对报名车手严格把关，要求提交驾驶证、身份证、残疾人证、所佩戴的听力辅具型号、比赛安全责任书等资料。对于很多想参加比赛但不符合条件的聋人朋友，我们都做了耐心细致的讲解和说服工作，得到了大家的理解和支持。

6. 齐心合力，做好准备工作。与报名工作同步，我们与合作承办单位一起成立了组委会，全面开始比赛准备工作。组委会成员分别负责文字材料编写、财务管理、宣传、公关及接待、比赛场地安排等工作。大家各司其职，一起努力，组委会每周至少开一次会互通信息。经过两个多月的努力，我们准备好了所有的赛事文字材料，做好了比赛车手胸卡、服装以及奖杯证书和现场主题墙、充气门等，安排好了住宿、餐饮、接待车辆。

特别让我们感动的是，很多爱心企业和单位对这项赛事给予大力支持：天津环渤海汽车园免费提供了汽车俱乐部的室内外场地用于比赛；天津日产4S店免费提供了中级车型天籁作为比赛用车；天津大众驾驶学校派出10位教练员作为比赛裁判；天津津旅海河游船有限公司为参赛聋人车手提供一艘游轮让大家免费乘坐游览海河两岸风光；天津公安交管局安监处为参赛选手普及交通安全法讲座；天津市公益交通志愿者协会免费提供了部分比赛道具，还为聋人朋友们提供交通引导和安全保障服务；天津医科大学和天津外语大学手语社作为志愿者为赛事提供服务。

还有十多家爱心企业为比赛提供了总价值达20多万元的现金或奖品赞助。聋人群众也给予我们非常大的支持：天津聋人学校的几位学生为赛事制作了指示牌、投篮架等道具，天津福利企业的聋人朋友利用废脚料帮我们制作"限宽门"等比赛道具，还有更多的聋人朋友闻讯赶来，无私奉献，帮助布置赛场。众人拾柴火焰高，在各方面的支持和帮助下，我们顺利完成了比赛准备工作。

7. 比赛精彩顺利，收获快乐自信。9月27日聋人节前夕，天津环渤海汽车园汽车俱乐部场地上，气球飘起来、腰鼓敲起来、舞狮舞起来，首届全国聋人汽车驾驶技能联谊赛终于开始了。黑色服装的车手、白色服装的裁判、蓝色服装的工作人员、粉色服装的志愿者在比赛区内各就各位，二百多位聋人观众在观众区观赛，房车、户外用品展示区、赛事服务区环绕周围，整个赛场气氛热烈而又井然有序。比赛没有激烈的竞速，没有高难度挑战，而是设置投篮入筐、连续限宽门、S弯、压点、绕桩、倒车绕桩、倒车入库、绕饼等基础项目，考核选手的驾驶基本功，融安全性、趣味性于一体。

来自北京、天津、河北、辽宁、山西、陕西、江西、湖南八个省市的60位聋人车手参加了比赛。选手们稳中求快，成绩不断攀升，场面精彩热烈，最终决出了团体赛和个人赛名次，比赛取得了圆满成功。当天晚上，参赛聋人朋友一起乘坐游轮游览海河并进行聚餐共庆聋人节。第二天上午，公安交管局安监处、交警北马路大队为参赛选手普及交通安全法讲座，并现场通过实例及模拟道路行驶的方式为聋人驾驶员解答交通事故判定方式及解决措施。

为期一天半的赛事紧凑而丰富，背后却是四个多月的准备，非常辛苦。但是，目送各地参赛聋人朋友带着满意的表情和愉快的笑容离开的时候，我们感觉所有的付出都是值得的。

感悟

这是我国第一次由聋人自发组织，依靠社会资源支持，专门面向听力残疾人的汽车技能比赛。事实证明，我们聋人协会完全有能力独立承办全国性活动。

上接残联、下合协会、左联社会、右靠群众，大事可成！只要残联支持、协会团结，善用社会化工作方法，紧密团本类残疾人群众，没有做不到的事情。

"人脉"积累的程度，决定了专门协会的活跃程度。单独一个残疾人专门协会能力是有限的，通过举办活动和多方面友好合作，建立长期合作共建关系，就可以大大拓宽专门协会的活动范围，提高专门协会参与社会的能力。

（赵琳娜供稿）

中国肢残人协会工作

一、领导讲话

中国残联副主席刘德培在全国八城市中途之家验收总结会暨第五次脊髓损伤康复工作交流会上的讲话　2014年3月25日

图4-5-1　中国残联副主席刘德培在江西视察中途之家。

各位代表、各位专家、各位伤友、各位同志：

大家上午好！

我非常高兴地来参加"全国八城市中途之家验收总结会暨第五次脊髓损伤康复工作交流会"，感到这个会议开得及时、十分必要，会议安排得非常好，这么多省市残联同志来参加，充分说明中途之家工作有着重要的社会意义。中国残联领导对这次会议也非常重视，受张海迪主席和鲁勇书记的委托，我谨代表中国残联向会议的隆重举行表示热烈的祝贺！向全国广大脊髓损伤肢残人朋友和他们的亲属表示诚挚的慰问！向关心支持中途之家建设的各级残联、肢协领导、医疗、康复工作者和社会各界表示衷心的感谢！

脊髓损伤是一个常见病和多发病，同时它又是给患者及其家庭带来严重损伤、巨大痛苦的一种终身性疾病。据不完全统计，我国有100多万脊髓损伤者，而且还有不断增加的趋势。这是一个重大的医学课题和重要的社会问题，是一个世界性的难题，确实应该引起政府、社会组织的高度关注。我们高兴地看到，中国残联、残疾人福利基金会和肢残人协会在全国发起了建立脊髓损伤者中途之家的活动，整合各种资源，在社区层面上为脊髓损伤者提供医疗、康复、辅具适配、职业训练、社会保障和融入社会等一系列服务与扶助，而且把伤友和家属的积极性也充分发挥出来，取得了非常好的效果。中途之家从上海、浙江、河南和广西开始试点，短短几年，已经发展到20来个省份的50多个城市，这已足以说明中途之家服务模式受到基层和患者欢迎，适合当前经济与社会发展的实际情况，是一个符合群众利益，适应社会需要，接地气、可持续的服务模式，值得总结和认真推广。

中国残联在前年已经正式发文，要求全国各地学习上海等地的经验，开展中途之家建设。今年开始又正式将建设中途之家列入社区康复工作的主要内容之一，下达指标、开展培训、补贴经费、进行考核。徐凤建主席对会议准备情况的介绍，句句话充满爱心，件件事如数家珍，给我留下非常深刻的印象；我还浏览了徐凤建主席主编的《脊髓损伤者中途之家康复指导手册》。我是一个医学科研工作者，也是一个残疾人工作者，参加这次会议，是一个非常好的学习机会。昨天晚上，粗读了我们的会议交流材料，八城市中途之家对脊髓损伤康复工作进行了系统总结，"凝聚力量服务伤友，开拓创新打造家园"，"同在一片蓝天下，共建温馨家园"，"真心帮助，真诚服务，真情交流，扎实推进阳光中途之家特色康复工作"；为脊髓损伤者营造温馨的家、充满活力的家，在此基础上，"重建功能，开发潜能，助折翅伤友重新飞翔"，"让伤友从心站起来"，"让我们一起站起来"，为达到这一宏伟目标，"加强领导、凝聚力量、服务伤友、活跃生活"，"引入社会化服务模式，构建阳光中途之家"；"整合资源，注重结合，积极探索中途之家发展机制"，每一个报告、每一份经验，都充满了爱心和奉献之心。在此我谨代表中国残联，向求真务实、开拓创新，为脊髓伤友共建美丽新家的残疾人工作者、医护工作者、康复工作者和关心、支持、帮助残疾人工作的社会各界致以衷心的感谢和崇高的敬意，谢谢大家！

我们深信，这次会议一定会推动我国脊髓损伤预防、医疗和康复的一系列工作，为广大脊髓伤友的生活状况改善带来更多的帮助。在彩云之南的保山都做到了，相信全国都能做到。同时希望脊髓伤友康复工作经验能够给整个残疾人康复带来新的启迪和促进，让广大伤友共享社会改革和发展的成果，为实现中华民族的伟大复兴共圆中国梦。谭小军的七点希望就是我们的责任，让我们共同努力。

今天我们聚会于美丽的南昌，"雄州雾列，俊采星驰。台隍枕夷夏之交，宾主尽东南之美"，在这物华天宝、人杰地灵之地，我代表中国残联对江西省残联、南昌市残联给予本次会议的大力支持表示衷心的感谢！

祝愿本次会议取得圆满成功！祝大家身体健康，祝伤友康复！

全国八城市中途之家建设项目实施工作总结报告

中国肢残人协会主席 徐凤建

2014年3月25—26日，全国八城市中途之家建设工作总结会在江西南昌召开。参加本次会议的代表来自21个省区市的30多个地市一级市、区，地域涉及全国东、中、西部，人数超过130人，充分说明中途之家在全国已经有了较大的发展。中国残联领导高度重视会议的召开，中国工程院院士、中国残联副主席刘德培同志出席会议并做重要讲话。刘主席代表张海迪主席和鲁勇理事长向与会人员和全国脊髓损伤伤友表示亲切慰问，充分肯定开展中途之家工作的意义和已经取得的成果，要求把中途之家作为残疾人服务的一个重要品牌打造出来，惠及更多的脊髓伤友。

会议对合肥、南昌、石家庄、牡丹江、莆田、襄阳、银川和重庆九龙坡佳通轮胎公司资助的八个试点城市的中途之家建设工作进行了考核与评估。会前抽查互查、会中听取汇报、查看资料，组成评估小组，成了试点工作的检查程序。现将具体情况总结如下：

一、中途之家建设项目介绍和基本经验及特点

我国大陆地区的中途之家始于2009年，是在中国残联、中国残疾人福利基金会和佳通轮胎（中国）集团有限公司的支持下，逐渐发展起来的。从发展历程来看，大致可以分为三个阶段，2009年初到2010年10月是第一阶段筹备工作，起草工作方案，编写指导手册，确定上海的静安区、虹口区、杨浦区、金山区，浙江的杭州市上城区、嘉兴市南湖区、丽水市莲湖区，河南洛阳市的涧西区、洛龙区和广西南宁市为试点单位，直到第一次总结验收会议上，由张海迪主席亲自为脊髓损伤者委员会和中途之家资源中心揭牌，基本完成了编写教材、开展试点和成立脊髓损伤者委员会三大任务。2009年10月到2012年8月是第二阶段，巩固试点工作成果，完善服务政策，宣传动员社会，加强国际及港台澳地区交流。2012年8月的合肥会议到目前是第三个阶段，中国残联下发了文件，八城市开展试点，深圳、宁波、保山等自行创办，中途之家扩大了覆盖面，增加了服务内容。到目前为止，全国已建50个中途之家，注册伤友约3000名。我们先后召开了五次全国性会议，其中2010年和2011年先后两次在上海召开会议，2012年8月在合肥召开会议，2013年3月广西南宁召开会议，2014年在南昌召开第五次会议。五次会议中，张海迪主席出席两次并做重要讲话，和伤友代表亲切交谈，给予中途之家建设工作和伤友很大鼓励。

二、各地中途之家建设项目经验概括

（一）各地残联领导高度重视和有效组织，为工作提供了基本的保障；

（二）专业团队和社会组织参与和承接，采取了制度化运作模式；

（三）专业机构参与和支持，切实解决伤友实际问题；

（四）康复、保障政策配套与完善，中途之家效益放大；

（五）肢协参与协调，伤友参与管理，中途之家更加活跃、和谐；

（六）爱心企业和社会各界积极支持，媒体多角度报道，中途之家得到社会广泛认同；

（七）中途之家成效明显：伤友的心理障碍逐步减少，并发症状况基本消除或得到控制，生活环境得到改善，家庭压力有所减轻，社会活动有所增加，部分年轻伤友获得职业技能。社会增加了对伤友痛苦的了解和残疾预防重要性的认识，残联干部增加了对脊髓损伤全面康复概念的理解，尝到了类别化、精细化服务的甜头。

可以说，有中国特色的脊髓损伤社区康复模式——中途之家已初具雏形，并已在临床医疗、康复界和国内外同行中产生积极影响。

三、下一步工作的计划

当前，我国残疾人事业正处于历史上最好的发展时期，同样，也是任务最艰巨、工作最繁忙的时期。我们要在党中央、国务院领导下，在全国人民的支持下，实现2020年"同步小康"的伟大目标。我们要把建设好脊髓损伤者中途之家的工作与同步小康紧密地联系起来。

（一）及时向各级残联领导认真汇报中途之家总结会议精神。特别是刘主席在开幕式上的重要讲话，大会材料中张海迪主席有关中途之家工作的重要讲话和指示，鲁勇理事长对中途之家工作的要求，中国残联2012年5号文件内容，以及各地区中途之家工作经验，推动本地区中途之家工作进一步发展。

（二）加深对脊髓损伤者痛苦的理解和开展中途之家工作重要性的认识。由于并发症的反复发生以及对生命的威胁、行动的极度不便和对家人及护理人员的依赖，脊髓损伤者是最为痛苦、最为困难的肢残人群体。因此办好中途之家，为脊髓伤友提供良好服务，是残疾人"两个体系"的重要内容，是残联干部、肢协干部责任心的重要体现，无论是良心、感情还是责任心都要求我们把这项工作担当起来。

（三）"凝聚力量服务伤友，共建温馨家园"，"真心帮助，真诚服务，真情交流，扎实推进中途之家特色康复工作"，"重建功能，开发潜能，助折翅伤友重新飞翔"，"让伤友从心站起来"，"让我们一起站起来"。

（四）从我们对中途之家的伤友情况分析来看，新发病伤友以青壮年人群为主，除少数是脊髓病变引起以外，其他是交通事故造成的，另外一部分是工伤事故和坠落造成。对于一个家庭，特别是在缺少社会保障条件地区的家庭来说，家庭成员发生脊髓损伤等于遭到一次毁灭性的打击。因此，预防残疾的发生，关怀重度残疾人，应该引起政府和全社会的高度重视。

（五）加大力度推动，加快进度发展中途之家。张海迪主席要求中国肢协在2015年前在全国建立500个中途之家，建成1000个伤友小组，服务伤友超过2万人。我们现在距离这个目标还有很大的差距。鲁勇理事长、先德副理事长、世明副主席、程凯副理事长、贾勇副理事长和基金会小泉理事长都在各种场合关心、重视中途之家的工作。组联部曹主任认为中途之家是一个"接地气"的服务项目，康复部尤主任亲自为中途之家赋诗"从心站起来"加以赞美。从2012年8月起，康复部明确把中途之家作为社区康复三大主要任务之一，今年起将正式下达工作指标、配套经费补贴、举办业务培训、实施目标考核，将按照东、中、西部不同地区提出不同的要求。我们相信通过中国残联业务部门的强力推动，中途之家一定会有健康、快速的发展。已有的中途之家要相互借鉴，不断完善；正在筹建的要按照高起点、高要求的标准抓紧启动。建议省级残联要制定中途之家的发展规划和配套政策，确定人才培养和伤友康复训练基地，服务重残伤友。中国肢协将配合康复部开展服务基层和指导、考核等工作，推动建立全国中途之家服务联盟。

（六）各级肢协要积极主动，在中途之家工作中发挥重要作用。从各地经验可以看出，中途之家要取得成功，伤友的主动参与是一个关键，而伤友的参与又离不开肢残人协会积极主动的投入和组织。我们感到，肢协要发挥好以下八个方面的作用：积极宣传，配合筹建，推荐伤友骨干，协助开展筛查，组织伤友活动，发动社会开展志愿服务，救助困难伤友，成立脊髓损伤者委员会、建立网站、热线电话、QQ群等联系平台。我们肢协"代表、服务、维权"三大职能在中途之家工作中将得到完整的体现。

我们相信，通过大家的努力，全国的脊髓损伤康复工作一定会积极推动。同时，我们从现在起，将启动全国第六次脊髓损伤中途之家的筹备工作。

最后，我们还要感谢中国残疾人福利基金会和佳通轮胎（中国）有限公司对广大伤友的关心与奉献。

二、政策法规文件

中国残联办公厅关于开展第五次全国"肢残人活动日"的通知

残联厅函〔2014〕179号

各省、自治区、直辖市及计划单列市残联，新疆生产建设兵团残联，黑龙江垦区残联：

2014年8月11日是第五次全国"肢残人活动日"，同时也是《无障碍环境建设条例》实施两周年，为深入贯彻党的十八大和十八届三中全会精神，落实中央领导同志关于从残疾人最关心、最迫切的问题入手，着力解决关系残疾人切身利益问题等一系列指示精神，按照《关于全面深化农村改革加快推进农业现代化的若干意见》（中发〔2014〕1号）提出的"推进城乡基本公共服务均等化"的要求，切实采取措施加强对各级各类社会公共服务设施无障碍环境建设的力度，保障残疾人权益，为残疾人走出家门、参与社会生活创造必要条件，经中国残联领导同意，决定组织开展第五次全国"肢残人活动日"活动。现将活动有关事项通知如下：

一、活动主题

环境无障碍，方便你我他

二、活动内容

各地残联和肢残人协会要动员社会力量，结合本地实际，开展系列主题活动，体验公共服务设施无障碍，反映肢残人诉求，引导社会各界关注肢残人无障碍出行需求。

（一）组织开展肢残人公共场馆无障碍体验活动

组织无障碍设施建设监督员对公共服务场馆无障碍建设进行体验，正当合理反映肢残人诉求，推进重点公共服务场馆的无障碍环境建设提升和改造。各地肢协可以结合中国残联正在开展的"百家图书馆文化助残公益行动"、"百家博物馆文化助残公益行动"、"百家媒体公益助残活动"以及中国肢协为农村肢残人"下一次乡"、"建一个图书（光盘）角"、"录一本书"、"做一件事"、"帮一个人"、"出一次门"的"六个一"主题活动，提高公共场馆无障碍体验活动的实效。

（二）组织开展肢残人公共交通无障碍体验活动

各地肢残人协会在助残志愿者的帮助下开展公共交通服务无障碍体验，对当地的出租车、地铁、火车站、公交车、轮渡、码头等交通工具和站点进行体验，提出合理化建议，推进公共交通设施无障碍环境建设。

（三）组织开展公共信息交流无障碍体验活动

各地肢残人协会要积极与各类残疾人专门协会联系，收集整理各类残疾人对当地电视双语栏目、残疾人广播专题节目、影视剧字幕、政府及残疾人组织网站、盲人视障阅览室的合理建议，积极推进当地公共信息交流无障碍环境建设。

三、活动要求

（一）各地残联和肢协要高度重视，围绕活动主题，结合本地实际，制定具体工作方案。

（二）各地要充分发挥报刊、广播、电视、网络等媒体作用，加大力度宣传肢残人活动日主题活动，引导社会各界关注无障碍环境建设，为肢残人参与社会生活、实现美好中国梦创造条件。

（三）各地活动结束后，请于2014年8月31日前将活动总结、报道、网讯、图片报送中国肢协。

"扶贫济困，邀您同行"暨千企万人行动倡议书

中国肢残人协会常务副主席、
残疾人创业者清华联谊会主任王建军
2014年12月3日

经国务院批准，自2014年起每年10月17日为全国"扶贫日"。"扶贫日"的设立充分体现了党中央、国务院对低收入群众的特殊关爱和对扶贫济困的高度重视，对弘扬社会主义核心价值观、动员全社会力量参与扶贫开发具有里程碑式的意义。

扶贫济困是中华民族的优良传统，她在扶贫济困最美现象多、扶残助残道德风尚好的文明之地——清华大学残疾人企业家培训班里体现得淋漓尽致。经中国肢协初步统计，清华培训班学员创办的近300多个企业中目前已安置了3000余名残疾人就业。这些生动的数字，涌动着残疾人企业家爱的潮流，凝聚着残疾人企业家善的力量，闪烁着主动承担社会责任的残疾人企业家精神。

毋庸置疑，残疾人企业家已率先消除了贫困，但谁能说我们的身边没有低收入的街坊邻居，没有患慢性病、大病成员的家庭，没有缺资金、缺劳力、缺能力的残疾人兄弟姐妹？帮助他们就业脱贫，既是各级政府的应尽职责，也是全社会和我们每个企业家的共同义务。

残疾人企业家作为经济社会发展中具有比较优势的特殊人才资源，也是社会责任的承担者。我们提议清华大学残疾人企业家培训班的一期、二期、三期乃至十期的学员动员起来，在自己的企业及相关企业，为贫困的残疾人兄弟姐妹创造更多的稳定就业就会，在帮助他们

的同时升华自己的境界、崇高自己的心灵，争取在2016年完成千个企业安置万名残疾人就业工程的首期目标，向社会展示优秀残疾人企业家的强烈社会责任。

缩小贫富差距、实现共同富裕，是社会主义的本质要求。扶贫济困，我们义不容辞；共建和谐，我们责无旁贷。在首个全国"扶贫日"之际，我们向全体学员发出倡议，让我们行动起来吧，你们一句句温暖的话，一双双帮扶的手，必将凝聚起推动幸福的能量。推动形成：人人皆愿扶贫济困的社会氛围，人人皆可扶贫济困的公众理念，人人皆能扶贫济困的有效机制。我们相信，涓涓细流定将汇成浩浩江河，您的善举一定能为贫困的兄弟姐妹增添希望，为残健共奔小康插上飞翔的翅膀，让扶贫济困的大爱阳光照亮每一位贫困残疾人兄弟姐妹的心灵。

扶贫日——期待您的参与。

扶贫济困——期待您的善举。

千企万人行动——您是永远的主角。

三、工作综述

2014年，中国肢残人协会以党的十八大精神和中国残联第六次代表大会精神为指引，认真履行"代表、服务、维权"职能，紧紧围绕中国残联的中心工作，在组联部的指导下，科学谋划、求真务实、按照年度工作计划，以鲁勇书记提出的"四三五"工作要求为蓝本，以全国肢残人群体的基本利益和实际需求为主线，以民生优先、服务优先、基层优先为原则，以项目实施为载体，有序组织并有力推进中国肢协事业的发展，年度工作圆满完成。

（一）搭建为各类肢残人服务的桥梁，落地直接服务措施

2014年协会积极探索适应新形势要求的协会工作机制，着力在工作机制上创新突破，按照"三个活跃"的要求，构建多层次、宽领域的工作形式。协会根据肢残人群体的需求，成立了门类齐全、层次不同、覆盖广泛的专门委员会组织体系。在建立由上海市肢协承担日常工作的无障碍委员会、陕西省肢协承担的轮椅·汽车俱乐部、浙江省肢协承担的脊髓损伤者委员会、天津市肢协承担的失肢者委员会、江西省肢协承担的口足书画联谊会、大连市肢协承担的青年工作委员会后，又相继成立了辽宁省肢协和沈阳市残联承担的脊柱裂与脑积水者委员会、中国肢协办公室承担的残疾人创业者清华联谊会8个内设机构，邀请部分委员和社会知名肢残人士担任委员，聘请专家和爱心人士担任顾问。专委会广泛团结各地各界肢残人朋友，联系各行各业，发动社会力量，服务肢残人群体，发挥了十分重要的作用。

专委会成立后，真正搭建了为各类肢残人群体服务的桥梁：

——无障碍委员会，与中国残联维权部合作，举办两期肢残人无障碍督导员培训班，组织乘坐轮椅的肢残人体验公交、地铁，并将公共交通无障碍的不足之处向相关部门反映情况，搭建了政府与肢残人维权的桥梁；

——轮椅·汽车俱乐部，组织有条件的残疾人驾车出游，对残疾人的辅具提出合理化建议，搭建了需要辅具的肢残人反映心声的桥梁；

——脊髓损伤者委员会，在全国成立了中途之家，搭建了伤友走出家门、在社区康复锻炼的桥梁；

——失肢者委员会，组织专家为失去双臂的失肢者编写生活教材，搭建了失肢者提高生活质量的桥梁；

——口足书画联谊会，为喜爱书法绘画艺术的失臂肢残人提供交流、展示和提高的文化平台，搭建口足书画家爱好者展示艺术才华的桥梁；

——青年工作委员会，对有潜质的肢残人青年开展学习培训，搭建了肢残人青年才俊成长的桥梁；

——脊柱裂与脑积水者委员会，在全国4个城市成立脊柱裂与脑积水者社区康复的云朵家园，搭建伤友融入社会的桥梁；

——残疾人创业者清华联谊会，团结和凝聚300余名清华校友，搭建为贫困基层残疾人提供稳定就业机会的平台。

（二）以推进协会整体工作为抓手，创新突出重点工作

1. 为适应社会建设和残疾人事业的发展形势，全国已有15个省级肢协进行了社团登记。协会在当地残联的指导下，以独立法人的形式开展各项工作。注册的协会初步具备社团法人开展常规工作的基本条件，此举进一步创新及推动了地方协会的发展，同时提升了地方协会服务基层的能力和水平，对中国肢协与地方肢协对接整合、相互推动、合作发展起到了举足轻重的作用。

2. 为落实中国残联领导关于协会官方网站建设的指示精神，中国肢协依托海南残友信息技术有限公司，在原有协会网站的基础上，积极完善了协会官方网站，在面向全社会正面宣传的基础上，为各地协会提供有效信息。网站内容包括几十个专栏和重点服务项目介绍，同时要求协会的八个专委会设立了二级网站。网站内容翔实丰富，不仅宣传了残疾人事业、展示肢残人人文风采，而且以网站为载体，全方位、多层次地宣传中国肢协的工作情况和开展服务的内容，不断扩大协会工作宣传的深度和广度，各个栏目都有较高的点击率。各省市

肢协推荐的68名通讯员为反映基层协会的活动和工作尽职尽责。2014年9月在中国残联信息中心召开的专门协会官方网站研讨会上，中国肢协官方网站的总体布局和多样化属性得到了充分肯定。

3. "中途之家"自2009年建立以来，具有中国特色的脊髓损伤者社区服务模式正在逐渐完善，成为中国肢协在社区康复服务层面的示范引领。2014年3月，全国第五次脊髓损伤者中途之家交流会议在江西省南昌市成功举行。据不完全统计，全国已有40多个地市级城市建立了中途之家，其中北京市在两个城区建立了中途之家。2014年4月脊柱裂与脑积水委员会在辽宁省沈阳市成立，填补了我国在该领域组织里的空白；服务该类患者的国内第一个云朵家园复制中途之家的运作模式，在北京首次落地，10月25日国际脊柱裂与脑积水日活动在全国20个省份开展。中途之家、云朵家园已成为中国肢残人协会的项目品牌，在社会和残疾人群体中引起了高度关注。中途之家工作推广以来，在社区康复和服务基层肢残人朋友方面显现了其独特的优势与功能，在多元化互动的社区康复工作中发挥了重要作用，不仅满足了肢残人群体的多样化和个性化需求，还拓宽了就业渠道，为社会组织发展创造了良好的社会环境。

（三）形成抓典型、人才、维权态势，着力贴近需求服务

——抓典型。以山东省济宁市嘉祥县手套工业基地多层无障碍工业厂房为典型示范窗口，辐射和带动残疾人企业家创办的残疾人集中就业企业多层工业厂房实现无障碍环境建设。在示范样本量达到规范要求的同时，积极配合中国残联维权部和国家住建部有关职能部门及时推出"残疾人集中用工单位多层工业厂房无障碍建设标准"。

我国是脊柱裂发病率较高的国家之一，协会整合社会资源，与地方残联和医疗机构密切合作，在北京市朝阳区率先建立了全国首家脊柱裂与脑积水者的"云朵家园"，为基层及贫困伤友在社区层面提供医疗、康复、职业训练和融入社会的系列服务。协会将以北京"云朵家园"为典型，向全国各地辐射和推广，使更多的基层脊柱裂与脑积水者受益。

——抓人才。举办第三期清华大学残疾人企业家培训班，106位肢残人成功创业者第一次集体走进国家高等学府，聆听现代管理知识和最新经济信息。培训班依托清华大学的优质教育资源，针对残疾人企业家创业中的需求，为学员量身定制了立体化、互动式、实战型的经营管理系统学习课程，以培养具有现代管理能力及竞争能力以及社会责任的企业高级管理人才为目的，倾力打造中国残疾人企业家的精英方阵。

举办肢残人青年骨干培训班，旨在加强基层协会后备人才培养，打造一支素质优良、勇于创新的肢残青年骨干队伍，引领广大肢残青年朝气蓬勃地迈向未来，在实现中国梦的征途上建功立业。课程涉及肢残青年素养、基层肢残人协会工作以及无障碍环境建设等三个方面。通过培训，青年骨干了解了中国残疾青年奋斗的历史，增强了使命感和责任感；了解了事业发展与当前开展的重点工作，明确了自身工作的努力方向。培训班期间，中国肢协"残疾人创业者清华联谊会"向全体学员发出倡议，号召残疾人企业家发扬中华民族扶贫济困的优良传统，为残疾人兄弟姐妹创造稳定的就业岗位，争取在2016年完成千个企业安置万名残疾人就业工程的首期目标，向社会展示优秀残疾人企业家的强烈社会责任。

为进一步推进各地无障碍环境建设健康、有序、科学、规范地发展，更好地发挥协会在无障碍环境建设方面的配合、促进、参谋和监督作用，举办无障碍督导员培训班，在全国范围内培养一批掌握无障碍环境建设基础知识、懂得社会管理和公关关系协调的无障碍建设督导员。从维护自身权益和融入社会的实际需要出发，加强肢残人参与社会的能力。

——抓维权。2014年8月11日是第五次全国肢残人活动日，同时也是《无障碍环境建设条例》实施两周年。为深入贯彻党的十八大和十八届三中全会精神，落实中央领导同志关于从残疾人最关心、最迫切的问题入手，着力解决关系残疾人切身利益和出门难问题等系列指示精神，按照2014年中央1号文件提出的"推进城乡基本公共服务均等化"的要求，切实采取措施加强对各级各类社会公共服务设施无障碍环境建设的力度，保障残疾人权益，为残疾人走出家门，参与社会生活创造必要条件，各地肢协以活动主题"环境无障碍，方便你我他"为着力点，组织无障碍设施建设监督员和残疾人群众对公共服务场馆和公共交通无障碍建设进行体验，正当合理地向政府部门反映肢残人诉求，推进重点公共服务场馆的无障碍环境建设提升和改造。此次活动以基层肢残人群众体验为切入点，以反映诉求呼声为突破点，以推进无障碍建设为根本点，取得了很好的效果。据统计，全国所有省级肢协和20多个县级以下的基层肢协和残疾人群众参与活动，上报稿件67份，部分稿件分别在中国残联官方网站、中国肢协官方网站、《中国残疾人杂志》刊登，得到了中国残联领导的肯定。

针对上肢残疾人迫切希望合法驾驶机动车的呼声及残疾人航空运输管理办法的意见征求，协会反复向中国残联有关部门反映情况，与中国残联维权部多次共同召集京津冀三地肢残人代表座谈广泛征求意见，并将意见

形成调查报告，为国家有关职能部门决策提供了较好的参考依据，并使之成为残联主流业务的有益补充。

（四）融合社会资源参与公益活动，惠及基层肢残人

1. 2014年重塑未来公益活动与北京朝阳双桥医院、北京年轮中医骨科医院签订了"重塑未来"肢残少年儿童康复矫治医疗救助长期合作协议，已为100余名贫困肢残青少年实施免费矫治手术。手术效果良好，并产生了十分积极的社会影响。令人欣慰的是，重塑未来救治的对象，有的考上了大学，有的走进了梦寐以求的课堂，有的外出打工实现了自我价值，项目取得了较好的社会效益。国家民政部、国家扶贫基金会及湖北省十堰市肢协主席成江同志均提供扶持资金，重点培育和推进重塑未来大型公益项目。

2. 2014年中国肢协与湖南安邦制药有限公司合作，成立"嫩芽基金"专项救治贫困的脑瘫儿童。

3. 2014年协会与北京年轮骨科中医医院合作，启动站立计划，专项救治贫困的股骨头疾病患者。

4. 2014年与锦州仁爱科技发展集团有限公司开展三年战略合作，致力于无障碍事业的宣传和倡导、无障碍环境建设的研讨和培训、无障碍良好社会氛围的促进和督查。

5. 2014年在青海开展了"帮你建个家"公益活动，为西部贫困地区残疾人危改后的新房添置日常生活用品。中国肢协与青海省肢协主席王忠辉和青海省肢协前任主席冯全忠联手为青海省100位肢残人家庭捐赠了价值30万元的家用电器。

6. 2014年协会动员社会爱心企业和人士，为协会捐赠轮椅100余台。

7. 2014年与美年大健康管理公司建立为全国500多位肢残人进行"免费、定额、优质"健康体检机制。

8. 2014年与金珠满江集团合作，在北京市郊区设立残疾人涉农就业基地，首批安排就业残疾人十余名。

9. 与上海阳光康复中心和缘杏源中医门诊部、南京瑞鑫医院、卫美恒公司、可靠护理用品、博菲医疗用品公司及爱生雅集团公司等围绕脊髓损伤康复建立合作关系。

搭建公益平台，更好地发挥社会爱心企业和人士奉献爱心、惠及困难肢残人，是协会不可或缺的功能作用之一。协会在公益活动和救助贫困肢残人常态化延伸和长效模式上进行探索和实践，从公益项目的管理模式上升级，从单一依靠慈善人士和机构向多元化合作实施模式转型，积极动员基层医疗机构和救助所在地的肢协共同参与，实现公益项目管理的科学化、规范化、便捷化和透明化，提高公益项目的实施效益和质量。

（五）创新协会多元文化建设理念，促进文化繁荣

1. 协会与文艺团体联手，在北京炎黄艺术馆举办大连脑瘫画家刘超的画展，向社会展示肢残人的风采。

2. 2014年全国助残日，与北京首都国际机场联手，在首都机场第三航站楼免费为残疾人书画家举办30天画展，取得了良好的社会效果。

3. 与中央电视台星光大道栏目组建立工作联系，宣传协会公益项目，营造社会关怀肢残人的良好氛围。

4. 北京东城区中途之家成立了伤友模特队，增加伤友活动内容和兴趣。

（六）认真寻找协会工作的不足，工作水平亟待提升

1. 协会的公益项目，在管理水平和服务模式上还须不断完善，慈善公益项目还须在做深、做细、做精、做实上下功夫。

2. 在团结和引导地方肢协工作方面尚显不足。

3. 在整合社会各方力量，积极推进公益慈善活动工作中缺乏长效机制。

4. 中国肢协和地方注册协会，在法人治理和依法治会的工作中缺乏有效方法。

总结2014年工作，协会基本圆满完成了年度工作任务，但工作中还存在着许多不足。2015年，中国肢残人协会的工作更为艰巨，要在抓典型、抓人才、抓维权、抓指导和抓预防等项工作上下功夫，充分发挥国家级社会组织引领示范和联系残疾人的桥梁纽带作用。

四、大事记

1月14日，北京市东城区、西城区、朝阳区、石景山区等区上肢残疾人及北京市肢残人协会成员在中国残联就上肢残疾人驾车问题召开建言谋策会。

1月23日，中国残联领导程凯到广济医院看望孙恂及重塑未来手术救助者。

1月29日，重塑未来项目获得中央财政支持社会服务示范项目批准，实施经费100万元。

2月18日，孙恂同志在北京广济医院去世，享年73岁。20日，孙恂同志遗体告别仪式在八宝山百合厅举行，会领导程凯、组联主任曹跃进、中国肢协常务副主席王建军参加，张海迪主席、中国肢残人协会敬献花圈。

2月21日，大连脑瘫画家刘超在北京炎黄艺术馆举办画展，吕世明副主席出席。

3月23日，由中国残联组联部、中国残疾人福利基金会、中国肢残人协会、江西省残联、佳通轮胎投资集团主办的"全国八城市中途之家验收总结会议暨第五次脊髓损伤康复工作交流会"在江西省南昌市召开。来自全国东、中、西部21个省份30个市的残联、肢协和中途之家试点单位的100余人参加会议。中国残联副主席刘德培出席会议并做重要讲话。全国著名医学专家侯春林教授和尹岭教授在会上做了发言和授课。江西省南昌市、安徽省合肥市、河北省石家庄市、黑龙江省牡丹江市、福建省莆田市、湖北省襄阳市、重庆市九龙坡区、宁夏回族自治区银川市八城市和江西乐秋康复中心的代表，就"中途之家"建设情况做了经验介绍。会议对八个试点城市中途之家建设情况进行了考核评估，授予了证书。与会代表还参观了江西乐秋康复中心，观看了伤友表演的轮椅舞蹈。脊髓损伤者乐观向上的精神风貌、精彩绝伦的轮椅舞蹈技巧及和谐融洽的团队精神给大家以强烈的心灵震撼。

图4-5-2　脊髓损伤伤友展示轮椅操。

3月28日，中国肢协相关人员参加星光大道节目录制，为星光大道栏目组颁发阳光助残团队证书。

3月30日，中国残联副主席吕世明和中国肢协副主席王建军参加太阳雨向磁娃娃捐赠电动轮椅仪式。

3月31日，徐凤建、王建军到中国残疾人福利基金会参观，下午召开协会季度工作会议。

4月11日，中国残联副主席吕世明在中国残联召开太阳雨签订电动轮椅合同相关事项会议。

4月15日，王建军副主席参加陕西省肢协成立会议。

4月18日，中央新影环球时空有限公司陈总、陈技术总监到协会商谈爱心商店事宜。

4月29日，中国肢协脊柱裂委员会成立大会在沈阳召开，国际脊柱裂委员会主席等一行2人及代表80余人到会。中国肢协主席徐凤建和副主席王建军、王延到会。

5月9日，北京首家中途之家在东城区残联成立，上午在东城残联辅具中心召开揭幕典礼。中国残联副主席吕世明、东城区副区长汤钦等80余人参加会议。会后吕世明参加伤友座谈会，爱生雅捐赠2箱纸尿裤，鹤岗顾杰捐赠健身轮椅2台。

5月18日上午，中国残联副主席世明、中国肢协副主席建军、中国聋协主席杨洋等到机场参加志愿助残残健融合书画展。

5月18日下午，中国残联党组书记鲁勇到广济医院看望重塑未来救治对象。

5月25—29日，上海诺宝中心召开中国肢协第二期无障碍环境督导员培训班。中国残联副主席吕世明及全国26个地区82人一同参加培训。

6月9—13日，清华大学残疾人企业家培训班开班，参加人数110人。中国残联副主席王乃坤参加开幕式并讲话。

6月20日，北京海利丰公司向北京站赠送轮椅15台。中国榜样公益基金会会长、秘书长孙梅，北京海利丰公司周尚斌总经理，畅行基金管委会王树春，北京站马书记、王书记，中国肢协参加捐赠仪式。协会向北京海利丰公司周尚斌总经理颁发了证书。

7月8日，文化部召开关于文化无障碍环境征求意见会。

7月8日，合众保险和吕世明副主席及肢协商谈捐赠轮椅事宜。

7月21—23日，"你行，我行，大家同行，帮你建个家"活动仪式在青海海东市召开，中国残联副主席吕世明参加。

7月21—23日，中国肢协残疾人创业者清华联谊会成立大会在西宁召开。

8月5日，中国肢协与年轮医院签订站立公益慈善活动协议。

8月11日，徐凤建主席、王建军副主席到重庆参加811活动和重庆肢协法人登记成立大会。

8月26日，站立计划——中华骨头康复万里行慈善公益活动的启动仪式在中国残联机关二楼会议厅举行。

9月10日，专门协会召开残疾人航空运输办法（修订稿）征求意见会，中国残联副主席吕世明、维权部主任马玉娥出席会议。

9月11日，北京市朝阳区举办中途之家、云朵家园成立启动仪式，中国残联副主席吕世明和中国肢协副主席王建军出席活动。

9月15日，中国残联在朝阳区残联召开与北京市残联协会工作对接会。

9月16日，王建军副主席和东城区残联汪凯燕、唐占鑫等到北控疗养院商谈脊柱裂伤友生活重建培训事宜。

9月24日，王建军主席到昌平参加京津冀三地残联专门协会工作交流会。

10月10日，中国肢协副主席王延参加中国残联维权部召开的上肢残疾人驾车座谈会。

10月10日，中国肢协副主席王建军、中国住建部无障碍专家吕小泉和中国肢协行政总监田露到山东济宁考察多层工业厂房无障碍建设。

10月16—22日，中国肢协六届二次全委会在福建省福州市召开。中国残联副主席吕世民、中国残联组联部副主任张超英出席会议。

10月19日，中国肢残人协会第六届委员会第二次全体会议在福建省福州市召开。会议听取并审议了中国肢协工作报告，认为中国肢协工作报告内容翔实、管理规范，一致通过中国肢协工作报告。

10月24日，北京市朝阳区召开国际脊柱裂与脑积水活动日活动，中国肢协副主席王建军及20多名伤友参加活动。

10月24日，年轮医院为脊柱裂伤友免费检查身体。

10月27日，全国辅具展在国展举办。东城中途之家和乐秋轮椅队参加表演，中国残联副主席吕世明和中国肢协副主席王建军出席活动。

10月27日，福祉车专家委员会研讨会召开。

10月27日，站立计划秦皇岛之行启动。

10月28日，中国肢协应邀参加中国残联康复部召集的康复会议，交流十三五规划协会的康复工作规划。

11月5日，程凯参加清华大学残疾人企业家培训班，看望残疾人学员并发表讲话。

11月6日，清华大学残疾人企业家培训班结业，中国肢协副主席王建军和清华大学继续教育学院吴院长出席结业仪式。

11月16—19日，在上海举办第三届无障碍督导员培训班。

11月24日，组联部召开评鉴委会议，宣布对中途之家工作考察意见。

12月1—7日，中国肢协主席徐凤建、中国肢协副主席王建军率团到台湾参加两岸无障碍环境建设论坛。

12月9—10日，中国肢协相关人员考察残疾人企业家薛宁残疾人集中就业厂房无障碍建设情况及其他工作情况。

12月9日，上报民政部2014年项目末期报告、2015年项目申请报告。

12月12日，畅行基金工作会议在中国残联组联部会议室召开。

12月15日，与国家信产部合作调研上肢缺失残疾人使用手机情况。

12月22—25日，参加计财部组织的全国各省残联申请康复和托养机构费用专家会。

附录一

北京市东城区中途之家生活重建训练营

背景

中国目前有脊髓损伤者约130余万人，他们是肢体残疾人中受伤最严重的1级或2级残疾群体，受伤年龄集中在20—30岁，100%为后天受伤。大多拥有着宝贵社会经验和专业技能的他们，由于身体的障碍不能发挥应有的能量，不能创造应有的价值。

中途之家是2009年中国残联在社区康复服务层面开展的示范性引领项目，在建立具有中国特色的脊髓损伤者社区服务模式和多元化互动的社区康复工作中发挥了重要作用并积累了丰富的工作经验。

过程

2014年5月9日，在中国肢残人协会、北京市残联、北京市肢残人协会、东城区残联的大力支持下，北京市第一个脊髓损伤者中途之家在东城区残联成立了。

北京东城中途之家依托东城区残疾人日间康复服务中心五家专业机构，自成立伊始开展了康复训练、辅助器具选配、生活自理能力指导、康复健身指导、心理行为训练等一系列服务，并针对伤友的实际需求，组织了一系列"地铁无障碍出行、轮椅模特队、伤友月活动日、蜜欢行"等一系列互动互助活动和联谊公益活动，得到了广大伤友的一致好评。在这期间我们创造了很多中国第一，其中包括：2014年5月成功推动北京残联向伤友配发一次性卫生护理用品政策；6月成立中国第一支伤友组成的"玉蜓轮椅模特队"；6月开始全国首次地铁无障碍体验并推动北京地铁无障碍设施改进；7月派遣中国大陆首批伤友赴台湾脊髓损伤者潜能发展中心交流学习；9月编辑出版中国首部《脊髓损伤者生活自助手册之生活重建篇》；10月组织第一次全国300名脊髓损伤者在北京的大型体验活动——蜜欢行；10月建立中国第一支"生活重建"专家讲师团；11月组建中国第一支由伤友组成的专业"伤友访视团"。

一个新的组织成型是需要缜密计划和付出常年辛勤工作的，北京东城中途之家在开展中国残联赋予中途之家的传统残疾人服务项目之外，还开展了我国第一个以同侪服务为核心开展的以自立生活为目标的专业训练项目——脊髓损伤者生活重建项目。

生活重建项目在海外已经开展了近30年，海外的这个特殊的社会群体、特殊的残疾群体在生活重建后享有与普通人一样的生活。北京东城脊髓损伤者中途之家能够开展这个项目，是通过多年的积累和社会化服务总结出来的。

2005年，北京东城中途之家的伤友团队就开始运营目前我国最大的脊髓损伤者线上社区——中国脊髓损伤论坛（www.imsci.cn，注册用户逾4.8万人），积累了丰富的伤友服务经验。

2012年北京东城中途之家的伤友团队在两年内翻译了包括世界卫生组织、欧美、日本关于脊髓损伤的几十万字的资料和文献，总结了中国脊髓损伤论坛中数万个伤友经验精华帖，并于2014年7月造访财团法人桃园县私立脊髓损伤潜能发展中心考察、交流、学习，形成了一整套具有可操作性的专业的脊髓损伤者生活重建培训课程。

北京东城中途之家的生活重建训练营以残障者自立生活为目标，以残障者回归社会为目的，通过心理、体能、技能的康复训练，使学员对新的身体建立自我认知，继而对学员进行潜能的开发，让学员能够在新身体的条件下开始新的生活。这也是北京东城中途之家在常年康复工作中，将康复理念中恢复和重建两个主要内涵相融合得到的经验。

2015年第一期北京脊髓损伤者生活重建训练营在3月28日—4月24日成功举办，10名北京籍的胸腰颈椎伤友学员在28天的训练营中建立了自立生活的信心，实现了自立生活的目标。

感悟

脊髓损伤者是1级或2级重度肢体残疾人，是残疾人中的能者。由残疾人本身组成的深知群体需求的服务团队，配套政府政策和资源，整合社会动员力资源，实现伤友自立生活，使得伤友回归社会、享受残联各项残疾人政策成为可能，也使残联各项残疾人政策的效果最大化，为尽快实现残疾人奔小康的目标打下了坚实的基础。

附录二

中途之家给脊髓损伤者带来希望

背景

我国至少有100多万名脊髓损伤患者，因各种事故频发，伤者还在不断增加。脊髓损伤者存在运动、尿便、感觉等多种障碍和压疮、尿路感染、深静脉血栓等严重并发症，且治疗困难，是最为困难的一部分肢残人群体，亟待得到更多的帮助。

过程

2009年，中国肢残人协会在上海、浙江、河南、广西的等省市13个地区开展了中途之家试点工作，探索建立新的康复模式，随之建立了脊髓损伤者委员会。2010年，又在安徽省合肥等八省市扩大试点。至今全国已建立中途之家67个，注册伤友3516人，遍布17个省市、26个地区，通过网络辐射，受益者近一万余人。

一、活动形式多样，服务模式完善

经过几年探索，形成了立足社区，专业指导和伤友自主康复相结合的社会康复模式，开展了心理疏导、康复教育、功能训练、上门服务、技能学习、文体观光等多形式的活动，让伤友走出家门，融入社会。不少中途之家形成了自己的特色，江西出现了以打破吉尼斯纪录的谢俊武为首的轮椅表演队；上海举办了轮椅操、轮椅障碍赛、厨艺比赛和农艺辅导；北京成立了轮椅模特队，在福祉博览会上进行表演，受到欢迎。

二、改变伤友面貌，实现人生价值

中途之家的伤友，康复意识有了提高，不同程度地改善了功能，压疮、尿路感染、肾损害等并发症发生率有了下降。更多的人提高了生活自理能力和社会交往能力，重建新的生活。如湖南的姑娘肖卓作，在妈妈陪同下到上海阳光康复中心培训两个月，后来能独立生活，离开母亲的照顾，一个人回到长沙从事公益活动，还组织伤友到厦门进行轮椅划行36公里的"为爱同行"活动；江西小伙谭小军，经训练后，能独自划行轮椅5—10公里，参加写作学习，成了勤奋发稿的通讯员；湖北32岁的华中科技大学高才生周伟，办起了"周博士讲习书院"，为中小学生补习功课，走上创业道路，重新实现了自己的人生价值。

三、发挥专业作用，提升服务能力

专业医疗机构发挥主导作用。上海阳光康复中心举办伤友培训班共32期，培训伤友600多人，探索了以重建生活技能为重要内容的教学方法；南京瑞鑫烧伤专科医院为全国20多个省市400多位患严重压疮的脊髓损伤者做手术修复，治愈率达95%，同时积极开展压疮预防的教育和宣传。

四、依靠社会力量，增强运作活力

中途之家的运作，不同程度融入社会力量，得以更有活力、发展更快。如上海浦东中途之家，原先只有十几个人在活动，2014年由社会组织运作，服务对象增加到204人，全区建立了三个中途之家，后来居上。苏州市中途之家得到了"市助残服务孵化项目"资金支持，并有明基友达公益基金会参与工作，发展很快。温州家境困难的农民伤友谷朝晖，因严重褥疮并发大出血和低蛋白血症，生命受到威胁。经浙江省中途之家牵头，慈善组织中国狮子联会资助10多万元医药费，输血8000多毫升，不仅把他从鬼门关拉回，还与他女儿结对，资助她完成大学学业。

五、发挥网络作用，扩大辐射范围

通过"站起来"网站、"脊髓损伤佳通康复热线"网站及QQ群，办起了网上"中途之家"，对全国脊髓伤友进行联络、沟通、宣传、教育，取得较好效果，并为农村山区脊髓伤友提供了服务。QQ幸福群拥有实名伤友1400多人，举办视频康复讲座40多期，扩大了宣传教育的覆盖面。

六、开展各类活动，推进事业发展

肢残协会在工作中，将一些困难和诉求向残联反映，促进了一些政策的出台落实。如上海市残联就将尿布、尿垫等护理用品列入配发范围；北京的脊髓伤友和志愿者组成无障碍体验小组，调研地铁无障碍建设中存在的问题，向有关部门反映，促进了整改。

体 会

中途之家试点工作，探索了为重度残疾人进行个体化、专业化服务的模式，实践了专门协会在残联大局下进行拾遗补缺工作的新机制、新路子；推动了残疾人康复政策的创新和延伸；带动了脊髓损伤者自主互助康复活动广泛开展。感受如下：

一是协会干部要善于从困难群众的呼声中找到工作方向；

二是要把中途之家作为一个合作平台，汇聚包括残联、政府部门、专业机构、社会力量各方面力量，参与建设，共同发力；

三是要把临床医疗、康复训练、辅具适配、职业康复、无障碍环境、心理疏导和社会康复有机结合，形成脊髓损伤者院外康复体系；

四是要充分发挥伤友的主动性与积极性，把"要我去"康复变为"我要去"康复。

中途之家已经成为中国肢残人协会的品牌项目。

附录三

中国肢残人协会"站立计划——中华股骨头康复万里行"项目

中国肢残人协会"站立计划——中华股骨头康复万里行"项目是在中国残疾人联合会的支持下，由中国肢残人协会和中国社会福利基金会主办，北京年轮中医骨科医院支持，动员社会爱心人士参与募集资金，应用MSC自体活骨术医治缺血性股骨头坏死疾病的医疗救助项目。2015年该项目获得了中央财政的支持，成为中央财政支持社会服务示范项目。

站立计划自2014年8月启动以来，已在辽宁阜新、河北秦皇岛、河北廊坊、黑龙江哈尔滨等10个城市开展救助活动，筛查一千多名肢残人，救助了近百名贫困患者。

（田露、张昉供稿）

中国智力残疾人及亲友协会工作

一、领导讲话

张海迪主席给第三届国际智障者音乐节的贺词　　2014年10月19日

欣闻第三届国际智障者音乐节在北京举办，我非常高兴！我因率中国残疾人体育代表团赴仁川亚残运会，不能参加这个有意义的音乐会，感到很遗憾！但我深爱着残疾人兄弟姐妹，我想关心帮助智障者，特别是关注智障儿童是全社会的责任。希望各级残联和富有爱心的社会组织多为智障者举办活动，帮助他们增长智力、愉悦身心，也让智障者家庭感到快乐。我们要努力为残疾人创造更多更好的条件，提高他们的生活质量，让每个生命之星都闪烁美丽光芒。音乐能抚慰精神、沟通心灵、促进情感，相信这场音乐盛会一定会给大家带来感动和力量。音乐无国界，我希望中外艺术家通过这次活动，更加关注残疾人的生存与发展，愿你们的作品和演奏给智障者更多的鼓舞和激励！预祝音乐节圆满成功！

二、工作综述

2014年,在中国残联党组、理事会的领导下,中国智协全体工作人员团结一心、辛勤努力,圆满完成了全年工作计划。

(一)健全工作协会秘书处机构,明确责任,规范运作

2014年是协会法人注册后的第三个年头,协会进一步规范机构设置,下设行政部、事业发展部、项目管理部和网站四个部门,规范管理,各负其责。

1. 行政部分管办公室及财务。负责协会文件收发、文档管理、办公条件保障、内外联络接待、会议组织安排、人员管理、组织联络、资金使用和监管、资质年检等工作。

2. 事业发展部负责调查研究、政策建议和协会发展。根据中国残联中心工作与智力残疾人的实际需求,制定协会中长期发展规划和年度计划,负责协会重要文件的起草和审定,研究并探索协会发展的方向和路径,负责协会与外方合约的制定与审查,向中国残联和各级政府提出政策和立法建议。

3. 项目管理部负责协会项目的开发、申请、立项、报批、评估、结项等工作。在项目执行过程中,加强指导、监督及检查,及时进行阶段性总结,按期完成项目并撰写结项报告。加强与项目相关方的联络与沟通,为项目的顺利进展提供各项支持。

4. 网站负责国内外智力残疾人相关新闻、动态、信息、数据的采集、整理、编排、发布,以及网站日常维护和技术支持。负责与网站相关管理及服务部门以及中国残联网站、各地残联和智协网站的联系与沟通。

(二)深入实际,调查研究,了解需求,做好服务

根据中央精神和残联的中心工作任务,协会工作人员深入实际,调查研究,根据需求,做好服务。2014年,到天津、长沙、成都、临泉、东营、昆明、楚雄等地,与当地残联、智协的同志一起,深入基层社区、社会组织、智障人家庭走访调研,了解智障人及其家庭需求,特别是特教、职业培训、就业等方面的问题,结合项目的推进,调整工作计划和实施方案。在调研中,陆续发现了许多好的典型。

(三)积极开发家长资源,发挥家长作用

家长是协会的主力军。2014年,协会加大力度,继续开发家长资源,通过组织家长座谈会、联谊会、培训班、快乐营等活动,聘请包括国外、境外专家在内的专家团队讲课,有计划、有针对性地传播新理念、新知识,帮助家长提高认识水平和专业技能,增强责任感和自信心。协会还帮助一些家长组织,完善管理制度,制定工作计划,使它们健康成长。

(四)继续开展区域性特奥活动

继上年在宁夏石嘴山举办西北四省特邀部分省市参与的区域性特奥活动之后,2014年5月,协会又在成都成功组织了云、贵、川、渝,特邀京、陕、宁、粤八省市运动员、教练员参加的特奥联谊活动。这次活动开展了田径5个项目、滚球3个项目的比赛,并推出了软式垒球、斯耐客高尔夫、旱地冰壶等3个新项目展示。活动期间还穿插座谈会、才艺展示、家长论坛等活动。举办区域性的特奥联谊活动,并邀请其他省市参与,已成为智协特奥活动的一个特色。

(五)推出"安心工程"试点

"安心工程——智障家庭意外、大病综合保险"项目,是中国智协经过长期调研、反复论证的重大项目。这个项目,是中国保监会特批的第一款为残疾人设计的新险种,是全国最具权威性的七大保险公司共同参与的、惠及广大智障家庭的公益性很强的保险项目。它的特点是:覆盖面广、操作简单、保费低、收益高。2014年,在吕世明副主席的亲自支持和领导下,协会对项目方案进行了修改和完善,组建了领导机构和实施小组,新设了电子操作平台,年底正式推出试点地区:上海、广东、安徽、吉林。在试点的基础上,适时向全国推广。

(六)引进"支持"理念,促进智力残疾人融入社会

"支持"理念,是近年联合国根据《残疾人权利公约》精神,大力宣导的促进残疾人融入社会的新理念,中国智协结合具体项目,也为宣传推广这个理念做了大量工作。2014年,协会开展了两个与此有关的项目,一个是"六助一支持智障人",这是政府、残联组织、专家、家长、亲友、社区等六方面人士共同帮助一个残疾人的新型助残模式,已在天津、临泉试点;另一个是"支持性就业",这是中国智协与国际劳工组织的合作项目,是通过就业辅导员的持续支持,为智障人找到工作岗位,并帮助他们适应这个岗位,从而获得与健全人同样的工作机会和劳动报酬。这项项目2014年在全国七个城市试点,进展良好。8月22日,《人民日报》政治版刊登通讯,专门介绍了中国智协开展的这项工作。

（七）开拓进取，尝试开展大型国际文化交流活动

2014年10月，中国智协联合中国文化集团公司、德国 Peter Jochimsen 基金会、瑞士 Fondation Paix 21 基金会，在北京成功举办主办了第三届国际智障者音乐节（详见附录）。

三、大事记

1月—2月，智协主席张宝林受党组理事会委托，参与"中国残疾人福利基金成立30周年"庆祝活动文件组工作。

1月10日，张宝林到京广中心美国使馆文化中心参加"改善心智障碍者权益研讨会"。

1月，智协项目评审和财务监督委员会成立。

2月，张宝林会见德国乔恒生基金会执行理事钱卫，商谈第三届国际智障者音乐节合作事宜。

2月，马廷慧、张宝林、许家成参加国际劳工组织主办的残疾人支持性就业专家座谈会。中企协、武大、武汉理工、国际助残及一些社会组织参加。

3月，马廷慧、许家成等与国际劳工组织官员周海滨研究支持性就业两年计划（2014—2015）。

3月，智协主席办公扩大会召开。马廷慧、张宝林等及国际劳工组织周海滨参加，张宝林汇报一季度工作，重点研究支持性就业、六助一试点项目，由马廷慧、许家成做详细方案。

3月，张宝林、孔德周赴长春善满家园考察，确定该家园为全国支持先就业试点单位之一。

4月15日，支持性就业、六助一试点工作会议在京召开，正式确定并启动支持先就业和六助一试点工作。张宝林、国家劳工组织新任中国蒙古局长德美尔出席会议并讲话。北京、湖南、吉林、大连、深圳、山东、广西、天津、安徽九个试点单位代表出席。

4月29日，张宝林、傅旭赴利智康复中心，参加智障人张再春图书捐赠仪式。张再春向中心捐赠图书745本图书、26张光盘。利智康复中心创办人肖培林为张再春颁发了捐赠证明和荣誉证书。

5月，张宝林、傅旭参加在成都举办的西南地区云、贵、川、渝四省特奥联谊活动，活动特邀京、陕、宁、粤四省参与。中华台北特奥会也派观察员参加了此次活动。

5月，张宝林参加长沙支持性就业培训班并讲话。台湾专家李崇新为学员培训三天。

7月，张宝林参加文化部委托调研课题座谈会，讨论公共文化服务标准的制定。张宝林发言提出要站在人权高度制定标准，要引进支持性理念，具体提出四点建议：建设文化服务场所，如阳光之家，特别关注农村、中西部地区；对智障人及其家长参加文化活动给予优惠、关照；鼓励智障人及其家长组织文化娱乐团体；制定志愿者服务的标准。

7月，遵吕世明嘱，修改"安心工程——智障家庭意外、疾病保险项目"文件，重新报理事会批准。

7月，马廷慧、张宝林赴山东东营市，考察支持性就业项目试点进展。

8月19—23日，由联合国国际劳工组织、心智障碍服务创新联会、中国智力残疾人及亲友协会主办，亦能亦行身心障碍研究所、北京融爱融乐家长组织、北京丰台利智康复中心协办，由日本国际协力机构、马来西亚社会福利部提供技术支持的第四次支持性就业国际研讨会暨国际通用教材辅导员培训班在北京举行。张宝林主持开幕式，邀请中国残联副理事长程凯到会讲话。国际劳工组织、德国、日本、马来西亚专家讲课。

8月，吕世明主持召开安心工程保险工作会议。

9月，张宝林参加华谊兄弟投资的《有一天》首映式。电影讲述弱势儿童生活状况的九个故事，其中一个是利智的刘顺利出演的《疯狂的面包》。

9月，张宝林赴平谷参加特奥东亚区家长论坛。

9月29日，张宝林赴昌平参加京津冀三地专门协会会议，并在会上做题为《专门协会是什么与做什么》的专题报告。

10月，张宝林到清华大学，录制两课时的《"六代会"精神与中国特色残疾人事业》培训视频。

10月21日，第三届国际智障者音乐节在国家大剧院正式开幕。音乐节持续五天，演出三场，反响巨大，获得圆满成功。

10月22日，《人民日报》刊登题为《不仅给福利，还要保权利》的报道，介绍智协近年开展的成年智障人支持性就业工作。

11月，张宝林赴昆明参加云南省智协二次全会，并考察昆明智、楚雄智协工作。

12月，智协六届二次全会在河南焦作召开。张宝林做工作报告，沈冬梅做财务报告，孔德周做会议总结。

12月，中国残联六届主席团二次会议期间，召集参会的中国智协委员开会，研究智障人康复托养基地调研、少数民族地区智障人士权益保障课题事宜。四川、云南、广西、河北及协会工作人员参加。

12月29日，中国智协监事会会议在中国残联召开。张宝林汇报全年工作，高虹汇报财务工作。王向前、黄一萍、杨世茹、杨匡汲四位监事发言。杨匡汲、黄一萍审计财务报告，出具审议书。

附 录

2014第三届世界智障者音乐节

2014第三届世界智障者音乐节（10月20—24日），是中国智协成立20多年以来第一次主办的大型国际性活动，也是2012年法人注册以来中国智协策划的第一个重大项目。

（一）张海迪主席贺词

中国残联主席张海迪发来热情洋溢的贺词，对第三届国际智障者音乐节在北京举办表示祝福。

（二）音乐节主题

心中有爱，完美无瑕

（三）主办方、承办方和祝贺者

主办

中国智力残疾人及亲友协会
中国对外文化集团公司
德国乔恒生基金会（Peter Jochimsen）
瑞士21世纪和平基金会（Fondation Paix 21）

承办

中演院线有限公司

祝贺者

联合国教科文组织秘书长Irina Bokova、瑞士内政部长Alain Berset、瑞士驻华大使De Wateville、德国大使等国际人士分别发来贺信，预祝活动成功。

（四）参演国家

中国、德国、瑞士、匈牙利、韩国

（五）开幕式及首演

10月21日，开幕式及首场演出在中国最高音乐殿堂——国家大剧院音乐厅举行。来自中国及德国、瑞士、匈牙利、韩国等5个国家的16个智障者音乐团体300名智障音乐人，为观众奉献了一场充满感动与真情的精彩演出。

由于演出场地的要求，在这里营造的是一种古典音乐氛围。演出以中国智障孩子及家长的铿锵锣鼓开场。接着，瑞士、德国、匈牙利、韩国和中国不同风格的乐队，为观众演出了精彩的器乐、声乐、舞蹈等节目。中国的几支乐队表演由京胡、琵琶、扬琴、手风琴、钢琴、架子鼓组成的乐曲连奏。演出中，台上台下互动，高潮迭起，鼓掌声、喝彩声、欢呼声不断，充满了欢快的节日气氛。

全国政协民族宗教委员会主任朱维群，中国残联党组成员、副主席吕世明，中国残疾人福利基金会理事长汤小泉，中国对外文化集团党委书记宋官林，中国智力残疾人及亲友协会名誉主席马廷慧、主席张宝林，德国乔恒生基金会主席乔恒生，瑞士21世纪和平基金会主席罗瑞琳，匈牙利驻华大使塞西莉亚·茜拉什，瑞士文化参赞杰尼·皮亚哥特等中外嘉宾，以及首都文化、教育、新闻、企业等各界人士、智障人亲友近两千人出席开幕式并欣赏首场演出。

（六）音乐节的影响

首演以后，全国人大常委会副委员长兼秘书长王晨委托秘书打来电话，说虽未亲临现场，但对公益演出的成功表示祝贺。全国政协民族宗教委员会主任朱维群观看演出后说，为演出感动，也为智协的精神感动。紫光阁杂志原总编辑朱习华发来贺信，说看了音乐节在国家大剧院的首场演出，参演的中外智障音乐人士水平很高，台上台下互动，高潮迭起，感人动人。

音乐节的另两场演出在王府学校和御仙都酒店举行。

10月22日晚，在北京昌平的王府学校，演员们与该校师生联欢、交流、同台演出，部分中国智障者家长也到现场观看。学校的千人大礼堂挤得水泄不通，连过道都坐满了观众，气氛十分热烈。由于大礼堂可以使用电声设备，以流行乐为主的外国演出团体得以充分发挥特长。演员们多元化的表演形式、极富幽默感的表演，让观众大为惊叹，这竟然是智障音乐人的作品。演出临近尾声，全场观众起立长达十分钟与台上演员互动。

24日下午，中外演出团体来到海淀的凯瑞御仙都酒店，首先参观了酒店内的国内首个皇家菜博物馆——御仙都中国皇家菜博物馆，了解中国饮食文化，接着参观现场展出的中国智障者的近百幅绘画作品。演出从下午4：30开始。因为这是音乐节最后一场演出，中外演员格外珍惜，都想在这个舞台上更多地展示自己，结果演出一直持续到夜里近9时。长达4个多小时的演出，更准确地说是中外智障者及亲友的大联欢，台上在唱，台下在舞，欢乐和惜别之情充满了整个大厅。

对这次音乐节，北京日报、北京青年报、光明日报、中国文化报等纸媒，人民网、新华网、中国新闻网、中国广播网、中青网、新浪网、搜狐网、千龙网、中经网、京华网，网易等几十家媒体做了报道，德国、瑞士、匈牙利、韩国等国的媒体也及时发布消息，社会各界也都给予好评。

从事智障孩子音乐教育已有十多年的89岁高龄的中央音乐学院附中原校长余慧耕，看到自己辛勤培育的孩子登台演出非常激动。她说："从这些孩子的身上，我获得了很多体会和经验，我觉得用音乐帮助智障人这一点十分可行。他们的精彩表演，是对我最好的回报。"

王府学校参与此活动的一位老师表示，此次活动对我校师生有很大震撼，我们从中也汲取了很多正能量，积极地鼓励学生们更加刻苦学习，勇于面对困难。

德国乔恒生基金会执行董事钱卫女士在离开中国时，专门致信张宝林主席说："感谢您付出的艰辛努力，使音乐节最终圆满成功，让这么多人实现了梦想！我们做事做对了，做得值得！"

这次活动促进了中外智障人士的交流与残疾人工作者的合作，充分展示了智障人士自强不息的精神风貌，彰显了中国智障人士的人权保障状况。这次历练也使我们增长了才干，锻炼了队伍，结识了更多的合作伙伴，对智协今后工作大有裨益。

（七）几点经验

首先，得益于残联领导的高度重视

张海迪主席因率中国残疾人体育代表团赴仁川亚残运会而不能参加音乐节，19日特地给音乐节发来热情洋溢的书面贺词。

吕世明副主席曾两次研究音乐节的筹备工作，副理事长贾勇对音乐的筹备工作做过专项批示，中国残疾人福利基金会在资金上给予了有力保障。

中国残联党组副书记、常务副理事长孙先德出席新闻发布会，会前还亲切会见了瑞士21世纪和平基金会主席罗丝琳·克劳萨女士、德国乔恒生基金会执行董事钱卫女士。出席发布会的还有中国残疾人福利基金会理事长汤小泉、狮子会秘书长陈亚安、盲协主席李伟洪、精协主席兼秘书长温洪。

其次，是中外主办方齐心协力

1. 智协全力以赴。 音乐节的调研工作从2013年年底启动，原来请中国残联国际部负责申报事项。残联领导批示，这是协会首次组织大型国际活动，要做详细可行性分析，向党组、理事会做专题汇报。5月，领导告知，因残联要承办两个更重要的国际会议，建议音乐节推迟到明年举办。我们及时向外方通报了残联的这一决定，但外方表示，音乐节是三年一届，不好改变，另外不少演员已安排了这个时间段休假，还有的已预订了机票，他们感到很为难。在这种情况下，我们认为，在中国举办这个音乐节，对中国的智障者及其家庭来说，是个很重要的走向国际舞台的机会，如果不做会留下遗憾，也失信于国外组织者，于是决定重新寻找合作伙伴。几经努力，最后与实力雄厚的中国对外文化集团公司合作，将音乐节的筹备工作继续进行下去。

音乐节的筹备工作6月底正式启动，智协承担起繁重的组织协调工作：

与外方沟通，确定合作方式，研究合同文本，组成筹备小组，收集所有团员的个人详细信息、演出节目单、录像资料、翻译歌词等。由于中国与德国有6个小时时差，双方联系常常会在北京时间深夜。协助外方寻找住宿宾馆等。

与许多企业、单位洽谈筹措经费事宜，为节约资金，还通过各种关系联系免费或优惠的演出场地等。

与承办方沟通，协调演出场地的分配、签约，演出节目，费用预算，联系志愿者等。

与中方演出团体沟通，收集团员信息、确定演出节目等。

音乐节举办期间，组织工作更加紧张，接待来宾、邀请领导、分配演出票、组织展览、为演员准备工作餐……智协仅有的六七个人齐上阵，都忙得不可开交，有的还请来丈夫和子女帮忙。尽管大家忙得有时连饭都吃不上，早上出门，深夜才能回家，但看到演员们开心的演出、天真的笑容，大家都感到无比欣慰。

2. 外方积极配合。 国外主办方是两家主要做公益事业的基金会，他们不太理解公益演出也要履行这么严格的申报程序，但最终还是根据中国政府的要求，积极准备各种资料，以备申办。此外，他们还要承担几个国家十几个演出团体的组织联络工作，也费了不少时间和精力。为音乐节能够如期举办，在中方经费紧张的情况下，外方除原承诺的承担自己的往返机票，还承担了在中国国内的部分费用，减轻了中方的压力。

国外团体的团员对来中国参加音乐节也表现出极大热情。一位瑞士智障者从未坐过飞机，家人担心他不适应长途飞行，提前专门安排他做了一次短途飞行体验。当飞机升上高空后，他高兴地说，我上天堂了，见到爷爷奶奶，他们让我到中国好好演出。还有一位德国智障者，到机场后发现未带护照，又返回家去取，为此多出了一张机票钱。

3. 承办方夜以继日。 音乐节的承办方是中演院线，为中国对外文化集团公司的下属企业。这家企业曾多次举办大型演出活动，经验丰富。由于外方人员多，团队也多，其中还有过差错，提交申报信息的时间比预计晚了一个月，因此报给文化部各有关处、局的审批程序也推迟了一个月。而且，这段时间，正好是APEC会议筹备最紧张的时刻，中演公司还承担了这个会议的一项重要演出任务。更让人着急的是，此时公布的四中全会召开日期，恰好与我们的音乐节重叠。由于事关重大，这个项目不仅要报文化部处、局批，报分管副部长批，还须蔡武部长审定。这时候，离预订开幕日期只有一周时间了。据中演院线的领导说，他们也从未遇到这么紧急的情况。幸好，蔡部长及时批了。他们的工作用夜以继日形容一点都不夸张，每天都要工作到凌晨两三点，有的家里刚满月的孩子都顾不上照顾，夫妻俩一起投入到工作之中。每场演出,公司领导都要到现场督战。

他们辛勤的工作换来各方的赞叹。经他们编排完成的三场演出各具风格、各有亮点,体现了他们高素质的组织工作水准。

再次,是社会各界鼎力支持

国家大剧院给了最大的租金优惠。中国狮子联会与我协会召开协调会,动员各地分会募集善款。北京市文化局、北京市残联、北京王府学校、北京凯瑞御仙都酒店以及德国和中国的部分企业,都以各自不同的方式也献上自己的爱心。

令我们感动的还有,团中央的志愿者和一些智障者家长志愿者,应邀前来参与了音乐节的服务,担任各演出团体的联络员。他们精心细致的工作有效保障了音乐节各项活动的有序进行,得到各演出团体的好评,也得到主办方和承办单位的肯定。

附:世界智障者音乐节历史

国际智障者音乐节是瑞士21世纪和平基金会(Fondation Paix 21)和德国Brenz Band乐队于2005年酝酿发起的,前两届分别在德国(2008)和瑞士(2011)举办。受德国乔恒生基金会、瑞士21世纪和平基金会的委托,中国智协携同文化部所属中国对外文化集团公司,与外方共同主办了第三届国际智障者音乐节。

(张宝林供稿)

中国精神残疾人及亲友协会工作

一、政策法规文件

关于申报2014年度孤独症儿童康复教育试点项目试点机构的通知

残联康复函〔2014〕19号

确定北京、山西、内蒙古、吉林、福建、江西、河南、湖北、广东、重庆、陕西、甘肃等12省(区、市)作为孤独症儿童康复教育试点项目承接地区,并就2014年度孤独症儿童康复教育试点项目有关工作做了明确要求:(一)任务分配和资助标准,资助标准为每个机构平均资助30万元。(二)扶持机构要求和遴选标准,按照《关于开展孤独症儿童康复教育试点项目工作的通知》(康函〔2013〕10号)要求,根据各试点机构项目执行情况,重新申报2014年度试点机构。(三)申报程序,各项目省(区、市)残联康复部按要求组织申报和审核(资助机构申报表见附件2),统一于规定时间上报中国残联康复部;中国残联康复部组织专家根据各地申报情况研究确定扶持机构名单和扶持资金额度,向社会公示5个工作日后,于12月15日前将补助资金下拨至项目省(区、市)残联,并由各项目省(区、市)残联拨付各机构实施项目。

二、工作综述

2014年是中国精协全面落实中国残联"六代会"任务的开局之年。中国精协认真学习党的十八届三中、四中全会精神,紧密配合中国残联工作,开拓创新,为本类残疾人服务,深入基层,聚焦需求,科学倡导,规范管理,各项工作取得了新的成果。

(一)"精残政策进万家"工程取得初步成果

"精残政策进万家"工程为2014年列入中国残联工作要点的项目之一。2013年年底以前,中国精协组织精神康复者和家属志愿者梳理了北京地区涉及精神残疾人的各项政策,完成了方案设计;2014年4月8日,工程正式启动,首先在北京市西城区月坛街道进行了试点工作。

经过三个月的实践,月坛街道试点工作进展顺利。通过专题宣讲会议、入户访谈和电话约谈的形式,填写调查问卷近300份,掌握了大量第一手数据,摸清了精神残疾人的基本状况和政策落实底数;同时,为精神残疾人解决了许多免费服药、残疾救助、廉租房等政策落实问题,深度了解了精神残疾人家庭各类现实困难,为其提供帮助，受到了广泛赞誉，精神残疾人家庭对政府和残联表达了感激之情。更重要的是，通过宣讲和调查，家属志愿者的政策水平和工作能力得到锻炼，为培养精协工作队伍和病人及家属专家（UFE）提供了实战平台，为以后的工作奠定了扎实的基础。

（二）孤独症服务机构自强自律创建活动进入新的阶段

3月，全国第四次孤独症服务机构联席会议在上海召开。会议公布了第二批"自强自律"创建活动达标单位名单，同时成立了中国精协孤独症机构服务协会。

按照"自强自律"创建活动方案，在2012—2014年三年间，到2015年4月2日止，按照89条自强自律创建标准，通过机构自评、市区残联复评和第三方评估机构审核，最终由中国残联公布达标机构名单，在全国打造100家规范管理的示范性机构。截至2014年年底，两批达标机构共达77家；第三批达标机构正在初筛过程当中，经第三方评估机构评估，将在2015年3月第五次机构负责人联席会上公布。机构服务协会的成立使行业自治和自律达到新的高度。

（三）全国孤独症家长携手计划开局顺利

2013年12月，全国家长孤独症携手计划正式启动，9省市孤独症家长组织负责人完成赴台考察。2014年1月完成整体策划方案，同时全国联动发展会员家庭，组建各省家长携手网络。4月4—6日，"领航家长教练技术培训"在北京大学医学部逸夫楼举办，进行第一批种子家长培训，同时发布《中国孤独症家庭需求蓝皮书》，中国精协家长服务协会正式启动筹备程序，各地工作站进入申报审批流程。5月31日，家长专业成长计划付诸实施，ABA技术培训在德勤会计师事务所会议室进行；两次培训先后有260多人次参加，对于家长心理和专业技术能力提升有很大帮助，受到普遍欢迎和好评。

（四）UFE培训及社区实践走向新的开端

志愿者培训为中国残联组联部支持的重点工作。2014年，中国精协在中国残疾人福利基金会和礼来制药公司的资助下，分别于8月和11月在内蒙古和江苏举办了两期UFE培训班，每次60人（40名UFE，20名UFE管理者）。走出北京到外地培训精神康复者和家属志愿者，带来的直接效果是推动了地方精协的工作。同时，在社区实践方面又有了新的开端。除了支持北医六院以外，中国精协组织在安定医院进行了UFE实践的推广，8名康复者已在新的门诊大楼正式上岗；朝阳三院也在筹备之中。

（五）CNABA教师专业培训计划进入第二阶段

孤独症机构专业化人才培养是中国精协的重点工作之一。2014年5月，中国精协第一批26名CNABA丙级学员毕业；6月1—3日，中国精协副应用行为分析师认证培训课程正式开课，主要面对现有服务机构有实际操作经验的一线教师招生；6月2—6日，CNABA丙级课程同时开课，全国59名学员参加了丙级和乙级培训学习，为批量化地培养中国本土化ABA专业人才进行了成功的探索和尝试。

（六）全国各地精协工作

江苏省精协承办UFE培训班后，积极巩固培训班成果，探索精神康复者就业新模式，建立工作团队；江西省精协加强孤独症家长培训工作，积极进行申报孤独症家长工作站的准备工作；广东省精协积极探索法人治理工作，开展精防活动，广州孤独症家长组织在探索孤独症儿童入学、就业支持方面取得突破，市政府将孤独症儿童的融合教育纳入制度保障；山东省精协利用政协和人大代表渠道，积极参政议政，提出精神病和孤独症议案两项，并得到了积极回应；陕西省精协在《精神卫生法》精神指导下，加强社会倡导和推进精神疾病的防治、收治和服药制度保障工作，得到了卫生、综治、公安和财政部门的大力支持；贵州省孤独症康复教育工作正式纳入教育厅试点项目，出台具体措施发展融合教育体系建设；四川省精协在精神疾病的防治、社会性康复、托养、就业、安置等方面建立了成功的融合模式，取得了好的社会评价；上海市精协多方面开展精神残疾制度建设，与当地残联一起开展政策研究、政策落实和精神残疾服务工作；北京市精协积极组织"精残政策进万家"活动，顺利启动了北京市西城区月坛街道的精残政策进万家试点工作。

三、大事记

1月9日，中国精协家属工作委员会年会在北京举行。会议总结了2013年工作，研究了2014年的工作计划，确定启动"精残政策进万家"工程。

1月15日，康纳洲孤独症家庭支援中心五道口基地正式启用，台湾BC到任，ABA（应用行为分析）专业操作进入严格按照国际体系规范运作的轨道，专业教师培训上了新的台阶，孤独症生命全程支持体系探索更进一步。

1月18日，中国残联副主席、精神卫生专家黄悦勤陪同张海迪主席赴河北省承德市兴隆县，慰问精神残疾人家庭并进行扶贫调研工作，为革命老区送去党的温暖与关怀。

1月18日，中国精协家属工作委员会QQ群视频系统举办了《爱的路上有你有我》首届春节联欢会。

3月21日，中国精协主席温洪应邀赴台湾国际自闭症日研讨会，做了题为《中国孤独症服务现状及展望》的发言。

3月27日，中国精协孤独症委员会换届，温洪做了题为《中国精协孤独症委员会五年工作总结及未来发展战略》的工作报告。由温洪提名，经中国残联组联部批准，肖扬被任命为新一届主任委员。

3月28日，全国孤独症服务机构负责人第四次联席会议在上海召开，全国180余家孤独症服务机构负责人参加会议。会议公布了第二批自强自律达标机构名单，启动了第三年创建活动，并成立孤独症机构服务协会。

3月28日，在第七个"国际孤独症日"前夕，中国精协孤独症委员会向全国发布"国际孤独症日"主题暨宣传口号——"孤独症人士家庭支持及社区融合"。该主题的意义在于倡导全社会给予孤独症人士家庭更多的理解与支持，强调构建融合的社区环境和完善社会支持体系的重要性。

4月4日，全国家长携手计划启动暨《中国孤独症家庭需求蓝皮书》发布仪式在北京举行，筹备成立孤独症家长服务协会，领航家长教练技术首期培训班同时开办。

4月18日上午，中国精协"精残政策进万家"工程在北京市西城区月坛街道启动。中国残联组联部曹跃进主任、中国精协主席温洪、副主席郑毅和北京市残联社会办副主任张蓉蓉出席启动仪式。

4月16日，《广州日报》刊登文章《精神卫生法实施一周年，需要实施细则》，主要内容是《精神卫生法》实施一周年，谁送来谁监管的情况并未改变，杜绝"被精神病"呼唤鉴定细则。

5月1日，《中华人民共和国精神卫生法》正式颁布一周年。根据该法，"被精神病"和非严重精神障碍患者强制住院治疗的情况被明令禁止。精神障碍的诊断、治疗、住院、出院、康复和发病报告有严格的法定程序，精神障碍患者的人格尊严、人身和财产安全等合法权益受法律保护。

5月5日，新华网河南频道刊登文章《精神卫生法实施一周年，"被精神病"现象基本终结》。《精神卫生法》自2013年5月1日开始实施，至今整整一年，这部耗时27年才掀开面纱的法律，被社会寄予厚望。那么，一年来，这部法律对精神卫生方面带来了哪些改变，"被精神病"的情况是否终结，实施中又有哪些新问题？记者就此采访精神病医院、卫生管理部门，发现虽然"被精神病"得到了有效避免，但由于缺乏社区康复机构等问题的存在，精神障碍患者出院后的"下一站"仍需破解。文章从五方面对《精神卫生法》实施一周年情况进行了回顾：变化，医护人员不再为接病人"担惊受怕"；故事，患者4年前已可出院但无人接收；问题，患者出院已有规定但缺乏细则；建议，加强社区康复机构建设；声音，社会需要消除对他们的偏见。

5月5日，"京津两地纪念《精神卫生法》实施一周年座谈会"在天津召开，两地精协工作人员以及康复者和家属共计50多人参加会议，交流了两地精协工作。温洪主席做了主题发言。

5月15日，原"心灵会所，珍惜友情"QQ群主动与中国精协家工委群合并，成为"中国精协家工委二群"。这一合并标志着中国精协家工委QQ群成为精神疾病类的最大QQ群。截至2015年5月，两个群的成员已发展到2900多人，成为精神疾病患者重要的感情交流网络平台。

5月17—20日，中国残联黄悦勤副主席出席中国残联在人民大会堂举办的残疾人模范表彰大会。

5月31日，中国精协领航家长专业成长计划启动，首次举办ABA家长培训班，邀请美国展望教育中心（SEEK Education）的应用行为分析专业团队分享其长期专业服务工作的实例内容，探讨如何运用有实效的ABA科学来帮助孤独症儿童的学习和提升家长生活品质，全国100多位孤独症家长参加了会议。

6月1—5日，中国精协孤独症CNABA（中国精协行为分析师认证体系）专业人才培养体系首获成果，首届CNABA丙级毕业仪式暨成果汇报会举办，首届CNABA乙级（BCaBA）和第二届CNABA丙级开班，促进国内专业师资水平与国际接轨。

7月6日，国际劳工组织在康纳洲孤独症家庭支援中心举办大龄孤独症支持性就业家长体验式培训。与会代表认为，应加强呼吁社会和公众理解和接受孤独症孩子支持性就业，使社会能够认识到障碍者的价值。

7月25日，中国残联副主席黄悦勤和维权部副主任马玉娥受中国残联主席张海迪的委托，专程赴济南中医精神病专科医院看望"绳束女孩"婷婷。

8月20日，中国精协第二届UFE（精神疾病康复者和家属志愿者）培训班在内蒙古精神卫生中心举办，来自内蒙古和北京、天津、上海等七省市的80多位康复者和家属参加了培训。

8月20日，中国残联各专门协会与基金会在中国残联召开项目对接会。此次会议旨在落实中国残联张海迪主席、鲁勇理事长及基金会汤小泉理事长关于基金会进一步支持各专门协会开展工作的指示精神，对接双方在7月份基金会"集善讲堂"上各专门协会介绍需求时所确定的支持与合作项目。

8月23日，中国精协六届二次全委会议在内蒙古呼和浩特召开，中国精协家属工作委员会和社区服务促进工作委员会会议同期召开。

9月5日，中国狮子联会与中国残联各专门协会对接会在北京召开。

10月17日，在北京市残疾人活动中心，中国精协家属工作委员会与北京市精协联合举办世界精神卫生日座谈会。

10月20—21日，"同人之声——2014助残社会组织交流会"在福建召开。中国精协孤独症项目总监郭德华博士做了题为《助残社会组织规范化管理需要专业化支持》的报告。

10月27日，中国精协北京安定医院UFE志愿服务正式启动，中国精协主席温洪和副主席郑毅出席了仪式。首批参加志愿服务的UFE计20多人参加培训。

10月28日，中国精协组织部分专家和家长代表参加中国残联康复部召集的有关孤独症康复教育工作纳入中国残联"十三五"规划的调研会议。

10月31日，首批精神疾病康复者和家属志愿者（UFE）在北京安定医院正式上岗。截至2015年2月，服务11000多人次，志愿者上岗224人次。

11月6—8日，全国孤独症家长携手计划领航家长教练技术中阶培训班举办。

11月10日，在北京会议中心，彭丽媛同参加2014年亚太经合组织领导人非正式会议的部分经济体领导人夫人出席"促进残疾人共享经济社会发展成果"主题系列活动，观看残疾人才艺展示，包括自闭症儿童色彩斑斓的画作。

11月10日，全国孤独症服务机构现状调查暨孤独症服务机构发展蓝皮书项目启动，该项目由中国精协孤独症工作委员会和全国孤独症机构服务协会负责，旨在全面了解我国孤独症服务事业现状和发展需求，对全国孤独症服务机构进行全面行业调查、研究和分析。

11月24—26日，中国精协第三届UFE培训班在江苏南京举办，来自江苏各地的精协和家属、患者70人参加。中国精协"精残政策进万家"志愿者第一次在京外宣讲。

11月30日，北京朝阳三院开展"精残政策进万家"宣讲活动，有近百名患者、家属和医护人员参加。这是"精残政策进万家"第一次走进精神病专科医院。

12月2—3日，中国精协家属工作委员会应中国人民大学邀请，参加由中国人民大学法学院与美国耶鲁大学中国法律研究中心共同主办，中国人民大学残疾人权益保障法律研究与服务中心承办的"中美残疾人法国际研讨会"并应邀发言。

附　录

孤独症女孩妈妈温洪已义务奔走6年"我不坚强，我只是坚持"（守望）

臧春蕾　《人民日报》　2014年5月6日

她有一个"来自星星的孩子"，对眼前的世界视而不见、听而不闻；她与孤独症长远纠结，磨难久了，变得平和豁达，拖着病躯呵护女儿之外，还以花甲之年为残联义务工作6年之久……她就是温洪，一位普通却不凡的母亲。

"锥心之痛啊！不是母亲，你不会懂！"

有一位孤独症孩子的父亲曾经绝望地说："我在生命的尽头，看到的只有黑暗。"不幸，温洪便是这样一位母亲。

37岁时，温洪有了女儿宁宁。在这个年龄做妈妈，她恨不得把全世界最好的爱都给孩子。

可没多久，温洪就发现了女儿的异常。眼神不肯与她对视，喊名字也没反应，甚至抗拒母亲的怀抱。宁宁3岁，被确诊为孤独症。

孤独症病因不明，无药可医，智力损害和行为异常将伴随终身。

所有希望被瞬间撕碎。直到今天，温洪依然记得从医院里走出来的那一刻。天地一片寂然，她茫然不觉痛苦，只是连迈步的力气都没有；女儿扎着两个小辫儿，穿着红色格子裙，无忧无虑地走在前面……面对记者，提及当初，温洪几度泣不成声："锥心之痛啊！不是一个母亲，你不会懂！"

曾经，做母亲是她最深切的渴望。

温洪命途多舛，襁褓中便没了亲生父亲的呵护。5岁时，她开始和继父一起生活。继父性格暴躁，母亲整日奔忙。委屈时，小温洪暗自发誓："如果我有孩子，一定用全部的爱去对他！"34岁时，不顾所有人反对，温洪嫁给大自己10岁的丈夫，成为两个孩子的年轻继母。

可她渴望有自己的孩子，当克服种种困难，终于可以生育时，她第一个孩子却不幸早夭……后来终于有了女儿宁宁，她狂喜不已，像是历经九九八十一难终成正果，看着美丽的女儿，她心满意足。可谁曾想，磨难其实才刚刚开始。

"女儿入学后，我的神经便时时紧绷，全神贯注地应付着各种突发状况"

患孤独症的孩子，在情感上像永远处在婴儿期。随着宁宁长大,越来越多的问题随之出现:她会突然攻击路人,打翻鸡蛋篮子,摔碎别人的眼镜。在幼儿园和学校,永远不听老师指令,会兀自躺在地上,或者爬上桌子……自从宁宁进入学校,温洪的神经便时时紧绷,她要全神贯注地应付各种突发状况。

然而意外还是发生了。9岁时,宁宁为抢夺一把小剪刀,划伤了同学的耳朵,被迫退学。回到家中,温洪直挺挺地躺在床上,愣愣地盯着天花板,感觉自己的人生就是一个困境:四周全是墙,没有一扇门能走出去。

可看看女儿,温洪咬着牙又一次爬了起来。她曾经在痛失第一个孩子时呼喊上天,无论如何请让自己做一次真正的母亲。如今她是了,她就不能逃避,"真正的母亲就是这样包罗万象的。无论孩子完整还是残缺,健康还是疾病,作为母亲,只有一个选择,去爱她。"

承担的路是苦的。温洪经常会"哭鼻子",有时会沮丧、发脾气,甚至打退堂鼓。"在你要倒下去的时候,需要有一个力量把你支起来,在那个时候,如果没有人能支着你,那你只能自己支起来……"

康复治疗的过程枯燥而烦琐,除了带宁宁穿梭于各种培智学校和康复机构,温洪还找来国内外资料研究。除了母亲和老师,温洪还是女儿情绪泄洪的阀门:"长时间被要求干自己做不到和不能理解的事情,谁都受不了。我不能让她一直憋着,我是她妈,我只能让她在我这里做自己。"

如今,26岁的宁宁依旧像个孩子,活在自己的世界里。但她已经可以自己坐地铁、打车,去餐馆买吃的,在有人照看的情况下,她基本可以独立生活。甚至,温洪刻意培养了宁宁的一技之长,她的钢琴通过了五级考试,电脑打字录入能达到每小时1万字。"等到我走了,她还有办法活下去。"这就是温洪唯一的慰藉。

"每一次的坎,都咬牙坚持下来,就这样坚持到了今天。我不坚强,我只是坚持。"如今,遭受打击和挫折还会让温洪暂时消沉,但事情一找上门,她就会振作起来,一头扎进工作中……为孤独症多做一点事情,这个理由就让她在所不辞。

"寻找一个世界来容纳她,或者创造一个世界来帮助她"

初见温洪时,身材不算高大的她手里拎着三个大包:一个大手提包、一个电脑包、一个装着会议资料的布包。每个都沉甸甸的。

尽管带着一脸疲惫,这个60多岁的女人拎着几个大包健步如飞,语速如飞。一边竹筒倒豆子般介绍着行程和工作,一边打开电脑麻利地处理邮件,连口水都顾不上喝。谁又能相信,这是一份不领薪水的"义务劳动",眼前这个充满活力的老人,一直被糖尿病、肾病、结肠炎等病痛折磨。她现在是中国精神残疾人及亲友协会主席。

一个温柔的母亲可以给宁宁暂时的庇护,但宁宁需要的更多。温洪下定决心走出家庭,寻找一个世界来容纳女儿,或者创造一个世界来帮助她。

从宁宁3岁被确诊起,温洪就成了一名孤独症志愿者。她建言献策、起草文件,建立孤独症服务机构联席会制度,发起组建康纳洲孤独症家庭支援中心,探索孤独症生命全程支持体系……温洪用一个母亲燃烧不尽的热情,力图营造更加支持孤独症的社会环境。

如今温洪63岁了,谈及眼下的工作,"做完这一届我就67岁了,到时候脑子也该糊涂了!"那退休之后干吗?忙惯了的温洪并不打算闲下来,她准备采写100个孤独症孩子母亲的故事,写她们与命运、与病魔、与自我的惨烈厮杀。"有的人倒下了,有的人站住了。但无论怎样,这样的人生都是值得记录的,都是动人的……"

记者手记:用生命为孩子撑起一片天空

采访中,温洪说到伤心处数次落泪,但她一边抹掉眼泪一边说:"我已经很少在人前流泪了,早已过了流泪的'祥林嫂'阶段,不会再凄凄切切地叨念'阿毛的死'。我得用生命撑起孩子的天空。我必须坚强地挺立,没有躺倒的权利。我已经学会变得很'硬',不会再哭了。"

除了坚持不懈地对女儿进行康复训练,在志愿者领域为孤独症卖力,温洪还同6位家长一起捐资成立了"康纳洲孤独症家庭支援中心",提出"尊重生命的多种形态,关爱照顾他人的人们"的口号。如今,康纳洲在为许多孤独症孩子和他们的家长、老师提供支撑。

尽管如同西西弗斯一样,日复一日推着命运的巨石上坡,但苦难的折磨永远不会让这些如温洪一般的母亲放弃。"作为父母,生了孩子就要对她负责。无论她是一个优秀的孩子还是一个有缺陷的孩子,都要对她支持到底……"

(郭德华供稿)

志愿助残工作

一、领导讲话

张海迪主席关于青年志愿助残的指示
2014年1月3日

我就是一名志愿者。

感谢共青团中央对志愿助残工作的热情支持,感谢千千万万的青年志愿者给予残疾人兄弟姐妹的关心和帮助。多年来,团组织一直高举志愿服务大旗,引领青少年树立崇高理想,发扬无私奉献的精神,为很多需要帮助的人做好事,特别是一些青年志愿者常年帮助残疾人,让困境中的他们感受到阳光般的温暖。一些志愿者还把书本送到残疾孩子的床前,帮助他们学习,让知识的烛光照亮他们的人生。无数志愿者的故事感动着我们,他们的行动彰显了一代青年积极向上、乐于助人的正能量,让我们看到了社会应该提倡的好风尚。

希望团中央开展的志愿助残活动为最基层、最贫困的残疾人送去更多贴心的帮助,也希望这项活动能让更多的残疾孩子得到学习的机会,让他们快乐成长,将来成为对社会有用的人。

我与鲁勇书记大力支持这次活动,中国残联愿与团中央密切配合协作,将志愿助残融入志愿服务工作大局,确保活动顺利开展,取得丰硕成果。

共青团中央书记处第一书记秦宜智在中国青年志愿者助残"阳光行动"启动工作会议上的讲话
2014年2月28日

今天,我们召开中国青年志愿者助残"阳光行动"启动会议,主要任务是,认真学习贯彻党的十八大和十八届二中、三中全会精神,学习贯彻习近平总书记系列重要讲话精神,全面落实团的十七大和十七届二中全会工作安排,联合中国残联共同启动、部署中国青年志愿者助残"阳光行动"。

党中央对共青团和青年志愿者工作高度重视。2013年,习近平总书记参加团中央组织的"实现中国梦·青春勇担当"五四主题团日活动并发表重要讲话,参加"快乐童年·放飞希望"六一主题队日活动,出席团十七大开幕式并同团中央新一届领导班子成员集体谈话,指出了共青团工作必须把握的三个根本性问题,明确了提高团的吸引力和凝聚力、扩大团的工作有效覆盖面两大战略性课题,对广大团干部提出了明确要求。2013年12月5日,在中国青年志愿者行动实施20周年之际,习近平总书记给华中农业大学"本禹志愿服务队"回信,指出"青年一代有理想、有担当,国家就有前途,民族就有希望",勉励"本禹志愿服务队"的同学们"弘扬奉献、友爱、互助、进步的志愿精神,坚持与祖国同行、为人民奉献,以青春梦想、用实际行动为实现中国梦做出新的更大贡献"。这也是对广大青年志愿者寄予的殷切期望。2013年9月1日,中共中央政治局委员、国家副主席李源潮同志在乌鲁木齐出席大学生志愿服务西部计划实施10周年座谈会并发表讲话,并先后多次对推进青年志愿者工作做出重要指示。习近平总书记等中央领导同志的一系列重要指示,为做好新形势下共青团和青年志愿者工作指明了发展方向、提供了根本遵循。

中国青年志愿者事业是我们党领导的共青团在新的历史条件下创新工作领域、服务社会需求的一大创举。1993年以来,在党中央、国务院的亲切关怀下,在社会各界的广泛关心和大力支持下,中国青年志愿者事业取得了明显成效。一是以率先实施志愿服务项目、推行志愿者注册制度、深化服务领域等为标志,累计组织动员4000多万青年志愿者,开展了丰富多彩的志愿服务活动,在全社会打响了青年志愿者品牌。二是以"党政关注、社会急需、青年能为"为切入点,集中实施大学生志愿服务西部计划、共青团关爱农民工子女志愿服务行动、中国青年志愿者海外服务计划、大型赛会等志愿服务重点工作,形成了"品牌带动"发展战略,推进了中国青年志愿者行动实现跨越式发展。三是以履行共青团根本职责为使命,发挥志愿服务动员优势和社会功能,推动青年志愿者工作在组织青年、服务青年、促进团的基层组织建设等全团工作大局中发挥了重要作用。四是以弘扬"奉献、友爱、互助、进步"的志愿精神为主线，动员广大青年积极参与志愿服务，引领了社会文明新风和当代青年的精神时尚。五是以活跃基层青年志愿者工作为导向，通过支持、服务并指导基层，加强了各地青年志愿者工作的组织、队伍、项目、机制等建设，促进了中国青年志愿者事业的全面活跃和发展。

中国青年志愿者行动实施以来，坚持把助残作为一项重要内容。2002年4月，共青团中央、中国残联共同启动实施了"百万青年志愿者助残行动"，动员数百万青年志愿者通过"一助一"、"多助一"等形式，帮助残疾人解决了很多实际困难，促进了残疾人事业的全面发展。特别是近些年来，不少地方把志愿助残纳入党政工作大局，加强部门联动，提供政策保障，扩大了志愿助残队伍，深化了志愿助残服务内容，提升了志愿助残实效，为进一步深化志愿助残工作奠定了良好基础。在此，我代表共青团中央，向多年来坚持开展志愿助残工作的广大青年志愿者朋友们表示崇高的敬意，向关心支持青年志愿者行动和共青团工作的中国残联及各级残联组织表示衷心的感谢！

刚才，中国残联党组书记、理事长鲁勇同志从推进残疾人事业科学发展的战略高度，对启动实施"阳光行动"做了重要部署，希望大家认真学习好、贯彻好、落实好。4位同志做了典型发言，从推进整体工作、深化服务内容、抓好助残工作保障、活跃基层队伍等不同角度，介绍了开展志愿助残工作的经验体会，讲得都很好。希望与会同志在分组讨论中进一步加强交流，多谈谈特色工作、共性问题和破解难题的意见建议。残疾人事业的政策性、专业性很强，残联的各方面工作发展得很快，共青团的同志要多向残联的同志请教、交流，把问题找准确、研究透、解决好，大家齐心协力把今后的工作做得更好。今天晚上召开的全团青年志愿者工作会议上，鸿雁同志还将对全团青年志愿者工作做出具体的安排和部署。下面，我着重就启动实施中国青年志愿者助残"阳光行动"、进一步提升青年志愿者工作科学化水平谈几点意见，与大家一起交流。

一、充分认识在新的历史起点上实施中国青年志愿者助残"阳光行动"的重要意义

党的十八大描绘了全面建成小康社会、加快推进社会主义现代化的宏伟蓝图，发出了向实现"两个一百年"奋斗目标进军的时代号召。习近平总书记提出了实现中华民族伟大复兴的中国梦的奋斗目标。这是党和国家工作大局，也是中国青年运动、中国青年志愿者行动的时代主题。2013年6月20日，习近平总书记在同团中央新一届领导班子集体谈话时明确指出，共青团要着力帮助每年600多万的高校毕业生、大量城乡贫困家庭青年、大量残疾青年、大量在城市和乡间流动的农村青年、几千万农村留守儿童解决实际困难。这些重点青少年群体涉及亿万家庭，关乎国家富强、民族振兴、人民幸福的中国梦的实现。如何在新的历史起点上，充分挖掘好、发挥好青年志愿者工作优势，把中央的要求和全团的部署落到实处，服务好包括残疾青少年在内的困难群众，是共青团面临的重要而紧迫的历史任务，可以说是使命光荣、责任重大。

（一）实施"阳光行动"，是共青团围绕中心、服务大局的重要举措。残疾人事业是中国特色社会主义事业的重要组成部分。中国梦同样承载着残疾人的美好向往，全面建成小康社会当然包括残疾人的同步小康。这就要求我们必须从全面深化改革和推进中国特色社会主义事业全局的高度，看待残疾人和残疾人事业。在我国，有上千万残疾青少年，其中有不少残疾青少年还生活在贫困之中，上不起学、看不起病、就不了业，在生活学习发展中遇到很多常人难以想象的困难。通过实施"阳光行动"，最广泛地动员广大团员青年加入志愿服务的行列，不断整合资金、人力、物力、项目等资源服务残疾青少年群体，为他们送去切实、长久、有效的帮扶，这是共青团抓好围绕中心、服务大局这条工作主线的应有之义，也是共青团服务青少年健康成长的必然要求。

（二）实施"阳光行动"，是引导青少年积极培育和践行社会主义核心价值观、坚定理想信念的重要载体。引导青少年积极培育和践行社会主义核心价值观，是党交给共青团的一项重要政治任务。践行社会主义核心价值观，要注重发挥社会实践的养成作用，特别是要为广大青年搭建便于参与、乐于参与的活动平台。"阳光行动"能够在广大青年志愿者和残疾人之间搭建起一座爱的桥梁，是引导青少年广泛开展道德实践活动、培育和践行社会主义核心价值观、坚定理想信念的重要载体。一方面，为残疾青少年提供切实的帮助，使他们真切感受到党和政府的温暖，感受到国家和社会进步的阳光，进而坚定跟党走中国特色社会主义道路的理想信念，加深对国家富强、民主、文明、和谐和社会自由、平等、公正、法治等核心价值的认同。另一方面，对广大青年志愿者来说，投身志愿助残服务是一个在实践中接受教育、在体验中获得真知的过程。在这一过程中，广大青年志愿者对奉献、友爱、互助、进步的志愿精神会有更深的理解，对爱国、敬业、诚信、友善等道德价值会有更深的体会。相信随着"阳光行动"的深入实施，一定会吸引越来越多的青少年参与到志愿助残服务中来，一定会帮助越来越多的青少年在社会主义核心价值观的熏陶中健康成长。

（三）实施"阳光行动"，是共青团和残联组织投身全面深化改革伟大事业、积极参与社会治理创新的重要探索。党的十八届三中全会对推进国家治理体系和治理能力现代化做出重要战略部署，提出要"加强党委领导，发挥政府主导作用，鼓励和支持社会各方面参与，实现政府治理和社会自我调节、居民自治良性互动"，强调要"激发社会组织活力"，"支持和发展志愿服务组织"。今天，我们联合启动志愿助残"阳光行动"，就是深入贯彻党的十八届三中全会精神，在助残领域积极探索既坚持政府主导，又坚持市场推动，同时调动社会力量积极参与的新模式。希望通过实施"阳光行动"，能够动员广大青少年、社会公众和大量青年社会组织积极参与到志愿助残事业中来，在日常照料、就业支持、支教助学、文体活动和爱心捐赠等方面为残疾人提供切实有效的服务，在社会筹资、项目推广、活动组织、管理激励等工作中各尽所能、各展所长，在服务残疾人事业全面发展、引导青少年健康成长、促进社会和谐中发挥不可替代的重要作用。

二、准确把握启动实施中国青年志愿者助残"阳光行动"的部署要求

2014年1月11日，团的十七届二中全会通过《全面深化改革进程中共青团工作五年发展纲要》，明确提出启动实施青年志愿者助残行动。这次会议上，共青团中央、中国残联联合印发了《关于实施中国青年志愿者助残"阳光行动"的通知》，对实施这项工作做出了具体部署，各地要认真贯彻通知精神，确保"阳光行动"的各项工作落到实处。

（一）把握实施"阳光行动"的新要求。2010年7月，中央文明办、中国残联、共青团中央等8部门部署开展志愿助残工作以来，各地共青团组织积极会同有关部门加强规划、完善政策、建设阵地、开展服务，推进了青年志愿助残工作的积极发展。但同时我们也感到，共青团参与开展的志愿助残工作无论在组织招募、服务方式、覆盖范围、社会动员、体制机制方面，还是在推进的广度、深度和力度方面，都需要结合新的形势不断深化，特别要围绕广大残疾青少年多元化的学习、生活、就业、情感等服务新需求，用更加务实、真诚的工作，大胆创新，奋力推进。这次启动实施"阳光行动"，是共青团中央、中国残联在现有工作基础上，联合推出并深化实施的全国性重点志愿服务品牌。在工作思路上，我们更着眼于志愿助残工作的常态化、制度化发展；在组织领导上，我们要求共青团、残联齐抓共管，通过健全领导机制和工作机制等举措，强力推进并纳入管理考核；在服务内容上，我们在各地近年来工作的基础上，进一步归纳梳理了5个方面20多项具体内容，涉及残疾人在日常生产生活中更多的共性需求和大量的个性需求；在服务对象上，把工作重点聚焦在残疾青少年群体，并尽力帮助其他残疾人及其家庭。这些都是这次实施"阳光行动"做出的新部署、提出的新要求，各地要统一思想，用更宽的视野、更高的标准、更大的力度去推动这项工作深入发展。

（二）确保"阳光行动"开好局、起好步。要建立健全领导机构。我们已和中国残联领导同志充分沟通、协商，全国层面的工作由团中央书记处、中国残联理事会负责，省、市、县三级由团委和残联党组负责，切实把实施"阳光行动"摆上重要日程。坚持领导带头，形成领导机关、领导班子和领导干部带头抓青年志愿者助残工作的良好态势。要加强与残联系统的分工协作，加强统一规划，分解目标任务，明确工作职责，一步一步把各项工作谋划好、协调好、落实好。要加强管理考核，把中国青年志愿者助残"阳光行动"纳入各级共青团、残联组织综合考核之中，形成全国统一规划、各级分层实施，一级抓一级、层层抓落实的工作格局。今年3月5日中国青年志愿服务日期间，各地要统一行动，以"心手相牵，共享阳光"为主题，坚持省、市、县和基层联动，依托"阳光行动"，掀起青年志愿助残的热潮。

（三）完善"阳光行动"的服务机制。要组建助残志愿者队伍。采取多种办法，广泛动员社区、农村、机关、高校、企事业单位、新社会组织等领域的青年和社会公众，组建一支规模适中、结构合理、相对稳定的志愿者队伍，特别是抓好骨干志愿者的招募、选拔、培训和管理等工作。要坚持和完善"团队帮扶＋结对接力"等服务机制。鼓励以团队的形式，在与残疾人机构或残疾人团体等开展"大结对"基础上，逐步做好与残疾人、残疾人家庭的"小结对"工作。要加强助残志愿者阵地建设。依托残联系统已经建设的温馨家园、工疗站、康复中心、托养中心等机构，及时提出助残阵地开放使用、日常运转、管理考核等工作办法，促进志愿服务在助残阵地的有效开展，同时将助残工作引入相关基层青少年综合服务平台。要深化志愿服务内容。鼓励各地在开展5项服务内容基础上，结合实际，深化服务内容、创新服务形式，形成内容丰富、服务广泛的助残志愿服务项目。总之，要通过抓志愿者招募、抓"大小结对"、抓阵地使用、抓项目推广等举措，形成集队伍、结对、服务、阵地、内容等为一体的"阳光行动"常态化运行机制。

（四）加强"阳光行动"的工作保障。要积极争取文明办、财政、民政等有关部门支持，不断完善"党政领导、部门支持、社会协同、项目带动"的工作格局。要加强资源整合。各级共青团、残联组织要积极整

合本系统内项目资金等资源，用于支持志愿者开展志愿服务期间的保险、交通、培训等工作。共青团、残联通过搭建项目平台等方式，支持基层助残志愿者骨干培训、示范基地培育和项目实施推广等工作。要加强表彰激励。把志愿助残工作典型纳入中国青年志愿者优秀个人奖、组织奖、项目奖和全国残联系统助残先进个人、先进集体等各级共青团、残联相关表彰范畴。要营造良好社会氛围。坚持传统媒体与新媒体相结合，特别是要把新媒体作为扩大"阳光行动"宣传动员的主渠道，精心设计内容，创新宣传形式，形成新媒体运用与活动开展互相补充、相得益彰的良好局面。

三、实施中国青年志愿者助残"阳光行动"应当坚持的几个原则

实施"阳光行动"，是共青团、残联组织长期坚持推进的重要工作，涉及残疾人、志愿者和社会的方方面面，政策性、专业性、社会性都很强。要遵循残疾人事业和志愿者工作的客观规律，因时、因地、因人制宜，推动"阳光行动"深入持续健康发展。

（一）坚持"两个为本"。 参与"阳光行动"的主体，既包括残疾人，也包括志愿者，要坚持以残疾人为本和以志愿者为本的"两个为本"理念。把残疾人满意不满意、高兴不高兴作为志愿助残工作的根本出发点。在残联系统指导支持下，下大气力做好残疾人需求调查，按需对接志愿服务。注重调动残疾人参与的积极性，激励广大残疾人自尊、自信、自强、自立，融入社会，参与发展，共享成果。要充分调动志愿者的积极性、主动性和创造性，动员基层共青团、残联、志愿者组织和骨干志愿者通过有效整合志愿助残资金、人力等资源，培育、复制和发展志愿助残项目，扩大志愿助残的参与度、覆盖面和影响力。

（二）坚持量力而行。 不能急于求成，关键是做得实。要客观分析残疾人工作现状，合理设计志愿助残工作目标，紧密结合志愿者工作特点，不能"包打天下"、大而化之。要坚持循序渐进、务实推动，切实用志愿助残的实际效果取信于残疾人、取信于社会。这次部署中，我们提出了推进"阳光行动"的4年3个阶段的目标任务，即经过4年时间的努力，基本实现青年志愿者助残工作常态化发展的目标。具体包括3个阶段：2014年，实现在全国的统一部署、宣传动员，基本摸清残疾青少年底数；2015、2016两年，加强建设，深入推动，基本实现对城镇残疾青少年的结对全覆盖；2017年以后，使"阳光行动"基本覆盖城乡残疾青少年并实现青年志愿助残工作常态化、长效化。之所以做了这个安排，就是要引导大家树立持续的思想、务实的作风，把每一项工作做实、做好。

（三）坚持基层导向。 实施"阳光行动"，重在基层，关键在服务需求的对接。要尊重基层首创精神，不断激发基层开展志愿助残的内生动力，推动工作思路、工作方式和工作项目创新。以县（市、区、旗）为重点，动员青年志愿者深入街道社区、乡镇村、机关、高校、新社会组织、康复机构、托养机构、特教学校等，认真摸清辖区青年残疾人基本情况，及时开展志愿者与残疾人的结对工作，使"阳光行动"各项决策从基层来、到基层去、在基层落实。要加强对志愿助残工作的调查研究和成果运用，在鼓励基层结合实际先行先试、创新探索的同时，更加注重普遍性、规律性和可复制性，推动更多基层"点"上经验在全国"面"上"开花"。加大对基层工作的支持力度，进一步把工作资源向基层倾斜，把工作力量向基层集中，把工作载体向基层转移。

（四）坚持专群结合。 俗话说，尺有所短，寸有所长。开展志愿助残工作，尽管有一定的专业要求，但普通人并不是不可为、不能为。恰恰是大量普普通通的人们，通过当志愿者，为广大残疾人提供了医学专业方面代替不了的大量服务，在促进整个残疾人事业中发挥着巨大作用。志愿助残的项目设计要着眼于残疾人需求的普遍性和普通人参与志愿服务的普遍性，"门槛"要低，要易操作，人人可为，人人能为，只有植根于普通人中，志愿助残项目才有生命力。近年来，在有些地方也曾出现过不顾及残疾人感受、不照顾残疾人需求而盲目服务"被志愿"的现象，我们要引以为戒。要把助残志愿者的岗前培训抓好抓实。与此同时，鼓励具有一定专业技能的青年志愿者运用专业理念、知识和方法从事相关专业的志愿活动，比如法律职业人员可以开展法律援助、医务工作者可以开展义诊、特教老师可以开展支教助学和手语普及等志愿服务。

（五）坚持统筹协调。 要统筹协调好不同类别残疾人的服务要求。紧密结合盲人、聋人、肢体残疾、智力残疾、精神残疾和多重残疾人自身特点，设计项目，开展培训，搞好服务。要统筹协调好"阳光行动"与团内其他志愿服务品牌。全团一直实施的共青团关爱农民工子女志愿服务行动、大学生志愿服务西部计划、大型赛会、海外服务等，要继续做深、做透、做强；同时，运用这些项目积累的人力、政策、组织等成果，支持"阳光行动"的发展。要统筹协调好"规定动作"与地方"自选动作"。对于实施"阳光行动"的总体安排、主要内容和基本要求等"规定动作"，继续坚持考核制度，同时鼓励各地开展特色志愿助残工作，坚持对不同地区、不同领域、不同项目的分类指导。要统筹协调好青年志愿助残与其他领域助残。加强团内资源、力量互动，发挥好红领巾助残等团内各战线已有助残工作的综

合效应。联系社会力量，吸纳社会资源，通过共建共享、合作发展等方式，形成志愿助残工作的强大合力。

四、全面提升中国青年志愿者事业的科学化水平

中国青年志愿者事业经过20年的发展，站在了新的历史起点上，面临着新的发展机遇和挑战。各级共青团、青年志愿者组织要认真学习贯彻习近平总书记给"本禹志愿服务队"的回信精神，以实施"阳光行动"为契机，注重育人导向、事业导向、基层导向，坚持志愿服务项目化运作、社会化动员、事业化发展、制度化保障，全面提升中国青年志愿者事业的科学化水平。

（一）**注重在党和国家工作大局中谋划和推进青年志愿者工作**。围绕中心、服务大局是共青团工作的主线，也是青年志愿者工作的主线。各级团组织要结合党对共青团和青年工作根本要求，把握共青团的三个根本性问题和两大战略性课题，始终把青年志愿者行动摆在经济社会发展全局中进行谋划和推进，在党政关心、社会关注、青年关切的领域设计项目、整合资源、建立机制。当前，要紧紧围绕党和国家全面深化改革的大局，紧密结合青年志愿者工作特点，注重从社会建设的范畴和规律出发来谋划志愿服务。积极争取有关部门的支持，通过委托承办、购买服务、政府补贴、项目合作等方式整合资源，指导、支持基层志愿服务组织申报并实施志愿服务项目，推进青年志愿者在社会建设中发挥更大作用。

（二）**注重通过志愿服务加强对青年的思想引领**。志愿服务是崇高的事业，蕴含着丰富的思想资源。我们要大力弘扬"奉献、友爱、互助、进步"的志愿精神，突出培育和践行社会主义核心价值观，突出理想主义、精神引领和实践育人，使参与志愿服务的青年心灵得到升华、境界得到提高。要善于把服务他人、奉献社会的实践与坚定理想信念结合起来，帮助广大志愿者认识到坚持走中国特色社会主义道路关系到国家的改革发展稳定大局，也关系到社会和谐和每个人的幸福。对接受志愿服务的群众来说，重点是要通过志愿服务让他们感受到党和政府的关心、团组织和全社会的关爱，在全社会大力营造"我为人人、人人为我"的良好氛围，使每一个人都成为全面深化改革的积极拥护者、支持者、参与者，形成推动经济社会发展的强大力量。

（三）**注重提升志愿服务的能力和水平**。不断提升志愿服务的整体能力和水平，是保持青年志愿者行动在我国志愿服务工作中"排头兵"地位、打造核心竞争力的关键一环。要提升基层志愿服务组织活力。稳步扩大基层青年志愿者的组织覆盖，推动高校、企业、社区和乡镇普遍建立青年志愿者组织，在抢险救灾、环境保护、助老助残等专业性较强的志愿服务领域建立专业志愿者组织。坚持发挥基层团组织在青年志愿者组织中的核心作用，发挥基层青年志愿者组织在各类青年社会组织中的枢纽作用。要提升志愿服务团队的服务能力。壮大注册志愿者队伍，并从中遴选、培育一批在青年中具有较强号召力的骨干志愿者。通过集中培训、网络公开课、现场指导、体验式教学等多种方式，提升骨干志愿者和青年志愿服务团队的专业技能。要提升青年志愿者项目的实施水平。加强对项目的规划和指导，促进地方项目健康发展，建立分层、分类的志愿服务项目库，形成覆盖广泛、内容丰富、具有较高专业水准的志愿服务项目体系。要提升青年志愿服务平台建设的成效。搭建志愿服务活动组织、项目推广、资金筹集、技术支持等多种平台，形成一批有效对接志愿服务需求，高效整合社会资源，规范标准的实体型、网络型、复合型平台。

（四）**注重青年志愿者工作的制度化、规范化建设**。加强青年志愿者工作制度的设计、规划和落实，特别是多研究管总、管用、管长远的制度。要用立法管总。目前已有18个省（区、市）和16个较大城市对志愿服务进行了立法。团组织要积极推动立法，同时也要善于运用法律，落实执法责任、规范志愿服务关系，保障青年志愿者事业发展。要建立起务实管用的激励保障制度。比如，志愿者的星级认证制度、表彰制度、志愿者权益维护、意外伤害保险等。可积极争取有关机构、企业支持，先从我们重点志愿服务项目中的骨干志愿者做起，不断完善志愿者的激励保障机制。要加强青年志愿者工作自身建设，坚持加强自身建设与开展服务活动的统筹推进，努力把工作成果转化为提升团的吸引力、凝聚力的重要内容和手段。要加强各级青年志愿者协会建设。坚持"开门办协会"的理念，坚持开放性、包容性、社会性的有机统一，积极吸纳社会功能强的青年社会组织成为青年志愿者协会的会员单位，使之成为团组织可覆盖、可影响、可协调的正能量。

同志们，全面启动中国青年志愿者助残"阳光行动"的号角已经吹响！实施"阳光行动"，共青团、残联系统有着坚实的工作基础。共青团组织具有组织优势、动员优势，能够把分散在社会各方面的人力、财力、物力等资源有效组织起来、动员起来，通过团组织的制度化安排，形成开展志愿助残工作的持久力量。残联组织是党和政府联系广大残疾人的桥梁和纽带，最熟悉残疾人群体的生活状况、分布情况，最掌握服务残疾人的政策措施和残疾人的迫切要求，积累了丰富的助残工作专业经验，具有明显的专业优势。我们要坚定信心，携起手来，把两个系统的工作优势用好、用足，最大限度地调动政策资源、资金资源、专业资源、人力资源和社会资源，把残疾人的需求与广大青年参与社会、服务社会的热情有效对接，促进志愿助残工作取得更大实效。

让我们在以习近平同志为总书记的党中央的坚强领导下，在中央有关部门的大力支持、社会各界的关注关心以及广大青年志愿者的积极参与下，凝聚力量，务实创新，长抓不懈，不断开创青年志愿助残工作新局面，以青春梦想、用实际行动为全面建成小康社会、实现中华民族伟大复兴的中国梦做出新的更大贡献。

鲁勇在中国青年志愿者助残"阳光行动"启动工作会议上的讲话   2014年2月28日

在深入贯彻落实党的十八大和十八届三中全会精神、全力推进全面建成小康社会进程、努力为实现中华民族伟大复兴中国梦而奋发的新形势下，今天，共青团中央、中国残联共同启动了中国青年志愿者助残"阳光行动"。这是落实习近平总书记关于做好服务残疾人青少年工作的重要举措，对于弘扬社会主义核心价值观和人道主义精神、对于进一步浓郁和谐友爱的社会氛围、对于促进实现残疾人与全国人民一起同步小康具有重要的作用。我代表中国残联名誉主席邓朴方、中国残联主席张海迪，代表8500万残疾人，向秦宜智书记，向长期以来关心支持残疾人事业、为残疾人奉献爱心的各级共青团组织和广大青年志愿者朋友们表示衷心的感谢！同时，以一名曾经多年从事共青团工作的老团干的名义，向大家表示敬意和问候！

自有人类，就有残疾人。由于先天生理、心理或智力的缺陷，由于疾病、战争和各种天灾人祸，我们这个世界上每天都有新的残疾人产生。相对于健全人，残疾人是不幸的；但作为健全人，能够有机会为残疾人送去关爱却是幸运的。残疾人需要全社会的关爱，同时残疾人也在为社会的发展进步做出重要的贡献。一位多年从事残疾人领导工作的老领导曾经这样深情地谈道，看上去最柔弱的人往往最坚强，没有多少财富的人往往精神很富有，得到不多的人往往能够知恩感恩，无言的人往往无声胜有声，眼睛看不到光明的人往往心灵明亮，行动不便的人往往可以让思想走向远方……残疾人的力量是伟大的！失聪后的贝多芬，用生命真正叩响了《命运》之门；耳聋的爱迪生，为人类留下了划时代的发明创造；全身瘫痪的大物理学家霍金，成了最接近宇宙奥秘的人；饱受多重残疾折磨的海伦·凯勒，展示了最为迷人的心灵之美。在我国，"左丘失明，厥有《国语》；孙子膑脚，《兵法》修列"；遭受腐刑的司马迁，以一部《史记》成就千古绝唱；双目失明的鉴真大师，远渡重洋播撒了中华文明；盲人阿炳，一曲《二泉映月》道尽人间沧桑。19岁因伤寒而导致腿部残疾的华罗庚，成为数学泰斗；吴运铎把一切献给了党；张海迪在《绝顶》上书写着《轮椅上的梦》；一大批平凡的残疾人也在各自人生的旅途上、在推进社会的发展进步中熠熠发光。他们曾遭遇过严峻的人生困境和挑战，承受过常人难以想象的艰辛和磨难，但他们没有沉沦，在逆境中成长为勇者，历经磨难而信念愈坚，饱尝艰辛而斗志更强。他们是广大残疾人的优秀代表，是全社会都应该倍加珍惜和爱护的宝贵财富。关心、关注、关爱残疾人，是一个时代文明进步的重要标志。

残疾，搭建了一个舞台，在这个舞台上上演着残疾人自强不息的人生情景剧；残疾人服务，打磨了一面镜子，折射着社会进步和公平正义状况；残疾人发展，铸造了一根标尺，度量着经济社会的发展程度；残疾人工作，体现了一个印证，反映着治国理政的发展理念；残疾人事业，高举起一杆旗帜，呼唤着世人的爱心良知，推动着社会的文明进步。今天，团中央与中国残联共同启动中国青年志愿者助残"阳光行动"，就是在为这伟大的事业增砖添瓦，就是在为最需要关爱的广大残疾人雪中送炭。每个个体的助残力量虽小，但汇集起来就是巨大的能量。我们要共同努力，为社会的文明进步添加历史的注释，为民族精神的弘扬留下时代的印迹，为中华民族的伟大复兴凝聚起一点一滴的正能量。

我国有8500多万残疾人，涉及2.8亿残疾人亲属。这是一个数量众多、特性突出、特别需要帮助的弱势群体。也许在他们中间，就有明天的"华罗庚"、"张海迪"。

党中央、国务院高度重视残疾人事业，特别是改革开放以来，陆续推出了一系列推动残疾人事业加快发展的重大措施。《中共中央国务院关于促进残疾人事业发展的意见》对发展残疾人事业做出了全面部署。全国人大常委会通过了残疾人保障法。国务院批准实施了发展残疾人事业的6个"五年规划"。全社会大力弘扬人道主义，倡导理解、尊重、关心、帮助残疾人的良好风尚，积极推进无障碍环境建设，广泛开展助残活动，激励残疾人自尊、自信、自强、自立，广泛参与社会生活。残疾人事业取得了举世瞩目的成就，残疾人状况明显改善，越来越多的残疾人实现人生和事业的梦想，过上了幸福而有尊严的生活。

由于历史的原因和现实条件的制约，残疾人的生活仍然滞后于经济社会发展的平均水平。《2012年度全国残疾人状况及小康进程监测报告》显示，2012年度全国残疾人小康实现程度为68.4%，比全国平均水平低17个百分点。残疾人家庭人均可支配收入为全国居民家庭人均可支配收入的56.2%，而城镇残疾人家庭人均医疗保健支出是全国城镇的1.5倍，农村残疾人医疗保健支出是全国农村居民的1.7倍。残疾人家庭恩格尔系数是48.5%，比全国居民家庭平均高出10.8个百分点，而城镇、农村依靠家庭其他成员供养的比例分别高达40.4%和67.8%。全国还有1800万城乡残疾人生活贫困，各种基本公共服务还难以满足残疾人的基本需求。残疾人，迫切渴望来自社会各方面的关心和帮助。

充分保障残疾人权利、全面增进残疾人福祉、提高残疾人发展能力、促进残疾人平等参与，是社会主义制度的本质要求，是社会公平正义和文明进步的重要标志。党的十八大确定了"两个一百年"奋斗目标，习近平总书记明确提出了实现中华民族伟大复兴的中国梦。中国梦，昭示着国家富强、民族振兴、人民幸福的美好前景，是包括8500万残疾人在内的每一个中国人的梦。全面建成小康社会，是包括8500万残疾人的小康社会。没有广大残疾人的同步小康，小康社会是不完整的。而要实现广大残疾人的同步小康，就需要全社会共同努力，特别是青年人的参与帮助。

开展青年志愿者助残"阳光行动"，就是要帮助广大残疾人解决实际困难和问题，使残疾人生活得更有尊严、更加殷实、更加幸福。这是践行社会主义核心价值观的生动体现，有利于弘扬人道主义精神，促进残疾人事业发展和残疾人"平等、参与、共享"，推动社会和谐，实现中华民族伟大复兴的中国梦，也有助于在广大青年心中播撒爱的种子，促进青年健康成长，锤炼品格，完善自我，实现自身价值与服务祖国、服务人民的统一，谱写美好的青春乐章。

习近平总书记在给华中农业大学"本禹志愿服务队"的回信中，希望青年志愿者们"弘扬奉献、友爱、互助、进步的志愿精神，坚持与祖国同行、为人民奉献，以青春梦想、用实际行动为实现中国梦做出新的更大贡献"。中央政治局常委刘云山同志在中央文明委第二次全体会议上讲话指出："要围绕关爱空巢老人、留守儿童、困难职工、残疾人群体，把学雷锋活动和志愿服务活动开展到基层、到社区、到家庭。"中央领导同志的重要指示精神，为开展青年志愿者助残"阳光行动"指明了发展方向。各级残联组织要和各级团组织携手并肩，全面落实中央的指示和号召，共同做好关爱残疾人的助残工作，从点滴做起，从身边做起，从小事做起，从志愿服务做起，让志愿服务的阳光，洒满每一个残疾人家庭；让志愿服务的身影，走进每一位残疾人；让志愿助残的行动，化为每位青年的自觉。

多年来，志愿助残工作取得显著成绩，青年志愿助残硕果累累。1986年，在邓朴方、李源潮等领导同志的倡导推动下，原国家教委、共青团中央、全国妇联和中国残疾人福利基金会联合发起了"红领巾手拉手助残"大型公益活动。20多年来，全国数以亿计少先队员先后成为志愿助残的实践者。1990年，全国人大常委会通过的残疾人保障法规定，"每年5月的第三个星期日为全国助残日"。1991年以来，志愿助残工作纳入到国家的各个残疾人事业五年计划发展纲要之中。1998年，国务院残工委下发了《关于加强基层残联建设的决定》，要求乡（镇、街道）建立助残志愿者联络站，自下而上地逐步形成志愿者服务网络。2002年，共青团中央、中国残联共同实施"百万青年志愿者助残行动"，数百万青年志愿者积极参与。2008年，《中共中央国务院关于促进残疾人事业发展的意见》对志愿助残工作提出了新要求。2011年，国务院批转的《中国残疾人事业"十二五"发展纲要》中提出，将志愿助残工作纳入国家志愿服务总体规划，开展"志愿助残阳光行动"；建立健全助残志愿者招募注册、服务对接、评价激励、权益维护等机制，促进志愿助残服务的专业化、常态化和长效化。中央文明办将志愿助残工作融入"学雷锋"活动和国家志愿服务工作大局，纳入全国文明城市、文明村镇、文明单位测评体系的具体要求。

持续开展的"红领巾手拉手助残"、"百万青年志愿者助残行动"、"志愿助残阳光行动"等项目，不断提升着志愿助残服务的品牌效应。借助中国盲文图书馆等平台，广泛开展了志愿助盲服务活动。结合北京残奥会、上海世界特奥运动会、上海世博会（生命阳光残疾人主题馆）、广州亚残运会及国内残疾人文化体育赛事活动等开展的志愿助残服务，成为赛会活动的亮点。各地残联与共青团组织通力合作，开展了丰富多彩的青年志愿助残活动。部分残疾人在自强自立的同时，奉献社会，热心帮扶贫困残疾兄弟姐妹，成为志愿者队伍中一支新生的力量。中国残联的五大专门协会都成立了志愿服务队。

在实践中相关政策制度的不断完善，促进了志愿助残工作规范化、长效化。2010年，中央文明办、共青团中央、中国残联等八部门联合出台《关于加强志愿助残工作的意见》，对加强志愿助残工作领导、完善志愿助残工作机制等提出了明确要求。2011年4月，顺应国家加强社会管理和社会建设的需要，中国残联组建了社区和志愿者工作部门，使志愿服务工作职能得到进一步加强。2012年，中央文明办、共青团中央、中国残联等七部门联合印发《关于组织开展"关爱他人——爱幼助残志愿服务行动"的通知》，明确要求广泛开展社区家庭、康复医疗、支教就学、就业培训、扶贫开发、文化体育、权益维护等志愿助残服务，并就建立完善长效机制等提出了要求。2013年，中国残联出台《中国助残志愿者注册管理办法（试行）》，进一步完善了助残志愿者招募注册、服务对接、组织管理、评价激励等制度。

2012年在中西部地区启动的农村行政村（社区）残协志愿助残项目试点，推动了志愿助残工作进一步向基层延伸，向农村倾斜。结合"长江新里程"项目，湖北、黑龙江等地开展了"关爱你的残疾人邻居"志愿助残项目。通过"一助一"、"多助一"、"服务直通车"、"量体裁衣式个性化服务"等志愿助残形式，推动志愿助残到人到户到邻居，实现工作重心向个性化、项目化、常态化转变。上海、广东、湖北等地积极探索"社工+义工"模式，通过社会工作专业人才与助残志愿者相互协作，共同为残疾人提供专业化贴心志愿服务。

多年来，在各级党委、政府的亲切关怀和各级共青团组织、残联、社会各界的共同努力下，志愿助残工作尤其是青年志愿助残工作取得了显著成效，结出了丰硕成果。覆盖城乡的志愿助残工作组织网络基本形成，队伍不断壮大。全国已建立助残志愿者联络站（点）30余万个，注册助残志愿者发展到700多万人，受助残疾人近5000万人次。涌现出了大量事迹突出、情操感人的志愿助残先进典型。特别是广大青年志愿者深入到工厂、学校、社区、村庄和残疾人家庭，为残疾人排忧解难，以优质、温馨的服务生动诠释了文明与爱心的深刻内涵和崇高境界。广大残疾人得到了实实在在的帮助，志愿者在服务中增强了社会责任感，得到了心灵的净化和道德的提升。青年志愿助残服务作为推动社会主义精神文明建设和残疾人事业发展的一支重要力量，在经济社会发展中发挥着越来越重要的作用，不仅帮助残疾人解决了大量的实际困难和问题，为残疾人事业注入了新的生机与活力，而且弘扬了中华民族传统美德，提升了全社会的思想道德水平，增进了社会的团结与和谐。青年志愿者的行动，彰显了一代青年积极向上、乐于助人的正能量，让我们看到了社会应该提倡的好风尚。

这次会议上，共青团中央、中国残联联合印发了《关于实施中国青年志愿者助残"阳光行动"的通知》，秦宜智书记还要就"阳光行动"的实施做全面部署，我们要认真学习，有效落实。这里，我对各级残联组织提几点要求。

第一，各级残联组织要把推动助残志愿服务工作摆在重要位置抓好抓实

志愿服务是残疾人工作的重要内容，青年志愿者是搞好助残志愿服务的重要力量。开展青年志愿者助残"阳光行动"是推动服务落实的有效方式，有利于激发和带动全社会扶残助残服务的深入开展。各级残联组织要增强责任感，积极会同共青团组织，努力把握青年志愿助残工作的新特点、新规律、新要求，扎扎实实做好各项工作，推动青年志愿者助残"阳光行动"持续深入开展。

第二，以残疾人基本需求为导向，不断提高青年志愿助残服务的有效性

各类残疾人的特点和需求有共性也有特殊性。各级残联组织在各地制定实施方案时，要从本地实际出发，因地制宜，注重效果。要紧密结合残疾人自身特点和需求，设计好服务项目和服务内容。要集思广益，认真听取残疾人意见，让残疾人参与方案设计。要坚持以人为本，以残疾人的需求为导向开展志愿服务，努力提高服务的针对性和实效性。在实施服务过程中，一定要尊重残疾人的感受，做好沟通和理解，让残疾人有尊严地获得服务。

第三，加强工作联动，努力形成推动青年志愿助残"阳光行动"的长效机制和工作合力

充分发挥"阳光行动"工作领导小组及办公室的作用，加强与共青团组织的分工协作，主动沟通工作，加强日常协调联动，共同研究制定实施方案，共同推动各项措施的落实。要将推动"阳光行动"纳入各级残联组织日常工作和综合考核之中，形成各级分层实施、一级抓一级、层层抓落实的工作格局。同时，各级残联组织要结合自身实际，积极做好反映需求、助残技能培训、阵地建设、条件保障等工作。

一是要积极反映残疾人需求，做好服务对接。各级残联组织、残疾人专门协会要发挥好熟悉各类残疾人需求的优势，调查掌握残疾人的具体困难和服务需求，及时提供给共青团和青年志愿者组织，使残疾人获得及时有效的服务，实现需求与服务的有效对接。

二是要积极开展志愿者的助残技能培训。各级残联组织要针对助残服务特点，组织开展助残基本知识与技能的指导培训，提升青年志愿者的服务技能。要建立助残指导员培训机制，通过资质认证，发展助残指导员队伍。中央文明办与中国残联正在组织专家编写介绍助残服务知识与技能的《志愿助残工作手册》，不久就要出版。

三是要加强助残志愿者阵地建设。残联系统已经建设的温馨家园、康复机构、托养机构、就业服务机构、扶贫基地等，要作为志愿助残服务的基本基地，面向青年志愿者开展助残志愿服务工作。要鼓励各地积极探索，依托基地开展特色志愿服务，打造特色服务品牌。

四是要为青年志愿者提供必要的服务保障。各级残联组织要积极创造条件，整合系统内项目资金等资源，对青年志愿者开展志愿服务期间的保险、交通、餐饮、培训等给予必要的支持和保障。

第四，努力营造尊重关爱帮助残疾人的良好社会氛围

各级残联组织要充分利用电视、广播、报刊、网络等各种媒体，加大残疾人事业和青年志愿助残服务的宣传力度，在全社会大力弘扬人道主义思想，广泛传播现代文明社会残疾人观，普及志愿服务理念和知识，提升公众对志愿助残服务的认识，吸引更多的社会力量参与"阳光行动"。要抓住"自强与助残"表彰、各种传统节日、残疾人节日和志愿者节日等重要时间节点，广泛宣传志愿助残先进事迹和感人精神。要引导更多社会公众从身边做起，从点滴做起，帮助身边的残疾人。

第五，倡导有能力的残疾人积极参与志愿助残活动

广大残疾人既是志愿助残行动的受益者，也是推动志愿助残行动的积极参与者和实践者。以一颗感恩的心回馈社会，以力所能及的行动奉献社会，这是很多残疾人的心愿。各级残联组织要充分发挥残疾人的积极性、主动性和创造性，带动更多有条件的残疾人参与青年志愿助残"阳光行动"，成为残疾人中的助残志愿者。

中华民族伟大复兴的中国梦是包括广大残疾人在内的全体中国人民共同的梦，是广大残疾人改善生活之梦、融入发展之梦、自强自立之梦。启动实施青年志愿者助残"阳光行动"，就是要动员全社会帮助广大残疾人筑梦、追梦、圆梦。我们坚信，有党中央、国务院的正确领导，有全国各级共青团、残联组织的密切配合和全力推动，有全国广大青年志愿者的热情参与，青年志愿者助残"阳光行动"一定会取得实实在在的成效。

让我们在以习近平同志为总书记的党中央坚强领导下，高举中国特色社会主义和人道主义旗帜，与共青团组织携手并肩，以满腔的热情、不懈的努力、真诚的爱心，扎实推进青年志愿者助残"阳光行动"，为广大残疾人兄弟姐妹实现与全国人民一起同步小康的美好梦想而努力奋斗！

吕世明在中国青年志愿者助残"阳光行动"启动工作会议上的总结讲话

2014年3月1日

这次共青团中央和中国残联联合召开的中国青年志愿者助残"阳光行动"启动工作会议，是在3月5日"学雷锋日"来临之际，在全国深入践行社会主义核心价值观、大力倡导社会新风尚的新时期召开的一次重要会议，会议全面贯彻习近平总书记讲话精神和中央文明委《关于推进志愿服务制度化的意见》，启动部署中国青年志愿者助残"阳光行动"，推动志愿助残活动在全国范围内深入持久地开展下去。

共青团中央和中国残联对青年志愿者助残工作高度重视，团中央秦宜智书记多次听取汇报，并做出批示，汪鸿雁书记近日两次亲自带队到中国残联调研座谈，深入盲人文化场所体验，商讨工作思路，拟定实施方案。中国残联张海迪主席和鲁勇理事长也多次听取工作汇报，并做出指示。共青团中央和中国残联还先后派出四个调研组，深入基层调研，掌握第一手资料，为本次会议的召开，为在全国开展青年志愿者助残"阳光行动"做了充分准备。昨天下午，秦宜智书记和鲁勇理事长分别做了重要讲话，4个省市分别做了经验交流发言。今天上午，大家进行了分组讨论，深刻领会两位领导的讲话精神，交流工作经验，共同建言谋策。共青团中央和中国残联还分别召开专项会议，研究部署志愿助残工作。与会同志研讨热烈，集思广益，精心谋划，刚刚各组召集人所提出的好建议、好做法、好措施，颇有特色，互动启发，供各地借鉴和吸纳。大家一致表示要认真贯彻会议精神，切实采取有力措施，尽心竭力推动青年志愿者助残"阳光行动"取得实效。此次会议创新务实，富有成效。下面，我受汪鸿雁书记委托，代表会议主办双方共青团中央和中国残联就贯彻落实会议精神和秦宜智书记、鲁勇理事长的讲话要求，对切实做好青年志愿者助残"阳光行动"再强调几点意见，供大家参考。

一、做好青年志愿助残工作的核心是贯彻会议精神，落实工作任务

中华民族素有助残济困的优良传统，广泛动员社会力量，开展志愿者助残是运用社会化工作方式为广大残疾人提供贴心务实帮助的有效形式，是中国特色残疾人事业的显著特征，是倡导和谐社会新风尚的重要举措。青年朋友们是祖国的未来、民族的希望，充满了激情、智慧和力量，是担负社会责任的脊梁。此次会议是全国志愿助残工作的又一个重要标志，也是全国志愿助残工作的延伸与升华，必将在全社会产生巨大的影响力和感召力。共青团中央和中国残联的主要领导同志到会并做

重要讲话，充分体现了对这项工作的高度重视。秦宜智书记在讲话中对推动实施青年志愿者助残"阳光行动"进行了全面部署，分别从强化思想认识、把握工作要求、坚持基本原则、提升科学化水平等四个方面进行了精辟阐述，提出了明确要求。鲁勇理事长全面回顾了全国志愿助残工作取得的丰硕成果和显著成就，特别对青年志愿者助残义举所产生的人文魅力给予了很高评价，也对今后共青团和残联组织合力推动青年志愿者助残"阳光行动"、凝聚共识、密切配合，在新起点上取得志愿助残工作新成效提出了殷切希望。两位领导同志的讲话具有鲜明的时代感和深刻的思想性，立意高远，贴近实际，具有很强的针对性和操作性，为我们学习贯彻习近平总书记讲话精神，培育和践行社会主义核心价值观，推动全国志愿助残下一步工作指明了方向。

推动工作见成效，一分在部署，九分靠落实。希望同志们以此次会议为契机，不断加大工作力度，进一步在全社会掀起志愿助残新高潮。一是要及时传达贯彻。要深刻领会秦宜智书记、鲁勇理事长的讲话精神，并将会议精神及时传达到系统和基层，统一思想，凝聚共识，为做好志愿助残工作提供有力的思想保证。二是要推动工作落实。要充分发挥共青团组织和青年团员富有朝气、充满激情、善于首创的独特优势，残联组织做好有效配合，结合工作实际制定实施方案，围绕工作目标创新工作举措，真正做到目标明确，措施得力，任务到人，执行到位。三是要实施考核问效。要将志愿助残工作分别纳入各级共青团和残联组织的工作目标考核体系，以考核抓落实，以考核促进展，确保青年志愿者助残"阳光行动"取得实效。

二、做好青年志愿助残工作的前提是要思想统一，认识到位

深入开展志愿助残活动，为残疾人提供经常性、贴心实效的帮助，既能解决残疾人的实际困难，为残疾人提供有尊严、有价值的生活条件，也有助于"奉献、友爱、互助、进步"的志愿者精神在全社会发扬光大，有助于良好社会风尚的形成，对于培育和践行社会主义核心价值观，弘扬人道主义思想，体现助人为乐、扶弱济困传统美德，提升人文关怀、激励奉献、残健融合、平等共享的理念具有重要的现实意义。

共青团中央和中国残联在共同打造"手拉手红领巾助残"、"百万青年志愿者助残行动"等一系列志愿助残品牌的基础上，又在全国联合启动中国青年志愿者助残"阳光行动"，这既是贯彻落实习近平总书记重要指示精神的重要举措，也是帮助残疾人实现同步小康梦想的重要途径之一。全国各级共青团和残联组织要深刻领会开展青年志愿者助残"阳光行动"的重要意义，把志愿助残工作摆上重要议事日程，并与党的群众路线教育实践活动紧密结合，真抓实干，务求实效，不搞花架子，不走过场，确保残疾人得到实惠，以此赢得全社会的认同和赞誉。

三、做好青年志愿助残工作的优势在于部门协作，各展所长

共青团中央和中国残联在推进志愿助残工作方面具有多样优势。共青团组织在青年志愿者队伍的培育和管理、志愿助残工作平台的搭建等方面已积累了丰厚成熟的经验，残联组织是各类残疾人的代表，拥有健全的组织网络和为残疾人服务的各类机构，知晓基层残疾人的现实和特殊需求。

为了推动青年志愿者助残工作的顺利进行，共青团中央和中国残联成立了中国青年志愿者助残"阳光行动"工作领导小组，并下设办公室，具体负责各项工作任务的落实。省、市、县三级共青团和残联组织，也要成立相应机构，以利于两个部门分工协作，密切配合，发挥各自优势，发挥行业作用，合力推动志愿助残工作再创佳绩。各级共青团组织要积极发挥主导作用，在组建助残志愿服务队伍、制定具体工作方案、组织实施和绩效考评等方面抓好落实。各级残联组织要充分利用自身资源，在收集整理残疾人及残疾人服务机构的基本需求、为青年志愿者提供服务技能培训、搭建残疾人与志愿者团队联系渠道等方面主动做好协助。我们充分坚信，只要共青团和残联组织根据工作要求，结合实际需求，各展所长，密切合作，中国青年志愿者助残"阳光行动"一定会取得预期成效。

四、做好青年志愿助残工作的关键是要因地制宜，务求实效

在共青团中央和中国残联共同印发的《关于实施中国青年志愿者助残"阳光行动"的通知》中，对志愿助残活动的服务对象、服务内容、运行机制、实施阶段及目标等进行了明确，在服务内容方面归纳了日常照料、就业支持、支教助学、文体活动、爱心捐赠等五个方面，应该说基本涵盖了青年志愿者服务残疾人的主要内容，但我国幅员辽阔，各地情况千差万别，各地在拟定实施方案时，要注重结合当地实际，力求树品牌、创特色、收实效。

要充分利用各级残联现有的组织网络，了解掌握基层各类残疾人在日常生活中存在的实际困难和亟待解决的问题，提高志愿助残活动的针对性；要通过举办培训班、印发培训教材等多种途径，广泛开展志愿助残技能培训，实现志愿助残活动的规范化、专业化；要通过建立志愿者团队与残疾人服务机构、与基层社区残协的紧密联系，实现需求与服务无缝衔接，促进志愿助残活动常态化、长效化；要鼓励引导广大残疾人自强自立，加入志愿服务行列，创造价值，服务社会，回馈他人，形成残健融合、心灵交融、心手相牵、友爱互助的良好局面；要大力推广各地志愿助残的有效经验和有益模式，培育志愿助残的地方特色，提升志愿助残的品牌效应，不断提高志愿助残活动的社会影响力。

五、做好青年志愿助残工作的目标是帮助残疾人，倡导新风尚

残疾人是社会最特殊的群体，需要全社会的关心和帮助。我们要把帮助广大残疾人解决实际困难作为实施青年志愿者助残"阳光行动"的出发点和落脚点。广大残疾人在工作、学习和生活中存在着种种不便，志愿助残"阳光行动"要坚持从细节着眼，从小事做起，从家庭入手，从身边帮扶。支持残疾人康复培训、就业创业是助残，为出行不便的残疾人生活料理、通行引导也是助残；为残疾人送教送医、法律援助是助残，学习掌握简单手语、陪伴聋人朋友导医导购、进行无障碍交流也是助残。因此，志愿助残就是要在青年志愿者力所能及的范围内，与残疾人朋友结对结亲；就是要紧贴残疾人现实需求的细枝末节，春风化雨，润物无声；不求轰轰烈烈，但求持之以恒，不求惊天动地，只求贴心务实。

习总书记在今年看望孤残儿童时说"所有人都要有感恩的心"，我们实施青年志愿者助残"阳光行动"，也要在全社会大力倡导感恩、尊重、关爱、互助的良好风尚。一是要加强宣传造势，充分利用各级各类传媒，宣传志愿助残的典型事迹，营造关爱残疾人良好社会氛围。二是要充分利用每年3月5日"学雷锋日"、7月6日"全国志愿助残阳光行动主题日"、5月"全国助残日"、12月"国际残疾人日"等各种契机，组织开展多样形式的志愿助残活动，掀起高潮，扩大影响，持续推动志愿助残活动制度化、常态化。三是要加强表彰激励，通过评选表彰中国青年志愿者优秀个人奖、组织奖、项目奖及助残先进集体和个人等活动，树立典型，彰显示范，鼓励和引导更多的人加入到志愿助残队伍中来。2015年恰逢五年一度的全国志愿助残工作经验交流会议，届时中国残联将会同共青团中央、中央文明办等部门对优秀单位和个人进行命名。四是要加强行为劝导，鼓励青年志愿者对日常生活中歧视残疾人、损害残疾人利益的人员和行为进行及时劝导，为残疾人融入和平等参与社会生活创造更加和谐的条件，建设残健融和、共享阳光的社会大家庭。

残疾人事业是人道高尚的伟大事业，志愿服务是文明进步的善行义举。青年志愿者助残"阳光行动"构架了残健之间心灵交融、融合共享的桥梁和纽带，千千万万的青少年将与8500万残疾人紧密手拉手，情感心贴心。可以想象，千百万青年朋友志愿帮扶千百万残疾人兄弟姐妹将展现出多么人文和谐的美好景象，必将产生巨大的社会影响力和丰厚的社会价值。志愿助残的青年身影处处闪烁，人文关爱的青年风采时时呈现。残疾朋友通过志愿助残"阳光行动"体验人间真情，感受人文关怀，青年朋友则通过志愿助残"阳光行动"传承中华美德，担当社会责任。残疾朋友因为感恩，将永远铭记社会各界的深情厚意，青年朋友因为奉献，将不断绽放绚丽多彩人生。让我们心手相牵，共享阳光，共同推进青年志愿者助残"阳光行动"广泛深入持久地开展下去，进而感召全社会将服务的双手触及每位残疾人的身边，将关爱的阳光洒满每位残疾人的心灵！让我们汇聚社会正能量，同心共筑中国梦，为实现残疾人与全国人民同步小康的宏伟目标贡献力量！

吕世明在2014年全国"志愿助残阳光行动"主题日活动仪式上的讲话 2014年7月5日

各位嘉宾、志愿者朋友们、残疾人朋友们：

大家好！

今年7月6日是第四个全国"志愿助残阳光行动"主题日。今天，中央文明办、共青团中央、中国残联在这里隆重举办全国"志愿助残阳光行动"主题日活动，就是要广泛动员社会公众特别是青年朋友积极参与到志愿助残行动中来，努力营造关爱帮助残疾人的良好社会氛围，推动青年志愿者助残"阳光行动"深入持久开展，为广大残疾人播撒爱的阳光，使残疾人共享社会发展成果，携手残疾人实现共同奔向小康的美好梦想。借此机会，我谨代表中国残联主席张海迪同志，党组书记、理事长鲁勇同志，向为残疾人奉献爱心的广大青年志愿者朋友们表示崇高的敬意和衷心的感谢！

近期，习近平总书记等中央领导就关爱残疾人、发展残疾人事业发表了重要讲话，提出了明确要求。习近平总书记为中国残疾人福利基金会成立30周年致贺信、会见第五次全国自强模范暨助残先进集体和个人表彰大会代表时特别指出："让广大残疾人安居乐业、衣食无忧，过上幸福美好的生活，是我们党全心全意为人民服务宗旨的重要体现。""希望助残先进把助残善举坚持做下去、做得更好，把爱传播给更多群众，鼓励更多人加入到助残行列中来。"李克强总理在看望残疾孤儿时强调："要动员更大慈善力量和社会资源，把千千万万爱的力量汇聚起来，更好地向社会传递大爱和道德力量。让残疾孤儿拥有灿烂的明天。"俞正声同志在中国残疾人福利基金会成立30周年纪念会上讲话指出："要大力营造尊重关爱残疾人的良好社会环境。围绕培育和践行社会主义核心价值观，大力弘扬人道主义思想和中华民族传统美德，增强全社会扶残助残意识，努力形成关爱残疾人、关心残疾人事业的良好社会风尚。"刘云山同志在中央文明委全体会议上讲话指出："要推动学雷锋常态化，推动志愿服务制度化，围绕扶贫济困、应急救援、环境保护，围绕关爱空巢老人、留守儿童、困难职工、残疾人群体，把学雷锋活动和志愿服务活动开展到基层、到社区、到家庭。"张高丽同志在第五次全国自强模范暨助残先进表彰大会上讲话指出："要在青少年中广泛开展人道主义思想教育，鼓励青少年积极参与助残社会工作，让扶残助残的善举代代相传。要继续推进'志愿助残阳光行动'等群众性扶残助残活动，不断丰富服务内容、创新服务形式，为残疾人提供更加丰富、周到、便利的服务。"习近平总书记等中央领导同志的重要指示为我们发展残疾人事业、推进志愿助残工作指明了方向，我们要认真贯彻落实，共同做好新时期志愿助残工作。

近年来，志愿助残工作尤其是青年志愿助残工作取得了显著成效，覆盖城乡的志愿助残工作组织网络基本形成，涌现出了大量事迹突出、情操感人的助残先进典型。广大青年志愿者深入到工厂、学校、社区、村庄和残疾人家庭，为广大残疾人提供了实实在在的帮助，解决了大量的困难和问题。青年志愿者助残的行动，弘扬了中华民族传统美德，增进了社会的团结与和谐，彰显了一代青年积极向上、乐于助人的正能量，是社会主义核心价值观的生动实践。今年2月，共青团中央和中国残联共同启动实施了青年志愿者助残"阳光行动"，短短几个月的时间就产生了相当的影响，取得了显著成效。我们从今天现场"阳光行动"示范项目代表做的精彩发言、发布的中国青年志愿者助残"阳光行动"宣传片以及广州市助残志愿服务团队与康园工疗站、特殊教育学校、康复机构和托养机构签订的结对协议所展示的志愿服务风采，充分领略和分享到了青年志愿助残的无私大爱和真情实感。

中央文明委、文明办高度重视志愿助残工作，将此项工作列入全年工作重点并分解任务。中国残联主席张海迪、党组书记、理事长鲁勇对青年志愿者助残"阳光行动"十分关心。今年1月，海迪主席对团中央与中国残联共同开展"阳光行动"做出指示："感谢共青团中央对志愿助残工作的热情支持，感谢千千万万的青年志愿者给予残疾人兄弟姐妹的关心和帮助。无数志愿者的故事感动着我们，他们的行动彰显了一代青年积极向上，乐于助人的正能量，让我们看到了社会应该提倡的好风尚。"6月，鲁勇书记对中国青年志愿者助残"阳光行动"做出批示："志愿助残'阳光行动'启动以来，各级团组织、残联组织积极配合，迅速行动，取得了良好开局，特表祝贺和谢意！望乘势再上，同心协力，把服务抓细做实，结对服务贴近需求，从点滴做起，从身边做起，真情互动，持续不断，真正赢得信任、信赖！"团中央第一书记秦宜智同志出席中国青年志愿者助残"阳光行动"启动工作会议并做重要讲话；海迪主席、宜智书记、鲁勇书记注册成为"中国盲文图书馆志愿者"，为前来阅读的盲人读者提供温馨服务，这一切体现了对青年志愿助残的高度重视，体现了对残疾人的真情关爱，使我们倍受鼓舞。

共青团中央、中国残联决定以今年的"志愿助残阳光行动"为契机，深入推进志愿助残结对工作，并联合下发通知，做出全面部署。推进志愿助残结对工作意义十分重要，使青年志愿助残工作更加深入务实，开创新的局面。刚才，共青团中央书记汪鸿雁做了重要讲话，从"深化摸底结对、深化活动项目、深化招募动员、深化宣传推介"四个方面，对进一步推动"阳光行动"做出了全面部署，提出了具体要求。中央文明办崔海教同志亲临指导，给予志愿助残"阳光行动"鼎力支持。我们深信，在社会各界的支持和广大青年志愿者的努力下，"阳光行动"一定会打造成为具有广泛社会影响力的知名服务品牌，成为志愿服务领域耀眼的亮点。

在此，我希望各级残联组织要认真学校贯彻习近平总书记等中央领导同志关于关爱残疾人、志愿助残的重要指示精神，抓住实现"残疾人同步小康"的历史机遇，围绕"中国特色残疾人事业"在"新的起点再上新台阶"的目标，坚持"兜住底、补短板，保基本、广覆盖"工作方针，在各级文明办的指导下，积极会同共青团组织以"志愿助残阳光行动"为契机，更加切实、更加持久地做好志愿助残工作。一是要把助残志愿工作摆在重要突出位置抓好抓实，积极配合共青团组织，主动做好沟通，加强协调联动，共同落实好各项措施。二是要发挥好直接服务残疾人的工作优势，将残疾人的实际困难和服务需求，及时反映给共青团和青年志愿者组织，实现需求与服务的有效对接，使广大残疾人获得及时有效的服务。三是要加强助残志愿者阵地建设，残联系统的温馨家园、康复机构、托养机构、就业服务机构、扶贫基地等，要作为青年志愿助残服务的基本场所，面向青年志愿者开展助残志愿服务工作。四是要针对助残服务特点，积极开展志愿者的助残基本知识与技能培训，帮助青年志愿者提升服务技能。五是要在全社会大力弘扬人道主义思想，广泛传播现代文明社会残疾人观，加大残疾人事业和青年志愿助残阳光行动的宣传力度，普及志愿服务理念和知识，提升公众对志愿助残服务的认识，吸纳更多的社会力量参与"阳光行动"中来。

帮助残疾人，时时可为，人人可为，事事可为，让我们从身边做起，从日常做起，从小事做起。当残疾人朋友遇到困难时，我们主动搭把手；当残疾人朋友需要帮助时,我们积极出份力;当残疾人朋友绽放笑脸时,我们心头涌暖意;这一切无不诠释着志愿助残人道主义的理念,无不彰显出志愿助残人文关爱的情怀,无不昭示着志愿助残激情燃烧的感动。"赠人玫瑰、手有余香",只要参与了志愿助残,我们就会有感悟,有快乐,有特别的收获。

小善汇成大爱,点滴汇成江河。让我们凝心聚力,携手并肩,以满腔的热情、不懈的努力、真诚的爱心,扎实推进青年志愿者助残"阳光行动",以青年朋友的无私奉献和价值追求来帮助更多的残疾人共同实现人生梦想,共同推动中华民族伟大复兴的中国梦早日实现!

共青团中央书记处书记汪鸿雁在2014年全国"志愿助残阳光行动"主题日活动仪式上的讲话
2014年7月5日

今天,共青团中央、中国残联等部门在这里共同启动阳光行动主题日活动,就是要认真学习贯彻习近平总书记关爱残疾青少年等群体重要指示精神,进一步动员广大青年和社会公众,以更大范围、更大热情、更大力量参与到中国青年志愿者助残阳光行动中来,为广大残疾人朋友送去切实、长久、有效的帮扶,同残疾人朋友一道,更加坚强地为实现人生梦想、为实现中华民族伟大复兴的中国梦而奋斗!

长期以来,各级共青团会同残联等部门,以"一对一"、"手拉手"等多种方式,开展了丰富、有效的志愿助残活动。团十七大以来,共青团组织按照党中央指示要求,坚持把服务残疾青少年作为工作重点,下大气力抓好落实。今年2月底,共青团中央、中国残联进一步整合各方力量,启动实施中国青年志愿者助残"阳光行动",并在随后的4个多月里,集中抓好了活动规划、集中启动、面上指导、骨干培训、项目示范、资金支持等工作,极大地调动、牵动了各地工作的主动性、积极性和创造性。31个省区市和兵团、铁路系统团委将这项工作纳入重要日程,28个省级团委会同残联等部门集中启动,广东、山东、浙江等地还通过加强领导、财政支持、督查考核等举措,推动了这项工作向纵深发展,实现了阳光行动在全国的良好开局。

广东是我国志愿服务事业的重要策源地。今天,我们在广州启动2014年阳光行动主题日活动,很大程度上也象征着中国青年志愿者助残"阳光行动"的高起点、高标准、高要求。希望大家以主题日活动为契机,不断深化各项基础工作,推动阳光行动实现科学发展。

一是不断深化摸底结对,打牢阳光行动的工作基础。 各级共青团组织要积极会同残联部门,动员青年志愿者深入街道社区、乡镇村、机关、高校、新社会组织、康复机构、托养机构、特教学校等,认真摸清辖区残疾人尤其是青少年残疾人的底数、分布及需求情况。今年要在做好摸底工作的基础上,确保实现志愿者组织与残疾青少年、家庭结对覆盖率达到15%,市区以上要达到30%,为阳光行动四年规划目标的实现奠定更好的基础。要提高结对质量,强化分类指导和工作调度,通过制定各地摸底结对阶段性目标、建立台账、搭建网上结对管理系统等方式,建立对服务活动开展次数、时长、骨干人数的考核制度,促进结对志愿服务常态化、长效化。

二是不断深化活动项目,带动阳光行动的整体发展。 要以示范项目评比为抓手,推动全省、全市、全县通过示范项目的征集、评审和推广,促进资源、资金、人员更多地向阳光行动项目聚集、发展。不少朋友知道,昨天下午,我们会同广东团省委、广州市委市政府发布了志愿服务"广交会"暨2014年中国青年志愿服务项目大赛的有关消息,今年下半年,团中央将搭建更大的志愿服务资源整合、对接和推介平台,初步考虑,在举办全国志愿服务项目大赛基础上,遴选500—1000个项目在广州统一布展、推介。这其中,将把阳光行动项目的申报、评选和推介作为重要内容。各地要进一步挖掘和培育好典型、好项目、好模式,同时,加强集中性活动的组织实施和品牌打造,推动阳光行动具体活动和要求在基层落地开花、结出硕果。

三是不断深化招募动员,拓宽阳光行动的活动覆盖。 要采取各种方法,广泛动员社区、农村、机关、高校、企事业单位、新社会组织等领域的青年和社会公众,参与到阳光行动中,组建一批规模适中、结构合理、相对稳定的志愿者队伍,特别是抓好骨干志愿者的招募、选拔、培训和管理等工作。要坚持组织化动员与社会化动员相结合,在继续抓好学校、社区、机关等传统领域志愿者招募工作基础上,面向社会公益机构、各类社会组织和工业园区等青年聚集的领域开展招募工作。要不断探索将注册志愿者星级认证制度引入志愿助残工作,试点推广助残志愿者保险工作,多措并举鼓励、引导更多青年和爱心人士参与到阳光行动中来。

四是不断深化宣传推介,营造阳光行动的社会氛围。 要大力弘扬奉献、友爱、互助、进步的志愿精神,引导越来越多的青少年通过参与志愿助残服务,在社会主义核心价值观的熏陶中健康成长。要加强阳光行动新闻宣传规划,全团统一口号、统一标识、统一发力,通过团属网站、官方微博、微信、手机报等载体,加强全媒体互动,打响宣传"组合拳",在全社会提升阳光行动的公信力和影响力。要进一步挖掘志愿助残文化内涵,制作宣传文化产品,加强典型选树,用平实朴素、真情实感的文化作品鼓舞人、感动人、吸引人。要吸纳社会资源,通过共建共享、合作发展等方式,形成志愿助残工作的强大合力,为阳光行动深入持续开展提供保障。

同志们,青年志愿者朋友们!我们阳光行动的主题口号是:心手相牵,共享阳光。这个"心",就是汇聚正能量的大爱之心;这个"手",就是奉献全社会的志愿之手。让我们心连心、手挽手,积极投身到阳光行动中来,为残疾人朋友奉献每一份心力,播撒每一缕阳光。

二、政策法规文件

共青团中央、中国残疾人联合会关于实施中国青年志愿者助残"阳光行动"的通知

中青联发〔2014〕7号

各省、自治区、直辖市团委、残联,解放军总政治部组织部,全国铁道团委,全国民航团委,中直机关团工委,中央国家机关团工委,中央金融团工委,中央企业团工委,新疆生产建设兵团团委、残联,黑龙江垦区残联:

为认真学习贯彻习近平总书记关于关爱残疾青少年的重要指示精神,发挥青年志愿者在助残工作中的积极作用,动员广大青年和社会公众积极参与助残志愿服务,彰显人文关怀,促进社会和谐,为全面建成小康社会、实现中华民族伟大复兴的中国梦贡献力量,共青团中央、中国残联研究决定,在全国范围启动实施中国青年志愿者助残"阳光行动"。现将有关事项通知如下。

一、主题口号

心手相牵　共享阳光

二、服务对象

以残疾青少年为主,并尽力帮助其他残疾人及其家庭。

三、服务内容

广泛动员各级共青团、残联、青年志愿者组织和广大志愿者,依托康复机构、托养机构、就业培训基地、扶贫基地、特教学校、助残站点、社会组织和残疾人家庭等,重点围绕以下五方面内容开展志愿助残工作。

1. **日常照料**。开展生活照料、看护陪伴、邻里互助、心理疏导、励志分享、出行便利、法律咨询等志愿服务,导医、导购、交通等行业助残服务,帮助残疾人和残疾人家庭平等参与、共享社会生活。

2. **就业支持**。开展就业知识辅导、职业技能培训、企业用工和残疾人就业需求调查、创业帮扶、残疾人就业创业政策宣传和手续办理等志愿服务。

3. **支教助学**。开展送教上门、培智教育、残疾人扫盲、扶残助学志愿服务,为普通学校中的残疾学生和不能到学校接受正常教育的适龄重度残疾儿童,以及残疾人家庭中辍学或在读子女等提供帮助。

4. **文体活动**。开展陪伴残疾人读书、看电影、送文化进社区、残疾人特殊艺术辅导、感受自然、残疾人赛会服务等志愿服务,积极开展帮助、支持残疾人参与体育活动等志愿服务。

5. **爱心捐赠**。动员社会公众、企业、机构等捐款捐物,主要用于现有基础上的志愿助残服务站点(重点在农村)建设,帮助特别困难的残疾青少年等。

各地在重点做好以上方面的志愿服务外,要因地制宜,创造性地开展其他相关内容的助残志愿服务工作。

四、运行机制

充分遵循志愿者和残疾人工作规律,做好志愿服务、组织实施和管理考核等制度设计,逐步形成队伍、内容、阵地、管理等相互协调的志愿助残工作机制。

1. **服务机制**。坚持"团队帮扶+结对接力"的项目实施模式,鼓励以团队的形式开展助残服务,具体由一个团队或志愿者组织与相对固定的区域(社区、村庄、学校等)内的残疾人或残疾人康复机构、托养机构等残疾人较集中的公共场所结成对子;针对残疾人家庭和常年在家的残疾人,以"团队+残疾人家庭"、"志愿者+残疾人"等服务方式,开展结对接力服务。

2. **组织机制**。坚持党政支持、团组织和残联组织指导、领袖型志愿者(社工、志愿助残阳光使者、公益岗位工作人员等)带头、志愿者积极参与的组织模式,由基层团组织和残联组织及时发布志愿助残计划和残疾人需求信息,指导领袖型志愿者(社工、志愿助残阳光使者、公益岗位工作人员等)带领志愿者开展志愿服务、做好团队管理、加强宣传联络、整合社会资源,抓好基层志愿助残工作各项任务落实。同时,指导基层志愿者团队做好项目推广等工作。

3. **考核机制**。坚持分层管理、分级考核,对省(区、市)、市(地、州、盟)、县(市、区、旗)、乡镇(街道)及基层志愿助残工作,开展分层分级目标管理考核,对志愿者、志愿者团队、志愿服务项目和志愿助残的组织机构进行综合评估、考核激励。加强对志愿助残工作的分类指导和考核。

五、实施阶段及目标

通过4至5年时间,使中国青年志愿者助残"阳光

行动"基本覆盖城镇残疾青少年、惠及农村地区残疾青少年，并实现常态化、长效化运行，成为服务实、可持续、影响广、作用大的品牌项目。

（一）**广泛发动阶段**（2014年）。2014年3月5日前后，集中部署这项工作，开展志愿助残主题活动，实现对各级共青团、残联、青年志愿者组织和广大志愿者的普遍动员。及时启动助残志愿者招募工作，初步组建一支统一领导、来源广泛的助残青年志愿者队伍，不断提升专业化服务水平。扎实开展现有残疾青少年摸底工作，基本摸清各地35周岁以下残疾青少年基本情况。逐步开展对残疾青少年的结对工作。

（二）**深入推动阶段**（2015至2016年）。基本实现基层团组织（志愿者团队）和志愿者对城镇残疾青少年群体的全覆盖，有序开展农村残疾青少年结对工作。探索、完善和深化志愿服务内容，推广先进志愿服务模式、经验，使志愿服务更为务实、有效。积极推行志愿助残工作项目，通过政府采购、公开招标、示范引领等多种方式，促进更多基层"点"上助残志愿服务项目在全国"面"上落地、发展。

（三）**巩固提高阶段**（2017年及以后）。在基本实现对城镇残疾青少年和绝大部分农村残疾青少年群体长期结对、接力服务的基础上，有序扩大对其他残疾人群体的结对帮扶。深化中国青年志愿者助残"阳光行动"内容、阵地、项目、平台、骨干等建设，形成常态化、长效化工作运行机制。志愿者服务保障基本形成，队伍结构更加合理，服务项目门类齐全，中国青年志愿者助残"阳光行动"成为社会知名志愿服务品牌。

六、工作要求

（一）**高度重视，加强领导**。实施"阳光行动"是共青团组织围绕中心、服务大局、履行职责的重要举措，是各级共青团、残联和青年志愿者组织广泛持续深入开展的全国性重点工作项目，是与政府主导、市场推动相衔接的社会助残工作体系的重要补充。各级共青团、残联组织要高度重视，把这项工作摆上重要日程，集中力量，深入推进。共青团中央、中国残联成立中国青年志愿者助残"阳光行动"工作领导小组，由共青团中央书记处和中国残联领导同志担任组长，成员包括共青团中央、中国残联相关职能部门和直属单位负责同志（成员名单附后）。领导小组下设办公室，具体抓好工作推动和各项任务落实。省、市、县三级团委和残联党组负责"阳光行动"的实施工作，并成立相应领导机构和工作机构。

（二）**完善政策，强化保障**。积极争取文明办、财政、民政等有关部门支持，将志愿助残纳入政府购买公共服务工作范畴。涉及就业支持的志愿助残工作，应列入残疾人就业保障金支持范围。各级共青团、残联组织要积极整合本系统内项目资金等资源，用于支持志愿者开展志愿服务期间的保险、交通、培训等工作；加强表彰激励，把志愿助残工作典型纳入中国青年志愿者优秀个人奖、组织奖、项目奖和全国自强与助残等表彰范畴。共青团中央、中国残联通过搭建项目平台等方式，将政策、资源、经费等向基层倾斜，支持基层助残志愿者骨干培训、示范基地培育和项目实施推广等工作。加强对志愿助残工作常态运行方面的研究，适时将中国注册志愿者星级认证制度引入志愿助残工作，试点推广助残志愿者保险工作。进一步争取各方支持，逐步健全政府、社会、企业共同支持志愿助残工作的保障机制。

（三）**加强管理，务求实效**。切实抓好领导责任和工作责任落实，把中国青年志愿者助残"阳光行动"纳入各级共青团、残联组织综合考核之中，形成全国统一规划、各级分层实施，一级抓一级、层层抓落实的工作格局。共青团中央、中国残联主要抓好宏观规划、政策制定和管理考核工作，省市两级抓好规划实施、具体推动和管理考核工作，以县级为重点抓好志愿助残各项具体工作落实。加强分工协作，各级团组织负责志愿助残工作方案制定、志愿者队伍建设和志愿服务组织实施等工作；各级残联负责提供残疾人工作基本情况、需求对接、志愿者有关技能培训、阵地开放、必要条件保障等工作。加强宣传动员，加强对高校、企事业单位的组织动员，多措并举营造良好社会氛围，在全社会推动中国青年志愿者助残"阳光行动"深入持续健康发展。

各地、各系统实施的中国青年志愿者助残"阳光行动"有关情况，请及时报共青团中央青年志愿者工作部、中国残联组联部。

附件：中国青年志愿者助残"阳光行动"工作领导小组及办公室成员名单（略）

中国残联办公厅、共青团中央办公厅关于广泛开展阳光行动主题日活动深入推进志愿助残结对工作的通知

残联厅发〔2014〕35号

各省、自治区、直辖市残联、团委，新疆生产建设兵团残联、团委，黑龙江垦区残联，全国铁道团委，全国民航团委，中直机关团工委，中央国家机关团工委，中央金融团工委，中央企业团工委：

2014年7月6日是第四个全国志愿助残阳光行动主题日。为进一步动员广大青年参与助残志愿服务，全面开展中国青年志愿者助残阳光行动，共青团中央、中国残联决定，以阳光行动主题日为契机，深入推进志愿助残结对工作。有关事项通知如下：

一、工作目标

以阳光行动主题日为契机,省、市、县三级团组织与残联系统联动开展志愿助残集中性服务活动。按照"基层团组织或青年志愿者团队+残疾青少年+接力"的项目实施模式,广泛动员青年志愿者团队与助残机构、特教学校、社区及残疾青少年家庭建立结对关系。计划用4年左右的时间,组织建立5万支基层志愿服务团队,与持残疾人证的465万余名残疾青少年及其家庭建立结对服务关系。力争在2014年年底前,建立1万支左右的志愿服务团队,覆盖残疾青少年100万名左右(各省、区、市持证残疾青少年人数详见附件1)。

二、活动主题

心手相牵,共享阳光

三、工作安排

(一)广泛开展阳光行动主题日集中活动

1. 开展一次集中服务活动。广泛动员各级团组织和基层志愿服务团队在7月6日前后集中开展一次助残志愿服务活动。针对不同的残疾类型设计开展有针对性的服务内容,帮助他们走出家庭,融入社会,感受关爱。

2. 组织一次志愿助残结对签约仪式。部署各级团组织和基层志愿服务团队普遍与残疾人较为集中的助残机构、特教学校、社区及残疾人家庭签订结对服务协议,明确服务计划,细化志愿服务内容及形式。有条件的地区可举行集中签约仪式,增强影响力。

3. 开展一次残疾人心愿征集及圆梦活动。征集、筛选一部分残疾青少年的合理心愿,整合社会资源,广泛发动社会各界开展圆梦活动,帮助残疾青少年满足心愿。

4. 开展一次主题微活动。充分利用各级青年志愿者微博、微信等新媒体平台,广泛开展主题微活动,通过晒心愿、晒结对、晒服务等方式,对各类志愿助残服务活动进行微直播。地市级团委青年志愿者微博至少要发布原创信息5条以上,转发有关信息10条以上,并与网友加强互动,营造良好氛围,进一步提升青年志愿者微博体系影响力。

(二)系统开展摸底结对工作

1. 摸清底数。各级团组织与残联系统加强沟通,密切配合,按照属地原则,全面摸清辖区内残疾青少年及其家庭的基本情况,摸清助残机构情况,摸清服务需求,建立摸底数据档案,确保信息真实准确。2014年年底前,各级团组织与残联系统密切配合,完成摸底工作,为深入推动阳光行动奠定基础。

2. 系统结对。按照"结对+接力"的工作机制,广泛动员辖区内各类大中专院校、机关企事业单位团组织、青年志愿者组织等基层志愿服务团队,与持证残疾青少年所在单位(社区)开展结对工作。要注重加强统筹规划,避免多个志愿服务团队与一个助残机构重复结对。鼓励倡导结对双方签订服务协议,确定服务计划,明确服务内容。各级团组织力争在2014年年底前实现与辖区内残疾青少年结对超过25%。

3. 建立骨干队伍。选拔一批工作热情高、有助残服务经历、有较强组织能力的基层志愿服务团队负责人作为阳光行动的骨干力量,加强培养,逐级培训,给予重点支持和指导,打造一支助残志愿服务的骨干队伍。

(三)大力推广志愿助残项目

1. 建立阳光行动项目库。各省(区、市)团委部署建立省级阳光行动项目库,广泛征集、筛选一批基层志愿助残项目,加强宣传引导,制定管理制度,争取政策保障。2014年年底前完成选报30个项目,纳入全国阳光行动项目库。

2. 公布一批志愿助残需求信息。征集、统计一批残疾人较为集中的托养机构、康复机构、特教学校等助残机构的志愿服务需求信息,集中向社会公布推介,为广大青年志愿者及助残爱心企业、人士搭建信息平台。

3. 公布一批助残志愿服务团队的招募信息。动员基层团组织和志愿服务团队广泛发布招募助残志愿者的需求信息,建立加强助残志愿者队伍,依托助残项目,公开招募信息。注重搭建和畅通社会各界参与志愿助残的渠道,重点招募一批具有专业知识和技能的青年志愿者,提升志愿助残服务能力。

四、工作要求

(一)加强领导,注重协作

各省(区、市)团委、残联要紧密联系,进一步落实"省、市、县三级团委和残联党组负责"的要求,定期召开推进会,加强分工协作,整合各部门资源,合力推动工作。紧密围绕活动主题,制定主题日具体活动方案,创新服务内容和形式,广泛开展助残志愿服务活动,力争在7月6日前后形成活动高潮。

(二)深入调研,务实推动

要加强调研,做深做细摸底结对工作。注重结合青年志愿者和残疾人双方的实际情况,务实推动结对工作。注重及时汇总结对数据,请各省级团委志愿者工作部门联合残联有关部门填写《阳光行动结对情况统计表》(见附件2),做好摸底结对工作。

(三)加强管理,注重建设

各地要加强对结对志愿服务团队的管理工作,指导各地定期开展助残志愿服务活动。着力建立完善结对机制,依托社区、助残机构等助残服务阵地,搭建服务对接平台。请各省级团委志愿者工作部门联合残联有关部门填写《2014年下半年志愿助残阳光行动结对工作计划表》（见附件1），并于7月31日前上报团中央青年志愿者工作部和中国残联组织联络部。

（四）注重宣传，营造氛围

各级团组织、残联要积极与各类新闻媒体沟通，广泛传播志愿助残理念，普及助残知识。要充分发挥网站、微博、微信等新媒体优势，加强青年志愿者微博体系联动，全面展现各地主题日活动及志愿助残工作的开展情况，大力宣传助残志愿者的感人事迹，选树优秀典型。各省（区、市）年底前选报10名优秀助残志愿者报团中央志工部和中国残联组联部。

请各省级团委志愿者工作部门于7月15日前填写《阳光行动主题日活动情况统计表》（附件3），报分管领导签字后上报团中央青年志愿者工作部项目指导处。

团中央青年志愿者工作部
联 系 人：张燕红　于力新　李红军
联系电话：010－85212049
传　　真：010－85212049
电子邮箱：zyzgzb@126.com
中国残联组联部
联 系 人：朱春林　刘杰
联系电话：010－66580060
传　　真：010－66580060
电子邮箱：zlb_jcc@cdpf.org.cn

附件（略）

三、工作综述

2014年，志愿助残工作积极开拓创新，取得了新的重要进展，形成了良好的社会助残氛围，实施了一系列新的助残举措，提升了志愿助残服务的水平，广大残疾人得到了更多实实在在的帮助。

（一）共青团中央、中国残联实施中国青年志愿者助残"阳光行动"

2014年2月19日，共青团中央、中国残联印发《共青团中央、中国残疾人联合会关于实施中国青年志愿者助残"阳光行动"的通知》（中青联发〔2014〕7号）。2月28日—3月1日，共青团中央、中国残联在北京召开中国青年志愿者助残"阳光行动"启动工作会议，对启动实施"阳光行动"进行全面部署。团中央书记处第一书记秦宜智，中国残联党组书记、理事长鲁勇，中国残联党组成员、副主席吕世明出席会议并讲话，团中央书记处书记汪鸿雁出席会议。青年志愿者助残"阳光行动"以"心手相牵，共享阳光"为主题，以残疾青少年为主要服务对象，重点围绕日常照料、就业支持、支教助学、文体活动、爱心捐赠等方面开展志愿助残服务，确定了首批100个示范项目并提供经费支持，组织66737支基层志愿服务团队，动员126.8万名青年志愿者与212.2万名残疾青少年及其家庭结对服务。

（二）开展"志愿助残阳光行动"主题日活动，营造志愿助残良好社会氛围

7月5日，中央文明办、共青团中央、中国残联在广州市越秀区启智学校共同举办了以"心手相牵，共享阳光"为主题的2014年全国志愿助残阳光行动主题日活动。中国残联副主席吕世明、团中央书记处书记汪鸿雁、中央文明办志愿服务工作组副组长崔海教、广东省副省长邓海光、广州市副市长贡儿珍等出席活动，并以志愿者身份分别用"广东志愿者"手机客户端和志愿时卡签到，参与助残志愿服务。青年志愿者助残"阳光行动"示范项目代表广州市"志愿在康园"、沈阳团市委"点亮星光"负责人进行了交流汇报，广州市志愿助残服务团队代表分别与康园工疗站、特殊教育学校、康复机构、托养机构等签订结对协议。活动现场还发布了中国青年志愿者助残阳光行动宣传片。各省区市及新疆生产建设兵团团委志工部负责人、残联组联部负责人及和负责志愿助残工作的同志，黑龙江垦区残联组联部负责人以及残疾人和志愿者代表等人参加了活动。各地围绕"心手相牵，共享阳光"的主题，开展了丰富多彩的志愿助残活动。

（三）中国残联举办全国助残指导员培训班

为加强志愿助残指导员队伍建设，指导广大志愿者提升助残技能和水平，有效开展助残服务，中国残联于7月5—6日在广州市举办全国志愿助残指导员培训班，各省、自治区、直辖市、新疆生产建设兵团、黑龙江垦区残联组联部负责人和负责志愿助残工作的同志参加培训。团中央青年志愿者工作部、中国残疾人辅助器具中心等单位的志愿助残培训专家分别就中国青年志愿者行动发展历程及推动青年志愿者助残"阳光行动"实现科学发展、残疾人辅助器具服务事业、志愿助残服务理念、交往服务礼仪和助残技能等进行专题讲授。

（四）继续在中西部10个省份开展农村社区（村）残协志愿助残试点工作

加强志愿助残联络站点和志愿者队伍建设，拓展志愿服务内容，增强服务能力，推动志愿助残工作向基层延伸。

（五）探索志愿助残工作的新思路

筹备成立中国助残志愿者协会，汇聚社会各方面的力量共同推进志愿助残。中国残联与中国志愿服务联合会共同开展邻里守望志愿助残活动，推动广大志愿者从小事做起，从身边帮扶，通过主动搭把手、帮扶结对子等服务方式，真诚帮助每一位需要帮助的残疾人。

（六）存在的问题

一是志愿助残的社会环境有待改善，社会认知水平尚需提升。二是对助残志愿者缺乏科学的招募选拔和培训管理，残疾人的需求与志愿服务资源还不能有效对接。三是缺乏健全的法律法规鼓励、支持和保障公众参与志愿助残服务，深入持久推进志愿者助残工作的长效机制尚未建立。四是缺乏基本经费的支持和保障。

四、大事记

2月19日，共青团中央、中国残联印发《共青团中央、中国残疾人联合会关于实施中国青年志愿者助残"阳光行动"的通知》（中青联发〔2014〕7号）。青年志愿者助残"阳光行动"以"心手相牵，共享阳光"为主题，以残疾青少年为主要服务对象，重点围绕日常照料、就业支持、支教助学、文体活动、爱心捐赠等方面开展志愿助残服务。

2月28日—3月1日，共青团中央、中国残联在北京召开中国青年志愿者助残"阳光行动"启动工作会议，对启动实施青年志愿者助残"阳光行动"进行全面部署。团中央书记处第一书记秦宜智、中国残联党组书记、理事长鲁勇，中国残联党组成员、副主席吕世明出席会议并讲话，团中央书记处书记汪鸿雁出席会议。各省级团委分管副书记、志愿者工作机构负责同志，各省区市和新疆兵团残联分管领导同志、组联部负责同志，黑龙江垦区残联负责同志，大连、青岛、宁波、厦门、深圳5个计划单列市团委、残联负责同志，以及团中央、中国残联有关直属单位负责同志参加会议。

3月4日，中国志愿服务联合会、中国残疾人联合会共同发出《"邻里守望——让志愿服务走进每个残疾人家庭"倡议书》，号召广大志愿者开展"邻里守望"志愿助残行动，从小事做起，从身边帮扶，通过主动搭把手、帮扶结对子等服务方式，真诚帮助每一位需要帮助的残疾人。

4月23日下午，银行业协会残疾人无障碍和志愿服务研讨会在中国残联召开。中国残联副主席吕世明、中国盲协主席兼秘书长李伟洪、中国银行业协会副秘书长周永发出席会议。

7月5日，中央文明办、共青团中央、中国残联在广州越秀区启智学校共同举办主题为"心手相牵，共享阳光"的2014年全国志愿助残阳光行动主题日活动。

7月5—6日，中国残联在广州市举办全国志愿助残指导员培训班，吕世明副主席出席并就深入开展中国青年志愿助残"阳光行动"提出工作要求。各省、自治区、直辖市、新疆生产建设兵团、黑龙江垦区残联组联部负责人和负责志愿助残工作的同志参加培训。团中央青年志愿者工作部、中国残疾人辅助器具中心等单位的专家分别就中国青年志愿者行动及青年志愿者助残、残疾人辅助器具服务、志愿助残服务理念、交往服务礼仪和助残技能等进行了专题讲授。

附　录

"邻里守望——让志愿服务走进每个残疾人家庭"倡议书

全国志愿服务组织、志愿者朋友们：

为深入践行社会主义核心价值观，大力弘扬人道主义思想，传承中华民族助残济困传统美德，为广大残疾人创造平等参与社会生活的无障碍条件，中国志愿服务联合会、中国残疾人联合会共同倡议："邻里守望——让志愿服务走进每一个残疾人家庭"。

邻里守望进家门。我们要从家庭入手，从细节着眼，从小事做起，从身边帮扶。培育和谐邻里关系，倡导友爱互助风尚。编织社区爱心网，提升社区归属感，共筑残健融合大家庭。

邻里守望搭把手。当残疾朋友需要生活照料时，主动搭把手；需要出行引导时，主动搭把手；需要心灵沟通时，主动搭把手；需要家教辅导时，主动搭把手。搭上一把手，献出一份爱。

邻里守望结对子。大力倡导"一助一，多助一"结对帮扶志愿服务活动，为困难残疾人送上温馨帮助，为残疾老人提供亲情陪伴，让残疾儿童得到关心照料，让志愿服务进入每个残疾人家庭。

邻里守望我先行。共产党员、共青团员要带头示范，文明城市、文明社区要带头先行，广大志愿服务组织和志愿者要积极参与，让志愿助残的共识，成为每一位公民的自觉行动。

志愿者朋友们，让我们用实际行动，真诚帮助每一位需要帮助的残疾人，汇聚志愿力量，共享美好生活！

中国志愿服务联合会
中国残疾人联合会
2014年3月4日
（朱春林供稿）

中国残疾人事业年鉴
CHINA YEARBOOK ON THE WORK FOR PERSONS WITH DISABILITIES

第五编　中国残疾人福利基金会工作
WORK BY CHINA FOUNDATION FOR DISABLED PERSONS

一、政策法规文件

关于促进助残社会组织发展的指导意见

残联发〔2014〕66号

各省、自治区、直辖市及计划单列市残联、民政厅（局），新疆生产建设兵团残联、民政局：

多年来，助残社会组织为维护残疾人合法权益、健全残疾人公共服务体系、促进残疾人事业发展，实现残疾人安居乐业、衣食无忧、过上幸福美好生活目标做出了积极贡献。但从总体看，由于认识的局限性、体制机制不健全、扶持力度不够、规范管理不到位等原因，助残社会组织依然存在数量少、规模小、服务质量参差不齐、作用发挥有待提高等问题，与广大残疾人的迫切需求和创新社会治理的要求相比还有较大差距。为贯彻落实党的十八大和十八届三中、四中全会精神，进一步引导助残社会组织健康有序规范发展，更好地满足残疾人多层次、个性化、类别化需求，现就促进助残社会组织发展提出如下意见：

一、改革登记管理制度

贯彻落实《国务院机构改革和职能转变方案》有关精神，将助残社会组织纳入公益慈善类等社会组织范畴，实行直接登记制度。重点引导在残疾人基本生活、医疗康复、教育就业、托养服务、扶贫济困、法律救助、文化体育、无障碍建设、社工服务等方面提供服务的社会组织，成立这些社会组织可直接向民政部门依法申请登记。在法律法规允许的范围内，积极做好基层助残社会组织登记服务工作，简化登记程序，为助残社会组织登记提供便利条件。

二、推进政府购买服务

贯彻落实《国务院办公厅关于政府向社会力量购买服务的指导意见》（国办发〔2013〕96号）和财政部、民政部、中国残联等部门《关于做好政府购买残疾人服务试点工作的意见》（财社〔2014〕13号）的精神，积极开展政府购买助残社会组织服务试点工作并逐步推广试点经验，将适合由社会组织开展的残疾人服务工作通过购买服务项目、服务岗位等形式交由助残社会组织承担。不断探索和完善政府购买助残社会组织服务的服务内容、服务方式、标准规范、监管机制、绩效评价和保障措施等。各级残联、民政部门要积极会同财政等部门不断完善政府向社会组织购买残疾人服务的目录，制定具备承接项目资质的助残社会组织的规范和标准，为政府购买残疾人服务提供服务平台和依据，推动政府购买服务规范化、制度化、法制化。

三、优化发展环境

建立健全助残社会组织孵化培育机制，支持助残社会组织优先进驻现有社会组织孵化培育中心，探索整合利用各级残联、民政部门现有综合服务设施或服务场地，为初创期助残社会组织提供支持。加大财政金融支持力度，建立健全财政性资金对助残社会组织的扶持机制。积极协调有关部门落实促进助残社会组织发展的各项财税优惠政策。鼓励有条件的助残社会组织参与国际合作与交流。激励、引导各种社会力量、社会资金资助支持或捐资设立助残社会组织。充分利用各种媒体，广泛宣传促进助残社会组织发展的重要意义、主要内容、政策措施，加强助残社会组织理论研究和文化建设，营造关心、理解、支持助残社会组织健康有序发展的良好社会氛围。

四、加强规范管理

进一步做好助残社会组织的年度检查和等级评估工作，并将其结果作为承接政府购买服务、接受财政补贴、享受相关优惠政策等的重要依据。加大执法监察力度，加强资金监管，建立和完善退出机制。强化基础管理建设，充分发挥民政部门社会组织管理信息系统和各级残联助残社会组织统计台账信息系统作用，为促进助残社会组织发展提供基础信息保障。引导助残社会组织在自愿基础上成立自律性联合组织，发挥管理服务中的枢纽作用，建立助残社会组织服务标准、行为准则和行业自律规则，增强自我约束、自我管理、自我监督能力。推进信息公开，加强职业道德建设和廉洁自律建设，提升助残社会组织公信力。将助残社会组织公益服务和自律建设情况纳入征信管理系统，建立奖诚信罚失信的奖惩机制。

五、强化自身建设

督促助残社会组织建立健全以章程为核心的各项规章制度，完善现代社会组织法人治理结构，建立健全民主机制，推进民主选举、民主决策、民主管理、民主监督，加强法治化、规范化建设，提升依法治理能力。帮助助残社会组织加大员工的培养和优秀人才的引进力度，畅通员工职称评定渠道，不断提升其专业水平和服务能力。建立助残社会组织专家人才库和专家咨询评审委员会，为开展助残社会组织工作提供人才和智力支持。加强助残社会组织党建工作，充分发挥党组织战斗堡垒作用和党员先锋模范作用。推进协商民主机制建设，鼓励助残社会组织依法依规参政议政，提高其对残疾人公共事务的参与度。

六、建立健全各司其职、协调配合的工作机制

各级残联及所属的残疾人服务机构、有关残疾人专门协会要充分利用在残疾人服务领域的资源和专业优势，开展助残社会组织的业务指导、人员培训、政策咨询、智力引进、服务购买等工作，协助政府相关部门做好助残社会组织的服务管理。各级社会组织登记管理机关要切实履行职责，将促进助残社会组织发展作为推动政府职能转变、完善社会服务体系、创新社会治理体制的重要内容，重点培育、优先发展、强化评估、规范和监督，加强与相关部门的统筹协调。各级残联、民政部门要加强合作、及时沟通、明确职责、密切配合，共同推进助残社会组织健康有序可持续发展。

本意见所称助残社会组织，是指在民政部门依法登记，以为残疾人提供服务、增进残疾人福利、促进残疾人平等参与社会生活和共享社会发展成果为宗旨，以开展残疾人所需的各项服务为主要业务的社会团体、民办非企业单位和基金会。

中国残疾人联合会　民政部
2014 年 11 月 20 日

二、工作综述

2014 年，中国残疾人福利基金会深入贯彻党的十八届三中、四中全会和中国残联六代会精神，认真总结成立 30 周年取得的经验，在邓朴方会长和中国残联党组的领导下，按照理事会制定的工作目标，在全体工作人员的共同努力下，圆满完成了各项工作任务。2014 年度总收入为 38353.64 万元，完成全年预算的 136.98%。其中：捐赠收入 35379.75 万元（接收捐款 10883.58 万元，接收捐物折合人民币 24496.17 万元）。2014 年度总支出为 41578 万元，完成全年预算的 152.59%。公益事业支出占上一年总收入的比例为 111.57%，工作人员工资福利和行政办公支出占本年支出的比例为 3.43%，全部符合《基金会管理条例》规定要求。

基金会在民政部委托进行的中国慈善透明排行中获"2014 年度信息披露情况抽样调查慈善透明榜样——卓越组织"称号；2014 年 10 月 17 日我国首个扶贫日，基金会项目二部获得国务院扶贫开发领导小组授予的"全国社会扶贫先进集体"称号。

（一）回顾历史，展望未来，隆重纪念基金会成立 30 周年

1984 年 3 月 15 日，邓朴方和王鲁光同志创建了中国残疾人福利基金会。为了回顾和记录基金会 30 年不平凡的历程，根据邓朴方会长关于纪念活动既要简朴又要热烈、既有回顾又有展望的工作要求，经中国残联党组批准，并获基金会三届五次理事会审议通过，组织开展了中国残疾人福利基金会成立 30 周年纪念活动。纪念活动分为六个部分：

一是 2014 年 3 月 21 日，在人民大会堂召开了"人道主义的呼唤——中国残疾人福利基金会成立 30 周年纪念会"，中共中央总书记、国家主席、中央军委主席习近平致信祝贺；中共中央政治局常委、全国政协主席俞正声出席会议并讲话；罗干、迟浩田、彭珮云、司马义·艾买提、何鲁丽、顾秀莲、郝建秀、邓朴方等党和国家领导同志出席会议；国务委员、国务院残疾人工作委员会主任王勇同志出席会议并宣读习近平总书记贺信；朴方主席、海迪主席分别讲话。纪念会的召开不仅

对基金会发展起到了极大的促进作用,更对残疾人事业的创新发展产生了深远影响,成为中国特色残疾人事业发展的重要推动力。

二是建设了"中国残疾人福利基金会30年展览室"。

三是出版了《弘扬人道,集善天下——邓朴方论残疾人福利工作》一书。

四是编发了中国残疾人福利基金会成立30周年纪念特刊。

五是制作了"弘扬人道,集善天下——中国残疾人福利基金会成立30周年"宣传片。

六是编辑了《中国残疾人福利基金会成立30周年纪念册》。

通过纪念基金会成立30周年,基金会全体人员再次被老一代创业人不畏艰辛、抛家舍业、夜以继日、团结协作的奉献精神所感染和激励,大家对所从事的事业充满了自豪和信心,决心将人道、廉洁、奉献的风气不断传承下去。

(二) 紧抓机遇,立足新起点,全年工作实现新发展

2014年,全会上下以纪念基金会成立30周年为契机,按照邓朴方会长提出的坚持改革开放、弘扬人道、扎根群众的要求,全力推进各项工作。

1. 实现公益项目巩固和拓展的新发展

公益项目是基金会服务残疾人的主要载体,我们以残疾人需求为核心,以促进残疾人事业发展为立足点,根据实际需求不断调整和推进项目,并紧跟社会发展步伐,确保公益项目执行到位、落实到位。

(1) 充分发挥品牌项目优势,努力实现项目的长效发展

——"启明行动"募集1500余万元,资助云南、贵州、湖南等29个省市区,帮助15000余名白内障患者重见光明。

"助听行动"项目获得中央财政支持社会组织参与社会服务项目100万元的资助,同时西门子助听器公司配套捐赠了1800台价值600万元的助听器,资助了河北、山西、内蒙古等省区市2305名听力残疾人。

——如新集团捐赠20万包价值4000万元的蜜儿餐,资助甘肃等21省市区,4万余名残疾儿童受益。

——"中央企业集善工程"项目2014年19个央企捐资1800万元开展了启明行动、盲人电脑教室、社区康复服务站、国产人工耳蜗、自闭症儿童救助项目等。

——"通向明天·交通银行残疾青少年助学计划"项目已连续开展八年,2014年交通银行捐赠860万元,受助残疾人约4000人。

——"维思通项目"资助3000余名精神残疾患者6.2万盒药品,价值405万元,覆盖河北、江苏、山西等9个省市。

——类克项目资助2600余名类风湿关节炎、强直性脊柱炎、克罗恩病、银屑病患者价值1930万元的药品和现金。

——上海拉夏贝尔公司、韩国衣恋集团、武汉纤姿锦公司等6家服装企业捐赠46万余件服装,价值2856万元,资助陕西、甘肃等19个省市区,10万余名残疾人受益。

——中航三星公司捐赠760台价值510万元的电动轮椅,资助宁夏、内蒙古等24个地区,开展"爱之翼"电动轮椅项目,提升残疾人出行质量。

——海王集团捐赠2340万元8万余罐高品质蛋白粉和保健品,为残疾人补充营养,强健身体,近4万名残疾人受益。

——阿里巴巴集团捐赠242万元人民币,用于救助听力残疾人植入国产人工耳蜗,并提供1年语训服务的费用。

——东大正保公司捐赠22000张价值2200万元的"正保远程教育集善学习卡",2万余名残疾人受益。

——在厦门市和山东淄博市举办"星星的孩子——自闭症和智障孩子夏令营"活动,让残疾孩子度过一个有意义的暑假。

——钱璟公司捐赠240万元现金和设备,开展钱璟助学项目,资助贵州黄平县特教学校等,为贫困残疾学生提供生活学习用品,配备教学设备。

——曼纽科公司捐赠价值600万元的设备和150万元现金,分五年支持中国康复研究中心等单位设备改造以及体管中心"体育运动科研和教育建设"项目。

——唐邦公司捐赠价值200万元的6套多媒体设备,开展"集善唐邦启智项目",资助北京、江西、江苏等地贫困自闭症、智障、脑瘫儿童康复机构,提高残疾儿童的康复训练水平。

——瑞声达公司、佛山东方、天津泰斯特公司合计捐赠价值193.486万元的助听器和辅助器具,定向资助河北、云南地震灾区等地辅具中心。

——与广东凯洋公司合作,资助江西、湖北、海南、青海等地价值132.15万元的康复设备,建设残疾人社区康复服务站。

(2) 加大公众募款力度,打开公众募款新局面

一是积极推进"集善残疾儿童助养项目",在湖北省荆州市、陕西省宝鸡市、甘肃省定西市设立项目办公室;深入项目点进行探访,收集数据;优化捐赠者服务流程,建立月捐网上支付系统;开通集善残疾儿童助养

项目微信订阅号。

二是联系企业和学校，在北京、陕西、湖北等地开展了36场体验饥饿活动，并尝试面向社会公众，通过网络报名的方式开展体验饥饿活动，以扩大"集善残疾儿童助养项目"的影响力。2014年12月10日，基金会和清华大学共同举办了"携手汇爱，青春华章"公益晚会暨清华大学"体验饥饿——牵手残疾儿童及残疾人家庭子女"活动闭幕式，台湾著名艺人王力宏作为爱心大使出席活动。

三是邀请中央电视台少儿频道鞠萍、周洲等7位主持人担任残疾儿童助养项目的爱心大使，并为残疾孩子义演《我爱寓言》儿童剧。

四是利用全国助残日，在西单文化广场举办"集善工程"展览展示活动。设立了基金会成立30周年展览和西城区残疾人手工制品现场制作展示台，还以"我送盲童一本书"项目进行了公众募款和义卖，动员社会公众关心帮助盲童。

（3）不断创新公益项目，努力提高核心竞争力

在做好传统公益项目的基础上，坚持改革创新，不断探索和拓展新项目，取得了一定的突破。

——集善如新创星计划：在陕西、甘肃等地组织残疾人创业演讲比赛活动，以无息贷款的形式资助陕西、甘肃两省9名获奖残疾人90万元进行自主创业。

——集善青光眼防盲救助项目：引进美国技术，以非手术的方式治疗青光眼，减少致盲率。2014年筹集30台青光眼治疗系统，价值1500万元，资助了黑龙江、济南、西宁等6个省市。

——英伦无障碍助行项目：为方便广大残疾人及行动不便的老年人安全无障碍出行，英伦公司向基金会捐赠两辆无障碍汽车，旨在共同推动无障碍出租车进入大中城市工作。

——聋人婚育指导项目：利用现代生物科技，为聋人提供婚配、生育指导，预防新生聋儿的产生，有效减少和控制新生残疾。2014年已在内蒙古、厦门两个区市开展试点。

——阳光鹿童脑瘫儿童康复项目：基金会与阳光鹿童脑瘫儿童康复中心合作，设立"阳光鹿童专项基金"，2014年投入48万元资金，尝试用新方法救助了10名脑瘫儿童。这是基金会与民非组织合作公益项目的探索和尝试。

——中国银联机场停车捐赠项目：凡持中国银联高端卡用户在中国银联确定的机场均可享受一元钱停车服务，该收益由中国银联全部捐赠基金会开展公益项目，此项目是基金会公众募款的一个崭新方式。2014年已在10家机场开展，预计2015年全国范围的机场均全面实施。

——康复养老项目：是基金会创造性地将残疾人康复事业、康复人才培养和老龄化产业相结合的公益项目，有利于残疾人事业的长远发展。2014年基金会全力推动北京、浙江、海南等地项目的开展。

——注意加强与中国残联各专门协会的沟通，在以往合作的基础上，开发拓展新的合作项目。基金会支持中国精神残疾人及亲友协会开展了中国孤独症家庭现状调查研究暨孤独症家庭需求白皮书项目，开展了孤独症患者、家属、专家培训以及教材编撰项目；支持中国智力残疾人及亲友协会举办了国际智障人士音乐节项目等。

基金会还积极做好应急救灾的募款工作。2014年云南鲁甸地震后，中国残联和基金会第一时间资助云南省残联和云南省残疾人福利基金会100万元人民币。基金会还积极与云南省残疾人福利基金会联络沟通，了解灾区残疾人的需求，并向社会发布《集善鲁甸紧急救援行动倡议书》，呼吁社会各界伸出援助之手，帮助在地震灾害中受伤致残和灾区的残疾人兄弟姐妹渡过难关。基金会共接收中国第一汽车集团公司、如新集团、金利来集团等社会各界捐赠款物851万元人民币。

2. 实现国际合作和对外交流的新发展

（1）做好国际合作项目，争取更多国际捐助

——与澳门政府社会文化司和中国残联合作开展的"共同促进残疾人体育和特殊艺术发展"三期项目于2014年底圆满完成，同时又签订了"集善澳门基金会助力残疾人"系列公益项目捐赠协议（2015年至2017年）。该项目金额为每年1000万元人民币，三年共计3000万元，涉及残疾人文化和体育、残疾儿童的康复和教育等方面。

——与台湾明门集团合作的"阳光伴我行"集善明门儿童轮椅项目，已连续执行五年，总价值超过3个亿，并设立专项基金，资助范围扩大至残疾人康复、教育、文化、出版等领域。2014年明门集团捐赠8952辆儿童轮椅，价值8200万元。

——与三星集团合作的第一个五年计划执行完毕，经过不懈努力，又签订了"集善三星爱之光系列公益项目"第二个五年合作计划。2015年至2019年，三星集团向基金会捐赠5000万元，针对残疾儿童开展启明行动和启能行动，救治白内障及低视力的残疾儿童，改善特教学校教育设施及生活条件。

——韩国衣恋集团2014年起，三年捐赠1000万元，与基金会合作开展"衣恋集善幸福同行项目"，为贫困残疾人安装假肢。2014年，资助河北、陕西两省共计200万元，为残疾人免费安装假肢342例。

——与丹麦乐高公司合作开展"集善乐高儿童生

日会"项目,向残疾儿童捐赠玩具,让残疾儿童享受快乐,增长知识。

——认真执行香港赛马会5296万元援川捐赠项目,并与马会积极沟通,争取"香港马会集善自闭症儿童驰骋项目"。

(2) 整合多方资源,开展走向非洲项目

要建成国际化的基金会,不仅要"请进来",实现捐赠群体的国际化,也要"走出去",将资助对象扩大到其他国家,力争在国际残疾人群体的救助、福利方面有所作为,做出贡献。

——集善众力马拉维项目,筹资39600美元支持马拉维13户农民家庭就读家园农业自立学校。

——集善狮子联会走向非洲项目,与中国狮子联会共同筹资140万元支持国际残奥委会在乌干达、卢旺达等国家开展残疾人体育和康复,推动非洲国家残疾人事业的发展。

(3) 组织境外培训交流,开阔国际化视野

为进一步学习发达国家和地区公益慈善组织的运作管理经验,培养员工的国际化视野,提升员工的职业素养,2014年基金会14名工作人员及6个省市残疾人福利基金会领导赴新加坡和香港参加"集善瑞安提升公益机构领导力和执行力"高级培训;基金会和中国残联、奥托博克健康康复集团还共同组织了"社会保障和服务体系高级培训",上海、甘肃、广西等11个省市残联、辅具中心负责人和5名基金会工作人员赴德国参加了培训;基金会还派出2人赴非洲了解"走向非洲项目"执行情况,派出5人次赴美国、加拿大、韩国参加养老项目培训,派出2人赴美国参加民政部和明德中心组织的培训班。

3. 实现项目监督和管理的新发展

(1) 总结项目监管经验,规范项目执行流程

2014年基金会更加注重项目监管,进一步规范公益项目执行流程,制定监管计划,严格审核项目实施方案和协议文件,加大信息公开力度,认真完成项目监管报告,确保项目规范运作。

(2) 全面开展项目实地监管,提高公益项目执行力

监事会和监管小组认真制定年度监管计划,分别赴江西、山东、内蒙古、黑龙江、厦门、宁夏等地对"正保远程教育集善助学"、"阳光伴我行·集善明门儿童轮椅"、"集善嘉年华·资助农村残疾人扶贫基地"、"集善工程·启明行动"、"集善如新儿童蜜儿餐"、"类克集善援助合作"、"集善华爱助我行"等项目进行实地监管和回访,了解项目执行情况,与受助者代表进行交流,查阅文字材料和账目往来等,及时纠正发现的问题,促进了项目质量的提升。

4. 实现社会引领和互惠合作的新发展

(1) 深入开展横向交流,继续谋求合作共赢

作为中华慈善联合会和中国社会组织促进会的会员,基金会积极参加民政部组织的中国慈善论坛、公益慈善项目交流展示会、全国慈善组织信息化需求调研、慈善立法研讨会等活动。在深圳举行的第三届中国公益慈善项目交流展示会上,基金会展示了工作成果,取得了很好的宣传效果。

国际残疾人日期间,基金会捐款参与了团中央、民政部等单位主办的首届中国志愿服务项目大赛,支持更多助残公益项目的开展。

基金会还参加了由中国关心下一代工作委员会主办的"儿童福利领域慈善项目分析报告发布会",加强了信息共享和合作交流。

(2) 紧密联系地方基金会,上下联动共同发展

强大的全国组织网络是基金会执行公益项目的重要保障。基金会始终坚持与地方基金会建立"上下联动、互惠互利"的工作机制。基金会大部分资助项目都是在地方基金会的密切配合下高水平完成的,共同开展公益项目有力地支持和促进了地方基金会的发展。基金会于2014年11月召开了有40多家基金会负责人参加的全国残疾人福利基金会研讨会,会上颁发了"集善工程最具执行力奖"、"集善工程自主创新公益项目奖"和"集善荣誉奖",还共同探讨了残疾人福利基金会的发展新思路。

(3) 支持其他公益组织,切实履行社会责任

作为在残疾人工作领域具有代表性的全国性公募基金会,基金会充分发挥自身优势,认真履行社会责任,支持新兴公益组织发展壮大。基金会资助五彩鹿儿童行为矫正中心"互动式多媒体教学系统"康复设备,该教学系统改变了以往患儿对认知课感觉枯燥并抗拒的行为;支持明德公益研究中心开展基金会治理研究项目,促进国内基金会自身能力建设和完善基金会治理结构。

(三) 工作中的不足与思考

总结一年来的工作,基金会工作人员清楚地看到还有很多不足:与全国性公募基金会的沟通和联系不足;公众募款比重亟待提高;人才培养仍需加大力度;社会化、职业化、专业化改革力度需要加强。

重温基金会30年走过的历程,基金会对新形势下做好工作有如下的思考和体会:

——必须加强自身建设,强化科学管理。

建立一流的基金会,就要建立科学的管理制度,坚持贯彻十八届四中全会精神,依法治会,完善各项规章制度，促进管理工作的制度化；要优化基金会机构设置，加强层级管理，充分调动各方面积极性，不断提高工作效率；要有一流的人才作支撑，培育社会组织领军人才和专业人才，努力实现人尽其才、物尽其用。

——必须提高公众募款能力，提高社会化程度。

根据我国社会结构和利益格局的发展变化，政府角色调整将逐步退出募捐市场，使公益募捐更加趋于社会化和市场化。这要求基金会提升自身的筹资能力，广泛动员社会力量，扩大筹资渠道，提高来源于社会公众捐赠资源所占比重，这样才能保证残疾人福利事业长期可持续发展。基金会通过集善残疾儿童助养项目、我送盲童一本书项目等，虽然打开了公众募款局面，但募款比重仍不理想，如何增强公众对此类项目的接受度，还需要进一步研究，加强措施。

——必须加大改革力度，建成职业化基金会。

根据《中国残疾人福利基金会战略发展规划（2011—2025年）》，到2015年，基金会将建成职业化基金会，基金会距这一目标仍有一定差距，需要更加努力、奋力发展。

三、中国残疾人福利基金会 2014 年度财务决算报告

（一）基本情况

截至2014年12月31日，基金会资产总额为78206.48万元，负债总额为1060.09万元，净资产总额为77146.39万元，其中：限定性净资产12019.86万元，非限定性净资产65126.53万元。

2014年度总收入为38353.64万元，完成全年预算的136.98%。其中：捐赠收入35379.75万元（接收捐款10883.58万元，接收捐物折合人民币24496.17万元），完成全年预算的136.08%；政府部门拨项目款400万元；投资收益和其他收入2573.89万元，完成全年预算的128.69%，其中：投资收益360.86万元，其他收入2213.03万元。

2014年度总支出为41578万元，完成全年预算的152.59%。其中：公益项目支出40534.49万元，完成全年预算的155.90%；管理费用支出1112.13万元；筹资费用支出-69.05万元，为调整的汇兑损益；其他费用0.43万元。

根据国务院《基金会管理条例》的有关规定，2015年2月，北京天正华会计师事务所对基金会进行了2014年度审计工作。审计意见：我们认为，中国残疾人福利基金会财务报表在所有重大方面按照《民间非营利组织会计制度》的规定编制，公允反映了中国残疾人福利基金会2014年12月31日的财务状况以及2014年度的业务活动成果和现金流量。2014年公益事业支出占上一年总收入的比例为111.57%，工作人员工资福利和行政办公支出占本年支出的比例为3.43%，全部符合《基金会管理条例》规定要求。

（二）2014年度资助的主要公益项目

1."启明行动"项目

——资助甘肃、陕西、河北、青海、四川、云南、广西、湖南、黑龙江、湖北、贵州、宁夏、内蒙古、新疆、新疆生产建设兵团、重庆、上海、天津、厦门等省、市、自治区残疾人福利基金会1238万元，为贫困白内障患者免费实施复明手术13180例。

——资助陕西、河南、广西、济南等省市残疾人福利基金会、黑龙江垦区、西宁残联价值约1500万元的美国PNT无创青光眼治疗系统设备30套，开展"集善青光眼防盲救助"项目。

2."助听行动"项目

——资助中国聋儿康复中心、北京同仁医院、友谊医院、中日医院、301医院、协和医院、西安第四军大学医院、武汉协和医院、四川大学华西医院、广州南方医科大学珠江医院、上海五官科医院、中南大学湘雅二医院价值约4243.36万元的人工耳蜗366台，帮助聋儿重建听力。

——资助194名听力残疾人士价值约1692万元的美国AB人工耳蜗94台、价值约260万元的国产诺尔康人工耳蜗100套，并为其植入。

三、中国残疾人福利基金会2014年度财务决算报告

——"瑞声达助听器"项目资助中国残疾人辅助器具中心价值约160.04万元的瑞声达助听器360台，用于知识普及、教学培训和验配资助等；资助湖南、山西、甘肃、辽宁、江西、湖北、陕西、河北、河南、山东、宁夏、重庆、天津、武汉等省、市、自治区残疾人福利基金会价值约390.54万元的瑞声达助听器283台，救助听力残疾人。

——资助中国聋儿康复中心479.67万元，其中：381万元为组织实施救助1200名贫困聋儿人工耳蜗项目提供的项目配套款；90万元为聋儿语训费；资助价值约8.67万元的乐高玩具为聋儿中心启聪幼儿园开展启聪儿童生日会。

3. "助行行动"项目

——"阳光伴我行"集善明门儿童轮椅项目执行6543.08万元，资助49个省、自治区、直辖市及计划单列市和相关机构价值6543.08万元的7128辆儿童轮椅，用于帮助脑瘫、脑外伤、脊髓损伤、进行性肌营养不良、其他伴肢体功能障碍儿童使用。

——实施"广东凯洋辅具捐赠"项目，资助安徽省阜阳市颍东区残联、贵州省残疾人康复中心、辽宁省残疾人辅助器具中心价值约91.74万元的辅助器具，用于残疾人康复救助服务；资助江西、青海省残疾人福利基金会价值约40.08万元的辅助器具，用于建设社区康复服务站。

——"爱之翼电动轮椅"项目资助黑龙江、河南、江西、甘肃、山西、陕西、江苏、河南、广西、宁夏、北京、青岛、长春、天津、哈尔滨、大连、武汉等省、市、自治区残疾人福利基金会，葫芦岛市、巴中、宣城残联，新疆和硕县政府及李秀梅等十位残疾人士价值共约517万元的电动轮椅843辆，用于救助下肢残疾和行动不便人士；拨付项目经费21.5万元。

——方润华基金、方树福堂基金"集善华爱助我行"项目资助湖北、贵州、新疆、广西、宁夏等省、自治区残疾人福利基金会166.25万元，为贫困残疾人购买轮椅2500辆。

——"一汽集善助残"项目执行347.31万元，其中资助河北、湖北、海南、福建、山西、云南、新疆、北京等省、市、自治区残疾人福利基金会295.92万元，开展2014年"中国第一汽车集善博爱行"项目；资助四川省八一康复中心价值约50万元的辅助设备，用于帮助残疾人康复；项目配套经费1.39万元。

——"衣恋集善幸福同行"项目资助陕西、河北省残疾人福利基金会196万元，用于为贫困残疾人安装假肢。

——资助中国残疾人体育运动管理中心、安徽省阜阳市颍东区、北京市昌平区残联、中华文化发展促进会、北京市公安民警扶助基金会及两位残疾人士价值约27.84万元的电动轮椅29辆，开展助老助残项目。

4. "助学行动"项目

——"通向明天——交通银行残疾青少年助学计划"项目支出860万元，其中560万元用于资助河北、山西、内蒙古、辽宁、吉林、黑龙江（含农垦总局）、安徽、福建、江西、山东、河南、湖北、湖南、广西、海南、四川、重庆、贵州、云南、陕西、甘肃、青海、宁夏、新疆和新疆生产建设兵团家庭经济困难的残疾人高中阶段（含普通教育、职业教育，下同）全日制在校生和大学（含国家开放大学残疾人教育学院）新生，主要用于补助学生在校学习、生活费用；30万元定向用于甘肃甘南州、临夏州特教学校残疾学生生活费和交通费补助；150万元用于资助北京师范大学、华东师范大学和河北、内蒙古、福建、河南、湖南、四川5省举办特教师资培训；100万元用于发放"交通银行特教园丁奖"奖金；20万元用于开展"交通银行残疾大学生励志奖"活动。

——"无国界社工友爱集善之家"项目资助都江堰友爱学校33.33万元，为校内的残疾学生、老师和家长提供心理辅导及心灵抚慰服务。

——资助中国盲文出版社11万元，共同开展"我送盲童一本书"第四期项目，用于向贵州、山东等8省市的8所盲校574名盲生资助盲文书籍。

——"正保远程教育集善学习卡"项目资助江苏省残疾人福利基金会价值约200万元的学习卡，帮助残疾人及残疾人家庭利用网络学习相关知识。

——资助云南省残疾人福利基金会价值约31.91万元的电脑100台，用于云南省贫困地区特教学校电脑教室建设。

——资助贵州省残疾人福利基金会、中国社会福利基金会18万元，为贫困残疾学生提供资助。

5. "信息无障碍"项目

——资助中国盲文出版社743.20万元，其中22.40万元用于开展信息无障碍论坛；资助价值约720.80万元的信息无障碍支持系统、综合多媒体数字应用平台系统、Windows、Office系统、多通道计算机智能软件等物资，支持中国盲文图书馆数字图书馆建设。

——资助中国盲文协会价值约150万元的1000台信息无障碍智能终端，帮助盲人群体。

——资助中国视障文化资讯服务中心17.6万元，用于第十届中国信息无障碍论坛费用。

6. "助困行动"项目

——"蜜儿餐"项目资助四川、云南、甘肃、陕西、黑龙江、福建、浙江、河南、辽宁、宁夏、内蒙古、新疆、重庆、长春、武汉、青岛、哈尔滨、天津等

省、市、自治区残疾人福利基金会和十堰市残联价值约3111.2万元的蜜儿餐155560袋，为贫困地区的残疾儿童提供营养丰富的蜜儿餐。

——如新（中国）日用保健品有限公司（NU SKIN）资助中国残疾人体育管理运动中心20万元，用于集善如新蜜儿餐项目举办中国摄影比赛专项资金；资助北京潮星文化传播有限公司100万元，拍摄残疾人事业主题微电影4部。资助陕西省残疾人福利基金会3万元，用于开展2014年第二次项目全国工作会；资助浙江省残疾人福利基金会价值约1.96万元的物资，用于杭州残疾学生欢度中秋；资助陕西、甘肃省残疾人福利基金会90万元，执行"集善如新创星计划"，支持残疾人自主创业；项目配套经费179.84万元。

——"世界宣明会集善援川"项目资助四川省残疾人福利基金会134.51万元，用于地震灾区残疾人家庭及学校的辅助设施改造以及社区、农村残疾人康复员入户康复培训。

——资助甘肃、陕西、湖北残疾人福利基金会518.21万元，共同开展世界宣明会集善残疾儿童助养项目。对项目所在地特教学校、康复中心等提供支持，帮助残疾家庭进行无障碍改造，促进残疾儿童及其所在社区的综合发展。

——资助明德公益研究中心60万元，用于共同发起成立"明德公益研究中心"，支持中心开展基金会治理研究等公益项目。

——资助国际世界宣明会广西办公室、陕西省慈善协会对外合作项目办公室935万元，用于帮助广西及陕甘宁地区贫困居民及部分残疾人改善生活。

——拨付中国残联971.78万元，用于与澳门特区政府共同开展的"共同促进残疾人体育和特殊艺术发展项目"。

——"西安杨森维思通集善援助"项目资助价值405.80万元的维思通药品62144盒，在全国75家医院为精神分裂症和双向情感障碍的躁狂发作患者免费发放。

——"西安杨森类克集善援助"项目执行1779.94万元，其中价值1774.94万元的类克药品5002支，帮助1221名因病致贫和低保特困的类风湿关节炎、强直性脊柱炎以及克罗恩病患者，延缓其致残进程及预防残疾，减少因疾病引起的并发症；资助首都医科大学附属北京世纪坛医院5万元，用于北京输注中心试点运行费用。

——资助黑龙江、湖南、广西、延安等省、市、自治区残疾人福利基金会价值约33.75万元的经颅磁脑瘫儿童治疗仪75台，开展儿童脑瘫康复治疗与训练。

——资助甘肃、陕西、云南、吉林、河南、江西、黑龙江、宁夏回族自治区、广西壮族自治区、北京、重庆、天津、厦门、大连、武汉、长春等省、市、自治区残疾人福利基金会，河北省尚义县、四川核工业、巴中市残联价值约1981.13万元的服装309521件，用于帮助贫困残疾人。

——资助西藏残疾人福利基金会价值63.2万元的女式冬季服装3161件，用于资助残疾儿童的母亲、老师和服务者。

——资助北京昌平阳光鹿童脑瘫康复中心48万元，用于帮助10名贫困脑瘫儿童进行康复及伙食补贴，每人每月4000元，为期12个月。

——资助河北、山西、吉林、黑龙江、江西、河南、湖南、云南、陕西、甘肃、宁夏、内蒙古、北京、大连、长春、武汉、厦门等省、市、自治区残疾人福利基金会，广东省残疾人公益基金会，安徽阜阳市颍东区残联、中国康复研究中心、中国聋儿康复研究中心、中国残疾人体育运动管理中心、中国残疾人艺术团、北京按摩医院、北京朝阳区五彩鹿儿童行为矫正中心、北京首儿李桥儿童医院、北京阳光鹿童医院管理有限公司、北京星星教育研究所等机构价值约1340万元的蛋白粉50000罐以及价值约420.92万元的保健品47179件，通过以上机构将营养品发放给贫困残疾人及其家庭。

——资助上海市残疾人福利基金会价值约186万元的外骨骼助力康复设备1台，用于在上海阳光康复中心开展康复治疗。

——"助力内地残疾人体育事业项目"资助中国残疾人体育运动管理中心18万元，开展内地残疾人体育事业项目。

7. "集善行动"项目

——"集善嘉年华"项目执行60万元，其中10万元资助河北省残疾人福利基金会，用于农村残疾人扶贫基地河北省项目；资助中国青年志愿者协会50万元，用于支持首届中国青年志愿者服务项目大赛终评会。

——"狮子会"项目执行785.53万元，其中资助雅安市残疾人联合会600万元，用于为雅安市芦山县和名山区一、二级重度残疾人家庭改建住房；实施"星缘聋儿康复项目"68万元，用于资助符合捐助条件的聋儿、聋儿康复机构、聋儿康复教师培训及其他项目；资助中国残疾人艺术团101.74万元，用于开展残疾人特殊艺术发展项目；资助如新"善的力量基金会"15.79万元，用于支持9户非洲马拉维农民2014年就读家庭农业自立学校。

——资助国际残奥运动基金会140万元，开展走向非洲项目。

——"抗震救灾"项目执行578.12万元，其中资助雅安市残疾人联合会270万元，开展改善雅安贫困残

三、中国残疾人福利基金会2014年度财务决算报告

疾人生计项目；资助云南省残疾人福利基金会308.12万元的款物，用于鲁甸抗震救灾。

——资助中国盲人协会20万元，用于盲人钢琴调律与维修专业技术在职培训班项目及视障儿童家长培训项目；资助中国聋人协会20万元，用于听障儿童网络社区康复模式研究；资助中国肢体残人协会20万元，用于全国"云朵人"暨脊柱裂患者之家项目；资助中国智力残疾人及亲友协会80万元，其中50万元用于"2014年国际智障人士音乐节"项目，30万元用于"心连心——心智障碍人士救援服务系统"项目，为心智障人士提供接触社会、融入社会的平台；资助中国精神残疾人及亲友协会40万元，其中20万元用于孤独症职业技能培训项目及孤独症家长培训项目，20万元用于孤独症家庭现状调查研究暨孤独症家长需求白皮书项目、患者和家属专家（UFE）培训和教材编撰项目；资助中国残疾人体育运动管理中心50万元，用于体管中心用品购置和生活设施更新。

——"聋人婚育指导"项目执行248万元，其中资助内蒙古、厦门残疾人福利基金会价值约186.6万元的基因检测设备2套，项目组织管理经费61.40万元。

——资助甘肃、陕西、吉林、湖南、黑龙江、河南、江西、山西、新疆、内蒙古、宁夏、广西、哈尔滨、大连、武汉等省、市、自治区残疾人福利基金会及中国聋儿康复中心价值约692.02万元的助听器2300台，开展"中央财政支持社会组织参与社会服务听力助残"项目。

——"中央企业集善工程"项目资助北京按摩医院、中国盲文出版社、中国残疾人杂志社95万元，用于购买电脑、教学软件等设备，建立电脑教室；资助安徽、陕西、甘肃省残疾人福利基金会154.91万元，用于采购残疾人康复设备；资助西藏自治区残疾人福利基金会50.80万元，用于社区康复服务站建设。

——"曼纽科捐赠"项目资助中国康复研究中心价值约119.2万元的康复设备，帮助残疾人康复训练；资助中国残疾人体育运动管理中心30万元，支持科研、教育建设。

——资助四川省广安市财政局140万元，用于广安残疾人康复中心建设。

——资助中国残奥委员会价值约928.18万元的服装装备，用于支持中国残疾人体育代表团参加国际赛事。

——"明门慈善基金"项目执行264万元，其中资助金钥匙视障教育研究中心44万元，用于视障儿童随班就读教育项目及2014年度《盲童文学》出版；资助吉林省残疾人福利基金会100万元，实施"明门慈善基金·儿童启明行动"项目；资助华夏出版社30万元，用于残疾人文化艺术作品出版；资助中国听力语言康复科学杂志社10万元，用于增刊的出版发行；资助中国聋儿康复研究中心80万元，其中50万元用于在全国开展听觉口语法教师培训，20万元用于举办2014中国听力论坛，10万元用于首届海峡两岸听障小朋友文化交流活动。

——资助中国残疾人艺术团55万元，其中45万元用于支持其在贵州举办的"我的梦"大型公益活动项目；10万元用于开展残疾人特殊艺术发展项目。

——拨付中国残疾人康复协会2万元，用于救助残疾儿童牛民政。

8. "长江新里程计划三期"项目

——"长江新里程计划三期"项目支出1950.03万元，主要实施"假肢服务"、"脑瘫儿童引导式教育"等子项目。

9. "集善·三星爱之光行动"系列公益项目

——"集善三星爱之光行动"项目执行873.82万元。其中，资助江西、山西、陕西省残疾人福利基金会210万元，用于开展启明行动；资助中国康复研究中心299.5万元，其中199.5万元用于购买残疾人康复设备，价值约100万元的多体位智能康复训练机器人系统1套，为残疾人提供康复训练；资助中国残疾人体育运动管理中心65万元，用于运动员公寓及场馆安全设施建设改造；资助山东、厦门残疾人福利基金会18万元，用于开展"星星的孩子"夏令营活动；资助北京市海淀区融爱融乐心智障碍者家庭支持中心20万元，执行"家长领袖培训"项目；资助四川省残疾人福利基金会15.5万元，帮助"倒立男孩"颜玉宏用于其学习、生活及康复等；资助中国残疾人杂志社30万元，开展"人道温暖我们"摄影展活动；资助四川省八一康复中心30万元，用于自闭症儿童康复；"集善残疾儿童助养——体验饥饿"项目执行49.65万元，其中资助甘肃、陕西省残疾人福利基金会、广东省残疾人公益基金会38万元，除直接帮助残疾儿童和残疾家庭子女外，还对项目所在地的特教学校、康复中心等进行支持，力图实现残疾儿童及其所在社区的综合发展，项目部分资金同时用于支持体验饥饿活动的举办，以扩大公众募款项目的影响力；支持三十周年纪念活动40万元；开展全国助残日大型公益宣传活动40万元；参加第三届中国公益慈善项目交流展示会10万元；境外及地区人才培训项目支出46.17万元。

附件1

资产负债表

2014年12月31日 单位:元

资产	行次	年初数	年末数	负债和净资产	行次	年初数	年末数
流动资产:				流动负债:			
货币资金	1	532,245,395.86	514,105,726.36	短期借款	23		
短期投资	2	60,990,000.00	80,990,000.00	应付款项	24	12,473,261.71	10,143,198.21
应收款项	3	6,132,560.00	50,113.00	应付工资	25		
预付账款	4	1,525,000.00	1,525,000.00	应交税金	26	139,425.98	80,168.23
存货	5	93,236,844.70	66,109,231.00	预收账款	27	377,550.00	377,550.00
待摊费用	6			预提费用	28		
一年内到期的长期债权投资	7			预计负债	29		
其他流动资产	8			一年内到期的长期负债	30		
流动资产合计	9	694,129,800.56	662,780,070.36	其他流动负债	31		
				流动负债合计	32	12,990,237.69	10,600,916.44
长期投资:							
长期股权投资	10	6,502,621.72	7,073,676.08	长期负债:			
长期债权投资	11		-	长期借款	33		
长期投资合计	12	6,502,621.72	7,073,676.08	长期应付款	34		
固定资产:				其他长期负债	35		
固定资产原价	13	136,389,886.37	136,688,171.37	长期负债合计	36	-	-
减:累计折旧	14	20,324,571.98	24,477,129.84				
固定资产净值	15	116,065,314.39	112,211,041.53	受托代理负债:			
在建工程	16			受托代理负债:	37		
文物文化资产	17			负债合计	38	12,990,237.69	10,600,916.44
固定资产清理	18						
固定资产合计	19	116,065,314.39	112,211,041.53	净资产:			
无形资产:				非限定性净资产	39	635,873,720.10	651,265,239.63
无形资产	20			限定性净资产	40	167,833,778.88	120,198,631.90
受托代理资产:				净资产合计	41	803,707,498.98	771,463,871.53
受托代理资产	21						
资产总计	22	816,697,736.67	782,064,787.97	负债和净资产总计	42	816,697,736.67	782,064,787.97

三、中国残疾人福利基金会2014年度财务决算报告

附件2

业务活动表

2014年度

单位:元

资产	行次	上年数			本年累计数		
		非限定性	限定性	合计	非限定性	限定性	合计
一、收入							
其中:捐赠收入	1	6,934,762.21	333,059,451.20	339,994,213.41	3,042,132.30	350,755,412.96	353,797,545.26
会费收入	2			-	0.00		0.00
提供服务收入	3			-	0.00		0.00
商品销售收入	4			-			0.00
政府补助收入	5		3,950,000.00	3,950,000.00		4,000,000.00	4,000,000.00
投资收益	6	5,828,415.31		5,828,415.31	3,608,618.66		3,608,618.66
其他收入	7	13,526,736.16		13,526,736.16	22,130,249.06		22,130,249.06
收入合计	8	26,289,913.68	337,009,451.20	363,299,364.88	28,781,000.02	354,755,412.96	383,536,412.98
二、费用							
(一)业务活动成本	9	1,553,961.18	316,798,212.79	318,352,173.97	2,954,301.70	402,390,559.94	405,344,861.64
其中:人员费用	10			-	-		3,120,942.48
日常费用	11			-	2,954,301.70	399,269,617.46	402,223,919.16
固定资产折旧	12			-	0.00	0.00	0.00
税费	13			-	0.00	0.00	0.00
(二)管理费用	16	11,440,224.45		11,440,224.45	11,121,281.95	0.00	11,121,281.95
其中:人员费用				-	3,878,346.68	0.00	3,878,346.68
日常费用				-	3,137,255.45	0.00	3,137,255.45
固定资产折旧				-	4,105,679.82	0.00	4,105,679.82
税费				-	0.00	0.00	0.00
(三)筹资费用	17	850,464.70		850,464.70	-690,451.06	0.00	-690,451.06
(四)其他费用	18	4,707.78		4,707.78	4,347.90		4,347.90
费用合计	19	13,849,358.11	316,798,212.79	330,647,570.90	13,389,480.49	402,390,559.94	415,780,040.43
三、限定性净资产转为非限定性净资产	20			-		0.00	0.00
四、净资产变动额(若为净资产减少额,以"-"号填列)	21	12,440,555.57	20,211,238.41	32,651,793.98	15,391,519.53	-47,635,146.98	-32,243,627.45

附件3

2014年中国残疾人福利基金会公益项目支出表

2014年度　　　　　　　　　　　　　　　　　　　　　　　　　　　　　单位：元

序号	公益项目内容	支出金额
1	"启明行动"项目	28,000,931.73
	——"爱心永恒·启明行动"项目	12,380,000.00
	——"集善青光眼防盲救助"项目	15,000,000.00
	——其他	620,931.73
2	"助听行动"项目	72,745,942.66
	——"王永庆人工耳蜗"项目	42,433,580.10
	——"美国AB人工耳蜗"项目	16,920,000.00
	——"诺尔康人工耳蜗"项目	2,600,000.00
	——"瑞声达助听器"项目	5,505,780.00
	——"资助中国聋儿康复中心"项目	4,796,693.00
	——其他	489,889.56
3	"助行行动"项目	80,390,875.12
	——"台湾明门儿童轮椅"项目	65,430,763.20
	——"广东凯洋辅具捐赠"项目	1,318,258.00
	——"爱之翼电动轮椅"项目	5,384,962.28
	——"华爱助我行"项目	1,662,500.00
	——"一汽集善助残"项目	3,473,063.00
	——"衣恋集善幸福同行"项目	1,960,000.00
	——"上海威之群电动轮椅"项目	278,400.00
	——其他	882,928.64
4	"助学行动"项目	11,615,943.63
	——"通向明天——交通银行残疾青少年助学计划"项目	8,600,000.00
	——"无国界社工友爱集善之家"项目	333,334.00
	——"我送盲童一本书"项目	110,020.00
	——"正保远程教育集善学习卡"项目	2,000,000.00
	——"安永华明电脑教室"项目	319,055.23
	——"钱璟助学"项目	180,000.00
	——其他	73,534.40
5	"信息无障碍"项目	9,109,120.00
	——"信息无障碍"项目	9,108,040.00
	——其他	1,080.00
6	"助困行动"项目	127,719,035.53
	——"蜜儿餐"项目	31,112,000.00
	——"如新公司捐赠"项目	3,947,993.50
	——"世界宣明会集善援川"项目	1,345,080.00
	——"集善残疾儿童助养"项目	5,182,148.27
	——"明德公益研究"项目	600,000.00
	——"世界宣明会其他"项目	9,350,000.00
	——"澳门特区促进残疾人体育艺术"项目	9,717,758.39
	——"维思通集善援助"项目	4,058,003.20
	——"类克集善援助"项目	17,799,428.82
	——"经颅磁脑瘫儿童康复救助"项目	337,500.00
	——"资助服装"项目	20,443,313.92
	——"鹿童脑瘫儿童救助基金"项目	480,000.00

续表

	——"海王集团捐赠保健品"项目	17,609,182.00
	——"助残行动外骨骼助力康复"项目	1,860,000.00
	——"助力内地残疾人体育事业"项目	180,000.00
	——其他	3,696,627.43
7	"集善行动"项目	47,524,531.96
	——"集善嘉年华"项目	600,000.00
	——"狮子会"项目	7,855,249.25
	——"资助国际残奥运动基金会"项目	1,400,000.00
	——"抗震救灾"项目	5,781,237.00
	——"政府部门拨款项目"及相关项目	2,300,000.00
	——"聋人婚育指导"项目	2,479,988.50
	——"中央财政支持社会组织参与社会服务听力助残"项目	6,920,160.00
	——"中央企业集善工程"项目	3,007,054.00
	——"曼纽科捐赠"项目	1,492,000.00
	——"捐建四川广安残疾人康复中心建设"项目	1,400,000.00
	——"三六一度资助中国残疾人体育代表团"项目	9,281,780.00
	——"明门慈善基金"项目	2,640,000.00
	——其他	2,367,063.21
8	"长江新里程计划三期"项目	19,500,292.42
9	"集善·三星爱之光行动"系列项目	8,738,188.59
	合　计	405,344,861.64

四、大事记

1月3日，基金会向浙江省残疾人福利基金会捐赠价值200万元的2000张正保集善学习卡，共同开展"集善正保助学"项目。

1月15日，"社会保障、社会服务高级培训"签约仪式在中国残联举行。德国奥托博克健康康复集团将于2014年至2016年，对基金会和中国残联、中国残疾人辅助器具中心、各省级残联和辅助器具中心的83名领导干部及业务骨干进行培训，提高中国残疾人工作者对于辅助器具行业发展的认识水平。中国残联党组书记、理事长鲁勇，基金会理事长汤小泉，奥托博克健康康复集团执行副总裁拉尔夫·斯图赫参加签约仪式。

1月17日，中国残联党组书记、理事长鲁勇，基金会理事长汤小泉和中国残联副理事长程凯赴上海与交通银行董事长牛锡明、监事长华庆山就开展"通向明天——交通银行残疾青少年助学计划"公益项目进行深入商谈。

1月22日，金利来集团和香港广东外商公会分别捐赠200万元港币和100万元港币，用于支持四川省八一康复中心购置地震伤员急需的康复医疗设备。

2月28日，延安市"经颅磁脑瘫儿童康复"项目捐赠仪式举行。北京华星康泰科技发展有限公司通过基金会向延安市捐赠价值22.5万元的50台经颅磁脑瘫儿童康复治疗仪，用于开展"经颅磁脑瘫儿童康复"项目。

3月13日，汤小泉理事长在基金会会见世界儿童基金会主席Joseph Lam先生一行。

3月17日，西门子听力集团（中国）向基金会捐赠价值595.5万元的1800台助听器，资助中国聋儿康复研究中心开展贫困听力残疾人救助工作。

3月21日，"人道主义的呼唤——中国残疾人福利基金会成立30周年纪念会"在北京人民大会堂举行。中共中央总书记、国家主席、中央军委主席习近平致信祝贺；中共中央政治局常委、全国政协主席俞正声出席会议并讲话；罗干、迟浩田、彭珮云、司马义·艾买提、何鲁丽、顾秀莲、郝建秀、邓朴方等党和国家领导同志出席会议；国务委员、国务院残疾人工作委员会主任王勇同志出席会议并宣读习近平总书记贺信；邓朴方主席、张海迪主席分别讲话。纪念会由中国残联党组书记、理事长鲁勇主持，基金会理事长汤小泉，交通银行监事长、基金会理事华庆山，四川省都江堰四中学生黄思雨在纪念会上发言。

3月21日，基金会召开三届七次理事会议。中国残联党组书记、理事长鲁勇，中国残联党组副书记、常务副理事长孙先德，民政部民间组织管理局巡视员、副局长廖鸿出席会议。会议审议通过了基金会2013年度工作报告、2013年度财务决算和2014年度财务预算报告。

3月29日，"体验饥饿——牵手残疾儿童及残疾家庭子女"公益活动在中国地质大学举行。基金会副理事长兼秘书长费薇，北京市残疾人福利基金会理事长梁田及中国地质大学、北京第二外国语大学、交通大学、科技大学、对外经贸大学和爱心企业近300人参加活动。

4月11至12日，费薇副理事长率团赴澳门与澳门基金会商谈合作事宜并拜访民政总署。

4月15日，"集善青光眼防盲救助项目"济南项目启动。基金会资助济南市残疾人福利基金会10台PNT无创青光眼治疗系统，为4000个18周岁以上具有适应证的贫困青光眼、高眼压症患者进行免费筛查和治疗。

4月21日，台湾儿童暨家庭扶持基金会、伊甸社会福利基金会、弘道老人福利基金会和中国社科院、上海社科院相关负责人到访基金会，汤小泉理事长与来宾进行友好会谈。

4月24日，基金会向重庆市残疾人福利基金会捐赠价值200万元的蜜儿餐，开展"集善如新儿童蜜儿餐"项目；捐赠价值150万元的儿童脑瘫轮椅，开展"阳光伴我行"集善明门儿童轮椅项目；捐赠价值200万元的正保集善学习卡，开展"正保远程教育集善学习卡"项目；捐赠价值50万元的服装，开展"上海拉夏贝尔服装"项目。捐赠款物总计600万元。基金会汤小泉理事长，重庆市副市长刘强，NU SKIN大中华营运事务区域总裁暨如新中国营运总裁麦欧文等出席捐赠仪式。

4月25日，"中国一汽集善博爱行"地震灾区资助项目捐赠仪式在四川省八一康复中心举行。中国一汽集团通过基金会向四川、甘肃地震灾区捐赠价值400万元款物，为灾区地震致残人员提供康复救助。基金会理事长汤小泉、中国第一汽车集团党委副书记孙国武等出席捐赠仪式。

5月15日，"衣恋集善幸福同行项目"捐赠仪式在京举行。衣恋集团于2014年至2016年向基金会捐赠1000万元，用于开展"衣恋集善幸福同行项目"，为河北、陕西等省贫困残疾人安装假肢。

5月18日，主题为"关心帮助残疾人，实现美好中国梦"的"集善工程·第二十四次全国助残日主题活动"在北京西单文化广场举行。中国残联党组副书记、常务副理事长孙先德，基金会理事长汤小泉，北京市政府副秘书长戴卫等出席活动。

6月5日，陕西省"集善三星爱之光·启明行动"启动。基金会资助陕西省残疾人福利基金会70万元，为700名贫困白内障患者免费实施复明手术。

6月9—10日，"集善工程——聋人婚育指导（试点）项目"调研会在京召开。会议以"有效减少和控制新生残疾，通过生物芯片基因检测科学预防新生聋儿的产生"为主题，就项目实施标准、救助对象、实施办法等进行了充分论证和研讨。

6月10日，山西省"集善三星爱之光·启明行动"启动。基金会资助山西省残疾人福利基金会70万元，为700名贫困白内障患者免费实施复明手术。

6月12—21日，基金会许小宁副秘书长率24人培训团赴新加坡和香港开展"集善瑞安——提升公益机构领导力和执行力"第三期培训。

6月18日，江西省"集善三星爱之光·启明行动"启动。基金会资助江西省残疾人福利基金会70万元，为700名贫困白内障患者免费实施复明手术。

6月24日，2014年"集善工程——（爱之翼）助残行动"捐赠仪式暨江苏项目启动仪式在南京市举行。中航三星人寿保险有限公司向基金会捐赠760辆电动轮椅，其中260辆捐赠给江苏省残疾人福利基金会，用于帮助南京市残疾人提升出行和生活品质。

6月，基金会许小宁副秘书长与佳通轮胎法务总监寿惠多女士赴黑龙江、云南、湖南、厦门等地，对"启明行动"项目进行项目中期检查和调研。

6月26日、7月3日，基金会分别举办"集善讲堂——残疾人专门协会专题讲座"，邀请中国残联理事、中国聋人协会主席杨洋，中国肢残人协会副主席、中国残联教育就业部巡视员王建军，中国精神残疾人及亲友协会主席温洪，中国盲人协会主席李伟洪，中国智力残疾人及亲友协会主席张宝林等做专题讲座。

7月1日，"正保集善助学"项目签约仪式在京举行。北京东大正保科技股份有限公司承诺每年向基金会捐赠不少于价值2000万元的正保集善学习卡，5年捐赠1亿元。

7月2日，"集善工程·启明行动——中国工商银行光明行"项目启动。中国工商银行向基金会捐赠240万元，用于资助四川巴中通江县、南江县以及达州万源市2400名贫困白内障患者免费实施复明手术。

7月15日，台塑集团王瑞华副总裁一行到访基金会，商谈有关"听力重建·启聪行动"项目工作。基金会汤小泉理事长、邢建绪副理事长，中国聋儿康复研究中心主任胡向阳出席会谈。

7月15—18日，"集善三星爱之光"系列公益项目"星星的孩子——自闭症儿童夏令营"厦门站活动在福建省厦门市举行。基金会副理事长兼秘书长费薇、中国三星大中华区副总裁王幼燕出席活动。

7月15—18日，"集善工程——（爱之翼）助残行动"捐赠企业中航三星人寿保险有限公司总裁兼CEO金一权、（韩国）三星生命保险株式会社北京代表处首席代表池正铉赴河南省回访受助对象并出席2014年河南"爱之翼"示范项目捐赠仪式。

7月28日，"集善唐邦启智项目"捐赠仪式在基金会举行。天津市唐邦科技有限公司向基金会捐赠价值200万元的6套多媒体设备，用于资助贫困自闭症、智障、脑瘫儿童。基金会理事长汤小泉，天津市唐邦科技有限公司董事长黄继承等出席捐赠仪式。

7月29日，中央财政支持社会组织参与社会服务"集善工程——听力助残"项目培训工作会在北京召开，基金会理事长汤小泉、副理事长邢建绪以及陕西、甘肃、宁夏、吉林、黑龙江、江西、河南等15个受助地区省、区、市残疾人福利基金会和中国聋儿康复研究中心项目负责人参加会议。

7月31日，"集善工程·启明行动"国家开发投资公司项目启动。国家开发投资公司向基金会捐赠100万元，用于资助贵州省平塘县、罗甸县1000名贫困白内障患者免费实施复明手术。

8月4日，中国残联和基金会共同向云南省残联、残疾人福利基金会捐款100万元，专项用于8·3云南鲁甸抗震救灾工作。当日，基金会还发出"集善鲁甸紧急救援行动倡议书"，呼吁社会各界爱心人士伸出援助之手以帮助在地震灾害中受伤致残和灾区的残疾人兄弟姐妹渡过难关。

8月4—7日，中国进出口银行计划财务部张晓维经理对内蒙古2014年"集善工程·启明行动"中国进出口银行项目的执行情况进行抽查。

8月4—13日，张雁华副秘书长和中国狮子联会深圳狮子会第一分区主席郑安平、基金会国际合作部部长范谙出访马拉维、乌干达和卢旺达，落实"集善狮子会众力马拉维项目"、"集善狮子会走向非洲体育康复项目"执行情况，探访项目受益群体。

8月6—9日，许小宁副秘书长率项目监管小组赴江西对"阳光伴我行"和"正保集善助学"项目的执行情况开展监管工作。

8月7日，2014年"集善工程——（爱之翼）助残行动"重点项目及回访工作会议在北京召开，基金会理事长汤小泉、副理事长邢建绪出席会议并讲话，中航三星人寿保险有限公司，北京、天津、青岛、武汉等地残疾人福利基金会相关人员参加会议。

8月8日，"情系云南——中艺财富职工赈灾募捐大会"举行。中艺财富艺术品投资管理中心的全体员工捐赠29980元，中艺财富文化艺术品投资管理中心捐赠30000元，总计59980元，用于云南省昭通市鲁甸县残疾人灾后重建及康复工作。

8月12日，芦山县隆兴明门集善幼儿园开工仪式举行。明门实业股份有限公司通过基金会向芦山地震灾区援助善款300万元，为灾区建设一所幼儿园，帮助灾后教育重建。基金会副理事长邢建绪出席开工仪式。

8月15日，"集善工程·启明行动"宝钢集团项目启动，宝钢集团向基金会捐赠100万元，用于资助宁夏和新疆兵团各500名贫困白内障患者免费实施复明手术。

8月15日，"集善工程·启明行动"天津市项目启动。卡博特公司向基金会捐赠50万元，用于资助天津市500名贫困白内障患者实施免费复明手术。

8月19日，北京万升康达经贸有限公司通过基金会向海南省残疾人基金会捐赠12套美国PNT无创青光眼治疗设备，为4800名贫困青光眼患者进行免费治疗。

8月21日，由基金会和北京市残疾人福利基金会共同主办的"体验饥饿——牵手残疾儿童及残疾人家庭子女"公益活动在北京市残疾人体育训练与职业技能培训中心举行。

8月22日，"集善工程·爱洒赣州"捐赠仪式在江西省赣州市举行。汤小泉理事长出席捐赠仪式。基金会在江西赣州革命老区开展多个资助贫困残疾人项目，包括助听器国家项目、如新蜜儿餐、脑瘫儿童轮椅、拉夏贝尔服装、中航三星电动轮椅、海王集团保健品、正保集善学习卡、启明行动白内障手术项目，资助资金和物资总价值256.6万元。

8月25日，"集善工程·启明行动"华润（集团）项目启动。华润（集团）有限公司向基金会捐赠100万元，用于资助河北省和湖北省各500名贫困白内障患者实施复明手术。

8月25—26日，基金会许小宁副秘书长一行赴山东省对"阳光伴我行"和"正保集善助学"项目的执行情况进行监管。

8月26日，2014年"集善工程——（爱之翼）助残行动"北京项目启动。中航三星人寿保险有限公司通过基金会向北京市残疾人福利基金会捐赠价值54.54万元的90辆电动轮椅。

8月27—28日，"星星的孩子——自闭症和智障儿童夏令营"山东站活动在淄博市举行。基金会副秘书长许小宁、中国三星企业社会责任事务局总监孙贵峰参加活动。

9月2日，"集善工程·启明行动"中国建筑工程总公司项目启动。中国建筑工程总公司向基金会捐赠100万元，用于资助云南省和甘肃省各500名贫困白内障患者实施复明手术。

9月7—27日，"社会保障和服务体系高级培训"在德国举办。基金会、中国残疾人辅助器具中心及来自11个省、市、自治区残联、辅具中心的25名学员参加培训。

9月10日，吉林省"明门慈善基金·儿童启明行动"项目在吉林省人民医院启动。明门实业股份有限公司向基金会捐赠100万元，用于资助吉林省110名0—10岁的贫困白内障患者在2014年7月至2015年底免费实施复明手术。

9月11日，"2014年集善工程——（爱之翼）助残行动"青岛项目启动。中航三星人寿保险有限公司通过基金会向青岛市残疾人福利基金会捐赠价值45.4533万元的75辆电动轮椅。

9月17日，"中央企业集善工程·盲人电脑教室项目"启动仪式在中国盲文出版社举行。中国兵器工业集团公司向基金会捐赠100万元，在中国盲文出版社、中国残疾人杂志社、北京按摩医院建立3所盲人电脑培训教室。

9月18—20日，基金会在江西省南昌市、余干县、广丰县等地开展"集善工程——（爱之翼）助残行动"捐赠仪式和回访工作、中央财政支持社会组织参与社会服务的"集善工程——听力助残"江西项目捐赠仪式和服装项目回访工作。

9月19—21日，基金会参加第三届中国公益慈善项目交流展示会，集中展示了"集善工程"七大公益行动，播放了公益宣传片，与其他公益组织进行了经验交流。

9月19日，基金会"集善残疾儿童助养"项目公益宣传片获"Vcare中国公益映像节——十佳公益短片"称号。

9月19日，基金会在民政部委托进行的中国慈善透明排行中获"2014年度信息披露情况抽样调查卓越组织——慈善透明榜样"称号。

图5-4-1 "2014年度信息披露情况抽样调查卓越组织——慈善透明榜样"证书。

10月9日，广东凯洋集团社区康复服务站项目捐赠仪式在南昌市举行。广东凯洋医疗科技集团有限公司通过基金会向江西省残疾人福利基金会捐赠价值200510元的康复器具。

10月10日，韩国人寿保险行业社会贡献委员会和部分韩国人寿保险企业代表到基金会考察"集善工程——（爱之翼）助残行动"项目。邢建绪副理事长出席座谈会。

10月，基金会项目二部获国务院扶贫开发领导小组授予的"全国社会扶贫先进集体"称号。

图5-4-2 "全国社会扶贫先进集体"奖牌。

10月17日，由基金会主办、中国残疾人杂志社承办、中国三星爱心支持的"成长的记忆——关注中国残疾儿童摄影展"在北京开幕。中国残联党组副书记、常务副理事长孙先德，基金会理事长汤小泉，中国三星副总裁姜俊暎出席活动。

10月21日，"钱璟助学"和"集善华爱助我行"项目启动仪式在贵州省黄平县举行。钱璟康复器材有限公司向基金会捐赠58.36万元开展"钱璟助学"项目，方树福堂基金、方润华基金向基金会捐赠35万元开展

"集善华爱助我行"项目。

10月27日，瑞声达听力设备贸易（上海）有限公司、峰力听力技术（上海）有限公司、上海威之群机电制品有限公司共向基金会捐赠价值474.1万元的助听设备和电动轮椅。

10月28日，"集善工程·乐高启聪儿童生日会"公益活动在中国聋儿康复研究中心举行。乐高贸易（北京）有限公司向基金会捐赠价值8万元的乐高玩具，定向资助中国聋儿康复研究中心启聪幼儿园。

10月30日，由联合国教科文组织指导，中国互联网协会、基金会共同主办的"第十届中国信息无障碍论坛"在中国盲文图书馆举办。来自联合国教科文组织驻华代表处、中国残联、工业和信息化部、中国互联网协会、基金会、美国辅助技术工业协会、亚洲防盲基金会等机构或组织的相关领导和嘉宾出席开幕式。

10月31日，"英伦无障碍助行项目"捐赠签约仪式在基金会举行。浙江吉利汽车有限公司上海分公司向基金会捐赠两辆上海英伦TX4无障碍汽车。基金会理事长汤小泉、副理事长邢建绪，上海英伦帝华汽车有限公司总经理林啸虎，浙江吉利控股集团集团公关部党委副书记陈放鸣等出席仪式。

11月5日，"集善三星爱之光"系列公益项目捐赠暨签约仪式在京举行。中国三星将于2015—2019年每年向基金会捐赠1000万元，五年共计捐赠5000万元，开展"集善三星爱之光·启明行动"和"集善三星爱之光·启能行动"。中国三星总裁张元基、首席副总裁李贞烈，基金会副理事长邢建绪、副理事长兼秘书长费薇等出席仪式。

11月8日，由基金会和湖北省残疾人福利基金会主办，绿地集团、蒋凤仙义工队、湖北资讯广播电台协办，深圳市濯泓科技有限公司爱心支持的湖北省第一期"体验饥饿"活动在武汉市汉南区绿地城举办。

11月13日，"集善工程——（爱之翼）助残行动"天津项目捐赠仪式举行。中航三星人寿保险有限公司、三星生命保险株式会社共同向基金会捐赠价值48万元的80台电动轮椅，用于资助天津市下肢残疾和行动不便人士。

11月14日，由基金会、NU SKIN如新集团和甘肃省残联、残疾人福利基金会共同主办的"集善如新创星汇走进甘肃暨2014年度甘肃省残疾人创业新星争锋大赛"在兰州市举行。基金会理事长汤小泉、NU SKIN大中华区域总裁范家辉出席活动。

11月15日，"中央企业集善工程·社区康复服务站"甘肃省项目启动暨揭牌仪式在陇西县举行。中国交通建设公司向基金会捐赠100万元，用于资助甘肃省酒泉市和陇西县、陇南市分别建立社区康复服务站。

11月17日，中央电视台少儿频道节目主持人鞠萍、周洲、金豆、哆来咪、芝麻、一天等一行到陕西省宝鸡市特教学校，探访"集善残疾儿童助养"项目受助儿童。

11月19日，中国机械工业集团有限公司、中粮集团有限公司、中国海洋石油总公司、中国移动通信集团公司、中国石油天然气集团公司等5家央企向基金会共计捐赠500万元，用于资助100名听力残疾人植入国产人工耳蜗项目。

11月20日，"爱要让你听见"——聋人婚育指导（试点）项目捐赠仪式暨厦门项目启动仪式举行。博奥集团向基金会捐赠九项遗传性耳聋基因检测设备及试剂盒等，共价值546.66万元。其中，205.24万元的检测设备用于厦门市适龄婚育听力障碍残疾人进行基因筛查。

11月27—28日，全国残疾人福利基金会工作研讨会在京召开。中国残联党组书记、理事长鲁勇，中国残联党组副书记、常务副理事长孙先德出席会议并讲话，基金会汤小泉理事长、邢建绪副理事长、费薇副理事长兼秘书长，民政部民间组织管理局相关负责同志出席会议，全国30个省、区、市，新疆兵团、黑龙江农垦及4个计划单列市、7个特邀城市的90多位残疾人福利基金会相关负责人参加会议。

12月1日，澳门特区政府行政长官崔世安在礼宾府接见汤小泉理事长和中国残联国际部主任魏孟新一行。

12月1日，基金会赴澳门出访团出席"共同促进残疾人体育发展"和"共同促进残疾人特殊艺术发展"第三期项目及三年项目工作总结会。

12月2日，基金会联合中央电视台少儿频道在北京世纪剧院举办"纪念国际残疾人日·《我爱寓言》慈善义演"。

12月2日，澳门基金会行政委员会主席吴志良与基金会汤小泉理事长共同签署"集善澳门基金会助力残疾人"系列公益项目捐赠协议（2015—2017年）。该项目金额为每年1000万元，三年共计3000万元，资助残疾人文化和体育发展、残疾儿童的康复和教育以及残疾人工作者培训等。

12月3日，基金会汤小泉理事长一行前往香港赛马会，与香港马会麦建华总监及相关人员召开了项目工作会议，就香港马会援助四川省八一康复中心康复系列项目阶段性进展进行了全面梳理和总结，并对项目结束机制进行了深入探讨。

12月4日，基金会在香港举办答谢晚宴，对2014年港澳地区慈善机构和爱心人士及企业对内地残疾人事业发展的大力帮助和支持表示感谢。

12月5日，基金会汤小泉理事长一行参访了香港复康会及香港复康会曾肇添护老院和利国伟日间康复护理中心。

12月10日，基金会和清华大学团委在清华大学大礼堂联合举办第二届"体验饥饿——牵手残疾儿童和残疾家庭子女"公益体验活动启动仪式。基金会汤小泉理事长、清华大学党委副书记史宗恺、世界宣明会总会亚太区资源发展总监杜明翰等出席启动仪式。

12月13日，由基金会和广东省残疾人公益基金会主办、广东狮子会协办的2014"集善残疾儿童助养"项目——体验饥饿活动在广州市举行。

12月19日，鹏雁动感体育助力"集善残疾儿童助养"项目捐赠仪式举行。深圳市鹏雁动感体育用品有限公司向基金会捐赠价值100万元的物资，用于支持"集善残疾儿童助养"项目"体验饥饿——牵手残疾儿童及残疾人家庭子女"等相关活动，成为"集善残疾儿童助养"项目顶级合作伙伴。基金会汤小泉理事长、深圳市鹏雁动感体育用品有限公司董事兼总经理彭兵等出席捐赠仪式。

12月23日，"集善如新儿童蜜儿餐"暨"集善如新均适奶昔固体饮料"济南项目捐赠仪式在济南市举行。NU SKIN如新集团通过基金会向济南残疾人福利基金会捐赠价值100万元的蜜儿餐及价值30余万元的均适奶昔固体饮料，用于帮助济南市贫困残疾儿童及残疾人士增加营养膳食、改善身体素质。

12月29日，基金会举办第二届"体验饥饿——牵手残疾儿童及残疾人家庭子女"公益活动，全体工作人员参加活动。

12月，基金会入围2014福布斯中国慈善基金榜。

（刘书娜供稿）

第六编 地方残疾人事业和残疾人工作
REGIONAL UNDERTAKING AND WORK FOR DISABLED PERSONS

北京市残疾人事业和残疾人工作

一、领导讲话

副市长戴均良在市残联第六届主席团第二次全体会议上的讲话摘要　2014年4月22日

2月25—26日，习近平总书记就北京市全面深化改革、推动首都更好发展特别是破解特大城市发展难题进行了考察调研。习总书记充分肯定了我市的工作，强调了首都工作的重要性，就推进北京发展和管理工作提出了新的要求，为做好首都各项工作包括残疾人工作指明了方向。我们要按照市委十一届五次全会的部署，把学习贯彻总书记重要讲话精神作为首要政治任务，充分认清残疾人工作面临的新形势，努力把首都残疾人工作提高到一个新的水平。

一、以改革创新精神完成全年的重点任务

我们要抓住时代契机，以改革精神拿出创新举措，一手抓发展，一手抓基础；一手抓顶层制度设计，一手抓当前突出问题的解决，推动残疾人状况不断得到改善。今年要着重抓好以下几方面工作：

一是着力构建残疾人基本生活保障安全网。坚持"重点保障、特别扶助"的原则，将残疾人作为重点对象纳入城乡社会就业、社会救助、社会保险和社会福利体系，着力在残疾人基本保障上"织好网、兜住底"，形成残疾人基本生活兜底保障机制。要按照市委完善残疾人等困难群体福利政策的决议，积极拓展护理补贴等残疾人福利项目，充分发挥政策叠加效应。

二是着力增强残疾人自身发展能力。加快健全以权利公平、机会公平、规则公平为主要内容的残疾人权益保障制度，努力营造"平等、融合、共享、阳光"的社会氛围。

三是着力为残疾人提供基本的公共服务。把残疾人最基本的医疗、康复、教育、就业、托养、住房、维权等服务内容纳入政府优先保障、特殊扶助的公共服务范围，争取让每个残疾人"老有所养、病有所医、学有所教、劳有所得、住有所居"。

四是着力抓好政府购买助残服务政策的实施。去年我市在全国率先出台了向社会组织购买助残服务的政策。残联要精心组织这项政策的实施工作，瞄准残疾人最基本的服务需求，找对社会组织最关注的服务领域，壮大我市残疾人服务产业，为实现"国家扶持、市场推动、公办民办并举"的残疾人服务新格局奠定基础。

二、加强对残疾人工作的组织领导

一要加强组织领导。全市各级党委、政府要真心关心残疾人，把残疾人事业列入重要议事日程，纳入政府职责，进一步健全党委领导、政府负责的残疾人事业领导体制和政府主导、部门协作、社会参与、残联推动监督的残疾人工作机制。各级残联要加强自身建设，坚持群众路线，切实履行"代表、管理、服务"职责。

二要提供资金保障。各级政府要建立稳定的残疾人事业经费保障机制，将其列入财政预算，并建立与财政能力相适应的同步增长机制。公共财政要对残疾人社会保障和基本公共服务事项给予必要的支持。要按照市委常委会"拓展保障、促进就业"的要求，收好、管好、用好残疾人就业保障金，加大保障金统筹使用和监管力度，确保资金安全运行。

三要建好服务设施。按照"定位清晰、布局合理"的要求，将残疾人服务设施建设纳入全市公共服务设施规划统筹谋划，坚持挖掘存量、开拓增量，重点完善温馨家园、社区托养所等基层残疾人服务设施，注重引导和鼓励民间资源参与残疾人职业康复站、托养机构的运营与管理。

四要提高队伍素质。切实抓好专职、专业和志愿者三支队伍建设。我们有五千多名残疾人协管员、专职委员服务在基层，要特别关心爱护好这支队伍，工作上压担子，生活上添温暖，提高他们的业务素质，增强他们的服务能力，发挥基层为残疾人排忧解难的作用，不断开拓残疾人服务新领域。

副市长戴均良在 2014 年市政府残工委全体会议上的讲话摘要
2014 年 5 月 9 日

当前,首都残疾人事业已经处于必须通过完善体制机制实现科学发展、整体推进的新阶段。我们要紧紧围绕首都和谐宜居之都建设大背景,从完善治理体系着手,实现残疾人工作治理能力的现代化。具体来说,就是要实现"四个转变":

一是从单一人群管理向与整体社会治理体系相衔接转变。当前,政府面向一般公众的社会治理和公共服务都会涉及残疾人群体。我们要进一步健全"政府主导、社会参与"的残疾人工作体制机制,将残疾人事业纳入党和政府工作全局,纳入国民经济和社会发展规划,纳入社会管理、公共服务的总体布局,在实施整体社会治理的过程中实现对残疾人群体的服务管理。

二是从政府单一管理向多元化的社会治理转变。残疾人事业是一项跨部门、多领域、关联度非常高、涉及面广的社会事业,我们要在提高政府履职能力的同时,扩大市场主体和社会力量的参与,发挥企业和社会组织在满足残疾人特殊性、个性化需求方面的特殊优势,努力实现"国家扶持、市场推动、公办民办并举"的残疾人服务新格局。

三是从依靠行政命令推动向依法管理服务转变。随着党和国家对基本民生工作的日益重视,随着残疾人权益意识的不断觉醒,残疾人群众的服务需求日益增多、种类日趋多样、要求不断提高,现有的行政化的工作理念、方式、手段已经难以适应新的形势和要求。只有坚持依法推进,着力在政策法规和制度建设上下功夫,营造有利于残疾人平等参与的社会环境,依法管理、依法服务,才能推动残疾人事业走上法制化、规范化的轨道。

四是从依靠残联推动向部门联动转变。统筹是政府工作的特点。残疾人的康复、教育、就业、社会保障、文化体育、无障碍环境建设以及各项社区居家服务,涉及公共服务的各个方面,不是靠一个部门或者少数几个部门就可以实现的,它是一项复杂的社会系统工程。市残联作为全市残疾人工作的统筹部门,主要职责是协调、指导、配合各有关部门共同开展残疾人工作。只有相关部门切实将残疾人工作纳入部门工作计划、政策制定、目标考核、统计指标之中,才能保证残疾人工作成为各部门工作的有机组成部分,才能推动残疾人事业融入首都经济社会发展大局,才能让残疾人充分享受各项公共服务。

二、政策法规文件

北京市残疾人职业康复劳动项目资金补助办法
京残发〔2014〕3 号

由北京市残联、北京市财政局下发。

第二条 补助范围

符合《北京市残疾人职业康复劳动项目基本条件》开办并通过残联部门审批的残疾人职业康复劳动项目,均可列入本办法规定的项目资金补助范围。

本办法所指的职业康复劳动项目(以下简称"职康项目"),执行区县属地管理,包括街道(乡镇)社区举办、民办和依托各级各类社会福利机构、卫生医疗机构、教育机构开展的职康项目。

第三条 补助标准

(一)开办一次性资助

对新批准开办的职康项目,市级残疾人就业保障金给予每个项目 10 万元标准的一次性资助扶持。区(县)可根据项目实际情况,使用区县残疾人就业保障金,对属地职康项目开办给予资助。一次性资助资金用于职康项目有关的劳动、培训、康复、生活等设备购置、无障碍设施改造等开支。

(二)运行补助

按照职康项目的实际服务残疾人对象人数,以每人每月 1100 元标准给予运行经费补助,可用于工作人员补助、组织培训、残疾人伙食补助(不得直接发到个人)、聘用教师、劳动材料、康复训练和技术支持、社区活动、设备设施维护、水电气等公用费用等开支。

第四条 资金保障

职康项目补助资金,除市级残疾人就业保障金给予的新开办一次性定额资助外,全部由区县残疾人就业保障金列支。

北京市残疾人学生和生活困难残疾人子女学生助学补助办法
京残发〔2014〕4 号

由北京市残联、北京市教委、北京市民政局、北京市财政局下发。

第二条 补助对象

具有本市户籍、持有中华人民共和国残疾人证的残疾人学生、生活困难残疾人(指享受民政部门城乡居民最低生活保障、生活困难补助和低收入的残疾人)子女学生,包括就读于实施学历教育的全日制公办和民办学校中的高中学生、大学生(含本科生、专科生、高等职业教育学生)、研究生(含硕士研究生、博士研究生）以及接受成人高等教育的学生。

第三条 补助标准

（一）普通高中学生，每人每学年补助1200元。

（二）中等职业教育学生，按照市财政、市教委等六部门《关于修订实施北京市中等职业教育免费及国家助学金政策的通知》的规定执行。

（三）参加统招考试并被普通高等院校录取的大学生，每人每学年补助4500元；普通高校或科研院所全日制学习且无工资性收入的研究生，每人每学年补助6000元。生活困难家庭中的高等教育新入学学生按照民政部门规定的新生入学救助等政策规定执行，不得重复享受本办法补助。

（四）参加全国成人高考、高等教育自学考试、成人研究生考试的残疾人，在取得相应学历证书后，按照大专6000元、本科8000元和研究生10000元的标准，给予一次性的助学补助。同等学历的补助只能享受一次。

（五）免交学费的公办特教学校学生和大学生，不享受本办法助学补助。

北京市脊髓损伤残疾人一次性护理用品配发暂行办法

京残发〔2014〕22号

第一条 配发对象

具有本市户籍、持有中华人民共和国残疾人证，因脊髓损伤导致"二便"失禁的残疾人。

享受《北京市工伤职工配置辅助器具管理办法》的脊髓损伤残疾人不适用本办法。

第二条 配发标准

（一）纳入配发的一次性护理用品包括：纸尿片、纸尿裤、隔尿垫、尿套和集尿袋等脊髓损伤残疾人所需的基本生活用品。

（二）符合条件的残疾人，每人每天申请配发纸尿片、纸尿裤、隔尿垫的累计数量不超过4件，尿套和集尿袋限一套。

第三条 评估鉴定

（一）市残联会同市卫生计生委组织制定"脊髓损伤残疾人评定标准"，确定脊髓损伤残疾人指定评估机构。

（三）评估机构依据评定标准，对脊髓损伤残疾人进行功能性评估，出具一次性护理用品需求评估报告。

……

第六条 资金来源

脊髓损伤残疾人一次性护理用品采购经费由市级残疾人就业保障金列支。

关于调整北京市用人单位安排残疾人就业岗位补贴和超比例奖励标准的通知

京残发〔2014〕47号

由北京市残联、北京市民政局、北京市财政局、北京市人力资源和社会保障局下发。

一、2014年7月1日起，用人单位安排残疾人就业岗位补贴和超比例奖励按下列标准执行：

1. 对与残疾人职工签订1年以上（含1年）固定期限劳动合同的，在合同期内岗位补贴标准由每人每年3000元调整为每人每年5000元；

2. 对与残疾人职工签订无固定期限劳动合同的，在合同存续期间岗位补贴标准由每人每年5000元调整为每人每年7000元；

3. 对超过本单位职工总数1.7%比例安排残疾人就业的，在上述岗位补贴的基础上，每多安排1名残疾人就业，其超比例奖励标准由每人每年6000元调整为每人每年10000元。

二、用人单位正在按照市人力社保局、市财政局《关于印发〈用人单位岗位补贴和社会保险补贴管理办法〉的通知》（京人社就发〔2012〕308号）规定享受岗位补贴和社会保险补贴，且与所招用残疾人职工签订无固定期限劳动合同的，可按照本办法规定的岗位补贴标准申请享受差额部分补贴；与所招用残疾人职工签订固定期限劳动合同的，不再享受本办法规定的岗位补贴。

关于对2014年北京市新认定残疾人社会组织扶持奖励的通知

京残发〔2014〕55号

一、扶持奖励范围

经2014年新认定并已接受市残联评估的残疾人社会组织。

三、扶持奖励标准

（一）一次性开办扶持标准

1. 对提供各类专业康复服务，并接受规范化建设评估的新认定残疾人社会组织，按照10万元的标准给予一次性开办扶持；

2. 对社会团体或提供外展服务并接受规范化建设评估的新认定残疾人社会组织，按照3万元标准给予一次性开办扶持。外展服务主要是指提供专业康复服务之外的宣传、咨询、文化、体育、托养、职康等服务。

（二）一次性开办扶持奖励不得重复享受。

关于落实2014年度"阳光家园计划"有关事宜的通知

京残发〔2014〕57号

一、资助对象和标准

资助对象：具有本市户籍、持有第二代中华人民共和国残疾人证，男年满16周岁未满60周岁、女年满16周岁未满55周岁（截至2014年12月31日），未入住社会福利机构，失业且无稳定性收入，残疾程度为一级的智力和精神残疾人。

资助标准：按照每人600元的标准给予一次性资助。

三、工作综述

2014年，北京市残疾人工作紧紧围绕"全面建设残疾人工作首善之区，共创残疾人幸福美好新生活"的目标，积极融入首都社会事业发展与社会治理体制改革大局，不断提高残疾人保障和服务水平，圆满完成了各项目标任务。

（一）APEC会议残疾人主题活动服务保障任务圆满完成

2014年11月10日，亚太经合组织第二十二次领导人会议周期间残疾人主题活动在北京隆重举行，这是APEC会议22年来首次同期举办残疾人主题活动，对推动APEC成员国重视残疾人问题、促进中国残疾人事业发展、提升我国外交软实力有着重要意义。市委、市政府对此高度重视，成立了由市政府办公厅等38个成员单位组成的APEC会议残疾人主题活动驻地服务保障指挥部，市残联负责牵头联络协调及才艺展示筹备工作。整个活动衔接顺畅、精彩纷呈，向世界展示了中国残疾人事业发展成果和首都残疾人事业发展成就，向中央交上了合格答卷，受到了各国参会元首夫人以及代表一致好评。

（二）残疾人服务体系建设取得实质性进展

一是完成服务体系顶层设计。组织、机构、人员落实到位，确立了政府兜底服务范围和残疾人服务需求的核心内容，明确了需求调查、窗口申报、在线填报、座席服务四种需求信息采集方式，提出了四级服务平台的管理流程和职能分工，初步构建了残疾人服务管理系统框架。二是首次开展残疾人基本服务状况和需求专项调查，涉及6871个社区（村）45万人群，为持续推动残疾人服务托住底、补短板、保基本、广覆盖工作奠定了基础。三是残疾人服务"一卡通"应用启动。残疾人服务"一卡通"既是全国智能化残疾人证，也是真正意义上的市民卡"北京通"第一卡。该卡统一了身份编号、标识设计、基础信息、服务功能、密钥体系、卡片选型、证卡管理，具有身份识别、业务管理、社会服务、金融业务等四种功能，实现了政府公共服务和个人信息管理的集成应用，是残疾人事业向智能化发展的第一步。截至2014年年底，已有32.5万名残疾人陆续提交了领卡申请，首批卡也已发放完毕。四是创新服务方式，残疾人社会组织的数量连续四年增长超过20%，残疾人社会组织服务品牌影响力不断扩大，66项政府购买服务项目惠及10万残疾人及亲友。

（三）残疾人关心的现实问题持续改善

一是保障政策不断完善，水平逐年提高。新修订完善10余项相关福利保障政策，市级政策性资金投入及转移支付达12.5亿元，惠及残疾人60多万人次；成立两家成年残疾人托养机构，36.6万人享受生活补助、社会救助及"养老助残九养"政策，城乡居民养老保险、医疗保险参保率分别达到96.7%、98.4%，残疾人基本生活得到较大程度满足，城镇残疾人家庭人均年总收入、农村残疾人家庭人均年总收入增速高于全市平均水平，分别达到13.7%、25.3%。二是康复服务覆盖面逐步扩大。儿童残疾早期筛查、转介、诊断、康复的服务网络基本建成，精神残疾人免费服药、中途宿舍等综合服务保障模式稳步推进，辅助器具政策修订取得实质进展，18.5万名残疾人得到个性化康复训练与服务。三是坚持把就业作为残疾人增收的主要措施。市委、市人大、市政府、市政协办公厅及市人力社保局首次面向残疾人定向提供了5个公务员岗位，3名残疾人进入面试阶段。7名盲人医疗按摩师首次在医疗机构就业。举办残疾人就业系列招聘会41场，与24所高校合作实施残疾人大学生就业助力计划，4.06万名残疾人实现按比例就业；成功举办第七届残疾人职业技能竞赛，完成1万人次职业技能培训，培训的针对性和实效性有所增强。四是融合教育稳步发展，制定首个省级特殊教育学校办学条件标准，残疾学生平均公用经费标准达到普通学生的7倍，5621名残疾儿童少年随班就读，312名重度残疾儿童接受送教上门服务；完成全市所有有意愿残疾人青壮年扫盲工作，组织70名残疾人接受成人高等学历教育。五是文化体育活动丰富活跃，"爱助梦想"助残日系列活动受到各方肯定，"乐动心灵"、"心悦书香"等12个温馨助残文化品牌影响力不断扩大；首部原创话剧《假如给我三天光明——借光》演出70场次，是中国残联选送全国"五个一"工程奖的唯一戏剧作品；全力配合2022年冬季残奥会申办工作，组建冰壶队；组队参加亚洲残疾人运动会，获得7金3银3铜的优异成绩；18支队伍参加全国单项锦标赛、九运会提前赛，取得25枚金牌、24枚银牌、40枚铜牌的佳绩；轮椅篮球队代表中国队参加"第一届东吴杯国际轮椅篮球邀请赛"，获得冠军。残疾人健身周活动、自强健身示范点被确定为全国示范样板和示范项目，10支残疾人艺术团队活跃在基层，演出300场次。

（四）借势借力营造良好环境氛围

一是宣传工作亮点纷呈。组建"我梦最美"自强模范暨助残先进事迹宣讲团，在北京市"最美北京人"宣讲比赛活动中荣获第一名；制作反映残疾人事业发展的微电影6部，其中《不止天使有翅膀》荣获"第二届亚洲微电影艺术节金海棠奖"最佳作品奖；8名残疾人先进事迹被北京电视台《365个故事》栏目收录播放，2名残疾人入选2014年度十大"北京榜样"候选人，14名残疾人入选周榜样，增进了全社会对残疾人的认识和理解。二是残疾人法律维权服务进一步改善。建立了残疾人信访网上办公系统、远程服务平台及重大信访诉求的联动会商机制，残疾人反映强烈的机动轮椅车出行、加油和免费停车等问题得到及时解决；完善律师值班制度，建立由公、检、法、司联合参与的残疾人法律维权工作协调机制，加强"12348"、易行维权助残热线管理。2014年，参与法制宣传活动的残疾人及亲友21.2万人次，直接为残疾人提供各类法律服务8378人次，挽回经济损失3500万元。三是无障碍环境建设扎实推进。组织7000多人次残疾人到3000多个地方进行无障碍实地体验，有效解决了西长安街大修工程中无障碍设施不达标、市政设施损坏、社区无障碍不规范等问题；在全国首次为听力残疾人、视力残疾人购买8500次导医服务，完成16734户残疾人家庭无障碍改造工作，启动重度肢体残疾人家庭个性化改造试点。四是社会助残环境进一步优化。2014年全年累计接受社会捐赠款物共计926万元，各界给予免费、优惠的支持达4100万元；举行了全市服务业手语大赛、志愿北京之阳光行动等活动，不断创新公益助残项目；尝试小额公众募款，效果良好。

（五）基础管理工作得到全面加强

一是推进基础设施建设。市级残疾人职业康复和托养服务中心购置工作已获市政府正式批准。区县残疾人职业康复中心管理逐渐步入正轨。二是以组织、机构、人员调查为契机，积极探索街道乡镇理事长、专职工作者、专职委员、助残志愿服务"四支队伍"管理工作长效机制。三是加强专门协会工作，健全完善7项制度，不断密切与残疾人朋友的联系，注重对残疾人群体的教育引导。四是开展规章制度废改立工作，对101项规章制度进行全面清理，废除15项，修订30项，新建18项，健全了决策程序、工作机制、过程监督、绩效评价、督查问责、年度报告的系列化管理制度。五是首次全面理清中央拨付资金、地方配套资金、市及区县财政投入资金、残疾人就业保障金、慈善捐赠资金、企事业单位创收收入等资金管理使用情况，一次性通过中央审核。建立保障金征缴工作联席会议制度，专题研究改变保障金征收方式、统筹使用管理办法，为加快推进保障金改革、更好地发挥保障金支撑作用奠定了良好基础。

四、大事记

1月9日，中国残联党组书记、理事长鲁勇率队到北京市调研信息化工作，在市信息中心详细了解各应用系统及"一卡通"项目的建设情况，观看了系统演示，提出信息化建设要适应残疾人事业发展和现代科技信息技术进步要求。他强调：一是要适应残疾人事业发展和现代科技信息技术进步要求，逐步实现从供给管理向需求管理转变；二是要深入开展残联系统基础管理建设年活动，把信息化建设作为强化管理的重要技术支撑；三是要继续探索信息化工作经验，取得阶段性成果后，向全国残联系统推广。

1月10日，北京市召开了创建全国无障碍区县工作第一次沟通会，市残联、市规划委、市财政局、市经信委、市民政局、市老龄办、市交通委、市市政市容委、市广电局、市商务委、市旅游委等11个部门参加会议。市规划委通报了近期创建工作的推进情况，各单位提出了支持、推动区县开展创建工作的建议和措施。会议强调深入开展创建全国无障碍区县工作，是建设首善之区和宜居城市的重要内容。会议要求：一是要进一步完善工作机制；二是要进一步明确各行业指导性要求；三是要加强沟通，密切合作；四是要加强对各区县创建工作的检查和考核。

1月15日，中国残联主席张海迪到北京市海淀区阳光友谊孤独症儿童康复训练中心调研残疾人工作。她详细了解了中心发展历程、资金来源、康复团队建设、专家技术指导、康复课程设置、训练效果评估、家长培训等工作以及存在的问题和困难。海迪主席看望了老师和正在接受孤独症康复训练的孩子们，给他们送上新年礼物和祝福。

1月15日，市康复办2014年工作会议召开，市卫生局、市教委、市民政局、市人社局、市公安局、市计生委、市老龄办、市残联等市康复办成员单位相关负责同志参加会议。会上重点介绍了北京市残疾人康复工作"建设五个体系、实施两项行动"的有关工作，部署了市康复办各成员单位2014年工作任务。各成员单位重点围绕康复服务体系建设、落实好《北京市残疾儿童少年康复服务办法》、加强精神残疾人康复服务、实施好残疾预防行动计划等工作进行了深入研讨。

1月16日，市残疾人福利基金会与长江商学院北京校友会联合举办了"善·行"残疾人作品公益义卖活动。义卖产品共9类350件，包括部分爱立方产品和残疾人公益机构的画作，均由北京市职业康复站残疾人、残疾人公益机构脑瘫和孤独症儿童参与创作。共募集长江校友爱心捐款53091.7元，定向用于长江商学院北京校友会"善·行"公益项目，资助北京市残疾贫困在校生。

1月22日，为落实《关于推进本市残疾人职业康复劳动项目发展的意见》，进一步促进北京市残疾人职业康复劳动项目的发展，市残联、市财政局联合下发了《北京市残疾人职业康复劳动项目资金补助办法》，提高了各项资金的补助标准。

1月24日，市残联、市教委、市民政局、市财政局为鼓励残疾人学知识、学文化，提高残疾人整体素质和接受教育水平，缓解残疾人学生和生活困难残疾人家庭子女学生的学费负担，根据《中共北京市委、北京市人民政府关于促进残疾人事业发展的实施意见》，联合制定了《北京市残疾人学生和生活困难残疾人子女学生助学补助办法》，扩大了补助范围，提高了补助标准。

1月24日，市残联、市规划委联合召开了创建全国无障碍区县工作进度汇报会，会议听取了各区县的工作汇报，并要求各区县按照"首善之区"的标准全面提升本地区无障碍环境建设水平。

1月27日，副市长、市残联主席戴均良为新成立的康智乐园揭牌，并走访了东城区龙潭康智乐园、残疾人康复训练养护服务基地，了解残疾人社会组织和服务机构开展康复训练、咨询培训、日间养护、辅具个性化定制等服务情况，观看了"残疾人轮椅养生太极扇子操"，向全市残疾人朋友送上新春祝福。

2月23日，市残联在市人才开发中心举办了2014年就业援助月首场残疾人专场招聘会。51家用人单位参加招聘会，提供了183个职位、近500个岗位。据统计，当天共有433名残疾人参加招聘会，单位收到简历931份，初步达成就业意向217人次。

2月28日，北京市残疾人工作会议召开。会上，市委领导充分肯定了2014年北京市残疾人工作取得的成绩，并对如何加强党和政府对残疾人工作的领导、推动首都残疾人事业的发展提出了明确要求。市残联吴文彦理事长全面总结了2013年全市残疾人工作情况，部署了2014年工作任务。部分区县残联在会上做了典型交流发言。

3月1日，中国儿童中心、中国狮子联会北京会员管理委员会联合举办"春之趣——童心市集"服务活动。全国人大常委、中国狮子联会会长王乃坤出席活动。活动以社区儿童为主角，采取旧物交换的形式，搭建社区家庭邻里之间的欢乐聚会和分享平台，帮助儿童建立旧物循环利用的环保生活理念，营造健康和谐的新型社区氛围。

图6-1-2 中国儿童中心、中国狮子联会北京会员管理委员会联合举办"春之趣——童心市集"服务活动。

3月6日，市残联、市规划委、市城乡规划标准化办公室等部门研讨会共同编制《北京市室外无障碍设施设计指导性图集》。《图集》主要包括城市室外无障碍与周边道路无障碍设施衔接设计、城市室外无障碍设施设计要求、城市用地内室外无障碍设施设计要求、改造案例解析4个方面的内容。

3月15日，第二届北京农业嘉年华活动在昌平区兴寿镇拉开帷幕。"爱立方"品牌以"凝聚梦想，精彩

图6-1-1 戴均良为新成立的康智乐园揭牌并与残疾人一起包饺子。

明天"为主题,在草莓博览园东区农业艺术体验区内首次设立展位。此次参展共四大类千余件产品,均由北京市职业康复站残疾人及民间组织提供。其中皮影系列、陶瓷系列、软陶系列吸引了众多游客。

3月26日,北京市19名盲人医疗按摩师参加了首都医科大学附属北京康复医院举办的首届盲人医疗按摩从业人员专场招聘会。经专家初审、面试、实践技能考评,6名医疗按摩师成为北京康复医院正式在编的医疗技能专业工作者,实现了他们在国家正规医疗机构就业的愿望。

3月27日,市残联举办了北京市残疾人意外伤害保险项目培训班。来自各区县、街乡镇残联共350余人参加了培训,领取了45万份残疾人意外伤害保险服务卡,并将服务卡发放至残疾人手中。

3月,市残联、市规划委组织各区县在全市范围内陆续开展了以居住小区为主要内容的无障碍环境体验活动。8个区县残联、规划委、住建委、街道、乡镇等部门共组织肢体、视力、智力残疾人176名,到27个居住小区对现有无障碍设施进行了实地体验活动。该活动检验了居住小区的无障碍环境建设水平,发现了存在的问题。

4月1日,市残联与市规划委组织召开了无障碍环境建设监督工作会议,就北京市无障碍监督工作进行了研讨。市规划委、市交通委、市住建委、市市政市容委、市商务委、市教委、市旅游委、市交管局、市老龄委、市民政局、市卫生局、市园林局、市城管执法局、市残联等17个部门负责人参加了会议。会上,市残联介绍了2013—2014年北京市无障碍监督工作情况及下一步工作重点,与会人员就北京市无障碍环境建设中存在的问题及如何做好监督工作进行了研讨。大家一致表示,要按各自的职责,努力解决无障碍环境建设中的各种问题,齐心协力做好无障碍设施建设、改造、管理和监督工作,促进北京市的无障碍环境建设。

4月1—2日,2014年北京市残联系统信息工作培训班暨京津冀残疾人工作协同发展研讨会召开。会议邀请了市委、市政府信息处负责人授课,总结交流了京津冀三地残联信息工作经验,并就新形势下京津冀三地残疾人事业协同发展进行了研讨。

4月16日,北京康复医院揭牌仪式暨建设发展座谈会召开。市人大常委会副主任、市总工会主席梁伟出席,并视察了医院盲人按摩科、重症监护病房和康复诊疗中心,慰问了盲人医疗按摩师。市残联、市总工会、首医大、石景山区领导为康复医院揭牌。

4月17日,副市长、市残联主席戴均良到望京街道温馨家园、新运弱智儿童康复中心调研。戴均良充分肯定了温馨家园和康复中心的服务,要求认真总结志愿者服务、基层党建方面的经验,强调要广泛动员更多的志愿者和社会爱心力量,参与到为残疾人服务的事业中来。

4月22日,北京市残联第六届主席团第二次全体会议召开。会议听取和审议通过了市残联执行理事会2013年度工作报告,审议通过了调整、增补主席团主席、副主席、委员和执行理事会副理事长的决议。副市长、主席团主席戴均良同志出席会议并讲话。

4月28日,为逐步实现"减少残疾人青壮年文盲"的目标,市残联制定下发了《北京市扫除残疾人青壮年文盲工作方案》。方案参照《扫除文盲工作条例》(国发〔1988〕8号)确定个人脱盲标准为"农民识1500个汉字,城镇居民识2000个汉字";时间2014—2015年,为期两年;对象以15—50周岁残疾人青壮年文盲为重点;经费由市残联按各区县有意愿参加扫盲的残疾人青壮年文盲人数以每人1000元的标准拨付,郊区县另增加2.5万元。

4月,为了进一步稳定和促进残疾人就业,市残联会同市民政工业总公司,开展"残疾人职业重建扶持项目",先后为北京市大宝日用化学制品厂、北京市红叶齿科医用器材厂、北京市亚美日化厂、北京京海纸制品有限公司等7家福利企业的194名残疾人进行了个性化的辅助器具评估,共适配辅具207件,价值150余万元。

5月,市残联、市规划委出台了《北京市无障碍环境建设监督工作意见》,旨在通过对无障碍环境建设的监督,及时发现存在的问题与不足,提出改进意见与建议,消除环境障碍、方便广大残疾人、老年人出行。《意见》进一步完善了市、区(县)、街道(乡镇)、居委会(村)四级监督队伍,明确了职责和监督内容,规范了监督的形式和程序,开通了网上监督平台,设置了专用监督电话和传真,进一步畅通了监督渠道。

5月9日,市政府残疾人工作委员会2014年全体委员会议召开。会议回顾了2013年市残工委的工作,部署安排了2014年工作。市民政局、市教委、市人力社保局和市卫生计生委等市残工委副主任单位先后发言。会议原则通过了《北京市人民政府残疾人工作委员会议事协调规则》和《北京市人民政府残疾人工作委员会成员单位职责分工》。副市长、市政府残工委主任戴均良出席会议并讲话。

5月14日,脊髓损伤残疾人护理用品配发工作动员部署会召开。会议通报了《北京市脊髓损伤残疾人一次性护理用品配发暂行办法》和《脊髓损伤残疾人一次性护理用品配发工作实施方案》。自7月1日起,全市2000多名"两便失禁"的脊髓损伤残疾人可免费申领一次性卫生护理用品。

5月14日，为方便听障残疾人入住酒店，市残联、市旅游委下发了《关于为全市星级饭店安装闪光门铃的通知》，市辅具中心按照每家星级酒店配发3套闪光门铃的标准，为全市377家一、二、三星级饭店和195家四、五星级饭店安装闪光门铃，总共安装1716套。

5月15日，京津冀残疾人就业服务协作区合作协议签约仪式在中央电视台梅地亚中心举行。签约仪式由天津市残联理事长赵洪莉主持。仪式上，北京市残联理事长吴文彦致辞，河北省残联副理事长郭彦介绍了京津冀残疾人就业服务协作区基本情况，三省市代表正式签署合作协议。

5月16日，市残联全面启动购买助残服务工作。2014年北京市残联投入1334万元购买66项残疾人服务，项目内容涵盖了康复技术服务、残疾人就学、融合活动、精神残疾人托养、盲人与聋人导医服务、无障碍服务、就业岗位实践、就业跟踪与指导服务、志愿助残服务和心理咨询服务类等内容。

5月18日，第二十四次"全国助残日——爱助梦想"主题活动在丰台区举行。中国残联党组书记、理事长鲁勇与残疾人朋友共庆节日，参与了残疾人技能展示展区、模拟法庭、慈善拍卖等活动。

5月18日，"爱助梦想"慈善竞拍会在花神街喜庆文化创意园区热带雨林酒店举行。中国残联党组书记、理事长鲁勇参观竞拍会。参与竞拍的有15幅孤独症儿童作品，还有名人名家助拍书画作品及爱心人士捐赠的藏书、藏品。竞拍会所筹善款共计49.47万元，全部作为首都残疾儿童教育基金。爱助梦想慈善竞拍会是残疾人募捐工作的一次全新尝试，为有特殊艺术天赋的残疾儿童搭建了一个展示艺术才华的平台，也为社会爱心企业和爱心人士提供了又一个扶残助残的有效途径。

5月18日，中国残联副主席吕世明、副市长戴均良、市委副秘书长王翔及相关领导观看了由北京市残疾人联合会主办、北京人艺创编完成的以"残健共融"为主题的原创话剧《假如给我三天光明——借光》。话剧得到了各级领导的充分认可和高度评价。4月29日—5月18日，此话剧在中华世纪坛剧场进行了首轮22场次演出，反响强烈，深受好评。

5月18日，第二十四次全国助残日当天，由中国残疾人福利基金会、北京市残疾人福利基金会和西城区政府共同主办的"集善工程·第二十四次全国助残日主题活动"在北京西单文化广场举行。中国残联常务副理事长孙先德、中国残疾人福利基金会理事长汤小泉、市政府副秘书长戴卫等领导出席。仪式上，多家爱心企业进行爱心捐赠，与会领导向企业代表颁发了捐赠证书。

5月23日，市残疾人就业服务中心与市动物疫病防治中心、市农学院共同召开科技扶贫座谈会，对2014年扶贫助残基地科技服务及"一对一"入户指导工作进行部署与研讨。市农学院、市动物疫病防治中心有关领导，市就业服务中心扶贫工作人员及10余位科研院所专家学者代表出席座谈。北京市共有116家扶贫助残基地接受了科技扶贫指导。

5月27日，中国残联副理事长程凯率队，就北京市残疾人大学生就业和残疾人网络创业工作进行专题调研。调研活动包括：考察东城区残疾人圆梦服务中心和西城区生命阳光心理健康中心；召开两场专题座谈会，听取市残联汇报，与残疾人大学生和基层残疾人就业工作者交流；到东城区朝阳门街道网络创业孵化基地和"创业梦工厂"调研。

5月28日，北京市残疾人"爱立方"品牌首次亮相京交会展区，吸引了大量企业与个人驻足。此次参展着重以图片和宣传片方式介绍北京市职康项目的发展、社会政策的保障以及"爱立方"品牌发展的规划与思路，吸引企业加盟合作，共促残疾人事业发展。展区内陈列了软陶、桃木雕刻、核桃制品、景泰蓝雕刻、布糊画、陶瓷、老北京文化微缩等七大类近百件残疾人手工艺品，向社会各界展示了残疾人自强不息、心灵手巧的精神风貌。

5月28日，北京市残疾人法律救助工作研讨会召开，市高级人民法院、人民检察院、公安局、司法局、民政局、人力社保局、教委、卫计委、总工会等市残疾人法律救助协调领导小组成员单位负责人共30人参加了会议。会上通报了2013—2014年北京市残疾人法律救助工作开展情况。各成员单位负责人介绍了本单位开展残疾人法律救助的重点工作。与会人员还就今后如何更好地为残疾人提供手语翻译、大字体裁判文书、涉及残疾人的案件快立快审快结等无障碍服务进行了研讨。

5月29日，由来自中国残联、最高法院、最高检察院、公安部、司法部的一行5人组成的调研组到北京市调研残疾人法律救助工作，与北京市人民检察院、公安局、司法局、残联负责人及维权助残律师代表共20人进行座谈、交流。

5月29日，为进一步加大残疾人大学生就业帮扶力度，帮助他们在毕业前更好地完成就业准备，市残联、市教委和市人力社保局决定联合实施《残疾人大学生就业助力计划》。《计划》要求按照重点保障和特殊扶助的原则，进一步将公共就业服务资源引入校园，面向残疾人大学生提供更有针对性的就业帮扶，逐步建立政府、学校、用人单位和社会联动，共同支持残疾人大学生就业机制。《计划》规定了实施范围和四项服务措施：一是制定职业生涯规划，二是搭建实习对接平台，三是组织团体交流活动，四是举办专场招聘洽谈。

5月30日，为了帮助智力残疾人提高生活品质、促进智力发育、满足休闲娱乐辅具需求，市残联下发了《关于组织实施智力残疾人益智类和休闲娱乐类辅具包项目的通知》。《通知》明确了发放对象和发放标准。

5月，市残联、市规划委组织各区县在全市范围内陆续开展以中小型商场和宾馆、饭店为重点的无障碍环境体验活动。东城、西城、朝阳、海淀、丰台、大兴、通州、昌平、平谷、怀柔等区县残联、旅游、商务、街道乡镇等部门分别组织548名肢体残疾人、108名视力残疾人、49名智力残疾人、10名听力残疾人到252个中小型商场和宾馆、饭店等地对现有无障碍设施进行实地体验活动。体验活动有效地推动了北京市中小型商场和宾馆、饭店的无障碍环境建设水平。

6月5日，在第十九个全国"爱眼日"前夕，北京市举办了盲人生活安全辅具包发放仪式，为近2万名京籍盲人配发生活安全辅具包（含防溢报警器、万能语音遥控器、语音体温计和计量油壶4类5件产品），总价值500余万元。

图6-1-3 盲人生活安全辅具包发放仪式。

6月16日，为适应新时期北京市残疾人体育事业发展需要，加强残疾人运动员注册与交流的规范化管理，保证全市残疾人竞赛工作质量和竞赛秩序，促进运动人才资源合理配置，加强运动员队伍管理，推动残疾人体育事业发展，市残联修订完善了《北京市残疾人运动员注册与交流管理办法（试行）》。此办法共七章三十一条，就注册、交流、参加比赛、处罚、裁决等相关事项做了明确规定和详细说明。

6月17日，北京残疾人射击队队员林海燕在全国残疾人射击锦标赛女子SH1级10米气手枪40发项目上夺得金牌，在混合组SH1级自选手枪60发项目上获得铜牌，被评为"体育道德风尚奖"先进个人。北京队被评为"体育道德风尚奖"先进集体。

6月24日，"光明向导——视力残疾人就医引导服务项目"启动仪式举行。为使北京市视力残疾人就医更加便捷，市残联通过招投标方式向社会组织定向购买了65万元的视力残疾人就医引导服务（每服务一人次150元），自7月1日起至年底为北京市视力残疾人到三级以上医院就医时提供5000次就医引导服务。

6月26日，"沟通的桥梁——听力残疾人就医引导服务项目"启动仪式举行。为方便听力残疾人就医，市残联通过招投标方式向社会组织定向购买了总价值70万元的听力残疾人就医引导服务（每服务一人次200元），自7月1日起至年底由社会组织招募具备手语交流技能的志愿服务人员为北京市听力残疾人到三级以上医院就医时提供3500次就医引导服务。

6月28日，由中国人民大学残疾人事业发展研究院、北京市残疾人联合会联合主办的"残障与发展论坛（2014）"在中国人民大学举行。国务院扶贫办副主任郑文凯，中国残联党组书记、理事长鲁勇，副理事长程凯出席会议并讲话。市残联理事长吴文彦做主旨发言。在"残疾人同步小康"、"农村残疾人扶贫"、"残疾人事业发展"三个分论坛上，20多个单位的36名专家学者和残疾人组织负责人做了学术报告。

6月29日，首届京津冀残疾人就业（创业）洽谈会在石家庄成功举办。会议标志着京津冀协同推进残疾人就业迈出了实质步伐。全国人大常委、中国残联副主席王乃坤，中国残联副理事长程凯，河北省省长助理、省残联主席尹亚力以及全国妇联的相关负责同志到招聘会现场进行了指导。市残联理事长吴文彦、副巡视员李树华到招聘会现场与北京企业亲切交流、了解情况，并出席了京津冀残疾人就业研讨会。

7月1日，《北京市残疾人就业条例》立法工作会召开。市残联汇报了北京市残疾人就业立法的背景意义和需要解决的问题，并通报了国家对残疾人就业立法的要求和各省市进展情况。与会人员就改善北京市残疾人就业现状、缩小残疾人就业与整体社会发展的差距、推动残疾人就业条例立法工作做了探讨。

7月19日，"亮心工程——残疾人亲友心理服务项目"启动。中国精神残疾人及亲友协会副主席郑毅、北京市智力残疾人及亲友协会主席汤晓霞和残疾人家属代表100余人出席了活动。"亮心工程"是市残联向社会购买的助残服务项目，旨在通过开展心理疏导、咨询、培训讲座等方式，为以智力、精神残疾人亲友为主的2000名残疾人亲友提供专业心理服务。

7月22—25日，经国务院领导批准，由中国残联教就部、扶贫办领导，天津市残联牵头，上海市残联协同组成的督导组到京督查《农村残疾人扶贫开发纲要》执行情况。督导组到延庆县、平谷区两个涉农区县，听取了工作汇报；实地考察了延庆县四个乡镇的扶贫助残基地与温馨家园；与基层残疾人及其家属座谈，并走进残疾人家中了解他们的生活生产情况。

7月29—31日,市第七届残疾人职业技能竞赛(决赛)圆满落幕。副市长戴均良、中国残联副理事长程凯出席了竞赛(决赛)开幕式,并到竞赛现场进行观摩指导。共有4453人(次)参加了26个职业(工种)比赛,经过初赛、复赛、决赛的激烈角逐,233名选手取得了国家职业资格证书,130余名优秀选手获得市残联免费培训奖励。

8月4日,第四届残疾人健身周暨2014年尚体关爱融合健身活动启动仪式举办。此次活动被中国残联作为本届健身周活动的全国示范样板,面向全社会进行宣传推广。中国残联副理事长王梅梅和市残联、市体育局的相关领导参加了启动仪式。仪式上,尚体公司向市残联赠送了价值20余万元的健身器材;颁发了《残疾人科学运动健身知识问答》手册;各区县19个残疾人优秀群众体育项目做了展示表演。

8月20日,由市直机关工委主办的2014年市直系统"最美北京人"优秀基层宣讲团集中展示活动在首发大厦举办。来自市直系统的市水务局、市残联、市红十字会、市交通委、市公园管理中心、市气象局、市财政局、市民委和市直公务员宣讲团等9个宣讲团成员参加了宣讲比赛活动。市残联宣讲团在比赛中表现突出,取得了第一名的优异成绩。

8月22日,市委书记郭金龙,市委副书记、市长王安顺等市领导在市委机关亲切接见北京市受全国表彰的自强模范暨助残先进集体和个人代表。随后,副市长戴均良主持召开了北京市第五次全国自强模范暨助残先进集体和个人代表座谈会。市残联理事长吴文彦汇报了北京市自强与助残活动开展情况。

9月4日,在第三十个教师节到来之际,中国残联、教育部和交通银行共同在京隆重举办2014年度"交通银行特教园丁奖"表彰活动。北京市推选的北京联合大学特殊教育学院许家成、昌平区城关小学邵红英、密云县聋人学校王彦晶、燕山羊耳峪小学段洪刚、顺义特殊教育学校王向辉、朝阳安华学校龙建友等6名特教教师荣获"交通银行特教园丁奖"。

9月5日,市委组织部一行五人到市残联调研残疾人社会组织党建工作。市残联残疾人社会组织党建工作委员会负责同志详细汇报了2012—2014年残疾人社会组织党建工作情况,介绍了市残联以党建作为"第一要务"在引领残疾人社会组织发展的经验与做法。随后,双方就如何发挥社会组织中党员先锋模范作用、发挥社会组织党组织战斗堡垒作用以及社会组织党建工作机制创新等方面进行了深入探讨。

9月15日,市残疾人社会保障和就业服务中心揭牌。根据市编办《关于同意调整市残联所属部分事业单位机构编制的函》,市残疾人就业服务中心更名为市残疾人社会保障和就业服务中心。北京市残疾人社会保障和就业服务中心举行全体人员大会,传达了市残联党组对中心科室设置、职责、人员安排的批复精神,介绍了调整后中心的主要工作职责。

9月15日,市残联下发了《关于进一步加强和创新全市残联系统信访工作的意见》,全面规范了信访工作。《意见》着力从源头上预防和减少信访问题的发生,畅通、规范残疾人反映诉求和解决问题的渠道,全面加强基层基础工作,为着力解决信访问题做了17项具体的规定;创新了信访工作管理机制,建立了北京市残疾人信访网上办公系统,实现残疾人信访办理过程和结果可查询、可跟踪、可监督、可评价的公开透明的诉求表达和办理方式;建立了远程服务平台,以维权中心为终端辐射全市16个区县和42个温馨家园法律服务站的远程视频系统,远程服务平台为残疾人提供一对一的政策、法律咨询服务。

9月17日,新组建的市盲人按摩指导中心举行了揭牌仪式。根据市编办《关于同意调整市残联所属部分事业单位机构编制的函》,按摩中心在原机构基础上加挂市盲人服务中心的牌子,增加了盲人职业技能培训、就业服务、生活和学习技能训练的职能。

9月24日,市残疾人社会服务指导中心挂牌仪式举行。仪式上宣布了市编办《关于同意调整市残联所属部分事业单位机构编制的函》、市残联党组《关于北京市残疾人社会服务指导中心"三定"方案的批复》和市残疾人社会服务指导中心的主要工作职责。

9月26日,市第九届残疾人运动会举行,16个区县及燕山地区的1200名残疾人运动员参加了比赛。中国残联副理事长王梅梅出席开幕式并讲话,市政府副秘书长戴卫宣布运动会开幕,市残联理事长吴文彦致辞。开幕式上,由残疾人和健全人共同组成的太平鼓、柔力球和太极扇等三支队伍进行了群体健身成果展示。

9月24—26日,京津冀残联专门协会工作交流会在京召开,中国残联副主席吕世明出席开幕式并讲话。

图6-1-4 京津冀残联专门协会工作交流会现场。

三地残联签署了《京津冀三地残联专门协会协同发展公约》。三地各专门协会主席、副主席，三地残联理事会领导、部门负责人等130人参加会议。交流会以专家授课、论文宣读、大会发言、座谈交流四种方式进行。会议共收论文65篇，就9篇获奖论文进行了现场交流。

9月28日，中国残联副主席吕世明率队调研北京市无障碍环境建设。市残联汇报了北京市近期无障碍环境建设情况。吕世明在讲话中对北京市无障碍环境建设和成立无障碍环境建设促进中心给予了充分肯定。他强调，要以建设首善之区的高度，大力加强无障碍环境建设，充分发挥无障碍环境促进中心的作用，在队伍建设、理论研究、科技研发等方面加大力度，为实现残疾人平等、参与、共享营造更好的社会环境。

10月15日，为庆祝第三十一个国际盲人节，北京市残联、中国盲人协会、中国少先队事业发展中心、中国古城镇保护发展委员会、北京东方紫歌文化传媒有限公司和北京绿赢伟业投资有限公司联合举办了以关爱盲童为主题的"点亮心灯，放飞梦想"大型音乐会。来自北京市盲人学校的50多名盲童和首都200多名盲人一起，在社会爱心人士的陪伴下聆听了这场独具特色的地理音乐会。上百名知名书画家为盲童捐赠了150多幅书画作品，宾果公司捐赠了30副最新款耳机，主办方领导向他们颁发了荣誉证书。

10月17日，APEC会议残疾人主题活动指挥部进行了全方位全流程桌面推演，就安全保障、抵离服务、周边环境、通信保障、饮食安全、卫生防疫等内容进行了全面推演，与中国残联各服务保障组进行了有效对接。中国残联党组书记、理事长鲁勇，市政府副秘书长戴卫，市残联理事长吴文彦和APEC北京市筹备办，市政府办公厅，市公安局，市旅游委，市交通委等指挥部37个成员单位负责同志出席了会议。

10月18日，市残联在大兴区京安职康站举行了残疾人职康就业工程"助残帮扶"活动启动仪式。40位来自不同行业的企业家、社会爱心人士为残疾人捐款捐物、提供职康项目和就业岗位，定项捐赠现金12万元及价值13万元的服装和书法作品，并提供职康劳动项目5个，就业岗位150个。10家企业分别与市残联和大兴区残联签署了合作意向书，今后五年将为全市100家职康站免费培训残疾人就业技能4000人，提供就业岗位400个，资助现金50万。

10月20日，吴文彦理事长参加了市经信委组织的"北京通"密钥生成启动仪式。"残疾人服务一卡通"作为"北京通"的一个重要组成部分，经历了反复论证，充分准备。伴随着"北京通"密钥的生成，"残疾人服务一卡通"即将制发并推广。

10月23日，APEC会议残疾人主题活动驻地服务保障指挥部进行了第二次全流程桌面推演及场地现场检查，听取了服务保障工作全流程实施方案汇报，参会人员模拟进行了转场演练，实地察看了北京会议中心8号楼场地布局、无障碍改造和人员流线等有关筹备工作情况，现场检查了中国聋儿康复研究中心、中国残疾人体育运动管理中心的服务保障工作情况。北京市副市长戴均良、中国残联副主席王乃坤、北京市政府副秘书长戴卫等有关领导参加了活动。

10月24日，部分市政协委员在市规划委、市残联、市交通委路政局等单位有关人员陪同下，到万寿路地铁站附近路段，察看长安街西段大修工程中无障碍环境建设情况。视察后召开了座谈会，市规划委、市残联、市交通委的领导分别汇报了北京市无障碍环境建设情况，市政协委员围绕推进无障碍环境建设，更好地满足残疾人、老年人、妇女、儿童对无障碍环境建设的需求提出意见建议。

10月27—29日，市残联参展中国国际福祉博览会，展区以"北京辅具、北京研发"为主题，采取实物静态展示和互动体验相结合的方式，集中展示了近年来合作攻关研发和群众创意发明的成果。博览会共接待观众上万人次，发放辅助器具、服务指南等宣传资料万余份。中国残联副理事长程凯、贾勇，市政府副秘书长戴卫先后到北京残联展区视察参观。

10月30日，市政府残工委专门召开联席会议，总结和部署专项调查工作。副市长戴均良出席会议并讲话。市统计局、市教委、市民政局、市人力社保局、市卫生计生委、市发展改革委、市财政局、市经济和信息化委、市公安局、市残联等市专项调查联席会议成员，各区县政府残工委主任、残联理事长，市专项调查办公室人员列席会议。会议听取了市残联理事长吴文彦关于本市专项调查准备工作情况和下一步工作安排的报告，市专项调查联席会议成员、区（县）政府主管领导紧密联系本部门、本地区实际讨论发言，市政府残工委与区（县）政府残工委签订了专项调查工作目标责任书。

10月，《北京市残疾人联合会年鉴（2012年）》在北京市地方编纂委员会办公室、北京地方学会年鉴工作委员会组织的"北京市首届年鉴综合质量评比"中获得一等奖。

11月7日，第二届亚洲微电影艺术节"金海棠奖"颁奖典礼在云南省临沧市体育运动中心隆重举行，由北京市残联选送的作品《不止天使有翅膀》荣获最佳作品奖。此届艺术节参评作品2237部，评出获奖作品175部、最佳作品奖20个。

11月8日，APEC会议残疾人主题活动实施工作动员部署会召开。中国残联党组书记、理事长鲁勇，北京市副市长戴均良出席会议并讲话。会后，戴均良副市长到现场查看残疾人才艺展示、主题会议、文艺演出、医疗救护等活动的准备情况,并观看医疗救护应急演练。

11月10日,亚太经合组织第二十二次领导人会议周残疾人主题活动在北京会议中心举行,残疾人才艺展示项目成为此次残疾人主题活动的一大亮点。国家主席夫人彭丽媛陪同出席APEC会议的部分领导人夫人参观了残疾人才艺展示。残疾人高超的技能和一件件精美的作品赢得了贵宾们的高度赞扬。彭丽媛在中国残联主席张海迪的陪同下,每到一个展位,都向贵宾们介绍展示人员和展示项目情况,并通过手语等方式与展示人员亲切交谈和互动。当看到失去双臂的北京姑娘夏红用双脚灵活地剪出一张张大红福字和充满爱的和平鸽时,贵宾们用热烈的掌声给予了充分肯定和赞扬,并纷纷拿起剪刀向夏红学起了剪纸。

图6-1-5 彭丽媛陪同出席APEC会议的部分领导人夫人参观残疾人才艺展示。

11月28日,全国残联信息化工作会暨残疾人信息化服务北京现场会在京召开,同时正式启动智能化残疾人证北京发放工作。副市长戴均良致辞并介绍了北京市残疾人信息化工作情况。会上发放的智能化残疾人证是全国第一张智能化残疾人证,也是北京通的第一张卡,对中国残联智能化残疾人证和"北京通"来说都具有里程碑式的意义。

12月11日,全国政协社会和法制委员会、中国残联就北京市残疾人专项补贴制度落实情况进行调研。全国政协委员卢中原、王宇、温建民,中国残联副主席吕世明等一行11人,深入农村和城市两个残疾人家庭,与残疾人及其亲属进行了亲切交谈,详细了解残疾人基本生活状况和残疾人专项补贴制度建立和运行情况,并就残疾人养老、救助、残疾人社会保障等问题进行了重点交流。

12月29日,市残联为配合市民政局做好2015年1月1日在全市启用养老助残卡工作,结合北京市残疾人使用"残疾人服务一卡通"(即新一代残疾人证)工作,制定下发了《残联系统养老助残券变卡(残疾人服务一卡通)工作方案》。《方案》明确了发放对象及标准,即原享受养老助残券的残疾人(具有本市户籍,持有第二或第三代残疾人证,年满16至59周岁无工作的重度残疾人和年满60至79周岁的重度残疾人),按照每人每月100元的标准,通过"一卡通"发放,使用范围即持有"一卡通"的残疾人可在养老助残服务体系范围内使用。北京银行指定的商业网点也支持"一卡通"的使用。

12月30—31日,全市区县残疾人工作总结座谈会召开。会议传达了市委全会、中国残联主席团会和全国残联工作会议精神,听取了市残联相关部室、各区县残联工作汇报。会上,市残联各位主管领导先后对业务工作进行了点评和安排,市残联理事长吴文彦、党组书记马大军出席会议并先后讲话,部署2015年工作思路和重点工作及元旦春节期间工作。

(王铁成供稿)

天津市残疾人事业和残疾人工作

一、领导讲话与批示

副市长、市政府残疾人工作委员会主任、市残联主席团主席曹小红在天津市残联第六届主席团第二次全体会议上的讲话摘要

2014年3月6日

一、切实把残疾人工作融入全面深化改革进程

一要组织和带领全市各级残联干部、残疾人工作者和残疾人正确认识、坚决执行全面深化改革的各项政策和措施，确保政令畅通，确保市委、市政府的决策部署不折不扣地得到贯彻落实。

二要结合本区县、本工作领域实际，发挥优势，深掘潜力，扎实工作，千方百计改善残疾人生活状况，千方百计增进残疾人福祉，千方百计为残疾人解决实际困难和急难问题，千方百计为残疾人做好服务工作，确保残疾人物质和文化生活状况进一步改善，让广大残疾人满意。

三要深入细致地做好残疾人思想工作，理顺情绪，化解矛盾，及时回应残疾人的新期待，切实维护残疾人合法权益，正确引导舆论导向，做好突发事件应急预案，促进社会和谐稳定，为全面深化改革、建设美丽天津创造良好社会环境。

二、紧紧围绕残疾人事业发展的重点任务做好各项工作

当前和今后一个时期，天津市残疾人事业发展的重点任务有两项：一是加快健全残疾人社会保障体系和服务体系，把残疾人保障的底兜牢，把残疾人服务工作做好；二是显著缩小残疾人生活水平与社会平均水平的差距，努力实现残疾人与全市人民同步小康。这两项任务光荣而艰巨、重大而紧迫，是我们各项工作的着力点。请大家一定要紧紧围绕这两个重点任务，开阔思路，认真谋划，采取切实有效措施，破解工作中难点问题，把各项工作做好做实。

为此，我们要从三个方面做出不懈努力：一是进一步完善和全面落实惠及残疾人的法规政策，确保每一位符合条件的残疾人享受到相应的惠残政策。二是各级残联要加强协调推动，确保完成"十二五"期间残疾人事业发展的各项目标任务，特别是残疾人培训见习基地建设、残疾儿童康复救助、重度残疾人护理补贴等新项目要全面完成，在保证质量的前提下，做到不欠项、不拖延。三是各级残联要改进工作作风，转变工作方式，最大限度发挥主观能动性，出新招、用实招，在健全残疾人社会保障和服务体系、提高残疾人生活水平、实现残疾人同步小康上下功夫、见实效。

三、团结带领广大残疾人和残疾人工作者为建设美丽天津做出新的贡献

第一，各位委员要充分发挥在党和政府联系残疾人方面的桥梁纽带作用，做好信息交流、渠道疏通、综合协调、决策落实等各项工作，并积极主动争取各部门、各有关单位对残疾人工作的指导和支持，扩大经费投入渠道，为残疾人事业发展提供体制机制保障和稳定增长的经费保障。

第二，要充分发挥各专门协会"代表、联系、团结、服务、维权"的作用，及时反映各类残疾人的需求和意见，精心组织好各项残疾人服务工作和扶残惠残活动，引导激励广大残疾人发扬自尊、自信、自强、自立精神，在改变自身生活状况的同时，为建设美丽天津贡献智慧和力量。

第三，各位委员要充分发挥自身特殊优势，进一步深入基层、深入残疾人，开展好调研服务，促进各项惠残政策的落实，指导帮助基层残疾人工作者为残疾人解决实际困难。

第四，各位委员和各级残疾人组织要积极联系、动员、协调社会各界、爱心人士和志愿者通过多种形式关心扶助残疾人，充分调动各方面的积极性，利用各方面资源为残疾人服务，努力营造人人关心扶助残疾人、人人支持残疾人事业发展的良好社会氛围。

第六编 地方残疾人事业和残疾人工作
REGIONAL UNDERTAKING AND WORK FOR DISABLED PERSONS

市残联主席团副主席、市残联党组书记、理事长赵洪莉在全市残联工作会议上的讲话摘要

2014年3月6日

一、要真讲政治

一是要做到全局在胸、宏观在握。深刻领会建设美丽天津是包括残疾人在内全市人民的现实要求。

二是要做到准确定位、站稳立场。只有把残疾人事业发展同整个经济社会发展紧密联系在一起，把残疾人群体利益和人民群众根本利益紧密联系在一起，我们才能得到社会各方面的有力支持。

三是要做到围绕大局、发挥作用。构建稳定可靠的残疾人民生保障安全网，真正把生活困难残疾人的底兜住，完善各项保障制度，建立健全长效机制，推动残疾人与全市人民同步小康，是当前天津市各级残联组织的首要政治任务，也可以说是残联组织的最大政治，也是我们残联组织围绕党和国家工作大局发挥作用的具体体现。

二、要争取领导

我们要取得党政领导的重视和支持，使残疾人工作在领导头脑里挂上号、摆上位。首先我们自己对残疾人怀有真感情，对残疾人事业充满热情、激情和痴情，以积极主动的态度、认真负责的精神、持之以恒的努力，尽心竭力帮助他们排生产之忧、济生活之困、解发展之难。二是做到对当前残疾人状况和针对残疾人的工作状况底数清、情况明，对需要领导帮助解决的问题了如指掌，提供的解决方案切实可行，让领导在决策时好下决心。三是动脑筋寻找和抓住机会。

三、要用足政策

残联组织是人民团体，同时肩负着履行残工委办公室职责的重任。这是我们推动工作的巨大优势，也是我们推动工作强有力的一只手。要用好各级残工委及其办公室这个机制，强化统筹安排和督导检查职能，推动党委、政府部门在残疾人工作中的职责落实和切实履行到位。

四、要典型引路

一是要在残疾人工作的各个领域树立和培养先进典型。二是要在残疾人工作者当中树立和培养先进典型。三是要在广大残疾人中树立和培养先进典型。

五、要夯实基础

全国残联工作会议部署了开展"基础管理建设年"活动，明确提出完成六大任务、实现五大目标。

六、要建好队伍

按照"老人老办法，新人新政策"的原则，通过笔试、面试、考查、体检、公示、聘用等程序，面向社会公开招聘残疾人专职委员，逐步建立准入、考核、保障、激励、培训、退出等机制。

市委常委、政法委书记散襄军在第二十四次全国助残日暨夏季送凉爽活动启动仪式上的讲话摘要

2014年5月18日

市政法委，全市政法各个单位，要在保护维护残疾人合法权益方面，为全市带一个好头，所以天津政法系统"关爱残疾人、奉献大爱心"活动持续了几年。市政法委要求全市政法单位，不仅要从自己个人的工资中，每年拿出一部分奉献我们的爱心，还要在社会实践中主动积极地维护残疾人的合法权益。我们一定要形成推动残疾人事业发展的合力，各级党委政府要把残疾人事业纳入经济社会发展总体规划和相关专项规划、年度计划。

在残疾人康复、教育、就业、社会保障、文化生活、维护权益等方面制定辅助保障措施，为残疾人实现自身价值和梦想提供机会、平台。各级政府、残工委要发挥综合协调职能，统筹协调各项政策制定与实施工作，工会、共青团、妇联等人民团体要发挥自己的优势，大力支持残疾人工作，基层组织要做好各项残疾人工作的落实，认真为残疾人排忧解难。各残工委成员单位要各负其责、密切配合，不断提高为残疾人提供社会保障、公共服务的能力，形成分工负责、共同促进的工作局面。

我们一定要充分发挥广大残疾人的主体作用，在座的残疾人朋友和全市残疾人中蕴含着巨大的潜能和创作力，是建设中国特色社会主义的重要力量。实现中国梦和美丽天津的伟大实践，都为我们残疾人提供了更加广阔的发展空间和追求进步的不竭动力。残疾人朋友只有把自己的人生梦想与国家发展、社会进步结合起来，才能更好地融入社会，真正成为时代和生活的强者。衷心希望广大残疾人朋友们，保持和发扬自尊、自信、自强、自立的精神，乐观进取、奋发向上，充分挖掘自身的潜能，勇当自主创业的标兵、脱贫致富的能手和行业的状元，以自身的业绩为建设美丽天津、实现中国梦注入正能量，谱写更加精彩的人生华章。

我们一定要动员全社会的力量积极参与，充分调动各方面的力量，构建良好的社会基础。天津全社会各界都要真心、真诚地理解残疾人，突出尊重残疾人，热情关心残疾人，倾力帮助残疾人。要发挥重视市场机制的作用，加强对助残社会组织的培育、引导，对那些热情、关怀、助残的社会组织要给予大力的支持、表彰、倡导，社会各界关心并为残疾人生活、工作、学习提供服务，做出捐赠和奉献的各界人士的爱心，要让全社会

知晓，让我们天津的爱心助残人士、爱心助残企业、爱心助残单位所弘扬的高尚精神成为整个天津社会风尚的具体体现，市委市政府、各级组织都要把助残捐赠、助残奉献爱心作为工作的重要组成部分。

我们一定要不断提高各级残联组织的服务能力和水平，各级残联要牢牢把握中央、市委关于发展残疾人事业的新要求，主动适应广大残疾人过上幸福美好生活的新期待，要坚持党的行政路线，深入转变工作作风，创新工作方式，完善工作机制，以作风建设的新成效凝聚起推动事业发展的强大力量，为残疾人事业持续健康发展提供坚强的组织保障。

市委常委、政法委书记散襄军在市残联《关于参加全国残疾人基本服务状况和需求专项调查工作会议的情况报告》上的批示

2014年7月3日

认真贯彻，抓好落实。

副市长、市政府残工委主任、市残联主席曹小红在市残联《关于参加全国残疾人基本服务状况和需求专项调查工作会议的情况报告》上的批示

2014年7月4日

残疾人基本服务状况和需求专项调查意义重大、任务繁重。请市政府残工委有关成员单位务必高度重视，特别是统计、民政、财政等部门，要从调查设计、统计分析、组织基层人员参与、资金保障等方面予以支持与指导。

二、政策法规文件

关于印发《天津市2014年20项民心工程》的通知

津党发〔2014〕1号

5. 保障困难群众生活

对已经纳入城乡最低生活保障、特困救助人员中的重度残疾人员、单亲家庭成员、失独家庭成员、农村五保供养人员和城市"三无"人员患病住院治疗（含门诊特定病种）发生的医疗费用，由按照居民医疗保障低档参保报销改为高档参保报销。对纳入天津市最低生活保障和特困救助的60周岁以下重度（一、二级）残疾人，通过按每人每月100元给予补贴方式提供护理服务，1万名以上残疾人受益。落实价补联动机制，保障困难群众基本生活。

天津市人民政府关于印发《天津市城乡居民基本养老保险实施办法》的通知

津政发〔2014〕19号

第九条 对持有中华人民共和国残疾人证、符合城乡居民养老保险参保条件的自愿参保残疾人，按照个人缴费900元标准，政府为其代缴全部或者部分养老保险费。其中：对享受城乡最低生活保障待遇的重度残疾人，为其代缴全部养老保险费；对未享受最低生活保障待遇的重度残疾人和享受最低生活保障待遇的非重度残疾人，为其代缴50%养老保险费。

天津市人民政府办公厅关于转发市交通港口局拟定的《天津市残疾人免费乘坐公共汽车实施办法》的通知

津政办发〔2014〕43号

第二条 本市残疾人免费乘坐全程票价2元以下（含2元）线路的公共汽车。

第三条 具有本市户籍并持有第二代中华人民共和国残疾人证的残疾人，可申请办理残疾人免费乘车卡，持卡免费乘坐公共汽车。

第四条 申请办理残疾人免费乘车卡的残疾人，须携带本人居民身份证、户口簿、残疾人证原件及复印件，由本人（或监护人）到户籍所在地残联申请登记。

第五条 本市65周岁以上残疾人凭原免费乘车证乘车，不再办理残疾人免费乘车卡。

第六条 残疾人免费乘车卡损坏或丢失的，持户籍所在地残联开具的证明办理更换或补卡手续，并交纳工本费。残疾人免费乘车卡存在质量问题的，免费更换。

第七条 残疾人免费乘车卡仅限持卡人本人使用。司乘人员有权拒绝人证不符者免费乘车。

第八条 市残联在每年9月30日前将新增残疾人基础信息提供给市交通运输主管部门，12月31日前完成新卡发放工作。

第九条 适时启动残疾人免费乘车卡年检工作。

第十条 无行为能力的残疾人和乘坐轮椅的残疾人，必须在有行为能力的人员陪同下乘车，陪同人员（享受免费乘车政策的人员除外）应购票乘车。残疾人按标准随身携带的辅助器具免费。

第十一条 市交通运输主管部门负责组织制作和核发残疾人免费乘车卡。

第十二条 市残联负责组织区县残联审核残疾人办卡资格和发放工作。

第十三条 财政部门负责保障残疾人免费乘坐公共汽车发生的相关费用。

第十四条 本办法自2014年5月1日起施行，有

效期5年。

天津市人民政府办公厅关于转发市教委拟定的《天津市特殊教育提升计划实施方案》的通知

津政办发〔2014〕100号

二、工作目标

（一）总体目标

坚持"三个纳入"、"两个同步"的工作方针，即：把特殊教育事业发展纳入区县经济社会发展规划，纳入实施高水平、高质量基础教育发展规划，纳入残疾人事业系统工程；确保特殊教育事业与当地经济发展和社会进步同步发展，与基础教育事业同步发展。到2016年底，全面推进全纳教育，促进特殊教育向学前教育、高中教育两头延伸，提高残疾儿童少年义务教育普及水平，实施特殊教育资源教室建设，完善特殊教育经费保障机制，加强特殊教育师资队伍建设。

（二）重点任务

1. 提高普及水平。全面落实实名登记未入学适龄残疾儿童少年的入学工作，提高残疾儿童少年义务教育普及率、学前教育受教育率。采取多种措施加大送教服务工作力度。

2. 提升教育教学质量。不断深化特殊教育课程改革。进一步完善特殊教育学校教师专业职称评定制度。完成新一轮特殊教育学校教师培训。

3. 加强条件保障。改善特殊教育办学条件。实施本市户籍高中阶段残疾学生免费教育。

三、工作措施

（一）实施提高残疾儿童少年义务教育普及水平项目

市和区县教育部门组织对全市实名登记的未入学适龄残疾儿童少年进行"一人一案"安置。对适合进入普通学校的残疾儿童少年，就近就便、优先安排随班就读；对中重度残疾儿童少年，安排到特殊教育学校就读；对确实不能进校就读的重度残疾儿童少年，实施送教上门，使其接受一定的教育和康复训练。支持有条件的儿童福利机构设立特教班。将残疾儿童少年义务教育纳入学籍管理。

（二）实施特殊教育师资队伍建设项目

组织实施新一轮特殊教育学校教师全员培训、普通学校随班就读教师培训、骨干教师专项"医教结合"康复技术培训，以及特殊教育学校校长和分管教学的副校长培训。落实特殊教育学校编制，针对学生少、班额小、寄宿生多、残疾差异大、康复类专业人员需求多、承担随班就读巡回指导任务等特点，配齐配足教职工，满足正常教学和管理工作的需要。关心特殊教育教师的工作和生活，奖励性绩效工资考核向承担随班就读工作的普通学校教师倾斜。进一步完善特殊教育学校教师专业职称评定制度，教师职务（职称）评聘向特殊教育教师和出色承担随班就读工作的教师倾斜。

（三）深化特殊教育课程改革

1. 加强课程教材体系建设。根据国家三类特殊教育学校（盲校、聋校、培智学校）义务教育课程实验方案和课程标准，结合天津市实际和残疾学生特点及需求，改编完善特殊教育学校课程教材。

2. 借助天津市基础教育信息化"三通两平台"（宽带网络校校通、优质资源班班通、网络学习空间人人通，建设教育资源公共服务平台和教育管理公共服务平台）建设机遇开发特殊教育课程资源，完善天津市特殊教育资源库。积极组织开展远程教育教学活动，满足特殊教育学校和随班就读学校开展以校为本的教育教学研究需求。

3. 推进全纳教育，建立特殊教育学校与普通学校定期交流制度，确保每名义务教育阶段特殊教育学校学生每月至少参加半天普通学校活动，提高残疾学生的生活适应和社会适应能力。引导鼓励普通学校学生关心帮助残疾学生，并学习他们不畏残疾、自强不息的精神，使残健学生充分融合、共同成长。

4. 充分发掘已有的现代化教育教学仪器设备和新配置的特殊教育资源教室功效。为有特殊教育需求的学生提供咨询、教育心理诊断、教学支持、学习辅导、康复训练和教育效果评估，满足其个别化教育需求。

5. 推广"医教结合"实验研究成果。在现有教育部确定的全国"医教结合"实验校的基础上，积极创设国家特殊教育改革实验区，支持更多的特殊教育学校开展教育与医疗相结合的探索实践，提升残疾学生的康复水平和知识接受能力。

6. 积极开展职业教育。以就业为导向，支持特殊教育学校增加职业教育项目资源，形成富有地域特色、学校特色的职业教育课程体系。

（四）实施特殊教育资源教室建设项目

根据实际需要在已经开展残疾儿童少年随班就读工作且随班就读学生人数较多的普通学校（幼儿园），设置特殊教育资源教室，添置和开发适合残疾学生的教育教学和康复资源。

（五）加大特殊教育经费投入

1. 提高特殊教育学校经费保障水平。义务教育阶段特殊教育学校生均预算内公用经费拨款每生每年不低于6000元，并逐步提高，保障学校正常运转。鼓励有条件的区县进一步提高标准，目前高于上述标准的区县不得下调。义务教育阶段随班就读、送教服务残疾学生生均公用经费标准，参照特殊教育学校标准执行。支持区县为义务教育阶段普通学校（幼儿园）特殊教育资源教室购置仪器设备、组织实施特殊教育学校师资队伍培训。所需资金在市对区县财政的教育一般性转移支付资金中统筹安排。

2. 实施本市户籍高中阶段残疾学生免费教育。在对特殊教育学校高中阶段残疾学生免学杂费和住宿费的基础上，免费提供教科书。同时，对普通学校的高中阶段残疾学生免学杂费和住宿费，并免费提供教科书。

3. 提高残疾学生资助水平。进一步提高特殊教育学校学生的助学金补贴，帮助其完成学业。

四、组织领导

（一）加强统筹规划

（二）完善工作机制

（三）加强督导检查和评估验收

……残疾儿童少年义务教育入学率不达标的区县，不得申报全国义务教育发展基本均衡县（市、区）。

本方案中涉及学校均指公办学校。鼓励企事业单位、社会团体和公民个人捐资助学。

天津市民政局、市财政局、市人力社保局、市卫生局、市残联关于进一步加强对患重特大疾病的城乡特殊困难人员实施医疗救助的通知

津民发〔2014〕4号

一、救助范围

（一）下列患有重特大疾病，年度内因住院或治疗门诊特定病种发生医疗费用，经基本医疗保险、大病保险和医疗救助报销后个人承担部分在2万元以上（含），医疗负担沉重且严重影响家庭基本生活的城乡特殊困难人员；

2. 享受医疗救助的其他重度残疾人员。

二、救助标准

患重特大疾病的城乡特殊困难人员，年度内因住院或治疗门诊特定病种发生医疗费用，对经基本医疗保险、大病保险和医疗救助报销后个人承担部分进行救助，救助报销比例为50%，全年累计救助金额不超过10万元。

三、救助次数

每半年救助一次。

天津市民政局、市财政局、市人力社保局关于加强社区工作者队伍建设的指导意见

津民发〔2014〕9号

一、社区工作者的配置和职责

本意见所称的社区工作者包括依法依规选举的社区党组织成员和社区居委会成员；面向社会公开招聘的社区服务管理专职人员；社区物业管理专职人员、劳动保障协管员、劳动关系协调员和残疾人专职委员等。

……残疾人专职委员主要负责在社区内开展残疾人教育、就业、康复、生活帮扶等服务。

二、规范社区工作者准入机制

（二）社区工作站专职工作人员按照"公开招聘、竞争上岗、择优录用"的原则，通过笔试、面试、考查、体检、公示、聘用等程序，面向社会公开招聘。招聘工作由民政、人力社保等部门联合实施。街道（镇）按有关规定与聘任的社区工作站专职工作人员签订劳动服务协议。

按照"只减不增、优先录用"原则，鼓励符合条件的劳动保障协管员、劳动关系协调员、残疾人专职委员参加社区党组织和社区居委会选举，或参加社区工作站专职工作人员招聘，同等条件下优先录用。凡经选举、考录转岗为社区党组织、居委会、工作站成员的，减少一人，岗位削减一人。人力社保、残联、财政部门建立台账制度。

三、严格社区工作者管理

（一）建立统一管理机制。社区党组织成员、居委会成员、工作站专职成员、物业管理专职人员和劳动保障协管员、劳动关系协调员、残疾人专职委员统一由街道（镇）实施日常管理。

（二）健全考核管理体系。按照区（县）民政部门牵头、相关部门配合、街道（镇）具体实施、居民广泛参与的原则，建立由街道（镇）考核、社区居委会考核及居民评议三部分组成的科学、规范的管理考核体系。

（三）实施绩效考核制度。采取年度考核与日常考核、定量考核与定性考核、主管部门考评与群众评议相结合的方式，对社区工作者实施综合考核，重点考核工作实绩和群众满意度。考核结果作为续聘、解聘、奖惩、岗位调整的依据。

四、健全社区工作者激励保障机制

（一）规范社区工作者待遇。到2015年，社区工作者平均待遇标准不低于上年度本市社会平均工资水平，并根据社会经济发展水平适时调整。社区工作者待遇由劳动报酬、岗位津贴和社会保险补贴三部分组成。社区工作者待遇管理办法另发。

......

六、健全社区工作者退出机制

社区工作者有下列情形之一的,依法启动罢免程序或予以辞退。新录用和现有45周岁以下的社区工作者,2014年起在2年内没有取得国家社会工作者职业水平证书或天津市社区工作者职业资格证书的;连续两次考核不合格的;工作失职,对居民利益造成一定损害的;一年中累计15天无正当理由不参加社区工作的;由于能力所限或身体原因,无法胜任所担负工作的;其他法律法规或文件政策规定的情形。

天津市民政局、市财政局关于调整社会救助范围和标准的通知

津民发〔2014〕20号

根据2014年市委第八次常委会议精神,决定从2014年4月1日起,调整社会救助范围和标准。现就有关问题通知如下:

一、调整城乡居民最低生活保障标准

城市居民最低生活保障标准由每人每月600元调整为640元;农村居民最低生活保障标准由每人每月400元调整为440元。

二、调整特困救助范围和标准

城市特困救助范围由家庭月人均收入601元至900元调整为640元至960元,救助标准由每户每月180元调整为192元;农村特困救助范围由家庭月人均收入401元至600元调整为440元至660元,救助标准由每户每月120元调整为132元。

三、调整农村五保供养标准

农村五保供养标准由每人每年6540元调整为6960元。

四、调整价补联动范围

城市价补联动范围由家庭月人均收入低于900元调整为960元;农村价补联动范围由家庭月人均收入低于600元调整为660元。

关于认真落实天津市人民政府2014年为残疾人办实事安排意见的通知

津残工委〔2014〕1号

一、本市残疾人持有效证件(残疾人免费乘车卡)免费乘坐市内公共汽车。

二、提高全市城乡重度和非重度低保特困残疾人生活救助金补贴标准,其中城市由220元和110元提高到255元和130元,农村由110元和55元提高到130—145元和65—75元。

三、为1万名残疾人进行免费体检,加强残疾人保健服务。

四、对确实不能到校接受义务教育,基本具有接受教育能力的适龄重度残疾儿童少年提供免费送教服务,扩大残疾儿童少年受教育覆盖面。

五、举办天津市第五届残疾人职业技能竞赛,促进残疾人提高职业技能水平。

六、建设残疾人就业见习基地,帮助残疾人提高就业能力,对符合条件的残疾人就业见习基地实施统筹规划,纳入统一管理。

七、对符合条件的残疾人托养服务机构和托养服务对象给予补贴,全市居家服务、日间照料和寄宿托养残疾人达到2.5万名。

八、为低收入残疾人免费适配1万件辅助器具,帮助残疾人改善身体功能。

九、对家庭人均收入在本区县市最低生活保障标准3倍以下的残疾人给予法律援助,全面加强残疾人法律服务。

十、为100个社区(村)免费配送文化体育用品5000件,组织带动全市5万名残疾人参加文化体育活动。

天津市残联、市民政局、市财政局关于社区残疾人专职委员纳入社区工作站管理建立准入退出机制具体规定的通知

津残联〔2014〕96号

一、建立切实有效的准入和退出机制

(一)建立社区残疾人专职委员准入制度

1. 从2014年6月起,现在岗的社区残疾人专职委员要参加全市统一组织的综合能力培训考试。培训考试合格的,自下月起纳入社区工作站管理,享受社区工作者相关待遇。参加全市统一组织的综合能力培训考试未通过的,仍按现行残疾人专职委员工作补贴标准由残联发放工作补贴。到2015年底,仍未通过全市统一组织的综合能力培训考试的,2016年1月起不再续聘。

2. 2015年起,新招用的社区残疾人专职委员,由市级统一组织、各区县具体承办,委托具有资质的专门机构负责考务工作,通过报名、笔试、面试、考察、公示、聘用等程序,面向社会公开招聘。街道(镇)按有关规定与新招用的残疾人专职委员签订劳动服务协议,纳入社区工作站统一管理,享受社区工作者待遇。

(二)建立健全管理考核体系,实施绩效考核制度

从2014年7月起,启用社区残疾人专职委员综合管理和绩效考核管理系统,对社区残疾人专职委员实行系统化管理。按照区县残联组织、街道(镇)具体负责、残疾人广泛参与的原则,采取年度考核与日常考

核、定量考核与定性考核，区县、街道（镇）、社区综合考核与群众评议相结合的方式，对社区残疾人专职委员实施综合考核。

（三）建立实行社区残疾人专职委员退出机制

纳入社区工作站管理的残疾人专职委员有下列情形之一的，应解除聘用关系：

1. 从2015年起，经区县、街道（镇）和社区综合考核不合格的；

2. 对工作不负责任，无组织、无纪律，在工作中因失职造成严重后果或不良影响的；

3. 一年内累计15天无正当理由不参加社区工作的；

4. 不能积极配合社区工作站开展工作，不服从管理、不按要求完成相关工作的；

5. 超过社区工作站规定聘用年龄的；

6. 残疾人专职委员因个人原因主动提出辞职的。

二、合理确定街道（镇）社区残疾人专职委员的人员构成和比例

2015年后，社区残疾人专职委员应按残健融合、比例适当的原则配置。同一街道（镇）中，公开招聘从事社区残疾人工作的专职委员应由符合聘用条件的以下三类人员及比例构成：

（一）符合聘用条件的残疾人，比例不得低于70%。具有大学及以上学历的残疾人优先录用。

（二）困难残疾人家庭中的健全人亲属（配偶、父母、子女），比例不得高于20%。从事过劳资人事、党务、行政管理等工作的人员优先录用。

（三）28岁以下，具有2年以上工作经验、符合专业要求的健全人大学生，比例不得高于10%。具有公共管理、行政管理、社会工作、特殊教育、人力资源、劳动与社会保障、心理学、思想政治教育等专业背景的人员优先录用。

三、聘用关系和人员待遇

纳入社区工作站管理的残疾人专职委员，与街道（镇）签订服务协议，享受劳动报酬、岗位津贴和社会保险等相关待遇。服务协议期限1年，符合条件的可续聘。

鼓励社区残疾人专职委员参加国家社会工作者职业水平考试，对取得国家社会工作者职业水平证书或天津市社区工作者职业资格证书者，按照规定发放职业资格津贴。职业资格津贴按照"就高不就低"的原则发放，不重复享受。

社区残疾人专职委员工作年限的认定，由区县残联负责。参照《社区工作者工作津贴标准》享受工作津贴。

纳入社区工作站管理的残疾人专职委员，应按照本市社会保险的相关规定缴纳基本养老保险、基本医疗保险、失业保险、工伤保险和生育保险。

天津市耳聋致病基因筛查方案

津残联〔2014〕199号

一、任务目标

2015年免费为天津市500名育龄听力残疾人及其配偶、听障儿童育龄父母进行耳聋致病基因检测，对阳性受检者提供临床、用药等指导。

二、检测对象

（一）具有本市户口、育龄（15—50周岁）、有生育要求且符合当前计划生育政策的持证听力残疾人及其配偶。

（二）具有本市户口，已经生育听力残疾子女，有再次生育要求且符合当前计划生育政策的育龄夫妇（包括听力残疾人及健听人）。

三、经费来源

按项目计划安排专项经费，专项使用。

四、组织管理与项目实施

（一）组织管理

1. 市残联：负责项目方案的制定，并组织项目实施、监督检查、汇总统计、经费拨付及项目总结等。

2. 天津市妇女儿童保健中心：负责采血机构的组织、管理、信息登记、血样递送、反馈检测结果、汇总项目数据、检测结果解答等。

3. 区县残联：负责辖区项目人群的宣传、发动、通知血样采集、发放检测报告等。

4. 区县血样采集机构：负责项目人群的接待、知情告知、登记个案信息、血样采集及递送、检测报告发放等。

（二）实施流程

——组织筛查　各区县残联对符合项目条件的人群进行宣传、发动；与采血机构做好沟通联络，组织受检者持身份证、户口本、残疾证、耳聋致病基因筛查介绍信等有关证件在指定时间内自愿到采血机构进行血样采集，同时做好信息登记统计、档案留存等工作。

——采集血样　采血机构核实受检者身份信息后，填写《天津市耳聋致病基因筛查项目知情同意书》，将受检者个案信息登记在《天津市耳聋致病基因筛查受检者登记表》（以下简称登记表），有序采集血样，通

知受检者拿取检测报告时间，并及时将血样递送到天津市妇女儿童保健中心。

——**基因检测** 天津市妇女儿童保健中心组织基因检测单位，按照技术标准，对受检者耳聋相关常见基因进行检测，出具检测报告，并安排遗传咨询会的时间。

——**发放报告** 天津市妇女儿童保健中心将检测报告按区县发放到采血机构。采血机构将报告发放给区县残联。区县残联及时将检测报告发放给受检者。

——**遗传咨询** 天津市妇女儿童保健中心召开遗传咨询会，对检测报告予以科学合理解释，对患者疑问予以细致解答，并给予阳性受检者临床及用药指导。各区县残联发放检测报告时告知受检者召开遗传咨询会的相关信息。

——**经费拨付** 天津市妇女儿童保健中心汇总全市《天津市耳聋致病基因筛查受检者登记表》后报市残联。市残联按照100元/人的标准，向各区县残联拨付筛查和组织经费；按照220元/例的检测标准及实际检测例数，向天津市妇女儿童保健中心拨付基因检测费用。

——**项目总结** 市残联对项目执行情况进行总结，对检测数据进行统计汇总，为今后开展听力残疾预防及康复工作提供指导。患者基因检测信息只用于对受检者日后用药、生育、生活指导，做好患者信息保密工作，不得擅自扩散。

天津市残联、市财政局关于印发《关于对集中安置残疾人就业单位超过规定的安置人数给予补贴奖励的办法》的通知

津残联〔2014〕203号

一、补贴对象

本市行政区域内注册并合法经营，年度平均安置的残疾人职工人数占单位在职职工总数的比例高于25%，且实际安置的残疾人职工人数多于10人，按规定享受了流转税等税收优惠政策，并办理了安置残疾人就业年度审核的集中安置残疾人就业单位。

二、补贴条件

1. 集中就业单位安置的残疾人职工，符合法定劳动年龄，持有中华人民共和国残疾人证。

2. 集中就业单位与安置的残疾人职工签订一年以上（含一年）的劳动合同，在岗工作同工同酬，按规定缴纳社会保险，工资待遇不低于天津市职工最低工资标准。

3. 集中就业单位在职残疾人职工享受了企业吸纳就业困难人员岗位补贴和社会保险补贴的，不计入本办法的补贴奖励人数。

4. 集中就业单位安置的智力、精神和视力一、二级残疾人职工，在核定补贴奖励人数时，不对应按比例安排残疾人就业人数的核定方式，按实际在岗人数计算。

三、补贴标准

集中就业单位每多安置一名残疾人就业，按照申请年度市人力资源和社会保障局公布的单位和职工社会保险缴费基数最低标准及单位应负担比率计算的缴费金额给予50%的基本养老保险补贴奖励。

四、补贴计算

补贴金额 =（集中就业单位在职残疾人职工人数 - 集中就业单位在职职工总数 × 25%）× 社会保险缴费基数最低标准 × 单位应负担比率 × 12个月 × 50%。

五、申请材料

1. 集中就业单位填报的《集中安置残疾人就业单位超比例就业补贴奖励申请审批表》（见附件1）和《集中安置残疾人就业单位残疾人职工汇总表》（见附件2）。

2.《促进残疾人就业增值税即征即退申请审批表》《退（抵）税申请审批表》（原件、复印件）。

3. 集中就业单位安置非本市户籍残疾人职工的中华人民共和国残疾人证、居民身份证（原件、复印件）。

4. 集中就业单位与残疾人职工签订的劳动合同、通过银行等金融机构向每位残疾人职工支付工资的凭证（原件、复印件）。

5. 集中就业单位为残疾人职工填报的《天津市社会保险缴费人员登记、变动名册》《天津市社会保险缴费基数名册》（原件、复印件）。

六、补贴申请

1. 集中就业单位应于每年的3月31日前，持规定的年审材料到税务登记所在地的区县残疾人就业服务机构办理安置残疾人就业年度审核；市民政局、市残联市属管理的集中就业单位，到市残疾人就业服务机构办理安置残疾人就业年度审核。

2. 办理了安置残疾人就业年度审核的集中就业单位，应于每年的4月30日前，携带规定的申请材料，到办理安置残疾人就业年度审核的残疾人就业服务机构，申请上一年度超过规定安置人数的补贴奖励

十、其他规定

1. 集中就业单位不能享受《关于对超比例安排残疾人就业的单位按超比例人数以基本养老保险补贴的方式给予奖励的办法》（津残工委办〔2009〕6号）的补贴奖励。

三、工作综述

据第二次残疾人口抽样调查，天津市有残疾人口57万，涉及160万家庭人口。截至2014年12月31日，全市持证残疾人260521人（其中按照残疾类别和级别、区县分布统计数见如下两表）。

表6-2-1 2014年年底天津全市持证残疾人分类分级统计表

残疾类别	一级	二级	三级	四级	合计	占比（%）
视力	6277	2835	3147	10630	22889	8.8
听力	5873	3548	4214	3254	16889	6.5
言语	2351	514	356	370	3591	1.4
肢体	8100	41808	63545	50270	163723	62.8
智力	2550	8898	7859	7967	27274	10.5
精神	2928	12021	7101	741	22791	8.7
多重	1510	1181	537	136	3364	1.3
合计	29589	70805	86759	73368	260521	100
占比（%）	11.36	27.18	33.30	28.16	100	

表6-2-2 2014年年底天津市及各区县持证残疾人数及残疾人口比例

区县	残疾人	总人口	残疾人口比例（%）
滨海新区	22588	1182900	1.91%
和平区	10252	402800	2.55%
河东区	23529	739800	3.18%
河西区	24720	809400	3.05%
南开区	22140	853700	2.59%
河北区	20909	621500	3.36%
红桥区	20045	518000	3.87%
东丽区	13264	356000	3.73%
西青区	10224	373600	2.74%
津南区	10790	423500	2.55%
北辰区	13565	379300	3.58%
武清区	14178	870900	1.63%
宝坻区	13729	685600	2.00%
宁河县	12771	391900	3.26%
静海县	11680	582600	2.00%
蓟县	16044	848100	1.89%
天津市	260428	10039700	2.59%

2014年残疾人状况及小康进程监测结果显示，2014年度天津市残疾人家庭人均可支配收入，城镇为26304.0元，比上年度增加2498元，增长10.5%；农村为16272.0元，比上年度增加1871.4元，增长13.0%。残疾人家庭人均消费性支出，城镇为17254.0元，农村为12299.0元。残疾人家庭恩格尔系数为40.3%，比上年度下降0.1个百分点，其中城镇42.7%，比上年度上升了0.5个百分点；农村38.5%，比上年度降低了0.5个百分点。残疾人家庭户均居住建筑面积91.3平方米，人均居住面积比上年度增加2.2平方米，其中城镇户均90.6平方米，人均32.7平方米；农村户均92.0平方米，人均使用面积28.2平方米（按建筑面积85%折算）。残疾人生存状况指数91.6%，比上年度提高了0.89个百分点。残疾人小康指数为90.93%，与上年基本持平。残疾人发展状况指数为91.92%，比上年度提高2.79个百分点。

（一）残疾人工作重点任务圆满完成

2014年，在市委、市政府的正确领导下，天津市大力加强残疾人基本公共服务，努力营造残疾人平等、参与、共享的社会环境，办成了一批社会上有影响、残疾人普遍受益的大事、好事。

1. 残疾人免费乘坐市内公共汽车的愿望终于实现。市政府颁布实施了《天津市残疾人免费乘坐公共汽车实施办法的通知》（津政办发〔2014〕43号），市交通港口局、市残联紧密配合，做好了调整公交管理系统、制作发放免费乘车卡等一系列工作，从2014年5月1日开始，全市残疾人可以凭免费乘车卡免费乘坐市内公共汽车。同时，市公交集团全年共投入100部无障碍公交车方便肢残人出行。到年底累计有1114万人次残疾人乘客免费乘坐公交车出行。

2. 为符合条件的下肢残疾人置换了专用代步车。按照市政府统一安排，结合在全市范围内开展的机动三轮车综合治理行动，市残联、市公安局组织市内六区、环城四区和有关区县残联、公安等部门，扎实开展登记、审核、认购、置换等环节工作，历时半年多，为1.19万名符合条件的下肢残疾人集中置换了专用代步车。

3. 全市城乡低保特困残疾人生活救助金补贴大幅提标。市残联、市财政局联合制定了《关于对困难残疾人提高生活救助标准的通知》（津残联〔2014〕65号）。从2014年4月起，残疾人生活救助金补贴按新救助标准发放，重残每人每月由城镇220元、农村110元提高到城镇255元、农村145元；非重残每人每月由城镇110元、农村55元提高到城镇130元、农村75元，平均增幅为25%，是自2007年以来提标幅度最大的一次。

4. 低保特困重度残疾人护理补贴落到实处。在2013年三个区县先行先试的基础上，2014年天津市全面启动了低保特困重度残疾人护理工作，全市11146名重度残疾人得到护理服务，完成1万名年度任务指标的111.46%。

5. 对非低保特困的重度残疾人给予医疗救助及大病救助，其住院和门诊特定病种医疗费用，经医保报销后个人负担部分在2万元以下的再报销60%，2万元（含）以上的再报销80%。2014年，全市为1089名非低保特困重度残疾人发放2014年医疗救助金1897.52万元，并为13759人补发2013年医疗救助金3496万元。

6. 社区残疾人专职委员纳入社区工作站统一管理。市残联、市民政局、市财政局制定实施了《关于社区残疾人专职委员纳入社区工作站管理建立准入退出机制具体规定的通知》，建立了社区残疾人专职委员准入和退出机制。从2014年上半年至2015年6月，分三次对全市1487名社区残疾人专职委员进行统一培训和考试，1096人通过考试，纳入社区工作站管理，提高了待遇，激发了工作热情，增强了素质能力。

（二）各业务领域工作顺利开展

1. 残疾人事业法规政策体系更加完善。2014年，市政府及有关部门和市残联制定实施了《天津市实施特殊教育提升计划方案》（津政办发〔2014〕100号）、《天津市促进按比例安排残疾人就业的实施意见》、《天津市残疾评定复查鉴定办法》等一批政策文件，进一步完善了残疾人事业法规政策体系，为改善残疾人民生、加快推进残疾人小康进程奠定了政策基础。

2. 社会保障和扶贫救助工作取得新成果。2014年城镇残疾职工参加职工养老保险42558人，参加职工医疗保险42558人；全市为12.1万名低保、特困和重度残疾人参加城乡居民基本医疗保险给予缴费补贴；为6万名非低保、特困的其他重度残疾人办理了医疗救助加标；为336人发放大病救助金801万元。5.85万名残疾人参加城乡居民基本养老保险，其中2.3万名残疾人享受缴费补贴。全市6.7万贫困残疾人在享受民政低保特困救助的基础上得到了残联生活补贴。新建残疾人扶贫基地10个，"十二五"以来累计建设扶贫基地176个，提前超额完成"十二五"建设160个扶贫基地的任务指标；基地安置残疾人就业1904人，扶持带动残疾人3640户。对30个扶贫基地、4个扶贫项目给予贷款贴息补助130万元。为1433户农村贫困残疾人家庭修缮翻建了危陋住房。以多种形式扶持贫困残疾人21560户24798人次。

3. 康复工作全面开展。全面实施了国家和本市各项康复项目。残疾人接受了社区康复服务26.4万人次。增加了角膜移植手术项目定点医院。完成贫困白内障患者免费复明手术773例，低视力者验配助视器2081例，人工耳蜗植入手术44例，贫困聋儿免费配戴助听器55例，聋儿语言训练在训151人，完成43例贫困肢体残疾儿童矫治手术，救助智障儿童140人、脑瘫儿童80名。对72529名精神病患者进行综合防治康复，监护率达到94.4%，显好率达到71.9%，社会参与率达到63.8%。全市各类辅助器具供应数达到33827件，其中为贫困残疾人免费适配11270件。为全市10223名困难残疾人进行了免费体检。

4. 教育培训工作取得新成绩。为全市从学前教育到高等教育各阶段残疾学生发放了助学金。其中为3008人（次）接受高等教育的残疾学生发放560.49万元助学金。全面完成3884名残疾学生和未入学适龄残疾儿童少年摸底调查统计工作。进一步加强残疾人培训基地建设，新建成3个国家级和27个市级残疾人培训基地。成功举办了天津市第五届残疾人职业技能竞赛。组织开展了各类残疾人、工作者培训共计5005人次，其中城镇职业培训2272人次，农村实用技术培训2733人次。

5. 就业工作成效显著。积极落实促进残疾人就业补贴奖励政策，按规定对23名残疾人个体工商户、19个超比例或新安排残疾人就业单位、203名自主创业或个体就业残疾人发放保险缴费补贴和奖励资金165.75万元。开展了以"就业帮扶，真情相助"为主题的就业援助月活动，将707名有培训需求的残疾人纳入实名制培训计划。全市组织了57场残疾人招聘活动，开发近2000个就业岗位。城镇残疾人全年实现新增就业4213名，其中按比例安排就业3125人。截至2014年年底，城镇残疾人累计在业40164人，农村残疾人实际在业67714人。建成7个残疾人就业见习基地。8个区县级残疾人劳动服务机构基本完成了规范化建设。进一步加大残疾人就业保证金年审和征缴工作力度，全市年审单位7.5万个，征收入库金额8.01亿元，其中市级征收入库金额6400.5万元，较上年增长11.25%。

6. 维权工作攻坚克难成绩突出。按时限认真办结了市人大、市政协相关建议、提案12件，满意率100%。开展了残工委系统执法人员和街乡镇残联维权干部法律及维权业务培训。为62名残疾人提供法律救助。由于治理机动三轮车等重大事项较多，2014年各级残联信访接待量急剧上升，残疾人来访5059人次，来信236件，来电7830个，法律咨询305人次。各级残联紧密配合，投入大量人力，做了耐心细致的政策解释和说服教育工作，全部予以妥善办理，避免了群体性事件和恶性事件的发生。对1772户贫困残疾人家庭和部分社区进行了无障碍改造。向18550人发放了残疾人机动轮椅车燃油补贴。

7. 托养服务提质增效。完成了残疾人托养服务管理系统升级改造，全面实行托养实名制和"月清月结"制，做到实际托养残疾人数与录入系统数据始终保持一致。全市有88家达标残疾人托养机构挂了"阳光家园"标志，其中日间照料机构68家，寄宿托养机构20家。托养服务残疾人共计25329人，超额完成2.5万人的年度任务。

8. 宣传工作广泛深入，文体工作丰富多彩。大力加强社会主义核心价值观宣传教育。中央和省级媒体刊播天津市残疾人事业稿件2153件。组织自强模范和扶残助残先进典型举办宣讲和演出活动。开通了市残疾人福利基金会微信及网上捐助平台。新建16个"残疾人文化进社区、进乡村"试点、13个"残疾人群众体育活动示范点"，建立残疾人体育训练基地6个，培养残疾人体育健身指导员255人。建成和平区、河东区两个全国残疾人文化体育建设示范区。举办天津市第六届残疾人歌唱大赛、第十二届残疾青年交友联谊会、第十二届残疾儿童艺术节和第五届全民健身运动会残疾人组比赛等丰富多彩的残疾人文化体育活动和赛事。为100个社区村免费配送文化体育用品5000件，全市残疾人参加文体活动超过5万人。组织18支残疾人运动队270多人次参加了游泳、田径、盲人柔道等15个项目的全国锦标赛。

9. 信息化建设稳步推进。制定实施了《天津市残联信息化建设总体规划方案（2014—2016年）》等三项信息化工作方案。进一步完善了信息化整体网络架构；累计与中国残联交换25.42万条残疾人基础数据。进一步加强残疾人基础数据库建设，对全市18个区县108个街道的VPN设备全面升级。完成了2013年天津市残疾人状况和小康进程监测工作，形成了两份很具参考价值的监测报告。进一步加强信息公开工作，网站信息更新量达1300余项，信息公开63条，被中国残联转载134条。

10. 组织制度更加健全。市残联成功召开六届二次主席团会议和全市残联工作会议。市残联机关党委、工会、团委完成组织换届工作；进一步调整充实干部队伍，优化人员配置。市和区县残联深入开展群众路线教育实践活动和"基础管理建设年"活动，巩固党的群众路线教育实践活动成果。修订和制定实施一批新的规章制度，修订编印《天津市残联行政管理制度汇编》，完善了行政管理机制。按照全市统一要求，市残联认真开展绩效考核工作，并在市政府年终考评中获得好评。残疾人事业京津冀一体化发展迈出了步伐。市和区县各残疾人专门协会积极履行"代表、联系、团结、服务、维权"职能，组织各类别残疾人开展了适合本类别残疾人的丰富多彩的活动。

（三）各区县残疾人工作创造新亮点

各区县结合各自实际，发挥优势，改革创新，打造了一批新亮点。

滨海新区全面深化残疾人工作体制机制改革，整合了残联系统机构和编制，统一了相关政策，实现了新区残疾人临时救助和大病救助政策的全覆盖。

和平区进一步提高残疾人保障和服务水平，对突发生活困难和重病残疾人给予2000—4000元临时救助和大病救助。

河东区探索建立了精神康复日间照料中心和奥尔夫音乐治疗室，解决了智力、精神残疾人的特殊康复需求和托养难题；建立11个残疾人文化创意工作室，助推残疾人文化产业发展。

河西区服务机构规范化建设走在全市前列；残疾人补助救助和教育工作不断拓展并取得新成效。

南开区完善制度机制，开展专项整治，加强人财物管理，提升服务水平；残疾人康复服务机构建设实现了多点布局；下肢残疾人代步车置换工作在全市发挥了带头示范作用。

河北区进一步加大了残疾人康复和急难救助力度，建成河北区偏瘫肢体残疾人康复中心；启动了河北区残疾人急难救助基金。

红桥区大力推进残疾人就业服务机构规范化建设，为残疾人和用人单位提供一站式服务。

东丽区将残疾人工作纳入区政府绩效考核体系，在全市具有示范意义；持续加大残疾人救助和补贴力度，为全区所有残疾人缴纳年度意外伤害保险。

津南区打破城乡二元结构壁垒，农村与城镇困难残疾人三年以来享受同样救助标准；残疾人服务基础设施正在抓紧建设中。

西青区在贫困和重度残疾人生活救助特惠政策上提标扩面，助残基金额度增长了50%，用电补贴、取暖补贴、助学金等五种补贴标准提高了20%，新增加用水补贴。

北辰区积极扶持福利企业，稳定残疾职工就业；承办了天津市第五届"体彩杯"全民健身运动会残疾人组比赛暨第四届"残疾人健身周"活动。

武清区大力推进残疾人康复服务站建设与服务，新建社区残疾人康复站20个。

宝坻区连续多年开展区级领导干部"一助一"活动，结对帮扶残疾人困难户；切实加大基层队伍考核力度，对13名不能履职的专职委员予以调整。

静海县进一步加大残疾人保障和扶助力度，加强扶贫基地建设，扶助困难残疾人脱贫。

宁河县积极争取领导重视，残疾人事业重点工作以县政府文件形式安排部署；创新康复服务举措，一批精神残疾人经手术治疗，康复效果良好；农村残疾人扶贫基地建设及带动创业就业工作成绩突出。

蓟县着力加强县残疾人劳服所、救助服务大厅等服务机构的规范化建设。

（四）存在的主要问题和不足

从全市残疾人工作具体情况看，还存在一些问题和不足，主要是残疾人事业与天津市经济社会发展还不相适应，残疾人平等参与社会生活还存在不同程度的障碍，残疾人事业法规政策体系需进一步完善，残疾人工作法治化水平需要进一步提高，残疾人事业发展地区之间和城乡之间还不均衡，残疾人事业基础设施建设有待加强，服务残疾人的能力有待进一步提高。

四、大事记

1月上旬，赵洪莉等市残联领导分别带队，对全市部分困难残疾人及历届全国自强模范进行走访慰问。在元旦和春节期间，全市各级党政机关、残联、残疾人福利基金会和社会各界爱心人士深入开展"送温暖献真情，共建美丽天津"大型公益助残活动，共投入2000多万元，扶助慰问了数万困难残疾人。

图6-2-1 赵洪莉（中）慰问全国自强模范贾春涛（左一）。

3月6日，天津市残联第六届主席团第二次全体会议在天津礼堂召开。会议传达2014年全国残联工作会议精神，总结过去一年残疾人工作，对2014年残疾人工作做出部署，会议调整、增补了主席团委员、副主席和执行理事会理事。

3月10—11日，中国残联宣文部主任王涛到天津市检查创建全国残疾人文化体育建设示范市（区）工作。市残联党组书记、理事长赵洪莉，纪检组长赵伯慧全程陪同检查。

4月11日，市政法系统2014年爱心助残捐赠活动员会在市残联召开。市政法委副书记祖文光，市残联党组书记、理事长赵洪莉，副理事长钟建鹏参加会议。

图6-2-2 天津市政法系统2014年爱心助残捐赠活动动员会现场。

4月25日，市交通港口局、市残联及公交集团共同举行残疾人免费乘车卡发放及无障碍公交车投放启动仪式。副市长孙文魁出席活动。各相关部门和单位领导参加活动。

5月15日，市残联举行全国第五次自强模范暨助残先进表彰大会天津代表欢送会。赵洪莉出席并致辞，党组、理事会领导参会。

5月13日，市人大常委会副主任李泉山带领市人大常委会法制委员会有关负责同志深入滨海新区调研依托公共服务资源开展残疾人托养康复服务情况。赵洪莉参加调研。

5月15日，市残联、市人力社保局、市国资委、市总工会、团市委、市妇联、市工商联、市光彩事业促进会联合举办以"帮助残疾人就业，实现美好中国梦"为主题的大型残疾人专场招聘活动。

5月15日，京津冀残疾人就业服务协作区合作协议签约仪式在中央电视台梅地亚中心举行。市残联党组书记、理事长赵洪莉，副理事长赵津生参加。

5月18日，"牵手残疾人、实现中国梦"文化助残活动暨天津市残疾人文化艺术基地揭牌仪式在天津图书馆举行。市人大副主任张俊芳出席活动并以志愿者身份为残疾人服务。市文广局、市残联、天津音乐学院负责同志出席活动。

5月18日，"关爱残疾人，共筑中国梦"天津市第二十四次全国助残日暨夏季送凉爽活动启动仪式在天津礼堂举行。市委常委、市政法委书记散襄军做重要讲话，赵洪莉主持活动。会议宣布成立"天津政法爱心助残解困基金"和"大邱庄镇爱心助残解困基金"等专项助残基金，当场开通市残疾人福利基金会助残募集服务信息化平台，多家企事业单位和爱心人士进行了现场捐赠。浙江、福建、江西商会等与市残疾人福利基金会互相交换共建驻津商会爱心助残联盟和社会助残劝募联盟协议书。中国残疾人福利基金会、市政府、团市委、市残联相关领导出席。

5月26日，市政府副秘书长、市政府残工委副主任殷向杰率市残工委部分成员单位委员深入机构看望慰问残疾儿童。赵洪莉、李津海和市教委、市民政局、市财政局、市人力社保局、市卫生局、市委宣传部、市发展改革委分管负责同志参加慰问。

6月29日，首届京津冀残疾人就业（创业）洽谈会暨协同促进残疾人就业座谈会在河北省石家庄市举行。全国人大常委、中国残联副主席王乃坤，中国残联副理事长程凯出席，赵洪莉、赵津生参会。

7月22日，市残联系统2014年中期工作会议在宁河县召开。赵洪莉发表讲话，市残联党组、理事会领导和各部室主任、直属单位负责人、各区县残联领导出席会议。会前，参会人员参观了河西区残疾人综合服务设施规范化建设情况和宁河县残疾人扶贫基地。这是市残联首次以现场会的形式召开年中工作会议。

图6-2-3　与会人员参观宁河县残疾人扶贫基地——百利种苗培育有限公司。

7月31日，中国残联副主席吕世明率国家住房和城乡建设部、全国老龄办等部门有关领导和专家，来津就高铁、机场、地铁、公交等公共交通设施无障碍建设及残疾人家庭无障碍建设情况进行考察，并召开京津冀贯彻实施《无障碍环境建设条例》座谈会。副市长孙文魁、市政府副秘书长殷向杰出席会议。

8月6日，天津市第五届"体彩杯"全民健身运动会残疾人组比赛开幕暨天津市第四届"残疾人健身周"活动启动及体育用品发放仪式举行。中国残联体育部主任赵素京，天津市体育局党组书记、局长李克敏，赵洪莉、赵伯慧等领导出席活动。

8月15日，天津市"集善工程·启明行动"项目启动仪式暨卡博特（中国）投资有限公司捐赠仪式举行。中国残疾人福利基金会副理事长邢建绪，卡博特公司资深副总裁、亚太地区总裁朱戟，赵洪莉等参加仪式。

8月20日，天津市政协社法委主任柴中达到市残联调研，与市残联理事会班子成员座谈。

9月29日，市档案局局长方昀到市残联检查档案工作情况，赵洪莉、李津海陪同检查。市残联在2014年档案年检中被评为优秀。

10月26日，参加2014年仁川亚残运会的本市运动员、教练员和领队载誉回津，赵伯慧、王怡迎接凯旋人员。天津市选手共获得8枚金牌、2枚银牌、1枚铜牌和1个第五名的优异成绩。

10月26日，由市残联、市人力社保局、市总工会、团市委、市妇联联合主办的天津市第五届残疾人职业技能竞赛在天津理工大学举行。副市长、市政府残工委主任曹小红宣布开赛，中国残联副理事长程凯出席竞赛开幕式。18个代表队231名残疾人参加了19个竞赛项目的决赛，50名选手取得优异成绩。竞赛同时还举办了天津市残疾人技能成果展，共有300余件残疾人优秀作品进行展示，20多位残疾技能人才进行现场表演。

图6-2-4　参加自行车组装竞赛项目的残疾人选手在组装自行车。

11月13日，"集善工程——（爱之翼）助残行动"天津项目捐赠仪式举行。中国残疾人福利基金会副理事长邢建绪及赵洪莉、王健参加活动。

11月19日，市委常委、政法委书记袁桐利深入市残联调研并做重要讲话。政法委副书记祖文光陪同调研。赵洪莉做工作汇报。市残联领导班子成员参会。

12月3日，2014年天津市"送温暖，献真情，共建美丽天津"大型公益助残活动暨残疾人文明礼仪大讲堂启动仪式举行。市政府副秘书长殷向杰出席活动并致辞。

12月16日，中国残联副主席、党组成员吕世明，中国残联组联部副主任张超英等赴津对残疾人基本服务状况与需求专项调查工作进行督导检查。市政府副秘书长殷向杰，市残联党组书记、理事长赵洪莉等陪同检查。

附 录

天津市第五次全国自强模范暨助残先进集体和个人事迹简介

2014年5月16日,第五次全国自强模范暨助残先进集体和个人表彰大会在北京人民大会堂隆重举行,中共中央总书记、国家主席、中央军委主席习近平亲切会见受表彰代表。会上,天津市7名个人和7家单位受到表彰和接见。以下是受表彰个人和单位的先进事迹简介。

全国自强模范

顾金忠 男,汉族,中共党员,1969年10月生,肢残,天津市滨海新区公安局大港分局海滨派出所一级警督。1993年因公负伤,高位截瘫。重返工作岗位后,整理了历年的档案,把近10万人的信息重新整理、归档,将40多年的档案索引全部录入计算机,整理档案25万余册。他办理户口事项3000余件,接待群众1万余人,经手查阅办理的户口事项无一差错,曾获"全国道德模范"、"全国公安系统一级英雄模范"等荣誉。

蔡成 男,汉族,1990年生,天津市河东区人,10岁时因为意外致盲。2011年,他开办了春华秋实家政服务有限公司,为河东区残疾人提供居家托养服务,除做好合同规定工作内容之外,还帮残疾人买菜、换纱窗、缝被子等,尽力帮他们解决困难。曾获"天津市十佳自强青少年"、"天津市自强标兵"等荣誉。

李振环 男,汉族,1970年生,天津市河西区人,中共党员,肢残,因小儿麻痹症致残。他从一名理发店的学徒工起步,创办了振环美容美发造型有限公司,并成为中国美发美容协会理事。他热心帮助他人,毫无保留地向残疾人传授技艺,近五年间共培训残疾人500余人次;为社区、敬老院、残疾人康复中心万余名群众义务理发,累计向灾区捐款数万元。曾获"亚洲化妆大赛国家赛优秀奖"、"全国就业创业先进个人"等荣誉。

孙少忠 男,汉族,1963年10月生,天津市西青区人,肢残,因小儿麻痹症致残。保农利生物技术有限公司董事长,长期坚持帮扶和安置残疾人就业,安置就业和帮扶残疾人30名。曾获"天津市创建全国残疾人工作示范城市先进个人"、"全国优秀残疾人专职委员"等荣誉。

全国助残先进集体

三力异型胶带厂 创立于1984年,是专业生产运动球橡胶内胆的村办福利企业。自建厂以来,坚持关心帮助残疾人,安排众多残疾人到合适的生产岗位工作,并坚持残疾人与健全职工同工同酬甚至优先的分配原则。全厂员工460人,其中残疾职工就有119人。每年"全国助残日"、"国际残疾人日"期间,积极为残疾人解决实际困难。

西泰家政服务有限责任公司 作为公益性再就业公司,2010年5月开始承接天津市河西区残疾人的居家服务项目,针对每一户的实际情况,制定详细的服务方案,提供理发、打扫卫生、疏通下水道、维修电器等优质服务,受到服务对象的普遍称赞。几年来共收到2面锦旗、128封表扬信、230余个表扬电话、26封感谢信,获得"天津市再就业先进企业"、"天津市'敬老文明号'先进单位"、"中国家庭服务业协会先进单位"等荣誉。

天津市静海县大邱庄镇津美街 有户籍人口2018人,拥有各类企业65家,2013年纳税1.8亿元。津美街的企业家积极支持残疾人事业,向"大邱庄镇公益助残专项基金"捐款360万元,是捐款最多的村街。2010年来先后承包土地4000亩,投资12亿元,成立"津美自信(残疾人)蔬菜种植合作社",解决了本街残疾人就业问题。曾获"天津市先进党组织"、"天津市文明村街"等荣誉。

全国助残先进个人

崔洪金 男,汉族,1954年5月生,天津市东丽区人,中共党员,安达集团股份有限公司董事长,吸纳60多名残疾人就业,热心慈善事业,近十年捐赠善款上千万元;长期救助天津市安定医院住院治疗的精神残疾人;多年扶持本区特殊教育事业,关爱救助智残学生,同时资助30多名困难残疾人子女;出资200万元成立"杨兆兰慈善基金会",先后救助100余户困难残疾人,发放救助金超过100万元。

郑伟 男,汉族,民进会员,1964年6月生,天津市和平区文化宫副主任。他创办了天津首家"心目影院",坚持为盲人朋友讲电影,至今已坚持7年;带领志愿团队组织特色活动近60场,服务盲人2万多人次。举办了盲人电脑培训班,首创了免费服务残疾孩子和贫困家庭子女的"圆梦爱心"艺术学校,为智障孩子设立"爱心彩虹,我们同行"公共文化志愿服务项目。曾获"天津市'十一五'残疾人工作先进个人"、"天津市百名优秀志愿者"等荣誉。

残疾人之家

滨海新区塘沽残疾人服务中心 自2011年5月成立以来,为残疾人提供各方面规范、周到的服务,接待残疾人来电来访2300余人次,为残疾人提供法律援助和咨询服务286次,为5175名残疾人提供了各类医疗救助。举办了39期培训班,为847名残疾人提供了职业技能培训。举办了56场残疾人专场招聘会,172名残疾人顺利就业,组织各类别残疾人活动1437次,参加活动的残疾人达3.4万余人次。

和平区聋人协会 自2012年成立以来,坚持以人为本,为聋人群众提供优质服务。开办聋人就业技能培训班,帮助几十位聋人找到了合适的工作。举办电脑培训班,使聋人掌握网上购物、视频剪辑等电脑技能。组织聋人参观博物馆、旅游、钓鱼、棋类比赛等,丰富聋人的文化生活。积极引导聋人进行义务劳动、爱心捐款、拥军活动等,回报社会。重视聋人素质教育,开展道德文明讲座。这些努力,促进聋人更好地参与社会。

河北区第五幼儿园 于2008年成立"金摇篮早期特殊教育活动中心",以"全纳"教育理念为指导,开始了对早期特教工作的探索。先后接收23名特殊儿童,通过入户指导、个别教育、融合教育等多种形式,根据每个孩子的实际障碍类型,开展有针对性的个性化教育,满足了残疾儿童接受教育的需求,赢得了良好的社会声誉,多次接待国内外同行参观学习。

河东区残疾人联合会 在做好各种常规工作的同时,打造了一批在全市具有开创意义的工作亮点。在全市首创"残疾人诉求表达和信访代理机制",残疾人诉求和信访办结率达97%和99%,被市政府残工委在全市推广。在全市率先完成残疾人就业服务机构规范化建设,率先建立残疾人职业适应能力评估示范工作室。创办了10多个残疾人文化工作室,帮助残疾人灵活就业、网上创业。曾获"全国残疾人文化体育示范区创建区"、"全国阳光家园示范区"等荣誉。

全国残联系统先进工作者

常树亮 男,回族,1975年7月生,肢残,天津市红桥区西沽街道残疾人专职联络员。他工作热情,无私奉献,经常走访残疾人家庭,了解残疾人的需求,积极协调各相关部门,努力为困难残疾人排忧解难。他积极参加社区公益活动和义务劳动,曾多次为四川灾区、甘肃贫困地区和舟曲灾区、青海玉树灾区捐款捐物。曾获"天津市残疾人工作先进个人"等荣誉。

(刘义君供稿)

河北省残疾人事业和残疾人工作

一、领导讲话

省委副书记赵勇在省残联第六届主席团第二次全体会议上的讲话摘要 2014年2月19日

一、要牢牢把握全面深化改革给残疾人事业发展带来的新机遇

首先,抓住机遇就是要拓展残联的职能。 各级残联组织要强筋壮骨、主动有为,承担政府转移的残疾人事业管理的职能,包括参与立法、编制规划、承接政府残疾人事业发展项目等。**第二,抓住机遇就是要进一步延伸参与社会治理的深度和广度。** 残联组织作为国家治理特别是社会治理的一个重要组成部分,是社会共治共建的一支重要力量,要更加主动有为地参与到社会治理的进程中来。**第三,抓住机遇就是要进一步转变残疾人事业发展的方式。** 转变发展方式就是要走市场化、社会化、法制化的路子。该交给市场的要交给市场,能交给社会的要动员社会,把全社会各方面的力量都动员起来,解决"单打鼓"、"斗花拳"的问题。

二、要在推动残疾人事业发展中有更大的作为

一要大力弘扬残疾人自强不息的伟大精神。 残联要联合宣传部门,运用现代媒体,运用多种方式,弘扬残疾人自强不息的精神,并且把它作为河北省弘扬社会主义核心价值观的重要内容。**二要进一步提高残疾人社会保障水平。** 各级党委、政府都要把提高残疾人的社会保障水平作为改善民生的一个重要内容。扩大保障的覆盖面,同步提高保障的水平和标准,动员社会力量、动员志愿者为残疾人提供服务保障。**三要大力促进残疾人就业创业。** 推动按比例就业,逐步完善法规、完善政策,对落实按比例就业的给予鼓励,对不按比例提供就业的

给予惩戒,要有刚性约束。鼓励发展残疾人福利企业,包括盲人按摩诊所,适合残疾人做的手工等。大力发展残疾人个人创业,特别是发展适合残疾人参与的家庭手工业。**四要切实维护残疾人的合法权益。**要坚决贯彻落实残疾人保障法,依法维护残疾人的生存权、发展权。各级残联组织和政法部门、信访部门都要把维护残疾人的合法权益摆在一个突出位置、优先位置。特别是司法部门、律师团体要为依法维护残疾人权益提供法律援助,帮助他们享有公平正义。

三、要把残联组织的自身建设抓得紧而又紧

一要不断提高学习调研的能力。二要提高政策设计和制度创新的能力。三要不断提高抓基层基础的能力。四要不断提升社会化发展的能力。

省委常委、宣传部部长艾文礼在河北省自强模范暨助残先进事迹报告会上的讲话摘要

2014年6月9日

我感到报告会有"三个好":**一是时机好。**当前,正值深入学习贯彻习近平总书记在接见全国自强模范暨助残先进集体和个人表彰大会代表时的重要讲话精神,推动全省残疾人事业不断迈上新台阶的重要时期,举办这次报告会对进一步激发残疾人自强自立的拼搏精神,倡导扶残助残的社会风尚,推进公民道德建设和精神文明建设,践行社会主义核心价值观,都具有十分重要的意义。**二是主题好。**习近平总书记把自强模范的精神概括为自强不息,把助残先进的精神概括为厚德载物。以总书记这一重要概括为报告会的主题十分响亮鲜明,传承了中华优秀传统文化,体现了社会主义核心价值观的要求,叫得响、传得开、立得住。**三是内容好。**让自强模范讲述感人故事,让助残先进展现无疆大爱,他们都是用心在讲话,句句发自肺腑,字字感人至深,用大白话讲出了社会主义核心价值观的大道理,用"善行河北"的正气歌凝聚了实现中国梦的正能量。报告团五位成员精彩的报告,集中彰显了燕赵儿女身残志坚、自强自立的精神,充分体现了中华民族舍己为人、乐善好施的品格,他们是践行社会主义核心价值观的楷模,是"中国梦·赶考行"路上的典范,是"善行河北"活动中最美丽的一道风景,值得我们每一个人认真学习。

第一,让自强模范和扶残助残的先进事迹在燕赵大地传开叫响

要摆上位。各级宣传部门和新闻媒体要切实增强思想自觉和行动自觉,把宣传自强模范和助残先进的模范事迹摆上更加突出的位置,大力宣传党和政府对残疾人事业的重视支持和取得的成就,宣传残疾人事业取得的各项成果,积极营造促进残疾人事业加快发展的良好社会环境。**要浓氛围。**大力宣传残疾人自尊、自信、自强、自立的精神,宣传残疾人身残志坚、奋力拼搏、勇于创新、奉献社会的先进事迹,宣传爱心企业、社会人士扶残助残典型的感人事迹,形成理解、尊重、关心、帮助残疾人的浓厚社会氛围。**要多手段。**运用多种媒体、多种形式、多种体裁,加大对残疾人和社会助残人士典型事迹的发现、挖掘、宣传力度,用身边人说身边事,用身边事教育身边人,让人们看得见、摸得着、学得来,以先进典型为引领,引导人们努力创造更加美好的生活。**要接地气。**组织采编人员深入残疾人朋友的实际生活,走入他们的精神世界去采访采风,深入扶残助残第一线去书写感动,特别是要站在残疾人的角度策划选题、获取素材,多考虑残疾人的所思所想所盼,多关照残疾人的内心感受,推出一批打动人心、感动社会、催人奋进的精品佳作。

第二,让广大残疾人朋友共享人生出彩、梦想成真的机会

一要成为人格上的"高尚人"。要有正确的世界观、人生观、价值观。"立德",即树立高尚的道德;"立功",即为国为民建立功绩;"立言",即提出具有真知灼见的言论。残疾人实现个人的价值与追求,就要从现在做起,从小事做起,为建设三个河北,为实现中华民族伟大复兴的中国梦,贡献自己的力量。要有崇高的个人理想。理想是一个人追求和奋斗的目标。我们要像自强模范那样,用自己的理想指引自己勇敢前行。要不断提升素养。"腹有诗书气自华"。要加强学习和自我修养,多读书,读好书,通过学习提高自己的综合素质。**二要成为意志上的"坚强人"。**要始终保持积极向上的状态。要始终具有坚持到底的恒心。人们常说,生命力的意义在于拼搏,因为世界本身就是一个竞技场。只有怀着奋发进取的"坚持",才能实现生命竞技场的"双赢"。**三要成为生活上的"乐观人"。**要自尊,始终怀有"天生我材必有用"的胸襟,不因为身体上的缺陷而出现人生的塌陷。殊不知,上天给你关闭一扇门,必定为你打开一扇窗,只要努力去寻找、去追求,我们不会比健全人差,甚至能比他们做得更好。要自信。实践证明,信心比黄金还重要。相信有党和政府的关心,有社会各界的帮助,再加上残疾人朋友自身的努力,我们的明天一定会更加美好。要自立。劳动是最美丽的人。要充分运用自己的特长和技能,做自己喜欢和擅长的工作,通过自己的劳动过上快乐的生活,最大限度地实现自己的人生价值。

第三，让全社会扶残助残的正能量越聚越多、越聚越大

各级党委、政府要勇担当。带着感情，带着责任，把残疾人工作纳入发展大局、摆上重要位置，切实加强对残疾人事业的财力统筹和经费保障，建立残疾人事业经费投入与经济发展同步增长机制，保障残疾人事业健康快速发展。**各级职能部门要抓落实。**进一步加大工作力度，确保对残疾人的政策、资金、项目等各方面要求落到实处，使广大残疾人更有尊严地生活、更有体面的工作、更加全面地发展，提高残疾人的幸福指数，让他们同全省人民一道，共拥一片蓝天，共享发展成果。**各级社会团体要齐参与。**工会、共青团、妇联等人民团体和老龄协会等社会组织要发挥各自优势，积极参与和支持残疾人事业，在着力维护残疾职工、残疾青年、残疾妇女、残疾儿童和残疾老人合法权益的同时，组织动员广大志愿者积极投身扶残助残事业，形成扶残助残的强大合力。**各级志愿服务组织要有作为。**奉献，是志愿服务精神的精髓。开展志愿服务，不仅是提供服务，更要向社会传送一种舍己为人、乐善好施的高尚品质。要认真贯彻落实省委《关于全省共产党员广泛参与志愿服务活动的意见》，充分发挥各级党组织和党员作用，将残疾人作为重点志愿服务对象，将扶残助残作为志愿服务活动重要内容，针对残疾人实际需求开展心贴心、零距离的志愿服务。**各级残联要尽好责。**想残疾人之所想，急残疾人之所急，把好事办到残疾人的心坎上，使各级残联建成为温馨可靠的残疾人之家，亲密无间的残疾人之友。

二、政策法规文件

中共河北省委、河北省人民政府关于推进新形势下残疾人事业发展的意见

2014 年 6 月 26 日

一、总体要求（略）

二、健全残疾人社会保障制度，提高残疾人社会保障水平

（一）**保障贫困和重度残疾人基本生活。**织牢保障困难群众基本生活的安全网，建立最低生活保障残疾人信息识别制度，对符合当地低保条件的贫困残疾人，实现应保尽保；对低保家庭中的重度残疾、一户多残、老残一体等特殊困难家庭要给予特殊倾斜，采取多种措施进一步提高救助水平。

（二）**保障残疾人医疗、养老、住房等基本需求。**按规定落实和完善贫困残疾人参加社会保险保费补贴政策，实现残疾人社会保险全覆盖。建立多层次的医疗保障体系。建立重性精神病人基本药物和治疗救助制度。制定病残津贴实施办法。将城乡低收入住房困难残疾人家庭纳入城乡基本住房保障范围。

（三）**保障残疾人辅助器具适配、照料服务等特殊需求。**加快推动建立贫困残疾人适配基本型辅助器具补贴制度。健全残疾人长期照料服务体系。建立残疾人托养补贴制度和托养服务网络。要针对不同年龄段残疾对象，实施养育、康复、教育、就业相配套的综合性扶持政策。

（四）**提高残疾人社会福利待遇。**制定残疾人家庭生活用电、水、气、暖费用补贴制度。建立聋人、盲人信息消费补贴和聋人手语翻译服务补贴制度。将残疾人出行纳入城市公共交通补贴范围，由各级财政给予补贴。完善残疾人机动轮椅车燃油补贴制度。残疾人免费进入公园等公共文化体育设施。

三、扶持残疾人就业创业，促进残疾人增收

（一）**依法推进残疾人按比例就业。**积极开发适宜的就业岗位，推进各类用人单位按比例安排残疾人就业。安置残疾人未达到规定比例的事业单位，要建立定向招聘制度。建立党政机关残疾人公务员实名制统计制度。建立用人单位按比例安排残疾人就业公示和奖励制度。依法对未达到安置比例的用人单位征收残疾人就业保障金。

（二）**促进残疾人集中就业。**扶持适合残疾人就业的行业和产业发展，培育残疾人集中就业的生产企业和服务企业。制定同等条件下政府优先采购集中安排残疾人就业单位产品和服务政策。扶持盲人按摩服务业，促进盲人按摩规模化、品牌化。推进残疾人就业园区建设，培育残疾人文化创意产业基地。落实对残疾人集中就业单位的税收政策。

（三）**扶持残疾人自主创业和其他方式灵活就业。**设立残疾人创业基金。开拓残疾人网络就业、社区就业、居家就业等就业模式，并对符合条件的残疾人给予社会保险补贴。重点发展残疾人家庭手工业，建立完善的残疾人家庭手工业服务体系。探索制定智力、精神和重度残疾人辅助性就业扶持性政策。鼓励创办各类残疾人就业创业孵化基地。探索制定扶持残疾人兴办企业贴息和补贴办法。

（四）**加强残疾人职业培训、就业服务和劳动监察。**保障有就业需求的残疾人都能得到有针对性的职业培训和就业服务。建立健全残疾人就业援助制度。加强

劳动保障监察执法，切实维护残疾人劳动权益。

（五）**加强农村残疾人扶贫开发**。纳入精准扶贫工作机制和贫困监测体系，建档立卡登记，实行精准扶贫。开展农村贫困残疾人实用技能培训，确保每个贫困残疾人家庭至少有1名劳动力掌握1至2项实用技术。组织带动农村残疾人家庭参与合作经济，并保障其财产权利和合法收益。

四、健全残疾人基本公共服务体系，促进残疾人融合发展

（一）**实现残疾人"人人享有基本康复服务"**。将残疾人社区康复纳入城乡基层医疗卫生机构考核目标，认真落实国家基本公共卫生服务项目。建立社区医生与残疾人服务契约关系，依托社区服务机构为残疾人提供服务。建立医疗机构与残疾人康复服务机构双向转诊制度和康复医师多点执业工作机制，实现分层级医疗、分阶段康复，提高残疾人康复服务的可及性和有效性。

（二）**提高残疾人教育水平**。为送教上门教师提供工作、交通补贴，对在普通学校承担残疾学生随班就读教学和管理工作的教师绩效工资分配予以适当倾斜。开展孤独症儿童少年特殊教育学校（部）建设试点。积极推进残疾学生高中阶段免费教育。建立河北省特殊教育学院。进一步研究提高特殊教育学校和普通学校附设特教班的专任教师待遇水平。

（三）**丰富残疾人文化体育生活**。省、市和具备条件的县级政府设立的电视台应当开办配播手语的新闻节目，并在播出电视节目时加配字幕。每个乡镇（街道）至少配备1名残疾人体育健身指导员，每个县（市、区）至少建设1个残疾人体育健身示范点。

（四）**全面推进城乡无障碍环境建设**。鼓励研发适合残疾人出行的代步工具，交通运输、公安机关交通管理等部门要为残疾人出行提供便利条件。完善信息交流无障碍建设和金融、旅游等行业无障碍服务。普及药品、食品信息识别无障碍。推进政府信息公开无障碍。

五、健全残疾人法律服务体系，切实保障残疾人合法权益

（一）**加强残疾人事业法制建设**。
（二）**开展残疾人法律救助**。
（三）**保障残疾人基本诉求及时解决**。

六、建立和完善促进残疾人事业可持续发展的体制机制

（一）**建立残疾人事业投入增长机制**。
（二）**加强残疾人基础服务设施建设**。加强残疾人康复和托养、特殊教育等设施建设。到2018年，基本形成政府、社会、市场三位一体的残疾人生存发展基础设施建设体系框架。

（三）**支持残疾人服务机构发展**。加强残疾人服务机构管理，完善相关管理制度。非营利性残疾人服务机构建设和运行在营业税、自用房产税、城镇土地使用税、行政事业性收费等享有与养老服务机构同等的优惠扶持政策，用水、用气、用电按居民生活类价格执行。

（四）**加快残疾人专业人才队伍培养**。积极引进高素质的专业技术人才和专业服务人才，建立专业人才库。设立残疾人服务相关职业，建立完善残疾人服务专业技术人员和技能人员能力水平评价办法。

（五）**建立残疾人志愿者服务体系**。成立河北省残疾人服务志愿者使团，各设区市和省直管县（市）设分团。建立社会志愿者注册系统平台，建立省、市、县（市、区）、街道（乡镇）、社区（村）联络站（点），设立志愿者服务专呼电话，为残疾人提供有效服务。

（六）**加强残疾人工作信息化建设和基础研究**。加快残疾人基础数据库建设，实现与民政、劳动社会保障等信息系统的数据共享。

（七）**充分发挥社会力量和市场机制作用**。加快培养为残疾人服务的社会组织，鼓励和支持更多的企业、机构参与残疾人服务业。大力发展残疾人慈善事业。建立助残指导员队伍。

（八）**促进城乡区域残疾人事业均衡发展**。在新型城镇化进程中，要确保把符合条件的农业转移人口中的残疾人转为城镇居民。

（九）**加强各级残疾人组织建设**。
（十）**加强组织领导**。

河北省人民政府残疾人工作委员会工作规则

冀政残工委〔2014〕2号

第三章 工作制度

十二、实行残工委成员单位为残疾人办实事制度。各成员单位要按照《河北省人民政府残疾人工作委员会成员单位职责分工》的要求，各负其责，将残疾人工作切实纳入本部门年度工作计划和议事日程，每年每个残工委成员单位至少为残疾人办一件实事。

十三、实行残工委成员单位、残工委主任述职制度。省政府残工委成员单位每年年底要向省政府残工委书面述职，报告工作开展情况和职责范围内的各项残疾人工作落实情况。

十四、实行残工委成员联系残疾人制度。省政府残工委每位成员每年联系十户以上残疾人，了解残疾人的实际状况，帮助残疾人解决实际困难和问题。

十五、实行残工委成员调研制度。省政府残工委每位成员要结合部门工作，每年对残疾人生产生活、教育、就业、康复、扶贫开发等有关情况开展调研，结合走访调研情况，形成有价值的调研报告，报残工委办公室。

十六、省政府残工委办公室根据工作需要，组织安排残工委成员参加残疾人事业的重大活动、督导检查残疾人工作等。

河北省残疾人联合会关于印发《河北省贫困重度残疾人生活补贴实施办法》的通知

冀残联〔2014〕43号

一、补贴对象及标准

（一）补贴对象。同时具备下列条件的残疾人：

1. 具有河北省常住户籍，持有第二代中华人民共和国残疾人证，且残疾等级在二级以上（含二级）的视力、肢体、智力、精神、多重残疾人；

2. 残疾人本人享受最低生活保障。

（二）补贴标准。符合上述条件的残疾人按照每人每月50元的标准发放生活补贴，省补贴25元，设区市、县（市、区）补贴25元。

已实施贫困重度残疾人生活补贴制度的地区，补贴范围和标准，在原规定基础上，只可叠加，不能冲抵；补贴对象范围和标准将随着经济社会发展水平和城乡低保标准的调整适时进行调整。

二、申请、审核、审批程序

（一）个人申请。符合条件的残疾人需由本人或其代理人提出申请，如实填写《河北省贫困重度残疾人生活补贴申请审批表》（一式三份，以下简称《审批表》），并提供户口簿、身份证、二代残疾人证及低保证等证件，提交证件复印件。

（二）村（居）民委员会初审。受乡（镇）政府（街道办事处）委托的村（居）民委员会在5个工作日内完成对申请人的实际情况核实。符合条件的，在村务公开栏或社区居委会公开栏公示5个工作日，公示无异议的，在《审批表》上签署意见，连同申请人提供的相关材料复印件报乡（镇、街道）残联审核。不符合条件的，书面通知申请人并告知原因。

（三）乡（镇）街道残联审核。乡（镇、街道）残联在收到申报材料7个工作日内完成审核。符合条件的在《审批表》上签署意见，连同相关材料一并报县（市、区）级残联审批。不符合条件的，书面通知村（居）民委员会并告知原因。

（四）县（市、区）残联审批。县（市、区）级残联收到申报材料10个工作日内，借助残疾人证、低保证等信息管理系统，完成对申报对象材料的审核、调查和审批工作。符合条件的在《审批表》上签署审批意见，并填写《河北省发放贫困重度残疾人生活补贴核定人员明细表》，报市残联汇总备案。不符合条件的，书面通知乡（镇、街道）残联并告知原因。

三、资金的筹集、发放

（一）资金的筹集。发放贫困重度残疾人生活补贴所需资金由各级财政预算安排。财政直管县由省和县（市）财政各负担50%；其他县（市、区）由省和设区市、县（市、区）各负担50%，设区市和县（市、区）的具体负担比例由各地自行确定。各地可根据实际情况扩大补贴范围和提高补贴标准，所需资金由设区市、县（市、区）承担。

（二）资金的发放。每年年初由县（市、区）财政部门会同同级残联按核定的补贴人数和标准确定分配方案。残疾人生活补贴资金实行社会化发放，由县（市、区）财政部门根据同级残联提供的《河北省发放贫困重度残疾人生活补贴核定人员明细表》和确定的补贴标准，按季度将补贴资金拨付到代发银行或其他代发金融机构，由代发机构将资金发放到补贴对象，并注明"贫困重度残疾人生活补贴"。

河北省人民政府政府关于完善城乡居民基本养老保险制度的实施意见

冀政〔2014〕69号

从2014年起，个人缴费标准由过去10档次调整为13档次；城乡居民基本养老保险基金由个人缴费、集体补助、政府补贴构成。自2015年1月起，河北省将在中央基础养老金的基础上，为符合领取条件的参保人每人每月增加5元，达到60元。

新出台的基本养老保险制度中，对残疾人给予了政策倾斜：1. 在资金补贴中，政府为参保的重度残疾人每人每年代缴的养老保险费，由每年81元提高至每年100元。为重度残疾人代缴养老保险费所需资金，由省、设区市、县（市、区）按1∶1∶1的比例分担，省财政直管县（市）所需资金设区市负担部分由省级财政负担。2. 鼓励设区市、县（市、区）政府为长期缴费、选择较高档次标准缴费的参保人和重度残疾人适当增加政府补贴金额。

河北省残疾人联合会关于大力促进全省残疾人家庭手工业发展的意见

冀残联〔2014〕20号

一、充分认识发展残疾人家庭手工业的重要意义（略）

二、指导思想和基本原则（略）

三、目标任务（略）

四、方法措施

（一）选择适合残疾人家庭发展的手工业生产项目

各地结合特色产业和文化传承，搜集适宜家庭手工制作、具有市场销路、受群众喜爱的产品项目，筛选出一批适合残疾人家庭手工生产品种，发布残疾人家庭手工业产品推荐目录，供残疾人选择。各级残联及劳动服务机构要将发展家庭手工业纳入就业指导重要内容，做好项目引导，帮助残疾人根据当地原料、销售渠道等情况及自身条件选择合适的生产项目。

（二）选好发展残疾人家庭手工业的带头人

发展残疾人家庭手工业，选好带头人至关重要。要注重培养、选择一批长期从事各类手工产品生产或营销，企业具有一定规模、科技水平和经济效益，在残疾人群众中影响力强、有威望，热心为残疾人服务的残疾人企业家作为发展残疾人家庭手工业的带头人，发挥其在示范引导、组织联络、市场拓展等方面的优势和作用，通过领办和创办专业合作组织，将残疾人组织起来，共同发展家庭手工业。

（三）培育扶持一批残疾人家庭手工业产业基地

在确定产品项目的基础上，依托产品生产企业确立一批产业基地（每个县至少选择一个以上的项目，成立一个以上的基地），依托基地为残疾人及家庭提供手工技能培训、原材料供应、生产指导及产品回收、销售等服务。各产业基地可根据需要在社区或村设置加工联络指导站（点），便于技能培训、原材料发放、产品验收及销售等。各级残联可根据基地安置、带动残疾人的规模、效果等，在设备、资金、场地等方面给予一定的支持。

鼓励基地通过实物入股、技术入股、资金入股等多种方式吸收残疾人家庭参与。基地要与残疾人家庭通过签订委托加工合同和产品购销合同，把适于残疾人居家加工的产品、工序委托残疾人进行家庭制作。

（四）搞好残疾人家庭手工业技术培训等服务

各级残联及劳动服务机构要以职业院校、产业基地、各类职业培训机构为载体，建立手工业产品生产、加工技能培训体系，科学制订培训计划，开展定向性、订单式等有针对性的技能培训和辅导，把手工业产品生产、加工的基本技术传授给残疾人及其家庭成员，提高从业人员的技术水平和基本素质。培养一批技艺精、素质高的残疾人手工艺人才队伍。

（五）多渠道促进残疾人家庭手工产品销售

1. 搭建覆盖城乡、便捷高效、资源共享的家庭手工业信息服务平台。利用残疾人就业服务和公益性信息服务网络建立全省统一的残疾人手工产品信息发布、产品销售系统，发布残疾人家庭手工产品销售信息。健全、完善全省残疾人劳动服务系统就业服务网。鼓励私营信息服务机构为残疾人家庭手工业在供求信息等方面提供优质服务。

2. 结合当地特色产业，鼓励机构、企业、经纪人牵头为当地残疾人家庭手工产品开展营销，创建名牌，开拓市场。

3. 借助地方旅游资源，将具有地方特色的原生态手工产品与成熟的商业包装相结合，在保持传统手工艺的基础上，加强产品系列化、设计新颖化，针对高中低端不同需求，开拓旅游纪念品市场。

4. 协调当地政府部门建立专业化的产品交易市场，通过举办产品博览会、贸易洽谈会、招商引资会等活动，加强对残疾人手工业产业的宣传，充分发挥媒体作用，扩大宣传推广覆盖面。依托大型商场、超市，开设残疾人手工产品专区、专柜。通过整合各方面资源，疏通残疾人手工产品市场渠道。

5. 以全省残疾人劳动技能大赛等活动为载体，举办各类残疾人手工产品工艺竞赛，以赛代学、以赛代销。

五、组织保障

（一）强化政策、资金支持（略）

（二）加强残疾人家庭手工业产业组织引导

成立由手工业产业基地（龙头企业）、优秀残疾人企业家、残疾人及其家庭成员、技术研发机构、培训机构、残疾人工作者、残疾人志愿者、慈善家等自愿组成的省残疾人家庭手工业协会，设立市、县分会和行业分会。制定全省统一的行业规范和标准，规范企业经营行为，避免行业内部恶性竞争；引导企业进行商标注册，培育壮大知名品牌，统筹生产、销售、培训和网络运营管理，促进残疾人家庭手工业产业健康发展；为残疾人及其家庭发展手工业生产提供咨询、策划、设计、协调等服务；在推荐项目、解答相关政策、专业知识、先进经验等方面为残疾人家庭手工业产业发展提供帮助；负责组织大型残疾人手工品展销活动；接受社会捐赠；帮助维护残疾人及其家庭合法权益；开展制约残疾人家庭手工业发展问题的调查研究；广泛联系社会各界，取得社会各界的支持与帮助。

（三）大力促进残疾人家庭手工业龙头企业发展

要引导、帮助、扶持相关企业通过收购、兼并、参股等形式，整合家庭手工业项目，组建具有较大生产规模、拥有自主品牌和销售网络的龙头企业，统筹生产销售。龙头企业与技术研究机构或高等职业技术培训院校开展合作，重点进行产品开发、工业设计、技术改进、降低成本及市场拓展等，将手工业生产环节转移给残疾人家庭，使龙头企业与残疾人家庭有效结合，带动家庭手工业做大做强。

（四）加大宣传力度，为残疾人家庭手工业发展营造良好氛围（略）

邯郸市残疾人保障办法

邯郸市人民政府令第150号

第一章 总 则

第六条 市、县、乡级人民政府应当加强村、社区残疾人协会建设。逐步采取政府购买公益性岗位等方式，在村、社区的残疾人协会配备残疾人专职委员。

第七条 市、县级人民政府应当将残疾人事业经费列入同级财政预算，并逐年加大投入。

市、县级人民政府在社会福利、体育彩票公益金本级留成中，应当安排一定比例的资金，用于发展残疾人事业。福利彩票按不低于上年度本级留成的10%安排。

第二章 预防与康复

第十六条 市、县级人民政府有关部门应当将残疾人康复项目纳入社会医疗保险范围。大病救助、医疗补助优先照顾残疾人。

参加城镇居民医疗保险、新型农村合作医疗的贫困残疾人应当提高住院报销比例20%以上，住院费起付标准应当降低30%以上，具体标准由市、县级政府另行制定。

市、县级民政部门对符合医疗救助条件的残疾人，逐步降低或取消医疗救助起付线，政策范围内住院自付费用救助比例不低于50%。

市、县级人民政府对享受医疗保险、社会救助等待遇后仍有困难的残疾人，应当提供特别救助和康复治疗补助。

公共医疗机构对残疾人就医优先照顾，对贫困残疾人免收挂号费和注射费，减收不低于5%的治疗费、10%的检查费、50%的住院床位费、30%的手术费。

第三章 教育培训

第二十条 市、县级人民政府应当从残疾人就业保障金中安排一定比例的资金，用于特殊教育学校、残疾人培训托养基地和残疾人职业培训定点机构，开展各种残疾人职业教育与培训。

第二十一条 市、县级人民政府应当有计划地培养、培训特殊教育师资，提高教师的教学水平。有条件的普通师范院校应当开设特殊教育课程，设置特殊教育专业。

鼓励和支持教师从事特殊教育工作，同等条件下其职称评定、晋级、业务培训应当优先。特殊教育的教职工和从事残疾人工作的手语、盲文翻译享受特殊教育岗位津贴，按其本人岗位和薪级工资之和25%核定发放；工作连续满十年，或累计满十五年的，其享受的特殊教育岗位津贴纳入退休费计发基数，发给特殊教育荣誉证书。

第四章 劳动就业

第三十四条 市、县级人力资源社会保障部门对持有就业失业登记证，并且有创业愿望、具备创业条件的残疾人进行免费创业指导、创业培训、开业指导、信息查询、咨询服务、企业诊断等"一条龙"创业服务；对符合小额担保贷款条件的创业者，可提供最高不超过5万元（妇女8万元）贷款；对合伙经营的，可根据人数适当扩大贷款规模，但最高不超过15万元贷款；劳动密集型小企业，当年新招用持就业失业登记证人员达到现有职工总数30%（超过100人的企业达到15%），并与其签订1年以上劳动合同，缴纳社会保险费的，可享受最高不超过200万元的小额担保贷款扶持。

第五章 文化生活

第四十条 市、县、乡级人民政府和有关部门应当积极创造条件，鼓励、帮助、支持村（社区）和残疾人较多的单位兴办残疾人文化、体育、娱乐活动场所，根据残疾人的不同特点和需求，开展有益于残疾人身心健康的文体娱乐活动，丰富残疾人精神文化生活。

有工作单位的盲人，所在单位应当免费为其订阅一种盲文读物；无工作单位的，由县级残疾人联合会组织赠阅盲文读物。

第四十四条 残疾人持残疾人证可以免费进入动物园、博物馆、纪念馆、科技馆、美术馆、图书馆、展览馆、体育场（馆）、文艺中心和旅游景区等公共场所。

一级、二级重度肢体残疾人、盲人、智力残疾人、精神残疾人允许一名陪护人员免费进入以上公共场所。以上公共场所实行政府定价、政府指导价管理的缆车、游园车等交通工具，对一级、二级重度残疾人免费，对其他残疾人减半收取费用。

第六章 社会保障

第四十六条 市、县、乡级人民政府对靠父母或者其他亲属供养的成年精神、智力和其他重度残疾人,经本人或者其供养人申请应当单独纳入城乡居民最低生活保障范围。

市、县、乡级人民政府对纳入最低生活保障范围的残疾人家庭,提高不低于10%的最低生活保障金。对享受城乡最低生活保障待遇后生活仍有困难的,由县级民政部门给予救济。对一户多残、老残一体等特殊困难家庭和低收入残疾人家庭,实行临时救助。

对贫困重度残疾人给予每人每月不低于50元生活补贴。所需资金除省负担的外,由市、县级财政共同负担。

第五十二条 残疾人持残疾证,免费办理公交优抚卡,免费乘坐市内公共交通工具,免费携带随身必备的辅助器具。具体办法由市残疾人联合会会同交通运输部门制定。

残疾人凭残疾人证安装有线电视、互联网,凡安装地点与居住地点一致的,应减免不低于50%的有线电视基本收视维护费或上网费。

三、工作综述

2014年,河北省各级残联认真学习贯彻党的十八大、十八届三中、四中全会以及习近平总书记系列重要讲话精神,按照省委统一部署,紧紧围绕"三个河北"建设总目标,大力加强残疾人社会保障和服务体系建设,认真贯彻落实省委各项决策部署,在重点工作上积极探索创新,残疾人事业取得新的进步和发展。

(一)残联组织和干部队伍建设

用习近平总书记系列重要讲话精神武装头脑、指导实践、推动工作。河北残联把学习贯彻习近平总书记系列重要讲话精神作为一项长期的重要政治任务,作为思想建党的首要内容常抓不懈。在深刻领会讲话的核心思想和精神实质、始终保持正确立场和方向的同时,把学习贯彻讲话精神同研究解决残疾人最关心、最直接、最现实的利益问题和残疾人事业发展的重大问题结合起来,创造性地提出符合河北省经济社会发展大局、符合全省残疾人工作实际的工作思路和具体措施,推动党的最新理论成果在残疾人工作领域落地生根。

大力加强领导班子和干部队伍建设。省残联党组将"坚定理想信念,树立正确的政绩观,坚持正确用人导向,营造清正清廉清明新风"作为班子和队伍建设重中之重的任务紧抓不放,不断创新载体、突出特色、完善机制,收到明显成效。通过在省委党校举办机关干部、市残联领导班子成员、县残联一把手培训班,继续开办"周五大讲堂"等多种形式,持续强化党员干部的理论、业务学习。开展"追寻先烈的足迹"等形式多样的主题教育活动,使广大党员干部心灵得到净化,境界不断提升,精神面貌焕然一新,"讲政治、学业务、守纪律、做贡献"在省残联机关蔚然成风。市、县残联的思想工作作风也得到改进和加强。

大力抓制度和作风建设。省残联党组在2013年教育实践活动中制定出台36项规章制度的基础上,2014年又制定出台了《关于进一步加强残联系统干部队伍建设的意见》等25项制度,并针对省残联廉政风险点实行分级管理,制定了21项防范管理办法。全省认真落实残联机关干部联系残疾人和开展基层调研两项制度。2014年先后组织两次集中调研活动,形成调研报告40余篇,为正确决策提供了依据。同时,结合"善行河北·志愿助残"活动、残疾人基本信息和基本需求情况专项调查,省残联党组成员带头,以机关和各直属中心党支部为单位开展志愿助残服务,全面了解、掌握残疾人状况,拉近了与残疾人的距离,增进了与残疾人的感情。

(二)残疾人事业发展迈出新步伐

大力抓政策推动,为残疾人事业发展和残疾人民生改善提供体制、机制保障。在省委省政府支持下,2014年6月,在全国第一个以省委省政府名义出台了《关于推进新形势下残疾人事业发展的意见》,为残疾人全面小康做出了全面、系统安排。经过积极努力,推动民政部门落实《河北省实施〈中华人民共和国残疾人保障法〉办法》关于成年重度残疾人单独纳入低保的规定;推动财政、卫生等部门出台了《河北省贫困重度残疾人生活补贴实施办法》和《河北省贫困残疾儿童康复救助实施办法》,2014年对全省13.48万名一、二级贫困重度残疾人按每人每月50元发放生活补贴,对1000名符合救助条件的0—6周岁贫困残疾儿童提供抢救性康复训练补贴,实现了河北历史上的突破。

积极参与省政府《河北省基本公共服务体系行动计划(2013—2015年)》起草工作,起草并完善了"残疾人基本公共服务"专章,对残疾人基本公共服务的内容、任务、标准等都予以明确,并在国家相应政策基础上实现了多项突破。7月,省政府出台《关于完善城乡居民基本养老保险制度的实施意见》,明确参加基本养老保险的重度残疾人每人每年100元保费全部由财政代缴。省残联与省委组织部、省人社厅、省编办等部门联合出台了《关于党政机关、事业单位安置残疾人就业的实施意见》,明确提出2015年前省级政府残工委主要成员单位都要安置一名以上残疾人就业等要求。

大力整合各方面力量,推动形成共同支持残疾人事业发展的强大合力。以河北省人民政府残疾人工作委员会印发《关于在成员单位中开展为残疾人办实事"阳光行动"的实施意见》，要求残工委成员单位围绕解决残疾人生活保障、康复、教育、就业、扶贫、维权等方面困难和问题，每年为残疾人至少办一件实事。住建部门加快实施农村残疾人危房改造，2014年完成4000户危房改造工作。省委宣传部在全省开展"新闻媒体助残活动"，为残疾人工作开展营造良好的舆论氛围；省文化厅在全省开展"图书馆助残活动"、"博物馆助残活动"，免费向残疾人开放、讲解，丰富了残疾人的精神文化生活。省金融办开展"金融助残"活动，切实改善对残疾人的金融服务，为残疾人就业创业提供不同形式的资金支持。省民进开展"民进助残"系列活动，充分发挥民进师资优势，通过签订助残协议、举办特教学校教师培训班、为不便入学的残疾儿童提供"送教上门"等活动为残疾人接受教育提供帮助。省交管局开展"交警助残"活动，切实帮助残疾人解决生产生活及交通出行中存在的实际困难，改善残疾人出行难的状况。

大力培树先进典型，形成助力践行核心价值观的强大社会正能量。在第二十四个全国助残日前夕，省委宣传部、省文明办、省残联、团省委、省工商联、河北人民广播电台共同举办"善行河北，助残圆梦，让我加入你的梦——河北省助残志愿者使团成立暨第二十四次全国助残日大型公益活动"，围绕"善行河北"、"中国梦·赶考行"等主题实践活动，结合部门职能特点，开展了具有残联特色的"善行河北·志愿助残"、"中国梦·自强行"等活动，在社会上积极倡导扶残助残新风尚，努力营造关心、支持、帮助残疾人的浓厚社会氛围。大力培树残疾人自强模范和扶残助残先进典型。省委召开自强模范暨扶残助残先进表彰座谈会，省文明办、省直工委、省教育厅、团省委、省残联等五部门，共同举办自强模范暨助残先进事迹巡回报告会活动，残疾人自强模范和助残先进典型深入到全省各地巡回宣讲7场，大力弘扬"自强不息、厚德载物"的传统美德，广泛宣传自强模范身残志坚、自立自尊、拼搏奋斗的精神，引起强烈反响，传递和激发了正能量。

大力推进志愿助残服务。积极传播人道主义思想和志愿助残服务理念，成立了河北省助残志愿者使团，全省5000名残疾人工作者率先注册为助残志愿者。截至2014年年底，省残联志愿者注册平台系统已招募注册志愿者107037名。开展"善行河北·志愿助残"系列活动，举办"善行河北·助残圆梦"以及"健康快车"等多种形式的公益助残活动。大力开展助残募捐活动，推出了河北省第一个助残慈善捐赠品牌"善立方"，联合省工商联开展了"善立方"助残募捐活动，2014年共募集善款、物资2746.66万元，为1万余名残疾人提供了助行、助听、助视、助教、助健和扶贫项目服务。省残疾人福利基金会"善立方"品牌荣获全国"自主创新公益项目奖"。

大力推动京津冀残疾人就业协作。积极倡导建立了京津冀残疾人就业服务协作区，承办了首届京津冀残疾人就业洽谈会，2500多名残疾人签订招聘协议，实现河北省残疾人家庭手工业协会与京津相关机构对接，大型高端企业与河北残疾人就业服务机构签署集中输送残疾人就业合作协议，还签署了京津冀公共服务机构、残疾人就业服务机构长期合作协议和河北省残疾人培训基地定向为京津企业输送残疾人就业的合作协议，取得丰硕成果；举办首届京津冀残疾人特殊才艺展能交流活动，使京津冀就业协作领域更加广泛、深入、务实。

(三) 康复工作取得明显成效

社区康复服务覆盖面稳步扩大。在36个市辖区、138个县（市）的2.99万个社区（村）开展了社区康复工作，占社区（村）总数的59.1%；已建社区康复站的社区累计达1.73万个，配备社区康复协调员3.98万，为191.6万名残疾人建立了社区康复服务档案，占辖区残疾人总数的45.7%，接受过社区康复服务的残疾人累计达39.7万。

积极开展残疾康复。全年为1.2万名贫困残疾儿童购置辅助器具和康复训练提供补贴，免费为全省263名重度聋儿植入人工耳蜗并提供1年术后康复训练，为200名0—6岁贫困聋儿适配助听器并实施听力语言康复训练，为40名0—6岁贫困聋儿适配助听器，为862名脑瘫儿童、540名孤独症儿童、525名智障儿童实施免费康复训练，为515名18周岁以下贫困肢体残疾儿童实施矫治手术、装配矫形器及康复训练，为540名贫困聋人适配助听器，为5800名贫困精神病患者服药或住院给予救助。同时，为贫困残疾人免费适配辅助器具3.1万余件，装配矫形器537例，装配假肢904例。

积极做好残疾预防工作。在石家庄市开展残疾儿童随报及早期康复工作试点，探索建立早预防、早筛查、早转介、早治疗、早康复的工作机制。2014年，全省2个市级、37个县级医疗卫生机构陆续开展残疾儿童筛查工作，年度新诊断0—6岁残疾儿童858人；举办儿童残疾预防宣传活动155次，发放儿童残疾预防宣传材料11.8万份；建立残疾儿童家长学校53个，全年开展家长学校活动153次，参与的残疾儿童家长人数达4273人次。

(四) 教育工作得到积极发展

省残联与河北广播电视大学联合成立"特殊教育

学院"，免费为残疾人提供中等学历教育和职业技能培训，2014年春、秋两季共招收注册学员达900余人。

实施残疾人事业专项彩票公益金助学项目，为613人次家庭经济困难的残疾儿童享受普惠性学前教育提供资助；专项彩票公益金助学项目资助新入园学前残疾儿童265名。

开办特殊教育普通高中班（部）13个，在校生434人；残疾人中等职业学校（班）4个，在校生118人，毕业生73人，其中12人获得职业资格证书。全省有406名残疾人被普通高等院校录取。

（五）就业工作稳步推进

残疾人就业规模总体保持稳定。城镇新增就业1.1万残疾人，到2014年年底，城镇残疾人实际在业人数1.96万人；88万名农村残疾人实现稳定就业。

残疾人职业培训基地达到203个，其中残联兴办46个，依托社会机构兴办157个，帮助2.5万人次城镇残疾人接受职业培训，4.97万人次农村残疾人接受实用技术培训。

全省残联系统启动"助力圆梦"帮残疾人就业（创业）办实事活动，为残疾人就业创业提供"零距离"、"保姆式"服务。围绕河北省特色产业，成立河北省残疾人家庭手工业协会，在全省建立种养殖、工笔画、剪纸、内画、编织等216个残疾人职业技能培训基地，年培训残疾人5万余人。会同省人社厅分别举办国有企业和民营企业两场残疾人就业岗位对接专场招聘会，82家国有企业、114家民营企业参加招聘会，两场招聘会进场求职的残疾朋友累计近3000人次，共有1800余人达成就业意向，就业意向率为62%。

盲人按摩事业稳步发展，按摩机构迅速增长。2014年度培训盲人保健按摩人员711名、盲人医疗按摩人员804名；保健按摩机构达到441个，医疗按摩机构达到57个；在专业技术职务资格评审中，分别有16人和89人通过盲人医疗按摩人员中级和初级职称评审；1065名盲人按摩人员就业，扶持265名特困盲人按摩师实现就业。

（六）社会保障工作得到进一步夯实

新型农村和城镇居民社会养老保险统一合并实施，已有122万城乡残疾居民参保，参保率83.65%。在60岁以下的参保残疾人中有16.83万重度残疾人，其中16.07万人得到政府的参保扶助，代缴补贴比例达到95.46%；16.31万非重度残疾人也享受到全额或部分代缴的优惠政策。领取养老金的人数达到37.24万。

城镇残疾职工参加养老保险的有15.86万人，参加医疗保险的有16.58万人；6.77万城镇残疾人和34.44万农村残疾人被纳入最低生活保障范围；城镇集中供养残疾人和农村五保供养残疾人分别达到3216人和2.38万人；14.2万和9040名符合条件的城乡残疾人分别享受到稳定的生活补贴和护理补贴；4.67万城乡残疾人得到其他救助救济。

残疾人托养服务工作规范推进，到2014年年底，残疾人托养服务机构达到192个，共为7172名残疾人提供托养服务。其中寄宿制托养服务机构70个，日间照料机构34个，综合性托养服务机构88个。在以上机构中，共有145名残疾人实现辅助性就业，35名残疾人实现了支持性就业。在这些机构之外接受居家托养服务的残疾人达到1.58万。全年共有1735名托养服务管理和服务人员接受了各级各类专业培训，其中接受国家级培训41人。

（七）残疾人扶贫工作取得新进展

残疾人扶贫开发成效显著，21.59万贫困残疾人得到扶持，贫困残疾人生产生活状况得到进一步改善。其中13.84万人通过扶贫开发实现脱贫；康复扶贫贴息贷款扶持2619名农村残疾人，建立扶贫基地239个，安置和辐射带动2.45万残疾人就业。

全省基层党组织助残扶贫项目帮扶1099名农村贫困残疾人，其中首次接受帮扶598人；"万村千乡市场工程"助残扶贫项目安置193名贫困残疾人就业，帮扶贫困残疾人创办98个村级农家店。全省共对6343户农村贫困残疾人实施了危房改造。

（八）残疾人宣传文体工作取得新成绩

成功举办河北省第六届特教学校学生艺术汇演，102个节目参演，评出表演奖71个，其中一等奖6个、二等奖17个、三等奖25个、优秀奖23个；辅导奖48个；创作奖12个。

举办河北省首届残疾人事业好新闻评选，115件作品参评，54件作品获奖；评选出的4件优秀作品被推荐参加河北新闻奖定评，3件作品分获一、二、三等奖。河北省报送14件作品参加全国残疾人事业好新闻评选，有9件获奖，其中一等奖1个，二等奖3个，三等奖2个。

举办河北省第十一届各地人民广播电台残疾人专题节目展播，并推荐优选作品参加全国展播，所有参报节目全部获奖，河北省荣获组织奖和作品一等奖。

全年组织省级残疾人群众体育健身活动20次，1556人次参加；建设省级残疾人群众体育活动示范点58个；培训省级残疾人体育健身指导员210人；组织省级残疾人体育比赛25次，参赛运动员1000人次；省级残疾人体育训练基地16个，组织地市级残疾人体育健身活动126次，1万人次参加；设立地市级残疾人群众体育活动示范点165个；培训地市级残疾人体育健身指导员1826人。

成功举办河北省第八届残运会暨第四届特奥会，共产生金牌219枚、银牌186枚、铜牌123枚，34人破42项省纪录，2人超3项全国纪录，2人超3项世界纪录，破世界纪录和全国纪录为历届之最。

成功承办全国残疾人乒乓球和网球锦标赛，并取得优异成绩：乒乓球锦标赛中，河北省代表队夺得2金、2银、2铜的好成绩；网球锦标赛中，河北省代表队也夺得1枚铜牌。

河北省残疾人运动员组队参加全国残疾人游泳、羽毛球、举重、田径、网球锦标赛等14项全国锦标赛比赛，共获得45枚金牌、35枚银牌、24枚铜牌；组队参加斯洛伐克世界残疾人乒乓球公开赛和残疾人乒乓球世界锦标赛等国际赛事，有16人次入选中国残疾人体育代表团参加国际赛事，共获得16枚金牌、12枚银牌、7枚铜牌；仁川亚残运会河北省派出20人参加中国代表团，17名健儿奋力拼搏，获20金、7银、9铜的好成绩；在全国残疾人轮椅冰壶锦标赛上获得全国第二名的好成绩，实现了冬季项目奖牌零的突破。

（九）残疾人维权工作稳步推进

制定或修改保障残疾人权益的规范性文件省级1件、地市级6件、县级25件。县级以上人大进行残疾人保障法执法检查和专题调研51次；政协进行视察和专题调研51次。开展普法宣传教育活动243次，3.3万人参加；举办法律培训班66个，2703人参加。

截至2014年年底，残疾人法律救助工作协调机构已达145个，建立残疾人法律救助工作站144个，办理案件245件；建立残疾人法律援助中心（工作站）184个，办理案件829件，有力地推动了法律救助和法律援助工作。

各级残联协助人大代表、政协委员提出议案、建议、提案71件，办理议案、建议、提案37件。

无障碍建设法规、标准进一步完善。截至2014年年底，共出台了45个省、地市、县级无障碍建设与管理法规、规章和规范性文件；182个市、县、区系统开展无障碍建设；开展无障碍建设检查105次，无障碍培训585人次；为1932个贫困残疾人家庭实施无障碍改造；为1.75万残疾人发放残疾人机动轮椅车燃油补贴。

各级残联共处理残疾人群众来信984件，接待残疾人群众来访6135人次，其中集体访23批次、209人次。

（十）残疾人组织建设更加健全

11个地市级残联在领导班子中配备了残疾人理事长或副理事长；172个县级残联机关配备了残疾人干部；已建乡镇（街道）残联2281个，已建率达到100%，选聘残疾人专职委员2283名；已建社区（村）残协51474个，已建率达到100%，选聘残疾人专职委员51474名。

省市乡残联实有人员已达5575人。各级残联共举办培训班1487期，培训机关干部、协会干部及残疾人专职委员23899人次。

建立省级以下各类残疾人专门协会916个，市级专门协会已建比例为100%；县级专门协会已建比例为99.53%。全省共建立助残社会组织16个，其中在民政部门注册的13个，以残联为业务主管单位的6个。

（十一）综合服务设施建设进一步完善

截至2014年年底，全省已竣工并投入使用的各级残疾人综合服务设施145个，总建设规模144125平方米，总投资27198元；已竣工并投入使用的各级残疾人康复设施7个，总建设规模33979平方米，总投资8178元；已竣工并投入使用的各级残疾人托养服务设施9个，总建设规模50619平方米，总投资11410元。

（十二）基层残疾人工作的典型做法和经验

迁西县大力发展残疾人家庭手工业。省委、省政府高度重视家庭手工业发展，省残联将大力发展残疾人家庭手工业作为促进残疾人增收致富、同步小康举措，列入2014年全省重点工作，迁西县迅速行动，积极探索实践，找到了一条适合本地特色的残疾人家庭手工业发展之路。

第一，筛选残疾人家庭手工业项目。发展家庭手工业，选择合适的项目是关键。为确定适合本地残疾人发展的家庭手工业项目，迁西县残联领导班子成员，深入乡（镇）和村、深入残疾人户进行调研，对残疾人从事家庭手工业的愿望和需求进行摸底调查；多次到紧邻的北京市、天津市考察，走企业、入市场，与行业会长、企业主、销售商联系、沟通和交流，掌握企业主推产品和市场销售情况。经过认真筛选、比较，确定从天津市武清区引进手工花加工项目。手工花产业在天津发展至今已有300多年的历史，有百余个系列、1000多个品种，远销50多个国家和地区，已形成了产业，且销路比较稳定。手工花加工项目主要是进行来料加工，个人无须投入任何资金；对加工场地没有具体要求，可在家中进行加工；操作简单易学，时间灵活，个人可自行确定，非常适合残疾人及残疾人家庭从事生产。调查发现，一些企业有外包加工业务的意向，可提供长期稳定的代加工业务。由于手工花企业以前从未与外地联合开展过此项业务，委托残疾人户进行加工更是首次，企业对残疾人能否完成代加工业务有顾虑。为打消他们的疑虑，成功引进该项目，县残联邀请几家手工花企业负责人专程到迁西县进行实地考察，积极与有关企业和行业协会沟通、协调，取得了他们的信任和支持，部分手工花企业与县残联达成了合作意向，商定了代加工和筹建分厂两种合作方式。

第二，推动项目就地生根开花结果。为确保项目在迁西县实现快速发展，让残疾人尽快受益，县残联采取一系列切实措施，扶持和促进项目发展。一是周密安排部署。项目确定后，县残联立即组织召开了由实施项目的乡（镇）残联理事长参加的专题会议，对项目的实施步骤、申报条件、申报程序、职责分工等事项做了具体安排。县残联抽调两名同志专职负责项目的宣传推广、实施地布点、项目申报工作。乡（镇）残联同志负责协助县残联，做好与所辖村的联系、沟通和项目的具体实施等工作。村级联络员负责对本村从事该项目的残疾人户的登记、培训、管理和服务等。二是选拔配强村项目联络员。为加强村级对项目的服务和管理，调动村级联络员的工作积极性，县残联将手工花代加工项目与农村残协组织建设紧密结合，在开展手工花加工的村，逐步对原残协委员进行调整，选聘工作积极性高、能力强、从事手工花代加工的残疾人或残疾人亲友担任村残协委员，村残协委员在开展残协工作的同时，作为村手工花代加工项目的联络员，也承担联络员的工作。三是开展人员培训。由企业技术人员培训县残联负责项目的同志，县残联负责项目的同志培训村联络员，再由联络员培训残疾人户，建立了一支稳定的培训队伍。四是稳步实施推进。考虑到在残疾人户中开展手工花加工项目在迁西县尚属首次，没有经验，为确保项目稳步推进，县残联采取了先少后多、先易后难的方法逐步推广。经与厂家反复沟通协商，商定先从最简单的、没有工期限制的产品做起，然后根据完成情况，逐步增加品种和数量。第一批，在2个村的10户残疾人家庭进行了试点，经过认真组织、培训、监督和检查，第一批加工的成品全部顺利通过了厂家验收。之后，逐步扩大项目的实施范围，增加产品品种和数量，边培训边加工，带动更多的残疾人家庭从事手工花加工项目。五是加强管理和服务。县残联直接与企业对接，筛选确定项目，协调有关事项，解决了残疾人户选择项目问题；直接入户将残疾人加工产品统一回收、运送到企业，解决残疾人产品的销售问题，没有了流通等环节，避免了行业内部无序竞争，也有效保护了残疾人户的利益。残疾人家庭手工生产，工作时间不稳定，从业人员复杂，为防止偷工减料，保证产品质量，县残联负责同志不定期对从事手工花加工的残疾人户进行抽查，村项目联络员直接入户回收，对不达标的，一律不予收购。

第三，家庭手工业项目蓬勃发展。手工花项目从筛选确定到具体实施不足半年时间，取得显著成效。为扎实推进本地残疾人家庭手工业发展，迁西县残联制定了具体的推进措施。一是制定项目的具体实施办法，制定出台《迁西县残疾人手工花加工项目实施办法》，对项目的申报条件、程序、职责等做出具体规定，规范项目的实施和管理。二是打造残疾人家庭手工业扶贫基地，成立迁西县残疾人服务总社，依托服务总社建立手工花扶贫基地，为残疾人户提供创业辅导、技能培训、管理服务等。三是进一步扩大规模，继续加强与有关企业的紧密联系，逐步扩大产品品种，提高产品的技术含量，进一步降低运营成本，提高残疾人加工收入；条件成熟时，拟建一所手工花加工分厂，直接吸纳残疾人就业，实现集中就业与扩大残疾人家庭手工业相互促进。四是将残疾人基本服务与项目发展有机结合，探索实践农村残疾人基本公共服务与发展残疾人家庭手工业二位一体的工作模式，以村残协为纽带，以残疾人家庭手工业为切入点，将残疾人家庭手工业与农村重度残疾人居家托养和日间照料、农村残疾人志愿服务等工作有机结合，互相促进，共同发展。

四、大事记

1月8日，河北省历史上第一次在十二届人大二次会议电视直播中加配手语翻译，对全省520万残疾人特别是126万聋人来说是件喜事，体现了党和政府对残疾人的关爱，在全省广大残疾人中引起了强烈反响。

1月14日，河北省残联召开全省残疾人基本情况和基本需求情况调查工作视频会议。省残联党组书记、理事长常丽虹同志出席会议并做重要讲话，王志恒副理事长主持会议。各设区市残联理事长、分管副理事长、办公室主任、组联部主任，各县（市、区）残联理事长、分管副理事长和负责此项工作的同志参加会议。

2月19日，河北省残联第六届主席团二次会议暨2014年度工作会议召开。会议总结了河北省残联第六届一次主席团会议以来全省残疾人工作，安排部署了2014年全省残疾人工作任务。省残联党组书记、理事长常丽虹代表省残联第六届执行理事会做工作报告。省委副书记、省残联名誉主席赵勇出席会议并做重要讲话，要求各级残联组织要抓住全面深化改革的契机，以改革推动残疾人同步实现全面小康，以第二批教育实践活动为契机，不断提升学习调研、政策设计和制度创新、抓基层基础和推进社会化发展的能力，把自身建设得更加坚强有力。

4月2日，河北省政府残疾人工作委员会召开第一次全体会议。省政府残工委主任、各位副主任、委员参加会议，残联党组成员和主要业务部门负责同志列席会议。与会全体同志认真学习了习近平总书记致中国残疾人福利基金会的贺信和俞正声同志出席中国残疾人福利基金会成立30周年纪念会议时的讲话精神。会议审议通过了省政府残工委工作规则、残工委成员单位职责分工，研究讨论了残工委关于在成员单位中开展为残疾人办实事"阳光行动"的实施意见和省委、省政府关于推进新形势下残疾人事业发展的意见，总结了2013年工作，安排部署了2014年工作任务。省长助理、省残联主席、省政府残工委主任尹亚力同志做了重要讲话。

4月16日，河北省残疾人家庭手工业协会成立大会暨签约仪式、河北广播电视大学特殊教育学院首届学员开学典礼在省残联举行。省政协副主席、省残联名誉副主席崔江水出席活动并做重要讲话。省长助理、省残联主席尹亚力出席活动并为河北省残疾人家庭手工业协会揭牌。省政协副主席崔江水在讲话中强调要把残疾人家庭手工业和特殊教育学院办出特色、办出水平、做实做大做强，要以百倍的努力促进残疾人教育和就业创业。

5月15日，由河北省委宣传部、省文明办、团省委、省工商联、省残联与河北人民广播电台共同举办的"善行河北，助残圆梦，让我加入你的梦——河北省助残志愿者使团成立暨第二十四次全国助残日大型公益活动"在石家庄河北会堂举行。省政协主席付志方出席活动并讲话。省人大常委会副主任、省残联名誉副主席马兰翠，省长助理、省残联主席尹亚力出席活动。活动主办单位领导、社会各界志愿者、捐资助残爱心企业和个人、残疾人代表等近400人参加活动。河北人民广播电台新闻广播、经济广播进行了现场同步直播。活动现场宣告河北省助残志愿者使团正式成立，发布了河北省助残志愿者使团系列征集活动的结果。省助残募捐品牌"善立方"发布了助残项目，19家爱心企业和个人向"善立方"慷慨解囊捐助款物1132万元。省政协主席付志方做了重要讲话。

5月15日，为充分发挥京津冀三地在残疾人就业方面的各自比较优势，提高残疾人就业服务专业化和社会化水平，实现优势互补、资源共享、合作共赢，进而推进京津冀地区残疾人事业协同发展，由河北省残联倡议，北京市、天津市残联积极响应，三方在北京签署合作协议，决定共同建立"京津冀残疾人就业服务协作区"。成立"京津冀残疾人就业服务协作区"旨在推进京津冀残疾人人力资源开发，创新残疾人人才培养和就业安置模式，营造跨行政区域交流的优良环境，以"京津冀残疾人就业服务协作区"为平台，为残疾人就业提供高效、便捷和精准化的服务。

6月29日，由河北省残疾人联合会、北京残疾人联合会、天津残疾人联合会、河北省人力资源和社会保障厅联合主办，河北省残疾人劳动服务中心、河北省人才交流服务中心共同承办的首届京津冀残疾人就业（创业）洽谈会在石家庄成功举行。全国人大常委、中国残联副主席王乃坤，中国残联副理事长程凯，河北省省长助理、省残联主席尹亚力，以及全国妇联的相关负责同志现场指导。京津冀三地220多家用人单位参会招聘。活动现场京津冀三地残疾人就业服务机构签订了项目长期协作协议，大型企业、高端用人单位与残疾人就业服务机构签订委托集中招聘协议，京津冀手工业产品龙头企业与残疾人手工业者签订了手工业产品产销协议，环京津县残疾人就业服务机构与京津企业签订了输送残疾人就业对接协议。活动期间还举行了京津冀残疾人就业研讨会。

6月26日，河北省委、省人民政府出台《关于推进新形势下残疾人事业发展的意见》。《意见》提出，要以保障和改善残疾人民生为出发点和落脚点，把残疾人事业纳入全省经济社会发展大局，建机制、补短板、兜底线，到2020年，使残疾人享有更高水平的社会保障，普遍得到更加便捷的公共服务，与全省人民同步实现全面小康。

8月25日，由河北省残联、河北省体育局共同主办，邢台市人民政府承办的河北省第八届残疾人运动会暨第四届特殊奥林匹克运动会在邢台市邢台学院体育馆隆重开幕。省长张庆伟，中国残联党组书记、理事长鲁

图6-3-1 河北省第八届残疾人运动会暨第四届特殊奥林匹克运动会开幕式现场。

勇，省人大常委会副主任马兰翠，副省长许宁，省政协副主席崔江水，省军区副政委李建斌少将，省长助理、省残联主席尹亚力等领导出席开幕式。省长助理、省残联主席尹亚力主持开幕式，邢台市市长孟祥伟致欢迎词，省长张庆伟致开幕词。这届省残运会和特奥会共有19个大项，239个小项；共有13个市14个代表团的

1025名残疾人运动员报名参赛，总规模超过1800人，是河北省历史上规模最大、规格最高、参赛人数最多的一届残运会和特奥会。

8月25日，省长张庆伟在邢台市会见了中国残联党组书记、理事长鲁勇一行。

8月25—26日，中国残联党组书记、理事长鲁勇一行先后到河北省邢台市平乡县穆孟杰特教学校、巨鹿县医院儿童康复中心、桥西区中华北社区残疾人爱心驿站调研。鲁勇充分肯定了盲人穆孟杰克服困难创办特教学校，让盲童学生掌握知识，学习本领，自食其力的善举、义举，祝愿学校越办越好，为更多的盲童学生带来光明的未来；肯定了巨鹿县医院儿童康复中心取得的成绩，并指出，残疾儿童康复工作关乎孩子们的未来，是一项抢救性工程，要进一步提高康复机构服务能力，做好康复人才培养工作，推动政府部门、残联组织、社会机构中有关残疾人康复资源的整合利用，让残疾人享受更加优质、便捷的康复服务；在桥西区中华北社区残疾人爱心驿站强调指出，依托和整合社区资源建立爱心驿站，就近就地就便为残疾人提供服务，是基层残疾人工作模式的创新。

9月10—11日，河北省推进"基础管理建设年"活动电视会议暨残疾人基本服务和需求专项调查培训会在石家庄召开。省残联党组书记、理事长常丽虹同志讲话指出，搞好"基础管理建设年"活动暨残疾人基本服务状况和需求专项调查工作，是推动残疾人事业加快发展，落实残疾人基本公共服务兜住底、补短板要求，加快残疾人同步小康进程的基础性工作，也是不断提高残疾人工作队伍水平，增强各级残联组织履职能力的重要基础。她要求各级残联高度重视，充分认识开展这项工作的重要意义，从思想上高度重视，从工作摆位上更加突出，真抓真做，确保按要求完成好任务。

10月26日，河北省入选第十一届亚洲残疾人运动会中国体育代表团的运动员、教练员和工作人员载誉归来。河北省有20人参加中国代表团，其中运动员17人、教练员2人、领队1人，参赛项目有田径、游泳、举重、射击、乒乓球、羽毛球、盲人门球、盲人足球8项。赛场上，他们顽强拼搏，奋勇争先，勇夺20金、7银、9铜，破亚洲纪录两项。

11月10日，在亚太经合组织第二十二次领导人会议周期间的残疾人主题活动中，河北省内画鼻烟壶大师王九洲、杨国英和剪纸技师何宝立应邀展示残疾人特殊才艺。中国国家主席夫人彭丽媛邀请8国领导人夫人以及世界残疾人组织的代表参观了此次展演。河北省两位残疾人内画大师的精湛技艺受到来宾们的高度赞扬和各大媒体的重点关注，河北省的残疾人剪纸技师的剪纸作品被外国高官永久收藏。

图6-3-2　张海迪引领彭丽媛和各国领导人夫人参观河北省残疾人王九洲、杨国英的内画才艺展示并做现场讲解。

11月11日，首场民营企业残疾人就业专场招聘会在河北人才大厦成功举办。这场招聘会共组织参会用人企业114家、创业项目8个，提供就业岗位1600余个，进场求职的残疾人1800多人次。相关人员现场走访参会用人企业和求职残疾人，发放、回收调查反馈表，结果显示有1100名残疾人签订了就业意向，就业签约意向率达61.3%。

11月13日，河北省第五届残疾人职业技能竞赛成功举办。此届竞赛共设立了计算机组装、英文文本处理、WWW网页设计、英文桌面排版、CAD制图、海报设计、室内摄影、封面摄影、剪纸、男服制作、美发、盲人保健按摩、电子装配与测试、插花、水彩绘画等25个竞赛项目，来自全省各市的323名选手参加了竞赛。这是河北省历届残疾人职业技能竞赛中设置项目最多、参赛选手最多、竞赛规模最大的一次。赛事活动的举办，宣传、引导了全社会进一步关心和支持残疾人事业，促进了"残健"融合，使残疾人平等、充分地参与社会生活。

11月17日，中国残联副主席吕世明同志到河北省廊坊市，现场督导省级残疾人专项调查培训工作。在全程听完下午的课程后，吕世明副主席在授课现场讲话指出，十八届三中、四中全会对我国残疾人事业发展提出了更高的要求。此次全国残疾人专项调查是除全国人口普查之外全国范围内最大的一次专项调查，调查结果将为"十三五"规划的制定以及今后残疾人事业发展提供很好的借鉴。他对河北的专项调查工作给予充分肯定，对省级培训班的组织工作、教师授课以及培训效果表示满意。

11月20日，由河北省残联、河北省人社厅共同主办了首届国有企业残疾人就业岗位对接专场招聘会。招聘会共组织国有企业和其他参会单位82家，近700名残疾人达成就业意向，就业意向率为62.6%。

12月3日，由河北省残联牵头，联合北京市残联、天津市残联共同组织的首届京津冀残疾人特殊才艺展能交流活动在石家庄市成功举行。省人大常委会副主任、省残联名誉副主席马兰翠，省政协副主席、省残联名誉副主席崔江水，省长助理、省残联主席尹亚力等领导同志出席活动并为获奖选手颁奖。此次活动为三地残疾人交流才艺、相互学习搭建了平台，促进了京津冀残疾人就业服务机构的合作交流，展现了三地残疾人职业技能培训的成果。

12月4—8日，河北省首次派出的由5名运动员组成的轮椅冰壶队在2014年全国轮椅冰壶锦标赛中不畏强手、稳扎稳打，充分发挥出技战术水平，经过5天紧张激烈的角逐，在众多强队中脱颖而出，夺得了一枚宝贵的银牌，填补了河北省冬季体育项目的空白，一举实现冬季项目奖牌零的突破。代表队被锦标赛组委会授予"体育道德风尚奖"。

12月30日，河北省召开专项调查入户调查动员会议。省残联党组书记、理事长常丽虹就做好专项调查入户调查阶段工作做重要讲话，指出专项调查工作是加快推进残疾人小康进程的基础工程，是编制残疾人事业"十三五"规划的重要支撑，是提高基层残疾人工作者履职尽责能力的实践载体，更是抓好残联组织基础管理的核心内容。她要求各级残联必须增强做好专项调查工作的紧迫感、责任感，市、县残联理事长切实履行好第一责任人的职责，把专项调查工作作为当前工作的重中之重，深入专项调查第一线，亲自安排部署，亲自检查指导，从人力、物力、财力上予以保障，集中全力把这项工作做好。

（刘永琪供稿）

山西省残疾人事业和残疾人工作

一、领导批示与讲话

张海迪就山西省建立残疾人"两个补贴"制度做出的批示
2014年1月16日

最近，山西等地不断报来消息，令人鼓舞和欣慰。我们明确了工作思路，全心全意帮助残疾人解脱困难，摆脱困境，与全国人民一道迈入小康才有希望。请相关部门认真统计各方数据，为进一步改善残疾人生活打下基础。

省委书记袁纯清就贯彻落实第五次全国自强模范暨助残先进集体和个人表彰大会精神做出的批示
2014年6月9日

要按照习近平总书记的指示精神和（张）高丽副总理的要求，进一步做好我省残疾人工作，要宣传我省残疾人的先进事迹，要从办实事上给残疾人更多的关爱和帮助。

省长李小鹏就贯彻落实第五次全国自强模范暨助残先进集体和个人表彰大会精神做出的批示
2014年6月9日

残疾人是社会大家庭的平等成员，我国残疾人事业是中国特色社会主义事业的一部分，党中央、国务院高度重视。我们要认真学习、深刻领会、贯彻落实（习近平）总书记重要讲话精神，以及（张）高丽副总理讲话精神，全心全意、全力以赴做好残疾人工作，为广大残疾人服好务。

省委常委、常务副省长高建民在第五次全省自强模范暨助残先进集体和个人表彰大会上的讲话摘要
2014年8月8日

省委、省政府十分重视残疾人事业发展、关心残疾人工作，多次听取汇报、研究工作。在连续多年投入的基础上，今年又把为重度残疾人和贫困残疾人增加生活补贴、对贫困残疾人进行康复救助以及建设残疾人实训基地、就业创业基地、扶贫基地等列入了重点工作任务，切实为残疾人办实事、办好事，受到了大家的肯定。同时，也应该看到，我省残疾人事业发展仍然面临

着一些突出困难和问题，残疾人的生活状况与社会平均水平差距较大的局面还没有明显改观，残疾人仍然是比较困难的社会群体之一。做好残疾人工作，加快残疾人事业发展，让广大残疾人与健全人一样过上幸福生活，共享改革发展成果，是我们各级党委和政府义不容辞的重大责任。

一是要以"两个体系"建设为主线，加快推进残疾人同步小康进程。要全面完善残疾人基本生活兜底保障机制。确保实现残疾人社会保障全覆盖和最低生活保障应保尽保，不断完善贫困残疾人生活补贴和重度残疾人护理补贴制度，努力保障城乡残疾人基本住房需求，编织好残疾人基本民生保障的"安全网"。要努力加快农村贫困残疾人脱贫步伐。将残疾人纳入各地扶贫开发规划，积极实施精准扶贫，扶持发展残疾人扶贫基地，深入开展基层党组织助残扶贫工程和"百企千村扶贫开发工程"，引导社会力量帮扶残疾人，加快农村贫困残疾人脱贫步伐。要积极促进残疾人就业创业。完善落实残疾人就业促进和就业保护政策，通过按比例就业、集中就业、自主创业等多种形式，千方百计促进残疾人更加充分地就业创业。要大力提升对残疾人的公共服务。创新残疾人服务供给机制和方式，积极推动政府购买残疾人服务工作。努力实现残疾人人人享有康复服务，不断提高残疾人受教育水平，丰富残疾人精神文化生活，全面推进城乡无障碍环境建设，保障残疾人能够平等参与和享受社会生活，让残疾人生活得更有尊严、更加殷实、更加舒心。

二是要继续发扬自强不息精神，积极促进残疾人参与融合到改革发展大业中来。残疾人是社会大家庭的平等一员，也是社会文明进步发展的一支重要力量。残疾人完全有志向、有能力为文明进步和社会发展做出重大贡献。广大残疾人要以自强模范为榜样，不断奋发努力，继续书写人生的壮丽篇章。要努力适应时代要求，继续发扬自尊、自信、自强、自立精神，热爱生活，不畏艰难，乐观进取，奋发向上，积极参与和融合到各项社会活动中来，勇于超越、顽强拼搏，真正实现"平等、参与、共享"，用自己的勤奋和智慧创造幸福生活，与健全人一道共建美好家园，体现人生价值，实现美好梦想。

三是要大力弘扬中华传统美德，努力营造扶残助残的良好社会氛围。要大力弘扬社会主义的人道主义思想和中华民族扶危济困的传统美德，加大对扶残助残先进事迹的宣传力度，充分发挥典型的激励引导作用，进一步激发社会正能量，推动全社会更加关注残疾人事业，参与和发展残疾人事业，努力营造全社会理解、尊重、关心、帮助残疾人的良好氛围，团结一致共同推动残疾人事业更好更快地发展。

四是要进一步加强组织领导，为残疾人事业发展提供有力保障。各级党委、政府要从践行"立党为公、执政为民"宗旨、维护社会公平正义的高度出发，进一步增强责任意识、使命意识，把残疾人工作摆在更加重要的日程。要结合加强和创新社会管理，把残疾人事业纳入当地经济社会发展总体规划、有关的专项规划和年度规划，统筹进行研究部署。各级政府残疾人工作委员会要尽职尽责，加强统筹协调，及时研究解决重大问题。各级残联要认真履职，围绕解决残疾人最关心、最直接、最现实的利益问题，切实为残疾人办实事、解难事。各有关部门要按照分工，各司其职、各负其责，密切配合、齐抓共管，共同促进残疾人工作持续健康发展。

省委常委、常务副省长高建民在省政府残疾人工作委员会全体会议上的讲话摘要

2014 年 9 月 10 日

一、充分肯定去年以来全省残疾人工作所取得的成绩

一是各级残联换届任务圆满完成，残疾人工作的组织保障得到加强。省里对残联换届工作非常重视，省委常委会专门听取了省残联第六次代表大会筹备情况的汇报，省四大班子领导都出席了开幕式。大会选举产生了省残联新一届领导机构，市、县残联换届工作也顺利完成。残联的组织体系得到了加强，这为做好新时期残疾人工作提供了强有力的组织保障。

二是残疾人基本生活保障机制不断健全，广大残疾人得到更多实惠。30.5 万名残疾人纳入了城乡低保；10.2 万名残疾人参加了城镇职工社会保险；20.1 万名残疾人参加了城镇居民社会养老保险，22.7 万名残疾人参加了城镇居民医疗保险；74.1 万名残疾人参加了新农保，142 万名残疾人参加了新农合。为了落实重度残疾人护理补贴和贫困残疾人生活补贴，省委常委会专门做了研究，李小鹏省长听取了专题汇报。省政府第三十一次常务会议决定：从 2014 年起建立我省重度残疾人护理补贴和贫困残疾人生活补贴制度，对未纳入城乡低保的一级重度残疾人每人每年发放护理补贴 480 元，对纳入城乡低保的贫困一级重度残疾人在享受低保的基础上每人每年再给予生活补贴 480 元。这两个补贴制度出台之后，受到了残疾人的高度评价，中国残联也对我们的工作给予了高度肯定。

三是残疾人"两个体系"建设稳步推进，残疾人生活质量得到进一步提高。2.5 万名贫困残疾人得到不同程度的康复救助。特殊教育义务教育阶段入学率达到 76.4%。可喜的是，217 名达线残疾高考学生全部被录

取。660名残疾高中生、大学生、研究生和残疾人家庭子女大学生得到214万元资助。1.65万名农村残疾人和8422名城镇残疾人接受生产实用技术和职业技能培训。为1710户农村贫困残疾人进行危房改造。继续实施"农村基层党组织助残扶贫工程",对2000户农村贫困残疾人家庭进行了帮扶。

残联换届之后做了大量的工作,这也与我们各成员单位的大力支持密不可分。

二、扎实做好当前和今后一个时期全省残疾人事业发展的重点工作

一要做好托底服务,加快推进残疾人同步小康进程。基本社会保障要托住底、补短板、保基本、广覆盖,这是实现残疾人同步小康的重要基础。经过多年努力,残疾人基本生活保障、基本康复服务虽然有了很大进步,但是托底服务的覆盖面还不够大,还存在着明显的短板。比如,贫困残疾人的生活补贴和重度残疾人的护理补贴的覆盖面、补贴标准还需要进一步提高;0—6岁残疾儿童抢救性康复、辅助器具适配服务等,在市县之间、城乡之间、不同类别残疾人之间还不平衡,还有明显的差距。连片贫困地区中的残疾人,以及连片地区外的特困残疾人的扶贫托底服务特别需要加强。我们要搞清残疾人基本托底服务保障的项目清单、最需要托底的人群数量和分布、最需要托底的项目底线。我们还要研究我们财力的供给能不能承受等问题。这些工作都需要我们进一步来做。

二要搞好康复救助,推动实现残疾人"人人享有基本康复服务"目标。康复是广大残疾人改善身体功能和生存状况、生活得更有尊严的重要基础。对残疾人而言,最大的渴望就是身体或精神上的康复。近几年来,国家和省对贫困残疾人,特别是0—6岁残疾儿童的康复救助力度越来越大。今年,全省投入了6000多万元资金,对5万名贫困残疾人实施康复救助。我们7月份进行了督导,应该说推进还是比较顺利的。我们就是要通过康复救助项目,调动各个部门、各类医疗康复机构参与残疾人康复工作的积极性,也包括加强康复人才培养,规范和充实社区的康复工作,提高康复服务能力和康复管理水平。这方面的工作也是下一步我们要抓的重点。

三要抓好就业创业,努力提高残疾人的生活水平。根据专家的测算,以我们目前的进度,实现残疾人同步小康目标的任务还比较艰巨。所以需要我们采取得力的措施,包括推动制度创新、政策创新、服务创新、能力创新,把残疾人的就业、增收摆在突出位置。抓就业、抓增收,必须调动各方面的积极性,包括我们在座的成员单位,大家都要各尽其力、各尽其能,有效地开展残疾人职业技能和生产实用技术培训实训。我们也提出要建立培训基地和实训基地,以此不断地完善残疾人就业技能的提升体系,完善残疾人就业的一些政策性措施,能够通过按比例就业、集中就业、自主创业等多种形式,千方百计促进残疾人就业创业。我们帮扶残疾人,主要是能够通过他们自强、自立,能够更好地在就业、增收中间实现小康的目标。

四要搞好专项调查,强化残疾人事业基础管理建设。这是国务院高度重视的一项工作,有10个部委联合专门发了通知,进行一次专项调查。这也是一项重要的基础性工作,我们省根据要求正在抓紧推进,今天也给大家做了汇报。希望各部门、各方面,特别是参与发文的10个部门,要负起责任,从各自工作的角度,把各自的任务完成好。这项工作任务重、要求高、内容细,需要精心的组织,各有关部门要多给予支持。

三、按照全面深化改革的要求坚持和完善残疾人工作的领导体制和工作机制

一要加强组织领导。全省各级政府都要进一步加强对残疾人工作的领导,要将残疾人工作纳入经济社会发展的总体规划。这主要是发改部门的工作,最近我们的"十三五"规划要启动,要把残疾人工作纳入总体规划。另外,财政部门要加大财政投入力度,在工作安排上给予优先支持。要将残疾人工作纳入我们的工作考评体系,加大督促检查力度,做到与其他工作同部署、同落实、同督促、同考核。主要领导要亲自过问,特别是残工委的组成部门要尽职尽责。各级政府残工委要发挥好残疾人工作的牵头作用,搞好统筹协调,根据工作需要,进一步明确职责分工。残联在这方面要做好协调。

二要以改革的思维动员社会参与。在发挥政府推动作用的同时,要充分地发挥市场和社会组织的作用,建立更加顺畅、便捷、公开、透明的渠道和平台,把市场和社会的活力激发出来。这里面就包括通过政府购买助残服务试点,逐渐地探索这方面的途径。努力培育助残的社会组织,大力发展残疾人慈善事业和服务残疾人的社会组织,推动志愿助残服务,充分发挥社会组织、慈善事业、社会工作和志愿服务在残疾人公共服务提供等方面的作用。对安置残疾人就业和为残疾人服务的企业也要给予积极的扶持,国家在税收等方面有一系列的优惠,要把国家相关的政策落实好。发挥好市场机制在提供服务和优化资源配置方面的作用,推动发展康复服务、辅助器具、托养照料、体育健身、无障碍服务等产业,用改革的思维把社会的资源和市场资源调动起来。这方面我们仅仅是刚刚尝试,需要做的工作还很多。

三要加强残联建设。通过换届,残联组织的力量得到进一步加强。要结合当前正在开展的第二批党的群众路线教育实践活动,积极探索新形势下残联工作的新特点、新规律,改进作风,提升服务水平,提升能力。要积极反映残疾人的困难和需求，协助政府做好有关法规、政策、规划、标准的制定和实施。要把中央和国务院的精神贯彻好，把省委、省政府的要求贯彻好，以"基础管理建设年"为抓手，更好地履行"代表、服务、管理"职能，全心全意为残疾人服务。残联起着组织、协调、推动作用，日常的工作都在残联，所以残联要加强自身建设，提升能力，为残疾人做好更多的服务。

省残联党组书记、理事长李亚明在省残联工作会议上的讲话摘要　2014年3月5日

二、2014年工作目标和主要任务：创新发展，重点突破，加快推进残疾人同步小康的新进程

（一）统一思想，加快推进残疾人同步小康进程

一是要托住底、补短板。贫困残疾人的生活补贴、重度残疾人的护理补贴、0—6岁残疾儿童抢救性康复、辅助器具适配服务等。在市县之间、城乡之间、不同类别残疾人之间落实的差距明显存在，连片贫困地区中的残疾人，以及连片地区外的特困残疾人的扶贫托底服务特别需要加强。

二是要抓就业、促增收。推动制度创新、政策创新、服务创新、能力创新，把残疾人的就业、增收摆在突出位置。调动各方面的积极性，包括激发与残疾人相关的各种社会组织、市场主体的活力。

三是要与各地的小康进程相适应。推动工作要贯穿中央提出的"守住底线、突出重点、完善制度、引导舆论"的思路要求，尽力而为，量力而行，做那些现实条件下可以做到的事情，使广大残疾人看得见、摸得着、得实惠。

（二）整体推进，不断提升社会保障和服务水平

一是创新工作思路，保障残疾人基本生活。立足健全和落实残疾人"人人享有基本民生托底服务"的保障目标，一要落实和完善重度残疾人护理补贴和贫困残疾人生活补贴制度；二要进一步扩大社保制度的覆盖面，尽可能把符合条件的残疾人纳入到城乡居民基本养老保险、城乡居民最低生活保障、城镇居民医疗保险、新型农村合作医疗等社会保障体系中来，特别是对于重度残疾人等缴费困难群体要通过政府代缴等方式帮助残疾人参保；三是建立贫困残疾人特别是丧失劳动能力残疾人的救助制度；四是争取将残疾人日间照料纳入各市县民政部门日间照料范围，推进托养机构建设，扩大示范机构和示范区建设成果。通过不断健全残疾人社会保障体系，加快建成覆盖城乡残疾人的稳定可靠的民生安全网。

二是抓住关键环节，提升残疾人康复服务水平。推动残疾人"人人享有基本康复服务"工作，明晰具体内容、推进措施；进一步加强康复政策建设，推动已有康复保障普惠政策落实；统筹推动残疾人康复服务体系建设，加强康复机构规范化管理和服务能力建设，促进残疾人康复机构与医疗机构双向转诊、双向培训及双向指导工作，鼓励和引导民间资本兴办残疾人康复机构；加强残疾预防工作，做好0—6岁儿童残疾筛查工作规范试点和贫困地区新生儿疾病筛查项目；强化康复人才培养，重点做好学科带头人及康复专业人才培养工作，加大社区康复协调员培训力度；全面加强康复项目督导及监管，确保项目执行进度，加强项目绩效考核，确保公开透明、专款专用、操作规范；抓好"全国白内障无障碍省"创建工作。

三是依法推进工作，切实维护残疾人合法权益。突出依法维权、沟通协商、信访服务等重点，努力创造有法律保障、政策支持、工作联动、跟踪问效、服务支撑的条件和环境。推动制定出台《山西省实施〈无障碍环境建设条例〉办法》和市、县"残疾人保障规定"。加快市、县残疾人法律救助工作站规范化建设，完善残联系统参政议政服务工作制度。推进公共交通和信息交流无障碍建设，规范残疾人家庭无障碍改造工作。认真做好残疾人机动轮椅车燃油补贴发放工作。认真推进残疾人驾驶汽车工作。妥善解决残疾人机动轮椅车运营问题。切实加强残疾人信访工作，落实信访责任制度，认真解决残疾人信访问题。加强市、县残联维权机构和干部队伍建设。

四是夯实民生基础，推动残疾人教育就业。统筹推动残疾人学前教育、义务教育、学历教育与职业教育、继续教育发展，落实《特殊教育提升计划》，完善以特殊教育学校为骨干、随班就读和特教班为主体的残疾儿童少年义务教育体系，让符合条件的残疾儿童、少年和残疾人子女就地就近入学，免费接受义务教育。做好全国残疾人青壮年文盲扫盲试点工作。积极推进《关于促进残疾人按比例就业实施意见》的出台。完成好"城镇百万残疾人就业工程"年度任务；扶持发展适合残疾人就业的行业和产业，促进残疾人公益岗位就业，鼓励残疾人自主创业，加强残疾人就业与职业培训实名制录入工作；加强残疾人就业保障金的征收和管理，确保年度征收目标任务完成；加强残疾人就业服务机构规范化建设。

五是加强组织引导，做好残疾人宣传文化体育工作。省、市、县三级残联都要发挥舆论引导的作用，利用电视、报纸、广播电台、网络等新闻媒体，广泛宣传全省残疾人实现同步小康和"两个体系"建设的好经

验、好做法。做好第五次全省自强与助残先进表彰大会等年度重点工作的宣传报道。组织好我省残疾人事业好新闻评选活动，精选优秀作品参加全国残疾人事业好新闻和各地人民广播电台残疾人专题节目展播活动。组织开展第二十四次"全国助残日"、残疾人文化周活动，丰富和活跃基层残疾人文化生活。推进残疾人信息交流无障碍建设和市级电视台开播电视手语节目、县级图书馆盲文图书阅览室建设等残疾人文化站点建设工作。组织举办山西省第十届残疾人运动会。组织开展残疾人体育健身周、全国特奥日活动。继续开展残疾人体育健身指导员培训、发展特奥运动员等工作，推进残疾人"自强健身示范点"建设。

六是大胆改革创新，提高残疾人服务信息化和残联组织服务能力。开展残疾人社会保障和服务体系建设专项试点工作，加快推进残疾人"两个体系"建设。完成与山西大学合作的研究课题《完善残疾人就业服务体系研究》，探寻残疾人就业的有效渠道。举办骨干研修班，培养残疾人事业理论与实践研究人才。强化信息化管理系统、信息化服务平台、信息无障碍建设，努力提高残疾人康复服务、辅具适配、文化发展、体育健身、就业指导、残疾预防等服务实力和教育科研水平。大力发展残疾人慈善事业，加强规范引导，争取更多社会资金，落实更多助残项目。同时，要逐步开展加快推进残疾人同步小康进程，推进政府购买残疾人服务，以及借助信息化手段，健全充实基础信息数据库等项试点工作。

七是搞好专项调查，着力开展"基础管理建设年"活动。开展残疾人基本服务状况的专项调查，重点摸清搞实残疾人的基本服务现状与基本服务需求，特别是贫困残疾人、重度残疾人、残疾儿童、就业年龄段残疾人等的生活救助、社会保障、康复服务、接受教育、就业扶持、托养服务、扶贫开发、住房保障、无障碍改造等的服务对象数量、现有服务情况、托底服务需求等内容。同时，借助信息化手段，健全充实基础信息数据库，努力实现基础数据的动态监管和资源共享，为推动同步小康工作、做好各市县的"十三五"规划提供依据，要求在2015年初出结果。

二、政策法规文件

山西省重度残疾人护理补贴和贫困残疾人生活补贴实施办法

晋残联〔2014〕48号

二、补贴对象及标准

（一）补贴对象

1. 重度残疾人护理补贴对象：具有山西省户籍、持有第二代中华人民共和国残疾人证、城乡低保范围外残疾等级为一级的残疾人。

2. 贫困残疾人生活补贴对象：具有山西省户籍、持有第二代中华人民共和国残疾人证、本人没有固定收入、城乡低保范围内残疾等级为一级的贫困残疾人。

（二）补贴标准

1. 重度残疾人护理补贴标准：每人每月40元。已实施残疾人护理补贴的市、县（市、区），超出补贴范围或高于此标准的，继续按原规定范围和标准执行。

2. 贫困残疾人生活补贴标准：对城乡贫困一级残疾人在享受低保的基础上再给予每人每月40元的补贴；与已享有的低保待遇只可叠加，不能冲抵。已实施残疾人生活补贴或救助制度的市、县（市、区），超出补贴范围或高于此标准的，继续按原规定执行。

补贴对象范围和标准将随着经济社会发展水平和城乡低保标准的调整适时进行调整。

山西省人民政府办公厅关于转发省教育厅等部门《山西省特殊教育提升计划（2014—2016年）》的通知

晋政办发〔2014〕55号

一、发展目标

（一）总体目标

全面推进全纳教育，使每一个残疾孩子都能接受合适的教育。集中力量新建、改扩建一批标准化特教学校，到2016年，30万人口以上的县（市、区）建成1所独立的特教学校，其他县（市、区）建起普通学校附设的特教班，形成以随班就读为主体、以特教学校（班）为骨干的县域残疾儿童少年义务教育网络，全省基本普及残疾儿童少年义务教育，视力、听力、智力残疾儿童少年义务教育入学率达到90%以上。同时积极发展非义务教育阶段残疾人教育，努力构建布局合理、学段衔接、普职融通、医教结合的特殊教育体系。建立财政为主、社会支持、全面覆盖、通畅便利的特殊教育服务保障机制，基本形成政府主导、部门协同、各方参与的特殊教育工作格局。

（二）年度目标

——2014年，已享受国家中西部地区特殊教育学校建设资金支持的县建成特殊教育学校并投入使用；全面提高特教学校公用经费标准，制订学前教育、高中阶段特殊教育实施方案。建设全省残疾儿童少年数据库，完成所有县（市、区）残疾儿童少年基本信息入库；组织50%的特教学校校长、教师参加省级培训，提高特殊教育学校校长、教师的专业化水平。

——2015年，所有30万人口以上县（市、区）建成特殊教育学校并投入使用；市级特殊教育学校试行招收高中阶段残疾学生；选择有条件的300所普通中小学校试建特殊教育资源教室；积极争取国家支持，新建或改、扩建1—2所特殊教育师范院校、残疾人高等院校或中等职业学校；启动特殊教育学校评估验收工作；组织完成所有特教学校校长、教师参加省级培训。

——2016年，省级评估验收合格学校达特殊教育学校一半以上；在有条件的500所普通中小学校建成特殊教育资源教室，盲、聋、弱智"三类"残疾儿童少年义务教育入学率达90%以上；设区市特殊教育学校招收高中阶段残疾学生。

关于印发2013年山西省贫困地区新生儿疾病筛查项目实施方案的通知

晋卫妇社〔2014〕2号

2013年，我省被列为国家贫困地区新生儿疾病筛查项目省。为做好项目工作，根据国家卫生计生委、中国残联《2013年贫困地区新生儿疾病筛查项目方案》，结合我省实际，制定本实施方案。

一、项目目标

（一）总体目标

建立和完善新生儿疾病筛查服务网络，提高我省贫困地区新生儿遗传代谢病苯丙酮尿症（PKU）、先天性甲状腺功能减低症（CH）筛查率和新生儿听力筛查率，尽早发现患儿，降低儿童智障和听力残疾发生率，提高人口素质。

（二）具体目标

1. 为项目地区15000例新生儿开展两病筛查及听力筛查。

2. 对确诊为苯丙酮尿症（包括BH_4缺乏症）和永久性听力障碍的儿童实施康复救助。

3. 项目地区新生儿父母对新生儿疾病筛查知晓率达到60%以上。

三、工作综述

2014年，山西省残疾人工作按照省委、省政府的部署和中国残联的要求，科学谋划，突出重点，积极落实重度残疾人护理补贴和贫困残疾人生活补贴制度，加大对贫困残疾人的康复救助力度，大力扶持残疾人就业创业，着眼于促进残疾人服务托住底、补短板，加快推进残疾人社会保障体系和服务体系建设，扎实开展"基础管理建设年"活动，有效提升残联组织的服务能力和管理水平，各项业务工作全面推进。

（一）残疾人社会保障迈出新步伐

省人民政府决定在全省范围内实施重度残疾人"两项补贴"制度，对未纳入城乡低保的一级重度残疾人每人每年发放护理补贴480元，对纳入城乡低保的贫困一级重度残疾人在享受低保的基础上每人每年再给予生活补贴480元。省残联会同省财政厅、省人社厅出台《山西省重度残疾人护理补贴和贫困残疾人生活补贴实施办法》，协调省财政厅向11个市、74个省直管县拨付省级补贴资金1956.44万元。各市、县（市、区）积极落实配套经费，认真核实补贴对象信息，2014年年底前将"两项补贴"发放到位。全省30.5万名残疾人纳入城乡低保；10.2万名残疾人参加城镇职工社会保险；20.1万名残疾人参加城镇居民社会养老保险，22.7万名残疾人参加城镇居民医疗保险；74.1万名残疾人参加新农保，142万名残疾人参加新农合。省内寄宿制、日间照料托养机构共托养1000名残疾人，13801名残疾人享受居家托养补贴。

（二）残疾人康复服务水平明显提升

全省共对75544名贫困残疾人实施康复救助：为143名贫困聋儿免费实施人工耳蜗植入手术并进行康复训练；对6岁以下的150名聋儿适配助听器，对395名聋儿实施康复语言训练，对1175名脑瘫儿童、10名智力残疾儿童和346名孤独症儿童实施康复训练；为305名17岁以下肢体残疾人实施矫治手术，为以就业就学年龄段为主的1069名贫困残疾人装配假肢矫形器，为1228名贫困成年听力残疾人免费验配助听器；为5940名贫困白内障患者免费实施复明手术；对8607名贫困精神病患者服药、810名重性精神病患者住院给予救助；为49366名残疾人配发辅助器具，为6000名盲人适配盲人用品并进行了定向行走训练，完成率达151%，得到广大残疾人及其亲友的高度好评。

（三）残疾人教育工作全面推进

联合省教育厅在全省范围内开展残疾幼儿、残疾青少年状况调查统计登记。实施交通银行助学项目（高中阶段），资助190名残疾高中生每人1000元。对22个特殊教育机构的260名学龄前儿童资助共计78万元。配合教育部门落实《特殊教育提升计划（2014—2016年）》。省彩票公益金助学项目资助478名残疾人家庭子女大学生、残疾大学生和残疾研究生。

（四）残疾人就业实现了机制创新

2014年，山西省残疾人就业工作夯实基础，广开渠道，在严峻的就业形势下不但超额完成任务，还总结出了"一店三基地"等鲜活经验。一是加强管理，着力推进盲人按摩示范店建设。在盲人按摩示范店建设中试行"五统一"，即统一标识、统一承诺、统一规范、统一管理、统一培训。示范店由各市残联申报，省残联审核。对于建设达标、管理规范、验收合格的盲人按摩示范店，省残联根据其安排就业人数予以补贴。各地残联将盲人按摩培训和盲人按摩示范店建设工作有机结合。国家级、省级盲人医疗按摩人员年度继续教育培训完成178人，累计有366名盲人领取了医疗按摩从业资格证书。二是试点先行，着力推进"三个基地"建设。在市、县（市、区）残联申报的基础上，编制了残疾人职业技能实训基地、就业创业基地和扶贫基地名录。市县两级残联在资金、技术等方面对列入名录的基地给予重点扶持。截至年底，全省51个残疾人就业创业基地共有从业人员2176人，安置1066名残疾人就业；30个残疾人实训基地共培训残疾人8229人；57个残疾人扶贫基地安置740名残疾人就业，培训残疾人3358人，辐射带动17182名残疾人就业。三是多措并举，着力推进残疾人多渠道就业。全省各级残联共走访登记失业残疾人家庭3627户，登记失业残疾人12454人，组织残疾人专场招聘会62次，实名制纳入年度培训计划5323人，帮助1462名残疾人实现就业（其中社会用人单位按比例吸纳734名）、1128名残疾人落实专项扶持政策；根据省委组织部等七部门联合出台的《山西省关于促进残疾人按比例就业的实施意见》（晋残联〔2014〕57号），着力推进残疾人按比例就业工作，按比例就业新增2300人，超年初计划300人；认真做好残疾人就业保障金的征收、使用和管理工作，省本级残保金地税代征任务由2013年的4300万元提高到5300万元。四是注重效果，着力推进职业技能培训工作。积极推进残疾人就业和职业培训状况实名制统计管理工作。新增残疾人集中就业950人、个体就业和自主创业1400人、灵活就业和居家就业1200人；城镇残疾人职业技能培训4500人，其中省本级培训12期842人。300名基层残疾人就业指导员参加远程培训。举办了山西省第五届残疾人职业技能竞赛，展示了残疾人职业技能培训水平。

（五）残疾人扶贫工作扎实推进

贯彻落实中央《关于创新机制扎实推进农村扶贫开发工作的意见》，对残疾人建档立卡、精准扶贫。继续联合组织部门推进"农村基层党组织助残扶贫工程"。积极开展农村残疾人实用技术培训，做好后续技术服务，按照500元/人的标准下拨省级培训补助。残疾人康复扶贫贷款贴息292万元。组织申报财政扶贫资金项目。各地积极协调当地住建部门，优先对农村贫困残疾人家庭进行危房改造。

（六）残疾人合法权益得到维护

全省残联系统共接待残疾人来信来访8922人（件）次，其中省本级接待353人（件）次。妥善处置残疾人机动轮椅车车主集体上访事件，劝返上访者140余人次，并积极协调有关部门处理后续事项。559名残疾人领到汽车驾照，发放2014年度残疾人机动轮椅车燃油补贴资金178.34万元。开展创建无障碍环境市县工作。实施贫困残疾人家庭无障碍改造项目，并会同省财政厅对项目进行了督查。

（七）残疾人事业宣传工作有声有色

开展山西省残疾人事业好新闻评选活动，推荐17件作品参加全国评选。与电视台、电台合作播出电视手语节目和《同在蓝天下》残疾人专题节目各30余期。组织山西省全国自强模范暨助残先进集体和个人先进事迹报告团在省内巡回宣讲5场，直接听众近2000人，产生了积极的社会影响。

（八）残疾人文体活动丰富多彩

在全省范围内组织开展第二十四次"全国助残日"活动、残疾人文化周、残疾人健身周、全国特奥日活动。在"助残日"期间举办山西省残疾人书画手工艺作品展。8月25—30日，第十届省残运会举行，省委常委、常务副省长高建民，省人大常委会副主任张茂才，省政协副主席朱先奇专程出席开幕式，高建民宣布运动会开幕，400多名残疾运动员参加了8个个人项目和3个集体项目的角逐，共决出189枚金牌、88枚银牌和59枚铜牌。

（九）残疾人服务设施建设有了新增长

截至2014年底，全省已竣工并投入使用的各级残疾人综合服务设施51个，总建设规模107118.71平方米，总投资28589.83万元；已竣工并投入使用的各级残疾人康复设施32个，总建设规模74856.07平方米，总投资18438.35万元；已竣工并投入使用的各级残疾人托养服务设施1个，总建设规模2000平方米，总投资400万元。

（十）残疾人组织建设不断加强

2014年，8个市级残联在领导班子中配备了残疾人理事长或副理事长；90个县级残联机关配备了残疾人干部；已建乡镇（街道）残联1476个，已建率达到99%，选聘残疾人专职委员1393名；已建社区（村）残协22799个，已建率达到84%，选聘残疾人专职委员23812名。省、市、县、乡残联实有人员已达4686人。各级残联共举办培训班265期，培训机关干部、协会干部及残疾人专职委员9140人次。全省共建立省级以下各类残疾人专门协会629个，市级专门协会已建比例为100%；县级专门协会已建比例为97%。全省共建立助残社会组织9个，其中在民政部门注册的为8个，以残联为业务主管单位的5个。

（十一）基金募集与救助取得新成绩

2014年，山西省残疾人福利基金会共募集资金物资1420.91万元。组织实施山西省"集善工程·2014长治国际微笑行动"，为88名唇腭裂患者实施了修复手术。"集善三晋惠残空间·走进社区"垣曲站捐赠仪式现场捐赠总价值34万元的物品及2万元助学金。在汾酒专卖店，万民、长城药店等场所安放了203个捐款箱。"集善工程"系列项目共实施700例白内障复明手术，配发1300辆轮椅等辅助器具。"集善爱心书屋·文化助残行动"为山西省7个市的13个县（市、区）建立了"集善爱心书屋"，丰富了当地残疾人的精神文化生活。

（十二）残疾人事业理论与实践研究取得新突破

完成与山西大学共同合作的研究课题"完善残疾人就业服务体系研究"。开展残疾人工作政策理论研究。在全省残联系统开展调研报告大赛并顺利举办山西省残联2014年调研报告交流培训会议。组织向中国特色残疾人事业研讨会暨第八届中国残疾人事业发展论坛报送论文12篇，入选大会论文集3篇。应邀参加中国特色残疾人事业研讨会暨第八届中国残疾人事业发展论坛。对同步小康试点县（市、区）进程推进和重点工作经验进行总结推广。开展2014年度残疾人状况监测工作，2014年山西省残联继续被评为全国残疾人状况监测工作先进单位。

（十三）长治市积极争取地方资金，扩大救助范围

长治市残联在积极争取中央和省级康复救助资金开展康复救助工作的同时，全市又争取专项资金245万元，对贫困残疾人实施了康复救助，其中市级自筹125万元，县级自筹120万元。2014年度投入资金287万元，为553户贫困残疾人家庭进行了无障碍改造。

（十四）晋城市政府残疾人就业工作卓有成效

晋城市残疾人就业工作紧紧围绕"以市场为导向，以培训为核心，以就业为目标"的工作思路，逐渐形成了摸底评估—分类培训—推荐就业—动态反馈的培训就业服务体系，培训工作科学有效，就业工作多点开花，盲人按摩工作亮点纷呈。残疾人就业工作走在了全省的前列。

（十五）运城市残联加大"一店三基地"建设力度

为提高残疾人种植技能实际操作能力、安置残疾人就业，市残联利用阳光家园现有耕地资源，从年初就启动残疾人蔬菜、花卉技能实训基地建设，投资51万元，建成三个砖混结构现代化的温室大棚。扩大建设指标数量，在完成省下达建设任务的基础上，增加了12个市级"一店三基地"，其中盲人按摩门店5个，实训基地2个，就业创业基地2个，扶贫基地3个。直接安置残疾人707名，进行职业技能培训930余名，实现就业760余名，并积极争取市财政支持，解决12万元扶持款（每家1万元），有力推动了"一店三基地"建设。

（十六）阳泉市联合实施青年志愿者助残"阳光行动"

阳泉市残联和共青团阳泉市委共同下发《关于联合实施阳泉青年志愿者助残"阳光行动"的通知》（阳团联发〔2014〕12号），决定通过4—5年时间，使青年志愿者助残"阳光行动"基本覆盖城镇青少年、惠及农村地区残疾青少年，并实现常态化、长效化运行，成为服务实、可持续、影响广、作用大的品牌项目。

（十七）吕梁市电视台开播手语节目，帮助听力残疾人更好地了解社会

为了使广大聋人朋友能够和健全人一样观看电视节目，吕梁市残联和吕梁市广播电视台于2014年7月9日21点13分在吕梁影视生活频道《生活前沿》栏目正

式开播聋人手语视频节目,截至年底共播出节目55期。节目的开播,充分体现了社会对残疾人的关爱,在播出电视节目时配备手语和字幕,让聋人朋友轻松地了解生活当中的一些常识,受到了聋人朋友的一致好评。

(十八)西山煤电集团充分发挥国企优势,促进残疾人稳定就业

西山煤电集团残疾人联合会积极发挥各级残联和各福利企业的作用,逐步建立健全贫、特困残疾职工动态帮扶体系、康复培训体系和以福利企业为主平台的多渠道就业体系,推进服务全覆盖和均等化;发挥困难残疾人救助站、志愿助残服务队作用,全面促进西山煤电集团残疾人事业健康发展;出台了《困难残疾人救助管理办法》《残疾人自主创业帮扶办法》等。福利企业生产的产品已成为西山煤电集团主业发展不可或缺的有力支撑。截至2014年年底,西山煤电集团公司有30个基层残联组织,8个福利企业。残疾人2779名,工伤人员4852人;贫、特困残疾人家庭及五种类型的残疾人(家庭)511人(户),2034名有劳动能力的残疾人就业(其中工伤残疾930人,福利企业集中安置596人,其他形式就业509人),就业人数占残疾人总数的73%以上。

(十九)山西省残疾人就业实训基地刘超盲人按摩院规范管理、服务社会

成立于2000年的太原市刘超盲人按摩院在岗的60余名员工中,视力残疾和肢体残疾占到了70%以上,2014年被确定为山西省残疾人就业实训基地。14年的科学规范管理使服务质量不断提高,服务群体不断增大,营业面积从最初的一个40余平方米的小店发展到现在共计1300多平方米的3家连锁店,营业额从起步之初的一年2—3万元提升到现在的200多万元,服务各类人群总计达90余万人次。按摩院院长刘超被共青团太原市委授予"新长征突击手"称号,被太原市人民政府残疾人工作委员会授予"太原市自强创业标兵"称号。

四、大事记

1月14日,省残联党组书记、理事长李亚明在办公室会见了"微笑行动中国基金"大陆地区事务总裁王晓卫先生。双方就2014年在山西省开展"集善工程微笑行动"的有关事宜进行了友好商谈。

2月21日,为关注家庭经济困难儿童健康成长,营造和谐社会,公益慈善项目"幸福启航·小儿马蹄内翻足矫正康复项目"在太原市中西医结合医院启动。副省长张建欣,省残联党组书记、理事长李亚明等领导出席了启动仪式。

3月3日是第十五个全国"爱耳日",主题是"爱耳护耳,健康听力预防从初级耳科保健做起"。省残联、省康复办组织省直康复机构专家,深入太原市南内环街二社区进行义诊宣传活动,现场答复群众咨询,对聋儿康复训练、助听器验配等相关知识及国家、省康复救助项目进行解读,对有需求的群众进行听力、视力检测,辅助器具适配评估等活动。省残联党组书记、理事长李亚明,党组成员、副理事长刘晔亲临活动现场,对参与活动的残疾儿童和现场群众问寒问暖,介绍国家和省康复救助项目,了解各类残疾儿童家庭的康复需求,并对参加宣传义诊活动的专家、教师和残疾人工作者表示慰问。

4月15日,省长李小鹏主持召开省政府第四十一次常务会议。会议同意2014年8月在太原举办第十届省残运会。会议要求,要认真贯彻落实习近平总书记对第十二届全国运动会提出的"厉行节约、反对铺张、开创新风"的重要指示精神,坚决落实节俭办赛的原则,依法合规、廉洁办事,密切协同配合,切实做好赛事组织、安全保卫、食品安全、服务保障等各项工作,努力将第十届省残运会办成展示残疾人良好风采、展现社会爱心的运动会。

4月22日,为关注家庭经济困难儿童健康成长,营造和谐社会,"幸福启航·小儿脑瘫康复"公益慈善项目在省脑瘫康复医院正式启动。省残联党组书记、理事长李亚明,省妇联党组书记、主席王维卿出席项目启动仪式并见证项目签约。"幸福启航·小儿脑瘫康复"公益慈善项目由山西省脑瘫医院实施,省妇女儿童发展基金会投入50万元项目资金,用于为100名脑瘫患儿进行康复治疗,每例补助5000元。

4月23日,中国残联党组书记、理事长鲁勇到山西省调研指导残疾人工作。省委书记、省人大常委会主任袁纯清,省委副书记、省长李小鹏在太原会见了鲁勇及出席"两项补贴"制度中部地区调度座谈会的民政部、财政部有关领导。

4月23日,中国残联党组书记、理事长鲁勇到山西省残疾人实训基地太原刘超盲人按摩院和省残疾人就业基地西山煤电集团福利厂调研指导残疾人工作。

4月23日,中国残联和民政部在山西省太原市召开贫困残疾人生活补贴制度和重度残疾人护理补贴制度推进工作中部地区专项调度座谈会。中国残联党组书记、理事长鲁勇,民政部副部长窦玉沛和中国残联党组成员、副理事长程凯出席会议并讲话,中国残联教育就业部、民政部社会福利和慈善事业促进司、财政部社会

保障司和中部六省、东北三省及河北、内蒙古、广西12省（区）残联、民政部门有关负责同志参加会议。会议听取了参会各省（区）残联、民政部门负责同志对本地"两项补贴"制度建设情况、相关经验和有关计划的介绍，对"两项补贴"制度建设工作过程中出现的新情况及困难、问题进行了座谈和研讨。山西省残联党组书记、理事长李亚明就山西省残疾人工作基本情况，贫困残疾人生活补贴和重度残疾人护理补贴两项制度的出台过程、实施办法、保障措施、监督管理等方面做了经验交流。

4月24—25日，中国残联党组成员、副理事长程凯在太原出席贫困残疾人生活补贴制度和重度残疾人护理补贴制度推进工作中部地区专项调度座谈会后，深入忻州和太原市杏花岭区特殊教育中心学校，对残疾人精准扶贫和特殊教育工作进行了调研。

5月17日，在第二十四个"全国助残日"到来之际，省委副书记、省长李小鹏，省委常委、常务副省长高建民，省政府秘书长廉毅敏、副秘书长马彦平和省残联党组书记、理事长李亚明等领导专程到太原刘超盲人按摩院和西山煤电福利厂看望慰问残疾人，代表省委、省政府向残疾人及其亲属致以诚挚的问候，向所有关心支持残疾人事业的社会各界人士致以崇高的敬意。调研中，李小鹏省长指出，省委、省政府认真贯彻落实中央精神，不断健全残疾人社会保障和服务体系，进一步完善政策措施，保障残疾人权益，积极安置有劳动能力的残疾人就业，千方百计为残疾人办实事、办好事，让他们生活得更有尊严、更加幸福。

5月26—30日，省残联在省委党校举办市、县残联理事长培训班。省政府副秘书长马彦平，中国残联研究室主任陈新民、组联部主任曹跃进，省委党校副校长高健生等出席开班仪式，省残联党组书记、理事长李亚明主持开班仪式。全省11个市119个县（市、区）残联理事长和省残联机关各部（室）、各直属事业单位负责人参加培训。

6月9日，省委副书记、省长李小鹏对贯彻落实第五次全国自强模范暨助残先进集体和个人表彰大会精神做出重要批示："残疾人是社会大家庭的平等成员，我国残疾人事业是中国特色社会主义事业的一部分，党中央、国务院高度重视。我们要认真学习、深刻领会、贯彻落实（习近平）总书记重要讲话精神，以及（张）高丽副总理讲话精神，全心全意、全力以赴做好残疾人工作，为广大残疾人服好务。"

6月10日，"集善三星爱之光·启明行动"山西项目启动仪式在太原爱尔眼科医院举行。中国三星企业社会责任事务局总监孙贵峰、中国残疾人福利基金会副秘书长刘玉文、省残联副理事长郭新志等领导和嘉宾及受助白内障患者和家属、太原爱尔眼科医院医护人员、助残志愿者70余人参加了启动仪式。启动仪式结束后，出席活动的各级领导专程前往病房看望手术患者，为术后患者揭开纱布并赠送"爱心包"。此次"集善三星爱之光·启明行动"中国三星捐资70万元，省残疾人福利基金会募集资金30万元，共计100万元，由中国残疾人福利基金会与省残疾人福利基金会共同实施，共为山西省太原、忻州、吕梁、晋中、长治、晋城等地的1000名白内障患者免费实施复明手术。

6月12日，省委书记、省人大常委会主任袁纯清对贯彻落实第五次全国自强模范暨助残先进集体和个人表彰大会精神做出重要批示："要按照习近平总书记的指示精神和（张）高丽副总理的要求，进一步做好我省残疾人工作，要宣传我省残疾人的先进事迹，要从办实事上给残疾人更多的关爱和帮助。"

6月23—30日，山西省出席全国自强模范暨助残先进集体和个人事迹报告团分别到太原市、阳泉市、运城市、临汾市、省直进行巡回报告。全国自强模范王贵明、魏忠国、邓延满，全国助残先进个人葛才贵、张三虎，全国助残先进集体西山煤电集团公司代表袁丽芝和运城市亚宝药业集团代表许振江，全国残疾人之家闻喜县残联代表侣云峰、临汾市残疾人职业技能学校代表张娟等10名先进代表先后做巡回宣讲。省直和四个市的残联工作者、残疾人专门协会的代表、特殊教育学校的师生、大学生青年志愿者和大型企业员工代表近2000人聆听了报告会。省残联党组、理事会领导，机关和直属事业单位全体干部职工，残疾人协会及志愿者代表200多人参加了省直报告会。

8月8日，山西省第五次自强模范暨助残先进集体和个人表彰大会在太原举行。省委书记、省人大常委会主任袁纯清，省委副书记、省长李小鹏，省政协主席薛延忠，省委常委、常务副省长高建民，省人大常委会副主任张茂才出席大会并颁奖。高建民常务副省长在会上发表重要讲话，省政府秘书长廉毅敏宣读了《山西省人民政府残疾人工作委员会关于表彰山西省自强模范暨助残先进集体和个人的决定》，省残联党组书记、理事长李亚明宣读了《山西省人力资源和社会保障厅、山西省残疾人联合会关于表彰山西省自强模范和省残联系统先进工作者的决定》。在袁纯清书记的提议下，颁奖仪式改变了程序，省领导走下主席台来到残疾人自强模范代表中间，将奖牌送到行动不便的代表手中，与大家亲切握手，会场响起热烈的掌声。大会共表彰自强模范41名，助残先进集体35个，助残先进个人34名，残疾人之家25个，残联系统先进工作者35名。

8月25日，山西省第十届残疾人运动会开幕式在山西体育中心隆重举行。省委常委、常务副省长高建民，省人大常委会副主任张茂才，省政协副主席朱先奇出席开幕式。开幕式由第十届省残运会组委会副主任、省残联党组书记、理事长李亚明主持。第十届省残运会组委会副主任、省体育局局长苏亚君致开幕词；工作人员宣读了中国残联的贺信；省委常委、常务副省长、第十届省残运会组委会主任高建民宣布运动会开幕；运动员代表、裁判员代表庄严宣誓。来自全省的11支代表队、裁判员、志愿者等参加开幕式。

9月10日，省政府残疾人工作委员会全体会议在太原召开，省委常委、常务副省长、省政府残工委主任高建民做重要讲话，省政府残工委成员单位领导参加了会议。省政府副秘书长、残工委副主任马彦平主持会议，省政府残工委副主任、省残联党组书记、理事长李亚明向大家传达了国务院残工委全体会议精神，报告了2013年省政府残工委的工作情况及2014年的工作安排，对开展残疾人基本服务状况和需求专项调查做了情况说明。

9月10—11日，全省残疾人基本服务状况和需求专项调查培训班在太原举办。省残联机关各部（室）负责人，各市残联理事长、负责专项调查的副理事长和信息技术人员共60余人参加了培训。这标志着山西省全国残疾人基本服务状况和需求专项调查工作全面启动。

9月27—28日，山西省第五届残疾人职业技能竞赛在太原举行。来自各市的159名选手参加了计算机与电子工程、工艺美术、手工制作、服装、生活服务等5大类11个竞赛项目的角逐。经过两天的角逐，太原、运城、长治代表队分获团体成绩前三名，晋城、忻州、临汾、阳泉代表队获优秀组织奖，晋中、吕梁、大同、朔州代表队获道德风尚奖。

11月27—28日，全国残疾人福利基金会工作研讨会在京召开。中国残联党组书记、理事长鲁勇，中国残联党组副书记、常务副理事长孙先德，中国残疾人福利基金会理事长汤小泉等领导出席会议。山西省等9家残疾人福利基金会获颁"集善工程最具执行力奖"。这是省残疾人福利基金会继上年得奖后，再次获得此项荣誉。

（王秋妮供稿）

内蒙古自治区残疾人事业和残疾人工作

一、领导讲话

自治区政府副主席白向群在2014年全区残疾人工作会议上的讲话摘要 2014年3月18日

2014年是深入贯彻党的十八届三中全会精神、全面深化改革的第一年，也是按照自治区"8337"发展思路，为残疾人"同步实现小康"目标夯实基础的关键一年。做好2014年工作，要紧跟新形势，理清新思路，努力实现残疾人事业与富民强区建设统筹协调、一体发展。把握深化改革主线，给市场放权，给企业放权，给社会组织放权，发挥企业作为市场经济的主体地位，激发社会组织活力，大量服务残疾人事项交给市场去做，充分发挥社会力量作用。

一方面，切实保障残疾人基本生活权益。一是提供残疾人功能补偿和康复服务，让残疾人最大限度地"站起来、听得到、说得出、看得见"，使残疾人以最好的状态融入社会、参与实践、享受生活。二是强化无障碍环境建设，切实推进城乡公共交通设施无障碍改造，有条件的地区要提高改造标准，扩大改造范围；要将农村牧区贫困残疾人危房改造优先纳入自治区危房改造全覆盖工程，安排城镇贫困残疾人家庭优先享受保障性住房。三是发挥社会保障"兜底"作用。要确保符合条件的贫困残疾人家庭优先纳入城乡低保范围，享受最高补助标准；完善残疾人生活困难补贴和护理补贴发放管理机制，鼓励并支持有条件的地区提高各类惠残补贴标准，扩大补贴范围。实施好38个省级领导干部联系旗县残疾人扶贫基地建设任务。四是为残疾人提供安居托养服务。自治区推进创业就业工程，提出社区就业与开展养老服务相结合的工作措施。各地要借鉴这种方式，在硬件上，抓紧建立托养机构，注意托养康复机构与医疗机构、养老机构资源整合共享；软件上，创新各种残疾人服务机构的运营模式,通过公建民营、民办公助、委托、承包、采购等方式,让具备条件、信誉良好的社会组织、机构和企业,为残疾人提供生活照料、康复、探视、精神慰藉等公益性服务。

另一方面,着力提升残疾人社会发展空间。国务院在2014年1月份高规格召开了全国特殊教育工作电视电话会议,印发了《特殊教育提升计划(2014—2016年)》。各级各有关部门要抓紧研究实施意见,本着特教特办、重点扶持的原则,统筹安排相关资金,合理配置资源,切实解决制约特殊教育事业发展的瓶颈问题。各级政府要对残疾人就业给予大力支持。2013年8月份,中组部等七部门又联合制定了《关于促进残疾人按比例就业的意见》(残联发〔2013〕11号)。各有关部门要严格依法办事,提高执行力和约束力,督促各类用人单位按比例安排残疾人就业。

各地要切实加强组织领导,将残疾人事业纳入公共事业发展大局,把保障和改善残疾人民生纳入地区发展总体规划,把残联重点工作列入政府重要议事日程,各类补贴专款专用。各有关部门要主动将残疾人列为重点服务对象,在制定各类民生政策、落实全区"十个全覆盖"工作时,把残疾人民生作为一块重要内容写进去;各级残联组织要狠抓基层管理建设,把服务残疾人的项目清单、人群数量和分布、经费测算与保障等搞清楚,为政府决策提供扎实依据。

自治区政府副主席白向群在第五次全国自强模范暨助残先进表彰大会座谈会上的讲话摘要   2014年5月28日

2014年年初,习近平总书记考察内蒙古,并在结束时做了重要讲话,充分肯定了党的十八大以来自治区的发展思路和工作成绩,明确提出了当前和今后一个时期内蒙古的前进方向和工作重点,是指导内蒙古改革发展的纲领性文件。贯彻总书记考察我区重要讲话精神,是我区当前的重要政治任务。加快我区残疾人事业发展,是深入贯彻总书记考察内蒙古重要讲话精神的政治要求,是实现科学发展、富民强区的迫切需要。各级各部门以及残联组织都要抓住机遇,结合自治区党委九届十一次全委(扩大)会议精神,落实自治区"8337"发展思路,更加注重民生改善和社会管理,在推进重点工作、重点工程中同步推进残疾人工作,以重点领域和关键环节的突破带动残疾人工作的整体开展。

各级、各部门要按照自治区残联六代会和2014年年初全区残疾人工作电视电话会议的部署要求,切实把残疾人工作摆上位、抓到位,将残疾人事业纳入公共事业发展大局,把保障和改善残疾人民生纳入地区发展总体规划。要深入贯彻落实残疾人就业法规政策,建立促进残疾人就业机制,鼓励和扶持残疾人自谋职业和自主创业,多形式、多渠道安排残疾人就业和再就业。自治区将启动成立大学生创业基金,围绕"五大基地"建设,开展千人创业带动万人就业行动。相关部门要抓紧研究实施办法,在大学生创业基金中切出一块,专门用于残疾人自主创业,在扶持有一技之长的残疾人解决自身生活来源的同时,促进更多残疾人就业。

自治区残联理事长杨瑞平在全区传达贯彻第五次全国自强模范暨助残先进表彰大会精神座谈会上的讲话摘要   2014年5月28日

各级残联组织要按照习近平总书记、张高丽副总理的重要指示和白向群副主席的总体要求,结合我区残疾人事业发展的实际,梳理工作任务,谋划落实举措,明确责任分工,切实履行职责,为残疾人解难,为党和政府分忧,努力开创残疾人工作新局面。一是以发展全区残疾人事业为己任,强化做好残疾人工作的责任感;二是以切实保障和改善残疾人民生为目标,找准残疾人工作的切入点;三是以党的群众路线教育实践活动为抓手,行使好残联组织代表、服务、管理职能;四是以"8337"发展思路为统领,深入开展推动残疾人同步全面小康大学习、大讨论、大调研活动;五是以弘扬自强不息的民族精神和扶残助困的人道主义思想为落脚点,精心组织好自强模范和助残先进的事迹报告。

自治区残联理事长杨瑞平在全区残疾人基本服务状况和需求专项调查工作会议上的讲话摘要   2014年7月22日

全国开展残疾人基本服务状况和需求专项调查,是经李克强总理批准实施的,对于加快改善残疾人状况,推动残疾人事业创新发展具有特殊重要意义。做好残疾人保障基本民生补短板、兜住底的工作,是帮助残疾人同步小康的最基础性工作。而这项任务就是为了掌握我区残疾人的基本情况和准确的数据,为党委、政府更加科学、合理地设计这项制度提供可靠翔实的决策依据,为相关部门制定出台有针对性、有力度的政策措施提供数据支持。

这项工作是李克强总理批准并在国务院残工委直接领导下进行的,抓好这项工作的首要责任在各级政府残工委。同志们要充分认识这一点,及时向本级政府主要领导和主管领导汇报相关工作,要积极主动争取残工委各成员单位的指导和支持,协调解决在调查工作中的困难和问题,形成合力,共同推进这项工作。各盟市、各旗县（市区）残联一把手要担任本地区专项调查领导小组组长，当好专项调查一线指挥工作的第一责任人，分管事长要任专项调查领导小组办公室主任，具体抓好落实。要制定具体化、可操作的实施方案。要抽调责任心强、有调查工作经验的同志充实到调查第一线。各盟市、各旗县（市区）、各苏木乡镇（街道）、嘎查村（社区）都要建立健全覆盖调查工作各环节、各方面的工作责任制，明确每一个岗位和人员的具体任务、操作标准、完成时限，使调查的各项工作都做到事事有人管、人人有责任、过程有监督、结果有考核，从而形成自上而下、层层抓落实的工作机制。特别强调，专项调查工作要层层落实责任制，按照全国专项调查工作要求，上报工作成果时实行"双签字"制度，下级向上级报送材料要由下级政府残工委负责人与同级残联主要负责人共同签字确认。也就是说，盟市向自治区上报的材料要由分管盟市长和残联理事长共同签字确认，确保上报材料的严肃性、准确性、权威性。

自治区残联理事长杨瑞平在全区残疾人基本服务状况和需求专项调查工作推进会上的讲话摘要 　　2014年10月22日

各级残联要进一步引起高度重视，切实加强对专项调查工作的组织领导。要深刻领会贯彻好国务院残工委专项部署和全国专项调查工作会议精神，明确主体责任，再周密实施。各级残联主要负责人要协助残工委主要负责人担负起一线的领导责任，靠前指挥，强化制度，抓住节点，倒排时间，细化措施，强化督导。各地要高度重视做好专项调查期间的宣传工作，要安排专人负责并提供必要的经费，为残疾人基本服务状况和需求专项调查营造良好的社会舆论环境。在专项调查工作中，我们要同时推进基层残疾人组织建设，做到相互促进、相互加强。要通过开展专项调查工作，进一步健全基层残疾人组织和工作队伍，加强残疾人专职委员队伍建设。全面推进"基础管理建设年"工作。

二、政策法规文件

内蒙古自治区人民政府关于深入推进义务教育均衡发展的实施意见　　内政发〔2014〕48号

三、进一步明确均衡发展义务教育的工作任务和措施

（九）依法保障弱势群体学生公平接受义务教育

认真实施特殊教育提升计划（2014—2016年）。科学规划特殊教育学校布点，设立专项经费，全面改善特殊教育学校办学条件，足额配备特殊教育教职人员，落实好特殊教育教师津贴。完善特殊教育学校公用经费标准和特殊教育学校义务教育；做好残疾儿童随班就读工作，积极利用彩票公益金和残疾人就业保障金统筹残疾人教育、康复和职业培训，提高特殊教育学校办学综合效益。

四、完善义务教育均衡发展的投入保障机制

（一）完善义务教育经费保障机制

全面落实义务教育投入政策，各级人民政府要依法保障教育经费达到"两个比例"和"三个增长"。制定城乡统一的义务教育生均经费拨款标准，将义务教育经费全面纳入财政预算。进一步调整教育支出结构，向民族学校、农村牧区义务教育学校和特殊教育学校倾斜，促进农村牧区义务教育学校建设。

内蒙古自治区贯彻落实《社会救助暂行办法》部门分工实施方案

（七）就业救助

对本地区离校前尚未落实工作单位的贫困家庭毕业生和就业困难毕业生特别是未就业蒙古语毕业生、残疾人毕业生纳入就业救助范围，拨付专项资金并建立台账，逐一登记，实施"一对一"的重点帮扶，优先为其免费提供就业指导、职业咨询、技能培训、就业推荐和信息服务，并向用人单位重点推荐，或通过公益岗位安置就业。

内蒙古自治区人民政府关于印发《内蒙古自治区特殊教育提升计划（2014—2016年）实施意见》的通知　　内政办发〔2014〕68号

二、主要目标

（一）基本普及残疾儿童少年义务教育

用3年时间，全区基本普及残疾人儿童少年义务教育，视力、听力、智力残疾儿童少年义务教育入学率2014年、2015年、2016年分别达到80%、85%、90%以上，其他残疾人受教育机会明显增加。

（二）积极发展残疾儿童学前教育

大力推进0—3周岁残疾儿童早期干预、早期教育和康复训练。逐步提高城镇3—5周岁（或4—6周岁）残疾儿童学前三年教育的普及率和水平。积极开展农村牧区残疾儿童学前一年教育。到2016年全区5周岁残疾儿童学前教育率达到60%以上。

（四）加快发展残疾人高等教育

采取积极有效措施，引导和鼓励在我区高等学校设置特殊教育相关专业，满足残疾人接受高等教育的需求。对符合录取标准的残疾人考生，保证其通过普通高等学校、成人高等学校和自学考试等方式接受高等教育。

（五）切实加强特殊教育条件保障

设立特殊教育专项资金，严格落实特殊教育学校生均公用经费标准。建立健全覆盖全体残疾学生的资助体系。改善特殊教育办学条件，加强残疾学生学习和生活无障碍设施建设，到2016年所有学校无障碍建设达标。

（六）全面提升特殊教育教学质量

扩大特殊教育教师培养规模，加大特殊教育教师培训力度，快速提升特殊教育教师专业化水平。逐步建立特殊教育质量监测评价体系。

内蒙古自治区人民政府办公厅关于确定2014年度全区城乡居民最低生活保障标准有关事宜的通知

内政办发电〔2014〕21号

各地区要结合实际，采取有力措施，切实提高困难群众生活水平。要拉开分类保障档次，对低保家庭中的老年人、未成年人、重度残疾人、重病患者等救助对象进行重点保障，可按当地保障标准的5%至10%适当提高其低保补助水平。

内蒙古自治区残疾人联合会主席团委员意见建议办理办法

第一条 为充分发挥自治区残联主席团委员参事议事和民主监督职能，力戒四风，加强调查研究，了解残疾人基本状况和需求，根据《中国残疾人联合会章程》和中国残联《中国残联主席团委员意见建议办理办法》，制定本办法。

第二条 本办法所称意见建议，是指时任自治区残联主席团委员独自或联合署名，对全区残疾人工作提出的书面意见或建议。

第三条 自治区残联主席团委员意见建议要广泛代表残疾人意愿，反映残疾人诉求、维护残疾人权益、体现残疾人关切。反映情况要客观真实，提出的政策建议要具有可操作性。

第四条 自治区残联主席团委员要加强调查研究工作，深入基层掌握一手资料，在科学分析、认真研究的基础上提出意见建议。调查研究一般应紧紧围绕以下内容：

（一）残疾人同步小康；

（二）基层残疾人真实现状和迫切需要解决的困难；

（三）加强残疾人组织建设；

（四）提高残疾人工作质量和服务水平；

（五）事关残疾人事业发展和民生改善的其他重要课题。

第五条 各级残疾人组织要为自治区残联主席团委员调查研究提供必要条件和工作便利。

第六条 自治区残联主席团委员意见建议办理工作，由执行理事会负责，机关各业务部门和相关直属单位按照任务分工承担具体工作；自治区残联组联部负责组织协调、服务联络相关工作。

第七条 自治区残联各业务部门和相关直属单位要按照业务领域分工，建立办理工作机制，明确一名干部为联络员。对意见建议的办理，须落实到具体处室和承办人员。

第八条 对综合性强、涉及面广、关注度高、处理难度大、问题反映比较集中的意见建议，由自治区残联执行理事会一名领导牵头研究相关工作。

第九条 自治区残联主席团委员意见建议由自治区残联组联部收集后按照主要业务领域进行汇总梳理，报执行理事会研究，确定相关业务部门承办并做整体答复。

第十条 各承办部门接收意见建议后，要高度重视，认真研究，并紧密结合各项工作开展，特别是重点工作的推进予以采纳并落实。对能够及时解决的问题，尽快解决；对一时难以解决的问题，要做出有计划的安排，逐步解决。

第十一条 如需就某一意见建议复文的，各承办部门要认真研定。复文要符合国家法律法规和政策规定，内容完整、意见明确、用语诚恳、文字精练，注明承办部门和承办人电话，报自治区残联分管副理事长审核，并由理事长签批。

第十二条 各承办部门办结后，要将相关文字材料送自治区残联组联部，汇总后报执行理事会，并就委员意见建议落实情况，于下一次主席团全体会议期间以书面形式向主席团做整体答复。

三、工作综述

在自治区党委、政府的正确领导和中国残联的大力支持下，全区残疾人工作按照党的十八大关于"健全残疾人社会保障和服务体系，切实保障残疾人权益"的精神，认真学习落实党中央、国务院和习近平总书记对残疾人事业所做的一系列新的部署和要求，深入贯彻自治区"8337"发展思路，加快实施《内蒙古自治区残疾人事业"十二五"发展纲要》和推进残疾人事业五个专项工程，在自治区各级残联工作者的共同努力下圆满完成了国家和自治区残疾人工作各项年度工作任务，整体工作有序推进，重点工作有了新的突破。

（一）习近平总书记重要讲话精神为做好当前残疾人工作提供了思想指南和工作动力

2014年3月习近平总书记在致中国残疾人福利基金会成立30周年的贺信中指出："残疾人是一个特殊困难的群体，需要格外关心、格外关注。让广大残疾人安居乐业、衣食无忧，过上幸福美好的生活，是我们党全心全意为人民服务宗旨的重要体现，是我国社会主义制度的必然要求。"2014年5月习近平总书记在北京会见第五次全国自强模范暨助残先进集体和个人表彰大会受表彰代表时发表重要讲话，强调："残疾人是社会大家庭的平等成员，也是人类文明发展的一支重要力量。残疾人完全有志向、有能力为人类社会做出重大贡献。中国梦，是民族梦、国家梦，是每一个中国人的梦，也是每一个残疾人朋友的梦。我希望各级党委和政府要高度重视残疾人事业，把推进残疾人事业当作分内的责任，各项建设事业都要把残疾人事业纳入其中，不断健全残疾人权益保障制度。各级残联要发扬优良传统，切实履行职责，为残疾人解难、为党和政府分忧，团结带领残疾人继续开创工作新局面。"习近平总书记的重要讲话深刻阐述了残疾人事业与党的宗旨、社会主义制度的内在联系，揭示了残疾人工作的奋斗方向，指明了广大残疾人与社会全体携手同行、实现梦想的正确道路，是指导我们当前及今后残疾人工作的行动纲领。2014年自治区残联认真领会落实习近平总书记重要讲话精神，加强履行"代表、服务、管理"职能，恪守"人道、廉洁、服务、奉献"职业道德，牢固树立残疾人是坚持和发展中国特色社会主义一支重要力量的残疾人观，统一思想，凝聚力量，理清发展思路，为加快推进残疾人小康进程做好各项残疾人工作提供了思想保障和工作动力。按照中央和自治区统一部署，巩固党的群众路线教育实践活动成果，对整改落实进行回头看，深化"四风"整治，严格遵守中央"八项规定"和自治区党委配套"28项规定"，认真落实"两个主体责任"，党风廉政建设得到加强，推动自治区残联作风建设不断迈上新台阶。

（二）加快推进自治区残疾人工作"五项工程"的实施

实施残疾人社会保障、0—6岁贫困残疾儿童抢救性康复、推进特殊教育体系建设、推进残疾人就业扶贫和残疾人托养服务工程等"五项工程"建设是自治区落实残疾人事业"十二五"发展纲要采取的重要举措。2014年是推进残疾人工作"五项工程"实施方案的关键一年。为使"五项工程"真正落到实处、取得实效，6月由自治区党委督查室牵头，财政、民政、人社、残联等部门参加，组成2个督查组，赴5个盟市对五个专项工程实施情况进行实地督查，7个盟市开展了自查，对督查中存在的问题及时向盟市反馈意见并要求限期整改。督查结束后自治区党委督查室向党委、政府提交了《关于促进残疾人事业发展督查报告》，为自治区党委、政府研究决策残疾人工作当好参谋、提供依据。2014年下半年，由自治区残联各理事长带队组成5个调研组分赴12个盟市对实施残疾人工作"五项工程"情况进行督导调研，自治区残联党组理事会在听取调研组汇报的基础上对全区推进残疾人工作五项工程进展情况进行认真的研究分析，对下一步工作提出要求和建议。

（三）扎实开展"基础管理建设年"活动

围绕中国残联2014年开展的"基础管理建设年"活动，自治区残联积极行动，扎实推进，确保各项工作见到成效。一是完善基础管理制度，对资金、项目管理进行跟踪评估问效，认真查找预算、组织、人事、财务方面存在的问题和漏洞，对不能适应发展需求的制度措施进行修改完善，新制定和修订制度19个，管理制度总数达到38个。配合中国残联开展"十二五"残疾人事业专项资金检查审计，按照检查审计报告中提出的整改意见研究提出落实整改措施方案，并一一落实。二是大力推动政府向社会购买残疾人服务工作。按照中国残联和自治区要求，自治区残联成立了推进工作领导机构，起草了工作方案，确定了试点地区，残联系统被确定为自治区试点单位，为2014年开始实行部分残疾人服务项目向社会购买服务开展试点打下基础。三是开展了残联系统专兼职工作者状况专项调查和残联组织财务管理状况专项调查。四是落实报告制度，规定执行理事会向主席团报告工作并专项报告预算执行、资金使用和重大项目建设情况。五是为提升自治区残疾人工作的基础管理水平，本着"统筹规划、分步实施、立足服务、强化应用"的原则，着手开展自治区残疾人信息化建设工程前期工作，搭建残疾人网络服务平台，为残疾人开展优质高效服务创造条件。

（四）全力做好残疾人基本服务状况和需求专项调查

在各级政府残工委的统一领导和各地残联的精心组织下，全区专项调查工作有序推进，取得了阶段性成果。为保质保量完成调查工作，自治区残工委和残联成立了专项调查工作领导小组，下设办公室并配备了专职人员，按照专项调查工作流程，制定了专项调查、核查工作、培训工作、宣传工作、质量控制和督导等六个实施方案。2014年6月专项调查工作正式启动，自治区残联多次召开专门会议、多层次专项培训会议进行全面安排部署和人员专项培训，为保证责任落实自治区与12个盟市签订了责任书。各盟市、旗县（市区）行动迅速、方法得当、保障有力，注重基础信息核查工作质量和入户调查员培训效果，强调做好现场核查的各项准备工作，为如期圆满完成专项调查工作任务奠定了坚实基础。截至2014年11月30日18时，全区应核查持证残疾人719223人，已核查719223人，核查0—15周岁非持证残疾儿童1320人，核查率100%，核查进度和质量位居全国前列，圆满完成专项调查第一阶段工作任务，受到国家专项调查办公室肯定。随后，各地按照国家和自治区入户现场调查统一部署开始入户调查。

（五）不断提高残疾人社会保障水平

继续实施贫困残疾人生活困难补贴制度和重度残疾人护理补贴制度。2014年全区共投入19919万元，其中自治区本级下达生活困难补贴4706万元，补贴贫困残疾人19.2万人次；下达护理补贴6383万元，补贴重度残疾人23.4万人次。实施贫困残疾人危房改造项目，2014年共投入1249万元，6750户农牧区贫困残疾人家庭住房条件得到改善。共安排728万元（其中国家彩票公益金228万元，自治区以奖代投500万元，盟市旗县配套520万元）帮助4620户贫困残疾人家庭进行无障碍改造。为2.5万名残疾人发放燃油补贴659万元。实施国家"阳光家园计划"项目，2014年共下拨资金824万元用于补贴13650名残疾人居家托养服务。

（六）稳步推进残疾人就业、扶贫工作

通过政策扶持、资金安排、落实小额贷款等多种形式扶持残疾人自主择业、自主创业，2014年全区新增城镇残疾人就业6981人，完成年初确定的6000人计划目标。对城镇有就业意愿和劳动能力的1万余名残疾人进行职业技术培训，对15136名农牧区残疾人进行实用技术培训，帮助38764名农牧区贫困残疾人增加了收入。全区有6个盟市全面落实了10%公益岗位安排残疾人就业。对城乡就业年龄段残疾人进行实名登记，数据录入率达97.57%。成功举办了第四届全区残疾人职业技能竞赛，来自12个盟市的262名选手参赛。自治区残联会同人社厅、总工会、团委、妇联等有关部门对获奖选手给予表彰，其中有25名选手分别获自治区"五一劳动奖章"、"巾帼建国标兵"和"青年岗位能手"称号，101名选手晋升职业资格。2014年向盟市下拨302万元康复扶贫贷款贴息资金。在全区开展第七次"真情呵护"公益活动，组织实施了集善工程项目等23个公益项目，共发放募捐款物折合人民币1015.22万元，直接受益残疾人5954人。抓住自治区实施农村牧区"十个全覆盖"的难得机遇，自治区残联积极向自治区党委反映并协调相关部门将创建无障碍环境、标准化卫生室中设立康复场所等部分残疾人服务项目纳入其中。

（七）努力提高残疾人康复服务能力

到2014年底，全区累计建成2040个社区康复站，其中示范性社区康复站195个，当年培训社区康复协调员10383名，使12.5万名残疾人享受到社区康复服务。年内全区共为5841名生活困难残疾人免费实施白内障复明手术，其中借助亚洲防盲基金会捐赠的"复明24号"手术车，为8个盟市72个旗县的2100名贫困白内障和重度眼疾患者实施免费手术。2014年为3139名贫困精神病人提供医疗救助，为3600多名残疾儿童、1万多名成年残疾人提供了康复救助。在自治区基本实现了0—17岁重度听障儿童人工耳蜗救助"发现一例、救助一例"的目标。实施"阳光助行"肢体残疾人康复救助项目，完成假肢装配近2000例。2014年自治区建成乌兰察布市、通辽市、阿拉善盟等3个盟市级康复中心和突泉县等7个旗县级康复养老托养中心。安排新开工呼伦贝尔市、兴安盟、巴彦淖尔、乌海市等4个盟市级康复中心和鄂伦春旗等10个旗县级康复养老托养中心建设。按照中国残联和卫生部推动残疾人康复机构与医疗机构加强合作的要求，对自治区已建成和拟建的本级、盟市级、旗县级康复机构从建设、运营和管理上探索多方面、多形式的合作方式，达到建得起、用得好的目的。与北京大学工学院开展设立以内蒙古康复工程研究所、内蒙古智能假肢产业化生产基地，内蒙古康复工程应用与示范中心为主要内容的残疾人辅助器具智能康复技术产学研合作项目。在自治区与北京市开展对口支援的大框架下，自治区残联与北京市残联开展对口帮扶合作，借助北京市在残疾人工作方面的优势，共同谋划2015—2020年中长期合作事项，从残疾人职业技能、康复、教育、就业、扶贫、文化体育、组织联络、维权等8个方面进行帮扶合作。

（八）继续提升残疾人受教育水平

抓住自治区政府制定出台《内蒙古自治区特殊教育提升计划（2014—2016年）的实施意见》的有利时机，围绕提出的普及残疾儿童少年义务教育、提高残疾儿童学前教育普及率和初升高比例、设立特殊教育专项

资金、建立覆盖全体残疾学生的资助体系及所有学校无障碍设施建设达标等残疾人特殊教育的目标任务，采取措施加快推进在全区残联教育工作中的贯彻和落实。内蒙古特殊职业技术学校与内蒙古医科大学合作办学成立内蒙古残疾人职业技术学院的工作取得实质性进展。在自治区政府的重视和教育厅的支持下，合作双方于2014年底完成协议签订，并分别上报各自主管部门。经过争取，内蒙古特殊职业技术学校扩建工程被列入国家"特殊教育学校二期建设规划"，项目前期工作正在抓紧进行。对全区2014年招收残疾儿童的学前教育机构补贴资金369.4万元。自治区残联对122名盲人进行了盲文、盲人定向行走和盲人保健按摩培训。实施"通向明天——交通银行残疾青少年助学计划"，在北京对全区70名特教学校校长、骨干教师进行了培训。安排36.8万元对239名残疾大学生进行了资助。5名教师和1名同学被授予交通银行园丁奖和残疾大学生励志奖。

（九）大力发展残疾人宣传文化体育事业

积极推进残疾人文化、体育示范市区建设，打造特色文化品牌，2014年指导各地创造性地开展残疾人文化体育宣传活动50余场，举办有关残疾人的各类专题展览、演出以及演讲征文等活动20余次。借助国家自强模范暨助残先进表彰大会的强劲东风，5月下旬，自治区政府专门召开会议认真传达学习习近平总书记重要讲话和张高丽副总理、张海迪主席讲话精神，并就贯彻落实做了具体安排部署。会后，自治区残联经过认真筹备，精心组织开展了"自治区自强模范暨助残先进事迹"报告团巡回报告活动，用近1个月时间，赴5个盟市举办了7场巡回事迹报告会，近5千名党员群众聆听了事迹报告，同时在自治区和当地主流媒体推出系列事迹宣传报道，产生了较大的社会反响。2014年10月，在通辽市成功举办了自治区残疾人田径运动会暨第九届全国残疾人运动会选拔赛。2014年，自治区选手在国际、国内赛事上获得3金2银4铜的佳绩。

（十）以深化改革为动力，推进制定出台促进残疾人事业发展的法规和制度

为加快残疾人权益保障改革任务的落实，2014年积极推进出台《内蒙古自治区实施〈残疾人就业条例〉办法》和《内蒙古自治区无障碍设施建设和使用管理办法》，争取将其列入2015年立法计划。会同相关委办厅局研究制定《内蒙古自治区关于促进按比例安排残疾人就业的实施意见》，已基本完成9个部门的会签。为使自治区残疾人保障金的使用和管理更加有效和规范，制定《自治区残疾人就业保障征缴使用管理办法》，在自治区政府和有关部门的支持下，自治区残联会同相关部门在区内外多次开展调研，对提出的初稿分东西部两个片区深入基层广泛征求盟市、旗县和企业的意见，修改完善后上报自治区政府，待审议通过后出台。与此同步，积极与自治区地税部门沟通配合，借鉴其他省市的经验，启动全区残保金征收管理信息系统项目建设，为做好残保金的征收、使用、管理提供技术支撑。

四、大事记

1月19—22日，自治区残联党组理事会组成春节慰问组，分别对呼和浩特市回民区阳光社区20户和乌兰察布市凉城县白艮村78户贫困残疾人家庭进行了走访慰问。慰问组还对残联系统生活困难职工和党员进行了慰问，并看望了离退休干部。

1月27日，自治区残联党组书记、理事长杨志民和党组成员、副理事长冀育青，宣文部主任吴静一行前往自治区残疾人举重基地看望并慰问了正在训练的残疾人举重运动员和教练员，鼓励他们要为第九届残疾人运动会刻苦训练，为自治区争光，并为他们送上了慰问金。

2月8日，自治区残联举办了马克思主义民族观专题讲座，会机关全体干部和会属单位领导班子成员参加了讲座。讲座由内蒙古师范大学马克思主义学院梁亦凡教授主讲，自治区残联办公室主任贾鹏主持。

2月10日，自治区残联举办了保密知识专题讲座，会机关全体干部和会属单位班子成员参加了讲座。相关方面专家做了保密知识专题讲座，自治区残联办公室主任贾鹏主持讲座。

2月13日，自治区残疾人福利基金会向两位重度残疾人女作家康枝英和秦丽捐赠价值13600元的两辆电动轮椅。自治区残疾人基金会副理事长乔晓勇、副理事长兼秘书长景清出席了捐赠仪式。

2月20日，自治区副主席白向群对开展项目合作前期论证予以批示，要求加快推进合作进程。自治区残联和北京大学工学院经多次论证和协商提出了《关于残疾人辅助器具智能康复技术产学研项目合作方案（草案）》。

2月28日，共青团中央、中国残联在北京共同召开中国青年志愿者助残"阳光行动"启动会议，对启动实施"阳光行动"进行全面部署。自治区残联副理事长张志新等赴京参加了中国青年志愿者助残"阳光行动"启动会议。

3月3日，自治区残疾人康复服务中心在呼和浩特

市阿尔泰游乐场开展了以"爱耳护耳——预防从初级耳科保健做起"为主题的"爱耳日"宣传活动，大力宣传了初级耳科保健在听力残疾预防中的重要性和必要性，增强了首府市民的爱耳护耳意识。

3月18日，自治区政府在呼和浩特市召开2014年全区残疾人工作电视电话会议。自治区副主席、残工委主任白向群出席会议并做重要讲话，自治区残联党组书记、理事长杨志民做工作报告，呼和浩特市、呼伦贝尔市、鄂尔多斯市政府分别介绍了残疾人工作经验。会议由自治区政府副秘书长姜华主持。自治区政府残工委成员单位负责人，自治区残联副理事长乔晓勇、张志新、冀育青、马俊学、会机关各部室和会属单位负责人在主会场参加会议。各盟市分管残疾人工作领导、残工委单位负责人和市县两级残联领导班子成员、机关干部在各地分会场参加了会议。

3月22日，自治区智力残疾人及亲友协会在社会各界的支持下，组织58名智障残疾儿童和家长参观了在呼和浩特市举办的全国3D魔幻艺术巡回展。

4月2日，自治区残疾人康复服务中心邀请内蒙古妇幼保健院范果叶医生举办了以"关爱孤独症儿童康复"为主题的讲座。参加讲座的家长在专家的指导下，分享了孤独症儿童家庭康复训练中的心得体会。

4月16日，自治区残联宣文部主任吴静到自治区文化厅，就自治区"十个全覆盖"中嘎查（村）建立文化活动站一事进行了沟通，同意在2014年全区投入5000万元用于给所有的嘎查（村）购置文化用品的项目中优先考虑残疾人。

4月28日，自治区教育实践活动整改落实第二巡回督查组组长陈毅民等一行4人到自治区残联督查整改落实情况。自治区残联理事长杨志民，副理事长乔晓勇、冀育青、马俊学及机关全体干部和会属各单位领导班子成员，自治区残联退休干部代表和残疾人代表参加了汇报会议。

4月28日，自治区残联副理事长张志新、康复部及内蒙古聋儿康复中心负责人参加了中国聋儿康复研究中心在陕西西安市举办的全国听力语言康复专业技术培训班。

4月29日，自治区党委组织部副部长董树君同志代表自治区党委，到自治区残联机关宣布杨瑞平同志担任自治区残联党组书记，并被提名为理事会理事长的决定。

5月6日，自治区残联党组书记、理事长杨瑞平陪同自治区副主席、残工委主任白向群赴赤峰市翁牛特旗调研残疾人民生工作。

5月13日，自治区残联理事长杨瑞平、副理事长张志新和办公室主任贾鹏到自治区残疾人康复服务中心视察工作。杨理事长一行参观了该中心测听室、耳模制作室、辅助器具流动服务车等设备设施，观看了聋儿单训课和集体课教学，并与聋儿亲切互动交流。

5月16日，由宣传部、人力资源和社会保障部、解放军总政治部、中国残联共同举办的第五次全国自强模范暨先进表彰大会在北京召开。自治区郭二玲、臧彩楼、陈士庆、王东四位残疾人被授予"全国自强模范"荣誉称号，赤峰市克什克腾旗残联理事长孙中义被授予"全国残联系统先进工作者"荣誉称号，自治区红十字会包头朝聚眼科医院、赤峰金钥匙按摩职业技术学校、鄂尔多斯市地方税务局康巴什新区分局被授予"全国助残先进集体"荣誉称号，敖其尔、马静、史占花被授予"全国助残先进个人"荣誉称号，通辽市科尔沁区残联、呼和浩特市新城区西街办事处西落凤社区残疾人协会、自治区聋儿听力言语康复中心被授予"残疾人之家"荣誉称号。自治区副主席、残工委主任白向群和自治区残联党组书记、理事长杨瑞平参加表彰会议。

5月17日，自治区残联在呼和浩特市新城区长海社区举办"庆祝第二十四次全国助残日暨残疾人文化体育进社区"系列助残活动。自治区残联党组书记、理事长杨瑞平、副理事长马俊学，呼和浩特市政府、人大、政协等相关领导和残疾人工作者、残疾人代表及专职委员200余人参加了活动。

5月22日，自治区残疾人福利基金会、内蒙古国际旅行卫生保健中心在包头市土右旗举办了第七次"真情呵护——免费为贫困残疾人体检"公益活动，自治区残联副理事长乔晓勇、自治区残疾人福利基金会副理事长兼秘书长景清、内蒙古国际旅行卫生保健中心医疗队队长赵宇和包头市残联理事长张瑞平及土右旗相关领导参加了启动仪式，并为200名贫困残疾人进行免费体检。

5月27日，自治区残疾人联合会第六届主席团第二次全体会议在呼和浩特市召开。自治区党委组织部常务副部长董树君、副巡视员闫ហ义到会指导，自治区政府副秘书长、自治区残联第六届主席团副主席姜华主持会议。会议审议通过了杨志民同志不再担任自治区残联第六届主席团副主席、委员、执行理事会理事长，杨瑞平同志担任自治区残联第六届主席团副主席、委员、执行理事会理事长的决议。51名自治区残联第六届主席团委员参加了会议。

5月28日，自治区政府召开传达贯彻第五次全国自强模范暨助残先进表彰大会精神座谈会。自治区副主席、残工委主任白向群主持会议并做重要讲话。自治区残联杨瑞平理事长传达了习近平总书记会见受表彰代表时发表的重要讲话精神和张高丽副总理在表彰大会上的讲话精神。全国自强模范郭二玲、臧彩楼，助残先进个人敖其尔，残联系统先进工作者孙中义四名同志在会上做典型事迹发言。兴安盟、乌兰察布市、巴彦淖尔市三个盟市分管残疾人工作的副盟市长和自治区发改委、财政厅、民政厅、人社厅、卫计委、扶贫办、团委等自治区政府残工委成员单位领导就学习贯彻全国表彰大会精神，推进残疾人事业发展进行了交流。自治区14位受到国家表彰的自强模范、先进集体和个人，各盟市、计划单列市分管残疾人工作的副盟市长和残联理事长，自治区残联副理事长乔晓勇、张志新、冀育青、马俊学和机关各部室及会属各单位负责人参加了会议。自治区残联第六届主席团委员列席会议。

6月14日，自治区党委组织部王晓燕一行4人对自治区残联人事档案整理工作进行了全面检查。自治区残联副理事长冀育青、办公室主任贾鹏陪同检查。

6月16日，自治区残联在内蒙古军区招待所举办了首场"自治区自强模范暨助残先进事迹"巡回报告团会，自治区残联副理事长马俊学出席会议，并做了重要讲话。全国自强模范代表臧彩楼、郭二玲、陈士庆，全国助残先进个人代表敖其尔、马静在会上做了报告。随后巡回报告团用了一个月的时间，赴5个盟市重点面向党政机关、学校、医院、企事业单位及部队举办了7场事迹报告会，近5千名党员群众聆听了事迹报告，同时自治区和地方主流媒体推出系列事迹宣传报道，产生了较大的社会反响。

6月18—21日，自治区残联副理事长冀育青率办公室主任贾鹏、机关党委调研员赵勇如和机关事务服务中心主任王军赴阿拉善盟左旗、额济纳旗就五项工程实施情况进行了调研。

6月18—27日，自治区党委督查室牵头，财政、民政、人社、残联等部门参加，组成2个督查组，赴5个盟市对推进残疾人工作"五个专项工程"实施情况进行实地督查，7个盟市开展了自查，对督查中存在的问题及时向盟市反馈并要求限期整改。督查结束后，自治区党委督查室向自治区党委、政府提交了《关于促进残疾人事业发展督查报告》，有力促进了"五项工程"在全区的深入实施。

6月23日，自治区残联党组书记、理事长杨瑞平，副理事长冀育青与相关部室同志赴京，与中国残联领导会谈，走访了中国残联机关部厅负责人，并就落实中国残联与自治区人民政府签署的《共同推进内蒙古残疾人事业发展备忘录》过程中存在的问题进行了汇报，并就相关工作进行了对接。

6月23—30日，自治区残联党组书记、理事长杨瑞平到北京参加中国残联与中央党校联合举办的残疾人工作专题研讨班。

7月8—10日，自治区残联党组书记、理事长杨瑞平和办公室主任贾鹏赴乌海市、阿拉善盟就盟市级残疾人康复中心建设情况及街道（社区）残疾人工作和农牧区残疾人扶贫基地建设情况进行了调研。

7月11日，中国流动眼科手术车"复明25号"捐赠仪式在呼和浩特市举行。自治区政府副秘书长姜华，自治区残联党组书记、理事长杨瑞平，副理事长张志新，自治区卫生厅巡视员贺丰奇和亚洲防盲基金会行政总裁陈梁悦明女士及香港贺泽烽医生及香港爱心人士代表出席了捐赠仪式。

7月14—8月4日，自治区残联康复部对呼和浩特市等5个盟市申报的24个定点康复机构的建设情况进行了实地检查。

7月16日，自治区第四届残疾人职业技能大赛组委会在呼和浩特市召开全体会议，听取了乌兰察布市周明虎副市长和自治区残联教育就业部负责人关于竞赛筹备情况的汇报，对竞赛的各项拟表彰事宜进行了讨论，并达成了共识。自治区残联理事长杨瑞平、人社厅副厅长乌伟东、财政厅副厅长赵兵、团委副书记李中增、妇联副主席张淑华、残联副理事长乔晓勇及各主办单位、承办单位有关部门的负责人参加了会议。

7月21—23日，自治区残联在呼和浩特市召开全区残疾人基本服务状况与需求专项调查工作会议。会议对开展残疾人基础信息核查、残疾人基本服务状况和需求专项调查、残联系统机构人员及助残社会组织专项调查和推动建章立制工作进行全面部署，会后举办了核查软件使用培训班。自治区残联党组书记、理事长杨瑞平出席会议，并做了重要讲话。全区12个盟市、2个计划单列市残联的理事长、分管副理事长和自治区残联本级、盟市、旗县（市、区）残联的140名负责残疾人基础信息管理工作的人员参加了会议和培训。

7月21日，自治区残联机关召开"捐赠吕丹凤言语处理器座谈会"。这次捐赠活动由自治区残疾人福利基金会发起，奥地利耳蜗公司、自治区残疾人康复服务中心、乌拉特前旗残联积极参与，共同完成了对吕丹凤小朋友的捐赠善举。

7月23日，自治区残联理事长杨瑞平、副理事长冀育青率办公室主任贾鹏、康复部副主任赵桂云，在呼和浩特市副市长王恒俊、市残联党组书记吴维平、理事长郎曙敏陪同下，赴呼和浩特市就残疾人工作进行专题调研。

7月30—8月1日，中国残联副理事长程凯、中国残疾人就业服务指导中心常务副主任梁本远一行到呼和浩特市、乌兰察布市调研残疾人就业工作。自治区副主席、残工委主任白向群会见了程凯副理事长一行，双方就如何加快发展内蒙古残疾人事业交换了意见。

7月31—8月1日，第四届全区残疾人职业技能竞赛在乌兰察布市集宁区举行。来自12个盟市的262名选手参加了计算机、服装、雕刻等6大类28项比赛，自治区残联与总工会、团委、妇联共同对获奖选手给予表彰，其中有8名选手获"五一劳动奖章"，10名女选手获"巾帼建国标兵"称号，7名35岁以下选手获全区"青年岗位能手"称号，101名参赛获奖选手（前三名）晋升职业资格。中国残联副理事长程凯出席竞赛开、闭幕式并做重要讲话，自治区副主席、残工委主任白向群出席闭幕式并为获奖选手颁奖。

8月4—10日，中国残联维权部权益处张东旺处长、计财部综合处王彩霞处长、湖南安信联合会计师事务所有关人员一行7人，对自治区残联本级和鄂尔多斯市残联及伊金霍洛旗残联、准格尔旗残联的"十二五"残疾人事业专项资金执行情况进行了为期7天的专项检查。自治区残联副理事长冀育青、办公室主任贾鹏及财务相关工作人员陪同检查。

8月6日，自治区残联党组书记、理事长杨瑞平一行与北京市残联理事长吴文彦就北京市残联支援帮扶内蒙古自治区残疾人工作有关事宜进行协商。

8月10—16日，由黑龙江省残联副理事长肖磊任组长，黑龙江省、辽宁省、吉林省残联和扶贫办有关人员组成的督导检查组代表中国残联、国务院扶贫办对自治区贯彻落实《农村残疾人扶贫开发纲要（2011—2020年）》情况进行检查督导。自治区残联副理事长乔晓勇及自治区扶贫办、自治区残联有关同志陪同检查。

8月12—14日，自治区残疾人田径运动会暨第九届全国残疾人运动会选拔赛在通辽市举办，来自12个盟市代表队的102名残疾人运动员参加了6大项70小项比赛，角逐产生了金牌22枚、银牌19枚、铜牌16枚。期间自治区残联党组书记、理事长杨瑞平亲临赛场看望运动员，并为获奖选手颁奖。

8月11—15日，自治区残联党组书记、理事长杨瑞平和办公室主任贾鹏、自治区残疾人康复服务中心主任韩冰、特殊职业技术学校校长张文胜赴通辽市、兴安盟就残疾人专项工程实施、残疾人康复、特殊教育、基础设施建设和运行情况进行调研。

8月16日，自治区残联党组书记、理事长杨瑞平，副理事长乔晓勇，教就部主任冀朝晖赴自治区法制办与法制办主任孙慧民、副主任乔欣就残疾人就业条例有关事宜进行协商，力争将残疾人就业条例列入2015年立法计划。

8月20—23日，中国精协第二届UFE（精神病人及家属专家）培训班暨中国精协第六届二次全委会在呼和浩特市举办。自治区残联副理事长马俊学、组联部主任刘学军、自治区卫计委疾控处副处长纳木恒参加会议，自治区卫计委基层卫生处处长冯蕾授课。

9月1—4日，贵州省残联党组书记、理事长杨云同志一行8人到自治区，就残疾人康复、特殊教育基础服务设施建设和运行情况进行考察，先后参观走访了内蒙古特殊职业技术学校、自治区残疾人康复就业综合服务中心和呼市小百灵聋儿语训中心及残疾人就业基地真色彩塑业有限公司。自治区残联副理事长张志新、冀育青陪同考察。

9月11日，自治区残联党组书记、理事长杨瑞平主持召开自治区残联四季度工作调度会，对第四季度重点工作进行安排部署。

9月14—19日，受中国残联委托，内蒙古残联乔晓勇副理事长带队，黑龙江省、吉林省残联和扶贫办相关人员组成的督导考核评估检查组，对辽宁省农村残疾人扶贫开发十年纲要（2011—2013年间）执行情况进行督导检查。

9月20日，全国盲人医疗按摩人员内蒙古辖区考试在自治区残疾人康复就业综合服务中心开考，来自全区各盟市的50名考生参加考试，其中2名考生还参加了在北京举行的盲人医疗按摩人员计算机化试点考试。

9月23日，自治区残联党组召开专题会议，认真检查、总结党的群众路线教育实践活动深化整改落实情况，研究部署下一步整改工作任务。自治区残联领导班子成员、机关全体党员、会属各单位领导班子成员参加会议。自治区残联党组书记、理事长杨瑞平主持会议，会上自治区残联领导班子成员分别就个人深化整改情况进行了汇报，机关各部室负责同志就承担的整改任务落实情况进行了汇报。

9月26日，自治区残联在会机关召开全区政府购买残疾人服务试点工作协商会议，会议确定呼和浩特市、赤峰市为自治区政府购买残疾人服务试点。自治区残联副理事冀育青主持会议，自治区残联办公室主任贾鹏、维权部主任滑力群、呼和浩特市理事长郎曙敏、赤峰市残联理事长师传江、自治区教就部副主任伊卫军、康复部副主任赵桂云、办公室副主任科员慈海宇参加会议。

10月10日，自治区残联副理事长乔晓勇到扶贫办，与扶贫办副主任韩建刚就农村残疾人扶贫基地有关事宜进行协商，将残疾人扶贫基地纳入自治区扶贫工作整体规划。

10月17日，2014年度全区残疾人事业统计工作培训会议在呼和浩特市召开。自治区残联办公室副主任塔林出席会议，并做重要讲话，残联机关各部室、会属各单位统计工作人员和各盟市残联统计和业务部门工作人员近50人参加培训。

10月17日，自治区办公用房政治检查组对自治区残联及下属各单位办公用房情况进行了全面检查，认为自治区残联本级达到了整改要求。

10月19日，仁川亚残运会各项目比赛正式拉开战幕。在举重61公斤级决赛中，来自内蒙古自治区的选手杨艳奋勇争先，夺得了中国代表团在此届亚残运会上的举重金牌，并破亚洲纪录。在7天的赛期中，来自亚洲残奥委员会41个会员国家和地区的近3000名残疾人运动员围绕23个竞技大项、443个小项展开角逐。中国代表队成为此届亚残运会的最大赢家，奖牌总数达317枚，其中金牌174枚、银牌95枚、铜牌48枚，奖牌和金牌总数均列第一。

10月22日，全区残疾人基本服务状况和需求专项调查工作推进会在包头市召开。自治区残联党组书记、理事长杨瑞平，副理事长马俊学，自治区专项调查工作领导小组办公室成员，12个盟市、2个计划单列市残联的理事长、分管副理事长，专项调查工作办公室负责人参加会议。会上，包头市、包头市昆区、包头市达茂旗、呼和浩特市回民区、通辽市科左中旗、乌海市海勃湾区残联做了典型发言。

10月22日，自治区残联、包头市政府、北京大学工学院开展残疾人辅助器具智能康复技术产学研项目合作座谈会在包头市召开。自治区残联理事长杨瑞平，副理事长张志新，包头市政府副市长任福，北京大学工学院副院长王茥祥，北大工学院工道风行智能技术有限公司董事长姚文生、总经理屠晓光，包头市青山区区委、政府，包头北大工业园区领导及相关负责人参加会议。

10月23日，自治区残联党组书记、理事长杨瑞平，副理事长张志新、马俊学一行到包头市调研残疾人工作。

10月26日，自治区残联党组书记杨瑞平到自治区财政厅，与财政厅厅长张华、副厅长赵兵就农村残疾人扶贫基地建设资金等问题进行沟通协商。

10月28日、11月4日，自治区残联在赤峰市、鄂尔多斯市召开东西部片区残疾人就业工作座谈会，自治区残联及各盟市残联分管副理事长、有关部室和就业中心负责人参加会议。自治区残联党组书记、理事长杨瑞平参加了西部片区座谈会。参会人员分别走访并听取当地财政、地税和部分党政机关及企事业单位残疾人就业保障金征缴、使用、管理等方面情况的介绍，各盟市残联围绕《内蒙古自治区残疾人就业保障金征缴、使用、管理办法（草案）》，结合当地残疾人就业工作及残疾人就业保障金有关情况进行了认真的研究和讨论。

10月30日，自治区残联与乌兰察布市商都县党政领导召开座谈会，就自治区残联定点帮扶该县玻璃忽镜乡沃图村相关工作进行沟通，明确下一步具体帮扶工作。自治区残联党组书记、理事长杨瑞平，副理事长乔晓勇、冀育青，办公室主任贾鹏，主任科员吴建明，商都县县委书记靳前斌，副县长靳琳、王再华等参加会议。

11月5—6日，自治区残联党组书记、理事长杨瑞平带领自治区残联办公室主任贾鹏、自治区残疾人就业管理中心主任张勤，实地考察鄂尔多斯市残联拟与当地企业合作创建的残疾人康复中心项目，并先后到乌审旗、鄂托克旗就残疾人就业、康复、扶贫等工作进行调研。

11月11日，自治区残联与中国联通内蒙古分公司达成残疾人事业信息化建设初步合作意向。

11月14日，自治区残联党组书记、理事长杨瑞平主持召开党的群众路线教育实践活动总结大会，对教育实践活动取得的成效进行总结，对下一阶段工作进行安排部署。自治区残联副理事长乔晓勇、张志新、冀育青、马俊学和机关全体党员干部、会属各单位领导班子成员参加会议。

11月25日，由自治区智力残疾人亲友协会主办、自治区残疾人康复服务中心承办的2014年内蒙古特奥幼儿运动员计划展示活动在自治区残疾人康复服务中心举办。

11月18—22日，自治区残联在呼和浩特市举办全区残疾人基本服务状况和需求专项调查暨监测工作培训班。全区专项调查领导小组办公室成员，各盟市专项调查办公室负责人和旗县（市、区）专项调查师资骨干近260人参加了培训。其间，自治区残联还举办了"残疾人状况监测培训班"。

11月28日，自治区残联邀请中国联通内蒙古技术人员参加中国残联在北京召开的2014年全国残联信息化工作会暨北京残疾人信息化服务现场会议。会议期间，相关人员实地考察了北京市残疾人信息化建设情况和智能残疾人证开发、使用情况。自治区残联副理事长冀育青、机关党委调研员赵勇如、办公室主任科员姚明月参加了会议。

12月1日，自治区残联与中国联通内蒙古分公司就残疾人信息化建设召开碰头会，自治区残联党组书记、理事长杨瑞平，副理事长冀育青及残联办公室和联通公司的相关业务工作人员参加了会议。会议提出了自治区残疾人信息化建设构想，并要求以整体规划、分步实施、突出重点、量力而行、可持续发展为原则，启动实施自治区残疾人信息化建设工程。

12月2—8日，自治区残联党组书记、理事长杨瑞平和分管副理事长分别听取机关各部室和会属各单位2014年工作总结和2015年工作计划汇报。

12月8—13日，自治区残联副理事长冀育青率自治区本级及呼和浩特市、赤峰市残联政府购买残疾人服务工作人员一行6人，到北京市参加中国残联举办的全国残联政府购买服务培训班。

12月10日，中国残联组联部主任曹跃进、专调办干部邓鹏、自治区残联副理事长马俊学、通辽市残联主要领导现场督导通辽市科尔沁区残联第三期残疾人服务状况和需求专项调查培训班的培训工作。

12月15—18日、22—25日，自治区残联先后在阿拉善盟和锡林郭勒盟举办全区残疾儿童抢救性康复工程师资培训班。各盟市残联分管副理事长、康复部主任、辅助器具中心主任、定点康复机构负责人、社区康复管理人员以及自治区残联康复部、自治区残疾人康复服务中心共计230多名工作人员参加培训。

12月23日，自治区残联与中国联通内蒙古分公司签订单一来源采购合同，先期投入120万元用于自治区残联信息化平台建设。

12月25—27日，中国残联第六届主席团第二次全体会议在北京召开，自治区残联党组书记、理事长杨瑞平，自治区人大法制委员会委员杨志民等六届主席团委员参加会议。根据《中国残疾人联合会章程》有关规定和《中国残疾人联合会第六次代表大会关于授予第六届主席团有权增补主席团委员的决议》，因工作岗位变动、工作需要，会议决定：自治区人大法制委员会委员杨志民同志不再担任中国残联第六届主席团委员；自治区残联党组书记、理事长杨瑞平同志为中国残联第六届主席团委员。

12月26日，自治区残联举办十八届四中全会精神解读专题讲座，邀请内蒙古东日律师事务所王晓革律师从法律人的视角对依法治国、依法行政进行详细解读。讲座由自治区残联党组书记、理事长杨瑞平主持，自治区残联副理事长乔晓勇、张志新、冀育青、马俊学及会机关和会属各单位近80名干部职工参加。

（许海东供稿）

辽宁省残疾人事业和残疾人工作

一、领导讲话与批示

省政府副秘书长、残工委副主任上官炜星在全省残疾人工作会议暨省政府民生实事启动仪式上的讲话摘要　2014年3月4日

今年，省委、省政府将"贫困残疾人助行和家庭无障碍改造工程"列入全省31项重点民生实事之一，我们要共同组织实施好民生实事，把党和政府的温暖送到残疾人千家万户。

一要加强领导，落实责任。省政府已经明确陈政高省长负总责，周忠轩副省长具体负责，各分管副省长按分工负责，办公厅负责协调督办。各市政府要按省政府要求，加强对实施残疾人民生工程的领导，解决好民生工程实施过程中的困难和问题，落实好相关经费，以改革创新、更加务实的工作来推进残疾人民生工程顺利实施。各级残联要切实落实好一把手责任制，形成主要领导负总责，分管领导靠前指挥，亲自督办，各相关工作责任到人、各有其职的责任机制，确保民生工程责任落的更细、更实、更具体。

二要转变作风，精心实施。各级残联要精心组织，扎实工作，切实转变工作作风，广泛深入实际，更多了解残疾人的期盼，坚决杜绝敷衍应付和工程实施中的违规、违纪和违法行为。要从现在开始倒排工作计划，落实具体措施，重点解决好项目资金配套、工程施工招标等直接影响民生工程质量和效果的关键问题，努力把项目做细做实，做精做优，向省委、省政府特别是向广大残疾人交上一份满意的民生答卷。

三要强化考核，严格管理。省政府已经将残疾人助行和家庭无障碍改造工程列入对各市政府的绩效考核内容，省政府办公厅将对工程的实施进行跟踪检查、协调督导，分阶段进行情况通报，不定期深入各地专项督查。不仅要树立好的典型，也要通报批评不好的典型。各级残联要按工程《方案》要求，规范工作流程，严格资金管理，让工程在阳光下运行。同时，要认真配合各级政府做好考核和督查工作，主动通报情况，反映问题，接受检查，争取支持，以此推进残疾人民生工程顺利实施。

副省长、残工委主任刘强在省政府残工委全体会议上的讲话摘要　　2014年5月19日

加快推进残疾人小康进程，是当前以及今后一段时期残疾人工作的首要任务。一是统一思想，充分认识残疾人小康的重要意义。各级政府有责任加大残疾人事业的投入，保障和改善残疾人民生，促进残疾人平等参与和全面发展。二是兜住底线，织密残疾人社会保障安全网。要加快建立贫困残疾人生活补贴和重度残疾人护理补贴两项制度，切实将贫困残疾人群体优先纳入救助范围，千方百计促进残疾人就业，加快农村贫困残疾人扶贫开发步伐，推动城乡残疾人安居工程，切实保障残疾人基本生活。三是创新发展。要发挥好市场机制在提供服务和优化资源配置方面的作用，放开市场准入，释放改革红利，推动政府购买残疾人服务。要着力培养助残社会组织，大力发展残疾人慈善事业和残疾人社会工作，推动志愿助残服务深入开展，形成改善公共服务的合力。要通过人口管理、知识普及、医疗救助等手段，做好残疾人预防，提高人口素质。四是优化环境。要围绕培育和践行社会主义核心价值观，大力弘扬人道主义精神和中华民族传统美德，形成关爱残疾人、关心残疾人事业的良好社会风尚。要加强对先进人物和典型事迹的宣传，激励残疾人自尊、自信、自强、自立。消除贫困和偏见，帮助残疾人融入社会，平等共享改革发展成果。五是加强领导，进一步加强和完善党委领导、政府负责、部门配合、社会参与、残疾人组织充分发挥作用的残疾人工作领导体制和工作机制。各级政府要高度重视，主要领导要主动过问，分管领导要亲自抓，切实将残疾人事业纳入国民经济和社会发展总体规划和年度计划，加大政策扶持和经费保障力度，重点推进疾人民生项目的实施。省政府残工委要发挥残疾人工作牵头作用，搞好统筹协调，加强督导检查。残工委各成员单位要进一步增强责任感和使命感，充分考虑残疾人的特殊困难和需求，制定针对残疾人的"特惠"政策。各级残联要加强自身建设，探索新形势下残疾人工作的新特点、新规律，协助政府做好有关法规、政策、规划、标准的制定和实施。要加强干部队伍建设，造就一支恪守"人道、廉洁、服务、奉献"职业道德的高素质残疾人工作干部队伍。

副省长刘强在《辽宁省残联关于申请全国辅助器具（东北）区域中心扩建立项的请示》上的批示　　2014年8月21日

请残联商发改委并请中国残联给予支持。在新一轮振兴东北中扩建辅具中心对我省乃至东北残疾人事业发展很重要也很必要。

副省长刘强在《辽宁省民政厅关于建立残疾人"两项补贴制度"有关问题的请示》上的批示　　2014年10月14日

同意所提建议，要有序推进，确保明年元月1日正式开始实施。

二、政策法规文件

辽宁省人民政府办公厅关于转发省教育厅等部门《辽宁省特殊教育提升计划实施方案（2014—2016年）》的通知

辽政办发〔2014〕47号

二、主要目标和重点任务

到2016年，全省基本普及残疾儿童少年义务教育，视力、听力、智力残疾儿童少年义务教育阶段入学率达到95%以上，其中沈阳、大连入学率要达到或接近当地正常适龄儿童少年水平，其他市入学率达90%以上；非义务教育阶段残疾人接受教育的比例明显增加。

三、具体措施

（三）加强特殊教育基础能力建设

1. 大力推进特殊教育学校标准化建设。每个市应建有一所相当规模的综合性特殊教育学校，使其成为本地特殊教育的资源中心、指导中心、培训中心和教学研究中心；30万人口以上且残疾儿童较多的县（市、区）应建有综合性、符合国家标准的特殊教育学校；30万人口以下的县（市、区）应根据实际建设特殊教育学校，或在普通中小学校设置特教班。

（五）加强特殊教育教师队伍建设

4. 完善特殊教育师资培养体系。支持辽宁师范大学、营口职业技术学院、辽宁省特殊教育师范高等专科学校特殊教育专业发展，努力建设成为全省特殊教育师资培养中心、特殊教育研究中心和特殊教育资源中心。鼓励有关省属高校将特殊教育课程作为师范生的专业必修课或选修课，培养师范生全纳教育理念和指导残疾学生随班就读的教学能力。

（六）加大特殊教育经费投入力度

1. 切实保障特殊教育学校正常运转。提高特殊教育学校生均公用经费标准。2015年起，特殊教育学校生均公用经费标准应按照不低于6000元的水平足额拨付，有条件的地区生均公用经费可按普通中小学生均公

用经费标准的 10 倍拨付,目前高于此标准的地区不得下调。学校规模不足 100 人的特殊教育学校按 100 人核定公用经费标准,保证其正常运转。随班就读、特教班和送教上门学生生均公用经费按照上述标准执行。

2. 实施残疾儿童少年 15 年免费教育。从 2015 年秋季学期起,全省实施从学前到高中阶段残疾学生(幼儿)免费教育,免收残疾学生的学杂费(保育费)、课本费、住宿费,并为其补助生活费,参照义务教育阶段标准执行。其中,学校实施免费教育后,其正常运转所需资金,按照隶属关系由同级财政予以保障。

关于建立困难残疾人生活补贴和重度残疾人护理补贴制度的通知 辽民发〔2014〕92 号

自 2015 年 1 月 1 日起在全省范围内建立困难残疾人生活补贴和重度残疾人护理补贴制度。

一、困难残疾人生活补贴对象及标准

补贴对象:具有辽宁省户籍的低保和低保边缘户家庭中本人无经济收入的重度(一、二级)残疾人。

补贴标准:城乡困难残疾人生活补贴标准为每人每月 70 元。已实施困难残疾人生活补贴或救助制度的市、县(市、区),超出补贴范围或高于此标准的,可按原范围和标准执行。

二、重度残疾人护理补贴对象及标准

补贴对象:具有辽宁省户籍的重度一级残疾人。

补贴标准:重度残疾人护理补贴标准为每人每月 55 元。已实施重度残疾人护理补贴制度的市、县(市、区),超出补贴范围或高于此标准的,可按原范围和标准执行。

辽宁省人民政府办公厅关于做好农村困难家庭重性精神病患者救治工作的意见 辽政办发〔2014〕4 号

四、救治方式

(二)实行定额救治。农村困难家庭重性精神病患者住院治疗按住院床日实行定额补偿,县级定点医疗机构每床日补偿 90 元(新农合 70 元、医疗救助 20 元),市级以上(含市级)定点医疗机构每床日补偿 110 元(新农合 90 元、医疗救助 20 元)。

关于进一步做好为残疾人专职委员发放补贴工作有关问题的通知 辽残联发〔2014〕54 号

补贴发放对象:辽宁省户籍(大连除外),持有第二代残疾人证,经乡(镇)街道)残联、村(社区)残协选聘的残疾人专职委员(含精神和智力残疾人的直系亲属)。

补贴标准:残疾人专职委员补贴按照不低于每人每月 100 元发放。从 2014 年 1 月 1 日起省财政按每人每月 50 元对各市给予补贴。省补贴资金从残疾人就业保障金中列支。

低保对象被选聘为残疾人专职委员的,所领取的补贴暂不计入家庭收入。

关于印发辽宁省 0—6 岁儿童残疾筛查工作实施方案的通知 辽卫发〔2014〕43 号

二、工作目标

1. 将儿童残疾筛查工作纳入儿童健康管理服务,2015 年在全省开展儿童残疾筛查试点工作,2016 年实现全面覆盖。

2. 建立完善全省儿童残疾筛查、诊断、治疗和康复服务体系,逐步实现对残疾儿童进行系统、连续、全过程的有效干预。

3. 逐步建立儿童残疾筛查工作考核评价体系,不断提高我省儿童残疾筛查率、转介率和早期干预率。

关于对义务教育阶段贫困残疾学生学习和生活费用给予资助有关问题的通知 辽残联发〔2014〕53 号

资助对象:本省行政区域内持有中华人民共和国残疾人证(第二代),就读于普通学校或特殊教育学校的各类贫困残疾学生。

资助名额和标准:每年计划资助 4000 人,每人每学年 1000 元。

关于进一步做好计划生育特殊困难家庭扶助工作的通知 辽卫〔2014〕6 号

(十五)加大对残疾人独生子女的帮扶力度,按照《辽宁省财政厅、教育厅关于建立健全普通高中资助政策体系的通知》(辽财教〔2009〕735 号)精神,对符合条件的计划生育特殊困难家庭的高中学生给予资助。

(十六)鼓励残疾独生子女参加由残联组织的免费职业技能培训,对符合条件的人员按照规定给予相关政策扶持;优先安排贫困残疾独生子女纳入儿童抢救性康复项目,优先安排贫困重度残疾独生子女适配基本型辅助器具;优先实施残疾独生子女助行和家庭无障碍改造工程。

关于促进残疾人按比例就业的实施意见

辽残联发〔2014〕13号

二、进一步推动党政机关、人民团体、事业单位及国有企业带头安置残疾人就业

（四）各级残疾人工作委员会成员单位要率先招录残疾人，各级党政机关中的非公务员岗位要积极安排残疾人就业，并依法签订劳动合同。到2020年，省级党政机关、地市级残疾人工作委员会成员单位至少安排1名残疾人就业。其他党政机关、人民团体也要安排一定数量的残疾人就业。省级残联机关干部队伍中安置的残疾人比例要达到中国残联统一要求。

关于省残保金支持残疾人就业工作有关政策的通知（试行）

辽残联发〔2014〕63号

一、对残疾人就业培训基地建设给予资金补助

补助对象： 各级残联会同同级财政部门认定的残疾人就业培训基地。

补助条件： 申请省级补助必须同时具备如下条件：具有合法的工商执照和法人证明、有固定的就业培训场所、连续正常经营2年以上（含2年）、年就业残疾人人数不少于10人（含10人）、年培训残疾人不少于100人次（含100人次）、农村残疾人就业基地残疾职工实际工作时间不低于8个月（含8个月）、城镇基地与残疾人职工签订一年以上劳动合同并按规定为其缴纳社会保险费、残疾职工月工资不低于当地最低工资标准。

补助标准： 安置残疾人就业人数为10人、年度培训残疾人不低于100人次的，给予5万元资金补助；安置残疾人就业人数为11—20人（含20人）、年度培训残疾人不低于200人次（含200人次）的，给予10万元资金补助；安置残疾人就业人数为21—30人（含30人）、年度培训残疾人不低于300人次（含300人次）的，给予20万元资金补助；安置残疾人就业人数为31人以上、年度培训残疾人高于300人次以上的，在补助20万元基础上，按增加1人就业补助0.2万元，增加1人培训补助0.05万元的标准，最高补助到30万元。

二、对残疾人个体就业给予资金补助

补助对象： 辽宁省户籍、持有第二代中华人民共和国残疾人证、在辽宁省行政区域内从事生产经营活动、具有一定的就业和创业能力或职业技能水平、在法定就业年龄段、有接受扶持愿望的个体就业残疾人。

补助条件： 申请省级补助必须同时具备如下条件：从事生产经营活动2年以上、无违法违规经营记录、具有正规营业执照或经营手续（非正规劳动组织证明、同级残联开具的营业证明等）、固定经营场地、经营发展势头良好的残疾人个体经营者。

补助标准： 个体就业残疾人扶持标准为每人0.3万元，可连续补助3年。

三、对残疾人个体创业给予资金补助

补助对象： 辽宁省户籍、持有第二代中华人民共和国残疾人证、在辽宁省行政区域内从事生产经营活动、具有一定的就业和创业能力或职业技能水平、在法定就业年龄段、有接受扶持愿望的个体创业残疾人工商户。

补助条件： 申请省级补助必须同时具备如下条件：具有合法的工商执照、有固定的经营场所、连续正常经营2年以上（含2年）、生产经营状况良好、能够安置3名以上残疾人就业。

补助标准： 每安置1名残疾人就业，补助0.2万元，最高不超过5万元。

四、对各地开展残疾人职业技能培训工作给予补助

补助对象： 受各级残联、财政部门委托，开展残疾人职业技能培训的培训机构。

补助条件： 申请省级补助必须同时具备如下条件：对残疾人开展辅助器具适配、雕刻、书画装裱、书画类、剪纸、摄像、辽砚制作、非物质文化遗产、残疾人健身技术指导、法律维权能力、社区康复指导员等培训；残疾人的培训机构为同级人力资源和社会保障部门、财政部门向社会公开招投标所确定的职业定点培训机构、辽宁特殊教育师范高等专科学校、各级残联设定的培训机构以及经同级残联及财政部门批准同意，开展订单培训并安排残疾人就业的企业；培训对象毕业后，就业率不低于90%或取得职业资格证书达到参培人数90%以上；课时费补贴标准不超过《辽宁省职业培训（普惠制就业技能培训）政府补贴专业省级目录》（附件4）课时补贴指导标准的150%。

补助标准： 省对各地按培训费实际支出不超过50%的比例给予补助。

关于调整残疾人就业保障金核算方式和上解省财政收入入库方式有关问题的通知

辽财非〔2014〕438号

一、自2015年1月1日起，保障金在全省各级统一实行国库管理。其中：对于各级地税部门征收的保障金（包括滞纳金），将应上缴省20%的部分就地缴入省级国库；对于由统计财政等部门代扣的保障金，按照非税收入收缴管理相关规定,将应上缴省20%部分及时上缴省级财政。

三、工作综述

2014年,在省委、省政府重视关怀和中国残联的悉心指导下,在社会各界的关心帮助下,辽宁省残联认真贯彻落实党的十八大、十八届三中、四中全会精神,深入学习领会习近平总书记系列重要讲话精神,牢牢抓住国家加快社会建设、着力保障和改善民生及高度重视残疾人事业的战略机遇期,全省残疾人事业在新起点上取得了显著发展,残疾人生产生活状况得到有效改善,残疾人小康进程向前迈出坚实一步。

(一)省委省政府民生工程顺利实施

2014年,贫困残疾人助行和家庭无障碍改造及农村重性精神病患者医疗救助被列为省委省政府民生实事。全省共投入专项资金约2亿元,直接帮助13.3万名残疾人解决了基本生活和医疗困难,改善了生活环境。为保障工程顺利实施,省残联与省财政厅制定印发了《贫困残疾人助行和家庭无障碍改造工程实施方案》,将民生实事完成情况纳入各级残联年度工作目标考核内容。全年为5万户贫困残疾人家庭实施无障碍改造,为5万名贫困残疾人适配基本辅助器具。省政府办公厅出台《关于做好农村困难家庭重性精神病患者救治工作的意见》,对农村重性精神病患者住院治疗给予每人每天90—110元的定额补贴。

各市在实施省工程的基础上,将1—2项残疾人工作列入市政府民生实事,着力保障和改善残疾人民生。沈阳市投入357万元,为557户有需求的农村贫困残疾人家庭进行无障碍旱厕改造。大连市投入1725万元,实施农村残疾人家庭危旧房屋修缮工程。本溪市投入近900万元,实施"辅具助行圆梦行动",满足7000多名贫困肢体残疾人的特殊需求。锦州市启动危房改造工程,计划连续3年改造600户贫困残疾人家庭居住危房、险房,改善残疾人居住环境。营口市对102个社区实施了无障碍改造,为残疾人出行提供了便利。

(二)残疾人社会保障水平不断提高

对困难家庭中由其他家庭成员供养的完全丧失劳动能力、生活不能自理的成年重残人员单独施保,并增加一定比例的低保金。全省对享受最低生活保障待遇的残疾人普遍上浮20%,沈阳市在此基础上对重度残疾人上浮30%。在55—59周岁参加城乡居民养老保险的重度残疾人领取生活补贴的基础上,出台困难残疾人生活补贴和重度残疾人护理补贴制度,对低保和低保边缘户家庭中本人无经济收入的重度(一、二)级残疾人给予每人每月70元的生活补贴,对重度一级残疾人给予每人每月55元的护理补贴。全省为参加养老保险的重度残疾人代缴最低标准的养老保险金,营口市将缴费档次由100元提高到300元。为驾驶机动轮椅车的残疾人发放燃油补贴423万元。昌图县作为试点,与县信用社合作,实现残疾人机动轮椅车燃油补贴实名制银行卡发放。铁岭、本溪、丹东等市对残疾人参加人身意外伤害保险予以补贴,帮助残疾人提高抵御风险的能力。

(三)残疾人就业培训机制不断创新

省残联与省委组织部等八部门联合下发《辽宁省关于促进残疾人按比例就业的实施意见》,规定自2014年起建立同级党政机关残疾人公务员实名制统计管理制度,到2020年,省级党政机关、地市级残疾人工作委员会成员单位至少安排1名残疾人就业,其他党政机关、人民团体也要安排一定数量的残疾人就业。出台了关于省残保金支持残疾人就业工作有关政策,确定对就业培训基地建设、残疾人个体就业和创业、职业技能培训等工作给予资金补助;会同财政部门建立了项目管理数据库,对补助项目以3年为周期进行动态滚动管理。沈阳市修订《沈阳市按比例安置残疾人就业办法》,首次将外商企业纳入按比例安置残疾人就业范围,为残疾人争取更多就业机会。

全省全年累计实名制安置残疾人就业11329人,培训残疾人27435人。扶持30个省级就业培训示范基地、91个创业带头人,为28个扶残助残爱心企业提供补贴,对142个盲人保健按摩院所进行设备扶持。投入资金114万元,委托部分市开展订单式职业技能培训。组织全省残疾人职业技能竞赛,316名选手参加了5大类22个项目比赛,展示了残疾人高超的职业技能和良好的精神风貌,省政府残工委部分成员单位领导现场观摩比赛。

(四)残疾人精准扶贫不断深化

残疾人扶贫工作纳入全省扶贫工作大局,在落实整村推进、劳动力转移培训、产业化扶贫、科技扶贫、移民扶贫等各项扶贫项目过程中,残疾人得到了优先安排和重点照顾。探索出以合作社形式创建残疾人扶贫基地,以扶贫项目滚动发展、稳定收益和无劳动能力残疾人有效参与的开发式扶贫路径。落实省残疾人专项扶贫资金600万元,共扶持2300余户农村贫困残疾人发展生产。争取并落实了中央康复扶贫贷款计划4640万元,贴息270万元,扶持残困户1800余户。继续组织实施了"省农村基层党组织助残扶贫工程",三年超额完成了帮扶6000人的预定任务。连续三年推荐具备一定文化素养、身体条件适合的残疾人担任农家书屋管理员。继续组织开展"两节"走访慰问残疾人活动，各级党政领导带头走访慰问残疾人，全省各级党委政府、残联及社会各界人士共走访151691户残疾人家庭，慰问171059名残疾人，送去款物7132.76万元。

（五）残疾人基本公共服务条件持续改善

省政府残工委制定下发《辽宁省残疾人基本公共服务实施方案》，明确了任务目标、工作措施、组织领导和实施时限。将6类23项涉及残疾人基本公共服务的项目纳入"政府向社会力量购买服务目录"，沈阳、大连市试点先行，结合当地经济社会发展水平、财政承受能力和残疾人类别化、个性化基本服务需求进行了先行先试，确定适合通过市场化方式提供、社会力量能够承担的具体服务种类、性质和内容，细化目录清单，为全省普遍推广奠定基础。

省残疾人康复中心规范化建设进一步加强，康复规模和康复项目不断拓展，服务能力进一步提升，三级省中心的资源优势和职能作用发挥明显。争取到国家投资3300万元，会同全省各级投入合计8657万元，完成8个康复和托养设施建设项目，为历年最高，有力地推动了辽宁省残疾人康复服务能力的快速提升。积极争取中国残联提供17台县级残联流动服务车，极大地方便了县级残联开展残疾人服务工作。

国家辅助器具（东北）区域中心建设进一步加快。建立了国家辅助器具（东北）区域中心研发基地，分别在沈阳市、大连市、鞍山市、朝阳市成立辅助器具研发部、辅助器具适配部、低视力验配部和假肢、矫形器装配部，先后创建了辅助器具示范街道（乡、镇）49个、示范社区（村）45个，五级残疾人辅助器具组织网络基本形成，示范机构和优质服务纵伸至最基层，实现了为残疾人服务零距离。组织实施"阳光家园计划"，全面为残疾人提供托养服务17361万人（次），残疾人托养服务更加标准化、规范化、专业化。

（六）残疾预防、康复服务水平不断提升

围绕残疾人"人人享有基本医疗与康复服务"目标，省残联会同省卫计委在全国率先出台《辽宁省0—6岁儿童残疾筛查工作实施方案》，建立0—6岁儿童残疾人筛查机制，做好康复救助、儿童残疾预防和残疾儿童转介等服务。积极开展全国残疾人社区康复示范区创建工作。197个县（市、区）成为国家康复示范区、省级示范区和达标区，建立了162个社区康复示范站。120万残疾人通过社区、家庭康复得到质优价廉、方便可及的服务，10万余名残疾人通过医疗康复、机构训练和辅助器具适配实现康复愿望。18000名贫困精神病患者得到免费服药救助，840名贫困精神病患者得到一次性住院治疗。全省残疾儿童抢救性项目定点康复机构已达88个，贫困残疾儿童抢救性康复项目扎实开展，3075名贫困残疾儿童得到康复救助和系统的康复训练。继续推进辽宁白内障无障碍建设，10218例贫困白内障患者通过政府复明基金和专项救助项目重见光明。加强康复人才队伍建设，培训各级康复管理和技术人员20000人（次）。

鞍山市在落实省项目的基础上，还对0—14周岁在国家和省级定点康复机构训练满一年的孤独症儿童，给予每年2400元的训练补贴。义县落实嘉道理社区康复合作项目，组织开展残疾人基线调查，加强社区康复资源中心基础设施建设，为9个乡镇的8676名残疾人提供个性化服务，促进了残疾人在社区发展各个方面的参与和融合。

（七）残疾人教育服务水平不断提高

省残联配合省教育厅制定实施了《辽宁省特殊教育提升计划实施方案》（2014—2016年）。《方案》规定：从2015年秋季开学起，辽宁将对残疾儿童少年实施15年免费教育，免收学杂费（保育费）、课本费、住宿费，并为残疾学生补助生活费。从2015年起，辽宁特殊教育学校生均公用经费标准将按照不低于6000元的水平足额拨付，有条件的地区生均公用经费按普通中小学生公用经费标准的10倍拨付。学校规模不足100人的特殊教育学校按100人核定公用经费标准。此外，随班就读、特教班和送教上门学生生均公用经费也按上述标准执行。

争取省财政400万义务教育阶段贫困残疾学生助学金和中央与省级1：1配套的共300万学前教育助学金，先后扶持义务教育阶段学生4000名，扶持学前教育残疾儿童1000名。多方筹集资金，先后扶持残疾人及残疾人家庭子女大学生、高中生9000余人，资助金额2000余万元。2014年度，共有300余名残疾考生被高等院校录取，普通高校上线残疾考生录取率继续保持100%。推荐8名优秀特教教师和一名残疾学生获评"交通银行特教园丁奖"和"大学生励志奖"。辽宁特殊教育师范高等专科学校办学规模不断扩大，办学层次进一步提升，被国务院残工委授予"残疾人之家"称号。

（八）残疾人事业发展法治化进程稳步推进

通过人大、政协的执法检查、工作视察和调研等形式，进一步加强了残疾人保障法的实施力度。沈阳、本溪等市相继制定实施了本级《残疾人保障条例》，在残疾人生活保障、乘坐交通工具、就业安置等方面均做出了特殊优惠规定。积极协调省政府法制办，《无障碍环境建设条例》被列入2015年预备立法项目。进一步增强了残联组织依法行政意识，根据残联系统工作职能和业务权属，对法治建设相关工作进行了梳理，初步拟定了"省残联依法行政权力清单"，规范了残联系统依法行政工作。进一步完善了以各级司法行政部门、法律援助机构提供的法律服务和法律援助为主导，以各级残联提供的法律救助为补充的残疾人法律服务体系，切实发挥残疾人法律救助工作协调领导小组作用，将残疾人普遍纳入法律救助重点对象。加强与司法援助部门的沟通协调，最大限度地发挥各级残联聘用律师作用，为全省残疾人提供了一系列及时有效的法律服务。全年共为残疾人办理法律救助案件905件，基本做到"应援尽援"。全省共接待办理残疾人来信来访15013人次，来省残联集体访12件、113人次。

（九）残疾人事业宣传力度不断加大

以主流媒体为依托，利用新媒体协调联动等多种宣传形式，深入开展了残疾人事业发展成就、典型等系列宣传，大力弘扬人道主义思想，引导广大残疾人培育和践行社会主义核心价值观。在重点新闻节目时段开辟了残疾人专栏，加强评论言论。在省级广播电台创办残疾人专题节目，以助残日等大型活动为载体，进行主题系列报道。全年共制作4部残疾人题材的微电影。在国家和省级主流媒体全年刊播发残疾人事业新闻稿件300余篇（次），在中、省残联网站、民心网发布工作信息9506条。制作残疾人公益广告4个，残疾人专题片5部。残疾人文化艺术职业技能培训创业基地加速推进，成效显著。

（十）残疾人文化体育服务全面开展

省、市11个电视台开播了残疾人手语新闻节目，开播率占73.3%。开播电视（广播）残疾人专题节目13个。县（区）以上公共图书馆开设盲人有声读物阅览室43个，残疾人享有公共文化服务的范围得到拓展。全省11个残疾人综合文化设施设立了残疾人文化活动中心。先后建立省级残疾人特殊艺术培训基地28个。以"残韵之美"和"共圆艺术梦想"等文化活动为引领，进一步加大了残疾人艺术人才培养力度，全省共有670多名残疾艺人和特殊艺术人才脱颖而出，促进了残疾人在文化领域的就业和创业。4名残疾人艺术家参加了由文化部、中国残联组织的国际文化交流团赴澳门和APEC会议开展外事文化交流活动。全省在50个国家级残疾人示范社区实施了"文化六进社区"活动，有12000多名残疾人在社区参与品书、绘画、朗读、棋类、健身、游览、才艺表演等喜闻乐见的文化活动项目，丰富了残疾人的精神文化生活。成功举办辽宁省第十二届残疾人运动会，738名残疾人运动员参加了田径、游泳、聋人篮球等六个比赛项目197个小项，充分展现了残疾人自强不息、勇于拼搏的精神。鞍山市残联与市演艺集共建鞍山市残疾人文化艺术职业技能培训创业基地，成立市残疾人艺术团，成功举办了主题为"同一片蓝天、同一样精彩"的残疾人文艺汇演、颁奖典礼。

（十一）残疾人工作基础不断夯实

2014年是残联系统"基础管理建设年"，省、市两级成立基础管理建设年领导小组及办公室，明确工作职责，制定工作方案，按要求开展相关工作。活动中，省残联结合内部实际，加强了残联内部的制度建设，并进一步加大了人员机构专项调查、财务项目管理调查等工作力度，认真研判规章制度的执行效果和内容适应性，重点抓好政策的执行和落实。残疾人基本信息实现动态管理，残疾人人口基础数据库在库残疾人达78.4万，完成残疾人服务管理平台建设前期立项、论证工作，省残联信息化水平明显提高。"全国残疾人基本服务状况和基本需求专项调查"工作启动后，省政府成立了以分管副秘书长为组长、省发改委等8个厅局领导为成员的专项调查领导小组，并召开了省政府协调会议。基础信息核查工作和全省调查员培训工作如期完成，确保了2015年1月1日基本服务状况和需求调查工作的顺利开展。本溪市残疾人工作管理平台实现了全程网上办理审批，提升了工作效率和服务质量。

（十二）各级残联干部队伍建设不断加强

针对基层残疾人工作者队伍建设薄弱环节，积极争取和协调民政、财政等部门，推动建立专职委员补贴制度，2014年10月，省残联、省财政厅、省民政厅联合下发通知，明确从2014年起，乡镇街、社区村残疾人专职委员（不含大连）每月享受不低于100元补贴，且补贴不计入家庭收入。补贴制度的建立，增强了基层残疾人工作者的工作热情和为残疾人服务的积极性。抚顺市配齐了残疾人专职委员岗位，并对全市专职委员给予每人每月100元的补贴。丹东市增设乡镇（街道）残疾人专职委员公益性岗位90个和社区、村专职委员工作岗位666个，实现了"一村一名残疾人专职委员"。

省残联通过外聘专家授课、厅级领导讲座、业务交流等方式，切实提高残联组织干部队伍素质和服务能力。举办全省市、县残联理事长培训班，各市新任市、县残联理事长、副理事长和来自新疆塔城地区残联系统工作人员共70人参加培训，提升了残疾人工作者的服务能力。组织了两批次160余人参加的专职委员培训班，均取得良好效果。各专门协会工作日趋规范，作用日益显现。

（十三）省残联机关党建工作全面加强

以学习贯彻习近平总书记系列讲话精神为指引，将学习系列讲话精神与加强思想政治教育工作相结合，与指导全系统破解工作难题、创新开展工作相结合，与激励广大党员干部岗位建功相结合，切实提高自身的科学决策水平和总揽全局能力。以高度的思想自觉、政治自觉、行动自觉落实"三严三实"要求，深入基层调查研究，破解难题，以改革创新精神推进残疾人事业发展，在抓落实中提升残疾人福祉。通过目标绩效考核管理办法，强化激励、竞争、约束"三大机制"，激励广大党员干部职工以更加饱满的激情投身残疾人事业和辽宁全面振兴伟大实践。坚持作风建设永远在路上，领导班子带头深入基层，紧紧围绕残疾人最关心、最直接、最现实的利益问题，推动残疾人事业科学发展。扎实开展创建"三型"基层党支部建设活动，引领各党委、支部创新思想政治工作方法，在服务基层群众、落实全会重点工作上用功着力。省残联荣获"2012—2013年度省直机关组织开展建家活动先进单位"荣誉称号。省残疾人就业指导办公室党支部荣获"省直机关'服务型'先进党支部"荣誉称号。省残疾人康复中心获评"省直机关2012—2013年文明服务窗口"荣誉称号。

（十四）全省志愿助残工作广泛开展

省残联与共青团辽宁省委联合下发了《关于在全省实施青年志愿者助残"阳光行动"的通知》（辽团联发〔2014〕1号），开展了以"心手相牵，共享阳光"为主题，以残疾青少年为主要服务对象的青年志愿者助残"阳光行动"。全省有近6万名志愿者参与其中，36.8万残疾人得到关爱和帮扶。沈阳团市委"点亮星光"项目、大连市青年志愿者协会"圆梦1+1"公益项目、鞍山市呼吸联盟志愿者协会"无声世界有声关怀"项目，成为2014年中国青年志愿者助残"阳光行动"首批示范项目。朝阳师专初等教育系"阳光行动——爱心助残"获得中国青年志愿服务项目大赛银奖。

沈阳市直属机关爱心助残基地在市残联成立，为全市机关干部扶残助残提供平台。阜新市成立助残志愿者协会，市直各部门、企事业单位成立助残服务队，县（区）、街道建立了志愿助残联络站，形成助残志愿者服务网络，打造"暖风助残行动"品牌，发挥行业优势广泛开展助残活动。辽阳市慈善总会、奥克集团为137名残疾人提供帮助，折合人民币300万元。铁岭市及县（市）、区相继正式注册成立助残志愿者协会。市助残志愿者协会成立9个助残服务大队，县（市）区、乡镇（街道）、村（社区）分别成立了志愿助残服务总站、服务站和服务点，实现组织建设科学化、助残活动规范化、县（市）区服务专业化、基层服务便捷化。

（十五）残疾人事业社会影响力进一步扩大

在全国第五次全国自强模范和助残先进表彰中，辽宁省16名残疾人自强模范、残疾人工作者、助残先进个人，助残先进集体、残疾人之家代表在人民大会堂接受了习近平主席和李克强总理等国家领导人的亲切接见，展现了自强模范与助残先进的时代精神。组织全国自强和助残模范先进事迹报告团，走进机关、学校、社区开展8场巡讲活动，3000多名社会各界人士聆听了报告。铁岭市直机关工委牵头，在"全国助残日"期间，90家市直机关部门以现金、物资、服务、项目扶持等形式帮扶了全市90个村（社区）的贫困残疾人。

省残疾福利基金会充分发挥作用，以残疾人办实事、解难事为主线广泛开展了资金募捐活动，全年募集物资折合人民币近590万元，资金293万余元。组织开展了积善助残项目，先后举办资助活动13项，募集物资和资金共计618万余元，有效拓宽了残疾人事业发展的资金渠道。

（十六）大连市残疾人工作

《大连市无障碍环境建设管理规定》列入市政府立法计划的论证项目。《关于加强无障碍银行建设的指导意见》确定两年内在大连推广建成60余个无障碍银行网点。为1010名城乡有信息无障碍需求的盲人配发科技助盲工具。扎实开展"内地与澳门残疾人文化建设示范市"活动。成立大连市残疾人文化活动基地和残疾人文化共享中心。开展文化助残系列活动，举办"放飞梦想"残疾人摄影展、残疾人中国梦征文，承办第二十七届大连国际马拉松残疾人组比赛。组织开展"消除障碍，实现融合"残疾人出行活动。开设天健网民意专刊"关注残疾人"专题。市残疾人福利基金会接受捐赠353.5万元，8000多名残疾人受益。大连狮子会充分发挥作用，继续开展"狮爱光明行"等系列服务项目。为100户孤独症和智力残疾人家庭发放慈善爱心卡，价值10万元。启动残疾人天途宽带"阳光网络"项目，残疾人享受每年500元10兆的宽带上网优惠。

四、大事记

年初，中共辽宁省委办公厅、辽宁省人民政府办公厅联合下发《关于继续办好重点民生实事的通知》，要求2014年继续办好31件重点民生实事，其中三项工作惠及全省残疾人。一是实施贫困残疾人助行工程。中央、省、市投入资金5000万元，为全省5万名贫困残疾人安装假肢、适配基本辅助器具。二是实施残疾人家庭无障碍改造工程。省、市、县投入资金4000万元，为全省13200户残疾人家庭进行无障碍改造。三是继续实施重性精神病人医疗托管工程。

1月3日，省政府省长陈政高主持召开省政府第十六次常务会议，会议议定将"为贫困残疾人适配基本辅助器具和家庭无障碍改造"列入政府民生实事，写入《政府工作报告》。

图6-6-1 贫困残疾人家庭卫生间无障碍改造。

1月23日，省长陈政高一行走访慰问残困户，向他们致以新春的祝福和亲切的问候。陈政高到残困户南利新家里详细询问她们的身体状况和生活情况。听说南利新母女俩享受每月1042元低保金，并享受了教育、医疗和供暖补助，她们在市、区、社区的帮助下生活得很好时，陈政高说，安排好城乡群众尤其是困难群众的生产生活是我们的职责，各级党委、政府要时刻把群众的冷暖挂在心上，继续关心和帮助困难群众，让他们生活得更好。走访期间，陈政高省长听取了全省残疾人工作情况简要汇报。省残联理事长吴玉新，省委常委、沈阳市委书记曾维陪同走访慰问。

1月26日，中共辽宁省委党的群众路线教育实践活动领导小组印发《关于深入推进重点民生工程的通知》，在"深入推进困难群众救助工程"中明确提出，要"抓好重性精神病人救治、基层党组织助残扶贫、贫困残疾人助行和家庭无障碍改造等工作"。

2月10日，中国肢残人协会"重塑未来"慈善公益活动组委会向阜新市肢残人协会捐赠价值140万元20位肢体矫正救助名额，中国肢残人协会向阜新市肢残人协会捐赠了福祉客车一台。

2月28日，省残联直属机关工会委员会被省直属机关工会工作委员会授予"省直机关组织开展建设职工之家活动先进单位"荣誉称号。

3月4日，全省残联工作会议暨省政府残疾人民生实事启动仪式在沈阳举行，省残联理事长吴玉新做工作报告，全面总结2013年工作，布置2014年工作。省政府副秘书长上官炜星对民生实事实施提出具体要求。省残联党组理事会全体成员、省专门协会主席和14个市及绥中、昌图县残联理事长，省、市残联相关业务部门负责同志等近70人参加会议。

3月4—6日，中国残联副理事长程凯与国务院扶贫办有关部门同志一行赴辽宁调研工作。调研组一行先到阜新市调研了农村残疾人精准扶贫工作，召开由扶贫、民政、人社等政府部门及县、乡、村基层干部、同志参加的座谈会，就如何做好残疾人精准扶贫工作，将贫困残疾人切实纳入新一轮国家扶贫开发建档立卡，实现扶贫系统贫困人口数据与残联系统贫困残疾人的信息衔接和共享以及扶贫普惠政策针对残疾人精准扶持等方面进行了交流和探讨。调研组还到辽宁省残疾人特殊教育职业学院，详细了解学校教学以及学生的学习、生活情况，并对学校下一步的发展提出建议意见。

3月12日，省残联召开深入开展党的群众路线教育实践活动总结大会。省委第十一督导组组长、原省政协常委、省政协社会法制委员会副主任庄敏在听取省残联总结报告后，充分肯定教育实践活动取得成果，并对下一步工作提出具体要求。

3月23—25日，台湾爱盲协会向辽宁省捐赠300枚高品质人工晶体，为18名贫困白内障患者免费施行了复明手术。爱盲协会专家一行还与省残疾人康复中心眼科专家进行了深入的学术交流。

3月，省残疾人就业指导办公室党支部荣获"省直机关'服务型'先进党支部"荣誉称号。

4月，省就业办获得省直工委授予的"五一劳动奖状"。

4月18日，沈阳市残联、市公安局、市物价局联合下发《关于肢体残疾人驾驶或乘坐的机动车免费停车的通知》，明确从5月1日开始，沈阳市肢体残疾人驾驶或乘坐的机动车在各类非居住区内的停车场停放车辆时，一律免收停车费。

5月7日，"2014年辽宁省地税代征残疾人就业保障金工作会议"在鞍山市举行。省残联、省地税局、鞍山市政府相关领导，各市残联、就业服务机构负责人及各市地税局相关同志70余人参会。会议总结了2013年辽宁省残疾人就业保障金代征工作"规范化"、"科学化"和"协同化"特点，分析了2014年代征工作面临的形势和任务，对做好全年工作提出具体要求。

5月18日，由辽宁省残疾人联合会、辽宁人民出版社、中国移动手机阅读基地共同主办的"掌悦·书香沁梦"掌上图书馆大型文化助残阅读活动在辽宁特殊教育师范高等专科学校启动。该掌上图书馆打造了个性化客户端及wap站点，为全省2500名残疾人免费定制专属阅读门户，提供15000本正版图书，让广大残疾人足不出户就可得到便捷有效的信息服务。

5月19日，省政府残疾人工作委员会全体会议在沈阳召开。省政府残工委主任、副省长刘强出席会议并讲话，省政府副秘书长上官炜星主持会议。残工委38家成员单位负责同志及联络员参加会议。省政府残工委副主任、省残联理事长吴玉新代表残工委对2013年全省残疾人主要工作做简要总结回顾，并向大会报告了2014年重点工作安排。省政府残工委成员单位省教育厅、省民政厅、省财政厅、省人力资源和社会保障厅、省卫生计生委、省扶贫办有关负责同志分别结合各自职责分工，对上一年工作进行了简要概括，并对2014年工作做出安排。

5月19—21日，由辽宁省残联、辽宁省残疾人福利基金会主办，辽宁特殊教育高等师范专科学校、辽宁经济广播电台承办，沈阳市残疾人福利基金会、国际残疾人狮子会、辽宁银龄艺术学校协办的"残韵之美——辽宁残疾人文化艺术作品展"在辽宁省特殊教育高等师范专科学校体育馆举行。5月19日上午，省政府副省长刘强、省政府副秘书长上官炜星，省政府残

图6-6-2 刘强在展览现场与残疾人书画家秦百兰、初夏互动。

疾人工作委员会48个成员单位的领导和负责同志、省残联机关和事业单位负责人、社会各界爱心人士、残疾人代表、国家、省、市新闻媒体记者等共计400余人参加开幕仪式并进行现场参观。省政府副秘书长上官炜星主持开幕仪式，副省长刘强为活动揭幕。辽宁省著名画家代表张斌、秦百兰在现场为此次活动捐献自己的作品，拍卖后用于帮助贫困残疾人。

5月29日，由中国狮子会D387区龙之梦服务队和辽宁省残疾人福利基金会共同举办的"爱在六一·助残活动"在省残疾人康复中心举行，此次活动共计为在省残疾人康复中心康复学习的残疾儿童捐赠了价值4.5万元的教具和玩具。

6月6日，全国政协检查指导小组到辽宁调研精神卫生工作。省政协副主席滕卫平主持汇报会，省残联和省卫生计生委分别做汇报，调研组组长、全国政协常委、原卫生部部长张文康对辽宁精防工作给予肯定。

6月15—18日，全国政协副主席、民盟中央常务副主席陈晓光率全国政协调研组一行16人来到辽宁，就"健全残疾人权益保障制度"，重点对沈阳、大连两市开展调研，召开座谈会并到残疾人家庭实地走访。在座谈会上，刘强副省长代表省政府，对2013年以来辽宁省健全残疾人权益保障制度总体情况以及下一步主要工作安排进行了全面汇报，省民政厅、省财政厅、省人力资源和社会保障厅及省残联负责同志分别汇报了本部门相关工作情况。省政协常委、省残联主席团副主席张翠玉陪同调研。省残联理事长吴玉新参加座谈会并介绍工作情况，陪同走访残疾人家庭。

6月30日，辽宁省第五次全国自强模范与助残先进事迹报告会巡讲活动启动仪式暨首场报告会在省残联举行。于长源副理事长传达了习近平总书记在第五次全国自强和助残模范表彰大会的讲话精神。全国自强模范与助残先进代表赵学良、李丽娟、刘官棠、徐薇做事迹报告。省残联系统共计120人参加报告会。

7月15日，省政协常委、社会和法制委员会副主任、省残联主席团副主席、省残疾人福利基金会理事长张翠玉，省残联理事长张志斌率基金会部分理事和爱心企业家赴抚顺市开展"倾情抚顺，圆梦灾区"积善助残调研活动。

7月18日，中国（辽宁）国际老龄产业博览会暨第五届中国（沈阳）老年人残疾人用品展览会在辽宁工业展览馆开幕，省残联及省残疾人辅具中心在此次博览会专设了残疾人辅助器具展区，组织10多家残疾人辅助器具供应商参展并组织14个市、100个县（市、区）残疾人辅助器具工作人员参观展览。

7月23日，吴玉新理事长主持召开残疾人事业"十三五"发展纲要研讨会，省残联各部室、各直属单位主任在前期研讨的基础上，就各自业务分工做了研讨发言。省残联党组理事会成员也就"十三五"发展纲

要的整体设计做了研讨发言。

8月1日,中国残联副主席吕世明一行到大连检查无障碍建设工作。检查组一行听取了情况汇报,实地检查了金马快轨香炉礁站、大连银行第一中心支行以及东港海滨广场的无障碍建设情况,对大连市无障碍环境建设工作给予充分肯定。

7月31日—8月2日,中国肢协第三期基层肢残青年骨干培训班在大连市残疾人职业技能训练中心举行。来自全国31个省市自治区的42名肢残青年骨干和大连各区市县20名肢残青年代表参加了培训班。中国残联副主席吕世明、全国政协委员朱建民等出席开班式。

8月12日,全国残疾人基本服务状况和需求专项调查工作座谈会在沈阳市召开。中国残联副主席、"基础管理建设年"活动领导小组办公室主任吕世明主持会议并作重要讲话。国家统计局专家、中国残联、10省8市(区)残联分管理事长及相关部门负责同志参加座谈。省残联理事长吴玉新向与会代表致欢迎辞。会后,吴玉新陪同中国残联党组成员、副主席吕世明一行到省残联调研。

9月2日,全省残联工作会议在沈阳召开,理事长吴玉新回顾总结了2014年上半年工作,部署了下半年工作。副理事长于长源对辽宁省开展"基础管理建设年"活动及残疾人基本服务状况和需求专项调查工作进行部署。副理事长张志斌、李孟竹分别对分管业务和重点工作做进一步强调和安排。省残联各专门协会主席,各市、县残联理事长做汇报研讨。

9月11—14日,由辽宁省人民政府主办,省残疾人联合会、省体育局、省残疾人体育协会承办,沈阳体育学院协办的辽宁省第十二届残疾人运动会在沈阳举办。省政府副秘书长上官炜星主持开幕仪式,省政府副

图6-6-3 残疾健儿在辽宁省第十二届残疾人运动会上奋勇拼搏。

省长刘强宣布开幕。省政府残工委副主任、来自全省各地的运动员、教练员、工作人员和裁判员参加开幕仪式。在为期四天的比赛中,738名残疾人运动员在田径、游泳、举重、乒乓球、聋人篮球(集体项目)、聋人足球(集体项目)六个比赛项目197个小项中展开了激烈角逐,并取得了优异成绩,其中两人两次打破两项全国纪录。

9月16—18日,国家农村贫困残疾人扶贫开发纲要(2011—2020年)执行情况督导检查组在省残联副理事长李孟竹、省扶贫办副主任王瑞广等陪同下,实地考察海城市、台安县农村残疾人就业基地,走访农村残疾人种植户,听取县(市)政府工作情况汇报,查阅相关资料,同各类残疾人代表座谈,对当地政府农村残疾人扶贫开发工作给予充分的肯定,并对下步工作提出要求。

9月24日,省政府副秘书长上官炜星主持召开残疾人基本服务状况和需求专项调查工作领导小组会议,省发改委、省经信委、省财政厅等10个领导小组成员单位参加会议。省残联介绍了残疾人基本服务状况和需求专项调查工作的基本情况,并就需要成员单位协调配合的工作,特别是经费预算安排进行了说明。各成员单位结合各自职能工作提出意见建议。上官副秘书长要求各部门根据工作要求和部门职责,提供全方位支持,确保调查工作高标准、高质量完成。

9月30日,中国残联副主席吕世明出席"金州新区残疾人文化共享中心"、"中国盲文图书馆金州新区分馆"、"大连市阳光志愿者培训服务基地"揭牌仪式。

10月9日,省残联与省卫计委联合下发《关于印发辽宁省0—6岁儿童残疾筛查工作实施方案的通知》,将儿童残疾筛查工作纳入儿童健康管理服务,并明确了工作机构和职责分工:卫生计生行政部门负责儿童残疾筛查和诊断的组织管理工作;残联负责残疾儿童早期康复的组织管理工作;各专业结构负责初筛、复筛、诊断、康复等工作,标志着残疾儿童筛查工作体系正式建立。

10月14日,辽宁奥克化学股份有限公司"阳光畅行——奥克爱心无障碍"慈善捐赠活动向辽宁特殊教育师范高等专科学校捐赠了价值20万元的电动轮椅20辆。

10月24日,省盲协工作会议和盲人无障碍研讨会在沈阳召开,中兴通讯公司辽宁区域经理与技术工程师联合介绍了中兴无障碍手机的应用,澳新公司负责人介绍了该公司为盲人提供的多种语音电子产品。省盲协副主席吴铸与大家交流了四款读屏软件的使用,副主席艾喜明介绍了听力代偿视力电子语音设备的研发与应用,省残联专职理事谢小楠介绍了视障人士与听障人士通过"人"、"现代科技"及"触摸"的三种方式实现信息交流无障碍,信息中心主任助理刘懿介绍了省残联网站无障碍建设的推进情况。

11月3日，辽宁省残疾人康复协会第二届会员代表大会在沈阳召开。来自全省14个市及两县残联及康复医疗领域的会员代表近160人参加大会。全体会员代表听取了上一届理事会的工作报告和财务报告，对大会选举办法、大会章程修改说明、会费标准及管理办法、大会理事及常务理事等进行举手表决，选举产生了121名新一届理事会成员、第二届会员代表大会的会长、副会长和秘书长。中国康复学会常委、中国医科大学盛京医院康复中心主任、教授张志强当选协会新一届会长并做了就职演讲。会议还邀请国际康复专家贝维斯和中国残联/嘉道理慈善基金会社区康复合作项目技术总监付克礼授课，开展协会的学术活动。

11月11—12日，辽宁省盲人按摩学会换届工作会议暨学术研讨培训班在沈阳举行。会议推举贺瑞domain为新一届省盲人按摩学会名誉会长，选举侯武巍为会长，高力军、刘耀元、吴铸、艾喜明为副会长，段志伟为秘书长，武志明为副秘书长。会议就规范盲人按摩工作等问题进行了学术研讨，省残联副理事长李孟竹出席了会议并对学会建设提出希望。

11月14日，省残联在沈阳召开残疾人基本服务状况和需求专项调查工作会议。会议听取了各市及绥中县、昌图县残联前一阶段专项调查工作的情况汇报，对专项调查相关事宜进行了研讨。省残联理事长、省专项调查领导小组副组长吴玉新出席会议并讲话；省残联副理事长于长源对全省前一阶段专项调查工作进行了总结，并部署了下一阶段专项调查重点工作。

11月26日，省教育厅、省文化厅、省文联、省残联在沈阳市老北市剧场举办了"共圆艺术梦想，展示精彩人生"文艺汇演。来自全省20余所特教学校的370名特教学生参演。28个声乐、器乐、舞蹈、小品等节目，取材于残疾学生的日常生活，展现了他们乐观向上的精神和对艺术梦想的执着追求。主办单位、各市残联相关同志、爱心艺术家等社会各界人士400余人观看了演出。

12月3日，在国际残疾人日，理事长吴玉新到丹东看望了残疾人和基层残疾人工作者，并与丹东市市长石坚和副市长邱继岩等领导以及市、县两级残疾人工作者共商残疾人工作。

12月15日，省残联理事长吴玉新、副理事长于长源召集省专项调查工作办公室相关人员了解全省调查员培训工作开展情况，听取了全省调查员培训工作和督导检查情况汇报，共同分析调查员培训工作面临的困难和薄弱环节，要求全省调查员培训工作一定要攻坚克难，扎实抓好调查员培训工作，为入户调查登记打下坚实的基础。

12月23日，沈阳市残疾人联合会、市文化广电新闻出版局主办，市残疾人福利基金会、市群众艺术馆承办，中国人民财产保险股份有限公司沈阳市分公司冠名赞助的"梦想绽放·我心飞翔"PICC中国人保之声——2015沈阳爱心助残新年联欢会在盛京大剧院举办。省、市领导与市政府残工委成员单位领导、各公益组织负责人、优秀残疾人代表及残疾人工作者代表、市直机关工委干部以及学生、教师和社会各界人士代表近1500人共同观看了演出。

12月30日，省残联召开全体干部大会，传达贯彻中国残联第六届主席团第二次全体会议和第二十九次全国残联工作会议精神。吴玉新理事长主持会议，并与于长源副理事长、张志斌副理事长分别传达了张海迪主席和鲁勇理事长在两会上的讲话。与会同志集中收看了《2014——我们一起走过》专题片。省残联机关全体干部和直属单位班子成员参加会议。

（梁颖佳供稿）

图6-6-4 "共圆艺术梦想，展示精彩人生"文艺汇演现场。

吉林省残疾人事业和残疾人工作

一、领导讲话与批示

省长巴音朝鲁在吉林省十二届人大第二次会议上的政府工作报告节选　2014年1月21日

为25万人（次）残疾人提供康复训练和服务，开发1500个公益性岗位安排残疾人就业。

副省长隋忠诚在吉林省政府残工委全体会议上的讲话摘要　2014年3月10日

一、凝聚各方面共识，切实重视残疾人工作

残疾人是特殊困难群体，帮助残疾人解决民生问题，是政府的职责所系，也是全社会关心关爱残疾人的重点所在。省委、省政府高度重视残疾人工作，省委十届三次全会确定实施十五大民生工程，很多都涉及残疾人的民生问题，特别是特困群体救助工程；要求在政策和资金上给残疾人以倾斜，解决残疾人的困难。省政府已经连续两年将残疾人工作纳入政府民生实事加以推动。儒林书记、朝鲁省长多次对做好残疾人工作做出重要指示。儒林书记亲自对残疾人工作进行专题调研，明确提出"对残疾人事业要高看一眼"，"一定要充分认识发展残疾人事业的重要意义，把残疾人工作摆上更加重要的位置，推进我省残疾人事业在新的起点上加快发展"。近年来，有关部门、单位密切配合，不断推动我省残疾人事业发展，残疾人生活水平得到逐步提高。但是，残疾人仍然是社会上最大的弱势群体，也是面临困难最多、最需要帮助的人群。残疾人与社会平均水平的差距也是一个长期存在的现实。

（一）残疾人面临的困难多，需要给予更多的关爱

我省现有193.1万残疾人，涉及了近全省五分之一的家庭，面很大。我们讲，没有残疾人的小康就不是真正意义的小康，残疾人的民生状况和保障程度，决定了小康建设步伐和小康水平的"含金量"。可以说，在社会各种群体身上体现的问题，在残疾人身上都有体现。同时，由于残障的影响，残疾人还会有其特殊的困难和需求。近几年，我省残疾人生活状况监测数据都表明，目前残疾人在生活保障、康复、就业、扶贫等各个方面仍然存在着很多困难。这些年，我不论是在地方工作，还是在省里工作，每次接触到残疾人，特别是走访慰问贫困残疾人家庭，都能看到有的残疾人长期卧床、不能自理，有的承担不起看病的医药费，有的残疾家庭的孩子交不起学费上不了大学，有的残疾人想就业却找不到工作，还有的精神残疾人要长期锁在家里，影响了一个家庭的正常生活，脑瘫、孤独症患儿康复费用高、周期长，还需要家长的长期陪护，给家庭造成了沉重的负担。残疾是不幸的，这种不幸不应该完全由残疾人个体来承受。这部分人群的困难不解决好，这部分人群，如果得不到关心、爱护和帮助，那就是社会道德和人类良知的缺失！我们怎么去改善民生？就是要把残疾人当成兄弟姐妹和亲人一样，用我们的爱心和具体行动，动员和唤起全社会的力量，多关心、多帮助、多扶持残疾人，使关爱的阳光普照广大残疾人。

在座的都是各部门、单位的领导干部，我想，不论是从讲大局、讲政治、讲人权的高度，还是从改善民生、维护稳定、促进公平正义的角度，都能认识做好残疾人工作的意义。我想，只要真正对残疾人有感情、有爱心，对这份事业有责任感，都能从各自的职责出发，支持残疾人事业，就能解决好残疾人事业发展中的一个个难题，不断改善残疾人生活。

（二）残疾人工作涉及面广，需要全社会参与

残疾人问题是一个复杂的社会问题，残疾人工作涉及政治、经济、文化等多个领域和人权保障、民生改善、全面发展和参与社会生活等多个层面，表现为日常的残疾人的社会保障、医疗、康复、扶贫、教育、就业、无障碍环境建设、信访维权、文化、体育，以及残疾人基层组织建设等等大量具体工作，很繁杂，很耗费精力，很辛苦。残疾人工作因历史原因产生的差距，需要逐渐地追上，现实社会存在的问题，需要来解决。特

别是随着经济社会的发展和民生投入的加大，残疾人的期望值也不断提高，需求也呈多样化，思想也呈多元化倾向，残疾人工作局面更加复杂。在民生工作中，政府的责任是保住基本、补上短板、兜好底线，使公共资源向困难群体倾斜。解决好残疾人的实际困难，做好残疾人工作，是各级政府的责任，需要各个部门共同努力，绝不能简单地把残疾人工作看作残联的工作。

（三）残疾人事业基础薄弱，需要给予特殊支持

虽然各项社会事业在不断进步，但是，客观地说，残疾人事业仍然是社会事业中的"短板"。这一方面是因为残疾人事业真正起步较晚，基础比较薄弱。我省残联组织成立至今也仅有20多年的时间，系统研究解决残疾人问题的时间很短。另一方面，受我省经济发展水平影响，各级政府，特别是市县两级可以为残疾人事业发展提供物质保障的能力有限，社会力量扶残助残的能力还不强。目前，我们在残疾人的服务设施建设、服务手段、服务水平、服务队伍素质、基层残疾人组织建设以及残疾人服务环境等方面都存在很大差距。我们和有关部门的负责同志到省残疾人康复中心去看过，我省的这个机构在全国基本上是最后成立的，在那里为残疾儿童进行康复训练的老师待遇都不高，很多都是"体制"外的，他们就是凭着爱心和感情坚守着岗位。但是，发展残疾人事业，光有爱心、光有感情也是不够的，必须努力在人财物和服务设施、服务手段等各个方面不断改善条件，这样才能使残疾人事业发展的基础更加牢固，才能持续健康发展。

当前，从中央到地方，一系列涉及惠民生、促发展的重大改革具体措施将陆续制定出台。在这个过程中，如何完善各项保障措施，发展残疾人事业，切实保障和维护残疾人基本权益，考虑到和解决好残疾人的特殊需求、特殊困难，实行特殊的保障，需要我们，特别是残工委成员单位共同研究解决好。

二、抓好工作重点，加快推动残疾人事业发展

做好残疾人工作，既要着力解决好贫困残疾人的社会保障和基本康复服务需求等实际困难，做好托底工作，补上短板；也要促就业，千方百计地帮助残疾人增加收入、改善生活；还要着眼于增强残疾人自我发展能力，在促进残疾人状况的持续改善和全面发展上，做好保障服务工作。当前，要重点抓好以下几个方面工作：

（一）着力提高残疾人保障能力

一是大力推动保障制度建设。改善残疾人民生，根本在抓制度建设。要在千方百计确保残疾人享受各项社会保障和有关普惠政策的基础上，研究制定特殊的扶助措施。省委推进全面深化改革的实施方案中，已经将"健全残疾人保障制度"作为一项重要工作任务，残联、教育、民政、人社、卫生计生、财政等各个责任部门和单位要各负其责，认真制定具体落实措施。在这个方面，我省与兄弟省市相比，还有一定距离，应当抓紧赶上。今年，要积极争取在贫困残疾人生活补贴、重度残疾人护理补贴和残疾儿童抢救性康复等方面先行取得突破，搭建起制度的框架，逐步为最困难残疾人的基本生活提供制度保障。

二是切实推动政策落实。去年以来，省残联对我省扶残助残政策落实情况进行了梳理，发现基层在落实公益岗位安排残疾人就业、扶持残疾人创业、无障碍设施建设、康复项目进医保政策等方面，做了大量工作，但还有空间。省残联要牵头把这些问题解决好。

三是加大投入力度。残疾人民生改善，离不开资金保障。虽然我省在残疾人事业方面的投入力度不断加大，但是要缩小残疾人与社会平均水平差距，或者让差距不再拉大，还需要加大投入力度。比如残疾人专项保障制度和扶持政策，最终落实都要靠资金的投入来支撑。有关部门要积极想办法，尽可能地多支持、多倾斜。各级政府和有关部门还要将残疾人服务设施建设和无障碍改造等纳入政府民生实事重大项目，改善残疾人生活环境。各级残联组织也要动员社会力量，鼓励和支持社会各界开展定向募捐和专项扶助等，筹资捐资助残。

（二）着力提高为残疾人服务的能力

要认真落实《吉林省基本公共服务体系"十二五"规划》中确定的残疾人基本公共服务的各项任务，不断扩大基本服务供给。积极探索政府向社会力量购买残疾人服务工作，按照市场化运作、专业化服务的要求，培育残疾人服务的社会承接主体，有效利用公共资源和社会资源，开展残疾人服务。

一是要以实现"人人享有康复服务"为目标，加强康复服务。认真落实好各项康复服务项目，特别是做好残疾儿童的康复救助工作，扩大服务面。大力推进残疾预防和儿童残疾筛查工作。认真总结推广好我省农村残疾人康复体系建设试点经验。

二是要深入推进教育服务。认真落实好特殊教育提升计划。做好未入学适龄残疾儿童少年调查、登记和统计工作。积极推进残疾儿童学前教育、以职业教育为主的残疾人高中阶段教育和高等教育，逐步提高非义务教育阶段残疾人接受教育的比例。

三是要切实做好就业服务。要认真开展残疾人就业专项活动，加强就业援助和职业培训工作，提高残疾人就业能力。组织落实好按比例安排残疾人就业的规定，鼓励各类用人单位安排残疾人就业。要稳定发展集中就业，继续加大对残疾人创业的扶持力度。落实好今年的

开发公益岗位安排残疾人就业工作。

四是要不断加强托养服务。充分利用各种社会资源，多元化发展残疾人托养服务，建立以托养服务机构为骨干、日间照料为主体、居家托养服务为基础的残疾人托养服务体系。多种渠道筹措托养服务资金，通过购买服务，提高补助标准，扩大受益面。

五是提高专业化服务水平。要加快残疾人康复、就业、教育培训、托养等服务机构、服务设施和专业人才队伍建设。研究制定考核标准，推进残疾人服务体系制度化、专业化、标准化，提高为残疾人服务的能力和水平。

（三）着力提高残疾人事业基础管理能力

今年，国务院残工委将组织开展残疾人基本服务和需求状况专项调查工作。不论是给残疾人兜住底、补短板，还是加强和改进残疾人的服务，关键是准确掌握我省残疾人目前的实际状况。要全面了解不同类别、不同年龄的残疾人在社会保障、康复服务、接受教育、就业培训、扶贫、托养服务、住房和无障碍等各方面的实际需求。只有数据准、情况清、需求明，工作才能有的放矢，在制定政策、完善制度和开展各项服务上，才能更有针对性。我省要贯彻落实国家部署，集中组织开展好全省持证残疾人和残疾儿童的情况调查。在这方面，残联、统计、民政、教育、卫生、公安、财政部门要紧密配合，特别是要发挥好基层组织的作用，把工作做实做细。

三、明确职责，各司其职，切实抓好工作落实

（一）要切实发挥好政府的主导作用

各级政府要把残疾人工作纳入重要工作日程，将其作为民生领域的重点问题，给予高度重视，予以特殊支持。把事关残疾人民生的重大项目、难点问题等纳入政府民生实事来推动落实。今年省政府涉及残疾人民生实事和各地残疾人保障政策落实情况要纳入政府督查范围，进行督查督办，推动落实。要不断完善各级人民政府残工委的工作机制，定期研究解决残疾人工作中的难点、重点问题，每年都要制定任务目标，真正为残疾人多办实事、好事。今年的任务目标制定得比较仓促，明年的工作要尽早安排，形成机制，特别是抓落实的机制。

（二）要认真履行好职责

这些年，各有关部门都做了不少工作。刚才，大成的报告中已经说了一些部门在过去一年里为残疾人服务办实事、办好事的一些做法。希望在今后的工作中，各有关部门，特别是残工委成员单位要进一步把残疾人工作纳入到本部门的重要日程，在本部门职责范围内，对残疾人工作特殊关注、特殊对待、特殊扶持。教育部门要认真组织落实特殊教育提升计划，重点做好残疾人学前教育、义务教育和职业教育等工作；民政部门要进一步完善残疾人基本生活保障制度，在救助、低保和解决贫困残疾人生活方面加大力度。要支持各类残疾人专门协会开展工作；人力资源和社会保障部门要在组织开展残疾人就业培训、公益岗位开发、社会保障、社会保险等方面，发挥重要作用；卫生和计生部门要认真开展各类残疾康复、社区康复和残疾预防工作，指导残疾人康复机构开展业务工作；宣传部门继续把残疾人事业宣传纳入重点宣传计划，弘扬扶残助残风尚，总结宣传扶残助残的好人、好事，并以此积聚社会能力量；发展和改革部门要在残疾人事业发展规划的制定、重大项目审批和残疾人服务基础设施建设方面提供指导和支持；财政部门要统筹安排资金，积极为残疾人事业发展提供资金保障支持，不断加大资金投入，持续推动残疾人民生改善；住建部门要切实发挥推动无障碍建设的职能，并在住房保障等方面对残疾人予以倾斜。公安、交通、司法、文化、体育等各个成员单位，都要主动将残疾人工作融入本部门工作之中，落实责任，对残疾人工作予以倾斜。对于今年既定的任务目标，各相关部门、单位都要细化各项具体的措施，并纳入本部门、单位今年的工作计划，统筹推进。这些任务是硬指标，必须完成。各部门、单位，特别是今年省政府残工委工作分工中没有具体明确任务的有关部门，要梳理一下除了已经明确分工的任务之外，还可以在哪些方面为残疾人提供帮助和服务，要主动与残联沟通联系。省政府残工委秘书处要对落实情况及时进行调度。

残疾人工作具有特殊性，每个部门都应当把残疾人工作当成特殊的事情对待，要特事特办。我们不能用一般的方式来做残疾人工作，更不能把残疾人的事当成额外的"负担"。残疾人工作应当得到更多的理解、尊重、支持。要善于创新、敢于尝试，大胆实践，根据残疾人的现实需求，不断创新方法、完善措施，只要不违反政策，就应该多支持。

（三）残联组织要提高管理和服务能力

残联组织是党和政府联系广大残疾人的桥梁和纽带，要不断强化残联组织参与社会管理的职责，履行好"代表、服务、管理"的职能。作为各级政府残工委的办事机构，残联要综合协调，为各级政府决策提供建议，督促各个部门、单位认真落实好各项残疾人保障政策。要加强与有关部门的沟通、寻求支持。要让各个部门多了解残疾人的困难，了解残疾人需求，共同研究解决好残疾人事业发展中的问题。要加强组织建设，进一步改进服务，团结和组织好广大残疾人，共同推动残疾人事业发展。要善于创新方法，坚持社会化工作方式，

动员社会力量发展残疾人事业。要积极倡导助残志愿服务，发挥群团组织等社会各方力量，共同扶残助残。要总结和大力宣传表彰残疾人自强典型、扶残助残典型，形成良好的舆论氛围。残联是一个综合部门，不能成为弱势组织，为残疾人等弱势群体做事要理直气壮、敢作敢为，各部门要支持，残联组织也要提高管理和服务能力，把残疾人工作做好。

副省长隋忠诚对吉林省第二十四个全国助残日活动开展情况做出的批示

2014年5月22日

好！务实管用，再接再厉。

副省长隋忠诚对2014年全国聋人足球锦标赛筹备工作做出的批示

2014年6月5日

周密安排，保证赛事，确保安全。

省委副书记竺延风在第三次吉林省自强模范暨助残先进表彰大会上的讲话摘要

2014年8月8日

残疾人事业是中国特色社会主义事业的重要组成部分。党中央、国务院对残疾人事业的发展历来高度重视。今年3月20日，习近平总书记致信祝贺中国残疾人福利基金会成立30周年，强调残疾人是一个特殊困难的群体，需要格外关心、格外关注。5月19日，习近平总书记、李克强总理等中央领导同志亲切会见了第五次全国自强模范及助残先进表彰大会受表彰的代表。习近平总书记发表了饱含深情的重要讲话，深刻阐述了发展残疾人事业的重要意义，鼓励更多人加入扶残助残工作中来，为推动残疾人事业的发展指明了方向。省委、省政府对残疾人工作十分关心。近年来，省委、省政府围绕实现"让广大残疾人与全省城乡居民一道生活得更加美好"的目标，深入实施特困群体救助工程，全省广大残疾人的生产生活状况得到了明显改善。去年7月，儒林书记到省残联专门就做好残疾人工作进行了调研，要求着力解决好残疾人面临的实际困难，扎扎实实为残疾人办实事、做好事、解难事。在8月份召开的省残联第六次代表大会上，儒林书记又发表了重要讲话，强调要切实加强对残疾人工作的领导，把残疾人事业作为一项重大的民生工程、民心工程，摆上更加重要的位置，全面推动我省残疾人事业迈上新台阶。我们一定要充分认识做好残疾人工作的重要意义，深入贯彻落实习近平总书记关于做好残疾人工作的重要讲话精神，按照省委、省政府的工作部署，努力为残疾人工作和生活创造更多更好的条件，让残疾人和健全人一样生活得更有尊严、更有质量、更加幸福。

要大力弘扬自强模范、助残先进的精神和品德。自强模范和助残先进的事迹之所以打动人心、令人敬佩，给我们以启迪和激励，不仅在于事迹本身，更在于事迹显示的精神、意志和品德，在于他们以实际行动彰显的生命力量、诠释的人生价值、书写的世间大爱。习近平总书记把自强模范的精神概括为"自强不息"，把助残先进的品德浓缩为"厚德载物"，正是靠着这种自强不息的精神和厚德载物的品德，中华民族五千年来虽然历经磨难，却依然生生不息、繁荣昌盛。当前，我们正处在改革的攻坚期、发展的关键期和矛盾的凸显期，乐观向上、满怀信心，坚韧不拔、顽强拼搏，保持定力、自强不息，平等友爱、团结互助，是当前和今后我们深化改革、推动发展、促进和谐尤为需要的宝贵精神和优秀品质。要大力宣传自强模范和助残先进的典型事迹，大力弘扬他们自强不息、厚德载物的精神品德，引领全社会深入践行社会主义核心价值观，倡导形成励志奋进、和谐共进的社会新风尚，为推进全面深化改革、促进社会和谐稳定注入强大正能量。

要积极为残疾人提供更好的保障和服务。充分保障残疾人权益、全面增进残疾人福祉、提高残疾人发展能力、促进残疾人平等参与，是社会主义制度的本质要求，是社会公平正义和文明进步的重要标志。残疾人同健全人一样有梦想、有追求，同样希望通过自身奋斗赢得社会地位和他人尊重，但他们的成长进步、干事创业，需要付出比健全人更多的艰辛和努力，更需要得到尊重关爱和帮助支持。要进一步健全残疾人社会保障体系和服务体系，切实保障残疾人享有康复医疗、劳动就业、社会保障、教育文化等权利，着力构建稳定可靠的残疾人基本保障安全网。要不断增强残疾人的自我发展能力，进一步加大政策支持力度，千方百计促进残疾人就业创业，努力缩小残疾人生活状况与社会平均水平的差距。要依法维护好残疾人的各项权益，切实保障残疾人的平等参与权利和平等发展机会，努力使残疾人与全省人民同享改革发展成果。

要积极发挥广大残疾人的主体作用。残疾人身残志坚，残疾人群体中蕴藏着巨大的潜能和创造力，同样是推动社会发展的重要力量。生命的不完美已经不可避免，但生逢这个时代，我们又非常幸运。实现中国梦的伟大实践，为残疾人追求和实现人生梦想创造了前所未有的机遇、提供了更加广阔的空间。我们发展残疾人事业，就是要为广大残疾人追梦、圆梦创造更好的条件，搭建更大的舞台。广大残疾人朋友要紧紧抓住时代赋予的有利机遇，始终保持乐观向上的心态，勇敢迎接生活的挑战，坚强面对困难的磨炼，加强知识技能学习，深入发掘自身潜能，不断增强参与竞争意识和社会适应能力，用自己的勤劳、智慧和努力开创新的人生境界，创造更加美好的生活。古人讲，"望人者不至，恃人者不久"，意思是仅指望别人不会如愿，光依靠他人不能长久，靠自己努力得来的东西才最可靠、最持久。我们相信，有党委、政府和全社会的关心支持，通过自身的打拼和努力，广大残疾人朋友一定能活出人生的精彩。

要努力形成残疾人事业发展合力。残疾人是我们的兄弟姐妹，是社会大家庭中的重要成员，关心帮助残疾人是全社会的共同责任。要进一步健全党委领导、政府负责的残疾人工作领导体制，在谋划经济社会发展时，要把残疾人事业纳入其中、一同部署；在制定民生政策时，要充分体现残疾人的诉求。各级残联组织要充分发挥好党和政府联系广大残疾人的桥梁纽带作用，切实履行好"代表、服务、管理"职能，千方百计为残疾人办实事、解难题，把党和政府对残疾人的关怀落到实处。各级工会、共青团、妇联等人民团体要发挥各自优势，大力支持残疾人工作，切实维护好残疾职工、残疾青年、残疾妇女儿童的合法权益。要创新体制机制，重视发挥市场机制作用，加强对助残社会组织的培育引导，大力发展残疾人慈善事业，在全社会形成扶残助残的良好风尚和浓厚氛围。

二、政策法规文件

吉林省人民政府关于 2014 年民生实事的安排意见　　吉政发〔2014〕4 号

（二十三）实施残疾人社会保障和服务体系建设。为 25 万人（次）残疾人提供康复训练和服务，免费配发 15 万件康复器材和辅助器具，为 60 个县（市、区）各配发 1 台流动康复服务车；为 2000 名残疾儿童实施抢救性康复救助，培训 3000 名残疾儿童家长；帮助 7000 名以上城镇残疾人实现创业就业，开发 1500 个公益性岗位专门安排残疾人就业，培训残疾人 3 万名以上。

吉林省人民政府办公厅关于政府向社会力量购买服务的实施意见　　吉市政发〔2014〕5 号

（三）购买内容。政府购买服务的内容为适合采取市场化方式提供、社会力量能够承担的公共服务，突出公共性和公益性。除法律、法规另有规定，或涉及国家安全、保密事项以及司法审判、行政决策、行政许可、行政审批、行政执法、行政强制等事项以及不属于政府职责范围的服务项目外，按照"成熟一项实施一项"的原则，下列事项都可以通过政府购买服务的方式，逐步转由社会力量承担。

1. 基本公共服务事项。……残疾人服务……等领域适宜由社会力量承担的服务事项。

吉林省人民政府关于贯彻实施《社会救助暂行办法》的意见　　吉政发〔2014〕20 号

二、实施特困群体救助工程

（二）全面提高救助能力和水平

要全面建立健全救助和保障标准与经济社会发展水平相适应、与物价上涨挂钩联动的同步调整机制，有效保障特困群体基本生活，更加公平、可持续地解决特困群体在基本生活、住房、医疗、教育、就业、法律服务以及残疾人康复服务等方面的困难。

中共吉林省委、吉林省人民政府关于实施特困群体救助工程的意见　　吉发〔2014〕12 号

二、加强和改进城乡低保工作

3. 对低保家庭中的重病患者、重残人员、一户多残的残疾成员、老残一体人员、老年人、未成年人予以重点保障，按不低于当地低保标准 50% 的比例增发补助金。

六、落实教育救助

8. 实施困难残疾人、特困职工家庭子女助学项目。落实"扶残助学金"项目，对当年考入中专、大专及本科以上院校的接受正规国民教育的贫困家庭残疾人学生及残疾人低保家庭子女，省、市、县分别一次性资助 3000 元、2000 元、1000 元的助学金。

七、改善居住条件

9. 开展农村贫困家庭危房改造。积极争取国家农村危房改造计划，落实农村危房改造资金，采取新建、修缮和置换等形式，加快农村低保户、五保户、贫困残疾人家庭和一般贫困户的危房改造。

八、实施就业帮扶

12. 扩大残疾人就业。落实残疾人岗位救助政策，前期为残疾人开发的公益性岗位空缺仍由残疾人补充，2014 年开发 1500 个公益性岗位安排残疾人就业。加强残疾人就业基地建设和培训工作，组织就业创业洽谈会、推介会，促进残疾人就业。2014 年至 2017 年，每年扶持建立残疾人就业基地 50 个，培训 3 万名以上残疾人，帮助 7000 名以上城镇残疾人实现创业就业。

十、推进农村扶贫开发

15. 提高农村贫困残疾人致富技能，2014 年至 2017 年，全省新建各级残疾人扶贫就业基地 160 个以上，为

4万名农村贫困残疾人提供实用技术培训。

十三、加强残疾人服务

19. 提高残疾人康复服务水平。建立残疾人康复组织管理、技术指导和服务网络，推进市、县两级残疾人康复中心和辅助器具中心建设，开展康复进社区活动，就近就地为残疾人提供康复训练与服务。实施国家残疾儿童康复救助"七彩梦行动计划"、省残疾儿童康复救助项目以及"阳光家园计划——智力、精神和重度残疾人托养服务"项目。2014年至2017年，为残疾人提供康复训练与服务100万人（次），为2.4万人（次）重度智力残疾、精神残疾人发放托养服务补贴，残疾人康复服务覆盖城乡，初步实现残疾人"人人享有基本康复服务"的目标。

20. 提高无障碍设施建设水平。各级政府要多渠道筹集资金，加快推进城乡社区残疾人服务设施、城镇盲道和公共场所无障碍设施建设。2014年至2017年，城市中心区新建、扩建和改建主要街道人行道的盲道设置率达到90%，城市人行道路口坡化改造率达80%。信息交流无障碍环境建设取得显著进展，为1500户以上贫困残疾人家庭实施无障碍改造。

关于促进按比例安排残疾人就业的实施意见

吉残联发〔2014〕47号

二、各类用人单位要认真按比例安排残疾人就业

（二）全省各级党政机关、事业单位及国有企业应为全社会做出表率，带头招录和安置残疾人。各级党政机关要逐步建立岗位预留制度。从2015年起，未达到安排残疾人就业比例的单位，要按照规定的比例设定和预留出残疾人的岗位，提出招录计划。各级政府残疾人工作委员会成员单位要充分发挥示范带动作用，率先招录残疾人。到2020年，所有省级党政机关、地市级和有条件的县区级政府残工委成员单位至少安排有1名残疾人就业，逐步达到规定比例。

（三）各级党政机关在招录公务员时，除特殊岗位外，不得额外设置限制残疾人报考的条件。对残疾人能够胜任的岗位，在同等条件下要优先录用残疾人。招录机关专设残疾人招录岗位时，公务员主管部门要给予放宽开考比例等倾斜政策。在招录中，各地要结合实际，采取适当措施，努力为残疾人考生创造良好的考试环境，切实维护残疾人平等报考公务员的权利。

（四）各级残联机关干部队伍中都要有一定数量的残疾人干部，其中省残联机关残疾人干部的比例要达到15%以上。

（五）各级党政机关中适合残疾人就业的非公务员岗位（科研、技术、后勤等），要优先安排残疾人。

（六）国有和国有控股企业应根据行业特点，确定符合残疾人就业特点、适合残疾人就业的岗位，招录符合岗位要求的残疾人就业。要积极组织和参加残疾人专场招聘活动，为残疾人提供平等的就业机会。企业对招录的残疾人应按规定订立劳动合同，实行同工同酬，并应保持其就业岗位的稳定。

（七）其他各类企业、民办非企业单位等都要切实履行按比例安排残疾人就业的义务，积极安排残疾人就业。要依法与残疾职工签订劳动合同，按时、足额支付劳动报酬，并按规定为其缴纳养老、医疗等各项社会保险，保障其合法权益。

三、加大对用人单位的补贴、奖励和惩处力度

（八）认真贯彻落实《中华人民共和国就业促进法》《吉林省就业促进条例》及相关法律法规，对安排残疾人就业并符合条件的用人单位，按规定给予社会保险补贴及税费减免。

（九）加大对超比例安排残疾人就业单位的奖励力度，提高用人单位安排残疾人就业的积极性。用人单位（不含福利企业）每超比例安排1名残疾人就业满一年，一次性给予用人单位5000元以上奖励，主要用于无障碍设施改造，购置专用设备、工具等。同时，在原有社会保险补贴期限的基础上，再延续2年。补贴延长部分及奖励所需资金从当地残疾人就业保障金中列支。

（十）鼓励用人单位吸纳高校残疾人毕业生就业。对为高校残疾人毕业生提供见习机会的单位，按照不低于上年度当地最低工资标准的50%给予见习补贴，补贴期限最长不超过6个月。见习期满签订1年以上劳动合同，并在劳动报酬、福利待遇、职称评定等方面与其他职工同等待遇的用人单位，每满1年，按照上年度当地最低工资标准的50%给予岗位补贴，补贴期限2年。以上两项补贴所需资金从当地残疾人就业保障金中列支。

（十一）用人单位安排残疾人就业未达到规定比例的，须严格按规定标准足额缴纳残疾人就业保障金。对拒不安排残疾人就业又不缴纳残疾人就业保障金的用人单位，各级财政、地税、残联部门可依据相关法律法规，采取责令限期改正、公开通报、申请法院强制执行等措施。各地应将用人单位是否履行按比例安排残疾人就业义务纳入各类先进单位评选标准，从2016年起对于不履行义务的用人单位，不能参评先进单位，其主要负责同志不能参评先进个人。

三、工作综述

2014年，吉林省残联深入贯彻落实党的十八届三中全会、吉林省委十届三次全会和中国残联六代会精神，按照吉林省委、省政府和中国残联的部署，以实现残疾人和全省人民同步小康为总目标，将残疾人工作纳入政府工作大局，深入实施特困群体救助工程和各项扶残助残项目，积极开展"基础管理建设年"活动，不断加强各项基础性工作，切实加强和改进工作作风，使残疾人民生得到进一步改善，残疾人事业得到进一步发展。

（一）残疾人工作纳入社会发展大局，政府主导作用得到进一步强化

吉林省委、省政府切实把残疾人工作纳入重要议事日程，融入省委、省政府工作的整体布局中，党委领导、政府负责的残疾人工作领导体制得到进一步完善。吉林省委十届三次全会确定了深化改革的各项任务，其中明确了健全残疾人保障制度的任务。2014年，吉林省残联牵头组织做好落实工作，会同有关部门制定了《吉林省健全残疾人权益保障制度工作实施方案》，确定了13个方面的重点工作任务。通过完善政策措施，抓试点，鼓励地方实践等方式，加快各项任务落实，推动了残疾人权益保障制度建设。年初，吉林省政府残工委全体会议确定了2014年的19项重点任务，吉林省政府副省长、省政府残工委主任隋忠诚对工作进行了部署。各成员单位结合各自职责积极推动落实，各项工作取得了较好成效。吉林省委、省政府出台了《关于实施特困群体救助工程的意见》，对残疾人的教育、扶贫、就业、康复以及无障碍建设等都提出了明确要求。吉林省政府将残疾人工作纳入年度重点工作，实行目标责任制，整体推动。吉林省政府再次将残疾人工作纳入15项民生工程的42件民生事实，内容由上年的3项增加到9项，使更多残疾人得到实惠。延边州委、州政府督查室对全州贯彻落实《关于促进残疾人事业发展的实施意见》进行了专项督查，并以此为契机，促进了珲春市、图们市、安图县落实对贫困重症残疾人发放居家护理补贴的政策。

（二）按照"惠民生"的要求，实施各类助残工程（项目），为残疾人服务的水平不断提高

贯彻国家《关于做好政府购买残疾人服务试点工作的意见》、中国残联《政府购买残疾人服务试点工作实施方案》，以吉林省贯彻落实国家指导意见为契机，在《吉林省人民政府办公厅关于政府向社会力量购买服务的实施意见》（吉政办发〔2014〕6号）中，将九方面残疾人服务事项纳入第一批指导性目录，为改善残疾人服务打下了基础。

大力推动社区康复和农村残疾人康复服务体系建设工作，认真组织实施各项康复救助项目。2014年共为43.5万人（次）残疾人提供康复服务，为残疾人配发辅助器具和康复训练器材15万件。为2165名残疾儿童提供康复救助，为听力障碍儿童提供助听器220台、人工耳蜗设备108套，并免费实施植入手术，培训残疾儿童家长4150名。为2560名贫困重性精神病患者提供免费住院服务，并为1.58万名精神病患者提供免费药品。为1.5万例白内障患者实施复明手术。为60个县（市、区）各配发1台流动康复服务车。吉林省农村残疾人康复服务体系建设取得了较好成效，进一步完善了县、乡、村残疾人康复组织管理网络，形成了良好的工作运行机制，残疾人基本情况和康复需求调查、残疾人康复服务队伍培训、残疾人家庭康复服务指导、残疾人康复知识和政策宣传等方面工作全面有序开展。

贯彻落实中组部等七部门《关于促进残疾人按比例就业的意见》（残联发〔2013〕11号），吉林省残联联合吉林省委组织部等部门制定下发了《吉林省关于促进残疾人按比例就业的实施意见》。积极指导各地依托残疾人创业就业工程项目，通过落实优惠政策、加大就业援助力度等方式，帮助8584名城镇残疾人实现创业就业，培训残疾人3.5万人（次）。吉林省残联配合吉林省就业局共同起草了《关于做好2014年全省残疾人公益性岗位开发工作的通知》，明确了2014年1500个残疾人公益岗位由政府和用人单位共同出资购买和开发。

（三）按照"兜住底"的要求，落实各项扶残政策，扶贫和社会保障工作稳步提升

贯彻落实《农村残疾人扶贫开发纲要（2011—2020年）》，将残疾人扶贫工作纳入当地政府扶贫规划，切实将各项工作落到实处。2014年，吉林省新建各级残疾人扶贫基地70个，直接安置772名残疾人就业，辐射带动1981名贫困残疾人发展生产。指导基层残联做好贫困残疾人危改对象的选择、房屋改造验收和数据录入工作，共有1100余户贫困残疾危房户搬入新居。开展农村残疾人实用技术培训工作，指导各地将实用技术培训与"带传培训工程"紧密结合，培训5400名残疾人。

积极开展建立贫困残疾人生活补贴、重度残疾人护理补贴等专项保障制度的调研工作，并在部分地市、县

开展试点先行，为下一步推动建立制度奠定了基础。吉林省22.5万名残疾人纳入低保，并有5.9万人享受了高标准补助，4.6万名残疾人得到特困人员供养、临时救助和其他专项救助。已有20.6万名残疾人参加城乡居民基本养老保险，其中5.4万名重度残疾人由财政全部代缴养老保险费，5.3万名残疾人按月领取养老保险金。共为662户贫困残疾人家庭进行了无障碍改造。为14700名残疾人发放燃油补贴。

组织开展《吉林省无障碍环境建设办法》调研论证工作，并将其纳入吉林省人大立法计划。积极发挥残疾人法律救助工作协调领导小组的作用，主动开展残疾人法律救助工作，吉林省大部分市（州）成立了残疾人法律救助工作站。2014年各级残联接访残疾人达到5860多人（次），在维护残疾人合法权益、促进社会和谐稳定等方面发挥了积极作用。

（四）按照"全面发展"的要求，促进残疾人平等参与社会生活，残疾人事业发展环境得到改善

继续将残疾人宣传工作纳入吉林省宣传工作大局，不断加大宣传力度，达到了预期效果。积极策划全国助残日、自强与助残表彰、吉林省残联成立25周年等主题宣传活动，省级以上新闻媒体播发残疾人事业稿件700多篇。长春市打破项目指标化的限制，将惠残项目及救助标准通过媒体向社会公开，有效实现了残疾人工作由被动式寻找向主动式要求的转变。各地区通过播发公益广告等方式，宣传残疾人事业。

吉林省共建设残疾人文化体育健身活动示范点140个，残疾人文化创业示范点50个。吉林市成立了残疾人文学艺术联合会。吉林省42个县级公共图书馆全部建立盲人图书阅览室。继续开展残疾人文化周、残疾人自强健身工程等活动，2014年组织送戏下乡、文化进社区、百家图书馆（博物馆）文化助残公益行动等文化助残公益活动100余场，受到广大残疾人欢迎。组队参加国家多项体育赛事，取得5金7银6铜的好成绩。

志愿助残工作不断深入，开展了志愿助残阳光行动、志愿助残主题日等活动，帮助3万多名残疾人。成功进行了吉林省第三次自强与助残表彰工作，省委、省政府、省人大、省政协的主要领导同志亲切接见了受表彰的代表并合影留念。

（五）按照"抓落实"的要求，大力开展自身建设，残疾人事业发展基础得到进一步夯实

以落实中国残联开展的"基础管理建设年"活动为契机，不断加强残疾人事业各项基础工作。按计划完成了持证残疾人筛查工作，正在组织开展持证残疾人情况及需求调查、残联组织和助残组织情况调查等工作。吉林省残疾人事业统计工作、残疾人状况监测工作继续排在全国前列。

深入落实党的群众路线教育实践活动整改和建章立制工作，机关作风持续改善。以"五权"工作为重点建立健全权力制约和监督体系，全面推动吉林省残联党风廉政建设。在吉林省残联机关实施"强基建功六个一工程"等，机关服务能力得到加强。吉林省共发放残疾人证68.08万个，发证率为35.7%。省及各级残疾人专门协会工作进一步活跃。

全面启动吉林省残疾人人口数据信息平台建设工作。组织完成吉林省残联网站无障碍改造。完成了吉林省残疾人职业学校一期的改造工作，并投入使用，吉林省级残疾人康复服务机构辐射带动功能得到进一步发挥。贯彻落实吉林省行政事业单位内部控制规范，根据吉林省陆续出台的会议（培训）、差旅、专项资金等管理办法，分工协作，编制《内控手册》。组织开展年度内审工作，完成了廉洁专项检查工作。按要求进行了预算和"三公经费"信息公开工作。

四、大事记

1月16日，省委书记王儒林到松原市前郭县和乾安县，看望慰问受灾群众、抗震救灾一线工作人员和低保户、零就业家庭、困难党员、农村"五保户"、残疾人家庭等困难群众，省残联理事长盛大成陪同走访慰问并介绍了全省残疾人工作情况。

1月16日，省长巴音朝鲁到吉林市走访慰问灾区群众、困难党员、老党员、农村"五保户"、低保户、残疾人家庭等。省残联副理事长潘宏峰陪同走访慰问，并介绍了全省残疾人工作情况。

1月28日，副省长隋忠诚在长春市走访慰问贫困残疾人和残疾人就业单位。省残联理事长盛大成、副理事长韩俊华陪同走访。

2月22日，吉林省政府印发《吉林省人民政府关于2014年民生实事的安排意见》（吉政发〔2014〕4号），确定在2014年重点抓好十五项民生工程，具体做好四十二项民生实事。在特困群体救助工程中，提出"实施残疾人社会保障和服务体系建设。为25万人（次）残疾人提供康复训练和服务，免费配发15万件康复器材和辅助器具，为60个县（市、区）各配发1台流动康复服务车；为2000名残疾儿童实施抢救性康复救助，培训3000名残疾儿童家长；帮助7000名以上城镇残疾人实现创业就业，开发1500个公益性岗位专门安排残疾人就业，培训残疾人3万名以上"的任务。此外，在城市畅通工程、城乡居民文化工程等的具体民生实事中也直接涉及残疾人无障碍、残疾人文化等工作的内容。

3月10日，2014年吉林省政府残工委召开全体会议，确定了2014年吉林省政府残工委重点工作任务及分工等。吉林省政府副省长、省政府残工委主任隋忠诚强调，要充分认识残疾人的困难和发展残疾人事业的重要意义，抓住工作重点，加快推动残疾人事业发展，切实推动各项工作任务落实。吉林省政府残工委副主任、省残联理事长盛大成做了工作报告，回顾了2013年省政府残工委的工作，对2014年的工作做出安排；吉林省政府残工委副主任单位负责同志先后代表本部门发言，表示要认真履行残疾人工作职责，切实做好相关工作；会议还审议通过了修订后的《吉林省人民政府残疾人工作委员会议事规则》。吉林省政府残工委各成员单位的负责同志参加会议。各市（州）人民政府、长白山保护开发区和梅河口市、公主岭市政府分管残疾人工作的负责同志、残联理事长列席会议。吉林省政府副秘书长张凤春主持会议。

3月11日，2014年吉林省残联工作会议在长春举行。省残联理事长盛大成总结部署工作，省残联主席团各副主席出席会议，吉林省残联执行理事会理事、各市（州）、长白山保护开发区和各县（市、区）残联理事长参加会议。

3月14日，全国政协人口资源环境委副主任、吉林省残联名誉主席、吉林省残疾人福利基金会会长王国发拜访中国残疾人福利基金会，与中国残疾人福利基金会理事长汤小泉、中国残疾人福利基金会副理事长邢建绪亲切会谈。吉林省残联理事长盛大成、省残疾人福利基金会副会长赵焕起等参加会见。

3月25日，吉林省贫困地区儿童营养改善和新生儿疾病筛查项目启动暨培训会议在白城市召开。省卫生计生委副主任邱海亮、省残联副理事长潘宏峰等出席会议并讲话。会议同期启动了贫困地区新生儿疾病筛查补助项目和贫困地区儿童医疗保健人员培训项目，并对参会人员项目管理及相关技术进行培训。

3月27日，吉林日报刊登吉林省残联理事长盛大成署名文章《以改革创新精神推动全省残疾人事业快速发展》。

3月，吉林省就业工作联席会议对2013年度就业和农民工工作先进单位和先进工作者进行表彰，吉林省残联被授予"2013年度就业和农民工工作先进单位"称号。

4月1日，第七个世界孤独症日前夕，由孤独症群体出演的公益影片《起飞吧，纸飞机》在长春万达电影城重庆路店展映。这是吉林省第一部反映残疾人生活的电影。

4月10日，省残联理事长盛大成到领导干部联系点公主岭市进行残疾人工作调研，实地考察公主岭市的残疾人就业、教育、康复和基层组织建设等情况，与公主岭市残联机关干部进行座谈，研讨残疾人工作，并对公主岭市残联工作提出要求。调研期间，盛大成还与公主岭市委主要领导、公主岭市政府有关领导就残疾人权益维护、残疾人公益性就业岗位开发等工作交换了意见。

5月7—8日，省残联理事长盛大成先后到辽源市和通化市进行调研，实地考察残疾人工作开展情况，到残疾人服务机构和残疾人家庭进行走访，并与残疾人工作者进行座谈。调研期间，盛大成还先后与辽源市委书记吴兰、通化市委书记刘保威等领导同志就两地残疾人事业发展问题交换了意见。

5月6—14日，由中国残联、国家体育总局、中国残奥委员会、中国聋人体育协会主办，中国残疾人体育运动管理中心承办的全国残疾人田径锦标赛在中国残疾人体育运动管理中心举行。吉林省共选派22名残疾人参加了9个大项27个小项的比赛，共获得3金、5银、5铜。

5月12日，吉林省残联、吉林省财政厅、吉林省残疾人福利基金会在长春举办吉林省省级专项彩票公益金"助行圆梦"行动启动暨流动康复服务车发放仪式以及国家彩票公益金县级残联流动服务车项目、集善助残公益项目启动仪式，向九台市等6个县级残联代表发放了"助行圆梦"行动项目流动康复服务车钥匙，向梨树县等6个县级残联代表发放了国家彩票公益金县级残联流动服务车钥匙，向长春市等11个市州级残联代表发放"助行圆梦"行动项目配发康复器材和辅助器具任务牌，向长春大学特殊教育学院等16个单位发放集善助残公益项目捐赠牌。梅河口市残联代表3个项目的受益方就实施好项目做表态发言。全国政协人口资源环境委副主任、吉林省残联名誉主席、吉林省残疾人福利基金会会长王国发，吉林省政府副秘书长张凤春，吉林省残联、吉林省财政厅相关领导，以及各市（州）、长白山保护开发区、各县（市、区）残联副理事长、相关部门负责同志共100余人参加仪式。

5月15日，副省长、政府残疾人工作委员会主任隋忠诚和省残联理事长盛大成带队赴京参加第五次全国自强模范暨助残先进表彰大会。

5月16日，全国自强模范暨助残先进表彰大会在北京人民大会堂隆重召开。吉林省王琦、杜顺、吕言、王相刚等4名优秀残疾人荣获"全国自强模范"称号；吉林神华集团有限公司、松原市二马泡有机农业开发有限公司、白城中心医院、长春心语志愿者协会等荣获"全国助残先进集体"称号；胡艳苹、吴基哲荣获"全国助残先进个人"称号；白山市浑江区残联、四平市铁西区站前街道中兴社区、通化市残疾人康复中心荣获"残疾人之家"称号；通榆县育才社区残疾人协会专职委员冯艳荣获"全国残联系统先进工作者"称号。全体与会代表受到党和国家领导人的接见。

5月29日，吉林省人民政府残疾人工作委员会在长春组织了吉林省第五次全国自强模范与助残先进典型事迹首场报告会。吉林省出席第五次全国自强模范暨助残先进表彰大会的"全国自强模范"代表、沈阳军区长春干休所军医王琦，"全国助残先进集体"代表、长春心语志愿者协会会长于海波，"全国助残先进个人"代表、九台市善满家园创办人胡艳苹、"残疾人之家"代表白山市浑江区残联理事长王洪民先后做了报告。吉林省政府残疾人工作委员会副主任、省残联理事长盛大成主持报告会并讲话。吉林省政府残疾人工作委员会各成员单位代表、部分残疾人及助残志愿者代表参加了报告会。

6月4日，省委书记王儒林主持召开吉林省委常委会议，讨论并通过了《中共吉林省委吉林省人民政府关于实施特困群体救助工程的意见》。《意见》对提高残疾人康复服务水平、提高无障碍设施建设水平提出明确要求。

6月17—27日，由中国残疾人联合会、国家体育总局主办，吉林省残疾人联合会、吉林省体育局承办的2014年全国聋人足球锦标赛暨中华人民共和国第九届残疾人运动会暨第六届特殊奥林匹克运动会聋人足球预赛在长春举行。中国残联副理事长王梅梅，吉林省政府副秘书长张凤春，吉林省残联、吉林省体育局等领导出席了开赛仪式。

6月19—20日，中国残联副理事长王梅梅到吉林省考察残疾人工作，副省长隋忠诚在长春会见王梅梅一行。在吉林考察期间，王梅梅先后深入到梅河口市一座营镇、莲花社区和长春市南关区新春街道和平社区，实地了解县级残联流动服务车项目运行和残疾人群众性体育等工作情况，并专程前往全省综合性残疾人康复机构——吉林省残疾人康复中心和民办公助的残疾人托养机构——长春市安宁医院进行考察。

6月24日，中国残联副理事长程凯一行到吉林省调研残疾人就业服务与残疾人职业教育工作。中国残联教育就业部副主任解宏德及中国残联就业服务指导中心相关同志参加调研。副省长隋忠诚会见程凯一行，并对中国残联多年来给予的支持表示感谢。程凯对吉林省的残疾人教育、就业、扶贫等工作给予充分肯定。双方就加快吉林省残疾人事业发展进行了深入的交流。

7月3—11日，吉林省残联组织3个督察工作组，赴吉林省各市（州）、长白山保护开发区、梅河口市、公主岭市进行了实地督查。督查期间，各督查组采取听取工作汇报、召开座谈会、检查档案材料、实地考察等方式，重点检查了各地残工委贯彻落实吉林省政府残工委工作会议精神情况、残疾人维权、康复、教育、就业、宣传文化、体育、组织建设、计财工作。

7月10日，吉林省"明门慈善基金·儿童启明行动"项目在吉林省人民医院启动。该项目将在吉林省人民医院免费为全省白内障患儿实施复明手术110例，使省内符合手术条件的0—10岁患儿都能得到及时的手术治疗。中国残疾人福利基金会理事长汤小泉，全国政协人口资源环境委副主任、吉林省残联名誉主席、吉林省残疾人福利基金会会长王国发，明门实业股份有限公司、吉林省残联、吉林省卫生计生委等领导和捐资人出席了启动仪式。

8月8日，吉林省第三次自强模范暨助残先进表彰大会在长春召开。吉林省委书记王儒林，吉林省长巴音朝鲁，吉林省政协主席黄燕明，全国政协人口资源环境委员会副主任、吉林省残联名誉主席王国发，吉林省委副书记竺延风，吉林省委常委、省委秘书长房俐，吉林省委常委、宣传部长庄严，吉林省人大常委会党组书记、副主任荀凤栖，吉林省政府副省长隋忠诚等省领导亲切接见了受表彰的自强模范和助残先进代表。竺延风代表吉林省委、省政府，对受到表彰的全省自强模范和助残先进代表表示祝贺。大会授予张久丽等30名同志"全省残疾人自强模范"称号，授予吉林省援通科技有限公司等30家单位"全省助残先进集体"称号，授予刘海涵等30名同志"全省助残先进个人"称号，授予长春市残疾人培训就业中心等30家单位"残疾人之家"称号，授予吴琳等45名同志"全省残联系统先进工作者"称号。自强模范代表郎小明、聂继峰和助残先进个人代表刘海涵分别发言。隋忠诚主持会议，吉林省政府秘书长李福春参加接见活动，吉林省政府残工委成员单位负责同志，吉林省各市（州）、长白山管委会、吉林省扩权强县改革试点市残工委负责同志参加会议。

8月10—16日，由辽宁、黑龙江、内蒙古三省区残联、扶贫办组成的督导检查组代表中国残联、国务院扶贫办对吉林省执行《农村残疾人扶贫开发纲要（2011—2020年）》情况进行了督导检查。督查组先后深入到白城的镇赉县、大安市，松原的前郭县、长岭县。督查组认为，吉林省在执行《农村残疾人扶贫开发纲要（2011—2020年）》过程中，加强领导、统筹规划、重点保障、扎实推进，残疾人家庭收入普遍提高，生活状况明显改善，对残疾人同步小康起到了积极的推进作用。

9月5—9日，吉林省残联借助东北亚国际商品展平台，举办主题为"搭建展销平台，促进创业就业"的2014吉林省残疾人就业创业产品展销活动。展销活动集中展示了吉林省各地优秀残疾人和残疾人创办企业自行设计、制作的优秀作品、产品。

9月25—26日，2014年中国技能大赛吉林省残疾人职业技能竞赛在吉林市举办。此次竞赛是吉林省成功举办的第五届残疾人职业技能竞赛。竞赛突出展示了近年来全省残疾人职业技能培训工作的成果，展示了全省残疾人"自尊、自信、自强、自立"的精神风貌。此次竞赛规模大、范围广，共有280多名残疾人选手参加了5大类23个项目的角逐。

10月15日，吉林省残疾人联合会新版无障碍门户网站开通。

10月21日，在韩国仁川举行的亚残运会标枪比赛中，吉林省残疾人选手付彦龙以49.90米的优异成绩，力压群雄摘得桂冠，并打破亚残运会记录。

10月23日，吉林省委组织部、吉林省编办、吉林省财政厅、吉林省人社厅、吉林省国资委、吉林省地税局、吉林省公务员局及吉林省残联等八部门联合下发《关于促进按比例安排残疾人就业的实施意见》，旨在贯彻落实中共中央、国务院关于"党政机关、事业单位及国有企业要带头安置残疾人"的要求，增强残疾人按比例就业政策的规范性和可操作性，进一步促进各类用人单位按比例安排残疾人就业。

11月3—4日，中国残联副主席吕世明一行到吉林省进行调研，并与吉林省省委常委、组织部长齐玉就加强残联组织和干部队伍建设等工作交换意见。吉林省政府副省长隋忠诚会见了吕世明一行，双方还就发挥残联组织综合协调职能、推进残疾人同步小康、建立残疾人社会保障制度及做好残疾人需求专项调查等工作交换了意见。在吉林调研期间，吕世明听取了吉林省残联关于残联组织建设、残疾人需求专项调查和残疾人信访维权等方面的工作汇报，对吉林省工作给予肯定，并希望吉林省继续做好残疾人各项工作，努力取得新的成绩。中国残联组联部主任曹跃进、吉林省残联理事长盛大成等陪同调研并出席相关会见活动。

11月27—28日，中国残疾人福利基金会工作研讨会在北京召开，吉林省残疾人福利基金会会长王国发、理事长潘宏峰参加会议。王国发荣获中国残疾人福利基金会颁发的"集善荣誉奖"，吉林省残疾人福利基金会荣获中国残疾人福利基金2014年"集善工程最具执行力奖"。

附 录

以改革创新精神推动全省残疾人事业快速发展

吉林省残疾人联合会党组书记、理事长 盛大成

《吉林日报》 2014年3月27日

党的十八届三中全会对全面深化改革做出了重大决定。省委、省政府对我省深化改革做出了全面部署。去年召开的中国残联第六次代表大会，对在新的起点上，做好"托住底、补短板"工作，实现"残疾人同步小康"目标，以改革创新精神推进中国特色残疾人事业加快发展做了全面部署。做好新时期残疾人工作，必须找准位置，围绕残疾人和全省人民同步实现小康的目标，以改革创新为动力，进一步完善残疾人工作体制机制，夯实工作基础。加快推进残疾人社会保障体系和服务体系建设，努力提高残疾人保障水平。深入实施特困群体救助工程和各项扶残助残项目，扩大残疾人服务供给。

找准残疾人工作在全省改革和发展大局中的位置。省委提出着力推动创新发展、统筹发展、绿色发展、开放发展、安全发展等"五大发展"，涵盖了经济社会发展的各个方面，是一个有机整体。按照改善民生是一切工作的出发点和落脚点的要求，提出实施包括特困群体救助工程在内的"十五大民生工程"，要求通过政策倾斜和资金投入，加大对特困群体的帮扶救助力度。省委全面深化改革的重点任务中，提出了"健全残疾人权益保障制度"的要求，明确了在改革大盘子中残疾人工作的位置。省政府确定的年度重点工作中，有两项是残疾人工作。在省政府确定的42项民生实事中有多项是改善残疾人民生的。各级残联要围绕全局谋发展，紧紧抓住各级党委、政府部署安排深化改革的机会，及时做好"纳入"工作。同步将残疾人工作纳入地方党委全面深化改革实施方案，将残疾人民生实事纳入地方政府民生工程，细化落实措施，切实发挥高端引领、整体带动的作用，促进新时期残疾人事业加快发展。

找准残疾人小康在全面小康社会进程中的位置。张高丽在中国残联第六次代表大会上提出"努力实现残疾人与全国人民同步小康，让残疾人生活得更有尊严、更加殷实、更加幸福"。邓朴方说，没有残疾人的小康不是真正意义上的小康，全面奔小康就是不完整的。国家正在制定《关于加快推进残疾人同步小康的意见》。这个文件将是继中央7号文件之后的又一个重要文件。国家提出要把残疾人同步小康纳入各地全面建成小康社会的总体规划，纳入各级党委、政府重要议事日程。我们要结合本地实际，积极推动残疾人同步小康的各项工

作，一步一个脚印地把惠及残疾人的福祉、把各项服务做到残疾人身边，到2020年实现残疾人与全国人民同步小康。"同步小康"要与当地的小康进程相适应，不能简单地做跨区域横向对比。

找准在市场导向下为残疾人提供服务的位置。在全面深化改革的背景下，市场在资源配置中的决定性作用正在逐渐显现。中央转移支付方式将改变以往的条块分割，不再横向对应行业需求，而是统筹砍块下拨地方。这部分行业资源必然融入市场调节配置之中。这也就给残疾人服务和残疾人事业资金投入带来新的情况。国务院办公厅《关于做好政府向社会力量购买服务的指导意见》中，明确将残疾人服务作为政府购买服务的重点内容。中国残联会同有关部委，即将推出《关于做好政府向社会力量购买残疾人服务试点工作的意见》，把市场机制引入到残疾人服务之中。我们要充分认识到，政府购买服务是转变政府职能，推动政企、政事、政社分开，创新公共服务提供方式，加快服务业发展的重要途径。推进政府购买残疾人服务，通过政策撬动、示范带动、政府推动、市场拉动，发挥政府资金的放大效应，促进残疾人公共服务资源优化配置，努力为残疾人提供优质高效的基本公共服务。推行政府购买服务，把为残疾人服务的蛋糕做大，是残疾人的福音。同时抓好试点，分好蛋糕，对于残联组织、残疾人服务机构来讲也是一个考验。在新的格局下，与残疾人服务相关的政府民生保障项目逐渐增多，与残疾人服务相关的社会组织快速发育，与残疾人需求相关的市场主体快步成长，相关部门服务残疾人的项目、设施投入也在稳步增多，与残联组织一道构成残疾人服务体系和供给体系。各级残联组织是政府购买残疾人服务的推动者和实施主体之一。残联的直属事业单位，作为服务机构则是政府购买残疾人服务的承接主体之一、竞争主体之一。只要是有利于残疾人获得更多更好的服务，残联就要积极推动。

找准残联组织在残疾人工作机制运行中的位置。残联组织作为人民团体，是党和政府联系残疾人的桥梁和纽带。作为代表组织，我们既要站在残疾人的立场，反映残疾人的诉求，维护残疾人的权益，积极为残疾人服务，还要向残疾人宣传党和政府的方针政策，团结教育残疾人共同为实现中国梦奋斗。通过多年的实践，我们已经形成了"党委领导、政府负责、社会参与、残联组织充分发挥作用"的残疾人工作领导体制和工作机制。就残疾人工作而言，残联就是综合部门。作为残工委的办事机构，残联要发挥综合协调职能，与残工委成员单位密切沟通，统筹安排各项工作。要明确目标，明确任务，明确责任，明确时限。各级残联要找准作为政府残工委办事机构的位置，依靠政府，协调调动各相关部门，广泛动员社会，不断拓展工作舞台和空间。

（王忠研供稿）

黑龙江省残疾人事业和残疾人工作

一、领导批示与讲话

副省长、省政府残工委主任孙永波在省残联《关于报送2013年工作情况和2014年工作安排的报告》上的批示　2014年1月17日

省残联（残工委）去年的工作有特色、有亮点、有新气象。在马年即将到来之际，特向你们及全省广大残疾人工作者和广大残疾人朋友祝贺新春快乐！并道一声：同志们辛苦了！在新的一年里，希望省残联（残工委）在抓全面工作的同时，盯牢抓实重点工作、重点项目，确保完成全年工作目标任务。

副省长、省政府残工委主任孙永波在省政府残工委全体会议上的讲话　2014年5月15日

多年来，省政府残工委各位同志为残疾人事业发展做出了积极贡献，但是，大家共同实地考察残疾人工作成效，感受残疾人事业发展的成果，机会不是很多。刚才，实地参观了省残联命名的"残疾人就业基地"——永和乡蔬菜种植基地，我感到很受启发，探索"扶贫、创业、培训"三位一体的助残模式，是一

个很好的思路，宾县永和乡的这些经验和做法也很具有典型性，值得学习和推广。

第一，牢牢把握共同发展主题，充分认清做好残疾人工作的重要意义。残疾人事业是中国特色社会主义事业的重要组成部分，实现残疾人事业与全社会共同发展进步，是残疾人工作永恒的主题。做好残疾人工作，推动残疾人事业发展是实现"中国梦"的应有之义。残疾人虽然是弱势群体，但同样有追逐梦想、实现梦想的权利。而党和政府有责任，也有义务帮助残疾人实现自己的"中国梦"。今年，省政府将3000例残疾儿童抢救性康复、9.8万名贫困重度残疾人护理补贴和残疾人康复中心建设纳入到省政府年内必须完成的34件民生实事之中，这些都是改善残疾人生活质量，提升残疾人幸福指数的实际举措。各级政府和各有关部门要把好事办好，抓紧出台相关政策，用实实在在的助残行动为残疾人朋友实现"中国梦"助力加油。做好残疾人工作，推动残疾人事业发展是实现"奔小康"的重要前提。帮助广大残疾人实现"同步小康"是中国残联"六代会"的鲜明主题，也是当前和今后一个时期残疾人工作的主要任务。残疾人群体在小康社会建设中既是重点，又是难点。说重点，是因为残疾人及其家属代表了社会群体的一个重要方面，数量较大，诉求也较多；说难点，是因为受就业能力弱、康复医疗负担重等多重因素影响，残疾人家庭生活普遍较为困难，需要格外关心，需要特别帮助。我们要始终清醒地认识到，没有全省220万残疾人朋友的小康社会，就不是完整意义上的小康社会。因此，要加快推进残疾人民生的发展，促进公共资源向基层延伸、向农村残疾人覆盖、向困难残疾人倾斜，不断增进残疾人福祉，共同奔小康。做好残疾人工作，推动残疾人事业发展是巩固"生命线"的必然要求。群众路线是党和政府的"生命线"，离开了群众，党和政府就会失去根基、失去血脉、失去力量。我们要牢记习近平总书记关于"群众路线教育实践活动永远在路上"的要求，无论群众路线教育活动开展到什么阶段，都要切实把做好残疾人工作，特别是残疾人民生工作作为践行群众路线的重要内容，作为工作作风转变的重要标志，以残疾人生活水平的改善、生命质量的提高，作为教育实践活动的重要成果。要深入残疾群众家庭，倾听残疾人利益诉求，帮助残疾人解决实际困难，让残疾人切切实实感受到党和政府以及社会各界的温暖，让他们在社会主义大家庭中与健全人一样有尊严、有价值地幸福生活。

第二，紧紧围绕小康社会目标，努力推进残疾人事业创新发展。中国残联第六次代表大会描绘了残疾人同步小康的宏伟蓝图，省残联第六次代表大会针对我省的工作做出了详细部署，我们要紧紧围绕同步小康这个目标，努力推进我省残疾人事业实现新发展。要认真贯彻落实党中央、国务院和省委、省政府一系列重要决策部署。党的十八大报告明确指出，要"健全残疾人社会保障和服务体系，切实保障残疾人权益"；中央《关于全面深化改革若干重大问题的决定》对"健全残疾人权益保障制度"提出了具体要求，这必将有力促进残疾人"两个体系"建设的深入发展。省委十一届四次全会也从改革创新的角度，对改善残疾人民生、保障残疾人权益工作做出了重要部署。今年的省政府工作报告更是前所未有地将3件惠及残疾人的重要工作纳入了民生实事，占全部34件民生实事总数的近十分之一。这些都充分体现了党中央、国务院和省委、省政府对残疾人事业的高度重视，我们要将这些决策部署坚决落实为具体的工作举措，全部转化为实际的工作成果，全面提升我省残疾人事业发展水平，不辜负领导的重托，不辜负全省残疾人及其家属的期盼。要突出抓好省政府工作报告确定的民生实事。政府工作报告确定的民生实事，是省政府向全省人民做出的庄严而神圣的承诺。按时限、高质量地完成这些实事项目，也是政府各有关部门的共同职责。具体来讲，财政、民政、卫生计生等部门要积极协助残疾人工作机构对重度残疾人实行救助发放生活护理补贴工作，并实施3000例残疾儿童抢救性康复工作；省发改委、财政厅、卫生计生委、编办和哈尔滨市政府则要重点协助省残联加快推进省残疾人康复中心建设。前期，各有关部门和哈尔滨市政府做出了积极努力，给予了大力支持，在各项手续办理上取得了明显进展。目前，最大的阻力仍然来自征地工作。前几天，陆省长在省政府督查室的报告上针对康复中心建设征地难问题专门批示：必须解决。必要时用司法程序。从批示中可以看到，省政府落实民生实事的决心是不容置疑的。希望哈尔滨市政府和省直各有关部门站在讲政治、顾大局的高度，加大攻坚力度，圆满完成政府工作报告中提出的残疾人民生实事项目，向人民群众交上一份满意的答卷。要加快推进残疾人同步小康进程。未来6年，是全面建成小康社会、加快推进残疾人同步小康进程的关键时期。各级政府和相关部门面临的工作和任务依然较重。一是要全心全意为残疾人服务。残疾人承受着常人难以想象的困难和痛苦，是最需要帮助的人。我们要坚持人道主义情怀，把全心全意为残疾人服务当作应尽的义务和责任。动员社会各方面力量，统筹各方面资金，关心帮助残疾人和他们的家庭，把每个残疾人个体的工作做好，认真解决每一个残疾人的困难和问题。二是要尽心尽力做好管理工作。要以开展残联系统"基础管理建设年"活动为契机，全面梳理近年来有关残疾人事业发展的一系列政策规定，该完善的完善，该改进的改进，空白的要建立，过时的要修订，切实将残疾人工作纳入规范化、法制化、科学化的管理轨道。三是要千方百计为残疾人事业多办具体实事。喊破嗓子，不如干出样子。我们会前参观的蔬菜基地，就是一个很好的例子。事实证明，只要我们立足实际，盯住问题，开动脑筋，真抓实干，就能够克服困难，探索出扶残助残的新路。

第三，充分发挥资源整合优势，真正形成推动残疾人事业发展的强大合力。坚持"党委领导、政府负责、社会参与、残联组织充分发挥作用"是在长期的残疾人工作实践中总结出来的宝贵经验。说到底，还是一个资源整合的问题，要将领导资源、行政资源、社会资源、组织资源等有效整合起来，才能发挥出最大的力量。一是要不断完善残疾人工作体制机制。要突出强化党委领导、政府负责的残疾人工作领导体制，将残疾人事业纳入经济社会发展大局，做好总体规划，建立稳定增长的投入保障机制。要创新工作机制，推行政府购买社会组织助残服务，推动形成政府主导、社会参与、公办民办并举的残疾人事业发展模式。残联组织作为人民团体，同时也肩负着政府残工委办公室的重要职责，这是一种体制优势。因此，残联组织要充分发挥牵头作用，统筹各方资源，发挥社会活动优势，动员全社会力量为残疾人服务。二是要形成齐抓共管的工作合力。残工委各成员单位要把残疾人工作纳入本部门年度工作计划，各负其责，密切配合，形成合力。各级残联组织要全面推进基层残疾人组织规范化建设，努力形成机构健全规范、队伍稳定实干、服务功能完善的工作网络。要充分调动社会力量参与支持残疾人事业的积极性、主动性，倡导助残志愿服务，鼓励各类社会组织和市场主体参与发展残疾人服务业，进一步形成全社会关心爱护残疾人、支持残疾人事业发展的良好氛围。三是要强化沟通协调力度。省政府残工委作为一个议事协调机构，必须履行好沟通协调的职能。要定期组织召开残工委成员或联络员会议，分析研究当前残疾人工作中面临的问题，听取各成员单位的意见建议，研究解决残疾人事业发展中的重大问题。残工委办公室要加强与各成员单位的联系，每一项工作都要多做"事前"沟通，加强"事中"协作，做好"事后"总结，把残工委这个平台建设好，利用好，推动残疾人事业不断取得新的发展。

省残联党组书记、理事长何玉华在省政府残工委全体会议上的报告　2014年5月15日

一、省残联六代会以来工作主要情况

一是党委政府对残疾人事业发展更加重视。首次将省残联换届工作列入省委常委会议题，王宪魁书记、陆昊省长出席省残联第六次代表大会，省委副书记陈润儿代表省委做重要讲话，永波副省长全程参会并就全省残疾人事业发展提出明确要求。省政府在今年的工作报告中，将"对重度残疾人实行救助，对9.8万贫困且生活不能完全自理的重度残疾人每月给予不低于100元的护理补贴。实施3000例残疾儿童抢救性康复。加快推进省残疾人康复中心工程建设"。三项惠残实事列入省政府34件民生实事之中。二是残工委成员单位作用发挥明显。残工委成员单位及时研究解决重大问题，统筹协调有关促进残疾人事业发展的方针、政策。各有关部门真抓实干，不断强化服务意识，提升为残疾人服务的能力。三是残疾人事业发展纲要年度任务顺利完成。社会保障覆盖范围不断提高；就业工作得到大幅度加强；康复服务质量全面提升；文化体育取得长足进步；残疾人权益保障切实加强；理论研究和信息化水平不断提升。四是组织和队伍建设实现新发展。五是群众路线教育实践活动扎实开展。制定和修订残联工作制度和措施25项，整改解决残疾人反映突出问题12件。同时，为进一步解决制约我省残疾人事业发展的实际问题，经省政府同意，在省财政厅的大力支持下，于2013年10月开展了全省残疾人底数及需求调查工作，为省委、省政府制定残疾人事业发展决策提供翔实、可靠的依据，促进我省残疾人事业全面发展。

二、2014年工作安排

一是深入贯彻中央和省委、省政府的决策部署，加快推进残疾人同步实现小康进程。二是盯准民生实事，切实把残疾人特惠政策落实到位。三是完善康复服务，全面实施残疾儿童抢救性康复。四是创新就业模式，夯实残疾人教育就业基础。五是活跃宣传文体工作，营造浓厚助残氛围。六是加强残联组织和人才队伍建设，提升服务能力。七是巩固群教活动成果，持之以恒地加强残联系统作风建设。

副省长、省政府残工委主任孙永波在《关于合作建设省残疾人康复中心的请示》上的批示　2014年8月1日

会龙副省长并陆昊省长，目前征地仍无取得突破性进展。用资源整合的办法完成残疾人康复中心的建设应是一种理性的选择。

副省长郝会龙在《关于合作建设省残疾人康复中心的请示》上的批示　2014年8月1日

同意此思路。如陆省长同意，可抓紧进行。

省长陆昊在《关于合作建设省残疾人康复中心的请示》上的批示   2014年8月4日

赞同会龙、永波同志意见。

二、政策法规文件

关于建立贫困重度残疾人护理补贴制度的通知   黑政办发〔2014〕24号

为切实改善我省残疾人生活状况，省政府决定在全省建立贫困重度残疾人护理补贴制度。经省政府同意，现将有关事项通知如下：

一、补贴对象

补贴对象须同时具备以下三个条件：

（一）具有黑龙江省户籍。

（二）持有第二代中华人民共和国残疾人证的一级视力、一级肢体、一、二级智力、一、二级精神残疾人，且信息已录入黑龙江省第二代中华人民共和国残疾人证管理系统基础信息数据库（以下简称数据库）。

（三）所在家庭为生活困难的低保、低收入家庭。

各地可根据当地经济社会发展水平和财力状况，适当扩大补贴对象的范围。

二、补贴标准及发放办法

贫困重度残疾人护理补贴标准按每人每月不低于100元执行。各地可根据情况，适当提高标准。2014年1月1日前录入数据库的符合条件的重度残疾人，自2014年1月1日起发放护理补贴；2014年1月1日后信息录入的，自录入次月起发放护理补贴。护理补贴实行社会化发放，由县级财政或残联通过银行、信用社等代理金融机构直接发放到本人。

三、补贴资金的筹集和管理

贫困重度残疾人护理补贴资金由市（地）、县（市）财政列入预算足额安排。补贴资金实行专项管理、专账核算、专款专用。各地应根据需要适当安排专项工作经费。

四、工作要求

（一）加强组织领导。各地要高度重视，并结合本地实际制定具体实施办法，认真组织实施。要坚持公开、公平、公正的原则，严格规范工作程序，做好补贴对象认定和补贴发放工作，确保不漏发、不错发。县级残联要依托数据库对补贴对象实行实名制动态管理。

（二）搞好政策衔接。各地要搞好贫困重度残疾人护理补贴制度与其他社会救助、福利政策的有效衔接。护理补贴不得重复享受，补贴对象享受多项护理补贴的，可按照其中最高补贴标准享受一项护理补贴。贫困重度残疾人护理补贴不计入家庭收入。

（三）加大宣传力度。各地要充分利用各类媒体广泛宣传发放贫困重度残疾人护理补贴的意义、范围、标准和程序，增加补贴对象认定和发放工作的透明度，扩大社会公众参与度，营造全社会共同关心支持残疾人事业的良好氛围。

（四）严格监督检查。各地要建立贫困重度残疾人护理补贴发放工作监督检查机制，对发放过程中出现的各类违法违纪问题，要依法依规严肃处理。各地可根据实际设立举报电话和举报受理平台，畅通监督渠道，自觉接受群众监督和舆论监督。

三、工作综述

2014年，在省委、省政府的正确领导和中国残联的具体指导下，在省委副书记陈润儿、省政府副省长孙永波的带领下，省残联认真贯彻落实党的十八大精神，以推进省委省政府确定的民生实事为重点，全面落实残疾人同步小康年度任务，较好地完成年初制定的各项任务目标。

（一）省委、省政府对残疾人事业发展关注度不断提升，惠残措施进一步凸显

省委、省政府高度重视残疾人工作，省长陆昊在《政府工作报告》中对涉及残疾人的重点民生工作进行部署。省委副书记陈润儿专门听取省残联工作汇报，就推进残疾人同步小康工作提出明确指示和要求，多次对残疾人工作进行批示。副省长、省政府残工委主任孙永波主持召开省政府残工委会议，布置任务，推进残疾人工作，并带领相关部门对省残疾人康复中心建设等重大问题进行督办落实。省委副秘书长高岩定期听取省残联工作汇报并结合省残联工作实际提出相关要求。省政府副秘书长王大为牵头帮助解决省残疾人康复中心组建的系列问题。在省委、省政府领导对残疾人事业的大力支持下，2014年省政府将"对重度残疾人实行救助，对9.8万名贫困且生活不能完全自理的重度残疾人每月给予不低于100元的护理补贴，实施3000例残疾儿童抢救性康复和加快推进省残疾人康复中心工程建设"三项惠残民生实事列入政府工作报告，为全省残疾人同步小康奠定了坚实的保障性制度基础。

（二）以加快推动残疾人同步小康进程为目标，惠残民生实事得到有效落实

省委、省政府将"对重度残疾人实行救助"等3

项惠残实事纳入省政府报告34件民生实事中，列为省政府重点工作督办内容，由相关部门积极配合推进落实。在此基础上，省残联党组成立重点工作推进领导小组，细化年度重点工作，形成解决残疾人同步小康进程中各种难点问题的工作合力，各市（地）重残护理补贴工作全面启动。截至2014年11月20日，3000例残疾儿童抢救性康复已全部完成；在省政府领导的协调支持下，省人社厅所属的省康复医院整体划转省残联，整合组建黑龙江省康复医院，并加挂省残疾人康复中心、省第五医院牌子。陆昊省长召集省人社厅、省财政厅召开专题会议并研究决定，公益性岗位上最困难群体中的残疾人工资每人每月提高100元，共计有6433名公益岗位残疾人因此受益。

（三）以宣传和推广各市（地）经验做法为牵引，切实发挥引领示范作用

大力扶持各市地特色残疾人工作，打造一地一特色、一城一亮点的区域性残疾人示范区，充分发挥辐射带动作用。哈尔滨市残联引入信息化就业理念，在全省残联系统率先开展了残疾人网络培训就业工作，1400余名残疾人参加了网络就业培训，其中1015名残疾人实现了基地集中就业或居家就业，在黑龙江省开创了以基地集中网络就业和居家网络就业相结合的就业新模式。齐齐哈尔市首推面向最基层残疾人康复服务的"三进乡村（社区）、三进家庭"活动，全市建立县（市）、区残疾人康复中心17个，乡镇（街道）、村（社区）康复示站（室）286个，家庭康复示范户320个。大庆市累计投资2.1亿元，总占地面积8.8公顷，建筑面积4.4万平方米的特殊教育中心正式投入使用，以满足残疾儿童少年基本康复教育需求为目标，不断完善特殊教育办学体制。绥化市与北林区泥河陶艺文化艺术有限公司联手举办泥河陶工艺品制作培训班，定向培养专业陶艺师，全年为近百名残疾人居家就业拓宽了渠道。七台河市残联积极探索残疾人定向实用、订单上岗、定位提升培训等就业创业培训的新途径，让残疾人学有所得、学有所成、学有所用，2014年参加定向培训的80名残疾人全部上岗。

（四）以残疾人"十二五"发展纲要和中残联工作要点为遵循，有力推动各项残疾人工作

一是康复工作成效明显，128个县（市、区）开展社区康复服务，共完成9211例白内障复明手术，为5126名贫困精神病人提供医疗救助，免费发放辅助器具6368件，培训社区康复协调员2774人等。二是特殊教育稳定推进，残疾儿童少年义务教育入学率保持在93%。三是配合扶贫部门做好残疾人扶贫对象建档立卡工作，全省有68383户贫困残疾人家庭纳入建档立卡范围。黑河市制定县一级残疾人优惠政策，拓展了服务残疾人的空间领域。四是扎实做好就业工作，截至2014年10月底，全省残疾就业人数为372811人，其中城镇残疾人实际在业129474人，农村残疾人就业243337人。双鸭山市宝清县建立两个基地，以培训残疾人"一技之长"为重点，推动残疾人就业，收效良好。五是成功举办"2014年中国技能大赛——第六届黑龙江省残疾人职业技能竞赛"，激发了广大残疾人学习技能、增强就业能力的热情。六是残疾人合法权益得到有效保障，2014年黑龙江省共向有需求的残疾人提供法律援助、法律服务817件（其中省本级32件），及时维护了残疾人的合法权益。七是深入开展残疾人文化体育工作，轮椅冰壶和越野滑雪团体接力在俄罗斯索契冬季残奥会分别取得第四名和第七名的历史最好成绩。

（五）以"基础管理建设年"活动为契机，科学化规范化管理水平不断提升

认真落实"基础管理建设年"工作要求，确保活动深入扎实有效。成立了以党组班子成员为领导架构，专人负责的基础管理建设年工作领导小组及办公室，并采取多种形式，将各项工作任务与活动有机结合。一是切实做好残疾人基本服务状况和需求专项调查工作。举办专项调查工作培训班，并通过班子成员分片负责的形式，强化专项调查工作督导落实力度，确保核查工作按时保质完成。二是完善制度，严格落实。召开表彰及严肃工作纪律大会，推动省残联25项规章制度落实，严厉整治作风建设中存在的"庸、懒、散"等问题，切实提高干部职工遵章守纪的自觉性。三是采取多种形式提升学习效果。采取实地调研和讨论交流等形式，深入基层集中开展学习。2014年共组织机关干部到省廉政教育基地和各市地集中学习5次，进一步强化残联机关干部的事业心责任感。四是强化目标考核，注重考核效果。建立省、市、县三级残疾人工作目标考核制度，突出年度工作重点，加强日常管理与定期检查，以政绩评价工作为导向，将考核结果与干部使用和政策、项目、资金的投放挂钩，切实将各级残联组织凝聚到干事创业的共同实践上来。五是畅通信息反馈渠道，及时调整工作安排。每月刊发省残疾人《信息摘报》，坚持召开月汇报会，对上月工作情况进行总结，听取下月工作谋划，实时掌握工作进展情况，推动工作有效落实。

四、大事记

1月，省残联、省人社厅联合开展就业援助月专项活动。援助月期间，全省共走访残疾人登记失业人员家庭10378户，对21940名残疾人进行求职登记，纳入实名制年度培训计划残疾人9484人，帮助残疾人失业人员登记并实现就业2326人。各市（地）共组织144场残疾人专场招聘会，其中社会用人单位按比例吸纳就业764人，帮助残疾人享受专项扶持政策人1700名。

1月10日，中国残联副主席吕世明就相关工作到黑龙江省调研。

1月19日，在省人大十二届三次会议上，省政府将"对重度残疾人实行救助，对9.8万贫困且生活不能完全自理的重度残疾人每月给予不低于100元的护理补贴；实施3000例残疾儿童抢救性康复；加快推进省残疾人康复中心工程建设"列为年内省政府34件民生实事。

2月，为深入贯彻落实党的十八大和十八届三中全会精神，进一步巩固党的群众路线教育实践活动成果，切实抓好建章立制这一关键环节，更好地为残疾人工作服务，省残联将涉及机关党建、政务、事务、财务和机关建设的25项规章制度下发机关各部室试行，要求认真学习贯彻，严格执行，切实形成按规定办事的制度氛围，为全面推进残疾人小康进程提供坚实的制度保障。

3月3日是第十五个爱耳宣传教育活动日，围绕活动主题"爱耳护耳，健康听力——预防从初级耳科保健做起"，全省各地广泛开展形式多样的活动，省残联联合哈医大二院举办了"龙江讲坛专题讲座"。

3月4日，省残联印发《关于2014年哈尔滨体育学院招收优秀残疾人运动员入学有关事项的通知》（黑残联函〔2014〕3号），哈尔滨体育学院在2014年招生工作中将招收优秀残疾人运动员入学纳入计划，解决了黑龙江省优秀残疾人运动员的就学需求。

3月8—17日，由黑龙江省运动员组成的国家轮椅冰壶队和越野滑雪队赴俄罗斯索契参加第十一届冬季残疾人奥林匹克运动会。中国轮椅冰壶队荣获第4名，取得参加冬季残奥会以来最好成绩。

3月10日，省残联转发了中国残联《关于开展"文化助残、共品书香"全国盲人阅读推广优秀单位和个人评选活动的通知》，并向中国残联推荐参评单位和读者。黑龙江省哈尔滨市南岗区盲人协会荣获"全国盲人阅读推广优秀单位"，呼兰区盲人裴娇健、伊春市盲人石成仁荣获"全国盲人阅读推广优秀盲人读者"。

3月10日，按照全国残联工作会议和省残联第六次代表大会精神要求，省残联提出了《2014年工作要点》，并对《2014年工作要点》逐项进行任务分解，明确牵头领导和责任单位、完成时限，推动各项重点任务的落实。

3月14日，省残联向各市地和省管县市残联印发了《关于对残联成立以来涉及残疾人相关政策法规等文件资料进行梳理的通知》，要求各地残联对本级和所属县市区涉及残疾人的文件政策法规资料等进行梳理。

3月28日，省残联印发《关于举办黑龙江省2012—2013年度残疾人事业好新闻评选活动的通知》（黑残联字〔2014〕3号），通过评选活动，全面展示了黑龙江省各新闻媒体2012年至2013年的优秀残疾人题材新闻作品。

4月8—10日，国家卫计委妇幼司和中国残联康复部联合调研组到牡丹江市就0—6岁儿童残疾筛查工作试点项目开展调研，调研组对牡丹江市开展儿童残疾预防工作给予充分肯定，同时对完善筛查流程提出相应的建议。

4月17日，重新调整省政府残工委组成人员，建立了联络员队伍，增加了一个成员单位省农委，省卫生厅和省计划生育委员会合并组建新的省卫生计生委，共有37个成员单位，并将新的省政府残工委组成人员名单印发市地政府残工委和省政府残工委各成员单位。发挥政府部门作用，调动社会力量支持残疾人事业的积极性、主动性，倡导助残志愿服务，进一步形成全社会关心爱护残疾人、支持残疾人事业发展的良好氛围。

5月12日，省残联印发《黑龙江省实施3000例残疾儿童抢救性康复项目方案》，结合各地实际分配了残疾儿童抢救性康复项目任务。

5月15日，在第二十四次全国助残日到来之际，副省长、省政府残工委主任孙永波等领导及省政府残工委37个成员单位负责同志，深入哈尔滨市宾县永和乡残疾人就业基地，实地调研残疾人蔬菜产业基地建设情况，并在乡政府会议室召开省政府残工委会议，研究部署当前残疾人工作。

5月16日，省政府残疾人工作委员会主任、副省长孙永波带领黑龙江省自强模范、全国助残先进集体和个人代表参加第五次全国自强模范暨助残先进集体和个人表彰大会，在人民大会堂受到党和国家领导人习近平、李克强、刘云山、张高丽等接见。

5月18日，在第二十四次"全国助残日"期间，黑龙江省各残疾人专门协会联合省大众社会工作服务中心，组织残疾人体验地铁无障碍环境和无障碍设施活动。

5月18日，《黑龙江日报》第四版刊发了第二十四次全国助残日专题公益广告，宣传"关心帮助残疾人，实现美好中国梦"助残日主题，营造扶残、助残的社会氛围。

5月20日，省残联下发《关于印发〈2014年全省残疾人工作目标管理考核方案〉的通知》（黑残联发〔2014〕66号），量化考核内容，明确考核方式，对各市、地残疾人工作实施目标管理，有力促进了黑龙江省残疾人事业的发展。

5月28日，黑龙江省人民政府办公厅转发省教育厅等部门《关于贯彻落实特殊教育提升计划（2014—2016）实施意见的通知》（黑政办发〔2014〕22号），目的是为加快黑龙江省特殊教育发展，大力提升特殊教育水平，切实保障黑龙江省残疾人受教育权利。

5月30日，省政府办公厅下发《关于建立贫困重度残疾人护理补贴制度的通知》（黑政办发〔2014〕24号）。2014年全省79158名贫困重度残疾人护理补贴全部发放到位，补贴金额总计9223.71万元。

6月5日，省残联下发《关于2014年全省残疾人组织建设"强基育人"工程有关事项的通知》，明确"重点突出、亮点鲜明、操作性强、实效评估"的原则，推动实现"强基础，育人才"的目的。

6月5日，全省残联康复工作会议在哈尔滨市召开，省残联党组成员、副理事长盖景福出席，全面启动3000例残疾儿童抢救性康复项目。

6月6日，全省各市、地残联围绕第十九个全国"爱眼日"活动主题，开展了内容丰富、形式多样的宣传活动，政府主管领导积极参与，部分市、地残联组织开展了免费白内障手术。

6月12日—8月29日，省残联就业服务中心开展了2013年度全省行政区域内中、省直单位分散按比例安排残疾人就业年审工作。

6月13日，省残联下发了《关于印发〈黑龙江省残联关于深入开展基础管理建设年活动实施方案〉的通知》，明确了总体目标，分解了主要任务，部署了下一步工作。

6月20日，省残联指导各市、地残联开展"十二五"残疾人康复项目中期自查，完成《黑龙江省残联关于"十二五"残疾人康复项目中期自查的报告》。

6月23—25日，韩国忠清北道残疾人足球代表团到访，在哈尔滨市燎原学校开展了中韩残疾人体育交流活动。省残联党组书记、理事长何玉华出席活动。

7月28—30日，省残联结合重点工作开展情况，召开三个片会，对重点工作进行督办。会议重点听取了各地关于重度残疾人护理补贴实施的意见建议；督导各地开展3000例残疾儿童抢救性康复工作落实情况；了解各地落实黑龙江省残疾人事业"十二五"发展纲要工作任务自查情况；征求各地对省残联"基础管理建设年"相关工作安排的意见建议。

8月6日，由黑龙江省体育局、黑龙江省残疾人联合会主办，齐齐哈尔市残联承办的黑龙江省"体育彩票，和谐龙江，全民健身行"2014年残疾人象棋、飞镖、跳绳比赛在齐齐哈尔市开赛，省残联党组成员、副理事长李洪泉出席开幕式。

8月7日，省残联转发了中国盲人协会《关于举办"阿炳杯"首届全国盲人器乐独奏大赛的通知》，并举办全省选拔赛，推荐优秀选手参加国家总决赛。黑龙江省盲人郭万成荣获单簧管演奏优秀奖。

8月22—26日，由黑龙江省委宣传部主办的第九届中国龙江国际文化艺术产业博览会在哈尔滨国际会展体育中心举办，省残联在此次博览会中组织举办了"第三届龙江残疾人艺术展览会"。

8月24—26日，中国残联副理事长程凯率队赴大兴安岭南麓连片特困区国家级贫困县——大庆市林甸县调研残疾人精准扶贫建档立卡工作，并实地了解残疾人状况和需求调查工作。

8月25—27日，"2014年中国技能大赛——第六届黑龙江省残疾人职业技能竞赛"在大庆市隆重举行。中国残联副理事长程凯、省政府副省长孙永波、中国残联就业指导中心副主任李强、省政府副秘书长王大为、省残联理事长何玉华、省残联副理事长肖磊、省人社厅副巡视员冯启慧、省财政厅副厅长陈佩钢等领导出席了开幕式。大庆、哈尔滨、齐齐哈尔代表队荣获团体总分前三名，大庆市残疾人联合会、大庆市特殊教育中心、大庆油田残疾人联合会获得竞赛特殊贡献奖。

8月28日，省残联举办第一期全省低视力康复培训班，11月4日，举办第二期全省低视力康复培训班，为黑龙江省开展低视力助视器适配工作打下坚实的基础。

8月29日，省政府协调会议（第二十七次）在省政府3号楼511会议室召开。会议对组建新省康复医院和省残疾人康复中心建设工作进行了研究部署，决定将省干部疗养（省康复医院、省第五医院）由省人社厅划转至省残联，与省残疾人康复指导中心整合，组建新省康复医院（省残疾人康复中心、省第五医院）。

9月，省残联与省卫计委联合制定《黑龙江省卫生计生委黑龙江省残疾人联合会转发国家卫生计生委中国残疾人联合会关于开展出生缺陷预防宣传周活动的通知》（黑卫妇幼函〔2014〕350号），部署全省各市、地开展出生缺陷预防宣传活动。

9月18日，副省长孙东生在省政府会见李嘉诚基金会中国事务总经理王秀英女士，双方就启动"关心你的残疾人邻居"项目交换了意见。陪同会见的还有中国残联康复部主任尤红、中国残联组织联络部副主任张超英、省政府副秘书长王大为、省残联理事长何玉华。

9月20日，黑龙江省"全国盲人医疗按摩人员考试"在哈尔滨市特殊教育学校举行。省残联副理事长肖磊、省人力资源和社会保障厅事业单位人事管理处处长张光彬巡视考场。黑龙江考区共有20名盲人考生参加，其中现行盲文考生12人、汉文大字版考生6人，计算机电子版考生2人。

10月11日，由中国残联、吉林大学共同主办，辽宁、吉林和黑龙江省残联协办的"东北残疾人事业发展研讨会暨研究基地签约仪式"在吉林大学举行，黑龙江省哈尔滨市南岗区、绥化市安达市被确定为东北残疾人事业发展研究基地。省残联党组成员、副理事长李洪泉，省残联办公室主任李福志参加了研讨会及研究基地签约仪式。吉林大学残疾人事业发展研究中心执行主任宋宝安教授主持会议。

10月20日，省机构编制委员会下发了《关于黑龙江省残疾人康复中心与黑龙江省干部疗养院整合组建黑龙江省康复医院的通知》（黑编〔2014〕139号），明确黑龙江省干部疗养院（黑龙江省康复医院、黑龙江省第五医院）由隶属省人社厅调整为隶属省残联，与省残疾人康复中心整合组建黑龙江省康复医院，加挂黑龙江省残疾人康复中心、黑龙江省第五医院牌子，撤销黑龙江省干部疗养院牌子。

10月23—26日，在浙江省嘉兴市举行的全国残疾人岗位精英职业技能竞赛和全国残疾人就业服务机构工作人员职业指导竞赛上，黑龙江省选手发挥出色，创下历史最好成绩。

10月底，全省共录入就业年龄段人数为496030名，就业数据465787条，培训数据30243条，与残疾人人口基础数据库存对比，覆盖就业年龄段残疾人比例达到89.42%，培训数据录入率为5.81%。

11月3日，吕世明副主席到黑龙江省督导残疾人状况调查的相关工作。

11月5日，省残联举办全省听力语言专业技术培训班，大大提升了黑龙江省各听力语言康复机构的技术水平。

11月25日，组织各市地开展全国白内障无障碍市县创建申报工作，黑龙江省牡丹江市被授予"全国白内障无障碍市"，齐齐哈尔市梅里斯区等8个县（市、区）被授予"全国白内障无障碍县"，提前并超额完成"十二五"相关工作任务。

12月3日，"阅读助力人生"——黑龙江省第一届残疾人朗诵演讲比赛决赛在省图书馆报告厅举行，省残联党组成员、副理事长盖景福出席活动。

12月4—8日，全国残疾人轮椅冰壶锦标赛在哈尔滨体育学院滑冰馆开赛，来自北京、上海、广东、浙江、四川、山东、河北、辽宁、黑龙江的9支代表队参加比赛，黑龙江队荣获金牌。

12月26日，在2014"感动龙江"年度人物（群体）评选活动中，黑龙江省轮椅冰壶队运动员贺军荣获2014年"感动龙江"年度人物奖。

12月底，对3000例残疾儿童抢救性康复项目进行检查与验收，圆满完成省政府工作报告确定的任务。

（李广滨供稿）

上海市残疾人事业和残疾人工作

一、领导讲话

副市长、市政府残工委主任时光辉在上海市人民政府残工委（扩大）会议暨上海市残联六届二次主席团会议上的讲话摘要

2014年7月4日

一、全面贯彻落实中央和市委、市政府的决策部署，努力提高本市残疾人事业发展水平

首先，要进一步健全公平、可持续的残疾人基本保障制度。残疾人的保障制度是逐步建立完善的，当前我们要对现行的残疾人基本保障制度进行全面优化，在巩固普惠性、提升互济性的基础上促进公平可持续，为残疾人群体提供稳定、良好的保障条件。我们要看到，这些制度在落实上还存在着地区的差别、城乡的差别、群体的差别，在体现公平性和可持续性上还不够。我们要在建立残疾人公平、可持续的基本保障制度上下功夫，在残疾人基本保障制度上做到全市的相对统一和均衡，并且形成制度体系。要进一步解放思想、拓宽思路，创造起点公平，维护过程公平，争取结果公平，促进残疾人全面发展。

第二，要进一步为残疾人提供更好的公共服务。随着经济社会的发展，残疾人的需求在不断地发生变化，多样化、个性化的需求也越来越多，我们要看到这种变化和发展的趋势。要把政府的能力、社会的动力、市场的活力一起激发出来，共同做好这项工作。通过向社会、向市场购买公共服务，能够补足政府的短板，更重要的是有利于形成非常好的社会氛围，使得为残疾人提供服务成为全社会的责任。我们在其他的公共服务领域已经有了一些尝试和实践，要进一步探索新型的政府提供公共服务方式，为残疾人提供更好的服务。市级层面要带头，各个区县也要大胆地加以推进。

第三，要进一步加强以人为本为核心理念的残疾人工作的顶层设计。目的是在基本生活保障的基础上研究怎样能够保证残疾人更好生活和更好发展。要使残疾人有更好的生活和更好的发展是有前提的，就是要提供强有力的社会支撑和社会服务。做残疾人工作要特别关注残疾人的需求，这种需求不仅是简单的基本生存和生活的需求，他们还有更高的需求，有安全的需求、发展的需求、实现自身价值的需求。保障残疾人的基本生存和生活，支持他们更好生活、更好发展，我们现在有基础、有氛围了。我们要适应形势的变化，在顶层设计上进一步研究和考虑残疾人的制度保障和全面发展问题。

第四，要强化残疾人事业的基础管理工作。进一步摸清残疾人基本服务的状况和服务需求，准确地掌握残疾人和残疾人工作的基础情况。要切实加强本市残疾人事业调查统计和信息化等基础工作，做到底数清、情况明。市、区相关部门都要高度重视这项工作，严谨细致、科学规范地做好残疾人基本服务状况和需求的专项调查工作，并建立调查统计的长效机制，实现信息化管理，推进各部门的信息共享。要运用好调查成果，为制定本市残疾人事业"十三五"发展纲要提供依据。

二、坚持改革创新，不断把残疾人事业推向前进

一是要坚持政府主导，形成工作合力。各级政府要高度重视，切实加强组织领导，认真负起责任。市政府残工委要继续发挥综合协调作用，完善市政府残工委各成员单位工作制度，与各成员单位，与区县残工委加强信息沟通，及时部署阶段性工作。要加强统筹安排和督导检查，整合资源，凝聚推动残疾人事业的工作合力。各成员单位要认真履行职责，主动做到感情上投入，资源上投入，政策上到位。要在发挥政府主导作用的同时发挥好市场和社会组织的作用，建立更加顺畅、便捷、公开、透明的平台和渠道，把市场和社会的活力激发起来，使之成为推动残疾人事业和同步小康的重要力量。

二是搞好典型宣传，发挥榜样力量。这一次评选全国自强模范和助残先进产生了很大的社会影响。要深入

到基层和一线宣传先进人物和先进事迹，充分发挥好典型的引导作用，用典型的力量、榜样的力量推动全社会更加关注残疾人事业，更加关爱残疾人群体，也更加尊重残疾人的发展权利。要深入地动员广播、电视、报刊、网络等各类媒体积极参与宣传活动，形成宣传声势，激励残疾人自尊、自强，营造和优化全社会关心、支持和参与残疾人事业发展的良好环境。

三是加强残联建设，强化职能作用。希望全市各级残联组织认真贯彻落实好中央和市委、市政府对残疾人工作的要求，以开展基础管理建设年活动为抓手，加强自身建设，提高工作水平，更好地履行好代表、服务、管理的职能，全心全意为残疾人服务，成为推进残疾人事业发展的中坚力量。要结合党的群众路线教育实践活动，积极探索新形势下残疾人工作的新特点、新规律，切实加强队伍建设，不断改进工作作风，真正成为残疾人之家。

市政府副秘书长、市政府残工委第一副主任吴建融在杨浦区残疾人事业"十二五"规划实施情况视察活动中的讲话摘要

2014年4月10日

残疾人事业在很大程度上反映了社会文明程度，我们要带着一种情怀和强烈的责任感去做好残疾人工作。去年下半年以来，我们重点做了几件事情。一是通过了国家残疾人保障法的上海实施办法，这是对残疾人的基本法律保障；二是系统调整了涉及残疾人就业保障的八方面政策，其中有3项是新政策，5项是在原有基础上大幅提高了保障水平。目前，本市残疾人保障水平在不断提高，但就业水平还没有明显改善，特别是在分散安置就业没有上升的情况下，集中安置就业还在下降。八方面政策的调整和出台，最低目标是把当前残疾人的就业形势稳住，然后再提高就业水平和就业比例。三是制定了机关、事业单位定向招录残疾人的特殊政策，这种"特殊"恰恰是平等的表现，也是希望在社会上更加强化尊重残疾人、容纳残疾人的理念和导向，在这里，政府机关、事业单位、国有企业要尽到更多社会责任。

下一步，要积极研究、加强探索，不断推进本市残疾人工作更好发展。第一，要发挥政府机关、事业单位、国有企业的示范作用，引导全社会共同关心和支持残疾人工作。第二，要聚焦突出问题，进一步完善残疾人保障体系，在做好就业保障、生活保障、康复保障、辅具保障等的基础上，更加注重残疾人养老保障的研究和推进。第三，要更多更好地运用市场机制、市场方法，进一步完善残疾人社会化服务体系。

市残联党组书记金放在市残联"两优一先"表彰大会上的讲话摘要

2014年6月30日

一、在回顾党的光辉历史中明确肩负的时代使命

鉴往知来，温故而知新。在纪念我们党93周年华诞之际，我们应当感受到自己所肩负的时代使命。当前，我们正处于全面落实科学发展观、全面深化改革、全面建成小康社会深刻变革的新的历史时期；残疾人事业是中国特色社会主义事业的重要组成部分。推动残疾人事业加快发展，努力让残疾人共享我国经济社会发展成果，努力促进残疾人的广泛参与、充分融合和全面发展，努力开创残疾人工作新局面，是我们的历史责任。责任重大，使命光荣，需要市残联机关系统党的组织和全体共产党员牢固树立党的意识，解放思想、求真务实，加倍努力，进一步加强党的建设，增强推动残疾人事业科学发展的责任感和紧迫感，进一步发挥党的组织和广大党员在促进残疾人工作发展中的核心作用，奋发进取、推动科学发展、促进社会和谐，充分体现当代共产党人的先进性，做时代先锋，为党旗添彩。

二、在先进典型的感召下凝聚强大的思想正能量

学习身边的先进典型，应当悉心感悟其精神。我们要把先进典型的精神人格化、形象化。我们崇尚他们对党忠诚的政治品格、为民至诚的公仆情怀、埋头苦干的奉献精神，就是对高洁灵魂和忘我境界的由衷感佩，对忠诚之心、爱民之情、为政之德的高度认同。**学习身边的先进典型，应当躬身自省明方向**。以铜为镜正衣冠，以史为镜知兴替，以人为镜明得失。我们要对照先进典型查找自身差距，检视是否像先进典型那样恪守信仰、看重事业、对待组织、对待同志，为提升自我找准突破口，明确努力方向。**学习身边的先进典型，应当慕贤思齐见行动**。我们要以先进典型为榜样，强党性、转作风，诚心诚意为人民群众办实事、办好事。广大党员带头景仰先进、争当先进的实际行动将影响群众、引领群众，推动全机关系统形成向善求美的价值取向和道德风尚。

三、要进一步明确加强机关党的建设的基本要求

首先，要努力保持党员、干部的思想纯洁。坚定理想信念，重要的是抓好理论武装，要认真学习中国特色社会主义理论体系，做到真学真懂真信真用，增强政治敏锐性和政治鉴别力，在大是大非面前保持清醒认识，

在各种诱惑面前筑牢思想防线。坚定理想信念，根本是加强党性锻炼，要在重大原则问题上坚持党的领导、维护党的利益，始终为党和人民的事业殚精竭虑、不懈奋斗，始终做共产主义和中国特色社会主义远大理想的坚定信仰者和忠实践行者。坚定理想信念，关键的是重视道德建设，遵循社会主义核心价值体系，始终做社会主义道德的示范者、公平正义的维护者，自觉做到立身不忘做人之本、为政不移公仆之心、用权不谋一己之私，永葆共产党人的政治本色。

其次，要努力保持党员、干部的作风纯洁。作为市级机关，我们要增强工作的预见性，更加注重细节，精益求精，设身处地为基层、残疾群众等服务对象考虑，尽可能提供周到的服务；残联机关的党员干部，我们要经常想一想，人民群众、广大残疾人在自己心目中到底处于什么位置，真正在思想上把群众当主人，在工作上做群众的公仆。要带着感情做群众工作，竭尽所能为群众服务，真正做到深入基层听民意，加强沟通察民情。要把改善残疾人民生作为基本责任，坚持积极而为、量力而行，深入推进民生工程，大力完善保障和服务体系，让广大残疾人更好地享受经济社会发展的成果。要切实维护残疾人的合法权益，想问题、做决策、干事情都必须始终坚持群众利益至上，协调好各方面利益关系，要及时了解残疾人的诉求，防止损害群众利益。

第三，要努力保持党员、干部的清正廉洁。要加强党内监督，着力抓好普通党员对党员干部的监督、党员干部对领导干部和领导班子的监督、领导班子成员对"一把手"的监督和领导班子内部监督，引导广大党员干部养成在监督下工作和生活的习惯，自觉接受各方面的监督。要加强制度建设，严格执行民主集中制等各项制度，着力构建程序严密、配套完备、有效管用的制度体系，真正做到用制度管权、按制度办事、靠制度管人。要严明党的纪律，严格遵守党章和其他党内法规。广大党员干部要认真执行廉洁自律各项规定，把住关口，坚守底线，慎独慎初慎微，即使是小事、小节、小利，也要如临深渊、如履薄冰。要经得住名、利、权、色的考验，在任何情况下都稳得住心神、管得住行为、守得住清白。领导干部要以身作则，严格执行党风廉政建设责任制，自觉践行"三严三实"要求，切实抓好职责范围内的反腐倡廉工作，讲实话、办实事、求实效，把良好的工作作风体现在各项工作中。

市残联理事长、市政府残工委副主任王爱芬在市政府残工委联络员工作例会暨全国助残日工作会议上的讲话摘要 2014年4月15日

今年5月18日是第二十四次全国助残日，5月12日至18日期间，上海将开展第十五次上海助残周活动。我想谈三点想法。

一、共同参与，营造浓厚的扶残助残氛围

多年来，在市委、市政府的领导下，在残工委各成员单位的关心和帮助下，本市残疾人康复、教育、就业、保障等各项工作取得新成效，扶残助残的社会氛围更加浓厚，残疾人事业发展的人文环境也更加优化，形成了全社会共同推动本市残疾人事业发展的良好格局。近几年来，残工委成员单位根据经济社会发展实际，出台了一系列扶残助残措施，惠及广大残疾人。尤其是今年，在市政府的重视下，在市人社局等部门的大力支持下，本市市级机关和事业单位首次面向残疾人推出岗位定向招录，这在全国也是首创。共有22名残疾人参加了公务员职位面试，25名残疾人参加了事业单位岗位面试。下一步，各区县机关、事业单位也将根据具体情况拿出一定数量岗位，优先面向残疾人进行招录。3月31日，杨雄市长主持召开市政府常务会议，审议并原则通过了要加大残疾人就业支持力度、完善残疾人就业保障制度的政策完善措施，涉及8个方面，新增了单位分散安排残疾人就业岗位补贴等政策。这些政策彰显了政府对残疾人的关心和爱护，对提升上海城市文明形象将发挥积极作用。

二、相互合作，推动残疾人事业稳步发展

最近，我们正在开展区县"十二五"规划实施情况视察活动。从收集汇总的资料来看，本市"十二五"发展纲要提出的目标和任务，已完成近三分之一。尽管我们在提高残疾人生活质量方面取得了很大成绩，但是我们应该清醒地看到：残疾人保障和服务供给能力与实际需求仍存在差距，残疾人生活状况和全市平均水平还有不小距离，有些基础工作还不够扎实，这些都制约了本市残疾人持续有效、健康均衡发展。吴建融副秘书长在4月10日视察杨浦区"十二五"规划实施情况视察活动工作会议上讲话时强调，各级残工委和残联组织要扎扎实实做好苦功夫，切实为残疾人服务，为事业打基础；同时，还必须解放思想、开拓思维。要勤于思考，研究问题，贴近实际，创新工作。要密切和残疾人群众的血肉联系，深入到残疾人中间去，踏踏实实地把工作做到残疾人身边，切实为残疾人解难题、办实事、谋福祉，把残疾人高兴不高兴、满意不满意、赞成不赞成作为想问题、办事情的出发点和落脚点。为此，残工委各

部门要坚持强化职责、明确分工,继续以高度的责任感和使命感,充分发挥主动性和创造性,破解发展难题,突破制约瓶颈,为残疾人事业加快发展做出新的努力。

三、尽心筹划,做好全国助残日各项活动

中国梦是民族的梦,也是每个中国人的梦。多年来,在各级党委和政府的高度重视下,残疾人文化事业已经成为展现社会主义精神文明建设成果、宣传社会主义核心价值体系的重要窗口和平台。但总体来看,残疾人文化建设与广大残疾人日益增长的精神文化需求相比还有较大差距。因此国务院残工委、中宣部等13部门将今年全国助残日活动主题确定为"加强残疾人文化服务,保障残疾人文化权益",目的就是要在全国贯彻落实中共中央《关于深化文化体制改革、推动社会主义文化大发展大繁荣若干重大问题的决定》精神,推动社会主义文化大发展大繁荣的大局下,进一步促进残疾人文化与社会主义文化的同步发展与繁荣。副市长、市政府残工委主任、市残联主席姜平也多次强调本市要加强对残疾人的人文关怀。因此,上海要根据领导要求和事业发展,谋划好、策划好、组织好本次助残日各项活动,展示残疾人风采,交流残疾人工作,增进社会理解,提高社会对残疾人工作的关注度,营造更有利于残疾人事业发展的社会环境。

2014年是贯彻落实党的十八届三中全会、整体推进落实中国残联六代会提出工作任务的第一年,也是落实"十二五"发展纲要的关键一年,本市将按照市委、市政府对残疾人工作的总体部署,坚持以科学发展观统领残疾人事业全局,以满足残疾人基本需求为重点,着眼解决残疾人"三最"问题,加快推进加强残疾人"两个体系"建设,促进残疾人基本公共服务均等化,逐步缩小残疾人生活水平与社会平均水平的差距。让我们共同努力,为上海社会事业的发展和社会和谐稳定做出新的贡献。

二、政策法规文件

关于调整超比例安排残疾人就业单位奖励标准的通知

沪残工委〔2014〕3号

由上海市人民政府残疾人工作委员会印发。

一、奖励对象

上一年度残疾人就业人数超过本单位职工平均人数1.6%比例的机关、团体、事业、企业和民办非企业等分散安排残疾人就业单位(有雇工的个体工商户、灵活就业人员、非正规就业组织除外)。

上一年度残疾人就业人数超过本单位职工平均人数25%比例的集中安排残疾人就业单位(市属福利企业除外)。

上述分散和集中安排残疾人就业单位以下简称用人单位。

二、奖励标准

对安排残疾人就业达到规定比例的用人单位,每多安排1名残疾人,按上一年度本市职工月平均工资与城镇职工社会保险单位缴费比例之积的3倍给予奖励,超比例人数按实计算(小数点后保留两位)。

关于调整本市残疾人养护床位补贴标准的通知

沪残联〔2014〕2号

由上海市残联、市民政局、市财政局联合印发。

为了进一步推进此项工作,更好地利用社会资源为残疾人提供服务,不断提升养护机构的服务能力,经研究,决定自2014年1月1日起,对社会机构利用空余床位为符合条件的重度残疾人提供养护服务的,床位补贴标准由原500元/年/床调整为1000元/年/床。所需资金列入市级残保金预算。

关于为社区康复患者提供辅助器具服务的通知

沪残联〔2014〕129号

由上海市卫生计生委、市残联联合印发。

二、服务对象

符合以下三个条件的对象可以免费租赁辅助器具(辅助器具品种见上海市社会康复患者辅助器具服务产品目录):

(一)各街道(乡镇)辖区内常住人口(非持残疾人证);

(二)患有中风、骨折、骨性关节炎等疾病,经评估有辅助器具需求者;

(三)在街道(乡镇)社区卫生服务中心接受康复治疗患者。

三、服务流程

(一)社区卫生服务中心辅助器具评估专业人员对康复患者进行评估,填写辅助器具评估表,并签字盖章;

(二)康复患者持评估表和身份证复印件到居住地所在街道(乡镇)辅助器具服务社申领辅助器具;

(三)街道(乡镇)辅助器具服务社工作人员登记、受理并录入辅助器具管理子系统,为社区康复患者免费租赁辅助器具。

关于本市重度残疾人参加城乡居民基本养老保险若干问题处理意见的通知

沪残联〔2014〕152号

由上海市残联、市财政局、市人力资源社会保障局、市民政局联合印发。

一、为重度残疾人代缴城乡居民养老保险个人缴费的对象

为重度残疾人代缴城乡居民养老保险个人缴费的对象，应符合《通知》第三条规定自愿参加城乡居民养老保险，并同时符合以下两项条件：

（一）持有本市颁发的第二代中华人民共和国残疾人证；

（二）残疾等级为一级、二级的视力残疾、听力残疾、言语残疾、肢体残疾、精神残疾、多重残疾人以及残疾等级为一级、二级、三级的智力残疾人。

二、重度残疾人参加城乡居民养老保险个人缴费的标准

重度残疾人个人缴费标准按每年1100元确定，本人按照缴费标准的5%缴费（领取城乡重残无业人员生活补助的人员除外）。城乡居民养老保险个人缴费标准调整时，同步调整重度残疾人缴费标准。

五、城乡居民养老保险养老待遇与城乡重残无业人员生活补助的衔接

重残无业人员年满60周岁，应领取城乡居民养老保险养老金。若所领取的基础养老金标准低于同期城乡重残无业人员生活补助标准的，差额部分由民政部门予以补足，所需资金仍按城乡重残无业人员生活补助原渠道分别列支。

关于调整本市残疾人居家养护补贴标准的通知

沪残联〔2014〕175号

由上海市残联、市民政局、市财政局、市精神文明办、市志愿者协会联合印发。

为不断满足重度残疾人居家养护服务需求，进一步改善重度残疾人的生活水平和生存状况，经研究，调整本市残疾人居家养护服务补贴标准，由原来10元/小时调整为20元/小时，每天服务1小时。今后按市民政局的养老服务补贴标准调整予以相应调整。

关于完善"阳光心园"相关经费补贴的通知

沪残联〔2014〕176号

由上海市残联、市财政局联合印发。

一、调整培训活动费、餐费、管理费补贴标准

（一）培训活动费补贴标准

培训活动费补贴标准，按"阳光心园"服务对象培训活动形式确定：

1. 对每天参加"阳光心园"组织的各类课程及活动的社区精神障碍患者（以下简称"注册学员"）每人每月补贴250元；

2. 对每月定期参加"阳光心园"组织的各类课程及活动的社区精神障碍患者（以下简称"非注册学员"）每人每次补贴10元，每人每月不超过40元。

培训活动费补贴用于"阳光心园"开展日常培训活动、融合活动中所需购置活动用品、资料耗材，聘请相关专业人员及培训活动交通等。

（二）餐费补贴标准

餐费补贴标准，按"阳光心园"服务对象培训活动形式确定：

1. 注册学员每人每月150元；

2. 非注册学员参加活动时，每人每次补贴7.5元，每人每月不超过30元。

餐费补贴用于"阳光心园"为服务对象提供午餐、点心、饮用水等。

（三）管理费补贴标准

管理费补贴标准按"阳光心园"管理人员和服务人员职业资格确定：

1. 服务人员

（1）持有社区康复协调员资格证的，每人每月100元；

（2）持有社会工作者（社区助残）四级或助理社工师或三级心理咨询师证书的，每人每月600元。

2. 管理人员

（1）持有社区康复协调员资格证的，每人每月200元；

（2）持有社会工作者（社区助残）四级或助理社工师或三级心理咨询师证书的，每人每月600元；

（3）持有社会工作者（社区助残）三级或社工师或二级心理咨询师证书的，每人每月900元。

同时持上述两种以上证书的人员，按所持最高一级证书对应标准给予补贴。

二、实施设施设备维护费补贴

"阳光心园"设施设备维护费补贴标准为每所每年

不高于2万。

设施设备维护费用于"阳光心园"场地维护、设施设备运行和维护、损耗设备重置等。

关于调整本市残疾人养护床位一次性建设经费补贴标准的通知 沪残联〔2014〕177号

由上海市残联、市民政局、市财政局联合印发。

为了进一步推进本市残疾人养护工作，更好地利用社会资源为残疾人提供服务，不断提升养护机构的服务能力，经研究，决定对经市残联约定的残疾人养护基地，建设残疾人养护床位数在100张以上，具有示范作用的，一次性建设经费补贴标准由每张床位5000元提高10000元。

三、工作综述

2014年是加快推进残疾人"两个体系"建设和圆满完成残疾人事业"十二五"发展纲要的关键一年。上海市残联深入学习贯彻十八大和十八届三中、四中全会精神，认真落实习近平同志关于对残疾人群体要"格外关心、格外关注"的指示精神，以改革创新的思路，突出发展重点，注重制度保障，动员社会力量，建立长效机制，努力改善残疾人生产生活状况，不断推进残疾人事业向前发展。

（一）政策惠民

为让残疾人群体共享上海经济社会发展成果，使残疾人保障法的精神落到实处，市残联积极协调政府各有关部门研究、制订政策措施。2014年，在残疾人培训就业、康复服务、养老保险等方面出台了13个文件。这些政策的出台，填补和提高了残疾人就业、培训、康复以及阳光之家、阳光基地的政策空白和补贴标准，使残疾人享受到实实在在的好处。

（二）科技惠民

由上海市残联牵头，依托复旦大学等高等院校及相关生产企业共同申报的国家科技惠民计划项目"上海市残障人群康复辅助器具技术集成、示范应用及评价"进展顺利，已在全市推广，惠及100万以上残疾人群体，将于2015年接受国家验收。

发文单位	文件名称	文　号
上海市残联、市发改委、市人力资源和社会保障局、市财政局、市民政局	《关于实施分散安排残疾人就业岗位补贴的通知》	沪残联〔2014〕93号
	《关于加强全日制普通中高等院校残疾人毕业生就业促进工作的通知》	沪残联〔2014〕94号
	《关于调整残疾个体工商户开办费补贴标准的通知》	沪残联〔2014〕95号
	《关于加强残疾人职业技能培训工作的通知》	沪残联〔2014〕96号
	《关于调整超比例安排残疾人就业单位奖励标准的通知》	沪残工委〔2014〕3号
	《关于完善"阳光之家"相关经费补贴的通知》	沪残联〔2014〕84号
	《关于完善阳光职业康复援助基地相关经费补贴的通知》	沪残联〔2014〕85号
	《关于对本市福利企业实施残疾人集中就业社会保险费补贴的通知》	沪民企管发〔2014〕14号
上海市残联、市卫计委	《关于为社区康复患者提供辅助器具服务的通知》	沪残联〔2014〕129号
上海市残联、市民政局、市财政局、市文明办、市志愿者协会	《关于调整本市残疾人居家养护补贴标准的通知》	沪残联〔2014〕175号
上海市残联、市民政局	《关于完善"阳光心园"相关经费补贴的通知》	沪残联〔2014〕176号
上海市残联、市民政局、市财政局	《关于调整本市残疾人养护床位一次性建设经费补贴标准的通知》	沪残联〔2014〕177号
上海市残联、市人力资源和社会保障局、市财政局、市民政局	《关于本市重度残疾人参加城乡居民基本养老保险若干问题处理意见的通知》	沪残联〔2014〕152号

该项目推动了上海市残疾人辅助器具"政、产、学、研、用"一体化建设，完善与优化了辅助器具适配服务体系，形成了辅助器具信息支持管理平台，建设了辅具虚拟展示平台，建立了辅具"服务包"，2014年新增全额类辅具103种，补贴类辅具57种，目前收录辅助器具的种类820种。建设辅具虚拟展馆，制作了200余个三维产品展示、5000张二维产品展示平面图，还用视频演示的形式提供辅具安装、操作技巧、使用注意事项等方面知识介绍。提升辅具适配流程的规范化、流程化和简洁化，为区县和街道辅具工作者发放辅具信息录入终端乐PAD239台，试运行残疾人辅助器具在线申请平台，实现了残疾人辅具申请、审核、采购、配送

一站式服务。修改、完善了辅具在线使用手册，并在市残联、导盲犬、辅具商城等网站设置了查阅和下载功能。逐步扩大电动爬楼机、居家无障碍坡道适配试点工作范围，出台惠民政策，开展个性化的辅助器具适配服务，加强辅具适配工作信息化培训，开展了12个批次的业务系统培训，共计培训360名辅具工作人员。

此外，运用国家科技惠民项目成果，辐射长三角并影响全国。在该项目的推动下，2014年9月29日，上海、宁波、苏州三地残联共同签订辅助器具技术服务和合作协议。沪甬苏辅助器具的全面合作聚焦残障人群的辅助器具多元需求，通过互联网技术的应用，搭建信息共享平台，创新辅助器具有效服务供给，使辅具服务科技创新取得最大化效果。

图6-9-1 季敏（中）出席上海、宁波、苏州三地残联辅助器具全面合作和发展框架协议签约仪式。

（三）实事惠民

2014年年初，市残联协调市卫计委、市民政局、市建交委联合制定了《上海市"为1万名残疾人补贴提供个性化辅助器具适配服务"实施方案》，并于3月召开上海市政府实事项目启动会议。该项目已连续第三年列入市政府实事项目。经过各相关部门和区（县）共同努力，截至2014年12月底，全市共完成辅助器具配发162270件；脑瘫儿童辅具进家庭233件；电动辅助器具适配215件；假肢矫形器安装46801例。完成市政府实事项目19535人，超额完成任务数的95%。其中，残疾人辅助器具适配受益人数3134人，适配件数达11932件；成年听障者助听器配发5296人；低视力眼镜式助视器适配7262人；护理用品配发1676人；电动爬楼机租赁1791人；居家无障碍坡道板适配119户；临床康复辅助器具适配服务257人。

由市残联和东方广播中心联合主办的"为全市2万人次视力残疾人提供无障碍观影服务"被纳入市政府实事项目，全年在16家商业影院放映了12部影片，放映194场，受益残疾人达20800人次，圆满完成了既定目标。同时举办第二届"无障碍电影日"活动，正式启动"社区无障碍电影院线"，将无障碍电影下沉到基层，为残疾人平等享有公共文化服务发挥重要作用。经国家统计局上海调查总队抽样调查和网上市民公开评议，无障碍电影服务实事项目总体满意度名列第二。

（四）社会保障

做好新农保与城居保并轨工作，做到重残人员参加城乡居民基本养老保险的同步合并，提高农村重度残疾人参保的补贴水平，简化业务操作流程，实现"三统一"，即城镇与农村残疾人的缴费补贴标准统一（1100元标准），城镇与农村残疾人代缴资金渠道统一（区级残保金和区级财政），城镇与农村残疾人参保代缴经办流程统一。

城镇30738人、农村11716人享受重残无业人员生活补助；5892户残疾人家庭享受一户多残困难家庭生活补助；城镇推保锁定人员中4274人享受城镇职工基本养老、医疗待遇，继续为649名重残推保对象逐月缴纳社会保险费；18977人参加城镇重残无业人员养老补助，其中2717人领取养老补助金；24165人享受城镇重残居民医保待遇；城镇24692人、农村9823人的重度残疾人员参加城乡居民基本养老保险；36940人享受农村合作医疗补贴。

根据中国残联、国务院扶贫开发领导小组办公室文件要求，开展京津沪三地《农村残疾人扶贫开发纲要（2011—2020年）》执行情况督导互查。制定上海市农村困难残疾人危旧房改造补贴方案，继续推进2014年农村困难残疾人危旧房改造工作，351户残疾人家庭享受农村贫困残疾人危房改造家电补贴。

（五）教育就业

2014年，上海市残疾人就业培训工作以强化残疾人职业教育培训、提升残疾人就业层次为目标，以完善残疾人就业促进政策和专项保障制度为主线，促进残疾人就业培训工作有序开展，残疾人教育就业水平不断提高。上海市就业残疾人达9.3万人；城镇失业登记残疾人年度增长幅度控制在10%以内；三方协议安置残疾人就业整改率达到80%；应届高校残疾人毕业生就业率达99%；22621人接受职业技能培训，1384人获得国家职业资格证书；43所高校录取残疾人79人，其中本科54人，专科25人；293名残疾人学生和3458名残疾人家庭子女享受"扶残助学春雨行动"助学补助金。

积极配合市公务员局、市委组织部、市卫计委、市人社局等部门研究制定机关事业单位残疾人专项招录试点工作计划、体检标准等具体方案。在对市政府所属45个工作部门的残疾人就业保障金缴纳情况进行摸查的基础上，召开通气会，向市政府提出专报，推动党政机关和事业单位带头安置残疾人工作。2014年上海市机关事业单位残疾人专项试点招录16个公务员职位和

27个事业单位职位，共有104名残疾人通过报名审核并参加笔试。实际录用残疾人18人，其中机关9人，事业单位9人。

1—2月，上海市开展以"就业帮扶，真情相助"为主题的就业援助月活动。上海市各级残联组织、人力资源社会保障部门协同配合，累计走访残疾登记失业人员家庭1190户；组织残疾人专场招聘会99场；实名制纳入年度培训计划残疾人1819人；帮助残疾登记失业人员实现就业527人，其中用人单位按比例吸纳就业人数349人；帮助残疾人享受专项扶持政策842人。

上海市盲人保健按摩机构数100家，362名盲人按摩师从业；67名盲人持有盲人医疗按摩人员从事医疗按摩资格证书；"阳光基地"165家，援助就业困难残疾人4711人。

（六）康复服务

截至2014年12月底，全市接受康复服务的残疾人达到48万人次。为88793名残疾人实施免费健康体检，其中市级体检49330名，区级体检39463名；为76066名残疾人提供上门服务；为6471名残疾人提供机构养护服务；为19371名重度残疾人提供居家养护服务。完成全额类辅助器具配发162270件，其中安装假肢875例，安装矫形器45926例；电动类辅助器具适配215件，为3029人提供辅助器具组合适配，适配辅具12914件，为233名脑瘫儿童配发了家庭康复训练器具。

肢体残疾康复方面，完成成人肢体残疾人机构、社区、家庭康复训练3789人；肢体残疾儿童机构康复训练1199人；为422名脊髓损伤者"中途之家"开展机构康复训练，并为1103人提供护理用品。

智力残疾康复方面，完成智力残疾儿童康复训练2966人，培训家长1446人；继续为16岁以下残疾儿童少年提供康复训练救助，共为3599名持有"阳光宝宝卡"的残疾儿童提供康复训练补贴。

视力残疾康复方面，完成白内障复明手术62133例，为其中的4439名贫困白内障复明手术患者实施了贫困补助；完成7255名低视力患者助视器的配戴工作，培训家长1078名；市、区两级开展盲人定向行走训练评估考核2065名，其中144名视力残疾人参加市级考核并获得优秀。

听力残疾康复方面，完成聋儿康复316人，其中当年新增125人，培训聋儿家长323人；为5296名成年听力障碍者和108名7岁以下聋儿配发助听器；为84名在校听障学生免费配发助听器；为6名成年听障者、7名在校听障学生和40名7岁以下的重度听障儿童植入人工电子耳蜗实施补贴；常见遗传性耳聋致病基因检测200人；在上海市第二十五次聋儿听觉言语康复评估中，共有58名康复后小朋友报名参加评估。经过专家小组的评估，共有52名小朋友通过评估并获得了康复证书，合格率为89.7%。其中，一级康复37名，二级康复11名，三级康复4名。2014年，全市康复后聋儿入普小普幼人数为122人，入聋校人数为10人，康复率达89.7%。

精神病防治康复方面，参与社会人数97253人，社会参与率85.56%；继续实施"上海市无业贫困精神病人免费服药"项目。

（七）来信来访

为了维护残疾人的合法权益，发展残疾人事业，保障残疾人平等地充分参与社会生活，共享社会物质文化成果，市残联围绕"惠民生、暖民心、保和谐"精神，努力把各级残联机关和组织建设成残疾人之家，把来信来访工作提到重要议事日程，认真倾听残疾人的呼声，切实解决他们的实际问题。2014年所有来信来访全部办结。做好"两会"、"亚信峰会"等重要时期信访稳定工作，确保信访矛盾的有效化解。做好信访信息编报，梳理分析残疾人群众反映强烈的问题。规范信访管理，残疾人合法权益得到有效维护。引入第三方机构，探索建立残疾人心理关护的工作新机制。各级残疾人法律援助中心积极开展工作，"郑祺律师志愿助残法律工作室"挂牌成立，各类法律援助机构为残疾人提供优质高效的法律服务。

（八）无障碍建设

巩固创建全国无障碍建设城市成果，加强对上海迪士尼乐园、上海自然博物馆等新建项目和重大工程无障碍建设督导。全年17个区县开展城镇一、二级肢体残疾人家庭无障碍改造工作，计划指标500户，实际完成798户，超指标60%；在嘉定等六个区（县）开展农村贫困残疾人家庭无障碍改造的试点工作，计划指标265户，实际完成337户，超指标27%，有效提高了残疾人生活质量。加快信息无障碍建设，完成39个市政府部门网站和13个区县的政府网站无障碍改造，方便视力残疾人无障碍获取利用信息和网上办事；开通了国内首家"无障碍数字图书馆"，为视力残疾人免费提供电子书的查询、预览、语音导航、内容跟随朗读等全程无障碍阅读服务；开通国内首个听力残疾人无障碍新闻栏目，开设2个频道、6个栏目、10个新闻节目，帮助听力残疾人收听电视新闻和电台广播。顺利完成2014年上海"两会"开幕式电视直播手语播报。支持残疾人发展的无障碍环境进一步优化。对17个区县无障碍环境建设督导大队的400多名督导员进行残疾人家庭无障碍、信息无障碍、无障碍与辅具等专业知识培训。

2014年上海市信访工作情况

一、市残联受理6658件			
来访	来信	来电	邮件
266批次/342人次	178件	5442件	772件
二、市残联办理转办件1428件			
市委、市府信访办转办件		"12345"市民服务热线转办件	
230件		1185件	
市人大信访办转办件	中国残联转办件	国家信访局转办件	感谢类
3件	3件	3件	4件
三、市残疾人法律援助中心受理法律咨询服务126人次			
来访		来电	
33人次		93人次	
四、市残疾人法律救助中心受理法律救助咨询189人次			
来访	来信		来电
75人次	8件		106人次

（九）文化体育

2014年，嘉定区、松江区荣获"全国残疾人文化体育建设示范区"称号；黄浦区、徐汇区和奉贤区开展"上海市残疾人文化体育建设示范区"创建工作，以点带面推动全市残疾人文体建设。

继续深入推进残疾人读书活动，开展以"读书·圆梦"为主题的2014年上海残疾人读书系列活动。该活动被市振兴中华读书指导委员会评为"经典传承项目"。组织上海市残疾人艺术团盲童合唱团赴京参加第十二届中国国际合唱节，夺得童声组金奖第一名，并亮相开幕式、闭幕式音乐盛典演出。举办2014年上海市残疾人声乐、器乐艺术汇演，共有44个节目，全市16个区县480余名残疾人演员参加了汇演，推动残疾人文化进一步融入社会公共文化。开展"镜头中的美"上海市残疾人摄影大赛，共收到286名残疾人报送的2000余幅摄影作品。

积极推进残疾人群众健身体育、康复体育、竞技体育工作。首次承办全国轮椅击剑锦标赛。全面备战第九届全国残运会暨第六届全国特奥会，参加国际国内各类重大赛事，提高残疾人竞技体育训练水平。组织举办上海市肢残人、聋人飞镖比赛，肢残人、聋人钓鱼，盲人黑白棋、轮椅柔力球等12项比赛，共有3000余名运动员和教练员参赛。参与推进"30分钟体育生活圈"建设，实施市民体育健身条例，创新市民体育健身组织模式。全市已建成3个国家级体育健身示范点、77个市级体育健身示范点。市特奥会开展各类特奥活动6项，主办上海市第三届特奥阳光融合跑城际邀请赛，有来自美国南加州、澳大利亚墨尔本、西班牙萨拉戈萨，以及西安、杭州、酒泉、上海等地的29支队伍400余名特奥运动员参加该项比赛。

组织参加国内外重大赛事。据统计，2014年上海运动员在全国各项比赛中，共取得金牌33枚，银牌28枚，铜牌17枚；在国际各项比赛中，共取得金牌35枚，银牌9枚，铜牌6枚。

（十）"基础管理建设年"工作有序推进

按照中国残疾人联合会《关于深入开展"基础管理建设年"活动的意见》（残联发〔2014〕16号）要求，在全市开展基础管理建设，残疾人基本服务状况和需求专项调查、专题调研、建章立制、数据共享等工作有序推进：一是加强领导，明确责任，成立上海市残联"基础管理建设年"活动办公室，建立上海市全国残疾人基本服务状况和需求专项调查工作联席会议制度。二是制定方案，动员部署，研究制定活动实施方案，召开专题会议动员部署相关工作。三是加强协调，统筹推进，赴各区县开展工作调研，深入基层了解活动实施情况，及时对接；积极协调相关部门，推进残疾人信息共享和入户调查培训指导工作；组织实施残疾人信息核查工作，与各区县签订信息保密协议并开展中期检查；继续推进建章立制工作，健全残联组织的基础管理制度；组织开展资金管理使用情况等六项财物调查工作，逐步汇总梳理残联组织资金使用、项目执行和资产监管情况。此外，积极加强宣传工作，开设活动网络专栏，编印《简报》《信息动态》和网络信息400余篇。

（十一）"十二五"纲要执行情况和"十三五"纲要编制工作

"十二五"以来，上海市残疾人康复、教育、就业、社会保障、养护、权益维护等民生工作取得新的进步，残疾人的生产生活状况得到进一步改善，为残疾人融入社会、参与发展提供了重要条件。一是聚焦残疾人基本民生，做到织好网、补短板、兜住底，建立健全残疾人生产生活的制度保障。二是对接残疾人迫切需求，注重解难题、办实事、谋福祉，不断完善残疾人基本公共服务体系。三是夯实残疾人工作基础，着力找差距、转作风、抓落实，切实维护残疾人合法权益。2014年4—7月，上海市政府残工委围绕上海市残疾人事业"十二五"发展纲要提出的各项工作目标，在布置各区县残工委开展自查的基础上，组织市级检查组对部分区县"十二五"规划实施情况进行视察。

2014年年底，在市政府领导下，从推进国家治理体系和治理能力现代化和努力实现残疾人同步小康的高度，紧紧围绕"创新驱动，转型发展"的要求，市政府残工委牵头启动上海市残疾人事业"十三五"发展纲要起草工作。市政府残工委协调市残联、市发改委、市发展改革研究院共同启动残疾人事业"十三五"发展纲要专项调研，先后召开教育就业、康复托养、维权及无障碍环境、残疾人组织及队伍建设四个专题座谈会。通过对"十二五"残疾人事业发展总体情况、取得成效以及存在问题的梳理，初步确定起草工作的基本思路。"十三五"残疾人事业发展着重突出两个导向和四个思维。两个导向即需求导向、问题导向，四个思维即战略思维、改革思维、融入思维、底线思维。在实践中继续以改革的思路加以探索和克服，着力解决"五个不均衡"，即残疾人与健全人之间存在不均衡，城乡残疾人之间存在不均衡，不同类型残疾人之间存在不均衡，不同年龄段残疾人存在不均衡，社会保障和公共服务领域存在不均衡。

四、大事记

1月17日上午，中国残联党组书记、理事长鲁勇一行前往上海市浦东新区调研政府购买残疾人服务工作开展情况，实地察看了"我和你"助残服务社承接阳光职业康复援助基地的运作情况，听取了康众健康服务中心、知了公益文化传播中心、浦东新区残联有关残疾人艺术团、"中途之家"项目管理及推进残疾人工作社会化工作情况的汇报。中国残联副理事长程凯、中国残联教就部和计财部负责人以及上海市残联、浦东新区政府负责同志参加调研。

1月22日，上海市人民政府残疾人工作委员会召开"十二五"发展纲要区县实施情况视察活动工作会议。会议通报了上海市"十二五"发展纲要区县实施情况视察活动的有关工作并做了部署。

3月3日，由上海市残联、市妇联、市卫生计生委等十七家单位共同主办，上海城市交响乐团、上海市聋儿康复中心承办的2014年"爱耳日"公益音乐会在上海音乐厅举行，近1200名观众享受了一次音乐盛宴。"爱耳日"宣传活动期间，市卫生计生委积极开展基层医疗卫生专业人员专项培训；复旦大学附属眼耳鼻喉科医院等上海市多家卫生机构为公众进行咨询义诊、科普讲座、免费检测等服务；市质量技术监督局、市食品药品监管局对上海市生产、销售的助听器产品开展专项监督抽查；市文广局协调上海广播电视台播放公益宣传片、策划专题节目、发布活动消息等；市通信管理局协调上海市电信、移动、联通等公司，免费向公众发送公益性"爱耳日"宣传短信；市环保局积极向市民宣传普及噪声防治政策和防护知识。

2014年春节期间，上海市、区政府和残联领导深入街镇村居，对多残家庭、老养残家庭、夫妇双下岗、无业且困难残疾人家庭以及患大病、重病的残疾人进行走访慰问，送上新春祝福，并送上慰问金和慰问品。据统计，全市各级领导共走访、救助困难残疾人110578人，其中惠及一户多残15049人，重病大病7881人，重残无业28467人，共支出资金5776.5530万元。

3月5日，上海市"第一期残疾人就业服务机构工作人员助理心理咨询师培训班"正式开班，市、区（县）残疾人就业服务机构33名工作人员参加培训，邀请资深心理学专家担任授课老师。心理咨询的基础理论知识和技术方法有助于改善残疾人工作者专业知识结构、提升专业化服务水平，更好地帮助和服务残疾人。

3月12日下午，由上海市盲人协会、中国狮子联会浙江会员管理委员会第九分区联合举办的"狮爱之声"上海首届盲人音乐会在上海交通大学安泰经济管理学院礼堂举行。市政协常委、全国肢残人协会主席、市残联副主席徐凤建，中国狮子联会浙江管委会第九分区总代表，中国红十字会光明天使基金会主席，上海市盲人协会副主席等领导出席此次活动。

3月28日，中国残联副主席王新宪在上海市残联党组书记金放、理事长王爱芬陪同下，调研嘉定区助残社会化工作。嘉定区委副书记、区长吴云，区人大常委会主任吴辰接待了王新宪一行。王新宪参观了嘉定州桥明清老街的"阳光工坊"，详细了解了嘉定竹刻、黄草编织等国家非物质文化遗产传承与残疾人就业实现有机结合的创业、就业新模式；参观了"嘉定区助残社会组织孵化园"，实地了解了嘉定推出的助残公益服务项目的实施情况，并出席在区政府召开的座谈会。市残联巡视员祝永康、嘉定区副区长李政等参加调研。

4月1日，中国残联副主席、中国工程院院士刘德培到上海市阳光康复中心视察工作。上海市残联党组书记金放、理事长王爱芬、副理事长季敏及阳光康复中心班子陪同接待。刘德培一行视察了治疗区域、康复病区等主要业务科室，听取了中心负责人关于患者收治及康复专业建设情况的介绍，并特地了解"中途之家"服务项目，还与正在进行轮椅技能训练的伤友进行了交流。

4月上旬，上海市残疾人艺术培训语言班的四位盲童通过全国社会艺术水平考级上海市朗诵水平等级考试，全部被评为"优秀"。视障残疾人能参加这一国考在全国尚属首次，体现了残疾人享有"接受社会艺术教育、参与艺术水平考级"的权益受到保障。

4月14—19日，由中国残疾人联合会、国家体育总局、中国残奥委员会主办，上海市残疾人联合会、上海市残奥委员会承办的2014年全国轮椅击剑锦标赛在上海举办。来自全国6个省市的60余名运动员、50余名工作人员和裁判员参赛。

4月21日，上海市首批"国家级残疾人职业培训基地"授牌仪式暨大金空调（上海）有限公司残疾青年见习基地现场会在大金空调（上海）有限公司召开。市残联副理事长郭咏军，市残联教就处、市残疾人就业服务中心负责人以及上海市17个区县残疾人就业服务机构负责人参加会议。会上郭咏军副理事长为上海首批获得"国家级残疾人职业培训基地"的企业授牌。

5月10—12日，由上海市残联主办，上海市残疾人辅助器具资源中心、上海旅游会展推广中心承办的"2014国际康复无障碍生活博览会暨国际康复无障碍学术大会"在上海展览中心举办。博览会以"关爱残疾人、关爱老年人、科技惠民、缔造无障碍生活"为主题，联合打造上海、长三角地区残疾人事业、福利事业的有效互动平台，引领华东地区无障碍生活理念，为残疾人、老年人、临时病患等人群提供更多资讯与建议，营造安全、方便、舒适的现代生活环境。博览会为期3天，有来自德国、瑞典、比利时、荷兰、美国及国内的近50家主参展商及联合参展商参展，参展企业还提供了辅助器具和无障碍产品体验服务，共有8667人次专业观众和公众参观了博览会。上海市残联党组、理事会领导，中国残疾人辅助器具中心、广东省残联、江苏省残联、宁波市残联等部门领导出席博览会开幕式。

5月13日，2014年上海市高校残疾人毕业生现场招聘会在上海人才大厦成功举办。此次招聘会由上海市残疾人就业服务中心、上海市社会福利企业管理处主办，上海市人才服务中心、上海万邦关爱服务中心承办，共有99家企业、114名残疾人大学生参加。据统计，这次招聘会参会企业共收到简历384份，面谈364人，意向录用77人，当场录用27人。

5月18日上午，上海市政府残工委、静安区人民政府在静安寺下沉式广场联合举办第二十四次"全国助残日"广场宣传活动。活动仪式上启动了"百家博物馆文化助残公益行动"，为上海市青年志愿者"阳光行动"助残服务总社、无障碍电影解说志愿者团队等助残志愿者队伍授旗，为"助飞梦想"实事项目单位颁发认领牌子。在第二十四次全国助残日与第十五次上海助残周期间，上海推出诸多公益项目，组织开展形式多样的宣传活动，呼吁全社会关注残疾人生活，共同营造帮残助残的社会氛围。上海百家博物馆文化助残公益行动拉开帷幕，全市120余家博物馆、纪念馆、美术馆、展览馆在5月17—19日连续三天对残疾人免费开放；5月18日开馆的上海崧泽遗址博物馆，邀请盲人作为首批观众参观博物馆，近距离触摸展出的部分文物，如用3D打印技术仿真复制的崧泽文化和西周时期的陶罐等。

图6-9-2 薛潮、时光辉与残疾人代表共同启动百家博物馆文化助残公益行动。

6月6日，由上海市卫计委、市残联、共青团市委、市慈善基金会联合主办，市眼病防治中心承办的第十九次全国"爱眼日"系列宣传活动在人民公园举行，活动主题是"关注眼健康，预防糖尿病致盲"。市眼病防治中心等13家市级医疗机构眼科专家为市民提供现场咨询服务。活动现场分发各类眼病宣传资料一万多份，宣传品一千余件，千余名市民进行了眼病咨询。宣传活动期间，还开设了儿童常见眼病专题讲座，为困难家庭的学龄前弱视儿童赠送弱视治疗光盘。同时，为了扩大"爱眼日"受益人群和宣传普及面，活动充分利用12320公共卫生公益热线进行在线访谈和专家咨询。

6月26—27日，中国残联副主席孙先德一行4人到沪调研上海残疾人宣传文化工作，亲身感受无障碍电影，体验上海图书馆的公共文化服务，并先后到嘉定区和松江区7个残疾人文化活动点现场走访，实地了解残疾人文化生活。上海市残联党组书记金放、巡视员祝永康陪同调研。调研中，中国残联领导对上海市嘉定区、松江区的全国残疾人文化体育示范区创建工作给予充分肯定。

7月29—30日，上海市残联对经初筛后确定的残联系统康复人才培养三年行动计划候选人开展专家评审工作，专家组由来自复旦大学、上海中医药大学、瑞金医院、市精神卫生中心及市社科院等单位的7名专家组成。市残联副理事长季敏出席专家评审会。上海市残联系统共有11名优秀学科带头人候选人及24名优秀青年人才候选人入选，专家组通过书面材料预审、现场多媒体汇报、专家提问、专家组讨论等程序，选拔出5名优秀学科带头人及10名优秀青年人才。

7月，由上海市残疾人福利基金会主办、上海浦江控股集团有限公司全程资助的"蓝色的梦——盲孩子'看'海：盲童海岛摄影夏令营"活动在浙江省嵊泗海岛举行。此次夏令营的活动对象是上海市盲童学校摄影爱好小组的盲童。活动期间，基金会邀请中国摄影家协会专家给盲童举办摄影讲座，带孩子们进行野外摄影实践并进行集中讲评与座谈总结。通过举办盲童摄影夏令营活动，使盲童学会了通过听觉、触觉进行摄影的方法，为他们的生活增添了乐趣。

8月6—8日，上海市残疾人就业服务中心在上海市阳光康复中心举办了"2014年上海市基层残疾人就业指导员培训班"。来自全市各区县的近300名基层残疾人就业指导员参加了培训。市残疾人就业服务中心围绕上海市新出台的"7+1"政策文件及其相关操作流程对基层残疾人就业指导员进行了强化培训。

8月18—20日，由湖南、河南两省残疾人就业服务中心组成的专项检查组对上海市残疾人就业和职业培训状况实名制统计管理工作进行检查。检查组从组织建设、队伍建设、管理办法和制度、系统数据进度、经费和设施保障、文件档案和信息宣传等方面进行评估，并抽查了20名残疾人就业和培训情况。最终上海市实名制统计管理工作获得98分的高分。

8月26—28日，根据中国残联安排，北京市残联党组成员、副巡视员李树华和天津市残联副理事长钟建鹏率检查组一行到沪检查《农村残疾人扶贫开发纲要（2011—2020年）》执行情况。市残联副理事长郭咏军陪同检查组赴崇明县、松江区开展实地走访、督导检查。检查组一行先后听取了崇明县副县长薛红、松江区副区长赵勇所做的当地农村残疾人工作情况报告。检查组深入镇、村和残疾人家庭，与残疾人及残疾人工作者代表座谈交流，细致了解基层组织帮扶残疾人具体做法和农村残疾人生活状况；还实地走访了三星镇白山羊养殖扶贫基地、庙镇黄金瓜扶贫基地、新河镇"三阳"机构、新浜镇阳光康复援助基地、松江区残疾人花卉种植基地等残疾人服务机构，详尽考察上海农村残疾人扶贫基地、农村地区阳光职业康复援助基地扶残助残情况。经过3天的督导检查，检查组充分肯定了上海贯彻落实《农村残疾人扶贫开发纲要（2011—2020年）》以及开展农村残疾人综合帮扶工作情况，并就共同合作推进农村残疾人工作、改善农村残疾人生活状况、实现同步小康，提出了积极的建议和设想。

9—12月，上海浦东重度残疾人寄养院、蓝色港湾福利院、乐慧养老院、六灶善芯养老院、朱家角敬老院、横沙敬老院、下沙敬老院、南翔福利院8家养护基地分别通过了ISO9001质量管理体系认证后的年度复审。至此，上海共有10家养护基地通过ISO9001认证工作，提前完成"十二五"规划任务。

10月9日，上海市残联与新民晚报联合开办的"阳光驿站"微信专栏正式上线。"阳光驿站"微信专栏每周推出一期，随新民晚报"新民法谭"微信公众订阅号向微信读者推送残疾人事业的相关报道。

10月9日下午，上海市残联在奉贤区会议中心召开《农村残疾人扶贫开发纲要（2011—2020年）》执行情况督导检查评估会议，九个区县残联的分管理事长、教就部门负责同志、残疾人就业服务机构负责同志参加会议，市残联副理事长郭咏军讲话。

10月13—18日，由中国残疾人辅助器具中心、中国人力资源和社会保障部教育培训中心主办，上海市残疾人辅助器具资源中心承办的"全国初级辅助技术工程师（肢体方向）岗位能力认证考前培训班"在上海市阳光康复中心举办。市辅具资源中心、市残疾人康复职业培训中心、上海阳光康复中心、各区县残联及街（镇）残疾人辅助器具工作人员、辅具适配评估专业人员，以及宁波市、苏州市相关辅具工作人员参加培训。培训结束后，学员们统一参加了由人力资源和社会保障部教育培训中心和中国残疾人辅助器具中心组织的理论和操作考试，考试合格者获得初级辅助技术工程师（肢体方向）岗位能力资格证书。

10月15日是国际盲人节，也是上海市"无障碍电影日"。由上海市残联和上海广播电视台共同举办的"上海市第二届无障碍电影日活动"在徐家汇社区文化活动中心举行，活动主题为"无障碍电影进社区"，正式启动了上海市"社区无障碍电影院线"。上海市副市长时光辉，市政府副秘书长吴建融，市委宣传部、市文明办、徐汇区委区政府、市残联、上海广播电台、上海文化广播影视集团有限公司有关领导出席启动仪式。活动当天，全市各区县17家商业影院同步放映无障碍电影《从哪来，到哪去》，上海广播电视台等单位17位志愿者现场解说。

10月25日，上海市肢残人协会和中国肢残人协会脊柱裂委员会在虹桥火车站候车大厅、复兴公园、浦东世纪大道沙漏广场、嘉定清河路灯笼广场同时举行了"爱与你同在——2014年国际脊柱裂与脑积水日宣传活动"。上海仁济医院、儿童医学中心、长征医院等医院专家，以及市残疾人康复中心、阳光康复中心的神经外科、骨科、泌尿科、康复科专家在现场义诊，提供咨询服务。中国肢协、上海市残联、市卫计委、市妇联有关领导分别赴各宣传点出席活动并慰问残疾人。数千市民、脊柱裂患者、残疾人、志愿者参加活动。活动当日下午，在上海市阳光康复中心举行了"中途之家"轮椅与辅助技术论坛。《解放日报》《新民晚报》等媒体专版刊登了专家介绍的脊柱裂防治知识。

10月28日，由上海市残疾人就业服务中心主办，上海万邦关爱服务中心、市人才服务中心承办的2014年上海市"阳光基地"劳动项目洽谈会在上海人才大厦举办。50家社会爱心企业携100个劳动项目与全市165家"阳光基地"进行了洽谈对接。据统计，此次洽谈会现场成功签约劳动项目达60个。

10月31日—11月1日，上海以"创新社会治理，伙伴携手公益"为主题举行第四届"上海公益伙伴日"活动。上海市残联推荐五项公益项目参展："阳光之家"学员手工艺作品展、"阳光相伴"残疾人照顾者服务项目展、"为梦想插上翅膀"活动主题展、"自强与健身"残疾人体育成果展、"爱的眼睛"导盲犬项目展。这五项公益项目集中展示了残疾人手工艺品、照料服务成果、体育成果和导盲犬工作成果等。民政部副部长顾朝曦和上海市委副书记应勇、市人大常委会副主任薛潮、副市长时光辉、市政协副主席王志雄11月1日到公益新天地园参观活动，并与部分社会组织代表交谈。市残联党组书记金放、理事长王爱芬、巡视员祝永康等陪同参观。

11月30日，中国残障发声月活动闭幕式在上海浦东由由喜来登大酒店举行。"当天财富"公司和长江商学院EMBA23期2班代表向上海市残疾人福利基金会捐赠善款42万元，上海市残联党组书记、市残疾人福利基金会副理事长金放代表基金会接受捐赠，并向捐赠单位颁发爱心牌匾。

11月12日，由上海市残疾人就业服务中心主办，上海万邦关爱服务中心承办的2014年上海市"阳光之家"活动创意大赛在上海图书馆举行，全市17个区县上报了近百件手工艺品及培训方案。经过专家评审，大赛评选出手工艺品组和培训项目组一、二、三等奖，其中宝山区的手工艺作品《十字挑花》和培训项目"感恩教育"分别荣获两个组别一等奖。近250名"阳光之家"学员、工作人员以及志愿者参加了现场展示。

11月13日下午，美国国务院残疾人权利特别顾问茱蒂斯·霍伊曼女士一行访问上海市残疾人联合会。市残联理事长王爱芬、副理事长季敏及残疾人代表与茱蒂斯·霍伊曼女士进行座谈。座谈后，茱蒂斯·霍伊曼女士参观了市聋儿康复中心，与在训的聋儿及教师开展了互动交流，对在训聋儿良好的训练效果表示赞叹。

图6-9-3 王爱芬陪同茱蒂斯·霍伊曼女士参观市聋儿康复中心。

11月27—28日，"第二届上海市残疾人辅助器具技能大赛"举行。此次比赛由上海市残疾人康复工作办公室主办，上海市残疾人辅助器具资源中心和上海市残疾人康复协会承办。比赛分个人赛和团体赛2种形式，经过预、决赛，青浦区选手张小华获得个人一等奖，奉贤区参赛队获得团体一等奖。上海市残联党组书记金放、中国残疾人辅助器具中心陈振声主任、上海市残联季敏副理事长为获奖选手和集体颁奖。

11月29日，"2014年上海市残疾人福利基金会——界龙爱心助学基金发放仪式"在闸北区残联举行。上海市残联党组书记、市残疾人福利基金会副理事长金放，上海界龙集团有限公司董事长助理胡清涛等领导出席，并为虹口区、闵行区、青浦区、长宁区、奉贤区、闸北区、崇明县7个区县16名学生发放每人5000元助学款。

12月3日，上海市残联、上海图书馆和上海市残疾人读书指导委员会联合举办"上海市助残志愿服务和残疾人读书活动先进集体及个人表彰大会"。42个志愿助残先进集体、92名志愿助残先进个人受到表彰。市残联巡视员祝永康出席表彰大会并讲话。活动还特邀国家特级语文教师、著名朗诵家过传中为残疾人做"如何提高口语表达"的知识讲座。

图6-9-4 祝永康（右一）为助残志愿服务和残疾人读书活动先进集体及个人颁奖。

12月3日，上海首家盲人医疗按摩规范化实训基地在上海市第三康复医院正式揭牌。市残联副理事长郭咏军和闸北区委、区政府等相关部门领导出席揭牌活动。该实训基地由上海市残疾人就业服务中心和上海市第三康复医院合作建立，搭建起一个促进盲人医疗按摩人员实现就业的实训过渡平台，为盲人医疗按摩人员提高专业技术水平和临床实践能力提供有效支撑。

图6-9-5　郭咏军（中）为上海首家盲人医疗按摩规范化实训基地揭牌。

12月5日，全国残疾人基本服务状况和需求专项调查系统（上海）数据录入系统在经过负载测试、用户测试和兼容性测试等各项测试工作后正式上线启用。系统全面实现了中国残联基础管理建设年入户调查要求，对上海入户调查数据工作进行统一接口、统一采集、统一录入的管理，为数据录入打好基础。

12月14日，上海市残疾人就业服务中心、上海万邦关爱服务中心、百联中环购物广场、普陀区残疾人劳动服务所在百联中环购物广场共同举办"阳光之家"爱心实体专柜开幕仪式。市残联副理事长郭咏军、百联集团副总裁王志刚以及普陀区残联相关领导出席活动。活动现场展示了徐汇区、普陀区"阳光之家"学员编排演出的文艺节目，拍卖了三个装有"阳光之家"学员手工艺作品的"新年福袋"，同时普陀区各个"阳光之家"在现场进行手工艺作品义卖。

12月26日，由上海市社会建设委员会办公室主办的"第二届上海社会建设十大创新项目评选活动"终审暨表彰会在黄浦区市民健身中心召开。由市残疾人辅助器具资源中心选送项目"上海市残疾人辅助器具个性化适配服务"荣获优胜奖。12月21日，2015年度上海市机关公务员招录考试正式开考，机关事业单位专项招录残疾人专场笔试同时进行。这是上海市机关事业单位专项招录残疾人的第二年，呈现出"两多"特点，即机关事业单位提供的岗位和参加考试的残疾人都比上年增多。市委组织部、市人力资源和社会保障局、市公务员局、市残联有关领导到残疾人考场巡视。

2014年，上海市残疾人福利基金会联合浏阳智健医疗器械服务有限公司、上海爱尔眼科医院共同开展"爱心成就光明——为贫困白内障患者实施复明手术项目"。截至12月31日，为奉贤、松江、浦东、宝山等区县的贫困白内障老人进行了近万人次的眼科筛查，实施白内障复明手术800例。患者术后情况良好，术后老人的视力0.5以上的占80%。项目内容还包括对社区及有需要的单位进行眼部健康教育知识普及宣传，提高上海市民眼健康意识，通过培训基层眼科医生进一步增强防盲治盲的整体能力，受到百姓的欢迎与认可。

2014年，上海市残联与上海市卫计委开展医院服务窗口人员手语培训，由市残疾人康复职业培训中心具体承担培训任务。培训以"先试点，再推广"为原则，首批150多人受训。经过两个半月的学习，参加培训的学员按要求顺利完成培训任务。从2015年1月起，全市33家市级志愿者服务基地（医院）的便民中心将有手语志愿者为就诊的听障人士提供手语服务。

2014年，上海共完成8个区县的10家示范型阳光心园验收工作。至此全市有53家阳光心园通过专家组验收，被命名为"上海市示范型阳光心园"，提前超额完成"十二五"规划任务。

2014年，上海市残联借助"基础管理建设年"活动契机，进一步扩大与相关市委办局信息共享范围。截至年底，已与市民政局、市医保局、市人社局、市教委、市人口办等13个委办局和企事业单位共享了残疾人户籍地址、镇保、居保、医保、新农合、婚姻状况、低保及低收入、社会救助、福利补贴、就读情况等信息，实现了数据从源获取的制度保证。

（吴永寿、曹丹供稿）

江苏省残疾人事业和残疾人工作

一、领导讲话

副省长许津荣在省政府残疾人工作委员会全体（扩大）会议上的讲话摘要

2014年5月19日

今天的省政府残工委扩大会议，重点是研究推动党政机关、事业单位及国有企业带头按比例安排残疾人就业工作。就这方面工作，我讲三点意见。

一、充分认清促进残疾人就业的重要性和紧迫性

当前，全省上下正处在全面建成更高水平小康社会并向基本实现现代化迈进的重要阶段。做好残疾人就业工作，保障残疾人就业权利，对于推动残疾人跟上"两个率先"步伐，具有十分重要的意义。

（一）**就业是残疾人最迫切的民生问题**。就业，既是残疾人改善生活状况的重要手段，也是残疾人平等融入社会的重要途径。经济发展方式转变，产业结构优化升级，对劳动者的素质提出了更高的要求。残疾人就业竞争能力较弱，通过劳动实现增加收入和参与社会生活的难度较大。机关招录公务员和事业单位招录工作人员竞争激烈，残疾人在这一领域就业受到很大限制；因税收优惠政策调整等影响，福利企业安排就业的残疾人员工数呈逐年下降趋势；城镇化推进速度加快，农村残疾人劳动力转移就业压力增大，这些都给处于劣势的残疾人就业带来了更大的挑战。各地、各部门要充分认清残疾人就业面临的严峻形势，采取切实有效的措施，如改进针对残疾人的考录办法，大力开发适合残疾人就业岗位等，帮助和支持残疾人实现就业。

（二）**残疾人事业发展必须走劳动福利型道路**。促进残疾人就业，可以使残疾人从单纯依靠国家、社会救济和亲属供养中解脱出来，成为自立自强的劳动者。十八届三中全会明确提出了反对就业歧视的要求，就是要在不断完善社会主义市场经济的同时，构筑保护弱势群体、促进公平正义的体制机制。我们要坚持以人为本、执政为民理念，紧紧围绕解放和发展生产力，坚持劳动福利型的发展方向，始终把促进残疾人就业、创业作为工作重点，依托各类培训基地，组织好残疾人就业技能培训，提高残疾人参与社会的能力和独立生活的能力，帮助残疾人和残疾人亲属解除后顾之忧。

（三）**按比例安排残疾人就业是当前解决残疾人就业问题的关键**。上世纪90年代起，我省在全国率先建立了用人单位按比例安排残疾人就业制度，2006年省政府修订了《江苏省按比例安排残疾人就业办法》，使按比例安排就业成为残疾人实现就业的重要形式。但从实践效果看，仍然存在着相关规定落实难、用人单位缺乏主动性和积极性等问题。据统计，全省企事业单位按比例安排残疾人就业的不足10%。按比例安排残疾人就业，在提高残疾人就业层次、减少就业风险、促进残疾人全面发展方面具有优势，是各级政府实施就业保护制度的重要内容。在全社会就业形势严峻的背景下，要进一步推行按比例安排就业，为残疾人提供更多岗位，进而带动其他形式就业，拓宽残疾人就业渠道。

二、党政机关带头是推动按比例安排残疾人就业工作的重要保证

为贯彻中组部等七部门《关于促进残疾人按比例就业的意见》，省委组织部、省编办、省财政厅、人力资源社会保障厅等七部门单位联合制定下发了我省实施意见，强调党政机关、事业单位和国有企业要带头按比例安排残疾人就业，这是贯彻落实十八届三中全会精神、维护残疾人平等参与权利的重大举措。各地、各部门要深刻理解，高度重视，认真执行。

（一）**带头做好表率**。省委、省政府《关于加快残疾人事业发展的意见》明确提出，"党政机关、事业单位及国有企业要带头安置残疾人"。但从实际情况看，省级党政机关按比例安排残疾人就业的仅有10多家，省属事业单位按比例安排残疾人就业的仅有38家。省级机关作为全省政策的制定者和组织者，应为全社会做出表率，认真落实意见要求，建立岗位预留制度，带头招录和安排残疾人，确保到2018年年底前至少安排1名残疾人就业。省政府残工委成员单位更要先行一步，2016年底前，主要成员单位要至少安排1名残疾人就业；2017年年底前，所有成员单位要至少安排1名残疾人就业。

（二）切实解放思想。残疾人是一个特殊困难群体，同时也是现代化建设事业的重要力量。许多残疾人才华突出，思维活跃，创造能力很强，而且普遍踏实勤劳、爱岗敬业，具有独特优势。随着科技发展和各种康复手段、辅助补偿措施的普遍实施，适合残疾人参与的经济社会领域越来越广泛。促进残疾人就业，充分发挥他们的聪明才智和创造潜能，既是广大残疾人的重要权利和迫切愿望，也是充分利用人力资源，促进经济社会发展的客观需要。另外，在机关事业单位安排残疾人工作，也树立了本单位的良好形象。各地、各部门要消除歧视观念，为残疾人平等就业创造良好环境。

（三）做好录用工作。残疾人由于身体缺陷、行动不便等因素，与正常人相比，在公务员和事业单位工作人员的招录竞争中处于劣势。这次，我省促进残疾人按比例就业实施意见提出，要切实维护残疾人平等报考公务员和事业单位工作人员权利。比如，各级党政机关、事业单位开展招录工作时，除特殊岗位外，不得设置限制残疾人报考的条件，在同等条件下鼓励优先招录残疾人；凡符合国家规定录用体检标准的残疾人，不得拒绝录用；在专设残疾人招录岗位考试中，主管部门要给予放宽开考比例等倾斜政策。这些都是维护残疾人就业权益、促进社会公平正义的有力措施，各地、各部门要切实落实到位。

（四）健全激励机制。各地、各部门要落实扶持政策，对安排残疾人就业并符合条件的用人单位，按规定给予各项补贴和优惠；对按比例和超比例安排残疾人就业单位发放"按比例补贴"和"超比例奖励"，提高用人单位安排残疾人就业的积极性；要按照有关规定，对参加职业培训、职业技能鉴定并符合条件的残疾人给予补贴；对安排残疾人就业并符合条件的用人单位，按规定给予社会保险补贴。要加大惩处力度，对安排残疾人就业达不到规定比例的用人单位，各级财政、地税和残联要会同有关部门加大残疾人就业保障金的征缴力度，做到依法征收，应收尽收。

（五）强化就业服务。各有关部门要组织开展多形式、多层次的职业教育、职业技能培训和岗位技能培训，不断提高残疾人职业技能，以适应用人单位需求。各级公共就业服务机构要设立残疾人服务窗口、服务项目和无障碍绿色通道，免费为残疾人提供就业政策法规咨询、职业指导和职业介绍，为有劳动能力和就业愿望的残疾人按规定办理就业失业登记，组织和协助用人单位定期或不定期开展残疾人招聘活动。各级公共就业服务机构和残疾人就业服务机构要主动走进残疾人家庭和用人单位，准确掌握辖区内就业年龄段残疾人的基本情况，全面了解辖区用人单位的岗位需求，掌握第一手信息，及时发布职业供求信息，重点做好向用人单位的推荐工作。

三、建立健全促进残疾人按比例安排就业的长效机制

按比例安排残疾人就业工作涉及面广、政策性强、难度很大。必须切实加强组织领导，健全长效机制，形成工作合力。

（一）落实政府责任。各级政府要将按比例安排残疾人就业工作纳入当地就业整体规划，制订工作计划，明确任务指标，层层抓好落实。各地、各有关部门要把按比例安排残疾人就业工作作为一项重要的政治任务和一份应尽的社会责任，列入议事日程，加强领导，统筹安排。要根据残疾人就业工作的实际需要，合理安排资金，加大对残疾人职业培训、就业服务、社会保障等方面的投入。

（二）形成工作合力。按比例安排残疾人就业工作涉及多个部门，需要各方面密切配合，形成合力。各级政府残工委要充分发挥综合协调和督促检查作用，及时研究解决工作中遇到的问题。省委组织部、编办等制定实施意见的部门单位，要加强督促检查，具体负责推动党政机关、事业单位及国有企业带头按比例安排残疾人就业工作。各有关部门和单位要各司其职、各负其责、密切配合、共同推进。

（三）加大宣传力度。要采取多种形式，广泛宣传按比例安排残疾人就业的政策法规，消除社会对残疾人的偏见，澄清对按比例安排残疾人就业工作的模糊认识；加强对按比例和超比例安排残疾人就业等先进单位的宣传，进一步扩大社会影响，营造促进残疾人按比例就业的良好社会环境；宣传各行各业中残疾人职业能手，提高全社会对残疾人就业能力的认识，更好促进残疾人就业，保障残疾人的劳动权利。

（四）强化政策扶持。要将残疾人作为扶贫和扶持自主创业的重点对象，在各方面给予优惠照顾，大力支持各类残疾人扶贫基地建设。积极支持各类残疾人托养机构建设，鼓励更多的残疾人在各类托养机构开展庇护性生产劳动，鼓励企业为托养机构提供生产场地和简易劳动产品，并采取专营、免税、义卖活动等形式，促进其产品的销售。各级民政、工商、税务、文化、体育部门要将残疾人列为社区服务重点对象，促进全省福利企业健康发展，鼓励创办小型服务型福利企业，积极吸纳残疾人开展生产、服务活动。

二、政策法规文件

省委组织部等七部门单位关于促进残疾人按比例就业的实施意见 苏残发〔2014〕27号

二、推动党政机关、事业单位及国有企业带头安排残疾人就业

（二）省委、省政府《关于加快残疾人事业发展的意见》（苏发〔2009〕11号）明确提出"党政机关、事业单位及国有企业要带头安置残疾人"。各级党政机关、事业单位及国有企业应为全社会做出表率，带头招录和安排残疾人，要建立岗位预留制度，凡是在职残疾人职工人数达不到规定比例的单位应制定预留岗位目录，预留一定数量的编制和岗位，专门用于招录残疾人；残疾人就业未达规定比例的用人单位，对适合残疾人就业的通用型岗位，以及党政机关中的科研、技术、后勤等岗位，应优先招录残疾人。2018年年底前，所有省级党政机关至少安排1名残疾人就业；全省其他党政机关应当按照不低于本单位在职总人数1.5%的比例安排残疾人就业，安排残疾人就业达不到规定比例的，应当按照规定缴纳残疾人就业保障金。

（三）切实维护残疾人平等报考公务员和事业单位工作人员权利。各级党政机关、事业单位开展招录工作时，除特殊岗位外，不得设置限制残疾人报考的条件，在同等条件下鼓励优先招录残疾人；凡符合国家规定录用体检标准的残疾人，不得拒绝录用。在专设残疾人招录岗位考试中，主管部门要给予放宽开考比例等倾斜政策，并结合实际，采取适当措施，为残疾人考生创造良好的考试环境。

（四）各级政府残疾人工作委员会成员单位要在招录残疾人方面发挥示范带头作用。2014年起，我省公务员招考时，省、市政府残疾人工作委员会成员单位率先招录残疾人；2016年年底前，省、市政府残疾人工作委员会主要成员单位都要至少安排1名残疾人就业；2018年年底前，省、市残联机关干部队伍中残疾人干部比例达到15%以上。

（五）各级党政机关要督导所属各类事业单位做好按比例安排残疾人就业工作。各类事业单位要结合本单位岗位构成情况，确定适合残疾人就业的岗位，多渠道招录残疾人；各事业单位编制外用工岗位，要积极安排残疾人就业，并依法与残疾职工订立劳动合同，保障其合法权益。

（六）国有和国有控股企业应根据行业特点，在同等条件下，鼓励优先招录残疾人，确定适合残疾人就业的岗位，招录符合岗位要求的残疾人就业。县以上国有资产管理部门应动员国有和国有控股企业积极参加残疾人专场招聘活动。国有和国有控股企业招录残疾人，应按规定订立劳动合同，实行同工同酬，并积极为残疾人参与民主管理创造条件。

三、加大对用人单位的补贴、奖励和惩处力度

（七）落实用人单位按比例安排残疾人就业补贴和超比例奖励政策。由残联按照《江苏省用人单位按比例安排残疾人就业补贴和超比例奖励办法》（苏残发〔2013〕78号），对按比例和超比例安排残疾人就业单位发放按比例补贴和超比例奖励，提高用人单位安排残疾人就业的积极性。

（八）落实残疾人就业扶持政策。按照《江苏省实施〈中华人民共和国就业促进法〉办法》（省政府令第53号）及相关法律法规，对参加职业培训、职业技能鉴定并符合条件的残疾人给予职业培训、职业技能鉴定补贴；对安排残疾人就业并符合条件的用人单位，按规定给予社会保险补贴。

（九）鼓励用人单位为县以上残联备案的残疾人托养机构、工疗机构等残疾人庇护性就业机构提供劳动项目、劳动场地。

（十）各级残疾人就业服务机构依照有关规定，每年对用人单位按比例安排残疾人就业情况进行审核。对安排残疾人就业达不到规定比例的用人单位，各级财政、地税和残联要会同有关部门严格依法征缴残疾人就业保障金。对拒不安排残疾人就业又不缴纳残疾人就业保障金的用人单位，残联和财政等部门按照有关法律法规，采取催缴、通报、申请法院强制执行等措施。各地各部门应将用人单位是否履行按比例安排残疾人就业义务纳入先进评选标准，对于不履行义务的用人单位，不能参评先进单位，其主要负责同志不能参评先进个人。

四、为用人单位按比例安排残疾人就业提供全面服务

（十一）各级残联、人力资源社会保障部门及其他社会组织要加强残疾人职业教育和职业技能培训工作，不断提高残疾人就业能力。要针对残疾人特性和类别化培训需求，组织开展多形式、多层次的职业教育、职业技能培训和岗位技能提升培训，并结合用人单位岗位需求，提供有针对性的订单培训、定向培训、定岗培训，不断提高残疾人职业技能，以适应用人单位需求。要与各级各类特殊教育学院和职业院校加强联系，对在校残疾学生强化中级以上职业技能培训，加强就业教育和就业指导服务，促进残疾毕业学生就业工作。

（十二）各级公共就业服务机构和残疾人就业服务机构要发挥好用人单位与残疾人之间的桥梁和纽带作用。要组织和协助用人单位定期或不定期开展残疾人招聘活动，促进用人单位按比例安排残疾人。要主动走进残疾人家庭和用人单位，准确掌握辖区内就业年龄段残疾人的基本情况，全面了解辖区用人单位的岗位需求，掌握第一手信息。公共就业服务机构应当设立残疾人服务窗口、服务项目和无障碍绿色通道，免费为残疾人提供就业政策法规咨询、职业指导和职业介绍，为有劳动能力和就业愿望的残疾人按规定办理就业失业登记。全省街道、乡镇和社区（村）要发挥公共就业服务网络和残疾人就业服务网络平台作用，准确发布职业供求信息，重点做好向用人单位的推荐工作，实现残疾人求职者和用人单位之间高效、快捷的双向选择。

江苏省残疾儿童基本康复项目免费服务实施办法

苏残发〔2014〕43号

第二章 服务对象

第六条 0—6岁残疾儿童。具备以下条件：

（一）江苏省户籍；

（二）2014年受助儿童为2007年1月1日后出生。其他年度受助儿童年龄范围类推；

（三）医疗机构诊断证明；

（四）监护人有康复意愿。

第七条 7—14岁肢体（脑瘫）、孤独症儿童。具备以下条件：

（一）试点地区户籍；

（二）2014年受助儿童为2000年1月1日至2006年12月31日期间出生。其他年度受助儿童年龄范围类推；

（三）医疗机构诊断证明；

（四）监护人有康复意愿。

第三章 资金保障

第八条 各级财政按照不低于省定标准给予资金保障，省补范围和标准另行规定。

第九条 残疾儿童基本康复项目省定标准根据经济社会发展状况适时调整。有条件地区可扩大补助范围和提高补贴标准。

江苏省残疾儿童基本康复项目省补资金管理办法

苏财规〔2014〕25号

第二条 残疾儿童基本康复项目省补资金，是指由省财政年度预算安排的，用于符合条件的残疾儿童在定点康复机构内接受基本康复项目服务的资金。各级财政安排和其他渠道筹集的相同用途资金可参照本办法进行管理。

第三条 享受省补资金的残疾儿童须满足以下两条件之一：

（一）具有江苏省户籍，监护人有康复意愿，并经医疗机构确诊的0—6岁残疾儿童。

（二）具有试点地区户籍，监护人有康复意愿，并经医疗机构确诊的7—14岁肢体（脑瘫）、孤独症儿童。

试点地区由省残联、省财政厅按照各地儿童康复工作开展情况和省补资金预算安排情况共同确定。

第四条 0—6岁残疾儿童基本康复项目省定康复标准：

视力：0.5万元/年；听力语言：1.1万元/年，助听器0.6万元/3年（3年更换一次）；肢体（脑瘫）：1.48万元/年，矫形器0.12万元/年；智力：1万元/年；孤独症：1.4万元/年；多重：2万元/年。

7—14岁肢体（脑瘫）、孤独症儿童基本康复项目省定康复标准：

肢体（脑瘫）：1.4万元/年；孤独症：1.2万元/年。

第五条 为保证残疾儿童康复工作的稳定性和连续性，0—6岁残疾儿童基本康复项目省补助范围和补助比例不变（见附件1）。

7—14岁肢体（脑瘫）、孤独症儿童基本康复项目省补范围为省定试点地区。省定标准的20%由受助儿童家庭承担，80%由各级财政承担，符合条件的孤儿康复费用由各级财政按照省定标准全额承担。其中省按分类分档办法给予补助，其余由当地财政承担。

关于加强残疾人托养机构劳动项目省补资金管理的意见

苏财社〔2014〕67号

一、省补资金分配原则

省根据当地对残疾人托养机构劳动项目的投入情况、当地经济社会发展情况以及劳动项目管理情况，分类分档给予补助。

二、省补资金用途及分配方法

（一）省补资金用于残疾人托养机构劳动项目，不得用于机构建设、工作人员工资福利、日常办公和生活开支。

（二）省补资金分配方法

1. 当地对托养机构劳动项目投入的认定方法

当地政府安排明确用于符合条件托养机构劳动项目资金，并能够提供拨款及支出凭证的，视为当地投入；当地政府安排明确投入符合条件托养机构劳动项目资金，但无法提供实际支出凭证的，按投入资金量的50%计算劳动项目投入，县级行政单位最高认定投入不超过10万元。

2. 省补资金分配标准

省补资金分配标准为：对一至六类地区，分别按不超过当地投入劳动项目资金量的70%、60%、50%、40%、30%、20%给予补助，县级行政单位省补资金最高分别不超过10万元、9万元、8万元、7万元、6万元、5万元。省辖市省补资金总量不超过所辖地区补助金额上限总和。

省财政厅、省残联可根据项目经费总额以及全省劳动项目开展运行情况合理调整省补资金分配标准。

三、省补资金的申请、审核与审批

（一）申请。每年4月，市、县（市、区）残联对按照《残疾人劳动项目工作考核表》评估达到80分以上的残疾人托养机构，根据政府资金投入支出实际情况填写《托养机构残疾人劳动项目省补资金申请汇总表》（见附件）。同时提供上一年度当地政府资金投入到上述托养机构的拨款凭证（复印件）、机构用于残疾人劳动项目实际支出的有效凭证（复印件）。

（二）上报。5月5日前，县（市、区）财政局、残联申请表及有关材料上报省辖市残联。省辖市财政局、残联根据材料组织抽查复核，填写《托养机构残疾人劳动项目省级补助资金申请汇总表》。省直管试点县可直接上报省财政厅、省残联复核。

（三）审批。

1. 各省辖市应在每年5月15日前将《托养机构残疾人劳动项目省补资金申请汇总表》连同电子文档一起上报省残联，并将上年当地政府投入托养机构劳动项目的拨款凭证（复印件）、机构用于残疾人劳动项目实际支出的有效凭证（复印件）按地区和机构整理后上报省残联，由省财政厅、省残联集中审批。

2. 省财政厅、省残联根据上报情况，组织检查考核，确定省补资金分配方案。

2014年申请材料请于2014年7月10日前报省残联。

四、相关要求

（一）各地要对开展劳动项目的残疾人托养机构予以扶持，资金从同级残疾人就业保障金中列支。应制定符合实际的补助办法，明确补助对象和补助条件、使用范围、申请程序、绩效、监督检查等。

（二）残疾人劳动项目补助资金必须专款专用、专账核算，严禁挤占挪用，自觉接受财政、审计部门的监督检查，积极推进财务公开。各级财政和残联要加强劳动项目补助资金的预算执行和监督管理工作，及时下达省补资金和当地安排的补助资金，增强预算执行的有效性和均衡性，提高资金使用效益。

（三）对资金申请、管理和使用中存在违规违法行为的，视情扣减当地分配指标并依照有关规定追究法律责任，涉嫌犯罪的，依法移送司法机关处理。

三、工作综述

2014年，全省残联系统认真贯彻落实党的十八大、十八届三中全会和四中全会及省委十二届六次全会精神，全面落实中国残联和省残联第六次代表大会部署，以实现残疾人与全省人民同步小康为目标，攻坚克难，开拓进取，全面完成了年初确定的工作任务，省"十二五"残疾人事业发展纲要确定的各项目标任务进展良好，残疾人事业实现了新发展。

（一）成功组织开展全省性重要活动

全省"千企万岗"助残招聘活动成效明显。全省残疾人书法美术工艺精品推介会成功新颖。第五届全省残疾人职业技能竞赛暨就业创业成果展精彩纷呈。第九届全省残疾人运动会成绩突出。

（二）积极实施新的保障政策

平稳交接特殊困难残疾人生活救助工作。在各级残联的共同努力和有关部门的支持配合下，低保外无业重残人员生活补助发放工作的实施主体由民政转到残联，在保证原有政策落实所需资金来源渠道不变的基础上，确保受惠人员不减少、待遇标准不降低，省补资金增加近一倍，受惠残疾人超过33万，展示了残联组织的新作为。切实加大了按比例安排残疾人就业力度。省残联等七部门制定下发了《关于促进残疾人按比例就业的实施意见》，省政府残工委召开全体（扩大）会议，专题研究部署推动党政机关和事业单位及国有企业带头按比例安排残疾人就业有关工作，全省事业单位率先开展试点招录工作；贯彻落实《江苏省用人单位按比例安排残疾人就业补贴和超比例奖励办法（试行）》，全省发放用人单位奖补资金约800多万元；全省残疾人就业保障金征收入库19.1亿元，比上一年增加1.2亿元。推动制定了贫困精神残疾人免费服用二代精神药品政策。省残联会同有关部门制定下发了《江苏省贫困精神残疾人免费基本用药实施办法（暂行）》，惠及全省7.4万名贫困精神残疾人。全面落实了残疾儿童免费基本康复政策。各地认真落实省政府民生实事项目，按照《江苏省残疾儿童基本康复项目免费服务实施办法》及相关配套文件要求，规范落实残疾儿童康复服务流程，规范定点机构和康复服务标准，全省共有13924名0—6岁残疾儿童享受免费康复服务，对1208名7—14岁残疾儿童实施巩固性康复训练试点。全面实施残疾人大学生免收学费政策。省政府办公厅转发了省教育厅等部门制定的《关于进一步加快特殊教育事业发展的意见》，明确提出实施残疾儿童少年十五年免费教育政策，并从2014年开始免除残疾人大学生学费，继续实施向残疾人高中生、大学生发放特殊教育补贴政策。

（三）努力拓展残疾人基本公共服务

残疾人康复服务进一步普及。省政府与中国残联签署了共建国家辅助器具华东区域中心协议；改进残疾人辅助器具政府招标采购方式，共为7.6万残疾人（户）提供辅助器具适配和家庭无障碍环境改造服务；10个省辖市、38个县（市）残疾儿童康复机构和辅具服务机构纳入医保体系，实现联网或手工报销；完成贫困白内障患者免费复明手术16840例，配发各类辅助器具114792件，为1060名精神病患者提供免费住院救助，为7706名盲人提供定向行走训练，培训康复管理人员1591名、专业人员3979名、社区康复协调员12041名。残疾人托养服务加快发展。省残联会同省财政厅制定下发《关于申报2014年度残疾人托养机构设备购置省补资金的通知》《江苏省残疾人托养机构劳动项目管理暂行办法》和《关于加强残疾人托养机构劳动项目省补资金管理的意见》，下拨国家和省托养机构运行补贴资金7500多万元，建成残疾人托养服务机构1200多个，举办3期托养服务工作人员培训班，为2万多名残疾人提供托养服务。

（四）全力推进各项重点工作

残疾人扶贫工作扎实推进。认真组织全国首次"扶贫日"活动，开展《农村残疾人扶贫开发纲要（2011—2020）》执行情况检查，积极争取将残疾人纳入各地扶贫部门建档立卡对象，落实帮扶措施，加强农村残疾人实用技术培训，继续推进残疾人扶贫基地建设。残疾人维权工作进一步加强。认真做好《江苏省残疾人保障条例》的宣传贯彻，制定下发《江苏省省级残疾人法律救助基金管理办法》和《残疾人法律救助工作站规范化建设指导意见》；省残疾人法律救助工作站正式开展法律咨询服务，开设咨询热线；全省残联系统共受理残疾人来信750（件）次、来访7259人（件）次。残疾人宣传文化和体育工作取得新成绩。加强涉及残疾人事务的社会热点、重大政策、困难诉求等方面的新闻报道，创新举办了"我梦最美"全省残疾人微电影、公益广告歌曲大赛，收到全省自创微电影28部、公益广告和歌曲29部，举办全省优秀残疾人征文评选，组团参加"内地与澳门残疾人展能艺术墟"活动；圆满承办2014年全国游泳锦标赛，申报16家残疾人自强健身示范点，江苏省残疾人运动健儿在仁川亚残运会上共夺得金牌33枚、银牌15枚、铜牌3枚，打破1项世界纪录，金牌和奖牌总数均位居全国各省区市第一。向贫困残疾人家庭赠送基本家电活动取得明显成效。省残疾人福利基金会与各地合作，募集4700台液晶电视机、7300台洗衣机、7800台电风扇、7000台电饭煲、4700台收音机，开展了为贫困残疾人家庭安装太阳能热水器的试点工作，向全省贫困残疾学生及残疾人家庭学生捐赠学习卡8800张。

（五）切实加强各项基础建设

全面完成全省就业年龄段持证残疾人就失业情况调查。制定下发全省就业年龄段持证残疾人就失业情况调查方案，举办三批调查培训班，入户调查82.5万人，系统录入76.2万人，形成初步调查分析报告。稳步推进全国残疾人基本服务状况和需求专项调查。协调有关部门转发开展专项调查的通知，建立由省政府分管领导任召集人、省有关部门负责同志任成员的省专项调查联席会议制度，推动各地成立专项调查领导小组及办公室，制定专项调查方案、质量控制方案和宣传方案，完成残疾人数据库的补库核库工作和全省调查员培训任务，以省政府名义召开电视电话会议进行动员部署。认真开展"基础管理建设年"活动。将省残联内部管理制度汇编成册；举办两期全省残联理事长业务培训班，乡镇（街道）残联专职理事长配备率达到80%，完成残联系统专兼职工作者状况和残联组织财物管理状况专项调查；制定下发政府购买残疾人服务试点工作实施办法，确定第一批试点地区；广泛开展重点工作课题调研和"三解三促"活动；试行全省残联系统业务工作实名制统计和省残联机关工作人员绩效考核；完成省肢残协会和盲人协会法人注册登记工作。

四、大事记

1月15—16日，中国残联党组书记、理事长鲁勇，副理事长程凯一行到江苏省调研残疾人工作。调研组先

图6-10-1　鲁勇、程凯一行在江苏省调研残疾人工作。

后考察了南京特殊教育职业技术学院、南京市残疾人托养中心、无锡市重度残疾人托养中心、无锡市新区残疾人综合服务中心，并围绕"推行政府购买残疾人服务"相关内容，召开了部分市、县（市、区）残联理事长座谈会。调研期间，鲁勇一行听取了省残联关于全省残疾人工作情况的汇报。

1月17日，省残联召开党的群众路线教育实践活动总结大会。省残联党组书记、理事长高晓平代表党组做总结报告，省委第11督导组全体同志参加会议，组长周毅之讲话。

1月18日，省卫生厅、省民政厅、省红十字会和省残联机关工作人员组成工作组到盐城市建湖县麻风康复病区慰问。工作组查看了病区麻风病休养员的医疗、饮食和康复等情况，并发放棉被、大米、食用油等生活用品及慰问金，及时把党和政府的关怀送到麻风病休养员和麻风病防治工作者的手中。

1月20日，省残联召开离退干部座谈会，副理事长胡乃亮向老干部通报了2013年全省残疾人工作情况，听取老同志对全省残疾人工作的意见建议。

2月18日，全省残联工作会议在南京召开。许津荣副省长专门对会议做出批示。高晓平理事长代表理事会做工作报告，全面总结2013年全省残疾人工作，安排部署2014年工作任务。各市残联理事长、办公室主任，各县（市）残联理事长，省残联各处室、直属单位副处以上干部参加会议。南京、无锡等6个省辖市残联做交流发言。

2月19日，省编办《关于省残疾人联合会所属事业单位分类的批复》（苏编办复〔2014〕52号）明确：省残联所属省聋儿康复中心（省残疾人康复中心、省儿童康复研究中心）、省残疾人就业管理中心（省盲人按摩指导中心）、省残疾人体育训练中心为公益一类事业单位；苏盲推拿诊所、省残疾人辅助器具服务中心为公益二类事业单位；撤销江苏省功德大楼服务管理中心。

2月27日上午，省残联副理事长胡乃亮和省残联理事、聋儿康复中心主任朱承纲在南京市鼓楼医院党委副书记周长江、医务处处长叶树俊、耳鼻咽喉科主任高下的陪同下，到南京市鼓楼医院耳鼻咽喉科病区，看望慰问接受政府人工耳蜗植入手术项目救助的聋儿及其家长。

3月3日，省残联与扬州市残联共同举办"爱耳护耳，健康听力——预防从初级耳科保健做起"主题宣传教育活动。省残联副理事长胡乃亮，扬州市副市长张宝娟，省残联康复处、省聋儿康复中心、省辅具中心、扬州市残联相关领导出席此次活动。省市听力专家在活动现场开展义诊、咨询活动，为残疾人及其亲友答疑解惑，普及听力及耳疾相关的健康和防治知识；省聋儿康复中心、省辅具中心分别向扬州市残联捐赠助听设备，并现场开展验配和调试等服务；为扬州市残疾人辅助器具服务中心的成立揭牌。

3月3日，省残疾人福利基金会在建湖县启动"聆聪行动"情系盐阜老区建湖行项目，为当地贫困听障残疾人捐赠价值54万元的助听器。

3月6—7日，2014年度全省残疾人就业保障金征管工作会议在常州市召开。省地税局副局长陈筠、省残联副理事长杜晓镇出席会议并讲话。来自全省13个市的地税局分管局长和税政处长以及残联分管理事长和就管中心主任近100人参加会议。会议通报了2013年度按比例安排残疾人就业工作先进单位和个人。无锡、常州等4个市、县做了经验交流。会议总结了2013年度残疾人就业保障金征缴工作取得的成绩和经验，对2014年残疾人就业保障金征管工作做了部署。3月6日下午，召开了全省残疾人就管中心主任工作会议，对2013年全省残疾人就业、培训、盲人按摩工作进行总结并部署2014年工作。

3月13—14日，省残联联合省统计局在南京市建邺区虹苑社区、兴达社区、溧水区洪蓝镇、永阳镇开展全省就业年龄段持证残疾人就失业情况试点调查工作。4月9日，下发《省残联关于开展全省就业年龄段持证残疾人就失业情况调查的通知》，成立全省就业年龄段持证残疾人就失业调查办公室。

3月17—18日，省残联、团省委在南京市召开全省青年志愿者助残"阳光行动"启动会议，对"阳光行动"进行布置，授予13家志愿助残组织为"全省青年志愿助残阳光行动基地"。会议期间还召开全省残联组织联络工作会议，安排2014年度工作。

3月18日，省残疾人福利基金会在南京市高淳区召开2014年省残疾人福利基金会业务培训暨捐赠工作会议。

3月19日，省长李学勇主持召开省政府常务会议，听取省残联关于贯彻落实中国残联第六次全国代表大会精神有关措施建议的汇报。会议明确，要全面贯彻落实中国残联第六次全国代表大会精神，在按比例安排残疾人就业、完善低收入残疾人生活补贴制度、全面实施贫困精神残疾人服药救助政策、提高残疾儿童免费抢救性康复经费补贴标准、实施新的残疾预防行动计划、完善残疾学生助学政策、加快残疾人基本公共服务普及、开展为贫困残疾人家庭赠送基本家电活动等方面加强措施落实，让残疾人同步共享全面小康建设成果。

3月20日，江苏省残疾人体育训练中心二期工程正式开工建设。

3月24—25日，省残联在南京市召开省各专门协会第六届委员会第二次会议，总结2013年工作，布置2014年工作。

3月24日—4月18日，第六期全省盲人高级保健按摩师培训班在南京市盲人学校开班。全省12个市、县的28位符合资格的盲人保健按摩师参加培训。4月18日下午，培训班组织专家进行了高级保健按摩师技能鉴定。

3月28日，省残联助听器、助视器验配服务中心正式开业。省残联党组书记、理事长高晓平，副理事长胡乃亮、杜晓镇，省残疾人福利基金会理事长徐庆祥、常务副理事长张建平、副理事长陶良铸，以及省残联机关各处室的领导同志参加开业仪式。省残联助听器、助视器验配服务中心是全省开展残疾人辅助器具服务的窗口，同时也是全省听力、视力障碍残疾人服务总中心，除承担全省的残疾人助听器、助视器救助项目的组织实施，开展验配业务培训和咨询外，还将承担社会有需求人员的助听器、助视器的调试、适配等相关服务。

3月28日，全省残联系统维权工作会议在南京召开，回顾近几年全省的残疾人维权工作开展情况，布置2014年维权工作任务。各省辖市残联分管理事长、维权处处长参加会议。省残联纪检组长牟民生同志到会并讲话。会议邀请省信访局接访处处长吴永兴就全省信访工作形势以及规范信访接待工作做了专题讲座。

3月29—30日，第一期全省国家级盲人医疗按摩人员继续教育培训班在南京开班。全省135位取得盲人医疗按摩人员从事医疗按摩资格证书的盲人按摩师参加培训。

3月31日，省残联召开购买残疾人服务专项调研工作汇报会，全体会领导、各调研组人员参加。会前，省残联13个调研组深入各市，采取听取汇报、座谈交流、资料会审、走访机构等形式，对各地购买残疾人服务现状、购买项目、标准、购买方式、经费拨付形式、使用流程、监督管理情况等开展专项调研活动。各调研组汇报交流了各地开展购买服务工作的现状、存在问题和对策建议。

4月1—2日，全省残疾人教育就业工作会议在南京召开，各市残联分管教育就业工作的理事长、教育就业处处长参加。

4月8—22日，省残联举办拉萨市残联系统基层康复人员培训班。4月8—11日，受训人员在南京集中授课；4月11—21日，分赴南京、无锡、常州、镇江4市残疾人康复机构见习。

4月9—17日，2014年全国残疾人游泳锦标赛在江苏省常州市奥林匹克体育中心举行，中国残联体育部主任赵素京，省残联副理事长肖敏，常州市委常委、宣传部长徐缨等有关方面负责人出席开幕式。此次比赛是历届全国残疾人游泳单项赛事中参赛规模最大、参赛运动员最多的一届，共有来自全国25个省、市、自治区25支代表队的运动员、教练员、工作人员以及裁判员、媒体记者、志愿者750余人参加。

图6-10-2　2014年全国残疾人游泳锦标赛比赛现场。

4月10—11日，全省残联计财工作会议暨专项业务培训班在镇江召开，各省辖市及计划单列市的分管理事长、计财处长及主办会计约70人参加会议，省残联肖敏副理事长和牟民生组长到会并讲话。省财政厅社保处冀锋、省审计厅行政事业审计处江滢分别讲授财政、审计方面的专业知识，省残联计财处同志分别就2014年计财工作安排、专项资金管理、会计服务质量和基础设施建设等开展培训，南通、盐城、镇江残联代表做交流发言。

4月23日，第一届省盲人按摩学会理事座谈会在省残疾人就业管理中心召开，15位盲人按摩学会理事参加座谈。

4月，省残疾人体训中心被省直机关工委评为2013年度"江苏省工人先锋号"荣誉称号。

5月—12月，省残联先后分15批次，对275名托养机构服务人员进行培训，每期培训时间一周。

5月4日，江苏助残志愿者网站开通。

5月4—11日，在河北正定举行的2014年全国残疾人乒乓球锦标赛中，江苏省运动员获得共计9枚金牌、3枚银牌和2枚铜牌的优异成绩；金牌榜和团体总分均位居第一。

5月5日，省政府与中国残联在南京签订共建国家辅助器具华东区域中心协议书。中国残联副理事长贾勇、副省长许津荣出席签约仪式。根据协议，到2015年，该中心将在南京建成6000平方米以上的辅助器具研发和生产基地，为江苏479万残疾人带来福音。中国残联副理事长贾勇指出，希望江苏省通过创建国家辅助器具区域中心，在完善服务体系建设、推动科技发展、强化人才培养等多方面总结经验、摸索规律，为促进全国残疾人辅助器具事业发展做出新贡献。

5月6—12日，2014年全国残疾人田径锦标赛在中国残疾人体育运动管理中心举行,江苏省运动员获得共计21枚金牌、17枚银牌和9枚铜牌,团体总分338分,金牌榜和团体总分均位居第二的良好成绩。

5月8日下午,省残联在省残疾人体育训练中心举办"爱心助残笔会"。原省委常委、省纪委书记冯敏刚,原省军区司令员吕振林,原常务副省长、省慈善总会会长俞兴德,原省军区副政委戴玉富,原省人大秘书长仇中文,中国文化发展促进会副会长戴中礼,原省残联纪检组长王永文等老领导出席笔会。此次"爱心助残笔会"是省残联第二十四次全国助残日系列活动之一。参会老领导共创作了39件书画作品,并当场全部捐赠给省残联。

5月14日,省残疾人福利基金会在南京市举行2014年省残疾人福利基金会公益项目签约仪式,与13个省辖市残联主要负责同志签订《江苏省残疾人福利基金会公益项目协议书》。该项目将向全省3.5万多户残疾人家庭捐赠总价值1396万元的电视机、收音机、洗衣机、电风扇、电饭煲、四轮轮椅、三轮轮椅。

5月18日,江苏省残疾人书法美术工艺精品推介会在南京举行。副省长许津荣、省政府副秘书长徐国柱等领导出席会议,并为爱心企业和爱心人士颁发证书。现场共有23家爱心企业和9名爱心人士参与认购,成交作品76件,成交额为23.5万元。省委老领导和南京军区、江苏省军区老首长创作并捐赠的书画作品也在会上展出。中国残联宣文部、省文化厅、省文联、中国江苏网,以及有关专家、省级主流媒体、爱心人士和各市残联代表、残疾人艺术家和省级残疾人文化创业基地代表共100余人参加推介会。

图6-10-3 江苏省残疾人书法美术工艺精品推介会现场。

5月18日上午,由省人社厅、省国资委、省教育厅、省残联牵头举办的全省"千企万岗"助残招聘活动在13个省辖市同时举行,共有1505家单位推出13565个岗位,有15064名残疾人参加招聘活动,招聘现场共有4932名残疾人达成了就业意向,有1432名残疾人与招聘单位签约。副省长许津荣、南京市副市长徐锦辉,省、市教育、人社、国资委、残联负责同志出席省暨南京市专场招聘会。

6-10-4 全省"千企万岗"助残招聘活动现场。

5月19日,省政府残疾人工作委员会在南京召开全体(扩大)会议,研究部署加快残疾人全面小康进程、推动党政机关和事业单位及国有企业带头按比例安排残疾人就业有关工作。副省长、省政府残工委主任许津荣出席会议并讲话,省政府副秘书长、省政府残工委副主任徐国柱主持会议。省政府残工委副主任、省残联理事长高晓平报告2013年全省残疾人工作情况和2014年工作安排。省政府残工委全体组成人员参加会议,省委组织部、省国资委、省公务员局等单位负责同志应邀列席会议。

5月29日上午,省残联副理事长胡乃亮一行5人到江苏省儿童康复研究中心,看望慰问在康复中心接受康复训练的智力、孤独症和听力障碍儿童,并向孩子们赠送礼物。

5月30日,省残疾人事业发展研究会与2014—2015年度残疾人事业理论研究课题承办单位签订课题研究协议。省残联党组成员、纪检组长,省残疾人事业发展研究会秘书长牟民生对课题研究工作提出明确要求,并代表研究会与各课题组负责人在协议书上签字,各课题组正式启动课题研究工作。

5月,省残疾人福利基金会与台湾曹仲植基金会合作,向全省11个市捐赠6712辆轮椅。

6月3日,日本北九州牵手育成会原理事长北原守、新任理事长小松启子以及工作人员任多征、叶铭秀一行4人到江苏,就中日韩残疾人交流大会事宜与省残联进行交流,并参观了省残疾人就业管理中心、南京市残疾人托养中心。

6月4—9日,2014年全国残疾人举重锦标赛在湖南省株洲市举行,江苏省运动员共获得4枚金牌、1枚银牌和2枚铜牌的优异成绩;金牌榜和团体总分均位居第一,创历史最好成绩。江苏省女队员胡丹丹以98公斤的优异成绩勇破世界纪录一次,并以92公斤、94公斤的成绩两次超亚洲纪录。

6月4—12日，2014年全国残疾人射箭锦标赛在湖南省株洲市举行，江苏省运动员勇夺反曲弓混合团体（严会莲、陈业刚）公开级淘汰赛、复合弓混合团体（花笑尘、高艳晴）公开级淘汰赛2枚金牌。复合弓混合团体在排名赛和淘汰赛分别以1318环、145环的成绩两次打破全国纪录。

6月9日，省残联、省民政厅、省财政厅、省人力资源社会保障厅、省卫生和计划生育委员会联合出台《江苏省贫困精神残疾人免费基本用药实施办法（暂行）》，建立病情稳定期贫困精神残疾人日常基本用药保障机制，为纳入城镇职工及居民基本医疗保险、新型农村合作医疗范围的城乡贫困精神残疾人免费提供基本的精神类药物治疗。

6月10日，省残联在南京召开重点工作座谈会，研究部署下半年重点工作。省残联党组理事会全体成员，各市残联理事长、办公室主任和省残联各处室、直属单位负责人参加会议。省残联副理事长胡乃亮、杜晓镇分别就贫困精神残疾人免费服用二代精神药品、全面实施残疾儿童免费康复和低保外重残补助政策实施主体调整及全省就业年龄段持证残疾人就失业情况调查等几项重点工作进行具体部署。

6月16—17日，全省残联系统财务统计报表暨专项业务培训班在南京举行，省辖市及部分县（市、区）的财务人员参加培训。省残联副理事长肖敏出席开班仪式。省财政厅监督检查局杨晨、省财政厅社保处冀锋分别讲授部门预算管理的风险控制、部门预算编制及经费下拨方法。省残联计财处的同志系统讲解了中国残联财务统计报表内容、要求及软件操作方法。

6月24—26日，省残联在南京举办2014年首期助残志愿者培训班。各市残联助残志愿者工作负责人、优秀助残志愿服务组织代表，县（市、区）、乡镇（街道）、村（社区）助残志愿者网部分具体操作人员共80余人参加培训。省残联副理事长蔡振康出席开班仪式。培训班对学员进行了"江苏助残志愿者网"的使用技能培训和志愿者常用手语教学；邀请省文明办志愿者工作指导处赖海燕处长做专题讲座；南京、徐州、常州等地优秀助残志愿服务组织的代表做经验介绍。

6月24日，由中国残疾人福利基金会主办，省及南京市残疾人福利基金会承办的2014年"集善工程——（爱之翼）助残行动"捐赠仪式暨江苏项目启动仪式在南京举行，为江苏省肢体残疾人捐赠260辆电动轮椅。

7月1日，省残联机关党委组织机关50多名党员干部，前往南京市六合区竹镇大泉村开展党日活动，举行新党员入党宣誓和老党员重温入党誓词仪式，参观"农民好支书"李元龙先进事迹陈列馆，考察大泉村新农村建设新面貌和六合区残疾人康复中心、托养中心建设情况。

7月12日，省残疾人福利基金会在连云港市举行"阳光浴室"苏北五市捐赠仪式，为徐州、连云港、淮安、盐城、宿迁5个市贫困残疾人家庭安装55台总价值13.75万元的太阳能热水器。

7月15—18日，中国残联党组副书记、常务副理事长孙先德一行到江苏省调研残疾人文化建设工作，考察了苏州市助残社会组织孵化园等。调研期间，许津荣副省长会见了孙先德一行。省残联理事长高晓平、副理事长肖敏陪同调研。

图6-10-5 孙先德调研苏州市残疾人文化建设工作。

7月15—19日，全省脑瘫儿童康复技术培训班在宝应县举行，51家康复机构的85名康复技术人员参加培训。

7月30日，省残联在南京召开全国残疾人基本服务状况和需求专项调查工作会议。省残联领导高晓平、蔡振康、牟民生、杜晓镇出席会议，各市残联分管理事长、办公室主任和省专项调查办公室全体人员参加会议。会议介绍了基层残疾人组织调查工作以及推动建章立制工作深入开展的情况、专项调查的调查方案和工作流程，通报了全省就业年龄段持证残疾人就失业调查工作情况。

7月30日，省残疾人福利基金会举行"集善正保学习卡"捐赠仪式，为江苏省2000名就业年龄段残疾人提供学习卡（每卡1000元），涉及远程职业培训、医学教育、成人教育、外语培训等多方面学习内容。

7月，省残疾人福利基金会与金鹰国际慈济基金会签订合作协议，双方各自出资100万元，建立总资金200万元的"金鹰阳光助学奖励基金"，利用每年投资收益，在全省开展"阳光学子教育行动"。

8月8日上午，省委书记罗志军考察无锡市重度残疾人托养中心和北塘区残疾人综合服务中心。省委常委、无锡市委书记黄莉新等陪同考察。

8月11日，省肢协、南京市肢协在南京市联合开展"环境无障碍、方便你我他"主题活动。

8月13日，省残疾人福利基金会在淮安举行全省残疾人公益项目捐赠仪式，按照2014年残疾人公益项目实施协议的要求，将电视机、洗衣机、电风扇、电饭煲、轮椅、学习卡捐赠给各省辖市及部分市县残疾人基金会。

8月30—31日，由省残联、省人力资源社会保障厅共同举办的2014年全省残疾人就业服务机构工作人员职业指导竞赛在南京举行。来自省级、13个省辖市残疾人就业服务机构的14个代表队共47名选手参加了个人赛和团体赛。

9月2—8日，江苏省12名残疾人艺术家组团参加"内地与澳门残疾人展能艺术墟"活动，书法美术工艺优秀作品展示和现场才艺表演获得了活动主办方和澳门观众的赞誉。

9月5日，省肢协在南京召开第六届委员会第三次会议。会议增补侯晶晶、钱岳龙、吴必豹3名同志为省肢协第六届委员会委员，增补朱承纲同志为省肢协第六届委员会秘书长，增补侯晶晶同志为省肢协第六届委员会副主席，通过省肢协章程，完成社团法人登记注册程序。

9月9日上午，副省长、省残联主席许津荣，省政府副秘书长徐国柱，省民政厅厅长侯学元，省残联理事长高晓平，省教育厅副厅长朱卫国等一行到南京特殊教育职业技术学院考察，慰问教师并召开座谈会。

9月10日上午，在全国第三十个教师节来临之际，省残联党组书记、理事长高晓平，会领导肖敏、胡乃亮、牟民生、杜晓镇和有关处室负责同志到省儿童康复研究中心，看望慰问在残疾儿童康复教育一线工作的老师们，并同教师代表座谈，向他们致以节日问候。

9月11日，江苏省第九届残疾人运动会在沭阳县体育中心开幕。经过两个阶段共10天的激烈角逐，697名参赛运动员完成了田径、游泳、举重、乒乓球、坐式排球等9个大项、500多个小项的比赛，是历届省残运会中规模最大、参赛运动员人数最多的一届。

9月11—13日，省委办公厅党群处、省残联组联处在徐州、南通、昆山三地联合开展江苏省助残社会组织发展现状调研。

9月14日上午，第五届全省残疾人职业技能竞赛暨就业创业成果展在南京开幕。此次竞赛共设置计算机、工艺美术、服装等28个项目，来自全省的363名残疾人选手参赛。中国残联副理事长程凯、副省长许津荣出席开幕式。残疾人就业及技能培训成果展同时举办，全省92家残疾人扶贫、托养机构和特校等带来产品进行现场展销，55名在各类大赛中获奖的残疾人工艺美术师在现场一展绝技。

9月20—21日，全国盲人医疗按摩人员考试（江苏考区）在南京市盲人学校开考，106名盲人考生参加考试。江苏三名盲人考生赴北京参加计算机答题方式的试点考试。

9月22—26日，2014年江苏省优秀残疾人专职委员暨南京市第六届街道（镇）残疾人专职委员培训班在南京举行，来自全省的优秀残疾人专职委员代表和南京市各基层街镇的140多名残疾人专职委员参加培训。此次培训班由南京特教学院承担所有教学任务，引进哈佛培训模式，将理论讲授和案例讨论相结合，将室内授课与实地参观相结合，提高了培训质量和培训效果。

9月22—26日、10月12—14日，省智协分别在徐州、盐城、泰州3市和南京、无锡2市开展建立智障人士生活保障机制调研。

10月8—11日，全国暨江苏省残疾人社区康复管理人员培训班在南京举行，全国160多名从事社区康复管理工作的人员参加培训。

10月10日，省精协、南京市精协在南京市联合开展"凝聚每份爱、点亮颗颗心"主题活动。

10月11—12日，由爱德基金会、南京医科大学附属脑科医院主办，香港协康会、琼尼之友协办，鼓楼区凤凰街道爱德儿童发展中心承办，芬兰差会资助的第五届爱德孤独症国际研讨会暨实用技术培训班在南京举行。来自美国、新加坡、中国香港、中国台湾和内地的12名专家学者以及全国22家专业从事儿童孤独症康复工作的民间机构代表、30家特教学校和医院以及长期支持孤独症儿童康复事业的企业代表共233人参加研讨会。

10月18—24日，在韩国仁川亚残运会上，江苏省残疾人运动员共获得51枚奖牌，其中金牌33枚（个人单项金牌19枚，团体、集体项目金牌14枚）、银牌15枚、铜牌3枚，打破一项世界纪录，金牌数、奖牌数均位居全国榜首。

10月15—18日，全国助残社会组织工作研讨会在南京召开。15日，省残联印发《中国助残志愿者注册管理办法江苏省实施细则》，对江苏省助残志愿者的招募、注册、管理等方面进行了规范。

10月19—25日、11月17—21日，第十三期全省残联理事长培训班分两期在淮安和无锡市举行。参训学员以省残联六代会换届后新任职的县（市、区）级及以上残联理事长和副理事长为主。培训班以课堂授课和实地参观考察相结合的方式，全面系统地介绍了残联的基本业务和工作方法。

10月22—27日，牟民生同志带领27名残疾人和工作人员，赴日本参加中日韩残疾人交流大会。

10月25日，省肢协、南京市肢协在南京市联合开展"爱与你同在"国际脊柱裂与脑积水日社会宣传活动。

10月31日，由省卫计委、省残疾人联合会、省红十字会、省残疾人福利基金会共同举办的"春风行动"假肢装配捐赠仪式在扬州高邮市举行。

11月5日，江苏省机构编制委员会办公室下发《关于江苏省聋儿康复中心更名的批复》（苏编办复〔2014〕183号），明确"江苏省聋儿康复中心"更名为"江苏省听力语言康复中心"，其职责任务是提供听力语言康复、残疾预防和评定等服务，承担听力残疾康复救助项目。

11月8—11日，由中国盲协、江苏省残联主办，江苏省盲协、泰兴市委市政府承办的首届"阿炳杯"全国盲人器乐独奏大赛决赛在江苏省泰兴市举行。中国残联副主席、中国盲协名誉主席李志军，中国盲人协会主席李伟洪，江苏省残联副理事长杜晓镇，泰兴市委常委、政法委书记田之本，泰兴市副市长刘辉，江苏省盲协主席、泰兴市残联理事长封红年出席开幕式。经过初赛和复赛，来自全国26个省的33名选手进入决赛，湖北选手和北京选手分获民族组和西洋组一等奖。

11月11—13日，省盲人按摩指导中心在南京组织举办第十八届江苏省盲人按摩学术交流会，主要内容有优秀论文答辩、学术论文现场交流、专家授课等。各市盲人按摩行业代表、学术论文作者及工作人员等共60余人参加交流会。

11月12—15日，中国残疾人杂志社副总编欧阳鸣、总编室主任罗新欣、编辑艾诚一行赴江苏省无锡市和苏州市采访残疾人文化产业创业优秀团队和人物，先后实地考察了宜兴市"爱德陶艺社"和爱德培训学校、无锡新区"乐咖啡"、苏州市助残社会组织孵化园、姑苏区残疾人文化创业基地（寒香会社）、昆山残疾人文化创业基地（昆山张浦好山水动画有限公司），并在苏州残疾人活动中心召开了苏州市（吴中、姑苏区）残疾人文化创业座谈会。省残联肖敏副理事长以及各有关市、区残联相关负责人陪同采访。

11月13—14日，全省残疾人职业能力测评系统座谈会在南京举行，来自全省各市的就业管理（服务）中心主任和具体负责职业能力测评的工作人员参加座谈会。

11月14日，省残联理事长高晓平、省财政厅副厅长黄晓平、省残联副理事长肖敏率省财政厅、省残联调研组到无锡市调研残疾人托养服务工作。调研组实地考察了宜兴市博爱生态农业有限公司、市残疾人托养中心，滨湖区河埒街道残疾人综合服务中心、中大残疾人日间照料庇护中心、惠山区重度残疾人托养中心，无锡市残疾人托养中心等残疾人服务机构。

11月24—26日，由中国精协和江苏省残联主办、江苏省精协和南京市宝塔桥街道残疾人庇护托养中心承办的第三届UFE培训班在宁举行。中国精协主席兼秘书长温洪，省残联副理事长蔡振康，北大六院专家，全省各市精协主席，南京市部分精神病专科医生、患者及其亲友和残疾人服务机构负责人共计约70人参加。

12月3—7日，省残联在扬州举办第二届聋人书画摄影作品展，共展出聋人书画摄影作品120余幅。

12月10日下午，省政府召开电视电话会议，对全省残疾人专项调查工作做进一步的动员和部署。省政府副秘书长、省政府残工委副主任徐国柱以及省发改委、省经信委、省教育厅、省公安厅、省民政厅、省财政厅、省人社厅、省卫计委、省统计局、省残联等有关单位负责同志和省残疾人专项调查联席会议办公室全体成员在南京主会场出席会议。省残联纪检组长牟民生、省地方统计调查局局长王当龄代表省残疾人专项调查联席会议办公室分别对江苏省专项调查工作做了布置。省政府副秘书长徐国柱对各地各部门做好调查工作提出了具体要求。各市政府分管秘书长和发改委、经信委、教育、公安、民政、财政、人社、卫计委、统计局、残联等部门负责同志在当地分会场参加会议。

12月17日，省残疾人福利基金会在南京召开"金鹰阳光学子"表彰会议。省政府副秘书长徐国柱、省残联理事长高晓平、省残联副理事长杜晓镇、省残疾人福利基金会常务副理事长张建平、省残疾人福利基金会副理事长陶良铸、省残疾人福利基金会秘书长胡俊、南京金鹰国际慈济基金会理事长李桂菊以及各省辖市残联负责同志、各市阳光学子代表约60人出席会议。

12月19日，江苏省残疾人事业发展研究会在南京大学举行了第二次代表大会暨残疾人权益维护研讨会。研究会有关负责同志及各高校、研究机构和各市残联、基层残联的会员代表出席大会。牟民生秘书长代表第一届理事会做工作报告，总结研究会成立五年来所做的工作和取得的成绩，提出研究会以后五年的工作重点。大会通过了新修订的研究会章程和会员调整方案，选举产生了第二届理事会、常务理事会和研究会领导成员。在残疾人权益维护研讨会上，来自南京大学、南京师范大学、东南大学、省社科院、云南大学、山东大学、华东政法大学等省内外十几所高等院校和研究机构的专家学者，从不同的学科、多维的视角，对残疾人权益维护问题进行了深入探讨。

12月24日下午，2014年度金鹰自强不息残疾人奖励基金颁奖仪式在苏州市举行，苏州市25名事迹突出的优秀残疾人专职委员获得奖励。

12月23—26日，省残疾人体育健身指导员培训班在省体育局仙林训练中心举行。省残联、省残体协、省体育局群体处负责同志出席开班仪式。来自全省13个市以及昆山、泰兴、沭阳县残联从事体育工作的管理人员、特殊学校体育教师、社区残疾人专职委员等56人参加培训。

(王强供稿)

浙江省残疾人事业和残疾人工作

一、领导讲话与批示

省长李强在浙江省第十二届人民代表大会第二次会议上的政府工作报告摘要

2014年1月16日

稳步发展人口计生、老龄、妇女儿童、残疾人、慈善、民族宗教等事业。健全残疾人权益保障制度。

省委副书记王辉忠在杭州市西湖区古荡街道工疗站看望慰问接受工疗的残疾人和服务残疾人的志愿者时的讲话摘要

2014年3月5日

阳光庇护中心的模式很好，全社会都应该来关心关爱残疾人。要大力弘扬"奉献、友爱、互助、进步"的志愿精神，认真做好助残志愿服务工作，帮助广大残疾人共建共享中国梦。共青团和残联要携起手来，发挥各自优势，把残疾人的需求与广大青年参与社会、服务社会的热情有效对接，促进志愿助残工作取得更大实效。志愿者很平凡、很普通，但志愿服务很高尚，无数志愿者的点滴服务，必将汇聚成爱的洪流。全省广大志愿者们要以实际行动向宁波北仑志愿者朱治平等优秀典型学习，长期结对，热情服务，增强服务技能。社会各界尤其是青年大学生要主动参与志愿服务，积极倡导和践行以"务实、守信、崇学、向善"为内涵的当代浙江人共同价值观，做社会良好道德风尚的践行者、引领者和传播者，弘扬友善、诚信、孝敬等传统美德，以实际行动引领文明新风，让道德之光照耀心灵，让最美风景成为风尚，不断为经济社会发展集聚更多正能量。

副省长熊建平在全省残疾人工作会议暨省残联第六届主席团第二次全体会议的讲话摘要

2014年3月13日

（一）加大保障力度

强化生活保障。要确保残疾人生活保障水平不低于全省平均8%的增长幅度。要抓好扩面提标，做到应保尽保、应补尽补，重点是提高残疾人低保水平和就业年龄段无固定收入残疾人的生活补贴标准，扩大残疾人低保和重度残疾人集中托（安）养覆盖面。在此基础上，尽快建立残疾人保障提标扩面长效机制，实现生活保障水平动态调整。**强化医疗保障。**扩大基本医疗保障范围，重点是推动残疾筛查、诊断、鉴定、医用护理用品等纳入医疗保障。加大医疗康复救助，本着可持续、可承受、能平衡的原则，提高救助标准。特别是要研究建立精神残疾人免费服药制度，确保全省精神残疾人得到及时救治救助。**加大扶贫力度。**着重帮扶25万名低收入残疾人加快增收。同时要开展好基层党组织结对帮扶活动，为残疾人提供一对一的帮扶。

（二）提升服务水平

增强康复服务能力。省残联要加快推进省残疾人康复指导中心建设，明确时间节点，倒排工作计划，严控预算，严把工程质量，确保建成优质工程、精品工程，为全省康复设施建设提供示范。各地要按照残疾人事业发展"十二五"规划要求，确保一批公益性、专业性、示范性设施如期建成。残联、卫生计生、民政等部门要探索建立医疗康复、养老服务合作机制，依托社区平台，推进资源共享，为残疾人提供更为便捷的服务。**增强托养服务能力。**省残联要会同有关部门加强督促检查，查找差距，拿出具体办法，确保任务如期完成。同时，抓紧出台《进一步健全残疾人康复和托养服务体系的意见》，制订规范统一的服务流程和评估标准。**增**

强教育服务能力。省级有关部门要对全省残疾人教育状况进行深入调查，全面掌握残疾人的教育需求和各教育阶段存在的问题，研究制订具体实施方案。学前教育主要是将残疾儿童纳入教育部门学前教育体系；义务教育主要是提高送教上门质量，制订具体教育计划；高中段教育主要是加大技能培训，加快职业实训基地建设；尽早建成特殊教育职业学院。

（三）推进就业安置

依法落实按比例就业。中组部等七部委下发文件，提出到2020年所有省级党政机关、地市级残工委成员单位至少安排1名残疾人。我省要走在前列，力争到2018年提前实现这一目标。各级政府、各有关部门和残联组织要抓紧研究制订政策，明确目标、摸清底数、排出计划、预留岗位。机关、事业单位要发挥带头作用，尤其是残工委成员单位要走在前列。**规范残保金征收使用**。提高残保金征收率，征收额要提高10%以上。严格残保金使用范围，将其全部用于残疾人民生改善，重点用于扶持残疾人就业创业，要确保直接用于残疾人就业的比例不低于20%。**多渠道安置就业**。大力开发适合残疾人的公益性岗位，政府开发的公益性岗位要按照不低于10%的比例安排残疾人就业。大力推进残疾人辅助性就业，对辅助性就业机构给予社会保险、设施设备、无障碍改造及税费减免等扶持。大力推进残疾人自主创业，进一步加大政策支持力度。

（四）强化工作基础

全面摸清底数。各级政府残工委、残联要深入开展残疾人基本服务状况和残联组织基础管理状况专项调查，对全省100万持证残疾人逐户走访调查，对200多万非持证残疾人的情况也要全面了解，切实摸清残疾人的基本需求和服务状况。要将这项工作与统计部门的人口普查和年度调查工作结合起来，把残疾人信息纳入统计调查内容，实现残疾人信息调查的长效化，提高数据的准确性和权威性。**建立数据库**。数据要全覆盖，全面掌握全省残疾人的总量、结构、年龄、分布、残疾程度及保障、就业、收入、医疗、教育等相关信息。标准要统一，省残联、省经信委、省统计局等部门要制订具体标准，统一信息格式和数据接口。信息要共享，发挥社区作用，将相关数据整合到这一平台上，并确保数据适时更新。**提升志愿服务**。要注重长效，不要搞运动式活动；要体现特色，切实符合残疾人工作的特点；要依托社区，发挥好社区的主体作用，要搞好激励，对志愿服务通过一定方式予以肯定和鼓励。

副省长熊建平针对浙江政务信息专报"监测显示我省残疾人生活状况与社会平均水平存在较大差距亟须重视"做出的批示

2014年4月14日

此报告还是很有质量的，对存在问题，有数据分析，有原因剖析，所提建议也很具针对性。请省残联针对当前存在突出问题，结合今年重点工作制订具体工作计划，要有目标、有举措、有节点，明确责任、落到部门，能量化、能考核，真正把今年的工作逐条落实，取得突破。

省政协主席乔传秀就省残疾人康复指导中心迁建工程上半年进展情况和下半年工作计划做出的批示

2014年8月11日

要始终坚持确保工程质量和安全，把省委、省政府决策的实事好事办妥、办好！

二、政策法规文件

关于印发《浙江省助残志愿者注册管理实施办法（试行）》的通知

浙残联维权〔2014〕6号

由省文明办、团省委、省残联下发。

省残联负责全省助残志愿服务工作的规划、协调、指导和督查工作。设区市残联根据本地实际制定助残志愿者注册管理实施细则，推动助残志愿服务活动广泛、深入开展。县级残联负责开展助残志愿者宣传招募、注册和管理工作。乡级残联、村级残协通过建立助残志愿者联络站（点）等助残志愿服务组织形式，广泛开展助残志愿者的登记、联络和对接服务等工作。

注册机构根据注册助残志愿者参加助残志愿服务的时间累计和贡献，于每年5月底前，向有权机构申报评定其为一至五星级助残志愿者。

关于印发《浙江省残疾人康复和托养专业人才入职奖补办法》的通知

浙残联康复〔2014〕7号

由省残联、省卫计委、省教育厅、省人力社保厅、省财政厅下发。

对象应为：经本省各级编委部门批准的、残联所属的公益类残疾人康复和托养机构所需要的高等院校和中等职业技术学校毕业生。

对符合省级项目条件和要求的专业人才的奖补标准：中等职业技术学校毕业生每人奖补2.1万元；高职（大专）学校毕业生每人奖补2.6万元；高等院校本科毕业生每人奖补4万元。因工作需要录用硕士研究生及以上学历的毕业生，可加大奖补力度。

关于做好贫困精神残疾人服用基本抗精神病药物费用全额保障工作的通知
浙残联康复〔2014〕27号

由省卫计委、省人力社保厅、省民政厅、省财政厅、省残联下发。

对符合保障条件的患者服用用药范围内的抗精神病药物，经基本医疗保险报销后，剩余部分费用纳入当地医疗救助，给予全额保障，并由定点医疗机构与医保部门、医疗救助部门按实即时结报。定点医疗机构不得再向患者收取其他任何诊疗费、药费和化验检查等相关费用。保障对象所在地暂不具备精神专科诊疗条件或因病情需要，必须转诊至上级或异地精神专科医疗机构门诊就诊的，由参保地另行制定出台全额保障的相关政策并确保政策落实到位。

关于促进残疾人按比例就业的实施意见
浙残联教就〔2014〕38号

由省委组织部、省编委办、省财政厅、省人力社保厅、省国资委、省公务员局、省残联下发。

到2018年，所有省级党政机关、市级残工委成员单位至少安排1名残疾人就业，县级残工委成员单位要积极创造条件安排一定数量的岗位用于残疾人就业；各级残联机关干部队伍中要有一定数量的残疾人干部，其中省级残联机关干部队伍中残疾人干部的比例达到15%以上、市级残联达到10%、县级残联安排1—2名残疾人干部或职工。

事业单位公开招聘，根据工作需要，同等条件下鼓励优先招聘残疾人。专设残疾人招聘岗位的，由组织、人力社保部门每年统一下达招聘计划，根据工作需要可适当放宽条件要求和开考比例。

各级组织部门要将促进残疾人按比例就业工作纳入党政领导班子和领导干部实绩考核评价的内容。

关于加强残疾人文化建设的实施意见
浙残联宣文〔2014〕48号

由省委宣传部、省发改委、省民政厅、省财政厅、省文化厅、省人力社保厅、省体育局、省国税局、省地税局、省教育厅、省新闻出版广电局、省旅游局、省残联下发。

各级主流媒体要定期免费播（刊）出助残公益广告。各级公共文化服务体系建设专项补助资金、文化发展投资基金要将残疾人文化体育项目纳入其资助范围，体育彩票公益金应继续支持残疾人体育项目的组织实施。

关于调整重度残疾人托（安）养费用指导线的通知
浙财社〔2014〕3号

由省财政厅、省残联下发。

从2014年起，将全省重度残疾人托（安）养费用指导线调整为：集中托养15000元/年·人，居家安养、日间照料6000元/年·人。

关于免除残疾人大学生学费住宿费的通知
浙财社〔2014〕16号

由省财政厅、省教育厅、省残联下发。

凡具有浙江户籍、在全日制普通高校注册就读的持有浙江省颁发的第二代中华人民共和国残疾人证的大学生，自2013学年起实行学费和住宿费资助。

关于在第二批党的群众路线教育实践活动中开展农村基层党组织结对帮扶残疾人活动的通知
浙群组办发〔2014〕24号

由浙江省委党的群众路线教育实践活动领导小组办公室、省残联下发。

结合开展"走亲连心大走访"，上门走访摸清结对帮扶对象的实际困难和问题，提高帮扶工作的针对性和实效性。机关党员干部要结合"基层走亲、连心解忧"活动，帮助解决残疾人的实际困难；乡镇党员干部要结合"走村不漏户，户户见干部"活动，重点关心残疾人的生产生活，帮助解决具体问题，提供各类代办服务；农村党员干部要结合"联系不漏户，党群心贴心"活动，重点完善结对联系制度，着力为身边的残疾人提供帮扶。

要把结对帮扶残疾人作为开展教育实践活动的一项重要措施，作为民主评议党员的重要内容切实抓好，并注意建立形成长效机制。

浙江省残疾人就业办法
浙江省人民政府令第323号

第四条 各级残疾人联合会所属的残疾人就业服务机构具体组织实施残疾人就业调查、职业培训、职业指导、职业介绍等工作。

第十条 未达到安排残疾人就业比例的用人单位，根据实际情况可以专设招录残疾人的岗位，并可以给予放宽开考比例等倾斜政策。

第十七条 政府采购单位应当根据同类产品或者服务的实际需求量，确定一定的比例，优先采购纳入清单的产品、服务。

第十五条 县级以上人民政府根据本地实际开发适合残疾人就业的公益性岗位。社区、村残疾人服务岗位应当优先用于安排符合条件的残疾人。社区卫生服务中心、康复机构和政府兴办的相关服务机构设有保健按摩科室的，在同等条件下应当优先聘用有从业资格的盲人按摩人员。

浙江省社会救助条例
浙江省人民代表大会常务委员会公告第 18 号

第十四条 对无劳动能力、无生活来源且无法定赡养、抚养、扶养义务人，或者其法定赡养、抚养、扶养义务人无赡养、抚养、扶养能力的老年人、残疾人以及未满十六周岁的未成年人，按照国家和省的有关规定给予特困人员供养。特困人员供养应当与老年人保障、残疾人保障、困境儿童分类保障等制度相衔接。

第三十二条 对住房救助对象中的残疾人，应当根据其身体状况给予房源、楼层等方面的优先选择权。有条件的地方应当实施家庭无障碍改造。

第五十二条 社会救助管理部门以及社会救助经办机构应当加强与工会、共青团、妇女联合会、残疾人联合会、红十字会、慈善总会以及其他有关组织和单位的沟通、联系，互通信息，协调开展社会救助、慈善事业、社会帮扶等工作。

浙江省人民政府办公厅转发浙江省教育厅等七部门《关于浙江省特殊教育提升计划（2014—2016 年）》的通知
浙政办发〔2014〕103 号

到 2016 年，视力、听力、智力残疾儿童少年（以下简称三类残疾儿童少年）九年义务教育入学率不低于 95%，基本普及三类残疾儿童少年学前三年教育，基本满足三类残疾儿童少年高中段教育需求，初步满足残疾人接受高等教育和成人教育的需求，其他残疾人受教育机会明显增加。形成布局合理、学段衔接、普职融通、医教结合的特殊教育体系，办学条件和教育质量进一步提升。

三、工作综述

2014 年是全面落实省残联六代会目标任务的开局之年。全省残联组织认真学习贯彻党的十八届三中、四中全会和省委全会精神，全面落实省委、省政府和中国残联、省残联主席团部署的重点任务，主动作为，扎实工作，改革创新，事业发展迈出新步伐，残疾人得到新实惠，残疾人共享小康进程取得了突破性的新进展。2014 年度全省残疾人小康实现程度首次突破 90%，达到 91.1%，全省残疾人对小康工程的满意度达到 98.9%。主要工作包括以下五方面：

（一）纳入大局，推动发展机制创新

积极争取各方重视和支持，省四套班子领导先后 10 余次听取汇报、调研工作、出席活动；省委将依法维护残疾人权益纳入全面深化法治浙江建设大局，将残疾人小康实现程度民生指标列入对各级党政领导班子和领导干部实绩考核评价体系，并首次把残疾人工作纳入"平安浙江"考评体系；省人大开展残疾人权益保障法律法规执行情况调研；省政府公布《浙江省残疾人就业办法》；省政协组织了残疾人就业专题对口协商；推动残疾人工作纳入经济社会发展大局，更好维护广大残疾人的合法权益。

（二）积极协调，推动助残政策完善

联合相关部门出台《关于在第二批党的群众路线教育实践活动中开展农村基层党组织结对帮扶残疾人活动的通知》《关于促进残疾人按比例就业的实施意见》《浙江省助残志愿者注册管理实施办法（试行）》《浙江省残疾人康复和托养专业人才入职奖补办法》《关于进一步做好免除残疾人大学生学费住宿费的通知》《关于做好贫困精神残疾人服用基本抗精神病药物费用全额保障工作的通知》《关于调整重度残疾人托（安）养费用指导线的通知》等政策文件，有力推动了残疾人社会保障和服务水平的提标扩面，使残疾人得到更多实惠。

（三）改善民生，推动保障水平提升

深入实施残疾人共享小康工程，2014 年总计为 78.7 万人（次）残疾人提供基本生活保障、基本康复服务和基本托（安）养照料。其中：25.23 万名残疾人享受最低生活保障，包括 192722 名重度残疾人享受单独施保、全额补助；116495 名就业年龄段无固定收入残疾人领取生活补贴，为 1244 名特殊困难残疾人发放爱心救助资金，35430 名残疾人享受助明、助听、助行康复服务，3086 名残疾儿童享受抢救性康复服务，机构康复服务262927人；为95512名重度残疾人提供托（安）养服务；实施无障碍进家庭16291户，改造残疾人家庭危房3837户。此外，与257724名低收入残疾人结对帮扶，其中实现扶贫脱困31787人；为1034名残疾人大学生免除学费、住宿费，800余万元经费全部由省财政支付；为32360名残疾学生和残疾人子女提供助学帮扶；全省新增残疾人就业10521人，其中新增按比例就业3756人；全省共征收残保金29.73亿元，同比增长21.74%，其中省本级征收1.14亿元；全省残疾人事业经费投入33.93亿元，同比增长14.11%。

（四）营造氛围，推动参与平台创优

组织自强模范和助残先进评选表彰活动。15人被评为全国自强模范和助残先进并赴京参加表彰大会，60人获得省级自强模范和助残先进称号；在全省举行5场自强模范暨助残先进事迹巡回报告会。举办全省第四届残疾人职业技能竞赛，共有129名选手获奖，其中20名残疾人获得"浙江省技术能手"称号；承办全国残疾人岗位精英职业技能竞赛，浙江省荣获团体总分第一名。成功举办全省第九届残运会，杭州市、宁波市、金华市分列前三名；浙江省23名运动员入选中国代表团参赛仁川亚残运会，夺得20金12银4铜，创浙江省历史最好成绩。加大社会宣传。在第二十四个"全国助残日"全省启动助残志愿者招募活动，已有19302名助残志愿者注册；浙江卫视从"国际残疾人日"起，每周两次播放残疾人公益广告；继续推动创建扶残助残爱心城市，6个县（市）创建成功并由省政府命名表彰；浙江省残疾人福利基金会广泛动员社会力量，共募集助残资金和物品近千万元，开展"浙江省残疾人大病医疗保险"试点工作，并以爱心慰问、文化助残等形式，切实把社会各界的关爱及时传递到需要帮助的贫困残障人士；浙江狮子会健康发展，已成立105支服务队，发展会员3200余名，开展了以"生命阳光，狮爱助残"为主题的系列助残服务活动，打造助残品牌项目，得到社会各界一致好评，共筹集服务经费1107.89万元，其中用于助残经费127万元，狮友参加服务人数约2000人次，服务受众6000人次。

（五）转变作风，推动基层基础夯实

加强组织建设。切实转变作风，强化内部管理，省残联机关"三公"经费下降35.6%；积极开展问需求、送政策、送信息、送服务的"一问三送"走亲连心活动，密切与残疾人的联系，省残联领导干部共走访调研52个市、县（市、区），160多个乡镇（街道）、村（社区），240多个残疾人服务机构和残疾人家庭，慰问、座谈2000余名残疾人；支持专门协会发挥桥梁组带作用，省盲协开展盲人文学艺术作品联展，成功举办第一届盲人按摩学术交流会；省聋协获第三届国际聋人摄影大赛颁奖典礼暨国际残疾人日庆祝活动优秀组织奖，两位聋人的作品分别获得金奖、银奖；省肢协开展脊髓损伤者中途之家试点工作，整合资源关爱脊髓损伤者；省智协、精协举办歌唱比赛等大型活动，促进了社会融合。积极开展基础管理建设年活动。完成全省残联系统机构、人员及助残社会组织专项调查、残联组织财务管理状况专项调查、残疾人基本服务状况和需求入户专项调查工作，共调查登记100余万名持证残疾人，入户率达到98.08%，提前超额完成中国残联要求。推进服务设施建设。全省共建成残疾人服务设施168处、88.7万平方米，其中当年新建成23处、13.7万平方米；建成残疾人小康·阳光庇护中心221家，其中省级34家；省残疾人康复指导中心迁建工程和浙江特殊教育职业学院二期工程土建进展顺利，基本完工；特教学院经省政府批准正式建院。

图6-11-1 乔传秀、熊建平视察省残疾人康复指导中心迁建工程建设情况。

（六）齐心协力，成员单位发挥作用

省政府残工委各成员单位认真履行职责，狠抓年度重点工作，有力推动了残疾人事业发展。省人力社保厅推动党政机关、事业单位及国有企业带头安排残疾人就业工作，积极设定和预留岗位，进行单考单招，并在省级党政机关中启动专设职位招录残疾人公务员；将国产人工耳蜗纳入浙江省基本医保报销范围，将省康复中心列入异地医保结算单位；推动将高校残疾毕业生全部纳入到高校困难毕业生范围，按规定给予临时生活补贴。省财政厅安排用于残疾人事业补助资金达6.4亿元，比上年增长26%，其中安排残疾人就业创业项目资金3000万元，比上年增长50%；将残疾儿童抢救性康复服务、残疾人照料服务、基本康复辅具配置服务等项目纳入省政府向社会力量购买服务指导目录。省地税局将残疾人就业保障金纳入各级地税规费部门收入分析范围，每月跟踪分析收入变化，及时掌握收入变化原因；对残疾人免征营业税、优惠个人所得税、减征城镇土地使用税和水利建设基金，促进残疾人就业增收。省民政厅为全省15.59万名在册低保残疾人和9.64万名城乡低收入家庭持证重度残疾人提供基本生活保障，其中发放补助金4.8亿元；省本级安排4500万元福利彩票公益金用于残疾人特殊教育机构建设、抢救性康复、无障碍设施进家庭等残疾人事业项目。省发改委认真做好省残疾人康复指导中心迁建工程项目建设协调服务和指导工作，并及时批复增加高压氧舱建筑面积；积极为省残疾人康复指导中心迁建工程、浙江特殊教育职业学院迁建二期工程争取中央资金4000万元，资金补助金额为历年最高。省教育厅指导帮助浙江特殊教育职业学院成功摘筹建院；开发浙江省个别化教育信息管理系统，使特殊教育教学和质量评价更为科学、有效。省卫生计生委调研并探索建立浙江省残疾人康复机构与医疗机构技术合作机制，已有30多名省级医院专家到省残疾人康复指导中心开展康复科研和专业带教工作；在全省住院医师规范化培训中单独设置康复医学专业，已有117名在训医师。省统计局牵头组织开展2014年度浙江省残疾人状况监测与评估工作；指导开展全省残疾人专项调查工作；推动将残疾人小康实现程度民生指标纳入对市、县（市、区）党政领导班子和领导干部实绩考核评价体系。省建设厅牵头开展无障碍环境建设立法调研；贯彻落实《无障碍环境建设条例》，对城市无障碍设施的建设、维护、管理和改造等提出明确要求；完成残疾人家庭改造危旧房3730户。省农行推动全省农行系统直接安排残疾人就业27人；为16家福利企业提供信贷支持，贷款额近2亿元；全年为残疾人助学、就业等慈善项目捐赠10.7万元；推行"移动金融服务"，为残疾人上门办理银行卡、密码挂失等业务。省新闻出版广电局推动浙江省正式出版《一个也不放弃》《特殊教育学校教材》等相关教材6本29册，并重点资助出版了《浙江聋人自然手语》。省经信委明确将残疾人口信息共享工作列入2014年省实有人口基础信息资源库二期项目建设任务中，并已经启动实施。团省委大力开展志愿者助残"阳光行动"，制定助残志愿者读本、工作计划、考核办法等，加强志愿助残服务阵地建设，招募并培训助残志愿者；开展残疾青少年摸底调查和结对助残工作，结对率达80%以上。

（七）创新创优，基层工作亮点纷呈

杭州市推动智慧助残，全面建设面向基层、覆盖城乡的残疾人事业信息化网络，不断提升残疾人社会保障和服务的工作水平；加强信访预判工作，妥善处理残疾车运营问题。温州市全面铺开庇护产品政府优先采购工作，已有10个县（市、区）出台庇护产品政府优先采购的实施方案和产品目录。湖州市出台《阳光康复中心精神残疾康复服务暂行办法》等政策举措；市政府残工委成员单位带头安排残疾人按比例就业，已经有10家单位安置残疾人就业。嘉兴市成功创建全国残疾人文化体育建设示范市；助残志愿、无障碍设施建设等工作纳入文明城市创建工作大局。绍兴市将市区残疾人意外伤害保险工作列入市政府十方面民生实事工作；拍摄完成全国首部残疾人励志动画片《追梦》，在中央电视台少儿频道首播。金华市将残疾人就业创业帮扶工作作为十大民生实事之一；联合市文明办评选"最美残疾人"；连续7年开展残疾人人才评选活动。衢州市连续9年将残疾人工作纳入市政府为民办实事项目，将城市困难残疾人纳入廉租住房政策。舟山市对从事个体经营及灵活就业的重度和贫困残疾人参加城镇职工基本医疗保险、养老保险给予补助。台州市将各县（市、区）的残疾人托养中心建设列入市政府为民办实事项目，要求年内9个县（市、区）200张床位以上的托养中心全部开工建设。丽水市加大残疾人技能培训力度，建立了残疾人电子商务孵化中心；市残疾人托养中心开工建设。

（八）宁波市积极推动残疾人事业取得新进展

作为计划单列市的宁波市以切实维护残疾人合法权益、改善残疾人民生为工作目标和重点，不断推进残疾人"两个体系"建设，残疾人事业取得新进展，残疾人状况及小康实现程度居全省首位。提标扩面，残疾人社会保障水平再上新台阶。全市12981名残疾人纳入最低生活保障，36199名残疾人纳入基本生活保障，4629名就业年龄段无固定收入残疾人享受生活补助，13003名重度残疾人享受托（安）养照料。提质增效，残疾人公共服务能力得到新提升。开展省残疾人大病医疗保险试点工作，探索建立"基本医疗报销+大病医疗保险+商业补充保险+医疗救助+专项（二次）救助"的医疗保障与救助机制；加强与上海、苏州等地的辅具合作，签订"沪甬苏辅助器具全面合作和发展协议"；为19830名残疾人提供了"四助"康复服务。成立就业创业领导小组，市政府主要领导任组长。多元并举，残疾人公共服务供给显现新格局。探索"政府主导、政策扶持、社会参与、市场推动"的残疾人事业发展新模式，鼓励支持社会化助残工作，海曙区推进社会化助残工作得到省委副书记王辉忠的批示肯定；推进助残志愿服务长效机制建设，市县乡三级分别成立助残志愿者服务总队、支队、大队；积极开展"万名党员爱心助残结对"活动，全市共结对帮扶残疾人25862人，4243名残疾人脱贫，《人民日报》刊登了象山县的经验和做法。营造氛围，残疾人事业发展环境呈现新气象。开展扶残助残爱心乡镇（街道）创建工作，市政府残工委累计命名68个市扶残助残爱心乡镇（街道）；积极培

育先进典型，81890光明俱乐部、奉化市残联理事长林亚芬分别获评"全国助残先进集体"和"全国残联系统先进工作者"；切实维护残疾人合法权益，积极争取人大、政协开展执法检查、调研、视察活动；参与市轨道交通无障碍建设与专家评审，落实重度残疾人免费乘坐轨道交通优惠政策。

四、大事记

1月13日，省残联在杭州召开全省残疾人权益保障工作座谈会，通报2013年全省残疾人工作情况、2014年工作思路和2013年"两会"上提交的建议提案答复办理情况，并对2014年省"两会"上提出的建议和提案内容进行沟通与对接。省人大内司委副主任委员、省残联理事长陈燕萍，省人大内司委副主任委员王幼璋以及残疾人、残疾人工作者和助残爱心人士、省人大代表、省政协委员等参加座谈会。此次会议对了解省人大代表、政协委员的需求，使他们更好地发挥参政议政作用，切实保障残疾人合法权益具有重要意义。

1月16日，省残联在临海市举行2014年公益性岗位招聘现场会暨全省残疾人就业援助月活动启动仪式，为全省残疾人就业创业搭起重要平台，大大推动残疾人就业工作。省残联巡视员、副理事长陈玉国出席仪式，台州市及所属各县（市、区）残联理事长、临海市政府残工委全体成员、各乡镇（街道）残联理事长、残疾人专职委员、求职应聘残疾人、40家企业招聘单位代表等200人参加了仪式。

1月21日，副省长熊建平带领省委省政府第十三检查组，到省残联主持召开2013年度落实党风廉政建设责任制情况检查考核动员汇报会。这次会议对于推动省残联进一步落实党风廉政建设责任制、促进全省残疾人事业健康发展具有重要意义。省残联党组书记、理事长陈燕萍汇报工作。熊副省长对省残联党风廉政建设责任制工作予以肯定，并就下一步工作提出要求。省残联执行理事会领导班子成员、机关各部室负责人、直属单位班子成员参加。

2月11日，副省长熊建平听取省残联关于2013年全省残疾人工作、残疾人事业发展"十二五"规划执行情况和2014年工作打算的汇报。熊副省长的重要指示，对于进一步落实残疾人事业发展"十二五"规划、扎实开展2014年度各项工作，具有重要意义。省政府办公厅副主任傅晓风、省残联领导、省政府办公厅社保处等相关人员参加会议。

2月14日，全省市级残联理事长会议在杭州召开，传达省政府领导指示精神，总结2013年全省残疾人工作，分析残疾人事业发展"十二五"规划评估情况，提出2014年度工作安排意见。会议明确了新一年的重点工作安排，为推动各项工作顺利开展打下良好基础。省残联理事长陈燕萍等出席会议，各市残联理事长、党组书记，省残联机关各部室、直属各单位主要负责人参会。

2月21日，省政协主席乔传秀、副省长熊建平在省残联理事长陈燕萍等陪同下，到省残疾人康复指导中心迁建工程建设现场视察，听取项目建设工作汇报并讲话。省政协秘书长陈荣高，省政协社法委、省政府办公厅、省发改委、省残联及施工总承包单位、监理单位、设计单位、跟踪审计单位等有关负责人参加活动。视察活动引起各有关单位的高度重视，有力推动了康复中心项目建设进度，进一步提升了工程质量。

3月3日，2013年度浙江省残疾人状况及小康实现程度监测主要数据评审会在杭州召开。评审会对于科学论证监测数据、定位残疾人事业发展形势、推动残疾人事业发展具有重要意义。省残联理事长陈燕萍、省统计局副局长黄建生出席会议，有关专家和省有关厅局代表参加会议。

3月3日是第十五个全国"爱耳日"，主题为"爱耳护耳，健康听力——预防从初级耳科保健做起"。省残联通过省通信管理局联合浙江移动、浙江电信、浙江联通等通信单位，向全省用户发送主题短信，呼吁全社会居民都来关注自己的耳朵，爱护自己的听力，重视初级耳科保健。活动大力营造了全社会关注爱护自己的耳朵并关心、支持听力残疾预防与康复的良好氛围。

3月5日，省委副书记王辉忠等听取省残联关于第二十八次全国残联工作会议精神、2013年工作总结和2014年工作打算的汇报。会议有力推动了残疾人工作纳入"平安浙江"考核、全省开展党员结对帮扶残疾人活动和党政机关带头安置残疾人工作。

3月5日，省残联联合团省委在全省启动实施浙江省志愿者助残"阳光行动"。省委副书记王辉忠到杭州

图6-11-2　王辉忠看望慰问接受工疗的残疾人和为残疾人服务的志愿者。

市西湖区古荡街道工疗站看望慰问接受工疗的残疾人和为残疾人服务的志愿者，进一步坚定了残疾人自强不息的信心和助残志愿者无私奉献的信念。省委副秘书长张才方，省残联、团省委主要领导等陪同看望。

3月13日，全省残疾人工作会议暨省残联第六届主席团第二次全体会议在杭州召开，传达第二十八次全国残联工作会议精神，回顾总结2013年全省残疾人工作，研究部署2014年工作任务，各市政府领导向省政府领导递交了《2014年残疾人工作重点任务责任书》，调整增补部分主席团委员。副省长、省残联主席熊建平出席会议并讲话。省残联副主席、理事长陈燕萍做执行理事会工作报告。这也是浙江省连续第7年以省委或省政府名义召开残疾人工作会议，充分体现了省委省政府对残疾人工作的重视。各市、县（市、区）政府分管领导及残联理事长、省政府残工委全体成员、省残联第六届主席团全体成员等参加会议。

4月3日，2013年度浙江体坛"十佳"评选结果揭晓，来自宁波的残疾人运动员朱家莹荣获"最佳残疾人运动员"称号，充分展现了浙江省残疾人运动员自强不息、超越自我的风采与形象。省残联巡视员、副理事长陈玉国出席颁奖仪式并为朱家莹颁奖。

4月4日，省政府批复同意正式建立浙江特殊教育职业学院。学院系专科层次的公办普通高等职业学校，由省残联举办和管理，办学规模为1500人。这是浙江省特殊教育事业的重大突破，对于进一步推动特教事业发展具有十分重要的意义。

4月29日，省委党的群众路线教育实践活动领导小组办公室和省残联联合下发了《关于在第二批党的群众路线教育实践活动中开展农村基层党组织结对帮扶残疾人活动的通知》，进一步深化了党的群众路线教育实践活动，密切了与残疾人群众的血肉联系，切实帮助残疾人解决最关心、最直接、最现实的利益问题。

5月16日，第五次全国自强模范暨助残先进集体和个人表彰大会在北京召开。浙江省5名自强模范、3个助残先进集体、3名助残先进个人、3个残疾人之家和1名先进工作者受到表彰，充分展现了浙江省优秀残疾人和助残先进的风采，进一步激励了全省残疾人自强不息，推动社会更加关注、关爱残疾人。副省长、省政府残工委主任熊建平，省残联副理事长吴一农等出席表彰大会。

5月16日，浙江省自强模范和助残先进表彰暨全省助残志愿者招募启动仪式在杭州举行。省委副书记王辉忠讲话，省委副秘书长张才方及省政府办公厅、省残联、团省委、省人力社保厅、杭州市委市政府相关领导出席活动。各市残联理事长、省自强模范、助残先进集体和个人、浙报公益联盟、浙江狮子会等助残志愿者及残疾人代表近600人参加活动。活动展示了残疾人"自尊、自信、自强、自立"的风采，弘扬了人道主义大爱精神，营造了浓厚的扶残助残社会氛围。

5月22—28日，2014年全国盲人门球锦标赛暨第九届全国残运会盲人门球预赛在杭州市余杭区塘栖国家盲人门球训练基地举行，来自全国24个省、区、市的337名运动员、教练员参赛，是历次全国盲人门球锦标赛中参赛人数最多的一次。浙江盲人门球男队、女队分别获得第一名、第二名。省残联巡视员、副理事长陈玉国等出席开赛仪式。

5月27日—6月6日，省政府残工委牵头组织开展省级扶残助残爱心城市（区）验收工作，对达到承诺条件的江山市、开化县、岱山县、缙云县、洞头县、庆元县、松阳县进行验收，对已命名的富阳市、宁波市江北区、湖州市南浔区、桐乡市、上虞市、东阳市、龙游县、嵊泗县、临海市和丽水市莲都区进行复查，进一步督促各地完善工作机制、创新工作载体、落实工作目标，继续推动残疾人事业健康持续发展。

6月4—11日，2014年全国残疾人射箭锦标赛在省残疾人体育训练指导中心举行，来自全国各地的14支代表队、141名队员参加比赛。浙江队共获得5金3银1铜，以111分位列总分榜首位。

6月6—11日，首届APC（亚洲残奥委会）杯盲人门球锦标赛暨2014亚残运会盲人门球资格赛在杭州市余杭区塘栖国家盲人门球训练基地举办，8个国家14支男女代表队参赛，中国男队、女队分获第二名。亚洲残奥委员会主席扎纳尔·阿布扎林，中国残联副理事长贾勇，杭州市市长张鸿铭，省残联领导，杭州市委、市政府、市政协领导出席开幕式。塘栖国家盲人门球基地被命名为"亚洲残奥委员会运动中心"。

6月15日，中国狮子联会浙江会员管理委员会2014—2015年度理事会就职大会在省人民大会堂举行，进一步弘扬了"服务社会、狮爱天下"的理念，有力推动各类扶残助残爱心活动开展。中国残联副主席、中国狮子联会会长王乃坤，省残联理事长、浙江管委会首席代表陈燕萍，中国狮子联会、浙江管委会领导等出席会议。

6月17日，省审计厅厅长徐宇宁一行到杭州市滨江区省残疾人康复指导中心迁建工程现场调研、指导。省残联巡视员、副理事长陈玉国，省建设投资有限公司负责人及施工总承包单位、监理单位、跟踪审计单位有关人员参加调研。省审计厅将迁建工程作为年度重点项目，有力推进项目规范、高效建设。

6月17日，以台湾中评社社长俞雨霖为团长的中评社浙江走亲采访团专题采访浙江省残疾人事业，参观了杭州市西湖区古荡街道工疗站，并进行座谈交流，有力推动了海峡两岸残疾人事业的交流与发展，为两岸友谊做出了积极贡献。

6月18—21日，全国政协副主席陈晓光带领全国政协社法委健全残疾人权益保障制度专题调研组到浙江调研，听取了浙江省有关情况汇报，举行了座谈会，并赴杭州、湖州市实地调研。中国残联副主席王新宪参加调研，省政协副主席、省委统战部长孙文友等陪同调研。省残联、省民政厅、省人力社保厅、省财政厅负责人参加了座谈会。调研活动对浙江省建立健全法规制度体系、推进残疾人权益保障工作、加快建成小康社会具有重大意义。

图6-11-3 陈晓光在浙江调研残疾人权益保障工作。

6月19—23日，由中国残联、国家体育总局、中国残奥委员会主办，省残联、省体育局、省残疾人体育协会和淳安县政府承办的2014年全国残疾人赛艇锦标赛暨第九届全国残运会赛艇比赛在浙江省千岛湖国家水上运动训练基地举行，来自上海、山东、浙江、香港的4支代表队共87人参赛。浙江省运动健儿勇夺11金，为征战第九届全国残运会打下坚实基础。中国残联体育部主任赵素京，省残联巡视员、副理事长陈玉国等出席开赛仪式。

6月25日，《浙江省残疾人就业办法》经省人民政府第二十六次常务会议审议通过，作为省政府令第323号文公布，自2014年8月1日起施行。《办法》明确了各级政府及相关部门的职责，强化了用人单位的责任和义务、残疾人就业的保障和服务措施、法律责任等。

7月7—11日，浙江省第五次全国自强模范和助残先进事迹报告会在杭州、宁波、嘉兴、温州等地举行了5场巡回报告，为社会主义核心价值体系建设注入了强大的正能量。报告团团长、省残联副理事长吴一农和4名全国自强模范、2名助残先进集体负责人、1名助残先进个人分别做报告。机关干部代表、企事业单位代表、残疾人和大学生代表共2200多人聆听报告。

7月22日，副省长熊建平、省政府办公厅副主任傅晓风听取省残联关于2014年上半年主要工作完成情况、下半年重点工作打算的汇报，充分体现了省政府领导对残疾人工作的关心重视。省残联领导等有关人员参加汇报会。

7月28日，省委副书记王辉忠、省委副秘书长张才方听取省残联关于2014年上半年主要工作进展情况、下半年重点工作打算的汇报，充分体现了省委领导对残联组织的关心和对残疾人工作的重视。省残联领导等有关人员参加汇报会。

7月30日，省残联巡视员、副理事长陈玉国，省地税局规费管理局局长王成林带队赴金华市、义乌市，就残疾人就业保障金征收、管理和使用情况进行调研，了解全省残保金征收、管理和使用情况，为制定残保金征收管理办法提供依据。

8月24日，2014年高考招生工作结束，浙江省161名残疾学生参加高考，最终上线119人，省内外各院校共录取113人。另外，浙江特殊教育职业学院首次通过单考单招形式招收135名残疾大学生。全省各地认真核实残疾人考生办证情况，并将各项优惠政策宣传到每一位残疾考生，切实维护了考生利益。

8月30日，中国狮子联会浙江会员管理委员会在杭州市图书馆举办"生命阳光·狮爱相伴——我是你的眼"狮爱盲人音乐会，真正让残疾人走出家门、融入社会，享受精神大餐。省残联副理事长、浙江管委会会长吴一农致辞，省委宣传部、中国狮子联会浙江管委会、省盲协相关领导出席。

9月3—4日，省残联巡视员、副理事长陈玉国带领省建设厅、省社科院和省残联等部门有关同志和专家赴金华市开展《浙江省无障碍环境建设实施办法》立法调研，了解全省无障碍环境建设现状及存在的困难和问题，加快推进浙江省无障碍设施建设和立法。

9月3—26日，由省残联、省人力社保厅主办的浙江省第四届残疾人职业技能竞赛先后在东阳市、湖州市两个分赛区和省级主赛区举行。竞赛共设盲人按摩、计算机编程、木雕等26个项目，458名选手参加，129名选手获奖，其中20名残疾人获得省人力社保厅颁发的

图6-11-4 熊建平出席浙江省第四届残疾人职业技能竞赛并参观残疾人制作的工艺品。

"浙江省技术能手"荣誉称号,充分展示残疾人自强不息的精神和高超的技艺,带动广大残疾人提高职业技能水平,促进就业创业。副省长熊建平,省政府办公厅副主任傅晓风,省人大内司工委、省政协社法委、省残联、省人力社保厅相关领导出席颁奖活动。

9月6—7日,由中国残疾人联合会、中国残疾人福利基金会、澳门特别行政区政府主办的"内地与澳门残疾人展能艺术墟"活动在澳门塔石广场举行。浙江省残疾人艺术团作为内地唯一表演团队,与澳门当地表演团队共同进行了3场演出,充分展现了浙江省残疾人的艺术造诣,传递了大陆与澳门同胞的爱与友谊。

10月15—17日,省人大内司委组织开展残疾人权益保障法律法规执行情况调研。省人大常委、内司委主任委员宋光宝,省人大常委、内司委副主任委员、省残联理事长陈燕萍,省人大内司委、内司工委、省残联相关领导分别赴金华、绍兴参加调研,进一步指导各地落实残疾人权益保障法规,切实维护残疾人合法权益。

10月18—24日,2014年亚洲残疾人运动会在韩国仁川举行,浙江省共有24名运动员、4名教练员、5名工作人员入选中国代表团,参加游泳、举重、盲人门球等8个项目的比赛,共获20金12银4铜,金牌数为历史之最,位列全国金牌数第三名。26日,省残联巡视员、副理事长陈玉国到杭州火车站欢迎运动员凯旋。

10月20—24日,全省残联理事长培训班在杭州举行,各市、县(市、区)残联新任理事长和省残联机关新招录人员、省级残疾人专门协会负责人等80余人参加培训,省残联班子成员和省委政研室、省经济信息中心、浙江大学专家学者授课。经过培训,广大残疾人干部掌握了残疾人工作的基本理论、基本政策、基本方法,拓宽了视野,明确了方向。

10月21日,中国残联副理事长程凯、教就部主任张新龙赴浙江特殊教育职业学院调研,省残联副理事长陈澄及学院领导等陪同,为推动浙江特教学院加快发展、创新办学理念指明了方向。

10月21—24日,由中国残联就业服务指导中心、中国就业培训技术指导中心主办,浙江省残联承办,嘉兴市政府协办的全国残疾人岗位精英职业技能竞赛在嘉兴举行。全国36支代表队175名选手参赛,浙江代表队获团体第一名。技能竞赛为残疾人展示技能、实现价值提供了平台,带动更多的残疾人加强专业技能锻炼,提升就业素质和能力。中国残联副理事长程凯,省政府办公厅副主任傅晓风,中国残联教就部、就业服务指导中心负责人和省残联领导出席相关活动。

10月29日,浙江省残疾人康复指导中心2015—2020年发展规划专家论证会在省政协召开,省残联理事长陈燕萍,中国康复研究中心主任、北京博爱医院院长、首都医科大学康复医学院院长李建军,省政协社法委、省教育厅、省卫计委、浙江体育职业技术学院、省残联相关领导及省内部分政协委员参加。各位专家为省残疾人康复指导中心定位和发展方向把脉问诊,提出许多建设性的意见和建议。

10月30日—11月2日,由省残联、省体育局、省教育厅、省民政厅主办的浙江省第九届残疾人运动会在杭州举行。运动会共设田径、游泳、乒乓球、羽毛球、飞镖、中国象棋和坐式排球等7个大项475个小项,500多名运动员参赛。省委副书记王辉忠、省人大常委会副主任厉志海、副省长熊建平、省政协副主席张泽熙,省残联、省体育局、省教育厅、省民政厅相关领导和各市政府分管领导出席开幕式。杭州、宁波、金华、绍兴、台州、温州代表队分获金牌榜前六名,杭州、宁波、金华、台州、温州、绍兴代表队分获团体总分前六名。此次运动会为广大残疾人构筑了展示自我、挑战自我、超越自我的梦想舞台,实现了残疾人走出家庭、走向社会、实现人生价值的美好愿望。

10月31日,省委副秘书长、省直机关工委书记施利民一行到省残联调研机关党建工作,并视察在建的省残疾人康复指导中心迁建项目现场,充分体现省直机关工委对残疾人工作的关心重视,进一步推动了省残联加强党员干部教育管理、党内监督工作。省残联领导等出席汇报会。

11月17—20日,省残联理事长陈燕萍分别赴台州市黄岩区、温州市苍南县和宁波市开展调研,召开座谈会,走访残疾人服务机构和残疾人家庭,了解各地残疾人工作发展现状、存在的问题以及下阶段工作思路,检查残疾人基本服务状况和需求专项调查工作落实情况。

图6-11-5 陈燕萍看望慰问残疾人。

11月28日,省政协召开"促进残疾人就业"对口协商会,邀请部分省政协委员和省民政厅、财政厅、人力社保厅、国资委等6家省直部门负责人,就省政协社法委"促进残疾人就业"调研提出的问题和建议进行面对面协商,进一步深化残疾人就业问题研究,有力推动部门间协作，促进残疾人事业加快发展。省政协副主席陈艳华出席会议并讲话，省残联陈澄副理事长参加会议。

12月2日，浙江省暨杭州市庆祝第二十三个"国际残疾人日"活动在拱墅区运河文化广场举行，省政府残工委、杭州市政府残工委联合举行浙江省暨杭州市残疾人基本服务状况和需求专项调查启动仪式，在全省全面开展残疾人基本服务状况和需求专项调查工作。副省长熊建平，省残联、省统计局、杭州市政府、杭州市残联、拱墅区政府相关领导，省、市、区专项调查队成员代表及残疾人代表、群众代表400余人参加仪式。

12月24日，省残联理事长陈燕萍等赴省体育局，就浙江省备战第九届全国残运会和里约残奥会的教练员队伍建设、训练基地建设、体育彩票公益金项目等进行探讨，共商残疾人事业发展大计，争取体育部门支持，推动残疾人体育事业发展。省体育局局长孙光明及省体育局办公室、人事处、群体处负责人，省残联办公室、宣文部、省残疾人体育训练指导中心负责人一并参加座谈。

12月26日，省残联在杭州举办对口支援新疆阿克苏地区残疾人康复技术人员培训班，落实中国残联对口援疆政策，加强两地交流合作，为残疾人康复工作提供先进理念和经验。阿克苏地区残联党组书记库尔班带领八县一市的康复干部25人参加培训班。省残联副理事长吴一农参加开班仪式并致辞。

（邱兴明供稿）

安徽省残疾人事业和残疾人工作

一、领导讲话

副省长、省政府残工委主任、省残联第六届主席团主席梁卫国在全省残工委会议上的讲话摘要　2014年1月13日

一、积极主动谋划，加快全省残疾人同步小康步伐

今年是全面贯彻落实党的十八届三中全会精神的第一年，是全面落实中国残联和省残联第六次代表大会任务的重要一年，也是完成残疾人事业"十二五"发展规划的关键一年。我省有400多万残疾人，涉及家庭人口1200多万，帮助数量如此众多的残疾人同全省人民同步迈入小康社会，任务极为繁重。当前，在全省上下凝心聚力把十八届三中全会绘制的改革蓝图变为现实的生动实践中，残疾人事业发展面临着新的重大历史机遇。见事早、看得准、行动快，才能抢占先机，赢得主动，才能更快更多更好地享受到改革红利。我们必须把促进残疾人事业发展作为义不容辞的政治责任，高度重视，切实抓紧抓好；要着力让残疾人事业更好地融入全省发展大局，更好地融入打造"三个强省"、建设美好安徽的伟大事业，使广大残疾人同全省人民一道向着更高水平的小康社会共同迈进、共享成果。

一要研究适时建立全省残疾人同步小康指标体系。省残联要与中残联积极汇报对接，根据最新调整的中国残疾人小康指标体系，学习山东等省经验，牵头组织研究适时建立全省残疾人同步小康指标体系。要注意建立在深入调研和论证的基础上，广泛征求各方意见，力求科学、合理、可行，并尽可能把指标具体量化，发挥指标体系的导向、激励和监测作用。

二要积极探索促进全省残疾人增收、同步小康的具体路径。针对残疾人整体收入偏低、刚性支出偏大的问题，要着力从最低生活保障、养老、生活救助等多方面增加转移性收入。党政机关、事业单位和国有企业要带头安置残疾人就业，严格落实按比例就业政策，加大公益性岗位安置残疾人力度，提高劳动性收入。逐步减少残疾人基本医疗康复、居住、教育、生活开支。省残联牵头起草了《关于促进残疾人家庭增收的意见》，已商省政府办公厅秘书四室进行了修改，目前正在征求省直单位意见，将做进一步修改完善后以两办名义印发。

三要加强部门间的数据衔接整合。现代社会已进入"大数据"时代，在商业、经济及各个领域中，决策日益基于数据和分析而做出。准确掌握残疾人的分布、分类、生活、康复、教育、就业等方面数据，将是一项十分重要的基础性工作。省残联要主动与相关部门衔接，

打破现有的各部门数据条块分割、孤立自闭局面，逐步加强数据衔接整合，建立残疾人相关数据的统计共享机制，最大限度提高数据的准确性和使用效益。

二、把握工作重点，建立健全残疾人社会保障体系和服务体系

一要完善残疾人社会保障体系。继续按照普惠与特惠相结合、一般性制度安排与专项制度安排相结合的原则，加快完善残疾人社会保障体系，提高残疾人社会保障水平，使社会保障成为残疾人稳定可靠的民生安全网。尽快实现残疾人社会保险全覆盖和最低生活保障应保尽保，推动更多残疾人康复医疗项目纳入医疗保障范围，建立完善贫困残疾人生活补贴和重度残疾人护理补贴制度，推动建立辅助器具补贴等福利制度，为残疾人基本生活提供兜底保障。

二要健全残疾人服务体系。要认真落实《安徽省基本公共服务体系三年行动计划（2013—2015年）》，加快实现残疾人人人享有康复服务，全面普及残疾儿童义务教育，丰富残疾人精神文化生活，帮助残疾人逐步享受到社会化、科学化、标准化的公共服务。各级残联要全面、准确、动态掌握残疾人家庭基本状况和迫切需要解决的实际困难，作为制定、优化扶残政策，推进、落实惠残项目的科学依据，夯实服务基础。各级残疾人综合服务设施要有不得低于70%的面积直接用于服务残疾人，充分落实康复训练、就业服务、职业培训、辅助器具供应、法律服务、文化活动等场地。针对残疾人特殊性、多样性、类别化的服务需求，努力增加更多有针对性的残疾人服务供给，为残疾人更加广泛参与社会和全面发展创造更好的条件。

三要千方百计促进和扩大残疾人就业。要保障有就业需求的残疾人普遍得到职业技能培训和就业服务，依法推进残疾人按比例就业，鼓励残疾人自主创业，发展残疾人辅助性就业。各级残疾人就业保障金要有不低于60%直接用于扶持和服务残疾人就业创业，并纳入各级残联系统年度考核目标。

四要切实保障残疾人合法权益。就残疾人而言，保护自己合法权益的能力还比较弱。从现实生活来看，损害残疾人合法权益的现象还时有发生。残联一定要发挥代表和服务职能，成为保护残疾人合法权益的娘家人，积极替他们做主，替他们办事。要认真贯彻实施《中华人民共和国残疾人保障法》《安徽省残疾人保障条例》等法律法规和政策文件，增强全社会维护残疾人合法权益的法制观念和残疾人运用法律武器维护自身合法权益的观念，积极配合、协助司法系统为残疾人提供及时有效的法律救助、援助，切实保障残疾人的平等参与权利和平等发展机会。

三、发挥体制机制优势，为残疾人事业发展提供坚强保障

一要进一步发挥政府的主导作用。各级政府要把残疾人工作摆上重要议事日程，促进残疾人事业与各项事业同步发展、同步推进。各级残工委是政府发挥主导作用的重要载体和平台，要进一步完善工作机制，强化工作职责，努力形成联系顺畅、沟通有效、协调有力的工作格局，力争在研究解决重大问题、推动出台政策措施、督促检查工作等方面，发挥更加重要的作用。各级残联要充分发挥党和政府联系残疾人群众的桥梁纽带作用，认真总结经验，不断探索规律，加快提升能力，积极向党委、政府建言献策，主动争取部门支持，有效整合各方资源，切实维护好、发展好残疾人利益。

二要进一步激发社会的参与热情。社会是残疾人工作的牢固根基和源头活水，近年来，在残联的组织和倡导下，很多社会团体、企业家，包括社会组织，为残疾人做了大量工作。残联要创造更多条件，让社会公众走近残疾人、了解残疾人，进一步激发社会参与热情，成为帮助残疾人改变生存状况的重要力量。要加强扶残助残先进典型宣传，大力弘扬人道主义精神和扶残济困的传统美德，倡导"平等、参与、共享"的现代文明社会残疾人观，营造全社会支持残疾人事业的良好氛围。大力开展科技助残、志愿者助残、文化助残、法律助残、军民共建等活动，使残疾人切身感受到社会主义大家庭的温暖。

三要积极发挥残疾人的主体作用。残疾人是残疾人事业的主体。长期以来，残疾人乐观向上、顽强拼搏，参与就业、创业，参与社会活动，不仅为社会做出了贡献，体现了残疾人自身的社会价值，也体现了共建共享、共享共建的奋斗目标。各级党委、政府，社会的方方面面，包括残疾人在内，都需要进一步倡导自强自立精神，积极发挥残疾人的主体作用，勇于克服各种困难和身体障碍，加强学习和实践，积极参与社会生活，努力实现人生价值，同全省人民一道，共同创造幸福生活和美好未来。

孙先德在安徽省第六届残疾人运动会上的致辞摘要

2014年10月26日

长期以来，安徽省委、省政府高度重视发展残疾人事业，不断健全助残政策体系，深入实施惠残民生工程，大力开展残疾人康复、教育、劳动就业、扶贫等各项工作，残疾人事业呈现良好发展态势。同时注重发展残疾人体育事业，在全国率先将"'两个省运'同城举办、同等奖励"写进《安徽省残疾人保障条例》并形成制度，培养了一大批优秀的残疾人运动员，在国际赛场上屡创佳绩，为中国增光，为中国残疾人事业的旗帜添彩。希望参加本次残运会的残疾人运动员珍惜机会，顽强拼搏，创造新成绩，大力弘扬自强不息、奋勇争先的体育精神，在人生的赛场上不断刷新更高、更快、更强的新纪录，为全面建成小康社会和奋力书写中国梦的安徽篇章做出新贡献。

副省长梁卫国在安徽省第六届残疾人运动会上的开幕词摘要　　2014年10月26日

残疾人体育是残疾人事业和全民体育的重要组成部分，近年来，在省委、省政府的高度重视和社会各界的关心支持下，我省残疾人事业蓬勃发展，残疾人体育取得了长足进步，不仅培养了一批为国为省争光的优秀残疾人运动员，在残疾人群众体育方面也取得了可喜成绩，实现了残疾人康复健身、愉悦身心的良好效果，展示了残疾人自尊、自信、自强、自立的精神风貌。本届残运会首次以省政府名义与省十三运在安庆同城举办，是全面展示我省残疾人事业发展的重要窗口，同时也为我省更好地备战第九届全国残运会积累经验、准备人才。希望通过本届残运会的举办，进一步推动安徽残疾人群众体育事业广泛开展，进一步体现党和政府对残疾人的关心关怀，进一步推进安徽残疾人事业全面健康发展。

二、政策法规文件

关于促进残疾人家庭增收、加快实现小康步伐的意见　　皖办发〔2014〕25号

中共安徽省委办公厅、安徽省人民政府办公厅印发。

为深入贯彻落实党的十八大和十八届三中全会精神，健全残疾人社会保障和服务体系，促进残疾人家庭增收，共享改革发展成果，加快实现小康步伐，经省委、省政府负责同志同意，现提出如下意见：

一、切实保障残疾人基本生活

1. 强化最低生活保障。将符合条件的贫困残疾人纳入城乡最低生活保障制度范围，确保实现应保尽保目标。"十二五"期间，城乡低保保障标准每年增长不低于10%。城乡低收入家庭中的二级以上（含二级）成年重度残疾人，靠父母兄弟姐妹供养的，由本人申请，并提供当地村（居）委会、乡镇（街道）证明及残疾证、报公安派出所核准后单独立户的，将其纳入最低生活保障范围，按A类标准享受最低生活保障待遇，并按其本人享受标准的30%增发保障金。

2. 建立重度残疾人护理补贴制度。以政府向社会力量购买服务为契机，建立重度残疾人护理补贴制度，鼓励有条件的市、县（市、区，下同）先行先试。

3. 完善贫困残疾人生活特别救助政策。对符合条件的重度残疾人、一户多残、老残一体等困难残疾人家庭和低收入残疾人家庭给予救助，对城乡生活无着的流浪乞讨残疾人按规定给予及时救助和妥善安置。2014—2015年，全省每年贫困残疾人特别救助60万人。

4. 改善残疾人住房条件。城镇居民保障房优先保障符合条件的重度残疾人家庭。农村危房改造对贫困残疾人家庭给予倾斜照顾，原则上年度完成贫困残疾人家庭危房改造数量占农村危房改造总任务的比例不低于20%。在实施保障房建设及农村危房改造中，依法实施公共基础设施、无障碍设施建设和改造。对符合条件的贫困残疾人家庭，由县级以上残联帮助实施无障碍改造。

5. 关心贫困残疾人日常生活。对贫困残疾人生活用水、气、暖、通信等优惠比照最低保对象享受优惠政策。贫困残疾低保户使用有线电视费用，按规定执行优惠政策。对听力残疾人的手机短信息费用，按规定给予减免。贫困残疾人生活用电费用，按有关规定执行。残疾人乘坐公交汽车、地铁等公共交通工具，按规定享受免费待遇，公共停车场应设残疾人泊车位并免收泊车费。免除农村残疾人筹资筹劳（一事一议）费用。

二、切实保障残疾人基本医疗康复需求

6. 保障残疾人基本医疗需求。城乡低收入家庭重度残疾人参加城镇居民医疗保险和新型农村合作医疗，其个人承担的参保（合）费用，由县级民政部门从医疗救助基金中予以全部或部分代缴；符合条件的参保（合）残疾人按规定享受基本医疗保险补偿后自付费用仍然过高的，由当地民政部门按政策从城乡医疗救助基金中给予医疗救助。非营利性医疗机构免除符合贫困救助条件的残疾人的普通门诊挂号费。凡是由民政部门全部代缴参保（合）费用的城乡贫困残疾人，其城乡居民医保住院医疗费用首次报销不设起付线。

7. 保障残疾人基本康复需求。落实有关规定，将残疾人基本康复训练项目、特殊医疗需求和假肢安装、辅助器具基本配置列入基本医疗保险支付范围。贫困精神残疾人服药由财政按每人每年1000元给予药费补助，并随全省经济发展和财政收入增长逐步增加。将精神病治疗纳入城镇居民基本医疗保险及新农合门诊特殊病种报销范围及大病救助范围。继续实施贫困残疾儿童抢救性康复救助项目。

三、切实保障残疾人受教育权利

8. 完善残疾学生资助政策。普通高校全日制本专科在校残疾学生和经济困难残疾人家庭子女，中职学校

一、二年级在校残疾学生，以及在特殊教育学校职业高中班和普通高中就读的残疾学生，全部享受国家助学金。高校、中职学校和普通高中及义务教育阶段的残疾学生和经济困难的残疾人家庭子女，在享受经济困难学生资助及义务教育经费保障待遇的基础上，根据学生生源地，由市、县财政按每人每年共500元标准对义务教育阶段中小学生给予生活补助，按每人每年1000元标准对中职学校和普通高中学生给予生活补助；省级财政按每人每年1500元、2500元标准，分别对经济困难残疾大学生（含大专生）、研究生给予生活补助。公办中职学校逐步实行残疾学生免学费政策。

9. 加强特殊教育学校基础能力建设。到2020年，基本实现设区的市和人口30万以上、残疾儿童人口较多的县都有一所达到国家标准的特殊教育学校。筹建安徽特殊教育高等职业技术学院。承担义务教育的特殊教育学校（班）学生人均公用经费标准应当不低于普通学校学生人均公用经费标准的5倍。各级各类教育机构均不得拒绝招收符合条件的残疾学生，并帮助其完成学业。

四、切实保障残疾人养老权利

10. 夯实残疾人基本养老基础。城乡重度残疾人所在县级政府按照城乡居民社会养老保险规定，为其代缴社会养老保险费用。无劳动能力、无生活来源又无法定赡养、抚养、扶养义务人，或其法定赡养、抚养、扶养义务人无赡养、抚养、扶养能力的残疾人，给予特困人员供养。公办福利院或敬老院应优先接收符合条件的残疾人入院。居家养老的残疾人优先享受政府购买服务补贴。

11. 认真落实惠民殡葬政策。要确保贫困残疾人优先足额享受惠民殡葬政策，使其生有体面，死有尊严。

五、切实保障残疾人就业权益

12. 党政机关、事业单位及国有企业要带头安排残疾人就业。各地在招录公务员时，要结合实际，采取适当措施，努力为残疾人考生创造良好的考试环境。党政机关、事业单位及国有企业要带头履行按比例安排残疾人就业的法律义务，为其他用人单位按比例安排残疾人就业发挥表率作用。各级残工委成员单位要率先招录残疾人。各级党政机关中的非公务员岗位（科研、技术、后勤等），要积极安排残疾人就业，并依法与残疾职工订立劳动合同，保障其合法权益。到2015年，所有省级党政机关至少安排有1名残疾人。到2020年，所有市级残工委主要成员单位至少安排有1名残疾人；各级残联干部队伍中都要有一定数量的残疾人干部，其中省级残联机关干部队伍中残疾人干部的比例应达到15%以上。县级以上残联及直属单位新录用、聘用工作人员中，高校残疾人毕业生不得少于20%。各类事业单位要结合本单位岗位构成情况，确定适合残疾人就业的岗位，多渠道招聘残疾人。国有和国有控股企业应根据行业特点，确定适合残疾人就业的岗位，招录符合岗位要求的残疾人就业。企业对招录的残疾人应依据《中华人民共和国劳动合同法》订立劳动合同，实行同工同酬，未达到法定比例安置残疾人就业的用人单位，应依法缴纳残疾人就业保障金。各地应将用人单位是否履行按比例安排残疾人就业义务纳入各类先进单位评选标准，对于不履行义务的用人单位，不能参评先进单位，其主要负责同志不能参评先进个人。

13. 严格执行残疾人就业法规政策。切实加强残疾人就业保障金的管理和使用，认真落实残疾人就业保障金统筹制度，充分发挥其促进残疾人就业，以及促进与就业相关的残疾人事业发展的保障作用。加大残疾人就业保障金对按比例和超比例安置残疾人就业用人单位的奖励力度，提高用人单位安排残疾人就业的积极性。每安排1名重度残疾人就业并办理保险的，按用人单位安排2名残疾人计入就业比例。对安置残疾人大学生，与其签订1年以上劳动合同并办理保险的用人单位，按安排2名残疾人就业计入分散按比例就业比例。鼓励各地将乡镇（街道）残疾人专职委员和村（社区）残疾人助理员纳入公益性岗位，通过政府购买服务方式为其提供工作补贴或误工补贴。对具有当地城镇户口的贫困残疾人个体户缴纳基本养老保险费的，在按规定享受公共就业资金社会保险补贴政策的基础上，可再从残疾人保障金中给予适当补贴。

14. 加大公益岗位扶持残疾人就业力度。各市、县要从每年的公益性岗位中按不低于10%比例优先安排符合条件的残疾人就业，并可从中拿出一定的比例，面向社会招用一批专业医护人员和大、中专毕业作为儿童康复技师，定向充实到基层一线。

15. 积极开辟就业渠道。鼓励各地因地制宜，积极扶持残疾人及其家庭、赡养人开办家庭农场、农家店、网店和社区便民服务网点。每年向有就业需求、有劳动能力、有就业条件的残疾人免费提供职业教育或技能培训。新增公共文化项目在聘用管理员时，同等条件下优先聘用残疾人，不得歧视残疾人。贫困残疾职工在建有工会组织用人单位就业，符合条件的由所在地工会纳入困难职工帮扶中心救助范围。

16. 落实就业税费减免政策。残疾人申办个体工商户或民营企业的，按规定免收有关登记类、证照类和管理类的各项行政事业性收费。对残疾人个人取得的劳动所得以及从事个体工商户生产经营的，按规定免征、减征有关税费。集中安置残疾人的盲人按摩机构、工疗机构、农疗机构、福利企业等用人单位，凡是符合国家法律法规规定要求的，均依法享受税费减免待遇。在场地、资金、技术、贴息贷款等方面予以支持。

六、切实鼓励加大对残疾人事业捐赠

17. 落实公益性捐赠税前扣除政策。企业通过公益性社会团体或者县级以上人民政府及其部门对残疾人事业的捐赠支出，在年度利润总额12%以内的部分，准予在计算应纳税所得额时扣除。对个人通过社会团体向残疾人事业的捐赠支出，未超过其申报应纳税所得额30%的部分，可以从其应纳税所得额中扣除。

七、切实强化工作保障

18. 加强组织领导。各级党委、政府要高度重视促进残疾人家庭增收、加快实现小康步伐工作，将其列入重要议事日程，党委、政府分管负责同志要不定期听取工作汇报，研究解决重大问题。

19. 增强全社会扶残助残意识。倡导"平等、参与、共享"的现代文明社会残疾人观，积极宣传残疾人事业和残疾人自强模范及助残先进事迹，努力形成全社会共同促进残疾人家庭增收、同步实现小康目标的良好舆论氛围。

20. 强化工作落实。各级政府残工委要切实担负起对残疾人家庭增收、加快实现小康步伐的指导、组织、协调、督查等重要职责，及时跟踪评估政策实施效果，实行年度通报制度。县级以上党委、政府和省直有关部门要根据本《意见》，研究制定具体的实施办法和配套政策，确保残疾人家庭增收、加快实现小康步伐的各项任务落到实处，切实改善残疾人的生产、生活状况，为实现全面小康社会宏伟目标做出积极贡献。

三、工作综述

（一）全省综述

2014年，全省残联系统干部职工在省委省政府的领导和中国残联的指导下，努力为残疾人解难事、办好事，做了大量的工作。

1. 特惠政策保障，进一步缩小收入差距

为贯彻中国残联六代会精神，省政府残工委秘书处经过深入调研、广泛论证，形成《关于促进残疾人家庭增收，加快实现小康步伐的意见》初稿，2014年8月以省委省政府两办名义印发并被国务院残工委全文转发。《意见》针对残疾人的特殊困难，做出制度性特惠安排。在基本生活保障上，《意见》明确以"全省救助贫困残疾人60万"来倒逼"应保尽保"；贫困残疾人可比照五保户标准，享受水、煤、电、气等价格优待；在农村危房改造中，明确贫困残疾人占全省年度总任务数"不低于20%"，户均补助一万元。在基本医疗保障上，明确"5免1补"政策设计。在特殊教育保障上，完善从义务教育到高等教育系列救助政策。在就业权益保障上，对省级党政机关、国有企业等安置残疾人就业提出新的要求；政府开发的公益岗位安置残疾人不低于"10%"；鼓励残疾人创业就业，免收有关证照、管理等事业性收费。各地立足实际，创新举措纷呈：合肥率先开展政府购买残疾人托养服务；马鞍山明确安排残疾人就业的公益性岗位不低于30%；蚌埠出台《贫困老年残疾人生活救助办法》；宿州各县区均拿出有真招实招的贯彻意见；淮南新近制定《残疾人扶助办法》；滁州完善了残疾人生老病死系列救助；芜湖提高儿童康复补助标准；池州对精神残疾人药费补助扩面80%；安庆对精神残疾人住院给予定额补贴；六安建立党政领导联系帮扶残疾人制度；广德、宿松在助残入学和危房改造中优先照顾伤残家庭。

2. 惠残项目落地，积极呼应基本需求

2014年，继续在全省实施残疾人特困救助民生工程，省市县三级财政共拨付资金4亿多元，救助各类贫困残疾人568133名，吃饭问题基本解决；实施重度残疾人托养服务项目，15000多名重度残疾人得到庇护照料，托养服务正在推进；27623名残疾人得到中央财政三轮车燃油定额补贴，残疾人出行困难得到缓解；实施康复服务项目，各级财政安排资金2亿多元，13226名白内障患者享受免费复明手术重见光明，其中阜阳、亳州完成任务数最多；71485名精神残疾人享受每人1000元的药费补助；10055名听障、智障、脑瘫、自闭症等四类残疾儿童康复训练纳入民生工程，发放辅具25000多件，"人人享有康复服务"目标越来越近；8719个计划生育出生缺陷家庭获得救助，35万重度残疾人由政府买单参加医疗和养老保险，兜底保障网越织越密。实施农村危房改造项目，全省2.3万户无房、危房残疾人家庭因此受益，抗灾、抗寒能力显著增强；落实残疾学生资助政策，两千多名在校学生获得500—2500元不等的学业救助，三类残疾儿童入学率在巩固中进一步提高；实施就业援助项目，按比例安置残疾人一千多名，扶持17779名残疾人创业就业，所在家庭由此脱贫。落实省委、省政府领导重要批示，募集400万元，向6万名盲人每人赠送一台收音机。

3. 开展系列活动，不断优化发展环境

2014年，全省残联系统紧紧围绕平等参与、融合发展的目标，精心组织以残疾人为主体、以助残为主题的系列大型活动。突出"同城举办、同等奖励"的主题，安徽第六届全省残运会与省运会在安庆同城举办，属全国首次，省委副书记李锦斌宣布开幕，省政府副省长梁卫国致开幕词，中国残联负责同志到会祝贺，全社会把赞叹和关爱的目光又一次聚焦在特殊群体身上。突

出"保护听力、儿童优先"的主题，组织开展第十五次爱耳日宣教活动，龙舒宴集团等爱心企业捐赠款物200多万元，发送公益短信300万条，省领导陈先森以及省卫生、省民政、省教育等部门负责同志一同出席现场活动。突出"比学赶帮、促进就业"的主题，举办第七届残疾人职业技能大赛，又一批技术能手脱颖而出，副省长杨振超，省人社、省民政、省财政、省教育、省体育、省统计和工青妇等部门负责同志陪同出席颁奖活动并观看才艺展示。突出"全民阅读、我不掉队"的主题，联合静安集团举办首届残疾人"读书达人"竞赛，省领导童怀伟、王鹤龄等应邀为获奖选手亲自颁奖、鼓劲加油。突出"关心帮助残疾人，实现美好中国梦"的主题，组织开展第二十四次助残日活动，全省200多名各级党政领导参加当天活动，送温暖、解难题、做表率。突出"自强不息、助残为乐"的主题，组织全国自强模范与助残先进代表开展省内巡回演讲，当地党政领导亲切看望各位成员，两千余名各界人士现场聆听报告会，乐观进取、催人泪下的故事引起社会积极反响。突出"爱我中华、挑战自我"的主题，协办第八届海峡两岸四地残疾人登黄山活动，数百名残疾人由两倍以上青年志愿者全程陪护，游客驻足叹为观止，媒体竞相报道，残健融合温暖两岸。

4. 加强自身建设，主动适应事业发展

一是反"四风"教育取得实效。市县残联以"三严"祛"四风"，以"三实"聚正气，加快了事业发展，改进了工作作风。省残联从简安排各类活动，从严控制工作成本，"三公"经费同比下降50.9%；经过三年创建，年底荣获"省级文明单位"称号。二是服务设施有新增长。争取国家发改委专项资金3620万，地方配套4000多万，新扩、改建宣城、池州等综合服务设施21个，服务能力进一步增强；鼓励社会力量兴办康复实体，机构数量占比超过40%，承担康复任务近半壁江山。三是创建活动扎实开展。首批21个残疾人工作示范创建县顺利通过抽查验收，在机构编制、硬件投入、政策创新等方面均有标志性突破，推动工作上了一个新的台阶。四是调查筹备工作基本完成。通过层层培训、逐级动员，依靠乡村干部和基层专职委员走村串户，150万残疾人信息核查进度快、质量高，受到中国残联通报表彰。五是维权服务有新成绩。按时办结人大、政协有关建议、提案，认真处置投诉信函和侵权案件，切实做到"案结事了"。全系统信访量继续保持下降趋势，省残联被省委、省政府授予"信访工作管理优秀单位"称号。

（二）残工委单位及地方残疾人工作

1. 省财政厅

2014年，在省委、省政府及残工委的领导下，省财政立足本职、服务发展，围绕解决残疾群体最关心、最直接、最现实的利益问题，积极履行保障职能，不断加大投入力度，全省残疾人财政工作取得进一步发展。

（1）强化投入，积极改善残疾人生产生活就业状况

认真贯彻落实省委、省政府决策部署，积极筹措残疾人事业发展资金12.6亿元，其中省级财政投入5.8亿元，扎实推进惠残民生工程实施、支持和促进残疾群体就业创业。

一是积极改善残疾人基本生活。全省各级财政部门累计投入资金近3.9亿元，其中省级投入3.1亿元，将城乡低保范围内贫困残疾人基本生活救助标准提高10%，残疾等级在二级以上的残疾人由每人每年726元提高到800元，残疾等级为三级的残疾人由每人每年360元提高到400元。截至2014年年底，全省共有52.4万名残疾人享受生活救助待遇。

二是深入推进康复工程项目实施。统筹安排资金1.9亿元，其中省级投入1.2亿元，继续实施贫困白内障患者免费复明手术、精神残疾人药费补助和残疾儿童免费抢救性康复项目，全省共有1万名贫困白内障患者得以康复，6.8万名贫困精神病患者获得药费补助，9945名残疾儿童享受免费辅助器具适配服务和康复训练补助。

三是大力支持残疾群体就业创业。累计投入资金1.2亿元，统筹推进残疾群体就业创业。支持残疾人职业教育发展，继续开展残疾人职业技能免费培训，全面实施特殊教育中专学校学生免学费政策，积极保障省特殊教育中专学校实训楼建设项目顺利完工，努力提升残疾学生就业技能。鼓励残疾人就业创业，对自主创业的残疾人给予专项扶持，对吸纳残疾人就业的用人单位和开展残疾人职业技能培训的机构给予专项补贴。

（2）健全机制，深入推进残疾人康复及服务体系建设

把机制建设摆在更加突出的位置，充分遵循市场化和系统化推进理念，深入探讨制度衔接，不断激发市场活力，积极推进残疾人康复、残疾人服务体系建设。

一是扎实推进残疾人康复体系建设。坚持以满足残疾人基本医疗康复需求为导向，以提升残疾人医疗保障水平和康复服务水平为目标，总结梳理中央及省残疾人康复体系建设有关要求，全面分析安徽省残疾人康复体系建设现状及存在的问题，初步拟定加快推进残疾人康复体系建设的具体意见，积极促进残疾人康复事业与经

济社会协调发展，加快残疾人康复体系建设步伐，保障残疾人共享经济社会改革发展成果。

二是推动建立政府购买残疾人服务机制。按照推进政府向社会力量购买服务工作要求，将残疾人服务领域中适合交由社会组织承担的公共服务项目纳入政府购买服务范围，研究出台残疾儿童康复训练、白内障免费复明、残疾人辅助器具服务、残疾人职业技能培训、聋人无障碍交流等政府购买服务实施办法，明确残疾人服务的购买主体、承接主体、购买内容及方式等，不断健全政府统一领导、残工委统筹协调、残联与财政部门牵头、社会广泛参与的残疾人服务供给长效机制。

（3）夯实基础，不断提升惠残项目及资金管理水平

围绕资金使用安全有效和支出行为合理规范的目标，积极加强财政财务管理，夯实残疾人事业发展项目管理基础，着力规范资金支出行为、提升资金使用效益。

一是加强涉残惠残项目基础管理。研究制定《安徽省残疾人事业发展基础数据统计报表》，不断加强涉残项目基础数据分析，为省级资金分配提供参考依据。大力推进省残联信息化建设，充分利用现有资源，配合省残联完成贫困残疾人生活救助项目信息平台建设，初步实现该项目的网络化、动态化管理。

二是开展重点项目跟踪评价。在继续实施部门重点项目绩效自评的基础上，将贫困白内障患者免费复明项目纳入2014年重点项目跟踪评价范围，对项目的方案拟定、流程办理、档案管理、资金落实、效益发挥等实施全方位监督和全过程监管，有效规范了贫困白内障患者免费复明项目的实施，切实保障和维护了残疾人的合法权益。

2. 省体育局

成功举办省第六届残疾人运动会，首次实现残疾人运动会与省运会同城举办。全省第六届残疾人运动会在设项、组团、参赛运动员的人数方面均创历届残运会之最。省体育局积极配合省残联、安庆市人民政府共同做好竞赛的组织工作。为确保残疾人运动员公平公正地参加第六届残疾人运动会，省体育局与省残联组成专家组，对千余名残疾人运动员进行了医学分级。

积极备战第九届全国残疾人运动会。省体育局积极配合省残联做好参赛运动员的推荐、选拔和训练工作。省残联和省体育局将参赛运动员集中在省体育局训练基地管理中心，提供全方位的服务保障。省体育局从各优秀运动队选调最优秀的教练员，指导残疾人运动员的训练。训练工作积极向前推进，参训运动员的体能和技术水平得到进一步提高。

举办残疾人社会体育指导员培训班。指导员在指导残疾人科学健身方面发挥着越来越重要的作用。省体育局积极配合省残联，派专家、学者就残疾人开展健身运动进行辅导、讲解。

全省各级体育部门积极配合各级残联组织，举办形式多样、丰富多彩的残疾人体育活动。

3. 省政府法制办

省政府法制办认真开展与残疾人权益维护相关的制度建设工作。贯彻落实《安徽省残疾人保障条例》。《条例》施行过程中，法制办充分履行法制职能，指引相关部门在制定相关政策时，进一步加强残疾的预防和康复，残疾人教育、劳动就业、文化生活、社会保障，无障碍环境设施的完善等方面工作，积极做好立法后评估、宣传等工作。

立法规范特种行业，保障残疾人就业。残疾人基于身体原因和资金、技术等因素，很多从事印章刻制、废旧金属收购、旧货交易、车辆维修、开（修）锁等行业。这些行业是残疾人养家糊口、维持生计的收入来源，也容易被利用进行违法犯罪活动，或者易于发生治安灾害事故，大多是公安机关重点监管的特殊行业。2014年，法制办认真办理《安徽省特种行业治安管理条例（草案）》。草案稿规定，依法保护行业经营者、消费者等的合法权益，制止、取缔非法经营，预防和打击违法犯罪活动。同时，特别规定公安机关组织、指导特种行业开展治安防范业务培训不得收取任何费用，避免增加残疾人的经济负担。9月26日，省第十二届人大常委会第十四次会议通过《安徽省特种行业治安管理条例》，自2015年1月1日起施行。

立法规范农村建房，帮助残疾人家庭。安徽是地质灾害较多的省份，地质灾害分布广。部分山区有残疾人的家庭，因为经济困难，只能切坡建房或者在高陡边坡、低洼地、河道旁等地带建房。这些地区在自然灾害来临时非常容易发生滑坡、崩塌等地质灾害。为了规范地质灾害易发区农村村民建房，帮助残疾人家庭，按照王学军省长的指示，法制办起草了《安徽省地质灾害易发区农村村民建房管理规定（草案）》。草案稿规定，各级人民政府应当将扶贫开发、生态移民、美好乡村建设、小城镇建设、保障房建设、危房改造、公路建设、危桥改造、土地整治与地质灾害防治相结合，兼顾地质灾害隐患点工程治理、搬迁避让和村民安置等，统筹安排物资和资金。2014年5月30日，《安徽省地质灾害易发区农村村民建房管理规定》以省政府令第253号公布。

立法规范法制宣传，做好残疾人法治教育。2014年，《安徽省法制宣传教育条例（修订草案）》被列为地方性法规的预备审议项目。修订草案稿规定，对包括残疾人在内的公民普及宪法和法律、法规的基本知识，

加强社会主义法治文化建设，提高公民的法律意识，培养公民自觉学法、尊法、守法、用法的行为习惯，推进依法治理，提高全社会的法治化管理水平；目的是推动包括残疾人在内的全社会树立法治意识，引导残疾人自觉守法、遇事找法、解决问题靠法。

立法规范安全隐患排查，预防伤残事故发生。为了贯彻落实新修订的《中华人民共和国安全生产法》，细化事故隐患排查治理制度，法制办开展《安徽省生产安全事故隐患排查治理办法》立法工作，进一步明确排查治理的责任主体、排查方式、治理措施、监管措施以及追责办法等，目的是为了规范安全生产事故隐患排查治理，预防安全事故发生，以减少因重大安全事故造成的伤残。

办理与残疾人权益保障相关的规范性文件。6月，省政府办公厅就《关于促进残疾人家庭增收加快实现小康步伐的意见》书面征求法制办意见。法制办经认真研究，站在保障残疾人合法权益的角度，提出7条修改意见。8月1日，省委办公厅、省政府办公厅出台《意见》（皖办发〔2014〕25号）。

4. 马鞍山市

马鞍山市委、市政府高度重视残疾人工作，市、县（区）残工委充分发挥综合协调职能，完善相关政策，2014年密集出台了《关于马鞍山市成年重度残疾人单独立户的意见》《马鞍山市关于减免贫困残疾人家庭生活用水、燃气费用的通知》《马鞍山市残疾人托养服务工作实施办法》《马鞍山市促进残疾人按比例就业实施办法》等近10项惠残政策，提出了诸多刚性、硬性的具体措施。全市各级抓好重点工作，着力提升残疾人生存发展水平。

保障基本生活。一是对符合低保条件的残疾人家庭实现应保尽保，对参加城乡养老保险和医疗保险的残疾人给予补贴，在廉租房实物租售中优先照顾残疾人家庭，农村危房改造民生工程中残疾人家庭的比例不低于30％。二是通过推进成年重度残疾人单独立户，提高救助标准，扩大救助范围，减免贫困残疾人家庭用水、燃气费用，发放残疾人机动轮椅车燃油补贴，为贫困残疾人家庭增收节支。三是积极落实贫困残疾人救助与康复工程。全年为17780名贫困残疾人发放救助资金1265.44万元，为2675名贫困精神残疾人发放补助资金127.65万元，为330名贫困白内障患者实施免费复明手术，为386名残疾儿童提供抢救性康复服务。

强化康复服务。一是健全康复机构。全市已建成残疾儿童抢救性康复项目定点康复机构7家，分布在含山、和县、当涂、博望及城区，日在训残疾儿童达300名。二是提升服务能力。完成市残疾人康复中心整合改造，建设马鞍山市低视力验配服务中心和马鞍山市听力验配服务中心。规划新建马鞍山市残疾人康复服务中心，建成后可容纳100张床位，300名残疾人可同时进行康复治疗、训练。三是开展创建活动。三县三区全部获得全国、全省社区康复示范县（区）称号，各县、区达到全国白内障无障碍县（区）标准，全国残疾人辅助器具服务示范市创建活动正在有序开展。

加大教育救助。一是充分发挥市特教学校资源优势，在各县开设特教学校或特教班，推广随班就读、送教上门，确保适龄残疾儿童接受义务教育。二是完善从学前到高等教育全阶段的残疾学生救助政策，将全市残疾学生和贫困残疾人子女全部纳入教育救助范围。同时，对全市就读高中以上的残疾学生及贫困残疾人子女学生、通过自学获取大专以上文凭的残疾学生进行就学救助。全年共救助808人，发放救助资金约75万元。

创新就业渠道。一是对市、县（区）开发的适合残疾人就业的公益性岗位，按照不少于30％的比例，优先安排符合条件的残疾人就业。二是在全市建立扶贫基地6个，建成工疗机构8个，安置400多名残疾人就业，带动辐射近千名农村残疾人增收。三是在落实好省残联就业扶持政策的基础上，每年自筹资金60万元，重点扶持120名残疾人创业，并定期开展就业培训和技能比赛，积极落实康复扶贫贷款政策，扶持残疾人项目。

加强信访维权。完善马鞍山市残疾人信访制度，全年共接待500多人次来信来电来访，妥善解决了广大残疾人的信访诉求。同时还利用"政风行风热线"、法律援助等多种形式，及时为残疾人解决实际困难。

5. 亳州市

亳州市委、市政府高度重视残疾人工作，出台了《关于创新机制扎实推进农村扶贫开发工作的实施方案》等一系列政策文件。保障民生，为残疾人事业的持续提升增添活力。

保障和改善残疾人民生，使他们安居乐业，是市委、市政府一以贯之的方针。近些年来，亳州市认真落实贫困重度残疾人享受社会保险费补贴政策，覆盖面达到100％。同时，将符合条件的残疾人按规定程序纳入城乡最低生活保障范围，优先安排低收入残疾人的城市保障性住房和农村危房改造。投入资金6500多万元，全力实施民生工程，惠及残疾人53494人；加强残疾儿童定点康复机构规范化建设；开展残疾人职业技能培训，培训学员1838人次；扶持和培养省市级"阳光助残扶贫基地"5个，建设"阳光大棚"115个；实施"万人就业扶持工程"，扶持900人就业。市地税、市财政、市残联齐心协力征收残保金2000多万元。资助贫困重度残疾人参加城镇居民医保或新农合。每年安排的医疗救助资金中，市级财政不少于上年度省级财政补助资金总量的20%，县级财政不少于上年度的10%，投入力度逐步加大。从2014年起，依据统计部门公布的全市人员数，按照每人每年1元的标准安排临时救助资金，由市、县（区）两级财政按照2：8的比例分担，列入财政预算，对一户多残、老残一体等特殊困难家庭和低收入残疾人家庭以及全市其他困难群众进行临时生活救助。

亳州市建立了以政府为主导，鼓励行业企业、社会团体、个人积极参与的学生资助政策体系，对残疾学生、残疾家庭就读子女等特殊群体学生进行扶助，每学年小学、初中、高中每生分别扶助500元、800元、1000元，对特困家庭子女就学每生一次性扶助2000元。加强市、县特教学校的规范化建设，市和三县分别建成了高标准的各具特色的特教学校。学龄残疾儿童少年接受义务教育比率达到85%以上，视力、听力、智力三类残疾儿童义务教育水平进一步提高。建立精准扶贫工作机制，2014年市委在全市继续开展"结对帮扶，共同创造美好生活"活动，全市8000名领导干部共帮扶10000名困难群众，其中残疾人4000名，在社会上引起一片好评。发展残疾人文化事业，丰富残疾人精神生活，培育了蒙城县凯尊残疾人杂技团，举办了第二十四次全国助残日系列宣传活动，开展了全省第五届"残疾人文化周"和残疾人读书活动，开办了电视手语翻译节目。

亳州市十分重视基层残疾人组织建设，开展了乡镇、街道残联和村、社区残协的规范化建设，核实了1321名协助理员。加大残疾人协助理员培训力度，3月下旬，市县（区）结合，举办5期残疾人协助理员培训班，培训学员1500多名。进一步活跃各残疾人专门协会工作，充分发挥专门协会"代表、服务、维权"的职能。健全志愿助残工作制度，组织开展丰富多彩的志愿助残活动。下大力建设"七位一体"的市残疾人综合服务中心，建设市精神病医院，运营后将对残疾人康复和精神病人日间照料、托养、工（农）疗等多种形式的服务起到示范引导作用。精心组织基础信息核查工作，各地成立了由分管领导任组长的专项调查领导小组，核实区分了核查人员，采取统一授课、县（区）实施的方式，先后对全市参与核查的人员进行两轮全覆盖培训，共核查持证残疾人及疑似残疾儿童131429人。精心部署残疾人基本状况动态监测和调查工作。严把残疾人证的审核关，全年审核残疾人证29626人。扎实做好残疾人事业统计年报、快报和台账填报工作。加强与上级残联网站的沟通联系，积极报送残疾人工作重要信息，提高残联信息服务于大局的能力和水平。

四、大事记

1月13日，省政府残工委会议在合肥召开。副省长、省政府残工委主任、省残联主席梁卫国出席会议并做重要讲话，省政府副秘书长孙正东主持会议。会议听取了省残联党组书记、理事长张纯和做的年度工作报告，蚌埠市、池州市政府残工委主任，省民政厅、省财政厅负责同志做大会发言。省残工委各成员单位，各市、省直管县政府分管领导，省残联六届主席团委员以及省市县各级残联负责人共计230多人参加会议。会后，中国残联维权部主任薄绍晔就残联系统人大代表、政协委员如何参政议政问题做了专题辅导报告。

2月28日上午，第十五次全国爱耳日现场宣传教育活动在省图书馆举办，省人大常委会副主任陈先森，省政协原副主席、省残疾人福利基金会会长秦德文等领导出席活动，省教育厅、省民政厅、省财政厅、团省委、省妇联、合肥市人大及省、市残联等单位的负责同志一同参加活动。部分残疾儿童及家长、大学生志愿者、新闻记者和省、市残联康复工作者等240余人让图书馆报告厅座无虚席。活动由省残联副理事长钱玉贵主持。省残联理事长张纯和致辞，杭州诺尔康神经电子科技有限公司、瑞声达听力设备贸易（上海）有限公司、安徽龙舒酒业有限公司等9家爱心企业向残联儿童现场捐赠了价值241万元的爱心款物。合肥市特殊教育中心和合肥昕艺人工耳蜗听语技术服务中心的听障小朋友们表演了节目，展示了听障儿童良好的康复效果。

5月25日，由省残联、省残疾人读书指导委员会、省博物院主办，安徽省出生缺陷救助基金会协办，安徽同行杂志社承办的"静安杯"安徽省首届残疾人读书达人大赛暨文化助残爱心企业颁奖仪式在省博物院举行。省政协副主席童怀伟、省人大原副主任朱先发、省政协原副主席王鹤龄、省检察院原检察长刘生等领导，中国残联理事、中国盲文出版社社长张伟，省文化厅、省妇联、省经信委、省残联等省残工委部分成员单位负责同志，以及爱心企业、志愿者等社会各界人士共300余人出席活动。省残联理事长张纯和致辞。

8月8日上午，省残联召开中共安徽省委办公厅、省政府办公厅印发《关于促进残疾人家庭增收加快实现小康步伐的意见》（皖办发〔2014〕25号）新闻媒体通报会。人民日报、新华社、中央人民广播电台、中国青年报、工人日报、农民日报等中央驻皖新闻单位和安徽日报、安徽电视台、安徽人民广播电台、新安晚报、安徽商报、市场星报、中安在线等省内主流媒体共10多家新闻单位应邀参加会议。省残联党组书记、理事长张纯和通报新闻,并对记者的提问做了详细解答。

10月26日下午,安徽省第六届残疾人运动会在安庆市体育馆举行。省委副书记李锦斌宣布运动会开幕。中国残联党组副书记、常务副理事长孙先德致辞,副省长梁卫国致开幕词。安庆市委书记虞爱华,省委副秘书长王信,省残联理事长张纯和,省委宣传部副部长贺懋燮,省体育局巡视员高维岭,安庆市四大班子领导,省残运会组委会各成员单位负责同志,各市代表团、省直管县代表团、省特殊教育中专学校代表团负责同志等出席。省政府副秘书长孙正东主持开幕式。安庆市市长魏晓明致欢迎词。

11月6日,人民网发表文章《安徽将残疾人列入法律援助对象,降低援助门槛》,主要内容如下:安徽省范围内的残联机关以及残疾人福利企业、特殊教育学校等残疾人集中的地方均设立了法律援助工作站。在这些工作站点,都安排了法律援助工作人员或律师事务所律师定期值班,解答残疾人法律咨询,受理残疾人法律援助申请。据统计,2012年来,全省已为10246名残疾人提供了法律援助。为了进一步维护残疾人合法权益,安徽省司法厅将残疾人列入法律援助对象范围,降低法律援助门槛。同时,对凡"享受城乡居民最低生活保障的三级以上残疾人",免予经济困难审查,听力语言残疾人在接受法律援助时,手语翻译的聘请及相关费用由当地残联负责。

11月20日,新华社《经济参考报》发表文章《安徽残疾人免费享受22项政府购买服务》,报道安徽省出台《政府购买残疾人服务试点工作实施意见》,残疾人可免费享受22项政府购买社会服务。　　　（胡效民 供稿）

福建省残疾人事业和残疾人工作

一、领导讲话

副省长、省残联主席团主席洪捷序在省残联第六届主席团第二次全会暨全省残联工作会议上的讲话摘要　　2014年3月14日

一、有效作为,切实做好残疾人民生保障

要认真完成今年省委省政府为民办实事"实施助残工程"项目。省委省政府连续多年把助残工程列入办实事项目,取得了很好的效果,受到广大残疾人的欢迎。对今年的助残工程项目,各级残联要高度重视,加快项目前期工作,及早落实工作措施,确保资金分配公平透明,放大省级项目效益,扩大残疾人受益面,争取为残疾人多办实事、好事。要不断完善政策措施。要根据新形势、新要求,抓紧研究制定进一步做好我省残疾人扶残助残的政策措施,促进民办康复机构发展、残疾人按比例就业及特殊教育提升发展,从政策层面加大对残疾人的生产扶助和生活救助,逐步缩小残疾人生活状况与全省平均水平的差距。要积极创新残疾人扶贫方式。坚持把残疾人扶贫开发工作纳入各级政府扶贫开发总体规划,注重残疾人扶贫开发与各项社会保障制度相衔接,推行精准式扶贫,进一步提高就业扶助、康复扶贫贷款和残疾人就业小额贴息贷款、"福乐种养基地"建设、"福乐助残扶贫工程"等项目运作效益,切实提高残疾人收入,帮助残疾人改善生活状况,与全省人民一道建成小康社会。

二、夯实基础,全面提升为残疾人服务水平

要加强残联组织基础管理工作。落实好中国残联开展"基础管理建设年"活动,加强各级残联组织的基础管理工作,继续开展"全省残疾人信息化工程建设年"活动,开展残疾人服务状况和残联组织基础管理状况专项调查研究,进一步摸清残疾人的基本服务现状与重点服务需求,加强残疾人数据统计和监测工作。要千方百计做好残疾预防控制工作。建立健全残疾预防体系,提高公众残疾预防意识,有效控制残疾发生。继续推动残疾人"人人享有康复服务",切实抓好0—6岁残疾儿童抢救性康复工作,加大残疾人援助力量,做好重度残疾人托养工作,使残疾人切实享受均等化、便利化公共服务。推进与福建中医药大学等专业机构合作,建设康复服务体系,提升残疾人服务的社会化、专业化、市场化水平。要扩大残疾人就业培训。残疾人的社会保障起的是兜底作用,只能解决温饱等基本生活问

题。要过上更好的生活，必须依靠就业增加收入。各级残联和人社部门要针对不同类型残疾人的特点，有针对性地开展就业培训，努力提高残疾人的劳动技能和就业能力。通过开展结对、帮扶、助教等活动，增强残疾人的自我发展能力。要加大督查力度。政策的生命在于落实。对已出台的扶残助残政策，各级各部门要认真梳理，对照检查。没有落实到位的，要加大督查力度。省残联要继续牵头，对《残疾人事业"十二五"发展纲要》的实施情况进行督促检查，及时总结好做法、好经验，认真解决难点问题，对个别地方存在的领导重视不够，政策落实不到位、打折扣以及成效不明显等问题，限期整改落实。要研究应用中央和省里出台的各项惠民政策，确保残疾人能够享受的所有政策都要落实到位，实现政策叠加效应。省残联及有关部门要在实践中不断总结经验，研究如何从重点扶持向制度性普惠性助残转变，优化政策、细化措施，确保"十二五"目标任务按期完成。

三、转变作风，帮助残疾人实现人生价值

要加强残疾人工作者能力建设。强化对残疾人康复、教育、就业、托养、文体、维权等专业人才队伍的培养，提高服务能力，为我省残疾人事业提供人才保障。残疾人工作者要切实转变工作作风，增强服务意识，深入残疾人群体，及时了解残疾人需求，积极为残疾人办实事、做好事，成为残疾人的知心朋友。要搭建残疾人实现价值平台。充分尊重残疾人主体作用，加强残疾人自强模范和先进事迹宣传，激发残疾人自立、自强意识。各有关部门要发挥优势、挖掘潜力，从帮助就业创业、引导参与活动等方面，积极为他们融入社会生活、实现人生价值创造良好条件。要整合各方资源。各级政府要充分发挥市场主体和社会组织作用，探索实施向社会力量购买残疾人服务。发挥残疾人福利基金会等慈善组织的作用，帮助、救助困难残疾人。发挥各级残疾人专门协会作用，加大《福建省实施〈中华人民共和国残疾人保障法〉办法》的宣传贯彻力度，倡导"平等、参与、共享"的现代文明社会残疾人观，营造良好的扶残助残社会氛围。

省委书记尤权在会见福建省参加第五次全国自强模范暨助残先进表彰大会代表时的讲话摘要

2014年5月18日

命运无法选择，面对命运的态度可以选择。残疾人在工作生活中会遇到各种各样的困难，但都要以乐观的心态去面对，以顽强的毅力去拼搏。首先要精神上自强，生活上才能自立。希望大家继续发扬自强不息、顽强拼搏的精神，努力开创事业的新境界，并以此影响和激励更多的残疾人自尊自信、自强自立，去勇敢面对生活的挑战，努力实现人生的梦想。

残疾人是社会大家庭的平等成员，是人类文明发展的一支重要力量，是坚持和发展中国特色社会主义的一支重要力量。希望全社会都向助残先进集体和个人学习，真心关爱残疾人、真情帮扶残疾人，积极参与和支持残疾人事业发展。各级党委和政府要更加重视残疾人事业，把推进残疾人事业当作分内的责任，不断提升残疾人保障和服务水平。各级残联要切实履行职责，为残疾人解难，为党和政府分忧，团结带领残疾人继续开创工作新局面。

省委常委陈桦在第五次全省自强模范与助残先进表彰大会上的讲话摘要

2014年9月29日

一要进一步完善残疾人社会保障和服务体系，努力实现残疾人政治、经济、社会、文化等的平等权利。党的十八大将残疾人社会保障和服务体系建设纳入"五位一体"中国特色社会主义事业的总布局，为残疾人事业发展指明了方向。省委省政府历来高度重视残疾人事业发展，经过多年努力，全省初步建立残疾人社会保障和服务体系框架，残疾人生活、学习、工作条件得到根本改善。在连续多年把助残工程列入省委省政府为民办实事项目基础上，今年省政府又出台了《关于进一步加强扶残助残工作的意见》，进一步提高重度残疾人生活困难救助水平，将残疾人危房改造纳入政府"造福工程"项目，残疾人社会保障和服务体系建设步伐进一步加快。但与残疾人的需求和期盼相比，与全面建成小康社会的要求相比，我省残疾人"两个体系"建设还有不小差距。各级各部门要充分认识到，加快"两个体系"建设，是帮助残疾人改善基本生活条件、促进残疾人全面发展、实现残疾人共享改革发展成果的重大举措。要坚持问题导向，着力健全残疾人基本情况数据库，着力完善残疾人权益保障制度，着力推进残疾人公共服务标准化、均等化，尤其要下大力气解决好残疾人住房、医疗、义务教育等切身利益问题，进一步加大重度残疾人社会救助力度，推动扶残助残政策向农村和贫困地区倾斜，不断扩大帮扶工作的覆盖面，保障残疾人平等参与的权利和平等发展的机会。要着力创新残疾人服务供给机制和方式，通过政府购买服务等形式，大力发展残疾人康复、教育、就业、扶贫、托养等专项服务，不断提高服务水平，推动残疾人事业与全省经济社会协调发展，让残疾人与健全人一样生活得更有尊严、更有质量、更加幸福。

二要进一步宣传残疾人的自强精神，促进残疾人广泛参与、充分融合和全面发展。残疾人是中国特色社会主义建设的重要力量，也是推动我省科学发展、跨越发展的重要力量。残疾人有着强烈的社会参与意识，蕴藏着巨大的创造潜力，他们完全有志向、有能力为经济社会发展做出更大贡献，今天受表彰的自强模范就充分说明了这一点。我们要深入宣传自强模范奋发自立的感人事迹和时代精神，努力消除对残疾人一切形式的歧视，大力开展面向残疾人的就业服务和适应市场需求与残疾人特点的教育培训，提高残疾人素质，为他们融入社会创造良好条件、搭建更多平台。希望广大残疾人以自强模范为榜样，勇敢面对生活的挑战，永葆自强不息的精神，自觉增强自我发展能力，积极参与和融合到社会生活中，用自己的勤劳和智慧创造幸福生活、实现人生梦想。

三要进一步动员全社会力量参与残疾人事业，营造扶残助残的浓厚氛围。残疾人是社会大家庭的平等成员，也是一个特别需要帮助的群体，需要社会各界充分发扬人道主义精神，不断加大帮扶力度。要在全省上下大力宣传"平等·参与·共享"的残疾人观，大力弘扬中华民族扶危济困的传统美德，广泛宣传扶残助残先进事迹，继续深入开展好各种群众性助残活动，鼓励带动更多扶残助残的善行义举，引导全省人民真心关爱残疾人，真情帮助残疾人，积极参与和支持残疾人事业的发展，进一步在全省上下营造理解、尊重、关心、帮助残疾人的浓厚氛围。

四要进一步完善残疾人事业的体制机制，推动残疾人工作创新发展。各级党委、政府要更加重视残疾人事业，及时研究解决残疾人事业发展中的突出问题，不断完善党委领导、政府负责、社会参与、残疾人组织充分发挥作用的领导体制和工作机制。各级残联和广大残疾人工作者要全心全意为残疾人服务，积极反映残疾人的困难和需求，协助党委政府做好有关法规、政策、规划、标准的制定和实施，真正成为"残疾人之家"。各有关部门要各司其职、各负其责，密切配合、齐抓共管，加大政策支持、经费投入等扶残助残保障力度，共同推进残疾人事业健康协调发展。

二、政策法规文件

关于进一步加强扶残助残工作的意见

闽政〔2014〕48号

为进一步改善残疾人生产生活状况，加快残疾人社会保障和服务体系建设，现提出以下意见。

一、加强重度残疾人生活和医疗救助

（一）完善重度残疾人生活困难补助和医疗救助制度。将听力、言语和多重重度残疾人纳入生活困难补助范围，统一城乡重度残疾人生活困难补助金标准，将农村重度残疾人生活困难补助金从每人每月30元提高到50元。补助金由民政部门按社会化方式定期发放。将包括听力、言语和多重重度残疾人在内的重度残疾人统一纳入城乡医疗救助范围，并按现行筹资标准和当地医疗救助办法进行救助。重度残疾人生活和医疗救助所需资金由省、市、县财政共同负担。（责任单位：省民政厅、财政厅、人社厅、卫计委、残联，各设区市人民政府、平潭综合实验区管委会）

（二）建立一级重度残疾人护理补贴制度。从2015年1月1日起，对全省一级重度残疾人给予每人每月50元护理补贴，所需资金由省、市、县财政共同负担，具体发放办法由省残联、财政厅另行制定。（责任单位：省残联、财政厅，各设区市人民政府、平潭综合实验区管委会）

二、强化残疾人康复救助服务

（一）进一步完善残疾人康复服务体系。依托医科高等院校、省属三级甲等医院的技术优势，开展残疾人康复技术服务指导；各市、县（区）依托当地医院、康复机构等建立残疾人康复服务示范点；依托社区卫生服务中心、乡镇卫生院建立康复室，构建有效的康复服务体系，实现残疾人"人人享有康复服务"。在同等条件下，鼓励优先采购我省企业生产的残疾人康复辅助器具。（责任单位：省卫计委、残联、发改委、监察厅）

（二）继续实施0—6岁残疾儿童抢救性康复。对符合条件的0—6岁残疾儿童给予免费的抢救性康复救助，各级财政要根据本地残疾儿童康复的需求，将残疾儿童免费抢救性康复救助所需资金列入预算。省级财政根据各县（市、区）残疾儿童康复数给予适当补助。（责任单位：省残联、卫计委、财政厅，各设区市人民政府、平潭综合实验区管委会）

（三）全面落实残疾人医疗康复项目纳入医保。各地要将已确定的运动疗法、偏瘫肢体综合训练、脑瘫肢体综合训练、截瘫肢体综合训练、作业疗法、认知知觉功能障碍训练、言语训练、吞咽功能障碍训练、日常生活能力评定等9项医疗康复项目纳入城镇基本医疗保险和新农合保障范围，并落实到位。（责任单位：省人社厅、卫计委、财政厅、残联，各设区市人民政府、平潭综合实验区管委会）

三、扶持残疾人就业创业

（一）实施超比例安排就业奖励。对安排残疾人就业超过本单位在职职工总数1.6%的用人单位（不含财政拨款的单位和福利企业等集中就业机构），每超额安排1名残疾人，每年给予用人单位当地月最低工资标准5倍的奖励。（责任单位：省残联、财政厅）

（二）支持集中安置就业。对安置残疾人在50人以上，且已经就业1年以上的残疾人集中就业机构（包括福利企业、盲人按摩机构、工疗机构等）给予一次性10万元的残疾人就业环境改造、设施设备购置补贴。对超过本单位在职职工总数25%且安排10名以上残疾人就业的集中就业机构，每超额安排1名残疾人，每年按照当地城镇职工社会保险最低缴费基数单位缴费金额的50%给予奖励。当年已经按省财政厅、人社厅《关于印发〈福建省就业专项资金管理办法〉的通知》（闽财社〔2012〕72号）享受补贴的不再重复享受。（责任单位：省残联、人社厅、财政厅）

（三）扶持自主就业创业。对通过自主创业或从事个体经营实现就业的残疾人及其安置的残疾员工，每年按照当地从业人员社会保险最低缴费基数缴费金额的50%给予社会保险补贴。已享受集中安置就业奖励政策或当年已经按省财政厅、人社厅《关于印发〈福建省就业专项资金管理办法〉的通知》（闽财社〔2012〕72号）享受补贴的不再重复享受。（责任单位：省残联、人社厅、财政厅）

（四）鼓励接纳高校残疾人毕业生就业。对已按《劳动合同法》规定与新安置的高校残疾人毕业生签订1年以上劳动合同并办理社会保险的用人单位（不含财政拨款的单位和公益性岗位），按照每人每年5000元标准给予补贴，主要用于安置高校残疾人毕业生所需岗位培训、社会保险、劳动保护和无障碍设施建设等支出，补贴年限为3年。（责任单位：省残联、财政厅）

（五）开展残疾人联络员岗位培训。加强乡镇（街道）、村（社区）残疾人联络员岗位培训，提升残疾人联络员的就业能力与服务素质。培训工作由县级残联实施，省级残保金给予每人每年500元补助。（责任单位：省残联、财政厅）

扶持残疾人就业创业措施从2015年1月1日起执行。

四、加快发展残疾人托养服务

充分发挥已建成的残疾人托养服务机构的作用，鼓励养老服务机构安排一定数量的床位托养残疾老年人。比照省政府《关于加快发展养老服务业的实施意见》（闽政〔2014〕3号）的相关规定，对非营利性民办残疾人托养服务机构给予一次性开办补贴和床位运营补贴，对各类残疾人托养服务机构给予税费优惠。（责任单位：省民政厅、财政厅、残联）

五、提高残疾学生资助水平

对特殊教育学校和普通学校附设特教班（学前至高中阶段），以及经教育部门审批的由儿童福利机构或残疾儿童康复机构举办的附属幼儿园（学前教育部）的学生，实施"三免两补"（免学杂费、教科书费、住宿费，补助生活费、交通费）政策。到2016年省级财政将特殊教育学校寄宿生生活补助费从每人每年1500元逐步提高到3000元，寄午的学生按寄宿生补助标准的一半给予补助。各市、县（区）要根据本地实际，对特殊教育学校和普通学校附设特教班学生交通费进行补助，并纳入校车服务方案统筹解决，保证残疾儿童不因交通问题辍学。有条件的地方要对残疾学生的校服、床上用品等生活必需品予以补助。普通高校在校生中家庭经济困难的残疾学生全部享受国家助学金。（责任单位：省教育厅、财政厅、残联，各设区市人民政府、平潭综合实验区管委会）

六、加强公共文化服务和无障碍环境建设

（一）推动开播手语节目和视频加配字幕工作。支持省广播影视集团电视综合频道的周日午间新闻节目中全程同步播出手语新闻，扶持有条件的设区市电视台开播手语节目，增加播出时间和栏目；推进影视剧、文艺节目、网络视频和音像制品加配字幕。（责任单位：省委宣传部，省新闻出版广电局、广播影视集团、残联）

（二）推动盲人阅览室和无障碍网站建设。市、县两级公共图书馆应设立盲人阅览室，并配备盲文图书、有声读物以及加装电脑读屏软件等。残疾人组织的网站应当达到无障碍网站设计标准，市级以上政府网站、政府公益活动网站要逐步达到无障碍网站设计标准，为视障人群提供学习服务。（责任单位：各设区市人民政府、平潭综合实验区管委会，省文化厅、残联）

（三）推动完善公共交通工具无障碍设备配置。各设区市应通过政府购车、发放运营补贴等方式，引导当地出租车企业逐步投放一定数量适合残疾人乘坐的出租车，并推广残疾人电话约车服务，满足残疾人出行需求。（责任单位：各设区市人民政府、平潭综合实验区管委会，省交通运输厅）

（四）推动听力、言语残疾人享受发送短信优惠。电信企业通过优惠套餐、短信包、流量赠送等方式，每个月为每名听力、语言残疾人优惠或免费提供一定数量的短信发送服务。（责任单位：省通信管理局）

七、强化政府主导和鼓励社会力量参与

（一）加强统筹协调。各级政府残工委要强化职责，加强协调统筹和监督检查，民政、卫生、教育、人社等部门要密切配合，将残疾人纳入社会保障、公共卫生、基础教育、就业服务等相关领域政策保障范围，财政部门要为残疾人事业提供稳定的经费保障，红十字会、慈善总会、残疾人福利基金会等慈善团体要积极为残疾人事业开展爱心捐助活动。（责任单位：省残联、卫计委、教育厅、民政厅、人社厅、财政厅）

（二）培育发展扶残助残社会组织。加大政府向社会组织购买公共服务的力度。鼓励、支持、引导社会资本成立扶残助残社会组织，特别是服务残疾人的志愿者组织和康复、托养服务机构。对符合设立条件的扶残助残社会组织，民政部门要依法实行直接登记，不再需要业务主管单位审查同意。对企事业单位、社会团体和个人通过慈善总会等机构向非营利性残疾人康复、托养服务机构的捐赠，符合相关规定的，准予在计算捐赠方应纳税所得额时按税法规定比例扣除。（责任单位：省民政厅、国税局、地税局、残联）

各级各有关部门要按照职责要求，结合实际研究细化有关措施，加强协调配合，落实工作责任，确保取得实效。省直相关部门要及时向省政府报告落实情况。

福建省人民政府办公厅转发省教育厅等部门《关于特殊教育提升计划（2014—2016）实施意见》的通知
闽政办〔2014〕67号

由省教育厅、省编办、省发改委、省财政厅、省民政厅、省人社厅、省卫计委、省残联联合制定，省政府办公厅于2014年5月29日转发。

主要目标

通过三年努力，完善从学前教育到高等教育布局合理、学段衔接、普融融合、普职融通、医教结合的特殊教育体系，办学条件和教育质量进一步提升。构建财政为主、社会支持、全面覆盖、通畅便利的特殊教育服务保障机制，基本形成政府主导、部门协同、各方参与的特殊教育工作格局。到2016年，特教学校实现标准化建设目标，全省三类残疾儿童少年义务教育入学率达95%以上，接受学前教育、高中阶段教育的规模扩大，其他残疾人受教育机会明显增加，使每一个残疾孩子都能接受合适的教育。

主要措施

（一）实施全纳教育，大力提高普及水平。一是进一步完善残疾儿童少年筛查、鉴定、安置工作制度。二是进一步做好随班就读工作。三是全面实施重度残疾儿童少年送教上门工作。逐步扩大送教上门工作试点范围，2016年扩大到所有县（市、区）。

（二）积极发展非义务教育阶段特殊教育。一是大力发展学前教育。至2016年，全省特殊教育学校和残疾儿童康复机构应普遍开展学龄前残疾幼儿学前教育康复；支持有条件的残疾儿童福利机构、残疾儿童康复机构增设附属幼儿园或学前教育部；根据本地实际，选取部分条件较好的普通幼儿园试点开展残疾幼儿随园就读；多渠道满足残疾幼儿学前教育需求。二是加快发展高中阶段教育。各设区市教育行政部门要选取办学条件较好的县（市、区）属特殊教育学校开展高中阶段教育，逐步扩大招生规模。三是努力增加接受高等教育机会。高等院校要按照有关法律法规和政策，努力创造条件，积极招收符合录取标准的残疾考生，不得因其残疾而拒绝招收。四是扶持开展职业技能培训。各级政府和人力资源社会保障、残联等有关部门和组织要加大残疾人职业培训的扶持力度；对残疾人参加社会化考评取得执业资格证书的，按规定享受培训补贴，并在生产实习基地建设、促进残疾人就业等方面制定优惠政策和具体扶持保护措施。

（三）加大特殊教育经费投入力度。一是提高残疾学生资助水平。对特殊教育学校和普通学校附设特教班（学前至高中阶段）学生实施"三免两补"政策，2014—2016年省级财政将特殊教育学校寄宿生生活补助费每人每年提高到2000元、2500元、3000元（按10个月计算），寄午的学生按寄宿生补助标准的一半给予补助。二是逐年提高生均公用经费标准。2014—2016年，特殊教育学校学前至高中阶段残疾学生生均公用经费拨款标准逐年提高到普通初中的6倍、7倍、8倍安排。三是多渠道筹措特殊教育经费。各级财政要设立特教专项经费，用于补助学校改善办学条件、送教上门教师津补贴的发放以及片区教研和教师、校长培训等专项工作的开展。

（四）加强特殊教育基础能力建设。一是加强特殊教育学校建设。30万人口以上未设立特殊教育学校的县（市、区）必须独立建设1所特殊教育学校。二是加强特殊教育资源建设。三是推进特殊教育标准化学校建设。

（五）加强特殊教育师资队伍建设。一是研究制定特殊教育编制标准细则。二是完善特殊教育教师职称评审工作。按照小学高、中、初级专业技术岗位结构比例1∶5.5∶3.5、九年一贯制学校2∶4∶4、十二年一贯制学校2.5∶4.5∶3的标准落实特殊教育学校高、中、初级岗位数。三是加大特殊教育师资培养培训力度。实施"特殊教育教师专业能力提升省培计划"，三年内将全省特殊教育学校（班）校长、专任教师轮训一遍。四是提高特殊教育教师待遇。落实国家规定的特殊教育津贴等特殊教育教师工资待遇倾斜政策。对从事特殊教育工作满15年并在残疾人教育岗位退休的教师，应继续享受特殊教育津贴。

关于促进残疾人按比例就业的实施意见

闽残联教就〔2014〕135 号

由福建省委组织部、省编办、省财政厅、省人力资源和社会保障厅、省国资委、省地税局、省公务员局、省残联八部门联合制定，2014 年 9 月 30 日印发。

一、依法行政，推动用人单位履行按比例安排残疾人就业的法律责任和义务

（一）各地要将残疾人按比例就业列为促进就业工作目标责任制完成情况督查考核的重要内容，加强部门联动和工作督导，发现问题，及时通报，妥善纠正和解决。要建立适时向人大申请执法检查机制，把按比例安排残疾人就业落实情况作为《福建省实施〈中华人民共和国残疾人保障法〉办法》和《福建省实施〈残疾人就业条例〉办法》执法检查、监督的重点内容，推动用人单位履行按比例安排残疾人就业的法律责任和义务。各级人力资源和社会保障部门要将残疾人群体作为劳动权益保护的重点对象，加强执法监督检查，依法保障残疾人劳动就业权利。

二、推动党政机关、事业单位及国有企业带头安排残疾人就业

（二）各级党政机关、事业单位和国有企业应为全社会做出表率，带头招录和安置残疾人。要建立岗位预留制度，凡未达到规定比例安置残疾人就业的单位应制定预留岗位目录，预留一定数量的岗位，专门用于招录残疾人。

（三）各级党政机关、事业单位在招录公务员、工作人员时，要切实维护残疾人平等报考权利，除特殊岗位外，不得额外设置限制残疾人报考条件。同时要结合实际，按照合理便利原则和残疾人需求，积极创造条件，为残疾人考生提供考试便利。对符合公务员、事业单位工作人员录用条件和标准的残疾人，任何单位不得以残疾为由拒绝录用。各级公务员主管部门负责落实并指导各部门做好残疾人公务员招录工作，在 2014 年底前建立党政机关残疾人公务员实名制统计制度。省公务员主管部门要积极引导招录机关专设公务员岗位招录残疾人，并给予放宽开考比例等倾斜政策。

（四）各级残疾人工作委员会成员单位要率先招录残疾人，继而带动其他党政机关。各级党政机关中的非公务员岗位（科研、技术、后勤等），要积极安排残疾人就业，并依法建立劳动人事关系，保障其合法权益。到 2017 年，所有省残疾人工作委员会成员单位至少安置 1 名残疾人就业。到 2020 年，所有省级党政机关和设区市残疾人工作委员会成员单位至少安置 1 名残疾人就业。各级残联干部队伍中都要有一定数量的残疾人，其中省、设区市残联机关干部队伍中残疾人干部的比例应达到 15% 以上。

（五）各类事业单位要结合本单位岗位构成情况，确定适合残疾人就业的岗位，多渠道招聘残疾人。各级党政机关要督导所属各类事业单位做好按比例安排残疾人就业工作。各级事业单位登记管理部门在事业单位登记管理、绩效评估和年度报告公示工作中，要积极引导事业单位按比例安排残疾人就业。

（六）国有和国有控股企业应根据行业特点，积极设定和预留适合残疾人就业的岗位，招录符合岗位要求的残疾人就业。各级国资委要积极推进并督促国有及国有控股企业按比例安排残疾人就业工作，同时协同残联开展对国有及国有控股企业安排残疾人就业工作进行检查和评估，通报安排残疾人就业的情况，做好有关政策咨询和服务工作。

三、推进社会各用人单位按比例安排残疾人就业

（七）认真贯彻《中华人民共和国就业促进法》及相关法律法规，落实《福建省就业专项资金管理办法》的有关规定，对吸纳残疾人就业并符合条件的用人单位，按规定对其为残疾职工实际缴纳的基本养老保险费、基本医疗保险费和失业保险费给予不超过 3 年社会保险补贴（距法定退休年龄不足 5 年的人员可延长至退休）。

（八）鼓励社会各单位超比例安排残疾人就业。对安排残疾人就业超过本单位在职职工总数 1.6% 的用人单位（不含财政拨款的单位和福利企业等集中就业机构），从残疾人就业保障金中，按照每超额安排 1 名残疾人，每年给予用人单位当地月最低工资标准 5 倍的奖励。

（九）鼓励社会用人单位为高校残疾人毕业生开发就业岗位。对已按《劳动合同法》规定与新安置的高校残疾人毕业生签订 1 年以上劳动合同并办理社会保险的用人单位（不含财政拨款的单位和公益性岗位），从残疾人就业保障金中，按照每人每年 5000 元标准给予补贴，主要用于安置高校残疾人毕业生所需岗位培训、社会保险、劳动保护和无障碍设施建设等支出，补贴期限为 3 年。

（十）用人单位安排残疾人就业达不到规定比例的，应严格按规定标准缴纳残疾人就业保障金。各级地方税务机关要落实征收责任，完善征收措施、规范征收程序、加大征收力度，做到依法征收、应收尽收。对残疾人就业保障金征收工作的先进单位、先进个人每三年进行一次表彰和奖励。对不按规定缴纳残疾人就业保障金的用人单位，各级地方税务机关可以采取通报、催报催缴、警告、申请法院强制执行等措施。

四、强化就业服务，提升残疾人就业能力

（十一）完善残疾人职业技能培训和鉴定体系。各级人力资源和社会保障部门、残联应整合各类培训机构的资源,根据残疾人的特点和社会用工需求,开展残疾人职业技能培训。对参加职业培训的残疾人及承担培训任务的单位,根据其培训方式、培训工种及取得的职业资格等级证书,按《福建省就业专项资金管理办法》的规定给予职业培训和鉴定补贴。鼓励残疾人自主选择参加有资质的培训机构举办的职业技能培训,对获得职业培训结业证书或者职业资格证书的,由各地残联给予培训费补贴或奖励,补贴或奖励的具体标准由各地制定。残疾人培训补贴或奖励,每人每年只能享受一次,当年已经按《福建省就业专项资金管理办法》享受补贴的不再重复享受。

(十二)鼓励社会各类职业中介机构为残疾人提供就业服务。经批准的职业中介机构,为残疾人提供就业服务,促成残疾人实现就业,并按《劳动合同法》规定签订1年以上劳动合同、缴纳社会保险的,从残疾人就业保障金中,按每人300元标准,给予一次性职业介绍奖励(当年已经按《福建省就业专项资金管理办法》享受补贴的不再重复享受)。

(十三)各级残联所属的残疾人就业服务机构是公共就业服务机构的组成部分,要加强对残疾人和用人单位的就业服务和就业援助。要准确掌握辖区内残疾人的就业状况,积极为残疾人开展就业失业登记、职业介绍、职业培训、职业心理咨询、职业适应评估等服务。要进一步加强残疾人就业服务机构能力建设,根据当地残疾人就业工作需求,采取购买服务等方式,充实职业指导、能力评估、心理咨询等专业服务力量,相关经费从当地残疾人就业保障金中列支。

五、齐抓共管,促进残疾人按比例就业

(十四)各地应将用人单位是否履行按比例安排残疾人就业义务纳入各类先进单位评选标准。对于不履行义务的用人单位,不能参评先进单位,其主要负责同志不能参评先进个人。各级残联、地税部门要主动发挥监督作用,及时向主管(主办)单位反映评先对象履行按比例安排残疾人就业法律责任和义务的情况。

(十五)各级有关部门要按照职责分工,切实负起责任,认真组织实施残疾人按比例就业工作。要建立联席会议制度,研究促进残疾人按比例就业事项,建立完善残疾人按比例就业实名制管理系统,努力实现部门之间残疾人就业信息交换与资源共享。

福建省人民政府关于完善城乡居民基本养老保险制度的实施意见

闽政〔2014〕49号

四、基金筹集——政府补贴:对低保户、重点优抚对象、计生对象中独生子女死亡或伤残、手术并发症人员以及非重度残疾人等缴费困难群体,政府为其代缴不低于50%的最低标准养老保险费;对城乡重度残疾人,政府为其全额代缴最低标准养老保险费,所需资金由市、县(区)人民政府承担。允许缴费困难群体个人增加缴费,缴费后政府仍按相应档次予以缴费补贴。

福建省人民政府关于进一步做好社会救助工作的意见

闽政〔2014〕58号

一、完善最低生活保障制度

对获得最低生活保障后生活仍有困难的老年人、未成年人、重度残疾人和重病患者,应当采取发放生活困难补助金等措施给予生活保障。

二、做好特困人员供养工作

无劳动能力、无生活来源且无法定赡养、抚养、扶养义务人,或者其法定赡养、抚养、扶养义务人无赡养、抚养、扶养能力的本省户籍老年人、残疾人以及未满16周岁的未成年人,可申请作为特困人员供养。

四、实施医疗救助制度

我省医疗救助对象包括:最低生活保障家庭成员、特困供养人员、重点优抚对象(含革命"五老"人员)、计生特殊家庭成员、重度残疾人、低收入家庭中的重病患者和60周岁以上老年人以及县级以上人民政府规定的其他特殊困难人员。

五、开展教育救助

对在义务教育阶段就学的最低生活保障家庭成员、特困供养人员,给予教育救助。对在学前教育、高中教育(含中等职业教育)、普通高等教育阶段就学的最低生活保障家庭成员、特困供养人员,以及不能入学接受义务教育的残疾儿童,根据实际情况给予适当教育救助。

六、实施住房救助保障

公共租赁住房配租应当优先面向符合住房救助条件的孤、老、病、残等特殊家庭供应。

福建省财政厅、福建省残联关于印发《福建省重度残疾人护理补贴资金管理与实施办法》的通知

闽财社〔2014〕97号

重度残疾人护理补贴与残疾程度挂钩,不区分家庭收入,主要用于补助重度残疾人维持基本身心健康需要的生活护理和照料支出。重度残疾人护理补贴发放范围、对象和标准为:具有我省户籍,持有第二代中华人民共和国残疾人证的各类一级重度残疾人,每人每月50元。重度残疾人护理补贴标准所需资金由省、市、县(区)共同承担,纳入预算安排。省级财政根据各地财力状况,给予分档补助。

三、工作综述

根据第二次全国残疾人抽样调查统计，福建省有残疾人221.1万，占总人口的6.25%。2014年，全省残疾人工作紧紧围绕党中央、国务院和省委、省政府的工作大局及对残疾人事业的部署精神，坚持稳中求进，突出改革创新，积极推进残疾人事业科学发展、跨越发展，取得新成效。

（一）推动出台三大文件等助残政策

一是由省残联牵头起草的《福建省人民政府关于进一步加强扶残助残工作的意见》（闽政〔2014〕48号）于2014年9月6日正式出台。《意见》在重度残疾人生活和医疗救助、护理补贴、0—6岁残疾儿童抢救性康复、残疾人就业创业、残疾人托养服务、残疾学生资助等七个方面提出了若干"含金量"高的扶持措施，在推进扶残助残措施制度化、普惠化方面实现新突破，每年残疾人可直接获益1亿多元。二是由省残联牵头，与省委组织部、编办等8个部门共同制定的福建省《促进残疾人按比例就业》实施办法，于9月30日正式出台，对残疾人按比例就业设计了制度性的安排。三是配合省教育厅等部门制定了《关于特殊教育提升计划（2014—2016年）的实施意见》，于5月以省政府办公厅名义转发实施，加大了对特殊教育的支持力度。四是与农业厅协商，将残疾人危房改造和无障碍改造纳入政府"造福工程"项目，实施双叠加补贴政策（按残疾人家庭人口每人1000元的标准实施补贴，并对每户残疾人家庭无障碍改造叠加补助1000元），每年经费将安排6000多万元。

（二）认真实施省委省政府为民办实事助残项目

省残联具体承办"实施助残工程"项目，包括扶助贫困残疾人就业创业、残疾儿童康复行动、残疾人托养服务、重度残疾人生活困难救助等4个子项目，资金总额2.902亿元，比增约1.8亿，惠及约31万名残疾人。第一季度内即下达了各项目实施方案、任务指标和资金分配，各项目进展顺利，全面完成。对所有受助对象严格实行网上"实名制、直通车"，公平公开，阳光操作。各市、县（区）党委、政府为民办实事助残力度也大幅增强，使更广泛、最困难、最需要帮助的残疾人真正受益。

（三）稳步推进残疾人服务设施建设工作

一是圆满完成省盲按实训基地800平方米用房的购置，进入装修设计阶段。二是推进省残疾人康复教育中心二期项目，顺利封顶并完成工程外墙装修和室内初装修；省残疾人康复教育中心增加骨干教师编制10名。三是继续推进省残疾人游泳康复馆项目，完成了初步规划方案以及红线图绘制、选址等相关准备工作。四是启动省残疾人托养服务中心建设项目前期工作，并成立筹建办公室。该项目已列入福建省"2014年下半年至2015年新开工重大项目"。

（四）扎实开展扶残助残各项业务工作

全省残疾人康复、就业、教育、扶贫、社会保障、托养、宣传文体、维权等工作全面开展。**康复**：实施"七彩梦行动计划"、国家彩票公益金智力残疾儿童康复、白内障复明手术、"一元钱安心计划"等康复项目，共为11.9万名残疾人提供康复服务；加强定点康复机构的规范管理，积极推进创新康复服务体系建设。**就业**：开展城镇百万残疾人就业工程、"福乐种养基地"等项目，共有1.8万名残疾人获得就业支持，农村实用技术培训近1.2万人次；成功举办第五届全省残疾人职业技能竞赛；省人大、省政协均专题组织残疾人就业工作视察、调研，全省设区市人大内司委主任工作会专题研讨残疾人按比例就业工作，为福建省首次。**教育**：实施专项彩票公益金助学项目、交通银行残疾青少年助学计划、残疾青壮年人扫盲试点等，为8000多名残疾学生提供资助，残疾学生义务教育入学率达90%以上；积极推动残疾儿童幼儿园建设，让残疾少年儿童享受同等教育权。**扶贫**：开展残疾人十年扶贫纲要执行情况检查；实施残疾人危房改造工程，4200户贫困残疾人家庭获得补贴。**社会保障**：落实贫困残疾人生活和医疗救助提标扩面，有28.2万名残疾人受益；建立了重度残疾人护理补贴制度；参加居民养老保险的残疾人达66.2万名，参保率达92%。**托养**：对全省托养机构进行调查评估，推进"阳光家园"计划落实；出台了《福建省残疾人托养机构基本标准（试行）》；加大对机构托养和居家托养的补助力度，共为2.6万名残疾人提供托养补助。**宣传**：开展第五次全省自强模范及助残先进评选表彰，举办5场自强模范和助残先进事迹报告会；采用多元化方式扩大残疾人事业宣传，在《福建日报》等各类媒体宣传报道残疾人事业200余篇；编印《福建省残疾人政策服务手册》2.5万本，广泛宣传党和政府的惠残政策。**文化**：举办"第四届闽台残疾人文化周"，开展研讨会、手工艺作品展和残疾人艺术团走进武夷山、上杭、厦门等地交流演出等系列活动，56

名台湾嘉宾赴闽参加活动；省残疾人艺术团开展全省公益巡演活动12场。**体育**：实施残疾人"自强健身工程"，发展群众体育；举办第七届全省残运会和泉州等6个设区市残运会，积极备战第九届全国残运会；参加韩国亚残运会，取得9金、4银、5铜及打破1项世界纪录、3项亚洲纪录的历届最好成绩。**维权**：做好维权信访工作，办理来信、来访、来电830多件次；成立省残疾人法律救助工作站，开设全省"968891"残疾人服务专线；为15177人发放残疾人机动轮椅车燃油补贴；为6050户贫困残疾人家庭实施无障碍改造。

（五）加强残疾人工作基础管理和组织建设

一是组织开展"基础管理建设年"活动。按照中国残联统一部署，制定福建省实施意见，成立领导机构，主要完成推动建章立制、开展专项调查、严格资金管理、抓好项目监管、规范经营行为、落实报告制度等六方面内容，着力抓好残疾人基本服务状况和需求、残联机构和队伍等专项调查。二是继续开展"全省残疾人信息化工程建设年"活动。推进"海西助残"系统三期工程和残保金征管系统建设，提升完善服务功能；建立与中国残联残疾人二代证数据库的实时接口。三是加强残疾人社会组织建设。加强对五个残疾人专门协会独立开展工作的指导，进一步发挥其桥梁和纽带作用；开展全省残疾人社会组织调查摸底，探索福建省残疾人社会组织发展的新机制、新模式。

（六）着力指导各类所属社会组织充分履职

五个残疾人专门协会开展了丰富多彩的活动。省盲协开展了三级盲协联创活动、国际盲人节系列庆祝活动、"金秋助学"公益活动，举办了网络迎新文艺晚会；省肢协开展了助残知识竞赛活动、残疾人创业营活动，出版了《多彩人生》散文集；省聋协举办了全省聋人篮球赛、手语培训班，为贫困聋人进行了免费耳聋基因检测；省智协开展了对特困家庭定向帮扶、建立省智协家庭联络网、组织智障人士闽江一日游等活动；省精协举办了自闭症儿童画展、开展了慰问困难残疾人家庭；省残疾人福利基金会募集款物1956万余元，实施残疾人"安居工程"、"关爱残疾儿童"等助残项目；省同人助残服务中心等助残社会组织开展了"温馨暖意爱相随——春节探访"、"残健同乐趣味运动会"、"同人@就业"、"阳光行动"等大量的助残活动。

（七）各地残联扎实工作、亮点纷呈

福州市对重度残疾人生活困难救助提标扩面，将听力、语言和多重重度残疾人纳入生活困难救助补助范围，统一城乡补助标准，并在省级补助基础上每人每月增发100元；提高儿童定点康复机构规范化建设水平，实现残疾儿童康复救助全覆盖。厦门市进一步完善重度残疾人托养服务体系，全市有8家重度残疾人托养定点机构，落实托养床位500张，安置重度残疾人托养153人，对重度残疾人托养及定点机构实施补助130.8万元；成功创建全国残疾人文化体育示范市，残疾人文体服务进一步提升；继续办好6个区福乐家园和30家街（镇）残疾人职业援助中心，培训在园学员近900名，使之成为辖区内残疾人休闲活动、日间照料、技能培训和庇护性劳动的中心。漳州市参与残疾人居家就业的企业增至19个，帮助439名残疾人实现稳定居家就业，其家庭月平均增收800元左右；助残志愿活动继续深入开展，市扶贫助残志愿服务指导中心被国务院残工委评为"全国助残先进集体"。泉州市成功举办全省地市级规模最大的第四届残疾人职业技能竞赛和第四届残疾人运动会，为残疾人提供了展示自我、融入社会的良好平台。晋江市在社会组织扶残助残、政府购买残疾人服务试点工作上先行先试、树立典型。三明市顺利推进残疾人康复服务体系建设试点工作，市政府每年投入400万元开展工作；在全国率先出台盲人保健按摩机构纳入基本医疗保险定点刷卡结算政策，全市有3家盲按机构列入医保结算。莆田市连续第13年把"残疾人康复扶贫助学安居工程"列入市委市政府为民办实事项目；实施残疾人参加医疗保险和社会养老保险补助制度，由政府为全市所有持证的农村残疾人代缴参加"新农合"和"新农保"最低标准养老保险费的个人缴费部分。南平市广泛动员社会力量参与"安居工程"、"助残工程"项目，为农村残疾人提供新建房屋或改造危房补助；注重以文明创建促业务发展，在连续三届荣获市级文明单位的基础上，继续争创市新一届文明单位。龙岩市出台了《关于加强和规范全市贫困残疾人家庭无障碍改造工作的实施意见》，在全省率先以文件形式统一思想，全面规范家庭无障碍改造工作；市盲人协会在全省设区市残疾人专门协会中率先完成社团法人登记工作。宁德市市委常委会决定将残疾人按比例就业和残疾人就业保障金征缴工作纳入文明单位考评内容；开办全省首家由残疾人创办的社区伙伴便利店网店，集便利店连锁管理、辅具展示租赁、商贸代理、物流配送、电子商务为一体，帮助40多户残疾人实现就业。平潭以开展基础管理建设年活动为契机，进一步完善党委领导、政府负责的残疾人工作领导体制，强化残联机构和队伍建设，并大力充实村（居）残疾人联络员队伍。

四、大事记

1月1—3日，中国残联党组书记、理事长鲁勇到福州、厦门、泉州及省残疾人康复中心、体管中心、启能中心等地调研残疾人工作，走访慰问残疾人并参加2014年厦门国际轮椅马拉松赛开赛等活动。省委常委、福州市委书记杨岳，省委常委陈桦，省委常委、厦门市委书记王蒙徽，副省长洪捷序等先后会见了鲁勇理事长一行，并陪同调研和慰问活动，省残联理事长柯少愚、副理事长王秀丽陪同参加相关活动。

1月21日，副省长洪捷序到龙岩市走访慰问困难残疾人，省残联理事长柯少愚陪同慰问。

2月25—3月3日，省残疾人劳动就业服务中心副主任、省盲协主席王永澄被推选为"全省党的群众路线教育活动先进典型"，赴龙岩、漳州、厦门、泉州等地开展先进事迹巡回报告，是全省16名先进典型中唯一的残疾人。

3月1日，省残联、省民宗厅、福建水之声艺术团、福州晚报社联合主办的福建省第十五次全国"爱耳日"宣传教育活动公益音乐会在省残疾人体育运动管理中心举行，省残联理事长柯少愚、副理事长王秀丽等出席活动。

3月14日，省残联第六届主席团第二次全体会议暨全省残联工作会议在福州召开。副省长、省残联第六届主席团主席洪捷序主持召开主席团会议并讲话，省残联理事长柯少愚代表执行理事会做工作报告，副理事长杨小波、王秀丽分别主持相关议程，副理事长陈强传达第二十八次全国残联工作会议精神。全省县级以上残联理事长等100多人参加会议。

5月11日，由福建省肢残人协会、福建省残疾人体育运动管理中心、福建省同人助残志愿者服务中心联合主办的"好帮手杯"助残知识竞赛在省残疾人体育运动管理中心举行，省残联理事长柯少愚，副理事长杨小波、陈强参加开幕式并观看比赛。

5月16日，在第五次全国自强模范暨助残先进集体和个人表彰大会上，福建省共有5名全国自强模范、2个助残先进集体、3名助残先进个人、3个残疾人之家和1名先进工作者受到全国表彰，副省长洪捷序、省残联理事长柯少愚等参加表彰大会。省残联直属的福建省残疾人体育运动管理中心荣获"残疾人之家"称号。

5月18日，省委书记尤权在福州会见福建省14名参加第五次全国自强模范暨助残先进表彰大会的代表并发表讲话，省残联理事长柯少愚介绍受表彰代表的情况，全国自强模范、三明市盲人协会主席江华，全国助残先进个人、龙岩新罗区溪南社区党委书记邱汉成做了发言。省委常委陈桦，省委常委、秘书长叶双瑜、副省长洪捷序及省残联副理事长杨小波、王秀丽、陈强参加会见。

5月18日，福建省庆祝第二十四次全国助残日暨第四届闽台残疾人文化周活动在福州启动，开展了闽台残疾人事业发展研讨会、"我梦最美"文艺晚会、闽台残障人士手工艺作品展、闽台残疾人文化交流进基层等活动，56名台湾嘉宾赴闽参加活动。副省长洪捷序、省委原副书记、省残联名誉主席何少川、省军区原司令员、省残疾人福利基金会理事长陈明端、省政协原副主席、省残联名誉副主席李祖可等出席开幕式文艺晚会，省残联理事长柯少愚致辞，副理事长王秀丽主持开幕式。

5月21—30日，由中国残疾人联合会、国家体育总局、中国残奥委会主办，福建省残联、省体育局、省残疾人体育协会承办的全国盲人足球、盲人柔道锦标赛在福州举行。来自全国21支队伍的196名盲人足球选手以及来自全国13支代表队的93名运动员盲人柔道选手分别参加相关比赛。

5月23日，福建省暨三明市关爱残疾儿童"爱心礼包"赠送仪式在三明举行。省军区原司令员、省残疾人福利基金会理事长陈明端，省残联副理事长杨小波等参加赠送仪式。

5月28日，由中国残联主办、福建省残联承办的全国残疾人基本服务与需求状况专项调查部分省区座谈会在福州召开，中国残联副主席吕世明及省残联理事长柯少愚、副理事长陈强等参加会议。

5月31日—6月1日，福建省首届聋人篮球邀请赛暨第九届全国残运会聋人篮球项目选拔赛在省残疾人体育运动管理中心举行，来自全省的8支代表队近百名听障运动员参加比赛。省残联理事长柯少愚、副理事长陈强等出席开幕式。

6月20日，由省残联组织的福建省第五次全国自强模范与助残先进事迹报告团在福州举行首场报告会。随后，报告团赴泉州、漳州、龙岩等地巡回宣讲，引起热烈反响。

7月1—3日，全省县级残联理事长培训班在福州举行。各设区市残联分管领导、办公室主任以及各县（市、区）残联理事长、省残联机关全体干部、直属单位班子成员等150人参加培训。

8月，福建龙海一中肢体残疾学生刘婉玲高考549分被退档的事件引发社会各界的关心。在中国残联、福建省政府的高度重视及省残联、省教育厅、省教育考试院的共同合作下，刘婉玲最终被厦门大学嘉庚学院财务管理专业录取。为了方便刘婉玲入校后的学习生活，嘉庚学院还为其提供了无障碍居所、食堂特殊通道，组织志愿者帮扶，减免部分学费，发放困难学生补助等。中国残联特地向厦门大学和嘉庚学院致函表示感谢和敬意。

8月22日，副省长洪捷序主持召开残疾人基本服务状况和需求专项调查有关工作专题会议，听取专项调查工作情况汇报，强调下一步工作要求，省残联理事长柯少愚及省发改委、经信委、卫计委、教育厅、公安厅、民政厅、财政厅、人社厅、统计局负责人参加会议。

8月25—27日，由省残联、省体育局、省教育厅联合主办的福建省第七届残疾人运动会在福州举行。副省长洪捷序宣布开幕，省残联理事长柯少愚致辞，副理事长王秀丽主持开幕式。来自全省10个代表团的347名运动员、教练员参加了田径、游泳、乒乓球、羽毛球、飞镖等5大项目的比赛。

9月2日，省长苏树林主持召开第二十七次省政府常务会议，研究通过《福建省人民政府关于进一步加强扶残助残工作的意见》。省残联理事长柯少愚参加会议并做了汇报。

9月6日，省政府正式出台《福建省人民政府关于进一步加强扶残助残工作的意见》（闽政〔2014〕48号）。

9月29日，第五次全省自强模范与助残先进表彰大会在福州举行，39名残疾人自强模范、50个助残先进集体、50名助残先进个人受到表彰。省委常委陈桦，副省长洪捷序，省残联名誉主席何少川，名誉副主席陈明端、李祖可等领导出席大会。陈桦做重要讲话，洪捷序主持大会，省残联理事长柯少愚和省人社厅副厅长、省公务员局局长杨怀榕分别宣读表彰决定，受表彰代表江华、李棋、邱汉成在会上发言。省残联干部职工孙琼、吴耀环荣获"全省自强模范"称号。

10月9日，省人大常委会副主任、省总工会主席张广敏到国家盲人足球队集训基地——福建省残疾人体育运动管理中心，看望慰问准备出征2014韩国仁川亚残运会的国家盲人足球队的运动员、教练员，省残联副理事长王秀丽作为国家盲人足球队领队陪同慰问。

10月15日，副省长洪捷序专题听取省残联关于落实省委、省政府为民办实事"福乐家园"建设等工作的汇报，省残联理事长柯少愚、副理事长陈强参加会议。

10月18—24日，福建省12名残疾人运动员和领队、教练、工作人员各1人入选中国代表团，参加2014韩国仁川亚残运会田径、游泳、乒乓球、盲人柔道、羽毛球、盲人足球等项目，夺得9金、4银、5铜并打破1项世界纪录、3项亚洲纪录，取得历届最好成绩。

10月19日，中国残联党组成员、副主席吕世明在福州听取省残联关于残疾人基本状况和需求专项调查工作的汇报。

10月20—21日，由福建省肢协主办，中国残联研究室、组联部和福建省残联支持的"同人之声——2014助残社会组织交流会"在福建省残疾人体育运动管理中心召开。中国残联党组成员、副主席吕世明到会并讲话，省残联理事长柯少愚致辞并做主题报告，省残联副理事长杨小波、陈强参加会议。

10月21—24日，福建省3名选手参加2014年全国残疾人岗位精英职业技能竞赛，荣获团体"道德风尚奖"、陶艺项目"优秀作品奖"和木雕项目"创新作品奖"。

10月28日，省残疾人康复教育中心改扩建工程启智楼建设项目通过竣工验收。该项目于2011年立项建设，投资3225万元，建筑面积8919平方米，于2013年5月开始施工建设。

11月11日，省长苏树林主持召开省政府务虚会，专题听取省残联工作汇报。省残联理事长柯少愚，副理事长杨小波、王秀丽、陈强和副巡视员祝冰心参加会议。

11月12日，由亚洲防盲基金会主办，福建省残联协办的第十六届中国复明扶贫流动眼科手术车研讨会在福州召开。中国残联副理事长贾勇、省政府副秘书长陈照瑜、亚洲防盲基金会会长孙国华、副会长兼行政总裁陈梁悦明及福建省残联理事长柯少愚、副理事长王秀丽等出席开幕式。

11月12日，中国残联副理事长贾勇到省残疾人康复教育中心调研残疾儿童康复教育工作，省残联理事长柯少愚陪同调研。

11月26—27日，由省残联、省人力资源和社会保障厅联合主办的福建省第五届残疾人职业技能竞赛在福州举行，来自各设区市、平潭综合实验区的10支代表队、257名选手参加计算机、工艺美术、服装、手工制作、生活服务类共5大类24个竞赛项目的比赛。中国残联副理事长王梅梅、副省长洪捷序、省残联名誉副主席陈明端等领导出席开幕式并观看比赛。

11月27—28日，中国残联副理事长王梅梅到省残疾人康复教育中心及晋江市、莆田市调研残疾人工作，副省长洪捷序、省残联理事长柯少愚等陪同调研。

（杨瑞芳供稿）

江西省残疾人事业和残疾人工作

一、领导讲话

副省长、省政府残工委主任胡幼桃在2014年省政府残工委全体会议上的讲话

2014年5月13日

这次会议是省残联换届、省政府残工委组成人员调整之后的第一次会议,也是深化改革之年研讨全省残疾人工作的重要会议。会议的主要任务是总结2013年度全省残疾人工作,对今年残疾人各项重点工作进行部署,尤其是充分讨论了将以省政府残工委的名义出台的《关于省残工委成员单位为残疾人办实事》的文件。这个文件由省残联提出,并向省政府残工委成员单位征求了修改意见。刚才大家提出了许多好的意见和建议,会后省残联要充分吸收这些意见建议,加强沟通协商,尽快完善文件,力争早日出台。刚才,陈卫华理事长代表省残联理事会,通报了2013年我省残疾人工作,并对2014年的工作提出了建议意见,讲得很有针对性,希望大家结合部门职能,切实抓好落实。

下面我讲三点意见:

一、肯定成绩,提高认识,切实增强做好残疾人工作的责任感、使命感

2013年,在省残工委各成员单位和各级残联的共同努力下,全省残疾人工作创新发展、亮点纷呈,主要表现在:顺利完成省、市、县残联换届工作,出台了《江西省残疾人保障条例》,民生工程残疾人项目成效显著,残疾人的保障水平进一步提升,残疾人社区康复、农家书屋残疾人管理员、残疾人文化和无障碍县(市、区)创建等多项业务工作呈现新亮点,得到了中国残联的充分肯定。这些成绩的取得凝聚着各个方面的心血,来之不易。在此,我代表省政府、省残工委向关心支持残疾人事业的各级政府及残工委、各有关单位、社会各界表示衷心的感谢!

在肯定成绩的同时,我们也要清醒地看到残疾人工作中还存在着一些不容忽视的困难和问题:一是有的部门对残疾人工作的重要性认识不足,研究工作不多、关心支持不够。二是残疾人家庭总体收入仍然较低,基本生活、医疗康复等支出却远高于一般家庭,残疾人家庭还面临许多困难。三是一些地区和部门抓政策落实不到位,缺乏具体的举措,残联组织力量薄弱、设施短缺、资源不足的问题比较普遍,为残疾人提供优质服务的能力明显不足。对此,我们必须引起高度重视,切实采取有效措施,认真加以研究解决。

二、突出重点,扎实推进,努力推动残疾人工作再上新台阶

今年是全面贯彻落实党的十八届三中全会和省委十三届七次、八次全会精神,全面深化改革的关键一年,做好今年的残疾人工作,对于建设和谐秀美江西以及全面建成小康社会都具有十分重要的意义。省委十三届七次、八次全体会议已经明确了今年的各项目标任务,各地、残工委各部门一定要加强领导,突出重点,扎实工作,围绕全省残疾人事业"十二五"发展规划,一步一个脚印地办实事、求实效,全力推动残疾人事业发展。为此,要重点做好以下工作:

(一)**推动落实《残疾人保障条例》**。制定《条例》的核心目的是进一步保障和改善残疾人生活质量,推动残疾人事业与经济社会共同发展、协调发展,确保残疾人同步实现小康目标。《条例》明确了县级以上人民政府应当在每年本级留存的福利彩票和体育彩票公益金中安排一定比例的资金,专项用于残疾人康复、救助和体育等事业,这项措施对推进全省残疾人事业发展具有十分重要的意义。残工委各部门都要从大局出发,对《条例》的落实全力给予支持。近几年来,省委省政府还陆续出台了一系列进一步推动残疾人事业发展的文件,涵盖了残疾人社会保障和服务体系的各个方面,含金量高、针对性强。对此,各地各部门要着重在强化政策执行力上再下功夫,在巩固、规范、提高上再花力气,确保政策措施落实到位。一是执行好现行政策。要真正落实"分类施保"、参保费代缴、重度残疾人护理补贴、保障房优先纳入等各类特惠待遇，使残疾人在现行民生政策中实现"应保尽保、应享尽享、应助尽助"。二是抓好提标扩面。要合理拓展社会保障范围，研究完善残疾人普惠和特惠政策。加强残疾人各项救助制度的衔接，对一些涉及费用减免、资金补助、生活救助的政策，要真正覆盖各类残疾人并适当提高优惠标准。三是抓好政策的延伸。要着力推动各设区市、县级残疾人事业的制度化建设。结合省里出台的相关政策，各地要制定扶助残疾人具体办法和相关规定，加大宣传力度，进村入户宣讲政策，确保各项政策家喻户晓，落实到位，收到实实在在的效果。

（二）**全力开展好为残疾人办实事活动**。残工委的成员单位，各自的职能都要涉及残疾人的工作，为残疾人办好事办实事是我们义不容辞的责任。我们每年都提为残疾人办实事，已经提了好多年了，这次会议讨论的关于为残疾人办实事的《意见》就是要把这项工作制度化，根据各个部门的职能对每个残工委成员单位为残疾人办实事提出具体要求。希望各部门认真执行，按照职能分工，年初要提出工作计划，年终要进行总结，省政府残工委秘书处要对各成员单位的执行的情况进行检查，抓好落实。

（三）**切实把低保对象重度残疾人护理补贴发到最需要的残疾人手中**。2012年省政府残工委会议上我们提出建立贫困重度残疾人护理制度后的想法后，省残联迅速组织全省残联系统开展了一次比较全面的实名摸底调查，2013年12月，省残联与省民政厅再次对全省低保对象重度残疾人进行了调查摸底，据统计全省低保对象重度残疾人共有13.99万人。经过协调努力，省委省政府决定今年将这项工作纳入民生工程，安排1.1亿资金，按照每人每月50元的标准发放护理费。省残联、省财政厅和省民政厅等部门要加强协调配合，及时把这项民心工程实施好。既要杜绝办假证冒领补贴，又要加大政策宣传力度，确保不遗漏。对不符合政策规定的残疾人要做好解释工作，防止因残疾人不了解政策而出现上访等现象的发生。

（四）**着力提高为残疾人服务能力**。各地区、各相关部门要在帮助扶持残疾人方面舍得投入，保证残疾人事业经费随国民经济发展和财政投入增长同步增加；残工委各成员单位要尽最大力量搞好服务保障，不断满足残疾人合理需求。一是加快服务设施建设。要统筹区域发展实际，切实加强对残疾人康复托养设施建设的组织领导和监督检查，精心组织施工，保证工程质量，早日投入使用，确保建得好、管得好、用得好。二是满足残疾人康复需求，落实康复服务项目。要以"人人享有康复服务"为目标，加大资金投入力度，扩大辅助器具配置范围，为残疾人就近就便提供康复服务，增强为残疾人提供各类康复服务的能力。落实康复服务保障和救助政策，加强康复专业技术人员的培养，组织实施好各项重点康复项目。三是加大财政投入力度。各地要将残疾人事业经费列入财政预算，落实残疾人工作必需的工作经费，继续组织实施好"阳光家园计划"居家托养项目，足额落实县级财政配套资金。

（五）**精心举办好2014年第六届全国特奥会足球比赛**。这次比赛将于今年6月18—24日在南昌市举办，届时，全国各省（市）将组队参加，香港、澳门等部分东亚区域成员单位代表队也将会受邀参加，参赛运动员约为400人左右，比赛赛期为7天。特奥运动是特奥运动员们的节日和赛场，也是属于他们的光辉时刻。中国残疾人联合会、国家体育总局、中国特奥委员会把这次比赛放在南昌举行，充分说明了对江西的信任和厚爱，我们一定要竭尽全力精心组织筹办好比赛，为全国奉献一届精彩、难忘的特奥足球盛会，让全国人民和特奥运动员充分感受我省发展建设的丰硕成果、英雄城的文明和谐，以及全社会对残疾人及智障人的热忱关爱，为推动特奥事业发展做出积极的贡献。由于比赛工作量大、任务重，为了确保比赛能顺利进行，请相关协办单位全力以赴积极参与，配合做好各项筹备工作，按照筹备方案要求，明确责任，在人力、物力、财力等方面给予大力支持，一定要把此次比赛办成一个体现人文关怀、形式新颖、顽强拼搏、振奋精神的体育盛会。

三、加强领导，协调联动，进一步形成推进残疾人事业发展的强大合力

残疾人工作是一项重要的民生事业，具有很强的政策性、社会性和综合性，单靠残联组织难以深入推进。必须进一步优化环境、聚集合力，共同推动。

（一）**要切实加强领导，完善体制机制**。各地要高度重视残疾人工作，进一步完善"党委领导、政府负责"的领导体制，将残疾人事业发展列入重要议事日程，与经济社会同步推进。各级政府要切实发挥主导作用，在政策制定、资金投入、项目安排等各个方面加大支持力度。残工委各成员单位要认真履行职责，既要各司其职、各负其责，扎实做好分内工作，又要密切配合，形成推进残疾人事业发展的强大合力。

（二）**要切实转变作风，推动工作落实**。残疾人比健全人面临更多困难，残疾人工作相对其他民生工作难度更大、要求更高。各地、各级残工委及成员单位要认真落实中央和省委关于改进工作作风、密切联系群众的各项规定，把对残疾人的关爱体现到为他们办实事、解难事、做好事上，始终记挂残疾人的安危冷暖，细心了解残疾人的需求，用心研究残疾人工作规律，深入实地

调查研究，提高解决问题和困难的能力，倾心支持和推动残疾人事业发展。

（三）要注重营造扶残助残良好氛围。 加快残疾人事业发展离不开党委政府的领导和支持，更离不开社会的关爱和残疾人的自身努力。因此，要广泛深入宣传现代文明社会残疾人观，注重发现、培养和宣传残疾人自强模范和扶持助残先进典型，倡导助残志愿服务，充分调动全社会力量参与残疾人事业发展，进一步营造浓厚的扶残助残氛围。

省残联党组书记、理事长陈卫华在2014年省政府残工委全体会议上的工作报告

2014年5月13日

5月18日是第二十四次全国助残日，主题是"关心帮助残疾人，实现美好中国梦"。围绕这个主题，省残工委将开展一系列助残活动。今天的会议上，胡副省长将做重要讲话，大家还将研究讨论《省政府残工委关于在成员单位中开展为残疾人办实事的实施意见》。会后，胡副省长还将视察残疾人康复机构和走访慰问贫困残疾人。现在我代表省残联就2013年全省残疾人工作和2014年工作安排向大家做汇报。

一、2013年全省残疾人工作情况

2013年，在省委、省政府领导下，在省残工委各成员单位的大力支持帮助下，全省残疾人各项工作稳步推进，取得了较明显的成效。主要体现在以下五个方面：

一是顺利完成省、市、县残联换届工作。 省委书记强卫、省长鹿心社及在昌省委常委均出席了换届大会开幕式，尚勇副书记做重要讲话；按照要求完成市、县、乡镇、街道各级残联的换届工作。以换届为契机，全面加强了我省各级残联干部队伍建设。

二是出台《江西省残疾人保障条例》。 该条例的出台充分体现了省委、省人大、省政府、省政协对残疾人事业的关怀和高度重视，也充分体现了省财政厅、省民政厅、省体育局等单位对残疾人事业的关心支持。该条例的最大突破就是明确了县级以上人民政府应当在每年本级留存的福利彩票和体育彩票公益金中安排一定比例的资金，专项用于残疾人康复、救助和体育等事业，其中，省本级留存的福利彩票公益金安排的比例不低于百分之十、体育彩票公益金安排的比例不低于百分之四。

三是民生工程残疾人项目成效显著。 去年圆满完成了省政府民生工程残疾人项目，共为全省14.29万名残疾人提供了康复服务与救助；完成城乡残疾人职业培训7959人；购买公益性岗位3646个；选聘农家书屋残疾人管理员8555名；继续参与省政府农村危房改造试点工作，农村贫困残疾人危房改造纳入政府大局捆绑实施，提高了残疾人危房改造资金补贴标准。

四是残疾人保障水平有所提升。 全省有10.7万城镇残疾人纳入最低生活保障范围，25.7万农村残疾人纳入最低生活保障范围。有44.3万农村残疾人参加新型农村社会养老保险，11.13万城镇残疾人参加新型城镇社会养老保险，政府为7.7万农村贫困重度残疾人、4.1万城镇贫困重度残疾人代缴基本养老保险费。

五是残疾人业务工作呈现新亮点。 残疾人社区康复工作有新突破，省政府将"十二五"残疾人社区康复试点工作纳入2013年省政府民生工程，在全省选择了26个残疾人康复工作基础较好的社区进行社区康复试点，为每个试点社区安排经费5万元，得到了中残联的充分肯定。农家书屋残疾人管理员选聘工作特色明显，我省的农家书屋残疾人管理工作得到了省人社厅、省新闻出版局的大力支持。农家书屋残疾人管理员同时也被聘为残疾人专职委员，创造了"一室两用，互为平台，一岗双责，互惠双赢"的运作模式，得到了国家新闻出版署及中国残联的肯定，两家联合发文在全国推广江西经验。残疾人文化工作成效显著，省残联与省文化厅共同组织了全省第七届残疾人文艺汇演活动，并组织了近100人的代表队参加第八届全国残疾人文化艺术汇演，是我省历届参赛中取得成绩最好的一次，得到了省领导、中残联领导的充分肯定。无障碍县（市、区）创建持续推进，与省住建厅一起对各设区市推荐的19个候选先进县（市、区）进行了较全面检查，今年全省已完成贫困残疾人家庭的无障碍改造任务1600户。

二、2014年全省残疾人工作安排

2014年全省残疾人工作的总体思路是"健全体系、保障权益、夯实基础、提升服务、创新特色、整体推进"，重点抓好如下五方面的工作：

一是贯彻落实好《江西省残疾人保障条例》。 具体要做好以下方面的工作：各市、县要根据《条例》精神，结合本地实际，进行细化、具体化，形成本地更实用、更具有操作性的优待扶助办法；《条例》中硬性条款要具体落实好，如"两彩"资金的使用，残联要与有关部门协调好，为残疾人事业发展用足、用好这部分资金。

二是实施好低保对象重度残疾人护理补贴制度。 在省委、省政府的高度重视和关心支持下，2013年12月17日省政府常务会议决定，在2014年省政府民生工程中安排1.1亿资金，对低保对象重度残疾人实施护理补贴制度，补贴标准600元/人·年。我们将会同财政、民政将此项工作作为重中之重，认真做好，切实使省政

府的惠民政策真正落实到全省贫困重度残疾人身上。

三是贯彻实施好《关于促进残疾人按比例就业的意见》。 为贯彻好中组部等部门联合下发的《关于促进残疾人按比例就业的意见》精神，省委组织部等七部门结合我省实际，正在出台《关于促进残疾人按比例就业的实施意见》。

四是夯实基础，提升为残疾人服务的能力和水平。 第一，加强各级残联一把手及基层残疾人工作者的能力建设。第二，重点开展好各层次的培训工作。第三，加快市县康复托养机构设施建设进度，争取省发改委立项支持，加快完成"十二五"规划要求建设10个市、100个县的康复、托养设施任务。

五是开拓创新，整体推进残疾人各项业务工作。 在继续保持我省社区康复工作、农家书屋残疾人管理员选聘、残疾人文体、无障碍县创建等特色工作的基础上，不断地创新创特色，推进各项业务工作上水平。重点抓好以下几项工作：第一，实施好省政府民生工程残疾人康复、培训、就业项目；第二，坚持政府主导，广泛动员社会，继续打造好全国省级残疾人托养服务第一品牌；第三，提升"阳光助残扶贫基地"规范化建设水平，大力促进农村残疾人就业创业；第四，全面规划省、市、县三级残联康复机构及民办残疾儿童康复机构建设。

省委书记强卫在第五次全省自强模范暨助残先进集体和个人表彰大会上的讲话

2014年12月22日

今天省里面召开第五次全省自强模范暨助残先进集体和个人表彰大会，我和心社省长还有在座的省领导，在这里代表省委省政府向受到表彰的先进集体、先进模范表示热烈的祝贺，向全省283.2万残疾人以及他们的亲属表示亲切的问候，也向残疾人工作者做出的贡献、向我们残联系统的工作者们表示慰问，也要向全社会关心支持残疾人事业的各界人士表示衷心的感谢！

我们受到表彰的自强模范是残疾人群体当中的优秀代表，昨天我看了一下这次受到表彰的先进事迹，感受和我每次在电视上、材料上看到和听到的大家的先进事迹一样，非常感动，也非常受教育。这次受到表彰的戴红花的同志当中，有勤奋刻苦的工艺美术大师李春敏，成功创业、创办果园并且帮助其他残疾人就业的邵云龙同志，有从事人民教育事业，成为全国模范教师的徐斌，还有在残疾人体育运动上取得突出成绩的周建潮、贾君婷仙同志。你们每个人的身上都有很多动人的故事，你们每个人的奋斗经历都是一本书，一本教科书，你们身上体现出来的自尊、自信、自强、自立，那种身残志坚、顽强拼搏的品质是激励我们全社会奋发向上、

积极进取的正能量。看了你们的事迹我非常感动，包括你们助残先进集体也是，非常感动。如瑞昌市华瑞制造缝纫线股份有限公司，就是积极帮助残疾人就业，每年都安排残疾人在企业就业，而且生产生活待遇上都给予关照；还有南昌启音学校的优秀教师曾文萍，热心聋儿教育。我们的助残先进、残疾人之家，都表现出大爱无疆、仁者爱人、乐善好施这样可贵的品格，正是因为你们所做出的这些有益的工作，给广大残疾人传递了爱，给我们全社会传递了爱，对于我们社会核心价值观的建立、对建设美好的社会起到了积极作用，我们也要在全社会学习和弘扬你们的精神。当然今天在这里受表彰的同志，只是我们广大残疾人当中的少部分优秀代表，还有很多都表现得非常出色，希望我们自强模范一定要珍惜荣誉、再接再厉，要勇立时代潮头，要永远争做生活的强者、生命的强者、事业的强者，也希望我们广大残疾人朋友都要向我们的自强模范学习和看齐，发扬我们自强、自立、自尊、自信的精神，来面对生活、面对社会，并且要创造出自己的人生价值。也希望助残先进继续努力地做好我们的工作，并且用你们的行动来影响和引领我们全社会，形成一种全社会助残帮困、扶危济困的良好社会氛围。习近平总书记在接见全国自强模范时说："残疾人是社会大家庭当中的平等成员，是人类文明发展的一支重要力量，是坚持和发展中国特色社会主义的一支重要力量。"一个平等成员，两个重要力量，这充分体现了我们党和国家对残疾人的关心、对残疾人事业的重视。我们听了总书记的讲话以后，深受鼓舞。省委、省政府也提出，要通过我们的努力，使江西在2020年与全国同步全面建成小康社会，目标包括我们全省广大残疾人和全省人民一道共享改革发展所取得的成果，共同过上全面小康的幸福生活。为此，我们残疾人工作者要继续努力，一方面要始终如一地高度重视残疾人工作，关心残疾人事业，要把残疾人工作、残疾人事业载入我们重要的议事日程，注意解决残疾人工作和残疾人事业遇到的各种矛盾和问题，为残疾人做好服务和保障。全社会都要继续关心关爱残疾人，大家要把残疾人作为我们大家庭中的平等成员，在全社会形成崇尚关心爱护困难群体的社会环境。各级残联同志要继续做好工作，履职尽责，真正把我们残疾人组织建设成为残疾人之家，尽心地帮他们解决遇到的各种困难问题。要让残疾人在我们这个大社会家庭当中确实感觉到幸福，也使我们残疾人事业迈上新的台阶、取得新的社会进步，使我们江西的残疾人工作能在我们推进发展升级、小康提速、绿色崛起、实干兴赣这十六字方针，实现全面小康社会中发挥更大的积极作用。

副省长、省政府残工委主任胡幼桃在第五次全省自强模范暨助残先进集体和个人表彰大会上的讲话

2014年12月22日

今天，我们在这里召开大会，隆重表彰全省残疾人自强模范、扶残助残先进集体和个人。受强书记、鹿省长的委托，我代表省委、省政府，向受表彰的自强模范、扶残助残先进集体和先进个人表示热烈的祝贺和崇高的敬意！向全省283万残疾人及其亲属致以亲切的问候！向广大残疾人工作者和所有关心、支持残疾人事业的社会各界人士表示衷心的感谢！

党和政府历来十分关心残疾人，重视残疾人事业。今年5月16日，习近平总书记在北京接见第五次全国自强模范暨助残先进集体和个人表彰大会受表彰代表，并发表重要讲话。习近平总书记的讲话立意高远、内涵深刻、亲切感人，充分体现了对残疾人的深情厚爱、对残疾人事业的高度重视，在海内外引起了强烈的反响，对我们进一步做好残疾人工作是巨大的鼓舞和鞭策。会前，强卫书记、鹿心社省长、省人大常委会副主任魏小琴、省政协副主席郑小燕等省领导亲切接见了与会代表。强卫书记发表了热情洋溢的讲话，充分肯定了全省自强模范和助残先进的感人事迹和崇高品格，深刻阐述了发展残疾人事业的重要意义，对加快残疾人事业发展提出了明确要求。我们一定要认真学习领会、结合实际全面贯彻落实，围绕同步实现小康目标，深入开展学习宣传自强模范和助残先进活动，在实现中国梦的伟大实践中，团结带领广大残疾人创造更加幸福美好的新生活。

一、要从团结带领残疾人共奔小康的大局出发，深刻认识发展残疾人事业的重大意义

党的十八大提出要全面建成小康社会的宏伟目标，并将残疾人社会保障体系和服务体系建设纳入"五位一体"的中国特色社会主义建设的总布局，省委十三届十次全会提出了5年决战同步小康的奋斗目标。省委、省政府十分重视残疾人事业的发展，去年出台了《江西残疾人保障条例》，今年又实施了重度残疾人低保对象护理补贴制度、出台《江西省专项彩票公益金支持残疾人事业发展项目资金管理办法》并划拨了2880万元省级专项彩票公益金用于发展残疾人事业，全省残疾人基本状况得到改善，生活水平明显提高。但是从总体上看，我省残疾人事业发展仍然面临着一些突出困难和问题，残疾人的生活状况与社会平均水平差距较大的局面还没有明显改观，残疾人仍然是比较困难的社会群体之一。大家一定要认清形势，充分认识做好残疾人工作的重要性、长期性和艰巨性，从落实中央的决策部署和省委十三届十次全会的各项任务这个大局出发，深刻认识发展残疾人事业的重要意义，在新的起点上推动残疾人事业加快发展。

二、着力弘扬社会主义核心价值观，凝聚各方力量推进残疾人事业向前发展

自强模范身残志坚、自强不息的精神，助残先进所代表的舍己为人、乐善好施的高尚品质，既是中华民族优良传统的传承，也是社会主义核心价值观的具体体现，是社会正能量的充分发挥，为推进改革开放和社会主义现代化建设注入了强大精神力量。这次受表彰的自强模范就是全省残疾人自强、自立、自尊、自信的杰出代表。在广大残疾人自强不息、拼搏进取的同时，社会各界更加理解、尊重、关爱残疾人，扶残助残活动日益广泛，氛围更加浓厚，这次受表彰的扶残助残先进集体和个人，以博爱的情怀、无私奉献的精神，传承了中华民族的传统美德，生动地践行了人道主义思想。学习宣传自强模范的先进事迹，积极开展扶残助残活动，对于弘扬社会主义核心价值观、促进社会公平和谐，必将起到积极的推动作用。广大残疾人要以自强模范为榜样，奋发努力，积极适应时代要求，继续发扬自尊、自信、自强、自立精神，热爱生活，乐观进取，积极参与和融合到各项社会活动中来，真正实现"平等、参与、共享"，用自己的勤奋和智慧创造幸福生活，体现人生价值，实现美好梦想。各级政府和有关部门要大力弘扬社会主义的人道主义思想和中华民族扶危济困的传统美德，加大对扶残助残先进事迹的宣传力度，充分发挥典型的激励引导作用，进一步激发社会正能量，推动全社会更加关注残疾人事业，参与和发展残疾人事业，努力营造全社会理解、尊重、关心、帮助残疾人的良好氛围，团结一致共同推动残疾人事业更好更快地发展。

三、健全残疾人事业体制机制建设，强化发展残疾人事业的保障和基础

残疾人事业是全社会共同的事业，同时也是一项长期性的重要工作，离不开各级各部门的共同参与和倾力支持，必须建立健全长效机制，保证持续健康快速发展。

一是进一步完善党委领导、政府负责、残疾人组织充分发挥作用的领导体制，形成政府主导、社会参与、国家扶持、市场推动的工作机制。各级党委政府要把推进残疾人事业当作分内的责任，把加快残疾人事业发展作为全面建成小康社会的战略任务来统筹把握，把带领全省残疾人共奔小康作为实现5年决战同步小康的重要内容来部署安排，把改善残疾人状况作为保障和改善民生的重要目标来优先保证。各级政府残工委要发挥好牵头和统筹协调作用，切实履行职责，制定工作计划，落实建设项目和相关配套政策，主动谋划残疾人事业发

展。各级残联和广大残疾人工作者要发扬优良传统,切实履行职责,为残疾人解难、为党和政府分忧,团结带领残疾人继续开创工作新局面。

二是进一步完善残疾人社会保障和服务体系,加快推进残疾人同步小康进程。要不断完善残疾人基本生活兜底保障机制,完善贫困重度残疾人护理补贴制度,努力保障城乡残疾人基本住房需求,实现残疾人社会保障全覆盖和最低生活保障应保尽保。大力提升对残疾人的公共服务,创新残疾人服务供给机制和方式,积极推动政府购买残疾人服务工作。努力实现"残疾人人人享有康复服务",不断提高残疾人受教育水平,积极促进残疾人就业创业,丰富残疾人精神文化生活,全面推进城乡无障碍环境建设,保障残疾人能够平等参与和享受社会生活。

三是进一步了解掌握残疾人基本状况,加强残疾人各项服务和需求数据库建设,为党和政府决策提供依据。目前,在抓紧完成年度工作任务的同时,要抓紧做好全国残疾人基本服务状况和需求专项调查的各项筹备工作。这项调查在我省有近100万的入户调查数量,各级各相关部门要按照省残工委等11部门的通知要求,保障好调查所需经费,确保按时保质开展好培训和入户调查,切实摸清残疾人生产生活基本状况,为中央和省里制定出台各项惠残政策措施提供可靠依据。

为残疾人创造平等参与社会生活的条件,使他们共享改革发展成果,是党和政府的一项重要任务,也是全社会义不容辞的责任。让我们紧密团结在以习近平同志为总书记的党中央周围,在省委、省政府的坚强领导下,以自强模范和扶残助残先进为榜样,在新的起点上,广泛凝聚齐抓共推残疾人事业发展、深入践行社会主义核心价值观的强大正能量,为加快全面建成小康社会、建设富裕和谐秀美江西建增添新动力,再做新贡献。

二、政策法规文件

江西省财政厅、江西省残疾人联合会、江西省民政厅、江西省体育局关于印发《江西省省级专项彩票公益金支持残疾人事业发展项目资金管理办法》的通知

各市、县(市、区)财政局、残联、民政局、体育局:

为规范和加强省级专项彩票公益金支持残疾人事业发展项目管理工作,根据省十二届人大六次会议通过的《江西省残疾人保障条例》和《财政部关于印发〈彩票公益金管理办法〉的通知》(财综〔2012〕15号)有关规定,结合我省实际,制定了《江西省省级专项彩票公益金支持残疾人事业发展项目资金管理办法》,现印发给你们,请遵照执行。

特此通知。

江西省省级专项彩票公益金支持残疾人事业发展项目资金管理办法

第一章 总 则

第一条 为规范和加强省级专项彩票公益金支持残疾人事业发展项目资金管理,根据省十二届人大六次会议通过的《江西省残疾人保障条例》和《财政部关于印发〈彩票公益金管理办法〉的通知》(财综〔2012〕15号)有关规定,制定本办法。

第二条 本办法所称省级专项彩票公益金支持残疾人事业发展项目(以下简称"项目")是指从省本级福利彩票和体育彩票公益金中安排,专项用于支持残疾人康复、救助和体育等事业发展的项目。

第三条 用于项目的省级专项彩票公益金(以下简称"项目资金"),应当坚持公开透明、规范管理和专款专用的原则安排使用。

第二章 资金的筹集和安排

第四条 省财政每年从当年筹集的省本级福利彩票公益金中安排10%、省本级体育彩票公益金中安排4%,作为支持残疾人事业发展项目的专项资金。

第五条 省财政每年11月底前将编制的下年度项目资金使用计划,纳入省级彩票公益金年度使用计划报省政府批准。

第六条 项目的安排由省残疾人联合会(简称"省残联")、省民政厅、省体育局按照"统筹规划、突出重点、分别实施"的要求,进行规划和组织实施。

第七条 省残联、省民政厅负责对福利彩票公益金提出项目的安排计划,其中,60%由省残联会省民政厅提出,40%由省民政厅会省残联提出。

省残联、省体育局负责对体育彩票公益金提出项目的安排计划,其中,60%由省残联会省体育局提出,40%由省体育局会省残联提出。

上述项目安排的牵头部门为项目主管部门。

第三章 资金使用范围

第八条 项目资金的安排分为省本级和补助市、县(区)支出两部分。

第九条 项目资金使用范围:

(一)资助残疾人康复、托养、救助、教育、体育等设施建设和设备购置以及服务项目;

(二)符合彩票公益金使用方向的其他残疾人事业支出;

(三)经省政府批准同意的其他残疾人事业支出。

第四章 项目申报审批

第十条 省级主管部门根据省财政厅确定的本部门项目资金规模和履职需要,研究确定省本级和补助市、县(区)使用规模。

省级和各地主管部门应当根据需要建立残疾人事业发展项目库,每年安排的项目从项目库中筛选。

第十一条 属于省本级支出的,省级主管部门会同相关部门提出项目安排计划,经省财政厅审核同意后,列入省本级部门预算。

属于补助市、县(区)支出的,省级主管部门会同相关部门提出各设区市项目资金申报规模,经省财政厅审核同意后,于每年4月底前联合下达资金申报规模。

第十二条 设区市主管部门会同相关部门根据省级下达的项目资金申报规模,组织好本辖区的项目申报工作,并于每年6月底前,审核汇总上报至省级主管部门和财政部门。

第十三条 项目申报应当提供以下材料:

(一)项目主管部门会同财政及相关部门的项目申请文件;

(二)基本建设项目要有立项批复文件;

(三)修缮项目要有相关管理部门的许可材料;

(四)设备用品配备要列明设备清单及金额计算;

(五)其他需要说明的材料。

第十四条 省级主管部门应及时会同相关部门对各地汇总上报的项目进行审核。不符合规定的项目,应及时进行调整。

第十五条 省财政厅应于每年8月底前会同省级主管部门及相关部门将资金下达各项目地财政。

第十六条 项目经批准立项后,原则上不得调整。执行过程中由于特殊原因需要调整的,应当按照程序办理。

第五章 资金使用

第十七条 项目资金支付按照财政国库管理制度有关规定执行。

第十八条 项目资金必须严格按照规定用途使用资金,各部门、单位和个人不得截留、挤占、挪用。

第十九条 项目资金支出列《政府收支分类科目》229类"其他支出"60款"彩票公益金安排的支出"06项"用于残疾人事业的彩票公益金支出"。

第二十条 项目资金支出属于政府采购、政府购买服务的,按照相关管理规定执行。

第二十一条 各级项目主管部门应会同相关部门建立项目资金绩效评价制度,对项目资金使用、项目建设等情况进行综合考评。

第六章 监督管理

第二十二条 由项目资金资助的基本建设设施、设备或者公益活动等,应当以显著方式标明"彩票公益金资助——中国福利彩票"或"彩票公益金资助——中国体育彩票"标识。标识由省残联统一制作发放。

第二十三条 设区市主管部门和财政部门,应当于每年3月底前,将本辖区内上年度项目资金使用和项目执行情况汇总报送省级主管部门和省财政厅。

第二十四条 省级主管部门应当于每年6月底前,向社会公告上一年度项目资金分配使用和项目执行情况。

第二十五条 各级财政部门应当加强对项目资金的管理和项目实施情况的监督检查,确保资金专款专用。

第二十六条 单位和个人违反规定,截留、挤占、挪用项目资金的,依照《财政违法行为处罚处分条例》(国务院令第427号)追究法律责任。

第七章 附 则

第二十七条 本办法由省财政厅商相关部门解释。

第二十八条 省级主管部门应根据本办法,制定项目使用规划,报省财政厅备案。

第二十九条 本办法自印发之日起施行。

三、工作综述

2014年,全省各级残联紧紧围绕"健全体系、保障权益,夯实基础、提升服务,创新特色、整体推进"的思路,务实创新,开拓进取,既注重整体推进,又注重创新特色,各项工作取得了积极的成果。

(一)五项重点工作着力开展,全省残疾人事业亮点纷呈

一是"基础管理建设年"活动全面启动,全省残疾人基本服务状况和需求专项调查工作深入开展。根据中国残联等11部委通知要求,成立了省残联"基础管理建设年"活动领导小组及办公室,对江西省"基础管理建设年"工作进行全面部署。全省财务调查工作、专项调查的"核查"和"培训"环节已经完成,共核查残疾人93万人,核查完成率为100%;在南昌举办三期专项调查省级培训班,各市县级残联对调查人员的培训也严格按照中国残联的要求全部完成。从1月1日起,各地陆续开始入户调查。

二是低保对象重度残疾人护理补贴发放工作顺利实施。2014年2月,省残联、省民政厅、省财政厅联合印发了《江西省低保对象重度残疾人护理补贴制度实施方案》(赣残联字〔2014〕7号),明确了补贴对象、

补贴标准、审批程序、资金的筹集和发放、发放对象管理等相关内容。5月份，省残联协调省财政厅向各地下达省级护理补贴资金6091.3万元，全省享受护理补贴人数为14.6万人。各级残联严格按照实施方案要求，认真组织实施护理补贴审核发放工作，补贴已基本发放到位。

三是《江西省残疾人保障条例》进一步落实，省级专项彩票公益金支持残疾人事业迈出新步伐。 为贯彻落实《江西省残疾人保障条例》关于福利彩票和体育彩票公益金必须安排一定比例的资金专项用于残疾人康复、救助和体育等事业的规定精神，省残联与省财政厅、省民政厅、省体育局反复协调，于2014年7月联合出台了《江西省专项彩票公益金支持残疾人事业发展项目资金管理办法》，并采取有力措施，认真抓好政策落实，2014年省财政划拨2880万元省级专项彩票公益金用于发展残疾人事业。

四是民生工程残疾人项目扎实推进。 截至2014年年底，通过实施省政府民生工程残疾人康复项目，共有13.6万名残疾人直接受益，完成任务数的102%。其中：为10万余名残疾人提供社区康复服务，完成任务数100%；为2.2万名精神病患者免费服药，完成任务数110%；为1065名肢残人装配假肢，完成任务数107%；为残疾人适配辅助器具1.08万件，完成任务数114%；为500名白内障患者实施免费复明手术，完成任务数100%；为815名残疾儿童实施抢救性康复，任务实施率99%；培训康复专业技术人员1000名，完成任务数100%。全省完成7684名城乡残疾人职业技能培训任务，完成率110%；为残疾人购买公益性岗位3648个，完成率104%；为1.22万名残疾人购买"农家书屋"管理员岗位，完成率102%；为1000户残疾人家庭完成无障碍改造，完成率100%。

五是成功承办2014年全国特奥足球比赛。 2014年全国特奥足球比赛暨全国第九届残运会第六届特奥会足球比赛于6月18—24日在南昌隆重举行。来自全国的26个代表队共288名运动员参赛，参赛人数多、规模大、参与面广，在历届同类赛事中尚属首次。这也是江西省首次成功承办全国残疾人体育大型赛事，得到各代表队的高度评价，中国残联和省政府领导给予充分肯定，为推动江西省残疾人体育事业发展产生了广泛而深远的影响。

（二）八项业务工作务实推进，全省残疾人事业社会形象进一步提升

一是残疾人基本生活有改善。 全省近15万名城镇残疾人、近36万名农村残疾人纳入最低生活保障范围。22.9万名残疾人参加城镇居民医疗保险，11.5万名残疾人参加城镇居民养老保险，61万名残疾人参加新型农村医疗保险，近58万名残疾人参加新型农村社会养老保险。全省共建立残疾人托养服务机构20余个，近1100名精神、智力和重度残疾人长期在托养机构集中托养，残疾人托养服务列入政府的民生工程。

二是残疾人康复有实效。 康复工作受益人群覆盖面进一步扩大。通过实施民生工程和专项彩票公益金等项目，共为15万余名残疾人提供了康复救助与服务。残疾儿童康复救助工作取得新突破。为5180名残疾儿童实施康复训练救助；出台《江西省重度聋儿（人工耳蜗）救治康复工作方案》，将贫困重度聋儿（人工耳蜗）救治纳入新农合、城镇居民医保和民政大病医疗救助，为230名1—6岁重度聋儿实施人工耳蜗救治和术后语言康复训练；将脑瘫儿童康复治疗与训练项目纳入新农合和城镇医保报销，报销比例达到65%—80%，低保户还由民政部门给予大病医疗救助，共为1500名脑瘫儿童实施康复救治；智力残疾儿童康复任务增加了2000余名，基本实现全覆盖。康复项目管理工作进一步规范。对全省86个康复项目定点机构进行检查指导，共培训管理人员360名、康复技术人员300余名。

三是残疾人就业有保障。 联合省委组织部、省编办等7部门共同出台《关于促进残疾人按比例就业的实施意见》（赣残联发〔2014〕2号），为促进残疾人就业提供了政策保障。2014年全省残疾人就业保障金征收约3个亿，继续保持较大幅度的增长。全省有55.8万名农村残疾人实现就业，15.2万名城镇残疾人实现稳定就业，城镇残疾人就业率稳定在66%以上。全省第五届残疾人技能竞赛圆满召开。组织残疾人专场招聘会143场，实名制纳入年度培训计划残疾人7260人，帮助残疾登记失业人员实现就业5475人，其中社会用人单位按比例吸纳就业1775人，帮助残疾人享受专项扶持政策13431人。全省有7560名农村残疾人参加实用技术培训。

四是残疾人扶贫开发有成效。 扶持16家省级阳光助残扶贫示范基地、20家阳光助残扶贫基地和50家阳光助残扶贫大户，直接安置824名残疾人就业，辐射带动1700户农村残疾人家庭脱贫致富。大力开展农村基层党组织助残扶贫，全省共帮扶3万余名农村贫困残疾人家庭稳定脱贫，超额完成中国残联下达江西省的结对帮扶任务。积极协商省商务厅，在宜春市试点实施"万村千乡市场工程"助残扶贫项目，共安置460名农村贫困残疾人就业，帮扶110名农村贫困残疾人家庭创办村级店。下达康复扶贫贷款指导性计划50742万元，贴息资金296万元；完成危房改造的残疾人户数2401户。

五是残疾人教育有突破。 以制定特殊教育提升计划

实施方案为契机，争取更多优惠政策保障特殊教育事业发展。按照"一人一案"原则，通过到普通学校随班就读或附设特教班就读、到特殊教育学校就读以及送教上门等多种形式，确保每一个残疾孩子接受义务教育。以进驻高招录取现场为平台，维护残疾考生受教育权益，2014年全省共有242名残疾人考生被全国各地高等院校录取，上线残疾考生录取率100%。实施国家彩票公益金学前教育项目，资助贫困残疾学生300名。

六是残疾人宣传文体有亮点。 国家级、省级关于江西残疾人工作的新闻报道累计达200余篇；党务政务信息报送工作得到省委外宣办和省政府新闻办通报表扬；在省人民广播电台开播残疾人专题节目；积极组织参加《政风行风热线》节目；组建残联系统新闻网评员；开展第十一届各地人民广播电台残疾人专题节目展播和2012—2013年度全国、全省残疾人事业好新闻评选活动，江西省获得3个全国三等奖。广泛开展全省残疾人文化周活动；积极组织参加全国残疾人微电影大赛；南昌市、景德镇市创建"全国残疾人文化体育建设示范市"和"内地与澳门残疾人文化体育建设示范市"取得圆满成功。积极参加国内外各项锦标赛，取得16枚金牌、12枚银牌、16枚铜牌，并有4人7次破亚洲纪录、1人1次打破全国纪录。

七是残疾人组织建设有提升。 组织第五次全国自强模范及助残先进报告团进行全省巡回宣讲，召开第五次全省自强模范暨助残先进集体和个人表彰大会，举办2014年全省残疾人事业发展专题培训班，继续实施"强基育人"及残疾人专职委员远程培训项目，进一步加强二代残疾人证的核发管理工作。

八是残疾人维权工作有力度。 全省各级法律援助、救助机构为残疾人提供法律救助服务达800人次，来访、来信、来电的办结率均达到100%，残疾人的满意度达95%以上。为2万余名残疾人发放燃油补贴。对全省1000户残疾人贫困家庭进行无障碍改造。

四、大事记

4月23日，江西省残疾人福利基金会换届暨第四届理事会第一次会议在南昌举行。会议审议通过了第三届理事会理事长沈冬华《夯实基础，提高公信力，为残疾人谋福祉》的工作报告；选举了第四届理事会理事成员，伍自尧为第四届理事会会长兼理事长、宋寅安为第四届理事会副会长、章云海为常务副理事长兼法人代表、郭红为副理事长兼秘书长。

5月28日，江西首部反映脊髓损伤者奋斗历程的微电影《雕鹰》在南昌开拍。江西省肢协和南昌市肢协的领导，南昌市脊髓损伤者"中途之家"成员和南昌大学志愿者共计150余人参加了在滕王阁举行的微电影《雕鹰》新闻发布会，并参加场景拍摄。

6月18—24日，2014年全国特奥足球比赛暨全国第九届残运会第六届特奥会足球比赛在南昌隆重举行。来自全国的26个代表队288名运动员参赛。

6月23日，由中国残联、国家体育总局、中国特奥委员会主办，省残联、省体育局、省残疾人体协承办的2014年第六届全国特奥会足球比赛开幕式在江西师大瑶湖体育场圆满落幕。

7月8日，省残联与江西省委组织部、省编制办公室、省财政厅、省人力资源社会保障厅、省国资委、省公务员局联合出台《关于促进残疾人按比例就业的实施意见》（赣残联字〔2014〕2号文）。

7月18日，省残联与省财政厅、省民政厅、省体育局联合出台《江西省专项彩票公益金支持残疾人事业发展项目资金管理办法》，2014年省财政划拨2880万元省级专项彩票公益金用于发展残疾人事业。

7月31日下午，全国特奥足球比赛暨第六届全国特奥会足球比赛总结表彰大会在南昌召开，省残联副理事长李芳萍出席会议并做重要讲话，省体育局群体处副处长陈晶以及参与此次大赛筹备工作的全体工作人员参加会议。

8月21日，《江西省无障碍环境建设办法》立法前期调研座谈会在新余市及分宜县举行。

8月26日上午，省残联在会机关三楼会议室召开工作通报会。

8月22日，中国残疾人福利基金会在赣州市举行"集善工程·爱洒赣州"捐赠助残资金和物资仪式，为赣州市残疾人捐赠了总价值256.6万元的物资和助残资金。中国残疾人福利基金会理事长汤小泉，中国残疾人福利基金会副理事长邢建绪，江西省残联党组书记、理事长陈卫华，江西省残联党组成员、副理事长宋寅安，江西省残疾人福利基金会会长兼理事长伍自尧，赣州市委常委、副市长安宁和市委常委、常务副市长周光华出席捐赠仪式。

9月10日，全省残疾人基本服务状况与需求专项调查残疾人基础信息核查工作培训班在南昌举行。

9月17日，中国残联、国务院扶贫办督导检查组在组长、湖南残联副理事长谭奇元的率领下到万载县调研检查《农村残疾人扶贫开发纲要（2011—2012）》执行情况。省残联副理事长宋寅安、市残联理事长彭国华陪同。

9月18日，中国残联、国务院扶贫办督导检查组一行到湘东区督导检查《农村残疾人扶贫开发纲要（2011—2020年）》执行情况。

9月25—26日，省残联在南昌举办全省残疾人事业发展专题培训班。省残联党组书记、理事长陈卫华，副理事长宋寅安、李芳萍出席开班式，全省各设区市残联党组书记、理事长、分管副理事长、办公室主任，县（市、区）残联理事长参加培训。组联处、办公室、宣文处、教就处、康复处、维权处等处室负责人就各自业务工作分别授课，向大家介绍各自业务工作的重点和难点。

9月28—29日，中国聋协在天津举办首届全国聋人汽车驾驶技能联谊赛，江西聋人获得团体第六名。

10月8日，中国残联副理事长程凯、中国残联扶贫办主任王建军及新闻出版广电总局有关同志一行，到江西省调研选聘农村贫困残疾人担任农家书屋管理员工作开展情况。省残联党组书记、理事长陈卫华，副理事长宋寅安陪同调研。调研组还到赣县、信丰县等地，就残疾人扶贫、就业等工作开展调研。

10月9日，中国残疾人福利基金会、广东凯洋医疗科技集团有限公司向江西省社区康复服务站项目捐赠康复器材的捐赠仪式在具有田园牧歌、水上绿洲美称的扬子洲镇前洲村举行。省残联党组书记、理事长陈卫华出席捐赠仪式并致辞。

10月18—19日，全国残疾人基本服务状况和需求专项调查及监测工作的培训班在江西南昌举行。来自四川、云南、广东、广西、浙江、福建、江西等17个省（市）的78名参加培训人员分别对南昌市东湖区百花洲街办、公园街办、墩子塘街办所辖社区的120户残疾人家庭进行入户调查。

10月26日，省政府副省长胡幼桃向江西省参加2014年仁川亚残运会获得金牌的运动员表示热烈祝贺。

11月8—10日，第一期江西省全国残疾人基本服务状况和需求专项调查省级培训在南昌顺利完成。

12月8—11日，省残联在南昌举办首期全省残联干部新闻培训班，开展网络舆情、新闻写作和摄影知识培训。省残联机关和直属中心网评员，各设区市、直管县残联及部分县级残联宣文干部和通讯员参加培训。省残联党组成员、副理事长李芳萍出席开班式并讲话。

12月22日，江西省第五次自强模范暨助残先进表彰大会在南昌召开。会前，省委书记、省人大常委会主任强卫，省委副书记、省长鹿心社来到滨江宾馆大会堂二楼大厅，亲切会见与会代表，同代表们亲切握手，并与大家合影留念。强卫发表讲话。省人大常委会副主任魏小琴参加会见，省政府副省长胡幼桃参加会见、出席表彰大会并讲话，省政协副主席郑小燕参加会见并出席表彰大会。

（孙鹏飞供稿）

山东省残疾人事业和残疾人工作

一、领导讲话

省委常委、组织部部长高晓兵到莘县张寨镇尚庄村视察省残联"第一书记"帮包村工作、走访慰问贫困重度残疾人家庭时的讲话摘要
2014年5月17日

帮包村"第一书记"一定要学习焦裕禄的工作敬业精神和热爱人民的崇高品德，扎根农村，努力工作，把党和政府的温暖带给广大农民朋友。各级各部门一定要把残疾人的生活照顾好，惠民政策落实好，帮扶措施做到位。要高度重视重度残疾人和失能老人的社会生活保障问题，对有一定劳动能力的残疾人，要及时把帮扶资金落实好、使用好，帮助他们解决实际困难，创造条件让他们就业创业。

省委副书记、省长郭树清在山东省特殊教育中等专业学校调研残疾人工作时的讲话摘要
2014年5月18日

残疾人是建设中国特色社会主义的重要力量。各级各部门要深入贯彻落实习近平总书记在会见第五次全国自强模范暨助残先进集体和个人表彰大会受表彰代表时的重要讲话精神，充分认识发展残疾人事业的重要意义，进一步做好保障残疾人权益、改善残疾人民生的各项工作，推动残疾人事业健康发展，努力实现残疾人与

全省人民同步小康。要挖掘残疾人在科技创新、文化创意等领域的创造才能，鼓励、支持、引导残疾人发挥更大作用，特别是在社会管理和网络媒体中发出正能量声音。各级政府要全心全意为残疾人办实事、办好事，在残疾人基本生活保障、康复、教育、就业等方面提供更多服务和支持，有针对性地解决好残疾人的实际困难。社会各界要大力发扬人道主义精神，增强扶残助残意识，努力形成关爱残疾人、关心和支持残疾人事业的良好风尚。广大残疾人工作者要继续秉承"人道、廉洁、服务、奉献"的职业道德，真正成为残疾人的贴心人。全省在校残疾学生要发扬自强不息的拼搏精神，好好学习，掌握更多的知识和技能，成为社会有用之才，成就自己，回馈社会。

省委常委、组织部部长高晓兵到济南市安安特殊教育中心调研残疾人工作时的讲话摘要　　2014年5月18日

济南市安安特殊教育中心做了一项非常伟大的事业，值得尊重和尊敬。在社会服务机构条件不足的情况下，你们用自己的实际行动为社会做事，应该得到更多的支持和关注。教育部门要高度重视孤独症康复人才培养工作，师范类院校应设立孤独症专业，与医学院办学相结合，派出专门人员学习先进知识和理论。坚持从零做起，扎扎实实培养我省全国一流的自闭症康复专业教育人才。要认真解决民办自闭症康复机构教师待遇问题。教育、民政、残联等部门要一起研究，将民办康复机构教师职称晋升纳入"特殊教育提升计划"，对民办特教机构、康复机构实施政府购买服务扶持。要重点关注大龄孤独症孩子的康复工作，通过民政、教育部门对这个项目的支持，开发大龄孤独症孩子的特长和兴趣，让他们拥有独立完成工作的能力，为他们提供真正能够工作并融入社会的机会。要加大对民办康复机构的政策扶持，认真梳理现有政策，并根据民办康复机构的实际需要，研究制定新的政策。不能一下全部解决的问题，可以先解决一部分；一个部门解决不了的，可以几个部门协商解决。但一定要早行动，推动问题早解决，力争让全省自闭症患儿更多更早受益。

鲁勇到山东省特殊教育中等专业学校调研残疾人工作时的讲话摘要　　2014年7月2日

发展特殊教育对于提高残疾人素质、解决残疾人就业等具有重要意义，希望山东进一步大力发展特殊教育，使更多残疾学生成为社会有用之才。

鲁勇视察山东省残疾人康复中心建设情况时的讲话摘要　　2014年7月2日

山东省残疾人康复中心建设在硬件上达到了全国先列，也要努力在软件建设上实现新突破。要着力在业务示范、规范引导、标准制定上下功夫，把中心建设成为全省康复服务的业务指导中心；要积极探索人才培养新机制，与人社、卫生、教育等部门共同探索康复人才职称评定机制，把康复中心建设成为全省康复人才培养中心；要认真研究医院治疗与术后康复的关系，挖掘康复中心的功能定位，把康复中心建设成为全省康复工作的科研攻关中心；要加强与国内国际康复组织、高校及科研机构的交流与合作，把康复中心建设成为全省康复工作的交流展示中心；要加强具有带动性、标志性的工作，把康复中心建设成为全省康复资源中心。

鲁勇在全国农村基层党组织助残扶贫经验交流暨农村残疾人扶贫开发工作会议上的讲话摘要　　2014年7月3日

要认真学习贯彻以习近平同志为总书记的党中央关于做好残疾人工作的新部署、新要求，切实增强做好残疾人扶贫工作的责任感和紧迫感，以基层党组织开展助残扶贫工作为示范引领，在结对子、办实事、解急难、增本领，抓眼前、谋长远上下功夫，进一步带动全社会共同做好贫困残疾人托底服务和扶贫开发工作。

省委常委、组织部部长高晓兵在全国农村基层党组织助残扶贫经验交流暨农村残疾人扶贫开发工作会议上的讲话摘要　　2014年7月3日

山东高度重视残疾人工作，始终把农村残疾人扶贫作为一项重要工作来抓，实施了"第一书记"帮包村助残扶贫项目，下一步将深入推进基层党组织结对助残扶贫工程，确保项目帮扶到位、政策支持到位、精神关爱到位，帮助农村残疾人实现奔康梦想。

副省长王随莲在全省残疾人"整体赶平均、共同奔小康"计划推进电视会议上的讲话摘要　　2014年10月21日

残疾人是全面小康社会的建设者和共享者，广大残疾人和全省人民一样，有着创业成才的强烈愿望，有着创造幸福生活的美好憧憬。各级各部门要充分认识推进残疾人同步小康的重要意义，把思想和行动统一到省委、省政府的决策部署上来，把残疾人小康作为全面建

设小康社会的一项重要而紧迫的任务，加大投入，加快推进，务求实效。要认真落实《山东省残疾人"整体赶平均、共同奔小康"行动方案（2014—2017年）》，以推进残疾人社会保障体系和服务体系建设为总抓手，进一步加大工作力度，完善政策措施，加快推进残疾人同步小康进程。要提高残疾人的社会保障水平，加大对残疾人的救助帮扶力度，大力推进残疾人就业创业，改进对残疾人的服务，优化残疾人发展环境，扎实推进残疾人奔康行动计划。要坚持分类施策，根据残疾人不同残疾类别和残疾程度，有针对性地制定社会保障政策、公共服务政策。要宣传残疾人自强不息的励志精神和致富典型，发展残疾人服务项目和特色产业，营造良好氛围。要开展好残疾人基本服务状况和需求专项调查，掌握第一手资料，为制定实施残疾人同步小康提供科学依据。

省委常委、常务副省长孙伟到山东省特殊教育中等专业学校调研残疾人工作时的讲话摘要　　2014年12月3日

在全省残联组织和各级各部门的共同努力下，我省残疾人工作取得了长足发展，残疾人生活状况显著改善，生活水平不断提高。省特殊教育中等专业学校坚持"以市场为导向，以就业为目标，以能力为本位"的办学理念，走出了一条特色职业教育之路，取得了显著成果，毕业生对口就业率保持在较高水平。各级各部门要深入贯彻落实习近平总书记在会见第五次全国自强模范暨助残先进集体和个人表彰大会受表彰代表时的重要讲话精神，充分认识发展残疾人事业的重要意义，切实做好保障残疾人权益、改善残疾人民生各项工作，努力实现残疾人与全省人民同步小康。要大力发展残疾人特殊教育，构建布局合理、医教结合、康教结合、学段衔接、普职融通的特殊教育体系；要扎实做好山东特殊教育职业学院的筹建工作，为更多残疾学生接受高等职业教育创造条件、提供机会。要全心全意为残疾人做好事、办实事，加大对残疾人的救助帮扶力度，不断扩大救助面，提高救助水平，让更多残疾人得到更好的保障。社会各界要大力弘扬人道主义精神，增强扶残助残意识，努力形成关爱残疾人、关心残疾人事业发展的良好社会风尚。

副省长王随莲到山东省残联调研残疾人工作时的讲话摘要　　2014年12月16日

残疾人事业是一项崇高的事业，残疾人工作责任重大，使命光荣。要加强残疾人工作的宣传力度，通过各种载体宣传残疾人事业政策法规，提高全社会对残疾人事业的认识；要加大残疾人自主创业、自强不息的先进典型事迹宣传，鼓励残疾人树立信心，主动参与社会活动。要以改革的思路和创新的精神，不断研究新情况，解决新问题，在残疾人生活保障、康复服务、教育就业、文化体育等工作中，积极探索新型服务模式，有效推进残疾人事业发展。

鲁勇在山东省第五次自强模范暨助残先进表彰大会上的讲话摘要　　2014年12月29日

多年来，省委、省政府始终高度重视残疾人事业发展、关心残疾人工作，把残疾人事业纳入经济社会发展总体规划，在残疾人康复、教育、就业、扶贫、社会保障和组织建设等方面制定实施了一系列政策措施，为促进残疾人事业加快发展提供了坚强的保障。特别是今年以来，省委、省政府将残疾人"整体赶平均、共同奔小康"计划、市县级残疾人康复中心建设两项工作列入科学发展综合考核内容，扎扎实实为残疾人办实事、办好事，使广大残疾人得到了更多的实惠，残疾人基本生活兜底保障机制不断完善，残疾人生存发展状况明显改善。衷心希望山东在残疾人事业基础管理方面继续做好工作，坚持以需求为导向，以服务为导向，及时准确地掌握和反映残疾人的基本服务状况和需求，当好党和政府的助手，为残联组织更好地履行"代表、服务、管理"职责创造出更多可推广的经验；在加快推进残疾人同步小康进程方面迈出新的更大步伐，在建立健全残疾人基本福利保障制度，在落实托住底、补短板、保基本、广覆盖政策措施方面大胆探索实践，当好全国的排头兵，创造出更多促进残疾人共享经济社会发展成果的新经验。

省委常委、组织部部长高晓兵在山东省第五次自强模范暨助残先进表彰大会上的讲话摘要　　2014年12月29日

近年来，在山东省委、省政府的领导下，我省残疾人事业蓬勃发展，涌现出一大批自强模范和助残先进。自强模范勇于拼搏，超越自我，敢于有梦，执着追梦，拼搏圆梦，奉献服务社会，演绎了精彩人生。助残先进集体、个人以及所代表的关心和帮助残疾人的社会各界人士，不仅给广大残疾人鼓舞和帮助，更传递了道德的力量，促进了社会和谐友爱和文明进步。我们要以这次表彰大会为契机，认真贯彻落实中央和省委、省政府决策部署，加快推进残疾人事业发展。要围绕推进残疾人"整体赶平均、共同奔小康"计划，加快促进残疾人就

业创业、扶贫开发，千方百计提高残疾人自我发展能力，缩小残疾人生活状况和社会平均水平的差距；用好齐鲁文化资源优势，在全社会大力弘扬扶残助残的良好风尚；激励广大干部群众以自强模范为榜样，为加快经济文化强省建设注入强大的正能量。

副省长王随莲在山东省残联第六届主席团第二次会议上的讲话摘要 2014年12月29日

要切实增强做好新形势下残疾人工作的责任感和使命感，自觉运用法治思维推动工作，进一步加强残疾人法治工作，依法维护残疾人合法权益；要切实提升为残疾人服务的能力，扎实推进"整体赶平均、共同奔小康"行动，统筹好就业扶贫、社会保障、医疗康复、教育培训等重点工作，不断提高他们的生产生活水平；要加强和改进宣传工作，充分挖掘残疾人就业创业典型，广泛宣传他们的先进事迹和自强不息精神，发挥榜样作用，提振残疾人信心；要更加注重走社会化路子，充分发挥社会组织和志愿服务等方面的作用，大力引导社会资本进入残疾人服务领域，整合利用社会资源，共同做好残疾人工作；要切实发挥好主席团作用，认真履行职责，狠抓任务落实，推动我省残疾人事业更好更快发展。

鲁勇到淄博市桓台县调研残疾人基本服务状况和需求专项调查工作时的讲话摘要
2014年12月29日

搞好专项调查，摸清残疾人基本服务状况和需求底数，为加快推进残疾人小康进程提供数据支撑和决策依据，是残疾人工作的重要内容。各级残联组织要按照全国统一部署，准确了解各类残疾人在生活救助、社会保障、康复服务、辅具服务、接受教育、就业帮扶、托养照料、扶贫开发、住房保障、无障碍改造、权益维护等方面的现有服务状况、托底服务需求等内容。希望各级残联再接再厉，努力做到乡（镇、街道）不漏村（社区）、村（社区）不漏户、户不漏人、人不漏项，把调查做细做扎实。

二、政策法规文件

山东省体育竞赛管理办法
山东省人民政府令第278号

第八条 （三）……山东省残疾人运动会与山东省运动会同城举办，有关事项参照山东省运动会组织实施。

山东省残疾人"整体赶平均、共同奔小康"行动方案（2014—2017年）
鲁政办发〔2014〕34号

为加快推进残疾人奔小康进程，制定本方案。

一、总体要求

（一）工作原则

落实政府主导责任，引导社会力量广泛参与，充分发挥市场作用。优先保障110万城乡生活困难残疾人基本生活，确保残疾人优先享受到基本公共服务，完善特殊保障政策；扶持残疾人发挥主体作用，增强自我发展能力。统筹城乡发展、区域发展和群体间均衡发展，支持农村及经济欠发达地区残疾人事业加快发展。

（二）主要目标

到2017年，全省残疾人享有更高水平的社会保障和公共服务，残疾人整体生活水平基本达到小康。

1. 贫困残疾人基本生活得到稳定保障，享有安全适用的住房。残疾人家庭人均可支配收入较快增长，与当地平均水平差距显著缩小。

2. 扶持80万有劳动能力的农村残疾人脱贫致富，有就业能力和愿望的城镇残疾人基本实现就业。

3. 为符合条件就业年龄段的智力、精神和重度肢体残疾人提供机构托养、日间照料或居家安养服务。实现残疾人"人人享有基本康复服务"。

4. 残疾人受教育水平明显提高，全省残疾儿童少年义务教育入学率达到95%；残疾儿童学前3年入园率和接受康复教育训练率达到90%；文化体育生活更加丰富，无障碍环境全面改善。

5. 残疾人事业政策体系更加完善，残疾人参与社会的环境更加优化，融入和参与社会更加广泛。

二、主要任务

（一）围绕保障残疾人基本生活，实施"残疾人基本生活兜底保障工程"

1. 保障困难残疾人基本生活。低收入家庭中丧失劳动能力的成年未婚重度残疾人可以单独申请最低生活保障，确保符合条件的城乡贫困残疾人应保尽保；适当提高重度残疾、一户多残、老残一体等特殊困难低保家庭保障水平；落实好残疾人生活补贴和护理补贴政策，不断提高保障水平。优先实施困难重度残疾人按规定免费适配基本型辅助器具。加快残疾人各项补贴政策统筹整合，逐步建立以残疾等级为标准的补贴制度。

2. 保障残疾人医疗和养老等基本需求。落实重度残疾人参加居民基本养老保险、基本医疗保险由当地政府为其代缴或补助保险费政策。将重度残疾人纳入城乡医疗救助重点，加大扶助力度。落实参加居民基本养老保险的重度残疾人可以提前5年领取养老金政策。

3. 保障残疾人基本住房。将农村贫困残疾人家庭危房改造纳入各级政府"农村危房改造"补助重点，为符合条件的城镇低收入残疾人家庭优先提供公共租赁住房，将残疾人居住环境无障碍建设和改造纳入城市公共设施配套建设一并规划实施。

4. 保障重度残疾人生活照料。建立以残疾人托养机构和社会福利机构托养为骨干、社区日间照料为主体、居家安养为基础的残疾人托养服务体系，为就业年龄段智力、精神和重度肢体残疾人提供康复、护理、能力训练等服务。完善残疾人托养照料与孤儿、养老等服务体系衔接、融合机制，公办养老机构对"三无"残疾人收养取消年龄限制。深入实施"阳光家园计划"，逐步提高政府补贴标准。

5. 落实残疾人社会福利政策。将残疾人家庭生活用电、水、气、暖、信息、交通、消费等补贴和免费进入公共文化体育设施等政策落到实处，当地财政给予补贴。推动开设残疾人商业保险，鼓励为辖区残疾人购买意外伤害保险。

（二）围绕增加残疾人家庭收入，实施"残疾人就业创业扶贫工程"

1. 依法推进按比例就业。认真执行"党政机关、事业单位及国有企业要带头安置残疾人"规定，为残疾人提供适当的工种、岗位，逐步建立按比例安排残疾人就业岗位预留制度。党政机关、事业单位、国有企业安置残疾人时，应实行公开招考、公开招聘的办法择优录用、聘用。加大对超比例安置残疾人就业用人单位的奖励力度，制定超比例安排残疾人就业单位奖励办法。

2. 积极推进集中就业、公益岗位和辅助性就业。落实好集中安排残疾人就业税费优惠及政府优先采购集中、超比例安排残疾人就业单位产品和服务等政策。政府开发的适合残疾人就业的公益性岗位，安置残疾人就业比例不低于10%。推动智力、精神残疾人托养机构内辅助性就业，支持兴办工疗、农疗等残疾人庇护性就业机构。支持开辟残疾人家门口就业、居家就业和网上就业等渠道。

3. 大力扶持自主创业。对符合条件的自主创业的残疾人按规定提供小额担保贷款和贴息支持。鼓励各地创办残疾人创业孵化基地，继续实施好"百千万残疾人就业创业扶贫工程"，加大扶持力度，扩大覆盖面，各县（市、区）每年至少新建2—3个残疾人创业就业扶贫基地，新培育5名以上创业标兵或致富能手。培育一批残疾人创业带动就业先进典型。

4. 加强职业技能培训。规范各级残疾人职业技能和实用技术培训机构，探索新型培训模式，将残疾人职业技能培训纳入政府就业培训规划，统筹一般预算和残疾人就业保障金给予积极扶持，确保有需求的残疾人能接受职业技能培训和鉴定。广泛开展残疾人职业技能竞赛。加强对残疾人农民工的培训。

5. 加快农村残疾人脱贫步伐。认真实施《山东省农村残疾人扶贫开发纲要（2011—2020年）》，切实将农村贫困残疾人纳入精准扶贫工作机制和贫困监测体系，财政扶贫资金要安排一定比例重点扶持农村残疾人就业扶贫基地和贫困残疾人家庭。扶持农村残疾人家庭发展生产，确保每个扶贫对象至少有1名家庭成员掌握1项以上实用技术，至少拥有或参与1个致富项目。实施"基层党组织结对助残扶贫工程"，确保每个帮扶对象2017年前实现脱贫。探索推广农村残疾人家庭土地承包经营权入股分红增收模式。

（三）围绕实现残疾人康复及残疾预防，实施"残疾预防及康复工程"

1. 加强残疾人康复服务。建立以省级康复机构为骨干，市级康复机构为支撑，县级康复机构为基础，与社区康复紧密衔接的康复服务网络。实施抢救性康复救助工作，将符合条件的0—6周岁听力语言残疾儿童、脑瘫儿童、白内障儿童、智力残疾儿童、孤独症儿童、肢残儿童、低视力儿童和因预防接种异常反应导致的残疾儿童的康复治疗符合规定的费用，纳入居民基本医疗保险支付范围，不足部分由当地政府给予补助。鼓励有条件的地方对进入康复机构接受训练的经济困难残疾儿童家庭给予适当住宿、交通和生活费补助。加大对社会力量兴办残疾人康复机构的支持力度，加强社会福利机构残疾人康复服务工作，强化社区康复工作。

2. 加大残疾预防力度。按照《0—6岁儿童残疾筛查工作规范（试行）》，在济南、青岛、淄博、东营、潍坊、济宁、临沂市开展0—6岁儿童残疾筛查工作试点，建立残疾儿童筛查信息共享机制、残疾报告制度和稳定的经费保障制度。健全完善出生缺陷综合防治工作体系，积极推行免费婚前和孕前检查。开展新生儿苯丙酮尿症、先天性甲状腺功能减低症、先天性肾上腺皮质增生症、葡萄糖-6-磷酸脱氢酶缺乏症4种遗传代谢性疾病免费筛查，对贫困地区残疾新生儿给予康复救助。开展残疾预防宣传工作，针对新婚育龄妇女、孕产妇女、0—6岁残疾儿童家长等重点人群，广泛普及残疾预防和早期康复知识，增强公众残疾预防意识。

（四）围绕提升残疾人综合素质，实施"残疾人全面发展工程"

1. 提高残疾青少年受教育水平。认真实施《山东省特殊教育提升计划（2014—2016年）》，实施全纳教育，构建布局合理、医教结合、学段衔接、普职融通的特殊教育体系。全面提高残疾儿童少年义务教育普及水平，实施"一人一案"培养。扩大普通学校随班就读规模，加强资源教室和无障碍设施建设。提高特殊教育学校招生能力，增加招生类别。将不能到校就读的重度残疾儿童少年纳入学籍管理，提供送教上门或远程教育等服务。积极发展残疾儿童学前教育，大力发展以职业教育为主的残疾人高中阶段教育。实施从学前到高中阶段免费教育，提高对残疾学生及残疾人家庭子女的资助水平。统筹规划我省残疾人高等教育布局，加快筹建省特殊教育职业学院，对残疾考生参加高考给予加分投档照顾。创新医教、康教结合教育模式，健全完善残疾儿童少年信息档案数据管理平台。扎实开展"康教结合"工作，注重学生的潜能开发和功能补偿，强化生活技能和社会适应能力培养。

2. 丰富残疾人文化体育生活。广泛开展群众性残疾人文化体育活动。加强残疾人文化艺术和体育人才培养，扶持发展特殊艺术。鼓励电视台开办手语栏目。普及残疾人体育健身知识，每千名残疾人配备1名社会体育指导员。将残疾人健身场所纳入全民健身设施建设规划统筹安排。加强残疾人文化艺术团建设，培育残疾人文化艺术品牌。

（五）围绕优化残疾人发展环境，实施"残疾人阳光关爱工程"

1. 建设无障碍城乡环境。加快制定山东省实施《无障碍环境建设条例》办法。将无障碍环境建设纳入城镇化、信息化和新农村建设规划。加快推进道路、公共建筑、公共交通设施、居住建筑、居住区以及公共服务场所无障碍建设和改造。完善信息交流无障碍和金融、旅游、药品食品信息识别等行业无障碍服务，推进政府信息公开无障碍。开展"无障碍进家庭活动"。

2. 健全残疾人诉求反映和权益维护制度。配合各级人大、政协开展检查、视察、调研，加强专项行政检查。开展针对残疾人的心理、法律、政策等咨询和维权服务。建立残疾人法律援助工作网络，对残疾人的法律援助申请优先受理、优先审查、优先指派，方便残疾人就近、及时、快捷、高效获得法律援助。

3. 实施"志愿者助残服务行动"。积极营造舆论氛围，广泛动员社会力量，培育一批助残志愿服务组织，完善专业人员引领志愿服务机制。深入开展青年志愿者助残"阳光行动"、"残疾人状况调查大学生社会实践活动"。

（六）围绕满足残疾人个性需求，实施"残疾人服务业提升工程"

1. 发展残疾人特殊需求服务业。重点围绕残疾人托养照料、辅助器具、康复训练、体育健身、无障碍服务、技能培训等，支持创办区域性、规模化残疾人辅助器具产业基地（中心），支持社会资本和社会组织发展残疾人服务项目，鼓励各类培训机构开发、开设针对残疾人的培训项目。

2. 发展残疾人特色产业。重点围绕发挥残疾人特殊潜能，鼓励实施连锁经营战略，规模化发展、规范化打造盲人按摩服务产业品牌；鼓励创办残疾人励志文化体验中心，丰富励志教育的形式和内容；培育一批残疾人文化创新创意产业基地；建立残疾人产品和服务展销平台。

3. 完善产业促进机制。制定发展残疾人服务业促进政策，引入市场竞争机制，实行政府购买服务，逐步形成政府主导、社会参与、市场推动、公办民办并举的多元化残疾人服务模式。在财政扶持、税收优惠、公共服务、金融服务和产业引导上给予倾斜。加强残疾人服务业行业管理，健全与之相配套的准入、退出和评价监管机制。

三、保障措施

（一）建立投入增长机制

各级政府要将实施本行动方案所需经费列入财政预算，加大财政保障力度。加大彩票公益金、慈善资金支持残疾人救助、康复、教育、体育等的比例。鼓励社会对残疾人事业的捐赠。

（二）加强基础设施和服务机构建设

通过政府投资、资助、合作、PPP（公私合营）、购买服务等方式，多形式兴办残疾人服务设施。市、县级在"十二五"末至少建成1处专业化、规范化的康复服务机构，加快启用省残疾人康复中心。2017年前全面完成省、市、县级残疾人就业服务中心规范化建设任务。支持基层残疾人托养机构建设。残疾人托养服务机构的建设和运行，要参照当地养老服务机构税费减免等扶持标准，享受同等财政补贴和优惠扶持政策。

（三）加快专业人才队伍建设

各级要将残疾人事业各类专业人才队伍建设纳入全省专业人才队伍建设和人力资源保障工作的重要内容。加强特教教师、康复医师、康复治疗师及康复护理人员的培养培训工作。支持高等院校和中等职业学校、技工学校开设康复医学、特殊教育、手语主持等残疾人服务相关专业和课程。加强残疾人工作者继续教育和在职培训，落实基层专职干事、专职委员的工资待遇。

（四）加快推进基础信息化建设

依托全省统一的网络和电子政务公共服务平台，开发建设全省残疾人公共服务信息平台，实现与教育、民政、人力资源社会保障、卫生计生等部门的数据交换和共享，推动残疾人工作的规范化、个性化。

四、组织实施

（一）明确分工，狠抓落实

各级政府要切实担负起本地实施"整体赶平均、共同奔小康"行动的主导责任。各级残疾人工作委员会要切实发挥统筹协调职能。各有关部门要按照责任分工，制定工作细则，抓好推进落实。各级残联要发挥好"代表、服务、管理"职能。

（二）加强状况监测和评价评估

统计部门要支持建立全省残疾人"整体赶平均、共同奔小康"行动监测指标统计制度，按不低于3‰的比例设立城乡残疾人家庭监测样本，全省统一实施残疾人小康指标状况监测；共青团要组织开展好残疾人状况调查大学生社会实践活动，为残疾人状况监测提供有效补充。要建立行动实施情况的综合评价制度和信息发布制度。所需工作经费列入同级财政预算。

关于印发《山东省"基层党组织结对助残扶贫工程"实施方案》的通知

鲁残联发〔2014〕17号

各市党委组织部、残疾人联合会，省直各单位，各大企业，各高等院校，省社会组织党工委，省非公有制经济组织党工委：

为巩固深化党的群众路线教育实践活动成果，切实帮扶贫困残疾人家庭稳定脱贫，经研究，决定在全省实施"基层党组织结对助残扶贫工程"。现将《山东省"基层党组织结对助残扶贫工程"实施方案》印发给你们，请认真贯彻执行。

中共山东省委组织部
山东省残疾人联合会
2014年5月14日

山东省"基层党组织结对助残扶贫工程"实施方案

为贯彻落实中共中央办公厅、国务院办公厅《关于创新机制扎实推进农村扶贫开发工作的意见》（中办发〔2013〕25号），帮助贫困残疾人脱贫致富奔小康，根据中组部、中国残联《农村基层党组织助残扶贫工程实施方案》（残联发〔2012〕1号）和省政府办公厅印发的《山东省农村残疾人扶贫开发纲要（2011—2020年）》（鲁政办发〔2012〕75号），决定在全省实施"基层党组织结对助残扶贫工程"。

一、总体目标

2014年至2017年，全省村（农村社区）党组织和城市社区党组织在本村（社区）至少结对帮扶一户贫困残疾人家庭，鼓励机关、事业单位、国有企业和社会组织、非公有制经济组织的基层党组织结对帮扶贫困残疾人家庭，帮助他们尽快增收脱贫。到2017年底，确保每个被帮扶家庭至少有1名劳动力掌握1项以上实用技术或职业技能，就业或至少参与1项养殖、种植、加工、零售等增收项目。

二、帮扶对象

城市低收入家庭和家庭年人均纯收入低于省定贫困线标准或处于贫困边缘的农村残疾人家庭。帮扶对象原则上要持有中华人民共和国残疾人证，对于没有残疾人证但身体有明显残疾的，应按规定帮助其办理残疾人证。

有选派驻村帮扶干部（包括省、市、县、乡选派"第一书记"）的机关、事业单位和国有企业的基层党组织，原则上在所驻村选定；村（社区）党组织在本村（社区）自行确定；社会组织、非公有制经济组织党组织向所在地县级残联提出帮扶需求，协商确定。

三、帮扶措施

（一）情感帮扶。通过面对面交流和电话访问等形式，定期走访慰问结对帮扶贫困残疾人家庭，了解他们在生产生活中面临的实际困难和问题，做好思想疏导工作，鼓励他们自强不息，树立信心，确保联系不间断、问题不积压。

（二）政策帮扶。有针对性地提供社会保障、生活救助、危房改造、教育培训、就业创业、托养照料、无障碍改造等方面的政策咨询服务，推动各项社会保障和扶贫、惠残政策及时落实到位。

（三）项目帮扶。根据残疾人自身情况，结合当地资源优势和产业发展实际，本着投资少、风险小、见效快、可持续的原则，通过捐助或提供资金、技术、信息等形式，帮助他们开办一些小种植、小养殖、小加工和小零售等致富项目；或就近就便就业，确保有一定稳定收入；或通过帮助入股农村合作社（企业），让无劳动能力和无自理能力残疾人享受稳定性红利收入。鼓励有条件的基层党支部，结对帮扶一处残疾人就业创业扶贫基地。2014年，省及各地继续实施"'第一书记'帮包村助残致富奔小康"项目。

四、工作要求

开展"基层党组织结对助残扶贫工程"事关我省提前全面建成小康社会大局，对消除贫困、改善民生，促进和谐社会建设有着极其重要的意义。各级党委组织部门、残联务必高度重视，切实转变工作作风，精心组织，创新抓好落实。

（一）建档立卡，规范管理。各基层党组织要建立完善帮扶对象、帮扶措施、工作记录和帮扶效果等档案资料，做到规范化管理。各单位每年1月底前（2014

年6月底前）汇总本单位各基层党组织结对帮扶贫困残疾人家庭情况（见附件1）报县级残联备案，每年11月底前汇总本单位各基层党组织结对助残扶贫工程实施情况（见附件2）报县级残联。各级残联于每年12月底前，将本辖区基层党组织结对助残扶贫工程实施情况汇总表逐级上报至省残联。

（二）加强宣传，营造氛围。各地要充分发挥报刊、广播、电视、互联网等媒体的作用，切实加大宣传力度，及时总结宣传帮扶过程中涌现出的先进典型和经验做法，努力营造关爱帮扶残疾人的良好社会氛围。省委组织部、省残联将对各地好的经验典型作法给予推广。

（三）加强领导，明确责任。各级党委组织部门和残联负有督促指导工程实施的责任，要定期召开联席会议，研究和解决工程实施中出现的新情况、新问题，完善措施，健全机制。基层党组织为直接责任单位，要结合帮包地及帮包人的特点，探索切实可行的扶贫方式，帮助贫困残疾人家庭增加收入。为推动结对助残扶贫工作落实，省委组织部、省残联将适时进行检查督导。

三、工作综述

2014年，全省各级残联组织以全面推进全省残疾人"整体赶平均、共同奔小康"行动计划为总抓手，开拓创新、积极作为，坚持不懈抓落实，立足长远打基础，圆满完成了各项工作任务。

（一）发展环境进一步优化

山东省委、省政府把残疾人事业发展摆上更加重要的位置。山东省委、省政府隆重表彰了100名自强模范、60个助残先进集体和138名助残先进个人。山东省委将残疾人奔康计划、市县级残疾人康复中心建设工作纳入科学发展综合考核内容。省人大常委会对山东省残疾人保障法实施情况开展执法检查。省政府将全面推进残疾人奔康计划列入民生实事项目，印发了行动方案，并召开电视会议进行安排部署；制定实施《山东省残疾人就业办法》《山东省特殊教育提升计划（2014—2016年）》，使残疾人的就业教育权利得到了制度性保障。自强和助残活动深入开展。全省建成助残志愿者联络站2700多个，注册志愿者达到50万名，为残疾人提供志愿服务122万人次。省残疾人福利基金会募集款物3136.6万元，1.2万残疾人受益，"脑瘫儿童康复救助项目"荣获"山东省最具影响力公益项目奖"。

图6-15-1　山东省青年志愿者助残"阳光行动"爱心大使和青年志愿者陪同盲人和肢体残疾人代表游说（览）景区。

（二）就业创业展现亮点

实行财政代扣机关事业单位、地税代收企业残疾人就业保障金制度，积极推动按比例安排残疾人就业。全省收缴残疾人就业保障金10.5亿元，比2013年增收近1亿元。深入推进"百千万残疾人就业创业扶贫工程"，全省投入4500多万元，扶持422个就业孵化基地、4387名创业标兵和致富能手，对12000多名城镇新增就业残疾人给予补助。开展"残疾人就业援助月活动"，组织专项招聘会184次，帮助3420名残疾失业人员实现就业。实施残疾人就业培训工程，举办会计、家电维修、盲人保健按摩等培训班，免费培训残疾人11900人次。成功举办第五届全省残疾人职业技能竞赛，305名选手参加了24个项目的比赛。

（三）扶贫开发成效显著

山东省省委组织部、省残联实施省派"第一书记"帮包村助残致富奔小康项目和"基层党组织结对助残扶贫工程"，全省累计投入资金7300多万元，帮扶11.5万户残疾人家庭脱贫增收。中组部、国务院扶贫办和中国残联在泰安召开现场会，推广山东省的经验做法。

（四）社会保障更加到位

推动低保重度残疾人生活补贴、重度残疾人提前5年领取养老金、就业年龄段生活不能自理重度残疾人护理补贴等惠残政策的落实和提标扩面，受益人数达35.5万人次。青岛、东营、济南将生活补贴标准提高到每人每月100元以上，淄博市高新区达到360元；青岛市将补贴范围扩大到三四级，东营市河口区扩大到所有持证残疾人，实现了"全覆盖"。2014年是护理补贴和提前领取养老金政策落地的第一年，各地积极协调有关部门，出台配套措施，落实匹配资金，确保符合条件的残疾人及时受益。认真落实0—6岁残疾儿童抢救性康复救助实施办法，1.02万符合条件的残疾儿童全部得到康复救助。济宁、泰安、聊城等市将残疾儿童康复项目列入门诊慢性病医疗待遇，临沂市为在康复定点机构接受康复救助的脑瘫、孤独症、智力、听力残疾儿童每年发放3000元的生活补贴，进一步减轻了残疾儿童家庭的经济负担。实施康复救助系列工程，免费适配辅助器具8.97万件，104.5万名残疾人得到康复服务。

（五）残疾人全面发展

成功举办山东省第九届残疾人运动会，实现了与省运会"同城举办、同等重视、同样精彩"的目标。发展残疾人文化产业，扶持创办一批陶艺、剪纸、刺绣、木雕、柳编等民间艺术合作社。精心组织"全国助残日"、"残疾人文化周"、"残疾人健身周"等群众性文体活动，通过举办残疾人歌手大奖赛、艺术展演和书画笔会等丰富多彩的活动，丰富了残疾人的精神文化生活。全省11个市出台残疾人学习汽车驾驶技术优惠政策，1500多人考取驾驶证。省盲协与省图书馆联合建立"光明之家"阅览室，省智协在东营启动心智障碍者支持性就业项目试点工作，专门协会工作日趋活跃。开展贫困残疾人家庭无障碍改造项目，全省投入1400多万元，方便了3.1万户残疾人家庭生活。

图6-15-2　残疾人运动员参加坐式篮球比赛。

（六）组织服务能力明显增强

山东省委将残疾人事业专题培训纳入党员干部培训大盘子，在山东省委党校成功举办全省残疾人"整体赶平均、共同奔小康"专题培训班，对70个县（市、区）的党政分管同志进行培训。开展基层残疾人组织建设"双百争创"活动，市、县、乡、村残疾人组织网络不断完善。开展残疾人基本服务状况和需求专项调查，全省核查乡镇（街道）专职干事和村（社区）专职委员71795名，持证残疾人189万人。开展"基础管理建设年"活动，建立修订各类规章制度36件。

市、县级康复中心建设推进力度进一步加大，枣庄、潍坊、泰安、威海、聊城等市级康复中心年内完成立项或开工建设，烟台、临沂等市的县级康复中心建成率超过70%，济南市在省级经费补助的基础上，对每个新建县级康复中心再给予200万元的经费扶持。

（七）2014年青岛市残疾人工作

2014年，青岛市有各类残疾人约43万人，其中持有中华人民共和国残疾人证的残疾人18.5万人。中共青岛市委第六十一次常委会议研究了残疾人工作，听取残联工作汇报，做出了实施残疾人同步宜居幸福的重大决策，开通了市长公开电话残疾人服务专席。各级媒体刊发宣传信息1200多条，中央电视台《新闻联播》《朝闻天下》和《人民日报》《大众日报》等中央、省级主流媒体报道了青岛残疾人工作。青岛市再次在全省残联系统绩效考核中获得第一名，被授予全省残联系统先进集体称号。

1. 残疾人社会保障和扶贫

建立重度残疾人护理补贴制度入选市政府2014年市办实事项目，市残联、市财政局印发了《关于对就业年龄段重度残疾人发放护理补贴的通知》，重度残疾人护理补贴制度自2014年7月1日起实施，按照每人每月100元的标准，全市将投入1200多万元为2万多名残疾人发放护理补贴。全市居民医疗保险制度给予重度残疾人个人缴费50%的政府补助。市残联、市财政局、市民政局印发了《关于调整市内三区困难残疾人生活补助标准的通知》，这是自2011年以来的第五次上调，各个等级的困难残疾人生活补助标准平均每月上调12%。全市新建托养机构10处，各类残疾人托养服务机构共为9011名符合条件的残疾人提供了托养服务。为全市230户农村贫困残疾人修建住房。共投入510多万元救助奖励困难残疾人子女和残疾学生5000名。建设农村残疾人就业扶贫基地66处，带动扶持残疾人1630人；市和区市两级共投入残疾人康复扶贫贷款贴息60万元，扶持残疾人142人。

2. 残疾人康复

残疾儿童康复救助工作入选市政府2014年市办实事项目，市残联、市财政局印发了《关于做好0—15岁残疾儿童少年康复救助工作的通知》，残疾儿童少年康复救助年龄由现行的0—9岁扩大到15岁，救助范围和标准居全国前列。全市共救助0—15岁残疾儿童少年2000余名，投入800万元对完成任务较好的区市予以经费奖补。组织实施了精神病防治、辅助器具配发、白内障复明等重点康复项目，投入市级经费1826万元对2万多名残疾人实施康复和救助服务。投入资金500多万元，为45名聋儿实施人工耳蜗植入手术和训练，使他们彻底康复。

3. 残疾人就业

开展残疾人就业援助活动，新安置残疾人就业1500多名。举办了全市第五届残疾人职业技能竞赛，选拔22名选手参加山东省第五届残疾人职业技能竞赛并蝉联冠军；成立辅助性就业机构10家，安置150多名智力、精神等残疾人就业；残疾人孵化中心成功孵化残疾人个体创业30多人。依托实训基地平台，使85名残疾人的就业技能水平得到了提升。依托残疾人扶贫基地，采取项目带动的方式，为600余名农村残疾人开展了实用技术帮扶培训。

4. 残疾人维权

为1000户困难残疾人家庭实施无障碍设施改造；继续推进城市公共设施无障碍设施建设，协调市公交集团新上100辆纯电动无障碍公交车、开通6条无障碍线路并对残疾人实施预约服务，全市共有7.2万名残疾人办理免费乘车卡，极大地方便了残疾人出行；组织有条件的区市开展残疾人生活社区的无障碍改造工作，为困难残疾人家庭配备必需家用电器。依托2处残疾人专用培训驾校，组织残疾人培训300多人，考取驾照200多人。接待残疾人来访440余件次，处结率达100%，满意率98%以上，没有出现信访问题处理不当而引发的集体上访和社会不稳定因素。市聋协主席、市中心聋校教师曲洪波被评为全国自强模范，受到习近平等党和国家领导人接见。

5. 残疾人文化体育

市委宣传部、市发改委、市残联等10部门出台了《关于加强残疾人文化建设的实施意见》等文件。开展全国残疾人文化体育示范市创建和100处市级残疾人文化体育基地创建活动。组织开展"牵手世园，绽放生命"为主题的演出活动、残健融合笔会和残疾人"文化周"等文化艺术创作活动，参加活动的残疾人超过9万人次。成功举办市第十四届残疾人田径运动会。残疾人运动员在第九届全国残疾人运动会自行车项目夺得金牌1枚，在山东省第九届残运会上夺得58金、40银、27铜，并获团体总分第三名。

四、大事记

1月4日，山东省委常委、组织部部长高晓兵一行到省残联专题调研残疾人工作。

1月13日，山东省委副书记王军民到莱芜市走访慰问困难残疾人宋翠珍。

1月28日，山东省委副书记、省长郭树清到聊城市阳谷县看望慰问贫困残疾人。

3月3日，山东省被中国残联确定为全国第一个听力残疾遗传干预试点省。山东省残联党组书记、理事长仉兴玉应邀出席中国聋儿康复研究中心与生物芯片北京国家工程研究中心（博奥生物集团有限公司）共建听力残疾遗传干预中心签约仪式并代表试点地区致辞。山东省有听力残疾人约150万，每年新生聋儿超过1500人。山东省残联将加强与中国聋儿康复研究中心和生物芯片北京国家工程研究中心的合作，逐步建立全省高危人群耳聋基因数据库，健全完善听力残疾早预防、早筛查、早诊断、早干预、早康复长效机制，努力实现防聋减残、提高人口素质的目标。

4月9日，山东省副省长、省第九届残疾人运动会组委会主任孙绍骋到济宁市调研省第九届残运会筹备工作。

4月11日，山东省委组织部下发《关于印发〈2014年度17市科学发展综合考核工作实施细则〉的通知》（鲁组发〔2014〕15号），首次把残疾人工作纳入对17市科学发展综合考核体系。考核内容为："残疾人奔康计划"落实和残疾人康复中心建设情况，按照好、较好、一般、较差四个等次进行评价。

4月14—30日，根据山东省人大常委会2014年监督工作计划，山东省人大常委会对《山东省实施〈中华人民共和国残疾人保障法〉办法》贯彻实施情况进行执法检查，分两组先后到菏泽、济南、青岛、淄博、烟台、济宁六市实地检查，同时委托其他11个市人大常委会对各自行政区域内《山东省实施〈中华人民共和国残疾人保障法〉办法》的实施情况进行自查。

4月25日，山东省委副书记、省长郭树清在山东省委常委、青岛市委书记李群等陪同下，视察了市北区残疾人综合服务中心。郭省长先后到综合服务大厅、康复服务大厅、文体娱乐中心和托管中心，逐一查看中心的配套设施，并同正在中心开展康复和文体活动的残疾人进行亲切交谈。

5月13日，山东省青年志愿者助残"阳光行动"启动工作会议在济南召开。山东省青年志愿者助残"阳光行动"是团省委、省残联、省民政厅、省财政厅在全省联合启动实施的青年志愿者行动，旨在动员广大青少年、社会公众和各类青年社会组织，积极参与到志愿助残事业中，在日常照料、就业支持、支教助学、文体活动和爱心捐赠等方面为残疾人提供切实有效的服务，全面探索社会筹资、项目推广、活动组织、管理激励等工作，将进一步推动山东省助残志愿服务长效机制建设，推动服务残疾人事业全面发展，引导青少年健康成长，促进社会和谐建设。

5月15日，山东省委组织部、山东省残联共同召开了"全省基层党组织结对助残扶贫工程推进电视会议"。会议总结了第一期"第一书记"帮包村助残致富奔小康项目情况,部署了第二期"全省基层党组织结对助残扶贫工程"任务。自2013年实施"第一书记"帮包村助残致富奔小康项目以来,全省共开发助残致富项目77余类(项),累计投入资金2788.3万元,覆盖12市776个贫困村的24283户农村残疾人家庭。为巩固扶贫成果,防止出现返贫,2014年,山东省再拿出专项资金,继续实施省派"第一书记"帮包村助残致富奔小康项目。山东省委组织部、山东省残联按照中组部、中国残联关于实施基层党组织助残扶贫工作部署,制定了《全省基层党组织结对助残扶贫工程实施方案》,动员全省29.1万个机关、事业单位、国有企业、社会组织和非公有制经济组织的基层党组织以及村(社区)党组织,通过结对方式,采取情感帮扶、政策帮扶、项目等形式,深入开展结对助残扶贫工作。

5月16日,第五次全国自强模范暨助残先进表彰大会在北京人民大会堂举行。党和国家领导人习近平、李克强、刘云山、张高丽等在北京人民大会堂亲切接见受表彰代表,习近平总书记发表重要讲话。中共中央政治局常委、国务院副总理张高丽出席表彰大会并讲话。山东省朱彦夫、朱清毅、刘云龙、李宪庆、曲洪波、卢林、魏丕国、高伯良等8名残疾人荣获全国自强模范荣誉称号,省卫生和计划生育委员会医政医管处、威高集团有限公司、青州市地方税务局、德州市德城区人民检察院等4个集体荣获全国助残先进集体称号,杨璐、辛兴芬、刘思文、邹建华等4人荣获全国助残先进个人称号,山东科大中天安控科技有限公司、临沂市残疾人康复中心、济南市"我的兄弟姐妹"爱心驿站、烟台市芝罘区残疾人联合会等4个为残疾人服务的单位荣获"残疾人之家"称号,孔瑞华荣获全国残联系统先进工作者荣誉称号。

5月17日,山东省委常委、组织部长高晓兵到莘县张寨镇尚庄村视察省残联"第一书记"帮包村工作,走访慰问贫困重度残疾人家庭。

5月17日,由山东省残联主办的"共享阳光——山东省公益助残募捐演出"在山东剧院举行。山东省副省长、省政府残工委主任孙绍骋,山东省人大常委会原副主任、山东省残联主席团名誉副主席张瑞凤出席活动。此次活动有近百家单位参与捐赠,捐赠款物合计2348.98万元,所募捐款物将全部用于山东省特困残疾人的各项救助活动。

5月18日,第二十四次全国助残日当天,山东省委副书记、省长郭树清到省特殊教育中等专业学校看望慰问学校师生、召开残疾人工作专题座谈会,并向全省570万残疾人及其亲属和残疾人工作者致以亲切问候。

5月18日,山东省委常委、组织部长高晓兵到济南市安安特殊教育中心看望慰问在训孤独症儿童和教职员工,并就残疾人康复机构发展问题与有关人员进行座谈。

7月2日,中国残联党组书记、理事长鲁勇一行到山东调研残疾人工作。山东省副省长孙绍骋陪同调研。

7月2日,山东省委书记、省人大常委会主任姜异康在济南会见中国残联党组书记、理事长鲁勇一行。鲁勇一行到山东的主要目的是出席全国农村基层党组织助残扶贫经验交流暨农村残疾人扶贫开发工作会议,调研山东残疾人工作。

7月3日,全国农村基层党组织助残扶贫经验交流暨农村残疾人扶贫开发工作会议在泰安市召开。中国残联党组书记、理事长鲁勇,山东省委常委、组织部部长高晓兵出席会议。

9月22日,《山东省机构编制委员会办公室关于设立省康复研究中心和省听力语言康复中心的通知》(鲁编办〔2014〕171号)确定:设立省康复研究中心,为省残疾人联合会所属处级公益二类事业单位,主要职责是承担残疾人康复研究、医学康复训练工作,提供相关业务培训、技术咨询等服务;经费来源为财政补贴。省聋儿语言听力康复中心由省民政厅整建制划转省残疾人联合会管理,改建为省听力语言康复中心,为省残疾人联合会所属处级公益一类事业单位,主要职责是承担听力、语言康复训练工作,提供相关技术指导服务;经费来源为财政拨款。

10月9—16日,山东省第九届残疾人运动会在济宁成功举办。省委副书记王军民出席开幕式并宣布残运会开幕。省人大常委会副主任宋远方、副省长王随莲、省政协副主席王新陆出席开幕式,中国残联副理事长程凯代表中国残联致贺词。山东省残疾人运动会每四年举办一次,与山东省运动会同城举办。该届残运会共设18个大项、786个小项,来自全省18个代表团的2100多名运动员参加比赛,是山东省残运会历史上项目最多、人员规模最大的一次综合性残疾人体育赛事。

10月21日,山东省政府召开全省残疾人"整体赶平均、共同奔小康"计划推进电视会议。副省长王随莲在主会场出席会议并讲话。省发展改革委、省民政厅、省财政厅、省人力资源社会保障厅以及青岛市、临沂市政府有关负责同志发言。省政府残工委成员单位负责人、省有关单位负责人、省残联领导班子成员参加济南主会场会议,各市政府分管领导、残工委成员及各县(市、区)政府分管领导、残联理事长参加各地分会场会议。

10月31日,山东省委常委、组织部长高晓兵在济南会见了中国残联副主席吕世明一行。吕世明此行的主要目的是出席全国残疾人基本服务状况和需求专项调查工作调研会议并考察山东残疾人工作。

11月14—16日,山东省第五届残疾人职业技能竞赛在潍坊举行,副省长王随莲在开幕式上讲话并宣布开幕。山东省残疾人职业技能竞赛每四年举办一届。这届竞赛共有18个代表队的305名选手参加计算机与电子工程、工艺美术、服装、手工制作、生活服务等5大类24个项目的竞赛,共有24名选手获第1名、24名选手获第2名、21名选手获第3名。

12月3日,第二十三个"国际残疾人日"当天,山东省委常委、常务副省长孙伟到省特殊教育中等专业学校看望慰问在校师生并召开座谈会。

12月16日,山东省副省长王随莲到山东省残联视察指导工作,看望残疾人工作者。在省残联,王随莲副省长先后察看了省残联机关部(室)的办公情况和省残疾人辅助器具展厅,并召开座谈会,就当前残疾人工作中存在的困难和亟须解决的问题听取了意见。

12月29日,第五次全省自强模范暨助残先进表彰大会在济南召开。山东省委书记、省人大常委会主任姜异康,省委副书记、省长郭树清,省政协主席刘伟,中国残联党组书记、理事长鲁勇,省委常委、组织部长高晓兵,省委常委、秘书长雷建国,省人大常委会副主任柏继民,副省长王随莲等出席会议。山东省自强模范暨助残先进表彰大会每五年召开一次,此次共评选表彰"全省自强模范"100名、"全省助残先进集体"60个、"全省助残先进个人"138名、"优秀残疾人之家"100个、"全省残联系统先进集体"50个、"全省残联系统先进个人"60名。

12月29日,山东省委书记、省人大常委会主任姜异康在济南会见了中国残联党组书记、理事长鲁勇一行。鲁勇一行到山东主要是出席第五次山东省自强模范暨助残先进表彰大会并调研山东残疾人工作。

12月29日,山东省残联第六届主席团第二次会议在济南召开,副省长王随莲当选主席团主席并讲话。会议审议通过了山东省残联第六届主席团副主席、省残联党组书记、理事长仉兴玉代表执行理事会做的工作报告。

12月29日,中国残联党组书记、理事长鲁勇到山东省淄博市调研残疾人基本服务状况和需求专项调查工作,并视察了桓台县残联、桓台县残疾人网络创业孵化中心。

(胡晓琳、李智供稿)

河南省残疾人事业和残疾人工作

一、领导讲话与批示

副省长王艳玲在2014年全省残疾人工作会议上的讲话摘要　　2014年2月28日

一、肯定成绩,进一步增强做好残疾人工作的责任和信心

2013年,在省委、省政府的正确领导下,经过全省各级政府、残工委、残联以及相关部门的共同努力,我省残疾人工作全面完成了各项目标任务,取得了新成绩,残疾人事业呈现出良好发展态势和发展趋势,迈上了一个新台阶。主要体现在这么几个方面:

第一,全省各级残联换届圆满完成。通过换届,一大批工作能力强、对残疾人工作充满爱心的干部加入残联组织,为残疾人事业发展输入了新鲜血液,进一步增强了各级残联组织的活力,并在北京大学举办了全省市、县(市、区)残联理事长培训班,干部队伍综合素质得到提升,履职能力进一步增强。

第二,"重心下移、固本强基"的工作体系初步形成。省残联六代会以后,出台了进一步加强基层残疾人工作的指导意见以及配套文件,初步建立了改善基层服务条件、提升基层服务能力、加强基层组织建设和帮扶贫困残疾人的"重心下移、固本强基"的工作体系,通过基础设施建设、人才培养、业务工作开展等全面加强和提升了基层残疾人组织的服务能力和水平。

第三,残疾人生活状况有效改善。一是超额完成了民生工作任务。2013年,全省全年实名制培训残疾人11.8万余人,实现就业创业9.3万余人,救助各类贫困残疾儿童10482名,均超额完成了年度工作任务。二是康复工作有了新进展。24.3万人接受了不同程度的康复服务，配发各类残疾人辅助器具13万多件。三是社会保障有了新突破。全省新增纳入低保救助的重度残疾人17万多人，全省30多万重度残疾人享受到了最低生活保障。四是扶贫工作有了大发展。创建农村残疾人扶贫示范基地148个，带动帮扶2万多农村贫困残疾人脱贫。五是文体工作有了新成绩。组团参加第八届全国残疾人艺术汇演，连续三届获得团体总分金奖；组织参加国家、国际体育赛事，获得30金、21银、20铜的优异成绩，为家乡赢得了荣誉，为我省增添了光彩。

第四，社会环境持续优化。《河南省实施〈中华人民共和国残疾人保障法〉办法》刚性保障条款逐步落实，法院审判工作中残疾人合法权益得到明确保障，各级新闻媒体刊播我省残疾人事业新闻1200多条，残疾人事业发展氛围进一步优化。残疾人教育、权益保护、无障碍建设等工作也取得了较为显著的成绩。

在充分肯定成绩的同时，我们必须清醒地认识到工作中面临的一些问题。依据第二次残疾人抽样调查和动态监测的情况，我省707万残疾人呈现以下特点：一是重度残疾人比重大，有220多万人，占全省残疾人总数的近三分之一。二是农村残疾人口多，达到了620多万人，占全省残疾人总数将近90%。三是残疾人群体老龄化严重，60岁以上残疾人有380多万，占全省残疾人总数的54%，特别是65岁以上的残疾人就有317多万人，占总数的45%。四是残疾人受教育程度低，6岁以上残疾人群中，文盲率达到了51.7%，大专及以上学历比例不到1%。五是城镇残疾人就业率低，不到40%，而且未工作的残疾人中，丧失劳动能力的残疾人占到了76.5%。六是残疾人生活状况低下，全省残疾人家庭人均可支配收入仅为全省居民家庭收入的56.2%，城镇残疾人家庭人均医疗保健支出为全省城镇居民家庭的1.5倍，农村残疾人家庭人均医疗保健支出为全省农村居民家庭的1.7倍，全省在贫困线以下的残疾人占残疾人总数的42%，大约为297万人。以上的客观现实，也表明了残疾人工作的长期性和艰巨性，需要我们认真研究，想方设法逐步解决。

党的十八届三中全会明确提出，要更加重视公平，健全残疾人权益保障制度；省委经济工作会和省两会提出把保障和改善民生作为政府工作的根本出发点和落脚点，大力发展残疾人事业，促进社会和谐。特别是随着经济社会发展进入新的阶段，党委、政府和全社会都更加关注弱势群体，更加重视公平，这些都为我们开展残疾人工作提供了很好的环境和条件，同时多年来残疾人事业的长足发展也为我们今后的工作打下了坚实的基础。但是在河南这样一个经济不太发达而残疾人口众多的大省发展残疾人事业，确实面临着许多新的问题和新的挑战。面对党和政府的新要求，面对残疾人事业发展的新起点，面对广大残疾人对幸福美好生活的新期盼，我们一定要进一步增强责任感，进一步坚定做好残疾人事业的信心。

二、抓住关键，努力推动残疾人事业跨越发展

残疾人事业发展千头万绪，要切实解决广大残疾人面临的实际困难和问题，推动残疾人事业持续发展，就要善于抓住关键点，找准着力点。2014年我们主要有以下三项重点工作要牢牢地抓住，扎实地推动。

一要筹备起草出台我省残疾人小康建设规划。据了解，国家正在研究制定加快推进残疾人同步小康的意见，省里已经着手准备起草我省残疾人小康建设规划，各地也要超前谋划，充分调研，结合实际，着手考虑起草本地残疾人同步小康的实施意见，全面推动残疾人同步小康建设工作。2014年要按照全国残联要求做好残疾人基本服务状况专项调查，为编制好相关规划提供可靠的数据支撑。

二要兜住残疾人群体的"底"。要积极拓展残疾人社会福利，特别是要进一步抓好重度残疾人生活救助工作，进一步落实省民政厅、财政厅、残联《关于做好重度残疾人生活救助工作的通知》要求，采取切实措施，年内将符合条件的重度残疾人全部纳入低保救助范围。各地务必要高度重视，进一步抓好落实，切实把这项特惠政策落实好，确保全年基本实现全省50多万重度残疾人全覆盖。有条件的市、县，要积极探索出台重度残疾人护理补贴、贫困残疾人生活补贴等政策，兜住底线，补齐短板，搭建好一道可靠的保障安全网。

三要继续实施民生工程。2014年，残疾人就业培训、0—6岁贫困残疾儿童抢救性康复和3市1县残疾人康复及托养中心建设被列入省十项重点民生工程。各地要切实加强对这三项民生工程的领导和支持，周密组织，加强督导检查，及时发现并解决出现的问题，确保将民生工程落到实处。

三、积极作为，确保全省残疾人事业持续发展

一要满怀爱心，履职尽责。残疾人事业是中国特色社会主义事业的重要组成部分，是崇高的人道主义事业。充分保障残疾人权利、全面增进残疾人福祉、提高残疾人发展能力、促进残疾人平等参与，是社会公平正义和文明进步的重要标志。残疾人是一个具有特殊困难的群体，是一个最需要帮助的群体。各级、各有关部门特别是残联组织和残疾人工作者一定要带着责任、带着感情、带着爱心开展工作，要通过我们的实际工作，让残疾人感受到社会的温暖和生活的美好。

二要找准定位，融入大局。各级政府、残工委和残联组织要在全省经济社会发展和全国、全省残疾人工作中找准定位，积极融入大局。第一，要融入全省经济社会发展大局，融入省委、省政府的中心工作，融入中国

残联的工作要求，保证工作方向不偏离，保证能形成推动残疾人事业发展的合力。第二，在全国及全省残疾人事业发展中去定位，省残联要在全国残疾人事业发展中去定位，各市、县要在全省残疾人事业发展中去定位。我们是残疾人口大省，又是经济欠发达的省份，在这个大局中定位，我们要有更积极的作为、更强的履职能力、更突出的工作成效，才能使残疾人工作取得更好的成效。

三要重心下移，均衡发展。省残联六代会以来，省里制定实施了"重心下移、固本强基"的一系列举措，取得了明显的成效。2014年又专门制定了《河南省"重心下移固本强基努力创造残疾人幸福生活"行动方案》，对重心下移做了进一步的完善补充。各级政府、残联组织要认真贯彻，结合实际制定出台各自的行动计划，进一步把工作重心向基层倾斜，特别是要进一步支持贫困地区和农村残疾人工作，进一步提升基层残疾人组织服务条件和水平，使更多基层困难残疾人享受到社会文明进步的成果。

四要齐抓共管，合力发展。各级政府要进一步加大对残疾人事业的支持，把促进残疾人事业发展作为统筹经济社会发展的重要内容，及时研究、认真解决残疾人事业发展中遇到的困难和问题，针对残疾人的特殊需求制定特殊的扶助政策，努力为残疾人提供更好的社会保障和公共服务。相关部门要发挥各自的优势，将残疾人工作纳入整体工作安排，创造必要的工作条件，提供良好的工作环境，大力支持和关心残疾人工作。残工委各有关部门要认真执行有关残疾人的法规、政策，坚决落实好有关残疾人事业的各项职责，真正做到残疾人工作和本单位职能工作统一部署、统筹安排、同步实施、同步督查，积极营造有利于残疾人平等参与社会生活的良好环境。各级残联组织要从组织建设、服务能力、服务水平、设施建设等多个方面，全方位修炼"内功"，以党的群众路线教育实践活动为契机，改进作风，不断加强班子建设和队伍建设，不断加强学习，不断提升引导、组织、服务残疾人和维护残疾人合法权益的工作水平，不断提高社会动员能力，将各方力量汇聚成残疾人事业发展的强大合力，推动全省残疾人事业持续健康发展。

省残联党组书记、理事长李国成在2014年全省残疾人工作会议上的讲话摘要

2014年2月28日

去年我省残疾人事业的工作亮点：

各级组织建设进一步加强。全省各级残联顺利圆满完成换届任务，一大批新生力量加入残疾人工作者队伍。省辖市新调整理事长4个，配备残疾人领导干部14名，选配残疾人干部161名；6个省辖市残联理事长当选为当地人大或政协常委；46个县（市、区）残联理事长当选当地人大或政协常委，62个县（市、区）残联理事长为当地人大代表或政协委员。全省残疾人专职委员选聘率达到99.7%，待遇全部解决，其中纳入财政预算享受同级村委待遇人数达60%。同时，成功地在北京大学举办全省市、县（市、区）两级残联理事长、省残联机关正处级以上干部和直属事业单位主要负责人培训班，干部队伍综合素质得到提升，履职能力进一步增强。

省本级和基层残联服务能力得到提升。省残疾人综合服务中心体育馆已经可以投入使用，游泳馆计划2014年"五一"前投入使用。省残疾人按摩医院已经立项，计划建筑面积18000平方米，目前正在办理规划等开工前的审批手续。各地服务设施建设投入资金近3亿元，省本级下拨补贴经费5000万元，开工建设综合服务项目10个，筹建项目62个，总建筑面积达12万平方米。

民生工程再创佳绩。残疾人就业培训工程和0—6岁贫困残疾儿童抢救性康复救助工程全面超额完成任务。残疾人就业保障金征收全省达到5.35亿元，其中省级入库1.175亿元，创我省历年新高，省本级收入也位于全国前五。

残疾人生活得到有效保障。全省争取国家资金3个多亿，新增纳入低保救助重度残疾人17万多名，有效保障了他们的基本生活。

残疾人合法权益得到切实维护。焦作市、许昌市、新蔡县残疾人保障法刚性条款得到较好落实。南阳市妥善处理残疾人三轮车营运问题，将残疾人三轮车车主家庭全部纳入低保，并对一些生活困难的残疾人发放困难补助。

2014年的工作要求：

一、真抓实做，切实抓好"一个中心，一项保障和三项民生工程"

一是要立即着手，制定方案，抽调人员，迅速开展调查研究，结合实际，因地制宜，尽快研究起草当地残疾人同步小康的实施办法。制定规划要和各地经济社会发展水平相协调，一定要紧密联系各自实际情况，不能千篇一律，更不能一刀切。

二是要贵在坚持，继续强力推进重度残疾人救助和三项民生工程。一个是将重度残疾人纳入低保，全省还有十几万的重度残疾人未纳入低保，今年我们仍把这项工作作为重点来推进。二是开始运作残疾人的生活补贴和护理补贴的问题。实现小康要先解决温饱问题，所以救助工作今年仍然是重点工作。三是继续开展关于0—6岁残疾儿童抢救性康复工程和3市1县残疾人康复和托养中心建设问题。

二、打牢基础，进一步奠定残疾人事业发展的基石

（一）坚持"重心下移，强基固本"，进一步夯实残疾人事业发展的基础

一是要进一步提升为基层残疾人提供康复服务的能力和水平。要进一步加强社区康复服务能力建设。加大协调工作力度，争取党委、政府支持，我们要用项目带动机构，项目带动基础设施建设，项目带动我们的队伍建设。确保完成80%的县（市、区）建成残疾人聋儿语训中心和辅助器具服务中心的任务。同时，要稳步推进县级示范性残疾人社区康复站建设，加大康复人才培养力度，着力提高社区康复协调员业务素质，为提升基层康复机构服务能力和水平奠定坚实的人才基础。

二是持续强力推进残疾人服务设施建设，打造基层残联组织服务平台。今年，省残联将继续大力加强基层残疾人服务设施建设，从省本级残保金中安排5000万元，对全省残疾人服务设施建设项目进行补贴。今年的目标任务是带动市、县地方政府投入2亿以上，新开工项目15个，总建设面积达到8万平方米以上，这中间不包括国家的4个项目。继续实施县级残联流动服务车配备工作，计划努力争取为县区再配备流动服务车30—40辆，争取通过3年的时间，能够给急需的县区配齐，为残疾人就近就便提供服务。

三是进一步落实残疾人专职委员待遇，加强基层残联组织基础。各地要严格落实省编办、民政厅、财政厅、人社厅联合下发的《关于进一步加强和规范基层残疾人组织建设的实施意见》，千方百计，努力实现全省残疾人专职委员100%选聘到位，残疾人专职委员待遇纳入财政预算达到80%。要通过这项工作的实施，充分调动基层残疾人工作者的积极性和主动性，真正解决好基层残疾人工作有人干、愿意干的问题，这样我们的工作才真正能够做到"横到边、纵到底、不留死角"。

四是做大农村残疾人扶贫示范基地建设规模，激发事业发展的内生动力。今年，省残联将制定出台《河南省农村残疾人扶贫发展规划》，做大扩大农村残疾人扶贫基地示范点建设规模，下达的任务是：新建省级残疾人扶贫示范基地50个，市级80个，县级450个，努力帮扶1.5万名贫困残疾人及7.5万残疾人亲属脱贫致富。基地建设任务总数是去年的3倍，争取帮扶脱贫残疾人数量也是去年的近4倍。省残联将投入补贴资金1000万，各地也要引起高度重视，一方面在资金投入

上确保到位，另一方面要进一步开拓思路，在基地项目选择、地理分布上慎重决策，尽量选取项目前景广阔、示范带动性强的项目和基地，确保完成年度目标任务。

（二）以"基础管理建设年"活动为契机，进一步提升残联组织基础管理水平

省残联将以"基础管理建设年"为契机，结合党的群众路线教育实践活动整改工作，迅速成立领导小组，全面负责该项工作实施。加强队伍建设，不断健全完善各项管理制度，规范工作运行，加强人员、资金、财产、项目等相关的基础管理，形成决策审批机制、工作运行机制、跟踪问效机制、督查问责机制和专项报告机制完备的管理体系，进一步提升残联组织基础管理水平，使残联的组织管理水平与残联自身和经济社会的发展相适应，努力为残疾人提供更好更优的服务。

（三）尽快启动我省残疾人基本服务状况专项调查，为全省残疾人事业发展提供有力数据支撑

开展专项调查，健全基础数据信息，有利于彻底澄清全省残疾人基本服务状况，真实全面把握全省残疾人基本服务需求，为科学决策、科学发展残疾人事业提供真实可靠的依据。这项工作涉及面广、覆盖全省，需要投入大量的物力和财力，更需要全省残联系统整体协调、统一部署。各地要提前着手做好准备工作。中国残联专项调查工作启动后，省残联将联合有关单位尽快成立专项调查工作领导小组，迅速制定方案，周密组织，统筹推进，并探索建立动态完善机制，确保我省专项调查工作在2015年初之前，及时、准确、顺利、圆满完成，为全省残疾人事业发展提供有力基础数据支撑。

另外，今年，省残联也将投入资金，运用信息科技成果，建设省残联信息中心，加强残疾人事业信息化建设。省编办已经批准成立机构。下一步，将在省级残联综合数据管理中心建设、省残联到18个市和10个直管县残联的计算机网络系统和视频会议系统建设、基础数据库建设和省残联门户网络系统建设等方面全面规划，整体建设。

三、优化环境，努力营造残疾人事业持续发展的良好外部条件

一是要重点加强《河南省实施〈中华人民共和国残疾人保障法〉办法》刚性条款落实，构建事业发展的法制环境。要积极推动执法监督检查或人大、政协委员视察，积极指导督促各地出台贯彻落实"一法一办法"等政策或规范性文件，在惠及残疾人切身利益的重要条目上，要努力做到100%落实，真正使我们的事业有法可依、有法必依。要积极为有需求的残疾人提供法律援助，做好涉残案件残疾人权益维护，推动典型案件和典型信访问题的解决，维护残疾人合法权益，持续

维护社会和谐稳定。要进一步认真落实省住房和城乡建设厅、民政厅、工信厅、残联和老龄委联合下发的《河南省开展创建无障碍环境市县工作实施方案》，大力开展无障碍环境市县创建工作，努力为残疾人生活提供更加和谐的环境。

二是要努力创造全社会共同关注支持残疾人事业发展的良好环境。一方面，要进一步加强残疾人宣传工作，加大工作力度，做好重大活动、典型的宣传，推动媒体对残疾人事业的关注和支持，赢得社会各界对残疾人和残疾人事业的理解和厚爱，争取全社会的共同关爱。另一方面，要举办好残疾人文体活动，扩大残疾人事业影响力。今年，我们将开展全省和全国自强模范、扶残先进集体和个人评选表彰活动，举办第六届河南省残疾人运动会、第五届河南省残疾人职业技能竞赛和"大爱中原"全国书画名家爱心助残艺术展活动。各地一定要认真组织，严格按照要求，切实开展好各项活动。通过活动，扩大社会影响力，倡导和营造良好的扶残助残氛围，为残疾人事业发展提供良好的外部条件。

四、提升素质，为事业发展提供人才支撑和组织保障

要把做好残疾人工作和正在开展的党的群众路线教育实践活动结合起来，认真开展好党的群众路线教育实践活动，加强学习教育，认真查摆问题，积极整改落实，并以此为契机，全面加强思想建设、组织建设、作风建设、反腐倡廉建设和制度建设。继续严格贯彻落实中央八项规定、厉行节约条例和省委、省政府若干意见，进一步加强党风廉政建设，进一步完善惩防体系建设，加大对重大事项和残疾人业务工作的监督力度，切实履行好领导干部"一岗双责"，不断增强各级残联广大干部职工的服务能力和水平，真正做到自我净化、自我完善、自我革新、自我提高能力。在这里需要强调，一是群众路线教育活动地市和县里都已经开展，作为一把手要认真按照当地同级党委要求，搞好残联系统内部的群众路线教育活动，彻底解决好"四风"方面的问题；二是同志们要做到廉洁自律，坚决杜绝来省里跑项目、跑资金，否则一经发现，严肃处理。

团省委副书记李若鹏在河南省青年志愿者助残"阳光行动"启动会议上的讲话摘要

2014年4月10日

青年志愿者行动实施以来，我们坚持把助残作为一项重要内容，启动实施了"百万青年志愿者助残行动"，通过"一助一"、"多助一"等方式，帮助残疾人解决了很多实际困难。今年，又启动了青年志愿者助残"阳光行动"，这对于促进残疾人事业与志愿者工作的全面发展，具有重要意义。

一要深刻认识"阳光行动"的重要意义。秦宜智书记说：一个社会对残疾人的态度，折射着社会的良心。在我省，有成千上万名残疾青少年，他们中有的上不起学、看不起病，有的就不了业、吃不上饭，他们生活、学习、发展得如何，直接反映出这个社会的文明程度。中华民族有扶残济困的优良传统，广泛动员社会力量开展志愿者助残，不仅是运用社会化工作方式帮助残疾人的一种有效形式，也是构建社会主义和谐社会的一项重要举措。"阳光行动"动员广大团员青年加入助残志愿服务行列，整合资金、人力、物力、项目等资源服务残疾青少年群体，为他们送去真切、长久、有效的帮扶，这是太阳下最光辉的"阳光行动"，也是"社会良心"的体现，相信随着"阳光行动"的深入实施，一定会吸引越来越多的青少年参与到志愿助残服务中来，青年志愿助残工作会再上一个新台阶。

二要准确把握"阳光行动"的目标要求。这次启动实施"阳光行动"，是共青团中央、中国残联在现有工作的基础上，联合推出并深化实施的全国性重点志愿服务品牌。我省结合实际情况，提出了"四年三步走"的目标，即：2014年底基本摸清残疾青少年底数，实现见义勇为致残青年英雄结对率达到100%，城镇残疾青少年结对率达到50%以上；2015、2016两年，加强建设，深入推动，2015年实现对城镇残疾青少年结对率达到80%，2016年实现对城镇残疾青少年的结对全覆盖；2017年底前，在实现见义勇为致残青年英雄、城镇残疾青少年结对100%和绝大多数农村残疾青少年结对服务的基础上，有序扩大对其他残疾人群体的结对帮扶。

三要持续完善"阳光行动"服务机制。在过去的助残工作中，我们探索出了"团队帮扶＋结对接力＋阵地建设＋项目服务"的长效机制，我们要继续坚持和持续完善，鼓励志愿者以团队的形式，在与残疾人机构或残疾人团体等开展"大结对"基础上，逐步做好与残疾人、残疾人家庭的"小结对"工作，并依托残联系统已经建立的温馨家园、工疗站、康复中心、托养中心等机构，促进志愿服务在助残阵地有效开展。

四要把握"阳光行动"方式方法。要坚持量力而行原则，紧密结合志愿者工作特点，客观分析残疾人现状，合理设计志愿助残工作目标，不"包打天下"，不急于求成，关键是做得实。要坚持基层导向原则，以基层为重点，进一步把工作资源向基层倾斜，把工作力量向基层集中，把工作载体向基层转移，使"阳光行动"各项决策从基层来、到基层去、在基层落实。要坚持做小做细原则，项目"门槛"要低，要易操作，人人可为、人人能为，同时，鼓励具有一定专业技能的青年志愿者运用专业理念、知识和方法开展助残志愿服务。要坚持统筹协调原则，积极争取文明办、财政、民政等有关部门支持，不断完善"党政领导、部门支持、社会协同、项目带动"的工作格局。

副省长王艳玲在河南省第六届残疾人运动会上的讲话摘要　　2014年8月26日

残疾人体育是残疾人事业和全民体育的重要组成部分。发展残疾人体育，是坚持以人为本、落实科学发展观的应有之义，是营造团结友爱的社会环境、构建和谐社会、实现中国梦的必然要求。本届残运会是全省残疾人的一件盛事，也是全省人民广泛关注的一件大事。办好这次运动会，对于激励残疾人自尊、自信、自强、自立，展示我省残疾人的时代风采，对于弘扬爱国主义、集体主义和革命英雄主义思想，对于激励自强不息的民族精神，对于推动残疾人事业快速健康发展，促进社会主义和谐社会建设，都具有十分重要的意义。

各级各部门要以举办此次全省残疾人运动会为契机，进一步提高做好残疾人体育工作的责任感和使命感，切实加强领导，坚持发挥好"政府主导、部门推动、社会参与、协会协同"的残疾人体育工作机制，不断加大投入，动员社会各界力量，多方面共同支持全省残疾人体育事业发展，鼓励帮助残疾人参加各种文化体育活动，为他们平等参与社会生活创造有利条件。全社会都要切实理解残疾人，热情关心残疾人，倾力帮助残疾人，使他们更好地共享社会物质文化发展成果，努力推动残疾人事业和经济社会协调发展，促进社会文明进步。

副省长王艳玲在河南省第五届残疾人职业技能竞赛上的讲话摘要　　2014年10月30日

残疾人作为特殊困难群体，是社会主义大家庭的平等成员，也是经济社会发展的一支重要力量。实现"两个一百年"奋斗目标，离不开广大残疾人的参与；实现中华民族伟大复兴的中国梦，残疾人也应当自强不息，贡献出自己的一份力量。省委、省政府历来高度重视残疾人事业发展，连续五年将"残疾人就业培训工程"纳入我省"民生工程"和"全民技能振兴工程"，列为"六路并进"的重要组成部分。通过强化职业培训，不断提高残疾人职业技能和综合素质。在各有关部门和社会各界的热情帮助下，河南残疾人就业能力不断增强，就业渠道不断拓展，就业质量不断提高。

举办残疾人职业技能竞赛，能够有力激发广大残疾人学技术的热情，能够带动更多残疾人钻研技能。对于增长残疾人本领，挖掘残疾人潜能，改善残疾人生活状况，具有积极意义。希望各级政府和残联以此次竞赛为契机，继续认真实施好全民技能振兴工程，全力做好残疾人就业培训工作，不断提高残疾人培训水平，努力推动残疾人充分就业、高质量就业，使更多残疾人共享经济社会发展的成果，为中原崛起河南振兴富民强省做出应有的贡献。

省人大常委会副主任蒋笃运在河南省第十二届人民代表大会常务委员会第十一次会议上的讲话摘要　　2014年12月2日

（一）提高认识，加强领导，加大投入。我省残疾人是一个数量众多又特殊困难的群体，他们需要比正常人更多的关心和爱护。这就要求各级政府和社会进一步提高对残疾人事业重要性的认识，切实加强领导，加大投入，努力使我省残疾人事业再上新台阶。

（二）加强残疾人社会保障体系和服务体系建设，提高残疾人的生活水平。要将残疾人普遍纳入社会保障体系，并给予重点保障和特殊扶持，逐步解决部分残疾人未参保和参保不全的问题。要针对残疾人的特殊性、多样性、类别化的服务要求，采取有效措施，提升服务能力，使残疾人得到基本公共服务。

（三）积极采取措施，提高残疾人就业率。残疾人劳动就业，是解决生活困难、提高生活水平的根本途径。一要细化残疾人就业后的保护措施，解除用人单位聘用残疾人的思想顾虑；二要加大对福利企业等残疾人集中就业单位的管理和扶持力度；三要加强残疾人就业保障金的征收、管理和使用方面的工作。

（四）改善特殊教育学校办学条件，提高教育和管理水平。要进一步扩大残疾儿童少年义务教育规模，解决农村残疾儿童少年义务教育普及率不高的问题；要进一步加强特殊教育教师队伍建设，提高教学质量和水平。

（五）完善残疾预防和早期干预机制，降低残疾发生率。要高度重视出来缺陷的预防工作，加强早期筛查、早期预防、早期干预工作。要普及残疾预防知识，提高公众残疾意识，最大程度降低残疾发生率，减轻家庭和社会负担。

省残联党组书记、理事长李国成在郑州大学残疾人事业发展研究中心暨体育训练基地揭牌仪式上的讲话摘要　　2014年11月28日

一要搭建一个好的平台：把研究中心建设成一个紧紧围绕残疾人事业科学发展的实际需求，发挥自身优

势，整合高等院校、科研院所和各级残联等方面的学术资源，开展残疾人事业理论与实践研究，全力打造一个面向全省的服务平台、创新平台。省残联党组、理事会对"中心"和"基地"的建设将在人力、物力、财力上给予必要支持。

二要建设一个好的基地：在郑州大学体育系组建河南省残疾人体育训练基地，充分发挥郑大体育系的场地资源、人才资源、重点体育项目的优势资源，加强与省残联宣传体育部的合作，为我省培养训练出更多高水平的残疾人运动员，力争在国内国际残疾人体育赛事中取得优异成绩。

三要组建一支好的团队：要组建一支中高级知识分子、残疾人工作者、社会爱心人士、政府和其他社会研究机构领导专家、优秀青年学者等关心、热爱残疾人事业发展的高水平研究团队。这个团队要充满生机和活力，要充满创新能力和发展的动力，力争早出成果、多出成果。

四要创新一个好的发展模式：实干兴邦，空谈误国。"中心"和"基地"成立后，要以理论研究和实践相结合为主要方式，以服务广大残疾人、改善残疾人生活、增强残疾人体质、提升残疾人生活质量和生活水平为最终目的，坚持理论联系实际，加强对残疾人公共政策、服务模式、理论创新等多角度、全方面的研究。我们搞残疾人理论研究不能空对空，要把研究成果转化为各级政府扶持残疾人政策的科学依据，转化为政府帮扶残疾人的刚性政策，转化为残疾人看得见、摸得着的实实在在的利益。近期，我们已经开展了"河南省残疾人危房改造现状与对策研究"和"河南省重度残疾人护理补贴制度研究"两个课题，这两个课题都是立足河南实际，密切关注困难残疾人民生改善的重要课题。"中心"和"基地"的建设要制度化、规范化，明确职责分工，要经常开展学术交流、基层调研、工作总结、成果表彰、绩效评估等形式多样的研究和实践活动，形成整体联动之势。

五要创办一个好的刊物：创办好《河南残疾人》杂志，为全省残疾人事业发展提供一个宣传窗口、交流平台、研究平台和成果展示平台。

六要畅通两个渠道：一是畅通与政府政策相衔接的渠道，研究的方向和内容要紧跟大政方针走向，加强与政府部门的沟通交流，寻找与残疾人民生政策的切合点；二是畅通与基层残疾人的沟通渠道，要知民生、知疾苦，了解残疾人的所思所想、所梦所盼，我们所有的理论研究都离不开我们的研究本源——全省最基层的广大残疾人朋友，全省最贫困、最需要帮助的残疾人家庭。

七要强化两个对接：一是强化与社会资源的对接，比如媒体资源、信息资源、物质资源等，要强化与企业、媒体、公益团体等多方组织的合作，增加研究中心的研究实力和影响力；二是强化与各大高校、科研院所、其他残疾人事业研究中心等学术机构的沟通交流，实现学术资源的对接。

八要实现两个转化：一是研究成果向各级政府扶持残疾人的刚性政策转化；二是残疾人体育健身科研成果向服务残疾人的企业产品转化。

省委副书记邓凯在《省残联关于 2014 年工作情况和 2015 年工作安排的汇报》上的批示
2014 年 12 月 2 日

一年来，省残联以清晰的思路、良好的工作作风和扎实的措施，较好地完成了各项工作任务，残疾人事业得到进一步发展，对取得的成绩应给予充分肯定。赞成 2015 年的工作要点及近期工作安排，请按省委、省政府及中国残联的要求，进一步研究完善明年工作的考虑，力争明年有更大的发展。

二、政策法规文件

河南省人民政府关于印发《河南省社会救助实施办法》的通知　　豫政〔2014〕92 号

第二十条　依靠父母或兄弟姐妹抚养（扶养）、参与社会生活和自理困难的重度残疾人，可以个人名义单独提出申请。

三、工作综述

2014 年，在省委、省政府的正确领导和中国残联的精心指导下，全省各级残联深入贯彻国家、省委、省政府关于残疾人事业发展的新部署新要求和邓凯副书记、王艳玲副省长关于残疾人工作的重要指示，坚持"重心下移，强基固本，努力创造残疾人幸福生活"的总体思路，开拓创新，务实奋进，年度残疾人工作取得新成绩，全省残疾人事业实现了新发展。

（一）三项民生工程再创佳绩

2014 年，残疾人就业培训工程、0—6 岁贫困残疾儿童抢救性康复救助工程和 3 市 1 县残疾人服务设施项目建设被列入省委省政府 2014 年度十项重点民生工程。

截至 2014 年 12 月底，全省共实名制培训残疾人 121975 人，完成全年任务的 122%，实现就业创业 76342 人，完成全年任务的 127%；全省全年征收残疾人就业保障金7.4亿元,其中省级入库1.44亿元,占全年任务的175%;投入资金1亿多元,对10525名0—6岁贫困残疾儿童进行康复救助和训练,完成全年任务的105.3%;中央资金和省市县配套投入资金近2亿元,开工建设服务设施7个,完成年度任务的175%。各项民生工程均超额完成任务。

(二) 残疾人生活状况持续改善

残疾人康复服务持续加强。累计建立康复室(站)52000余个,培训康复协调员11748名;接受各类残疾人康复服务328844人,发放各类辅助器具106479件;开展精神病监护203122人。

残疾人教育持续提升。认真做好残疾考生高招录取工作,437名残疾考生被各类院校录取;实施残疾人事业专项彩票公益金助学项目,资助残疾儿童780名。

重度残疾人救助持续开展。认真落实重度残疾人生活救助政策,2014年新纳入低保救助重度残疾人25427人,全省纳入低保救助重度残疾人共有31万余人,为他们建立了稳定有效的基本保障。

残疾人扶贫创新发展。投入资金4050万元,扶持创建省市县三级农村残疾人扶贫示范基地580个,扶持带动1.8万贫困残疾人脱贫;联合省委组织部,大力开展"农村基层党组织助残扶贫工程",帮扶残疾人4129户;争取中央康复扶贫贴息贷款5503万,贴息资金321万,扶持助残企业39家;投入资金1000万元,为20000名残疾人开展了以农村实用技术为主的培训;争取国家补贴资金1710万元,为65769名残疾人提供了燃油补贴。

残疾人文体活动进一步活跃。认真组织开展了残疾人文化周活动、"第十一届各地人民广播电台残疾人专题节目展播"、"2012—2013年度残疾人事业好新闻评选"和"全省残疾人文化体育示范市"活动。建成省级"残疾人群众体育示范点"15个,培训残疾人健身指导员1000名,完成省残疾人体育协会换届。成功举办河南省第六届残疾人运动会,参加仁川亚洲残疾人运动会、全国单项锦标赛、第九届全国残运会自行车项目比赛,取得19金、31银、13铜的好成绩;参加第九届全国残运会集体项目预决赛,累积183分,全国排名第8位。

扶残助残蓬勃开展。接受社会各界捐赠款物价值2535.5万元。实施贫困残疾人家庭无障碍改造2000户。组织实施轮椅助行工程等20多个扶残助残项目,免费发放轮椅32370辆、爱心服饰72891件,资助救助残疾人学生2771名,受到了受助残疾人的欢迎和社会的广泛认可。成功在北京举办"大爱中原"全国书画名家爱心助残艺术展活动,征集全国书画名家书画作品429幅,引起全社会广泛关注。

(三) 各级残联服务能力进一步提升

基层组织建设进一步加强。"强基育人"工程进一步推进,省辖市残联累计配备残疾人领导干部14名,县(市、区)残联选配残疾人干部161名;市、县残联理事长中有46名担任当地人大或政协常委,62名担任人大代表或政协委员。残疾人专职委员选聘工作取得新进展。行政村、社区全部成立残协;乡镇(街道)全部配备专职委员,累计解决待遇人数达88.6%;村(社区)专职委员选聘率累计达99.7%,解决待遇人数达85.6%,专职委员待遇纳入财政预算达65%以上。残疾人证核发进一步规范,全省累计核发残疾人证177万多人,核发率达26.2%。

基础管理水平进一步提高。大力推进建章立制工作深入开展,梳理汇编制度274项。扎实开展残疾人基本服务状况和需求专项调查,及时下发通知,印发核查方案、实施方案,积极争取省统计局、财政厅等部门支持,成立联席会议和办公室,建立领导小组及办公室,召开专题会议安排部署。先后开展8批次残疾人基础信息核查省级培训和入户调查省级培训共8批次,培训909人;开展专项调查核查和入户调查县级培训1494批次,共培训163045人。全省完成核查县(市、区)、开发区199个,乡镇(街道)2422个,村(社区)52260个,核查率达100%;已核查持证残疾人1780161人,完成核查任务100%;已核查非持证0—15岁残疾儿童14105人,完成核查比例100%。省本级投入经费共计3600万,印刷调查资料200余万份。同时成立督导组,在核查阶段和县级培训阶段分别前往全省进行督导检查,圆满完成专项调查核查、培训等阶段的任务,受到中国残联充分肯定和表扬。

服务残疾人条件进一步改善。全省建成规范的市级残联康复中心2个、县(区)级听力语言中心127个、

图6-16-1 王艳玲为获奖选手颁奖。

辅助器具中心133个；建设国家级残疾人职业培训示范基地40个，省级示范基地51个，市级示范基地60余个，县级示范基地200余个；扶持建设盲人按摩机构500家，稳定近3000名盲人就业；配备流动服务车31辆，为就近就便提供服务提供条件。

（四）残疾人事业发展环境持续优化

残疾人事业法治建设不断加强。18个省辖市全部出台贯彻《中华人民共和国残疾人保障法》和《河南省实施〈中华人民共和国残疾人保障法〉办法》的实施细则和相关文件。报请省人大常委会对"一法一办法"贯彻落实情况进行执法检查，有力推动了残疾人事业法治化进程。残疾人事业发展舆论环境不断优化。中央电视台、河南电视台、河南日报、河南人民广播电台、新华网等新闻媒体播发或刊登河南省残疾人事业新闻12000多条，营造了残疾人事业发展的良好氛围。

（五）党风廉政建设主体责任和监督责任切实落实

坚持党要管党、从严治党的要求，认真落实党风廉政建设主体责任和监督责任。切实履行第一责任人职责和"一岗双责"要求，加强领导，突出教育，健全体制机制，注重风险防控，规范权力运行。深入开展党的群众路线教育实践活动整改落实，出台建设性规章制度，妥善解决群众反映强烈的突出问题，认真开展专项治理，大力实施改善残疾人民生的大事要事，圆满完成整改工作任务。残疾人事业发展制度更加健全，环境持续优化，残疾人权益得到进一步维护，大批残疾人在活动中受益，赢得残疾人群众广泛赞誉，教育实践活动取得明显成效。

四、大事记

2月28日，全省残疾人事业工作会议在郑州召开。各地市政府残工委主任、残联理事长及办公室主任，省直管县（市）残工委主任、残联理事长等参加会议。会议要求，各级政府要结合实际，超前谋划，着手起草本地残疾人同步小康的实施意见，加强对三项民生工程的督导检查，确保落到实处。各级政府、残工委和残联组织要在全省经济社会发展和全国、全省残疾人工作中找准定位，积极融入大局，保证工作方向不偏离，形成推动残疾人事业发展的合力。会议为14个县（市）发放了2013年度县级残联流动服务车，各省辖市残联、省直管县（市）残联向省残联递交了2014年残疾人工作目标责任书。

4月10日，河南省青年志愿者助残"阳光行动"启动会议在郑州召开。团省委副书记李若鹏、省残联副理事长黄建新讲话，省残联副理事长常为民主持会议，团省委副书记李建涛传达了全国青年志愿者助残"阳光行动"启动会议精神。来自各省辖市、省直管县（市）团组织和残联负责同志，郑省管高校团委、直属单位团委负责同志170余人参加会议。会议回顾了河南省青年志愿者事业的发展历程，并就全省实施青年志愿者助残"阳光行动"做出部署。会上，平顶山市残联、濮阳团市委、西平县残联、河南理工大学就志愿助残工作分别做了经验交流发言。

5月8日，河南省贫困残疾儿童抢救性康复工程工作会议在郑州召开。各省辖市残联及省直管县（市）残联理事长、康复部长、康复中心主任参加会议。会议指出，省委、省政府已连续三年将贫困残疾儿童抢救性康复工作列入河南省十项重点民生工程，22项康复项目纳入新型农村合作医疗，9项医疗康复项目纳入城镇居民职工医疗保险报销范围，已经形成残疾儿童抢救性康复救助长效投入机制。会议提出，要加强聋儿中心和辅具中心的建设，2014年全省80%的县（市）要建成两个中心，2015年全部建成。会议总结回顾了2013年贫困残疾儿童抢救性康复工程实施情况，对2014年康复工作提出了新的目标和任务。

5月18日是第二十四个全国助残日，主题是"关心帮助残疾人，实现美好中国梦"。上午，省委副书记邓凯、省人大常委会副主任蒋笃运、副省长王艳玲、省政协副主席邓永俭一行代表省委、省人大、省政府、省政协先后到河南省残疾人综合服务中心和郑州市青龙山启智中心，看望慰问在训的残疾人运动员和接受托养服务的残疾人，向全省残疾人朋友送上祝福和问候。邓凯与运动员、教练员亲切交谈，详细询问大家的生活训练情况，他称赞许庆身残志坚，为国家争得了荣誉，叮嘱大家要科学训练、注意安全，同时祝愿大家在第九届全国残疾人运动会上取得优异成绩。在慰问参加训练的运动员后，邓凯代表省委、省人大、省政府、省政协向大家送上慰问品。

5月22日，全省残疾人扶贫基地建设现场会暨省残联教育就业部年度工作会议在平顶山舞钢市召开。各省辖市残联主管理事长、教就部部长，省直管县（市）残联理事长参加了会议。会议指出，2013年省残联下拨资金700万扶持创建了35家省级扶贫示范基地，市县残联也创建了113个市县级残疾人扶贫基地，全省扶持带动贫困残疾人12400多名，成效明显。各地要认真学习借鉴一些好的做法，加强管理，切实把残疾人扶贫工作落到实处，确保全省扶贫工作的整体健康发展。会议总结了2013年农村残疾人扶贫示范基地创建工作，安排部署了2014年残疾人教育就业工作。平顶山、信阳、巩义等市残联代表分别围绕各自地区的残疾人扶贫基地建设具体做法进行了经验交流。

6月6日，全省残联维权工作会议在郑州召开。各省辖市残联主管理事长和维权部长、省直管县（市）残联理事长参加了会议。会议要求切实做好维权工作，加强领导，做好残疾人信访工作，维护残疾人合法权益，充实维权工作力量，加快维权队伍建设。会议对2013年度全省残联维权工作进行了总结，并就2014年深入贯彻落实《河南省实施〈中华人民共和国残疾人保障法〉办法》、贫困残疾人家庭无障碍改造工作、残疾人信访工作、无障碍环境建设、残疾人法律救助等重点工作进行了具体部署。郑州市金水区、平顶山市、洛阳市、焦作市、济源市残联就残疾人维权工作进行了经验交流。

7月3日，全省残联组联工作会议在济源召开。各省辖市残联的理事长或副理事长、组联部长和省直管县（市）残联的理事长约90人参加了会议。会议全面总结了2013年以来全省组联工作，对下半年全省组联工作做了安排部署。会议要求做好第五次全省自强与助残表彰工作，强力推进专职委员待遇落实工作，做到专职委员配备到位、待遇落实到位、培训到位。与会人员实地观摩了济源市承留镇残联、承留村残协和源园社区残协的基层残疾人工作，学习交流了残疾人专职委员选聘、培训、待遇落实和管理等主要做法。

7月5日，河南省残疾人福利基金会助残款物发放仪式在河南省残疾人综合服务中心举行。发放仪式介绍了基金会2014年上半年助残活动开展情况。此次发放仪式共向全省18个省辖市、10个省直管县和有关单位发放助残款物折合人民币约2600万元，启动开展15项扶残助残公益项目，将惠及全省4万多残疾人。

8月1日，全省残疾人服务设施项目建设座谈会在省政府会议室召开。省政府残工委副主任、省政府办公厅副主任王梦飞，省残联党组书记、理事长李国成，省残联党组成员、副理事长孙立忠出席了会议。平顶山市、鹤壁市、新乡市、信阳市等13个市、县（市、区）政府分管残联的领导同志及残联理事长参加了会议。此次会议的主题是：加快推进河南省残疾人服务设施项目建设，确保2014年河南省十项重点民生工程顺利实施。会上，各市、县（市、区）政府领导同志分别介绍了当地的项目建设基本情况、建设进度及下一步工作打算。会议强调要建好、管好、用好残疾人服务设施。要求各级政府把省委省政府的关心支持落实到工作中，要科学谋划，阳光操作，规范办事，把残疾人服务设施工作当作政治任务、民生任务去完成。

8月26—28日，河南省第六届残疾人运动会在省残疾人综合服务中心举行。全省19个代表团的410名残疾人运动员参加了田径、游泳等8个竞赛项目196个小项比赛的角逐。共产生金牌193枚、银牌158枚、铜牌108枚，平顶山代表团、焦作代表团、濮阳代表团分获团体总分第一、二、三名。

9月5—6日，全省残疾人专项调查工作会议在省残联召开，专项调查残疾人基础信息核查工作培训班同时举办。全省18个省辖市、158个县（市、区）和18个经济开发区残联分管领导和信息技术负责同志共400余人分四批参加业务培训。

9月15日，全国残疾人基本服务状况和需求专项调查工作推进会议在驻马店市召开。北京、天津等33个省、直辖市、自治区，新疆建设兵团、黑龙江垦区残联相关负责同志参加会议。会议强调，要不折不扣地落实好国务院残工委专项部署和全国专项调查工作会议精神，抓好调查工作人员的培训工作，做好调查对象核查的督导检查和成果抽查工作。会议部署了全国残疾人基本服务状况和需求专项调查阶段性工作。河南省驻马店市、甘肃省、福建省、江苏省、辽宁省做了经验介绍。各省（区、市）参会人员进行了分组讨论。

9月22—26日，2014年河南省残联系统领导干部培训班在省残联举办。来自全省18个省辖市、10个省直管县（市）残联的主要领导及班子成员以及省残联新任正处级干部共59人参加培训。会议指出，这次培训被纳入了2014年省委组织部干部教育培训计划，在残联历史上还是第一次。会议要求，要自我加压，增强学习的内在动力；要学以致用，增强学习的针对性；要克服困难，自觉遵守学习纪律。此次培训班在当前深入学习党的十八届三中全会精神和进一步落实群众路线教育活动时期举办，坚定了培训学员积极投身残疾人事业的信心，为实现残疾人同步小康和残疾人事业发展做出了新的贡献。

10月17日，全国首个"扶贫日"当天，省残联围绕"扶贫济困、助弱友善"的主题，赴安阳林州砚花水村进行帮扶调研。调研组查看了省残联重点帮扶的新修机井、残疾人康复站等建设情况，对前期帮扶工作成绩给予了肯定。调研组走访慰问了困难残疾人家庭代表，为每户困难残疾人家庭送去了包括1000元慰问金、残疾人听书机、运动鞋、食用油的"温暖包裹"。调研组提出，在帮扶单位对村里"输血"的同时，要根据农村实际情况，全面提高村民自身的造血能力，让包括残疾人在内的全村农民早日脱贫致富。

10月20日，残疾人保障"一法一办法"执法检查组全体会议在省人大召开。省人大常委会副主任、党组副书记蒋笃运做重要讲话。省残联党组书记、理事长李国成汇报了全省贯彻实施"一法一办法"的情况。省人大常委会委员、省人大常委会内司工委主任桑金科主持会议并介绍了此次执法检查的基本情况和总体安排。会议强调，希望检查组全体同志掌握和熟悉残疾人保障方面的法律法规，在检查中紧紧围绕重点，发现存在的突出及亟待解决的问题，切实提出解决问题的建议，并坚持轻车简从，严守工作纪律和各项廉政规定，切实做好执法检查工作。

10月24日，专项调查核查工作推进会在郑州召开。省残联党组书记、理事长李国成，省残联副理事长、省专项调查办公室主任黄建新出席会议，各省辖市、省直管县（市）和郑州铁路局的残联理事长以及省残联负责残疾人专项调查工作有关业务部室的同志参加会议。会议通报了全省残疾人基本服务状况和需求专项调查核查工作进度，听取了18个省辖市、10个省直管县（市）残联专项调查工作进展情况汇报，分析研究了存在的主要问题，并就如何推进下一阶段工作任务进行了安排部署。

10月29—31日，河南省第五届残疾人职业技能竞赛在郑州举行。竞赛历时三天，由省残联、省人力资源和社会保障厅举办，河南省残疾人就业服务中心、河南职业技术学院、中原工学院承办。来自全省28个代表团的540名残疾人选手参加了五大类25项比赛项目。本次竞赛选手的素质和技能都比往届有很大提高，省人社厅授予获得单项第一名的选手"河南省技术能手"称号。郑州、洛阳、安阳、新乡、濮阳、鹤壁获得省辖市团体总分前六名，兰考县、滑县、鹿邑县获得省直管县（市）团体总分前三名。

图6-16-2　邓凯、王艳玲在省残联领导陪同下观看残疾人职业技能竞赛。

11月9—22日，河南省残疾人基本服务状况和需求专项调查工作省级培训会议在郑州召开，全省18个省辖市残联理事长、分管理事长和专项调查办公室负责人，10个直管县、河南油田、中原油田、郑州铁路局以及186个县（市、区）、开发区残联理事长和业务骨干参加会议。培训分四期进行，每期培训时间不少于三天。省残联党组书记、理事长李国成出席每一期的培训开班仪式并做重要讲话。在培训期间，中国残联研究室主任、全国专项调查办公室副主任陈新民专程到郑州检查、指导，并对河南的专项调查培训工作提出明确要求。全省县级培训工作于11月下旬至12月全面展开，培训总任务约为11万人。河南省专项调查办公室将对各地县级培训工作进行督促检查和现场指导，确保全省县级培训工作按时、高质量完成。

11月28日，郑州大学残疾人事业发展研究中心、河南省残疾人体育训练基地揭牌仪式暨残疾人事业发展研讨会在郑州大学举行。中国残疾人联合会研究室主任、中国残疾人事业发展研究会常务副会长、《中国残疾人研究》执行主编陈新民出席会议，并围绕《中国残疾人事业发展与展望》做专题报告。河南省残联党组书记、理事长李国成做重要讲话，省残联副理事长常为民、省残联相关业务部室的负责人参加会议，中国康复研究中心康复信息研究所所长邱卓英做专题报告，郑州大学副校长宋毛平、郑州大学体育系有关同志也出席了此次活动。陈新民主任强调，郑州大学残疾人事业发展研究中心是第八个在中国残疾人联合会指导下成立的针对中国特色残疾人事业发展进行研究的学术研究平台和科研创新基地。河南省残疾人体育训练基地的建立为郑州大学体育系服务河南省乃至全国优势运动项目的高水平残疾人运动员提供了可能，填补了国内残疾人事业发展研究的多项空白。

12月2日，河南省第十二届人大常委会第十一次会议审议并通过残疾人保障"一法一办法"执法检查报告。省人大常委会党组书记刘春良主持会议，省人大常委会副主任蒋笃运作执法检查工作报告。蒋笃运对"一法一办法"在河南省颁布实施以来取得的显著成效给予了全面肯定，对执法检查中发现的问题及原因进行了认真分析，并就加大政府投入、加强两个体系建设、提高残疾人就业率、改善特殊教育办学条件、完善残疾预防和早期干预机制等方面提出建议。

（严少军供稿）

湖北省残疾人事业和残疾人工作

一、领导讲话

省长王国生在湖北省第十二届人民代表大会第二次会议上的政府工作报告摘要

2014年1月17日

健全农村留守儿童、妇女、老年人关爱服务体系，健全残疾人权益保障、困境儿童分类保障制度。开展"社会救助管理创新年"活动，大力发展社会福利事业和慈善事业。

副省长甘荣坤在2014年全省残联工作会议上的讲话摘要

2014年3月7日

（一）要把健全残疾人社会保障体系作为实现同步小康的底线要求

社会保障方面是我们的底线要求，在基本生活方面，要把贫困残疾人纳入最低生活保障范围，予以重点保障和特殊辅助。在医疗养老方面，要落实重度和贫困残疾人参保政策和资金，尽快实现残疾人基本医疗保险和基本养老保险全覆盖，同时要建立健全残疾儿童康复救助制度，建立完善残疾人托养服务体系。在住房保障方面，将低收入残疾人家庭纳入城镇住房优先保障范围，将农村贫困残疾人家庭纳入农村住房建设与危房改造重点对象，同时抓好现行残疾人保障政策落实，加强对相关法规政策执行情况的检查和督办。首要的也是最基本的，我们要健全残疾人社会保障体系，这也是底线要求。

（二）要把残疾人服务体系建设作为同步实现小康的重要内容

一是要实现残疾人人人享有基本康复服务，积极开展康复救助，从保障范围、报销比例、医疗救助等方面加大力度，抓好康复训练、适配辅助器具、康复专业人才培养等工作，全面推进残疾人康复工作。同时要普及残疾预防知识，加强残疾预防措施，切实提高人口质量。二是丰富残疾人文化体育生活，推进文化惠残工作，将残疾人文化融入社会大文化建设体系，纳入城乡公共文化服务体系重要内容，为残疾人提供基本均等的文化服务，积极扶持残疾人文化产业发展，探索建立残疾人文化艺术产品销售平台，推进残疾人竞技和健身运动，落实相关设施对残疾人免费开放的政策。三是推进社会无障碍环境建设。贯彻落实《无障碍环境建设条例》，将无障碍环境建设纳入城乡建设规划，推进无障碍环境建设、家居无障碍改造、信息无障碍等工作。四是加强残疾人服务机构建设，有效整合社会资源，充分发挥医疗卫生、法律援助、残疾人集中就业单位、残疾人福利机构等的作用，大力推进公共服务机构为残疾人提供优质优惠服务。加强市县残疾人专业服务机构设施和人才队伍建设，提高为残疾人服务的能力和水平。

（三）要把提高残疾人自我发展能力作为实现同步小康的重要目标

一是提高残疾人受教育水平，统筹推进残疾人学前教育、义务教育、学历教育与职业教育、继续教育发展，进一步健全和完善残疾人特殊教育、残疾人参加普通教育的引导政策和教育体系，不断提高残疾人受教育覆盖面和水平。

二是加快农村贫困残疾人脱贫步伐，贯彻落实中办《关于创新机制、扎实推进农村扶贫开发工作的意见》和国办《农村残疾人扶贫开发纲要》的要求，各级政府要将农村贫困残疾人作为重点扶贫开发对象，并有相应的考核措施。贫困和残疾的联系是比较紧密的，很多家庭都因残致贫。在扶贫开发工作中要特别关注重视残疾人这个群体，残疾人的贫困困难程度更严重一些，不仅是生活上的困难、经济上的困难，还有其他方面的一些困难。

三是抓好残疾人就业创业，落实中组部等七部委《关于促进残疾人按比例就业的意见》，依法推进残疾人按比例就业。积极开发适合残疾人特点的就业岗位，有序安排农村残疾人转移就业，制定和落实相关政策措施，加强残疾人职业和技术培训，引导残疾人就业创业。采取措施，围绕着同步小康的目标，要进一步研究细化我们的措施，要进一步解放思想、改革创新。除了现有的保障体系、服务体系等，我们要思考，在新形势下如何改革创新，采取新的、更有针对性的举措。我们要争取在今年"达到"或者"超过"全国平均水平。

省残联党组书记、理事长陶慧芬在全省残疾人基本状况与需求调查现场推进会上的讲话摘要 2014年4月3日

一是要提高认识，进一步增强规范化建设的紧迫感和责任感。各级残联组织要从全面深化改革创新、扎实推进国家治理体系和治理能力现代化、巩固党的群众路线教育实践活动成果、努力实现残疾人同步小康目标、提高残疾人工作者队伍管理水平的高度来认识加强基层规范化建设和服务管理工作的极端重要性和现实紧迫性。

二是要进一步健全和规范残疾人组织。残疾人组织是党和政府联系残疾人的桥梁和纽带，健全和规范的残疾人组织对于更好地服务残疾人具有重要作用。各级残联不仅要健全残联组织、建立协会组织，还要培养一支优秀的残疾人工作者队伍。要按照综合服务设施建设标准来规划和建设残疾人的各类综合服务设施，逐步完善残疾人组织综合服务设施建设规范化。实现基层残疾人组织健全、残疾人工作队伍稳定、残疾综合服务设施完善的目标。

三是要认真做好三项专项调查，进一步夯实基础数据库。为做好我省残疾人基层组织规范化建设工作，根据《意见》，省残联将开展三项专项调查，即全省残疾人基本服务状况专项调查、残联系统专兼职工作者状况专项调查和残联组织财物管理状况专项调查。我们现在正在开展的残疾人基本状况与需求调查是为了摸清我省残疾人基本状况，而这三项专项调查是为了弄清我省服务残疾人能力水平、残疾人工作者以及残联组织财务状况。弄清前者对于我们设立惠残项目、制定惠残政策具有积极参考意义，而弄清后者，则对于我们管理残联组织、进一步有针对性地开展残疾人服务、加强绩效管理等具有重要意义。我们正在开展的残疾人基本状况与需求调查，有些内容与这三项专项调查有交集，大家要认真思考、主动作为，在认真开展残疾人基本状况与需求调查的同时也可以提前部署和思考这三项专项调查，为接下来的工作铺好路、打前站。

四是要转变工作方式和工作理念，进一步规范残联各项管理制度。我们开展规范化建设，是全面深化改革和国家治理体系和治理能力现代化的要求。大家一定要转变工作方式和工作理念，要跟上时代的节奏。要学会用绩效的、市场的、开放的观念来看问题，来谋划我们的工作和事业。要进一步规范和完善残联的各项管理制度，对不符合事业发展要求的要及时废止，对不适应事业发展要求的要及时修订，对事业需要而又没有的要抓紧建立。我们要进一步制定规范的行业准入和职业标准，要建立规范的残疾人组织和队伍，要进一步规范财务管理等。只有按照国家全面深化改革的顶层设计带来的思路转变，并对我们工作和职能等进行进一步规范和清理，才能使我们制度和规范更加完善，使残联组织履职和治理能力得到提升。

二、政策法规文件

关于开展"规范化建设年"活动的意见
鄂残联发〔2014〕26号

（一）健全各级组织，进一步加强残疾人组织规范化建设

1. 健全残联组织。坚持组织机构先行、基础设施为重、服务效能为主的方针，科学合理地设置组织、配强班子，实现基层残疾人组织全覆盖、全达标，形成顺畅的工作运行机制。

2. 完善协会组织。县以上残联必须建立健全残疾人"五个专门协会"，社区（村）残协做到全覆盖。对残疾人专职委员实行合同、动态、实名制管理和岗前培训、工作考核。

3. 加强队伍培训。大力推进实施"强基育人"工程，加强和改进对残疾人工作者队伍、残疾人服务队伍、社会助残志愿者队伍教育、管理和培训方式，实现"职责明确、一专多能"的基层残疾人工作队伍。加强"优秀残疾人人才库"建设，拓宽优秀残疾人干部选拔渠道。

4. 夯实服务基础。按照基层残疾人组织综合服务设施规范化建设标准的要求，从实际出发，进一步完善设施、充实项目、提升功能，努力实现残疾人综合服务效益高、管理标准化。

（二）着力建章立制，进一步规范完善残联组织基础管理制度

1. 完善基本制度。坚持分层分类有序推进的方针，需要进一步健全各类规章制度，通过废、改、立等方式加紧研究，对不符合事业发展要求的要及时废止，对不适应事业发展要求的要及时修订，对事业需要而又没有的要抓紧建立。

2. 强化绩效管理。根据残疾人工作者队伍和残疾人工作专项资金规模、各类服务项目、综合服务设施和现有资产的实际，有针对性地加强人员、财务、资产、

项目涉及的基础管理制度建设，依据有关政策法规和要求，加快建立和完善项目论证、决策程序、工作机制、过程监督、绩效考评、第三方评估、督查问责等管理制度，努力做到管理依据清、程序规范明、基础数据准、过程监督实、落实成效好。

3. 健全信息管理。以全省残疾人信息统计平台为支撑，做好残疾人组织、残疾人信息监测、采集和录入工作，逐步完善残疾人组织、服务和残疾人人口数据库，着力打造信息互通、互动共享的信息化服务平台。

（三）开展专项调查，进一步加强基础数据管理

1. 组织开展全省残疾人基本服务状况专项调查。依托残疾人人口基本数据库，进一步摸清残疾人的基本服务现状与重点服务需求，重点是证贫困残疾人、重度残疾人、残疾儿童、就业年龄段残疾人等的生活救助、社会保障、康复服务、接受教育、就业扶持、托养服务、扶贫开发、住房保障、无障碍改造、法律服务等方面的服务对象数量、现有服务情况、托底服务需求、实际服务能力等内容，摸清底细，区分层次，明确重点。

2. 深入开展残联系统专兼职工作者状况专项调查。结合"强基育人"工程的持续开展，进一步加强残联组织和专门协会专兼职工作人员的管理；进一步摸清各类残疾人组织、各级残联机关和直属单位工作人员、乡镇（街道）和社区（村）残疾人专职委员、县级及以上专门协会工作人员、助残志愿者的底数，完善相关人员台账；进一步理顺和摸清残联组织和各专门协会所属企事业单位、挂靠或托管、代管机构的基本状况。搞清各类社会助残组织的总数、登记注册情况、活动场所及驻地、基本信息、服务状况等情况。

3. 扎实开展残联组织财物管理状况专项调查。进一步摸清残联组织各类服务项目的基本状况，中央和省、市、县级拨付专项资金、本级提供配套资金和残疾人就业保障金、基础设施投入使用资金、残联组织或残疾人福利基金会接收慈善捐赠资金物品、企事业单位创收收入等资金的管理使用情况，残联管理资产的使用情况等。

关于促进残疾人按比例就业的实施意见

鄂残联发〔2014〕49号

一、依法推进残疾人按比例就业

（一）《中华人民共和国残疾人保障法》规定"国家实行按比例安排残疾人就业制度"。《残疾人就业条例》进一步明确"用人单位应当按照一定比例安排残疾人就业，并为其提供适当的工种、岗位"。《湖北省实施〈中华人民共和国残疾人保障法〉办法》《湖北省残疾人就业规定》规定，本省行政区域内的国家机关、社会团体、企事业单位和民办非企业单位，应当按照不低于在职职工总数1.5%的比例安排残疾人就业，并为其安排适当的工种和岗位，提供劳动保护，改善工作条件。这些规定确立了按比例安排残疾人就业的法律制度，明确了按比例安排残疾人就业是用人单位的责任和义务，体现了对残疾人就业权利的尊重和保护。各地要依法行政，推动用人单位履行法律责任和义务。要加大执法检查力度，把残疾人按比例就业列为重点检查内容，发现问题，及时通报，妥善纠正和解决。

二、推动党政机关、事业单位及国有企业带头安排残疾人就业

（二）《中共中央、国务院关于促进残疾人事业发展的意见》（中发〔2008〕7号）、《中共湖北省委、湖北省人民政府关于促进残疾人事业发展的意见》（鄂发〔2009〕10号）明确提出"党政机关、事业单位及国有企业要带头安置残疾人"。党政机关、事业单位及国有企业应当为全社会做出表率，率先垂范招录和安置残疾人。

（三）各级党政机关在坚持具有正常履行职责的身体条件的前提下，对残疾人能够胜任的岗位，在同等条件下应优先录用残疾人。各地要切实维护残疾人平等报考公务员的权利，除特殊岗位外，不得额外设置限制残疾人报考的条件。招录机关专设残疾人招录岗位时，省公务员主管部门可根据实际情况适当给予放宽开考比例等倾斜政策。各地在招录公务员时，要结合残疾人考生实际，努力为残疾人考生创造良好的考试环境。

（四）全省每年统一招收工作人员时，原则上要将招收总人数的1.5%以上名额专门用于招录残疾人。各级残疾人工作委员会成员单位要率先招录残疾人，继而带动其他党政机关。各级党政机关中的非公务员岗位（科研、技术、后勤等），要积极安排残疾人就业，并依法与残疾职工订立劳动合同，保障其合法权益。到2016年，省残疾人工作委员会各成员单位至少安排有1名残疾人。到2020年，所有省级党政机关至少安排有1名残疾人，其中省残联机关干部队伍中残疾人干部的比例应达到15%以上。各地要参照省级的做法，有计划地按比例安排残疾人到各级党政机关就业。各地残联机关干部队伍中残疾人干部的比例要在2020年前率先达到15%以上。

（五）各级党政机关要督导所属各类事业单位做好按比例安排残疾人就业工作。各类事业单位要结合本单位岗位构成情况，确定适合残疾人就业的岗位，多渠道招聘残疾人。

（六）国有和国有控股企业应根据行业特点，确定适合残疾人就业的岗位，招录符合岗位要求的残疾人就业。企业对招录的残疾人应依据《中华人民共和国劳动合同法》订立劳动合同，实行同工同酬。

（七）政府投资开发和购买的公益性岗位要优先安排符合条件的残疾人等就业困难人员就业，按规定落实岗位补贴和社会保险补贴政策。

三、加大对用人单位的补贴、奖励和惩处力度

（八）认真贯彻《中华人民共和国就业促进法》及相关法律法规，落实就业专项资金管理的有关规定，对参加职业培训、职业技能鉴定并符合条件的残疾人给予职业培训、职业技能鉴定补贴，对吸纳残疾人就业并符合条件的用人单位，按规定给予社会保险补贴。

（九）加大残疾人就业保障金（以下简称残保金）对按比例和超比例安置残疾人就业单位的奖励力度，提高用人单位安排残疾人就业的积极性。对新安排残疾人就业且达到规定比例的，可对用人单位给予一次性补贴（补贴标准另行制定），主要用于工作环境无障碍改造、方便残疾人就业的专用设备和工具等方面，所需资金从本级残保金中列支。

（十）用人单位安排残疾人就业达不到规定比例的，应严格按规定标准缴纳残保金。机关、团体、事业单位等非企业用人单位应缴纳的残保金，由各级残疾人就业服务机构按照规定权限负责核定和征收，有条件的地方可由财政部门代扣；中央在鄂和省属非企业用人单位的残保金征收，由省残疾人就业服务机构核定征收；其他用人单位应当缴纳的残保金，由同级残疾人就业服务机构核定，同级地方税务部门负责征收。对拒不安排残疾人就业又不缴纳残保金的用人单位，可采取在媒体上曝光、通报、申请法院强制执行等措施。各地应将用人单位是否履行按比例安排残疾人就业义务纳入各类先进单位评选标准，对于不履行义务的用人单位，不能参评先进单位，其主要负责同志不能参评先进个人。

四、加强对用人单位按比例安排残疾人的就业服务

（十一）加强培训提高残疾人就业能力是促进残疾人按比例就业的基础。各地要贯彻落实《关于加强残疾人职业培训促进就业工作的通知》（残联发〔2012〕15号）精神，下大力气抓好残疾人职业培训。准确了解用人单位用工情况，结合岗位需求，有针对性地组织残疾人开展订单培训、定向培训、定岗培训，不断提高残疾人职业技能，以适应用人单位需求。

（十二）各级公共就业服务机构和残疾人就业服务机构要发挥好用人单位与残疾人之间的桥梁和纽带作用，准确掌握辖区内就业年龄段残疾人的基本情况，落实残疾人就业失业登记制度；全面了解辖区用人单位的岗位需求，定期做好信息发布。主动走进残疾人家庭和用人单位，掌握第一手信息，重点做好向用人单位的推荐工作。协助用人单位定期或不定期开展残疾人招聘活动，促进用人单位按比例安排残疾人。

五、齐抓共管协力促进残疾人按比例就业

（十三）残疾人按比例就业是国家为保护和促进残疾人就业而采取的重要举措，是法律赋予用人单位的责任和义务。各有关部门要高度重视这一工作，建立促进残疾人按比例就业的协调工作机制，共同做好制度完善、政策落实、监督管理等各项工作。加强对按比例就业法规政策、履行法律义务的用人单位的宣传，进一步扩大社会影响，营造良好的社会环境。

（十四）各级人力资源和社会保障部门要依法加强残疾人劳动权益维护工作，把残疾人就业工作纳入劳动年审监察范围。各类职业院校和培训机构要积极参与和承担残疾人职业培训职责。公共就业服务机构和基层劳动就业社会保障服务平台要加强对残疾人的就业服务和就业援助。

（十五）各级公务员主管部门负责落实并指导各部门做好残疾人公务员招录工作，建立党政机关残疾人公务员实名制统计制度，准确掌握残疾人公务员底数。

（十六）各级事业单位登记管理部门在事业单位登记管理、绩效评估和年度审核工作中，要积极引导事业单位按比例安排残疾人就业。

（十七）各级国资委要重视并督促国有及国有控股企业按比例安排残疾人就业，积极推进残疾人就业工作。

（十八）各级财政部门要加强残保金征收使用管理，更好地发挥残保金促进残疾人就业的作用。各级财政、地税部门要落实征收机关的责任，完善征收措施、规范征收程序、加大征收力度，做到依法征收、应收尽收。建立责任追究制度，对擅自多征、减征、缓征残保金的，要严肃追究责任人的责任。进一步规范残保金使用管理，残保金要专项用于残疾人职业培训、奖励超比例安置残疾人单位、扶持残疾人就业相关支出，不得挪作他用。要将残保金收支纳入各级政府性基金预算管理，提高资金使用效益。

（十九）各级残联及所属残疾人就业服务机构要积极主动做好残疾人按比例就业工作。协调有关部门进一步健全规范按比例就业制度。着力抓好残疾人职业培训，提高残疾人就业能力，向用人单位主动介绍、推荐残疾人；落实对按比例和超比例安排残疾人就业单位的补贴和奖励；加强对用人单位按比例安排残疾人就业情况的年审和检查、监督，完善各项服务。

湖北省社会救助实施办法

湖北省人民政府令第374号

第十一条 对批准获得最低生活保障的家庭，县级人民政府民政部门按照共同生活的家庭成员人均收入低于当地最低生活保障标准的差额，按月发给最低生活保障金。

对获得最低生活保障后生活仍有困难的老年人、未成年人、重度残疾人和重病患者，县级以上人民政府应当采取多种措施提高其救助水平。县级人民政府民政部门应当按不低于本地最低生活保障标准的20%比例，增发补助资金。

第十三条 县级以上人民政府对无劳动能力、无生活来源且无法定赡养、抚养、扶养义务人，或者其法定赡养、抚养、扶养义务人无赡养、抚养、扶养能力的老年人、残疾人、未满16周岁的未成年人以及虽已满16周岁但仍在全日制学校就读的人员，给予特困人员供养。

第四十七条 县级以上人民政府应当对生活无着的流浪、乞讨人员提供临时食宿、急病救治、协助返回等救助。

公安机关和其他有关行政机关的工作人员在执行公务时发现流浪、乞讨人员的，应当告知其向救助管理机构求助。对其中的残疾人、未成年人、老年人和行动不便的其他人员，应当引导、护送到救助管理机构；对突发急病人员，应当立即通知急救机构进行救治。

省人民政府办公厅关于转发省教育厅等部门《湖北省特殊教育提升计划（2014—2016年）》的通知

鄂政办发〔2014〕61号

（一）扩大残疾儿童少年义务教育规模

1. 扩大普通学校随班就读规模。进一步扩大普通学校安排残疾学生随班就读规模，完善残疾学生随班就读支持保障体系，每一所随班就读学校均要建设特殊教育资源教室，完善无障碍设施等，加强对普通学校的专业培训和业务指导，为残疾学生提供必要的学习和生活便利。鼓励有条件的儿童福利机构设立特教班，努力扩大特殊教育资源。

2. 提高特殊教育学校招生能力。进一步巩固国家中西部特殊教育学校建设项目成果，不断改善办学条件，充分挖掘潜力，扩大现有特殊教育学校招生规模，增加招生类别，扩大服务范围，让更多的残疾儿童少年接受更高质量的特殊教育。有条件的儿童福利机构和残疾人托养机构可设立特殊教育学校或特教班。

3. 组织开展送教上门。各地要积极整合教育、民政、卫生、残联、社区等各方面资源，统筹安排特殊教育学校和普通学校教育资源，为确实不能到校就读的重度残疾儿童少年提供送教上门、社区教育或远程教育等服务，确保相关经费和待遇，并将其纳入学籍管理，由承担送教上门的学校建立学籍。

（二）发展非义务教育阶段特殊教育

1. 学前教育。将残疾儿童学前教育纳入当地学前教育发展总体规划，并列入第二期学前教育三年行动计划。地方各级教育、发改、财政、民政、卫生等部门和残联要相互协作，采取多种形式，在有条件地区建立0—3岁残疾儿童早期干预、早期教育和康复训练机构。各市州所在地和50万人口以上的县（市、区）要规划建设一所学龄前残疾儿童康复机构或儿童福利机构，开展学前康复教育。残疾儿童较多的县（市、区）要设立残疾儿童学前教育机构或依托特殊教育学校、康复机构、儿童福利机构增设残疾儿童幼儿园或学前教育部。支持普通幼儿园创造条件接收残疾儿童，鼓励社会力量举办残疾儿童学前教育机构。

2. 高中阶段教育。普通高中和中等职业学校要积极招收残疾学生。市州所在地和规模较大的特殊教育学校要继续办好残疾人高中教育。扩大残疾人中等职业学校招生规模，紧密结合经济社会发展需求和残疾人特点合理调整专业结构，加大职业技能培训力度，为残疾学生提供更多选择。支持接收残疾学生的普通高中、中等职业学校和特殊教育学校与企业合作，建立校企合作基地，为残疾学生顺利就业提供条件。

3. 高等教育。积极开展残疾人高等职业教育、本科教育、研究生教育和继续教育，大力加强残疾人高等教育工作。支持办学特色鲜明的特殊教育学校与高等职业技术学院联合办学，招收残疾学生接受高等职业技术教育；在部分特殊教育基础较好的普通高等学校设置特殊教育学院或相关专业，满足残疾学生接受高等教育的需求。高等学校要按照有关法律法规和政策，努力创造条件，积极招收符合录取标准的残疾考生，不得因其残疾而拒绝招收。各地要为残疾人接受成人高等学历教育、自学考试、远程教育等提供更多方便，满足残疾人接受高等教育的需求。加强残疾人职业培训，提高就业创业能力。

（三）加大特殊教育经费投入力度

1. 切实保障特殊教育学校正常运转。从2014年开始，义务教育阶段特殊教育学校生均预算内公用经费标准按当地同类学校学生生均公用经费标准的8倍执行，三年内达到每年6000元。目前标准高于每年6000元的地区不得下调，有条件的地区可进一步提高，并纳入义务教育经费保障体系。高中及以上特殊教育学校（院）生均公用经费按当地普通同级学校生均公用经费的8倍以上拨付。随班就读学生按同级特殊教育学校生均公用经费标准执行。

2. 进一步提高残疾学生资助水平。针对义务教育阶段残疾学生的特殊需要，在"两免一补"基础上进一步提高补助水平。民政部门要为残疾学生落实城市最低生活保障，并针对残疾学生的特殊需要，逐步提高补助水平。各地可根据实际对残疾学生提供交通费补助，纳入校车服务方案统筹解决。建立健全覆盖所有残疾学生的资助体系，完善非义务教育阶段残疾学生资助政策，积极推进高中阶段残疾学生免费教育。普通高校家庭经济困难的在校残疾学生全部享受国家助学金。

3. 不断拓宽特殊教育经费来源渠道。根据《国务院办公厅转发教育部等部门〈关于进一步加强特殊教育事业发展意见〉的通知》（国办发〔2009〕41号）关于"地方各级人民政府要继续设立特殊教育专项补助费并不断提高"的规定，地方各级人民政府要继续设立特殊教育专项补助费并不断提高。各地要从残疾人就业保障金中每年安排不少于5%的资金用于支持特殊教育学校开展劳动技能教育。各级政府可从本级留用的彩票公益金中安排一定的资金支持特殊教育学校改善办学条件。各级财政支持的残疾人康复项目要优先资助残疾儿童少年。鼓励企事业单位、社会团体和公民个人捐资助学。

（四）加强特殊教育基础能力建设

1. 进一步完善特殊教育学校布局规划。全面开展区域内特殊教育生源情况摸底调查，根据残疾儿童少年的数量和分布特点，按照"视障儿童少年教育省或省会城市统筹、听障儿童少年教育市州统筹、智障儿童少年教育县统筹"的原则，制定完善区域内特殊教育学校建设规划方案并组织实施。在人口30万以上或残疾儿童少年相对较多，尚无特殊教育学校的县，要在2016年12月底前独立建设一所特殊教育学校；不足30万人口的县，在地市范围内，建设一所或几所特殊教育学校。

2. 继续实施特殊教育学校建设项目。统筹规划，突出重点，支持残疾人中等职业学校和高等院校新建或改扩建一批急需的基础设施，扩大残疾人接受中、高等教育的规模；支持承担特殊教育师资培训任务的高校加快专业建设，扩建教学设施，提高特殊教育师资培训能力；支持有条件的地区试点建设自闭症、孤独症儿童少年特殊教育学校（部）。

3. 继续实施改善特殊教育办学条件项目。在全省市州特殊教育学校和承担随班就读残疾学生较多的普通学校设立特殊教育资源教室（中心），配备基本的教育教学和康复设备，开展个别化教育和康复训练。支持有条件的特殊教育学校配备必要的教育教学、康复训练等仪器设备和专业人员，开展"医教结合"实验，探索教育与康复相结合的特殊教育模式。加大对薄弱特殊教育学校配备教育教学和康复设施的支持力度。进一步支持特殊教育学校加强校园文化建设。

4. 大力加强特殊教育学校标准化建设。制定湖北省特殊教育学校建设标准，加强残疾学生学习和生活无障碍设施建设，将特殊教育学校纳入农村义务教育标准化学校建设工程范围，在实施薄弱学校改造工程、中小学校舍建设等项目时，向特殊教育学校倾斜，全面改善现有特殊教育学校办学条件。

关于创新机制扎实推进湖北农村扶贫开发工作的实施意见 鄂发〔2014〕12号

由中共湖北省委、湖北省人民政府印发。

（五）完善金融服务机制，拓宽融资渠道。完善扶贫贴息政策和办法，增加财政扶贫贴息资金投入，扩大扶贫贴息项目贷款和到户贷款规模。继续推进农村青年创业小额贷款和妇女小额担保贷款工作。扩大贫困村生产互助金覆盖面，规范管理行为，提高服务水平。加大对农业产业化龙头企业、家庭农场、农民合作社、农村残疾人扶贫基地等经营组织的金融支持力度。积极发展贫困地区农村保险业。

关于印发开展文化志愿服务活动意见的通知
鄂文化文〔2014〕60号

由湖北省文化厅、省文明办印发。

开展特殊人群服务。各文化志愿者组织围绕满足特殊人群的文化需求，以关爱空巢老人、农民工、残疾人为重点，开展艺术培训、演出、联欢等文化志愿服务活动，突出文化志愿服务活动的人文关怀。

三、工作综述

2014年，在省委、省政府的坚强领导和中国残联的正确指导下，省残联认真贯彻省委、省政府决策部署，在深入推进"五个湖北"的建设中，紧紧围绕解决残疾人"三最"问题，抢抓机遇，改革创新，努力改善残疾人生活状况，提高残疾人服务水平，各项工作都取得了重要进展。

（一）改革创新取得新突破

1. 辅具区域中心高层突破。2014年3月11日，中国残联与省政府签署了共建协议，全国残疾人辅助器具资源中部区域中心成功落户湖北。根据协议，中国残联加强了对区域中心建设的工作指导和政策资金支持,将其定位为中部地区辅具高素质人才建设基地、辅具相关产品研发基地、集散中心和辅具适配服务中心。省政府把区域中心建设确定为全省民生建设和产业发展的重点项目,强化政策和资金保障。中国残联、湖北省政府和省发改委关于中部区域中心大楼建设的各项手续全部审批通过,中国残联落实4000万元补助资金,省政府将按1:1配套经费。按照规划,区域中心大楼建筑面积为1.4万平方米,康复中心二期为1.6平方米,统一规划、统一设计、同步实施,预计2017年建成并投入使用。区域中心和康复中心二期的建成,将极大地提升湖北残疾人事业特别是康复工作在中部乃至全国残疾人事业中的地位,也将为湖北残疾人事业开辟一个新的重大领域。

2. **残疾人事业理论研究创新突破**。2014年11月,中国特色残疾人事业研讨会暨第八届中国残疾人事业发展论坛在武汉举行。海迪主席专门为论坛发来寄语,呼吁专家学者和关心、支持残疾人事业的朋友们一道为残疾人过上美好生活的崇高目标而努力奋斗。国内多所知名高等院校、科研机构、社会组织和地方残联专家学者200余名参加论坛,从不同角度阐述了对中国特色残疾人事业的基本经验和发展规律的认识,在制度设计、政策选择、高校责任、青年行动、技术支持等方面提出了推动残疾人事业加快发展的新思路、新观点和新建议。此届论坛创造性地推出了中国特色残疾人事业高峰对话板块,邀请与会的名校校长们齐聚一堂,畅谈共推残疾人事业发展,发出了"高校践行社会主义核心价值观、推动中国特色残疾人事业发展"的"武汉倡议",新华社予以播发,成为论坛最大的亮点,极大提升了论坛的影响力和残疾人事业的关注度,受到了广泛的关注和好评。湖北省的残疾人事业理论研究也得到了中国残联的高度评价,在2014年全国排位中名列前茅。

3. **社会组织助残服务率先突破**。2014年5月,中国残联与李嘉诚基金会选择在湖北率先启动长江新里程计划第三期项目。未来3年,李嘉诚基金会将出资1000万港币在湖北实施"关心你的残疾人邻居"项目,主要通过公开遴选,资助不少于100个助残服务项目,发挥"种子"效应,培育和扶持一批残疾人急需的助残社会组织,为广大残疾人提供个性化、特需化、专业化服务,并逐步探索政府向社会组织购买助残服务的工作模式,促进残疾人社会参与和社会融合。10月,全国助残社会组织工作研讨会在武汉召开,指定省残联在会上做典型发言。11月,湖北省正式启动项目运作,开展了一系列宣传推介和业务培训。该项目得到各社会组织的热情参与,参与项目申报的社会组织已达到500余家,其中初审通过的近300家。

4. **政府购买服务试点工作重点突破**。2014年5月财政部、中国残联等六部门联合印发《关于做好政府购买残疾人服务试点工作的意见》后,省残联迅速跟进,推荐确定武汉市、孝感市作为全国试点,出台了省残联向社会力量购买服务的实施意见,制定省残联本级购买服务工作规程,确定了购买服务试点项目目录,并对购买主体、承接主体、购买内容、购买机制、资金管理做了明确规定。湖北省政府购买服务试点工作进展顺利,残疾人照料服务购买已逐步拓展,残疾人家庭无障碍改造服务购买稳步推进,残疾儿童抢救性康复服务购买已经启动。省残联的政府购买服务试点工作得到了省政府和中国残联的关注和支持,省政府专门听取了省残联推动政府购买服务的情况汇报,中国残联特别邀请武汉市在全国残联政府购买服务培训班上做典型发言,并到湖北开展专题调研。

(二) 惠民助残取得新成绩

2014年,省残联紧紧抓住改善残疾人民生这个根本,以残疾人得实惠为出发点和落脚点,真抓实干,全省惠民助残工作取得显著成绩。

1. **政府实事全面、超额完成**。2014年省政府把"为20万特困残疾人发放生活补助、对2万名残疾人实施阳光家园托养计划、为1万名残疾人免费配置辅助器具、为5000名0—6岁贫困残疾儿童实施抢救性康复救助"列入为民办实事。这是残疾人工作连续5年列入政府实事。省残联将这项工作当作重中之重,精心组织,全力保障,全面超额完成了目标任务。其中,全年为20万特困残疾人发放生活补助1.2亿元;补助25750名智力、精神和重度残疾托养人员接受寄宿型托养、日间照料或居家托养,超额完成28.8%;免费为21721名残疾人适配辅助器具,超额完成117.2%;为全省5405名0—6岁贫困残疾儿童实施了康复救助,超额完成8.1%。全省各级残联因地制宜,顺利完成了本级政府实事的各项任务,把党和政府的温暖送到残疾人家庭,得到了残疾人及其亲属的热烈欢迎,成为真正的"民生工程"、"民心工程"。

2. **惠民助残覆盖面不断扩大**。特困残疾人生活补助受益人群由15万人扩大到20万;20多万残疾人享受到包括盲人定向行走、假肢安装、白内障复明等多种康复服务项目。5366名残疾学生得到国家彩票公益金、交通银行及社会各界的资助,资助金额达333.5万元;466名符合条件的上线残疾考生被高等院校录取,录取率为100%。城镇新增残疾人就业1万人,全年完成农村实用技术培训2万多人次,开展残疾人职业技能培训18643人次,5002名残疾人享受到了专项就业扶持政策。在21个企业和基地中实施了康复扶贫贷款贴息项目，实现残疾人稳定就业1442人，辐射带动2347户贫困残疾人家庭脱贫致富。为850户贫困残疾人家庭实施了无障碍改造，补助资金298万元；残疾人机动轮椅车燃油补贴1144万元全部发放到位，惠及全省4.4万肢体残疾人。全省无障碍建设法规得到更广泛的执行，省市多家电视台配备了手语翻译，多数图书馆设有盲人图书室，残疾人出行、参与社会更加便利。

（三）规范化建设取得新成效

2014年省残联出台了《关于开展"规范化建设年"活动的意见》，对"规范化建设年"活动的指导思想、主要目标及任务、工作安排及工作要求提出了明确意见，规范化建设成效明显。

1. 以强基育人促进组织建设规范化。 2014年省残联争取到中央资金7620万、省级资金1200万，用于补助省、市、县三级38个基础设施建设项目。组织建设更加规范，以县级残联为主导、乡镇街道残联为骨干、村社区残协和五大专门协会为基础的残疾人组织网络更加健全。2014年，全省共有各级残联组织1262个；专门协会405个，其中盲协86个、聋协84个、肢协88个、智协64个、精协68个、智协精协合一的15个；助残社会组织1299个，其中在残联注册登记的587个，民政登记的311个，工商登记的28个；全省残联系统专职人员3272人，残疾人专职委员18888人，直接为残联系统服务的志愿者14646人。广大残联组织和残疾人工作者恪守"人道、廉洁、服务、奉献"的职业道德，涌现出一批先进典型，全省有16个先进单位和先进个人受到国家级表彰，21个残疾人工作示范社区、500名优秀残疾人专职委员受到中国残联表彰。

2. 以残情大调研促进各项工作信息化。 在全省开展残情大调研，省级投入经费1000万元，市级配套经费3000万元，确保了湖北省残疾人基本状况与需求调查工作顺利开展。回收调查问卷1289146万份，录入工作全部完成，调查报告框架初步形成，调查工作取得了阶段性成果。基本摸清了全省办证残疾人的基本状况和需求情况，包括贫困残疾人、重度残疾人、残疾儿童、就业年龄段残疾人的基本数量，残疾人接受生活救助、社会保障、康复服务、辅具服务、教育、就业扶持、托养服务、扶贫开发、住房保障、无障碍改造、社会参与和权益维护等现有服务情况、兜底服务需求等内容。残情大调研数据的录入、处理、分析和应用，一方面加速了信息化建设步伐，另一方面为编制"十三五"规划和出台推进残疾人小康进程重大举措奠定了坚实的基础。

3. 以制度建设和绩效评价促进项目运作规范化。 2014年全省各级残联通过立改废建章立制达数百项，其中省级新制定23项、修订32项、废止2项，实现了管理制度化。同时，委托第三方机构实施了2013年特困残疾人生活补助项目、0—6岁残疾儿童抢救性康复工程绩效评价工作。两个项目的绩效评价均为97分，达到"优"等次。2014年7月，省财政厅通报2013年省直单位预算绩效管理工作考核情况，在省级300多个绩效考核项目中获先进单位的30个，省残联名列其中。第三方评价的开展，对省残联各类项目运作走上规范化轨道起到很好的示范和帮助作用。

（四）社会环境得到新优化

1. 残疾人保障法贯彻执行得到有力推动。 积极争取省人大支持，在全省开展保障法及湖北省实施办法贯彻执行情况调研；积极推动省政府召开"依法、助残、圆梦——残疾人保障法及湖北省实施办法贯彻实施情况"新闻发布会，甘荣坤副省长在发布会上通报了湖北省贯彻实施保障法有关情况，省发改委、财政厅、人社厅、教育厅回答了记者提问；积极争取省十二届人大常委会第九次会议专门听取《省政府关于残疾人保障法及省实施办法实施情况报告》，并根据省人大常委会审议意见进一步推动残疾人保障法及实施办法在湖北省落地与转化。

2. 残疾人文化活跃，残疾人社会参与面扩大。 围绕弘扬人道主义精神、宣传残疾人事业、传播现代文明社会的残疾人观，不断加大社会宣传力度，全省残疾人事业的社会影响力不断提升，残疾人社会参与面不断扩大。组织推荐优秀新闻作品参加全国好新闻评选，共获得2个一等奖、1个二等奖、3个三等奖、1个优秀奖。组织开展残疾人文化周、"我梦最美"、残疾人健身周、全国特奥日、残疾人全民阅读活动、艺术团全省巡演等系列活动，丰富残疾人的文化生活，进一步推动残疾人文化事业繁荣发展。加强盲文及盲人有声读物图书室的建设，按市级5万元、县级2万元的标准，对2个市级、10个县级盲人图书室建设给予扶持。开展体育集训，积极备战第九届全国残运会。组织参加全国体育单项比赛，获得了7金、4银、14铜。湖北省参加第十一届亚残运会的三位选手刘文君、董红娇、柳萌取得5金2银的好成绩，为国家、为湖北争得了荣誉。

3. 两大赛事扩大了残疾人事业的影响。 2014年，省残联举办了第九届全省残疾人运动会和第五届全省残疾人职业技能竞赛，这都是4年一届的重大赛事。第九届残运会由荆州残联承办，历时10个月，分三个批次举行，全省18支代表队共1486名运动员和工作人员参加，决出231枚金牌。省残疾人职业技能竞赛由武汉职业技术学院、武汉市仪表电子学校承办，全省21支代表队共235名残疾选手参赛。在全省各级残联的共同努力下，两大赛事都取得了圆满成功，既为2015年参加全国比赛选拔了人才，又充分展示了残疾选手的顽强拼搏、自强不息的风采，营造了社会扶残助残的良好氛围，扩大了残疾人事业的影响。

4. 公益慈善激发了社会活力。省残疾人福利基金会积极发挥作用，共筹集资金、物资809万元，实施残疾儿童助养、"助残圆梦"系列公益项目，推行"体验饥饿"等活动，一大批社会工作者、助残志愿者活跃在各地残疾人服务机构，为湖北省残疾人事业注入新活力。各级专门协会围绕残疾人事业发展大局和中心任务，开展阅读活动、手语比赛、"我行我秀"等适合本类别残疾人特点的各种公益活动，不仅使专门协会工作进一步活跃，呈现出蓬勃发展的喜人态势，而且使残联组织更具代表性，专门协会更具生命力。

（五）基层残联工作取得新特色

武汉市承接中国残联"加强和创新残联组织社会服务管理试点城市"和"政府购买残疾人服务试点城市"任务，提升了残疾人社会化水平。建立了全市残疾人综合档案平台、全市残疾人就业保障金审核系统。**黄石市**残联创新就业服务，坚持每周举办残疾人就业招聘会，在工商局窗口设立宣传台，主动向企业宣传安置残疾人就业政策，促进企业集中安残。**襄阳市**残联进一步完善社会保障制度，二级以上重度残疾人被单独纳入最低生活保障范围，一户多残等特困残疾人在享受全额低保的基础上，在保障标准150%范围内增发低保金。**荆州市**残联认真承办湖北省第十四届运动会暨第九届残疾人运动会，取得了良好反响；扎实开展"集善残疾儿童助养项目"，促进残疾儿童健康成长。**宜昌市**残联实施"一本三化"残疾人社会管理模式，全面建设启用宜昌市残疾人网格化服务管理信息系统和残疾人服务管理平台，实现了与市人社、民政等主要部门的运动系统的对接和数据交换。**十堰市**残联与市文明办联合印发《十堰市关爱残疾人志愿服务活动方案》，积极开展高校青年志愿者助残、红领巾手拉手助残、巾帼助残等活动，多方帮扶残疾人。**孝感市**残联实行残疾人市、县城区免费乘坐公交车；对依靠父母或兄弟姐妹生活的残疾人实行了"单独施保"。**荆门市**残联大力开展残疾人就业"双五双十"基地建设，打造残疾人实习基地五家、残疾人扶贫基地五家、残疾人自主创业基地十家、残疾人就业基地十家，形成培训—实习—就业的"绿色通道"，带动更多残疾人就业创业。**鄂州市**出台《特殊困难群众兜底保障实施意见》，对全市特困残疾人从基本生活、医疗、住房、教育等方面进行托底保障；以残疾人社会服务为平台，推动一批骨干单位"苏柳英小组"机制建设，更好地服务残疾人。**黄冈市**残联"以党建带残建，以党建促残建"工作机制被列为基层党组织创新项目，实现党员对贫困残疾人家庭"一对一"帮扶，为特困残疾人家庭解决实际困难。**咸宁市**残联按照社会化、开放式、综合性模式，建立了市、县、乡、村四级精神病防治康复工作体系。深入开展各项残疾预防工作，取得了一定成效。**随州市**为住房困难的残疾人家庭在廉租房分配中未摇中者，再专门为残疾人预留一定的房源进行二次分配，且残疾人家庭优先选择楼栋、楼层和朝向。**恩施州**残联送辅具进山村、到农家，组织辅具服务队先后深入多个边远山村、社区配送辅具，共行程5000多公里。**仙桃市**建立完善残工委"会议联络制度"、"检查督办制度"和"年终述职制度"等"三项"基础工作机制。**潜江市**残联自筹资金建设了残疾儿童PT、OT，改善残疾儿童康复硬件条件。**天门市**残联切实维护残疾人合法权益，开展信访案件大排查，切实解决了一些遗留问题。**神农架林区**残联制定了多项救助措施、优惠政策，使残疾人权益得到制度性保障。

四、大事记

1月17日，省委常委、宣传部部长尹汉宁，副省长甘荣坤等在省残疾人联合会党组书记、理事长陶慧芬，副理事长熊新发、朱志斌的陪同下，专程到省残疾人康复中心，看望慰问正在康复训练的残疾儿童、假肢整形者、康复教师和康复医师，向他们送去党的关怀和新春祝福。

2月17日，省残联"三万"工作队指导"三万"活动中心村——阳新县姜福村开展党的群众路线教育实践活动大会。会议总结了村党委2013年的工作，对2014年的主要工作进行部署安排；传达了阳新县党的群众路线教育实践活动动员会议的精神。

3月3日，武汉理工大学青年志愿者助残"阳光行动"志愿服务队成立暨服务基地挂牌活动在省残疾人康复中心举行。通过深入开展志愿助残活动，形成关爱残疾人的良好社会风尚，扩大社会影响力，为残疾人提供更多更优更有实效的志愿服务。

3月7日，省残联第六届主席团二次会议暨全省残联工作会议在武汉举行。会议传达了全国残联工作会议精神；回顾总结2013年全省残疾人工作，研究部署2014年工作任务；交流地方残疾人工作经验。会议增补副省长甘荣坤同志、省政府副秘书长聂昌斌同志为省残联第六届主席团委员，推举甘荣坤同志为主席团主席、聂昌斌同志为主席团副主席。会上甘荣坤同志做了重要讲话，陶慧芬做了工作报告。

3月11日，中国残疾人联合会、湖北省人民政府签署协议，双方将在湖北共建国家辅助器具华中区域中心。中国残联党组成员、副理事长贾勇，湖北省政府副省长甘荣坤出席签约仪式。双方表示，要以签约为契机，整合双方资源，加快项目建设力度，加快学科建设力度，要把华中区域中心建成一个示范性区域中心。

3月27日，为全面加强全省各级残联组织忠实履行"代表·服务·管理"职责的能力，湖北省残联印发了《关于开展"规范化建设年"活动的意见》，对全省残联"规范化建设年"活动做出了整体规划，提出了相关要求。

4月3日，全省残疾人基本状况与需求调查现场推进培训班在黄石市举行。会上，省残联副理事长施李国对前期残疾人基本状况与需求调查工作中遇到的实际问题进行了说明，并对下阶段的重点工作进行了具体安排与部署。省残联党组书记、理事长陶慧芬出席会议并做讲话。

4月11日，省人大常委会召开残疾人保障法及省实施办法实施情况汇报会。省人大常委会党组副书记、副主任赵斌出席会议并做重要讲话。省政府残工委副主任、省残联党组书记、理事长陶慧芬代表省政府残工委对全省贯彻实施残疾人保障法及省实施办法的情况做了全面汇报，省发改委、省教育厅、省民政厅等10个单位对贯彻实施相关法律法规的情况做了汇报。

4月29日，湖北省残工委办公室举办了2014年省残工委联络员培训班。湖北省残工委副主任、省残工委办公室主任、省残联党组书记、理事长陶慧芬出席会议并讲话。培训班还就残工委工作规则、成员单位职责分工和《湖北省实施残疾人同步小康工程的意见（征求意见稿)》等进行了交流讨论。

5月5日，省委组织部、省编办、省财政厅、人社厅、国资委、省残联出台了《关于促进残疾人按比例就业的实施意见》，进一步促进全省残疾人按比例就业。

5月6—14日，2014年全国残疾人田径锦标赛在中国残疾人体育运动管理中心隆重举行。比赛中，湖北省运动员取得了4金3银5铜的好成绩。其中轮椅组运动员刘文君分别获得100米、200米项目的金牌，听力残疾组运动员马金获得10000米项目的金牌，智力残疾组刘莹获得跳远项目的金牌。

5月17日，在第五次全国自强模范暨助残先进集体和个人表彰大会上受表彰的16名湖北省代表载誉归来。湖北省联乐集团董事长周明炎等6位同志被评为全国自强模范，十堰法律援助中心等3个单位被评为助残先进集体，武汉市鞏妈易勤等4人被评为助残先进个人，蕲春县特教学校等2个单位被评为残疾人之家，武汉市硚口区残联理事长周华获得优秀残疾人工作者荣誉称号。省政府副秘书长聂昌斌，省残联党组、理事长陶慧芬，副理事长熊新发、施李国、朱志斌，纪检组长张雪，副巡视员陈三定、杨霞等在武汉站迎接参会代表。

5月18日，湖北省庆祝第二十四次"全国助残日"暨青年志愿者助残"阳光行动"启动仪式在省博物馆举行。省委常委、宣传部部长尹汉宁发表重要讲话，省委副秘书长姚中凯主持仪式，省残联党组书记、理事长陶慧芬致辞。启动仪式向青年志愿者代表授予了"湖北省青年志愿助残服务队"旗帜，两名青年志愿者在活动上宣读了《青年志愿者助残"阳光行动"倡议书》。

5月19日，省残联机关举行"湖北省全国自强模范和助残先进报告会"，全国自强模范、湖北省联乐集团董事长周明炎，武汉市武汉东方红食品厂经理易勤，全国优秀残疾人工作者、硚口区残联理事长周华做了先进事迹报告。

5月23日，湖北省第十四届运动会（残疾人类）暨湖北省第九届残疾人运动会在荆州长江大学体育馆隆重开幕。比赛共设有举重、田径、羽毛球、游泳、中国象棋、乒乓球六大类比赛项目，全省16支代表队共317名运动员参加比赛。

5月27日，中国残联与李嘉诚基金会联合开展的长江新里程计划第三期项目启动仪式暨工作会议在湖北武汉举行。该项目是中国残联、李嘉诚基金会合作的面向残疾人的服务工程和品牌项目。第三期新增加"关心你的残疾人邻居"项目，将以社区为服务平台，通过项目执行引导和社会组织培育，更广泛地动员政府和社会为广大残疾人提供个性化、特需化、规范化的服务。

5月29日，省十二届人大常委会第九次会议圆满完成各项议程。会议听取和审议了省政府关于《中华人民共和国残疾人保障法》及湖北省实施办法实施情况的报告。

5月13—31日，由省委宣传部、湖北省残联等八部门联合举办的"梦圆荆楚"残疾人大型文艺演出在全省进行巡回演出，取得圆满成功。

6月5日，中国聋儿康复研究中心机构管理处处长朱美华一行五人到省残疾人康复中心，对听力语言康复业务建设进行量化考核。

6月24日，湖北省首届残疾人工作者"中国手语"比赛在武汉举行。经各地自愿报名，共有来自省残联、市、州、直管市及大型企业残联的16支团体代表队和18名个人选手参加比赛。学习中国手语，了解聋哑人所需所盼，可以更好地为聋哑人提供无障碍服务。举办手语比赛在全省残联系统还是首次，它改变了以往单一开班手语培训班的形式，通过以赛代训，提高了各地手语工作者的积极性及重视程度，在湖北省是一次创新。

7月11日，省残联理事长陶慧芬带领省残联班子成员及各市州残联理事长，到嘉鱼县调研助残扶贫工作。

7月17—18日，中国残联党组成员相自成一行，在省残联党组书记、理事长陶慧芬，副理事长施李国的陪同下，到宜昌市城区及长阳县开展残情调查和信息化调研。

7月18日，由省残联主办、咸宁市残联承办的"湖北省第八次全国特奥日"活动启动仪式在咸宁市举行。

7月26日，湖北省残疾人康复协会成立大会暨第一次会员代表大会在武汉举行。此次大会是全省广大残疾人康复工作者的一次盛会，它标志着全省残疾人康复事业进入一个崭新的发展阶段，也是湖北省残疾人康复事业发展历程中的重要里程碑。

8月4—5日，省残联在武汉举办全省残疾人基本服务状况和需求专项调查残疾人基础信息核查培训班。省残联党组书记、理事长陶慧芬出席开班仪式并讲话。全国残疾人基本服务状况和需求专项调查工作是中国残联"基础建设管理年"活动的一项重要内容，为专项调查的有效开展打下了坚实基础。

8月7日，由省残联、荆州市政府主办，荆州市残联、荆州市体育局承办的湖北省第四届"残疾人健身周"活动启动仪式，在荆州沙市中学体育馆举行。推动残疾人体育事业继续发展，有利于鼓励帮助残疾人参与体育活动，促进残疾人身体康复、融入社会生活。

8月27—28日，省残联党组书记、理事长陶慧芬带队参加省政风行风热线上线活动。省残联领导、各业务处室和直属单位负责人参与现场直播，解答了残疾人及亲属的咨询和电话举报、投诉。

9月4日上午，第三届残疾人法律援助十大案例评选定评评审会在省残联召开。入围的十大案例体现了湖北省残疾人法律援助工作方面的特点，案件质量高、类型丰富、办案功底扎实。评审会带动了社会各界对残疾人法律援助工作的关注，促进了法律援助工作的深入开展，切实维护了残疾人的合法权益。

9月29日，省残联与仙桃市政府签订合作备忘录，共同推进残疾人事业发展与合作，开启残疾人事业发展新篇章。备忘录指出，仙桃市政府把残疾人事业纳入经济社会发展规划，列入发展目标责任管理，省残联将扶持仙桃市建成"仙桃市残疾人综合服务中心"，完善"中心"的康复指导、就业服务、职业培训、辅具供应、法律服务、文体活动、盲人按摩等七项服务功能。

9月29日，湖北省残疾人福利基金会"关注大别山老区、帮扶困难残疾人"捐赠活动在大悟县举行。

捐赠仪式上，湖北省残疾人福利基金会向大悟县捐赠成人轮椅50台、儿童轮椅10台，实施白内障复明手术100例，用于帮扶大别山老区残疾人事业发展。

10月15—18日，全国助残社会组织工作研讨会在湖北武汉召开。中国残联党组成员、副主席吕世明做了重要讲话，与会代表分组讨论了《关于促进助残社会组织发展的指导意见（征求意见稿）》，提出了修改意见和建议。会议期间，中国残联计财部副主任张全军、民政部民间组织管理局政策法规处副处长许昀做了专题讲座。

10月24日，中共湖北省残联直属机关党委召开第五次党员大会。省残联党组书记、理事长陶慧芬，省直机关工委副书记项水伦出席大会并做重要讲话。党组成员、副理事长朱志斌代表第四届省残联直属机关党委做工作报告。大会选举产生中共湖北省残联直属机关党委第五届委员会，成立并选举中共湖北省残联直属机关第一届纪律检查委员会委员。

10月25—26日，由省残联、省人社厅主办，武汉职业技术学院、武汉市仪表电子学校协办的第五届湖北省残疾人职业技能竞赛在武汉举行。此次竞赛共设置计算机与电子工程类、工艺美术类、服装类、手工制作类、生活服务类等5大类23个竞赛项目，全省共有21支代表队219名残疾人选手参加竞赛。

10月27日，湖北省参加第十一届亚残运会的三位选手刘文君、董红娇、柳萌载誉归来。仁川亚残运会历时6天，湖北省三名选手取得5金2银的好成绩。其中，来自武钢的29岁女选手刘文君夺得100米、400米、800米轮椅竞速金牌和1500米轮椅竞速银牌，来自荆门的29岁女选手董红娇夺得200米轮椅竞速金牌和100米轮椅竞速银牌，来自武汉的18岁女选手柳萌与队友合作夺得TT9至TT10级乒乓球团体金牌。

11月1—2日，中国特色残疾人事业研讨会暨第八届中国残疾人事业发展论坛在武汉理工大学举行。中国残联主席张海迪，党组书记、理事长鲁勇，国务院研究室副主任黄守宏，北京大学、中国人民大学等十所高等院校校长或党委书记为论坛发来寄语。论坛从不同学科角度阐述了对中国特色残疾人事业的基本经验和发展规律的认识，在制度设计、政策选择、高校责任、青年行动、技术支持等方面提出了推动残疾人事业加快发展的新思路、新观点和新建议。十所著名高校联合发出"高校践行社会主义核心价值观、推动中国特色残疾人事业发展"的"武汉倡议"。

11月10日，全省市州残联理事长座谈会在武汉召开，省残联党组书记、理事长陶慧芬出席座谈会并讲话。各地残联对2014年工作情况及工作亮点进行总结，对2015年工作思路提出意见和建议。会议就全省残疾人康复、教育、就业、社会保障、维权等方面的问题进行了讨论。

11月11日，由中国盲协、江苏省残联主办的首届"阿炳杯"全国盲人器乐独奏大赛决赛在江苏省泰兴市落下帷幕。由湖北省盲协选送的选手程前和年仅12岁的张嘉俊分别获得民乐组第一名和西洋乐组第二名。

11月18—20日，全省残疾人基本服务状况和需求专项调查第一期培训班在武汉举办，省残联副理事长施李国出席开班仪式并讲话。培训班对专项调查入户登记方案和复查工作细则、现场调查质量控制、《残疾人调查表》、《社区调查表》的指标解释、填写要求及包装上报保管工作细则、数据录入和处理等专项调查工作相关内容进行了讲解。

11月18—21日，省辅具中心在武汉举办全省残疾人普及型辅助器具服务基本理论和实践培训班。

11月27日，湖北省长江新里程计划"关心你的残疾人邻居"项目在武汉正式启动。中国残联组联部副主任张超英、省残联副理事长朱志斌在启动仪式上签订了邻居项目目标责任书。省残联副理事长朱志斌介绍了邻居项目筹备工作情况以及下一步工作打算。

12月15—18日，中国残联省级残疾人就业服务机构规范化建设考评组对湖北省残疾人就业服务中心规范化建设工作进行考评验收。省残疾人就业服务中心规范化建设工作以97.44的分数通过验收。

12月18日，全省残疾人职业培训招生工作会议在谷城县召开，会议对2014年全省培训工作进行了总结，并对2015年全省培训工作进行了部署。

12月24日，为了丰富离退休干部的精神文化生活，发挥老干部坚强的战斗堡垒作用，使老干部工作领域成为巩固党员干部的思想阵地，省残联老干支部开展了党支部政治学习和户外活动。

12月31日，湖北省康苗幼儿园在省残疾人康复中心一楼大厅举行了挂牌仪式。省康苗幼儿园是以残疾儿童康复教育为主，残健融合的全日制公办幼儿园。康苗幼儿园的成立，开创了湖北省公立幼儿园残健融合教育的先例，同时也弥补了省级康复中心教育资质的空白。

（夏季供稿）

湖南省残疾人事业和残疾人工作

一、领导讲话

省委书记、省人大常委会主任徐守盛在接见湖南省出席第五次全国残疾人自强模范暨助残先进表彰大会代表时的讲话

2014年5月17日

同志们：

今天，很高兴在这里同我省出席第五次全国残疾人自强模范与助残先进表彰大会的代表见面。首先，我代表省委省政府向大家表示祝贺，向全省残疾人及其亲属表示亲切的问候，向广大残疾人工作者表示崇高的敬意！

昨天上午，习近平总书记、李克强总理和党中央一些领导同志亲切接见了在座的各位代表，刚才，谭秋云讲，同志们还沉浸在非常奋进的情绪当中，受到了很大的激励。我们也在新闻上看到了党和国家领导人在习近平总书记带领下接见大家的场面，很受教诲，特别是听了习近平总书记发表的重要讲话，更是深受教育。总书记在讲话中强调，残疾人是社会大家庭的平等成员，是人类文明发展的一支重要力量，也是践行和发展中国特色社会主义的一支重要力量，必须让各位自强模范再接再厉。希望我们全国残疾人以自强模范为榜样，从他们身上吸取营养，不断地自尊、自信、自强、自立，更加勇敢地迎接生活的挑战，更加进取，为实现人类共同梦想而努力，推动残疾人事业在新的征途上取得新的更大的成就。我们一定要按照总书记的重要讲话和高丽同志代表党中央国务院所做的重要讲话要求，根据我省的实际情况，扎实做好我们的工作。

多年以来，我省广大残疾人自强不息，顽强拼搏，社会各界守望相助，助残扶贫，涌现了一大批自强模范和助残先进。这次受到表彰的单位和个人就是其中的杰

第六编 地方残疾人事业和残疾人工作
REGIONAL UNDERTAKING AND WORK FOR DISABLED PERSONS

出代表。你们创造的骄人业绩、不屈的奋斗精神，感人至深，催人泪下，在全社会产生了强烈的影响，为全省树立了良好的榜样，值得全省上下很好的学习。

目前，全省有残疾人408万，涉及1300万家庭人口。残疾人是一支推动经济社会发展的重要力量，也是一个特殊困难的群体，需要全社会格外关注、格外关心、格外关爱。推动残疾人事业发展，也是维护残疾人权益，促进社会公平正义，建设全面小康社会的需要。可以说，没有残疾人的幸福安康就没有全省人民的幸福安康，没有残疾人的全面小康就没有全省人民的全面小康。

一直以来，省委省政府高度重视残疾人事业，把让广大残疾人安居乐业、衣食无忧，过上幸福美好生活作为以人为本、执政为民的重要体现，作为党委政府的应尽职责，全省残疾人事业得到很大发展，残疾人状况得到显著改善，生活水平不断提高，扶残助残的社会风尚逐步形成。但是，我们也清醒地认识到，我省残疾人工作还比较薄弱，部分残疾人还面临生活难、康复难、读书难、就业难等现实问题，改善残疾人民生、促进残疾人全面发展是解决基本民生问题的重要组成部分，需要高度重视，特别关注。全省各级各部门要进一步重视和支持残疾人事业发展，把残疾人工作列入重要议事日程，全心全意为残疾人办实事，做好事，解难事，让广大残疾人生活更有保障、更有尊严、更加幸福。各级残联组织和全体残疾人工作者要满怀热忱，认真履行职责，当好残疾人权益的保护人、残疾人需求的代言人、残疾人服务的贴心人。社会各界要自觉践行中国特色社会主义核心价值观，大力弘扬人道主义思想和中华民族传统美德，增强扶助残疾人意识，进一步形成关爱残疾人、关心残疾人事业的浓厚氛围和良好风尚，凝聚推动残疾人事业发展的强大正能量。

我们湖南人有着勇毅果敢的优秀品质和坚强奋斗的不屈精神，吃得苦、耐得烦、霸得蛮。希望广大残疾人朋友要积极传承和弘扬我们湖南人的这种品德和精神，切实"自尊、自信、自强、自立"，勇敢坚强，不屈不挠，勤奋学习，积极进取，和全省人民一道，在奋力谱写中国梦的湖南篇章的伟大实践中，绽放人生光彩。

同志们，明天就是第二十四次全国助残日。在此，我代表省委省政府向全省广大残疾人朋友致以节日的祝贺和亲切的问候，衷心祝愿残疾人朋友的生活更加幸福，残疾人事业的明天更加美好。

二、政策法规文件

湖南省人民政府办公厅关于印发《湖南省重度残疾人护理补贴制度实施办法》的通知

湘政办发〔2014〕65号

各市州、县市区人民政府，省政府各厅委、各直属机构：

《湖南省重度残疾人护理补贴制度实施办法》已经省人民政府同意，现印发给你们，请认真组织实施。

湖南省重度残疾人护理补贴制度实施办法

第一章 总则

第一条 为进一步改善全省重度残疾人的生活质量，根据《中共中央国务院关于促进残疾人事业发展的意见》（中发〔2008〕7号）和《中共湖南省委湖南省人民政府关于促进残疾人事业发展的实施意见》（湘发〔2009〕20号）等有关文件精神，特制定本办法。

第二条 本办法所称重度残疾人，是指具有湖南户籍、持有第二代中华人民共和国残疾人证（以下简称残疾人证）且残疾等级为一、二级的残疾人。

第三条 重度残疾人护理补贴发放坚持公开、公平、公正的原则，实行属地管理、动态管理，保障重度残疾人基本生活需求。

第二章 补贴标准

第四条 重度残疾人护理补贴最低标准为每人每月50元。有条件的市州、县市区可以适当提高重度残疾人补贴标准。

第五条 根据全省经济和社会发展情况，省适时调整重度残疾人护理补贴最低标准。重度残疾人依照本办法享受的重度残疾人护理补贴不计入家庭总收入。

第三章 申办程序

第六条 申请重度残疾人护理补贴，由本人或法定监护人向户籍所在村（居）民委员会提出书面申请，填写《湖南省重度残疾人护理补贴申请审批表》（以下简称《审批表》），并提供户口本、残疾人证。监护权在残疾人托养服务机构或无法确定监护人且自己不能准确表达意愿的重度残疾人，可由托养机构或所在村（居）民委员会代为提出申请。

第七条 村（居）民委员会自收到书面申请之日起5个工作日内进行核实，并将核实后符合条件的申请者在所在村（社区）公示5天。公示内容包括姓名、残疾等级、家庭详细住址、拟享受补贴金额等。公示后无异议的，在《审批表》（一式两份）上签署意见，连同申请人的户口本复印件（一式两份）、残疾人证复印件（一式两份），报乡镇人民政府（街道办事处）审核。经核实不符合条件的，要书面通知申请人，并告知原因。

第八条 乡镇人民政府（街道办事处）在收到村（居）民委员会报送的申报审批材料后，应在5个工作日内完成审核，并在《审批表》上签署意见，同时将有关证件和证明材料报县市区残联审批。经审核不符合条件的，要及时将书面通知通过村（居）民委员会送达申请人。

第九条 县市区残联在接到乡镇人民政府（街道办事处）报送的申报材料后，应在10个工作日内完成对申报材料的调查、审核和审批工作。经审核不符合条件的，要书面通知乡镇人民政府（街道办事处），并通过村（居）民委员会送达申请人。

第四章 对象管理

第十条 2014年4月30日前申领重度残疾人证的残疾人，在2015年5月1日前申报重度残疾人护理补贴并获批准的，从2014年5月1日起计发；2015年5月1日后申请重度残疾人护理补贴的，则从申请批准之日的下月计发。2014年5月1日后申领重度残疾人证的残疾人，其重度残疾人护理补贴从申报批准之日的下月计发。

第十一条 发生下列情况之一的，从次月起停止发放重度残疾人护理补贴：
（一）户籍迁出湖南的；
（二）死亡的；
（三）受到刑事处罚的；
（四）申报材料弄虚作假的；
（五）其他不符合发放条件的。

第十二条 县市区残联每年5月底前对重度残疾人补贴对象进行重新审核。

第十三条 重度残疾人护理补贴对象实行县、乡二级档案管理，做到一人一档；省残联建立重度残疾人护理补贴基础信息数据库，省、市、县三级残联要明确专人负责数据库管理，县市区残联负责基础信息数据库的信息录入，于每年5月底前将相关信息上报市州残联，市州残联每年6月底前将所辖县市区的基础信息汇总后统一报省残联。

第五章 资金来源及发放程序

第十四条 各级财政部门将重度残疾人护理补贴资金纳入预算，专款专用。

第十五条 重度残疾人护理补贴资金实行分级负担。省财政按重度残疾人护理补贴全省最低标准平均补助50%，具体补贴标准由省财政根据各地经济发展情况确定；其余部分由市、县财政负担。

第十六条 省补贴资金采取"预拨+结算"的方式下达。

第十七条 县市区残联每季度填报《湖南省享受重度残疾人护理补贴人员汇总表》（以下简称《汇总表》），提交同级财政部门。财政部门根据《汇总表》委托金融机构按季度将补贴资金及时足额发放到位，县市区残联根据金融机构反馈的补贴资金发放明细表，及时将信息录入重度残疾人护理补贴基础信息数据库。

第六章 监督管理

第十八条 湖南省重度残疾人护理补贴工作，实行省政府领导下的各级人民政府负责制。

第十九条 各市州、县市区及各有关部门要按规定范围和程序，对申请人的条件认真审查、审核，对实际残疾程度与残疾人证等级明显不符的，要及时纠正。县市区残联对享受重度残疾人补贴的人员，要在政府门户网站或电台、报纸等媒体上公示，并公布举报电话，自觉接受群众监督。

第二十条 工作人员有下列行为之一的，视情节给予批评教育或行政处分；构成犯罪的，依法追究其刑事责任。
（一）无故对符合条件的申请人拒不审批或拖延签署初审、审核、审批意见的；
（二）违反规定为不符合条件的申请人办理享受重度残疾人护理补贴手续的；
（三）贪污、挪用、扣押、拖欠补贴资金的；
（四）违规办理残疾人证的；
（五）其他玩忽职守、徇私舞弊、滥用职权的行为。

第二十一条 对采取虚报、伪造证明材料等不正当手段骗取重度残疾人护理补贴的村（居）民，情节较轻的由县市区残联给予批评教育，追回冒领的重度残疾人补贴；情节严重构成犯罪的，移交司法机关处理。

第七章 附则

第二十二条 各级人民政府应加强对重度残疾人护理补贴工作的领导，安排必需的工作经费，并列入财政预算。

第二十三条 已经实施贫困残疾人生活补助制度的市州和县市区，要将两项制度叠加实施，不得将原有的贫困残疾人生活补助制度取消或者变相修改为重度残疾人护理补贴制度。未实施贫困残疾人生活补助制度的市州和县市区，要积极创造条件，推动建立贫困残疾人生活补助制度。

第二十四条 各市州、县市区要结合当地实际，于2014年底前制定实施细则或操作规程，并于2015年1月底前将首批申报人员的重度残疾人补贴发放到位。

湖南省教育厅关于听障学生在参加初中毕业学业考试时免试英语听力的通知

湘教通〔2013〕501号

各市州教育局：

为保护听障学生的合法权益，依据《中国残疾人事业"十二五"发展纲要》（国发〔2011〕13号）"聋人参加各类外语考试免试听力"和《湖南省残疾人扶助办法》（湖南省人民政府令第233号）"听力残疾学生可以按照规定申请免试外语听力"的规定，各地听障学生在参加初中毕业学业考试时免试英语听力。现将有关事项通知如下：

一、明确免试对象

听力残疾鉴定为四级及以上的听障学生，即500Hz、1000Hz、2000Hz、4000Hz的纯音听力检测结果为每侧较好耳的平均听力损失都等于或大于40分贝的听障学生，按规定程序申请认定后，可在初中毕业学业考试中免试英语听力。

二、规范免试程序

听障学生初中毕业学业考试英语免试听力，按以下程序认定办理：

1. 听障学生本人提出申请，家长签字同意，报所在学校审核。申请时须提交听力残疾证或县级以上医院出具的听力鉴定材料原件和复印件。

2. 学校对申请材料进行初审，公示一周后，上报县（市、区）教育行政主管部门。

3. 县（市、区）教育行政主管部门对学校报送的材料进行复核，认定免考资格，并报市州教育行政主管部门备案。

三、统一成绩计算

免试听力学生英语听力成绩按照其英语非听力部分得分比例计算，计算公式为：免试听力学生英语听力成绩＝英语听力部分总分×（非听力部分得分÷非听力部分总分）。

四、提供多样选择

符合英语听力免试条件的听障学生要求参加英语听力考试，可向学校申请备案，由学校向县（市、区）教育行政主管部门申请在考试中使用助听设备、根据情况就近安放播音设备。

五、严禁违规操作

要严防免试英语听力过程中的弄虚作假行为，一旦发现，视情节轻重给予批评教育或取消免试资格，并依据有关考试规定严肃处理。各有关单位和学校，要严格按照统一标准和工作程序进行认定，如有违规违纪行为，应当追究相关责任人的责任。

各市州教育行政部门可根据本通知精神制定实施细则。

湖南省人民政府关于推进政府购买服务工作的实施意见

湘政发〔2014〕20号

二、规范有序开展政府购买服务工作

（二）购买内容

1. 公共服务事项。公共教育、就业服务、人才服务、社会保险、社会救助、社会福利、养老服务、医疗卫生、人口和计划生育服务、住房保障、公共文化、公共体育、公共安全、残疾人服务、环境保护、交通运输、服务"三农"等领域适宜由社会力量承担的服务事项。

湖南省人民政府关于加快推进养老服务业发展的实施意见

稳步发展公办养老机构。重点支持社会福利机构空白县市区建设以老年人服务为主的福利院（福利中心）、改造现有规模小且条件较差的公办福利机构、建设市县示范性公办福利机构，充分发挥公办养老机构托底作用，主要为"三无"（无劳动能力，无生活来源，无赡养人和扶养人，或者其赡养人和扶养人确无赡养和扶养能力，下同）老人、低收入老人、经济困难的失能半失能老人提供无偿低偿服务。

加强残障老年人专业化服务。

对入住机构的"三无"老人、优抚对象、五保老人、低收入老人、经济困难的失能半失能老人投保费用，当地财政应给予适当补助。

养老机构应当科学设置专业技术岗位，重点培养和引进医生、护士、康复医师、康复治疗师、社会工作者等具有执业或职业资格的专业技术人员。

湖南省人民政府关于建立统一的城乡居民基本养老保险制度的实施意见

湘政发〔2014〕24号

对特别困难群体参保给予补助。对完全丧失劳动能力、没有收入来源等缴费困难群体，县市区人民政府代其缴纳全部每年最低缴费档次的养老保险费；对重度残疾人，县市区人民政府凭残疾人证为其代缴全部每年最低缴费档次的养老保险费；对其他缴费困难群体，县市区人民政府按最低缴费档次给予部分补助。

湖南省人民政府关于促进健康服务业发展的意见

湘政发〔2014〕30号

支持高等院校和职业技术学校健康服务业相关学科专业，统筹职业院校健康服务业相关专业培训资源，鼓励社会资本参与相关院校健康服务业人才培养，规范并加快培养护士、养老护理员、药剂师、营养师、育婴师、按摩师、康复治疗师、健康管理师、健身教练、社会体育指导员等从业人员。

湖南省人民政府关于印发《湖南省推进新型城镇化实施纲要（2014—2020年）》的通知

湘政发〔2014〕32号

加强无障碍设施建设。新（改、扩）建道路、交通设施、公共停车场、公共交通工具、公园、广场等应设置无障碍设施，已建成设施逐步进行无障碍改造，满足残疾人日常工作、生活出行的基本需求。

三、工作综述

2014年，湖南省残疾人工作按照"以科学理念引领发展，以重点项目支撑发展，以统筹城乡促进发展，以优良作风服务发展"的思路，围绕加快残疾人全面小康进程这一总目标，不断健全残疾人权益保障制度，有力促进残疾人服务托住底、补短板工作，扎实提升残联组织的服务能力和管理水平，各项工作取得好成绩。

（一）残疾人事业发展环境进一步优化

全国自强与助残先进推荐表彰传播正能量。 根据国务院残工委、人社部、中国残联关于推荐评选全国自强模范和残联系统先进工作者的通知要求，为做好湖南省的评选推荐工作，省人力资源社会保障厅、省残联成立"湖南省全国自强模范和全国残联系统先进工作者评选推荐工作领导小组"，并组织自下而上逐级推荐。经层层推荐把关，湖南省评选推荐工作领导小组审核，并报全国评选表彰工作领导小组审定，湖南省有6人被评为第五届全国自强模范，3人被评为全国助残先进个人，1人被评为全国残联系统先进工作者，2个单位被评为全国助残先进集体，3个单位被评为残疾人之家，并在第五次全国自强与助残先进表彰大会上受到表彰。

参会代表返湘之后，受到中共湖南省委、湖南省人民政府的隆重欢迎，省委省政府召开座谈会，省委书记、省人大常委会主任徐守盛等领导亲切接见代表。同时，对湖南省全国自强模范和助残先进事迹进行广泛宣传，在岳阳市等地举行了全国自强模范事迹报告会。

残疾人事业宣传进一步加强。 贯彻第五次全国自强与助残表彰大会精神，结合第二十四次全国助残日等重要节日和第九届全省残疾人运动会等重大活动，省委宣传部、省残联等单位精心策划，搭建平台，组织新闻媒体，开展残疾人就业等有针对性、有深度、有影响的系列宣传；落实新闻发言人制度，及时发布有关重要信息，进一步扩大残疾人事业影响。省残联建立舆情快报制度，加强涉及残疾人事务社会热点、突发事件的舆论引导。

省残联、省新闻工作者协会、省残疾人事业新闻宣传促进会举办全省残疾人事业好新闻评选，并选送6副作品参加全国残疾人事业"好新闻"评比，荣获1个一等奖、1个三等奖和两个优秀奖。

省残联积极做好门户网站改版工作，全年共编发各类稿件1200余篇，同比增长75%。

2014年6月1日至9月30日，省残联组织开展"我与辅助器具的故事"征文大赛。比赛共收到省内外参赛作品400余篇，经多名专家认真评审，共评选出特等奖1名、一等奖3名、二等奖6名、三等奖10名和优秀奖30名，促进社会各界进一步加深对辅助器具的了解。

（二）残疾人事业基础更加坚实

推进基层残疾人组织建设。 着力健全"横向到边、纵向到底"的基层残疾人组织网络，以实施"强基育人"工程为抓手，促进基层残疾人组织规范化建设纵深推进。

省委组织部、省残联继续加大残疾人干部选拔与培养工作，全省11个市州配备了残疾人领导干部，122个县市区全部配备残疾人干部。

着力完善专职委员选聘与管理制度，初步形成专职委员"能进能出、奖优惩劣"的激励机制，全省在岗专职委员37000多人。加强残疾人专职委员培训，各级共举办培训班100多期，培训人员8000多人。开展"残疾人阅读与培训在线"网络培训，提高残疾人专职委员的综合素质和履职能力。

加强残疾人专门协会工作。建立湖南省残联理事会与各残疾人专门协会联席会议制度。以提高人员素质为重点，抓好专门协会人才及骨干培养培训，举办全省首期专门协会主席培训班，并选派10多人参加中国残联相关培训。各专门协会积极开展形式多样的活动。省盲协组织参加中国残联举办的"文化助盲，共品书香"活动，1人获评"全国优秀盲人读者"，2名志愿者被评为"全国优秀文化助盲志愿者"，湖南颐而康保健连锁股份有限公司获评"全国优秀盲人阅读推广单位";组织参加"阿炳杯"全国盲人器乐独奏大赛,一人入围全国总决赛。省残联、省聋协与湖南联通公司在长沙举行"爱心卡"助残活动新闻发布会,推出资费低廉的适合听障朋友使用的"爱心卡"通信套餐;配合163医院开展免费为聋儿家庭进行耳聋基因检测工作;到常德、张家界,围绕聋人教育、就业、创业和聋协工作等情况进行调研,写出调研报告;在首届全国聋人汽车驾驶技能联谊赛上,湖南省聋协茂林车队获得团体奖第五名,崔春艳获得女子个人奖第四名的荣誉。省肢协与省残疾人福利基金会、长沙市远征驾校等单位联系,举办首届"远征杯"轮椅竞跑大赛,来自全省各市州的50名肢残人代表参加。省精协继续做好第三阶段孤独症机构自强自律创建工作,开展"精残政策进万家"活动前期准备工作。省智协在衡阳举办特奥联谊会,推广特奥运动,一百多名智障人士及亲友参加活动。

加强残疾人证核发管理,省残联、省卫计委下发做好残疾评定工作的通知,全年新增发证188783本。截至2014年年底,全省核发二代残疾人证1307044本,发证率达31.98%。

加强残疾人事业基础管理。按照中国残联统一部署,湖南省残联组织开展全省残联系统"基础建设管理年"活动。各级残联成立领导和工作机构,制定工作方案,组织开展残联系统机构、人员及助残社会组织专项调查,进一步摸清各级残联和助残社会组织的基本状况,重点组织开展残疾人基本服务状况与需求专项调查,为全面提升残联服务水平打下坚实基础。经报请省政府领导同意,省政府残工委组织成立了全省残疾人基本服务状况与需求专项调查领导和工作机构,印发了工作方案。此次调查涉及调查样本为全省近130万名残疾人,全省投入工作力量约10万人,共对全省14个市州、138个县市区(含管理区、开发区等)的46052个村、社区、居委会等基层行政区划、37262名残疾人专职委员、1255354名持证残疾人、18855名0—15岁非持证残疾儿童进行了核查,核查率为100%,对全省47082个社区、村的残疾人服务设施现状及全省1225840名残疾人的基本服务状况和需求进行了入户调查,入户调查率为96.11%,并将全省1223254份调查问卷所采集的数据与信息录入全国残疾人基本服务状况和需求专项调查软件系统。健全残疾人事业管理制度。

省残联、省委组织部等七部门制定《关于促进残疾人按比例就业的实施意见》,省残联、省财政厅制定《湖南省残疾人培训实施办法(试行)》等一系列规范性文件,促进残疾人工作规范开展。同时,省残联加强内部管理制度建设,制定了财政资金绩效管理办法,康复资金、体育资金、燃油补贴资金管理办法,网络信访工作管理办法等一系列制度,实现以制度管人,按制度办事。

提升各级残联自身建设。湖南省各级残联突出思想宣传教育、作风建设、文明创建、廉政建设等工作重点,大力推进,带动机关建设取得新成绩。省残联机关和省残疾人劳动就业服务中心、省残疾人辅助器具中心、省残疾人福利基金会、省残疾人综合服务中心被评为省直文明标兵单位,省残疾人康复研究中心和省特教中专被评为省直文明单位,省残疾人劳动就业服务中心荣获省直机关"十佳文明服务窗口单位"称号。各级残联坚持不懈、一以贯之地抓好中央八项规定、厉行节约反对浪费条例和省委九条规定的贯彻落实,扎扎实实开展好党的群众路线教育实践活动,大力纠正"四风",切实抓好整改,全省残联系统作风建设提升到新的境界。

(三)残疾人服务状况显著改善

残疾人基本生活托底工作取得新的突破。湖南省政府常务会议决定建立覆盖全省的重度残疾人护理补贴制度,从2014年5月起,全省45万多名重度残疾人每月享受不低于50元的护理补贴。全省各级残联投入近1000万元,扶持建设180个残疾人培训基地、323个就业(扶贫)示范基地,安置4000余名残疾人就业,带动7000余名残疾人发展生产。省残联、省扶贫办投入300万元,在51个扶贫开发工作重点县89个贫困村实施财政扶贫项目,6000余名残疾人受益。省财政厅、省残联加大残疾人家庭创业小额贷款贴息扶持力度,中央和省共投入1150万元,引导约1.8亿元贷款,扶持41家农村残疾人集中就业企业,稳定2000余名残疾人转移性就业,带动近7000户残疾人家庭创业和发展生产。省残联组织实施"连千村帮万户扶贫工程"项目,全省各级残联共投入2500万元,结对帮扶140个村2000名贫困残疾人,为近7000名贫困残疾人及其家庭提供3.5万余人次上门服务。

为民办实事项目任务全面高质完成。各级残联超额完成湖南省为民办实事"贫困残疾人救助工程"项目任务。各级共投入7523.9万元,帮助3059名贫困残疾儿童接受抢救性康复,完成任务的102%;投入1294万元,帮助1663户贫困残疾人家庭进行无障碍改造,完成任务的166.3%。同时,各级残联还自筹资金帮助1079户贫困残疾人家庭进行"个性化"、"人性化"的无障碍改造。省残联组织实施"万人康复、万人培训、万人就业、万人托养、万村补助、万户增收、万车补贴"等"七万工程"。各级共投入6500万元,提供12993人(次)残疾人辅具适配服务,帮助3260名脑瘫儿童接受抢救性康复;投入1547.2万元,帮助22944

人接受职业技能实用技术培训；省级投入补助资金1537万元，扶持2000多名残疾人自主创业，投入专项资金450万元，新增11000多名城镇残疾人就业；投入1684万元，对18000人居家托养给予补助，对78家残疾人托养机构进行扶持；投入500万元，对财政省直管的87个县市10000个村的残疾人专职委员给予补助；争取中央资金1398万元，为53000多名驾驶代步机动轮椅车残疾人发放燃油补贴。

残疾人基本公共服务取得丰硕成果。康复服务不断加强。省残联组织开展"情系基层"康复帮扶活动，提升基层康复工作水平。组织实施"七彩梦行动计划"等一批重点项目，帮助残疾人进行康复，并推动康复保障政策落实。加强康复机构建设，湖南省残疾人康复研究中心与湘雅博爱康复医院的合作进一步深化，在14个乡镇开展辅助器具服务机构建设试点。全省挂牌成立家长学校120多家，培训家长20000多人次，初步实现由机构康复向家庭康复、社区康复的有效延伸。省残联依托湖南省残疾人康复协会开展了智力、听力语言、孤独症三类康复教师业务资格认证考核工作。省残联印发了《湖南省智障儿童康复教师资格认证考试大纲》《湖南省听力语言儿童康复教师资格认证考试大纲》《湖南省孤独症儿童康复教师资格认证考试大纲》，并举办3期全省听力语言、自闭症、智障康复教师与专业人员资格认证培训班，培训学员近300人，共为考核合格的96名听力语言康复教师、39名孤独症康复专业人员、44名智障康复专业人员颁发了资格证书。培训社区康复协调员13017名，康复专业人员800人次。举办首届全省孤独症、智障康复教师技能大赛。

托养服务稳步推进。成立湖南省残疾人托养协会。开展"阳光家园"示范创建，扶持建设111家残疾人托养服务机构，为20000多名智力、精神和重度肢体残疾人提供托养服务。湖南省残疾人托养服务中心建设取得新进展，4个市残疾人康复中心和2个县市残疾人托养中心得到国家专项补贴。

教育权益保障进一步增强。湖南省政府办公厅印发特殊教育提升计划实施方案。省残联组织开展未入学适龄残疾儿童少年情况调查。省残联争取国家专项彩票公益金120万元，资助400名学龄前残疾儿童接受学前教育，争取120万元和50万元分别扶持湖南省特教中专和长沙职业技术学院，为其补贴办学经费。落实《湖南省贫困残疾大学生和贫困残疾人家庭大学生子女资助管理办法》，全省支出近300万元，一次性资助1229名贫困残疾大学生和贫困残疾人家庭大学生子女。争取交通银行助学项目经费35万元，资助全日制残疾人高中在校生350名。全省7名特教老师荣获2014年度"交通银行特教园丁奖"，1名学生荣获"交通银行残疾大学生励志奖"提名奖。全省各级残联主动与相关部门和单位对接，争取助学项目资金近560万元，资助残疾学生及残疾人家庭子女3000多人。湖南省特教中专学校年度招收新生260人，在校残疾学生有700余人，成为全国特教中专里残疾学生最多的学校。全省共有389名残疾考生参加高考报名，330人被录取到专科以上高校深造。

就业服务进一步加强。深入推进按比例安排残疾人就业，省政府残工委组织开展用人单位按比例安排残疾人就业社会责任调查，对21家超比例安排残疾人就业的省直用人单位进行奖励。修订集中安置残疾人就业单位资格认定和年审办法。省残联、省人社厅开展全省残疾人就业援助月活动，举行专场招聘会103场，实现就业2620人。举办第五届全省残疾人大中专毕业生就业专场招聘会。建立湖南省残疾人创业孵化基地。在11家机构开展智力残疾人支持性就业试点。创建100家盲人按摩社区门店。组织开展2014年全国盲人医疗按摩人员考试。举办第五届湖南省残疾人职业技能竞赛。组队参加全国残疾人岗位精英职业技能竞赛和就业服务机构工作人员指导竞赛，荣获岗位精英赛团体总分全国第三名。为探索培训工作和培训后续扶持的有效衔接，鼓励有条件的农村残疾人掌握技术、自主创业，2013年省残联决定开展农村残疾人实用技术创业提升培训及帮扶试点，搭建"残联+专家+残疾人"的服务链条，为残疾人创业提供经营理念指导、生产经营跟踪服务和资金扶持，"让想创业的人创新业，正创业的人创好业，善创业的人创大业"，试点周期一年，试点地区为岳阳市和资兴市。省残联制定了《农村残疾人实用技术创业提升培训及帮扶项目实施方案》，岳阳市、资兴市均由县级残联副理事长担任联络员，负责试点项目工作的协调服务。试点项目实施期间，聘请33名来自科研院校、政府部门的农技专家组建创业导师服务团队，上门为残疾人创业项目把脉问诊，提供政策咨询，共投入77.8万元资金，培训81名残疾人创业者，为66个残疾人创业项目提供一年期专家指导服务，辐射带动100余名贫困残疾人就业和发展生产。

文体服务日益丰富。举办第八届湖南省残疾人艺术汇演。组织开展湖南省残疾人文化周活动。两次组织部分特校校长就发展特殊艺术进行研讨。组团参加全国残疾人单项锦标赛，共夺得金牌26枚、银牌16枚、铜牌10枚，超一项世界纪录。举办第九届湖南省残疾人运动会。输送5名运动员参加第二届亚洲残运会，获得金牌9枚、银牌1枚，并打破1项世界纪录和1项亚洲纪录。承办全国残疾人举重锦标赛和"共同促进残疾人体育发展项目"湖南省健身项目培训班。湖南省"体教结合"残疾人体育模式在全国推广。

维权服务不断做实。湖南省残疾人法律救助工作站共为142人次提供免费咨询服务，免费代拟文书18件，受理侵害残疾人权益案件25起。创新残疾人信访工作机制，维权微博、红网问政等网络平台逐渐成为残疾人反映诉求的重要渠道。省残联共接待残疾人来信来访928人次（件）。残疾人汽车驾驶技能培训工作稳步推进。

志愿助残蓬勃发展。省残联、共青团湖南省委组织实施青年志愿者助残"阳光行动"，并通过优化招募注册、培训对接、评价激励等机制，促进助残志愿者队伍不断壮大，涌现了关爱之家等一批专业志愿服务团队。

全省残疾人工作存在的困难和问题。一是残疾人托底保障和基本公共服务亟待完善，残疾人基本保障覆盖面不广、保障标准不高等影响、制约残疾人事业发展的"瓶颈"和难题有待进一步破解。二是部分残疾人工作者的工作理念、工作思路和工作方法还不能适应全面深化改革的要求，改革创新的自觉性、主动性和能力还有待增强。三是各级残联干部特别是领导干部依法行政的意识、依法管理残疾人事务的能力尚需进一步加强。

四、大事记

1月3日起，湖南省残联正式启动2014年全省残疾人就业援助月活动，并举行残疾人专场招聘会。

1月3日，湖南省残联理事长肖红林率党组理事会成员及全体干部到株洲市荷塘区夏家畈村，举行"连千村帮万户扶贫工程"对口帮扶总结会暨村助残专项基金成立仪式，为村残疾人协会和残疾人康复站揭牌，入户慰问残疾人。

1月10日，湖南省政府副省长盛茂林、省政府副秘书长虢正贵一行到省残联调研，听取2013年全省残疾人工作情况总结和2014年工作计划的汇报。

1月25日下午，副省长盛茂林在省政府副秘书长虢正贵和省残联党组书记、理事长肖红林的陪同下，到盲人集中就业机构湖南颐而康保健有限责任公司和长沙市乌山镇慰问残疾人。

2月4日，省残联理事长肖红林率理事会全体成员、机关和直属单位60余干部职工赴省残联"连千村帮万户扶贫工程"2014年帮扶村——宁乡县朱良桥乡云济村开展新春慰问帮扶活动。

2月12日，中共湖南省委组织部、湖南省机构编制委员会办公室、省财政厅、省人力资源和社会保障厅、省国有资产监督管理委员会、省公务员局、省残疾人联合会联合印发《关于促进残疾人按比例就业的实施意见》。《实施意见》要求，要依法推进残疾人按比例就业；党政机关、事业单位及国有企业要带头安排残疾人就业，各级机关、事业单位应设置一定数量的岗位用于残疾人就业，鼓励党政机关优先录用残疾人。招录机关专设残疾人招录岗位时，省公务员主管部门要给予放宽开考比例等倾斜政策。2020年以前，省级党政机关、地市级残工委主要成员单位至少安排1名残疾人。各级残联机关干部队伍中都要有一定数量的残疾人干部，省残联机关残疾人干部比例应达到15%以上。国有和国有控股企业要积极设定和预留符合残疾人就业特点、适合残疾人工作的工种和岗位。对安置残疾人员达到规定比例或者集中使用残疾人的企业、从事个体经营的残疾人，按规定给予税收政策优惠，对超比例安置残疾人就业单位给予奖励。政府采购中，对残疾人福利企业以及辅助性、庇护性就业单位的产品或服务项目，在满足采购要求的前提下，予以一定加分，优先采购。

2月17日上午，湖南省残联召开党的群众路线教育实践活动总结大会。

3月4日，湖南省残联理事长肖红林主持召开理事会会议，传达学习第二十八次全国残联工作会议精神，并就贯彻落实会议精神进行安排部署。

3月19日，湖南省残联召开第六届主席团第二次会议暨2014年全省残联工作会议。

3月24—29日，湖南省残联、湖南省盲人协会承办由中国残联、中国残疾人福利基金会、澳门特别行政区主办的"共同促进残疾人体育发展项目"湖南省健身项目培训班。该期培训班在湖南省特教中专举行，来自全省各市州的残联宣传文体科长、体育专干、乒乓球教练、社区残疾人体育骨干、盲人乒乓球爱好者共105名学员参加培训。

4月15日，长沙市物价局公布地铁1、2号线票价方案，长沙市地铁将于5月1日全面试运营，票价方案规定，办理残疾人证的，凭有效证件免费乘车。

4月18日，副省长、省政府残工委主任盛茂林就湖南省贯彻落实国务院残工委《关于学习贯彻习近平总书记致中国残疾人福利基金会贺信和俞正声同志在纪念会上重要讲话的通知》做出批示，要求"认真学习贯彻总书记贺信和俞正声同志的重要讲话，努力提高我省残疾人工作水平"。

4月29日，湖南省残疾人托养协会召开成立暨第一次会员代表大会，通报了湖南省残疾人托养协会筹备工作情况，审议通过了《湖南省残疾人托养协会章程》《湖南省残疾人托养协会会员管理办法》《湖南省残疾人托养协会选举办法》；无记名投票通过了《湖南省残疾人托养协会会费收缴及管理办法》；选举产生了湖南省残疾人托养协会第一届理事会和第一届监事会，并通报了理事会全体会议选举的会长、常务副会长、副会长、常务理事、秘书长名单，长沙市怡智家园智障人士服务中心负责人曾裎担任会长，首批吸收79家机构为单位会员。

5月，人力资源和社会保障部、中国残疾人联合会授予湖南安信联合会计师事务所主任会计师谭秋云（肢残）、湖南水总水电集团有限公司张家界分公司总经理卓名跃（肢残，土家族）、益阳市衡益彩印包装有限公司董事长周尚华（肢残）、常德市春花广告策划有限公司董事长胡诗词（肢残）、娄底市新化康复按摩医院院长阳梦觉（盲）、长沙魔豆服饰有限公司总经理孙霞（聋，女）等6人第五届"全国自强模范"称号，授予长沙市残疾人联合会理事长熊惠明"全国残联系统先进工作者"称号。国务院残疾人工作者委员会授予怀化市鹤城区城中街道办事处、长沙市远征机动车驾驶员培训学校等2个单位"全国助残先进集体"称号，授予张家界市地方税务局副局长龚少雄（土家族）、长沙市开福区博爱凤亭家园主任刘晓（女）、湘雅博爱康复医院院长周江林等3人"全国助残先进个人"称号，授予郴州市强华纸业有限公司、长沙市雨花区怡智家园智障人士服务中心、湖南颐而康保健连锁股份有限公司等3个单位"残疾人之家"称号。

5月15日上午，副省长盛茂林代表省委省政府，欢送湖南省出席第五次全国残疾人自强模范与助残先进表彰大会的代表进京参会。

5月16日，"筑梦星城，与爱同行"大型残疾人就业专场招聘会在长沙市人力资源市场举行，52家用人企业提供400多个岗位，400多名残疾人应聘，120多名残疾人与企业达成就业意向。

5月17日下午，省委、省政府召开座谈会，认真学习贯彻习近平总书记在会见第五次全国自强模范暨助残先进集体和个人表彰大会受表彰代表时的重要讲话精神和全国会议精神，热烈祝贺和隆重欢迎湖南省出席表彰大会的代表载誉返湘。省委书记、省人大常委会主任徐守盛，省委常委、秘书长韩永文，副省长、省政府残工委主任盛茂林和省委办公厅、省政府办公厅、省委组织部、省人社厅、省残联等省直有关单位负责人，以及湖南省出席第五次全国自强模范暨助残先进集体和个人表彰大会的15位代表出席座谈会。省委副书记孙金龙主持座谈会。徐守盛在会上做了讲话。

5月17日，湖南省残疾人福利基金会向在湘雅博爱康复医院接受康复训练的脑瘫儿童捐赠总价值为183万元的200辆便携式儿童轮椅。

5月19日，省政府常务会议决定建立覆盖全省的重度残疾人护理补贴制度。8月8日，省政府办公厅印发《湖南省重度残疾人护理补贴制度实施办法》。据统计，2014年，全省财政投入近3亿元，有45万名重度残疾人获得护理补贴。

5月19—23日，由联合国国际劳工组织、湖南省残联主办的支持性就业辅导员国际通行课程（第二期）培训班在长沙市举行，来自全国身心障碍领域的支持性就业专家、官员和家长代表共76人参加培训。

5月22日上午，湖南省自强模范报告团首场报告会暨岳阳市贫困残疾儿童抢救性康复基金募捐启动仪式举行。省残联党组书记、理事长肖红林，岳阳市委书记卿渐伟出席活动并讲话。全国自强模范谭秋云做了题为《我的报国梦》的报告，康复小明星代表杨雨萌做了题为《爱让我学会了感恩》的演讲。截至基金募捐启动仪式结束，共筹集善款429.6万元。

6月4—9日，省残联承办全国残疾人举重锦标赛。此次比赛在株洲市举行，为期6天，共有来自全国各省市区的200余人参赛，共产生金牌19枚、银牌16枚、铜牌12枚，有2人2次打破世界纪录，6人9次打破亚洲纪录。

6月6日上午，湖南省人民政府残疾人工作委员会在长沙召开全体会议，组织学习贯彻第五次全国自强模范暨助残先进表彰大会精神和习近平总书记致中国残疾人福利基金会成立30周年贺信、俞正声同志在基金会成立30周年纪念大会上的讲话，总结2013年省政府残工委和全省残疾人工作，安排部署2014年和此后一段时期的重点任务。副省长、省政府残工委主任盛茂林出席会议并讲话，省政府残工委各成员单位负责人参加会议，省政府残工委副主任、省残联理事长肖红林做工作报告，省财政厅、省人社厅、省地税局、省新闻出版局负责人在会上汇报了本单位作为省政府成员单位的2013年履职情况和2014年工作计划。会议还讨论通过了湖南省政府残工委成员单位职责分工。会议要求，各级政府要认真落实习近平总书记和中央领导同志重要讲话精神，按照省委省政府要求，切实把残疾人工作作为民生建设的重点工作，只能加强，不能削弱，切实做到格外关心、格外关注、格外关爱。通过两年努力，省政府残工委各成员单位至少要安排1名残疾人就业。2020年以前，省级党政机关、地市级残工委主要成员单位至少安排1名残疾人就业。

6月6—7日，中国残联体育部主任赵素京到湘考察残疾人体育工作。省残联理事长肖红林、巡视员刘平秀陪同考察。

6月15日，由省残联支持、湖南省肢残人协会主办的湖南省首届"远征杯"轮椅竞跑大赛在中南大学湘雅医学院体育场举行。中国肢体残疾人协会常务副主席兼秘书长王建军等领导出席此次比赛开幕式。此次比赛的主题为"远征路上，为爱奔跑"。来自全省各地的50名残疾人轮椅选手参赛。

6月20日下午，由湖南省关工委举办的"爱心助学，情系特教"公益活动在省特教中专举行，湖南省人大常委会原副主任、省关工委主任沈瑞庭出席活动并向学校授"扶残助学爱心基金"牌，省人大常委会原副主任、省关工委副主任高锦屏出席活动并讲话。湖南省关工委通过举办"爱心助学，情系特教"活动，向省特教中专捐款5万元，共同设立"扶残助学爱心基金"，以基金利息建立扶残助学长效机制，帮助学校特困残疾学生渡过难关，完成学业。

6月24日，由省残联、省人力资源和社会保障厅联合主办，省残疾人劳动就业服务中心承办的湖南省第五届残疾人职业技能竞赛在长沙举行。副省长盛茂林出席开幕式并宣布开幕。来自全省14个市州和湖南省特教中专的15支代表队、210名残疾人选手参加了计算机组装、数据处理、水彩绘画、女服制作、室内摄影、木雕、美发、海报设计、手机维修、手工编织、刺绣等11个项目的比赛。此次竞赛共有11名选手获得各项目第一名、11名选手获得各项目第二名、11名选手获得各项目第三名。湖南省人力资源和社会保障厅决定授予获得各项目第一名的选手"湖南省技术能手"称号，60名获奖选手同时晋升高一等级的国家职业资格。

6月24日，省残联举办全省残疾人组织建设工作会议暨各专门协会主席培训班。湖南省级各专门协会主席、副主席以及市州各专门协会主席共70余人参加会议及培训。

6月27日，省残联在由澳大利亚人权委员会和中国残联共同举办的中澳无障碍环境建设研讨会上做了题为《湖南省无障碍环境建设实践与探索》的发言。

7月2日，结合庆祝中国共产党建党93周年，省残联党组书记肖红林为会机关和直属单位党员干部上了一堂以"学习焦裕禄精神，促进残疾人事业发展"为主题的党课。

8月4—8日，由省残联、省教育厅、省民政厅、省文化厅、省广电局共同举办的"第八届全省残疾人艺术汇演"在长沙举行。来自全省14个市州和湖南省特教中专学校的15个代表团725人参加汇演。汇演节目共设声乐、器乐、舞蹈、戏剧小品四个类别，均为2009年6月30日至2014年6月30日新创作或改编的作品，参演对象为视力残疾人、肢体残疾人、听力语言残疾人，共有95个节目。汇演采用现场比赛、综合评选的方式进行。经过四天的汇演和专家评委认真评选，共评出一等奖18个、二等奖25个、三等奖28个、优秀奖23个。株洲、衡阳、益阳、邵阳、岳阳、常德、张家界、湘西州代表团荣获组织奖。

8月15日，省残联、省财政厅联合印发《2014年度湖南省残疾人创业小额贷款贴息项目方案》。《方案》明确，2014年省财政安排专项贴息资金引导1.5亿元银行贷款，扶持残疾人和残疾人就业（扶贫）基地（合作社）发展，带动不少于2500名城乡残疾人就业创业或发展生产。残疾人享受贴息的小额贷款限额为10万元，残疾人就业（扶贫）基地（合作社）享受贴息的小额贷款限额为200万元；贴息率为7%，实际利率不足贴息率的，按照实际利率补贴；贷款期不满1年的，按贷款合同约定期限给予贴息，贷款期1年以上的，按照1年期限给予贴息。贷款贴息自愿申报，县级残联负责组织贴息审查，县级财政部门负责核拨贴息资金。

8月15日，湖南省政府办公厅印发《2014年全省基本公共服务清单》，提出75个基本公共服务项目，其中包括残疾人就业、文化、体育健身服务和基本医疗保障医疗康复、重度残疾人护理补贴、义务教育阶段特殊教育、残疾人教育资助、残疾儿童抢救性康复等8个项目。

8月18日，省残联和中国联通湖南省分公司共同在长沙举行"爱心卡"助残活动新闻发布会。助残"爱心卡"套餐支持2G/3G/3.5G网络，每月使用网络流量300MB、800MB、1500MB仅须分别缴费10元、26元、46元，并可另发600—800条短信，实现了"资费低、网速快、方便听障人士交流使用"的目标。

8月20日，省委书记、省人大常委会主任徐守盛到省残联，看望省残联干部职工，调研全省残疾人工作。

9月1日，省人民政府办公厅印发《湖南省特殊教育提升计划实施方案（2014—2016年）》，明确生均公用经费为6000元/生·年，各地对特教学校按事业单位绩效工资基准线的30%—50%增核工资总量，特教学校师生比按1∶2、1∶3.5、1∶5标准配备专业教师，并组织实施"启明工程"、"成长工程"、"成才工程"、"自强工程"、"关爱工程"等五大残疾人教育工程。

9月1日，湖南省召开专项调查工作推进大会，并对市州、县市区残联理事长进行业务培训。

9月17—19日，中国残联副主席、党组成员吕世明率领由住建部、全国老龄办、中国残联有关负责人组成的国家无障碍环境建设调研组，先后到湖南省长沙市天心区、宁乡县和益阳市桃江县就小城镇和农村无障碍环境建设进行调研。省委常委、常务副省长陈肇雄于17日上午在长沙接见吕世明一行，并与吕世明就无障碍环境建设工作交换意见。

9月20—23日，湖南省第九届残疾人运动会在娄底市举行。该届运动会由湖南省人民政府举办，娄底市人民政府承办，共有全省14个市州15个代表团（东道主娄底有2个代表团）组团参加。参赛运动员为视力、听力和肢体残疾人，共设置了田径、游泳、乒乓球、举重、盲人柔道、羽毛球、射击、飞镖、象棋9个比赛大项。大会规模人数达1600人，其中残疾人运动员517人。这是湖南省残疾人运动史上规模最高、参赛人数最多、竞赛项目最广的一次盛会。9月20日，运动会在娄底市体育中心开幕，省委常委、常务副省长陈肇雄致辞并宣布开幕，省政协副主席王晓琴、省军区副政委刘建新等出席开幕式。开幕式上，举行了主题为《生命的乐章》的文艺表演。9月23日下午举行运动会闭幕式，湖南省人大常委会副主任刘莲玉宣布运动会闭幕，省残联党组书记、理事长、湖南省第九届残疾人运动会组委会副主任肖红林致闭幕词。运动会共产生金牌367枚、银牌232枚、铜牌134枚，4人次超全国纪录。长沙、衡阳、株洲、湘潭、邵阳、岳阳、常德、张家界、益阳、郴州、永州、怀化、娄底、湘西自治州获得道德风尚奖；娄底、湘潭、株洲、长沙、张家界、邵阳、益阳、常德代表团分列奖牌榜前8名；娄底、长沙、湘潭、邵阳、株洲、常德、衡阳、怀化代表团分列金牌榜前8名；娄底、湘潭、株洲、长沙、常德、邵阳、益阳、张家界代表团分列团体总分榜前8名。大会向金牌榜前8名、总分榜前8名、奖牌榜前8名以及荣获体育道德风尚奖的代表团颁发了奖杯。

9月24—29日，中国残联和国务院扶贫办组派由湖北、江西、安徽三省残联和扶贫办有关负责人组成的督查组，对湖南省执行《农村残疾人扶贫开发纲要（2011—2020）》情况进行了为期一周的专题督查。

9月29日，省残联、省卫生计生委联合印发《关于做好残疾评定工作的通知》，就进一步加强全省残疾等级评定工作，维护残疾评定工作的严肃性、合法性和权威性提出要求。《通知》重申和明确了残疾评定标准、评定机构、评定转介和评定程序，还就复评工作和监督管理做出了明确规定。

10月18—24日，湖南省5名运动员入选国家队，参加第二届亚洲残疾人运动会，在田径、游泳、射击、盲人门球等项目的比赛中获得9枚金牌1枚银牌，并打破一项世界纪录和一项亚洲纪录。

10月27—29日，湖南省第一届孤独症、智障康复教师技能大赛在长沙举行。此次比赛由湖南省残联举办，湖南省残疾人康复研究中心承办，共有来自全省14个市州的60名选手参加，分别进行了孤独症康复教师说课竞赛和智障康复教师主题教学竞赛。比赛共评出一等奖2名、二等奖4名、三等奖10名。

10月28日—12月20日，省残联通过新浪微博举办了"省政府实事暖民心，无障碍改造随手拍"微博大赛，旨在利用微博工具向社会广泛宣传省委省政府对残疾人和残疾人工作的关心重视，充分展示家庭无障碍改造给贫困残疾人自主生活和有尊严生活等方面带来的巨大变化，进一步加深社会各界对残疾人家庭无障碍改造工作的认识和了解，努力营造全社会关心支持无障碍环境建设的良好氛围。参赛对象为2014年湖南省各级组织实施的"贫困残疾人家庭无障碍改造"项目受助对象家庭成员及其亲属，全省各级残疾人工作者，镇（乡、街道）、社区（村）干部和全省新闻媒体从业人员。大赛得到社会各界积极响应。新浪微博#无障碍改造随手拍#话题点击量达18.9万人次，参与人数达2868人次。大赛共评选出特等奖1名、一等奖4名、二等奖6名、三等奖10名、纪念奖10名。

11月11日，由湖南省人民政府举办的湖南省第五届农业机械、矿山机械、电子陶瓷产品博览会（简称"湘博会"）在娄底市体育中心开幕，共有来自欧洲、南美洲等20多个国家和地区的政要、驻华使馆官员、跨国公司高管以及境内外客商2000多人参会，参展产品3500多个。为弘扬残疾人励志拼搏精神，扶持残疾人企业发展，把残疾人企业产品推向国内国际市场，促进残疾人创业就业，湖南省残联和娄底市残联首次组织全省11家优秀残疾人企业和残疾人创业者组团参展。湘博会组委会专门设置了"全省残疾人优秀企业创业成果展区"，由18个展位组成。副省长何报翔和省直有关部门负责人在省残联负责人陪同下参观了全省残疾人优秀企业创业成果展区。何报翔勉励广大残疾人发扬自强不息、乐观向上精神，树立精品意识，面向市场开发产品，勇于走出去闯市场，把企业办得更红火，帮助更多的残疾人就业。此次参展的11家残疾人企业共与客商签订订单35万元。

11月3日，娄底市娄星区一对夫妇生产了湖南首例龙凤胎袖珍婴儿。11月13日，娄底市爱心残疾人代表们为龙凤胎袖珍婴儿送来募捐爱心款16000多元。多家媒体对残疾人的爱心善举进行了报道和转载。

11月16—19日，全国基层残疾人辅助器具业务培训班在娄底市举行。娄底市5个区县93个乡镇（街道）残联和邵东县28个乡镇民政办从事辅助器具工作的专业人员共120余人参加培训。

11月20日，湖南省肢体残疾人协会进行社团法人登记，成为湖南省首家进行社团法人登记的省级残疾人专门协会。

11月21日，湖南省残疾人福利基金会和年轮骨科集团共同发起的"残疾人肢体矫正专项基金"湖南肢体矫形专项基金成立。

11月22日上午，中共中央政治局委员、国务院副总理刘延东在国家卫生计生委主任李斌，中共湖南省委副书记、省长杜家豪的陪同下，到湘雅博爱康复医院视察调研社会办医及康复医疗服务体系建设情况。刘延东副总理详细了解了湘雅博爱康复医院的运行情况，亲切看望了在院接受省政府为民办实事项目免费康复治疗的脑瘫儿童。她对湖南省各级政府部门以"政府购买服务"的方式推进残疾人康复、工伤康复等基本康复服务均等化的做法给予充分肯定，鼓励医院以医教结合的方式为残疾儿童提供优质康复服务。

11月25—26日，中国盲人按摩学会第六届会员代表大会在湖南长沙举行。中国残联副理事长程凯出席大会闭幕式。湖南省残联理事长肖红林出席大会开幕式和闭幕式，并在开幕式上致欢迎辞。

11月26日下午，中国残联党组成员、副理事长程凯到湖南省特教中专调研残疾人职业教育情况，就制定《关于加强残疾人职业教育发展的实施意见（讨论稿）》召开座谈会。湖南省教育厅、省残联、省特教中专、长沙市教育局以及长沙职业技术学院、长沙县残联、长沙市特殊学校等单位有关人员参加座谈会。

11月26—29日，国务院扶贫办副主任洪天云、中国残联副理事长程凯率队到湘调研抽查《农村残疾人扶贫开发纲要（2011—2020年）》执行情况。省委副书记孙金龙、副省长张硕辅会见了国家调研抽查组一行。国家调研抽查组一行先后到武陵山片区国家级扶贫开发工作重点县邵阳县、隆回县，分别召开了邵阳县乡镇残疾人扶贫工作座谈会和隆回县政府暨部门残疾人扶贫工作座谈会，并上山下乡、进村入户，实地考察了邵阳县蔡桥乡昆仑村残疾人创业油茶基地、隆回县绿之源水果种植专业合作社和隆回县万村千乡市场工程助残扶贫项目——残疾人创办的都来超市，考察了湖南省扶贫办联系点——隆回县石门乡老银村，走访慰问了建档立卡的4户贫困残疾人家庭。国家调研抽查组认为，中央《关于创新机制扎实推进农村扶贫开发工作的意见》出台后，湖南省结合实际，围绕精准扶贫的战略推进，工作开展富有特色。省、市、县三级政府高度重视农村扶贫开发，特别是农村残疾人扶贫开发工作，认真实施《农村残疾人扶贫开发纲要（2011—2020年）》，坚持为残疾人办实事，一个项目一个项目地精准扶贫，取得了良好成效。贫困残疾人的建档立卡手册精确地反映了精准扶贫扶持资金、政策和措施。精准扶贫让残疾人受益更多，得到的生产扶持力度越来越大。武陵山片区是全国第一个启动扶贫攻坚工作的片区，要做出示范、做出表率。国家调研抽查组还就湖南省进一步抓好农村残疾人扶贫工作提出了要求。

12月3日，湖南省人民政府残疾人工作委员会召开用工单位通报会，并发布《2014年长沙地区用人单位按比例安排残疾人就业社会责任抽样调查报告》，这是湖南首次发布用人单位按比例安排残疾人就业社会责任报告。抽样调查结果显示：被调查单位安排残疾人就业的比例为1.29%，没有达到1.5%的法定比例（其中党政机关为1%、企业为1.24%）。74名残疾职工中，63人从事普通岗位，4人从事行政管理岗位，7人从事技术岗位，从事技术岗位、行政管理岗位人数比例明显偏低。调查显示，残疾职工的岗位普遍与其接受教育水平有直接关系。在社会保障方面，被调查用人单位残疾职工购买"五险"的比例也较低。

12月5日，《2013年度湖南省残疾人状况监测和小康实现程度监测报告》发布。监测结果表明，2013年度残疾人生活状况得到较大改善，特别是学龄残疾儿童接受义务教育比例、家庭人均可支配收入和社区活动参与率三项指标明显提高，残疾人小康实现程度达到75.2%，高于全国水平（71.1%）4.1个百分点，与上年度（71.7%）相比，小康实现程度上升了3.5个百分点。

（刘再衡供稿）

广东省残疾人事业和残疾人工作

一、领导批示与讲话

省委副书记、省长朱小丹对全省特殊教育工作的批示　　2014年6月10日

办好特殊教育，对于保障残疾人受教育的权利、促进社会公平正义、构建社会主义和谐社会具有重要意义。全省各级政府都要认真贯彻落实国务院批准的《特殊教育提升计划（2014—2016年）》，结合实际、特教特办、履职尽责、扎实工作，推进全纳教育，提高普及水平，加强条件保障，提升特教质量，鼓励全社会共同关心支持特殊教育事业发展，让残疾少年儿童与其他孩子一样，共同接受良好教育，健康快乐成长。

副省长陈云贤在全省特殊教育工作会议上的讲话摘要　　2014年7月16日

今天，我们在这里召开全省特殊教育工作会议，主要任务是贯彻落实全国特殊教育工作电视电话会议精神，研究部署当前和今后一个时期特殊教育工作，启动实施《广东省特殊教育提升计划（2014—2016年）》。

发展特殊教育是切实保障和改善民生的内在要求，是推进教育公平、实现教育现代化的重要内容，是促进社会文明进步、构建社会主义和谐社会的重要举措。我们一定要站在党和国家事业全局的高度，深刻认识发展特殊教育事业的重要意义，进一步增强责任感和紧迫感，把思想和行动统一到党中央、国务院和省委、省政府的要求部署上来，切实把特殊教育各项工作抓紧抓好、抓出成效。

推进特殊教育改革发展的总体目标是全面推进全纳教育，使每一个残疾孩子都能接受合适的教育。推进特殊教育改革发展的战略重点是公平和质量。"公平"的核心是提高普及程度，也就是保障残疾孩子接受各级各类教育的权利；"质量"的核心是提高融入程度，也就是通过教育使残疾孩子全面发展、更好地融入社会。我们要以实施国家和省特殊教育提升计划为抓手，加大工作力度，加强条件保障，加快发展步伐。各地级以上市应建有相当规模的义务教育阶段综合性特殊教育学校，30万人口以上的县（市、区）应建有1所以上符合国家标准的综合性特殊教育学校，30万人口以下的县（市、区）要根据实际建设特殊教育学校或在普通中小学设置特教班。有条件的地级以上市应至少建设1所集教育、康复、养护于一体的重度残疾儿童教养学校。加快学前特殊教育机构建设，采取多种形式举办残疾儿童学前特殊教育机构、重度残疾儿童教养机构，支持特殊教育学校和有条件的儿童福利机构、残疾儿童康复教育机构增设附属幼儿园或幼教班（部）。加快残疾人中高等职业教育基地建设，创建全国特殊教育品牌。推动实施残疾学生15年免费教育，在实施免费义务教育的基础上，从2015年春季学期起，在全省范围内实施高中阶段残疾学生免费教育，免收学杂费、课本费。有条件的地区可实施从学前教育到高中阶段残疾学生免费教育。建立健全覆盖所有残疾学生的资助体系。加大对特殊教育学校建设的支持力度。省财政设立特殊教育学校建设维护专项资金，从2014年开始连续三年，每年安排专项资金1.5亿元，对欠发达地区现已建成的特殊教育学校按标准化要求进行改建、扩建和配备设施设备等予以奖补。

副省长邓海光到省残联专题调研时的讲话摘要　　2014年8月18日

省残联在实施省政府民生实事、落实两项补贴、推进特殊教育、发动社会助残和自身建设方面工作成效明显。……全省残疾人工作机构要切实转变观念，创新工作思维，改革工作方法，进一步提升保障和服务水平；要扎实开展残疾人情况调查，摸清全省残疾人底数，掌握残疾人的基本情况；要突出重点，大力推进残疾人"两个体系"建设；要加快深化改革，实现残疾人工作信息化、精细化和社会化；要进一步抓好残联自身建设，避免过分行政化，杜绝残联工作官僚主义，建立残

联干部联系残疾人的工作制度,要更加注重发挥残疾人协会和有关社会组织的作用,推动工作上新台阶。

鲁勇在广东省自强模范暨助残先进表彰大会上的讲话

2014年12月15日

朋友们,同志们:

今天,广东省召开自强模范暨助残先进表彰大会,这是广东残疾人事业发展中的一件大事,必将对加快推进残疾人小康进程起到重要作用。

表彰大会前,中共中央政治局委员、省委书记胡春华同志和省长朱小丹同志等领导亲切会见了受表彰代表,春华书记发表了重要讲话,讲话满怀深情、语重心长,充分体现了省委省政府对残疾人和残疾人事业的格外关心、格外关注。改革开放30多年来,广东省各项事业始终走在全国的前列。奋进中,残疾人工作得到不断加强;开拓中,创造出了很多新经验。特别是近年来,省委省政府把残疾人工作作为民生领域的重点,连续多年将开展助困扶残作为省政府十件民生实事之一来抓,将贫困残疾人生活补贴和重度残疾人护理补贴纳入保障底线重点落实,广大残疾人越来越多地享受到了我国经济社会发展带来的成果,越来越主动地投入到改革发展实践之中,自强奋进,涌现了一批自强模范;社会助残组织和助残力量不断壮大,关心残疾人、支持残疾人事业发展的社会氛围越来越浓厚,涌现了一批助残先进;广大残疾人工作者牢记使命,真情服务,把党和政府的温暖实实在在送到了残疾人身边,涌现了一批优秀典型。

在此,我也代表中国残联,代表邓朴方主席、张海迪主席,向长期以来关心重视残疾人事业的广东省委省政府和各级党政部门表示衷心感谢!向受表彰的自强模范、助残先进、残疾人之家、残联系统先进者表示热烈的祝贺!向全省残疾人朋友及其亲友、向残疾人工作者表示亲切的问候!

朋友们,同志们,党的十八大以来,以习近平同志为总书记的党中央高度重视残疾人事业发展。中国残联"六代会"至今,中央领导同志对残疾人事业做出了一系列重要指示。今年3月,习近平总书记专门致信祝贺中国残疾人福利基金会成立30周年,特别强调残疾人是一个特殊困难的群体,需要格外关心、格外关注;特别指出让广大残疾人安居乐业、衣食无忧,过上幸福美好的生活,是我们党全心全意为人民服务宗旨的重要体现,是我国社会主义制度的必然要求。今年5月,习近平总书记、李克强总理等中央领导同志亲切会见了第五次全国自强模范及助残先进表彰大会受表彰的代表。习近平总书记在讲话中饱含深情地指出,残疾人是社会大家庭的平等成员,也是人类文明发展的一支重要力量。残疾人完全有志向、有能力为人类社会做出重大贡献。习近平总书记强调,中国梦,是民族梦、国家梦,是每一个中国人的梦,也是每一个残疾人朋友的梦。我们都要凝心聚力,在实现人生梦想的同时,共同推动中华民族的美好梦想早日实现。总书记强调,在推进国家治理体系和治理能力现代化过程中,残疾人事业只能加强,不能削弱。

我们要牢记中央的嘱托,不辜负广大残疾人及其亲友的期望,发扬优良传统,切实履行职责,为残疾人解难、为党和政府分忧,团结带领残疾人继续开创工作新局面,推动残疾人事业在新的征程中不断迈上新的台阶。

衷心地希望,广东在加快推进残疾人小康进程方面迈出新的更大的步伐,在建立健全残疾人基本福利保障制度,在落实保基本、托住底、补短板、广覆盖政策措施方面大胆探索实践,创造出更多促进残疾人共享经济社会发展成果的新经验。

衷心地希望,广东在引领残疾人事业改革创新方面迈出新的更大的步伐,在我国全面深化改革、全面推进依法治国新的伟大征程中奋力开拓残疾人事业创新发展的新局面,创造出更多促进残疾人事业不断迈上新台阶的新经验。

衷心地希望,广东在残疾人事业基础管理方面继续做好工作,坚持以需求为导向,以服务为导向,及时准确地掌握和反映残疾人的基本服务状况和需求,为残联组织更好地履行"代表、服务、管理"职责创造出更多可推广的经验。

衷心地希望,广东省各级残联组织和广大残疾人工作者,努力带领残疾人把实现自身的梦想更加自觉地融入实现中国梦的奋斗实践之中,激励残疾人自尊、自信、自强、自立,更加勇敢地迎接生活的挑战,在实现"两个一百年"宏伟目标和中华民族伟大复兴中国梦的伟大征程中,涌现出越来越多的时代楷模和自强模范。

衷心地希望,广东省各级残联组织和广大残疾人工作者,牢记让广大残疾人安居乐业、衣食无忧地过上幸福美好生活的时代责任,牢固树立残疾人是坚持和发展中国特色社会主义一支重要力量的残疾人观,努力推动全社会更加关心残疾人、更加关注残疾人事业发展,凝聚起全社会更加强大的扶贫济困、志愿助残的工作合力。

衷心地希望,广东省各级残联组织和广大残疾人工作者,更加主动地把残疾人事业纳入大局,更加自觉地把残疾人工作融入大局,坚持党委领导、政府负责、社会参与、残疾人组织充分发挥作用的残疾人工作领导体制和工作机制,不断提高残联组织和残疾人工作者依法履职尽责的素质和能力。

朋友们，同志们，残疾人事业是中国特色社会主义事业的重要组成部分，推动残疾人事业在新的征程中不断迈上新台阶，使命光荣、责任重大。让我们更加紧密团结在以习近平同志为总书记的党中央周围，认真贯彻落实中央关于残疾人工作的新部署新要求，为加快推进残疾人小康进程，为实现"两个一百年"宏伟目标和中华民族伟大复兴的中国梦而不懈努力！

谢谢大家！

中共中央政治局委员、省委书记胡春华在接见全省自强模范暨助残先进代表时的讲话摘要

2014年12月15日

我代表省委、省政府向全省540万残疾人及其亲属表示诚挚问候，向长期以来关心支持我省残疾人事业发展的社会各界人士表示衷心感谢！希望全省残疾人朋友以自强模范为榜样，更加自信自强自立，更好地实现自我价值，为我省新一轮的改革发展做出更大贡献；希望助残先进继续把助残善举做实做好，激励和引领更多人参与到助残工作中来。

残疾人是社会大家庭的平等成员，广大残疾人积极融入社会，努力实现自我价值，为我省经济社会发展做出了重要贡献。自强模范是残疾人中的优秀代表，集中彰显了身残志坚、顽强拼搏、乐观进取的高尚品质，其感人事迹和自强自立精神，为我们实现国家富强、民族振兴注入了强大正能量。助残先进是关心和帮助残疾人的楷模，其事迹值得全社会学习弘扬。

全省各级党委、政府进一步加强对残疾人工作的领导，扎实推进残疾人社会保障和服务体系建设，推动我省残疾人事业取得更大进步。全省各级残联要切实履行职责，不断提高为残疾人服务的能力，把党和政府保障和改善残疾人生产生活的要求落到实处。

省委常委、常务副省长徐少华在全省自强模范助残先进表彰大会上的讲话摘要

2014年12月15日

今天，省委、省政府在这里召开全省自强模范助残先进表彰大会，对于激励残疾人自尊、自信、自强、自立精神，大力宣传和弘扬团结友爱、扶残助残的优良风尚，进一步推动残疾人事业发展具有十分重要的意义。会前，胡春华书记、朱小丹省长等省领导和中国残联鲁勇理事长亲切会见了与会代表。胡春华书记发表了饱含深情的讲话，高度赞扬了自强模范和助残先进的感人事迹和崇高品格，深刻阐述了发展残疾人事业的重要意义，并对进一步推进我省残疾人事业发展提出了明确要求。刚才，鲁勇理事长做了重要讲话，对于广东省做好残疾人工作给予了极大勉励，我们要认真学习领会，认真抓好落实。刚才听了几位残疾人朋友自强模范的代表和助残先进个人的代表充满着激情的发言。他们的事迹诠释了生命的宝贵和价值，真是感人至深、催人奋进，是我们每个人学习的榜样。当前全省上下正在为加快实现"三个定位、两个率先"的目标任务而奋斗。我省现有540万残疾人，涉及全省约1/5的家庭和2000多万人口。全省各地各部门必须站在战略的高度和大局上深刻认识残疾人事业的重大意义，发挥各方积极性、凝聚各方力量，共同推进残疾人事业取得更大发展。要发挥党委政府的主导作用，着力构建残疾人事业发展长效机制；发挥残工委的协调作用，着力形成残疾人工作强大合力；发挥社会各界的促进作用，着力激发参与残疾人事业的巨大热情；发挥残联的纽带作用，着力提高为残疾人服务的能力和水平；发挥残疾人的主体作用，着力促进残疾人共建共享经济社会发展成果。省残联要当好残疾人温暖的"娘家人"，关心他们的安危冷暖和生活疾苦，真正想残疾人之所想、急残疾人之所急，多为他们"雪中送炭"，把党和政府的温暖送到残疾人的心坎里。

二、政策法规文件

关于转发省教育厅等部门《广东省特殊教育提升计划（2014—2016年）》的通知

粤府办〔2014〕36号

从2015年春季学期起，在全省范围内实施高中阶段残疾学生免费教育，免收学杂费、课本费；有条件的地区可实施从学前教育到高中阶段残疾学生免费教育；该计划规定到2016年，全省基本普及残疾儿童少年义务教育，视力、听力、智力残疾儿童少年义务教育入学率达到90%以上，其中珠三角地区各县（市、区）入学率力争达到当地普通适龄儿童少年水平，其他地区各县（市、区）达90%以上；重度肢体、孤独症、脑瘫残疾人受教育机会明显增加；全省残疾儿童学前教育毛入园率达80%以上，其中珠三角地区各县（市、区）达85%以上，其他地区各县（市、区）达75%以上。义务教育阶段残疾学生生均公用经费标准，对特殊教育学校智力残疾、孤独症、脑瘫及多重残疾学生，按不低于普通学生生均公用经费标准10倍拨付经费；对特殊教育学校盲聋哑学生，按不低于普通学生生均公用经费标准8倍拨付经费；对普通学校、儿童福利机构、残疾

人托养机构附设特教班学生，按不低于普通学生生均公用经费标准5倍且每年不低于6000元的标准拨付经费；对随班就读、送教上门学生，按每年不低于6000元的标准拨付经费。从2015年春季学期起，高中阶段残疾学生免费补助标准按不低于普通中等职业学校学生免学费补助标准的1.1倍拨付。省财政设立特殊教育学校建设维护专项资金，从2014年开始连续三年，每年安排专项资金1.5亿元，对欠发达地区现已建成的特殊教育学校按标准化要求进行改建、扩建和配备设施设备等予以奖补。每个地级以上市应建有相当规模的义务教育阶段综合性特殊教育学校，使其成为当地特殊教育的实验基地、指导中心、培训中心和教学研究中心；30万人口以上的县（市、区）应建有1所以上符合国家标准的综合性特殊教育学校；30万人口以下的县（市、区）要根据实际建设特殊教育学校或在普通中小学设置特教班。有条件的地级以上市应至少建设1所集教育、康复、养护于一体的重度残疾儿童教养学校。

关于修订《广东省城乡居民社会养老保险实施办法》的通知   粤府〔2014〕37号

第二章　基金筹集

第八条　政府补贴

（一）各级人民政府对参保人缴费给予补贴，对选择低档次标准（每年120—360元）缴费的，补贴标准不低于每人每年30元；对选择较高档次标准（每年480元及以上）缴费的，补贴标准不低于每人每年60元。

（四）对城乡重度残疾人、精神和智力残疾人等特困群体，由统筹地区人民政府为其代缴部分或者全部最低标准的养老保险费，具体办法由统筹地区人民政府自行制定，所需资金由统筹地区人民政府自行负担。

第七章　组织管理服务

第三十四条　人力资源社会保障部门牵头负责城乡居民基本养老保险管理工作……发展改革、审计、监察、残联等单位按照各自职责，共同做好有关工作。

关于我省残疾人生活津贴和重度残疾人护理补贴资金管理使用有关问题的通知   粤财社〔2014〕39号

由省财政厅、省残联联合印发。

2014年至2017年逐步提高我省残疾人生活津贴和重度残疾人护理补贴的标准，其中：残疾人生活津贴2014年从现行补贴标准100元/年·人提高到600元/年·人，2015年和2016年提高到1200元/年·人，2017年起提高到1800元/年·人；重度残疾人护理补贴2014年从现行补贴标准600元/年·人提高到1200元/年·人，2015年和2016年提高到1800元/年·人，2017年起提高到2400元/年·人。

广东省省级彩票公益金支持残疾人事业专项资金管理办法   粤财社〔2014〕146号

第一章　总　则

第二条　本办法所指的专项资金是指省财政按规定从省级福利彩票公益金收入中按20%的比例提取的残疾人事业专项资金，专项用于支持残疾人事业发展（以下简称专项资金）。

第三条　专项资金管理实行集体研究或竞争性分配、项目公示、资金集中支付、绩效评价的工作机制。

第二章　部门职责

第五条　残联职责

（一）市、县（市、区）残联主要职责：1.及时组织项目单位进行申报、编制项目计划和绩效目标，并对申报材料的真实性、可行性和合规性负责。

（二）省残联主要职责：1.负责专项资金的具体管理和项目管理工作，会同省财政厅编制专项资金年度安排总体计划。会同省财政厅编制年度申报指南，组织符合条件的对象申报专项资金，联合组织专家对申报项目进行专家评审或审核。

2.根据评审或审核结果，通过集体研究等程序及时提出专项资金分配方案送省财政厅审核，并履行分配方案公示、报批、信息公开等手续。

3.加强对专项资金的监督与管理，及时了解项目实施、专项资金使用以及项目验收等情况，开展专项资金绩效自评工作，并联合省财政厅编制专项资金年度绩效目标等。

第六条　财政部门职责

（一）市、县（市、区）财政部门主要职责

1.联合同级残联做好项目审核、申报、绩效自评等工作……

（二）省财政厅主要职责

1.负责专项资金管理，牵头制定专项资金管理办法，联合组织申报和对申报项目进行专家评审或审核。

2.对省残联提出的专项资金安排方案进行审核和报批，及时下达专项资金，并跟进专项资金的支出进度。

3.加强对专项资金拨付、使用的监督检查和绩效评价。

第三章　扶持范围和分配方式

第八条　专项资金重点扶持欠发达地区的残疾人事业项目，主要用于：（一）康复项目。用于贫困残疾人的康复救助和康复训练、国际合作和国家重点康复项目配套；为贫困残疾人免费配发辅助器具，贫困精神病患者提供免费服药和免费住院医疗救助，贫困听力残疾人免费配戴助听器的支出；为各类贫困家庭残疾儿童提供抢救性康复训练、贫困低视力者适配助视器、贫困重度残疾人适配基本生活所需的辅助器具支出；为贫困肢体残疾人装配上肢及大、小腿假肢、膝离断或髋离断假肢和装配矫形器支出；为辅助器具服务机构配置流动服务车及为残疾人康复、托养机构配发康复训练设备及器材支出；为康复技术人员提供培训及购买康复服务支出；以及国家和省残疾儿童抢救性康复项目定点机构补贴经费、残疾人辅助器具站及流动服务活动补贴经费；用于康复科研项目、康复机构运作及管理经费等支出。（二）教育项目。用于资助全国贫困残疾儿童普惠性学前教育，改善中、高等特殊教育学校（院）办学条件，加强中、高等特殊教育学校（院）残疾学生实习训练基地建设，补贴盲文教材、图书出版及盲文印刷设备等项目支出。（三）体育项目。用于残疾人群众性体育、体育竞赛训练、体育科研、体育健身器材装备研发及购置以及专业人员培训等项目支出。（四）贫困残疾人家庭无障碍改造项目。主要用于城乡贫困残疾人家庭无障碍改造等支出。（五）农村贫困残疾人危房改造项目。主要用于农村特困残疾人和重度残疾人危房改造等支出。（六）其他经省政府批准的残疾人事业支出。

第四章 申报和审批

第十条 专项资金审批实行年度安排总体方案及具体实施项目复式审批制度。（一）省残联会同省财政厅提出专项资金年度安排总体计划（安排额度、分配方法、支持方向和范围等），省财政厅按规定报省领导审批。（二）省残联会同省财政厅对年度申报项目通过集体研究、竞争性分配等方式提出专项资金分配方案（列至具体用款单位、项目、金额），省财政厅按规定报省领导审批。

第十一条 专项资金单一用款项目在300万元以上（含300万元）的，主要采取招投标、公开评审等竞争性方式进行分配；资金分配单一用款项目在300万元以下的，主要采取专家评审、公众评议及集体研究等方式分配。需要组织申报的，应于每年上半年制订申报指南，明确年度专项资金的扶持方向、申报条件、申报对象、申报程序、补助标准等，并按规定在资金管理平台上公布。

第七章 信息公开

第二十九条 省残联于每年6月底前，向社会公告上一年度本部门专项资金的使用规模、资助项目、执行情况和实际效果等。

广东省新建标准化特殊教育学校建设专项资金管理办法

粤财教〔2014〕220号

第一章 总则

第二条 本办法所称新建标准化特殊教育学校建设专项资金（以下简称专项资金），是指为贯彻落实《广东省人民政府办公厅关于转发省教育厅等部门〈广东省特殊教育提升计划（2014—2016年）〉的通知》精神，加快推进我省经济欠发达地区标准化特殊教育学校建设，省财政设立用于补助新建标准化特殊教育学校建设的专项资金。专项资金从2014年起设立，连续安排3年。

第三条 专项资金绩效目标：在我省经济欠发达地区新建一批标准化特殊教育学校，提高特殊教育的质量和水平。到2016年底，基本实现我省经济欠发达地区地级市和30万人口以上的县（市、区）建设1所标准化特殊教育学校的目标。

第三章 资金使用范围和分配办法

第六条 专项资金的补助对象：我省经济欠发达地区（含江门恩平、台山和开平市）尚未建设特殊教育学校的地级市和30万人口以上尚未建设特殊教育学校的县（市、区）新建的标准化特殊教育学校。

第九条 专项资金按照欠发达地区各地级市人均财力水平、残疾学生人数和特殊教育工作成效等因素，对欠发达地区新建标准化特殊教育学校，按其投入资金（4000万元以内部分）的50%—75%分档给予补助。单所特殊教育学校投入资金超过4000万元部分，省不予补助。

第五章 资金管理和拨付

第十六条 专项资金实行以奖代补，分期拨付。（一）第一期拨付。纳入省新建特殊教育学校建设规划且具备开工条件的项目学校，省财政按奖补资金控制数的50%拨付第一期资金。（二）第二期拨付。项目竣工验收并达到国家标准后，省财政拨付剩余的奖补资金。对2016年年底前没有完成项目建设任务的学校，不再拨付剩余专项资金。

广东省残疾人就业保障金缓减免管理办法

粤残联〔2014〕50号

一、申请单位条件

（一）申请缓缴残保金条件

由所属行政主管部门确认其生产经营存在暂时困难，不能按时缴纳残保金的单位。无行政主管部门的单位，由当地相应年审机构确认。残保金缓缴期限最长不得超过1年。

(二)申请减缴残保金条件(有以下情况之一的可申请)

1. 被同级政府有关部门认定为解困对象,单位人均工资低于当年残保金征缴基数,且在职残疾职工数不少于按规定比例应安排残疾人数50%的单位。2. 年审年度亏损一年以上的,单位人均工资低于本地区当年残保金征缴基数,且在职残疾职工数不少于按规定比例应安排残疾人数50%的单位。3. 年审年度因遭受严重灾害如台风、火灾、水灾地震等不可抗力原因造成严重损失,经税务、民政、消防、公安、住建、保险等部门证明,按规定缴纳残保金有困难的单位(符合此条件连续申请减缴保障金不得超过2年)。残保金减缴数额不得大于应缴数额的50%。

(三)申请免缴保障金条件(有以下情况之一的可申请)

1. 法院已立案受理破产申请且没有经营及非经营性收入的单位。2. 被政府有关部门解散、撤销,且没有经营及非经营性收入的单位。3. 已经办理歇业且没有经营及非经营性收入的单位。

三、申请程序

需申请缓缴、减缴、免缴残保金的单位须在规定的年审时间内参加按比例安排残疾人就业年审,在年审时一并向负责本单位年审的残疾人就业服务机构领取或从网站下载《残疾人就业保障金缓减免申请审批表》,按要求在规定时间内填妥并提交相关资料,由残疾人就业服务机构汇总上报同级残疾人联合会审批。不按规定时间年审及申报资料不全的,不予受理。残疾人联合会收到用人单位缓、减、免缴残保金申请材料后,定期集中审核批复,批复结果由同级残疾人就业服务机构通知申请单位,并及时告知残保金代征部门。

三、工作综述

(一)基本情况

2014年,广东省全面贯彻落实党的十八大和十八届三中、四中全会及习近平总书记系列重要讲话精神,紧紧围绕主题主线和"三个定位、两个率先"总目标,主动适应经济发展新常态,经济社会发展取得新的成绩。全省实现生产总值6.78万亿元,比上年增长7.8%;人均生产总值首次突破1万美元。地方一般公共预算收入达8060亿元,增长13.9%,城镇、农村常住居民人均可支配收入分配增长8.8%、10.6%。城镇登记失业率2.44%。

2014年,省残联机关内设办公室(与直属机关党委办公室合署办公)、维权部、组织联络部、康复部、教育就业部、宣传文体部、计划财务部等7个部(室)。直属事业单位有广东省培英职业技术学校、广东省残疾人康复中心、广东省残疾人就业服务中心、广东省残疾人辅助器具资源中心和广东省残疾人体育与艺术中心等5个正处级事业单位。机关及直属单位编制人数234人,实有人数254人,其中参公事业编制人数52人,核拨事业编制156人,核补事业编制26人,离退休人员49人。

(二)残疾人事业重点项目及成效

2014年,广东省残联认真贯彻落实中国残联和省委、省政府的决策部署,围绕主题主线,坚持不懈推进残疾人社会保障和服务体系建设,持之以恒推动重点难点突破,扎扎实实抓好各项工作落实,全省残疾人事业在新起点上实现新开拓、取得新进展。

1. 残疾人生活津贴和重度残疾人护理补贴大幅提高

2014年广东省残疾人生活津贴从2013年的100元/年·人提高到600元/年·人;重度残疾人护理补贴从2013年的600元/年·人提高到1200元/年·人。残疾人生活津贴提幅比例达到600%,重度残疾人护理补贴提幅比例达到200%。截至2014年12月底,全省发放残疾人生活津贴和重度残疾人护理补贴(简称"两项补贴")共10.85亿元,其中:珠三角地区4.10亿元,粤东西北地区6.75亿元(其中省财政安排了3.98亿元补助经济欠发达地区,市、县两级财政配套资金2.77亿元)。全省实际发放"两项补贴"约87.74万人次,其中:珠三角地区残疾人生活津贴补助人数18.51万人,重残护理补贴补助人数11.94万人;粤东西北地区残疾人生活津贴补助人数25.00万人,重残护理补贴补助人数32.29万人。广东省残疾人生活津贴发放标准排在全国第11位,重度残疾人护理补贴发放标准排在全国第二位。大部分珠三角地区两项补贴高于全省的标准,佛山等市的补助标准已达到全国前列。

2. 省政府十件民生实事之一助困扶残项目超额完成

省政府门户网站和省残疾人公众网站信息无障碍改造至2014年年底全面完成。2014年计划为2.2万名视力残疾人提供读屏软件(珠江三角洲1.2万名,经济欠发达地区1万名)。截至2014年12月31日,全省21个地级以上市和顺德区读屏软件的发放、培训和检查工作完毕,共下发读屏软件22500余套,比原计划多完成500余套;分片集中培训12期,培训骨干人员730余名,完成全年任务的102.3%。在珠江三角洲城市率先建设公交导盲系统,为5000辆公交车安装车载导盲系统，为5000名视障人员配送导盲终端机。截至2014年12月31日，广州、深圳、东莞、中山、珠海、惠州、佛山、江门、肇庆和顺德等10市、区共为5695辆公交车安装车载导盲系统，视障人员导盲终端机同步配送，完成全年任务的113.9%。发放导盲终端机及导盲软件15200余件（套），任务完成比例为304%，发放和培训工作同步完成。

3. 康复服务广泛深入开展

2014年全省共为11640名聋儿、脑瘫等残疾儿童免费提供康复教育服务，为6000多名重度肢体残疾人实施居家康复服务，为5000多户贫困残疾人实施居家环境无障碍改造，为49807名精神病患者免费提供基本抗精神病药物和免费住院服务，为6000名盲人开展定向行走训练服务。免费适配假肢1751例、制作矫形器1654例、验配助视器3100人、适配其他辅助51977件；举办省级各类残疾儿童康复教育专业人员资格认证班及省级康复专业人员培训班18期，培训人员1000多人次；组织居家康复服务技术人员培训班和居家环境无障碍改造培训班各3期，共培训330名技术骨干。依托省康复中心，对全省基层康复技术人员进行进修实习培训，组织全省部分康复机构听力语言技术骨干和全省康复机构脑瘫和孤独症技术骨干分别到台湾、香港学习培训。成功举（承）办2014广州国际福祉辅具暨康复设备展览会、全国残联系统康复工作会议。省康复中心被中国残联、李嘉诚基金会"长江新里程计划项目"办公室确认为"广东省引导式教育专业人员上岗认证实习基地"。

4. 特殊教育有新举措

2014年，全省有特殊教育学校104所，比2013年增加5所；全省特殊教育在校生28285人，比2013年增加6486人，增长29.75%，其中在特殊教育学校就读的学生有13084人，比2013年增加1599人，增长13.92%。特殊教育教职工3695人，比2013年增加290人，增长8.51%，其中专任教师3009人，比2013年增加295人，增长10.86%。特殊教育学校校园占地面积89.24万平方米，生均占地面积31.55平方米；建筑面积49.89万平方米，生均建筑面积17.64平方米。2014年7月，省政府办公厅转发省发展改革委、省财政厅、省残联等部门联合制定的《广东省特殊教育提升计划（2014—2016年）》，提出未来三年广东发展特殊教育的总体目标、重点任务和工作措施，进一步加大对重度残疾儿童的教育，明确各地要为确实不能到校就读的重度残疾儿童少年提供送教上门或远程教育等服务，明确从2015年起全面实施残疾学生15年免费教育，2014—2016年全省（不含深圳）拟投入21.62亿元资金用于特殊教育。2014年广东全省参加普通高考的残疾考生521人，共录取考生393人，志愿填报合理的残疾考生录取率达到100%。做好残疾人事业彩票公益金和交通银行等助学项目，全省8名特教老师荣获"交通银行特教园丁奖"。

5. 就业扶贫上新水平

2014年广东省按比例安排残疾人就业年审电子政务系统实现省政府网上办事大厅平台的建设，进展顺利。全省免费为2万多名残疾人进行职业培训，举办150多场就业招聘会，城镇新增就业1.5万人。组织残疾人贫困户状况调查，开展精准扶贫，实施动态管理，实时监测。截至2014年年底，全省共有33.9万农村贫困残疾人登记入库。

6. 权益保障更有成效

2014年省残联组织对首批开展"残疾人维权工作达标市"的10个地市进行检查验收，并启动第二批11个地市的创建活动。省级财政共下拨180万元对9个地市的维权机构进行完善；积极配合省人大开展无障碍环境建设情况专题视察，在全省开展无障碍环境建设基本情况调查。全年下拨300万元对17个市、县（市、区）服务机构进行无障碍建设和改造，下发724.3万元对27846名残疾人实施机动轮椅车燃油补贴。

7. 文化生活更加丰富

2014年省残联组织、举（承）办全国残疾人自行车锦标赛、第四届广东残疾人文化节、第三届广东省残疾人艺术作品大赛及展览活动、第三届全省残疾人广东曲艺大赛、第四届广东省盲人声乐器乐大赛、第四届广东省残疾人全民健身日活动、粤港澳特殊龙舟邀请赛（惠州赛）、2014"羽你同行"伤健羽毛球比赛、残疾人艺术团巡演等一系列文化体育，进一步丰富了残疾人精神文化生活。

8. 表彰"自强与助残"先进

2014年12月，成功召开全省自强模范暨助残先进表彰大会。会前，胡春华书记、朱小丹省长等省领导和中国残联理事长鲁勇亲切会见与会代表。胡春华发表重要讲话，高度赞扬自强模范和助残先进的感人事迹和崇高品格，深刻阐述了发展残疾人事业的重要意义，并对进一步推进广东省残疾人事业发展提出了明确要求。省委常委、常务副省长徐少华和中国残联理事长鲁勇出席表彰大会并做重要讲话，副省长邓海光主持会议。会议表彰了何锦玲等18名"广东省自强模范"、广州市越秀区地税局等20个"广东省助残先进集体"、何国炜等28名"广东省助残先进个人"、广州市天河区康园服务中心等17个"残疾人之家"、何小月等24名"广东省残联系统先进工作者"。表彰活动期间，省残联组织自强模范与助残先进代表和省残疾人艺术团在广州、江门、肇庆、清远等市做巡回报告演出，大力弘扬自强与助残美德，弘扬人道主义。

9. 举办第五届全省残疾人职业技能竞赛

2014年11月，省残联、省人力资源社会保障厅和省总工会联合举办第五届广东省残疾人职业技能竞赛。来自全省21个地级以上市及顺德区、省培英职业技术学校组成的23个代表队共273名残疾人选手同台竞技，参加"计算机、服装、工艺美术、手工制作、其他"五大类19个项目的角逐。获得"盲人保健按摩"项目第一名的选手，根据有关规定申报"广东省五一劳动奖章"。每个项目前两名的选手作为储备人才，进行强化培训，代表广东省参加2015年第五届全国残疾人职业技能竞赛。职业技能竞赛让残疾人学知识、学技能的热情得到充分激发。

10. 广东"全国助残日"系列活动有声有色

2014年5月"全国助残日"期间，省残联等多个部门共同组织开展"广东助残志愿者"信息管理服务平台启动仪式、公交导盲系统演示、残疾人信息服务"一条街"等广东全国助残日系列庆祝活动，省委常委、常务副省长徐少华，副省长邓海光，广州市市长陈建华等领导出席活动。徐少华还深入天河区了解残疾人就业和居家无障碍改造情况，并与邓海光、陈建华一起同助残志愿者代表座谈交流，广泛听取意见和建议。广东的主流媒体对广东"全国助残日"系列活动进行了广泛报道，使扶残助残的理念深入人心。

11. 承办"仁川战略——环境无障碍建设研讨会"，当好东道主

2014年，省残联成功承办联合国亚太经社会和中国残联在广州举办的"仁川战略——环境无障碍建设研讨会"。来自16个国家和地区的近百名代表和专家参加会议。会上，亚太经社会社发司司长南达女士和中国残联副理事长贾勇致辞，省残联理事长张永安介绍广东省大力推进无障碍环境建设的总体情况、工作成绩和成功经验，国家住建部、中国民航局和地铁公司的代表介绍各自领域无障碍建设情况和经验，来自蒙古、印度、马来西亚等国家的代表也做了会议发言，与会者互相交流学习，深入研讨无障碍环境建设。会议还安排与会专家到广州图书馆、残疾人奥林匹克体育中心等场所实地参观考察广东省无障碍环境建设成就。

12. 基础管理建设年活动取得成效

2014年，省残联认真贯彻落实中国残联有关开展基础管理建设年活动的要求，围绕完善各项管理制度，对各项规章制度进行全面梳理，按照"立、改、废"程序，共梳理、修订、重申和新出台制度文件35个，为各项管理工作规范有序开展提供了制度保障。通过分片分级培训的形式，对全省各市、县（市、区）残联分管理事长、业务骨干等450余人进行培训，切实做好残疾人服务状况和需求专项调查各项准备工作，为2015年集中入户采集残疾人基础数据提供准备。

13. 建立"三联系"制度，残联与残疾人的联系更加紧密

2014年，为巩固党的群众路线教育实践活动成果，进一步加强作风建设，省残联建立了联系基层、联系残疾人、联系助残社会组织"三联系"制度，明确处级以上干部每人联系两户残疾人家庭及其所在村、镇、县和市残疾人组织，联系一个涉残社会组织，一年一轮换，并在全省部署开展"三联系"主题活动，不断密切残联与残疾人的血肉联系。

14. 基层组织基础更加扎实稳固

2014年，省级财政下拨5685多万元，对欠发达地区残疾人专职委员2013—2014年工作待遇给予补贴。全省残疾人持证率达到23%。志愿助残服务在全省600多个康园工疗机构全面展开。省残联理事会领导分别联系指导一个省级专门协会，一年一轮换。每年为每个省级专门协会提供20万元的经费支持。全省涉残社会组织达到338家。

四、大事记

1月4日，省委常委、常务副省长徐少华出席肇庆市举行的为万名听障人士赠送助听器慈善活动，现场了解验配、发放助听器情况并与听障人士交流，视察即将竣工的肇庆市残疾人综合服务大楼时提出，希望今后全省每一个地市都要建这样的残疾人综合服务大楼，为残疾人特别是残疾儿童康复提供好场地、好设施和全方位、多元化的服务支持。

1月8日，省政府发布《广东省人民政府党组党的群众路线教育实践活动整改方案》，就群众路线教育实践活动提出6个方面、42项整改措施。《整改方案》提出，2014年年底前，残疾人生活津贴和重残护理补贴标准分别提高到600元/年和1200元/年。

1月16日，省长朱小丹在政府工作报告中承诺：今年全省各级财政将投入1727亿元，其中省财政投入684亿元，集中力量办好十件民生实事，明确提出提高残疾人保障水平（提高残疾人生活津贴和重残护理补贴标准）和开展助困扶残；推进省政府门户网站、政府部门网站和省残疾人公众网站信息无障碍改造，分两年为全省视障人员免费配发读屏软件；在珠三角城市率先建设公共交通导盲系统，为5000辆公交车安装车载导盲系统，为5000名市视障人员配送导盲终端机。

1月22日，副省长林少春专程到位于东莞的省泗安医院看望慰问麻风病休养员、志愿者和医务人员。林少春要求全省麻风病防治医务工作者,继续发扬以人为本、爱岗敬业、乐于奉献的精神,做好麻风病休养员康复服务。据了解,近年来,广东省麻风病防治工作取得显著成效。2013年全省麻风病新发病例85例,较2012年下降了15.8%,麻风病患病率为0.34/10万,全省基本消灭麻风病的成效得到巩固。各地加大麻风病院村的建设力度,大大改善了麻风病休养员的医疗康复和休养环境,逐步提高了生活医药费用。

1月27日,省残联2013年工作总结会议在广州召开。省残联理事长张永安做2013年省残联的工作总结。张永安说,省残联在过去一年对"文山会海"、"三公经费支出"、"检查评比泛滥"、"违规使用专项资金"等方面的问题做出大力度的整治,工作作风得到进一步提高。

1月27日上午,省委常委、常务副省长徐少华,副省长陈云贤在广东分会场出席全国特殊教育工作电视电话会议。会后,徐少华发表讲话,要求省教育厅、省残联等相关部门认真落实国家的计划任务,按照部门职能各负其责,全面评估广东省特殊教育工作基本情况和存在问题,尽快制定广东省实施《特殊教育提升计划(2014—2016年)》工作方案。省残联理事长张永安、副理事长柯沫夫参加会议。

1月30日,省委常委、常务副省长徐少华一行来到汕尾市,与30多位残疾人代表、孤儿吃团年饭。这是徐少华到省里任职以来第六次与残疾人朋友共度除夕夜。徐少华代表胡春华书记、朱小丹省长,向全省残疾人朋友和孤儿致以新春的问候和祝福。下午,徐少华一行还到汕尾市福利院看望慰问残疾孤儿,鼓励他们坚持训练、努力康复,勇敢、自信地面对生活。

图6-19-1　徐少华与汕尾市福利院的残疾孤儿和30多位残疾人代表在一起。

2月7日,中国残联副主席王新宪到广东省残联机关看望残疾人工作者,送上新年美好祝愿,并与省残联领导、机关各部室负责人座谈,鼓励大家努力工作,抢抓机遇,为残疾人事业更快发展做出新的贡献。

2月11—14日,省残联理事长张永安,副理事长柯沫夫、叶丽容、李敏等到广州市残联和部分区调研残疾人工作,与残疾人专职委员座谈,走访残疾人服务机构等。张永安一行在广州市南沙、番禺、白云、天河等区调研期间先后走访7个残疾人服务机构,召开4场残疾人专职委员座谈会,并与各区政府领导交换工作意见。

3月3日是全国"爱耳日",也是全球首个"国际爱耳日",省残联、省民政厅、省卫生计生委、省妇联等8个单位联合主办的全国"爱耳日"宣传活动在广州英雄广场举行。宣传教育活动的主题是"爱耳护耳,健康听力——预防从初级耳科保健做起"。

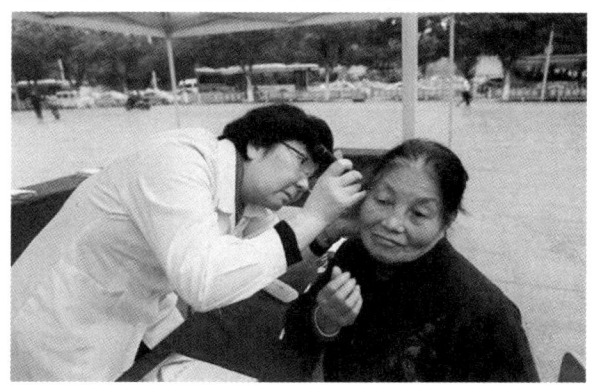

图6-19-2　全国"爱耳日"宣传活动在广州英雄广场举行。

3月29—31日,由商务部中国国际经济技术交流中心与广东省残联主办,省残疾人辅助器具资源中心和省假肢康复中心承办的2014广州国际福祉辅具暨康复设备展览会在广州琶洲保利世贸博览馆展出。展览会吸引了来自美国、加拿大、法国、德国、意大利等国家和地区的近200家企业参展,展品涵盖老年人辅助器具、假肢、矫形器、康复设备、护理产品、无障碍设施设备、家用医疗设备等最新产品及技术,展览面积超1万平方米,是国内相关展览中规模较大的国际辅具康复设备展览盛会。会展期间举办了首届中国(广州)国际康复医学论坛,设有超过600人的主论坛及14场热门主题分论坛,供专业人士分享经验成果、开展学术交流和协作。

4月2日是全球第七个"世界自闭症关爱日",活动主题是"科学干预,合理治疗,平等发展"。下午,省残联在广州塔西广场组织举办广东省第七届"世界自闭症关爱日——缤纷色彩,追求梦想"广场活动。省委常委、常务副省长徐少华,省残联理事长张永安等领导出席活动并号召社会各界关爱自闭症儿童、支持自闭症康复事业。

4月25日,省残联理事长张永安和省教育厅及省残联指导的助残社会组织领导会见美国国务院残疾人权利特别顾问茱蒂斯·霍伊曼一行。双方就有关问题进行讨论,交流经验。张永安介绍广东残疾人事业发展情况时说，广东采取了一系列切实措施，确保残疾人平等参与社会生活，随着社会的不断发展，残疾人权益将得到进一步的保障。

4月29日，省残联、省作协、花城出版社联合举办的长篇小说《水滴》研讨会在广东省作协举行。省残联副理事长柯沫夫和广东文学评论家、作家郭小东、廖琪等出席研讨会。残疾人作家王心钢创作的《水滴》是广东近年来真实反映残障人士生存状况与精神世界，以残障人士为第一视角，近距离深刻描写特殊群体的长篇小说。

5月6—16日，全省提高底线民生保障水平推进会分别在广州、清远、揭阳和茂名市召开。21个地级以上市残联分管副理事长、教就科科长以及所属县（市、区）残联分管副理事长等参加会议。省残联副理事长柯沫夫在会上发表讲话，强调要建立落实提高残疾人底线民生保障水平工作责任制，制定实施方案；严格资金发放管理，落实配套资金；严格落实工作进度，严格申请审核审批程序；加大检查、核查力度；进一步加大舆论宣传力度，确保政策家喻户晓；扩大发放范围。

5月7日，省残联、省新闻工作者协会、广东残疾人事业新闻宣传促进会共同主办的2013年度广东省残疾人事业好新闻奖评选活动在广州举行，选出文字、摄影类一等奖3个，二等奖5个，三等奖和优秀奖若干个；广播、电视类一等奖2个，二等奖5个，三等奖和优秀奖若干个。

5月9日，中国残联副理事长王梅梅到广东省培英职业技术学校指导残疾人中等职业教育工作，并到广州市残疾人体育运动中心考察。省残联理事长张永安、副理事长柯沫夫等陪同考察。

5月17日，省残联、省文化厅、团省委、广州市残联共同举办的广东省"全国助残日"系列活动在广州图书馆举行。省委常委、常务副省长徐少华，副省长邓海光，广州市市长陈建华等在广州地区全国助残日活动现场，共同出席"广东助残志愿者"信息管理服务平台启动仪式、公交导盲系统演示、残疾人信息服务"一条街"等系列活动。现场活动中，省残联、广州市残联向肢残人代表赠送图书，向盲人代表赠送新一代读屏软件。由团省委、省残联、广东省志愿者联合会共同开发建设的"广东助残志愿者"信息管理服务平台正式上线运营。

5月18日，省残联和省文化厅联合主办的第四届广东残疾人文化节在惠州市西湖大剧院举行启动仪式。省残联副理事长柯沫夫，惠州市委常委、秘书长范中杰等领导出席活动。此届文化节以"残健同携手，共筑中国梦"为主题，于5—10月在全省范围内开展残疾人文化进社区活动、全民助残健身社区活动、文化助残志愿活动、百家图书馆文化助残公益行动、百家博物馆文化助残公益行动和各类文艺展览展示、文艺演出及各类残疾人文化活动等一系列残健融合、形式多样、健康有益的文化、艺术、娱乐活动。

5月31日—6月3日，受香港邻舍辅导会邀请，广东惠州、深圳（宝安）、肇庆等市3支残疾人代表队龙舟队70余人赴香港参加龙舟节"两岸四地特能共融男子中龙邀请赛"。惠州特殊龙舟队取得第一名，深圳（宝安）残疾人龙舟队取得第二名。两岸四地残疾人龙舟赛已连续举办8年，广东惠州和肇庆是首次出征的代表队。

6月25日，广东省人大内司委组织省直人大代表对广东省无障碍环境建设情况进行专题视察。省人大内司委主任委员林浩坤、省人民检察院检察长郑红、团省委书记曾颖如等20余人参加视察活动。

7月5日，由中央文明办、共青团中央、中国残联共同主办，广东省文明办、共青团广东省委、广东省残联以及广州市有关部门承办的"心手相牵，共享阳光"全国志愿助残阳光行动主题日活动在广州市越秀区启智学校正式启动。团中央书记处书记汪鸿雁、中国残联副主席吕世明、广东省副省长邓海光和全国各省区志愿服务工作负责人以及100余名助残志愿者、启智学校的残疾人学员共同参加活动。全国各地志愿者工作机构、残联的有关负责人观摩和实地参与体验广州志愿助残示范项目的开放日活动。

7月11日，中国残联、民政部在广州联合召开全国困难残疾人生活补贴和重度残疾人护理补贴工作专项调度（东部地区）座谈会。中国残联副理事长程凯、民政部社会福利和慈善事业促进司副司长徐建中出席会议，北京、天津、上海、江苏、浙江、山东、广东、福建、海南等9个省（市）地区代表参加。广东省残联理事长张永安出席会议并致辞，省残联副理事长柯沫夫在汇报广东省工作情况时说，2012年广东在全省建立

图6-19-3 徐少华在广州地区全国助残日活动现场接见残疾人代表。

和实施两项补贴制度，让广大残疾人切实分享到改革发展的成果，减轻了贫困残疾人家庭负担；2014年省财政计划安排3.98亿元专项补助资金，预计全省发放人数达107.4万人。

7月14—19日，省政府办公厅组织省民政厅、省财政厅、省人社厅和省残联成立四个督导检查组，分别到15个地市开展底线民生保障工作专项督查，省残联理事长张永安、副理事长柯沫夫分别陪同省领导到阳江、汕尾等地督查残疾人两项补贴资金发放情况。

7月16日下午，全省特殊教育工作会议在广州召开，贯彻落实全国特殊教育工作电视电话会议精神，研究部署当前和今后一个时期特殊教育工作，启动实施《广东省特殊教育提升计划（2014—2016年）》。副省长陈云贤出席会议并讲话，副省长邓海光主持会议。会上，陈云贤代表省政府与各地签订广东省落实特殊教育提升计划责任书。

7月23—25日，第四届广东省盲人声乐器乐大赛在广州市天虹宾馆举行。广州、深圳、珠海、汕头、佛山、韶关、河源、梅州、惠州、东莞、中山、江门、湛江、茂名、肇庆、清远、潮州、云浮等18个市和顺德区共19个单位组团参加，参赛人员140余人，参赛节目50个。参赛作品从不同角度展示广大盲人热爱祖国、热爱生活、锐意进取、蓬勃向上的精神风貌，具有较高的文化内涵和艺术水平。大赛评选出一等奖4个、二等奖8个、三等奖12个。

8月2日，广东省第十四届运动会暨第七届残运会倒计时一周年启动仪式在湛江市体育中心广场举行。湛江市委书记、市人大常委会主任刘小华，市委副书记、市长、省第十四届运动会湛江市筹委会主任王中丙和省体育局、省残联、省教育厅有关领导共同为广东省第十四届运动会暨第七届残运会开幕倒计时一周年揭牌。活动现场揭晓了第十四届省运会会徽、吉祥物、主题口号及第七届省残运会会徽；开通第十四届省运会官方网站；授"广东省第十四届运动会志愿者"、"广东省第七届残疾人运动会志愿者"旗帜。

8月8日，以"养成健身习惯、享受健康生活"为主题的2014年"全民健身日"暨广东省第四届"残疾人健身周"活动在广州天河体育中心举行。副省长许瑞生、省残联副理事长柯沫夫等出席活动。此次活动也是为10月18—24日在韩国仁川举行的第十一届亚洲残疾人运动会备战。广东省将派出30名运动员征战第十一届亚残运会。

8月12—14日，广东省第七届残疾人运动会提前项目射箭、聋人网球比赛在湛江举行，来自全省的14个射箭代表队和7个聋人网球代表队共80多名运动员参加竞赛。比赛产生33枚金牌，东道主湛江1队、汕头队、东莞队获得聋人网球团体总分前三名，惠州队、深圳队、东莞队获得射箭团体总分前三名。

8月18日，副省长邓海光到省残联专题调研残疾人工作，与省残联和残疾人专门协会领导座谈，听取意见建议。邓海光认为，省残联在实施省政府民生实事、落实两项补贴、推进特殊教育、发动社会助残和自身建设方面工作成效明显。邓海光强调，全省残疾人工作机构要切实转变观念，创新工作思维，改革工作方法，进一步提升保障和服务水平。省残联理事会领导、机关各部门和下属单位负责人及五大协会主席（会长）参加座谈。

8月27日，第三届广东省残疾人美术作品大赛在广州举办，大赛共收集到来自全省18个市及顺德区残联、省培英职业技术学校共20个参赛单位的275件作品，其中书法作品76件、绘画作品82件、摄影作品62件、手工作品55件，评选出一等奖12个、二等奖28个、三等奖40个。广州、深圳、佛山、河源、惠州、阳江、肇庆、清远等8个市残联获得优秀组织奖。参赛作品以"我的中国梦"为主题，通过书法、绘画、手工及摄影作品展现残疾人对中国梦的理解和美好生活的向往。

8月27—28日，全国残联系统康复工作会议在深圳市召开，来自中国残联康复部及其各直属单位和各省、自治区、直辖市、计划单列市残联康复业务的主管领导等100余人参加会议。中国残联副理事长贾勇、深圳市委副书记戴北方、省残联理事长张永安等领导出席开幕式。张永安代表省残联致欢迎词，并向与会代表介绍广东省残疾人康复工作取得的主要成绩、遇到的问题以及在康复、教育、就业等方面所做出的努力尝试。

8月30日，2014年度普通高考招生录取工作结束，广东省参加普通高考的残疾考生521人，共录取393人，其中本科96人，专科297人。达到录取分数线、志愿填报合理的残疾考生录取率达到100%。

9月2日，广东省视障人员读屏软件发放与培训工作动员大会在穗召开，全省22个地市（区）残联分管维权科长、盲协主席等60余人参加会议。会议期间共下发读屏软件22000余套。省残联副理事长叶丽容出席会议并讲话。叶丽容指出，省政府将"视障人员免费配发读屏软件"列为助困扶残民生实事，充分体现了省政府对视障人员的关爱，大家要按照省残联下发的《通知》要求，做好软件的宣传、下发和培训工作，真正让读屏软件成为视障人员无障碍获取信息的手中利器。

9月12日，中国残联副主席王新宪到珠海市调研残疾人工作。王新宪在珠海期间与珠海市市长何宁卡、市人大常委会副主任邓群芳、副市长刘嘉文进行工作交流,听取珠海市残疾人事业发展情况的汇报,实地考察珠海市残疾人康园中心、残疾人辅助器具中心、残疾人综合服务中心、康复医院。在调研中,王新宪指出,珠海市作为经济特区,毗邻港澳,残疾人事业的发展具有特殊意义,珠海市残疾人工作所取得的成就,充分显示了中国特色残疾人事业发展道路的生命力,也从另一个角度体现了社会主义制度的优越性,使我们对理论自信、制度自信、道路自信有了更深刻的认识。省残联理事长张永安等陪同调研。

9月16日,广东省、广州市、天河区、天园街道四级卫生计生、残联等部门、机构,在广州市天河区中山大道棠下汇鑫商业广场举办"预防出生缺陷从孕前开始"主题宣传现场活动,针对群众出生缺陷预防知识缺乏和对各级政府推出的免费出生缺陷干预项目一知半解的现状,围绕普及优生科学知识、宣传预防出生缺陷惠民政策、防范生育风险等内容展开宣传服务。省卫生计生委副主任刘银燕、省残联副理事长李敏等领导和相关业务部门负责人及专家在现场与群众互动。

9月17日,省扶贫基金会与省残联联合开展的"光明行动——视障儿童关爱工程"扶贫公益项目在韶关市康复中心启动,首批救助百名视障儿童。省人大常委会委员、省扶贫基金会理事长黄柏青,省残联副理事长李敏,韶关市委常委、市政府党组副书记张志才出席活动。

9月20日,全国盲人医疗按摩人员广东辖区考试在广州举行,广东省有57名考生参加考试。考试期间,省残联副理事长柯沫夫与省卫生和计划生育委员会、省人力资源和社会保障厅领导到场巡视监考。

10月16日,省政府召开残疾人工作委员会全体会议,省府副秘书长颜学亮主持会议,副省长、省残工委主任邓海光在会上讲话。会议贯彻落实国务院残工委第二次全体会议精神,部署今后一段时期的工作,对开展全国残疾人基本服务状况和需求专项调查和表彰自强模范、助残先进和残联系统先进工作者等重点工作进行了专题部署。省残工委副主任、省残联理事长张永安做工作报告。省残工委40个成员单位负责人,省残联副理事长叶丽容、李敏和省残联各部、直属单位主要负责人共50人参加会议。

10月26日,省残联理事长张永安、副理事长柯沫夫等领导在广州市残疾人体育运动中心迎接广东省参加亚残运会凯旋的运动员。张永安对运动员所取得的优异成绩表示祝贺,并指出广东运动员取得的成绩固然值得庆贺,而运动员们在本届亚残运会上表现出来的精神风貌更为可贵;希望残疾人运动员再接再厉,拼搏进取,争取在2015年第九届全国残疾人运动会和2016年巴西残奥会上再创佳绩。23名广东籍残疾人运动员在这届亚残运会上共夺得23枚金牌、12枚银牌、8枚铜牌。

10月21日,以"走近盲人、服务盲人、助盲人实现微梦想"为主题的广东省庆祝第三十一届国际盲人节大会在广东省立中山图书馆举行。省残疾人新闻宣传促进会发动爱心企业和人士,向250名盲人朋友捐赠250部收音机,为盲人实现了"微梦想"。2014年5月省残疾人新闻宣传促进会在省残联官方微信公众号发起"微梦想"助残公益活动,征集到全省各地贫困残疾人的5000多个小心愿。根据残疾人的需求,新促会通过形式多样的宣传发动,联络社会热心公益人士、企业团体帮助贫困残疾人实现"微梦想"。截至10月底,共有693名残疾人的"微心愿"得以实现。"微梦想"助残公益活动得到社会各界越来越多的热心人士和企业的支持和参与,受到被帮扶贫困残疾人的好评。南方电视台、广州日报、羊城晚报等媒体对"微梦想"助残公益活动曾做专门报道。

11月3—4日,省残联理事长张永安、省教育厅副巡视员胡振敏到岭南师范学院和湛江市特殊教育学校调研特殊教育工作。调研组在岭南师范学院召开特殊教育专业建设座谈会,听取该校特殊教育专业建设情况汇报。随后,张永安在湛江市残联召开座谈会,专题研究该市残疾人基本服务状况与需求专项调查等工作。张永安一行还看望慰问了该市的"全国自强模范"陈广兴。

11月6日,广东首个残障家属互助社在广州珠光街成立。该互助社(联盟)是广州市越秀区珠光街道办事处和广州市心悦社区发展中心发起,珠光街家庭综合服务中心孵化的残障人士家属互助组织,越秀区政协委员、肢残人何建成任互助社社长。该互助社旨在通过建立普遍、密切的互助网络,营造守望相助的社区氛围,缓解残障人士和其家属的生活压力,为他们解决实际生活困难。该项目从2013年11月正式开始实施,2014年7月由广州市公益创投专家评审通过,获得专项资助。短短几个月,已经发展会员近60名,并初步形成了比较健全的管理架构和组织章程。该互助社按"三个概念三个支持"推进。三个概念是"家"、"春"、"秋","家"的概念是"一家人"。团队主要由独居、重残等特殊家庭组成,通过电话问候、上门聊天,相互之间提供平日里的嘘寒问暖,在节日和特别事件时给予家人般的关怀慰问。"春"的概念:春风。团队由有一定文化或是在残障政策方面有经验的残障人士及家属组成,旨在保障残障人士权益,为他们提供政策、制度内的咨询和指导服务,协助他们办理各项救助,为他们争取福利提供支持。"秋"的概念:秋收。团队由有一定动手能力的残障人士及家属组成,通过自己的手工劳动获得丰收。通过互助社,社员和残障人士家庭可获得情感、政策和经济三方面的支持。互助社项目自启动伊始,相继开展了一系列旨在为残障人士及其家属培养兴趣爱好、增强动手能力、扩大社交网络、疏解情绪压力的服务,得到了社员的肯定和欢迎。"今时不同往日"外出小组开阔了大家的眼界;"政策知多D"小组让大家充分享受政府的社会福利政策;各种各样的手工小组让大家找到信心和乐趣;还有爱心集市日、QQ群、生日会等,让大家的日子过得有滋有味,其乐融融。截至11月5日,互助社共举办大小活动10场,个案服务10个,跟进服务50多次,总共服务800余人次,链接资源26000多元。

11月9日,省残联、省人力资源社会保障厅和省总工会联合举办的第五届全省残疾人职业技能竞赛在广州市城建职业学院开幕。来自全省21个地级以上市及顺德区、省培英职业技术学校的23个代表队共273名残疾人选手参加"计算机、服装、工艺美术、手工制作、其他"五大类19个项目的角逐。首次将获得"盲人保健按摩"项目第一名的选手,根据有关规定向省总工会申报"广东省五一劳动奖章"。省残联理事长张永安、副理事长柯沫夫出席开幕式并参观了残疾人书画、摄影和手工艺作品展。

11月11日,全国残疾人基本服务状况和需求专项调查入户调查广东动员会在广州召开,中国残联研究室主任陈新民,省残联理事长张永安、副理事长柯沫夫,省统计局和省民政厅有关领导和各地市残联理事长共60人出席会议。张永安强调,广东省各级残联必须以高度的责任意识,做好专项调查的各个环节,拿出真实的调查数据,交出满意的答卷。

11月19日,省残联组织工作人员分成10个小队,到广州市越秀区开展入户调查试点工作。省残联理事长张永安作为1队的成员,和工作人员到刘叔一家进行入户调查工作。在离开刘叔家的路上张永安强调,调查过程中一定要注意问话的技巧,尽量避免生硬死板的问答方式。调查人员要对表格中的内容了然于胸,在聊天中提取相关重点信息,完成表格的填写工作。

11月23日,由省残疾人事业发展研究会与华南农业大学公共管理学院联合举办的残疾人事业理论与实践创新培训班在广州开班。来自全省各地级以上市和顺德区、珠海市各区残联理事长及省残联直属事业单位负责人共68人参加为期5天的培训。省残联理事长张永安讲授第一课"残疾人工作理论与务实创新",就全省残疾人事业发展形势、重点工作任务进行深入浅出的讲解,深受学员的好评。

11月26日—12月1日,广东省残疾人艺术团分别到江门、清远、肇庆三市进行巡回演出。

12月3日是第二十三个国际残疾人日,由中国聋人协会、广东省残联、广东省摄影家协会主办的2014年第三届"沣标杯"国际聋人摄影大赛颁奖典礼暨国际残疾人日庆祝活动在广州图书馆举行。中国残联副主席吕世明,中国残联副主席、中国聋人协会名誉主席刘再军,中国聋人协会主席杨洋,广东省残联理事长张永安,中国摄影家协会副主席、广东省摄影家协会主席李伟坤等领导和嘉宾,有关企事业单位负责人、聋人获奖代表共300余人出席活动。张永安在颁奖典礼暨国际残疾人日庆祝活动上致辞说,希望通过举办摄影比赛,让聋人群体分享数字化发展的成果,带动基层协会进一步活跃发展,促进残疾人艺术事业的繁荣与发展。

12月4日,中国残联副主席吕世明在广州参加国际残疾人日庆祝活动后,召开"强基育人"工程和基础管理建设年座谈会,重点研究落实做好残疾人服务状况和需求专项调查相关措施。中国残联组联部副主任张超英,省残联理事长张永安、副理事长柯沫夫,省残联各部室负责人及广州、深圳、佛山市残联领导参加座谈会。吕世明说,广东省特别是珠三角城市的残疾人事业发展走在全国的前列,自2013年换届以来,广东省残疾人各项工作越来越出色,在残疾人专项调查的各方面工作非常努力,许多创新的地方值得学习和借鉴。吕世明指出,广东省在专项调查工作的各个方面认识深入,发现问题马上解决,做到"事不过夜",省残联理事长张永安直接参与专项调查的各个环节,把专项调查作为目前工作的重中之重,起到非常好的表率作用。

12月15日上午,省委书记胡春华、中国残联理事长鲁勇、省长朱小丹、省人大常委会主任黄龙云在广州会见参加广东省自强模范暨助残先进表彰大会的受表彰代表。胡春华代表省委、省政府向全省540万残疾人及其亲属表示诚挚问候,向长期以来关心支持广东省残疾人事业发展的社会各界人士表示衷心感谢。省领导马兴瑞、徐少华、林木声、邓海光、梁伟发等出席活动。

图6-19-4 胡春华、鲁勇会见参加广东省自强模范暨助残先进表彰大会的受表彰代表。

12月15日下午,中国残联理事长鲁勇在广东省副省长邓海光的陪同下走进广州多个社区进行考察。鲁勇一行还考察了广州市公交导盲系统以及越秀区残联举办的全国残疾人专项调查培训班、广州市残疾人就业培训服务中心、广州市残疾人辅具用品中心等多个为残障人士提供服务的机构。省残联理事长张永安、副理事长柯沫夫陪同调研。

图6-19-5　12月14—16日，鲁勇赴广州、东莞、深圳等地调研残疾人工作。

12月19日，首届南粤信息无障碍论坛在省立中山图书馆隆重举行。此次活动由省盲人协会、省聋人协会、省信息无障碍促进会和省残疾人新闻宣传促进会联合主办，中山图书馆、深圳盛世任我行科技有限公司、深圳市金溢科技股份有限公司等单位赞助。论坛为期2天；主题是"信息科技助残，开拓光明未来"。来自国内及香港澳门的20余家机构和200多名盲人代表参加论坛，省残联副巡视员何小京、省信息无障碍促进会会长康德成、省盲协主席富明慧等领导出席会议并讲话。论坛期间，有10余家盲用、聋用软件及辅具研发单位进行产品展示及咨询服务。

12月23日，副省长陈云贤率省政府办公厅、省教育厅、省财政厅和省残联等部门负责同志赴韶关督查教育"创强"和特殊教育工作进展情况，并召开韶关、河源、清远三市教育工作座谈会。此前，11月18日、28日，陈云贤曾率上述有关部门负责人到湛江、梅州等市督查特殊教育工作进展情况，实地察看当地特殊教育学校。陈云贤在一年内连续3次督查特殊教育并强调，要根据国家和省特殊教育提升计划的要求，制订责任书，加大资金投入，加强教师队伍建设，大力推进标准化特殊教育学校建设，提高残疾儿童少年入学普及率。

（董淼章供稿）

广西壮族自治区残疾人事业和残疾人工作

一、领导讲话

自治区党委书记、人大常委会主任彭清华在看望自治区残联干部职工时的讲话摘要

2014年2月10日

在新的一年里，希望残联的同志能够更好地履行工作职责，全心全意为残疾人服务，全心全意保障残疾人的合法权益，全力促进残疾人社会保障和服务体系建设，进一步在全社会倡导和营造关心残疾人、爱护残疾人、保护残疾人、照顾残疾人的良好氛围，为全区改革发展服务，为全区营造一个更加公平正义、具有人文关怀的社会环境。同时也要更多更好地组织残疾人参与到经济社会生活的各个方面，让他们享受到基本的公共服务，得到社会的照顾，赢得全社会的关心和尊重，共享改革发展成果。这既是残联的一项重要职责，也是党委和政府的职责所在。自治区党委、政府会一如既往地关心残疾人事业，关心残联的工作。

自治区残联党组书记、理事长边疆在广西残联第六届主席团第二次全体会议上的报告摘要

2014年3月11日

2013年，自治区残联深入开展党的群众路线教育实践活动，党风、干部作风发生了很大变化；全区各级残联召开代表大会，圆满完成换届任务；推动建立全区重度残疾人护理补贴制度，33万多名重度残疾人受惠，推动出台贫困残疾人参加城乡居民社会养老保险特惠政策，44万名贫困残疾人享受补助，正式实施重度残疾人参加城镇居民基本医疗保险政府全额代缴参保费特惠

政策；深入实施扶贫开发六大工程，"阳光家园计划"列入自治区政府为民办实事工程；首次在全区实施新生儿听力筛查补助项目，全区有13.6万残疾人得到康复服务，资助6400多名残疾学生接受教育；被授予全国残疾人状况监测先进单位称号；组织参加第八届全国残疾人艺术汇演，获得团体奖银奖，表演奖金奖1个、银奖5个；在第二十二届夏季听障奥运会上，获得2枚金牌。

2014年是全面贯彻落实党的十八届三中全会精神和中国残联、广西残联六代会精神的开局之年。一是全面开展"转作风、强服务、促发展——基础管理建设年"活动，开展残疾人基本服务状况和需求专项调查。二是全面部署落实我区残疾人同步小康目标任务。三是切实提高残疾人社会保障水平。四是积极促进残疾人教育就业。五是拓展残疾人康复服务。六是依法维护残疾人权益。七是广泛宣传凝聚助残正能量，着力加快残疾人文化体育发展。八是提高残疾人事业发展保障水平。九是加强残联组织和人才队伍建设。

二、政策法规文件

关于印发广西壮族自治区重度残疾人护理补贴实施办法的通知

桂残联字〔2014〕25号

各市、县残联、财政局：

为贯彻落实中共中央国务院、自治区党委、自治区人民政府关于促进残疾人事业发展的意见精神，切实保障残疾人基本生活权益，根据《中华人民共和国残疾人保障法》等有关规定，自治区制定了《广西壮族自治区重度残疾人护理补贴实施办法》，现印发给你们，请认真贯彻执行。

广西壮族自治区残疾人联合会
广西壮族自治区财政厅
2014年3月20日

广西壮族自治区重度残疾人护理补贴实施办法

为切实改善我区重度残疾人基本生活，根据《中华人民共和国残疾人保障法》《广西壮族自治区实施〈中华人民共和国残疾人保障法〉办法》和中共中央国务院、自治区党委、自治区人民政府《关于促进残疾人事业发展的意见》等有关规定，建立重度残疾人护理补贴制度，扩大残疾人社会福利范围，制定本实施办法。

一、总体要求

对全区重度残疾人发放护理补贴，是各级人民政府关注民生，构建和谐社会，完善残疾人社会保障体系，提高残疾人生活质量，促进残疾人事业发展的有效措施。各市、县（市、区）残联和财政部门要密切配合，共同研究制定当地重度残疾人护理补贴发放具体实施细则，完善护理补贴申请、审核、审批、公示、发放程序，切实做好重度残疾人护理补贴发放和管理工作。

二、发放对象和补贴标准

（一）发放对象。具有广西壮族自治区户籍，且持有中华人民共和国残疾人证（第二代，下同）的农村和城镇无工作单位且家庭生活困难的一、二级重度残疾人。

（二）补贴标准。重度残疾人护理补贴标准按每人每年不低于360元执行，并根据经济社会发展水平和物价变动情况适时调整。各地可根据当地经济状况，在自治区确定标准的基础上适当提高补贴标准。已实行重度残疾人护理补贴制度的地区，补贴标准按高的执行。

重度残疾人护理补贴不计入最低生活保障和低收入家庭收入。

三、申请、审核、审批程序

各地要规范重度残疾人护理补贴审批工作，严格做到公开申请、入户审核、张榜公示、造册建档、社会化发放，经"户报、村审、乡核、县定"四个步骤确定补贴对象。

（一）个人申请。符合申请重度残疾人护理补贴条件的残疾人，须填写《广西重度残疾人护理补贴申请审批表》（附件1）（以下简称《审批表》）一式两份，并提供户口簿和残疾人证，向户口所在地村（居）民委员会提出申请。

本人无法办理申请手续的重度残疾人，可书面委托监护人或有关人员办理。

2014年个人申请时间截止至4月30日。自2015年起，新增符合条件的申请截止时间为每年的3月31日。

（二）村（居）民委员会初审。村（居）民委员会收到申请材料后，在5个工作日内完成核实工作，将申请人情况在村（居）民委员会公示栏公示5个工作日，并设立投诉电话。公示内容应包括姓名、残疾等级、家庭详细地址、补贴金额等。公示无异议后，在《审批表》上签署意见，连同申请人的户口簿（复印件）、残疾人证（复印件）报乡镇人民政府（街道办事处）审核。

不符合条件的，要书面通知申请人，并告知原因。

（三）乡镇人民政府（街道办事处）审核。乡镇人民政府（街道办事处）在收到申报材料后，在5个工作日内完成审核工作，并在《审批表》上签署意见，同时将有关证件和证明材料一并报县（市、区）残联审批。

不符合条件的，要将书面通知通过村（居）民委员会送达申请人。

（四）县（市、区）残联审批。县（市、区）残联接到申报材料后，应在10个工作日内完成审批工作，并填报《广西重度残疾人护理补贴发放情况汇总表》（附件2），于每年6月10日前报当地财政部门。

不符合条件的，要书面通知乡镇人民政府（街道办事处），并通过村（居）民委员会送达申请人。

四、资金筹措和发放

（一）资金筹措。重度残疾人护理补贴所需资金由自治区财政与市县财政按比例负担。自治区与县（市）财政按8∶2比例、自治区与设区市财政按6∶4比例负担。在自治区确定标准的基础上再提高补贴标准所需资金，由各地财政自行安排解决。市县残联应在编制预算时提出下一年度的重度残疾人护理补贴资金需求，由同级财政列入财政年度预算。同时，要切实保障基层重度残疾人护理补贴发放工作经费，所需经费纳入各级财政预算。

（二）补贴发放。市县财政部门收到自治区补助资金后，要及时会同当地残联做好补贴资金发放工作，重度残疾人护理补贴原则上实行社会化发放，通过银行、信用社等金融代理机构"一卡（折）通"，直接拨付到重度残疾人或其监护人个人账户或福利机构账户中。社会化发放确有困难的，可采取现金形式发放，但必须严格遵守财务管理有关规定。

（三）发放时限。2014年，各市县要在9月底前将重度残疾人护理补贴发放到位。从2015年起，应在每年6月底前将重度残疾人护理补贴发放到位。

五、发放对象管理

（一）限时办理和动态管理。乡镇人民政府（街道办事处）应于2014年5月底前，如实向县（市、区）残联上报辖区重度残疾人的申请材料；县（市、区）残联于6月底前完成审批工作。

从2015年起，乡镇人民政府（街道办事处）应于每年4月底前核实、确认辖区重度残疾人补贴对象。对发生变化的重度残疾人，县（市、区）残联应根据变化情况及时办理增发或停发重度残疾人护理补贴手续。

（二）实行实名制档案管理。重度残疾人护理补贴对象实行县、乡二级档案管理，实行一人一档实名制度。自治区、市、县（市、区）三级建立补贴对象基础信息数据库，县（市、区）负责基础信息数据库的日常维护管理，并于每年7月底上报市残联，市残联每年8月底前将所辖县（市、区）的基础信息数据汇总后统一报自治区残联。

六、工作要求

（一）加强组织领导，明确职责。各级政府要加强领导，财政、残联等部门和单位要齐抓共管，明确和落实工作责任。市、县（市、区）残联负责辖区内重度残疾人护理补贴的管理工作。财政部门按照规定落实重度残疾人护理补贴资金的筹集、审核、拨付和监督管理工作。金融代理机构负责办理重度残疾人发放手续。

乡镇人民政府（街道办事处）具体负责本辖区内重度残疾人护理补贴申请的受理、审核及上报申请材料。

村（居）民委员会根据乡镇人民政府（街道办事处）的委托，承办辖区内重度残疾人补贴对象申请的受理、入户调查、张榜公示、材料汇总上报等具体工作。

（二）制定实施细则，落实责任。各市县要按照自治区的部署和要求，结合当地实际，制定本地区具体实施细则，进一步明确相关部门和个人责任，确保重度残疾人护理补贴按时发放。

（三）加强管理和监督检查。重度残疾人护理补贴资金发放要做到公平、公正、公开、透明，加强补贴发放工作的规范管理，各级残联会同财政部门对本地区的重度残疾人护理补贴对象进行督查，防止弄虚作假，确保重度残疾人护理补贴资金专款专用，充分发挥补贴资金使用效益。

（四）及时报送情况。各市残联、财政部门要于每年11月10日前，将发放重度残疾人护理补贴对象人数、补贴标准和发放补贴资金等有关情况报送自治区残联、财政。

附件（略）

关于促进残疾人按比例就业的实施意见

桂残联字〔2014〕44号

各市党委组织部、编办、财政局、人力资源和社会保障局、国资委、地方税务局、公务员局、残联：

为进一步促进我区残疾人按比例就业，根据中共中央组织部、中央机构编制委员会办公室、财政部、人力资源和社会保障部、国务院国有资产监督管理委员会、国家公务员局、中国残疾人联合会《关于促进残疾人按比例就业的意见》（残联发〔2013〕11号），现结合广西实际，制定以下实施意见：

一、依法推进残疾人按比例就业

（一）《中华人民共和国残疾人保障法》《残疾人就业条例》等法律法规均确立了按比例安排残疾人就业的法律制度，明确了按比例安排残疾人就业是用人单位的责任和义务，体现了对残疾人就业权利的尊重和保护。《广西壮族自治区实施〈中华人民共和国残疾人保障法〉办法》《广西壮族自治区实施〈残疾人就业条例〉办法》规定，在本自治区行政区域内的国家机关、社会团体、企业事业单位、民办非企业单位安排残疾人就业的比例不得低于本单位在职职工总数的1.5%。各地要进一步根据国家和自治区的法律法规和政策规定，制定配套政策措施，细化有关规定，增强可操作性和规范性，提高执行力和约束力。要依法行政，推动用人单位履行法律责任和义务。要加大执法检查力度，建立检查机制，把残疾人按比例就业列为重点检查内容，发现问题，及时通报，妥善纠正和解决。

二、党政机关、人民团体、事业单位及国有和国有控股企业带头安排残疾人就业

（二）各级党政机关、人民团体、事业单位、国有和国有控股企业要严格按照《中共中央国务院关于促进残疾人事业发展的意见》（中发〔2008〕7号）关于"党政机关、事业单位及国有企业要带头安置残疾人"的要求和法律规定，带头履行按比例安排残疾人就业的法律义务，率先垂范招录、招聘和安置残疾人就业。根据残疾人按比例就业制度相关规定，各级机关、人民团体、事业单位、国有和国有控股企业应预留和开发适当比例的岗位用于残疾人就业。各级党政机关、人民团体、事业单位、国有和国有控股企业招录公务员、工作人员时，在坚持具有正常履行职责的身体条件的前提下，对残疾人能够胜任的岗位，在同等条件下优先招录招聘残疾人。切实维护残疾人平等报考公职人员的权利，各级党政机关、人民团体、事业单位在招录公务员和工作人员时，除特殊岗位外，不得额外设置限制残疾人报考的条件；对符合国家规定的录用体检标准且具备正常履行职责的身体条件的残疾人，不得拒绝录用。

（三）鼓励各级党政机关（含参照公务员法管理事业单位）专设残疾人招录职位，维护残疾人平等报考公务员的权利。招录机关专设的残疾人招录职位，经市级以上公务员主管部门批准，可以享受适当放宽笔试开考比例、降低笔试合格分数线等优惠政策。各地在招录公务员时，要结合实际，采取适当措施，努力为残疾人考生创造良好的考试环境。

（四）各级残疾人工作委员会成员单位要带头招录残疾人。各级党政机关中的非公务员岗位（科技、技术、后勤等），要积极安排残疾人就业，并依法与残疾职工订立劳动合同，保障其合法权益。到2020年，所有自治区级党政机关、设区市残工委主要成员单位至少安排1名残疾人就业。全区各级残联机关干部队伍中要有一定数量的残疾人干部，其中自治区残联机关干部队伍中残疾人干部的比例应达到15%以上。

（五）各级党政机关要督促指导所属各类事业单位做好按比例安排残疾人就业工作。各类事业单位要结合本单位岗位构成情况，按比例确定和单列适合残疾人就业的岗位，多渠道招聘残疾人。各级政府和有关部门投资或开发的公益性岗位，要明确一定比例优先安排符合条件的残疾人就业，并保障残疾人就业岗位的相对稳定。

（六）国有和国有控股企业应根据行业特点和企业实际，开发和单列一定比例适合残疾人就业的岗位，定向招录符合岗位要求的残疾人就业。要积极参加残疾人专项招聘，带动其他企业参加残疾人专场招聘会，促进残疾人就业最大化。企业投资兴办的福利企业、劳动就业服务企业中安置的残疾人，按投资比例计入该企业安置残疾人就业人数。以劳务派遣方式使用残疾人劳动者，不计入实际用工单位安置残疾人就业人数。企业对招录的残疾人须依法订立劳动合同，并按规定为残疾人职工缴纳社会保险，实行同工同酬。

三、加大对用人单位的补贴、奖励和惩处力度

（七）认真贯彻《中华人民共和国就业促进法》《广西壮族自治区就业促进办法》及相关法律法规关于就业专项资金管理的有关规定，对参加职业培训、职业技能鉴定并符合条件的残疾人给予职业培训补贴、职业技能鉴定补贴；对吸纳残疾人就业并符合条件的用人单位，按有关规定给予社会保险补贴。社会保险补贴用于用人单位为符合条件的残疾人实际缴纳的基本养老保险费、基本医疗保险费、失业保险费，不包括本人应缴纳的基本养老保险费、基本医疗保险费和失业保险费，以及企业（单位）和个人应缴纳的其他社会保险费。补贴期限除距法定退休年龄不足5年的残疾人可延长至法定退休年龄外，其他残疾人最长不超过3年。补贴所需资金，符合享受就业再就业政策条件的，从当地财政就业专项资金中列支，其他从残疾人就业保障金中列支。

（八）加大残疾人就业保障金（以下简称残保金）对超比例安置残疾人就业单位的补贴和奖励力度，提高用人单位安排残疾人就业的积极性。机关、人民团体、事业、企业、民办非企业单位（不含福利企业）超比例安排残疾人就业的，除按现行政策给予奖励外，每超比例安置1名残疾人（自然人）且该名残疾人连续在岗满1年（含）以上的，可一次性给予用人单位不超出当地当年残保金征收标准的奖励，所需资金从本级残保金中列支。奖励金用于残疾人培训、改造无障碍设施、购置方便残疾人就业的专用设备及就业残疾人的社会保障等。

（九）用人单位安排残疾人就业达不到规定比例的，应严格按规定足额交纳残保金。用人单位应当交纳的残保金数额由各级残疾人就业服务机构依照有关规定核定。用人单位应按时足额交纳残保金。对拒不安排残

疾人就业又不缴纳残保金的用人单位，除了根据《广西壮族自治区实施〈中华人民共和国残疾人保障法〉办法》和《广西壮族自治区实施〈残疾人就业条例〉办法》等有关规定进行处罚外，还可采取在媒体上曝光、通报、财政划拨、申请法院强制执行等措施。各地须将用人单位是否履行按比例安排残疾人就业义务纳入各类先进单位评选标准，对于不履行义务的用人单位，不能参评先进单位，其主要负责同志不能参评先进个人。

四、加强对用人单位按比例安排残疾人的就业服务

（十）加强培训，提高残疾人就业能力，为推进残疾人按比例就业奠定基础。各级人力资源和社会保障部门、财政部门、残疾人联合会要贯彻落实《关于加强残疾人职业培训促进就业工作的通知》（残联发〔2012〕15号）精神，下大力气抓好残疾人职业培训。要针对残疾人特性和类别化培训需求，组织开展多形式、多层次的职业教育、职业技能培训和岗位技能提升培训。结合用人单位的用工情况和岗位需求，为残疾人提供有针对性的订单培训、定向培训、定岗培训服务，不断提高残疾人职业技能和就业能力。从残疾人就业保障金中对残疾人就业培训基地开展的残疾人职业培训给予补贴，建立健全残疾人职业培训补贴与培训质量、一次性培训后就业率相挂钩机制。加大各类特殊教育学校和职业技工院校在招生人数、专业设置、师资力量、场地设施等方面对残疾人的倾斜，强化对在校残疾学生的职业技能培训和就业指导服务，促进高校残疾人毕业生就业。

（十一）各级公共就业服务机构和残疾人就业服务机构要发挥好用人单位与残疾人之间的桥梁和纽带作用。主动走进残疾人家庭和用人单位，全面了解辖区用人单位的岗位需求，准确掌握辖区内就业年龄段残疾人的基本情况，加快完善残疾人就业需求登记制度。街道（乡镇）、社区（村）基层就业服务平台要将残疾人纳入就业援助对象范围，对其就业状况和就业培训需求等基本信息建立台账。各级公共就业服务机构要在服务大厅内开设为残疾人服务的专区，免费为残疾人提供就业政策法规咨询，职业指导和职业介绍，办理就业登记、失业登记。发挥公共就业服务网络平台作用，定期准确发布职业供求信息；指导和协助残疾人就业服务机构组织用人单位开展残疾人招聘活动，加大向用人单位推荐残疾人工作力度。各级公共就业服务机构和残疾人就业服务机构要加强就业服务平台联网和就业信息共享，促进残疾人求职者与用人单位之间高效、快捷的双向选择。

五、齐抓共管协力促进残疾人按比例就业

（十二）残疾人按比例就业是国家为保护和促进残疾人就业而采取的重要举措，是法律赋予用人单位的责任和义务。各级有关部门要建立促进残疾人按比例就业的协调工作机制，共同做好制度完善、政策落实、监督管理。同时，要按照职责分工，充分发挥各自优势，制定和落实残疾人优待扶助政策。县级以上残联负责残疾人按比例就业工作的具体组织实施与监督，残工委成员单位依照各自职责予以配合，共同建立和加强按比例安排残疾人就业工作执法检查等长效机制。人社、地税、财政、编办、统计等部门应在各自的职责范围内，积极配合残联核实用人单位情况、职工人数、职工年度平均工资、残保金缴纳等相关情况，加强相关的业务平台联网和必要的业务信息共享，以确保准确掌握用人单位按比例安排残疾人就业真实情况。加强对按比例就业法规政策、履行法律义务的用人单位的宣传，进一步扩大社会影响，营造良好的社会环境。

（十三）各级人力资源和社会保障部门要依法加强残疾人劳动权益维护工作。充分发挥劳动保障监察执法的职能作用，把按比例安排残疾人就业纳入劳动保障监察范围，加大监察执法工作力度，及时督促整改。各级公共就业服务机构、基层劳动就业社会保障服务平台要指导和会同残疾人就业服务机构加强对残疾人的就业服务和就业援助。各类职业院校和培训机构要积极参与和承担残疾人职业培训职责。

（十四）各级公务员主管部门负责落实并指导各部门做好残疾人公务员招录工作。

（十五）各级事业单位登记管理部门在事业单位登记管理、绩效评估和年度审核工作中，要积极引导事业单位按比例安排残疾人就业。

（十六）各级国资委要重视并督促国有和国有控股企业按比例安排残疾人就业，积极推进残疾人就业工作。

（十七）各级财政部门要加强残保金征收使用管理，根据国家有关部门和自治区人民政府关于残疾人就业保障金的管理规定，修订《广西壮族自治区残疾人就业保障金管理暂行办法》，更好地发挥残保金对促进残疾人就业的作用。各级财政、地税、残联部门要落实征收机关责任，完善征收措施、规范征收程序、加大征收力度，做到依法征收、应收尽收。建立责任追究制度，对擅自多征、减征、缓征、不征残保金的，要严肃追究责任人的责任。进一步规范残保金征收使用管理，要将残保金收支纳入各级政府性基金预算管理，专项用于国家和自治区规定的支出，提高资金使用效益。

（十八）各级残联及所属残疾人就业服务机构要积极主动做好残疾人按比例就业工作。沟通协调有关部门，进一步健全规范残疾人按比例就业制度。着力抓好残疾人职业培训，提高残疾人就业能力，向用人单位主动介绍、推荐残疾人；落实对按比例和超比例安排残疾人就业单位的补贴和奖励；加强对用人单位按比例安排残疾人就业情况的年审和检查、监督，完善各项服务。

（十九）各市有关部门要根据本实施意见，制定具体实施方案。

中共广西壮族自治区委员会组织部
广西壮族自治区机构编制委员会办公室
广西壮族自治区财政厅
广西壮族自治区人力资源和社会保障厅
广西壮族自治区人民政府国有资产监督管理委员会
广西壮族自治区地方税务局
广西壮族自治区公务员局
广西壮族自治区残疾人联合会
2014年6月16日

三、工作综述

2014年，广西残疾人工作全面贯彻落实党的十八大和十八届三中、四中全会精神，贯彻落实中央、自治区关于促进残疾人事业发展的新部署、新要求，加快推进残疾人小康进程，圆满完成"十二五"规划年度目标任务。

（一）深入开展基础管理建设年活动，扎实推进残疾人基本服务状况和需求专项调查工作

自治区残联积极开展"转作风、强服务、促发展——基础管理建设年"活动，建立重点工作重大项目绩效考评机制，加强资金、队伍、项目、资产、绩效管理。自治区残联全面梳理现有规章制度24项，其中保留制度20项、修订制度4项、新建制度13项，进一步完善残联组织的基本管理制度，被授予"区直机关文明单位"荣誉称号。积极争取中央、自治区财政投入残疾人事业4.51亿元，同比增幅61%；首次从自治区留成福利彩票公益金中争取2500万元用于实施助残项目，在南宁、桂林市开展政府购买残疾人服务试点工作；积极申报中央投资计划残疾人康复和托养服务设施建设项目，获批7个，补助金额4360万。率先在全国建立重度残疾人护理补贴数据系统，在机关、直属事业单位建立办公自动化系统。加强残疾人状况监测工作，在中国残联对全国残疾人监测工作进行考核评定时受到表扬。根据全国残疾人基本服务状况和需求专项调查工作部署要求，自治区残工委牵头，全区各级成立残疾人基本服务状况和需求专项调查工作联席会议和办公室，

专项调查办人员主要从残联和统计部门抽调，筹集近3000万元工作经费，核查残疾人人口库中持证残疾人数140万多人，0—15岁非持证残疾儿童人数4669人。通过举办全区专项调查核查工作会暨技术培训，召开全区专项调查工作推进会，层层签订专项调查工作目标责任书、保密协议，采用电话抽查、现场检查等方式组织检查通报，承办全国五省（区）专项调查督导调研会，先后组织到柳州市等8市县调研，指导各地开展核查工作情况，建立广西专项调查群，共举办调查培训班400多期，培训调查员4.5万余人，组织各乡镇（街道）、村（社区）干部和残疾人专职委员建立核查队伍，推动核查工作深入开展。截至2014年11月11日，广西残疾人基础信息核查完成率达到100%，在全国核查系统滚动排名中位列第一。《广西残疾人基本服务状况和需求专项调查培训工作方案》作为全国残疾人基本服务状况和需求专项调查国家级培训会议交流材料印发，在全国推广。

（二）健全完善残疾人社会保障体系，切实改善残疾人基本民生

残疾人各项社会保障政策得到贯彻落实，重点完善残疾人基本生活兜底机制。有46.68万名贫困残疾人纳入低保范围，有97.41万名残疾人参加城乡居民社会养老保险。建立了重度残疾人护理补贴制度，积极争取自治区财政安排1亿多元，为全区31.6万重度残疾人发放补贴。实施"阳光家园计划"补助项目，投入3885万元为35160人开展智力、精神和重度残疾人托养服务。推动将重度残疾人护理补贴和残疾人托养"阳光家园计划"补助纳入2014年自治区人民政府为民办实事项目。实施贫困残疾人参加新型农村和城镇居民社会养老保险政府全额代缴优惠政策，帮助30万名贫困残疾人解决参保难的问题。广西全额代缴优惠政策覆盖所有贫困残疾人的做法，受到中国残联表扬。自治区残联联合自治区政协提案委开展农村残疾人参加新农合情况实地调查，向自治区政协提交《广西农村重度残疾人和残疾人低保对象参加新农合情况调查报告》。筹集资金370万元，对3700多名贫困残疾人个体工商户和灵活就业人员进行养老保险补贴。

（三）深入实施残疾人扶贫开发工程，持续推进残疾人脱贫致富

自治区残联、自治区党委组织部、自治区财政厅共同深入实施农村基层党组织助残扶贫工程——广西"党员扶残温暖同行"项目，自治区残联、自治区党委组织部下发《关于深化实施农村基层党组织助残扶贫工程的通知》，将其纳入第二批党的群众路线教育实践

活动，建立驻村干部帮扶机制，将"美丽广西"乡村建设（扶贫）工作队作为实施主体，进一步深化实施助残扶贫工程。2014年，全区各级共投入扶持资金1710万元，组织1.4万多个农村基层党组织、近2万名党员结对帮扶17813户贫困残疾人。将工程打造成为自治区残疾人扶贫开发工作品牌，在第二十八次全国残联工作会议、全国农村基层党组织助残扶贫工作经验交流暨农村残疾人扶贫开发工作会议上做经验交流。实施"阳光助残扶贫基地建设"项目，筹集资金2220万元，扶持全区111个县（市、区）基地，集中安置残疾人就业2427人，辐射带动残疾人生产劳动14050人，自治区财政厅组织第三方绩效再评价小组对项目实施情况进行绩效再评价，获得优秀等次。投入1200多万元，实施农村贫困残疾人实用技术培训项目，全年共培训31528人。实施农村贫困残疾人危房改造项目，全年完成5848户贫困残疾人危房改造任务。落实康复扶贫贴息贷款项目资金189万元，累计扶持1509户农村残疾人家庭发展生产。筹集资金120万元选聘1000名农村贫困残疾人担任农家书屋管理员。有59817名贫困残疾人得到扶持，其中38357人通过扶贫开发实际脱贫。广西残疾人扶贫开发工作，在全国残联、国务院扶贫办组织开展农村残疾人扶贫开发纲要执行情况督导检查中获优秀成绩。

（四）积极开展残疾人就业服务，努力实现残疾人就业创业

自治区党委组织部、自治区残联等8个部门出台了《关于促进残疾人按比例就业实施的意见》，其中"招录机关专设残疾人招录职位"等多项具体措施得到了中国残联肯定。自治区残联、自治区人社厅联合开展残疾人就业援助月活动，全区组织残疾人专场招聘会133场，走访残疾登记失业人员家庭6409户，实名制纳入培训计划16004人，帮助登记失业人员实现就业1208人，帮助35687名享受专项扶持政策。共有349家驻邕中区直单位按比例安排残疾人就业1104人，比上年增加21家单位，新增就业234人。全区开办职业技能和实用技术培训487期，共培训27244人次。投入190万用于残疾人就业创业扶持，筹集1000万元帮助8个市残疾人就业服务机构购置设施设备，筹集300万元帮助全区30个市、县（市、区）加强职业康复基地建设。广西省级残疾人就业服务机构规范化建设通过中国残联达标验收，八步区职业技术学校等4家院校成为第二批国家级残疾人职业培训基地。首个自治区本级盲人按摩实训基地广西阳光盲人按摩服务中心投入运行。开展残疾人就业和职业培训实名制统计管理工作，录入就业数据503568条，录入培训数据113817人次，排名全国第6位。组织参加全国残疾人岗位精英职业技能竞赛、就业服务机构工作人员竞赛，有2人分获创意作品奖、拼搏奖，1人获"职业指导能手"称号，广西代表队获团结协作奖。

（五）全面推进残疾人康复服务，重点加强基本康复服务和残疾预防

在全区开展残疾人社区康复工作，有57634人次接受服务，扶持50个县（市、区）各1个乡镇（社区）卫生机构建立完善康复室，每个配备约4.4万元康复训练设备。通过实施白内障复明扶贫项目等，实施手术23289例，其中为贫困患者免费13241例。开展"七彩梦行动计划"等康复救助项目，对1130名残疾儿童进行康复救助训练、矫治手术等，实施人工耳蜗项目植入手术59例。完成200例聋儿助听器救助对象康复安置工作。为489名贫困残疾人免费配戴助听器。为全区各类残疾人适配各类辅具26466件，其中免费配发22987件。全区新收训聋儿560人，盲人定向行走训练2468人，肢体、智力残疾儿童康复训练4209人，成年肢体、智力残疾人康复训练5160人；监护精神病人85515人，贫困精神病患者接受医疗救助11642人。加强精神病防治康复工作，筹集资金800万元为2000名贫困精神病患者提供医疗住院救助。推进残疾预防工作，对柳州市开展残疾儿童随报及早期康复试点、新生儿听力筛查补助项目试点工作进行跟踪督导。加强康复工作队伍建设，共培训康复管理、业务人员及社区康复协调员4994人次。广西残疾人辅具中心被授予全国首个"全国残疾人辅助器具服务示范中心"称号。

（六）实施特殊教育提升计划，不断提高残疾人受教育水平

推动出台《广西特殊教育提升计划（2014—2016年）实施方案》和《广西关于进一步加快特殊教育事业发展实施意见》，继续开展"阳光助学"等项目，投入216.68万元资助特殊教育学校学生接受义务教育5418人，投入141.17万元资助贫困残疾学生接受中高等教育799人，投入162万元资助贫困残疾儿童接受学前教育540人。投入100万元资助柳州、玉林等市县19所特殊教育学校和学前教育机构配备教学康复设备。有279名残疾学生被普通高等院校录取。组织开展"全国交通银行特教园丁奖"、"全国交通银行残疾大学生励志奖提名奖"推荐评选工作，刘彬连等6人荣获了"全国交通银行特教园丁奖"，江盼荣获"全国交通银行残疾大学生励志奖提名奖"。加强特殊教育理论课题研究，自治区残联、广西教育学院、南宁市盲聋哑学校等合作的《民族地区特殊教育信息化能力建设研究

——以特殊教育教师三元互动培养机制为视角》被中国残联批准列为2014—2015年度中国残疾人事业理论与实践政策研究课题。

（七）依法保障残疾人权益，大力推进无障碍环境建设

加大法制宣传教育力度，自治区残联组织开展首个"国家宪法日"暨全国"法制宣传日"残疾人法律知识宣传、咨询、竞赛等活动，弘扬依法保障残疾人平等参与社会生活基本权利的宪法精神。在《广西法制日报》刊登《广西壮族自治区实施〈中华人民共和国残疾人保障法〉办法》及释义，并将《办法》和释义印发各地。全区残联接待办理来访、来信16467人次（件）。各级残联开展残疾人普法宣传教育活动211次，57087人次参加。实施"扶残维权"行动，为贫困残疾人办理68件法律帮助案件，为400多人次进行法律咨询，向数千名群众宣传法律法规；自治区残联本级办理《阳光在线》转办件14件，做好人大、政协建议、提案办理及答复工作，共办理办结建议、提案5件。推进无障碍环境建设，自治区残联、自治区住建厅等部门联合开展全区创建无障碍市县工作检查。为3611户贫困残疾人进行居家无障碍改造，为17384辆残疾人机动轮椅车发放燃油补贴，录入2015年数据18034辆。举办首届全区残疾人汽车驾驶安全技能竞赛活动。

（八）广泛宣传残疾人事业，积极开展残疾人文化体育活动

举办第五次全国自强模范与助残先进广西受表彰代表报告会，在北海等4市举行5场报告，听众近2000人。做好第二十四次"全国助残日"系列活动宣传工作，首次举办"扶残助残社会开放日"活动，自治区残疾人就业中心启智展能实训基地、辅具中心向社会各界开放参观，自治区副主席黄日波、自治区残工委成员单位领导等出席活动，残疾人、社会各界群众和新闻媒体记者等近400人参加活动。加强与广西日报、广西电视台等媒体的合作，广泛宣传残疾人事业，举办2012—2013年度广西残疾人事业好新闻评选活动。积极做好"百家新闻媒体公益助残行动"工作。推荐、选送优秀节目参加第十一届各地人民广播电台残疾人专题节目展播。全新改版《广西残联》杂志，并扩大发行至乡（镇、街道）残联，每期增印至5000册，成为残联宣传的主阵地。广西残联网站获得中国残联2014年度残联系统网站评测第四名，并在全国残联信息化工作会议上做网站建设经验介绍。组织开展"残疾人文化周"、残疾人"文化进社区"等活动，推荐30个社区获中国残联"文化进社区"项目资助。指导北海市做好全国残疾人文化体育建设示范市创建工作，推动市、县两级公共图书馆盲人阅览室建设。成功举办全区第八届残疾人运动会，全区有15个代表团共546名运动员参赛，设9个大项215个小项。先后组织参加全国残疾人田径等项目锦标赛、第九届全国残运会提前项目轮椅篮球等项目比赛，取得了16个第一名、19个第二名、22个第三名的成绩。输送运动员代表中国参加2014年仁川亚残运会，取得5枚金牌的好成绩。实施残疾人自强健身工程，举办健身项目培训等，积极开展"全国特奥日"和"残疾人健身周"活动。

（九）深入实施"强基育人"工程，切实加强残疾人组织建设

继续组织实施"强基育人"工程，开展全区残疾人专职委员待遇调查和县级残联配备残疾人干部情况调查。各级残联共举办培训班818期，培训机关干部、协会干部及残疾人专职委员15078人次，其中首次组织全区乡镇（街道）、社区残疾人专职委员和部分村残疾人专职委员共1423人参加全国残疾人专职委员网络在线学习培训。在全区开展推荐全国自强模范和助残先进集体、个人工作，组织参加第五次全国自强模范暨助残先进集体和个人表彰大会，谭士熙、黄梦萍、马霄、包学雄等4人获全国自强模范称号，崇左市人民医院、自治区财政厅社会保障处、桂林新华电脑职业技术学校等3家单位获全国助残先进集体称号，李次元、唐翠玉、王芳、李旺兰等4人获全国助残先进个人称号，北海市残疾人康复培训中心、防城港市自强社区服务中心、贺州市八步区残疾人联合会等3个机构获残疾人之家称号，廖萍获全国残联系统先进工作者称号，以上先进个人和先进集体代表受到习近平总书记等中央领导亲切接见。深入开展志愿助残工作，抓好示范基地建设，打造志愿助残义务家教等志愿助残品牌。与广西民族大学合作开展的《民族地区残疾人社会交往介入服务研究——以广西壮族自治区为例》被中国残联批准列为2014—2015年度中国残疾人事业理论与实践政策研究课题。

（十）加强残疾人专门协会工作，丰富活跃残疾人生活

加强残疾人专门协会工作，组织自治区残联五个专门协会主席、副主席及全区市、县（区）残联专门协会主席共598人参加全国残联专门协会主席远程培训班学习。各专门协会积极开展各项活动，广西肢残人协会在"国际残疾人日"召开无障碍环境体验学习交流会，与南宁市肢残人协会在南宁开展"爱与你同在——国际脊柱裂和脑积水日"社会宣传活动。广西精亲友协会在"国际孤独症日"期间开展"与爱同行，我不孤

独"为主题的公益社区宣传活动，与南宁第五人民医院举办2014年世界精神卫生日系列精神健康公益关爱活动。广西智亲友协会召开第二次全体会议，扎实推进协会工作。广西盲人协会在全区开展盲人乐器演奏选拔活动，与广西图书馆、广西大学青年志愿者协会共同举办"放飞我心中的中国梦"盲人读书演讲推广座谈会。广西聋人协会在富士康南宁科技园开展主题为"快乐工作、快乐生活、共筑我们的中国梦"助残日活动。

（十一）积极开展募捐助残行动，充分发挥福利基金会作用

开展八桂助残募捐等活动，争取中国残疾人福利基金会助残项目支持，与国际慈善组织等合作，筹集281万多元资金和价值585万多元的物资。开展助视、助听、助行、助宁、助康行动等助残项目，免费实施白内障复明手术4000例，免费为246名贫困听力障碍患者配验助听器，为80名贫困听障儿童提供一学年（10个月）康复训练费补助；免费发放各项目资助轮椅2419辆，免费为1000名贫困精神残疾人提供服药服务；资助梧州市2台美国PNT无创青光眼治疗系统设备，为800人次贫困青光眼、高眼压症患者免费筛查和治疗；免费发放2万多件服装，惠及6800多名残疾人及残疾人家庭。

四、大事记

1月5—10日，《共同促进残疾人体育发展项目》健身项目培训班在南宁市举行。各市残联、南宁铁路局残办及各县（区）残联负责残疾人体育工作人员、特教学校体育老师，2012年全国残疾人文化体育建设创建工作示范市、2013年自强健身示范点有关人员等共146人参加了培训。自治区残联副理事长杨一万出席培训班并讲话。培训班邀请专家讲解残疾人体育工作规范、科学健身知识、健身指导方法、活动组织方法等。

1月20—23日，中国残联主席团副主席、全国政协社会和法制委员会副主任王新宪一行，到广西调研残疾人就业和扶贫工作。调研期间，自治区副主席蓝天立会见王新宪一行，双方就促进广西残疾人事业发展进行交流。王新宪一行视察了广西残疾人事业园等残疾人服务场所，与残疾人亲切交谈，听取自治区残联工作汇报。深入玉林市玉州区等地，考察了各地残疾人综合服务中心等，了解残疾人扶贫、就业、康复等工作情况，看望慰问贫困残疾人家庭。

图6-20-1 王新宪在广西残疾人辅助器具中心与残疾人亲切交谈。

1月22日，自治区党委书记、自治区人大常委会主任彭清华在南宁市看望慰问道德模范和困难群众。在困难残疾人叶水生家，彭清华询问他们的生活起居情况并送上慰问金，鼓励他们要树立信心、克服困难。

1月26日，自治区副主席蓝天立到自治区启智展能中心慰问残疾人学员。

2月10日，自治区党委书记、人大常委会主任彭清华，自治区党委副书记危朝安，自治区党委常委、秘书长范晓莉等领导到自治区残联亲切看望残联干部职工。彭清华书记一行向大家致以新春的问候，并在广西残疾人就业服务大厅与残疾人求职者和企业负责人亲切交谈。

图6-20-2 彭清华在广西残疾人就业服务大厅与残疾人求职者亲切交谈。

3月3日，由自治区残联、广西残疾人福利基金会主办，自治区听力言语康复中心、解放军303医院、南宁市残联、兴宁区残联、南宁市残疾儿童康复中心、兴宁区五塘镇中心卫生院及瑞声达听力技术（中国）有限公司承办的第十五次全国"爱耳日"广西宣传教育活动暨助听器捐赠仪式在南宁市五塘镇中心卫生院举行。自治区残联理事长边疆等领导，获赠助听器的听力障碍人士及其家属等60多人参加了仪式。现场还开展爱耳护耳知识讲座，为助听器获赠者进行现场调试

验配。

3月11日，广西残联第六届主席团第二次全体会议暨第二十三次全区残联工作会议在南宁市召开。自治区残联理事长边疆向第六届主席团做工作报告。会议总结了2013年全区残疾人事业的发展情况，对2014年工作做了部署，安排了梧州等市县做工作经验交流发言，对2013年度在残疾人扶贫开发工作中取得突出成绩的单位进行表彰。

3月12—14日，全区残疾人宣传文化体育工作会议在南宁市召开。自治区残联副理事长杨一万出席会议并讲话。各市残联和南宁铁路局残办分管宣文工作的领导、宣文科科长及部分县（市、区）残联理事长参加会议。南宁等市残联做工作经验交流发言。

3月14日，2014年全区残疾人就业服务工作会议在南宁市召开。各市残联分管副理事长、就业服务中心主任、盲人按摩中心主任和广西首批国家级残疾人职业培训基地代表共60多人参加会议。自治区残联副理事长杨一万出席会议并讲话。会议总结了2013年全区残疾人就业服务和盲人按摩工作，部署了2014年工作，对获得首批全国残疾人职业培训基地进行授牌。

4月11日，广西残疾人福利基金会第三届理事会第七次会议暨2013年募捐工作通报会在南宁市召开，第三届理事会理事、监事，广西日报传媒集团、广西电视台领导及爱心单位代表共26人参加会议。会议通报了广西残疾人福利基金会2013年募捐工作及财务执行情况，布置了2014年工作。

4月30日，自治区副主席黄日波到广西残疾人事业园调研残疾人工作。黄日波副主席一行视察了广西残疾人就业服务大厅，与残疾人求职者、企业负责人亲切交谈，并听取自治区残联工作汇报。

5月9日，由广西盲人协会、自治区图书馆、广西大学青年志愿者协会共同举办的"放飞我心中的中国梦"盲人读书演讲推广座谈会在自治区图书馆举行，自治区残联副理事长李瑞祥、广西图书馆馆长徐欣禄等领导及60多名盲人朋友和青年志愿者出席座谈会。

5月14日，南宁市残疾人创业园揭牌仪式暨长江新里程计划"高科技助残就业项目"先进单位表彰大会在南宁职业技术学院举行。自治区残联副理事长杨一万、南宁职业技术学院党委书记陈建新等领导为南宁市残疾人创业园揭牌。南宁市作为全国30个项目执行试点城市之一，帮助残疾人在高科技领域实现就业和创业，项目直接受益残疾人981名。南宁市残疾人劳动就业服务指导中心等单位和个人分别被授予长江项目执行省市先进单位、先进个人等称号。

5月15日，全区残联康复工作培训班在河池宜州市举行，各市残联分管康复工作的领导和康复科长参加培训。培训班安排与会人员现场观摩了宜州市精神障碍患者农疗基地。

5月15日，广西肢残人协会与广西安琪之家脑瘫儿童活动中心开展"脑瘫儿童社区康复与融合活动"宣传活动。安琪之家在训脑瘫儿童、工作人员、高校志愿者、社区居民近150人参加活动。工作人员与志愿者向居民发放脑瘫知识宣传手册，邀请居民给脑瘫儿童写上祝福语，并与脑瘫儿童、社区居民互动游戏。

5月16日，第五次全国自强模范暨助残先进集体和个人表彰大会在北京人民大会堂召开。自治区副主席黄日波、自治区残联理事长边疆率广西受表彰人员参加大会。谭士熙、黄梦萍、马霄、包学雄等4人获全国自强模范称号，崇左市人民医院、自治区财政厅社会保障处、桂林新华电脑职业技术学校等3家单位获全国助残先进集体称号，李次元、唐翠玉、王芳、李旺兰等4人获全国助残先进个人称号，北海市残疾人康复培训中心、防城港市自强社区服务中心、贺州市八步区残疾人联合会等3个机构获残疾人之家称号，廖萍获全国残联系统先进工作者称号。

5月16日，广西精亲友协会在南宁第五人民医院开展"第二十四次全国助残日——精亲友座谈会"。精亲友协会主席李德全、五医院院长谢焱等领导及"阳光家园"残疾人朋友近70人参加座谈会。

5月18日，由自治区人民政府残工委、残联主办的第二十四次"全国助残日"扶残助残社会开放日活动在自治区残疾人劳动就业指导中心启智展能实训基地举行。自治区副主席黄日波出席活动并讲话，部分自治区残工委成员单位领导、残疾人、残疾人工作者、志愿者、社会各界群众和新闻媒体记者等近400人参加活动。大家观看了启智展能实训基地残疾人服装制作、丝网花制作、十字绣制作等展示，参观了辅具中心展示厅、假肢制作车间、综合康复训练室及各类残疾人体验室。

图6-20-3 第二十四次"全国助残日"扶残助残社会开放日活动现场。

5月18日，广西聋人协会在富士康南宁科技园开展主题为"快乐工作、快乐生活、共筑我们的中国梦"的助残日活动，富士康南宁科技园工会及近百名听障碍残疾职工参与活动。残疾职工进行现场书画、剪纸展览等才艺展示，并参加"空中接龙、竞猜合作、吹球比赛"等趣味游戏。

5月20日，2014年全区残疾人教育就业扶贫和社会保障工作会议暨重度残疾人护理补贴发放管理业务培训在南宁市召开，各市残联分管副理事长、教就科科长及各县（市、区）残联理事长参加会议。自治区残联理事长边疆出席会议并讲话，副理事长杨一万做会议报告，各市残联进行了经验交流。会议就重度残疾人护理补贴发放管理业务、资金发放使用管理问题进行培训。

5月27—29日，广西第八届残疾人运动会在柳州市李宁体育馆举行。运动会由自治区残疾人联合会、自治区体育局主办，柳州市人民政府承办，来自全区的15个代表团546名残疾人运动员参加了田径、游泳、乒乓球、羽毛球、举重、飞镖、男子聋人篮球、女子坐式排球、盲人柔道等9个大项比赛。

图6-20-4 广西第八届残疾人运动会女子坐式排球比赛现场。

5月30日，广西残疾人康复中心建设项目开工仪式在广西残疾人事业园举行。自治区残联党组书记、理事长边疆，自治区人大内司委副主任委员、自治区残联主席团副主席谭和平等领导、嘉宾出席开工仪式。自治区残联机关、直属事业单位干部职工等100多人参加仪式。

6月9日，自治区残疾人康复研究中心承担的广西科学研究与技术开发计划项目"广西农村脑瘫儿童实用社区家庭康复研究"通过自治区科技厅专家组的项目验收。经鉴定，该研究成果处于国内领先水平。

6月9—13日，自治区残联领导干部学习贯彻习近平总书记系列重要讲话精神培训班在广西干部学院举办。各市残联领导、自治区残联机关正科级以上干部及直属单位领导班子成员共53人参加培训。自治区残联理事长边疆做动员讲话并授课。培训班邀请专家教授全面解读了习近平总书记系列重要讲话精神和十八届三中全会精神，还邀请全国自强模范马霄做事迹报告。

6月10日—7月4日，自治区残联分别在北海、南宁、崇左、百色等市举办第五次全国自强模范与助残先进事迹报告会，广泛学习和宣传全国自强模范和助残先进活动，鼓励和引导残疾人自强自立、顽强拼搏。北海、南宁、崇左、百色等市残疾人和各界群众近2000人参加了报告会。

6月27日，广西残疾人康复协会第二次会员代表大会在南宁市召开。会议审议并通过了第一届理事工作报告及财务报告，对《广西残疾人康复协会章程》进行了修改；选举产生了第二届理事会会长、副会长等人选。

7月1日—8月31日，广西人才服务办公室与广西残疾人劳动就业指导中心开展"2014年广西离校未就业残疾高校毕业生网络招聘会"活动。招聘会在广西人才网、广西残联网、广西毕业生就业服务网、广西残疾人劳动就业指导中心网、各市人才网、各市残联网站发布，用人单位及残疾高校毕业生均免费参加。

7月22—24日，全区残疾人基本服务状况和需求专项调查工作会议暨技术培训班在南宁召开。自治区残联理事长边疆出席并讲话，副理事长、专项调查办公室主任李瑞祥主持会议。专项调查办公室各小组成员、全区各市、县（区）残联理事长和分管基础管理建设年工作的副理事长、信息技术负责同志近300人参加会议。会议传达了全国专项调查工作会议精神，部署了专项调查核查工作，对残疾人基础信息核查和残联组织基础管理状况专项调查相关内容进行了培训。

8月7日，首次全区残疾人驾驶汽车安全技能竞赛在南宁举行，竞赛共有倒车入库、侧方停车、定点停车和半坡起步、直角转弯、曲线行驶等五个项目，来自全区各地的50名残疾人参加比赛。

9月9日，广西实施中央财政资金支持社会组织参与社会服务"集善工程——听力助残"助听器项目捐赠仪式在百色市田东县举行，自治区残联副理事长、广西残疾人福利基金会理事长李瑞祥出席仪式并讲话，百色市残联、田东县领导和县残联工作人员、受助残疾人代表等90多人参加捐赠仪式。该项目资助广西140台助听器，安排在田东、隆林县实施。

9月25日，中国残疾人辅助器具中心陈振声主任一行到自治区残疾人辅助器具中心，就广西创建全国辅助器具服务示范中心情况进行考察调研。

9月29日，全区专项调查工作推进会在南宁召开，会议传达了全国专项调查工作推进会精神。自治区残联副理事长、专项调查办公室主任李瑞祥通报了全区专项调查工作进展情况,并部署了下一步工作。自治区残联理事长边疆和各市残联签订了专项调查工作目标责任书。

10月11—13日,2014年全区残联统计人员培训班在南宁市召开。各市、县(市、区)统计人员,自治区残联机关、直属单位和各市、县(市、区)残联统计人员共150人参加培训。自治区残联副理事长许健强讲话。培训班对2014年相关统计指标进行了详细讲解,并分析了2013年统计报表填报的主要问题。

10月22-23日,全国残疾人基本服务状况和需求专项调查五省(区)督导会议在南宁市召开。中国残联副主席、全国残疾人专项调查联席会议办公室主任吕世明出席会议并讲话,中国残联组联部和广东、海南、贵州、云南、广西五省(区)残联相关负责同志参加会议。会上,各省(区)汇报了当地开展全国残疾人基本服务状况和需求专项调查总体情况及进度。其间,自治区副主席高雄会见了出席会议的吕世明副主席及参会的各省残联同志。

10月22—24日,广西选派7名选手参加全国残疾人岗位精英职业技能竞赛暨全国残疾人就业服务机构工作人员职业指导竞赛。陆昌雄获得陶艺项目创意作品奖,郑翠珍获得陶艺项目拼搏奖,李飞燕获得"职业指导能手"荣誉称号,广西代表队获得"团结协作奖"。

10月25日,广西肢残人协会与南宁市肢残人协会在南宁市开展"爱与你同在——国际脊柱裂和脑积水日"社会宣传活动。脊柱裂和脊髓损伤残疾人代表,瑞康医院、自治区残疾人康复中心和辅具中心专家学者近40人参加活动。

10月30日,中国残疾人福利基金会"集善工程"——拉夏贝尔服装、海王蛋白粉广西项目捐赠仪式在百色市特殊教育学校举行,中国残疾人福利基金会项目二部部长朱晓峰等领导出席捐赠仪式并讲话,广西残疾人福利基金会、百色市残联、教育局领导及市特殊教育学校师生等100多人参加活动。

11月3—19日,全区残疾人基本服务状况和需求专项调查培训班分四期在钦州、百色、柳州和贺州市举行。各市专项调查办人员及所辖各县(市、区)专项调查师资参加培训。培训班讲解现场调查、数据录入以及后期工作要求,安排了课堂模拟填写问卷、入户调查试填问卷、上机录入操作等。

图6-20-5 全区残疾人基本服务状况和需求专项调查培训班入户调查试填问卷现场。

11月4—6日,全区残联系统通讯员培训班在南宁市举行,自治区残联副理事长杨一万出席培训班并讲话。各市、县(市、区)残联和南铁残办残疾人事业宣传负责人、《广西残联》杂志投稿工作通讯员近130人参加培训。培训班邀请专家教授讲授新闻舆论导向、新闻写作方法及要求、新闻摄影等内容。

11月14日,中国残疾人福利基金会"集善工程·启明行动"广西项目捐赠仪式在北海市合浦县举行,中国残疾人福利基金会项目一部经理王岩,佳通轮胎(中国)投资有限公司法务总监寿惠多,广西福利基金会、北海市和合浦县残联领导,白内障患者代表等参加活动。

11月26—28日,广西残疾人状况监测2013年度工作总结会暨2014年度监测工作培训班在南宁市举行,25个监测县监测员及具体业务负责人员共59人参加会议。自治区残联副理事长许健强出席会议并讲话。培训班对监测工作相关内容和环节进行讲解,并进行问卷模拟试问试填。

11月30日,自治区残联与南宁市西乡塘区残联、北湖社区残联、广西南国雄鹰律师事务所,在北湖安居小区内开展"国家宪法日"暨全国"法制宣传日"残疾人法律知识宣传、咨询、竞赛活动,残疾人及其家属共200多人参加活动。自治区残联副理事长杨一万出席活动并讲话。活动现场开展了法律知识宣传和竞赛活动,并设有法律服务咨询台。

12月24—26日,全区重度残疾人护理补贴数据库管理信息系统培训班在南宁市举行。各市残联教就科科长,各市、县(市、区)残联负责数据库工作人员等150多人参加了培训。培训班讲解了重度残疾人护理补贴数据库管理信息系统相关知识,并安排了实践操作。

12月29日,中国残疾人福利基金会"集善工程——(爱之翼)助残行动"电动轮椅广西项目启动仪式在南宁市举行,自治区残联理事长边疆等领导及广西残疾人福利基金会理事会理事、监事出席仪式。受助残疾人代表等60多人参加活动。全国自强模范马霄、2009年度中国青年五四奖章获得者阮文凭及田径运动员时科军等10名残疾人获得电动轮椅资助。

附 录

广西构筑扶贫助残安全网
23.4万贫困残疾人纳入低保

王明浩、王云娜　《人民日报》　2014年1月15日

为让贫困残疾人摘掉穷帽子、过上好日子，广西督导全区各地申报"阳光助残扶贫基地建设"项目，审核确认了123个扶贫基地建设项目，下拨2220万元专项补助资金，集中安置、带动引导1万多名残疾人发展生产，增加收入。

广西将贫困残疾人扶贫开发纳入全区新一轮扶贫开发攻坚战内容，重点实施了"党员扶残温暖同行"、农村残疾人扶贫基地建设、农村贫困残疾人实用技术培训、"阳光家园计划"、"居家无障碍改造"、贫困成人残障者康复工程等六大项目。不少农村贫困残疾人文化程度低、无一技之长，如何实现就业？2013年，全区按照每人每年1000元的补助标准，对农村贫困残疾人实用技术培训补助650万元，完成培训2.9万人。自治区残联每年还举办计算机操作、盲人保健按摩等职业技能培训班，为残疾人打开创业之窗。

80后小伙李志林患有小儿麻痹症，大学毕业后回到南宁，正好赶上残联免费培训电脑技术。在培训班里学了10个月，小李考取国家级的三维动画设计师证书。此后，他和培训班上结识的5个残疾人朋友开办千牛电子科技公司，实现了自主创业，目前在广西已有四五家门店。碰上优秀的残疾人，他还会招至麾下。

在帮扶贫困残疾人获得工作机会的同时，广西积极为这一特殊困难群体编织社保"安全网"。2013年，广西确保符合条件的残疾人全部纳入城乡最低生活保障，实现"应保尽保"，全区23.4万名贫困残疾人纳入低保范围。66.89万名农村残疾人参加新型农村社会养老保险，近3万名城镇残疾人参加城镇居民社会养老保险，14.8万名残疾人参加城镇居民基本医疗保险，3600名贫困残疾人个体工商户和灵活就业人员得到基本养老保险补贴。同时，全区针对残疾人的特殊情况"分类施保"，提高贫困残疾人最低保障补贴标准。从今年1月1日起，广西贫困残疾人参加新农保和城居保由政府"埋单"，全区新增40万人享受全额补助。

广西壮族自治区残联相关负责人介绍，2013年，全区已有1.7万户贫困残疾人获结对帮扶。自治区明确了贫困残疾人家庭作为重点扶助对象，优先纳入政府农村危房改造总体规划，去年共投入200万元，完成农村贫困残疾人危房改造4000多户。全区还开展了贫困残疾人居家无障碍改造，中央和自治区补助资金，为3000户贫困残疾人进行家庭无障碍改造；2.3万名智力、精神和重度残疾人获得了集中托养、日间照料和居家托养服务补助。

（陈辉供稿）

海南省残疾人事业和残疾人工作

一、领导讲话

省委书记罗保铭祝贺省残疾人基金会成立的贺信
2014年1月13日

符永理事长并省残联全体同志和关心残疾人事业的各界朋友们：

首先，我代表省委、省政府对海南省残疾人基金会的成立和社会助残募捐活动的启动表示热烈祝贺和大力支持！

残疾人事业是一项需要特殊人文关怀的民生工程，需要社会各界人士伸出援助之手，用实实在在的行动，为残疾人朋友奉献一份爱心；更需要各级党委、政府倾听残疾人诉求，关心残疾人疾苦，为残疾人生活和就业多做好事、多办实事，让我省残疾人生活得更好，更有尊严。同时，希望基金会加强对募捐资金的制度管理，公开账目，把每一分善款切实用在残疾人身上，让残疾人朋友感受到全社会的关爱。

副省长何西庆在第六届海南省残疾人运动会上的讲话摘要
2014年11月17日

残疾人体育是残疾人事业和全民体育的重要组成部分。近年来，在省委、省政府的高度重视和社会各界的大力支持下，我省残疾人事业快速向前发展，残疾人状况有了很大改善，残疾人体育工作和残疾人体育队伍建设不断加强，残疾人群众性体育活动日趋活跃，残疾人运动员在国内外赛场屡创佳绩，为海南赢得了荣誉。

四年一届的省残运会，是属于全省50多万残疾人朋友的体育盛会，是展示自尊自信自强自立精神的魅力舞台，是推动残疾人事业发展的重要平台。我们真诚地希望全体运动员顽强拼搏、奋勇争先、赛出风格、赛出水平。希望全体教练员、裁判员和工作人员满怀爱心和热心，尽职尽责尽力地做好比赛组织和服务工作。希望各代表团相互学习，共同提高，推动我省残疾人体育事业健康发展。

副省长、省政府残工委主任何西庆在省政府残疾人工作委员会全体会议上的讲话摘要
2014年12月30日

一、正确认清形势，增强做好残疾人工作的紧迫感和责任感

第一，党中央、国务院对残疾人工作提出了新的更高要求。从国际视野看，残疾人事业是崇高的人道主义事业；从中国的传统文化看，残疾人事业是行善积德的事业；从党和国家的工作大局看，残疾人事业是中国特色社会主义事业的重要组成部分。当前，我国已进入全面建成小康社会的决定性阶段，残疾人事业在新的起点上面临更高要求。习近平总书记指出，抓民生要抓住人民最关心、最直接、最现实的利益问题，抓住最需要关心的人群。李克强总理强调，要下决心把残疾人等特困群体的问题解决好，把底兜住。张高丽副总理在中国残联第六次代表大会上要求，努力实现残疾人和全国人民同步小康，让残疾人生活得更有尊严、更加殷实、更加幸福。中央领导同志的重要指示精神，对如何做好新时期残疾人工作，方向指得十分明确，要求提得非常严格，是我们做好当前和今后一个时期工作的行动指南。

第二，实现残疾人与全省人民同步进入全面小康的任务异常艰巨。全面建成小康社会，是包括广大残疾人在内的每一个中国人的共同理想；让包括残疾人在内的特殊困难群体都能够享受幸福生活，才是幸福社会的真正内涵。由于各种原因，我省残疾人事业滞后于经济社会发展的局面尚未根本改变，残疾人仍然是最困难、最需要帮助的社会群体之一。一是残疾人总量大。全省有50万残疾人，涉及49.5万个残疾人家庭。二是扶贫难度大。我省农村35.49万残疾人中仍有9.1万人处于贫困之中，占全省贫困人口的12%，贫困面大、贫困程度深、稳定性差、返贫现象严重，残疾人生活状况远低于全国平均水平，就业压力大于全国平均水平。三是城

乡、区域发展不平衡。贫困县及老少边远等经济欠发达地区残疾人社会保障和服务能力薄弱，农村残疾人仍然主要依靠家庭照顾和供养。四是残疾人工作队伍力量薄弱。队伍数量、机构、人员设置和专业化水平需要加强，基层社区康复服务队伍不稳定。残疾人事业面临巨大压力，实现残疾人与全省人民同步进入全面小康的任务异常艰巨。

第三，加快推进残疾人事业发展面临良好机遇。一是随着依法治国方略的深入实施，残疾人事业政策法规建设不断完善，政府和社会依法维护残疾人平等权利的观念不断增强，为进一步发展残疾人事业提供了根本保障。二是随着国际旅游岛战略的加快推进，我省经济持续健康发展，社会财富不断积累增加，为进一步发展残疾人事业提供了更加坚实的物质基础。2013年省级财政资金对残疾人工作的投入增长了7.95%，今年资金增幅也达到25.64%。三是经过多年探索实践，我省残疾人事业形成了比较完备的政策法规体系、组织体系，积累了许多宝贵经验，为进一步发展残疾人事业创造了有利条件。四是扶残助残的社会氛围日益浓厚，重视残疾人事业、发展残疾人事业已经成为全社会的共识，为进一步发展残疾人事业创造了良好环境。党政领导更加关心、更加关怀这个特殊群体。2013年，中国残联召开第六次全国代表大会，习总书记和所有政治局常委出席会议，张高丽副总理代表党中央致祝词。2014年5月，习近平、李克强、刘云山、张高丽等党和国家领导人出席第五次全国自强模范暨助残先进表彰大会，习近平总书记还做了重要讲话，体现了对残疾人的特殊关怀。2013年我省召开了残联的换届大会，保铭书记、定之省长、宪生副书记、于迅主席等省领导出席大会，保铭书记做了重要讲话；2014年1月，在省残疾人基金会成立揭牌仪式上，保铭书记专门发来贺信，这体现了省委、省政府对残疾人群体无微不至的关心和关怀。贺信中保铭书记特别指出："残疾人事业是一项需要特殊人文关怀的民生工程，需要社会各界人士伸出援助之手，用实实在在的行动为残疾人奉献一份爱心；更需要各级党委、政府倾听残疾人诉求，关心残疾人疾苦，为残疾人生活和就业多做好事、多办实事，让全省残疾人生活得更好，更有尊严。"对此，大家要有所启发、有所震动。近年来，社会各界对残疾人给予了更多的关注，各种扶残济困活动深入持久开展，各类志愿者不断增加，媒体宣传力度持续加大，关心、尊重、帮助残疾人的社会文明观念日益深入人心，人道主义思想进一步弘扬。

面对残疾人事业发展的新任务、新挑战和新机遇，各级各有关部门要把握形势、提高认识，进一步增强责任感和紧迫感，以新任务为契机，以新挑战为己任，把握发展机遇，采取有效措施，推动残疾人事业在新的起点上加快发展。

二、抓住工作重点，努力推动残疾人事业发展迈上新台阶

（一）坚持不懈地解决残疾人的实际困难，切实满足他们的基本需要。解决残疾人面临的各种突出困难和问题，促进残疾人平等参与社会生活，实现全面发展，这是残疾人工作的根本任务，必须坚持不懈地抓紧抓好。一要加快建立贫困残疾人生活补贴制度和重度残疾人护理补贴制度。建立"两项补贴"制度是解决残疾人基本生活和护理需求的民生工程，目前全国已有半数以上（17个）省份建立了贫困残疾人生活补贴制度，三分之一（10个）省份建立了重度护理补贴制度。虽然近年来我省重度残疾人生活补助制度得到了有益探索和实践，但残疾人社会救助水平低的状况还没有根本改变。今后，我们要立足于建立"两项补贴"制度，继续健全配套措施，逐步建立补贴标准动态调整机制，切实将符合条件的残疾人全部纳入范围，确保残疾人的基本生存权。请残联与民政、财政等政府职能部门形成合力，统筹推进"两项补贴"制度的建立健全和发展。二要加大残疾人扶贫开发力度。残疾人贫困人口最难脱贫、最易返贫，要加快实施农村残疾人扶贫开发规划，在制定扶贫规划、分配扶贫资金物资、实施扶贫项目等方面，要重点向残疾人倾斜。把残疾人纳入精准扶贫机制，逐户制定帮扶措施，继续开展农村残疾人实用技术培训，扶持残疾人扶贫基地建设，实施残疾人康复扶贫贷款项目，保障城乡残疾人全面协调发展。三要继续实施医疗康复工程。大力开展白内障复明手术、残疾儿童抢救性康复、聋儿听力语言康复训练、精神病患者防治康复等工作，扩大残疾人康复受益面，着力解决农村及边远地区贫困残疾人康复难的突出问题，推动更多残疾人康复医疗项目纳入医疗保障范围。四要大力发展特殊教育。认真贯彻落实全国特殊教育工作电视电话会议精神，推动《特殊教育提升计划》的实施。全面普及残疾儿童少年义务教育，加快推进市县新（改）建特教学校建设，购置特殊教育教学设备，改善特殊教育学校教学条件，努力提高残疾人受教育程度和水平。教育厅要认真研究如何深化特教改革，不断提高教学质量的问题。五要加大按比例就业工作力度。严格贯彻执行残疾人就业政策措施，党政机关、事业单位及国有企业要带头贯彻执行《残疾人就业条例》，带头按比例安置残疾人就业，全面提高残疾人就业率。做好残疾人就业保障金征收、管理、使用工作，残联和财政、税务部门要研究党政机关、事业单位应缴的残疾人就业保障金统一实行财政或税务代扣代缴的办法。

（二）大力加强基础建设，建立残疾人事业发展长效机制。 解决残疾人的问题，根本是要依靠制度，建立起长效机制。开展残疾人基本服务状况与需求专项调查、建设残疾人综合服务设施、建立稳定的经费投入保障机制等基础性工作，关系残疾人事业的全局和长远发展，必须认真抓紧抓好。一是抓好残疾人基本服务状况与需求专项调查工作。这项工作是落实基本公共服务兜住底、补短板措施的必然要求，是制定加快残疾人同步小康进程具体措施的客观需要，是推进残疾人事业治理体系和治理能力现代化的基础支撑，将为今后进一步强化残疾人事业的基础管理特别是推进残疾人证智能化身份认证和持证享有相关服务奠定扎实的基础。为搞好这项工作，国务院残工委与中国残联、国家统计局、国家发改委、财政部等10个部门共同印发了《关于开展全国残疾人基本服务状况和需求专项调查的通知》，建立了国家相关部委的部际联席会议机制，由海迪主席领衔。同时，成立了全国残疾人基本服务状况与需求专项调查工作办公室，并成立了专家指导委员会。这表明，抓好这项工作，不仅是残联组织的工作，更是政府部门的任务。因此，需要我们多部门协调联动，需要上下统筹一致，需要一线的同志们相互配合。特别是我们残工委成员单位要做到"四个到位"，即组织领导到位、经费保障到位、技术支持到位、过程监管到位，并充分运用好专项调查的成果，深入分析残疾人的状况和需求，把它作为进一步制定和完善残疾人政策法规、科学决策的重要依据，为推进残疾人事业治理体系和治理能力现代化，为帮助广大残疾人过上衣食无忧、安居乐业、幸福美好的生活做出实实在在的努力。二是抓好残疾人综合服务设施建设。要推动《国家基本公共服务体系"十二五"规划》落实，加大项目争取和实施力度，加快推进基层残疾人就业服务、文化体育、社区活动场所建设，尽快建成一批市县残疾人康复、就业和托养骨干服务设施，大幅增加残疾人基本公共服务供给。抓好省残疾人综合服务中心（康复中心）建设的立项工作，省财政厅、省发改委等部门要加大政策、资金、项目等倾斜力度，加快构建省级残疾人康复、就业和托养等基本公共服务网络，尽可能使广大残疾人早受益、快受益、多受益、广受益。三是逐步建立稳定增长的经费投入保障机制。加大残疾人事业财政投入力度，坚持"一倾斜、两优先"的原则，财政预算安排优先考虑残疾人事业，财政支出优先保障残疾人事业，每年新增财力部分向残疾人事业倾斜。四是提高残疾人专职委员生活待遇，稳定残疾人专职委员队伍。残疾人专职委员是残疾人的代表，是残联工作的触角延伸，是做好残疾人工作的关键。当前，我省专职委员工资福利待遇普遍偏低，乡镇专职委员工作补贴每月只有700元，村专职委员每月仅200元，财政厅、人社厅和残联等部门要专题研究提高残疾人专职委员生活待遇问题，强化专职委员津贴保障措施，激发专职委员的工作动力。

（三）进一步动员社会力量关心帮助残疾人，营造残疾人事业发展的良好环境。 残疾人事业是全社会的事业，必须广泛动员全社会力量共同做好这项工作。一是加大残疾人事业宣传力度。继续加强与新闻媒体的联系与合作，围绕深入推进两个体系建设、着力实施助残民生项目、筹备第六届全省残疾人运动会等重点工作和重大活动，拓展宣传渠道，形成规模效应，集中宣传报道残疾人事业的成就和经验，注重发现、培养、树立和宣传好本地各行业涌现出来的优秀残疾人典型和助残先进典型，为加快推进残疾人事业发展营造良好氛围。二是大力发展残疾人慈善事业。充分发挥残疾人基金会的作用，引导和鼓励社会各界增加捐赠，为保障残疾人基本生活筹集更多的资金；精心筹划开展公益助残项目，帮助残疾人解决更多难题。同时，规范和完善社会捐赠资金、物品的管理，加强监督、检查、公示及向捐赠者反馈工作和审计工作。建立更加广泛的志愿者队伍，使残疾人的困难得到更多的帮助和更好的解决，使他们感受到社会主义大家庭的温暖。三是加强无障碍环境建设。积极推动《海南省无障碍环境建设条例》的立法工作，推进全省无障碍环境建设工作，开展创建全国无障碍建设市、县活动，为进一步优化无障碍环境、改善残疾人社会参与条件奠定良好的基础。

（四）认真承办重大赛事，促进残疾人事业全面发展。 抓好第五届海南省残疾人职业技能竞赛工作。举力残疾人职业技能竞赛，是贯彻国家就业优先战略的重要举措，是引领带动残疾人职业教育培训工作的有效手段，是在当前形势下努力提高残疾人劳动技能和理论素养、引导社会进一步关心和支持残疾人就业的一条重要途径。同时选拔我省优秀选手参加第五届全国残疾人职业技能竞赛，省残联和省人社厅要加强组织领导，强化技能训练，不断扩大影响。要通过这两项重大赛事，大力宣传我省经济社会发展的成就，展示我省广大残疾人的良好精神风貌，促进残疾人群众性体育技能活动的开展。

三、切实履行职责，抓好残疾人工作各项任务落实

一要加强领导，健全机制。 就是要按照政府主导、社会参与、国家扶持、市场推动的要求，建立健全运转高效的工作大格局。政府残工委就是一个比较有效的工作机制，相关部门积极参与，发挥各自优势和职能作用，为残疾人事业发展做出了贡献。各成员单位的重视程度和所做的工作还是有差别的，有些部门做的都是实

事，也有个别部门不够重视，没做多少实事。希望政府残工委各成员单位，认真履行职责，用心做好工作。对残疾人工作，不是说你想办就办、想不办就不办，对该办的能办的你不办或办不好的，要有相应的鞭策措施。下一步要相应地完善工作机制、投入机制、保障机制、落实机制、考评机制等等，确保形成上下之间、部门之间高效联动、密切配合的工作格局。

二要整合资源，形成合力。 社会工作社会抓，这是一个基本的规矩。残疾人工作涉及社会各个方面，需要社会广泛参与、部门密切配合并各负其责、各司其职，形成推动残疾人事业发展的合力。说白了就是有钱的出钱、有力的出力，为残疾人办实事、办好事。要加强社会主义核心价值观的教育，引导和推动社会各方面多做积德行善的事，多做利国利民的事。社会主义核心价值观体现在公民这个层面上，就是爱国、敬业、诚信、友善。友善，就是要多做善事、多做好事，多做有利于社会、有利于他人的事。这既是我们工作职责的要求，也是践行社会主义核心价值观的具体体现。每个党员干部、领导机关和社会单位，都有责任、有义务做好与残疾人相关的工作，为残疾人服务，不分分内分外。

三要夯实基础，提升能力。 这个基础，主要有三个方面：一是要把残联组织建设好。残联组织从中央一直到基层、到企业、到村庄，这是残疾人之家，必须把这个组织系统建设好；二是要把为残疾人服务的工作队伍建设好，把愿意为残疾人服务，有爱心、愿奉献的好同志、好干部，选配到各级残联领导班子当中；三是要把为残疾人服务的各种设施建设好，使服务有手段、有渠道、有载体。这三个方面，都要做好、做扎实，不能搞形式主义，更不要搞什么花样翻新的东西。

在这里，我要特别强调一下，残联组织要切实履行好代表、服务、管理方面的职能。代表，就是要为残疾人鼓与呼、维护残疾人的合法权益，对于有利于残疾人的事，不要错过每一次争取的机会，不要落下每一项该办能办的实事。服务，就是尽可能地帮助残疾人化解生活、工作、学习、就医等方面的难题，做残疾人的贴心人、娘家人，而不是一个简单的管理者，或者就是一个专注于发号施令的领导。管理，就要实行科学的管理、有效的管理，通过制度来管理，这样才是稳定的、可持续的。

同志们，做好残疾人工作，发展残疾人事业，意义重大，使命光荣。我们要以积极主动的态度、认真负责的精神、持之以恒的努力，全心全意为残疾人服务，尽心尽力干好残疾人工作，为争创中国特色社会主义实践范例，谱写美丽中国海南篇章做出新的贡献！

二、政策法规文件

海南省特殊教育三年提升计划（2014—2016年）实施方案   琼府办〔2014〕102号

总体目标：

经过三年努力，进一步改革特殊教育资源配置和运行保障体制机制，扩充特殊教育资源，初步建立布局合理、学段衔接、普职融通、医教结合的特殊教育体系，促进办学条件和教育质量进一步提升。建立财政为主、社会支持、全面覆盖、通畅便利的特殊教育服务保障机制，基本形成政府主导、部门协同、各方参与的特殊教育工作格局。到2016年，全省基本普及残疾儿童少年义务教育，视力、听力、智力残疾儿童少年义务教育入学率达到90%以上，创造条件努力满足残疾人接受学前教育、高中阶段教育和高等教育的需要。其中：海口、三亚、琼海、文昌、澄迈、洋浦等经济较发达的市县和地区，视力、听力、智力残疾儿童少年入学率达到95%以上；儋州、万宁等经济发展水平中等的市和东方、定安、屯昌、昌江、陵水、乐东等省级扶贫开发工作重点市县，视力、听力、智力残疾儿童少年入学率达到90%以上；五指山、临高、白沙、琼中、保亭等国家扶贫开发工作重点市县，视力、听力、智力残疾儿童少年入学率达到85%以上。

主要任务：

一、完善特殊教育体系，提高普及水平。重点发展残疾儿童少年义务教育，逐一安排实名登记未入学适龄残疾儿童少年接受义务教育。积极发展残疾儿童学前教育，大力发展以职业教育为主的残疾人高中阶段教育，加快发展残疾人高等教育，逐步提高非义务教育阶段残疾人接受教育的比例。

二、健全投入保障机制，改善办学条件。加大特殊教育经费投入，健全残疾学生资助体系，提高特殊教育学生生均公用经费标准，进一步改善特殊教育学校办学条件，加强残疾学生学习和生活无障碍设施建设。

三、加强特教师资队伍建设，提升教育教学质量。开展特殊教育专业教师培养工作，提高特殊教育教师配备标准，加大在岗特殊教育教师培训力度，加强特殊教育教学研究，提高特殊教育教师的专业化水平，完善特殊教育教师管理制度，改革教育教学方法，进一步提升教学质量。

三、工作综述

（一）积极推动政府购买残疾人服务工作

落实国务院办公厅《关于政府向社会力量购买服务的指导意见》，将三亚市作为省政府购买残疾人服务试点城市，结合残疾人服务实际，充分发挥政府购买残疾人服务工作的综合性带动作用：一是整合政府助残资源，提高政府助残资源的社会拉动效应；二是激活社会助残力量，调动更多的社会组织、市场主体参与助残服务；三是规范助残服务行为，形成竞争机制以提高助残服务品质；四是提高有限资源的使用效率，最大限度减少中间环节、减低服务成本损耗；五是帮助残联组织服务机构扩大服务规模和提升服务能力，积极培育残联组织所属符合承接主体条件的残疾人服务机构和社会组织，使其尽快适应新形势、新要求，转变职能，提高竞争力，逐步打造一支平等参与政府购买残疾人服务的主力军。

（二）持之以恒加强残疾人基础管理建设

认真贯彻落实中国残联《关于深入开展"基础管理建设年"活动的意见》，成立了海南省"基础管理建设年"活动领导小组，发挥好"一把手"的示范带动作用，设立综合协调和人员调查组、财物调查组、基本状况和需求调查组、数据处理与技术保障组，各工作组各司其职，密切配合，齐抓共管落实好以下几个方面工作：1.抓好建章立制工作。全年新建规章制度4项，修订完善39项，做到管理依据清、程序规范明、基础数据准、跟踪问效实。2.抓好基础数据管理。以开展残疾人基本服务状况和需求专项调查为契机，努力实现残疾人基本服务状况和需求状况的动态化、信息化监管，为推动残疾人基本公共服务兜住底、补短板、保基本、全覆盖目标的落实提供准确的依据。3.抓好队伍机构管理。摸清全省残联系统专兼职工作者状况、工作机构、服务机构和外围组织状况，建立残疾人工作者优秀人才库。把"强基育人"工程列入全省残联系统"基础管理建设年"的重要组成部分，积极推动、加强各级残联的基础管理工作，规范残联组织队伍建设，解决部分市县"强基育人"工作滞后的局面，落实村（社区）残疾人专职委员工选聘、待遇提高等工作。4.抓好基础财务管理。了解掌握各类残疾人服务项目的基本状况，国家专项资金、省配套资金和残疾人就业保障金、残疾人基金会接收慈善捐赠资金物品的管理使用情况，残联管理资产的使用情况等，建立信息化管理台账，落实严格的监管制度。5.抓好服务项目管理。成立项目监督小组，审核项目资金的使用管理，让每一笔资金、每一个项目都能发挥最大效益，加强项目执行过程中的动态监管，完善项目执行情况的绩效评价。6.抓好监督制度落实。执行主席团报告制度，在省残联主席团全体会议上汇报年度项目预算执行、资金使用和重大项目建设情况，加大残疾人项目资金使用的透明度，向省人大财工委、省财政厅汇报年度项目执行和资金使用情况，自觉接受省审计厅监督。

（三）扎实有效开展残疾人基本服务状况和需求专项调查工作

贯彻落实国务院残工委等部门《关于开展全国残疾人基本服务状况和需求专项调查的通知》精神，出台全省残疾人基本服务状况和需求专项调查工作、培训、核查、宣传、入户调查及入户调查质量控制等一系列方案，建立省、市县（区）、省农垦和洋浦专项调查办公室，明确各有关部门责任分工以及各阶段工作任务，做到组织领导、经费落实、人员培训、全面走访等工作逐一落实到位。全省抽调并培训3146人，组成20支专项调查核查工作队，购置34台计算机和办公用品，改善32个乡镇残联办公条件，完成14万多名持证残疾人信息核查工作任务，建立准确完整的基础底册。在专项调查工作中，开展核查中期、终期检查工作，及时向省政府残工委、各有关部门汇报工作进展情况，研究分析解决工作中存在的困难问题，督导各级专项调查工作办公室开展核查工作，确保专项调查保密责任到人、工作责任到人、信息核查到人。组织召开全省专项调查入户调查动员大会，部署2015年入户调查工作，分别在海口、三亚、儋州、琼海等市举办片区省级专项调查培训班，培训人数460人。省专项调查工作办公室对县级入户培训进行跟班听课、督查检查和情况通报，保质保量完成专项调查县级入户培训"最后一公里"工作。

（四）切实做好海南省"全国自强模范暨助残先进集体和个人"的评选、宣讲工作

根据国务院残工委《关于做好评选表彰全国自强模范暨助残先进集体和个人工作的通知》要求，省残联联合省人社厅共同组织开展"全国自强模范和全国残联系统先进工作者"推荐评选工作，成立评选推荐工作领导小组，制定实施评选推荐工作方案，通过网站、新闻报刊等媒体，宣传、动员助残爱心单位和人士积极参与推荐评选活动。经多层筛查并报国务院残工委审定，海南省荣获"全国自强模范"称号2人，荣获"全国残联系统先进工作者"称号1人，荣获"全国残疾人之家"称号2个，荣获"全国助残先进个人"称号2人，荣获"全国助残先进集体"称号2个。5月16

日全国第五次自强模范暨助残先进表彰大会在北京隆重举行，副省长陈志荣带领受表彰人员参加全国表彰大会。会后，为贯彻落实习近平总书记在表彰大会的重要讲话精神，深入宣传自强模范奋发自立感人事迹和时代精神，广泛宣传助残先进集体、个人的舍己为人、乐善好施的高尚品质和民族精神，省残联组织成立"全国自强模范暨助残先进集体与个人先进事迹报告团"，带领全国自强模范和助残先进集体与个人深入企事业单位、学校开展事迹报告会活动，近2000人聆听了演讲，在社会上产生了积极影响。

（五）强力推进"两个体系"建设，残疾人生活质量、平等参与的社会环境有了新提高和新改善

贯彻落实十八大关于"健全残疾人社会保障和服务体系，切实保障残疾人权益"的精神，在加快推进"两个体系"建设进程中，既解决兜住底、补短板、保基本、广覆盖的基本民生保障问题，又解决康复、教育就业、增收致富、精神文化等事关残疾人幸福美好生活指数的问题。

1. 提升服务，康复工作有效推进。围绕构建和完善残疾人"人人享有基本康复服务"目标，紧扣残疾人基本康复服务、残疾预防两个重点，以实施国家和省重点康复项目为抓手，加强康复政策制度建设、康复服务能力建设和残疾预防工作，在康复机构规范化建设和康复人才培养上下功夫，着力提高康复服务质量，采取全面推进、重点突破、分类指导的措施，推动残疾人康复事业更好更快发展。2014年国家、省级投入1887万元，帮助6330名残疾人得到不同程度的康复服务。其中，为1000名白内障患者实施复明手术，为1375名视力残疾人提供定向行走训练服务，为49名听障儿童免费植入人工耳蜗和提供康复训练服务，为40名贫困肢体残疾儿童实施矫治手术，为465名14岁以下的脑瘫、智力、自闭症儿童提供康复救助，为3450名贫困精神病患者提供门诊服药、住院治疗救助。完成省残疾人辅助器具服务中心的改建任务，加大残疾人辅助器具适配服务力度，为残疾人补偿和改善功能，增强社会生活参与能力，全年制作、发放辅器9555件。出台康复救助项目定点机构考核评估办法，授予海南博得精神病医院等7家单位为省级第三批定点康复机构，机构提供残疾人康复服务人数增加2000名。落实康复人才培养规划，采取"请进来，送出去"的方式，共培训康复协调员、定点康复机构师资、残疾儿童家长1130人。组织开展"爱耳日"、"助残日"、"爱眼日"等节日活动，开展残疾预防宣传工作，发放宣传材料8000多份，接受咨询、义诊5000多人次。

图6-21-1 何西庆看望植入人工耳蜗的聋哑儿童。

2. 努力协调，特殊教育得到加强。落实《特殊教育提升计划》，配合省教育厅制定实施《海南省特殊教育三年提升计划（2014—2016年）实施方案》。开展全省适龄残疾儿童少年接受教育情况摸底调查工作，扩大残疾人受教育机会，让符合条件的残疾儿童少年和残疾人子女就近入学。加大对残疾学生的资助力度，组织实施彩票公益金助学、交通银行残疾青少年助学等项目，通过国家、省级划拨资金593.87万元，对3914名各教育阶段的贫困残疾学生和贫困残疾人子女学生进行资助。加大对特殊教育学校的扶持力度，省级投入资金20万元，改善、提高学校教学条件和水平。

3. 突出重点，培训就业工作有序开展。落实《关于促进残疾人按比例就业的意见》，推动政府部门将残疾人就业纳入公益性岗位，促进残疾人按比例就业，扶持城乡残疾人多形式、多渠道、多类别就业。加强残疾人职业培训，组织开展、举办残疾人就业援助活动、迎合市场需要和残疾人需求的培训班，提高残疾人技能水平和就业能力。全年通过各类培训方式、各种就业渠道，培训残疾人8968人次，安排就业1870人。其中，通过联合省人社厅开展就业援助月活动，组织举办16场残疾人招聘会，让695名残疾人享受到专项扶持政策，帮助230名援助对象实现就业；组织12个市县对2050名农村贫困残疾人进行实用技术培训；与深圳残友集团、淘宝网签订"百城万人重度残疾人就业计划"，解决海南省1000名残疾人就业问题，首期培训并实现居家就业38名。加强残疾人就业保障金的征收和管理，全省残保金地税代收9397万元，较上年增长3.5%。加强残疾人就业服务机构规范化建设，制定《海南省残疾人就业服务机构规范化建设实用手册》，优化各级残疾人就业服务窗口，形成规范统一就业服务平台，经中国残联的考核评估，省级残疾人服务机构达标验收。改建省残疾人按摩指导中心，促进盲人医疗按摩技能水平的提高和发挥培训基地的示范带动作用。举办第五届海南省残疾人职业技能竞赛，161名选手参加

了五大类18个项目的角逐，遴选优秀选手参加2015年第五届全国残疾人职业技能竞赛。

图6-21-2 第五届海南省残疾人职业技能竞赛开幕式。

4. **兜底补板，保障覆盖面不断扩大**。围绕保障残疾人的基本生活，落实和完善相关措施，解决重度残疾人和贫困残疾人"有病看得起、托养有人管"等生活难题。一是推动开展重度残疾人生活补贴和贫困残疾人生活补贴发放工作，为37275名重度残疾人发放生活补助，澄迈县、昌江县率先开展贫困残疾人生活补贴发放工作，为建立贫困残疾人生活补贴制度和重度残疾人护理补贴制度奠定了工作基础；二是扩大社保制度的覆盖面，尽可能把符合条件的残疾人纳入城乡居民基本养老保险、城乡居民最低生活保障、城镇居民医疗保险、新型农村合作医疗等社会保障体系中来；三是拓宽托养服务的覆盖面，组织实施"阳光家园计划"，完成14451名智力、精神和重度残疾人（机构托养410、居家托养14041人）的托养服务任务。

5. **多举并措，扶贫工作效果明显**。落实《海南省农村残疾人扶贫开发纲要（2011—2020年）》，配合国家对海南省农村残疾人扶贫开发纲要执行情况进行督导检查。推动住建部门将残疾人危房改造纳入全省农村危房改造项目范畴，全年为1977户残疾人家庭实施危房改造，受益残疾人2416人。组织实施基层党组织助残扶贫工程，省投入扶贫创业资金250万元，对500名农村、城镇残疾人进行扶持生产发展、个体创业。做好康复扶贫贷款贴息工作，对安置残疾人就业的公司拨付贴息资金50多万元，安排残疾人就业116人。规范残疾人扶贫基地建设，省投入资金200万元，扶持6个市县建立残疾人扶贫基地，发挥基地安排残疾人就业和辐射带动残疾人生产创收作用。

6. **优化环境，宣传文化体育工作趋于活跃**。成立省残联文化传播中心，发行《今日海南残联》报纸、《感恩》杂志，全年报刊发行量27万份。积极引导各级残联，上下联动，通过电视、电台、报纸、网络等媒体平台，广泛宣传全省残疾人"两个体系"建设取得的成就。协调各级新闻媒体加大对残疾人民生问题的关注力度，结合残疾人事业发展的重点和难点问题，多角度、多层面反映残疾人的心声，动员全社会进一步关心支持残疾人事业。做好全国第五次自强模范暨助残先进表彰大会、全国助残日、第六届海南省残疾人运动会、第五届海南省残疾人职业技能竞赛活动的宣传报道，宣传海南省残疾人自强不息精神，营造良好的舆论氛围。落实《关于加强残疾人文化建设的意见》精神，在第二十四次"全国助残日"、残疾人文化周活动期间，组织开展丰富多彩的残疾人文艺演出、书画摄影作品评选活动，丰富和活跃基层残疾人文化生活。推进残疾人信息交流无障碍建设、市级电视台开播电视手语节目、县级图书馆盲文阅览室等残疾人文化站点建设工作。组织举办第六届海南省残疾人运动会，357名运动员参与9个项目的竞赛，决出奖牌271枚，刷新24省残动会记录。围绕群众性体育工作，组织开展残疾人体育健身周、全国特奥日活动，承办2014年华南地区特奥家庭支持联络网培训班和2014年华南地区特奥幼儿运动员演示活动。加强残疾人体育基地建设，开展残疾人体育健身指导员培训，加大残疾运动员的训练力度，培养发展特奥运动员，创新开展飞镖和盲人乒乓球项目，填补海南省残疾人竞技项目空白。

7. **畅通渠道，残疾人诉求得到回应**。突出依法维权、协商维权、政策维权、信访维权等工作重点，努力为残疾人平等融入社会、公平参与社会创造有法律保障、有政策支持、有工作联动、有跟踪问效、有服务支撑的条件和环境。推动市县政府和有关部门为残疾人信息无障碍交流创造条件。组织实施贫困残疾人家庭无障碍改造项目，受益残疾人家庭516户。加强残疾人机动轮椅车燃油补贴资金发放管理，发放补贴资金244万元，受益残疾人达9384名。加强残疾人信访工作，完善应对重大突发事项应急措施，提高应急处置能力。2014年全省残疾人来信来访2895人次（件），下访协调解决13件重大信访案件，发放临时生活救济金19万元，协助各级救助站收留救助流浪残疾人295人次。指导市县制定、完善扶助残疾人优惠规定。抓好海口等6个市县残疾人法律救助工作站规范化建设试点工作，推进海南省残疾人法律救助工作站规范化建设进程。

8. **创新激发助残活力，坚持不懈抓好残疾人工作者队伍建设**。切实履行"代表、服务、管理"职能，为残疾人解忧、为党和政府分忧，团结带领残疾人开创工作新局面，推动全省残疾人事业在新的征程中不断迈上新台阶，努力打造一支政治上靠得住、工作上有能力、作风上接地气、做人上有底线，秉承"人道、廉洁、服务、奉献"精神的残疾人工作者队伍。

（1）组织开展助残送温暖等公益活动。为让贫困残疾人家庭感受到各级党委和政府的关怀温暖，在元旦、春节期间，对 16166 户贫困残疾人家庭进行走访慰问，发放慰问金、物品共计 864 万元。在第二十四次全国助残日，对 64 家助残先进单位、106 户特困残疾人家庭进行走访慰问。

（2）加大力度促进组织建设纵横全面发展。加强各级残联组织服务能力和实力建设，夯实残疾人事业发展基础：①下大力气推进基层组织建设。市县乡镇残联及社区、村协残疾人专职委员人数达到 2939 人，核发第二代残疾人证 146205 个，占全省二抽残疾人总数的 29.5%。举办培训班、组织网上培训，对 740 名残疾人工作者进行培训，加强各级残联班子和工作队伍的思想、作风、能力建设，提高为残疾人服务的能力和水平。②专门协会工作呈现新气象。协调解决各级专门协会落实"经费、场地、人员"问题，健全完善各级各专门协会工作管理制度，组织开展第三十一届"国际盲人节"、第五十一届"国际聋人节"等活动，使协会工作更加规范、活跃。③志愿助残工作有序有展。贯彻落实共青团、中国残联《关于实施中国青年志愿者助残"阳光行动"的通知》精神，联合团省委开展全省青年志愿者助残"阳光行动"工作，网上注册"海南省助残志愿者联络站"，成功招募 60 名志愿者。全省共建立助残志愿者联络站（点）1104 个，实名登记注册志愿者 7518 人，为残疾人提供志愿服务 5000 多人次。

（六）着力打造残疾人基金会品牌

为贯彻落实省委书记罗保铭关于"用实实在在的举措关爱帮助残疾人朋友"的讲话精神，动员社会力量奉献爱心，帮助残疾人朋友解决更多实际困难，海南省残疾人基金会于 1 月 13 日成立揭牌，组织开展"大家都来为残疾人捐助一元钱"爱心万里行助残募捐系列活动。建立海南省残疾人基金会网站，开通淘宝公益店，利用腾讯公益平台、支付宝公益平台等网络方式拓宽善款募集渠道。全年共募集善款 3000 多万元，物资 336 万，帮助 4000 多名残疾人朋友解决实际困难。在助残募捐活动中，昌江县节省"三公"经费 139 万元，东方市节省"三公"经费 150 万元捐助给基金会，用于扶持发展残疾人事业；为 13 户单亲妈妈残疾人家庭提供每户 5000 元的资助；向 40 名贫困残疾人捐赠总价值 20 万元的残疾人专用电动车；向全省 50 万残疾人发放价值 6 亿元的家电代金券。通过组织开展一系列爱心助残活动，让残疾人朋友们感受到社会大家庭的温暖。为打造全国一流的高效率、高诚信基金会，加强对捐款及物资的管理使用，用好每一笔善款、每一份物资，通过南海网、天涯社区、华夏时报、微信以及省残联、省残疾人基金会门户网站公示每笔捐款信息，接受社会监督，做到公开、公正、透明。

（七）扎实开展党的群众路线教育实践活动，作风建设呈现新气象

按照十八大关于全面提高党的建设科学化水平的总要求，统一思想，提高认识，把党建工作摆到重要议事日程上来。以党的群众路线教育实践活动和践行社会主义核心价值观教育为统揽，开展十八届三中全会、十八届四中全会精神和习近平总书记系列重要讲话的学习活动，深化广大党员干部的思想认识。为巩固教育实践活动成果，开展了教育实践活动"回头看"和整治庸懒散奢贪"不干事、不担事"突出问题专项监督检查工作，通过活动的开展促进党员干部进一步改进工作作风，提高为残疾人服务的能力和水平。扎实开展社会主义核心价值观教育，制定了《海南省残联培育和践行社会主义核心价值观实施方案》，开展"践行核心价值观、助力改革当先锋"主题党日活动。按照中央和省委开展创先争优活动经常化、常态化的要求，开展创先争优活动，充分发挥党员的先锋模范作用。抓好党风政风行风，接受社会评价监督。制定党风政风行风建设社会评价活动实施方案，收集评价代表提出的意见和建议。参加海南省政风行风热线节目，解决 63 名残疾人反映、投诉的 80 多个问题。在《今日海南残联》报纸和省残联网站公布领导干部电话，自觉接受残疾人群众和社会各界的监督。听取残疾人群众的意见和建议，不断改进工作作风，想方设法解决残疾人所遇到的困难。召开专题民主生活会，按照"照镜子、正衣冠、洗洗澡、治治病"的总要求，认真开展批评与自我批评，深入查找和解决领导班子及班子成员在"四风"方面存在的突出问题，明确了整改方向，确保群众路线实践善始善终、善做善成。

四、大事记

1 月 13—14 日，海南省残疾人基金会成立揭牌，开展"大家都来为残疾人捐助一元钱"爱心万里行助残募捐系列活动，募集资金 1000 多万元。

1 月 22—23 日，省委副书记李宪生、省政府副省长何西庆分别带队深入临高、屯昌等县，走访慰问贫困残疾人家庭。

2 月 24 日，省残联召开机关妇委会换届大会。

3 月 2—13 日，省残联根据第十五次全国"爱耳日"宣传教育活动要求，联合省卫生厅开展宣传教育一条街、下乡免费听力检测等宣传教育服务活动。

3 月 4 日，省残联举行残疾人千人就业培训活动揭

牌仪式,与淘宝网合作,推动海南残友信息技术研究院免费为残疾人提供淘宝客服培训和1000个远程居家就业岗位。

4月2日,省残联开展重度残疾人生活补助项目绩效评价工作。

4月29日,省残联召开2014年全省残联工作会议,传达第二十八次全国残联工作会议精神,部署全省青年志愿者助残"阳光行动"工作,总结2013年全省残疾人工作,部署2014年全省残疾人重点工作。

5月13—14日,省残联组织开展第二十四次全国助残日活动,省委副书记李宪生、省政府副省长何西庆分别带队对安置残疾人就业的单位、残疾人托养服务机构和贫困残疾人家庭进行走访慰问。

5月16日,省残联与省农信社合作开展"惠民一卡通"服务活动,开展为残疾人免费办理残疾人惠民卡、提供小额贷款、发放各种补贴等业务。

5月17日,推动重庆餐饮管理有限公司在海南省开设全省首家无声餐厅——刘一手心火锅店,帮助52名聋哑残疾人实现就业。

6月5日,省残联开展高校在校、应届毕业残疾学生调查工作,促进高校残疾毕业生就业。

7月7日,省残联承办2014年华南地区特奥家庭支持联络网培训班和2014年华南地区特奥幼儿运动员计划演示活动。

7月18日,省残联组织开展"威马逊"台风受灾地区残疾人家园重建、恢复生产等工作,省残疾人基金会安排500万元,对受灾市县(区)给予资助。

8月10日,省残联党组书记符永带队赴重庆与重庆心之海慈善基金会商谈,由重庆心之海慈善基金会连续10年按照1000元/人·月的标准,定向资助海南省200名重度残疾人。

9月20—21日,省残联组织盲人参加2014年全国盲人医疗按摩人员考试。

10月20日,省残联召开全省残联系统康复工作会议。

10月29日,省残联与中国电信股份有限公司海南分公司举行合作框架签约仪式,通过建立电子化信息服务平台,提高各级残联组织的工作能力和服务水平,拓宽残疾人事业发展资金的募集渠道和方式。

11月18日,省残联举行第六届海南省残疾人运动会。

11月29日,省残联联合省人社厅举办第五届海南省残疾人职业技能竞赛活动。

12月28—31日,省残联举办2014年海南省残疾人体育健身指导员培训班。

(谢小良供稿)

四川省残疾人事业和残疾人工作

一、领导批示与讲话

省长魏宏对"量体裁衣"式残疾人服务模式荣获中国地方政府创新奖最高奖项优胜奖的批示　　2014年1月15日

能获得此奖,值得祝贺。重要的是省残联工作注重创新、注重探索,应肯定。

省委书记王东明对"量体裁衣"式残疾人服务模式荣获中国地方政府创新奖最高奖项优胜奖的批示　　2014年2月6日

量体裁衣式残疾人服务对切实改善残疾人生产生活状况、促进人的全面发展具有重要意义,对于促进社会和谐稳定、实现全面小康目标也具有重要意义。要认真总结推广。

省委常委、省总工会主席李登菊听取省残联党组关于 2014 年重大工作汇报后的指示

2014 年 2 月 17 日

全面贯彻落实中央、省委关于改革的若干部署，以改革的思维、改革的精神、改革的办法推进残疾人事业发展和残疾人的民生改善，统筹推进群团组织转型发展，构建大群团工作格局。

副省长曲木史哈在省残联 2014 年第 16 期简报上的批示

2014 年 5 月 21 日

全省残联自强模范和助残先进工作取得较好成绩。要按表彰大会要求，特别是习总书记接见代表时重要讲话要求，进一步弘扬正能量，推动自强模范和助残事业迈上新台阶。

鲁勇视察四川省八一康复中心时的讲话

2014 年 6 月 11 日

今天看了以后，我很有感触。你们确实做了一件非常伟大的事。有中央领导的决策，有部队建设的八一康复中心，你们几年之内把各项事情做得这么好，实际上是创造了一个奇迹。同时，我也在想另外一个问题，要真正让八一康复中心具有生命力。下一步的发展，是一个更大的问题，要重点抓好以下工作：

一、软实力建设。中国康复研究中心建于 1988 年，是国内最早的康复中心。就硬件来讲，它现在已不是最好的了，我刚才看这里的硬件，很多都比中康强。但作为一个医疗机构、康复机构，最核心的东西还是软实力。所以，我特别希望你们在下一步发展中，一定以康复为主，充分发挥康复事业的作用，做到既有医疗，又有康复辐射带动能力。我特别希望八一康复中心能真正成为西南地区康复方面的业务指导中心，探索康复领域的基本规范、基本标准、基本路径，以此辅助和带动各级康复机构发展，我想这也是军委领导所希望的。这对于一个刚运行 4 年的康复中心来说不是一件容易的事，但我认为八一康复中心有这个基础，八一康复中心的前期工作基础打得牢。

二、人才中心建设。八一康复中心在未来发展中要成为康复人才中心，做好外部引进和自身培养两方面工作。特别要抓好和医学院校的合作，行政、医疗、研究、教育系列各方力量联合培养人才。例如，中康和首医合作，中康的骨干人才可以带研究生，培养人才。下一步，八一康复中心和医学院校合作，专家、学者就有可能来八一带研究生，八一康复中心是具备这方面条件的。

三、科研中心建设。康复领域的科学研究工作，我们国家与发达国家比较，整体上相对滞后。残联组织立业从康复开始，康复是残联组织的立业之基，而帮助残疾人最基础的就是从帮助他们康复开始。这个过程中，一定会出现一些疑难杂症。要解决这些问题，就要有科研。在今后工作中，八一康复中心要与科研机构合作，很有可能在这方面创造新的奇迹。联合搞科研也可以使八一康复中心的职工队伍更有活力。因为，职工可以选择走教育系列的职称，还可以走科研机构的职称，还可以走卫生医护这个职称。

四、交流窗口建设。目前来看，八一康复中心的建设发展是展示军民关系的重要的窗口，也是成都、四川及西南地区残疾人工作交流的窗口。随着八一康复中心的发展，国际合作与交流逐渐增多，在四川、在全国范围内，八一康复中心作为各种活动、学术交流等的窗口作用会越来越显著。

五、资源中心建设。作为一所医康结合的康复机构，康复与医疗结合起来，本身就是一个技术的提高，也增加八一制血、造势蓄能的潜能。经过几年来的努力，八一康复中心从无到有，实现了崛起，而且能够为社会公众认可，有了这么多病人来看病，这些就说明八一康复中心了不起。作为一个全科的医院，我们可能不是最优秀的，但是以康复作为特色，可能在这个领域就是最优秀的。

按照八一康复中心制定的十年发展规划，再往前走，又会有新的变化，我祝福八一康复中心越来越好！

省委常委、省总工会主席李登菊在省残联就"量服"工作进行专题调研时的讲话摘要

2014 年 8 月 4 日

"量服"平台绝不是一个简单的数据库。通过这个平台，各级组织能方便、快捷地联系到每个残疾人，这是一个常态化的残疾人联系平台；通过这个平台，可为每个残疾人开展"一人一策"的服务，因此它更是一个服务平台；通过这个平台，不仅能对每个残疾人的生产生活情况进行科学分析，又能对全省每个市、县、乡、村服务残疾人的情况进行分析和研究，因此它又是一个分析、研究平台；通过这个平台，能对各项业务工作的进度、质量等进行全域全程管理，因而它又是一个管理平台；通过这个平台，既能看到每个残疾人对其得到服务情况的评价，又能监督每笔资金到底用在哪些人身上，因而它又是一个监督平台；通过对平台内千千万万个体需求的分析，找出共性问题，可凭实据有效推动法律、法规、制度和政策等的完善或制定，为决策提供最有力的支撑，因而它又是一个决策平台。

……

做好"量服"工作，主要责任在各级党委政府及其职能部门，特别是乡镇（街道）和村（社区）。要严格按照"量服"的理念和要求，抓住三个重点：一是落实好党和政府的普惠政策，使符合条件的残疾人一个都不落下；二是实施好纳入各级党委目标考核的7个残疾人服务项目；三是实施好纳入各级党委、政府民生工程的10个残疾人服务项目。各级残联要切实代表好、维护好残疾人利益，积极向党和政府反映残疾人的合理诉求，协同各级党政、社会各方帮助改善残疾人民生，增进残疾人福祉。

省委副书记、省长魏宏看望慰问成都市特殊教育学校教师代表时的指示

2014年9月9日

对残疾人的服务直接体现政府的公共服务水平和治理能力，我们共同努力把特殊教育这个基础工作干好。

省委书记王东明在省残联报送的《关于我省优秀残疾人运动员参加仁川2014亚洲残疾人运动会获得优异成绩的报告》上的批示

2014年11月26日

向参赛队员表示问候和祝贺！要精心准备全国第九届残运会暨第六届特奥会的筹办工作，要办出特色，办出水平，并以此为契机推动全省残疾人体育和各项事业全面健康发展。

省委常委李登菊在省残联报送的《关于我省优秀残疾人运动员参加仁川2014亚洲残疾人运动会获得优异成绩的报告》上的批示

2014年11月28日

省残联要更加精心地做好残运会筹备工作，争取办出高水平的残运会，推动全省残疾人事业创新发展，造福更多残疾人。

二、政策法规文件

关于发放重度残疾人护理费用补贴的通知

川财社〔2014〕5号

由四川省财政厅、四川省残疾人联合会联合印发。

从2014年1月1日起，对一级重度残疾人按每人每月不低于80元的标准给予护理费用补贴，对二级重度残疾人按每人每月不低于50元的标准给予护理费用补贴。发放护理费用补贴所需资金，省与市县财政总体按"五五分担"。

发放重度残疾人护理费用补贴所需资金纳入省和市县财政一般预算安排。省对少数民族自治州和扩权试点县补助55%，对其他市县补助40%。省财政补助资金依据补贴标准、分担比例和经省残联审核认定的人数计算，对各地实行总额包干补助。

发放重度残疾人护理费用补贴，应经本人申请、乡镇（街道）审核、公示、县级残联审批等程序。重度残疾人护理费补贴原则上通过金融机构实行直接发放，由县级残联向同级财政部门提供发放对象清单和银行账号，由县级财政部门通过金融机构将补贴直接计入发放对象的银行账户。

各级财政部门和残疾人联合会要建立健全管理制度，确保补贴资金专款专用。要加强政策宣传，把党和政府的关怀传递到广大残疾人心里。要切实加强对补贴资金使用管理的监督，定期不定期开展检查，及时纠正工作中存在的各种问题。要自觉接受审计部门和纪检监察机关的监督。对虚报冒领、套取骗取、挤占截留、贪污挪用等违规违纪违法问题，一经查实，要依照国务院颁布的《财政违法行为处罚处分条例》的规定严肃处理；对涉嫌严重违纪或违法犯罪的，依照有关规定移送纪检监察机关或司法机关处理。

关于印发《四川省基本公共服务体系"十二五"规划2014年实施计划》的通知

川办函〔2014〕63号

由四川省人民政府办公厅印发。

"残疾人基本公共服务"主要任务是：1.残疾人社会保障。全面实施重度残疾人护理补贴制度，为58万名重度残疾人发放护理补贴。全面落实九项残疾人康复医疗项目报销并提标扩面，将残疾人基本辅具纳入医保报销范围。2.残疾人基本服务。为300万名残疾人开展"量体裁衣"式个性化服务，帮助55万名残疾人实现居家灵活就业，为10万名贫困残疾人扶贫解困，为5千名贫困家庭脑瘫儿童提供康复救助，为5万名贫困残疾人提供辅具，为3.6万名残疾人提供居家托养服务，为1万户残疾人家庭实施无障碍改造，加快建设市、县残疾人服务设施。加快四川省残疾人体训中心和四川省聋儿语训中心建设。举办四川省第八届残疾人运动会暨第三届特奥运动会。责任单位：省残联、省教育厅、省民政厅、省发改委、省卫生计生委、人力资源社会保障厅、省财政厅、省住建厅、省体育局。

关于加强残疾人康复机构与医疗机构合作的通知

川残办〔2014〕75号

由省残联、省卫生计生委联合印发。

在全省范围内进一步加强残疾人康复机构与医疗机构的合作，整合各类康复资源，提高康复服务能力，不断满足广大残疾人的康复服务需求。各级残联和卫生计生部门要充分认识整合区域康复资源对提高康复医疗资源利用效率的重要意义，充分发挥部门优势，通过分工协作和资源共享，优化现有康复资源，实现分层级医疗、分阶段康复，为广大患者和残疾人提供安全、有效的康复服务，实现残疾人康复机构和医疗机构的共同发展。

关于促进残疾人按比例就业的实施意见

川残发〔2014〕1号

由省委组织部、省委编办、省财政厅、省人力资源社会保障厅、省政府国资委、省公务员局、省残联联合印发。

各地要制定地方配套法规政策，进一步细化按比例就业的有关规定，增强可操作性和规范性，提高执行力和约束力。要依法行政，推动用人单位履行法律责任和义务。要加大执法检查力度，把残疾人按比例就业列为重点检查内容，发现问题，及时纠正和解决。

党政机关、事业单位及国有企业应当为全社会做出表率，率先垂范招录和安置残疾人。各地要切实维护残疾人平等报考公务员的权利，除特殊岗位外，不得额外设置限制残疾人报考的条件，对符合国家规定公务员录用体检标准的残疾人，不得拒绝录用。招录机关专设残疾人招录岗位时，公务员主管部门要给予放宽开考比例等倾斜政策。各地在招录公务员时，要结合实际，采取适当措施，努力为残疾人考生创造良好的考试环境。

各级政府残疾人工作委员会成员单位要率先招录残疾人，继而带动其他党政机关。各级党政机关中的非公务员岗位（科研、技术、后勤等），要积极安排残疾人就业，并依法与残疾职工订立劳动合同。

各类事业单位要结合本单位岗位构成情况，确定适合残疾人就业的岗位，多渠道招聘残疾人。

国有和国有控股企业应根据行业特点，确定适合残疾人就业的岗位，招录符合岗位要求的残疾人就业。

对参加职业培训、职业技能鉴定并符合条件的残疾人给予职业培训、职业技能鉴定补贴，对吸纳残疾人就业并符合条件的用人单位，按规定给予岗位补贴、社会保险补贴。

各地要准确了解用人单位用工情况，结合岗位需求，有针对性地组织残疾人开展订单培训、定向培训、定岗培训，不断提高残疾人职业技能，以适应用人单位需求。

各有关部门要高度重视这一工作，建立促进残疾人按比例就业的协调工作机制，共同做好制度完善、政策落实、监督管理等各项工作。加强对按比例就业法规政策和履行法律义务的用人单位的宣传，进一步扩大社会影响，营造良好的社会环境。

关于转发《特殊教育提升计划（2014—2016年）实施意见》的通知

川办发〔2014〕43号

由省教育厅、省委编办、省发改委、省民政厅、省财政厅、省人力资源社会保障厅、省卫生计生委、省残联制定，省政府办公厅转发。

全面推进特殊教育，使每一个残疾孩子都能接受合适的教育。经过3年努力，初步建立布局合理、学段衔接、普职融通、医教结合的特殊教育体系，办学条件和教育质量进一步提升。建立政府投入为主、社会支持、全面覆盖、通畅便利的特殊教育服务保障机制，基本形成政府主导、部门协同、各方参与的特殊教育工作格局。到2016年，全省基本普及残疾儿童少年义务教育，视力、听力、智力残疾儿童少年义务教育入学率达到90%以上，其中民族地区达到80%以上，其他残疾人受教育机会明显增加。

四川省贫困县农村扶贫开发工作考核办法（试行）

川委办〔2014〕35号

由省委办公厅、省政府办公厅印发。

对秦巴山区、乌蒙山区、大小凉山彝区、高原藏区"四大片区"88个贫困县实行分类考核。把提高贫困人口生活水平和减贫数量等作为主要指标，以扶贫开发为重点，以保障措施、扶贫成效为主要考核内容。将"残疾人扶贫对象年度减贫比例"纳入"成效目标"考核内容。

省扶贫开发领导小组办公室印发《〈四川省贫困县农村扶贫开发工作考核办法（试行）〉考核范围、指标体系、指标说明和计分标准的通知》

川开发〔2014〕11号

对"减少贫困人口数量"的考核指标要求"完成省下达农村扶贫解困减少贫困人口任务数（%），其中残疾人扶贫对象不低于25%"，考核计分标准要求未达到任务标准的，将扣分值4分。

四川省社会救助实施办法
四川省人民政府第 286 号令

县级以上人民政府应当建立健全特困人员供养制度，对符合条件的无劳动能力、无生活来源且无法定赡养、抚养、扶养义务人，或者其法定赡养、抚养、扶养义务人无赡养、抚养、扶养能力的老年人、残疾人以及未满 16 周岁的未成年人，给予特困人员供养。

县级以上人民政府民政部门可通过购买服务等方式确定符合条件的供养服务机构，为智力残疾或者精神障碍的特困供养人员提供供养服务。

对不能入学接受义务教育的残疾儿童，根据实际情况给予适当教育救助。

对住房救助对象中的残疾人、老年人等行动不便的救助对象，应当根据其身体状况给予房源、楼层等方面的优先选择，并完善其居住小区的无障碍设施。有条件的地方可以实施家庭无障碍改造。

三、工作综述

根据第二次全国残疾人抽样调查数据推算，四川省现有各类残疾人 622.3 万人，占总人口的 7.57%。其中视力残疾 121.37 万人，听力残疾 147.53 万人，言语残疾 8.24 万人，肢体残疾 153.81 万人，智力残疾 40.74 万人，精神残疾 51.40 万人，多重残疾 99.20 万人；一级残疾人 124.51 万人，二级残疾人 80.70 万人，三级残疾人 165.58 万人，四级残疾人 251.51 万人；男性残疾人 317.69 万人，占 51.05%，女性残疾人 304.61 万人，占 48.95%；城市残疾人 138.11 万人，占 22.19%，农村残疾人 484.19 万人，占 77.81%。

2014 年，在省委、省政府的坚强领导下，全省残联系统继续坚持四年不变的"一个中心、两个体系、三大保障"发展思路，落实省委全面深化改革关于"深化量体裁衣式个性化服务"（以下简称"量服"）部署，推进残疾人工作在新的起点上取得新发展。

（一）"一个中心"取得新成效

2014 年，省委将"量服"作为四川全面深化改革的一项重点任务，并列为省委常委会的年度工作要点。省委书记王东明专门批示："量体裁衣式残疾人服务对切实改善残疾人生产生活状况、促进人的全面发展具有重要意义，对于促进社会和谐稳定、实现全面小康目标也具有重要意义。要认真总结推广。"省长魏宏批示："省残联工作注重创新、注重探索。"省委常委李登菊、副省长曲木史哈多次调研"量服"，充分肯定全省残联以"十年磨一剑"的精神深入开展"千家万户、千言万语、千方百计、千辛万苦"的"量服"工作。

全省残联系统始终围绕以"深入推进'量体裁衣'式残疾人服务、为残疾人谋幸福"这个中心，实实在在为残疾人办实事、解难事，取得了明显成效。"量服"荣获第七届"中国地方政府创新奖"最高奖优胜奖。2014 年，全省按照"量服"要求实实在在为广大残疾人提供了 19881503 项（次）服务。

1. 深化常态的入户调研机制，掌握了 3208751 名残疾人的准确信息，使残联"能代表"残疾人

2014 年，全省基层工作者严格落实"量服"关于制度性入户调研的有关要求，共深入 3208751 名残疾人家庭开展入户调研，准确掌握了 14941 万条基本情况和 2150 万项（次）需求情况。通过"量服"平台，各级都能准确、全面、动态掌握每个残疾人的情况，实现了省、市、县、乡、村各级残联组织与每个残疾人之间的便捷、密切联系，使残联组织更好地履行"代表"职能，真正成为党和政府密切联系残疾人的桥梁和纽带。

2. 深化以需求为导向的"一人一策"的多元服务机制，落实服务 1988 万项次，使残联的"服务"做到了每家每户

按照"量服"的要求，全省各乡镇（街道）、村（社区）以每个残疾人的具体情况特别是需求情况为导向，采取"一人一策"的方法，全年为 3133365 名残疾人落实了 19881503 项（次）的"一人一策"服务。10 项残疾人民生项目纳入省委、省政府的"十项民生工程"，受益残疾人达 299 万人，其中：投入 4.48 亿元为 64.29 万名重度残疾人发放护理补贴；投入 3.211 亿元帮助 89.97 万名城乡残疾人实现居家灵活就业，包括对 60079 名残疾人发放了共计 2 亿多的就（创）业直补资金；投入 1.14 亿元对 6799 名脑瘫儿童开展了康复救助；投入 0.4 亿元对 25232 户家庭实施了家庭无障碍改造；投入 2.26 亿元对 112.9 万农村贫困残疾人实施了精准扶贫。

开展"一人一策"的服务，实现了邓朴方主席多年梦寐以求的愿望："把工作做到残疾人身边，切切实实为残疾人，一件事情一件事情来做，一个问题一个问题来解决，一个困难一个困难来克服，这样就把残疾人工作真正做到了实处。"这种"一人一策"的服务，大大提高了服务的针对性和有效性。首先注重残疾人自身"能做什么"，指导帮助每个残疾人挖掘自身潜能，实现自我发展，最大程度地发挥残疾人自身主体作用；又注重各级党政及其职能部门"该做什么"和"做到位没有"，确保各项政策、制度、项目等与每个残疾人对接，有效地、最大程度地发挥政府的主导作用；还注重动员社会力量，解决社会"怎样参与"的协同问题。

3. 深化以互联网为依托的信息化管理机制和实据、量化决策机制，推动残联"管理"现代化

通过深化"量服"建立的信息化管理机制，一是实现了全面的个案管理。每个残疾人的基本情况、需求情况和得到的"一人一策"服务的帮扶情况，都被输入"量服"平台，实现了到户到人的个案管理，甚至通过手机就可以从"量服"平台上调出每个残疾人的详细情况。二是实现了高效的绩效管理。"量服"平台能自动统计出全省和每一个市、县、乡、村在任一时间、任一项目的执行进度、完成结果和残疾人的评价，据此敦促各项普惠政策和特惠措施真正落实到每个残疾人的身上，切实保障每个残疾人权益。三是实现了精准的资金管理。每笔资金到底是哪些人得到了？每个人得到了多少？什么时候得到的？在平台上都清清楚楚。四是实现了实据、量化的科学决策。各地以"量服"平台上实实在在的数据为支撑，推动建立了一系列新的制度，实施了一批新的项目。

4. 深化了以每个残疾人直接监督为主的新型群众监督机制，残疾人满意率达99%

"量服"构建的以每个残疾人直接监督为主，网络监督、社会监督与组织监督一体化融合的全民监督模式，得到了较好落实。2014年，残疾人直接签字评价率达到97%，满意度达99%，全省包括各专门协会负责人共现场入户督查67717人，网上抽查517838人，质量抽查合格率达99.3%。

"一个中心"取得了成绩，获得了认可。中国残联理事长鲁勇、副主席吕世明率相关部门负责人专程到川调研，要求继续在全国推广"量服"；北京、广东等20多个省、市残联先后组队到川学习交流。8月，四川"量服"作为三个项目之一代表中国参加在新加坡举行的"亚洲公共政策创新节"并做专题发言，人民日报内部参阅专题介绍了四川"量服"经验。

（二）"两个体系"建设取得新突破

2014年全省残联系统在继续加强残疾人社会保障体系和服务体系的建设中取得新突破。其中，重度残疾人护理补贴制度的建立和实施是残疾人"两个体系"建设取得新突破的显著标志。这是全省各级残联成立近30年以来最重大的制度突破。2014年四川省共为64.29万残疾人发放了护理补贴。省残联与省卫生计生委联合出台了《关于加强残疾人康复机构与医疗机构加强合作的通知》，特别强调残联与卫生医疗机构加强政策资源的融合以及技术资源、项目资源的合作，含金量高、突破性大，使四川省成为全国残联系统首个出台具体实施办法的省，获得了中国残联的高度肯定。省残联联合省委组织部、省编委、财政厅等部门印发《关于促进残疾人按比例就业的实施意见》，明确要求到2020年，所有省级党政机关、市级残工委主要成员单位至少安排1名残疾人，在国有企业中建立残疾人按比例就业岗位预留制度。

在社会保障体系建设方面，成都实施了城乡重度残疾人居民养老保险参保资助政策，制度化、高水平地解决了重度残疾人养老保障问题；宜宾建立了八个专项帮扶制度，帮扶专项资金按财政收入的1%提取；乐山分层次发放残疾人基本生活保障金和困难救助金，并将脑瘫项目医保报销标准提高到82%；攀枝花对一、二级残疾儿童每月发放补助金；自贡市政府为享受低保的三、四级残疾人代缴养老保险费；凉山州贫困家庭脑瘫儿童的康复训练费不设起付线，按80%报销；广元将部分县残联康复中心纳入新农合和城镇医保报销范围。

在服务体系建设方面，重中之重是大力推动建立特殊教育职业技术学院。2013年，全省应届初中、高中毕业残疾学生5706人，只有793人有机会进入高中和大学阶段学习，余下的4913名残疾学生有接受系统职业教育的迫切需求和强烈愿望。为了解决这个问题，2014年，省政府的会议纪要已明确"对建立四川特殊教育职业技术学院等重点事项予以大力推动"，目标是要确保以后每年应届毕业的初、高中残疾学生至少50%约3000人都能接受系统的职业教育。在省委常委李登菊的领导下，筹建四川省特殊教育职业技术学院的议题被提交省政府与省群团联席会议审议，省政府原则同意建设。

用直补项目以重拳推动创业、促进就业，也是2014年服务体系建设方面的一个亮点。开展并组织实施了残疾人居家灵活就业（创业）直补项目，对10%以上的居家灵活就业残疾人给予就业（创业）补贴，在每一年度征收的残疾人就业保障金中，按不低于15%的比例安排资金，专项用于残疾人居家灵活就业（创业）直补项目。2014年，在全省开展居家灵活就业的残疾人中，北川地震致残的羌绣姑娘宋琴和聋哑人胡蓉参加了APEC峰会展览，其自强不息的精神风貌和精湛的技艺深受赞赏。

（三）"三大保障"全面得到提升

1. 组织保障进一步加强

残疾人基层组织规范化服务型建设进一步加强。各专门协会以前所未有的活跃，落实好专门协会工作"四项制度"，受到中国残联充分肯定。四川省22名自强模范暨助残先进受到全国表彰，受表彰总人数全国第一。在四川大学设立"中国残疾人事业发展研究与培训基地"，为四川省、西南地区乃至全国残疾人事业发展提供坚强的理论支撑和人才保障。四川省和成都市残疾人福利基金会筹集款物共计1750万元。四川狮子会成立半年来发展迅速，已创立服务队28支，发展会员逾千名，被评为四川十佳志愿者服务组织，且排名第二，其发展速度被国际狮子联会前总会长贝里·帕尔玛称赞为"国际狮子会一百多年的奇迹"。四川残疾人艺术团走进学校等活动共计演出30余场次，并赴新加坡、澳门、香港演出，影响巨大。

社会助残组织也给"组织保障"增光添彩。省残疾人服务外包基地、成都市武侯区的"善工家园"、青羊区的"梦之翼"、锦江区的"黑暗中的对话"、温江区的"北斗星"、绵阳市"北川育子园"等专业的助残社会组织成为全省乃至全国助残社会组织的"明星"。

2. 资金保障大幅提高

2014年，全省通过残联系统投入残疾人事业的资金达到28.82亿元，增长37%，保持了连续5年的高速增长。人均投入前8名的分别是成都、遂宁、广元、攀枝花、宜宾、自贡、乐山、凉山。残保金征收了16.63亿元，比去年增长了35.68%，人均征收残保金前8名的是成都、攀枝花、巴中、阿坝、广元、甘孜、乐山、绵阳，其中成都市征收总额达到了8.64亿元。省本级全年征收入库1.05亿元，比2013年增长33.25%。

3. 设施保障走出新路

八一康复中心在设施保障方面走出了一条能持续的内涵式发展道路，被国务院残工委授予"残疾人之家"称号。中国残联党组书记、理事长鲁勇调研时高度评价中心"实际上是创造了一个奇迹"。中心引进亚太地区首台卡伦系统，高起点推动康复业务与国际一流水平接轨，全年接诊患者64102人次。

资金保障又为设施保障加足了马力。省残疾人体育训练中心、省聋儿语训中心、八一儿童康复楼项目的有序推进都得力于资金保障。新争取中央财政投资4000万元，在四川建立国家辅助器具西南区域中心。争取到中央投资项目15个，资金总额8500万元，9个芦山"4·20"灾后恢复重建项目顺利推进。经过几年的争取，省政府决定将"全省实现县县建有1个残疾人服务中心"列为2015年"11件民生实事"，省财政将拿出2.34个亿，为每个项目县补助300万元。

2014年，四川省服务设施建成、在建面积达38.98万平方米，在2010年的基础上提高了83%。

（四）扎实推进全国第九届残运会暨第六届特奥会筹备工作，成功举办系列重大活动

按照中国残联的部署，全国第九届残运会暨第六届特奥会由四川省政府承办，省委副书记、省长魏宏担任省筹委会主任，省委常委李登菊、副省长曲木史哈等领导担任副主任，曲木史哈担任执委会主任，成都是主会场，绵阳、遂宁、眉山为分会场。

在中国残联的总体要求和省委、省政府的总体部署下，该届残运会各项筹备工作稳步推进，确定《四川省筹备工作总体方案》，编制《第九届全国残运会暨第六届全国特奥会（四川）经费安排方案》，完成比赛场馆布局工作，正式成立全国第九届残运会暨第六届特奥会筹备工作委员会，面向全社会公开征集并优中选优确定了会徽、会歌、吉祥物、主题口号、火炬设计、火种采集方案及开幕式执行团队，紧紧围绕时间节点，圆满举行有关重大活动。9月12日，组织策划了倒计时一周年系列活动。活动期间，召开了新闻发布会，举行了"倒计时一周年"揭牌仪式，省委副书记、省长魏宏，中国残联党组书记、理事长鲁勇，省委常委李登菊，副省长曲木史哈出席相关活动，并就下一步筹备工作进行安排部署。省残疾人体训中心已进入规划设计审批阶段。

以此为契机，残疾人各项事业得到大发展。2014年四川成功举办了一系列重大体育活动：8月，成功举办四川省第八届残运会暨第三届特奥会，开创了新时期、新形势下办好残疾人运动会的新模式；10月，在仁川亚残运会上，四川省喜获5枚金牌3枚银牌，创历史最好纪录；11月，成功举办了四川省第四届残疾人职业技能竞赛。这些都为2015年承办全国残运会和特奥会奠定了坚实的基础。

四、大事记

1月7—10日，共青团中央志愿者工作部党组书记侯宝森带领共青团中央志工部、中国残联组联部一行5人到四川，就全省青年志愿者助残工作和残疾人工作进行调研，并分别在金牛区政务中心、苍溪县、绵阳市召开了3次省、市、县团委、残联、助残社会机构、残疾人及志愿者参加的座谈会。侯宝森一行还到都江堰地震致残一级残疾人黄莉和苍溪县一级肢体残疾人王小泗家中看望和慰问。

1月11日，由北京大学中国政府创新研究中心举办，俞可平和王长江领衔评选的第七届"中国地方政府创新奖"揭晓。四川省残联申报的"'量体裁衣'式残疾人服务模式"荣获最高奖优胜奖。省残联理事长毛大付作为仅有的两个获奖发言人代表，应邀在颁奖仪式上第一个做获奖发言。

1月20日，雅安市、宜宾市荣获第五批"全国白内障无障碍市"称号；达州市通川区、万源市、宜宾市屏山县获得第六批"全国白内障无障碍县"称号。

1月26日上午，省委常委、省总工会主席李登菊，副省长陈文华在市、县领导的陪同下，深入北川县残疾人康复中心看望、慰问残疾人，了解他们在生活中存在的困难，并为正在康复训练的36名残疾人送去米、油、被套、灯笼、对联等慰问品和新春的祝福。

2月18日，2014年全省残联工作电视电话会议在成都召开。省委常委李登菊出席会议并做讲话，副省长曲木史哈出席会议，省残联党组成员、副理事长马骏主持会议，省残联党组书记、理事长毛大付做工作报告。会议设主会场和分会场，参加会议的有各市（州）、县（市、区）残联和乡（镇）、村（社区）残联专委。

2月22日，中国狮子联会四川会员管理委员会第二次筹备会议在成都上层名人酒店举行。国际狮子会前会长谭荣根先生应邀出席会议。中国狮子联会常务副会长张国筠、副会长戴建明、秘书长陈亚安、顾问委员会副主席刘小钢，四川省残联副理事长、中国狮子联会四川代表处代表黄卫德，中国狮子联会组织建设与发展委员会、战略发展与研究委员会、服务项目委员会、顾问委员会、讲师团的领导和狮友，来自全国9个区会的领导和狮友、广东狮子会辅导工作团队、全国杰出服务队的狮友参加会议。

2月24日，四川省委常委、省总工会主席李登菊在省残联理事长毛大付、副理事长黄卫德和德阳市市长陈新有、德阳市委常委蒋建军等人陪同下，前往德阳市调研该市为残疾人提供"量体裁衣"个性化服务工作情况。

2月28日上午，全国第九届残运会暨第六届特奥会四川省筹委会副主任、执委会主任、副省长曲木史哈在成都主持召开组委会第一次全体会议，审议通过开、闭幕式总体方案和宣传品方案。省政府副秘书长赵学谦、省残联理事长毛大付、教育厅副厅长何浩、省体育局巡视员方沛元、省残联副理事长杨志远等相关部门和地区的负责人出席会议。

3月28日，中国狮子联会四川会员管理委员会成立大会在成都金牛宾馆举行。国际狮子会会长贝里·帕尔玛，前会长谭荣根，全国人大常委、中国狮子联会会长王乃坤，四川省委常委李登菊到会祝贺。省残联理事长、中国狮子联会四川首席代表毛大付，省残联副理事长、四川代表处代表黄卫德等领导和中国狮子联会常务副会长张国筠，副会长黄昌伟、戴建明、赵东，秘书长陈亚安以及全国各大区领导出席会议。来自澳大利亚、加拿大、马来西亚、韩国、新加坡、中国香港、中国台湾以及全国九大区会的狮友以及四川会员管理委员会的狮友共计650余人参加会议。

3月29日上午，中国狮子联会在雅安市名山区阳坪新村广场举行"4·20"灾后援建纪念碑落成典礼。国际狮子会会长贝里·帕尔玛，全国人大常委、中国狮子联会会长王乃坤出席揭幕式，省残联党组书记、理事长毛大付，省残联党组成员、副理事长马骏、黄卫德，雅安市政府副市长赵京东，名山区政府等领导一同参加了揭幕式。来自澳大利亚、马来西亚、中国香港、中国台湾等国家和地区的60多位国际友人和200多位四川狮子会会员同当地群众，一起庆祝援建纪念碑的落成。下午，毛大付、黄卫德陪同国际狮子会、中国狮子会的各位嘉宾，到名山区红星镇残疾人住房重建户刘林、陈菊英家座谈，调研了解重建户生产生活情况。

4月2日上午，中国残联组联部主任曹跃进一行在四川省残联党组成员、副理事长黄卫德的陪同下，到成都市青羊区"梦之易"文化创意中心、金牛区"欢行公益发展中心"就助残社会组织培育试点等工作进行调研。下午，中国残联副主席吕世明和曹跃进一起出席了由共青团四川省委、四川省残联共同发起的四川志愿者助残"阳光行动"启动仪式。共青团四川省委书记刘会英，四川省残联党组成员、副理事长黄卫德在启动仪式上就开展"阳光行动"和青年志愿者助残等做主题发言。

4月25日，中国残疾人福利基金会、中国一汽集团共同发起的"中国一汽集善博爱行"项目捐赠仪式在四川省八一康复中心举行。中国残疾人福利基金会理事长汤小泉，中国第一汽车集团党委副书记孙国武，中国残疾人福利基金会副秘书长刘玉文，省残联党组成员、副理事长马骏，省残疾人福利基金会理事长丁二中等领导出席了捐赠仪式。来自芦山等地震灾区的受助代表现场接受捐赠。

5月9日，由团省委、省残联等部门联合举办四川省大中专残疾毕业生专场招聘会。省残疾人服务外包就业（实训）基地参加了招聘会。省委常委、省总工会主席李登菊和成都市委常委、市总工会主席赵小维来到基地展位招聘现场，与前来应聘的残疾毕业生交谈，询问他们应聘的意愿和情况，并了解了基地的人才需求和职工的薪资待遇等情况。

5月21—22日，省残联和省财政厅联合组成调研组，由省残联党组成员、副理事长马骏带队，到德阳市、乐山市、眉山市残疾人康复机构或与残联合作的医疗机构，采取"听、看、问、查"的形式，就落实省委、省政府制定的重大民生项目——脑瘫儿童康复救助工程的资金支出绩效进行实地专题调研，以全面掌握残疾人康复工作及脑瘫项目执行情况。

5月26日，省残联副理事长杨志远会同省教育厅、省民政厅和省妇联的相关人员，前往成都市儿童福利院，就提升儿童福利机构特殊教育工作进行专题调研和座谈。内江市儿童福利院和宜宾市儿童福利院的院长应邀参加座谈。

5月29日，中华人民共和国残疾人运动会暨第六届特殊奥林匹克运动会公开征集会徽、会歌、吉祥物、主题口号、火炬设计、火种采集方案的新闻通气会在四川省成都市金河宾馆举行。省筹委会办公室副主任、省残联副理事长杨志远等省筹委会领导出席通气会。

6月4日，四川省八一康复中心（四川省康复医院）与荷兰马斯特里赫特大学医学中心在成都签署合作协议。双方就医学、康复与健康领域的合作，文化、学术、临床经验、科学研究的交流，建立学术伙伴关系及强大的学术联系，促进八一康复中心临床、教学和科学研究快速发展等议题达成协议。

6月4日，省总工会党组书记、常务副主席罗茂乡，省总工会党组成员、副主席彭闯一行到省残联就"量体裁衣"式残疾人服务模式进行座谈，并共同商议，拟在乡、镇、村（社区）等基层残疾人工作者中开展劳动竞赛，评选优质服务标兵。

6月8日，四川省第八届残疾人运动会乒乓球比赛在射洪县体育馆开赛，来自全省市（州）的18支参赛队伍共116名运动员参赛，争夺48枚金牌。

6月10日，全国第九届残运会暨第六届特奥会筹备工作座谈会在成都召开。中国残联党组书记、理事长鲁勇出席座谈会并讲话。他强调，办好全国第九届残运会暨第六届特奥会要充分体现中央的要求和广大残疾人的期盼，以创新的精神、务实的作风、节俭的理念做好运动会的各项筹备工作。同日下午，鲁勇率中国残联组联部、教就部、体育部和办公厅相关负责人对四川省"量体裁衣"式残疾人服务工作进行考察，并对"量服"工作取得的成绩给予高度肯定。省残联党组书记、理事长毛大付等参加座谈会。

6月19日，全国第九届残运会暨第六届特奥会成都高校赛区筹备工作会议在省政府召开，会议由省筹委会执委会副主任、省政府副秘书长赵学谦主持。省筹委会竞赛部常务副部长、省体育局副局长刘践介绍了成都赛区高校承办比赛项目任务的情况。省筹委会办公室副主任、省残联副理事长杨志远介绍了成都赛区高校协调联系机制和责任分工。省教育厅副厅长何浩表示将积极配合，做好省筹委会与高校联系的纽带，认真贯彻落实好省筹委会各项筹备工作要求。

6月21—23日，省残联党组书记、理事长毛大付，党组成员、副理事长马骏等出席中国残联在北京召开的全国残疾人基本服务和需求专项调查工作会议，并在会上播放了四川省残疾人服务信息平台（数据库）视频，从信息平台的功能介绍、信息平台的数据来源和信息平台数据的运用三个部分，系统地向参会人员介绍四川开展"量体裁衣"残疾人服务的情况。

6月25—27日，第八届全省残疾人运动会举重、跳绳、射击、射箭四项比赛分别在遂宁市大英县和安居区举行，全省共157名运动员角逐举重20枚金牌、跳绳16枚金牌，97名运动员角逐射击比赛21枚金牌、射箭比赛34枚金牌。

6月27日，省人大常委会副主任刘道平率调研组赴德阳市开展2014年重点建议督办调研。刘道平高度评价了省残联推行的"量体裁衣"式残疾人服务，并希望各级残联要不断强化服务意识、提升服务能力，同时表示，省人大将高度关注残疾人福祉，尽最大努力推动残疾人社会保障体系和服务体系建设。省残联党组书记、理事长毛大付陪同调研。

6月30日，全国自强模范、四川省巴中市巴州区水宁寺镇枇杷村党支部书记杨彬被授予"四川省优秀村（社区）党组织书记"荣誉称号，并代表获奖个人在四川省庆祝中国共产党成立93周年暨表彰优秀县乡村党组织书记大会上做《拄着拐也要带大家奔小康》的主题发言。

7月3日，全国第九届残运会暨第六届特奥会四川省筹委会执委会第三次全体会议在省政府召开。会议由副省长、省筹委会执行主任曲木史哈主持召开。省政府副秘书长赵学谦传达中国残联党组书记、理事长鲁勇在全国第九届残运会暨第六届特奥会筹备工作座谈会上的讲话精神。会议通报了省筹委会筹备工作开展情况，审议并同意《全国第九届残运会暨第六届特奥会四川省筹委会会议议事制度的请示》《全国第九届残运会暨第六届特奥会开闭幕式有关重大事项的请示》《全国第九届残运会暨第六届特奥会倒计时一周年系列重要安排的请示》《全国第九届残运会暨第六届特奥会筹集款物和市场开发有关重大事项的请示》等事项。

7月7日，荷兰王国驻华大使馆卫生、福利和体育参赞 Reinier Oppelaar 先生及候任参赞 Peter Bootsma 先生一行到四川省八一康复中心（四川省康复医院）进行访问。双方就下一步的合作计划以及在康复技术创新、人才培养等领域可能开展的合作进行了深入交流。

7月11日，中央编译局世界发展战略研究部陈雪莲副处长、中央编译局访问学者、奥地利维也纳大学汉学系顾克礼副主任专程到川调研"量体裁衣"式残疾人服务模式。调研组一行对四川省"量服"工作取得的成绩表示赞赏，认为这是一项非常先进的工作制度，值得深入研究和推广。

7月14—16日，中央党校经济学教研部李蕾副教授、科社教研部向春玲教授先后深入到阿坝州和资阳市调研基层开展"量服"工作的情况，高度肯定了四川残联十年坚持不懈的探索和创新精神及"量服"所取得的成效。

7月15日，四川大学中国残疾人事业发展研究与培训基地揭牌暨首期干部培训班开班仪式在成都举行。中国残联党组成员、副理事长程凯，四川大学校长谢和平、副校长晏世经，四川省残联党组书记、理事长毛大付等领导出席仪式。中国残联、四川省残联与四川大学开启了三方合作，在四川大学建立西部首家跨学科、跨部门的"中国残疾人事业发展研究与培训基地"。同日，程凯一行前往成都市青羊区残联，视察青羊区残疾人服务大厅、残疾人淘宝实体店、五彩梦想特殊儿童艺术康复中心、青羊区助残社会组织孵化基地、残友科技、梦之易动漫培训基地、青羊区重度残疾人托养中心等，与残疾人工作人员、残疾人创业者、残疾托养人员进行亲切交谈。

7月16日，奥托博克健康康复集团亚太区主席拉尔夫·斯图赫先生一行到四川省八一康复中心（四川省康复医院）进行访问。双方共同回顾了过去两年的合作进展情况，交流了工作中的经验和体会，深入探讨了加强辅具适配高端人才培养等4个方面的合作规划。

7月23—24日，中央编译局世界发展战略研究部周红云副主任一行3人到川调研"量体裁衣"式残疾人服务模式（简称"量服"）。调研里到四川省残疾人服务外包就业（实训）基地，针对"量服式残疾人服务模式中社会组织的参与"等问题进行调研。周红云高度赞赏四川省残联"量服"工作取得的成绩，认为在获得"中国地方政府创新奖"后，四川"量服"工作得到进一步的深化。

7月28日，香港专业人士联会副主席潘德邻先生、秘书长林惠芳女士以及亚洲电视采访组一行到省残联进行采访并与省残联党组书记、理事长毛大付就四川残疾人艺术团的建设理念和发展方向、《生命阳光》主题演出效果等进行了访谈。双方就四川残疾人艺术团赴香港演出事宜交换了意见。

8月3日，云南昭通鲁甸县发生6.5级地震，省残联按照党组书记、理事长毛大付的指示，立即启动应急预案，组织省残联康复处、四川省八一康复中心成立四川省残联系统应急医疗队，奔赴云南鲁甸县人民医院参与康复救援工作。

8月4日，省委常委、省总工会主席李登菊专程到省残联机关专题调研"量服"工作，就如何让走进千家万户开展"量服"工作的广大干部职工充满成就感、荣誉感和自豪感，提出了非常重要的思路和可行措施。

8月11—15日，由重庆市残联、市扶贫办牵头，云南省残联协同组成的片区联合督导检查组，先后到四川省广安市和达州市以及武胜县、邻水县、大竹县、达川区，对四川省《农村残疾人扶贫开发纲要（2011—2020年）》执行情况进行实地督导检查。

8月18日，省残联党组书记、理事长毛大付，党组成员、副理事长黄卫德率相关处室负责人到中国联通四川省分公司洽谈"智慧量服"合作事宜。双方围绕工作需求、解决方式、合作模式和发展方向等内容进行了深入沟通。

8月22日，由省民政厅、省国资委和省工商联联合组织的首届"巴蜀慈善奖"评选揭晓，泸州市知名残疾人慈善家、四川利君公司董事长陈立君入选"十佳爱心慈善楷模"，古蔺县红星志愿队入选"十佳慈善组织"。

8月24—26日，由中国盲人按摩学会主办、四川省残疾人服务中心承办的2014年国家级盲人医疗按摩人员继续教育（四川）培训班在成都举办。来自全省15个市（州）已经取得盲人医疗按摩人员从事医疗按摩资格证书的盲人医疗按摩人员104人参加了培训。

9月1—2日，省残联会同省发改委在成都召开部分市（州）、县残疾人服务设施建设工作推进会。省残联党组书记、理事长毛大付出席会议并讲话。会议要求各级残联干部勇担重担、动脑筋、想办法，创造条件推动当地残疾人服务中心和康复中心的建设步伐。

9月12日，全国第九届残运会暨第六届特奥会新闻发布会在成都举行。会上揭晓了残运会吉祥物"川川"和"迎迎"、会徽、火炬等。

10月10日，由省卫计委、省残联、资阳市政府共同主办的全省第二十三个"世界精神卫生日"宣传活动在资阳市开展，省、市有关部门人员、医疗卫生工作人员和社区群众代表共计400余人参加活动。省残联党组成员、副理事长黄卫德出席宣传活动并专题调研资阳市的精神残疾康复工作。

10月21—24日，四川省组队参加在浙江省嘉兴市举行的"2014年中国技能大赛"、"2014年全国残疾人岗位精英职业技能竞赛"和"全国残疾人就业服务机构工作人员职业指导竞赛"，选派的5名选手（其中3名残疾选手）参加了精细木工（木雕）、陶瓷产品设计师（陶艺）、就业服务机构工作人员职业指导竞赛活动。绵阳市的听障残疾人钟太平、吕虹均获得陶瓷产品设计师"创意作品奖"，省代表队获得"团结协作奖"。

10月24日，仁川2014亚洲残疾人运动会圆满闭幕，四川省选派的优秀残疾运动健儿喜获5枚金牌、3枚银牌。

10月31日，四川省八一康复中心举办"亚太首台卡伦发布仪式暨国际康复高端论坛"，国内外300余位康复精英与会交流。

11月4日，四川省第四届残疾人职业技能竞赛开幕，全省283位残疾人选手参加五大类共16个项目的竞赛。

11月13日，中国残联正式确定"国家辅助器具西南区域中心"落户四川,并下拨项目补助资金4000万元。

11月17日,省委书记王东明一行到下同仁路19号青羊区残疾人文化创意园,视察残疾人文化创意产业就业工作。省委常委、省总工会主席李登菊,省委常委、常务副省长钟勉等陪同调研。

11月22日,中国狮子联会援建"4·20"芦山地震灾后重建项目竣工仪式在雅安市名山区阳平新村狮子广场举行。全国人大常委、中国残联副主席、中国狮子联会会长王乃坤,中国狮子联会副会长苏泽然,中国狮子联会基金会理事长张国筠,省残联理事长毛大付,省残联副理事长黄卫德,雅安市副市长王加良,名山区委常委、总工会主席韦燕伟出席竣工仪式。王乃坤、毛大付把象征援建新房交付使用的"金钥匙"交给残疾人代表。参加援建的全国10个会员机构的100多名狮友代表以及当地群众参加了竣工仪式。

12月2日,由四川省残联、省教育厅、团省委、眉山市人民政府主办的"中国梦,我的梦,凝心筑梦"川内高校公益行活动启动仪式暨首场演出在四川大学锦江学院成功举行。四川省残联、眉山市、彭山县有关领导和四川大学锦江学院副校长王金顺等出席活动。彭山县党政机关、社会各界代表以及锦江学院师生共2000余人参加活动并观看演出。

12月10日,由中国狮子联合会四川会员管理委员会主办,四川省黄埔军校同学会联合会、四川省巴蜀抗战史研究院、四川电视台、成都电视台、成都市第二人民医院、成都三圣乡街道老年协会等单位支持,成都春熙路服务队、熊猫服务队承办的"关爱抗战老兵"活动在成都三圣乡刘家花园隆重举行。来自成都市区及周边的45位抗战老兵以及抗战老兵的后人、各界爱心人士、新闻媒体及狮友等300人参加活动。四川狮友为抗战老兵表演了精彩的文娱节目,赠送了印有狮子会标识的羊毛围巾、暖手袋、寿碗等慰问礼物,为45位抗战老兵一一拍摄肖像,并现场打印出照片,配上相框送给他们。

12月19日晚,由四川省残疾人福利基金会联合Love Story爱心公益平台举办的2014年"爱的故事"慈善晚宴在成都IFS启幕。此次慈善晚会主要包含特校学生绘画作品义卖、成都自闭症儿童创作的图画拍卖、现场捐款等活动,善款将用于邛崃特校及通江县的贫困儿童。

附 录

四川"量服"
推进残疾人事务治理现代化

《四川日报》 2014年6月24日

中国有8500万残疾人,涉及两亿多家庭人口。无论是从全面建成小康社会,还是从实现中华民族伟大复兴的中国梦的角度来看,都必须大力推进残疾人事务治理现代化。推进残疾人事务治理现代化,既需要国家、省、市、县等处于不同顶层的顶层设计,也需要处于省、市、县、乡、村等不同底层的底层探索。

对于推进残疾人事务治理现代化,省残联党组书记、理事长毛大付的体会尤其深刻。他在先后担任成都市残联理事长和四川省残联理事长的十多年时间里,提出、组织试点、全面推广并深入推进"量体裁衣"式残疾人服务模式,取得了实实在在并经受了较长时间考验的成果。2014年,"开展'量体裁衣'的个性化服务"(以下简称"量服")被写进《中共四川省委关于贯彻落实党的十八届三中全会精神全面深化改革的决定》。

结合10年来的工作实践,毛大付还撰写了长篇工作研究报告,全面阐释了"量体裁衣"式残疾人服务模式在残疾人事务治理方面的创新价值。笔者在这次专题工作访谈中,切实感受到"量服"在推进残疾人事务治理现代化中的重大而深远的作用。

以管理信息化推进残疾人事务治理现代化

"量服"模式充分应用互联网信息技术,将每个残疾人"一人一策"服务全过程在线录入作为关键流程之一,将搭建覆盖全省每村(社区)的信息平台作为重要支撑,使全省残疾人实际得到的、各级各部门和社会各界提供的各种服务均以此为载体,实现了大容量的数据存储和高效率的信息化管理。

具体来说,一是构建了信息化的组织架构,实现了扁平化、网络化的组织管理,解决了传统的科层管理架构存在层级多、条块分割、行政效率低、信息传递易失真、信息共享难等诸多问题;二是建立了以残疾人为中心的动态数据库,实现了精确管理和集成管理,使根据每个残疾人的具体情况特别是需求情况提供有针对性服务成为可能,解决了为残疾人提供信息和服务碎片化的问题,为多元协同的服务机制提供了有力支撑;三是构建了信息化业务体系,对各级各部门服务残疾人的各项业务进行全域全程信息化管理,有效敦促各项普惠政策和特惠措施真正实现对残疾人的全覆盖,充分保障残疾人权益;四是构建了综合统计、综合分析等办公自动化系统,实现了智能的绩效管理,形成了资金、项目等精细化管理和量化决策的新机制。"量服"运用现代信息技术，在残疾人事务的各方面实现了全面系统的高效智能管理，促进了在信息共享基础上的横向沟通协调和纵向管理控制，利于具体项目追踪和全局事务研判，为方便、优质、高效地服务残疾人及绩效评估提供了先进的手段，大大提高了工作效能。

以实据、量化决策机制推进残疾人事务治理现代化

"量服"提供了一种大数据基础上的实据、量化决策模式，把每个残疾人的具体情况、需求情况，每个残疾人得到的各种保障，各级各部门提供的各项服务情况都实时、动态录入"量服"信息平台。因此决策时能以残疾人最紧迫、最急需的需求，以有名有姓、实实在在、最翔实、量化的数据作为依据。无论是制定法律法规，还是制定政策制度；无论是提高保障水平，还是增加民生项目；无论是研究资金投入，还是决定基础设施建设，都因为有数有理有据、可信可行科学，而有力有效有用。

通过"量服"，建立了一套实据量化的政策、制度决策机制，为各级党政在发展残疾人事业中发挥主导作用提供了最可行、有效的路径，推动了"四川重度残疾人护理补贴制度"的建立以及《四川省〈中华人民共和国残疾人保障法〉实施办法》《四川省残疾人事业"十二五"发展纲要》等一系列含金量很高的法规、政策的出台；建立了实据、量化的项目安排决策机制，通过对"量服"平台大数据的分析，除了为广大残疾人落实普惠性的基本社会保障和基本公共服务，还针对残疾人的特殊需求，不断增加专门的特惠项目；建立了实据、量化的资金分配决策机制，促进了"蛋糕"做大和分好；建立了基于实据、量化的设施建设决策机制，加快了残疾人项目的立项和建设，通过实证实据的数据的分析统计促进项目更好地建设。"量服"建立了准确的、量化的数据支撑，确保了决策的正确性、科学性，同时还能极大提高决策效率，大大降低决策成本。"量服"的实据、量化决策模式，在残疾人事业的其他各决策领域也都发挥出同样的作用。这应该是推进残疾人事务治理现代化的重要内容和必然要求。

以新型全民监督机制推进残疾人事务治理现代化

"量服"提供了一种以人民群众直接监督为主、网络监督与组织监督一体化融合的全民监督模式。

"量服"要求基层残疾人工作者每年必须深入辖区内每个残疾人家中至少一次开展入户调研，制定和落实"一人一策"的发展方案和帮扶方案，并填写"两表一卡"，交由残疾人签字确认，建立由每个服务对象直接监督的全民监督机制；通过要求每个残疾人对入户调研和落实的"一人一策"方案的评价，为每个残疾人提供的每项服务，都要输入到"量服"信息平台，通过网络放大群众直接监督的作用，且省、市、县各级都能实时监督每项政策和制度、每个项目和每笔资金的落地情况，解决监督的广泛性、及时性、客观性和直接性问题，建立全民监督基础上的网络监督机制；通过建立公示制度，要求以村（社区）为单位，将为每户残疾人提供服务的情况进行公示，建立社会监督机制。各级组织通过平台掌握每个残疾人的监督情况，为组织监督提供最基础、最原始、最全面的依据，解决群众监督管用和组织监督广覆盖的信息源问题，使群众监督能转化为组织监督，建立群众监督、网络监督和社会监督基础上的组织监督。

通过"量服"，构建一种有效的新型群众监督机制，较好地解决了监督的全面性、客观性、可行性和常态化问题，建立了以服务对象直接监督为主，网络监督和组织监督与之相辅相成的全民监督新模式，从而实现了对各级各部门、各级残联组织、每个残疾人工作者提供的每项服务、每项政策的落实情况，每笔资金的落地情况等直接、透明、全面的有效监督。

以十年磨一剑的发展定力推进残疾人事务治理现代化

"量服"从2003年提出，2004年试点，2005年在成都市全面推广，至今已整整十年。十年探索，十年实践，十年坚守，十年提升，十年完善，这一切就是为把服务残疾人工作做得更好。"量服"既然是一种经过实践证明的为残疾人服务的先进理念、先进方法，那自然就得一直坚持并不断发展，只有起点，没有终点。

从入户调研的角度，残疾人的情况每年都在变化，残疾人的需求每年也有所变化，各级各部门为残疾人提供的保障和服务每年也都在变化。要真正全面准确掌握每个残疾人的动态情况，真正保持与残疾人的血肉联系，基层残疾人工作者每年至少要走进每个残疾人家庭一次，只有这样才能确保掌握情况的准确度和数据的灵活性。

这样的"量体裁衣"式服务确实不复杂，要复杂了就不可能长时间在全省4967个乡镇（街道）、59342个村（社区）全面推行。虽不复杂，但要坚持十年，必然会遇到很多困难和阻力，这就要考验我们的定力。一是基层残疾人工作者要十年如一日、常态地走群众路线，每年深入到辖区内每户残疾人家庭开展入户调研，考验我们的定力。二是每个残疾人工作者要十年如一日地开展"一人一策"的量身定制服务，每年都要对辖区内每个残疾人进行有针对性的帮扶，考验我们的定力。三是要十年如一日地服务全过程、全结果的信息化管理，考验我们的定力。四是面对十年如一日的全民监督，始终以辖区内每个残疾人的满意为动力和压力，并为此坚持不懈的努力、孜孜不息的奉献，考验我们的定力。五是要十年如一日,在现有的政绩观下,不计较功名得失,默默地为残疾人提供实实在在的服务,考验我们的定力。六是这套制度的定型和不断完善,考验我们的定力。

只要按"量服"的理念和方法去服务残疾人,就能真正根据每户残疾人的具体情况把这些服务做到残疾人每家每户去,就能将各级党和政府的各项政策真正落实到每个残疾人,就能最大限度挖掘和发挥好残疾人自身的主体作用,最大限度动员社会资源帮扶残疾人。一旦坚持不了,停下来,就会回到从前跟着感觉走的时代,回到官僚的工作作风、传统的管理状态,回到粗放模糊的决策方式中。

推进残疾人事务治理现代化,必须保持十年磨一剑的发展定力,不图一时之功,不求一时之名,不心浮气躁,要耐得住平淡,经得起考验,咬定青山不放松,稳打稳扎向前走。我们将在第一个十年打下的基础之上,坚持并不断发展"量服",用第二个十年甚至第三个十年为推进残疾人事务治理现代化继续努力,为残疾人同步实现全面小康和在实现伟大中国梦中不断开创残疾人幸福美好生活而奋斗,不断推进残疾人事务治理现代化。

(宋满宏、曾中辉供稿)

重庆市残疾人事业和残疾人工作

一、领导讲话

鲁勇在重庆市残疾人工作汇报会上的讲话摘要   2014年6月13日

近年来,重庆市残联坚持把实现残疾人与全市人民同步小康作为奋斗方向,坚持以残疾人需求为导向,取得了不错的成绩,有很多经验和做法值得肯定。同时,重庆作为全国统筹城乡综合配套改革试验区,要持续加强残疾人基础管理建设工作,改革创新,大胆探索,为推动中国特色残疾人事业再上新台阶做贡献。

今年是基础管理建设年,各级残联要围绕基础管理建设这一主线,抓基础、抓动态、抓长效,强化信息化建设,准确掌握残疾人的基数、基本情况、基本需求,更好地为残疾人提供服务,更好地履行"代表、服务、管理"职能。要强化制度建设,通过制度设计、制度安排增加残疾人就业,保障残疾人权益。

各级残联要认真学习领会习近平总书记关于做好残疾人工作的新部署、新要求,在新的形势下,要以衣食无忧、安居乐业,过上幸福美好生活作为广大残疾人小康标准;要坚持中国特色残疾人事业领导体制,努力把残疾人工作融入大局;要按照"兜底线、补短板、保基本、广覆盖"的思路,继续开创残疾人工作的新局面,推动残疾人事业不断迈上新台阶。

二、政策法规文件

关于试行残疾人信访代理制度的通知
渝残联发〔2014〕16号

一、统一思想认识

试行信访代理制,是新形势下创新残疾人工作方式的一种探索,是新时期做好残疾人服务工作的有效途径,各区县残联要充分认识试行残疾人信访代理制度的重要性,下大力气认真开展好残疾人信访代理工作。

一是试行信访代理制,是贯彻落实党的群众路线教育实践活动要求的需要。党的群众路线教育实践活动,要求各级党组织按照"照镜子、正衣冠、洗洗澡、治治病"的总要求,着力解决人民群众反映强烈的突出问题,提高做好新形势下群众工作的能力。试行信访代理制,主动为残疾人代办合理诉求,能较好发挥残联系统的组织优势,解决残疾人最关心、最直接、最现实的各类突出困难和问题,进一步密切残疾人组织与残疾人之间的血肉联系,是残联系统贯彻落实党的群众路线教育实践活动要求的充分体现。

二是试行信访代理制,是转变残疾人工作服务方式的需要。为残疾人服务,是残疾人工作的主线和宗旨。

当前，随着经济社会的发展，残疾人的诉求越来越多，服务需求越来越强烈，传统的服务方式越来越难以满足残疾人日益增长的服务要求，急需各级残联组织不断创新为残疾人服务的方式方法。试行信访代理制，主动为残疾人代为反映诉求，办理相关事宜，变"坐等残疾人上访"为"主动替残疾人跑路"，是残联系统主动转变服务方式、创新服务内容的具体体现，是满足残疾人日益增长的服务需求的有效途径，是新时期做好残疾人服务工作的客观需要。

三是试行信访代理制，是有效维护残疾人群体稳定的需要。近年来，各类涉残矛盾纠纷不断涌现，残疾人群体不稳定因素不断凸显，稍有不慎将引发重大不稳定事件，危害经济社会发展的和谐稳定环境。试行信访代理制，组织人员及时主动收集残疾人诉求，疏导残疾人情绪，解决残疾人的困难和问题，能有效化解残疾人矛盾纠纷，将各类涉残不稳定因素控制在萌芽，消除在初始，有力维护社会稳定。

二、把握总体要求

推行残疾人信访代理制度，必须认真执行《信访条例》的有关规定，全面贯彻《市委、市政府关于推动干部下访群众制度化的决定》，在各级党委、政府统一领导下，充分发挥残疾人组织的优势，积极履行代表和服务残疾人的基本职能。通过信访代理，提高服务残疾人群众工作水平，切实推动残疾人矛盾纠纷的化解和合理诉求的解决，最大限度把矛盾化解在基层，把困难解决在基层，把服务落实到基层，实现维护残疾人合法权益与维护社会和谐稳定工作目标的统一。

三、建立工作体系

建立信访代理机构和信息员、代理员队伍是做好信访代理工作的基础和保障。各区县残联要切实建立代理工作机构，组建代理人员队伍，确保代理工作有人办事、有机构理事。

一是建立残疾人信访代理机构。依托残联系统组织架构，区县建立残疾人信访代理服务中心，由残联理事长任主任，分管理事长任副主任，有关业务科室负责人为成员；乡镇（街道）建立残疾人信访代理服务站，由乡镇（街道）理事长任站长。积极争取党委政府支持，将残疾人信访代理机构和人员纳入同级综治工作、群众工作、信访工作机构和人员之中，积极推荐残联干部进入各级人民调解委员会，推动残疾人维权融入维稳工作、群众工作大局，共同做好残疾人信访稳定工作。

二是组建代理员信息员队伍。以区县残联干部、乡镇（街道）残联理事长、乡镇（街道）优秀助残志愿者为主体，建立区县、乡镇（街道）残疾人信访代理员队伍，分级履行代理职责。同时，为更好全面收集残疾人诉求，畅通和拓宽残疾人诉求反映渠道，在村（社区）以残协成员、康复示范社区协调员、残疾人大户和基地负责人、助残志愿者、专职委员等骨干为主体，建立信访信息员队伍，负责基层残疾人诉求的日常收集工作。原则上农村以社（组）或院落为单元、城市以小区、楼宇（单元）配备信息员，实现信息员联系住户全覆盖。

三是落实信息员代理员责任。信息员的工作职责是：定期走访群众，收集了解残疾人信访动态和信访诉求；建立健全信访信息台账，及时向代理员反映信访信息和残疾人信访诉求；积极调处涉残矛盾纠纷，努力化解影响稳定的苗头隐患；配合协助信访代理员处理代办事项；积极参与宣传解释、思想疏导、教育批评和稳控工作。代理员的工作职责是：掌握工作范围内的残疾人信访动态；判定并接受代理的信访事项，代替或陪同残疾人向信访事项处理责任部门咨询、反映和了解问题的处理和解决进展情况；向残疾人诉求主管职能部门反映信访人情况，提出工作建议和要求；做好宣传解释、教育批评、思想疏导和稳控工作。

四、明确代理范围

根据《重庆市信访条例》和残疾人工作实际，信访代理事项主要包括可通过信访渠道办理的涉及残疾人权益的事项、紧急突发事件及其他影响社会稳定的事项。对依法应当通过诉讼、仲裁、行政复议等法定途径解决，不能纳入信访代理范围的投诉请求，信访代理员要做好指导服务工作，帮助信访人理清投诉渠道和程序，区县（自治县）和乡镇（街道）残联要依托其法律服务中心，做好法律服务工作，对符合条件的残疾人要提供法律援助。

五、完善代理方式

代理工作的重点是：及时了解民情，调解矛盾纠纷；宣传法律政策，给予人文关怀；畅通诉求渠道，督促事项办理；引导依法上访，代办合理诉求。各地要结合实际，积极探索和完善各类行之有效地代理工作方式。

一是主导代理。对残疾人反映有关政策出台及执行中触及其利益、引发其不满的问题，按政策法规应解决而未解决的问题，以及政策法规暂无明确规定但确需协调解决的涉及残疾人权益的其他合理诉求，实行主导代理，在残疾人自愿委托的前提下，由代理员将诉求代为反映到相应的职能主管部门，并协调、督促有关职能部门依法依规予以解决。

二是疏导代理。对涉及残疾人婚姻家庭矛盾、邻里纠纷，残疾人超出政策法规规定的无理诉求，以及紧急突发事件和其他矛盾纠纷等涉残不稳定因素，实行疏导代理，由代理员主动采取政策宣讲、真情沟通、正面引导（必要时协调同级人民调解委员会）等方式，对残疾人进行思想疏导，理顺情绪，指导其正确处理，化解矛盾，着力将各类不稳定因素控制在基层，处置在萌芽，切实保障残疾人群体的稳定。

六、规范工作程序

对属于主导代理范围的诉求，应按照以下程序进行代理：

一是自愿委托。本着依法、自愿、服务的工作原则，在残疾人自愿的基础上，由残疾人与代理员签订信访代理授权委托书（附件2），并经相关领导审批同意后，方可实施代理。

二是代为办理。代理员应根据残疾人所反映诉求的不同，有针对性地将代办事宜向相应的处理责任部门进行咨询和反映，并协调、督促责任部门依法依规限期办理。代办过程中，代理员填写《残疾人信访代理登记表》（附件1），如实记录办理过程和办理结果，并由委托其代办的残疾人签字确认。

三是及时回访。对办理完结的代办事宜，代理员应在办结一个月内对残疾人上门回访，掌握残疾人的思想动态。对回访满意的代理件，填写《信访事项代理终结报告书》（附件3），由残疾人签字确认并经代理员逐层报乡镇（街道）、区县残联核审后结案，以确保代理事项真正"案结事了"。

七、强化工作措施

一是加强组织领导。各区县残联要高度重视残疾人信访代理工作，将其作为残联组织参与社会管理和维权维稳工作的重要内容，下真功夫予以抓实、抓好。要切实加强领导，建立代理工作领导机构，主要领导亲自抓试点，分管领导具体抓工作。要做好对乡镇（街道）的业务工作指导，并积极总结推广先进经验。

二是健全配套制度。要健全完善定期下访制度，按照《市委、市政府关于推动干部下访群众制度化的决定》，建立残联系统干部定期下访群众制度。要健全完善工作制度，重点加强信息收报、协议签订、办理督办、跟踪回访等环节的制度设计，强化对代理工作的流程管理。要建立健全培训制度，加强队伍培训管理，对代理员、信息员进行登记建册，并联合当地信访部门定期对信息员、代理员开展业务培训，不断提高其业务素质。

三是强化舆情研判。一要建立残疾人信访信息基层直报点，提高信访信息的时效性，便于矛盾早发现、早报告、早解决。二要积极做好涉残矛盾纠纷的排查化解工作，将残疾人信访代理的重点案件纳入同级群众工作联席会议的解决范围，努力推动残疾人矛盾纠纷的切实解决。三要加强信访信息综合分析研判，针对涉及残疾人权益的重大舆情，要加强调查研究，向当地党委政府提出有针对性的措施建议，推进源头维权工作。

四是实施工作考核。各区县残联要结合当地实际情况，制定考核细则，每年对信息员、代理员的工作情况进行考评，并采取措施做好考核结果的运用。市残联每年将对各区县开展情况进行检查指导，并根据各区县信访代理工作的开展情况，给予一定的工作经费补贴。

关于减免下肢残疾人车辆路桥通行费的通知

渝残联发〔2014〕17号

由重庆市残联、重庆市市政管理委员会下发。

一、减免范围

具有重庆市户籍，持有中华人民共和国残疾人证（第二代证），经汽车驾驶培训取得中华人民共和国C2或C5驾驶证的下肢残疾人所购买的车辆（行驶证与驾驶证上所载姓名必须一致）。

二、减免时间

路桥通行费减免手续从2014年1月1日起开始办理，车主可在每年机动车辆年审月份之前申请（如已缴纳2014年度路桥通行年费或次费的，可申请退还）。

三、减免流程

（一）区、县残联要对申请减免的下肢残疾人进行严格审查，包括残疾人证、行驶证、驾驶证、身份证原件等，符合申请减免条件的，在每月30日前将审核后的电子数据及纸质文件（加盖单位公章）上报市残联维权部审定、汇总和备案（见附件1和附件3）。

（二）市残联审定汇总区县残联上报数据后，于次月5日前将审定的车辆减免明细电子数据（以各区县为单位，在文件名上注明）及纸质件加盖公章传至市市政委（见附件2和附件3）。

（三）市政委根据市残联提供的车辆信息办理机动车辆路桥通行费减免手续。

（四）各区县残联在接到审批成功的短信后，负责通知本区的申请人持本人身份证、残疾证、行驶证、驾驶证原件及4证复印件和交通信息卡到市路桥收费管理处办理减免业务。

关于农村贫困残疾人危房改造阳光安居工程项目试行"一户一策"的通知

渝残联发〔2014〕18号

一、改造对象

（一）本市常住户口的农村持证残疾人，本人或其监护人有意愿对危旧房屋进行改造。

（二）残疾人属无房户或D级危房户。

（三）符合农村低保户标准，或因家庭成员体弱多病、一户多残、老残一体或遭受重大疾病、自然灾害等原因造成家庭生活极度困难，自己无力独自改造的残疾人家庭。

二、改造标准

实行"一户一策"的残疾人危房改造户，新建住房应为砖混结构或框架结构，铺水泥地面，粉刷内外墙。建筑面积按家庭人口为1人的，按不高于40㎡的标准；2—3人的，按不高于60㎡的标准；4人以上的，按不高于80㎡的标准。

三、资金管理

各区县实行"一户一策"的残疾人危房改造，在市残联补助资金、区县配套资金和城乡建设、民政、扶贫等部门补助资金打捆使用的基础上仍有缺口的，可根据实际情况，将市残联下达的农村贫困残疾人危房改造"阳光安居工程"项目年度任务资金调剂使用，调剂资金总量控制在20%以内的额度。

四、相关资料

实行"一户一策"农村残疾人危房改造户的区县，需按要求填写完善《重庆市农村贫困残疾人危房改造"阳光安居工程"项目"一户一策"统计表》（附件1）和《重庆市农村贫困残疾人危房改造"阳光安居工程"项目"一户一策"登记表》（附件2），于本年度的11月30日前报送市残联教就部。

五、组织实施

各区县依照《关于印发〈重庆市农村贫困残疾人危房改造"阳光安居工程"项目实施方案〉的通知》（渝残联发〔2012〕97号）和本通知要求，统一实施，并按时上报相关资料。

市残联将采取抽查（现场查看、电话抽查、到户回访等）方式，对项目实施的进展、资金使用、房屋质量等执行情况进行检查。

三、工作综述

（一）概况

全市各类残疾人的总数为169.4万人，占总人口的6.05%，其中：视力残疾29.2万人，听力残疾30.8万人，言语残疾3.3万人，肢体残疾57.6万人，智力残疾13.6万人，精神残疾16.4万人，多重残疾18.5万人。

（二）各级领导更加重视残疾人事业

2014年，市残联党组、执行理事会一班人主动而为，积极争取各级领导重视，破解制约重庆市残疾人事业发展的"瓶颈"问题。6月12日，中国残联党组书记、理事长鲁勇同志亲自率队，专程赴重庆市开展"基础管理建设年"专题调研，充分肯定了重庆市在基础管理建设方面的超前思考及做法。市委、市人大常委会、市政府、市政协领导多次深入基层调研残疾人工作、参加残疾人相关活动，帮助解决残疾人工作中的实际困难；市残联党组成员分别深入"五大功能区"有关区县，与部分区县领导充分接洽对接，形成了工作合力，为残疾人事业发展提供了有力组织保障。

（三）成功举办重庆市第五届残疾人运动会

在北碚区委、区政府的大力支持下，在北碚区残联、北碚区体育局等有关部门和社会各界共同参与、协作配合下，成功举办了重庆市第五届残疾人运动会。该届残运会历时20天，有40个代表团参赛，719名运动员在13个大项的比赛中展开激烈角逐，产生金牌130枚、银牌107枚、铜牌106枚。参与服务的志愿者130余人。此届运动会实现了科学创新、文明节俭、高效务实办会的服务管理目标，为重庆市开展大型残疾人体育

图6-23-1 重庆市第五届残疾人运动会开幕式。

运动活动积累了经验，营造了更加浓厚的关心支持残疾人体育事业发展的社会氛围。

（四）开展残疾人基本服务状况和需求专项调查扎实有序

按照中国残联的统一部署，重庆市扎实推进"专项调查"工作，呈现出组织领导有力、任务方案可行、工作节奏有序、关键环节严格、社会关注度较高的良好工作局面。分层召开了专项调查各项业务专题工作会议，开展了核查软件操作、入户调查培训，累计培训调查员2万余名，完成对77.8万名残疾人的基础信息核查工作，核查率达100%。

（五）积极做好第五次全国自强模范暨助残先进表彰工作

重庆市推荐评选出全国自强模范5人，全国残联系统工作者1人，助残先进集体2个，助残先进个人3人，残疾人之家3个。举行自强模范暨助残先进集体和个人获奖代表欢送会，市委副书记张国清、市政府副市长刘强出席会议。精心组织开展第五次全国自强模范与助残先进事迹报告会。

（六）残疾人社会保障工作

出台了《关于提高参加城乡居民社会养老保险重度残疾人员政府代缴标准的通知》，对参加城乡居民社会养老保险的一、二级重度残疾人员，将政府代缴的养老保险费标准由每人每年40元提高到100元。19.5万名残疾人享受城乡居民最低生活保障；45.1万名残疾人参加城乡居民养老保险；8.3万名残疾人参加职工社会保险；8.5万名残疾人参加职工医疗保险。推动建立"两项补贴制度"。渝中、江北、沙坪坝等9个区县建立贫困残疾人生活补贴制度，渝北、巴南等15个区县建立重度残疾人护理补贴制度。为21316名残疾人提供了托养服务。

（七）残疾人扶贫工作

全年共计扶持42485户贫困残疾人，脱贫23327人。实施农村贫困残疾人危房改造"阳光安居"工程，推行"一户一策"，完成农村贫困残疾人危房改造3607户。开展农村实用技术培训，培训21354人次。扶持100户农村残疾人种养业大户。完成残疾人康复贷款额度2075万元，贴息110.1万元。开展社会扶贫，结对帮扶单位991家，帮扶残疾人或残疾人家庭成员8698人。

（八）千方百计促进残疾人就业

全年新增残疾人就业4089人。加大残疾人职业技能培训力度，5092人接受职业培训。开展了以"就业帮扶、真情相助"为主题的"就业援助月活动"，共入户走访困难残疾人家庭2842户，组织专场招聘会134次，帮助残疾登记失业人员实现就业942人。开展全市残疾人职业技能竞赛活动。推进残疾人就业和培训实名制录入工作。截至2014年12月底，全市已录入就业状况人数为413457人，录入率为96.63%；录入残疾人就业服务机构（残联）信息41个。加强盲人按摩管理工作，推进实施《重庆市盲人按摩行业扶持办法》。开展残疾人就业服务机构规范化建设工作。探索残疾人创办微型企业扶持办法。

（九）残疾人特殊教育

实施2014年中央彩票公益金助学项目，对200名学龄前贫困残疾儿童进行入园救助；对183名贫困家庭残疾高中生实施救助；开展残疾大学生入学和生活救助，对176名2014年新入学的残疾大学生进行入学救助，对334名2012—2013年在校残疾大学生进行生活救助。开展"特教园丁奖"和"残疾大学生励志奖"评选推荐活动。举办中国手语培训班。

（十）推进"人人享有基本康复服务"工作

市残联牵头组织对9个区县"人人享有基本康复服务"创建工作进行市级初评。重点完成了国家残疾儿童康复救助"七彩梦行动计划"项目，救助贫困残疾儿童2735人。圆满完成国家（市级）彩票公益金项目，救助贫困残疾人9641人。全年康复救助残疾人15060人，培训康复人才4200人次。推广社区、居家康复服务。为100个残疾人康复示范社区康复站配备康复器材。开展"爱耳日"、"爱眼日"等活动。规范了各定点康复机构管理。

（十一）基层残疾人组织规范化建设

实施"强基育人"工程。加强残疾人专职委员队伍建设，组织全市残疾人专职委员参加"残疾人阅读与培训在线"，截至2014年12月底，全市报名参与在线学习的残疾人专职委员达到2704人，其中2019人顺利通过测试。严格残疾人证核发及管理工作，已核发残疾人证80万本。启动助残志愿者注册管理工作，举办助残志愿者骨干培训班，培训101人。开展"建家助友"试点工作，在全市各区县城乡社区开展残协会员制试点。开展残疾人状况监测工作。

（十二）残疾人群众性文化体育活动更加丰富

举办第二十四次"全国助残日"系列活动。举行第二十四次全国助残日暨助残阳光行动启动仪式，发放11辆残疾人流动服务车。开展2014年重庆市残疾人文化艺术巡回演出活动，组织举办残疾人优秀作品展览及拍卖活动。深入开展"文化进社区"活动，新建11个视障阅览室。残疾人群众性体育活动更加丰富。

图6-23-2　重庆市第二十四次全国助残日启动仪式。

（十三）依法保障残疾人合法权益

推行信访代理制度，共发放法律救助卡16800余张，先后为1022名残疾人提供法律服务。探索建立"大维权、大接访、大稳定"工作机制，全市各级残联共办理群众来信568件次，接待群众来访4102人次。为2600户贫困残疾人家庭进行无障碍改造。办理人大、政协的意见和提案共11件。推出专门针对残疾人的"爱心通"优惠套餐，已有500多名残疾人得到实惠。开展下肢残疾人路桥费减免工作，享受路桥减免的残疾人共有867人。

（十四）密切联系残疾人，实施残疾人服务工作满意度测评

制定完善了"五大功能区"综合目标考评方案，推动全市各区县残疾人事业科学发展、差异发展、特色发展、联动协调发展，进一步激发各区县竞相发展活力。委托第三方专业机构开展残疾人服务工作满意度测评，精心设计问卷调查，每个区县成功调查测评25人，每个区县测评对象残疾人类别占80%，残疾人工作者等类别共占20%。调查数据表明，重庆市的残疾人工作总体满意度较高。开展服务满意度测评，促进各区县残联工作重心下沉，巩固和发展了密切联系残疾人的工作作风。

（十五）开展残疾人工作实践应用课题调研

市残联与市财政局、西南大学合作开展了政府购买残疾人服务专项调研，为制定出台重庆市政府购买残疾人服务实施意见奠定了基础；市残联各部室均完成至少1项调研成果；各区县残联均完成课题调研基本任务，累计收到调研成果54篇，经过专家评审，评选出14篇优秀调研文章，遴选6个方面的优秀选题在2015年全市残疾人工作会上做调研成果汇报发言；遴选30余篇汇编成优秀调研报告集。这些优秀调研成果得到积极转化，万州区、沙坪坝区、渝北区、潼南县、垫江县、开县等部分区县将调研成果与推动工作创新紧密结合，有效推动了工作的开展。

（十六）加强残疾人各专门协会工作

探索各残疾人专门协会法人管理模式，指导市肢协完成注册登记。引导各协会积极开展残疾人服务，市盲人协会组织开展了走访慰问、"空中授课"、按摩知识竞赛等活动；市聋协推荐40多名农村聋人就业；市肢协成功举行重庆市肢残人协会、重庆心之海慈善基金会揭牌仪式；市智力残疾及亲友协会依托特殊教育学校、民办机构，开展智障教育、康复服务；市精协依托各地精神病院，开展社区精防管理工作。市残疾人福利基金会实施一系列品牌项目，累计折合募集资金3000余万元。

（十七）加强残疾人综合服务设施建设

2014年，全市在建残疾人服务设施9个，总面积68492平方米。万州、永川完成主体工程建设。严格规范建设程序，加强建设资金监管，推行规划、建设、使用同步设计、同步布局的建管用模式，促进综合服务设施综合配套，作用发挥效益最大化。

（十八）残疾人事业宣传影响力明显增强

2014年在主流媒体刊发残疾人事业原创新闻稿件600余条，其中：新华社、《人民日报》、中央电视台等中央级媒体刊发20余条；《重庆日报》刊发"残疾人创业故事"专题24期、动态新闻100余条；《重庆新闻联播》刊发40余条；《残疾人之声》专题广播48期；制作电视手语新闻节目48期。在市委办公厅《每日要情》刊载信息4条，在中国残联《残疾人工作要情》刊载信息8条。出刊《同伴》6期，编发《重庆残联工作简报》54期、《各地动态》12期。在黔江区、沙坪坝区、巴南区、永川区、忠县开展第五次全国自强模范暨助残先进事迹报告会5场次。宣传培育郑璇、吴晓凡、刘国云等一批优秀残疾人及扶残助残典型人物，为全市残疾人事业发展营造了良好舆论氛围。

四、大事记

1月7日，市残联理事长周鸣，副理事长彭美云及办公室、教就部负责人一行到江津区调研残疾人特殊教育工作。江津区委副书记周德勋、副区长李祖明参加调研。周鸣对该区特殊教育工作寄予希望，要求巩固成绩，高度重视和发展残疾人义务教育，同时要积极创造条件大力发展好残疾人职业教育，让残疾人健康成长、融合发展，通过职业教育让残疾人掌握一技之长，实现就业，共同奔小康。

1月13日，市残联副理事长张青莉一行到永川区开展走访慰问活动。当天，张青莉一行到该区大安街道小坎村贫困老党员残疾人68岁的张恩术和60岁的黄纯初的家中，为他们送去了食用油、毛巾等慰问品和慰问金，与他们拉家常，倾听他们的呼声，了解该区残疾人的迫切需求，并要求区残联密切联系残疾人，主动为残疾人解决实际生活困难。

1月13日，市残联副理事长张青莉在大足区残联相关人员的陪同下，到宝顶镇、高坪镇走访慰问了贫困残疾人，为他们送上了新春的问候。

1月13日下午，市残联副巡视员孙连尚在大渡口区残联负责人的陪同下，到大渡口区跳磴镇沙沱村肢体残疾人曾洪和徐德富家中，为他们送上新春的祝福。

1月14日，市残联副理事长张青莉到荣昌县昌元街道和昌州街道，慰问了智力一级残疾人张红和智力三级残疾人唐有志，分别为他们送去了600元慰问金和米、面、油、肉等"年货大礼包"，将党和政府的温暖送到残疾人手中。

1月14日上午，市残联副巡视员孙连尚和市残联维权部负责人到合川区钓鱼城街道、合阳城街道走访慰问贫困残疾人，为他们送去慰问金和大米、食用油等慰问品。

1月14日，市残联副理事长彭美云带领市残联组联部、教就部负责人来到忠县，在县委副书记陈强和副县长袁德祥的陪同下调研残疾人工作，并到该县黄金镇看望慰问困难残疾人家庭，为他们送去慰问金、慰问品和新春的祝福。

1月15日，2013年度感动重庆十大人物颁奖典礼在重庆广电集团演播大厅举行，陈冰、郑建伟、候雪源3名不同行业的残疾人优秀代表获"感动重庆十大人物"殊荣。

1月15日，市残联副理事长彭美云一行抵达石柱，重点就残疾人教育就业和组织联络工作进行调研，并结合春节慰问活动，看望慰问了部分贫困残疾人户。

1月16日下午，市残联副理事长彭美云率组联部、教就部负责人一行，在江北区残联负责人陪同下，到该区五宝镇下湾、马井、万缘等农村地区困难残疾人家中，开展春节走访慰问活动，送去慰问金及大米、食用油、汤圆等慰问品。

1月16日下午，市残联副理事长任能君带领长寿区残联干部一行，到该区但渡镇部分生活困难残疾人家庭进行慰问，为他们送去食用油等慰问品和慰问金。

1月17日，市残联副理事长任能君率市残联康复部一行，在梁平县政府副县长胡立、县残联负责人陪同下，看望慰问了该县双桂街道响水村2组居民刘福堂。

1月21日上午，任能君一行在该区残联负责人陪同下到登瀛敬老院，查看了老人们的生活起居环境，为每位老人送上爱心棉被，并和老人们亲切交谈，特别关切地询问了几位残疾老人的情况。

1月22日，市政府副市长刘强、市残联理事长周鸣等领导来到涪陵区，分别慰问了吴德胜、张凡等4户困难残疾人家庭，送去慰问金和慰问品，代表市政府向他们表示亲切的问候，并致以新春的祝福。涪陵区委书记秦敏、区长李洪义、副区长刘康中等陪同慰问。

1月24日，市残联第四届主席团第二次全体会议在广场宾馆举行。市政府副秘书长、市残联第四届主席团副主席艾扬出席会议。会议听取了重庆市残联执行理事会党组书记、理事长周鸣所做的工作报告。周鸣在报告中回顾了市残联执行理事会2013年的工作，安排部署了2014年的主要工作。艾扬指出，周鸣所做的工作报告，总结工作实事求是，过去一年的工作扎实有效，对2014年各项工作的谋划重点突出、措施有力，充分体现了市委市政府的要求，求真务实，振奋人心。艾扬强调，2014年是贯彻党的十八届三中全会和市委四届四次全会精神，全面深化改革的第一年，残疾人事业发展面临着新的机遇。会议还审议通过了《关于重庆市残联执行理事会工作报告的决议》，审议通过了《增补和调整重庆市残疾人联合会第四届主席团委员的决议》。市残联党组成员、副理事长彭美云主持会议。市残联第四届主席团副主席、中共重庆市委宣传部副部长万相兰及重庆市教委巡视员钟燕、重庆市卫生局副局长傅仲学，市残联党组成员、副理事长任能君、张青莉，市残联第四届主席团委员参加会议；市残联党组成员、副巡视员孙连尚，市残联副巡视员郝建新，市残联处级以上干部，不是主席团委员的市政府残工委成员单位领导及区县残联理事长列席会议。

1月24日，2014年全市残疾人工作会在广场宾馆召开。会议的主要任务是贯彻党的十八届三中全会和重庆市委四届三次、四次全委会精神，以及刚刚闭幕的重庆市"两会"精神，总结回顾2013年全市残疾人工作，部署2014年全市残疾人工作。市残联党组书记、理事长周鸣主持会议。市残联领导任能君、彭美云、张青莉、孙连尚还采取以会代训的形式，就各自分管的业务工作进行了安排部署和培训指导。市残联副巡视员郝建新宣读表彰决定。会议对获得2013年度综合目标考核和单项工作考核先进单位的区县颁发了奖牌；江北区、垫江县在会上做交流发言，万州区、黔江区、渝北区、奉节县在会上做书面交流。市残联机关全体干部职工，市残联直属单位相关人员，全市各区县残联理事长、办公室主任参加会议。

2月，国家体育总局授予重庆市残疾人联合会"2009—2012年度全国群众体育先进单位"称号，表彰重庆市残疾人体育事业发展所取得的突出成绩。

2月8日上午，市残联召开党的群众路线教育实践活动总结大会。市残联党组书记、理事长周鸣同志做总结报告，市委第七督导组组长南东方同志出席会议并讲话。市委第七督导组全体成员，市残联机关及直属单位全体党员、部分离退休老干部，市残疾人专门协会和残疾群众代表共计83人参加会议。周鸣在总结中指出，2013年7月以来，市残联严格按"照镜子、正衣冠、洗洗澡、治治病"的总要求，通过加强组织领导、强化学习教育，广泛征求意见、认真查摆问题，深刻剖析原因、严肃开展批评，扎实抓好整改、科学建章立制等环节的教育实践活动，党员干部的政治素质和党性修养明显提高，宗旨意识和群众观点明显增强，找准了"四风"问题和产生根源，明确了整改思路和具体措施，坚定了干事信心和发展决心。

2月19日，市残联党组成员、副巡视员孙连尚率领维权部一行深入江北，对该区困难残疾人家庭无障碍改造展开调研。在残疾人较为集中的石马河地区，调研组随机实地查勘了部分残疾人家庭，了解无障碍改造情况。

2月26日，市残联召开2014年度维权暨信访稳定工作会议。市残联党组成员、副巡视员孙连尚，市残联维权部工作人员和40个区县残联分管领导和维权干部参加会议。会上，市残联维权部就做好减免下肢残疾人路桥通行费的工作，残疾人机动轮椅车燃油补贴、残疾人C5驾驶补贴的有关问题，各区县在试行残疾人信访代理制度时要注意的问题，进一步加强无障碍环境建设和管理工作，推进残疾人家庭无障碍改造工作，制定出台助残惠残扶持政策，切实推行政策维护残疾人权益，加强残疾人法律援助和救助工作，处理残疾人非法营运工作中的有关问题，进一步加强残疾人信访稳定工作等方面进行了讲解并提出具体工作要求。

2月28日，市残联副理事长任能君、副巡视员郝建新一行到垫江县最边远的沙河乡安全村，实地查看残疾人扶贫基地建设情况，边看边问边指导，与基地残疾群众座谈交流，关心残疾群众的生活和生产。

3月6日，市残联召开2014年教就工作会议，总结了2013年全市教就工作并就2014年工作进行了安排部署。中国残联就业中心主任钱鹏江，市残联党组成员、副理事长彭美云，中国残联就业中心考试处、市残联教就部、市残疾人劳动就业服务指导中心相关负责人和各区县（自治县）残联分管理事长、教就干部参加会议。彭美云指出，2014年重庆市教就工作的思路是以特殊教育为基础，以就业创业为重点，以扶贫开发为手段，全面提高残疾人社会保障能力和水平，努力实现残保金增收、就业创业增量、扶贫危改增效、社会保障增强、特殊教育增速的"五增"工作目标，从而达到业务指标有突破、工作管理有创新、机构规范有进步、业务指导有提高、综合考核有实效的"五有"工作成效。

3月11日，市残联召开会议，市残联党组书记、理事长周鸣在会上传达贯彻中国残联第二十八次全国残联工作会议精神。

3月12日，市残联召开2014年国家残疾儿童康复救助项目工作会。市残联党组成员、副理事长任能君，市残联康复部、市残疾人综合服务中心及相关业务部门负责人，各区县分管副理事长、康复干部，国家残疾儿童康复救助项目定点机构负责人等参加会议。任能君指出，近年来项目定点机构数量的增加和所涉及的区县逐步增多，发展形势喜人，同时也对市残联的工作提出新的要求。任能君要求各定点机构学好、用好政策，理清发展思路；紧盯残疾人工作发展的新趋势，培养适应需要的康复人才；加强安全、财务、康复质量等方面的规范性管理；积极整合资源，形成发展合力。任能君希望各定点机构站在新的发展起点，立足现实、面向未来，更好地发展，更多更有效地服务于残疾人。

3月13日，重庆市无障碍环境建设和管理办法立法论证会暨残疾人稳定工作会议在永川召开，市残联党组成员、副巡视员孙连尚，市法制办立法处、市残联维权部负责人及重庆城市发展新区12个区县残联理事长参加会议。

3月20日，"龙湖年货·温暖万家——雨露助残"扶持农村贫困残疾人创业项目启动仪式在涪陵区蔺市镇举行。市残联党组书记、理事长周鸣，市残联党组成员、副理事长、市残疾人福利基金会理事长任能君，市残联副巡视员、市残疾人福利基金会监事郝建新，龙湖集团副总经理王兴伟，涪陵区委常委、副区长刘康中，市残疾人福利基金会、涪陵区扶贫办、涪陵区残联、市残疾人福利基金会涪陵办事处相关负责人以及龙湖集团员工、业主代表，残疾人扶贫基地负责人和残疾人代表参加此次活动。

3月26日，市残联组织召开"2014年重庆市残疾人宣传文化体育工作会"。会议总结了2013年的宣传文化体育工作，安排部署了2014的工作。市残联副巡视员郝建新主持会议。市残联党组成员、副理事长张青莉对2014年工作提出要求。张青莉强调，在宣传工作方面，要加强助残日期间的宣传活动，进一步开展公益广告宣传，各区县要积极行动，参与到公益广告、微电影的创意、创作和推广活动中来；在文化工作方面，要进一步研究、深化残疾人文化进社区活动，依靠已有力量打造残疾人舞台艺术工作，打造好残疾人文化创意产业园，既要强调残疾人文化特质，更要强调残健文化共融，做到平等参与、相互融合；体育工作方面，要抓好市第五届残疾人运动会等各级各类体育赛事，抓好各类残疾人体育人才的选拔和培养。

3月28日，市残联召开2014年残疾人基础信息采集与维护工作会。市残联党组成员、副巡视员孙连尚，全市各区县残联分管基础信息工作负责人、软件系统管理员参加会议。孙连尚指出，完善残疾人工作基础数据，提升工作信息化水平，是新形势下残疾人事业发展的迫切要求。他要求各区县残联加强队伍建设，为残疾人事业信息化提供人才支撑；充分发挥乡镇（街道）残联在基础信息采集、审核和维护工作中的作用；加强数据应用，实现精细化管理与服务。他希望各区县残联在会后对当地残疾人工作基础数据采集与维护情况进行一次总结，采取切实可行的措施，将这项工作有效地推动起来，抓实、抓好。

3月31日—4月2日，市残疾人劳动就业服务指导中心在皇侨酒店对40个区县残疾人就业服务机构的59名负责人及工作人员开展业务培训。此次培训全程使用PPT课件进行，着力突出残疾人就业服务工作的实践操作细节及要求。

4月1日，市残联党组成员、副理事长彭美云率检查组一行，检查指导垫江县残联系统党的群众路线教育实践活动开展情况。

4月2日，市残联在北碚区开展了主题为"传递爱心，放飞梦想"的2014年"世界自闭症日"公益宣传活动。市残联党组成员、副理事长任能君，北碚区政府相关领导参加活动。

4月2—3日，市残联党组成员、副理事长彭美云一行赴巫溪县调研残疾人教育就业和组织联络工作。

4月3日，市残联党组成员、副理事长彭美云携市残联教就部、组联部到巫山县检查指导残疾人工作。

4月4日，市残联副巡视员郝建新受市残联理事长周鸣委托，到南川区本土电影《深情约定》拍摄现场探望慰问女主角"最坚强女孩"廖智。

4月9日下午，市残联党组成员、副巡视员孙连尚率维权部一行，指导检查验收长寿区残疾人家庭无障碍改造工作。

4月10日，市残联党组成员、副巡视员孙连尚率市残联维权部，实地检查了石柱县贫困残疾人家庭无障碍设施改造、残疾人权益保障和残疾人信访稳定等工作情况，并对残联如何扎实开展党的群众路线教育实践活动，更好地为残疾人服务提出了指导意见。

4月16日，市残联党组成员、副理事长张青莉到涪陵区残联，为该区乡镇、街道残联理事长、区残联机关干部讲授宣传信息的发掘和写作。此次授课是涪陵区举行的乡镇、街道残联理事长培训内容之一。

4月28日，"特奥融合计划——重庆融合滚球赛"在市文化宫举行，这是重庆市举行的首届融合滚球比赛。市残联领导周鸣、张莉莉、郝建新、国际奥林匹克东亚区和赞助单位DQ冰雪皇后相关负责人参加开幕式并观看比赛。

5月6日，市残联党组成员、副理事长彭美云一行到潼南县专题检查残疾人种养业大户扶持和残疾人危房改造工作。

5月12日，2014年市政府残工委成员单位联席会议召开。2014年重庆市要扎实推进残疾人"两个体系"建设，扩大残疾人参加社会保险覆盖面，探索重度和贫困残疾人参加社保保费补贴办法；将符合条件的残疾人普遍纳入最低生活保障，实现应保尽保。推动区县建立重度残疾人护理补贴和贫困残疾人生活救助制度。努力形成政府主导、社会参与、公办民办并举的残疾人公共服务供给模式，逐步推进政府购买残疾人社会化服务。

5月14日，市委副书记张国清、市政府副市长刘强、市委副秘书长薛竹、市政府副秘书长艾扬代表市委市政府，专程到市残联看望、欢送参加第五次全国自强模范暨助残先进集体和个人表彰大会的14位代表。市残联领导周鸣、任能君、彭美云、孙连尚、郝建新参加欢送仪式。市政府副市长刘强向全市残疾人朋友表示问候，并向一直以来关心、支持残疾人事业的社会各界表示感谢。刘强指出，此次参加表彰大会的14位同志是全市160多万残疾人中涌现出的先进代表，要求市残联和相关单位也要做好对代表们先进事迹的学习、宣传工作，以他们为榜样，更好地在全市进一步培育理解、尊重、关心、帮助残疾人的良好社会风尚，在全市范围形成关心、支持残疾人和残疾人事业的浓厚氛围。

5月17日晚，由市政府残工委主办，市委宣传部、市教委、市文化委、市残联、重庆广播电视集团（总台）承办的"追逐梦想，携梦飞翔——2014年重庆市残疾人文艺演出"在重庆市群众艺术馆群星剧院精彩上演。市人大常委会副主任周旬，市残联党组书记、理事长周鸣，市委宣传部副部长马岱良观看演出并和演员们亲切握手、合影留念。

5月18日，重庆市第二十四次"全国助残日"暨助残阳光行动在江北观音桥步行街启动。市人大常委会副主任周旬、市政府副市长刘强、市政协副主席姜平出席启动仪式。启动仪式上，多家企业举牌捐赠了785万的款物。市残疾人联合会首次向11个远郊区县发放了残疾人流动服务车。

5月27日，市残联党组成员、副理事长任能君一行到奉节县，实地检查指导残疾人"人人享有基本康复"工作进展情况和"龙湖资助农村残疾人种养殖创业基地"扶持情况。

5月30日，市长黄奇帆、副市长吴刚、市政府秘书长欧顺清一行到渝中区培智学校，与孩子们一起庆祝"六一"国际儿童节，给残障儿童带去节日的慰问和祝福。上午，学校正在举行"同在蓝天下，我的中国梦"为主题的"六一"国际儿童节庆祝活动。黄奇帆代表市委、市政府给孩子们送上节日礼物，说："希望你们要对生活充满信心，对未来充满希望，要好好学习，健康成长。"黄奇帆指出，特殊教育是一项重要的民生工程，更是一项高尚的事业，希望每一位残疾人工作者真心关注孩子们的成长，努力创造让孩子们健康成长的良好环境，让每一个孩子都能健康、快乐地成长。他说，残障儿童是最需要关心、关爱和帮助的群体，要让他们在学校、在社会找到学习生活的乐趣。重庆市委教育工委书记赵为粮、渝中区政府区长扈万泰、副区长刘彤陪同慰问。

6月12—13日，中国残联党组书记、理事长鲁勇率中国残联组联部、教就部、办公厅综合处相关负责人一行到重庆实地调研残疾人基层基础工作，并听取了重庆市残疾人工作情况的汇报。市政府副市长刘伟，市政府副秘书长艾扬，市残联领导周鸣、任能君、彭美云、孙连尚、渝中区、大足区等地相关领导陪同调研。

6月16日，市残联党组成员、副理事长任能君率市残联康复部、黔江区、秀山县残联负责人一行，到黔江民族医院、创友骨科医院病房实地查看残疾儿童康复救助项目工作开展情况。

6月18日，市残联党组成员、副理事长彭美云率市残联教就部一行4人深入涪陵区调研农村残疾人工作。彭美云到珍溪镇东桥村残疾人水果种植大户薛相廷创办的专业合作社，详细了解专业合作社种植规模、套种模式、配套设施和产、贮、销情况，随后入户看望了解了残疾人舒仁昌、杨昌义、杨亨会三户残疾人家庭的生产、生活和合作社对周边残疾人的带动帮扶情况。彭美云鼓励薛相廷继续发展壮大合作社，让更多残疾人受益。

6月19日，市残联党组成员、副理事长任能君率市残联康复部一行到丰都县调研"人人享有基本康复服务"工作开展情况。

6月23—27日，由市政府残工委主办，市委宣传部、市残联承办的第五次全国自强模范暨助残先进事迹报告会先后在沙坪坝区、黔江区、忠县、南岸区、永川区举行。报告团成员全国自强模范周月华、陈冰，全国残联系统先进个人林梅，全国助残先进个人张爽，分别以"做一个有用的人"、"让梦想站立起来"、"为残疾人事业奋斗终生"、"实业助残、远大情怀"为题做了精彩的报告。5个区县2000余名党政机关干部、学校、医院等企事业单位干部职工、残疾人工作者和残疾人代表聆听报告，反响热烈。市残联领导周鸣、任能君、郝建新出席报告会。

7月14—18日，市残联党组书记、理事长周鸣率队，先后赴秀山、酉阳、黔江、彭水、武隆等渝东南5区县，开展残疾人工作调研。

7月14日，2014年重庆市残联手语培训班开班，来自全市各区县残联的理事长等46人参训。

7月28日—8月1日，市残联党组成员、副理事长张青莉先后前往丰都、石柱、彭水、秀山、武隆等县，就残疾人宣传、文化、体育等相关工作进行调研。张青莉表示，2014年全市共有11个区县要完成区县公共图书馆残疾人视障阅览室建设任务，并接受市政府的督导检查。她希望，有建设任务的区县残联一定要与当地图书馆做好沟通协调，圆满完成建设任务。

7月29—31日，市残联党组书记、理事长周鸣率队先后到北碚、垫江、长寿等区县，调研残疾人集中就业基本现状，并与区县残联、企业、残疾人代表共同研讨残疾人就业工作对策。市残联党组成员、副理事长彭美云，副巡视员郝建新，教就部、办公室相关负责人参加调研。

8月11日是第五个全国肢残人活动日，重庆市肢残人协会暨重庆心之海慈善基金会在大渡口区举行揭牌仪式。中国肢残人协会主席徐凤健，中国肢残人协会副主席王建军，海南省残联党组书记、理事长符永，重庆市残联党组书记、理事长周鸣，重庆市广电集团副总裁、副总台长关文舸，重庆市残联党组成员、副理事长彭美云，大渡口区人大常委会副主任董幸，大渡口区政协副主席罗雨出席揭牌仪式。徐凤健、周鸣共同为重庆市肢残人协会揭牌；王建军、董幸与重庆心之海慈善基金会相关负责人共同为重庆心之海慈善基金会揭牌。新当选的市肢残人协会领导班子在仪式上集体亮相，市肢残人协会主席傅强在仪式上致辞。市肢协领导班子成员、重庆心之海慈善基金会领导班子成员、部分优秀肢残人代表、各区县残联理事长、部分受捐残疾人代表参加活动。

8月25—29日，云南省残联、云南省扶贫办和四川省残联组成国家督导检查组，深入万州、开县、奉节、巫溪等区县，对重庆市"纲要"执行情况开展督导检查。国家督导检查组由云南省残联副理事长马自荣率队，市残联党组成员、副理事长彭美云，市残联教就部、市扶贫办一行陪同检查。国家督导检查组通过查阅文件、财务报表，抽查核实数据，听取各区县政府和有关部门的工作报告，实地调查走访等方式，对2011—2013年纲要执行情况进行督导检查。

9月4日，市残联副理事长张青莉率办公室和宣文部负责人到梁平县调研残疾人基础设施建设、办公室和宣文部工作。县委常委、组织部部长蒲继承，县政府副县长、公安局局长陈正洪陪同调研。

9月10—12日，市残联党组书记、理事长周鸣一行赴城口县调研残疾人工作。市残联党组成员、副理事长任能君，市残联康复部、教就部、办公室以及对口支援城口县的巴南区残联相关负责人参加调研。

9月16日，重庆市2014年各区县残联理事长暨优秀残疾人干部培训班在市委党校开班。市残联党组书记、理事长周鸣在开班仪式上要求参训人员静心学习，力争学有所成、学有所获、学以致用。

9月16日，市委宣传部常务副部长周波到市委党校，为参加培训的区县残联理事长暨优秀残疾人干部讲授《领导干部提高舆论引导能力》。

9月18日，市残联副巡视员郝建新率调研组到綦江区，调研残疾人宣传文化、维权工作。

9月22—25日，2014年重庆市残疾人托养服务能力建设（涪陵）培训班开班，市残联党组成员、副理事长彭美云出席开班仪式并讲话。市残联教就部、残疾人劳动就业服务指导中心相关人员，渝东南、渝东北片区区县残联分管领导、工作人员，乡镇、街道残联从事托养工作的人员，托养服务机构代表参加培训。

9月28—29日，2014年全市残疾人维权工作会在万州区召开。市残联党组成员、副理事长任能君出席会议并讲话。市残联副巡视员郝建新主持会议并安排、部署维权信访具体工作。全市各区县残联分管维权工作负责人和维权干部参加会议。

10月10日，2014年度全市残疾人事业统计工作会召开。市残联党组成员、副理事长张青莉出席会议并讲话。全市各区县残联统计工作人员参加会议。

10月27—29日，市残联在皇侨酒店举办助残志愿者骨干培训班。市残联党组成员、副理事长彭美云，团市委副书记任丽娟出席开班仪式并讲话。

11月17—23日，市残联分2期开展全市残疾人基本服务状况和需求专项调查市级培训，先后在垫江县和江北区对全市40个区县160余人进行集中培训。市残联理事长周鸣，副理事长彭美云，垫江县、江北区、市统计局相关领导参加培训会。

11月21日下午，市残联党组书记、理事长周鸣到万州区检查指导该区残疾人康复就业指导中心建设情况。

11月21日，2014年国家（重庆）残疾儿童康复救助年度总结会在奉节县召开。19个有定点机构的区县残联分管理事长、康复干部和40家定点机构负责人参加会议。市残联党组成员、副理事长任能君出席会议并讲话。

12月11日，市残联、市人社局在位于南岸区的龙门浩职业中学共同举办2014年度重庆市残疾人职业技能竞赛。全市20多个区县近50名残疾人参加了计算机维修、计算机操作、摄影、服装制作和保健按摩五个项目的比赛。

（文海青供稿）

贵州省残疾人事业和残疾人工作

一、领导讲话与批示

副省长、省残工委主任慕德贵在走访慰问残疾人时的讲话摘要　2014年1月24日

残疾人自强不息的精神，值得所有人学习。伍文该这样的重度残疾人，依然能靠自己的智慧和技术维持生计，很难能可贵。残疾人是一个很懂得感恩的群体，你依靠自己的努力，不但解决了自己的工作，还安置了多名残疾人就业，很了不起。今后，残疾人不但要逐步提高自己的技能，还要带动更多的残疾人就业、致富、奔小康。各级政府部门，对于这样的残疾人创业者，一定要把优惠政策给到位，给予他们最大的支持。

副省长、省残工委主任慕德贵在听取省残联工作汇报时的讲话摘要　2014年2月10日

首先，要抓好"三落实"：一是抓制度建设和制度保障的落实，围绕促进就业和保障权益两个核心抓落实；二是抓《贵州省残疾人就业办法》的落实；三是抓好《贵州省残疾人保障条例》的落实。其次，要做好"三项工作"：一是做好对下服务；二是做好中间协调；三是做好向上争取。第三，要办好"一件实事"，即加快省残疾人康复中心建设，以"四定"倒逼工期，同步做好残疾人中专职业学校建设。

省委常委、贵阳市委书记陈刚在调研贵阳市残疾人工作时的讲话摘要　2014年3月10日

一是准确把握社会发展的阶段特征及社会治理的新形势和新规律，构建完善的社会治理体系，加大创新力度，提升工作水平，努力打造贵阳民政工作、残疾人事业发展升级版。二是要加大资源整合力度，通过成立市级社会建设工作领导小组，构建贵阳市完善的社会治理体系，统筹全市相关职能部门力量，保证财政投入，激活社会投入，加强基层组织建设，形成关心、重视、支持社会建设的强大合力。三是要大力加强社会工作者队伍建设，提高其工作能力和工作水平。

副省长、省残工委主任慕德贵在省政府残工委全体会议上的讲话摘要　2014年3月4日

一是要抢抓机遇，凝心聚力，增强做好残疾人工作的信心和决心。大力发展残疾人事业，让广大残疾人共享改革发展成果，是社会主义制度本质要求，也是全面建成小康社会的重要内容。二是要突出重点，积极作为，努力开创全省残疾人事业新局面。各级各有关部门要认真贯彻落实中央和省委、省政府关于残疾人工作的方针、政策和改革部署，找准工作着力点和切入点，以改革的思维、改革的精神、改革的办法，努力开创残疾人事业发展新局面。三是要加强领导，狠抓落实，全力推进全省残疾人事业健康发展。做好残疾人工作是我们义不容辞的职责，这项民心工程、德政工程，只能加强，不能削弱。大家一定要转变作风，带着深厚的感情做好残疾人各项工作。

程凯在与贵州残联系统理事长座谈农村残疾人扶贫工作时的讲话摘要　2014年4月10日

贵州省残疾人扶贫工作经验丰富，各级残联特别能战斗，残疾人同步小康工作抓得及时有效，走在了全国的前列，残疾人扶贫工作成效明显。要从五个方面抓好残疾人扶贫工作：一是残疾人同步小康首先要抓好扶贫工作；二是要着力推进残疾人扶贫工作进程；三是残联组织要履职尽责，展示形象，必须抓扶贫；四是残疾人扶贫工作必须综合施策；五是要不断激励、引导残疾人自强、创业、脱贫的信心和志气。

中国残联体育部主任赵素京在黔西南州调研残疾人体育工作的讲话摘要

2014年4月18日

要充分认识抓好残疾人体育的重要意义，残疾人没有健康的身体，就无法实现小康、享受小康；要将残疾人文化体育活动融入健全人活动之中，走社会化的工作方法开展工作；要深入推广残疾人特奥活动，提高残疾人文化体育工作水平；要广泛组织残疾人开展文化体育活动，创造更多优秀经验和模式，为残疾人体育事业做出更多的贡献；要充分利用组团参加省残运会的机会，激励更多残疾人强身健体、自立自强。

省残联党组书记、理事长杨云在贵州省残疾人基础信息调查培训班上的讲话摘要

2014年4月18日

残疾人基础信息调查是残疾人事业发展的基础性、战略性工程，是残疾人工作科学决策的需要，是项目设置的需要，是精准扶贫的需要。全省各地要提高认识、高度重视、积极争取、加强协调、认真负责、落实责任、科学培训、全面调查。

副省长、省残工委主任慕德贵在省残联《关于近期盲人到省残联集体上访处理情况的报告》上的批示

2014年4月30日

省残联要继续做好稳定工作，不能扩大事态。可考虑拟定残疾人就业创业扶持办法，由省残联牵头拟制。

副省长、省残工委主任慕德贵在走访慰问残疾人运动员和困难残疾人家庭时的讲话摘要

2014年5月17日

没有残疾人的小康，就没有全省人民的小康。各级各部门要围绕如何为残疾人创造康复条件和就业提供最大支持；要动员社会各界的力量，帮助残疾人健康、快乐的生活。

省残联党组书记、理事长杨云在贵阳市调研残疾人康复托养中心建设工作时的讲话摘要

2014年5月12日

此次实施的残疾人康复托养中心项目，事关残疾人民生，一定要落实好。中心建成后的运营，在政府保基本运转的基础上，要深入研究市场，充分运用市场配置资源的功能，撬动社会资本投入，让残疾人更多受益。

省委常委、省委宣传部部长张广智在听取省残联工作汇报时的讲话摘要

2014年6月11日

一是努力工作，当好省委、省政府参谋助手。残联工作对象是弱势群体，事关残疾人民生，党委、政府非常重视。省残联一定要更加努力工作，积极谋划，多做打基础、利长远的事情，切实解决残疾人的困难疾苦，不辜负省委、省政府和残疾人的期望。二是奋力创新，打造工作亮点。贵州地处西部，虽然不能每项工作都走在全国前列，但要不断解放思想、创新工作方式，结合贵州实际，打造工作亮点，力求在全国叫得响、立得住、有位置。三是及时汇报，争取省委、省政府支持。省残联有什么工作上的打算、困难和问题，要及时汇报，争取领导支持、帮助和解决。

副省长、省残工委主任慕德贵在省残联《关于承办全国残疾人羽毛球公开赛的情况的报告》上的批示

2014年7月14日

精心准备、注意安全、赛出水平。

省委常委、宣传部部长张广智在会见中国残联副理事长王梅梅时的讲话摘要

2014年8月20日

贵州历来高度重视发展残疾人事业，坚持把残疾人事业放在全省工作大局中思考和谋划，积极为残联组织开展工作创造良好条件，扎实有效推进残疾人康复、教育、就业、扶贫等各项工作，努力为广大残疾人朋友谋福利，方便他们的工作和生活。在残疾人体育工作方面，积极参与国内、国际重大体育赛事，并取得了可喜的成绩。通过举办残疾人运动会，残疾人在融入社会、增进身心健康和加强社会交往方面受益良多。下一步，我们将在已有基础上，继续扎实开展工作，进一步推动残疾人各项工作向前发展。希望中国残联一如既往地关心贵州残疾人事业，在帮扶残疾人项目等方面给予更多的支持，帮助我们把工作做得更好，争取走到全国前列，努力开创全省残疾人事业发展新局面。

王梅梅在会见张广智时的讲话摘要

2014年8月20日

希望进一步加大残疾人工作力度，认真推进重度残疾人护理津贴和贫困残疾人生活补贴，摸清残疾人现状和底数，把残疾人的小康与整个社会经济发展的小康进行同步规划、同步推进，确保到2020年全省残疾人同

步实现小康，促进贵州残疾人事业健康发展。中国残联将在政策、资金、项目等方面向西部地区倾斜，进一步加大对贵州的支持力度，和贵州省委省政府一道推动残疾人事业向前发展。

省残联党组书记、理事长杨云在《设施建设与运行机制并重——关于对部分市县残疾人托养机构建设情况的调研报告》上的批示
2014年8月15日

该调研报告材料翔实、报告规范、建议可行，今后机关干部出差带任务，回来应有个工作汇报，这应作为提升机关工作质量的基本要求，抓好机关作风转变、责任担当，并使之形成良好习惯。

副省长、省残工委主任慕德贵在省政府残工委2014年六项重点工作推进会上的讲话摘要
2014年10月17日

一是对照目标找差距，集中精力抓落实。省政府残工委的六项重点工作，大家要高度重视，决不能有歇脚、喘气的思想，要坚持目标不松口、工作不松劲、知难而进，要对照目标抓落实。年终要晒成绩单、评价要看实绩，以六项重点工作为考评，相当于给各级残工委发了一份考卷，年底就是晒成绩单的时候，大家一定要对照重点工作逐条逐项检查梳理，全面梳理问题，切实抓准不足，拿出具体措施一个一个解决，一项一项落实，全力以赴完成全年的目标。二是要提前思考找部署，积极主动谋划明年工作。各级残工委成员单位要站在建设和谐社会的高度，切实发挥作用，认真完成本部门承担的任务，把服务残疾人纳入本部门的工作内容，主动支持、配合残联工作，要超前思考、超前研究、超前谋划、赢得主动；各级政府要进一步加大残疾人事业发展的投入力度，建立稳定增长的经费投入机制，按相关规定要求，逐级落实财政配套的资金比例，保障残疾人工作和重大建设项目的顺利实施，残疾人工作绝不是残联一家的事，是全社会的事，残工委成员单位承担了更多的工作责任。

省委书记赵克志在贵阳会见来黔调研的中国残联主席团副主席、全国政协社会和法制委员会副主任王新宪一行时的讲话摘要
2014年10月31日

贵州省委、省政府历来高度重视残疾人事业，围绕构建残疾人社会保障和服务体系，解决了一批残疾人最关心、最直接、最现实的民生问题。我们将在中国残联的指导支持下，加快制定重度残疾人护理补贴等政策，在残疾人职业教育、康复中心建设等方面进一步加大力度，让改革发展成果更多地惠及广大残疾人。希望中国残联进一步加大支持力度，帮助我们把残疾人工作做得更好。

王新宪在会见赵克志时的讲话摘要
2014年10月31日

贵州近年在经济社会加速发展的同时，残疾人事业发展也取得了长足进步，特别是在残疾人危房改造、就业创业、无障碍设施建设等方面，创造了许多好经验、好做法。中国残联将进一步加大对贵州的支持力度，共同推动残疾人事业向前发展。

省委书记赵克志在省委办公厅印发的《赵克志同志关于全省残疾人工作的意见》上的批示
2014年11月24日

一是抓紧建立重度残疾人护理补贴制度，标准不能低于每人每月50元；二是加快贵州省残疾人康复中心建设，工作中面临的困难，由省残联专题向省政府汇报，结合实际需要努力加以解决；三是请省残联商教育厅拿出方案，抓紧选址，先期建设一所省级残疾人中等职业技术学校。

省委副书记、省长陈敏尔在《赵克志同志关于全省残疾人工作的意见》上的批示
2014年11月27日

请省政府认真落实好赵书记和王新宪副主席的指示要求，把全省残疾人工作做得更好，并请省残联向王新宪副主席表示衷心感谢。

省委常委、省委组织部部长孙永春在省残联《2014年残疾人工作总结和2015年残疾人工作打算的报告》上的批示
2014年11月27日

很好。残疾人事业是中国梦的组成部分，是社会主义制度下人人享受发展机会的重要体现。望在已取得成绩基础上，把为残疾人服务的工作落实、落细、落小，发扬钉钉子精神，每年干几件实事，为全省与全国同步小康做贡献。

省委常委、省委宣传部部长张广智在主持召开民主生活会时的讲话摘要

2014年11月27日

全省各级宣传部门和新闻媒体要贯彻落实赵克志书记对全省残疾人工作的意见精神，营造扶残助残的良好环境，传播正能量，发出好声音。

副省长、省残工委主任慕德贵在《贵州省重度残疾人和贫困残疾人基本情况》和《贵州省重度残疾人护理补贴实施办法（草案）》上的批示

2014年11月14日

原则同意，请按克志书记要求，与省财政厅落实好资金。

二、政策法规文件

贵州省残疾人保障条例

2014年5月17日贵州省第十二届人民代表大会常务委员会第九次会议通过，7月1日起施行。

第一章 总 则

第一条 为维护残疾人的合法权益，发展残疾人事业，保障残疾人平等充分参与社会生活，共享社会物质文化成果，根据《中华人民共和国残疾人保障法》和有关法律、法规的规定，结合本省实际，制定本条例。

第二条 残疾人在政治、经济、文化、社会和家庭生活等方面享有同其他公民平等的权利。

全社会应当理解、尊重、关心、帮助残疾人，支持残疾人事业的发展。

第三条 县级以上人民政府应当加强对残疾人事业的领导，将残疾人事业纳入国民经济和社会发展规划，制定本行政区域的残疾人事业发展规划和年度计划；推进残疾人社会保障体系和服务体系建设；将残疾人事业经费列入本级财政预算，并随着经济社会发展和财政收入增长逐步增加。

县级以上人民政府应当在每年社会福利彩票公益金和体育彩票公益金的地方留存部分中划出不低于5%的比例，由财政全额拨付到同级残疾人联合会，支持残疾人福利事业和体育事业的发展。

财政、审计部门应当加强对残疾人事业经费和彩票公益金使用情况的监督检查。

第四条 国家机关应当尊重残疾人对公共政策和残疾人事务的知情权、参与权、表达权和监督权，依法保障残疾人参与民主选举、民主决策、民主管理和民主监督。

各级人大、政协在选举、推荐代表、委员时应当有残疾人的候选人。残疾人较多的企业事业单位，职工代表大会应当有残疾人代表。

第五条 县级以上人民政府残疾人工作委员会负责组织、协调、指导、督促有关部门做好残疾人工作。

残疾人工作委员会的办事机构设在同级残疾人联合会，负责日常工作。

县级以上人民政府有关部门、乡镇人民政府和街道办事处（社区）应当按照各自职责，做好残疾人工作。

第六条 各级残疾人联合会代表残疾人共同利益，维护残疾人合法权益，团结、引导、帮助残疾人，为残疾人服务；依照法律、法规、章程或者接受本级人民政府委托，开展残疾人工作，动员社会力量，发展残疾人事业。

第七条 残疾人福利基金会依法开展募捐活动。鼓励企业事业单位、社会组织和个人支持残疾人事业，为残疾人提供扶助和服务。

鼓励志愿服务组织、志愿者为残疾人提供志愿服务。

第八条 县级残疾人联合会根据国家和省的有关规定进行残疾评定工作。对符合残疾标准的残疾人，由县级残疾人联合会核发中华人民共和国残疾人证（以下简称残疾人证），但不得向残疾人收取证件工本费。

残疾人凭残疾人证享受国家和省规定的残疾人福利待遇和优惠政策。

第九条 鼓励残疾人自尊、自信、自强、自立，为社会主义建设贡献力量。

残疾人应当遵守法律、法规，履行公民应尽的义务，遵守公共秩序，尊重社会公德。

第十条 各级人民政府和有关部门对发展残疾人事业、为残疾人服务做出显著成绩的单位和个人，按照国家有关规定给予表彰和奖励。

第二章 预防和康复

第十一条 县级以上人民政府及其有关部门应当组织开展残疾预防工作，普及残疾预防知识，建立健全残疾预防体系，提高全民残疾预防水平。

卫生等行政主管部门和残疾人联合会应当建立残疾预防、早期干预和残疾报告制度并向社会公布。

卫生行政主管部门应当逐步把儿童残疾的早期发现、早期诊治纳入市（州）、县（市、区、特区）和乡镇（街道、社区）三级保健网。

第十二条 县级以上人民政府应当组织开展残疾人康复工作，建立和完善残疾人康复服务体系，制定残疾人年度康复工作计划，实施残疾人重点康复项目。

县级以上人民政府应当优先开展残疾儿童抢救性治疗和康复，对新生儿提供可开展的新生儿疾病筛查，为6周岁以下残疾儿童免费提供康复指导、医疗康复、辅助器具适配等抢救性康复服务。

第十三条 县级以上人民政府应当将符合规定的残疾人医疗康复项目纳入城镇居民基本医疗保险、城镇职工基本医疗保险和新型农村合作医疗报销范围；将残疾人医疗康复服务纳入各级医疗卫生服务体系。

第十四条 县级以上人民政府及其有关部门应当根据残疾人康复需求，建立残疾人康复机构，有条件的医疗机构应当设立康复医学科室；乡镇、街道卫生院和社区卫生服务中心应当设立康复室，开展康复医疗、康复训练等服务。

鼓励和支持社会力量兴办残疾人康复机构，县级以上人民政府应当在资金、场所、用地、人才培养和培训等方面给予扶持。

第十五条 县级以上人民政府有关部门、残疾人联合会应当组织、指导城乡社区服务组织开展社区残疾筛查，了解社区残疾人康复需求，建立康复服务档案；依托社区卫生服务中心（室），采取诊疗服务、家庭病床和入户指导等形式，为社区残疾人提供康复知识、康复治疗、康复护理等服务。

第十六条 县级以上人民政府应当将低收入家庭中残疾人的基本医疗纳入救助范围，安排残疾人康复专项资金对有康复需求的低收入家庭中残疾人的康复训练、辅助器具适配等给予专项补助。

第十七条 县级以上人民政府有关部门应当组织和扶持康复器械、辅助器具的研究、开发、生产、供应、维修和信息咨询服务。

第三章 教 育

第十八条 县级以上人民政府应当将残疾人教育纳入教育事业发展的总体规划和教育发展评价考核体系，保障残疾人享有平等接受教育的权利。

第十九条 县级以上人民政府应当根据残疾人的数量、分布状况和残疾类别等因素，采取多种方式分类、合理设置特殊教育学校。

特殊教育学校生均公用经费标准应当不低于普通教育学校生均公用经费标准的5倍。普通教育学校附设的特殊教育班生均公用经费标准与特殊教育学校相同。

第二十条 实施义务教育的学校应当招收能适应学校学习生活的残疾儿童、少年入学。对不能随班就读的残疾儿童、少年，教育行政主管部门应当根据需要在普通教育学校附设特殊教育班，组织其入学或者组织到特殊教育学校就读。对义务教育年龄段内不能到学校就读的重度和多重残疾儿童、少年，有条件的可以组织送教上门服务。

第二十一条 县级人民政府应当支持特殊教育学前机构的创建和发展。普通幼儿教育机构应当尽力接收能适应其生活的残疾儿童。鼓励和支持社会力量兴办招收残疾儿童的幼儿园、启智班。

市（州）人民政府应当逐步开办残疾人职业技术学校，特殊教育学校应当开设职业教育课程，有条件的普通职业技术学校应当开设残疾人职业教育专业。

普通高中、中等职业学校、高等学校不得拒绝招收符合国家招生录取要求的残疾学生入学。

第二十二条 县级以上人民政府应当有计划地组织开展特殊教育师资的培养和培训，适应各类教育机构特殊教育师资的需求。

教育行政主管部门应当有计划地在普通师范院校组织开设特殊教育专业，培养、培训特殊教育教师。综合性院校的师范专业应当根据实际开设特殊教育课程。

聋人教师在参加教师资格考试时免考普通话等级测试。

第二十三条 各级人民政府和有关部门应当健全和完善扶残助学制度，对残疾学生及经济困难残疾人家庭的子女接受学校教育给予资助。

第二十四条 从事残疾人教育工作的教师、手语翻译、盲文翻译享受特殊教育津贴；从事特殊教育满15年以上，并在特殊教育岗位退休的教师，其特殊教育津贴计入退休金。

对从事残疾人教育工作的教师，在职称评定、晋级等方面应当给予优先。残疾人康复机构、职业培训机构和各类残疾人教育机构、供养和托养服务机构的教学人员纳入教育系统教师序列管理，其工资、福利、职称评定、晋级等与从事残疾人教育工作的教师同等待遇。

第四章 劳动就业

第二十五条 各级人民政府应当按照集中与分散安置相结合的方针，对残疾人就业进行统筹规划，给予优惠扶持和特殊保护，多渠道、多形式促进残疾人就业，保障残疾人的劳动权利。

各级人民政府应当开发适合残疾人就业的公益性岗位，用于安排残疾人就业；其他公益性岗位应当优先安置符合条件的残疾人就业。

第二十六条 国家机关、社会团体、企业事业单位、民办非企业单位应当按照不低于本单位在职职工总数1.5%的比例安排残疾人就业。

国家机关、社会团体、事业单位及国有企业应当带头安排残疾人就业；安排残疾人就业未达到规定比例的，在新招用人员时，应当优先招用符合条件的残疾人。

用人单位安排残疾人就业未达到规定比例的，应当缴纳残疾人就业保障金。残疾人就业保障金的征缴、管理、使用，按照国家和本省有关规定执行。

县级以上残疾人联合会应当每年向社会公布残疾人就业保障金的征缴、使用情况。财政、审计部门应当对残疾人就业保障金使用管理等情况进行监督检查。

第二十七条 用人单位应当保障残疾职工的合法权益，根据残疾职工自身特点安排适当的工种和岗位，提供适应其身体状况的劳动条件和劳动保护，不得以职工身体残疾为由解除、终止劳动合同。

第二十八条 县级以上人民政府应当鼓励和扶持兴办残疾人福利企业、盲人按摩机构及其他福利性单位，集中安排残疾人就业，并按照有关规定减免税费。

县级以上人民政府应当鼓励、支持残疾人自主择业、自主创业；对从事个体经营等自主创业的残疾人，在项目、资金、设备、场所等方面给予扶持，并按照有关规定减免税费。

各级人民政府应当组织开展农村残疾人实用技术培训，扶持有劳动能力的残疾人从事种植业、养殖业、手工业和其他形式的生产劳动经营，将贫困残疾人和残疾人家庭脱贫列入扶贫开发计划，在项目和资金上优先安排。

第二十九条 县级以上人民政府有关部门设立的公共就业服务机构，应当为残疾人免费提供就业服务。

残疾人联合会举办的残疾人就业服务机构，应当组织开展免费的职业指导、职业介绍和职业培训，为残疾人就业和用人单位招用残疾人提供服务和帮助。

第五章 文化生活

第三十条 县级以上人民政府及其有关部门应当有计划地兴建、改建、扩建残疾人文化、体育活动场所，鼓励帮助残疾人参加各种文化、体育、娱乐活动。

残疾人凭残疾人证免费进入旅游景区、公园、动物园、植物园、纪念馆、科技馆、文化馆、图书馆、美术馆、展览馆、体育场馆等场所，举办商业性活动时除外。盲人、重度残疾人等需要陪护的，可以有1名陪护人员免费进入上述场所。

省内公共文化体育设施应当对各级残疾人联合会组织的残疾人体育训练、比赛和文艺排练、演出减免费用。

第三十一条 各级人民政府和有关部门应当通过报刊、广播、影视、网络等多种形式，宣传残疾人事业，免费刊播相关公益广告。

省、市（州）电视台应当创造条件开办手语节目并逐步加配字幕；公共媒体应当开设残疾人专栏、专题节目。

公共图书馆应当创造条件建立盲文及盲人有声读物阅览室，为盲人读者提供有声读物和盲文书籍。

鼓励文化、广播电影电视、新闻出版等部门和单位以无障碍模式为残疾人开发、提供文化产品和服务。

第三十二条 县级以上人民政府应当组织举办残疾人体育运动会和文艺汇演等，丰富残疾人精神文化生活。

残疾人在集训、比赛和排练、演出期间，所在学校应当保留其学籍，所在单位应当保障其工资福利待遇不变。对无固定收入的残疾人，组织者应当给予适当补助。

县级以上人民政府及其有关部门应当有计划地培养残疾人体育运动员和特殊艺术人才，鼓励和支持残疾人进行文化、艺术等方面的创作，扶持残疾人文化艺术产品生产及残疾人题材文艺作品的创作、出版。

第三十三条 县级以上人民政府应当采取特殊措施，解决好做出突出贡献的优秀残疾人运动员、艺术人才的就学、就业等问题，对参加残疾人奥运会、亚洲残疾人运动会、全国残疾人运动会等国内外重大赛事获奖的残疾人运动员及其教练员给予奖励。

第六章 社会保障

第三十四条 县级以上人民政府应当建立健全以公共服务机构为主体、其他社会服务机构为补充、社区服务为基础、家庭服务为依托，以生活照料、医疗康复、社会保障、教育就业、文化体育、权益保护等为主要内容的残疾人服务体系。

第三十五条 各级人民政府应当按照规定将符合条件的残疾人家庭纳入当地最低生活保障范围，并对低保对象中特别困难的残疾人和重度残疾人增发一定比例特殊补助金。

家庭经济状况不符合农村低保条件，但家庭中有已经成年并丧失劳动能力的重度残疾人，且家庭年人均纯收入在当地农村低保保障标准150%以内的，可以分户单独享受低保待遇。

各级人民政府对符合条件的重度残疾人、一户多残、老残一体等困难残疾人家庭和低收入残疾人家庭给予临时救助。

第三十六条 县级以上人民政府按照规定对重度残疾人或者属于低保对象的残疾人参加城镇居民基本医疗保险、新型农村合作医疗的个人所缴费用全额予以补助；为重度残疾人参加城镇居民社会养老保险或者新型农村社会养老保险代缴部分或者全部最低标准保险费。

第三十七条 县级以上人民政府按照规定对招用就业困难残疾人并与其签订劳动合同且缴纳了社会保险费的用人单位，在相应期限内给予社会保险补贴；对就业困难残疾人实现灵活就业的，给予社会保险补贴。

第三十八条 县级以上人民政府对符合保障性住房条件的低收入残疾人家庭，应当从保障性住房中优先解决，在住房分配上对生活不便的残疾人在地段、楼层等方面给予照顾。符合廉租住房条件的低收入或者重度残疾人家庭，在租赁廉租住房时减免不低于40%的租金。农村危房改造中优先安排贫困残疾人家庭，并适当提高补助标准；对无资金来源的无房户、危房户贫困残疾人家庭，由当地政府帮助修建、改造。

第三十九条　县级以上人民政府应当逐步建立残疾人生活补贴和护理补贴制度，对低收入残疾人、重度残疾人分别给予生活补贴和护理补贴。

各级人民政府应当采取措施，建立残疾人供养、托养服务机构。鼓励通过公办民营、民办公助、政府补贴、政府购买服务等多种形式兴办残疾人供养、托养服务机构。

第四十条　残疾人就医时，医疗机构应当对凭残疾人证挂号、缴费、化验、取药、住院、治疗和护理等的残疾人予以优先，并按照相关规定减免费用。

第四十一条　从事公共服务的企业事业单位和其他社会组织应当开办方便残疾人的优惠服务项目。盲人读物邮件免费寄递。

第四十二条　残疾人凭残疾人证优先购票搭乘各类公共交通工具，免费携带随身必备的辅助器具。

盲人持残疾人证免费乘坐城市公共汽车等公共交通工具。对其他残疾人，市（州）、县级人民政府应当创造条件让其免费或者优惠乘坐城市公共汽车等公共交通工具。

第四十三条　对经济困难或者其他原因需要法律援助或者司法救助的残疾人，应当依法提供法律援助或者司法救助。

第七章　无障碍环境

第四十四条　各级人民政府应当加强对无障碍环境的统筹规划、建设和管理，为残疾人无障碍享用物质环境、交通工具、信息通信设备以及其他设施提供服务。

第四十五条　新建、改建和扩建公共建筑、居住建筑、城市道路和居住区内道路、公共服务设施的建设单位，应当按照国家和省规定的标准建设无障碍设施。无障碍设施工程应当与主体工程同步设计、同步施工、同步验收投入使用。新建的无障碍设施应当与周边的无障碍设施相衔接。

第四十六条　县级以上人民政府及其有关部门应当有计划地在残疾人集中的单位、学校、居住区、公共服务机构和公共文化体育场所进行无障碍设施建设、改造，对贫困残疾人家庭居住环境无障碍建设、改造提供资助。

第四十七条　无障碍设施的所有者或者管理者应当加强对设施的维修和保护，确保其正常使用。禁止损坏、侵占无障碍设施或者改变其用途。

第四十八条　各级人民政府和有关部门应当为残疾人信息无障碍交流创造条件，政务信息公开应当采取信息无障碍措施。公共服务机构和公共场所应当创造条件，为残疾人提供语音、盲文、手语和文字提示等信息交流服务。

第四十九条　各级人民政府和有关部门应当为残疾人驾驶机动车提供便利、给予优惠。有条件的公共停车场应当为残疾人设置专用停车位。

第八章　法律责任

第五十条　违反本条例规定，有下列行为之一的，由有关行政主管部门责令改正；拒不改正的，依法处理：

（一）不接收能适应学校学习生活的适龄残疾儿童、少年入学的；

（二）以职工身体残疾为由解除、终止劳动合同的；

（三）拒不实施或者执行残疾人优惠政策的。

第五十一条　新建、改建和扩建公共建筑、居住建筑、城市道路和居住区内道路、公共服务设施，不符合国家和省有关无障碍设施工程建设标准的，由住房和城乡建设等有关行政主管部门责令建设单位限期改正，并依法处理。

第五十二条　损坏、侵占无障碍设施或者改变无障碍设施用途的，由住房和城乡建设等有关行政主管部门依法处理。

第五十三条　国家机关、残疾人联合会及其工作人员在履行职责中，有下列行为之一，尚不构成犯罪的，对直接负责的主管人员和其他直接责任人员依法给予处分：

（一）未优先开展残疾儿童抢救性治疗和康复服务的；

（二）未对6周岁以下残疾儿童免费提供康复指导、医疗康复、辅助器具适配康复服务的；

（三）未按照规定发放特殊教育津贴的；

（四）贪污、挪用、截留、私分残疾人就业保障金或者其他专项用于残疾人事业经费的；

（五）不按照国家和本省规定核发和管理残疾人证的；

（六）其他不履行或者不认真履行残疾人权益保障职责，导致残疾人权益受到侵犯的，或者滥用职权、玩忽职守、徇私舞弊、索贿受贿的。

第九章　附　则

第五十四条　本条例自2014年7月1日起施行。1994年7月28日贵州省第八届人民代表大会常务委员会第十次会议通过的《贵州省实施〈中华人民共和国残疾人保障法〉办法》同时废止。

贵州省残疾人同步小康创业就业行动实施方案

黔府办函〔2014〕22号

二、工作目标

从2014年起，全面启动实施"残疾人百点千户万人创业就业工程"，每年创建100个以上残疾人创业就业示范点，扶持1000户以上残疾人家庭创业，新增残疾人就业10000人以上。通过典型引导、示范带动，力争到2020年，全省新增残疾人就业10万人，城乡残疾人就业率达到60%以上，城镇就业残疾人家庭人均可支配收入达到20000元以上，农村就业残疾人家庭人均可支配收入达到7000元以上。

三、重点任务

（一）创建残疾人创业就业示范点。每个县（市、区、特区）每年至少创建1个残疾人创业就业示范点，全省共创建100个以上残疾人创业就业示范点，每个示范点解决残疾人就业5人以上。每年在全省范围内选择30个符合国家和当地产业发展政策和规划、有一定规模和经济基础、有发展潜力的残疾人创业就业示范点作为省级残疾人创业就业示范点给予重点扶持，每个示范点解决残疾人就业10人以上。

（二）扶持残疾人家庭创业。每年扶持1000户以上有创业愿望、创业能力和一定经济基础的残疾人家庭从事个体经营、种养殖业和二、三产业。残疾人在3万人以下的县（市、区、特区），每年扶持10户以上残疾人家庭创业；残疾人在3万人以上的县（市、区、特区），每年扶持15户以上残疾人家庭创业。

（三）加强残疾人就业服务机构建设。通过扶持残疾人个体创业、自主择业、灵活就业和组织劳务输出、促进分散按比例就业等多种形式，全省每年新增残疾人就业10000人以上。

（四）开展残疾人职业培训。每年城镇残疾人职业技能培训和农村残疾人实用技术培训12000人以上，创业培训1000人以上。到2020年，培训盲人按摩人员3000人以上，其中，中、高级保健按摩人员600人以上；创办盲人按摩院（所）1000个以上，实现盲人就业3000人以上。

（五）推进分散按比例安置残疾人就业。加快建立残疾人就业岗位预留制度。公务员招考、企事业单位公开招聘工作人员，不得拒绝符合条件的残疾人报考，也不得拒绝录用符合条件的残疾人。大力开发适合残疾人就业的基层社会管理、公共管理和公共服务等公益性岗位，并优先安排符合岗位要求的残疾人就业。鼓励用人单位优先录取高校和职业技术学校残疾人毕业生就业。

关于印发《关于促进残疾人按比例就业的实施意见》的通知

黔残联发〔2014〕14号

由贵州省委组织部、省编办、省财政厅、省人力资源和社会保障厅、省国资委、省扶贫办、省公务员局、省残联联合印发。

二、模范带头，促进残疾人按比例就业

（二）党政机关、事业单位及国有企业应当为全社会做出表率，落实残疾人按比例就业岗位预留制度，率先垂范招录和安置残疾人。根据残疾人按比例就业制度相关规定，各级机关、事业单位应包含一定数量的岗位用于残疾人就业。

（三）各级党政机关在坚持具有正常履行职责的身体条件的前提下，对残疾人能够胜任的岗位，在同等条件下要鼓励优先录用残疾人。各地要切实维护残疾人平等报考公务员的权利，除特殊岗位外，不得额外设置限制残疾人报考的条件。招录机关专设残疾人招录岗位时，省公务员主管部门要给予政策倾斜。

（四）各级政府残疾人工作委员会成员单位要率先招录残疾人，继而带动其他党政机关按比例安排残疾人就业。各级党政机关中的非公务员岗位（科研、技术、后勤等），要积极安排残疾人就业。到2020年，省级党政机关、各市（州）政府残工委主要成员单位至少安排有1名残疾人就业。各级残联机关干部队伍中都要有一定数量的残疾人干部，其中省级残联机关干部队伍中残疾人干部的比例应达到15%以上。

（五）各级党政机关要督导所属各类事业单位做好按比例安排残疾人就业工作。各类事业单位要结合本单位岗位构成情况，确定适合残疾人就业的岗位，多渠道招聘残疾人。

（六）国有和国有控股企业应根据行业特点，确定适合残疾人就业的岗位，招录符合岗位要求的残疾人就业。

三、落实措施，促进残疾人按比例就业

（七）对各类企业（单位）招用符合条件的残疾人就业，与之签订劳动合同并缴纳社会保险费的，按其为残疾人实际缴纳的基本养老保险费、基本医疗保险费和失业保险费给予社保补贴。社会保险补贴期限，除距法定退休年龄不足5年的残疾人可延长至退休外，其他残疾人最长不超过3年。公益性岗位安排残疾人就业的社保补贴按相关规定执行。所需经费在各级政府的就业专项资金中列支。

（八）有条件的地区，对残疾人个体工商户就业人员参加社会养老保险、医疗保险给予补贴。所需经费在各级政府的残疾人就业保障金中列支。

（九）安排残疾人就业达不到规定比例的，要严格按规定缴纳残疾人就业保障金。

关于做好2014年全省普通高等学校毕业生就业创业工作的实施意见

黔府办发电〔2014〕79号

四、以优化服务为着力点，强化困难高校毕业生就业援助

（二）加强就业困难高校毕业生就业援助。各地有关各部门、各高校要强化对家庭困难毕业生、少数民族毕业生、**残疾毕业生**、女毕业生等的就业帮扶。要将零就业家庭、优抚对象家庭、农村贫困家庭、城乡低保家庭、**残疾**、孤儿、享受国家助学贷款的高校毕业生列为重点对象，建立台账实施重点帮扶。……各级人民政府应当开发适合**残疾人**就业的公益性岗位，用于安排**残疾大学生**就业；其他公益性岗位应当优先安置符合条件的**残疾人**就业。国家机关、社会团体、企业事业单位、民办非企业单位应当按照不低于本单位在职职工总数1.5％的比例安排**残疾人（残疾高校毕业生）**就业。

贵州省城乡居民基本养老保险实施办法

黔府发〔2014〕20号

第十条 对重度残疾人等缴费困难群体，县（市、区、特区）人民政府按不低于100元的标准代为缴纳。有条件的市（州）、县（市、区、特区）可以增加代缴标准。

贵州省特殊教育提升计划实施方案（2014—2016年）

2014年8月1日

由贵州省教育厅、省发改委、省民政厅、省财政厅、省人力资源社会保障厅、省卫生计生委、省残联联合下发。

一、提升目标

（二）年度目标

2014年，积极鼓励普通幼儿园接纳残疾幼儿接受学前教育，重点依托各级残疾人康复中心创办残疾儿童康复幼儿园。视力、听力、智力三类残疾儿童少年义务教育入学率达到83％，支持特殊教育学校开设以就业为导向的职业教育课程。在10个县（市、区、特区）建立残疾儿童随班就读资源中心，在贵阳市盲聋哑学校率先建成省特殊教育资源中心。特殊教育学校生均预算内公用经费标准达到3000元。培训盲、聋、培智三类学校校长、骨干教师100人，培训普通中小学负责残疾学生随班就读骨干教师100人。

2015年，在有条件的特殊教育学校开设学前部（班）。视力、听力、智力三类残疾儿童少年义务教育入学率达到85％，在30个县（市、区、特区）建立残疾儿童随班就读资源中心，支持具备条件的特教学校设置职业教育部（高中教育部）。特殊教育学校生均预算内公用经费标准达到5000元。培训盲、聋、培智三类学校校长、骨干教师200人，培训普通中小学负责残疾学生随班就读骨干教师300人。

2016年，依托各级残疾人康复中心开办残疾儿童幼儿园（班）。视力、听力、智力三类残疾儿童少年义务教育入学率达到90％以上，在30个县（市、区、特区）建立残疾儿童随班就读资源中心，在9个市（州）建设残疾青少年职业教育实训基地。特殊教育学校生均预算内公用经费标准达到6000元。培训盲、聋、培智三类学校校长、骨干教师300人，培训普通中小学负责残疾学生随班就读骨干教师500人。

三、工作综述

2014年，贵州省全面完成各项残疾人工作任务。

（一）康复工作

2014年，各级残联认真实施"七彩梦行动计划"、彩金项目和重点康复工程，为残疾人提供康复服务2.6万余人（次）。为残疾儿童提供康复救助2755人（次），为122名聋儿植入人工耳蜗，使其走入有声世界；救助454名脑瘫、孤独症儿童接受康复训练；救助2892名精神病患者服药和住院；使6000余名白内障患者重见光明；配发各类残疾人辅助器具5282件。

（二）教育工作

继续实施"通向明天——交通银行残疾青少年助学计划"，对100名2013年录取的贫困残疾大学新生进行资助，每人资助2000元；认真做好"交通银行特教园丁奖"评选推荐工作，6名教师荣获2014年度"交通银行特教园丁奖"；与团省委在高校组织开展"交通银行残疾大学生励志奖"评选推荐活动，1名大学生获"交通银行残疾大学生励志奖"提名；与省教育厅共同实施彩票公益金助学项目（学前教育），对全省9个市、州260名家庭经济困难的学龄前残疾儿童进行资助，每生资助3000元。与省教育厅等部门出台《贵州省特殊教育提升计划实施方案（2016—2020）》。做好残疾学生高考录取工作，2014年贵州省普通高校招生中共录取残疾考生417名，其中本科167名，专科250名；单考单招特殊教育学校录取残疾学生39名，其中本科13名，专科26名。

（三）就业培训工作

积极实施2014年就业援助月专项活动，共走访残疾登记失业人员家庭8979户，登记失业残疾人19007人，组织残疾人专场招聘89次，实名制纳入年度培训计划残疾人9529人，帮助残疾登记失业人员实现就业1596人（其中社会用人单位按比例吸纳就业人数611人），帮助残疾人享受专项扶持政策5528人。会同省委组织部、省编办、省财政厅、省人社厅、省国资委、省扶贫办、省公务员局等八部门制定出台贵州省《关于促进残疾人按比例就业的实施意见》（黔残联发〔2014〕14号），进一步推进残疾人就业。

（四）扶贫工作

2014年，全省共下拨中央和省级危房改造资金700万元，完成危房改造工作任务1166户；加强托养服务工作，共下拨中央和省级托养机构、居家托养经费833万元，对12个托养机构和13660个（户）残疾人居家托养进行补助；下拨康复扶贫贷款2314万元，贴息135万元，用于残疾人种（养）殖加工业和扩大生产，辐射带动800余名残疾人就业。

（五）基础设施建设

争取国家中央彩票公益金4亿元，在全省省、市、县三级建设45个托养中心；省残疾人托养中心通过了立项和审批程序，7000万元建设资金全部到位。省残疾人康复中心主体工程已完工；铜仁、贵阳、六盘水等市级残疾人康复中心主体工程建设也相继完成。

（六）基层组织建设

深入开展"强基育人"工程，在铜仁碧江区、黔南荔波县分别召开全省经验交流会，进一步规范基层残疾人组织建设；大部分乡镇设置了专职理事长和专职委员，残疾人专职委员补贴得到有效落实；省、市、县各类专门协会均已成立。毕节市、黔南州、黔西南、威宁县协调组织部等多部门联合下发加强基层残疾人组织建设相关文件。

（七）宣传工作

以学习十八大三中、四中全会和省委十一届四次、五次会议精神为宣传主线，围绕第五届全省残疾人运动会、第五届贵州省残疾人职业技能竞赛、第五次全国自强模范与助残先进表彰、第二十四次"全国助残日"及"国际残疾人日"等重点工作、重大活动、重要节点，策划宣传主题，进行宣传报道；贵州电视台手语新闻播出50期，广播电台《同在蓝天下》专题节目播出96期，《贵州日报》刊发各类残疾人事业发展新闻50余条，在"发扬人道主义，发展残疾人事业"专栏共刊发相关文章40余篇，同时编辑完成《贵州残联》杂志6期。

（八）文化工作

开展残疾人文化周活动，省残联与中国残联宣文部举办"中国梦·我的梦"全国残疾人网络摄影大赛。省残联联合贵州广播电视台组织开展2014年"微公益·聚能量——我为盲人说电影"活动，先后在安顺市、遵义市、黔南州组织三场主题鲜明的活动，为三地的400余名盲人朋友讲解电影；联合省图书馆盲人阅览室举办残疾人文化周盲人文化讲座和读书系列活动；组织省著名书画家创作优秀作品，参加由文化部、中国文联、中国残联共同主办的以"大美华夏·人道主义的呼唤"为主题的首届全国助残美术作品展；继续实施"残疾人文化进社区"项目，安排实施30个文化进社区项目点，资助安顺市及汇川区、榕江县、织金县、贞丰县、黎平县、大方县、福泉市等7个县（市）建成盲文及盲人有声读物阅览室；投入资金24万元，在仁怀市特校等单位建成残疾人特殊艺术人才培养基地9个。

（九）体育工作

成功举办贵州省第五届残疾人运动会，组织参加亚洲残疾人运动会，承办2014年全国残疾人羽毛球公开赛，组织参加全国单项锦标赛；推进残疾人群体活动，省残联联合省体育局共同举办贵州省第二期残疾人体育健身指导员培训班，共50人参加培训；投入资金50万元，在安顺市、六盘水市、黔西南州、贵安新区、开阳县等地建立5个"残疾人群众体育活动示范点"；组织以观山湖区碧海社区残疾人为骨干的30名残疾人轮椅广播体操队参加全国第六个"全民健身日"展示活动，展示了贵州省残疾人参与全民健身的积极性；组织运动员参加2014年国际、国内各项赛事，共获金牌23枚、银牌23枚、铜牌35枚。

（十）维权工作

下拨经费324.5万元，完成对2014年贫困家庭无障碍改造648户；下拨经费488万元，为16730辆残疾人机动轮椅车发放燃油补贴；开展了信访百日攻坚战和残疾人信访积案专项排查化解工作，共接待残疾人来访175人次，集体访4次，集体访58人；来信31封，及时处理残疾人来信来访工作，维护残疾人权益。

（十一）监测工作和实施全国残疾人服务状况与需求专项调查工作

下拨监测经费70余万元；对全省23个监测县（市、区）的66名监测员、陪调员进行培训；成立了贵州省全国残疾人基本服务状况和需求专项调查工作联席会议和办公室，全面展开全国残疾人服务状况与需求专项调查核实工作。11月初，全国残疾人基本服务状况和需求专项调查核查工作要求的四个步骤全部完成，全省核实专职委员13719人，持证残疾人和非持证残疾儿童共获得数据950537条。

四、大事记

1月15日，经省政府同意，省残联组织召开第二十二届夏季听障奥林匹克运动会贵州参赛运动员、教练员表彰会，省政府批准奖励取得优异成绩的运动员、教练员及保障团队49.3万元奖金。

1月24日，副省长慕德贵在省政府副秘书长张学军，省残联党组书记、理事长杨云陪同下，前往紫云县松山镇，走访慰问困难残疾人，向他们致以新春的祝福。

1月27日，省残联召开"提升特殊教育、促进创业就业、保障残疾人权益"专题座谈会。省残联理事长杨云出席座谈会并讲话。

2月10日，副省长慕德贵主持召开专题会议，听取省残联工作汇报。

2月12日，省委组织部等8部门联合印发《关于促进残疾人按比例就业的实施意见》。

2月27日，省政府残工委印发《关于开展2014年残疾人工作综合评价的通知》。

3月4日，2014年省政府残工委全体会议在贵阳召开。省政府残工委主任、副省长慕德贵出席会议并做重要讲话；省残联理事长杨云汇报2013年残疾人工作及2014年工作打算，省民政厅、省人力资源和社会保障厅、省财政厅、省文化厅、省地税局、省体育局负责人在会上发言。

3月4日，省政府办公厅印发《贵州省残疾人同步小康创业就业行动实施方案》。

3月5日，全省残疾人工作会议在贵阳召开，省残联理事长杨云出席会议并讲话。会议传达贯彻了第二十八次全国残联工作会议和2014年省政府残疾人工作委员会全体会议精神，总结了2013年残疾人工作，部署了2014年工作。

5月12日，省残联党组书记、理事长杨云到贵阳市调研指导残疾人康复托养中心建设工作。

5月16日，第五次全国自强模范暨助残先进表彰大会在北京人民大会堂隆重召开，贵州省13个残疾人工作先进集体和个人受国家表彰。贵州省副省长、省残工委主任慕德贵，贵州省残联党组书记、理事长、省残工委副主任杨云及受表彰人员共19人参加大会。

5月17日，副省长慕德贵到省残疾人羽毛球训练基地、乌当区水田镇走访慰问残疾人运动员和困难残疾人家庭。

5月17日，贵州省十二届人大常委会第九次会议第三次全体会议表决通过了《贵州省残疾人保障条例》。《条例》于2014年7月1日颁布施行。

5月17—18日，"西南地区特奥联谊活动"在成都举行，贵州省代表队特奥运动员们取得9个金奖、10个银奖、6个铜奖的好成绩。

5月18日，第二十四次全国助残日主题宣传活动在贵阳市筑城广场北广场隆重举行。

5月23日，省残联印发《2014年残疾人同步小康创业就业行动工作评价细则的通知》（黔残联发〔2014〕47号）。

5月27日，全省特殊教育工作电视电话会议在贵阳召开。省教育厅、省发展改革委、省财政厅、省残联、贵阳市人民政府、毕节市人民政府主要负责同志做了交流发言。

5月25—27日，全省教就业务工作会暨地税代征残疾人就业保障金管理系统培训班在贵阳举行。贵州省残联党组书记、理事长杨云出席会议并做重要讲话。全省9个市（州）残联分管理事长、贵安新区社会事务管理局负责人，各县（市、区、特区）残联理事长及就业服务机构负责人、专门负责系统操作人员近200人参加会议。

5月26—29日，中国残联维权部主任薄绍晔带领中国残联、住房城乡建设部一行4人为制定农村无障碍环境建设指导意见及残疾人家庭无障碍改造和机动轮椅车燃油补贴发放情况到贵州黔西南州、贵阳市调研。省残联党组成员、副理事长揭晓东陪同调研。

6月9日，省委宣传部、省文明办、省残联印发《关于组织开展贵州省第五次全国自强模范与助残先进事迹报告会的通知》。

6月9日，省政府办公厅印发《关于做好2014年全省普通高等学校毕业生就业创业工作的实施意见》（黔府办发电〔2014〕79号），明确要求各地有关各部门、各高校要强化对家庭困难毕业生、少数民族毕业生、残疾人毕业生、女毕业生等的就业帮扶。

6月11日，省委常委、宣传部部长张广智听取省残联工作汇报，提出三点要求：一是努力工作，当好省委、省政府参谋助手；二是奋力创新，打造工作亮点；三是及时汇报，争取省委、省政府支持。

6月16日，省人民政府《关于印发〈贵州省城乡居民基本养老保险实施办法〉的通知》（黔府发〔2014〕20号）中明确规定：对重度残疾人等缴费困难群体，县（市、区、特区）人民政府按不低于100元的标准代为缴纳，有条件的市（州）、县（市、区、特区）可以增加代缴标准。

6月16—18日，中国残联宣文部副主任邹柏林、文化处处长张学超到仁怀市，就仁怀创建内地与澳门残疾人文化建设示范市工作进行实地检查。

6月30日，由省人大主办、省残联协办的《贵州省残疾人保障条例》新闻发布会在省人大二楼圆厅会议室召开。省人大常委会副主任张群山，省政府副秘书长吴强，省残联党组书记、理事长杨云出席发布会并讲话，省人大法制委员会主任委员张卫华、省人大内务司法委员会主任委员郑荣出席发布会，省人大常委会副秘书长王立主持发布会。

7月5—8日，全国残疾人羽毛球公开赛在贵阳举行。省残联党组书记、理事长杨云在开幕式上致辞。贵州代表队获得5枚金牌、1枚银牌、3枚铜牌，以64分的总成绩名列团体总分第二名。

7月16日，全省残联系统半年工作会在贵阳召开。省残联党组书记、理事长杨云做重要讲话，全省市、县两级残联负责人、省残联机关和直属中心副处以上干部共计150余人参加会议。

7月31日，省教育厅、省发展改革委、省民政厅、省财政厅、省人力资源社会保障厅、省卫生计生委、省残联联合下发《贵州省特殊教育提升计划实施方案（2014—2016年）》，明确到2016年视力、听力、智力三类残疾儿童少年义务教育入学率达到90%以上。

7月31日，贵州省"集善工程·启明行动"项目启动仪式在都匀市光明医院举行。中国残疾人福利基金会理事长汤小泉，省残联党组书记、理事长杨云，黔南州副州长胡忠良参加项目启动仪式。

8月20日，省委常委、省委宣传部部长张广智在六盘水市凉都体育中心会见出席贵州省残疾人运动会的中国残联副理事长王梅梅一行。

8月20—23日，贵州省第五届残疾人运动会在凉都体育中心举行。开幕式上，中国残联副理事长王梅梅，省政协副主席陈海峰，六盘水市市委副书记、市长周荣分别致辞。省政府副秘书长吴强、潘小林，中国残联体育部副主任张俊杰，省残联理事长杨云，省体育局局长蔡国祥等领导及省直相关部门、九个市（州）的嘉宾出席开幕式。运动会于23日圆满闭幕。

8月20—22日，中国残联副理事长王梅梅在贵州省残联党组书记、理事长杨云陪同下，分别赴六盘水市、安顺市、贵阳市考察调研残疾人工作。

9月8日，"中国梦·我的梦"全国残疾人网络摄影大赛正式启动。此次大赛由中国残联宣文部、贵州省残联主办，设一、二、三等奖及优秀奖。

9月28日，贵州省第五十七届国际聋人节庆祝活动在贵阳市举行。50余名聋人朋友参加活动。

10月8—12日，全国残联宣传干部新媒体暨"三刊"宣传培训班在贵阳举行。中国残联宣文部主任王涛主持培训班开班典礼并授课，中国残联研究室主任陈新民和中国残疾人杂志社社长、总编辑倪林出席并授课，省残联党组成员、副理事长揭晓东在开班典礼上致欢迎词，来自中国残联、各省（自治区、直辖市）残联、部分省会市残联、计划单列市残联及部分地级市残联和国际劳工组织的80多名从事残疾人宣传工作的代表参加培训。

10月14日，第五届贵州省残疾人职业技能竞赛开幕式在黔东南民族职业技术学院举行。副省长慕德贵宣布竞赛开幕，中国残联就业服务指导中心副主任张明理宣读了中国残联的贺信，省残联理事长杨云致开幕词，黔东南州副州长刘晓春致欢迎词，省人力资源和社会保障厅正厅级干部石孝军主持开幕式。

10月14日，贵州省政府残工委六项重点工作推进会在黔东南民族职业技术学院召开。副省长慕德贵出席会议并做重要讲话；中国残联就业服务指导中心副主任张明理及省发改委、省财政厅、省民政厅、省人社厅、省教育厅、省扶贫办、省地税局、省卫计委等省政府残工委成员单位负责同志，各市（州）政府分管领导、残联理事长共40余人参会。

10月18—24日，2014亚洲残疾人运动会在仁川举行，贵州省残疾人运动员获得两金一银的好成绩。

10月31日，省委书记赵克志会见来黔调研残疾人工作的中国残联主席团副主席、全国政协社会和法制委员会副主任王新宪。省委常委、省委宣传部部长张广智，副省长慕德贵，省残联党组书记、理事长杨云，中国残联信息中心主任崔慧萍等参加会见。

10月31日—11月4日，中国残联主席团副主席、全国政协社会和法制委员会副主任王新宪一行在贵州进行调研。中国残联信息中心主任崔慧萍，省残联党组书记、理事长杨云等陪同调研。

12月3日，省委常委、省委宣传部部长张广智到省残联调研指导残疾人工作。

12月18日下午，省残联党组书记、理事长杨云主持召开贯彻落实《关于促进残疾人按比例就业的实施意见》工作联席会，省委组织部、省编办、省财政厅、省人力资源和社会保障厅、省国资委、省扶贫办、省公务员局等部门相关领导参加了联席会议。

12月31日，贵州省残联召开会议，专题传达学习中国残联第六届主席团第二次全体会议和第二十九次全国残联工作会议精神。省残联党组书记、理事长杨云出席会议并讲话，省残联机关全体干部职工、直属中心主要负责人参加会议。

（樊新周供稿）

云南省残疾人事业和残疾人工作

一、领导讲话与批示

副省长、省残工委主任尹建业在省政府残工委（扩大）会议上的讲话摘要

2014年3月21日

残疾人事业是一根标尺，度量出经济社会发展程度；体现一个印证，反映出党和政府以人为本的执政理念；是一面镜子，折射出社会进步和公平正义。残疾人工作关乎民生、连着民心，既是善举又是德政。我们要怀着为民之情、大爱之心、菩萨心肠，从残疾人的期盼里，领悟到责任与担当；从残疾人工作的职能中，体悟到光荣与崇高。我们用心用情用力工作，尽心竭力帮助残疾人排生产之忧、济生活之困、解发展之难，促进残疾人平等参与社会生活、共享发展成果、实现美好理想，让更多的残疾孩子能够走进学校大门，让更多的残疾人实现劳动的权利，让更多的贫困残疾人特别是残疾老人得到关怀和照料，让他们能有生命的尊严，感受社会的温暖。各级、各部门和残疾人工作者要充分认识做好残疾人工作的重大意义，进一步增强责任感、使命感和光荣感，勇于任事、敢于担当、认真负责，努力让广大残疾人过上更加幸福、更有尊严的新生活。

图6-25-1 尹建业在省政府残工委（扩大）会议上讲话。

省残联理事长王兴宁在省政府残工委（扩大）会议上的工作报告节选

2014年3月21日

加强残联组织自身建设，更好地履行职责。一是要高度重视工作机制的建设。党委领导、政府负责、社会参与、残联组织充分发挥作用，这是在实践中总结出来的重要经验，也是推动新时期残疾人事业又好又快发展的领导体制和工作机制。当前，各级党委、政府更加重视保障和改善民生，这对残疾人工作来讲是一个非常有利的条件。我们要更加积极主动地工作，当好党委、政府的参谋助手和桥梁纽带，争取党委、政府将残疾人工作摆上更加重要的位置，纳入目标管理和考核评价体系。要用好各级政府残工委及其办公室这个机制，强化残工委办公室统筹安排和督导检查职能，推动党委、政府部门在残疾人工作中的职责落实和切实履行到位。二是要切实履行好残联组织的职责。朴方主席多年前就曾经讲过，残联是残疾人事业中最活跃的因素。他在中国残联六代会上再次强调："全国各类残疾人共同组成的中国残疾人联合会以其多方面的优势，成为中国残疾人事业发展的中坚力量和发动机，其各级地方组织成为联系群众、推动工作的组织基础。"在全面深化改革的新形势下，各级残联和残疾人工作者更要以改革创新精神忠实履行好"代表、服务、管理"职能，在推动全省残疾人事业发展中发挥更大的作用。三是要树立新理念，塑造新形象。通过党的群众路线教育实践活动的深入开展，要不断提升残联领导班子和干部队伍的理性思维能力，增强全系统的凝聚力、向心力、执行力和战斗力，塑造新形象。积极倡导工作风格上要有"服务弱势，强势推进"的气魄；精神状态上要有"从事人道，笑对人生"的气势；人文关怀上要有"没有1%，只有100%"的气概。坚定崇高信念，不断开拓创新。四是要敢于担当，尊重基层首创精神。朴方主席指出，残联是在改革开放中应运而生，广大残疾人工作者是改革开放的排头兵。在加快推进残疾人同步小康进程中，我们会遇到很多新课题、新挑战，解决这些问题就要有敢于

担当、勇于碰硬、善于创新的精神、勇气和智慧，努力当好新形势下推动残疾人事业创新发展的排头兵。要做到这一点，必须加强学习、加强调查研究。要尊重基层的首创精神，把党的群众路线教育实践活动的成效，实实在在体现在推动残疾人工作创新发展上。少在机关里面当忙人，多拿出些时间和精力深入基层一线；少在面上当游人，俯下身子抓工作，带着感情解难题；少在遇到问题时当原则指导人，掌握第一手情况，出实招、办实事，不突破不放弃，不解决不松手。

王梅梅在云南省第十届残疾人运动会暨第四届特殊奥林匹克运动会开幕式上的致辞摘要

2014年8月31日

生命在于运动，意志在于磨砺。体育对人的全面发展具有塑造作用。体育作为一项公民基本权益，是实现人的全面发展的重要途径。体育不仅是一项身体运动，还是一种教育手段。体育在保持健康的身体、塑造健全的人格和提高人的综合素质方面发挥着重要的作用。对于残疾人来说，参与体育运动，更是他们平等参与社会生活、超越自我、实现人生价值的一个具体体现，也是广大残疾朋友共享改革发展成果的一种基本形式。另一方面，体育作为文化的重要组成部分，自身具有独特的文化价值和作用。体育展现的积极进取、拼搏奋斗精神，体育活动遵循的规则至上、追求诚信、崇尚秩序、团队合作是现代文化和价值观的重要内容；竞技体育展现的为国争光精神，极大地激发了社会公众的民族自信心、凝聚力和爱国热情。总之，体育作为展示国家文化软实力、社会文明进步程度的重要窗口，越来越引起政府和社会公众的重视。

残疾人体育具有独特的内涵和魅力。"自强不息、奋勇争先"的残疾人精神，蕴含着中华民族自强不息的民族精神，蕴含着为国争光的爱国精神面貌，是社会主义核心价值体系中以爱国主义为核心的民族精神的生动体现，对全社会都具有强烈的感染力。残疾人"自尊、自信、自强、自立"和"敢打、敢拼、敢赢"的精神风貌，更是残疾人体育运动的独特魅力所在，也是超越赛事本身及奖牌价值的宝贵精神财富。

副省长、组委会主任张祖林在云南省第十届残疾人运动会暨第四届特殊奥林匹克运动会开幕式上的致辞摘要

2014年8月31日

残疾人，有人的尊严和权利，有参与社会生活的愿望和能力，他们同样是建设中国特色社会主义事业的一支重要力量，他们同样渴望参与体育竞赛，在竞技场上挥洒汗水显技能，绽放青春扬个性，充分展示对生命价值的不懈追求，对生命潜能的不断超越，对美好幸福生活的热切向往，在社会主义大家庭中充分实现"平等、参与、共享"的人生梦想。

四年一届的全省残疾人运动会，是属于全省残疾人朋友的体育盛会，也是残疾人运动员展示自我的魅力舞台，更是全社会向残疾人奉献爱心、推动残疾人事业快速发展的重要契机。我们一定要进一步提高思想认识，不断增强荣誉感、责任感和紧迫感，强化责任与担当，精心组织，科学安排，密切配合，形成合力，以更加饱满的热情、更加高昂的士气、更加严谨的作风，继续做好竞赛组织和服务保障各项工作，力争把本届残运会办出特色、办出水平，办成"弘扬人道主义、推动和谐发展"的人文盛会，充分展示全社会理解、尊重、支持、帮助残疾人的良好风尚，充分展现残疾人自尊、自信、自强、自立和乐观进取、积极向上的精神风貌，并以此为新的起点，全面推进我省残疾人事业与全省经济社会协调发展，为推进云南科学发展和谐发展跨越发展、建设富裕文明幸福新云南做出新的贡献。

省残联党组书记、理事长、组委会执行主任王兴宁在云南省第十届残疾人运动会暨第四届特殊奥林匹克运动会闭幕式上的致辞摘要

2014年9月6日

这是一届友谊的盛会。残运会期间，来自全省16个州市代表团和省华夏中专学校代表团的843名残疾人运动员，在田径、游泳、举重等9个大项、297个小项的比赛中，顽强拼搏、勇攀高峰，在取得一个又一个好成绩的同时，努力保持了良好的赛风赛纪和道德风尚。残疾人运动员们尊重裁判、尊重规则、尊重对手的比赛氛围，挑战潜能、超越自我、展现风采的竞技精神，促进交流、增进友谊、推动和谐的大家风范，进一步彰显了残疾健儿的高尚情怀，取得了比赛成绩和精神文明的双丰收。这既是对每个参赛者自我人生的极大丰富，也为我省迎接2015年第九届全国残运会进行了一场成功的大交流、大练兵。残疾人运动员自强不息、拼搏进取、乐观向上的精神风貌和良好的道德风尚，给全省人民留下了深刻印象，也为丰富和传承云南精神留下了宝贵的财富。我们相信，所有的这一切，必将激励云南各族儿女更加奋发有为，更加开拓进取，更加热情奔放，共同为建设富裕民主文明开放和谐的云南再立新功！

这是一届人文的盛会。残疾人事业是中国特色社会主义事业的重要组成部分。残疾人，有人的尊严和权利，有参与社会生活的愿望和能力，他们同样是建设中国特色社会主义事业的一支重要力量。他们渴望以平等

的权利、均等的机会参与社会生活，共享改革发展成果；他们渴望通过参与体育竞赛，在运动场上挥洒汗水、绽放青春、张扬个性，诠释对生命价值的不懈追求，对生命潜能的不断超越，对美好幸福生活的热切向往。在本届残运会这个特殊的大舞台上，残疾人运动员们充分展现了自尊、自信、自强、自立和乐观进取、奋发向上的精神风貌；全社会充分展示了理解、尊重、支持、帮助残疾人的良好风尚。与此同时，我们也高兴地看到，作为运动会举办地的曲靖市在改革开放、经济发展、社会文明进步等方面所取得的巨大成就，在与会各方的共同努力下，我们所有运动会的参与者，都深切地分享了这一丰硕成果。本届残运会办成了"弘扬人道主义、推动和谐发展"的人文盛会。

这是一届创新的盛会。省第十四届运动会和第十残疾人运动会在曲靖市同地同期举办，是经省政府批准并写入2014年《政府工作报告》的一件大事，是贯彻落实中央节简办赛会精神的一件实事，也符合"残健相融"的国际惯例。这既有利于整合资源、降低成本、相互促进、扩大影响，又有利于残疾人平等参与、融合共享目标的实现。这在我省还是第一次，在全国省级残运会的层面也是一种改革和创新。在残运会承办、筹备的过程中，曲靖市委、市政府和曲靖人民满怀对残疾人朋友和残疾人事业的特殊关爱，增强荣誉和使命，强化责任与担当，紧紧围绕平等、参与、超越、融合、共享的总体目标，坚持组织一流、服务一流、隆重热烈、精彩和谐、节俭廉洁的原则，精心组织，科学安排，以饱满的热情、昂扬的士气、严谨的作风，精心做好竞赛组织和服务保障的各项工作，努力把本届残运会办出特色、办出水平，实现了省运会与省残运会"同城举办，同样精彩"的办会目标。在这里，让我们再次以热烈的掌声向全力承办残运会的曲靖市委、市政府和热情好客的曲靖人民致以崇高的敬意和衷心的感谢！

这是一届求实的盛会。为了承办本届残运会，曲靖市委、市政府严格按照国家及省关于残疾人竞技运动会场馆标准和要求进行场馆建设，同时加快完善曲靖市文化体育公园无障碍设施建设，软件硬件都做得扎实到位。这些高水准的场馆，不仅保证了残运会的高水平举办，也为比赛结束后能持续发挥更大作用奠定了坚实基础。经过努力，承办此次残运会的曲靖市文化体育公园，也同时荣获了"中国残疾人体育培训基地"和"云南省残疾人体育训练基地"两大牌子，以利后续利用。同时通过成立"曲靖市文化体育投资管理有限公司"，可以对场馆实现"高起点运营、高水平管理、高效率服务"的目标，并能为残疾人体育运动提供更加规范和优良的训练环境。我们相信，曲靖文体公园将会成为"残健相融"的优秀体育训练基地，曲靖市一流的文化体育运动场馆，不仅为我们文化体育事业的繁荣创造了丰富的物质基础，也为我们的文化体育产业发展提供了重要平台。我们相信，文化与体育、事业和产业、制度同市场的有机结合，一定能够为全省残疾人体育事业带来更加广阔的理想天空、更加殷实的理想天地！

这是一届科技的盛会。本届残运会上，首次在田径、游泳项目中使用了电子计时计分系统，设立了残运会信息中心，建立了残运会官方网站，实现了电子化计分，信息化传递，移动化查询，零误差统计，零投诉比赛，保证了竞赛的顺畅有序，这方面完全达到全国大赛的办会水平。

省残联理事长王兴宁在"斯达克·世界从此欢声笑语——中国（云南）"助听项目欢送晚宴上的讲话摘要　2014年10月19日

"斯达克·世界从此欢声笑语——中国（云南）"助听项目历时14天，先后为昆明、楚雄、大理、丽江四座城市的6000多名听障患者免费捐赠和验配了可编程式数字助听器12000多台，让更多的听障患者重获听力，极大地改善了这些听障人士的生活品质。这一善举，将在云南助残扶残历史上写下浓墨重彩的篇章。

——这是人道主义事业的具体体现。我们的努力，将会让更多的听障人士充分参与社会生活，和健全人一样，享有平等的生存权和发展权，共享社会文明进步的福祉。

——这是人文关怀精神的生动反映。我们的努力，不仅是在帮助一位又一位的听障人士，更宝贵的是我们的每一个成员在帮助他人的过程中所表现出的令人敬佩的敬业精神。这正是文明社会所追求的"欢乐着人民的欢乐，忧患着人民的忧患"的体现。

——这是人类文明成果交流的良好平台。我们的努力，不仅给多数生活在边远、贫穷、山区、少数民族地区的6000多名听障人士带来了优质的助听器和先进的验配技术，还为彼此间的认识提供了良好的交流平台。

——这是人员动员组织能力的集中检验。我们的努力，使得横跨云南4座城市、47个县（区）、406个乡镇、4317个村镇（社区）的12000多人的庞大群体，在既定的时间范围内有序流动，充分展现了残联系统和民政、卫生、财政、公安、交通等部门的组织动员能力。

省残联党组书记、理事长王兴宁学习习近平系列讲话精神体会摘要 2014年11月25日

我结合学习习近平总书记系列重要讲话精神，一直在思考一个问题：残疾人工作点多、面广、量大，千头

万绪，包罗万象，如何定位、布局和推进残疾人工作？总的感觉是：残疾人事业是"惠民生、保基本、兜底线、补短板"的社会事业，是中国特色社会主义事业的重要组成部分，必须纳入大局，不能自行其是；必须统筹兼顾，不能见子打子；必须强力推进，不能妄自菲薄；必须积极进取，不能故步自封；必须强调责任与担当，不能自甘落后、无所作为。残联工作最重要的是加强顶层研究，寻找规律，纲举目张，归纳起来就是**"一引领、强两基、立两足、展两翼"，用一组数字来表示，就是"1222"。**

"一引领"，就是从人道主义升华为人本主义理念的引领。残疾人事业是伟大的人道主义事业，人道主义是残疾人事业的旗帜。人道主义是爱与尊重的体现，是社会文明进步的产物，是人类共同的精神财富，也是一种信念、一种力量、一种品质和一种人生境界。直接帮助最困难的群体，就是最现实的人道主义。残疾人工作者全心全意为残疾人服务，用实际行动践行着人道主义精神。如果我们每个人都懂得人道主义的内涵，都拥有人道主义的情怀，那就会使人有更宽阔的胸襟、更广大的视野、更博爱的情怀，"人道、廉洁、服务、奉献"的职业道德就会内化成一种自我价值实现、自我道德完善的内心追求，工作起来就会更加自觉、积极和主动，也会更有创意、更有劲头、更有效率，人生也就会更有意义、更有价值、更加精彩。

残疾人事业还是人本主义的事业。著名作家周国平说："残疾人仍然拥有完整的内在生命，在生命本质的意义上，残疾人并不残疾。"人本主义基于浓厚的人文关怀，认为人本来就是平等的，只要有人类存在，就有残疾人，残疾是人类文明和进步不可避免要付出的代价。广大的残疾人工作者不仅是在践行人道主义的使命，还是在分享人本主义的幸福；不仅要"以人为本"，还要"以生命为本"，发诸内心、平等地关爱、尊重、善待每一个生命，感同身受体会残疾人的疾苦，设身处地理解残疾人的困难，脚踏实地为改善残疾人的状况而努力工作。

残疾人工作者是我们伟大事业最宝贵的财富，我们个人对于残联，或许只是百分之一，但残联对于我们个人，却应该是百分之百。因为作为省残联党组、理事会，要创造人尽其才、才尽其用、公平正义、团结友爱、充满活力的工作环境；尊重知识、尊重人才、尊重劳动、尊重创造，为每一位想干事的同志提供能干事的机会，创造干成事的条件，让每一个人都能实现自己的人生梦想。同在一片蓝天下，我们每一个人都应拥有阳光、拥抱幸福、拥有人生出彩的机会，我们每一个人的人生梦想，都必将汇合成伟大的中国梦，汇合成中国梦的云南篇章。

"强两基"。残疾人事业有两个基石，一个是残联自身建设，一个是残疾人权益维护。残联自身建设包括组织建设和服务设施建设，组织建设是软件，服务设施建设是硬件，两者相辅相成，共同构成残疾人事业的大厦。权益维护是残联工作中最能体现代表性的方面，涉及残疾人对残联的认同感，是残联工作永恒的主题，我们所做的一切工作，从总体上讲都是在维护、实现和发展残疾人的权益。基础不牢，地动山摇。我们要进一步夯实基础，加强基层工作，强化维权职能，强基固本，残疾人事业才能根深叶茂、源远流长。

"立两足"。一足是残疾人教育就业，一足是残疾人康复服务。这是残疾人改善功能代偿、平等参与社会生活、共享改革开放成果的阶梯，是残疾人最根本的需求，是残联最基本的工作，也是近些年来越来越受到政府重视的重要民生工程。我们要进一步加强教育就业和康复工作，为残疾人恢复自信、走出家门、参与社会，有尊严、幸福地生活创造更好的条件，提供更多的机会。

"展两翼"。一翼是残疾人体育，一翼是残疾人文艺。残疾人事业要赢得社会的广泛认同，必须充分展示其精神风貌。事实证明，能够展示残疾人自强不息精神风貌最好的载体就是残疾人体育和文艺。这些年来，云南残疾人运动员不断在国际国内大赛中摘金夺银，被全国同行称为"滇军"；云南残疾人演员随着中国残疾人艺术团走出国门，"千手观音"风靡世界。我们已经形成了比较有特色的残疾人体育和文艺比翼齐飞的格局，继续保持好、维护好、发展好我省残疾人文体事业，继续打造好这两张名片，是我们最现实、最有希望的选择。

"民惟邦本，本固邦宁。"民生是我们立党执政之基、人民幸福之源、社会和谐之本。离开残疾人的小康不是全面的小康，落下残疾人的发展不是科学的发展，中华民族伟大复兴的"中国梦"当然也包含残疾人的康复梦、就业梦、致富梦、大学梦、出彩梦。残疾人事业大有可观，亦大有可为，我庆幸自己在为党为人民工作的最后一个十年，能够加入这个行列，能够直接服务残疾人，能够为这个阳光的人道主义事业担一份责，尽一份心，出一份力。习近平总书记说："让老百姓过上好日子是我们一切工作的出发点和落脚点。"那么我们残联工作的出发点和落脚点就是：加强顶层研究，完善制度安排，落实政策措施，体现人文关怀，殚精竭虑，饱含深情，继往开来，努力为残疾人过上幸福而有尊严的好日子而不懈奋斗！

副省长张祖林在云南省残疾人联合会《关于上报2014年工作总结的报告》上的批示

2015年1月14日

我省2014年的残疾人工作亮点频显，可圈可点，向奋战在残疾人工作战线上的同志们表示衷心的感谢和亲切的慰问。新的一年要在省委、省政府的坚强领导下，摸清底数、做好服务、合力攻坚，把党和政府的关怀送到每一位残疾人手上，把这项重大的民生工作做好做实，再创新业绩。

省委常委、省委宣传部部长、省残联名誉主席赵金在中共云南省残疾人联合会党组《关于请审阅省残联第六届执行理事会工作报告的请示》上的批示

2015年1月25日

兴宁同志，工作做得很好。在全社会营造形成"关心关爱关照"残疾人，残疾人自强不息的强大正能量。可开展一些自强不息、实现梦想的活动。

二、政策法规文件

云南省残疾人就业规定

云南省人民政府令第192号

经2014年7月25日云南省人民政府第四十四次常务会议通过，于2014年10月1日起施行。

第一条 为了促进残疾人就业，保障残疾人的劳动权利，根据《残疾人就业条例》和其他有关法律、法规，结合本省实际，制定本规定。

第二条 本省行政区域内残疾人就业的相关工作，适用《残疾人就业条例》和本规定。

法律、法规及国家有关部门和省人民政府对残疾人就业工作有具体规定的，依照其规定。

本规定所称残疾人就业，是指持有国家统一规定的残疾人证件，符合法定就业年龄并有就业要求的残疾人从事有报酬的劳动。

第三条 县级以上人民政府应当加强对残疾人就业工作的领导和统筹协调，将残疾人就业纳入国民经济和社会发展规划及相关专项规划，结合本地区实际制定优惠政策和具体扶持保护措施，通过多渠道、多形式，帮助残疾人就业，并鼓励扶持残疾人自主择业、自主创业、灵活就业，为残疾人就业创造条件。

县级以上人力资源社会保障、民政、发展改革、财政、工商、税务、技术监督、教育、卫生、农业、扶贫、统计等有关部门和工会、共青团、妇联应当在各自职责范围内，做好残疾人就业工作。

县级以上残疾人联合会（以下简称残联）依照法律、法规或者接受政府委托，负责残疾人就业工作的具体组织实施与监督。其所属的残疾人就业服务机构承担服务和促进当地残疾人就业的职责。

第四条 机关、团体、企业事业单位、民办非企业单位和经主管部门登记的其他单位（以下统称用人单位）及其他组织，应当依照有关法律、法规和本规定履行扶持残疾人就业的责任和义务。

用人单位应当按照本单位在职职工总数的1.5%以上比例安排残疾人就业。

用人单位安排1名重度残疾人就业的，按照安排2名残疾人就业计算。

机关、人民团体、事业单位及国有企业应当建立残疾人按比例就业岗位预留制度，带头安排残疾人就业。

各级机关应当督导所属事业单位做好按比例安排残疾人就业工作。各类事业单位应当结合本单位岗位构成情况，确定适合残疾人就业的岗位。

对超比例安排残疾人就业的用人单位，按照国家和本省规定给予奖励。

第五条 安排残疾人就业未达到1.5%比例的用人单位，应当按照年度差额人数和统计部门公布的所在县（市、区）上一年度职工年平均工资数额计算缴纳残疾人就业保障金（以下简称残保金），专项用于残疾人职业培训、就业服务、就业援助、安置奖励和其他扶持残疾人就业工作。

残保金的缴纳、使用和管理，按照国家和本省有关部门制定的具体办法执行。

第六条 各级公务员主管部门应当建立残疾人公务员招录制度和残疾人公务员实名统计制度，在每年招录的公务员计划总数中确定一定数量专项用于招录残疾人。

各级事业单位登记管理部门在事业单位登记管理和绩效评估工作中，应当督导事业单位按比例安排残疾人就业。

各级人力资源社会保障、工商、税务、技术监督等有关部门应当根据工作需要，向同级残联通报用人单位登记信息及在职职工人数等信息。

第七条 用人单位招用残疾人职工，应当依法与其签订劳动合同、聘用合同或者服务协议，对合同期满的残疾人职工在同等条件下优先续签合同，并为残疾人职工依法缴纳养老、医疗、失业、工伤、生育等社会保险。

用人单位应当为残疾人职工提供适合其身体状况的工种岗位、劳动条件和劳动保护，逐步建立和完善规范

的无障碍设施，推进残疾人无障碍信息交流。

第八条 政府和社会依法兴办的残疾人福利企业、盲人按摩机构、工疗机构、辅助性工场和其他福利性单位（以下统称集中使用残疾人的用人单位），应当集中安排残疾人就业。

集中使用残疾人的用人单位的资格认定，依照《残疾人就业条例》的设定，按照国家有关规定执行。其中，残疾人福利企业的资格按照国家有关规定由县级民政部门认定；其他集中使用残疾人的用人单位的资格按照国家有关规定由县级残联认定。

享受税收优惠的集中使用残疾人的用人单位对减免和退还的税金，应当将不低于其总额10%的比例用于补贴残疾人职工个人应当缴纳的社会保险费。

有关部门和单位应当对集中使用残疾人的用人单位在水、电、气等费用上给予优惠。

第九条 县级以上人民政府及有关部门和残联应当确定适合残疾人生产、经营的产品、项目，优先安排集中使用残疾人的用人单位和残疾人创办的企业生产、经营。

政府采购，在同等条件下，应当优先购买集中使用残疾人的用人单位和残疾人创办的企业及超比例安排残疾人就业单位的产品和服务。

机关、事业单位在政府采购中，应当将参与采购单位安排残疾人就业情况纳入评标体系，予以量化加分或者价格扣除。

第十条 鼓励和扶持残疾人自主择业、自主创业。残疾人从事个体经营的，工商、税务、卫生等有关部门应当优先依法核发相关证照，并依法免收管理类、登记类和证照类的行政事业性收费；城市管理部门应当在场地、摊位等方面提供优惠照顾；供水、供电企业应当在水、电收费标准上给予优惠；对符合条件的残疾人申请小额担保贷款的，担保机构和金融机构应当优先为其提供担保和贷款。

有关部门应当对符合条件的自主择业、自主创业的残疾人按规定给予社会保险补贴、创业补贴。具体补贴办法由县级以上人力资源社会保障、财政部门和残联制定。

第十一条 各级人民政府投资或者扶持开发的公益性岗位，应当按照不低于用工总数10%的比例安排残疾人就业。

各级人民政府在发展社会性服务、建立完善社区服务点时，应当优先安排残疾人就业。

各级人民政府应当对社区、村的残疾人专职委员按照国家规定给予补贴。

第十二条 各级人民政府应当结合当地农村产业结构调整的实际，组织和扶持农村残疾人从事种植业、养殖业、农产品加工业、手工业和其他形式的生产劳动，统筹安排残保金、彩票公益金、扶贫资金等经费用于扶持农村残疾人就业。

县级以上人民政府及有关部门应当将农村贫困残疾人就业作为扶贫开发重点扶持对象，并加强残疾人就业扶贫基地建设，对具备农业产业化龙头企业条件的残疾人就业扶贫示范基地，经按照规定权限和程序认定后，享受同级农业龙头企业待遇。

第十三条 县级以上人民政府及有关部门和残联应当建立智力、精神和重度残疾人托养服务机构，为残疾人提供职业康复、就业训练、辅助或者庇护就业等服务，并帮助其实现公开就业；对辅助性工场依法给予社会保险、设施设备、无障碍改造等扶持及税费减免。

第十四条 县级以上人民政府及有关部门应当加强残疾人就业服务机构的规范化建设，配备与工作任务相适应的人员，所需经费列入同级财政预算。

省人力资源社会保障部门和残联应当编制适合残疾人就业的岗位目录，州市、县级人力资源社会保障部门和残联可以结合当地实际补充特色岗位目录，开发适合残疾人就业的工作岗位，保障残疾人就业。

第十五条 各级公共就业服务机构和残疾人就业服务机构应当掌握辖区内法定就业年龄段残疾人的基本情况，残疾人就业服务机构应当将掌握的基本信息提供给公共就业服务机构共享和定期发布就业需求等有关信息。

各级公共就业服务机构应当将残疾人就业纳入服务范围，开发适合残疾人就业的工作岗位，为有求职要求的残疾人免费或者优惠提供就业服务。社会职业中介机构应当为残疾人就业提供优惠服务。

第十六条 残疾人就业服务机构应当免费为残疾人开展职业培训，提供职业心理咨询、职业适应评估、职业康复训练、求职定向指导、职业介绍等服务；开展职业康复劳动项目，引导、支持智力、精神和重度残疾人辅助性就业；向安排残疾人就业未达到规定比例的用人单位及其他用人单位推荐安排适合的残疾人就业。

盲人按摩指导服务机构开展盲人按摩的行业指导工作。省盲人按摩指导服务机构经人力资源社会保障部门批准，还可以开展职业技能鉴定、职称评定等工作。

有按摩业务的服务行业和设有按摩科室的医疗机构，应当优先录用具备执业资格或者持有专业技术证书的盲人按摩人员就业。

盲人医疗按摩机构经有关行政管理部门核准，可以作为社会医疗保险服务单位。

第十七条 县级以上人民政府及有关部门应当建立健全残疾人职业技能人才激励机制，鼓励、引导经营性人才资源服务机构为残疾人就业提供免费就业服务。

人力资源社会保障、教育、农业、扶贫等部门应当将残疾人职业培训和实用技术培训纳入本部门培训计划和经费预算，为残疾人培训提供补贴。

县级以上人民政府应当按照规定对参加职业培训、职业技能鉴定并符合条件的残疾人给予职业培训、职业技能鉴定补贴。

残疾人就业服务机构应当建立残疾人职业培训补贴与培训质量、一次性就业率相衔接的机制，推行订单培训、定向培训和定岗培训。

用人单位应当免费对本单位残疾人职工进行上岗、在岗、转岗等职业技能和继续教育培训。

第十八条 县级以上人民政府及有关部门应当定期组织开展残疾人职业技能竞赛。

残疾人参加国内外职业技能竞赛和参加集训期间，是职工的，用人单位应当保留其工资和福利待遇；不是职工的，由组织单位给予误工补贴。组织单位还应当对残疾人选手给予竞赛和集训补贴。

对在国家级以上体育、职业技能竞赛中取得优异成绩的残疾人运动员或者选手，其户籍所在地的机关、团体、企业事业单位应当创造条件，安排其就业。

第十九条 人力资源社会保障部门应当将用人单位按比例安排残疾人就业等情况纳入劳动保障执法年审等执法监察。

残疾人职工与用人单位发生劳动人事争议的，当地劳动人事争议仲裁部门应当依法为其提供便利条件。

第二十条 违反本规定，采取重复使用残疾人证件、残疾人挂名而不实际上岗工作、签订虚假劳动合同、聘用合同或者服务协议等弄虚作假手段，骗取税收优惠待遇、奖励待遇、补贴待遇、不缴或者少缴残保金的，依法追究有关单位和人员的法律责任。

违反本规定的其他行为，法律、法规有法律责任规定的，依照其规定追究法律责任。

第二十一条 本规定自2014年10月1日起施行。1997年12月25日云南省人民政府令第52号发布的《云南省按比例安排残疾人就业规定》同时废止。

三、工作综述

2014年，云南省残疾人事业在省委、省政府的正确领导下，在中国残联的精心指导下，深入贯彻落实党的十八大、十八届三中、四中全会和省委第九届八次、九次全会精神，以开展"基础管理建设年"为契机，健全残疾人权益保障制度，促进残疾人服务托住底、补短板工作，有效落实残疾人同步小康年度任务，有序推动政府购买残疾人服务试点工作，扎实提升残联组织的服务能力和管理水平，以改革创新精神推进残疾人事业发展，不断加强残疾人社会保障、康复服务、权益维护、教育就业、宣传文化、体育健身、服务支撑、组织人才等工作，为实现残疾人与全省人民同步小康目标打下坚实基础。

（一）省委、省政府高度重视，各项重点工作有序推进

1. 以政府惠民实事为重点，确保残疾人得到实惠。2014年省政府将"残疾人扶助行动"和"光明工程"纳入10件惠民实事和重点督查的重要工作。为确保省政府的惠民实事深入民心，让残疾人得到实实在在的实惠，省残联早部署、早安排、早落实，各项任务圆满完成，为6014名低视力者免费配发助视器，完成率达120%；为6270名听障人士免费配发助听器，完成率达156%；为1247名下肢缺肢者免费装配假肢，完成率达125%；为21639名智力、精神和重度残疾人提供托养服务资助，完成率达105%；配合省卫计委，为33632例白内障患者免费实施复明手术，完成率达112%。

2. 成功举办云南省第十届残疾人运动会暨第四届特殊奥林匹克运动会。由云南省残联、云南省体育局主办，曲靖市人民政府承办的云南省第十届残疾人运动会暨第四届特殊奥林匹克运动会于8月31日—9月6日在云南省曲靖市举行。来自16个州市和省华夏中专的18支代表团共2000余人参加9个大项297个小项比赛。最终产生423枚金牌、230枚银牌、194枚铜牌。这届残运会亮点纷呈：第一次由州市政府承办，第一次与省运会同地同期举行，规格和规模空前，竞赛组织规范有序，宣传工作力度大，还积极探索了文化体育事业长远发展的路子，是一届友谊的盛会、人文的盛会、创新的盛会、科技的盛会、求实的盛会，圆满实现了省运会与省残运会"同城举办，同样精彩"的办会目标。

3. 认真组织开展第五次全国、全省自强模范暨助残先进评选表彰活动。一是根据人社部、中国残联、国务院残工委办公室的要求，评选推荐出5名全国自强模范、1名全国残联系统先进工作者、2个全国助残先进集体、2名全国助残先进个人、4个全国残疾人之家。先进个人和先进集体在第五次全国自强模范暨助残先进表彰大会上受到习近平总书记等党和国家领导人的亲切接见和大会表彰。传达贯彻第五次全国自强模范暨助残先进表彰大会精神，组成云南省第五次全国自强模范事迹报告团，深入临沧、大理、丽江、玉溪、昆明开展巡回报告会。二是做好第五次全省自强模范暨助残先进评选表彰工作，与省人社厅联合下发《关于评选云南省自强模范和云南省残联系统先进工作者的通知》，省政府残工委办公室下发《关于做好评选表彰全省自强模

范暨助残先进和个人工作的通知》，推荐评选出 26 名云南省自强模范、27 名云南省残联系统先进工作者、27 个云南省助残先进集体、27 名云南省助残先进个人、20 个残疾人之家，给予表彰奖励。

4. 成功举办云南省第五届残疾人职业技能竞赛。

5. 与云南开放大学合作共建特殊教育学院。5 月 8 日，省残联与云南开放大学共建的特殊教育学院在省华夏中专正式挂牌，并于 9 月份正式招生。云南开放大学特殊教育学院的成立，不仅填补了云南省没有针对残疾特殊人群高等教育和终身教育体系的空白，而且为全省 288.3 万残疾人提供了公平、终身学习的机会，有力地促进了基础教育均衡发展，为保障残疾人接受平等教育权利、接受优质教育奠定了基础。

（二）残工委及成员单位充分发挥作用，密切配合，推动残疾人事业加快发展

1. 召开省政府残工委（扩大）会议。2014 年 3 月 21 日，省政府残工委全体（扩大）会议在昆明召开，尹建业副省长出席会议并做重要讲话。3 月 11 日，省残联 2014 年工作会议召开，省残联党组书记、理事长王兴宁同志代表省残联执行理事会做工作报告，明确了 2014 年全省残疾人工作的重点任务。

2. 组织实施"斯达克·世界从此欢声笑语——中国（云南）"助听项目。10 月 8—21 日，由中国听力医学发展基金会、美国斯达克基金会、云南省残疾人联合会三方合作开展"斯达克·世界从此欢声笑语——中国（云南）"助听项目。此次活动开创了云南省组织大规模国际慈善救助活动的先河，得到各方面的高度评价。

图 6-25-2 主要嘉宾共同开启启动仪式按钮。

3. 有序开展残疾人基本服务状况和需求专项调查。根据国务院残工委和中国残联、国家统计局等 10 个部门联合下发的《关于开展全国残疾人基本服务状况和需求专项调查的通知》和中残联召开的全国残疾人基本服务状况和需求专项调查工作会议要求，省残联高度重视，结合实际，认真研究部署，成立组织机构，配备专门人员，加强经费保障，制定工作方案、核查质量控制方案、宣传方案等，圆满完成残疾人基础信息核查，各项工作按国家规定流程有序推进。

4. 主动作为，积极开展鲁甸"8·03"抗震救灾工作。省残联及时召开理事会，成立昭通鲁甸地震抗震救灾工作领导小组，制定了《云南省残联抗震救灾工作实施方案》，采取迅速拨款 20 万元作为临时救灾资金、摸清残疾人及残疾人家庭受灾情况等多项措施；配合中国残联两支康复医疗小组抽调云南省残疾人康复中心医疗专家奔赴鲁甸开展抗震救灾工作。先后到鲁甸县医院、昭通市人民医院、昭通市中医院进行康复医疗救助。共复查 563 名地震伤员，为伤员实施康复医疗救助 499 人次；制定《关于昭通鲁甸"8·03"地震灾后残疾人及残疾人家庭救助重建实施方案》，做出灾后设施建设、辅助器具适配、残疾人扶贫等多项举措。

（三）残联积极履行职能，紧紧围绕"十二五"规划年度任务，全面提升整体工作水平

1. 重点推动残疾人民生基本保障工作。按照"守住底线、突出重点、完善制度、引导舆论"的思路，积极推动并逐步健全符合条件的残疾人普遍享有民生基本托底服务保障体系。统筹协调保障残疾人基本民生需求的政府托底、社会保险、慈善捐助等资源，综合运用法律、法规、政策等手段，加强政府引导、残联推动、社会参与、市场运作等机制的协调联动。推进重度残疾人护理补贴和贫困残疾人生活补贴制度建设，在认真调研的基础上，积极争取出台重度残疾人护理补贴制度，协调相关部门在制定惠民政策时考虑针对贫困残疾人的特殊的生活补贴。认真落实残疾人参加社会保险的特惠政策，探索残疾人参加社会保险享受政府补贴的扶持措施，继续推进基本养老和基本医疗保险补贴制度，重点解决对中、轻度残疾人参保个人缴纳部分政府补贴制度，提高残疾人参保率。进一步拓展和规范残疾人托养服务，各类残疾人托养服务机构达 43 个，居家托养全面开展。

2. 大力推进基本康复服务和残疾预防工作。认真组织"十二五"残疾人康复项目中期检查，积极推进残疾人康复机构建设，加强康复人才队伍建设。完成 100 例麻风畸残患者矫治手术救助任务。全省培训社区康复员 11456 名；完成白内障复明手术 28919 例；低视力配用助视器 7393 件；对 2394 名盲人进行盲人定向行走训练。完成新收训聋儿语训任务 425 名，培训家长 588 名；对 1433 名肢体残疾儿童进行机构和家庭康复训练；对 6827 名成年肢体残疾人开展社区家庭康复训

练。对364名贫困肢体残疾儿童进行矫治手术康复；对2674名贫困智力残疾儿童进行机构和家庭康复训练。继续推广"社会化、综合性、开放式"精神病防治康复工作，为15212名贫困精神病人提供医疗救助，监护精神病患者115865名。完成辅助器具配发32404件，其中免费发放辅助器具12444件。为1790名残疾人装配假肢、矫形器。

3. 认真落实残疾人权益保障，指导州市建设维权机构。已有曲靖、文山、怒江、德宏、大理、保山、丽江七个州市建立了维权科室。协助司法部门做好残疾人法律援助和服务工作，在全省继续推广"盘龙经验"和五华区"五个服务无盲区经验"。成立云南省残疾人法律援助工作协调领导小组。协助做好中国残联在曲靖设立的曲靖市残疾人法律救助站工作。积极争取建立省级残疾人法律救助工作站建站省级补助资金，在全省范围内创建第二批12个省级残疾人法律救助工作站。做好《云南省残疾人保障条例》贯彻落实工作。圆满完成云南省2013年度全国疾人状况监测工作。指导督促各地认真做好残疾人机动轮椅车燃油补贴数据录入和资金发放工作。2014年，各地申报燃油补贴人数20351人，争取到2014年燃油补贴国家下达资金492万元。全年省残联办理来信38件，来访286批共315人次，其中网上信访22件。做到件件有落实，事事有回音。

4. 强化残疾人教育就业工作。一是残疾儿童少年义务教育稳步发展。特教学校发展到53所，在校接受义务教育的残疾学生达1.7万余人，残疾儿童入学率88%。参加高考的残疾学生508名，录取的大学新生413名，录取率达81%。首次实施全省彩票公益金助学项目资助残疾学生1808人。省华夏中专搬迁新建一期工作基本完成。二是全省征收残疾人保障金3.14亿元。组织实施残疾人平面设计、电焊、美发、制陶、玉石加工等就业培训项目。开展订单、定向、定岗培训，完成培训34568人次（其中职业培训8008人、农村适用技术培训26560人次），新增就业6467人。举办盲人保健按摩师职业技能培训班17期，组织举办了盲人医疗按摩人员职称考试。开展盲人保健按摩培训20期562人，进一步拓展了残疾人就业渠道。

5. 加大残疾人扶贫工作力度。在实施扶贫安居工程、整村推进、产业扶贫、农村危房改造等项目计划中，优先照顾贫困残疾人。党政机关和党员干部继续开展结对包户活动，更好地带动贫困残疾人脱贫。做好康复扶贫贷款工作，按要求下达资金198万元。继续加大扶贫基地建设扶持力度，建成省级残疾人扶贫示范基地3个、州市级16个、县级乡镇级180多个，累计培训和扶持残疾人1万多人。积极开展农村实用技术培训。各地结合贫困残疾人的实际需求，切实、有效地开展针对性强、见效快的实用技术培训，确保每个贫困残疾人家庭掌握1—2项农村实用技能。继续开展基层党组织助残扶贫项目，在年初中组部和中国残联督查调研中获得好评。万村千乡市场工程项目超额完成任务，选聘残疾人担任农家书屋管理员的工作得到新闻出版局的肯定。

6. 繁荣残疾人宣传文化体育事业。与曲靖市残联联合开展第二十四次"全国助残日"活动。完成《云南残疾人事业发展报告（2013年卷）》编制工作。配合中央媒体记者完成2014年"斯达克·世界从此欢声笑语——中国（云南）"助听项目宣传工作。指导保山市积极推进全国残疾人文化体育建设示范市和残疾人自强健身示范点建设，通过中国残联检查组的检查验收。积极发展残疾人特殊艺术，组织节目参加云南省第十届青年演员比赛，双人舞蹈《心恋》男、女演员分别荣获二等奖。组织3名盲人作品参加首届阿炳杯全国盲人器乐演奏大赛。参加仁川第二届亚洲残疾人运动会，取得金牌19枚、银牌8枚、铜牌2枚的优异成绩。参加全国各类锦标赛，共获29金31银29铜。在全国残疾人坐式排球锦标赛中，云南省坐式男子排球队获得第一名。各级残联还因地制宜地组织开展了形式多样的群众性残疾人文体活动，积极为丰富基层残疾人精神文化生活提供便利条件。

7. 青年志愿者助残"阳光行动"硕果累累。按照共青团中央、中国残联要求，结合"做好事做善事做志愿者"主题实践活动，团省委、省残联于2014年3月在全省范围启动实施了云南青年志愿者助残"阳光行动"。"阳光行动"以"心手相牵共享阳光"为主题口号，以残疾青少年为主要服务对象，并尽力帮助其他残疾人及其家庭，以日常照料、就业支持、支教助学、文体活动和爱心捐赠为主要内容，旨在通过4—5年时间，使"阳光行动"基本覆盖全省城镇残疾青少年、惠及农村地区残疾青少年，并实现常态化、长效化运行，成为服务实、可持续、影响广、作用大的品牌项目。为加强志愿服务的项目化运作、社会化动员和制度化发展，进一步发挥示范项目在实施整个"阳光行动"中的带动作用，团省委开展了首批云南青年志愿者助残"阳光行动"示范项目征集工作，通过公开征集、逐级申报、集中评选、媒体推介等方式，面向全省征集了一批"阳光行动"示范项目，积极宣传推广基层志愿助残服务的好经验、好做法、好典型。组建云南青年志愿者助残"阳光行动"示范项目库，积极上报优秀示范项目，其中弥勒"快乐童心"志愿助残服务团入选中国青年志愿者助残"阳光行动"示范项目库，切实推动了"阳光行动"在全省各地深入开展。

（四）残联自身建设加强，服务能力提高

1. 落实和改进财务管理规章制度。在保障业务处室各项工作顺利开展的同时，本着节约、廉洁的要求，落实省委、省政府厉行节约的要求，压缩公款出国（境）费用、车辆购置及运行费用、用电用油用水费用、公务接待费用、会议费用、通信费用等一般性支出，拟定《云南省残疾人联合会差旅费管理办法》，严格落实《云南省残疾人联合会落实厉行节约控制三公消费管理暂行办法》，按季度上报厉行节约八项要求统计任务，按季度公布三公消费情况，接受群众监督。

2. 加强信息化建设与事业统计工作。完成2014年残疾人事业统计年报和快报的上报工作，并编制完成2013年度统计分析报告。加大各地残联门户网站的建设力度，完成省残联门户网站改版。积极争取省工信委支持，启动省残联信息系统项目的建设，规范基础信息使用管理，积极推动建立与横向政府部门之间信息共享机制。

3. 深入基层开展"三带三贴"活动。为进一步巩固党的群众路线教育实践活动成果，加强基层调研，改进机关工作作风，密切与残疾人群众的联系，从4月初开始，省残联开展"带着感情、贴近基层，带着责任、贴近实际，带着办法、贴近问题"的"三带三贴"活动，6名党组理事会领导分别带队，深入全省16个州市、40多个县（市、区），确保每到一个州市突出一个调研主题、解决一个突出问题、办成一件实事、提出一项建议。

4. 圆满完成年度党风廉政建设工作。2014年年初，省残联党组书记与各处室、各直属事业单位负责人签订2014年党风廉政建设责任书，进一步明确领导干部在党风廉政建设中的责任，确保认真贯彻落实"一岗双责"责任到位。顺利通过2013年全省惩治和预防腐败体系建设暨党风廉政建设责任制检查考核，被评为合格单位。

四、大事记

1月6日上午，云南省残联党组书记、理事长王兴宁主持召开专题会议，传达学习习近平总书记和省委书记秦光荣对独龙江公路隧道即将贯通做出的重要批示。会议对进一步加强独龙乡残疾人工作做了安排部署：春节前，安排3万元用于慰问怒江州贡山县独龙江乡贫困残疾人；在怒江州贡山县独龙江乡创建一个残疾人扶贫示范基地，一次性安排扶贫基地专项资金20万元。

1月7—10日，中组部和中国残联组成联合督导调研组到云南省就农村基层党组织助残扶贫工程实施情况进行督导调研。中组部组织二局巡视员、副局长曾贤钦，中国残联党组成员、副理事长程凯带队，云南省委常委、省委组织部部长刘维佳参与在昆明市五华区的调研。

1月27日，省残联召开党的群众路线教育实践活动工作总结会，省委第四督导组组长史政同志出席会议并做重要讲话。会议由省残联党组书记、理事长王兴宁同志主持，机关全体干部职工及直属单位班子成员80人参会。会上，王兴宁理事长做群众路线教育实践活动工作总结报告，全面回顾了2013年7月省残联开展党的群众路线教育实践活动以来的主要工作，从开展的基本情况、取得的重要成果、主要做法、积累的宝贵经验、存在问题和今后努力方向五个方面进行了认真总结。史政组长代表省委第四督导组做重要讲话，充分肯定了省残联开展党的群众路线教育实践活动取得的成效。全体参会人员对省残联教育实践活动情况进行了民主评议。

3月11日，省残联2014年工作会议召开，省残联党组书记、理事长王兴宁同志代表省残联执行理事会做工作报告，明确了2014年全省残疾人工作的重点任务。省残联班子成员，各专门协会主席，各州市残联党组书记、理事长、一位分管副理事长和办公室主任，省残联机关各处室、直属事业单位主要负责人，省残疾人福利基金会理事长等80人参加会议。

3月18日，云南省第十届残运会筹备工作会议在曲靖召开。省第十届残运会由省残联、省体育局主办，曲靖市政府承办，定于2014年8月30日至9月7日与第十四届省运会在曲靖同地同期举办。省残联党组书记、理事长王兴宁，副理事长黑贵祥、樊兴宇，省体育局副局长沈俊锁，曲靖市政府副市长袁晓瑭出席会议，曲靖市筹委会相关部门、各州（市）残联相关负责人参加会议。

3月21日，省人民政府残疾人工作委员会全体（扩大）会议在昆明召开。会议由省政府副秘书长杨斌主持，副省长、省政府残工委主任尹建业出席会议并做重要讲话，省政府残工委副主任、省残联理事长王兴宁向大会做工作报告，省政府残工委成员单位领导，各州市残工委办公室主任，省残联党组、理事会领导、机关各处室主要负责同志等70人参加会议。

4月15日，省残联召开群众评议机关作风动员会，省残联全体干部职工和直属单位领导班子成员参加会议。会议由省残联党组副书记、副理事长黑贵祥同志主持。省残联党组书记、理事长王兴宁同志对2013—2014年度群众评议省残联机关作风活动进行动员部署。

5月8日，省残联与云南开放大学共建特殊教育学

院在省华夏中专正式挂牌，省委高校工委副书记、省教育厅副厅长邹平宣读了《省教育厅关于云南开放大学建设特殊教育学院的批复》；云南开放大学副校长张平宣读了云南开放大学特殊教育学院行政领导班子任命的决定；云南开放大学副校长罗骥为云南开放大学特殊教育学院颁授了印章；省残联党组书记、理事长王兴宁，省委高校工委副书记、省教育厅副厅长邹平，云南开放大学党委书记罗国权，云南开放大学校长徐彬共同为云南开放大学特殊教育学院揭牌；省残联党组书记、理事长王兴宁，云南开放大学校长徐彬分别做了讲话；云南开放大学特殊教育学院院长刘永宽代表新成立的云南开放大学特殊教育学院致辞。云南开放大学特殊教育学院9月份计划招收4个专业80名学生，并为残疾人开办远程教育，实现残疾人足不出户即可就读大学的梦想。

图6-25-3　王兴宁（左2）、邹平、罗国权、徐彬共同为特殊教育学院揭牌。

5月11日，在广州举行的2014年全国自行车锦标赛暨第九届全国残疾人运动会上，云南省派出4名运动员参赛，共获得1金4银2铜。云南省运动员梁启超在自行车公路15公里计时赛比赛中列第一名，这是云南省参加全国第九届残运会取得的首枚金牌。

5月29日，云南省残联召开党组中心组学习会议，传达贯彻第五次全国自强模范暨助残先进表彰大会精神，传达了习近平总书记在会见受表彰代表时的重要讲话精神和张高丽副总理出席第五次全国自强模范暨助残先进表彰大会上的重要讲话精神，并结合云南实际，提出了省残联贯彻实施意见。一是要认真组织学习宣传，全面贯彻会议精神。二是要组织开展好第五次全国自强模范暨助残先进集体事迹报告会。三是报请省委、省政府批准召开云南省自强模范暨助残先进表彰大会。省残联班子成员（副巡视员），机关各处（室）、各直属单位负责人参加会议，省残联党组书记、理事长王兴宁主持会议。

6月18—21日，中国残联宣文部副主任邹柏林、文化处处长张学超组成的检查组，到云南省保山市开展全国残疾人文化体育建设示范市检查验收工作。在省残联副理事长樊兴宇和宣文处处长刘志国的陪同下，调研组到保山市及腾冲县进行实地检查。

6月30日上午，省残联在机关七楼会议室召开庆祝"七一"建党节"爱岗敬业、情系人道、模范争先"主题座谈会。此次座谈会主题：一是围绕省残联2014年以来开展的"三带三贴"活动，座谈在开展活动当中的体会和感受；二是围绕从事人道主义工作，在服务、关心残疾人的平凡工作岗位上的深切体会和感受。此次座谈会由省残联纪检组长、机关党委书记刘跃洲主持，特意邀请到中共云南省委省直机关工委副书记、省级机关党校校长程猛到会指导，省残联机关全体人员，各直属事业单位班子成员，各直属单位党总支、支部委员共70人参加会议。

7月22—25日，由省人社厅、省财政厅、省残联主办，玉溪市人民政府承办的云南省第五届残疾人职业技能竞赛在玉溪市成功举办。此次竞赛共设5类20个项目，有16个州市和省华夏中专共17个代表团334人参加比赛，在奖项设置上参照全国竞赛，设有团体总分奖3名（一、二、三等奖）、优秀组织奖5名、道德风尚奖9名、单项个人奖60名等各类奖项。

7月25日，《云南省残疾人就业规定》经2014年7月25日云南省人民政府第四十四次常务会议通过，于2014年10月1日起施行。《规定》进一步明确了安排残疾人就业的具体比例，进一步细化了有关部门和用人单位的主体责任，进一步完善了促进残疾人就业的保障措施。

8月4日上午，省残联党组副书记、副理事长黑贵祥同志主持召开理事会，专题研究8·03地震抗震救灾工作。会议决定：一是迅速拨款20万元临时救灾资金给受灾严重的鲁甸县残联、巧家县残联、会泽县残联开展受灾残疾人的临时救助；二是迅速下发《关于做好残疾人及残疾人家庭抗震救灾工作的通知》；三是要求及时收集昭通市、曲靖市残疾人及残疾人家庭受灾情况；四是要求省、市、县（区）残联干部职工必须坚守岗位，保持24小时通讯畅通。

8月4日下午，在得知云南鲁甸"8·03"地震灾情后，中国残联党组书记、理事长鲁勇及中国残联相关领导专门听取了正在中国残联汇报相关工作的省残联党组书记、理事长王兴宁一行关于灾区灾情、抗震救灾情况的汇报，转达了中国残联邓朴方名誉主席、张海迪主席及中国残联对地震灾区人民的关切之情，并传达了中国残联刚刚做出的对支援云南地震灾区的五项决定：一是以中国残联、中国残疾人福利基金会名义，向灾区捐助人民币100万元，用于抗震救灾及灾后残疾人康复、救助工作；二是请中国残疾人康复中心组织邻近省份医疗康复力量，在省级卫生部门的协调下，做好到灾区进行因灾致残人员早期康复救助工作的准备；三是请中国残疾人福利基金会协调有关的社会救助力量、慈善机构，根据云南省有关部门的安排，积极进行相关义务救助和慈善捐款；四是中国残联将协调有关部门及时捐助一批救灾物资、医疗器具和食品药品，并加印《地震伤残康复与护理丛书》5000册，支援灾区；五是中国残联将对云南灾区残疾人康复、托养机构等服务设施恢复重建给予积极支持。

8月5日下午，省残联党组书记、理事长王兴宁主持召开省残联理事会（扩大）会议，专题研究昭通鲁甸抗震救灾工作。会议听取了关于昭通鲁甸地震残疾人及家庭受灾情况汇报及省残联先期支援昭通鲁甸、巧家、曲靖会泽抗震救灾情况，就进一步做好昭通鲁甸地震抗震救灾工作做了具体安排：一是成立省残联昭通鲁甸地震抗震救灾工作领导小组，由王兴宁书记任组长，其他班子成员任副组长，相关处（室）、单位负责人任成员，下设办公室，各负其责；二是制定《云南省残联抗震救灾工作实施方案》，有计划、有步骤地开展抗震救灾工作；三是配合中国残联两个医疗队，由省残联纪检组长刘跃洲、副理事长马自荣分别带队，抽调相关专业人员组织到灾区抗震救灾；四是根据统计情况，先期配发2300件辅助器具，尽快组织辅助器具货源，尽早发放到灾区残疾人手中；五是积极协调中国残疾人福利基金会、上海残疾人福利基金会、中国狮子联会等社会组织进行募捐。

图6-25-4 省残联党组理事会领导与第二组医疗队出发前留影。

8月7日，中国残联派出的两支康复医疗小组赴云南地震灾区开展抗震救灾工作。其中，第一组由中国康复研究中心5名医疗专家组成，第二组由四川省"八一"康复中心5名医疗专家组成。为配合康复医疗工作顺利开展，云南省残联还抽调了省残疾人康复中心医疗专家充实到两支康复医疗小组中，并由省残联党组理事会两位领导分别带队，两支康复医疗队各12人奔赴灾区。第一组服务地点在昭通市第一人民院和昭通市中医院，第二组服务地点在鲁甸县人民医院。康复医疗组车辆、食宿等由省残联统一安排。

8月8日，中国残联康复医疗队到鲁甸县人民医院、鲁甸县中医院，根据队员中神经内科、骨科、运动疗法、假肢、眼科、麻醉和假肢矫形的专业特长，分别到住院大楼各层病房看望伤病员，参与会诊。中国残联康复医疗队在鲁甸县人民医院完成164名患者进行会诊、评估、心理疏导和康复护理指导。其中男77例，女87例，上肢骨折12例，下肢骨折42例，颅脑外伤17例，软组织损伤63例，眼钝挫伤8例，其余如脱位、组织感染、脊柱损伤、手指缺失等32例。

8月11日下午，省残联在昭通市召开支援昭通鲁甸"8·03"地震灾后救助重建现场会。在现场会上，中国残联、云南省残联康复医疗队领队、省残联纪检组长刘跃洲就康复医疗队赴地震灾区开展工作情况做了汇报，昭通市政府副秘书长许宗铨就鲁甸"8·03"地震残联系统抗震救灾工作情况做了汇报，昭通市残联、鲁甸县残联、永善县残联做了补充汇报。会上，省残联党组书记、理事长王兴宁对残联系统发挥职能优势，第一时间积极投入到鲁甸"8·03"地震抗震救灾工作，并取得明显成效给予了充分肯定，并提出三个方面的意见和建议。一是召开此次现场会的目的和意义。鲁甸"8·03"地震抗震救灾是残联系统党的群众路线教育实践活动成果真正运用到实践中的一次检验，是残联系统服从大局、发挥优势的一次积极作为，是省残联深入基层、统筹力量、解决实际问题的一次行动。二是省残联对此次抗震救灾工作的整体考虑。当务之急，急事急办；远近结合，有序推进。三是基本确定灾后残疾人及家庭救助重建工作实施方案。支持残疾人服务设施建设、残疾人职业技能培训及扶贫、假肢装配及辅助器具适配、家庭无障碍改造、残疾人教育。此次现场会由省残联党组副书记、副理事长黑贵祥主持，省残联、昭通市政府、昭通市残联、鲁甸县、巧家县、永善县、昭阳区残联领导及相关工作人员参加会议。

8月31日上午，云南省第十届残疾人运动会暨第四届特殊奥林匹克运动会在曲靖文体公园开幕。这届省残运会的主题是"牵手筑梦，爱在曲靖"，会期8天，是历届省残运会中规模最大、设置项目最多、参赛人数最多的一届残疾人运动会。运动会共设田径、游泳、自行车、举重、乒乓球、羽毛球、聋人男女篮球、聋人男子足球、特奥项目9个大项297个比赛小项。项目设置上注重残疾人体育的参与性和共享性，减少投资大、难度高、参与性不强的竞技性项目。全省16个州（市）和华夏中专共17个代表队的874名运动员和1120余名教练员、裁判员、工作人员、新闻记者、志愿者参加运动会。云南省政协主席罗正富出席开幕式并宣布开幕，云南省副省长张祖林致开幕词，中国残联副理事长王梅梅宣读中国残联贺电，曲靖市委副书记、市长范华平致欢迎辞。省残联理事长王兴宁主持开幕式。

9月18日上午，省残联党组书记、理事长王兴宁同志为省直残联系统党员及领导干部讲授了题为"坚守清正廉洁，保持政治本色"的廉政专题党课，从清正廉洁是中国共产党政治本色和为官做人的崇高追求两方面对清正廉洁的重要性进行讲解。机关全体党员、预备党员、积极分子及直属事业单位班子成员60人听取专题党课。

9月23—26日，全省残联系统办公室工作暨2014年信息化建设与统计工作会议在昆明召开。会议总结了全省残联2014年信息统计工作完成情况，对下一步信息统计工作做了部署。楚雄州残联、大理州残联做了统计工作经验交流。省残联党组书记、理事长王兴宁就办公室如何围绕中心工作、提升综合服务能力、开展好信息统计工作在会上讲话。省残联党组成员、副理事长樊兴宇主持会议。

10月8日上午，由美国斯达克听力基金会、中国听力医学发展基金会、云南省残疾人联合会、中国市长协会主办，昆明市人民政府承办的"斯达克·世界从此欢声笑语——中国（云南）"助听项目昆明首站活动启动仪式在昆明洲际酒店隆重举行。美国斯达克听力基金会创始人奥斯汀先生及夫人，中国市长协会驻会副会长、中国听力医学发展基金会理事长陶斯亮女士，开国元勋后代周恩来之侄女、原中新社副社长周秉德女士，原中共中央顾问委员会常务委员胡乔木之女、延安精神研究会理事、北京延安儿女联谊会会长胡木英女士等重要嘉宾出席此次启动仪式。中外嘉宾、昆明市相关单位负责人、受助人士代表约200人参加项目启动仪式。

10月8日上午，省残联理事会紧急召开会议，第一时间研究部署景谷地震抗震救灾工作，会议做出八项决定：一是成立景谷地震抗震救灾工作领导小组；二是明确一个责任处室，由省残联教就处具体负责景谷地震抗震救灾工作；三是准备一套预案，派医疗专家前往地震灾区了解残疾人受灾情况，必要时组织省级康复医疗队赴地震灾区开展康复救助工作，同时积极与中国残联康复医疗队联系，根据情况需要请求支援；四是用好一个渠道，积极协调中国残疾人福利基金会及相关慈善机构开展捐助活动；五是做好宣传和信息沟通工作，及时了解地震灾区受灾情况，由省残联办公室和宣文处做好宣传及信息发布工作；六是根据实际情况，必要时亲自到中国残联汇报景谷地震抗震救灾工作；七是准备一批残疾人辅助器具，第一时间发往地震灾区；八是紧急下拨景谷县残联10万元抗震救灾应急资金。

10月17—24日，在韩国仁川举行的亚洲第二届残疾人运动会上，云南省20名运动员、教练员和工作人员随中国代表团参赛，共夺得19金8银2铜，总成绩位列西部省区市第一，其中残疾人游泳运动员潘世云一人夺得7枚金牌。

10月19日，"斯达克·世界从此欢声笑语—中国（云南）"助听项目在丽江圆满落幕。助听项目历时14天，先后为昆明、楚雄、大理、丽江四座城市的6000多名听障患者免费捐赠和验配了可编程式数字助听器12000多台，让更多的听障人士重获听力，极大地改善了这些听障人士的生活品质。

10月22日下午，省人大财经委副主任、常委会预算工委主任赵新黔一行到省残联对政府性基金的使用和管理进行调研。调研组一行先后参观了省华夏中专的各个就业实习基地、学生机房和学生作品展览室，对省华夏中专的建设情况以及学生们和教职工工作进行了直观深入的了解。随后，调研组召开了调研座谈会。

10月31日，云南省盲人协会六届二次会议在昆明召开，会议总结了省盲协2014年的工作，并对2015年的工作做了安排。会议由省盲协主席汪靖人主持，省盲协委员、各州（市）盲协主席、部分助盲先进单位和个人参加会议。

11月14日上午，云南省全国残疾人基本服务状况和需求专项调查工作推进会在昆明召开，云南省人民政府残工委成员单位省残联、省统计局等10个部门负责人，全省16个州市残联理事长和专项调查项目负责人60多人参加会议，会议由省统计局副巡视员敖翔主持。会上，云南省残工委副主任、省残联理事长王兴宁对云南省残疾人专项调查前期工作给予充分肯定，并对下一阶段的工作提出明确的要求。

11月27日下午，云南省全国残疾人基本服务状况和需求专项调查及残疾人状况监测工作第一期培训班在腾冲圆满结束。在总结会上，云南省全国残疾人基本服务状况和需求专项调查联席会议召集人、省政府残工委副主任、省残联理事长王兴宁做重要讲话，云南省全国残疾人基本服务状况和需求专项调查联席会议办公室主任、省残联副理事长马自荣对培训工作进行总结。王兴宁理事长对此次培训井然有序的组织工作、学员的学习状态和取得的效果给予了充分肯定，对下一阶段的专项调查工作从高度重视、精心组织、做好宣传、加强基层培训等四个方面提出了要求。

12月8—12日，云南省全国残疾人基本服务状况和需求专项调查及残疾人状况监测工作第二期培训班在红河州蒙自市举办。在开班仪式上，红河州政府副秘书长林灿致辞，国家统计局原人口司副司长、全国残疾人专项调查专家委员会专家孟庆普对云南省残疾人专项调查工作提出要求，云南省残疾人联合会副巡视员吴正杰做动员讲话。来自滇东片区7个州（市）、65个县（市、区）的残联分管领导和专项调查的业务骨干共计233人参加本次培训。

12月8日，云南省残联"复明7号"华宁行启动仪式在华宁县泉乡广场举行，省、市、县残联领导、眼科专家以及广大眼病患者共280人参加启动仪式。

12月17日，云南省委省直机关工委在昆明海埂会堂举行"感动在身边·最美机关干部"首场事迹报告会。省直机关工委副书记左玉堂同志向大会报告了"感动在身边·最美机关干部"评选活动情况，宣读了省委省直机关工委对十位最美机关干部的表彰决定。省残联艾琪同志是其中之一，为省残联赢得了特殊荣誉。

12月24日上午，省残联召开2014年度领导干部民主生活会，省残联党组书记王兴宁同志代表班子成员就省残联领导班子党的群众路线教育实践活动专题民主生活会整改落实情况进行报告，并代表班子进行对照检查汇报。省委第八督导组组长张玉祥同志对省残联专题民主生活会进行了点评。他指出，省残联党组民主生活会开得非常成功，开出了高质量的民主生活会。省委第八督导组张玉祥组长一行四人，省残联班子成员、副巡视员参加会议，省残联机关党委、办公室相关同志列席会议。

12月29日，云南省全国残疾人基本服务状况和需求专项调查联席会议召集人、省政府残工委副主任、省残联党组书记、理事长王兴宁同志接受生活新报专访，为云南省即将在1月1日启动的全国残疾人专项调查现场入户调查做宣传动员。他呼吁全省残疾人工作者要以"从事人道、笑对人生"的态度，在困难中推进、在推进中分享工作的快乐，千方百计向前，把专项调查工作看作是对全省残联系统组织、协调能力的锻炼和检阅，看作展示残联新形象的机会，看作与所有残疾朋友零距离接触的宝贵机会。要求全省残联系统集中全力，将专项调查作为2015年一季度最重要的一件事抓实抓好，举全省之力完成工作。

12月30日，省残联召开专题会议，传达学习中国残联第六届主席团第二次全体会议暨第二十九次全国残联工作会议精神，安排部署下一步相关工作。会议传达学习了张海迪主席在中国残联第六届主席团第二次全体会议上的讲话和中国残联理事长鲁勇同志在中国残联第六届主席团第二次全体会议上的执行理事会工作报告、在第二十九次全国残联工作会议上的讲话。王兴宁同志总结了2014年全省残联系统工作，并对2015年中心工作做了安排部署。会议由省残联党组书记、理事长王兴宁主持，省残联机关全体干部职工，直属事业单位领导班子成员参加会议。

（张昆鸿供稿）

西藏自治区残疾人事业和残疾人工作

一、领导讲话

自治区常委、区直工委书记多托在自治区残联及下属两事业单位调研时的讲话摘要

2014年8月14日

近年来，在区党委的坚强领导下，我区残联高举中国特色社会主义伟大旗帜，认真贯彻落实党十八大和十八届二中、三中全会精神，贯彻落实习近平总书记系列重要讲话精神特别是"治国必治边、治边先稳藏"的战略思想，贯彻落实自治区党委政府的安排部署，按照中国残联"六代会"精神和我区"十二五"残疾人事业发展规划，紧紧围绕实现残疾人与全区人民同步小康的目标要求，创新思路，锐意进取，扎实工作，在推进残联组织建设，完善残疾人事业政策法规，加强残疾人社会保障、残疾人康复服务、权益维护、教育就业、体育健身、宣传文化等方面，做了大量卓有成效的工作，残疾人生存发展状况明显改善，平等参与条件更加充分，生活水平和质量显著提高。同时，随着经济社会的全面发展，社会保障体系全面建立，保障水平不断提高，基本公共服务水平显著提高，为残疾人事业发展、改善残疾人的生存状况提供了坚实的社会基础。各级党

委政府高度重视残疾人事业，为残疾人事业发展提供了良好的体制机制和政策环境。残疾人事业是中国特色社会主义事业的重要组成部分。充分保障残疾人权利、提高残疾人发展能力、促进残疾人平等参与，是社会主义制度的本质要求，也是社会公平正义和文明进步的重要标志。区残联要充分发挥代表、服务、管理的职能，发挥党和政府联系残疾人的桥梁和纽带作用，认真学习贯彻落实习近平总书记在北京会见第五次全国自强模范暨助残先进集体和个人表彰大会受表彰代表时的重要讲话精神，全面落实我区"十二五"残疾人事业发展规划和"六代会"部署的工作要求，抓住机遇，扎实工作，以改革创新精神全面推动残疾人事业发展。……

一是建立健全残疾人社会保障和服务体系。要按照党的十八大提出的"健全残疾人社会保障和服务体系，切实保障残疾人权益"的要求，提高残疾人社会保障和社会福利水平，扩大保障政策的覆盖面，让残疾人享受低保、医保、社保、大病统筹、大病救助等一系列政策。要建立健全全区残疾人基本信息网，督促检查各地区、各部门对自治区有关政策和法律法规的落实情况，这是确保政策覆盖面的重要手段。要加强沟通协调，主动参与到残疾人保障法执法检查中。要为更多残疾人办理残疾证，这是扩大保障政策覆盖面的重要手段。我区残疾人近20万人，现在已经办理残疾证的只有7.2万人，我们不能把目标只定位于办理3万张残疾证，而是要最大程度地办理。这次机会错过了，进不了全国平台，残疾人就好几年甚至更长时间都享受不了政策，拿不到特殊补贴，也拿不到护理补贴。现在，已成立了由政府分管领导任组长，下一步，领导小组要适时召开会议，研究协调、推进等工作。另外，有关残疾人民生方面的政策、措施，区残联要牵头组织开展督促检查，享受党和政府对残疾人的特殊关心，做到应保尽保。

二是加强基础设施建设，提升残疾人康复服务水平，扩大康复服务覆盖面。要抓好山南、那曲、阿里三个地区残疾人综合服务中心在建工作和26各县级综合服务中心项目建设，努力实现县县有综合服务中心的目标。要加强残疾人综合服务中心的运行管理，加强培训，建立制度，强化检查，提高服务水平和能力。西藏残疾人很分散，要加强基础设施建设，配好设备，配好人员，落实经费，加强培训，让残疾人康复服务中心运行起来，建立统一的管理运行制度。要借助十三五规划，在拉萨和重点地区、重点社区及残疾人比较集中的地方加强基础设施建设，建立全覆盖的网络体系。

三是加强残疾人就业教育工作。要统筹推进残疾人学前、义务、职业教育与高等教育协调发展。健全和完善特殊教育，推动残疾人工作者人才培训。要加强残疾人就业服务、技能培训工作，通过加强与用人单位的沟通、衔接、推荐等措施，促进残疾人就业，让他们更好地融入社会。

四是加强协调，形成合力。残疾人工作是一项重要的社会工作。各级残联组织要充分认识残疾人工作面临的新形势、新变化，认真倾听残疾人的心声，了解残疾人所思、所盼、所想，切实解决残疾人的各类突出问题。要加强与各方面的联系，争取社会各方面的支持，更好地为残疾人服务。

五是加强宣传舆论工作。残疾人事业是一项光荣的事业。残疾人事业发展，需要大力宣传，扩大影响力。要借助广播、重点节目、重点时段，开展有针对性、有深度、有影响的宣传，充分宣传残疾人事业发展、党和政府对残疾人事业的关心，宣传残疾人和残疾人工作者的先进典型、自强模范，传播正能量。

六是加强领导，发挥各方面的主动性、积极性。要坚持发挥单位领导、政府负责、社会参与、残疾人组织充分发挥作用的残疾人工作领导体制和各种机制，强化政府主导、社会参与、国家扶持、市场推动，进一步发展好残疾人事业。

自治区副主席多吉次珠在"全区残疾人基本服务状况和需求专项调查工作"培训会议上的讲话摘要

2014年9月24日

一要充分认识开展残疾人专项调查工作的重要意义。这次全国残疾人基本服务状况和需求专项调查工作是经李克强总理批准实施的，张高丽、杨晶、王勇等国务院领导也都提出了明确要求，是保障和改善残疾人民生的重要举措，是党和政府关心、重视残疾人事业的具体体现。我们一定要充分认识到，开展残疾人专项调查工作，全面掌握残疾人基本服务状况和需求，是健全残疾人社会保障体系和服务体系，推动我区残疾人事业再上新台阶的重大基础工程，也是落实残疾人基本公共服务兜住底、补短板措施，保障和改善残疾人民生，推进全区残疾人同步小康进程的必然要求。全区各有关部门一定要充分认识开展残疾人专项调查工作的重要意义，进一步增强责任感和使命感，把此项工作作为一项政治任务抓好、抓实。

二要同心协力，密切配合，圆满完成残疾人专项调查工作。为了圆满完成本次残疾人专项调查工作，自治区已经成立了领导小组，下设办公室，并明确了工作职责和工作内容。从残疾人专项调查的工作内容和我区残疾人分布情况及特殊地理环境来看，这次专项调查工作涉及面广，时间紧，任务重，难度大。全区各有关部门一定要明确，残疾人专项调查工作是政府行为，不只是残联一个部门的事情，要做好此项工作，需要我们共同努力、通力合作。统计、民政、财政、卫计委等相关部门一定要认真履行职责，密切配合，共同做好残疾人专项调查工作。在这里，我要重点强调两点：一是这次专项调查工作主要是由县以下基层调查人员完成，由于我区基层残疾人组织机构还不够完善，绝大多数县还没有残联，没有专职残疾人工作者，这就需要民政部门大力配合，民政厅要会同残联紧急下发通知，要求县以下各级民政部门积极抽调业务素质高、工作责任心强的干部职工全身心地投入到残疾人专项调查工作中去，圆满完成党和政府交给我们的任务。二是统计部门要做好残疾人专项调查工作数据信息监测、分析与研究工作。

三要加大培训力度，做好残疾人基础信息核查工作。 要加大调查人员的培训工作，分层逐步开展培训，自治区培训地（市）县级，地（市）培训乡级，达到全覆盖。培训时要注重培训效果，少讲大话套话，多用通俗易懂的语言，逐项逐条进行培训，让大家听得懂、记得住、学得会，熟练掌握调查任务、内容、流程和使用操作系统，达到调查时间、调查口径、调查填写"三统一"。残疾人基础信息核查工作，是做好此次专项调查的基础性和关键性环节，只有做好核查工作才能为下一步入户调查提供准确可靠的依据。从10月上旬开始，要全面启动核查工作，争取用一个半月的时间将每一个调查对象信息核实清楚，为现场调查登记提供一个居住地和姓名准确的调查底册，使入户登记按图索骥，可以找到具体的、真实的人，为现场入户调查打下坚实基础。

四要抓住关键环节，扎实完成入户调查任务。 这次残疾人专项调查工作时间长、涉及面广、任务重、要求高，主要包括核库、培训、调查、录入、分析五个关键环节，每一个环节都十分重要，一定要高度重视，精心组织，统筹安排，全面推进。这次入户调查的统一时间是2015年1月1日开始，至2015年3月结束，受特殊地理气候影响，届时许多地方天寒地冻、大雪封山，不便入户调查，日喀则、阿里、那曲、昌都等地可以根据实际情况，合理调整时间节点，在做好残疾人基础信息核查工作前提下，提前组织实施入户调查工作。各级残疾人专项调查领导小组办公室，要加大入户调查过程监管力度，使每一名调查员都能带着足够的爱心和耐心，切实深入每一个残疾人家庭，确保调查中乡不漏村、村不漏户、户不漏人，全面准确掌握残疾人基本服务状况和需求的各项数据，做到底数清、情况明，向党委、政府全面准确地反映残疾人的呼声和需求，为制定和落实更有针对性的服务与保障措施提供依据。

五要加大资金保障力度，推进残疾人专项调查工作顺利进行。 自治区人民政府办公厅《关于开展全区残疾人基本服务状况和需求专项调查的通知》已经明确要求，各级财政部门要根据调查工作情况，将调查经费列入同级预算予以保障。财政厅要全力做好自治区级残疾人专项调查资金保障工作。同时，要积极督促各地（市）、县级财政将残疾人专项调查经费列入预算全力保障，为残疾人专项调查工作顺利进行打下坚实基础。各级残疾人专项调查领导小组办公室，要加大资金管理力度，坚持勤俭节约、专款专用，任何单位和个人不得截留、挤占和挪作他用。

六要加强宣传工作，为残疾人专项调查工作营造良好氛围。 要多形式、多渠道广泛开展残疾人专项调查宣传工作，积极引导社会各界关注残疾人事业，支持残疾人专项调查工作。特别是要充分发挥村两委班子、村党支部第一书记、驻村工作队、驻寺干部、双联户长的主力军作用，深入宣传开展专项调查工作的重大意义和主要目的，让广大残疾人和亲友感受到党和政府的温暖，赢得他们的理解和配合，为顺利完成专项调查工作营造良好氛围。

二、政策法规文件

西藏自治区贯彻农村残疾人扶贫开发纲要2011—2020年实施办法

藏政办发〔2014〕14号

由西藏自治区人民政府办公厅印发。

一、总体目标

到2015年，农村残疾人基本生活得到稳定的制度性保障，参与社会、自身发展状况显著改善；农村残疾人社会保障体系和服务体系基本框架建立，保障水平和服务能力显著提高。

到2020年，稳定实现农村残疾人不愁吃、不愁穿、不愁住，全面保障平等享受基本医疗、基本养老、教育、住房和康复服务。农村残疾人家庭收入达到或接近当地平均收入水平，基本公共服务覆盖农村残疾人并不断提高水平，残疾人生存有保障，生活有尊严，发展有基础。

四、措施保障

（二）保持残疾人充分享有社会保障制度和扶贫开发政策。

坚持政府主导、部门协作，把农村残疾人扶贫开发与整村推进、移民搬迁、贫困户增收、贫困户能力建设、社会扶贫等扶贫开发形式有机结合，形成残疾人扶贫开发的基地带动机制、培训服务机制、社会动员机制。

对生活不能自理的残疾人，县级以上人民政府应当给予护理补贴。

卫生部门落实农牧区残疾人医疗制度，其个人缴费由县级以上人民政府给予补贴。逐步提高门诊和住院报销比例，扩大报销范围，住院费应优先给予报销。

（三）各地（市）、县（市、区）、乡（镇）在开展农牧区安居工程时，要优先安排符合条件的贫困残疾人家庭，并按最高档次予以解决安居补贴资金。

（四）实行残疾人特别扶助。发展残疾人社会福利和慈善事业，民政厅管理使用的本级彩票应拿出不低于20%的比例作为专项资金，用于支持残疾人社会福利和慈善事业。

（六）完善金融服务。

对残疾人申请小额担保贷款，银行业金融机构要积极办理，个人贷款额度最高不超过5万元。对合伙经营的组织起来就业的，贷款额度可以累加。

（十一）组织面向残疾人特殊需求的专业扶贫。

加强农村残疾人教育、康复、文化体育、法律援助和法律服务工作。认真贯彻落实西藏自治区教育厅《关于加快特殊教育事业发展的意见》（藏教厅〔2011〕32号）、中共西藏自治区委员会、西藏自治区人民政府《关于村级残疾人事业发展的实施意见》中有关特殊教育事业发展政策，进一步落实我区学前教育阶段补助政策、义务教育阶段和高中阶段教育"三包"和免费教育政策及高等教育阶段的各项资助政策。

西藏自治区盲人保健按摩行业管理办法
藏残联字〔2014〕77号

由自治区残联联合自治区人力资源和社会保障厅、自治区工商局、自治区公安厅、自治区卫生厅、自治区国家税务局和自治区民政厅印发。

第六条 各级人力资源和社会保障部门应大力支持残联举办盲人按摩职业技能培训，促进盲人保健按摩培训工作的开展。

第十五条 工商行政管理部门对从事个体经营的盲人保健按摩人员，应按照国家有关优惠政策，减免个体工商户注册登记费、市场管理费和个体工商户管理费。税务部门应按规定对盲人保健按摩机构给予减免税收优惠。

关于促进全区残疾人按比例就业实施意见的通知
藏残联字〔2014〕101号

由西藏自治区党委组织部、编办、财政厅、人力资源和社会保障厅、公务员局、国资委、残联等七部门联合下发。

一、按比例安排残疾人就业是用人单位的法定责任和义务

用人单位应当不低于本单位在职职工总数1.5%的比例安排残疾人就业，并为其提供适当的工种和岗位。

二、推动党政机关、事业单位及国有企业带头安排残疾人就业

（一）中共中央、国务院《关于促进残疾人事业发展的意见》（中发〔2008〕7号）明确提出"党政机关、事业单位及国有企业要带头安置残疾人"。各地（市）党政机关、事业单位及国有企业应当为全社会做出表率，率先垂范招录和安排残疾人。根据残疾人按比例就业制度相关规定，各级机关、事业单位应包含一定数量的岗位用于残疾人就业。

（二）切实维护残疾人平等报考公务员的权利。各地（市）党政机关在坚持具有正常履行职责的身体条件的前提下，对残疾人能够胜任的岗位，在同等条件下要鼓励优先录用残疾人。各地（市）党政机关在招录公务员时，对符合国家规定的公务员录用体检标准的残疾人，除公安特警等特殊岗位外不得拒绝录用，不得额外设置限制残疾人报考的条件。招录机关专设残疾人招录岗位时，自治区公务员主管部门要给予放宽开考比例等倾斜政策。各地（市）在招录公务员时，要结合实际，采取适当措施，努力为残疾人考生创造良好的考试环境。

（三）各地（市）政府残疾人工作委员会成员单位要率先招录残疾人，继而带动其他党政机关按比例安排残疾人就业。各地（市）党政机关中的非公务员岗位（科研、技术、后勤等），要积极安排残疾人就业，并依法与残疾人职工签订劳动合同，保障其合法权益。到2020年，自治区级党政机关、各地（市）残工委主要成员单位至少安排有1名残疾人。各级残联机关干部队伍都要有一定数量的残疾人干部，其中自治区级残联机关干部队伍中残疾人干部的比例应达到15%以上。

（四）各地（市）党政机关要督导所属各类事业单位做好按比例安排残疾人就业工作。各类事业单位要结合本单位岗位构成情况，确定适合残疾人就业的岗位，多渠道招聘残疾人。

（五）国有和国有控股企业应根据行业特点，确定适合残疾人就业的岗位，招录符合岗位要求的残疾人就业。企业对招录的残疾人应依据《中华人民共和国劳动合同法》订立劳动合同，实行同工同酬。

（六）各地（市）人力资源和社会保障部门、残联要按照西藏自治区人力资源和社会保障厅、西藏自治区残疾人联合会《关于做好公益性岗位安置残疾人就业工作的通知》（藏人社厅发〔2011〕101号）的规定，将有劳动能力和就业愿望的残疾人优先纳入公益性岗位

安置范围，实施积极的就业援助。

（七）各级人民政府购买的公益性岗位应按不低于10%的比例安置残疾人就业，由同级人力资源和社会保障部门和残疾人联合会共同组织落实。

三、工作综述

（一）开展"基础管理建设年"活动

一是深入调研，摸清底数。按照全国残联系统"基础管理建设年"活动要求，自治区残联组织成立了4个调研组，由4位领导班子成员分别带队赴七地（市）高海拔边境农牧区，就全区残联组织机构建设以及残疾人社会保障、康复、教育、就业、扶贫、托养等工作进行了全面调研，做到了工作底数清、基础数据实、服务需求准，为增强各级残联组织履行"代表、服务、管理"职责的能力，加强残疾人事业基础数据管理工作，全面促进自治区残疾人事业发展打下了坚实的基础。二是全面开展残疾人基本服务状况和需求专项调查工作。为贯彻落实国务院残工委等11部委《关于开展全国残疾人基本服务状况和需求专项调查的通知》和自治区人民政府办公厅《关于开展全区残疾人基本服务状况和需求专项调查的通知》精神，进一步加强残疾人事业基础管理工作，摸清搞实残疾人基本服务状况和需求，自治区残联高度重视，周密安排，精心组织开展全区残疾人基本服务状况和需求专项调查工作。下发专项调查实施方案、核查方案及细则，建立工作规章制度和考核制度，明确了工作职责、内容、措施和要求。组织召开自治区残疾人专项调查工作动员部署会，督促地（市）、县（区）各级层层召开电视电话会议，全面部署专项调查工作。成立专项调查队伍，举办自治区级和地（市）级专项调查核查工作培训班，开展残疾人基础信息库核查工作，为入户调查打下坚实基础。

（二）加强残疾人基础服务设施建设

大力加强残疾人康复、就业、托养等基础设施建设，为促进残疾人事业发展，保障残疾人共享社会改革发展成果积极创造条件。争取中央投资1.02亿，建设6个残疾人托养服务中心和2个残疾人综合服务中心，山南、那曲和阿里3个残疾人托养服务中心已开工建设；完成中央彩票公益金建设项目，已落实中央彩票公益金1.2亿，开工建设38个县级残疾人综合服务中心。

（三）全面推进各项业务工作，取得新进展

围绕《西藏自治区残疾人康复"十二五"实施方案》任务，实施康复人才培养百千万工程、贫困残疾儿童抢救性康复工程、贫困肢体残疾儿童矫治手术工程、百万贫困白内障患者复明工程。全面开展各类残疾人康复服务工作，进行各类康复训练10538人次，比2013年增加4000余人次；适配安装辅助器具8146件；为890名白内障患者实施手术；开展残疾人康复需求筛查活动，共筛查3700多名残疾人；举展残疾人家长和康复人才培训活动。

开展残疾人特殊教育和残疾儿童随班就读工作，保障残疾学生和残疾家庭子女接受教育。开展"彩票公益金助学项目"，落实资金9万元，资助30名残疾儿童接受学前教育。筹集资金8万元，资助4名盲人大学生就学。加大特殊教育师资培训力度，为拉萨、山南、日喀则、那曲、昌都等特校培训特教师资35名。积极协助教育厅完成2014年度残疾人考生高等院校录取工作，共有12名残疾人考上大学。组织开展"交通银行特教园丁奖"和"交通银行残疾大学生励志奖"的推荐、评选和奖励工作。

进一步做好残疾人就业指导和培训服务工作。积极开展残疾人就业援助月活动，举办16次残疾人专场招聘会、1期区直系统雇主培训班和1场盲人音乐演出会。做好各类残疾人就业服务工作，进行职业指导182人次、职业介绍112人，开展残疾人就业实名制录入工作，录入残疾人29371人，扶持120名残疾人自主创业。建设自治区残疾人职业能力测评室，为60名残疾人进行职业能力评估测评，组织开展西藏自治区第三届残疾人职业技能竞赛，促进残疾人就业。加大残疾人职业培训力度，拓展培训内容，培训残疾人197人，提高了残疾人的就业能力。全年共有177名残疾人实现就业，比上年增加94人。贯彻落实《西藏自治区盲人保健按摩行业管理办法》，规范盲人保健按摩行业管理。

联合区党委组织部实施"农村基层党组织助残扶贫工程"，要求基层党组织充分发挥连带帮扶作用，帮扶1100户农村贫困残疾人家庭脱贫。协同区财政厅、民政厅、编办、人社厅等部门组成调研组，赴陕西、湖北、广东等省及那曲、日喀则等地区进行调研，着手建立贫困残疾人生活补贴和重度残疾人护理补贴制度。开展残疾人基本信息情况调查摸底工作，将全区所有符合条件的农村贫困残疾人全部纳入扶贫建档立卡范围，实现信息化管理，推进农村贫困残疾人扶贫开发工作深入开展。开展"农村实用技术"培训项目，落实补贴资金49万元，培训残疾人2450人。配合区住建厅开展农村危房现状调查工作，将农村残疾人危房户纳入调查范围，为进一步创新农村残疾人扶贫工作提供依据。实施残疾人危房改造工程，落实资金150万元，为250户农村贫困残疾人的住房进行改造。按照中国残联和国务院

扶贫办开展《农村残疾人扶贫开发纲要（2011—2020年）》执行情况督导检查的要求，联合青海、新疆、新疆生产建设兵团、西藏进行互查，圆满完成自治区的督导检查工作。完成"阳光家园"居家托养工作，落实资金223万元，居家托养残疾人3717人。

开展"三大节日"慰问活动，发放慰问金12.82万元。加快第二代残疾人证办理工作，全区共核发第二代残疾人证71396本，比上年增发9331本，另有3388本残疾人证在审核办理之中。组织开展第五次全国自强模范与助残先进事迹报告会，完成先进评选推荐工作，共获得8个全国先进模范荣誉。联合团区委实施青年志愿者助残"阳光行动"，协助完成《西藏自治区志愿者服务条例》的立法工作，积极推动志愿者助残工作。完成自治区残疾人专门协会登记工作，组织协会积极开展"创先争优"活动，推动协会工作创新开展。完成2013年残疾人状况监测工作，为党委政府制定决策提供依据。积极开展信访积案排查工作，接待和处理残疾人及其亲属来访，维护了残疾人的合法权益。认真做好"六五"普法宣传工作，结合各残疾人节日广泛开展残疾人事业政策法规宣传教育工作，营造残疾人事业发展的良好社会风尚。继续做好残疾人机动轮椅车燃油补贴工作，为2348名残疾人落实补贴资金89.224万元，另有629人的补贴资金正在协调落实中。

开展残疾人文体活动，活跃残疾人文体生活。做好全国第九次残疾人运动会暨全国第六次特奥会的各项前期准备工作，为20名残疾人运动员完成注册工作，组建自治区首个残疾人轮椅篮球队，举办2014年特奥国家级教练员培训班，培训学员21名。

发展残疾人福利事业，开展残疾人福利工作，为残疾人募集款物和康复设备总价值124.86万元，推动了残疾人事业发展。协调落实全国残联系统第二次对口援藏工作年度任务。做好外国专家在藏期间的管理工作及中方雇员的管理工作，完成国际助残及助盲项目专家进藏相关工作。

（四）扎实做好维护社会稳定工作

认真贯彻落实自治区关于维护社会稳定工作的总体部署，成立领导小组，建立维稳工作机构，明确维稳工作责任，细化维稳工作措施，落实维稳工作举措，继续扎实做好维护社会稳定工作，在"3.14"、"3.28"、雪顿节、国庆节等敏感节点期间做到了"双领导"带班值班、护院"双保险"，维护了残联系统和谐稳定。

四、大事记

1月，区残联开展残疾人就业援助月活动，成立工作组对有就业意向的城镇残疾人进行摸底调查、失业登记，走访慰问贫困残疾人，并评选出10位残疾人就业明星。

1月7日，区残联召开2013年工作总结表彰大会。

1月24日，自治区党委副书记、自治区主席洛桑江村到区残联检查指导工作并看望慰问在自治区残疾人康复服务中心接受康复服务的残疾人。

2月23日，自治区党委常委、宣传部部长董云虎赴山南地区西藏星辉旗业公司参观国旗制作车间并慰问残障员工。

2月25日，自治区党委常委、区直机关工委书记多托深入自治区残疾人康复服务中心、自治区盲校看望慰问残疾人和残疾人工作者。

4月23—24日，区残联在拉萨举办国家人工耳蜗救助项目手术前家长培训班。

5月23日上午，区残联在拉萨隆重举行残疾人流动服务车配发仪式。13辆残疾人流动服务车被配发到建有残疾人综合服务设施的11个县级残联和昌都、山南两地区残联。

5月29日，自治区图书馆举行"文化助残"图书捐赠仪式，向区残联捐赠价值3.5万元的各类图书1100余册、光盘100套。

6月9—10日，区残联党组书记、理事长黄建国深入拉萨市城关区、堆龙德庆县和尼木县残疾人家庭进行调研。

6月26—27日，区残联在残疾人就业服务中心举办区首届残疾人雇主培训班。区直部门和爱心企业负责人参加培训班。

7月30日—8月3日，残疾人康复专业技术骨干培训班在拉萨举办，来自区残疾人康复服务中心、昌都、山南、日喀则的近60名康复员参加培训。

9月24日，自治区人民政府办公厅召开全区残疾人基本服务状况和需求专项调查工作会议，通报了专项调查工作进展情况，对残疾人基础信息核查工作和入户调查工作做出安排部署。自治区副主席多吉次珠出席会议并做重要讲话。

9月24—27日，区残联在拉萨举办残疾人基本服务状况和需求专项调查工作培训班，来自全区七地（市）的残联理事长、74个县（区）的民政（残联）工作人员共120人参加培训。

9月26日，广东省残联副理事长李敏率领考察团与对口单位林芝地区残联研究落实 2014 年和 2015 年支援工作。

10 月 16—18 日，区残联在拉萨举办全区社区康复协调员培训班，来自全区七地（市）的康复工作管理人员、医务工作者和社区康复协调员 100 余人参加培训。

11 月 4—5 日，区残疾人就业服务中心举办西藏自治区第三届残疾人职业技能竞赛。

11 月 7—14 日，区残联党组成员、副理事长龚德民在昌都、那曲地区检查指导残疾人基本服务状况和需求专项调查（核查）工作。

11 月 11—24 日，区残联党组副书记、副理事长旺青格烈带领工作人员深入林芝、日喀则市各县督导检查残疾人基本服务状况和需求专项调查工作，并深入边远农牧区看望慰问重度残疾人。

12 月 2—7 日，区残联在拉萨举办残疾人基本服务状况和需求专项调查入户调查省级培训班，全区七地（市）残联理事长、业务科长和 73 个县民政（残联）工作人员共 110 多人参加培训。

12 月 11 日，自治区第三届残疾人职业技能竞赛暨残疾人扶持创业发放仪式在拉萨举行。

12 月 16—17 日，西藏自治区残联党组书记、理事长黄建国在山南地区、拉萨市督导检查专项调查县级培训和入户调查工作开展情况，看望慰问全国自强模范拉果次仁。

12 月 25 日，中国电信拉萨分公司携手自治区残联联合开展"强基础惠民生、共同关爱残疾人"活动，投入近 8 万元爱心资金，为尼木县续迈乡续迈村 17 名残障人士一次性配发了助行器、助听器、坐便椅等器具。

附录一

中国电信拉萨分公司携手区残联联合开展关爱残疾人活动

周辉　西藏新闻信息网　2014 年 12 月 25 日

近日，中国电信拉萨分公司携手自治区残联联合开展了"强基础惠民生、共同关爱残疾人"活动，投入近 8 万元爱心资金，为尼木县续迈乡续迈村 17 名残障人士一次性配发了助行器、助听器、坐便椅等器具。

续迈村村民德琼是接受帮助的残疾人之一。为帮助德琼恢复听力，中国电信拉萨分公司将德琼送往拉萨市接受专业检查，并为她配备了价值 3 万多元的助听器。德琼说："感谢党和政府，实实在在地解决了我们的困难，有了这个助听器，生活方便多了。"

附录二

西藏残联获捐价值 3.5 万元图书

麦朵　西藏新闻信息网　2014 年 5 月 29 日

29 日上午，自治区图书馆"文化助残"图书捐赠仪式在自治区残联隆重举行。自治区图书馆负责人介绍，为了充分发挥图书馆这一公共服务体系的作用和资源优势，切实加强对残疾人这一特殊困难群体的文化服务，自治区图书馆本次共捐赠各类优秀图书 1100 余册、光盘 100 套，价值 3.5 万余元。

本次活动也是贯彻落实中国残联和文化部共同开展的百家图书馆"文化助残"公益行动，目的就是更好地保障残疾人群众的基本文化权益，满足残疾人的精神文化需求，让文化改革发展的成果惠及包括残疾人在内的广大人民群众。

自治区残联负责人黄建国介绍，近年来在区党委、政府的高度重视和社会各界的大力支持下，我区残疾人事业快速发展，残疾人生活状况得到明显改善，但我区残疾人社会保障水平还比较低，医疗、康复、就业、文化等社会公共服务还难以满足残疾人基本需求。特别是受社会经济发展和残疾人自身条件的制约，残疾人受教育程度与社会平均水平仍有较大差距，广大残疾人迫切希望接受教育、增长知识，在共享公共文化服务中不断丰富精神世界。"自治区图书馆本次捐书，为残疾人创造了良好的学习和满足残疾人的精神文化需求，推动广大残疾人用知识陶冶情操。"

（陈文寿供稿）

陕西省残疾人事业和残疾人工作

一、领导讲话与批示

省长娄勤俭在陕西省第十二届人民代表大会第二次会议上的政府工作报告节选
2014年1月14日

进一步完善社会保障体系。增强托底政策的有效性，逐步建立兼顾各类人员保障待遇调整机制，完善社会保险关系转移接续政策，推进社会保障由制度全覆盖向人群全覆盖、由补缺型向适度普惠型转变。推进城乡最低社会保障制度统筹发展，制定养老、健康服务业发展措施，健全残疾人服务体系，加快市县儿童福利机构建设。

副省长庄长兴在调研特殊教育工作、召开座谈会时的讲话摘要
2014年2月14日

近年来我省特殊教育事业快速发展，成绩来之不易。今年年初国家出台了《特殊教育提升计划（2014—2016年）》，为全面推进特殊教育工作带来了新机遇。各地、各有关部门要尽快制订具体实施方案，全面推进全纳教育，使每一个残疾孩子都能接受合适的教育。要加大财政投入，扩大特殊教育学校的数量和规模，提高生均公用经费标准，增加特殊教育教师岗位津贴；强化教育教学，推进教材更新、教师队伍建设和教学研究；综合提升教育效果，推动学校、家庭、社会共同关注残疾儿童少年，促使他们自尊、自信、自强、自立。

鲁勇在省残联《关于进一步落实〈关于贯彻"农村基层党组织助残扶贫工程"的实施意见〉的通知》上的批示
2014年3月14日

可作典型材料报中组部并印发各地推广宣传。

省政协主席马中平在调研残疾人工作时的讲话摘要
2014年4月24日

残疾人生活得幸福是全面建成小康社会、实现中国梦的重要组成部分。我们要充分认识到残疾人工作使命的光荣和任务的艰巨，进一步增强做好残疾人工作的自觉性和主动性。要进一步健全残疾人服务和保障体系，依法保护残疾人权益，促进残疾人事业发展；要崇德向善，发扬中华民族扶危济困的优良传统，动员全社会、各层次的力量关心残疾人，为残疾人献爱心。省政协也将通过提案、建言、慈善捐赠等渠道，为进一步做好我省残疾人工作献计出力。

副省长祝列克在省康复医院调研残疾人康复工作时的讲话摘要
2014年4月29日

残疾人是最困难的社会群体，关心残疾人生活，提升残疾人服务保障能力，使他们共享经济社会发展成果，是全面建成小康社会的一项重要任务。加强残疾人康复保障能力和体制机制建设，推进康复医疗服务改革，着力解决残疾人实际问题，依法保障残疾人权益。要加快推进残疾人事业发展，在编制全省经济社会发展规划时要统筹谋划，加大项目和资金支持力度。要切实保障残疾人权益，增强社会扶残助残意识，努力形成尊重和关爱残疾人的良好风尚。要不断创新服务和保障方式，用改革发展破解残疾人事业瓶颈问题，提升社会服务质量，努力为残疾人解难题、谋福祉，促进残疾人事业在新的起点上加快发展。

鲁勇在省残联《关于进一步落实〈关于贯彻"农村基层党组织助残扶贫工程"的实施意见〉的通知》上再次批示
2014年3月18日

陕西省认识高，采取措施行动快，可为全国各地借鉴。请抓好跟踪落实，推动取得成果，带动工作深入。

鲁勇在陕西调研时的讲话摘要

2014年7月25—26日

立足构建和落实残疾人"人人享有基本康复服务"的保障目标,抓住残疾人基本康复服务、残疾预防两个重点,进一步完善政策法规支撑体系,提高康复机构服务能力,强化康复人才培养力度,创新抢救性康复服务模式,推动政府部门、残联组织、社会机构中有关残疾人康复资源的整合利用,壮大残疾人康复服务业。要加快推进残疾人同步小康进程,摸清搞实新起点上的残疾人工作基础、残疾人服务状况,按照"兜底线、补短板、保基本、广覆盖"的思路,有针对性地做好工作。今年是残联系统的"基础管理建设年",各级残联要扎实开展残疾人基本服务状况与需求的专项调查工作,扎实抓好基础管理工作,为推动中国特色残疾人事业再上新台阶奠定扎实的基础。陕西残疾人工作取得如此成就,一是领导高度重视,亲力亲为;二是部门形成合力,协调联动;三是残疾人工作者爱岗敬业,真抓实干;四是工作重点突出,成绩显著。当前我国残疾人工作正站在新的起点上,要摸清底数,兜住底线,做好托底保障工作,让残疾人衣食无忧、安居乐业,过上幸福美好生活。要坚持党委领导、政府主导、部门支持、公众参与,激发社会活力,让残疾人同步进入小康。要大力弘扬人道主义精神,积极探索中国特色社会主义残疾人事业发展路子,使残疾人事业成为社会文明进步的重要标志。

二、政策法规文件

关于2014年为残疾人办实事的通知

陕政办发〔2014〕27号

一、实施残疾人职业技能培训。省财政安排1165万元,对20600名残疾人实施职业技能和实用技术培训,对500名残疾人实施计算机技能培训,对500名盲人实施保健按摩师和医疗按摩职称评审培训。

二、实施残疾人"阳光家园计划"。在积极争取中国残疾人联合会支持的同时,省财政安排1500万元,支持12个县(市、区)残疾人托养机构规范化建设,支持90个残疾人托养服务机构完成等级评定。

三、实施农村重度残疾人居家安养补助项目。省财政安排500万元,对10000名农村重度残疾人实施居家安养补助。

四、实施贫困残疾儿童康复服务项目。省财政安排2041万元,为150名聋儿植入人工耳蜗,为100名贫困聋儿验配助听器并实施康复训练,为100名贫困智力残疾、70名孤独症、210名脑瘫儿童开展康复训练。

五、实施听力语言康复机构规范化建设项目。省财政安排360万元,改造建设省听力语言康复中心,对5所市级听力语言康复机构实施规范化建设。

六、实施贫困肢体残疾人假肢适配项目。省财政安排158万元,为1000名贫困残疾人免费适配假肢。

七、实施重度残疾人个性化辅助器具适配项目。省财政安排300万元,为1000名重度残疾人适配个性化辅助器具。

八、实施贫困残疾学生助学项目。结合扶残助学项目、彩票公益金助学项目等,省财政安排270万元,对1500名在校贫困残疾中小学生给予生活补助,对今年被普通高等院校或特殊教育学院录取的部分贫困残疾大、中专学生给予补助。

九、实施贫困精神残疾人康复项目。省财政安排320万元,统筹使用中央财政安排的专项资金,为5000名贫困精神残疾人免费提供药物救助,为1000名重度精神残疾人提供医疗救助。

十、实施残疾人工作者专业技能培训。省财政安排225万元,对残疾人康复训练人员、残疾人就业服务指导员、残疾人托养管理和服务人员及残疾人扶贫指导员进行业务培训。

关于促进残疾人按比例就业的实施意见

陕残联〔2014〕47号

由省委组织部、省编办、省财政厅、省人社厅、省国资委、省公务员局、省残联联合印发。

一、严格落实残疾人按比例就业政策

(一)各地要根据国家法律规定和《陕西省实施〈中华人民共和国残疾人保障法〉办法》以及省政府第85号令,制定地方配套法规政策,进一步细化和分解按比例就业的具体规定,增强可操作性和规范性,提高执行力和约束力。要依法行政,推动用人单位履行法律责任和义务。国家机关、社会团体、企业事业单位、民办非企业单位要结合自身特点制定工作计划,明确本单位落实的实施步骤和措施,量化工作任务指标,提出落实时限和工作进度,稳步推进,逐步达到残疾职工占职工总数1.5%的比例要求。对残疾人能够胜任的岗位,如文秘、档案、机要交换、财务、审计、人事、统计等岗位,在同等条件下要优先录用残疾人。各级残联要联合人社、财政、地税等部门进行残疾人就业年度执法检查,把残疾人按比例就业工作列为重点检查内容,发现问题,及时通报,妥善纠正和解决。

二、党政机关、事业单位及国有企业要带头安排残疾人就业

（二）《中共中央、国务院关于促进残疾人事业发展的意见》（中发〔2008〕7号）明确提出"党政机关、事业单位及国有企业要带头安置残疾人"，《中共陕西省委、陕西省人民政府贯彻〈中共中央、国务院关于促进残疾人事业发展的意见〉的实施意见》（陕发〔2009〕9号）提出"各级党政机关、事业单位及国有企业要带头安置残疾人就业。未达到安排残疾人就业比例的单位，要优先录用符合条件的残疾人就业"。党政机关、事业单位及国有企业应当为全社会做出表率，率先垂范招录和安置残疾人。要根据残疾人按比例就业相关政策规定，各级机关、事业单位及国有企业应包含一定数量的岗位用于残疾人就业。招录机关专设残疾人招录岗位时，省公务员主管部门对设置的面向残疾人报考的职位予以降低开考比例等政策倾斜。各级事业单位和国有企业招聘、招录面向残疾人报考的岗位要给予放宽开考比例等政策倾斜。

（三）残疾人凡符合《中华人民共和国公务员法》（2005年4月27日第十届全国人民代表大会常务委员会第十五次会议通过）、《公务员录用规定（试行）》（人事部7号令）、《陕西省考试录用公务员办法（试行）》（陕西省人民政府令第149号）和公务员录用体检标准，具有正常履行职责的身体条件，有关招录部门不得拒绝录用。

（四）符合《事业单位公开招聘人员暂行规定》（人事部6号令）和《陕西省事业单位公开招聘工作人员实施办法》（陕人社发〔2012〕105号）的有关规定和事业单位招聘体检标准，具有正常履行岗位职责的身体条件，招聘单位不得拒绝聘用。各级事业单位应确定一定数量的适合残疾人就业的岗位。根据招聘岗位的资格条件要求，若有符合条件的残疾人报名应聘，可单独组织残疾人招聘考试。

（五）各级残疾人工作委员会成员单位要率先招录残疾人，继而带动其他党政机关。到2017年，所有省、市、县级残工委成员单位至少招录1名以上的残疾人。2020年各级党政机关至少招录1名以上的残疾人。残联机关干部队伍中必须有一定数量的残疾人干部，其中省级残联机关干部队伍中残疾人干部的比例应达到15%以上，市级残联机关干部队伍中残疾人干部的比例应达到20%以上。

（六）各级党政机关要督导所属事业单位在编制范围内做好按比例安排残疾人就业工作。各类事业单位要在编制范围内积极开发挖掘适合残疾人就业的岗位，确保安置残疾人就业。到2015年，所有省、市级残联所属事业单位中残疾人工作人员在编制范围内的实有人员比例应达到在职职工总数的15%以上。2017年，各级党政机关直属事业单位在编制范围内至少安排1名以上的残疾人工作人员，逐步达到在职职工总数1.5%的残疾职工比例。

（七）切实加强国有和国有控股企业依法履行按比例安排残疾人就业的责任和义务。要积极设定和开发符合残疾人就业特点、适合残疾人工作的工种和岗位，除特殊岗位外，不得额外设置限制残疾人报考的条件。要依照公开、平等、竞争、择优的原则和程序定向招录残疾人。安排残疾人未达到规定比例1.5%的，招录工作人员时应当单列一定数量的岗位，定向招录符合岗位要求的残疾人，使安置残疾人就业人数逐步达到在职职工总数1.5%的比例（含单位已安置、录用的残疾人）。具体办法由省国资委会同有关部门制定。

三、积极调动用人单位的积极性，加大奖惩力度

（八）认真贯彻《中华人民共和国就业促进法》（2007年8月30日第十届全国人民代表大会常务委员会第二十九次会议通过）及相关法律法规，落实就业专项资金管理的有关规定。各级财政部门要加大对残疾人职业技能和实用技术培训经费的投入。各级各类公共就业培训服务机构，要面向城乡有就业需求和培训愿望的残疾人，开展形式多样的就业技能培训，并对参加职业技能培训、创业培训和职业技能鉴定的残疾人给予职业培训、职业技能鉴定补贴；要对农村转移就业和城镇登记失业残疾人重点开展初级技能培训，对城乡未继续升学的应届初、高中残疾学生和未就业的高校残疾学生重点开展劳动预备制培训，对职业院校残疾学生强化职业技能培训和从业素质培养。各类培训机构要积极做好残疾人职业技能培训，加强就业创业教育和就业指导服务，促进残疾人就业。

（九）加大残疾人就业保障金对超比例安置残疾人就业单位以及个体分散灵活就业的支持力度。按照《残疾人就业条例》（国务院令〔2007〕第488号）、《陕西省残疾人就业保障金征收管理使用办法》（陕政办发〔2003〕11号）精神，各地财政部门、残联应制定超比例安置残疾人就业单位的补贴奖励办法，明确补贴奖励标准，提高用人单位多渠道、多形式安排残疾人就业的积极性，鼓励和促进残疾人个体创业，改善残疾人生产和生活条件。

（十）支持集中安置残疾人就业企业建设。加强残疾人集中就业企业制度化和规范化管理，积极推动残疾人集中就业和转移就业。省级残疾人就业保障金支持集中安置残疾人就业企业建设，凡符合残疾人就业企业资助项目申报条件的企业，省财政对其固定资产、流动资金贷款给予适当贴息，用省级残疾人就业保障金支持集中安置残疾人就业企业发展；各地也要安排一定比例的

残疾人就业保障金，对集中安置残疾人就业的企业进行支持。

（十一）对超比例安置残疾人企业实行税收优惠。月平均实际安置的残疾人占单位在职职工总数的比例低于25%（不含25%）但高于1.5%（含1.5%），并且实际安置的残疾人人数多于5人（含5人）的单位，按照《财政部、国家税务总局关于促进残疾人就业税收优惠政策的通知》（财税〔2007〕92号），可以享受"单位支付给残疾人的实际工资可在企业所得税前据实扣除，并可按支付给残疾人实际工资的100%加计扣除"。单位在执行上述工资加计扣除应纳税所得额办法的同时，可以享受其他企业所得税优惠政策。

（十二）用人单位安排残疾人就业达不到规定比例的，应严格按法律规定标准交纳残疾人就业保障金。对拒不安排残疾人就业又不缴纳残疾人就业保障金的用人单位，由各级财政、残联采取通报、申请法院强制执行等措施。从2020年起，各地应将党政机关、事业单位、国有及国有控股企业是否履行按比例安排残疾人就业义务纳入各类先进单位评选条件，对于未完成在职职工人数1.5%比例安排残疾人就业的用人单位，不能参评先进单位，其主要负责人不能参评先进个人。

四、强化残疾人就业服务体系建设，提高就业服务能力

（十三）加强残疾人就业服务体系建设。残疾人就业服务体系纳入公共就业服务体系统筹管理，所需经费列入同级财政预算。各级公共就业服务机构应当设立残疾人服务窗口和服务项目，免费为残疾人提供就业服务和就业援助。加快残疾人就业工作信息化建设。人力资源市场信息网络要将残疾人就业信息纳入其中，实现资源共享。各级劳动就业管理机构，要建立残疾人就业服务信息交换机制，定期互通登记和援助信息。人力资源社会保障部门和残联组织，要通过网络互联互通和应用平台对接，实现残疾人就业失业登记、求职岗位等信息资源共享。

五、部门联动合力促进残疾人按比例就业

（十四）残疾人按比例就业是法律赋予用人单位的责任和义务，是贯彻落实国家就业优先战略的实际行动，是切实解决残疾人就业难的重大举措，是关系到残疾人同步奔小康的重要路径。各有关部门要高度重视，建立促进残疾人按比例就业的协调工作机制，共同做好制度完善、政策落实、监督管理等各项工作。

（十五）各级人力资源社会保障部门要依法加强残疾人劳动权益维护工作。各级劳动监察部门要主动对各单位按比例安排残疾人就业情况监督检查。各级人力资源社会保障部门管理的职业培训和创业培训补贴资金要向各级残联的劳动就业服务机构倾斜，由各级残联按实际职业技能培训人数向同级的人力资源社会保障部门申报补贴资金，人力资源社会保障部门根据用款计划，年终进行结算。各类职业院校和培训机构要积极参与和承担残疾人职业培训职责。公共就业服务机构和基层劳动就业社会保障服务平台要加强对残疾人的就业服务和就业援助。

（十六）各级公务员主管部门负责落实并指导各部门做好残疾人公务员招录工作。积极建立党政机关残疾人公务员实名制统计制度，准确掌握残疾人公务员底数。

（十七）各级事业单位登记管理部门在事业单位登记管理、绩效评估和年度审核工作中，要积极引导事业单位在控编内正常招聘按比例安排残疾人就业。

（十八）各级国有资产监督管理机构要重视并督促所属国有及国有控股企业按比例安排残疾人就业，积极推进残疾人就业工作。

（十九）各级残联要主动做好残疾人按比例就业工作。积极协调沟通有关部门，进一步健全规范残疾人按比例就业制度。着力抓好残疾人职业培训，提高残疾人就业能力，向用人单位主动介绍、推荐残疾人；落实对按比例和超比例安排残疾人就业单位的补贴和奖励；加强对用人单位按比例安排残疾人就业情况的年审、检查和监督，完善各项服务。

关于重新修订《陕西省农村残疾人扶贫示范基地项目申报指南》的通知

陕残联〔2014〕19号

由省残联、省财政厅下发。

一、指导思想、基本原则和工作目标

基本原则：基地主要针对农村残疾人户、涉农经济实体和农民专业合作社，以种植和养殖业为主；基地便于残疾人集中劳动或分户经营；基地实行分级审批、均衡分布设立；基地坚持因地制宜、多样化发展；基地建设以自主投入为主、政府补贴为辅。基地自主经营、自负盈亏。各级残联和财政部门不为基地提供任何形式的担保，对基地的民事纠纷不承担法律责任。

工作目标：每年在全省建立省级基地不少于40个，建立县级基地不少于45个。通过基地的辐射和带动，提高贫困残疾人组织化程度，引导残疾人有序进入市场，有效增加收入，为全面建成小康社会创造条件。

二、申报范围

全省范围以"公司+基地+残疾人户"、"合作社+残疾人户"、"基地+残疾人户"等形式，直接吸纳农村贫困残疾人，或组织农村贫困残疾人按照现代农业

经营模式,从事种植、养殖以及农副产品加工、销售等,带领残疾人贫困户增收致富,具有示范意义的农村经济实体均可申报本项目。

三、申报条件

(一)县级基地申报条件

1. 基地须经县(市、区)残联和财政部门共同筛选认定上报。

2. 具有一定的生产经营规模,合法经营,具有较好经济效益。资产负债率低于70%,连续赢利2年以上,无拖欠就业、从业人员工资现象。

3. 与申请人签订帮扶协议的残疾人在10人以上。

4. 种植业规模不少于15亩或大棚8个以上。

5. 养殖业规模:饲养禽类年存栏在2500只以上,饲养生猪、羊等畜类年存栏在100头(只)以上;牛等大畜类年存栏在30头以上;或其他特色项目年产值15万元以上。

(二)省级基地申报条件

1. 基地须经县(市、区)残联和财政部门共同筛选认定上报。

2. 基地在国家注册登记机关依法注册登记并运行两年以上;农民专业合作社和专业协会注册资本30万元以上。

3. 资产负债率低于70%,连续赢利2年以上,无拖欠就业、从业人员工资现象。

4. 与申请人签订帮扶协议的残疾人在15人以上。

5. 种植业规模不低于50亩或大棚25个以上。

6. 养殖业规模:饲养禽类年存栏在5000只以上,饲养生猪、羊等畜类年存栏在300头(只)以上;牛等大畜类年存栏在50头以上;或其他特色项目年产值25万元以上。

四、扶持方式和标准

经省残联和省财政厅联合审定为省级基地的由省财政给予15万元补贴;经省残联和省财政厅联合评审认定为县级基地的由省财政给予10万元补贴。

关于促进民办残疾人服务机构发展的意见

陕残联〔2014〕71号

由省发改委、省教育厅、省民政厅、省财政厅、省人社厅、省国土资源厅、省卫计委、省审计厅、省地税局、省工商局、省物价局、省国税局、省残联下发。

一、重要意义、指导原则

2. 指导原则。促进民办残疾人服务机构的发展要按照"鼓励扶持,规范管理"的工作思路,坚持政府引导、社会参与的原则,整合利用社会资源,增强公众参与意识,增加对残疾人服务的供给;坚持政策扶持、市场推动的原则,发挥市场的作用,创新为残疾人提供服务的方式和内容;坚持同等对待、公平竞争的原则,对民办、公办民营和公办残疾人服务机构统一标准,一视同仁,促进公平竞争;坚持创新机制、规范管理的原则,加强对民办残疾人服务机构的监督、评估、管理;坚持强化服务、残疾人受益的原则,提升对残疾人服务的社会化、专业化、市场化水平。

二、鼓励支持民办残疾人服务机构发展

3. 明确登记注册。凡符合《民办非企业单位登记管理暂行条例》《民办非企业单位登记暂行办法》基本条件的企业事业单位、社会团体和其他社会力量以及公民个人向残疾人提供康复、训练、托养、培训、生活锻炼、养老、法律服务、庇护性就业等一种或多种服务的,均可提出申办非营利性残疾人服务机构。申办非营利性残疾人服务机构,各级残联可作为业务主管单位,向当地民政部门依法申请登记(养老机构的设立依据民政部第48号令规定执行)。机构从事的服务内容涉及医疗、教育、职业技能培训等国家有特别规定的,还应当取得卫计、教育、人社等行政主管部门的相关许可。对于营利性民办残疾人服务机构,由相关部门依法注册,实施分类管理。

4. 同等主体对待。结合当地残疾人服务机构的布局和发展规划,将民办残疾人服务机构建设纳入政府残疾人公共服务体系建设发展规划。民办残疾人服务机构与公办残疾人服务机构享受同等主体资格,在税费、土地、信贷、投资等方面,应一视同仁。在资格认定、任务承担、项目实施等方面,也应同等对待,不得歧视。民办残疾人康复医疗机构凡执行政府规定的医疗服务和药品价格政策的,应将符合条件的按程序纳入城镇基本医疗保险、新型农村合作医疗、医疗救助、工伤保险、生育保险等社会保障的定点服务范围,签订服务协议进行管理,并与公立医疗机构执行相同的报销政策。不得将投资主体性质作为申请成为医保定点机构的审核条件。

5. 实施项目支撑。各地在购买残疾人抢救性康复服务、残疾人辅具适配服务、残疾人托养服务、残疾人康复服务、残疾人特教服务、残疾人家庭无障碍改造等服务项目上,要采取招标采购等办法,选择登记合规、运营合法、评估合格的民办残疾人服务机构平等参与政府购买残疾人服务工作,对民办机构不得歧视或设定其他条件,要和公办机构同等对待。教育、民政、卫计、残联等部门在安排部门工作时,要对符合要求的民办残疾人服务机构在项目、器材、经费等方面给予同等的支持或倾斜。各地要通过既有财政预算安排的用于残疾人事业方面的资金,科学确定服务项目、数量和补助标

准，以政府购买服务的方式支持民办残疾人服务机构发展。随着政府购买残疾人服务数量的增加，各地也要相应加大投入力度。

6. 落实人员待遇。保证民办残疾人服务机构的专业技术人员在职业资格认定、职称评审、课题申请、评先选优等方面与公办机构的从业人员享受同等待遇，不得因其机构性质而区别对待。建立健全民办机构服务人员人事代理服务制度，保障合理流动。鼓励高校毕业生、专业技术人员到民办残疾人服务机构服务、创业。民办残疾人服务机构要依法依规保障服务人员的工资、福利待遇，按照有关规定办理相关社会保险和住房公积金。

7. 享受税费优惠。对民办非营利性残疾人服务机构用水、用电、用气、用热等方面实行与公办残疾人服务机构执行同等价格的政策，做到同城同价，切实减轻机构的负担。在税收方面，民办非营利性残疾人托养服务机构，按照现行营业税政策规定，享受相关营业税优惠。对开展残疾人辅助性就业生产劳动的单位和个人，经有关部门认定符合条件后，可以享受促进残疾人就业有关税收优惠政策。

8. 支持民间投资。坚持放开、放宽、放活方针，落实政府关于加大民间投资的政策支持，通过用地保障、信贷支持和政府采购等多种形式，鼓励民间资本积极参与投资建设专业化的服务设施，兴办残疾人康复、托养、文化体育、残疾人辅助就业等各类社会福利和服务机构。

9. 鼓励社会捐赠。鼓励企业、事业单位、社会团体以及个人等对各类残疾人服务机构进行捐赠。企业通过公益性社会团体或者县级以上人民政府及其部门对残疾人托养服务机构的公益性捐赠支出，不超过年度利润总额12%的部分，准予在计算应纳税所得额时扣除；个人对残疾人托养服务机构的公益性捐赠支出，不超过应纳税所得额30%的部分，可按规定从其应纳税所得额中扣除。

10. 实现资源共享。民办残疾人康复服务机构建设要根据当地实际情况，充分利用现有医疗卫生机构，创造条件，采取依托、改建、合建等形式，选择有一定实力、愿意为残疾人提供服务且有合作愿望的市、县级综合医院、中医医院、专科医院，开展多种形式的合办、联办，做到资源整合与共享。依托医疗机构建设的康复中心，要做到业务独立、有专门场所、有专职人员、业务布局符合康复机构建设规范，达到产权明晰、管理规范、职责清楚、任务明确的要求；同时，应取得当地卫生行政、中医管理部门的执业许可。

要根据当地民间资本运行能力和投资状况，有针对性地引导和吸收民间资本投入残疾人康复领域，不断壮大民营康复机构的服务能力。各地要开阔视野，解放思想，在政策、项目、资金、设备等方面大力扶持和帮助民营康复机构发展，并逐步引入服务竞争机制，逐步形成社会化的康复服务大格局。

三、规范民办残疾人服务机构发展

11. 加强技术指导。将民办残疾人服务机构的人才队伍建设分别纳入主管部门的人才培养整体规划，统筹安排，积极支持。相关业务主管部门要制定流程和标准，对民办残疾人服务机构的服务内容、服务流程、机构建设进行指导和规范。鼓励公办残疾人服务机构的专业技术人员或专业技术团队对民办机构进行定期业务指导。

12. 规范机构运作。民办残疾人服务机构作为独立法人实体，自负盈亏，独立核算，独立承担民事责任。要严格按照法律、法规、章程的规定和业务范围，开展相关工作。非营利性民办残疾人服务机构接受捐赠、资助，必须符合章程规定的宗旨和业务范围，必须根据与捐赠人、资助人约定的期限、方式和合法用途使用，必须向业务主管单位报告接受、使用捐赠、资助的有关情况，并将有关情况以适当方式向社会公布，必须执行国家规定的财务管理制度，接受财政部门的监督。资产来源属于国家资助或者社会捐赠、资助的，还应当接受审计机关的监督。

13. 健全监管机制。建立相关部门、残联、社会、机构自身相统一的监管机制，加强对民办残疾人服务机构服务的监督管理。登记管理机关、业务主管单位、工商部门、税务部门、物价部门等要按照各自职责，严格管理，确保民办残疾人服务机构规范运行、发挥最大效能。残联要充分发挥代表、服务、管理职能，努力使残疾人得到的利益最大化。社会要发挥舆论监督的作用，加大对民办残疾人服务机构的关注。民办残疾人服务机构要认真执行财务管理制度、项目实施标准，规范工作流程，自觉接受相关部门和社会的监督。

14. 强化绩效评估。由残联牵头，成立由行业专家、残联、机构代表、残疾人家属、主管单位等方面人员组成的评估小组，制定服务评估标准体系。根据残疾人类型、个性化基本服务需求的满足程度，由业务主管单位、评估小组或委托第三方对民办残疾人服务机构进行绩效评估，以保证对残疾人的服务质量。对于未能达到评估标准的机构，促其进行改进，以提升机构的服务质量。如果仍不达标的，令其退出此领域。评估合格的机构，方可作为政府购买残疾人服务项目的承接主体和政府优抚政策的扶持对象。

四、改善对民办残疾人服务机构的服务

15. 成立行业协会。按照自愿参与的原则，积极培育、规范和发展民办残疾人服务机构的自律性行业协

会，维护行业利益。发挥行业协会对机构的服务、引导、规范、监督作用，促进民办残疾人服务机构在信息、人才、技术等方面的交流，完善机构的内部治理结构，建立服务机构的诉求和利益表达机制，开展行业自我监督。建立服务对象的利益表达和服务质量的监督机制。协助管理部门规范服务市场，做好相关服务工作。

16. 增强服务意识。各地、各部门要转变观念，解放思想，提高认识，牢固树立服务意识，积极促进民办残疾人服务机构的发展。要按照相关法规政策，帮助民办残疾人服务机构解决登记、运行中存在的困难和问题，营造鼓励、支持、服务民办残疾人服务机构的良好社会氛围。

17. 切实履行职责。各相关部门要发挥职能，形成合力，共同促进民办残疾人服务机构的发展。各级教育、民政、卫计、残联等业务主管部门，要在法律、法规和政策允许的范围，对非营利性机构在接受审查、办理登记和年检、日常管理等方面给予充分的便利，并在业务上给予积极的帮助和指导。发改、财政、人社、国土、审计、税务、工商、物价等部门要各司其职，各负其责，创造有利条件，落实有关政策和措施，依法监督相关财政资金使用和项目建设情况，共同推动民办残疾人服务机构持续健康发展。

关于大力实施残疾人千户万人缩距奔小康工程的意见

宝市残联发〔2014〕56号

由中共宝鸡市委组织部、市残疾人联合会、市民政局、市扶贫开发办公室、市农业局、市人力资源和社会保障局、市财政局联合印发。

二、指导思想、基本原则、发展目标

（三）发展目标：以大力实施"千户万人缩距工程"为抓手，通过每年直接扶持1000户有基础、有能力的家庭，采取多种形式，帮、包、带、扶一万名农村贫困残疾人增加收入，摆脱贫困。经过5年的不懈努力，到2018年使全市贫困残疾人实现脱贫；2020年，使全市残疾人基本实现小康。稳定实现残疾人不愁吃、不愁穿，家庭收入达到或接近当地平均收入水平，使广大残疾人生存有保障，生活有尊严，发展有基础。

三、主要措施

（一）积极推行"处方式"扶贫模式，精准化为残疾人"私人订制"。每年确定1000户残疾人家庭，采取一户一策、量体裁衣、处方式扶贫模式，坚持"宜种则种，宜养则养，宜工则工，宜商则商"的原则，选取符合残疾人实际、适合残疾人从事的投资小、见效快项目，引导扶持残疾人家庭从事种植业、养殖业、维修、商贸、手工艺品加工、家庭服务等多种形式的创收项目，帮扶残疾人脱贫致富。市县残联要结合项目实施，周密制定项目资金使用管理办法和细则，会同有关部门帮助残疾人选择适宜项目，提供技术、信息等服务，负责项目实施全程的管理和监测，实现帮扶对象摆脱贫困，并有效发挥示范引领作用。

（二）相关部门密切协作，积极扶持贫困残疾人创业就业。民政部门要完善贫困残疾人口的识别机制，将家庭年人均纯收入低于当地最低生活保障标准、没有劳动能力的贫困残疾人全部纳入低保范围，实现应保尽保。同时从福利彩票公益金留存部分中，每年拿出一定数额资金资助"千户万人缩距工程"的实施；扶贫部门要将有劳动能力的2.84万户4.83万农村贫困残疾人纳入扶持范围，优先享受国家扶贫开发优惠政策，做好农村低保制度和扶贫开发政策的有效衔接，具体在整村推进扶贫和产业扶贫中，优先安排扶持项目村贫困残疾人发展产业，增加收入，在移民扶贫搬迁中，优先安排农村贫困残疾人家庭实施搬迁，帮助他们改善住房和生产生活条件，在贫困户能力建设中，要优先安排农村贫困残疾人进行"雨露计划"培训、实用技术培训，对当年考取大学本科的农村贫困残疾人子女给予资助；人社部门要安排更多贫困残疾人进入公益岗位，增加小额贷款额度，降低门槛，扶持更多的残疾人创业就业，加强对贫困残疾人的技术技能培训，本系统举办或补助的面向"三农"的培训机构和项目，要优先培训贫困残疾人，并合理设置适合不同类别残疾人的培训项目，使经过培训的残疾人至少掌握1—2门实用增收技术技能，鼓励、扶持农村残疾人转移就业；财政部门要安排专项资金，加大对贫困残疾人的帮扶力度，为工程实施提供资金保障；残联组织继续开展残疾人康复扶贫贷款，积极争取中央康复扶贫贷款贴息资金，健全担保体系，简化贷款程序，提高贷款扶持贫困残疾人户的到位率和扶贫效益，加强对扶持贫困残疾人的能人大户和扶贫基地的信贷支持；农业部门要积极开展农村残疾人产业化扶贫，会同残联通过"阳光助残扶贫基地建设行动"等，扶持创建一批农村残疾人扶贫创业就业基地，带动贫困残疾人家庭发展生产、增加收入，脱贫致富。

（三）充分发挥农村社会化服务组织带动作用。依托农村金融机构、供销合作社、农民专业合作社、贫困村互助资金协会、各种行业协会组织等农村社会化服务组织，采取公司（合作社）+农户的模式，为残疾人提供多种形式的生产生活服务，为辐射带动贫困残疾人提高素质，发展生产，脱贫致富贡献力量。

（四）党委组织部门，要认真落实中组部、中残联《农村基层党组织助残扶贫工程实施意见》，以党的群众路线教育实践活动为契机，将贫困残疾人作为重点帮扶对象纳入干部驻村帮扶任务；组织党员干部开展

"帮、包、带、扶"活动，带动社会各界共同参与"千户万人缩距工程"。倡导党政机关、人民团体、企事业单位和驻军、武警部门及志愿者和社会人士积极开展结对活动，扶助贫困残疾人发展生产，增加收入，提高生活水平。

三、工作综述

2014年，全省残联系统围绕建设富裕、和谐、美丽陕西的目标，深入贯彻"纳入、依托、整合、鼓励"八字工作思路，突出重点，完善机制，改革创新，狠抓落实，残疾人事业呈现出重点突破、协调推进、提质增效的良好势头，为全省经济社会发展做出了新贡献。

（一）出台政策，建立推进残疾人小康进程的新机制

省残联配合省发改委、省财政厅起草并报请省政府印发了《基本公共服务体系规划（2013—2020）》的残疾人专章；会同省委组织部、省编制办等七部门印发了《关于促进残疾人按比例就业的实施意见》；会同省发改委、省教育厅等十三个部门在全国首家出台了《关于促进民办残疾人服务机构发展的意见》；会同省法制办、省建设厅制定《陕西省〈无障碍环境建设条例〉实施办法》；会同省教育厅、省发改委等八部门制定《陕西省特殊教育提升计划（2014—2016年）实施方案》；会同省高院、省检察院等九部门印发了《关于市级残疾人法律救助工作站建设的指导意见》；会同团省委出台了《关于实施陕西青年志愿者助残"阳光行动"的通知》；会同省财政厅印发了《陕西省残疾人自主创业扶持项目申报指南》《陕西省残疾人文化示范基地项目申报指南》等5个项目申报指南；会同省人社厅出台了《陕西省盲人医疗按摩人员专业技术职称晋升工作实施办法》等一系列政策法规。这些政策规定既有近期任务，也有长远规划，为残疾人工作的开展提供了坚实的制度保障。

（二）开展调查，启动加强残疾人工作基础管理和组织建设的新措施

首次开展全国残疾人基本服务状况和需求的专项调查，为持续推动残疾人服务托住底、补短板、保基本、广覆盖工作奠定基础。举办6期省级培训班，培训业务骨干517人。承办了全国残疾人基本服务状况和需求专项调查及监测工作培训会议，落实调查员入户前培训；全省共培训入户调查员475期5.5万人次。完成残联系统机构、人员及助残社会组织专项调查；加强建章立制，省残联制定、修订19项规章制度，各地市修订完善制度152条、新增制度81条、废止制度14条；完成131.8万名持证残疾人和非持证残疾儿童的基础信息核查。在延安市干部培训学院举办了全省县（市、区）残联理事长培训班，各市（区）残联培训了2.69万名基层残疾人工作者。

（三）突出重点，开创残疾人工作精准发力的新局面

一是新建16个残疾人托养服务机构，对97个集中托养机构和日间照料机构进行了等级评定和分级资助。建成并投入使用残疾人集中托养服务机构117个，其中依托民政系统敬老院建设的66个、依托社会力量建设的38个、政府或残联系统自建的13个，托养智力、精神和重度残疾人5000多人次。对2.45万智力、精神和重度残疾人居家安养和机构托养进行资助。二是新建32个规范化的县级残疾人康复中心，累计建成96个。三是省康复医院康复楼完成主体工程，省城市经济学校康复实训大楼全面开工建设。争取国家发改委立项建设延安、安康、商洛3个市级残疾人康复中心。四是加大康复服务力度。筹资1500万元，为5000名重度残疾人适配了20674件辅助器具。启动中国三星CSR陕西省示范区活动，3年资助聋儿康复训练420万元。为300名聋儿植入人工耳蜗，对457名贫困肢体残疾儿童实施矫治手术，对1820名智力残疾儿童、420名脑瘫儿童、200名听障儿童、430名孤独症儿童开展康复训练。为4036名贫困精神病患者提供住院医疗补助，为13827名贫困精神病患者提供了门诊免费服药。完成假肢装配1265例、矫形器适配600例，"复明一号"手术车完成白内障复明手术2268例。五是投入2342万元，资助30家残疾人集中就业企业，安排2342名残疾人就业。六是投入1140万扶持资金，建成30个省级、62个县级扶贫示范基地，辐射带动3000户残疾人发展生产。七是首次实施"阳光增收扶贫项目"，争取1000万财政扶贫资金，精准帮扶2000名贫困残疾人户。八是实施"农村基层党组织助残扶贫工程"，帮扶8.5万户农村贫困残疾人家庭改善了基本生活状况。会同省委组织部、省扶贫办召开全省农村基层党组织助残扶贫工作经验交流会，并在全国介绍基层党组织助残扶贫经验。

（四）狠抓落实，取得了各项工作提质增效的新成绩

认真实施民生工程残疾人工作项目和彩票公益金等项目，圆满完成省政府为残疾人办的十件实事，着力解决残疾人最关心、最直接、最现实的问题。一是认真落实残疾人在低保、医疗、住房、养老、救助等方面的一系列特惠政策。为71万名贫困残疾人发放生活补贴，将2.1万名贫困残疾儿童的生活补贴提高到每月100元。符合低保条件的残疾人基本达到应保尽保，7.8万名城镇残疾人、38万名农村残疾人纳入最低生活保障范围。43.9万名残疾人参加城乡居民基本养老保险。为29961名残疾人发放机动车燃油补贴779万元。对750户残疾人家庭进行无障碍改造。二是为6555名未入学残疾少年儿童建档立卡。为1500名贫困残疾中小学生发放生活补助，资助206名贫困残疾大、中专新生和133名贫困残疾人子女入学，资助200名贫困残疾学前儿童接受教育。发放残疾人中高等院校办学、实训补贴经费170万元，西安美术学院特殊教育艺术学院实训基地投入使用。协调省教育厅等多部门解决3名重度残疾大学新生的入学问题。三是成功举办了陕西省第五届残疾人职业技能竞赛。组团参加全国残疾人职业技能精英赛并获优秀组织奖。投入310万元省级残疾人就业保障金，对52个就业服务机构规范化建设进行补助。对25644名残疾人开展了职业技能和实用技术培训。新增6117名残疾人就业，征收残疾人就业保障金5.39亿元。对1562名残疾人进行公益性岗位补贴。四是争取康复扶贫项目贷款指导计划3210万、小额贷款指导计划2293万，加大对贫困残疾人能人大户和扶贫基地的信贷支持。五是8个市成立了残疾人法律救助工作站，资助残疾人法律援助案件78件。六是承办了九省（区）残疾人两项补贴制度专项调度座谈会、全国听力语言康复专业技术培训会等七个全国会议和亚太地区坐姿椅及辅助技术研讨会。

（五）开展活动，突出人道主义和自强不息精神的持续弘扬

一是成功召开第五次全省自强模范暨助残先进表彰大会，省委书记、省人大常委会主任赵正永，省长娄勤俭，省政协主席马中平等14名省级领导会见大会代表或出席大会。推荐14名扶残助残先进集体和个人受到全国表彰，推出了一批时代典型。二是开展扶残助残活动。全省投入913万元的资金和物资，慰问了29889名贫困残疾人。扎实实施青年志愿者助残"阳光行动"。举办了"蓝天下的至爱——安利之夜慈善音乐会"，各专门协会开展了"重塑未来"慈善公益活动等活动。省残疾人福利基金会募集了2014万元的资金和物资，开展了17个助残项目。中国狮子联会陕西会员管理委员会达成国际标准区。三是联合省文化厅举办全省残疾人读书达人演讲比赛。联合华商传媒集团、秦汉新城管委会组织了陕西省首届残疾人幸福运动季，启动"百万幸福专项资金"项目。联合省文物局启动陕西省"百家博物馆文化助残公益行动"。四是残疾运动员在仁川亚残会上取得7金4银4铜、一破亚残会记录的历届最好成绩。

四、大事记

1月23日，省委常委、省纪委书记郭永平深入汉中市城固县，看望慰问优抚对象、低保户、生活困难老党员和残疾群众。

2月14日，副省长庄长兴到咸阳市特殊教育学校、西安市长安区特殊教育学校、西安市启智学校和西安市盲哑学校调研特殊教育工作并召开座谈会。

3月4日，省残联第二十八次工作会议在西安召开。

3月11日，由中国残联、民政部联合举办的贫困残疾人生活补贴和重度残疾人护理补贴制度专项调度座谈会在西安召开。副省长祝列克、中国残联副理事长程凯出席会议。

3月12—13日，中国残联副理事长程凯到紫阳县专题调研农村残疾人精准扶贫工作。

3月27日，中国三星CSR陕西省示范区活动2014年启动仪式举行，三星（中国）公司向陕西省捐赠420万元，连续三年救助贫困聋儿进行听力语言康复训练。副省长李金柱、三星大中华区总裁张元基出席仪式。

3月28日，省高院、省检察院、省公安厅、省司法厅、省民政厅、省人社厅、省教育厅、省卫计委、省残联召开陕西省残疾人法律救助工作协调领导小组办公室会议。

4月11日，彬县召开结对帮扶贫困残疾人工作动员会，安排部署全县结对帮扶贫困残疾人工作。该活动从2014年4月起至2017年3月结束，为期三年。共有708名领导干部，对1410户贫困残疾人家庭和2031名贫困残疾人开展结对帮扶活动。县政府将结对帮扶贫困残疾人活动纳入年度目标考核工作中，以一户为单位，实行百分制考核。

4月15日，省政府办公厅印发关于2014年为残疾人办实事的通知，决定省财政安排6839万元，为全省残疾人办好十件实事。这是陕西省连续第11年为残疾人办实事。

4月16日，中国肢残人协会"重塑未来"慈善公益活动走进陕西，首批免费救助30名贫困肢残人，免费金额210万元。

4月21日，省残联、省财政厅印发《陕西省残疾人自主创业扶持项目申报指南》，确定2014年实施扶持万名残疾人自主创业工程，其中省级扶持2000名、市级扶持8000名。对于符合省级扶持条件的由省财政给予一次性创业补贴，按照每人5000元标准给予扶持；符合市级扶持条件的，可由各市根据情况从各市的残保金中安排适当扶持资金（或设备）。

4月24日，省政协主席马中平视察省聋儿康复中心和省城市经济学校，了解残疾人工作。省政协副主席千军昌、部分住陕全国政协委员和省政协委员参加视察。

4月28日，全国听力语言康复专业技术培训班在西安举行。

4月29日，副省长祝列克到省康复医院调研残疾人康复工作。

4月30日，中国残联党组成员、副理事长贾勇到陕西省调研残疾人康复工作。

5月14日，省财政厅、省残联发出了《关于印发〈2014年民生工程残疾人工作项目实施方案〉的通知》，规定民生工程残疾人工作项目共25项，分别是：贫困聋儿植入人工耳蜗项目，贫困聋儿免费康复训练项目，贫困智力残疾儿童康复训练项目，贫困脑瘫儿童康复救助项目，贫困孤独症儿童康复训练项目，贫困残疾人装配假肢项目，县（区）级残疾人康复机构规范化建设项目，贫困重度肢体残疾人辅助器具救助项目，全省社区康复示范站建设项目，贫困精神病患者住院医疗救助项目，贫困精神病患者服药补贴项目，听力语言康复机构建设项目，全省康复人才培养项目，全省残疾人工作者教育培训项目，残疾人就业、托养服务、扶贫工作者专业技能培训，残疾人生活补贴项目，阳光家园计划·残疾人托养服务机构建设项目，阳光家园计划·残疾人居家托养服务项目，省残联"资助贫困残疾大、中专学生入学"项目，省残联"资助贫困残疾儿童少年入学"项目，残疾人体育工作项目，"陕西省残疾人状况监测工作"项目，"残疾人宣传文化工作"项目，扶残维权行动项目，省城市经济学校实施贫困残疾大、中专学生免费教育教学项目。

5月15日，由省残联、省文化厅、省残疾人福利基金会共同举办，省图书馆承办的协和资产杯"中国梦"之"我梦最美"全省残疾人读书达人演讲比赛。

5月18日，省文物局、省残联在陕西历史博物馆联合启动陕西省"百家博物馆文化助残公益行动"，向陕西历史博物馆、秦始皇帝陵博物院等6家参加公益行动的国家一级博物馆授牌。

5月21日，省残联在省康复医院举行"关爱重残，共享阳光"重度肢体残疾人辅助器具适配项目捐赠仪式。

6月5日，省高院、省检察院等9部门联合出台了《市级残疾人法律救助工作站建设的指导意见》。

6月10日，第五次全省自强模范暨助残先进表彰大会在西安召开。会前，省委书记、省人大常委会主任赵正永，省委副书记、省长娄勤俭，省政协主席马中平会见与会代表。省委常委江泽林、魏民洲、景俊海、安东、毛万春、刘小燕、陈强，省人大常委会副主任胡悦，省政协副主席千军昌分别参加会见和出席大会。副省长祝列克参加会见并主持大会。大会表彰了44名陕西省自强模范、30个全省助残先进集体、29名全省助残先进个人、19个"残疾人之家"和26名全省残联系统先进工作者。

6月13日，省委组织部、省编制办、省财政厅、省人社厅、省国资委、省公务员局、省残联印发《关于促进残疾人按比例就业的实施意见》。

6月19—23日，2014年全国残疾人射击锦标赛在宝鸡市举办。此次比赛由中国残联、国家体育总局、中国残奥会（即中国残疾人体育协会）主办，陕西省残联、省体育局、省体协承办，宝鸡市残联、宝鸡市体育局协办，属全国首次在地级市举办。来自各省、市、自治区和香港特别行政区的12支代表队76名队员参加比赛。在13个大项26个小项的比赛中，共产生13个团体金牌和13个单项比赛金牌，其中6超3平世界纪录、6创全国纪录。

6月25日，全国残联系统残疾人康复和托养机构建设标准培训会在西安召开。

7月25日，陕西省委书记赵正永、省长娄勤俭等领导会见了中国残联党组书记、理事长鲁勇一行，并就当前形势下如何推进陕西省残疾人事业发展交换了意见。双方表示，要认真贯彻习近平总书记关于做好残疾人工作的一系列重要指示精神，在推动经济社会发展的同时更加关注关爱残疾人这个特殊群体，按照补短板、兜底线的思路，落实补助政策，积极兴办实事，让他们与全社会一起共享改革发展成果。

7月25—26日，中国残联党组书记、理事长鲁勇在陕调研残疾人工作。

7月25日，残疾人工作座谈会召开，省残联党组书记、理事长高合元报告了陕西省残联工作和残疾人事业发展情况。省发改委、省教育厅、省民政厅、省财政厅、省人社厅、省扶贫办和省卫计委的负责同志介绍了有关情况。中国残联党组书记、理事长鲁勇对陕西省委、省政府高度重视残疾人工作和残疾人事业发展给予充分肯定。他指出，当前我国残疾人工作正站在新的起点上，要摸清底数，兜住底线，做好托底保障工作，让残疾人衣食无忧、安居乐业，过上幸福美好生活；要坚持党委领导、政府负责、社会参与、残疾人组织充分发挥作用的领导体制，激发社会和市场活力，努力让广大残疾人与全国人民一道进入小康；要大力弘扬人道主义精神，积极探索中国特色社会主义残疾人事业发展道路。

8月6—8日，2014年陕西省残疾人中国象棋、飞镖锦标赛在西安举行。

8月11日，陕西省残疾人摄影家联谊会在西安成立。

8月26—27日，延安市首届残疾人运动会暨特奥运动会在黄龙县举行。

8月26日，省发改委、省教育厅等部门印发《关于促进民办残疾人服务机构发展的意见》。该《意见》是在十八届三中全会后，陕西省多部门经过全面调研民营残疾人服务机构的现状后出台的促进全省残疾人事业发展的重要文件。

9月1日，中国狮子联会陕西会员管理委员会成立五周年庆典暨达成国际标准区仪式在西安举行。中国残疾人联合会副主席、中国狮子联会会长王乃坤出席仪式。

9月9日，省长娄勤俭到西安市第二聋哑学校看望慰问部分教师，代表省委、省政府向全省广大教师和教育工作者致以节日的问候。副省长庄长兴一同慰问。娄勤俭指出，特教老师多年如一日为残障孩子的康复和回归社会不懈努力，用辛勤点燃了他们生活的希望，用辛苦教会了他们生存的技能，减轻了家庭负担，促进了社会和谐，党和政府感谢你们；教师是一个崇高的职业，全社会都要关心教师、重视教育，特教老师付出的汗水更多，更了不起，更应得到尊敬；要进一步改善办学条件，为特殊教育发展创造良好环境；希望广大老师和教育工作者，以满腔爱心温暖学生，以高尚师德感染学生，以丰富知识启迪学生，充分发挥好为人师表的作用，为推动教育事业和经济社会发展做出应有贡献。

9月16日，全省农村基层党组织助残扶贫工作经验交流会在渭南华阴召开。

9月27—28日，陕西省第五届残疾人职业技能竞赛在西安培华学院（长安校区）举行。副省长祝列克出席开幕式并宣布开幕，省政协副主席千军昌出席开幕式。13个代表队的265名残疾人在5大类28个竞赛项目中进行才艺大比拼。此次竞赛参赛选手呈年轻化趋势，竞赛涉及项目门类多、实用性强，参赛人数较上届多出23名，项目增加2个。

10月18—25日，来自陕西的8名残疾运动员参加了韩国仁川第二届亚洲残疾人运动会，取得了7金4银4铜的历史最好成绩。

10月29日，全国残疾人专项调查工作部分省（区、市）研讨会在咸阳市召开。中国残联副主席、全国残疾人专项调查办公室主任吕世明出席会议。

10月27—30日，全国残疾人基本服务状况和需求专项调查及监测工作国家级（第二期）培训会议在咸阳市召开。

11月4日，由国际特殊奥林匹克东亚区、中国特奥委员会主办，陕西省残疾人联合会、陕西省特奥会、西安市残疾人联合会以及西安市启智学校承办的"特奥融合计划——2014西安融合滚球赛"在西安市启智学校举行。

11月12—14日，全省残疾人基本服务状况和需求专项调查工作第一期培训班在宝鸡举行。

11月23日，全国西部地区辅助器具服务政策及机构建设推进座谈会在西安召开。

12月3日，由陕西省残疾人联合会、西咸新区秦汉新城管委会联合主办、本地主流媒体华商传媒承办的"健康生活，幸福运动——陕西省首届残疾人幸福运动季"活动在西咸新区秦汉新城拉开序幕。省残联、秦汉新城、华商传媒集团共同启动了"百万幸福专项资金"项目。

12月10日，陕西省残疾人就业促进会成立暨省级残疾人集中就业企业（基地）授牌仪式会议在西安召开。

（赵晓莉供稿）

甘肃省残疾人事业和残疾人工作

一、领导讲话

副省长、省政府残工委主任张广智在省政府残工委全体会议暨全省残联工作会议上的讲话摘要

2014年3月7日

一、发展残疾人事业要进一步增强紧迫感、把握新机遇

总体来讲，我省残疾人的生活水平与健全人生活水平相比还有比较大的差距；残联工作以及社会各方面参与残联工作的力度与残疾人自身的需求和期盼还有比较大的差距；我省残疾人事业发展的现状和努力与全国同步建成小康社会的目标相比，与省第十二次党代会确定的建设幸福美好新甘肃的目标相比，也有比较大的差距。到2020年还有不到7年的时间，如果我们不加大力度、加快推进残疾人事业，实现小康的目标就会面临很大的挑战。因此，我们的工作等不得、慢不得，必须抓紧抓好。

机遇和难得的发展条件，主要有五个方面：一是全面深化改革的历史机遇；二是开展双联行动的机遇；三是推进"1236"扶贫攻坚行动的机遇；四是开展党的群众路线教育实践活动的机遇；五是北京申办2022年冬奥会的机遇。除了以上机遇，随着改革的不断推进、事业的持续发展，各方面还会制定出更多有利于残疾人事业发展的优惠政策，我们都要利用好。

二、发展残疾人事业要进一步抓住着力点、展示新作为

残疾人工作本身是一项社会性很强的工作，量大面宽，涉及各个方面。我们一定要抓住关键，突出重点，统筹推进。一要着力完善残疾人生活保障安全网。按照"兜住底、补短板、促发展"的原则要求，切实做到"残疾人人人享有基本民生托底服务"，实现"两不愁、三保障"，使残疾人的基本生活应保尽保。二要着力实施助残民生项目。为群众诚心诚意办实事、尽心竭力解难事、坚持不懈做好事，是省委省政府关注民生、保障民生、改善民生的重要举措。各市州及各部门都要扎实做好助残民生项目的实施工作。三要着力优化残疾人事业发展环境。要抓好无障碍环境和服务设施建设，积极营造关心关爱残疾人的社会氛围。要加大政策、资金、项目等倾斜力度，重点抓好省残疾人综合服务基地建设，加快构建残疾人康复、就业和托养等基本公共服务网络，尽可能使广大残疾人早受益、快受益、多受益、广受益。要通过宣传营造全社会关心扶助残疾人，传递正能量的氛围，引导更多的残疾人实现自身的价值。

三、发展残疾人事业要进一步构建大格局、取得新成效

一要加强领导，健全机制。要按照政府主导、社会参与、国家扶持、市场推动的要求，建立健全运转高效的工作大格局。要进一步完善工作机制、投入机制、保障机制、落实机制、考评机制等等，确保形成上下之间、部门之间高效联动、密切配合的工作格局。二要整合资源，形成合力。社会工作社会抓，这是一个基本的规矩。残疾人工作涉及社会各个方面，需要社会广泛参与、部门密切配合并各负其责、各司其职，形成推动残疾人事业发展的合力。每个党员干部、领导机关和社会单位，都有责任、有义务做好与残疾人相关的工作，为残疾人服务，不分分内分外。三要夯实基础，提升能力。要把残联组织、为残疾人服务的工作队伍、为残疾人服务的各种设施建设好，这三个方面都要做好、做扎实，不能搞形式主义，更不能搞什么花样翻新的东西。

总之，残联工作责任重大，残疾人事业高尚光荣。只要我们带着感情工作、带着责任服务、带着问题实践、带着成果感恩，我省的残疾人事业就会快速健康发展。

省政府副秘书长张正锋在"中国梦·我的梦·自强梦——甘肃省全国自强模范与助残先进事迹报告会"上的讲话摘要

2014年6月30日

我们怀着无比激动和崇敬的心情，共同聆听了我省全国自强模范与助残先进代表的感人事迹。从报告中，能够感受到大家都是用心在讲话，句句发自肺腑，字字感人至深，用质朴语言讲出了社会主义核心价值观的大道理，用自强友善的正气歌凝聚了实现中国梦的正能量。自强模范和助残先进的事迹，集中彰显了残疾人兄弟姐妹身残志坚、超越自我、自强不息的时代精神，充分体现了中华民族扶弱济困、乐善好施、无私奉献的传统美德，他们身上展现出来的民族精神和时代精神，是我们推进全面小康建设的强大精神涌流。各级党委政府、各职能部门要深入贯彻落实习近平总书记在接见全国自强模范暨助残先进时的重要讲话精神，认真学习好、宣传好先进典型，积极培育和践行社会主义核心价值观，大力弘扬人道主义思想，营造全社会理解、尊重、关心、帮助残疾人的浓厚氛围。

省委常委、副省长、省组委会主任咸辉在全省第九届残疾人运动会暨第三届特奥运动会开幕式上的讲话摘要

2014年8月29日

关爱残疾人是社会文明进步的重要标志。多年来，省委、省政府高度重视残疾人事业发展，深入推进残疾人健身运动，努力提高残疾人竞技体育水平，不断丰富残疾人精神文化生活，残疾人体育运动正以其独特的魅力和特有的功能，在推动全省残疾人事业发展和社会和谐进步中发挥着越来越重要的作用。

让广大残疾人共享改革发展成果，是党和政府及全社会义不容辞的责任。我们要认真贯彻党的十八大和十八届三中全会精神，着眼于满足广大残疾人日益增长的体育文化需求，坚持普及与提高相结合，实现残疾人群众体育与竞技体育的协调发展和相互促进。要大力实施残疾人自强健身工程，推广适合残疾人身心特点的健身康复体育项目。要积极探索残疾人体育发展规律，加强残疾人体育人才的培养，不断提高残疾人竞技运动水平。要进一步营造全社会关爱残疾人、支持残疾人体育事业发展的良好环境，努力开创残疾人事业发展新局面，为实现广大残疾人与全省人民同步进入全面小康社会做出应有的贡献。

四年一届的省残运会和特奥会，是全省规模最大、层次最高、影响最广的综合性残疾人体育盛会，也是展示残疾人体育运动成果的重要舞台，更是全社会深度了解残疾人、爱心服务残疾人、合力助推残疾人事业发展的重要平台。办好本届省残运会和特奥会，不仅对于推动残疾人体育运动，提升我省残疾人竞技体育水平具有十分重要的作用，而且对于迎接2015年全国第九届残疾人运动会暨第六届特奥运动会、2016年巴西里约热内卢残奥会，都具有十分重要的意义。希望全体工作人员和志愿者以高度的责任感积极为残疾人运动员提供热情、周到的服务，共同把本届省残运会和特奥会办成一届精彩圆满的体育盛会。

省委书记、省人大常委会主任王三运在会见第四次全省自强模范暨助残先进集体和个人代表时的讲话摘要

2014年11月21日

中华民族历来强调自强不息、厚德载物。自强模范的感人事迹，集中彰显了顽强拼搏、超越自我的时代精神；助残先进的大爱义举，集中彰显了扶弱济困、无私奉献的传统美德，这是社会主义核心价值观的应有之义，引领了充满正能量的好风气，值得全社会认真学习和大力弘扬。

残疾人是社会大家庭的平等成员，也是人类文明发展的一支重要力量。长期以来，广大残疾人朋友积极投身社会主义现代化建设实践，为推动我省经济社会发展、增进人民福祉做出了重要贡献。当前，我们正处在加快全面建成小康社会、建设幸福美好新甘肃的关键时期。只有大家守望相助、团结奋斗，才能让这个美好梦想变成现实。希望广大残疾人争当生命的强者，要身残志坚，敢于直面人生、勇于战胜困难，以乐观的心态拥抱生活、以创新的精神创造价值，积极融入加快转型升级、全面深化改革的伟大实践，用自己的辛勤劳动实现人生梦想、绽放人生风采。希望各级各部门争创助残的先进，把推进残疾人事业发展作为分内的责任，坚持保障与服务并重，为残疾人提供更多、更高水平的社会保障和公共服务，使残疾人朋友能够时刻感受到党和政府的温暖，能够共同分享改革发展的成果。希望社会各界争倡帮扶的精神，认真践行社会主义核心价值观，真心实意帮助残疾人这个特殊群体解决实际困难，让扶残助残、扶危济困成为自觉行动和社会风尚。

副省长夏红民在第四次全省自强模范暨助残先进集体和个人表彰大会上的讲话摘要

2014年11月21日

残疾人是社会大家庭的重要成员，是推动我省全面建成小康社会的重要力量。长期以来，我省广大残疾人身残志坚，紧跟时代步伐，努力在改革开放和现代化建

设中建功立业，做出了重要贡献，同时也激励了全社会的奋发自立精神。广大残疾人工作者立足本职、无私奉献，大力弘扬人道主义精神，竭诚为残疾人排忧解难，用真心赢得了全省广大残疾人的信赖，用真爱换得了全社会的广泛赞誉，用真行推动了残疾人事业的健康发展。

关心残疾人生活，发展残疾人事业，让广大残疾人与全省人民共享改革发展成果，是经济社会协调发展的客观要求，是各级党委、政府的重要责任，也是全社会应该关心的大事。当前，我省正处在全面深化改革、加快建成全面小康社会的关键时期。深入学习贯彻党的十八大和十八届二中、三中、四中全会精神，在新的起点上加快发展，实现跨越，全面完成"十二五"各项目标任务，离不开全省187万残疾人的努力和贡献，迫切需要我们进一步发展好残疾人事业。我们要以这次表彰大会为契机，以各位模范先进为榜样，抢抓机遇、开拓创新，锐意进取、扎实工作，不断推动我省残疾人事业改革发展，为我省与全国一道建成小康社会做出新的更大的贡献！

副省长夏红民在第五届全省残疾人职业技能竞赛开幕式上的讲话摘要 2014年11月25日

"十二五"以来，我省各级残联组织在各级党委政府的重视及相关部门的大力支持下，坚持把解决残疾人就业作为残疾人工作的重中之重，认真贯彻落实中央和省里关于残疾人事业发展的一系列政策措施，不断加大资金投入，坚持以市场为导向，依托各级培训机构开展了内容丰富、形式多样的残疾人技能培训，千方百计扩大残疾人就业，多策并举帮助高校残疾人毕业生、城镇零就业家庭和农村贫困残疾人实现就业，促进了广大残疾人生活改善。开展残疾人职业技能竞赛，通过残疾人各种技艺展示，反映他们身残志坚、自强不息、热爱生活、奋发向上的精神风貌，引导社会进一步关心、理解和支持残疾人就业工作，促进残疾人平等、充分地参与社会生活。同时，激励他们努力学习专业技能，提高自身素质，增强参与社会竞争能力。希望各有关部门要切实把残疾人就业工作纳入全省就业和再就业工作大局，一如既往地支持、关爱残疾人就业创业，为其提供良好的就业政策保障和职能服务。希望各级残联组织要会同有关部门全面做好残疾人职业培训和技能竞赛等工作，推动残疾人就业工作向纵深发展。

二、政策法规文件

甘肃省人民政府办公厅关于印发《2014年为民办实事实施方案》的通知

甘政办发〔2014〕58号

各市、自治州人民政府，兰州新区管委会，省政府各部门：

省委省政府决定，2014年集中力量为民办好10项23件实事。目前，《2014年城乡居民职业技能培训工程实施方案》《2014年扶持1万名高校毕业生就业工程实施方案》《2014年提高城乡居民社会养老保险基础养老金省级补助标准实施方案》等23件实事项目实施方案已经省政府同意，现予印发，请认真遵照执行。

2014年全省特困残疾人生活补贴实施方案

二、目标任务

为全省10万特困残疾人发放生活补贴。

三、补贴范围

同时具备以下3项条件的残疾人：

（一）具有甘肃户籍，持有第二代残疾人证；

（二）残疾人本人无稳定收入；

（三）残疾人遭遇重大疾病或其他自然灾害，致使其生活陷入困境；或者享有低保，但生活、上学、医疗、康复等方面仍然特别困难。

五、补贴标准及资金筹措

每人每月发放生活补贴100元，其中省级财政补贴70元，县级财政补贴30元。有条件的地方可提高补贴标准。

共安排补贴资金1.2亿元，其中：省级财政承担8400万元，县级财政承担3600万元。

2014年农村危房改造工作实施方案

二、目标任务

实施20万户农村危房改造工程（含2万户贫困残疾人家庭危房改造），并与易地扶贫搬迁工作相结合，围绕易地扶贫搬迁的重点区域、重点村社，在计划安排上予以倾斜，推进贫困地区易地扶贫搬迁工作的顺利实施。年底前工程开工率、竣工率达到100%。

三、实施范围

全省居住在危房中的农村分散供养五保户、低保户、贫困残疾人家庭和其他贫困户，贫困地区易地扶贫搬迁户。

五、资金筹措

积极争取中央补助 16 亿元，新一轮国家扶贫开发重点县户均补助 8500 元，非贫困县户均补助 7500 元（具体按中央确定标准执行）；省财政户均补助 3000 元，计 6.6 亿元（其中省财政对残疾人危房改造在补助 3000 元的基础上，再补助 3000 元）；市州、县市区户均配套 2000 元，计 4 亿元。其余资金建房户自筹解决。

甘肃省城乡居民基本养老保险实施办法
甘政发〔2014〕67 号

第六条 对城乡居民中一、二级重度残疾人、五保户等缴费特困群体和计划生育"两户"家庭（独生子女领证户和二女节育户），由市州、县市区政府为其代缴全部或部分最低缴费标准的养老保险费，具体代缴标准由市州、县市区政府确定。

关于进一步做好城市低保清理和规范工作的通知
甘政办发〔2014〕73 号

二、重点内容和具体政策

（三）规范保障对象认定条件。城市常住居民家庭中，凡共同生活的家庭成员月人均收入低于当地城市居民最低生活保障标准，财产状况符合当地人民政府规定条件的，可在户口所在地街道办事处、乡镇人民政府申请享受城市居民最低生活保障待遇。其中，对无劳动能力、无生活来源且无法定赡养、扶养、抚养义务人的，家庭主要成员肢体重度残疾并丧失劳动能力、基本没有收入来源的家庭，生活特别困难且同时有共同生活的未成年子女和老年人的单亲家庭，按照当地城市居民最低生活保障标准享受全额保障。

关于积极推进教育扶贫工程实施意见
甘政办发〔2014〕164 号

省教育厅等部门制定，甘肃省人民政府办公厅转发。

一、总体要求

（二）总体目标。着力提高基础教育普及程度和办学质量。到 2015 年，片区县学前三年毛入园率达到 55% 以上，少数民族双语地区基本普及学前 1 至 2 年双语教育，义务教育巩固率接近 90%，视力、听力、智力三类残疾儿童少年义务教育入学率达到 80%，高中阶段毛入学率达到 80% 以上。到 2020 年，基本普及学前教育，义务教育巩固率达到 95%，基本普及视力、听力、智力三类残疾儿童少年义务教育，普及高中阶段教育。

二、主要任务

（四）实施贫困地区残疾学生就学保障工程。实施《甘肃省特殊教育提升计划（2014—2016 年）》，因地制宜发展贫困地区残疾儿童学前教育，开展扫除残疾青少年文盲活动，大力普及残疾儿童少年义务教育，积极发展以职业教育为主的残疾人高中阶段教育，为残疾学生就业和继续教育创造条件。加强贫困地区特殊教育学校基础能力建设，保障残疾人受教育的权利，提高残疾人受教育水平及职业技能和就业能力。支持城市有条件的特殊教育学校接收贫困地区残疾学生就学。鼓励支持省内高校对贫困地区高考成绩符合录取要求的残疾考生实行"零拒绝"。支持省内相关高等学校加强特殊教育专业建设。逐步加大对特殊教育的投入力度，提高特殊教育学校学生人均公用经费标准。

2014 年甘肃省贫困听障儿童救治项目实施方案
甘卫妇幼函〔2014〕189 号

由省卫生计生委、省财政厅、省残联印发。

一、目标任务。开展新生儿听力筛查工作，发现新生儿中的听障患儿；筛选符合手术条件的患者；为 150 名贫困听障患者开展人工耳蜗手术等；对开展听力筛查、治疗的医护人员进行培训。

二、工作进度。2014 年 5 月中旬，完成听力筛查培训；2014 年 5 月底前，完成人工耳蜗产品招标；2014 年 12 月，完成 150 例听障儿童救治工作；2014 年 12 月底前，完成项目考核及总结上报等工作。

三、项目实施。省卫生计生委牵头负责，各级卫生计生行政部门及妇幼保健机构、兰大二院、省康复中心医院具体实施。省卫生计生委负责人工耳蜗招标，组织听力筛查培训，开展项目监督检查工作；兰大二院负责选派专家对听力筛查工作人员进行培训，对确诊符合手术条件的患儿进行救治，对患儿家长开展术前、术后康复知识宣传及术后前期康复，负责将手术后患儿转介到康复机构进行后期康复训练；省听力语言康复中心负责组织全省听力语言康复机构开展患儿的康复训练与指导；省健康教育所负责项目宣传教育。各级卫生计生行政部门负责本地区贫困听障儿童救治项目的组织、协调和监督指导，开展人员培训，管理相关信息。各级妇幼保健机构负责组织开展听力筛查及转诊工作。

四、经费管理。省级财政项目资金 2000 万元用于采购人工耳蜗、手术器材及后期康复训练等，实际产生的医疗救治费用按新农合和城镇居民医疗保险有关政策规定报销。新生儿听力筛查费用按每人 30 元标准从新农合门诊统筹费用报销。各项目有关单位要加强资金管理、专款专用，严禁挤占、截留、挪用。

关于印发《全省"百千万"残疾人教育就业扶贫工程实施意见》及配套方案的通知

甘残联发〔2014〕33号

二、任务目标

——扶持百家（名）残疾人就业先进单位和自强企业家。其中50家残疾人就业先进单位，50名残疾人自强企业家。

——扶助5000名各阶段贫困残疾学生就学。其中500名大学生，1000名高中（中专）生，3000名义务教育阶段学生，500名学前教育阶段儿童。

——扶持万名残疾人技能培训。其中，2000名省级高级职业技能培训（职业技术600人、农业科技400人、心理康复300人、高科技200人，专职委员培训300名，基层康复医生协调员培训200人）；市级中级职业技能培训1500名；县级初级职业技能培训6500名。

——扶持万名残疾人就业创业。其中，扶持3000名自主创业，扶持200家扶贫就业基地（省级30家、市级70家和县级100家），扶持20家集中就业单位。

三、资金投入

"百千万"助残工程所需资金主要从省、市、县级残疾人就业保障金中安排解决，共投入资金5245万元，其中省级承担1900万元（包括省财政助学资金50万元，中央彩票公益金和交通银行助学资金50万元），市级承担1150万万元，县级承担3195万元。

1. 省级全额承担的项目
（1）100家残疾人就业先进单位和自强企业家扶持。
（2）1460名高级职业技能培训。
（3）30家省级扶贫就业基地和20家集中就业单位扶持。
（4）全省残疾人基本情况调查55万元。

2. 市级全额承担的项目
（1）1600名中级残疾人职业技能培训。
（2）70家市级残疾人扶贫就业基地扶持。

3. 县级全额承担的项目
（1）6700名初级残疾人职业技能培训。
（2）100家县级残疾人扶贫就业基地扶持。

4. 省、市、县三级共同承担的项目
（1）5000名残疾学生助学项目（省市县按2∶3∶5比例分担）。
（2）3000名残疾人自主创业项目扶持（省市县按3∶3∶4比例分担）。

庆阳市集中和分散安置残疾人就业基地建设管理规定

庆阳市人民政府令〔2014〕第4号

第十四条 基地集中和分散安置的残疾人（户）经考核达标的，由基地认定单位给予以下奖励和扶持。

（一）基地集中和分散安置残疾人（户）数达到10人（户）以上的，给予10至30万元现金奖励或相当水平的实物补助；

（二）每超额安置扶持1名（户）残疾人，每年奖励2000元，奖励年限为3至5年；

（三）每年给予基地5万元或相当水平的实物补助，扶持年限为3至5年；

（四）基地分散安置扶持的残疾人（户），每年给予6000元或相当水平的实物补助，扶持年限为3至5年。

第十条 本规定自2014年6月1日起施行，有效期为5年。

白银市盲人保健按摩行业扶持实施方案（试行）

市残联发〔2014〕2号

由白银市财政局、白银市残疾人联合会印发。

一、扶持范围

持有"盲人保健按摩机构执业资格证书"，取得"企业法人营业执照"或"个体工商户营业执照"，法定代表人为一、二级盲人（不包括低视力残疾人），并通过年检的盲人保健按摩机构。

二、扶持条件

同时具备以下条件，按照本实施方案给予扶持：

1. 盲人保健按摩机构名称中必须包括"盲人保健按摩"字样，且经营1年（含1年）以上；

2. 与盲人按摩师签订1年以上（含1年）劳动合同，盲人按摩师工资不得低于白银市最低工资标准，并为盲人按摩师按时足额缴纳养老保险；

3. 安置白银户籍盲人按摩师占总盲人按摩师比例不得少于50%；

4. 按摩服务场所符合《甘肃省盲人保健按摩行业暂行管理办法》规定。

三、扶持标准

根据盲人保健按摩机构经营面积和安置盲人按摩师就业人数，确定下列补贴标准。

经营面积在30平方米（含）以下，每年一次性补贴不低于4000元；经营面积在40平方米（含）以下，每年一次性补贴不低于5000元；经营面积在50平方米（含）以下，每年一次性补贴不低于6000元；经营面积在60平方米（含）以下，每年一次性补贴不低于7000

元；经营面积在70平方米（含）以下，每年一次性补贴不低于8000元；经营面积在80平方米（含）以上，每年一次性补贴不低于10000元；机构每安置1名本地（白银户籍）盲人，并与盲人按摩师签订1年以上劳动合同，每年一次性补贴不低于3000元。

三、工作综述

2014年，在省委省政府的坚强领导、中国残联的有力指导及各有关部门和社会各界的大力支持下，甘肃各级残联深入贯彻中央和省关于残疾人事业的新部署、新要求，全省残疾人工作呈现出领导重视程度高、助残民生项目实、经费支持力度大、大型活动效果好、各地特色亮点多、残疾人受益面广等特点，全省残疾人事业在新的起点上取得显著成绩，迈上了新的台阶。

（一）事业发展瓶颈在领导重视中取得新突破

全省残疾人工作得到了各级领导的格外关心、格外重视和大力支持，进一步激发了各级残联的发展动力和社会各界的助残活力，有效突破了一些制约残疾人事业发展的瓶颈问题。国务委员王勇带领中国残联理事长鲁勇一行专题调研甘肃省残疾人工作，充分肯定了甘肃省残疾人康复、扶贫、基层组织建设、文化和兰州新区省残疾人综合服务基地建设，并协调财政部下达康复机构建设和救助项目资金4000多万元。省委省政府始终把残疾人事业纳入全省发展大局，省委常委会、省政府常务会4次研究残疾人工作，王三运书记、刘伟平省长3次对残疾人工作做出批示；2014年省政府工作报告9处强调残疾人工作，省政协工作报告要求加强残疾人工作调查研究、促进残疾人事业发展；省委省政府分管领导多次深入调查研究、召开专题会议，协调解决残疾人民生项目实施、康复机构建设等突出问题。中国残联倾斜支持甘肃省残疾人工作，拨付专项工作经费和项目资金1.51亿元，落实2个市级康复中心、4个县级托养服务机构设施建设项目，配发流动服务车26辆；争取将30万人以上县区残疾人服务机构、省听力语言康复中心建设和政府购买残疾儿童抢救性康复服务等3个项目列入中央彩票公益金支持序列。

（二）助残民生项目在制度完善中富有新成效

2014年，全省各级共投入近5亿元实施为残疾人办实事项目，比上年增加了一倍多。其中，实施农村贫困残疾人危房改造14750户、为7万一级重度残疾人发放护理补贴、首次为10万特困残疾人发放生活补贴，甘肃省成为西部唯一建立残疾人"两补"制度的省份，为全面建立贫困残疾人兜底保障制度打下了基础。残疾人教育就业扶贫"百千万"工程取得预期成效，扶持5000名贫困残疾学生，各级特教学校在校生达2385人，全国高校录取甘肃省残疾考生267名；集中扶持80家残疾人就业单位，奖励50名残疾人企业家，扶持1万名残疾人创业，高层次培训1万名残疾人，全省新增残疾人就业5910人。残疾人就业培训和服务水平持续提升，成功举办全省残疾人职业技能竞赛、特教学校青年教师教学基本功大赛，建成省人才市场残疾人就业服务大厅，扶持创建13个国家级残疾人职业培训基地，14个市州和35%的县级就业服务机构达到规范标准。残疾人就业保障金地税代征、财政代扣步入规范化，超额完成年度征收任务。争取引进实施一批国家财政及社会慈善康复救助项目，通过全省康复定点机构实施国家财政"七彩梦行动计划"和彩票公益金康复项目，为4424名贫困残疾儿童实施人工耳蜗植入、肢体矫治康复等手术及训练服务，为6000多名残疾儿童适配辅助器具，近万名残疾儿童通过康复融入正常生活；实施复明手术4.5万例，其中免费2.3万例、争取香港慈善机构捐助3000例；对1万名盲人进行定向行走训练；为3000名精神病患者免费提供服药医疗；为重度贫困残疾人安装假肢、验配辅具13060件。实施贫困残疾人家庭无障碍改造1279户；为23922人发放残疾人机动轮椅车燃油补贴622万元。省残疾人福利基金会募集各类善款善物折合2400多万元，开展残疾儿童助养、基层康复服务等慈善公益项目23个，甘肃省"集善工程"经验在全国14个省市推广。

（三）康复服务水平在强基增效中实现新跨越

全省残疾人康复机构建设取得历史性突破，三大省级康复机构在全国率先全部建成国家区域中心，示范带动全省各级各类康复机构为120万残疾人提供康复服务，康复工作专业化、网络化建设水平进一步提高。省康复中心引进前沿康复技术、增设特色科室，门诊总量同比增长41.38%，组织医疗队18次到基层筛查病员25.4万人，再次荣获"全国百姓放心示范医院"；中国残联与省政府签订协议，全力支持省残疾人辅助器具资源中心创建国家西北区域中心、德国奥托博克医疗集团在华区域中心和"一带一路"国际康复援助基站；省听力语言康复中心独立分设为县级事业单位，率先在全国残联系统开展人工耳蜗调试，收训听障儿童康复率达到94.6%，综合康复成效跻身全国前五名。同时，狠抓市县康复服务工作，以中国残联康复人才培养基地为依托，培训各级康复骨干2000余名；在武警甘肃总队医院联合设立省残疾人脑瘫手术治疗中心，增设兰州、武威、甘南和临洮、陇西、山丹、高台等市县机构为国家项目定点康复机构，成立省康复中心医院金昌分院、白银分院、礼县分院，新建成白内障无障碍县市区31个，39家市县康复服务机构投入运行。兰州新区省残疾人综合服务基地加快建设进度，省听力语言康复中心和残疾人托养服务中心服务设施即将投入使用，省残疾人辅助器具资源中心综合服务大楼即将开工建设。成功举办全省康复护理技能大赛、残疾人康复科学技术奖年度评审等活动，层层开展了"国际爱耳日"、"全国爱眼日"、"全国麻风病日"、"全国孤独症日"等康复宣传咨询活动，进一步普及了残疾预防和康复知识。

（四）扶贫攻坚模式在精准发力中得到新转变

各级残联以省委省政府实施"1236"扶贫攻坚行动为契机，协调推动扶贫部门将贫困残疾人优先纳入扶贫大局、倾斜落实扶贫政策，残疾人扶贫实现从救济"输血"向挖潜"造血"的转变。据统计，全年各级用于残疾人扶贫和生活补贴的资金达4.7亿多元，直接受益残疾人38万人，其中实现脱贫10万人，通过"双联"行动帮扶近8万人。各级残联投入保障金5000万元，建立扶贫就业基地200多家，举办各类残疾人农业科技培训100多期，培养"种养加"技术能手和省级农业科技示范户近千名，带动近10万残疾人增收；省残联在双联点会宁县丁家沟乡投入1540.8万元，办实事150余件，被省委双联行动协调推进领导小组评为优秀单位、授予"民心奖"。在国务院扶贫办、中国残联组织的《农村残疾人扶贫开发纲要（2011—2020年）》执行情况考核评估中，甘肃省位列全国第三。同时，推动有关社会保障和公共服务政策落实，使44.8万残疾人优先纳入低保，实现应保尽保，农村贫困残疾人生活救济救助覆盖率达100%，残疾人新农合参合率达98.2%、新农保参保率达98.5%。

（五）权益保障工作在政策落实中获得新提升

省政府办公厅印发《甘肃省特殊教育提升计划（2014—2016年）》，参与制定涉及残疾人权益保障的9个省级规范性文件，在残疾人教育就业、康复医疗、保障救助、志愿助残方面做出一系列特惠政策安排。多形式推动残疾人优惠政策落实，省政协赴4省及甘肃省29市县，开展残疾人事业法规政策落实视察调研活动；省政府残工委连续三年开展"残疾人扶助政策落实年"活动，省人社、省财政、省民政、省住建等6部门专门发文安排督促全系统实施工作。积极推进残疾人参政议政，148名残疾人、残疾人工作者及亲友代表进入各级人大代表、政协委员行列；及时协助相关部门办理有关人大代表、政协委员建议、提案任务。推动发挥省残疾人法律救助领导小组及其办公室职能，为残疾人提供法律救助服务150多次；积极应对和协调解决残疾人免费停车位落实、全国首位盲人考生录取等维权信访问题，维护了残疾人权益和社会稳定。

（六）各级残联组织在全面建设中展现新作为

以党的群众路线教育实践、"基础管理建设年"等活动为抓手，以落实中央八项规定和省委"双十条"为切入点，聚焦解决"四风"问题，扎实开展省市县乡四级残联人、财、物调查和政府购买残疾人服务调查，持续强化资金资产管理、内部审计监督、项目绩效评估等工作，各级残联的基础管理更加规范、项目数据更趋完善、务实作风进一步形成；省残联创建为省直文明单位，省残疾人福利基金会被评为省属社会组织5A级基金会。狠抓对下协管工作，配备市州残联纪检组长7个，调整充实市县残联理事长9人，市县两级班子残疾人干部配备率分别达到100%和91%。结合"强基育人"工程，组织实施能力素质"百千万"提升计划，逐级扎实推进业务培训。全省1352个乡镇（街道）全部建立了残联组织、专职理事长达到61.2%，82%的乡镇（街道）、社区专职委员纳入政府公益性岗位，16120名村专职委员落实了每月至少100元的误工补贴；全省助残志愿者达到40万人，志愿者组织发展到2300多支。各级残疾人专门协会积极建言献策、创新载体抓手，推动实施一批社会关注度高的助残实事，有效发挥了残联"手脚"、"外脑"的职能优势。精心组织开展全省残疾人基本服务状况和需求专项调查，圆满完成临洮全国试点和景泰全省试点工作，召开全省"基础管理建设年"及专项调查工作推进会，狠抓业务培训和质量提升，实施协会监督和第三方评估，在全面完成国家调查任务的同时，科学实施甘肃省专项调查"两扩一开发"（扩大调查范围、扩充调查内容、开发信息平台）工作，先后在全国相关会议上介绍经验，有关做法被印发全国推广。全省近4万名调查员进村入户，对90多万持证和疑似残疾人进行摸底调查。

（七）助残社会宣传在借势借力中打造新格局

10家中央新闻媒体组成的采访团专程到甘肃省采访宣传残疾人工作，宣传甘肃和甘肃残疾人事业。隆重召开第四次全省自强模范暨助残先进集体和个人表彰大会，王三运书记发表重要讲话；树立了刘大铭、王旭东、苏兰萍等一批全国、全省自强模范和助残先进典型。组织开展第二十四次"全国助残日"活动、全国自强与助残先进事迹巡回报告等大型社会宣传活动，社会反响强烈。及时向各级党委政府及有关部门反映残疾人工作重要信息，甘肃省向中国残联网站投稿量居全国第二，省残联网站建设名列全国第三，全省在各级各类媒体刊登残疾人事业新闻稿件8000多篇条，其中中央和省级主要媒体宣传报道600多次，形成了全方位、多形式、不间断宣传残疾人事业的良好格局。残疾人文化体育丰富活跃，成功举办全省残疾人书法绘画摄影和小说散文诗歌大赛，舞蹈《浪尖上的人们》被中央电视台《舞蹈世界》授予"舞蹈全民星特别荣誉奖"，8件新闻作品在中国残联残疾人事业好新闻评选中获奖；成功举办全省第九届残运会暨第三届特奥会，实现了与省运会"同城举办、同样精彩"的目标；连浩等一批优秀运动员在亚残运会等国际赛事上摘金夺银。

（八）各地助残事业在创新发展中迸发新活力

各地围绕工作重点和瓶颈制约，因地制宜、创新作为，残疾人工作呈现出竞相发展、生气勃勃的喜人局面。**兰州市**"全国残疾人文化体育建设示范城市"创建工作成效显著，专门协会活动丰富活跃，政府补贴残疾人自主创业支持力度大。**嘉峪关市**建立专项基金扶持残疾人创业，对重度残疾人家庭全部实施人性化无障碍改造，为全市持证残疾人办理免费公交乘车卡，为残疾人康复托养服务中心配套建设经费400万元。**金昌市**积极培育爱心助残文化品牌，招募助残服务"折扣店"229家，全市残疾人申办烟草专卖证不受区域限制、考取驾照享受50%培训补助，政府集中扶持549名残疾人就业创业。**酒泉市**对全市偏瘫、脑瘫、精神病患者进行免费治疗，市电视台月播出手语新闻16次。**张掖市**将残疾人全部纳入低保并全面推行养老保险政策，为残疾人提供免费心理康复咨询服务，残疾人康复就业项目实、力度大。**武威市**成立残疾人就业促进会，免费培训扶持贫困残疾人养殖獭兔，举办武威、金昌、张掖三市残疾人就业交流暨单身残疾人寻缘联谊会。**白银市**高规格承办省残运会；市县财政投入1413.6万元，为全市重度残疾人发放水电气暖补贴。**天水市**市政府为省残运会获奖运动员、教练员发放奖金110.77万元，联合青岛制衣企业成立残疾人职业培训基地，争取国外慈善人士捐赠2020万元的棉衣、助听器。**平凉市**华亭县内公交、出租、客运车辆均对持证残疾人实行优惠，庄浪县制定实施免试录用优秀残疾大学毕业生的就业政策。**庆阳市**市政府出台《集中和分散安置残疾人就业基地建设管理规定》，召开残疾人就业观摩推进会议，投入1000多万元建成32个养羊基地，将辅具配备等纳入市政府为民办实事项目。**定西市**残疾人康复文化体育成效突出，安定区落实残疾人连续缴纳15年养老保险提前退休政策、为城市残疾人全部优先安排廉租房。**陇南市**培训100名残疾人电商创业户，扶持1000名残疾人兴办种养和个体工商实体，盲女刘巧红被中央电视台评为中国特别关注孝心少年。**甘南州**州委书记、州长亲自协调解决残疾人困难，提高残疾人"两补"标准，市场化实施康复服务工程。**临夏州**残疾人危房改造"交钥匙工程"影响面大，残疾人"暖心活动"广受欢迎，有效解决"三无"残疾老人养老问题。**甘肃矿区**按照重度每人每月320元、其他260元的标准，为残疾人发放水电气暖补贴，定期组织无业残疾人免费体检。

四、大事记

1月18日，由省委宣传部和省广电总台联合主办的"工行杯"感动甘肃·2013'十大陇人骄子评选活动揭晓，西北师范大学附属中学肢残学生刘大铭获得十大陇人骄子称号。

1月22日，在省政府召开的省"两会"建议提案交办会上，省政府要求相关部门抓好落实省残联党组书记、理事长华文哲等委员提出的《关于开展残疾人儿童康复项目救助工作的提案》《关于促进特殊教育事业发展的提案》等5件提案。

1月24日，省残联召开党的群众路线教育实践活动总结大会。省残联党组书记、理事长华文哲主持会议，并代表党组做活动总结，省委群众路线教育实践活动第十八督导组组长张兴中出席会议并讲话。机关全体党员干部、各直属单位主要负责人共80余人参加会议。

1月26日，省残联党组书记、理事长华文哲，党组成员、巡视员张恩和，党组成员、副理事长蒋录基分别带领3个慰问组，走访慰问会宁县丁沟乡线川、慢湾、荔峡三个村的贫困残疾人。

1月27日，副省长张广智一行走访慰问兰州市城关区残疾人自强模范和困难残疾人家庭。省政府副秘书长俞建宁、省残联理事长华文哲、省残联副理事长张秀丽、兰州市副市长咸大明、兰州市城关区委书记王宏陪同慰问。

2月7日，省残联班子走访慰问省康复中心医院及鱼池口分院医护人员。

2月28日，省残联召开领导班子和领导干部2013年度述职述廉及民主测评大会。省委组织部部务委员、第十考核组组长刘永杰及考核组成员出席会议。

2月28日—3月1日，省残疾人艺术团舞蹈《浪尖上的人们》应邀参与央视综艺频道《舞蹈世界》栏目"舞蹈全民星"节目录制演出，被授予"舞蹈全民星特别荣誉奖"。

3月2日，省残联、省卫生计生委等15个部门在兰州东方红广场隆重举办第十五次全国"爱耳日"宣传教育咨询活动。省残联党组书记、理事长华文哲，党组成员、副理事长蒋录基及相关单位的分管领导出席宣传活动并慰问工作人员。

3月5日，省文明办、团省委、省残联联合举行学雷锋"青年志愿者2014助残阳光行动"暨甘肃省郭明义爱心团队授旗仪式。全国道德模范、中共中央候补委员、全国总工会副主席郭明义，省委副书记欧阳坚，省委常委、省军区政委傅传玉，省人大常务会副主任孙效东，兰州大学党委书记王寒松等领导参加了授旗仪式。

3月7日，省政府残工委全体会议暨全省残联工作会议在兰州召开。副省长张广智出席会议并讲话。大会采用视频形式召开，省、市、县各级政府分管领导、残工委成员单位负责人、残联机关干部，在各地的省残联六届主席团委员、省残联六代会代表及各级残疾人各专门协会负责人等5000多人分别参加了主会场和各地分会场的视频会议。

3月10—14日，省残联党组书记、理事长华文哲，党组成员、副理事长蒋录基、张秀丽一行赴四川、重庆两地考察学习残疾人工作。

3月19日，2013年国际奥比斯甘肃儿童新视界项目总结大会在省康复中心医院召开。省残联党组成员、副理事长蒋录基出席会议并讲话。

3月21日，省康复中心医院从美国引进国际高端上下肢康复机器人，成为西北地区首家引进并全面应用康复机器人进行科学诊疗的医院。

4月3日，省残联召开残疾人社会保障法规政策落实年研讨会。省财政厅、省民政厅、省人社厅、省住建厅、省卫计委及省残联有关部门负责人参加会议。

4月8—12日，省残联党组成员、巡视员张恩和，党组成员、副理事长杨润泉，党组成员、纪检组长吴小萍一行赴浙江、福建两省考察学习残疾人工作。

4月11日、14日，省残联组织全系统干部职工赴省残疾人农业科技推广培训中心皋兰县实训基地开展春季义务植树活动。

4月12—14日，省残联理事长华文哲、副理事长蒋录基一行，专程赴广州、深圳两地拜会香港逸挥教育基金会主席洪逸挥先生和余彭年慈善基金会主席余彭年先生，双方就合作开展"蓝天行动"、"彭年光明行动"白内障复明手术项目交换意见并达成共识。

4月13日，兰州新区省残疾人综合服务基地第一个建设项目——省听力语言康复中心主体工程顺利封顶。

4月29日，为加快全省残疾人脱贫致富奔小康步伐，省残联制定下发《全省"百千万"残疾人教育就业扶贫工程实施意见》及配套方案。

5月5—8日，由人民日报社、新华社、中央人民广播电台、光明日报社、经济日报社、中国劳动保障报社、健康报社、中国企业报社组成的中央媒体采访团，对甘肃省残疾人工作和残疾人生活状况进行采访。采访团围绕2014年全国助残日主题"关心帮助残疾人，实现美好中国梦"，先后深入兰州、渭源、临洮、和政等地对残疾人种植养殖扶贫基地、残疾人创办的种植合作社及残疾人特困户进行采访。同时，中央媒体记者还采访了甘肃省加快残疾人事业发展等方面形成的新思路、取得的新成效、涌现出的好典型等。

5月13—14日，中国残联理事、康复部主任尤红一行到甘肃省调研残疾人康复机构建设，省残联党组书记、理事长华文哲，党组成员、副理事长蒋录基陪同调研活动。

5月15日，省委常委、省政法委书记泽巴足出席在兰州市民广场举行的第二十四次"全国助残日"活动暨甘肃省残疾人民生项目启动仪式。

图6-28-1 第二十次"全国助残日"活动暨甘肃省残疾人民生项目启动仪式现场。

5月16日，第五次全国自强模范暨助残先进表彰大会在北京人民大会堂举行。省委常委、副省长咸辉，省残联党组书记、理事长华文哲率领甘肃代表团赴北京参加表彰大会。表彰会上，甘肃省8名个人、6个单位分别荣获全国自强模范和助残先进称号。

5月18日，由省政府残工委主办，临夏州政府残工委、和政县委县政府承办的"第二十四次全国助残日活动暨全省残联流动服务车配发仪式"在和政县举行。省政协副主席栗震亚，省政府残工委副主任、省残联党组书记、理事长华文哲等领导出席活动。

5月19—21日，省残联党组成员、巡视员张恩和一行深入陇南、天水市调研基层残疾人组织建设及专项资金执行情况。

6月9日，"甘肃省残疾人脑瘫手术治疗中心"落户武警甘肃部队医院，省残联党组书记、理事长华文哲，党组成员、副理事长蒋录基，武警甘肃总队后勤部副部长王世斌及医院院长刘志远等领导出席揭牌仪式。

6月15日，省残联在会宁县丁家沟乡组织开展"联村联户连民心，送医送药送文化"惠民服务活动。活动当天，省康复医院专家20余人组织3支医疗队，分别到丁沟乡线川村、慢湾村、荔峡村现场为600余群众进行免费义诊，免费发放药品价值6万余元，发放健康宣传资料1000余份。省残联还邀请省曲艺团艺术家为丁家沟乡农民群众义务演出，满足了农民群众的精神文化需求。

6月22日，国际奥比斯全球项目经理、亚太地区项目经理和北亚区项目经理刘春秀一行，对省康复中心医院开展奥比斯"甘肃儿童新视界"项目情况进行检查。

6月30日，省委常委、副省长咸辉在兰州宁卧庄宾馆亲切接见了"中国梦·我的梦·自强梦"——甘肃省全国自强模范与助残先进事迹报告团成员并发表讲话。报告活动由省委宣传部、省文明办、省教育厅、省人社厅、省残联组织，报告团成员由全国自强模范、残联系统先进个人、残疾人之家的代表和荣获感动甘肃"十大陇人骄子"的残疾人代表组成。报告团从6月30日开始，在全省14个市州和省属5所高校进行为期一个月的20场次巡回报告。

图6-28-2 首场报告会现场。

7月1日，省残联机关在会宁县红军会师园举行庆祝建党93周年表彰大会暨"重温长征历史、坚定理想信念"党员教育实践活动。

7月2日，省政府在兰州召开全省第九届残疾人运动会暨第三届特奥运动会筹备委员会第一次委员会议，省政府副秘书长、筹委会副主任张正锋主持会议并讲话。

7月3日，省残联召开"基础管理建设年"活动领导小组第一次全体会议，省残联党组书记、理事长、"基础管理建设年"活动领导小组组长华文哲主持会议并讲话。

7月3—9日，全国残疾人羽毛球公开赛在贵阳市举行，甘肃省选手取得了2银1铜、团体总分第八名的历史最好成绩。

7月11日，全省残联2014年上半年工作总结暨下半年工作安排部署会议在兰州召开，省残联党组书记、理事长华文哲出席并讲话。

7月12日，甘肃省8名优秀残疾人青少年参加了在天津举办的"第三届全国特殊青少年人才夏令营"活动。

7月13日，省政协副主席栗震亚、省农委工办副主任朱宝莹出席省残联组织的"中华名家书画展暨会宁县丁家沟乡荔峡村'致富之路'书画精品义卖捐赠活动"开幕式。

7月15日，全省残疾人教育就业扶贫工程心理咨询培训班在省康复中心医院举行开班仪式，省残联党组成员、副理事长蒋录基出席开班式并讲话。

7月19日，2014年全省残疾人康复科学技术奖评审会议在兰州召开。会议对全省医疗卫生、科研院所、残联康复机构推荐上报的24项康复医疗科研成果进行专业评审，评选出全省残疾人康复科学技术奖15项，其中一等奖2项、二等奖4项、三等奖9项。

7月21—24日，由省残联、省体育局、省残疾人体协主办，白银市政府承办的甘肃省第三届特殊奥林匹克运动会在靖远师范学校白银市艺术中学校区举行。此次特奥运动会共有白银市、兰州市、天水市等12支代表队、120名运动员参加，总规模达到300多人。此次特奥运动会共设田径、轮滑、篮球、足球4个大项88个小项的比赛。田径、轮滑项目按年龄段划分为12至15岁组、16至21岁组、22至29岁组及30岁以上4个组别；篮球个人技术设男子、女子两个组别；足球个人技术设男子组比赛。共决出金牌88枚、银牌78枚、铜牌63枚。

7月23日，全国残疾人基本服务状况和需求专项调查试点工作培训班在兰州举行。中国残联副主席、"基础管理建设年"领导小组办公室主任吕世明出席会议并讲话。

7月23日，全国残疾人基本服务状况和需求专项调查西北地区座谈会在兰州召开，甘肃、青海、宁夏、新疆、河南、新疆生产建设兵团残联分管领导和相关负责同志参加会议。

7月23—24日，中国残联党组书记、理事长鲁勇一行到甘肃调研残疾人工作，省委副书记、省长刘伟平在兰州会见了鲁勇一行，双方就加强甘肃残疾人工作交换了意见。省委常委、省委组织部部长吴德刚，省委常委、副省长咸辉参加会见。

图6-28-3 鲁勇在临夏州和政县松鸣镇中心村调研残疾人危房改造工作时同残疾人亲切交谈。

7月25日，省残联召开党组会议，专题传达学习省委十二届八次全委（扩大）会议精神。省残联党组书记、理事长华文哲主持会议并对学习宣传贯彻工作提出明确要求。

8月5日，第三期全省优秀残疾人专职委员培训班在兰州举行，省残联党组书记、理事长华文哲出席开班式并讲话，省残联党组成员、巡视员张恩和出席结业仪式并讲话。

8月12—13日，中国肢协主席徐凤建到甘肃调研指导肢协与专门协会工作。调研期间，徐凤建主席还同省残联党组书记、理事长华文哲，省肢协名誉主席张恩和等同志，就各级残联执行理事会进一步支持做好新形势下的肢协与专门协会工作，深入交换了意见。

8月14—24日，全省残疾人农业科技培训班在舟曲县举行。省残联党组成员、副理事长杨润泉出席开班式并讲话。

8月18日，省残联召开创建省直文明单位动员会议，省残联党组书记、理事长华文哲做动员讲话。

8月25日，全省"基础管理建设年"工作推进会、残疾人基本服务状况和需求专项调查座谈会在金昌市召开。省残联党组书记、理事长华文哲出席会议并讲话。

8月27日，中央财政支持社会组织参与社会服务"集善工程——听力助残"助残器项目甘肃省捐赠仪式在临泽县举行，仪式现场为20名听力残疾儿童和60名听力残疾老人免费发放了总价值44.14万元的助听器。

8月29日—9月2日，全省第九届残疾人运动会暨第三届特奥运动会在白银市举办。省委常委、省政法委书记泽巴足宣布运动会开幕，省委常委、副省长、组委会主任咸辉讲话，省人大常委会副主任李慧、省政协副主席张景辉出席开幕式。运动会分肢体、视力、听力、智力残疾4大类，共有田径、游泳、射击、自行车、乒乓球、羽毛球、中国象棋、飞镖、坐式排球、聋人篮球、轮滑、足球、篮球等13个项目30个级别的比赛，有来自14个市州和甘肃矿区的16支代表队参赛，总规模达到1941人，为历届之最。经过激烈角逐，共产生金牌258枚、银牌210枚、铜牌147枚，其中1人1次超1项全国纪录，59人88次破73项全省纪录。白银等代表团获得总分前八名；兰州等16个代表团、李志民等28名教练员、张君等55名裁判员、宁敏等17名工作人员、吴红雄等114名运动员获得"体育道德风尚奖"。

8月29日，省残联资助贫困大学生助学金发放仪式在会宁县丁家沟乡荔峡村举行，来自线川、慢湾和荔峡村的37名贫困学子获得3.7万元资助。省残联党组成员、纪检组长吴小萍出席助学金发放仪式。

9月3日，中国残联、教育部和交通银行共同举办的2014年度"交通银行特教园丁奖"表彰活动揭晓，甘肃省兰州市城关区辅读学校杨永霞、白银市特殊教育学校梁宏丽、甘南州合作市藏族小学格日草荣获2014年度全国"交通银行特教园丁奖"。

9月14—16日，全国残疾人基础服务状况和需求专项调查工作推进会在河南省驻马店召开，中国残联副主席吕世明出席会议并讲话。甘肃省在大会上做了《念好五字块，确保五到位，全面摸清搞实残疾人基本服务状况和需求》的经验介绍。

9月19日，全省中枢神经损伤后的抗痉挛治疗技术培训班开班仪式在省康复中心医院举行，省残联党组成员、副理事长蒋录基出席并讲话。

9月22日，省残疾人福利基金会在兰州举办轮椅捐赠仪式。美国欣欣教育基金会、扶轮社、世界轮椅协会等三家慈善机构向甘肃省兰州市城关区残联、东乡县残联的贫困残疾人各捐赠100辆轮椅，帮助他们走出家门、享受阳光、减轻家庭负担、改善生活条件。

9月26日，省政府参事室在兰州调研残疾人重度护理补贴和特困生活补贴发放情况。

10月10日，省残联召开干部大会，传达学习中央和全省党的群众路线教育实践活动总结大会精神。

10月14—16日，国务委员王勇在兰州市、临夏州、白银市的部分区、县和基层社会调研民政、残疾人工作时强调：要认真贯彻落实党中央、国务院关于保障和改善民生的重要决策部署，进一步加大工作力度，健全社会救助体系、养老服务体系和社会福利制度，完善残疾人社会保障和服务体系，促进各项政策措施扎实落地、取得实效，让广大困难群众和残疾人共享经济社会发展成果；要高度重视支持民政和残疾人事业发展，加强基层民政和残联服务能力建设，创新困难群众和残疾人生活保障和服务方式，鼓励和引导社会力量举办养老、康复机构和发展福利事业，有效增加服务供给，提升服务质量和水平，努力推动民政和残疾人工作再上新台阶。省委副书记、省长刘伟平，省委常委、副省长咸辉，省委常委、兰州市委书记虞海燕，副省长王玺分别陪同调研。

图6-28-4　王勇在省康复中心调研残疾人工作。

10月15—20日，中国残联、国务院扶贫办第六督导组对甘肃省《农村残疾人扶贫开发纲要（2011—2020年）》执行情况进行督导检查。

10月17日，省残联在会宁县双联村组织开展"走进贫困村·共度贫困日"主题实践活动。

10月20—26日，省政协副主席张景辉带领调研组深入临夏州、甘南州和陇南市所属的部分县市的乡镇（街道）、村（社区）调研残疾人事业法规政策执行情况。省政协常委、社会和法制委员会副主任张兴照，省残联党组书记、理事长华文哲参加了调研。

10月24—25日，省政协常委、社会和法制委员会副主任张兴中一行，在省残联巡视员张恩和的陪同下，深入定西市调研残疾人事业法规政策贯彻落实情况。

10月26—27日，省政协常委、社会和法制委员会副主任南明法，省政协委员、社会和法制委员会副主任刘如厚等，在省残联纪检组组长吴小萍陪同下，深入平凉市调研残疾人事业法规政策贯彻落实情况。

11月1日，在省残联和省人社厅领导的重视支持下，省残疾人就业服务大厅在省人才市场综合大楼一楼建立并试运营，大厅设政策咨询、求职登记、就业推介、就业年审等四个服务窗口。

11月2日，"信合杯"第三批甘肃省"最美人物"评选活动揭晓，甘肃省全国自强模范王旭东获此殊荣。

11月6日，全省残疾人事业统计暨残疾人状况监测工作培训班在兰州举行。省残联副理事长张秀丽出席开班式并讲话，省残联副巡视员李忠宣读了2013年度全省残疾人事业统计和状况监测工作通报。

11月6—10日，在布宜诺斯艾利斯举行的"探戈杯"第十二届阿根廷残疾人乒乓球公开赛上，甘肃省残疾人乒乓球运动员连浩获得1枚金牌和1枚铜牌。

11月10—23日，省政协社会和法制委员会组成2个考察调研组，分别对重庆、湖北、海南、广西等四省（市、区）落实残疾人法规政策的经验和做法进行了全面深入的考察调研。省残联纪检组组长吴小萍、省残联副巡视员李少惠陪同考察调研。

11月14日，由中国残疾人福利基金会、NU SKIN如新集团和省残联、省残疾人福利基金会联合举办的"集善如新创星汇走进甘暨2014年度甘肃省残疾人创业新星争锋大赛"在兰州举行。中国残疾人福利基金会理事长汤小泉，全国政协委员、中基会理事、NU SKIN大中华区域总裁范家辉等出席大赛。此次大赛是中基会和NU SKIN如新集团在甘肃省实施的"集善如新创星计划——残疾人创业投资"项目中的一个重要活动，由"集善如新创星基金"以无息贷款的形式资助残疾人实施创业项目，共资助45万元。

11月15日，中国残疾人福利基金会、中国交通建设股份有限公司和省残疾人福利基金会在陇西县举办"中央企业集善工程·社区康复服务站"甘肃项目启动暨揭牌仪式。该项目由中国交通建设股份有限公司捐赠100万元，在酒泉市、定西市陇西县、陇南市两当县三地建立社区康复服务站，为广大残疾人提供良好的康复训练和多种康复服务。

11月16—20日，全省残疾人专项调查师资及督导人员培训会议在兰州举行。中国残联信息中心主任、"基础管理建设年"活动领导小组办公室副主任崔慧萍一行出席开班式并全程督导培训工作。培训通过理论讲解、模拟试填、入户调查登记、上机操作、现场答疑、考试考核等环节，使全部参训人员熟悉掌握了调查指标填写、调查工作流程和具体操作方法。

11月17—21日，省残联和甘肃广播电视大学残疾人教育学院联合举办全省基层残疾人专职委员提升培训班。国家开放大学残疾人教育学院甘肃分院院长，甘肃广播电视大学党委委员、副校长纪平在开班式上致辞；省残联党组成员、巡视员张恩和出席开班仪式并讲话。

11月17—22日，由省教育厅和省残联共同举办的全省第三届特殊教育学校青年教师基本功大赛暨校本教材展示交流活动在天水市进行。省教育厅副厅长旦智塔、省残联副理事长杨润泉、天水市副市长张建杰出席开幕式并讲话。大赛旨在促进全省特殊教育质量和教学水平的提高，使特殊教育学校优秀青年教师脱颖而出。比赛内容主要是教师的说课、课件制作、普通话、钢笔字、粉笔字、中国手语、盲文等特教课堂教学应用的基本功展示。

11月21日，第四次全省自强模范暨助残先进集体和个人表彰大会在兰州宁卧庄宾馆大礼堂举行。会前，省委书记、省人大常委会主任王三运，省委副书记、省长刘伟平在兰州宁卧庄宾馆会见第四次全省自强模范暨助残先进集体和个人表彰大会受表彰代表。省委常委、省政法委书记泽巴足，省人大常委会副主任孙效东，副省长夏红民，省政协副主席张景辉出席会议。副省长夏红民做了重点讲话。省政府残工委副主任、省残联党组书记、理事长华文哲主持会议。

11月21日，省综治办、省委宣传部、省发展改革委、省公安厅、省民政厅、省司法厅、省财政厅、省人社厅、省卫生计生委、省残联等部门下发了《关于印发〈甘肃省肇事肇祸等严重精神障碍患者救治救助办法（试行）〉的通知》（甘综治办〔2014〕32号）。《办法》的出台，对加强肇事肇祸等严重精神障碍患者救治救助工作、深化平安甘肃建设、维护社会和谐稳定具有重要意义。

11月24日，由中国残疾人辅具中心主任陈振声为组长的中国残联辅助器具机构建设督导组到甘肃省督导工作。

11月25—27日，由省残联、省人社厅共同主办的第五届甘肃省残疾人职业技能竞赛在兰州隆重举行。夏红民副省长出席开幕式并讲话，省残联党组书记、理事长华文哲主持开幕式并在闭幕式上讲话，省残联党组成员、副理事长、组委会副主任杨润泉介绍了竞赛有关情况，省人社厅副厅长刘诚出席开幕式并讲话。竞赛共设6大类16项，来自全省的14个市州代表队172名选手参赛，经过3天激烈角逐，圆满完成全部赛程，共决出一等奖16名、二等奖20名、三等奖36名，评选出团体奖5个、组织奖7个。此次竞赛是甘肃省历届残疾人职业技能竞赛中规格最高、规模最大、项目最全、竞争最为激烈的一次。

11月26日，省残联副理事长张秀丽、副巡视员李少惠一行对兰州市创建全国残疾人文化体育建设示范市工作进行检查指导。兰州市残联理事长孔令利、副理事长张军陪同检查。

11月29日，"黄河之声唱响陇原梦"全省盲人歌手大奖赛在兰州举行。中国盲人协会主席李伟洪、省残联巡视员张恩和出席大赛并讲话。此次活动旨在活跃基层盲人文化生活，帮助盲人走出家门、融入社会，展示自立自强的自我价值，让盲人朋友充分享受文化生活的乐趣。经过紧张激烈的角逐，马述靖以一首《呼伦贝尔大草原》征服了现场评委和观众，获得了一等奖。曾效、薛宏新获二等奖，韩文厚、马力、边文君获三等奖，嘉峪关市盲人协会获组织奖。

12月1—28日，省残联成立由会领导任组长的8个督导组，分赴全省14个市州和甘肃矿区督导专项调查工作。

12月2日，副省长夏红民在省残联调研时指出，要抢抓当前国家重视弱势群体民生改善和残疾人事业发展的重大机遇，进一步创新机制、鼓足干劲、整合资源、加大投入，切实保持当前全省残疾人事业发展的良好势头，努力为残疾人提供更多更实更便捷的社会服务。

12月3日，"心心相印"助残甘肃项目计划签约仪式在兰州举行，省残联党组书记、理事长华文哲与重庆刘一手心火锅饮食文化有限公司、重庆火锅产业集团董事长刘松与签订了"心心相印"助残帮扶甘肃项目协议。省残联党组书记、理事长华文哲代表省残联向刘一手集团总裁刘松颁发"爱心助残企业家"证书，重庆刘一手心火锅饮食文化有限公司在10年内分期分批为200名特困残疾人每人每月资助1000元。

12月8—12日，由省残疾人体育管理中心和省社会体育指导中心联合举办的全省首期残疾人社会体育指导员培训班在兰州举行。省残联副理事长张秀丽出席培训班并讲话。

12月16日，"彭年光明行动"工作组调研省康复中心医院鱼池口分院贫困白内障患者复明手术救助项目实施情况。

12月18日，副省长夏红民在会宁县专题调研残疾人"两项补贴"发放、农村贫困残疾人危房改造和康复服务等残疾人民生项目实施工作，并走访慰问残疾人家庭。省政府办公厅副主任姜安鹏，省残联党组书记、理事长华文哲陪同调研。

12月19—22日，在世界残疾人乒乓球公开赛斯达黎加站比赛中，甘肃省残疾人乒乓球名将连浩和队友获得TT9—TT10级男子团体冠军，个人获得TT10级男子单打亚军。

12月22日，全省残联系统依法维护残疾人权益培训班在兰州举行。省残联理事长华文哲出席开幕式并讲话，省残联纪检组长吴小萍主持会议。省信访局副局长史虎平等相关部门有影响的专家和省残联业务骨干围绕信访工作、法律援助、新农合保障、依法行政、残疾人立法、残疾人法制建设、残疾人权益保障等内容进行专题讲座。

12月24日，省政府新闻办在兰州召开"2014年为民办实事完成情况新闻发布会"。省残联副理事长杨润泉通报了农村贫困残疾人危房改造和特困残疾人生活补贴两件残疾人实事项目完成情况。

（王宇翔供稿）

青海省残疾人事业和残疾人工作

一、领导讲话与批示

国务委员王勇在青海视察时的讲话摘要
（根据录音整理）　　　　　2014年8月30日

习总书记说残疾人是特殊困难群体，对他们要格外关心、格外关注。要落实好中央精神，牢记"全心全意为残疾人服务"的宗旨，造福残疾人。通过各级残联和同志们的共同努力，不断提高服务水平，让残疾人感受到党和政府的关怀。

张海迪在青海视察时的讲话摘要（根据录音整理）　　　　　2014年8月31日

专职委员在一线工作，要关心残疾人、贴近残疾人，为他们服务，赢得他们的信任。残疾人有什么困难，多替他们反映，多替他们呼吁，哪怕争取一辆轮椅或一个拐杖，哪怕送去一句温暖的话语，也是关心和帮助。残疾人工作环环相扣，一定要把细致的工作做到残疾人身边。

全国有8500万残疾人，他们当中，生活水平有高有低。要想实现同步小康，就需要向残疾人家庭倾斜，要给予他们更高水平的投入。

鲁勇与基层残疾人工作者座谈时的讲话摘要（根据录音整理）　　　　　2014年9月1日

中央领导同志对青海残疾人工作非常重视，王勇国务委员对青海残疾人工作给予了充分肯定，这让我们深受鼓舞。希望按照中央要求，按照习总书记对残疾人事业"两个格外"的要求，抓好下一步工作落实。我谈点自己的看法，跟大家交流：第一，托住底，补短板；第二，保基本，维权益；第三，抓康复，促自立；第四，抓教育，提素质；第五，强服务，促就业；第六，倡人道，维尊严。

副省长匡湧在省政府残工委第二十次全体扩大会议上的讲话摘要　　2014年2月20日

2014年要着重做好以下工作：（一）进一步完善社会保障体系，着力提升残疾人保障层次和水平。一是提高残疾人基本生活保障水平，二是合理拓展社会保障范围。（二）进一步健全服务体系，着力提高服务残疾人的能力。一是加快服务设施建设，二是落实康复服务项目，三是做好托养服务工作，四是积极提供优质服务。（三）进一步实施更加有效的措施，着力维护残疾人各项权益。一是努力促进残疾人就业，二是扎实推进残疾人教育，三是重视残疾人文体事业发展。

副省长匡湧在《青海省残联系统创建民族团结进步先进区做法材料》上的批示
　　　　　2014年9月18日

省残联立足民族地区残疾人事业发展，努力改善各民族残疾人生产生活状况，着力解决各民族残疾人迫切需要解决的困难和问题，为先进区建设做出了积极贡献。望再接再厉、持之以恒地抓好落实。

省委常委、省总工会主席苏宁在《关于青海省残疾人就业工作总结的专报》上的批示　　　　　2014年12月1日

近年来，我省残联坚持正确方向，围绕中心，服务大局，为促进残疾人就业办了许多实事好事，值得充分肯定。尤为可贵的是，残联工作能够坚持问题导向，体现了求真务实、敢于担当的精神。望再接再厉，在发现问题、解决问题中前进，使全省残疾人共享改革发展成果、更加美好生活。

二、政策法规文件

青海省残疾、孤老人员和烈属所得减征个人所得税管理办法

第六条 残疾、孤老人员和烈属取得的劳动所得，实行按比例减征个人所得税的办法。

（一）个人取得的工资、薪金所得，月所得在1万元（含1万元）以下的，按应纳税额减征100%的个人所得税；月所得在1万元以上2万元（含2万元）以下的，按应纳税额减征50%的个人所得税；月所得超过2万元的，全额计征个人所得税。

个人取得的劳务报酬所得、稿酬所得、特许权使用费所得，每次所得在1万元（含1万元）以下的，按应纳税额减征100%的个人所得税；每次所得在1万元以上的，按应纳税额减征50%的个人所得税。

以上所得，指不减除任何费用的收入额。

（二）个体工商户生产、经营所得，对企事业单位的承包经营、承租经营所得，区别情况分别予以减征：

（1）实行核定征收的，月应纳税额200元（含200元）以下的减征100%的个人所得税；月应纳税额200元以上的，可从应纳税额中减除200元。

（2）实行查账征收的，年应纳税额8000元（含8000元）以下的，按应纳税额减征100%的个人所得税；年应纳税额8000元以上的，可从应纳税额中减除8000元。

（三）残疾、孤老人员和烈属兴办的个人独资企业和合伙企业以及个人独资企业和合伙企业中残疾、孤老人员和烈属投资者生产、经营所得，其个人所得税减征比例比照本条第2款第二项规定执行。其中：个人独资企业和合伙企业指实行查账征收的企业。

第十五条 本办法自2014年1月1日起执行。

青海省人民政府关于建立统一的城乡居民基本养老保险制度的实施意见

青政〔2014〕46号

四、基金筹集

（三）政府补贴

重度残疾人每人每年按300元缴费档次给予全额代缴。对参保人的最低缴费补贴30元和对重度残疾人全额代缴300元所需资金，由省财政承担80%，各地财政承担20%。参保人选择较高缴费档次增加的缴费补贴资金由各地财政承担。

青海省政府向社会力量购买公共服务实施办法

青政办〔2014〕74号

第三章 政府购买公共服务范围

第十三条 除法律法规另有规定，或涉及国家安全、保密事项以及司法审判、行政行为等不适合向社会力量购买的服务项目外，涉及基本公共教育类、劳动就业服务类、基本住房保障类、社会工作类、社会保障服务类、法律援助类、医疗卫生服务类、公共文化体育服务类、残疾人服务类、公共基础设施管护服务类、公共环境卫生服务类、公共交通服务类、市场监督类、其他公共服务类等领域的服务项目，均可向社会力量购买。

青海省政府向社会力量购买残疾人服务实施办法

青残联会发〔2014〕63号

第一章 总 则

第一条 为有效动员社会力量构建多层次、多方式的残疾人服务体系，提升残疾人服务的社会化、专业化、市场化水平，为广大残疾人提供优质高效的基本公共服务，特制订本办法。

第二条 残疾人服务主要包括残疾人康复、残疾人基本生活照料、残疾人无障碍设施改造、残疾人就业、残疾人法律服务等。

凡本省户籍、并持有第二代残疾人证的城乡残疾人均可享受以上服务。

第二章 政府购买残疾人服务项目

第三条 政府购买残疾人服务主要包括以下项目：

（一）残疾人康复服务。包括残疾儿童人工耳蜗手术、残疾人助听训练、残疾儿童康复训练、残疾人假肢装配及辅助器具适配。

（二）残疾人基本生活照料。包括残疾人托（供）养、日间照料等。

（三）残疾人无障碍设施改造。包括公共活动场所及残疾人家庭无障碍设施改造等。

（四）残疾人就业。包括残疾人就业培训、就业信息咨询、就业岗位介绍等。

（五）残疾人法律服务。包括为残疾人提供咨询、代书、调解、申请司法救助、残疾人维权等。

第三章 购买主体与承接主体

第四条 购买主体是指负责管理残疾人服务工作的各级残疾人联合会及所属事业单位。

第五条 承接主体是指具备一定条件，能够提供残疾人服务的社会组织、机构、企业等社会力量。包括在民政部门登记或经省政府批准免予登记的社会组织，以及依法在工商管理或行业主管部门登记成立的企业、机

构等。除此之外，还必须具备青政办〔2014〕74号文件第七条规定的准入条件。

第六条 各级残联所属事业单位可以作为承接主体承担残疾人服务，但必须符合青政办〔2014〕74号文件第九条有关规定。

第四章 购买方式

第七条 根据社会力量所提供的残疾人服务不同类型，合理确定政府购买服务方式。原则上可采用以下方式购买残疾人服务：

（一）购买服务项目。由购买方制定残疾人服务项目包，明确服务内容和服务数量、质量，并以服务外包方式向承接主体购买相关服务。

（二）购买服务岗位。由购买方根据服务对象及社会组织、企业和机构的实际，按照一定薪酬标准设定残疾人服务岗位，向社会组织、企业和机构予以购买。

（三）公建民营。由购买方提供服务场所供社会组织、企业和机构开展残疾人服务，或直接将政府所办的残疾人服务机构承包给社会组织、企业和机构运营。

（四）民办公助。对社会力量投资举办的残疾人服务机构，由购买方通过定额补助或定向资金补助、贷款贴息等手段，引导社会组织、企业和机构降低残疾人服务价格，改善服务条件，为残疾人提供多层次、高品质的服务。

第五章 支付标准及资金来源

第八条 按照"保本、微利"的原则，合理确定政府购买残疾人服务支付标准。原则上，根据所提供的服务类型及人数确定支付标准，具体由残疾人联合会商同级财政部门确定。

第九条 政府购买残疾人服务所需资金，主要从各级财政既有预算中统筹安排。不足部分由上级财政给予适当补助。

第六章 购买程序

第十条 政府购买残疾人服务按以下程序进行：

（一）编报年度购买计划。购买主体按照本办法的有关规定合理确定年度政府购买服务计划，报同级财政部门审批。购买计划包括购买方式、服务项目数量和质量、项目预算等。

（二）公开公示。购买服务计划及预算经同级财政部门批复同意后，由购买主体主动向社会公开相关信息。

（三）选择承接主体。通过公开招标、邀请招标、竞争性谈判、询价、单一来源采购等方式确定承接主体。

（四）签订购买合同。承接主体一经确定，由购买主体与其签订政府购买服务合同（以下简称"合同"），明确所购服务的范围、标的、数量、质量要求，以及服务期限、资金支付方式、双方权利义务和违约责任等。

（五）组织实施。合同一经签订，责任双方即可组织实施。购买主体对项目实施进行全程督导和检查，并在年底组织开展项目绩效评价。

第七章 组织保障

第十一条 健全工作机制。建立健全由政府统一领导、残联牵头，财政、民政、司法、共青团、工会、妇联等部门积极参与的工作机制，明确各自任务分工，强化工作责任，相互配合，合力推进此项工作。

第十二条 健全监管机制。各地、各部门要切实加强政府购买残疾人服务监督管理，完善事前、事中和事后监管体系，严格购买程序和项目管理，督导承接主体完善内部管理机制，健全财务制度，严格履约，确保服务数量、质量和效果。

第十三条 加强绩效评价。建立健全由购买主体、财政部门、服务对象，以及第三方组成的残疾人服务综合绩效考评机制。高度重视服务对象对服务满意度的评价，并增加考评比重。及时向社会公布绩效考评结果，注重考评结果运用，将其作为重新选定承接主体、调整政府购买残疾人服务预算的重要参考依据。

第十四条 加强政策宣传。各级残联要充分利用各种宣传媒体，广泛宣传政府购买残疾人服务工作的重要意义及政策要点，充分调动社会力量积极参与残疾人服务工作，为推进这项工作营造良好的舆论氛围。

三、工作综述

2014年，在省委、省政府的坚强领导和国务院残工委的有力指导下，各级政府残工委认真贯彻落实党的十八大，十八届三中、四中全会，省委十二届七次、八次全会精神，紧紧围绕全省中心工作，以加快推进残疾人小康进程为目标，结合各地区实际，切实履行职责，全力推动扶残惠残各项工作的有效落实，残疾人生产生活状况得到进一步改善。

（一）各级党委政府高度重视，残疾人事业踏上新的起点

国务委员、国务院残工委主任王勇到青调研视察残疾人工作，并做出重要指示。这是国务院领导首次就残疾人工作在一个省份进行专题综合性调研，体现了党和国家对残疾人、残疾人事业的高度关怀和重视。省领导骆惠宁、郝鹏、王建军、吉狄马加、苏宁、辛国斌、匡湧、纪仁凤等十分关心关注残疾人事业发展，先后视察调研残疾人工作，分别做出重要指示，并利用各种节庆

日看望慰问残疾人，带动引领了全社会扶残助残的良好氛围。有关省领导还加强与中国残联的联系沟通，协调解决青海省残疾人工作中的实际困难和问题。各级党委政府认真落实国家和省委省政府关于残疾人事业发展的部署和要求，通过听取残疾人工作汇报、出台残疾人优惠特惠政策、纳入目标责任考核指标等各种措施，细化量化残疾人事业主要指标，督促落实残疾人工作重点任务，有力推动了省委省政府决策部署和扶残惠残政策的贯彻落实。

（二）各成员单位认真履职，共同推进残疾人小康进程

2014年，省政府残工委36家成员单位共承诺办理106项具体工作，内容涵盖残疾人社会保障、康复、教育、就业、扶贫、文化、体育、宣传、权益维护等各领域，通过各成员单位的密切配合和共同努力，取得了实实在在的效果。**在保障残疾人基本生活方面**，有关单位安排资金1.3亿元，切实保障残疾人基本生活，进一步改善残疾人公共服务设施条件；对城乡低保对象中的残疾人实行分类施保、重点救助，将分类施保标准提高一倍；将3.1万残疾人纳入最低生活保障范围，为4.8万名重度残疾人发放生活补贴，为2.3万残疾人提供居家托养补助；将农村贫困残疾人等困难群众危旧房改造户均补助标准提高3000元；为1.1万名残疾人机动轮椅车车主发放燃油补贴。**在开展残疾人医疗康复方面**，有关单位逐步完善残疾预防体系，对1万名新生儿开展两种遗传代谢病和听力筛查；推动县级以上综合医院设置科室开展医疗康复服务，认真落实盲人医疗按摩进医院进社区；为3.4万残疾人提供不同程度的康复服务，整合项目结余资金实施了贫困脑瘫患儿早期医疗康复项目；依托青海大学医学院全面启动康复人才培养工作。

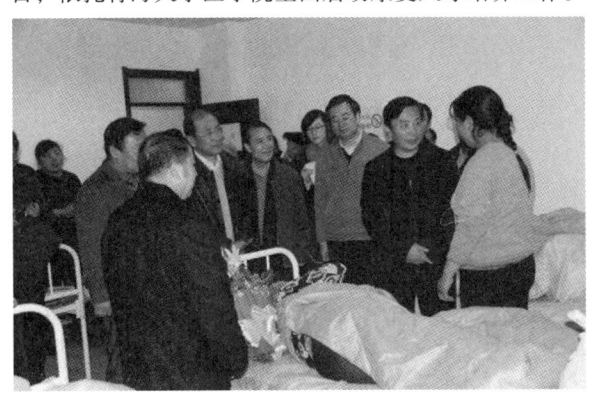

图6-29-1 匡湧向白内障手术患者家属了解手术效果。

在促进残疾人教育就业方面，有关单位制定实施《青海省特殊教育提升计划实施方案》和《青海省促进残疾人按比例就业的实施意见》，督促已建成的特校秋季招生开班，将义务教育阶段特殊教育生均预算内公用经费标准提高到4000元，全省特殊教育学校达到16所，在校生达2173人；开展2014年度"就业援助月"活动和全省第三届残疾人职业技能竞赛；认真落实残疾人就业税收优惠政策，积极支持残疾人就业保障金征收工作；为7443名残疾人提供各类培训，新增城镇残疾人就业2077人，按比例安排残疾人就业190名。**在帮扶残疾人脱贫致富方面**，有关单位积极开展农村"基层党组织扶贫助残工程"、"关心帮助残疾职工，实现美好中国梦"、学雷锋志愿服务活动暨青海青年志愿者助残"阳光行动"、母亲水窖、寒梅计划以及捐款捐物等扶残助残活动、项目，走访慰问、帮扶救助困难残疾人；指导建立残疾人扶贫基地81个，通过各种途径扶持贫困残疾人1.5万名，为600户贫困残疾人家庭实施了无障碍改造。**在丰富残疾人文体生活方面**，有关单位实施文化惠民工程，为残疾人开展文化活动提供便利条件；成立青海七彩梦残疾人艺术团，举办演出4场次，举行30余次不同类型的残疾人文化进社区（村）活动；首次将聋人篮球等4个残疾人体育竞赛项目列入全省运动会比赛项目，举办2014年环青海湖残疾人公路自行车邀请赛。

图6-29-2 青海七彩梦残疾人艺术团赴省女子监狱开展帮教活动。

在维护残疾人合法权益方面，有关单位重视支持残疾人事业立法工作，将残疾人就业工作规章列入2014年省政府立法计划酝酿论证项目；维护残疾人驾驶和乘坐火车权益，建立残疾人申领机动车驾驶证专用考场，残疾人申领驾驶证周期缩短一半以上，开展青年文明号"阳光助残"行动，努力改善残疾人乘坐火车难的问题；为711人次残疾人提供法律咨询服务，办理264件残疾人法律援助案件；残疾人信访结案率达95%以上。**在提高为残疾人服务能力方面**，有关单位积极推动残疾人基本服务状况与需求专项调查；及时制定了《政府向社会力量购买残疾人服务实施办法》，政府购买残疾人文艺演出和集中托养服务等2个项目先行试点；安排1500万元资金，建设了34个社区"残疾人之家"；下

达海南州和果洛州残疾人康复中心、海西州3个行委残疾人托养服务设施建设投资计划，总投资4790万元；大力推动乡（镇、街道）、社区残疾人组织公益性岗位开发工作，实现了全省乡（镇、街道）、社区残疾人组织公益性岗位全覆盖。**在营造残疾人平等参与社会环境方面**，有关单位支持举办5场全国自强模范暨助残先进事迹报告会，刊播、转载残疾人事业新闻1200余篇（条）。残疾人各专门协会活力增强，积极开展形式多样的各类活动，残疾人参与社会生活的积极性进一步提高，省肢协牵头成立"青海省残疾人企业协会"，并会同相关单位投资6.8亿元，打造全国第一个集中安置残疾人就业创业的标杆性园区——"青海省残疾人创业园"，项目土地正在协调落实之中。

2014年，通过全方位、大力度工作，在中央和省级财政预算资金外，争取募集资金2340多万元，支持青海省残疾人事业发展，青海省政府购买残疾人服务等一些工作走在了西部甚至全国前列，得到了中国残联和省委、省政府的充分肯定。

（三）各级残工委创新增效，推进残疾人工作再上新水平

从考核情况看，各地残工委2014年目标任务全面完成，各市州在部分领域攻坚克难、主动创新，进行了一系列探索和尝试，开辟了残疾人事业发展的新途径，呈现了不少亮点和特点。**西宁市**精心编织残疾人低保救助、生活补助、临时救助、医疗救助、危房改造、教育救助、康复治疗、就业扶持、优待抚恤、流浪乞讨救助等十张救助网，扎实推进残疾人基本生活"兜底"工作；**海东市**积极推动残疾人就业工作，将残疾人就业率或残疾人就业保障金收缴情况纳入市委、市政府对各县（区）年度目标考核内容，为市听力语言康复中心解决7个事业编制；**海西州**提高重度残疾人生活补助标准，城镇每人每月由156.5元提高到176.5元，农村每人每月由82.5元提高到92.5元；**海南州**组织开展了历时3个月的贫困残疾人基本情况调查，共核查出贫困残疾人8360人，为做好贫困残疾人基本生活兜底工作奠定了基础；**海北州**制定实施《海北州扶残助学暂行办法》，从政策层面为贫困残疾人家庭子女和贫困残疾学生高中以上阶段就学提供了制度保障；**玉树州**集中为州县两级残联31名工作人员解决编制或公益性岗位，认真落实灾后重建残疾人奶牛养殖项目，并以盈利资金扶持贫困残疾人家庭，共发放资金14万元，扩大了项目扶持面；**果洛州**州委宣传部改进残疾人工作宣传，在州电视台及时报道残疾人工作，甘德县每年补贴20万元用于县残疾人托养中心运行；**黄南州**周密部署残疾人基本状况和需求专项调查培训工作，各县残工委主任与各乡（镇、街道）一把手普遍签订了目标责任书，并落实了工作经费。

青海省残疾人工作面临的困难和挑战，一是残疾人事业"基础弱、资源少、范围广、难度大"的基本形势尤为突出，对残疾人提供社会保障的能力和水平还难以满足残疾人事业与全省经济社会协调发展的本质需要，社会保障机制仍然有待完善；二是为残疾人服务中"力量弱、底子薄、需求大、标准高"的实际矛盾较为突出，基层残疾人工作人员编制紧缺、专业技术力量弱的现状亟待改变，为残疾人提供各类服务的能力有待进一步提高；三是各级残工委统筹牵头，动员有关部门积极参与、攻坚克难、联动推进的工作机制尚待完善。为此，要进一步认清形势、认真研究，积极采取有效措施，不断改进工作作风和工作方式，有效发挥职能作用，共同破解制约青海省残疾人事业发展的"瓶颈"问题。

四、大事记

1月26日，青海省委书记、省人大常委会主任骆惠宁到湟源县波航乡纳隆村看望慰问残疾人，省残联理事长肖建军陪同慰问。

2月20日，青海省政府残工委第二十一次全体（扩大）会议在西宁召开。副省长匡湧和省政府残工委各成员单位负责同志出席会议。省政府残工委副主任、省残联理事长肖建军向会议报告工作，会议通报了2013年各市（州）残工委目标责任完成情况，表彰了全省自强模范、扶残助残先进集体、扶残助残先进个人、残疾人之家、残联系统先进工作者。匡湧副省长与各市（州）政府残工委主任签订了2014年度目标责任书。

2月20日，青海省残联召开第六届主席团第二次全体会议，会议选举匡湧同志为省残联第六届主席团主席，巨伟同志为省残联第六届主席团副主席，索南才让同志为省残联第六届主席团委员，并审议通过了关于省残联执行理事会工作报告的决议。

2月20日，2014年全省残联工作会议在西宁召开。会议通报了2013年度各市（州）残联目标责任完成情况，命名了2013年青海高原"自强和谐号"集体和个人，表彰了残疾人就业先进单位，对2014年度重点工作进行了安排。

2月27日，副省长匡湧在北京与中国残联副主席、党组书记、理事长鲁勇举行工作会谈。匡湧感谢中国残联给予青海的支持，介绍了近年来青海省残疾人事业发展情况和工作安排。中国残联副主席、党组成员吕世

明，组联部副主任张超英和省残联理事长肖建军、副理事长曹晓等参加了会谈。

3月28日，青海省残联下发《关于开展残疾人社会保障和服务体系建设改革试点工作的通知》，在全省8个市（州）的20个县（区、市、行委）开展残疾人社会保障和服务体系建设改革试点工作，涉及各等级、各类别残疾人养老保险补贴、医疗保险补助、生活补贴、助学补助、护理补贴和政府购买服务等一系列民生政策核心内容，为推进残疾人同步小康进程，研究制定相关配套政策措施打下了基础。

5月15日，在第二十四次"全国助残日"期间，青海省委常委、省总工会主席苏宁在省总工会副主席付东明、省残联副理事长曹晓一行陪同下到西宁市城西区贾小庄社区"残疾人之家"及西宁爱华照明科技有限公司，看望慰问福利企业及残疾职工。

5月16日，省委常委、省总工会主席苏宁率青海省代表赴北京参加第五次全国自强模范暨助残先进表彰大会，青海省5名个人和3个集体受到了表彰。西宁市城北区中医院副院长郑磷挺、海东市互助县威远镇师延兴工作室主任师延兴被授予"全国自强模范"荣誉称号，海西州德令哈市残联理事长喇玉虎被授予"全国残联系统先进工作者"荣誉称号，西宁市儿童福利院院长王莉、玉树州称多县羊羔花民族服装裁缝培训中心主任江巴叶西被授予"全国助残先进个人"荣誉称号，海东市民和县川口镇川垣社区被授予"全国助残先进集体"荣誉称号，青海省残疾人劳动就业服务中心、西宁市城西区残疾人综合服务中心被授予"残疾人之家"荣誉称号。

5月18日，省委常委、省委宣传部长吉狄马加、副省长匡湧在省政府副秘书长巨伟、省残联理事长肖建军等陪同下，看望慰问省特殊教育学校师生和残疾人家庭。

5月22日，青海七彩梦残疾人艺术团在西宁成立，规模在150人左右，演员主要由肢体、听力、视力残疾人组成，艺术团的成立填补了青海省残疾人文化艺术领域专业力量的空白。

5月22日，青海七彩梦残疾人艺术团在青海师范大学音乐厅进行汇报演出，50名肢体、视力和听力残疾演员表演了舞蹈、声乐和器乐等11个节目。省政府残工委成员单位领导、社会爱心人士、残联工作人员、省特校和西宁市特校师生共500余人观看了演出。

6月18日起，青海省全国自强模范与助残先进事迹报告团先后在西宁市华罗庚中学、青海大学、西宁市第三中学、青海省委党校、青海师范大学进行了5场巡回报告，宣传残疾人自强模范和助残先进事迹，倡导扶残助残的良好社会风尚。

6月24日，省残联召开第六届主席团第三次全体会议。会议审议通过白谊青同志为青海省残疾人联合会第六届主席团委员，并推举白谊青为省残联执行理事会副理事长。魏洪同志不再担任省残联第六届主席团委员和省残联副理事长。

7月1日，青海省残疾人康复就业服务中心正式投入运行，平均每日为200人（次）残疾人提供康复、职业技能培训、就业指导等服务，省级残疾人资源中心的辐射、带动、引领功能得到有效发挥。

7月21—22日，中国残联副主席、党组成员吕世明，中国残联组联部主任曹跃进就青海省残联"基础管理建设年"活动残疾人基本服务状况和需求专项调查工作进行专题调研。

8月15日，省政府残工委召开残疾人基本服务状况和需求专项调查工作专题会议，贯彻落实国务院残工委第二次全体会议和省委十二届六次全体会议精神。副省长、省政府残工委主任匡湧主持会议并做重要讲话，会议总结回顾了2014年上半年全省残疾人工作，安排部署了下半年重点工作，重点研究和安排部署全省残疾人基本服务状况和需求专项调查工作。

8月19日，省残联举办了2014年全省残联系统理事长暨残疾人基本服务状况和需求专项调查工作培训班。省残联理事会领导、相关业务部门负责人，各市（州）、县（区、市、行委）残联理事长及负责残疾人基本服务状况和需求专项调查的工作人员共118人参加了培训。

8月30日—9月1日，国务委员王勇在国务院机关党组纪检组组长阎京华，中国残联主席张海迪，民政部副部长窦玉沛，中国残联党组书记、理事长鲁勇，中国残联副理事长程凯等领导陪同下，对青海省残疾人工作进行调研。王勇在省残联、西宁市、海西蒙古族藏族自治州实地考察了残疾人就业、康复、保障等工作，充分肯定了青海省残疾人工作取得的成绩。省委书记骆惠宁，省长郝鹏，省委副书记、西宁市委书记王建军，副省长、海西州委书记辛国斌，副省长匡湧分别陪同参加相关调研活动。

8月31日，中国残联主席张海迪到青海省互助土族自治县调研残疾人工作，对残疾人烙铁画技能培训情况和互助县残疾人康复中心进行调研，并到互助县威远镇卓扎摊村看望慰问贫困残疾人家庭，查看了家庭危房和无障碍设施改造情况。张海迪代表中国残联、中国残疾人福利基金会向互助土族自治县残联捐赠50万元，用于残疾儿童和贫困残疾人康复工作。

8月31日—9月2日，以西部省市为主的部分省市残疾人就业工作座谈会在青海省西宁市召开。会议对各地残疾人就业服务工作推进情况、残疾人各项优惠扶助政策制定和落实、残疾人就业服务工作中亟待解决的问题等议题进行了座谈和研讨，并对今后进一步开展残疾人就业工作提出了指导性建议。中国残联党组书记、理事长鲁勇和副理事长程凯出席会议并做重要讲话。内蒙古、广西、四川、重庆、贵州、云南、陕西、甘肃、青海、宁夏、新疆和青海省西宁市就业中心主任参加了会议。

9月1日，中国残联党组书记、理事长鲁勇同志到省残联进行调研，并与基层残疾人工作者、残疾人代表座谈交流。青海省残联理事会成员、机关事业单位全体干部职工、省残疾人各专门协会主席，西宁和海东市、县（区）两级残联负责同志参加了座谈会。鲁勇指出，青海残联要全面贯彻落实好习近平总书记"两个格外"的指示精神，按照王勇国务委员指示和张海迪主席要求，扎扎实实抓好工作落实。

9月20日，青海省第十六届运动会暨全民健身大会开幕。此次省运会首次将乒乓球、羽毛球、象棋、聋人篮球等4个残疾人体育项目纳入赛事安排，来自各市州、省残疾人就业服务中心等8个代表队的150名残疾人运动员参赛，残疾人比赛项目积分计入市州代表团总分，推动了残疾人体育运动的普及和运动成绩的提高。

9月24—25日，青海省残疾人维权业务暨残联系统人大代表和政协委员培训班在西宁举行。全省市州残疾人维权业务分管领导、县级残联维权干部、残联系统人大代表和政协委员共计70人参加了培训。

9月25—26日，西藏自治区残联、扶贫办，新疆维吾尔自治区残联、扶贫办，新疆建设兵团残联、扶贫办受中国残联、国务院扶贫办委托，对青海省农村牧区残疾人扶贫开发工作进行督导检查。检查组先后到青海省残疾人康复就业服务中心、青海铝型材厂、西宁市女子职业培训学校、海东市平安县三合镇残疾人种植业基地、海北州海晏县金元残疾人养殖业扶贫基地等实地了解残疾人扶贫开发工作情况，检查了相关资料，并听取了青海省残联和青海省扶贫办工作情况汇报。

11月1—2日，省残联、省人社厅、省财政厅联合举办了第三届全省残疾人职业技能竞赛。省委常委、省总工会主席苏宁，中国残联就业指导中心和省政府残工委部分成员单位领导现场观摩比赛并出席竞赛颁奖仪式。来自西宁市、省特校等11个代表队118名选手参加了竞赛。

11月7日，青海省残疾人企业协会在西宁成立。成立大会审议通过了《青海省残疾人企业协会章程》，选举产生了企业协会会长、副会长、理事。协会的成立，为加强政府与残疾人企业、残疾人企业与其他企业、残疾人企业与社会间的联系沟通搭建了平台。

附录一

国务委员王勇
在青海视察时的讲话摘要

（根据录音整理）

在青海省残疾人康复就业服务中心一楼大厅：你们的综合楼把就业服务中心、康复服务中心都整合到一起，残疾人来能享受综合服务，很不错。

在省残疾人就业服务大厅：这个大厅针对全省提供残疾人就业、求职、政策咨询、企业年审服务，比较集中。一些残疾人就业比较灵活，平常接一些手工活，像刚才那位残疾人说的，能做些十字绣、穿珠子、做小工艺品，在家里加工，然后有人来收购，这个挺适合咱们。可以照顾家，还能自立。

在残疾人就业招聘会现场：现在国家项目扶持残疾人安装假肢，安装以后，要定期来专门维护，经过训练、调试、磨合以后，就可以行走了，生活就能自理了。残疾人朋友要增强自信，跟正常人一样生活，能在家里做些事情，家里人也能更好地去工作。我们各级党委、政府，总书记、总理非常关心残疾人。随着国家的发展，会加大投入，对残疾人会给予更多的帮助，希望你们能够健康地生活，家庭幸福。

在省残疾人康复中心：现在我们整个社会力量，随着生活水平的不断提高，有相当一部分人有能力、有愿望做好残疾人公益事业。这也需要我们各级残联加大工作力度、建立更好的工作渠道，为企事业单位、社会组织参与残疾人的保健、康复提供服务，建立很好的渠道。对参与残疾人公益事业的单位和个人，我们要大力地表扬，要树立社会参与力量的典型。

告别时：要落实好中央精神。习总书记说残疾人是特殊困难群体，所以我们要尽力，按你们说的"全心全意为残疾人服务"的宗旨，造福残疾人。残联同志们共同努力，提高我们的服务水平，让残疾人感受到各级党和政府的关怀。最后，向各级残联的同志们致敬。

（2014年8月30日）

在海西蒙古族藏族自治州德令哈市牧人福利有限公司：福利企业安排残疾人就业，做的是大好事。如果没有这个企业，这些残疾人可能就没有工作。所以你安置一个残疾人就业，一个家庭就"升"了，解放了他们的家庭；对他个人来讲，他也体现了自己的人生价值。

在德令哈市如意家园残疾人呼延金泽家：你们要树立生活的信心，承担好照顾女儿的责任。我们各级党委、政府，包括我们的残联、社会大家都会关心你们。习近平总书记、李克强总理非常关心社会弱势群体，尤其是我们残疾人。今年5月份总书记参加全国残疾人表彰会，专门接见了残疾人和残疾人工作者代表、自强模范。总书记讲：各级党委、政府和社会各界一定要特别关注这一特殊的社会群体——残疾人，要格外关心、格外关注。有什么困难，省、州、县和残联部门要尽自己所能给予残疾人帮助。

在乌兰县柯柯镇"残疾人之家"： 感谢你们残联的服务和努力，这项工作很不容易，特别是在基层。你们也要热情地为残疾人提供服务。谢谢你们，你们用你们的服务和热情把中央和各级党委政府对残疾人关心和服务政策落实到位、把温暖落实到位。尽管现在我们还有一些困难，还存在一些差距，但是你们的努力能缓解他们的一些痛苦和困难。各级政府支持的力度会不断加大，我们的条件会越来越好。我们共同努力为残疾人服务！

（2014年8月31日）

附录二

中国残联主席张海迪
在青海视察时的讲话摘要
（根据录音整理）

在青海省残疾人康复就业服务中心大厅： 青海省能投资1.1亿建个2万多平方米的康复就业设施，是进步。全心全意为残疾人服务，是我们的宗旨，也是我们应该做的。

在省残疾人就业服务大厅： 你们这个服务大厅提供残疾人就业、求职、政策咨询服务，希望来这里的残疾人兄弟姐妹能够顺利地找到工作。有党中央、国务院，还有王勇国务委员关心，咱们一定会越来越好。我们中国残联也要做很好的工作来帮助你们。

在省残疾人康复服务中心： 今天我们来看望老师和孩子，老师一定要多多照顾孩子，好好的帮助孩子们康复。康复工作是一个非常光荣的岗位，让孩子都能好起来，将来更好地参与社会生活。对残疾孩子，特别是对父母双方都是残疾人的残疾孩子要更加关照。

（2014年8月30日）

在互助土族自治县： 我们这次调研，接触了很多基层的同志，我感到我们有些工作要向基层的同志学习，学习他们认真的态度、负责的态度。专职委员在一线工作，要关心残疾人、贴近残疾人，为他们服务，赢得他们的信任，残疾人有什么困难，多替他们反映、多替他们呼吁，哪怕争取一个轮椅或拐杖，哪怕送去一句温暖的话语，也是关心和帮助。各级党委、政府也应有更多的投入，关注这些困难的残疾人。习总书记号召我们要建成全面小康社会，残疾人如果不迈入小康，就不是完整的小康。所以一定要把残疾人的问题解决好，特别是重度残疾人的困难和问题，努力提高他们的幸福指数。作为人，光活着还不行，要感受到幸福，才是真正的人生。所以，一定要付出努力，千方百计加大投入，让他们的日子越过越好。

昨天，我们陪同王勇国务委员调研，他也是现场办公，提出要加大投入，加大自主生产的能力，要动员国企的力量参与。特别是要形成一种制度，来保障残疾人。相信我们残疾人的未来一定会越来越美好。这需要靠我们所有的同志们的共同努力。

残疾人同步小康，我们心里沉甸甸的。全国还有8500万残疾人，他们当中，生活水平有高有低。要想实现同步小康，就需要向残疾人家庭倾斜，要给予他们更高水平的投入。看到你们危房改造的情况，我感到很高兴，这是我到过的十几个省中看到的改造情况最好的。

作为最困难的人群，确实需要各方面帮助。开展残疾人工作，也不能只是呼吁、宣传，鼓励他们自强自立。他们非常困难，他们自身和家庭承受着巨大的压力，精神的、经济的压力等等，他们如果不能改变自己的命运，不能康复，可能就不能更好地接受教育，就不能有更好的工作机会；没有更好的工作机会，很多人可能就不能按照自己的意愿去寻找一个理想的爱人，组成一个幸福的家庭。所以，残疾人工作环环相扣，一定要把细致的工作做到残疾人身边。

今年5月16日，习总书记指示，各个部门都要把残疾人工作纳入其中。所以，当前残疾人工作就是重中之重。

昨天来到青海，我感受很深。这次中国残联国际部的同志也来到了青海。我想，宣传中国残疾人事业，不仅要面向国际，也需要深入基层。亲眼看一看基层工作做到什么程度，对外宣传时更容易说明我们人权工作做得怎么样，这样工作时也可能就更有感触。

（2014年8月31日）

附录三

中国残联党组书记、理事长鲁勇
与基层残疾人工作者座谈时的讲话
（根据录音整理，2014年9月1日）

中央领导同志对青海残疾人工作非常重视，这次和海迪主席一起来青海，通过两天来的走访，确实感受到在党和政府的关心支持下，在我们各级残联组织的辛勤工作下，青海残疾人事业所发生的巨大变化。这里边，融注着党和政府的亲切关爱，更融注着各级残疾人工作者的心血和汗水。在此，我代表海迪主席向大家表示感谢！

这次陪国务委员来调研，我深切地感觉到党中央国务院对残疾人工作，特别是对我们西部省市、对青海省残疾人工作格外关心、格外重视。这次王勇国务委员一行，深入基层，昨天一天驱车赶往德令哈、乌兰，走访了很多残疾人家庭，去了一些吸纳残疾人就业的残疾人之家和残疾人企业，到我们残疾人康复机构。一路上王勇国务委员对青海残疾人工作给予了充分肯定，应该说这使我们深受鼓舞。希望我们能够按照中央要求，按照习总书记对残疾人事业"两个格外"的要求，来抓好下一步工作落实。

现阶段我们正处在一个特殊的时刻，党的十八大提出来要全面建设小康社会，那么在这样一个征程中，做好残疾人工作是特殊需要，是一个重要的内容。刚才听了几个同志的发言，下面，我谈点自己的看法，跟大家交流。

第一，托住底，补短板。我们现在正在努力做托住底、补短板的工作，那么，托住底、补短板到底有哪些内容呢？我们要把它分清楚，而且要特别准确、详细，体现个性化服务。尤其要注意在脱贫、托养、重度护理、社会保障等方面认真梳理。我想，在托住底、补短板这块，恐怕是当前最重要的元素。

第二，保基本，维权益。我们也在积极推动保基本、维权益工作。那么保基本是什么？就是保证残疾人基本服务和基本需求。刚才谈到维护残疾人权、维护权益，不能简单把它当成一句口号，而应该实实在在落实到具体内容上去。比如说刚才谈到出行无障碍问题，我们还有一些驾驶轮椅车的问题，还有一些基本公共服务设施问题，还有一些交通问题，盲人出行、盲道，包括获取信息的无障碍问题。很多重度残疾人，包括重度精神残疾人，恐怕出来晒一次太阳都是很奢侈的。那么想要解决保基本、维护权益工作，我们到底应该做哪些工作？这就是我们现在需要重点抓的。

第三，抓康复，促自立。康复是残疾人工作的重中之重，只有把残疾人康复工作抓好了，残疾人才可能更好地自立——生活的自立、社会的自立。但是，要想做好这个工作，我们面临的任务还很繁重，有很多的工作要做。不光是我们省市县乡康复机构和康复队伍的建设，还有一些基层的康复人才、康复设施设备，还需要加大康复能力的培养，恐怕这是一项更困难的工作。

第四，抓教育，提素质。对于残疾人来讲，特殊教育和继续教育都是我们要下力气抓的。据我们统计，全国就学年龄段的孩子还有将近8万人没有入学。那在我们青海来说，各个市、县还有多少孩子没有入学？恐怕这也是需要我们做好的事。因为这个年龄段的孩子，如果说他们的就学问题解决得不好，从长远来讲，他们到社会以后，没有知识，就很难更好地在社会上生存，乃至融入这个社会。

第五，强服务，促就业。最近中央正在加紧研究起草关于加快促进残疾人"同步小康"进程的战略意见，这次国务委员来调研，也有这方面的内容。要想真正实现残疾人的奔小康，就业增收是非常重要的环节。如果这个问题解决不了，那么很难说残疾人就真正自强自立地融入了社会，也很难说靠我们这些保基本的东西就能达到小康。我们做到的兜住底、保基本只能是解决温饱的问题，要真正实现小康，一定要通过各种方式来实现就业增收。所以我们现在想要抓服务、促就业，恐怕要以多种方式进行才行。

第六，倡人道，维尊严。经过这些年来大力倡导人道主义，社会的观念发生了巨大的变化，现在很少提到"残废"这个概念，基本上都是残疾人概念。但是另外一方面，大家都在一线工作，也会时常体会到社会对待残疾人、对待残疾人事业、对待残疾人工作还有一些不公平、不客观的认识和偏见。我们经常讲这一句话："不是不人道，而是不知道"，"不是不理解，而是不了解"。这样一些问题，怎么解决呢？就需要我们继续大力地宣传、倡导，把我们的工作抓好，让很多的人来了解。

今年是中国残联系统"基础管理建设年"，要想实现前面提到的六点内容，就需要掌握基本情况。这是开展工作的前提和基础。大家都清楚，现在确定任何一个政策都需要算账，比如我们省委是正在抓紧研究护理补贴的问题，比如生活补贴，那么党政就要算账。这就需要你告诉他们，康复、教育、就业、维权等基本服务，无障碍以及托底服务保障到底有多少人，每个人到底有什么样的状况。只有把这个搞清楚了，你才能实实在在向党委政府汇报我们救济了多少人。这些问题解决了，就把兜底问题解决了。如果这些问题解决不了，落实不到位，到后面就很难解决我们将来这些问题。大家现在都在抓残疾人基本服务需求状况的专项调查，为什么抓这个？我在全国会上强调，这项工作是我们残联组织的看家本事。你想啊，履行代表服务管理职能，要想为残疾人服务，你连残疾人有什么样的服务需求、服务需求满足到什么状况都说不清楚的话，那你还怎么能够提供这种服务呢？所以，这项工作希望大家共同努力抓好。实施好这项工作，就实现了基本的残疾人信息动态化管理。比如一个残疾人，每年你的情况我们都了解，今年没能给你提供的服务，明年我给你补上，明年我还要提供其他所需的服务，每一个方面我们都能提供给你，一年一年，每年给解决几个问题，一个残疾人的问题就可能全部解决了。所以呢，抓好这项工作，也是我们推动残疾人奔小康的基础工作。我们要解决托住底、补短板、保基本、促康复、促教育，都需要了解。

这些年，我们做了很多的项目，这些项目还要一如既往继续地抓好、抓实。但是，大家在一线工作会感受到光靠现有的项目很难满足所有残疾人的需要，那怎么办？不能说我们有多少，那么多残疾人，那么多的热望、那么多的期盼，恐怕我们要更好地以改革创新的办法去创新，我们要提供更好的服务，同时我们要激活市场，调动更多的人为残疾人服务，所以今年政府要购买残疾人服务项目。怎么样激活各家都来服务？我们要是能够提供40%，剩下的60%谁来提供？解决好这些，才能使所有的残疾人都能享受到服务。这也是我们为什么要做好这项工作的原因。现在咱们省里也正在积极努力地做这项工作，今天来看望大家，我们也想在这一方面与大家共同努力，做好残疾人的基本服务需求状况调查。在我们基础管理建设年，恐怕是只有做好了这些工作，下一步才能更好地推动所有的项目，"两项补贴"争取康复内容、促进就业等，我们才有实实在在的内容。

这次王勇国务委员亲自来青调研，也给我们带来了很多新的指示精神，所以对于我们中国残联来讲，我们也会同省残联一起抓好这项工作，大家必须扎扎实实把这些基础性工作抓好，把这些专项调查工作落实好。中国残联将进一步加大对青海的帮助扶持的力度，做好专项扶持工作，共同带动推进青海残疾人事业的发展，在原有的基础上再上一个新台阶。也希望建军同志和大家一起按照王勇国务委员提出的一些指示和要求，有哪些好的意见建议和新的工作措施，一方面，要向省委省政府去报告；另一方面，给我们提供，咱们形成合力，以这次王国委来青调研为新一个起点，促进我们残疾人工作再上一个新台阶。同时我也希望，通过加强基础管理，把我们的一线残疾人工作队伍进一步加强，把一些待遇服务问题做好，为开展工作提供更加便利的条件。

总之，我们要按照习近平同志为总书记的党中央关于做好残疾人工作一系列新部署、新要求，来共同推进。我相信经过我们努力，残疾人工作会越来越好，各级残联组织的作用发挥得越来越充分，残疾人的生活会有越来越大的改善。

（邱森供稿）

宁夏回族自治区残疾人事业和残疾人工作

一、领导批示与讲话

自治区党委常委、副主席李锐在自治区政府督查室《关于我区冬春季困难群众基本生活安排情况的督查报告》（《自治区政府督查专报》第1期）上的批示　2014年1月24日

请人社厅、民政厅、残联高度重视"督查报告"所反映的问题。寻找差距，到第一线，切实帮助解决困难群众生活问题。

自治区残联党组书记、理事长娄晓萍在2013年机关工作总结会上的讲话摘要

2014年1月24日

2014年着力抓好四个方面的工作：第一，抓好顶层设计，加快构建保障残疾人基本民生的政策体系；第二，抓好项目落实，不断改善残疾人生存发展条件；第三，抓好典型带动，着力提升残疾人公共服务水平；第四，抓好协调联动，全面构建大残疾人事业格局。要做好三项基础工作：一要组织开展标准化残疾人康复中心（站）创评工作，推动建立一批标准化康复服务中心（站）。二要组织开展残疾人集中就业示范基地创建工作，力争建成10个自治区级示范基地。三要组织开展残疾人扶贫示范基地创建工作，扶持建成5个自治区级扶贫基地。关于机关建设，要围绕"自治区残联机关绩效考核年"活动，把握好以下四个方面：一是学习和调研；二是作风和效能；三是沟通和协调；四是团结和协作。

第六编 地方残疾人事业和残疾人工作
REGIONAL UNDERTAKING AND WORK FOR DISABLED PERSONS

自治区残联党组书记、理事长娄晓萍向中国残联提出的几点工作建议摘要

2014年2月25日

一是加强重大"惠残"政策的顶层设计，从国家层面推动出台辅助器具补贴、交通补贴、廉租住房补贴等残疾人"特惠"政策，最大限度盘活促进残疾人事业发展的积极因素，以此带动地方建立完善相关配套政策，全面构建起残疾人基本生活保障安全网；二是统筹使用全国省（区、市）残疾人就业保障金，整合资源、集中财力，在全国推动实施一批残疾人民生重大项目和重点工程，修订现行的"残保金"政策，拓展其使用范围，确保用足用活，发挥最大效益；三是进一步加大对少数民族欠发达地区政策项目倾斜扶持；四是在全国残联系统搭建省（区、市）对口帮扶平台，推动东部与西部地区、发达地区与欠发达地区省区之间结对帮扶，加快缩小区域残疾人事业发展差距；五是将宁夏列为中国残联重点项目及残疾人事业机制体制改革试点省区。

自治区残联党组书记、理事长娄晓萍在全区残联工作会议上的工作报告节选

2014年3月21日

2014年残疾人工作要落实好"健全残疾人权益保障制度"的改革任务，推进残疾人事业在新的起点上创新发展。

2014年全区残疾人工作的总体要求是：贯彻落实全国残联工作会议和自治区残联六代会精神，以残疾人社会保障和服务体系建设为主线，以改革创新为动力，推动完善残疾人"托底"政策体系，实施重大"惠残"项目，加强基础能力建设，坚持重点突破与整体推进相结合、业务发展与能力建设相结合，努力提升残疾人工作科学化水平，开创残疾人事业发展新局面。

2014年全区残疾人工作的重点是：推动出台"五项惠残新政策"，实施"五大圆梦工程"，推进"四个环境建设"，提升"三项基础"能力，建立"三项促进机制"，切实加快残疾人奔小康进程。

全区各级残联组织务必继续保持良好的精神状态和工作作风，加大残疾人重点项目、重点工作的落实力度，使各项工作保障有效、救助有规、实施有序，把全区残疾人工作提高到一个新水平。

自治区党委常委、副主席李锐在《自治区政协关于对贫困残疾儿童实施免费抢救性康复服务的建议》（《社情民意》2014年第3期）上的批示

2014年3月31日

请建功秘书长并四处商财政厅、残联按政协所提意见和建议拿出落实方案，报政府研究。

自治区残联党组书记、理事长娄晓萍在宁夏保健按摩行业协会成立大会上的讲话摘要

2014年6月23日

为适应我区保健按摩行业的客观需要，促进和引导行业健康规范发展，维护经营者和消费者的合法权益，由自治区残联发起，各有关厅局支持，民政厅批准，成立宁夏保健按摩行业协会，为行业发展构建坚实的服务平台，其根本目的就是：依托协会的纽带作用，搭建起政府与行业、行业与社会之间的桥梁，聚集合力，推动形成行业自我发展、自我约束、"互利共赢"的大好局面。

宁夏保健按摩行业协会充分发挥协会桥梁纽带作用，健全完善制度，加强自我管理，不断提高服务行业发展的能力和水平。

协会要倾注真情、奉献爱心，积极为盲人从事保健按摩提供技能指导和经营服务，帮助更多的盲人走上保健按摩就业创业之路。

自治区残联党组书记、理事长娄晓萍在与五大专门协会主席座谈交流时的讲话摘要

2014年10月10日

一要讲政治，紧贴大局谋发展，始终把残联作为坚强后盾，始终围绕残联中心开展工作，与残联融为一体，切实发挥"代表、服务、维权"职能，传递基层"声音"，聚集各方"力量"，做好残联工作的"左膀右臂"；二要讲方法，更新理念闯新业，充分发挥协会在推进残疾人工作中的特有优势，学会"借力借势"，坚持"借腿走路"、"借鸡下蛋"，加大宣传造势，推进社会化工作模式，影响和带动更多的人来关爱残疾人、支持残疾人事业发展；三要讲奉献，深挖潜力搞服务，沉下身子，着力挖掘基层残疾人典型任务、典型经验，进一步理清协会发展着力点和突破口，特别要抓住宁夏残疾人康复中心项目建设的难得历史机遇，聚集协会智慧和力量，建设阵地，打造亮点，在引领残疾人发展、服务残疾人民生方面上层次、上水平。

自治区残联党组书记、理事长娄晓萍在宁夏盲协第一次会员代表大会上的讲话摘要

2014年10月24日

宁夏盲人协会正式获批社团登记并隆重召开第一次会员代表大会，标志着我区残疾人基层组织建设又迈出了坚实的一步。

专门协会进行社团登记，有利于进一步加强民主和增强代表职能，更加充分地代表并维护残疾人利益，反映残疾人愿望；有利于进一步发挥协会主体作用和体现残疾人"主人翁"地位，让专门协会发挥更大作用，产生更大影响；有利于进一步加强和创新社会管理，让协会更加适应残疾人事业改革发展。进行社团登记，对协会来说，是新的起点；对残联来说，是新的课题。

宁夏盲人协会新一届班子要紧密围绕残疾人事业改革发展中心任务，勇敢地担当起本类残疾人利益代言人、服务组织者和权益维护者的角色，大胆探索社团法人模式下协会工作的新思路、新举措，努力使残疾人在残疾人组织中更加活跃，残疾人组织在基层更加活跃，残疾人和残疾人组织在社会上更加活跃，为协助自治区残联党组、理事会全面实施残疾人"五大圆梦工程"，推进"两个体系"建设，加快扶贫攻坚奔小康步伐，实现美丽中国梦做出应有贡献。

自治区党委常委、主席刘慧在《自治区残联关于追加2014年重度残疾人生活津贴预算资金的请示》上的批示

2014年11月3日

重度残疾人全区究竟有多少？残联要核清搞准，对多出来的四千多人要一一核实，并选点抽查。要考虑明年调整或修改自治区和市县的分担比例，市县适当多拿一点，有利于形成自控机制。以上要求请残联、财政厅分别落实。

二、政策法规文件

关于实施妇幼卫生"七免一救助"的意见

宁政办发〔2014〕4号

由卫生厅等部门制定，自治区人民政府办公厅转发。

三、范围对象

从2014年1月1日开始，在全区实施妇幼卫生"七免一救助"惠民政策。该政策只适用于具有宁夏户籍的居民。

四、主要内容

（三）实施新生儿四种代谢性疾病免费筛查。为新生儿免费筛查先天性苯丙酮尿症、甲状腺功能低下症、肾上腺皮质增生症、葡萄糖磷酸脱氢酶缺乏症四种代谢性疾病，并实行采血、送检、实验室检查和结果反馈等项目筛查打包服务。财政按每人100元的标准给予补助。

（四）实施新生儿听力障碍疾病免费筛查。为新生儿免费筛查先天性听力障碍疾病。财政按每人20元的标准给予补助。

（五）实施先天性患儿免费治疗。对筛查出苯丙酮尿症、甲状腺功能低下、肾上腺皮质增生症、葡萄糖磷酸脱氢酶缺乏症、听力障碍疾病等五种疾病的患儿实施免费治疗。参保患儿治疗费用纳入医疗保险报销范围；参保患儿治疗费用医疗保险报销剩余部分、未参保患儿治疗费用纳入疾病应急救助范围。其中，苯丙酮尿症参保患儿治疗费用按照每人每年2万元包干，纳入医疗保险门诊大病报销；听力障碍疾病患儿纳入自治区残联救助项目，免费为患儿配戴助听器或植入人工耳蜗，组织开展康复训练。

关于2014年10项民生计划为民办30件实事的通知

宁政发〔2014〕1号

二、实施扶弱助困计划。加大社会救助力度，切实帮扶弱势群体提高生活水平和质量。

（四）残疾人救助。为符合条件的重度残疾人，每人每月给予生活补助100元；免费康复治疗贫困精神残疾人2200名，其中服药治疗2000名、住院治疗200名；免费为贫困聋儿实施人工耳蜗植入手术25例；抢救性康复训练贫困残疾儿童300名。（李锐副主席负责，残联牵头，教育厅、民政厅、财政厅、人力资源社会保障厅、卫生和计划生育委等部门协助落实。）

宁夏回族自治区关于政府向社会力量购买服务暂行办法

宁财（综）发〔2014〕483号

第十三条 下列事项可以纳入政府购买服务范围：

（一）公共服务。……公共文化、公共体育、公共安全服务、残疾人基本公共服务……等领域适宜由社会力量承担的基本公共服务事项。

宁夏回族自治区关于政府购买服务指导目录

宁财（综）发〔2014〕484号

代码/目录	一级目录	二级目录	三级目录
A15	残疾人基本公共服务类		
A1501			残疾人专职干事（委员）公益岗位
A1502			残疾照料服务
A1503			残疾人职业技能培训及其项目的第三访评估
A1504			残疾人就业培训与岗位提供服务
A1505			公益助残项目的实施与管理
A1506			残疾人信息收集、统计分析等辅助性工作
A1507			其他政府委托的残疾人基本公共服务

宁夏回族自治区促进残疾人按比例就业实施办法

宁残联发〔2014〕56号

由自治区党委组织部、编办等八部门印发。

第三条 党政机关、事业单位及国有企业应率先招录和安置残疾人，设定一定数量的岗位用于残疾人就业，未按规定比例安置残疾人就业的带头缴纳残保金，为全社会做出表率。

第四条 各级党政机关、事业单位新招录、招聘公务员和工勤人员时，除特殊岗位外，不得设置条件限制招录招聘残疾人。对残疾人能够胜任的岗位，同等条件下要鼓励优先用残疾人。为残疾人专设的招录和招聘岗位，主管部门应给予放宽开考比例等倾斜政策，采取适当措施为残疾人考生创造良好的无障碍考试环境。

第五条 各级政府残疾人工作委员会成员单位要率先招录和招聘残疾人。各级党政机关应在非公务员岗位（科研、技术、后勤等）中积极安排残疾人就业，并依法与残疾人职工订立劳动合同，保障其合法权益。自治区级党政机关、市级残工委主要成员单位至少安排1名残疾人就业。市、县级残疾人联合会机关干部队伍中要有一定数量的残疾人干部，自治区残疾人联合会机关干部队伍中残疾人干部的比例一般应达到15%以上。

各级党政机关要督促所属事业单位做好按比例安排残疾人就业工作。各类事业单位要结合本单位岗位构成情况，确定适合残疾人就业的岗位，多渠道招聘残疾人。

各类企业，尤其是国有和国有控股企业应根据行业特点，确定适合残疾人就业的岗位，招录残疾人就业并依法订立劳动合同，实行同工同酬。

第六条 按照《中华人民共和国就业促进法》《残疾人就业条例》《宁夏回族自治区创业与就业促进条例》和《自治区人民政府关于进一步加强职业培训促进就业的意见》等相关法律规定和就业专项资金管理的有关规定，对参加职业培训、职业技能鉴定并取得培训合格证书或国家职业资格证书的残疾人给予补贴；对吸纳残疾人就业并达到规定比例的用人单位，按规定给予社会保险补贴；对自主创业的残疾人，按照有关规定给予小额担保贷款支持。

第七条 加大残保金对按比例和超比例安置残疾人就业单位的奖励力度，激发用人单位安排残疾人就业的积极性。

第八条 各级人民政府购买的公益性岗位应按不低于10%的比例安置残疾人就业，由同级人力资源社会保障部门和残疾人联合会共同组织落实。

第九条 用人单位安排残疾人就业达不到规定比例且拒不缴纳残保金的，各级残疾人联合会可采取新闻媒介通报、申请法院强制执行等措施。

第十一条 各级税务部门代征残保金，由同级财政部门在公共预算中按照上年度税务部门代征入库残保金总额的5%安排残保金代征专项经费，专项经费不得用于发放个人奖励和福利等支出。

第十二条 各级政府及相关部门要抓好残疾人职业培训，准确了解用人单位用工情况，结合岗位需求，有针对性地组织残疾人开展订单培训、定向培训、定岗培训，不断提高残疾人职业技能，以适应用人单位需求。

第十四条 各级人力资源社会保障部门要依法加强残疾人劳动权益维护工作。各类职业院校和培训机构要积极参与和承担残疾人职业培训。公共就业服务机构和基层劳动就业社会保障服务平台要加强对残疾人的就业服务和就业援助。

各级公务员主管部门负责落实并指导各部门做好残疾人公务员的招录工作，建立党政机关残疾人公务员实名制统计制度，准确掌握残疾人公务员底数。

各事业单位的主管部门和登记管理部门要在事业单位登记管理、绩效评估和年度审核工作中积极引导事业单位按比例安排残疾人就业。

各级国资委要重视并督促国有及国有控股企业依法按比例安排残疾人就业。

加强肇事肇祸等严重精神障碍患者管理工作推进方案

宁卫计疾控〔2014〕188号

一、工作目标

（一）建立完善各级精神卫生工作体制和组织管理、协调机制。将精神卫生工作纳入地区国民经济和社会发展规划，落实相关工作经费，开展实施督查。每年制定地方精神卫生工作计划实施方案。

（二）加强精神疾病防治专科机构建设。到2015年完成市级精神卫生医疗机构建设并开展工作，逐步建立健全县级精神卫生医疗机构。

（三）提高精神疾病专科医院，基层医疗卫生机构对重性精神疾病的诊疗能力。

（四）对6类重性精神疾病（精神分裂症、双向障碍、偏执性精神病、分裂情感障碍、癫痫所致精神障碍、精神发育迟滞）患者进行筛查建档、随防评估、规范管理。提高重性精神疾病患者检出率和管理率。到2015年，检出率达到3‰以上、管理率达到60%以上。

（五）加强宣传和健康教育，提高群众精神卫生知识水平。到2015年，普通人群精神疾病预防知识知晓率达到50%，在校学生心理保健知识知晓率达到60%。

二、具体任务

（一）重视人才培养，加强精神卫生工作专业队伍能力建设

配合部门：教育厅、公安厅、残联

完成时限：2015年12月

（二）加强宣传教育，普及精神疾病防治知识

配合部门：教育厅、新闻出版广电局

完成时限：2015年12月

（三）强化监督考核，不断提高精神疾病管理效果

配合部门：公安厅、民政厅

完成时限：2014年12月

三、主要措施

一是建立多部门联系会议制度。由卫生计生委牵头，每年召开1次联席会议，互通信息，交流经验，提出问题，协调解决工作中存在的问题。二是落实经费保障。各地要根据本地区经济社会发展水平和精神卫生工作需要，建立稳定的精神卫生工作投入机制，将精神卫生经费投入纳入到财政预算，并逐年增加。三是加大培训力度。每年开展2—3次精神卫生专业技术培训，加强全区精神卫生专业队伍建设，提高工作人员重性精神疾病诊疗能力和患者随访管理能力。四是加强督导评估。由综治办牵头，每年对各市、县（市、区）开展肇事肇祸精神疾病患者管理、救治、救助工作进行一次督导评估，随时掌握工作动态。督促各地、各部门落实相关职责。

贯彻落实特殊教育提升计划（2014—2016年）实施方案

宁政办发〔2014〕174号

二、具体措施

（一）提高残疾儿童少年义务教育入学率

1. 做好残疾儿童少年随班就读工作。各市、县（区）建立未入学残疾儿童少年实名制调查统计制度，根据户籍信息由所属乡（镇）人民政府、街道办事处和学校担负动员残疾儿童少年入学就读任务。学习建立残疾儿童少年学籍档案，切实保障残疾儿童少年受教育权利。各市、县（区）要在随班就读学生人数较多的普通中小学设立资源教育，安排专职或兼职的资源教师，配备适当的教具、学具康复训练设备（器材）和图书资料等，为随班就读学生开展有针对性的辅导和训练。

2. 逐步建立送教上门机制。对确实不能到校随班就读的7—14周岁的重度残疾儿童，由各地教育部门制定送教上门工作方案，将送教上门任务按残疾学生户口所在地（流动人口按居住地）分配到相应的中小学，纳入学校考核体系。2014年秋季学期开始实施重度残疾儿童送教上门试点，2016年秋季学期起所有重度残疾儿童均纳入送教上门服务对象，由学校为送教上门服务对象建立档案，将其纳入学校学籍管理。

3. 扩大特殊教育学校招生规模。纳入"中西部地区特殊教育学校建设项目"学校，在2014年秋季开学前全部开始招生。目前尚未达到招生规模的特殊教育学校要在2016年秋季开学前达到规划招生规模。

（二）大力发展非义务教育阶段特殊教育

1. 积极发展残疾儿童学前教育。将残疾儿童学前教育纳入全区学前教育发展规划，学龄前残疾儿童纳入当地学前教育管理和资助范围。……对残联系统所属学前残疾儿童康复机构，由当地教育行政部门颁发学前教育许可证。

2. 扩大残疾人高中阶段教育规模。普通高中和中等职业院校要积极招收残疾学生，逐步扩大招生规模，满足残疾学生接受高中阶段教育的需求。鼓励支持自治区特殊教育学校和石嘴山、固原特殊教育学校分别建立残疾人高中教育部（班），根据残疾学生特点和市场需求，合理布局设置残疾人中等职业教育专业。

3. 积极发展残疾人高等教育。办好国家开放大学残疾人教育宁夏学院，提升办学层次，逐步扩大招生规模，为更多残疾人提供受教育的机会。各普通高等学校要依据法律和政策，努力创造条件，招收符合录取标准的残疾考生。

（三）提高特殊教育保障水平

将义务教育阶段特殊教育学校、随班就读、特教班

和送教上门学生生均公用经费在3年内予以逐步提高，2014年提高到4000元，2015年达到5000元，2016年达到6000元。自2014年起，特殊教育学校高中班（部）就读的学生实施免费教育，并全部享受国家助学金，由市、县（区）从自治区安排的助学金中解决。在取得学前教育资质的残疾儿童康复教育机构接受康复教育的残疾学龄儿童享受义务教育阶段生均公用经费。

（四）进一步加强特殊教育基础能力建设

实施特殊教育学校标准化建设工程，纳入自治区薄弱学校改造计划，到2016年实现全区所有特殊教育学校校舍建设标准化和教学康复设备配置标准化。……依托自治区特殊教育学校成立宁夏残疾人中等职业学校，开展残疾人职业技术培训。

（五）开展"医教结合"实验

2014年起，先选择1—2所特殊教育学校开展"医教结合"试点工作，……自治区财政每年安排一定经费支持"医教结合"实验，为承担"医教结合"实验的相关医务人员提供工作和交通补贴。

（六）强化特殊教育师资队伍建设

合理核定特殊教育学校教职工编制，加大特殊教育教师培养力度……从2014年起，自治区教育厅以3年为一个周期，分级组织全区特殊教育学校进行全员培训。提高特殊教育学校职工待遇，将特殊教育津贴由现行基本工资的25%提高到30%。

（七）积极推进特殊教育课程改革

宁夏回族自治区政府购买社会工作服务实施办法

宁民发〔2014〕67号

由自治区民政厅、财政厅印发。

第八条 （三）实施老年人、残疾人社会照顾计划，为老年人和残疾人提供生活照料、精神慰藉、社会参与、代际沟通等服务，构建系统化、人性化、专业化的养老助残服务机制。

关于进一步做好残疾人最低生活保障工作的通知

宁民发〔2014〕93号

由自治区民政厅、财政厅、残联下发。

二、落实好残疾人分类施保政策规定

考虑到贫困残疾人家庭的特殊困难，为切实做好残疾人分类施保工作，从2015年1月1日起，城乡最低生活保障家庭中的残疾人在家庭人均补差金额基础上增发10%的最低生活保障金。残疾人实现就业后，家庭人均收入超过当地城乡低保标准的，可给予1年以内的最低生活保障就业渐退期。

三、工作综述

2014年，全区残联系统以党的十八届三中全会精神为指导，认真贯彻落实全国残联工作会议和自治区党委十一届三次全会精神，牢固树立"建设大残联、推动大发展"的战略思想，围绕"两个体系"建设和"同步小康"目标，以实施"五大圆梦工程"、"常春藤助梦计划"和"基础建设管理年"活动为载体，着力抓改革、攻难题、惠民生，残疾人社会保障能力进一步增强，生活质量和幸福指数进一步提高。

（一）抢抓全面深化改革机遇，残疾人事业创新发展取得新突破

1. **残疾人特惠政策体系加快建设**。认真贯彻落实中国残联和自治区全面深化改革部署，按照"补短板、兜住底"的思路，积极推动自治区党委、政府将残疾人事业改革纳入全区经济社会改革总体规划，列入全区改革推进计划和年度政府"三重一改"任务（重点项目、重要工作、重大活动和改革事项），强势推进残疾人特惠政策体系建设。争取民政部门支持，为低保边缘的贫困残疾人家庭解决实际困难，采取单独施保与分类施保相结合的方式，实现贫困残疾人"应保尽保"和"扩面提标"，年均享受低保残疾人扩大到10万人，保障资金增加到1.8亿元。联合自治区党委组织部等八部门印发《宁夏促进残疾人按比例就业实施办法》，制定《宁夏农村残疾人扶贫基地规范化建设管理办法》，建立健全残疾人就业培训、自主创业、安置就业、扶贫基地扶持制度；研究起草《宁夏残疾人托养护理补贴办法》《宁夏残疾儿童抢救性康复救助实施办法》，纳入自治区政府议事日程；认真修订《宁夏扶残助学实施办法》，及时调整扶残助学生救助方向，确立以高中阶段、大中专阶段残疾学生为重点的助学新思路，提高扶残助学项目实效。

2. **残疾人重大民生项目密集推进**。一是民生计划项目超额完成。重度残疾人1—9月生活津贴6353万元全部发放到位，惠及残疾人81796名；救助贫困精神残疾人3380名，其中服药治疗3100名，住院治疗280名；实施贫困聋儿人工耳蜗植入手术25例；完成残疾儿童抢救性康复训练610名。二是基础建设项目加紧实施。宁夏残疾人康复中心建设项目设计方案经自治区政府主席办公会议审定，项目投入总额1.6亿元，规划建设面积增加到3万平方米，年内开工建设。完成2所市级残疾人康复机构建设，启动1所市级、3所县级残疾人康复托养机构建设项目。三是招商引善项目竞相铺开。坚持把招商引善作为创新改革、驱动发展的重要手段，争取北京宁夏企业商会支持，启动"宁夏残疾人儿童康复救助项目"，每年向自治区投入160万元，为65名残疾儿童提供免费康复训练；争取华夏爱佑基金会支持，建成宁夏爱佑和康儿童康复中心，使自治区孤独症儿童康复达到国内领先水平；争取深圳残友集团、深圳德源人造花公司、迈乐森橡胶公司支持，建立宁夏首家残疾人网络就业基地和人造花就业基地，提供就业岗位5000多个，安置带动1000名残疾人就业；争取中国听力医学发展基金会女市长爱尔慈善基金、美国斯达克听力基金会支持，启动"世界从此欢声笑语"中国项目，免费为全区贫困听障人给予一对一双耳助听器验配和定制服务。通过各类慈善项目引进，极大促进了残疾人服务层次的提升和民生质量的改善。四是政府购买社会组织服务项目启动实施。争取自治区民政厅支持，将三家残疾人社会组织列入中央财政支持社会组织参与社会服务项目行列，中央财政支持100万元，自筹资金20万元，启动实施困难肢体残疾人就业扶持项目、社区困难人群物理性康复医疗服务项目和残疾人培训项目，直接受益残疾人1000多人。

3. **残疾人工作机制改革强力推进。**一是建立残疾人项目资金统筹促进机制。与自治区财政厅联合制定关于残疾儿童抢救性康复、精神残疾人救治、扶残助学、托养服务、家庭无障碍建设和机动轮椅车燃油补贴六个项目资金管理办法，优化项目执行机制，有效撬动地方资源，使残疾人受益人数净增20%以上。二是建立公共服务规范化推进机制。坚持扩面与提标同步、建设与管理并举的原则，制定《宁夏残疾人康复机构管理办法》《宁夏残联系统康复机构建设标准（试行）》和《宁夏民非残疾人康复机构建设标准（试行）》，启动全区残疾人康复托养示范机构、残疾人就业创业和扶贫示范基地创建活动，建成规范化康复站107个、就业创业基地27个、扶贫示范基地24个，在推进残疾人公共服务机构规范化发展上迈出坚实步伐。三是建立社会资源整合利用机制。瞄准民政、教育、卫生等部门惠民项目政策实施机遇，依托敬老院、卫生院、特殊教育学习机构资源，推动创办一大批标准化服务机构；同时，利用"民办公助、共建民营"的方式，调动社会资源，积极发展民非残疾人服务机构，走出一条公共资源整合高效利用的服务机构建设新路子。

（二）实施"五大圆梦工程"，残疾人基本民生保障网络建设迈出新步伐

1. **实施"阳光康复"工程。**按照"人人享有康复服务"的目标，认真实施"十二五"残疾人康复项目，定期开展残疾人康复工作专项督查，圆满完成残疾人康复工作"十二五"年度任务。全区实施白内障复明手术1286例，开展精神残疾人医疗救助5013人，抢救性康复救助残疾儿童610人。启动实施"重塑未来"项目，筛查确定救助对象35名，完成手术治疗32例。举办区、市、县三级康复人员培训班8期，参训人员887人次。适配辅助器具10566件，其中假肢装配272件。

2. **实施"牵手托养"工程。**按照"建设标准化、管理规范化、运营多样化"的思路，研究制定《宁夏残疾人托养服务机构建设标准》，对全区托养机构（包括日间照料）开展专项督查，建成标准化托养中心15所，机构托养残疾人达3621人。同时，认真实施残疾人居家托养服务项目，发放居家托养补助15487人，接受阳光家园计划资助人数达8648人。吴忠市将残疾人居家托养补贴纳入政府民生计划，投资270万元，在全区率先实现一、二级智力精神和一级肢体残疾人居家托养补贴全覆盖。

3. **实施"扶残助学"工程。**认真贯彻落实《国家特殊教育提升计划》，积极推进特殊教育机构和贫困残疾人学生资助体系建设，新建市、县级特殊教育学校3所，新增县级特教班5个，资助残疾学生1800名，全区残疾儿童义务教育入学率提高到84.7%，普通高等院校录取残疾学生147人。银川市为高中残疾人学生及残疾人家庭子女免除学费、住宿费；同心县将残疾儿童抢救性康复与县特殊教育学校有机融合，搭建起从学前到义务教育阶梯式、一体化康复教育综合服务平台。

4. **实施"助你就业"工程。**落实残疾人就业培训和扶持项目，举办区、市残疾人职业技能竞赛4场（次），完成残疾人职业技能培训2028人。积极搭建残疾人就业平台，会同自治区人社厅联合开展2014年就业援助月专项活动，走访入户1400余人，登记造册890余人，就业帮扶1360人。举办残疾人招聘会5场（次），录用残疾人130多人。引进纳米液晶镀膜等适宜就业项目，举办培训班5期，参训残疾人300多人。截至6月底，全区新增残疾人就业701人。

5. **实施"帮困脱贫"工程。**坚持将残疾人扶贫纳入地方扶贫总体规划，加快建立精准扶贫机制，研究起草《宁夏农村残疾人扶贫基地规范化建设管理办法》，启动实施万村千乡市场工程助残扶贫工程和扶贫基地创建活动。同时，以地方特色产业为主导，采取建立合作社、"公司+农户"等模式，大力扶持农村残疾人发展种植、养殖业。全区开展实用技术培训7114人，扶贫基地安置带动残疾人1078人，康复扶贫贷款扶持残疾人1361人，实际脱贫残疾人13808人。广泛开展走访慰问困残疾人活动，启动实施"关爱残疾人，温暖进千家"走访慰问千名贫困残疾人活动，筹措资金14万元，慰问特困残疾人1100名。各地积极行动，累计筹

措资金 300 多万元，走访慰问残疾人家庭 3000 多户，让贫困残疾人真真切切地感受到党委、政府和社会大家庭的温暖。

（三）打造"五个优质环境"，残疾人事业发展环境建设取得新成果

1. 加强舆论环境建设。 坚持把弘扬人道主义精神和社会核心价值观作为残疾人事业宣传的主方向，开展"汇聚大爱·共圆梦想"主题慈善活动和"清凉宁夏"残疾人文艺汇报演出、第二十四次全国助残日、爱耳日等大型专题宣传活动，联合中国盲人协会开展"牵手相助·触摸母亲河·穿越腾格里——盲人徒步沙漠行"活动，电视手语节目开播，残疾人事业电视公益广告创作有序推进，在宁夏电视台制作播出《残疾人之声》专题节目 24 期，区内外各主要媒体累计报道达 105 篇（次），在全区五市成功举办全国自强模范和助残先进事迹巡回报告会，残疾人事业宣传深度和广度明显提升，极大丰富了残疾人精神文化生活。

2. 加强法制环境建设。 积极搭建残疾人信访维权网络，年内接待来访残疾人 235 人（次）、电话咨询 180 多个，处理政风行风在线反映问题 14 件、来信 6 件，回复在线信访 59 件，办结率达到 100%，受到残疾人群众的广泛好评。开展"法律温暖、家庭幸福"残疾人妇女主题宣传日活动和全区残疾人保障法执法检查活动，残疾人合法权益得到有效维护。

3. 加强文化环境建设。 组织开展第五次"残疾人文化周"活动、全区"百家博物馆文化助残公益行动"和"百家图书馆文化助残公益行动"。建立残疾人文化艺术人才库，收录全区特殊艺术人才 116 人。顺利完成银川市创建全国残疾人文化体育建设示范市验收工作，筛选申报国家残疾人体育健身示范点 15 个。筛选各类残疾人后备运动员 113 人，组织参加全国残疾人乒乓球、盲人门球、射击和田径锦标赛，取得 3 金 4 银 1 铜的佳绩。

4. 加强无障碍环境建设。 针对自治区残疾人家庭无障碍改造项目实施过程中的突出问题，研究起草《宁夏残疾人家庭无障碍改造建设实施方案》和《宁夏购买残疾人家庭无障碍改造服务实施意见》，有力推进无障碍改造规范化实施、社会化发展。启动隆德人造花工艺有限公司无障碍车间改造项目，实施贫困家庭无障碍改造 792 户。开展全区残疾人机动轮椅车燃油补贴发放专项检查，发放机动轮椅车燃油补贴 19631 人。

5. 加强公益慈善环境建设。 依托宁夏残疾人福利基金会慈善平台，争取中国残疾福利基金会及国内外慈善组织支持，启动了"阳光伴我行"、"集善工程启明行动"、"集善工程助困行动"、"经颅磁脑瘫儿童康复抢救项目"、"集善如新儿童蜜儿餐"等慈善项目，累计筹集善款善物 981 万元（实物价值 673 万元，资金 308 万元）。其中，中国残疾人福利基金会与香港方树福堂基金会合作，向自治区捐赠善款 33.25 万元，广东省惠州市鑫福来实业发展公司与山东正奇生物制品有限公司向全区捐赠价值 900 万元的保健品钙片 12 万盒，惠及残疾人 3.5 万名。

（四）扎实开展"基础建设年"活动，残联系统管理服务水平有了新提升

1. 加强基层组织建设。 一是积极推进专门协会发展。本着成熟一个、注册一个的原则，加强指导，规范管理，宁夏肢协、盲协顺利通过法人登记注册。各协会积极履行职责，开展各类文化体育活动 50 多场次，举行联谊慈善活动 13 场次，参与残疾人达 1000 多人次，进一步提升了协会自我教育和自我管理能力。二是扎实开展志愿者助残活动。联合自治区团委在全区开展以日常照料、就业支持、支教助学、文体活动、爱心捐赠为主要内容的宁夏志愿者助残"阳光行动"，建立了自治区残疾人康复中心等 11 个宁夏志愿服务基地，成立了宁夏驼铃艺术中心等 11 个志愿者助残"阳光行动"服务队，在全社会营造了良好的扶残助残氛围。三是做好全国自强模范暨助残先进集体和个人表彰推荐工作。经逐级推荐申报，自治区 2 人荣获全国自强模范称号，4 家单位分别被授予全国助残先进集体、残疾人之家称号，2 人分别被授予全国助残先进个人、全国残联系统先进工作者称号。

2. 加强系统效能建设。 一是建立绩效管理考评机制。按照"年初建账、年中盘点、年终交账"的要求，制定下发《自治区残联 2014 年度绩效考核实施办法》，层层签订绩效考核责任书，将目标任务合理分解到每个岗位，将压力有效传递到每个干部职工，实现了系统绩效管理从常规管理向科学化、制度化、精细化管理的转变。二是举办第二期全区残联系统干部能力提升培训班。邀请国内知名专家教授，对各级残联理事长进行为期一周的集中业务培训，确立了"高层牵动、部门联动、社会拉动、主体互动"的残疾人工作"四动"机制，达成共识，取得良好的培训效果。三是召开残疾人工作现场观摩会。按照"一年一主题、一年一观摩"的思路，组织全区残联系统负责人对全区五市一区的亮点工作、创新工作、特色工作进行现场观摩和集中讨论，以观摩寻找差距、交流经验；以观摩革新思路、促进发展，取得了明显成效，得到了全区残联系统干部职工的普遍赞赏。四是开展全区残疾人工作专项督查。于 7 月组织 30 多名干部开展覆盖全区的残疾人专项工作督查，建立工作台账，逐项查找问题，督促任务落实，

为高质量推进年度目标任务落实提供了有力保障。

3. **加快推进信息化建设**。完成全区残疾人综合业务数据录入和统计年报编制，启动全区残疾人服务信息化综合管理平台项目，在门户网站上增设残疾人二代证查询功能，接入国家电子政务外网工作有序推进。强化信息报送、审核和编发管理，完成自治区残联门户网站信息采编700余篇，其中中国残联网站采用121篇，要情上稿7篇。

4. **扎实开展残疾人基本状况和需求专项核查工作**。按照《全区残疾人基本服务状况和需求专项调查残疾人基础信息核查方案》要求，成立自治区专项核查工作领导小组，及时制定工作方案，召开动员会议，实行层层负责、责任追究制，确保此项工作圆满完成。

四、大事记

1月14日，宁夏残疾人福利基金会召开2014年年会，回顾总结2013年度工作，确定2014年的工作思路。宁夏残疾人福利基金会会长刘仲，自治区残联党组书记、理事长娄晓萍等领导以及部分宁夏残疾人福利基金会理事、监事出席会议。自治区残联副理事长刘继国主持会议，宁夏残疾人福利基金会理事长吕福元代表基金会理事会做工作报告，刘仲会长发表重要讲话。

1月14日下午，自治区残联举办"汇聚大爱·共圆梦想"活动，自治区党委、政府各有关部门及政府残工委组成部门领导，宁夏残疾人福利基金会部分理事、监事，爱心企业家，各大新闻媒体记者，五市残联理事长，宁夏残疾人五个专门协会主席和优秀残疾人代表近200人参加。活动将残联工作汇报会、基金会工作年会、残疾人文体颁奖会、残疾人事业新闻记者联谊会"四会"合一，借助迎新年之机，进一步唤起部门和社会对残疾人事业的关心重视，让残疾人与部门领导、爱心企业家、新闻记者零距离接触、面对面交流，凝心聚力，整合资源，帮助残疾人实现美丽中国梦。

1月16日上午，自治区残联党组书记、理事长娄晓萍深入部分残疾人服务、就业机构及离退休老干部家中，送去党和政府的关怀与温暖，拉开了自治区残联春节"送温暖"活动的序幕。

1月18日，中国聋人手语宣传第四期活动在银川市上陵波斯顿酒店举行，宁夏聋人协会通过各种方式开展手语宣传推广活动，把听障者渴望与社会交流的声音传递出去，引起了很多社会爱心人士的关注。

1月20日，在区直属机关2014年党的建设工作会议上，自治区残联被命名为区直机关"文明单位"，自治区残联党组书记、理事长娄晓萍代表119家区直机关及中央驻宁单位做了"机关党委书记抓党建"交流发言。自治区残联党建引路、创新开路、实干兴业的做法引起与会领导和部门单位负责人的普遍赞誉。

1月21日，自治区残联邀请深圳残友集团高管刘海军、占炉华、张伟江一行三人传经送宝，为干部职工、专门协会主席和残疾人代表带来一场生动精彩的专题讲座，对进一步推进全区残疾人事业发展提供了很好的借鉴。

1月23日，自治区政府主席刘慧在石嘴山市委书记彭友东、大武口区委书记洪涛和区长蔡菊等相关领导的陪同下，到大武口仁和社区看望慰问残疾人，向他们送上节日的祝福。

1月23日，由宁夏残疾人福利基金会、自治区残联、宁夏广电总台、宁夏老年大学、宁夏书法函授专修学院、宁夏"爱飞翔"清真食业有限公司、金凤区良田镇和顺新村联合举办的以"走亲戚、包饺子、过小年、送财富、慰问残疾人、文化进移民村"为主题的献爱心、送温暖活动在和顺新村中心广场举行。

1月27日，自治区残联召开2013年度机关工作总结大会，通报表彰了2013年度机关先进单位和个人。党组书记、理事长娄晓萍做工作总结。

2月13日，自治区残联党组书记、理事长娄晓萍主持召开专题会议，研究审议各处（室）、直属单位2014年工作要点。

2月17日，在自治区党委宣传思想工作领导小组和宁夏思想政治工作研究会联合举办的全区培育和践行社会主义核心价值观示范单位评选活动中，自治区残联被命名为"全区培育和践行社会主义核心价值观示范单位"。

2月18日，自治区残联举办了为期一天的"重塑未来"宁夏行项目培训班，部署项目实施工作，学习有关业务知识。

2月19日，自治区残联召开党的群众路线教育实践活动总结大会，对教育实践活动进行回顾总结，对搞好"回头看"、进一步巩固教育实践活动成果进行动员部署。自治区残联党组书记、理事长娄晓萍主持会议并做总结讲话，自治区第六督导组副组长周万军出席并讲话。自治区残联机关、直属单位全体干部职工100余人参加大会。

2月24日，宁夏残疾人康复中心被全国妇联授予"全国三八红旗集体"荣誉称号。

2月25日，自治区残联、宁夏残疾人劳动就业服务中心、宁夏肢残人协会和宁夏聋人协会在机关七楼会议室为宁夏迈乐森橡塑有限公司举办残疾人专场招聘会，80多名残疾人参会，40名残疾人达成意向并填写了用工招聘表。

2月25—26日，第二十八次全国残联工作会议在北京召开。自治区残联党组书记、理事长娄晓萍出席会议并做大会发言，提请中国残联将宁夏作为全国残疾人工作重点政策和重大项目试点省区。这是宁夏残联首次荣登全国残联工作会议发言席，娄晓萍理事长的发言引起了中国残联领导的重视和与会同志的普遍赞誉。

2月26日，全国经颅磁脑瘫儿童康复项目工作会议在银川召开，来自河北、山东、黑龙江、吉林、浙江、湖北、湖南、内蒙古、宁夏、重庆、哈尔滨、青岛、厦门、济南、延安等地的残疾人福利基金会领导、项目负责人参加会议，就开展该项目、提高脑瘫儿童康复治疗与训练进行研讨。中国残疾人福利基金会副秘书长沈伟俊出席会议并讲话。

3月3日是第十五次全国"爱耳日"，自治区残联、自治区老龄办组织宁夏残疾人康复中心、银川市残联以及宁夏医科大学总医院等20多家医疗、康复、助听器生产、经销与验配机构，在银川市光明广场举行"爱耳日"宣传活动。

3月4日下午，自治区残联在银川市、固原市同时开展肢残患者手术筛查活动，"重塑未来"关爱中国·宁夏行在自治区全面启动，活动计划五年内为自治区200名贫困肢体残疾人提供免费医疗救治和后续帮扶，帮助他们改变生活、改变人生、实现健康之梦。

3月7日，自治区残联与民政厅妇女同胞欢聚一堂，交流思想、增进了解、凝聚力量，听讲座、提素质、话未来，以新的方式迎接"三八"国际妇女节的到来。

3月13日，由自治区残联、宁夏残疾人福利基金会、宁夏国龙慈善基金会联合实施的"国龙爱心助残"项目全面启动，计划年内完成骨关节置换手术50例。

3月18日，"重塑未来"中国行·关爱宁夏项目在银川举行了捐赠仪式。宁夏残疾人福利基金会会长刘仲、中国肢残人协会常务副主席兼秘书长王建军、北京丰台广济医院院长夏和桃出席捐赠仪式。自治区残联党组书记、理事长娄晓萍出席仪式并讲话。

3月19日，全区残联工作会议在银川召开。各市、县（区）残联理事长，自治区残联机关全体人员、直属单位处级干部、五个专门协会主席及五市残联办公室主任参加会议。会议传达学习了第二十八次全国残联工作会议精神，自治区残联党组书记、理事长娄晓萍做工作报告，全面部署2014年全区残疾人工作。

4月1日起，自治区残联、财政厅联合制定的《宁夏贫困残疾儿童康复救助项目与资金管理暂行办法》《宁夏贫困精神残疾人救助项目与资金管理暂行办法》《宁夏扶残助学项目与资金管理暂行办法》《宁夏残疾人托养服务项目与资金管理暂行办法》《宁夏贫困残人家庭无障碍改造项目与资金管理暂行办法》《宁夏残疾人机动轮椅车燃油补贴管理暂行办法》6个残疾人救助项目的具体管理办法开始实施，在规范和加强助残项目管理的同时，整合项目资金，调动各县市区的积极性，撬动地方财政投资，扩大残疾人受益面20%以上。

4月2日是第七个"世界孤独症日"，宁夏残疾人康复中心、宁夏肢体残疾人协会、宁夏特殊教育学校、银川市残疾人康复中心、银川市特殊教育中心、银川爱心园孤独症儿童康复中心等37家单位的员工及部分残疾儿童及家长、爱心人士共300多人汇聚银川市光明广场，举行"世界孤独症日"主题公益活动，呼吁社会给予孤独症人士更多的理解与支持，取得良好的宣传效果。

4月3日，自治区残联出台《宁夏残疾人康复机构管理办法》《宁夏残联系统康复机构建设标准（试行）》和《宁夏民非残疾人康复机构建设标准（试行）》，并与自治区民政厅下发《关于做好全区民办非企业残疾人康复机构登记工作的通知》，为全区康复机构规范化建设立规订标。

4月22日，西部地区低视力康复服务模式研究课题组第一次会议在自治区首府银川召开。宁夏残疾人康复中心、银川市残联、银川市残疾人康复中心、兴庆区残疾人康复中心、彭阳县残联、北京荣光美沃科技有限公司等单位相关人员参加会议。

4月24日，由自治区残联、宁夏图书馆联合举办的"读书励志·共享明天"公益文化助残活动在宁夏残疾人互助交流中心举行。宁夏图书馆现场向宁夏肢残人协会捐赠书架2列、各类书刊600余册，帮助残疾人朋友建起爱心图书室。

4月27—28日，中国残联宣文部副主任邹柏林一行到宁检查银川市创建全国残疾人文化体育示范市工作。银川市创建工作顺利通过验收。

4月27—29日，中国残联康复部主任尤红一行4人，在自治区残联副理事长刘继国陪同下，对宁夏残疾人康复机构工作进行调研。

5月13日，以"关心帮助残疾人·实现美好中国梦"为主题的宁夏第二十四次全国助残日系列活动在主会场——固原市人民广场盛大启幕。自治区残联向基层残联发放助残物资、资金共计680.5万元。

5月14日，自治区残疾人康复中心荣获2014年全国"工人先锋号"称号。

5月6—14日，2014年全国残疾人田径锦标赛在中国残疾人体育运动管理中心举行，自治区运动员取得3金4银1铜的好成绩。

5月16日，第五次全国自强模范暨助残先进表彰大会在北京举行，宁夏的王辉、杨晶岚2人获"全国自强模范"荣誉称号,石嘴山市大武口区残联理事长张惠获"全国残联系统先进工作者"荣誉称号,宁夏住宅建设发展(集团)有限公司、武警宁夏总队医院获"全国助残先进集体"荣誉称号,自治区民政厅社会福利和社会事务处处长宋海涛获"全国助残先进个人"荣誉称号,宁夏残疾人互助交流中心、同心县残疾人俱乐部获"残疾人之家"荣誉称号。

5月20—22日,西部地区"特殊儿童康复教育新理念与新技术"培训班在宁夏银川举行。陕西、青海、宁夏三省(区)的残疾人康复机构管理人员和康复教师共54人参加培训。

5月28日下午,财政部综合司司长欧文汉一行,在自治区财政厅厅长张苏安的陪同下,深入自治区残联康复中心调研,听取了残疾人康复中心的业务开展及残疾人康复中心建设项目的实施情况,并与自治区民政厅、体育局和残联领导进行了座谈。

6月5日,中央财政首次支持的宁夏残疾人社会组织参与社会服务项目——社区困难人群物理性康复医疗服务项目在宁夏爱德残疾人职业技能培训学校启动,将为350名社区老年人和残疾人提供3500次免费理疗按摩服务。

6月6日上午,宁夏残疾人法律义工志愿服务基地揭牌仪式在自治区残联举行。自治区残联党组书记、理事长娄晓萍,宁夏义工联合会副会长梁泰芳出席揭牌仪式并分别讲话。自治区残联副理事长王宇峰主持揭牌仪式,自治区残联机关和劳动就业服务中心全体干部职工及法律义工代表、新闻媒体的记者参加仪式。

6月23日,宁夏保健按摩行业协会成立大会在自治区残联七楼多功能厅举行,自治区残联党组书记、理事长娄晓萍出席会议并做重要讲话。中国盲人按摩学会副会长、自治区盲协主席王结当选为宁夏保健按摩行业协会会长。来自全区保健按摩行业的盲人、业内专家、从业代表70多人参加。会议标志着自治区盲人按摩事业领军保健按摩行业,走上了自我约束、合力推进、规范发展的轨道。

7月3日,宁夏儿童福利院永宁县家庭寄养服务中心、永宁县残疾人康复中心同时揭牌运营。自治区残联理事长娄晓萍、自治区民政厅厅长杜正彬出席揭牌仪式。"两个中心"共享一座办公楼,共用一套设备人马,实现了公共资源整合利用的最大化。

7月10日,自治区残联党组书记、理事长娄晓萍主持会议,听取了机关各处室、直属单位、福利基金会及各专门协会上半年工作汇报,对下半年工作提出了明确要求。

7月15日,全区残联系统财务人员业务培训班在银川市举行。各市、县(区)残联共46人参加培训。

自治区残联副理事长刘继国讲话。

8月2日,自治区残联、发改委联合召开2014年中央投资残疾人康复和托养设施建设项目推进会,自治区残联副理事长刘继国主持会议并讲话,自治区发改委社会处负责同志及石嘴山市、吴忠市、隆德县残联、发改委的主要负责人参加会议。

8月11日,宁夏北京商会会长刘艳霞带领10余名宁夏籍京城名医到自治区残联开展"塞上儿女·京城名医爱心家乡行"活动,考察自治区残疾人工作,并现场为残疾人朋友义诊。宁夏残疾人福利基金会会长刘仲向北京宁夏企业商会赠送锦旗。自治区残联党组书记、理事长娄晓萍等领导陪同考察。

8月13—14日,全区残疾人基本服务状况和需求专项调查工作会议在银川召开。会议传达了全国会议精神,对专项调查工作有关事项进行说明,自治区统计局负责同志做了表态发言。自治区残联党组书记、理事长娄晓萍做重要讲话,副理事长柴建国主持会议。各市、县(区)残联理事长及统计信息人员、自治区残联机关全体干部及直属单位负责人共100多人参加会议及业务培训。

8月15日,"集善工程·启明行动"宝钢集团宁夏项目启动仪式在固原市举行,中国残疾人福利基金会理事长汤小泉,自治区人民政府原副主席、宁夏残疾人福利基金会会长刘仲,自治区残联党组书记、理事长娄晓萍,宝钢集团副总经理陈缨等领导出席。该项目将惠及自治区1500名残疾人。

图6-30-1 "集善工程·启明行动"启动仪式现场。

8月18—21日,全区残联系统干部能力提升培训班在自治区残联举行。全区各市、县(区)残联理事长、专门协会主席,自治区残联机关全体干部和直属单位副处级以上干部共100多人参加培训。

9月11日上午,"集善华爱助我行"项目在银川市金凤区启动,自治区政府原副主席、宁夏残疾人福利基金会会长刘仲,中国残疾人福利基金会监事岳纪荣,自治区残联理事长娄晓萍,自治区人民政府侨务办公室副主任白玉珍等领导出席启动仪式。该项目由中国残疾人福利基金会与香港方树福堂基金、方润华基金合作开展，向自治区捐赠善款35万元、轮椅700辆。

9月16日，由自治区总工会、自治区妇联共同组织的首届女职工工艺制作大赛暨优秀作品展示在西吉县举办，自治区残联组队参赛，取得了1个一等奖、3个三等奖和团体"优秀组织奖"的好成绩。

9月19日，自治区残联举办的"清凉宁夏"全区残疾人专场文艺演出在宁夏银川市光明广场举行，自治区政府残工委部分成员单位的领导出席演出活动，各市残联理事长和专门协会主席等500多人观看汇演。

9月24—27日，2014年全区残疾人工作现场观摩会召开，娄晓萍理事长带队组织自治区残联机关、直属单位副处级以下干部、专门协会主席及各市、县（区）残联负责人等69人，对全区残疾人工作27个点位进行了为期4天的现场观摩交流。

图6-30-2 观摩组参观残疾就业创业示范基地隆德人造花无障碍车间。

9月28日，全区残疾人事业统计信息工作培训会议召开。自治区残联机关、直属单位及各市、县（区）残联统计信息人员参加培训，自治区残联副理事长柴建国出席会议并讲话。会议通报了2013年度统计信息工作情况，对康复、教育、就业、社会保障、维权、组织建设、宣传文化体育、信息化建设等业务指标进行了讲解和上机操作练习。

10月9—14日，由甘肃省残联副巡视员李忠带队，甘肃省、陕西省残联和扶贫办的相关人员组成的国家第六督导检查组到自治区督导检查农村残疾人扶贫开发工作。

10月9日，自治区残联、自治区扶贫办、自治区财政厅联合印发《宁夏回族自治区农村残疾人扶贫基地规范化管理办法》，对农村残疾人扶贫基地实行自治区、市、县三级分级审批认定，制定了认定标准和扶持措施。

10月17日，自治区残联机关、直属单位干部职工自发捐款1.4万余元，迎接首个全国"扶贫日"的到来。

10月13—22日，为进一步推进残疾人基本服务状况与需求专项调查工作顺利进行，自治区残联副理事长、专项调查办公室主任柴建国和专项调查办公室副主任席卫东带队，分头对各市、县（区）残疾人基础信息核查工作开展中期专项督查。

10月24日，宁夏盲人协会第一次会员代表大会在银川召开。中国残联副主席、中国盲人协会名誉主席李志军，自治区残联党组书记、理事长娄晓萍等出席大会。来自全区各市、县（区）的108名盲人协会会员代表参加会议，五市残联理事长及自治区残联五个专门协会主席、机关处以上干部列席会议。

10月25日，由中国盲人协会、自治区残联主办，中国红十字基金凤凰基金支持的"牵手相助，触摸母亲河，穿越腾格里——全国盲人徒步沙漠行"活动在中卫市沙坡头旅游景区举行，来自全国各地的200多名盲人朋友参加活动。

10月31日下午，自治区残联、自治区司法厅和宁夏义工联合会共同在银川市玉皇阁广场举办律师义工服务队成立暨关爱弱势群体普法活动。自治区残联副理事长王宇峰出席活动并讲话，自治区司法厅、宁夏义工联合会及宁夏律师协会有关领导、律师义工以及残疾人代表、自治区残联机关干部等近100多人参加活动。

11月7日，2014年全区残疾人教育就业扶贫社会保障业务培训班在银川举行，全区各市、县（区）残联教育就业相关业务分管领导和工作人员共78人参加培训，自治区残联副理事长王宇峰出席开班仪式并讲话。

11月14日，由北京北奥国际旅行社主办，宁夏肢残人协会和陕西肢残人协会等单位协办的"为生命喝彩，为友谊欢歌——2014中国残疾人东盟自驾友好之旅活动"发车仪式在广西南宁举行。

11月20—21日，第五届全区残疾人职业技能竞赛在银川湖滨体育馆举行，来自全区五市的110名参赛选手在计算机、工艺美术、服装、手工制作及生活服务等5大类16个竞赛项目中展开激烈的竞争。经过两天的比赛，最终评比出一等奖16人、二等奖15人、三等奖13人以及拼搏奖5人，银川市和固原市分获团体奖第一名和第二名。

11月26日，自治区民政厅、自治区财政厅、自治区残联联合下发《关于进一步做好残疾人最低生活保障工作的通知》，从2015年1月1日起，为全区城乡最低生活保障家庭中的残疾人在家庭人均补差金额基础上增发10%的最低生活保障金，并给予低保家庭中实现就业且收入高于低保标准的残疾人1年最低生活保障渐退期。

11月26日，宁夏第三期全国残疾人基本服务状况和需求专项调查培训工作在固原市原州区圆满结束。宁夏全面完成全国残疾人基本服务状况和需求专项调查省级培训工作，全区共培训专项调查工作人员344人。

12月4日，自治区残联、自治区民政厅、自治区财政厅联合印发《宁夏回族自治区残疾人托养机构规范管理暂行办法》，进一步加强自治区残疾人托养机构规范化管理，为推动残疾人托养机构健康发展提供了依据。

12月4日，自治区残联在银川市新城商业广场前设立咨询台，开展"以弘扬宪法精神，建设法治中国"为主题的法制宣传教育活动。

12月4日，志愿服务广州交流会暨第十届中国青年志愿者行动颁奖典礼在广州市保利世贸博览馆举行，自治区同心县残疾人俱乐部重度残疾人日间托养服务项目被共青团中央、民政部、中国志愿服务联合会授予银奖。

12月24日，由中国残联支持，中国肢残人协会、宁夏残联、北京广济医院共同实施的"重塑未来"关爱中国·宁夏行项目首期任务的最后两名受助者李志远和芦瑞从北京康复归来，标志着该项目首期33名救助任务圆满完成。

（韩卫东供稿）

新疆维吾尔自治区
残疾人事业和残疾人工作

一、领导讲话

中共中央政治局委员、自治区党委书记张春贤在残疾人代表座谈会上的讲话摘要
2014年5月17日

第一，要认真抓好习近平总书记考察新疆重要讲话精神的学习。前不久，习近平总书记亲临新疆考察并做了重要讲话，充分肯定了新疆各方面工作取得的成绩，强调指出，这些年来，在自治区党委和政府领导下，新疆各族干部群众贯彻中央决策部署和中央新疆工作座谈会精神，齐心协力，顽强拼搏，新疆的城乡面貌、人民生活、经济社会发展发生了很大变化；特别是基层基础工作得到加强，反恐维稳能力、处理突发事件能力、舆论引导能力等有了新的提高；新疆发展势头是好的，稳定大局是可控的，尤其是各级干部状态很好、精神面貌很好，面对艰苦环境和艰巨任务，敢于担当，甘于奉献，为造福各族人民、建设美好新疆做出了重要贡献；新疆干部坚守边疆、坚守基层很不容易，很辛苦；现在是新疆经济社会发展最好最快的时期之一，是全疆各族人民群众得到实惠最多的时期之一。习近平总书记殷切希望我们全面贯彻落实党的十八大和十八届三中全会精神，以邓小平理论、"三个代表"重要思想、科学发展观为指导，坚决执行中央关于做好新形势下新疆工作的大政方针，以社会稳定和长治久安为工作的着眼点和着力点，统筹推进各方面工作，为抓住和用好历史机遇、实现新疆跨越式发展创造良好条件，团结带领新疆各族人民建设团结和谐、繁荣富裕、文明进步、安居乐业的社会主义新疆。总书记的重要讲话，充分体现了党中央和习近平总书记对新疆工作的高度重视和对新疆各族人民的亲切关怀，给新疆的发展带来巨大动力。各级残联组织、残疾人代表要认真学习贯彻总书记重要讲话精神，把习近平总书记对新疆各族人民的亲切关怀传递到全疆各族残疾人中去，传递到千家万户，让广大残疾人切实感受到党中央和总书记的亲切关怀。同时，各族残疾人要通过学习总书记的讲话精神，进一步增强自尊、自信、自强、自立的勇气，在各自岗位上发光发热，做出新的成绩。

第二，要把自己的人生梦想与实现中华民族伟大复兴的中国梦结合起来。党的十八大确立了"两个一百年"的奋斗目标，十八大后以习近平同志为总书记的党中央提出了实现中华民族伟大复兴的中国梦。中国梦是民族梦、国家梦，也是每一个残疾人的梦。中国梦在新疆的具体体现就是建设团结和谐、繁荣富裕、文明进

步、安居乐业的社会主义新疆,这是全疆各族干部群众的共同奋斗目标。实现中国梦,建设美好家园,需要包括残疾人在内的全疆各族人民的和衷共济、艰苦奋斗。去年8月,我在接见自治区残联第六次代表大会代表时曾说过:"广大残疾人要把祖国的梦想和个人的梦想结合起来,不断为新疆跨越式发展和长治久安而努力奋斗。新疆的困难比别人多,但要把大家发动起来,为新疆做贡献,改善自己的生活,改变新疆的面貌,共同建设美好的家园。"残疾人中蕴藏着巨大的潜能和创造力,是建设中国特色社会主义的重要力量,是建设社会主义新疆的重要力量。广大残疾人朋友要始终践行奋斗改变命运,永远不能停息追逐梦想的脚步,坚信只要有梦想、有追求、有奋斗,一切皆有可能,坚信通过自身的努力和奋斗,一定能改变个人命运和家庭生活,一定能为建设我们美好的家园做出更大贡献。

第三,要自觉维护民族团结,为促进民族团结多做贡献。民族团结是新疆各族人民的生命线。总书记在考察新疆时强调指出,兄弟齐心,其利断金;家和万事兴。中华民族大家庭,什么时候团结和睦,什么时候就国运昌隆、人民幸福;什么时候分崩离析,什么时候就受人欺凌、民不聊生。残疾人作为成长、生活、工作在新疆各族群众中的一员,要深深懂得:中国是各民族共同缔造的国家,是各民族共同的祖国,建设祖国、保卫祖国是56个民族的共同使命,实现中华民族伟大复兴的中国梦是各族人民的共同利益所在,国家好各族人民才能好;同呼吸、共命运、心连心是我国民族关系的本质特征,汉族离不开少数民族,少数民族离不开汉族,各少数民族之间也相互离不开。当前,新疆正处在加快发展的关键阶段,越是在这个时候,越需要稳定的社会环境。但我们必须看到,目前各种不稳定因素依然存在,维护新疆大局稳定任务依然艰巨。近期发生的暴力恐怖袭击案件表明,新疆的反分裂、反恐怖斗争仍然是长期的、复杂的,有时甚至是十分激烈的。广大残疾人朋友要深刻认识新疆分裂和反分裂斗争的长期性、复杂性、尖锐性,主动揭露暴恐犯罪分子反人类、反社会、反文明的丑恶本质,明辨是非、擦亮眼睛,在反暴恐这个重大原则问题上,认识不含混、态度不暧昧、行动不动摇。要多说有利于民族团结的话,多做有利于民族团结的事,多交不同民族的朋友,以自己的表率作用去影响教育身边的同事、朋友和家人。大家要像我们身边的残疾人民族团结先进个人代表阿巴合·再努拉、冯银燕、刘新华一样,主动用自己的成长经历、创业历程、切身体会,积极宣传中央新疆工作座谈会以来新疆发生的巨大变化,讲党的恩情、国家的关心、全国的支持,不断增强各族群众对伟大祖国的认同、对中华民族的认同、对中华文化的认同、对中国特色社会主义的认同,进一步增强"国家好各族人民才能好"的信念,为维护祖国统一、民族团结多做贡献。

第四,要发扬自尊、自信、自强、自立的精神,乐观向上,奋发进取。广大残疾人要有求生存、图发展的志气和顽强拼搏的毅力,这既是实现自己生存权与发展权的需要,也是赢得社会尊重的根本。古往今来,残疾人中立志成才、业绩显赫的人很多,他们的坎坷经历和成功经验,深刻地启迪人们怎样去面对困难和逆境。在我们身边也有像肉孜阿吉·买买提、刘勇、曾岩这样的自强模范,他们通过自己的奋斗改变了自己的命运,影响了身边的人,为当地经济社会发展做出了很大的贡献。广大残疾人要始终坚信事在人为、人在有志、志在奋斗、奋斗改变命运。奋斗,对一个人来说是一种自强不息、不甘认输的进取精神,是新疆精神的重要体现。面对全疆大地大建设、大开放、大发展的热潮,面对生活中这样那样的困难和不如意,大家不能想着"等靠要",要靠自身的努力、自己的奋斗,砥砺奋进、发奋图强,努力创造属于自己的美好生活。只要我们大家真正做到自尊、自信、自立、自强,真正做到奋斗、再奋斗,大家就一定能做一个身残志坚的强人,创造出无愧于时代、无愧于人生的业绩。

第五,全社会要形成支持残疾人事业的强大合力。中华民族自古以来就有扶弱济困的传统美德。向遭遇不幸、处境不利、渴望平等的残疾人伸出友爱之手,扶助他们跟上社会发展步伐,共享改革发展成果,这是我们应有的社会公德。我们要按照《中共中央、国务院关于促进残疾人事业发展的意见》要求,在全社会大力弘扬中华民族传统美德,倡导"平等、参与、共享"的现代文明社会残疾人观,消除对残疾人的歧视和偏见,形成人人理解、尊重、关心、帮助残疾人,支持残疾人事业的良好社会风尚。要重视发挥市场机制作用,加强对助残社会组织的培育和引导,动员社会力量为残疾人生活、工作、学习提供服务。要大力发展残疾人慈善事业,倡导助残志愿服务,开展爱心捐助活动。要紧紧围绕第二十四次全国助残日"关心帮助残疾人,实现美好中国梦"的主题,给予残疾人更多的支持、关心和帮助,团结带领、支持帮助广大残疾人创造更加幸福美好的新生活。

最后,我要特别强调的是,各级党委、政府要更加重视残疾人工作。残疾人作为一个特殊困难的群体,需要格外关心、格外关注。目前,新疆残疾人口中约70%为少数民族,残疾人和有残疾人的家庭大多数生活比较艰难。他们的困难如果得不到妥善解决,就会对整个社会产生负面影响,直接影响新疆社会稳定和长治久安大局。各级党委、政府要高度重视残疾人工作。我在去年接见自治区第六次残联代表时特别指出,"各级党委政府如果对残疾人不亲，没有好的态度，他就不是称职的领导"，"我们各级党委政府对残疾人不重视，对残疾人工作不重视，说明他对家人也不会亲，也不会有感情，更不会搞好社会工作"。各级党委、政府要充分认识发展残疾人事业在新疆社会稳定和长治久安大局中的重要意义和作用，要多关心残疾人工作，积极协调解决残疾人的实际困难。各级残疾人工作委员会，要成为名副其实的残疾人事业协调机构，切实协调好、办好职责范围内的残疾人事务。残联要加强能力建设，认真履行"代表、服务、管理"职能，把做好残疾人工作与正在开展的党的群众路线教育实践活动结合起来，与自治区开展的"访民情、惠民生、聚民心"活动紧密结合起来，牢牢扎根于残疾人之中，千方百计为他们解难题、办实事、谋福祉，真正成为残疾人之家。广大残疾人工作者是发展残疾人事业的骨干力量，要恪守"人道、廉洁、服务、奉献"的职业道德，不断提高服务本领，锤炼过硬作风，全心全意为残疾人服务，真正成为广大残疾人的好朋友、贴心人。

自治区党委常委尔肯江·吐拉洪在自治区残联工作会议上的讲话摘要 2014年2月17日

首先，残疾人事业是社会稳定机制的重要组成部分。残疾人事业是为残疾人服务，解决残疾人问题，改善残疾人状况，促进残疾人"平等、参与、共享"的综合性社会事业，业务渗透各领域，工作涉及各部门。从根本上说，残疾人事业就是解决残疾人问题的，残疾人问题是因健全人同残疾人之间存在的差别而产生的社会矛盾和问题，残疾人事业就是减少或消除健全人和残疾人之间差别的一切社会活动。残疾人事业的本质决定了其具有社会稳定机制的作用，大力发展残疾人事业是实现社会稳定和长治久安不可或缺的治理手段和重要组成部分。

其次，发展残疾人事业有利于争取人心。这也是由残疾人工作的性质和由此产生的社会效果决定的。中央和自治区党委已经把争取人心提高到战略高度，要求"新疆经济发展必须紧紧围绕争取人心、长治久安来进行"。残疾人是社会上最弱势的群体，我区残疾人达106.9万，涉及家庭人口有约390万之众，发展残疾人事业，做好残疾人工作，有"帮扶一人，幸福一家，影响一片"的社会效果，有利于争取人心。

残疾人同步小康是全面建成小康社会的题中应有之义，实现残疾人的小康是全面小康的必要条件，没有残疾人的小康就没有全面小康。残疾人同步全面小康是残疾人根本利益所在，当然也是各族残疾人的共同期盼和美好憧憬。我们一定要抓住关键，突出重点，明确任务，强化措施，坚持"两个努力"，以敢于担当、务求实效的决心和态度，切实把加快广大残疾人同步实现全面小康作为重中之重的工作来加快抓好、推进落实。要把同步小康当作残疾人应当享有的权利。要充分认识我区残疾人同步小康的必要性、艰巨性。在"两个体系"建设中"兜住底、补短板、促发展"。要注意发挥残疾人的主体作用。要切实做好对口援疆相关工作。要把残疾人工作同我区重大政治经济活动有机结合。要坚持统筹兼顾和分类指导。

自治区副主席吉尔拉·衣沙木丁在自治区残联工作会议上的讲话摘要 2014年2月17日

一要坚持基层重要、民生优先的执政理念，强化残疾人公共服务。二要充分发挥残联的代表职能，更加注重代表、维护残疾人的利益。三要以党的群众路线实践教育活动为契机，狠抓残联工作者队伍。四要构建大残疾人事业发展格局，建立残疾人事业发展长效机制。五要适应新形势，创新工作思路和工作方法，促进残疾人事业快速发展。六要坚持以残疾人为本，充分发挥残疾人的主体作用。

各地要按照张春贤书记的要求，切实负起责任，将残疾人工作摆上重要议事日程，与其他各项事业同部署、同落实、同督导。特别是在资金、政策、项目实施和人员配备上，要优先给予照顾。各级政府残工委要积极发挥议事协调作用，制定实施各成员单位的分工方案，明确工作职责，抓好对成员单位工作落实情况的督导，形成残疾人事业发展的强大合力。

自治区副主席吉尔拉·衣沙木丁在自治区人民政府残工委会议上的讲话摘要

2014年6月5日

第一，要深入学习贯彻习近平总书记和张春贤书记的讲话精神。把他们对我区各族残疾人的亲切关怀传递到全疆各族残疾人中去，传递到千家万户，让广大残疾人切实感受到党的亲切关怀。

第二，要站在全区改革发展稳定大局的高度审视残疾人事业的战略定位。推动实现残疾人同步小康是中央的要求，也是国务院的部署，是我们的工作目标。没有残疾人的小康，不是全面的小康；没有残疾人的发展，不是科学的发展。残疾人事业是中国特色社会主义事业的重要组成部分。

第三，要加强和提升残联组织履行代表、服务、管理职能的能力。残联组织切实提高组织治理和自治能力，充分发挥党和政府联系残疾人的桥梁和纽带作用，自觉把残疾人事业有效融入经济社会发展大局之中，有效承担代表、服务、管理残疾人职能，在推动国家经济、政治、文化、社会、生态文明"五位一体"建设中，更好地配合党和政府，更好地调动其他残疾人社会组织和市场主体的积极性，各负其责，良性互动。各级残联要努力打造"学习型、服务型、创新型"组织，推进残联自身建设，提高残疾人工作者素质，建设恪守"人道、廉洁、服务、奉献"的残疾人工作者队伍。要按照年初确定的工作计划，抓好各项残疾人工作的落实。

第四，要切实加强对残疾人工作的领导，充分发挥政府残工委及成员单位的作用。一要加深对做好残疾人工作的认识。二要加强对残疾人工作的领导。三要认真开展调查研究。四要着力解决关系残疾人切身利益的实际问题。

自治区党委常委、自治区副主席艾尔肯·吐尼亚孜在自治区促进残疾人按比例就业电视电话会议上的讲话摘要

2014年7月25日

一要统一思想，提高认识，进一步增强做好残疾人按比例就业工作的责任感、使命感和紧迫感；二要强化责任意识，认真履行好促进残疾人就业的义务；三要加强领导，切实推进残疾人按比例就业工作。重点做到：

加强领导，落实政府责任。做好残疾人就业工作是各级政府的重要职责。各级政府及有关部门要根据相关法律法规和政策，研究制定符合本地实际的贯彻落实中央和自治区七部门文件实施方案，进一步细化残疾人按比例就业的有关政策措施，建立促进残疾人按比例就业的协调工作机制，积极采取具有可操作性、规范性和有效性的举措，确保残疾人实现按比例就业，切实把党和政府的温暖送到残疾人中去。

加强引导，形成促进就业合力。残疾人按比例就业工作需要各地、各单位共同努力做好。机关事业单位安置残疾人就业，不仅是自身在履行法定义务，而且具有不可替代的示范、表率和引导作用。各级机关事业单位要从促进新疆社会稳定和长治久安，构建和谐社会和经济发展以及精神文明建设的角度出发，提高执行力和约束力，为社会做出表率，率先垂范招录和安置残疾人。各地、各有关部门要各司其职、各负其责、密切配合，围绕促进残疾人按比例就业工作，齐心协力、齐抓共管，努力形成促进残疾人就业的合力。

加强监督，确保各项政策落到实处。充分发挥各地各部门在监督工作中的主体地位，健全体制机制，落实监督责任，加强对落实残疾人按比例就业政策的监督。残工委成员单位要把贯彻落实中央和自治区七部门文件列入重点监督检查内容，发现问题，及时通报，妥善纠正和解决。各地、各部门要采取切实可行的措施，贯彻落实中央和自治区七部门文件，鼓励吸纳残疾人就业。对超比例安置残疾人就业的单位，对在实施残疾人按比例就业工作中做出突出贡献的单位和个人给予表彰奖励。切实将促进残疾人就业的各项政策落到实处。

自治区副主席田文在自治区助残先进个人、自主创业之星表彰大会暨第四届残疾人职业技能竞赛闭幕式上的讲话摘要

2014年8月27日

要进一步动员全社会力量参与残疾人事业。通过今天的活动，大力宣传我区残疾人事业发展的亮点，让社会上更多的人了解残疾人、关爱残疾人、支持残疾人事业发展，营造全社会理解、尊重、关心、帮助残疾人的浓厚氛围，努力动员全社会力量参与残疾人事业。要大力培育助残社会组织，不断丰富服务内容、创新服务形式，为残疾人提供更加丰富、周到、便利的服务。

要进一步保障残疾人合法权益。要不断完善残疾人事业法律法规体系，切实保障残疾人的生命健康权、生存权和发展权。积极开展普法宣传教育，形成依法维护残疾人权益的社会环境。

要进一步激励残疾人自强精神。做好残疾人工作，要尊重残疾人的意愿，增强残疾人的自我发展能力，调动残疾人的积极性、主动性和创造性，促进残疾人的广泛参与和全面发展。要始终坚信事在人为、人在有志、志在奋斗、奋斗改变命运。

要进一步健全残疾人事业发展的体制机制。要加强对残疾人工作的领导，充分发挥政府主导、社会参与的体制优势，形成推动残疾人事业发展的强大合力。工青妇等人民团体要发挥优势支持残疾人工作。各级残联和广大残疾人工作者要全心全意为残疾人服务，为发展残疾人事业再立新功。

要进一步加强残疾人职业技能培训力度。要通过开展竞赛活动，向社会充分展示我区残疾人职业技能水平，展示残疾人自强不息、顽强拼搏的精神风貌，同时要大力宣传技能竞赛在残疾人人才培养、选拔和激励等方面的独特优势，有效引导广大残疾人劳动者钻研新技术、掌握新技能、争创新业绩，带动更多残疾人走技能成才之路，实现融入社会、全面发展的目标。

要进一步促进残疾人就业。要把促进残疾人就业作为优先目标。采取积极措施鼓励扶持社会用人单位，稳定残疾人就业。要以贯彻落实中共中央组织部等七部门《关于促进残疾人按比例就业的意见》和自治区党委组织部等七部门《新疆维吾尔自治区关于进一步促进残疾人按比例就业的实施意见》电视电话会议精神为契

机，通过加强宣传，引导更多用人单位履行社会责任，积极安置残疾人就业。

二、工作综述

2014年是全区残联系统认真学习党的十八届三中、四中全会精神，深入贯彻中央关于残疾人事业的新部署、新要求，全面落实中国残联"六代会"任务的开局之年。一年来，在党中央、国务院领导下，在吉尔拉·衣沙木丁主席带领下，各级残联主动作为，广大残疾人和残疾人工作者共同努力，各项事业在新起点上取得了重要进展。

（一）积极争取中国残联和自治区党委、人民政府对新疆残疾人事业的重视关怀

自治区残联高度重视积极争取中国残联和自治区党委、人民政府对新疆残疾人事业的重视和关怀。残联主要领导多次主动向中国残联和自治区党委、人民政府领导汇报新疆残疾人工作情况，积极邀请相关领导出席残联各类大型活动。2014年5月17日，中共中央政治局委员、自治区党委书记张春贤亲切接见自治区荣获全国自强模范和全国残联系统先进工作者受表彰代表并与代表合影留念，在随后的座谈会上发表了重要讲话。2014年10月24日，自治区党委书记张春贤在自治区残联报送的《自治区残联第六届理事会一年履职情况报告》（新残字〔2014〕190号）上批示："新一届残联认真履行'代表、服务、管理'职能，扎实开展惠残项目工程，努力改善残疾人生存状况，取得较好成效。要进一步增强责任意识和大局意识，牢固树立全心全意为残疾人服务的宗旨，千方百计为残疾人解难题、办实事、谋福祉，推动我区残疾人事业迈上新的台阶。"此外，自治区党委常委尔肯江·吐拉洪，自治区党委常委、副主席艾尔肯·吐尼亚孜，自治区副主席吉尔拉·衣沙木丁，自治区人大常委会副主任贾帕尔·阿比布拉，自治区政协副主席毛肯·赛衣提哈木扎，兵团党委常委、副政委阿布力孜·尼亚孜，自治区副主席田文等自治区领导多次出席残联召开的会议并发表讲话。特别是在"爱耳日"、"助残日"、"国际残疾人日"等重要残疾人节日期间，自治区党委、政府领导多次出席大型活动并慰问残疾人朋友。中国残联以及自治区党委、政府领导对自治区残疾人和残疾人工作的关心和重视，起到了很好的引领和示范作用，不仅使广大残疾人朋友感受到了党和政府的深切关怀，也使全社会各界人士更多更好地了解和关注残疾人事业，极大地鼓舞了残疾人工作者做好残疾人工作的信心。

（二）充分发挥新疆残疾人工作委员会成员单位的作用

自治区残联十分重视发挥残工委成员单位的作用，主动加强沟通，并积极协调相关厅局开展一系列惠残项目工程。与自治区人力资源社会保障厅合作，全力做好全国自强模范暨助残先进集体和个人评选表彰工作；与自治区妇联联合开展了"最美妈妈——新疆脑瘫智障患儿关爱工程"品牌项目；与自治区人力资源社会保障厅、自治区团委合作，在全疆范围内开展了100名残疾青年"自强不息、自主创业之星"评选活动；与自治区人力资源社会保障厅、自治区总工会合作，开展了"十佳集中安置残疾人就业单位"评选活动；与自治区民政厅合作，协商研究共同支持、共同开发开展有关残疾人工作问题。自治区民政厅对城乡已享受低保的残疾人提高低保标准；与自治区组织部联合实施"基层党组织助残扶贫工程"，下拨补助资金629万元，使3145户贫困残疾人受益；与商务厅联合组织实施"万村千乡市场工程"，下拨补助资金100万元，帮扶100户贫困残疾人创建村级店；与自治区住建厅联合组织开展农村贫困残疾人住房困难户实名制数据调查，对未被纳入自治区安居富民工程的农村贫困残疾人无房户或危房户进行摸底调查；与自治区财政厅、新疆农业大学合作，开展"残疾人就业保障现状与问题研究"课题项目，16.6万余字的同名论文集已出版发行。此外，自治区残联还与自治区财政厅、地税厅、自治区党校、新疆医学院、新疆艺术学院、新疆广播电视大学等多家单位常年开展合作共建活动。

（三）围绕残疾人民生，努力开创残疾人事业新局面

1. 认真实施民生工程。一是实施自治区"阳光家园计划"——智力、精神和重度残疾人托养项目。完成自治区民生贫困残疾人托养任务30337人，其中2014年新增任务6000人，下拨补助资金3927万元；二是实施"阳光助残扶贫基地建设工程"。自治区残疾人就业保障金安排资金1500万元，扶持创建55个县级残疾人扶贫就业基地，带动1500个贫困残疾人或残疾人家庭发展生产，为2000名贫困残疾人提供实用技术培训；三是实施残疾儿童康复救助项目。争取中央补助1384万元，完成120名聋儿的筛查任务，按照国家进度，为其中的85名中低收入家庭的聋儿植入人工耳蜗；为100名贫困聋儿、175名贫困智力残疾儿童、350名孤独症儿童、175名贫困脑瘫儿童提供康复救助；为78名肢体残疾儿童免费实施手术并装配矫形器；四是实施贫困白内障患者复明工程。自治区财政安排资金600万

元，为5000名贫困白内障患者实施手术。

2. 大力实施一批惠残工程。2014年，在完成自治区民生工程的同时，实施一大批惠残工程。实施"爱心天使"助学基金项目，项目实施以来，全区已有2953人次残疾学生和残疾人家庭子女得到资助，69名残疾学生得到23.6万元的"十佳"奖励资助，资助金共计565.02万元；实施自治区残疾人康复救助"关爱工程"，投入1500万元，使1.5万名贫困残疾人得到康复服务与救助；实施社区康复建设工程，投入资金300万元，建立100个社区康复站；实施残疾人辅助器具适配服务，在全区范围内全面开展残疾人辅助器具适配服务工作；组织开展"阳光助残"活动计划，建立3个优秀助残项目试点，调动和发挥青年志愿者在助残工作中的积极作用；实施"积善工程——听力助残"项目，为120名听障残疾人发放助听器并适配；组织开展"就业援助月"专项活动，全区登记残疾失业人员家庭14174户，登记失业残疾人9926名，培训残疾人9342名；组织招聘会169场，帮助失业人员实现就业1168人。

3. 积极推动深化改革。2014年，根据自治区党委全面深化改革领导小组的要求，自治区残联安排部署残疾人事业全面深化改革任务，内容包括：一是建立贫困残疾人生活补助和重度残疾人护理补贴制度，起草了《新疆维吾尔自治区贫困残疾人生活补助办法》和《新疆维吾尔自治区重度残疾人护理补贴实施办法》，并积极征求自治区民政厅、财政厅等相关部门意见；二是建立残疾人托养服务体系，起草了《新疆维吾尔自治区残疾人托养服务体系建设的实施意见》；三是加强基层残疾人组织建设，起草了《进一步加强基层残疾人组织建设的意见》；四是促进残疾人按比例就业，与自治区党委组织部等七部门联合签发自治区《关于进一步促进残疾人按比例就业的实施意见》，并于2014年7月25日召开自治区残疾人按比例就业电视电话会议，强力推进自治区残疾人就业工作开展；五是加强残疾人就业保障金征管，起草了《关于进一步加强残疾人就业保障金征管工作的通知》；六是积极推进政府购买服务工作进程，起草了《关于推进自治区政府向社会力量购买残疾人服务工作的实施意见》并报送自治区人民政府，同时向自治区财政厅提交了经费预算情况汇报；七是与自治区财政厅、自治区工商行政管理局联合制定出台了《自治区盲人保健按摩行业扶持暂行办法》，为各地扶持盲人保健按摩机构提供了政策依据；八是起草了《自治区残疾人个体就业扶持办法（暂行）》以及《自治区残疾人集中就业单位（基地）扶持办法》；九是制定出台了《新疆维吾尔自治区残疾人联合会对开展培训残疾人驾驶员驾校补贴暂行办法》，给每个残疾人驾驶培训给予补贴。

（四）积极开展系列活动，努力优化残疾人事业发展环境

1. 组织开展评先选优，在全社会倡导助残风尚。2014年年初，自治区残联组织各地开展推荐全国自强模范和全国残联系统先进工作者活动，经全国评选，自治区荣获全国自强模范4人、全国残联系统先进工作者1人、残疾人之家3个、助残先进集体2个、助残先进个人2名，所有获奖单位和个人在5月16日参加了全国的表彰活动，受到了习近平总书记的亲切会见。

2. 积极开展"助残日"、"国际残疾人日"系列活动。5月18日是全国第二十四个助残日，自治区残联先后开展了包括自治区青年志愿者助残"阳光行动"启动仪式、"走基层，送医疗"等十几项活动；二是新疆首家助残门诊在新疆医科大学第一附属医院挂牌；三是联合新疆艺术学院举办"自强中国梦"文艺演出；四是新疆残疾人艺术人才培训基地及残疾人艺术团顺利揭牌；五是举办了自治区首次残疾人专场招聘会。12月3日是"国际残疾人日"，为了让全区广大残疾人过一个有意义的节日，自治区残联组织开展了一系列活动。一是自治区党委常委尔肯江·吐拉洪代表党委、政府前往新疆翼百丰印务有限公司、齐康盲人按摩店看望慰问残疾工人，并为他们送去慰问金；二是自治区党委常委尔肯江·吐拉洪前往新疆财经大学，看望慰问了背着姐姐一同上大学的努尔比耶姆·麦麦提姐妹和40名残疾学生，并给姐妹俩每人送上了5000元慰问金，代表财大给每名残疾学生送上了2000元助学金；三是组织残疾人乘坐动车出游，让行动不便、很少有机会出门的残疾人朋友体验动车的方便和快捷；四是与新疆农业大学联合举办"残健同行、汇爱成海"文艺晚会；五是走访慰问贫困残疾人家庭。

3. 首次召开促进残疾人按比例就业电视电话会议。为贯彻落实中共中央组织部等七部门《关于促进残疾人按比例就业的意见》和自治区党委组织部等七部门《新疆维吾尔自治区关于进一步促进残疾人按比例就业的实施意见》，7月25日召开了全区促进残疾人按比例就业电视电话会议。会议的召开进一步推动了自治区残疾人按比例就业工作的开展。

4. 成功举办第四届自治区残疾人职业技能大赛。8月26日，第四届自治区残疾人职业技能大赛在乌鲁木齐市隆重开赛。来自15个地州市的288名各族选手参加了5类18项比赛。参加职业技能竞赛的选手还参加了"反暴力、讲法制、讲秩序"倡议活动，通过大力宣传党和政府保障和改善残疾人民生的一系列政策措施，把广大残疾同胞的思想和行动引导到发展生产、改善生活、建设大美新疆上来，促进残健融合、共同

发展。

5. 隆重召开了"集中安置残疾人就业先进单位"和"自强不息、自主创业之星"表彰大会。给予新疆笃信电控有限公司、乌鲁木齐市华浙瑞克塑料制品有限公司等10家助残企业每家20万元表彰奖励，给予郭丽、李福明等20名自治区"助残先进个人"每人2万元表彰奖励。

6. 举行"爱心天使"助学暨"通向明天——交通银行残疾青少年助学计划"助学金发放仪式。2014年共有200多名残疾学生圆了大学梦，其中160多名残疾大学新生得到"爱心天使"助学基金的资助。

7. 成功举办自治区第六届残疾人运动会暨第三届特殊奥林匹克运动会。2014年9月15日，新疆维吾尔自治区第六届残疾人运动会暨第三届特殊奥林匹克运动会在克拉玛依市体育馆隆重举行。这届残运会共有田径、乒乓球等7个大项、165个小项，16支代表团参赛，参赛残疾人运动员560名。最终产生优秀组织奖10个，体育道德风尚奖16个，个人体育道德风尚奖123个。乌鲁木齐市、克拉玛依市、昌吉州代表队获得团体总分前三名。

（五）积极响应，认真开展"访惠聚"工作

2014年，自治区残联按照自治区党委的统一要求，认真开展"访民情、惠民生、聚民心"工作。自治区残联住莎车县恰热克镇19村、20村工作组自正式进点后，转换角色、适应环境、了解民情、熟悉工作、创新方法，把解决"最后一公里、最远一家人"的问题当作所有工作的出发点和落脚点，切实让"访惠聚"工作成为发挥基层党组织战斗堡垒作用、密切党群干群关系和增强群众凝聚力的工程。工作组以建设一个好阵地、打造一个好班子、建立"1234工作机制"为抓手，结合住村实际，制定了包括基层组织阵地建设"提升工程"在内的十项工程的实施规划。"访惠聚"活动开展以来，自治区残联主要领导先后三次前往帮扶村实地调研，了解情况，与住村队员同吃同住同工作。同时，班子其他成员也分别多次前往帮扶村看望慰问住村工作人员，帮助他们解决实际困难。节日期间，自治区残联还对住村队员家属进行走访慰问，组织安排体检。2014年，自治区残联为"访惠聚"工作组下拨经费113万元，主要用于扶持村集体经济以及各项建设费用。自治区残联"访惠聚"工作组通过细致入微的工作、以心换心的方式，在政策协调上、资金投入上，积极想办法、出主意，帮助村民解决实际困难，一步步拉近了与村民的距离，得到了村民的理解、信任和支持，"访惠聚"工作取得了实质性效果。自治区残联"访惠聚"工作组先后两次在喀什地区"访惠聚"活动推进会上做经验交流发言。此外，自治区残联还为自治区党委组织部、自治区人社厅、自治区财政厅、自治区纪检委、自治区国土资源厅等16家单位"访惠聚"工作组免费发放轮椅292辆、拐杖27副、坐便器13个，帮助他们为当地残疾人解决实际困难，获得了良好的社会效应。

（六）把握机遇，积极开展援疆工作

援疆工作开展以来，中国残联在安排危房改造资金、托养资金、扶贫贷款、康复资金等方面给予了大力支持。各援助省市残联也先后积极赴疆对接，为新疆残疾人"两个体系"建设、残疾人组织建设、残疾人基础设施建设等项目投入资金设备款物共计10831.4万元，举办残疾人工作者培训班25期，455人次参加培训，援疆工作取得了实质性效果。2014年，先后有湖北省残联、河南省残联、福建省残联以及江西省残联赴疆对接，捐助资金设备款物100余万元，举办培训班两期，培训残疾人工作者19人。自治区残联主要做了以下工作：一是及时向中国残联上报援疆工作情况总结；二是多次向中国残联汇报援疆工作进展情况以及存在的问题；三是请示中国残联适时召开残联系统援疆工作推进会，认真总结交流经验，全面安排部署残联系统援疆工作；四是起草了《关于深入贯彻第二次中央新疆工作座谈会精神进一步加强残联系统援疆工作意见（征求意见稿）》、《关于加强对新疆残疾人托养机构基础设施建设支持的意见》以及《关于进一步加强对新疆残疾人工作专业人才队伍建设的意见》等三个援疆重点工作的文件并上报中国残联。

（七）求真务实，圆满完成各项业务工作

2014年来，自治区残联牢固树立服务残疾人的理念，加大多元化资金投入力度，积极争取中残联和自治区财政各类资金3.1亿余元。自治区残疾人福利基金会全年募集款物合计610.06万，开展的"最美妈妈——新疆脑瘫智障患儿关爱工程"获得中基会"集善工程自主创新工艺项目奖"。项目建设方面，2014年新建地级康复中心2个、县级托养中心4个，同时为18个县市残联发放了流动服务车。自治区残疾人就业保障金征收也超额完成任务，全年征收额为4.14亿元，比上年增加1600万元。全区康复工作共投入各类资金7108万元，康复服务各类人员16.7万人。全年培训城镇残疾人10123名，农村实用技术培训残疾人19300人次；新增残疾人就业6074人。组织招聘会169场，帮助失业人员实现就业1168人。2014年，自治区共有276名残疾学生被普通高校录取。资助残疾学生791人，补助学费200万元。自治区特殊教育学校2名教师和新疆残疾

人职业中专学校 1 名教师荣获"交通银行特教园丁奖",新疆师范大学 1 名残疾学生获得"交通银行残疾大学生励志奖"。为 200 名家庭经济困难的残疾儿童提供普惠性学前教育资助 60 万元。2014 年扶持创建 55 个县级残疾人扶贫就业基地,带动 2217 名贫困残疾人或残疾人家庭发展生产,为 2588 名贫困残疾人提供实用技术培训。全区纳入低保的残疾人 194965 名。对参加城乡低保的残疾人,城市每人每月增加 12 元,农村每人每月增加 7 元生活补贴。参加城乡居民养老保险的残疾人人数达 280520 名,比 2013 年增加了 31375 人。下拨残疾人机动轮椅车燃油补贴 525 万元。完成贫困家庭无障碍改造项目 400 户。新疆残疾人体育代表团在 2014 年全国各项比赛中,共取得 2 金、6 银、4 铜、2 个第四名、一个第五名、三个第六名,射箭女子团体第六名、举重女子个人第五名(超亚洲纪录)的好成绩。自治区残疾人运动员刘明在韩国举行的第二届亚残会上获女子 F57 级铁饼金牌、标枪银牌。自治区少数民族盲人选手参加中国盲人协会举办的首届"阿炳杯"盲人器乐独奏大赛,荣获西洋乐器组三等奖、民族乐器组优秀奖。中国残联网站两次头版头条刊登自治区残疾人工作信息。2014 年,自治区残联先后在主流媒体做专题报道 13 期,刊登专版 28 篇,制作电台节目 15 期、电视专题短片 13 集、微电影两部,发布新闻报道 229 条,利用电子广告屏、出租车 LED 显示屏等现代媒介发布各类宣传信息上万条,取得了良好的社会效果。积极落实"阳光助残"活动计划,申报并得到中国残联、团中央批准的优秀助残项目试点 3 个。培训基层专委 640 余人。"基础管理建设年"活动稳步推进。自治区信息统计工作在全国的综合排名有较大提升。同时,在中国残联举行的地方残联网站评测工作中,新疆残联网站由上年度的第 27 位上升到第 6 位,受到中国残联的通报表扬。

(八)工作经验和体会

一是党委、政府领导的关心和支持是残疾人事业发展的保证。党的十八届三中、四中全会做出了健全残疾人权益保障制度、完善保障残疾人权益法律法规的新部署。习近平总书记致中国残疾人福利基金会成立 30 周年贺信、在会见第五次全国自强模范暨助残先进表彰大会代表时的重要讲话,自治区党委书记张春贤接见自治区荣获全国自强模范和全国残联系统先进工作者受表彰代表时的讲话以及在自治区残联报送的《自治区残联第六届理事会一年履职情况报告》上的批示,为在新征程中发展残疾人事业指明了方向、明确了要求。党委、政府对残疾人事业的关心重视,带动了全社会关心重视残疾人事业的氛围,为自治区残疾人事业发展提供了强有力的保证。

二是各有关部门紧密配合是推进残疾人事业发展的重要条件。各级人民政府残疾人工作委员会在协调有关部门齐抓共管残疾人工作中发挥了重要作用。各有关部门的理解、支持、帮助,有力推动了自治区残疾人事业的发展。

三是积极出台各项惠残政策是残疾人事业发展的法宝。注重顶层设计,注重制定出台解决残疾人切身利益问题的特惠政策是有效改善残疾人生存生活现状的不二法宝。

四是全社会关心支持残疾人是残疾人事业发展的源泉。营造一个理解、支持、关心、帮助残疾人的和谐氛围,才能真正实现残疾人事业发展新境界。

五是抓好民生工作是残疾人工作的根本。解决好残疾人的衣食住行,让广大残疾人安居乐业、衣食无忧,过上幸福美好的生活,是残疾人工作者全心全意为残疾人服务宗旨的重要体现。必须坚持以残疾人为本,注重基层,关注民生,全心全意为残疾人服务。

六是加强宣传工作是残疾人事业发展的助推剂。残疾人工作是一项社会化的慈善事业,不怪别人不人道,只是别人不知道。注重宣传,加强文化引领至关重要。

三、大事记

1 月 5 日,自治区盲人协会、聋人协会、肢残人协会、新疆卫视《美丽梦想》栏目组、艾维丁婚礼会馆共同主办,中国人民大学新疆校友会、海大酒店、恒大钻石有限公司等单位协办的"爱是你我"首届圆梦残障人集体世纪婚礼在乌鲁木齐海大酒店举行。

1 月 16 日,自治区人民政府召开自治区人民政府残疾人工作委员会会议。会议由自治区副主席、自治区残工委主任吉尔拉·衣沙木丁同志主持,自治区人民政府残工委组成人员以及部分残工委成员单位业务负责同志共 45 人参加会议。会议听取了自治区残工委的工作报告,安排部署了下一个时期自治区残工委的主要工作任务,对自治区残工委成员单位进行了任务分工。与各残工委成员单位的积极配合,有效促进了自治区残疾人事业的全面发展,同时营造了全社会了解、关心、帮助残疾人的社会氛围,使人道主义精神得到更好的弘扬。

2 月 17 日,2014 年自治区残联工作会议在乌鲁木齐召开。周俊林做了题为《加快推进我区残疾人事业跨越发展进程,为实现新疆社会和谐稳定和长治久安做出积极贡献》的工作报告。自治区党委常委尔肯江·吐拉洪、自治区副主席吉拉尔·衣沙木江出席会议并讲话。

2月26日，自治区人力资源和社会保障厅、残联、总工会、团委等有关单位在新疆新闻中心联合举办新闻发布会，通报在全疆范围内开展"集中安置残疾人就业先进单位"评选和自治区首届残疾青年"自强不息、自主创业之星"评选活动情况。胡志斌发布新闻，肖文英主持会议。

3月3日，自治区残联举行"访民情、惠民生、聚民心"活动出发仪式。周俊林致欢送辞并为全体队员佩戴大红花和授旗。随后，周俊林亲自送15名住村人员到达喀什地区莎车县恰热克镇萨依兰干村住地。

3月5日，自治区残联、团委、智力残疾人及亲友协会、新疆农业大学科学技术学院27名志愿者在米东区培智学校开展了丰富多彩的志愿助残活动。自治区团委书记阿依努尔、残联领导肖文英参加活动，并为该校师生送去节日礼物。

3月11日，自治区党委常委尔肯江·吐拉洪到莎车县恰热克镇萨依兰干村和拜什托克拉克村，亲切看望自治区残联"访民情、惠民生、聚民心"活动住村工作队成员，并送去慰问品。

3月11日，自治区党委组织部"三民"活动督导组一行5人到莎车县恰热克镇萨依兰干村自治区残联住村工作队驻地检查指导工作。督导组详细了解工作组前期工作开展情况，检查了安全防范设备，对残联住村工作队开展的工作给予充分肯定。

3月11日，自治区盲人协会与日本国驻华大使馆"利民工程——新疆维吾尔自治区盲人教育改善项目"赠款合同签约仪式隆重举行，周俊林、冯力等与日本驻华大使一等秘书官有田纯、西川昌登、中国国际福祉博览会副秘书长叶建荣等出席签约仪式。周俊林、有田纯分别代表中、日双方致辞。按照合约，日本将为新疆捐赠价值10.22美元的500台盲人听书机。

4月2日是"世界孤独症日"，自治区精神残疾人及亲友协会、新疆残疾人康复指导中心、民盟乌鲁木齐市委及乌鲁木齐市安宁医院共同举办关爱公益活动。活动现场，民盟乌鲁木齐市委为孤独症儿童捐赠了价值9000元的物品。晚间，新疆人民广播电台还邀请专家解读孤独症的诊断和康复知识。

4月9日，周俊林等领导到自治区妇女干部学校，就妇女干部学校与残疾人职业培训合作事宜考察调研。双方就妇女干部学校残疾人培训基地挂牌及即将到来的"助残日"活动进行了交流和安排。自治区妇联主席哈斯也提等领导陪同调研。

4月11日，自治区人民政府残疾人工作委员会召开会议，残工委成员单位负责人出席会议，会议传达学习由国务院残工委、中宣部等十四个部委办下发的《关于开展第二十四次全国助残日活动的通知》，并研究讨论了在自治区开展第二十四次全国助残日的活动方案。

4月22日，中国残联配发县（市）级残联流动服务车发车仪式在自治区残联举行，周俊林等领导出席发车仪式。残疾人流动服务车18辆，重点配发到地、州所在市残联和30万人口以上县（市）残联，流动服务车为四轮驱动越野车型，车内加装价值约10万元的残疾人筛查及辅助设备。

5月5日，"走基层送医疗"系列活动在奇台县启动，活动为首批受助的残疾人发放了轮椅、坐便椅、助听器、拐杖等辅助器具，还为重度贫困残疾人代表发放居家托养补助金、全自动洗衣机和带有音乐提醒的电饭锅等。

5月8日，自治区举办"消除障碍、共创和谐——盲人、肢残人体验首府盲道、轮椅坡道无障碍环境建设"活动。胡志斌、冯力、肖文英，自治区住房和城乡建设厅、乌鲁木齐市城市委员会、交警支队、公交集团有关工作人员，以及新疆农业大学科学技术学院助残志愿者、残联工作人员和部分残疾人代表共同体验活动。

5月6—14日，新疆残疾人体育代表团在2014年全国残疾人田径、射箭、举重比赛中取得2金、6银、4铜、2个第四名、1个第五名、3个第六名、射箭女子团体第六名、举重女子个人第五名（超亚洲纪录）的好成绩。

5月14日，新疆首家"助残门诊"在新疆医科大学第一附属医院挂牌，这是在原有"助聋门诊"的基础上，开通了其他类别的残疾人就诊服务。周俊林、胡志斌与第一附属医院领导温浩、姚华共同为"助残门诊"揭牌。

5月16日，第五次全国自强模范暨助残先进集体和个人表彰大会在北京召开，新疆12位代表参加，受到习近平总书记亲切会见。

5月17日下午，中共中央政治局委员、自治区党委书记张春贤，在乌鲁木齐与出席全国自强模范暨助残先进集体和个人表彰大会归来的残疾人代表、残疾人工作者和助残先进集体和个人座谈。他代表自治区党委、政府向在座的代表表示热烈的祝贺，向各行各业的先进残疾人典型表示崇高的敬意。努尔·白克力、刘雷、白志杰、尔肯江·吐拉洪、毛肯·赛衣提哈木扎、阿不力孜·尼牙孜出席座谈会。

5月18日是第二十四个全国助残日，自治区残联、新疆艺术学院举办"自强中国梦"文艺演出。自治区党委常委尔肯江·吐拉洪观看了演出，并为"新疆助残大使"颁发荣誉证书。文艺演出前，周俊林和张永钦为新疆残疾人艺术人才培训基地及残疾人艺术团授牌。

5月18日，新疆残疾人劳动就业服务中心在自治区人力资源市场举办首场残疾人专场招聘会。残联领导周俊林、胡志斌及自治区人社厅就业局等单位领导出席招聘会。当天，690名残疾人进场求职，其中170多名残疾人与用人单位达成就业意向。

5月20日，自治区残疾人辅助器具适配服务（北疆片）现场会暨辅助器具适配服务技术骨干培训班在塔城地区额敏县召开。自治区残联党组书记、理事长周俊林，塔城地委书记张博、地委委员阿米娜·瓦尔汗出席会议，自治区残联党组成员、副理事长冯力主持会议。北疆片残联理事长、康复干部、辅具服务工作者共130人参加会议和培训。

5月30日，六一前夕，自治区党委常委尔肯江·吐拉洪到新疆残疾人康复服务指导中心和新疆残疾人职业中专学校，代表自治区党委书记张春贤看望在这接受康复训练和在校的残疾学生，并送去节日祝福和礼品。

6月6日，自治区残联与新疆大晨报股份公司主合办的"一世晨缘——圆梦首府残障人士"大型相亲会在西北石油大厦天山厅举行，周俊林、胡志斌出席活动并为残疾人朋友奉上最真诚的祝愿。

6月27日，自治区党委常委、纪委书记宋爱荣在昌吉州党委常委、纪委书记石彦玲等领导陪同下，深入到阜康市街道残疾人康复站，详细了解康复站为残疾人服务的情况，还与正在为肢体残疾人做康复训练的残疾人康复指导员亲切交谈，并与几位参加康复训练的残疾人拉家常。

7月15日，自治区农村基层党组织助残扶贫工程暨残疾人扶贫就业基地建设现场会在吐鲁番召开，来自全区13个地州市的基层办及残联的相关人员参观了吐鲁番地区的扶贫就业基地，并现场座谈，交流介绍各地残疾人扶贫就业基地建设的经验。

7月25日，自治区促进残疾人按比例就业电视电话会议在乌鲁木齐召开，自治区党委常委、自治区副主席艾尔肯·吐尼亚孜参加会议并讲话。

7月31—8月5日，由国家人力资源和社会保障部教育培训中心、中国残疾人辅助器具中心主办的"全国初级辅助 技术工程师（肢体方向）岗位能力认证考前培训班"在乌鲁木齐市举办，新疆残疾人辅具中心、各县（市、区）残疾人辅助器具工作人员、辅具适配评估专业人员共63人参加培训。中国残联康复部主任尤红，中国残疾人辅助器具中心主任陈振声，自治区残联周俊林、冯力出席培训班结业仪式。

8月26日，自治区第四届残疾人职业技能竞赛在乌鲁木齐市开赛。自治区副主席田文、自治区人民政府副秘书长刘华及自治区人社厅、残联等有关单位领导到现场观看比赛。

8月27日，自治区召开"集中安置残疾人就业先进单位"、"自强不息、自主创业之星"表彰大会暨第四届自治区第四届残疾人职业技能竞赛闭幕式，自治区领导贾帕尔·阿比布拉、田文、巨艾提·伊明出席表彰会。会议对新疆笃信电控有限公司、乌鲁木齐市华浙瑞克塑料制品有限公司等10家助残企业给予表彰奖励，对郭丽、李明福等20名"助残先进个人"进行表彰和奖励。

9月9日，自治区第六届残疾人运动会暨第三届特殊奥林匹克运动会新闻发布会在乌鲁木齐市举行，自治区党委宣传部、自治区残联、体育局、克拉玛依市有关领导出席会议。

9月10日，自治区残联举行"爱心大使"助学暨"通向明天——交通银行残疾青少年助学计划"助学金发放仪式。自治区残联领导周俊林、胡志斌，交通银行新疆分行副行长赵丽娟，新疆财经大学巡视员梁正等领导出席助学金发放仪式。自"爱心大使"助学项目实施以来，全区已有2953人次残疾学生和残疾人家庭子女得到资助，有69名学生得到23.6万元的"十佳"奖励资助，资助金额共计565.02万元。

9月15日，自治区第六届残疾人运动会暨第三届特殊奥林匹克运动会在克拉玛依市体育馆开幕。赛会设田径等7个大项165个小项，来自全疆16个代表队的560名运动员参加此次盛会，自治区党委常委尔肯江·吐拉洪等领导出席运动会。运动会于9月17日晚圆满落下帷幕，最终产生优秀组织奖10个、体育道德风尚奖16个、个人体育道德风尚奖123个，乌鲁木齐市、克拉玛依市、昌吉州代表队获得团体总分前三名。

9月15—16日，中国残联、国务院扶贫办《农村残疾人扶贫开发纲要（2011—2020年）》执行情况检查组对自治区贯彻执行纲要的情况进行督导检查。检查组由青海省残联、省扶贫局领导组成。

9月19日，自治区残疾人基本服务和需求专项调查工作办公室成立。办公室主任由副理事长胡志斌兼任，副主任分别由组人部、办公室、计财部、信息中心、政研室、教就部领导担任。办公室下设调查组、综合组、宣传组、技术保障组。

9月20—21日，2014年全国盲人医疗按摩人员资格考试（新疆考区）在乌鲁木齐市举行。全区共有62名各族考生参加考试。残联、卫生厅、人社厅等自治区盲医考工作领导小组成员对考场进行了现场巡考。

10月18—24日，第十一届亚洲残疾人运动会暨2014年仁川亚残运会在韩国仁川举行。新疆唯一一名参赛运动员刘明参加了F57级女子铁饼项目和女子标枪项目，获得一金一银的好成绩。

10月23日,"新疆全纳教育支持保障体系建设合作项目"总结座谈会在乌鲁木齐召开。自治区副主席田文、中国残联副理事长程凯出席会议并讲话,周俊林主持项目总结座谈会。中国盲文出版社社长张伟、中国残联金钥匙视障教育研究中心主任冀鸿、国际克里斯多夫协会中办主任张志勇以及华东师范大学等单位领导、学者参加座谈会。

10月23日,自治区人民政府办公厅发文,成立自治区残疾人基本服务状况和需求专项调查工作领导小组。组长由自治区副主席吉拉尔·衣沙木丁担任,副组长由自治区人民政府、残联、统计局领导帕尔哈提·贾拉勒、周俊林、阿不拉·玉素甫担任,成员分别由自治区发改委、经信委、教育厅、公安厅、民政厅、人社厅、卫计委、残联等单位领导组成。领导小组下设办公室,办公室设在自治区残联,办公室主任由周俊林兼任,办公室副主任由阿不拉·玉素甫、胡志斌担任。

10月26日,新疆残疾人运动员刘明回到乌鲁木齐市,自治区人民政府办公厅副主任伊力哈木·艾海提,残联领导周俊林、肖文英等到机场迎接。

10月31日,自治区残疾人辅助器具适配服务(南疆片)工作现场会暨技术骨干培训班在巴州库尔勒市召开,180余人参加培训。热依汗·依沙木丁及当地政府领导出席会议并讲话。

11月7—11日,自治区残疾人就业服务机构负责人业务培训班在石河子市举办,各地州市及部分县(市区)残疾人就业服务中心共82人参加培训。胡志斌及兵团八师领导参加会议。

11月8日,由自治区团委、新疆青年社会组织促进会牵头,新疆志愿公益救援联盟、新疆山友救援队、新疆乡村校园志愿者、新疆残疾人福利基金会等多家公益组织及媒体共同参与的4500个壹基金温暖包发放仪式在乌鲁木齐西山万科·兰乔圣菲小区举行。

11月27日,在全国残疾人福利基金会工作研讨会上,自治区残联实施的"最美妈妈——新疆脑瘫、智障患儿关爱工程"项目获得"集善工程自主创新公益项目奖",受到中国残疾人福利基金会的表彰奖励。

12月1日,由自治区残联、新疆农业大学科学技术学院共同举办的"残健同行,汇爱成海"活动在新疆农业大学举办。该院在册助残志愿者3000多人,2010年被国家民政部、中央文明办、中国残联等8部委命名为"全国志愿助残示范基地"。

12月3日是国际残疾人日,自治区党委常委尔肯江·吐拉洪等领导到新疆冀百丰印务有限公司、齐康盲人按摩店、新疆财经大学等单位,看望慰问在不同战线上工作学习的残疾工人和学生,并为他们送去了慰问金。

12月13日,自治区残联、妇联联合实施的"最美妈妈——新疆脑瘫智障患儿关爱工程"在新疆艺术学院举行启动仪式。自治区人大常委会副主任贾帕尔·阿比布拉出席仪式并宣布活动启动。

12月30日,全国残疾人基本服务状况和需求专项调查工作(新疆片)新闻发布会在乌鲁木齐市新闻大厦举行。自治区专项调查领导小组副组长周俊林、专项办公室主任胡志斌、自治区统计局副局长刘京等参加新闻发布会。

12月31日,全国残疾人基本服务状态和需求专项调查新疆启动仪式在乌鲁木齐市举行。周俊林为调查队授旗,并宣布全国残疾人基本服务状况和需求专项调查正式启动。启动仪式结束后,各位领导带领调查队员分别入户进行调查并慰问了被调查的残疾人家庭。自治区统计局、民政厅、残联、乌鲁木齐市及国家统计局新疆调查总队的有关负责人参加了启动仪式。

(秦柱花供稿)

新疆生产建设兵团
残疾人事业和残疾人工作

一、领导讲话

中国残疾人福利基金会理事长汤小泉在兵团考察,会见兵团党委书记、政委车俊时的讲话摘要 2014年6月4日

看到新疆、兵团各项社会事业的发展成果很受鼓舞,在兵团党委、兵团的高度重视下,在构建和谐兵团的思想指导下,兵团残疾人事业发展较快,残疾人在生活、就业和保障等方面的条件有所改善。今后,中国残疾人福利基金会将加大对兵团残疾人事业、残疾人福利基金会的支持力度,使兵团残疾人福利基金会真正成为推进兵团残疾人事业的好助手、慈善助残的好载体。

兵团党委书记、政委车俊会见中国残疾人福利基金会理事长汤小泉一行时的讲话摘要 2014年6月4日

兵团的各项社会事业起步晚、起点低,希望中国残联、中国残疾人福利基金会能够给予兵团残疾人事业更多关爱。在新形势下,兵团党委将继续高度重视残疾人事业,加强残疾人事业政策保障建设,努力提高残疾职工生活水平,开拓兵团残疾人事业新局面,实现残疾人同步迈入小康生活目标。

图6-32-1 车俊书记会见汤小泉理事长。

兵团党委常委、兵团副政委阿布力孜·尼牙孜在兵团残疾人就业扶贫现场会上的讲话摘要 2014年9月15日

兵团各级各部门,一要深入贯彻落实习近平总书记系列讲话精神,切实增强责任感和紧迫感,担负起促进残疾人同步小康的历史责任;二要以基层党组织助残扶贫攻坚工程为示范引领,进一步带动全社会共同做好贫困残疾人托底服务和扶贫开发工作;三要加强领导,建立健全领导体制和工作机制,形成齐抓共管残疾人就业扶贫工作的合力。

二、政策法规文件

关于促进新疆生产建设兵团残疾人按比例就业的实施意见 兵残联发〔2014〕37号

各级党政机关、人民团体、事业单位、国有和国有控股企业要严格按照《中共中央国务院关于促进残疾人事业发展的意见》(中发〔2008〕7号)关于"党政机关、事业单位及国有企业要带头安置残疾人"的要求,带头履行按比例安排残疾人就业的责任和义务,率先招录、招聘和安置残疾人就业。建立残疾人按比例就业岗位预留制度,在坚持具有正常履行职责的身体条件的前提下,对残疾人能够胜任的岗位,同等条件下鼓励优先招录招聘残疾人。

各级各部门要根据国家法律法规和兵团政策规定,进一步制定配套政策措施,细化有关规定,增强操作性和规范性。要依法行政,将残疾人就业工作列为重点,推动用人单位履行安排残疾人就业的法律责任和义务。

第八师石河子市居民最低生活保障实施细则

师市办发〔2014〕9号

对智力、精神残疾（一至四级）和一级、二级肢体、盲残、多重残疾的已成年残疾人（18周岁或18周岁以上），其本人如无工作、无任何收入或低于低保标准的，可不计算其家庭收入，给予本人全额低保。

第一师阿拉尔市政府购买残疾人托养服务工作方案（试行）

师市办发〔2014〕48号

建立残疾人社会保障体系和服务体系建设，减轻残疾人家庭负担，改善重度残疾人生存状况，师市对重度残疾人实行政府购买托养服务，日间照料、机构寄宿托养、购买居家服务资金由政府本级财政预算列支。接受单位日间照料站（所）照看的残疾人，每人每月享受师市购买劳务费补贴450元。"三无"残疾人入住各单位养老院、精神病院的，师市购买劳务费每人每月700元。有监护人的残疾人入住养老院、精神病院，师市每人每月补贴300元。重度残疾人与亲人同住，需辅助服务的，由师市按每人每月600元购买社会工作人员上门服务。重度残疾人由监护人或其亲友照料的，按每人每年补贴1600元。

第一师阿拉尔市补贴残疾人城镇居民养老保险和医疗保险实施办法（试行）

师市办发〔2014〕48号

师市对残疾人缴纳城镇居民养老保险采用100元、200元和300元三种补贴标准，对缴纳城镇居民养老和医疗保险金的残疾人实施分类补贴，力争实现残疾人参保全覆盖；补贴残疾人城镇居民养老保险原则以个人缴费为主，政府补贴为辅，减轻残疾人家庭负担，实现残疾人老有所养；对残疾人缴纳城镇居民医疗保险金实行全额补贴，实现残疾人病有所医。

三、工作综述

2014年，兵团各级残联在兵团党委的正确领导下，认真学习贯彻落实党的十八届三中、四中全会和中央第二次新疆工作座谈会精神，深入贯彻落实科学发展观，以残疾人社会保障体系和服务体系建设为主线，以保障和改善残疾人民生为出发点和落脚点，围绕"托住底、补短板、保基本、广覆盖"，多措并举，多管齐下，切实解决残疾人最关心、最直接、最现实的利益问题，统筹推进残疾人康复、教育、就业、扶贫和社会保障等工作协调发展，较好完成了"十二五"年度各项工作目标任务。主要工作如下：

（一）健全体制机制

兵团各级高度重视残疾人工作，建立健全"党委领导、行政负责"残疾人工作领导体制，采取一系列重大措施，研究解决残疾人事业发展中的重大问题，科学决策，将残疾人基本服务、残疾人康复、托养服务设施建设列入《兵团基本公共服务体系建设行动计划（2013－2015）》之中，列入2014年兵团为职工群众"办十件实事"之中，统筹谋划、同步实施，推动了残疾人事业全面发展。各级残工委强化职责，健全机制，残工委各成员单位（部门）相互协作、相互配合，各司其职、各尽其责，形成了"党委领导、部门协作、社会参与"的良好工作格局，为残疾人事业科学发展奠定了有力的组织基础。

（二）强化制度保障

兵团各级将涉及残疾人最关心、最直接、最现实权益的各项社会保障制度、基本公共服务措施、扶助残疾人优惠政策规定和扶贫开发政策制度纳入顶层设计，予以统筹保障。兵团党委组织部、编办、财务局、人力资源和社会保障局、国资委、残联等六部门共同印发《关于促进新疆生产建设兵团残疾人按比例就业的实施意见》（兵残联发〔2014〕37号），各师（市）残联围绕加快推进残疾人社会保障体系和服务体系建设，结合实际，研究出台了购买残疾人托养服务、残疾人城镇居民医疗、养老保险补贴、残疾人救助帮扶优惠政策规定等涉及残疾人养老、医疗保险补贴、残疾人医疗康复救助、残疾人生活、护理补贴、残疾人保障性住房和政府购买服务等二十余项普惠、特惠政策措施，为残疾人"病有所医、老有所养、学有所教、住有所居"提供了制度支撑。

（三）优化残疾人事业发展环境

5月7日，兵团残联举行兵团残疾人流动服务车发车仪式，14辆残疾人流动服务车配发基层14个师（市）残联，提升了基层残联服务残疾人能力和水平。6月4日，兵团残疾人福利基金会正式挂牌成立，中国残疾人福利基金会理事长汤小泉莅临参加揭牌仪式，有力推动了残疾人慈善助残事业和社会福利工作，营造了残疾人事业发展良好氛围。

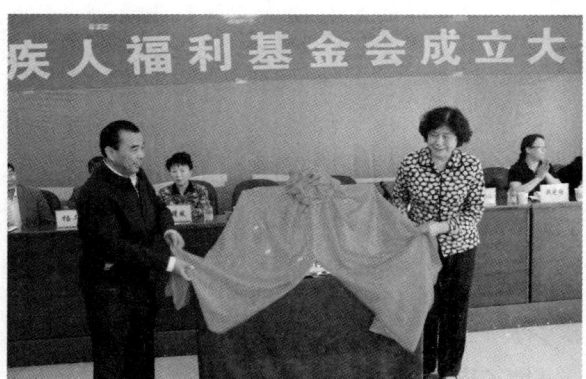

图6-32-2 汤小泉为兵团残疾人福利基金会揭牌。

（四）统筹推进各项工作协调发展

各级残联立足兵团党委中心工作，坚持以残疾人社会保障体系建设和服务体系建设为主线，突出重点，统筹兼顾，扎扎实实完成了"十二五"残疾人工作年度各项工作目标任务。

1. 残疾人康复工作成效显著。大力开展"百万贫困白内障患者复明"、"国家专项彩票公益金贫困残疾人康复项目"和贫困残疾儿童康复救助"七彩梦行动计划"等康复重点工程，共完成白内障复明手术530例，为30名贫困成年听力残疾人免费配戴助听器，救助1815名贫困精神病患者服药，453名重症精神病患者得到治疗；救助0—6岁贫困肢体残疾儿童矫治手术20例，肢体（脑瘫）残疾儿童康复训练34人；为贫困缺肢残疾人装配普及型假肢130例，矫形器12具，提供残疾人各类辅助器具1964件。

2. 残疾人教育水平明显提高。贯彻落实国务院办公厅《关于转发教育部等部门特殊教育提升计划（2014—2016年）的通知》（国办发〔2014〕1号），切实将残疾人教育纳入兵团为职工群众"办十件实事"教育发展保障工程，统筹推进残疾儿童学前教育、残疾儿童少年义务教育、残疾人特殊教育、职业教育和高等教育协调发展。以"彩票公益金助学"、"通向明天——交通银行残疾青少年助学计划"项目为抓手，健全完善落实残疾儿童少年学前教育、义务教育助学经费保障机制，投入资金59万元，资助69人次学龄前残疾儿童入托、入园接受学前教育，431名残疾学生随班就读，55名残疾学生进入高等院校学习。

3. 残疾人的就业渠道进一步拓宽。兵团各级认真贯彻《残疾人就业条例》，建立完善以依法开展残疾人就业保障金征收、推进用人单位按比例安排残疾人就业为重点，以引导福利机构集中安置残疾人就业为辅助，以扶持残疾人个体从业、灵活就业和创业为基础的工作机制，极大推进了残疾人就业多元化发展。全兵团实现残疾人就业3万多人，其中按比例安排就业1.2万人，集中就业0.3万人，支持1.6万残疾人实现自主创业，使一大批残疾人通过实现就业提高了生活质量。残疾人职业技能和创业培训全面发展，各级残联依托职业技术培训学校（中心）、残疾人职业培训示范基地，多种形式开展残疾人技能和创业培训200多人次，增强残疾人参与就业竞争的能力。举办兵团第四届残疾人职业技能竞赛，来自14个师（市）的110多名残疾人优秀技能人才参加了5大类12项目的竞赛。

4. 残疾人社会保障水平逐步提高。兵团各级各部门把落实各项社会保障政策作为解决残疾人温饱、稳定残疾人基本生活的根本途径，做到分类施保、应保尽保。全兵团38419名残疾人参加城镇居民社会养老保险，18700多名残疾人参加职工养老社会保险，45900多名残疾人参加城镇居民基本医疗保险，将符合条件的21696名残疾人纳入最低生活保障范围，16500人次残疾人得到临时生活救助和医疗救助。各级残联依托医疗卫生、养老福利机构和社区服务中心，以家庭为基础，大力组织实施"阳光家园计划"，投入资金432万元，共为8638人次智力、精神残疾和老残一体、重度肢体残疾人提供机构托养、社区日间照料、居家安养服务。

5. 残疾人扶贫开发工作取得新成效。将"基层党组织助残扶贫攻坚工程"作为基层党组织密切联系最困难残疾人的重要举措和有力抓手进一步推向深入，落实兵、师、团、连四级党员领导干部开展结对帮扶，建立健全一对一扶贫帮困和驻连入户机制。结合残疾人的实际困难和个性化需求，广泛开展"一帮一"、"结对挂钩"等"帮、包、带、扶"活动，各级基层党组织通过资金扶持、项目扶持、技能扶持、就业扶持等形式，帮助贫困残疾人落实惠民富民政策和脱贫增收措施，确保帮扶效果。典型示范，召开兵团残疾人就业扶贫工作现场会，通过现场观摩学习、典型经验交流等多种形式，总结"十二五"残疾人扶贫就业工作。分类施策，扎实推进残疾人精准扶贫。以"贫困农户信息管理系统"为平台，加强贫困残疾人扶贫信息识别、实名监测动态管理工作。针对残疾人贫困户、低收入家庭人均资源匮乏、生产设施条件差、就业技能弱的现状，分类施策，采取不同层次的扶持政策，落实针对性和操作性强的脱贫保障措施。以残疾人脱贫增收为目标，大力开展残疾人专项扶贫工作，积极争取金融服务资金支持，落实发放康复扶贫贷款1.18亿元，投入贴息资金135多万元，直接辐射带动扶持2402人次残疾人脱贫增收。积极培育残疾人"扶贫助残基地"，探索创新"基地＋公司＋合作社"模式，投入资金450万元，扶持建设7个残疾人"扶贫助残基地"，辐射带动300多名贫困残疾人增收，提高基本生活水平。改善残疾人住房环境，以"阳光安居工程"为抓手，将解决残疾人住房纳入到兵团保障性住房建设总体规划，为3132户残疾人家庭落实保障性住房，1995户贫困残疾人家庭享受廉租房。

6. 残疾人维权意识得到加强。认真做好残疾人保障法等法律法规的宣传工作。配合相关部门，开展执法检查，做好残疾人法律服务和法律援助工作。全年残疾人受援案件79件，受援人数141人，为受援残疾人挽回经济损失1101.7万元。开展贫困残疾人家庭无障碍改造工作，各级共投入资金90万元，为150户贫困残疾人家庭实施无障碍改造。开展残疾人机动轮椅车燃油补贴项目，投入资金145万元，向6421名残疾人发放机动轮椅车燃油补贴。认真贯彻《残疾人信访条例》，积极开展矛盾纠风排查、接访下访和信访积案的督办工作，办理信访案件150起，涉信涉访120人次，案件办结率98％。

7. 残疾人宣传文化体育活动日益活跃。充分利用报刊、广播、电视、网络等媒体大力宣传残疾人事业，《兵团日报》共刊登残疾人工作稿件和图片127多篇（幅）；兵团电视台共制作播出手语栏目《七天》50期，《兵团新闻联播》共播放残疾人工作新闻72条，兵团政务网共播发残疾人工作信息147多条。组织开展第二十四次"全国助残日"活动，全兵团共走访慰问残疾人约6000人，赠送慰问金（慰问品）130余万元。组织开展"全国特奥日"、"残疾人文化周"、"残疾人健身周"等活动，两个自强健身示范点得到国家命名资助。举办兵团残疾人体育训练班，组队参加全国田径锦标赛，共获得1枚金牌、2枚银牌、1枚铜牌，残疾人事业发展环境不断优化，营造了理解、尊重、关心、帮助残疾人的良好社会氛围。

图6-32-3 兵团体育代表团参加2014年全国残疾人田径锦标赛。

8. 强化基层组织建设，协会工作更加活跃。巩固深化党的群众路线教育实践活动成果，兵团残联党组、理事会着力抓好党建、廉政风险防控、绩效管理、精神文明建设、综合治理等工作，强化残疾人工作者队伍业务培训，全年组织开展6期业务培训班，培训各级残联专兼职工作人员700余人次，选派各级各类业务骨干参加国家级培训近30人次，残疾人工作者队伍整体素质明显提高，服务残疾人的能力和水平明显增强。残疾人各专门协会充分利用全国助残日、国际残疾人日等重大残疾人宣传日，组织"中国梦，梦飞翔，圆我家庭梦"、"环境无障碍，方便你我他"和"尊重、关心、帮助残疾人"等主题教育活动，极大激发了残疾人参与生活、融入社会的热情，残疾人在协会更加活跃，残疾人协会在社会更加活跃。

9. 残疾人慈善助残工作取得新发展。以兵团残疾人福利基金会成立为契机，加强国内外合作交流，积极争取中国残疾人福利基金会和社会慈善爱心企业全方位支持，募集慈善资金114万元，组织实施"集善工程·启明行动"、"正保集善"助学项目和"鹏远集善·阳光助残"等活动，资助530名贫困白内障患者施行复明手术，为500名残疾人提供网络远程教育，为10名贫困残疾学生发放助学资金（每人每学年1000元），为十二师三坪农场社区康复站捐赠10万元康复器材设备。

（五）存在的问题

1. 兵团残疾人社会保障体系和服务体系不完备，残疾人保障水平与残疾人基本需求差距较大，贫困残疾人生活补贴制度和重度残疾人护理补贴制度尚未健全完善，全兵团有2万多名贫困残疾人、重度残疾人基本生活和居家照料服务仍难以保障。残疾儿童学前教育、残疾学生职业和高等教育助学资金不足。残疾人就业多元化发展不平衡，依法按比例征缴残疾人就业保障金工作阻力大等等。

2. 为残疾人服务能力较弱。残疾人康复、托养和就业服务机构等基础设施建设滞后，服务能力不足。为残疾人服务的专业人才匮乏，人才培养机制未形成。

3. 残疾人工作者队伍力量不足。兵、师、团共有残联机构173个（其中兵团1个、师14个、团场158个），现有残疾人专职工作者81人，兼职残疾人工作者171人。基层"无腿"，为残疾人提供"零距离"服务的愿望无法实现。

四、大事记

3月11日，第二十二次兵团残联工作电视电话会议召开。兵团党委常委、兵团副政委阿布力孜·尼牙孜出席会议并做重要讲话。兵团副秘书长帕尔哈德·赛义德主持会议。会议的主要任务是深入贯彻落实兵团党委六届十二次全委（扩大）会议精神和全国残联第二十八次工作会议精神，回顾总结2013年残疾人工作，安排部署2014年各项工作任务，努力推动残疾人事业科学发展、可持续发展。兵团残联党组书记、理事长杨璞斌做了工作报告。兵团与各师签订了《2014—2015年残疾人社会帮扶工作目标管理考核责任书》。兵团残工委27个成员单位领导，兵团残疾人各专门协会负责人，兵团残联机关、兵团残疾人就业服务指导中心的全体干部在兵团主会场参加会议。各师（市）、院（校）分管残疾人工作领导，各师（市）残工委成员单位领导和各师（市）残联、院（校）残协的同志以及各残疾人专门协会的同志在分会场参加会议。

5月6—14日，全国残疾人田径锦标赛在中国残疾人体育运动管理中心举行，兵团代表队共派出7名运动员参赛，取得1金、2银、1铜、3个第五名和1个第七名的成绩。其中F41级女选手杨璐璐获得铅球金牌，F41级男选手樊程程获得标枪、铁饼银牌和铅球第三名。

5月7日，兵团举行"兵团残疾人流动服务车发车仪式"。兵团党委常委、副政委、残工委主任阿布力孜·尼牙孜出席仪式并致辞，兵团残工委各成员单位领导、各师（市）残联领导、兵团残联机关干部、兵团残疾人就业服务指导中心工作人员和建工师、十二师残疾人工作者70余人参加仪式，兵团副秘书长帕尔哈德·赛义德主持仪式。14辆残疾人流动服务车是由中国残联专项彩票公益金投入，配发基层残联专为残疾人提供康复到家庭的服务用车，并配置有假肢、矫形器制作和听力、视力监测等辅助器具服务小型车载设备，能够面向各类残疾人开展辅助器具适配、需求筛查、知识宣传、回访维修、使用指导等康复服务。服务车将把康复服务延伸至边远师（市）、团场和广大残疾人，扩大服务覆盖面，推动残疾人辅助器具服务工作开展。

5月17日，在第五次全国自强模范暨助残先进集体和个人表彰大会上受表彰的6名兵团代表载誉归来，受到兵团党委书记、政委车俊，兵团党委副书记、司令员刘新齐的接见。兵团领导李新明、阿布力孜·尼牙孜参加接见。6名受表彰代表中，因公致残后自主创业、帮扶他人的八师一四八团职工王秀芝，乐观向上、以关心集体、帮助他人为荣的一师八团残疾职工韩志伟荣获"全国自强模范"称号；创新残疾人事业体制机制、推动残疾人事业发展的六师芳草湖农场荣获"全国助残先进集体"称号；常年免费帮扶老弱病残的七师企业下岗职工唐怀东荣获"全国助残先进个人"称号；有效整合资源、关爱精神残疾患者的二师三十四团"阳光家园"残疾人托养中心荣获"残疾人之家"称号；被残疾人称赞为"知心姐姐"的十师北屯市残联理事长余新荣获"全国残联系统先进工作者"称号。

5月18日是第二十四次全国助残日，兵团党委常委、副政委、残工委主任阿布力孜·尼牙孜在一师阿拉尔市参加兵团"关心帮助残疾人，有你、有我、有大家"助残日现场活动并做重要讲话。阿布力孜·尼牙孜为一师阿拉尔市残疾人康复中心揭牌，兵团残联党组书记、理事长杨璞斌代表兵团残联为一师残联配发残疾人流动服务工作车1辆，并捐赠一批辅助器具和20辆轮椅。

6月4日，新疆生产建设兵团残疾人福利基金成立大会暨揭牌仪式在兵团残疾人就业服务指导中心举行。中国残疾人福利基金会理事长汤小泉，兵团党委党委、副政委、残工委主任阿布力孜·尼牙孜，兵团残疾人福利基金会理事长杨璞斌，建工师、十二师、兵团残工委成员单位领导，爱心企业人士和残疾人代表等出席了会议。兵团党委、兵团副秘书长帕尔哈德·赛义德主持大会，汤小泉、阿布力孜·尼牙孜做了重要讲话，并为兵团残疾人福利基金会揭牌；汤小泉、阿布力孜·尼牙孜、杨璞斌还向残疾儿童家属捐赠了中国残疾人福利基金会、"阳光伴我行"明门慈善基金会提供的儿童轮椅。

6月4日，兵团党委书记、政委车俊会见了来兵团考察的中国残疾人福利基金会理事长汤小泉一行。兵团副政委阿布力孜·尼牙孜陪同会见。

8月，根据《关于开展全国残疾人基本服务状况和需求专项调查的通知》（残工委发〔2014〕6号）精神，兵团启动残疾人基本服务状况和需求专项调查，成立了由兵团统计局、发展和改革委员会、教育局等十部门组成的专项调查工作领导小组，设立专项调查办公室，制定专项调查工作实施方案，统筹安排、精心组织。专项调查将围绕兵团残疾人基本服务状况和需求，重点了解各类残疾人在生活救助、社会保障、康复服务、辅具服务、接受教育、就业帮扶、托养照料、扶贫开发、住房保障、无障碍改造、权益维护等方面的现有服务状况、托底服务需求等内容。专项调查的对象为在兵团残疾人人口基础数据库中登记并持有第二代中华人

图6-32-4　兵团领导接见第五次全国自强模范暨助残先进集体和个人表彰大会上受表彰的6名兵团代表。

民共和国残疾人证的残疾人及在数据库中登记而暂未持证的疑似残疾儿童。调查工作分准备、调查、分析三个阶段，包括核查、培训、调查、录入、分析五个环节。兵团残联年内先后组织业务培训4批次500多人次，完成了准备阶段对调查对象的核查和对调查员的培训工作。此次专项调查将进一步摸清搞实残疾人基本服务状况和服务需求，为扎实推进残疾人同步小康进程，制定残疾人事业"十三五"发展纲要，实现残疾人基本状况的信息化动态管理，全面促进兵团残疾人事业发展打下坚实基础。

8月13—17日，兵团残联为弘扬兵团残疾人热爱生活、奋发进取的精神，促进残疾人文化艺术工作的开展，组队参加了第八届全国残疾人艺术汇演湖南赛区声乐类的比赛，八师石河子市顾素萍演唱的《你是我的眼》、马运红演唱的《跟我到新疆》获得二等奖，六师芳草湖农场李志远演唱的《三峡情》获得三等奖。

9月15日，兵团残疾人就业扶贫工作现场会在五师双河市召开。兵团党委常委、副政委阿布力孜·尼牙孜，五师双河市党委副书记、师长徐秀芝，兵团残联党组书记、理事长杨璞斌出席会议。兵团党委副秘书长帕尔哈德·赛义德主持会议。会议期间，与会代表现场观

图6-32-5 兵团残疾人就业扶贫工作现场会。

摩了兵团扶贫助残基地81团王青松养殖场、81团北疆禽业养殖有限公司、89团康复托养中心、双河市规划馆、五师师直黄河社区；五师、一师、四师、八师、十三师做了典型经验介绍，八师148团王秀芝、二师34团托养中心、兵团残联扶残助残基地九师168团、十三师柳树泉农场、石河子华孚纺织有限公司做经验介绍。兵团党委常委、副政委阿布力孜·尼牙孜发表重要讲话。兵团残联党组书记、理事长杨璞斌同志做"十二五"就业扶贫工作报告，回顾总结了兵团残联"十二五"就业扶贫工作取得的成绩和存在的困难问题，对

"十三五"兵团残疾人就业扶贫重点工作做出部署，要求各级残联要围绕"托住底、补短板、保基本、广覆盖"的基本社会保障要求，把残疾人的就业、增收摆在突出位置，开拓创新、扎实工作，不断开创兵团残疾人就业扶贫工作新局面，为又好又快推进实现"两个率先、两个力争"目标做出新的更大贡献。

10月21—24日，兵团举办了第四届残疾人职业技能竞赛，来自全兵团14个师（市）的110多名残疾人技能人才参加了计算机与电子工程、工艺美术、服装、手工制作和生活服务五大类，包括计算机文本处理、计算机组装、电子装配与测试、室内摄影、封面摄影、服装裁剪、女服制作、刺绣、剪纸、美发、插花、盲人保健按摩等12个项目的竞赛。经过三天的激烈角逐，参赛选手克服困难，发扬顽强拼搏的精神，比思想、比作风、赛技术，共有4个师（市）代表队获优胜单位奖、10个师（市）代表队获组织奖，12名选手获参赛项目第一名，7名选手获第二名，7名选手获第三名。

2014年，兵团残联将残疾人康复机构、托养服务设施纳入国家"十二五"人口社会发展领域基本建设规划，列入兵团为职工群众办"十件实事"方案，统筹推进。2014年总投资1814万元，其中中央预算内投资1000万元，兵团500万元，各级自筹配套314万元，建筑总面积8250平方米。第十三师残疾人康复中心、第二师34团残疾人托养服务中心和第四师62团残疾人托养服务中心建设项目基础建设当年完成。

2014年，兵团残联按照兵团"访民情、惠民生、聚民心"的活动要求，派党组成员、副理事长吴旭明，教育就业部副调研员王伟，办公室主任科员李忠毅3人住三师49团农机站工作组，吴旭明同志任兵团残联驻三师49团农机站工作组组长、49团驻巴楚县英吾斯塘乡巴什乌塘村（20村）工作组第一组长。兵团残联投入扶贫专项资金50万元，依托合作社建立了49团残疾人扶贫基地。工作组围绕49团党委中心工作，积极配合农机站党政开展工作，取得了较好成效。

2014年，兵团有29名残疾人工作者通过了中国残联和清华大学联合组织的残疾人就业指导员远程培训考试，获得清华大学颁发的"全国残疾人就业指导员远程培训"结业证书，成为兵团第一批持证上岗的残疾人就业指导员。残疾人就业指导员远程培训项目，是中国残联面向基层残疾人就业服务工作者开展的培训，也是借助高校优质资源、创新培训形式举办的系统专业培训。

（郑燕供稿）

黑龙江垦区残疾人事业和残疾人工作

一、领导讲话

总局残工委主任邹积慧在垦区残联重点工作推进会上的讲话摘要
2014年3月11日

一是要站在残疾人同步小康的战略高度，认识残疾人事业的重要性和紧迫性。要充分认识残疾人同步小康的重要性。残疾人群体，由于受到各方面因素的限制，他们的家庭收入也低于职工家庭人均收入。这就是我们垦区步入小康社会进程的短板，没有残疾人的小康，就不是真正意义上的全面小康。要高度重视残疾人同奔小康的紧迫性。要实现垦区9万多残疾人与垦区173万人民同步小康的目标，必须千方百计增加残疾人收入。要重点抓好残疾人就业、创业、公益岗位开发，扶持残疾人增收，同时要通过生活补贴、社会救助、社会保险补贴等项措施，将丧失劳动能力的残疾人基本生活保障到位。各级残联组织要深入调研，提出高质量的意见、建议。各级党委、行政要将提高残疾人收入纳入重要议事日程，主要领导要主动过问，分管领导要亲自抓，纳入目标管理和领导班子、领导干部政绩考核评价指标。各级残疾人工作委员会要紧密配合，各司其职、齐抓共管。要进一步弘扬人道主义思想和"平等、参与、共享"的现代理念，深入开展"自强与助残"活动，正确引导舆论，创造有利于残疾人同步奔小康的社会环境。二是强化措施，加大力度，实现重点工作和关键环节上的新突破。尽快实现残疾人社会保险全覆盖和最低生活保障应保尽保，推动更多残疾人康复医疗项目纳入医疗保障范围，已经出台的医疗保障项目要抓紧铺开。尽快制定出台垦区贫困残疾人生活补贴和重度残疾人护理补贴制度，为残疾人基本生活提供兜底保障。要认真落实国家基本公共服务体系"十二五"规划，加快实现残疾人人人享有康复服务。垦区三级康复网络建设已经实施，各级党委、行政要给予财力、物力、人力的支持，力争2015年达到全覆盖。已经建成的康复托养机构与医疗机构特别是基层卫生机构要搞好合作，切实发挥作用。要千方百计促进扩大残疾人就业，保障有就业需求的残疾人得到职业技能培训和就业服务，鼓励残疾人自主创业，发展残疾人辅助性就业。积极开发适合残疾人特点的公益岗位，扶持残疾人稳定就业。认真落实中组部等七部委按比例安排残疾人就业文件的精神。强化垦区按比例安排残疾人就业和保障金收缴力度，各管理局、农场以及各级所属机关、事业单位的主要领导要提高认识，要严格执行总局党委、总局6号文件和总局86号文件要求，依法履行保障金缴纳义务，决不允许搪塞、拒交，各级财务部门要积极配合残联做好保障金收缴工作。同时要管好用好保障金，加强审计和监管。三是提高素质，强化管理，进一步提升为残疾人服务的能力和水平。一是要有效发挥职能作用。残联要始终代表残疾人的根本利益，开展调查研究，及时向党委、行政汇报工作进展情况，反映需要解决的问题，为领导决策献计献策。建立规范、科学的管理制度，提高残联的管理水平，提升残联组织社会影响力和公信力。密切与残疾人的联系，让残疾人得到真切具体的帮助，使残联真正成为"残疾人之家"。要建立一支"信念坚定、为民服务、勤政务实、敢于担当、清正廉洁"的专兼职工作者队伍。配好配齐残联干部和残疾人专职委员队伍。要加强政治理论和业务培训，提高残疾人工作者的政治素质、业务能力和爱心奉献精神。特别是要培养残联干部带领扶持残疾人创业致富的能力，协调各方面主动服务创新工作的能力，努力成为残疾人事业发展的推动者，成为广大残疾人的主心骨和贴心人。要以深入开展"基础管理建设年"活动为契机，加强残联工作的制度建设，强化人财物等方面的管理，提高为残疾人各项需求服务的能力水平，使工作更突出重点，服务更有针对性，管理更加科学，推动残联工作上新台阶。

二、政策法规文件

关于做好 2013 年度垦区残疾人就业保障金缴纳工作的通知

黑垦局办文〔2014〕13 号

一、根据垦区经济社会发展状况并综合考虑在岗职工平均工资增长等因素，各管理局 2013 年度残保金收缴指标，按照黑垦局办文〔2012〕16 号文件规定的 2012 年度残保金收缴指标基础上上浮 2% 执行。

二、总局各直属单位和机关各部门，要以总局统计局公布的 2013 年在岗职工平均工资为基数，按照 1.5% 比例安置残疾人就业计算残保金数额。

三、欠缴 2012 年度残保金的用人单位，要将所欠缴的残保金与 2013 年度残保金一并缴纳。

关于转发《黑龙江省人民政府关于建立贫困重度残疾人护理补贴制度的通知》的通知

黑垦局办文〔2014〕42 号

一、补贴对象

（一）贫困残疾人生活补贴对象为具有垦区户籍的，持有第二代中华人民共和国残疾人证且信息已录入中华人民共和国残疾人证管理系统（以下简称数据库），所在家庭为生活困难的低保、低收入家庭的贫困残疾人。

（二）重度残疾人护理补贴对象为具有垦区户籍的，持有第二代中华人民共和国残疾人证且信息已录入中华人民共和国残疾人证管理系统的，残疾等级为一级、二级的重度残疾人。

二、补贴标准及发放办法

贫困残疾人生活补贴和重度残疾人护理补贴标准分别按每人每月不低于 100 元执行，对同时具备贫困和重度的残疾人只享受一项补贴，不重复叠加发放。各单位可根据实际情况，适当提高补贴标准。2014 年 1 月 1 日前录入数据库的符合条件的贫困和重度残疾人，自 2014 年 1 月 1 日起发放补贴；2014 年 1 月 1 日后信息录入的，自录入次月起发放补贴。生活补贴和护理补贴实行社会化发放，由各级财务或残联通过银行等代理金融机构直接发放到本人。贫困残疾人生活补贴和重度残疾人护理补贴不计入家庭收入。

三、申请及发放程序

残疾人或监护人填写登记表（见附件 1、2），并提交户口簿、身份证、二代残疾人证、低保证、低收入家庭证明等相关材料的复件和复印件，低收入家庭证明由所属管理局民政部门出具。总局、管理局和农场残联对所属申请人的残疾类别、等级、家庭收入等情况进行公示，公示期为 7 天，无异议后进行审批通过。

四、补贴资金的筹集和管理

贫困残疾人生活补贴和重度残疾人护理补贴实行按属地关系自行负责的原则，各单位将补贴资金列入预算足额安排。

关于做好 2014 年"一帮一"职工共同富裕行动帮扶工作的通知

宝垦办文〔2014〕1 号

一、目标任务

2014 年，通过采取"抓三联、促三带，创新产业发展"、党员干部带头领办协办产业帮助职工群众致富和"六深化一延伸"帮扶措施，强化"644"共同富裕帮扶救助体系建设，不断拓展帮扶中心服务职能，延伸基层帮扶站点网络建设，实现全局有劳动能力、可扶持的 166 户贫困职工家庭和 354 户低收入职工家庭全部脱贫、脱低，人均收入分别达到 1.1 万元、1.5 万元。

二、主要措施

1. 深化帮扶救助责任。坚持"一把手"负责制、党员干部领办协办产业和"一帮一"结对帮扶救助责任制，健全目标考核制度，确保如期实现帮扶工作目标。

2. 深化帮扶救助政策。认真贯彻管理局《帮扶救助体系实施意见》（宝垦发〔2011〕6 号）的要求，全力推进"644"帮扶救助机制和各项帮扶资金的落实。

3. 深化帮扶救助服务。扎实开展"送温暖"、"家政服务"、"金秋助学"、"爱心捐助"、"法律援助"等帮扶活动。

4. 深化帮扶救助援助。扎实开展"就业援助"活动，为"两直"就业困难群体、零就业家庭，提供优质高效的帮扶就业服务。

关于印发《绥滨农场精神残疾人住院治疗补贴实施方案》的通知

绥农场办发〔2014〕3 号

一、补贴对象及范围

1. 补贴对象

具有农场户籍，有精神病及病史的精神残疾病人。

2. 补贴范围

需要住院治疗，且住院期满 6 个月以上的精神残疾人。

二、住院补贴标准

对符合住院补贴的精神残疾人，个人只需承担每年 4000 元费用，剩余费用由农场补贴，住院治疗未满 6 个月的精神残疾患者不享受此项补贴政策。

三、申报程序

1. 对符合住院医疗的精神病患者，由监护人提出申请，填写《绥滨农场精神残疾人住院医疗救助申请表》（附表），携带相关材料（患者本人身份证、病历、户口簿）到农场残联申请。

2. 农场残联批复后，精神残疾人家庭成员自行陪同患者前往农垦精神病院办理入院手续，只交个人承担部分。

3. 农场残联对于当年申报补贴的人员与农垦精神病院核实，病人家属提供入院单、个人缴费单据复印件上报农场残联，农场残联核准后，由农场计财科将补贴资金年底一次性拨付给农垦总局精神病院。

四、有关要求

1. 实施对精神残疾人住院医疗补贴，是落实农场助残的惠民工程，也是"幸福绥滨"建设、构建和谐社会的客观要求。各基层单位要高度重视，切实加强组织领导，制定实施计划，确保这一惠民工程落到实处。

2. 各基层单位要加强项目管理，规范操作流程，切实做好对申报材料的审核工作。必要时，要将救助人员的名单在一定范围内公布，以接受社会的监督。

关于印发《军川农场2014年土地承包实施方案》的通知

军农场发〔2014〕1号

四、土地发包的基本方法

（五）对在管理区承包土地的三级（含三级）以上的残疾人，经农场相关部门核实审批，可减免部分承包费。减免标准：减免面积15亩/人，减免承包费70元/亩。

三、工作综述

2014年，黑龙江垦区残联全力贯彻落实中国残联工作部署，以总局党委扩大会议精神为指导，坚持整体推进与重点突破相结合，顶层设计与办好实事相结合，紧紧围绕残疾人同步奔小康的战略目标，在加强残疾人社会保障体系建设、残疾人基础管理建设年工作等关键环节上实现突破，各项工作取得较好成绩。

（一）"基础管理建设年"活动稳步开展

根据中国残联开展"基础管理建设年"工作要求，下发了在垦区残联系统开展"基础管理建设年"活动的实施方案，加强了工作的组织领导，成立了以理事长赵雅辰为主任、各业务部门为成员的领导小组。为做好残疾人基本服务与需求专项调查工作，总局残工委成立了专项调查联席会议和办公室。开展制度梳理，对残疾人证办理办法、信访工作相关制度、财务项目管理、信息统计制度、调查研究制度、公务接待制度、社区残疾人康复托养和辅助器具服务站的工作管理运行规范等进行了梳理。对残联机构进行规范管理，垦区残疾人康复中心、精神残疾人康复中心、北大荒残疾人安养中心等机构加强了制度建设和固定资产、人员的管理。北大荒残疾人安养中心对残疾人康复安养档案进行整理，充实了相关证明材料等资料。对项目资金使用和效益进行跟踪问效，2014年上半年对重点项目开展了抽查和验收检查。

黑龙江垦区残疾人专项调查工作联席会议制定了专项调查培训工作方案和宣传工作方案。总局残联与管理局残联签订了保密协议，并检查、督促了管理局残联与各农场残联保密协议和保密承诺书的签署。开展专项调查的核查工作，各有关单位制定工作计划时间表，完成行政区划设立核查和残疾人分配核查工作，截至11月28日全部完成核查工作。举办了专项调查调查员骨干培训班，各管理局和农场也进行了调查员培训，参加人员为残联工作人员、专职委员和社区残联干事。建立了垦区专项调查工作群，及时发布消息，交流信息。

（二）建立贫困残疾人生活补贴和重度残疾人护理补贴制度

建立贫困残疾人生活补贴和重度残疾人护理补贴制度是完善残疾人社会保障体系的重要内容，是改善贫困和重度残疾人基本生活的重要手段。为此，总局党委扩大会议将"加强残疾人社会保障和服务体系建设，提高残疾人就业生活保障能力"列为总局的重点工作和总局党委督办要点。按照中国残联和总局党委的要求和部署，垦区残联着力推进贫困残疾人生活补贴和重度残疾人护理补贴这两项特殊扶持政策的制定出台。通过入户走访、座谈、发放调查问卷等方式，垦区残联对贫困和重度残疾人的生活救助、社会保障等方面内容进行了调研，掌握了贫困和重度残疾人基本情况。2014年9月，出台了贫困残疾人生活补贴和重度残疾人护理补贴政策。截至2014年年底，垦区各级共投入两项补贴资金410.85万元，受益残疾人数3585人，切实改善了贫困和重度残疾人生活状况，也进一步完善了黑龙江垦区残疾人社会保障体系。总局民政局、财务处拨付垦区残联50万元，用于支持残疾人事业；拨付总局神经精神病防治院20万元，用于贫困精神残疾人员医疗生活补贴。对残疾人危房改造执行情况进行了检查，与中国残疾人福利基金会共同对"集善嘉年华"残疾人扶贫基地项目进行了检查验收。完成了2013年残疾人康复扶贫贷款贴息项目的落实工作。开展"帮包带扶"工作。扶持贫困残疾人4302户共5361人，脱贫1499人；全年参与扶贫的结对帮扶单位99个，帮扶个人646人；为2965名残疾人提供实用技术培训。宝泉岭管理局开展"送政策、送技术、送措施、送项目、送救助、送就业、送服务"的"七送"活动，对贫困职工分类进行帮扶，并建立残疾人救助资金，拓宽致富渠道。和平牧场组织帮扶领导干部了解残疾人生产生活情况，对残疾人集中培训种养业知识，建立长效致富项目，提高科技致富本领。尖山农场扶持56户残疾家庭脱贫，组织残疾人职业技能培训，残疾人生活就业状况明显改善。绥化管局残联开展春节走访慰问活动，走访慰问残疾人340户，发放慰问金115800元。

（三）积极促进残疾人就业

继续加强残保金收缴工作，下发《黑龙江省农垦总局办公室关于做好2013年度垦区残疾人就业保障金缴纳工作通知》，以总局办公室文件的形式下达残保金征收任务指标。制定残疾人就业培训计划，多措并举开展残疾人技能培训，激励有创业愿望的残疾人走上自主创业之路，营造残疾人创业带动就业的良好社会环境。垦区残联与哈尔滨亿时代科技数码有限公司合作，组织90多名包括重度残疾人在内的残疾人参加"语音标注"、"快递单录入"培训，有75名残疾人培训合格与公司签订了协议，实现了居家就业，人均月收入1000多元，受到残疾人普遍好评和热烈欢迎。垦区残联与哈尔滨市残疾人就业中心合作，对垦区有就业需求的盲人开展保健按摩培训，8名视力残疾人接受培训。总局残联用残疾人就业保障金购置26张盲人按摩床、16台智能牵引椅、35台电脑及轮椅等，重点扶持16家盲人按摩机构和网上就业的贫困残疾人。选拔3名残疾人参加第四届全国残疾人"自强创业之星"评选活动，更好地展示了残疾人自强创业的精神面貌。宝泉岭管理局建立4个残疾人就业基地，共安置33名残疾人就业。红兴隆管理局以江川柳编厂、饶河养殖基地、二九一农场韩法宝天龙机械厂、局直地区糟糠酒业为就业基地，安置50名残疾人就业。八五三农场小清河居民区第五居委会党支部根据残疾人实际情况和创业意向，提供技术指导、培训和资金协调等多方服务，开设种植、养殖等专业培训班，为辖区15名残疾人提供就业岗位。绥化管理局绥棱农场为4位残疾人发放7万元低息贷款，帮助他们脱贫致富。哈尔滨管理局小岭社区残联安置了14名残疾人从事门卫、保洁和种养殖等工作。红兴隆管理局残联为3名盲人按摩师各配发1台按摩床和1台牵引椅，鼓励他们自主创业。

（四）康复托养网络建设进一步完善

按照中国残联关于加快建设省、市、县三级康复机构的部署要求，垦区残联依托卫生、民政部门的医疗、养老机构，进行合作共建，共享资源，互利互惠，走市场公益并举之路，建设具有垦区特色的总局、管理局、农牧场的残疾人康复托养机构。初步形成了既有以垦区残疾人康复中心、精神残疾人康复中心为龙头带动辐射作用的总局级康复机构，又有分布社区、深入家庭的农场社区康复站的垦区三级康复托养服务网络，并逐步推进了辅具适配的科学化、标准化，制定完成了垦区残疾人康复托养和辅助器具服务站的工作管理运行规范。在80%的农牧场开展社区康复服务，设立社区康复协调员161人，社区康复服务档案已经建立。建立康复托养和辅助器具服务站31个，提供康复托养设备31套1500多件。2014年1月初，铁力农场康复托养站正式投入运营，全年累计开展服务420人次。

制定完成2014年度残疾人辅助器具适配服务专业培训计划，积极落实"彩票公益金"、"七彩梦"等重点康复项目，开展康复项目中期检查自查。举办两期社区康复协调员培训班、两期残疾人辅助器具服务专业人员培训班，对240人次的基层残联工作人员、社区卫生人员进行康复理论知识、辅助器具适配、社区康复技术普及和实用康复技术等方面培训，提高了工作人员理论知识水平和业务能力，为提升基层康复托养机构的服务水平打下基础。

全年完成白内障复明手术464例，为43名贫困白内障患者免费施行复明手术。对140名低视力残疾人验配助视器，培训低视力儿童家长61人，对140名盲人进行定向行走训练。积极开展智力残疾人康复救助工作，为117名轻度智力残疾儿童提供社区、家庭康复训练服务。加强肢体康复训练工作，共为276名肢体残疾人提供训练。为10名听力残疾儿童提供家庭康复训练，新培训听力残疾儿童家长36名。为各类残疾人免费配发辅助器具2181件，免费安装假肢和助行器210例，使更多的残疾人得以恢复和改善肢体功能。免费为1800名贫困精神病患者送药，为200名精神病患者提供住院补贴。组织农垦总局总院康复中心医生到基层农场，开展脑瘫、自闭症儿童筛查活动，共对9个管理局18个农场的残疾儿童进行筛查。在筛查患儿同时，为当地康复医疗人员提供培训，共培训110人次，普及了康复基础知识，提高了基层康复人员的业务水平。

（五）组联工作取得新成效

完成了第五次全国自强和助残表彰推荐工作，八五二农场场直管理局宣传报道员马才锐荣获全国自强模范称号，北大荒宝泉岭分公司总经理吴向东荣获全国助残先进个人称号，九三管理局尖山农场荣获全国助残先进集体称号，垦区残疾人就业服务中心荣获全国残疾人之家称号，获表彰的代表在人民大会堂受到习近平、李克强等党和国家领导人亲切接见。以"强基育人"工程为抓手，全面加强基层残疾人组织建设。完成了专职委员在线培训工作，在两个月时间里，组织专职委员对30个规定课程及20个拓展课程进行在线学习，109名专职委员全部通过测试考试，由中国残联统一制发专职委员上岗证书。为全面加强协会建设，提高协会主席综合素质和业务能力，以在线学习的方式，组织管理局及农场聋协主席进行在线学习和培训。组织26名五类专门协会主席参加清华大学和中国残联联合举办的远程教育培训项目，10月底开课。选派2名青年残疾人工作者参加中国残联和中组部举办的业务培训。为各管理局盲协主席配备电脑等办公设备，为其更好地开展协会工作创造便利条件。

总局精神文明办制定了在垦区推进志愿服务制度化的指导意见，使垦区志愿服务工作更加深入开展，志愿助残工作也迎来了更好的机遇。与总局团委共同开展志愿助残阳光行动，开展了丰富多彩的志愿助残活动，志愿服务意识不断加强，服务内容更加丰富，社会反响较好。红兴隆管理局残联和局直城管局残联联合开展局直地区助残志愿者注册活动，社区志愿者服务队、教师学生志愿者服务队等5支扶残助残志愿者队伍100余人参加活动，全局共成立助残志愿者服务队160余支，在册助残志愿者900余人。二九一农场59台爱心车开展"寒冬送温暖、寒冬送爱心"行动，免费接送包括残疾人的困难人群出行。齐齐哈尔管理局、绥化管理局残联与团委联合开展阳光助残行动，成立37个助残志愿者组织，绥化管理局累计与151个残疾青少年家庭结成帮扶对子。哈拉海农场组成以大学毕业生为主体的志愿服务组织，以残疾人为主要服务对象，开展常态化助残服务，每周提供2小时上门服务。哈尔滨管理局武装部和团委开展"青春友爱志愿行，携手共筑大荒梦"青年志愿者服务月活动，全局成立了14支志愿助残队伍，志愿者近百人。红旗农场助残青年志愿者以精神残疾人家庭为重点进行及时有效的帮助，闫家岗农场志愿者针对残疾人等群体开展生活照料、康复陪伴、课余辅导等形式多样的服务活动。

（六）加强残疾人维权工作

全面加强残疾人权益保障工作，维护残疾人合法权益，积极协调解决和办理残疾人信访提出的问题，对残疾人提出的诉求做到事事有答复、件件有落实，较好地维护了残疾人的合法权益。北大荒股份七星分公司组成6个普法小分队，培养残疾人学法、懂法、用法意识，使残疾人普法学习率达98.5%以上。完成了2015年机动轮椅车燃油补贴申报工作。完成了2011—2012年残疾人家庭无障碍改造信息采集及数据录入工作，对2013年残疾人家庭无障碍改造工作进行了部署。对2009—2013年度残疾人机动轮椅车燃油补贴发放工作进行了自查和抽查，并将抽查结果在残联重点工作推进会上进行了通报。宝泉岭管理局残联积极协调交通局、公交公司，为持有中华人民共和国第二代残疾人证的残疾人制定了免费乘坐局直地区公交车的优惠政策。逊克、四方山农场为残疾人开展了地面平整、坡化，安装卫生间扶手、抓杆、热水器等家庭无障碍改造，提高了残疾人的生活质量。

（七）宣传文化日益丰富

2014年残疾人事业的社会宣传力度得到进一步加强，社会舆论环境得到进一步改善，全年在主要新闻媒体刊播稿件数193件。助残日期间，红兴隆管理局残联和社区卫生服务中心联合开展"扶残助残免费体检活动"，为局直户口的残疾人免费提供B超、心电、眼科、口腔、检验等全方位多项目体检套餐，投入资金3万元，参加体检的残疾人100人。查哈阳农场为残疾人举办以"关心帮助残疾人，实现美好中国梦"为主题的文艺汇演，10余名身残志坚的残疾人参与演出，丰富了他们的精神文化生活。"爱耳日"活动期间，齐齐哈尔管局克山农场残联同农场医院医生一起向公众普及和宣传爱耳常识，诊治耳病患者13人，接受咨询30多人次，并开展了新生儿和听力障碍人员筛查。建设农场残联联合宣传部、农场社区、医院开展了以"环境无障碍，方便你我他"为主题的"肢残人活动日"，慰问贫困的肢体残疾人，组织开展趣味体育活动。垦区基层社区促进残疾人参与公共文化生活，红兴隆管理局中兴社区组织开展了"扶助残疾人，共建和谐社会"的残疾人手工艺品展，残疾人热情参与，展出了剪纸、十字绣、手工、拼图等50余幅作品。垦区残疾人在社会上也屡获殊荣，展现了自尊、自信、自强、自立的精神风貌。绿色草原牧场肢体残疾人王鸿滨的摄影作品《缤纷夏日》在《北大荒画报》第四期"北大荒投资担保杯"主题摄影大赛中获三等奖，作品《金秋五谷丰》在《北大荒画报》第五期"金色北大荒"主题摄影大赛获一等奖，作品《筛沙工》在农垦齐齐哈尔管理局庆祝建国65周年摄影书画美术展中获得二等奖。八五三农场肢体残疾人李德湖参加全国残疾人岗位精英职业技能竞赛木雕比赛。《北大荒日报》刊登了描写八五三农场盲人李秀红自强自立事迹的文章《她心中有个明亮的世界》。红兴隆八五二农场肢体残疾人马才锐在《北大荒日报》发表了《握住习主席的手》《不忘初心，不惧未来》等多篇文章。

四、大事记

1月15日，中国残联副主席吕世明到黑龙江垦区调研残疾人工作。吕世明副主席会见了农垦总局局长王有国，召开了由残联、编委办、组织部等部门领导参加的座谈会，听取了垦区残疾人工作汇报。吕世明副主席表示，垦区上下对残疾人特殊群体十分关心，相关工作取得了很大成绩，希望垦区残疾人工作再接再厉，再创佳绩。

3月21日，哈尔滨管理局残联在北大荒养老中心举办了首期残疾人食用菌栽培技术培训班，来自全局的残疾人工作者和残疾人共计41人参加了此次培训。农垦科学院经济作物研究所食用菌研究室主任钟鄂蓉和总局残联副主席康洪贵分别从食用菌栽培技术知识和残疾人就业相关政策方面进行授课。

4月23日，垦区残联在宝泉岭管理局召开了"黑龙江省农垦总局残疾人工作交流研讨会"，总局残联、各管理局残联、总局驻佳办残联、浩良河化肥厂残联、在会上做典型经验交流的农场残联、总局残疾人康复中心和精神病防治康复中心等单位相关人员参加了会议。交流研讨会使各单位学习了先进经验，增强了做好残疾人工作的信心，促进了垦区残联各项工作的开展。宝泉岭管理局副局长梁月升列席会议。

5月16日，垦区红兴隆管理局八五二农场场直管理局宣传报道员马才锐荣获全国自强模范称号，北大荒宝泉岭分公司总经理吴向东荣获全国助残先进个人称号，九三管理局尖山农场荣获全国助残先进集体称号，垦区残疾人就业服务中心荣获全国残疾人之家称号。获表彰的代表在人民大会堂受到习近平、李克强等党和国家领导人亲切接见。

6月6日，红兴隆管理局教育局请示上级教育主管部门同意，在红兴隆第一高中考点为残疾考生安鑫然设置"爱心考场"，在保证高考公平性的基础上，学校安排两名监考教师照顾她完成考试。

6—11月，垦区残联委托哈尔滨市残疾人就业服务中心，对宝泉岭、红兴隆、牡丹江管理局的6名盲人进行初级、中级和高级盲人保健按摩培训，4名残疾人经培训合格，取得了结业证。

7月11日，黑龙江农垦总局志愿者协会成立，总局党委副书记邹积慧当选为名誉会长，总局党委宣传部长高跃辉当选为会长。专项志愿服务组织涉及十几个领域，开展的活动涉及社区"一帮一"、助残、扶贫、治安等内容。会议要求，社区志愿服务要把空巢老人、留守儿童、残疾人等作为服务重点，有针对性地开展雪中送炭、温暖人心的活动。

7月15—24日，总局残联与哈尔滨亿时代数码科技开发有限公司合作举办了残疾人居家就业培训班，90余名残疾人接受了为期10天的数据标注和快递录入两项居家就业技能培训，75名残疾人培训合格，与亿时代公司签订了居家就业协议。

7月16—26日，宝泉岭、建三江、九三、哈尔滨等管理局残疾人工作者参加浙江省残联举办的中级中国手语培训学习，经考试合格者获得培训结业证书。

8月22日，农垦总局残联理事长赵雅辰在管理局残联理事长宋海旺、江川农场党委书记陈太平、农场残联理事长张振滨等人陪同下，就江川农场残联康复工作的开展在社区康复指导站等地进行了实地调研。

9月1—7日，垦区在哈尔滨举办黑龙江垦区残疾人社区康复协调员培训班，对脑卒中的康复概述、神经定位及影像学表现方面分期及康复手法等康复知识进行了培训，60名基层残联和社区康复工作者参加了培训。培训班的举办提高了社区康复协调员的业务水平，推进了基层社区康复的发展。

9月14—19日，垦区举办黑龙江垦区基层辅助器具业务培训班，对矫形器的分类与使用、沟通及信息辅助器具、个人生活辅助器具的分类及使用等方面内容进行了培训，管理局残联工作人员和康复托养站负责人员等60人参加了培训班。此培训班将进一步提升基层工作人员的业务水平，为残疾人提供更好的康复服务。

9月15日，黑龙江省农垦总局出台贫困残疾人生活补贴和重度残疾人护理补贴政策。对具有垦区户籍的残疾人，所在家庭为低保、低收入家庭的贫困残疾人每人每月提供不低于100元的生活补贴，残疾等级为一级、二级的重度残疾人每人每月提供不低于100元的护理补贴，同时具有贫困和重度条件的只享受一项补贴。

10月8日，宝泉岭农垦恒源包装彩印有限公司、宝泉岭农垦旭升社会福利木材加工厂被总局残联命名为黑龙江垦区残疾人就业示范基地。两个基地共安置了20名残疾人就业。

10月23日，绥化管理局残联工作人员于长亮、哈尔滨管理局工作人员张广玲参加全国残疾人就业服务机构工作人员职业指导竞赛，于长亮取得小组第三名的好成绩，获得"职业指导能手"称号。

11月24—28日，垦区举办黑龙江垦区残疾人基本服务状况和需求专项调查培训班，100名基层调查骨干参加培训。培训班对专项调查的工作流程、调查内容、调查方法和各种工作细则进行了讲解，调查员掌握了《残疾人调查表》《社区调查表》的各项指标解释及填表要求，为做好垦区的残疾人专项调查工作打下基础。

12月，宝泉岭管理局残疾人综合服务中心建成。

附录一

张海迪给垦区的残疾兄弟姐妹拜年
中国残联副主席吕世明来垦区
王有国出席座谈会

王爱军　《北大荒日报》　2015年1月15日

今天，中国残联副主席吕世明一行来到总局，转达了中国残联主席张海迪对垦区残疾兄弟姐妹的问候，并就垦区残疾人事业发展等有关事宜进行专题调研。总局局长王有国介绍了垦区残疾人事业发展现状。

王有国首先代表总局党委、总局对吕世明一行表示欢迎，感谢中国残联多年来对垦区各项事业给予的大力支持。简单介绍了垦区基本情况后，王有国说，多年来，总局党委、总局高度重视残疾人事业，成立了独立机构，专门管理残疾人事业，投资建设了北大荒知青安养中心，有力地促进了垦区残疾人事业的健康发展。今后，总局党委、总局将按照国家的有关要求，克服各方面困难，全力以赴、持之以恒地做好垦区的残疾人工作。

吕世明说，垦区上下对残疾人这个特殊群体十分关心，相关工作取得了很大成绩，特别对知青安养做出了巨大贡献。在春节来临之际，中国残联主席张海迪让我代她给垦区的残疾兄弟姐妹拜年。今后，中国残联将一如既往地支持垦区残联工作，尽最大努力在政策、投入等方面给予全力帮助。农垦残疾人工作取得的成绩也是全国残疾人工作蓬勃开展的一个缩影。正因为农垦有特殊的情况，我们要用特殊的感情来支持农垦残疾人工作。

附录二

垦区残联重点工作推进
电视电话会议召开
邹积慧出席并讲话

刘晓雨、张瑜　《北大荒日报》　2015年3月11日

今天上午，垦区残联重点工作推进电视电话会议召开，总局党委副书记邹积慧出席会议并讲话。会议强调，垦区各级要高度重视残疾人事业，千方百计解决残疾人最关心、最直接、最现实的问题，各级残联要认真履行代表、服务、管理职能，进一步提升为残疾人服务的能力和水平，加快残疾人同步奔小康进程，为垦区广大残疾人创造更加幸福美好的新生活。

会议要求，垦区各级要重点抓好残疾人就业、创业、公益岗位开发，扶持残疾人增收，通过生活补贴、社会救助、社会保险补贴等措施，将丧失劳动能力的残疾人基本生活保障到位。要将提高残疾人收入纳入重要议事日程，纳入目标管理和领导班子、领导干部政绩考核评价指标。各级残疾人工作委员会要紧密配合、各司其职、齐抓共管。各级残联组织要深入调研，提出高质量的意见和建议。要进一步弘扬人道主义思想和"平等、参与、共享"的现代理念，深入开展"自强与助残"活动，正确引导舆论，营造有利于残疾人同步奔小康的社会环境。

会议强调，要尽快实现残疾人社会保险全覆盖和最低生活保障应保尽保，推动更多残疾人康复医疗项目纳入医疗保障范围，尽快制定出台垦区贫困残疾人生活补贴和重度残疾人护理补贴制度；要认真落实国家基本公共服务体系"十二五"规划，各级党委、行政单位要给予财力、物力、人力支持，力争2015年达到全覆盖；要千方百计扩大残疾人就业，保障有就业需求的残疾人得到职业技能培训和就业服务，鼓励残疾人自主创业，发展残疾人辅助性就业。要强化垦区按比例安排残疾人就业和保障金收缴力度，依法履行保障金缴纳义务，加强审计和监管。

会议强调，垦区各级残联要认真履行"代表、服务、管理"职能，进一步提升为残疾人服务的能力和水平，创新开展各项工作。要始终代表残疾人的根本利益，开展调查研究，反映需要解决的问题，建立规范、科学的管理制度，密切与残疾人的联系，使残联真正成为"残疾人之家"；要建立一支"信念坚定、为民服务、勤政务实、敢于担当、清正廉洁"的专兼职工作者队伍，加强政治理论和业务培训，提高残疾人工作者的政治素质、业务能力和爱心奉献精神。

会议传达了第二十八次全国残联工作会议精神，通报了2013年垦区残疾人工作情况。

（孙静供稿）

第七编 中国残疾人联合会直属单位工作
WORK BY DIRECTLY AFFILIATED UNITS OF CDPF

中国康复研究中心

一、领导讲话

张海迪在调研中国康复研究中心工作时的讲话摘要　　2014年3月21日

康复是残疾人工作的重中之重,是残疾人接受教育、就业等的基础,尤其要重视残疾预防和科学研究等工作。一要高度重视和爱惜康复人才培养,特别是假肢矫形器制作师等专业人才,他们是最重要的资源;要创造最好的条件,留住人才、爱护人才;带好年轻人,让他们有发展和进步的机会,相信他们的热情和能力,让残疾人康复专业后继有人;二要加强科学技术研究与创新。高位截瘫病人的康复是世界性难题,要勇于攻关;假肢矫形器等辅助器具的研究开发非常重要,要靠科研人员一次次的努力和不断的完善,要加强科技投入与科技产品的转化,提供更多有针对性、个性化的产品为残疾人服务。三是一定要建设好、管理好和使用好康复中心。做好医疗、康复和辅助器具等相关部门和业务工作的衔接和配合,充分发挥好国家级康复中心的作用,为残疾人提供更好的服务。

二、工作综述

2014年,中国康复研究中心(下文简称"中康")全院职工1713人(其中在编1113人,合同制600人),其中卫生技术人员1248人,包括正高职称51人、副高职称90人、中级职称356人、初级师434人、初级士317人;其他专业技术人员152人;行政管理人员94人;工勤人员219人。

(一) 引领行业,勇担重任,铸就大社会工作的非凡业绩

1. 规范行业标准,不遗余力推进康复服务指导工作

制定定点机构评估标准、服务规范等行业标准。制定并印发《残疾人事业专项彩票公益金智力残疾儿童康复救助项目实施方案(2014—2015年)》(残联发〔2014〕63号)、《关于向社会力量购买智力残疾儿童康复服务有关工作的通知》(残联厅发〔2014〕55号)、《残疾人事业专项彩票公益金贫困智力残疾儿童康复救助项目定点康复训练机构服务规范(试行)》(残联康复函〔2014〕4号)、《"七彩梦行动计划"贫困脑瘫儿童康复救助项目定点康复机构服务规范(修订版)》(残联康复函〔2014〕11号),拟制《全国残联系统省市县残疾人康复机构基本情况调查表》《康复服务体系建设情况调查表》《康复人才基本情况调查表》,草拟《省级残联康复中心规范化管理与服务指南》。派出40余名技术骨干赴川、藏广泛开展基层培训与康复指导。举办各类培训班20余个,培训500余人;全年接待参观700余人次。派出康复管理专家,深入山西、山东、贵州等15省,全方位调研指导康复机构建设;配合做好嘉道理农村社区康复项目;启动并开展长江新里程脑瘫项目、中国与挪威协力会脑瘫儿童康复与教育促进项目,全力推动残疾人社区康复工作。

截至2014年年底,我国开展肢体残疾和智力残疾康复训练的服务机构有3911个,为8860名贫困肢体残疾儿童实施了矫治手术及术后康复,实施救助项目资助4万名贫困脑瘫儿童进行机构康复训练,全国共对36.7万肢体残疾人进行社区和家庭康复,实施救助项目资助3.1万名贫困智力残疾儿童进行机构康复训练,全国共对13.9万名智力残疾人进行社区和家庭康复。

2. 出色完成抗震救灾任务

云南鲁甸地震发生后,中康积极响应中残联紧急部署,抽调5位专家奔赴一线,组织会诊、评估、治疗、培训700余人次。

3. 着力加强残疾预防工作，完善行业体系建设

开展残疾预防课题10余项；成功举办残疾预防与控制研究论坛；启动中国脊柱脊髓损伤残疾预防与控制计划，建立全国脊髓损伤数据库；积极开展脑瘫高危儿的筛查和早期干预、脑瘫儿童家长培训、远程基层医务人员培训工作。

4. 全面启动国家重点学科建设，推动康复行业快速发展

3月份，中康正式被国家卫计委批准为北京市唯一一家国家康复医学临床重点专科项目建设单位。围绕重点学科建设，中康建立专项组织，起草工作方案，全面落实项目建设，为整个康复学科的快速发展带来了新契机。

5. 加强康复质量管理，带动全国康复行业科学发展

积极推动北京市康复质控中心建设，建立康复质控管理委员会；完善医政信息平台和院内质控网点建设；编写《北京市残疾儿童少年康复服务定点机构资格准入评估标准》，审核通过62家医院128个项目；开展北京市2014年度临床急需紧缺人才培训项目，为北京16个区县培养39名康复治疗骨干人才。以点带面，推动全国康复行业健康发展。

（二）提升质量，优化服务，全面体现患者至上的工作理念

1. 将医院评审工作常态化，持续改进医疗业务水平

将医院评审列入全年重点工作；建立每周汇报、每月总结制度，形成逐级负责、层层落实的工作机制；修订评审各项文件近200项；组织开展全院三基三严、应急管理、医患沟通技巧培训等；完成输血科、临床营养科等8个相关科室的基础建设工作；经过全院职工的努力，中康C级标准达标率90.2%，B级标准达标率74%，A级标准达标率32.7%，基本达到了评审要求。

2. 加强医疗质控管理，提高医疗服务水平

组织编发《质控管理手册》；规范临床工作路径；开展主任查房观摩、病历质量评比、医疗质量点评等活动，全面提升医疗服务质量。完善康复质量管理体系，建立康复质控队伍，推行康复治疗三级巡视制度。加大医疗纠纷防范力度，保障医疗安全。2014年共开展各类新技术130项，提升了中康的医疗实力。积极举办健康宣教活动近60次，增强了中康的综合医疗影响力。

3. 完善护理管理体系，持续提高护理质量

健全三级护理管理体系，形成自上而下的垂直管理。大力推进优质护理服务示范工程活动，规范服务言行，创新服务举措，树立典型、表彰先进；落实患者安全目标，加强护理质量安全管理，完善各类制度、流程、职责、应急预案等144项。全年患者满意度为97.1%。中康的护理质量显著提升，各项护理指标均达标。

4. 积极落实物价、医保改革政策，确保业务健康发展

协助国家做好康复治疗项目服务价格修订工作；加强物价收费管理，规范医疗服务价格，新增物价收费项目30余项。加强医保额度、次均费用、药占比例管理，有效预防费用拒付现象，全年医保总额预付指标使用率106.5%；结算总费用2.1个亿。

5. 圆满完成各项年度业务指标

全年完成康复训练49万人次；入院9702人次；手术6110例；门急诊就诊48万人次；经济收入7.4亿元，同比增长5.6%，圆满完成各项任务指标。

（三）科教兴院，创新驱动，打造"学院型"康复中心

1. 加强科研基础管理，提升科研竞争实力

2014年单位立项课题132项，获批经费670万元。其中，北京市自然基金课题1项、首都卫生行业专项基金课题4项、局级课题77项。完成课题结项考核9项，包括首都医科大学校长基金项目1项、其他合作课题8项。年内在研课题共261项，在研经费3527万元。职工共发表论文114篇（其中SCI论文27篇）、完成论著11部，获得国家专利11项。

圆满完成SFDA委派北京市食品药品监督管理局对北京博爱医院药物临床试验机构的复核检查工作，并获得国家药物临床试验机构资格认定证书（XF20150306）。

按照GCP相关要求，建立健全机构办公室、资料室、伦理办公室的组织结构和各项规章制度，完成医院药物临床试验伦理委员会的换届改选，为药物临床试验的顺利开展奠定良好的基础。

2. 打造医学研究平台，提高科研转化能力

加强科研平台管理。完善洁净级动物房、细胞生物学实验室建设；按照国标标准改造PCR实验室，建立分子生物学实验平台和操作规章；开展流式细胞仪在科研中的应用，满足科研需求，提升科研技术服务能力。

扎实开展北京市脑重大疾病研究院各项工作。2014年，康复医学研究所积极参与首都医科大学科研教学工作，成为北京市脑重大疾病研究院的重要成员单位之一；承担神经科学研究与发现中心的建设和北京市财政专项基金的申请，最终"北京市脑重大疾病研究院神经损伤与修复研究所"在中康正式落户，并获得配套科研基金145万元。

加强重点实验室建设，整合内部资源，进一步充实与完善"偏瘫、截瘫、神经泌尿、康复治疗技术"4个实验室的工作重点和发展方向。积极开展临床科研及服务项目，顺利实施乙肝病毒DNA和肿瘤标志物检测工作，全面提升康复科研的综合实力。

制定北京市脑重大疾病研究院五年规划，并召开首届学术委员会会议，规划战略定位和研究方向；积极申报脑重大疾病国家重点实验室；完成2014年度该研究院科研促进项目答辩，获批科研经费75万元，进一步提升了中康的基础研究能力。

3. 完善教育管理体系，努力提高教育水平

在已经获得康复治疗学专业作业疗法专业方向WFOT（世界作业治疗师联盟）认证的基础上，2014年进一步推进物理疗法专业方向的WCPT（世界物理治疗师联盟）国际认证。鉴于目前国内康复治疗学专业人才培养仅限于本科和高职高专层次，2014年度积极推进本专业的硕士研究生教育的申报工作。组织撰写康复医学与理疗学专业的研究生专业教材，填补国内空白。完成康复医学院中长期发展规划的制订。

完成教育部"十二五"规划教材组织推荐1部以及首都医科大学优秀教材推荐2部和教学成果奖申报1项。

4. 做好学历教育，培养高层次人才

2014年康复医学院在校学生162人（包括康复治疗学专业和假肢矫形工程学专业本科生共104人、七年制本硕连读生2人、硕士研究生43人、博士研究生13人），其中毕业生48人（本科生29人、硕士研究生12人、博士研究生7人），毕业生就业率达100%。同时，还完成2名国内访问学者的培养工作。2014年度获得了"首都医科大学就业先进集体"及"先进个人"称号。

5. 开展多形式的在职培训，为全国培养实用型康复人才

组织举办继续医学教育项目、实用型专业技术培训等各类康复培训78项，为全国培养实用型人才1.4万余人。其中，举办国家级继续医学教育项目14期（培训学员2094人）、其他康复医学与技术培训班9期（培训学员293人），举办市级继续医学教育项目2项（培训学员298人次）、区级医学教育项目53项（培训学员11682人次）。

完成中康2014年专业技术人员继续医学教育学分年度审验工作，审验继续医学教育学分324人，最终达标率87.50%。全年职工在职参加学历教育6人，外出参加专业进修和各种学术会议68人次。

2014年共派送相关专业临床专业住院医师15名外出参加医师规范化培训，同时接收外单位住院医师5名来中康康复医学专业培训基地进行规范化培训（年内康复医学专业培训基地在培学员共15人）。

中康康复医学专业培训基地正式入选国家卫生和计划生育委员会首批认定的全国住院医师规范化培训基地名录。完成培训基地和专业基地动态评估的自评和实地评审工作，并完成2014年度康复医学住院医师规范化培训第一、二阶段（共31人）临床技能考核的组织工作。

（四）深化研究，创新手段，提升康复信息服务水平

1. 全力推进ICF中国化进程

完成"ICF在线学习系统"等科研项目2项；成功举办《世界残疾报告》和ICF应用与康复咨询学术会议；翻译出版ICF与《世界残疾报告》应用专题著作，推动ICF的中国化进程。

2. 搭建全国行业信息服务平台

实时维护更新中国残疾康复信息网和中康官网；建立中康微信公众账号；编辑发行《中国康复理论与实践》杂志12期，组稿千余篇，连续入选"中国科技核心期刊"。中康成为全国康复信息的资源基地，为全国康复行业提供了信息交流平台。

3. 全面实现医疗全流程电子化管理

经过近三年的不断探索，中康建立起以电子病历为核心的医疗业务支持与管理系统，涉及临床诊疗、药品管理、经济管理、综合管理与统计分析、康复医疗和外部接口六大部分，共计39个模块，全面实现了医疗业务数据的实时交换和医疗流程的电子化管理。

4. 完善现代化信息管理平台

经过不断探索，中康OA系统实现了文件发布、网络宣传、网上办公、政策培训、图书阅览、论文检索等功能；借助OA系统，中康内部的信息交流更加快捷通畅，行政办公效率显著提高。

（五）医工结合，积极探索，研发创新能力再攀新高

开创假肢教育新局面。积极开展远程教学、技术交流和病例会诊；修订假肢专业教学计划，顺利通过ISPO对假肢矫形工程专业三年一度的复查工作；参加首届全国矫形器师技能大赛，荣获三等奖。

推动医工结合各项研究工作。在国内率先开展偏颅矫正头盔的制作；研发脑瘫康复智能辅具临床应用产品、矫形器、行走型HKAFO等新型辅助器具；开展个性化定制鞋、双侧小腿、单侧大腿截肢者穿假肢后步行能力的研究；开发实用型研究项目5项、假肢矫形器新产品6项，研制康复新产品4项。医工结合能力向高难度、智能化、国际化迈进。

（六）攻坚克难，科学规划，加快推进西区建设步伐

克服困难，整体推进。办理近百种申报表与资料，完成监理单位公开招标、资格预审、开标与评标结果备案等工作，完成施工单位公开招标、资格预审等工作，办理"临近地铁4号线安全影响评估合同"与"施工临时供电方案确认协议"、市政配套设施中给水工程与排水工程登记备案等手续，全力推进滞留户清理工作。

统筹规划，提前部署。年初将教育基地的运行管理作为年度战略研讨的重点专题，组织教育基地建设与运营研讨，为中国残疾人康复人才教育基地建成后的使用打下良好基础。

（七）着眼世界，拓宽视野，提升中康国际品牌影响力

1. 圆满举办第九届北京国际康复论坛

此次论坛共设分论坛29个；举办会前培训班20个；收集学术论文703篇，大会发言295篇，评选出优秀论文149篇；大会报道80余篇。北京国际康复论坛已经成为国内外专家学者学习、交流和增进友谊的学术平台，实现了凝聚康复力量、共享康复成果、培养康复人才、传播康复文化、推进康复发展的目标。

2. 开展全方位、多层次、宽领域的国际交流与合作

认真组织实施WHO康复合作中心申请、WCPT国际项目认证、中日韩康复合作项目、残疾管理专业人员培训认证项目等合作项目近10项，举办国际康复机构管理高峰会议、第二十六届全国脊柱脊髓学术年会等各类学术活动20余次，接待俄罗斯残联主席、康复国际主席、日本Bobath协会会长等11个国家和地区的40个团组178人次的来访交流，进一步拓宽中康国际交流与合作渠道，全面推进中康国际化进程。

（八）统筹规划，改革统领，开创中康人事工作新局面

1. 认真编制"三定"方案，科学优化机构设置

认真开展三定方案优化工作，通过部门调研、编审、核算、汇总、主任办公会审议等环节，最终就中康及所有部门的工作职能、机构设置以及人员编制进行了优化明确，有效避免了职能重叠、权责不清等情况的出现，中康的机构布局更加合理。

2. 推进岗位设置管理，深化人事制度改革

加强编制管理，积极开展人员和编制机构核查工作；实行全员聘用制，将返聘人员、合同工与正式工全部纳入绩效考核体系；积极推进岗位设置，经过多次深入调查研究，最终形成了中康《岗位设置管理首次聘用实施细则》，实现了由身份管理到岗位管理的转变。

3. 加强人才培养，优化人才梯队建设

根据中组部、中国残联人事部下达的招聘计划，中康在3000余名求职者中，严格筛选出150名应聘人员，通过资格审核、业务考核、考评领导小组11次面试，最终录用51人。

采取竞争上岗、集体任用的方式，组织开展第一批中层干部竞争上岗，按照"公开公平、竞争择优"的原则，在28名竞聘者中选拔出5位优秀干部。加强中层以上领导干部的考核监督，努力做好新形势下中康的干部管理工作。做好干部培训工作，对中层以上领导干部开展法制培训、轮训工作，进一步增强大局意识、党性意识、法律意识。

（九）顶层设计，基础管理，建立现代化康复机构运营管理体系

1. 统筹全局，做好顶层设计

年初中康围绕"十二五"规划和中残联年度工作重点任务，全方位开展基层研讨、专题研讨、战略研讨等系列研讨活动，结合研讨成果，确定工作方向，形成了中康全年的工作重点、工作目标和工作举措。

2. 加强基础管理，全面提升行政管理效率

深入开展"基础建设管理年"活动，制定《中康基础管理建设年方案》；修订完善《差旅费管理办法》《公务接待管理办法》等50余项规章制度，使中康各项工作有章可循，实现规范化管理。

3. 完善财务机制，加强运营管理，提高业务收益

加强经营管理，全面实行1500分绩效考核；积极推进成本核算工作，逐步形成科学全面的绩效管理体系。加强预决算管理，提高了中康资金使用效率；深入贯彻落实中央八项规定，严格控制中康"三公经费"指标；积极开展"小金库"专项治理工作；圆满完成新版医疗票据改革。中康财务工作效率显著提升。

4. 全面做好设备、后勤服务，保障事业持续发展

科学制定设备购置计划，形成申报、论证、购置一体化的设备采购机制；积极申请设备经费，重点解决核磁、口腔CT等重大设备缺口问题；做好设备物资捐赠，多渠道添置中康设备，增强中康硬件实力。

完成中康北侧环境设施改造、部分电梯机房改造更换等重点工程，改善医疗设施与办公环境；成立"中康清洁生产工作领导小组"，严格落实清洁生产责任，力争从源头上"减污""增效"，增强中康可持续发展能力。

（十）内强素质，外塑形象，营造风清气正、积极向上的良好氛围

1. 以深化党的群众路线教育实践活动为核心，全面推动党风廉政建设

扎实开展教育实践活动，突出重点、聚焦问题、从严从细从实，取得明显成效，针对"四风"问题，修订、新增制度规章36项，落实专项整治方案4项，将反"四风"制度化、长效化。

积极开展"首都十大健康卫士"、"北京卫生计生系统最美北京人"、中康"双十佳"评比表彰、"大力践行社会主义核心价值观"等主题活动，以精神文明创建活动促进中康文化建设。

2. 以党工团纪委换届选举为契机，完善基层组织建设

顺利完成党委、纪委、工会、团委的换届选举工作。调整基层党支部，增强支委力量，增设"纪律检查委员"。认真贯彻《中国共产党党和国家机关基层组织工作条例》，以"条例"为准绳，提升中康基层组织工作成效。

3. 以落实"两个责任"为重点，加强纪检监察和行风工作

落实党委主体责任和纪检监察的监督检查责任，坚持把廉洁行医和风险防控工作贯穿于全年工作始终。中康专门成立纪检监察行风办公室，选拔管理骨干担任行风办负责人，专职开展纪检监察工作，真正做到层层有人抓、事事有人管，使中康的行风建设工作沿着健康轨道发展。

4. 以开展各种文化主题和系列文娱活动丰富职工文化生活

开展"传承雷锋精神，志愿服务患者"活动，参加中央国家机关公文写作技能大赛、摄影作品展、羽毛球、乒乓球、游泳比赛等系列活动，成立中康合唱团、骑行俱乐部、游泳协会等群众性文化组织。中康职工文化生活日益丰富、职工面貌焕然一新，使中康文化起到了凝心聚力的作用。

（十一）中康美誉度不断提升

2014年度，中康听力语言康复科荣获全国"五一劳动奖章"；神外科、急诊科分获"京城好医生"和北京市优秀护士荣誉称号；"最美女教师张丽莉站起来了"获中央国家机关职工摄影作品一等奖；在中康全体职工的共同努力下，全年共收到表扬信267封、锦旗165面，"中康"的美誉度得到了进一步增强。

三、大事记

3月，北京市卫计委印发了《北京市卫生和计划生育委员会关于做好2014年国家临床重点专科建设项目的通知》，确定北京博爱医院为国家临床重点专科——康复医学科建设项目单位。

3月4日中午，加拿大卡尔加里大学神经科学系及霍奇金斯脑研究所主任胡滨教授应邀在中康会议室开办学术讲座。他介绍了帕金森病步态障碍的病理机制与康复治疗的研究现状、音乐治疗在治疗帕金森病步态障碍中的应用。讲座由康复评定科主任恽晓平主持。来自神经康复科、儿童康复科、中医康复科、康复评定科、PT科等科室的医护人员、进修学生、首都医科大学康复医学院研究生等100余人聆听了讲座。会后，参会人员跟随胡教授来到康复评定科现场观摩脑卒中患者步态训练情况。

3月13日是第九个"世界肾脏病日"，2014年的主题是"防治老年慢性肾脏病"。当天上午，在中康北京博爱医院门诊部组织下，肾内科联合中西医结合康复科、心内科、门诊部10位多专家和医务工作者在门诊大厅开展了老年慢性肾脏病防治相关知识的宣教及义诊活动，为咨询者答疑解惑，并为需要者免费提供检测血压服务，还发放了科普宣传册，以加深社会公众对老年慢性肾脏病防治的了解和认识，关注其危害。共有200余名居民群众踊跃参加了此次咨询义诊活动。

3月26日下午，由中国残联直属机关主办，中国康复研究中心团委承办的第二届"传承雷锋精神，志愿服务患者"活动在中康多功能厅成功举行。来自北京戏曲艺术职业学院、首都医科大学康复医学院和中康各科室的60多名志愿者为中康150余位患者和家属奉献了一场精彩的文艺演出。

4月4日中午，由全球最大的志愿服务组织国际狮子会发起，北京狮子会举办的大型活动——"希望成就梦想·狮子会世界午餐接力"在中康康颐轩餐厅举行。中康副主任董浩、主任助理宓忠祥、北京狮子会第二副主席赵立公狮兄、中国狮子联会秘书长陈亚安、中国狮子联会办公室主任傅熔参加活动。此次活动由北京狮子会第三分区狮友、希望服务队与中国康复研究中心共同主办，由北京狮子会知名的"蓝丝带助残项目"提供支持。正在中康接受康复治疗的来自全国各地的20多位患者和他们的家属、与他们朝夕相处的医护人员，以及来自北京狮子会的20多名志愿者们欢聚一堂，一起包饺子并共进午餐，并表演了丰富多彩的文艺节目。

4月18日，中国医院协会医疗康复机构管理分会换届会在北京顺利召开。来自全国34个省、自治区、直辖市的三甲医院院级领导、学科带头人、各级康复机构负责人和综合医院康复科主任共276名委员参加会议，中国医院协会副秘书长张宝库、组织部副主任张春华出席会议。中国医院协会医疗康复机构管理分会第一届委员会主任委员、中康主任李建军代表第一届分会认真回顾了过去五年的工作情况；大会按照《中国医院协会章程》选举产生了第二届委员会的63名常务委员、11名副主任委员，李建军主任当选为新一届主任委员。换届会议结束后，分会组织召开了国际康复机构管理高峰会。来自国家卫计委、中国残联、总后规划设计研究院、美国太平洋康复医院、日本绿泉会骨科米盛医院、日本厚生劳动省养老金局等机构的多位国内外专家分别从我国公立医院支付制度改革、残疾人社会保障和公共服务、康复机构建设与设计规范、国际医院管理、日本养老保险等不同角度做了专题报告。

4月26—29日，在中康科教处、外事处等领导的大力支持下，儿童物理疗法科（PT1科）成功主办了第四届"Bobath治疗技术在小儿脑瘫中的临床应用"培训班。培训班历时三天半的时间，共有来自北京、广西、广东、山西、内蒙古、甘肃等地的17名从事小儿脑瘫康复治疗的专业技术人员学员参加。培训班邀请到来自日本大阪森之宫病院的国际著名专家、亚洲首席Bobath技术指导纪伊克昌先生和永岛智理女士作为主讲为大家授课。纪伊先生作为Bobath概念的优秀指导者，有着50多年的丰富的理论和临床实践。学习期间，纪伊先生主要为学员介绍了脑瘫患儿异常姿势控制障碍和正常儿童运动发育和Bobath技术在不同类型脑瘫患儿中的应用。培训过程中，他采用团队式（治疗师共同参与）、讲授与示教相结合、评价、实际操作及典型病例讨论等方式授课，亲自操作、亲自指导，与患儿家长、学员热烈互动，深受患儿家长的认可和喜爱。通过三天半天的紧张学习，大家学习到先进的治疗技术和理念，在实践操作能力方面也有显著提高，反响非常强烈。

5月，中国康复研究中心北京博爱医院听力语言科因开拓创新、攻坚克难、服务患者，被中央国家机关工会联合会授予"中央国家机关五一劳动奖状"。

5月7日，中康参加第三届中国国际养老服务业博览会，并主办老年人康复与护理主题研讨会。

5月15日下午，中康在院内花园广场举办以"快乐歌唱，放飞梦想"为主题的音乐会。中康领导李建军、时海峰、董浩、张通、宓忠祥、刘境与正在这里住院接受康复治疗的来自全国各地的400多位残疾患者及其家属与白衣天使们载歌载舞，共同欢度即将到来的第二十四个全国助残日。此次活动由中康北京博爱医院心理科具体承办，旨在展示医院音乐康复治疗成果，帮助残疾患者实现自己的歌唱梦。

5月16日下午，出席第五次全国自强与助残表彰大会的近100位代表专程到中康参观考察。中康对此次活动高度重视，中康领导时海峰、董浩、张通、孔德明、宓忠祥、刘境带领职能处室负责人和工作人员分为6个组陪同来宾相继参观了假肢中心、PT一科、PT二科、PT三科、语言治疗科、水疗室、作业疗法科和综合病房楼。

7月12日—8月9日，应朝鲜残疾人保护联盟邀请，中国残联和地方残联组织了以中康PT3科主管技师王华伟为团长，由PT、OT和聋儿康复3名治疗师组成的中国康复医疗代表团，赴朝鲜进行为期近1个月的技术指导工作。他们到达朝鲜后，首先委托朝鲜残疾人保护联盟，将中心领导的礼物转送给朝鲜领导人金正恩，同时也向朝鲜残疾人保护联盟赠送了礼物。朝鲜残疾人保护联盟负责人对中国康复治疗师表示欢迎，希望康复治疗小组能对朝鲜康复治疗工作给予最大的帮助和支持。从7月15日起，王华伟等3位专家正式进驻朝鲜文水康复医院进行理论授课和康复技术指导工作。8月26日下午，王华伟就赴朝进行康复技术的指导工作的情况向全科同事进行了汇报。

7月18日，中国残联主席张海迪、党组书记鲁勇、康复部主任纳新、维权部主任马玉娥、国际部主任李笑梅等领导莅临中康调研工作。中残联领导分别参观了脊柱脊髓神经功能重建科、物理疗法科、作业疗法科、听力语言科、康复工程研究所、假肢矫形中心、水疗室等科室，与患者进行了亲切交流，深入了解患者的康复情况。参观结束后，中残联领导与中心领导班子进行了座谈，对中康近年来的工作和取得的成绩给予充分肯定，并就中康的发展提出要求。鲁勇书记指出中国康复研究中心要在康复领域的业务发展、人才培养、科研攻关、国际合作、技术资源等五个方面占领制高点，同时应进一步加大对中康的投入，加强基础建设管理、设施改造以及干部队伍建设，迎接康复领域新的挑战。

7月24日下午，北京市消防局一行4人督导检查中心推动落实《火灾隐患集中整治专项行动方案》情况。中康副主任时海峰与保卫处相关同志陪同检查。督导检查中心通过听取汇报、查看文件资料、实地查看和抽查情况处置等方式，对中心防火制度、消防设备、重点部位、应急预案、消防"四个能力"和隐患整治等内容进行了全面检查，对中心开展火灾隐患集中整治专项行动工作给予了高度评价和充分肯定。此次开展火灾隐患集中整治活动将持续到国庆65周年，中康要求各部门继续落实好火灾隐患集中整治专项行动工作部署要求，坚持不懈地做好消防安全工作。

8月3日，云南省昭通市鲁甸县发生6.5级地震，造成重大人员伤亡。按照中国残联党组理事会的紧急部署，应云南省残联的要求，中国康复研究中心派出5位康复医疗专家，与四川八一康复中心的5位专家一起，在最短的时间里组建了中国残联康复医疗队，为云南地震伤员提供康复医疗服务。中国康复研究中心派出的康复医疗专家成员有：中国康复研究中心副主任、北京博爱医院副院长、神经内科专家张通。医疗队队员有：骨科主任、主任医师王安庆，神经康复科副主任医师杜晓霞，运动疗法科主管技师李德盛，假肢矫形器制作部假肢制作师凌华。

8月6日，根据中国残联的要求，中康康复医疗队的5位康复工作者赶到云南，与四川八一康复中心和云南省康复中心的工作人员共20多人共同组成中国残联康复医疗队。他们先后在鲁甸县人民医院和鲁甸县中医院、昭通市第一医院和昭通市中医院开展震灾急救和早期康复工作。10天时间里，他们发扬吃苦耐劳、连续作战的精神，全力以赴地开展工作，共会诊查房563人，疑难联合会诊查房33人，康复评估137人次，培训康复人员30余人次。他们的工作受到了各级领导和灾区伤员的高度评价。

8月，中康正式入选国家卫生和计划生育委员会首批认定的全国住院医师规范化培训基地名录，将承担全国的康复医学专业住院医师规范化培训任务。

8月25—30日，"2014中国技能大赛——首届全国矫形器师技能大赛"在江苏南京举行。此次技能大赛共有来自全国各省、市、自治区以及中直单位的32名选手参加。中康假肢矫形部员工许义平参加比赛，取得了三等奖的优良成绩。比赛分矫形器理论知识、脊柱侧弯矫形器制作与临床适配、答辩等三个环节，分别占总成绩的20%、70%、10%。其中矫形器制作与适配环节，选手给脊柱侧弯患者取模、制作适配脊柱侧弯矫形器，以穿戴矫形器后的X光片作为矫正效果的评判依据。中康假肢矫形部主任刘劲松作为专家全程参与了脊柱侧弯矫形器制作与临床适配、答辩两个环节的评判、打分。最近两三年，随着新型脊柱侧弯矫形器的推广，矫正效果明显提高，中康假肢矫形部的患者逐年增多。参加此次大赛对假肢矫形部提高脊柱侧弯矫形器水平起到了促进与推动作用，有利于假肢矫形部形成崇尚专业技术的氛围，从而提高假肢矫形器质量和患者满意度。

9月3日，由北京市卫计委、市医管局和市人民检察院联合举办的"北京市医药卫生领域警示教育巡回展"在中康圆满结束。根据中心领导要求和党办安排，中心全体职工积极参加，认真观展。

9月18日，第三届康复医疗机构高级管理者培训班在中康开幕。

9月19日上午，《WHO脊髓损伤国际展望》中国实施方案及脊髓损伤残疾预防与控制研讨会暨第九届北京国际康复论坛脊髓损伤功能重建及呼吸功能障碍综合治疗分论坛会前会在中国康复研究中心举行。应邀出席的领导和专家有中国康复研究中心主任李建军教授、康复国际主席Jan A. Monsbakken、国际卫生组织（WHO）官员Pauline Kleinitz、新西兰康复中心熊祥虎教授、国际助残驻华代表以及国内脊髓损伤相关专家代表、脊髓损伤患者代表和残疾人政策制定相关专家代表等。会议紧紧围绕脊髓损伤国际展望（IPSCI）、中国脊髓损伤的预防、治疗、康复和患者的权益维护进行了认真的研讨。国际卫生组织（WHO）官员Pauline Kleinitz介绍了脊髓损伤国际展望（IPSCI）在全球的实施状况；来自新西兰Burwood脊髓中心的熊祥虎教授介绍了脊髓损伤国际展望（IPSCI）产生的背景和意义；康复国际主席Jan A. Monsbakken先生发表自己关于IPSCI的理解和建议。会议期间，中国残联代表介绍了当前的中国残疾人政策；国际助残驻华代表、国内脊髓相关专家、中国政府残疾人政策制定相关领导、人民大学残疾人政策研究相关专家以及脊髓损伤患者代表就脊髓损伤的预防、治疗和康复以及残疾人的权益维护等进行了热烈讨论。这次会议以《WHO脊髓损伤国际展望》为蓝本，以脊髓损伤国际展望精神在中国的实施和启动为目的，经过与会相关专家的讨论，形成了《WHO脊髓损伤国际展望中国启动实施专家共识》。该共识强调要针对脊髓损伤的发病原因开展预防与控制，建立健全急救体系，规范急性期救治，减少继发性损伤，完善并启动中国脊髓损伤预防与控制体系；建立健全中国脊髓损伤的规范化治疗与医学康复体系；建立健全中国脊髓损伤的规范化职业康复体系；建立健全中国脊髓损伤的规范化教育康复体系；建立健全中国脊髓损伤的规范化社会康复体系。

9月20日上午，主题为"创新、融合、共享、发展——科技促进全面康复"的第九届北京国际康复论坛在北京国家会议中心开幕。来自中国、美国、加拿大、德国、英国、挪威、荷兰、瑞典、意大利、澳大利亚、新西兰、韩国、日本、中国台湾、中国香港等15个国家和地区1000多位专家、学者和康复医疗工作者应邀出席会议。此届论坛包含1个主论坛、29个分论坛和20个会前会培训班，内容涵盖了神经康复、脊柱外科、脊髓损伤康复、神经泌尿康复、儿童康复、骨关节与截肢康复、心脏与消化康复、脊髓损伤功能重建及呼吸功能障碍综合治疗、肾脏康复、糖尿病康复、老年康复、肿瘤康复、中医与中西医结合康复、康复护理、脑积水治疗与康复、物理治疗（PT）、作业治疗

（OT）、言语吞咽障碍康复（ST）、心理健康与心理康复、音乐康复、体育康复、水疗康复、康复工程与辅助器具、康复咨询、社区康复、康复机构管理、康复基础研究、残疾预防与控制、康复医疗质量控制和改进等29个领域的最新研究成果和医疗康复动态。其中，音乐康复分论坛、体育康复分论坛、康复医疗质量控制和改进分论坛，是此届论坛新增加的。这些新增加的分论坛扩大了论坛规模及涵盖内容，为康复医学多元化发展提供了新方向和新思路。9月21日下午，论坛圆满闭幕。论坛共收集学术论文703篇，大会发言295篇，评选出优秀论文149篇；同时还举办了20个会前培训班，30余家相关企业以不同形式展示了康复领域的最新技术和产品。

9月28日，中康的《中国康复理论与实践》杂志入选"第三届中国精品科技期刊"。中国精品科技期刊项目始于2005年，全称为"中国精品科技期刊顶尖学术论文（F5000）"项目来源期刊，每届收录中文期刊300种，英文期刊15种。

10月27日，中康社会职业康复科与北京农学院社会工作系就校外实习基地等相关事宜达成协议，社会职业康复科负责人郭薇女士和北京农学院社会工作系胡勇主任分别代表双方在合作协议书上签字，并共同为实习基地揭牌。此次合作本着互惠共赢、互相支持的原则，将社会职业康复科长期积累的残疾人社会工作经验与实习生的专业知识、技能相结合，旨在为住院患者提供更专业化的社会服务。实习基地的建立，不仅缓解了科室工作量大、人员不足的矛盾，而且扩大了社康在业界的影响力，对该科室的长远发展起到了积极的促进作用。

12月22日，中康神经外科孙炜主任在中央人民广播电台举办的首届"京城好医生"推荐活动中荣获"优秀好医生"称号。中央人民广播电台举办颁奖典礼，中康副主任密忠祥代表中康参加活动。

（李沁燚供稿）

中国聋儿康复研究中心

一、工作综述

2014年，是全面贯彻落实"十二五"残疾人事业发展规划的关键之年。中国聋儿康复研究中心（以下简称"中心"）全体干部职工在中国残联党组、理事会的坚强领导下，深入学习贯彻党的十八届四中全会和中国残联第二十八次代表大会精神，努力推进"二期建设"，全面完成年度工作任务，取得全国工作和自身建设的显著成效。

（一）进一步改善聋儿康复状况

组织指导各地进一步贯彻落实听力语言康复"十二五"规划，通过实施抢救性康复项目，完善相关保障政策，改善全国聋儿康复状况。全年新收训聋儿20361名，服务家长39260人。"十二五"期间，累计服务聋儿121011名，培训家长142719名。

继续加大国家人工耳蜗、助听器等重点康复项目的实施力度。2014年，共完成3251例人工耳蜗植入、3799例助听器验配。为保障重点康复项目顺利实施，主要采取了四个方面措施：

（1）进一步完善全国定点服务网络。会同国家卫计委，组织北京、上海等地的7家医院对贵州、青海、西藏、宁夏、海南等5个没有定点医院和云南、四川2个手术力量薄弱地区进行对口支援，为当地培育定点手术医院。除西藏、宁夏两地外，全国其他省（市、自治区）均已至少有一所能够独立开展人工耳蜗植入手术的医院。与此同时，全国人工耳蜗定点康复机构、助听器定点验配和康复机构得到进一步完善。

（2）进一步加大项目督导和技术指导力度。建立全国项目进度月报制度，通过中国残联下发全国通报11次，组织专家赴10个省开展技术指导20余次，组织全国疑难病例会诊36例。

（3）充分运用信息化手段，改进、拓展项目服务。利用"中国听障儿童服务网"组织业内专家和31个省

（市、自治区）项目管理人员公开受理项目申请 5874 人次，在线回答家长咨询 2430 人次。自主开发网上助听器免费借用服务，与全国助听器定点验配机构合作建立助听器免费借用网络，30 个省的 357 名家长免费借用助听器 626 台。开发建立全国听力服务呼叫中心，面向社会开展听力健康知识和项目救助咨询服务。自 7 月份开通以来，已服务 1100 余人次。

（4）进一步完善项目质量监测体系，强化追踪问效。组织全国 200 多家定点康复机构对全部项目受助对象进行为期 3 年的康复效果跟踪评估。坚持每年随机抽取 10% 的受助儿童家长进行电话访问，了解其对项目服务的意见。2014 年追踪随访了 9236 名患者的康复效果和 897 名家长的评价意见。评价结果显示，项目受助者术后三年入普率达到 83%，家长对残联项目申报服务、医院手术服务、康复机构及验配机构服务的满意度平均达到 95% 以上。

（二）进一步加大基层人才培养和技术指导力度

2014 年，中心继续坚持推进听力语言康复教育改革，以教改为主线，将全部基层专业人员纳入培养规划，大力推进基层听力语言康复技术的规范化、专业化建设。印发《2014 年全国听力语言康复教育改革项目推广方案》，明确全年教改任务和轮训计划。7—8 月，举办 6 期基层康复教师轮训班，共培训全国基层学员 605 名，考试通过率 89.1%；9—12 月，组织网络学院培训，共培训学员 800 名。全年轮训工作覆盖到 29 省 527 个机构的基层康复教师 1400 余名。通过开展集中轮训，三年来集中培训基层康复教师 4030 人。继续开展省级学科骨干培养及各类专项培训。制定全年省级学科骨干培养计划，先后举办听觉口语法、小儿听力学、助听器验配、人工耳蜗项目评估等各类培训 34 期，培训专业人员 2386 人；选派全国 8 名优秀 AVT 教师和 2 名听力师赴台湾进修；1 名听力师赴瑞士进修；组织省级骨干听力师参与中国听力论坛；选拔 18 名省级学科骨干参与国家培训师资。进一步健全培训体系，完善培训项目。争取北京市劳动局支持，率先启动了北京地区助听器验配师国家职业资格鉴定考前培训，全年累计培训学员 271 人。这项工作填补了北京市助听器验配师规范性培训的空白，对推动全国助听器验配师职业资格培训有良好示范作用。

继续与台湾雅文基金会合作开展中文听觉口语师的培训和认证，已累计培训、认证中文听觉口语师 194 人。继续推进与华东师范大学、北京联合大学的学历教育合作，承担大专及研究生实习带教工作；积极创新培训形式，建设网络学院，推进网上培训。网络学院在线注册基层教师 1304 人；进一步深化教改，指导、规范基层康复机构业务运行。

2014 年，在"中心"积极推动下，全国听力语言康复专业人员职称工作实现突破，听觉口语师已经被纳入国家职业分类体系，为听觉言语康复专业建设填补了空白。甘肃省依托教育部门解决了教师职称评审问题；浙江省出台了专业人员以奖代补政策。

（三）进一步推进听力语言康复机构建设

在中心和各地残联共同努力下，全国省级听力语言康复中心建设取得较大突破。山东省机构编制委员会正式批复成立省听力语言康复中心，将原民政厅所属医院的听力语言康复科，整建制划归省残联并增批 30 个编制，彻底解决了山东省无听力语言康复中心的问题，也实现了全国省级残联全部建成听力语言康复中心的目标；甘肃省听力语言康复中心通过创建区域中心，获省编办批复成为单独建制的事业单位；四川省新建听力语言康复教育中心破土动工，解决了与市属中心合署办公的困难。与此同时，中心进一步加强对省级中心的业务建设指导，推动其完善功能、规范管理。制定了省级中心业务建设量化考核办法，启动了省级机构业务建设量化考核。组派专家组，集中 8 个月时间对全国 30 个省中心进行业务建设实地评估和指导。研发并试点应用全国统一的《听障儿童康复档案》，对 7 个省 600 名听障儿童进行统一建档试点。在各方推动下，各省听力语言康复中心业务资质和功能进一步完善。21 个省中心取得医疗机构或幼儿园执业资质，2 个省中心率先在当地取得助听器验配师考核资质。

为贯彻落实中国残联《关于进一步加强听力语言康复工作的意见》，实现 2015 年前 60% 的地市残联建立听力语言康复中心的目标，中心督促各省制定地级中心建设计划，分年度推进。2014 年，全国有 16 个地市残联新建听力语言康复中心，全国已建成残联所属听力语言康复中心的地市达到 239 个（占地市总数的 72%）。

（四）事业宣传活动更加活跃

2014 年，中心继续发挥世界卫生组织听力残疾预防和康复合作中心的作用，与世卫组织共同协商确定了"国际爱耳日"活动主题。积极协调 15 个部委开展第十五次全国"爱耳日"宣传教育活动。各地围绕"爱耳护耳，健康听力——预防从初级耳科保健做起"主题积极开展活动，共组织宣传小分队 273 支、专家 4230 名，深入 713 个市县的 6551 个社区开展活动，制作各类展板 2624 块，发放宣传材料 9043152 份，为 296387 人提供免费测听、咨询服务，接受捐赠助听器 4902 台、各种生活用品总价值930000元。中心成功举办"爱耳日"公益音乐会，海迪主席亲自致辞，鲁勇理事长、贾勇副理事长及15个主办部委领导出席活动。吉林、上海、福州、深圳等4个城市也同期举办了公益音乐会。"爱耳日"活动后，中心主动协助世界卫生组织联系收集21个国家和地区开展"爱耳日"活动情况，制成活动简讯刊发在世界卫生组织官方网站上。

受中国残联委托，中心积极筹备，圆满完成APEC残疾人主题活动代表参观接待任务，向世界展示了中国听力语言康复事业发展成就。来自APEC成员国代表们对中心建设及全国聋儿康复事业发展状况产生浓厚兴趣，表达了深入开展交流合作的愿望。参观结束后，代表们纷纷留言，对我国听力语言康复事业取得的成绩表示钦佩与赞誉。

中心积极开展公益项目，促进事业宣传。分别与台湾雅文基金会、中国残疾人福利基金会、中国扶贫基金会、中国红十字基金会及社会爱心企业开展公益合作，全年共收到公益资金近160万元，资助中心在训听障儿童185人。举办首届海峡两岸听障小朋友文化交流活动，16个来自台湾雅文基金会和中心的听障儿童家庭牵手结对子，开展了丰富多彩的康复交流活动，参与人数近百人。

（五）开展《规划》评估，提前谋划新阶段工作

在组织完成"十二五"规划任务的同时，中心主动加强事业的宏观研究和规划设计，取得国家卫计委有关部门支持，联合有关大学、医院着手启动《全国听力障碍预防与康复规划（2007—2015年）》和《听力语言康复"十二五"实施方案》实施情况评估工作。选择吉林、广东、陕西、甘肃等四地，采用《WHO耳病与听力障碍调查方案》，进行全国听力障碍流行状况及服务状况调查，计划为4万多名调查对象进行听力测试和耳病检查。8—9月，先后在北京、吉林举办2次培训班，指导试点省份组建村调查队伍，对调查方案、质量控制要求、调查员管理办法等进行专项培训，共培训130余人次，调查点调查员考核通过率100%；10—12月，在吉林省开展调查预试验工作，全国调查组与吉林省调查领导小组共同赴6个调查区县36个调查点开展调查评估工作。截至12月2日，吉林省36个调查点已完成近1万人的调查工作。该项调查将为准确了解我国听力障碍的现患情况、致病原因和服务状况，有针对性地制定"十三五"听力障碍预防与康复规划奠定科学基础。

（六）固本创新，推动"中心"业务建设再上新台阶

2014年，为发挥好全国听力语言康复技术资源中心的作用，中心继续立足国家中心定位，实施"二次创业"战略，不断强化内涵建设，扩大国际合作，增强专业技术实力与创新发展能力。

1. 示范服务能力进一步加强

语训部推行考核结果与绩效水平、岗位设置、外出交流相结合的激励机制，推行分层逐级管理体制，有力激发工作热情。加大各岗位教师培训、考核力度，全年共组织全员学习14次，组织教学研讨29次，完成7名新到岗教师培训；加强个案康复质量管理，设立教学督导岗，实施在园儿童康复效果的动态监测，共完成教学督导20次，撰写督导报告13篇。全员学习、试用教改新档案标准，精心设计录制示范课程。AVT中心自主招生，举办2期全国中文听觉口语培训，共培训听觉口语骨干教师54名。强化家长服务，成立"家庭服务与指导中心"，延伸、规范家庭服务内容，支持家长发挥康复主导作用。开通微信订阅号，为家长提供康复知识与技能指导，家长和基层专业人员关注人数超过400人；举办初级和高级家长培训班各1期，家长教学观摩活动2次，家长对培训满意率达到100%；举办家长公益故事会35场次，受益幼儿1630人次，全年为家长提供玩教具借用456人次，图书借阅2014人次。全年共收训儿童320人，离园听障儿童入普率达到94.7%，家长满意度达到95.5%。

门诊部继续强化医教结合，做实听能管理服务，有力保障听觉康复质量。全年共完成新生入园审核和建档131人次，听力图审核276份，FM配发与登记建档273台，及时优化在训聋儿助听设备。为教师和家长提供听能管理指导，全年接待教师咨询45人次，家长咨询50人次。开发听力学服务专用档案，启动听力师一站式服务改革，与国际听力学服务模式接轨。继续完善学科布局，拓展基因检测、言语矫治、精神心理干预等新业务，全年完成基因筛查33729例，随访耳聋基因阳性携带者近1600人，接待复诊近750人。正式承接北京残疾儿童少年康复救助定点评估任务，完成200余人次的听觉、言语及学习能力评估。"爱耳快车"基层指导服务20次，累计服务2000余人次，测听5456项。建立健全言语矫治患者档案，完成《听障儿童言语矫治》初稿，举办1期家长言语矫治培训班；开展孤独症和精神发育迟滞儿童半日系统精神心理康复，编写心智解读课程，开设家长心理门诊；拓展耳聋基因检测业务。

中心注重加强质量管理。推广使用新的门诊病历，优化患者就医流程，强化各岗位医护人员职责，明确听

力师随访工作要求。实施疑难康复病例多学科会诊制度，提升诊断和综合干预能力，全年组织特需儿童病例会诊10例。开展家长约谈和家长满意度调查工作，全年共约谈家长16名，进行家长满意度调查，家长满意度达99.5%。组织中心专业技术人员继续教育学习，全年举办业务学习21次，培训专业人员758人次。坚持组织领导下班听课和日常检查巡视，定期召开质控碰头会、联席会，编写中心业务部门质控报告。坚持依法执业，按照物价管理程序调整AVT培训和单训收费标准；与首都儿研所合作取得医疗机构制剂调剂使用批件，保障了水合氯醛制剂使用安全。重视医疗安全、加强传染病预防管理。

通过改进服务、创新经营模式，中心各项主营业务经营状况良好，门诊部及语训部业务收入均比上年同期实现了显著增长。

2. 自主创新能力进一步提高

坚持人才为本的理念，加强创新型人才队伍的培育。与北京大学合作开展科研能力培训系列专题讲座。坚持举办中青年学术论坛活动，要求全部中青年骨干同志定期进行综述报告。继续扩大国际合作，为培养具有国际视野的青年专业人才创造条件。与瑞士SONOVA集团签署协议，从地方康复机构和同仁、友谊等医院选派五名中青年听力学骨干，作为未来全国小儿听力学培训的师资赴瑞士进修。与德国吕贝克学校签署合作协议，推动将德国助听器验配师培训模式及课程引入中国。

坚持打造高水平的学术活动平台，提升专业和学术影响力。联合中华医学会耳鼻咽喉头颈外科专业委员会成功举办2014中国听力论坛，邀请国内和美国、加拿大、澳大利亚、德国、中国香港、中国台湾的知名专家围绕"面向未来的听力学教育"主题，分别从学历教育、继续教育、认证教育及远程教育等方面进行专题发言，来自国内32个省、区、市的听力学教育和听力服务有关的代表近400人参加论坛。论坛期间，中心联合美国、德国、澳大利亚等地听力学专家共同成立了"听力学教育合作委员会"，为长期开展听力学教育国际交流合作奠定基础。

实施国际听力语言康复权威教材引进项目。中心多位中青年业务骨干、北京大学相关专家历时3个月，完成了国际听力学经典教材《助听器》一书的翻译和交叉审译工作。《助听器》一书是中心引进系列外文权威教材的首次尝试，为以后权威教材引进工作积累了经验。

持续推进科研工作。与清华大学生物芯片北京国家工程研究中心合作成立"听力残疾遗传干预中心"，启动开展"中国听障人群耳聋基因筛查项目"。在全国遴选1—5个具备条件的省市，试点开展听障人群耳聋基因筛查，中心协助试点省份建设基因检测试验室和人才培养。"中国听障人群耳聋基因筛查项目"已在山东省青岛市启动开展。自主投资支持青年专业人才新开展课题研究6项，中心在研项目共13项。

在中国残联理事会的大力支持下，中心积极沟通民政部相关部门，推进中国听力语言康复学会申请筹备工作。中国听力语言康复学会的成立将进一步巩固、提升中心在全国事业发展的特殊引领作用，对整合全国听力障碍预防与康复领域技术资源有着非常重要的作用和意义。继续编办《中国听力语言康复科学杂志》杂志，全年出版发行6期。

3. 二期扩建项目取得实质性进展

在中国残联的高度重视、大力支持下，2013年末国家发展改革委批复了中心扩建项目的初步设计方案和投资概算，2014年开工前准备工作稳步推进，完成项目管理公司招标，启动开办费申报，获得《建设项目施工计划通知书》《项目园林审核意见的复函》《建设工程规划许可证》等审批，为二期建设开工做好了准备。

（七）科学管理能力进一步提升

按照中国残联的统一部署，中心扎实开展党的群众路线教育实践活动。制定了整改落实方案、专项治理方案和制度建设计划，组织召开民主生活会，共提出整改措施23项并逐一落实。按照中国残联统一部署，成功完成中心党委换届工作，组织召开全体党员大会，投票选举产生了第三届党委、纪委。中心推优工作成绩斐然，语训部被全国妇联授予"全国三八红旗集体"荣誉称号，教育培训处获得"全国民族进步先进集体"荣誉称号；周丽君同志获得"中央国家机关五一劳动奖章"；韩睿同志荣获"2014年度政府特殊津贴"。"五四"前夕，举办"青春做伴好读书"青年读书报告会，共收到征文20余篇，报告现场反响热烈，展示出青年干部职工积极向上的精神风采，得到了中国残联团委的充分肯定。组织参加北京国际长跑节、北京马拉松"关注听障儿童"公益跑活动，为7名听障儿童募集善款127550元。开展走访慰问工作，为困难职工、老干部发放慰问金、慰问品。进一步提高在职职工绩效工资发放标准，上调了公积金缴费基数；积极为新入职员工解决住、租房问题；丰富文化活动，发放电影卡，组织女职工看话剧，开展职工健康体检，使全体干部职工感受到组织的关怀和温暖。

贯彻落实"基础管理建设年"活动。组织召开专题研讨会，研究制订《关于开展"基础管理建设年"活动的实施方案》，成立"基础管理建设年"活动领导小组以及活动办公室。全面梳理各项制度，结合实际制定、完善了《中心落实"三重一大"决策制度试行办法》《关于进一步规范和执行有关请示报告审批的规定》等制度28项，清理、废止制度119项，为科学管理提供制度保障。

以教育实践活动为契机，努力建设学习型组织。组织开展干部"读书报告分享"活动，中心领导带头、中层干部轮流，利用每周周会时间，做读书分享，通过读一本书，联系自己的思想、工作和生活实际，谈认识、谈体会，引导干部提高思想理论水平。加强中青年人才引进与培养工作，新引进工作人员8名。支持科研立项，举办青年学术论坛、科研专题培训、英语培训等，为人才成长创造条件，2014年共举办"青年学术论坛"6次，内容涉及康复临床研究、康复教育与教学等多个专题；组织国内外专家讲座12次；继续推动国际顾问和中青年骨干结对子制度；选派专业骨干赴中国台湾、欧洲等地进修、交流；组织6项中心课题申报，充分调动年轻的业务骨干发挥专业优势，参与科研活动；组织"英语沙龙"活动43次。

中心高度重视后勤保障和安全管理。针对2014年安全维稳压力增大的局势，主动采取措施，及时召开安全工作部署会，组织开展全园安全隐患排查和专项检查工作，聘用专业保安承担幼儿园的一线执勤任务，开展消防安全知识培训，签订安全消防责任书，明确安全责任人，提高全员防范意识，消灭安全隐患。针对H7N9禽流感和手足口等疫情，全面启动传染病防控措施。进一步加强儿童食品安全管理，定期检查儿童食堂，确保儿童伙食质量。

（八）问题与不足

从全国范围看，听障儿童康复服务普及率不高，无制度化保障的问题以及基层康复服务设施、人才队伍不健全，专业服务能力不强的问题依然突出。

从自身建设来看，专业领军人才匮乏，经营能力薄弱，核心竞争力不强的问题在新的改革形势和竞争压力下愈加凸显。我国残疾人事业发展进入新的常态，要求中心在解放思想上有新境界，在创新发展上有新作为。

二、大事记

2月28日上午，经中国残联直属机关妇工委推荐，在全国妇联纪念"三八"国际妇女节暨全国三八红旗手（集体）表彰大会上，中国聋儿康复研究中心语训部被全国妇联授予"全国三八红旗先进集体"荣誉称号。中国聋儿康复研究中心语训部主任卢晓月作为中央国家机关红旗集体代表上台领奖。她们在工作岗位上辛勤耕耘、追求梦想，是中国残联系统广大女干部职工"巾帼建新功、共筑中国梦"的优秀代表。

3月3日上午，中国聋儿康复研究中心与生物芯片北京国家工程研究中心（博奥生物集团有限公司）共建听力残疾遗传干预中心签约仪式在中国残联举行。中国残联党组书记、理事长鲁勇，副理事长贾勇，理事、康复部主任尤红，清华控股有限公司总裁周立业出席签约仪式。听力残疾遗传干预中心成立后将发挥多方协同优势，致力于在全国推动耳聋基因检测技术的应用，探索听力残疾预防新模式、新机制，并进一步开展耳聋致病基因、致病机理与诊断、干预技术的科学研究。听力残疾遗传干预中心将选择山东省作为听力残疾遗传干预试点地区率先开展相关工作。签约仪式上，中国聋儿康复研究中心、生物芯片北京国家工程研究中心共同向山东省残联捐赠了价值60万元的检测试剂。

5月29—31日，由香港理工大学和北京大学联合举办、林护基金资助的第三届林护杰出社会工作奖颁奖典礼在北京大学举办。中国聋儿康复研究中心和中国政治青年学院社工学院合作开展听障儿童家长心理支援与构建服务项目荣获第三届林护杰出社会工作实习项目奖。2011年，中心携手中国青年政治学院社会工作学院，研究、制定了"太阳花的守护——听障儿童家长社会心理支持小组服务计划"。该计划借助专业社工能力，通过小组活动、个案陪伴、家访、集体活动、社会倡议活动等多种方式，帮助家长学习掌握基本的心理减压方法。计划实施三年来，共组织听障儿童家长心理服务活动26次，参与家长达到710余人次，取得了良好的效果。活动的开展不仅教会了家长减压并保持健康心理的方法，也为孩子的全面康复创造了良好的家庭环境。该计划的实施也是中心引入专业社工开展家长服务的一次大胆尝试，为以后开展专业化的家长服务工作积累了经验。

5月27日上午，由中国聋儿康复研究中心和台湾雅文儿童听语文教基金会共同举办的"手拉手，相见欢"首届海峡两岸听障儿童文化交流活动在北京开幕。来自台湾和大陆的听障儿童及家长、老师近百余人共同参加了开幕活动。此次交流活动旨在通过为期6天的海峡两岸听障儿童文化交流活动，展示听障儿童能听会说的康复成效，为两岸听障儿童创造更多的了解社会、了解两岸传统文化的机会；同时呼吁海峡两岸社会各界进一步关注、支持听障儿童康复工作，搭建海峡两岸听力语言康复事业交流平台，帮助更多的听障儿童回归主流社会，让更多家庭能重拾欢乐。活动期间，两岸小朋友将结对子手拉手，共同参观游览故宫、长城、国子监等文化圣地，参加中国聋儿康复研究中心举办的庆"六一"儿童节联欢会，在欢乐的活动中度过自己的节日，建立深厚的友谊之情。

10月12日，中国聋儿康复研究中心在北京组织召开了"听"跑友助力北京马拉松公益跑新闻发布会。即将参加北京马拉松比赛的60余名"听"跑友、受助听障儿童及其家长、10余家中央在京媒体出席发布会。中心倡议成立的"'听'跑友会"，将北京马拉松"关注听障儿童"慈善助听跑项目名额扩展到100个，这100名公益跑友在北京马拉松赛事上为听障儿童而奔跑。此举也将吸引更多热心公益活动的爱心人士在奔跑中感受风的声音，珍爱听的美妙，呼吁全社会关注听力健康，关爱听障儿童。2014年"听"跑友会共筹集爱心善款11万余元，用于支付听障儿童康复训练经费。

11月13日，由中国聋儿康复研究中心联合相关单位共同举办的中国听力论坛在北京举行。论坛旨在打造一个国际化防聋康复技术交流平台。来自国内外的听力学教育专家和医疗康复机构、教育领域的专业技术人员逾300人与会。论坛以"面向未来的听力学教育"为主题，邀请美国、加拿大、德国和中国大陆、台湾、香港等地专家就各地听力障碍群体状况和听力学教育发展趋势做主题发言，同时进行了多项听力学教育培训技术、听力康复设备的展示。为促进国内外听力学教育交流合作，提升听力障碍康复工作水平，论坛还联合国内外听力学教育机构及专家成立了"听力学教育合作委员会"。

（朱辉供稿）

华夏出版社

一、领导讲话

孙先德在《中国残疾人事业年鉴》第二次特约编辑会议暨2013年《年鉴》工作表彰会议上的讲话

2014年4月11日

同志们：

在中国残联党组、理事会的领导下，在各级各地残联及相关单位的积极支持下，经过各位编委和特约编辑的辛勤努力，2013年《年鉴》工作圆满告一段落，新的工作即将展开。在这里，我代表海迪主席，代表中国残联党组、理事会，向全体编委、特约编辑及编辑部工作人员表示诚挚的谢意，谢谢各位！

我要再次对获得表彰的同志表示祝贺和感谢，是你们的心血促成了《年鉴》的顺利出版，希望你们继续努力，并把自己的经验分享给大家。

2013年12月31日，海迪主席在听取《年鉴》工作汇报后专门做出批示，要求"编委会的同志应担当好责任"，强调全体工作人员要"认真编辑"，要"对历史负责，对残疾人事业负责"。在内容方面还提醒我们，"牵扯的数字等一定要准确"。

海迪主席的批示既有对《年鉴》工作重要意义的阐述，又有对参与人员的具体要求，强调参与《年鉴》编辑出版工作的人员一定要有责任感、要有担当，确保《年鉴》内容的准确性。大家要深刻领会批示精神，认真落实到《年鉴》工作的每个环节中。

中国特色残疾人事业是光荣艰巨而崇高的事业，它的发展经历了漫长的过程，倾注了数代人的心血，如从"残废"到"残疾"一字之差就努力了20多年；取消"残废军人"一称，则是中国残联和民政部共同努力的结果……这些看似微不足道的变化，代表的就是残疾人事业的发展和进步，就是我们事业发展的历史，值得认真总结记录，并加以宣传推广。

目前，人们对残疾人事业和残疾人工作的认识虽然有所改善，但仍有必要提高。我们不仅要通过出台政策、起草文件惠及残疾人，还要通过改善社会氛围，让更多的人更好地理解并支持残疾人事业的发展，比如举办大型活动，比如编辑出版《年鉴》。

2013年《年鉴》全方位、多角度地反映了2012年中国残疾人事业发展进程和残疾人工作状况的全貌，是全国残疾人事业和残疾人工作形象展示、成就宣传、经验交流等的重要窗口和平台，为各地党政领导和相关部门了解残疾人生存和残疾人工作基本状况、规划残疾人事业、部署残疾人工作等提供了基本资料、政策依据及各地各业务领域的成功经验。希望大家广泛宣传推荐，积极组织征订，将其作为省市地县各级残联工作的必备工具书，并送当地党政主管领导及残工委各成员单位作为决策规划经济社会发展的参考。

下面，我对《年鉴》编辑出版工作提几点要求：

1. 上面说过，《年鉴》是残疾人事业和残疾人工作的窗口和平台，所以，内容方面要注意宣传社会主义制度的优越性和社会主义大家庭的温暖，宣传党和国家对残疾人弱势群体的关心关怀，传递社会助残正能量，营造积极向上的氛围，引导全社会理解、关心、尊重、帮助残疾人，反映残疾人自强不息的精神、积极向上的生活态度，以及残疾人工作者廉洁奉献的职业道德和牺牲精神。

2. 中国残联各部门、基金会、各直属单位和各省市区残联要把《年鉴》相关工作纳入日常工作日程和年终考核范围，指定专人负责。要给特约编辑创造良好的工作条件以及必要的支持和帮助，要求相关部门配合特约编辑完成《年鉴》工作。

3. 《年鉴》大纲还有改善和完善的空间，编辑部要多下功夫，适应形势，不断创新，要主动开展调研工作，到基层了解残疾人的生存状况和各领域残疾人工作的实际情况，让《年鉴》更加适合国情，更加方便残疾人工作者使用。要重视编辑队伍建设，加强培训工作。

4. 2013年《年鉴》收录了大量的涉残政策和领导讲话，对文献的收录是非常有必要的，但是我想提醒大家，要关注对突发事件的请示和处理。全国各地残疾人工作的情况千差万别，各级残联对各种突发事件的请示，以及上级组织对下级组织具体请示的函件回复是非常频繁的，这些请示与回复对残疾人事业和残疾人工作往往更有指导意义，一地的解决办法或许具有推广价值。从某种意义上说，这些重要的请示和批示要比某些政策和领导讲话重要得多，《年鉴》也应该收录在册。

5. 要注意工作方法。涉及残疾人事业发展的大事多、头绪多，《年鉴》要收录的内容多，工作量很大。比如，2013年，中国残联新一届党组、理事会上任，各级残联召开六代会；今年，中国残疾人福利基金会成立30周年，这些事情在我国残疾人事业发展史上都是举足轻重的大事，大家在日常工作中就要注意收集资料。另外，中国残联印发的《残疾人工作要点》可以为编辑《年鉴》稿件提供线索。

今天的会议表彰了优秀，但也不得不说《年鉴》中确有个别单位的稿件不尽如人意，希望相关部门、单位和编辑深刻总结，汲取优秀编辑的经验，切实提高编辑出版质量，不辜负组织的希望与重托。

二、工作综述

2014年，华夏出版社全体员工围绕"传播人道主义，弘扬华夏文化"的办社宗旨，积极开展各项生产经营活动，在逆境中求发展，经过不懈努力，各项工作稳步推进。

（一）生产经营指标

1. 2014年，现金总流入为6622.43万元，同比上升7.02%。

2. 销售收入：销售总收入4651.61万元，同比下降10.04%。《课外阅读》杂志销售回款135.15万元，同比上升1%。由于财政部要求自2015年1月1日起文化企业要统一实行《企业会计准则》，在政策允许的前提下损失预提幅度较大，账面亏损875万元。

3. 图书品种：出书总品种375种，同比下降43%。其中初版图书210种，同比下降54%；重版图书165种，同比下降17%。

4. 生产码洋：出书总码洋1.22亿元，同比下降5%。其中初版图书生产码洋7343万元，同比下降17%；重印书生产码洋4887万元，同比上升21%。

5. 合资公司华夏盛轩公司出书558种，生产总码洋1.22亿元。其中新版书171种，重印书386种。

（二）2014年工作重点和亮点

1. 围绕中国残联党组、理事会的中心工作，努力做好为残疾人及残疾人事业服务图书出版及相关工作

（1）牢记"传播人道主义"的办社宗旨，加强残疾人读物的出版工作。2014年，共编辑出版残疾人读物30余种，涉及残疾人和残疾事业的诸多方面，如《弘扬人道，集善天下：邓朴方论残疾人福利工作》《孤独症孩子最想让你知道的十件事》《孤独症和相关沟通障碍儿童治疗与教育》《循序渐进：偏瘫患者的全面治疗》《特殊教育辞典（第三版）》《反残疾人就业歧视法律制度研究》《残疾人权利保障法律制度研究》等。

（2）《人道主义的呼唤》中文选编本和英文版项目正式启动，并成为中国残联党组理事会的年度重点工作。

（3）《中国残疾人事业年鉴（2014）》编辑出版工作完成。

（4）中国残疾人福利基金会提供资金支持的"支持残疾人文化艺术作品出版项目"顺利启动，首批共有史光柱等5位残疾人作者的书稿获得赞助出版。

（5）积极策划服务残疾人的相关项目，争取各类政府资金支持并取得实际成果。无障碍数字出版项目顺利推进，2015年将完成收尾及验收工作。2014年共获得1527万元的财政资金，主要来源于三个项目："残疾人康复教育空中服务大厅项目"（800万），"华夏出版社数字资源库项目"（500万），数字出版转型升级项目追加资金（227万）。

（6）与宣文部共同举办的"华夏大爱——百万图书捐赠活动"顺利完成，继2013年完成向西部12省区捐书计划，2014年共向东中部21个省市的200多所特教学校捐赠图书700万元码洋，受到了特教学校师生的欢迎与好评。

2. 大众文化图书领域编辑出版工作稳步推进

在做好残疾人事业图书出版工作的同时，也努力把大众文化图书出版做好做强。2014年，在努力维护常销图书品牌及产品线的同时，还根据市场需求切入新的图书板块，探索新的经济增长点。

常销图书中，《定本育儿百科》《九型人格》《非暴力沟通》《活出生命的意义》《零极限》《华尔街日报是如何讲故事的》《呼吸之间》等图书，继续保持强劲势头，取得了良好的社会效益和经济效益。"经典与解释"、"智慧爱"、"华夏特教"、"闲时光"、"养生保健"、"华夏康复"等主要图书产品线日益清晰，为出版社持续性发展奠定了良好基础。

2014年，初步切入旅游领域的图书出版，"畅游世界"系列图书呈现较好的销售势头。

实施重大项目、重点产品重点开拓维护工程，2014年完成《中华道藏》精装本、《房山石经》改装本、《中国残疾人事业年鉴（2014）》、"第二次世界大战战场丛书"等重点图书的核查重印、改造、编辑出版工作；《美国中小学生全科核心知识系列读本》接近完成；启动"姚大中中国史"系列、"牛津美国史"丛书、《道教大辞典》等重点项目。

"第二次世界大战战场丛书"被列为"十二五"国家重点图书、音像、电子出版物出版规划增补项目；《常见病中成药合理使用百姓须知》入选首届"向全国老年人推荐优秀出版物"。《伟大的说服》《宇宙的主宰》入围百道网"2014中国好书榜之财经类TOP100"；《历史转折中的邓小平》入选中宣部理论局、中组部干部教育局向党员干部推荐第九批学习书目。

李雪飞荣获"2014凤凰传媒·中国好编辑"（财经类）称号；刘娲荣获"2014凤凰传媒·中国好编辑"（生活类）称号。

《课外阅读》杂志被北京市新闻出版广电总局评为"北京市绿色印刷工程——优秀青少年（婴幼儿）读物绿色印刷示范项目"。

3. 进行全社机构改革调整与全员竞聘上岗，继续完善制度建设

年初，出版社进行机构调整和全员竞聘上岗，进一步理顺关系、缩减机构、人员合理配置，实现了图书版块、营销宣传、人员配置、部门职能等方面的调整和重新布局，为以后的发展从制度、人员、机制等方面做了基本准备。另外，修订并完善了涉及图书印装、销售、资产管理等诸多方面的若干规章制度。

4. 信息化建设进程进一步加快

2014年是出版社信息化建设重要的一年，出版社按照"以建为主，以用为本"的工作思路开展工作，以ERP、数字出版、网站等系统平台建设为带动，搭建了出版社的硬件系统及机房建设，并为完成承担的相关重要项目做好硬件、软件等方面的准备。

5. 营销宣传工作继续加强

营销中心的基础建设工作继续加强，梳理修订了《营销中心管理制度》，对各项发货、折扣、客户管理等制度进行完善和建设。2014年重点加强了对地面店零售渠道的管理，进一步挖掘新华书店的销售潜力；加强对客户的管理，对历年来1万元以上呆坏账客户做了重点清理。

部分主要产品线（经典与解释、智慧爱、华夏特教、闲时光等）微博、微信公众号的运营初显成效，在进一步加强与读者直接联系的同时，也提高了出版社在社会和读者中的知名度。制订重点图书营销宣传推广计划，加强对重点图书营销宣传力度。

6. 其他工作

加强出版服务管理工作，实行纸张采购招标，加大对库存纸张的使用与消化力度，加强队伍建设。按照中央和中国残联的要求部署，完成党的群众路线教育实践活动的各项工作。妥善处理华夏盛轩合资公司相关事宜。

（霍本科供稿）

华夏时报社

一、工作综述

2014年，面对媒体市场出现的新的变化格局，《华夏时报》在巩固、扩大、创新报纸改版成果，进一步强化、完善多元化、综合性的宣传平台与经营发展格局的同时，顺应市场发展变化潮流，做足、做强有用媒体，挑战媒体市场变革，抢占新媒体阵地，更好地营造报社可持续发展的有利空间。

在中国残联党组、理事会的关心和指导下，在万达集团的有力支持与帮助下，全体报社同仁迎难而上，拼搏进取，开拓创新，各项工作取得可喜成效，较好地完成了预期工作目标。报社总体营收继续取得一定增长，全年总收入4.2亿元左右，增幅仍在高位持续。在媒体经营普遍下滑的大势下，《华夏时报》继续书写着财经媒体经营奇迹的篇章。

（一）强化新闻导向，挑战媒体变革，做强有用媒体

2014年，传统媒体尤其是财经媒体，遭遇的市场挑战日益增大，包括《21世纪经济报道》事件，在媒体中印发巨大震动，给财经媒体从内容到经营均带来很大压力。一些媒体停刊告别读者（如上海有名的《新闻晚报》等），甚至新浪、搜狐等网络媒体亦不可避免地遭遇新的挑战，也成为"传统媒体"。另一方面，以微信为代表的新型媒体、自媒体来势汹汹，且呈越来越主流化之势。一些更新的网络媒体（如澎湃、界面等），也在2014年横空出世。因此，媒体界整体处在新旧冲突时期，媒体行业发生着翻天覆地的变化。

在这种媒体市场变革时期，《华夏时报》采取两条路线的工作方式：一方面，继续加强内容为主导的采编工作战略；另一方面，顺应市场潮流，积极主动地占领新媒体、自媒体等传播阵地，探索新形式的传播方式。

1. 坚持正确导向，杜绝违法违纪

《华夏时报》在宣传导向上，贯彻党的十八大路线方针，遵循中宣部、国家新闻出版广电总局的各项新闻宣传规定与要求，加强新闻导向把关，积极认真地执行中央有关新闻宣传精神与政策，消除新闻差错率，杜绝虚假新闻、有偿新闻等不良现象，净化采编队伍。尤其在《21世纪经济报道》事件出现后，进一步加强采编队伍行为的自查、自纠工作，严厉防范、杜绝新闻敲诈勒索等违法违规行为的发生，并开展对驻地记者站进行特别培训等工作。

2. 做足、做强新闻独家性、有用性，扩大提升报纸影响力

采编部门贯彻"思想创造价值"的办报理念，始终抓紧新闻独家性、有用性和影响力，在财经新闻方面依然保持一线水平，使《华夏时报》的影响力进一步扩大并提升。

一如"吴英案"报道：《华夏时报》持续关注"吴英案"的报道，2014年有多篇报道聚焦于此，不但改变了当事人的命运，而且影响了高层，在广大民营企业中间产生了良好的作用，从而赢得他们对报纸非常高的认可度。

二如房地产领域：《华夏时报》始终着力很多，一方面及时报道房地产市场变化，另一方面客观分析、预测政策调控后的市场趋势情况。事实证明，一些分析预测相当具有价值及前瞻性，对购房者、投资者起到很好的指南作用。

三如资本市场：《华夏时报》一直特别关注此领域。从《水皮杂谈》到《投资理财专刊》，都始终强调"有用才是硬道理"。在报道内容上，倾向实用、针对性及前瞻性，为读者和投资者起到良好的参考与借鉴作用。由于宣传报道受到政府的重视，报社领导受邀参加中国证监会主席召开的专家座谈会，为中国资本市场献计献策。

此外，《华夏时报》联手"富时指数"发布中国经济新动力指数，创立资本市场价值新尺度。此举旨在真实表达中国经济内生成长动力，解决指数表达失真问题，将成为反映中国经济新常态的晴雨表。这是第一档按照国际标准编制的反映经济市场化和转型升级的

指数。

3. 关注人道慈善事业，做好残疾人事业宣传

在做好财经方面报道的同时，始终坚持对残疾人事业和人道慈善事业的关注，着力做好相关宣传报道。首先重点报道第二十八次全国残联工作会议。在中国残疾病福利基金会成立三十周年之际，辟出数版集中进行专题报道，全文刊发了习近平总书记的致辞。北京APEC期间，利用两个整版，以《APEC第22次领导人会议周残疾人主题活动》为栏目，对APEC期间举办的"促进残疾人共享经济社会发展成果论坛"主题活动进行重点宣传，刊发联合国秘书长潘基文贺辞、中国残联主席张海迪致辞及活动综述，同时转发了《人民日报》刊发的《促进残疾人共享经济社会发展成果》报道。

《华夏时报·人道慈善周刊》高扬时代主旋律，唱响公益正能量，在传播社会主义核心价值体系方面发挥了积极作用。一是紧扣"人道"、"慈善"的周刊主题，精心策划版面，策应重点报道，开设了"专家观点"、"基金会秘书长访谈"、"政策解读"等栏目。二是策划了"中国残疾人福利基金会成立30周年"、"亚太经合组织第22次领导人会议周残疾人主题活动"等特刊，全面介绍中国残疾人事业取得的辉煌成就，解读党中央、国务院及中国残联针对残疾人的方针政策，聚集社会关注的残疾人事业热点，记录了残疾人事业发展的历程，展现了残疾人事业发展的画卷，得到了残联系统及社会各界的好评。

为了打造一支政治强、业务精、作风正的新闻采编队伍，《人道慈善周刊》采编人员不断加强自身建设，积极参加有关残疾人事业各种活动，不断创新报道观念、形式、方法和手段，努力使人道慈善事业宣传工作体现时代性、富于创造性，增强舆论引导的权威性、公信力和影响力。

4. 挑战市场变革，占领新媒体阵地

加强报纸内容在包括新媒体在内的移动互动网络的传播，扩大和提升报纸影响力与知名度。除自身报纸外，报社新媒体中心建立各种通道，传播报纸报道的内容，包括自建网站，还与几大主流网站合作，做好网络上的推广。通过《华夏时报》官方微博、微信，以及进住一些主流新闻客户端，加强报纸内容在移动平台上的推广。

将报纸传统财经内容做一些适合移动互联平台传播的尝试，如将文字内容图片化、银屏化及视频化等。上述传播渠道的推广应用，以及新形式、新方式的尝试使用，起到了既保住原纸质媒体读者，又吸引新的媒体读者的双重作用。

（二）不畏经营挑战，发挥资源优势，整合营销措施

2014年整体市场经济形势、经营环境不太理想，给报社经营工作带来很大挑战。在这种大势下，报社团队集思广益，开拓拼搏，整合营销，抢滩阵地，较好地完成了经营目标，实现总签约额约5亿元、总收入4.2亿元、增幅27%的佳绩。经营快速增长，规模继续扩大，超越国内所有财经类媒体，是"21世纪"、"一财"、"经观"等3家媒体经营收入的总和。

2014年，报社经营工作面临了巨大的挑战，报纸广告收入下滑20%以上。面临挑战及广告下滑的原因，一是随着互联网移动终端新媒体的兴起，传播方式出现重大变革，以用户为中心的投放模式已经形成，成为客户投放广告方式的前选。二是就财经类媒体而言，《21世纪经济报道》事件对财经类媒体的社会声誉产生重大影响，尤其对IPO广告业务造成重大损失，报社为此至少损失700万元以上。

1. 抓住电影市场，开拓电影广告

抓住电影广告市场大繁荣的机遇，着力发展、开拓电影广告市场业务，强化万达银幕电影广告品牌。

通过广告、电影论坛和电影娱乐营销等措施，形成综合竞争优势。

2014年，电影广告收入增长40%以上。

2. 发挥媒体平台优势，实施大客户战略

充分发挥《华夏时报》平台优势，集中力量，采取并实施大客户战略，取得良好的经营成果。仅宝马迷你一家电影广告的投放量就突破了1800万元。

2014年，《华夏时报》除自身报纸外，还拥有电影广告、万达LED、LCD、影城阵地、万达空间及万达会员数据等优质资源，构成万达媒体消费生态圈，满足客户体验式消费需求。2014年大客户数量亦明显增加。

3. 活动赞助有新的突破

根据客户品牌推广需求，报社成功举办了中国经济媒体领袖峰会（春秋两季）、中国上市企业风险管理高峰论坛，获得了很好的企业赞助回报。特别是长白山中国滑雪节项目，赢得"北京现代"冠名赞助，金额达到800万元。

这些活动取得很好的社会影响，提升了报纸在经济媒体中的地位以及上市公司中和资本市场上的影响力。

4. 整合资源优势，形成新的引擎

进一步整合优势资源。除现有资源外，报社在2014年下半年，与万达电商就万达广场wifi登陆页广告达成合作，独家代理万达wifi广告业务；与万达商管集团达成合作，2015年独家代理全国万达广场连廊展示业务。同时，与万达文化集团就青岛国际电影节招商业务展开合作。

这些新的资源的进入，进一步完善了《华夏时报》以消费者为中心的全媒体产业链的综合优势，为《华夏时报》2015年的经营工作形成新的引擎。

此外，根据中国残联领导指示，报社与平安集团就残疾人保障问题进行深入沟通，并对美国、日本等国家有关这方面的商业政策展开调查，计划于2015年初拿出实施建议和方案。

总之，2014年，《华夏时报》在新闻宣传上，与中央保持高度一致，坚持正确的舆论导向，遵守宣传纪律，坚守职业道德，没有出现舆论导向等方面的问题。报社整体工作呈现健康和可持续发展之势，报纸宣传影响及经营竞争等综合实力继续名列同类媒体前列。

在媒体经营市场出现变革时期，报社审时度势，谋方略、克难题、抓机遇、引资源，多元开发，整合营销，创新经营，继续寻求并促进新的经营增长点健康发展，报社整体经营工作再攀新台阶、续谱新篇章。报纸综合优势凸显媒体市场，同时新闻转载和点击率继续领先。

二、大事记

2013年12月—2014年1月，由万达集团和国家体育总局中国滑雪协会共同发起，华夏时报携手万达长白山国际度假区联合承办的"首届中国滑雪节"举行，以度假区独特的资源优势打造了"中国滑雪节"品牌，通过赏雪、娱雪、滑雪等活动，首创一种全新的冰雪度假生活方式。2013年首届中国滑雪节客流愈20万人次，高星级酒店入住人群达到总客流量的50%。

1月21日，由新锐高端财经杂志《CM华夏理财》和华夏时报共同举办的"全球家族管理趋势论坛暨第八届金蝉奖颁奖盛典"在北京隆重举行。来自银行、保险、券商、基金、第三方理财、家族财富管理、互联网金融等领域近百家机构投资者的代表，以及滕泰、宋鸿兵、刘纪鹏、金岩石、黄剑辉、王宏远、黄震、刘益谦、陈浩等经济学家齐聚一堂，聚焦家族财富管理及跨境资产配置，展望2015年宏观经济及投资新机会。此次盛典还特别邀请全球最大的动物保护协会PETA组织，通过动物保护宣讲、素食晚宴等环节，倡导绿色环保与健康生活的理念，让绿色风尚概念植入活动。金蝉奖颁奖盛典暨中国机构投资者年会，从2010年的"动荡与挑战"，2011年"增长的极限与突破"，到2012年"包容性增长背后的金融大计"，再到2014年，始终与中国经济相同步，一直站在全球金融资本市场的最前沿。

5月23—24日，由中国产业报协会主办、华夏时报承办的"2014中国经济媒体领袖春季峰会"在江苏省无锡市万达喜来登酒店举行。此次峰会以"移动互联时代的传媒自律与突破创新"为主题。来自全国新闻主管部门、主流财经、产业报协、地方经济报刊、门户网站、财经网站等经济媒体领导与传媒界专家学者100多人和企业界100多位代表共同参会。与会嘉宾分别就2014年中国经济的热点与难点、社交媒体环境下的媒体转型与升级、跨国公司本土竞争力前景与质疑、移动互联网的商业模式创新等话题进行了重点探讨，提出了许多具有建设性的观点和方法。

7月19日，由华夏时报、北京大学中国企业法律风险管理研究中心联合主办的第五届"中国上市公司风险管理高峰论坛"，在北京大学博雅国际会议中心举办。论坛以"颠覆时代的大风险思维"为主题，国内法律界、财经界专家学者及近百家上市公司领导参加。论坛以更宽广的视野、更深邃的思维，辨析资本市场脉理，剖释经典案例。论坛同期还举办了第五届金盾奖颁奖活动。

10月17—18日，由中国产业报协会主办、华夏时报承办的"2014中国经济媒体领袖秋季峰会"在海南省海口市观澜湖酒店举行。峰会以"新旧主流媒体融合之道"为主题，来自全国新闻主管部门、主流财经、产业报协、地方经济报刊、门户网站和财经网站等经济媒体领导与传媒界专家学者100多人和企业界100多位代表参会。

（徐少青供稿）

中国盲文出版社

一、领导讲话

张海迪在全国盲人阅读推广工作交流会上的讲话：让知识的光芒照亮心灵的世界

2014年6月30日

亲爱的同志们、朋友们：

今天，参加全国盲人阅读推广工作交流会，我很高兴。中国残联非常重视盲人阅读工作，两年前，中国盲协、盲文出版社、中国盲文图书馆成立了全国盲人阅读推广委员会，希望帮助盲人朋友创造读书条件，学习知识，获得读书的快乐。两年来，全国各地图书馆、盲协、盲校和许多志愿者共同努力，积极助推盲人阅读活动和残疾人文化事业发展，涌现出一批优秀盲人阅读推广单位、优秀盲人读者、优秀文化助盲志愿者。在此，我衷心祝贺所有获选单位和个人，并感谢各位作家、图书馆人和文化助残志愿者，也感谢企业界的朋友们，感谢你们热心帮助盲人兄弟姐妹，让他们走出黑暗，走向知识指引的光明。

在我们生活的道路上，书是知心的朋友，书是知识的宝库，书是思想的船帆，书也是心灵的慰藉，好书给人精神力量，让我们成为内心丰富的人。好书在眼前展开更宽广的世界，我们才能看到更高更远的地方。阅读不仅仅是一个获取知识、了解信息的过程和方式，也承担着传承文化、培养人才的途径。多读书、读好书才能推动社会走向文明进步，读书应该成为我们的一种生活态度和精神追求。在黑暗中有书做伴，就不会觉得心灵孤独，路途遥远；在坎坷崎岖的路上有书做伴，即使跌倒，也会重新振奋精神继续前行。

我国有1731万盲人，读书是实现人生梦想的重要途径。让盲人在阅读中享受愉悦、接受教育是残疾人工作者的责任。阅读对于提升盲人知识水平、提高职业技能、改善生活品质意义重大。所以我们要特别关心重视盲人阅读推广活动。盲人可以阅读政治、经济、哲学、医学、音乐和文学，也可以阅读各种实用技能和知识。所以，我们要出版更多更好的盲文读物和有声读物。出版社要努力奉献优秀的精神食粮，也希望更多的著作权人慷慨支持盲人阅读活动。

各级残联都要做好盲人工作，要特别关心他们的精神生活，关心他们的疾苦，了解他们的需求，全心全意为他们解决生活困难，走出困境。只有获得了良好的生存条件，盲人才能有更好的发展机会。这几年，无论在国内还是国外的一些会议上，我都见过盲人触摸盲文发言的情景，从中我看到他们对生活的热爱和渴望，也看到知识给予他们参与社会的力量。但是，盲人学习和读书是多么不容易啊！健康人可以手捧一杯清茶看书，而盲人却要靠双手的触摸来感知书中的一切，所以我们要把更多同情和关怀给予盲人。

中国盲协要加快推进全国通用盲文规范化的进程，有了好用的盲文，残疾人才能学习和阅读。要让更多盲人能读书，就要做好特殊教育工作，我们要呼吁政府和全社会都来关心盲人接受教育的问题，要懂得盲人心中的梦想，帮助他们实现自己的愿望。今年年初，国务院召开全国特殊教育工作电视电话会议，就落实《特殊教育提升计划》做出部署，要求办好特教学校和学前教育机构，让更多的残疾孩子获得受教育的机会。能够接受教育，获得学习的机会，是读书的基础。今年教育部要求，各地高考都要为盲人提供盲文试卷。盲人第一次用盲文阅读参加了高考。无论今年考生的成绩如何，大学还是为盲人敞开了大门，给予他们融合发展的机会。

盲人融合发展还要靠科学技术的进步，这一切将为盲人阅读提供更多的手段和便利。盲人使用的计算机软件已经开发应用，为盲人阅读提供了很大的方便。希望科技界不懈努力，开发更多盲人使用的阅读软件，让盲人能够进行网络阅读和听读，让他们的生活更加丰富多彩。

希望各级残联和社会各界齐心协力，为城市和乡村的盲人阅读创造无障碍条件；中国盲协、盲文出版社和中国盲文图书馆等单位要进一步做好全国盲人阅读推广工作；希望各地图书馆要努力为残疾人特别是盲人阅读创造好的条件，各级公共图书馆增加盲文图书和有声读物并提供有声读物设备，让图书馆成为盲人朋友学习知识、丰富人生的心灵家园；希望盲人兄弟姐妹热爱生活，热爱读书，让知识的光芒照亮心灵的世界。

吕世明在第十届信息无障碍论坛上的讲话

2014年10月30日

尊敬的辛格先生，尊敬的陈梁悦明女士，各位嘉宾，女士们，先生们，残疾人朋友们：

今天，我们非常高兴地与来自9个国家和地区的100多位代表齐聚中国盲文图书馆，共同推进信息无障碍建设。在此，我谨代表中国残联主席张海迪、党委书记理事长卢勇同志，向与会的各界代表表示热烈的欢迎，向多年来关心支持中国残疾人事业发展和信息无障碍建设的各界人士表示崇高的敬意。

我们欣喜地看到中国信息无障碍论坛自2004年以来，至今已经连续举办了十届，这十届应当说是产生了非常重大的意义和效果，赢得了广大残疾人朋友和残疾人亲友的欢迎，同时也为广大残疾人造福。十年来，论坛一年一个进步，一步一个脚印，十年的成长让我们共同见证了中国信息无障碍事业的发展。十年的坚持，也让我们越来越多的无障碍技术产品和技术为残疾人带来非常便捷舒适的环境。如今，信息无障碍的理念更加深入人心，特别是国务院正式颁布了《无障碍环境建设条例》，更是在我们国家无障碍发展、信息无障碍环境建设方面产生了巨大的效应。令我们欣喜的是一系列信息无障碍领域的行业标准、国家标准应运而生，残疾人获得的实惠显著增多。

今年论坛的主题是"智慧生活——新技术助力信息无障碍"，这个主题意义深远。我们也是在充分地践行习近平总书记提出的让广大残疾人衣食无忧，安居乐业，过上幸福美好生活的这一目标。因为科技的目的就是为了造福人类，全社会极力研发无障碍新技术的目的也是为了让所有的老年人、残疾人和身体不便的人更加充分地融入生活，也能和健全人一样平等参与，并高品质享受社会生活，也可以说是为社会的全体成员提供便利服务。

中国政府正在加快推进以保障和改善民生为重点的社会建设，着力建立健全国家基本公共服务体系。刚刚闭幕的十八届四中全会也提出了依法保障老年人、残疾人的合法权益，积极推进信息无障碍建设。为一切需要的社会成员提供方便，正是国家基本公共服务体系建设中必不可少的内容。信息无障碍的发展不仅维护保障了残疾人权益，更是体现现代社会人文关怀的高尚行动，是社会文明进步的重要标志，帮助残疾人跨越数字鸿沟，掌握最新的康复、教育信息，实现合适的就业，就是帮助一个残疾人家庭脱离难以摆脱的困境，过上幸福美好的生活，帮助千万名残疾人就是帮助了千万个残疾人家庭，让我们离同步小康的奋斗目标又近了一步。如何让广大残疾人在信息技术带来的新变革中受益，实现无障碍的智慧生活，我们要思考的，要探索的，要做的还非常多，任重而道远。

在此，我们衷心希望在社会各界充分地了解知情，摸清底数，掌握残疾人实际需求的基础上，更好地为广大残疾人提供精准化的信息无障碍服务。随着技术革命的发展，我国残疾人事业也在经历着深刻的变革，信息无障碍服务领域迎来了巨大的发展机遇。最近，我们残联全国系统正在推动全国残疾人基本服务状况和需求专项调查，也正在推出新一代智能化残疾人证等诸多工作。这一切都是适应数字时代发展和满足残疾人需求的创新实践。如何让无障碍技术的研发和推广进一步满足残疾人的实际需求，研发出更多残疾人需要、实用、好用、够用的高科技产品，有效提高残疾人人信息无障碍技术的应用水平，这既是落实托住底、补短板、保基本、广覆盖的关键，也是推进残疾人同步小康进程的具体举措。我们希望最大限度地动员社会各界力量，积极支持并参与信息无障碍建设。中国有8500万残疾人，人数众多，但目前能够提供给残疾人的信息无障碍产品和服务的供需缺口较大。因此，我们要坚持社会化工作方法和动员社会力量整合社会资源，通过政府购买服务等方式，引导更多的市场主体积极参与，着力建设和整合优化以信息技术为支撑手段的产品服务管理的资源库，把更多的资源配置到残疾人的急需上，并延伸到农村和偏远地区，尽可能缩小地区间差异和城乡差别。我们希望进一步加强海内外交流与合作，为信息无障碍工作的交流与繁荣搭建自由平台。

今年11月的APEC会议以及明年的亚欧首脑会议都会对残疾人的事务倍加关注，这也体现了国际社会对残疾人事务的重视。本次论坛的举办也是残疾人事业国际交流的良好范例，希望我们今后继承传统，创新机制，加强合作，及时转化科研成果，并应用于残疾人的康复、教育、就业等方面，让各国的残疾人也都能享受到科技的进步和信息化带来的便利。

历史铭记成就，也启迪未来；时代造就机遇，更负有责任。让我们共同努力，让更多的思想和智慧在这里竞相迸发，让更多有用的新技术、新产品从这里走向应用，让我们携手共同建设一个和谐友爱、信息共享、消除障碍的社会环境。

再一次感谢各位嘉宾、社会各界、各个部门以及媒体对我们残疾人事业以及信息无障碍的支持与奉献。相信明年的十一届以及今后若干届信息无障碍的交流论坛会给我们带来更加丰硕的成果和期盼。预祝第十届信息无障碍论坛取得圆满成功！

二、工作综述

（一）全面布局，重点突破，千方百计缓解盲人"书荒"难题

顺应盲人读者多样化、多层次需求，统筹品种、结构、印量、成本、周期、质量和精准度的关系，全力推进盲文书刊、有声读物、大字图书、无障碍影视、数字出版等五项出版与传播工程，多方位精准夯实全国盲人总书库资源，实现文化产品与盲人需求更加精准有效对接。

多形态文化产品数量稳步增长。 盲文编辑发稿1094种8680万字，精准出版1300种（新书1088种、重印212种）40万册5200万页的盲文书刊，同比分别增长8%、5%和－16%；完成有声读物剪辑加工3974种4120个小时，制作Dasiy有声书500种8000集3000小时、有声教材30种93小时，募集有声资源582种3900小时；出版大字版图书328种（新书238种、重印书90种），总印数733581册，同比增长65%、167%；制作完成80部无障碍影视、244120盘无障碍音像制品，加大对全国残联系统音像出版和拍摄服务，制作了《2014，我们一同走过》《阅读改变人生》等20种为残疾人服务的音视频文化产品。

全国盲人总书库文献资源大幅上升。 中国盲文图书馆新增馆藏3888种，文献总资源达13.65万种34.69万册（件）；盲人数字图书馆新采集有声资源1319种9700小时、电子图书400种、电子盲文809种，有声总资源达3000多种31456小时，电子盲文3000多种。

盲人信息化产品进一步优化升级。 阳光盲用软件推出5个新版本，编程代码22.7万行，实现64位系统兼容和对Win 8.1、Win 10的支持，完成即插即用免安装的"阳光便携版"研发。完成阳光听书郎等5款产品及文星听书机TS3的研发和生产任务，开发出十余款基于Android系统的实现音视频播放和电子书阅读的系列应用，供盲人免费下载使用。

盲人"书荒"问题得到有效缓解。 经过近三年不懈努力，各类盲人读物结构性短缺得到初步缓解。累计出版大字版图书564种114.9万册，其中包括人教版、北师大版、苏教版和外研社的中小学教材教辅，还有《新视野学习百科》等课外读物、盲人医疗按摩等领域的大中专教材以及丰富多彩的当代名家名作和中老年读物，满足了低视力盲人的迫切需求；盲文出版在满足盲人教育、就业需求的基础上，累计出版盲文乐谱319种、明盲对照儿童读物555种，较好地满足了广大盲人音乐爱好者对乐谱的渴求，丰富了盲童的阅读世界；有声教材出版探索出新思路、新办法，完善了教材脚本编写标准和录校程序规范；80部无障碍影视作品，初具规模地满足了盲人对影视观赏的迫切需求，受到广大盲人和盲人工作者的欢迎。

（二）主动作为，不遗余力打造北京盲人公共文化服务示范区

大力开展更加丰富有效的一站式综合性公共文化服务，努力提高面向北京市区盲人的综合性、示范性公共文化服务能力，全年接待到馆读者42953人次，同比翻一番；新办读者借阅卡6237张，累计持证读者42278人。

以阅读推广为基础，努力培育盲人阅读习惯。 组织"读悦书吧"和"陶然读书会"等系列阅读推广活动31期，开展送书送服务到社区活动，建立香山、北新桥、海淀曙光等6个街道盲人文化服务联系站。

以社会教育为抓手，深入挖掘服务深度。 每周定时开展乐器、文学写作、定向行走、按摩、电脑、手工等各类社会教育和技能培训，全年馆内举办825场次教育培训，直接服务盲人19279人次。

以文化活动为带动，全力拓展服务范围。 开展朗诵、音乐、文学等文化沙龙79次，组织"青春有约"视障者文化联谊会5次，邀请周国平、老鬼等著名作家做客名家讲堂，承办首届全国助残美术作品展、"带盲童看祖国"等公益活动。完成口述电影现场讲解和片段体验98场，接待观众3952人次。

以各种主题日活动为契机，着力渲染服务氛围。 开展学雷锋日"文化助盲志愿服务演出"、助残日"一样的人生、异样的精彩"活动、国际儿童节"亲子阅读会"、爱眼日义诊和视功能康复咨询、国庆节"光明行文艺演出"等主题日活动15次。

以文化助盲为载体，推进志愿者服务。 中国残联和相关部委领导多次参加盲文出版社志愿者活动，强化了文化助盲的价值和影响力。全年举办18期志愿者培训班，新发展志愿者632人，实名登记志愿者总数达2022人，志愿服务队32个，累计开展教育培训、励志分享、到馆接送等志愿服务1.1万小时。

（三）多方联动，千方百计扩大全国盲人受益覆盖面

与各地公共图书馆、残联、盲协、盲校和社会组织广泛合作，联合开展阅读推广和各种文化活动，为全国城乡盲人提供便利且常态化公共文化服务，大幅提高受益面。

联合推进盲人公共文化服务。 与中国盲协联合开展

全国盲人阅读推广经验交流与典型推广活动；与文化部全国公共文化发展中心合作开办"全国文化信息资源共享工程残疾人公共数字文化服务培训班"，参加2014年度中国图书馆年会并举办视障文化志愿服务分论坛，举办第二届全国公共图书馆视障服务工作研讨会，举办全国盲校图书馆建设与阅读推广研讨会；参加"安徽省市县盲人阅览室建设现场会"，为安徽省6万名一、二级盲人提供听书收音机和相关公共文化服务；在中国残疾人福利基金会支持下，承办第十届中国信息无障碍论坛，实施"中央企业集善工程·盲人电脑教室"项目，继续开展"我送盲童一本书"活动，向贵州、青海等边远省市8所盲校574位盲生捐赠助学文化产品。

稳步推进分、支馆规范化建设和服务。 发挥资源和服务中心作用，在全国各地发展分、支馆71家，覆盖25个省份49个城市；深入了解各分、支馆的特色和需求，加强相互间的沟通与深度合作；编制的《视障人士图书馆服务规范》被列为2014年第一批国家标准计划项目，编制《盲用多媒体信息无障碍处理技术标准》并顺利通过中国通信标准化协会审定；优化《视障阅览室配置方案》，强化对视障阅览室的信息化辅助产品配备，努力提供一站式解决方案，将盲文出版社文化资源和服务主动推送出去。

积极开展面向全国盲人的线上线下文化服务。 在银川、上海、济南、昆明、河南辉县、江苏泰州等地举办18期144次课的电脑培训，培训盲人3856人次；呼叫中心接听全国读者咨询电话27090人次；与文化部全国公共文化发展中心合作举办历时一个月的"畅享数字资源，点亮文化生活"——全国残疾人网络答题活动，参与人数17639人，满分12912人；盲人数字图书馆年度用户访问量36万人次；阳光软件服务网站的访问量突破10万人次，累计下载超过4万人次；电话图书馆业务开通两个月，访问量达13229次3011小时；开通中国盲文图书馆微信平台，初步实现移动终端无障碍服务。

努力推进残疾儿童全纳教育项目。 借助德国、澳大利亚的资金和智力资源，扎实完成"全纳教育支持保障体系建设项目"和"金钥匙工程示范区项目"，在新疆建立1个省级和3个地市级全纳教育资源中心，培训1200位师资，在4所普校和3所幼儿园开展随班就读教育试点；对河南省巩义市24名视障学生的随班就读情况进行现场评估和跟踪考察。

（四）转换机制，多渠道、多途径拓展综合服务能力和社会影响力

积极开拓市场和承接政府购买残疾人服务。 大力强化海内外盲用产品集纳代理的竞争优势，在承接各地政府购买残疾人服务中抢抓机遇、扩大经营规模，盲用辅具全年营业收入突破1000万元，同比增长35.5%。各类出版物和盲用软件销售额达1100万元。

申报和执行国家科研课题。 跟踪科技部、文化部、国家出版广电总局等部委科研课题申报工作，组织多个课题项目申报，其中课题"面向盲人的文化资源整合与文化服务关键技术及应用示范"2014年在科技部立项，课题总经费685万，其中国拨385万。完成"面向社区和家庭的残疾人康复产品研发及应用示范"课题中环境感知子课题研发任务。

积极开展人道主义传播。 接待来自全国自强模范表彰会代表团、团中央、中央国家机关青联、水利部、文化部干部管理学院、北京大学以及俄罗斯、韩国、朝鲜、美国等地的海内外组织来访共计137次7300余人，较好地实现了人道主义教育基地和展现我国人权事业发展成就的窗口功能。

积极开展对外交流与合作。 与海外16个组织保持经常性联系与合作，派员参加美国费城盲校培训会议、国际辅助技术与残疾人产品大会，积极参与世界盲人文化对话，掌握国际视障服务最新动态；参加斯里兰卡国际书展和法兰克福国际书展，赴台湾地区进行图书市场调研和版权洽谈，激发出版活力。

扩大媒体宣传和社会影响。 全年以新华社、中央电视台、《光明日报》为主的各类首发报道161次，其中视频报道12次、文字报道67次、图片刊登62张、音频报道3次，多家媒体转载、刊发数百条，向全社会传递了人道、关爱、公平、正义的正能量。

（五）严抓作风，多举措、全方位加强队伍建设

完善制度建设，加强执行力度。 以"基础管理建设年"和落实群众路线教育整改措施为契机，先后出台《报销单据管理办法》《审批权限管理办法》《经济合同管理办法》等财务制度14项、《读者来馆接待登记办法》《志愿者助盲行动实施办法》《口述影像馆观影须知》等服务规范12项、《文献资源编目标准》《出版合同管理办法》等工作细则38项。

强化人才建设，创造和谐环境。 进一步深化内部人事、收入分配和社会保障制度改革，以分配合理、发展机会均等为基础，给予员工较为充分的个人发展空间和自由度。上下齐心，积极投身文化助盲志愿行动，努力践行"厚德、奋进、服务、创新"的核心价值观，形成爱岗敬业、服务奉献的和谐氛围。2014年，盲文出版社被评为"首都文明单位"。

突出能力建设，鼓足发展后劲。 通过加强学风建设和培训学习，塑造、改善、培育、拓展能力建设的环境

和空间，班子成员的战略规划、科学决策和推动科学发展能力得到提升，中层干部的计划执行、业务拓展和科学管理能力得到发展，广大员工精准选题、精益生产和人性化服务的能力进一步增强。

廉政建设常态化，筑牢拒腐防变防线。 坚持"标本兼治、预防为主、惩防并举"原则，强化班子成员廉洁自律，把廉政建设、反腐倡廉作为干部考察和工作考核的一项重要内容。完善和规范印刷业务及设备招投标制度，阳光作业，有效维护国家和集体经济利益。

三、大事记

3月2日，为弘扬雷锋精神，激发全社会文化助盲志愿服务热情，中国盲文图书馆联合中央人民广播电台、中央国家机关团工委、中国狮子联会等多家单位，为盲人朋友、志愿者代表和他们的家属献上一场高水平的文化助盲志愿服务演出。

3月3日下午，共青团中央书记处第一书记秦宜智，中国残联党组书记、理事长鲁勇，中国残联副主席、党组成员吕世明等领导同志以普通志愿者的身份，到中国盲文图书馆，与长期在这里开展结对服务的中国传媒大学、中国通用机械工程有限公司的青年志愿者们一道，开展文化助盲志愿服务活动，践行青年志愿者助残"阳光行动"。秦宜智、鲁勇认真听取了大家对实施"阳光行动"的意见建议，并鼓励志愿者发扬志愿助残精神，关心帮助身边每一位残疾人，与广大残疾人朋友心手相牵，共享阳光，共圆同步小康梦想。

4月22日，由文化部、中国文联、中国残联共同主办的"首届全国助残美术作品展"在北京中国盲文图书馆启动。文化部副部长董伟，中国残联副主席、党组副书记、常务副理事长孙先德出席启动仪式。中国文联副主席、中国美协副主席、中央文史研究馆副馆长冯远，中国书协主席张海现场捐赠了为此次活动精心创作的作品，老一辈书画家李铎、欧阳中石、沈鹏也为此次活动捐献了作品。所有送选作品将通过拍卖等形式筹集善款，主要用于贫困地区盲人阅览室等文化设施及相关服务的投入。

6月30日，全国盲人阅读推广工作经验交流会暨盲人有声读物捐赠仪式在中国盲文图书馆举行。中国残联主席张海迪，中国作协党组成员、书记处书记兼秘书长白庚胜，中国残联副主席、中国狮子联会会长王乃坤，中国残联副主席、中国盲协名誉主席李志军等领导出席了活动。各地盲协主席、中国狮子联会会员、北京广播电视界爱心人士等120人参加会议。活动中，张海迪主席将自己著作的《生命的追问》一书的有声版权正式捐赠给中国盲文图书馆，并现场朗诵了精彩篇章，与大家共同分享文学的魅力。活动中，全国有55家阅读推广单位、105名盲人读者、59名助盲志愿者及45位文化艺术界人士和中国狮子联会会员受到表彰。

10月13日，主题为"全媒体时代的盲人文化服务与阅读推广"的第二届全国公共图书馆视障服务工作研讨会在中国盲文图书馆举行，来自全国70余家公共图书馆的近百名代表及视障服务工作者参加会议。会议通过了中国盲文出版社、中国盲文图书馆首次推出的"盲人文化服务联合行动计划"，并围绕视障阅览室建设与服务规范、破解公共图书馆视障服务难题、公共图书馆与盲人组织和服务机构间的合作交流等切实惠及盲人群体的中心议题进行了深入探讨与交流。

10月30日，由联合国教科文组织指导，中国残疾人福利基金会等主办的"第十届中国信息无障碍论坛"在中国盲文图书馆举行。来自美国、德国、韩国以及港澳台等9个国家和地区的代表参会。该届论坛以"智慧生活——新技术助力信息无障碍"为主题，设立"智慧生活"、"辅具与教育"、"标准与推广"三个主题论坛，对新智慧生活时代信息无障碍发展面临的机遇与挑战展开探索和研究，为推动中国信息无障碍事业发挥积极作用。

10月23日，"中国残联金钥匙中心/CBM新疆全纳教育支持保障体系建设项目"总结座谈会在新疆乌鲁木齐市隆重举行。中国残联党组成员、副理事长程凯，新疆维吾尔自治区政府副主席田文，中国残联理事、中国盲文出版社社长张伟出席会议。新疆残联党组书记、理事长周俊林同志主持会议。该项目由中国残联金钥匙视障教育研究中心、CBM中国办公室与自治区教育厅、自治区残联合作开展，历时近3年，在乌鲁木齐、克拉玛依、哈密、石河子4个地区进行全纳教育支持保障体系建设。程凯副理事长在讲话中希望有关各方进一步总结项目成功经验，把项目的有益做法和经验长期坚持做下去，并向全疆乃至更广范围推广，造福更多各民族残疾儿童少年。

（王瑛供稿）

中国残疾人艺术团

一、工作综述

(一) 当好残疾人事业的文化使者

2014年，艺术团演出91场，向国内外捐款30万元，收支略有盈余；出访了特多、古巴、厄瓜多尔、摩尔多瓦、格鲁吉亚、亚美尼亚、阿联酋、美国、卡塔尔、韩国、加拿大（2次）、中国澳门、中国台湾（2次）等13个国家和地区。

1. 演出范围拓展至六个新国家

在古巴演出过程中观众四次起立致意。我驻古巴大使称赞艺术团是中国最好的大使，是中国一张靓丽名片，艺术高雅、精神感人。

在特立尼达和多巴哥，总统接见艺术团，总理发来贺信。我驻特多大使说，你们是中国顶级艺术团体，是对"中国梦·我的梦"最好的诠释。

图7-6-1 2014年南美巡演期间，特立尼达和多巴哥总统在总统官邸接见演职员代表。

在厄瓜多尔，最有威望的前副总统列宁·莫雷诺致辞时说："厄瓜多尔是中国残疾人艺术团永远的家。"全场观众起立用西班牙语齐声高呼："中国万岁，厄瓜多尔万岁！"

亚美尼亚总统夫人观看演出后，希望艺术团能多停留几日，再演出几场；又致电文化部，邀请艺术团再次访问。

参加在摩尔多瓦举办的国际"迎春花"艺术节，外国政要和我驻摩尔多瓦大使称赞：中国残疾人艺术团是最精彩、最棒的！

格鲁吉亚文化部部长希望艺术团再次到访，让更多的人欣赏到艺术团精彩的表演。

2. 做好接待来访工作

在中国残联、文化部、民政部、侨办、全国人大常委会办公厅等部门的安排和外宾的要求下，美国国务院残疾人事务官员、世界华侨大会代表团、世界彩虹基金会主席、美国参议院专门委员会主席和驻华大使、世界聋人联合会代表团、美国落基山芭蕾舞蹈团、德国乌波塔尔市代表团、澳门听障协会等众多外宾和国内机构到艺术团驻地参观访问、交流座谈，所有到访的外宾都希望中国残疾人艺术团出访他们的国家。

美国参议院专门委员会主席汤姆·哈金表示："我这次应全国人大常委会邀请访华，回美国后，我会告诉大家在中国最难忘的、最美丽的就是观看了《我的梦》。"美国驻华大使鲍卡斯激动地说："我到中国担任大使已经三个月了，今天是我最难忘的时刻，以后可能也不会有比这更难忘的时刻了。"此后，美国大使夫人又带美国落基山芭蕾舞蹈团到团交流。

3. 积极参与国内外重大活动

在中国残联领导的积极推动和帮助下，艺术团在APEC活动期间，承担并圆满完成三场重大演出，为APEC高官会和APEC文艺晚会表演了《千手观音》，在APEC"促进残疾人共享经济社会发展成果"主题活动中表演了30分钟的节目，获得好评。

中国残联、教育部、团中央决定三年内组织艺术团到全国百所高校巡演。9月10日，在北京大学举办了启动仪式和首场演出，六千多北大新生观看了演出。

应澳门特别行政区邀请，作为澳门回归15周年庆典活动之一，艺术团演出四场；还深入澳门街坊总会与老人、残疾人进行慰问联谊活动。

图 7-6-2 彭丽媛与参加 APEC 峰会各国政要夫人观看中国残疾人艺术团表演。

参加了在加拿大多伦多市举行的国际狮子会第九十七届国际年会闭幕式的演出；在游行仪式上，向世界各地会员和多伦多市民展示中国狮子联会朝气蓬勃的风采。

4. 深入基层、服务残疾人

全国第二十四次助残日，艺术团走进了延庆大泥河村进行"下基层，送文化"演出，并走访慰问贫困残疾人家庭。

配合残疾人福利基金会、残联体训中心、华夏文化集团、中国狮子联会的公益义演。

义务为山东省残疾人运动会录制和拍摄会歌及宣传片，为河北省残疾人运动会提供手语翻译和演出。

向左权盲宣队捐款，并交流联谊。

（二）全力以赴抓教育

在中国残联的帮助下，教育部批准中国青年政治学院 2015 年开设社会工作专业本科聋人特教班，艺术团形成从初中到大学本科的教育体系，培养残疾人复合型人才。

1. 附属学校初中部

附属学校开办一年半来，艺术团工作人员不间断地分批轮岗，赴宜昌参与教学、生活管理和舞蹈培训；寒暑假学生到北京集中学习和培训。学校实行半军事化封闭管理，学生全身心投入紧张的文化学习、系统的舞蹈训练和丰富的课外实践活动中，德、智、体、美全面发展。

文化学习 在学习基础文化知识的同时，注重培养学生勤奋的学习态度、良好的学习习惯、严谨的学习作风和科学的学习方法。宜昌特教学校的领导和老师评价他们不仅舞蹈业务好，整体的精神风貌、团队作风、思想品德和文化学习都超乎想象。

舞蹈训练 经过一年半的培训，学生在舞蹈基本功、形体素质、经典舞蹈等方面取得显著成效，身高都长了一大截，已能表演部分节目；到 2015 年暑假，将能承担整台演出。

他们表演的舞蹈《千手观音》，已参加"大爱宜昌"电视直播慈善晚会、宜昌市教师节晚会。11 月 22 日，他们又走进中央电视台，参加了央视综合频道《梦想星搭档》公益节目。孩子们在录制和访谈活动中的风采，赢得节目组和现场观众的高度评价。中央台领导审片后，在元旦假期专程派记者组到宜昌拍摄孩子们的学习、排练和生活，并将节目调整到 2 月 18 日除夕下午黄金档播出。

日常管理 发扬班委会作用，强化学生自我管理，每周一次班会，学生集体讲评，培养好习惯、好作风、好品德，增强班级凝聚力；定期组织文体活动、联欢会，每周六观看一部有意义的电影，每周和家长电话视频沟通一次，每月老师带领集体购物一次；积极参加课外实践活动，组织郊游，参观烈士陵园、复兴之路展，重温历史、缅怀革命先烈。

2. 附属学校高中部

高中部学生是艺术团从小培养的学员，现已成为新一代领舞、独舞和骨干演员。2012 年高一时，由宜昌特教学校通过远程视频授课。2013 年附属学校开办后，他们转战宜昌，强化系统的文化课学习。为切实提高演员文化素质，艺术团和学校编写了历史、政治、地理教科书和语文、英语教辅材料。

二、大事记

1月6日，姜馨田、黑虹参加由国家老龄委、中国老龄事业发展基金会、中国广播电视协会电视文艺工作委员会主办的"老年希望工程"和"我的长辈"走进革命老区西柏坡送温暖慈善捐助暨电视文艺媒体人三下乡公益慰问活动。

1月9日，13名盲人演员和黑黑、妞妞表演的舞蹈《去看春天》参加"中国网事·感动2013"网络感动人物颁奖晚会。晚会主题为"你的梦·我的梦·中国梦"，晚会计划由江苏、辽宁、广东、河北、福建、广西、甘肃、新疆等20个省的省会城市电视台联合播出。

1月11日，受蓝汛公司邀请，舞蹈《千手观音》在云南大厦参加该公司年庆晚会的演出。

1月11日，中国残疾人艺术团舞蹈《千手观音》《生命密码》受上海知了文化公司邀请，参加上海2014年纳福新年音乐会演出。

1月12—15日，中国残疾人艺术团受海南残联邀请，《我的梦》参加海南基金会成立大会的演出，演出两场。

1月17—21日，中国银行贵州分行邀请中国残疾人艺术团《我的梦》到贵州演出3场。

1月18日，天津马球新春晚宴，邀请艺术团舞蹈《千手观音》《雀之灵》《黄土黄》演出。

1月21日，手语主持姜馨田受青岛电视台邀请，参加青岛春晚演出的录制。

1月24日，聋人演员程铖受江苏慈善总会的邀请，参加在徐州举办的慈善晚会的演出活动。

2月6—23日，艺术团受文化部委派，出访古巴、特多、厄瓜多尔，参加欢乐春节行活动。艺术团带着《我的梦》第一次访问南美，轰动加勒比。古巴文化部长、副部长，古共国际部、革命武装部、商务部等政府官员及驻古外交使节出席观看演出；特多总统接见，总理发来贺信，大法官观看演出；厄瓜多尔最有威望的前副总统列宁·莫雷诺出席了当晚的演出并致辞、接见全体演员。

2月22日，舞蹈《千手观音》受天津恩甲国际文化传媒有限公司邀请，参加"中信之夜"大型主题新春答谢晚会。

2月25—31日，舞蹈《千手观音》《踏歌》参加在卡塔尔举办的世界名表展览大会晚宴的演出。

3月4—17日，艺术团受文化部委派，横跨欧亚大陆，出访了摩尔多瓦、亚美尼亚、格鲁吉亚。

4月19日，受北京大学手语社邀请，演出舞蹈《生命密码》《国家》等节目。

4月21日，中国残联国际部安排美国参议员一行6人到艺术团交流，为其安排了整台《我的梦》的演出。

4月22日，盲文出版社社庆，邀请张丽娟演出萨克斯独奏《樱桃树下》。

4月23—28日，艺术团《我的梦》赴台湾参加商业演出。

4月25日，舞蹈《千手观音》《动听》参加在水立方举行的北京第十一届慈善榜发布盛典晚会。

4月28—30日，受当地残疾人儿童中心邀请，艺术团舞蹈《千手观音》《黄土黄》《雀之灵》等参加在迪拜举行的慈善演出。

4月30日—5月3日，艺术团受我驻阿布扎比使馆邀请，在阿布扎比酋长宫剧院演出。

5月11日，参加在中国传媒大学举办的北京高校手语联展晚会，艺术团芭蕾手语诗《我的梦》《生密码》参加演出。

5月12—13日，在全国第二十四次全国助残日到来前夕，艺术团到大榆树镇开展主题为"践行群众路线，助爱残疾事业"的慰问活动。演员代表走访了大榆树镇大泥河村低收入残疾家庭并送上慰问金，还为全镇父老乡亲献上了一台精彩的文化盛餐。

5月15—18日，受云南曲靖市政府邀请，艺术团《我的梦》在曲靖电视台进行了专场演出。

5月18日，受扬州特教学校邀请，张丽娟、侯劲松、谭伟海回母校参加助残日演出活动。

5月26日，艺术团部分节目参加斯达克举办的全国研讨会的演出。

5月28日，艺术团附属学校初中班《千手观音》第一次登台，参加大爱宜昌晚会的演出。

5月30日，姜馨田受青岛残联康复中心邀请，参加演出。

5月31日，受清华大学手语社邀请，舞蹈芭蕾手语诗《我的梦》《千手观音》《生命密码》《秧苗青青》及邰丽华参加演出并接受访谈。

6月7日，侨办组织的23位侨领到艺术团进行交流。

6月9—11日，蒋灿、刘涛、朱黎、祖木来提为山东省残疾人运动会录制了会歌的伴奏带，并拍摄了MV《为生命喝彩》。

6月12日，受北京古振川传媒公司邀请，在人民大会堂演出了舞蹈《千手观音》。

6月12—30日，黄阳光、张丽娟随中国残疾人美术展赴韩国展出美术作品。

7月1日，中国青年政治学院党日活动，党员70人到艺术团交流。

7月3日，美国参议院卫生、教育、劳动和养老金委员会主席汤姆·哈金夫妇和美国新任驻华大使马克斯夫妇在参观艺术团演出后极其激动，汤姆·哈金主席说："我下周返回美国，当人们问我在中国什么事情是最难忘的、什么事情是最美丽的，我想说就是这场演出了。"马克斯大使说："我代表美国在中国担任大使已经有三个月的时间了，今天的演出，是我最难忘的时刻，将来在华也找不到比这更难忘的了。"

7月2—9日，来自209个国家和地区的3万余名会员出席在加拿大多伦多市举行的国际狮子会第九十七届国际年会，艺术团参加了闭幕式和"龙之夜"的演出。在游行仪式上，中国残疾人艺术团的演员们热情地向世界各地会员和多伦多市民展示中国狮子联会朝气蓬勃的风采。

8月3日，应上海知了公司邀请，参加在上海梅赛德斯中心举办的"禅心悦目"演出。

8月13日，民政部安排国际彩虹基金会主席、毛里求斯议员到团交流。

8月20日，应北京国家大剧院邀请，舞蹈《千手观音》参加北京APEC高管会的演出。

8月25日，应河北省残联邀请，黑虹、蒋灿在河北省残疾人运动会开幕式演出。

8月28日，中国残联华夏文化集团在中国美术馆举办"大美华夏"美术作品展开幕式，艺术团芭蕾手语诗、蒋灿《你是我的眼》参加了演出。

9月6—8日，受艺研青年艺术专项基金委员会邀请，舞蹈《千手观音》参加在呼伦贝尔中俄蒙文化产业园启动仪式。

9月7日，艺术团30分钟的节目参加了在体管中心举办的乒乓球亚洲赛开幕式的演出。

9月10日，附属学校初中班《千手观音》参加宜昌教师节庆祝晚会的演出。

9月10日，北京大学新生入学教育，百所高校公益行启动仪式。

9月14—16日，受武汉飞凌婚庆公司邀请，大学生队舞蹈《千手观音》参加在武汉举办的婚礼演出。

9月16日，残联国际部召开APEC筹备会，声器乐队参加演出。

9月23日，国家行政学院局级干部进修班40人到艺术团交流。

10月4日，中学生队赴天津马球演出。

10月2—6日，艺术团赴加拿大温哥华进行商业演出2场。

10月6—14日，艺术团赴美国旧金山、圣地亚哥演出3场。

10月17日，左权盲宣队14人到艺术团交流。

10月20日，世界聋人联合会成员22人到艺术团交流。

10月23日，美国探索频道一行8人到艺术团进行采访。

10月27日，美国驻华使馆夫人与落基山芭蕾舞蹈团一行33人到团交流演出。

10月27日，在斯达克举办的业务研讨会上，艺术团舞蹈《千手观音》《雀之灵》《生命密码》参加演出。

11月3日，应达芙妮公司邀请，艺术团舞蹈《千手观音》手语诗《我的梦》《生命密码》《雀之灵》参加慈善晚宴的演出。

11月10日，在中国残联领导和国际部的推动下，艺术团在APEC活动期间，参加了"促进残疾人共享经济社会发展成果"主题活动，专题表演了《千手观音》和30分钟的节目。

11月10日，舞蹈《千手观音》在水立方参加了领导人晚宴的演出。美国总统奥巴马表示："《千手观音》令我印象深刻。"

11月13—19日，应台湾宝业国际公司邀请，艺术团赴台湾进行商业演出。

11月21—25日，受中央电视台一频道"梦想星搭档"栏目的邀请，祝校长带领初中队到北京参加录播节目。

图7-6-3 附属学校初中班《梦想星搭档》节目剧照。

11月30日，德国乌波塔尔市代表团一行13人到艺术团交流。

12月1日，残联国际部安排澳门听障协会15人到艺术团同聋人演员交流。

12月6日，应志愿者协会邀请，艺术团舞蹈《千手观音》《生命密码》和姜馨田的手语到北京史家胡同小学为百名乡村教师结业式进行演出。

12月10日，受残疾人福利基金会邀请，艺术团《千手观音》《生命密码》《雀之灵》参加体验饥饿"牵手残疾儿童及残疾人家庭子女"的演出。

12月11—16日，受澳门民政总署邀请，作为澳门回归15周年庆典活动之一，艺术团将《我的梦》的祝福，送给了澳门人民，演出4场并深入澳门街坊总会学习调研。

12月12日，张丽娟萨克斯独奏参加西安杨森在天津举办的年会的演出。

12月21日，艺术团舞蹈《千手观音》《秧苗青青》《黄土黄》《雀之灵》参加在广州举办的"非遗情"晚会的演出。

附录

双手合十中有说不完的感谢

《北京青年报》 2014年6月4日

时　间：2014年5月31日
地　点：清华大学西阶教室
演讲人：邰丽华
整　理：昝秀丽

邰丽华，中国残疾人艺术团团长、舞蹈演员、艺术总监，中国特殊艺术协会副主席，当代聋哑人舞蹈家。

非常感谢清华大学手语社邀请我到这里来和同学们交流，我一直在学习说话，有些发音不是很清楚，为了方便大家听，请手语老师帮我翻译。

我对清华大学的最初印象，是初中时读朱自清老师写的文章《荷塘月色》。那时候读着读着似乎就走进了清华大学的某个幽僻角落，走着走着依稀看见了月光下的荷塘。都说清华的校园很美，今天匆匆看了几眼，虽然时代变迁，但依旧能感受到清华当年特有的美！

以一个舞者的角度，我在心里多次问自己，舞蹈对于我的生命而言究竟有多大意义？在我的舞蹈生涯中我如何去寻梦？如何实现梦想？我又如何看待自己和身边的人？后来我有感而发，给我的学生编了一段手语舞蹈——《生命密码》，这段舞蹈其实是表达了我对生命意义的理解。

大家知道，舞蹈的最大特点是肢体语言，优美曼妙，这其中的味道只可意会无法言传，它可以让你和我感同身受地进入舞者的情感世界。对肢体语言来说，动作越简单难度越大，因为我们要表达足够的情绪和气氛，我们甚至要考虑这样简单又带有重复性的动作所传达的信息量是否到位。回想2005年春晚，我和伙伴们表演《千手观音》，当我表演完走下台时，突然发现这一次的《千手观音》让我有了一种感悟，那些简单重复的动作，已经传达出了某种生命意义，这种感觉是我以往从未有过的。

我的童年
失聪前是个很会说话的孩子

70年代，我出生在湖北宜昌。据我母亲说，我失聪之前是一个很会说话的孩子，好几次我缠着母亲给我讲我会说话时的样子。那时候，爸妈忙于工作，我很早就进了妈妈单位的幼儿园。当时我的语言水平显得稍高于同龄人，几乎能知道每一个小朋友的家长是谁。放学时我常常像报幕员一样，热心而调皮地喊："快啊，你妈妈来接你啦！"每次听到母亲讲到此处，我都会笑起来。

可惜后来我再没能做报幕员了，因为我生病了，病得很重，一直在咳嗽，高烧不退，送到医院时，医生诊断为小儿肺门淋巴结核。为了尽快缓解我的病情，医生加大了链霉素的用量。之后我就生活在一个寂静的世界中了。

尽管听不到声音，我依然像其他小朋友一样能感觉阳光的明媚，天空的蔚蓝。儿时最深的回忆就是跟着父亲到处求医。我一直以为去了医院就会治好，吃了药就会再听到声音，但是每一次都是希望满满地来，又失望落寞地回。

耳朵不好，视觉就敏感。我的画画得很好，老师经常拿着我的图画本展示给小朋友们看。虽然听不到老师在说什么，但我知道老师是在表扬我，我因此获得了极大的满足。

后来我慢慢可以自己看小人书，我喜欢坐在路边的书摊旁，花一两分钱，津津有味地看一下午。通过小人书，我知道了什么是美，什么是丑。我永远记得，生命中第一次接触舞蹈是从安徒生童话里的《红舞鞋》开始的。童话里说，有一双非常漂亮的红舞鞋，女孩子们见了它都想穿上翩翩起舞，可是一旦穿上，人就会永无休止地跳下去，直到耗尽全部精力。有一位勇敢的姑娘穿上了这双鞋，太阳升起时，人们发现她安静地躺在一片青青的草地上，双脚又红又肿，旁边散落着那双红舞鞋。这个童话故事给我印象太深，当时不懂它的寓意，但我也被那双永不疲倦的红舞鞋吸引住了。

到了上学的年龄，爸妈把我送到聋哑学校。进校门第一天，是老师牵着我的小手，认真教我打"a、o、e"的手语，还教我打出自己的名字。我看着老师变化多样的手势特别兴奋。从那时起，我开始使用自己的"语言"——手语。借助手语，我学习了各种文化知识，帮助我在人生成长的关键期打下了坚实的基础。现在我很高兴看到很多人在学习手语，不单是聋人，有一些健全人也在学。他们是为了能够跟聋人沟通，以便更好地帮助聋人。

我记忆中最深刻的一件事，是一次学校带我们参加宜昌小学生歌咏比赛。起初我们都觉得这是不可能的事，我们哪会唱歌啊。后来在老师们的耐心帮助下，我们一个音一个音、一个字一个字地跟着学。我到现在都清清楚楚地记得，当我和小伙伴们肩并肩站在舞台上，认真地跟着老师唱《没有共产党就没有新中国》时，尽管五音不全，台下的评委和老师们却被感动得给了我们最肯定的掌声。我的学校用这样一种特殊的方式，使我尝到了自信的甜头。

我还记得，当时学校有一间铺有木地板的律动教室，老师把我放在教室中间，她一边弹琴一边敲鼓，"咚咚"的声音通过木地板传到我的脚底，老师告诉我那是鼓点的节奏。老师教我如何跟着节奏走，教我怎么辨识音符的节拍。后来听得多了，我渐渐也有了音乐节奏的意识。细心的父亲用节省下来的钱给我买了双白舞鞋，那是我人生中的第一双舞鞋。我捧着它，生怕它被地面弄脏，只敢在床上蹦来蹦去，那时真觉得自己成了童话里穿红舞鞋的那个勇敢女孩。

练习舞蹈
兰花指、小碎步，为我的千手观音打下基础

1991年，15岁的我来到中国残疾人艺术团。在艺术团，面对高难度的基本功动作，我几乎无法完成。最要命的是，我已经错过了练习基本功的最佳年龄。为了跟上同学们的进度，每天无论学习多紧我都要挤出时间自己揣摩和练习。那段时间练得真苦，连下床都是那么艰难。

一天早上，我看到一对练京剧的中年人，他们几乎每天早上都要练功。我试探地问他们，能否让我每天跟着一起练习？他们问我：天天六点你行吗？我点头说行。之后的每天，我六点之前必到，跟着他们练功，压腿、下腰，那个疼啊，我咬着牙继续。日复一日，我每天准点到，他们都感动了，空暇时还主动教我几个京剧里的动作，兰花指、小碎步等等，这些可能为我以后练习千手观音打下了好基础。之后我很快成了艺术团的台柱，那年我16岁。

上大学之前，残疾人的受教育状况面临着很多限制，高校由于对残疾人的不了解而拒收他们。我是幸运的，尽管当时我已拿到保送长春特教学院（当时是全国唯一一所聋人大学）的名额，但我一心想像健全人那样参加高考，上普通大学。我如愿以偿地经历了黑色七月，凭着优异的成绩，在湖北省残联的帮助和协调下，湖北美术学院破格录取了我。那一年我17岁。

进入大学，生活对我来说是另一个新世界。以前上课都有手语，在没有手语的情况下，我一下有了被边缘化的感觉。老师得知我的情况，下课会给我开小灶，还特意安排成绩好的同学坐在我旁边。有一次，其他班的同学疑惑地问怎么和我相处。我同学说，她和我们有区别吗？一样的啊。在湖北美院我很幸福，边跳舞边画画，两者互不影响。艺术是多元化的，一个动态一个静态，结合在一起居然这么好玩。我发现学美术后对音乐的理解更加透彻，对音乐的想象力更开阔，我头一次发现自己对音乐的感受也能跟他们一样，有着属于自己的激情。

很多人问我既然这么喜欢跳舞，为什么不上舞蹈学院。我想说，我应该感谢人生道路上的"阴差阳错"，正因为人生道路的不可预见性，你会发现有很多事会在不经意间扭转，在你关注时骤然消失，在你留意时悄然出现，这其中有惊喜，有幸福，也有悲伤和绝望。回过头来看，所有的经历成就了现在的我。

我和我的团队
春晚后，人们看到比画手语的我们，会竖起大拇指

从15岁到中国残疾人艺术团，除了实现了我自己的舞蹈梦，还有一个更大的收获：我结识了我的伙伴们，和她们一起成长，一起见证了很多事情。至今，我们已经出访了91个国家，平均下来我们每年在10个国家进行150场的演出。

中国残疾人艺术团成立于1987年，2000年访美之前，我们开始着手打造自己的品牌。当时邓朴方主席给了我们一本书，是马丁·路德·金的《我有一个梦想》，大家都说残疾人同样有梦想，有了梦想才会追寻，有了追寻才会去实现。于是在很多艺术家的帮助支持下，我们创编了大型音乐舞蹈系列《我的梦》。

2002年5月是《我的梦》第一次进入北京世纪剧院以商业演出的方式接受观众的检验。之前我们都有各种担心，一方面担心表演时出现纰漏，另一方面担心观众不会感动。当时导演跟我们说，台下的观众要是都站起来，就说明你们的演出成功了。演出那天，我们真的非常紧张。万万没想到，观众们都起立鼓掌。4场演出下来，观众热情洋溢、感人肺腑的留言写满了12米长的白布和11本留言簿。演出结束后，邓朴方主席到台上对乐团成员深情地说，感谢你们圆了残疾孩子的梦想！

从此，中国残疾人艺术团带着《我的梦》走上了商演和公益演出相结合的道路，并在这条路上坚持走到今天。

这些年的演出经历中，其中有些事我印象非常深。

2004年雅典残奥会，21人版《千手观音》第一次和观众见面，这个新舞蹈我们是在土耳其边巡演边排练出来的。那天，7名希腊学生在去观看雅典残奥会的途中不幸发生车祸遇难，给残奥会闭幕式蒙上一层阴影。雅典奥组委决定撤销其他文艺项目，只保留我们的节目。我永远忘不了，当我们21人身着金黄色外衣，整齐划一地从出场口步行到莲花台时，聚光灯一打，霎时，观众沸腾了。那天由于时间原因我们没来得及走台、合光、配音乐，连新做的莲花台也没来得及测试。我有点担心新莲花台不够21人站立，于是我们在演出前商量好暗号，如果后面的人地方不够站，就轻轻吹一下前面人的后脑勺提醒他再往前移,结果那天演出时我收到N次来自后脑勺的吹气,每收到一次我就一点点往前移,直到快没地方站。我的半个脚悬在空中,还要保持观音端庄的形象。可吹气还在继续,可我实在不能再往前了。演出结束后我才知道,有个男演员紧张得不停大口呼吸,弄得前面的人误以为是暗号。

雅典残奥会刚刚结束,我们便收到了央视春晚导演组的邀请,《千手观音》将登上2005年春晚的舞台。正式接受上春晚任务的前一个月,因为时间紧迫,为了保持好的演出状态,大冬天我们每天坚持晨跑,紧接着从早上一直排练到深夜。虽然很煎熬,但每个人都很珍惜这次机会,每个人都希望在除夕之夜为全国的电视观众献上最精彩的表演,当时我们的口号是"秒秒精彩,分秒必争",至今这个口号仍然挂在我们的排练厅里。

春晚那一夜,谁都没想到演出会引起轰动,《千手观音》以67.03%的支持率成为春晚最受欢迎的节目。一夜之间,人们对残疾人的看法和态度似乎有了很大的变化。我的伙伴们说,看到比画手语的他们,人们都会竖起大拇指。他们说被尊重是件多么美好的事。

春晚结束第二天,艺术团办公室一下来了很多家媒体朋友,还有许多商家上门,请我做广告或品牌代言人,我以"舞者需要宁静的空间"全部谢绝。

算起来,我从事舞蹈事业已有20多年,不知磨破了多少双舞鞋,如今我从一名舞者成为艺术团的管理者,这对我来说不仅是一种挑战,更是一种责任和考验。我从内心体会到舞蹈体现的生命意义,那么多的人关爱着我们,我们也找到了一种值得我们骄傲的方式回馈社会。从2007年开始,我们用节俭下来的演出收入设立了"我的梦"和谐基金。

乐为人师
相信"教师"的角色在她们心中仍然最为重要

这几年艺术团收获的荣誉既让我深受鼓励,又让我思考:如何让艺术团的艺术之路常青?如何培养更多的残疾人优秀文化工作者?如何让他们从团里退役后更好地立足于社会?

团里的演员不少来自农村,由于客观条件,有的孩子还没上过初中,商演和义演的概念都分不清。这些年,我们已将艺术团演员的教育列为工作的重点。通过与各级院校合作办学,使每位演员都能接受系统的基础教育和高等教育。去年,我们还成立了中国残疾人艺术团附属学校,重点培养初中和高中聋人演员。同时,我们与中国青年政治学院合作办学,在这之前部分聋孩子们参加了2012年10月份全国统一的成人高考。他们中的大部分人文化水平较低,高考对于他们来说压力很大。在他们71天的备考过程中,我常看到有人抱着书在不同的角落里埋头苦读。艺术团为了让他们有更多的时间复习功课,不惜停止全部演出,只要求每天最基本的两小时基本功训练。

功夫不负有心人,这批孩子们全部顺利通过考试,在录取分数线是133分的情况下,有的演员最高分达到了258分。现在有21位聋人演员选择了社会工作专业,还有12位盲人演员成为北京联合大学特教学院的学生。五年来,我们已有60多人大学毕业,其中30多人已退役,有很多成为各地基层优秀残疾人工作者。现在团里的演员,基本是2005年春晚之后培养的新一代,我们就这样顺利完成了新老成员的交替。

我一直为我的团队每个老师的付出而感动,特别是在幕后帮助孩子们的一些老师,她们有的是大学毕业来到这里,有的是从地方调过来。她们曾经困惑过,伤心过,也快乐过。我记得有位女老师生病住院时,男孩子们轮流到医院给她洗头发。为了保证单身的老师们有精力和时间去谈恋爱,成了家的老师不得已带着自己的小孩在艺术团里加班加点。他们同样把青春和热爱献给了这份特殊教育事业。孩子们正因为得到了她们的关爱和教育,才能得到好的成长,我为她们自豪并感动着。我在想在她们每个人的成长过程中可能扮演过不同的角色,我相信"教师"这个角色在她们心中仍然最为重要。

这就是我和舞蹈的故事。我热爱我的事业,我很欣赏清华大学的"行胜于言"这四个字,它值得我们去体会。"说"和"做"在每个人的成长过程中都有同样的分量,踏踏实实地做,特别是在浮躁、矛盾和不平衡的今天,更需要的是"行动"的实质意义。人生有圆有缺,是自己不能选择的,但是我可以选择看人生的角度,多看看人生的圆满,然后带着一颗平常而快乐、感恩的心去看待自己的人生;我深深知道,无论走到哪里,这些故事都会永远陪伴着我;我深深相信,爱是我们共同的语言,爱是说不出的感谢;我深深明白,爱是每天多付出一点点,双手合十不在乎考验的力量。

(潘利供稿)

中国残疾人体育运动管理中心

一、领导讲话

张海迪在《2014年国际乒联残疾人乒乓球世界锦标赛秩序册》中的致辞

2014年9月2日

亲爱的朋友们：

你们好！

在这个美丽的秋天，我们迎来了2014年国际乒联残疾人乒乓球世锦赛。在此，我谨代表中国残疾人联合会、中国残奥委员会，欢迎朋友们来到中国，来到北京，一起分享这美好的时刻。

残疾人体育是一项全世界共同关注的、体现文明与进步的崇高事业，是一面高高飘扬的人道主义旗帜，它以独特的魅力和超越生命极限的不屈意志感动了无数人。中国政府高度重视残疾人体育事业的发展，一贯积极参与和举办各类国际残疾人体育活动，为推动世界残疾人体育的发展贡献力量。我相信，本次世锦赛在中国的举办，将促进中国残奥运动的深入发展，也将进一步促进残奥乒乓球项目快速发展，吸引更多的残疾人参与体育运动，享受体育带来的快乐，让生命在顽强的拼搏中放射出灿烂的光芒。

本次世锦赛的举办，凝聚着无数人的极大热情和奉献，我们要感谢所有为本次赛会做出努力和奉献的人们。亲爱的残奥乒乓球运动员们，这是属于你们的盛会，我衷心祝愿你们取得好成绩！

预祝本次世锦赛取得圆满成功！

鲁勇在体管中心中层干部会议上的讲话摘要

2014年10月12日

"在新的起点、新的征程中，推动残疾人事业不断迈上新的台阶"是中国残联六代会上高丽同志代表党中央、国务院致辞中明确提出的，是以习近平同志为总书记的党中央对做好新形势下残疾人工作做出的新部署，提出的新要求。这同今年3月21日习近平总书记致中国残疾人福利基金会成立30周年的贺信和5月16日习近平总书记接见第五次全国自强模范表彰大会代表时发表的重要讲话中的要求是同样的。

在新的征程中推进残疾人事业不断迈上新台阶，这其中也包括了残疾人体育事业不断迈上新台阶的明确任务。体育事业对残疾人事业的重要作用，朴方主席早就做过深刻的阐述。他说，残疾人体育运动从一开始就具有特殊意义，它超越缺陷，通过意志、技能、体能的较量，向生命的潜能挑战，展示残疾人的创造力和价值，同时促进康复、陶冶情操，增强生活的信心和勇气，推动平等参与社会生活。

为了更好落实中央领导同志的指示精神，更好地发挥体育对残疾人事业的重要促进作用，我们必须树立科学的残疾人体育发展观。进一步解放思想，开拓创新，大力推动包括健身体育、康复体育、竞技体育三方面任务在内的残疾人体育创新发展工作。努力让更多的残疾人享受体育服务、参与体育活动。而在这一过程中，体管中心将承担越来越重要的责任。

我们都知道，体管中心是伴随着筹办2008年奥运会而发展起来的。目前我们正在积极申办2022年冬季奥运会。以此为契机，我们要在不断巩固和提升我国夏季残疾人体育运动领先地位的同时，大力开拓和发展冬季残疾人体育运动。毋庸讳言，受各种条件限制和基础薄弱的影响，冬季项目还是我国残疾人体育项目的短板。今年我们参加索契冬奥会，取得了我国历史最好成绩。但是我们也只有10名运动员参加了比赛，取得的最好成绩是第4名。这和我国残疾人体育在夏季奥运会上取得的成绩之间的差距还十分明显。要在未来几年内取得显著的进步，需要我们付出更加艰苦的努力。在这方面体管中心也将肩负重要责任。

这些年来，在党组理事会的领导下，历届体管中心的领导班子带领全体干部职工励精图治，为体管中心的选址、开工建设、运营管理、服务奥运、发展壮大，付出了艰苦的努力，取得了显著的成绩。体管中心从施工建设到为北京奥运会发挥重要作用，直到快速发展到今天这个水平，不过短短十来年的时间。正是在这十来年的时间里，同志们艰苦努力、奋勇拼搏，才使得我国残疾人体育事业迈上了一个大台阶，站在了面向未来、创新发展的一个新的起点上。特别是在这一过程中，培养了、锻炼了一支朝气蓬勃、务实肯干的年轻的干部队伍。在中国残联十几个直属单位里体管中心属于平均年龄比较年轻的。我们非常珍惜这支队伍，这是事业发展的宝贵财富，更是体管中心肩负起面向未来、推动残疾人体育事业创新发展的重要责任、繁重任务的中坚力量。我们要更加充分地发挥好这支队伍的积极作用，为大家在更宽广的舞台上施展才华、发挥作用，创造更加有利的条件，使那些想干事、能干事、能干成事的干部，干事有更大的空间，发展有更好的舞台。

大家知道，我们在创新发展的过程中付出了很多的努力。比如今年在开展国际合作领域方面有几步大棋。刚刚海迪主席成功当选了拥有百年历史、在世界7大残疾人组织中资格最老、影响力最大的康复国际主席。今后，我们也要通过这个平台，加强中国在这个领域的话语权。还有，李克强总理出访欧洲，在亚欧首脑会议上发表重要倡议。下周我们将派代表团出访意大利米兰，就是在亚欧首脑会议这个框架下，关注残疾人事业合作交流和发展。我们联合了亚欧几个重要国家，要成立亚欧首脑会议框架下的残疾人事务合作交流机制；力争明年在中国首次举办亚欧首脑会议框架下残疾人合作交流发展的高级别会议，把海上丝绸之路、丝绸之路和亚欧53个国家之间的合作交流，特别是在残疾人领域里的合作，打开一个新局面，创造新起点。在下个月即将举办的APEC领导人会议，新增的唯一一个议题和活动就是APEC领导人残疾人边会。我们将利用APEC建立起来亚太残疾人合作交流机制。当然，其中还将组织参观体管中心。今后在亚太残疾人的合作中，在康复国际合作中，在亚欧首脑会议框架下，我们都要加强这些高级别的合作活动。而这些，就需要我们更多地去推动，体育事业的发展也是如此。

二、工作综述

2014年是体管中心强化基础管理、搞好重大赛事承办与国家队集训组织保障、搞活运营开发、创启"二次创业"氛围的一年。体管中心紧紧围绕中国残联的重点工作部署，主要开展了以下工作。

（一）以两项世锦赛为亮点，组织承办好国际、国内残疾人体育赛事

1. 成功举办国际乒联残疾人乒乓球世锦赛、硬地滚球世锦赛、中国残疾人田径公开赛暨国际残奥委会田径大奖赛北京站、国际残奥委会亚洲轮椅舞蹈邀请赛等4项国际赛事，参赛国家和地区共计59个，参赛规模总计2000余人。

（1）2014年国际乒联残疾人乒乓球世界锦标赛

由国际乒联批准，中国乒乓球协会、中国残奥委员会主办，体管中心承办的2014年国际乒联残疾人乒乓球世界锦标赛于9月6日至15日在体管中心举行，来自45个国家和地区的310名运动员参加了36个小项的比赛，赛事总规模达700余人，规模为历届最大。世锦赛是残奥乒乓球项目的世界顶级赛事，自2010年以来，我国每年举办一次残疾人乒乓球国际赛事，此次是我国首次承办残奥会项目世锦赛，是我国残疾人体育国际影响力和国际赛事组织能力的集中体现。中国残联对赛事组织筹备工作高度重视，中国残联主席、中国残奥委员会主席张海迪担任赛事组委会主席，并在比赛秩序册上发表致辞；中国残联理事长、中国残奥委员会执行主席鲁勇出席开幕式，宣布比赛开幕，并为赛事赞助企业颁发牌匾；中国残联副理事长、中国残奥委员会副主席王梅梅在开幕式上致辞。在中国残联有力指导、体管中心精心组织、支持单位大力配合和社会各界广泛关注下，赛事圆满完成了竞赛组织、大型活动、宣传推广、食宿保障、交通安全、志愿服务等各方面工作。

在赛会组织方面规范有序。组织了热烈的开幕式，中国残疾人艺术团的精彩演出给各参赛队留下了深刻印象。布置了5个场馆8000多平方米的场地及功能区，组建了技术代表、裁判长、球拍检测师、兴奋剂检测官、分级师等共82人的技术团队，完成了680场比赛的裁判、740个球拍检测、22例兴奋剂检查。有百余名志愿者参与了比赛志愿服务。比赛共产生金牌36枚、奖牌144枚，其中中国派出29名运动员参加26个小项的比赛，获得14枚金牌、8枚银牌、5枚铜牌。此外，举办高级裁判员培训班和国际乒联工作会，分别有15名裁判员和15名参会代表参加。接待22个国家270人进行赛前适应性训练。

在宣传推广方面取得新突破。中央电视台对比赛进行了一个半小时的直播、两个小时的录播，开创了残疾人体育单项比赛电视转播的先河；在赛事官方网站上面向全球进行了68个小时的全程网络直播。首次设立赛事媒体中心，发挥了新闻信息枢纽作用，采访运动员176人次，拍摄赛事图片1万余张，录制留存视频资料44小时；在赛前举办了媒体通气会；16家新闻媒体在比赛期间现场采访，90余家媒体发布新闻共130篇次。14家企事业单位为赛会提供赞助，多家单位提供志愿和保障服务，为推动社会资源支持残疾人体育工作积累了宝贵经验。

赛事的成功举办得到了国际组织和参赛各国的广泛好评。国际乒联残奥部副主席万斯皮鲁特在开幕式致辞时充分肯定赛事的各项准备工作，称赞中国对于推动世界残疾人乒乓球运动的执着追求，为全世界树立了学习的榜样。赛后国际乒联向组委会颁发了优秀组织奖。

（2）2014年硬地滚球世界锦标赛

由国际硬地滚球协会批准、中国残奥委员会主办、体管中心承办的2014年硬地滚球世锦赛于9月22—27日在体管中心举行。此次比赛是残奥硬地滚球单项的世界顶级赛事，也是2016年里约残奥会的资格赛，中国残联主席、中国残奥委员会主席张海迪担任赛事组委会主席。来自31个国家和地区的171名残疾人运动员参加了7个小项的比赛，赛事总规模约500人。其中，中国派出了8名运动员参赛，获得了1枚银牌和1枚铜牌。

由于硬地滚球运动员残疾程度较重，此次比赛以凸显人文关怀为特色，在交通、住宿、餐饮、场地等各项服务保障方面以及配套文化活动上进行了精心安排。竞赛结束后，举行了隆重的闭幕晚宴，为每位运动员发放了有中国特色的纪念品，并举行了有奖游戏活动，使重残运动员感受到温馨和欢乐。国际硬地滚球协会主席大卫·哈德菲尔德在闭幕晚宴上致辞，对比赛的组织工作表示高度赞许，评价"这是一次杰出的赛事"，并向组委会颁发了"成功组织奖"。

2. 成功举办全国残疾人田径锦标赛、全国轮椅篮球锦标赛暨九运会预赛、全国聋人篮球锦标赛暨九运会比赛、全国硬地滚球锦标赛等4项国内单项赛事，总计2600余人参赛。

（二）发挥国家级训练基地职责，为国家队参加国际比赛提供保障服务

承担包括索契冬季残奥会、仁川亚洲残疾人运动会在内的国际残疾人体育赛事国家队集训、集结任务18次，共231天、509人次，为国家队提供技术支持和保障服务。体管中心承担了亚残运会三分之一项目的集训任务，集训期间严格做好训练管理和保障、生活服务和食品安全管理，增加了运动恢复手段，举行了反兴奋剂宣誓仪式和讲座，组织了营养讲座、中秋节慰问等休闲文化活动，圆满完成集训管理保障工作和代表团出发、返程集结工作。集训运动员在亚残运会上取得的金牌占代表团金牌总数的50%，为我国继续保持领先地位做出了贡献。

全年办理出访团组19个、608人次，承担了运动员国际注册、报名报项、出访手续、赛后成绩统计、里约残奥会和仁川亚残运会资格指南翻译和出访装备（12039件套）配发等支持工作；派遣了49人次作为团组负责人、翻译、工作人员、教练员等随团出访，为参赛工作提供服务。全年完成残疾人运动员兴奋剂自查106例，确保在国际赛场上干干净净参赛。

（三）做好残疾人体育业务基础技术管理工作

完成了第九届全国残运会2135名运动员注册公示、19个运动项目288名运动员技术等级申报初审、2570名运动员分级等工作，并对24个运动项目约6000人次的分级信息进行了整理录入，为开展相关工作进行了基础审核，提供了统计数据支持。举办了3个项目的国内或国际裁判员培训班；成功申报"残疾人体育管理组织体系"科研项目，并被列为中国残联重点科研课题。

组织专家设计编订了轮椅乒乓球、轮椅篮球、轮椅驱动方法技能、轮椅徒手操、轮椅哑铃操等健身项目和方法，开展了有关项目康复健身训练营。与中国残联体育部和中央电视台拍摄、制作了健身项目教学光盘，拓宽普及渠道。

（四）以承担国家任务为责任担当，配合2022年冬季残奥会申办工作

在中国残联的领导下完成了2022年冬季奥运会申办报告残奥专章的撰写，并派员赴奥申委工作。此外，为迎接国际奥委会评估团来京考察，配合撰写了现场陈述稿和备答题库。

针对国内冬季项目资料不系统的现状，组织翻译了高山滑雪、单板滑雪、越野滑雪、冬季两项、冰橇冰球、轮椅冰壶等6个项目竞赛规则、分级规则等技术资料，英文原文20万字；撰写了6个项目的历史延革、项目特点、场地器材以及北京申办2022冬残奥会比赛场馆等方面的简要介绍，中文约1.5万字，用于冬季残奥项目的普及宣传。这些技术工作，为促进冬季项目在我国的普及和振兴提供了基础支撑。

（五）探索体育教育和人才培养模式，扎实推进与北京体育大学合作办学的工作落地

中国残联党组、理事会高度重视优秀残疾人运动员就学工作，将体管中心与北京体育大学合作办学列为中国残联2014年的主要工作之一，利用体管中心的设施、设备等基础条件，积极探索残疾人体育教育和人才培养新模式，推进优秀残疾人运动员进入高等学校学习。

中国残联党组书记、理事长鲁勇，副理事长王梅梅等亲自协调有关方面，推进优秀残疾人运动员招生有关政策的出台和合作办学意向的达成。同时，体管中心与北京体育大学积极进行协商沟通，具体推进合作办学各步骤环节和保障条件的落地。体管中心与北京体育大学

共建教育实践基地已于2014年12月挂牌；2015年北京体育大学优秀残疾人运动员单招免试入学试点工作取得积极进展。

（六）以亚太经合组织（APEC）活动接待为重点，展现残疾人事业和残疾人体育对外交流展示窗口的形象

圆满完成APEC残疾人主题活动参会代表到体管中心参观互动的组织接待工作。参会代表参观了体管中心场地设施，并与残疾人乒乓球、盲人门球、轮椅篮球和特奥项目的运动员进行互动，对残疾人体育项目进行体验。此外，体管中心承接了"澳门合作项目"交流活动，接待了阿联酋残疾人国家队赛前集训以及6批境外组织152人次的参观交流，起到了较好的对外交流和展示作用。

承接了国家机关工委主办的"公仆杯"乒乓球赛等政府机关体育活动、马布里篮球训练营、CAAU全国青少年篮球赛、中国足协甲级联赛、软式垒球训练营等有影响力的社会体育活动以及多项政府机关会议，以资产运营、服务社会为手段，向社会宣传和展示残疾人体育，取得了较好的效果。

（七）以"二次创业"为出发点，制定体管中心发展战略规划和内设机构优化方案，开展能力建设基础性工作

为了贯彻落实中国残联对体管中心提出的创建"五个中心"、推动"三个体育"的要求，实现体管中心"二次创业"的发展目标，2014年11月制定了发展战略规划及配套机构设置方案。规划明确了发展体制机制和定位，创新业务模式，调整发展方式，确定了近、中、远期发展目标，以人才建设支撑事业发展，推动体管中心担负起残疾人体育"国家队"、"领航员"的职责和使命。

本着为战略目标布好局、打基础的出发点，从2014年11月至2015年3月实施了能力建设基础性工作，分别成立18项（类）工作组进行业务攻关，开展系统性工作，促进了"二次创业"氛围的初步形成，取得了调研规划类、标准规范类、产品工具类、科研课题类、基础管理提升类等阶段性工作成果，为体管中心机构调整和发展战略规划组织实施进行了系统全面的前期准备。中国残联主席张海迪和党组理事会领导对此项工作高度关注，在工作总结报告上做出批示，予以肯定和支持。

三、大事记

1月17日，马布里训练营开放日活动在体管中心举行，北京金隅队的明星球员斯蒂芬·马布里参加，与体管中心和北京轮椅篮球队开展了互动活动，北京轮椅篮球队赠予马布里"荣誉球员"的称号。

3月11—14日，由中国残联、中国残疾人福利基金会、澳门特别行政区政府联合主办，体管中心承办的澳门合作项目2014年两地特奥家长交流活动在体管中心举行。来自澳门特奥会的特奥运动员、家长等19人参加，与北京市特奥家庭支持联络网负责人和内地的健康计划专家进行座谈研讨，并参观了多个智障人士特殊教育、就业指导、机能康复等服务机构。

4月3日，北京体育大学党委副书记、常务副校长池建应邀访问体管中心，与中心主任李晞、副主任杨金奎、主任助理李冬庭等座谈，双方就合作方向及方式交换了意见。李晞表示，与北京体育大学开展合作是中国残联新一届党组、理事会为拓宽中心业务、促进中心发展提出的一条发展之路，为残疾人体育发展注入新的活力，中心将与北体大紧密合作，共同就教育等方面的合作项目开展可行性研究论证。

4月14日，2014年国际乒联残疾人乒乓球世锦赛媒体通气会在体管中心举行，赛事组委会副主任、体管中心主任、中国残奥委员会副秘书长李晞向新闻媒体介绍了世锦赛基本信息和筹备情况。

4月14—16日，第二届中国残疾人田径公开赛暨2014年国际残奥委员会田径大奖赛（北京站）在体管中心举行，这是2014年度国际残奥委员会8站田径分站赛中的第2站，来自16个国家和地区的163名运动员参加了130个小项的比赛，并首次设置了智力残疾组项目。中国派出51名运动员参赛，获得70枚金牌、31枚银牌、8枚铜牌。中国残联副理事长王梅梅到场观看比赛并颁奖。比赛同期还举办了国际残奥委员会田径分级培训班和全国残疾人田径项目技术人员培训班。

4月15—16日，国际硬地滚球协会亚执委、香港残奥委员会秘书长林俊英，2014年硬地滚球世锦赛技术代表梁艳芬访问体管中心，就中心申办2014年硬地滚球世锦赛进行考察，并受国际硬地滚球协会主席委托与中心签署了世锦赛举办协议。中心主任李晞，副主任杨金奎，主任助理郑桂华、李冬庭等出席会见。

4月17日，中国残联党组书记、理事长鲁勇到北京体育大学就加强残疾人体育合作进行座谈。北京体育大学党委书记、校长杨桦，副校长池建、谢敏豪、刘大庆、胡扬，中国残联党组成员、副理事长王梅梅，中国

残联体育部主任赵素京，体管中心主任李晞等一同座谈。在座谈中鲁勇指出，体育是促进残疾人康复健身、克服障碍、融入社会、影响和改造社会的重要载体，中国残联希望与北京体育大学加强合作，在促进残疾人自强健身、提高竞技体育运动水平、积极参与国际残疾人体育合作和交流、加强残疾人体育人才培养、科研攻关等方面优势互补，充分利用中国残疾人体育运动管理中心设施、设备的基础条件，探索残疾人体育教育和人才培养新模式，促进残疾人体育和残疾人事业的发展。杨桦表示，支持残疾人体育发展是拓展北京体育大学服务发展社会事业的重要载体，北京体育大学将积极参与、推动残疾人体育学科建设、人才培养和科研攻关，充实和发挥北京体育大学的社会服务职能。

4月29日，印度青年与体育部秘书长沙朗和克迪亚一行参观考察体管中心，旨在借鉴经验，以利建设印度政府批准建立的残疾人运动员专用训练中心。中心主任李晞、主任助理李冬庭等会见沙朗和克迪亚一行并与之座谈。双方表达了进一步开展残疾人体育交流的愿望。

5月6—14日，全国残疾人田径锦标赛在体管中心举行，来自全国30个省、自治区、直辖市以及新疆生产建设兵团和香港特别行政区的32支代表队、764名运动员参赛，与历届相比规模最大，并首次设置智力残疾组比赛。比赛共产生226金、198银、173铜，3人超3项世界纪录，18人破18项全国纪录。中国残联副理事长、比赛组委会主任王梅梅出席开幕式。

5月19—28日，全国轮椅篮球锦标赛暨全国第九届残运会暨第六届特奥会轮椅篮球预赛在体管中心举行，来自全国16个省、自治区、直辖市的15支男队和12支女队、296名运动员参赛。中国残联副理事长、比赛组委会主任王梅梅出席开幕式。

6月4—10日，全国硬地滚球锦标赛在体管中心举行，来自7个省市的代表队、43名运动员参加了6个小项的比赛。同期举办硬地滚球国际裁判员培训班，来自6个国家和地区的41名裁判员参加培训并获得相应认证。

7月4日，体管中心召开了"新时期残疾人体育组织体系与运作机制研究"课题研讨会。该课题是中国残联2014—2015年度重点科研课题，也是体管中心第一次承担中国残联科研项目。中心主任、课题负责人李晞，中心副主任杨金奎，副主任董学模，主任助理李冬庭及其他课题组成员参加研讨。北京体育大学任海教授、北京大学人口研究所张蕾副教授应邀参会做专题指导。

7月4—7日，国际残奥委员会亚洲轮椅舞蹈邀请赛在体管中心举行。此次比赛由国际残奥委员会轮椅舞蹈技术委员会批准，中国残奥委员会、国际残奥委员会亚洲轮椅舞蹈运动中心（香港）主办，中国残疾人体育运动管理中心承办，是亚洲地区举办的第一个由国际残奥委员会认可的轮椅舞蹈赛事。来自8个国家和地区的57对选手参加了拉丁舞和标准舞类别7个项目的竞赛和5个表演项目的展示。中国残联副理事长、赛事组委会主任王梅梅，国际残奥委员会轮椅舞蹈协会主席安德森，亚洲轮椅舞蹈运动中心主席刘少凡，中国残联体育部主任赵素京，体管中心主任李晞等出席开幕式。王梅梅在开幕式致辞中表示，愿与国际残奥委员会亚洲轮椅舞蹈运动中心（香港）携手，共同推动轮椅舞蹈项目在亚洲地区的普及开展，让广大残疾人与健全人平等共享体育舞蹈之美。

7月8—12日，国际特殊奥林匹克东亚区高级田径教练员培训班在体管中心举行，来自6个国家和地区的20名教练员参加。

7月22日—10月11日，根据中国残联2014年亚洲残疾人运动会集训工作安排，体管中心承担田径轮椅竞速、游泳、举重、硬地滚球、轮椅篮球、射箭等6个项目集训队共101人的集训工作。7月30日体管中心召开集训工作动员大会，中心领导班子全体成员、相关部门负责同志和集训队全体人员等参会，公布了有关管理制度和各项服务保障安排。

8月1—2日，体管中心2人受邀参加第十三届亚洲适应体育与运动论坛。此次论坛有来自中国、日本、韩国、中国香港、中国台湾地区的80余名学者参加。体管中心有四篇论文入选，其中一篇入选专题报告。

9月7—14日，国际乒联残疾人乒乓球世锦赛在体管中心举行。

9月22—27日，硬地滚球世锦赛在体管中心举行。

9月29日—10月13日，体管中心承接了仁川亚残会阿联酋代表团6个项目共83人的赛前集训，发挥了体管中心作为亚洲残奥委员会残疾人体育训练中心的作用。

10月9日，仁川亚洲残疾人运动会中国残疾人体育代表团在体管中心举行新闻发布会，宣布成立。中国残联副理事长、中国残奥委员会副主席、代表团副团长王梅梅出席发布会并介绍情况。会后，新闻媒体记者对在体管中心集训的各运动队进行了现场采访。

10月12日，仁川亚洲残疾人运动会中国体育代表团在体管中心召开赛前动员大会。中国残联理事长、中国残奥委员会执行主席鲁勇，国家体育总局副局长、中国残奥委员会执行主席冯建中等出席会议并讲话，代表团全体人员参会。

11月6日，中国残联党组书记、理事长鲁勇与北京体育大学党委书记、校长杨桦，党委副书记、副校长池建等领导及相关部门负责人就在残疾人体育领域进一步合作进行了会谈。中国残联党组成员、人事部主任相自成,体育部、人事部、体管中心负责同志等参加会谈。鲁勇在会谈中指出,完善残疾人体育领域与北体大的合作机制,推动体育和教育公益事业的发展,在全国具有重要的示范和带动作用。借助北体大在科研、教学等方面的资源优势和国际影响,有利于提升我国残疾人体育人才培养的专业化水平,增强我国残疾人体育事业的国际影响力。他强调,双方合作办学工作关键在于落实,应尽快制定具体实施计划,列出各项工作的时间节点,加强工作成效和推进力度。双方就下一步具体工作进行了深入沟通和交流,达成了广泛共识。

11月10日,亚太经合组织第二十二次领导人会议周期间,残疾人主题活动参会代表参观体管中心并与残疾人运动员互动。

11月14—23日,全国聋人篮球锦标赛暨全国第九届残运会暨第六届特奥会聋人篮球比赛在体管中心举行,来自22个省、自治区、直辖市和香港特别行政区的42支代表队参赛,其中男、女队各21支,运动员477名,参赛省份覆盖面和参赛规模均创历史新高。中国残联副理事长、中国聋人体育协会执行主席、赛事组委会主任王梅梅,体管中心党委书记、赛事组委会副主任吴竞军,中心主任、组委会副主任李晞等出席开幕式。中国残联体育部主任、组委会副主任赵素京为获得团体总分前八名及"体育道德风尚奖"的代表队和裁判员颁奖。

11月—2015年3月,实施能力建设基础性工作。

12月2—6日,由中国残联主办、体管中心承办的残疾人康复体育训练营举行,来自中西部地区的6个省、自治区的42名学员参加。此次训练营是为中西部地区培养残疾人体育健身指导人才的一项重要举措,旨在促进残疾人体育与康复训练的有机结合,提高残疾人科学健身服务水平。

12月12日,以国际残奥委会执委会成员、韩国国会议员罗卿瑗女士为团长的韩国残奥委会代表团一行到体管中心参观考察,中心主任李晞、主任助理李冬庭等会见并座谈。双方就残疾人体育发展情况进行了交流。

(何帆供稿)

中国残联就业服务指导中心

一、领导讲话

中国残联副理事长、全国盲人医疗按摩人员考试委员会主任委员程凯在2014年全国盲人医疗按摩人员考试工作会议上的讲话:完善创新,推动盲人医疗按摩事业不断取得新进步　2014年4月18日

一、严格规范,创新发展,盲人医疗按摩工作取得新进步

2013年,在国家卫生计生委、中医药管理局和人力资源社会保障部等相关部门的直接领导和大力支持下,在各级残联的共同努力下,盲人医疗按摩工作取得了新的进步,突出体现在:

——考试工作水平进一步提升。去年,全国考委会

图7-8-1　程凯在2014年全国盲人医疗按摩人员考试工作会议上讲话。

办公室和各地按照"严肃、严格、严密、严谨"的工作要求,抓重点环节,抓管理规范,抓督查落实,进一步提升了考试工作水平。在报名资格审核中,要求严

格，措施细致，经过分级审核，层层把关，最终有112人没有通过报名审核，严格报名资格审核措施得到了有效落实。在保密室建设方面，各地自建的保密室取得了专业的合格认证，租借的保密室也达到了国家级考试保密要求。考试考务人员、考官执考能力进一步提高，"两支队伍"建设得到加强。考试组织实施规范有序，安全保密措施周密细致，考试任务圆满完成。

——**考试模式实践创新**。实践技能考试是国家医学考试评价体系中的重要一环，是评价考生临床操作能力的重要手段。在实践技能考评中不可避免会有人为因素影响考评的客观公正，出现"人情分"、"把握标准不一"等情况。因此，实现实践技能考评的客观化，体现公平公正，是提升考试工作水平的一项重要任务。首次全国统一考试后，全国考试委员会主动探索客观化考评的技术和方法，最终选择"按摩穴位智能化测试系统"和"按摩手法三维力学测试仪系统"作为客观化的考评手段。去年，在北京、江西两个考试辖区的实践技能考试中试点应用，取得了很好的成效，积累了宝贵的经验，为2014年扩大实践技能客观化考试规模打下了基础。

面对符合报名条件，但在盲文摸读上存在特别困难的盲人参加考试的诉求，全国考委会积极探索无障碍化考试的新技术、新模式。经过充分的调研和论证，确立了以计算机化考试为基础的无障碍化方式。去年，在国家医学考试中心的大力支持下，已着手在国家医师资格计算机化考试系统的基础上进行研发和无障碍化改造。目前，考试系统的研发和测试工作已基本完成，今年我们将开展首次计算机化考试试点工作。这不仅是为盲人朋友提供起点公平、机会公平下的又一种无障碍化考试模式，更是残联履行服务职责，认认真真为残疾人朋友办的实事。

——**资格审核工作全面开展**。2013年，经过各地残联与当地卫生计生委、中医药管理部门的多方协调，除西藏以外的30个省、自治区、直辖市全部成立了资格审核领导小组，出台了实施细则，明确了职责分工，全面开展了盲人医疗按摩人员从事医疗按摩资格证书审核管理工作。这项工作的开展，确立了盲人医疗按摩人员合法进入医疗机构执业的资格标准，是建立完善盲人医疗按摩管理体系、全面推动盲人医疗按摩教育及就业的又一重要保障。

截至2013年年底，通过各级残联的严格审核，全国共有5758名盲人取得了盲人医疗按摩人员从事医疗按摩资格证书。这是各级残联高度重视、积极工作的成果，进一步扩大了盲人医疗按摩的社会知晓度和影响力。

——**多渠道促进盲人医疗按摩人员就业**。2013年，各地残联积极协调当地卫生计生委、中医药管理、发改委等部门，采取多种形式拓宽了盲人医疗按摩人员就业渠道。石家庄市残联新建了按摩专科医院，河南省残联已立项建设按摩专科医院，江苏、青海等省残联也正在筹备建立按摩专科医院，青海省残联与省卫生计生委联合印发了《关于做好盲人医疗按摩进医院进社区工作的通知》，截至目前，青海省二级以上医院已正式聘用了11名盲人医疗按摩人员。还有一些省份和地区正在积极协调政策，采取措施，促进盲人医疗按摩人员进入社区卫生机构实现就业。

——**医疗按摩继续教育成效显著**。为贯彻落实《盲人按摩工作"十二五"实施方案》，保障盲人医疗按摩人员专业水平和素质，中国残联适时启动了继续教育试点工作，参照国家中医药人员继续教育相关规定，从2012年下半年始至2013年年底止，已在21个省、自治区、直辖市举办了国家级继续教育培训班，共24期，2988人接受了培训，取得了国家中医药继续教育学分，占取证人数的51.9%。部分省市按照《省级盲人医疗按摩继续教育科目指南（试行）》的要求，组织开展了省级盲人医疗按摩继续教育，取得了省级中医药继续教育学分。试点工作为下一步制定《盲人医疗按摩继续教育暂行规定》、规范开展继续教育探索了方法，积累了经验，也为"资格证书"首次年审工作创造了条件。

二、开拓进取，精益求精，确保盲人医疗按摩人员考试再上新台阶

2014年，要扩大实践技能客观化考试规模，还要首次举办计算机化试点考试，工作新，环节多，要求高，任务重，对我们来说是一个不小的挑战。全国考委会办公室和各地要全力做好以下几个方面的工作：

（一）**高度重视，保障到位**。我们已经组织实施了多次全国统一考试，各考试辖区熟悉了考试考务规程，积累了考试工作经验，取得了很大的成绩。同时我们也应该看到，个别地方对考试工作的重视程度有所下降，部分工作人员或多或少存在懈怠情绪，这些问题有可能影响今后考试工作的顺利开展。2014年，在原有考试工作的基础上还要开展计算机化试点考试和实践技能客观化考试这两项新工作，更容不得我们有一丝的松懈和麻痹。因此，各地残联要高度重视考试工作，积极协调各部门力量，切实保障工作经费，调配充足人员，把每项工作做到细处，落实到实处。

（二）**切实履责，抓住考试工作关键点**。严格的报名资格审核、严密的安全保密措施、过硬的"两支队伍"素质和规范的考务工作流程是决定考试成败的关键点。抓住关键点，切实履责，是做好考试工作的根本。全国考委会办公室要认真总结分析历年报名工作出现的问题，针对报名材料可能有作假的情况，细化审核措施，明确审核要求。各考试辖区要继续把握报名资格审核的重点，严格按照报名工作的要求，堵住审核漏洞，按时保质地完成报名工作任务。各地要在保密室规范化建设的基础上，不放松各个环节的制度化管理，必须要有"底线"意识，做到细节百无一漏，确保安全万无一失。各地要一以贯之地重视考务人员、考官"两支队伍"的建设，认认真真地组织培训，实实在在地提升人员的素质，而不是走过场。各地还要按照考务工作流程精心组织考试，严谨细致，规范有序，确保考试顺利进行。

（三）精心准备，认真组织实施实践技能客观化考试。2014年，全国有近一半的考试辖区要组织实施实践技能客观化考试。因此，各地要根据全国考委会的要求，制定严密的客观化考试安全保密措施和考务工作流程，要培训建立全新的考试设备操作员和考官队伍，要培训考生熟悉考试设备的应用，更要确保考试设备及时安装调试到位，满足考试需要。全国考委会办公室要全面收集整理分析两种考试模式下的考评数据，经专家充分论证，在确认客观化考试设备考评具有较高的科学性与客观性后，在今后的考试中全面推广应用。

（四）科学设计，全力完成首次计算机化试点考试。计算机化考试是为盲人朋友提供的又一种全新的无障碍化考试方式，是盲人朋友期盼已久的好事和实事，要把好事和实事做好。全国考委会办公室要根据盲人朋友的特殊需求对考试系统进行优化和完善，建立一套无障碍的、适合盲人朋友的、易用和界面友好的考试系统。要举办有考生参加的模拟考试，确保考生能够熟悉掌握考试系统。要制定严格细致的计算机化考试安全保密措施、考务工作方案和应急预案，保障计算机化试点考试安全有序进行。考试期间，还要做好与北京考试辖区的沟通协调和衔接配合，明确任务目标，责任到人，全力完成计算机化试点考试。各地要积极支持计算机化考试的试点工作，要制定参加计算机化模拟考试和试点考试的工作方案，按要求做好保障和配合工作，保证考生考试期间和路途往返的安全。

三、完善管理，强化服务，推动盲人医疗按摩工作新发展

2014年是全国残联系统基础管理建设年。盲人医疗按摩人员管理体系虽然已基本建立，但仍需进一步完善相应管理制度，健全长效工作机制。我们要借基础管理建设年的工作契机，进一步出台管理细则，细化工作流程，进一步加大培训力度，加强人才队伍建设，进一步强化服务功能，加强扶持保障能力。

（一）落实政策，加大投入，切实促进盲人医疗按摩人员就业。中国残联经与国家卫生计生委、国家中医药管理局多次协调、沟通，于2014年1月会签下发了《关于盲人医疗按摩人员执业备案有关问题的通知》，对盲人医疗按摩人员执业备案做了明确的规定。文件的出台，从根本上解决了盲人医疗按摩人员执业备案问题，突破了进入医疗机构执业的最后一道政策关口。

"备案通知"的印发，充分体现了党和政府对广大盲人朋友的关心和对残疾人事业的支持，对于加强和规范盲人医疗按摩管理、促进盲人就业、推动盲人医疗按摩事业健康发展，具有重要作用，是盲人医疗按摩工作取得新进展的又一显著成绩。

2014年，各地要在总结工作经验的基础上，积极协调当地卫生计生委、中医药管理部门、人力资源社会保障部门，落实盲人医疗按摩人员执业备案等相关政策，开发盲人医疗按摩岗位，制定本地区盲人医疗按摩机构开办、执业管理的相关规定，提升对人员、机构的管理和服务能力，促进盲人医疗按摩人员就业。根据中国残联"既要有继承延续的工作安排，也要有改革创新的实际举措"的工作要求，有条件的地方要争取开办按摩专科医院，集中安排盲人就业，同时各地要协调有关部门制定政策，安排盲人医疗按摩人员进入社区卫生服务机构就业，要支持盲人开办盲人医疗按摩所。

（二）严格审核，强化服务，进一步规范资格证书管理。盲人医疗按摩人员从事医疗按摩资格审核及证书的发放管理工作是中国残联受卫生行政及中医药管理部门委托，为盲人医疗按摩人员进入医疗机构执业而开展的一项资格审核工作，事关盲人医疗按摩人员队伍质量，事关盲人医疗按摩人员及患者双方的合法权益，事关盲人医疗按摩人员考试的严肃性。

2014年，将对发放的《盲人医疗按摩人员从事医疗按摩资格证书》进行首次年审，各地要按照"资格证书管理办法"、"继续教育试点工作的通知"和"省级科目指南（试行）"的规定要求开展资格证书的年审工作，要确保年审质量。同时，尚未开展国家级继续教育试点工作的地方，要尽快安排计划组织开展；尚未开展省级继续教育试点工作的省份，要根据要求，积极协调当地卫生计生委、中医药管理部门，全面开展省级盲人医疗按摩继续教育培训，以免出现盲人医疗按摩人员不符合"资格"年审条件或影响晋升职称的问题。

（三）认真总结，充分论证，建立盲人医疗按摩继续教育制度。建立盲人医疗按摩继续教育制度是完善盲人医疗按摩管理体系的重要一环，是建设盲人医疗按摩人员队伍、加强人才培养的必然要求，是提升盲人医疗按摩医疗服务质量的重要保障。中国残联将协调相关部门加快制定出台《盲人医疗按摩继续教育暂行规定》。各地在与相关部门协调安排继续教育计划时，要总结试点工作经验，加大调研力度，掌握盲人医疗按摩人员的

需求，体现规范和专业要求，重视可操作性和针对性，切实完善工作制度，健全工作机制。

同志们，2014年盲人医疗按摩工作目标清晰，任务明确，让我们以更加昂扬的精神状态和更加务实的工作作风，创新实干，把盲人医疗按摩事业推向新的高度。

鲁勇在西部部分省市残疾人就业工作座谈会上的讲话摘要

2014年8月31日

图7-8-2 鲁勇在座谈会上讲话。

残疾人就业是残疾人奔小康的必由之路，要实现同步小康的目标，就要把就业摆在一个突出的地位来抓。真正把残疾人工作做好，一是要坚持"兜住底、补短板、保基本、广覆盖"，二是要帮助残疾人就业、增收。

政府有关部门已经出台了很多促进残疾人就业的相关政策，我们要从政策引导、贯彻落实方面下大力气，毫不放松、绝不动摇。同时，党的十八届三中全会强调市场在资源配置方面起决定作用，我们要以改革创新的精神去探索如何更好地促进残疾人就业。

二、政策法规文件

关于盲人医疗按摩人员执业备案有关问题的通知

国中医药医政发〔2014〕2号

各省、自治区、直辖市卫生计生委（卫生厅局）、中医药管理局、残疾人联合会，新疆生产建设兵团卫生局、残疾人联合会：

根据《盲人医疗按摩管理办法》《盲人医疗按摩人员从事医疗按摩资格证书管理办法》规定要求，现就盲人医疗按摩人员执业前备案有关问题通知如下：

一、盲人医疗按摩人员在医疗机构执业前，应由医疗机构统一持《盲人医疗按摩人员执业备案申请审核表》（见附件）一式3份、《盲人医疗按摩人员从事医疗按摩资格证书》原件及复印件、身份证及残疾人证原件及复印件、二甲等级以上医院（含二甲等级医院）的体检证明原件、医疗机构聘书、2寸免冠照3张、医疗机构执业许可证副本复印件到医疗机构所在地卫生计生行政部门或中医药管理部门备案。

二、县级以上卫生计生行政部门或中医药管理部门审核通过后在"资格证书"备注一栏签署"同意盲人医疗按摩人员备案"字样及起始日期，加盖公章确认。审核未通过者，应给予书面说明。备案后由医疗机构将《盲人医疗按摩人员执业备案申请审核表》1份送至县级残疾人联合会存档，县级残疾人联合会负责将备案信息统一录入盲人医疗按摩人员管理系统。

三、盲人医疗按摩人员更换执业地点时，属于原备案主管部门管辖的，无须再次申请办理变更手续；不属于原备案主管部门管辖的，应先到原执业医疗机构所在地卫生计生行政部门或中医药管理部门中止备案，再到新的执业医疗机构所在地卫生计生行政部门或中医药管理部门按照相关流程备案。卫生计生行政部门或中医药管理部门中止备案时，应在起始日期后面填写中止日期并加盖公章。

国家卫生和计划生育委员会

国家中医药管理局 中国残疾人联合会

2014年1月21日

关于做好盲人医疗按摩人员执业备案工作的通知

残联厅函〔2014〕21号

各省、自治区、直辖市残联，新疆生产建设兵团残联：

根据《盲人医疗按摩管理办法》《盲人医疗按摩人员从事医疗按摩资格证书管理办法》规定要求，国家卫生计生委、国家中医药管理局、中国残联于2014年1月21日联合印发了《关于盲人医疗按摩人员执业备案有关问题的通知》（国中医药医政发〔2014〕2号，以下简称"备案通知"），明确了盲人医疗按摩人员执业备案申请材料、流程等问题，从根本上解决了盲人医疗按摩人员执业备案问题。现就做好备案工作通知如下：

一、盲人医疗按摩人员执业前备案工作的质量，直接关系到众多盲人医疗按摩人员能否顺利就业。实现盲人高层次、稳定就业，是残联履行职责的重要方面，是促进盲人实现同步小康的重要举措。"备案通知"对盲人医疗按摩人员执业备案做出明确规定，是各有关部门维护盲人医疗按摩人员就业合法权益的重要依据。各级残联根据"备案通知"要求，加强领导，认真履行职责，加大宣传力度。2014年4月前，各地要制定贯彻落实"备案通知"的工作方案，完成工作布置，细化工作流程，设置专人负责，确保备案工作顺利开展。

二、各级残联要积极协调同级卫生计生和中医药管理部门，建立健全备案工作机制，明确职责分工，加强合作，做好衔接，齐抓共管，共同做好备案工作。

三、县级残联要做好对同级卫生计生、中医药管理部门备案后的申请表的及时建档、归档工作，相关备案信息要及时录入"盲人医疗按摩人员管理系统"，每6个月向卫生计生、中医药管理部门反馈一次相关执业备案信息。

备案工作中遇到的新情况和新问题要及时向中国盲人按摩指导中心反馈。

中国残联办公厅
2014年2月11日

关于印发《盲人医疗按摩继续教育暂行规定》的通知

残联发〔2014〕57号

各省、自治区、直辖市残联、中医药局，新疆生产建设兵团残联、卫生局：

为更好地提高盲人医疗按摩人员专业技术水平和综合素质，加强队伍建设，切实保障患者的健康权益，促进盲人医疗按摩事业的健康有序发展，根据《盲人医疗按摩管理办法》《盲人医疗按摩人员从事医疗按摩资格证书管理办法》等文件要求，中国残疾人联合会、国家中医药管理局制定了《盲人医疗按摩继续教育暂行规定》。现印发给你们，请认真贯彻执行。

中国残疾人联合会
国家中医药管理局
2014年8月28日

盲人医疗按摩继续教育暂行规定

第一章 总则

第一条 为提高盲人医疗按摩人员素质，继承发展医疗按摩特色优势，规范盲人医疗按摩队伍建设，推动盲人医疗按摩继续教育工作，加强盲人医疗按摩继续教育管理，根据《盲人医疗按摩管理办法》《全国专业技术人员继续教育暂行规定》《中医药继续教育规定》，并结合盲人医疗按摩实际情况，制定本规定。

第二条 盲人医疗按摩继续教育是继承发展中医推拿特色优势的重要举措，是盲人医疗按摩人员队伍建设的重要内容。盲人医疗按摩继续教育应当适应中医药事业、盲人医疗按摩事业发展和社会的实际需要。

第三条 盲人医疗按摩继续教育的任务是使盲人医疗按摩人员保持高尚的职业道德，继承、更新、补充、拓展专业知识和技能，不断提高专业技术水平，保障医患双方合法权益。

第四条 盲人医疗按摩继续教育的对象是，已取得《盲人医疗按摩人员从事医疗按摩资格证书》，并从事医疗按摩活动的盲人医疗按摩人员。

第五条 参加和接受继续教育是盲人医疗按摩人员的权利和义务。

第二章 管理与实施

第六条 盲人医疗按摩继续教育实行二级管理。中国残疾人联合会根据《盲人医疗按摩管理办法》规定负责全国的盲人医疗按摩继续教育规划、计划、管理和实施。省级残疾人联合会负责本地区的盲人医疗按摩继续教育规划、计划、管理和实施。

第七条 中国残疾人联合会成立盲人医疗按摩继续教育委员会，负责组织和指导全国盲人医疗按摩继续教育工作。其主要职能是：

（一）研究盲人医疗按摩继续教育的政策，提出盲人医疗按摩继续教育规划建议；

（二）制定盲人医疗按摩继续教育学分管理规定和国家级盲人医疗按摩继续教育项目管理规定；

（三）审定和公布国家级盲人医疗按摩继续教育项目，并对项目的实施进行指导、检查和评价；

（四）负责中国残疾人联合会国家级盲人医疗按摩继续教育基地的评审和业务指导；

（五）负责编制盲人医疗按摩继续教育科目指南；

（六）对各省、自治区、直辖市盲人医疗按摩继续教育工作进行业务指导；

（七）负责定期向国家中医药管理局汇总报送继续教育项目及学分证书发放情况。

第八条 省、自治区、直辖市残疾人联合会成立盲人医疗按摩继续教育委员会，负责组织和指导本地区盲人医疗按摩继续教育工作。其主要职能是：

（一）研究和提出本地区盲人医疗按摩继续教育规划建议；

（二）审定和公布省级盲人医疗按摩继续教育项目，对项目的实施进行指导、检查和评价；并向中国残疾人联合会盲人医疗按摩继续教育委员会推荐国家级盲人医疗按摩继续教育项目；

（三）负责本省、自治区、直辖市盲人医疗按摩继续教育基地的评审和业务指导；

（四）对本地区盲人医疗按摩继续教育工作进行业务指导；

（五）负责定期向同级中医药管理部门汇总报送继续教育项目及学分证书发放情况。

第九条 地（市）级残联负责贯彻落实上级残联的盲人医疗按摩继续教育计划和要求，组织实施本地区盲人医疗按摩继续教育活动。

第十条 盲人医疗按摩人员所在单位要有专人管理盲人医疗按摩继续教育工作，根据实际需要，组织本单位的盲人医疗按摩人员参加继续教育活动，为盲人医疗按摩人员参加继续教育活动提供必要的条件。

第十一条 盲人医疗按摩继续教育的实施主要依靠各级盲人按摩学会和中医药及盲人医疗按摩机构。鼓励各种形式的联合培训，提倡盲人医疗按摩人员就近、就地学习。

第十二条 各级残疾人联合会应当依托中医药及盲人医疗按摩临床、教育机构以及具备条件的其他机构，建立盲人医疗按摩继续教育基地，逐步健全和完善盲人医疗按摩继续教育实施网络。

第十三条 各级盲人按摩学会应当在盲人医疗按摩继续教育中发挥作用，在各级残疾人联合会的指导下，开展盲人医疗按摩继续教育研究、咨询和教学指导，并组织实施有关的盲人医疗按摩继续教育活动。

第十四条 盲人医疗按摩继续教育实施机构应当按照专兼职结合、以兼职为主的原则，建设盲人医疗按摩继续教育师资队伍，选聘具有中级及中级以上专业技术职称和丰富实践经验的专业技术人员担任盲人医疗按摩继续教育教师。

第十五条 盲人医疗按摩人员要积极主动地参加继续教育活动，服从所在单位的安排，接受继续教育考核；在学习期间享受国家和本单位规定的工资、保险、福利待遇；在接受继续教育后，有义务更好地为本单位服务。

第三章 内容和形式

第十六条 盲人医疗按摩继续教育的内容应当体现中医推拿学及盲人医疗按摩的特点，遵循继承与创新相结合的原则，学习中医推拿和盲人医疗按摩及相关领域的新理论、新技术、新方法、新信息，注重针对性、实用性和先进性。

第十七条 盲人医疗按摩人员应当结合本职工作，不断提高专业技术水平，按照相应要求，接受继续教育。

初级职称的盲人医疗按摩人员应当重点充实医疗按摩基础理论、基本知识，加强医疗按摩专业技能培训，培养独立从事医疗按摩工作的能力。

中级职称的盲人医疗按摩人员应当重点增新和拓展医疗按摩专业知识，完善知识结构，进一步提高中医辨证思维能力及医疗按摩专业技术水平。

高级职称的盲人医疗按摩人员应当重点学习中医推拿学科和相关学科发展的前沿知识和技术，提高医疗按摩继承与创新能力。

第十八条 盲人医疗按摩继续教育要坚持理论联系实际，充分考虑并满足盲人医疗按摩人员的特点和需求，按需施教，讲求实效，根据学习对象、学习内容等具体情况，采取培训班、进修班、研修班、跟师学习、学术讲座、网络教育、学术会议、业务考察、撰写论著以及有计划、有考核的自学等方式组织实施。

第十九条 盲人医疗按摩继续教育项目和盲人医疗按摩人才培养专项是实施盲人医疗按摩继续教育的重要形式。

第四章 登记、考核、评估

第二十条 对盲人医疗按摩人员接受继续教育实行登记制度。中国残疾人联合会负责全国盲人医疗按摩继续教育登记的管理，省级残疾人联合会具体负责本地区盲人医疗按摩继续教育的登记工作。地市级残疾人联合会是具体实施登记的单位；盲人医疗按摩继续教育项目主办单位负责授予学分和出具证明。

第二十一条 国家级盲人医疗按摩继续教育学分证书由国家中医药管理局和中国残疾人联合会监制，省级盲人医疗按摩继续教育学分证书由省级中医药管理部门和残疾人联合会监制。

第二十二条 盲人医疗按摩继续教育登记的内容包括盲人医疗按摩人员接受继续教育活动的项目名称、项目实施时间、项目实施形式、学时量和学分数、考核结果等基本情况，作为盲人医疗按摩人员接受继续教育的有效凭证和考核的重要内容。

第二十三条 对盲人医疗按摩人员接受继续教育的考核实行学分制。盲人医疗按摩人员参加继续教育活动所获继续教育学分每2年不少于25学分，其中国家级（Ⅰ类）30学时10学分，省级（Ⅱ类）90学时15学分。学分的计算和授予，按照中国残疾人联合会盲人医疗按摩继续教育委员会颁发的有关规定执行。

第二十四条 盲人医疗按摩人员参加继续教育活动，由继续教育活动主办单位负责考核，地市级残疾人联合会负责审核。考核、审核的具体办法由省级残疾人联合会根据中国残疾人联合会有关规定制定。

第二十五条 省级以上盲人医疗按摩继续教育委员会制定盲人医疗按摩继续教育评估指标，对地区、单位开展盲人医疗按摩继续教育的情况和效果进行评估，对继续教育实施机构举办盲人医疗按摩继续教育项目的质量进行评估。

第二十六条 省级残疾人联合会定期统计本地区盲人医疗按摩继续教育工作开展情况，上报中国残疾人联合会。

第二十七条 盲人医疗按摩人员接受盲人医疗按摩继续教育并获得规定的学分，作为《盲人医疗按摩人员从事医疗按摩资格证书》年审、专业技术职务晋升、聘任和执业再备案的必备条件之一。

第二十八条 对在盲人医疗按摩继续教育工作中做出显著成绩的单位和个人，给予表彰和奖励。

第五章 经 费

第二十九条 盲人医疗按摩继续教育所需经费实行政府、单位、个人等多渠道筹集，鼓励社会捐助。

各级残疾人联合会应当将盲人医疗按摩继续教育经费列入预算。盲人医疗按摩人员本人应当承担一定的费用。

第三十条 举办盲人医疗按摩继续教育活动，举办单位可根据国家有关规定合理收取费用，但不得以营利为目的，并接受有关部门的监督、检查。

第六章 附 则

第三十一条 省、自治区、直辖市残疾人联合会根据本规定，结合本地区实际，制定实施细则。

第三十二条 本规定由中国残疾人联合会负责解释。

第三十三条 本规定自发布之日起施行。

三、工作综述

2014年是深入贯彻中国残联"六代会"精神，加快实现残疾人同步小康步伐的开局之年。各级残疾人就业服务组织辛勤工作、开拓创新，扎实提升服务能力，全年实名培训109万残疾人，城镇新增就业23.6万人，圆满完成了年度任务目标，残疾人就业服务工作取得了新的进步。

（一）进一步完善残疾人就业和职业培训信息数据库，实名制信息管理系统建设取得阶段性成果

各地根据中国残联提出的"基础管理建设年"摸清残疾人底数实情的要求，深入基层开展摸底调查、建档立卡，如实采集和填报信息，真实反映了残疾人培训和就业状况。2014年新采集数据450万人，日均填报近两万人，创历史新高。截至2014年12月2日，全国残疾人就业和职业培训信息数据库共采集就业年龄段1399.9万残疾人的就业数据，按照全国残疾人人口基础数据库中就业年龄段1607.8万基数计算，就业库采集数据占人口库就业年龄段的87.1%，其中，农业户口残疾人就业状况采集率为85.6%，非农业户口残疾人就业状况采集率为90.8%。全国3342个县级信息采集单位中，已有3318个开展了工作，覆盖率达到99%。实名制信息与人口库中就业年龄段持证残疾人在性别、年龄、民族、户口性质、受教育程度、残疾类别、残疾等级等方面的结构基本一致，反映出就业年龄段持证残疾人的整体情况和服务需求，改变了长期以来就业底数不清、服务需求不明的状况，为领导决策和制定政策提供了科学依据。

（二）全面推进就业服务机构规范化建设，就业服务能力显著提升

1. **残疾人就业服务机构规范化建设全面推进。** 各省认真落实中国残联关于残疾人就业服务机构规范化建设的总体部署和要求，深入推进以完善就业服务功能为着力点的机构专业化建设，健全服务功能，完善服务内容，规范服务流程，制定服务标准，并通过东、中、西部相互学习交流、检查评估，全面推进规范化建设工作。20个省级中心完成规范化建设，15个省通过检查验收。省级规范化建设对本辖区内各级残疾人就业服务机构规范化建设起到了很好的示范和带动作用，工作重心开始从省、市机构向基层机构延伸。规范化建设逐步实现由"收金队"向"服务队"转变，由注重硬件建设向加强服务能力建设转变。

2. **残疾人就业服务能力专业化水平显著提升。** 为了加强残疾人就业服务机构制度化、专业化、社会化建设，在完善就业服务制度、改善服务设施、健全服务功能的基础上，大力推进残疾人职业能力评估工作。通过会议部署、制定标准、推广典型经验等措施，残疾人职业能力评估工作有序推开，取得显著成效。全国已有30个省（区、市）、5个计划单列市、22个省会城市和93个地级市相继建立残疾人职业能力评估室，江苏、北京、上海、广东、湖南、吉林、深圳等地的一些就业服务机构开发了职业能力物理测评工具，佛山建立模拟仿真工厂，对残疾人进行软、硬件及实训场景的全方位立体评估。各地普遍举办残疾人职业能力评估专项培训，一支专业的评估团队基本形成，评估工作与培训、就业紧密结合，极大提高了残疾人职业培训、就业的针对性和有效性。

3. **残疾人就业服务专业化人才培养机制日趋完善。** 全国自上而下，以《国家中长期人才发展规划纲要（2010—2020年）》为标准，以规范化建设要求为目标，结合新形势下残疾人就业服务实际需要，大力开展形式多样的就业服务人员能力提升培训，已经形成了有决策、有计划、有督查、有考核、有管理的人才培养机制。2014年，中国残联和人社部举办了第十二期高级职业指导师示范培训班，为残联系统培养了145名职业指导师，53名高级职业指导师。从制定培训计划、课程设置、师资安排、考核鉴定到境外专项培训均已纳入制度化、规范化轨道。组织了全国各社区基层9544名就业指导员参加远程培训，目前已累计培训4万人，显著提升了基层服务能力。成功举办了全国残疾人就业服务机构工作人员职业指导竞赛，65名参赛选手中有29名荣获"职业指导能手"荣誉称号，极大地激励了就业服务人员学技能、强服务的热情，增强了就业服务能力。

在示范培训的带动下，各地分别采取自主培训、与当地人社部门联合培训和参加人社部门组织的培训等多种形式，对省、市、县三级就业服务机构工作人员开展以职业指导师、职业信息分析师、心理咨询师、职业技能鉴定考评员、职业技能评估师等职业资格岗位技能培训及考试鉴定为重点的职业资格培训。各地按照规范化建设对就业服务人员3：4：3的岗位持证比例要求，开展初、中、高级职业资格培训，一些地方就业服务人员持证率已经达到100%。地方人才队伍建设正在全面加强、规范开展、有序推进。

（三）多层次、多形式残疾人职业培训深入开展，残疾人就业稳中有升

1. 以全面推进按比例就业为重点，坚持多种形式就业并重，切实扩大残疾人就业规模。 党中央、国务院高度重视残疾人就业工作，明确提出要千方百计促进残疾人及其家庭就业增收，让广大残疾人安居乐业、衣食无忧，过上幸福美好的生活，与全国人民共奔小康。中国残联和相关部委出台了一系列积极的就业政策，并提出了具体的任务目标和落实措施，各地积极响应，真抓实干，残疾人就业工作取得显著成效。一是各地通过纳入政府民生工程，强化内部管理，将就业任务目标列入各级残联目标考核。二是以制定落实七部门联合出台的《关于促进残疾人按比例就业的意见》实施方案和具体措施为契机，以按比例就业为重点，以年审工作为抓手，做好岗位开发和预留、人力资源储备和推荐就业工作。三是通过建立扶持创业专家团队和利用各级残疾人就业服务机构建立创业孵化基地，免费提供"一对一"创业指导服务，帮助个体就业和自主创业者落实相关优惠扶持政策，加强创业培训、做好创业后支持性跟踪服务，实现创业一家、稳定一家、带动一批。四是通过重点扶持国家基地和省级基地，加大培训和资金支持，加强基地动态管理，提高基地吸纳残疾人就业的能力。五是协调街道社区，充分发挥基层组织机构作用开发就业岗位，加强对就业指导员的业务培训和管理，做好社区基层就业工作。六是通过重点培训和扶持中重度残疾人和残疾妇女，积极协调大型保险公司和物流企业获得电子化订单制作业务，大力发展灵活就业和居家就业。七是通过对用人单位开展雇主培训，引导用人单位吸纳残疾人就业。截至2014年年底，全国新安置残疾人就业23.6万，其中按比例就业67032人、集中就业41157人、个体就业和自主创业47153人、社区基层就业和公益岗位15342人、灵活就业和居家就业33843人、基地就业36825人，圆满完成年度任务目标。

2. 2014年就业援助月活动取得新成效。 一是全国上下联动，建立基层残联和社保所对接机制，联合入户采集，各地共走访登记失业残疾人员家庭206538户，登记失业残疾人员324832人，并将所登记的277946人实名制纳入年度培训计划。二是充分发挥基层残疾人就业服务机构和就业指导员作用，全面了解援助对象的就业服务需求，确保帮扶入户、援助到人。三是调动社会各方面力量，开发就业岗位。组织残疾人专场招聘会3102次，帮助残疾登记失业人员实现就业57929人（其中社会用人单位按比例吸纳就业24195人），帮助188755名残疾人享受专项扶持政策。

3. 以市场为导向，针对残疾人职业能力提升需求，大力开展专项培训，有效促进残疾人就业。 2014年残疾人职业培训工作以实名制统计为基础，以未就业残疾人为重点，根据用人单位需求和残疾人职业能力状况，制定培训计划，安排专项资金，利用社会资源，开展多形式、多层次的职业培训。对未就业残疾人开展低、中、高级量体裁衣式培训，对在岗残疾人开展岗位技能提升培训，对有创业需求的残疾人开展创业培训。培训形式多种多样，有些地方利用网络开展远程培训，方便了残疾人居家学技能的需求，有些地方依托大中专职业院校开展高技能培训，为残疾人提供了高新技术的学习机会，有些地方通过"一对一"方式把实用技术送到田间地头，让农村残疾人及时掌握种、养、加农业技术，有些地方对智力、精神和中、重度残疾人开展康复性培训，帮助他们在托养机构从事简单手工劳动，实现职业康复，形成了以基地培训为骨干，多种形式并举的培训格局。由于培训基地培训质量好，培训后就业率高，在中国残联的强力推动下，各地充分利用社会培训资源，通过市场化运作方式，务实打造出5000多家高品质残疾人职业培训基地，成为残疾人职业培训的主力军。中国残联授予其中的202家国家级培训基地称号。两年来获得中国残联挂牌的国家级培训基地已经达到513家，他们在残疾人培训工作中发挥着重要作用，培训后就业率达到60%以上。为了规范残疾人培训工作，保障培训效果，许多地方与当地财政等有关部门制定了残疾人职业培训相关文件，进一步明确了培训组织管理、培训类型、培训机构、资金渠道、培训措施、后续扶持和管理评估等，形成了完整的残疾人职业培训工作机制。培训就业统计系统显示，2014年培训残疾人109万，超额完成年度任务目标。

4. 残疾人职业技能竞赛活动精彩纷呈。 为了打造适应社会发展和产业结构调整的残疾人技能人才队伍，充分调动广大残疾人学技能的积极性，根据中国残联领导提出的每年要开展残疾人专项技能比赛的要求，2014年中国残联和人社部在浙江嘉兴成功举办了

"2014年全国残疾人岗位精英职业技能竞赛"，全国各省（区、市）30支代表队110名选手参赛，6人获得"全国技术能手"荣誉称号。这届竞赛作品精致完美、创意独特、艺术性强，整体质量高于往届，残疾人技能水平呈现出向新高度迈进的良好态势，涌现出一批杰出的高技能人才，为他们创造了更加广阔的发展空间。竞赛极大地促进了广大残疾人刻苦钻研理论、学习高新技能的热情和向更高领域发展的愿望，产生了良好的社会效益，促进了社会文化繁荣。各地在中国残联的组织和指导下，相继举办了省级残疾人职业技能竞赛，地方人社、民政、工青妇等多部门参与，规格高、项目多、区域特色明显，多名选手获得"全省技术能手、五一劳动奖章、新长征突击手、三八红旗手"等各种荣誉称号。2014年竞赛活动全面加强宣传，广泛营造良好的舆论氛围，让人们看到了残疾人同样具有很强的就业能力和精湛技艺，看到了残疾人踏实勤劳、爱岗敬业，看到了残疾人在某些方面具备健全人难以具有的比较优势，改变了社会对残疾人的传统认识，产生了积极深远的影响。

（四）盲人保健按摩行业蓬勃发展，盲人医疗按摩工作稳步推进

1. **大力开展职业培训，积极培育按摩市场，促进盲人保健按摩行业健康发展**。各地按照中国残联要求，出台盲人保健按摩管理办法，安排专项资金，根据当地市场需求，积极扶持盲人开办保健按摩店。据不完全统计，2014年新开按摩店3000多家，累计达到14716家，在全国大部分城市打造出知名的盲人按摩品牌，形成了星罗棋布的盲人按摩网络，满足了城乡居民对康复保健的基本需要。为了促进盲人稳定就业，提供更好的公共卫生服务产品，各级残联对盲人开展订单式、精准高质量培训，基本实现培训一人就业一人。2014年培训盲人保健按摩人员10000多人次，四年累计培训60000多人，超额完成了"十二五"提出的培训任务。

2. **盲人医疗按摩工作更加规范**。《盲人医疗按摩管理办法》出台之后，一大批在医疗单位工作的盲人有了合法从事医疗按摩的资格。为了完善盲人医疗按摩管理体系，2014年中国残联与国家卫生计生委、国家中医药管理局联合下发了《关于盲人医疗按摩人员执业备案有关问题的通知》，与国家中医药管理局制定了《盲人医疗按摩继续教育暂行规定》，从政策上解决了依法治业问题，完善了盲人医疗按摩人员合法从医的法律建设。

为提高盲人从事医疗按摩工作的理论和技术水平，全国有21个省开展了国家级继续教育，培训了1946人；22个省开展了省级盲人医疗按摩继续教育，培训了2661人，参加培训人员全部取得继续教育学分，顺利参加了从医资格证书年审。

为了集中安置盲人医疗按摩人员从业，2014年，河北省石家庄市按照中国残联要求，率先建立了残联所属的按摩医院，江苏、河南、青海也正在积极筹建残联系统的按摩医院。有15个省扶持开办了60家盲人医疗按摩所，集中安置了一批盲人实现高层次就业，在医疗机构执业的盲人已经达到2200人。

3. **全国盲人医疗按摩考试工作圆满完成**。2014年全国盲人医疗按摩人员考试在27个省顺利开展，共有1339人参加，其中558人考试合格。考试工作从报名资格审核、考务人员和考官队伍建设、考试组织管理、合格证书发放等各个环节更加规范，在考试手段上新增了计算机无障碍考试，为后天失明又不懂盲文的考生提供了考试机会，受到了广大盲人考生的欢迎和社会的广泛关注，产生了积极的影响。在吉林等12个考试辖区试点开展了实践技能客观化考试，客观化考试的引入减少了考官在评判过程中的主观评判，使考试结果更加客观公正。考试全程严格遵守国家医学考试中心制定的保密规定，做到试卷无泄漏、评判有监管，确保无任何重大和突发事件发生。

4. **盲人按摩学会作用突出**。2014年学会组织开展了多项大型活动，与世界盲人联盟亚太区按摩委员会合作，开展国际学术交流；承办了24期国家级继续教育培训；召开中国盲人按摩学会第六届会员代表大会，顺利完成了会员换届工作，产生了新一届盲人按摩学会理事会。学会充分发挥咨询参谋、紧贴基层的作用，提高了盲人按摩学术活动的质量和水平，促进了盲人按摩行业的健康发展。

四、大事记

1月21日，就盲人医疗按摩人员执业前备案有关问题，国家卫生计生委、国家中医药管理局、中国残联三部门联合下发了《关于盲人医疗按摩人员执业备案有关问题的通知》（国中医药医政发〔2014〕2号），文件具体规定了盲人医疗按摩人员在医疗机构执业备案事宜。

2月11日，中国残联办公厅下发了《关于做好盲人医疗按摩人员执业备案工作的通知》（残联厅函〔2014〕21号），督促各地加强与各部门沟通协调，尽快出台实施细则，指导各地开展盲人医疗按摩人员执业备案工作。

2月24日，全国残疾人职业能力评估系统试点建设工作会议在江苏省南京市召开。会议要求加快残疾人

职业能力评估系统的研发，进一步推进评估系统在残疾人就业工作中的应用。

3月28日，按照国家发展改革委、住建部的要求，中国残联计财部组织召开《残疾人就业服务机构建设标准》编制启动会，重点对"建设标准"编制方案进行审议。就业中心就业服务处参加会议。

4月11—13日，盲人医疗按摩所规范管理研讨会在江苏省苏州市召开。就业中心主任钱鹏江主持会议，国家卫生计生委、国家中医药管理局、江苏省卫计委、江苏省中医药管理局、江苏省残联、苏州市卫计委等相关部门的工作人员参加研讨会。会议研讨了盲人医疗按摩人员开办盲人医疗按摩所审批政策、流程、制定管理标准等相关问题。

4月17—20日，2014年全国盲人医疗按摩人员考试工作会议在河北省石家庄市召开。中国残联副理事长程凯参加会议并讲话。各省残联主管副理事长、就业中心主任参加会议，同时还邀请了国家卫生计生委、人社部、国家中医药管理局等相关部门考试委员会委员参会。

5月5—8日，第十二届世界盲人联盟亚太区按摩研讨会在泰国曼谷举行。就业中心副主任、中国盲人按摩学会副会长兼秘书长张明理任团长，中国代表团共23人参加会议。就业中心于滨处长代表中方在会议上做国家报告发言。

5月11—17日，就业中心在北京组织了第十二期全国残联系统就业服务机构负责人"高级职业指导师"培训班。参加培训人数达300余人，经过资格审查及考试鉴定，198人获得国家职业资格证书（其中职业指导师145人，高级职业指导师53人），为打造规范化的残疾人就业服务体系提供了人才支撑。

5月27—30日，2014年全国残疾人就业和职业培训状况实名制统计管理工作会议暨系统管理人员培训班在武汉举行。会议对2013年全国残疾人就业和职业培训实名制统计工作进行总结，并部署了2014年的主要工作。会议要求各地建立健全实名制工作制度、季度通报制度和目标责任制度；会议期间中国残联与各省签订了2014年目标责任书，并对省级实名制统计管理人员开展培训。

6月11—13日、7月2—5日，就业中心同国际劳工组织、中国企联分别在重庆和大连举办了两期雇主培训师师资培训班。各省67名残疾人就业服务机构工作人员参加师资培训。培训班后，各地对辖域内用人单位开展了各种形式的培训。2014年全国共有38437家用人单位接受雇主培训。

6月23日，"全国残疾人就业指导员远程培训"优秀学员面授班暨第四期班开学典礼在清华大学学研大厦多功能厅举行。中国残联教就部主任张新龙、清华大学继续教育学院院长高策理出席开班式。60余名优秀学员代表参加了为期五天的面授班学习。

6月24日，中国残联在长春大学特教学院召开高校残疾人毕业生就业暨发展残疾人职业教育工作座谈会。中国残联党组成员、副理事长程凯出席会议。中国残联就业服务指导中心、长春大学特教学院、北京联合大学特教学院、天津理工大学聋人工学院、辽宁特殊教育师范高等专科学校、山东滨州医学院特教学院相关负责同志以及部分残疾大学毕业生代表在会上发言。代表们分别介绍了各自大学残疾毕业生就业和就业服务情况、存在的突出问题，并对发展残疾人职业教育提出了意见和建议。

6月29日—7月6日，由中国残联和德国联邦劳动与社会事务部、德国联邦经济合作与发展部共同主办，德国国际合作机构（GIZ）协办的中德残疾人就业论坛系列活动在德国举行。应德方邀请，经商中国残联国际部、教就部，就业中心组织人员参加了此次活动。

7月2日，新版残疾人职业能力评估软件展示推广会在安徽省合肥市举行。各省（区、市）、计划单列市、新疆兵团、黑龙江垦区残疾人就业服务中心相关人员以及各省会城市残疾人就业服务中心评估工作主任（副主任）及工作人员参会。会上展示和推广了新版中国残疾人职业适应性测评软件并进行测评软件操作实践及应用培训。

7月21—25日，就业中心副主任李强、职业能力建设处王宁等2人赴西藏自治区针对残疾人就业、培训、能力建设等领域工作进行调研及督导检查。

8月18—21日，就业中心在浙江宁波市举办全国残疾人就业指导员远程培训省级管理员培训班。就业中心常务副主任梁本远出席开班仪式并讲话。吉林、南京管理员在会上发言，介绍本地区项目管理的先进经验。

8月22日，"建立残疾人产品市场品牌和服务网络，推动残疾人创业就业专题研讨会"在中国残联机关召开。中国残联党组书记、理事长鲁勇，副理事长程凯到会并做指示，中国残联教就部、就业中心、华夏文化集团、信息中心参加会议。会议听取了就业中心《关于建立残疾人产品的市场品牌和营销网络，推动残疾人创业就业的技术保障》的汇报，对全国就业网络平台的建立和"好愿中国项目"整个流程进行了探讨。鲁勇书记指示：工作指导原则为"品牌所有、政策引导；市场运作、平台服务；信誉监管、先易后难"；要充分借鉴上交所、广交所等已经成功运营的交易所的经验，大胆地干，大胆地试，打造一个全面的残疾人网络就业服务平台，创造一个残疾人专属的品牌。程凯副理事长指出：此项平台的建立，将把用人单位以往"惩罚式"的征缴保障金转变为"鼓励式"的购买残疾人企业或个人生产的产品或提供的服务，同时促进生产企业进一步安置残疾人，突出了政策的利益引导性；就业中心要认真测算平台建立所需的人力、财力和物力，列出政策清单和项目建设时间表，形成完整的实施方案。

8月25—27日，中国残联全国盲人医疗按摩人员考试委员会办公室在北京市召开了2014年全国盲人医疗按摩人员考试考务工作会议。国家卫生计生委、国家中医药管理局等相关部门的考委会委员及省级盲人医疗按摩人员考试领导小组办公室主任及工作人员参加会议。

8月28日，国家中医药管理局、中国残疾人联合会联合下发《盲人医疗按摩继续教育暂行规定》（残联发〔2014〕57号）。文件规定了盲人医疗按摩继续教育的管理和实施、内容和形式、学分登记、考核评估等几个方面内容。文件的下发将进一步推进全国盲人医疗按摩继续教育工作的开展。

8月31日—9月2日，就业中心在青海省西宁市召开了以西部省市为主的部分省市残疾人就业工作座谈会。中国残联党组书记、理事长鲁勇和中国残联副理事长程凯出席会议并做重要讲话，会议由就业中心常务副主任梁本远主持。会议对各地残疾人就业服务工作推进情况、残疾人各项优惠扶助政策制定和落实、残疾人就业服务工作中亟待解决的问题等议题进行座谈和研讨，并对以后进一步开展残疾人就业工作提出指导性建议。中国残联教育就业部主任张新龙，内蒙古、广西、四川、重庆、贵州、云南、陕西、甘肃、青海、宁夏、新疆、西宁市就业中心主任参加了会议。

9月20—21日，2014年全国盲人医疗按摩人员考试顺利举行。全国共设有27个考区（上海、福建、重庆考生分别到浙江、江苏、四川参加考试），1339名盲人取得了报名资格，其中使用现行盲文试卷的641人，双拼盲文试卷的97人，汉文大字试卷的560人，计算机化考试的41人。2014年，利用计算机考试系统的试点考试及第二年开展实践技能客观化试点考试在北京首次开展。中国残联副理事长、全国考试委员会主任委员程凯，中国残联副主席、中国盲协主席李志军等到考区现场巡视。考试期间安全保密工作良好，未发生试卷等考试材料泄密，无突发事件和违规事件，考生安全，考试圆满顺利完成。

9月22日，"建立残疾人产品的市场品牌和服务网络，推动残疾人创业就业项目调度会"在中国残联机关召开。中国残联理理事长凯副到会并讲话。程凯指出，要依托"基础建设管理年"的契机，设计出详细的调查表格，对全国集中使用残疾人用人单位的生产产品品种、生产规模等进行详细的摸底调查；加快修订《残保金征收使用办法》的步伐；研究出一套完整的认证、交易、抵扣网络系统，完善系统的运行模式，各自推进。

10月13—16日，就业中心在青海召开了残疾人职业培训工作会暨基地建设工作部署会。50名来自全国各地的培训工作负责人出席会议。会议期间组织了集体宣讲、经验交流、小组讨论、实地考察等，并对近期残疾人职业培训工作进行总结和部署。

10月22日，2014年全国残疾人岗位精英职业技能竞赛在浙江省嘉兴市举行。除西藏、宁夏、新疆生产建设兵团外，来自全国各省（区、市）等共计30支代表队参赛。岗位精英竞赛期间还举办了全国残疾人就业服务机构工作人员职业指导竞赛。两个比赛共计170余人参赛。中国残联副理事长程凯出席竞赛开幕式并致辞。

11月14日，中国残联党组成员、副理事长程凯到就业服务指导中心调研指导工作。中国残联教育就业部副主任解宏德陪同调研，就业中心常务副主任梁本远，副主任李强、张明理以及相关业务处室负责同志参加会议。梁本远代表就业中心汇报了2014年残疾人就业服务工作情况以及下一阶段就业中心重点工作安排和"十三五"残疾人就业工作重点及工作设想。

11月18—20日，就业中心在深圳市举办部分省市关于促进残疾人多种形式就业工作研讨会。河北省、山西省、辽宁省、吉林省、安徽省、江西省、河南省、湖北省、广东省、深圳市、长沙市就业中心主任，深圳市部分集中用人单位负责人参加会议。

11月24—27日，中国盲人按摩学会在湖南省长沙市召开第六届中国盲人按摩学会会员代表大会。会议听取、审议了《中国盲人按摩学会第五届理事会工作报告》《中国盲人按摩学会章程》修正案等内容，选举产生了学会第六届领导机构，并进行了学术交流工作。会议结束后，学会召开了新一届学会常务理事会会议。

11月28—29日，中国盲人按摩学会在湖南长沙市举办了"全国盲人医疗按摩机构发展研讨会"。此次会议由中国盲人按摩学会医院管理分会主办，北京按摩医院协办，长沙市按摩医院承办。会议以"医院发展战略与学科建设"为主题，研讨和交流了更好更快地推动全国盲人医疗按摩机构发展问题。

12月8—11日，全国盲人医疗按摩人员考试委员会办公室在浙江苏州市召开2014年全国盲人医疗按摩人员计算机和实践技能客观化试点考试工作研讨会。会议总结了试点考试工作经验，研讨了试点考试工作办法，研究制定了2015年计算机和实践技能客观化试点考试工作计划。

12月30日，全国盲人医疗按摩人员考试委员会第七次工作会议在京召开。中国残联副理事长、考试委会主任委员程凯及各副主任委员、委员参加会议。会议听取了全国盲人医疗按摩人员考试委员会办公室《2014年全国盲人医疗按摩人员考试工作报告》，研究确定了2014年全国统一考试综合笔试合格分数线以及2015年全国统一考试时间，审议通过了《2015年全国盲人医疗按摩人员考试计划》。

（李斌供稿）

中国残疾人杂志社

一、工作综述

2014年，对于中国残疾人杂志社来说，是一个重要的节点。《中国残疾人》杂志、《三月风》杂志、《盲人月刊》杂志分别迎来了创刊25周年、30周年、60周年；面对信息化时代全媒体、自媒体的浪潮，面对全民的碎片化浅阅读方式，面对社会上各种思潮的影响，如何找准自己的位置；受治理整顿新闻出版业的波及和影响，《中国残疾人》杂志的发行量15年来首次下降；作为事业单位改革，从岗位设置到内部管理，从思想工作到业务建设，从任务目标到可持续发展，都提出了新的挑战。

（一）25、30、60

三本杂志，三个节庆。

创刊于1989年的《中国残疾人》杂志，伴随中国残联共同走过了25年；创刊于1984年的《三月风》杂志，始终追随着我国改革开放的前进脚步；创刊于1954年的《盲人月刊》杂志，与社会主义新中国共成长。本着"节俭、务实"的原则，中国残疾人杂志社以"回顾发展历程、回报残疾人"的方式开展了一系列庆祝活动。

《中国残疾人》从25年中选取每年报道过的一个人进行回访，从人的成长变化中展现残疾人事业的发展进步；《三月风》杂志的30年30个瞬间，《盲人月刊》杂志的"我与盲刊共成长"等专题都充分见证了杂志的发展历程，记录了事业发展给残疾人带来的深刻变化。

2014年4月和10月2次举办通讯员和各地宣传部门负责人培训，共同回顾杂志的成长与发展，并就媒体写作、应对舆情危机、加强事业宣传等内容进行了培训和探讨，为杂志的持续健康发展出谋划策。

2014年10月17日举办"成长的记忆——关注中国残疾儿童摄影展"，邀请河北省平乡县孟杰盲校10名盲童参加了开幕式，组织他们观看天安门升旗、游览长城、参观盲文图书馆，并向他们捐赠了价值10万元的学习生活用品。

实施"温馨传播·爱心助残"，向青海、宁夏、甘肃等西部省市捐赠了40万元的杂志。

这一系列纪念活动，既朴实又务实，回顾历史，回馈读者，服务残疾人。

（二）坚定信念、坚守阵地

当前，我国正处于意识形态的矛盾凸显期，出现了一些片面颂扬西方政治制度的思想和言论，特别是互联网的快速发展，使各种各样的传言、谣言肆意传播。中国残疾人杂志社是残疾人事业的宣传媒体，也是一个公众舆论平台，自然会受到社会思潮的影响。近些年，大批年轻人进入杂志社，如何对他们进行人道主义和残疾人事业的培养和教育，使他们坚持正确的理想信念，不随波逐流，不人云亦云，不亦步亦趋、拾人牙慧，不在市场经济的大潮下迷失方向，是杂志社的一项重要任务。只有具备正确的理想信念和道德情操，才能真正做好残疾人事业的新闻宣传工作。对此，杂志社主动做好四个方面工作：一是集中学习党的创新理论、宣传政策，树立正确的世界观、价值观、人生观；二是利用编前会、评刊会等时机，传达一些新闻单位受到通报的典型案例；三是结合本职工作，加强使命和责任意识教育，引导编辑记者在宣传残疾人事业和为残疾人服务中，培养残疾人事业新闻工作者必须具备的人道情怀和人文理想；四是严把审核关，强化杂志的质检机制，随时注意所涉及的敏感话题思想倾向是否正确和积极，遇到不符合党的宣传方针的倾向和提法，坚决纠正。《中国残疾人》杂志月发行15万份，《三月风》杂志月发行10万份，传播效力极为可观，将这个舆论阵地经营好，引导编辑记者加强修养、积极向上，保证杂志正确的舆论导向，向社会传播正能量，是杂志社的首要职责。

（三）担当与服务

作为残疾人事业的宣传媒体，杂志社努力做到三个坚持：一是坚持把中央声音和中国残联领导的讲话精神及时传达到残联系统的最末端——专职委员和最普通的残疾人。实践中我们发现，杂志传播比会议、文件印发更及时、更便捷、更生动。在调研中，基层残疾人工作者也多次反映，杂志社刊登的残疾人事业大事记、中国残联领导的讲话精神对他们的工作非常有帮助。二是坚持为基层服务的理念，把基层残疾人工作者和普通残疾人作为宣传报道的主体。2014年《中国残疾人》杂志的12期封面中，有8个封面是普通残疾人；12篇卷首语全部出自普通残疾人之手；2014年也是杂志社记者下基层采访最多的一年，据统计，全社28名记者深入到各地采访达480余人次。三是坚持发出自己的声音。《中国残疾人》杂志每期的"焦点搜索"、中国残疾人网站的"热点杂评"对每月发生的损害残疾人权益的现象进行披露、转载并点评；《三月风》杂志每期都抓住当月具有人文色彩的话题，从民生、历史、法制、心理多个角度进行阐述和剖析，"性与碍"、"青年撞见帕金森"、"耻感的力量"、"科技改变残疾人生活"等选题非常具有挑战性和现实意义；2014年各路媒体曾大炒"渐冻人冰桶挑战"，杂志社两年前就对"渐冻人"群体进行过深度报道，体现出杂志社记者面对弱势群体宣传报道的敏感和职业精神。

作为中国残联的直属事业单位，杂志社在完成宣传报道工作的同时，还承担了中国残联赋予的一些重要任务。一是2014年4月全国自强与助残表彰会前，杂志社派出十多名编辑记者完成了近600名自强模范与助残先进的事迹编写工作，并于5月中旬一对一地对先进事迹报告团成员采访、撰写演讲稿与演讲培训。二是为庆祝中国残疾人福利基金会成立30周年，杂志社历时半年多，编辑出版了《三月风》纪念特刊，采访了60余位见证和参与了基金会发展的人物，完成了近20万字的专题报道。三是完成了2014年APEC会议中残疾人主题活动宣传品的设计制作，并在杂志和网站上进行了突出宣传。四是完成了彩票公益金宣传册的设计与制作。

竭尽全力为残疾人事业鼓与呼，全心全意为广大残疾人服务，已成为中国残疾人杂志社全体员工的自觉意识和行动。

二、大事记

2014年，《盲人月刊》创刊60周年，策划出版了"创刊60周年纪念专刊"，刊发了总结性的重头文章《〈盲人月刊〉历史上的三次高潮》，并策划实施了"我与盲刊共同成长"口述专题，由盲人作者、老编辑、现任编辑分别叙述与《盲人月刊》的渊源，发表了《我的生命因你而辉煌》《难忘的往事历历在目》《感动与成长的现在进行时》等文章。

2014年，《中国残疾人》杂志创刊25周年，策划了"25年，25人"系列访谈。从杂志创刊号开始起，找出了所有曾经报道过的人物进行追踪调查。从每一年报道过的人物中，再挑选出一人进行回访，以口述实录的形式，原汁原味地记录他们的生活。《中国残疾人》编辑部试图通过他们的命运变化，来透视时代的发展，感受历史的变迁。2014年全年，记者奔赴北京、天津、沈阳、敦煌、南宁等14个县市，圆满完成了25个人的访谈任务，在全年杂志上发表。

2014年初，为响应习近平总书记提出的"中国梦"理念，《盲人月刊》策划实施了"放飞心中的梦想"征文，让盲人朋友抒发心中的梦想和为梦想奋斗的历程，刊发了《一路向北，梦想成真》《用歌声放飞心中的梦想》《小小按摩店演绎心中梦》等文章。

1月17日，由中国残疾人福利基金会主办、中国残疾人杂志社承办，中国三星爱心支持的"心视觉——与视障者同行"艺术作品展开幕仪式在清华大学美术学院举行。这是中国首个关注盲人的工艺文化艺术展，它包括绘画、摄影、书法等艺术形式，其中最具特色的是盲人触摸式绘画——盲人用指尖渲染心中的色彩。其绘画以油画为主，因为油画颜料的黏度更适合盲人触摸，盲人在无视觉中创作，表达自我。

3月6—17日，中国残疾人杂志社派出2名记者组成采访团赴俄罗斯索契对第十一届冬季残奥会进行特别报道。记者组用赛场图片、记者手记等形式对中国冬季残奥健儿的表现进行了集中报道，并对索契的无障碍城市建设、残奥村管理等进行了详细报道，向国内读者准确传递了"Hot, Cool, Yours（激情冰火属于你）"这一冬季残奥会口号的精髓。

7月，正值《三月风》杂志创刊三十周年。《三月风》以"改变残疾人生活的30个伟大观念"为主题，极具启发性地汇集和阐释了1984年到2014年之间影响并启迪残疾人及人道主义事业，涵盖康复、教育、体育、艺术、就业、生活等领域最具影响力的30个观念。这30个观念是从近200个提议中反复讨论精选出的，每一个观念都涵盖了为该领域带来重要改变的人、事、物,又以比较精到的文字搭配合适的图像呈现。它们不是各领域经典创见的简单罗列,而是对其产生的契机、起到的作用、实践的发展等的有机梳理。整组稿件的逻辑编排和图文配合均下了很大功夫,总体而言兼具独家性、观点性和可读性。

10月17日,中国残疾人杂志社承办"成长的记忆——关注中国残疾儿童摄影展"在北京恭王府博物馆开展。中国残联党组副书记、常务副理事长孙先德出席开幕式并致辞。孙先德在致辞中代表中国残联主席张海迪向摄影展的开幕表示祝贺。他指出,展出的摄影作品,以作品为媒介、艺术为桥梁,充分展示了残疾儿童的自尊、自信、自强、自立,通过一个个一样又不一样的故事,让公众走进残疾儿童的生活,品读他们的尊严与存在。广大摄影家朋友和社会各界人士关注残疾人,支持残疾人事业,用实际行动唤起全社会对残疾人的关心、关爱,推动实现残健共融、残健共享。此次展览共展出摄影作品80余件。展览期间,活动主办方特别向河北省平乡县孟杰盲人学校捐赠了价值10万元的学习生活用品,并为10位盲童代表在北京安排了为期三天的丰富活动,包括听电影、触摸长城、聆听天安门升旗仪式等。

10月17—26日,中国残疾人杂志社派出2名记者组成采访团赴韩国仁川,对2014年仁川亚洲残疾人运动会进行报道。采访期间,记者组对仁川亚残运会的开闭幕式情况进行了详细报道,充分展现了此次亚残运会"激情从此迸发"的主题。采访期间记者组从赛场一线即时发回相关信息,运用文字、图片、视频等多种方式对赛场情况进行了全方位多角度的报道。在采访比赛之余,记者深入亚运村对中国代表团运动员及工作人员的日常生活进行了细致的了解,并对赛事期间中国残联领导的相关活动进行了报道。除此之外,为了了解此次亚残运会的相关组织情况,记者组对韩方的志愿者和赛事组织工作也进行了采访,力求向国内读者展现此次亚残运会的全貌。

11月,《中国残疾人》杂志与北奥国旅合作开展"残疾人自驾游世界之东盟友好之旅"的活动。杂志社派出记者,行程21天,驾车5000多公里,穿越六个国家,并首次使用微信公众账号,累计写了三万多字,完成了杂志10个版的专题报道和封面的拍摄任务。

11月中旬,2014年APEC会议在北京举行。这次APEC会议期间,首次安排了残疾人事业分论坛,可见我国目前对残疾人事业的关注。在社里的统筹安排下,会议记者、志愿者和工作人员共完成了12个版的报道,发表在2014年第12期。

2014年,盲人首次获得参加普通高考的资格。这是一个有深远意义的重大事件,《盲人月刊》对此进行了深度报道,发表了特稿《获准普通高考,盲人高等全纳教育之旅破冰——聚焦盲人普通高考及后续问题》《一个"破冰船水手"的执着——盲人张耀东的精彩人生》等重头文章。

(程寒供稿)

中国华夏文化集团

工作综述

2014年,华夏文化集团紧紧围绕为残疾人文化事业服务的大局开展工作,把群众路线教育实践活动的成果与推动实际工作结合起来,认真学习贯彻十八届三中、四中全会精神,积极落实中国残联六代会提出的中心任务。在中国残联党组、理事会的关心支持下,集团克服了许多困难,积极探索创新,较好地完成了各项工作任务。

(一)围绕中心任务,深入开展文化助残活动

1. 成功举办首届全国助残美术作品展

2014年8月28日—9月2日,集团在中国美术馆举办了首届全国助残美术作品展。展览以"大美华夏·人道主义的呼唤"为主题,虽然只有短短7天,但从策划、筹备到正式展出,历时近10个月。海迪主席亲自担任组委会总策划,对办好美术展做出重要指示;

鲁勇书记多次对做好组织实施工作提出要求，并出席美术展开幕式；先德常务副理事长多次出席重要活动并对组织实施工作提出重要指导意见。

这次美展共收到艺术家及社会各界捐赠的各类作品共计916幅，其中残疾人作品118幅，有200多幅作品在中国美术馆正式展出。整个展览结束后，所得资金将用于完善中西部贫困地区的100个盲人阅览室，为其捐赠盲人读物以及盲人阅读器等辅助设施。

图7-10-1 首届全国助残美术作品展现场。

2. 举办2014中韩残疾人美术交流展

中韩残疾人美术交流展自2010年起已经成功举办了五届，从2014年开始，文化集团担任中方主办单位。2014年6月，集团选派了3名残疾人画家到首尔参加韩方的展览交流活动。9月19日，在北京恭王府博物馆举行了2014年中韩残疾人美术交流展。美展汇集了中韩两国残疾人艺术家的近百幅优秀美术作品。先德常务副理事长出席开幕式并讲话，来自韩国政府机构以及中韩两国艺术界、残疾人团体的代表近百人出席开幕式。这一活动已经成为韩国政府主办的残疾人对外文化交流重要项目，对促进两国残疾人在艺术领域的交流和提高，起到了桥梁和促进作用。

3. 开展全国残疾人工艺美术从业状况调查

残疾人制作的手工艺品具有独特的市场价值。经过几年的探索实践，2014年初，集团形成了一个推动残疾人手工艺品市场化的方案，根据这个方案，2014年重点开展了全国残疾人工艺美术从业状况调查，通过与中央民族大学社会学系合作，制定了详细的调查方案，调查问卷在中国残联网站和生命阳光网公布。

此次调查将从残疾人手工艺种类、独特价值、市场定位、销售渠道、产品竞争力、收益及发展过程中面临的困难等方面获得更深入详细的信息，为后期开发残疾人工艺美术品市场提供数据和资料参考。

4. 探讨华夏文学奖市场运作方案

集团积极配合宣文部做好华夏文学奖可行性研究，2014年1月，形成了华夏文学奖方案，并组织有关专家学者进行可行性研讨，与有关机构和企业进行了沟通，特别是就华夏文学奖的市场化运作进行了探讨，初步形成了一个以残疾人文学艺术作品评选活动推动华夏文学奖建立的方案。

（二）积极探索二次创业的新平台、新业态

2014年7月，鲁勇书记到集团进行工作调研时，指示集团要抓住二次创业的机遇，找准适合文化集团发展的体制机制和发展路径，通过做好有引领带动作用的文化项目，从根本上解决长远发展问题。

为落实中国残联领导关于开展二次创业的指示精神，集团对未来的发展进行了多方面、多层次、多角度的探讨，特别是对适合集团运作的文化项目进行广泛的市场调研和专家论证，探索通过卫星网、互联网、移动网等，搭建为残疾人事业服务的新平台。

1. 探讨搭建残疾人卫星综合信息服务平台

依托卫星数字技术，搭建面向广大残疾人和残疾人工作者的专属卫星数字化媒体，可"一站式"解决政策宣教、就业创业、康复预防、辅具使用、教育培训等方面的综合服务问题，为实现"补短板、广覆盖"的目标，提供一种新的思路与解决方案。同时，该项目可为集团未来发展提供一个稳定的平台。

集团先后与有关直属单位和专门协会开了3次座谈会，听取各方面对该项目的意见和建议，初步形成了创建"残疾人卫星综合信息服务平台"的方案。同时积极开展市场调研，对项目的市场运营模式进行评估与论证。

2. 探索搭建残疾人互联网普惠服务平台

充分利用互联网发展新趋势，为残疾人创业、再就业和残疾人企业发展，提供一种新的路径。拟利用互联网众筹模式，帮助残疾人解决企业融资难、融资贵的问题，已经与有关企业进行了多次接洽沟通，达成了共识，双方合作把生命阳光网改版成为互联网金融网站。

3. 探索搭建康复养老文化服务平台

充分利用中国残联系统优势资源，与有关政府机构合作，探索搭建"康复养老文化服务平台"，为残疾人提供健康养生文化培训、信息咨询等服务。

4. 开拓市场资源为残疾人体育事业服务

除了在文化领域进行市场开发以外，集团还积极探索进入文化相关领域。通过参与北京残奥会、伦敦残奥会、上海世博会等重大活动，集团已经积累了一些成功经验，为此，集团与有关部门进行了多次沟通，希望能够参与残疾人国内外体育赛事的宣传推广和市场开发，整合社会力量支持残疾人体育事业。

（三）强化管理，加强监督，完善各项制度

结合群众路线"回头看"活动以及事业单位改革的大趋势，重点抓住管理中的薄弱环节，按照企业化管理的要求，不断完善适合未来发展的制度、机制建设，打造具有自身特点的企业文化，为未来的体制改革打下良好基础。

一是加强对公益活动和项目的跟踪监督。2014年，着重加强了对公益活动和经营项目的监督管理。在这次助残美术展策划阶段，集团就在作品征集、管理、使用等方面，制定了详细的流程和严格的制度，并对每一个环节进行跟踪监督，确保公益活动在阳光下进行。

二是完善了财务报销、项目奖励、岗位目标责任制和季度考核等制度。针对管理中的薄弱环节，结合审计意见，对集团日常财务工作做了深入的剖析，先后修订了《集团国有资产管理制度》，以加强集团固定资产管理；完善了《集团财务分工及费用报销办法》，重新制定《集团财务报销制度》及其补充规定、《差旅费报销补充规定》，细化报销办法，进一步明确审批及报销流程，规范日常财务管理工作；修订《文化集团业务提成奖励分配办法》和《合同管理办法》，加强合同管理与财务监督，从根本上保证财务工作的规范性。

三是加强员工学习培训，提高自身素质。制定了中长期的学习培训计划，并把学习培训成绩纳入年度考核指标中，把政治学习作为2014年员工学习培训的主要内容。积极派员参与APEC残疾人主题活动和中国残联全国工作会议的服务工作，提高全体员工对残疾人事业的责任意识。

（安娟供稿）

中国残疾人辅助器具中心

一、工作综述

2014年，中国残疾人辅助器具中心在学习贯彻党的十八大及十八届三中、四中全会和习近平总书记系列重要讲话精神，落实中国残联"六代会"精神形势下，以改革创新精神，创新工作思路，加大落实力度，推动残疾人辅助器具工作更快发展。

（一）努力推动残疾人辅助器具服务保障网建设

为落实王勇国务委员在中国残联"六代会"关于"推动建立辅助器具补贴等福利制度"的指示，加快推进残疾人兜底保障制度的建设，在康复部的统筹下，多次组织召开新时期辅助器具保障制度建设研讨会。结合我国地方经验，借鉴国际通常做法，经过多次讨论和修改，制定出符合我国国情的《残疾人辅助器具基本适配目录》试行稿和《残疾人辅助器具服务补贴办法》征求意见稿，并于11月上报中国残联。

推动开展政府购买残疾人辅助器具服务试点工作。按照中国残联要求，配合计财部和康复部，参与制订政府购买残疾人辅助器具服务目录。组织各地辅助器具中心，召开专门会议，深刻理解当前形势，达成发展共识，就如何抢抓发展机遇、深化服务内涵、提升专业服务能力进行研讨，为承接政府购买残疾人辅助器具服务做好准备。

为推动辅具服务纳入医保进行有益尝试。两次组织会议，专门研究推动辅具服务纳入医保措施，提出建议纳入医保范围的基本辅助器具目录；主动与人社部医疗保险司沟通；鼓励和积极推动有条件的地区将辅具服务纳入医保。

（二）大力推进残疾人辅助器具服务机构建设

按照"分级推进，重点督导"的原则，大力推进辅具机构建设。3月和5月，中国残联分别与湖北省政府、江苏省政府签署共建国家辅助器具华中、华东区域中心的协议；并计划于年底前与甘肃签署西北区域中心共建协议。已经签约的四个国家辅助器具区域中心正在积极建设中。

开展全国辅助器具服务示范中心创建活动。根据

2013年中国残联第四次理事会的会议精神，在全国范围内开展了全国残疾人辅助器具服务示范中心创建活动。广西、河南等省已提出创建申请。按照中国残联有关要求，对申请省份进行筛选、调研和评估，反馈意见。

督导《残疾人辅助器具服务机构建设目标责任书》落实情况。11月在西安市召开西部地区辅助器具服务政策及机构建设推进座谈会，交流各级服务机构建设经验，研讨快速推进机构建设的措施，督促各地加快建设进程。

编制省—市—县—乡镇—村屯五级辅助器具服务机构建设实施细则，将服务机构向基层扩展，促进和指导各地辅助器具服务机构规范化建设，深化服务内涵，提升服务专业水平。

（三）扎实做好人才队伍培养工作

为培养残疾人辅助器具研发、适配和管理高水平人才，与武汉理工大学共同举办残疾人辅助技术方向的公共事业管理专业高级课程研修班。研修班为期2年，结业后可申请专业硕士学位。

重点加强基层专业技术人员的培训，共支持16个省22期基层辅助器具服务培训班，培训基层服务人员2086人次，其中乡镇、社区的康复协调员或专职委员培训班占培训班总数的40%，乡镇、社区的康复协调员或专职委员人数占总培训人数的71%。继续与人社部培训中心合作开展辅助技术工程师岗位能力培训项目，举办中级班1期、初级班12期，培训学员832名。

（四）严格督导国家辅助器具项目实施

为有效地对辅助器具服务项目进行跟进和督导，开展"辅助器具项目规范化管理和质量抽查"专项工作，首次委托第三方评估机构对2011—2012年度彩票公益金辅助器具项目执行情况进行绩效评价，综合得分90.03分，评定结论为最高等级"有效"。结合绩效评价工作，初步建立了各类辅助器具项目的评价指标体系，对下一步开展项目工作督导和"十三五"辅助器具服务工作的设计提供了理论支撑。

进一步做好长江新里程计划项目（三期），加强数据库的建设，启动了假肢技术区域中心、骨干假肢站、基层服务站点的建设工作；充分利用新媒体，开通"长江肢友"项目微信公众账号，使残疾人足不出户就能获得项目信息。

截至12月19日，2014年度的辅助器具服务项目共服务超过30万人次，适配各类辅助器具38万件。据不完全统计，流动服务车安全行驶里程累计超过600万公里，服务近180万人次，配置各类辅助器具近150万件。

（五）多方合作开展辅助器具研发工作

承担"十二五"国家科技支撑项目课题"面向社区和家庭的残疾人康复产品研发及应用示范"，组织研制开发一批有突破性的技术和产品，参与制定产品标准10项。举办第四届全国残疾人辅助器具创新设计大赛，经过作品审查、专家评定、网站公示等环节，从638件作品中遴选出27件获奖作品。在2014福祉博览会期间特设大赛和课题研发成果展台，促进科研成果转化。

加强辅具科研社会化工作推进力度，引导社会机构和企业共同参与辅助器具研发，将儿童坐姿矫形轮椅等3种产品产业化，研发了自动清便轮椅（床）、复合型防褥疮轮椅床垫、肢残和老年人床扶手、可穿戴式电子助视器等产品，其中自动清便轮椅（床）和床扶手已进入市场，反响良好。

（六）积极促进国际交流与合作

7月1—5日，受世界卫生组织的邀请，赴日内瓦参加全球辅助技术合作会议。会上，世界卫生组织助理总干事Marie-Paule Kieny致辞。20多个国家的政府部门、残疾人组织、研究机构、服务机构和有关国际组织代表近80人参加会议，是辅助器具领域近年来规模最大、层次最高的一次国际会议。会上，中国残疾人辅助器具中心做了题为"中国辅助器具服务实践"的报告，向各国展示了我国辅助器具服务工作的现状，并与世界卫生组织有关部门就辅助器具领域合作事宜进行了研讨并达成共识。

9月17—24日，经世界卫生组织授权，成功举办中国大陆首期"WHO轮椅适配服务初级课程培训班"。此次培训与国际轮椅适配水平接轨，周密筹备，严格管理，着力培养高质量人才，学员考核通过后均获得世界卫生组织颁发的证书。通过培训，与世界卫生组织建立了良好的合作关系，为我国辅助器具服务走向国际舞台奠定了基础。

5月19—20日，与西安交通大学、美国匹兹堡大学共同主办首届"亚太地区坐姿椅及辅助技术研讨会"。来自美国、瑞典等10个国家和地区的专家学者以及来自辅助器具服务、管理和生产领域共400余人参加会议，围绕"凝聚合力、开拓未来"的主题，就坐姿椅设计、适配服务、评估技术进行专题发言，介绍国际的新成果、新理念、新产品和新方法。

（七）继续做好中国国际福祉（康复）博览会的组织

在中国残联有关部厅指导下，成功举办第八届中国国际福祉（康复）博览会，共展出16个国家和地区

270家企业的9000多种产品，参展人数达8万余人。此届博览会突破了以产品宣传为主的形式，搭建了中国残联辅助器具适配服务展示台，宣传和展示辅助器具服务技术，并首次开辟了商务洽谈区，成功举办国际辅具城项目推介会和第四届国际辅具创新与适配论坛，邀请中央党校学员来会观展，为进一步发挥博览会社会宣传、服务展示、新产品和新技术推介、商务贸易洽谈等作用进行了有益的尝试。

（八）着力加强自身技术能力建设

国家康复器械质量监督检验中心通过中国合格评定国家认可委员会、中国国家认证认可监督管理委员会组织的实验室复评审，确保了实验室持续性检测能力；质检大项由28项增加到32项，业务内涵进一步增强。截至11月底，承担了国家质监总局委托的助行器具产品质量国家监督抽查，主持制定服务（国家）标准1项，参与国家课题产品标准制定7项。检验产品700余件，出具检验报告700余份，为我国辅助器具产品的质量监督起到了积极的作用。

结合业务工作，开展9项课题的研究，内容涉及《低视力服务模式研究》《老年听力损失情况及干预现状调查》《多功能儿童轮椅研究》等。编制、出版《残疾人基本辅助器具使用指南》、《低视力与低视力康复》光盘、《辅具服务车及车载设备使用手册》等。

为重大事件和活动提供辅具服务保障。一是云南鲁甸地震发生后，中心第一时间调配辅具支援灾区；二是在2014年全国残疾人田径锦标赛、全国残疾人轮椅篮球锦标赛、国际乒联残疾人乒乓球世锦赛、IPC国际田径大奖赛、硬地滚球世界锦标赛期间，派出技术服务小分队为各国运动员提供辅具维修服务，累计服务540人次，精湛的技术受到组织单位和运动员的一致好评。通过下基层、进社区、入家庭服务活动，全年提供技术服务2600余人次，适配辅具973人次。

（九）强化制度建设和内部管理

根据中国残联制定的38项规章制度，对中心制度进行全面的梳理，并在此基础上做好废止、修订和新建工作，共修订和制定相关制度17项，使中心各项工作有法可依，有章可循，并加大了各项规章制度落实情况的检查督导。

中国残疾人辅助器具中心党总支先后集中了学习十八届三中、四中全会和习近平总书记系列讲话精神，开展了创建文明单位、反腐倡廉教育、缅怀革命先烈、帮扶贫困残疾人、辅助器具进社区、养老助残公益行等活动，既提高了党员的素养又陶冶了大家的情操。"七一"和"八一"期间专门派出专业技术人员，为延安、井冈山、大别山等革命老区开展适配辅助器具，用行动践行社会主义核心价值观，巩固和扩大了党的群众路线教育实践活动成果。

中国残疾人辅助器具中心还十分注意为青年职工成长创造条件，通过建立青年助理员制度、派员参加APEC会议周残疾人主题活动服务、机关挂职锻炼、承担课题、读书交流会、英语演讲等途径，为青年人提供展示平台和锻炼的机会。

二、大事记

2月19日，俄罗斯乌德穆尔特共和国残联一行访问了中国残疾人辅助器具中心，并就相关业务工作进行了交流。中国残联国际部和中国残疾人辅助器具中心有关处室负责同志参加了座谈交流会。乌德穆尔特共和国残联主席马克西姆介绍了俄罗斯残疾人和残疾人辅助器具工作相关情况，双方就辅助器具服务开展和残疾人配置辅助器具等进行了广泛交流，并表示希望加强相关业务领域合作关系，共同推进中俄两国残疾人事业的发展与交流。

3月11日，中国残联、湖北省人民政府签署协议，共建国家辅助器具华中区域中心。中国残联党组成员、副理事长贾勇，湖北省副省长甘荣坤出席仪式并签署共建协议。统筹好国家辅助器具区域中心建设是实现残疾人"人人享有基本康复服务"的重要举措，也是中国残联2014年度的重要工作之一。在华中地区，湖北省具有明显的地理区位、科教人才和工业基础的优势，区域中心的建立将有效地带动湖北省乃至整个华中地区辅助器具服务工作的发展。

4月9—15日，全国首期中级辅助技术岗位工程师能力认证培训班在广东省佛山市举办。来自全国29个省、直辖市、自治区的34名学员参加培训。辅助技术岗位工程师能力认证是中国残疾人辅助器具中心与人力资源和社会保障部合作开展的一项工作，旨在规范我国残疾人辅助器具服务人才队伍建设，提高我国辅助器具服务水平。这次培训也意味着我国辅助器具服务专业人员中高层次规范化培训正式启动。

4月15—26日，中国残疾人辅助器具中心接受审计署开展残联领导离任经济责任审计的现场审计。该项工作得到了辅具中心领导高度重视，计财处在中心全体职工配合下，顺利通过审计。4月28日，陈振声主任召集计财处全员召开审计整改专题会议，对辅具中心财务管理再次进行梳理，对审计中存在的问题进行整改。此次审计增强了全体职工的法规意识，揭示了工作中存在的问题，完善了中心的财务管理制度，对规范辅具中心财务管理、防范资金风险起到重要作用。

5月5日，中国残联与江苏省政府在南京签订共建国家辅助器具华东区域中心协议书。中国残联党组成员、副理事长贾勇，江苏省副省长许津荣出席仪式并签署共建协议。中国残联康复部、中国残疾人辅助器具中心、江苏省残联有关单位领导共百人参加签约仪式。贾勇指出，希望江苏省通过创建国家辅助器具区域中心，在完善服务体系建设、推动科技发展、强化人才培养等多方面总结经验、摸索规律，为促进全国残疾人辅助器具事业发展做出新贡献。

5月19—20日，由西安交通大学、美国匹兹堡大学、中国残疾人辅助器具中心等单位共同主办的首届"亚太地区坐姿椅及辅助技术研讨会"在西安隆重召开。来自中国、美国、澳大利亚、瑞典等10个国家和地区的辅具专家学者、康复技术人员、康复服务管理人员以及中国残联、民政、教育、卫生、商界、企业和协会等有关人员共400余人参加会议。会上共有16位国内外有关领域专家学者围绕"凝聚合力、开拓未来"主题，就坐姿椅设计、适配服务、评估技术以及质量与标准，脑瘫儿童康复治疗，辅具技术新发展以及我国辅具政策等做了专题发言，介绍最新研究成果、新理念、新产品和新方法。国际坐姿椅协会前任主席、美国匹兹堡大学康复科学与技术系主任、国际康复领域著名专家Rory A Cooper教授等境外专家学者，不仅带来了国际辅具适配服务领域最新理念和技术，还与国内有关专业人士就技术合作、人才培养等话题进行了深入的学术和技术交流。

7月15日，中国残联党组书记、理事长鲁勇和副理事长贾勇一行到中国残疾人辅助器具中心调研工作，辅助器具中心班子成员参加调研。辅助器具中心班子成员就中心的制度建设、全国辅具机构体系建设、人才队伍建设等进行了专题汇报。鲁勇代表海迪主席对近年来辅具中心工作取得的成绩表示感谢并给予充分肯定。他希望辅助器具中心结合新形势、新要求，以改革创新精神，努力在全国辅助器具行业发展中发挥更加积极的作用，成为辅具业务的引导中心、辅具适配的服务中心、辅具资源的拓展中心、辅具创新的信息中心、辅具交流的合作中心。

8月6日，按照中国残联紧急部署，中国残疾人辅助器具中心与云南省残疾人辅助器具资源中心第一时间建立起救援热线，紧急筹措和调集地震伤员急需的辅助器具，将第一批260件辅具发往鲁甸灾区，同时就近调集两辆辅具流动服务车和专业技术人员待命，随时准备奔赴抗震救灾第一线。

8月15日，为了贯彻落实中国残联领导视察中国残疾人辅助器具中心时的讲话精神，辅具中心召开了有中国社会科学院、清华大学、北京大学、北京航空航天大学、首都医科大学、德国奥托博克健康康复集团、冰岛奥索假肢矫形器材公司和佛山东方医疗设备厂有限公司等相关专家参加的"中国残疾人辅助器具事业发展规划研讨会"。与会专家在肯定了近年来我国残疾人辅助器具事业发展取得的成就的同时，就辅具中心如何引领辅具服务业发展、强化辅具适配服务能力、拓展辅具服务业资源、建立辅具创新信息发布机制、扩大辅具服务业交流合作等问题阐述了各自意见和观点。

8月29日上午，中央国家机关践行社会主义核心价值观先进典型首场报告会暨第二届"创建文明机关，争做人民满意公务员"先进集体表彰大会在京召开。经过中国残联系统内部推选，组织申报、网上投票、公示等环节，中国残疾人辅助器具中心作为中国残联系统中唯一一家获得表彰的先进集体荣列其中。中国残疾人辅助器具中心作为中国残联直属的公益性事业单位，多年来承担着残疾人辅助器具研发、项目实施、人才培养、指导全国机构建设、知识宣传和质量监督等任务。在汶川地震、雅安地震等重大自然灾害发生时，以及北京残奥会、广州亚残运会等重大赛事活动中，中国残疾人辅助器具中心勇于承担社会责任，发挥了积极的作用。"创建文明机关，争做人民满意公务员"活动开展以来，辅具中心全体员工进一步结合实际，积极参与，并在思想政治建设、队伍能力建设、思想道德建设、廉政建设等方面取得了明显成效。

8月底，由国家康复器械质量监督检验中心牵头，历时4个月，完成了对单臂操作助行器国家监督抽查。此次抽查涉及19家企业的40批次320件样品，检测样品80件，质监处全体员工圆满完成了国抽前申请、资料提交、监督培训、现场抽查、组织收样、检测、出具报告、汇总结果、编制一系列上报材料、现场答辩等过程，顺利收官。国家康复器械质量监督检验中心作为国家级的质检中心，真正履行了国家赋予的权利和责任，此次抽查企业合格率68.4%，为国家了解单臂操作助行器的行业现状、引导辅具产品质量的提高、改善辅具产品企业对质量的重视起到了至关重要的作用。

9月17—24日，经世界卫生组织授权，中国残疾人辅助器具中心在北京举办了"WHO轮椅适配服务初级课程培训班"。这是WHO在中国大陆首次举办培训班，授课教师均由WHO指定，来自全国各省辅助器具中心的12名学员参加培训。世界卫生组织官员、中国残联国际部相关处室领导、世界卫生组织指定授课教师、中国残疾人辅助器具中心领导及相关人员参加了开班及结业仪式。中国残疾人辅助器具中心高度重视此次与WHO的合作，从培训班的筹备到结束，每个环节均准备充分、考虑周密，完全按照世界卫生组织要求进行，培训班取得圆满成功。

10月11日，为了落实国务院领导关于央企助力辅具业发展工作的指示，中国残联康复部组织召开了"支持辅具业发展专家座谈会"。相关科研院所、辅具研发、生产企业以及辅具咨询、服务机构等领域的部分专家参加会议。与会专家就国外辅具业现状，我国辅具研发、生产、销售、售后情况，国内辅具需求现状，辅具中心如何进一步扩大辅具产业与企业交流合作等问题阐述了各自的意见和观点，对以后五年我国辅具需求进行了深入分析。

10月27日，由中国残联三个专门协会与中国残疾人辅助器具中心主办的"东方杯"第四届全国残疾人辅助器具创新设计大赛颁奖仪式在北京中国国际展览中心举行。中国残联党组成员、副主席吕世明，中国盲协主席李伟洪，中国残联教就部巡视员、中国肢协副主席王建军，中国残联康复部副主任冯力，中国聋协信息无障碍委员会主任李超，中国残疾人辅助器具中心副主任陈光出席颁奖仪式。北京市和地方残联辅具机构相关人员、辅助器具专家、获奖者代表、残疾人辅助器具生产企业代表以及赞助商佛山市东方医疗设备厂有限公司负责人共计百余人参加。大赛于2013年5月启动，2014年底结束。截至2014年6月30日共收集各地残联、辅具中心、部分高校、研究机构、企业、社会个人选送作品638件，超前三届总和。通过专家评定、网站公示等环节，共有27件作品获奖，11个单位获得集体荣誉奖。

10月27—29日，2014中国国际福祉博览会在各方支持和努力下成功举办，展出了16个国家和地区、270家企业的9000多种产品，参展人数8万余人。此届博览会总结过去的成功经验，紧紧围绕中残联领导对我国残疾人辅助器具事业发展提出的新要求和新标准，创新形式，拓展内涵，同期举办各种活动：首次规模扩展到两个展馆；首次集合全辅具系统搭建中国残联辅助器具适配服务展示台；首次开辟商务洽谈区；成功举办国际辅具城项目推介会；首次举办国家科技支撑课题成果展；邀请中央党校学员来会观展等。这些活动为进一步发挥博览会社会宣传、服务展示、新产品和新技术推介、商务贸易洽谈等作用进行了有益的尝试。中国残联党组成员、副理事长贾勇，中国残联理事、康复部主任尤红等领导到场参加展览活动。贾勇副理事长对博览会召开表示祝贺，与部分参展商进行交谈，详细询问辅助器具研发、生产等情况。

12月4日，为督促各省加快落实2012年中国残联与各省残联签署的"残疾人辅助器具服务机构建设目标责任书"的有关内容，促进残疾人辅助器具服务网络建设进程，中国残疾人辅助器具中心在陕西省西安市召开了全国（西部地区）辅助器具服务政策及机构建设推进座谈会。参会代表围绕如何快速推进我国辅助器具服务政策及机构建设的有关内容进行了热烈而深入的讨论，不仅介绍了本地推进情况，提出了发展中的突出问题，还探讨了解决措施。中国残疾人辅助器具中心主任陈振声在总结会议时强调，当前我国残疾人辅助器具事业发展面临着前所未有的挑战和机遇，希望各地深刻认识做好新时期辅助器具工作的重要性和紧迫性，加快我国辅助器具服务保障网建设进程，进一步发挥辅助器具服务工作在残疾人同步奔小康的道路上的桥梁作用。

12月10—11日，为了解决课题任务执行中遇到的问题，"国家科技支撑计划"课题——"面向社区和家庭残疾人康复产品研发及应用示范"承担单位中国残疾人辅助器具中心在杭州组织召开部分子课题预验收评审交流会。评审交流会上，子课题负责人报告了课题研究和财务执行情况，与会专家就技术研究和经费使用存在和应注意的问题提出意见和建议。

（王宏供稿）

北京按摩医院

一、工作综述

2014年，北京按摩医院在中国残联党组理事会的领导下，以学习贯彻党的十八届三中、四中全会精神，全面落实中国残联六代会任务为重点，在深入落实党的群众路线教育实践活动整改措施的基础上，坚持"五个导向"、"六个抓手"，全力担负起全国盲人医疗按摩技术资源中心职责，不断提升医院管理规范化水平，完善和推进业务建设，各项工作平稳发展。

（一）医院运营平稳发展，持续改进

2014年，医院共接待门诊患者近75万人次，住院患者近900人次。在空间有限、竞争加剧的条件下，医院把《2014年残疾人工作要点》和《2014年残疾人工作要点任务分解》中部署的工作作为重点突破口，通过加强管理，保持了医院的平稳发展。在医院管理上的主要亮点有：

1. **以党建工作为保障，发挥党的领导核心作用。** 坚持以党建引领中心工作、围绕中心工作、服务中心工作的方针，组织医院党员干部深入学习习近平总书记系列讲话精神和十八届三中、四中全会精神。组织集体学习《习近平总书记系列讲话精神学习读本》，观看中央党校讲座视频，组织党团员参加十八大精神知识竞赛，促进广大党员干部进一步理解精神，在全院营造了学习氛围。

2014年党的群众路线教育实践活动进入回头看阶段。在巩固前期成果的基础上，医院党委认真研究，把整改作为年度工作重点，群众提出的12项意见和建议均已解决。

2. **以"基础管理建设年"为契机，着力做好医院制度建设。** 做好制度的破与立，建立符合医院工作实际、指导力强的制度体系，充分发挥制度的规范和约束作用，是医院可持续发展的重要抓手。2014年医院把制度建设作为一项重要工作，对规章制度进行了全面梳理和修订，共梳理制度889项、职责275项，为医院的科学、严谨管理提供了依据。

3. **以提升患者服务为目标，优化完善医疗工作流程。** 为了方便患者就诊、简化流程、规范管理，医院全面运行叫号系统和挂号预约系统，方便了患者就诊和有序候诊，诊疗环境明显改善。

4. **以丰富医院内涵为突破，设立疼痛门诊。** 为了丰富医院"一诊多疗"模式的内涵，北京按摩医院从2007年派送医生赴外院学习疼痛治疗，到引进专家来院指导，历经7年，培养了一批疼痛治疗骨干。2014年5月份，医院开设疼痛门诊，真正由北京按摩医院医师独立承担起疼痛门诊的工作。这成为北京按摩医院继物理治疗、药物治疗后的又一有效治疗手段。

5. **以人才培养储备为战略措施，开展院际间继承工作。** 为了进一步加强人才培养，为医院二期储备学科带头人，2014年医院选派7名优秀的业务骨干跟师北京中医药大学附属护国寺医院、北京市丰盛中医骨伤专科医院、中国中医科学院望京医院等多家三甲医院的6名指导老师，拓展了人才培养路径。

6. **以学科建设为着力点，加强基层学科团队建设。** 2014年医院成功获批北京市中医管理局"北京按摩医院基层中医伤科推拿学科团队基地"建设项目，为进一步推动医院推拿学科建设，提升临床科研协同创新能力，培养一批基层学科带头人和学术骨干奠定了基础。

（二）盲人医疗按摩工作扎实推进

在服务残疾人事业方面，医院深入开展全国盲人医疗按摩技术指导、培训等有关工作，为盲人医疗按摩技术的规范和推广做了大量工作。

2014年共主办、承办、协办各类活动41项，其中举办盲人医疗按摩人员继教培训班、全国盲人医疗按摩师资骨干培训班、盲人医疗按摩实训班、香港盲人辅导会十四届按摩培训班等多类培训班30期，为22个省、自治区和特别行政区培训2245名学员；开展7批实训，培训学员30人；举办"全国盲人医疗按摩机构发展研讨会"和专业技术骨干研讨会，全国20余家医疗按摩机构管理者及专家90余人参加，互通有无，提升了盲人医疗按摩行业的凝聚力。

医院积极开展中医药文化国际交流合作，加入世中联服务贸易专业委员会，参加中国（北京）国际服务贸易交易会，参与世中联中医国际传播委员会成立大会暨学术研讨会，与北京市人民对外友好协会、中国国家汉语国际推广领导小组办公室建立联系，为开展盲人医疗按摩国际传播领域拓宽道路。2014年共接待来自日本、法国、西班牙、意大利、荷兰、印尼、柬埔寨、巴西、德国等9个国家12批次156人的培训和参观交流，展示了北京按摩医院中医文化和残疾人工作新成果。

（三）二期工程取得突破性进展

2013年，历经7年，医院二期工程用地终于获批。2014年，在中国残联党组和计财部的指导和支持下，医院二期扩建项目建议书历经与国家发改委评审中心十余次的沟通、修改，终于在11月份得到国家发改委的立项批复，项目总投资36805万元。由于前期论证扎实，医院41927平方米的申报面积没有被核减，这也打破了发改委、评审中心不减立项申请面积的惯例。

下一步，医院将积极完善用地、规划、环评、节能、稳评等手续，编制好项目可行性研究报告，力求把医院建设成为理念先进、设计科学、布局合理、流程顺畅、环境优雅、职工舒适、患者满意的现代化的三甲中医专科医院。

（四）问题和困难

1. 医院在全国盲人医疗按摩方面的培训与行业的需求还有差距，全国盲人医疗按摩培训工作缺少经费支持，制约了北京按摩医院对全国盲人医疗按摩工作的开展和推进。

2. 盲人医师执业注册遭遇困难。虽然《盲人医疗按摩管理办法》明确盲人医疗按摩人员属于卫生技术人员，但目前盲人医疗按摩师取得盲人医师执业证后，并未能在属地中医管理局进行医师注册或者备案，盲人医师身份尚未真正纳入医疗系列。希望中国残联能进一步推动"办法"的贯彻执行，协调卫计委和国家中医药管理局尽快落实盲人医师的执业注册问题。

3. 盲人医疗按摩系列中级职称考评没有管理机构，目前由医院自行组织考评管理工作。建议中国残联规范盲人医疗按摩系列职称考评工作。

4. 二期建设需要按计划储备人才，但在人才引进方面竞争力和吸引力严重不足，导致人才队伍建设只能一条腿走路，但自主培养周期漫长，且有局限。希望在人才培养和引进方面给予更多优惠条件和政策支持。

5. 医院管理需要进一步深化和细化。切实发挥绩效管理和成本核算的杠杆作用。

6. 现有的医疗服务和服务水平与患者的需求还有较大差距，需要继续加强业务基本功和应急能力。

二、大事记

1月16日，获批北京市自然科学基金1项。名称：腰骶部和腹部推拿对压力性尿失禁大鼠尿道括约肌组织形态的影响；负责人：周小波。

3月3日，接待石家庄按摩医院一行6人参观、学习，为其筹建新院安置更多盲人医师就业提供参考意见。

3月—6月，派出教师承担在广西、广东、江苏、辽宁、山东、新疆、河南、浙江、山西、河北10省（市、自治区）举办的11期全国盲人医疗按摩继续医学教育培训班全部教学工作，共有960名取得盲人医疗按摩资格的盲人参加培训。

4月1日，启动院级第六届知名专家经验继承工作。毛智鑫、陆新泉跟师王友仁；王丰、谢文佳男跟师瑞华；李鹏、高岩跟师赵润琛；郝焕光、齐亚男跟师杨金斗（上述人员均为视力残疾）。

4月10日，接待长沙市按摩医院参观交流，围绕医院发展规划、依法执业、人员聘任等问题进行交流，互通经验。

4月14日，接待广西壮族自治区残联参观交流，为其盲人按摩实训基地建设提供参考和建议。

4月15日，接待贵州省残联参观交流，为其筹建贵州省盲人医疗按摩医院提供参考意见。

4月29日，李欣被评为中央国家机关五一劳动奖章获得者，在人民大会堂接受表彰。

4月30日，举行"北京按摩医院院际间继承工作拜师仪式"，邓宁、李兵、任蒙强、王钲、刘夕明、冉群芳、张伟等7名业务骨干分别跟师护国寺中医医院、望京医院、丰盛医院等单位的6位专家。中国残联党组书记、理事长鲁勇，北京市中医管理局局长屠志涛，西城区卫生局副局长董杰昌及有关医院领导出席仪式。

5月，徐慧兰（肢体残疾）家庭被中华全国妇女联合会评选为第九届全国五好文明家庭标兵户。

5月，张凯欢、李兵、李水明（视力残疾）三人赴泰国参加亚太区按摩研讨会，参加大会学术交流，引起热烈反响。

5月，杨阳被评为全国残联系统先进工作者，受到习近平总书记接见。

5月12日，按摩医院获批"北京市中医管理局第二批基层中医药学科团队基地建设单位"——北京按摩医院基层中医伤科推拿学科团队基地，建设周期3年，经费10万元/年。

5月16—18日，在湖南省长沙市主办盲人医疗按摩实训班，50名学员参加培训。

5月16日—6月10日，医院派教师赴香港承担香港盲人辅导会按摩培训班伤科按摩学课程，8名学员参加。

5月28日，郑理（视力残疾）被北京市西城区人力资源和社会保障局评为北京市技工院校、民办职业技能培训机构优秀教师。

6月23日，接待山西省残联代表参观交流，探讨由山西省残联建立按摩医院的构想。北京按摩医院表示，将责无旁贷地支持山西省盲人医疗按摩人员到院实习、进修。

8月14日，毛里求斯彩虹基金会主席帕苏拉曼到院参观，张凯欢副院长接待，对帕苏拉曼表示欢迎，详细介绍了北京按摩医院的发展历程和近年来取得的成绩以及在残疾人就业及培训方面所做的工作。帕苏拉曼表示希望按摩医院能够派医生到毛开展中医推拿培训，也会派医生到按摩医院学习推拿技术。

10月23日，接待香港路德会一行参观交流。对于香港盲人辅导会的学习交流需求，医院将尽力提供帮助和支持。

10月31日，济南市按摩医院到院学习医院等级评审有关准备工作，为其参加等级评审做准备。

8月—10月，由北京市盲人按摩指导中心主办、北京按摩医院承办的两期培训在中国盲人图书馆成功举办，共有150名学员参加。

8月、11月，分别在济南、长沙举办两期师资骨干培训班，共50名来自全国的业务骨干参加培训。

11月18日，北京市盲人按摩指导中心一行到院参观交流，调研扩大北京八大处康复医院规模，安置盲人就业，以及"医疗按摩进社区"工作。

11月，医院承担在全国范围内对按摩手法客观化评测系统进行评价的任务，并完成院内测评。北京市盲校50人也于12月上旬完成评测工作。2015年还将到南方对医生、学生开展两批次评测。

11月28日，中国盲人按摩学会医院管理研讨会在湖南省长沙市成功举行，此次研讨会共有20余家医疗按摩机构院长参加。

（史晓葳供稿）

中国残联信息中心

一、领导讲话

鲁勇在全国残联信息化工作会暨北京残疾人信息化服务现场会上的讲话

2014年11月28日

同志们：

很高兴出席全国残联信息化工作会暨北京残疾人信息化服务现场会。这次会上，要举行智能化残疾人证北京发放仪式，与会同志还要现场观摩北京市残疾人信息服务工作，这对于促进残疾人事业发展、推动残疾人事业信息化建设具有重要意义。首先，我代表朴方主席、海迪主席向大家表示问候！相信在同志们的共同努力下，残疾人信息化工作一定能在新的征程中不断迈上新台阶。

同志们，伴随着社会生产力发展水平的不断提高，伴随着信息技术革命的不断发展，伴随着信息化管理工具的不断成熟，信息化已不再是一个时髦的学术名词，而成为一种现实的客观趋势。现在越来越多的人相信，"信息社会"不再遥远，"信息时代"也不再是纸上空谈。20年前，也许很多人还不知道互联网为何物，而今使用微信、微博、电子邮件，借助智能手机进行互联互通已不是少数人的"专利"。过去，那句"呼机、手机、商务通，成功的男士一个也不能少"的广告词曾流行一时，如今一"机"在手，不仅涵盖呼机、手机、商务通的全部功能，而且一"机"上已经承载了以前不可想象的更多功能。而发生这一切，不过只经历了10多年时间。现在，人们更愿意谈论这样的趣闻：互联网的出现搭建了虚拟社会，淘宝的崛起诱发了商业模式的变革，新媒体的诞生引发了传统媒体的地震。

大约2007年,一本名为《世界是平的》的畅销书曾轰动各界。作者弗里德曼在书中写道:"人类历史上从来没有这样的时刻:越来越多的人会发现他们能够找到越来越多的合作对象和竞争对手,人们将和世界各地越来越多的人互相竞争和合作,人们将会在越来越多的工作岗位上互相竞争和合作,人们的机会越来越平等。将他们联系在一起的是电脑、电子邮件、网络、远程会议和各种新软件。……世界在变平这一事实意味着,我们将地球上的各个知识统一到了一个单一的全球网络中。"

前IBM公司首席执行官郭士纳曾经提出一个重要的观点。他认为,计算模式每隔15年发生一次变革。数十年来的实践表明,他的这一判断就像摩尔定律一样准确,并被称为"十五年周期定律"。1965年前后发生的变革以大型计算机为标志,1980年前后发生的变革以个人计算机的普及为标志,1995年前后则发生了互联网革命。如今,"智慧地球"、"智慧城市"、"智慧生活"、"智慧管理"的提出,同样相隔大约15年。目前,全世界网民数量达到30亿,普及率达到40%。中国拥有互联网网民达到6.4亿、移动宽带用户5.3亿,手机用户近13亿,全球范围内实现了网络互联、信息互通,世界真正变成了地球村。有理由相信,由信息技术革命催动的信息化正在大踏步向我们走来。运用信息化技术进行数字化管理,已经活生生地展现在我们面前。其实,马克思早就有过这样的预言。他说,一种科学,只有当它成功运用到数字的时刻,才算是真正达到完善的地步。

不久前,在浙江乌镇召开了首届世界互联网大会。马凯副总理在致辞中强调,互联网是20世纪最重大的科技发明之一,将深刻地影响人类社会文明进程。习近平在致大会的贺词中更深刻地指出,当今时代,互联网日益成为创新驱动发展的先导力量,深刻改变着人们的生产生活,有力推动着社会发展。互联网真正让世界变成了地球村,让国际社会越来越成为你中有我、我中有你的命运共同体。

信息化的迅速发展,成为转变发展方式、管理方式、就业方式、工作方式甚至是思维方式重要技术依托。也就是在首届世界互联网大会上,李克强总理在与中外代表座谈时强调,互联网是大众创业、万众创新的新工具。只要"一机在手"、"人在线上",实现"电脑+人脑"的融合,就可以通过"创客"、"众筹"、"众包"等方式获取大量知识信息,对接众多创业投资,引爆无限创意创造。互联网也是政府施政的新平台。通过电子政务系统,可以实现在线服务,做到权力运作有序、有效、"留痕",促进政府与民众的沟通互联,提高政府应对各类事件和问题的智能化水平。互联网突破既是科技革命,又是保障公平的社会变革。一个人无论出身如何、财富多寡、受教育水平高低,都有机会通过互联网获取一扇了解世界的窗口,得到一个走向市场的阶梯。中国接入互联网20年来,不仅培育起一个巨大市场,也催生了许多新技术、新产品、新业态、新模式,创造了上千万就业创业岗位,很多人特别是年轻人因此实现了事业梦、人生梦。

依托信息网络,越来越多的残疾人也实现了就业创业的梦想。据中国残联信息中心的不完全统计,目前残疾人主要依托互联网就业创业的人数已经接近6万人,每年的营业收入超过50亿元人民币。

我国有8500万残疾人,涉及2.8亿的家庭人口,更精准地了解他们的状况和需求,更有效地提供残疾人所必需的基本公共服务,单靠简单的手工劳动、手工服务是不够的,必须充分地借助信息化手段和技术。在这种背景下,加快信息化建设就成为摆在我们面前的一项重大而基础的战略重点工程。

我们畅想,当有一天所有残疾人的基本状况、需求状况,都能够依托信息技术实时动态地反映在各级政府和残联组织面前,我们再强调对残疾人要做到托住底、保基本就不会无的放矢。

我们畅想,当有一天对残疾人的保障状况、服务状况,能够依托信息技术实时动态地反馈到各级政府和残联组织面前,我们强调为残疾人提供精准化、个性化服务就不会是一句大话空话。

我们畅想,当有一天残疾人都能手持智能化的残疾人证,依托互联互通的信息化服务网络享有政府购买的残疾人服务、享受社会提供的助残服务的时候,我们追求实现残疾人共享经济社会发展成果的努力就有了实实在在的依托。

我们畅想,当有一天有更多的残疾人通过无障碍网络服务平台实现就业创业的时候,我们促进残疾人融入社会、贡献社会就有了更加多样化的服务机会、残疾人也有了更多样的增收机会。

我们畅想,当有一天各级残联组织都能够通过智能化的信息管理手段推动工作、管理业务、服务残疾人的时候,我们才能真正做到底数清、情况明,管理水平才能真正提高,履职尽责才能底气十足。

当然,要实现这些梦想,需要各级残联组织做出实实在在的不懈努力,一步一个脚印地抓好落实。客观现实是:电子化,在不少地方还没有实现全覆盖;信息化,在很多地方还只是正在兴起;智能化,在绝大多数地方还停留在概念设计、局部试点阶段。但是,这种状况不能成为不重视信息化建设的托词,不能成为不推动信息化发展的借口,更不能成为不加强信息化工作的理由。

其实早在 2007 年，朴方主席就提出要准确掌握残疾人的基本数据，"建立以实证为基础的科学决策模式"。在中国残联"六代会"报告中，海迪主席进一步强调要"完善残疾人工作基础数据，提升工作信息化水平"。现在，我们就要狠抓落实。我们在启动 2014 年工作中，制定实施了中国残联信息化建设发展规划；我们在开展残联系统"基础管理建设年"活动中，强调了加强残联系统信息化建设的具体内容；我们在启动全国残疾人基本服务状况与需求专项调查中，同步加强了信息数据库、信息管理技术支撑系统建设；我们在推动政府购买残疾人服务、促进残疾人享有更多社会助残服务中，推动了智能化残疾人证的试点工作。

特别是推动残疾人证智能化是促进残疾人事业不断迈上新台阶的必然要求和一个重要标志，是"十三五"期间的一项基础性的重大战略工程。目前，已有 3000 万持证残疾人，智能化的残疾人证能够更准确反映残疾人的基本信息、需求信息和服务信息，使之逐步成为残疾人享受国家基本福利制度和公共服务的有效载体。我们在残疾人证智能化建设试点工作专题会上，提出要按照"七个统一"的原则来搞好试点工作，即统一身份编号、统一标识设计、统一基础信息、统一服务功能、统一密钥体系、统一卡片选型、统一证卡管理，目的是搞好顶层设计，最大限度地避免资源浪费，力争通过残疾人证的智能化，实现集残疾人身份识别、基本服务、相关管理三大功能于一体的科学化管理、精准化服务目标。

在今天的会议上，北京市率先启动了智能化残疾人证的发放工作。衷心感谢北京市委市政府对这项工作的重视和支持。相信北京市的创新探索实践，一定能够为全国积累出更具服务保障作用、更具推广价值的成功经验来。

同志们，搞好信息化建设，顶层设计至关重要。希望同志们按照统筹规划做好部署，坚持"全国一盘棋"，统一技术标准，统一支撑平台，促进网络互联和信息共享。要依托国家电子政务网络完成省级残联数据中心建设，形成中国残联、省级残联两级数据中心统筹管理业务信息的分布格局，探索建立全国集中式数据库。

搞好信息化建设，资源运用十分关键。要促进各级残联通过互联网网站开展残疾人网上政务公开、康复、就业、维权等信息服务。加强残疾人专职委员网上社区信息服务平台建设，发挥基层残疾人组织、服务机构和工作者的作用，为残疾人提供就业信息推介、知识经验分享、政策即查即答等个性化的服务。让这个平台成为残疾人需求的管理与转介者、服务资源的协调者、服务质量的监督者。

搞好信息化建设，组织保障必须到位。信息化建设是"一把手"工程，"一把手"要亲自担任信息化领导小组组长，为信息化工作把握方向，统筹决策，开辟资源，营造环境；分管领导要靠前指挥，具体组织，兼容并包，狠抓落实；相关部门要积极配合，良性互动。信息化建设不是信息化部门一家的事，而是残联系统各部门共同承担的一项重要任务。在信息化建设过程中，政策制定部门、业务经办机构、信息化管理部门要分工协作，紧密配合，紧紧围绕业务需求展开，在政策制定过程中要同步考虑信息化的支持。

同志们，以残疾人服务状况与需求专项调查和智能化残疾人证试点工作为重点，整体推进残疾人事业信息化建设，是今后一个时期中国残联的一项重要工作。我们要着眼"十三五"全面规划，开拓创新，不断加强基础管理，努力提高履职尽责能力，为加快推进残疾人小康进程做出实实在在的努力。

谢谢大家！

二、工作综述

（一）围绕各项重点工作建立服务规范与管理标准

制定完善各项管理制度，规范地方残疾人基础信息采集与系统建设，印发《关于加强残疾人基础信息采集与系统建设管理的通知》和《残疾人事业统计信息分类及代码（2014 版）》。加强门户网站、办公网的管理，修订《中国残疾人联合会门户网站管理办法》《中国残疾人联合会门户网站内容保障细则》《2014 年残联系统网站评测指标体系》《中国残联机关内部办公网管理办法》《中国残联机关内部办公网信息资料管理制度》。围绕全国残疾人基本服务状况和需求工作，印发《全国残疾人基本服务状况和需求专项调查残疾人基础信息核查工作方案》《全国残疾人基本服务状况和需求专项调查残疾人基础信息核查质量控制和抽查细则》及《全国残疾人基本服务状况和需求专项调查数据处理工作方案》。制定专项调查表、专项调查方案及调查表逻辑审核关系，协调国家统计局制定专项调查制度报批和报备工作；梳理残疾人人口基础库、综合业务系统和地方业务系统数据标准，制定印发《残疾人基本服务状况和需求专项调查数据采集标准规范》。

（二）残疾人人口基础数据库在重点业务开展中发挥积极作用

截至2014年12月底，残疾人人口基础数据库累计入库3101万人，扣除因康复、死亡等原因注销和正在办证过程中的154万外，实际持证残疾人2947万人。每月定期与公安部公民身份信息系统交换残疾人基础信息、变更信息、死亡注销信息。每天为福建、四川、安徽、贵州等省提供实时残疾人数据推送服务。

借助全国残疾人基本服务状况和需求专项调查之际，对残疾人人口基础数据库数据进行逐一核实。开发建设残疾人基础信息核查系统和专项调查社区工作平台，为基层残疾人工作者提供基础信息核查和数据录入技术保障；制定数据接口技术方案，实现了与北京、上海、四川、贵州4个自建系统省份的数据交换；与33个省级残联签署了数据使用保密协议，做好数据保密工作；采取多种方式提供技术支持，累计处理传真、邮件1.5万多封，接听并解答地方来电5400多例，网上在线咨询解答累计3万人次，组建大型QQ服务群，为3400多名各地残联基层工作人员提供在线解答和技术支持。完成了全国残疾人人口基础数据库中2938万持证残疾人和12万0—15周岁未持证残疾儿童的核查工作。其中持证残疾人和0—15周岁未持证残疾儿童在户2598.9万人，在户率88.1%。残疾人基础信息核查工作是做好此次专项调查的基础性和关键性环节，为2015年1月1日正式启动的现场入户调查提供了底册依据，对现场入户调查的顺利开展有着极为重要的作用。

（三）加强残疾人事业信息化基础工程建设和安全运维保障

为利用现代信息技术进一步做好残疾人工作，按照国家发展改革委、公安部、财政部、国家保密局等部门联合印发的《关于进一步加强国家电子政务网络建设和应用工作的通知》（发改高技〔2012〕1986号）要求，中国残疾人联合会与国家电子政务外网管理中心联合下发《关于做好全国残疾人联合会接入国家电子政务外网工作的通知》（残联厅发〔2014〕19号），利用国家电子政务外网，着手构建覆盖全国残联系统的业务信息网络，开展残疾人人口数据库、残疾人事业统计等业务应用，支持各级残联之间信息共享和业务协同。截至2014年12月，完成了中国残联本级和30个省级残联接入国家电子政务外网工作。

为保障全国大集中数据的安全，建设了残疾人数据中心机房及同城异地容灾备份中心，为全国残联核心数据和业务应用系统提供了安全保障。同时，委托中国信息安全测评中心对中国残联系统进行专业安全评测工作。

（四）提升残联系统政务网站三大服务功能

以政务信息公开、在线办事和公众参与为重点，完成中国残联网站全面改版，梳理整合了残疾人服务事项、政策文件、服务机构等资源，提供全国统一的"残疾人证网上查询服务"入口。依托中国残疾人服务网整合社会就业、招聘资源，搭建残疾人就业网上服务平台，建立残疾人岗位库、残疾人求职简历数据库和就业力测评数据库，全年整合21656家招聘企业发布了31160条残疾人岗位招聘信息，为13540名残疾人提供在线求职登记服务。

开展33个省级残联和5个计划单列市残联网站评测，推进17个省级残联网站完成无障碍改造。在118家政府网站继续开展无障碍测评。配合工信部、国标委开展了《盲人互联网信息服务辅助系统技术要求》《老年人与残疾人办公设备可访问性指南》《读屏软件技术要求》《移动终端无障碍技术要求》等相关标准的制定。

完成中国残联内网一期工程建设，通过理事会审定。完善全国残联信息报送系统功能，支撑地方信息、年鉴、要情、专项调查、基础建设管理等5项业务的信息报送工作，全国注册用户单位2378个，稿件总量达3.3万余条。完成2014年度信息资源加工入库，新增信息3.1万条。

（五）加强统计管理和服务能力

发布残疾人事业统计公报，出版《2014中国残疾人事业统计年鉴》，为重大会议、活动、领导决策和业务部门工作管理提供数据支持与服务。残疾人事业统计纳入《2013国民经济和社会发展统计公报》《中国统计年鉴》等近20种国家级综合统计资料；推动25个省（市）将残疾人事业统计数据或统计分析报告纳入同级政府统计体系。

健全统计台账制度，开展台账填报情况季度通报，发挥台账数据对业务管理和决策的支持作用。实现45.4%的重要业务领域统计数据以台账为支撑。2014年各业务领域台账填报619.6万条数据，其中254.5万为经人口库实名验证、受惠于各业务工作或项目的残疾人，365.1万为各级残疾人工作者和服务机构及工作开展情况数据。通过统计台账采集和标注残疾人服务机构地理信息。

（六）开展智能化残疾人证试点工作

开展残疾人证智能化建设技术标准研究，制定中国残联试点地区残疾人证智能化管理规范和技术标准，对智能化残疾人证的卡介质选择、卡面要素、芯片选择、密钥体系、数据文件结构进行了设计。启动智能化残疾人证全国密钥体系建设，完成管家密码管理局《新一代智能化残疾人证密钥管理系统技术方案》专家论证，完成了智能化残疾人证对称密钥管理系统建设。确定残疾人证智能化按照"七个统一"的原则开展建设，即：统一身份编号、统一标识设计、统一基础信息、统一服务功能、统一密钥体系、统一卡片选型、统一证卡管理。指导北京市开展新一代智能化残疾人证试点工作。截至年底北京市完成27万残疾人对智能化残疾人证的申领填报，完成智能化残疾人证与北京通、市政交通一卡通和金融功能的多应用集成和测试及全市5万台公交车载机终端程序的升级。

三、大事记

1月，为了加强对残联信息化工作的领导，结合新时期残疾人事业信息化建设实际和工作需要，中国残联办公厅印发《关于调整中国残联信息化工作领导小组有关事项的通知》。

3月，为建立适应信息化社会的残疾人工作机制，全面提升工作质量和管理水平，利用国家电子政务外网构建全国残联业务信息网络，开展残疾人人口数据库、残疾人事业统计等业务应用，支持各级残联之间信息共享和业务协同，中国残联办公厅、国家电子政务外网管理中心联合印发《关于做好全国残疾人联合会接入国家电子政务外网工作的通知》。

3月，《2013年国民经济和社会发展统计公报》纳入残疾人数据统计，从2013年起残疾人统计数据将作为常规内容每年在"公报"中发布，体现了国家在经济社会发展大局中对残疾人事业的重视和关注。

3月，第二次开展中国政府网站无障碍专项评估，评估范围涵盖部委、省级政府、副省级城市和省会城市4个序列118家政府网站，评估分值占政府网站绩效评估总体的3%。依据《网站设计无障碍技术要求》，2014年的评估指标将盲人使用读屏软件浏览网站内容的重要指标纳入评估范围，使网站信息无障碍评估结果更科学有效。通过评测，各政府网站逐步认识到无障碍在网站建设过程中的重要性，并逐步开展无障碍建设和改造工作。评测结果的分值跨度较大，反映出政府网站在信息无障碍建设方面程度差异显著，优秀网站占比较少，大部分网站无障碍建设处于低位水平，无障碍建设工作还有待继续深入推进。

4月1日，为进一步加强残疾人事业基础数据管理，保障以残疾人基础信息为核心的信息系统建设互联互通和数据资源共建共享，避免各地重复建设、重复投入，促进残联系统信息化建设的顺利实施和可持续发展，中国残联印发《关于加强残疾人基础信息采集与系统建设管理的通知》。

4月，中国残联第二代残疾人证网上查询服务正式上线。用户可登录中国残联网站（www.cdpf.org.cn）和中国残疾人服务网（www.cdpsn.org.cn），查询第二代残疾人证持有人信息的真实性以及残疾人证办理状态。

4月，根据《2014年残联系统网站评测指标体系》，第二次对全国38个省级及计划单列市残联网站的信息公开、在线服务、公众参与、用户体验、日常维护等五个方面进行评测。评测对加强指导地方网站建设起到积极作用，对症帮助地方网站改进服务质量和水平，使部分地方网站形成了自发定期整改的习惯。

5月9日，为提高党政机关网站安全防护水平，保障和促进党政机关网站建设，中央网络安全和信息化领导小组办公室印发《关于加强党政机关网站安全管理的通知》（中网办发〔2014〕1号）。

6月16日，为进一步加强残疾人事业基础数据管理，保障各地信息系统建设互联互通和数据资源共享交换，在参照有关国家标准和行业标准、吸收借鉴地方残联意见、整合各省级残联残疾人业务应用数据指标项的基础上，中国残联制定并印发《残疾人事业统计信息分类及代码（2014版）》。

6月22日，全国残疾人基本服务状况与需求专项调查工作会议在北京召开，同期举办全国省级残联残疾人基础信息核查工作培训班。中国残联党组书记、理事长、"基础管理建设年"活动领导小组组长鲁勇出席会议并讲话。中国残联副主席、"基础管理建设年"领导小组办公室主任吕世明主持会议，中国残联党组成员、"基础管理建设年"活动领导小组成员相自成出席会议。"基础管理建设年"领导小组办公室副主任，全国省级残联党组书记、理事长和分管"基础管理建设年"工作的副理事长、信息技术负责同志共100多人参加会议。鲁勇强调，搞好专项调查，确保数据的科学严谨，要突出抓好核查、培训、调查、录入、分析五个关键环节，在"严、细、广、深、实、准"六字上下硬功夫；要做到组织领导、经费保障、技术支持、过程监管四到位。

7月30日，中国残联党组书记、理事长鲁勇主持召开残疾人证智能化推进专题会议，提出残疾人证智能化要符合国家智能卡建设原则要求，拓宽在全国试点范围，要与残疾人基本服务状况和需求专项调查工作相结合，准确掌握残疾人的基本信息、需求信息和服务信息。智能化残疾人证是残疾人享受国家基本福利制度和公共服务的有效载体，集残疾人身份识别、基本公共服务、残疾人管理三大功能于一体。

8月26日，《2014年全国省级残联统计人员培训班》在陕西西安召开，中国残联党组成员相自成出席开班仪式并讲话。各省、自治区、直辖市残联，新疆生产建设兵团残联的统计工作负责同志参加了培训。培训班通报了2013年度残疾人事业统计工作的开展情况，对2014年统计工作进行了部署，并开展了统计管理系统软件操作上机培训和辅导。中国残联维权、组联、康复、教就、体育、计财等部门的业务负责人对2014年各业务领域的统计工作和填报要求进行了系统的讲解。

9月9日，按照统一身份编号、统一标识设计、统一基础信息、统一服务功能、统一密钥体系、统一卡片选型、统一证卡管理的原则编制的《新一代智能化残疾人证密钥管理系统技术方案》通过国家密码管理局专家组论证。

11月14日，中国残联召开智能化残疾人证试点密钥生成专题会。中国残联党组书记、理事长鲁勇，党组成员、副主席吕世明，党组成员相自成及国家密码管理局、北京市残联有关领导出席会议并根据密钥因子生成规则共同生成了智能化残疾人证根密钥因子。密钥生成标志着中国残联智能化残疾人证密钥管理系统正式启用。

11月28日，全国残联信息化工作会暨残疾人信息化服务北京现场会在北京召开，智能化残疾人证北京发放工作正式启动。中国残联党组书记、理事长鲁勇，北京市政府副市长戴均良，中国残联副主席、党组成员吕世明，中国残联党组成员相自成，北京市政府副秘书长戴卫出席会议；中国残联组联部、北京市经信委负责人，各省残联分管信息化工作的领导及信息化工作部门负责人参加会议。

12月3日，中国残疾人服务网新版就业招聘频道上线试运行，新版就业频道在完善基本网上求职招聘服务功能的同时，可以根据残疾人身体机能特点、就业意向等个性化维度进行自动筛选匹配岗位，还可以了解招聘企业的薪酬福利、无障碍环境等信息，成为国内首个为企业招聘残疾人的专属服务平台。

12月，中国残联保密委对中国残疾人联合会政府专网接入节点运行的系统应用、服务器、终端、数据库及相关的信息资源、安全保密管理等方面进行了自查整改，通过了由国家保密局委托的国家保密科技测评中心的现场安全检测。

（傅军供稿）

第八编 2014年中国残疾人事业发展统计公报

CHINA STATISTICAL COMMUNIQUE ON THE DEVELOPMENT OF THE UNDERTAKING FOR DISABLED PERSONS IN 2014

2014年中国残疾人事业发展统计公报

残联发〔2015〕12号

2014年是全国残联系统认真学习党的十八届三中、四中全会精神，深入贯彻中央关于残疾人事业的新部署新要求，全面落实中国残联"六代会"任务的开局之年。一年来，在党中央、国务院领导下，各级残联主动作为，广大残疾人和残疾人工作者共同努力，各项事业在新起点上取得了重要进展。

一、康复

2014年，通过实施一批重点康复工程，使751.5万残疾人得到不同程度的康复服务。

截至2014年年底，全国共有康复机构6914个，其中残联系统康复机构2622个；康复机构在岗人员总数达到23.36万人，其中业务人员16.0万人，管理人员3.05万人，其他人员4.31万人。

在914个市辖区和2023个县（市）开展了社区康复服务工作，累计已建社区康复站的社区总数21.9万个，配备39.2万名社区康复协调员。

1662个县的1958个医疗卫生机构陆续开展残疾儿童筛查工作，年度新诊断0—6岁残疾儿童4.8万人。依托各级各类残疾儿童康复机构建立儿童家长学校1547个，开展家长学校活动3625次，参与残疾儿童家长达94170人次。

开展视力残疾康复机构总数达到891个，完成白内障复明手术74.8万例；为30.0万名贫困白内障患者免费施行复明手术；为14.2万名低视力患者配用助视器，培训低视力儿童家长3.6万名，有效开展家庭康复训练。对12.3万名盲人进行定向行走训练。

推进听力语言康复机构规范化管理，完善基层服务网络。已建设省级听力语言康复机构31个，基层听力语言康复机构1025个。年度新收训聋儿1.9万名，在训聋儿3.2万名；规范聋儿家长学校，开展家庭训练，共培训聋儿家长3.9万名；开展各级各类听力语言康复专业技术人员培训，共培训专业人员5772人；实施贫困聋儿人工耳蜗、助听器抢救性康复项目，资助11200名聋儿免费植入人工耳蜗，资助19600名聋儿免费配戴助听器；开展彩票公益金成年听力残疾人（助听器）康复项目，为38352名贫困成年听力残疾人免费验配助听器，各级康复机构共为4.0万名成年听力残疾人提供技术服务。

开展肢体残疾康复训练服务机构达2181个，其中，省级康复机构42个，地市级、县级康复机构2139个；培训各级各类肢体残疾康复人员3.5万人次；全国共对36.7万肢体残疾者实施康复训练；实施救助项目资助4.0万名脑瘫儿童进行机构康复训练，资助8860名贫困肢体残疾儿童实施矫治手术。

为麻风畸残者实施矫治手术224例，开展宣传普及教育，为麻风患者回归社会营造良好社会氛围。

开展智力残疾康复训练服务的机构1730个，其中，省级康复机构45个，地市级、县级康复机构1685个；培训各级各类智力残疾康复人员1.5万人次；全国共对13.9万名智力残疾人进行康复训练；实施救助项目资助3.1万名智力残疾儿童进行机构康复训练，同时培训儿童家长。

大力推广"社会化、综合性、开放式"精神病防治康复工作。在2664个市县开展精神病防治康复工作，对583.7万重性精神病患者进行综合防治康复，监护率达到79.4%，显好率达到66.2%，社会参与率达到51.7%，肇事率0.12%；解除关锁4123人；对49.2万贫困精神病患者进行医疗救助。

建立了41个省级孤独症儿童康复训练机构；2.0万名孤独症儿童在各级机构进行了康复训练。

加强残疾人辅助器具服务体系建设，构建覆盖全国的服务网络，培育建设6个国家辅助器具区域中心，建设省级辅助器具服务机构29个，地市级服务机构220个，县级服务机构945个。开展多层次、多形式的专业技术人员培训，共组织培训专业人员6261人次。深入开展辅助器具服务，组织实施系列辅助器具项目，全年共为残疾人减免费用供应辅助器具152.4万件，其中装配假肢 2.9 万件、矫形器 6.4 万件，验配助视器 17.8 万件。

二、教　育

2014年，启动实施《特殊教育提升计划（2014—2016年）》，残疾人受教育权得到了更好的保障。

实施残疾人事业专项彩票公益金助学项目，为全国 1.1 万人次家庭经济困难的残疾儿童享受普惠性学前教育提供资助。各地也积极多渠道争取资金支持，对 2908 名残疾儿童给予学前教育资助。

全国共有特殊教育普通高中班（部）187 个，在校生 7227 人，其中盲生 1054 人，聋生 6173 人。残疾人中等职业学校（班）197 个，在校生 11671 人，毕业生 7240 人，其中 5532 人获得职业资格证书。全国有 7864 名残疾人被普通高等院校录取，1678 名残疾人进入特殊教育学院学习。

三、就　业

2014年，残疾人就业规模总体保持稳定。城镇新就业残疾人 27.8 万，其中，集中就业残疾人 7.6 万，按比例安排残疾人就业 7.0 万，公益性岗位就业 1.2 万，个体就业及其他形式灵活就业 10.7 万，辅助性就业 1.3 万。全国城镇就业人数 436.0 万；1723.6 万农村残疾人在业，其中 1360.4 万残疾人从事农业生产劳动。

全国残疾人职业培训基地达到 6154 个，其中残联兴办 2211 个，依托社会机构兴办 3943 个，38.2 万人次城镇残疾人接受了职业培训。

盲人按摩事业稳定发展，按摩机构迅速增长。2014 年度培训盲人保健按摩人员 21296 名、盲人医疗按摩人员 5623 名；保健按摩机构达到 15609 个，医疗按摩机构达到 1018 个；在专业技术职务资格评审中，分别有 494 人和 1229 人通过盲人医疗按摩人员中级和初级职称评审。

四、社会保障

2014 年新型农村和城镇居民社会养老保险统一合并实施，已有 2180.0 万城乡残疾居民参保，参保率 74.2%，在 60 岁以下的参保残疾人中有 405.0 万重度残疾人，其中 379.2 万得到了政府的参保扶助，代缴补贴比例达到 93.6%。有 234.7 万非重度残疾人也享受了全额或部分代缴的优惠政策。领取养老金待遇的人数达到 858.6 万人。

城镇残疾职工参加基本养老和医疗保险人数稳定在 280 万左右，城镇 261.5 万和农村 844.1 万残疾人纳入最低生活保障范围；城镇集中供养残疾人和农村五保供养残疾人分别达到 11.2 万和 66.2 万；455.0 万和 279.0 万符合条件的城乡残疾人分别享受了稳定的生活补贴和护理补贴。257.7 万城乡残疾人得到了其他救助救济。

残疾人托养服务工作规范推进，残疾人托养服务机构达到 5917 个，共为 16.1 万残疾人提供了托养服务。其中寄宿制托养服务机构 1758 个；日间照料机构 2132 个；综合性托养服务机构 2027 个。在以上机构中，共有 15933 名残疾人实现辅助性就业，3503 名残疾人实现了支持性就业。机构之外接受居家托养服务的残疾人达到 77.1 万人。全年共有 4.9 万名托养服务管理和服务人员接受了各级各类专业培训，其中接受国家级培训 882 人。

五、扶贫开发

2014年，233.2 万贫困残疾人得到扶持，其中 119.9 万人通过扶贫开发实现脱贫；接受实用技术培训的残疾人达到 72.6 万人次。

康复扶贫贴息贷款扶持 6.1 万农村残疾人，残疾人扶贫基地达到 6593 个，安置 12.4 万残疾人就业，扶持带动 25.8 万残疾人户，其中本年度新安置残疾人 4.3 万人，新增带动 9.1 万残疾人户。

完成 9.0 万户农村贫困残疾人危房改造，各地投入危房资金 8.5 亿元，10.3 万残疾人受益。

基层党组织助残扶贫项目帮扶 95403 名农村贫困残疾人，其中首次接受帮扶 57678 人。"万村千乡市场工程"助残扶贫项目安置 6865 名贫困残疾人就业，帮扶贫困残疾人创办 1990 个村级农村店。

六、宣传文化

中央电视台《新闻联播》播出残疾人题材报道 44 条，《人民日报》刊登消息、侧记和综述等 84 篇。组织开展第十一届各地人民广播电台残疾人专题节目展播活动以及 2012—2013 年度好新闻事业评选，分别有 40 件和 219 件新闻作品获得等级奖。截至 2014 年年底，全国共有省级残疾人专题广播节目 17 个、电视手语栏目 30 个，播出公益广告 42 个；地市级残疾人专题广播节目 241 个、电视手语栏目 201 个，播出公益广告 366 个。

推出"百家图书馆"、"百家博物馆"、"百家新闻媒体"三个百家系列公益助残行动活动，开展"残疾人文化周"、残疾人文化进社区、全国残疾人文化体育示范市创建等活动，全国有 500 多万残疾人走出家门参与各种文化活动，陶冶了情操，丰富了生活，提高了综合素质。截至 2014 年年底，全国省地县三级公共图书馆共设立盲文及盲人有声读物阅览室 1616 个，共开展残疾人文化周活动 5568 场次，共举办残疾人文化艺术类比赛及展览 2806 次，全国共有各类残疾人艺术团体 775 个。

七、体　育

全国累计培养了719名国家级残疾人体育健身指导员。在全国26个省（区、市）资助了150个示范点；为中西部地区配发了8套健身器材，并纳入示范点统一管理；累计共资助建设自强健身示范点397个。在北京、河北1000个残疾人家庭试点康复体育进家庭项目。组织了第八次全国特奥日活动、特奥足球比赛及家庭论坛等14项次系列活动，特奥运动员超过118万人。

全年举办了20项全国残疾人体育赛事，参赛总人数达6000多人。组团参加索契冬季残奥会、仁川亚残运会等19项国际赛事交流活动，我轮椅冰壶队在索契冬季残奥会上获得第四名，取得历史性突破。仁川亚残运会上，我代表团夺得317枚奖牌，其中金牌174枚，实现八连冠。指导训练基地成功举办国际乒联残疾人世锦赛、国际残奥会北京田径公开赛、盲人门球亚洲锦标赛等5项国际重要赛事，世界各地58支代表队1000多名运动员参赛。组织了39批次607人次的运动员集训，残疾人体育人才队伍和组织建设不断加强。注册登记的残疾人运动员达到9354人，审批的裁判员1188人、分级员36人。国家级残疾人体育培训基地达到34所。

组织省级残疾人群众体育健身活动241次，6.2万余人次参加；建设省级残疾人群众体育活动示范点达到839个；培训省级残疾人体育健身指导员达到1.1万人；组织省级残疾人体育比赛151次，参赛运动员达2.3万人次；省级残疾人体育训练基地已达234个。组织地市级残疾人体育活动5544次，69.4万人次参加；设立地市级残疾人群众体育活动示范点1930个；培训地市级残疾人体育健身指导员1.8万人。

八、维　权

全年修订《残疾人保障法》地方实施办法1件；制定或修改了关于残疾人的专门法规、规章省级8件、地市级10件；制定或修改保障残疾人权益的规范性文件省级22件、地市级71件、县级334件。全国县级以上人大进行《残疾人保障法》执法检查和专题调研649次；政协进行视察和专题调研635次。全国开展普法宣传教育活动6510次，93.3万人参加；举办法律培训班1511个，9.2万人参加。

截至2014年年底，全国成立残疾人法律救助工作协调机构1521个，建立残疾人法律救助工作站1348个，办理案件4666件，建立残疾人法律援助中心（工作站）3001个，办理案件1.8万件，有力地推动了法律救助和法律援助工作。

残疾人参政议政工作得到加强，各地残联协助人大代表、政协委员提出议案、建议、提案1538件，办理议案、建议、提案1374件。

无障碍建设法规、标准进一步完善。全国共出台了451个省、地市、县级无障碍建设与管理法规、规章和规范性文件；1506个市、县、区系统开展无障碍建设；全国开展无障碍建设检查4906次，无障碍培训4万余人次；为14.9万户贫困残疾人家庭实施了无障碍改造；为67.9万残疾人发放了残疾人机动轮椅车燃油补贴。

全国各级残联共处理残疾人群众来信4.8万件，接待残疾人群众来访28.6万人次，其中集体访1194批次、1.9万人次。

九、组织建设

截至2014年年底，32个省级残联（含新疆兵团）领导班子中配备了残疾人理事长或副理事长；246个地市级残联在领导班子中配备了残疾人理事长或副理事长；1631个县级残联机关配备了残疾人干部；已建乡镇（街道）残联4.0万个，已建率达到98.0%，选聘残疾人专职委员4.7万名；已建社区（村）残协59.0万个，已建率达到93.8%，选聘残疾人专职委员56.1万名。

全国省市县乡残联实有人员已达11.5万人。各级残联共举办培训班3.3万期，培训机关干部、协会干部及残疾人专职委员70.3万人次。

全国共建立省级以下各类残疾人专门协会15633个，其中省级专门协会已建比例为100%，市级专门协会已建比例为99.1%，县级专门协会已建比例为92.9%。全国共建立助残社会组织2972个，其中在民政部门注册的为1581个，以残联为业务主管单位的1395个。

十、服务设施建设

残疾人服务设施建设得到全面发展。截至2014年年底，全国已竣工并投入使用的各级残疾人综合服务设施2231个，总建设规模460.26万平方米，总投资128.64亿元；已竣工并投入使用的各级残疾人康复设施613个，总建设规模130.01万平方米，总投资40.38亿元；已竣工并投入使用的各级残疾人托养服务设施442个，总建设规模101.39万平方米，总投资25.71亿元。

十一、信息化建设

2014年，中国残联网站对60多项惠残服务内容进行分类分项梳理，全年网站浏览量达到7510万，浏览人数660万。中国残疾人服务网年度浏览量超过150万，累计注册用户数量近4万人。为盲人提供图形验证码网上识别服务达126万人次。截至2014年年底，累计服务残疾人求职者达2.2万人，为残疾人提供涉残岗位超过3.1万个，发布招聘需求企业信息2.2万个。截至2014年年底，全国33个省级单位（含新疆兵团、黑龙江垦区）、280个地市、1347个县级残联开通网站，比上年增加43个。继续推动网站无障碍建设，对38个省级及计划单列市残联网站开展评测，对118家部委和省政府等政府网站开展年度网站无障碍专项评估，评测结果为推进工作提供依据。

截至2014年12月31日，全国残疾人人口基础数据库录入采集持证残疾人数据达到2947万人。依托残疾人人口基础数据库，中国残联和20多个省（区、市）残联开展重点业务系统建设和个性化服务，为向残疾人提供精准服务和业务政策的有效落实提供支持和保障。

（傅军供稿）

第九编 2014年中国残疾人事业和残疾人工作大事记
CHRONICLE OF UNDERTAKING AND WORK FOR DISABLED PERSONS IN CHINA IN 2014

1 月

1月1日,《残疾人康复机构建设标准》和《残疾人托养机构服务建设标准》正式实施。中国残联于6月24—26日在全国范围内开展培训,推进标准落实、规范设施建设,并启动了《残疾人就业服务机构建设标准》编制工作。由于在民族地区基础设施建设方面做出的突出贡献,中国残联计划财务部被国务院授予"全国民族团结进步模范集体"荣誉称号。

1月1—3日,中国残联党组书记、理事长鲁勇在福建省出席2014厦门国际马拉松暨轮椅半程马拉松赛仪式,并实地考察了福建省残疾人工作。福建省委常委杨岳、陈桦、王蒙徽,副省长洪捷序分别会见鲁勇一行。

1月8日,国务院办公厅转发教育部、发展改革委、民政部、财政部、人力资源社会保障部、卫生计生委、中国残联制定的《特殊教育提升计划(2014—2016年)》。

1月9日,中国残联党组成员、副理事长王梅梅到河北省南皮县走访慰问贫困残疾人家庭,考察县康复中心扩建项目,并代表中国残联向南皮县捐赠了价值23万元的辅助器具和30万元康复设备购置款。

1月11日,2013CCTV体坛风云人物年度评选颁奖典礼在北京万事达中心举行,王永海(肢体残疾,自行车运动员)获得年度残疾人体育精神奖,成为2002年该奖设立以来第十位获得该奖的残疾人运动员/队伍。中国残联党组书记、理事长鲁勇代表张海迪主席出席颁奖盛典,并为获得年度残疾人体育精神奖的自行车运动员王永海颁奖。

1月11日,国际乒联2013年度颁奖典礼在阿联酋迪拜举行。在所有7个奖项中,中国乒乓球运动员获得5项,残疾人运动员马麟获得2013年度最佳残疾人男运动员奖。

1月23日,中国残联召开会议,传达学习中央纪委三次全会、中央党的群众路线教育实践活动第一批总结暨第二批部署会议、全国组织部长会议精神。鲁勇主持会议并讲话。党组理事会成员,机关各部门和直属单位、基金会负责人参加会议。

1月24日,中国残联召开党的群众路线教育实践活动总结大会。中央第十八督导组组长胡振民出席会议并讲话。中国残联主席张海迪出席会议。鲁勇代表中国残联党的群众路线教育实践活动领导小组做总结报告。中央第十八督导组成员,中国残联党组理事会成员,机关各部门和各直属单位、基金会班子成员参加会议。

1月27日,国务院召开全国特殊教育工作电视电话会议,启动实施《特殊教育提升计划(2014—2016年)》。国务院总理李克强做重要批示:办好特殊教育,对于保障残疾人平等参与社会的权利、增加残疾人家庭福祉和促进社会公平正义具有十分重要的意义,也是教育现代化的重要内容。各级政府要高度重视,带着深厚的感情,履职尽责,特教特办,认真实施好特殊教育提升计划,让残疾孩子与其他所有人一样,同在蓝天下,共同接受良好的教育。国务院副总理刘延东做明确部署,国务委员王勇主持会议并就贯彻会议精神提出要求。

2 月

2月21日,中国残联召开直属机关党委、纪委全体委员(扩大)会议,研究部署2014年度党建工作。鲁勇、孙先德出席会议并讲话。直属机关党委、纪委委员和直属单位、基金会党政主要负责同志参加会议。

2月24日,国际智力残疾人体育联合会(International Sports Federation for Persons with Intellectual Disability,简称"Inas")执行总监巴尔发来邮件,确认经由Inas执委会审议,批准中国残奥委员会加入Inas,中国由此成为Inas第七十一个会员国。

3 月

3月6—9日,中国残联主席、中国残奥委员会主席张海迪出席索契第十一届冬季残奥会。在索契期间,张海迪主席看望慰问了中国体育代表团运动员,出席了运动会开幕式,并会见了国际组织和友好国家残奥组织官员。

3月7—16日,第十一届冬季残奥会在俄罗斯索契举行。45个国家和地区的1600多名运动员和代表团参加了该届运动会,近550名运动员角逐高山滑雪、冬季两项、越野滑雪、轮椅冰壶和雪橇曲棍球5个大项、72个小项的比赛。俄罗斯代表团夺得奖牌榜首位,德国代表团和加拿大代表团分列第二和第三。中国派出由21人组成(其中运动员10人)的代表团参加了越野滑雪和轮椅冰壶2个大项的比赛,首次出征残奥会的中国轮椅冰壶队获得第四名,创造历届冬季残奥会最好成绩;中国残疾人越野滑雪队在4×2.5公里接力比赛中排名第七,创造了中国在冬季残奥会越野滑雪接力项目上的最好成绩。

3月11日,中国残联、湖北省人民政府签署协议,共建国家辅助器具华中区域中心。中国残联党组成员、副理事长贾勇,湖北省政府副省长甘荣坤出席仪式并签署共建协议。在华中地区,湖北省具有明显的地理区位和科教人才、工业基础优势，区域中心共建活动将有效地带动湖北省乃至整个华中地区辅助器具服务工作的开展和发展。

3月11日，中国残联和民政部在陕西省西安市召开贫困残疾人生活补贴制度和重度残疾人护理补贴制度（以下简称"两项补贴"）推进工作西部片区专项调度座谈会。中国残联党组成员、副理事长程凯出席会议，中国残联教育就业部、民政部社会福利和慈善事业促进司及西部九省（区、市）残联、民政部门有关负责同志参加会议。会议主要听取了参会各省（区、市）对本地"两项补贴"制度建设情况、相关经验和有关计划的介绍，对"两项补贴"制度建设工作过程中出现的新情况及困难、问题进行了座谈和研讨。与会各地表示，建立"两项补贴"制度是解决残疾人基本生活和护理需求的民生工程，是残疾人共享小康的基础条件，推进工作刻不容缓。尚未建立"两项补贴"制度的部分省市都明确表示要加大工作力度，力争在今明两年出台制度。同时，各地希望加快建立全国统一的"两项补贴"制度，对制度的名称、发放对象、标准、方式以及筹资等进行明确的规范。

3月11—14日，由中国残联、中国残疾人福利基金会、澳门特别行政区政府联合主办，中国残疾人体育运动管理中心承办的澳门合作项目2014年两地特奥家长交流活动在京举行，共有来自澳门特奥会的特奥运动员、家长及工作人员19人参加。

3月14日，国家教育体制改革领导小组召开全面改善贫困地区义务教育薄弱学校基本办学条件电视电话会议。国务院副总理刘延东强调，要认真贯彻习近平总书记、李克强总理关于贫困地区义务教育发展的重要指示精神，加大支持力度，全面改善贫困地区义务教育薄弱学校基本办学条件，保基本、补短板、促公平，增强下一代人脱贫致富能力，为贫困地区孩子开启健康成长、实现梦想的幸福之门。中国残联党组成员、副理事长程凯出席会议，教就部相关负责人参会。

3月14日，中国残联召开党风廉政工作会议，传达国务院第二次廉政工作会议精神，部署党风廉政建设和反腐败工作。鲁勇出席会议并讲话。党组理事会成员、直属机关纪委委员、机关全体干部、各直属单位和基金会党政主要负责同志及纪委书记（纪检委员）参加会议。

3月21日，中国残疾人福利基金会成立30周年，中共中央总书记、国家主席、中央军委主席习近平致信祝贺，中共中央政治局常委、全国政协主席俞正声出席并讲话。新华社、人民日报、中央电视台等中央媒体对活动情况以及残疾人事业成就进行了深入报道。

3月27日，中国残联和北京大学深化合作备忘录签署仪式在北京大学举行，中国残联党组书记、理事长鲁勇，北京大学常务副校长刘伟，中国残联党组成员、副理事长程凯出席签署仪式。

3月30日，中国残联主席、中国残奥委员会主席张海迪在京会见了来访的世界冰壶联合会主席凯特·凯瑟尼斯女士。张海迪说，中国政府十分关心和重视残疾人事业，支持残疾人体育运动的发展，鼓励残疾人参加体育运动，促进身心健康，参与社会生活，实现融合发展。中国残联将进一步推动轮椅冰壶等残疾人冬季体育运动项目的发展，希望凯瑟尼斯女士继续支持中国冬季残疾人体育运动的发展。凯瑟尼斯女士充分肯定中国为推动轮椅冰壶项目等冬季残疾人体育项目发展所做的努力，并表示世界冰壶联合会重视推动残疾人参与冰壶运动，将积极支持中国残疾人冬季体育运动项目的发展。中国残联副理事长、中国残奥委员会副主席王梅梅，中国残联体育部、国际部有关负责同志陪同会见。

4月

4月1日，中国残联党组召开会议，传达学习中央国家机关第二十八次党的工作暨第二十六次纪检工作会议精神，研究部署中国残联贯彻落实会议精神工作。

4月5—11日，国际残奥委会举重世锦赛在阿联酋迪拜举行。来自65个国家和地区的430多名运动员参赛。中国派出由2名工作人员、18名运动员组成的代表团参加了此次赛事。中国代表团最终获得3金2银2铜，位列金牌榜第二位、奖牌榜第三位。

4月6日，国际特殊奥林匹克东亚区高级顾问委员会在北京成立，并召开首次委员会议。中国公共外交协会会长、中国外交部前部长李肇星担任名誉主席。

4月7日，中国残联理事长、中国特奥委员会主席鲁勇在京会见了来访的国际特奥会主席蒂姆·施莱佛先生一行。鲁勇赞赏施莱佛先生领导下的国际特奥会多年来为推动全球发展特奥运动所做的重要贡献，感谢多年来施莱佛先生以及国际特奥会对中国特奥运动发展的支持与帮助，希望在国际残疾人事务、体育事务等更宽领域同国际特奥会进一步加强交流与合作。施莱佛说，中国特奥运动发展在全球占有举足轻重的地位，国际特奥会愿与新一届中国残联、中国特奥委员会领导通力合作，共同推动特奥运动的深入发展。

4月9—17日，全国残疾人游泳锦标赛在江苏省常州市奥林匹克体育中心举办。此次赛事共有来自全国25个省、市、自治区的运动员、教练员、工作人员以及裁判员、媒体记者、志愿者共计750余人参加，是参赛规模最大、参赛运动员最多的一届。经过激烈角逐，浙江、广东、云南、江苏、贵州、广西、天津、北京分获团体总分前8名。

4月10—17日，国际残奥委会田径大奖赛北京分站赛在中国残疾人体育运动管理中心举行。15日，中国残联党组成员、副理事长王梅梅到比赛现场看望中国参赛运动员，观看比赛并为运动员颁奖。中国、中国香港、中华台北、印度、印尼、伊朗、意大利、日本、韩国、马来西亚、蒙古、新西兰、沙特、新加坡、叙利亚、越南等16个国家和地区的163名运动员参加此次比赛，在130个小项上展开了激烈角逐。中国派出51名运动员参赛，获得70金31银8铜，高居金牌榜榜首。韩国队、越南队分居金牌榜第二、三位。

4月11日，《中国残疾人事业年鉴》第二次特约编辑会议暨2013年《年鉴》工作表彰会议在中国残联召开。中国残联党组副书记、常务副理事长、年鉴执行主编孙先德出席并讲话，办公厅主任、年鉴副主编马志强，研究室主任、年鉴副主编陈新民，宣文部主任王涛，组联部主任曹跃进，华夏出版社社长兼总编辑、年鉴副主编黄金山及年鉴编辑部主任贾洪宝等参加会议。中国残联各部厅、专门协会、各直属单位、基金会全体特约编辑，地方特约编辑代表共52人参加会议。孙先德副理事长传达了年鉴主编张海迪主席关于年鉴工作的批示，总结了年鉴两年来的工作，对今后的编辑出版工作提出了要求。

4月11—24日，由中国残联康复部主办、湖北省残联承办的"第三期全国孤独症儿童康复学科带头人研修班"在武汉举行，由各省残联推荐和专家组严格遴选出的60名学员参加了培训。

4月14—19日，全国轮椅击剑锦标赛在上海举行。来自北京、江苏、四川、云南、陕西、上海6省市的60余名运动员参赛。比赛设12个单项、2个团体项目，江苏代表队夺得6枚单项金牌、2枚团体金牌，上海代表队获得6枚单项金牌。

4月15日，为推进中国残联"六代会"提出的加强中国特色残疾人事业研究、实现为残疾人事业加快发展夯实理论基础的工作目标，中国残联在中国人民大学召开残疾人事业理论与实践研究座谈会。中国残疾人事业发展研究会会长程凯、中国人民大学校长陈雨露出席座谈会。与会者畅谈改革开放以来，中国残疾人事业从一个较低的起点走出了一条具有特色的发展道路，丰富了中国特色社会主义事业理论，宝贵的理论和丰富的实践为今后的发展提供了重要指引。程凯会长充分肯定了中国人民大学残疾人事业发展研究院成立以来，在残疾人社会保障和公共服务战略研究、人才培养、学术交流等方面做出的卓有成效的贡献，并对充分发挥人民大学等高校和专业研究机构作用，加强对中国特色残疾人事业发展道路研究提出了意见和建议。国务院研究室、《求是》杂志社、中国残联研究室、残疾人事业发展研究会、北京市残联研究室和中国人民大学残疾人事业发展研究院、科研处、社会保障研究中心的负责同志参加座谈会。

4月17日，教育部和中国残联在河北省石家庄市联合召开特殊教育提升计划省级实施方案编制工作推进会，教育部副部长刘利民、中国残联副理事长程凯出席会议并讲话。

4月18日，全国盲人医疗按摩人员考试工作会议在河北省石家庄市召开。中国残联副理事长、全国考试委员会主任委员程凯，中国残联教就部主任、全国考试委员会副主任委员张新龙出席会议。国家卫生计生委医政医管局、人力资源社会保障部专技司、国家中医药管理局医政司相关部门负责同志，全国30个考试辖区的省级考试领导小组组长及办公室主任，以及全国考试委员会办公室工作人员共80余人参加会议。

4月21—23日，中国残联党组成员、副理事长贾勇一行赴浙江省调研残疾人康复机构工作情况。贾勇副理事长提出要认清当前残疾人康复机构面临的形势，认真研究存在的问题，尤其是制约康复机构发展的瓶颈问题，解决好共性问题，想办法破解特殊难题，可根据实际情况和资源优势先行先试，加快推动残疾人康复机构的发展，要重视资源共享，加强合作与融合，重点解决好专业人才问题，发挥残联康复机构的优势，提高服务能力，为残疾人提供专业的、有效的康复服务。

4月23日，财政部、民政部、住建部、人力资源社会保障部、国家卫生和计划生育委员会、中国残疾人联合会等联合出台《关于做好政府购买残疾人服务试点工作的意见》。这是第一个以国务院六部门联合出台的行业性政府购买服务试点意见。

4月23日，民政部和中国残联在山西省太原市召开贫困残疾人生活补贴制度和重度残疾人护理补贴制度推进工作中部地区专项调度座谈会。这是继2014年3月在陕西省西安市召开西部地区调度座谈会之后，民政部和中国残联共同召开的第二个地区性专项调度座谈会。中国残联党组书记、理事长鲁勇同志出席会议并讲话，民政部副部长窦玉沛、中国残联副理事长程凯全程与会，民政部、财政部及中国残联相关部门同志及中部12省（区）残联、民政部门有关负责同志参加会议。

4月25日，中国残联党组召开会议，传达学习部委企业高校深化整改工作座谈会精神，研究部署中国残联教育实践活动深化整改工作。

4月27—28日，中国残联副理事长王梅梅应澳门特区政府体育发展局邀请，率团参加2014全澳残疾人士运动日活动。王梅梅与澳门特区政府体育发展局进行了工作会谈，双方充分肯定了两地《共同促进残疾人体育发展项目》合作协议实施以来取得的积极成效，并就进一步发挥两地各自资源优势、加强交流合作、特区政府购买残疾人体育服务交换了意见。在澳门期间，代表团全体人员参加了2014全澳残疾人士运动日等活动。

5 月

5月，《残疾人托养服务基本知识读本》由华夏出版社出版。《残疾人托养服务基本知识读本》是中国残联组织相关专业人士，结合几年来残疾人托养服务的实践探索，经过近一年的编写并广泛征求地方残联组织、残疾人托养服务机构以及残疾人及其亲属的意见而成的。"读本"涵盖了全国残疾人托养服务的发展概况以及智力、精神和重度肢体残疾人的基本知识，残疾人托养服务设施建设以及实施托养服务方面的内容，也阐述了残疾人托养服务的社会意义。书中还收录了残疾人托养服务的相关政策和文件，是专业人员学习培训的好帮手，也是从事残疾人托养服务工作的指南。

5月和12月，《中国政府采购报》对鲁勇理事长进行了两次专访，中国政府网、《中国财经报》、《中国残疾人》等媒体先后对专访进行了转载。

5月4—11日，"晟大华健杯"全国残疾人乒乓球、网球锦标赛分别在正定乒乓球训练基地、石家庄市植物园举行。乒乓球锦标赛有27支代表队368人参加，网球锦标赛有7支代表队82人参加。

5月5日，中国残联与江苏省政府在南京签订共建国家辅助器具华东区域中心协议书。中国残联党组成员、副理事长贾勇，江苏省副省长许津荣出席仪式并签署共建协议。为加快健全残疾人社会保障和服务体系建设，切实提高残疾人辅助器具服务水平，中国残联在全国开展了国家辅助器具区域中心创建工作。通过创建活动，将在全国培养5—6个国家级区域中心，辐射和带动周边地区残疾人辅助器具服务工作，以更好满足广大残疾人对辅助器具的需求。

5月6—14日，全国残疾人田径锦标赛在中国残疾人体育运动管理中心举行。中国残联党组成员、副理事长、比赛组委会主任王梅梅出席开幕式。来自全国30个省、自治区、直辖市以及新疆生产建设兵团和香港特别行政区的32支代表队764名运动员参赛，是参赛人数最多、规模最大的一届比赛，共产生226金、198银、173铜，其中3人超3项世界纪录，18人破18项全国纪录。辽宁、江苏、浙江、河北、湖南、天津、上海、广东分获团体总分前8名。

5月6—14日，全国残疾人自行车锦标赛暨中华人民共和国第九届残疾人运动会暨第六届特殊奥林匹克运动会自行车比赛在广东省广州市大学城举行。8日上午，中国残联党组成员、副理事长王梅梅出席开赛仪式。此次比赛设肢体残疾组、视力残疾组、听力残疾组，来自18个地区的241名运动员角逐81个小项的金牌。

5月8日，由中宣部文艺局、人民网、新华网、光明网联合举办的"我们的中国梦——讲述中国故事"文艺作品征集活动中，中国残联报送的第八届全国残疾人艺术汇演主题歌曲《我梦最美》荣获音频作品三等奖。

5月8日，中国残联召开领导干部会议，传达学习中央教育实践活动视频会议精神，部署教育实践活动整改落实工作。鲁勇主持会议并讲话。党组理事会成员、机关处级以上干部、直属单位和基金会班子成员参加会议。

5月12—19日，全国坐式排球锦标赛暨中华人民共和国第九届残疾人运动会暨第六届全国特殊奥林匹克运动会坐式排球预选赛在上海市残疾人体育训练中心举行。来自全国19个省、自治区、直辖市的19支男队和17支女队的213名运动员参加了比赛。云南、上海、浙江、江苏、甘肃、辽宁、河北、福建依次获得男子前8名；女子前8名的队伍则为上海、江苏、浙江、辽宁、甘肃、山东、湖北和北京。根据比赛规则，男女前8名的队伍获得了2015年第九届全运会坐式排球的比赛资格。

5月13日，国家卫计委办公厅与中国残联办公厅联合下发《关于开展2014年全国"爱眼日"活动的通知》（国卫办医函〔2014〕396号）。

5月14日，为落实《教育部关于做好2014年普通高校招生工作的通知》（教学〔2014〕1号）精神，积极创造条件，为残疾考生提供更加人性化的考试服务，教育部高校学生司、教育部考试中心、基础教育二司、中国残联教育就业部有关负责人就残疾考生参加普通高考议题进行了研究。

5月16日，全国自强模范暨助残先进集体和个人表彰大会在北京举行。各中央新闻媒体从5月13日开始进入报道升温阶段，16—19日期间掀起报道高潮。新华社就此次活动发稿8篇，《人民日报》发稿6篇，中央电视台《新闻联播》播发4条相关内容，《新闻直播间》播发相关内容6条。《光明日报》《经济日报》《工人日报》《中国青年报》等多家中央主流媒体报道多条模范报道。

5月18日是第二十四次全国助残日，主题为"关心帮助残疾人，实现美好中国梦"。全国各地同时开展走访慰问、送温暖、志愿者助残等活动。新华社、人民日报、中央电视台等中央媒体和地方媒体对此次全国助残日进行了宣传报道。

5月19日，中国残联党组召开会议，传达学习中央国家机关落实党风廉政建设主体责任交流会议精神，研究部署贯彻落实会议精神工作。

5月19—28日，全国轮椅篮球锦标赛暨中华人民共和国第九届残疾人运动会暨第六届特殊奥林匹克运动会轮椅篮球预赛在中国残疾人体育运动管理中心举行。21日上午，中国残联党组成员、副理事长、比赛组委会主任王梅梅出席了开幕式。来自全国16个省、自治区、直辖市的15支男队和12支女队383人（其中运动员296人）参赛。最终，北京男、女队包揽了男、女冠军，广东男队和云南女队获得亚军，辽宁男队和广东女队获第三名。获得第四至第八名的江苏、浙江、河南、河北、陕西等男队和辽宁、广西、陕西、河北、河南等女队与前3名的队伍一起获得了第九届全国残疾人运动会的决赛资格。

5月19—24日，全国盲人柔道锦标赛在福建省残疾人体育运动管理中心举行。21日，比赛正式开赛，来自全国的13支代表队93名运动员参赛，历经鏖战，山西、江西、广东、北京、湖南、四川、天津、辽宁分获团体前8名。

5月19—28日，全国盲人门球锦标赛暨第九届全国残运会盲人门球预赛在浙江塘栖国家盲人门球训练基地举行。来自全国24个省、自治区、直辖市的337名运动员、教练员参赛。浙江、天津、北京、江苏、云南、吉林、河北、上海分获男子组前8名，北京、浙江、山东、江苏、湖南、辽宁、河北、天津分获女子组前8名。

5月19—29日，全国盲人足球锦标赛暨中华人民共和国第九届残疾人运动会暨第六届特殊奥林匹克运动会盲人足球预赛在福建省残疾人体育运动管理中心举行，来自全国的21支代表队196名运动员参赛。福建、广东、云南、河北、浙江、江苏、辽宁、陕西分获前8名，取得了参加第九届全国残疾人运动会决赛的资格。

5月27日，中国残联党组成员、副理事长程凯一行就残疾人大学生就业工作到北京市进行专题调研，以贯彻国务院办公厅印发《关于做好2014年全国普通高等学校毕业生就业创业工作的通知》将残疾高校毕业生列入求职补贴对象范围，党政机关、事业单位、国有企业要带头招录残疾高校毕业生的要求。程凯副理事长指出，当前我国正处于产业结构升级和经济结构调整的关键时期，大学生就业，包括残疾人大学生就业工作面临着更加困难的局面；各地要贯彻落实好近年来国家和中国残联出台的相关文件和政策；要确保求职补贴在离校前发放到每位残疾高校毕业生手中。要推动未安置和未达到安置比例的党政机关、事业单位、国有企业制定年度招录计划，并采取有效措施，消除招录、体检环节的限制。要通过给予社会保险补贴等措施，鼓励各类用人单位吸纳残疾高校毕业生。要争取政策，支持残疾高校毕业生自主创业。要协调有关部门，将残疾高校毕业生列为重点援助对象予以扶持。各级残联及残疾人就业服务机构要提前介入，加强对残疾大学生的指导，通过建立残疾大学毕业生台账，准确掌握残疾大学生就业状况，并提供"一对一"就业服务。以后，中国残联将以残疾人大学生的实际就业状况作为考核各级残疾人就业服务机构的重要指标。

5月29日，中国残联召开特殊教育专题会议。党组书记、理事长鲁勇，党组成员、副理事长程凯，理事、中国聋人协会主席杨洋和中国盲人协会副主席李庆忠出席会议。教就部、办公厅、研究室、金钥匙视障教育研究中心有关同志参加会议。

6 月

6月，经中国残联申请，国家发展改革委下达了《残疾人康复和托养设施建设2014中央预算内投资计划》（发改投资〔2014〕1329号），安排中央预算内投资8亿元，涉及31个省（含兵团和农垦）160个项目。下半年，开展并完成"十二五"残疾人康复和托养设施建设规划中期评估工作，形成了评估报告。

6月，全国残联系统开展了"十二五"专项资金执行情况自查，辽宁等6个省实施专项抽查。通过专项抽查的实施，规范了地方残联资金管理，全面掌握"十二五"残疾人事业专项彩票公益金项目实施成效，加强项目管理，提高财政资金使用效益。

6月，中介机构对中国残联2013年度"十二五"中央专项彩票公益金项目执行情况进行审计。审计结果在中国残联网站进行公告，接受社会监督。审计认为：残疾人事业专项彩票公益金项目使用范围符合《中央专项彩票公益金支持残疾人事业项目资金管理办法》的要求；政府采购、物品采购符合政府采购的有关规定；物品配发流程、地方设备补助拨款管理完善，受助信息完备。

6月4—9日，全国残疾人举重锦标赛在湖南省株洲市举行。来自21个省（区、市）的124名运动员参赛，共产生19金16银12铜，其中2人2次超两项世界纪录，6人9次超4项亚洲纪录，为2015年第九届全国残运会定下新的国家纪录标准。江苏、江西、安徽荣获团体总分前3名。

6月4—10日，全国硬地滚球锦标赛在中国残疾人体育运动管理中心举行。来自北京、天津、辽宁、广东、四川、山西、重庆等7个省市的代表队43名运动员，参加了BC1至4级个人赛、BC3级双人赛和BC1/BC2团队赛等6个小项的角逐，24名运动员收获了奖牌，广东队、辽宁队、重庆队获得团体总分前3名。

6月4—11日，全国残疾人射箭锦标赛在浙江省残疾人体育训练指导中心举行，来自全国各地的14支代表队、141名队员参加比赛。浙江队共获得5金3银1铜，位列总分榜首位；广东、陕西、江苏、北京、辽宁、香港、广西等7支队伍分获第二至第八名；首次参加全国残疾人射箭锦标赛的香港队获得组委会特设的参赛纪念奖。

6月5—6日，首届世界语言大会在江苏省苏州市举行。此次大会主题为"语言能力提升与语言教育"。大会由中国政府与联合国教科文组织共同举办，教育部、国家语言文字工作委员会、江苏省承办。国务院副总理刘延东出席大会开幕式并致辞，程凯副理事长作为特邀嘉宾出席大会。

6月6日，第十九届全国爱眼日主题会在北京召开。国家卫生计生委医政医管局、中国残联康复部、北京经济技术开发区管委会、北京市卫生计生委等有关部门领导及眼科著名专家和多家媒体参加了主题会。通过主题会，向广大群众宣传了眼保健知识，提高了人们对糖尿病眼病患者防治的关注意识。

6月9日，中国残联康复部制定下发《关于进一步加强社区康复协调员培训工作的通知》（残联康复函〔2014〕9号），对康复协调员培训提出明确要求和培训任务，即力争实现全国75%以上社区（村）拥有1名经过培训的社区康复协调员。

6月9日，中国肢残人协会与清华大学继续教育学院共同举办第三期全国"残疾人企业家培训班"。来自全国29个省、市、自治区的100余名各族残疾人企业家报名参加了此次培训课程。中国残联副主席王乃坤、清华大学继续教育学院副院长吴庚生出席仪式并讲话。培训班历时6个月，依托清华大学优质的教育资源，以面授加网络远程教学相结合的方式，推出了宏观经济与政策解读、企业家战略思维及战略管理、残疾人创业的国家优惠政策、残疾人创业案例经验分享等20门课程，为残疾人企业家构建了一套完备的知识体系。

6月10—12日，国务院残疾人工作委员会副主任、中国残联主席张海迪率团出席联合国《残疾人权利公约》第七次缔约国大会，来自145个缔约国、20个观察员国以及107个非政府组织的约千名代表参加了此次会议。经多方努力、积极争取，中国候选人中国残联尤亮同志以较高票数顺利当选《公约》专家委员会成员。与会期间，张海迪与康复国际、融合国际等多个国际残疾人组织领导人会面，介绍了中国残疾人事业取得的成绩、工作进展和发展方向；并与多个缔约国的残疾人权利领袖进行了亲切交谈，介绍了中国履行《公约》进展情况，落实第三个亚太残疾人十年"仁川战略"相关措施，以及在残疾人权利保障领域取得的成就。

6月15日，中华全国体育总会组织开展的"发展体育运动，增强人民体质，同心共筑中国梦"全民健身系列活动北京主会场活动在国家奥林匹克体育中心隆重启动。中华全国体育总会主席刘鹏、全国妇联书记处书记焦扬、中国残联副理事长王梅梅、全国总工会宣传教育部部长王晓峰等领导与孙杨、罗雪娟、王丽萍、雷声等奥运冠军参加了主会场活动。此次主会场活动吸引了机关干部、企事业单位职工、社区街道居民、青少年儿童、中老年健身爱好者、残疾人等各类人群约3300人参加。中国残联委托北京市残联组织62名残疾人参与主会场活动。盲人象棋、残疾人柔力球健身展示、轮椅乒乓球、轮椅空竹表演，展现了残疾人乐观向上、积极参与体育健身活动的精神风貌。

6月17日，中国残联与剑桥大学合作在北京、山西、辽宁、吉林、黑龙江、福建、河南、湖北、湖南、山西、广东等11个地区开展的"孤独症儿童患病率筛查及病因学研究"项目第二阶段筛查的工作全面完成。

6月17—27日，全国聋人足球锦标赛暨中华人民共和国第九届残疾人运动会暨第六届特殊奥林匹克运动会聋人足球预赛在吉林省长春市举办。21个省、自治区、直辖市派队参赛，参赛运动员、教练员、裁判员以及赛事工作人员共计540余人。19日，中国残联副理事长、赛事组委会主任王梅梅出席了开赛仪式。当日，吉林省副省长隋忠诚、省发改委主任姜有为会见了王梅梅副理事长，双方就进一步做好吉林省残疾人体育和残疾人基础设施建设工作交换了意见。

6月17—30日，国际轮椅篮球联合会（IWBF）女子轮椅篮球世锦赛在加拿大多伦多举行。澳大利亚、加拿大、德国等12支队伍的143名运动员参赛。加拿大、德国、荷兰分获前3名。中国派出了15人组成的代表队参赛，获得第七名。

6月19—23日，全国残疾人赛艇锦标赛暨第九届全国残运会赛艇比赛在浙江省千岛湖国家水上运动训练基地举行。来自上海、山东、浙江、香港的4支代表队87人参赛。经过激烈的角逐，最终浙江队、山东队分别获得11枚和2枚金牌，包揽了该项赛事的全部项目冠军。

6月19—23日，全国残疾人射击锦标赛在陕西宝鸡成功举行。来自11个省市及香港特别行政区的76名运动员参加了26个项目的比赛。经过激烈角逐，四川、湖南、河北、陕西、广东、重庆、云南、北京代表队荣获团体总分前8名。

6月19—23日，全国特奥会足球比赛在江西师大瑶湖体育场举行。此项赛事是第六届全国特奥会前期第一项比赛项目。来自全国各省、自治区、直辖市及香港、澳门的26支代表队参赛，参赛运动员达288人。比赛期间，还实施了运动员健康计划，开设了明亮眼睛、健康微笑和提升营养3个项目，为特奥运动员提供了专业、科学的健康检查和教育指导服务。

6月23—24日，全国职业教育工作会议在北京召开。习近平总书记就加快职业教育发展做重要指示。他强调，职业教育是国民教育体系和人力资源开发的重要组成部分，是广大青年打开通往成功成才大门的重要途径，必须高度重视、加快发展。李克强总理在会前接见与会全体代表并讲话，强调要加快培养高素质劳动者和技能人才，为推动经济发展和保持比较充分就业提供支撑。中国残联副理事长程凯出席大会，并在小组讨论时就加快发展残疾人职业教育发言。

6月24日，中国残联在长春大学特教学院召开高校残疾人毕业生就业暨发展残疾人职业教育工作座谈会，中国残联党组成员、副理事长程凯出席座谈会。长春大学特教学院、北京联合大学特殊教育学院、天津理工大学聋人工学院、辽宁特殊教育师范高等专科学校、山东滨州医学院特教学院相关负责同志以及部分残疾大学毕业生代表在会上发言，分别介绍了残疾大学毕业生就业和就业服务情况、存在突出问题和有关建议以及对发展残疾人职业教育的意见和建议。程凯副理事长充分肯定了特殊教育院（校）在残疾大学毕业生就业和就业服务工作中的成功经验和做法。他强调，2014年残疾大学毕业生的就业情况不容乐观，必须下大力予以推动，各级残联要把残疾人毕业生就业工作放在残疾人就业工作的首要位置来抓，引起高度重视。一要加强政策宣传，让所有在校残疾大学生了解相关政策。二要梳理并落实各项针对残疾大学毕业生优惠政策，使政策真正发挥效力，当前一定要落实毕业生的求职补贴，为残疾大学毕业生求职助力。三要帮助残疾高校毕业生转变就业择业观念，理性确定求职预期，努力先就业再择业。四是各级残联和残疾人就业服务机构要切实履行职责，准确掌握残疾大学生求职需求，提供"一对一"的就业帮扶，把落实残疾大学毕业生就业工作情况作为考核各级残疾人就业服务机构和服务人员的重要指标。程凯副理事长在会上传达了全国职业教育工作会议精神。他强调，要及时落实好国务院文件和会议精神，抓紧编制全国残疾人中高等职业教育发展规划，尽早研究提出加快残疾人职业教育发展的政策措施，整合全国特殊教育资源，加强院校间合作，实现互补发展、避免低水平重复的专业设置；要加强校企结合，校厂合办，使学生所学适应就业企业需求；要结合特教学院跨省招生、异地就业的实际，加强跨省、跨地区合作，实现就业指导服务的有效延伸；努力搭建好全国大中专毕业生就业服务信息网络，实现信息共享、有效服务。

6月26日—7月7日，盲人门球世锦赛在芬兰艾斯堡举行，来自20个国家的274名运动员、教练员和工作人员参加了此次比赛。中国派出了由12名运动员以及6名教练员和工作人员组成的代表队参加了比赛。获得该届世锦赛前3名的男队是巴西、芬兰和立陶宛；获得前3名的女队是俄罗斯、美国和土耳其。此次比赛是2016年里约残奥会的资格赛，获得前3名的队伍直接获得里约残奥会的门票。

6月28日，由中国人民大学残疾人事业发展研究院、北京市残疾人联合会联合主办的"残障与发展论坛（2014）"在中国人民大学举行。中国残联党组书记、理事长鲁勇，国务院扶贫办副主任郑文凯，中国残联党组成员、副理事长程凯，与来自全国残联系统、民政部门、扶贫部门的有关领导及北京大学、北京师范大学、南京大学、浙江大学等高校的专家学者与管理者120多人出席论坛。这届论坛主题为"残障与发展：残疾人同步小康与农村扶贫"。

7 月

7月，中国残联新出台7个财务制度，包括《中国残联机关培训费管理办法》《中国残联外宾接待经费管理办法》《中国残联因公临时出国（境）经费管理办法》《中国残联机关国内公务接待管理办法（暂行）》《中国残联公务机票政府采购实施细则》《中国残联机关因公短期出国培训费用管理办法》《中国残联财政资金项目支出绩效评价管理实施细则及操作规程》；修订完善《中国残联机关会议费管理办法》《中国残联机关差旅费管理办法》《中国残联预算管理办法》3个财务制度，基本覆盖了预算、会计、资产、财务等内部管理领域。

7月1日，中华全国妇女联合会与中国残联联合出台《大力发展手工编织促进残疾妇女就业创业方案》。《方案》计划，2014—2015年期间，在妇女手工制品产业发展迅速、政府支持力度大、已建立省级妇女手工制品协会（商会）的15个省区市，通过实施开发就业岗位、开展手工技能培训等上述措施，帮助1万名有就业能力和愿望的残疾妇女从事手工编织与制作，为1.5万人次残疾妇女提供免费技能培训。尚未建立协会的省份要根据当地实际情况，制定相应计划，有针对性地组织程序残疾妇女开展手工制作项目技能培训，帮扶残疾妇女在手工制作领域实现就业，从而实现残疾妇女更加充分就业的目标。

7月3日，德国劳动与社会事务部、经济合作部共同在京举办"残疾人在劳务市场上的融合"主题研讨会，两国残疾人就业服务工作者、专家、企业代表等与会。中德公共政策对话项目由德国联邦经济合作和发展部"公共政策对话基金"提供资金支持，德国国际合作机构（GIZ）驻华办公室负责在华协调，中国商务部为中方牵头协调单位。

7月4日，中国残联教就部在山东省泰安市召开会议，部署"十二五"终期全国残联教就工作。会议全面总结了2013年以来各地在残疾人教育、就业、社会保障、扶贫工作领域取得的进展和有效经验。要求各地坚持继承与创新相结合、全面推进与重点突破相结合、基础建设与制度建设相结合，准确把握残疾人教就工作方向。会议要求各地要把未入学残疾儿童少年实名制登记统计工作做成实名统计的样板，把残疾人"两项补贴"当作最重要的残疾人福利制度推动建立，把残疾人托养打造成服务规范、特色突出的服务品牌，把按比例安排残疾人就业作为提升就业工作的撬动点抓实，把《关于创新农村残疾人扶贫开发工作的意见》的贯彻落实作为精准扶贫的抓手和切入点，突出重中之重，务求纲举目张，以此推动残疾人教就工作全面发展。

7月4—7日，国际残奥委会（IPC）亚洲轮椅舞蹈邀请赛在中国残疾人体育运动管理中心举行。5日，中国残联副理事长王梅梅出席开幕式并致辞。来自亚洲、欧洲8个国家和地区的57对选手参加了拉丁舞和标准舞类别7个比赛项目12个小项的比赛的角逐和5个表演项目的展示。中国队派出18名选手参赛。

7月8—12日，2014年国际特殊奥林匹克东亚区高级田径教练员培训班在京成功举行。此次培训班由国际特殊奥林匹克东亚区主办，中国残疾人体育运动管理中心承办。共有来自中国、韩国、蒙古、中国香港、中国澳门、中华台北的20名教练员参加培训。

7月9日，"全国残疾人康复人才培训基地工作研讨会"在北京召开。"十二五"期间承担了培训任务的全国残疾人康复人才培训基地负责人共28人到会。会议介绍了全国残联系统康复机构建设情况和专业人员队伍现状，就培训经费的管理和使用有关要求进行了通报，针对2014年各基地上报的培训计划存在的问题进行了梳理，对今后组织培训提出了要求。专家对培训的组织和管理、继续教育项目申报进行了培训。

7月11日，中国残联和民政部在广东省广州市召开贫困残疾人生活补贴制度和重度残疾人护理补贴制度推进工作东部片区专项调度座谈会，中国残联副理事长程凯同志出席会议，中国残联教育就业部、民政部社会福利和慈善事业促进司及东部九省（市）残联、民政部门有关负责同志参加会议。来自国务院研究室社会司、浙江大学、广东省残疾人研究会等单位的社会保障有关专家参与了制度建设论证研讨。此次会议是三个月以来中国残联和民政部共同召开的第三个专项调度会议。全国已有17个省（区、市）建立了困难残疾人生活补贴专项制度，11个省（区、市）建立了重度残疾人护理补贴专项制度，其中甘肃、江西、山东、广西、四川在2014年新建了制度，湖南和福建的重度残疾人护理补贴制度已经在省政府常务会议上得到通过，即将出台，河北将困难残疾人生活补贴制度列入2014年政府工作报告中，已经完成了文件起草工作。截至2013年年底，458.2万残疾人直接从这两项补贴制度中受益。

7月16日，《国家手语盲文规范化行动计划（2014—2020年）》首次编务会在中国残联召开。中国残联副理事长程凯主持会议，并对手语、盲文的规范化工作以及《行动计划》研制工作进行安排和部署。中国残联教就部有关负责同志参会。

7月17—26日，国际残奥会射击世界锦标赛在德国苏尔举行。来自53个国家和地区的265名射击选手参加了为期10天的比赛，中国派出8名运动员以及教练员、工作人员共计12人的代表队参加了比赛。在此次比赛中，中国男女步枪运动员6人、男子手枪运动员2人，参加了15个小项的比赛，获得2金2铜。

7月18日，国家教育体制改革领导小组第十一次全体会议召开。刘延东副总理主持会议。中国残联副理事长程凯出席会议，教就部有关同志参会。

7月21—25日，由中国特奥委员会主办，贵州省残疾人体育协会承办的西南地区特奥家庭支持联络网培训班在贵阳举行。来自重庆、四川、云南及贵州的40余名特奥家庭领袖代表、特奥专家讲师和志愿者参加了此次培训。

7月29日—8月15日，组织机关各部门和13个直属预算单位对单位预算收入、支出、政府采购、资产、财务会计、财政票据管理情况、设立小金库情况和会系统举办或投资的培训疗养服务机构进行全面检查。

8 月

8月，中国残联计划财务部制定了《中国残联财政资金项目支出绩效评价管理实施细则及操作规程》，结合中国残联实际，制定涉及康复、教育等十大类产出及效果评价指标；中国残联预算绩效管理工作在财政部2013年考核评比中获得优秀，在国管局的2013年度中央行政事业单位资产管理绩效评价评比中被通报表扬。

8月，云南鲁甸8·03地震后，中国残联及时与中国协和医科大学出版社联系，再版印刷了3000册《地震伤残康复与护理》丛书免费发放至地震灾区。

8月4日，第四届残疾人健身周暨2014年尚体关爱融合健身活动启动仪式在北京市残疾人体训职培中心举行。中国残联副理事长王梅梅，中国残联体育部、北京市残联及北京市体育局等有关方面负责同志参加启动仪式。启动仪式上，爱心企业尚体健康科技有限公司向北京市残疾人体育协会捐赠了残疾人专用健身器材。王梅梅向爱心企业颁发了"第四届残疾人健身周全国示范合作伙伴"牌匾，并向北京市各区县残疾人代表赠送《残疾人科学运动健身知识问答》手册。

8月6日，天津市第五届"体彩杯"全民健身运动会残疾人组比赛开幕暨天津市第四届"残疾人健身周"活动启动及体育用品发放仪式在天津市残疾人文艺体训指导中心举行。天津市残联为100个社区、村的残疾人代表发放了10种类型的体育健身器材以及由天津市编写的《残疾人体育健身项目指导手册（100例）》。活动当天，天津市电视台体育频道在全国首家播放了由天津市残联编创的、深受广大残疾人喜爱的《残疾人轮椅广播健身操》指导健身宣传片。

8月13日，美国纽约大学Langone医学中心Rusk康复医学研究院行政总监Geoffrey Hall、北京万升康达经贸有限公司董事长杨外生访问中国残联，并与中国残联康复部就康复人才培养项目有关事宜进行友好协商，并达成初步合作意向。

8月19日，第四届心智障碍者支持性就业国际论坛开幕，来自德国、日本、马来西亚等国的就业专家以及来自全国各地的150名各界人士围绕着促进心智障碍者（智力残疾人和精神残疾人的统称）就业的可行模式这个议题进行了深入探讨。中国残联副理事长程凯出席论坛并发表讲话。程凯指出，中国的法律保障各类别残疾人平等就业的权利，鼓励用人单位增加就业岗位，扶持残疾人就业。心智障碍者和其他类别残疾人相比，实现就业更加困难。中国残联将会协同有关部门，加强研究，积极推进支持性就业。他强调，支持性就业在中国刚刚起步，发展还很不充分，各地要注意学习借鉴一些国家的成功做法，结合本地实际情况，大胆探索；要特别注意发挥社会组织特别是家长组织的作用，形成合力，共同推进支持性就业在中国的发展。第四届心智障碍者支持性就业国际论坛由中国智力残疾人及亲友协会、国际劳工组织、德国国际合作机构GIZ公司、中国残联就业指导中心等单位共同主办。

8月19—22日，中国残联副理事长王梅梅出席贵州省第五届残疾人运动会开幕式并致辞。贵州省委常委、宣传部部长张广智，副省长慕德贵先后在六盘水市和贵阳市会见了王梅梅一行。

8月20—21日，亚太经合组织促进精神健康创新合作研讨会在北京大学英杰交流中心召开。会议由亚太经合组织（APEC）主办，亚太经合组织生命科学创新论坛和北京大学共同承办，中国国家卫生和计划生育委员会协办，北京大学人口研究所执办。来自亚太地区的澳大利亚、加拿大、智利、中国、印度尼西亚、日本、马来西亚、墨西哥、美国等17个APEC经济体，中国国家卫生和计划生育委员会及世界卫生组织的官员、学者、专家参加会议。此次研讨会是中国承办的2014年APEC高官会议和专题会议之一，旨在推进精神健康政策创新和加强精神卫生系统方面的实质性工作，力求降低APEC各成员经济体精神疾病负担，改善人民的生活质量，在经济体和政府间为推进人类健康做出贡献。研讨会上，APEC经济体的官员和学者专家代表分享了精神健康工作的经验，充分讨论了通过精神健康跨地区、跨部门、跨领域的创新合作来构建APEC经济体之间的重要平台。此次研讨会的成果将对研究如何发挥亚太经合组织在各经济体和政府间协调经贸、投资与人口健康发展事务的作用做出巨大的贡献。

8月25—26日，中国残联党组书记、理事长鲁勇一行赴河北调研残疾人工作并出席河北省第八届残疾人运动会暨第四届特殊奥林匹克运动会。河北省委副书记、省长张庆伟在邢台市会见了鲁勇一行。

8月31日，中国残联副理事长王梅梅出席云南省第十届残疾人运动会暨第四届特殊奥林匹克运动会开幕式并致辞。云南省政协主席罗正富、副省长张祖林会见王梅梅一行，并就加强云南省残疾人工作交换了意见。开幕式前，王梅梅和曲靖市委副书记、市长范华平在曲靖文化体育公园为"中国残疾人体育培训曲靖基地"揭牌。

9 月

9月，中国残联计划财务部制定《政府购买残疾人服务试点工作实施方案》，积极推动地方开展试点。截至2014年年底，全国30个省（区、市）确定86个地区先行先试。

9月，开展各级残联、基金会、社会团体及残联所属企事业单位财务状况专项调查，2014年全国残联系统行政事业单位预算总规模290.73亿元，年初资产总额242.10亿元。

9月，根据俄方建议，中俄友好、和平与发展委员会残疾人事务理事会经中国残疾人联合会批准正式成立。理事会的职责是在中俄友好、和平与发展委员会框架下，开展双边交流活动，积极探索在残疾人领域的务实合作，为增进两国人民间的友谊、促进两国残疾人事业的发展做出贡献。

9月，中国残联康复部、国家卫生计生委医政医管局在西安共同举办第六届国际低视力康复论坛，国内外低视力康复管理人员与专业人员参加了研讨。

9月3日，2014年教师节"交通银行特教园丁奖"表彰活动、特教教师座谈会举行。中国残联党组书记、理事长鲁勇，教育部副部长刘利民，交通银行党委副书记、监事长宋曙光分别代表中国残联、教育部和交通银行向到会的特教教师和广大特殊教育工作者送去节日的问候，并发表讲话。

9月7—14日，2014年国际乒联残疾人乒乓球世锦赛在中国残疾人体育运动管理中心成功举行。7日，中国残联理事长、中国残奥委员会执行主席鲁勇宣布比赛开幕，中国残联副理事长、中国残奥委员会副主席王梅梅，国际乒联残奥部副主席万斯皮鲁特致辞。来自45个国家和地区的310名运动员参加，规模为历届最大。此次赛事设21个单打和15个团体项目，共36个小项。中国派出29名运动员参加了其中26个小项的比赛，共获得了8枚单打、6枚团体金牌，以14金8银5铜的成绩位列榜首。

9月10日，由中国残联、教育部、共青团中央和北京大学共同主办的"我的梦、中国梦、心教育"全国百所高校公益行活动启动仪式暨北京大学2014级新生生命教育公开课在北京大学邱德拔体育馆成功举行。

9月10日，中国残联副主席王新宪受澳门特别行政区政府社会工作局的邀请，参加"澳门康复服务十年规划研讨会"，并发表题为"科学规划发展，在新的起点上促进残疾人 平等、参与、共享"的演讲。

9月11—12日，全国残疾人体育工作会议在成都召开，中国残联党组书记、理事长鲁勇出席会议并讲话。王梅梅副理事长在会上做了工作报告，总结了2014年残疾人体育工作。会上，四川筹委会办公室副主任张田义介绍了全国第九届残运会暨第六届特奥会筹备工作，吉林、黑龙江、上海、浙江、江西、湖南等6个单位介绍了当地残疾人体育工作。

9月12日，全国第九届残运会暨第六届特奥会"倒计时一周年"系列活动在四川成都市举行。四川省委副书记、省长魏宏，中国残联党组书记、理事长鲁勇出席运动会倒计时牌揭牌仪式并致辞。四川省副省长曲木史哈、中国残联副理事长王梅梅以及国家体育总局、成都市负责同志共同为倒计时牌揭牌。当日下午，鲁勇出席了全国第九届残运会暨第六届特奥会筹备工作委员会第一次会议。组委会发布了第九届残运会暨第六届特奥会会徽、吉祥物和会歌。

9月14日，中国残联在江苏南京召开残疾人职业教育研讨会，中国残联副理事长程凯出席会议，中国残联教就部，江苏省残联，残疾人职业教育文件起草组，来自北京、天津、吉林、江苏、浙江、安徽、山东、湖南的部分中高等特教学校（院）的负责同志和有关人员参加研讨会。

9月16日，中国残联办公厅下发通知，在辽宁、安徽、江西、河南、广西、陕西等6个省（区）实施"残疾人文化进社区"项目。"残疾人文化进社区"项目是国家为广大残疾人提供文化服务、丰富残疾人文化活动而采取的一项重要举措。

9月21日，由中国人民大学残疾人事业发展研究院和中国康复研究中心共同举办的第九届北京国际康复论坛之"残疾预防与控制"专题论坛在北京国家会议中心召开，来自中国残联、北京大学、中国人民大学、中国康复研究中心、中国聋儿康复中心、南京特殊教育师范学院以及康复医疗机构等的60位专家学者、康复医疗工作者出席分论坛。

9月22—27日，硬地滚球世锦赛在中国残疾人体育运动管理中心成功举行。来自31个国家和地区的171名残疾人运动员经过6天的激烈角逐，决出了4个个人项目、2个双人项目和1个团体项目的名次。英国、泰国、韩国和中国香港分别获得 BC1 至 BC4 级个人项目的冠军，韩国和中国香港分别获得 BC3 级和 BC4 级双人项目的冠军，泰国则获得 BC1/BC2 级团体项目的金牌。中国队此次派出了 8 名运动员参赛，收获了 BC2 级个人项目的 1 枚银牌，在 BC4 级双人项目中获得季军。

9 月 24 日，中国残联党组书记、理事长鲁勇，副理事长程凯率中国残联有关部门与教育部副部长刘利民及教育部基础教育二司、职成司、高校学生司负责人，就贯彻中央有关指示精神、加强残疾人教育工作进行沟通交流。

10 月

10 月 6 日，康复国际代表大会在波兰首都华沙举行，来自 28 个国家的 71 名代表参加会议。经过竞选英文演讲和投票表决等会议程序，中国残联主席张海迪在激烈的竞争中，以其社会影响力和个人魅力高票当选新一届康复国际主席，任期 2016—2020 年。康复国际于 1922 年成立于美国，在美国纽约设有秘书处，有来自 100 多个国家和地区的会员，包括全世界残疾人权利和康复领域的主要组织和机构。张海迪当选康复国际主席，是国际社会对中国残疾人事业取得成就的高度肯定。

10 月 9 日，中国残联召开会议，传达中央党的群众路线教育实践活动总结大会和国务院常务会议精神，部署学习贯彻会议精神工作。鲁勇出席会议并讲话。党组理事会成员、机关各部门和各直属单位、基金会负责人参加会议。

10 月 9 日，中国残联举行党组中心组扩大学习，邀请清华大学胡鞍钢教授做"中国五年规划及方法论"专题讲座。

10 月 9 日，参加仁川亚洲残疾人运动会的中国体育代表团在京宣布成立。仁川亚残运会中国体育代表团总人数为 346 人，其中运动员 228 人，是中国残疾人体育代表团参加境外亚残运会规模最大的一次。中国残联主席、中国残奥委员会主席张海迪担任团长。中国残联副理事长、中国残奥委员会副主席、仁川亚残运会中国体育代表团副团长王梅梅在新闻发布会上介绍了代表团的组建情况和参赛准备情况。

10 月 12 日，仁川亚洲残疾人运动会的中国体育代表团在京召开赛前动员大会。国家体育总局副局长、中国残奥委员会执行主席冯建中，中国残联理事长、中国残奥委员会执行主席鲁勇出席会议并讲话。乒乓球运动员冯攀峰、羽毛球队教练员董炯分别作为运动员、教练员代表发言。代表团全体运动员、教练员、领队和团部工作人员参加了动员大会。

10 月 13 日，中国体育代表团抵达仁川。中国残联主席、中国残奥委员会主席、仁川亚残运会中国体育代表团团长张海迪，中国残联理事长、中国残奥委员会执行主席鲁勇向代表团发去问候，并预祝代表团参赛顺利。张海迪寄语代表团成员，希望大家以必胜的信心团结奋进，为国争光；也希望大家以友谊为上，通过体育比赛传播和平与爱的精神；同时请大家多保重，保持最好的体能和状态，展示生命之美和力量。

10 月 15 日，由国际助残组织发起，中国、老挝、越南三国残疾人组织支持的城乡残障人扶贫就业与融合发展国际研讨会在北京举行。中国残联副理事长程凯出席会议并介绍了我国农村残疾人扶贫工作发展历程与经验。联合国计划开发署、国际劳工组织、欧盟驻华机构及有关国家驻华官员、人民大学、北京师范大学、社科院有关学者参加会议。国际助残组织在老挝、越南和中国开展项目的试点地区项目负责人介绍了残疾人扶贫就业与融合发展的成功实践，会议进一步促进了残疾人减贫领域的国际交流合作，在国际社会推介宣传了中国残疾人扶贫开发的先进经验和做法。

10 月 15 日，中国体育代表团在仁川亚残运村举行升旗仪式，中国驻韩国大使馆参赞史瑞琳及使馆相关工作人员出席。代表团副团长、中国残联副理事长王梅梅与亚残运村村长黄年代交换了礼物。

10 月 16 日，国务院总理李克强在第十届亚欧首脑会议上发出了关于加强亚欧国家在残疾人事务上的合作的倡议。他指出，中方倡议将残疾人合作列入亚欧合作框架，让更多特殊群体和广大人民成为亚欧合作的直接受益者。这是中国在这一届亚欧首脑会议上提出的重要政治主张，也是残疾人问题首次正式提上亚欧会议的议事日程。此项倡议得到了德国、新西兰、巴基斯坦、法国等亚欧会议成员国的积极响应和支持。

10 月 18 日，作为对李克强总理关于加强亚欧国家在残疾人事务上的合作的倡议的响应，中国残联在意大利米兰召开了残疾人问题之友小组会议。来自亚欧会议多个成员国的政府代表以及专家学者出席会议。与会各方就如何推动亚欧会议成员国在残疾人工作领域开展多种形式的务实合作进行了积极的讨论，并达成了初步共识。包括新华社、中国新闻社、中央电视台、中国国际广播电台在内有 7 家媒体共十余名媒体记者到会采访，并在媒体上对李克强总理的倡议以及后续活动做了深入报道。

10 月 18 日，中国残联主席、中国残奥委员会主席张海迪与国际残奥委员会主席菲尔·克雷文在仁川亚残运会残奥大家庭酒店进行了会谈。张海迪向克雷文表达了邓朴方主席对他的问候,并对克雷文为中国残疾人体育发展所给予的支持表示感谢。双方共同回忆了2008年北京残奥会的合作经历,并就残奥会对北京的贡献、冬季奥运会和残奥会申办工作等交换了意见。

10月18—24日,亚洲残疾人运动会在韩国仁川文鹤体育场举行。中国残联主席、中国残奥委员会主席、仁川亚残运会中国体育代表团团长张海迪率中国体育代表团出席开幕式。此届亚残运会共设视力残疾、肢体残疾、智力残疾三大类别共23个竞赛大项、443个小项,共产生奖牌2333枚,其中金牌745枚、银牌738枚、铜牌850枚。亚洲残奥委会41个会员单位悉数参加,总人数达3847人。中国体育代表团参加了视力残疾、肢体残疾两大残疾类别中的射箭、田径、羽毛球、硬地滚球、自行车、五人制足球、盲人门球、盲人柔道、举重、赛艇、射击、游泳、乒乓球、坐式排球、轮椅篮球、轮椅舞蹈、轮椅击剑、轮椅网球等18个大项的比赛,并以174枚金牌、95枚银牌、48枚铜牌,共计317枚奖牌的成绩,列金牌榜、奖牌榜双第一,实现在远南运动会暨亚残运会上金牌榜和奖牌榜的"八连冠"。

10月18—24日,亚残运会在韩国仁川举行。新华社、《人民日报》播发报道40条,新浪、网易、凤凰、人民、新华等网站纷纷转载亚残运会消息,网上检索关键词"仁川 亚残运会",有关报道达214万条。

10月23日,"中国残联金钥匙中心/CBM新疆全纳教育支持保障体系建设项目"总结座谈会在新疆乌鲁木齐市隆重举行。中国残联党组成员、副理事长程凯,新疆维吾尔自治区政府副主席田文出席会议并讲话。中国残联理事、中国盲文出版社社长张伟,中国残联金钥匙视障教育研究中心、中国残联教就部有关人员,CBM中国项目官员、项目评估专家以及新疆教育厅、残联、项目地区有关负责人、代表等参加会议。

10月28日,中国残联党组召开会议,传达学习党的十八届四中全会精神,研究部署全面贯彻落实会议精神工作。

10月30日,中国残联副理事长王梅梅会见了香港盲人体育总会行政总裁陈梁悦明女士,双方就盲人体育项目推广发展以及大陆与香港地区残疾人体育领域进一步深化合作交换了意见。

11 月

11月,中俄友好、和平与发展委员会双方新任主席的首次工作会晤举行。双方主席均高度评价残疾人事务理事会的成立,认为此举丰富了双边民间交流的内涵,期待双方进一步取得实质性成果。理事会秘书处设在中国残联国际联络部,理事会主席由中国残联副理事长贾勇担任,委员大多来自中国残联系统各相关单位。

11月6日,中国残联党组书记、理事长鲁勇与北京体育大学党委书记、校长杨桦,党委副书记、副校长池建等领导及相关部门负责人就在残疾人体育领域进一步合作进行了会谈。双方就下一步具体合作工作进行了深入沟通和交流,达成了广泛共识。北京体育大学将与中国残联一起采取"残健融合、互助学习"的模式,推动优秀残疾人运动员接受高等教育。

11月6日,北京按摩医院扩建项目取得国家发展改革委的项目建议书批复,建筑面积41927平方米,投资36805万元。

11月6—10日,"探戈杯"第十二届阿根廷残疾人乒乓球公开赛在布宜诺斯艾利斯举行。来自阿根廷、巴西、智利、法国、波兰、俄罗斯等15个国家的108名运动员参加了比赛。中国残疾人体育代表团14人参加此次赛事,10名残疾人运动员获得8枚金牌、4枚银牌、2枚铜牌及团体总分第一名的佳绩,在所参加的五项团体比赛中全部夺冠。中国运动员首次在世界大赛上获得TT2级别的单打和团体冠军。

11月10日,2014年亚太经合组织第二十二次领导人会议周期间,中国残联于在北京举办"促进残疾人共享经济社会发展成果"主题活动。主题活动是中国精心组织的APEC领导人会议周期间重要的国事活动之一,主要内容包括分论坛、残疾人才艺展示、主题会议和中国残疾人艺术团演出等。此次会议发布了《关于促进残疾人平等参与和融合发展的联合倡议》;建立了亚太地区"残疾人事务之友小组"机制;促进了亚太地区政府间残疾人事务的交流与合作;增强了中国在残疾人领域的国际影响力,提升了外交软实力。

11月11—15日,首期全国残疾人体育健身康复训练营在张家口市举行。来自河北省11个设区市和定州市、辛集市的80名学员参加了训练营活动。训练营为京张申奥营造了氛围,使全体营员理解和掌握了残疾人体育健身康复的基本理念和方法,为河北省开展群众性体育健身项目打下了基础。

11月12日,中国残奥委员会、中国聋人体育协会发布《关于授予朱鹏凯等178名运动员国家残疾人运动员等级称号的通知》(残奥委〔2014〕19号)。经审核批准,朱鹏凯等41名运动员获得国际级残疾人运动健将称号,杨海生等55名运动员获得国家级残疾人运动健将称号,梁晓龙等82名运动员获得国家一级残疾人运动员称号。

11月13—26日，第六期、第七期国家残疾人体育健身指导员师资培训班在北京体育大学举行。中国残联副理事长王梅梅出席开班仪式并讲话。北京体育大学党委副书记、副校长池建致欢迎辞。共有来自全国30个省（区、市）、新疆生产建设兵团的195名学员参加培训并顺利结业。

11月14—23日，全国聋人篮球锦标赛在中国残疾人体育运动管理中心举行。16日，中国残联副理事长、中国聋人体育协会执行主席、比赛组委会主任王梅梅出席开幕式并宣布比赛开幕。来自22个省、自治区、直辖市和香港特别行政区的42支代表队参赛，其中男、女队各21支，运动员477名。辽宁男队获得冠军，北京男队和广东男队分别得亚军和季军。在女子比赛中，浙江女队摘得桂冠，黑龙江女队和辽宁女队分别获得第二和第三名。

11月15日，中国残联党组书记、理事长鲁勇同河北省残联、张家口市残联以及崇礼县政府负责同志就冬季残奥发展进行工作会谈。鲁勇表示，我国残疾人冬季运动还不普及，是我国残疾人体育发展的短板；要借助申办2022年奥运会和残奥会的有利契机，抓好冬季项目的普及和提高工作；要从制定"十三五"规划的大局，从发展残疾人事业和提升冬季项目水平的角度来认真研究设立国家残疾人雪上训练中心事宜，结合全国残疾人冬季项目发展布局，全面研讨论证必要性和可行性。

11月15日，国家教育体制改革领导小组召开第十三次全体会议，研究讨论考试招生制度改革有关配套文件、《关于加快发展民族教育的决定（送审稿）》等。会议由国务院副总理刘延东主持。中国残联副理事长程凯出席会议，教育部有关负责人参会。

11月19日，中国残联召开残疾人康复工作创新发展研讨会，以聚焦重点、难点问题，谋划"十三五"残疾人康复工作创新发展为目标，对残疾人康复工作理念创新、顶层设计、政策保障、科研创新、康复机构管理、学科建设、人才培养等问题进行研讨。鲁勇书记强调，当前残疾人康复工作面临"二次创业"的机遇和挑战，首先要从理念、政策和体制机制方面实现创新，将康复服务纳入"普惠"并在"特惠"层面寻求突破作为下一步工作重点，围绕兜住底和补短板，选准切入点和着力点，扎实推进残疾人康复工作发展。

11月24—28日，2014年度社区康复协调员省级师资培训班在云南省昆明市举办。同期举办了"中国社区康复管理论坛"，来自深圳、云南、青海、江苏等省市的一线康复工作者介绍了近几年所开展的社区康复工作，康复协会专题通报了与海淀区残联共同实施的"居家康复服务项目"执行情况，对政府怎样购买居家康复服务，社区内可以开展的居家康复服务的内容进行了全面解读。

12 月

12月1—5日，由中国残联主办、中国残疾人体育运动管理中心承办的残疾人康复体育训练营在京开营。共有来自山西、宁夏、新疆、陕西、甘肃、青海等6个省区的42名中西部学员参加培训。

12月3日，中国残联举行党组中心组扩大学习，邀请司法部赵大程副部长做"全面推进依法治国，坚定不移走中国特色社会主义法治道路"辅导报告。

12月4—9日，2014年全国残疾人轮椅冰壶锦标赛在黑龙江省哈尔滨体育学院举行。共有来自北京、河北、辽宁、黑龙江、上海、浙江、山东、广东、四川等省市的9支队伍参赛。

12月9—12日，全国残联推进政府购买残疾人服务工作培训班举行，中国残联党组书记、理事长鲁勇，副理事长王梅梅讲话。《中国政府采购报》全程跟踪政府购买残疾人试点服务全国培训班，分四期进行连续报道。

12月11—19日，中国残联会同联合国亚太经社会在广州及澳门和香港地区开展环境无障碍建设研讨会和实地考察项目。联合国亚太经社会和12个亚太区国家及地区的政府和非政府组织代表，国务院法制办、住房和城乡建设部、交通运输部和中国残联的相关领导和负责同志，广东省和广州市残联领导以及国内外专家学者共约120余人出席会议。会议期间，与会代表相继访问广州、澳门和香港三地，交流和分享了各地在推动物质环境、公共交通、知识以及信息和通信手段无障碍建设方面的经验和体会，从无障碍的视角全方位考察了三地的公共设施、公共交通和历史遗迹等，对典型案例进行了讨论分析，并根据各自国情分别对各国制定和实施无障碍建设国家行动计划提出了建议。这次活动由中国—亚太经社会合作基金资助，是中国政府和中国残联为推动实施第三个"亚太残疾人十年"的纲领性文件——《促进亚太地区残疾人"切实享有权利"仁川战略》提出的各项目标率先采取的行动，也是中国内地与澳门、香港三地携手推动亚太地区残疾人事务的又一次生动实践，将对亚太地区残疾人工作的共同发展产生积极而深远的影响。

12月12日，中国残联副理事长王梅梅会见国际残奥委会执委、韩国国会议员罗卿瑗一行。双方就两国残疾人体育事务进行了友好会谈，希望在各自优势项目上进一步加强交流，为残疾人平等、融合发展，提升残疾人生活水平创造条件。

12月17—22日，香港轮椅击剑大奖赛在香港举行。共有中国、中国香港、法国、意大利、匈牙利等25个国家和地区的158名运动员参赛。中国派出了15名运动员及6名教练员、工作人员、裁判员，共计21人组成的代表团参加了13个项目的比赛，获得了7枚金牌；乌克兰、意大利、俄罗斯、匈牙利、英国和德国等6支代表队各获1枚金牌。

12月18—24日，哥斯达黎加残疾人乒乓球公开赛在哥斯达黎加首都圣何赛举行，共有来自26个国家的200名运动员参赛。中国派出的10名运动员取得了7金4银4铜的好成绩，其中重度残疾级别运动员高延明、赵平两人作为团体金牌获得者，在此次公开赛上收获了较多积分，为备战里约残奥会奠定了良好的基础。

12月23日，2014年CCTV体坛风云人物年度评选初评候选人名单公布，中国轮椅篮球队主教练徐元生、中国残疾人羽毛球队教练董炯入选年度最佳教练员候选人，这是残疾人体育教练员首次入选年度最佳教练员候选人。特奥教练、云南省昆明市五华区新萌学校的老师代建荣成为年度未名人士体育精神奖候选人。中国女子轮椅篮球队等11个团队和个人成为年度残疾人体育精神奖候选人。此次初评候选人从入选范围、人数均创历届CCTV体坛风云人物评选纪录，体现了残疾人体育的巨大影响力和感染力。

12月24日，全康办发布《关于授予吉林省辽源市等22个市"全国白内障无障碍市"称号的通知》（全康办〔2014〕2号）、《关于授予山西省寿阳县等139个县"全国白内障无障碍县"称号的通知》（全康办〔2014〕3号），进一步推动全国防盲治盲工作，为实现2020年消除可避免盲的战略目标奠定坚实基础。

12月28日上午，中国残联副理事长程凯赴北京联合大学特教学院，就首次全国硕士研究生招生考试视障考生单考单招进行调研。来自北京、辽宁、山东和新疆的18名拥有本科学历的视障考生参加了这次在中国残疾人高等教育史上具有里程碑意义的考试。

（中国残联各部室供稿）

图书在版编目（CIP）数据

中国残疾人事业年鉴. 2015 / 中国残疾人联合会编. —北京：华夏出版社，2015. 12
ISBN 978 – 7 – 5080 – 8669 – 9

Ⅰ. ①中… Ⅱ. ①中… Ⅲ. ①残疾人 – 社会福利事业 – 中国 – 2015 – 年鉴 Ⅳ. ①D669. 69 – 54

中国版本图书馆 CIP 数据核字（2015）第 284702 号

中国残疾人事业年鉴. 2015

编　　者	中国残疾人联合会
书名题字	赵朴初
责任编辑	贾洪宝　霍本科　廖　贤
装帧设计	郭　艳　殷丽云
出版发行	华夏出版社
经　　销	新 华 书 店
印　　装	北京汇林印务有限公司
版　　次	2015 年 12 月北京第 1 版　2015 年 12 月北京第 1 次印刷
开　　本	889×1194　1/16 开本
印　　张	50
插　　页	4
字　　数	2000 千字
定　　价	258.00 元

华夏出版社　社　　址：北京市东直门外香河园北里 4 号　邮　　编：100028
　　　　　　网　　址：www.hxph.com.cn　　　　　　　　电　　话：010 – 64663331（转）
　　　　　　投稿邮箱：hxkwyd@aliyun.com　　　　　　　互动交流：010 – 64672903
若发现本版图书有印装质量问题，请与我社营销中心联系调换。